JURISPRUDENCE GÉNÉRALE.

RÉPERTOIRE

MÉTHODIQUE ET ALPHABÉTIQUE

DE LÉGISLATION,

DE DOCTRINE ET DE JURISPRUDENCE

EN MATIÈRE DE DROIT CIVIL, COMMERCIAL, CRIMINEL, ADMINISTRATIF, DE DROIT DES GENS ET DE DROIT PUBLIC.

TOME XLI.

Tout exemplaire de cet ouvrage dont les tomes 1er et 2me ne porteraient pas la signature du Directeur de la Jurisprudence générale sera réputé contrefait.

PARIS. — IMPRIMERIE P. MOUILLOT, 13, QUAI VOLTAIRE. — 34446

JURISPRUDENCE GÉNÉRALE

RÉPERTOIRE

MÉTHODIQUE ET ALPHABÉTIQUE

DE LÉGISLATION

DE DOCTRINE ET DE JURISPRUDENCE

EN MATIÈRE DE DROIT CIVIL, COMMERCIAL, CRIMINEL, ADMINISTRATIF, DE DROIT DES GENS ET DE DROIT PUBLIC.

NOUVELLE ÉDITION,

CONSIDÉRABLEMENT AUGMENTÉE ET PRÉCÉDÉE D'UN ESSAI SUR L'HISTOIRE GÉNÉRALE DU DROIT FRANÇAIS;

PAR M. D. DALLOZ AINÉ,

Ancien Député,

Avocat à la Cour d'appel de Paris, ancien Président de l'Ordre des Avocats au Conseil d'État et à la Cour de Cassation, Officier de la Légion d'honneur, Membre de plusieurs Sociétés savantes,

ET PAR

M. ARMAND DALLOZ, SON FRÈRE,

Avocat à la Cour d'appel de Paris, Auteur du Dictionnaire général et raisonné de Législation, de Doctrine et de Jurisprudence, Chevalier de la Légion d'honneur, membre des académies de Besançon, de Toulouse

avec la collaboration de plusieurs jurisconsultes.

TOME QUARANTE ET UNIÈME.

A PARIS

AU BUREAU DE LA JURISPRUDENCE GÉNÉRALE

RUE DE LILLE, N° 19

1856

JURISPRUDENCE GÉNÉRALE

RÉPERTOIRE

MÉTHODIQUE ET ALPHABÉTIQUE

DE LÉGISLATION

DE DOCTRINE ET DE JURISPRUDENCE

EN MATIÈRE DE DROIT CIVIL, COMMERCIAL, CRIMINEL, ADMINISTRATIF,
DE DROIT DES GENS ET DE DROIT PUBLIC.

NOUVELLE EDITION,

CONSIDÉRABLEMENT AUGMENTÉE ET PRÉCÉDÉE D'UN ESSAI SUR L'HISTOIRE GÉNÉRALE DU DROIT FRANÇAIS;

PAR M. D. DALLOZ AINÉ,

Ancien Député,

Avocat à la Cour d'appel de Paris, ancien Président de l'Ordre des Avocats au Conseil d'État et à la Cour de Cassation,
Officier de la Légion d'honneur, Membre de plusieurs Sociétés savantes,

ET PAR

M. ARMAND DALLOZ, SON FRÈRE,

Avocat à la Cour d'appel de Paris, Auteur du Dictionnaire général et raisonné de Législation, de Doctrine et de Jurisprudence,
Chevalier de la Légion d'honneur, membre des académies de Besançon, de Toulouse

avec la collaboration de plusieurs jurisconsultes.

TOME QUARANTE ET UNIÈME.

A PARIS

AU BUREAU DE LA JURISPRUDENCE GÉNÉRALE

RUE DE LILLE, N° 19

1856

JURISPRUDENCE GÉNÉRALE.

RÉPERTOIRE

MÉTHODIQUE ET ALPHABÉTIQUE

DE LÉGISLATION, DE DOCTRINE

ET DE JURISPRUDENCE.

SUBSTITUTION. — **1.** Le mot *substitution* signifie, en général, une disposition par laquelle un tiers est appelé à recueillir une libéralité, à défaut d'une autre personne ou après elle. — Cette dénomination n'a pas toujours, dans le langage du droit, une acception identique; elle s'applique, suivant les circonstances dans lesquelles elle est employée, à des dispositions diverses. Aujourd'hui, lorsqu'elle est employée seule, elle désigne proprement la substitution appelée fidéicommissaire.

Division.

SECT. 1. — Historique et législation. — Droit comparé.

2. Le droit romain reconnaissait trois sortes de substitutions : 1° la substitution *vulgaire* ou *directe*; 2° la substitution *pupillaire*; 3° la substitution *quasi-pupillaire* ou *exemplaire*.

La substitution *vulgaire* ou *directe* était celle par laquelle le testateur, après avoir institué un héritier, en désignait un autre pour le cas où le premier ne pourrait ou ne voudrait recueillir l'hérédité. Il pouvait y avoir ainsi non pas seulement deux, mais plusieurs degrés d'institués, en aussi grand nombre que le voulait le testateur. *Potest autem quis*, disent les Institutes (lib. 2, tit. 15), *in testamento suo plures gradus heredum facere, ut puta* : Si ille heres non erit, ille heres esto; *et deinceps, in quantum velit testator substituere*. Cette substitution était appelée *vulgaire*, parce qu'elle était vulgairement (c'est-à-dire ordinairement) employée par les Romains, et *directe*, parce que le substitué recevait directement du disposant.

On sait que les Romains attachaient une extrême importance à ne pas mourir intestat, et que, d'un autre côté, si l'institution d'héritier tombait, toutes les autres dispositions contenues dans le testament tombaient avec elle (V. Disp. entre-vifs et testam., n° 34). Il était donc naturel que, pour parer à ce double inconvénient, ils eussent recours à la substitution vulgaire, et l'on doit croire que son origine était presque aussi ancienne que celle des institutions d'héritier elles-mêmes. Elle était en pleine vigueur du temps de la république : les écrits de Cicéron l'attestent (V. Brut., c. 52; *De orat.*, 1, 39 et 57). L'usage en devint beaucoup plus fréquent sous les empereurs, lorsque les lois caducaires (*Junia* et *Papia Poppæa*), en multipliant les incapacités de recevoir, eurent par là même accru les chances de caducité auxquelles les testaments étaient exposés. — V. M. Ortolan, Explic. histor. des Instit., sur le tit. 15, liv. 2.

La substitution *pupillaire* consistait, pour le père de famille, à instituer dans son propre testament un héritier à son fils impubère pour le cas où ce fils, lui survivant, décéderait avant d'avoir atteint l'âge de puberté, et par conséquent avant d'avoir pu lui-même instituer un héritier. Les Institutes (lib. 2, tit. 16) s'expriment ainsi sur ce point : *Liberis suis impuberibus quos in potestate quis habet non solùm ita ut suprà diximus substi-*

tuere potest, id est ut si heredes ei non exstiterint alius ei sit heres; sed eo amplius, ut et si heredes ei exstiterint et adhuc impuberes mortui fuerint, sit eis aliquis heres : veluti si quis dicat hoc modo : Titius filius meus heres mihi esto; et si filius meus heres mihi non erit, sive heres erit et prius moriatur quam in suam tutelam venerit *(id est, puber factus sit)*, tunc Seius heres esto. *Quo casu siquidem non exstiterit heres filius, tunc substitutus patri fit heres; si verò exstiterit heres filius et ante pubertatem decesserit, ipsi filio fit heres substitutus. Nam moribus institutum est ut, cùm ejus ætatis filii sint, in quâ ipsi sibi testamentum facere non possunt, parentes eis faciant.* Comme on le voit par les termes de ce passage des Institutes, il était d'usage de faire d'abord une substitution vulgaire pour le cas où le fils ne deviendrait pas héritier, et d'y ajouter une substitution pupillaire pour le cas où le fils, après avoir recueilli, mourrait impubère; mais cela n'était point nécessaire : la substitution pupillaire pouvait se faire au profit d'un individu qui n'était pas substitué vulgairement au fils; dans ce cas, le substitué ne recueillait la succession qu'autant qu'elle avait été préalablement recueillie par le fils. Toutefois une constitution de Marc-Aurèle (L. 4, pr., ff., tit. 6, lib. 28) avait décidé que toutes les fois qu'un cas de substitution était exprimé, l'autre serait sous-entendu. Ainsi, d'après cette constitution, le substitué pupillaire était considéré comme substitué vulgaire, à moins que le testateur n'eût exprimé une volonté contraire. — V. M. Ortolan, sur le tit. 16, liv. 2, pr.

A l'exemple de la substitution pupillaire, Justinien en avait institué une à peu près semblable, que pour cette raison les interprètes ont appelée *quasi-pupillaire* ou *exemplaire*. Un père ou une mère ayant un fils ou une fille, un petit-fils ou une petite-fille, ou tout autre descendant, en état de démence ou de fureur, lui instituait un héritier pour le cas où il mourrait avant d'avoir recouvré la raison. *Quâ ratione excitati*, disent encore les Institutes (*loc. cit.*, n° 1), *etiam constitutionem posuimus in nostro codice, quâ prospectum est ut, si mente captos habeant filios, vel nepotes vel pronepotes cujuscumque sexûs vel gradûs, liceat eis, etsi puberes sint, ad exemplum pupillaris substitutionis certas personas substituere : sin autem sapuerint, eamdem substitutionem infirmari, et hoc ad exemplum pupillaris substitutionis, quæ postquàm pupillus adoleverit infirmatur* (V. aussi Cod., lib. 6, tit. 26, L. 9). — Cette substitution n'était pas de tout point semblable à la substitution pupillaire, il existait entre l'une et l'autre deux différences notables : ainsi, 1° la substitution pupillaire ne pouvait être faite que par le chef de famille (*paterfamilias*), tandis que la substitution quasi-pupillaire pouvait être faite par tout ascendant, de quelque sexe que ce fût, et par conséquent sans qu'il fût nécessaire que le substituant eût la puissance paternelle; 2° le chef de famille qui faisait une substitution pupillaire pouvait substituer qui il voulait, la loi le laissait entièrement libre pour le choix des personnes; il n'en était pas de même pour la substitution quasi-pupillaire : l'ascendant qui faisait une telle substitution était obligé de prendre le substitué d'abord parmi les descendants de l'insensé s'il en avait, à défaut de descendants parmi ses frères; c'était seulement quand il n'y avait ni descendants ni frères qu'il était libre dans son choix (L. 9, Cod., lib. 6, tit. 26; V. aussi M. Ortolan, sur le tit. 16, liv. 2).

3. Parlons maintenant de l'institution qui, dans le droit romain, a été comme le germe de ces dispositions qui ont joué un si grand rôle dans l'histoire de notre droit et qu'on désigne sous le nom de *substitutions fidéicommissaires*.

Les lois romaines avaient établi de très-nombreuses incapacités de recevoir par testament. L'habitant des provinces, qui ne jouissait pas des droits de cité, les femmes même citoyennes, dans les cas déterminés par la loi Voconia, les proscrits, les posthumes externes ou toutes autres personnes incertaines, comme les municipalités, les colléges, les pauvres, etc., ne pouvaient être l'objet de libéralités testamentaires. Il en fut de même, plus tard, de tous ceux auxquels s'appliquaient les lois *Ælia Sentia, Junia Norbana, Junia* et *Papia Poppæa* : les affranchis déditicies, les affranchis latins juniens, les célibataires et ceux qui n'avaient pas d'enfants. Or, afin d'éluder la rigueur de ces prohibitions, il arriva que les testateurs, après avoir institué un héritier légalement capable de recevoir, le prièrent par d'autres actes, par paroles, par lettres, soit en latin, soit en grec, de remettre tout ou partie de l'hérédité à telle personne qu'ils lui désignaient. Quelquefois cette prière était adressée, non à l'héritier, mais à un légataire; quelquefois même elle l'était à l'héritier *ab intestat*. Ce n'était pas un ordre, c'était une prière, pour laquelle on s'en remettait à la bonne foi de celui à qui elle était adressée. D'ailleurs cette volonté, eût-elle été exprimée en termes impératifs, n'eût eu aucune force obligatoire; la loi, en effet, n'eût pu prêter sa sanction à des dispositions qui l'enfreignaient. C'est pourquoi les dispositions ainsi faites portaient le nom de *fidéicommis* (*fideicommissa*). Pour leur donner plus de force, pour mieux en assurer l'exécution, on faisait jurer la personne chargée du fidéicommis d'accomplir fidèlement la volonté du testateur. — V. notamment Cicéron, *In Verr.*, II, 1, 47; L. 77, § 23, ff., *De legat.* 2°; Inst., lib. 2, tit. 23, n° 1.

Les fidéicommis n'étaient pas toujours employés à l'effet d'éluder les prohibitions légales. Il arrivait quelquefois qu'un citoyen, se trouvant dans un pays éloigné où il n'avait pas la possibilité de tester suivant les formes exigées par les lois romaines, écrivait à son héritier *ab intestat* pour le prier de remettre tout ou partie de l'hérédité à telle personne qu'il lui désignait (L. 1, § 6, ff., *De leg.* 3°; L. 8, § 1, ff., *De jure codicill.*). — L'usage du fidéicommis s'étendit peu à peu avec l'assentiment public. Ceux qui manquaient à les exécuter étaient flétris par l'opinion. Il arriva même, sous le règne d'Auguste, que, dans deux ou trois cas particuliers, soit par considération pour les personnes, soit parce qu'on dit que le mourant avait fait jurer par le salut de l'empereur, soit à cause de la perfidie insigne de certaines personnes, l'empereur ordonna aux consuls d'interposer leur autorité pour faire exécuter le fidéicommis. « Comme cela parut juste et était populaire, poursuit Justinien (Instit., lib. 2, tit. 23, n° 1), peu à peu cette intervention fut convertie en juridiction permanente, et telle fut la faveur pour les fidéicommis, qu'on fut amené à créer un préteur spécial, chargé exclusivement de cette juridiction, et nommé fidéicommissaire. »

La restitution de l'hérédité par l'institué au fidéicommissaire se faisait dans le principe sous forme de vente. Gaïus nous décrit ainsi cette opération (Comment. 2, § 252, trad. de M. Domenget) : « L'usage était que celui auquel on restituait l'hérédité l'achetât, pour la forme, avec un écu, et les stipulations qui ont lieu habituellement entre le vendeur et l'acheteur d'une hérédité avaient lieu entre l'héritier et celui auquel il restituait l'hérédité; cela se passait ainsi : l'héritier stipulait du fidéicommissaire que celui-ci l'indemniserait de tout ce qu'il serait condamné à payer comme héritier, ou de ce qu'il donnerait de bonne foi, et qu'il serait régulièrement défendu si quelqu'un agissait contre lui à titre d'héritier; mais celui qui recevait l'hérédité stipulait à son tour que, si l'héritier recevait quelque chose de l'hérédité, il le rendrait au fidéicommissaire, qu'il laisserait même le fidéicommissaire exercer les actions héréditaires soit comme procureur, soit comme *cognitor*. »

4. Dans cet état de choses, la situation de l'héritier était assez onéreuse; il était soumis à toutes les actions qui peuvent être dirigées contre un héritier, notamment à celles des créanciers de la succession, et, comme compensation de ces charges et de ces embarras, il n'avait droit de conserver aucune portion de l'hérédité. Son intérêt était donc de ne pas faire adition d'hérédité; alors le fidéicommis tombait de lui-même et restait sans exécution. Pour remédier à cet inconvénient, un sénatus-consulte rendu sous le consulat de Trébellius Maximus et Annéus Sénèque (l'an de Rome 815) décida que celui auquel l'hérédité fidéicommissaire aurait été restituée exercerait lui-même les actions civiles qu'on donnait à l'héritier, et qu'on exercerait contre lui celles qui se donnaient contre l'héritier (Gaïus, comm. 2, § 253). — Cela pouvait suffire pour que l'héritier institué ne fût plus intéressé à répudier l'hérédité; mais ce n'était pas assez pour l'intéresser à l'accepter; aussi refusait-il souvent de faire une adition qui ne lui rapportait aucun bénéfice. Il y avait un pas de plus à faire : on le fit sous le consulat de Pégase et de Pusion, l'an de Rome 823; un sénatus-consulte décida que l'héritier chargé de restituer l'hérédité pourrait retenir un quart de cette hérédité, encore bien que le testateur ne le lui eût pas laissé. La même retenue était permise sur tout ce qui était laissé pour être restitué par fidéicommis. Mais alors l'héritier institué soutenait toutes les charges de l'hérédité. Les actions étaient exercées par lui et contre lui. Seulement le gain et la perte en résultant étaient répartis entre lui et le fidéicommissaire en proportion de leur part dans l'hérédité, et pour assurer cette répartition on recourait aux stipulations *partis et pro parte*, comme lorsqu'il avait été fait un legs de quotité (Gaïus, comm. 2, § 254). Le sénatus-consulte dont il vient d'être parlé était désigné sous le nom de sénatus-consulte Pégasien, et le quart réservé à l'héritier institué s'appelait quarte pégasienne.

5. Le sénatus-consulte Pégasien n'avait point, comme on pourrait le croire au premier abord, abrogé le sénatus-consulte Trébellien; chacun de ces deux sénatus-consultes recevait son application dans des cas différents. Si l'héritier institué n'était pas chargé de rendre plus des trois quarts de l'hérédité, c'était le sénatus-consulte Trébellien qui devait être appliqué; les actions étaient données pour et contre chacun selon ce qu'il avait reçu, savoir: pour et contre l'héritier selon le droit civil; pour et contre le fidéicommissaire d'après le sénatus-consulte Trébellien, bien que l'héritier institué restât héritier même pour la part qu'il avait restituée (Gaïus, comm. 2, § 255). Si le grevé était chargé de restituer plus des trois quarts, c'était le sénatus-consulte Pégasien qui était applicable (*ibid.*, § 256). Il pouvait arriver alors que le grevé voulût retenir le quart, comme il en avait le droit, ou qu'il ne le voulût pas: dans un cas comme dans l'autre, il soutenait toutes les charges de l'hérédité; mais lorsqu'il retenait la quarte, les stipulations *partis et pro parte* devaient intervenir comme entre un légataire partiaire et l'héritier; si, au contraire, l'institué restituait toute l'hérédité, les choses se passaient comme dans la vente fictive de l'hérédité (V. *suprà*, n° 3). —Il pouvait arriver que l'héritier institué refusât de faire adition parce que l'hérédité lui semblait onéreuse; dans ce cas, le sénatus-consulte Pégasien disposait que, si le fidéicommissaire le désirait, le préteur forcerait l'institué à faire adition et à restituer, et que les actions seraient données au fidéicommissaire et contre lui suivant les règles établies par le sénatus-consulte Trébellien (*ibid.*, § 258).

Cependant les stipulations auxquelles donnait lieu le sénatus-consulte Pégasien avaient été vues de mauvais œil en ce qu'elles exposaient réciproquement chacune des parties aux chances de l'insolvabilité de l'autre. Papinien les avait qualifiées de captieuses. C'est pourquoi Justinien crut devoir abolir le sénatus-consulte Pégasien pour ne laisser subsister que le sénatus-consulte Trébellien, en insérant toutefois dans ce dernier quelques-unes des dispositions du sénatus-consulte Pégasien. D'après la loi ainsi modifiée, soit que le testateur eût laissé à l'héritier le quart, ou plus, ou moins, ou qu'il ne lui eût rien laissé, l'héritier devait restituer l'hérédité d'après le sénatus-consulte Trébellien; s'il n'avait rien ou s'il avait moins du quart, il pouvait retenir ou compléter ce quart, ou même le répéter s'il l'avait payé (ceci était une disposition nouvelle introduite par Justinien); les actions alors se divisaient entre l'héritier et le fidéicommissaire, en proportion de la part de chacun, comme d'après le sénatus-consulte Trébellien. Mais s'il restituait volontairement toute l'hérédité, toutes les actions héréditaires passaient au fidéicommissaire et contre lui. Si l'héritier refusait de faire adition, il pouvait être contraint de restituer toute l'hérédité au fidéicommissaire qui le désirait; toutes les actions passaient alors à ce fidéicommissaire ou étaient exercées contre lui (Inst., lib. 2, tit. 23, n° 7).

6. Nous avons dit que, dans le principe, les fidéicommis avaient eu le plus souvent pour but d'éluder les dispositions de la loi qui défendaient de donner à certaines personnes. Mais on comprend qu'il n'en pouvait plus être ainsi du moment où les fidéicommis devenaient une institution régulière sanctionnée par elle-même. Aussi les personnes déclarées inhabiles à recevoir par testament furent-elles reconnues incapables de recevoir par fidéicommis : *Si donationis causâ suspectam hereditatem sibi heres dixerit*, porte la loi 67, § 3, ff., *Ad sen. cons. Trebellian.*, *et restituerit ei qui solidum capere non possit, auferetur ei id quod capere non potest.*

7. Jusqu'à présent nous avons envisagé le fidéicommis sous sa forme la plus simple; mais il n'était pas toujours ainsi fait. Il pouvait être diversement modifié par la volonté du testateur. D'une part, il n'était pas nécessaire que la volonté de faire un fidéicommis fût formellement exprimée, pourvu que d'ailleurs elle résultât de la clause même; d'autre part, le testateur pouvait, en imposant à son héritier l'obligation de restituer les biens à une personne désignée, lui en laisser la jouissance, soit pendant un certain temps, soit même pendant sa vie. Il était permis, par exemple, de disposer en ces termes : *J'institue mon frère héritier; mais je lui défends d'aliéner ma maison, afin qu'elle reste dans la famille.* Dans ce cas, si l'héritier aliénait la maison ou la laissait à sa mort à un héritier étranger, les héritiers naturels avaient le droit de réclamer. *Fratre herede instituto*, dit la loi 69, § 3, ff., *De legat.* 2°, *petit ne domus alienaretur sed ut in familiâ relinqueretur, si non paruerit heres voluntati, sed domum alienaverit, vel extero herede instituto decesserit, omnes fideicommissum petent, qui in familiâ fuerunt.* Une autre loi examine la question de savoir si le testateur peut imposer à son héritier l'obligation de faire un tel son héritier, et elle la résout négativement, mais en même temps elle décide qu'une telle clause équivaut à l'obligation, pour l'héritier, de restituer l'hérédité à la personne désignée, et qu'ainsi entendue elle est parfaitement valable. *Ex facto tractatum est an per fideicommissum rogari quis possit ut aliquem heredem faciat? Et senatus censuit rogari quidem quem, ut aliquem heredem faciat, non posse; verum videri per hoc rogâsse ut hereditatem suam ei restitueret; id est quidquid ex hereditate suâ consecutus est, ut is restitueret* (L. 17, pr., ff., *Ad senat. cons. Trebell.*; V. aussi L. 74, pr., ff., *eod. tit.*). — Il est facile de reconnaître, dans les dispositions qui précèdent, ce que le droit français a désigné sous le nom de *substitution fidéicommissaire.*

Peu à peu les fidéicommis devinrent *graduels*. On s'en servit pour perpétuer les biens dans les familles, en les transmettant d'un premier successeur à un second, d'un second à un troisième, et ainsi de degré en degré, de génération en génération, sans que les possesseurs pussent les aliéner ou hypothéquer. L'usage s'établit ainsi de donner aux fidéicommis une durée indéfinie. Mais Justinien, trouvant avec raison qu'un tel usage portait une grave atteinte aux intérêts sociaux, limita à quatre degrés le droit qu'avait le testateur d'immobiliser ses biens, soit dans sa propre famille, soit dans une famille étrangère (V. la novelle 159, ch. 2).

Tel était le système des lois romaines lorsqu'elles devinrent le type de la législation de presque toute l'Europe, et particulièrement de la France. Voyons quelles modifications subirent, en passant dans notre droit, les divers modes de substitution que nous venons d'exposer.

8. La substitution *vulgaire* fut généralement admise tant dans les pays de droit écrit que dans les pays coutumiers. Il faut excepter toutefois certaines coutumes, telles que la coutume du Berry (tit. 18, art. 1), qui, n'admettant qu'une première institution, enlevaient par cela même tout effet à une substitution quelconque (Merlin, Rép., v° Substitution directe, § 1, n° 8).— Quant à la substitution *pupillaire* et à la substitution *exemplaire*, elles n'étaient d'aucun usage dans les pays coutumiers (Ricard, Tr. des substit., part. 1, n°s 90 et 91; Bouhier, ch. 75, n° 2; Gudelin, *De jure novissimo*, lib. 2, ch. 5; Vinnius, *Ad inst.*, *De vulgari substit.*; Merlin, Rép., v° Substit. dir., § 2, n° 15, et § 3, n° 9). Toutefois, lorsqu'un père faisait une disposition de ce genre, elle n'était pas absolument nulle, mais elle était considérée comme une substitution fidéicommissaire, et elle produisait l'effet qu'eût produit cette dernière (Bourjon, Dr. commun de la France; Ricard, *loc. cit.*; Merlin, *loc. cit.*).

9. Les dispositions des lois romaines concernant les substitutions fidéicommissaires ne furent admises en France qu'avec de grandes modifications. Dix coutumes (celles de Bourbonnais, la Marche, Auvergne, Sedan, Montargis, Bassigny, Nivernais, Bretagne, Normandie, Hainault), qui formaient environ le cinquième de son territoire, avaient ou exclu ou resserré dans des bornes très-étroites la liberté de substituer; et là où elle ne reçut pas les mêmes atteintes, on substituait indéfiniment, au lieu d'observer la novelle de Justinien. Ajoutez que, conformément à l'esprit des institutions féodales, cet ordre de succession perpétuel et particulier à chaque famille se réglait le plus souvent de mâle en mâle et d'aîné en aîné. — Il a été jugé que les lois romaines qui règlent les effets d'une substitution n'étaient applicables qu'au cas où il y aurait eu du doute sur la volonté de l'instituant; qu'elles ne sont donc pas violées par un arrêt décidant expressément qu'un instituant n'a pas eu la volonté d'appeler les descendants de sa fille, à défaut de mâle de son nom et de sa race, à recueillir le fidéicommis qu'il avait fait au profit des descendants mâles de son frère (Req. 19 mai 1808, MM. Muraire, pr., Pajon, rap., aff. de Furstenberg).

10. Le premier remède apporté aux nombreux inconvénients de cette institution fut l'ordonnance d'Orléans, de janvier 1560, due au génie du chancelier de l'Hôpital, qui, pour couper la racine à une foule de procès qui s'élevaient en cette matière, défendit (art. 59), pour l'avenir, de substituer au delà de deux degrés après la première disposition. Cette défense fut confirmée par l'art. 57 de l'ordonnance de Moulins, de février 1566, qui disposa, en outre, que les substitutions faites antérieurement à l'ordonnance d'Orléans seraient restreintes au quatrième degré outre l'institution.

11. Tel était l'état de la législation au moment où d'Aguesseau, poursuivant la réforme qu'il avait entreprise notamment en ce qui concerne les donations entre-vifs et les testaments, fut amené à s'occuper des substitutions. L'ordonnance d'août 1747, qu'il fit rendre sur cette matière, était destinée, comme le porte son préambule, à prévenir le retour du grand nombre de procès qui s'étaient élevés « sur l'interprétation de la volonté souvent équivoque du donateur ou testateur, sur la composition de son patrimoine et sur les distractions dont les fidéicommis sont susceptibles, sur le recours subsidiaire des femmes quant aux biens grevés de substitution, sur les formalités nécessaires pour rendre les substitutions publiques et les effets de leur omission. » L'art. 30 de cette ordonnance, confirmant l'art. 59 de l'ordonnance d'Orléans, limitait pareillement le droit de substituer à deux degrés outre le donataire, l'héritier institué ou légataire, ou autre qui aurait recueilli le premier les biens du donateur ou testateur.

12. Sous l'empire de cette législation, il a été jugé : 1° qu'il est de principe qu'une substitution ne pouvait avoir de valeur et produire son effet qu'autant qu'elle était publiée et enregistrée dans les formes prescrites, et que sans l'observation préalable de ces formalités de rigueur, elle ne pouvait être opposée contre les tiers acquéreurs, et que le défaut de publication et d'enregistrement d'une substitution ne pouvait être suppléé ni regardé comme couvert par la connaissance que les tiers acquéreurs pourraient avoir eue de la substitution, par d'autres voies que celles de la publication et de l'enregistrement (Rej. 19 prair. an 4, MM. Bailly, pr., Cochard, rap., aff. Bovis *C.* Gavarry); — 2° Que le grevé de biens substitués, sous l'ord. de 1747, n'est pas fondé à se prévaloir contre l'appelé du défaut d'accomplissement des formalités prescrites par les art. 55, 56 et 57 de cette ordonnance (délivrance, envoi en possession, etc.), ces formalités n'étant exigées que dans l'intérêt des tiers possesseurs (Req. 24 août 1814, MM. Lasaudade, pr., Genevois, rap., aff. de Béarn *C.* Destourmel); — 3° Que la nullité prononcée par les art. 35, 36, 37, 39 et 40, tit. 2, de l'ord. de 1747, à défaut d'enregistrement et de publication de la substitution, était couverte par l'exécution de la substitution consentie par les héritiers du grevé au profit de l'appelé (Req. 21 mai 1822, MM. Botton-Castellamonte, pr., Favard, rap., aff. Botton *C.* Billet).

13. Bien qu'il fût peu favorable aux substitutions, d'Aguesseau n'avait point osé les proscrire. Mais elles étaient trop fortement empreintes de l'esprit des institutions féodales pour trouver grâce devant les pouvoirs issus de la révolution. L'assemblée nationale, après avoir, par un premier décret des 25 août-2 sept. 1792, disposé qu'à partir de ce jour il n'était plus permis de substituer, prononça l'abolition définitive des substitutions par un décret des 25 oct.-14 nov. 1792 (1), qui déclara sans effet les substitutions faites antérieurement qui ne seraient pas ouvertes à l'époque de sa publication, et ajouta que les substitutions ouvertes lors de cette publication n'auraient d'effet qu'en faveur de ceux qui auraient alors recueilli les biens substitués ou le droit de les réclamer. — Il a été décidé : 1° que l'héritier substitué pour le cas où l'héritier grevé ne laisserait pas d'enfants n'est pas fondé à demander la nullité des ventes des biens frappés de substitution, consenties par l'héritier grevé, si la substitution ne s'est ouverte que depuis la publication du décret du 28 août 1792, et si le prix a servi à payer les dettes dont ces biens étaient grevés, bien que le substitué soit le frère du grevé et le fils du substituant (Req. 21 août 1822, MM. Lasaudade, pr., Voysin de Gartempe, rap., aff. Robert *C.* Perrotin); — 2° Que l'appelé à une substitution ouverte postérieurement à la loi du 14 nov. 1792, qui a aboli toutes les substitutions fidéicommissaires non alors ouvertes, n'est pas recevable à opposer aux héritiers du grevé qui ont recueilli les biens substitués en vertu de cette abolition, l'inaccomplissement de la part du grevé des formalités prescrites par l'ordonnance de 1747 pour la conservation des biens dans l'intérêt de l'appelé (Req. 31 janv. 1842, aff. de Lascoups, n° 110-4°).

14. Mais il a été jugé : 1° qu'une substitution qui était ouverte au profit de l'appelé au moment de la promulgation de la loi du 14 nov. 1792 a dû avoir son effet, bien que l'appelé n'eût pas encore demandé la délivrance des biens substitués (Req. 1er fév. 1832, MM. Zangiacomi, f. f. pr., de Maleville, rap., aff. de Valernod *C.* des Isnards); — 2° Que la propriété des biens grevés de substitution a été irrévocablement fixée sur la tête de celui qui y avait droit au jour de la loi du 14 nov. 1792, abolitive des substitutions, bien que, par le titre, ce droit eût été subordonné à l'événement d'une condition qui n'était point alors accomplie (Cass. 2 janv. 1813, MM. Muraire, 1er pr., Gandon, rap., aff. Demonge *C.* Desandrouin); — 3° Qu'il y a lieu de maintenir, en vertu de la loi du 14 nov. 1792, une substitution ouverte avant la publication des lois qui les ont abolies, alors même qu'une condition imposée au grevé n'aurait pas été accomplie, si son inaccomplissemenc ne provient pas de son fait, mais de la puissance des lois; si, par exemple, on lui avait imposé l'obligation d'épouser une personne issue de *famille chapitrale*, condition devenue impossible par la suppression de la noblesse (Req. 16 mars 1813, MM. Henrion, pr., Liger de Verdigny, rap., aff. Looz-Corssvarem *C.* Looz-Corssvarem);—4° Que l'abolition des substitutions prononcée par la loi des 25 oct.-14 nov. 1792 ne s'appliquait pas aux substitutions pupillaires (Toulouse, 30 août 1813, M. Dast, pr., aff. Cluzel *C.* Desplats) : elle ne s'appliquait pas davantage à la substitution vulgaire.

15. On sait que la loi du 17 niv. an 2 (art. 1) avait déclaré nulles les donations entre-vifs faites depuis et compris le 14 juill. 1789, ainsi que les institutions contractuelles et toutes dispositions à cause de mort dont l'auteur était encore vivant ou n'était décédé que le 14 juill. 1789 et depuis, lors même qu'elles auraient été faites antérieurement. Des doutes s'étant élevés sur la question de savoir si les substitutions et leurs effets avaient été abolis à dater de la même époque que les autres dispositions, la convention, par un décret du 22 ventôse an 2 (52°), émit sur ce point un avis portant « qu'il n'y a pas de doute que les substitutions créées le 14 juill. 1789 et depuis, ou même antérieurement à cette époque, lorsque leur auteur n'est décédé que postérieurement, ne soient annulées sous la dénomination générale de dispositions à cause de mort; qu'à l'égard des effets des substitutions antérieures on doit s'en tenir au décret des 25 oct.-14 nov. 1792; que ce décret a fait assez, en conférant au possesseur la pleine propriété, pour faire cesser une indisponibilité aristocratique, funeste, d'ailleurs, au commerce et aux transactions sociales; mais que nulle faveur n'était due ni au grevé, ni au substitué, ni aux leurs, qui n'étaient, à vrai dire, que des privilégiés de famille, pour discuter ou changer leur condition respective dans l'intervalle du 14 juill. 1789 au moment où fut portée la loi d'abolition des substitutions; qu'à cette époque on ne vit que la

(1) 14-15 nov. (25 oct.) 1792. — Décret qui abolit les substitutions.
Art. 1. Toutes substitutions sont interdites et prohibées à l'avenir.
2. Les substitutions faites avant la publication du présent décret, par quelques actes que ce soit, qui ne seront pas ouvertes à l'époque de ladite publication, sont et demeurent abolies et sans effet.
3. Les substitutions ouvertes lors de la publication du présent décret, n'auront d'effet qu'en faveur de ceux seulement qui auront alors recueilli les biens substitués ou le droit de les réclamer.

possession pour y consolider la propriété, et que cette loi, qui ne dut son existence qu'à des considérations politiques, n'a rien de commun avec celle du 17 nivôse; qu'enfin, et s'il y avait ici quelqu'un de favorable sous les rapports de la nature, ce seraient les parents expropriés du substituant, et non ceux des grevés ou substitués; mais que, s'agissant, à l'égard des premiers, de dispositions consommées avant le 14 juill. 1789, il faut respecter cette limite et s'en tenir à la stricte observation des lois respectivement rendues sur cette double matière. »

En déclarant nulles les substitutions non ouvertes lors de sa publication, le décret des 25 oct.-14 nov. 1792 consolidait la propriété entre les mains des grevés. Des réclamations furent adressées sur ce point à la convention; on prétendait que l'objet devait être remis aux héritiers naturels dépouillés, au lieu d'être laissé aux grevés. La convention repoussa cette prétention (décr. 9 fruct. an 2, 21°); elle fut d'avis « qu'un double inconvénient existerait dans l'interversion proposée : le premier, d'ôter aux grevés une propriété qui, dans leurs mains, a été consolidée à l'usufruit par une loi solennelle, et dont ils ont pu disposer sous la foi même de cette loi; le second, de rappeler indéfiniment à l'exercice de droits perdus depuis longtemps pour les héritiers naturels; qu'en cet état l'ordre social, bien supérieur à l'intérêt de quelques particuliers, sollicite le maintien des règles rappelées en la cinquante-deuxième réponse inscrite au décret du 22 ventôse. »

16. Un arrêt a décidé que, si depuis la loi de 1792, abolitive des substitutions non encore ouvertes, il a été renoncé par le grevé, dans un traité à forfait, au bénéfice de cette loi, en faveur du substitué, une telle renonciation est valable et ne saurait être annulée comme contraire à l'ordre public, « attendu que cette loi, en prohibant les substitutions pour l'avenir, et en abolissant toutes celles qui n'étaient pas encore ouvertes à l'époque de sa publication, n'a point interdit les conventions par lesquelles des parties ont transigé sur l'application de la loi et sur les effets immédiats de substitutions antérieurement faites; que les parties sont toujours libres de renoncer aux droits qui pourraient résulter pour elles de l'application rigoureuse de la loi » (Req. 4 janv. 1831, MM. Borel, pr., de Maleville, rap., aff. Pérille *C.* Lecarruyer).

17. Le code Napoléon, fidèle à l'esprit d'égalité qui est devenu l'âme des institutions nouvelles, a consacré de nouveau l'abrogation prononcée par le décret des 25 oct.-14 nov. 1792. L'art. 896 porte : « Les substitutions sont prohibées. » Mais, à la différence du décret de 1792, le code Napoléon, au lieu de laisser au grevé la propriété, devenue incommutable, des biens qui faisaient l'objet de la substitution, annule la libéralité, non pas seulement à l'égard du substitué, mais même à l'égard de l'héritier institué, du donataire ou du légataire. Le législateur a pensé avec raison que le testateur pouvait fort bien n'avoir disposé en faveur du grevé qu'à raison de la charge qu'il lui imposait, et que, dans l'incertitude où l'on se trouvait à cet égard, le plus sûr était d'annuler la disposition tout entière pour ne pas courir le risque de s'écarter, en la divisant, de l'intention qui l'avait dictée.

C'est ici le lieu de rappeler les motifs invoqués de tout temps pour la prohibition générale des substitutions; motifs qui, on le pense bien, auront plus ou moins de gravité selon l'étendue du nombre des degrés, la qualité des personnes déclarées capables ou de substituer ou de profiter de la disposition, et la quotité disponible. On a dit, en résumé : Les substitutions sont contraires à la prospérité de l'agriculture, de l'industrie et du commerce; à l'ordre de succéder; à une sage organisation des familles; à l'ordre politique et constitutionnel. — L'agriculture se détériore entre les mains des grevés; c'est l'intérêt, c'est le sentiment d'une pleine propriété qui fait qu'on se résout à tous les frais de défrichement, aux grandes exploitations agricoles; qui provoque, enfin, tous les genres d'amélioration. Un intérêt contraire détourne chaque grevé de ces spéculations utiles à la société : « Ses efforts tendent à multiplier et à anticiper les produits qu'il pourra retirer des biens substitués, au préjudice de ceux qui seront appelés après lui, et qui chercheront à leur tour une indemnité dans de nouvelles dégradations. » (M. Bigot-Préameneu, Exp. des mot.; V. Disp. entre-vifs et test., p. 32, note, n° 9).—L'industrie a besoin de la circulation des propriétés; c'est la transmission plus fréquente et plus facile de la qualité de propriétaire qui en favorise l'essor, en se prêtant à tous les calculs, à toutes les combinaisons, à toutes les entreprises individuelles, en un mot à tous les moyens de perfectionnement. Les substitutions retirent une grande masse de propriétés de ce mouvement des transactions, si propre d'ailleurs à enrichir le fisc. — Le commerce a pour première condition de sa prospérité le crédit public, la sécurité générale, outre la facilité des échanges et des mutations, qui, comme nous venons de le voir, demeurent entravées. Or les substitutions donnent au grevé des apparences de fortune, qui séduisent ses créanciers et les rendent victimes de leur confiance. De grands revenus annoncent ou laissent présumer de grandes richesses. C'est un piége tendu à la bonne foi. « Dans les familles auxquelles les substitutions conservaient les plus grandes masses de fortune, dit M. Bigot-Préameneu, *ibid.*, chaque génération était le plus souvent marquée par une honteuse faillite. » — A une époque où les spéculations commerciales et industrielles étaient moins multipliées, on conçoit que le régime des substitutions eût plus de faveur. L'avantage de conserver les biens dans les familles prévalait contre de moins graves inconvénients. De là aussi cet ancien système de législation qui, à la même époque, ne permettait l'aliénation des propres qu'avec le consentement des héritiers appelés par la loi, ou pour nécessité reconnue, ou à condition de remploi, affectait les propres dans les lignes par la règle *paterna paternis, materna maternis*, établissait les réserves coutumières, le retrait lignager, etc., « institutions qui toutes, selon la remarque de Montesquieu, avaient pour but la conservation des mêmes biens dans les familles » (Espr. des lois, liv. 5, chap. 9). — Mais les ressources territoriales ne suffisant plus, de nouveaux besoins s'étant créés, développés, diversifiés, il fallut, pour seconder les progrès de l'industrie, rendre une plus grande partie de biens à la liberté du commerce. Alors tombèrent les systèmes que nous indiquions tout à l'heure. Les substitutions, produisant le même résultat, appelaient de semblables modifications. — L'ordre de succéder est interverti par les substitutions, et la société perd ainsi tous les avantages que se proposait la sagesse, la prévoyance du législateur, en déterminant les règles de la transmission successorale. « Il s'est formé par là, disait d'Aguesseau dans le préambule de l'ord. de 1747, comme un nouveau genre de succession, où la volonté de l'homme, prenant la place de la loi, donnait lieu d'établir un nouvel ordre de jurisprudence. » — Les substitutions sont donc plus qu'un simple transport de propriété; « c'est faire un acte de législation, plutôt qu'exercer un droit privé; c'était, dans sa plus grande latitude, l'exercice de ce pouvoir indéfini, que le chef de famille avait chez les Romains, non-seulement sur des biens personnels, mais encore sur la famille entière : pouvoir qui était une des bases du système du gouvernement, et que ne comporte pas notre législation » (M. Bigot-Préameneu, *loc. cit.*). — L'organisation des familles en est troublée de plusieurs manières. Les substitutions sont un principal instrument de l'inégalité des partages : c'est une branche qu'on préfère à une autre; c'est un seul qui, dans chaque branche, écarte tous ses proches. Les parents sacrifiés ne pardonnent pas si facilement un éclat, une opulence, qui a pour cause leur ruine, leur misère, l'attribution exclusive d'un patrimoine que la nature voulait commun. De là un germe, toujours fécond, de discorde et de procès. On les voyait autrefois élever mille contestations qui se renouvelaient à chaque ouverture du fidéicommis, « en telle sorte (dit le préambule de l'ordonnance déjà cité) que, par un événement contraire aux vues de l'auteur de la substitution, il est arrivé que ce qu'il avait ordonné pour l'avantage de sa famille en a causé la ruine. »

18. Les substitutions ne sont pas non plus sans influence sur l'ordre politique et constitutionnel. En effet, si la propriété foncière est à considérer comme une garantie dans la distribution des emplois, il existera, comme le remarquait l'orateur de la section au conseil d'État (séance 14 pluv. an 11), un plus grand nombre d'individus avec une fortune donnant une garantie suffisante, quand les patrimoines seront répartis, que quand ils seront dans la main d'un seul dans chaque famille; » et le vœu de la loi, qui proclame l'égale admissibilité de tous les Français aux emplois publics, sera plus facilement accompli.

19. Il arrivait quelquefois qu'un testateur en faisant une substitution perpétuelle nommait des exécuteurs testamentaires pour en surveiller et en assurer l'exécution; le pouvoir de ces exécuteurs testamentaires a dû évidemment cesser par l'effet des lois qui ont aboli les substitutions (Liége, 12 janv. 1813, aff. de Galen, V. Disp. entre-vifs et test., tit. 4).

20. En prohibant les substitutions, le législateur n'avait entendu parler que des substitutions *fidéicommissaires;* pour prévenir à cet égard tout malentendu, il eut soin d'expliquer (art. 898) que la prohibition ne s'appliquait point à ces dispositions que le droit romain et notre ancienne jurisprudence désignaient sous le nom de substitution *vulgaire.* — Quant à la substitution *pupillaire* et à la substitution *exemplaire,* dont le code ne parle pas, elles ne peuvent être aujourd'hui d'aucun usage. En effet, notre droit civil n'admet pas qu'il soit possible à une personne de tester pour une autre personne, même à un père ou à une mère pour un fils ou une fille, encore bien que ceux-ci soient dans l'impuissance de le faire eux-mêmes. Au surplus, nous n'attachons pas la même importance que les Romains à mourir *testats;* par conséquent la substitution pupillaire et la substitution exemplaire n'ont plus les mêmes raisons d'être. — Il a été décidé, en ce sens, que la substitution pupillaire n'est point permise par le code, quoiqu'il maintienne les institutions conditionnelles :— « Attendu 1° qu'il existe entre la substitution pupillaire et les institutions conditionnelles des différences si essentielles, qu'elles ne permettent pas d'argumenter de la conservation des secondes, faite par le code Napoléon, à la conservation de la première, dont il ne fait aucune mention; 2° qu'une pareille induction paraît d'autant moins admissible, que le code Napoléon ne permet pas de tester pour un autre, ce qui arrive dans les substitutions pupillaires, par lesquelles le père teste pour son fils si ce dernier décède à l'âge indiqué par les lois romaines » (Turin, 1er fév. 1806, aff. Milano; 3e sect., 15 fév. 1810, aff. Ponzio).

21. Il a été jugé, en outre : 1° que c'est par la loi du décès du pupille, et non par celle contemporaine de la mort du père, que doivent se régler la validité et les effets d'une substitution pupillaire; que, par exemple, la prohibition de cette sorte de disposition, qui résulte des art. 895 et 905 c. nap., s'applique même au cas d'une substitution pupillaire antérieure au code, si le pupille est décédé depuis (Turin, 3e sect., 15 fév. 1810, aff. Ponzio);— 2° Que néanmoins dans la substitution pupillaire par laquelle le testateur a institué tous ses enfants et les a substitués entre eux l'institution principale est réglée par la loi du temps de la mort du testateur; qu'il n'y a que la seconde disposition, ou la substitution, qui soit soumise à la loi du décès du pupille; que cette dernière peut donc être déclarée nulle, en même temps que l'autre valable (même arrêt);—3° Qu'une substitution pupillaire éteinte par la puberté de l'enfant, acquise avant la promulgation du code Napoléon, n'a pu revivre par l'effet de la disposition de ce code qui prolonge pour les mineurs l'incapacité de tester (Turin, 1er fév. 1806, aff. Milano).

22. Après avoir, dans l'art. 896, posé la règle générale, qui est la prohibition des substitutions, le législateur a senti le besoin de faire à cette règle une exception. Il peut arriver, en effet, que, sans songer à créer dans la famille, au profit de l'un de ses membres, une situation privilégiée, un père, qui a lieu de craindre que les biens qu'il laissera à son décès ne soient dissipés par un fils prodigue, désire en assurer la conservation dans l'intérêt des petits-enfants qui naîtront de ce fils. Un tel désir n'a rien que de légitime et de conforme à l'intérêt social. Aussi le législateur a-t-il cru devoir assurer à un père les moyens légaux de le réaliser. Il permet aux pères et mères de donner à leurs enfants par actes entre-vifs ou testamentaires, à la charge de rendre les biens ainsi donnés à leurs enfants nés et à naître. Mais, d'une part, il n'accorde cette faculté que pour les biens formant la quotité disponible; quant à la réserve, sa transmission des pères et mères à leurs enfants, s'opérant par la seule force de la loi, ne peut être soumise à aucune condition ni grevée d'aucune charge; d'autre part, il ne permet aux pères et mères de disposer ainsi qu'en faveur des enfants du grevé indistinctement, sans exception ni préférence d'âge ou de sexe. La faculté qu'il accorde aux pères et mères, il l'accorde aux frères et sœurs qui, voulant disposer en faveur d'un ou de quelques-uns de leurs frères ou sœurs, désirent en même temps assurer aux enfants de ces derniers les biens qu'ils leur transmettent. Les dispositions que nous venons d'indiquer, ainsi que les règles accessoires qui s'y rattachent, forment l'objet du chap. 6 (1) du titre des Donations et testaments, au code Napoléon. Elles seront expliquées avec tout le développe-

(1) *Extrait de l'exposé des motifs de la loi relative aux donations entre-vifs et aux testaments, par Bigot-Préameneu* (séance du 2 flor. an 11).

1. La loi établit des règles particulières à certaines dispositions entre-vifs ou de dernière volonté, qui exigent des mesures qui leur sont propres. — Telles sont les dispositions permises aux pères et mères, et aux frères ou sœurs, dont la sollicitude, se prolongeant dans l'avenir, leur aurait fait craindre que des petits-enfants ou des neveux ne fussent exposés à l'infortune par l'inconduite ou par les revers de ceux qui leur ont donné le jour. — Dans la plupart des législations, et dans la nôtre jusqu'aux derniers temps, la puissance paternelle a eu dans l'exhérédation un des plus grands moyens de prévenir et de punir les fautes des enfants; mais en remettant cette arme terrible dans la main des pères et mères, on n'a songé qu'à venger leur autorité outragée, et l'on s'est écarté des principes sur la transmission des biens. — Un des motifs qui a fait supprimer le droit d'exhérédation est que l'application de la peine à l'enfant coupable s'étendait à sa postérité innocente : cependant cette postérité ne devait pas être moins chère au père équitable dans sa vengeance; elle n'en était pas moins une partie essentielle de la famille, et devait y trouver la même faveur et les mêmes droits. — Or il n'y avait qu'un petit nombre de cas dans lesquels les enfants de l'exhérédé fussent admis à la succession de celui qui avait prononcé la fatale condamnation. — Ainsi, sous le rapport de la transmission des biens dans la famille, l'exhérédation n'avait que des effets funestes : la postérité la plus nombreuse d'un seul coupable était enveloppée dans sa proscription; et combien n'étaient-ils pas scandaleux dans les tribunaux ces combats où, pour des intérêts pécuniaires, la mémoire du père était déchirée par ceux qui s'opposaient à l'exhérédation, et la conduite de l'enfant exhérédé présentée sous les traits que la cupidité cherchait encore à rendre plus odieux!

2. Cependant il fallait trouver un moyen de conserver à la puissance des pères et mères la force nécessaire, sans blesser la justice. — On avait d'abord cru que l'on pourrait atteindre à ce but si on donnait aux père et mère le droit de réduire l'enfant qui se rendait coupable d'une dissipation notoire au simple usufruit de sa portion héréditaire, ce qui eût assuré la propriété aux descendants nés et à naître de cet enfant. — On avait trouvé les traces de cette disposition officieuse dans les lois romaines; mais après un examen plus approfondi, on y a découvert la plupart des inconvénients de l'exhérédation. — La plus grande puissance des pères et mères, c'est de la nature et non des lois qu'ils la tiendront. Les efforts des législateurs doivent tendre à seconder la nature et à maintenir le respect qu'elle a inspiré aux enfants : la loi qui donnerait au fils le droit d'attaquer la mémoire de son père, et de le présenter aux tribunaux comme coupable d'avoir violé ses devoirs par une proscription injuste et barbare, serait elle-même une sorte d'attentat à la puissance paternelle; elle tendrait à la dégrader dans l'opinion des enfants. Le premier principe dans cette partie de la législation est d'éviter, autant qu'il est possible, de faire intervenir les tribunaux entre les pères et mères et leurs enfants. Il est le plus souvent inutile et toujours dangereux de remettre entre les mains des pères et des mères des armes que les enfants puissent combattre et rendre impuissantes. — C'eût été une erreur de croire que l'enfant réduit à l'usufruit de sa portion héréditaire ne verrait lui-même que l'avantage de sa postérité, et qu'il ne se plaindrait pas d'une disposition qui lui laisserait la jouissance entière des revenus. Cette disposition officieuse pour les petits-enfants eût été contre le père ainsi grevé une véritable interdiction qui eût pu avoir sur son sort, pendant le reste de sa vie une influence funeste. Comment celui qui aurait été proclamé dissipateur par son père même pourrait-il se présenter pour des emplois publics? Comment obtiendrait-il la confiance dans tous les genres de professions?

3. N'était-il pas trop rigoureux de rendre perpétuels les effets d'une peine aussi grave quand la cause pouvait n'être que passagère? — Il a donc été facile de prévoir que tous les enfants, ainsi condamnés par l'autorité des pères et mères, se pourvoiraient devant les tribunaux; et avec quel avantage n'y paraîtraient-ils pas? — La dissipation se compose d'une suite de faits que la loi ne peut pas déterminer : ce qui est dissipation dans une circonstance ne l'est pas dans une autre. Le premier juge, celui dont la voix serait si nécessaire à entendre pour connaître les motifs de sa décision, n'existerait plus. — Serait-il possible d'imaginer une scène plus contraire aux bonnes mœurs que celle d'un aïeul dont la mémoire serait déchirée par son fils réduit à l'usufruit, en même temps que la conduite de ce fils serait dévoilée par ses propres enfants? Cette famille ne deviendrait-elle pas le scandale et la honte de la société? Et à quelle époque pourrait-on espérer que le respect des enfants pour les pères s'y rétablirait? Il aurait donc bien mal rempli ses vues, le père de famille qui, en réduisant son fils à l'usufruit, n'aurait eu qu'une intention bienfaisante envers ses petits-enfants; et s'il eût prévu les conséquences funestes que sa disposition pouvait avoir, n'eût-il pas dû s'en abstenir? — La loi qui eût admis cette disposition eût encore été vicieuse en ce que la réduction à l'usufruit pouvait s'appliquer à la portion héréditaire en entier. C'était porter atteinte au droit de légitime qui a été jusqu'ici regardée comme ne pouvant pas être réduite par les pères et mères eux-mêmes, si ce n'est dans le cas de l'exhérédation. Or la dissipation notoire n'a jamais été une cause d'exhérédation, mais seulement d'une interdiction susceptible d'être levée quand sa cause n'existait plus.

4. Quoique la disposition officieuse, telle qu'on l'avait d'abord conçue, fût exposée à des inconvénients qui ont empêché de l'admettre, l'idée n'en était pas moins en elle-même juste et utile. L'erreur n'eût pas été moins grande si on ne l'eût pas conservée en la modifiant. — Il fallait éviter, d'une part, que la disposition ne fût un germe de discorde et d'accusations respectives; et de l'autre, que la loi qui soustrait une certaine quotité de biens aux volontés du père ne fût violée.

Ces conditions se trouvent remplies en donnant aux pères et mères la faculté d'assurer à leurs petits-enfants la portion de bien dont la loi leur laisse la libre disposition. Ils pourront l'assurer en la donnant à un ou à plusieurs de leurs enfants; et ceux-ci seront chargés de la rendre à leurs enfants. Vous avez vu que la

ment qu'elles comportent en leur lieu, dans le cours de cet article. — V. *infrà*, sect. 3.

22. Cette manière de disposer n'était pas connue dans l'ancien droit. On y suppléait par l'*exhérédation* officieuse. Trois

---

portion disponible laissée au père suffira pour atteindre au but proposé : elle sera, eu égard à la fortune de chacun, assez considérable pour qu'elle puisse préserver les petits-enfants de la misère à laquelle l'inconduite ou les malheurs du père les exposeraient. — L'aïeul ne peut pas espérer de la loi une faculté plus étendue que celle dont il a besoin, en n'écoutant que des sentiments d'une affection pure envers sa postérité; et d'une autre part, la quotité réservée aux enfants est de droit public; sa volonté, quoique raisonnable, ne peut y déroger.

5. Lorsque la charge de rendre les biens est imposée, ce doit être en faveur de toute la postérité de l'enfant ainsi grevé, sans aucune préférence, à raison de l'âge ou du sexe, et non-seulement au profit des enfants nés lors de la disposition, mais encore de tous ceux à naître. — Ce moyen est préférable à celui de la disposition officieuse; la réserve légale reste intacte; la volonté du père ne s'applique qu'à des biens dont il est absolument le maître de disposer : elle ne peut être contestée ni compromise; elle ne porte plus les caractères d'une peine contre l'enfant grevé de restitution; elle pourra s'appliquer à l'enfant dissipateur comme à celui qui déjà aura eu des revers de fortune, ou qui par son état y serait exposé.

6. Il est possible que les pères et mères qui sont seuls juges des motifs qui les portent à disposer ainsi d'une partie de leur fortune, avec la charge de la rendre, aient seulement la volonté de préférer à la fois l'enfant auquel ils donnent l'usufruit et sa propriété. Mais la loi les laisse maîtres de disposer au profit de celui de leurs enfants qu'il leur plaît; et on a beaucoup moins à craindre une préférence aveugle lorsque les biens doivent passer de l'enfant grevé de restitution à tous les petits-enfants sans distinction, et au premier degré seulement.

7. C'est dans cet esprit de conservation de la famille que la loi proposée a étendu à celui qui meurt, ne laissant que des frères ou sœurs, la faculté de les grever de restitution jusqu'à concurrence de la portion disponible au profit de tous les enfants de chacun des grevés. — On voit que la faculté accordée aux pères et mères de donner à un ou plusieurs de leurs enfants tout ou partie des biens disponibles, à la charge de les rendre aux petits-enfants, a si peu de rapport avec l'ancien régime des substitutions qu'on ne lui en a même pas donné le nom. — C'est une substitution, en ce qu'il y a une transmission successive de l'enfant donataire aux petits-enfants. — Mais cela est contraire aux anciennes substitutions, en ce que l'objet de la faculté donnée aux pères et mères et aux frères n'est point de créer un ordre de succession et d'intervertir les droits naturels de ceux que la loi eût appelés, mais plutôt de maintenir cet ordre et ces droits en faveur d'une génération qui en eût été privée. — Dans les anciennes substitutions, c'était une branche qui était préférée à l'autre : dans la disposition nouvelle, c'est une branche menacée et que l'on veut conserver.

8. En autorisant cette espèce de disposition officieuse, il a fallu établir les règles nécessaires pour son exécution. — On a d'abord déterminé la forme de ces actes. Elle sera la même que pour les donations entre-vifs ou les testaments.

9. Celui qui aura donné des biens sans charge de restitution pourra l'imposer par une nouvelle libéralité.

10. Il ne pourra s'élever aucun doute sur l'ouverture des droits des appelés. Ils seront ouverts à l'époque où, par quelque cause que ce soit, la jouissance du grevé cessera : cependant s'il y avait un abandon en fraude des créanciers, il serait juste que leurs droits fussent conservés.

11. La faveur des mariages ne peut, dans ce cas, être un motif pour que les femmes exercent des recours subsidiaires sur les biens ainsi donnés; elles n'en auront que pour leurs deniers dotaux et dans le cas seulement où cela aura été formellement exprimé dans la donation entre-vifs ou dans le testament.

12. La loi devait ensuite prévoir les difficultés qui pourraient s'élever sur l'exécution de ces actes. Il fallait éviter qu'à l'occasion d'une charge imposée à un père au profit de ses enfants, il pût s'élever entre eux des contestations. On reconnaîtra, dans toutes les parties du code civil, qu'on a pris tous les moyens de prévenir ce malheur. — Si le père ne remplit pas les obligations qu'entraîne la charge de restitution, il faut qu'il y ait entre eux une personne dont la conduite, tracée par la loi, ne puisse provoquer le ressentiment du père contre les enfants. — Cette tierce personne sera un tuteur nommé pour faire exécuter, après la mort du donateur ou du testateur, sa volonté. — Il vaudrait mieux, pour assurer l'exécution, que ce tuteur fût nommé par celui même qui fait la disposition : ce choix donnerait au tuteur ainsi nommé un titre de plus à la confiance et à la déférence de l'enfant grevé. — Si cette nomination n'a pas été faite, ou si le tuteur nommé est décédé, la loi prend toutes les précautions pour qu'il ne puisse jamais arriver qu'il n'y ait pas de tuteur chargé de l'exécution. — Le grevé sera tenu de provoquer cette nomination sous peine d'être déchu du bénéfice de la disposition; et s'il y manque, il y sera suppléé, soit par les appelés, s'ils sont majeurs, soit par leurs tuteurs ou curateurs, s'ils sont mineurs ou interdits, soit par tout parent des appelés majeurs, mineurs ou interdits, ou même d'office, à la diligence du commissaire du gouvernement près le tribunal de première instance du lieu où la succession est ouverte.

13. Des règles sont ensuite établies pour constater les biens, par la vente du mobilier, pour l'emploi des deniers, pour la transcription des actes contenant les dispositions, ou pour l'inscription sur les biens affectés au payement des sommes colloquées avec privilège.

Extrait du rapport fait au tribunat par le tribun Jaubert, sur le projet de loi relative aux donations entre-vifs et aux testaments (séance du 9 flor. an 11).

14. *Charge de rendre aux petits-enfants*, etc. — Examinons d'abord la partie de la loi qui est destinée à donner une nouvelle force à la puissance paternelle. — La loi établit une réserve au profit des enfants, et le surplus des biens du père est libre dans ses mains. — La réserve ne peut être grevée d'aucune charge. — Si le père a disposé en faveur de son fils, et qu'il lui ait imposé des charges et conditions, le fils peut, en optant pour la réserve légale, se soustraire à toutes ces charges et conditions. — Mais aussi le père peut disposer de la quotité disponible en faveur de qui il lui plaît, même d'un étranger. Tel est le pouvoir que donne la loi. — Mais son vœu, conforme à la nature, est que la substance du père ne passe pas à des étrangers. — Le vœu de la loi, comme celui de la nature, est que les biens qu'un fils a reçus de son père lui servent aussi pour continuer la famille.

15. Ne peut-il pas arriver cependant qu'un père ait de justes craintes que son fils ne dissipe les biens qu'il va lui transmettre? Ne peut-il pas arriver qu'un père ait eu de légitimes motifs de mécontentement? — La nouvelle législation n'a pas cru devoir laisser subsister l'exhérédation; la peine est détruite : fasse le ciel que l'idée de toute impiété envers la nature ne se manifeste jamais! — Mais enfin, soit que le père ait lieu de soupçonner l'administration de son fils, soit que, par un excès de prudence ou par le désir bien naturel à un ascendant de songer à ses rejetons, il veuille faire servir son droit de disposer d'une quotité, ou à venger son autorité, ou à assurer l'existence de ses petits-enfants, pourquoi la loi ne protégerait-elle pas une aussi sainte destination? — C'est aussi ce que veut le projet en faveur des petits-enfants nés et à naître. — Eh! qu'on ne craigne pas de voir revivre les anciennes substitutions. — L'ascendant, qui au reste ne sera jamais que le père ou la mère (la disposition ne serait jamais permise à l'aïeul), l'ascendant ne pourra étendre sa prévoyance au delà des enfants de son fils, et la disposition ne pourra jamais tourner au profit de tous les enfants du donataire indistinctement. — Cette disposition est le complément des admirables précautions du code, concernant la puissance des pères et mères.

16. *Charge de rendre aux neveux et aux nièces.* — Il était bien juste aussi d'adapter le même principe aux dispositions en faveur des enfants des frères et des sœurs. — La loi n'établit pas de réserve pour les frères et sœurs. — Mais son vœu serait également trompé, si les familles étaient dépouillées sans motif légitime. — Il arrivera fréquemment qu'un frère sera l'objet de la libéralité de son frère. — Il arrivera fréquemment aussi qu'un frère pourra disposer au profit de ses neveux, quoiqu'il conserve beaucoup d'affection pour leur père. — Ce dernier cas peut se rencontrer lorsqu'il est à craindre que le père des neveux ne soit un dissipateur. — S'il était vrai que ce fût par une sorte d'orgueil que le donateur voulût grever son frère ou sa sœur de restitution en faveur de ses neveux, pour que les uns et les autres tinssent tout de sa libéralité, pourquoi la loi ne ferait-elle pas tourner ce sentiment au profit de la famille? Les meilleures lois sont celles qui dirigent les passions des hommes vers un objet utile à la société. — Aussi votre section s'est empressée d'adopter l'article du projet qui autorise la disposition d'un frère ou d'une sœur au profit de son frère, avec la charge de restituer les biens aux enfants nés et à naître.

17. Il était indispensable de prendre des précautions pour la conservation des droits des appelés, et pour que les droits des tiers ne fussent jamais blessés. — Par rapport aux appelés, il y aura toujours un tuteur chargé de veiller à l'exécution de la disposition, même lorsque les appelés seront majeurs. — Précaution sage! les appelés étant toujours les enfants du grevé, il ne convenait pas de les laisser en présence de leur père, avec lequel ils auront nécessairement des intérêts opposés.

18. Plus la mission du tuteur était importante, et plus il était indispensable de pourvoir à ce qu'il fût promptement en activité. — Si le grevé ne provoquait pas lui-même la nomination dans les délais d'un mois, il serait déchu du bénéfice de la disposition. Il en serait déchu non-seulement sur la demande des appelés, mais encore à la diligence de tout parent des appelés, ou même d'office, à la diligence du commissaire du gouvernement.

19. Pour ce qui est des tiers, comme cette charge de rendre sera exorbitante du droit commun, elle ne pourra être opposée à ceux qui n'en auraient pu être avertis. — Un seul moyen pouvait s'offrir... pour les immeubles... c'est la transcription de la disposition au bureau des hypothèques. Pour les sommes colloquées... l'inscription sur les biens affectés au privilége. Le défaut de transcription ne pourra jamais être suppléé, sauf le recours contre le grevé et contre le tuteur. — Cette espèce de disposition donne à la propriété transmise un caractère tout particulier. — Comme la disposition est faite en faveur des enfants du donataire ou du légataire, nés et à naître, il est bien évident que si le grevé décède sans laisser d'enfants, cette propriété se trouve libre dans sa succession. — Ce n'est en effet qu'à la mort du grevé que les appelés peuvent avoir un droit acquis. — Néanmoins le droit des appelés pourrait être ouvert même avant la mort naturelle du grevé. — La mort civile du grevé produirait cet effet. — Il en serait de même si le grevé anticipait l'époque de la restitution par l'abandon volontaire. — Mais, dans ce cas, il y a deux choses importantes à remarquer : — 1° La restitution anticipée en faveur d'un enfant ne pourrait nuire aux autres enfants qui surviendraient postérieurement. — 2° Elle ne pourrait nuire non plus aux créanciers du grevé antérieurs à l'abandon.

Extrait du discours prononcé au corps législatif par le tribun Favard (séance du 29 flor. an 11).

.... 20. J'arrive à un point bien délicat, celui des substitutions. Vous savez combien on a écrit pour ou contre depuis les premiers jours de la révolution jusqu'à ce moment. — Les substitutions ont été établies par un très-bon principe; mais l'abus s'était introduit dans cette partie de notre droit, comme dans beaucoup d'autres. — Les ordonnances des rois de France qui ont cherché à les ramener dans des bornes plus étroites attestent cette vérité. — Le même abus avait profondément affecté l'assemblée constituante; elle n'eut que le temps de le signaler aux législateurs qui devaient lui succéder; et il arriva ce qui arrive toujours dans les premiers moments où la réforme exerce sa puissance. — La convention nationale (a) dépassa le terme où est établie la ligne sur laquelle reposent les intérêts de tous. — Les substitutions parcouraient trois degrés, c'était trop. — Elles étaient en faveur des aînés, et ensuite de mâle en mâle, et les biens n'arrivaient aux filles qu'à défaut de mâles. La préférence était odieuse et injuste. — On corrigea cet excès par l'excès contraire, en abolissant entièrement les substitutions.

21. Enfin on voit luire le jour où la raison peut se faire entendre après le règne orageux de la réforme. On a senti que tout détruire était un abus; qu'il ne fallait pas toujours trop écouter la haine contre les institutions qui avaient vieilli avec des vices; que l'intérêt général devait apaiser ce sentiment, et le diriger vers une juste combinaison entre ce qui est dangereux et ce qui peut être utile.

C'est dans ces vues que le projet de loi porte : — 1° Que les biens dont les père et mère auront la faculté de disposer pourront être donnés, avec la charge de les rendre aux enfants nés et à naître, au premier degré seulement des donataires. — 2° Que ces dispositions ne seront valables qu'autant que la charge de restitution sera au profit de tous les enfants sans exception, ni préférence d'âge ou de sexe. — 3° Que ce droit acquis aux enfants du donataire passera, par l'effet de la représentation, à ses petits-enfants dont le père serait mort avant de l'avoir recueilli. — Ces restitutions, au surplus, seront sujettes à des formalités que le projet de loi explique avec beaucoup de précision.

(a) V. les décrets des 25 oct. et 14 nov. 1792.

conditions étaient nécessaires pour la validité de cette disposition : 1° le père instituait héritiers ou légataires ses petits-enfants; 2° il donnait des aliments à son fils; 3° il exprimait la cause de l'exhérédation, et il fallait que la dissipation du fils fût prouvée (L. 16, § 2, ff., *De curat. furios.*; V. deux arrêts du parlement de Paris, des 31 mai 1680 et 20 déc. 1776, rapportés par M. Merlin, Rép., v° Exhérédation, § 7; M. d'Aguesseau, plaid. 3 et 33). Le pouvoir d'exhéréder n'étant considéré que comme une prérogative de la puissance paternelle, la faculté que le code lui a substituée en diffère encore par son extension aux frères et sœurs. — D'après la loi du 9 fruct. an 2, art. 2, «toute exhérédation, qui tend nécessairement à donner à l'un ce dont on prive l'autre, a été implicitement abolie, avec tous ses effets, depuis le 14 juill. 1789. »

Le projet du code avait, en partie, rétabli l'exhérédation officieuse. Il permettait, sous le nom de *disposition officieuse*, l'attribution aux petits-enfants de la nue propriété, et au fils de l'usufruit, de toute la portion héréditaire. Les enfants ne pouvaient aliéner la nue propriété avant le décès de leur père usufruitier; et pour que la volonté de l'aïeul eût son effet, il fallait 1° qu'elle fût exprimée par testament; 2° que la dissipation du fils fût notoire, et alléguée expressément par le testateur comme la cause de sa disposition; 3° que le fils ne se fût pas amendé avant sa mort. — On conçoit tous les inconvénients qui pouvaient résulter d'un pareil système, et qui s'étaient déjà manifestés au temps de l'exhérédation. La mémoire de l'aïeul est attaquée par le fils, réduit à l'usufruit, et la conduite du fils est dévoilée par ses propres enfants. Le fils, proclamé dissipateur par son père, n'a plus les

Extrait du code Napoléon, liv. 3, tit. 2 (13-23 flor. an 11).

Chap. 6. — *Des dispositions permises en faveur des petits-enfants du donateur ou testateur, ou des enfants de ses frères et sœurs.*

Art. 1048. Les biens dont les pères et mères ont la faculté de disposer, pourront être par eux donnés, en tout ou en partie, à un ou plusieurs de leurs enfants, par actes entre-vifs ou testamentaires, avec la charge de rendre ces biens aux enfants nés et à naître, au premier degré seulement, desdits donataires. — V. Exposé des motifs et rapport, n° 1, 14, 20.

1049. Sera valable, en cas de mort sans enfants, la disposition que le défunt aura faite par acte entre-vifs ou testamentaire, au profit d'un ou plusieurs de ses frères ou sœurs, de tout ou partie des biens qui ne sont point réservés par la loi dans sa succession, avec la charge de rendre ces biens aux enfants nés et à naître, au premier degré seulement, desdits frères ou sœurs donataires. — V. n°s 7, 16.

1050. Les dispositions permises par les deux articles précédents, ne seront valables qu'autant que la charge de restitution sera au profit de tous les enfants nés et à naître du grevé, sans exception ni préférence d'âge ou de sexe. — V. n° 21.

1051. Si, dans les cas ci-dessus, le grevé de restitution au profit de ses enfants, meurt, laissant des enfants au premier degré et des descendants d'un enfant prédécédé, ces derniers recueilleront, par représentation, la portion de l'enfant prédécédé. — V. n° 21.

1052. Si l'enfant, le frère ou la sœur auxquels des biens auraient été donnés par acte entre-vifs, sans charge de restitution, acceptent une nouvelle libéralité faite par acte entre-vifs ou testamentaire, sous la condition que les biens précédemment donnés demeureront grevés de cette charge, il ne leur est plus permis de diviser les deux dispositions faites à leur profit, et de renoncer à la seconde pour s'en tenir à la première, quand même ils offriraient de rendre les biens compris dans la seconde disposition. — V. n° 9.

1053. Les droits des appelés seront ouverts à l'époque où, par quelque cause que ce soit, la jouissance de l'enfant, du frère ou de la sœur, grevés de restitution, cessera, l'abandon anticipé de la jouissance au profit des appelés, ne pourra préjudicier aux créanciers du grevé antérieurs à l'abandon. — V. n°s 10, 19.

1054. Les femmes des grevés ne pourront avoir, sur les biens à rendre, de recours subsidiaire, en cas d'insuffisance des biens libres, que pour le capital des deniers dotaux, et dans le cas seulement où le testateur l'aurait expressément ordonné. — V. n° 11.

1055. Celui qui fera les dispositions autorisées par les articles précédents, pourra, par le même acte, ou par un acte postérieur, en forme authentique, nommer un tuteur chargé de l'exécution de ces dispositions : ce tuteur ne pourra être dispensé que pour une des causes exprimées à la sect. 6 du ch. 2 du titre de la Minorité, de la Tutelle et de l'Emancipation. — V. n°s 12, 17.

1056. A défaut de ce tuteur, il en sera nommé un à la diligence du grevé, ou de son tuteur s'il est mineur, dans le délai d'un mois, à compter du jour du décès du donateur ou testateur, ou du jour que, depuis cette mort, l'acte contenant la disposition aura été connu. — V. n°s 12, 18.

1057. Le grevé qui n'aura pas satisfait à l'article précédent sera déchu du bénéfice de la disposition ; et dans ce cas, le droit pourra être déclaré ouvert au profit des appelés, à la diligence, soit des appelés s'ils sont majeurs, soit de leur tuteur ou curateur s'ils sont mineurs ou interdits, soit de tout parent des appelés majeurs, mineurs ou interdits, ou même d'office, à la diligence du commissaire du procureur impérial au tribunal de première instance du lieu où la succession est ouverte. — V. n°s 12, 18.

1058. Après le décès de celui qui aura disposé à la charge de restitution, il sera procédé, dans les formes ordinaires, à l'inventaire de tous les biens et effets qui composeront sa succession, excepté néanmoins le cas où il ne s'agirait que d'un legs particulier. Cet inventaire contiendra la prisée à juste prix des meubles et effets mobiliers. — V. n° 13.

1059. Il sera fait à la requête du grevé de restitution, et dans le délai fixé au titre des Successions, en présence du tuteur nommé pour l'exécution. Les frais seront pris sur les biens compris dans la disposition.

1060. Si l'inventaire n'a pas été fait à la requête du grevé dans le délai ci-dessus, il y sera procédé dans le mois suivant, à la diligence du tuteur nommé pour l'exécution, en présence du grevé ou de son tuteur.

1061. S'il n'a point été satisfait aux deux articles précédents, il sera procédé au même inventaire, à la diligence des personnes désignées en l'art. 1057, en y appelant le grevé ou son tuteur, et le tuteur nommé pour l'exécution.

1062. Le grevé de restitution sera tenu de faire procéder à la vente, par affiches et enchères, de tous les meubles et effets compris dans la disposition, à l'exception néanmoins de ceux dont il est mention dans les deux articles suivants.

1063. Les meubles meublants et autres choses mobilières qui auraient été compris dans la disposition, à la condition expresse de les conserver en nature, seront rendus dans l'état où ils se trouveront lors de la restitution.

1064. Les bestiaux et ustensiles servant à faire valoir les terres, seront censés compris dans les donations entre-vifs ou testamentaires desdites terres ; et le grevé sera seulement tenu de les faire priser et estimer, pour en rendre une égale valeur lors de la restitution.

1065. Il sera fait par le grevé, dans le délai de six mois, à compter du jour de la clôture de l'inventaire, un emploi des deniers comptants, de ceux provenant du prix des meubles et effets qui auront été vendus, et de ce qui aura été reçu des effets actifs. — Ce délai pourra être prolongé, s'il y a lieu.

1066. Le grevé sera pareillement tenu de faire emploi des deniers provenant des effets actifs qui seront recouvrés et des remboursements de rentes, et ce, dans trois mois au plus tard après qu'il aura reçu ces deniers.

1067. Cet emploi sera fait conformément à ce qui aura été ordonné par l'auteur de la disposition, s'il a désigné la nature des effets dans lesquels l'emploi doit être fait ; sinon, il ne pourra l'être qu'en immeubles, ou avec privilège sur des immeubles.

1068. L'emploi ordonné par les articles précédents sera fait en présence et à la diligence du tuteur nommé pour l'exécution.

1069. Les dispositions par actes entre-vifs ou testamentaires, à charge de restitution, seront, à la diligence, soit du grevé, soit du tuteur nommé pour l'exécution, rendues publiques; savoir, quant aux immeubles, par la transcription des actes sur les registres du bureau des hypothèques du lieu de la situation ; et quant aux sommes colloquées avec privilège sur des immeubles, par l'inscription sur les biens affectés au privilège. — V. n° 19.

1070. Le défaut de transcription de l'acte contenant la disposition, pourra être opposé par les créanciers et tiers acquéreurs, même aux mineurs ou interdits ; sauf le recours contre le grevé et contre le tuteur à l'exécution, et sans que les mineurs ou interdits puissent être restitués contre ce défaut de transcription, quand même le grevé et le tuteur se trouveraient insolvables.

1071. Le défaut de transcription ne pourra être suppléé ni regardé comme couvert par la connaissance que les créanciers ou les tiers acquéreurs pourraient avoir eue de la disposition par d'autres voies que celles de la transcription.

1072. Les donataires, les légataires, ni même les héritiers légitimes de celui qui aura fait la disposition, ni pareillement leurs donataires, légataires ou héritiers, ne pourront, en aucun cas, opposer aux appelés le défaut de transcription ou inscription.

1073. Le tuteur nommé pour l'exécution sera personnellement responsable, s'il ne s'est pas, en tout point, conformé aux règles ci-dessus établies pour constater les biens, pour la vente du mobilier, pour l'emploi des deniers, pour la transcription et l'inscription, et en général, s'il n'a pas fait toutes les diligences nécessaires pour que la charge de restitution soit bien et fidèlement acquittée.

1074. Si le grevé est mineur, il ne pourra, dans le cas même de l'insolvabilité de son tuteur, être restitué contre l'inexécution des règles qui lui sont prescrites par les articles du présent chapitre.

mêmes droits à la considération et à la confiance publiques. C'est une sorte d'interdiction qui, revint-il à une meilleure conduite, ne laissera pas moins à son nom une tache indélébile. La dissipation se compose d'une suite de faits, que la loi ne peut pas déterminer. Le père n'existera plus, pour exposer les motifs de sa décision; des procès scandaleux se renouvelleront à chaque instant dans les familles. La réduction à l'usufruit de toute la portion héréditaire porte d'ailleurs atteinte à la légitime, dont l'intégrité a été dans le vœu de tous les législateurs, comme une institution de droit public. — Tels sont, en résumé, les motifs présentés au conseil d'Etat contre la disposition officieuse.

On a préféré laisser au père la faculté de donner la portion disponible, en chargeant le fils de la rendre à ses enfants. Par ce moyen, disait M. Bigot-Préameneu (Expos. des mot. au corps législ., V. page 7, note, n° 5), « la réserve légale reste intacte; la volonté du père ne peut être contestée ni compromise; elle ne porte plus les caractères d'une peine contre le grevé; elle pourra s'appliquer à l'enfant dissipateur comme à celui qui déjà aura eu des revers de fortune, ou qui, par son état, y serait exposé. » Les contestations ne s'engageront plus directement entre les pères et mères et leurs enfants : un tuteur est nommé à la disposition.

24. L'exception dont nous venons de parler était la seule qui eût été faite par le code Napoléon à la prohibition prononcée par l'art. 896. Mais quelques années après, quand la forme du gouvernement eut été changée et que la république eut fait place à l'empire, une révolution analogue s'opéra dans les idées. La concentration de la propriété territoriale dans les mains d'un petit nombre de grands propriétaires fut considérée comme l'auxiliaire naturel d'un gouvernement monarchique; on pensa qu'une aristocratie puissante était le plus solide appui du trône. De là l'institution des majorats. En conséquence, on plaça à la suite de l'art. 896, dans l'édition du code de 1807, une disposition additionnelle ainsi conçue : « Néanmoins les biens libres formant la dotation d'un titre héréditaire que l'empereur aurait érigé en faveur d'un prince ou d'un chef de famille, pourront être transmis héréditairement, ainsi qu'il est réglé par l'acte du 30 mars 1806 et par celui du 14 août suivant. » C'était une seconde exception à la loi prohibitive des substitutions (V. Majorat). — La Restauration alla plus loin encore dans cette voie. Non-seulement elle maintint les majorats et en favorisa le développement, mais elle étendit dans une large mesure la faculté de substituer que les art. 1048 et suiv. c. nap. avaient, comme nous l'avons vu, renfermée dans de très-étroites limites. La loi du 17 mai 1826 (1) permit de donner *à toute personne* (et non pas seulement aux enfants, ou aux frères et sœurs du disposant) les biens composant la quotité disponible, avec la charge de rendre à *un ou plusieurs* enfants du donataire (et non pas à tous indistinctement), nés ou à naître, jusqu'au *deuxième* degré inclusivement (et non pas seulement jusqu'au premier). — La révolution de 1830 devait être tout naturellement le point de départ d'une réaction contre les idées dont l'institution des majorats et l'extension donnée aux substitutions étaient la réalisation. Une loi des 12-13 mai 1835 interdit pour l'avenir toute institution de majorats et décida que les majorats fondés jusqu'à ce jour avec des biens particuliers ne pourraient s'étendre au delà de deux degrés, l'institution non comprise (V. Majorat, n° 6, note 5). Quant à la loi du 17 mai 1826, sur les substitutions, elle fut maintenue ou du moins elle ne fut pas abrogée tant que dura la monarchie constitutionnelle. Mais, après la révolution de 1848, une loi des 7-11 mai 1849 (D. P. 49. 4. 97), rendue sur la proposition de MM. de Parieu et Flocon, et à la suite d'un remarquable rapport de M. Valette, compléta, en ce qui concerne les majorats, la réforme qu'avait commencée la loi du 12 mai 1835 (V. Majorat, n° 7), et étendit la même réforme aux substitutions. Cette loi prononça l'abrogation de la loi du 17 mai 1826, et disposa que les substitutions déjà établies étaient maintenues au profit de tous les appelés nés ou conçus lors de sa promulgation, et que, lorsqu'une substitution serait recueillie par un ou plusieurs des appelés dont il vient d'être parlé, elle profiterait à tous les autres appelés du même degré, ou à leurs représentants, quelle que fût l'époque où leur existence aurait commencé.

Ainsi voici quel est l'état actuel de notre législation sur la matière qui nous occupe : maintien de la substitution vulgaire; prohibition générale de la substitution fidéicommissaire; exception à cette prohibition pour les cas prévus par les art. 1048 et suiv., c'est-à-dire pour les dispositions faites par les pères et mères en faveur de leurs petits-enfants et des frères et sœurs en faveur de leurs neveux et nièces.

25. *Droit comparé.* — En Angleterre, les substitutions sont régies par le statut de Westminster, appelé *de donis* (V. v° Propriété). On peut substituer tous les héritages corporels, et tous les héritages incorporels qui tiennent de la réalité, comme les rentes, les droits d'estovers, etc.; on peut substituer les offices et dignités qui ont rapport aux biens-fonds, ou à quelque lieu fixe et déterminé. Mais on ne peut substituer des propriétés purement mobilières, ni des offices relatifs seulement à ces propriétés mobilières ou personnels, ni des annuités; on ne peut substituer une propriété donnée à un homme et à ses héritiers pour la vie d'un autre. Une propriété en *copyhold* ne peut non plus être substituée en vertu du statut.

Les substitutions sont générales ou spéciales. Elles sont générales si les terres sont données à un homme et aux héritiers issus de lui; spéciales, si la concession est restreinte à certains héritiers de la ligne directe, par exemple aux héritiers qui seront issus de tel et de Sara, actuellement son épouse. La substitution générale peut être faite en faveur des héritiers mâles ou de la ligne directe féminine : il en est de même de la substitution spéciale.

Les mots *issus de lui*, ou autres indiquant les enfants nés ou à naître, sont nécessaires pour établir un fief substitué. Si, par exemple, la donation est faite à un homme et aux enfants issus de lui, ou à un homme et à ses enfants, à un homme et à sa postérité, il n'en résulte qu'une propriété à vie : la donation faite à un homme et à ses héritiers ou héritières ne constitue qu'un fief simple et non substitué. Toutefois, dans les actes de dernière volonté, on reconnait plus facilement une substitution lorsque les termes qui l'établissent, quoique non réguliers, attestent l'intention de restreindre l'héritage aux descendants du légataire.

Le tenant avec substitution peut se permettre des destructions sur le bien substitué, abattre du bois de haute futaie, démolir des bâtiments, etc.; sa femme a son douaire, sa vie durant, sur le bien substitué. La substitution peut être empêchée ou détruite par un accord final judiciaire ou par un jugement en commun recouvrement, ou par une garantie linéale passant à l'héritier avec des terres suffisantes pour l'acquitter.

Les inconvénients attachés aux substitutions ont fait imaginer, deux siècles après le statut *de donis*, et dans le but de l'éluder, le mode judiciaire du commun recouvrement que les juges déclarèrent suffisant pour *barrer* ou empêcher l'effet d'une substitution. Ce sont des procédures fictives, consacrées par un long usage, et même indirectement par le parlement. De là et de différents statuts rendus sous Henri VIII, pour diminuer l'excessif pouvoir de la noblesse, est résulté un dégrèvement successif du système des substitutions. Ainsi, le tenant avec substitution peut aliéner les terres par *fine*, par *recovery*, et par d'autres moyens encore, et éluder ainsi les effets de la substitution, si ce n'est à l'égard de la couronne. Il est assujetti à la confiscation des biens pour haute trahison; il peut les charger, soit en passant des baux raisonnables, soit aussi pour la garantie de ses dettes commerciales, ou de celles contractées envers la couronne par acte spécial (Blackstone, liv. 2, chap. 7).

On range parmi les tènements à vie celui du tenancier à charge de substitution, après extinction de la possibilité d'un héritier, ce qui arrive quand un homme est tenancier avec substitution spéciale, et que la personne de qui devait lui naître un héritier meurt sans en laisser, ou que l'héritier lui-même meurt sans en avoir.

(1) 17-18 mai 1826. — Loi sur les substitutions.
Art. 1. Les biens dont il est permis de disposer, aux termes des art. 913, 915 et 916 c. civ., pourront être donnés en tout ou en partie, par acte entre-vifs ou testamentaire, avec la charge de les rendre à un ou plusieurs enfants du donataire, nés ou à naître, jusqu'au deuxième degré inclusivement.

Seront observés, pour l'exécution de cette disposition, les art. 1041 et suiv. c. civ. jusques et y compris l'art. 1074.

Cette espèce de tènement ne peut avoir lieu que par la mort de la personne de qui l'héritier devait naître. La loi suppose, jusqu'à cette mort, la possibilité d'un héritier, même quand les donataires seraient l'un et l'autre centenaires (Blackstone, liv. 2, chap. 8).

SECT. 2. — DES SUBSTITUTIONS PROHIBÉES.

26. L'art. 896 c. nap. porte : « Les substitutions sont prohibées. Toute disposition par laquelle le donataire, l'héritier institué, ou le légataire sera chargé de conserver et de rendre à un tiers, sera nulle, même à l'égard du donataire, de l'héritier institué, ou du légataire. » — L'explication de cette disposition, les règles diverses dont son application est susceptible, feront la matière de cette section, que nous subdiviserons en six articles.

27. Faisons-le observer tout d'abord : ce que la loi prohibe, ce n'est pas le *fidéicommis* lui-même, c'est la substitution *fidéicommissaire*. Quant au fidéicommis, soit pur, soit à terme, soit même conditionnel, il ne tombe pas sous le coup de la prohibition, à moins cependant, dans ce dernier cas, que la condition ne soit que l'appelé survivra au grevé. Tous ces points seront développés dans le cours de cette section.

ART. 1. — *Des caractères constitutifs de la substitution prohibée.*

28. A ne consulter que les termes du code (art. 896), il semblerait que « toute disposition par laquelle le donataire, l'héritier institué, ou le légataire sera chargé de conserver et de rendre, » renferme une substitution. Cette notion, fort incomplète, manque aussi d'exactitude : dans toute substitution il y a bien *charge de conserver et de rendre*; mais dans toute disposition contenant cette charge, il n'y a pas substitution. On peut citer, entre autres exemples, les legs faits sous une *condition suspensive* ou *résolutoire*, les donations avec le *droit de retour*, etc. : dans ces divers cas, une personne est gratifiée, et elle conserve pour rendre. La loi ne les autorise pas moins, bien qu'en outre on y remarque la plupart des inconvénients qui, comme nous le rappellions dans nos observations préliminaires (n° 17), ont motivé la prohibition générale des substitutions : incertitude de la propriété, facilité de tromper les créanciers par les fausses apparences d'une propriété incommutable, obstacle à la prospérité de l'agriculture, en ce que le possesseur n'a pas une qualité de propriétaire assez fixe pour se livrer sans inquiétude et de plein gré à tous les genres d'amélioration.

29. Quels sont donc tous les éléments constitutifs de la substitution prohibée? Avec celui que le code indique (c'est-à-dire la charge de conserver et de rendre), on la distinguera bien de ces manières de disposer par lesquelles une stipulation est faite au profit d'un tiers, en vertu de l'art. 1121, et qui renferment la charge de *rendre*, sans celle de *conserver*. Mais à quels autres signes la reconnaîtra-t-on entre toutes les dispositions, quelles qu'elles soient? Le trait, anciennement distinctif, qu'il ne faut pas un instant perdre de vue, c'est *l'ordre successif*, dans lequel doivent être appelés le premier et le second institué. C'est à cette marque surtout que le préambule de l'ord. de 1747 signalait les substitutions comme formant « un nouveau genre de succession, où la volonté de l'homme prenait la place de la loi. »

30. Toutefois la notion de cet ordre successif est elle-même complexe; et il est besoin de démêler les conditions diverses qu'elle implique ou dont elle suppose le concours. Il faut, 1° la coexistence de deux donations ou libéralités; 2° un certain laps de temps, *tractus temporis*, entre les ouvertures des droits respectifs : on a ajouté que le grevé devait n'être tenu de rendre les biens qu'à son décès. Ce caractère est celui de tous qui complète le mieux l'idée de l'ordre successif, qui simplifie le plus l'explication des substitutions; mais il n'a pas été unanimement admis par les auteurs. Nous en démontrerons plus loin la justesse et la nécessité. 3° Enfin la propriété doit reposer sur la tête du premier institué, de manière qu'elle ne soit révocable qu'en cas de survie et de capacité du substitué. — Tels sont, en résumé, les caractères généraux des substitutions prohibées. On n'en trouve le type formel dans aucunes de nos lois anciennes ou nouvelles; mais ils se sont offerts ainsi à la pensée du législateur (ord. de 1747, préambule; M. Bigot-Préameneu, Exposé des motifs, V. Disposit. entre-vifs et testam., p. 32, note, n° 9) comme à nos jurisconsultes de tous les temps (Ricard et Thévenot, chap. 1; MM. Rolland de Villargues, chap. 4; Grenier, des Donations, t. 1, p. 114 à 116; Toullier, t. 5, n°s 21 à 24; Proudhon, de l'Usuf., t. 2, n°s 440 et 441; Duranton, t. 8, n°s 66, 72, 86; Coin-Delisle, sur l'art. 896, n°s 7 et suiv.; Troplong, t. 1, n°s 104 et suiv.). — Il a été jugé que la disposition qui contient à la fois trait de temps et charge de conserver et de rendre a les caractères d'une substitution prohibée (Cass. 22 janv. 1839) (1).

31. Une simple énonciation des caractères de la substitution

---

(1) *Espèce* : — (Hérit. Paulhiac C. de Lascoups.) — La dame veuve Pourquery de Gardonne est décédée en 1788, laissant un testament mystique où on lit les dispositions suivantes :

« Je donne et lègue à M. l'abbé Paulhiac la tierce partie de mes biens, meubles et immeubles..., en payant le tiers de mes dettes...—Je veux que la tierce partie léguée audit sieur abbé Paulhiac soit jouie par lui d'abord après mon décès, par indivis des deux autres tierces, avec mon héritière ci-après nommée, qui pourra seule faire cesser, quand bon lui semblera, l'indivisibilité des jouissances... — Si madite héritière laisse des enfants habiles à succéder, ils pourront réclamer la tierce donnée à l'abbé Paulhiac, pour les immeubles seulement, après sa mort, en comptant par eux, à ses héritiers, la somme de 4,000 liv... — Voulant que ledit sieur ait le choix parmi les enfants susdits pour donner ladite tierce; au défaut duquel choix, l'aîné des mâles, ou, n'y en ayant pas, l'aînée des filles jouira seul ou seule du droit de retour pour ladite tierce. — Tout comme au cas de prédécès de mondit sieur abbé Paulhiac avant mon héritière, le droit de retour aura lieu en faveur de cette dernière, aux conditions susdites... — Je nomme, crée, institue pour mon héritière générale et universelle en tous mes biens, meubles et immeubles, non donnés ni légués, demoiselle Marie de Pourquery, ma chère fille, en, par elle, payant les deux tiers de mes dettes. »

Ce testament a été exécuté d'un commun accord par la demoiselle Pourquery et l'abbé Paulhiac. — Ce dernier est décédé en 1815, laissant un testament, à la date de 1809, par lequel il léguait à la demoiselle Pourquery l'usufruit de tous les immeubles et la propriété de tout le mobilier qu'il possédait à Livrac, lieu du domicile commun. — La demoiselle Pourquery est décédée elle-même en 1825, laissant pour héritier universel le sieur de Lascoups.

Celui-ci jouissait de la totalité des biens, lorsque en 1831, les héritiers de l'abbé Paulhiac ont intenté contre lui une action tendant : 1° au partage de la succession de la dame Pourquery, en trois portions, dont une leur serait attribuée du chef de l'abbé Paulhiac, en vertu du testament de 1788, lequel, suivant les demandeurs, devait être validé quant à l'institution de leur auteur comme ayant obtenu son plein et entier effet, mais devait, au contraire, être annulé relativement à la clause qualifiée droit de retour, comme constituant une substitution fidéicommissaire abolie par les lois de la révolution ; — 2° Au payement d'une somme de 15,000 fr., représentative des fruits qui auraient été indûment perçus par la demoiselle Pourquery, comme usufruitière des biens de l'abbé Paulhiac, en vertu du testament de ce dernier, en date de 1809, sur des biens qu'il avait personnellement acquis depuis ce testament, et qui, dès lors, n'entraient pas dans la disposition.

27 août 1833, jugement du tribunal de Bergerac qui rejette le premier chef de demande, et ordonne, sur le second, que les parties instruiront plus amplement quant à la date des diverses acquisitions faites par l'abbé Paulhiac. — Appel principal des héritiers Paulhiac; appel incident du sieur de Lascoups.

16 juill. 1835, arrêt de la cour de Bordeaux, qui repousse les prétentions des héritiers sur les deux chefs à la fois par les motifs suivants :

« Attendu que la demande des héritiers Paulhiac n'est fondée que sur la supposition que le legs fait à leur auteur contenait une substitution fidéicommissaire, éteinte à leur profit par la loi du 14 nov. 1792; — Mais que cette interprétation est repoussée à la fois par la lettre et par l'esprit des clauses testamentaires; qu'en effet, la testatrice y stipule le retour ou la faculté de reprise au profit de son héritière universelle pour un cas prévu et arrivé depuis; — Que le retour conditionnel, au profit des héritiers du donateur, pouvait, dans l'ancien droit français, être stipulé dans une donation à cause de mort, comme dans tout autre acte de libéralité, ainsi que l'attestaient l'art. 4 de l'ord. de Moulins et plusieurs auteurs recommandables, qui parlent des legs sujets à retour, et un arrêt du parlement du 22 janv. 1712, rendu pour fixer les effets d'un legs de cette nature ;—Que ce droit de retour conventionnel ne fut pas atteint par la loi rétroactive sur les substitutions, comme le prouvent l'art. 74 de la loi du 17 nivôse et l'art. 5 de la loi du 23 vent. an 2;

» Attendu qu'on ne saurait voir un fidéicommis déguisé sous cette

prohibée ne répand pas un grand jour sur cette matière, la partie la plus difficile et la plus importante de notre travail. Il faut faire connaître nettement la nécessité de chacun de ces caractères, sa nature, et les conséquences diverses qu'on en peut tirer. Il faut donc entrer dans des détails, en venir aux exemples. Or, les applications particulières que nous offrent la doctrine et la jurisprudence, nous les avons rangées, pour éviter la confusion, sous trois paragraphes, où nous traiterons séparément : 1° de la disposition faite au profit du grevé ; 2° de la disposition faite au profit du substitué ; 3° des dispositions conditionnelles permises, comparées aux substitutions prohibées.

§ 1. — *De la disposition faite au profit du grevé.*

32. Toute substitution suppose une première disposition faite au profit d'un grevé. C'est ce qui résulte formellement de l'art. 896 c. nap. ; de là aussi la maxime, fondée sur plusieurs textes : *Nemo oneratus, nisi honoratus* (L. 6, § 1, ff., *De leg.* 3°; L. 9, C., *De fideicom.*). — Mais quelle doit être la *nature* de cette disposition? A quels *caractères* la reconnaît-on? Quelles sont les *conséquences* du principe qui fait dépendre la substitution d'une première disposition? C'est à ce triple point de vue que se rapporteront les observations contenues sous ce paragraphe.

33. Et d'abord, quelle doit être la *nature* de la disposition qui profite au grevé? L'art. 896 la fait assez connaître, en supposant tour à tour le grevé, ou *donataire*, ou *héritier institué*, ou *légataire*. En vertu de l'une ou l'autre de ces qualités, et par un effet de l'*ordre successif* entre les deux transmissions, le grevé conserve la chose à rendre, non comme débiteur ou exécuteur d'un legs fait à terme ou sous condition, mais comme un propriétaire dont le droit n'est résoluble qu'autant que le tiers appelé survivra, et sera capable à l'époque fixée pour l'ouverture de la substitution (V. conf. Fusarius, *Quæst.* 274; Thévenot, n° 90 ; MM. Coin-Delisle, sur l'art. 896, n° 10; Troplong, t. 1, n° 107). — De cette première notion découlent plusieurs solutions que nous appliquerons successivement au grevé *simple ministre* et au grevé *fiduciaire*.

34. Une personne a été chargée de rendre des biens légués à une autre ; mais le testateur ne l'a choisie que pour exécuter ses volontés, sans entendre la gratifier, *duntaxat ut ministrum elegit* (L. 17, ff., *De leg.* 2°). On conçoit qu'il n'y a pas là de substitution dans le sens que l'art. 896 donne à ce mot. La propriété n'a pas reposé un moment sur la tête du grevé. En cas de caducité, ce n'est pas à lui, mais à l'héritier du testateur qu'eût appartenu la chose. Telle est la doctrine de tous les auteurs (Ricard, chap. 10, n° 5 ; Thévenot, n° 538 ; M. Troplong, n° 109), appuyée sur des lois expresses (L. 49, ff., *De donat. int. vir. et ux.*). C'est une sorte de mandataire ou d'exécuteur testamentaire, comme le fait remarquer Toullier (V. n° 35), qui est, en cas pareil, constitué par le testateur.

35. Supposons même que le testateur se soit ainsi exprimé : « Je lègue à Pierre tel fonds, et je le charge de rendre ce fonds à Paul. » Cette espèce peut souvent se présenter. — MM. Toullier, t. 5, n° 50; Grenier, t. 1, p. 116, 2e éd.; Rolland de Villargues, n° 151 ; Vazeille, sur l'art. 896, n° 5 ; Poujol, sur les art. 896 et suiv., n° 3 ; Coin-Delisle, sur l'art. 896, n° 22, décident, avec raison, qu'elle ne tombe pas sous la prohibition de l'art. 896. Le disposant ne déclare point ici que le grevé *conservera* les biens qu'il doit restituer ; qu'il en sera propriétaire pendant sa vie. Il n'y a pas cet *ordre successif*, résultant d'une double transmission, telle que le second institué ne jouisse des biens qu'après qu'ils auront été recueillis par le premier. La disposition dont il s'agit est un *fidéicommis pur* (L. 79, ff., *De cond. et demonstr.*) ; et le droit qui en résulte pour l'appelé s'ouvre au moment même du décès du testateur (L. 5, § 1, ff., *Quando dies leg. ced.*; V. aussi M. Troplong, n° 93). Le grevé alors, selon l'expression de M. Toullier, « n'est qu'une sorte d'exécuteur testamentaire ; il ne fait que prêter son ministère. » — En vain essayerait-on d'induire, des circonstances et de termes ambigus, la volonté, dans le disposant, de faire profiter des biens le grevé. Il

---

qualification de retour, parce que la testatrice n'avait aucun motif de prendre une voie détournée pour faire une disposition fort licite et d'un usage très-fréquent ; — Qu'on ne trouve pas dans ses dispositions les caractères particuliers qui distinguent les substitutions; la faculté de reprise y est stipulée au profit de l'héritière universelle qui continue la personne du défunt, et se trouve saisie de tous les biens à l'instant même du décès, et par la seule force de son titre universel ; — Qu'ainsi, cette héritière ne peut être considérée comme un tiers gratifié en second ordre ; enfin le legs ne donne droit immédiatement qu'à des jouissances communes, et ne contient pas la charge expresse de conserver et de rendre, sans laquelle il ne peut exister de fidéicommis ; — Attendu que, si les ressemblances qui pourraient exister entre le fidéicommis et le retour conventionnel, les expressions et conditions contenues dans le testament de la veuve Pourquery, pouvaient faire naître quelque doute sur la véritable nature du legs contesté, ce doute devrait toujours être interprété dans le sens qui conserverait un plein effet à la volonté bien connue de la testatrice, surtout lorsqu'il s'agit, comme dans l'espèce, de préserver cette volonté sacrée des atteintes d'une loi rétroactive et dont les effets violents devraient être restreints plutôt qu'étendus;

» Attendu, d'ailleurs, que, de l'ensemble des dispositions du testament de la dame Pourquery, particulièrement de l'obligation imposée au légataire de jouir indivisément des biens donnés, et de l'interdiction absolue de provoquer aucun partage pendant la vie de l'héritière, résulte la volonté la plus manifeste de subordonner l'étendue et l'importance du legs contesté à deux conditions alternatives et casuelles ; — Que ce legs ne devait comprendre que la jouissance du tiers des biens et une somme de 4,000 fr. dans le cas où l'héritière survivrait au légataire, et que la nue propriété de la tierce partie léguée ne devait être unie aux jouissances qu'autant que l'abbé Paulhiac survivrait à l'héritière, ce qui n'est point arrivé ; — Qu'ainsi, et après les événements accomplis, Pierre Paulhiac n'eût jamais droit personnellement qu'aux jouissances et à l'usufruit, pendant sa vie, du tiers des biens laissés par la testatrice, et que l'héritière universelle est restée investie, après la mort du légataire, de tout l'émolument de la succession de Pourquery, à la charge de payer aux héritiers Paulhiac une somme de 4,000 fr. ;

» En ce qui touche l'appel incident : — Attendu qu'il résulte des diverses clauses du testament fait par l'abbé Paulhiac le 20 juill. 1809, notamment de celle qui renferme le legs d'usufruit fait au profit de la demoiselle Pourquery et de Jacques Paulhiac, que le testateur donne à l'un comme à l'autre de ses légataires l'usufruit de tous les biens qu'il laisserait à son décès dans la commune de Livrac ; qu'en conséquence, la demoiselle Pourquery prit possession de tous les biens au décès du testateur, et que plusieurs actes prouvent que la possession paisible, publique et à titre d'usufruit a été connue des héritiers Paulhiac et n'a point été interrompue par eux... »

Pourvoi des héritiers Paulhiac : — 1° Violation des lois abolitives des substitutions et notamment de la loi du 14 nov. 1792. — 2° Fausse application de l'art. 549 et violation des art. 1019 et 1572 c. civ. — Arrêt (après dél. en ch. du cons.).

La cour ; — Sur le moyen tiré de la violation prétendue des art. 1019 et 1572 c. civ., et de la fausse application de l'art. 549 du même code : — Attendu que la cour royale de Bordeaux a interprété, comme elle en avait le droit, la disposition du testament de l'abbé Paulhiac, et que, par cette interprétation, fondée tout à la fois sur les termes dans lesquels la disposition est conçue, sur le sens dans lequel elle a été entendue par les parties, et sur l'ensemble des faits et circonstances dont l'appréciation lui appartenait, elle n'a violé aucune loi ; — Rejette ce moyen ;

Mais, sur le moyen fondé sur la violation de la loi du 14 nov. 1792 ; — Vu l'art. 2 de cette loi ; — Attendu que, quant à la tierce partie de ses biens immeubles, donnée et léguée par la dame de Pourquery à l'abbé Paulhiac, ce dernier a été chargé de conserver et de rendre, puisque la testatrice, prévoyant le cas où son héritière laisserait des enfants habiles à lui succéder, a voulu que, moyennant le payement d'une somme de 4,000 fr., les héritiers de l'abbé Paulhiac fussent tenus de remettre les immeubles à lui légués, soit à l'héritière de la testatrice, soit, en cas de prédécès de celle-ci, à l'aîné des enfants de l'héritière, soit même à celui qu'il aurait la faculté d'élire : en sorte que, dans aucun cas, l'abbé Paulhiac n'avait la libre disposition de la portion d'immeubles à lui léguée ; — Que cette condition, inséparable de la disposition testamentaire de la dame de Pourquery, contient à la fois trait de temps et charge de conserver et de rendre, ce qui imprime à la disposition le caractère d'une véritable substitution ;

Que ce caractère ne peut être effacé par les mots *droit de retour* écrits dans le testament, puisque ce retour n'est stipulé ni au profit de la testatrice, ni même au profit de ses héritiers en général, mais, dans l'un des cas prévus par la testatrice, au profit d'un seul individu désigné soit par sa qualité d'aîné, soit par le choix déféré par la testatrice au légataire;

Que, dans ces circonstances, en décidant que la clause litigieuse ne contenait pas une substitution, et en rejetant par ce motif la demande des héritiers Paulhiac à fin de partage des biens de la succession de la dame de Pourquery, l'arrêt attaqué a violé la loi du 14 novembre 1792; — Casse.

Du 22 janv. 1839.-C. C., ch. civ.-MM. Portalis, 1er pr.-Moreau, rap.-Laplagne, 1er av. gén., c. conf.-White et Ledru-Rollin, av.

suffit qu'elle ne soit pas clairement énoncée ; en vertu d'un principe qui trouvera fréquemment son application, aucun acte *équivoque* ne doit *s'interpréter* dans un sens qui en vicie ou annule la disposition. On voit que même l'ord. de 1747, qui cependant se montrait bien plus favorable aux substitutions, rejetait celles dites *conjecturales*, ou fondées sur de simples *présomptions* (art. 19 et 21). — Il a été décidé en ce sens : que la clause par laquelle un testateur charge un légataire universel de partager la succession entre ses héritiers n'est point prohibée par la loi (Paris, 31 juill. 1819, aff. Bruère, V. Disp. entre-vifs et testam., n° 3495).—V. aussi n° 64.

36. Mais supposons qu'un terme ait été fixé à la restitution : «Je veux que le fonds légué soit remis à Paul dans dix ans.» Il ne résulte pas encore de là que la propriété doive reposer sur la tête du grevé. Selon les circonstances et les expressions de l'acte, on le considérera ou comme légataire d'un *usufruit à temps*, disposition parfaitement compatible avec celle de la nue propriété (898 c. civ.), ou comme grevé de *fiducie* (V. les numéros suivants). La disposition dont il s'agit renferme ce qu'on appelle un *fidéicommis à terme* (V. Conf. MM. Troplong, n° 95 ; Coin-Delisle, sur l'art. 896, n° 22); le droit du fidéicommissaire « est acquis au même instant et aussi invariablement que celui du grevé; la délivrance seule est retardée par le terme : *Cedit dies, sed nondùm venit* » (M. Toullier, t. 5, n° 31). L'ordre successif manquant, cette manière de disposer n'a jamais été, même sous l'ord. de 1747, comprise dans la classe des substitutions (V. M. Rolland de Villargues, *loc. cit.*). — Il en serait autrement, comme nous l'expliquerons plus loin, § 2, si le terme fixé pour la remise était le *décès* du grevé ; la disposition prendrait le caractère non plus d'un legs sous *condition suspensive*, mais d'une substitution véritable. C'est ce que remarque aussi le dernier des auteurs cités, n° 132.

37. Les conséquences que nous déduisions tout à l'heure, à l'égard du grevé simple ministre, ne s'appliquent pas moins au grevé de *fiducie*. Sous cette dénomination ou celle d'*héritier fiduciaire*, l'usage désigne, selon Merlin, Rép., v° Fiduciaire (héritier), « la personne que le testateur a chargée, en l'instituant héritière pour la forme, d'administrer la succession, et de la tenir en dépôt jusqu'au moment où elle doit la remettre au véritable héritier. » Telle est la définition qu'en donne aussi la cour de Toulouse, dans son arrêt du 18 mai 1824 (Aff. Anglas, V. *infrà*, n° 43 ; V. également MM. Troplong, n° 109 ; Coin-Delisle, p. 39, note, 2e col. ; Saintespès-Lescot, Des donat. et testam., t. 1, n° 93).— Par la fiducie, on préfère, en général, aux dangers d'une tutelle les soins et l'attachement d'un ami, d'un parent, qui nous inspire plus de confiance que le tuteur pour la régie des biens dont on a disposé. « Le grevé, dit aussi Thévenot, n° 341, est héritier fiduciaire, quand il paraît que la restitution du fidéicommis n'a été différée par le testateur que pour l'avantage du substitué, et non pour rendre le fidéicommis conditionnel; en telle sorte que le testateur ait entendu confier l'administration au grevé dans l'intervalle, pour ainsi dire à titre de tutelle. » (*Tutelam magis quàm incertum diem fideicommissi constituisse....*; L. 46, ff., *Ad S. C. Treb.*). — Un objet déterminé peut, aussi bien qu'une hérédité, être donné en fiducie (L. 43, § 3, ff., *De legat.*, 2°; Merlin, *loc. cit.*).

38. Mais quels sont les droits de l'héritier fiduciaire? Il faut les connaître pour le distinguer du grevé de substitution; car, comme le dit Merlin, *loc. cit.*, n° 2, « la loi du 14 nov. 1792, tout en abolissant les substitutions fidéicommissaires, n'a porté aucune atteinte aux simples fiducies; et aujourd'hui encore les fiducies peuvent avoir lieu, nonobstant l'art. 896 c. civ. » — Les notions du droit romain et de l'ancienne jurisprudence sur les droits de l'héritier fiduciaire, telles qu'elles sont présentées par les auteurs, se résument en ce peu de mots : 1° n'étant héritier que de nom, et comme simple administrateur, il ne fait pas siens les fruits de l'hérédité, et il doit la rendre à l'époque réglée par la disposition. Telle était notamment la jurisprudence du parlement de Bordeaux, attestée par un acte de notoriété du 20 juill. 1783, que rapporte Salviat, p. 287 (L. 78, § 12, ff., *Ad S. C. Treb.*; L. 3, § 3, ff., *De usur.*; V. aussi Merlin, Rép., v° Fiducie; Maynard, liv. 5, ch. 85; MM. Troplong, n° 109 ; Saintespès-Lescot, t. 1, n° 93). — 2° L'héritier fiduciaire était traité par les lois romaines citées avec moins de rigueur que le tuteur ; il pouvait, sans autorisation de justice, exiger les capitaux dus à son pupille (Parlement de Bordeaux, arrêts des 21 janv. 1657 et 21 fév. 1658; La Peyrère, lettre H, n° 20), et il ne devait pas, en cas de retard, les intérêts des intérêts (Salviat, *loc. cit.*). — 3° De ce que l'héritier fiduciaire n'a pas la propriété des biens, il suit qu'en cas de prédécès de la personne à qui la remise en devait être faite, c'est l'héritier du disposant qui les recouvre (L. 46, ff., *Ad. S. C. Treb.*). — 4° Du même principe il suit encore qu'il ne doit point de son chef les droits d'enregistrement pour la mutation opérée par le décès de l'instituant. Il les payera comme détenteur de la succession; mais ses avances lui seront remboursées par le véritable appelé, qui ne sera point assujetti à un nouveau droit lorsque les biens lui seront restitués. Telle est l'opinion de MM. Merlin et Rolland de Villargues, *loc. cit.*, confirmée par la cour suprême (Rej. 23 nov. 1807, aff. Baral, citée au numéro suivant). C'est ainsi que, sous le régime féodal, il n'était tenu d'aucun des droits seigneuriaux auxquels donnait lieu l'ouverture des successions. Henrys, liv. 3, quest. 22, cite un arrêt conforme du parlement de Paris, du 14 août 1634.

39. A quels caractères une simple fiducie se distingue-t-elle d'une substitution? Toute la question se réduit à savoir si le disposant n'a consulté que les intérêts de l'appelé, en différant la remise, ou s'il a institué le grevé pour son propre avantage. Entre les règles diverses proposées par les auteurs pour l'interprétation de la volonté du disposant, la plus sûre, celle qui, comme telle, a la préférence de MM. Merlin, Rép., v° Fiduciaire (héritier), n° 3; Rolland de Villargues, n° 134; et Troplong, n° 110, se puise dans la loi 46, ff., *Ad S. C. Treb.* Henrys, liv. 3, quest. 22, la reproduit en ces termes : « Comme l'institution fiduciaire est toute conjecturale, et qu'elle dépend des termes du testament, c'est aussi de la prudence des juges à juger quelle a été l'intention du testateur, et s'il a plutôt voulu instituer la mère pour les enfants et à leur considération, que pour elle-même. » — Il a été décidé que la question de savoir si une disposition offre une fiducie ou un fidéicommis, est une simple question de volonté dont la solution est abandonnée à une appréciation entièrement libre des termes employés par le disposant. Il n'est aucun terme que les lois romaines regardent comme un caractère nécessaire de la fiducie (Rej. 23 nov. 1807, aff. Baral, V. Enreg., n° 4117; Toulouse, 18 mai 1824, aff. Anglas, V. n° 43).

40. Différents caractères de la fiducie ont bien été posés par les lois romaines ; mais ces caractères, comme l'a jugé l'arrêt déjà cité de la cour suprême (aff. Baral), n'ont rien d'obligatoire. C'est ce que reconnaissent ces lois elles-mêmes.—Par exemple, il n'est pas nécessaire, 1° que l'appelé soit l'*enfant* du disposant (L. 78, § 3, *Ad S. C. Treb.*); 2° que le substitué soit *parent* de l'un ou de l'autre (L. 4 et 48, § 13, *eod. tit.*; arrêt du parlement de Bordeaux, rapporté par Salviat, p. 288) ; 3° que l'appelé soit en bas âge, tel qu'il ait besoin d'un *tuteur* (L. 46, ff., *Ad S. C. Treb.*; et L. 43, § 3, *De legat.*, 2°); 4° que l'institué soit *chargé de rendre* l'hérédité entière : en l'autorisant à retenir un fonds, l'instituant, selon la loi 3, § 4, ff., *De usur.*, ne change pas la nature de la fiducie ; 5° que la remise soit effectuée avant la *majorité*, quoique cette circonstance seule forme une grave présomption; c'est ce que décide la loi précédente. — Il a été décidé : 1° qu'on avait pu voir une fiducie dans la disposition par laquelle un père, ayant des enfants mineurs, avait disposé en faveur de son frère, à charge de remettre à ses enfants, *sans fixer d'époque à la remise* (Rej. 23 nov. 1807, aff. Baral, V. Enreg., 4117) ; — 2° Que la disposition par laquelle un testateur a institué un tiers pour son héritier universel, à la charge de remettre l'hérédité à son fils, lorsqu'il aurait atteint un certain âge, peut être considérée comme une simple fiducie, et non comme une substitution prohibée (Grenoble, 9 janv. 1815) (1).

41. Y aurait-il fiducie si la restitution avait été ajournée

(1) (Broussard C. Broussard.) — La cour ; — Considérant que lorsque Jean Pialoux a, dans son testament de 1734, institué héritier Claude Broussard, à la charge de remettre son hérédité à Jean-André Pialoux, quand il aurait atteint sa dix-huitième année, il est censé, aux termes

jusqu'au décès de l'institué? Non, ce serait une substitution prohibée. Alors tout porte à croire que la disposition a été faite pour l'avantage personnel du grevé non moins que du substitué. La loi 1, § 2, ff., *De cond. et dem.*, la déclare un fidéicommis conditionnel ordinaire. Maynard, liv. 5, chap. 85, rapporte un arrêt conforme du parlement de Toulouse, du 17 avril 1731. Tel est le sentiment de MM. Merlin et Rolland de Villargues, *loc. cit.* On voit aussi que les lois romaines, quand elles parlent de l'époque de la remise, la supposent toujours faite avant que l'appelé ait atteint ou sa quinzième année ou un âge déterminé, *certam ätatem*.

42. *Quid* si l'institué avait reçu du testateur le *pouvoir d'élire* entre les appelés?—Merlin, Rép., v° Fiduciaire (héritier), n° 3, voit, dans ce cas, une substitution. Il invoque un arrêt du parlement de Toulouse, du 18 avril 1787 (rapporté par Dejuin, t. 1, § 108), qui a jugé non fiduciaire l'institution d'une mère et d'un frère « chargés de rendre à deux enfants du testateur, tels qu'ils voudraient choisir. Ce droit d'élection, dit l'arrêtiste, a fait conclure que l'hérédité était véritablement sur la tête des héritiers nommés, et que les enfants n'étaient que substitués. » — Merlin ajoute: « L'art. 19 de la loi du 9 fruct. an 2 confirme expressément cette décision. » — La question s'est présentée plusieurs fois devant les tribunaux, et elle y a été diversement résolue. — Ainsi il a été décidé: 1° qu'une disposition par laquelle un père, ayant des enfants mineurs, a disposé en faveur de son frère, à charge de remettre à ses enfants, sans fixer d'époque à la remise, et en lui donnant la faculté d'élire, peut être qualifiée fiducie (Rej. 23 nov. 1807, aff. Baral, V. Enreg., n° 4117); — 2° Que l'institution de deux héritiers par portions égales, à la charge de remettre l'hérédité à celui des deux enfants du testateur qu'ils choisiront, lorsqu'il aura atteint sa vingt-cinquième année, ou plus tôt, si bon leur semble, renferme une simple fiducie, et non une substitution (Nîmes, 16 déc. 1833) (1).

43. Au contraire, il a été jugé qu'il y a substitution prohibée

---

de la loi 46, ff., *Ad senatûs cons. Trebellian.*, avoir voulu, en éloignant le temps de l'entrée en jouissance de la succession de son fils, lui donner un tuteur fiduciaire et non pas avoir voulu apposer à son testament une condition de l'événement de laquelle dépendait le sort de son héritier; que d'après la doctrine des auteurs il ne reste aucun doute sur la volonté du testateur, lorsque, comme au cas présent, c'est en faveur d'un fils en bas âge que la substitution est faite; que l'héritier institué est un proche parent ou un homme de confiance du testateur, que cet héritier est obligé de rendre la totalité de la succession, enfin, lorsqu'il y a jour déterminé pour remettre la succession; — Que cette volonté se trouve encore manifestée dans la précaution qu'a prise le testateur de donner à son fils sa légitime de droit, puisqu'il a voulu, par cette disposition, prévenir la demande en nullité de son testament pour vice de prétérition, qui, si elle eût été accueillie, aurait privé son fils de l'avantage d'un administrateur de confiance, et l'eût soumis à tous les inconvénients d'une tutelle ordinaire;

Que, dès lors, aux termes de la même loi, la propriété de l'hérédité de Jean Pialoux a résidé dès le jour de son décès, sur la tête de Jean-André Pialoux, son fils; d'où il suit que celui-ci a eu le droit d'en disposer, comme il l'a fait par son testament de 1751; — Confirme, etc.

Du 9 janv. 1815.-C. de Grenoble, 1re ch.-MM. Brun, pr.-Corréard et Repitton, av.

(1) *Espèce:* — (Dumas C. Pagès.) — Par son testament en date du 30 avr. 1775, le sieur Malignon institua pour ses héritières universelles par égales parts Marie Malignon, sa mère, et Hélène Chalvet, son épouse, à la charge de remettre son hérédité à celle des deux filles du testateur qu'elles choisiraient lorsqu'elle aurait atteint sa vingt-cinquième année, ou plus tôt si bon leur semblait, les dispensant de toute reddition de compte; « et, en cas, y était-il dit, où l'une de ces deux héritières vînt à décéder avant l'élection, il sera permis à l'autre de la faire seule. » — En 1787, l'une des filles du testateur contracta, avec Pierre Pagès, un mariage, lors duquel Hélène Chalvet, sa mère, sans la participation de sa belle-mère vivante, fit élection de sadite fille, mais pour prendre possession seulement lorsque sadite fille aurait atteint sa vingt-cinquième année; cette élection fut approuvée par la veuve Malignon, le 25 juill. 1793, avant la loi du 17 niv. an 2. — En l'an 4, la seconde fille se maria avec Jean Dumas. — Après le décès de la mère et de la femme du testateur, arrivé en l'an 8, et en 1831, il s'éleva la question de savoir si l'élection faite par Hélène Chalvet était valable.

Le tribunal de l'Argentière se prononça pour la validité de l'élection. — Appel par les époux Dumas ou leurs héritiers. — On agite les questions ci-dessus indiquées. — Les appelantes ont soutenu qu'il ne pouvait pas y avoir simple fiducie dans le testament de Joseph Malignon, parce que l'héritier qui devait recueillir directement des mains du testateur n'y était pas nommé. — Ils se fondaient sur la loi 32, ff. *De hæredibus instituendis*, rigoureusement observée dans le parlement de Toulouse, et qui déclarait nulle toute institution d'héritier dont le choix était confié à un tiers, et ils disaient que si l'institution n'eût été que fiduciaire, la faculté d'élire n'aurait pu valablement être exercée après la loi du 7 mars 1793; ils s'appuyaient, à cet égard, d'un arrêt de la cour de cassation, rapporté par M. Merlin, Rép., v° Choix, et d'un autre arrêt du 18 janv. 1820, V. Disp. entre-vifs et testam. — Arrêt.

La cour; — Attendu que la question de savoir si une institution offre une fiducie ou une substitution fidéicommissaire, se décide par l'intention qu'on découvre avoir dirigé le testateur; — Que si le testateur est un père qui institue un héritier, à la charge par lui de rendre cette hérédité aux enfants du testateur, on présume déjà que, dans cette institution, le père n'a voulu se donner qu'un héritier de nom, et pour la forme, un simple administrateur de cette hérédité; mais cette présomption se réduit en certitude lorsque ces trois circonstances concourent, savoir, que les enfants sont en bas âge, que la remise de l'hérédité doit leur être faite, au plus tard, à la fin de leur minorité, ou autre temps certain et limité, et que c'est la mère ou autre personne de confiance qui a été instituée héritière. Alors l'intention du testateur se révèle pleinement. C'est une véritable fiducie qu'il a voulu faire, et non pas une substitution fidéicommissaire. — Les lois romaines sont précises à ce sujet. Un tel héritier est nommé par elles *hæres fiduciarius*, l'hérédité, *hæreditas fiduciaria*. Elles ne voient aussi qu'une véritable fiducie dans l'institution d'héritier faite d'un de ses proches parents par une mère, à la charge de rendre son hérédité à la fille de la testatrice, quand cette fille serait parvenue à un âge certain et déterminé, afin de confier la fortune de sa fille à l'intérêt qu'y prendrait un parent plutôt qu'un tuteur. La jurisprudence du parlement de Toulouse est constante sur ce point; on ne saurait la contester, et ce sont les lois romaines et cette jurisprudence qui régissent la cause;

Attendu que le testament de Joseph Malignon respire la fiducie de la manière qui caractérise le plus formellement cette institution: il institue sa femme et sa mère ses héritiers d'égales parts, pour remettre son héritage à tel de ses enfants que bon leur semblera lorsqu'ils auront vingt-cinq ans, ou plus tôt si bon leur semble. Le père est le disposant; — Les enfants sont en bas âge. — Il n'institue leur mère et leur grand'-mère que pour remettre son héritage à tel d'entre eux que bon leur semblera lorsqu'ils auront vingt-cinq ans, terme certain, qui n'est pas prolongé au delà de leur minorité, ou même plus tôt si bon leur semble; toutes ces dispositions sont dans l'intérêt des enfants; les héritiers institués ne les ont que de nom, et pour la forme, afin que l'héritage soit confié à l'amour maternel qui ne connaît point d'égal, plutôt qu'à des tuteurs. C'est l'enfant qui sera élu qui sera le véritable héritier; l'hérédité ne repose pas un seul moment sur la tête de cette mère et de cette aïeule. Celui des enfants qu'elles éliront est héritier non *ex nunc* (du moment de l'élection), mais *ex tunc* (du jour du décès de son père); la remise de cette hérédité n'est prorogée, par le testateur, que dans l'intérêt de cet héritier, et jusqu'à l'époque où il sera capable de l'administrer par lui-même; et en attendant, et dans son seul intérêt, la mère et l'aïeule l'administreront (administration qui ne constitue évidemment qu'une véritable fiducie);

Attendu que ce qui le prouve d'autant mieux, c'est que pour manifester qu'il ne défère que cette administration, cette espèce de tutelle à cette mère et à cette aïeule, Joseph Malignon les décharge expressément de rendre aucun compte; le véritable héritier fait les fruits siens; le simple administrateur en fait compte. Il doit les restituer quand vient la remise de l'hérédité dont l'administration lui est confiée, à moins que le testateur ne l'ait dispensé de cette reddition de compte et de cette prestation de reliquat de compte, de cette restitution de fruits qui n'incombent qu'à l'administrateur; il n'y a donc ici qu'une véritable fiducie;

Attendu qu'on oppose vainement que le droit d'élire laissé par Malignon à sa femme et à sa mère de remettre son héritage à celui de ses enfants que bon leur semblera, convertit ici la fiducie en fidéicommis. C'est un pur ministère *nudum ministerium*, qu'il a conféré par là à cette mère et à cette aïeule, toujours dans l'intérêt de ses enfants, pour que l'espèce de cette élection fût pour chacun d'eux un encouragement, ce qui ne pouvait tourner qu'à l'avantage de tous les deux;

Attendu que l'arrêt rendu par le parlement de Toulouse en 1751, et rapporté par de Juin, ne fait ici aucun obstacle, *modica circonstancia facti nunquam inducit diversitatem juris*, il y a cette énorme différence entre l'espèce de cet arrêt et l'espèce actuelle, que, dans la première, l'époque de la remise de l'héritage n'était pas fixée, au lieu que dans la dernière cette époque est fixée à un temps certain et déterminé qui n'excède pas la majorité des enfants du testateur. Les motifs de l'arrêt de 1751 ont dû être pris de l'indétermination de ce délai, et nullement dans les autres considérations que cet arrêtiste rapporte, et qui sont tous contraires à la jurisprudence bien constante du parlement de Toulouse, attestée par Maynard, t. 1, liv. 5, ch. 85; Cambolas, liv. 4, ch. 5; Vedel sur Catalan, liv. 2, ch. 7, et M. de Laviguerie en

plutôt que fiducie : 1° dans la disposition par laquelle un mari institue son épouse héritière universelle, à la charge de rendre l'hérédité à tel de ses fils ou fille qu'elle jugera à propos, quand bon lui semblera, et sans aucune reddition de comptes (Req. 18 frim. an 5) (1) ; — 2° Dans l'institution, à titre d'héritière universelle, faite par le mari en faveur de sa femme, et pour jouir à ses plaisir et volonté, sans être tenue à aucune reddition de compte, à la charge néanmoins de remettre les biens à la fin de ses jours ou quand bon lui semblera, à celui de ses enfants qu'elle voudra choisir, et avec le pouvoir de vendre et engager en cas de besoin (Nimes, 17 août 1808) (2) ; — 3° Dans la disposition par laquelle un père, qui a des enfants en bas âge, a institué

---

ses Arrêts inédits du parlement de Toulouse, t. 1, au mot Fiducie, et les arrêts que ces auteurs rapportent;

Attendu que la fiducie se trouvant bien caractérisée et bien constante dans le testament de Malignon, l'on ne peut méconnaître que l'élection à cette hérédité a été faite régulièrement et en temps opportun, non que cette élection faite par la mère seule, en 1787, fût suffisante, si l'aïeule ne l'avait confirmée ou ne l'avait ratifiée qu'après la promulgation des lois nouvelles qui ont aboli le droit d'élire; mais cette confirmation, cette ratification sont intervenues avant la promulgation de la loi du 17 niv. an 2, qui, la première, abolit ce droit d'élire par son art. 23, et annule même toutes ces sortes d'élections qui n'auraient été faites que le 14 juill. 1789 ou depuis ; or, l'art. 7 de la loi du 18 pluv. an 5 rapporte cet effet rétroactif qui viciait l'art. 23 de la loi du 17 niv.; et il dispose textuellement que les élections d'héritier qui ont été annulées par les art. 23 et 26 de la loi du 17 niv. an 2, à compter du 14 juill. 1789, sont rétablies dans leur effet primitif, si elles ont été faites par acte ayant date certaine avant la promulgation de ladite loi du 17 niv.; » d'où il résulte que l'élection ayant été faite par la mère, par acte public, le 30 sept. 1787, et la ratification ou confirmation par la grand'mère, le 25 juill. 1793, par acte public aussi, et du vivant même de la mère, ces actes sont intervenus avant la publication de la loi du 17 niv. an 2; donc, cette élection, qui n'avait été abolie que par la loi du 17 niv. an 2, se trouve rétablie dans son effet primitif, sans que la loi du 7 mars 1793, qui abolit la faculté de disposer en ligne directe, exerce ici aucune influence, cette élection n'étant pas une disposition en ligne directe, mais seulement l'exercice d'un ministère; l'électeur ne transmet rien du sien à l'élu; — Par ces motifs, a démis de l'appel.

Du 16 déc. 1833.-C. de Nimes, 3e ch.-M. Thourel, pr.

(1) *Espèce* : — (Jean Viguier.) — Un jugement du tribunal du département du Lot avait décidé ainsi. Jean Viguier en a demandé la cassation. — Jugement.

Le tribunal; — Attendu que, par son testament du 24 juin 1779, Jean Viguier, père commun des parties, institua Françoise Burgalière, son épouse, son héritière universelle et générale, à la charge par elle de rendre son hérédité, quand bon lui semblera, à tel de ses fils ou fille qu'elle jugera à propos, et sans aucune reddition de comptes, de quoi il la dégage par exprès; qu'une telle clause renferme tous les caractères d'une vraie substitution fidéicommissaire avec pouvoir d'élire, et non pas seulement une simple faculté d'élire ou fiducie, puisque Françoise Burgalière se trouve instituée directement, qu'elle n'est point tenue de rendre l'hérédité à une époque déterminée, et que les enfants éligibles ne sont point institués directement; — Rejette, etc.

Du 18 frim. an 5.-C. C., sect. req.-M. Aretty, rap.

(2) *Espèce* : — (Les frères Molière.) — Le 31 janv. 1788, Louis Molière lègue à chacun de ses enfants leur légitime, et institue pour héritière universelle Madelaine Courbis, sa femme, pour jouir de son héritage après son décès, à ses plaisirs et volonté, sans être tenue à aucune reddition de compte, à la charge néanmoins de remettre à la fin de ses jours, ou quand bon lui semblera, son héritage à celui de ses quatre enfants qu'elle voudra choisir, lui donnant en outre le pouvoir de vendre et engager en cas de besoin. — Le testateur décède peu de temps après. — En exécution de ses dispositions, l'instituée a, par acte du 19 mars 1792, restitué à Pierre Molière, son fils aîné, les biens compris dans l'institution. — En l'an 10, décès de la veuve Molière. — Ses deux enfants, Henri et Joseph Molière, forment contre Pierre, leur frère, une demande en nullité de l'acte de restitution, comme contraire aux lois abolitives des substitutions. — Pierre Molière soutient que la dispense de rendre compte, et la faculté de vendre accordée à l'instituée, écartait toute idée de substitution; qu'il s'agissait d'une véritable fiducie, qui avait imposé à l'instituée une obligation naturelle de rendre; que cette restitution ayant été effectuée, devait produire des effets irrévocables.

Le 9 fruct. an 12, le tribunal de Privas maintint l'acte de restitution : — Attendu « qu'une substitution et un fidéicommis ne s'établissaient ni par induction ni par présomption; qu'ils devaient être clairement exprimés, et que, lorsqu'ils ne l'étaient pas, la règle la plus sûre, en matière de testament, voulait que l'on recherchât l'intention et la volonté du testateur dans la disposition même; — Que Louis Molière avait visiblement entendu ne faire à sa femme qu'un don d'usufruit, et lui en assurer la jouissance exclusive en la dispensant de rendre compte; — Qu'en la chargeant de remettre l'héritage à celui de ses quatre enfants qu'elle voudrait choisir, quand bon lui semblerait, il avait manifesté la volonté de le fixer sur la tête de l'enfant qui serait élu, plutôt que sur celle de sa femme qu'il n'avait désignée que pour être la gardienne secrète de ses intentions. — Que cette charge de remettre n'était qu'un simple ministère, un mandat, une faculté de choix et d'élection parmi les enfants, en faveur de celui qu'il destinait pour son héritier; que l'acte d'élection établissait qu'en choisissant Pierre Molière, son fils aîné, la veuve grevée n'avait fait qu'exécuter l'intention et la volonté de son mari, ainsi qu'elle s'en était expliquée; — Qu'en abolissant les substitutions, les lois de 1792 n'avaient pas entendu abolir la faculté d'élire et choisir, conférée par l'époux décédé au survivant, puisque ce droit avait été expressément conservé par la loi postérieure du 17 niv. an 2, et que celle du 18 pluv. an 5 avait voulu que les élections d'héritier ou de légataire fussent maintenues, lorsqu'elles avaient date certaine et qu'elles étaient faites par des actes avant la publication de la loi du 17 niv. an 2; — Que celle dont il s'agissait était précisément dans ce cas, puisqu'elle avait été faite par acte public du 16 mars 1793, près d'une année avant la loi prohibitive. » — Appel. — Arrêt.

La cour; — Considérant qu'il résulte du testament de feu Louis Molière père : 1° qu'il y institua très-distinctement Madelaine Courbis, sa femme, pour son héritière universelle, et que la jouissance qu'il lui donna ne fut qu'une conséquence de cette institution; 2° qu'il la chargea non moins précisément de remettre, à la fin de ses jours ou quand bon lui semblerait, sondit héritage à celui de leurs quatre enfants qu'elle voudrait choisir; — Considérant qu'il n'y a là ni doute ni ambiguïté qui puisse autoriser au recours, à l'interprétation de volonté, et que c'est, au contraire, le cas de s'en tenir à la lettre de la disposition testamentaire; d'où il en résulte bien clairement que l'hérédité ayant été directement déférée, *primo gradu*, à la femme du testateur, elle seule a pu et dû être héritière universelle *pendente conditione*, et qu'il en résulte aussi que la charge de rendre dans un temps incertain, qui lui fut imposée, laissa le droit des éligibles en suspens jusqu'à son décès, ou jusqu'à ce qu'elle fît, en faveur de l'un d'eux, une élection régulière; — Considérant qu'à cette double circonstance d'institution d'héritière et de chargée de remettre l'hérédité, il est impossible de méconnaître la substitution fidéicommissaire, telle qu'elle est indiquée par tous les commentateurs, notamment par Ricard, dans son Traité sur les substitutions, chap. 1, substitution qui s'opérait, selon le droit ancien de la France, par des termes obliques et indirects de prière, charge ou injonction, adressées à l'héritier grevé, pour le soumettre à rendre ce qu'il avait directement reçu; — Considérant que l'institution d'héritier confère essentiellement le droit de propriété; que si une seconde clause emploie les mots *pour jouir de l'héritage*, il ne faut pas lui donner un sens destructif de la disposition première, mais bien l'expliquer d'une manière concordante; que les mots *jouir* sont employés, non par exclusion de droit de propriété, mais pour indiquer la destination de cette propriété à laquelle le substitué est appelé, et que la dernière clause de la disposition explique le motif de la libéralité du testateur, sans diminuer la force et l'étendue de la première partie de cette disposition, ainsi que l'a décidé la cour de cassation, le 19 niv. an 12, sur le texte précis du droit romain, notamment sur la loi 2, ff., *De usuf. ex rerum quæ usu cons.*; et sur la loi 16, ff., *De auro et arg.*; — Considérant que l'art. 3 de la loi des 25 oct. et 14 nov. 1792 porte que « les substitutions ouvertes lors de sa publication n'auront d'effet qu'en faveur de ceux seulement qui auront alors recueilli les biens substitués, ou les droits de les réclamer; » qu'à l'époque de cette publication, Madelaine Courbis, héritière grevée, était en possession de l'hérédité de son mari, et qu'elle n'avait transmis à aucun de ses enfants éligibles le droit de la réclamer; que peu importait, après cela, que Madelaine Courbis eût élu Pierre Molière, l'un d'eux; qu'il ne pouvait plus être question d'élection du moment où le fidéicommis avait cessé d'exister par l'abolition prononcée, puisque dès lors la propriété des biens substitués s'était trouvée consolidée irrévocablement sur sa propre tête, et que, dès que l'élection n'avait pas précédé la publication de ladite loi des 25 oct. et 14 nov. 1792, les biens originairement substitués, de même que le propre patrimoine de ladite Courbis, veuve Molière, devaient rester en réserve pour composer la succession future; — Qu'en vain l'intimé prétend que la loi des 25 oct. et 14 nov. 1792, abolitive des substitutions, produisit un effet rétroactif qui ne pouvait aujourd'hui être maintenu; que, dans l'espèce, aucun des enfants Molière n'ayant été nominativement désigné dans le testament de Louis Molière, pour recevoir l'hérédité de la main de son épouse, héritière grevée, et le droit d'élire ayant été par lui conféré à celle-ci, le droit des éligibles se trouvait en suspens lors de la publication de la loi abolitive; qu'aucun des enfants Molière n'avait alors un droit acquis pour recueillir l'héritage; que le choix de la mère pouvait varier et se fixer indifféremment sur l'un plutôt que sur l'autre, et que dès lors ladite loi n'avait enlevé aux enfants Molière aucun droit acquis, et n'avait produit vis-à-vis d'eux aucun effet rétroactif; — Qu'en vain l'intimé prétendrait encore que le

son frère héritier, en le chargeant de rendre l'hérédité à celui des enfants qu'il voudrait choisir (Toulouse, 18 mai 1824) (1); —

4° Dans la disposition par laquelle un père a institué son épouse pour héritière universelle, en la chargeant de rendre l'hérédité à

---

testament de Louis Molière présentait une fiducie, et non une substitution fidéicommissaire; que mal à propos, pour soutenir ce système, il excipait de deux circonstances : la première, de ce que Molière, testateur, dispensait son épouse de rendre compte; la seconde, de ce qu'il lui donnait le pouvoir de vendre et engager en cas de besoin; que la clause portant dispense de rendre compte pouvait ici être regardée comme ajoutée par un effet de l'ignorance du testateur ou du notaire qui n'en connaissaient pas sans doute l'application; mais que cette clause n'étant pas accompagnée de celles qui caractérisent l'institution fiduciaire, ne pouvait d'ailleurs détruire la force des autres clauses qui démontraient que le testateur avait institué son épouse en la propriété; que celle portant pouvoir de vendre et engager en cas de besoin, ne prouvait point, d'autre part, qu'il eût entendu la charger d'une simple fiducie; que l'aliénation des biens d'un fidéicommis pouvait avoir lieu par l'héritier grevé, dans certains cas déterminés, en s'y faisant autoriser par justice, le testateur, dont la volonté était la loi, pouvait accorder cette autorisation et donner ainsi une extension aux cas d'aliénation prévus par la loi, sans que pour cela l'héritier grevé devînt un simple fiduciaire; qu'une condition importante et même caractéristique de la fiducie, est l'obligation imposée à l'héritier apparent de rendre les biens du testateur à celui auquel ce dernier veut les transmettre à un temps ou âge fixe et déterminé, et non à la mort de l'héritier apparent, ou quand bon lui semblera; car, en ces derniers cas, ce serait un fidéicommis conditionnel, suivant la loi 1, § 2, ff., *De condit. et dem.*, suivant la doctrine des auteurs et d'après la jurisprudence des arrêts; — Considérant qu'il ne peut appliquer à la cause les dispositions de l'art. 25 de la loi du 17 niv. an 2, ni les dispositions de l'art. 7 de la loi du 18 pluv. an 5, parce que ces articles traitent seulement du cas où un époux décédé aurait conféré au conjoint survivant la simple faculté d'élire un ou plusieurs héritiers dans ses biens, et non du cas où le conjoint survivant aurait été institué héritier ou légataire à la charge de rendre; — Considérant que la rémission d'hérédité, faite par Madelaine Courbis, le 16 mars 1795, ne saurait être considérée, ainsi que l'intimé l'a représenté, comme le payement d'une dette, comme l'exécution d'une obligation naturelle qui, dans le fond de l'honneur et de la conscience, obligeât ladite Courbis à l'accomplissement de ce qui y était contenu; que rien ne constate que le testateur ait nominativement désigné à son épouse celui des éligibles qu'elle choisit ensuite; que le testament démontre, au contraire, que Louis Molière père laissa à sa veuve, héritière grevée, entière liberté de choix, et que l'acte même de rémission annonce que Madelaine Courbis, en le faisant, n'entendit se conformer qu'au contenu du testament; que d'ailleurs, y eût-il eu désignation particulière et secrète du père, ce qui ne paraît pas, il n'aurait pas existé pour Madelaine Courbis une obligation naturelle, parce que l'obligation naturelle ne peut exister là où le droit positif a établi des règles absolues, et que tout ce qui concerne l'ordre des successions n'est point du domaine du droit naturel, parce qu'enfin l'obligation naturelle ne peut exister là où son accomplissement nuit au droit des tierces personnes, là où cet accomplissement est diamétralement opposé à ce qui est prescrit par la loi; — Considérant qu'il résulte de toutes les observations précitées que le tribunal de première instance de Privas s'est, d'un côté, déguisé à lui-même la vraie nature de la disposition sur laquelle il avait à prononcer, et que, de l'autre, il y a mal à propos appliqué les règles établies pour les simples facultés d'élire, au lieu de celles qui l'avaient été pour les fidéicommis conditionnels non ouverts, en confondant ainsi deux choses parfaitement distinctes; que, par suite, il y a lieu, en reprenant l'instance, d'adjuger aux appelants les fins et conclusions par eux prises; — Considérant enfin qu'il y a lieu de compenser les dépens à raison de la qualité des parties; — Dit mal jugé, et sans s'arrêter à l'acte de rémission du 16 mars 1795, ordonne le partage des biens de feu Louis Molière père, etc.

Du 17 août 1808.—C. de Nîmes.

(1) *Espèce* : — (Demoiselles Anglas *C.* leur oncle.) — En 1791, décès du sieur Anglas, père de quatre filles en bas âge, laissant un testament public, à la date du 2 mai 1791, par lequel il léguait d'abord à chacune d'elles une légitime, en les instituant ses héritières particulières.—Ensuite, après avoir fait à son épouse une pension viagère exigible seulement dans le cas où son épouse ne pourrait pas vivre avec son héritier institué, il a institué pour son héritier général et universel Barthelemi Anglas, son frère, à la charge par lui de rendre son hérédité à celle de ses quatre filles qu'il jugerait à propos. — Peu après ont été rendues les lois qui ont aboli les substitutions.—Postérieurement, mariage des quatre filles Anglas. — Barthelemi Anglas, leur oncle, figure dans leur contrat en qualité d'héritier institué de feu Anglas. Il paye à chacune de ses nièces le legs qui leur a été fait par leur père; il leur fait même des dons particuliers, moyennant lesquels elles renoncent, avec l'assistance de leurs époux, à tout supplément de légitime, et *autres droits quelconques, sur la succession paternelle.* — En 1821, deux des filles Anglas ont prétendu que leur oncle n'avait été institué par leur père qu'à titre de fiducie, et pour la forme; que, n'ayant pas usé du droit d'élection en temps utile, la succession de leur père devait être partagée entre ses quatre filles. — Jugement du tribunal d'Alby qui déclare les demanderesses non recevables, soit parce qu'elles ont exécuté le testament en recevant leurs legs, soit parce qu'elles avaient renoncé à tous autres droits.—Appel par les demoiselles Anglas.—Arrêt.

LA COUR; — Attendu qu'il est constant, en fait, que dans leurs contrats de mariage, des 17 brum. an 14, et 8 nov. 1809, Marie-Anne Anglas et Mouton, mariés, ainsi que Jeanne-Marie Anglas et Rolland, mariés, tous parties de Bressoles, reconnurent Barthelemi Anglas, leur oncle, comme héritier de Jean-Pierre Anglas, en vertu du testament du 2 mai 1791. Cette reconnaissance ne résulte pas seulement de la qualité donnée audit Barthelemi dans lesdits contrats, mais encore des stipulations par lesquelles les futures épouses, en se constituant en dot le legs que leur père leur avait fait, dans son testament du 2 mai 1791, à titre d'institution héréditaire, déclarent que le montant dudit legs leur est dû par Barthelemi Anglas, leur oncle, héritier de Jean-Pierre Anglas, leur père; qu'elles font une semblable déclaration, en se constituant une autre somme provenant de la succession de Catherine Monestié, leur grand'mère; qu'enfin cette reconnaissance est confirmée par les accords stipulés entre les époux et ledit Barthelemi sur les époques des payements des constitutions dotales; — Qu'il résulte de ces faits une approbation et une exécution réelle du testament du 2 mai 1791, et que, dès lors, lesdites parties de Bressoles ne sont point recevables à contester que ledit Barthelemi Anglas n'ait été le véritable héritier de Jean-Pierre Anglas, son frère;

Attendu qu'indépendamment de cette reconnaissance, il est également constant, en fait, que, dans lesdits contrats de mariage, Barthelemi Anglas fit des donations en faveur des futures épouses, ses nièces; et que, moyennant lesdites donations, il fut expressément convenu que les futures épouses n'auraient aucun droit de supplément de légitime, ni autres droits généralement quelconques à prétendre sur la succession de feu leur père, ledit Barthelemi Anglas n'ayant fait lesdites donations qu'à cette condition; que les parties stipulèrent même, à l'égard de ces donations, une clause pénale; — Que, dès lors, lesdits contrats de mariage renferment, non-seulement un véritable traité sur les difficultés qui pourraient s'élever à l'avenir, à raison dudit testament, mais encore un premier acte entre cohéritiers équipollent à partage; que cet acte a irrévocablement fixé tous les droits; car, en supposant que les parties de Bressoles eussent été lésées, elles auraient négligé de l'attaquer dans les délais accordés pour les actions rescisoires, puisqu'en point de fait, la plus jeune desdites parties de Bressoles avait plus de trente-deux ans à l'époque de l'introduction de l'instance; — Qu'ainsi, les fins de non-recevoir opposées par les parties de Derrouch sont évidemment bien fondées;

Attendu, au fond, qu'on lit dans le testament de Jean-Pierre Anglas la clause suivante : « En tous et chacun ses autres biens meubles, immeubles, noms, droits, raisons et actions, et hypothèques en général, en quoi que le tout consiste, puisse consister, de présent et à l'avenir, ledit testateur a fait, institué, et, de sa propre bouche, nommé pour son héritier universel et général Barthelemi Anglas, son frère, à la charge par lui de rendre ladite hérédité à telle de ses quatre filles qu'il jugera à propos; et, dans le cas que ledit Barthelemi Anglas, sondit héritier, vienne à se marier, il sera tenu de faire, de suite, ladite élection et nomination; et, dans ce cas seulement, ledit testateur donne à sondit frère Barthélemi la somme de 550 fr., pour le dédommager des soins qu'il pourrait s'être donnés pour travailler et entretenir ses biens; pour, par ledit Barthelemi Anglas, héritier ci-dessus nommé, jouir, faire et disposer de ses entiers biens et hérédité à ses plaisirs et volontés, aux conditions ci-dessus, tant en la vie qu'en la mort; cassant, révoquant, etc. »; que les parties de Bressoles soutiennent que cette clause renferme, non un fidéicommis conditionnel, mais une simple fiducie, qui n'aurait point été abolie par la loi du 14 nov. 1792, puisque ce n'était point une substitution.

Attendu que, d'après tous les auteurs, et notamment d'après M. Merlin, en son Répertoire, v° Fiduciaire, on entend par héritier fiduciaire celui que le testateur a chargé, en l'instituant pour la forme, d'administrer sa succession, et de la tenir en dépôt jusqu'au moment où il doit la remettre au véritable héritier; qu'ainsi, l'héritier fiduciaire n'est héritier que de nom; qu'il n'est pas saisi de la succession; que ce n'est pas sur sa tête que repose la propriété des biens du défunt; qu'il n'en est que l'administrateur;

Attendu, d'après ces principes, qu'il est impossible de ne voir dans Barthelemi Anglas qu'un simple héritier fiduciaire, puisque, non-seulement l'institution faite en sa faveur, est formelle et directe, mais que rien, dans le testament ne fait supposer que l'intention du testateur fût de ne nommer en son frère qu'un dépositaire et un simple administrateur de ses biens; — Que Barthelemi Anglas fut évidemment saisi de la succession par la mort de son frère, et que la propriété en reposa sur sa tête, puisque, non-seulement le testateur lui avait conféré le

celui de ses enfants qu'elle voudra choisir, quand elle le jugera à propos; encore bien que ces enfants soient en minorité, que ce père ait, par une autre disposition de son testament, donné à sadite épouse les revenus de ses biens meubles, le pouvoir de vendre pour payer les dettes et legs, et qu'il l'ait dispensée de faire inventaire et de rendre compte des revenus (Bordeaux, 10 mai 1834) (1).

44. On a décidé également que lorsqu'en pays de droit écrit, un mari avait institué sa femme pour héritière, à charge de remettre la succession à celui de leurs enfants qu'elle choisirait, avant la majorité de cet enfant, cette disposition était une institution fidéicommissaire emportant transmission de la propriété jusqu'à la remise du fidéicommis, et non point une fiducie, autrement un simple dépôt; qu'en conséquence la personne instituée ne devait point être tenue de rendre les fruits; qu'il y aurait eu fiducie si le testateur avait chargé sa femme de remettre la succession aux enfants avant leur majorité, sans lui donner le droit d'élire (Limoges, 1er juill. 1817) (2).

45. On ne pouvait considérer comme une simple institution fiduciaire l'institution à charge de rendre au fils du testateur, à la volonté de l'institué, et qui laissait à ce dernier la libre disposition de l'hérédité, dans le cas où l'enfant décéderait avant d'avoir atteint l'âge de vingt-cinq ans (Montpellier, 22 avril 1831) (3).

---

droit d'élection, mais qu'il lui avait imposé des charges réelles, avec obligation de les remplir à ses dépens, telles que la charge de faire célébrer un certain nombre de messes, indépendamment de ses honneurs funèbres; de payer une pension annuelle à la femme du défunt, et de faire réparer pour elle un logement convenable; — Attendu que si, d'après Henrys, liv. 5, quest. 22, l'institution fiduciaire est toute conjecturale et dépend des termes du testament, il est impossible, même en prenant cette opinion pour règle, de reconnaître une simple fiducie dans le testament dont il s'agit, puisque les termes de ce testament sont précis et clairs, et qu'ils ne permettent point de douter de l'intention du testateur;

Attendu, d'ailleurs, que, dans l'espèce, Barthelemi Anglas n'avait pas été chargé de rendre à une époque fixe et déterminée, et que le testateur lui avait conféré le droit d'élection; que l'absence d'un délai fixé pour la remise de l'hérédité, ainsi que la faculté d'élire, étaient regardés comme des caractères exclusifs de la fiducie, d'après la jurisprudence du parlement de Toulouse, attestée par plusieurs auteurs recommandables et par plusieurs arrêts, notamment par celui du 18 avril 1731, rapportée par M. de Juin, au Journal du palais, ch. 108 où il fut formellement jugé qu'une institution n'était pas fiduciaire, parce que la mère et le frère du testateur, qui étaient institués, étaient chargés de rendre à deux enfants du testateur, tels qu'ils voudraient choisir : ce droit d'élection fit conclure que c'était un fidéicommis, et non une fiducie, parce que ce droit d'élire faisait que l'hérédité était véritablement sur la tête des héritiers nommés, et que les enfants n'étaient que des substitués;

Attendu que la cour de cassation elle-même l'a ainsi jugé, le 18 frim. an 5, sans qu'on puisse dire qu'elle a jugé le contraire par son arrêt du 25 nov. 1807, puisque, dans l'espèce de ce dernier arrêt, le testateur avait clairement manifesté l'intention de ne faire qu'une simple fiducie, et non une institution d'héritier, dans la personne de son frère; — Attendu que, puisqu'il est établi que la clause testamentaire dont il s'agit ne renferme point une simple fiducie, il faut nécessairement en conclure qu'elle contient un fidéicommis conditionnel, une véritable substitution, anéantie par les lois abolitives de 1792 et suivantes; que, dès lors, la décision du tribunal de première instance d'Albi doit être maintenue; — Attendu que les parties de Bressolles, succombant dans leur appel, doivent supporter l'amende et les dépens; — Par ces motifs, après en avoir délibéré, démet de l'appel.

Du 18 mai 1824.-C. de Toulouse, 2e ch.-M. de Cambon, pr.

(1) (Delvalat C. Lafon.) — La cour; — Attendu que Géraud Gauthier, par son testament sous la date du 4 déc. 1782, déclare nommer et instituer pour son héritière générale et universelle Marguerite Lafargue, son épouse, à la charge de remettre son hérédité à telle de leurs deux filles, lors mineures, que bon lui semblera, quand elle le jugera à propos. — Attendu que, par cette disposition, dont les termes n'ont rien d'ambigu, l'hérédité du testateur fut déférée directement, et au premier degré, à Marguerite Lafargue, pour la transmettre à ses enfants, avec droit d'élire et sans aucune détermination de l'époque où la remise devait en être effectuée; qu'une telle disposition, qui présente un ordre successif, avec faculté à l'héritière instituée de choisir entre les appelés, et de conserver les biens grevés jusqu'à sa mort, ne peut se concilier avec une simple fiducie; — Qu'elle présente, au contraire, les caractères auxquels, d'après la jurisprudence et la généralité des auteurs, on reconnaissait la substitution fidéicommissaire; — Que si Géraud Gauthier ajoute qu'il donne à son épouse les revenus de tous ses biens meubles et autres effets, pour en jouir sa vie durant, sans que ni elle ni les siens soient tenus de rendre aucun compte, on ne saurait donner à cette clause un sens exclusif du droit de propriété résultant de celle qui la précède immédiatement; — Que, par cette dation de la jouissance des revenus qui, sans qu'il fût nécessaire de l'exprimer, était une conséquence de l'institution universelle, le testateur a voulu expliquer, d'une manière plus explicite, la destination ultérieure de ses biens et les limites qu'il était dans son intention d'apposer à sa libéralité; — Attendu que le pouvoir donné à Marguerite Lafargue de vendre et d'aliéner des biens de l'hérédité pour payer les dettes et legs, n'était pas non plus incompatible avec le fidéicommis; — Que le testateur a pu aussi la dispenser de la faction d'inventaire à laquelle, sans cette dispense, elle aurait été tenue, aux termes de l'art. 1 du titre 2 de l'ord. de 1747; — Attendu que la substitution dont il s'agit s'étant trouvée ouverte lors de la promulgation de la loi du 25 oct.-14 nov. 1792, la propriété des biens substitués fut consolidée sur la tête de Marguerite Lafargue, qui a, dès lors, pu disposer desdits biens en faveur d'Anne Gauthier, épouse Delvalat, sa fille aînée, sauf la légitime de sa seconde fille, Gabrielle Gauthier, épouse Lafon; — Que c'est d'après ces bases qu'il devra être procédé au partage; — Par ces motifs, émendant, dit et déclare que l'institution générale et universelle faite par Géraud Gauthier, dans son testament du 4 déc. 1782, contient une substitution fidéicommissaire, et non une simple fiducie; — Que les biens compris dans cette institution, et recueillis par Marguerite Lafargue, sont devenus sa propriété par l'effet de la loi des 25 oct.-14 nov. 1792, abolitive des substitutions; — Ordonne en conséquence qu'il sera procédé, d'après ces bases, entre les parties, au partage des successions dont il s'agit, à l'effet de quoi elles se retireront devant le notaire désigné par les premiers juges pour y être procédé conformément aux art. 828 et suiv. c. civ.

Du 10 mai 1834.-C. de Bordeaux, 2e ch.-M. Gerbeaud, pr.

(2) (Dame Bringaud C. Maisonial.) — La cour; — Considérant qu'on ne saurait faire résulter un acquiescement au jugement du 9 mai 1810, des conclusions prises par Françoise Bringaud dans celui du 27 août 1812, et par lesquelles elle déclara acquiescer à celles prises par l'avoué de Maisonial, quant aux condamnations provoquées contre Jacques Bringaud; que son acquiescement ainsi restreint aux dispositions dudit jugement qui lui étaient favorables, ne pouvait, d'après les principes et la jurisprudence, être étendues à celles qui lui étaient contraires; que l'appel de ce jugement est dès lors recevable; — Considérant que le droit d'élection accordé à Françoise Bringaud par le testament de son mari, ayant fixé l'hérédité sur sa tête jusqu'au moment de cette élection cette circonstance donne à l'institution faite en sa faveur par ledit testament, le caractère d'une véritable institution fidéicommissaire, nonobstant ceux de fiducie qu'elle eût eus sans cette circonstance; — Sans s'arrêter aux fins de non-recevoir, met l'appellation et ce dont est appel au néant, etc.

Du 1er juill. 1817.-C. de Limoges.

(3) *Espèce :* — (Pons et Dupin C. Privat.) — 1788, testament par lequel la dame Privat lègue à ses deux filles, Françoise et Antoinette, 2,000 fr. payables à chacune d'elles, lorsqu'elles se marieront, et sous la condition qu'elles n'auront plus rien à prétendre sur les biens de la testatrice. — Elle lègue également, sous la même condition, 3,000 fr. à son fils aîné, Charles-Augustin, et institue son mari pour héritier universel, à la charge de rendre l'hérédité à Pierre-Alexis Privat, son fils puîné, laissant à la volonté du sieur Privat père l'époque de la remise de l'hérédité, et lui en abandonnant, en outre, la libre disposition, au cas où Pierre-Alexis Privat décéderait avant d'avoir atteint l'âge de vingt-cinq ans. — En l'an 3, Françoise Privat s'étant mariée, reçoit de son père le legs à elle fait par sa mère. Elle meurt ensuite, laissant pour héritières les dames Pons et Dupin, ses filles. Charles-Augustin et Pierre-Alexis Privat sont aussi décédés. — En 1829, les dames Pons et Dupin assignent le sieur Privat père en partage de la succession de sa femme. Elle demandent que le testament de 1788 soit annulé comme entaché du vice de prétérition, attendu qu'il ne contient, en faveur de Pierre-Alexis Privat, aucune disposition positive et directe. — Privat père soutient que l'exécution donnée au testament par Françoise Privat a couvert tout moyen de nullité; que la prétérition ne constituait qu'une nullité relative que l'héritier prétérit pouvait seul faire valoir; qu'au surplus, le vice de prétérition n'existait point, puisqu'au moyen de la substitution faite à son profit, Pierre-Alexis Privat eût dû être investi un jour de toute l'hérédité.—Jugement qui, accueillant ces moyens, déclare n'y avoir lieu d'ordonner le partage. — Appel. — Arrêt.

La cour; — Attendu, sur les fins de non-recevoir, que toutes les circonstances de la cause démontrent que Françoise Privat n'avait, à l'époque de son contrat de mariage, aucune connaissance des vices et nullités du testament de sa mère, et qu'elle reçut et quittança le legs à elle fait, sans avoir vu ni discuté ledit testament; d'où il suit qu'elle ne put,

46. Nous venons d'expliquer quelle doit être la nature de la première des deux dispositions dont le concours forme la substitution. Mais à quels termes se fait-elle reconnaître? En parlant de l'interprétation des substitutions, nous démontrerons que la première disposition ne peut, non plus que la seconde, s'induire, comme autrefois, de conjectures ou de simples présomptions; qu'elle doit être expresse. En voici un important exemple cité dans tous les auteurs : Les personnes mises dans la condition ne sont pas censées dans la disposition. «J'institue Pierre, et s'il meurt sans enfants, je substitue Jacques.» Les enfants ne sont mis que dans la condition; l'instituant ne les appelle ni ne les substitue; Jacques seul est substitué. Telle est la décision des lois romaines, qu'il s'agisse soit de testaments (L. 114, § 13, ff., *De legat.*; L. 5 et 17, § 5, ff., *ad S. C. Treb.*), soit de contrats (L. 30, ff., *De pact. dotal.*; L. 48, ff., *Solut. matr.*). L'ordonnance de 1747 s'exprime dans le même sens, art. 19, tit. 1 : «Les enfants qui ne seront point appelés expressément à la substitution, mais qui seront seulement mis dans la condition, sans être chargés de restituer à d'autres, ne seront en aucun cas regardés comme étant dans la disposition.»

47. La condition *si sine liberis decesserit* devrait de nos jours être encore moins réputée renfermer l'institution des enfants, depuis que les substitutions sont prohibées, ou du moins limitées bien en deçà des bornes posées par l'ordonnance. Les termes d'un acte ne s'interprètent point dans un sens qui en neutralise l'effet.—La même doctrine est enseignée par MM. Merlin, Rép., v° Substitution fidéicommissaire, sect. 9; Rolland de Villargues, nos 122 à 126; Toullier, t. 5, n° 25; Duranton, t. 8, n° 70; Zachariæ, t. 5, p. 247. Quant à M. Delvincourt, «j'avoue, dit-il (t. 2, note 2, sur la page 105), que j'ai toujours eu beaucoup de peine à adopter cette opinion.» Il en donne ce double motif : «Il est si naturel de penser que le testateur a eu en vue de gratifier les enfants de son légataire! La loi 85, ff., *De hæred. inst.*, dans une espèce absolument semblable, prononce que le testateur est censé avoir préféré au substitué non-seulement l'institué, mais encore les enfants de ce dernier : *non enim fratrem solùm prætulit substitutis, sed et ejus liberos.*» Mais cette hésitation, dit M. Arm. Dalloz (Dict., v° Substit., n° 47), fondée sous la loi romaine, ne l'est pas d'après la règle d'interprétation qu'on vient de poser. — Il a été décidé que par une clause ainsi conçue : «Je donne mon bien à mon petit-fils pour en jouir sa vie durant : dans le cas qu'il meure sans être majeur ni ne laisse des enfants, je les donne à tels, etc.,» le testateur n'est pas censé avoir fait une substitution en faveur de ses arrière-petits-enfants, et, par suite, ceux-ci ne sont pas fondés à agir en délaissement contre des tiers acquéreurs, une telle clause ne disposant pas pour le cas où l'institué laisserait des enfants, ne contenant pas non plus l'obligation de conserver et de rendre, ni enfin ne portant aucune disposition en faveur de ses arrière-petits-enfants; qu'en cas pareil, d'ailleurs, la question de savoir si les arrière-petits-enfants placés dans la condition, n'étaient pas compris dans la substitution, est une question de volonté dont l'appréciation, placée dans le domaine du juge, ne saurait tomber sous la censure de la cour de cassation (Req. 22 nov. 1842) (1).

48. L'ordonnance de 1747 suppose, dans l'article cité, que les enfants ont été simplement mis dans la condition, sans être chargés de restituer à d'autres.—Si donc le testateur avait dit : «J'institue Pierre, et s'il décède sans enfants, je leur substitue Paul,» dans ce cas, les enfants seraient réputés grevés envers Paul. Telle était l'opinion de Furgole, Comment. de l'ord. de 1747, p. 6 et 92, et de Pothier, sect. 2, art. 2. — Nous pensons, comme M. Rolland de Villargues, n° 125, qu'elle doit encore être suivie.

49. Du reste, les réflexions qui précèdent s'appliquent à toute autre personne qu'aux enfants de l'institué, et qui serait seulement dans la condition. M. Rolland de Villargues, nos 86,

par le fait de la réception dudit legs, couvrir les vices et nullités dont il s'agit, et renoncer à les faire valoir; — Attendu, en ce qui touche la fin de non-recevoir, que la nullité résultant de la prétérition était radicale et absolue, et non relative et propre au légitimaire prétérit ou à ses représentants; qu'elle emportait l'institution, faisait mourir le défunt sans héritier institué, donnait ouverture à la succession *ab intestat*, et appelait tous les enfants à un partage égal : d'où il suit que l'action en nullité de testament, pour vice de prétérition, appartenait indistinctement à tous les enfants ou autres légitimaires, et pouvait être intentée alors même que le prétérit ne se plaignait pas, et après l'exécution ou l'approbation du testament de sa part;

Attendu, au fond, que le testament de Marie-Anne Pessade ne laissait rien à titre d'institution à Pierre-Alexis Privat, son fils, pour le remplir de sa légitime; que la substitution, ou le fidéicommis de l'hérédité, fait au profit dudit Pierre Privat, ne pouvait, suivant la jurisprudence du parlement de Toulouse et la doctrine des auteurs, notamment de Furgole et de Serres, tenir lieu à son égard de l'institution expresse et actuelle exigée par les art. 50, 51, 52 et 53 de l'ord. de 1735, conforme à la législation des novelles; — Attendu que Jean Privat et la veuve de Pierre-Alexis sont non recevables à prétendre que le testament de Marie-Anne Pessade ne contient qu'une simple institution fiduciaire au profit de ce dernier, puisqu'ils ont l'un et l'autre formellement reconnu le contraire, notamment par le contrat de mariage dudit Pierre-Alexis Privat, en date du 21 déc. 1810; qu'on ne saurait, d'ailleurs, reconnaître dans la disposition dont il s'agit du testament de Marie-Anne Pessade, les caractères d'une simple fiducie; et qu'enfin l'institution, même fiduciaire, n'aurait pu purger le testament du vice de prétérition et tenir lieu à Pierre-Alexis Privat de l'institution expresse exigée par la loi, alors que l'époque de la remise de l'hérédité était laissée à la volonté de Jean Privat père, et que la testatrice lui en avait laissé la libre disposition, au cas que Pierre-Alexis vînt à décéder avant d'avoir atteint l'âge de vingt-cinq ans;

Sans s'arrêter ni avoir égard à l'appel des héritiers et représentants de Charles-Augustin Privat, ordonne que le jugement dont est appel sortira, à cet égard, son plein et entier effet; — Et en ce qui touche les enfants et représentants de Françoise Privat, sans s'arrêter ni avoir égard aux fins de non-recevoir à eux opposées, et les rejetant, met l'appellation et le jugement dont est appel au néant; condamne le sieur Jean Privat à délaisser auxdits enfants et représentants de Françoise Privat, le quart des entiers biens, meubles et immeubles délaissés par feu Marie-Anne Pessade, et en suivant le partage qui en sera fait entre eux aux formes de droit.

Du 22 avril 1831.-C. de Montpellier.-M. Rosier, pr.

(1) *Espèce* : — (Hérit. Desbonne C. Loumagne.) — Les circonstances dans lesquelles ces décisions ont été rendues ressortent suffisamment de la lecture de l'arrêt. Il s'agissait, comme on peut le voir, d'une action en délaissement de biens prétendus compris dans une substitution, et que le grevé de restitution aurait indûment aliénés. Ces prétentions furent repoussées par jugement du tribunal de la Pointe-à-Pitre, confirmé par arrêt de la cour royale de la Guadeloupe, du 22 mars 1839. — Pourvoi des héritiers Desbonne pour violation des lois et des principes en matière de substitution fidéicommissaire, spécialement des lois 19, 82 et 85, Dig., *De hered. instit.*; fausse application de l'art. 19, tit. 1, de l'ord. de 1747. — Les deux conditions exprimées par la testatrice, a-t-on dit, démontrent clairement que son intention a été de n'accorder que l'usufruit de ses biens à son fils et à son petit-fils, et, par conséquent, de grever de substitution aussi bien le petit-fils que le premier grevé; d'où il résulte qu'en cas d'existence d'enfants de son petit-fils, il faut nécessairement conclure que ces arrière-petits-enfants de la testatrice doivent être appelés à recueillir, après la mort de leur père, les biens dont celui-ci n'avait que la jouissance, sa vie durant. En effet, la défense d'aliéner qui résulte de la qualité d'usufruitier attribuée au petit-fils, s'interprète dans le sens d'une substitution fidéicommissaire tacite. Il n'est pas nécessaire, dit Pothier, Subst., sect. 5, § 1, p. 562, pour que la défense d'aliéner renferme une substitution fidéicommissaire que le testateur ait exprimé en faveur de qui il faisait cette défense, pourvu qu'on puisse connaître en faveur de qui il a voulu la faire, et il cite comme exemple la loi 74, Dig., *Ad senatus consultum Trebell.*, où un père s'était ainsi exprimé à l'égard de sa fille : *Mando tibi non testar donec liberi tibi sint.* L'empereur Sévère décida que cette disposition renfermait une substitution au profit des collatéraux de cette fille, bien qu'ils n'eussent pas été désignés, et que la disposition eût été faite sous condition qu'elle n'aurait point d'enfants. — Arrêt.

LA COUR ;—Attendu, en fait, que, par son testament du 15 avr. 1792, la dame Durieux, veuve Vannier Desbonne, demeurant à la Guadeloupe, s'exprima en ces termes : «Je donne à mon fils tout ce qui me reste de biens pour en jouir sa vie durant, et, après lui, à son fils, pour en jouir sa vie durant. Dans le cas qu'il meure sans être majeur, ni ne laisse des enfants, je désire que mon bien soit donné, un quart à Marie-Jeanne Durieux ou à ses enfants, un quart à Marguerite Durieux ou à son fils. Les deux autres quarts seront à partager entre les enfants de François Desbonne, mon neveu, les enfants de Mariette Lacul et ceux de Manette Lacul; — Attendu que la testatrice mourut à la Guadeloupe le 11 avr. 1793, laissant son fils et son petit-fils vivants. Le petit-fils se maria et deux filles provinrent de son mariage : ce sont les demanderesses en cassation, qui, prétendant trouver dans le testament une substitution en

121 et 123, fait la même observation, qu'il fonde sur plusieurs textes de droit romain, et notamment sur les lois 19 et 82, ff., *De hæred. instit.*

50. De ce que, pour caractériser une substitution, il faut une première *disposition* faite au profit du grevé, plusieurs auteurs ont conclu que l'héritier *ab intestat* chargé par le testateur de rendre à un tiers ne saurait être assimilé à un grevé de substitution. Et, en effet, dit-on, ce n'est pas du testateur que l'héritier *ab intestat* reçoit, c'est de la loi; donc, dans cette hypothèse, la première condition de la substitution prohibée, la disposition en faveur du grevé, fait défaut. Tel est le sentiment notamment de MM. Rolland de Villargues, nº 128; Duranton, t. 8, nº 67; Delvincourt, t. 2, note 3 sur la page 103; Zachariæ, t. 5, p. 244. Et les termes de l'art. 896 semblent favorables à cette interprétation. Cet article, en effet, pour désigner le grevé, emploie ces dénominations : « le donataire, l'héritier *institué*, ou le légataire, » qui semblent exclure l'héritier *ab intestat*. — Toutefois nous ne croyons pas que cette opinion doive être suivie. Elle ne nous paraît reposer que sur une subtilité. Lorsque le testateur, qui pourrait disposer de l'hérédité en faveur d'un étranger, la laisse à son héritier *ab intestat*, il dispose bien véritablement en faveur de ce dernier : *dat qui non adimit;* son silence équivaut à une manifestation de volonté : c'est une sanction donnée au bénéfice de la loi. Et d'ailleurs que fait la loi elle-même quand elle règle la dévolution de l'hérédité *ab intestat?* Elle interprète la volonté tacite du défunt; c'est le législateur lui-même qui l'a dit dans l'exposé des motifs du titre des Successions : « La loi des successions est le testament présumé de ceux qui meurent sans avoir disposé. » Il est donc vrai de dire que le premier élément de la substitution prohibée, la disposition en faveur du grevé, existe dans le cas dont il s'agit. D'ailleurs, comme le fait remarquer un auteur (M. Coin-Delisle), le code Napoléon a entendu abolir les substitutions fidéicommissaires telles qu'elles existaient sous l'ancien droit. Or, sous l'ancien droit, il y avait substitution fidéicommissaire encore bien que la charge de conserver et de rendre fût imposée à l'héritier *ab intestat* (V. Ricard, Substit., part. 1, nº 98 et nº 166; Pothier, Substit., sect. 4, art. 1, § 3, 3ᵉ alin.; Thévenot, chap. 6, § 1). C'est en ce dernier sens que se prononcent, sous l'empire du droit actuel, MM. Coin-Delisle, sur l'art. 896, nºˢ 12 et 13; Troplong, nº 107; Marcadé, sur l'art. 896, nº 4. — Et il a été décidé, en ce sens, que la disposition avec charge de conserver et de rendre forme une substitution prohibée, sans qu'il y ait lieu de distinguer si la personne instituée héritière était ou non héritière *ab intestat* du disposant (Angers, 7 mars 1822, aff. Hunaut, nº 121).

§ 2. — *De la disposition faite au profit du substitué.*

51. Nous avons dit que, pour qu'il y eût substitution prohibée, il était nécessaire qu'à côté de la libéralité faite en faveur du grevé, il y eût une libéralité au profit du *substitué*. L'absence de cette dernière exclurait toute idée de substitution. — Il suit de là que la disposition par laquelle un testateur défend à son héritier de laisser tout ou partie des biens dépendant de sa succession à une personne indiquée ne renferme pas une substitution fidéicommissaire tacite en faveur des héritiers *ab intestat* soit du testateur, soit de son héritier institué : « Attendu, porte l'arrêt, que, la défense portée dans le testament dont s'agit ne désignant ni explicitement ni implicitement aucune personne ni famille en faveur desquelles elle est faite, il ne peut y avoir de fidéicommis » (Bruxelles, 31 janv. 1816, aff. Mouchet *C.* Dumont; V. Conf. M. Zachariæ, t. 5, p. 255).

52. Il ne faut pas confondre avec la substitution les dispositions *charitables* qui, bien qu'imposant une charge à l'institué en faveur de personnes plus ou moins vaguement désignées, ne constitueraient pas cependant, en faveur de ces dernières, un droit dont elles pussent réclamer l'exécution. — Ainsi, par exemple, la fondation par testament, pour servir au logement gratuit d'ouvriers malheureux, d'une maison dont la construction et l'entretien sont imposés au légataire universel institué dans ce testament et à ses héritiers, n'a pas, soit entre ces ouvriers, soit quant à ce légataire universel, le caractère d'une substitution prohibée, mais constitue une simple *charge perpétuelle*. — Jugé en conséquence que, le legs universel n'étant pas, à l'égard des valeurs affectées à une telle fondation, entaché de substitution prohibée, les héritiers légitimes ne peuvent réclamer ces valeurs, comme devant être détachées de l'institution testamentaire elle-même, aux termes de l'art. 896 c. nap., qui annule la disposition viciée de substitution aussi bien à l'égard de l'institué que du substitué (Req. 17 août 1852, aff. Hanavie, D. P. 52. 1. 263).

53. Mais en quels termes doit être conçue la disposition faite au profit du substitué? Il n'est point de locution ou formule déterminée : il suffit que la volonté de substituer soit clairement énoncée. *Voluntatis defuncti quæstio in æstimatione judicis est*, dit la loi 7, C., *De fideic.* — Peu importe que les termes soient impropres si la *volonté* est manifeste (L. 69, § 1, ff., *De legat.*, 3º). Thévenot cite cet exemple, nº 188 : « J'institue un tel, et après qu'il aura recueilli, j'institue ses enfants. » Ce mot *j'institue*, quoique direct, formera au profit des enfants la substitution oblique ou fidéicommissaire, parce que les expressions *après qu'il aura recueilli* ne permettent pas de lui donner un autre sens (V. aussi MM. Rolland de Villargues, nº 165; Coin-Delisle, sur l'art. 896, nº 59; Marcadé, sur l'art. 896, nº 7; Zachariæ, t. 5, p. 250). — Peu importe non plus à qui les termes soient adressés : dans la loi 69, ff., *eod. tit.*, 2º, c'est au substitué que le testateur parle; dans la loi 108, ff., *De legat.*, 1º, § 13 et 14, c'est à un tiers, dépositaire de la chose léguée (Thévenot, nºˢ 246, 247). — Dans l'ancien droit des Romains, les legs et les fidéicommis se distinguaient par des termes qui leur étaient propres : les legs étaient conçus en forme de *commandement*; les fidéicommis en forme de *prière*. Dès avant Justinien, qui confirma ce changement, une loi du code avait supprimé cette différence.

54. Cependant les paroles du disposant doivent, quelles qu'elles soient, réunir certains caractères, pour qu'elles expriment la volonté de substituer. Il faut, 1º que les termes soient *dispositifs* et *obligatoires*; 2º qu'ils emportent l'*ordre successif*; 3º que l'époque fixée pour la restitution soit le *décès* du grevé. — C'est au développement de ces trois aperçus que se rattacheront tour à tour les observations qui suivent.

55. 1º *Il faut que les termes soient dispositifs* et *obligatoires*. — Il faut d'abord qu'ils soient dispositifs et non simplement *énonciatifs*. C'est une règle enseignée par tous les auteurs, qui la fondent sur les lois 2, C., *Comm. de leg. et fid.*, et 72, § 8, ff., *De cond. et dem.* (Thévenot, nº 180; M. Merlin, Rép., vⁱˢ Substit. fidéic., sect. 8, nº 2; Institut. d'hérit., sect. 4, nº 9). — Qu'un testateur, par exemple, se borne, sans substituer positivement, à dire qu'il a substitué soit par un testament précédent, soit par le même acte, l'énonciation ne suffira pas (L. 72, § 8, ff., *De cond. et dem.*; L. 84, *pr.*, ff., *De legat.*, 2º; V. aussi MM. Rolland de Villargues, nº 170; Coin-Delisle, sur l'art. 896, nº 37; Troplong, nº 108). — Il en serait autrement de ces mots : *j'ai substitué*. Les auteurs remarquent avec raison que dans beaucoup de dispositions le passé est mis pour le présent.

56. Le même principe, combiné avec l'art. 19, tit. 1, de l'ordonnance de 1747, et les observations que nous avons faites ci-dessus (nºˢ 46 et 47), ne permet pas de comprendre dans la

---

leur faveur, agirent en désistement de la moitié de l'habitation; — Attendu que la cour royale s'est proposé deux questions : la première, résolue négativement, de savoir si la disposition contenait une substitution en faveur des arrière-petites-filles de la testatrice; la seconde, résolue aussi négativement en fait et en droit, de savoir si les petites-filles n'étant que dans la condition, elles devraient être placées dans la disposition;

Attendu, en droit, que la testatrice n'a pas disposé pour le cas où son petit-fils laisserait des enfants; qu'elle ne l'a pas chargé de l'obligation de conserver et de rendre, qu'elle n'a fait aucune disposition en faveur de ses arrière-petits-enfants, et que, dès lors, en jugeant que le petit-fils de la testatrice n'avait pas été grevé de substitution, la cour royale a fait une juste application des principes sur la matière; — Attendu que, pour juger la question de savoir si les petites-filles, placées dans la condition, devaient être censées dans la disposition, il s'agissait d'interpréter la volonté de la testatrice, *voluntatis quæstio in æstimatione judicis est;* cette interprétation était donc dans les attributions exclusives de la cour royale; elle ne peut pas être soumise à la cour de cassation; — Rejette.

Du 22 nov. 1842.-C. C., ch. req.-MM. Lasagni, pr.-Mestadier, rap.

disposition les enfants ou toute autre personne mis seulement dans la *condition*.—V. en ce sens Furgole, des Testam., chap. 7, sect. 4, nº 64; M. Troplong, nº 108.

57. Du reste, il ne faut point perdre de vue la règle générale posée par Thévenot, nᵒˢ 181 et 182 : « L'omission des termes du fidéicommis ne doit pas, dit-il, en empêcher l'effet, si l'on voit par la liaison et le rapport de ce qui se trouve écrit que c'est un simple oubli de mots (L. 67, ff., *De leg.*, 2º, § 9); si la volonté de faire une substitution fidéicommissaire paraît évidemment par le surplus du contexte » (V. aussi M. Marcadé, sur l'art. 896, nº 7). — Ainsi, jugé : 1º qu'il n'est pas absolument nécessaire que les mots *je substitue* soient dans la disposition (Pau, 4 janv. 1826, aff. Guiraud, nº 205-3º); — 2º Que la disposition par laquelle un testateur ordonne qu'en cas de décès du légataire institué sans avoir contracté mariage, ou sans enfants de son mariage, le bénéfice du legs soit réversible à un tiers, constitue une substitution prohibée, alors même que la charge de conserver et de rendre n'est pas exprimée formellement (Rej. 21 juin 1841) (1).

58. Les termes doivent encore être *obligatoires*, c'est-à-dire imposer une obligation véritable au grevé et à ses héritiers, et

---

(1) *Espèce* : — (Demoiselle Schwartz *C.* hér. Ortlieb.) — Par testament olographe du 10 mai 1832, le sieur Ortlieb avait institué, pour son héritière unique et universelle, la demoiselle Porcienne Schwartz, sa cousine issue de germaine, pour, dès le moment de sa mort, en jouir en toute propriété, à charge, cependant, de délivrer à certaines personnes quelques legs particuliers faits par ce même testament. — Le 27 mars 1855, le sieur Ortlieb rédigea une annexe à son testament précédent, où on lit la clause suivante : — « Je veux et ordonne qu'en cas de décès de demoiselle Porcienne Schwartz avant d'avoir contracté mariage; et, quand même elle se serait mariée, sans avoir eu d'enfants de son mariage à l'époque de sa mort, le bénéfice du legs que j'ai fait en sa faveur dans le présent testament soit réversible, pour la jouissance seulement, à sa mère survivante, dame Magdeleine Schwartz, née Ortlieb, ma cousine germaine, après la mort de laquelle ce bénéfice appartiendrait de droit à mes héritiers naturels, tant du côté paternel que du côté maternel. »

Le sieur Ortlieb décéda le 5 nov. 1836, et Porcienne Schwartz se fit envoyer en possession de sa succession. — Mais le 17 avr. 1837, les héritiers naturels du défunt formèrent une demande en nullité de testament, fondée sur ce que le legs universel fait au profit de la demoiselle Schwartz contenait une substitution fidéicommissaire prohibée par l'art. 896 c. civ.

7 août 1837, jugement du tribunal de première instance de Colmar, qui accueille cette demande en ces termes : — « Attendu qu'on ne peut sérieusement se méprendre sur le sens et la portée des dispositions testamentaires de feu Jean-David Ortlieb; que sa volonté est clairement manifestée; — Que, par le testament olographe du 10 mai 1852, il a institué sa cousine Porcienne Schwartz héritière universelle de sa fortune, pour en jouir en toute propriété, en la chargeant de faire la délivrance des legs particuliers que renferme le testament; — Qu'il est question que Porcienne Schwartz possédait la confiance et les affections du testateur, puisque, dans une des dispositions du testament, il a manifesté le désir de voir son nom de famille joint légalement à celui de l'époux que se donnerait la légataire par un futur mariage, et qu'il l'a constituée dépositaire de ses effets d'habillement, d'armement et de ses insignes militaires; — Que l'idée du mariage de la légataire paraît avoir préoccupé le testateur depuis la confection de son testament olographe; qu'il a pensé que ce mariage pourrait ne pas se réaliser, et que la légataire universelle viendrait à décéder sans postérité légitime; que, dans ces prévisions, il a fait un retour sur la première disposition testamentaire, en stipulant une clause additionnelle, sous date du 27 mars 1855, dans un second acte qualifié par le testateur, « annexe à mon testament olographe du 10 mai 1852; » que cette clause est ainsi conçue :... (V. les faits); — En ce qui touche la question de substitution : — Attendu que, par la clause additionnelle, le testateur a exprimé la volonté que le bénéfice du legs universel serait transmis à ses héritiers naturels, dans le cas d'inexistence d'enfant du mariage de la légataire, en assurant toutefois à la mère Schwartz, en cas de survie, la jouissance viagère de ce même legs; — Attendu que cette disposition renferme le caractère de la substitution prohibée par la loi; qu'on y rencontre l'obligation de conserver et de rendre; que le testateur a établi une triple institution; qu'il a gratifié sa cousine Schwartz en première ligne, en lui attribuant la propriété du legs, puis, à la mort de celle-ci, la mère Schwartz, en cas de survie, et en dernière ligne ses héritiers naturels; qu'une pareille disposition, qui ne transmet à des tiers la propriété d'un legs qu'après que cette propriété a fait impression sur la tête d'une autre personne, constitue une substitution fidéicommissaire dans la force du terme; que cette substitution est principalement signalée par le trait du temps, *tractu temporis*, et par l'ordre successif; que le testateur, en instituant Porcienne Schwartz, veut qu'à son décès elle rende le legs à la mère Schwartz, en cas de survie, et qu'à la mort de celle-ci il advienne à ses héritiers naturels; qu'il est évident que chaque institué est tenu de conserver jusqu'à sa mort pour transmettre à un autre institué; que, dès lors, il y a limitation de temps; que cela résulte nécessairement des termes dont le disposant s'est servi; — Attendu qu'on ne peut point considérer cette disposition comme renfermant un legs sous condition purement résolutoire, puisque le testateur n'a pas entendu donner l'usufruit du legs à Porcienne Schwartz, mais bien la nue propriété, ainsi qu'il l'a virtuellement énoncé; que, dès lors, en instituant en dernière ligne ses héritiers naturels pour recueillir le legs, il a interrompu l'ordre successif et dépouillé les héritiers de la légataire universelle des droits successifs que leur attribuait la loi; — Attendu que la condition d'existence d'enfant attachée à la clause du testament ne peut point altérer la substance et la nature de la substitution; que cette condition éventuelle n'est qu'un surcroît de manifestation de la volonté du testateur; que la légataire universelle ayant survécu au testateur sans existence d'enfant d'un mariage, ne pourrait recueillir le legs qu'avec l'obligation de le conserver sa vie durant, et de le rendre à sa mort; que ce legs ne serait pas sa propriété incommutable, puisqu'elle ne pourrait en disposer à titre de propriétaire, et qu'il adviendrait à sa mort en propriété aux héritiers naturels du testateur; que le législateur, en prohibant la substitution fidéicommissaire, a précisément voulu empêcher que les propriétés transmises par testament ne restassent flottantes et incertaines dans les familles, et que l'ordre de succession établi par la loi ne fût rompu par des institutions en seconde ligne; — En ce qui touche les conclusions subsidiaires des défendeurs : — Attendu qu'une seule et même volonté a dicté les deux dispositions testamentaires faites en faveur de la demoiselle Schwartz; que ces dispositions s'enchaînent l'une dans l'autre; qu'on ne pourrait les diviser sans rompre la volonté du testateur; — Que dans l'acte testamentaire du 27 mars 1855, à la suite de la clause additionnelle, le testateur a lui-même déclaré : « Telle est ma volonté, qui sera suivie dans toute sa force et teneur, et avec tout le contenu et dispositions renfermées dans mon testament du 10 mai 1852; » — Attendu qu'on ne saurait restreindre la nullité à la substitution seule renfermée dans l'acte du 27 mars 1853 et laisser subsister dans toute sa force l'institution du legs fait dans l'acte du 10 mai 1852; — Que ce système serait contraire à la volonté du testateur, et contraire aux dispositions de l'art. 896 c. civ., qui prononce la nullité de la disposition, tant à l'égard du donataire ou légataire qu'à l'égard de l'héritier substitué; que la nullité de la substitution entraîne nécessairement la nullité de l'institution principale; que peu importe que la substitution soit renfermée dans un acte distinct, la volonté du testateur n'en est pas moins une et indivisible; qu'admettre le principe contraire, ce serait tomber dans de graves inconvénients; — Attendu qu'il est vrai de dire que le testateur, en écrivant ses dispositions de dernière volonté, n'a pas eu l'idée qu'il faisait une substitution prohibée par la loi, et que la demoiselle Schwartz pourrait être privée du bénéfice de son legs; — Qu'il entendait, au contraire, avantager cette dernière de préférence à tous autres; mais de ce que le testateur a ignoré la loi, il ne s'ensuit pas qu'une stipulation illicite puisse être maintenue; — Que dès lors il y a lieu de prononcer la nullité des deux dispositions testamentaires faites en faveur de Porcienne Schwartz et de la veuve Schwartz et des héritiers institués, conformément aux dispositions de l'art. 896 c. civ. »

Appel. — 24 mars 1838, arrêt de la cour de Colmar, qui confirme en adoptant les motifs des premiers juges.

Pourvoi de Porcienne Schwartz. — 1º Fausse application de l'art. 896 e violation des art. 898, 899 et 1157 c. civ., en ce que l'arrêt attaqué a annulé la disposition testamentaire dont il s'agit comme contenant une substitution prohibée. — 2º Fausse application de l'art. 896 et violation des art. 900, 1035 et 1036 c. civ., en ce que la cour royale, considérant comme un seul et même tout l'annexe du 27 mars 1855 et le testament antérieur du 10 mai 1832, a étendu au testament l'effet de la nullité dont aurait été entachée l'annexe postérieure. — Arrêt.

LA COUR; — Sur le premier moyen : — Attendu qu'en confirmant le jugement qui, dans la disposition de l'acte de dernière volonté de Jean-David Ortlieb, en date du 27 mars 1855, relative à Porcienne Schwartz, avait reconnu tous les caractères d'une substitution prohibée, l'arrêt attaqué a fait une juste appréciation de cette disposition et n'a ni faussement appliqué l'art. 896 c. civ. ni violé les art. 898, 899 et 1157 du même code; — Sur le deuxième moyen : — Attendu qu'en jugeant que le testament du 10 mai 1832 et l'annexe du 27 mars 1855 ne faisaient, quant à Porcienne Schwartz, qu'un seul et même acte, dont les dispositions liées entre elles formaient un tout indivisible, et en confirmant le jugement qui rejetait les conclusions subsidiaires de ladite Porcienne Schwartz à fin d'exécution du testament du 10 mai 1852, l'arrêt attaqué a fait encore une juste interprétation des actes dont il s'agit, et n'a ni faussement appliqué l'art. 896 c. civ. ni violé les art. 900, 1035 et 1036 même code; — Rejette.

Du 21 juin 1841.-C. C., ch. civ.-MM. Boyer, pr.-Miller, rap.-Laplagne-Barris, 1ᵉʳ av. gén., c. conf.-Roger et Coffinières, av.

conférer une action corrélative au substitué contre les héritiers du grevé qui voudraient retenir les biens. L'art. 896 c. nap. fait consister la substitution dans une disposition par laquelle on est *chargé de conserver et de rendre.* A cet égard il s'est élevé plusieurs questions qui ont été plus ou moins controversées.

59. Suffirait-il de termes *précaires?* « J'institue Pierre, et je le prie de rendre mes biens à Paul. » — Presque tous les auteurs décident, depuis le code, que cette locution est insuffisante pour obliger à la remise, et former ainsi la substitution (MM. Merlin, Rép., v° Substit. fidéic., sect. 8, n° 7; Rolland de Villargues, n° 148; Grenier, t. 1, p. 125; Toullier, t. 5, n° 27; Delaporte, Pandect. franç., t. 4, p. 20; Vazeille, sur l'art. 896, n° 41; Poujol, sur les art. 896 et suiv., n° 8; Troplong, n° 111; Zachariæ, t. 5, p. 249; Marcadé, sur l'art. 896, n° 3, *in fine*; Saintespès-Lescot, t. 4, n° 86). En vain opposerait-on l'ancien droit : il est bien vrai, par exemple, que les lois romaines se montraient moins sévères sur ce point : une *prière* (Inst., § 3, *De singul. reb. per fideic. relict.*), l'expression d'un simple *désir* (L. 115 et 118, ff., *De leg.* 1°), ces mots : *je crois que vous donnerez* (L. 115, *eod. tit.*), *je sais que vous rendrez* (L. 118, *eod. tit.*), *je ne doute pas que vous ne rendiez* (L. 67, § 10, ff., *De leg.*, 2°), *je confie à la bonne foi de tel* (Inst., § 3, *loc. cit.*), etc., emportaient fidéicommis, ou obligation pour le premier institué de rendre la chose au tiers désigné. Deux motifs s'opposent à ce qu'une telle jurisprudence soit encore suivie : premièrement, à ne considérer que les termes du code (art. 896), l'imposition de la charge de rendre est nécessaire, et *prier* n'est pas *charger*. En second lieu, pourquoi les lois romaines attachaient-elles un sens impératif aux différentes locutions que nous avons rapportées? « C'est qu'un testateur, répond fort bien Merlin, *loc. cit.*, est censé ne rien écrire d'inutile, quand il rédige ses dernières dispositions; c'est que ses expressions doivent toujours être ramenées à l'*interprétation* la plus propre à leur donner les effets autorisés par la loi; sous une législation qui permet les substitutions fidéicommissaires, on doit plutôt supposer à un testateur qui prie l'intention de faire une substitution de ce genre que celle de faire une disposition purement illusoire. » Or ces raisons se retournent contre ceux qui objecteraient les lois romaines; une interprétation qui n'a été admise que pour rendre efficace la volonté du disposant ne peut être invoquée pour lui ôter tout effet. « A côté de la règle, continue le même auteur, qui veut que, dans le doute, un testateur soit censé n'avoir rien écrit d'inutile, il en est une autre qui dit que, dans le doute, un testateur n'est pas censé avoir voulu faire ce que la loi lui défendait, et encore moins ce qui aurait entraîné l'anéantissement de sa disposition principale. Dans le choc de ces deux règles, c'est sans contredit la première qui doit céder à la seconde » (L. 12, ff., *De reb. dub.*).

60. Il a été décidé, conformément à ce qui précède : 1° que la prière de conserver et de rendre ne suffit pas pour faire annuler la disposition, et qu'en tous cas les lois romaines n'ayant plus d'autorité en France, et aucune loi obligatoire n'attachant le caractère des substitutions à la prière de conserver et de rendre, il ne pouvait y avoir violation de la loi, ni par conséquent motif de cassation, dans la décision qui ne considérait pas cette prière comme renfermant une substitution (Req. 5 janv. 1809) (1); — 2° Que le legs fait à un particulier d'un objet déterminé, avec *prière de l'accepter pour lui et ses descendants futurs*, ne renferme pas de substitution prohibée (Turin, 22 déc. 1810, aff. Cravetta-Villanovetta; V. *infrà*, n° 110). — Toutefois, M. Duranton, t. 8, n° 71, est d'avis que les termes de prière peuvent former une substitution. Et tel est aussi le sentiment de M. Coin-Delisle, sur l'art. 896, n° 40. Suivant ce dernier auteur, ils marquent l'intention de disposer; il ne s'agit que de savoir s'ils ont assez de force pour imposer une loi au légataire. Or c'est là une question qui doit être résolue de bonne foi par les juges du fait d'après l'ensemble des dispositions du testament. — Il a été jugé que le legs fait en termes précaires est valable, lorsque d'ailleurs la volonté du testateur de disposer est constante (Angers, 7 mars 1822, aff. Hunaut, n° 121).

61. Ce que nous avons dit de la prière de rendre s'applique par les mêmes raisons au *conseil* (L. 77, § 24, ff., *De legat.*, 2°; Thévenot, n° 236; Ricard, part. 1, n° 312; Zachariæ, t. 5, p. 248; Merlin, Rép., *loc. cit.*, n° 6; Coin-Delisle, n° 38); au *souhait* ou *désir* (Merlin, n° 7; Thévenot, n° 237; M. Troplong, n° 111; Zachariæ, *loc. cit.*; Marcadé, sur l'art. 896, n° 3, *in fine*); à une simple *recommandation* (Merlin, *ibid.*; M. Rolland de Villargues, n° 149). — Aussi a-t-il été jugé qu'il n'y a pas substitution prohibée dans la disposition par laquelle un testateur exprime simplement le vœu que son légataire dispose à son tour, le cas échéant, des biens légués en faveur d'une personne désignée (Req. 20 janv. 1840, aff. Garneray, n° 177).

62. La même solution serait plus impérieuse encore si la restitution avait été laissée à la pleine volonté, à l'entière discrétion du grevé. Il manquerait jusqu'à l'ombre de l'obligation de rendre : c'est ce qu'enseignent tous les auteurs, conformément à plusieurs lois romaines (Thévenot, p. 83 et 255, notes; MM. Rolland de Villargues, n°s 150, 284; Toullier, t. 6, n° 499; Delaporte, t. 4, p. 25; Coin-Delisle, n° 38).—Mais il a été jugé que la clause par laquelle le testateur dit qu'au cas de décès du légataire sans postérité, son *intention* est que les biens donnés appartiennent à des tiers, à l'effet de quoi il fait *substitution nécessaire*, contient une substitution prohibée (Amiens, 29 avril 1826) (2). En vain prétendrait-on que le testateur n'a point ordonné, qu'il n'a exprimé qu'une simple *intention*.

---

(1) *Espèce :* — (Hérit. Biourge.) — Le 12 vend. an 14, Jean-Baptiste Biourge fait un testament qui porte, entre autres. — Art. 5. J'institue pour mon héritière mobilière et immobilière, rentes, crédits, actions et tout ce qui est réputé tel, Michel-Martine Delrue, mon épouse, voulant qu'au moment de mon décès, elle en soit maîtresse absolue, pour par elle en jouir et disposer à sa volonté; car telle est mon intention, en témoignage de notre chère et bonne amitié. — Art. 7. Je prie madite héritière universelle de disposer en faveur de Nicolas Delrue, mon beau-frère, résidant à Mons, de la moitié de tous les immeubles ici par moi disposés; et en cas que Nicolas Delrue viendrait à mourir avant elle, je la prie également d'en disposer en faveur de ses enfants, pour en jouir cependant après sa mort seulement. » — Après la mort du testateur, Antoine, Nicolas et Timothée Biourge, ses frères, se fondant sur l'art. 896 c. civ., ont demandé que l'institution fût déclarée nulle, quant à la moitié des immeubles, comme grevée de substitution. — Le 12 nov. 1806, le tribunal de Charleroi a déclaré l'institution valable pour le tout. — Appel, et le 4 avril 1807, arrêt confirmatif de la cour de Bruxelles. — « Attendu que, par l'art. 5 de son testament, J. B. Biourge a institué son épouse héritière universelle, avec pouvoir absolu de jouir et disposer de sa succession; que la disposition de l'art. 7 n'est pas conçue en termes impératifs, et ne confère aucun droit à celui en faveur duquel l'héritière instituée est priée de disposer; que, dans la supposition que cette disposition, prise isolément, pût offrir l'idée d'une substitution, elle serait, en l'interprétant sur ce point, en contradiction manifeste avec l'intention exprimée par le testateur dans l'art. 5, de laisser à son héritière la disposition libre et absolue de tous ses biens; qu'il résulte de ce qui précède, que cette clause, ne contenant point la charge de conserver et de rendre, n'a point restreint le droit illimité de propriété assuré par l'art. 5 à l'épouse du testateur, et ne renferme par conséquent pas de substitution, aux termes de l'art. 896 c. civ. » — Pourvoi. — Arrêt.

La cour; — Attendu qu'en examinant le testament de Jean-Baptiste Biourge, du 12 vend. an 14, et en déclarant qu'il ne contenait aucune expression caractéristique d'une substitution, la cour d'appel s'est renfermée dans l'interprétation de l'acte, et n'a violé aucune loi; — Rejette, etc.

Du 5 janv. 1809.-C. C., sect. req.-MM. Aumont, rap.-Merlin, pr. gén., c. conf.

(2) *Espèce :* — (Guérard C. Monnier.) — Guérard meurt en 1816, laissant un testament dans lequel, après l'institution d'héritier, en faveur de Noël-Félix Guérard, son petit-fils, on remarque la disposition suivante : « Dans le cas où ledit Noël-Félix Guérard viendrait à décéder sans postérité, mon intention est que les biens donnés soient partagés par égales portions entre ses frères et sœurs germains, à l'exclusion de tous autres prétendants quelconques, auxquels frères et sœurs je déclare faire à cet égard substitution nécessaire et voulue. » — Les deux enfants du testateur procèdent au partage de ses biens, sans opposition de la part de Noël-Félix Guérard. — Plusieurs années après seulement, il forme, en vertu du testament, contre les enfants de sa sœur, une demande en nullité de l'acte de partage.

Le testament est alors attaqué, comme renfermant une substitution prohibée. — 8 juill. 1825, jugement du tribunal d'Amiens qui le déclare nul : — « Attendu que la disposition faite au profit du demandeur par le testament notarié du 11 juill. 1812, porte les caractères d'une substitution prohibée par l'art. 896 c. civ., en ce que le testateur y déclare que, si légataire décède sans postérité, les biens donnés seront

63. La disposition par laquelle un testateur *priait* un tel d'*accepter* une somme, et l'*engageait à en disposer particulièrement en faveur* de tel autre, constituait, d'après les lois romaines et notre ancienne jurisprudence, un fidéicommis conditionnel, et comme telle a été comprise dans l'abolition des substitutions, prononcée par les lois de 1792. En conséquence, c'est le premier légataire qui a été saisi irrévocablement de la somme, et le second a été sans droit pour la réclamer, si le testateur était décédé lors de la publication de cette loi (Req. 8 août 1808) (1).

64. L'institution directe d'un légataire universel, à charge de *transmettre* les biens aux enfants de celui-ci nés ou à naître, ne présente pas la charge de *conserver* et de *rendre* caractéristique de la substitution prohibée par l'art. 896.—...A plus forte raison si le testateur, prévoyant le cas où son institution pourrait être critiquée, a disposé que le légataire serait maître de disposer des biens en faveur de qui bon lui semblerait (Req. 8 juill. 1834) (2).

65. Quand un mari, après avoir institué son épouse héritière universelle, pour jouir et disposer des biens de la succession en toute propriété et comme bon lui semblera, lui impose l'obligation de faire un testament tel que la succession soit réversible aux héritiers collatéraux, cette clause ne renferme pas une substitution prohibée; il y a seulement obligation morale de disposer de la manière indiquée (Colmar, 6 fév. 1824) (3).

---

partagés entre les frères et sœurs germains, à l'exclusion de tous autres prétendants; à l'effet de quoi il fait substitution nécessaire; — Attendu que cette manière de disposer paralyse dans la main du légataire la faculté de transmettre, si ce n'est à sa postérité, et, en cas de décès du légataire sans enfants, établit un ordre de succession qui dérange celui de la loi au préjudice des père et mère et de frères et sœurs consanguins ou utérins, par l'obligation imposée au légataire de soumettre une partie de sa propre succession à la volonté du testateur, d'où il résulte que le légataire, décédant sans enfants, est chargé de conserver les biens légués pour les rendre à des tiers institués au second degré, ce qui annule la disposition à l'égard du légataire, d'après l'article précité du code civil qui régit la matière. »

Appel par Noël-Félix Guérard. — Pour qu'il y ait substitution, disait-il, il faut que le testateur ait employé des termes dispositifs et obligatoires : des termes même de prière seraient insuffisants pour l'établir; or, dans l'espèce, on ne trouve dans le testament qu'une simple intention. C'est donc à tort que les premiers juges l'on annulé. — Au surplus, la disposition existerait-elle réellement en faveur de mes frères et sœurs, elle ne renfermerait qu'une substitution vulgaire, autorisée par l'art. 898; le testament devrait toujours être maintenu. — Arrêt.

LA COUR; — Adoptant les motifs des premiers juges, confirme.

Du 29 avr. 1826.-C. d'Amiens.-M. Hanoc, f. f. de pr.

(1) *Espèce* : — (Dame de Kercado C. Etchegoyen et Camboulas, ou hérit. Raynal.) — Arboré, décédé à Paris le 10 fév. 1792, avait, le 26 janvier même année, institué pour légataire universel la demoiselle Goyeneche, sa nièce, et nommé trois exécuteurs testamentaires, M. Etchegoyen, M. Corsange et le célèbre abbé Raynal. L'abbé Raynal mourut, Corsange faillit. Etchegoyen, resté seul exécuteur testamentaire, épousa la demoiselle Goyeneche, légataire universelle, et en eut des enfants.— Parmi les nombreuses dispositions dont se composait le testament du sieur Arboré, se trouve celle-ci : « Je prie M. Raynal d'accepter, comme une faible marque de ma reconnaissance, la somme de 30,000 liv., dont je l'engage à disposer particulièrement en faveur de madame de Kercado, sa nièce. » — L'abbé Raynal avait poursuivi la délivrance de ce legs, sans pouvoir l'obtenir. Le 29 niv. an 12, la dame Kercado la réclama de nouveau; elle dirigea sa demande contre le sieur Etchegoyen, en sa double qualité, 1° d'exécuteur testamentaire du sieur Arboré; 2° de tuteur des enfants nés de son mariage avec la dame Goyeneche, héritière universelle du sieur Arboré. — Etchegoyen requit la mise en cause des héritiers de l'abbé Raynal, qui fut consentie par madame de Kercado. Toutes les parties conclurent, savoir : madame de Kercado, à la délivrance du fidéicommis; les héritiers Raynal, à ce que le fidéicommis fût déclaré nul, comme aboli par les lois sur les substitutions, et à ce qu'en conséquence le legs leur fût délivré comme faisant partie de la succession de leur auteur; Etchegoyen, à ce qu'il lui fût donné acte de ce qu'il offrait de rendre compte à qui de droit. — Le tribunal de la Seine, par jugement du 17 déc. 1806, condamna le sieur Etchegoyen à délivrer et à payer à la dame de Kercado la somme de 30,000 liv., montant du legs fait à celle-ci et à l'abbé Raynal, conjointement avec les intérêts à compter de la demande; déclara le jugement commun avec les héritiers de l'abbé Raynal, et condamna le sieur Etchegoyen et les héritiers Raynal, chacun à leur égard, aux dépens, « attendu que, d'après les lois romaines, les substitutions fidéicommissaires sont permises; que les principales règles que ces lois prescrivent dans cette matière sont que la volonté du testateur suffit pour établir ces sortes de substitutions; que c'est cette volonté que l'on doit considérer plutôt que les expressions employées par le testateur; qu'il n'importe qu'il se soit servi, pour s'exprimer, de termes impératifs ou précaires; que le principal caractère auquel on reconnaît le fidéicommis est si le fidéicommis est dans l'intérêt du substitué et non dans celui du légataire; — Attendu que ces principes des lois romaines s'appliquent parfaitement au legs de 30,000 liv. porté au testament du sieur Arboré, au profit de l'abbé Raynal et de la dame Kercado; — Qu'en effet, le testateur pria l'abbé Raynal, son ami et l'un de ses exécuteurs testamentaires, d'accepter cette somme comme une faible marque de sa reconnaissance, en le priant de disposer particulièrement de cette somme au profit de madame de Kercado, sa nièce; — Qu'il suit évidemment de ces expressions, 1° que le testateur a eu l'intention de charger son ami d'un fidéicommis en faveur de sa nièce; — 2° Que cette intention n'en est pas moins constante, quoique non exprimée en termes impératifs, mais en forme de prière; — 3° Que c'est dans l'intérêt de madame de Kercado que le testateur a établi ce fidéicommis, plutôt que dans l'intérêt du légataire qui, par la force de la clause rogatoire, a dû disposer de la somme léguée au profit de la dame Kercado. » — Etchegoyen appela de ce jugement, et ne borna point son appel à la disposition qui le condamnait à des dépens, mais demanda, dans ses conclusions, que la dame de Kercado fût déclarée non recevable dans sa demande à fin de payement du legs dont il s'agit. — Les héritiers Raynal appelèrent également de leur côté; mais tous se désistèrent bientôt, à l'exception de Camboulas, l'un d'eux. — La cour de Paris considéra que les termes dans lesquels le sieur Arboré lègue à l'abbé Raynal la somme de 30,000 liv., dont il l'engage à disposer particulièrement en faveur de sa nièce, constituent bien un véritable fidéicommis; mais que l'abbé Raynal, ayant survécu à l'abolition des substitution prononcée par la loi du 14 nov. 1792, a été saisi du droit de demander et recueillir librement le legs de 30,000 liv., droit qu'il a transmis à ses héritiers. — En conséquence, le 15 juin 1817, arrêt infirmatif qui rejette les demandes de la dame de Kercado, tant contre Camboulas que contre Etchegoyen, sauf à elle à faire valoir l'effet des désistements consentis par les autres héritiers Raynal; — Donne acte à Etchegoyen de ses offres de rendre compte à qui de droit, dans les qualités qu'il procède. — Pourvoi de la dame Kercado. — Arrêt.

LA COUR; — Attendu qu'en supposant que la question dût être résolue par les principes du droit romain, on ne pouvait néanmoins disconvenir que la jurisprudence des arrêts, fondée sur l'autorité des jurisconsultes les plus distingués, n'y eût apporté cette modification qu'un fidéicommis de l'espèce de celui dont il s'agissait ne pouvait être réputé que conditionnel, et qu'en le décidant ainsi l'arrêt attaqué, loin d'avoir fait une fausse application de la loi du 25 oct. 1792, n'a fait qu'une juste application de celles de la matière; — Rejette, etc.

Du 8 août 1808.-C. C., sect. req.-MM. Pajon, rap.-Merlin, pr. gén., c. conf.

(2) *Espèce* : — (Simon C. Simon.) — Dans l'espèce, Simon Rolland, testateur, instituait Claude Simon, son petit-neveu, légataire universel « à la charge de transmettre à tous ses enfants nés ou à naître de son mariage; et, en cas que mon héritier universel fût troublé dans l'intention de la susdite substitution, il sera libre de disposer de la quotité de mon hérédité en faveur de qui bon lui semblera. » — Arrêt.

LA COUR; — Attendu, sur le moyen tiré de la prétendue violation de l'art. 896 c. civ., en droit, que, pour qu'il y ait substitution prohibée, il faut que l'héritier institué soit chargé de conserver et de rendre; — Et attendu, en fait, qu'on ne rencontre nulle part dans le testament dont il s'agit l'expression d'une pareille charge; que, loin de là, il résulte de ses dispositions que l'héritier est constitué seul juge et maître de transmettre ou de ne pas transmettre les biens héréditaires; — Attendu, au surplus, que le testateur, prévoyant le cas où son institution pourrait être critiquée, a levé tous les doutes, en ordonnant expressément que le légataire serait le maître de disposer des mêmes biens comme bon lui semblerait; d'où la conséquence que les biens sont demeurés libres et dans le commerce; qu'ainsi, la loi prohibitive des substitutions n'a été violée sous aucun rapport; — Et que, l'ayant ainsi décidé, la cour de Grenoble n'a fait à la cause qu'une juste application des principes de la matière; — Rejette.

Du 8 juill. 1834.-C. C., ch. req.-MM. Zangiacomi, pr.-Bernard, rap.-Lebeau, f. f. av. gén., c. conf.-A. Chauveau, av.

(3) *Espèce* : — (Veuve Gœpffert C. hérit. Gœpffert.) — 20 avril 1807, Gœpffert institue sa femme héritière de tous les biens qu'il laissera à son décès, « pour par elle en jouir, user et disposer à son décès, en toute propriété et à l'exclusion de tous autres, ainsi et comme elle avisera bon être. » — Le testament est terminé par la clause suivante : « Je veux et entends que ma femme, héritière instituée, soit saisie, par ma mort, de plein droit, de tous les biens, sans exception, qui composent ma succession, sans être tenue d'en demander la délivrance, attendu que la loi ne réserve rien à mes héritiers collatéraux, si ce n'est que le dernier vivant de nous soit tenu par son testament, que cette même succession soit

66. Cela nous conduit à examiner ce qu'il faut penser aujourd'hui de la substitution dite *de residuo vel de eo quod supererit* : « J'institue Pierre, et le charge de rendre à Paul ce qui à son décès lui restera de mes biens. » Cette manière de substituer tombe-t-elle sous la prohibition contenue dans l'art. 896 c. nap. ? La question a été fort controversée. — Pour la nullité on a dit : Le droit romain rangeait une telle disposition dans la classe des fidéicommis. Elle réunit les caractères distinctifs des substitutions ordinaires : une première personne est instituée dans la propriété de la chose ; une seconde est appelée après que l'autre aura recueilli. Le droit de l'appelé est incertain, subordonné au prédécès du grevé ; la propriété, en attendant, repose sur la tête de ce dernier. Il y a donc ordre successif, double transmission. Pourquoi ne qualifierait-on pas substitution un mode de disposer qui en offre tous les éléments constitutifs, et produit à peu près les mêmes inconvénients ?

On peut répondre, avec raison, ce nous semble : *Premièrement*, il n'y a aucune induction à tirer de ce qui se pratiquait soit dans le droit romain, soit dans notre ancienne jurisprudence. Le code Napoléon n'a point admis les restrictions à la faculté de disposer qui entravaient alors le grevé. Aujourd'hui la substitution dont il s'agit laisse un pouvoir indéfini d'aliénation. Autrefois ce pouvoir était limité, ou par les lois 70, § 3, ff., *De legat.* 2° ; 54 et 58, § 8, ff., *Ad treb.*, qui le faisaient régler *arbitrio boni viri*, c'est-à-dire entendaient que le grevé n'aliénerait que pour ses besoins réels, de bonne foi et sans fraude, jamais à titre de don ; ou par la novelle 108 de Justinien, qui obligeait le grevé de réserver au moins le quart des biens pour le substitué, hors trois cas : s'il s'agissait de doter une fille, de faire à une femme qu'on épouse les avantages nuptiaux ordinaires, de racheter des captifs. Telles étaient les dispositions des lois romaines, adoptées la plupart, comme nous l'apprend Thévenot, chap. 22, par notre ancienne jurisprudence. Mais ces lois sont tombées en désuétude, et quand le testament a formellement attribué la liberté de vendre tous les biens légués, on ne serait recevable, sous aucun rapport, à se prévaloir, contre une volonté si expresse, de textes qui ne restreignaient le pouvoir du légataire que parce qu'on supposait au substituant une intention rétroactive. — *Secondement*, il n'est pas vrai que la substitution *de residuo* réunisse tous les caractères des substitutions prohibées. Elle implique, dit-on, double transmission, éventualité de la propriété, ordre successif ; mais elle ne forme pas une disposition par laquelle on soit « chargé de conserver et de rendre. » Or c'est à ce trait que le code (art. 896) caractérise les substitutions qu'il prohibe. Cet argument nous paraît péremptoire. « Il y a bien charge de rendre, dit M. Merlin (Quest. de dr., v° Substit. fidéic., § 13), mais non pas charge de conserver ; et l'art. 896 exige le concours de l'une et de l'autre. » Ici d'ailleurs ne se présentent pas les inconvénients que redoutait le législateur en rédigeant l'article cité. La circulation des biens demeure libre. Le prétendu grevé peut employer les choses comprises dans la substitution à toute entreprise industrielle ou commerciale. La bonne foi des tiers est garantie. — Enfin, dans le doute, on doit faire produire à l'acte les effets que la loi autorise. C'est ce qui se pratiquait sous l'empire de la coutume de Bretagne, qui cependant n'admettait pas les substitutions. « Il arrivait fréquemment, dit M. Toullier, t. 5, n° 37, que deux époux se donnaient réciproquement tous leurs meubles et tous leurs acquêts ; aujourd'hui même leurs propres, avec faculté d'en disposer, mais à la charge que ce qui restera des biens au décès du dernier mourant sera partagé entre ses héritiers et ceux du prédécédé. Ces dispositions ont toujours été considérées comme valides. » — Cette doctrine est enseignée, sans hésitation, par MM. Merlin et Toullier, *loc. cit.* ; Duranton, t. 8, n° 74 ; Delvincourt, t. 2, note 7 sur la p. 103 ; Delaporte, t. 4, p. 25 ; Grenier, t. 1, p. 112 ; Vazeille, sur l'art. 896, n° 29 ; Poujol, sur les art. 896 et suiv., n° 15 ; Coin-Delisle, n° 27 ; Troplong, n°s 129 et suiv. ; Marcadé, sur l'art. 896, n° 3 ; Saintespès-Lescot, t. 1, n° 89 ; Zachariæ, t. 5, p. 252. — M. Rolland de Villargues, dans la seconde édition de son traité, est revenu à la même opinion qu'il avait d'abord combattue (ch. 13). — Quant à la jurisprudence, elle est loin d'être uniforme.

67. Ainsi, il a été décidé : 1° que la disposition d'un testament fait sous l'ancien droit, portant institution d'héritier, et pouvoir pour l'institué de disposer en manière quelconque des biens grevés *de residuo*, avait été comprise dans l'abrogation prononcée par la loi des 25 oct.-14 nov. 1792 (Bruxelles, 24 fév. 1807) (1) ; — 2° Que, sous le code, la substitution *de residuo* est nulle, comme prohibée par l'art. 896 c. nap. (Bruxelles, 6 déc. 1809, aff. Wacquenaere, V. *infrà*) ; — 3° Qu'il en est de même d'une disposition qui, en obligeant le donataire de rendre à un tiers ce qui restera des biens donnés, lui accorde l'entière liberté de les ven-

---

réversible à nos mêmes héritiers collatéraux d'où sont provenus les biens de chacun de nous deux conjoints, et partageables par égale part et portion entre eux. » — La femme fit un testament semblable au profit de son mari. — Après le décès de Gœpffert, les héritiers ont attaqué le testament par divers motifs, notamment en ce que la clause finale contenait une substitution prohibée. — 11 juill. 1820, le tribunal d'Altkirch en prononce la nullité, « attendu qu'il porte une substitution prohibée par la loi, puisqu'il y est question que l'institué doit conserver pour rendre après son décès, aux héritiers collatéraux de l'instituant. » — Appel par la veuve Gœpffert.

LA COUR ; — Considérant que Jean Gœpffert, par son testament, paraît bien avoir eu le désir et l'intention que, tant sa succession que celle de sa femme, fasse retour à leurs héritiers légitimes en ligne collatérale ; que cela résulte des mots : « si ce n'est que le dernier vivant de nous soit tenu par son testament de dernière volonté, que cette même succession soit réversible à nos mêmes héritiers collatéraux ; » lesquels mots, malgré le défaut de ponctuation, ne se lient pas dans la saine intelligence du texte, avec les mots qui précèdent, mais forment une clause à part et séparée, renfermant une sorte de restriction à la libéralité ; mais par cette clause, le testateur n'impose à sa femme, comme il est probable que celle-ci ne lui imposait à lui-même en cas de survie, qu'une obligation morale, encore aujourd'hui subsistante, de disposer de cette manière par un futur testament ; que cette disposition rapprochée de la clause de donation absolue de l'universalité de la succession du testateur à sa femme, pour par elle en jouir, user et disposer à son décès, en toute propriété et à l'exclusion de tous autres, ainsi et comme elle avisera bon être, prouve que les époux entendaient se donner une latitude indéfinie de disposer propriétairement pour leurs besoins à venir, et que l'obligation morale de transmettre par testament à leurs collatéraux ne pouvait s'entendre que des biens restants et dont le survivant n'aurait pas disposé ; qu'une telle clause ne renfermant pas directement ni indirectement, l'obligation de conserver et de rendre à un tiers, ne peut être envisagée comme une substitution prohibée par l'art. 896 c. civ. ; qu'ainsi le testament du 20 avril 1817 doit être maintenu — Infirme, etc.

Du 6 fév. 1824.-C. de Colmar.

(1) *Espèce* : — (Hér. Valschaet C. hér. Lauwens.) — 23 juin 1776 Valschaert et Pétronille Lauwens, son épouse, firent un testament conjonctif par lequel ils s'instituèrent réciproquement héritiers. — On remarque la clause suivante : — Et venant à la disposition de tous et chacuns leurs biens meubles et immeubles, là où ils sont situés ou seront trouvés, nuls réservés ni exceptés, dont les testateurs, en manière quelconque, ont le pouvoir de disposer, le prémourant laisse et fait tous les mêmes biens au survivant d'eux, en libre disposition ; et au cas que le survivant après la mort de lui ou d'elle, viendrait à délaisser tous les mêmes biens sans en avoir disposé ; si veulent et ordonnent les testateurs que tous les mêmes suivent pour une moitié aux héritiers du testateur, et pour l'autre moitié aux héritiers de la testatrice, le prémourant instituant ainsi le survivant son héritier unique avec plein droit d'institution, etc. — Le mari est décédé sous les anciennes lois, et la femme sous le code civil. A la mort de celle-ci, les héritiers du mari ont demandé les biens donnés et dont elle n'avait pas disposé. Les héritiers de la femme ont soutenu que la clause contenant la substitution *de residuo* était abolie par les lois des 25 oct. et 14 nov. 1792 ; qu'en conséquence, ils devaient conserver les biens sans charge de les rendre. Les héritiers du mari répliquaient : le fidéicommis eût-il été réellement atteint par les lois citées, au moins faudrait-il convenir que ce n'est pas au préjudice des héritiers naturels du substituant, et qu'en tout cas ce dont il n'a pas été disposé par le légataire grevé leur doit faire retour.

Le 1er frim. an 14, le tribunal de Bruxelles annule la clause, au préjudice des héritiers Valschaert, représentants du mari. — Appel des héritiers Lauwens, au nom de la femme. — Arrêt.

LA COUR ; — Attendu que le testament dont il s'agit est un testament conjonctif entre Valschaert et son épouse Pétronille Lauwens, par lequel le prémourant laisse au survivant la totalité de ses biens avec charge de laisser à ses héritiers légitimes, ce dont le survivant n'aura pas disposé, ce qui constitue un fidéicommis *de residuo* ; — Qu'il n'existe dans ledit testament aucune disposition du survivant au profit de ses propres héritiers, — Par ces motifs, confirme, etc.

Du 24 fév. 1807.-C. de Bruxelles.

dre, aliéner en tout ou en partie (Riom, 6 avril 1821) (1); — 4° Que la substitution *de eo quod supererit* faite mutuellement par deux époux sous l'empire de la loi des 25 oct.-14 nov. 1792 avec pouvoir de vendre et engager s'il en est besoin, est nulle (Bordeaux, 1er juin 1830) (2); — 5° Qu'il y a substitution prohibée dans la disposition par laquelle deux époux, dans leurs testaments respectifs, s'instituent réciproquement légataires universels, pour jouir, faire et disposer de tous leurs biens, comme de chose leur appartenant en toute propriété, à la charge cependant qu'après leur décès leurs biens soient partagés entre les deux familles (Paris, 16 déc. 1833) (3).

68. Pareillement, la substitution *de residuo* est nulle, par exemple, l'institution à titre d'héritière universelle, faite par le mari en faveur de sa femme, pour jouir à ses plaisirs et volonté, sans être tenue à aucune reddition de compte, à la charge néanmoins de remettre les biens, à la fin de ses jours, ou quand bon lui semblera, à celui de ses enfants qu'elle voudra choisir, et avec le pouvoir de vendre et engager en cas de besoin (Nîmes, 17 août 1808, aff. Molière, n° 45). — Même décision dans un cas où, à la vérité, la faculté d'aliéner était, en quelque sorte, restreinte, le donataire chargé de rendre ce qui resterait étant autorisé à vendre partie des immeubles pour pouvoir vivre honnêtement, ou pour ce qui serait nécessaire à son existence (Metz, 16 fév. 1815) (4). — Mais la cour ne s'est point fondée

---

(1) *Espèce* : — (Hérit. Capelle et de Montlogis C. hérit. Nouveau.) — Par contrat de mariage du 25 sept. 1786, entre Marie Launac de Montlogis et le sieur Capelle, la dame de Montlogis, sœur de la future, fait donation de tous ses biens meubles et immeubles, avec la clause qu'en cas de décès de la future sans enfants du premier mariage « les biens qui resteront de ceux donnés, seront remis et appartiendront au futur époux, et en cas de prédécès, à ses héritiers ou à ceux qu'il aura choisis. » Mais une clause subséquente accorde formellement aux époux la faculté de vendre, aliéner en tout ou en partie les biens donnés, et d'en toucher le prix. Le 15 janv. 1794, décès du sieur Capelle, sans enfants. — La dame Launac se remarie au sieur Nouveau; par contrat de mariage du 4 déc. 1794, elle lui fait donation de tous ses biens. Etaient-ils compris dans cette donation les biens qu'elle reçut de la dame de Montlogis? Les héritiers Capelle soutinrent la négative. — Le 31 déc. 1812, le tribunal d'Aurillac décida le contraire « Attendu qu'on trouve dans la clause charge de rendre, trait de temps et ordre successif, qui étaient les principaux caractères par lesquels on distinguait les substitution fidéicommissaires; que la donation faite par la dame de Montlogis à la dame Capelle contenait au moins une substitution *De eo quod supererit*; attendu que cette substitution n'était pas encore ouverte à l'époque de la publication de la loi du 25 oct. 1792, qui abolit les substitutions fidéicommissaires non ouvertes; que dès lors les biens compris dans cette donation devinrent entièrement libres sur la tête de la dame Capelle, qui, par une conséquence naturelle, a pu en disposer à son gré. »

Appel des héritiers Capelle. — Arrêt.

LA COUR; — En ce qui touche l'appel interjeté par le sieur Pierre-Antoine-Capelle et autres : — Et d'abord, en ce qui concerne le chef du jugement qui déclare qu'il y a eu substitution fidéicommissaire dans les dispositions faites par Judith Lanzac de Montlogis : — Attendu les motifs énoncés dans le jugement dont est appel, lesquels sont adoptés par la cour; — En ce qui concerne l'appel incident, interjeté par Marie-Sophie Nouveau, femme Valentin, portant sur ce que le jugement dont est appel, en condamnant les intimés à rendre les meubles de la Rouquette, n'autorisent pas le sieur Nouveau à retenir les bestiaux et les ustensiles aratoires qui garnissaient ledit domaine; — Attendu qu'on ne peut douter, d'après les motifs du jugement dont est appel, que les premiers juges n'ont entendu que le sieur Nouveau fût condamné à restituer les bestiaux et ustensiles aratoires qui garnissaient le domaine de la Rouquette, au décès de la dame Nouveau, et que ce ne peut être que par inadvertance que cette condamnation a été omise, de laquelle inadvertance ou omission les héritiers de la dame Nouveau ont demandé la réparation par leurs conclusions, — Attendu que, dans les principes de l'ancienne législation, ces objets n'étaient point nécessairement accessoires du domaine, et qu'ils ne pouvaient être compris dans une vente ou donation du domaine sans une clause spéciale; qu'on ne pourrait appliquer à la donation faite par la dame Nouveau, à son second mari, le 14 frim. an 5, la disposition de l'art. 524 c. civ., sans donner à cet article un effet rétroactif; — Met au néant l'appel principal; — Et sur l'appel incident, ordonne que la dame Valentin sera tenue de rapporter les bestiaux et ustensiles aratoires, etc.

Du 6 avr. 1821.-C. de Riom.-M. Grenier, 1er pr.

(2) (Hér. Catin C. Taudin.) — LA COUR; — Attendu que, suivant les lois romaines observées parmi nous avant la promulgation du code civil, la charge imposée à un donataire de rendre, lors de son décès, à un tiers, ce qui lui resterait des biens donnés, formait une substitution fidéicommissaire qui ne laissait au grevé le pouvoir d'aliéner que pour ses besoins réels, que cette charge et cette condition sont formellement exprimées dans la donation mutuelle faite par Aimé Catin et Marguerite Taudin, sa femme; que cet acte, daté du 30 avril 1795, est antérieur au code civil, mais postérieur à la loi du 25 oct. 1792; et que, par conséquent, le fidéicommis qu'il renferme est nul, et que sa nullité rend inutile l'examen des autres questions proposées; — Met l'appel au néant; ordonne que le jugement dont est appel sortira son plein et entier effet.

Du 1er juin 1830 (on croit cette date erronée).-C. de Bordeaux.

(3) *Espèce* : — (Chainot C. Leroix.) — Le tribunal de la Seine a déclaré nuls les deux testaments : — « Attendu, sur la première disposition, qu'elle renfermait une substitution prohibée par l'art. 896 c. civ.; qu'il s'y trouvait en effet une restriction à la propriété des biens que le donataire était tenu de conserver pour les rendre non-seulement à ses propres héritiers, mais à des tiers qui n'avaient sans cela aucun droit à la succession; — Attendu, sur la deuxième disposition, qu'elle est la suite de la première, et destinée, au cas de l'exécution de la disposition qui conserve les biens aux deux familles, à exclure la femme et la famille Leroux. » — Appel. — Arrêt (après dél. en ch. du cons.).

LA COUR; — Adoptant les motifs des premiers juges, confirme, etc.

Du 16 déc. 1833.-C. de Paris.

(4) *Espèce* : — (Les légataires de Jeanne Bernard C. ses héritiers naturels.) — 19 mars 1806, donation à cause de mort de Jeanne Bernard, par laquelle « elle donne d'abord à Jean Thèves, son mari, l'usufruit de la généralité des biens meubles et immeubles qu'elle laissera après elle pour en jouir sa vie durant, avec déclaration néanmoins que, pour le cas où le donataire voudrait aliéner et vendre partie des immeubles pour pouvoir vivre honorablement, il lui sera libre de le faire à sa volonté et à son choix, sans que, dans aucun cas et sous aucun prétexte, ses héritiers puissent le contrarier. » Elle ajoute : « Si Catherine Bernard, sa sœur, survit à Jean Thèves, elle aura les mêmes avantages, c'est-à-dire elle pourra jouir et profiter usufructuairement de tous les biens meubles et immeubles qui n'auront pas été aliénés par le premier donataire, et même des biens personnels de celui-ci, qu'elle charge expressément de les transmettre à sa sœur, avec faculté de vendre aussi ce qui sera nécessaire à son existence, à condition que tout ce qui restera à la fin de l'usufruit retournera aux héritiers directs de la donatrice et de son mari. » Lors de l'ouverture de la succession de Jeanne Bernard, ses héritiers naturels demandèrent la nullité de l'acte du 19 mars 1806, comme contenant une double substitution fidéicommissaire prohibée par l'art. 896 c. civ. Jugement qui annule la donation par ce motif. — Appel des légataires. — Arrêt.

LA COUR; — Attendu que, pour fixer la nature et le véritable sens d'un acte, l'on doit en réfléchir toutes les dispositions, surtout lorsqu'elles se lient et forment un seul contexte dans l'instrument destiné à constater l'intention et la volonté des contractants; — Attendu qu'après avoir d'abord annoncé donner l'usufruit des biens qui resteront après son décès, à Jean Thèves, son époux, Jeanne Bernard néanmoins déclare lui donner la faculté d'aliéner une portion de ces biens à sa volonté, à la charge de transmettre ses propres biens et le résidu de ceux qui n'auront pas été aliénés, à sa sœur, Catherine Bernard, qui doit aussi jouir usufructuairement, avec faculté d'aliéner le fonds, et sous la charge de transmettre le résidu aux héritiers directs ou naturels de la donatrice et de son époux, auxquels ils retourneront après la mort de Catherine; — Attendu que cet acte est un véritable règlement que Jeanne Bernard a voulu faire pour la disposition de ses biens après son décès, dans lequel elle ne se contente ni de donner l'usufruit à son époux ni d'en disposer successivement au profit de sa sœur, qui est appelée et présente à cet acte; mais encore elle transmet à son époux les droits de propriété par la faculté qu'elle lui donne d'aliéner à sa volonté une portion des biens, à la charge d'en transmettre le résidu, avec ses propres biens, à sa sœur; de manière que, pendant la vie de ce premier donataire, toutes actions relatives à la propriété résident sur sa tête et ne peuvent être à d'autres; puis à la mort de cet époux, le résidu des biens de la donatrice et ceux de celui-là passent de ses mains à Catherine Bernard, qui est appelée à les posséder et jouir de la même manière que le premier donataire, c'est-à-dire avec faculté de les aliéner, et charge d'en laisser le résidu à des héritiers communs de la donatrice et de son époux, qui en deviennent alors propriétaires; — Attendu qu'un pareil acte, qui renferme de véritables dispositions contractuelles à cause de mort au profit et en faveur de tiers autres qu'un époux, contient en outre deux degrés bien exprès, bien explicites, d'un double fidéicommis : le premier appelé en droit *fidecommissum de eo quod supererit* (L. 7, § 2, ff., *De leg.*; L. 54 et 58, § 8, *Ad sen. cons. Treb.*); le second, des biens de l'époux que la donatrice charge de les transmettre à sa sœur, disposition permise également dans le droit : *potest autem non solùm proprias res per fideicommissum relinquere, sed heredis aut legatarii aut cujuslibet alterius*

sur ces restrictions pour décider qu'il y avait là une véritable substitution tombant sous l'application de l'art. 896; elle a vu, dans la clause qui lui était soumise, une simple disposition *de eo quod supererit*, et c'est à ce titre qu'elle en a prononcé la nullité.

69. Au contraire, il a été décidé : 1° qu'une substitution en faveur d'enfants *de eo quod supererit* n'est pas prohibée par le code Napoléon, qui ne défend que les dispositions à charge de conserver et de rendre (Grenoble, 2 avril 1818, aff. Sève *C.* Deshayes); — 2° Qu'il n'y a pas de substitution dans la clause par laquelle un individu est appelé pour le cas où le premier institué ne disposerait pas des biens à lui légués (Paris, 26 janv. 1808 (1); la Haye, 25 juill. 1823, aff. W...); — 3° Qu'il n'y en a pas non plus dans la donation faite sous la condition que les biens donnés passeront aux héritiers naturels du donateur et du donataire, si ce dernier n'en a pas disposé (Req. 14 mars 1832 (2); Colmar, 7 juill. 1819, aff. Favre *C.* Zeller); — 4° Que la clause par laquelle un testateur appelle ses frères et sœurs à son hérédité, au cas où son héritier ne recueillerait pas sa succession, ou décéderait sans en avoir disposé, ne constitue pas une substitution prohibée (Montpellier, 13 fév. 1829, aff. Guinard, V. Oblig. [preuve litt.]); — 5° Que le legs de valeurs mobilières en pleine propriété fait avec cette clause que, si le légataire vient à mourir sans enfant, son père lui sera substitué et héritera de son lot, renferme une substitution *de eo quod supererit*, non prohibée par la loi (Req. 28 nov. 1849, aff. Flamenq, D. P. 50. 1. 115); — 6° Que la clause du testament, par laquelle le testateur, après avoir légué ses biens à une personne pour en faire et disposer en toute propriété et jouissance, dispose de ces mêmes biens dans le cas où le légataire viendrait à décéder sans enfants, doit être entendue en ce sens qu'elle ne se réfère qu'aux biens

---

(Inst., L. 2, tit. 24, § 1). Le premier degré est établi en faveur de Catherine Bernard, à laquelle Thèves, par la faculté d'aliéner une portion indéterminée, se trouvant alors maître de la propriété des biens pendant sa vie, est néanmoins chargé de rendre le résidu à son décès; de manière qu'héritière de sa sœur, Catherine reçoit le don par l'intermédiaire de Thèves, premier grevé. — Le second degré de substitution fidéicommissaire, encore *de eo quod supererit*, est établi au profit des héritiers de Jeanne Bernard et de son mari, qui, dans l'ordre de la vocation, comme dans la volonté de Jeanne Bernard, ne sont appelés qu'en troisième ordre et n'ont aucun droit à faire valoir ou à réclamer avant le décès de Catherine Bernard, de qui ils reçoivent les biens de Jeanne et de Thèves dont ils doivent être les héritiers, mais par l'intermédiaire de Catherine, qui seule, pendant sa vie, exerce et possède la propriété des biens dont elle peut aliéner une partie, et doit conserver le résidu à des héritiers qu'on lui a désignés; — Attendu que les dispositions contenues dans l'acte du 19 mars 1806 se trouvant expressément dans la catégorie de celles dont le code civil, art. 896, prononce la nullité, la décision des premiers juges doit être confirmée; — Confirme, etc.

Du 16 fév. 1815.-C. d'appel de Metz.

(1) *Espèce* : — (Platelet *C.* Lamiraux.) — Marie Perchenet donna par testament tous ses biens au sieur Lamiraux, son mari; et dans le cas où celui-ci mourrait sans avoir disposé des biens donnés, elle déclara que son intention était qu'ils retournassent à la femme Jayer, nièce du légataire. Un des parents de cette dernière parut dans le testament en qualité de témoin. —Les sieur et dame Platelet ont demandé la nullité du testament, sur le motif qu'un des parents de la femme Jayer, appelée à recueillir après la mort du légataire, avait été pris pour témoin. — Le 26 nov. 1806, jugement du tribunal civil de Sainte-Ménéhould, qui enjoint à Lamiraux de déclarer si le témoin dont il s'agit est parent de la dame Jayer, au degré prohibé. — Lamiraux garde le silence. — Le 15 janv. 1807, jugement qui admet les époux Platelet à prouver la parenté. — Appel de ces deux jugements par Lamiraux. Il soutenait que la parenté qui existait entre le témoin et la dame Jayer, ne pouvait pas faire annuler le testament, parce que cette dernière n'était ni héritière ni légataire de la testatrice. — Que si elle avait été appelée à recueillir les biens que le légataire universel avait reçus, et qu'il laisserait à son décès, cette disposition ne donnait absolument aucun droit, puisque le légataire pouvait la rendre inutile en disposant du tout, et qu'aux termes de l'art. 1174, toute obligation était nulle lorsqu'elle avait été contractée sous une condition potestative de la part du débiteur; — Qu'on ne pouvait pas considérer le légataire universel comme grevé de substitution en faveur de la femme Jayer, parce qu'il n'avait pas reçu le legs à charge de conserver et de rendre. — Enfin, que si la dame Jayer n'avait rien à réclamer en vertu du testament, il était inutile d'examiner si elle était parente de l'un des témoins. — Il n'y a pas obligation potestative, ont répondu les époux Platelet; car si le légataire meurt sans avoir disposé, les héritiers, seuls obligés, ne pourront se soustraire à ce qui est prescrit par le testament. — Les droits de la femme Jayer sont éventuels, mais ils n'en existent pas moins, et l'on ne saurait soutenir que le legs d'une chose éventuelle soit illicite ou contraire aux lois. — *Quod in rerum naturâ adhuc non sit legari posse, veluti quidquid illa ancilla peperisset, constitit.* L. 24, ff. *De leg. vel fideic.* Domat, liv. 4, tit. 1, sect. 5, § 18. — Ici la condition, non pas d'existence, mais de non-disposition par le légataire n'a certainement rien de contraire aux lois ni aux mœurs; elle doit donc avoir effet. — La disposition ne pourrait être annulée qu'autant qu'on la considérerait comme une substitution, et dans ce cas l'institution tomberait également. Si la disposition est maintenue, le testament doit nécessairement être annulé, à cause de la parenté existante entre l'un des témoins et la légataire. — Arrêt.

La cour; — Attendu que le testament dont il s'agit ne contient ni substitution ni legs au profit de la nièce de la testatrice, que la disposition concernant sa nièce est censée non écrite, comme ne pouvant produire aucun effet; d'où il suit que l'enquête ordonnée est frustratoire; a mis et met l'appellation et ce dont est appel au néant; émendant, décharge Lamiraux des condamnations contre lui prononcées par les jugements dont est appel; — Au principal, déboute Platelet et sa femme de leur demande en nullité, en tant qu'elle est fondée sur la prétendue parenté d'un témoin avec la nièce de la testatrice.

Du 26 janv. 1808.-C. de Paris.

(2) *Espèce* : — (Cheron. *C.* hérit. Lesage.) — 28 janv. 1831, arrêt de la cour royale de Rouen, ainsi conçu : — « Attendu que, par acte du 27 therm. an 7, les époux Lesage se sont donné mutuellement et réciproquement leurs biens meubles et conquêts immeubles; — Qu'il a été convenu entre eux que le dernier vivant, sur la tête duquel reposerait la propriété desdits conquêts, ne pourrait la transmettre à ses héritiers, et qu'elle retournerait aux héritiers du prédécédé, à moins que le donataire n'en eût disposé de son vivant; — Que l'acte explique la véritable intention des parties par ce mot *disposer*, et par ceux qui suivent : *vente ou autrement*; — Que l'expression *autrement*, quelque générique qu'elle soit, on ne peut l'attribuer à une disposition testamentaire, parce que, quoique l'acte soit fait du vivant du testateur, il ne peut avoir d'effet qu'après son décès; — Que, dès lors, les biens dont il a été disposé par testament se trouvent au rapport de la succession, et que, si le testament est valable, ils sont recueillis par l'héritier institué, au lieu de l'être par l'héritier du sang; — Considérant que ce n'est que par un testament authentique que la dame Lesage a disposé des conquêts immeubles dont elle était donataire; — Qu'elle n'a point disposé de son vivant de la propriété de ces biens, et que, conséquemment, ils ont fait partie de la succession; — Qu'en se reportant à l'acte de donation mutuelle, on y voit que le cas prévu par cet acte est arrivé, et qu'ainsi les héritiers du sieur Lesage sont aptes et habiles à réclamer et recueillir la portion des conquêts dont la dame Lesage était donataire. » — Pourvoi. — Arrêt.

La cour; — Sur le premier moyen : — Attendu en droit, que, soit d'après la loi du 14 nov. 1792, soit d'après l'art. 896 c. civ., il n'y a point de substitution prohibée où il n'y a point de charge de conserver et de rendre; — Attendu que, sous l'empire de la législation romaine invoquée par les demandeurs en cassation, l'on distinguait, d'après la doctrine enseignée par les interprètes les plus estimés, la disposition connue sous le nom de *eo quod supererit* (de ce qui restera), et la disposition connue sous le nom de *si quid supererit* (si quelque chose restera); — Que la première de ces deux dispositions pouvait être considérée comme renfermant une substitution fidéicommissaire, par la raison que, d'après la Novelle 108, déclarative des lois 54 et 58, § 8, ff. *Ad s. c. trebellianum*, le tiers appelé avait, dans ce cas, droit au quart des biens, que le grevé était tenu de lui conserver et de lui rendre : mais qu'il en était tout autrement à l'égard de la seconde, par la raison que l'institué jouissant, dans ce cas, de la pleine et entière faculté de disposer librement de tous les biens, n'avait aucune charge de conserver et de rendre; et ainsi, en cas de non-disposition, le tiers appelé tenait les biens, moins de la volonté du testateur ou donateur, que de celle de l'héritier ou donataire; — Et attendu qu'il est constant et non méconnu, en fait, que, dans leur donation mutuelle du 27 therm. an 7 (14 août 1799), les mariés Lesage avaient donné au survivant d'entre eux la pleine et entière faculté de disposer de tous les biens réciproquement donnés; les héritiers légitimes de chacun d'eux n'ayant été appelés que dans le cas seulement où il n'aurait pas plu au donataire survivant d'exercer son droit; — Que, d'après cela, la donation dont il s'agit ne renfermant aucune charge de conserver et de rendre, ne renfermait aucune substitution prohibée par la loi; — Aussi ce moyen n'a pas été présenté aux juges de la cause; — Sur le second moyen : — Attendu que, pour décider que, par la clause portant : « Le plein pouvoir de disposer par vente ou autrement », les donateurs n'ont entendu comprendre que les actes entre-vifs, et non pas ceux de dernière volonté, les juges n'ont fait qu'apprécier cette même clause et la volonté des parties contractantes; appréciation que la loi abandonne entièrement à leur conscience et à leurs lumières; — Rejette.

Du 14 mars 1832.-C. C., ch. req.-MM. Zangiacomi, pr.-Lasagni, rap.

restant en la possession du légataire à son décès, et par suite est licite et nullement entachée de substitution prohibée (Req. 27 fév. 1843) (1); — 7° Que le testateur qui institue un légataire universel de tous ses biens, en l'investissant des droits de propriété les plus absolus, et qui, par disposition suivante, le charge de disposer de ses immeubles en faveur d'un ou de plusieurs de ses parents, à quelque degré que ce soit, à son choix, n'est pas réputé avoir fait un testament entaché de substitution prohibée (Aix, 9 fév. 1841) (2); — 8° Que la disposition par laquelle le testateur donne ses biens, avec faculté au légataire de les aliéner ou échanger et d'en faire comme de son bien personnel, sans en donner à qui que ce soit état, inventaire ou inspection, n'est pas nulle, quoiqu'il soit dit par une disposition subséquente que les biens ainsi donnés et qui se trouveraient dans la succession du légataire devront retourner aux héritiers légitimes du testateur existant au décès du légataire (Bruxelles, 14 nov. 1809) (3); — 9° Que la disposition testamentaire qui, après que le testateur a fait un legs au profit de plusieurs personnes, pour par elles en

(1) *Espèce* : — (Frébault C. Frébault.) — Le sieur Frébault est décédé le 7 déc. 1840, laissant un testament authentique daté du 5 du même mois, et renfermant la disposition suivante : « Je donne et lègue à Jean-Thomas Frébault, mon neveu, âgé de douze ans, la locature que j'occupe, consistant, etc., pour mon neveu faire et disposer des biens que je viens de lui léguer en toute propriété et jouissance, à compter du jour de mon décès; » — Puis on lit : « Je veux et entends que, dans le cas où mon neveu Jean-Thomas Frébault viendrait à décéder sans postérité, les biens que je viens de lui léguer retournent à mes héritiers naturels, à l'exclusion néanmoins, etc. » Enfin, le testateur nomme un sieur Bissonnière, administrateur et gérant des biens légués à son neveu, jusqu'à la majorité de celui-ci. — Les héritiers légitimes soutinrent que ces dernières dispositions contenaient une substitution prohibée et poursuivirent, pour cette cause, la nullité du testament; cette nullité fut prononcée par jugement du tribunal de Saint-Amand, du 30 juin 1841; mais, sur l'appel du légataire, intervint, le 30 nov. 1841, un arrêt infirmatif de la cour de Bourges, ainsi motivé : — Considérant que, dans un testament, on doit interpréter la volonté du testateur de manière que toutes les clauses soient, autant que possible, exécutées conformément à la loi; — Que le testateur lègue plusieurs héritages au mineur Frébault, pour en faire et disposer, après le décès du testateur, en toute propriété et jouissance; — Qu'à la vérité le testateur veut que, dans le cas où le légataire mourrait sans postérité, les biens légués appartiennent aux personnes désignées dans le testament; que cette clause subsidiaire n'interdit pas au légataire le droit à lui donné de disposer des biens légués en toute propriété et jouissance; qu'ainsi la clause de retour stipulée ne peut avoir d'exécution que pour le cas où le légataire viendrait à décéder sans postérité et sans avoir disposé des biens à lui légués; — Que la substitution prohibée par l'art. 896 c. civ. ne peut s'entendre que de l'obligation imposée à l'institué de conserver et de rendre; que le testateur n'ayant pas imposé cette obligation au légataire, et lui ayant permis, au contraire, de disposer, il n'existe pas de substitution; que, dès lors, la disposition doit être exécutée. »

Pourvoi des héritiers Frébault pour violation de l'art. 896 c. civ. — Arrêt.

LA COUR; — Attendu, en droit, que le caractère distinctif de la substitution consiste dans l'obligation imposée au donataire de conserver l'objet donné et de le rendre à la personne substituée; — Attendu que non-seulement le testament attaqué ne contient pas cette obligation, mais, au contraire, laisse au légataire toute liberté de faire et disposer des biens en toute propriété et jouissance, à compter du jour du décès du testateur; — Attendu que la clause par laquelle le testateur donne les mêmes biens à ses héritiers, dans le cas où le légataire décèderait sans laisser d'enfants, venant après l'autorisation générale et absolue de disposer, ne peut être considérée que comme donation de ce qui restera en possession du légataire, lors de son décès, ce que la loi autorise positivement; — Attendu que la substitution devant résulter des termes mêmes du testament, on ne peut faire dépendre son existence de l'âge du légataire ou de l'époque où il pourra disposer des biens légués; — Rejette.

Du 27 fév. 1843.-C. C., ch. req.-MM. Zangiacomi, pr.-Bayeux, rap.-Pascalis, av. gén., c. conf.-Coffinières, av.

(2) *Espèce* : — (Veuve Barbaroux C. hér. Barbaroux.) — Le sieur Barbaroux décède, laissant, à la date du 5 mars 1836, un testament ainsi conçu : « Je donne et lègue à Dorothée Roux, mon épouse, en considération de ses bons offices, l'universalité de tous les biens tant mobiliers qu'immobiliers et autres généralement quelconques que je délaisserai à mon décès, sans aucune exception, pour, par elle, jouir et disposer comme elle avisera et en toute propriété, de tous les objets qui composeront ma succession, d'abord après mon décès. — Je charge néanmoins madite épouse de disposer des biens que je lui donne, en ce qui concerne les immeubles seulement, en faveur d'un ou de plusieurs de mes parents et de ceux en qui elle reconnaîtra le plus de mérite, à quelque degré que ce soit, à son choix, et de charger celui ou ceux en faveur de qui elle disposera, d'acquitter les legs contenus dans le testament, aux termes stipulés. » — Ce testament a été attaqué par les héritiers légitimes, comme contenant, dans sa seconde disposition, une substitution prohibée. La dame Barbaroux soutient la validité du testament et combat l'allégation des demandeurs de la manière suivante : Une substitution, dit-elle, renferme trois caractères essentiels : 1° charge de conserver, 2° charge de rendre, 3° charge de rendre à une personne désignée par le testateur. — Or aucun de ces caractères ne se rencontre dans le testament du sieur Barbaroux; il n'y a pas charge de conserver, puisque la légataire est investie des droits de propriété les plus absolus sur les biens à elle légués; il n'y a pas charge de rendre, car comment concilier cette obligation avec la faculté de libre disposition dont on vient de parler? il y a bien plutôt un conseil, une prière, mais non un devoir, une condition; enfin il n'y a pas charge de rendre à un tiers désigné, car le choix du substitué a été laissé à la légataire; et considérer ce droit d'élection abandonné à l'instituée comme l'équivalent d'une désignation expresse de la part du testateur, ce serait faire renaître l'ancienne faculté d'élire, abrogée par la loi du 17 niv. an 2, et que, dans le silence du code, on doit regarder comme définitivement abrogée. La veuve Barbaroux invoquait de plus ce principe généralement reconnu, en matière de substitution, que, dans le doute, il faut expliquer la disposition du testateur dans un sens qui la rende valable. — Arrêt.

LA COUR; — Attendu, en droit, que la nullité prononcée par l'art. 896 c. civ. ne peut être appliquée qu'aux dispositions testamentaires qui imposent à l'héritier institué ou légataire la charge de conserver et de rendre à un tiers; — Attendu, en fait, que la charge de conserver n'est pas expressément imposée à l'appelante par le testament dont il s'agit; qu'on ne peut l'y reconnaître que comme implicitement renfermée dans l'obligation de rendre et en faisant prévaloir sur un premier membre de phrase, qui semble attribuer à la légataire un droit illimité de disposer des biens légués, un second membre de la même phrase où l'on veut trouver la charge de les rendre; — Mais attendu que la charge de rendre n'existe réellement qu'autant que le testament contient la désignation du tiers à qui les biens doivent être rendus; — Attendu qu'au lieu de faire lui-même cette désignation, le testateur en a abandonné le soin à sa légataire; que, dès lors, n'y ayant point de tiers désigné par le testament pour recevoir les biens en second ordre successif, c'est-à-dire n'y ayant point de substitué, il est évident qu'il n'y a point de substitution, car l'un ne peut se concevoir sans l'autre; qu'il a été vainement prétendu que la charge imposée à la légataire d'élire le substitué parmi les parents du testateur doit être regardée comme équivalente à une désignation émanée du testateur lui-même et suffisante pour conférer à la disposition le caractère de la substitution; — Attendu que ce raisonnement se réduit à faire l'application à la cause des anciens principes touchant la faculté d'élire; mais attendu que ces principes, abrogés par la loi du 17 niv. an 2, n'ont pas été rétablis par le code civil; que cependant une disposition législative expresse eût été nécessaire pour leur rendre la vie qu'ils ont perdue; qu'en effet la faculté de tester, dérivant du droit civil, doit être renfermée dans les règles et les limites tracées par la loi; que les divers articles du code qui consacrent cette faculté, supposent tous qu'elle est exercée par le testateur lui-même de son vivant, et non déléguée à un tiers pour ne l'exercer qu'après la mort du déléguant; qu'une pareille extension du droit de tester est donc contraire à nos lois actuelles, qui n'admettent l'efficacité des dispositions testamentaires qu'autant qu'elles sont l'œuvre directe et personnelle du testateur; qu'il suit de là qu'une disposition en faveur de celui ou de ceux qui seront élus par un tiers est vaine, inefficace, et doit être regardée comme non écrite; qu'il n'y a pas lieu, d'ailleurs, de distinguer entre le cas où la faculté d'élire serait illimitée et celui où elle aurait été circonscrite dans une certaine classe, car il y a dans l'un comme dans l'autre cas, non pas nullité, mais absence de volonté manifestée par le testateur, quant à la personne gratifiée, en d'autres termes, absence de substitution; — Par ces motifs, infirme.

Du 9 fév. 1841.-C. d'Aix.-MM. Pataille, 1er pr.-Desolliers, 1er av. gén., c. conf.-Perrin et Bédarrides, av.

(3) *Espèce* : — (Les héritiers Schrausman C. Anne Lahaye.) — Avant la publication du code, par testament conjonctif, les époux Jean Schrausman et Anne Lahaye avaient disposé en ces termes : « Les testateurs lèguent l'un à l'autre, le premier mourant au survivant, en pleine propriété et libre disposition, sans contradiction de qui que ce soit en aucune manière, à la charge d'élever les enfants mineurs et de leur donner à vingt-trois ans, ou quand ils auront un état; et si le mariage des testateurs vient à se dissoudre sans délaisser d'enfant, ou que les enfants viennent à décéder avant le survivant en âge de puberté, ou sans avoir disposé de leurs biens, dans ce cas aussi le survivant conservera tous les biens qui auraient appartenu, par le décès du prémourant, à leursdits enfants, y instituant et substituant pupillairement par ces présentes le survivant, et, en ce cas, pourra le survivant dépenser, aliéner et char-

jouir, faire et disposer de la manière la plus absolue, ajoute « que, si l'un des légataires institués vient à décéder sans postérité, sa portion accroîtra aux autres colégataires, » doit être considérée comme renfermant non une substitution fidéicommissaire, mais bien une disposition *si quid supererit*, qui, par suite, a dû être déclarée valable (Req. 17 fév. 1836) (1).

70. De même on a décidé : 1° qu'il n'y a pas substitution prohibée soit dans la disposition par laquelle le survivant des époux est institué héritier universel du premier mourant, avec plein pouvoir d'aliéner tous les biens par actes entre-vifs, et sous la clause qu'en cas de non aliénation, les parents successibles du prédécédé recueilleront la moitié des biens qui existeront à la mort du survivant (Bruxelles, 8 mars 1821, aff. Collart C. Geevaerts); soit dans un testament conjonctif fait avant le code Napoléon, mais ouvert depuis, dans lequel des époux se sont institués héritiers l'un de l'autre, avec pouvoir au survivant de vendre, grever, aliéner, *et même de consumer jusqu'au dernier sou* les biens du prédécédé, sans aucune considération de personnes, à la charge que ceux qui existeront encore à son décès seront partagés par moitié entre les héritiers du mari et les héritiers de la femme (Bruxelles, 29 oct. 1825) (2); — 2° Que lorsque deux époux, par leur testament conjonctif, s'instituent réciproquement héritiers, avec plein droit d'institution et de libre disposition, et qu'ils ajoutent : qu'après le décès du survivant la moitié de la succession existante alors, soit mobilière, soit immobilière, succédera aux parents les plus proches du testateur pour moitié, et l'autre moitié aux parents les plus proches de la testatrice, avec défense à leurs héritiers ainsi substitués de molester le survivant pour la formation d'un état et inventaire du prédécédé, à peine d'être privés de la portion de l'hérédité qui leur écherrait après la mort des deux testateurs ; cette disposition ne renferme point une substitution prohibée dans le sens de l'art. 896 du code Napoléon (Bruxelles, 7 fév. 1816) (3) ;—3° Que, bien que le testateur, en léguant par moitié à ses deux neveux la nue propriété

---

ger tous les biens, et en faire, comme avec ses biens personnels, sans devoir en donner à qui que ce soit quelque état, inventaire ou inspection, et devra alors le nu restant que le survivant délaissera à son décès, aller et retourner pour une moitié aux plus proches amis et héritiers *ab intestat* du prémourant, sans que le survivant (soit qu'il convole ou non à d'autres noces) puisse être tenu de fournir quelque caution, assurance ou hypothèque pour ce restant éventuel, sous quelque prétexte que ce pourra être, l'interdisant bien expressément par les présentes. »

En mai 1805, décès de Jean Schrausman. — Le testament est attaqué comme renfermant une substitution prohibée. Le 18 janv. 1808, le tribunal d'Anvers rejette cette interprétation : « Attendu que, par testament conjonctif que la défenderesse a fait avec son défunt époux, ces conjoints, en s'instituant mutuellement, se sont servis de termes qui désignent leur intention de laisser au survivant d'entre eux la propriété absolue de toute la succession du prémourant, puisqu'ils se donnent l'un à l'autre, dans le cas où le prémourant ne laisserait point d'enfants issus de leur mariage, la faculté de dépenser, d'aliéner, de charger tous les biens de ladite succession, et d'en faire comme avec leurs biens propres, sans devoir en donner à qui que ce soit quelque état, inventaire ou inspection : d'où il résulte qu'il dépend de la défenderesse de rendre illusoire et sans effet la charge du même testament, qui appelle les parents et héritiers des deux testateurs à recueillir et partager entre eux, par moitié, après le décès du survivant, ce que le survivant n'aura ni dépensé ni aliéné de la succession du prémourant, joint aux biens propres du survivant, et que, par conséquent, le droit éventuel des héritiers *ab intestat* des deux testateurs ne sera ouvert qu'à la mort de la défenderesse comme ayant survécu à son défunt époux; — Attendu qu'il en résulte encore que la défenderesse n'ayant été soumise par aucune clause du testament à l'obligation de conserver et de rendre, ce qui serait en contradiction avec l'institution dans la pleine propriété et libre disposition, et avec la faculté de tout dépenser, aliéner et charger, et d'en user comme de ses propres biens, la clause qui appelle, après la mort du survivant, les héritiers des deux testateurs à recueillir ce que la défenderesse pourrait délaisser éventuellement, ne saurait être considérée comme contenant une de ces substitutions prohibées par l'art. 896 c. civ., qui vicient et annulent l'institution elle-même; et ce d'autant moins que les dispositions du testament dont il s'agit, bien loin de contrevenir à l'intention bien prononcée qu'a émise le législateur en prohibant les substitutions, y sont, au contraire, parfaitement conformes. »

Appel des héritiers. — Ils invoquaient les lois romaines qui, en pareil cas, admettent l'existence du fidéicommis; mais Anne Lahaye faisait observer que, sous ces lois, l'institué était, relativement à un quart des biens, chargé (*nisi ex quibusdam causis definitis*) de conserver et de rendre (Serre, Instit. au dr. franç., liv. 2, tit. 24, § 2). Le code n'admet pas de *quarte* ; la clause qui permet à l'institué de disposer n'ayant plus de restriction, la substitution *de residuo* n'a point les caractères du fidéicommis, que l'art. 896 a eu pour objet de proscrire. — Arrêt.

LA COUR ; — Adoptant les motifs du tribunal de première instance, confirme, etc.

Du 14 nov. 1809.-C. de Bruxelles.

(1) *Espèce:* — (Digoy C. Roche.) — Le testament du sieur Sartarin contient une disposition ainsi conçue : « Mon intention étant de donner à Bonnet, François, Madeleine et Marguerite Roche, des preuves de ma libéralité, je leur donne conjointement le surplus de l'universalité des biens de toute nature qui m'appartiendront au jour de mon décès, pour, par lesdits Bonnet, François, Madeleine et Marguerite Roche, en jouir, faire et disposer de la manière la plus absolue, et comme de chose leur appartenant, à compter du jour de mon décès. Je les institue, en conséquence, mes légataires universels, chacun pour un quart, mais avec la condition expresse et non autrement, à peine de nullité de cette disposition testamentaire en leur faveur, que, s'il arrivait que l'un des enfants derniers nommés vînt à décéder sans postérité, sa portion accroîtra aux autres colégataires universels survivants, et non auxdits Roche et sa femme (les père et mère), qui ne pourront y prétendre aucun droit, et ce sans avoir égard aux lois et règlements faits et à intervenir qui pourraient contrarier mes intentions dernières. »

Le sieur Digoy, agissant au nom de la demoiselle Sartarin, héritière naturelle du sieur Sartarin, demande la nullité de ce testament comme contenant une substitution prohibée. — Jugement qui accueille cette demande. — Appel.

22 déc. 1834, arrêt de la cour de Bourges ainsi conçu :—« Attendu que le testateur, en déclarant qu'en cas de décès d'un des légataires sans postérité, sa portion accroîtrait aux autres légataires, et non à ses père et mère qui ne pourraient y prétendre aucun droit, et ce, sans avoir égard aux lois et règlements, n'a pas imposé aux légataires la charge de conserver et de rendre, qu'il leur a laissé la libre disposition des biens légués, mais que seulement il a voulu que les père et mère ne pussent, en aucun cas, succéder à partie des biens légués; mais que cette condition, qui ne serait qu'une interversion de succession pour le cas où le légataire aurait encore les biens légués à son décès, ne peut être critiquée par les héritiers naturels, et dès lors ne saurait, à leur égard, violer le testament ; —Déclare le testament valable. »

Pourvoi du sieur Digoy. — Violation de l'art. 896 c. civ. — Arrêt.

LA COUR ; — Attendu que l'arrêt de la cour de Bourges constate que, non-seulement le testament attaqué ne renferme pas la charge de conserver et de rendre, mais contient, au contraire, une clause principale dominant tout le testament, et autorise les légataires à jouir, faire et disposer du legs, de la manière la plus absolue, à compter du jour du décès; — Attendu qu'en interprétant cette clause et y trouvant plutôt la disposition *quid si supererit*, qu'une substitution fidéicommissaire, l'arrêt attaqué n'a point violé l'art. 896 c. civ.; — Rejette.

Du 17 fév. 1836.-C. C., ch. req.-MM. Zangiacomi, pr.-Bayeux, rap.

(2) (Delvaux C. Desneux.) — LA COUR ; — Sur le premier moyen des appelants : — Attendu que l'art. 896 c. civ., comme restreignant l'exercice du droit de propriété, est de stricte interprétation ; — Attendu que, d'après cet article, il ne peut y avoir de substitution lorsque l'héritier n'est point chargé de conserver et de rendre les biens du testateur; — Attendu que les époux Delvaux, dans leur testament conjonctif, loin de charger le survivant de conserver les biens du prédécédé, disent, au contraire, qu'il peut les vendre, aliéner et les consumer jusqu'au dernier sou, sans aucune considération de personne; d'où il suit que la charge et la condition jointes à l'institution, que tous les biens à délaisser par le survivant devront être partagés en deux portions, l'une pour les héritiers de la femme, l'autre pour ceux du mari, ne renferment aucune substitution prohibée; — Quant au deuxième moyen : — Attendu que par le décès de son mari, l'épouse de Delvaux, née Vanvught, est devenue propriétaire absolue de tous les biens de celui-ci sans être chargée de les conserver en nature ou en masse, pas même pour le cas de secondes noces, puisqu'elle avait plein pouvoir, non-seulement de vendre, grever et aliéner tous ces biens, mais encore de les consumer jusqu'au dernier sou; d'où il suit que la clause, par suite de laquelle on soutient que la disposition serait une substitution conditionnelle, ne constitue même aucune obligation conditionnelle relativement aux biens dont il s'agit ; — Que, par suite et d'après les principes rappelés ci-dessus, l'institution n'est entachée d'aucune substitution prohibée, et est ainsi bonne et valable; — Par ces motifs, met l'appel au néant, etc.

Du 29 oct. 1825.-C. de Bruxelles.-M. Destoop, av. gén., c. conf.

(3) (Desmet C. Lissens.) — LA COUR ; — Attendu que l'art. 896 c. civ., en proscrivant les institutions comme les substitutions, a eu pour but politique d'empêcher que de grandes masses de biens ne s'accumulassent sur le même chef; que le législateur a encore vu dans les substitutions fidéicommissaires que le grevé n'est choisi que comme un moyen de transmission, sans jouir de la grande affection du substituant

d'un immeuble, ajoute que, dans le cas de décès de l'un des donataires ou de ses enfants, il lui substitue son cohéritier donataire ou ses enfants, à l'exclusion de la femme de ce cohéritier, une telle clause ne saurait cependant être considérée comme une substitution, si, d'une part, en léguant la nue propriété, le testateur ajoute que les donataires en *jouiront comme de chose à eux appartenant*, si d'autre part la charge de conserver et de rendre n'est pas littéralement exprimée dans le testament : ce n'est alors que la disposition appelée dans le droit romain *de eo quod supererit* (Req. 5 juill. 1832) (1).

71. Mais il y a substitution prohibée dans la disposition par laquelle un testateur, après avoir institué Paul son héritier univer-

---

qui transporte toute la propriété sur la tête de celui qu'il appelle à recueillir l'effet de cette vocation ; — Attendu que, dans l'espèce, Pierre Lissens et Jeanne Maeschalk ont changé leur contrat de mariage par les gains nuptiaux et de survie et par les dispositions insérées dans l'acte du 24 août 1801 ; que le survivant des époux y est nommé héritier unique et universel du prédécédé avec plein droit d'institution et libre disposition ; que la clause suivante, qui a pour objet la succession existante au décès du survivant dont l'une moitié succédera, y est-il dit, sur les parents du testateur et l'autre sur les parents de la testatrice, n'est donc pas une disposition par laquelle le survivant est chargé de conserver et de rendre, et par conséquent ne peut être envisagée comme une substitution fidéicommissaire proprement dite, dans le sens de l'art. 896 c. civ.; — D'où il suit ultérieurement que l'institution est valable et que les intimés ne sont point fondés à agir en délaissement et abandon des biens meubles et immeubles composant la succession de feu Pierre Lissens, pour cause de prétendue caducité de la disposition qu'il a faite en faveur de J. Maeschalck, sa femme survivante ; — Met le jugement dont appel à néant ; émendant, etc.

Du 7 fév. 1816.-C. d'appel de Bruxelles, 3e ch.

(1) *Espèce* : — (Hérit. Lecomte.) — Le 5 fév. 1828, l'abbé Lecomte fait un testament renfermant une disposition ainsi conçue : « Je donne à C.-Th.-R. Lecomte et à L.-F. Lecomte, mes neveux, tous deux fils de Charles Lecomte et de Marie Monthéon, le pré de la Rochelle, tel que je l'ai acquis de René Potonier et des sieurs Letellier, aux conditions suivantes : qu'il sera partagé entre eux par égales portions et qu'ils n'en jouiront qu'après mon décès et celui de Charles Lecomte et de Marie Monthéon, leurs père et mère, qui en jouiront leur vie durant, si je viens à décéder avant eux. — Ch.-Th.-R. Lecomte, les conditions ci-dessus remplies, jouira de la moitié dudit pré comme lui appartenant, à condition que, s'il venait à décéder avant sa femme, je substitue ses enfants pour en jouir en son lieu et place, sans que sa femme y puisse rien prétendre ; et si, après le décès du donataire, un enfant venait à décéder, la femme du donataire ne pourra s'autoriser à succéder à son ou à ses enfants ; la donation retournera aux cohéritiers du donataire. — Louis-François Lecomte jouira de la moitié dudit pré aux conditions ci-devant expliquées pour son frère, excepté que, s'il venait à décéder avant sa femme, elle jouira de ladite donation sa vie durant ; mais si, après le décès de son mari, elle venait à perdre un ou plusieurs de ses enfants, elle ne pourrait s'autoriser par la loi à leur succéder ; la donation, après le décès de ladite femme, retournerait aux cohéritiers de son mari. »

Sur la demande en délivrance de legs, faite après la mort du testateur, par les sieurs Ch.-Th.-R. Lecomte et L.-F. Lecomte, les autres héritiers de l'abbé Lecomte contestèrent la validité de la disposition ci-dessus ; et, le 20 juill. 1829, jugement du tribunal de Chaumont, qui prononce la nullité de la disposition attaquée, en ces termes : — « Attendu, pour ce qui concerne le pré de la Rochelle, seul immeuble qui appartînt au testateur, et par lui donné, par portions égales, à Charles-Timothée-René Lecomte et à Louis-François Lecomte, ses neveux ; qu'en même temps il en a donné l'usufruit, pendant leur vie, à Charles Lecomte et à Marie Monthéon, père et mère desdits neveux ; que cette disposition en usufruit n'est pas critiquée et ne pouvait pas l'être (art. 899) ; qu'elle doit donc recevoir son exécution ; — Attendu, en ce qui touche l'institution faite au profit de Charles-Timothée-René et de Louis-François Lecomte, qu'elle a été accompagnée de substitutions dont on doit examiner le mérite, et par rapport à ces substitutions en elles-mêmes, et par rapport à la réaction que leur invalidité pourrait avoir sur cette institution, à laquelle elles se rattachent essentiellement ; — Vu, quant à ce, les dispositions du code civil et de la loi du 17 mai 1826 : — Attendu que le sieur abbé Lecomte s'est ainsi exprimé dans son testament (suivent les termes de la disposition attaquée) ; — Attendu qu'on aperçoit d'abord, dans cette série de dispositions, une première substitution en faveur des enfants des deux institués, pour le cas où ceux-ci viendraient à décéder avant leurs épouses ; que, jusque-là, il n'y a rien que de conforme à la loi parce qu'elle ne distingue pas entre les substitutions conditionnelles et celles faites purement et simplement ; — Mais, attendu que les clauses qui suivent présentent plusieurs dispositions également réprouvées : la première est celle par laquelle si, après le décès de l'un ou de l'autre des donataires, un ou plusieurs de ses enfants viennent à décéder, ou, en d'autres termes, si, après le décès de son mari, la femme du donataire vient à perdre un ou plusieurs de ses enfants, elle ne pourra s'autoriser par la loi à leur succéder ; cette disposition, qui tend à anéantir la réserve légale d'un ascendant, est jugée non écrite (art. 900), et, par suite, elle s'évanouit sans pouvoir réagir en aucune façon sur ce qui la précède ou la suit ; la seconde est celle par laquelle, dans le même cas, où l'un ou plusieurs des enfants du donataire viendront à mourir après lui, le testateur veut que la donation retourne aux cohéritiers dudit donataire, qui ne peuvent être autres que ses cohéritiers dans les libéralités actuellement faites par le testament, c'est-à-dire les défendeurs au procès ; — Attendu qu'il résulte de là, pour chacun des enfants du donataire éventuellement, la charge de conserver, après avoir recueilli, et de rendre à sa mort aux individus indiqués, double caractère d'une substitution proprement dite ; — Attendu que cette dernière substitution se trouve être prohibée par la loi du 17 mai 1826, puisque encore bien qu'elle ait étendu la faculté de substituer, faculté toujours exceptionnelle de sa nature, elle ne l'a pourtant concédée, comme le faisait le code, que relativement à la quotité disponible, et en prescrivant qu'elle ne pourrait être donnée en tout ou en partie, par acte entre-vifs et testament, qu'avec la charge de rendre à un ou plusieurs enfants du donataire nés ou à naître, jusqu'au deuxième degré inclusivement, de manière à ne pas quitter la ligne directe et descendante, et à s'arrêter précisément à la nouvelle limite qu'elle posait. » — Suivent des considérants relatifs à la question de savoir si la nullité de la substitution entraîne celle de la disposition entière, question que le tribunal résout par l'affirmative.

Sur l'appel, arrêt de la cour de Caen, du 16 nov. 1830, qui infirme en ces termes : — « Considérant que le but de l'abbé Lecomte n'a point été d'assurer, par des clauses d'indisponibilité, la transmission successive du pré de la Rochelle dans la descendance de Charles-Timothée-René Lecomte et Louis-François Lecomte, ses neveux, auxquels il a légué cette propriété par le testament du 5 fév. 1828, et encore moins aux parents au degré ultérieur ; — Considérant que, loin de là, le testateur a, par la disposition première et fondamentale de son legs, donné à ses deux neveux sus-dénommés le pré dont il s'agit, chacun pour une moitié, en déclarant qu'ils en jouiraient comme de chose à eux appartenant, ce qui leur en conférait la propriété la plus absolue ;

« Considérant que les intimés reconnaissent bien l'existence de cette volonté du testateur en général, mais qu'ils prétendent trouver, dans les clauses ultérieures, une substitution fidéicommissaire conditionnelle, en vertu de laquelle, dans l'hypothèse particulière de la survie des femmes Timothée et Louis Lecomte à leurs maris, lesdits Timothée et Louis Lecomte auraient été chargés de rendre le pré de la Rochelle à leurs enfants, ceux-ci grevés de la même charge entre eux en faveur des survivants, tant que lesdites femmes existeraient, et même au profit des cohéritiers de Louis et de Timothée, si tous les enfants venaient à mourir avant elles ; substitution qui annulerait le legs, puisqu'elle s'étendrait au delà des degrés permis tant par le code civil que par la loi du 17 mai 1826 ; — Considérant que, quand l'abbé Lecomte a dit, qu'arrivant le décès de Timothée et Louis avant leurs femmes, il leur substituerait leurs enfants, il n'a pas entendu, par l'emploi de ces mots : *je substitue*, imposer aux pères la charge de conserver le pré de la Rochelle pour le rendre à leurs enfants, ce qui n'eût pas été d'accord avec l'intention manifestée dans la clause précédente de leur donner ledit pré comme chose à eux appartenant ; mais qu'il a voulu seulement indiquer, qu'en cas que le pré dont il s'agit se trouvât dans la succession desdits Louis et Timothée Lecomte à leur décès, leurs enfants prendraient leur place de telle manière qu'ainsi que leurs pères, ils jouiraient du même pré comme de chose à eux appartenant, et que seulement, si quelques-uns d'eux venaient à mourir avant leurs veuves, le pré, s'il existait dans leur fortune, irait à leurs enfants survivants ; et que, même encore dans le cas du prédécès de ceux-ci, il retournerait aux héritiers de la ligne Lecomte, plutôt que de passer, par suite de vocation héréditaire, aux veuves Timothée et Louis, dont l'exclusion était l'idée fixe du testateur, et la seule à laquelle il cherchât à satisfaire ;

« Considérant qu'il suffit de peser attentivement les expressions du testateur, pour demeurer convaincu que cette interprétation est la seule qui se concilie avec sa pensée ; et que l'on ne saurait, d'ailleurs, s'en écarter sans méconnaître le principe consacré par la raison autant que par la jurisprudence, d'après lequel les testaments doivent être entendus dans le sens propre à les faire valoir, plutôt que dans celui qui tendrait à les rendre sans effet ; — Considérant donc que tout ce que l'on doit voir dans le legs du pré de la Rochelle, c'est une substitution du genre de celles que les jurisconsultes qualifient *de eo quod supererit*, c'est-à-dire une de ces dispositions qui tendent à régler l'ordre de successibilité, dans lequel seront recueillis dans la succession du légataire, ceux des biens légués dont il mourra encore saisi ; — Considérant que ces sortes de dispositions, lorsqu'elles excèdent les degrés où la substitution fidéicommissaire est permise, sont prohibées comme tendant à troubler l'ordre

sel, pour disposer de tout lorsqu'il aura atteint l'âge de vingt-quatre ans, ajoute qu'en cas de mort avant cet âge il lègue à un tiers telle somme à prendre sur les biens compris dans l'institution (Rej. 8 juin 1812, aff. Merendol, nº 155).

72. Bien qu'un testateur, après avoir, par une première disposition, imposé à l'héritier institué l'obligation de conserver et de rendre, ait déclaré, par une seconde disposition, « qu'en cas de décès du grevé de substitution sans postérité tous les biens provenant de sa succession, qui se trouveraient alors exister, appartiendraient à un tiers, » il ne résulte pas de ces expressions que la deuxième disposition doive être considérée comme renfermant un legs *si quid supererit*... La généralité de la première disposition, qui impose à l'héritier institué l'obligation de ne pas aliéner les biens de la succession, donne à la deuxième disposition le caractère d'une substitution fidéicommissaire (Req. 25 mai 1836) (1).

73. Examinons maintenant quels sont les droits de l'appelé dans le cas où il a été fait une substitution *de residuo*. — M. Toullier, *loc. cit.*, se borne à énoncer, sans un examen particulier de la question, que le donataire pourra aliéner indéfini-

---

des successions ; mais que la seule chose qui en résulte, est qu'elles doivent être, quant à la charge de rendre, envisagées comme présentant des dispositions contraires aux lois, que l'on doit réputer non écrites dans les testaments, suivant l'art. 900 c. civ., et non qu'elles opèrent la nullité de l'institution qui n'est prononcée par l'art. 896 que pour la circonstance où la charge de conserver est jointe à celle de rendre. »

Pourvoi pour violation de l'art. 896 c. civ. et de la loi du 17 mai 1826 sur les substitutions. — Arrêt.

La cour ; — Statuant sur le moyen unique tiré de la violation de l'art. 896 c. civ., et de la loi du 17 mai 1826 sur les substitutions ; — Considérant, en droit, que le code civil, s'il prohibe les substitutions, permet néanmoins et regarde comme valable (art. 899) la disposition testamentaire par laquelle l'usufruit d'une propriété est donné à l'un et la nue propriété à l'autre ;

Considérant, en fait, que l'abbé Lecomte, en donnant, par son testament olographe, le pré dont il s'agit à ses neveux, et en en réservant l'usufruit aux père et mère de ceux-ci, n'a fait qu'un partage autorisé par l'art. 899 c. civ. ; — Que le testateur, quand il déclare que ses neveux jouiront de ce pré comme d'une chose à eux appartenant, leur en attribue ainsi la libre disposition, et ne les charge point de conserver et de rendre cette propriété à des tiers ; que, s'il a admis l'hypothèse où ses petits-neveux, et même les cohéritiers de ces derniers, pourraient recueillir ce pré, l'arrêt attaqué a pu en conclure que le testateur n'a fait qu'une de ces dispositions connues dans le droit romain sous la dénomination de disposition *si quid supererit*, qui n'était point regardée comme une substitution, l'institué jouissant alors de la faculté de disposer de tous les biens qu'il avait recueillis ;

Considérant, enfin, que l'obligation de conserver et de rendre n'étant pas littéralement exprimée dans le testament, cet acte ne pourrait être annulé que dans le cas où, contenant une substitution, il serait impossible de lui donner un autre sens, le doute devant toujours être interprété en faveur de la disposition ; — Rejette.

Du 5 juill. 1832.-C. C., ch. req.-MM. Zangiacomi, pr.-Jaubert, rap.

(1) *Espèce :* — (Gilton C. Aboilard.) — Le testament de la dame Coqueret, à la date du 14 mai 1782, contient les dispositions suivantes : « .... Ordonne la testatrice que lesdits fonds ou rentes constitués provenant dudit mobilier, ainsi que généralement tous les autres biens immeubles qui appartiennent à ladite testatrice, et dont le sieur Louis-Charles Aboilard deviendra propriétaire aussitôt après son décès, seront et demeureront substitués, comme la testatrice les substitue, par les présentes, sur la tête dudit Aboilard, son petit-fils, et sur celle des enfants qui pourraient naître de son mariage, s'il juge à propos de se marier ; après le décès duquel, veut la testatrice que la présente substitution cesse et n'ait plus lieu, pour, par le décès du sieur Louis Aboilard, les enfants nés et à naître, et ainsi grevés de substitution, faire et disposer desdits biens substitués en toute propriété, en vertu des présentes, après le décès de ladite testatrice, qui n'a en vue que d'empêcher que ledit Aboilard, ou ses enfants, ne dissipent lesdits biens ; mais comme ledit sieur Aboilard pourrait, lorsqu'il aurait acquis l'âge de pouvoir former un établissement ou de se pourvoir pour mariage, avoir besoin de fonds, veut bien la testatrice que ledit mineur Aboilard, son petit-fils, en cas qu'il soit encore mineur, à l'aide et consentement de son curateur, s'il est émancipé, ou de son tuteur, ait la faculté et puisse ameublir des biens fonds qui lui appartiendront, jusqu'à concurrence de 2,000 fr..... Et dans le cas où ledit Aboilard viendrait à décéder sans enfants, ou que, s'il en avait, ils viennent à décéder après lui aussi sans enfants, veut et entend la testatrice que tous les biens qui se trouveront exister alors, provenant de sa succession, appartiennent en toute propriété à Jacques et Louis Gilton. » — Décès de la dame Coqueret en août 1782.

Au mois de juin 1792, le sieur Aboilard donne, par contrat de mariage, à son épouse, l'usufruit de tous les biens qui composeront la communauté au jour de son décès. — Le sieur Aboilard étant décédé, en 1835, sans laisser d'enfants, les sieurs Gilton réclament l'exécution de la disposition testamentaire de la dame Coqueret, faite en leur faveur. — Les héritiers du sieur Aboilard soutiennent que cette disposition n'est pas valable, attendu qu'elle renferme tous les caractères des substitutions annulées par la loi du 14 nov. 1792.

Jugement qui rejette la demande des sieurs Gilton. — Appel. — 2 juill. 1835, arrêt de la cour de Paris qui, après avoir rappelé les différentes dispositions du testament de la dame Coqueret, confirme en ces termes : — « Considérant que, par cette suite de dispositions faites dans le but avoué d'empêcher Aboilard et ses enfants de dissiper les biens qu'elle leur laissait, la testatrice a voulu évidemment leur imposer la charge de les conserver pour les rendre, et que l'expression de ceux qui se trouveront exister au moment de sa mort, est relative aux biens qui resteront après l'ameublissement permis à l'institué, et ne se rapporte pas aux biens qu'il laisserait à sa mort, sans en avoir disposé ; — Que la prohibition, pour Aboilard, de disposer des biens à lui légués par son aïeule, a été reconnue par les appelants eux-mêmes, puisqu'ils attaquent, comme faite sans droit, la donation qu'il a faite à sa veuve de l'usufruit des mêmes biens ; — Considérant que cette condition de conserver et de rendre, imposée à une donation testamentaire, contenant transmission par ordre successif, constitue une substitution fidéicommissaire abolie par la loi du 14 nov. 1792, confirme. »

Pourvoi. — Violation de la loi du 14 nov. 1792, et de l'art. 896 c. civ. — Le testament de la dame Coqueret, a-t-on dit, renferme deux dispositions bien distinctes, et qui sont faites pour deux hypothèses bien différentes. La testatrice, en effet, a prévu deux cas. Le premier, celui où le sieur Aboilard laisserait des enfants ; le deuxième, celui où Aboilard ou ses enfants viendraient à décéder sans postérité. Dans le premier cas, la testatrice établit une véritable substitution fidéicommissaire. Dans le second, la disposition faite au profit des sieurs Gilton se réduit à ce que dans le droit romain on appelait un legs *si quid supererit*. Cela résulte évidemment de ces termes : « Veut et entend la testatrice que tous les biens qui se trouveront exister alors, provenant de sa succession, appartiennent aux sieurs Gilton. » Cette disposition, ne contenant pas l'obligation de conserver et de rendre, devait être déclarée valable.—Arrêt.

La cour ; — Attendu, en droit, que, d'après l'art. 2 de la loi du 14 nov. 1792, les substitutions fidéicommissaires, faites avant sa publication, qui n'étaient pas encore ouvertes, ont demeuré abolies et sans effet, et les biens substitués sont, par là, devenus libres dans le patrimoine de l'héritier grevé ; qu'il y a substitution fidéicommissaire dans toute disposition par laquelle l'héritier institué est chargé de conserver et de rendre à un tiers (arg. 896 c. civ.) ; — Et attendu, en fait, que tant de la lettre du testament, du 14 mai 1782, que de la volonté de la veuve Coqueret, testatrice, il résulte évidemment que Louis-Charles Aboilard, son petit-fils, héritier par elle institué, a été chargé de conserver et de rendre sa succession non-seulement à ses enfants et descendants, mais encore aux Gilton et consorts, demandeurs en cassation ; — De la lettre du testament, qui porte expressément que les biens de la succession sont et demeurent substitués, comme la testatrice les substitue, et que l'héritier et ses enfants sont aussi grevés de substitution ; — De la volonté de la testatrice, qui déclare formellement n'avoir eu d'autre vue que d'empêcher que Louis-Charles, héritier institué, ou ses enfants, ne dissipent lesdits biens ; qui, en outre, non-seulement à l'égard de la première substitution en faveur des enfants de Louis-Charles, héritier institué, mais à l'égard encore de la seconde, en faveur des Gilton et consorts, demandeurs en cassation, accorde à Louis-Charles seulement, pour le cas unique de son établissement, la faculté d'ameublir des biens fonds pour la somme unique aussi de 2,000 fr. ; qui, enfin, en prévoyant le cas de cet ameublissement, maintient les substitutions sur tous les autres biens qui se trouveront exister au moment de la mort du même Louis-Charles ;

Attendu que la testatrice est décédée bien longtemps avant, et Louis-Charles, héritier institué, est décédé bien longtemps après la publication de la loi du 14 nov. 1792 ; qu'ainsi les substitutions fidéicommissaires dont il s'agit, faites antérieurement à la publication de cette loi, n'étaient pas encore ouvertes, à l'époque de la même publication, en faveur des héritiers substitués ;

Attendu, enfin, que ce sont les demandeurs en cassation eux-mêmes qui, après le décès de Louis-Charles, héritier institué, ont réclamé la succession de la veuve Coqueret, au moyen de la substitution renfermée en leur faveur dans le testament de la dame Coqueret, et qu'au moyen aussi de la même substitution, ils ont réclamé, en outre, la nullité des donations que Louis-Charles, héritier institué, avait faites en faveur de sa femme, soit en usufruit, soit en propriété, des biens substitués ; que, dans ces circonstances, en décidant que les substitutions fidéicommissaires dont il s'agit, avaient demeuré abolies et sans effet, par les dispositions de la loi du 14 nov. 1792, et que les biens substitués, devenus par là libres dans le patrimoine de Louis-Charles, héritier institué, devaient être adjugés à ses héritiers légitimes, et nullement aux héritiers

ment par acte entre-vifs, mais non par testament. Il suppose donc que la disposition confère des droits à l'appelé. M. Rolland de Villargues, n°s 234, 235, s'élève contre ce système, en ce qu'il tend à laisser plus ou moins de consistance à l'obligation de rendre. « A quel titre, se demande-t-il, le fidéicommis aurait-il son effet pour les biens restant au décès du grevé, dès que, selon les propres expressions de M. Toullier, ce fidéicommis ne contient point l'un des caractères essentiels des substitutions prohibées, *la charge de conserver?* » S'il n'y a pas là de substitution, c'est que la seconde disposition n'est pas obligatoire. Si elle n'est pas obligatoire, c'est qu'elle consiste dans une condition toute *potestative*, et que les conditions de la sorte sont réputées non écrites. L'appelé réclamerait donc les biens en vertu d'un titre nul ou qui n'est pas censé exister. En un mot, l'appelé ne peut avoir de droits qu'autant que les deux dispositions seraient déclarées obligatoires, et l'on ne saurait les déclarer obligatoires sans qu'il en résultât une substitution prohibée, et que, par conséquent, l'institution elle-même fût nulle, comme la substitution. Telle est l'argumentation que M. Rolland de Villargues oppose aux prétentions de l'appelé. — Nous ne croyons pas que cette argumentation soit parfaitement juste. Dans l'hypothèse dont il s'agit, le grevé n'était pas obligé de conserver, il avait plein pouvoir d'aliéner; mais il était obligé de rendre tout ce qu'il n'aurait pas aliéné de son vivant, tout ce qui, lors de son décès, se trouverait dans ses biens; l'appelé était, par rapport à cette partie de l'hérédité, son successeur nécessaire; le grevé n'a donc pu valablement régler d'avance la transmission héréditaire de ces biens; ce serait enfreindre la volonté du testateur, qui n'avait à cet égard rien d'illicite. C'est ce qu'enseigne aussi M. Troplong, n° 131. — Nous croyons, au surplus, que la solution de cette question pourrait dépendre des circonstances. Il serait possible, en effet, que le testateur eût entendu attribuer au grevé le droit de disposer même par testament, et qu'il eût restreint le droit de l'appelé au seul cas où les biens se trouveraient dans la succession du grevé sans que ce dernier en eût réglé la dévolution héréditaire. Ce serait là une question d'intention dont la solution appartiendrait souverainement aux juges du fait. — V. en ce sens MM. Aubry et Rau sur Zachariæ, t. 5, p. 234, note 28.

74. Il a été décidé : 1° que, lorsqu'une substitution *de residuo* a été faite, la charge de rendre ce qui restera est annulée au profit des héritiers du grevé, qui sont devenus, dès lors, incommutables propriétaires des biens non aliénés (Bruxelles, 24 fév. 1807, aff. Valschaet, n° 67-1°);—2° Que la clause par laquelle le testateur appelle un tiers à recueillir les biens qu'il donne à un premier institué, dans le cas où celui-ci n'en disposerait pas autrement, n'est pas une substitution proprement dite qui annule l'institution, mais qu'elle doit être réputée non écrite (Paris, 26 janv. 1808, aff. Platelet, n° 69-2°).

75. Au contraire, il a été décidé : 1° que la charge de rendre apposée à une substitution *de residuo* ne doit pas être réputée non écrite comme contraire à la première partie de l'art. 896 (la Haye, 25 juill. 1823, aff. W...); — 2° Que, la distinction faite par quelques interprètes du droit romain entre la substitution *de eo quod supererit* et la substitution conditionnelle qui laisse au grevé la faculté illimitée d'aliéner les biens substitués n'étant établie par aucun texte exprès des lois romaines, il s'ensuit que l'arrêt qui assimile ces deux dispositions, et, en conséquence, décide que le grevé à qui l'instituant a donné le pouvoir de vendre et aliéner les biens substitués n'a pu, de même que le grevé d'une substitution *de eo quod supererit*, aliéner qu'à titre onéreux, et non par testament, ne saurait être réputée en contravention formelle à ces lois (Req. 1er fév. 1827) (1); — 3° Qu'on ne pourrait soumettre à la censure de la cour de cassation l'arrêt qui, appréciant, en fait, la volonté de l'instituant, déclare que la faculté de vendre et aliéner laissée par lui au grevé sans limitation expresse a cependant été, dans son intention, restreinte aux seules aliénations à titre onéreux, et assimilée par là à la substitution *de eo quod supererit* (même arrêt).—4° Que lorsque deux époux, après s'être donné mutuellement certains biens au survivant, stipulent que ce qui en restera à la mort de celui-ci sera partagé entre les héritiers du survivant et ceux du prédécédé, la disposition testamentaire par laquelle le donataire, après avoir fait un legs particulier, donne le surplus de ses biens à ses héritiers naturels, constitue une aliénation des biens qui faisaient l'objet de la donation; qu'en conséquence, les héritiers du donateur ne peuvent les réclamer dans la succession du donataire sous le prétexte que ce donataire ne les aurait point aliénés (Paris, 22 avril 1841, M. Hardoin, pr., aff. hérit. Simon C. hérit. Gombault).

76. La faculté laissée à un donataire de vendre les immeubles qui lui ont été donnés n'ôte pas à la donation le caractère de substitution, si elle a eu lieu à la charge par le donataire, dans ce cas, de reconnaître les sommes qui en proviendraient, pour

---

substitués, demandeurs en cassation, l'arrêt attaqué, loin de violer la loi du 14 nov. 1792 et l'art. 896 c. civ., en a fait une juste application ;—Rejette.

Du 25 mai 1836.-C. C., ch. req.-MM. Zangiacomi, pr.-Lasagni, rap.

(1) *Espèce :* — (Ornano et cons. C. Bacciochi.) — Le 10 août 1751, testament de Philippe Oneto, par lequel il institue légataire universel son fils aîné Marc-Aurèle; et, pour le cas où il décéderait sans descendants, il lui substitue, pour ce qui existera et restera après la mort dudit Marc-Aurèle, ses deux filles, Dorothée et Nicolette, « voulant que le susdit Marc-Aurèle, son fils et héritier, puisse, en pleine autorité, vendre et aliéner tous les biens quelconques de lui testateur. » — En 1784, décès de l'héritier institué, après avoir donné, par legs universel, tous les biens substitués à la dame Agostini, sa nièce. — La légataire entra immédiatement en jouissance. — En 1810, demande en délaissement des biens substitués est formée par Bacciochi, héritier de Nicolette Oneto contre Ornano et consorts, exécuteurs testamentaires du legs de Marc-Aurèle. — 16 juill. 1818, jugement du tribunal civil d'Ajaccio, qui annule le testament de Marc-Aurèle et adjuge les conclusions du demandeur. — Appel. — Le 20 janv. 1825, arrêt confirmatif de la cour de Bastia en ces termes : — « Attendu que, si les lois 70, § 3, ff. *De leg.* 2, 54 et 58, *ad senat. trebellianum*, qui, dans le cas d'un pareil fidéicommis, *de eo quod supererit*, voulaient que le droit d'aliénation des biens du testateur fût réglé par l'arbitrage de l'homme de bien, *arbitrio boni viri*, ont été modifiées par la novelle 108 de l'empereur Justinien, dans ce sens que la liberté d'aliéner a été fixée jusqu'aux trois quarts des biens, à la charge par le grevé de conserver au substitué le quart d'iceux, il n'en est pas moins vrai que, d'après l'opinion généralement reçue et attestée par les auteurs les plus recommandables, et notamment par Voët, *ad Pand.*, liv. 36, tit. 1, n° 54; Merlin, Rép., v° Substitution, sect. 10, § 9; Toullier, liv. 3, tit. 2, ch. 1, n° 39, ladite novelle avait reçu la sage et équitable interprétation que les aliénations ne pouvaient être faites, comme sous l'empire des anciennes lois, dans le but d'intervertir le fidéicommis, et de nuire aux droits des substitués ; qu'en effet, s'il pouvait en être autrement, c'aurait été ouvrir la porte à la malice et aux déceptions, et ménager au grevé le moyen d'avantager ses propres parents et amis au préjudice des affections du testateur, dont la volonté doit être religieusement observée, et qui, contre toute présomption, se trouverait avoir fait une disposition inutile et frustratoire en faveur des substitués, si le grevé restait libre de disposer, à son gré, des biens du testateur ; — Que les biens non aliénés pendant la vie du grevé sont censés exister au temps de sa mort; et les paroles du testateur, *id quod supererit :* se rapportant aux biens existants à l'époque de la mort du grevé, on ne peut s'écarter de l'intention par lui manifestée, parce que, différemment, il aurait dit inutilement que le substitué succédera en ce qui restera ; — Qu'en fait, l'intention du testateur Marc-Aurèle, d'intervertir le fidéicommis institué par son père et de frustrer les sœurs substituées, est évidente par la disposition générale de tous les biens de son père sans nécessité ni juste cause. » — Pourvoi d'Ornano et consorts, pour fausse application des lois 70, § 3, ff. *Delegat.* 2°, 54 et 58 *ad senat. trebell.*, et de la novelle 108.—Arrêt.

LA COUR ; — Attendu que, si la distinction entre une substitution conditionnelle qui accorderait à l'appelé ce qui restera, si le grevé, autorisé à vendre, laisse quelque chose, et la substitution connue dans le droit romain sous le nom *de eo quod supererit*, a été faite par quelques interprètes de ce droit, aucun texte ne l'établit d'une manière assez expresse pour qu'un arrêt qui n'aurait pas fait cette distinction puisse être réputé en contravention formelle à la loi ; que, fût-elle clairement établie dans les lois romaines, la question de savoir ce que le testateur a voulu ne serait toujours qu'une question de volonté, et, par conséquent, une question de fait abandonnée à la conscience des magistrats ;

Attendu que la cour de Bastia, usant du droit d'interprétation qui lui appartenait, a déclaré que l'auteur de la substitution avait fait simplement une substitution *de eo quod supererit*, dont l'effet, d'après les textes du droit romain et les interprètes les plus estimés, était bien de laisser au grevé la faculté d'aliéner, de son vivant, une grande partie des biens légués, mais non d'en disposer par testament; qu'en décidant ainsi, la cour a appliqué des principes exacts à une substitution dont il lui appartenait d'apprécier le caractère; — Rejette.

Du 1er fév. 1827.-C. C., ch. req.-MM. Botton, f. f. de pr.-Pardessus, rap.-Vatimesnil, av. gén., c. conf.-Dalloz, av.

le tout être rendu, le cas de restitution arrivant, à qui il appartiendrait (Req. 9 juill. 1822) (1).

77. En instituant Pierre avec la charge de rendre à Paul, le testateur a permis à Pierre d'aliéner tous les biens légués, *en cas de besoin*. La charge de rendre est-elle conçue en des termes obligatoires? emporte-t-elle substitution? — M. Rolland de Villargues, nº 256, ne le pense pas. La condition *en cas de besoin* lui semble, en dernière analyse, toute *potestative*, et il applique à cette hypothèse les mêmes principes qu'au fidéicommis *de residuo*. Aucune loi, dit-il en résumé, ne détermine les effets d'une pareille condition. Pourquoi ne supposerait-on pas que le testateur a voulu laisser le grevé arbitre de ses besoins, confier à son entière discrétion le soin de juger si l'aliénation lui serait ou non utile? Outre qu'une telle présomption ne contrarie aucun texte de loi, aucune définition légale des mots *en cas de besoin*, la raison seule ne dit-elle pas que les besoins du grevé peuvent se diversifier, se multiplier à son gré, qu'ils ont toujours leur source dans une volonté bien ou mal ordonnée? Sans doute il est beaucoup de choses susceptibles d'être arbitrées par le juge ou un homme de bien, *arbitrio boni viri*. Mais tels ne sont pas les besoins d'un grevé. Comment les régler, et faire qu'ils soient indépendants de sa volonté?— C'est en ce sens aussi que se prononcent Merlin, Quest., vº Substit. fidéicommis., § 13; MM. Vazeille, sur l'art. 896, nº 31, *in fine*; Zachariæ, t. 5, p. 255; Aubry et Rau, ses annotateurs, *ibid*. — Tel n'est pas, toutefois, le sentiment de MM. Grenier, Observ. prél., nº 7 *ter*, et Coin-Delisle, nº 30. Ce dernier auteur reconnaît bien que *le besoin* n'est pas quelque chose d'absolu, qu'il est relatif, soit aux facultés, à l'état, à la position de famille de celui qui l'éprouve, soit aux événements extérieurs qui viennent altérer nos biens ou en exiger l'emploi, comme un procès, une maladie, la faillite d'un débiteur, etc. Mais il n'admet pas que ce soit une chose purement arbitraire qui dépende de notre seule volonté; il pense que les circonstances auxquelles il est relatif, ainsi qu'il vient d'être dit, sont la mesure de son étendue, indépendamment de notre volonté même. C'est pourquoi il estime, avec M. Grenier, que les mots dont il s'agit, *en cas de besoin*, n'enlèvent point à la disposition le caractère de substitution prohibée. Et il a été jugé en ce sens (Nîmes, 17 août 1808, aff. Molière, nº 43-2º). Tel est aussi le sentiment de M. Marcadé, sur l'art. 896, nº 3, à moins, toutefois, qu'il n'apparaisse que la volonté du testateur a été de s'en rapporter sur ce point à l'appréciation et à la volonté du grevé.

Pour nous, nous inclinons à préférer la première de ces deux opinions. Quand un testateur a permis au grevé d'aliéner *en cas de besoin* les biens qu'il lui a légués, il nous paraît peu vraisemblable qu'il ait voulu soumettre au contrôle de l'autorité judiciaire et livrer aux chances d'un débat contradictoire l'appréciation des besoins qui pourraient justifier l'aliénation; il nous semble beaucoup plus conforme à son intention probable d'admettre qu'à cet égard il s'en est entièrement rapporté au grevé lui-même, à sa discrétion, à sa conscience, et qu'il a entendu lui conférer une faculté illimitée. Ainsi nous croyons que la disposition dont il s'agit n'est pas prohibée par l'art. 896. En décidant de la sorte, on ne viole aucune loi; on respecte le principe qui n'admet de substitution que dans le concours de deux institutions obligatoires, et l'on applique cette règle, si usitée en pareille matière, que les mots équivoques doivent s'interpréter dans le sens qui donne effet à l'acte.

78. Quand la *prohibition d'aliéner* emporte-t-elle substitution? — Un premier point est hors de doute : c'est que, pour équivaloir à une substitution, il faut que la prohibition soit établie en faveur d'une ou de plusieurs personnes déterminées. Sinon, point d'action qui en résulte : c'est un *précepte nu*, selon l'expression des lois romaines (L. 114, § 14, ff., *De legat.* 1º, et L. 28, § 4, ff., *De leg.* 3º), un simple avis qui ne lie point. Telle est la doctrine de tous les auteurs (V. Merlin, Rép., vº Substit. fidéic., sect. 8, nºs 5 *bis* et 6; MM. Rolland de Villargues, nº 299; Toullier, nº 51, note 1; Coin-Delisle, nº 32; Troplong, nº 155; Marcadé, sur l'art. 896, nº 3; Saintespès-Lescot, t. 1, nº 95).

79. Lors même que le testateur aurait confirmé la défense d'aliéner par une sanction pénale, que, par exemple, il aurait dit : « Je lègue tel immeuble à Pierre avec défense de l'aliéner, à quelque titre que ce soit; et s'il l'aliène, il payera tant à mes héritiers légitimes, » il n'y aurait pas substitution prohibée. L'effet de la substitution fidéicommissaire est de conférer au substitué le droit de faire révoquer l'aliénation qui pourrait en avoir été consentie au mépris de la volonté du testateur; or ici il n'y a rien de semblable; dans la pensée du testateur lui-même, l'aliénation indûment faite par le légataire ne peut entraîner d'autre conséquence que le payement par le légataire aux héritiers légitimes de la somme fixée; mais, quant à l'aliénation elle-même, elle est valable et irrévocable (V. en ce sens M. Troplong, nº 156). On peut élever alors la question de savoir si la sanction pénale est légale ou si elle ne doit pas être réputée non écrite aux termes de l'art. 900 c. nap.; mais c'est une autre question (V. à cet égard Disp. entre-vifs et testam., nºs 179 et suiv.).

80. Mais que faut-il décider si la défense est faite au profit d'une ou de plusieurs personnes désignées? « Je lègue mes biens à Pierre, et je lui défends de les aliéner, afin qu'ils soient conservés à Paul. — Je défends d'aliéner hors de ma famille. » — Dans ces deux cas, l'ancienne jurisprudence reconnaissait un fidéicommis, d'après les lois 114, § 1, ff., *De leg.*, et 74 *in pr.*, ff., *Ad S. C. Treb.* C'est ce qu'enseignaient aussi tous les auteurs (Thévenot, chap. 11, § 9; Pothier, sect. 3, § 1; Merlin, Rép., sect. 8, nº 5 *bis*). L'art. 896 a-t-il compris dans sa prohibition ce mode de disposer? Les opinions des nouveaux auteurs ne se concilient pas en tout point. — Selon M. Rolland de Villargues, chap. 15, nº 257, celui de tous qui nous paraît s'exprimer en termes le plus absolus, la défense d'aliéner ne constitue, dans les exemples qui précèdent, qu'une substitution purement conjecturale, qui ne peut plus être admise; il étend cette opinion au cas même où l'instituant eût expressément défendu de disposer au préjudice de ses enfants ; dans lequel cas Merlin énonce un avis contraire, Quest. de droit, vº Substit. fidéic., § 10. — MM. Delvincourt, t. 2, note 7, sur la page 105, et Grenier, t. 1, p. 111, voient dans les deux premières hypothèses une substitution encore prohibée. M. Grenier ajoute : « Je n'entends pas comprendre dans la prohibition toute clause insérée dans une disposition gratuite, dont le but serait seulement d'empêcher que le donataire, par des aliénations indiscrètes, ne se réduisît à l'indigence, et qu'il ne conservât des moyens de subsistance pour sa vie. De pareilles conventions, selon qu'elles seraient conçues et rédigées, pourraient ne pas présenter un fidéicommis; leur exécution tient à d'autres principes. » — L'opinion de cet auteur est celle de Delaporte, Pandect. françaises, t. 4, p. 26. — M. Toullier s'explique sur différents cas, t. 5, nº 51 : « Si la défense d'a-

(1) (Capelle C. Valentin.) — La cour; — Attendu que l'arrêt dénoncé constate : 1º que la donation dont il s'agit a été faite, non pas au mari et à la femme conjointement, mais bien à la femme, à la charge par celle-ci, si elle décédait sans enfants de son mariage avec Capelle, de remettre au mari et, en cas de prédécès, à ses héritiers, les biens qui resteraient de ceux compris dans la donation; 2º qu'il n'a été laissé à la donataire que la liberté de disposer à concurrence de la somme de 3,000 fr.; 3º et enfin que s'il a été permis à Capelle d'aliéner les biens donnés à la femme, et du consentement de celle-ci, ce n'a été qu'à la charge de la reconnaissance des sommes qu'il recevrait, pour le tout être rendu, le cas de restitution arrivant, à qui il appartiendrait;

Attendu que la cour de Riom a apprécié ces dispositions et y a vu une véritable substitution fidéicommissaire faite en 1786, au moins *de eo quod supererit* en faveur de Capelle et de ses héritiers, et que d'après cela l'arrêt a jugé que cette substitution, non encore ouverte lors de la publication de la loi du 25 oct. 1792, avait été annulée par cette loi; Considérant que la loi citée annulait les substitutions fidéicommissaires, mais ne les définissait pas; qu'ainsi la cour de Riom n'a pu la violer en regardant le fidéicommis *de eo quod supererit*, fait en 1786, comme une substitution anéantie par la loi de 1792, et qu'on ne saurait faire un reproche à l'arrêt d'avoir appliqué à l'espèce les principes du droit romain; — Considérant que si la question pouvait être jugée d'après les dispositions du code civil, la cour de Riom ne les aurait pas violées dans le cas particulier, car la donatrice n'avait pas laissé au mari la faculté indéfinie d'aliéner les biens du consentement de sa femme, mais lui avait au contraire imposé l'obligation de la reconnaissance des sommes qui proviendraient des aliénations dans les termes ci-dessus énoncés; d'où l'on a pu inférer par voie d'interprétation, et sans violer aucune loi, que la donatrice imposait l'obligation de conserver et de rendre le prix subrogé à la chose aliénée; — Rejette le pourvoi contre l'arrêt de la cour de Riom, du 6 juill. 1821 (V. nº 67-3º).

Du 9 juill. 1822.-C. C., sect. req.-MM. Henrion, pr.-Botton, rap.

liéner était motivée sur ce que le disposant veut qu'au décès de l'héritier ou légataire les biens reviennent aux héritiers ou aux enfants de ce dernier, il y aurait substitution. » Mais, à défaut de cette détermination du but de la défense, elle ne contiendrait pas de substitution, « quand même le testateur aurait défendu d'aliéner à toutes autres personnes qu'à celles qu'il indique. Ce n'est point une charge de rendre, c'est une condition nulle et réputée non écrite (c. nap. 900). — « Il n'y aurait même pas de substitution, continue M. Toullier, si le testateur défendait d'aliéner avant que le légataire eût des enfants, car il n'y a pas charge de conserver. Le testateur a seulement pensé que si le légataire avait des enfants, il pourrait ne plus avoir le désir d'aliéner et conserver le bien à ses enfants; mais il ne lui a point imposé cette charge. » — V. aussi MM. Vazeille, sur l'art. 896, n° 38; Saintespès-Lescot, t. 1, n° 97.

Pour nous, nous serions disposés à faire une distinction entre les trois cas qui ont été ci-dessus précisés. Nous verrions une substitution dans le legs fait à Pierre avec défense d'aliéner les biens légués afin qu'ils soient conservés à Paul, ainsi que dans la défense faite au légataire de disposer au préjudice de ses enfants; car dans l'un et l'autre cas nous voyons une libéralité faite avec charge de conserver et de rendre à une ou à plusieurs personnes déterminées. Mais il en serait autrement de la défense d'aliéner hors de la famille du disposant; dans ce cas, en effet, il n'y a pas obligation de conserver, puisque le grevé peut aliéner dans le cercle de la famille, et de plus on n'aperçoit pas la personne appelée à recueillir le bénéfice de la prétendue substitution; supposons que le grevé conserve toute sa vie les biens légués sans user de la faculté de les aliéner, qui les recueillera à son décès? Le disposant ne l'a pas dit, et pour résoudre la question il faudrait recourir à des conjectures qui aujourd'hui ne sont plus admissibles (V. Conf. sur ce dernier point notamment MM. Zachariæ, t. 5, p. 251; Vazeille, sur l'art. 896, n° 37; Saintespès-Lescot, t. 1, n° 96). L'un de ces auteurs, M. Vazeille, fait justement observer que la défense d'aliéner hors de la famille établirait une sorte de retrait lignager repoussé par nos lois.

81. La simple défense de tester n'est pas censée emporter charge de conserver, ni, par conséquent, une substitution prohibée. En effet, elle laisse au donataire ou légataire la faculté d'aliéner de son vivant, à titre gratuit ou onéreux (MM. Delvincourt, t. 2, note 7, sur la page 103; Duranton, t. 8, n° 75; Toullier, t. 5, n° 31; Rolland de Villargues, n° 258; Zachariæ, t. 5, p. 251; Coin-Delisle, n° 31; Troplong, n° 197; Saintespès-Lescot, t. 1, n° 91). Il en serait de même encore bien qu'il eût été fait défense soit de donner entre-vifs, soit de tester; car une telle défense laisserait au grevé la liberté d'aliéner à titre onéreux (M. Coin-Delisle, *loc. cit.*; Saintespès-Lescot, *loc. cit.*; Zachariæ, t. 5, p. 253). Peu importerait, du reste, qu'on eût désigné la personne appelée à profiter de la défense. Dans ce cas, il est vrai, l'ancienne jurisprudence émettait une décision contraire, de même que pour la défense d'aliéner. Elle se fondait sur la loi 74, ff., *Ad S. C. Trebell.* (Thévenot, chap. 11, § 2). Mais, comme alors les substitutions étaient permises, il n'y avait aucun inconvénient à étendre ainsi l'interprétation. Il n'en saurait être de même aujourd'hui. — Décidé en ce sens : 1° que lorsque la substitution *de residuo* est accompagnée de la défense de donner et de tester, elle ne rentre pas pour cela dans la classe des substitutions prohibées (la Haye, 25 juill. 1823, aff. W...); — 2° Que la clause portant que les biens donnés passeront aux héritiers naturels si le donataire n'en a pas disposé par vente ou autrement, a pu être entendue en ce sens qu'il n'a été permis au donataire de priver des biens les héritiers naturels que par actes entre-vifs et non par actes de dernière volonté (Req. 14 mars 1832, aff. Cheron, V. n° 69-3°).

82. Mais la défense générale soit de tester, soit de donner entre-vifs, devrait-elle être maintenue comme obligatoire pour celui auquel elle aurait été imposée?—Non, elle devrait être réputée non écrite aux termes de l'art. 900 c. nap., et d'ailleurs elle pourrait être considérée comme contenant virtuellement une substitution.

83. La charge de vendre l'immeuble légué à un tiers désigné n'impliquerait pas substitution. Un motif particulier appuie cette solution: c'est qu'alors la charge de conserver ne prolonge pas ses effets jusqu'au décès du grevé. Or tel doit être le terme de la remise, comme nous l'expliquerons ci-après. Le parlement de Dijon n'a vu dans une semblable disposition qu'une donation *sub modo*. Son arrêt du 13 mai 1667 est rapporté par Ricard, Traité des dispos. cond., chap. 4, n° 94.

84. Le même motif a fait dire avec raison, par M. Rolland de Villargues, n° 260, et juger qu'il n'y a pas de substitution dans l'acte par lequel un époux institue d'autres héritiers que son conjoint, sous la clause cependant que le conjoint pourra vendre et charger les biens de l'instituant (Bruxelles, 30 août 1809) (1).— Ici point de charge imposée au donataire ni à l'institué de conserver jusqu'à son décès.

85. La charge de *faire héritier* un tel implique-t-elle substitution? Non, selon M. Rolland de Villargues, qui en donne pour motif (n° 286) qu'on ne peut obliger à faire un tel son héritier (L. 114, § 6, ff., *De legat.* 1°). Le même auteur remarque qu'à la vérité une pareille condition, dans le droit romain, valait fidéicommis, conformément à la loi citée. Mais, ajoute-t-il, c'était pour faire produire aux dispositions du testateur les effets autorisés par la loi, en vertu du principe que le testateur, en les rédigeant, est censé n'y rien écrire d'inutile. Aujourd'hui le principe qui doit régir l'interprétation en cette matière exclut dans le doute tout sens qui entraînerait, avec la nullité de la substitution, la nullité de l'institution elle-même. Une distinction d'ailleurs qui n'est plus dans nos mœurs était dans les lois romaines : c'est que le grevé n'était tenu de rendre que l'hérédité du testateur, et non pas la sienne propre (L. 17, ff., *Ad S. C. Trebell.*). — V. aussi en ce sens MM. Vazeille, sur l'art. 896, n° 34; Zachariæ, t. 5, p. 252; Saintespès-Lescot, t. 1, n° 84.

86. La même solution est appliquée par MM. Rolland de Villargues, n° 287, et Saintespès-Lescot, t. 1, n° 85, au cas où le testateur aurait imposé à son héritier institué l'obligation d'établir une substitution. Cette obligation, dit-il, se réduit à la charge de faire un héritier; et, comme telle, elle doit être annulée sans que l'institution en reçoive d'atteinte. La cour de Bruxelles a jugé autrement le 10 fév. 1809 (2). — V. dans le sens de cet arrêt

(1) *Espèce :* — (Van-Frachen C. Van-Elewick.) — Le 6 mai 1783, les époux Verheyen font leur testament conjonctif. Après s'être légué mutuellement tous leurs meubles et certains immeubles, le mari nomme des héritiers autres que sa femme, dans le restant de ses biens : de son côté, la femme fait une pareille institution en faveur d'autres personnes; et cependant les époux disposent mutuellement « qu'il sera permis au survivant ou survivante de vendre ou de charger, au profit de l'un ou de l'autre, tels biens à délaisser par l'un ou l'autre, de vendre les arbres quelconques, sans devoir bonifier ou rendre compte à qui que ce puisse être. » — Le mari meurt le 8 nov. 1783. La femme survit et meurt le 11 oct. 1807, après avoir révoqué le testament conjonctif et fait d'autres dispositions. — Les héritiers testamentaires de la femme ont prétendu que la clause renfermait une substitution. — Arrêt.

LA COUR; — Attendu que de l'ensemble du testament dont s'agit, il résulte suffisamment que l'institution ou l'appel à la propriété des biens du testateur tombe directement sur l'appelant, en telle sorte que celui-ci l'atteint au moment de son décès; que le pouvoir de vendre ou de charger tout ou partie de ces biens, donné au survivant, est une charge imposée à la succession que ceux y appelés devaient souffrir, mais qui ne contenait pas une institution; qu'en conséquence, il suffit que les biens dont s'agit n'aient pas été vendus ou chargés en vertu de cette faculté, pour que l'appelant ait eu le droit de les recueillir après la mort de la survivante, et que par suite l'on ne peut voir dans les dispositions de ce testament une substitution ou fidéicommis *de residuo*; — Met l'appellation et ce dont est appel au néant, etc.

Du 30 août 1809.-C. de Bruxelles.

(2) *Espèce :* — (Ernst C. Vanderheyden.) — Le 9 oct. 1785, Vanderheyden fait un testament olographe en faveur de son frère aîné Etienne Vanderheyden, qu'il institue son légataire universel, à la charge : 1° de laisser, après sa mort, à ses deux fils aînés deux seigneuries désignées; 2° d'imposer aux héritiers présomptifs de ces deux terres l'obligation de les destiner, dans leur contrat de mariage, à leurs enfants à naître, par ordre de primogéniture, de mâle en mâle, et de recommander à ceux-ci d'imposer la même obligation à leurs descendants, à peine d'être privés des biens à eux échus. — En cas de mort d'Etienne avant le testateur, le fils aîné d'Etienne est substitué à son père sous les mêmes conditions. — Décès du testateur en 1806. Les époux Ernst, héritiers de Vanderheyden, demandent la nullité du testament, comme renfermant une substitution prohibée. Le tribunal de Malmédi prononce cette nullité le 7 janv. 1808.—Appel.—Pour prouver qu'il n'y avait pas ici fidéicommis dans le sens de l'art. 896, l'appelant disait : le fidéicommis n'existe pas; il ne doit être effectué que par des stipulations éventuelles dans les

MM. Grenier, t. 1, Obs. prélimin., nº 9, et Vazeille, sur l'art. 896, nº 35.

87. Il pourrait arriver que le testateur eût imposé au légataire l'obligation de rendre à son décès sa propre chose à un tiers. Ce ne serait pas une substitution prohibée. En effet, il n'y a pas là *charge de conserver et de rendre* dans le sens qui s'attache naturellement à ces mots : *on ne rend que ce qu'on a reçu*; l'identité de la chose donnée avec celle qui doit être conservée et rendue est donc une condition nécessaire de la substitution prohibée. Il n'en était pas ainsi dans le droit romain : l'expression *restituere* s'appliquait au fidéicommis d'une chose différente de la chose donnée (Inst., lib. 2, tit. 24, § 1); mais, comme le fait judicieusement observer M. Coin-Delisle, nº 26, notre langue plus délicate paraît aujourd'hui répugner à se servir du mot *rendre* pour exprimer la délivrance d'un objet qu'on n'a pas reçu (V. Conf. MM. Zachariæ, t. 5, p. 255, et Marcadé, sur l'art. 896, nº 5-1º) — Décidé cependant que, sous le code, la charge imposée au donataire de rendre à son décès sa propre chose à un tiers, renferme une substitution prohibée (Metz, 16 fév. 1815, aff. Bernard, V. nº 68).

88. Dans l'ancien droit, il arrivait souvent que le testateur déférât à un tiers le *choix* de son héritier ou de son légataire. C'est ce qu'on appelait la *faculté d'élire*. Nous avons vu vº Dispos. entre-vifs et testam. que cette faculté avait été abolie par la loi du 17 niv. an 2, et qu'elle devait être également considérée comme prohibée par le code Napoléon. Il pourrait se faire que cette faculté d'élire eût été conférée par le testateur au grevé de substitution; que, par exemple, le premier eût dit : Je lègue ma maison à un tel à la charge par lui de la conserver pendant sa vie et de la laisser lors de son décès à celui de ses enfants qu'il désignera. De telles clauses étaient fréquentes dans l'ancien droit, et elles étaient parfaitement valables. Il a été décidé, à l'égard d'une disposition régie par ces anciens principes, que la donation du bien substitué en faveur de l'un des éligibles indiqués par l'acte de substitution équivaut exactement à l'élection; qu'en conséquence on ne peut invoquer, dans un cas pareil, les lois 3, § 2, au Code, *Communia de legat.*; 67, § 3, ff., *De legat.*, et l'authentique, qui prohibent l'aliénation des biens substitués (Req. 14 vent. an 12, MM. Muraire, pr., Delacoste, rap., aff. Maurin C. Doneaud).

89. Que devrait-on décider si une telle disposition était faite aujourd'hui?—Suivant M. Grenier (t. 1, nº 8), il y aurait, dans ce cas, nullité, non pas seulement de la libéralité faite au profit du substitué, mais même de la disposition principale faite au profit du grevé. «Étant évident, dit-il, qu'il y a là un don chargé de fidéicommis, le don serait absolument nul» (V. Conf. M. Bayle-Mouillard sur Grenier, t. 1, p. 199). Tel paraît être aussi le sentiment de M. Coin-Delisle (sur l'art. 896, nº 47). Cet auteur, en effet, distingue entre le cas où l'institué avec pouvoir d'élire est chargé par la clause de faire l'élection à une époque indépendante de son décès, par exemple, à la majorité de ceux parmi lesquels est circonscrit le choix, et le cas où l'institué est chargé de conserver et de rendre les biens, à son décès, à celui qu'il choisira. Dans le premier cas, si la clause est nulle parce que le droit d'élire n'a pas été admis par le code, du moins il n'y a pas substitution dans le sens de l'art. 896; par conséquent, le legs fait au profit du grevé est valable, et la charge de rendre est réputée non écrite aux termes de l'art. 900. Dans le second cas, le pouvoir d'élire n'empêche pas qu'il y ait substitution; car la clause dont il s'agit impose à l'institué la nécessité morale de conserver jusqu'à son décès; par conséquent, la nullité, dans cette hypothèse, atteint même la disposition principale faite au profit du grevé.—Pour nous, nous n'hésitons point à repousser et l'opinion de M. Grenier et la distinction faite par M. Coin-Delisle. En effet, la clause qui charge d'élire est nulle en soi, à part les principes prohibitifs des substitutions. MM. Grenier et Coin-Delisle l'admettent aussi bien que nous. Or une clause nulle en soi, comme contraire à la loi, est réputée non écrite (c. nap. 900). Dès qu'elle n'est pas obligatoire, il n'y a pas substitution, puisqu'il faut être *chargé*, c'est-à-dire obligé civilement de restituer, pour qu'on soit grevé dans le sens de l'art. 896. Peu importe l'époque à laquelle la restitution devait être faite aux termes du testament : la distinction faite à cet égard par M. Coin-Delisle ne repose sur rien. Ainsi, dans notre hypothèse, il n'y a pas substitution proprement dite, puisque la charge de rendre est nulle comme faite au profit d'une personne incertaine; rien ne s'oppose donc à ce que la principale disposition, la libéralité faite au grevé, reçoive son exécution. Tel est aussi le sentiment de M. Rolland de Villargues, nº 264.

90. La question, nous devons le dire, a été résolue diversement par la chambre des requêtes et par la chambre civile de la cour de cassation. — Ainsi il a été décidé qu'il n'y a pas substitution prohibée dans la clause qui charge le légataire de disposer des biens légués en faveur de la personne qu'il choisira, encore que ce choix devrait être fait entre des individus déterminés, la personne du substitué étant alors complétement incertaine; qu'ainsi, l'institution d'un légataire universel de tous les biens du testateur pour en disposer comme cet héritier avisera, le chargeant néanmoins de disposer desdits biens, en ce qui concerne les immeubles seulement, *en faveur d'un ou des parents du testateur et de ceux à qui l'institué reconnaîtra le plus de mérite à quelque degré que ce soit, à son choix*, etc., ne contient pas substitution prohibée (Req. 8 nov. 1847, aff. Barbaroux, D. P. 51. 1. 103). — Il a été jugé, au contraire, qu'il y a substitution prohibée dans la clause testamentaire par laquelle le testateur impose à son légataire la charge de transmettre l'objet légué aux membres de la famille du testateur que le légataire voudra, et lorsqu'il le voudra; qu'en conséquence, cette disposition doit être annulée pour le tout, aux termes de l'art. 896 c. nap., et que l'on ne peut, par application de l'art. 900 du même code, se borner à y réputer non écrite la charge d'élire, en laissant subsister le surplus (Rej. 5 mars 1851, aff. Trobriand, D. P. 51. 1. 104).

91. La solution que nous avons adoptée au nº 89 ne devrait pas être suivie si le testateur avait lui-même désigné le substitué, quoique cette désignation ne dût avoir effet qu'au cas où un tiers ne choisirait pas une autre personne. La faculté d'élire n'existant pas pour le tiers, la substitution ne pourrait se faire que d'après le vœu direct du testateur; elle deviendrait pure et simple (M. Rolland de Villargues, nº 265). — C'est ce qui résulte aussi d'un arrêt d'Agen, 9 pluv. an 13, aff. Bérail (V. nº 92). — Décidé également qu'il y a substitution prohibée dans la disposition par laquelle un testateur, après avoir défendu à l'héritier institué de disposer des biens tant qu'il n'aura pas d'enfants ou qu'il n'aura pas atteint tel âge, donne à un tiers la faculté d'élire, si l'institué meurt sans enfants ou avant cet âge, et institue lui-même, à défaut d'élection de la part du tiers, un second héritier (Req. 23 mai 1808) (1). Dans ce cas, le droit du second héritier, ainsi désigné par le testateur, reste suspendu

contrats de mariage des descendants du testateur. C'est le cas de réputer cette obligation non écrite comme contraire aux lois. — Arrêt.

LA COUR; — Attendu que l'art. 896 c. civ., après avoir dit que les substitutions sont prohibées, ajoute « que toute disposition par laquelle le donataire héritier institué, ou le légataire, sera chargé de conserver et de rendre à un tiers, sera nulle, même à l'égard du donataire, de l'héritier institué ou du légataire; — Que ces mots, *même à l'égard de l'héritier institué*, signifient que la disposition est nulle, non-seulement en ce qui concerne la substitution, mais aussi en ce qui concerne l'institution; que l'on doit inférer de là que le législateur a voulu interdire toute faculté de disposer à celui qui, au mépris de la prohibition, voudrait grever de substitution celui en faveur de qui il a fait des donations, institutions ou legs; — Attendu que le testament olographe du docteur Vanderheyden contient une substitution prohibée par la loi, puisqu'il charge son héritier institué de conserver et de rendre les biens dont il s'agit, en ordonnant l'établissement d'un véritable fidéicommis perpétuel pour les descendants mâles de sondit héritier, par ordre de primogéniture, et à défaut d'iceux, pour les plus proches agnats; — Confirme, etc.

Du 10 fév. 1809.-C. de Bruxelles.

(1) *Espèce :* — (Hérit. Valence C. hérit. Timbrune.) — En 1778, Emmanuel Timbrune Valence institua héritier universel Marie-Honoré Valence, son fils, ajoutant que, dans le cas où l'institué mourrait sans enfants ou sans avoir disposé, il laissait à Adélaïde Levis de Mirepoix, son épouse, le droit d'élire celui de ses parents qu'elle jugerait mériter la préférence. — Il légua en outre, à son épouse, l'usufruit de tous ses biens sa vie durant. — La même année, il fit un codicille dont voici les dispositions : « Je veux que le droit d'élection que j'ai donné à ma chère épouse ait lieu, et qu'elle en jouisse, non-seulement dans les cas exprimés en mon testament, où mon fils viendrait à mourrir en pupillarité avant ma chère épouse, et où je ne laisserais pas d'autres enfants, mais

tant que le tiers conserve le pouvoir d'élire; la condition de son institution est *suspensive* et non *résolutoire*; en conséquence, si le grevé était décédé avant la loi du 14 nov. 1792, qui a aboli les substitutions, et si le tiers n'avait pas encore, à l'époque de cette loi, exercé le pouvoir d'élire, les biens substitués sont demeurés dans la succession *ab intestat* du grevé, et l'appelé désigné par le testateur a été déchu de son expectative; si donc l'élection a été illégalement faite par le tiers après la loi du 17 niv. an 2, ce n'est point au second héritier désigné par le testateur, c'est à l'hétritier *ab intestat* du grevé que la succession doit être attribuée (même arrêt).

82. Il a été décidé : 1° que la disposition par laquelle le testateur institue sa femme son héritière universelle, à charge de remettre les biens, sans être tenue à reddition de compte à celui de leurs enfants qu'elle choisirait à l'âge de vingt-cinq ans, doit être considérée comme établissant une institution fidéicommissaire, en faveur de la femme, en sorte que, si l'élection n'a pas été faite avant les lois abolitives des substitutions, la propriété demeure irrévocable sur la tête de la veuve (Req. 25 oct. 1810, MM. Lasaudade, pr., Oudart, rap., aff. Dorey-Bonnemary *C.* Bergeraille); — 2° Qu'en cas de substitution faite avec pouvoir à l'institué d'élire entre plusieurs de ses enfants celui qui devra profiter de la remise, et ouverte avant les lois de 1792 abolitives des substitutions, mais sans que l'élection ait encore eu lieu, le grevé est demeuré, par la publication de ces lois, irrévocable propriétaire des biens, sans que l'élection faite plus tard en faveur de l'un des enfants donne à l'élu aucun droit; l'élu n'ayant, comme les autres enfants également éligibles, que des droits en suspens lors de la publication, ce n'est pas donner aux lois abolitives un effet rétroactif, que de les appliquer à un tel cas (Nîmes, 17 avril 1808, aff. Molière, n° 43-2°); — 3° Que, dans le cas où l'épouse instituée par son époux héritière universelle à la charge de rendre les biens à celui de leurs enfants qu'elle choisirait, bien qu'ayant fait ce choix par son testament avant la loi des 25 oct.-14 nov. 1792, n'est décédée que depuis, l'héritier qu'elle a désigné est sans droit pour réclamer, à l'exclusion de ses frères et sœurs, les biens provenant de l'hérédité paternelle (Agen, 9 pluv. an 13) (1).

encore dans le cas où mon fils, après avoir atteint sa puberté, viendrait à mourir avant l'âge de vingt-cinq ans accomplis, sans laisser d'enfants, ma volonté étant qu'il ne puisse disposer des biens qu'il aura acquis en vertu de l'institution que j'ai faite en sa faveur, qu'autant qu'il aura des enfants ou qu'il aura accompli sa vingt-cinquième année, ou que ma chère épouse serait morte avant l'accomplissement des vingt-cinq ans. — Et, ou ma chère épouse décéderait avant que mon fils ait atteint sa puberté, ou même qu'elle décéderait sans avoir usé du droit d'élection que je lui ai donné, je veux que, dans le cas où il était permis à ma chère épouse d'élire, l'élection ait lieu en faveur de César Timbrune, mon cousin issu de germain, que j'appelle, par substitution pupillaire ou fidéicommissaire, pour recueillir mon entière succession. »—En 1779, décès du testateur; — Honoré Valence lui succéda comme héritier institué quant à la nue propriété de ses biens, et sa veuve jouit de leur usufruit. — Honoré Valence mourut en 1790, célibataire, et âgé seulement de vingt-trois ans. — Adélaïde Levis décède elle-même en l'an 6, après avoir fait, au mois de thermidor an 5, un testament par lequel, usant de la faculté d'élire, elle choisit, pour héritières de son mari, les deux filles d'un de ses neveux. — Cette dernière institution était radicalement nulle, comme postérieure à la loi du 17 niv. an 2, qui prohibait les élections d'héritier. — Après le décès de la dame Levis se présentèrent, pour recueillir l'hérédité de M. de Valence, César Timbrune, comme institué, le général Valence, comme héritier *ab intestat*. — Le premier prétendait qu'à la mort d'Honoré Valence, arrivée en 1790, il avait été saisi de l'hérédité, à la charge de l'usufruit en faveur de la dame Levis, et sous la condition résolutoire de l'élection valable qui pourrait être postérieurement faite par madame de Levis; — Le second, que la condition, comme négative, était suspensive et non résolutoire; — Que, dès lors, M. Timbrune n'avait point été saisi; — Qu'à la vérité, la condition n'avait plus pu s'effectuer depuis la loi du 17 niv. an 2; qu'il se serait trouvé incommutablement saisi à cette époque, si son droit eût résulté d'une institution simple; mais que son institution était une substitution, et qu'antérieurement à la loi du 17 niv. an 2, dès le 14 nov. 1792, les substitutions avaient été abolies; qu'il n'avait donc plus aucun droit à l'époque de la loi du 17 niv. an 2, et que l'effet des lois du 14 nov. 1792 et du 17 niv. an 2, ayant été, d'une part, de rendre l'institution codicillaire nulle; de l'autre, de priver la veuve de la faculté d'élire, il n'y avait plus lieu, dans l'espèce, qu'à la succession *ab intestat*. — Le tribunal de Toulouse accueillit les prétentions du général Valence. — Appel. — Arrêt confirmatif de la cour de Toulouse, attendu que la condition apposée à la substitution est conçue en termes négatifs; — Qu'elle en fait dépendre l'effet d'un événement incertain, confié à la volonté d'un tiers, savoir si la veuve ne faisait pas une élection contraire à la substitution; — Que cette condition est alors suspensive, suivant Furgole, ch. 7, sect. 4, n° 4; que cette faculté d'élire, laissée à la veuve pour l'exercer quand elle voudrait, tenait en suspens le droit des éligibles appelés par une disposition générale, suivant la loi 67, ff., *De legibus*, § 4, de même que ceux de César Timbrune appelé en défaut d'élection; et si César Timbrune était décédé, tant que la veuve avait cette faculté, il n'aurait pas transmis ses droits à ses représentants, suivant Furgole, t. 2, ch. 7, sect. 5, n° 53; — Que, n'étant pas saisi des biens lors de la loi d'octobre 1792, il avait, par l'effet de cette loi, perdu son droit éventuel à la substitution.

Pourvoi de César Timbrune pour violation de l'art. 1 de la loi du 18 pluv. an 5, qui assure l'effet de toutes les dispositions irrévocables antérieures à la publication de la loi du 5 brum. an 2, et fausse application de la loi abolitive des substitutions. — Arrêt.

La cour; — Attendu, 1° que le système de cassation proposé repose sur une erreur de droit de toute évidence, en ce que l'on suppose que César Timbrune fut appelé à la succession d'Emmanuel Valence par une institution précise, directe et absolue, qui l'aurait saisi de droit de cette succession à la mort d'Honoré Valence, tandis que, d'après les termes positifs du testament d'Emmanuel Valence, César Timbrune ne fut véritablement appelé à cette succession que par voie de substitution pupillaire ou fidéicommissaire, dans le cas où la veuve dudit Emmanuel Valence n'aurait pas usé du droit d'élection qu'il lui conférait; d'où il suit qu'on ne peut appliquer à la cause les arrêts rendus dans les affaires Grailhe et Grimel, dans lesquelles ne se rencontrait pas cette circonstance particulière, et qui ont dû, par conséquent, être jugées par d'autres principes; — Attendu, 2° que la substitution à laquelle était appelé César Timbrune n'était pas devenue pour lui un titre irrévocable à l'époque où la veuve d'Emmanuel Valence fut privée du droit d'élire par l'effet des lois des 5 brum. et 17 niv. an 2, soit parce que le substitué n'est jamais saisi de plein droit, soit parce que le sort de la substitution dont il s'agissait dépendait de l'événement d'une condition suspensive de sa nature, soit enfin parce que, avant que cette condition fût accomplie ou défaillie, déjà étaient survenues les lois de 1792, qui avaient aboli les substitutions, et avaient, par conséquent, fait rentrer les biens substitués dans la succession *ab intestat* d'Honoré Valence, en faisant cesser l'expectative de César Timbrune par l'effet de leurs dispositions; — D'où il suit que l'arrêt attaqué n'a fait qu'une juste application de ces lois, et n'a pu violer, par conséquent, ni l'art. 1 de celle du 18 pluv. an 5, ni l'art. 25 de celle du 17 niv. an 2; — Rejette.

Du 25 mai 1808.-C. C., sect. req.-MM. Muraire, 1er pr.-Pajon, rap.

(1) *Espèce* : — (Hérit. Bérail.) — Le 18 janv. 1777, Louis Bérail institua pour son héritière Henriette de Roquepiquet, son épouse, pour jouir et disposer de tous ses biens comme de sa chose propre, à la charge de nourrir et entretenir leurs enfants, etc. Il ajouta qu'elle serait tenue de remettre son hérédité sur la tête de leurs enfants, à son choix, et que, si ladite épouse venait à décéder sans avoir disposé de son hérédité, dans ce cas seulement, il nommait pour son héritier général et universel Daniel Bérail, son fils aîné......, sans pourtant que cette clause pût priver sa femme d'élire pour son héritier ou héritière celui ou celle qu'elle voudrait. — La dame Roquepiquet mourut le 7 prair. an 11. Par testament du 4 sept. 1792, elle avait confirmé le choix de son époux; mais la loi du 17 niv. an 2 était venue depuis, et avait annulé toutes les institutions d'héritier faites par suite de la faculté d'élire. Daniel Bérail réclama cependant l'exécution des deux testaments. Ses frères et sœurs soutinrent que leur père avait institué son épouse fidéicommissaire, et qu'elle était devenue héritière pure et simple, par l'effet des lois des 25 oct. et 14 nov. 1792; que la succession de leur père avait passé sur la tête de son épouse; qu'elle en était saisie à sa mort, et qu'elle ne formait plus qu'une portion intégrante de la succession maternelle. Le tribunal de Villeneuve reconnut la vérité de ces principes. — Appel. — Arrêt.

La cour; — Daniel Bérail peut-il, en vertu du testament de son père et de celui de sa mère, réclamer l'entière succession de son père, sauf la déduction des légitimes? Cette succession a-t-elle été, au contraire, confondue dans celle de la mère, en vertu des lois qui ont aboli les substitutions? — Cette question est subordonnée à celle de savoir si Jean-Daniel Bérail est héritier immédiat de son père, ou s'il est héritier substitué à sa mère, chargée de lui rendre : pour cela, il n'y a qu'à se rappeler les termes du testament. Or la mère est instituée héritière générale et universelle; elle a le droit de disposer de tout à son gré, et elle en a joui pendant très-longtemps : le premier degré d'institution est donc rempli. Jean-Daniel Bérail ne peut donc prétendre qu'à une institution au second degré; c'est donc une substitution : aussi le testament charge-t-il la femme de remettre à un de ses enfants, ce qui constitue une substitution fidéicommissaire. — Il ne faut, pour s'en convaincre, qu'adapter à l'espèce actuelle la définition que les lois romaines ont donnée à la substitution fidéicom-

En effet, la disposition dont il s'agit, considérée en elle-même, constituait une substitution fidéicommissaire. Or les lois de 1792, qui ont aboli les substitutions, n'ont maintenu celles qui avaient été faites antérieurement qu'en faveur des substitués déjà saisis par l'ouverture de leur droit. Il est vrai que, dans notre hypothèse, l'élection avait été faite par testament antérieur aux lois de 1792, mais comme l'auteur de ce testament n'était mort que depuis, il s'ensuit qu'au moment où ces lois furent promulguées, l'élu n'avait pas de droit acquis, mais seulement une espérance fondée sur la volonté toujours révocable du testateur, et qu'ainsi il n'a pu profiter de la réserve faite par les lois de 1792 au profit des droits acquis.

93. On a demandé si l'on devait présumer une substitution prohibée dans le legs portant charge de disposer d'une certaine somme pour laquelle le testateur aurait fait connaître au légataire ses *intentions secrètes*. — Il a été jugé que la crainte qu'on n'abuse des dispositions secrètes pour faire oralement des substitutions ne peut servir de motif aux tribunaux pour en trouver dans les testaments qui n'en contiennent pas; que ces dispositions sont nulles, sans que leur nullité atteigne le legs (Paris, 30 mars 1818, aff. de Broé, sous rej. 14 déc. 1819, v° Disposit. entre-vifs et testam., tit. 4). M. Rolland de Villargues, n° 265, approuve cette décision.

94. 2° *Il faut que les termes emportent* l'ordre successif. — Les deux institués ne doivent être appelés ni concurremment, ce qui serait le cas de conjonction, ni à défaut l'un de l'autre, ce qui constituerait une substitution directe. — L'ordre successif, comme nous l'avons dit, résulte de la double circonstance que la propriété repose d'abord sur la tête du premier gratifié, et que son prédécès est la condition suspensive sous laquelle l'appelé doit la recueillir. — Une donation au profit d'enfants nés et à naître ne peut être considérée comme renfermant une substitution prohibée. Dans ce cas, les enfants qui existaient lors de la donation, recueillent cette donation en entier, à l'exclusion des enfants à naître : « Attendu, porte l'arrêt, que ladite donation étant faite conjointement par une même disposition et directement à des capables et des incapables, les premiers doivent la recueillir entière, parce que la disposition concernant les incapables est censée non écrite. » — Il est incontestable, au surplus, et il a été jugé que la règle qui défend le concours du substitué avec l'institué n'est point violée, lorsque, l'institution se composant de deux legs de différente nature, l'institué n'a accepté que l'un de ces legs, et que l'autre a été recueilli par le substitué (Req. 6 juin 1815, aff. Bréchard, V. Disposit. entre-vifs et test., tit. 4).

95. Dans l'examen des questions qu'embrasse cet ordre d'idées une principale règle nous dirigera : c'est que là où pourra se supposer soit une substitution vulgaire, soit une substitution conjonctive, il faudra rejeter l'hypothèse, quoiqu'elle s'y rencontre aussi, de toute substitution fidéicommissaire. Cela résulte de l'art. 1157 c. nap., qui porte que, lorsqu'une clause est susceptible de deux sens, on doit plutôt l'entendre dans celui avec lequel elle peut avoir quelque effet que dans celui avec lequel elle n'en pourrait produire aucun (V. conf. M. Troplong, n° 117). — Il a été décidé, en ce sens, que dans la clause qui présente un double sens, il faudra, s'il est possible, au lieu d'une substitution prohibée, voir une substitution vulgaire (Req. 23 juill. 1834, aff. Galard, V. n° 120). — Et il a été également déclaré dans un arrêt que, lorsque les expressions dont le testateur s'est servi peuvent faire naître des doutes sur la volonté qu'il aurait eue de faire une substitution prohibée ou une substitution permise, ces doutes doivent être interprétés dans le sens de la validité de la disposition, d'après ce principe que nul ne peut être présumé avoir voulu faire un acte prohibé par la loi, et encore suivant la règle qui veut que les dispositions testamentaires soient entendues dans le sens selon lequel elles peuvent produire effet, plutôt que suivant celui où elles resteraient sans valeur (Paris, 4 déc. 1827, MM. Dehaussy, pr., Bérard-Desglageux, av. gén., aff. Perreau C. hér. Billouard). — Parlons d'abord des termes qui renferment le cas de l'une et de l'autre substitution vulgaire et fidéicommissaire : ce que les auteurs appellent substitution *compendieuse*.

96. Quel est le sens du mot isolé *je substitue?* « J'institue Pierre, et je lui substitue Paul. » — Dans le droit romain, ce mot ne convenait qu'à la substitution directe; dans l'ancienne jurisprudence française, il signifiait particulièrement la substitution fidéicommissaire. Telle était, selon Thévenot, chap. 11, § 3, et chap. 23, l'opinion constante du barreau de Paris. Ricard dit cependant, chap. 6, n° 261 : « L'opinion presque universelle des docteurs est que, si le testateur s'est servi de ce mot, *je substitue*, sans en ajouter d'autres qui la déterminent directe ou fidéicommissaire, elle a l'effet d'une véritable substitution compendieuse, et elle peut valoir comme directe ou fidéicommissaire, suivant le cas qui se présentera. » — Aujourd'hui il suffit que la locution offre quelque ambiguïté pour qu'on doive l'interpréter dans le sens qui laisse subsister l'acte, et qui exclut ainsi l'idée d'un fidéicommis. C'est ce que pensent aussi MM. Rolland de Villargues, n° 201; Grenier, t. 1, p. 125; Zachariæ, t. 5, p. 252; Saintespès-Lescot, t. 1, nos 69 et suiv.; Troplong, n° 120. — Toutefois, fait judicieusement observer ce dernier auteur, si la disposition dont il s'agit se présentait dans une donation entre-vifs, elle ne pourrait valoir comme substitution vulgaire, attendu que la substitution vulgaire est incompatible avec la donation entre-vifs, qui ne peut exister qu'avec l'acceptation du premier donataire.

97. Les observations qui précèdent s'appliquent à ces mots : *je mets à la place.* — Thévenot lui-même, n° 228, convient qu'isolés ils n'emportent pas trait de temps; mais il en serait autrement, dit-il, si on les avait accompagnés de termes tels que *j'institue un tel, et à sa mort je mets un tel à sa place.* La substitution toutefois ne lui semble (n° 442), dans ce cas, que compendieuse, embrassant la directe et la fidéicommissaire. — V. aussi en ce sens M. Troplong, n° 121.

98. Les mots *en cas de décès, après sa mort, en quelque temps qu'il décède,* forment aussi des substitutions compendieuses, qui, susceptibles, comme telles, de se résoudre en vulgaires, ne tombent pas sous la prohibition de l'art. 896 c. nap. — Exemple : « J'institue Pierre, et, en cas de décès, je substitue Paul. » Le testateur suppose-t-il que Pierre aura recueilli avant son décès? C'est douteux. « Le substituant, remarque Thévenot n° 442, n'ayant pas dit *en cas de mort sans avoir recueilli,* et n'ayant pas dit non plus *en cas de mort après avoir recueilli,* on ne saurait limiter sa disposition à l'un des deux cas. » — M. Merlin, Rép., v° Subst. fidéicom., sect. 8, § 5, pense que les mots : *et à son décès je substitue*, indiquent assez qu'avant sa mort l'institué aura recueilli la succession, à la différence de ceux *en cas de décès.* Ce savant auteur, qui s'exprimait ainsi avant le code, serait probablement moins porté, depuis que les substitutions sont prohibées, à en voir une dans les termes dont il s'agit. Ils n'impliquent pas nécessairement à nos yeux l'ordre successif. Tel est aussi le sentiment de M. Rolland de Villargues, n° 205,

---

missaire, pour qu'il ne reste aucun doute à cet égard. — En vain objectera-t-on que le père a laissé à la mère le choix de son héritier, et que cet héritier devient, par ce choix, l'héritier du père et non celui de la mère : — cette objection pourrait être admise si le testateur n'eût laissé à sa femme purement et simplement que la faculté d'élire un héritier; mais l'ayant instituée héritière, Daniel Bérail ne peut jamais être considéré que comme héritier substitué. Peu importe encore qu'à défaut de choix de la part de la mère, Daniel Bérail ait été institué par le père; cette substitution est toujours subordonnée à l'institution de la mère, et n'est qu'une substitution fidéicommissaire. — Or les substitutions fidéicommissaires ont été abolies par les lois des 25 oct. et 14 nov. 1792; les biens sont donc restés libres sur la tête de la mère, et elle est devenue héritière incommutable de son mari, sans que Daniel Bérail puisse objecter qu'il a été élu par sa mère dans son testament, parce que cette élection étant faite dans un acte de dernière volonté, était révocable jusqu'au décès de la testatrice, et jusqu'à cette époque devait être considérée comme un simple projet qui ne donnait aucun droit à Daniel Bérail. — Or, les lois précitées n'exceptent de leurs dispositions que les substitutions ouvertes à l'époque de leur publication, c'est-à-dire celles en vertu desquelles le substitué avait déjà pris possession des biens, ou avait droit de les réclamer; le testament de la mère ne donnait à Bérail aucun droit pour réclamer lesdits biens, et l'héritière grevée en était encore en possession à la publication de ces lois; Daniel Bérail n'était donc pas dans l'exception, et les biens de son père sont confondus dans l'hérédité de la mère; — Confirme, etc.

Du 9 pluv. an 13.-C. d'Agen.

appliqué de même aux locutions *après sa mort* (nº 206; Thévenot, nº 441), *en quelque temps qu'il décède* (nº 211; Thévenot, nº 439). — Tel paraît être aussi le sentiment de MM. Duranton, t. 8, nº 42, et Troplong, nºs 122 et suiv.

99. Il y a toutefois une observation à faire sur cette locution *en quelque temps qu'il décède*. Le testateur qui s'est ainsi exprimé paraît avoir eu l'intention de faire à la fois et une substitution vulgaire et une substitution fidéicommissaire. C'est comme s'il avait dit : si l'institué meurt sans avoir recueilli, je lui substitue vulgairement un tel; s'il meurt après avoir recueilli, je le charge de conserver et de rendre à son décès à un tel. Supposons donc que la première hypothèse se réalise : la substitution vulgaire recevra son effet, car elle n'a rien d'illégal. Mais supposons que le testateur meure le premier et qu'alors l'institué se présente pour recueillir l'hérédité : comme, dans cette hypothèse, il se trouverait grevé d'une substitution prohibée, sa prétention doit être repoussée, car la disposition est nulle, aux termes de l'art. 896, non-seulement à l'égard du substitué, mais même à l'égard du grevé, ainsi que nous le verrons *infrà* (art. 3). C'est ce qu'enseigne aussi M. Troplong, nº 124.

100. « J'institue tel ou ses enfants. » — C'est une substitution vulgaire : on entend naturellement que les enfants ne sont appelés qu'à défaut du père.—Cependant la loi *Cùm quidam*, 4, Cod., *De verb. et rer. signif.*, décide, pour ce cas, comme s'il avait été dit : J'institue tel et ses enfants; elle appelle concurremment tous les institués. Cette décision, qui n'a plus pour nous l'autorité législative, mérite d'autant moins de considération qu'elle est contraire à l'acception ordinaire de la particule *ou*, à la règle générale posée par une autre loi romaine (L. 124, ff., *eod. tit.*), qui lui attache un sens disjonctif, et à la loi 53, ff., *eod. tit.*, qui ne prend la particule disjonctive pour la copulative, et réciproquement, que lorsque des circonstances particulières, le reste de la phrase, demandent cette interprétation inusitée. Furgole (Comment. sur l'ord. de 1747, tit. 1, art. 19) et d'autres auteurs tiennent pour l'application de la loi *Cùm quidam*. Plusieurs jurisconsultes de la même époque, et particulièrement Maynard (liv. 5, chap. 57), donnaient la préférence à la règle générale qui admet la disjonction. — Cette dernière opinion nous semble, aujourd'hui surtout que les substitutions sont prohibées, la plus conforme à tous les principes. — Elle est enseignée par M. Rolland de Villargues, nº 257. — V. M. Merlin, Rép., vº Conjonctive; Quest. de dr., vº Substit. fidéicommiss., § 3.

101. Il est incontestable au surplus et il a été décidé qu'il n'y a pas substitution prohibée dans la clause par laquelle un testateur dispose en faveur d'une personne ou ses représentants, pour en jouir de plein droit et en disposer.... Les représentants sont appelés directement pour le cas seulement où la personne instituée ne voudrait ou ne pourrait pas recueillir la succession (Liége, 19 nov. 1811, aff. Honon, V. Disp. entre-vifs, tit. 4).

102. « Je dispose au profit d'un tel et de ses enfants à naître. » Il faut distinguer, selon la nature de l'acte qui contient la clause.

1º Est-ce une institution contractuelle, telle qu'elle est autorisée par les art. 1082 et suiv. c. nap., les enfants à naître seront substitués directement à leur père, pourvu cependant qu'il n'apparaisse pas, d'après les circonstances, que la volonté du disposant avait été de faire une substitution fidéicommissaire. On comprend, en effet, qu'il y a ici une question d'intention dont la solution pourrait être différente suivant les circonstances, et qui serait souverainement appréciée par les juges du fond. — C'est ainsi qu'il a été décidé que les juges peuvent, sans violer aucune loi, en se fondant sur la volonté du testateur, voir une substitution fidéicommissaire dans la clause d'un contrat de mariage, antérieur à l'ordonnance de 1747, ainsi conçue : *Je donne à un tel ou à un ou plusieurs enfants qui seraient procréés du présent mariage*, au choix du donateur : « Considérant, porte l'arrêt, que la donation dont il s'agit était une donation entre-vifs, faite au futur époux ou à ses enfants à naître du présent mariage; que l'étendue d'une telle libéralité et la question de savoir si elle renfermait ou non une substitution fidéicommissaire dépendaient de la manière d'entendre la volonté du donateur, d'après les termes dans lesquels elle était exprimée, et auxquels les parties donnaient deux sens opposés; que l'interprétation de ces termes et la déclaration de cette volonté étaient abandonnées aux lumières et à la conscience des juges du fond » (Req. 27 mess. an 11, M. Bailly, rap., aff. Jouve).

Mais il ne faut pas confondre avec l'espèce qui précède celles que prévoient MM. Rolland de Villargues, nº 159, et Merlin (Quest. de dr., vº Subst. fidéicom.), d'une donation faite au futur époux, par contrat de mariage, simplement *en faveur de ce mariage et des enfants qui en proviendront*. Tous deux se réfèrent à l'opinion de Serres, Institut. au dr. franç., liv. 2, tit. 7, § 2, « qui, d'ailleurs, disent-ils, ne fait que reproduire la doctrine la plus constante et la mieux établie. » Serres s'exprime ainsi : « Dans ce dernier cas, les enfants n'ont aucun droit aux biens donnés; ils ne sont pas regardés comme appelés de leur chef à la donation en degré même subordonné, et ne sont considérés tout au plus que comme la cause impulsive, et non l'objet final de la donation. »

2º La clause dont il s'agit est-elle dans une donation ordinaire entre-vifs? — Elle n'implique pas fidéicommis. La donation aux enfants à naître est nulle en elle-même, conformément à l'art. 906 c. nap. Or il faut deux dispositions *obligatoires* pour que de leur concours résulte une substitution fidéicommissaire. « L'énonciation *aux enfants à naître*, dit M. Toullier, t. 5, nº 820, ne vicierait pas la donation; mais elle ne conférerait aucun droit aux enfants après leur naissance. Cette énonciation est même sous-entendue dans l'acte comme dans tous les contrats, où l'on est censé stipuler pour soi et pour ses héritiers. M. Rolland, nº 158, reproduit, en l'approuvant, cette doctrine de M. Toullier, qu'a consacrée la cour suprême (Req. 7 déc. 1826, aff. Pinatel, V. *infrà*). Telle est aussi l'opinion de MM. Merlin, Quest. de dr., vº Subst. fidéic., § 5; Duranton, t. 8, nº 55; Troplong, nº 115. — Avant la prohibition générale des substitutions, on ne doutait pas que la clause en question n'entraînât une substitution fidéicommissaire (Furgole, sur l'ord. de 1747, tit. 1, art. 19; Merlin, Quest. de dr., vº Substit. fidéicomm., § 5). « Car, dit Thévenot, le père étant saisi par la donation, et les enfants ne pouvant pas l'être, puisqu'ils n'existent pas, il en résulte nécessairement l'ordre successif. » C'était alors une conséquence de la règle que le donateur est censé n'avoir rien écrit d'inutile : aujourd'hui une autre règle non moins générale et plus impérieuse demande que le donateur ne soit pas censé avoir rien écrit de contraire à la loi, et qui vicie entièrement ses volontés.

3º La clause est-elle dans un testament? — « Les enfants qui se trouvent nés lors du décès du testateur, qui est le moment où le legs prend force, viendront au legs concurremment avec leur père, n'y ayant rien qui nécessite à leur égard l'ordre successif. » Cette opinion de Thévenot, nº 208, est enseignée par M. Rolland, nº 160. — Mais Thévenot ajoute : « Il y aura seulement fidéicommis au profit des enfants qui naîtront après le décès du testateur, attendu qu'ils n'ont pu concourir au moment où le legs a pris force, et que néanmoins ils sont dans la vocation. » M. Rolland, *loc. cit.*, réfute avec raison ce système sous l'empire de notre nouvelle législation. D'abord « ne suffit-il pas que, selon le premier cas prévu, il puisse naître des enfants avant le décès du testateur, pour que la substitution, si l'on veut qu'il y en ait une, vaille comme vulgaire? » Ensuite, la substitution fidéicommissaire suppose le concours de deux dispositions également obligatoires; or celle qui appelle les enfants à naître est nulle pour tous ceux nés ou conçus postérieurement au décès du testateur. La nullité de l'art. 906 c. nap. s'étend, hors les cas formellement exceptés, à toute espèce d'actes contenant libéralité au profit d'enfants non conçus à l'époque où l'acte doit produire son effet. — V. dans le même sens M. Troplong, nº 115.

103. « J'institue un tel ou ses enfants à naître. » — Il n'y a pas de substitution prohibée. Ces mots n'indiquent pas nécessairement l'ordre successif. Le testateur a peut-être voulu appeler les enfants qui seraient nés avant son décès, dans le cas où le père ne pourrait alors recueillir les biens. Les conditions s'accomplissent valablement du vivant du testateur jusqu'au jour où le testament doit produire son effet (L. 2, ff., *De condit. et dem.*). — Nous raisonnons ici dans l'hypothèse d'une institution testamentaire. Les enfants à naître, institués contractuellement, sont censés, d'après les art. 1082 et suiv., c. nap. vulgairement substitués à leur père; et hors le cas prévu par ces articles, on sait que la donation entre-vifs ne saurait profiter à ceux qui ne sont pas encore conçus au temps de sa confection (c. nap. 900). Si donc pareille donation était faite dans cette forme, le père seul se trouverait donataire, la clause qui appelle les enfants à naître devenant nulle, et l'incapacité des uns ne devant pas rejaillir sur l'autre. — Il a été décidé, toutefois, qu'une donation entre-vifs conçue ainsi : « Je donne à mon neveu ou à ses enfants à naître, » a pu être interprétée en ce sens qu'elle renferme une substitution fidéicommissaire et non une substitution vulgaire (Req. 27 mess. an 11, M. Bailly, rap., aff. Jouve). — D'où la conséquence qu'une telle donation est nulle, non pas seulement au profit des enfants à naître, mais même au profit du père.

104. « J'institue un tel, et *après lui ses enfants.* » — Il n'y a là encore qu'une substitution vulgaire. Le testateur ne dit point positivement que les enfants ne profiteront qu'après que le père aura recueilli. S'il meurt avant le testateur, les enfants ne viendront pas moins après leur père, par la voie de la substitution directe. On peut donc faire valoir la disposition en la limitant au cas où le père serait mort sans avoir recueilli. C'est dans ce sens qu'a jugé la cour de Metz, et c'est par un motif étranger à cette partie de sa décision que l'arrêt a été cassé. La même opinion est exprimée par MM. Rolland de Villargues, n° 161, et Troplong, n° 114. — Sous la législation qui autorisait les substitutions fidéicommissaires, les anciens auteurs voyaient alors un fidéicommis, croyant sans doute donner plein effet à la volonté du disposant (Thévenot, n° 203; Ricard, ch. 8, n° 343; Merlin, Rép., v° Substit. fidéic., sect. 8, n° 5). Mais admettre encore une telle interprétation, ce serait supposer, dans le doute, la volonté de faire une disposition nulle : supposition condamnée par les principes.

105. Il a été décidé : 1° que le legs fait avec cette clause : « Si le légataire vient à mourir sans enfants, le legs passera à telle autre personne, » ne renferme point une substitution prohibée (Paris, 14 avril 1835, aff. Charrin *C.* Thévénin); — 2° Que la disposition testamentaire portant : « Si l'un de mes légataires venait à décéder sans enfants, sa part accroîtra aux survivants; ...et dans le cas où l'un de mesdits légataires décéderait avant moi, laissant un ou plusieurs enfants, j'entends qu'ils recueillent dans ma succession la part de leur auteur, comme s'il m'eût survécu, » renferme, même dans sa première partie, une substitution vulgaire, quoique la condition du prédécès avant le testateur ne soit énoncée que dans la seconde : le testateur, en appelant les légataires survivants à prendre la place des prédécédés par droit d'accroissement, a suffisamment exprimé qu'il n'entendait pas plus créer d'ordre successif dans la première partie de sa disposition que dans la seconde (Req. 26 mars 1851, aff. Taveau, D. P. 51. 1. 252); — 3° Que la clause par laquelle un testateur, après avoir institué un légataire universel, ajoute qu'au cas où ce légataire décéderait sans enfants avant sa mère celle-ci recueillera la succession, doit être entendue dans le sens d'une substitution vulgaire, supposant que la mère ne doit être appelée à recueillir la succession qu'au cas où le légataire et ses enfants auraient prédécédé le testateur, et non dans le sens d'une substitution fidéicommissaire, qui imposerait au légataire recueillant la succession la charge de la conserver pour la rendre à sa mère (Paris, 17 déc. 1836, aff. Tamisier *C.* Tamisier); — 4° Que l'on doit considérer comme substitution vulgaire, et conséquemment non prohibée, la clause ainsi conçue : « Je lègue tout mon mobilier à Joseph O... et aux époux M...; mais, le cas arrivant où Joseph O... vienne à décéder avant les époux M..., je veux que ceux-ci profitent de mon entière disposition; il en sera de même dans le cas où les époux M... prédécéderaient à Joseph O... (Toulouse, 4 juill. 1840, aff. Beux, V. n° 138-4°); — 5° Que la disposition testamentaire ainsi conçue : « Je lègue à Léopold de M...... le domaine de F...., à charge de conserver ce domaine et de le transmettre à son fils par ordre de primogéniture....; dans le cas où ledit Léopold de M.... viendrait à décéder sans enfants, j'entends que la disposition ci-dessus soit applicable à son frère ou à sa sœur, s'il en a...., » constitue, au profit de ce dernier ou de cette dernière, une substitution compendieuse, non prohibée, en ce que l'institué et ses enfants, au décès desquels elle est subordonnée, peuvent mourir avant comme après le testateur (Nancy, 4 juill. 1844) (1).

106. Il n'y a pas substitution prohibée dans une disposition

---

(1) *Espèce :* — (Vouzeau *C.* Golbery.) — M. de Lombillon, conseiller à la cour de Nancy, est décédé après avoir fait un testament olographe par lequel il a légué le domaine de Fanoncourt à Joseph-Léopold de Muller, à charge de porter son nom de famille, de conserver ce domaine en entier, et de le transmettre en même état à son fils par ordre de primogéniture. Il a ajouté qu'il en ferait de même à l'égard de ses filles, à défaut d'enfants mâles, et prévoyant le cas où ledit Léopold de Muller viendrait à décéder sans enfants, M. de Lombillon a déclaré qu'il entendait que les dispositions présentées en sa faveur seraient applicables à son frère, et à défaut à sa sœur, de façon que le propriétaire de Fanoncourt fût toujours tenu de porter son nom et de conserver le bien dans son entier. — M. de Lombillon est mort le 21 avr. 1845 et M. Léopold de Muller est mort un jour avant lui, laissant une sœur, mademoiselle Clotilde de Muller, qui a déclaré vouloir profiter du testament. — M. Vouzeau, l'un des héritiers de M. de Lombillon, a attaqué ce testament comme renfermant une substitution fidéicommissaire. Il a succombé dans ses prétentions devant le tribunal de première instance de Nancy. — Appel. — Arrêt.

La cour; — Attendu que les art. 1 et 3 du testament attaqué sont ainsi conçus : — « Art. 1. Je déclare donner et léguer...... à M. Joseph Léopold de Muller..... le domaine de Fanoncourt....., à charge..... de porter mon nom de famille, de conserver ce domaine dans son entier, sans pouvoir faire vente ni distraction d'aucune de ses parties et à charge aussi de le transmettre, en même état, à son fils par ordre de primogéniture. Il en sera de même...... à l'égard de ses filles, à défaut d'enfants mâles, en réclamant à ce sujet la plus grande extension que permettent les lois. — Art. 3. Dans le cas où ledit Léopold de Muller viendrait à décéder sans enfants, j'entends que les dispositions prescrites par l'art. 1..... seront applicables à son frère s'il en a, et à son défaut à sa sœur, de façon que le propriétaire de Fanoncourt soit tenu de porter mon nom et de conserver le bien dans son entier autant que la loi n'y mettra pas d'obstacle positif, car telle est la condition *sine quâ non* de la donation sous forme de volontés dernières; » — Que Léopold de Muller, qui était âgé de sept ans et huit mois au 14 oct. 1832, date du testament, est mort le 11 avr. 1845, un jour par conséquent avant le testateur qui est décédé lui-même le 12 avril; — Que Léopold n'a laissé qu'une sœur, la demoiselle Clotilde de Muller, qui demande la délivrance du legs en vertu de l'art. 3 précité; — Que pour savoir si l'exception qu'on oppose à sa demande, la nullité du legs à titre de substitution fidéicommissaire, est fondée, on n'a point à s'occuper d'abord des art. 2 et 4 du testament; — Que la disposition de l'art. 2 qui porte : « Je donne au même Léopold de Muller la nue propriété de ma maison...... à charge de conserver dans sa famille sur une seule tête, » fût-elle une disposition nulle comme substitution fidéicommissaire, avec faculté d'élection, ne concernant que Léopold de Muller, n'ayant trait qu'à un immeuble différent de celui en litige, elle reste complètement étrangère à la question du procès;

Que, quant à la disposition de l'article 4 et dernier : « Je nomme M. de Muller, père du légataire, ou à son défaut le tuteur de l'enfant, mon exécuteur testamentaire, » vainement on voudrait argumenter de ces mots : *père du légataire,* dans ce sens que le testateur, n'ayant point ajouté *ou de la légataire,* n'a entendu avoir qu'un seul et unique héritier, Léopold de Muller, qui, à défaut de fils ou de fille, transmettrait le bien légué à son frère ou à sa sœur, après l'avoir recueilli lui-même; — Que cette expression générale *père du légataire* s'applique naturellement et nécessairement à l'un ou l'autre des frères, comme à la sœur elle-même, si c'est la sœur qui survit seule au testateur, ou qui seule est apte à réclamer le bénéfice du legs; — Qu'elle serait tout aussi fondée elle-même à opposer ces expressions générales, *le père du légataire,* au lieu des mots *le père de Léopold,* qui conviendraient mieux au système de l'appelant, quand ceux du testament n'ont rien au contraire que de parfaitement en rapport avec une simple substitution vulgaire, placés qu'ils sont immédiatement après la disposition qui, à défaut de Léopold, institue son frère d'abord, s'il a un frère, puis seulement sa sœur à défaut de frère; — Qu'au surplus l'art. 3 lui-même fournit un exemple frappant de la généralité du sens qu'on doit attribuer à ces mots *le père du légataire,* quand après avoir dit : « J'entends que les dispositions de l'art. 1 soient applicables à son frère et à défaut de frère à sa sœur, » il ajoute aussitôt : « de façon que le propriétaire de Fanoncourt soit tenu de porter mon nom; » — Que toutes ces objections d'ailleurs, fussent-elles vraies, n'auraient aucune portée dans la cause; qu'il importerait peu en effet que dans les dispositions des art. 1, 2 et 4 de son testament, le sieur de Lombillon eût plus ou moins manifesté la prévision que Léopold de Muller lui survivrait, du moment que cette prévision ne se rencontrerait pas dans l'art. 3, le seul qui donne lieu à la difficulté actuelle;

Qu'il faut donc s'occuper spécialement de cet article; — Que d'abord, tous les efforts qu'on a faits dans l'intérêt de la défense, pour le rattacher invinciblement à l'art. 1, sous la pensée d'une substitution fidéicommissaire, parce qu'il commencerait par ces mots *dans ledit cas,* dispa-

testamentaire ainsi conçue : « Je lègue à Pierre telle portion de ma fortune, réversible sur la tête de sa femme et sur celle de ses enfants » :— « Considérant que le mot *réversible*, employé par la testatrice dans cette disposition au profit de Perreau, paraît avoir eu pour objet d'exprimer l'intention et la volonté que le legs à lui fait passât à la femme dudit Perreau, si ce dernier était décédé avant la testatrice, et encore que le legs passât aux enfants les plus malheureux de Perreau et sa femme, si ces derniers venaient à décéder avant l'ouverture de la succession de la testatrice ; que cette disposition ne contient pas l'obligation de conserver et de rendre ; que, dès lors, elle n'entraîne pas nécessairement l'idée d'une substitution fidéicommissaire prohibée par le code Napoléon, et qu'elle peut être au contraire considérée comme une substitution vulgaire que la loi autorise » (Paris, 4 déc. 1827, MM. Dehaussy, pr., aff. Perreau *C.* hér. Billouard). — Mais il y a substitution fidéicommissaire prohibée, et non simple substitution compendieuse (susceptible de se résoudre en vulgaire), dans le legs portant qu'en cas de décès de la légataire avant son mari, le legs retournera à ses enfants, à compter de ce décès. La substitution devrait être annulée comme fidéicommissaire, encore que, par le fait, la femme instituée et son mari fussent morts avant le testateur et que les enfants se trouvassent ainsi appelés à recueillir les biens sans intermédiaire (Paris, 11 mars 1811, et sur pourvoi Req. 15 janv. 1812) (1).

---

raissent devant la production faite à la dernière audience de la minute même du testament attaqué, où l'on voit que l'art. 5 a été rectifié par la main du testateur, de manière à ce qu'on doit lire uniquement, dans le cas où ledit Léopold, etc., etc. ; — Que quel que soit au surplus celui des deux textes auquel on aurait voulu donner la préférence, le sens de l'un ne saurait différer du sens de l'autre ; qu'en effet, le cas dont parle l'art. 5, le cas qu'il va exprimer, qui n'est pas exprimé encore, ne saurait être cherché que dans les mots qui vont suivre, et non partout ailleurs, dans les articles qui précèdent ; qu'ainsi la précaution que le testateur a prise de faire cette rectification était même inutile ;

Quant à la seule question sérieuse de la cause, celle de la substitution et de son espèce dans l'art. 5 : — Attendu que la généralité des expressions de cet article, par cela même qu'elles ne précisent pas l'époque du décès sans enfants de Léopold Muller, qu'elles ne disent pas si c'est avant ou après le testateur, loin d'exclure le premier cas qui donne lieu seulement à la substitution vulgaire autorisée, le comprennent et l'expriment nécessairement ; — Que cela suffit à la décision de la cause ; qu'ici la doctrine des auteurs, les monuments de la jurisprudence, les principes incontestables du droit, tout est d'accord pour valider la disposition, suivant la maxime *plus valeat quàm pereat* ; — Que, du moment que la substitution vulgaire se trouve établie dans les dispositions compendieuses de l'art. 5 et que c'est le cas de la substitution vulgaire qui se présente, le bénéfice de la substitution vulgaire que l'on réclame, il n'y a pas à hésiter sur le mérite de la demande ; — Que, dans l'impossibilité de contester la vérité des principes, les plus grands efforts de la défense ont eu pour but de restreindre les termes de l'art. 5, de le réduire, à force d'interprétations, à l'intelligence de la substitution fidéicommissaire seule, de telle sorte qu'ils exclueraient la substitution vulgaire, et ne diraient plus ce qu'ils disent réellement ; — Que cette prétendue restriction que repoussent de la manière la plus formelle les termes de l'art. 5 ne saurait s'offrir à la pensée qu'à l'aide de suppositions que la vérité et la raison n'acceptent point ; — Qu'on ne peut admettre, en effet, que pour le cas où Léopold serait décédé avant le testateur, le testateur aurait voulu mourir intestat, en refusant au frère ou à la sœur tout témoignage de bienfaisance et de souvenir, ce qui est complétement démenti par les premières lignes du testament lui-même ; — Qu'on ne peut admettre non plus que le sieur de Lombillon n'ait prévu ni dû prévoir le cas de la substitution vulgaire, c'est-à-dire la possibilité du décès sans enfants de Léopold avant lui, soit que Léopold mourût en bas âge, soit qu'il mourût assez âgé pour pouvoir être époux et père ; — Que toutes ces prévisions, dans les faits de la cause, n'avaient rien au contraire que de très-naturel, quand il s'agissait d'un acte tel qu'un testament, où devant la pensée de la mort, on sent la nécessité de tout prévoir ; — Que, d'un côté, personne n'ignore que la vie est moins assurée dans l'enfance que dans la virilité même, et qu'en mettant à part la circonstance du choléra qu'il rappelle, et qui sévissait alors indistinctement, le testateur mieux que personne le savait, lui qui avait vu mourir à la fleur de l'âge ses deux enfants ;

Que, d'un autre côté, âgé de soixante-quatre ans, mais d'une constitution robuste, le sieur de Lombillon pouvait prévoir encore pour lui-même vingt ans d'existence au moins ; qu'alors Léopold de Muller aurait eu près de vingt-huit ans, ce qui suffit et au delà pour que les expressions de l'art. 5, *viendrait à décéder sans enfants*, s'associent parfaitement à la pensée de la substitution vulgaire ; — Qu'ainsi dans les faits de la cause, dans ses circonstances les plus intimes, tout s'accorde avec les expressions dont le testateur s'est servi dans l'art. 5, pour établir jusqu'à l'évidence la réalité d'une substitution vulgaire ;

Qu'enfin, et dans tous les cas, l'exception de l'appelant ne serait fondée qu'autant que la prétendue substitution fidéicommissaire, qu'il s'efforce de trouver dans les dispositions du testament, serait accompagnée de l'obligation formelle de conserver et de rendre ; — Que cette obligation n'est point imposée par le testateur à Léopold de Muller au profit de son frère ou de sa sœur ; — Qu'à défaut de cette obligation formelle dans les termes de l'acte, il faudrait au moins, pour établir la nullité dont on excipe, suivant même la jurisprudence la plus sévère, que l'acte en offrît l'équivalent, c'est-à-dire que ses dispositions impliquassent d'une manière positive et nécessaire l'idée que la propriété léguée reposerait un instant au moins (*fractus temporis*) sur la tête de l'institué ; — Qu'ainsi qu'on vient de le voir, rien de semblable ne se rencontre dans les dispositions du testament ;

Que, loin de là, le silence absolu du testateur sur cette obligation, quand, au lieu et place de Léopold, il institue son frère ou sa sœur, est d'autant plus remarquable que cette obligation de conserver et de rendre, le testateur (suivant que la loi du 17 mai 1826 l'autorisait à le faire) a pris soin de l'imposer formellement à Léopold de Muller, au profit de ses enfants, puis de même, dans l'intérêt de leurs enfants, à son frère ou à sa sœur ; — Qu'ainsi, sous aucun rapport, les dispositions du testament attaqué n'offrent les caractères de la substitution fidéicommissaire prohibée, et qu'en repoussant l'exception opposée à la demande, les premiers juges ont fait de ce testament une juste appréciation ; qu'il n'y a donc lieu de faire droit à l'appel ; — Confirme.

Du 4 juill. 1844.-C. de Nancy, ch. civ.-MM. Mourot, pr.-Garnier, av. gén., c. conf.-Laflize et Volland, av.

(1) *Espèce :* — (Dupré *C.* Cottard.) — Le 15 oct. 1806, Louis Dupré institue pour sa légataire universelle Marie Douët, femme Cottard ; il a fait les dispositions suivantes : — « 1° Dans le cas où Marie Douet viendrait à décéder avant son mari, je veux que le legs universel retourne et appartienne à toujours à ses quatre enfants, que j'institue, le cas arrivant, mes légataires universels de tous mes biens, chacun pour un quart, pour, par eux, en jouir en toute propriété, faire et disposer comme bon leur semblera, et comme de chose à eux appartenant à compter du décès de Marie Douet. — 2° Dans le cas encore où un, ou deux, ou trois des enfants viendraient à décéder avant ou après leur mère, je veux que la totalité de mes biens appartienne en toute propriété, à perpétuité, à celui ou à ceux des enfants qui existera ou existeront au décès de Marie Douet, l'instituant ou les instituant mes légataires universels de tous mes biens, pour en jouir en toute propriété, à perpétuité, leurs hoirs ou ayants cause. » — Le testateur est décédé le 8 avril 1810. — La dame Cottard, décédée en mars précédent, avait survécu à son mari. — Les héritiers naturels de Louis Dupré ont demandé la nullité du testament, comme renfermant une substitution prohibée.

11 mars 1811, arrêt de la cour de Paris, ainsi conçu : « Attendu que, dans aucune des dispositions du testament et codicille de Louis Dupré, le testateur n'a exprimé de volonté pour le cas où Marie Douet, femme Cottard, instituée légataire universelle, viendrait à décéder avant d'avoir recueilli le legs universel ; — Attendu que la première des dispositions de ce testateur, qui appelle les enfants Cottard, ne prévoit que le cas où leur mère, légataire universelle, viendrait à décéder avant son mari, le testateur voulant qu'alors le legs universel retourne à ses quatre enfants ; disposition qui établit un véritable fidéicommis, le legs ne pouvant retourner aux enfants qu'après avoir été recueilli par leur mère ; — Attendu que la disposition subséquente portant : Dans le cas encore où un, ou deux, ou trois des enfants de Marie Douet viendraient à décéder avant ou après leur mère, je veux que la totalité de mes biens meubles et immeubles appartienne en toute propriété, à perpétuité, à celui ou à ceux des enfants qui existera ou existeront au décès de ladite Marie Douet, leur mère, se rattache nécessairement aux précédentes dispositions, et suppose toujours que Marie Douet aura recueilli le legs universel, et, par conséquent, aura survécu au testateur ; — Attendu que, suivant l'ancien droit, qui permettait les substitutions, il y avait fidéicommis universel, soit que le testateur eût dit : Je charge mon héritier de remettre ma succession, ou qu'il eût dit : Je veux qu'après ma mort, mon hérédité appartienne à tel autre ; — Et attendu que, suivant les principes de ce droit fixés par l'art. 26, tit. 1, de l'ord. de 1747, il y a caducité de la substitution fidéicommissaire ; — Attendu, enfin, que suivant l'art. 896 c. civ., les substitutions sont prohibées et ne peuvent avoir d'effet direct ni indirect ; — Emendant, déclare caduques et de nul effet les dispositions universelles contenues dans le testament de Louis Dupré, etc. » — Pourvoi. — Arrêt.

La cour ; — Attendu que l'arrêt dénoncé, analysant les différentes dispositions énoncées dans le testament de Louis Dupré, a fait une juste interprétation de ce testament, en concluant qu'il en résultait une substitution fidéicommissaire, et que dès lors le testament se trouvait annulé dans sa totalité, même quant aux institutions du premier degré, d'après la disposition très-précise de l'art. 896 c. civ. ; — Rejette.

Du 15 janv. 1812.-C. C. sect. req.-MM. Henrion, pr.-Genevois, r.

107. « J'institue un tel *pour lui*, ses *héritiers* ou *ayants cause*. » — L'opinion des anciens et des nouveaux auteurs paraît unanime sur ce point : c'est qu'il n'en résulte pas fidéicommis. Duñet, p. 79, rapporte un arrêt conforme du grand conseil de Malines, du mois de mai 1609. La solution serait évidemment la même si le testateur avait dit : pour lui, ses héritiers et successeurs ; ce qui a été jugé ainsi par la cour d'Aix, le 18 janv. 1808 ; ou bien, pour lui et ses descendants futurs (Turin, 22 déc. 1810, V. *infrà*, n° 110) ; ou enfin, pour lui, ses héritiers ou représentants (Bruxelles, 19 déc. 1811, aff. N... *C.* N...). « Ces termes, dit M. Merlin, *loc. cit.*, uniquement relatifs par eux-mêmes à la transmission qui a lieu de droit au profit des héritiers ou successeurs, ne pourraient pas caractériser un fidéicommis, et ne seraient considérés que comme de pur style. » Ils n'emporteraient donc pas non plus vocation par concurrence ou simultanée. L'opinion de M. Merlin est approuvée par MM. Rolland de Villargues, n° 162, et Delaporte, Pandect. franç., p. 27.

108. « J'institue un tel, pour lui et ses *hoirs mâles*. » Si l'institué meurt avant le testateur, il n'aura pas recueilli ; les hoirs mâles seront appelés, à défaut de l'institué, par substitution directe. Dès qu'elle est possible, dès que les termes ne l'excluent pas nécessairement, il faut l'admettre, plutôt que la substitution fidéicommissaire : c'est ainsi que s'exprime à peu près M. Rolland de Villargues, n° 168. — Lorsque les substitutions étaient permises, on supposait, dans ce cas, un fidéicommis. « La disposition ne pourrait s'entendre autrement, dit Thévenot, p. 72, puisque l'ordre des successions légitimes y serait interverti. » La même réflexion est proposée par les auteurs anciens (Rép., v° Substit. fidéc., sect. 8, n° 3), qui citent un arrêt conforme du conseil de Brabant, du mois d'octobre 1658, rapporté par Stockmans, § 30. Mais comment déclarer aujourd'hui, sur des termes plus ou moins équivoques, que le disposant a voulu ce que la loi défend, ce qui vicie et rend sans effet toute sa disposition?

109. « J'institue un tel, et *de lui à son fils, et de celui-ci à ses enfants*. » — Un arrêt a vu dans ces expressions une substitution prohibée (Turin, 22 déc. 1810, V. le numéro suivant). M. Rolland de Villargues approuve cette décision, en ce que les mots *de lui à son fils et de celui-ci à ses enfants* « supposent manifestement que la chose doit passer dans les mains de chacun des gratifiés, qui dès lors doit en jouir dans l'ordre successif. » Il remarque en outre, pour différencier cette espèce et celle *après lui ses enfants* (V. *suprà*, n° 104), qu'ici l'hypothèse de la substitution vulgaire serait de nature à se réaliser fort rarement, puisque la vocation directe des enfants derniers appelés présupposerait l'aïeul et le père morts avant le testateur.

110. Il y a également substitution prohibée : 1° dans la clause par laquelle « je laisse mes biens à un tel, et par lui à ses enfants à perpétuité, à un tel et à ses descendants (Turin, 22 déc. 1810 (1), et sur pourvoi Req. 14 avr. 1812, MM. Henrion, pr., Botton, rap.) ; — 2° Dans la disposition testamentaire par laquelle un individu, après avoir légué tous ses biens à une personne, déclare qu'ils appartiendront aux enfants de cette personne après sa mort, alors même que la personne fût décédée avant le testateur (Req. 15 janv. 1812, aff. Dupré, V. n° 107) ; — 3° Dans un testament dont l'auteur ordonne que, son légataire venant à décéder avant sa majorité ou son mariage, ou étant marié sans enfants, ses père et mère hériteront de lui, et qu'après la mort de ceux-ci deux de leurs enfants et plusieurs neveux ou nièces (désignés par lui) hériteront tous par égale portion (Metz, 5 mai 1815) (2) ; — 4° Dans la disposition testamentaire portant legs d'une quote-part d'im-

(1) *Espèce* : — (Hérit. Cravetta-Villanovetta.) — Par son testament olographe du 30 fruct. an 12, Benoît Cravetta-Villanovetta a disposé dans les termes suivants : « Je nomme mes héritiers universels mes deux cousins paternels, César et François Cravetta-Villanovetta frères, et par eux, leurs enfants à perpétuité, de tous mes biens ; c'est-à-dire César, et de lui à son fils Charles, outre la cassine la Saussa, dont Charles est en possession, et de lui à ses enfants ; je lui laisse en pleine propriété l'autre cassine, la Bassa, plus les deux cassines, la Varaita et del Parco ; les trois cassines seront en propriété pour le père et fils et Charles Cravetta, mon cousin et neveu, toujours de père en fils ; plus, je laisse à François Cravetta, mon cousin, et de lui aux descendants mâles, mon palais de Sarvillan et ma maison de campagne, jardin, etc. ; tout passera à lui et descendants... Plus, je laisse aux deux frères César et François, et à leurs descendants, mon moulin de Saint-François. Plus, je lègue ma cassine del Castello à Charles Lodi-Capriglio, mon gendre ; je le prie donc de vouloir l'accepter pour lui et ses descendants futurs. » — Sur la demande en nullité du testament, pour contravention à l'art. 896 c. civ., le tribunal de Savillan a jugé qu'il ne contenait pas de substitution prohibée. — Appel. — Arrêt.

La Cour ; — Vu le testament olographe de feu Benoît Cravetta et l'art. 896 c. civ. ; — Considérant que le contexte de la disposition testamentaire et la nature et le sens des termes et des expressions employées par le testateur, soit dans l'institution des héritiers universels dans la personne de ses cousins paternels, César et François Cravetta, soit dans le legs à titre particulier de la cassine de la Saussa à Charles, fils de César, et dans le prélegs fait au cohéritier François, présentent, du côté du testateur, non un simple désir, mais une intention expresse et une volonté bien prononcée de faire un fidéicommis, et renferment tous les caractères d'une substitution fidéicommissaire ; — Qu'en effet, il est impossible de ne pas reconnaître, dans l'institution d'héritier accompagnée des clauses, et par eux à leurs enfants à perpétuité, et de lui à son fils, et de lui à ses enfants, des degrés de vocation, qui, tandis qu'ils ne conviennent nullement à la substitution vulgaire, et heurtent directement toute idée d'une institution cumulative du père et des fils, n'aboutissent et ne peuvent s'appliquer qu'à la substitution par fidéicommis ; — Qu'il en est de même de l'expression « de lui à ses enfants à perpétuité, de lui aux descendants mâles, » qui accompagnent les legs et prélegs dont il s'agit ; — Considérant que l'intention positivement manifestée par le testateur d'établir dans ses biens, et parmi ses héritiers et légataires, un ordre successif et progressif de vocation et de possession, ne pourrait sortir son effet sans supposer, dans le même testateur, une volonté également positive de défendre l'aliénation de ses biens ; — Que cette défense, laquelle a pour objet l'exécution de la disposition testamentaire, emporte de nécessité la charge de conserver et de rendre ; d'où la conséquence que cette charge se trouve virtuellement comprise dans la disposition dont est cas ; que l'art. 896 n'exigeant point l'emploi d'une formule sacramentelle dans l'apposition d'une telle charge, il est conforme aux principes d'une saine interprétation de dire qu'elle peut être induite par des termes et d'une manière équipollente ; — Or, cette équipollence se rencontre très-parfaitement dans la défense d'aliéner qui découle naturellement du sens et de la force des expressions et des phrases employées par feu Benoît Cravetta dans le testament dont il s'agit ;

Considérant qu'une fois posé en principe que la disposition testamentaire, dans la partie qui concerne l'institution d'héritier et les legs et prélegs au profit du sieur Cravetta, renferme une substitution, et contient de plus ce qui équivaut à la charge de conserver et de rendre, charge que le législateur a proscrite sévèrement, jusqu'à infliger la peine de nullité à la disposition, même par rapport à l'héritier et au légataire ; les principes généraux desquels s'étayent les intimés Cravetta, et sur lesquels les premiers juges ont également basé le jugement en appel, savoir, qu'une loi pénale doit être entendue très-strictement ; que les dernières volontés des mourants sont dignes de la plus grande faveur ; que, dans le doute, on doit embrasser le genre d'interprétation plus propre à soutenir qu'à détruire un acte ; que nul n'est présumé avoir voulu contrevenir à la loi : tous ces principes et ces maximes dégénèrent en autant de lieux communs, qui ne sont nullement susceptibles d'application à l'espèce ; — Considérant cependant que si les motifs qui ont déterminé les premiers juges à ne pas accueillir les conclusions des appelants contre les sieurs Cravetta, ne sont pas suffisants pour établir la justice des exceptions de ces derniers, ils peuvent être tels dans l'intérêt des appelants et du coïntimé Lodi-Capriglio, vu, d'un côté, que les expressions du testateur dans le legs fait à celui-ci de la métairie dite del Castello, sont loin d'être synonymes de celles par lui employées dans l'institution et legs faits au profit des sieurs Cravetta ; et, d'autre part, qu'il appert du testament même que le testateur, dans l'exercice d'une telle libéralité, a contemplé principalement et presque uniquement la personne dudit sieur Lodi-Capriglio, qui, comme gendre du testateur, n porterait pas son nom, et n'appartenait point à son agnation.

Du 22 déc. 1810.-C. de Turin.

(2) (Beaujean C. Beaujean.) — La Cour ; — Attendu qu'il est constant qu'après avoir disposé de la propriété d'une grande portion déterminée de sa succession par un legs universel au profit d'Achille Simon, son petit-neveu, François Beaujean règle et ordonne l'administration et l'immobilisation des objets mobiliers dont il veut qu'il soit fait une masse capitale dont le fonds, conservé pour son légataire universel, lui adviendra à sa majorité, époque où il en prendra jouissance, sauf certains effets dont il lui donne d'hors et déjà la propriété et jouissance exclusive (ce sont ses hardes, sa montre, son linge de corps, quelques bijoux, etc.) ; — Attendu qu'après avoir ainsi réglé l'immobilisation des choses mobiles et fongibles de sa succession pour en former un fonds capital au profit de son légataire, qu'il paraît préférer à tout le monde, cependant, par une nouvelle disposition bien expresse, il ordonne que, son légataire venant à décéder avant sa majorité ou son mariage, ou étant

meubles, à la charge par le légataire de la transmettre à sa mort soit à l'héritier universel institué par le même testament, soit, en cas de prédécès, à l'aîné des enfants de cet héritier ou même à l'un desdits enfants au choix du légataire (Req. 31 janv. 1842) (1); — 5° Dans la disposition faite au profit d'un légataire, avec cette clause qu'au décès du légataire les biens légués appartiendront à un tiers, ou aux héritiers de celui-ci, s'il n'existait plus au décès du légataire, la charge de conserver et de rendre résultant virtuellement d'une telle disposition (Poitiers, 6 mai 1847, aff. Caldelar, D. P. 47. 2. 132); — 6° Dans la clause d'un testament portant que le testateur veut que le légataire jouisse du bien légué, lui et ses descendants après sa mort, qu'il en soit seul et unique héritier lui, et ses enfants après lui, de génération en génération (Cass. 20 janv. 1852, aff. Dornat, D. P. 52. 1. 48).

111. Il nous reste à signaler certaines clauses qui ne se prêtent pas moins à la supposition d'une institution *conjonctive* qu'à celle d'un fidéicommis. — 1° « J'institue un tel et *ses enfants.* » Le père et les enfants sont gratifiés simultanément. Point d'ordre successif; ils partageront ensemble. C'est ce qu'enseignent tous les auteurs (Ricard, nos 533 et 541; Furgole, sur l'ord. de 1747, tit. 1, art. 19; Thévenot, n° 202; MM. Merlin, Rép., v° Substit. fidéicommiss., sect. 8, n° 3; Rolland de Villargues, n° 155; Troplong, n° 112). — 2° « J'institue un tel et *ses enfants mâles.* » Comme dans la clause plus simple *et ses enfants*, il y a lieu d'admettre le concours simultané du père et des enfants mâles (Conf. Rolland de Villargues, n° 154). — Décidé en ce sens qu'il n'y a pas substitution prohibée dans le legs fait à tel individu pour en jouir lui et ses enfants mâles en toute propriété (Rej. 17 nov. 1818, aff. Tempié, V. Disposit. entre-vifs, n° 511).

112. « J'institue un tel et *ses héritiers.* » — Il y aura fidéicommis au profit des héritiers, si l'on en croit les anciens auteurs qui ont écrit sous le régime favorable aux substitutions (Peregrinus, art. 17, n° 50; Ricard, chap. 6, n° 258; Merlin, *loc. cit.*); « car, dit Thévenot (n° 204), les mots *ses héritiers* supposent que le premier gratifié sera mort quand ceux-ci auront droit de recueillir, le titre d'héritier d'un tel ne pouvant être acquis que par son décès. » — M. Rolland démontre fort bien, à notre sens, que cette opinion n'est plus à suivre : « Qu'importe, en effet, remarque-t-il, qu'un individu ne soit appelé qu'après la mort d'un autre, qui était gratifié avant lui ? » Cet événement

---

marié sans enfants, ses père et mère hériteront de lui ; et que, après la mort de ceux-ci, deux de leurs enfants, Théophile et Nicolas Simon, les enfants de sa sœur Quesweller, ceux de sa nièce Pöan, ainsi que son neveu Colasse, hériteront tous par égale portion, après la mort de ceux-ci; — Attendu qu'une pareille disposition, où s'exercent d'une manière expresse la volonté et l'intention du testateur, n'est autre chose qu'une substitution compendieuse, qui comprend, d'une part, une substitution fidéicommissaire, conditionnelle et graduelle sous deux rapports : le premier, dans le cas où son légataire décéderait en minorité et avant son mariage, et le second, dans le cas où il décéderait même en majorité *sine liberis*; d'abord au profit des sieur et dame Simon, avec charge de transmettre au profit d'autres appelés, seconds grevés au deuxième degré; d'où suit que, d'après cet ordre de vocation, si les premiers appelés, les époux Simon, seconds grevés, étaient décédés avaient la majorité de leur fils, ou après le mariage de celui-ci, le décès de celui-ci arrivant avant majorité ou sans enfants, les derniers appelés auraient recueilli directement, au défaut des sieur et dame Simon auxquels ils étaient directement et vulgairement substitués, vocation qui constitue la substitution compendieuse, laquelle comprend à la fois la vulgaire et la fidéicommissaire; — Attendu qu'il n'est permis ni de chercher d'autre interprétation aux mots *hériteront* ou *seront héritiers*, dont s'est servi le testateur pour annoncer sa volonté sur la disposition de ses biens, que celle de la loi, l'usage, la jurisprudence y ont constamment attachée, *veteres enim heredes pro dominis appellabant* (*apud Justinianum*, lib. 2, tit. 19), et d'où il suit que le testateur a voulu transmettre la propriété de ses biens d'abord à son légataire universel en premier ordre (Achille Simon, son petit-neveu), mais à condition que s'il mourait avant mariage, ou sans enfants, les biens légués passeraient d'abord aux père et mère du légataire, pour passer ensuite en troisième ordre à de nouveaux héritiers, du choix encore du testateur; d'où suit une vocation successive, conditionnelle et graduelle de plusieurs ordres d'héritiers que se crée le testateur qui les appelle ainsi à sa succession, de manière qu'aucun des premiers appelés ne reçoit, dans le cas prévu, qu'à charge de conserver et de rendre ; — Attendu que c'est précisément cette dispositon qu'abolit tant au profit de l'héritier ou légataire premier grevé, que des appelés en second ou troisième ordre, l'art. 896 c. civ., alors il faut conclure que le legs universel fait au profit d'Achille Simon (à l'exception des objets mobiliers dont l'inventaire et la vente ne sont pas prescrits par le testateur et qu'il donne directement à son légataire), doit être annulé et déclaré comme non avenu; — Attendu qu'il est permis de donner séparément et distinctement à un tiers l'usufruit d'une chose dont on a légué la propriété à un autre; — Attendu que le legs de l'usufruit fait aux père et mère du légataire de la propriété n'est pas une condition ou une charge du legs de celle-ci; — Attendu qu'il est au contraire fait d'une manière distincte et séparée, de façon qu'après avoir dit que son légataire universel n'entrera en jouissance du legs qu'à sa majorité, il déclare en léguer l'usufruit jusqu'à cette époque aux sieur et dame Simon, ses père et mère; — Attendu qu'un pareil legs, très-licite, est fait *ad tempus certum*, jusqu'à une époque déterminée, qui ne peut et ne doit varier, par conséquent recevoir ni extension ni restriction au delà ou en deçà du terme que la volonté expresse du testateur a fixé ; — Par ces motifs, a mis l'appellation et ce dont est appel au néant; — Emendant en ce que les premiers juges auraient maintenu François-Achille Simon dans la propriété et jouissance avec liberté de disposer pour son plus grand avantage, de tout ce qui compose le legs fait à son profit par François Beaujean; ayant aucunement égard aux conclusions des appelants, les reçoit opposants à l'ordonnance d'envoi en possession du legs universel fait à François-Achille Simon, par le testament du 1er nov. 1815, et en ordonne le rapport; — Au principal, déclare nulle ladite disposition du legs universel en propriété, comme contenant un fidéicommis graduel et successif; — Ordonne en conséquence que la succession de François Beaujean sera partagée entre ses héritiers, à l'exception des meubles et effets donnés en propriété à François-Achille Simon et destinés à son usage exclusif; — Faisant droit à la demande incidente des sieur et dame Simon, en ce qui les touche, ordonne l'exécution du testament dont il s'agit : en conséquence, les renvoie en possession et jouissance de l'usufruit des choses, objets et bien compris au legs fait à Achille Simon, autres que ceux exceptés ci-dessus, pour en jouir et disposer, conformément au testament, jusqu'au jour de l'arrivée de l'époque de la majorité de François-Achille Simon; — Attendu les qualités des parties, ordonne qu'il sera fait masse des frais, pour être prélevés sur la succession dont s'agit, etc.

Du 5 mai 1815.-C. de Metz.-M. de Gartempe, 1er pr.

(1) (De Lascoups C. hérit. Paulhiac.) — LA COUR ; — Sur le premier moyen : — Attendu que la cour royale de Toulouse appréciant, comme elle en avait souverainement le droit, les intentions de la testatrice, a déclaré que les expressions par elle employées dans le testament de 1787 ne permettaient pas de douter que ce fût à titre de propriété, et non de simple usufruit, qu'elle avait transmis une portion de ses biens à l'abbé de Paulhiac; qu'une telle décision est à l'abri de la censure de la cour; d'où il suit qu'on ne peut reprocher à l'arrêt attaqué la violation des art. 578, 580 c. civ.; — Sur la deuxième partie du moyen, touchant le reproche fait à l'arrêt d'avoir faussement qualifié la substitution fidéicommissaire : — Attendu qu'étant constant, en fait, dans la cause, que l'abbé de Paulhiac a été saisi par le testament de 1787 de la propriété des immeubles à lui légués à la charge de les transmettre, soit à l'héritière de la testatrice, soit, en cas de prédécès de celle-ci, à l'aîné des enfants de ladite héritière, ou même à l'un desdits enfants à son choix, il en résulte que, dans aucun cas, ledit abbé de Paulhiac n'avait la libre disposition des biens à lui légués; qu'ainsi ladite disposition testamentaire renferme à la fois trait de temps et charge de conserver et de rendre; que ce caractère, qui constitue une véritable substitution fidéicommissaire, ne peut être effacé par ces mots : *droit de retour*, écrits dans le testament, puisque ce retour n'est stipulé ni seulement au profit de la testatrice, ni même au profit de ses héritiers en général, mais, dans l'un des cas prévus par la testatrice, au profit d'un seul individu désigné, soit par sa qualité d'aîné, soit par le choix déféré par la testatrice au légataire ; — Attendu que c'est dans cet état de choses qu'est survenue la loi du 14 nov. 1792 qui abolit toutes les substitutions fidéicommissaires non ouvertes à ladite époque; de tout quoi il suit qu'en décidant que la disposition dont il s'agit ne renferme pas une simple clause de droit de retour, mais une substitution prohibée par la loi précitée, la cour royale de Toulouse a sainement interprété le testament du 27 avril 1787 et fait une juste application de la loi du 14 nov. 1792; — Sur le deuxième moyen : — Attendu qu'en décidant que, pour une substitution ouverte postérieurement à la loi de 1792, le demandeur n'a pu opposer aux héritiers de l'abbé de Paulhiac, grevés de substitution, les dispositions de l'ord. de 1747 qui soumettait tout héritier grevé à certaines formalités, dans l'intérêt de la conservation des biens qu'il devait restituer aux héritiers appelés, la cour royale a fait une juste application des lois sur la matière, puisque du moment où, par l'effet de ladite loi de 1792, les biens dont il s'agit n'étaient plus susceptibles de restitution, lesdites formalités devenaient inutiles à ces héritiers appelés qui n'avaient plus de droits à conserver; — Rejette.

Du 31 janv. 1842.-C. C., ch. req.-MM. Zangiacomi, pr.-Félix Faure, rap.-Delangle, av. gén., c. conf.-Mandaroux-Vertamy, av

se rencontre dans l'une et l'autre substitution directe et fidéicommissaire, « puisque le cas le plus ordinaire de la directe est la mort du premier gratifié avant ce disposant. » Pourquoi ne supposerait-on pas que c'est le cas que le disposant a eu en vue, quand il n'est pas d'autre moyen de conserver quelque effet à ses dispositions?

113. Il n'y a pas substitution dans la disposition faite en faveur de deux personnes conjointement, avec déclaration que la chose léguée appartiendra en totalité au survivant (Req. 26 juill. 1808, aff. Hamelin, V. Disp. entre-vifs, n° 2869-4°). En effet, cette disposition peut s'entendre en ce sens que, dans le cas où l'un des deux institués viendrait à décéder avant le testateur, la chose léguée appartiendra en entier au survivant. Mais il y a substitution prohibée : 1° dans la disposition par laquelle un testateur, après avoir institué un héritier, déclare que si l'institué meurt après lui et sans enfants, les biens donnés seront recueillis par un tiers (Req. 3 août 1814, aff. Raymond Lassus, V. n° 234); — 2° Dans la disposition d'après laquelle un survivant de deux colégataires doit recueillir la totalité du legs après que le premier aura lui-même recueilli sa portion et en aura joui jusqu'à sa mort (Pau, 15 mars 1826) (1); — 3° Dans le legs d'un immeuble fait à deux personnes, pour en jouir ensemble et hériter l'une de l'autre (Orléans, 18 fév. 1829) (2).

114. Il n'y a pas substitution prohibée : 1° dans le legs d'un immeuble, avec charge imposée au légataire de prélever sur cet immeuble ou sur sa valeur, en cas de vente, le capital nécessaire pour constituer à chacun de ses enfants, au moment de leur mariage, une rente perpétuelle, et avec cette autre condition que l'épouse du légataire, si elle survit à ce dernier, pourra prendre sur le même immeuble ou sur le prix de vente une rente annuelle et viagère de telle somme déterminée (Paris, 21 déc. 1824)(3) : dans cette hypothèse, il n'y a pas évidemment

(1) (Tauziède C. Tauziède.) — La cour; — Attendu, sur l'appréciation de la disposition du testament dont il s'agit, et sur la question de savoir si cette disposition constitue une véritable substitution fidéicommissaire abolie par la loi des 25 oct. et 14 nov. 1792, et par l'art. 896 c. civ., en ce qui concerne l'institution héréditaire faite en faveur de François Tauziède, réversible, après son décès, à la partie de Touzet (l'appelant), que feu Jean Tauziède père a formellement institué pour ses héritiers généraux et universels, par égales parts et portions, François et Jean, ses enfants mâles, exprimant que, dans la portion dudit François, prêtre, est compris son titre clérical, voulant que son entière hérédité soit recueillie par Jean après le décès de François, auquel il prohibe toute distraction de la quarte falcidie et trébellianique; que cette disposition ne peut être assimilée à une substitution vulgaire, puisque le décès de François est indiqué pour le moment où Jean doit recueillir la portion des biens attribuée au premier; qu'elle ne saurait non plus être considérée comme ne transmettant à François qu'un simple usufruit pour les biens compris dans son institution, dont Jean aurait été saisi de la nue propriété immédiatement après la mort du testateur; qu'en effet, l'institution héréditaire faite conjointement et d'une manière illimitée au profit des deux frères, leur confère, à l'un comme à l'autre, l'entière propriété des biens qui en sont l'objet, dès qu'elle n'est nullement restreinte pour aucun à un simple droit d'usufruit; que cette restriction à l'égard de François ne saurait résulter de ce que le père commun a exprimé la volonté que son hérédité fût dévolue à Jean après le décès de son frère; qu'une disposition de cette nature n'enlève pas à François le droit de propriété que lui confère l'institution d'héritier, et ne lui impose au contraire qu'une charge de restituer à Jean la portion des biens dont il a été ainsi gratifié; qu'on ne saurait, nonobstant une clause aussi expresse, induire de la qualité de prêtre de François, et de la volonté supposée de Tauziède père, que celui-ci n'ait voulu disposer en faveur de François que d'une simple jouissance durant sa vie; que de telle suppositions ne peuvent prévaloir contre une volonté contraire formellement exprimée; que l'on ne peut même présumer que le père ait voulu que, dans le cas où Jean vînt à prédécéder son frère, laissant toutefois des enfants survivants, François ne fût investi que d'une jouissance qui devait s'éteindre avec lui, et que le protecteur naturel de la famille n'eût pas les moyens de reconnaître des sentiments vertueux et une bonne conduite; que la disposition de Tauziède père à l'égard de François ne caractérise qu'une substitution fidéicommissaire dont ce dernier a été grevé au profit de Jean, dans le cas de survivance de ce dernier; qu'elle est empreinte de tous les signes indiqués par l'ancienne et la nouvelle législation pour reconnaître une substitution semblable; que la propriété demeure en suspens jusqu'au décès de François, celui-ci devenant propriétaire incommutable en survivant à Jean, tandis que, dans l'autre hypothèse, cette propriété est attribuée à ce dernier; que l'ordre successif est interverti dès que la disposition impose à François des héritiers nécessaires qui ne pourraient ne pas être ceux qui seraient appelés par la loi au moment du décès; qu'on y trouve le trait de temps qui est remis à la mort de François, afin que Jean puisse seulement recueillir à cette époque; qu'on y reconnait surtout le caractère essentiel mentionné dans l'art. 896 précité, celui de conserver et de rendre à un tiers, dès que François doit conserver les biens pour lesquels il a été institué héritier, et qu'à son décès, la remise doit en être faite à son frère; que la prohibition qui lui est faite de distraire de cette institution tant la quarte falcidie que la trébellianique atteste de plus en plus l'existence de cette substitution, et l'impossibilité de l'assimiler à un simple usufruit; que, dans le cas d'une disposition d'usufruit, cette prohibition était inutile et contradictoire dès que l'usufruitier ne peut jamais aliéner une portion quelconque de la propriété; que, si la quarte falcidie était, sous la nouvelle législation romaine, admise à l'égard des simples legs, la quarte trébellianique n'était usitée que dans les fidéicommis; que cette dernière quarte n'était autre chose que la quatrième partie des biens que l'héritier grevé de fidéicommis pouvait tenir en faisant abandon du surplus de ces biens; que la plupart des parlements, notamment ceux de Bordeaux et de Toulouse, avaient reconnu que cette faculté ne pouvait être invoquée par l'héritier grevé, lorsqu'elle lui avait été refusée par une disposition de l'auteur du fidéicommis; que, par conséquent, cette prohibition faite à François est une nouvelle preuve que Tauziède a voulu effectuer un fidéicommis assez généralement admis à cette époque, dont il a grevé ledit François au bénéfice de Jean, pour le cas où celui-ci survivrait à celui-là; — Que vainement ladite partie de Touzet a prétendu que cette disposition ne constituait qu'un droit d'accroissement, au décès de François, en faveur de Jean; qu'il ne peut y avoir lieu à l'accroissement, d'après les anciens principes consacrés par l'art. 1044 c. civ., qu'autant que le legs a été fait par une seule et même disposition, et que le testateur n'a pas assigné la part de chacun des colégataires dans la chose léguée; que, si l'on peut dire que l'institution héréditaire a été faite cumulativement et par une disposition même à l'égard des deux frères, toutefois l'accroissement ne serait pas réciproque, et ne devrait s'opérer qu'au bénéfice de Jean à l'égard de François; que d'ailleurs, s'ils se trouvent *conjuncti verbis*, ils ne le sont pas *re*, dès que Tauziède père a assigné la part de chacun de ses enfants, en exprimant que l'institution leur était faite par égales parts et portions, et que même dans la part de François devait être compris son titre clérical; qu'il demeure que l'institution faite à François, et qui, à son décès, devait être recueillie par Jean, constitue une véritable substitution fidéicommissaire, qui a été dès lors atteinte par les lois abolitives des substitutions de cette nature...;

Par ces motifs, disant droit de l'appel de la partie de Touzet, déclare avoir été mal jugé dans la disposition qui règle les bases du partage de la succession de François Tauziède; — Ce faisant, ordonne que cette succession devra se composer seulement du quart des successions des père et mère communs, et d'un douzième de ses successions pour la part de François sur la succession de Jeanne-Marie Tauziède, etc.

Du 15 mars 1826.-C. de Pau, 2e ch.-M. Bascle de Lagrèze, pr.

(2) *Espèce :* — (Bignon C. Loiseau.) — Décès du sieur Loiseau, dont le testament contenait cette disposition : « Je donne ma ferme du Haut-Rosay à Marie-Anne Bignon, et à sa nièce Henriette Bignon; je leur fais le présent abandon pour en jouir ensemble et hériter l'une de l'autre. » — Les héritiers naturels du sieur Loiseau attaquèrent, comme renfermant une substitution prohibée, ce legs, dont la nullité fut prononcée par jugement du tribunal de Vendôme, ainsi conçu : — « Attendu que, d'après la teneur du testament, on ne voit aucune distinction entre le grevé de substitution et l'appelé à recueillir; que la clause objet du procès, est rédigée dans le sens le plus indivisible; qu'elle contient un legs, à la charge, pour les deux légataires, de conserver et de rendre à la survivante d'entre elles, et que ces dispositions gratuites sont entachées d'une substitution prohibée par la loi. » — Appel. — Le legs à nous fait, ont dit les légataires, est un véritable legs conjoint, que l'art. 1044 c. civ. consacre. Il nous investit d'une simple jouissance, d'une jouissance commune; c'est le prédécès seul de l'une ou de l'autre qui doit décider sur quelle tête viendra reposer la propriété de l'immeuble, jusqu'à cette époque flottante et incertaine. Or, sont-ce là les caractères constitutifs de la substitution? — Arrêt.

La cour; — Adoptant les motifs des premiers juges, confirme, etc.

Du 18 fév. 1829.-C. d'Orléans.-M. Russeau, pr.

(3) *Espèce :* — (Hérit. Dupont C. le sieur Lenfumé.) — En septembre 1819, testament olographe par lequel la dame Dupont lègue au sieur Lenfumé, son neveu, la terre de Tribaldou et autres immeubles situés dans le département de Seine-et-Marne. — Le 10 fév. 1823, la testatrice fait un codicille portant : « Le legs que j'ai fait à M. Lenfumé est à la charge de prélever sur cette terre ou sur sa valeur, au mariage de chacun de ses enfants, un capital nécessaire pour former à chacun d'eux une rente perpétuelle de 2,000 fr., dont je leur fais don et legs, pour en toucher par eux les arrérages à compter du jour de leur mariage. — Après le décès de M. Lenfumé, madame son épouse, *si elle lui survit*, aura à prendre, sur ladite terre ou sur le prix, si elle n'existe plus en

charge de conserver et de rendre, puisqu'on suppose la possibilité d'une vente : il y a seulement une libéralité grevée de charges qui en restreignent l'étendue; — 2° Dans la clause par laquelle un testateur, après avoir institué un légataire universel, à la charge de laisser jouir des biens un tiers nommé usufruitier, ajoute que, dans le cas où le légataire universel viendrait à décéder sans enfants avant l'usufruitier, les biens compris dans l'institution seront recueillis par un autre légataire (Orléans, 10 fév. 1830) (1); — 3° Dans le legs d'une somme d'argent avec charge de rendre, si le testateur n'a pas imposé au grevé de faire emploi de la somme (Toulouse, 4 août 1830, aff. de Latour, V. n° 208).

115. 3° *Il faut que l'époque fixée pour la remise des biens soit le* décès *du grevé*.—La nécessité de ce caractère a été contestée. Le code, a-t-on dit, exige seulement qu'il y ait charge de conserver et de rendre, sans déterminer l'époque de la remise. Son but a été d'éviter toute incertitude de la propriété, tout piége tendu par de fausses apparences de fortune à la bonne foi des tiers. Cet inconvénient se reproduirait là même où le délai de remise ne s'étendrait pas jusqu'au décès du grevé. Après tout, les substitutions sont vues par le législateur du code de l'œil le plus défavorable. Il conviendrait moins qu'en tout autre cas d'ajouter à ce qu'il a dit; de lui prêter une volonté qu'il n'a pas exprimée, pour légitimer des manières de disposer qui, en même temps qu'elles ont tous les inconvénients des substitutions, en portent encore tous les caractères, tels qu'ils sont positivement tracés par le texte de la loi.—Ces raisonnements n'ont pas convaincu la plupart des auteurs; et, comme eux, nous pensons que, pour qu'il y ait substitution prohibée, il faut que le grevé ne soit tenu de la remise qu'à son décès. L'ancienne jurisprudence, les motifs généraux de la prohibition des substitutions, la lettre même du code, prêtent à cette opinion une autorité, à nos yeux décisive.

116. Comment s'entendait la *charge de conserver*, sous le régime propice aux substitutions? Ce point est important à établir, car ce sont les substitutions, telles qu'elles se pratiquaient avant nos mœurs nouvelles, que les lois de 1792 et le code Napoléon ont voulu proscrire. L'exposé des motifs du code fait foi de cette intention. — Or, tous nos anciens auteurs nous apprennent que la condition de la mort du grevé était sous-entendue dans la charge de rendre. Thévenot, entre autres, et Ricard (art. 2, n° 139) s'expliquent de la sorte sans le plus léger doute (V. aussi Furgole, des Testaments, chap. 7, sect. 6, n° 18). Thévenot nous dit (n°s 919 et suiv.) : «Le grevé est présumé n'avoir été chargé de rendre qu'à sa mort, à moins qu'il n'y ait dans la substitution quelque terme ou quelque circonstance qui indique le contraire. Notre usage habituel étant de ne substituer que pour le temps du décès du grevé, il est juste de croire que le substituant l'a entendu de la sorte, si le contraire n'est pas établi. Quelle apparence, en effet, dans nos mœurs, que quand un père aura dit : «Je fais mon fils légataire universel, et je substitue mes biens à ses enfants,» il ait entendu obliger ce fils à rendre à ses enfants sur-le-champ, tellement que ce fils n'ait aucune jouissance des biens pendant sa vie?»—Ailleurs (n°s 500 et 501) il répète encore que «presque toutes nos substitutions étant faites pour le cas de la mort du grevé, elles ne s'ouvrent, comme l'usage l'apprend à tout le monde, que lors de cette mort.»—De là les grands abus qu'on a déplorés dans l'ancien système des substitutions; de là toutes ces considérations qu'on faisait valoir, soit au conseil d'Etat, soit au Tribunat, en faveur de la prohibition contenue dans l'art. 896. Les substitutions, disait-on, en rappelant le préambule de l'ordonnance de 1747, forment un nouveau genre de succession. On se plaignait de ce que les biens demeuraient longtemps frappés d'inaliénabilité, hors la circulation du commerce. On assimilait chaque grevé à un usufruitier (V. notamment le discours de M. Bigot-Préameneu au corps législatif (*suprà*, p. 6, n°s 2 et 3).—Tout n'annonçait-il donc pas que la pensée des orateurs se portait sur l'ancien mode de substituer?—On objecte que la charge de conserver, même pendant un temps plus limité que la vie du grevé, présente des inconvénients. Sans doute : mais plus la propriété reste longtemps incertaine, plus les inconvénients acquièrent de gravité; et il a fallu les motifs les plus graves pour restreindre le droit de disposer. Il a fallu, outre les funestes effets de l'incertitude de la propriété, qu'on considérât la disposition d'un substituant, non comme un simple transport de propriété, mais comme un véritable acte de législation, en ce qu'elle intervertit l'ordre de suc-

nature, 10,000 fr. de rente annuelle et viagère sur sa tête; de laquelle rente je lui fais don et legs pour en recevoir les arrérages de six mois en six mois, à compter du jour du décès de son mari. » — Décès de la testatrice : ses héritiers ont demandé la nullité des dispositions faites au profit de Lenfumé, comme entachées de substitution : 1° en ce que, par le codicille, il était dit que Lenfumé prélèverait sur la terre à lui léguée ou sur sa valeur, lors du mariage de chacun de ses enfants, une rente perpétuelle de 2,000 fr., dont elle leur faisait don et legs, pour en toucher par eux les arrérages après le décès de leur père; 2° en ce que la dame Lenfumé devait, pour le cas où elle survivrait à son mari, prendre sur la terre ou sur le prix, si elle était vendue, 10,000 fr. de rente annuelle et viagère, pour en recevoir les arrérages à compter du décès de son mari.

8 mai 1824, jugement du tribunal de la Seine, qui rejette cette prétention en ces termes : — « Attendu que, pour qu'un testament contienne une substitution, il faut qu'il y ait eu l'intention, de la part du testateur, de substituer, et que les légataires institués soient chargés de conserver et de rendre le même héritage qui leur a été légué à un tiers; que, loin d'être chargé de conserver et de rendre, le légataire a, aux termes mêmes du testament, le droit de disposer de l'objet légué en toute propriété et jouissance, et que la testatrice a même prévu le cas où il conviendrait au légataire de vendre l'immeuble légué; — Attendu que les dispositions en faveur de la femme et des enfants Lenfumé de Lignières ne sont autre chose que des legs conventionnels et éventuels, qu'il a plu à la testatrice, au lieu de les laisser à la charge de sa succession, de mettre à celle de Lenfumé de Lignières, qui devra les acquitter, le cas échéant, sur le montant de son legs, et que les héritiers n'ont pas droit de se plaindre des bornes que madame Dupont a voulu mettre à sa libéralité envers Lenfumé de Lignières; — Ordonne que le testament de la dame Dupont, du 27 sept. 1819, ainsi que son codicille, du 10 fév. 1823, seront exécutés, etc. » — Appel par les héritiers Dupont, qui persistent à soutenir que le codicille renferme une substitution prohibée. — Arrêt.

LA COUR; — Adoptant les motifs, etc., a mis l'appel au néant

Du 21 déc. 1824.-C. de Paris, 1re ch.-M. Séguier, pr.

(1) *Espèce* : — (Millereau C. hérit. Leroy.) — En 1826, testament public, par lequel Leroy lègue à sa femme tout son mobilier en propriété, et l'usufruit de ses immeubles, et déclare ensuite instituer pour légataire universel de la nue propriété, Millereau, son neveu, et par lui, laisser jouir la dame de Beaucaire; « et dans le cas, ajoute le testateur, où le sieur Millereau viendrait à décéder sans enfants, avant mon épouse, donataire de l'usufruit, le legs universel deviendra nul, et tous mes biens seront partagés par égales portions entre ceux qui existeront alors de mes héritiers dénommés au testament. » (Il y avait des legs particuliers.)

Cotignon et autres, héritiers naturels, ont querellé de nullité ce testament comme renfermant une substitution prohibée. — Jugement du tribunal de Château-Chinon, qui prononce en ces termes : « Attendu que, pour qu'il y ait substitution prohibée, c'est-à-dire charge de conserver et de rendre imposée au légataire, il faut que cette charge porte sur l'objet même du legs; que la dame de Beaucaire, légataire en propriété du mobilier de son époux, et en usufruit des immeubles, n'avait charge de conserver et de rendre ni la totalité ni même la moindre partie de la chose léguée; — Attendu que le legs universel fait à Alphonse Millereau ne contient pas non plus une substitution prohibée par l'art. 896 c. civ.; qu'on peut regarder la disposition testamentaire dont il s'agit comme celle autorisée par l'art. 898, quand un tiers est appelé à recueillir le legs ou l'hérédité, dans le cas où le légataire ou l'héritier institués ne le recueilleraient pas eux-mêmes; qu'il est encore possible d'appliquer à la clause arguée de nullité l'art. 1040 c. civ., qui statue que toute disposition testamentaire, faite sous une condition dépendante d'un événement incertain, et telle que, dans l'intention du testateur, cette disposition ne doive être exécutée qu'autant que l'événement arrivera ou n'arrivera pas, sera caduque si le légataire décède avant l'accomplissement de la condition; — Attendu que le legs fait au sieur Millereau est un legs fait sous une condition suspensive, et qui peut prendre le caractère de résolutoire, si ce légataire meurt sans enfants avant la dame de Beaucaire, veuve Leroy de Cuy; qu'on ne peut voir, dans ce legs, une institution de deux degrés successifs d'héritiers, mais seulement vocation de deux héritiers conjonctifs, dont l'un doit recueillir le legs à défaut de l'autre. »

Appel. — 21 mars 1827, arrêt de la cour de Bourges, qui infirme, et annule le testament pour défaut de mention de lecture. Pourvoi. — 22 juill. 1829, arrêt qui casse (V. Dispos. entre-vifs, n° 2956-2°).—Renvoi devant la cour d'Orléans. — Arrêt.

LA COUR; — En ce qui touche le moyen de nullité tiré de ce que diverses dispositions du testament renfermaient des substitutions prohibées par la loi : — Adoptant les motifs des premiers juges, met l'appel au néant.

Du 10 fév. 1830.-C. d'Orléans, aud. solen.-M. Champvallins,

céder, qu'elle constitue pour les générations futures l'état et l'organisation des familles. Ce sont les expressions de M. Bigot-Préameneu (séance cons. d'Ét. 14 pluv. an 11; M. Locré, Lég. civ., etc., t. 11, p. 110). La révocation des donations pour survenance d'enfants, la stipulation du droit de retour, une foule d'autres dispositions conditionnelles sont autorisées par le code, quoiqu'il en résulte quelque temps d'incertitude sur la propriété. —Eh! quelle différence y aurait-il donc entre les legs conditionnels et les substitutions, si la charge de conserver jusqu'à sa mort n'était imposée au grevé? Les legs à terme, les legs sous condition, qui diffèrent la remise des biens légués dans un temps plus ou moins éloigné, tomberaient donc sous la prohibition de l'art. 896? Il y aurait donc antinomie dans le code, puisqu'il les permet expressément (art. 1039, 1040, 1041), sans distinguer le cas où l'héritier qui les doit est légitime ou institué? Le seul moyen de concilier le législateur avec lui-même est donc de ne comprendre, sous l'empire de l'art. 896, que la charge de conserver et de rendre à la mort.

D'autres dispositions du code complètent cette démonstration. L'art. 896 prohibe, en général, les substitutions; l'article suivant n'ajoute-t-il pas : « sont exceptées... les dispositions permises aux pères et mères et aux frères et sœurs, au chap. 6 du présent titre? » La même exception avait été étendue aux majorats. Or, dit fort bien M. Proudhon, de l'Usuf., t. 2, n° 445, « ce qui est prohibé généralement à tous les autres membres de la société doit être de même nature que ce qui n'est permis que par privilége en faveur des grandes familles, ou par exception en faveur des père et mère, frères et sœurs, par la considération des liens de parenté. Comme ces exceptions ne sont pas fondées sur une diversité d'espèces dans les choses, mais uniquement sur les égards qu'on a cru devoir aux personnes, il est nécessaire d'en conclure que ce qu'on a permis en faisant fléchir la règle commune est ce qui a été défendu aux autres. » — Les érections de majorats s'étendant à tous les degrés de la descendance, et les libéralités permises aux père et mère, frère et sœur, ne pouvant être faites au profit des petits-enfants ou neveux nés ou à naître, qu'au premier degré seulement (c. nap. 1048 et 1049), étaient évidemment telles que, pour en profiter, le substitué devait survivre au grevé « puisque, remarque l'auteur déjà cité, il n'y a de degré que là où est une génération qui succède. » — M. Toullier, qui motive ainsi la même interprétation, termine (t. 5, n° 24) en disant : « Ces exceptions peuvent servir mieux qu'un long commentaire à faire connaître la nature et le caractère des substitutions que le code entend prohiber. » — Telle est aussi l'interprétation de MM. Merlin, Quest. de dr., v° Subst. fidéicom., § 6; Rolland de Villargues, chap. 4 et 5; Delvincourt, t. 2, notes sur la page 103; Duranton, t. 8, n°s 77 à 84; Troplong, n° 102; Coin-Delisle, sur l'art. 896, n°s 7 et suiv., 21. Les observations de M. Grenier, t. 1, p. 114 et suiv., présupposent une semblable opinion, bien qu'elles ne l'expriment pas directement. — Décidé en ce sens qu'il n'y a pas substitution prohibée : 1° dans la disposition par laquelle, après avoir institué son mari héritier, une femme veut que, dans le cas de secondes noces, il soit tenu de rendre la moitié de leur succession aux pauvres (Colmar, 8 août 1819) (1); — 2° Dans la disposition qui charge un légataire de rendre les biens légués à ses enfants au fur et à mesure de leur majorité (Colmar, 25 août 1825) (2).

117. Mais la condition de la mort du grevé doit-elle encore,

---

(1) *Espèce :* — (Conté C. les hérit. de la dame Conté.) — Le 18 avr. 1818, Marie Münch, femme Conté, a institué son mari pour son héritier; puis elle a ajouté : « Dans le cas où mon mari convolerait en secondes noces, il sera tenu de rendre la moitié de ce dont il a été ci-dessus institué, et qui sera distribué aux pauvres. » Après le décès de la testatrice, Antoine Bohn et sa femme, héritière légitime de la femme Conté, ont demandé la nullité du testament, comme renfermant une substitution prohibée.

Le 15 février 1819, le tribunal civil de Strasbourg accueille cette demande, attendu « que par l'art. 6 du testament, l'héritier institué est chargé, dans le cas où il se remarierait, de remettre la succession aux pauvres : ce qui représente une véritable substitution, aux termes de l'art. 896 c. civ.; qu'il est vrai qu'elle est conditionnelle et éventuelle seulement, mais que la loi ne distingue pas, et que, d'un autre côté, si l'art. 6 du testament devait être maintenu, l'héritier de la moitié de la succession serait incertain jusqu'à la mort du défendeur, ce que le législateur avait voulu éviter; qu'enfin, pour ne laisser aucune incertitude sur ce qu'on doit entendre par substitution, le code en a donné la définition par l'art. 896 précité; et que par les art. 898 et 899 subséquents, dont aucun n'est applicable à la disposition critiquée, il a expliqué ce qui n'était pas une substitution. » — Appel de l'héritier institué, par les motifs de l'arrêt suivant. Il s'est attaché à résumer la théorie exposée par M. Rolland de Villargues, chap. 10, n°s 148 et suiv., et que nous avons développée ci-dessus. — Arrêt.

La cour; — Attendu que si le code prohibe les substitutions, il permet les dispositions conditionnelles; — Attendu que la substitution n'existe que lorsqu'il résulte des dispositions qui l'établissent, un ordre successif, suivant lequel l'appelé doit recueillir l'objet de la substitution après le décès du grevé; — Attendu surtout qu'il ne peut y avoir substitution, lorsque la condition de laquelle on prétend le faire résulter ne pouvant arriver que par le fait et du vivant du grevé, elle prend le caractère d'une condition résolutoire, dont l'événement effacerait le trait de temps, et aurait pour effet de résoudre la libéralité, tout de même que si elle n'avait pas été faite; — Attendu que la condition dont s'agit, quoique conçue en termes affirmatifs, est négative en ce qu'elle impose à l'institué de ne pas se remarier, à peine d'être privé de l'institution pour moitié; qu'elle est donc résolutoire de sa nature, et conséquemment exclusive de toute idée de substitution, qui suppose au contraire l'exécution successive de deux libéralités au profit de deux individus, lesquels recueillent et conservent, mais l'un après l'autre, le bénéfice; au lieu que, dans le cas de la résolution, le second appelé prend la place du premier, pour lequel la libéralité est censée n'avoir jamais existé; — Infirme, etc.

Du 8 août 1819.-C. de Colmar.

(2) *Espèce :* — (Kopp C. Combeau.) — Le 20 nov. 1821, Eléonore Stromeyer fait un testament contenant, entre autres clauses, les suivantes : « Art. 2. Je donne et lègue à Philippe Pick, mon cousin, 500 fr. une fois payés. — Art. 3. Je donne et lègue aux enfants nés et à naître de Pierre Combeau et d'Anne-Marie Fuchs, son épouse, pendant leur mariage, par portions égales, et avec accroissement, en cas de décès de l'un ou de l'autre, savoir, pour le cas où ledit sieur Combeau dût survivre à sadite épouse, la nue propriété : 1° de la totalité de mes immeubles, 2° d'un capital de 15,000 fr. à prendre sur le plus clair des biens que je délaisserai au jour de mon décès, 3° de tous mes meubles de ménage, effets mobiliers, excepté l'argent comptant et les créances qui resteront dans ma succession, après avoir composé le capital de 15,000 fr. ci-dessus. — Et, pour le cas où la femme Combeau dût survivre à son époux, je donne et lègue aux mêmes enfants la nue propriété, de la moitié seulement, desdits meubles et immeubles et capital de 15,000 fr. — De plus, je leur donne et lègue encore, au décès du survivant de leurs père et mère, la jouissance gratuite et sans caution du surplus des biens que je délaisserai, mais jusqu'à la majorité seulement; bien entendu que ladite jouissance décroîtra au fur et à mesure que l'un ou l'autre desdits enfants atteindra sa majorité. — Art. 4. Je donne et lègue auxdits époux Combeau, pour moitié chacun, en reconnaissance de tous les soins qu'ils m'ont rendus et me rendront..., la jouissance viagère, gratuite et sans caution, de tous les biens meubles et immeubles que je délaisserai à mon décès; donne et lègue, de plus, au survivant d'eux, la propriété pleine et entière de mon jardin, bâtiments et dépendances, sis hors la porte des Juifs de cette ville, à la promenade du Contades. Je veux, en outre, que ni l'un ni l'autre de leurs enfants ne puisse lui réclamer sa part et portion à la nue propriété ci-dessus léguée, jusqu'au fur et à mesure de sa majorité. — Je donne et lègue encore audit survivant, si c'est la femme Combeau qui survit, la nue propriété de la moitié du surplus de mes immeubles, du capital de 15,000 fr. et des autres biens dont est question à l'art. 3. — Art. 5. En cas de décès de tous les enfants Combeau avant leurs père et mère, j'entends que les dispositions ci-dessus, faites en leur faveur, soient censées non écrites. — Art. 6. J'institue, pour mes héritiers uniques et universels, mes neveux et nièces, par portions égales, avec accroissement, à charge par eux d'acquitter tous les legs ci-dessus et toutes les dettes, sans exception, de ma succession; je leur recommande de respecter mes dernières volontés. »

Après le décès de la testatrice, ses héritiers naturels, la dame Kopp et le sieur Emmerich, demandent la nullité du testament, comme contenant une substitution fidéicommissaire. — Le 7 déc. 1824, jugement du tribunal civil de Strasbourg, en ces termes : — « Attendu, en principe, qu'aux termes de l'art. 896 c. civ., pour qu'il y ait substitution fidéicommissaire, il faut que l'on rencontre dans les dispositions testamentaires trois caractères distincts qui donnent à l'héritier institué le droit de recueillir, et qui, en même temps, lui imposent l'obligation de conserver et de rendre à un autre institué au second degré, de manière que l'objet qui fait partie du legs ne puisse jamais être confondu dans les biens de la succession du premier institué; que, pour faire sainement l'application de ce principe au testament dont il s'agit, il faut bien se rendre compte de son économie, et examiner si, dans toutes ses parties, toutes ses dispositions sont susceptibles d'exécution; que si l'on aperçoit dans ce testament un vice de rédaction, il n'est cependant pas tel qu'il puisse rentrer dans la catégorie de l'art. 900 c. civ. — Que ces dispositions sont telles que,

comme autrefois, se présumer de droit, ou faut-il qu'elle soit littéralement exprimée, ou qu'elle résulte nécessairement de l'ensemble de la disposition, de la nature de l'acte?—Sur quoi était fondée la présomption? Thévenot nous l'apprend, nº 921 : «La condition *cùm moreretur* doit être présumée, d'après notre manière ordinaire de substituer. Sans cela le vœu du substituant serait certainement trompé parmi nous, dès qu'il n'a rien dit qui marquât l'obligation de rendre aussitôt. » Ricard dit aussi, ch. 10, nº 6 : «Cette condition se doit présumer plus facilement;... il faut moins de circonstances pour faire croire que l'intention du testateur a été telle, d'autant qu'elle est conforme à l'usage commun et presque général du temps présent.»—Mais l'usage de substituer n'existe plus depuis que les substitutions sont prohibées. La présomption aujourd'hui manquerait donc de la base que lui donnaient les anciens auteurs. Elle violerait, en outre, ce principe élémentaire, et qui a tant de fois reçu son application depuis la législation nouvelle, que le testateur doit être censé n'avoir rien écrit, rien voulu de contraire à la loi et à l'efficacité de sa disposition. M. Rolland de Villargues, nºs 58 à 65, fait très-bien remarquer en outre que, de règle générale, les conditions ne se présument point; que la mort du grevé forme ici condition; que sans cette circonstance, la simple charge de rendre ne constituerait qu'un mode de la disposition, et que, dans le doute, une disposition doit être réputée modale plutôt que conditionnelle, en ce que la première est moins sujette à caducité que la seconde. Ces principes, puisés dans les lois 1, 19 et 111, G., *De condit. et dem.*, 12, ff., *De reb. dub.*, sont enseignés par Dumoulin sur le § 20 de la cout. de Paris, glose 7, nº 8; Ricard, des Disposit. condit., ch. 1, nº 19; Furgole, des Test., ch. 7, sect. 3, nº 41. —M. Toullier, nº 23, conclut, avec raison, que la charge indéterminée de rendre « ne constituerait plus qu'un fidéicommis pur et simple, qui s'ouvrirait aussitôt que l'acte dans lequel il serait écrit commencerait d'avoir son effet, et qui, par conséquent, transmettrait de suite au substitué le droit d'exiger la délivrance des biens qui doivent lui être rendus conformément à la loi 41, § 14, ff., *De legat.*-3º. » Le grevé, ajoute cet auteur, «n'est ici appelé que pour prêter son ministère (Ricard, part. 2, ch. 10, nº 3); il n'est rien de plus qu'un exécuteur testamentaire; et s'il refusait, l'appelé n'en recueillerait pas moins le legs qui ne peut tomber sous la prohibition de l'art. 896, parce qu'il n'y a pas charge de conserver. »

La doctrine de M. Toullier est enseignée par M. Duranton, avec une distinction conçue peut-être en termes absolus, mais qui certes a un côté plausible : « Nous tombons, dit-il, d'accord avec M. Toullier, que la disposition dont il s'agit ne renfermera qu'un fidéicommis pur et simple, quand elle aura lieu dans un des cas où la substitution ne serait pas permise; mais nous pensons le contraire, si la substitution était autorisée par la loi (comme celles permises soit par les art. 1048 et 1049 c. nap., soit par la loi du 17 mai 1826); alors la charge de rendre, mise indéterminément, devrait s'entendre, comme dans notre ancienne jurisprudence, de la charge de rendre à la mort du grevé,... car telle a été probablement la volonté du disposant. » — Il serait plus prudent, selon nous, dans le cas de substitution permise, de subordonner aux circonstances l'acception des mots indéfinis *à la charge de rendre*, et de n'en pas faire l'indice nécessaire, et comme une sorte de présomption légale de la volonté de substituer.

118. De quels termes sera censée résulter la condition de ne rendre qu'à la mort? Il n'y a point à cet égard de termes sacramentels : c'est un point laissé à l'appréciation des tribunaux. Suivant MM. Rolland de Villargues, nº 66, Toullier, t. 5, nºs 21 et 22, Duranton, t. 8, nºs 88 et 89, si le testateur s'est exprimé comme le code, qu'il ait imposé la charge de conserver et de rendre, il est naturel d'entendre qu'il a fait une substitution prohibée. Cela eût été naturel, en effet, dans l'ancien droit, où, les substitutions étant permises, il s'agissait simplement de rechercher quelle avait été l'intention vraisemblable du testateur. Mais en serait-il de même sous l'empire de la législation qui prohibe les substitutions? Il est permis d'en douter, en présence de l'art. 1157 c. nap., que nous avons déjà invoqué, en présence aussi de cette maxime dont la vérité ne saurait être contestée : *odia sunt restringenda*. Sans s'expliquer précisément sur cette hypothèse, M. Troplong fait suffisamment, ce semble, entrevoir son opinion lorsqu'il enseigne (nº 115) que la condition de la mort du grevé pour que l'appelé recueille la libéralité doit résulter nécessairement des termes du testament. Il reconnaît, à la vérité, qu'il n'est pas nécessaire que les mots de la disposition mentionnent expressément la mort du grevé : « Il suffirait, ajoute-t-il, que la condition résultât implicitement, mais *nécessairement*, des expressions employées. »

119. Suivant un arrêt, est insuffisante la clause « je lègue à tel, pour par lui jouir et disposer en bon père de famille. » En effet, la faculté qu'il a de disposer exclut l'obligation de conserver, caractère essentiel de la substitution, comme il a été dit ci dessus (Montpellier, 27 janv. 1818), et sur le pourvoi il a été décidé que c'est là une question de volonté dont la solution échappe à la censure de la cour de cassation (Req. 12 mai 1819) (1). — M. Rolland de Villargues (nºs 67 et 171) critique l'arrêt de la cour de Montpellier. Selon cet auteur, le droit de jouir et de disposer n'étant limité par un temps quelconque, le grevé doit l'exercer pendant toute sa vie; ainsi le veulent les principes. En sorte

---

pour qu'elles deviennent parfaitement intelligibles, il est nécessaire de considérer l'art. 6 comme devant prendre la place de l'art. 2; l'art. 2, celle de l'art. 3; le quatrième rester dans son rang, et le troisième comme devant remplacer le cinquième et le cinquième devenir le sixième; que, cette économie ainsi établie dans ce testament, il devient facile de juger la question qui se présente à décider; — Que la testatrice, en instituant ses neveux et nièces ses héritiers uniques et universels, les considère plutôt comme ses exécuteurs testamentaires que comme devant recueillir quelque partie de sa succession; — Que, dans aucune disposition du testament, qui institue légataires les enfants Combeau, ou leurs père et mère, on ne rencontre aucun des caractères de la substitution prohibée par l'art. 896 du code; qu'aucun de ces légataires ne vient recueillir pour conserver et rendre, mais il recueille directement par la volonté de la testatrice; que, dès lors, on ne rencontre, dans ce testament, ni le *tractus temporis* ni l'*ordo successionis*; — Par ces motifs, ordonne que le testament public d'Eléonore Strohmeyer sera exécuté suivant sa forme et teneur; condamne les demandeurs aux dépens envers toutes les parties. » — Appel par la veuve Kopp et le sieur Emmerich. — Arrêt.

LA COUR; — Considérant qu'aux héritiers institués appartient le remenance de la succession de la demoiselle Strohmeyer; qu'ils sont, d'ailleurs, conditionnellement investis d'une portion de la nue propriété, en cas de prédécès des conjoints Combeau; — Qu'aucune clause du testament n'établissant un ordre d'hérédité qui obligerait les héritiers institués à conserver les biens de la testatrice pour les rendre, à leur décès, à des héritiers appelés en second ordre, ils ne peuvent être réputés grevés de substitution; — Adoptant, au surplus, les motifs des premiers juges, etc.

Du 25 août 1825.-C. de Colmar.-M. Millet de Chevers, 1er pr.

(1) *Espèce* : — (Hérit. Auberge.) — Le sieur Auberge a fait, le 2 fév. 1815, un testament olographe portant : « J'institue pour mon héritier universel le sieur François Auberge, mon neveu, pour par lui jouir et disposer de mon hérédité en bon père de famille, et à la charge de la renpre à ses enfants légitimes. » — Décès du testateur. — Ses héritiers demandent la nullité du testament, comme renfermant une substitution prohibée. Le 11 mars 1817, le tribunal de Perpignan accueille cette demande, considérant que la charge de rendre emporte nécessairement celle de conserver.

Appel par l'héritié institué. — 27 janv. 1818, arrêt infirmatif de la cour de Montpellier : — « Attendu qu'aux termes de l'art. 896 c. civ., il n'y a de prohibé que toute disposition par laquelle l'héritier institué serait tenu de conserver et de rendre; que bien loin que l'on trouve dans la disposition par laquelle François Auberge a été institué héritier, l'obligation de conserver l'hérédité, on y trouve une disposition contraire puisque ledit Auberge y est institué pour par lui jouir et disposer de l'hérédité en bon père de famille, ce qui est inconciliable avec l'obligation de conserver; — Que de la contexture des termes et de l'ensemble de ladite clouse, il résulte que le légataire est investi d un droit positif, et n'est point grevé des charges mentionnées dans l'art. 896 c. civ., et prohibées par cet article. »

Pourvoi des héritiers Auberge pour violation de l'art. 896 c. civ. — Arrêt.

LA COUR; — Attendu que l'arrêt dénoncé a rendu hommage aux dispositions de l'art. 896 c. civ.; et que les motifs qui ont décidé la cour royale de Montpellier ne sont puisés que dans l'interprétation du testament dont il s'agit, interprétation qu'il n'est pas dans les attributions de la cour de cassation d'apprécier; — Rejette, etc.

Du 12 mai 1819.-C. C., sect. req.-MM. Henrion, pr.-Botton, rap.

que la clause revient au même que si le grevé avait été expressément chargé de conserver et de rendre. Mais cette observation, en admettant même que l'interprétation donnée par M. Rolland de Villargues à la clause *de conserver et de rendre* dût être admise, n'atteint pas, ce nous semble, l'argument principal proposé par cette cour, et qui est le véritable point de la difficulté : c'est que « le *droit de disposer* est inconciliable avec l'*obligation de conserver*, » et que les termes qui commandent la restitution doivent être obligatoires, selon une règle posée par l'auteur lui-même, et qu'il a eu souvent occasion d'appliquer dans son excellent traité.— V. dans le sens des observations qui précèdent M. Vazeille (sur l'art. 896, n° 32), qui combat aussi l'opinion de M. Rolland de Villargues.

126. La clause portant : « J'institue mon neveu pour mon légataire universel, à charge de rendre à l'aîné de ses enfants mâles tous les biens qu'il recueillera en vertu dudit legs ; dans le cas où mondit légataire viendrait à décéder sans enfants mâles, je lui substitue mon beau-frère, le sieur, etc., » une telle clause, dont la première disposition contient une substitution permise par la loi de 1826 (loi aujourd'hui abrogée, V. *suprà*, n° 24), a pu aussi, dans la seconde, être interprétée en ce sens que le testateur n'a substitué son beau-frère que pour le cas où l'institué décéderait sans enfants mâles avant lui testateur, et non pour le cas où il décéderait sans enfants mâles après que le testateur serait mort; et, par suite, elle a pu être déclarée renfermer, non une substitution prohibée, mais une substitution vulgaire autorisée par l'art. 898 c. nap. (Req. 25 juill. 1834) (1).

Cette dernière décision présente un exemple remarquable d'interprétation en matière de substitution. Il a fallu certainement forcer beaucoup le sens direct de la clause litigieuse, pour se refuser d'y reconnaître les caractères d'une substitution fidéicommissaire. Cette décision prouve une tendance bien prononcée

(1) *Espèce :* — (De Galard et Deladouze C. de Bouilhac.)—Le 8 mars 1851, M. J.-B. de Bouilhac est décédé, laissant un testament olographe, à la date du 20 janvier précédent, dont les clauses importantes à rappeler sont celles-ci : — « J'institue pour mon légataire universel le fils de mon frère Louis de Bouilhac, à charge par lui de rendre à l'aîné de ses enfants mâles tous les biens qu'il recueillera, en vertu dudit legs universel; dans le cas où mondit légataire viendrait à décéder sans enfants mâles, je lui substitue mon beau-frère, le marquis de Ladouze, pour recueillir l'entier effet du susdit legs universel, à la charge par lui de faire une pension viagère de 6,000 fr. à mon frère Louis de Bouilhac, payable six mois d'avance et à son domicile. — Je nomme, en conformité de l'art. 1055 c. civ., Louis de Bouilhac mon frère, pour tuteur. » —Quelques instants avant sa mort, M. J.-B. de Bouilhac fit un testament public, dans lequel il déclara, en ces termes, qu'il voulait que le testament olographe du 20 janvier fût exécuté dans ses forme et teneur. — « J'ai institué mon neveu, fils de mon frère Louis de Bouilhac, mon légataire universel; je persiste dans cette volonté, avec cette explication, que j'entends qu'aucune des sommes qu'il recueillera de ma libéralité ne puissent être détournées à son préjudice; je désire qu'on lui donne une éducation propre à faire un homme d'honneur; je lui recommande de se conduire avec cette douceur de caractère qui a toujours fait aimer le nom de Bouilhac de la part de tous ceux qui l'ont connu. Si je n'ai pas nommé mon frère Louis de Bouilhac mon légataire universel, c'est en considération des clauses de son contrat de mariage qui ne me convenaient nullement. »

Dans ces dispositions, M. de Bouilhac parut céder au ressentiment que lui avaient fait éprouver et le mariage de M. Louis de Bouilhac, son frère, et la donation par laquelle ce dernier avait, au préjudice de sa propre famille, assuré tous ses biens à son épouse, dans le cas où il décéderait sans enfants.

Mais en substituant son beau-frère à son neveu, avait-il eu simplement en vue le cas où ce dernier le prédécéderait, lui testateur, ou bien avait-il voulu prévoir celui où son neveu venant à mourir sans enfants mâles, ses biens pourraient passer à une famille qu'il n'aimait pas; et, dans la vue de prévenir cette transmission, aurait-il désigné M. de Ladouze pour les recueillir? — C'est cette dernière version qui était soutenue par les dames de Galard et de Ladouze, sœurs du défunt, et ses héritières légitimes. — On voit, disait-on pour elles, que, même à ses derniers moments, le testateur n'avait pu s'empêcher de témoigner encore son ressentiment de la clause du contrat de mariage de son frère. Aussi, pour paralyser, au moins autant qu'il était en lui, l'effet de cette clause, avait-il déclaré dans son testament du 20 janvier que, si le nom de Bouilhac venait à s'éteindre par le décès de son neveu sans enfants mâles, il entendait que ses biens revinssent, non pas aux héritiers naturels de son neveu parmi lesquels se seraient trouvés les membres de la famille Mathé, mais M. de Ladouze, son beau-frère.—Cette combinaison conciliait, dans la pensée de M. J.-B. de Bouilhac, son désir naturel, comme gentilhomme, de conserver un nom justement honoré, avec sa prédilection pour M. de Ladouze; mais elle présentait, vis-à-vis de ce dernier, les caractères d'une substitution fidéicommissaire qui n'était autorisée ni par le code civil ni par la loi du 17 mai 1826, et qui, dès lors, aux termes de l'art. 896 c. civ., devait entraîner la nullité de toute la disposition. — Aussi les dames de Galard et de Ladouze ont-elles formé, devant le tribunal de Tulle, une demande en nullité de cette clause, dans le but de faire partager la succession, suivant les règles établies par la loi.

Ce tribunal, par jugement du 18 fév. 1831, valida la clause testamentaire. Il serait superflu de rapporter les motifs de ce jugement, car on les trouvera dans l'arrêt de la cour royale qui les a reproduits, en se bornant à en changer les termes. — Cet arrêt confirmatif, rendu par la cour royale de Limoges, le 20 juin 1833, est ainsi conçu : — « Attendu que le testament de J.-B. de Bouilhac ne contient aucune substitution prohibée; qu'en effet, la disposition par laquelle il institue pour son légataire universel le fils de son frère Louis de Bouilhac, à la charge par lui de rendre les biens légués à l'aîné de ses enfants mâles, est autorisée par la loi du 17 mai 1826; que la disposition par laquelle, au cas où son légataire universel viendrait à décéder sans enfants mâles, il lui substitue le marquis de Ladouze, ne constitue pas la substitution fidéicommissaire dont l'art. 896 c. civ. prononce la nullité;—Qu'il faut, en effet, pour qu'il y ait substitution fidéicommissaire, que le légataire institué soit chargé de conserver et de rendre à un tiers les biens à lui légués; que cette obligation est, aux termes de la loi, la condition caractéristique de cette substitution, tellement que, là où la condition n'existe pas, la substitution fidéicommissaire n'existe pas non plus : or, dans le testament de J.-B. de Bouilhac, rien n'impose à son légataire universel, institué ni directement, ni indirectement, ni expressément, ni en termes équipollents, l'obligation de conserver et de rendre audit de Ladouze les biens légués; faire sortir cette obligation de la disposition susdite, ce ne serait point interpréter la volonté du testateur, mais y ajouter; d'où il suit que la disposition faite en faveur de M. de Ladouze est une disposition par laquelle il était appelé à recueillir le legs dans le cas où le légataire institué ne recueillerait pas, disposition autorisée par l'art. 898 c. civ.; — Attendu encore que l'intention de J.-B. de Bouilhac, manifestée dans son testament du 20 janv. 1831, et plus encore dans le deuxième testament du 8 mars suivant, était que son neveu recueillît les biens, et qu'il est impossible de supposer qu'après l'avoir, par une première disposition, institué son légataire universel, il eût voulu, par une seconde disposition, anéantir l'effet de la première; d'où résulte la conséquence que, par cette seconde disposition, il a voulu faire, non pas ce que lui défendait l'art. 896 c. civ., et qui aurait entraîné la nullité de la disposition, mais ce que lui permettait l'art. 898 du même code, et qui laissait subsister simultanément toutes les dispositions de son testament, de manière à ce que le neveu, s'il lui survivait, recueillît le legs, ou si son neveu mourait avant lui, le sieur de Ladouze; ce qui constituait à la fois, en faveur de son neveu, la substitution fidéicommissaire, autorisée par la loi du 17 mai 1826, et en faveur du sieur de Ladouze la substitution vulgaire, autorisée par l'art. 898 c. civ.;—Attendu, enfin, qu'en fait de testament, le doute doit toujours s'interpréter en faveur de la disposition; que cette règle doit surtout être appliquée à l'égard d'une clause qui, si elle contenait une substitution fidéicommissaire, entraînerait la nullité de toutes les dispositions auxquelles elle pourrait se rattacher; que, pour admettre que le testateur ait voulu faire une pareille disposition, il faut qu'il soit absolument impossible de lui donner un autre sens, ce qui n'a pas lieu dans l'espèce, ainsi qu'il vient d'être démontré. »

Pourvoi de la part des dames de Galard et de Ladouze pour violation de l'art. 896 et fausse application de l'art. 898 c. civ.—Arrêt.

La cour ; — Attendu que, par une disposition de son testament olographe du 20 janv. 1831, Jean-Baptiste Bouilhac, après avoir institué le fils de son frère Louis Bouilhac, son légataire universel, lui a substitué le marquis de Ladouze pour recueillir l'entier effet dudit legs, dans le cas où son légataire universel viendrait à décéder sans enfants mâles; —Attendu que cette disposition ne contient pas en termes formels la charge de conserver et de rendre qui, aux termes de la loi, caractérise la substitution fidéicommissaire, et que cette charge ne se trouve pas non plus virtuellement et nécessairement exprimée dans les termes dans lesquels la disposition est conçue; — Attendu qu'après avoir recherché, ainsi qu'elle en avait le droit et le devoir, quelle avait pu être l'intention du testateur, et s'il avait voulu établir une substitution fidéicommissaire ou une substitution vulgaire, la cour royale s'est déterminée par l'application de ce principe, que, dans le doute, les dispositions testamentaires doivent s'interpréter *plus ut valeant quàm ut pereant*; — Attendu, enfin, qu'en fondant sa décision sur l'application de ce principe, loin d'avoir violé l'art. 896 c. civ. ni aucune autre loi, cette cour n'a fait que se conformer aux règles d'une saine interprétation;—Rejette.

Du 25 juill. 1834.-C. C., ch. req.-MM. Zangiacomi, pr.-Moreau, rap.

de la part des tribunaux à maintenir toute disposition qui, même par un certain effort de raisonnement, peut échapper à l'annulation que la loi a prononcée (V. *contrà* Rodière, Revue de lég., t. 1, p. 312).

121. Si un testateur, en instituant son unique héritier *ab intestat*, a dit : « Il jouira de ma succession pendant sa vie, le reconnaissant seul héritier ; et après son décès, je reconnais pour mes parents et mes héritiers tels et leurs représentants, » il y a là une substitution prohibée. L'héritier légitime est un véritable grevé, et non un simple usufruitier (Angers, 7 mars 1822) (1).

122. Un époux a été institué, par contrat de mariage, à la charge d'associer ses frères ou sœurs, ou tout autre, pour une certaine quotité de l'institution. Y a-t-il là substitution ? — Nous nous étonnons que l'affirmative ait été soutenue. Bergier sur Ricard, des Subst., chap. 6, n° 488, prétend bien, à la vérité, que la clause d'associer était réputée telle ; mais il dit ailleurs: « Si nous connaissons encore des substitutions pures et simples, qui s'ouvrent aussitôt que le grevé a recueilli, les institutions contractuelles à charge d'associer sont presque les seules qui en fournissent des exemples. » Aux yeux de cet auteur même, la clause en question ne présenterait donc pas les caractères de la substitution aujourd'hui prohibée. Et en effet, point de charge de rendre à la mort du donataire; point d'éventualité dans le droit de l'individu à associer; point de condition suspensive, dont dérive l'ordre successif, requis pour qu'il y ait substitution. Telle est la doctrine de MM. Merlin, Rép., v° Instit. contr., § 5; Grenier, des Donat., t. 2, n° 423; Rolland de Villargues, n° 183; Duranton, t. 9, nos 694, 697 ; Troplong, Donat. et test., t. 4, n° 2361; Saintespès-Lescot, t. 1, n° 102. — Décidé en ce sens que la donation universelle, faite par un père à l'un de ses enfants avec charge d'association au profit des frères du donataire, ne renferme pas une substitution prohibée (Riom, 16 juill. 1818) (2). — Mais si tous les auteurs s'accordent en ce point que la clause dont il s'agit ne constitue point une substitution pro-

(1) *Espèce :* — (Hunaut et cons. *C.* hérit. Gaugain.) — Le 11 juin 1816, Marie Gaugain, dans un testament olographe, s'exprime ainsi : « Louise Gaugain, ma sœur, jouira de ma succession pendant sa vie, la reconnaissant seule héritière ; et, d'après son décès, je reconnais pour mes parents et mes héritiers Hunaut, Vallet, Danquetil et leurs représentants. » — Puis, la testatrice prie Hunaut et consorts de faire passer, dans l'an de son décès, de concert avec sa sœur, 4,000 fr. aux sieurs Lesayeux, ses parents, dans le cas où ceux-ci n'auraient pas droit à sa succession ni à celle de sa sœur. — 20 janv. 1818, décès de la testatrice. Louise, son unique héritière légitime, prend possession de la succession ; mais elle décède elle-même le 15 mai 1820. C'est alors qu'on découvre le testament. — Hunaut et consorts assignent les héritiers de Louise Gaugain devant le tribunal de Baugé, en délivrance des legs faits à leur profit. — Les héritiers Lesayeux interviennent et réclament le legs de 4,000 fr. — Les héritiers de Louise Gaugain soutiennent que le testament renferme une substitution prohibée, dont la nullité doit entraîner celle de tous legs. Ils prétendaient d'ailleurs que le legs fait aux sieurs Lesayeux est nul pour avoir été fait en simples termes de prière. — 12 juin 1821, le tribunal de Baugé déclare la disposition faite au profit des sieurs Hunaut nulle, comme renfermant une substitution prohibée. Quant au legs fait aux sieurs Lesayeux, il est déclaré valable, par le motif que, bien qu'il présente des irrégularités dans sa rédaction, il manifeste d'une manière précise les volontés de la testatrice : ce qui suffit aux termes de l'art. 967 du même code. — Appel de Hunaut et consorts. — Les héritiers de Louise Gaugain se sont portés incidemment appelants quant au legs fait en faveur des sieurs Lesayeux. — Arrêt.

LA COUR ; — Considérant que Marthe Gaugain n'a point borné sa libéralité envers Louise Gaugain, sa sœur, à un simple legs d'usufruit, puisqu'elle lui délaisse sa succession en la reconnaissant sa seule héritière ; que ces expressions équivalent à celles par lesquelles elle l'aurait nommée son héritière unique et universelle ; que cette expression, *seule héritière*, se refuse à ce qu'on puisse dire qu'elle reconnaissait concurremment avec elle d'autres héritiers ; que cette signification toute naturelle des mots *seule héritière*, n'est point contredite par ceux employés dans la même phrase, *elle jouira pendant sa vie*, car c'est jouir d'une succession que de la recueillir à titre d'héritier ; — Que ce qui démontre que Louise Gaugain n'était pas simplement légataire de l'usufruit, et que d'autres héritiers n'étaient pas nommés concurremment avec elle et immédiatement après le décès de la testatrice, c'est qu'elle ajoute : Après le décès de ma sœur, je reconnais pour mes parents et héritiers, etc. ; d'où il suit qu'elle n'a transféré de droit à ses héritiers qu'après la mort de cette sœur, et il implique contradiction que ces héritiers ne le fussent que par le décès de Louise, s'ils l'avaient été dès le décès de Marthe;

Que Marthe n'a point établi dans son testament de distinction entre l'usufruit et la nue propriété de sa succession ; que cette succession entière a passé à Louise seule ; qu'elle a rempli le premier degré d'institution ; que d'autres ne pouvaient être institués héritiers que dans un degré second et subséquent; que ne reconnaissant ses parents pour héritiers qu'après le décès de sa sœur, elle a prévu que sa sœur pouvait survivre à quelques-uns d'entre eux, et que, pour suivre l'intention qu'elle manifestait, elle a appelé leurs représentants, ce qui décide le désir d'établir plus d'un degré de succession ; — Qu'il y a, dans le testament de Marthe Gaugain, deux institutions : l'une au premier degré en faveur de Louise, l'autre au deuxième en faveur de ses parents; que la sœur nommée seule héritière n'aurait pu disposer de l'hérédité pendant sa vie ; qu'elle était par conséquent chargée de conserver et de rendre à ceux reconnus héritiers après son décès, ce que la testatrice voulait leur transmettre; qu'à ces caractères on doit reconnaître les substitutions prohibées par l'art. 896 c. civ. ;

Considérant, sur l'appel incident, que le legs fait aux sieurs Lesayeux ne participe pas à la nullité prononcée par la loi sur l'institution d'héritier; que, dans notre nouvelle législation, la volonté du testateur doit être exécutée si elle est clairement exprimée et manifestée dans un acte en due forme ; — Que, quand l'héritier institué est déchu de ce titre, la charge qui lui était imposée passe à l'héritier appelé par la loi ; — Que quel que soit le motif qui a déterminé le testateur, quand il reposerait sur un fait faux, si le testateur n'a pas établi une condition résolutoire, le legs qu'il a ordonné doit être exécuté et acquitté sur l'émolument de la succession.... ; — Sans s'arrêter à l'appel principal, et faisant droit sur l'appel incident, confirme, etc.

Du 7 mars 1822.-C. d'Angers.-M. de Chalup, 1er pr.

(2) *Espèce :* — (Barrier *C.* Gardy.) — Par acte notarié, du 4 déc. 1815, Michel Gardy a fait une donation entre-vifs au profit d'Antoine Gardy, son fils, acceptant, de l'universalité de ses biens mobiliers et immobiliers, avec charge d'association en faveur des frères et sœurs du donataire. — Postérieurement, vente par Gardy père à Barrier d'un immeuble qui faisait partie de la donation. — Les enfants Gardy ont formé contre Barrier une demande en nullité de cette vente, faite, ont-ils dit, en fraude des droits dont l'acte du 4 décembre les avait irrévocablement saisis. — Barrier, de son côté, a demandé la nullité de la donation. Les moyens qu'il faisait valoir sont rappelés dans le jugement du tribunal de Clermont, qui, le 1er avril 1817, a déclaré la vente nulle et la donation valable. — « En ce qui touche la demande en désistement de la terre dont il s'agit : — Attendu que Michel Gardy s'était dépouillé de tous ses biens et en avait disposé par acte entre-vifs en faveur de ses enfants; — Attendu qu'il n'était plus propriétaire de cette terre au moment où il l'a vendue ; que par conséquent la vente était nulle ; — En ce qui touche la demande en nullité de la donation, et qu'on veut faire résulter : 1° de ce que la charge d'associer contient une véritable substitution ; 2° de ce que la donation n'ayant été acceptée que par Antoine Gardy seul, elle était nulle pour les cinq autres, et laissait libres, dans les mains du père, les cinq sixièmes de ses biens : — Attendu, sur le premier moyen, que la charge d'associer n'autorise en aucune manière le donataire qui en est grevé à conserver pour rendre ensuite, ainsi que le porte l'art. 896 c. civ. ; — Attendu, sur le second, qu'Antoine Gardy, étant le seul donataire, a pu et dû seul accepter la donation, parce qu'il a été seul investi de l'universalité des biens compris dans la donation, sauf à lui à en faire part à ses frères et sœurs dans le cas où le père n'aurait pas révoqué la charge d'associer, ce qu'il n'aurait pu faire qu'en sa faveur; qu'ainsi la donation était irrévocable et avait dépouillé le donateur. » — Appel de Barrier. — Arrêt.

LA COUR ; — Considérant qu'en droit, et particulièrement d'après les dispositions du code civil, art. 902, toutes personnes peuvent disposer et recevoir par donation entre-vifs, excepté celles que la loi en déclare incapables ; — Considérant que les pères participent à cette faculté générale de disposer, comme les enfants participent à la faculté de recevoir; que la donation faite par un père à l'un de ses enfants, quelque étendue que soit cette libéralité, qu'elle soit pure et simple ou sous des charges et conditions non contraires aux lois et aux bonnes mœurs, et si elle est d'ailleurs revêtue des formes légales, lie irrévocablement le donateur envers le donataire; qu'il n'est plus permis au donateur de révoquer ou modifier la disposition respectivement à son donataire; qu'elle se soutient jusqu'à l'ouverture de la succession du donateur ; qu'alors seulement s'ouvre le droit de faire réduire, s'il y a des enfants intéressés à la réduction, sans qu'en aucun cas un tiers puisse, de son chef personnel ou du chef du donateur, critiquer la donation pour cause d'excès ou autrement, s'ingérer dans une demande en réduction, soit avant, soit après le décès du donateur ; — Considérant que la donation dont il s'agit est universelle; qu'elle a saisi le donataire de l'universalité des biens présents du disposant; qu'elle est revêtue des formes légales, et a été dûment et suffisamment acceptée par le donataire ; qu'il n'y a rien à induire au cas présent des dispositions de l'art. 896 c. civ. ; que

hibée, il n'en est pas de même lorsqu'il s'agit de savoir si, sous l'empire du code Napoléon, une telle clause serait valable.— V. Dispos. entre-vifs et testam.

§ 3. — *Des dispositions conditionnelles permises, comparées aux substitutions prohibées.*

123. Dans les dispositions *conditionnelles* permises, la chose léguée peut, ou retourner à l'héritier après que le légataire en a eu la propriété, ou reposer sur la tête de cet héritier avant d'aller se fixer sur celle du légataire, selon que la condition est *résolutoire* ou *suspensive*. Ce double résultat présente, en rendant la propriété éventuelle, beaucoup des inconvénients de la substitution prohibée; mais ce qui distingue de la substitution les dispositions simplement conditionnelles, c'est *une seule transmission*, qui s'opère *directement* et *immédiatement* du testateur, soit à l'héritier, soit au légataire, qui en définitive, reste propriétaire de la chose léguée.

Pour expliquer cette unité de transmission, les auteurs invoquent le principe qui, dans les testaments comme dans les actes entre-vifs, donne aux conditions, soit résolutoires, soit suspensives, un *effet rétroactif*. Ainsi, l'héritier ou le légataire est réputé avoir été propriétaire depuis le jour du décès, lorsque, par l'accomplissement de la condition, la chose retourne à l'héritier, ou vient se fixer sur la tête du légataire. La transmission par *interim* s'évanouit; elle est censée non avenue. Mais ce qu'il faut bien remarquer, c'est que, sous peine de rendre illusoire la prohibition des substitutions, ce principe ne doit pas être appliqué au cas où la condition de la transmission au second institué présuppose nécessairement le décès du premier qui aura recueilli. En effet, quoi de plus facile que de substituer contre le vœu de l'art. 896, s'il suffit que le tiers soit, sous une condition, appelé après la mort de l'institué? Cette condition sera le plus souvent un événement qui ne doit pas manquer d'arriver; par exemple, un testateur dira : « Je lègue mes biens à Paul; Pierre les recueillera si Paul ne parvient pas à l'âge de cent ans. » Sous cette forme serait certainement déguisée une des substitutions qu'ont entendu prohiber les rédacteurs du code; il ne s'agit donc que de bien distinguer les espèces, d'après les principes posés dans les deux paragraphes précédents. — Néanmoins, un legs conditionnel ne peut dégénérer en une substitution prohibée parce là que le temps qui y est apposé est plus ou moins long (Paris, 25 juin 1825, aff. Souchet, n° 163-2°); à moins cependant, ajouterons-nous conformément à ce qui vient d'être dit, que cette longue durée n'ait été calculée que pour déguiser une véritable substitution sous la forme d'un legs conditionnel.

Il peut s'offrir différentes hypothèses qui, en résumé, se rattacheront à l'une des quatre clauses suivantes, que nous parcourrons successivement. La question présentera ou une seule disposition sous condition résolutoire; ou une seule disposition sous condition suspensive; ou le concours de deux dispositions, l'une sous condition résolutoire, l'autre sous condition suspensive; ou le concours de deux dispositions soumises l'une et l'autre à une condition suspensive.

124. Voyons d'abord le cas d'une disposition sous *condition résolutoire*. — « Si mon légataire décède sans postérité, la chose retournera à mes héritiers *ab intestat*. » Il est naturel qu'une semblable disposition soit d'un fréquent usage. A diverses époques on s'est demandé, sous l'ancien droit, si elle contenait une substitution fidéicommissaire, et les opinions de nos auteurs modernes sont encore en désaccord. — Pour exclure l'idée de substitution, on a dit, ou l'on peut dire en résumé : La substitution fidéicommissaire suppose le concours de deux donations ou libéralités; l'art. 896 c. nap. ne prohibe que *toute disposition* par laquelle le donataire, etc., est chargé de rendre. Il faut donc que le substitué ne tienne son droit que de la volonté du disposant. L'héritier ici est appelé par la loi à recueillir les biens en cas de décès du légataire. Il n'est pas un second donataire, un second institué, nonobstant l'adage *dat qui non adimit*. L'exercice du retour n'est attaché qu'à la qualité d'héritier *ab intestat*, puisque le testateur n'a point choisi nommément et personnellement entre ceux que la loi appelle. En second lieu, la disposition dont il s'agit peut encore être considérée comme un don de l'usufruit au légataire, s'il ne laisse pas une descendance à sa mort, et le don de la propriété s'il en laisse. Cette libéralité alors rentrera dans la classe de toutes celles que la loi permet de subordonner à une condition purement éventuelle, telle qu'est le cas d'une survie ou de l'existence d'enfants au décès.

Mais on répond : En principe, la loi qui proscrivait les substitutions proscrivait, par cela seul, toute manière de disposer qui, sous une tournure frauduleuse, aboutirait à tous les effets qui ont motivé la prohibition. Or la libéralité en question et les substitutions prohibées ne produisent-elles pas des résultats absolument identiques? « Le mot seul est changé, dit M. Toullier, t. 5; la substance de la chose reste. On trouve ici cet ordre successif qui caractérise essentiellement les substitutions. Le légataire est appelé en premier ordre, et les héritiers du testateur en second. Le légataire est obligé de conserver pour rendre à sa mort, si l'événement de la condition arrive. La propriété passe d'abord au grevé, puis aux appelés. » — Tels sont les motifs qu'allèguent aussi pour la même opinion MM. Grenier, t. 1, p. 125; Duranton, t. 8, n° 67; Rolland de Villargues, n° 84; Troplong, n° 161. Elle a été consacrée par un décret impérial du 31 oct. 1810 (1), autorité du plus grand poids, remarque M. Grenier, *loc. cit.*, telle qu'on peut dire qu'elle ne laisse plus de difficultés. » M. Rolland cite aussi comme autorité ancienne l'ord. de 1553, notre première loi sur les substitutions, qui prescrivait, pour les legs sujets à retour, les mêmes formalités de publication et d'enregistrement que pour les substitutions; formalités qui, selon Thévenot, n° 738, n'ont point cessé d'être nécessaires, même depuis l'ord. de 1747. Chabrol rappelle (p. 128 sur la coutume d'Auvergne) une sentence de la sénéchaussée d'Auvergne, qui, le 21 juin 1661, a reconnu l'existence d'une substitution dans un legs de la même espèce. Il rapporte, à la vérité, une autre sentence qui a jugé le contraire, et à laquelle il donne la préférence.

125. D'abord il a été jugé qu'il n'y a pas substitution prohibée, mais simple condition permise : dans la disposition par laquelle un testateur lègue à un tiers une portion de sa succession au cas de décès de ses filles sans enfants, et sous la réserve d'usufruit au profit de ces dernières (Req. 14 mai 1816) (2).

126. Mais on a décidé qu'il y a substitution prohibée : 1° dans le legs d'une somme d'argent qui ne doit être remise au légataire

---

cet article est inapplicable à une donation faite à la charge d'associer à une libéralité une ou plusieurs personnes; — Confirme, etc.

Du 16 juill. 1818.-C. de Riom.

(1) 31 oct. 1810. — Décret relatif à un legs fait à un hospice, et qui était en partie grevé de substitution.

N.......; — Sur le rapport de notre ministre de l'intérieur; — Vu le codicille en date du 5 pluv. an 13, par lequel la dame Péronne Malot, veuve du sieur Jacques Piot, lègue à l'hospice de Bois-Commun, département du Loiret, quatre arpents de pré (deux hectares quatre ares); — Vu un second codicille, en date du 7 mars 1809, par lequel ladite dame modifie sa première disposition, et ordonne que, sur les quatre arpents de pré qu'elle avait légués à l'hospice, un arpent sera distrait en faveur de Julienne Françoise, fille naturelle, à condition que, dans le cas où celle-ci viendrait à décéder sans enfants, la portion d'immeuble dont elle aurait joui retournerait à l'hospice de Bois-Commun; — Considérant que ce deuxième codicille contient une véritable substitution qui, aux termes de l'art. 896 c. civ., rend nulle toute la disposition; que, dès lors, les droits de l'hospice restent entiers, tels qu'ils étaient établis par le premier codicille; — Voulant néanmoins concilier le respect dû à la loi avec celui dû aux intentions de la bienfaitrice de l'hospice; — Notre conseil d'État entendu; — Nous avons décrété et décrétons ce qui suit :

Art. 1. La commission administrative de l'hospice de Bois-Commun, département du Loiret, est autorisée : — 1° A accepter le legs de quatre arpents de pré (deux hectares quatre ares) fait à cet établissement par la dame Péronne Malot, veuve du sieur Jacques Piot, suivant son codicille du 5 pluv. an 13; — 2° A abandonner à Julienne-Françoise, fille majeure, la jouissance, sa vie durant, de l'arpent de pré que la même dame Piot avait destiné à celle-ci par un deuxième codicille du 7 mars 1809.

2. Le codicille du 5 pluv. an 13 sera transcrit au bureau des hypothèques avec notre présent décret, moyennant le droit fixe d'un franc, sauf les honoraires du conservateur.

(2) (De Brissac C. Thoreau.) — LA COUR; — Attendu que l'arrêt dénoncé en décidant, au cas dont il s'agit, que d'après l'examen et l'appréciation des termes du testament de M. Gabert de Grammont dont il s'agit, il n'était nullement question d'une substitution fidéicommissaire, mais bien d'un legs simple en propriété, à la charge d'un usufruit sous

qu'au cas où il se marierait ou prendrait un établissement, avec clause que s'il meurt sans postérité, la somme restera aux héritiers du testateur (Paris, 3 mars 1820, aff. Bourguignon, n° 246); — 2° Dans la clause portant que, dans le cas où le légataire viendrait à décéder sans laisser d'enfants légitimes, la succession du testateur sera dévolue aussitôt, par le fait de cet événement, aux héritiers légitimes et *ab intestat* de lui testateur (lesquels héritiers ne sont point ceux du légataire) (Colmar, 9 mars 1827, aff. Méyer, V. Disp. entre-vifs, n° 160); — 3° Dans une clause faisant défense à un enfant légataire de transmettre le legs à une famille étrangère, s'il vient à décéder sans enfants, mais de le remettre aux frères et sœurs de ce légataire, et contenant en outre exclusion d'hérédité contre ces derniers, s'ils critiquent ce legs, et que l'arrêt qui le décide ainsi par appréciation de cette clause, ne viole aucune loi (Rej. 30 juill. 1827, aff. Suriray, V. Disp. entre-vifs, n° 185); — 4° Dans la disposition par laquelle un père, tout en instituant sa femme héritière, à la charge de rendre à sa fille, avec la faculté de conserver l'usufruit, sa vie durant, institue en même temps sa fille elle-même pour le cas où sa mère, à son décès, ne lui aurait pas encore rendu la succession; une telle clause ne renferme ni une substitution conditionnelle, ni un simple fidéicommis à terme, ni une fiducie. En conséquence, une telle substitution, si elle a été faite avant la loi du 14 nov. 1792, se trouve abolie par cette loi (Pau, 10 juin 1830, aff. Fitte, n° 189); — 5° Dans la clause par laquelle un testateur déclare que, si le légataire universel par lui institué décède sans postérité, tous les biens légués appartiendront à une seconde personne désignée (Req. 23 nov. 1840) (1); — 6° Dans la disposition testamentaire portant institution d'un légataire universel, avec la clause que, dans le cas où ce légataire viendrait à décéder sans enfants, toutes les valeurs léguées devront *revenir* à la famille du testateur : on objecterait vainement qu'il n'y a pas là charge expresse de conserver et de rendre, cette charge résultant nécessairement de l'ensemble de la disposition (Cass. 8 fév. 1854, aff. Dumas, D. P. 54. 1. 59).

127. Toutefois, et suivant un arrêt fort bien rendu, la disposition par laquelle un testateur lègue ses biens pour en *jouir et disposer en toute propriété* et jouissance à compter du jour de son décès ne contient pas une substitution prohibée, encore qu'il ait ajouté que, dans le cas où le légataire mourrait *sans postérité*, il veut et entend que les biens objet de la disposition *retournent à ses héritiers naturels*, à l'exclusion de tels d'entre eux qu'il désigne : — « Attendu, porte l'arrêt, que cette clause subsidiaire n'interdit pas au légataire le droit à lui donné de disposer des biens légués en toute propriété; qu'ainsi la clause de retour stipulée ne peut avoir d'exécution que pour le cas où le légataire viendrait à décéder sans postérité et sans avoir disposé de biens à lui légués; que la substitution prohibée par l'art. 896 du code ne peut s'entendre que de l'obligation imposée à l'institué de conserver et de rendre; que le testateur n'ayant pas imposé cette obligation au légataire, et lui ayant permis au contraire de disposer, il n'existe pas de substitution; que, dès lors, la disposition doit être exécutée » (Bourges, 30 nov. 1841, aff. Frébaut). Il n'y avait, en effet, dans l'espèce, que le legs ou la substitution *de residuo*.

128. Il faut aussi qu'il y ait *identité* entre les choses données ou léguées et les choses à rendre sous une condition qui ne doit se réaliser qu'au décès de l'institué, pour qu'il y ait substitution prohibée (V. ce qui a été dit sur ce point *suprà*, n° 87). — Et il a été jugé que la disposition par laquelle un testateur, après avoir institué un légataire universel, le grève de legs particuliers de sommes d'argent pour être payées dans le cas où le légataire universel décéderait sans postérité, ne constitue pas une substitution prohibée, et que ce n'est là qu'un simple legs conditionnel (Paris, 7 déc. 1835) (2). — En effet, les mots *conserver et rendre* supposent que c'est la chose même qui a été léguée qui doit être conservée et rendue; si une chose est léguée à la condition que le légataire en donnera une autre à un tiers, il y a bien là une double libéralité, mais il n'y a pas charge de conserver et de rendre, et par conséquent il n'y a pas substitution prohibée. — Néanmoins il avait été décidé précédemment que la disposition par laquelle un testateur, après avoir institué un héritier, déclare qu'il donne et lègue à un tiers une somme déterminée, dans le cas où ledit héritier décédera sans s'être marié ou sans enfants légitimes, contient une substitution et non pas seulement une disposition conditionnelle (Limoges, 27 juill. 1809) (3). — Mais cette solution ne nous paraît pas devoir être suivie.

129. Supposons qu'au lieu de dire : si le légataire décède

condition résolutoire, n'est point sortie des attributions exclusives que la loi a fixées aux cours d'appel; qu'une telle décision est inattaquable devant la cour de cassation; — Attendu que cette décision, conforme à l'esprit et à la lettre de l'ordonnance de 1747, et notamment à l'art. 19 de ladite ordonnance, est en harmonie parfaite avec les art. 897, 898 et 899 c. civ.; d'où il suit que les autres articles invoqués par le demandeur sont sans application à l'espèce; — Rejette le pourvoi contre l'arrêt de la cour de Poitiers, du 5 mai 1815.

Du 14 mai 1816.-C. C., sect. req.-MM. Henrion, pr.-Sieyès, rap.

(1) (Martenne C. Bonzon.) — La cour; — Attendu que l'art. 2 de la loi du 14 nov. 1792 a prohibé les substitutions fidéicommissaires et a fixé irrévocablement sur la tête de ceux qui possédaient alors des biens substitués la pleine propriété de ces biens; — Attendu qu'il y a substitution fidéicommissaire, lorsque l'héritier intitué est chargé de conserver en entier les biens qui lui sont légués et de les rendre à l'héritier substitué; — Attendu que Jean-Étienne Ferroux, par son testament en date du 5 juin 1785, institue pour son héritier universel Étienne-Joseph Ferroux, son frère, et déclare que, dans le cas où celui-ci mourrait sans enfants, il lui substituait les enfants de Claude-Michel Martenne; — Que ce testament, contenant ainsi deux donations successives des mêmes biens, imposait à l'héritier institué l'obligation de conserver les biens à lui légués, afin que, le cas échéant, ils pussent parvenir en entier aux héritiers substitués; — Que, par conséquent, la substitution établie par ce testament était une substitution fidéicommissaire prohibée par la loi;

Attendu encore que c'est ainsi que le testament de Jean-Étienne Ferroux a été entendu, puisque le magistrat chargé par la loi de le faire publier, exigea qu'Étienne-Joseph Ferroux remplît toutes les formalités prescrites par le tit. 2 de l'ord. de 1747, relative aux substitutions; — Rejette le pourvoi formé contre l'arrêt de la cour de Besançon, du 9 juin 1837.

Du 23 nov. 1840.-C. C., ch. req.-MM. Zangiacomi, pr.-De Gaujal, rap.-Delangle, av. gén., c. conf.-Piet, av.

(2) *Espèce* : — (Hér. Féret C. Poisson.) — En 1830, Féret décède laissant un testament olographe par lequel il instituait Louise Poisson pour sa légataire universelle. — Cette disposition était grevée de divers legs particuliers s'élevant à 30,000 fr., avec l'énonciation suivante : « Pour ces derniers legs être payés, sous la condition et au cas où ma légataire universelle décéderait sans postérité, et lesquels legs seront, par conséquent, amortis par l'existence des enfants ou petits-enfants de ma légataire au jour de son décès. » — Ce testament a été attaqué par les héritiers Féret, comme renfermant une substitution prohibée.

12 juill. 1834, le tribunal de la Seine repousse cette demande en nullité : — « Attendu qu'il est de l'essence de toutes les substitutions qu'il y ait charge de conserver et de rendre; — Attendu qu'aucune charge de cette nature n'est imposée à la demoiselle Poisson à l'égard des individus appelés éventuellement au legs de 30,000 fr.; qu'à leur égard elle conserve la liberté entière de disposer des 30,000 fr. dont il s'agit, et que ces individus n'ont qu'un droit de créance sur sa succession pour le cas où elle décéderait sans enfants; que le caractère essentiel de la substitution ne se rencontre donc pas dans la disposition attaquée, qui ne renferme qu'un legs conditionnel, une créance subordonnée à un événement incertain; que, dans le doute, il faudrait encore interpréter la disposition dans le sens qui la rend susceptible de recevoir son effet; *intelligendus est actus potiùs ut valeat quàm ut pereat*; — Mais, attendu que les termes du testament ne laissent aucun doute sur le sens de ses dispositions; que le testateur a expliqué formellement qu'il entendait grever le legs universel de substitution au profit des enfants et des petits-enfants de la légataire, mais qu'il a aussi expliqué formellement qu'il n'entendait conférer qu'un droit tout à fait éventuel sur les 30,000 fr. qui font l'objet de la contestation. » — Arrêt.

La cour; — Adoptant les motifs des premiers juges, confirme, etc.

Du 7 déc. 1835.-C. de Paris, 1re ch.-MM. Séguier, 1er pr.-Perrot de Chezelles, subst., c. contr.-Flandin et Lavaux, av.

(3) (Mesvières C. Lagagnerie.) — La cour; — Considérant que ce n'est pas par les expressions dont le testateur s'est servi qu'on doit fixer le caractère de la disposition, mais par l'esprit de sa disposition même; qu'ainsi, comme le dit Ricard, des Substitutions, 1re part., n° 209, « soit que le testateur se soit servi des mots *je lègue, je donne*, au lieu de *je substitue*, ce ne sont pas des termes sacramentels qui distinguent le legs du fidéicommis; » — Considérant que la disposition dont il s'agit n'est pas seulement suspendue dans ses effets jusqu'au décès de l'héritier institué, caractère qui, s'il se rencontrait seul, pourrait faire douter s'il y a legs conditionnel ou fidéicommis; mais les sommes qui en sont l'objet devaient être possédées par ledit institué, comme les autres biens

sans postérité, la chose retournera à mes héritiers *ab intestat*, le testateur ait dit simplement : « *le legs sera résolu* en cas de décès du testateur sans postérité. » La solution devra être la même dans les deux cas. — Cette remarque, faite aussi par MM. Rolland de Villargues, n° 84, et Duranton, t. 8, n° 67, est presque superflue, puisque de plein droit la résolution du legs décide du retour des biens aux héritiers. — V. dans le même sens M. Troplong, *loc. cit.*

130. La solution serait encore la même, quoique la condition de la mort fût accompagnée de quelque circonstance qui en déterminât le lieu ou l'époque : « Je charge mon légataire de rendre, s'il meurt avant sa majorité. » Le légataire ici n'aurait pas moins conservé toute sa vie; ce qui suffit, dans l'espèce, pour caractériser la substitution prohibée. Cette opinion de MM. Toullier, t. 5, n° 42, et Grenier, t. 1, p. 121, a été confirmée par la jurisprudence. — V. n° 141.

131. Incertain sur l'existence d'un fils, qui est à l'armée ou dans tel pays éloigné, «je lègue à Paul mes biens, à la charge de les conserver et rendre à l'absent, s'il revient de l'armée ou de tel pays. » — Il n'y a pas là substitution. Pour qu'il en fût ainsi, il faudrait que Paul fût chargé de rendre *à sa mort*, en cas de retour du fils. Alors existerait un ordre successif, établi au moins conditionnellement. Mais, dans l'espèce, Paul n'est point gratifié en premier ordre, et l'absent en second. La propriété ne doit point passer, si la condition arrive, d'abord à l'un, ensuite à l'autre. « Au contraire, remarque M. Toullier, t. 5, n° 40, sur une espèce semblable, l'absent recevra directement la propriété du donateur, parce que la condition résolutoire remet les choses en même état que si la disposition en faveur de Paul n'avait pas existé» (c. nap. 1183). M. Grenier, t. 1, p. 126, motive la même opinion par d'autres observations non moins concluantes; il repousse l'argument qu'on tirerait de l'incertitude de la propriété, en ce que, par un effet de l'absence, cette incertitude « aurait également lieu, sans la disposition, même d'après les précautions sages établies par le code Napoléon, au titre des Absents, relativement à leurs biens, et surtout en ce qui concerne les droits éventuels, susceptibles de s'ouvrir pendant l'absence. Il en résulte forcément une incertitude très-longue, que le disposant pourrait abréger, et de nombreuses formalités qu'il pourrait éviter. »

132. Le même auteur pense qu'une disposition de cette nature rentrerait, par la circonstance particulière de l'absence, dans l'art. 898 c. nap., et se réduirait en définitive à une substitution directe. « Un tiers, dit-il, est appelé à recueillir le don, dans le cas où celui qui par le droit du sang devrait avoir l'objet donné ne pût le recueillir, cas qui revient au même que celui énoncé dans cet article, qui suppose un donataire, un héritier institué, ou un légataire déjà nommé, lequel ne recueillerait pas le don, l'hérédité ou le legs. » — M. Grenier conseille un moyen plus sûr de prévenir toute difficulté, en arrivant au même résultat : ce serait de léguer directement à l'absent, pour le cas de retour; à Paul, pour le cas où il ne reviendrait pas; et l'on pourrait, jusqu'au retour, faire legs de l'usufruit à Paul. Chabrol (sur la cout. d'Auvergne, qui prohibait les substitutions) rappelle, t. 2, p. 150, qu'un legs fait par une mère, d'abord à son fils, et en cas que ce fils absent ne revînt pas, à ses deux filles, leur fût adjugé, le frère n'ayant pas reparu : l'auteur approuve cette décision, et établit ainsi cette différence entre une simple condition et la substitution fidéicommissaire. — M. Rolland de Villargues émet la même doctrine, n°s 183, 184.

133. Du principe qui ne permet de voir une substitution dans la disposition conditionnelle que lorsque la condition présuppose nécessairement la conservation des biens par le grevé pendant toute sa vie, on a conclu avec raison qu'il n'y a pas de substitution dans la charge de conserver et de rendre imposée sous la condition suivante : *Si le légataire se remarie* (Colmar, 8 août 1819, aff. Conté, n° 115; V. Conf. M. Duranton, t. 8, n° 68). —De même, il est évident que la disposition par laquelle un époux institué héritier est tenu de rendre aux pauvres la moitié de l'institution, dans le cas où il convolerait en secondes noces, n'est pas une substitution prohibée.—V. Conf. M. Poujol, sur les art. 896 et suiv., n° 19.

134. Cette doctrine a été consacrée par deux décisions judiciaires qui offrent quelque dissonance et que, par ce motif, nous ferons suivre d'une observation.—Il a été jugé, d'une part, que lorsqu'un époux a par testament institué son conjoint pour son héritier avec la faculté de vendre la totalité des biens faisant l'objet de la disposition, mais avec la condition que dans le cas où le survivant viendrait à se remarier, le tout retournerait aux héritiers naturels du prédécédé, une telle disposition ne contient aucune substitution conditionnelle, ni même aucune obligation conditionnelle (Bruxelles, 29 oct. 1825, aff. Delvaux, n° 70-1°). — Mais il résulte d'un jugement que lorsque deux époux, après s'être donné mutuellement les conquêts immeubles en pleine propriété au profit du survivant, stipulent que ce qui en restera à la mort de celui-ci sera partagé entre les héritiers du survivant et ceux du prédécédé, une telle condition, ayant pour effet de substituer les héritiers du donateur à ceux désignés par la loi ou par la volonté du donataire, est une condition contraire aux lois, et, comme telle, doit être réputée non écrite (trib. de Fontainebleau, 1er avril 1840, aff. hérit. Gombault *C.* hérit. Simon). — Que, dans les hypothèses qui précèdent il n'y ait pas substitution prohibée, c'est ce qui est évident au premier abord : le légataire ou donataire a, dans le premier cas, *le droit de disposer* des biens légués, et dans le second cas, il a la *pleine propriété*. Mais, d'une part, nous ne saurions admettre, avec le premier arrêt, qu'il n'y ait pas au moins une obligation conditionnelle; il n'y a point, à la vérité, obligation de conserver, mais il y a obligation de rendre si le légataire n'a pas disposé; or c'est là une véritable obligation conditionnelle. D'autre part, nous ne pouvons admettre, avec le jugement, que la condition soit contraire aux lois, et doive, en conséquence, être réputée non écrite. Qu'y a-t-il, en effet, au fond de la disposition dont il s'agit? Une substitution *de eo quod supererit*; or nous avons vu qu'une telle disposition n'est point prohibée par la loi et qu'elle doit recevoir tout son effet.

135. La disposition par laquelle le testateur, après avoir institué un légataire universel, ajoute que si ce légataire vient à être condamné à raison de quelque délit, il lui substitue les enfants qui naîtraient de son mariage, ne constitue pas une substitution prohibée : on ne doit voir dans cette disposition qu'une double institution faite sous une condition résolutoire au profit

qui lui ont été laissés par le testateur, de manière que la dame de Mesvières et l'hospice Saint-Léonard n'ont été appelés à les recueillir qu'après que ledit institué les aurait lui-même recueillis; qu'à la vérité, la propriété desdites sommes devenait résoluble au décès de l'institué, s'il mourait sans enfants, mais que la circonstance de cette propriété dans les mains de l'héritier, quoique résoluble, n'est pas moins exclusive du legs conditionnel, relativement à ladite dame de Mesvières et audit hospice; — Que, jusqu'au décès de l'institué, il était incertain si la dame de Mesvières et l'hospice pourraient jamais réclamer l'effet de la disposition; que, dans tous les cas, ledit institué était la personne intermédiaire par laquelle la disposition était destinée à arriver du testateur à la dame de Mesvières et à l'hospice, et que, sous ce rapport, il y a substitution; — Que la circonstance de l'appréhension de l'héritier institué, de l'appel de la dame de Mesvières et de l'hospice aux cas énoncés au testament, établit l'ordre successif, le trait du temps et la seconde appellation, caractères de la substitution; — Considérant que, si le testateur a substitué une somme mobilière sans se conformer à l'ord. de 1747, il ne résulte pas de la nullité de la disposition, qu'il ait voulu faire un simple legs, mais seulement qu'il n'a pas pris les moyens alors réguliers pour l'accomplissement de ses vues; — Considérant que, si dans l'ancien droit romain on faisait valoir comme fidéicommis ce qui ne pouvait valoir comme legs conditionnel, il n'en résulte pas qu'aujourd'hui surtout, on puisse faire valoir comme legs conditionnel ce qui ne peut valoir comme substitution fidéicommissaire, parce qu'autrement ce serait sans utilité que les lois des 25 oct. et 14 nov. 1792 auraient déclaré sans effet les substitutions qui n'étaient pas ouvertes; — Considérant que le décret impérial sus-énoncé ordonne que l'hospice Saint-Léonard se conformera à l'arrêté du 27 frim. an 9; que, par cet arrêté, le gouvernement a voulu libérer les hospices des frais de la procédure; que les formes de procéder, établies en exception aux lois générales, sont maintenues par l'avis du conseil d'Etat, approuvé le 1er juin 1807; qu'ainsi les procédures faites pour et contre l'hospice sont frustratoires, et que les frais doivent en être compensés;—Met les appellations au néant avec amende; — Condamne Mesvières-d'Artois aux dépens;—Compense ceux faits sur l'appel de l'hospice Saint-Léonard.

Du 27 juill. 1809.-C. de Limoges.

du légataire nominativement désigné, et sous une condition suspensive au profit des enfants à naître de son mariage (Bastia, 22 mai 1854, aff. Orlandi, D. P. 55. 2. 10).

136. La clause par laquelle un testateur, après avoir légué à une certaine personne tout ou partie de ses biens, dispose que, dans le cas où une autre personne parviendrait à sa majorité, ledit legs sera converti en un legs d'usufruit, et que la nue propriété appartiendra à cette dernière personne, ne constitue pas une substitution prohibée; c'est, quant à la nue propriété, un legs fait sous une condition résolutoire (Bruxelles, 15 déc. 1809 (1); V. aussi en ce sens MM. Toullier, t. 5, n° 41; Delvincourt, t. 2, note 7, sur la page 103; Rolland de Villargues, n° 194). Il faudrait, disent très-bien les auteurs cités, que l'appelé, dans ce dernier cas, ne dût recueillir qu'*après la mort* du grevé, au lieu d'être seulement obligé d'attendre sa majorité. — Il en serait donc de même de la disposition qui ne chargerait de rendre à plusieurs enfants, institués en second ordre, qu'au fur et à mesure de leur majorité (Conf. Colmar, 25 août 1825, aff. Kopp, n° 116; M. Duranton, t. 8, n° 84).

137. La clause par laquelle un père, après avoir légué la quotité disponible à son enfant unique, à charge par ce dernier de la rendre à ses enfants, dispose que, si le légataire vient à aliéner ou hypothéquer les biens composant sa réserve légale, il sera privé de l'usufruit des biens substitués, une telle clause peut être maintenue comme renfermant, non une disposition pénale contraire à la loi, en ce qu'elle paralyserait la libre disposition des biens, mais une simple option, laquelle n'a rien d'illicite (Req. 7 fév. 1851) (2).

138. La disposition d'un testament ainsi conçue : « Il m'est dû (au testateur) par les époux P... 61,000 fr. que je lègue à la dame P... ou à ses enfants, après la mort de ma fille, si elle n'a point d'enfants, » ne renferme point une substitution prohibée, mais bien un legs de libération conditionnel, qui, par suite, a dû être déclaré valable (Req. 30 déc. 1855) (3). La question de

(1) *Espèce* : — (Hérit. Massart.) — Le 9 brum. an 14, Marie Robert, veuve Massart, avait légué à son beau-frère, Jean Massart, la moitié de tous ses biens : « Mais, est-il dit dans le testament, au cas où Henriette Massart, ma fille, viendrait à son âge de majorité, le legs ci-dessus fait de la propriété de la moitié de mes biens sera converti en simple usufruit, et la propriété en appartiendra à ma fille. » — La testatrice meurt; et bientôt après, la fille. Les héritiers de celle-ci demandent la nullité du testament, pour substitution prohibée. — 10 janv. 1809, le tribunal de Nivelles prononce cette nullité, attendu que s'il y avait lieu d'attendre l'événement de la condition, c'est-à-dire l'âge de majorité de Henriette Massart, la propriété devait pendant ce temps reposer sur la tête de la première personne qualifiée, pour retomber ensuite sur celle de la seconde.

Appel du légataire. — Pour démontrer qu'il n'y avait pas dans la disposition charge de conserver et de rendre, l'appelant disait que la même disposition pouvait se traduire en ces termes : « L'institué recueillera l'usufruit et la nue propriété, si mon enfant n'atteint pas la majorité; il recueillera seulement l'usufruit, si l'enfant atteint la majorité. » Or ce n'est pas là une substitution, d'après l'art. 898. Ce n'était pas non plus un fidéicommis dans les lois romaines. — Arrêt.

La cour ; — Attendu que le testament dont il s'agit contient, dans son premier article, une institution pleine et entière de l'appelant dans la moitié des biens de la testatrice, et ne la subordonne à d'autre restriction que celle qui est établie à l'art. 3; — Que cet art. 3 renferme deux dispositions distinctes et soumises toutes deux à une même condition, savoir, l'avénement de la fille de la testatrice à l'âge de majorité; la première, par laquelle le legs fait à l'appelant de la moitié de la succession de la testatrice est révoqué; et la seconde, par laquelle il lui est fait un nouveau legs de l'usufruit de cette moitié, dont la propriété est en même temps laissée à la fille de la testatrice; qu'il suit de là que le testament dont il s'agit ne contient aucune substitution; — Emendant, etc.

Du 15 déc. 1809.-C. de Bruxelles.

(2) *Espèce* : — (Rouget C. Belot. — Le sieur de Ricci est décédé en 1819, laissant un testament à la date du 18 juin 1818, par lequel il léguait à la dame Belot, sa fille unique, la moitié de ses biens formant la portion disponible, avec charge de la rendre à ses propres enfants nés et à naître. Une autre clause portait : « Je prie ma fille de ne contracter aucun engagement commercial, et de n'aliéner, en aucune manière, les biens tant meubles qu'immeubles qui lui parviendront de ma succession. — Au cas où elle agirait contre cette dernière volonté, j'entends la priver de l'usufruit du legs que je lui ai ci-devant fait, et je le donne, dès à présent, aux enfants nés et à naître avec le sieur Belot, etc. »

Conformément à une consultation de Me Lacroix-Frainville, la dame Belot a demandé la nullité de cette clause dans laquelle elle voyait une défense d'aliéner sa réserve légale, c'est-à-dire des biens soustraits à l'empire du père de famille; et un jugement du tribunal de la Seine, en date du 18 mars 1820, rendu contre M. Boivin, tuteur à la substitution, a déclaré, en effet, cette condition nulle et réputée non écrite, comme contraire à la loi.

En 1825, la dame Belot hypothèque aux sieurs Rouget et autres des immeubles provenant de la réserve légale et d'autres qui lui avaient été légués par son père avec charge de restitution. — Des inscriptions sont prises, et plus tard, les créanciers font saisir-arrêter les revenus de quelques-uns de ces biens.

Alors, M. Belleserre, tuteur spécial des mineurs Belot, a formé tierce opposition au jugement de 1820, et a demandé que la condition de ne pas aliéner fût déclarée valable, et que, par suite de l'inexécution de cette condition, l'usufruit des biens substitués fût déclaré appartenir aux enfants Belot. — 25 mai 1828, jugement qui rejette cette tierce opposition comme mal fondée.

Appel par le tuteur, et le 5 fév. 1829, arrêt de la cour de Paris, qui infirme en ces termes : « Considérant qu'un donateur peut mettre à sa libéralité telles conditions qu'il lui plaît, pourvu qu'elles ne soient ni impossibles, ni contraires aux lois et aux mœurs; qu'il n'est pas de l'essence de la substitution permise par l'art. 1048 c. civ., que le grevé de substitution jouisse de l'usufruit des biens qu'il est chargé de conserver et de rendre, et qu'il peut même, aux termes de l'art. 1055, renoncer à cette jouissance; — Que l'art. 899 même code, qui permet de léguer à l'un l'usufruit et à l'autre la nue propriété, peut s'appliquer aux biens substitués comme aux autres biens disponibles; — Que Ricci, en léguant à sa fille la portion disponible de ses biens, à la charge de la conserver et de la rendre à ses enfants nés et à naître, a pu modifier cette libéralité à défaut d'accomplissement de certaines conditions; que la condition qu'il a imposée à sa fille, dans le but évident d'assurer des moyens de subsistance à ses petits-enfants, est licite et doit être exécutée relativement à la portion disponible dont le testateur pouvait priver entièrement sa fille; — Que la dame Belot a engagé à ses créanciers non-seulement les biens formant sa réserve légale, mais aussi ceux provenant de la libéralité de son père, notamment la maison rue des Vieux-Augustins, n° 44; — Qu'ainsi, la dame Belot a enfreint la condition qui lui était imposée; d'où il suit qu'elle doit être privée de l'usufruit de la portion disponible; — Que les créanciers de la dame Belot ont connu les dispositions testamentaires de Ricci et les droits éventuels des enfants Belot, légataires particuliers de l'usufruit de la quotité disponible, dans le cas prévu par le testateur; — Ordonne que le testament de Ricci sera exécuté dans la disposition qui interdit à la dame Belot la faculté d'aliéner les biens meubles et immeubles de la succession de son père, et qui, en cas d'infraction à cette défense, prive la dame Belot de l'usufruit des biens disponibles, et attribue cet usufruit aux enfants nés et conçus de la dame Belot; — Ordonne que délivrance de ce legs d'usufruit soit fait à Belleserre, en sa qualité de tuteur *ad hoc*; — Fait mainlevée de toutes inscriptions hypothécaires et saisies-arrêts, formées par les intimés sur Belot et sa femme, mais seulement en ce que lesdites inscriptions et saisies-arrêts peuvent grever l'usufruit dont il s'agit; leur effet réservé, s'il y a lieu, sur les autres biens des débiteurs. »

Pourvoi des sieurs Rouget et autres, pour violation des art. 896, 900, 913 et 1048 c. civ., et fausse application des art. 890 et 1055 du même code. — Arrêt.

La cour ; — Attendu que le sieur Ricci, léguant à la dame Belot, sa fille, la portion disponible de ses biens, dont il pouvait la priver entièrement en donnant cette portion à un étranger, a eu le droit d'imposer à ce legs telle charge ou condition qu'il a voulu, et que la dame Belot, de son côté, a pu s'exempter d'accomplir la condition, en renonçant au legs de la portion disponible; d'où il suit qu'elle n'a point été soumise à une prohibition absolue d'aliéner la réserve légale, et qui serait contraire à la loi, mais seulement à la nécessité de faire une option qui n'a rien que de licite; — Rejette (*a*).

Du 7 fév. 1851.-C. C., ch. req.-MM. Favard, pr.-Cassini, rap.-Lebeau, av. gén., c. contr.-Lacoste, av.

(3) *Espèce* : — (Hérit. d'Absac C. hérit. de Pouilly.) — Un testament olographe, fait le 8 oct. 1792, par le sieur de Custines, contient la disposition suivante : « Il m'est dû par la maison de Pouilly 61,000 fr., que je lègue à ma chère cousine (la dame de Pouilly), ou à ses enfants, après la mort de ma fille (la dame d'Absac), si elle n'a point d'enfants. » — Le sieur de Custines est mort en 1795. — Plus tard, la dame d'Absac, sa fille, est décédée sans laisser de postérité. — En 1826, les héritiers du sieur et de la dame de Pouilly, dont les biens avaient été confisqués par suite d'émigration, ayant réclamé l'indemnité qui était accordée par la loi du 27 avr. 1825, les héritiers de la dame d'Absac forment opposition à la délivrance de cette indemnité. — Ils fondent leurs prétentions sur ce que le legs de la créance de 61,000 fr., fait par le sieur de Custines, est nul comme renfermant une substitution, et que, par suite, les successions du sieur et de la dame de Pouilly sont tenues d'ac-

(*a*) M. Dalloz aîné avait délibéré, en faveur du système consacré par l'arrêt attaqué, une consultation publiée D. P. 51. 1. 80.

substitution dépendait, dans cette hypothèse, de la question de savoir si, *pendente conditione*, c'est-à-dire pendant l'intervalle qui séparait la mort du testateur de la mort de sa fille, cette dernière avait le droit d'exiger le payement des 61,000 fr. Si l'on admet qu'elle avait ce droit, on doit en conclure qu'elle était chargée de conserver cette somme et de la rendre lors de son décès, si elle mourait sans enfants, à la débitrice ou à ses enfants, et que par conséquent il y avait substitution; si, au contraire, on décide qu'elle ne pouvait pas exiger le payement, il en résulte qu'elle n'a rien eu à conserver et par conséquent rien à rendre; que, dès lors, les éléments constitutifs de la substitution prohibée font défaut. Or il a paru à la cour de Nancy que l'intention du testateur avait été que le remboursement ne pût être exigé, mais que les choses restassent en l'état jusqu'à l'événement de la condition, c'est-à-dire jusqu'au décès de la fille du testateur; et la cour de cassation, en présence de cette appréciation des faits, a dû décider qu'il n'y avait pas substitution et qu'ainsi la loi n'avait pas été violée par le maintien de la clause testamentaire. — V. les développements étendus auxquels se livre, sur cette affaire, M. Troplong, nos 158 et suiv

139. Les exemples que nous venons de parcourir contiennent une disposition faite sous condition résolutoire. — Passons aux cas de disposition sous *condition suspensive*

140. Un mari lègue à sa femme une partie de ses biens, *en*

---

quitter le montant de cette créance. — Jugement qui déclare nul le legs fait par Custines, comme renfermant une substitution.—Appel.

18 mars 1855, arrêt de la cour de Nancy qui infirme en ces termes : — « Considérant que..... il ne faut pas hésiter à regarder la baronne de Pouilly et ses enfants comme simultanément gratifiés; — Considérant que, ceci admis, il reste à examiner si ce legs de libération contient une substitution prohibée par la loi d'oct. 1792; que le testateur, voulant décharger conditionnellement la baronne de Pouilly et ses enfants de l'obligation de lui rendre la somme de 61,000 liv., n'avait pas besoin de les substituer à la créance de cette somme qu'il laissait à son décès dans sa succession recueillie par sa fille, la comtesse d'Absac; qu'entre les moyens d'éteindre cette obligation, dont parle l'art. 1234 c. civ., en tout conforme à l'ancien droit, rien ne l'obligeait à choisir de préférence la confusion, et à faire passer sa créance sur la tête de ses débiteurs, afin de cumuler dans leur personne la qualité de créanciers et d'obligés; qu'il lui suffisait de se renfermer dans une simple remise de dette, moyen différent de la confusion, mais non moins énergique; que c'est aussi ce qu'il a fait par la disposition attaquée, laquelle, sainement interprétée du point de vue de l'art. 1285 c. civ., et dépouillée des expressions inexactes qu'on y trouve, ne présente rien autre chose qu'une dispense de rendre la somme due; qu'ainsi la créance de 61,000 liv. sur la maison de Pouilly n'est pas passée au delà de la succession légitime du comte de Custines; qu'elle s'est éteinte avec la comtesse d'Absac et qu'elle n'est pas venue trouver les légataires et se fixer dans leurs mains; — Qu'il résulte de ceci deux conséquences remarquables qui enlèvent au legs de libération dont il s'agit le caractère de substitution que les intimés voudraient lui attribuer; — Qu'en premier lieu, en effet, le droit recueilli par la comtesse d'Absac, et celui dont les légataires ont profité, n'ont pas entre eux cette identité de nature qui caractérise la substitution; que le premier était une créance de 61,000 liv., le second, la destruction radicale de cette créance; celui-là renfermait quelque chose d'actif, celui-ci quelque chose de négatif; l'un engendrait une action, l'autre une simple exception péremptoire; — Qu'en second lieu, on est surtout frappé de l'impossibilité de trouver dans le legs en question la charge de rendre, qui constitue l'un des éléments de la substitution, et qui, suivant l'ordon. de 1747 (art. 40, tit. 1), ne pouvait jamais avoir lieu de plein droit, mais devait se réaliser par des moyens extérieurs et plus ou moins solennels; que la comtesse d'Absac n'était pas chargée de rendre aux légataires la somme même de 61,000 liv., puisque, d'après l'intention du testateur, cette somme devait être due par eux au moment de l'échéance de la condition, et n'a jamais été dans la succession; qu'elle n'était pas chargée de leur rendre un titre, puisque les légataires n'en avaient pas besoin et trouvaient le leur dans le testament; qu'enfin elle n'était pas chargée de les investir de la créance, puisqu'au moyen de la remise contenue dans le legs, cette créance était anéantie de plein droit au moment de l'échéance de la condition; qu'il n'y avait donc rien à rendre, et que l'émolument du legs arrivait à la baronne de Pouilly et à ses enfants, non par le fait intermédiaire de l'homme, toujours requis en matière de substitution, non par une tradition réelle ou feinte, puisqu'il n'y avait rien à délivrer, mais par un fait d'extinction opéré *ipso jure*, en vertu de la seule énergie que la loi attache à une remise de dette; — Que, dans l'interprétation des lois prohibitives des substitutions, tout est de rigueur et de droit étroit; que là où l'on ne rencontre pas, d'une manière précise et spécifique, les conditions et les formes d'un fidéicommis défendu, il n'y a pas lieu de prononcer la nullité de la disposition, soit sous prétexte d'équipollents, soit en mettant à la place des faits de la cause des circuits d'actions et des fictions que la loi repousse; qu'il importe peu que l'intérêt matériel, retiré par les légataires, soit à peu près le même que s'il y avait eu substitution d'une somme de 61,000 liv.; qu'il suffit de considérer que les légataires étaient en même temps débiteurs de cette somme, laquelle n'est jamais entrée dans la succession du comte de Custines; que la comtesse d'Absac n'avait contre eux qu'une créance et une action, et que, pour les en libérer, le testateur a trouvé, dans un legs de libération, des moyens simples et directs qui n'ont rien de commun avec les ressorts et les détours que la substitution met en jeu; — Qu'on oppose vainement à ce système que la comtesse d'Absac aurait pu, pendant que la condition était encore en suspens, exiger le remboursement de la somme de 61,000 liv., et qu'alors la disposition eût contenu, avec évidence, une charge de conserver, accompagnée d'une charge de rendre; — Qu'il n'est pas exact de dire que la somme aurait dû être payée *pendente conditione*; qu'en se plaçant en dehors des lois romaines, dont la contrariété se manifeste dans les lois 5, au Digeste, *De doli et metûs exceptione*, et 56, au Digeste, *De rebus creditis*, et en interrogeant la volonté du testateur, on voit que le comte de Custines entendait que la somme de 61,000 liv. fût encore en crédit au moment de l'échéance de la condition, et qu'il n'en libérait la baronne de Pouilly et ses enfants que parce qu'il supposait qu'elle serait due au décès de sa fille; que l'affection qu'il portait aux légataires ne permet pas d'admettre que, dans la position critique où ils se trouvaient placés par l'émigration, il ait autorisé sa fille à les forcer à un payement provisoire et conditionnel; que celle-ci devait se contenter des intérêts, et qu'il lui était nécessairement interdit de changer l'état des choses réglées par le testateur, dont la prévoyance avait cherché à concilier les droits de la comtesse d'Absac avec son amitié pour la maison de Pouilly, en différant le payement de la somme due jusqu'au moment où la condition viendrait à manquer;

» Considérant, d'ailleurs, qu'en abordant un nouvel ordre d'idées, et en supposant que le legs fait à la baronne de Pouilly et à ses enfants ait eu pour siége un objet de nature à se continuer après le décès de la comtesse d'Absac et susceptible de délivrance, il manquerait d'une autre condition sans laquelle il ne peut y avoir de substitution prohibée; — Qu'en effet, l'obligation de conserver, non moins essentielle sous l'empire de la loi de 1792 que sous le code civil, ne se trouve pas exprimée dans la clause du testament qui fait l'objet de la difficulté; qu'on ne saurait voir cette obligation dans la circonstance que la somme léguée devait appartenir aux légataires, après le décès de la comtesse d'Absac, si elle ne laissait pas d'enfants; qu'une pareille disposition se concilie avec l'intention qu'aurait eue le testateur de ne gratifier la baronne de Pouilly de la somme qu'elle lui devait, qu'autant que la comtesse d'Absac, son héritière, n'en aurait pas disposé de son vivant; que ce genre de disposition était usité dans l'ancien droit, notamment dans les pays où la coutume n'admettait pas les substitutions; que toujours elles y ont été déclarées valides, par cela même qu'elles n'imposaient pas nécessairement à l'héritier la charge de conserver et de rendre; qu'il y a donc même raison de le juger ainsi sous l'empire des lois nouvelles, qui n'ont eu pour but que de frapper les seules dispositions contenant charge de conserver et de rendre, parce qu'elles seules étaient contraires à l'intérêt de la société, ayant pour effet de retirer les biens du commerce, de nuire aux progrès de l'agriculture et de présenter souvent un moyen de fraude envers les créanciers;

» Considérant qu'en admettant qu'il y aurait doute sur la question de savoir si la disposition dont il s'agit renferme nécessairement une substitution prohibée, ce doute doit se résoudre en faveur de la disposition, d'après la maxime des lois romaines spécialement introduite pour les testaments, *in ambiguis docendi oportet ut magis valeat quàm pereat dispositio* (tit. 12, Digeste, *De rebus dubiis*); qu'il suffit donc que la clause du testament concernant le legs fait à la baronne de Pouilly puisse être raisonnablement interprétée dans un sens qui ne présenterait pas de substitution prohibée, comme on vient de le faire avec les auteurs et la jurisprudence, pour que la disposition soit déclarée valable, d'autant que le testateur n'est jamais censé avoir voulu faire ce que la loi défend, et ce qui entraînerait l'anéantissement de sa volonté; — Attendu que la cause, au fond, ainsi jugée, il devient inutile d'examiner le mérite de l'exception de prescription proposée; — Infirme. »

Pourvoi des héritiers d'Absac pour violation des lois des 25 oct.-14 nov. 1792 et de l'art. 896 c. civ. — Arrêt.

La cour; — Considérant que le principal motif de l'arrêt est fondé sur ce que la disposition testamentaire de M. de Custines contient, non un legs de transmission, qui ait pu avoir pour effet, de la part de madame d'Absac, de conserver et de rendre à madame de Pouilly, mais bien un legs de libération conditionnel; qu'ainsi l'arrêt, en décidant que cette disposition ne contenait pas une substitution prohibée par les lois, n'a pas violé les articles de lois invoqués; — Rejette.

Du 30 déc. 1855.-C. C., ch. req.-MM. Zangiacomi, pr.-Lebeau, rap.

cas que ses enfants meurent avant elle; y a-t-il là substitution prohibée de la femme aux enfants? — La question, qui peut se présenter souvent, avait donné, sous l'ancien droit, naissance à de grandes controverses. En Auvergne et en Bourbonnais, où les coutumes prohibaient les substitutions, comme le code, d'anciennes sentences avaient compris dans la prohibition des legs de cette espèce: c'est ce qu'attestent Chabrol, sur la première coutume, p. 128 et 129, et Auroux des Pommiers, sur la seconde, art. 324, nº 19. Mais les mêmes auteurs nous disent que la jurisprudence postérieure avait changé dans les mêmes tribunaux; que les avocats, soit de ces deux provinces, soit de Paris, avaient été de ce dernier avis, embrassé aussi par ces deux auteurs. Ils fondent leur sentiment sur ce qu'il n'a été fait qu'un legs à la mère; que les enfants ne sont pas institués ni chargés de rendre; que le legs n'est par conséquent que conditionnel, et que, la condition arrivant, il devient pur et simple.

La controverse s'est continuée entre MM. Grenier, t. 1, p. 119, et Toullier, nº 47. — La discussion du premier de ces auteurs se résume ainsi: La mention expresse de la charge de conserver et de rendre n'est pas nécessaire; il suffit « que la clause ne puisse s'exécuter autrement que comme une substitution, quelque tournure qu'on lui ait donnée. » Or telle est notre clause. « La femme, ou tout autre légataire, n'est pas légataire de l'usufruit. Il n'y aurait legs en sa faveur que de la propriété. Mais cette propriété appartiendrait d'abord aux enfants, en vertu du droit du sang; et ces enfants jouiraient des objets légués dès l'instant du décès du disposant; et dire que la femme aura, en vertu du legs, la propriété, si les enfants décèdent avant elle, c'est faire ouvertement une substitution. Il y a, contre les enfants, charge de conserver et de rendre. » — Tel est aussi le sentiment de MM. Rolland de Villargues, nº 87; Vazeille, sur l'art. 898, nº 4; Troplong, nº 158. — Selon M. Toullier, « on peut dire, au contraire, que cette clause ne renferme qu'un legs conditionnel fait à la mère sous la double condition: 1º qu'elle survivra à ses enfants; 2º que ceux-ci n'aient pas disposé avant leur décès, et que, la condition étant arrivée, le legs deviendra pur et simple. La disposition peut donc se réduire à la charge de rendre ce qui resterait à la mort des enfants, *si quid supererit*, disposition qui n'est pas défendue, comme en convient M. Grenier lui-même, p. 112. »

L'opinion de M. Toullier ne nous semble point exacte: il reconnaît qu'il y a pour les enfants charge de rendre; cela résulte de la disposition; mais de quels termes résulte donc le droit indéfini d'aliéner qu'on accorde ici aux grevés? Dans la substitution *de eo quod supererit*, le disposant ne réserve formellement au substitué que ce qui restera; la faculté d'aliéner, il l'attribue explicitement au grevé. Comment une telle faculté se suppléerait-elle? Nous n'hésitons donc pas, avec MM. Grenier et les autres auteurs précités, à voir dans la disposition dont il s'agit une substitution prohibée. — Remarquons toutefois que, dans l'espèce proposée, il faut supposer la survie des enfants au *testateur* pour admettre l'existence d'une substitution fidéicommissaire: les enfants morts avant leur père, la femme survivante recevrait directement les biens, en vertu de l'art. 898, par la voie de la substitution *vulgaire*.

141. « Je lègue à Paul, si mes enfants décèdent en minorité. » Cette fixation d'une époque peu reculée du décès des premiers institués semble à M. Rolland de Villargues, nº 88, un motif suffisant de s'écarter de l'opinion émise dans le cas précédent, où la condition de la mort des enfants avant la remise n'était modifiée par aucune détermination d'âge. « En effet, dit-il, on ne trouve pas, dans la clause, cette longue incertitude de la propriété qui forme l'un des caractères essentiels d'une substitution prohibée; elle ne présente plus que les effets ordinaires d'un legs conditionnel. Point de nécessité dès lors d'y voir une substitution. » — Nous hésitons à croire qu'il soit possible, dans la rectitude des principes, de concilier les deux opinions que M. Rolland vient d'émettre. Il nous disait, sur le premier cas où la mère était appelée après le décès de ses enfants, quelle qu'en fût l'époque: « N'est-ce pas réduire à un simple droit éventuel sa propriété aux biens légués? N'est-ce pas laisser reposer cette propriété sur la tête de ses enfants, tout aussi bien que s'ils eussent été expressément gratifiés à la charge de rendre à leur mort? N'est-ce pas dès lors établir un véritable ordre successif? » Or tous ces caractères ne sont-ils pas réunis dans la disposition que nous avons sous les yeux? — La durée de l'incertitude de la propriété sera moindre. Cela dépend encore des circonstances. Si l'enfant n'était que conçu ou d'un âge le plus tendre à l'époque où l'acte commence à produire son effet, la charge de conserver les biens pourrait se prolonger pendant plus de vingt ans; et d'ailleurs, c'est une règle générale qu'a posée le législateur, sans laisser à l'appréciation des jurisconsultes le soin de décider si dans tel cas il y aura plus ou moins longue incertitude de propriété. Il ne considère pas combien le grevé a de temps à vivre, selon toute probabilité, pour déclarer que la charge de conserver toute sa vie implique ou non substitution. Aussi a-t-on vu généralement une substitution prohibée, comme nous l'expliquons ci-dessus (nº 130), dans cette espèce, qui est, en résultat, la même que la nôtre: « Je lègue à Paul, et s'il meurt avant sa majorité, les biens retourneront à un tel. » M. Rolland n'objectera pas qu'ici Paul est expressément gratifié, puisqu'il convient lui-même, dans l'autre exemple, qu'il faut raisonner « tout comme si les enfants eussent été expressément gratifiés à la charge de rendre à leur mort» (V. aussi en ce sens MM. Bayle-Mouillard, sur Grenier, Observ. prélim., p. 217; Troplong, nº 158). — Jugé, conformément à notre opinion: 1º que la substitution par laquelle un père lègue la quotité disponible à l'un de ses fils, avec cette clause que, dans le cas où il viendrait à mourir avant sa majorité, ces biens seront dévolus à un tiers, constitue une substitution prohibée (Paris, 7 therm. an 12) (1); — 2º Que la clause par laquelle un testateur appelle un tiers à recueillir sa succession, « dans le cas où le légataire universel viendrait à mourir avant sa majorité ou son mariage, » renferme une substitution prohibée, bien que le disposant n'ait point dit: je charge de rendre (Paris, 30 août 1820) (2); — 3º Que le testament qui dispose que si l'héritier institué décède *avant sa majorité*, les sommes à lui

(1) *Espèce*: — (Frion C. Huvier.) — La dame Frion de la Tour avait deux fils, dont le plus jeune mourut, laissant pour héritier Jacques-Philippe Estevon, son fils, encore mineur. — Le 16 vent. an 9, elle fit un testament olographe portant: « Je lègue à Jacques-Philippe Estevon, mon petit-fils, hors part, tout ce que la loi me permet de lui donner, entendant que le revenu qui lui reviendra dans ma succession soit employé particulièrement à son éducation, et à lui procurer un état suivant son goût et ses dispositions; que ce revenu soit touché et reçu par mon exécuteur testamentaire ci-après énoncé, que je nomme, quant à ce, s'il en est besoin, son curateur, et que j'autorise à louer, régir et administrer tout ce qui pourra revenir à mon petit-fils. Dans le cas où il viendrait à mourir avant sa majorité, j'entends que tout reste à mon dit exécuteur testamentaire, le sieur Huvier. » — La dame Frion étant morte en prairial an 11, son fils aîné, oncle du mineur, demanda la nullité du legs, fondé sur ce que la disposition faite au profit du sieur Huvier constituait une substitution.

Le 17 pluv. an 12, le tribunal de Paris déclara la substitution nulle et le legs valable, « attendu que le testament dont il s'agit présente une double institution, par l'effet de laquelle la propriété demeure incertaine sur la tête du mineur Estevon: d'où il résulte qu'il y a substitution prohibée par l'art. 896 c. civ.; mais que la seconde partie de l'article, prononçant la nullité de la disposition qui contient la charge de conserver et de rendre, ne prononce pas que la première institution sera également nulle. » — Appel. — Arrêt.

LA COUR; — Adoptant les motifs des premiers juges, confirme, etc. Du 7 therm. an 12.-C. de Paris.

(2) *Espèce*: — (Dechenu C. demoiselle Montaigu.) — Le 25 déc. 1818, Sophie Delamarre, femme Dechenu, domiciliée à Auxerre, a fait un testament olographe dont voici les principales dispositions: — « J'institue ma légataire universelle Gabrielle de Montaigu, ma petite-nièce... —Dans le cas qu'elle viendrait à mourir avant sa majorité ou son mariage, j'entends que son frère Charles de Montaigu, mon petit-neveu, hérite de toute la succession que je laisse à sa sœur. — Je nomme pour administrateurs gérants de la succession que je laisse à ma légataire universelle, M... et M... — Je les nomme en même temps mes exécuteurs testamentaires; à raison du peu d'union qui existe entre le père et la mère de ma légataire universelle, j'entends et j'exige qu'elle ne demeure jamais avec eux, ou du moins jusqu'à sa majorité; qu'il ne leur soit jamais donné l'administration des biens que je lui laisse, quand ils viendraient à se réunir, ne la faisant ma légatrire universelle qu'à ces conditions, ainsi que Charles de Montaigu, mon petit-neveu, dans le cas où sa sœur viendrait à mourir avant sa majorité ou son mariage, comme

léguées, et les objets tant mobiliers qu'immobiliers *laissés libres* par ce décès, appartiendront à d'autres légataires désignés, renferme charge de conserver pour rendre, et doit être annulé comme entaché de substitution prohibée : une telle disposition ne peut être considérée comme une condition suspensive de l'existence des legs, que l'institué recueillerait à sa majorité seulement, s'il parvenait à cet âge (Req. 22 nov. 1842) (1); — 4° Que le legs fait à un mineur avec cette déclaration que dans le cas où il

il est dit dans le présent testament, etc. » — La testatrice est décédée en 1819. La dame de Montreuil, sa sœur, et la demoiselle de Guibaudon, sa nièce, ses héritières naturelles, ont demandé la nullité de la disposition, attendu qu'elle renfermait une substitution.

Le 17 fév. 1820, le tribunal d'Auxerre a prononcé cette nullité, considérant que l'ordre successif de deux transmissions est le caractère distinctif de la substitution prohibée par l'art. 896 c. civ.; que Charles de Montaigu n'est appelé qu'en deuxième ordre; que la testatrice a voulu que sa succession restât temporairement en suspens dans les mains de sa légataire, et qu'elle lui a interdit conséquemment la faculté d'en disposer, avant son mariage ou sa majorité; qu'il est d'autant moins permis d'en douter, qu'elle entend que, jusqu'à sa majorité, la légataire ne demeure point avec ses père et mère; qu'il ne leur soit jamais donné l'administration des biens qu'elle laisse.

Appel des sieurs Chopin et Demolène, exécuteurs testamentaires, et du sieur Lepère, tuteur *ad hoc* de la mineure de Montaigu. — On convenait, de part et d'autre, en principe, qu'on ne doit voir de substitution prohibée que là où elle résulte nécessairement des termes de l'acte. Mais, disaient les appelants, la substitution ici peut se résoudre en vulgaire. Il n'y a pas nécessité d'admettre que, dans la pensée du testateur, la demoiselle de Montaigu ait dû recueillir avant de décéder; il a pu prévoir le cas de décès, sans avoir recueilli, et appeler alors à sa place son frère Charles. — Arrêt.

La cour; — Considérant que la veuve Déchenu, après avoir institué en premier ordre Gabrielle-Clémence-Sophie de Montaigu, sa légataire universelle, n'a appelé Charles de Montaigu à la succession qu'elle laissait à sa légataire qu'en second ordre, et dans le cas où cette dernière viendrait à mourir avant sa majorité ou son mariage; que Sophie ayant été mise en état de recueillir son legs universel, se trouva, par l'événement comme par la volonté de la testatrice, nécessairement grevée de l'obligation de conserver et de rendre à Charles, son décès arrivant dans l'un ou l'autre des deux cas indiqués; qu'une pareille disposition renfermant les caractères constitutifs des fidéicommis, la transmission par ordre successif, ou le trait de temps, la charge de conserver et de rendre à un tiers dans un cas prévu est radicalement nulle, et quant à la substitution et à l'insubstitution; que l'art. 896 c. civ. qui prononce cette nullité, est conçu en termes clairs et absolus, qui ne souffrent ni interprétation ni distinction; — Confirme, etc.

Du 30 août 1820.-C. de Paris.

(1) *Espèce :* — (Valois C. Balandra.) — Le sieur Eugène Gellas décède laissant un testament olographe, en date du 25 août 1837, ainsi conçu : — « Je donne et lègue à Paul Justin Balandra, fils de Marie Balandra, ma fille de service, plus haut nommée, né à Caujac, le 12 juin 1836, tous les biens restant tant mobiliers qu'immobiliers m'appartenant, en quoi qu'ils puissent consister et de quelque nature qu'ils soient avec leurs appartenances et dépendances, savoir, etc.... En cas de décès de Paul-Justin Balandra avant sa majorité, les sommes à lui léguées en argent seront partagées par égales portions entre mes neveux susnommés, Théodore Gellas, etc.; enfin, les objets tant mobiliers qu'immobiliers devenus libres par le décès de Justin Balandra appartiendront à Jules Richard, mon neveu, à la charge par lui, etc. » ... Enfin la dernière clause du testament est ainsi conçue : « Je nomme M. Paul Berdoulat, mon exécuteur testamentaire, tuteur de Paul-Justin Balandra; le supplie de vouloir bien lui servir de père; je lui donne la gestion de tout ce qui pourra revenir audit Justin, sans avoir à rendre aucun compte; je l'autorise à le gouverner à son gré et volonté, sans que la mère, Marie Balandra, puisse en rien ni pour rien s'en mêler, sans son consentement même, si par inconduite ou mariage il jugeait convenable de la renvoyer de la maison léguée à Paul-Justin Balandra. Avec les revenus dont je le laisse absolument le maître, il devra pourvoir à son entretien et éducation, se payer de ses peines, car rien n'est plus juste et plus légitime, et Dieu seul peut le récompenser des peines qu'il prendra; s'il y a du résidu, il pourra le remettre à un notaire pour en faire le placement ou en acheter des terres à son gré et volonté. » — Les héritiers naturels, et parmi eux le sieur Valois, ont attaqué ce testament comme entaché d'une substitution prohibée.

Le 12 juin 1839, jugement du tribunal de Muret, qui déclare le testament valable par les motifs suivants : — « Attendu, en droit, que la principale question que le procès présente à juger est celle de savoir si les clauses que l'on vient de transcrire renferment une substitution prohibée dans le sens de l'art. 896 c. civ., ou ne contiennent qu'une simple disposition conditionnelle permise par la loi, et qui doit recevoir son exécution; — Attendu qu'aux termes de l'art. 896 précité, comme dans l'ancien droit, le caractère principal de la substitution fidéicommissaire consiste dans l'obligation de conserver et de rendre à un tiers, imposée à l'héritier donataire ou légataire; qu'ainsi cette espèce de substitution suppose que le premier institué ou légataire doit recueillir d'abord la disposition; que ce n'est que de sa main que le substitué doit la recevoir ensuite, de sorte que celui-ci n'est appelé que dans un ordre successif; — Attendu que cet ordre successif, indispensable pour constituer une substitution fidéicommissaire, ne peut exister lorsque le tiers n'est point appelé d'une manière absolue, puisque ce ne serait que dans le cas où la propriété devrait aller nécessairement et forcément se fixer sur sa tête qu'il y aurait pour le premier appelé obligation de conserver et de rendre; — Que, sous ce rapport, la disposition dont il s'agit ne se rencontre point dans le cas de l'article prohibitif;

» Attendu, en effet, que ces caractères essentiels de conserver et de rendre ne sont point nécessairement et forcément dans la disposition attaquée, puisque, si l'événement prévu par le testateur arrive, c'est-à-dire si Paul-Justin Balandra ne décède point avant sa majorité, en d'autres termes, s'il arrive à cet âge où l'on est capable de tous les actes de la vie civile, il restera propriétaire incommutable des biens qui ont fait l'objet des legs dont l'a gratifié Jean-Baptiste-Eugène Gellas; il pourra en disposer de la manière la plus absolue, la plus illimitée, faculté nécessairement incompatible avec la charge de conserver et de rendre; — Qu'il est donc vrai de dire et de proclamer que l'on ne rencontre pas dans l'espèce la vocation successive, qui seule peut caractériser la substitution fidéicommissaire, et qui suppose nécessairement l'exécution successive de deux libéralités au profit de deux individus qui recueillent l'un après l'autre le bénéfice d'une disposition; — Attendu que l'on ne doit voir dans la disposition litigieuse contenue dans le testament de feu Gellas qu'un legs fait sous une condition qui sera suspensive, à l'égard de Paul-Justin Balandra, jusqu'au moment où l'événement prévu arrivera ou n'arrivera pas, et résolutoire à l'égard des neveux et nièces du testateur, si la condition sous laquelle le legs a été fait en faveur de Paul-Justin Balandra reçoit son accomplissement; — Qu'en effet, en recherchant quelle a été l'intention de l'auteur de l'acte qui fait naître la difficulté, le but qui a préoccupé sa pensée lorsqu'il a rédigé ses dispositions dernières, n'importe dans quels termes il les a formulées, il est impossible de ne pas reconnaître que Paul-Justin Balandra n'a été gratifié en premier degré que sous la condition qu'il ne décéderait pas avant sa majorité, et que, si cette condition s'accomplit, les droits éventuels des neveux et nièces du testateur, appelés en seconde ligne, s'évanouiront; que, le cas contraire arrivant, c'est-à-dire si Paul-Justin Balandra décède avant sa majorité, il n'aura jamais recueilli la disposition, et, dans ce cas, les neveux et nièces de feu Gellas, appelés en seconde ligne dans le testament, seront saisis du legs fait à leur profit directement et immédiatement depuis le jour du décès de leur oncle; — Attendu, néanmoins, qu'on ne saurait se dissimuler que la question soumise au tribunal présente des difficultés sérieuses à raison de la diversité qui existe dans la jurisprudence; que si, en effet, l'on peut invoquer à l'appui de l'interprétation que le tribunal vient de donner aux dispositions testamentaires du sieur Eugène Gellas l'autorité de plusieurs décisions émanées, soit de la cour suprême, soit des cours royales, ainsi que le sentiment d'auteurs recommandables, il y en a d'autres, et en plus grand nombre peut-être, pour le système opposé; — Mais attendu que dans ce conflit d'opinions, dans cette diversité de jurisprudence, et dans le cas où le tribunal aurait pu hésiter à accueillir par les raisons ci-dessus déduites le système de défense présenté au nom du tuteur de Paul-Justin Balandra, il devrait s'empresser d'appliquer à la cause cette règle enseignée par l'unanimité des auteurs, et que tous les tribunaux du royaume n'ont cessé de proclamer; que, lorsqu'un acte présente un sens quelconque qui peut le faire valoir, il doit être préféré à celui qui l'anéantirait; que, par suite, lorsqu'une disposition testamentaire présentant l'idée d'une substitution peut s'appliquer naturellement, et avec vérité, soit aux dispositions de l'art. 898 c. civ., c'est-à-dire à une substitution vulgaire, soit à celles de l'art. 1040 du même code, c'est-à-dire à un legs conditionnel, elle doit être maintenue, quand même, considérée sous un autre rapport, elle pourrait ainsi donner lieu à l'application de l'art. 896, et être regardée comme contenant une substitution fidéicommissaire prohibée, les testaments plus qu'aucun autre acte devant être toujours entendus *magis ut valeant quàm ut pereant*; que telle est l'opinion professée par M. Toullier, t. 5, n° 44, de son Cours de droit français, lorsqu'il dit qu'on ne doit annuler une disposition qu'autant qu'elle présente nécessairement une substitution, et qu'elle ne peut être soutenue ni interprétée d'aucune autre manière; — Attendu qu'on a encore invoqué, dans l'intérêt du sieur Justin Balandra, la tendresse excessive que lui portait le testateur et la misère et l'abandon qui seraient la suite de l'annulation du testament, opposés à la fortune très-considérable des demandeurs; mais que ces considérations ne pourraient, dans aucun cas, influer sur une décision qui ne doit être basée que sur les principes du droit, et que, dès lors, il est, sous tous les rapports, inutile de s'en occuper; — Attendu que la décision que vient de rendre le tribunal sur cette première question rend inutile l'examen de toutes les autres qui lui ont été soumises. » —

viendra à mourir avant sa majorité ou son mariage, ce legs sera recueilli par une autre personne dénommée dans le testament, constitue une substitution prohibée : on prétendrait en vain ne voir là qu'un legs conditionnel ou une substitution vulgaire (Limoges, 6 juin 1848, aff. David, D. P. 49. 2. 144).

142. « Je lègue tels biens à Paul, s'il survit à mon héritier institué. »—Cette disposition renferme une substitution. Qu'objecterait-on? Que l'héritier institué n'est pas un véritable grevé; qu'il n'a pas été gratifié à la charge de rendre? Mais les legs ne sont qu'un retranchement, une délibation de l'hérédité, *delibatio hæreditatis*, sans lesquels la chose léguée aurait appartenu à l'héritier (L. 116, ff., *De legat.*-1°). C'est lui qui recueille les legs caducs, même à l'exclusion des légitimaires, qui n'ont rien à prétendre au delà de leur réserve. Quant au légataire, c'est un véritable substitué; son droit n'est-il pas éventuel pendant toute l'existence de l'institué? — En pareil cas la cour de cassation a reconnu une substitution prohibée (Rej. 8 juin 1812, aff. Merendol, V. n° 155); et telle est l'opinion de M. Rolland de Villargues, n° 89.

143. On conçoit que les mêmes raisons de décider s'appliqueraient au cas où le second legs comprendrait des biens faisant partie, non d'une institution d'héritier universel, mais d'un legs, soit à titre universel, soit à titre particulier, pourvu que la chose à rendre dût passer éventuellement, et dans un ordre successif, d'un premier à un second légataire. — Tel serait le cas où l'objet de la libéralité, étant mobilier, appartiendrait d'abord au légataire de l'universalité des meubles (M. Rolland de Villargues, *loc. cit.*). — Jugé de même, dans le cas où le testateur, après avoir institué conjointement deux légataires, ajoute que si l'un d'eux meurt sans enfants, il lui substitue le survivant (Bordeaux, 18 mars 1823) (1).

144. Toutefois, s'il s'agissait d'une donation entre-vifs, et

---

Appel par les héritiers. — Arrêt de la cour de Toulouse du 18 janv. 1841, ainsi conçu : — « Attendu que le sort de l'appel interjeté par les parties de Desquerre dépendant uniquement du point de savoir s'il y a ou non substitution fidéicommissaire prohibée dans l'art. 12 du testament attaqué, il faut, avant de l'examiner, se pénétrer des principes qui doivent servir de guide dans l'appréciation desdites dispositions testamentaires ; — Attendu que l'art. 896 c. civ. ne se borne point à prohiber les substitutions et à en prononcer l'annulation, mais qu'il déclare même nulle la disposition première et directe faite en faveur de l'héritier institué ou légataire; — Attendu qu'une rigueur aussi exorbitante, et que le législateur a jugée nécessaire pour proscrire à jamais les substitutions, ne saurait être appliquée qu'aux dispositions dans lesquelles se manifeste avec évidence la charge de conserver et de rendre imposée par le testateur; — Attendu qu'à la vérité il n'est point nécessaire que cette obligation soit imposée en termes formels, mais qu'il faut qu'elle résulte bien clairement des termes du testament; — Que, dans le doute, le juge doit se prononcer pour le maintien de l'acte; qu'il en doit être surtout ainsi, comme il a été dit, lorsque la peine de nullité s'étend à une disposition régulière et valable, et plus particulièrement dans cette cause, où les sentiments du sieur Gellas pour sa famille auront pu l'entraîner malgré lui, malgré les précautions dont il s'était entouré, à commettre une nullité qu'il prenait tant de soins d'éviter;

Attendu que, pour reconnaître une substitution, il faut rechercher si la disposition renferme deux libéralités simultanées avec ordre successif dans les deux gratifiés, de telle sorte que le second gratifié survivant recueille ce que le premier n'a pu aliéner ou donner à son préjudice; — Attendu que le sieur Gellas, dans l'art. 11 de son testament, lègue tous les biens dont il n'a pas disposé dans les articles précédents à Justin Balandra; — Que cette institution est pure et simple dans cet article, et que l'héritier aura été saisi à la mort du testateur, si le testament ne détruit pas ces dispositions dans les clauses suivantes;

Attendu que, dans l'art. 12, le sieur Gellas se borne à déclarer que, dans le cas de décès de Justin Balandra avant sa majorité, les sommes à lui léguées en argent seront partagées entre trois de ses neveux, le linge entre deux neveux ou nièces, et Marie Balandra, mère de l'institué; — Que, dès lors, le testateur n'a porté ni voulu porter aucune sorte d'atteinte à l'institution qui saisissait Balandra au décès du sieur Gellas, et qu'il n'a voulu modifier cette institution qu'au cas de décès de Justin avant sa majorité; — Que le but du testateur n'a été autre que d'empêcher la mère de Balandra d'hériter de son fils mourant en minorité, et de faire passer le legs sur d'autres têtes, sur des neveux ou nièces; mais que les biens ont fait impression sur la tête de Balandra; qu'il est obligé par le testament de les conserver et de les rendre, puisque le testateur veut que, dans le cas prévu, les sommes à lui léguées soient partagées entre d'autres;

Attendu que le but ci-dessus se manifeste plus clairement encore dans clause suivante, où le testateur dispose, toujours pour le cas de décès de Balandra avant sa majorité, du linge à lui légué, que la femme Balandra doit partager avec deux autres légataires; que le testateur ajoute encore que les objets, tant mobiliers qu'immobiliers devenus libres par le décès de Justin Balandra, appartiendront à Jules Richard, son neveu; d'où il suit évidemment qu'ils n'étaient pas libres avant le décès dudit Justin, ce qui ne peut avoir un autre sens que de déclarer de plus en plus qu'avant le décès de Balandra la propriété desdits biens reposait sur sa tête; — Qu'aussi est-ce dans le cas seulement de la mort de Justin avant sa majorité que des charges annuelles et viagères sont imposées à Jules Richard, le second gratifié, en faveur de la mère de Justin, premier gratifié, parce qu'alors la femme Balandra perdait tout moyen d'existence et les ressources qu'elle avait eues jusque-là dans l'institution de son fils; — Attendu que la saisine de Justin Balandra se trouve plus pleinement confirmée encore par l'article suivant, le treizième du testament, dans lequel le sieur Gellas, en nommant le sieur Berdoulat son exécuteur testamentaire, le nomme en même temps le tuteur dudit Justin, lui donnant la gestion de tout ce qui pourrait lui revenir sans rendre compte; — Qu'il faut donc de toute nécessité qu'il soit revenu quelque chose audit Justin, et que ce ne peut être que les biens à lui légués par l'art. 12, dont il faut, par conséquent, qu'il ait été investi; que la suite de cette clause le démontre plus clairement encore, puisque le testateur, croyant pouvoir enlever à la mère la tutelle, l'administration et la jouissance des biens de son fils, autorise le sieur Berdoulat à la renvoyer de la maison léguée à Justin Balandra; — Qu'il est impossible, après des clauses aussi claires, aussi géminées, aussi nettement articulées, de pouvoir trouver dans cette disposition autre chose qu'une institution en faveur de Justin Balandra, laquelle l'a saisi dès l'instant du décès de Gellas, et qui ne cesse de produire effet que par le décès de l'institué avant sa majorité;

Attendu que ce n'est qu'au cas où cet événement se réalise que les biens compris dans l'institution passent aux autres appelés, s'ils sont vivants; que ce n'est donc pas un legs conditionnel qui leur a été fait, legs qui les aurait saisis dès le décès de Gellas, et dont ils n'auraient été dépouillés qu'au cas où la prétendue condition résolutoire serait arrivée par le décès de Balandra avant sa majorité; que cette condition résolutoire a été apposée, non au legs, mais à la substitution, déjà conditionnelle de sa nature; et qu'il est impossible de méconnaître dans le testament; que, s'il en était autrement, les substitutions échapperaient toujours à la prohibition de la loi, puisqu'il suffirait de dire, par exemple, que, si l'institué venait à décéder, non point avant sa majorité, mais avant sa centième année, les biens passeraient à d'autres légataires que le testateur voudrait appeler en second ordre; — Attendu qu'il suit de tout ce que dessus qu'il y a évidemment substitution prohibée, laquelle vicie la disposition même et doit en faire prononcer l'annulation; — Par ces motifs, réformant, etc. » — Pourvoi. — Arrêt.

LA COUR; — Attendu qu'il résulte du testament d'Eugène Gellas, du 25 août 1837, que la volonté dudit Eugène Gellas a été que Justin Balandra, premier héritier institué, fût saisi, dès l'ouverture de la succession, de la propriété des biens à lui légués, avec charge de les rendre, en cas de mort avant sa majorité, aux neveux, nièces et fille de service du défunt, désignés dans ledit testament; qu'il y est encore expliqué que les biens ainsi légués ne seront libres qu'au décès dudit Justin Balandra, à qui un tuteur est nommé, avec dispense de tout rendement de compte; — Attendu que ces dispositions renferment évidemment tous les caractères d'une substitution fidéicommissaire, puisqu'on y trouve charge de conserver et de rendre, avec trait de temps et ordre successif; que l'époque de l'ouverture de la substitution fixée à la mort de Balandra avant sa majorité, n'en change point la nature et les caractères, tels que les définit l'art. 896 c. civ., dont les dispositions sont précises et absolues; d'où il suit qu'en déclarant que ledit testament renferme une substitution fidéicommissaire prohibée par la loi, la cour royale de Toulouse, loin de violer ledit art. 896 c. civ., en a fait, au contraire, une juste application; — Par ces motifs, rejette.

Du 22 nov. 1842.-C. C., ch. req.-MM. Lasagni, pr.-Faure, rap.-Delangle, av. gén., c. conf.-Lanvin, av.

(1) *Espèce :* — (Hérit. Guillaumeau.) — Le 22 avr. 1822, décès de Marie Guillaumeau, laissant un testament public, du 22 fruct. an 12, par lequel elle lègue à Jacques et Catherine, ses frère et sœur « la totalité des meubles et immeubles qui composeraient sa succession; et dans le cas, est-il ajouté, où l'un ou l'autre arriverait à décéder sans enfants, je veux que l'effet du présent testament tourne au profit du survivant. » — Sur la demande d'un frère de la testatrice la nullité du testament a été prononcée par le tribunal d'Angoulême, le 22 mars 1821 : « Attendu que la nommée Marie Guillaumeau, en instituant Jacques et Catherine Guillaumeau, ses frère et sœur, ses héritiers universels, et en leur léguant, en pleine propriété, l'universalité de ses biens meubles et immeubles, a voulu néanmoins que, dans le cas où l'un ou l'autre de ces deux derniers arriveraient à décéder sans enfants l'un avant l'autre, l'effet de son testament tournât au profit seul du survivant d'eux; — Attendu qu'une telle disposition contient une véritable substitution prohibée par l'art. 896 c. civ., en ce que celui qui prédécé-

que le donateur eût déclaré faire la même donation à un tiers, dans le cas où le donataire décéderait avant lui testateur, il n'y aurait pas là de substitution prohibée, encore qu'il fût dit dans l'acte que les deux donataires sont saisis de la propriété dans l'ordre et suivant les conditions de leur vocation (Poitiers, 5 avril 1818) (1). En effet, rien ne s'oppose à ce que le testateur stipule la résolution de la donation pour le cas où le donataire décéderait avant lui; et, dans cette hypothèse, en supposant la condition résolutoire accomplie, il est parfaitement libre de faire donation de la même chose au profit d'un autre.

145. La clause qui n'appelle le légataire d'une chose particulière à la recueillir, « que pour le cas où il survivrait au légataire universel, par lui-même, ou sa postérité légitime en ligne directe, » peut, selon le cas, ne pas constituer une substitution; elle n'en renferme pas une s'il paraît que, dans l'intention du testateur, la nue propriété des biens formant le legs particulier a été acquise du moment du décès au légataire particulier (Amiens, 20 fév. 1819) (2).

146. *Quid* si la libéralité était subordonnée à la condition de survie, non plus aux enfants ou héritiers du disposant, ni à

---

derait l'autre sans enfants serait chargé de conserver et de rendre à celui qui lui survivrait; qu'alors les deux colégataires ne pourraient pas se dire propriétaires irrévocables des biens compris dans l'institution, tandis que cette propriété leur a été transmise par ledit testament; qu'au moyen d'une telle clause, le testament de Marie Guillauméau se trouvant nul, ne peut produire aucun effet. » — Appel. — Arrêt.

LA COUR; — Adoptant les motifs des premiers juges, confirme.

Du 18 mars 1825.-C. de Bordeaux.-M. Marbotin, 1er pr.

(1) *Espèce:* — (Ferret et Bonnin C. dame Chevillon.) — Le 15 nov. 1816, la dame Geneviève Chevillon, veuve Thouars, a fait une donation entre-vifs de la nue propriété d'un champ, en faveur de Marie Ferret et dans les termes suivants: « Dans le cas où Marie Ferret, donataire, viendrait à prédécéder la donatrice, celle-ci déclare faire la même donation entre-vifs et irrévocable, en faveur de Jean Ferret et de Madeleine Bonnin, sa femme, père et mère de Marie Ferret. Au moyen de tout quoi la donatrice s'est démise et dessaisie de la nue propriété de la pièce de terre par elle ci-dessus donnée, en a vêtu et saisi Marie Ferret, et, en cas de prédécès de celle-ci, lesdits Jean Ferret et sa femme, pour en jouir et disposer aussitôt le décès arrivé de la donatrice. » — Quelque temps après, la dame Chevillon a demandé la nullité de cette donation, comme prohibée par l'art. 896 c. civ. L'acte du 15 nov. a dit la donatrice, saisit, d'une part, Marie Ferret de la propriété de l'objet donné, et, d'autre part, ce même acte dispose qu'en cas de prédécès de la donataire, la propriété passera de ses mains dans celles des sieur et dame Ferret, ses père et mère. Il est vrai que si Marie Ferret survit à la donatrice, elle conservera la propriété de la pièce de terre qui lui a été donnée, et que ses père et mère ne pourront alors y prétendre aucun droit; mais tout ce qui résulte de cette objection, c'est qu'au lieu d'être pure et simple, la substitution est conditionnelle; or on sait bien que toute substitution fidéicommissaire, soit pure et simple, soit sous condition, est frappée de nullité par la loi. — Le 26 août 1817, le tribunal de Parthenay, adoptant ces moyens, déclare nulle la donation. —Appel. — Arrêt.

LA COUR; — Considérant que, d'après les art. 900 et 944 c. civ., il est permis de faire des dispositions entre-vifs ou testamentaires conditionnelles, pourvu que les conditions y apposées ne soient pas contraires aux lois et aux bonnes mœurs, et que l'exécution desdites conditions ne dépende pas de la volonté du donateur ou testateur; — Considérant qu'une donation, quoique conditionnelle, n'en est pas moins irrévocable quand le donateur s'est dessaisi de la chose donnée, et que la condition est indépendante de sa volonté; — Considérant que les donations conditionnelles ne sont pas en général comprises dans la prohibition prononcée par l'art. 896 c. civ.; que cet article ne prohibe que les substitutions fidéicommissaires, c'est-à-dire celles par lesquelles le donataire est chargé de conserver et de rendre à un tiers; — Considérant que l'art. 898 déclare même qu'il n'y a pas de substitution dans la disposition par laquelle un tiers est appelé à recueillir le don dans le cas où le donataire ne le recueillerait pas, et que cet article valide une telle disposition; — Considérant, dans l'espèce, que la veuve Thouars a disposé du champ du Châtaignier en faveur de la mineure Marie-Anne Ferret, qui a accepté cette donation, mais sous la condition que celle-ci lui survivrait, et qu'au cas de prédécès de sa part, elle a donné ledit champ du Châtaignier aux père et mère de ladite mineure Ferret, qui l'ont également accepté; qu'on ne peut voir dans cette disposition qu'une donation conditionnelle non réprouvée par la loi, la condition imposée n'ayant aucun des caractères de celles prescrites par les art. 900 et 944 c. civ.; que cette disposition rentre dans le cas prévu par l'art. 898 du même code, c'est-à-dire que les père et père de la mineure Ferret sont appelés à recueillir la donation faite par la veuve Thouars à la mineure Ferret, dans le cas où celle-ci venant à décéder avant la donatrice, ne pourrait pas la recueillir; — Considérant que, d'après cela, on ne peut pas dire que la donation dont il s'agit renferme une substitution prohibée par la loi; — Infirme.

Du 5 avr. 1818.-C. de Poitiers.

(2) *Espèce:* — (Dame Jéhu C. demoiselle de Cryel.) — Par testament du 4 janv. 1812, le comte de Serans a fait les dispositions suivantes: — « Voulant faire un legs universel, dans toute la force et l'étendue de la loi, je lègue l'universalité des biens et droits mobiliers et immobiliers qui m'appartiendront au jour de mon décès, à dame Clotilde-Louise Saguer de Luigné mon épouse, que j'institue ma légataire universelle de tous mes biens, pour lui appartenir en toute propriété et jouissance, du jour de mon décès et en être saisie de plein droit. » — Suivent plusieurs legs particuliers. Puis le testament continue ainsi: — « Je lègue à demoiselle Charlotte-Reyne de Cryel, pour le cas où elle survivrait à ma légataire universelle, par elle-même ou sa postérité légitime en ligne directe seulement; dans le cas contraire, j'entends que son legs, devenu caduc, accroisse dans sa totalité au legs universel..... — Je lègue à la demoiselle Charlotte-Reine de Cryel une rente annuelle de 4,000 fr., franche de toutes contributions présentes et à venir, laquelle rente courra du jour de mon décès et sera payable par quart, de trois mois, pendant la vie de mon épouse, ma légataire universelle. Cette rente s'éteindra le jour du décès de madite épouse, l'entrée en jouissance des biens détaillés ci-dessous devant la remplacer.... — Je donne à la demoiselle Charlotte la nue propriété des biens détaillés ci-dessous, dont mon épouse aura l'usufruit sa vie durant, et le jour du décès de madite épouse, la demoiselle Charlotte-Reyne de Cryel réunira de plein droit la jouissance à la propriété desdits biens, qui consistent, savoir: etc. » (Suit la désignation des biens qui composent la presque totalité de la succession.) — Décès du testateur. — Sa veuve, légataire universelle, remariée au sieur Jégu, a attaqué la disposition faite au profit de la demoiselle de Cryel, sous deux rapports: — 1° Elle a prétendu que la demoiselle Cryel était l'enfant adultérin de son mari, le fruit des relations intimes que ce dernier avait eues, pendant son mariage, avec une paysanne nommée Françoise Lépine. — Pour établir ce vice d'adultérinité, la dame Jéhu rapportait plusieurs lettres écrites par le comte de Serans, son mari, dans lesquelles elle prétendait que se trouvait la preuve positive de sa paternité, sans même qu'il fût besoin d'en faire la recherche. Elle invoquait surabondamment une foule de faits qui pouvaient démontrer encore que la demoiselle de Cryel était l'enfant adultérin du comte Serans: c'est lui qui l'avait fait élever, et qui avait payé les frais de son éducation; il lui avait, pour ainsi dire, donné ses noms dans son acte de naissance; car il s'appelait Charles de Clery, et elle était nommée Charlotte de Cryel: ce dernier nom fait exactement l'anagramme de Clery, etc. — 2° La dame Jégu a prétendu que la disposition faite au profit de la demoiselle de Cryel était nulle, comme renferman une substitution prohibée. — Le testament du comte de Serans établit un ordre successif de transmission, puisque, après avoir fait à sa femme un legs universel, dans toute la force et l'étendue de la loi, et l'avoir saisie de la propriété et jouissance de tous ses biens, la demoiselle de Cryel ne pouvait plus être appelée à en recueillir une partie qu'après que la dame Jégu les aurait elle-même recueillis. — Vainement prétendrait-on que cette disposition renferme un legs d'usufruit au profit de la dame Jégu, et un legs de la nue propriété, au profit de la demoiselle de Cryel; disposition autorisée par l'art. 899 c. civ. Il est vrai que le testament contient ces termes: « Je donne à ladite demoiselle la nue propriété de biens, détaillés ci-dessous, dont madite épouse aura l'usufruit, sa vie durant, etc. » Mais cette disposition ne détruit pas la précédente faite en faveur de la dame de Serans; elle explique seulement ce qui arrivera, dans la réalité et par le fait, si la demoiselle de Cryel recueille la disposition qui lui est faite: alors la dame Jégu n'aura réellement eu qu'un droit d'usufruit, qu'une jouissance viagère. La propriété actuelle de la dame Jégu est tellement certaine, que si la demoiselle de Cryel ne pouvait recueillir le bénéfice de sa disposition, parce que la condition sous laquelle elle est faite ne viendrait pas à s'accomplir, ce serait à la dame Jégu que la chose resterait. — Prétendrait-on encore que la disposition ne renferme qu'un legs conditionnel? mais est legs conditionnel, un legs dont la condition se trouve placée entre le testateur et le légataire immédiat. Si, au contraire, la condition est interposée entre un premier et un second légataire, la disposition forme une substitution; telle est celle par laquelle une personne est chargée de rendre ce qu'elle a reçu à un autre, si cet autre lui survit: dans ce cas, la condition agit du légataire au légataire, et non du testateur au légataire. Ainsi la condition du prédécès de la dame de Serans et de survie de la demoiselle de Cryel est une condition qui se rencontre, non pas entre le sieur de Serans et cette demoiselle, mais entre la dame de Serans et elle. — Enfin, la dame de Serans invoquait l'opinion de trois jurisconsultes recommandables, MM. Hemery, Delacroix-Frainville et Bellart, lesquels, consultés par la demoiselle de Cryel, s'étaient exprimés ainsi: « Il faut tenir pour constant que la disposition faite au profit de la demoiselle de Cryel est nulle, comme contenant une substitution

un premier gratifié, mais à un tiers simplement désigné? « Je lègue telle chose à Pierre s'il survit à Paul. » C'est une condition qui n'a rien d'illicite. Quel sera le grevé dans l'espèce? L'héritier *ab intestat.* Mais ce n'est pas à sa mort que cet héritier sera tenu de rendre. Il ne conservera pas nécessairement toute sa vie; son droit dépendra, comme celui de l'appelé, de la plus ou moins longue existence du tiers désigné. Le caractère essentiel à la substitution manque. Cette solution, qui nous paraît évidente, est donnée aussi par M. Rolland de Villargues, n° 90.

147. La question changerait si le tiers était usufruitier, et que la condition de la vocation fût la survie de l'appelé.—V. nos observ. (*infrà*, art. 2, § 1).

148. L'institution faite par une femme en faveur de son mari, ainsi conçue: « Dans le cas où il aurait un ou plusieurs enfants à son décès, je le nomme et institue mon héritier universel; et pour le cas où il n'en aurait pas à son décès, j'institue, etc., » ne doit pas être déclarée nulle comme faite sous condition prohibée par l'art. 1040, ou comme renfermant une substitution soit au profit des enfants du mari, ou des héritiers de la femme (Besançon, 3 mars 1819) (1).

---

prohibée. Il n'y a de valable que le legs de la rente viagère de 4,000 fr. »

Le 15 juill. 1818, le tribunal de Beauvais maintient la disposition attaquée.— Appel.— Arrêt.

La cour; — En ce qui touche le moyen d'incapacité pour cause d'adultérinité opposé à Charlotte-Reyne de Cryel: — Considérant que les art. 762 et 908 c. civ. ne seraient pas illusoires par l'impossibilité de les appliquer en aucun cas, si les tiers n'étaient pas admis à prouver l'adultérinité, et, par suite, l'incapacité d'individus se présentant comme héritiers, donataires ou légataires, puisque, indépendamment de plusieurs cas faciles à indiquer, l'art. 340 du code, qui interdit la recherche de la paternité, énonce un cas dans lequel le ravisseur, s'il était marié, pourrait être déclaré père d'un enfant qui serait adultérin et auquel les articles précités seraient applicables; — Adoptant, au surplus, sur ce point, les motifs des premiers juges;

En ce qui touche la question de savoir si le testament de François Clery de Serans contient une substitution fidéicommissaire: — Considérant que, quelle que puisse être la force des expressions dont s'est servi le testateur pour faire un legs universel en faveur de son épouse, elles ne sauraient avoir l'effet d'y comprendre la nue propriété des biens particulièrement léguée par le même testament à Chrlotte-Reyne de Cryel, lesquels, au contraire, par cette disposition particulière, sont absolument exceptés et retranchés du legs universel, au point que la légataire universelle n'aurait aucun droit sur ces biens, si par la même disposition l'usufruit ne lui en était pas légué, avec l'expectative de réunir à cet usufruit la nue propriété par accroissement à son legs universel, si Charlotte-Reyne de Cryel ne lui survit pas elle-même ou par sa postérité légitime en ligne directe;

Considérant que s'il pouvait y avoir quelque doute à cet égard, il serait facilement levé: 1° par cette même disposition ordonnant l'accroissement du legs particulier devenu caduc au legs universel, puisque l'accroissement n'aura lieu qu'à raison du retranchement précédemment fait sur le legs universel pour former le legs particulier; 2° par la déclaration du testateur qu'il excepte des biens compris au legs particulier et entend faire entrer dans le legs universel le château de Montaugny et ses dépendances; ce qui prouve que Charlotte-Reyne de Cryel, n'ayant pas la nue propriété de ce château et dépendances, réservés à la légataire universelle, a celle des autres biens composant son legs particulier; 3° par cette autre déclaration du testateur, que sa femme aura une portion de ses biens en propriété, et une autre en viager; d'où il suit qu'elle n'a pas la nue propriété de la portion qui ne lui est léguée qu'en viager, sauf le droit d'accroissement au cas déterminé par le testateur;

Considérant que la nue propriété des biens dont il s'agit, étant particulièrement léguée à Charlotte-Reyne de Cryel, pour le cas où, par elle-même ou par sa postérité légitime en ligne directe, elle survivrait à la veuve de Serans, et celle-ci devant, dans le cas contraire, réunir cette nue propriété à l'usufruit par accroissement, il s'ensuit que l'un et l'autre légataire n'ont quant à présent qu'un droit éventuel, une expectative sur cette nue propriété qui reste jacente jusqu'à l'événement de la condition apposée au legs; que cet état d'incertitude cessera par l'événement de la condition, soit au cas de survie de Charlotte-Reyne de Cryel par elle-même ou par sa postérité légitime et directe à la veuve de Serans, soit dans le cas contraire, parce que dans l'un ou l'autre cas la propriété pleine et irrévocable se fixera sur l'une ou l'autre des légataires, et que celle sur qui l'impression en sera faite ne tiendra rien de l'autre, *ordine successivo*, mais, sans trait de temps entre elle et l'autre légataire, se trouvera saisie directement par le testateur de cette propriété;

Considérant à l'égard des moyens puisés dans ces expressions du testament, *ou par sa postérité légitime en ligne directe seulement*, qu'ils sont au moins prématurés, et quant à présent inefficaces, puisque Charlotte-Reyne de Cryel, pouvant survivre par elle-même à la légataire universelle, n'aurait pas besoin de sa postérité pour être reconnue propriétaire définitive et irrévocable des biens dont il s'agit; qu'elle n'est pas chargée de conserver et de rendre à cette postérité, soit avant le décès de la veuve de Serans, ce qui lui serait impossible, soit après, n'y étant pas obligée par le testateur;

Considérant que si l'on était fondé à soutenir que la disposition relative à la postérité légitime et directe de Charlotte-Reyne de Cryel est réprouvée par l'art. 906 c. civ., parce qu'au décès du testateur aucun enfant de la légataire n'aurait été conçu, il s'ensuivrait que cette disposition serait nulle et incapable de produire une substitution fidéicommissaire grevant Charlotte-Reyne de Cryel, en faveur de sa postérité, si le testateur eût créé une telle substitution par cette disposition, ce qui n'est pas; de sorte que cette disposition nulle ne saurait préjudicier à Charlotte-Reyne de Cryel; — Adoptant au surplus, sur la question de la substitution, les motifs des premiers juges, confirme, etc.

Du 20 fév. 1819.-C. d'Amiens, aud. sol.-MM. Dupin aîné et Girardin, av.

(1) *Espèce*: — (Héritiers Ody C. veuve Ody.) — La première femme de Laurent Ody a fait le 30 germ. an 13 un testament par acte public, où elle institue son mari héritier universel en ces termes: « Et dans le cas où ledit Ody, mon mari, aurait un ou plusieurs enfants à son décès, je le fais, nomme et institue pour mon héritier seul et universel, dans la généralité de tous les biens, meubles et immeubles quelconques, dont je n'ai pas ci-devant disposé, à charge, etc.; et dans le cas où ledit Laurent Ody, mon mari, n'aurait pas d'enfants à son décès, j'institue pour mes héritiers seuls et universels, etc. » — En 1816, les parents de la femme de Laurent Ody ont attaqué le testament.—Le 9 juin 1817, le tribunal de Pontarlier a annulé l'institution et validé le testament quant à la forme.— Appel.— Arrêt.

La cour; — Considérant que les institutions ainsi que les legs peuvent être faits sous telles condiditions qu'il plaît au testateur, pourvu qu'elles n'attaquent point les bonnes mœurs et qu'elles ne soient pas contraires aux lois; qu'on ne peut opposer l'art. 1040 c. civ., puisqu'il prévoit le cas où l'héritier décède avant l'accomplissement de la condition, et que, dans l'espèce, la condition doit s'accomplir au moment même du décès; que le code civil n'est pas introductif d'un droit nouveau, les lois romaines distinguant l'époque qu'elles appellent *dies cessit* de celle appelée *dies venit*, présentent plusieurs cas analogues à celui de l'espèce actuelle; d'abord lorsqu'il n'est question que du terme où l'héritier doit être saisi, indépendamment de toutes les conditions, *quando dies cesserit*, elles n'hésitent pas à prononcer que l'héritier a qualité à l'instant de la mort, mais que de plus elles portent cette même décision lorsque la condition est attachée au terme, à l'époque du décès; les commentateurs anciens et modernes entendent et expliquent ces lois dans ce sens; — Considérant que la testatrice paraît avoir eu elle-même cette intention, à en juger par le choix et le rapprochement des expressions dont elle s'est servie, et rien ne doit être plus sacré aux yeux des juges que la volonté formellement exprimée d'un testateur; qu'en effet la testatrice, en disant: « et dans le cas où mon mari aurait un ou plusieurs enfants à son décès, je l'institue, » semble n'avoir eu en vue que cet incident même de la mort, auquel elle rattache également et dans la même phrase soit la condition d'enfants survenants, soit l'institution de son mari; que déclarer nulle cette institution ce serait se prononcer contre le texte précis de la volonté de la testatrice qui ne parle que de l'instant du décès, contre la décision des lois romaines sur hypothèses semblables, et contre les interprétations qu'en donnent les commentateurs;

Considérant qu'on ne peut pas non plus envisager cette institution comme renfermant une substitution, soit au profit des enfants du mari, soit au profit des héritiers de la femme; en effet il est de principe incontestable que la personne mise dans la condition n'est pas pour cela dans l'institution; dans l'espèce le mari n'est point institué à la charge de rendre, mais purement et simplement dans le cas de la condition survenante, et rien ne l'empêchait de disposer à son gré dans le cas où la condition se vérifierait, et de donner à un tiers, quel qu'il fût, puisque personne n'étant appelé pour jouir après lui et recevoir de lui, on ne peut pas dire qu'il était saisi de la succession, parce qu'il jouissait des biens à titre d'usufruit par une autre clause du testament, qu'on ne peut pas dire non plus, que dans le cas de non-survivance des enfants du mari, les héritiers de la femme étaient substitués, puisque dans ce cas ils étaient appelés en premier ordre par la testatrice et auraient été considérés comme lui ayant succédé du jour de sa mort et sans intermédiaire; — Par ces motifs, émendant quant à ce, déboute les appelants de leur demande en nullité de l'institution, ordonne que le surplus de la sentence sera exécuté.

Du 3 mars 1819.-C. de Besançon.-M. Chifflet, pr.

149. Il n'y a qu'un legs conditionnel autorisé par l'art. 898 dans le legs fait à un individu sous la condition qu'il se mariera, et qui, au cas où il ne se marierait pas, doit être recueilli par une personne : en un tel cas, la propriété reste en suspens jusqu'au mariage, et si le mariage n'a pas lieu, le légataire en second est saisi directement des objets légués, et sans qu'ils aient jamais appartenu au premier légataire (Req. 20 déc. 1831) (1). Il en serait autrement, et il y aurait substitution, si, après un

(1) *Espèce :* — (Potron C. hérit. Potron.) — En 1821, testament de la demoiselle Trumeau, par lequel elle lègue l'usufruit successif d'une partie de ses biens au sieur Chiron et à la veuve Potron, ses neveu et nièce, pour être recueilli après eux par Bernard Potron, son petit-neveu. — Puis elle lègue, à ce petit-neveu, la nue propriété de tous ses biens meubles et immeubles, sous la condition qu'il se mariera; et, dans le cas contraire, lègue les mêmes biens à la demoiselle Giraudeau de Germon, sa cousine; — Enfin, et pour le cas où ces dispositions viendraient à être attaquées comme contenant une substitution prohibée, la testatrice lègue tous ses biens, sans condition, audit Bernard Potron, son petit-neveu... — « 1° Je donne et lègue à madame veuve Potron, ma nièce, demeurant à Niort, l'usufruit pendant sa vie, à partir du jour de mon décès, d'une maison à moi appartenant, située à Fontenay. — Je donne et lègue à M. Chiron, mon neveu, frère de ladite dame Potron, l'usufruit pendant sa vie, aussi à partir du jour de mon décès, 1° d'une rente annuelle et perpétuelle de 400 liv., à moi due par M. Dubois; 2° d'une rente annuelle de 21 décal. 8 lit. de froment ; 3° d'une autre rente annuelle et foncière de 24 décal. 9 lit. — 2° Je donne et lègue à Charles-François-Bernard Potron, mon petit-neveu, demeurant avec moi, l'usufruit, pendant sa vie, savoir : 1° à partir du jour du décès de madame veuve Potron, sa mère, de la maison dont je viens de léguer à cette dame l'usufruit; 2° à partir de celui du sieur Chiron, son oncle maternel, des rentes dont je viens également de léguer l'usufruit à ce dernier; 3° et à partir du mien, de tous les autres biens meubles et immeubles que je laisserai en mourant. Je dispense mondit petit-neveu de fournir une caution à raison de cet usufruit; mais il sera tenu de faire faire bon et fidèle inventaire. — 3° Quant à la nue propriété de tous les biens meubles et immeubles qui, au jour de ma mort, m'appartiendront et composeront ma succession, je la donne et lègue audit Charles-François-Bernard Potron, mon petit-neveu, sous la condition qu'il se mariera, si déjà il n'était marié lors de mon décès, auquel cas la condition serait accomplie. — 4° Dans le cas où ledit Charles-François-Bernard Potron, mon petit-neveu, me prédécéderait, j'appelle alors : premièrement, madite dame veuve Potron, ma nièce, et mondit sieur Chiron, mon neveu, conjointement, à recueillir le legs d'usufruit que je viens de faire audit Charles-François-Bernard Potron, mon petit-neveu; deuxièmement, et mademoiselle Marie-Adélaïde-Modeste Giraudeau de Germon, ma cousine, à recueillir le legs de nue propriété que je viens de faire audit Charles-François-Bernard Potron, tel qu'il l'eût lui-même recueilli, s'il m'eût survécu, à la seule différence qu'à l'égard de ladite demoiselle de Germon, le legs de la nue propriété de mesdits biens meubles et immeubles sera pur et simple et ne sera soumis à aucune condition. — 5° Si ledit Charles-François-Bernard Potron, mon petit-neveu, ne se marie pas, je donne et lègue alors la nue propriété des biens meubles et immeubles que je laisserai en mourant à ladite demoiselle de Germon, pour y réunir et consolider l'usufruit, savoir : 1° à l'égard de la maison dont j'ai légué ci-dessus l'usufruit à madame veuve Potron, soit à partir du jour de son décès, si elle survit audit Charles-François-Bernard Potron, son fils, soit à partir du décès de ce dernier, si c'est lui qui survit à sa mère; 2° quant aux rentes dont j'ai aussi légué ci-dessus l'usufruit à M. Chiron, soit pareillement à partir du jour de son décès, s'il survit audit Charles-François-Bernard Potron, son neveu, soit à partir du jour du décès de ce dernier, si au contraire il lui a survécu; 3° et pour ce qui concerne l'usufruit de tous mes autres biens meubles et immeubles, à partir du jour du décès dudit Charles-François-Bernard Potron. — Telles sont les dispositions dont j'ai depuis longtemps conçu le projet, et sur le sort desquelles j'ai pris l'avis de plusieurs jurisconsultes et avocats distingués. J'ai donc tout lieu de croire, d'après les consultations qui m'ont été données, que ces dispositions sont à l'abri de toute critique, et que mes intentions sont conformes à la loi. — 6° Mais si, contre mon attente, mon présent testament venait à être attaqué dans les dispositions qu'il contient en faveur de mon petit-neveu, Charles-François-Bernard Potron, sous prétexte qu'elles referment une substitution prohibée par la loi, je veux et entends alors que la condition que je lui impose de se marier, soit considérée comme non écrite, et qu'il recueille, audit cas de contestation, purement et simplement et sans condition, immédiatement après mon décès, le legs de la nue propriété de tous les biens meubles et immeubles que je posséderai en mourant, sans préjudice de l'usufruit de ces mêmes biens qu'il devra réunir et consolider à ladite nue propriété, ainsi que je l'ai ci-dessus ordonné et aux époques ci-dessus déterminées. Je fais cette dernière disposition subsidiaire en faveur de mon petit-neveu, Charles-François-Bernard Potron, parce que, dans le cas où mes intentions ne pourraient être exécutées telles que je les ai ci-dessus exprimées, je préfère en faire le sacrifice, et que ce petit-neveu que je chéris, et pour lequel je me sens la plus tendre affection, recueille un jour ma succession de préférence à tous autres, etc. »

En 1824, décès de la demoiselle Trumeau, suivi, en 1825, de l'inventaire des meubles et papiers de sa succession. — Le sieur Chiron et dame Potron ainsi que le mineur Bernard Potron, furent mis en possession des legs d'usufruit que leur avait faits la testatrice. — Mais, en 1828, arriva le décès de Bernard Potron, âgé de douze ans. — Question de savoir alors si, dans sa succession qui, devait se partager entre la veuve Potron, sa mère, et plusieurs héritiers collatéraux, les sieurs Lainé et autres, se trouvaient comprise la nue propriété des biens meubles et immeubles légués par la demoiselle Trumeau. — Les héritiers collatéraux de Bernard Potron soutenaient que ces biens faisaient partie de sa succession, et qu'ils devaient y prendre part; qu'étant mort à douze ans, avant l'âge où il pouvait se marier, il n'avait pas dépendu de Bernard Potron de remplir la condition imposée à son legs; que cette condition devait donc être regardée comme accomplie, sa mort, avant l'âge nubile, équivalant à mariage.

La dame veuve Potron soutenait, au contraire, que le testament de la demoiselle Trumeau, sa tante, renfermait diverses substitutions prohibées, notamment dans les clauses relatives aux legs successifs d'usufruit, et surtout dans le legs de nue propriété fait à son fils, avec charge de transmettre à la demoiselle de Germon, dans le cas où il ne se marierait pas; ce qui constituait une substitution fidéicommissaire, prohibée par l'art. 896 c. civ....; d'où la veuve Potron concluait que le testament de sa tante était nul, et qu'elle avait dû, de son propre chef, et à l'exclusion de son fils, recueillir sa succession. — A quoi les héritiers collatéraux de Bernard Potron répliquaient encore qu'en tout cas, et puisque la veuve Potron attaquait le testament de sa tante comme entaché de substitution prohibée, c'était le cas, aux termes du même testament, de déclarer que Bernard Potron avait recueilli les biens de sa tante, sans condition, et qu'en conséquence ces biens devaient toujours être considérés comme faisant partie de sa succession. — Dans cette contestation intervenait, enfin, la demoiselle de Germon, représentée par son tuteur, et soutenant que le testament de la demoiselle Trumeau était valable et ne renfermait pas de substitution prohibée, mais seulement un legs subordonné à la condition de mariage de Bernard Potron, condition qui ne s'était pas réalisée, et au défaut de laquelle les biens légués devaient appartenir à la demoiselle de Germon, appelée à recueillir la libéralité au cas où Bernard Potron ne la recueillerait pas lui-même.

1er juin 1829, jugement du tribunal de Niort, qui ordonne que le partage demandé des biens meubles et immeubles délaissés par la demoiselle Trumeau aura lieu, en ce qui concerne la nue propriété, entre les héritiers de Bernard Potron, pour, par chaque copartageant, y réunir l'usufruit suivant l'ordre et les époques déterminées par la testatrice, etc.

Mais, sur l'appel, arrêt infirmatif de la cour de Poitiers, du 30 juill. 1830, en ces termes : « Considérant que pour apprécier le testament de la demoiselle Trumeau et décider si la clause qui donne lieu au procès renferme ou non un legs purement conditionnel ou une substitution prohibée par la loi, il est indispensable d'en examiner les diverses dispositions, de les rapprocher et de découvrir, tant par leurs caractères que par les expressions de la testatrice, quelle a été sa volonté et si cette volonté est susceptible d'exécution; — Considérant que par une première disposition en faveur de Charles-François-Bernard Potron, son petit-neveu, elle lui a légué l'usufruit de tous ses biens meubles et immeubles pour en jouir, savoir : 1° à partir du jour du décès de la dame veuve Potron, sa mère, d'une maison située à Fontenay, dont elle avait d'abord légué l'usufruit à cette dame; 2° à partir du décès d'un sieur Chiron, son oncle maternel, de trois articles de rentes dont elle avait également légué l'usufruit à ce dernier; 3° à partir du sien, de tous ses autres biens meubles et immeubles; — Considérant que, par une disposition immédiate, elle a légué au même Potron, son petit-neveu, la nue propriété de tous ses biens meubles et immeubles, sous la condition qu'il se marierait, si déjà il n'était marié lors de son décès, auquel cas la condition serait accomplie; — Considérant qu'une telle disposition, isolée et détachée de ce qui suit ou précède, ne renfermerait rien de contraire à la loi, et ne présenterait aucun caractère de substitution; qu'on ne pourrait la considérer que comme un legs conditionnel dont la validité, dans l'intention de la testatrice, dépendait de l'accomplissement de la condition imposée, de sorte que le légataire n'aurait pas été immédiatement saisi par son décès; que les héritiers naturels n'auraient été dépouillés de leur droit à la nue propriété que par l'accomplissement de cette condition; qu'à la vérité, ils n'auraient pu en disposer d'une manière irrévocable avant la certitude acquise que la condition ne pourrait s'accomplir; mais que le légataire, de son côté, n'aurait rien pu y prétendre avant son accomplissement; que dans le cas enfin où il n'aurait pas été légataire de l'usufruit, il n'aurait eu, jusqu'à cet accomplissement, aucun droit aux fruits qui auraient irrévocablement appartenu aux héritiers naturels; — Considérant que la testatrice prévoyant ensuite le cas

legs pur et simple fait au premier légataire, le testateur avait dit qu'au cas où le légataire ne se marierait pas, il léguait l'objet de

où elle survivrait à son petit-neveu, appelle la veuve Potron, sa nièce, et le sieur Chiron, son neveu, à recueillir conjointement le legs d'usufruit qu'elle lui avait fait, et la demoiselle Marie-Adélaïde-Modeste Giraudeau de Germon à recueillir le legs de nue propriété tel que le mineur Potron l'eût recueilli lui-même en cas de survie et sans la soumettre à aucune condition;— Considérant que cette disposition, loin de renfermer une substitution prohibée, est formellement autorisée par l'art. 898 c. civ.;— Considérant que, par une disposition ultérieure, la testatrice a déclaré que si Potron, son petit-neveu, ne se mariait pas, elle donnait et léguait la nue propriété de tous ses biens meubles ou immeubles à ladite demoiselle de Germon, pour y réunir et consolider l'usufruit, savoir, 1° de la maison de Fontenay, à partir du jour du décès de la veuve Potron, si elle survivait à son fils, et à partir du décès de ce dernier, s'il survivait à sa mère; 2° des trois rentes léguées en usufruit à son neveu Chiron, à partir du jour de son décès, s'il survivait à son neveu Potron, et à partir du décès de celui-ci, s'il survivait à son oncle; 3° de tous ses autres biens meubles et immeubles, à partir du jour du décès dudit Potron;— Considérant que l'événement prévu par cette disposition est arrivé; que Potron est décédé postérieurement à la testatrice, avant d'avoir atteint l'âge requis pour le mariage;— Considérant que la testatrice a déclaré, par une disposition finale, que dans le cas où son testament serait attaqué dans ses dispositions en faveur de son petit-neveu, sous prétexte qu'elles renferment une substitution prohibée par la loi, elle voulait et entendait que la condition de se marier fût considérée comme non écrite, et qu'audit cas de contestation, il recueillît purement et simplement, sans condition et immédiatement après son décès, le legs de nue propriété;

» Considérant qu'il résulte de ces faits et des conclusions des parties, que la cour a à décider : 1° si la seule existence de la contestation ayant pour objet, de la part des intimés, de faire considérer les dispositions faites en faveur du mineur Potron comme renfermant une substitution prohibée, donne lieu à l'application de la clause par laquelle elle a déclaré que, dans le cas prévu, la condition de se marier serait réputée non écrite; 2° si cette condition doit être réputée non écrite, parce que le décès du mineur Potron, avant d'avoir atteint l'âge nécessaire pour contracter mariage, en a rendu l'accomplissement impossible; 3° si la disposition présentée par les intimés comme renfermant une substitution fidéicommissaire, en a, en effet, les caractères;— Sur la première question : — Considérant qu'en s'exprimant comme elle l'a fait, la testatrice n'a pas eu en vue le cas où ses dispositions en faveur de son petit-neveu seraient attaquées par des motifs frivoles ou spécieux, mais seulement celui où la nullité serait susceptible d'en être légalement prononcée, parce qu'elles renfermeraient réellement une substitution prohibée;

» Sur la deuxième question : — Considérant qu'il résulte des termes du testament que l'intention de la testatrice a été que son petit-neveu ne recueillît la nue propriété de ses biens que dans le cas où il se marierait, et que, dans le cas contraire, elle fût dévolue à la demoiselle de Germon; qu'elle n'a point distingué le cas où la condition imposée ne s'accomplirait pas par une cause dépendante de la volonté du légataire, de celui où cet accomplissement ne pourrait avoir lieu à raison de son décès avant d'être nubile; qu'il résulte, au contraire, des termes de l'acte que, dans sa pensée, la demoiselle de Germon devait recueillir la nue propriété de tous ses biens meubles et immeubles, pour y joindre l'usufruit de la manière prévue par la disposition, si son petit-neveu venait à décéder sans s'être marié, soit qu'il fût ou non parvenu à l'âge nubile; que cette pensée s'est manifestée d'abord dans la disposition par laquelle, en cas de prédécès de son petit-neveu à qui elle avait légué la nue propriété de tous ses biens, à condition qu'il se marierait, si déjà il n'était marié lors de son décès, elle appelle la demoiselle de Germon à recueillir ce legs de nue propriété tel qu'il l'eût lui-même recueilli s'il eût survécu, avec dispense de toute condition; 2° en ajoutant, par une disposition subséquente, que s'il ne se mariait pas, elle donnait et léguait également cette même nue propriété à ladite demoiselle de Germon; ce qui indique suffisamment qu'elle ne voulait pas excepter de la disposition le cas où Potron décéderait avant d'être parvenu à l'âge fixé par la loi pour contracter mariage; — Considérant qu'une telle condition imposée par la testatrice à son petit-neveu n'avait rien de contraire aux principes, aux mœurs ou à l'ordre public; qu'elle forme la loi des parties, et qu'on doit y faire l'application des dispositions de l'art. 1040 c. civ., qui porte que toute disposition testamentaire faite sous une condition dépendante d'un événement incertain, et telle que, dans l'intention du testateur, cette disposition ne doive être exécutée qu'autant que l'événement arrivera ou n'arrivera pas, sera caduque si l'héritier institué ou le légataire décède avant l'accomplissement de la condition; — Considérant que, loin d'être introductif d'un droit nouveau, cet article n'a fait que consacrer les principes en vigueur dans l'ancien droit, ainsi que cela résulte spécialement de l'autorité de Domat (Lois civ., liv. 5, tit. 1, sect. 8, où il dit en se fondant sur la loi 2, ff., *De condit. et demonst.*) : — «Les conditions, dans un testament, sont des dispositions particulières qui font partie de celles du testateur, et qu'il y ajoute pour régler l'effet qu'il veut y donner, si un cas qu'il prévoit arrive ou n'arrive point; soit qu'il fasse dépendre de cet événement la validité de ce qu'il ordonne de cette manière, ou que seulement il veuille y faire quelque changement selon le cas qui arrivera. Ainsi, par exemple, un testateur peut léguer une dot à une fille en cas qu'elle se marie, et ce legs dépendra de l'événement de son mariage, et n'aura son effet que quand elle viendra à se marier; » — Considérant qu'un legs fait à une personne en cas qu'elle se marie, ne diffère en rien de celui qui, comme dans l'espèce, est fait à condition que le légataire se mariera; que, dans l'un comme dans l'autre cas, la disposition ne peut avoir d'effet que lorsque la condition est accomplie;

» Sur la troisième question : — Considérant qu'une disposition ne peut être frappée de nullité comme renfermant une substitution fidéicommissaire prohibée par l'art. 896 c. civ., que lorsque celui qui a été gratifié est chargé de conserver et de rendre à un tiers gratifié en second ordre; — Considérant que cet ordre successif et indispensable pour constituer une substitution fidéicommissaire, ne peut exister lorsque celui qui est gratifié en premier ordre ne l'est que sous une condition de l'accomplissement de laquelle dépende la validité de la disposition; — Considérant que Potron n'avait été gratifié au premier degré que sous la condition qu'il se marierait; que cette condition avait reçu son accomplissement, les droits éventuels de la demoiselle de Germon auraient été anéantis; mais que, par une conséquence nécessaire de son décès avant d'avoir été marié, il n'a jamais recueilli la disposition, en telle sorte que l'on ne rencontre pas, dans l'espèce, la vocation successive qui seule peut caractériser la substitution fidéicommissaire, et qui suppose nécessairement l'exécution successive de deux libéralités au profit de deux individus qui recueillent, l'un après l'autre, le bénéfice d'une disposition;

» Considérant que la condition sous laquelle la testatrice a gratifié Potron a suspendu l'effet de la disposition; que, jusqu'à l'accomplissement de cette condition, le légataire ne possédait rien; qu'il n'avait qu'une espérance à la chose léguée, et que la propriété ne résidant pas en sa personne, il n'a pu la transmettre à ses héritiers; — Considérant que les principes d'après lesquels on vient de décider que le décès de Potron, avant d'être parvenu à l'âge nubile, avait fait défaillir la condition et annulé le legs de nue propriété qui lui avait été fait, peuvent également servir à prouver qu'il n'existe pas, dans l'espèce, de substitution fidéicommissaire; — Considérant, en effet, qu'il n'était institué que sous la condition qu'il se marierait; — Que, jusqu'à l'accomplissement de cette condition, il ne pouvait disposer du legs dont il n'avait la jouissance qu'en vertu de la clause qui lui conférait l'usufruit, mais qu'il n'avait aucun des droits qui constituent la propriété, et sans lesquels elle ne peut exister; — Considérant que, jusqu'à l'accomplissement de la condition ou jusqu'au moment de la certitude acquise qu'elle ne pourrait s'accomplir, la nue propriété des biens de la testatrice était incertaine et flottante, mais qu'il n'est pas exact de prétendre que des héritiers en aient été irrévocablement dépouillés; qu'il est certain, au contraire, que si la demoiselle de Germon était décédée, soit avant la testatrice, soit après la testatrice, mais avant Potron, le décès de celui-ci avant l'accomplissement de la condition apposée à la libéralité dont il était l'objet, les aurait saisis de cette propriété qu'il n'aurait pu transmettre à ses héritiers personnels, puisqu'il ne l'aurait pas possédée;

» Considérant qu'il faut bien distinguer l'effet d'une disposition où, comme dans l'espèce, la nue propriété léguée à Potron, sous la condition de se marier, est léguée à la demoiselle de Germon dans le cas où il ne se marierait pas, de celui d'une disposition par laquelle, après avoir légué purement et simplement la nue propriété audit Potron, la testatrice aurait ajouté que, dans le cas où il ne se marierait pas, elle la donnait et léguait à la demoiselle de Germon, parce que, dans ce dernier cas, Potron, saisi du legs par le décès de la testatrice, aurait été chargé de le conserver et de le rendre dans le cas prévu, tandis que l'effet nécessaire de la condition a été de différer l'exécution de la disposition et de la rendre nulle du moment où son accomplissement est devenu impossible;—Considérant qu'en manifestant la volonté, qu'en cas de contestation, son petit-neveu recueillît le legs de nue propriété qu'elle lui avait fait, sans condition et immédiatement après son décès, la testatrice a fait connaître que, dans sa pensée, le legs ne devait, dans les termes de la disposition conditionnelle, être recueilli qu'après l'accomplissement de la condition; — Considérant que la volonté exprimée par un testateur doit toujours servir de règle pour interpréter ses dispositions, et que, s'il existe quelque incertitude, l'interprétation doit toujours être faite dans un sens favorable plutôt que contraire à leur exécution. »

Pourvoi en cassation : — 1° Violation de l'art. 896 c. civ., en ce que l'intention évidente de la testatrice étant évidemment d'instituer son petit-neveu, qu'il se marie ou non, il y avait lieu de voir une substitution prohibée dans la disposition qui déclarait, en cas de non-mariage, les biens réversibles sur la tête de la dame Germond; 2° Violation de l'art. 1172 c. civ. Le testament, disait-on, sur le deuxième moyen, a deux parties bien distinctes : il contient, au profit de la même personne, deux legs de différente nature; le premier est un legs subordonné à la condi-

la disposition à une autre personne (Nîmes, 11 août 1812) (1). Dans ce dernier cas, en effet, la propriété, en vertu du legs pur et simple, aurait d'abord résidé sur la tête du premier légataire pendant toute sa vie, et ce serait seulement à son décès, arrivé sans qu'il se fût marié, que le droit du second légataire se serait ouvert; ainsi toutes les conditions de la substitution prohibée se seraient réalisées dans cette hypothèse.

150. La clause qui offre le concours des deux dispositions conditionnelles (*résolutoire* et *suspensive*) que nous venons d'examiner séparément, est de toutes la moins facile à distinguer de la substitution prohibée. Dans la substitution, en effet, il y a aussi deux dispositions conditionnelles : l'une sous condition résolutoire, qui appelle le grevé jusqu'à un certain temps, *ad certum tempus*; l'autre sous condition suspensive, qui appelle le substitué après que l'autre a recueilli, *ex certo tempore*. — La règle à suivre, pour ne pas confondre dans la prohibition de l'art. 896 c. nap. la clause dont il s'agit, c'est qu'il est nécessaire, en cas de substitution, que le droit du premier institué ne soit résoluble qu'à son décès, qu'après qu'il a joui des biens toute sa vie, et que le droit du second institué soit suspendu jusqu'à cette époque. Ainsi, qu'il soit dit dans la clause : « Paul recueillera mes biens; mais il les rendra à sa fille si elle atteint sa majorité, » la condition, résolutoire pour Paul, suspensive pour sa fille, n'étant pas le décès de Paul, il n'y aura pas là substitution prohibée. — V. en ce sens, quant à la nue propriété, Bruxelles, 13 déc. 1809, aff. Massart, V. n° 136.

151. Mais il y a substitution prohibée dans le legs de la portion disponible à deux enfants, à la condition que, s'ils viennent à se marier, et que l'un d'eux seulement ait des enfants, ceux-ci recueilleront dans la succession de leur oncle décédé sans postérité la portion de biens qu'il aura obtenue dans la quotité léguée (Agen, 1er juin 1838) (2).

152. Maintenant supposons les deux dispositions conditionnelles soumises l'une et l'autre à une condition suspensive. Par exemple : « Je lègue telle chose au survivant de Pierre ou de Paul; » ce qui signifie en d'autres termes : « Je lègue à Pierre s'il survit à Paul, je lègue à Paul s'il survit à Pierre. » Le legs est simplement conditionnel : ici point d'ordre successif, caractère essentiel de la substitution. Le prédécédé n'a pas eu de droit acquis, puisque ce droit était subordonné au prédécès de son colégataire, qui lui a survécu; il n'a donc rien pu transmettre. En attendant le décès de l'un des deux légataires, c'est l'héritier qui conservait la propriété; et par l'effet rétroactif de la condition, le survivant sera censé la tenir directement et immédiatement du testateur (M. Rolland de Villargues, n° 95).

153. Henrys, t. 3, l. 3, quest. 23, pose une espèce examinée

tion du mariage du légataire universel; le second est pur et simple, et celui-ci doit prévaloir si la validité de la première disposition est contestée.—D'après l'art. 1172, applicable aux testaments, toute condition d'une chose impossible est nulle et rend nulle la disposition ; la condition imposée au mineur de se marier, condition non casuelle, mais potestative, n'a pu être remplie, parce qu'il est décédé avant l'âge nubile. Cette impossibilité a donc dû faire considérer la disposition comme nulle et non avenue. Dès lors, et d'après les prévisions de la testatrice, la disposition subsidiaire qui institue le jeune Potron légataire universel pur et simple, a dû recouvrer toute sa force. — Arrêt.

La cour; — Sur le premier moyen, tiré de la prétendue violation de l'art. 896 c. civ. : — Attendu qu'aux termes de cet article, comme dans l'ancien droit, le caractère principal de la substitution fidéicommissaire consiste dans l'obligation de conserver et de rendre imposée à l'héritier, donataire ou légataire ; que, dans l'espèce, le legs universel fait au mineur Potron, étant subordonné à la condition de son mariage, et cette condition n'ayant pu être remplie, l'enfant étant décédé avant l'âge nubile, il résulte qu'il n'a pas été saisi du legs, et par conséquent, qu'il n'y a pas eu de transmission possible de lui à un tiers; que ce tiers, la demoiselle Giraudeau de Germond, appelée à recueillir, à son défaut, n'a donc rien tenu de lui; et, qu'aux termes de l'art. 898, une telle disposition ne peut être regardée comme une substitution, et est valable; qu'en le jugeant ainsi, l'arrêt attaqué a fait une saine interprétation de l'intention de la testatrice, des clauses du testament, et une juste application de la loi;

Sur le second moyen, tiré de la violation de l'art. 1172 : — Attendu que cet article est sans application, puisque la condition imposée était licite et possible; que seulement son accomplissement dépendait d'un événement futur et incertain ; — Rejette.

Du 20 déc. 1851.-C. C., ch. req.-MM. Zangiacomi, pr.-Hua, rap.

(1) *Espèce* : — (Hérit. Saltet.) — En 1786, Jean Saltet institue Jean-François, son fils aîné, héritier universel, et lui substitue le second de ses fils, dans le cas où l'institué ne se marierait pas. — L'institué est décédé sous l'empire du code. — Les héritiers légitimes ont attaqué le testament comme renfermant une substitution prohibée. — Jugement qui l'annule. — Appel. — Arrêt.

La cour; — Attendu que Jean Saltet, père commun, étant décédé sous l'empire du code civil, sa disposition testamentaire, quoique faite en 1786, doit être régie par ce code en tout ce qui touche à sa substance et à ses effets; — Attendu que l'art. 896, en prohibant les substitutions, déclare nulle toute disposition par laquelle le donataire, l'héritier institué ou légataire, est chargé de conserver et de rendre à un tiers, même à l'égard du donataire, de l'héritier institué ou du légataire; — Attendu que c'est précisément une disposition de cette nature qu'on trouve dans le testament de Jean Saltet, et non, comme le suppose l'appelant, une institution première, faite au profit du fils aîné du testateur, à la charge de se marier, et une seconde institution directe en faveur du fils cadet, dans le cas où la condition imposée à la première ne s'accomplirait pas; que la lettre et l'esprit de la clause qui la contient résistent également à une pareille interprétation; — Qu'il n'est pas nécessaire, en effet, qu'elle exprime littéralement la charge de conserver et de rendre, imposée à l'institué à l'égard de son frère puîné, pour constituer une substitution de l'espèce prévue par l'art. 896, qui ne prescrit aucune formule; que cette charge existe toutes les fois qu'un tiers, appelé secondairement à une succession, y a un droit éventuel; que l'événement prévu par le testateur peut se réaliser, et que François Saltet avait un droit de cette nature, puisque son frère aîné ne se mariant pas, celui-ci était tenu de lui délaisser, en mourant, l'hérédité paternelle, sans pouvoir en disposer en faveur d'un autre, la volonté du testateur lui en ayant ôté le pouvoir; — Attendu que la substitution fidéicommissaire est principalement signalée par la double circonstance du trait du temps et de l'ordre successif; qu'il ne peut y avoir une substitution vulgaire exceptée de la prohibition faite par l'art. 898 du code, là où le second appelé ne doit pas recevoir directement la libéralité des mains du disposant, mais bien de celles d'un premier institué qui la recueille avant lui, et que cette dernière hypothèse est la seule prévue par le testament de Jean Saltet, puisqu'en instituant son fils aîné son héritier, il veut qu'au moment de son décès celui-ci prenne possession de ses biens et en dispose en maître; que ce n'est qu'autant qu'il ne se mariera pas qu'il lui substitue son frère cadet, et que le cas prévu arrivant, la substitution, qui ne devrait tomber en caducité que dans le cas contraire, demeurant intacte, le cadet recevrait des mains de l'aîné, et nullement de celles du père commun, les biens composant son hoirie; — Attendu, enfin, que la possibilité du futur mariage de Jean-François Saltet est, dans l'espèce, une circonstance indifférente, ne s'agissant pas d'une institution conditionnelle, mais d'une vraie substitution opposée à cette institution, qui l'a créée dans sa substance *ab initio*, en sorte que l'entière disposition se trouvant nulle au moment même où le décès de son auteur eût pu la faire sortir à cet effet, il ne dépendrait plus de lui de le rendre efficace, en réalisant le cas qui devait faire évanouir la substitution; — Confirme, etc.

Du 11 août 1812.-C. de Nîmes.

(2) (Guibert C. Lanusse.) — La cour; — Attendu que, par son testament, Lanusse père lègue à ses enfants, Gérard et François, tout ce dont la loi lui permet de disposer; qu'il veut que, s'ils viennent à se marier, et que l'un d'eux seulement ait des enfants, ces derniers recueillent, dans la succession de leur oncle décédé sans postérité, la portion de biens qu'il aurait obtenue dans la quotité léguée; — Attendu qu'une semblable disposition constitue évidemment une substitution fidéicommissaire; que, si la charge de conserver et de rendre n'est pas littéralement imposée à celui des enfants qui ne se marierait pas, ou qui mourrait sans enfants, cette charge résulte de l'appel de ses neveux à cette portion de la succession de second degré, et indépendamment de sa volonté; — Que jamais les enfants de l'institué qui aurait contracté mariage ne pourraient être appelés à prendre dans la succession de leur aïeul les biens qui leur sont affectés par son testament; qu'ils ne peuvent la recueillir qu'après le décès de leur oncle, et après qu'il en aura lui-même été anéanti; qu'une telle précision imprime à la substitution son caractère véritable, et ne permet pas d'y trouver ceux d'une substitution vulgaire; — Attendu que la condition contenue dans la clause attaquée présente tout aussi peu ceux d'une condition potestative négative; — Que s'il dépend, en effet, d'un des enfants de faire tomber cette condition, en ne se mariant pas, son frère conserve la liberté de la maintenir en contractant mariage, et par survenance d'enfants; — Attendu qu'il est de la nature des substitutions fidéicommissaires d'être instituées en faveur d'enfants à naître et, par conséquent, en faveur d'héritiers inconnus; — Que c'est à tort que, par cette considération, le tribunal de première instance a cru pouvoir considérer comme non écrite la clause dont s'agit; — Attendu, dès lors, que cette clause se trouve frappée de nullité par les dispositions prohibitives de l'art. 896 c. civ., et que c'est le cas de la prononcer.

Du 1er juin 1838.-C. d'Agen, 2e ch.-M. Bergognie, pr.

par les anciens et nouveaux auteurs, à laquelle il consacre lui-même une fort longue dissertation. — Un testateur a quatre enfants, deux garçons et deux filles; il donne le quart de tous ses biens, par préciput, à celui de ses deux fils Simon et Amable, qui vivra jusqu'à vingt-cinq ans, l'autre étant décédé; et si les deux viennent à l'âge de vingt-cinq ans, Simon aura les trois quarts du quart, Amable l'autre quart dudit quart. Simon meurt avant vingt-cinq ans. Amable, parvenu à cet âge, prétend au quart des biens par préciput. Ses sœurs le lui contestent, sous prétexte de la nullité du legs, comme renfermant une substitution défendue par la coutume (celle d'Auvergne, chap. 12, art 55). Les sœurs disent : Nos deux frères étaient légataires des mêmes biens; notre père a voulu que, l'un manquant, l'autre eût le tout. Il y a donc là substitution réciproque de l'un à l'autre. — Voici, en substance, la réponse de Henrys, reproduite par MM. Grenier; t. 1, p. 117; Toullier, t. 5, n° 45; Rolland de Villargues, n° 96; Duranton, t. 8, n° 83 : Le survivant tient tout du père, et rien de son frère; la disposition entière demeurait en suspens jusqu'à vingt-cinq ans. Ce qui le prouve à l'évidence, c'est la seconde clause, plus explicite, qui défère à Simon les trois quarts du quart, et à Amable l'autre quart de ce même quart. Avant cet âge, ils n'avaient donc aucune portion; tout était suspendu par une double condition, l'une de l'âge, l'autre du décès de l'un des frères. L'hérédité entière peut être suspendue; à plus forte raison, un simple legs. Si tous deux étaient décédés avant l'âge convenu, il n'y aurait point eu de quart légué; le prémourant n'a donc point eu de droit acquis; il n'a donc rien transmis à son frère; il n'a rien conservé pour rendre. La condition prévue, venant à s'accomplir, a un effet rétroactif par le moyen duquel celui des frères qui survit est censé avoir recueilli tout le legs dès le jour de la mort du testateur. — La même opinion est soutenue par Chabrol, t. 2, p. 127; il cite à l'appui une sentence de la sénéchaussée d'Auvergne et une consultation de Brodeau.

154. Mais il faudrait décider autrement dans l'espèce, si le quart des biens avait été légué aux deux fils, purement et simplement, et que la substitution de l'un à l'autre eût eu pour condition le prédécès de l'un d'eux avant vingt-cinq ans. C'est ce qui résulte de la dissertation du docte Henrys, et des observations dont MM. Toullier et Duranton en accompagnent l'analyse.

155. Il peut arriver que la disposition réunisse tous les éléments caractéristiques de la substitution, que seulement la charge de rendre soit subordonnée à une condition, que, par exemple, le testateur ait dit : « J'institue Pierre mon héritier, et, *s'il meurt sans enfants*, ou *si tel navire arrive d'Amérique*; *si tel événement enfin s'accomplit*, je le charge de rendre à son décès mon hérédité à Paul. » C'est bien là une substitution, mais une substitution conditionnelle; or ces sortes de substitutions sont-elles comprises dans la prohibition générale de l'art. 896 c. nap. ? — D'un côté, on a dit : L'art. 896 doit s'entendre, comme toute prohibition, dans un sens le plus restreint. Le législateur n'a voulu prohiber que toute disposition dont résulteraient nécessairement les inconvénients qu'il a prévus. Or la condition ne rend ces inconvénients qu'éventuels. Comme ils peuvent ne pas se rencontrer, il serait injuste d'annuler la disposition qui, par le fait, n'était pas destinée à les produire. Les inconvénients alors n'existant pas, l'annulation serait un effet sans cause. — D'un autre côté, on a répondu, et cette opinion a dû prévaloir : L'art. 896 ne distingue pas. La condition de la substitution une fois accomplie, se présentent les mêmes abus dont le législateur a voulu prévenir le retour : même inaliénabilité des biens, même incertitude de la propriété, même dérogation à l'ordre successoral. Le plus souvent on recourrait à ce mode de substituer conditionnellement, s'il était permis, pour éluder la prohibition : quoi de plus facile que d'ajouter à la charge de rendre une de ces conditions qui ne subordonneraient la restitution qu'à un événement futur presque certain ou le plus probable ? C'est en ce dernier sens que se prononcent MM. Toullier, t. 5, n° 37; Rolland de Villargues, n° 269; Duranton, t. 8, n° 87 (V. aussi le décret du 31 oct. 1810, rapporté *suprà*, n° 124). Cette doctrine a été consacrée par des arrêts qui ont décidé que la nullité prononcée par l'art. 896 c. nap. s'étend aux substitutions conditionnelles comme aux substitutions pures et simples (Rej. 8 juin 1812; Rouen, 24 août 1812) (1).

156. La clause par laquelle un testateur lègue une portion de ses biens à sa sœur, sous la condition que, si elle meurt avant lui ou si elle meurt sans enfants, les biens légués appartiendront à d'autres parents désignés, renferme une substitution fidéicommissaire ou prohibée en ce qu'on prévoit le cas du décès sans enfants de l'institué même après la mort du testateur, et ne peut être considérée comme une simple substitution directe, c'est-à-dire comme ne prévoyant que le décès sans enfants de l'institué avant le testateur, et comme telle non prohibée, alors même que les clauses précédentes du testament ne con-

---

(1) 1re *Espèce* : —(Les hér. Mérendol.)—Le 17 août 1807, Jean Mérendol a institué son héritier universel Joseph Mérendol, pour du tout jouir et disposer lorsqu'il aura atteint sa vingt-quatrième année.—Puis il a déclaré qu'en cas de mort avant cet âge, il léguait à Jean Carry une somme de 10,000 fr., et à Jacques Mérendol pareille somme, à prendre sur tous ses biens.— Les héritiers naturels ont demandé la nullité de cette disposition, comme contenant une substitution prohibée. — Le 2 juin 1808, le tribunal de Marseille la déclara nulle, et ordonna en conséquence que délivrance serait faite aux héritiers naturels, à l'exclusion de l'héritier institué, des 20,000 fr. qui en étaient l'objet. — Appel, et le 5 juin 1809, arrêt confirmatif de la cour d'Aix, attendu que la disposition dont il s'agit présente tous les caractères du fidéicommis.

Pourvoi des légataires.— Arrêt.

La cour ;— Attendu que l'art. 896 c. civ. a prononcé d'une manière absolue l'abolition des substitutions, ce qui comprend aussi bien celles faites conditionnellement, que celles faites sans condition; et que le testament du 17 août 1807 renferme une institution d'héritier au profit de Joseph-Jean-Baptiste-Alexandre Mérendol, et une substitution conditionnelle au profit de Carry et d'Ambroise Mérendol; d'où il suit que la cour d'appel d'Aix, en déclarant cette substitution nulle, a bien appliqué la disposition dudit art. 896;— Rejette, etc.

Du 8 juin 1812.-C. C., sect. civ.-MM. Muraire, 1er pr.-Carnot, rap.

2e *Espèce* : — (Priet et Guilbert C. hérit. Grégoire.) — 29 août 1809, Nicolas Grégoire lègue 60,000 fr. à Jean-Antoine, l'un de ses neveux, et une rente de 5,500 fr. à Marie Grégoire, autre neveu. Il ajoute cette clause : Dans le cas où mon neveu Marie Grégroire viendrait à mourir célibataire ou sans enfants résultant d'un légitime mariage, la rente de 5,500 fr. que je lui ai léguée revertira au bénéfice de mon neveu Antoine Grégoire; par contre si ce dernier mourait célibataire ou sans enfants, mon neveu Marie Grégoire héritera seul de toutes les donations que je lui ai léguées. »—Cette clause est suivie d'autres legs non grevés de substitution.—Priet, l'un des héritiers légitimes, et Guilbert, son créancier, demandèrent la nullité du testament dans toutes ses dispositions.

Le 5 avril 1812, le tribunal du Havre annulle le testament pour le tout, comme renfermant une substitution prohibée. —Appel. — Arrêt.

La cour ;— Vu la clause du testament portant : Dans le cas où mon neveu Grégoire, etc.; — Attendu qu'il résulte de cette clause que la propriété de chaque legs n'est pas irrévocablement assurée à chacun des deux légataires, puisqu'elle est réversible au survivant, si le prédécédé ne laisse pas d'enfants issus d'un légitime mariage; qu'il en résulte encore qu'il y a deux légataires appelés successivement, l'un pour recevoir directement du testateur, l'autre pour ne posséder qu'après le décès du premier : ce qui impose à celui-ci l'obligation de conserver et de rendre, indique le trait de temps, et constitue par conséquent une substitution fidéi-commissaire prohibée par le § 1 de l'art. 896 c. civ.; — Attendu que les deux légataires étant appelés à recueillir des legs particuliers et distincts dont ils ont été saisis par la mort du testateur, ils ne peuvent invoquer avec fondement l'exception portée par l'art. 898 du même code, uniquement relative au cas où un second est appelé à recueillir le don ou legs dont le donataire ou le légataire premier désigné ne profite pas;

Attendu que ce n'est pas à des présomptions plus ou moins spécieuses que l'on doit s'attacher pour juger la validité ou la nullité d'un testament, mais au sens littéral qu'il présente. Si les substitutions n'étaient pas prohibées par le code, pourrait-on, d'après les expressions de celui dont il s'agit, contester au légataire survivant à celui décédé sans enfants légitimes, la réversion de son legs, sur la présomption que l'intention du testateur aurait été que cette réversion n'eût lieu que dans le cas où il aurait survécu au légataire ? Non, certainement, puisque cette condition n'y est pas exprimée;— Attendu que le seul effet de la prohibition des substitutions est d'annuler les legs qui en sont grevés; que la nullité ne rend pas les autres caducs; que par conséquent Guilbert et Priet ne sont pas fondés à demander, comme ils l'ont fait, la nullité de ces derniers,— Déclare nuls et de nul effet les legs contenus au testament olographe de Nicolas Grégoire, du 29 août 1809, en faveur de Marie et Jean-Antoine Grégoire, ses neveux, à la charge de réversion au survivant si le prédécédé mourait sans enfants légitimes; maintient tous les autres legs y désignés, etc.

Du 24 août 1812.-C. de Rouen.

tiennent que des substitutions de cette dernière espèce (Req. 3 nov. 1824 (1). — V. conf. M. Troplong, n° 160).

ART. 2. — *Des clauses d'usufruit, de retour et de substitution réciproque, dont peut résulter une substitution prohibée.*

157. Cet article se subdivisera en trois paragraphes, où nous traiterons successivement de chacune des trois espèces de clauses que nous venons d'indiquer.

§ 1. — *Des clauses d'usufruit, dont peut résulter une substitution prohibée.*

158. Un droit d'usufruit peut-il faire la matière d'une substitution? « Je lègue l'usufruit de mes biens à Pierre, à la charge de le conserver et de le rendre à Paul. » — Sous l'ancien droit les auteurs n'hésitaient pas à considérer l'usufruit comme susceptible, non moins que la propriété, d'être transmis par substitution fidéicommissaire (Ricard, chap. 9, n° 844 ; Thévenot, n°s 117 et 118). Des lois romaines autorisaient cette doctrine (L. 3, pr., ff., *De usuf.*; L. 4, ff., *Quib. mod. usuf.*; L. 29, ff., *De usu et usuf.*). — Aujourd'hui l'opinion contraire doit, ce nous semble, prévaloir : telle est celle de tous les nouveaux auteurs (MM. Proudhon, de l'Usuf., n°s 446 et suiv.; Salviat, de l'Usuf., t. 2, p. 10; Merlin, Quest. de dr., § 5, 6 et 7; Delvincourt, t. 2, note 8 sur la page 103; Duranton, t. 8, n° 54; Rolland de Villargues, n°s 238 et suiv.; Troplong, Don. et Testam., n° 135).

Sur quoi d'abord les anciens auteurs fondaient-ils l'idée de substitution? Quelle était la chose substituée? Quel était le grevé? Selon Thévenot, *loc. cit.*, la chose substituée était le second usufruit; et le grevé, l'héritier du substituant, qui devait souffrir sur la chose dont il avait la propriété l'exercice du droit du second usufruitier. Mais un tel système ne se concilie plus avec l'art. 896 c. nap., qui répute grevé celui seul qu'on a chargé de conserver et de rendre. Le droit d'usufruit, qui sera rendu au second institué, ce n'est pas l'héritier qui l'a conservé. L'héritier n'est donc plus un véritable grevé, dans le sens de nos lois actuelles. — Sera-ce le premier usufruitier qu'on regardera comme grevé à l'égard du second? Mais de quelle source doit émaner la charge de rendre, aux termes de l'art. 896? De la volonté du disposant : « Toute disposition par laquelle on est chargé de rendre, etc. » Or, la seule force de la loi ferait sortir l'usufruit de la succession de l'usufruitier. Son droit s'éteint avec sa vie. Le disposant n'eût pas pu faire qu'il eût été transmissible à ses héritiers : c'est un droit personnel. — Cette nature de l'usufruit donne lieu à divers autres aperçus qui prouvent de plus en plus son incompatibilité avec le régime ordinaire des substitutions. C'est par l'interposition de personnes, par l'ordre successif, que se caractérise surtout la substitution prohibée; on ne la conçoit pas sans le concours de deux personnes dont l'une transmettra éventuellement à l'autre, devant garder sans retour la chose léguée si le substitué décède avant l'ouverture de son droit. En conséquence, c'est à l'héritier du grevé que le substitué, s'il survit, demande la délivrance. Tel est l'effet de la médiation obligée. Dans l'espèce, tous ces résultats sont impossibles. Le premier usufruitier décédé, le second ne pourra s'adresser, pour obtenir la délivrance de son legs, qu'à l'héritier du substituant. C'est au profit de ce dernier que l'usufruit serait venu se consolider à la propriété, en cas de caducité du second legs; les héritiers du prétendu grevé n'ont rien trouvé dans sa succession qu'ils puissent rendre au substitué. Celui-ci recevra donc directement l'usufruit du disposant. Il faudra même qu'il soit né à l'époque où la disposition commencera de produire son effet, au décès du testateur si c'est un testament (c. nap. 906) : nouvelle différence avec la substitution, qui lui aurait profité, ne fût-il né qu'après la mort du testateur, et pourvu seulement qu'il eût survécu au grevé. C'est la conséquence que tire aussi M. Proudhon de ce qu'il y a, dans ce cas, « deux legs également directs, également payables par l'héritier du testateur, sans interposition d'autre personne. C'est réellement, continue le savant auteur, comme si le testateur avait dit par deux clauses séparées : 1° Je charge mon héritier de délivrer l'usufruit de mon domaine à Caïus, qui en jouira toute sa vie; 2° Après la mort de Caïus, et lorsque l'usufruit que je lui lègue sera consolidé à la propriété, entre les mains de mon héritier, je charge encore celle-ci de délivrer l'usufruit du même domaine à Sempronius. »

Il a été jugé, dans le sens de la doctrine exclusive de l'idée de substitution : 1° Que dans la clause par laquelle un testateur lègue à son frère l'usufruit de ses biens, sa vie durant, et veut qu'après le décès du légataire le même usufruit appartienne à son fils aîné, pour en conserver le fonds et propriété au profit des enfants mâles de ce fils aîné et de sa descendance, il n'y a pas de substitution fidéicommissaire, mais simple legs d'usufruit au profit du frère, premier légataire; qu'en conséquence, ce frère, sous l'ordonnance de 1747, qui autorisait les substitutions de deux degrés, n'eût pas été censé remplir un degré (Req. 4 niv. an 8) (2); — 2° Qu'il n'y a pas de substitution prohibée dans la disposition par laquelle est léguée à deux personnes suc-

---

(1) *Espèce* — (Georges de Schlaincourt-Marconnay C. hérit. de Schlaincourt.) — Le sieur de Schlaincourt, étant sans descendants, fit son testament, le 29 mars 1815, en ces termes : « Je donne à Etienne Berteaux, mon petit-neveu, la ferme que j'ai à Bettelainville. Ma nièce Jeanne Berteaux, sa mère, jouira du revenu de ladite ferme, sa vie durant; et si Etienne mourait avant moi, ladite ferme de Bettelainville appartiendra aux autres enfants de ma nièce. Je donne à Clémence Berteaux, ma petite nièce, 2,000 fr.; à Charles Berteaux, mon petit-neveu, 2,000 fr.; tous mes meubles à ma nièce Jeanne Berteaux, ou, si elle était morte, à ses enfants; le reste de de mon bien sera partagé comme il suit : Mon frère Antoine-Georges de Schlaincourt, et, en cas de mort, ses enfants auront sept vingtièmes; ma nièce Jeanne Berteaux, et, en cas de mort, ses enfants auront quatre vingtièmes; je donne en outre un vingtième à ma nièce Jeanne Berteaux, en cas de mort, à ses enfants, pour bagues; je donne à ma sœur Apolline Georges huit vingtièmes; et si elle était morte avant moi, ou si elle meurt sans enfants, les huit vingtièmes que je lui donne appartiendront, savoir : quatre vingtièmes à ma nièce Jeanne Berteaux, en cas de mort, à ses enfants, et quatre vingtièmes à mon frère Antoine Georges, et, en cas de mort, à ses enfants. »

Ce testament fut exécuté dans toutes ses dispositions, sauf celle en faveur d'Apolline-Georges, qui fut attaquée comme contenant une substitution prohibée; et en effet, le testament fut annulé pour ce motif, par jugement du 19 mars 1822. Sur l'appel, arrêt confirmatif de la cour de Metz du 2 août 1822 : — « Attendu que la clause dont il s'agit est claire et précise, et n'a nul besoin d'être interprétée. Le testateur donne à la dame Apolline-Georges huit vingtièmes de la succession; il prévoit ensuite deux cas, celui où elle serait morte avant lui et celui où elle mourrait sans enfants; et dans l'un comme dans l'autre cas, il veut que ces huit vingtièmes appartiennent par moitié à sa nièce Jeanne Berteaux et à son frère Antoine-Georges ou à leurs enfants; » — Attendu que le deuxième cas est établi en termes généraux et indéfinis, sans aucune distinction quant à l'époque du décès de la légataire; le testateur a donc voulu que si mourait sans enfants, et ce de quelque manière, en quelque temps que ce fût, les huit vingtièmes à elle légués appartinssent à ceux qu'il lui a substitués. Il est dès lors évident qu'il a donné, le cas échéant, des héritiers à la légataire, et conséquemment que la disposition est contraire à la loi; — Attendu, au surplus, que s'il était nécessaire, pour l'intelligence de cette clause, de rechercher quelle a été l'intention du testateur, l'ensemble du testament la révélerait assez; il suffit, en effet, de le lire pour demeurer convaincu qu'il ne s'est pas moins proposé d'exclure sans retour une partie de ses parents que de gratifier les autres. » — Pourvoi d'Apolline Marconnay, pour fausse application de l'art. 896 c. civ. — Arrêt.

LA COUR; — Attendu qu'en annulant la disposition du testament olographe du sieur Etienne-Georges-Félix de Schlaincourt, du 29 mars 1815, qui faisait l'objet du litige, comme contenant une substitution fidéicommissaire probibée par l'art. 896 c. civ., et en ordonnant en conséquence le partage des huit vingtièmes de la succession du testateur entre les héritiers *ab intestat* qui y avaient droit, l'arrêt attaqué a fait une juste interprétation de la disposition dudit testament contenant le legs desdits huit vingtièmes au profit de la dame Marconnay, et par suite une non moins juste application dudit art. 896 c. civ.; — Rejette.

Du 3 nov. 1824.-C. C., sect. req.-MM. Lasaudade, pr.-Dunoyer, r.

(2) *Espèce :* — (Berulle et Mauléon.) — Par testament du 27 juin 1704, Jacques Berulle dispose : « A l'égard des terres de Foissy, Milly, Flassy, Rigny, Cerilly et autres biens, Pierre Berulle, son frère, en aura l'usufruit sa vie durant; et après son décès le même usufruit appartiendra à son fils aîné, neveu du testateur, pour en conserver le fonds et propriété, au profit des enfants aînés mâles qui naîtront en légitime mariage dudit fils aîné et de ses enfants mâles, en faveur desquels il fait une substitution graduelle desdites terres, jusqu'au quatrième degré. Et

cessivement la jouissance d'une rente, et à une troisième personne, après leur décès, la pleine propriété de cette même rente (Paris, 26 mars 1815) (1); — 3° Que la disposition par laquelle l'usufruit est donné à plusieurs légataires successivement ne constitue pas une substitution fidéicommissaire prohibée (Bruxelles, 25 mars 1815) (2); — 4° Qu'en matière de simple legs d'usufruit, la substitution successive d'un ou de plusieurs légataires à un premier gratifié, pour ne recueillir qu'après celui-ci, ne doit pas être considérée comme rentrant dans la classe de celles qui ont été prohibées par l'art. 896 (Toulouse, 4 juill. 1840) (3); —

---

si ledit fils aîné décède sans enfants mâles, le testateur appelle à la substitution son frère puîné et sans enfants aînés mâles. » Après le décès du testateur, Pierre Berulle, premier du nom, Pierre Berulle, second du nom, et enfin Amable-Thomas Berulle, son fils aîné, jouissent successivement, après le décès l'un de l'autre, des biens substitués.

Le 31 mai 1779, ce dernier maria Amable-Pierre-Albert, son fils aîné, avec Marie Hue de Miromenil. Il fit, dans le contrat de mariage, une donation ainsi conçue : « Dans le cas où il serait décidé que la substitution des objets composant la terre de Berulle, et celle de Cerilly se trouve terminée dans la personne de Berulle, père du futur époux, comme ayant parcouru tous les degrés fixés ou restreints par les ordonnances, Berulle, sous la réserve de la jouissance pendant sa vie, fait, par ces présentes, donation entre-vifs et irrévocable, à la charge de la substitution ci-après mentionnée, au futur époux, son fils aîné, s'il lui survit, ou, dans le cas contraire, à l'aîné mâle de sa descendance masculine, non-seulement des objets composant la terre de Berulle et celle de Cerilly, tels qu'ils ont été recueillis par lui à titre de substitution, mais encore des acquisitions des différentes terres de celles de Rigny, faites tant par Berulle que par ses auteurs; sinon les donations et substitutions faites ci-dessus, de la terre de Berulle et de celle de Cerilly, n'auront pas lieu, et le futur époux les recueillera au titre de la vocation portée au testament de Jacques Berulle; mais audit cas, Berulle fait ici donation, sous la réserve de l'usufruit pendant sa vie, au futur époux, son fils, des acquisitions faites tant par Berulle père, que par ses auteurs, des différentes portions de la terre de Rigny. »

Le 6 therm. an 2, mort d'Amable Berulle, donataire éventuel. Le 17 germ. an 5, l'auteur de la donation est décédé. Alors s'est élevée entre le fils aîné du donataire et les mineurs Mauléon, ses cousins germains, et François Berulle, son oncle, la question de savoir si la donation doit ressortir son effet; en d'autres termes, si la substitution avait été épuisée par Amable-Thomas Berulle, troisième du nom. En effet, par le contrat de mariage de 1770, il n'avait pas fait donation des terres de Berulle et Cerilly; si la substitution n'était pas épuisée, il en résultait que ces deux terres faisaient partie de l'hérédité d'Amable-Thomas Berulle.

Le 27 vent. an 7, le tribunal de la Seine décida que Pierre premier du nom n'avait point rempli le premier degré de la substitution. — « Attendu que le caractère de la substitution consiste essentiellement dans la charge imposée au légataire de conserver et de rendre la propriété; — Attendu que cette condition n'a pas été imposée à Pierre Berulle, premier du nom, mais seulement à son fils aîné, d'où il résulte que Pierre Berulle, premier du nom, n'était qu'un simple usufruitier; — Attendu que si l'usufruitier, dénommé tel dans un testament, peut être réellement un grevé de substitution; s'il est vrai, d'après les principes, et d'après la loi du 9 fruct. an 2, qu'il ne faut pas juger des actes d'après l'essence même de leurs dispositions; s'il est vrai qu'un testateur, en employant le mot d'usufruit, aurait pu multiplier les degrés de substitution, et éluder l'ordonnance de 1747, il est vrai aussi que tous ces principes sont sans application à la cause : 1° parce que Pierre Ier vivait en même temps que Pierre II, et parce que le testateur avait marqué l'usufruit et la substitution; 2° parce que, pendant la durée de l'usufruit, le premier degré de substitution s'écoulait en la personne de Pierre Berulle, second du nom; d'où il suit que Pierre Berulle, second du nom, a rempli le premier degré; d'où il suit encore que la substitution n'était pas éteinte lorsque Amable-Thomas Berulle a fait la donation dont il s'agit. »

Néanmoins le tribunal confirma la donation par le motif que le donateur était devenu propriétaire des biens donnés par l'effet de la loi du 14 nov. 1792, qui a aboli les substitutions, et qu'il avait eu la volonté de transmettre les biens dont il s'agit à son fils, par tous les moyens possibles, soit à titre de donation, soit à titre de substitution.

Sur l'appel, le tribunal de Seine-et-Oise, le 24 mess. an 7, adopta les motifs des premiers juges, en ce qu'ils avaient décidé que la substitution n'était pas éteinte lorsque Amable Berulle fit la donation portée au contrat de mariage du 31 mars 1779. Mais il réforma le jugement en ce qu'il donnait effet à la donation, qu'il décida n'avoir point été faite. — Pourvoi du mineur Berulle. — Arrêt.

La cour; — Attendu que, d'après les termes du testament de Jacques Berulle, du 27 juin 1704, par lequel le testateur a déclaré faire une substitution au profit du fils aîné de Pierre Berulle, second du nom, fils aîné de Pierre Berulle, premier du nom, et de ses mâles, les juges du tribunal de Seine-et-Oise ont pensé que l'intention du testateur avait été d'instituer pour héritier de la nue propriété des biens mentionnés au testament, Pierre Berulle, second du nom, et non pas Pierre Berulle, premier du nom, auquel il n'avait légué qu'un simple usufruit; d'où lesdits juges ont conclu que Amable-Thomas Berulle, marié en 1779, père du demandeur, était le second appelé à recueillir la substitution, et que Amable-Albert Berulle, aïeul du demandeur, était encore grevé de substitution en 1779; qu'en pensant et décidant ainsi, les juges du tribunal de Seine-et-Oise n'ont point violé les lois sur les substitutions qui les permettaient jusqu'à deux degrés; — Rejette, etc.

Du 4 niv. an 8.-C. C., sect. req.-M. Chasles, rap.

(1) *Espèce* : — (Lebon, Pepin, Dumas *C.* hérit. Pénavaire.) — Le 1er janv. 1807, la veuve Briant avait fait un testament portant : « Je laisse à madame Lebon la jouissance de mon contrat de 520 liv. de rente sur l'hôtel Bouillon; je lui laisse sa vie durant, et après elle, elle retournera à madame Papin, fille Jolie, sa vie durant, et, après elles, à Dumas le militaire, en toute propriété. — Question de savoir si une telle disposition renferme une substitution prohibée. — Le 31 mars 1812, le tribunal de la Seine l'annule pour ce motif : — « Attendu que la propriété de la rente de 520 liv. n'est léguée à Dumas le militaire qu'après l'événement du décès de la dame Lebon et de la dame Pepin; que pendant leur vie, Dumas n'est saisi de rien; qu'ainsi la propriété se trouve en suspens, et qu'il y a une véritable substitution prohibée par l'art. 896 c. civ.

Appel des légataires. Les dames Lebon et Pepin, a-t-on dit, ne sont chargées ni de conserver ni de rendre; elles n'ont que la jouissance; la propriété de la rente a résidé sur la tête de Dumas au moment même du décès de la testatrice; ce qui est très-bien indiqué par ces mots *en toute propriété*, qui ne signifient rien autre chose que la réunion de l'usufruit à la propriété déjà acquise. — Mais les intimés insistaient sur ces derniers mots de la disposition, *et après elles, à Dumas le militaire en toute propriété*. Donc, jusqu'au décès des deux premières légataires, Dumas n'a rien. — Arrêt.

La cour; — Considérant que la disposition du testament dont il s'agit contient un legs de nue propriété actuelle au militaire Dumas, et d'usufruit à la veuve Lebon et à la dame Pepin, fille Jolie, successivement; qu'une telle disposition ne constitue pas une substitution prohibée par le code; — Émendant, ordonne que le testament olographe de la veuve Briant sera exécuté, etc.

Du 26 mars 1815.-C. de Paris.-M. Séguier, 1er pr.

(2) *Espèce* : — (Vanwesemael *C.* Vanbuynder. — En 1776, contrat de mariage de Vandevelde et Isabelle-Philippine Vanwesemael. Ils se donnent réciproquement, en cas de survie, l'usufruit de tous les immeubles que laissera le prédécédé. — La coutume locale ne conférait pas cet avantage au survivant des deux époux. — Décès de la dame Vandevelde, après avoir fait un testament par lequel elle lègue au sieur Vanbuynder l'usufruit de tous ses biens, à compter du décès de son mari. Elle laisse la nue propriété à ses héritiers légitimes. — Ceux-ci ont attaqué le testament de la défunte, comme contenant une substitution fidéicommissaire relativement à l'usufruit.

Sur ce, jugement du tribunal de Termonde, qui, « attendu que toute personne qui n'a point d'héritiers au profit desquels la loi fait une réserve, peut librement disposer de l'usufruit de ses biens, soit par acte entre-vifs, soit par testament; — Que cependant une personne mariée ne peut par ses dispositions préjudicier aux droits de son conjoint survivant, stipulés par contrat de mariage ou établis par les lois ou coutumes; — Que ni les lois anciennes ni le code civil ne défendent de laisser l'usufruit de ses biens, soit à différentes personnes, soit à certain jour ou pour certain temps; — Qu'il résulte de ces principes que la défunte Isabelle-Philippine Vanwesemael, qui n'ignorait pas les droits de son mari en cas de survie, a pu disposer de l'usufruit de ses biens à commencer après la mort de son mari et la cessation de son usufruit; — Attendu que cette disposition ne participe pas de la nature d'une substitution fidéicommissaire, le sieur Vandevelde n'ayant pas été chargé de conserver et de rendre les droits d'usufruit au sieur Vanbuynder; — Déclare les héritiers mal fondés. » — Appel.

La cour; — Adoptant les motifs, etc., a mis l'appellation au néant, etc.

Du 25 mars 1815.-C. de Bruxelles.-MM. Deswerte et Joly, av.

(3) (Beux *C.* Oustry.) — La cour; — Attendu que, par son testament du 10 mars 1838, Jean Mauriès avait légué la moitié de ses immeubles en usufruit à Jean-Joseph Oustry, et l'autre moitié aux époux Méric; — Qu'il leur avait légué tous ses mobilier et effets, déclarant que, dans le cas de prédécès de l'un d'eux, l'autre profiterait de son entière disposition; — Que les héritiers querellent cette institution comme contenant une substitution prohibée; — Qu'il faut donc distinguer le legs d'usufruit de celui de la propriété; — Que le premier ne saurait renfermer une substitution, puisque l'usufruit est un droit personnel qui, s'éteignant à la mort de celui qui en est gratifié, ne peut être transmis par la loi à un tiers; — Que, dès lors, l'usufruitier, au décès duquel la jouissance des biens doit passer à un autre, n'a point charge de conserver et

5° Que le legs d'une rente viagère fait à plusieurs personnes successivement, avec attribution du capital à une autre personne qui devra le recueillir après l'extinction de cette rente, renferme un legs de somme, grevé d'usufruits successifs, et non une substitution prohibée (Req. 8 déc. 1852, aff. Petit Olin, D. P. 53. 1. 218).

159. La même doctrine ressort également d'un arrêt qui a décidé que, sous l'empire de la loi de 1792, le légataire de l'usufruit a pu, bien que chargé d'élire un substitué parmi ses enfants, être considéré, non comme un grevé de substitution, mais simplement comme un légataire d'usufruit (Req. 6 juin 1833, MM. Zangiacomi, pr., de Broé, rap., aff. Gisclard C. Féral).

160. Ce que nous disons de la constitution d'usufruit au profit de deux personnes appelées l'une après l'autre s'applique, sans contredit, à la constitution de *rente viagère*, faite dans la même forme, et reçoit une nouvelle force de l'art. 1972 c. nap., qui autorise formellement ce dernier cas. C'est toujours par la personnalité du droit que l'on décide, dans ces deux hypothèses, qu'il n'y a pas substitution prohibée. L'ordre des successions n'en est point bouleversé. La circulation des propriétés n'en est point entravée. On ne retrouve dans les cas dont il s'agit presque aucun des inconvénients généraux qui ont fait interdire les substitutions (Conf. Paris, 24 fév. 1852, aff. Thibou; arrêt cité par M. Troplong, qui le dit rendu sous sa présidence et qui adopte ce sentiment, n° 134).

161. La solution donnée pour le cas d'usufruit constitué en faveur de plusieurs personnes successivement appelées ne devrait pas changer, s'il était dit que « la portion des prémourants accroîtra au survivant, après qu'ils en auront joui » : les legs successifs n'en seraient pas moins directs. Le défaut de transmission de la part des prémourants, dont le droit s'éteint légalement à leur décès, s'opposerait toujours à la nature des substitutions. — V. conf. M. Rolland de Villargues, n° 239.

162. L'usufruit et la nue propriété d'une même chose sont des biens distincts qui peuvent être transférés à des personnes différentes. Aussi l'art. 899 c. nap. porte que « la disposition entre-vifs ou testamentaire par laquelle l'usufruit sera donné à l'un et la nue propriété à l'autre » ne sera pas regardée comme une substitution et sera valable. Dès avant le code il avait été décidé qu'une telle disposition, n'étant point une substitution, n'avait pas été annulée par la loi du 14 nov. 1792, abolitive des substitutions (Req. 14 prair. an 8, M. Boyer, rap., aff. Hamicart).

163. Du principe posé par l'art. 899 il résulte que, sans qu'il y ait substitution, on peut faire nu-propriétaires les enfants de celui auquel on a légué l'usufruit (V. conf. M. Rolland de Villargues, n° 243). En pareil cas, les droits des institués, différents dans leur objet, naissent en même temps. Sous ce double rapport, l'hypothèse dont il s'agit exclut toute idée de transmission héréditaire. — Il a été décidé, en ce sens, 1° qu'avant les lois de 1792, abolitives des substitutions, n'était point considérée comme une substitution fidéicommissaire, mais plutôt comme une exhérédation officieuse, la disposition par laquelle un testateur, après avoir légué l'usufruit d'une chose à son fils, en léguait la nue propriété à ses petits-fils, et que, par conséquent, la loi des 25 oct. et 14 nov. 1792 n'était point applicable à ce cas (Req. 11 pluv. an 11) (1); — 2° Que le legs fait à une personne pour le cas où *elle se mariera et aura des enfants*, d'une certaine somme dont cette personne aura l'usufruit et ses enfants la propriété, présente, non une substitution prohibée, dont la mère serait grevée envers ses enfants à naître, mais seulement deux legs, l'un *d'usufruit* au profit de la mère, et l'autre de la *nue propriété* au profit des enfants, lesquels doivent produire leur effet simultanément, dans le cas où la condition prévue viendra à s'accomplir (Paris, 23 juin 1825) (2); — 3° Que tout en grevant ses biens de substitution au profit de ses petits-enfants, un testateur peut léguer l'usufruit de ces biens à un tiers autre que le

---

de rendre; — Que, sous ce premier rapport donc, l'institution, en ce qui a trait à l'usufruit, doit être maintenue; — Attendu que, si l'art. 896 c. civ. prononce la nullité de la disposition en vertu de laquelle un individu est substitué à un autre pour recueillir l'utilité du legs ou de la donation d'un objet dont la propriété a fait impression sur la tête du premier gratifié, l'art. 898 autorise celle par laquelle un tiers est appelé à recueillir une libéralité que la légataire ou le donataire institué ne recueillerait pas lui-même; — Que, dès qu'une institution peut avoir ce second caractère, c'est le cas de ne la considérer que comme présentant une substitution permise; — Que, dans le doute, en effet, il convient de donner force de vie au testament; — Qu'il importe peu que la pensée du disposant ait pu s'étendre à ce qui pourrait avoir lieu après sa mort, pour régler l'ordre de succession qui devrait être suivi au décès de chacun des gratifiés; — Que, dès que ces prévisions ont eu également pour objet ce qui se ferait dans le cas où l'un de ces donataires ou légataires prédécéderait avant lui-même, sa disposition contient, à ce point de vue, une substitution purement vulgaire qui, aux termes de l'article précité, ne vicie point l'institution; — Attendu que la clause du testament de Mauriès aurait reçu sa parfaite application dans le cas où l'un des légataires institués aurait prédécédé l'autre; — Que le survivant aurait alors recueilli sa part en vertu du droit d'accroissement; — Que, puisque entre deux interprétations d'une même disposition dont l'une entraînerait l'annulation de l'institution, tandis que l'autre devrait en faire prononcer le maintien, le respect dû à la volonté du testateur, manifestée dans les formes légales, doit faire préférer celle qui doit la faire valoir, les premiers juges ont, avec raison, adopté le sens qui devait faire maintenir le testament; — Que c'est donc le cas de confirmer leur décision; — Par ces motifs, confirme le jugement rendu par le tribunal de Villefranche.

Du 4 juill. 1840.-C. de Toulouse, 2e ch.-M. Martin, pr.

(1) *Espèce :* — (Les sieurs Barthe C. hér. Hollenden.) — Voici la disposition littérale du testament qui a présenté la question : — « Veulent et ordonnent que la part que le testateur et la testatrice pourraient délaisser à Anne Krumboltz, femme Hollenden, leur fille, sera et demeurera en tout droit de propriété à ses enfants; et que ledit Hollenden et sa femme ne puissent y prétendre que l'usufruit, seulement la vie durant de ladite femme, et puis retourner l'usufruit avec la propriété à ses enfants. » — Le 16 germ. an 10, la cour de Metz a décidé que le testament ne contenait pas une substitution, mais une exhérédation officieuse, à laquelle ne sont pas applicables les lois des 25 oct. et 14 nov. 1792. — Pourvoi pour contravention à ces deux lois et aux art. 20 et 21 de celle du 9 fruct. an 2. — Jugement.

LE TRIBUNAL; — Considérant qu'en voyant dans le testament une disposition par laquelle les aïeux disposent de partie de leurs immeubles en faveur de leurs petits-enfants, en la distinguant de celle par laquelle ils lèguent simplement l'usufruit à leur fille, femme Krumboltz, les juges d'appel ont écarté toute qualification de substitution fidéicommissaire, sans contrevenir aux principes et aux lois des 25 oct. et 14 nov. 1792, qui n'ont en vue que les substitutions fidéicommissaires proprement dites et qui exceptent même de l'abolition qu'elles prononcent, celles qui étaient ouvertes au temps de leur publication; — Que les réponses aux vingtième et vingt-et-unième questions de la loi du 9 fruct. an 2 n'étaient pas plus violées par cette interprétation du testament, puisque la première de ces réponses s'applique au cas d'une institution directe, faite au profit de l'aîné que laissera un citoyen désigné, avec disposition d'usufruit au profit de celui-ci; cas qui n'est pas identiquement le même que celui sur lequel les juges avaient à prononcer, qui présente à la fois deux legs distincts, celui de la propriété et celui de l'usufruit; que la vingt-et-unième réponse est évidemment étrangère à la question qu'il s'agissait de décider; — Qu'en supposant l'existence d'une substitution, les juges ne se sont pas non plus écartés des décisions de ces lois, en observant hypothétiquement qu'une pareille substitution ne serait pas fidéicommissaire, mais simplement officieuse, et considérée comme exhérédation, justifiée par les faits et par les anciennes lois en vigueur lors du testament, et à l'époque du partage qui en est l'exécution; — Rejette.

Du 11 pluv. an 11.-C. C., sect. req.-M. Delacoste, rap.

(2) (Souchet C. Renand.) — LA COUR; — En ce qui touche l'appel de la femme Gruget; — Vu l'art. 896 c. civ.; — Considérant que la disposition prohibée par cet article est celle par laquelle le légataire est chargé de conserver et de rendre à un tiers; — Considérant que, dans l'espèce, le legs en question étant expressément subordonné à la condition du mariage de la fille Gruget et de la survenance d'enfants, il en résulte que ce legs ne peut commencer d'exister, même au profit de la fille Gruget, qu'à l'instant où ladite condition s'accomplira, et qu'à ce même instant, les enfants devraient, selon l'intention du testateur, se trouver saisis de la nue-propriété du legs dont leur mère n'aurait que l'usufruit; d'où il suit qu'on ne peut trouver le trait de temps durant lequel la légataire conserverait, pour rendre ensuite, et que la disposition en litige se réduit réellement à celle prévue et permise par l'art. 899 c. civ., et qui consiste à donner l'usufruit à l'un, et la nue-propriété à l'autre; — Considérant, d'ailleurs, qu'en cas d'obscurité dans les termes d'une disposition testamentaire, le juge doit rechercher quelle a été l'intention du testateur, et, qu'en cas d'ambiguïté, la disposition doit être interprétée préférablement dans le sens où elle peut produire effet; — Considérant que la disposition dont il s'agit est exprimée par une seule phrase, qui ne peut être divisée, et dont divers membres doivent s'interpréter mutuellement, comme ne formant ensemble qu'un seul et même contexte; que le second membre ainsi conçu : « Laquelle

grevé (Req. 7 fév. 1831, aff. Rouget, nº 137);—4º Que la fondation d'une prébende avec commission de messes, c'est-à-dire l'abandon de biens fait à l'Eglise dans un but pieux, à charge de laisser la jouissance pendant un certain nombre de générations aux héritiers du fondateur, ne constituant pas une substitution, la propriété du bien abandonné doit être réputée acquise à l'Eglise (Req. 13 janv. 1846, aff. Abel, D. P. 46. 1. 373).

164. De ce que l'individu à qui il est fait un legs *conditionnel* qui, en cas d'inaccomplissement de la condition, sera recueilli par un autre, est, en même temps, institué légataire direct de l'usufruit, il ne suit pas que cette institution d'usufruit doive être réputée transformer le legs conditionnel en une substitution fidéicommissaire (Req. 20 déc. 1831, aff. Poiron, nº 149). Cela est évident. Dans ce cas, il y a legs pur et simple de l'usufruit et legs conditionnel de la nue propriété.

165. La clause ainsi conçue : « Je donne et lègue tous mes autres biens à... et à Thimoléon de M...; je déclare, néanmoins, que je n'entends léguer audit Thimoléon de M... la propriété de sa portion desdits biens que dans le cas où il laissera, à l'époque de son décès, des enfants d'un légitime mariage, et le contraire arrivant, je lui lègue seulement la jouissance et l'usufruit desdits biens; et audit cas, je lègue la nue propriété à Eugène D......, mon neveu... » Une telle clause ne contient pas une substitution prohibée (Toulouse, 15 juin 1833) (1).

166. Il a été décidé, de même, 1º que la clause d'un testament par laquelle le testateur, en léguant l'usufruit de tous ses biens à une personne, dispose que, si elle vient à se marier et laisse des enfants lors de son décès, les biens légués en usufruit seront sa propriété exclusive et feront partie de sa succession, ne contient pas une substitution prohibée : ces mots *feront partie de la succession*. devant s'entendre en ce sens que la nue propriété, aussi bien que l'usufruit, appartiendra au légataire (Req. 17 juin 1835) (2); — 2º Qu'une clause semblable ne constitue pas un legs au profit des enfants à la survivance desquels la

---

somme de 12,000 fr. serait pour ses enfants, et ne pourrait en avoir que l'usufruit, comme il est dit ci-dessus, si elle venait à avoir des enfants, » démontre clairement que le testateur n'a voulu léguer à la fille Gruget qu'un usufruit, puisqu'il déclare, dans le second membre de phrase, que, si elle a des enfants, elle n'aura que l'usufruit, et que, dans le premier membre de la même phrase, il a déclaré qu'elle n'aura droit au legs, que si elle a des enfants;—Considérant que la disposition ainsi analysée peut se réduire à ces termes : Si la fille Gruget n'a point d'enfants, elle n'aura aucune espèce de droit à la somme de 12,000 fr., et, si elle a des enfants, elle n'aura que l'usufruit de cette somme; — Mais, considérant que le legs de la nue-propriété, fait aux enfants à naître de la fille Gruget, ne peut avoir effet, parce que, pour le recueillir, il aurait fallu qu'ils eussent existé au moment où il s'est ouvert;— Considérant aussi que le legs de l'usufruit fait à la fille Gruget n'est encore qu'éventuel, la double condition à laquelle il est subordonné n'étant pas entièrement accomplie;— Met sur l'appel de la veuve Gruget, l'appellation au néant; — Ordonne que ce dont est appel sortira effet; — Condamne l'appelante en l'amende et aux dépens de la cause d'appel; — En ce qui concerne l'appel de la femme Souchet; — Met l'appellation et ce dont est appel au néant;—Emendant, décharge ladite femme Souchet des condamnations contre elle prononcées; Statuant au principal; — Ordonne que la somme de 12,000 fr. sera placée avec hypothèque dans le lieu de l'ouverture de la succession, pour assurer l'exécution du legs d'usufruit de cette somme dans le cas de l'accomplissement des conditions apposées; — Ordonne la restitution de l'amende, etc.

Du 25 juin 1825.-C. de Paris, 2e ch.-M. Cassini, pr.

(1) *Espèce :* — (Seré C. Méritens.) — Décès du sieur Dutilh. — Il laisse un testament mystique, en date du 22 mars 1827, dans lequel on lit la clause transcrite dans la proposition ci-dessus. — Demande en nullité de ce testament comme renfermant une substitution prohibée. — Le 27 juin 1831, jugement ainsi conçu : — « Attendu, sur la disposition attaquée, que, pour savoir si elle est prohibée ou permise, il faut nécessairement recourir à l'art. 896 du code qui prohibe, et à l'art. 898 qui permet; que l'art. 896 prohibe, en effet, les substitutions et les dispositions où il y aurait charge de conserver et de rendre à un tiers; que le caractère principal des substitutions était d'établir un ordre successif, d'après lequel l'objet de la disposition devait être recueilli, d'abord, par le premier appelé, et ensuite par le second, en sorte que la propriété, après avoir fait impression sur une première tête, allait se fixer définitivement et nécessairement sur la seconde, d'où résultait pour le premier appelé la charge de conserver et de rendre; que, dans l'espèce, le tiers n'est point appelé d'une manière absolue, et que ce ne serait que dans le cas où la propriété devrait aller nécessairement se fixer sur sa tête, qu'il y aurait pour le premier appelé obligation de conserver et de rendre; que, sous ce premier rapport, la disposition dont s'agit ne se trouve point comprise dans l'article prohibitif; — Que l'art. 898 qui permet, porte que la disposition par laquelle un tiers serait appelé à recueillir dans le cas où l'héritier institué ou le légataire ne recueillerait pas, ne doit point être regardée comme une substitution, et est valable; qu'on voit, d'après cet article, que la loi entend que deux ne soient point appelés à recueillir successivement, mais qu'il n'y en ait qu'un seul; que, dès lors, toute la question est de savoir si le sieur de Méritens doit d'abord recueillir, et le tiers après, c'est-à-dire *ordine successivo*; or, dans l'espèce, le tiers n'est appelé à recueillir que lorsque le légataire n'aura pas recueilli lui-même; on ne voit donc pas deux individus qui doivent nécessairement recueillir l'un après l'autre; la disposition est conditionnelle; si la condition s'accomplit, le sieur de Méritens recueillera, et le droit du tiers s'évanouit; si, au contraire, la condition ne s'accomplit pas, le sieur de Méritens ne recueillera point, et alors le droit du tiers s'ouvre, et ce dernier reçoit non de la part du sieur Méritens, mais de la part du testateur lui-même; donc, sous ce second rapport, la disposition attaquée est conforme à l'art. 898 et est valable; — Par ces motifs démet de la demande en nullité de la disposition attaquée. » — Appel. — Arrêt.

La cour; — Adoptant les motifs, etc., démet de l'appel.

Du 15 juin 1833.-C. de Toulouse, 2e ch.-M. Pech, pr.

(2) *Espèce :* — (Piedelièvre C. Ozeraie.) — En 1830, testament du sieur Piedelièvre, par lequel il lègue à la demoiselle Ozeraie l'usufruit de tous ses immeubles, ajoutant : « Dans le cas où ladite Aimée-Justine Ozeraie viendrait à se marier et à laisser, lors de son décès, un ou plusieurs enfants légitimes, les biens que je viens de lui léguer en usufruit, deviendraient, dans ce cas seulement, sa propriété exclusive, et, par conséquent, composeraient, à ce titre, sa succession, sans que mes présomptifs héritiers puissent y rien prétendre. » — Les frères et neveux du testateur attaquèrent cette clause : 1º comme contenant une substitution prohibée; ils prétendaient qu'il y avait pour eux charge de conserver jusqu'à la mort de la légataire la nue propriété des immeubles, afin de les rendre aux enfants de cette dernière; que la prohibition de l'art. 896 s'appliquait aussi bien au cas où c'était un héritier naturel qui se trouvait chargé de conserver et de rendre, qu'à celui où cette obligation était imposée à l'héritier institué ou au donataire. — 2º Ils prétendaient que la condition à laquelle cette clause était soumise, étant la survivance des enfants légitimes de la légataire, et que ce fait résultant précisément du prédécès de cette dernière, il devait nécessairement arriver qu'elle décéderait avant l'événement de la condition; d'où ils tiraient la conséquence que la disposition devenait caduque, aux termes de l'art. 1040 c. civ. — 8 mars 1833, le tribunal de Pont-Audemer déclare la clause bonne et valable.

Appel. — Arrêt confirmatif de la cour de Rouen, du 22 fév. 1834, ainsi conçu :—« Attendu qu'il résulte de l'ensemble du testament, de l'intention du testateur, et notamment de la dernière clause sainement interprétée, que le sieur Piedelièvre n'a voulu léguer à Justine Ozeraie la propriété de ses immeubles que dans le cas de concours de deux conditions par lui exprimées : 1º celle du mariage de Justine; 2º celle de la naissance d'enfants légitimes qui lui survivraient; — Attendu que Justine n'est âgée que de dix ans, et que dès lors il est encore incertain si elle se mariera et si elle aura des enfants légitimes; — Qu'ainsi on ne peut pas dire qu'elle soit dès à présent saisie de la propriété des immeubles légués, et, par suite, prétendre qu'elle est chargée de conserver et de rendre aux héritiers du testateur, ce qui constituerait une substitution prohibée par l'art. 896 c. civ.; — Que, pour qu'il y ait substitution fidéicommissaire, il faut qu'il y ait une première transmission à un individu qui doit recueillir avec obligation de rendre; qu'il y ait une seconde transmission sur la tête d'un tiers; qu'il y ait trait de temps et vocation de deux individus pour recueillir, l'un après l'autre, *ordine successivo;* — Que, dans la clause litigieuse, on ne trouve nulle part la saisine actuelle accordée *hic et nunc* à Justine; qu'on n'y trouve pas davantage la charge de conserver et de rendre; — Que seulement si Justine se marie, et si elle laisse, lors de son décès, des enfants légitimes, alors les biens à elle légués en usufruit, et dans ce cas seulement, deviendront sa propriété exclusive, et composeront à ce titre sa succession; — Attendu qu'il ne s'agit point, dans l'espèce, d'un droit de retour, et que l'art. 951 c. civ. est inapplicable; — Qu'on ne peut davantage invoquer les dispositions de l'art. 1040 qui, dans le cas prévu, déclare caduque la disposition testamentaire faite sous une condition dépendante d'un événement incertain, si le légataire décède avant l'accomplissement de la condition; — Que, d'après la clause du testament, la légataire ne décédera pas avant l'accomplissement de la condition; mais que ce sera seulement à l'époque de son décès que l'on pourra vérifier si la condition apposée par le testateur s'est accomplie; — Que si, à l'époque de son décès, Justine a des enfants légitimes, dans ce cas, la propriété des biens légués aura reposé sur sa tête, et fera partie de sa succession; elle les aura recueillis en vertu du testament et sans charge de les rendre aux héritiers du testa-

réunion de la nue propriété à l'usufruit est subordonnée, et ne doit pas être réputée non écrite, comme contenant un legs fait à des personnes non encore conçues (même arrêt);—3° Qu'un tel legs est valable, quoiqu'il soit soumis à une *condition* dont l'accomplissement ne peut être constaté qu'après le décès du légataire, si toutefois la condition s'accomplit avant ce décès (même arrêt).

167. La disposition par laquelle un testateur institue deux légataires universels, par égale portion, avec réserve que le fonds appartiendra à celui des deux qui aura des enfants, c'est-à-dire que celui qui ne sera pas marié ou qui l'étant n'aura pas d'enfants n'aura droit qu'à l'usufruit desdits biens, d'où il suit que ce sont les enfants des légataires qui auront la propriété du fonds, ne doit pas être considérée comme contenant une substitution prohibée;—Elle constitue seulement, pour une portion desdits biens, un double legs, d'usufruit au profit de celui des deux institués qui n'aura pas d'enfants au jour du décès du testateur, et de nue propriété au profit des enfants de l'autre (Paris, 22 janv. 1836) (1).

teur, qui n'ont rien à y prétendre, et auxquels elle n'était point chargée de les conserver; — Que la condition de l'existence d'enfants légitimes ne peut se réaliser et s'accomplir qu'au décès de la légataire, puisqu'ils peuvent décéder avant elle; mais que ce ne peut être un motif pour décider que la condition n'a été accomplie qu'après le décès de la légataire, puisque *aliud* est l'accomplissement, *aliud* la constatation de cet accomplissement; — Attendu que les conditions suspensives, de la nature de celle insérée dans le testament du sieur Piedelièvre, ont été admises, sous toutes les législations, dans les dispositions testamentaires; — Qu'aux termes de l'art. 1181 du code, l'obligation contractée sous une condition suspensive est celle qui dépend d'un événement futur et incertain (comme celui de la naissance d'un enfant); que, dans ce cas, l'obligation ne peut être exécutée qu'après l'événement; — Que, dans l'espèce, le legs de la propriété n'est fait que pour le cas où la légataire laissera des enfants légitimes; que ce n'est donc qu'à son décès qu'on pourra constater la survivance d'enfants légitimes, dont l'existence sera établie avoir eu lieu avant même le décès de la légataire; qu'on ne peut donc voir dans le testament attaqué qu'une condition suspensive autorisée par toutes les lois;

» Attendu que les dispositions d'un testament doivent être interprétées d'après les intentions et la volonté du testateur, manifestées dans l'acte de sa dernière volonté; qu'elles doivent être interprétées *magis ut valeant quàm ut pereant;* que, dans le doute, les juges doivent se déterminer plutôt pour confirmer que pour anéantir les dispositions de celui qui n'existe plus pour exprimer ce qu'il a voulu faire; — Confirme, etc. »

Pourvoi : — 1° Violation de l'art. 896 c. civ. et de l'art. 1 de la loi du 17 mai 1826. — La loi du 17 mai 1826 permet bien, contrairement à l'art. 896 c. civ., une substitution fidéicommissaire au profit d'enfants nés ou à naître, mais à condition que le grevé est le père ou la mère des appelés. Si cette condition n'existe pas, la substitution est frappée par la prohibition de l'art. 896 c. civ. Or, dans l'espèce, le grevé n'est pas Justine Ozeraie, ce n'est pas elle qui est chargée de conserver et de rendre; elle n'est qu'usufruitière. Les véritables grevés sont des héritiers présomptifs de Piedelièvre; c'est sur leur tête que repose la propriété des immeubles donnés en usufruit, jusqu'à ce qu'elle passe sur celle des enfants de Justine Ozeraie. La condition à laquelle la validité de la substitution est subordonnée n'existe donc pas; cette substitution est donc nulle. — 2° Violation des art. 900 et 906 c. civ. — Si l'on ne veut pas que la clause litigieuse contienne une substitution, elle contiendra une disposition conditionnelle et suspensive au profit des enfants à naître de Justine Ozeraie, car ce n'est pas Justine Ozeraie qui est l'objet de la libéralité, du moins en ce qui concerne la propriété des biens. Or, cette disposition est nulle, aux termes de l'art. 906, qui exige que la personne qui doit recevoir en vertu d'un testament soit au moins conçue à l'époque du décès du testateur. Les enfants auxquels la donation de Piedelièvre est réservée n'étaient pas conçus au moment du décès du testateur, puisque Justine Ozeraie n'avait encore que dix ans. — 3° Violation de l'art. 1040 c. civ. — En admettant même que le legs soit fait au profit de Justine Ozeraie, il n'en est pas moins nul. En effet, la condition à laquelle il est soumis, la survie d'enfants légitimes du mariage de Justine Ozeraie, légataire, ne peut s'accomplir que par le décès de la légataire; ce n'est, en effet, qu'après son décès qu'il sera possible de décider si elle a laissé ou non des enfants légitimes; mais, dès qu'une disposition testamentaire se trouve subordonnée à une condition de cette nature, elle est caduque, conformément à l'article précité. — Arrêt.

La cour; — Attendu, sur le premier moyen, en droit, que ce n'est que dans le cas où l'héritier institué ou le légataire est chargé de conserver et de rendre à un tiers, qu'il peut y avoir substitution fidéicommissaire (896 c. civ.); — Et attendu, en fait, que, de l'ensemble des clauses du testament en litige, les juges ont pu, comme ils l'ont fait, décider que non-seulement aucune des personnes désignées dans le testament n'avait été chargée de conserver et de rendre à un tiers, mais qu'au contraire, soit que la condition de mariage et de la survenance d'enfants, à l'égard d'Aimée-Justine Ozeraie, arrivât, soit qu'elle n'arrivât pas, la succession du défunt ne pouvait jamais être dévolue à deux degrés d'héritiers *ordine successivo;* que, dans ces circonstances, ayant décidé que, dans le testament litigieux, ne se rencontrait point de substitution fidéicommissaire, l'arrêt attaqué n'a violé ni l'art. 896 ni les art. 900 et 906 invoqués par les demandeurs; — Attendu, sur les deuxième et troisième moyens, que, loin d'instituer les enfants de Justine Ozeraie, le testateur a, au contraire, formellement déclaré qu'ils ne pouvaient venir que comme héritiers à la succession de leur mère; d'où il suit que l'art. 1040 était entièrement inapplicable à l'espèce; — Rejette.

Du 17 juin 1835.-C. C., ch. req.-MM. Borel, pr.-Bernard, rap.

(1) *Espèce :* — (Hérit. Rousseaux.) — M. l'abbé Rousseaux, curé de Notre-Dame à Versailles, est décédé le 16 janv. 1834, laissant pour héritiers présomptifs ses deux neveux, Désiré Rousseaux et Louis Rousseaux, dit Fanfan, ce dernier seul ayant des enfants. Quelque temps avant son décès, il avait fait un testament olographe, dans lequel se trouve, après plusieurs legs particuliers, la disposition suivante : « Du reste, je nomme et institue pour mes héritiers et légataires universels mes deux neveux, aîné et cadet, Fanfan Rousseaux et Désiré Rousseaux, par égale part et portion, avec la réserve cependant que le fonds appartiendra à celui des deux qui aura des enfants, c'est-à-dire que ceux qui ne seront pas mariés, ou qui, l'étant, n'auront pas d'enfants, n'auront droit qu'à l'usufruit desdits biens; d'où il suit que ce seront les enfants de mes neveux qui auront la propriété du fonds. » — Puis, viennent un autre legs particulier, la nomination d'un exécuteur testamentaire et la clause finale ainsi conçue : « A l'effet de quoi, je donne et lègue à mes neveux ci-dessus nommés, en toute propriété, et avec la saisine, tous mes biens, meubles et immeubles, et autres effets qui pourront m'appartenir, en quoi qu'ils puissent consister, sans réserve ni exception, sinon ce qui se trouvera dans le grand tiroir de mon secrétaire, ainsi qu'il est dit ci-dessus; révoquant et annulant toutes autres dispositions à ce contraires. »

Ce testament a soulevé des interprétations diverses. Désiré Rousseaux a vu dans la première des dispositions ci-dessus rapportées une véritable substitution prohibée, par conséquent nulle; et dans la seconde, une institution universelle conjointe, donnant lieu à un partage par moitié entre les deux légataires. Fanfan Rousseaux, au contraire, réunissant les deux clauses en une, a pensé que son cousin se trouvait réduit à un simple legs en usufruit de la moitié des biens.

Le tribunal de Versailles a admis ce dernier système par jugement du 18 mars dernier, portant : — « Vu le testament de Pierre-Louis-Maurice Rousseaux, par lui fait olographe, en date à la fin du 15 janv. 1834, enregistré à Versailles le 20 du même mois, et déposé pour minute à Lemoine, notaire à Versailles, par acte du 5 février suivant; — En ce qui touche la clause commençant par ces mots : « Du reste, je nomme et institue pour mes héritiers légataires universels, » et finissant par ces mots : « d'où il suit que ce sont les enfants de mes neveux qui auront la propriété du fonds; » — Attendu que si les termes de cette clause présentent quelque ambiguïté, l'interprétation que cette ambiguïté nécessite doit se faire d'après les règles du droit, dans un sens qui fasse produire à la clause un effet légal et conforme à l'intention présumée du testateur; — Attendu qu'en cherchant cette intention, soit dans l'ensemble de la disposition, soit dans les circonstances de la cause, et notamment dans la connaissance parfaite que le testateur avait de la position respective de ses deux neveux, on voit que l'abbé Rousseaux, en les appelant à sa succession par égale portion, a cependant voulu réduire celui des deux qui n'aurait pas d'enfants au simple usufruit de sa portion, et en donner la nue propriété aux enfants de son autre neveu; — Attendu que la disposition ainsi entendue ne présente pas les caractères d'une substitution prohibée par l'art. 896 c. civ., mais bien ceux d'un double legs d'usufruit au profit du neveu qui n'aura pas d'enfants, et de nue propriété au profit des enfants de l'autre neveu; disposition autorisée par l'art. 899 du même code;

En ce qui touche la clause subséquente du même testament, commençant par ces mots : « A l'effet de quoi je donne et lègue, » et finissant par ceux-ci : « Révoquant et annulant toute autre disposition à ce contraire : » — Attendu, d'une part, que les expressions révocatoires qui terminent cette clause ne peuvent pas s'appliquer à la disposition précédemment énoncée; qu'on ne peut pas supposer que, dans la même partie de son testament, l'abbé Rousseaux ait voulu, par la deuxième clause, révoquer celle qu'il venait d'établir quelques lignes plus haut; que ces expressions révocatoires ne s'appliquent évidemment qu'à des testaments antérieurs que le testateur aurait pu faire; — Attendu, d'autre part, que si la clause dont il s'agit rappelle l'institution en toute propriété des deux neveux de l'abbé Rousseaux, sans rappeler la réserve de la restriction portée dans la clause précédente, on ne peut pas en induire que le testateur ait voulu la supprimer; que rien n'indique qu'il ait voulu, à cet égard, changer de volonté; que les deux clauses rapprochées l'une de l'autre n'ont rien d'inconciliable et peuvent s'exécuter simultanément; — Attendu qu'au décès du testateur, Désiré Rousseaux n'avait pas d'enfants; que les seuls en-

168. Une seconde institution universelle subséquente, au profit des mêmes légataires, insérée dans le même testament, n'emporte pas révocation de la première disposition, quoique la réserve primitive ne soit point rappelée (même arrêt).

169. « Je lègue à Pierre l'usufruit de mes biens, et après sa mort, j'en lègue la propriété à Paul. » Y a-t-il là substitution? Rien ne prouve évidemment que la pensée du testateur n'a pas été de saisir dès l'instant de son décès le légataire de la nue propriété, comme il a saisi dès le même instant le légataire de l'usufruit. Peut-être a-t-il entendu que Paul n'aurait la pleine propriété qu'après la consolidation de l'usufruit sur sa tête. Dans le doute, il faut réputer chacun des deux légataire pur et simple de la chose qui lui est respectivement allouée. C'était l'opinion accréditée même au temps où les substitutions n'étaient pas déclarées nulles. M. Merlin, qui professe la même doctrine, avec les développements les plus étendus, Rép., v° Institution d'héritier, sect. 4, n° 13, rapporte, d'après Pollet, un arrêt conforme du 17 janv. 1697, émané du parlement de Flandre (V. aussi M. Poujol, sur les art. 896 et suiv., n° 27). — La jurisprudence nouvelle ne s'est point écartée de cette décision.

170. Du même défaut d'ordre successif ou de double transmission, il résulte encore qu'il n'y a pas de subtitution prohibée dans cette autre manière de disposer : « Je lègue à Paul 100 fr. qui lui seront comptés à la mort de mon fils. » Le payement seul est différé, et il est fait don au fils de l'usufruit. Le droit de Paul commence au moment de la mort du testateur. C'est ce que remarquent aussi MM. Toullier, t. 5, n° 51, et Rolland de Villargues, n° 245.

171. « Je lègue à Paul telle chose pour en jouir en usufruit sa vie durant, et après son décès je veux que la même chose appartienne en toute propriété à Pierre. » — Une distinction résulte des lois romaines (L. 15, ff., *De auro et arg. legat.*; L. 12, ff., *De usuf. rer. quæ usuf. consum.*), quant à la manière d'interpréter une pareille clause. Voët, dans ses Pandectes (tit. *De usuf.*, n° 12), nous l'explique ainsi : « Si un testateur commence par léguer, non l'usufruit, mais des biens en général, il est censé léguer la propriété de ces biens, encore qu'il ajoute que le légataire n'en jouira que pendant sa vie, et qu'il ne pourra les aliéner en aucun cas. En effet, la propriété, une fois donnée par le legs pur et simple des biens, ne peut pas être censée ôtée, soit par la prohibition d'aliéner, soit par la clause que le légataire jouira pendant sa vie : ce ne sont pas des choses contradictoires que d'être propriétaire et de ne l'être que pour un temps limité, sans pouvoir aliéner. Ce serait donc une erreur d'inférer de ces sortes de clauses, ajoutées au legs des biens, autre chose que l'institution d'un fidéicommis, et la nécessité imposée au légataire de rendre après sa mort. » — M. Merlin, qui soutient la même opinion (Quest. de dr., v° Subst. fidéic., § 5), semble déférer à ce raisonnement de Voët qu'il invoque, et sa doctrine a été consacrée par un arrêt qui a décidé qu'il y a substitution prohibée dans la disposition par laquelle un testateur institue Pierre *héritier universel de tous ses biens, pour en jouir seulement pendant sa vie, et pour, après son décès, les mêmes biens retourner à Paul;* les mots *pour en jouir seulement pendant sa vie* n'emportant pas nécessairement l'idée d'un simple legs d'usufruit (Req. 19 niv. an. 12) (1).

172. Il a été jugé également qu'un testament par lequel deux époux s'instituent réciproquement héritiers universels « à condition néanmoins que le survivant tiendra la moitié de leurs biens réels simplement en usufruit, et que cette moitié retournera, après son décès, aux légataires désignés dans le testament, » contient une substitution annulée par la loi des 25 oct. et 14 nov. 1792 (Liége, 25 oct. 1806) (2).

173. Mais on s'est élevé contre ce système d'interprétation,

---

fants existants étaient, comme ils sont encore, ceux de Louis Rousseaux; qu'aussi c'est Désiré Rousseaux qui se trouve réduit au simple usufruit de la moitié des biens du testateur, dont la nue propriété doit appartenir aux enfants de Louis Rousseaux, aux termes de la première des dispositions testamentaires susénoncées; — Ordonne que les parties viendront au partage des biens dépendants de la succession de l'abbé Rousseaux, savoir : Louis Rousseaux pour la moitié desdits biens en toute et pleine propriété; Désiré Rousseaux pour l'usufruit sa vie durant de l'autre moitié desdits biens, et les enfants actuellement existants de Louis Rousseaux pour la nue propriété de cette seconde moitié. »

Appel par Désiré Rousseaux. — Arrêt.

La cour; — Adoptant le motifs, etc., confirme.

Du 22 janv. 1836.-C. de Paris, 1re ch.-M. Miller, pr.

(1) *Espèce :* — (Hérit. Defassin C. veuve Roncy et sieur Donca.) — 17 déc. 1795, à une époque où les lois de 1792, abolitives des substitutions, n'avaient pas encore été publiées dans le pays de Liége, Defassin et sa femme Marie Winrox, par testament olographe et conjonctif, fait à Liége, instituent le survivant d'eux héritier universel; appellent, après la mort du dernier vivant, leur sœur et belle-sœur Marie Defassin, veuve de Roncy, pour héritière de tous leurs biens immeubles, etc., pour en jouir seulement pendant sa vie, et pour, après son décès, lesdits immeubles retourner à leur neveu, fils puîné de la veuve de Roncy. Ils substituent à ce fils leur cousin Grady, si celui-là ne laisse point d'enfants mâles de légitime mariage, sous la condition de porter le nom de Defassin, avec le sien. En cas de prédécès de Grady, ils appellent et instituent l'aîné de ses enfants mâles, nés et à naître de légitime mariage. Ils instituent encore la veuve Roncy leur héritière mobilière, pour en jouir et disposer, après le décès du survivant. — Décès du testateur à Liége, le 7 mars 1796; et de la testatrice, le 5 oct. suivant. — Mise en possession de la veuve de Roncy, à l'époque où les lois qui abolirent les substitutions en 1792 sont publiées en Belgique. Est-elle devenue par ces lois propriétaire incommutable des biens substitués? Non, répondaient les héritiers légitimes du défunt; elle n'était qu'usufruitière, et non grevée de substitution. Ils lui opposaient une lettre d'elle-même, portant : « Je ne puis rien changer au testament de mon frère et de sa femme, puisque je ne suis qu'usufruitière. » Ils se prévalaient des mots de la disposition, pour en jouir seulement pendant sa vie. Ils faisaient résulter de l'ensemble du testament l'intention de ne transmettre la propriété qu'aux mâles, en descendance directe.—En conséquence, ils demandèrent contre la veuve de Roncy et le sieur Donca l'annulation de la vente, faite par elle à celui-ci, d'un des immeubles substitués. — 4 germ. an 10, le tribunal de Liége rejette cette demande, attendu que le testateur a préféré son épouse à la veuve de Roncy, et celle-ci aux autres héritiers du sang; que l'intention des testateurs a été de faire passer la propriété sur la tête de tous ceux qu'ils appelaient après eux;—Que si le mot *jouissance* a été employé, c'était pour exprimer qu'après elle la propriété retournait aux autres héritiers; — Que le droit de propriété reposant sur sa tête lorsque sont arrivées les lois abolitives des substitutions, ces lois ont consolidé sa propriété, et l'ont rendue disponible. — Appel, et le 19 frim. an 11, arrêt confirmatif de la cour de Liége, par les mêmes motifs. —Pourvoi des héritiers Defassin. — Arrêt.

La cour; — Attendu que la principale question est de savoir si les testateurs avaient disposé de la propriété de leurs biens immeubles, dans l'acte du 17 déc. 1795, au profit de la veuve de Roncy, à charge de substitution envers son fils puîné, ou s'ils ne lui avaient seulement laissé que l'usufruit de leurs biens pendant sa vie; — Qu'il est de principe en droit, que lorsqu'un testateur lègue ses biens ou les donne à titre d'héritier, ce legs et cette institution emportent la transmission de la propriété de ces biens, en faveur du légataire ou de l'héritier, lors même que le testateur aurait restreint, par une clause postérieure, cette libéralité à l'usufruit des objets donnés pendant la vie du légataire ou de l'héritier; et lorsqu'il aurait exprimé sa volonté, que ses biens retournassent à une tierce personne, après la mort du légataire ou de l'héritier, que, dans ce cas, la propriété était considérée comme grevée de substitution; — Que ces principes sont appuyés sur le texte précis du droit romain, et notamment sur la loi 15 au Digeste, *De auro et argento*, et sur la loi 11, aussi au Digeste, *De usufr. ear. rer. quæ usu consum.*; —Qu'il résulte de ces principes, que le testament du 17 déc. 1795 avait réellement conféré la propriété des biens de Joseph-Pierre Defassin, et de Anne-Marie Winrox, à la veuve de Roncy; qu'il n'y avait, par conséquent, dans le jugement attaqué, aucune contravention aux dispositions du testament, ni à celles de la loi des 25 oct. et 14 nov. 1792, ni enfin à celles de la coutume de Liége; — Rejette, etc.

Du 19 niv. an 12.-C. C., sect. req.-MM. Oudot, rap.-Chabroud, av.

(2) *Espèce :* — (Minet C. Gérard.) — Le 4 janv. 1772, Gérard et Marie Minet, son épouse, firent un testament mutuel dans la forme que nous venons d'indiquer. — L'épouse mourut sans enfants, sous l'empire des lois anciennes. Gérard jouit, sans éprouver la moindre opposition, des avantages à lui assurés par ce testament. — Il contracta un nouveau mariage avec la dame Thérèse Ramlot, et mourut le 8 frim. an 13, laissant plusieurs enfants. — Sa mort fut suivie d'une discussion entre les légataires institués dans le testament du 4 janv. 1772, sa veuve et ses enfants. — Ceux-ci soutenaient que le testament du 4 janvier contenait une institution universelle, pure et simple, pour une moitié de la succession, et un fidéicommis pour l'autre moitié, de sorte que, Gérard ayant survécu à la publication des lois qui ont aboli les substitutions, il était devenu propriétaire incommutable de cette moitié, comme il l'était de l'autre. — Les légataires prétendaient, au contraire, que Gérard n'avait eu qu'un usufruit formel, et que, dès l'instant de la mort de Marie Minet, ils avaient acquis la propriété de la moitié de sa succession.

et avec raison, ce nous semble : de quoi s'agit-il dans les lois romaines commentées par Voët et Merlin, *loc. cit.*? De fidéicommis admis par conjectures pour favoriser le vœu du testateur, à qui l'on suppose l'intention de léguer la propriété au premier institué. Une telle supposition n'est plus compatible avec le principe qui défend, dans le doute, de regarder le testateur comme ayant contrevenu à la loi et fait une disposition entièrement nulle. Les substitutions conjecturales, proscrites déjà sous l'ordonnance de 1747, doivent l'être plus sévèrement encore depuis l'époque de leur prohibition. Merlin lui-même convient que la doctrine exposée par lui, *loc. cit.*, était susceptible d'une modification importante qu'il aurait dû ne pas omettre, et qu'il a établie plus tard dans des conclusions du 5 juin 1809 (Quest. de dr., § 4, nº 1) : « c'est que les règles conjecturales du droit romain, d'après lesquelles on jugeait, avant le code Napoléon, qu'il y avait substitution fidéicommissaire dans tel ou tel cas, ne font plus loi, » et que l'arrêt qui les enfreindrait pour maintenir la disposition dont nous venons de parler devrait « être regardé comme ayant bien jugé, parce que, dans le doute, on doit s'en tenir à l'interprétation qui tend à valider l'acte. » M. Rolland de Villargues, nº 245, fait une remarque fort judicieuse qui montre le danger et l'abus de tout autre système d'interprétation que celui d'une libre appréciation des termes et des circonstances de l'acte : « c'est que le style des notaires commence par faire *vendre, donner* ou *léguer* la chose ; et ce n'est qu'ensuite qu'ils ajoutent *pour par l'acquéreur, donataire ou légataire, en jouir en usufruit seulement*. Les droits des parties dépendraient souvent de formules indifférentes dans la pensée du notaire, et qui, à leur insu, travestiraient leurs volontés. » — M. Grenier, t. 1, p. 128, corrobore cette démonstration par un argument tiré du motif même qui a fait insérer dans le code l'art. 899, selon lequel l'usufruit et la nue propriété sont valablement conférés à deux personnes par une même disposition. « Les lois romaines (interprétées ci-dessus par Voët) étaient devenues, dit-il, le sujet de plusieurs contestations dont les décisions sont rapportées par les arrêtistes. » L'art. 899 aura eu pour objet d'en prévenir le retour. Le même auteur cite un jugement du tribunal de la Seine, du 13 messidor an 13, rendu dans l'affaire du testament de M. Leprestre de Château-Giron, et qui a fait à l'espèce dont il s'agit une juste application des principes que nous venons d'exposer. « Je suis instruit, continue-t-il, que c'est en grande connaissance de cause que ce jugement n'a pas été attaqué. » On désespérait de le faire réformer. — M. Toullier (t. 5, nº 43) fonde sur les mêmes raisons la même doctrine. — V. aussi Vazeille, sur l'art. 899, nº 2.

174. Il a été décidé en ce sens qu'il n'y a substitution défendue : 1º ni dans la disposition par laquelle le testateur lègue ses biens à ses cousins et cousines germains, pour en jouir *en usufruit*, voulant que le tout soit insaisissable et inaliénable dans leurs mains, pour que lesdits biens passent à leurs enfants légitimes, et dans le cas où ils n'en auraient pas, au parent le plus proche en degré : « Considérant, porte l'arrêt, que le testament dont il s'agit contient un legs d'usufruit au profit des cousins et cousines, et de nue propriété au profit de leurs enfants existants au jour du décès du testateur, et que, par le fait, il n'y a point de fidéicommis prohibé par la loi, la propriété reposant, dès le jour de l'ouverture de la succession, sur la tête des enfants » (Paris, 16 avr. 1811, M. Fréteau, av. gén., aff. Lépine) ; — 2º Ni dans la clause : « Je lègue à un tiers, pour en jouir après mon décès, les biens dont je peux disposer ; et, après son décès, ces biens reviendront à mes petits-enfants. » Cette clause doit s'entendre comme contenant legs de l'usufruit en faveur du tiers, et legs de la propriété en faveur des petits-enfants du testateur (Paris, 28 mai 1821) (1) ; — 3º Ni dans cette clause d'un contrat de mariage : « Le futur donne par forme de *donation à cause*

Le 15 fruct. an 13, le tribunal de Namur déclara que le testament contenait une substitution : — « Considérant qu'il est de principe, en matière d'interprétation de contrats et de testaments, qu'il faut plutôt s'attacher à la substance de la chose exprimée qu'aux termes dans lesquels les parties se sont énoncées ; — Que l'on voit d'abord que les testateurs se sont institués réciproquement héritiers universels et absolus, et que cette institution, prise isolément, conférait en toute propriété au survivant l'hérédité du prémourant ; — Que si, dans la même phrase qui renferme cette institution, il est dit qu'elle se faisait à condition que le survivant ne jouirait que simplement en usufruit de la moitié de l'institution universelle faite en sa faveur, cette expression doit s'entendre dans un sens qui ne détruise pas radicalement la substance des termes qui précèdent immédiatement, et que par une suite cette énonciation d'usufruit doit se rapporter à l'usufruit causale et non pas au simple usufruit formel ; — Considérant qu'il n'est pas possible de donner une autre interprétation à cette expression sans supposer que, dans un même instant et dans une même clause d'un testament, les testateurs auraient détruit ce qu'ils venaient de faire et auraient renversé la disposition qu'ils venaient d'annoncer contenir leur intention ; — Qu'il suit de là que les testateurs n'ont pas voulu priver tout à fait le conjoint survivant de la propriété de la moitié de la succession du prémourant, en vertu de la clause qui porte que le survivant n'en aurait simplement que l'usufruit, mais qu'ils ont voulu uniquement que cette moitié de propriété serait bridée et vinculée dans ses mains, et qu'elle serait destinée à d'autres personnes après sa mort ; — Que les termes dont les testateurs se sont servis, en disant que cette moitié retournerait, après la mort du survivant, à des tiers appelés dans le susdit testament, caractérisent encore clairement le fidéicommis ou substitution fidéicommissaire, puisque la moitié des biens que laissaient les conjoints devait passer du survivant, après sa mort, aux personnes désignées dans le même testament, et que ce retour ne pouvait avoir lieu que pour autant que la propriété aurait été sur la tête du survivant ; — Considérant que la clause suivante, où les testateurs appellent à cette moitié de l'hérédité les légataires, après la mort du survivant d'eux, prouve encore clairement que pendant la vie des deux conjoints lesdits légataires n'avaient rien acquis, et que cette clause vérifie de plus en plus l'existence d'un fidéicommis sur la tête du survivant, relativement à cette moitié ; — Qu'il est de principe que la propriété d'un bien ne doit jamais rester flottante ni incertaine ; qu'elle doit toujours se trouver sur la tête de quelqu'un, et que néanmoins, dans le système des demanderesses, elle ne serait trouvée nulle part, si elle n'eût reposé sur la tête du père Gérard, époux survivant, puisque les demanderesses ne doivent l'atteindre qu'à la mort des deux conjoints ; — Considérant que les lois 15, ff., *De auro arg. legat.*, et 12, ff., *De usuf. ear. rer. quæ usu consum.*, présentent des exemples semblables à celui du testament dont il s'agit, et qu'il y est décidé que, malgré les expressions d'usufruit dont s'étaient servis les testateurs, il y avait un véritable fidéicommis établi en faveur de l'appelé de cette matière ; — Que ces termes sont d'autant moins exclusifs d'un fidéicommis, qu'il y a infiniment d'analogie entre un simple usufruitier et un héritier fiduciaire, et que, dans l'acception commune et vulgaire, on n'en fait pas même de distinction ; que les seuls jurisconsultes versés dans la connaissance des lois savent apercevoir et reconnaître les nuances différentes qui existent entre eux, et qu'il n'est conséquemment pas étonnant que le terme d'usufruit soit employé dans le testament dont il s'agit, ouvrage de deux campagnards ; — Que cette expression, qui ne détermine qu'un mode de jouissance, ne détruit pas l'institution universelle de la propriété conférée un instant auparavant à ce survivant des deux conjointes, qu'elle ne fait que la modifier pour une partie, et que, par suite, il n'est pas possible, d'après l'examen du testament, de résister à l'évidence de l'établissement d'un fidéicommis sur la tête de feu Gérard, survivant des deux auteurs de ce testament, relativement à cette partie ; — Considérant que la clause même dudit testament qui autorisait le survivant à lever, en certain cas, une somme de 240 florins de change sur cette partie de la succession du prémourant, prouve encore de plus en plus que cette moitié se trouvait en propriété sur la tête dudit survivant, puisque sans cela il n'y aurait pas eu termes habiles à engager cette moitié en faveur de l'emprunteur ; — Considérant que Gérard, mort dans le courant de la présente année, a été dégagé du lien de fidéicommis, dont la moitié de cette propriété des biens était vinculée en faveur des demandeurs par les lois des 25 oct. et 14 nov. 1792 ; que dès l'époque de la publication de ces lois, il a possédé en toute propriété libre et absolue, et que, par une suite, lesdites demanderesses étant étrangères à la succession, ne peuvent pas plus former de prétentions à cette moitié qu'au surplus de son hérédité. » — Appel des légataires Minet. — Arrêt.

La cour, etc. ; — Attendu que si, dans la clause du testament en question, par laquelle les testateurs ont établi une substitution sur la moitié de leurs biens, ils se sont servis du mot *usufruit*, c'a été pour établir d'autant mieux ladite substitution, et faire entendre que le survivant des époux n'aurait qu'une jouissance telle qu'ont ordinairement les personnes grevées de substitution ; — Par ces motifs et ceux des premiers juges, confirme, etc.

Du 25 oct. 1806. — C. de Liége.

(1) *Espèce* : — (Dames Rivière et Pasquier C. demoiselle Tourte.) — Le 1er fév. 1821, jugement du tribunal civil de la Seine, ainsi conçu : « Attendu que Rougier-Mallet, par ses habitudes et sa profession, était peu familier avec les termes propres à exprimer ses idées ; que si son testament du 25 mai 1818 présente quelque ambiguïté, il doit s'interpréter par l'ensemble de ses dispositions, par les circonstances propres à faire connaître sa volonté et de manière à lui faire produire effet ; — Attendu que la manière dont est rédigée cette disposition fait voir que le

de noces, et en cas de survie, à la future épouse tous ses biens meubles et immeubles pour en jouir et disposer ainsi qu'elle avisera, venant à mourir sans enfants procréés de leur mariage; et, dans le cas où il leur surviendrait des enfants, lesdits biens *feront échute*, au décès de la future épouse, au fils aîné, s'il s'en trouve, et, à défaut de mâle, à la fille aînée » ; qu'une telle clause renferme une *donation* à la mère, donation devenue caduque, du moins quant à la nue propriété, par l'événement de la condition, à savoir l'existence d'enfants au moment du décès du père donateur; en sorte que la transmission des biens ne s'est pas opérée par le canal de la mère, restée simple donataire de l'usufruit, mais s'est effectuée directement du père aux enfants par l'institution faite en leur faveur (Req. 8 janv. 1825) (1); — 4° Ni dans la disposition testamentaire ainsi conçue : « Je donne à ma sœur Marie l'usufruit de ma ferme de Donchery détenue par Domety et une autre ferme détenue par Mathieu, et à son décès la propriété à la famille Chonet »; « Attendu, porte l'arrêt, que ce testament ne contient que des legs distincts d'usufruit et de nue propriété qui sont formellement autorisés par l'art. 899 c. nap. » (Req. 24 juin 1823, MM. Henrion, pr., Borel, rap., aff. Siouville hér. Chonet); — 5° Ni dans cette clause : « Je nomme et institue pour mon seul et unique héritier universel et général mon frère, pour prendre possession de mes biens après ma mort, pour jouir des revenus sa vie durant; et, après sa mort, mon neveu prendra possession de tous les biens que j'aurai laissés à mon frère »; le legs en faveur du frère ne devant être réputé comprendre que l'usufruit des biens du testateur (Rej. 25 juill. 1832) (2); — 6° Ni dans la disposition par laquelle un testateur, après avoir institué

testateur entendait principalement, et avant tout, que la propriété du huitième devait appartenir aux enfants de la dame Sallé, et que la demoiselle Tourte en aurait seulement la jouissance sa vie durant, ou l'usufruit, puisqu'après avoir légué cette jouissance à la demoiselle Tourte, il dit : « Et après son décès, lesdits biens reviendront aux enfants de la dame Sallé ; il marque par ces expressions, *lesdits biens reviendront*, qu'il considérait, par une pensée préexistante, les enfants de la dame Sallé comme légataires de la propriété, et la demoiselle Tourte comme légataire seulement de l'usufruit, après l'extinction duquel la propriété reviendrait aux mineurs Sallé; qu'ainsi il ne charge pas la demoiselle Tourte de conserver et rendre ce huitième aux enfants de la dame Sallé; qu'il le leur donne directement, de manière que lesdits enfants tiennent de lui immédiatement ladite propriété, sans qu'elle appartienne d'abord à la demoiselle Tourte comme grevée, et doive ensuite après elle passer aux mineurs Sallé comme appelés ; que cette disposition ne présente pas le caractère d'une substitution. »

Appel des dames Rivière et Pasquier, filles du testateur. Elles ont prétendu que, dans tous les cas, le legs renfermait une substitution ; que, d'ailleurs, c'était la propriété et non l'usufruit du huitième de ces biens que le testateur avait entendu léguer à la demoiselle Tourte; et qu'en décidant le contraire, les premiers juges avaient donné au testament un sens que repoussait évidemment la généralité des termes dans lesquels il était conçu. — Arrêt.

LA COUR; — Adoptant les motifs des premiers juges, confirme.

Du 28 mai 1821.—C. de Paris.

(1) (Femme Dassin C. Dassin-Pochet.) — LA COUR ; — Sur le premier moyen :—Attendu, en droit, que *voluntatis defuncti quæstio in æstimatione judicis est* (L. 7, C., *De fideicomm.*);—Et attendu, en fait, qu'en décidant que la vérification de la vocation portée en l'acte du 15 janv. 1760 en faveur de la fille aînée du donateur et la conversion en usufruit de la propriété des biens donnés à l'égard de la mère donataire, dépendait de la condition de l'existence de ladite fille aînée, non pas à l'époque du décès de la mère donataire, arrivé en 1820, mais bien à l'époque du décès du père donateur, arrivé en 1774; les juges, sans méconnaître aucun des caractères constitutifs de la substitution fidéicommissaire, n'ont fait qu'en fixer l'ouverture à une époque plutôt qu'à une autre, d'après la volonté du donateur par eux déterminée à la suite de l'appréciation des clauses et de l'ensemble dudit acte du 15 janv. 1766 ; — Sur le deuxième moyen : — Attendu que dans sa réponse à la vingtième question le législateur, d'après des circonstances tout à fait particulières, a déclaré que, dans la réalité, il ne s'agissait là que d'une véritable substitution fidéicommissaire, tandis que, dans l'espèce, les juges ont déclaré que par l'événement de la condition le titre de la mère donataire s'était, dès l'année 1774, réduit en un simple usufruit, usufruit qui, par sa nature, ne saisissant point l'usufruitier de la propriété des biens, n'étant même qu'une servitude sur les biens d'autrui, écarte par cela seul toute idée d'une véritable substitution fidéicommissaire ; — Que par conséquent la loi du 9 fruct. an 2 n'était point applicable à l'espèce; aussi n'a-t-elle jamais été invoquée par-devant les juges de la cause; — Rejette.

Du 8 janv. 1825.—C. C., sect. req.—MM. Henrion, pr.—Lasagni, rap.

(2) *Espèce :* — (Quet C. Quetton Saint-George.) — Testament de Noël Quet, dans lequel on lit la clause suivante : « Et en tous et chacun de mes autres biens meubles et immeubles, je nomme et institue pour mon seul et unique héritier universel et général mon frère André Quet, pour prendre possession de mes entiers biens et hérédité après ma mort, d'après un inventaire général qui en sera dressé en bonne forme, pour jouir des revenus sa vie durant; et, après sa mort, mon cher neveu et bien-aimé Henri Quetton Saint-George, fils unique à mon cher frère Laurent Quetton Saint-George, prendre possession de tous les biens que j'aurai laissés à mon frère; et si mon cher neveu venait à mourir avant lui, et sans enfants légitimes, alors, après la mort de mondit frère, tous mes biens passeraient aux enfants de mes deux nièces, Élisabeth et Henriette, par égales portions. » — Les héritiers naturels du sieur Quet ont attaqué ce testament comme renfermant une double substitution, d'abord en faveur de Henri Quetton Saint-George, et ensuite en faveur des enfants d'Élisabeth et d'Henriette Quetton.

Jugement qui accueille ces prétentions et annule le testament. — Appel. — Arrêt de la cour de Montpellier du 12 mars 1830 ainsi conçu : — « Attendu que le législateur a clairement désigné dans l'art. 896 c. civ., les caractères des substitutions qu'il entendait prohiber; que cette prohibition frappe toute disposition par laquelle celui qui est gratifié, est chargé de rendre l'objet qui lui est donné ; mais qu'elle ne frappe que les dispositions qui renferment cette double charge, parce que l'application des lois prohibitives doit être strictement restreinte dans les limites dans lesquelle elles sont circonscrites ; — Attendu que le testament dont il s'agit ne présente aucune disposition de cette nature ni dans la partie de ce testament relative à André Quetton, dans son rapport avec Henri Quetton Saint-George, ni dans celle relative à celui-ci dans son rapport, soit avec ses enfants, soit avec les enfants d'Élisabeth et Henriette Quetton ; que si le testateur commence par déclarer qu'il nomme et institue pour son seul et unique héritier, universel et général, son frère André Quetton, il ajoute que c'est pour jouir des revenus de ses biens sa vie durant, indique manifestement l'objet de la disposition, et explique ce que le testateur a voulu dire, quand il a parlé d'institution d'héritier ; que ces mots *héritier et institution*, surtout sous la législation actuelle, n'emportent pas nécessairement avec eux l'idée du transport de propriété : que leur sens peut être restreint par des expressions postérieures, et qui énoncent directement et explicitement la volonté du testateur, et que celles employées ici par le testateur annoncent assez que ce n'est qu'en l'usufruit de ses biens qu'il a institué son frère, puisque l'usufruit n'est autre chose que le droit de jouir, pendant un temps limité, des revenus ou produits des biens dont la propriété appartient à un autre;

Attendu que cette interprétation n'est contrariée par aucune autre clause du testament ; que si le testateur y parle des biens qu'il a laissés à son frère, cette expression se rapporte naturellement au mode dans lequel il les lui a laissés, c'est-à-dire pour jouir de leurs revenus sa vie durant ; que, s'il le prie, et ceux qui viendraient après lui, de les conserver, ce n'est de sa part qu'une prière qui n'a rien de commun avec la charge dont parle la loi ; une prière qui s'adresse aussi bien au dernier de ceux de ses parents qu'il nommait dans son testament, qu'à son frère lui-même, et qui, inspirée par l'affection qu'il portait à ses biens, s'applique autant à leur administration qu'à leur conservation dans sa famille : que l'art. 18 du testament exclut, de plus l'idée qu'il ait voulu saisir son frère de leur propriété ; qu'on y voit, en effet qu'après avoir imposé à son neveu l'obligation de ne jamais quitter le nom de son père, c'est en faveur de ses parents les plus proches qu'il dispose de cette propriété : si son neveu manque à cette condition ; c'est eux qu'il charge de poursuivre sa déchéance ; qu'on ne peut pas dire que cette disposition ne se rapporte qu'au cas où Henri Quetton n'aurait quitté le nom de son père qu'après avoir recueilli les biens du testateur, c'est-à-dire après la mort d'André, puisque la disposition est absolue, et que l'expression jamais, dont se sert le testateur, embrasse évidemment toutes les époques;

Attendu que, lors même que la clause qui institue André pour jouir des revenus sa vie durant, pourrait être susceptible d'une autre interprétation que celle qui la restreint à un legs d'usufruit, celle-ci n'en devrait pas moins prévaloir sur l'autre, parce que, comme le dit l'arrêt de la cour de cassation du 24 mars 1829 (V. Disp. entre-vifs), l'obligation de conserver et de rendre, n'étant pas littéralement exprimée, la disposition ne peut être annulée que dans le cas où, contenant évidemment une substitution, il ne serait pas possible de lui donner un autre sens, parce que, lorsqu'une clause est susceptible de deux sens, on doit plutôt l'entendre dans celui qui maintient l'acte, que dans celui qui le détruit; parce que, sans des preuves démonstratives, le testateur ne doit pas être supposé avoir voulu disposer contrairement à la loi ; parce que, enfin, il est interdit aujourd'hui, plus que jamais, de fonder sur des conjectures l'existence d'une substitution ; que, s'il en était autrement sous la législation romaine, c'était afin de donner effet à la volonté du testateur, et que le même motif doit faire admettre un principe opposé dans une législation

l'aîné de ses enfants son héritier universel, et le puîné héritier particulier d'une moindre part, déclare dans un second testament « qu'il veut que sa succession soit partagée par moitié entre ses enfants; que, néanmoins, le puîné n'ait que la jouissance de la portion dont il était privé par le premier testament, et que cette portion soit réversible, après son décès, à l'aîné ou aux enfants de ce dernier, avec faculté de la distribuer entre ses enfants » (Req. 20 nov. 1837) (1);—7° Ni même dans la clause par laquelle le testateur « institue et nomme pour son héritière unique et universelle sa sœur à laquelle il nomme un exécuteur testamentaire qu'il charge de lui fournir tout ce qui lui serait nécessaire, voulant qu'au décès de cette sœur les biens qui se trouveront exister soient hérités par les neveux du testateur et de la sœur instituée... ;» que cette clause doit, en raison soit de l'état de cécité de la sœur, soit de l'affection du testateur pour ses neveux, être interprétée en ce sens qu'elle renferme une institution d'usufruit des biens pour la sœur et de nue propriété pour les neveux; et que c'est à tort qu'on prétendrait y voir soit une substitution *de residuo*, valable au profit de la sœur, soit une substitution fidéicommissaire nulle aux termes de l'art. 896 c. nap. (Bastia, 20 mai 1850, aff. Orsini, D. P. 50. 2. 134).

175. De même, il a été jugé que la clause d'un testament par laquelle un testateur lègue l'usufruit de différents immeubles, plus une rente, dont il est dit ensuite que le capital retournera à un tiers après la mort du légataire, ne contient qu'un legs d'usufruit, tant à l'égard des immeubles qu'à l'égard de la rente, et non un legs de la propriété de la rente, avec charge de la conserver et de la rendre à un tiers, ce qui serait une substitution prohibée...; que du moins l'arrêt qui le décide ainsi, par interprétation de l'acte et de la volonté du testateur, est à l'abri de la cassation (Req. 25 janvier 1827) (2).

176. Mais le legs fait avec cette clause qu'au décès du légataire la chose léguée appartiendra à un tiers, ou, s'il n'existe plus, à ses héritiers, renferme une substitution prohibée : ce n'est pas là un simple legs d'usufruit au profit du premier légataire et de nue propriété en faveur du second, l'extension éventuelle du legs

---

où la substitution tend au contraire, à faire anéantir cette volonté; qu'ainsi, il faut reconnaître qu'il n'y a aucune substitution d'André Quetton à Henri Quetton Saint-George; que le premier n'étant institué qu'en l'usufruit des biens du testateur, et le second étant appelé à recueillir directement les biens sous une condition suspensive, celle qu'il survivrait à André Quetton, son oncle, on ne saurait voir dans une telle disposition cette obligation de conserver et de rendre, que la loi seule a voulu prohiber;

Attendu qu'il n'y a non plus aucune substitution, ni en faveur des enfants d'Henri Quetton Saint-George, ni en faveur de ceux d'Elisabeth et Henriette Quetton; que la disposition du testament qui porte que si Henri Quetton Saint-George venait à mourir avant André, et sans enfants légitimes, les biens du testateur passeraient, après la mort d'André aux enfants d'Elisabeth et Henriette Quetton, ne fait autre chose, par rapport aux enfants d'Henri Quetton Saint-George, que les appeler, à la place de leur père, à recueillir les biens dès la mort d'André, si, à cette époque, leur père ne vit pas; mais que rien ne dit que, si leur père vit alors, et si la condition suspensive sous laquelle ces biens lui ont été légués se trouvant vérifiée, il recueille lui-même ces biens, il soit tenu de les conserver et de les rendre à ses enfants; qu'il en est de même par rapport aux enfants d'Elisabeth et Henriette Quetton, qui ne sont appelés que dans le cas où Henri Quetton-Saint-George mourrait sans enfants avant André; mais qu'il est évident qu'alors ils ne succéderaient ni à Henri ni à ses enfants, puisque Henri et ses enfants n'étant appelés que sous la condition de leur survie à André, leur prédécès les aurait empêchés de rien recueillir; que, dans cette hypothèse, les enfants d'Elisabeth et Henriette recueilleraient les biens après la mort d'André, comme les aurait recueillis Henri Quetton Saint-George, s'il lui eût survécu; que la nue propriété, qui, par l'effet de la condition suspensive, était restée sur la tête des héritiers légitimes, se réunirait sur la leur à l'usufruit éteint par le décès d'André; que, succédant ainsi directement au testateur, il est impossible de trouver dans la disposition qui les concerne, non plus que dans toutes les autres, cette sorte de substitution que la loi a eu en vue d'abolir; — Par ces motifs, disant droit à l'appel, déclare le testament valable, etc.»

Pourvoi pour violation de l'art. 896 c. civ., et fausse application de l'art. 899 du même code. — Arrêt (après délib. en ch. du cons.).

LA COUR; — Attendu qu'il est jugé par l'arrêt attaqué, que la disposition testamentaire dont il s'agit, ne contient aucune substitution prohibée par la loi, mais seulement un legs de l'usufruit des biens, en faveur d'André Quet dit Quetton, et des legs conditionnels et directs de la propriété, au profit d'Henri Quetton Saint-George et de ses enfants, et, à leur défaut, en faveur des deux nièces, Élisabeth et Henriette Quetton;

Qu'en le jugeant ainsi, l'arrêt n'a fait qu'une juste appréciation des clauses du testament, et que, par suite, en déclarant valable cet acte, il n'a expressément violé aucune loi; — Rejette.

Du 25 juill. 1832.-C. C., ch. civ.-MM. Portalis, 1er pr.-Cassagne, rap.-Joubert, 1er av. gén., c. conf.-Lacoste, A. Chauveau et Piet, av.

(1) *Espèce* : — (Roques C. de Marbotin.) — 22 sept. 1786, testament du sieur Jaure ainsi conçu : « Je donne et lègue à Jeanne-Sophie Jaure, veuve Féger, ma fille puînée, outre et par-dessus les 75,000 liv. que je lui ai constituées de mon chef, lors de son mariage, la somme de 10 liv. une fois payée, en tout quoi je l'institue mon héritière particulière. Et au restant de tous et un chacun de mes biens meubles, immeubles, etc., je fais, crée, nomme et institue pour mon héritière générale et universelle, Marie Jaure, ma fille aînée, épouse de M. de Marbotin, et à son défaut ses enfants la représentant. » — 15 avr. 1787, codicille du sieur Jaure en ces termes : « Je veux et entends que ma succession soit partagée par moitié entre Marie Jaure, épouse de M. de Marbotin, et Jeanne-Sophie Jaure veuve Féger, mes filles; je veux néanmoins que ladite veuve Féger n'ait que la jouissance, sa vie durant, de la portion de ma succession dont elle se trouvait privée par mondit testament, laquelle portion je veux être reversible, après le décès de ladite veuve Féger, à madame Marbotin, ou, à son défaut, à ses enfants, la représentant; et, dans le cas, et non autrement, que madame Marbotin prédécède ladite veuve Féger, celle-ci aura la faculté de distribuer à son gré ladite portion aux enfants de la dame Marbotin.... »

Conformément à ces dispositions, les deux filles du testateur font, après son décès, un partage entre elles qui attribue à la dame Féger une somme de 87,245 fr. à titre d'usufruit. — Après le décès de la dame Féger arrivé en 1835, les héritiers de la dame de Marbotin réclament cette somme, en vertu du codicille du 15 avr. 1787, au sieur Roques institué légataire universel de la défunte. — Mais celui-ci résiste à cette demande, prétendant que la disposition du codicille qui lui sert de fondement, est une substitution fidéicommissaire abolie par la loi du 14 nov. 1792.

31 août 1835, jugement du tribunal de Bordeaux qui rejette ce système et ordonne le payement de la somme demandée.—Appel. — 9 mai 1836, arrêt confirmatif de la cour de Bordeaux, qui considère en substance : que le codicille du 15 avr. 1787 ne contient pas la charge de conserver et de rendre; qu'il ne renferme qu'un simple legs d'usufruit; que, s'il attribue à la dame Féger la faculté d'élire entre les enfants de la dame de Marbotin, ce n'est là qu'une sorte de mandat qui ne change pas la nature de la disposition.

Pourvoi de Roques, pour violation de la loi 15, ff., *De auro et argento legatis*, de la loi 12, ff., *De usufructu earum rerum quæ usu consumuntur*, et de la loi du 14 nov. 1792, abolitive des substitutions fidéicommissaires. — Arrêt.

LA COUR; — Attendu qu'on ne trouve, ni dans le testament du sieur Jaure du 22 sept. 1786, ni dans son codicille du 15 avr. 1787, que la disposition faite au profit de la dame Féger, l'ait été à la charge de conserver et de rendre, ce qui est le caractère principal des substitutions fidéicommissaires; — Attendu que l'arrêt attaqué, en décidant qu'il ne résulte ni des intentions manifestées par le testateur, ni des expressions par lui employées, que les susdits actes renfermassent une substitution fidéicommissaire, et en déclarant au contraire que la disposition dont il s'agit constituait un simple droit d'usufruit, n'a point violé les lois romaines invoquées, ni la loi du 14 nov. 1792, et a fait une juste et saine interprétation du testament et du codicille susdits; — Rejette, etc.

Du 20 nov. 1837.-C. C., ch. req.-MM. Zangiacomi, pr.-Félix Faure, rap.

(2) (Veuve Glarel C. Dezille et Leprevost.) — Sur le deuxième moyen, tiré d'une prétendue violation de l'art. 896 c. civ., attendu que la cour de Rouen a recherché avec soin les intentions de la testatrice, d'après l'ensemble de ses dispositions et la nature des objets par elle légués; qu'en reconnaissant que la disposition première d'usufruit de deux maisons était aussi applicable à une rente dont l'inexigibilité était constatée pendant la vie du légataire, ainsi qu'il résultait d'un acte authentique rappelé par la testatrice elle-même; ladite cour ne s'est pas écartée des règles d'une saine interprétation, puisque le caractère d'un legs de simple usufruit ressortait de toutes les expressions du testament litigieux; — Attendu, au surplus, que les questions de volonté rentrent en général dans des questions de fait qui sont abandonnées aux lumières des magistrats des cours royales, ou des tribunaux d'arrondissement dans les limites de leur juridiction, et que, d'après l'interprétation donnée au testament litigieux, la cour royale de Rouen ayant fait une juste application de l'art. 898 c. civ., n'a pu violer l'art. 896, qui n'était pas applicable à la disposition testamentaire qui faisait l'unique objet de la contestation par elle jugée; — Rejette, etc.

Du 25 janv. 1827.-C. C., ch. req.-MM. Henrion, pr.-Borel, rap.-Hua, av. gén., c. conf.-Delagrange, av.

aux héritiers de ce dernier ne lui permettant pas de disposer de cette nue propriété (Rej., 25 juillet 1849, aff. Caldelar, D. P. 49, 1, 321).

177. Examinons maintenant une autre espèce, citée souvent par les auteurs : « Je lègue à Paul l'usufruit de mes biens, et lorsqu'il en aura joui durant sa vie, je le charge de les rendre à Pierre. » L'ancienne jurisprudence sous-entendait, dans une telle clause, un legs de propriété pour le premier légataire, chargé de rendre, et considérait ainsi le second légataire comme véritablement substitué. Pérégrinus, Furgole, Merlin enseignent la même doctrine (V. le Rép., v° Institution d'héritier, sect. 4, n° 13).— Mais c'était encore une substitution toute conjecturale. Il y a plus de motifs dans cette espèce que dans celle que nous avons examinée aux n°s 171 et suiv., de rejeter l'idée de substitution. N'est-ce pas l'usufruit seulement que le testateur lègue à Paul, d'après les termes directs les plus précis? —Dans ce cas, objectera-t-on, la charge de rendre eût été inutilement imposée; car les droits de l'usufruitier, finissant avec sa vie, ne sont pas transmissibles. — Faut-il donc qu'une mauvaise rédaction ait l'effet d'entraîner l'annulation de l'acte, quand la volonté du disposant peut s'interpréter dans un sens différent; quand la première partie de la clause borne si explicitement à l'usufruit les droits du premier institué? C'est par ce raisonnement que M. Rolland de Villargues, n° 247, motive la même opinion. — Il a été jugé en ce sens 1° que la disposition par laquelle un testateur institue un père et une mère et leur fille pour ses légataires universels conjointement, pour jouir de ses biens, d'abord par les père et mère conjointement, leur vie durant, ensuite par le survivant d'eux, et après le décès du survivant par la fille, ne contient point une substitution prohibée (Paris, 5 mars 1809) (1) ; — 2° Que la clause d'un testament conçue en ces termes : « Je donne et lègue en tout et sans partage à mon père et à ma mère, au dernier vivant, tout ce que je possède en biens meubles et immeubles, argent comptant, etc., à la condition expresse de les laisser après eux à ma sœur..., » ne doit pas être considérée comme contenant une substitution prohibée, mais bien comme attribuant l'usufruit des biens aux père et mère, et la nue propriété à la sœur, alors que le testateur, expliquant ensuite plus amplement ses dispositions, exprime, d'une part, qu'il « doit ce qu'il fait à son père pour le soutien de ses vieux jours, parce que, après lui, il se trouvera sans bien et sans aucun appui, ni secours, » et, de l'autre, « que c'est à la sagesse et à la prudence de sa sœur qu'il abandonne le soin d'assurer le bonheur de leurs parents, » ce qui fait supposer que le testateur a voulu transmettre à sa sœur sur ses biens tous les droits réclamés pour l'accomplissement de ses intentions :— « Attendu qu'il appartient à la cour de cassation de vérifier si un acte renferme ou non une substitution prohibée; mais que, dans l'espèce, l'arrêt attaqué a pu conclure du rapprochement et de l'ensemble des clauses du testament d'Auguste Garneray, qu'une telle substitution n'y existait pas, et que le testateur n'avait voulu faire et n'avait fait en faveur de la dame Cabanne, sa sœur consanguine, qu'un legs de la nue propriété des biens dont il léguait l'usufruit à ses père et mère; — Attendu que le testateur, en manifestant le vœu que, le cas échéant, la dame Cabanne disposât des biens légués en faveur d'Hippolyte Garneray, n'a exprimé, en faveur de ce dernier, qu'un simple désir, et qu'en refusant de voir dans cette clause une substitution prohibée, l'arrêt attaqué, loin de violer la loi, s'y est exactement conformé; — Rejette le pourvoi formé contre l'arrêt de la cour de Paris du 10 déc. 1838. » (Req. 20 janv. 1840, MM. Lasagni, pr., Hervé, rap., Garneray *C.* Cabanne et autres).

178. La substitution ne serait encore que conjecturale si, à ces mots, « je lègue l'usufruit de mes biens, » le testateur avait ajouté : « pour en conserver le fonds et la propriété à Pierre, que je lui substitue. » M. Rolland de Villargues (*loc. cit.*) fait très-bien remarquer que dans la pensée du testateur cette charge n'était peut-être que l'obligation imposée à l'usufruitier par la loi elle-même de conserver la substance de la chose soumise à l'usufruit.

179. Si l'usufruit n'était légué que pour le cas de prédécès, soit des héritiers légitimes du disposant, soit d'un premier légataire de la pleine propriété, il ne faudrait pas moins regarder ces deux dispositions comme indépendantes l'une de l'autre. L'usufruit étant un droit personnel, il ne saurait être transmis dans l'ordre successoral. L'héritier *ab intestat*, ou le premier légataire de la pleine propriété, ne seraient donc point réputés, dans le sens de l'art. 896 c. civ., avoir la charge de conserver et de rendre. C'est ce qu'enseigne M. Rolland de Villargues, n° 241, et ce qui a été confirmé par un arrêt qui a décidé que la disposition par laquelle un époux donne à son conjoint l'usufruit de ses biens, dans le cas où les enfants que l'époux donateur laissera à son décès mourront avant le conjoint donataire, n'est pas une substitution prohibée; — « Attendu que les futurs conjoints avaient, dans la province de Flandre, la liberté la plus illimitée dans leurs contrats de mariage; — Que la stipulation de l'usufruit, fût-il qu'en vertu de la coutume il dût cesser pour être réuni à la propriété dans le chef d'un enfant majeur, ne comprend aucune disposition fidéicommissaire, pour laquelle il eût été nécessaire de charger cet enfant de laisser soit la propriété, soit l'usufruit à un tiers, ce qui n'a pas lieu dans le cas présent; — Réforme et maintient l'appelant dans l'usufruit, conformément au contrat de mariage. » (Bruxelles, 17 avril 1806, aff. Leyrens *C.* Rollier); — 2° Qu'il n'y a pas de substitution prohibée dans la clause par laquelle une testatrice lègue à son mari tous ses biens meubles et immeubles aux conditions et charges... 1° de ne point se remarier, ou le testament devient nul, et mes biens (dit la testatrice) sont aux pauvres pour fonder un établissement de charité; 2° qu'après lui (le mari), les biens provenant de ma succession, tant meubles qu'immeubles, servent à fonder à Abbeville un établissement de charité : une pareille disposition doit être considérée comme contenant un legs de l'usufruit au profit du mari, et de la nue propriété en faveur des pauvres (Req. 16 juill. 1838) (2).

180. Jusqu'à présent les legs d'usufruit que nous avons con-

(1) *Espèce :* — (Dorigny C. Geoffrenet.) — 25 août 1808, jugement du tribunal de première instance de la Seine ainsi conçu :— « Attendu que le code civil, en abolissant les substitutions par l'art. 896, définit par sa disposition les caractères auxquels on peut, par le fait, les reconnaître; — Attendu que la loi définit la substitution, par la charge imposée au légataire de conserver et de rendre ; —Attendu que, dans la clause du testament de la dame veuve Tourton, il n'y a point de tiers au profit duquel on soit obligé de conserver et de rendre ; qu'elle contient un legs universel d'une propriété indivise entre la dame Léveillé et les sieur et dame Geoffrenet et ses père et mère, et un legs universel en usufruit en faveur des sieur et dame Geoffrenet, pour être réuni à cette propriété après le décès du survivant en faveur de la dame Léveillé; —Attendu que la dame veuve Tourton a pu apposer à son legs telle condition qu'il lui a semblé, et conséquemment ne donner à la dame Léveillé l'usufruit qu'après le décès de ses père et mère ;—Attendu que la condition imposée à la dame Léveillé, de ne pouvoir exiger d'emploi de ses père et mère, est écrite dans un legs universel, et destructive de toute idée de substitution qui ne peut exister en chose mobilière sans condition d'emploi; d'où il suit qu'il n'y a ni substitution formelle, ni substitution intentionnelle prohibée par l'art. 896 c. civ., mais seulement un legs de propriété indivis entre les sieur et dame Geoffrenet, et un legs universel, en usufruit, en faveur des sieur et dame Geoffrenet, pour être réuni, après le décès du survivant d'eux, à la propriété; le tout autorisé par les art. 899 et 1044 du même code : le tribunal déboute les héritiers de la dame Tourton de leur demande en nullité du testament du 29 oct. 1806, lequel sera exécuté selon sa forme et teneur, dépens compensés. » — Appel.— Arrêt.

La cour ; — Adoptant les motifs, etc. ;— Dit bien jugé.

Du 5 mars 1809.–C. de Paris, 5e sect.–M. Mourre, pr. gén.

(2) *Espèce :* — (Mariés Hébert *C.* de Brossard et hosp. d'Abbeville.) — En mai 1832, la dame de Brossard-de-Saint-Hilaire est décédée laissant un testament olographe ainsi conçu : « Je donne et lègue à M. Charlemagne de Brossard-de-Saint-Hilaire, mon mari, s'il me survit, tous mes biens meubles et immeubles qui dépendent de ma succession, aux conditions et charges qui suivent : 1° de ne point se remarier, ou le testament devient nul, et tous mes biens sont aux pauvres pour fonder un établissement de charité; 2° qu'après lui, les biens provenant de ma succession, tant meubles qu'immeubles, servent à fonder à Abbeville un établissement de charité. » — L'administration des hospices d'Abbeville, représentant les pauvres, a prétendu être instituée légataire universelle par ce testament; le sieur de Brossard, de son côté, a élevé la même prétention. — Procès.

Les sieur et dame Hébert, héritiers naturels de la défunte, sont intervenus dans l'instance, et ont à leur tour demandé la nullité du testa-

sidérés n'ont offert aucune substitution déguisée. — Il nous reste à parcourir un certain nombre d'exemples où peut se rencontrer ce résultat prohibé. — Entre autres tournures frauduleuses propres à déguiser l'intention de substituer, figure d'abord celle par laquelle on étendrait l'usufruit d'un fonds à une *série illimitée* d'individus. Comment concevoir une propriété *perpétuellement* séparée de l'usufruit, sans voir en même temps se représenter tous les inconvénients qui naguère avaient, même chez les Romains, fait proscrire les substitutions indéfinies? C'est l'opinion de MM. Salviat, de l'Usuf., t. 1, p. 11 et 74, t. 2, p. 5; Rolland de Villargues, nº 242; Troplong, nº 153; V. aussi L. 14, Cod., *De usufr. et quemadm. quis utatur*; § 1, Instit., *De usuf.*—La cour de cassation, appelée à prononcer sur cette question, l'avait d'abord résolue en sens contraire. Elle avait décidé qu'un legs d'usufruit *à perpétuité* fait à une personne et à ses descendants à naître ne contient pas une substitution fidéicommissaire, encore bien qu'il serait dit qu'au cas de décès de cette personne sans enfants, ou à l'extinction de sa descendance, les biens légués appartiendraient à l'héritier institué, cette dernière clause devant être considérée comme surabondante; qu'on doit voir dans la disposition dont il s'agit des legs de jouissance distincts directement faits par le testateur à chacun des appelés; lesquel legs sont nuls, aux termes de l'art. 906 c. nap., à l'égard de ceux qui n'étaient pas encore conçus au moment du décès du testateur; qu'en conséquence la nullité qui frappe ces derniers ne doit pas atteindre les autres (Cass. 22 juill. 1835) (1).

---

ment comme contenant une substitution prohibée.— Jugement qui accueille ces conclusions.

Sur l'appel, la cour royale d'Amiens, par arrêt infirmatif du 12 août 1837, a déclaré, au contraire, qu'il n'y avait pas de substitution prohibée, et a validé le testament en attribuant l'usufruit à de Brossard et la nue propriété aux hospices. Voici les motifs de cet arrêt :— « Considérant que le sens d'un testament doit être recherché d'après l'intention du testateur; que celui-ci ne peut facilement être présumé avoir voulu faire une chose inutile ou contraire à la loi; que, dans le doute, l'interprétation la plus favorable doit être admise; considérant qu'il résulte suffisamment des termes du testament de la dame Brossard, que son intention a été d'assurer à son mari, pendant sa vie, une jouissance égale à celle dont il jouissait avec elle, et d'affecter le fonds de ses biens à un établissement de charité;—Que c'est ce qui résulte de ce que la donation faite à de Brossard n'est point une pleine propriété, mais à la charge que les biens meubles et immeubles provenant de la succession, servent après lui, à fonder un établissement de charité, et de ce que cette donation ne lui a été faite qu'à la charge de ne point se remarier, ce qui indique que c'est la personne et non la famille qui a été gratifiée, et qu'une jouissance viagère est le vœu de la testatrice;— Qu'il suit de là que de Brossard et l'établissement de charité, ont été, dès l'ouverture de la succession, investis, le premier de l'usufruit, le second de la nue propriété; qu'autrement, il faudrait voir dans la disposition une substitution prohibée, puisque de Brossard ne pourrait être supposé investi de la pleine propriété des biens qu'a la charge de les conserver et rendre à l'établissement à fonder;—Que cette interprétation, contraire à l'intention de la testatrice, ne pourrait être admise qu'autant qu'elle résulterait nécessairement des termes du testament attaqué; mais que les expressions du testament ne manifestent pas cette intention, surtout si l'on considère qu'il émane d'une personne peu familière avec les termes du droit. — Pourvoi. — Arrêt.

LA COUR; — Vu les art. 896 et 899 c. civ.; — Attendu que, par son testament du 1er mai 1852, la dame de Brossard légua tous ses biens meubles et immeubles à M. de Brossard, son mari, aux conditions: 1º de ne point se remarier, ou le testament deviendrait nul, et ses biens seraient aux pauvres pour fonder un établissement de charité; 2º qu'après lui, les biens provenant de sa succession tant en meubles qu'immeubles, serviraient à fonder à Abbeville un établissement de charité; — Attendu qu'en léguant à son mari tous ses biens meubles et immeubles, la dame Brossard n'a pas exprimé qu'elle entendait lui en donner la propriété; elle ne l'a pas chargé de conserver et de rendre les biens dont elle disposait en sa faveur; le legs n'est pas fait purement et simplement; il est fait sous une condition qui en détermine le caractère, et dont l'accomplissement ne rend nécessaire ni l'intervention ni le concours du légataire; c'est plutôt une autre disposition directe de la même chose à un autre titre qu'une charge imposée au légataire: « Après lui dit la testatrice, les biens provenant de ma succession serviront à fonder à Abbeville un établissement de charité; » ce n'est donc que l'usufruit qui est légué au mari, la nue propriété à un établissement de charité: — Ainsi, loin de violer l'art. 896, la cour royale d'Amiens a fait une juste application de l'art. 899 c. civ.; — Rejette.

Du 16 juill. 1838.-C. C., ch. req.-MM. Zangiacomi, pr.-Mestadier, rap.-Nicod, av. gén., c. conf.-Scribe, av.

(1) *Espèce*: — (De Pierrefeu C. dame Albe.) — André Peyron laissa un testament en date du 10 déc. 1820, lequel porte : — « 1º Je donne et lègue à Marie-Antoinette Ferand, mon épouse, l'usufruit et jouissance, sa vie durant, des six douzièmes du revenu des immeubles que je laisserai lors de mon décès et la jouissance de la maison d'habitation de la campagne....; — 2º Je lègue et donne à Auguste-André, mon filleul, la jouissance des quatre douzièmes des immeubles que je laisserai lors de mon décès....; — 3º Et, au décès de mon épouse, je donne et lègue de plus à Auguste-André, mondit filleul, la jouissance des cinq douzièmes de mesdits immeubles, en sus des quatre que je lui donne et lègue ci-inclus, qui feront ensemble neuf douzièmes, laquelle jouissance commencera pour ces cinq douzièmes derniers, du jour même du décès de mon épouse....; — 4º Et, au décès de mon épouse, je donne et lègue de plus à Auguste-André, la jouissance de la maison d'habitation de la campagne.....; — 5º Et, en après d'Auguste-André, mondit filleul, je donne et lègue à ses enfants, petits-enfants et descendants en ligne directe, la jouissance à perpétuité desdits neuf douzièmes de mes immeubles, ainsi que la jouissance de la maison d'habitation de la campagne, et dans le cas qu'Auguste-André, mondit filleul, viendrait à décéder sans postérité légitime, comme aussi au cas où sa postérité viendrait à s'éteindre, alors et dans ce cas seulement, la jouissance des neuf douzièmes sera éteinte et amortie au profit de ma succession.....; — 8º J'institue pour mon héritier M. Pélissier-de-Pierrefeu. »

L'héritier et les légataires jouissaient, depuis dix ans, du bénéfice des dispositions de ce testament, lorsque la dame Albe, veuve et légataire universelle d'Antoine Peyron, frère du testateur, prétendit que l'institution d'héritier, faite au profit du sieur Pélissier-de-Pierrefeu, et les legs d'Auguste-André étaient nuls, comme entachés de substitution fidéicommissaire. — La veuve Peyroncelli, comme tutrice de son fils mineur, Auguste-André, et le sieur de Pierrefeu lui opposèrent une fin de non-recevoir, tirée de ce que le testateur ayant institué un légataire universel, la demanderesse, qui se prétendait légataire d'Antoine Peyron, héritier du sang, était sans intérêt pour critiquer les legs de jouissance et l'institution universelle. Au fond, ils soutinrent que ces legs et cette institution n'étaient pas entachés de substitution. — 27 août 1831, jugement du tribunal de Marseille qui décide que le testament ne contient pas de substitution et que, d'ailleurs, la dame Albe est sans intérêt, à cause de l'institution universelle, à le critiquer.

Sur l'appel, arrêt de la cour d'Aix, en date du 6 fév. 1833, qui infirme en ces termes : — « Sur l'institution d'héritier : — Considérant que cette institution est clairement établie sur la personne de Pierre-Jean-Baptiste Pélissier-de-Pierrefeu, par une désignation précise et formelle, et de plus, par les diverses dispositions du testament qui lui conféreit l'universalité des droits héréditaires dans la succession d'André Peyron; —Sur le legs fait à Auguste-André et à ses descendants : — Considérant que le testateur a légué, pour en prendre jouissance à divers termes, les neuf douzièmes des immeubles qu'il délaissera lors de son décès, ainsi que la maison d'habitation de la campagne à Auguste-André, mineur; après lui, à ses enfants, petits-enfants et descendants en ligne directe, à perpétuité, après ceux-ci, ou à leur défaut, à la succession testamentaire représentée par Pélissier-de-Pierrefeu, institué légataire universel; — Considérant que ce legs comprend la propriété des choses léguées et non un simple droit d'usufruit; que cela résulte d'abord du sens même des termes dont le testateur s'est servi pour le constituer, comparés et opposés aux termes dont il a fait usage, quand il n'a voulu faire que de simples legs d'usufruit ou de jouissance viagère, comme, par exemple, à la dame Ferand son épouse, ou à la veuve Peyroncelli; que cela résulte encore de la perpétuité de la disposition qui, dans la pensée du testateur, devait suivre jusqu'à l'infini la descendance d'Auguste-André; — Considérant que la jouissance léguée à perpétuité ou soit un usufruit perpétuel, équivaut à un droit de propriété et n'est en réalité autre chose que la propriété elle-même; — Qu'en recevant cette propriété ainsi léguée, Auguste-André a évidemment la charge de la conserver et de la rendre à ses enfants, lesquels auront aussi la même obligation envers leurs enfants, ainsi de suite à perpétuité, et au cas de manquance de sa descendance, à Pélissier-de-Pierrefeu; — Qu'une telle disposition est, aux termes de l'art. 896 c. civ., une substitution que ce même article prohibe; — Considérant qu'Auguste-André, légataire, est le premier grevé de substitution, puisqu'il reçoit le legs et doit le transmettre; — Que Pélissier-de-Pierrefeu est également compris dans cette substitution, puisqu'il est appelé à en recueillir le bénéfice, en cas d'extinction des divers autres appelés à ladite substitution; que, dès lors, cette disposition testamentaire doit être, d'après la loi, déclarée nulle, tant à l'égard de l'un qu'à l'égard de l'autre; — Considérant que, si Pélissier-de-Pierrefeu, en sa qualité de légataire universel, pouvait prétendre par droit d'accroissement, à tous les legs déclarés nuls ou non recueillis, ce ne serait qu'autant que ces legs n'auraient pas été déclarés nuls contre lui-même; que, dans l'espèce, d'après ce qui vient d'être établi, il n'en est pas ainsi, puisque c'est en cette même qualité de légataire universel que Pélissier-

181. Mais, saisie de nouveau par un second pourvoi formé dans la même affaire, elle revint sur sa première jurisprudence et jugea, conformément à l'opinion que nous avons exprimée, qu'un legs d'usufruit fait à perpétuité à une personne, à ses enfants et descendants, avec retour à la succession, en cas d'extinction de la famille, est un véritable legs de propriété, entaché de substitution fidéicommissaire (Req. 24 mai 1837) (1).

182. Pour que la vocation successive de plusieurs personnes

---

de-Pierrefeu est appelé à recueillir le legs substitué, et que, conséquemment, c'est en la même qualité que la disposition est annulée à son encontre ; — Que, dès lors, l'annulation du legs de neuf douzièmes et de la maison de campagne dont il s'agit, ne peut profiter qu'aux héritiers du sang, la loi l'établissant ainsi. »

Pourvoi de la dame Albe contre la partie de cet arrêt qui reconnaissait au sieur de Pierrefeu la qualité d'héritier institué; mais ce pourvoi fut rejeté par arrêt de la chambre des requêtes, du 5 juin 1854.

De leur côté, le sieur Pélissier-de-Pierrefeu et la dame Peyroncelli, comme tutrice du mineur Auguste-André, attaquèrent, par la même voie, ce même arrêt : 1° en ce qu'il déclarait entachés de substitution et nuls les legs faits à Auguste-André; 2° en ce qu'il les déclarait nuls même à l'égard d'Auguste-André; 3° en ce qu'il faisait profiter de cette nullité les héritiers du sang, quoique non réservataires, au lieu d'en faire profiter l'héritier institué, le tout contrairement aux art. 896, 899, 1002, 1003, 1006, 724 et 617 c. civ. — Arrêt (après délib. en ch. du cons.).

La cour ; — Joint les pourvois, et faisant droit sur le tout ; — Vu les art. 1002, 1003, 1006, 896, 899, 906 et 900 c. civ. ; — Attendu que l'arrêt de la cour d'Aix a : 1° reconnu, dans la personne de Pélissier-de-Pierrefeu, la qualité d'héritier institué, investi de l'universalité des droits héréditaires dans la succession de Jean-Antoine-André Peyron ; — 2° Jugé que les legs faits au mineur Peyroncelli et à ses enfants et descendants à naître contiennent une substitution prohibée ; — 3° Annulé ces mêmes legs, tant à l'égard des légataires qu'à l'égard de l'héritier institué, comme compris lui-même dans cette substitution ;

Considérant : 1° que, n'ayant pas existé, au décès du testateur, d'héritiers auxquels une portion de sa succession fût réservée par la loi, la qualité d'héritier institué, reconnue par l'arrêt dans la personne de Pélissier-de-Pierrefeu (qualité devenue irréfragable, au moyen du rejet prononcé par arrêt de la chambre des requêtes, rendu le 5 juin 1854, du pourvoi dirigé, par les mariés Albe, contre cette partie de l'arrêt) a produit, aux termes des art. 1002, 1003 et 1006 c. civ., l'effet incontestable de saisir Pélissier-de-Pierrefeu de tout ce dont le testateur n'a pas disposé et de tout ce dont il n'a pas valablement disposé : en telle sorte que, dans ce dernier cas, cet héritier a eu seul le droit de profiter de la caducité des legs nuls, vicieux ou non recueillis, et d'en provoquer la nullité, à l'exclusion des héritiers du sang, qui n'ont eu à cet égard ni droit ni qualité ;

Considérant : 2° que l'institution d'héritier, faite au profit de Pélissier-de-Pierrefeu, a nécessairement compris la saisine, à partir du décès du testateur, de la nue propriété des neuf douzièmes des immeubles et de la maison de campagne, nue propriété dont le testateur n'a pas explicitement disposé, puisqu'il n'a, en termes exprès, légué que la jouissance de ces mêmes objets au mineur Peyroncelli, et, après lui, à ses enfants et descendants à perpétuité ; — Que, d'ailleurs, cette institution d'héritier ne contient aucune charge de conserver et de rendre, seul caractère légal d'une substitution prohibée, aux termes de l'art. 896 c. civ. ; que le contraire résulte même du fait de la cause, puisque, d'après l'économie du testament, le mineur et, après lui, ses enfants et descendants, ne reçoivent rien par l'intermédiaire de l'héritier institué, mais tiennent directement, du testateur lui-même, les divers legs de jouissance qui leur sont attribués ; — Que ces legs de jouissance, très-distincts de la nue propriété restée dans l'hérédité, offrent précisément l'application du cas prévu par l'art. 899 c. civ., qui déclare qu'une telle disposition n'est pas la substitution prohibée par l'art. 896 ; — Que, dans tous les cas, et si, conformément à l'art. 906 c. civ., un legs de jouissance, fait à des enfants non encore nés au décès du testateur, doit être regardé comme nul, et si le legs de jouissance à perpétuité, fait aux enfants et descendants du mineur Peyroncelli, a encouru cette nullité, il y avait lieu, non pas d'en induire l'existence d'une substitution prohibée, mais de réputer non écrite, suivant le vœu de l'art. 900, la clause dans laquelle cette disposition était contenue, et par conséquent de faire rentrer ce legs comme caduc dans la masse de l'hérédité, dont l'universalité est dévolue à Pélissier-de-Pierrefeu, en vertu tant de la loi que de l'autorité de la chose jugée ;

Considérant : 3° que, pour décider que l'annulation du legs de jouissance des neuf douzièmes des immeubles et de la maison de campagne, ne peut profiter qu'aux héritiers du sang, la cour royale d'Aix s'est fondée sur des motifs inconciliables avec les dispositions du testament du 18 déc. 1820 ; — Qu'ainsi, elle a jugé « que le mineur Peyroncelli, légataire, est le premier grevé de substitution, puisqu'il reçoit le legs et doit le transmettre ; — Mais que cette obligation de transmettre le legs ne lui est pas imposée par le testament ; — Que cette transmission est même impossible, la jouissance qui lui est léguée devant s'éteindre avec sa vie, et ses enfants et descendants étant institués, après lui, légataires d'une pareille jouissance, par une vocation directe (du testateur à eux), et indépendante du legs fait à Auguste-André Peyroncelli ; — Que la cour royale s'est encore fondée sur ce que « Pélissier-de-Pierrefeu est également compris dans la substitution, puisqu'il est appelé à en recueillir le bénéfice entier, en cas d'extinction des divers appelés, tandis que ce n'est pas comme appelé à une substitution quelconque, après l'extinction de la descendance future et éventuelle du mineur, mais bien comme héritier institué, déjà saisi de la nue propriété des objets dont la seule jouissance a été léguée au mineur et à sa descendance, que Pélissier-de-Pierrefeu devra y réunir un jour cette jouissance : ce qui est un effet de pur droit, résultant de la force même de l'institution, indépendant de la substitution prétendue, et qui n'avait pas besoin d'être exprimé par le testateur ; — Qu'enfin la cour royale s'est fondée sur ce que « Pélissier-de-Pierrefeu ne pouvait pas prétendre, par droit d'accroissement, aux legs déclarés nuls ou non recueillis, parce que ces legs auraient été déclarés nuls contre lui-même ; » — Mais qu'il n'en saurait être ainsi, puisqu'il est étranger à ces legs ; qu'il n'y a pas été partie, et que son nom n'est pas même écrit dans la disposition où le testateur énonce qu'arrivant, soit le décès du mineur Peyroncelli sans postérité légitime, soit l'extinction de cette même postérité, la jouissance léguée des neuf douzièmes sera éteinte et amortie au profit de l'être moral et collectif de sa succession ; — Qu'étant ainsi prouvé que l'arrêt attaqué ne peut être justifié par aucun des motifs qui lui ont servi de base, il en résulte, en dernière analyse, violation de la chose jugée et des art. 1002, 1003 et 1006 c. civ. ; fausse application de l'art. 896, violation de l'art. 899, et excès de pouvoir par refus d'application des art. 906 et 900 du même code ; — Par ces motifs, casse et annule, quant aux chefs attaqués par Pélissier-de-Pierrefeu et la veuve Peyroncelli, ès noms, l'arrêt rendu par la cour royale d'Aix, le 6 fév. 1855.

Du 22 juill. 1855.-C. C., ch. civ.-MM. Dunoyer, pr.-Quéquet, rap.-Gartempe, av. gén., c. contr.-Lanvin, Mandaroux et Crémieux, av.

(1) *Espèce* : — (Albe C. Pélissier de Pierrefeu.) — 1re *affaire*. — Sur renvoi de la cour de cassation, du 22 juill. 1855, la cour de Montpellier a, le 10 fév. 1856, décidé que les testaments d'André Peyron contiennent, au profit du sieur de Pierrefeu, une institution d'héritier pure et simple, et qui n'est grevée d'aucune obligation de conserver et de rendre ; que le legs fait au mineur Auguste André ne comprend que l'usufruit des biens qui en font l'objet ; que ce legs est aussi pur et simple, et que non-seulement le mineur n'est pas grevé de la charge de conserver et de rendre les fruits à lui légués, mais qu'il est, par la nature même de son legs, autorisé à les consommer ; que la disposition relative aux enfants et descendants du mineur est entièrement distincte de celle concernant soit le sieur de Pierrefeu, soit le mineur ; que les époux Albe seraient sans qualité pour se prévaloir des vices qui pourraient s'être glissés dans cette disposition ; que le sieur de Pierrefeu, en qualité d'héritier institué, serait apte à en profiter ; enfin qu'il n'est pas vrai que ce dernier soit compris, par l'effet de la clause de retour des neuf douzièmes à la succession testamentaire, dans la prétendue substitution, soit parce que la clause ne mentionne que l'être moral et collectif, la succession, soit parce qu'il ne tire pas son droit de cette clause, mais de l'institution d'héritier.

Pourvoi des époux Albe. — 1° Violation de l'art. 896 c. civ., fausse application de l'art. 899, violation et fausse application de tous les principes en matière d'usufruit, des art. 578, 582 et suiv., 600 et suiv. du même code, et violation de l'art. 900, en ce que le legs d'un usufruit à perpétuité est un véritable legs de propriété, et que, sous le prétexte qu'Auguste André n'était pas grevé de la charge de conserver et de rendre les fruits, l'arrêt n'a pu décider qu'il n'y avait pas, à son égard, substitution fidéicommissaire, puisque cette condition est celle de tout grevé ; — 2° Violation des mêmes articles et de l'art. 906, en ce que l'arrêt a refusé d'annuler la disposition qui attribue les neuf douzièmes de la succession aux enfants et descendants d'Auguste André ; — 3° Violation des mêmes articles et de l'art. 951, en ce que l'arrêt devrait annuler la disposition qui contient un retour éventuel au profit du sieur de Pierrefeu ; — 4° Fausse application et violation des art. 1003, 1006 et 1008 c. civ., ce moyen est celui que nous avons analysé ci-dessus, n° 180, note ; — 5° Violation de tous les principes, en matière de dispositions et d'obligations conditionnelles, notamment des art. 1168, 1183, etc., en ce que l'arrêt déclare le sieur de Pierrefeu seul recevable à profiter de la nullité, alors que son institution est subordonnée à la condition très-expresse qu'il se conformera au testament ; — 6° Enfin violation des art. 724 et 750, 1003 et 1006, en ce que la dame Albe, légataire universel de son premier mari, héritier naturel du sieur Peyron, était investie du droit de demander la nullité du testament, aux termes des art. 896, 899, 906 et 951 c. civ., puisque ce droit, ayant été expressément dénié par le testateur au prétendu légataire universel, faisait nécessairement partie de la succession *ab intestat*.

M. le rapporteur a dit : — La question de savoir si le legs d'usufruit

à l'usufruit du même fonds ne constitue pas une substitution, il faut encore que l'*usufruit seul* soit légué. La question se résoudrait d'une autre manière si à l'usufruit était jointe, par exemple, au profit des deux gratifiés, *la faculté d'aliéner* : ce qui

fait à perpétuité, doit être considéré comme legs d'usufruit autorisé par l'art. 899 c. civ., ou bien une substitution fidéicommissaire, proscrite par l'art. 896 du même code, peut vous paraître, messieurs, fort délicate, lors surtout qu'après l'institué, sont appelés tous ses enfants et descendants. — En effet, comment voir un simple usufruit où sa réunion à la propriété ne peut pas être prévue par le testateur? Usufruit qui pouvait être possédé successivement et graduellement par tous ses enfants et descendants; usufruit, enfin, qui, par sa nature elle-même, renfermerait la charge de conserver et de rendre, afin que tous les appelés pussent en jouir par ordre graduel et successif.

Quelle différence réelle pourrait-on juridiquement trouver entre une disposition pareille et une véritable substitution fidéicommissaire! Ne serait-il pas loisible à tout le monde, en se servant du mot *usufruit*, de frauder la loi? Ne devrait-on pas, au contraire, en fixant, d'après la nature de la disposition, le sens véritable des mots *usufruit à perpétuité*, dire que sous ces mots, le testateur a entendu léguer la pleine et entière propriété, cause réelle et naturelle d'une jouissance et d'un usufruit perpétuel? Ne devrait-on pas dire que le testateur n'a voulu parler que de l'usufruit qui, par les jurisconsultes romains, était appelé *causalis*; qui valait propriété, et dont on voit des aperçus dans les Lois 78, *in princ.*, ff. *De jure dot.*; 21, § 5, ff. *De except. rei judic.*; et 126, ff. *De U. O?* Ne devrait-on pas donc dire, en conséquence, qu'il a fait une substitution fidéicommissaire? Mais vous ne devrez pas vous occuper, messieurs, de cette question, si vous croyez devoir adopter la fin de non-recevoir accueillie par l'arrêt attaqué, et fondée sur ce qu'en regardant même comme nulle et non écrite la disposition relative aux neuf douzièmes dont il s'agit, cette nullité ne pouvait profiter qu'au sieur Pélissier de Pierrefeu, héritier universel institué par le testateur; et qu'ainsi les demandeurs en cassation représentant comme héritiers, Antoine Peyron, frère du testateur, étaient sans qualité, sans droit et sans intérêt pour le faire valoir! — L'arrêt rendu dans cette affaire étant textuellement le même que celui rendu dans celle qui suit, nous nous bornons à rapporter ce dernier.

2ᵉ *affaire*. — Dans cette seconde affaire, la dame Albe demandait la nullité des testaments du sieur André Peyron, au nom et comme créancière du sieur Pierre Peyron, frère de son premier mari, et, comme lui héritier naturel du testateur. — Le 30 juill. 1835, c'est-à-dire après l'arrêt de la cour d'Aix, dans la première affaire, le tribunal de Marseille décida dans le sens de cet arrêt, et contrairement à son premier jugement, que le legs des neuf douzièmes des immeubles du défunt était vicié de substitution, et il ordonna le partage. — Sur l'appel, ce jugement fut cependant réformé par arrêt de la cour d'Aix, du 18 mars 1836, qui jugea que le legs des neuf douzièmes des immeubles de la succession, comprenait la propriété et non l'usufruit seulement; qu'il était entaché de substitution; que le mineur André étant premier appelé, était aussi le premier grevé; enfin que le sieur de Pierrefeu était lui-même engagé et compris dans la substitution. Mais il déclara en même temps, que lui seul pourrait profiter de la nullité, et rejeta, par des fins de non-recevoir, prises du défaut d'intérêt et de qualité, les demandes des époux Albe.

Pourvoi des époux Albe. On reproduisait à l'appui les quatrième, cinquième et sixième moyens ci-dessus indiqués; on invoquait un quatrième moyen. Le légataire universel, disait-on, qui est compris dans une disposition nulle pour cause de substitution, n'a pas qualité pour profiter seul de la nullité à l'exclusion des héritiers du sang. Or le sieur de Pierrefeu étant, comme le juge l'arrêt, engagé lui-même dans la substitution dont il forme le dernier degré, ne peut, en sa qualité d'héritier institué, invoquer les principes généraux d'accroissement, puisqu'il se trouve dans l'exception de l'art. 896 c. civ., qui annule, même à l'égard de l'héritier institué, la disposition viciée de substitution, peu importe qu'il soit le dernier appelé, et que, par suite, il ne soit pas tenu de conserver et de rendre : ce n'est toujours que comme substitué qu'il doit recueillir.

L'arrêt attaqué de la cour d'Aix, a dit M. le rapporteur, à la différence de celui rendu après cassation, par la cour de Montpellier, en audience solennelle, a décidé 1° que la disposition des neuf douzièmes dont il s'agit, léguant l'usufruit à perpétuité, renfermait une substitution fidéicommissaire; 2° que le sieur Pélissier de Pierrefeu, héritier universel institué, était encore le dernier substitué dans ladite disposition des neuf douzièmes; mais, malgré ces décisions, le même arrêt, en adoptant la fin de non-recevoir accueillie par l'arrêt de la cour de Montpellier, finit par décider, contre les demandeurs en cassation, représentants comme créanciers Pierre Peyron, autre frère du testateur, que la nullité de la même disposition ne pouvait nuire à la validité et à l'efficacité de l'institution universelle de Pélissier de Pierrefeu, en vertu de laquelle il succédait aux neuf douzièmes en question. — La vocation de l'héritier universel lui-même, dans une disposition nulle et non écrite, même à son égard, pouvait-elle empêcher que le même héritier recueillît, en vertu de son institution universelle, les biens compris dans la même institution nulle et non écrite? Cette nullité devrait-elle profiter aux héritiers du sang du testateur, à l'exclusion de son héritier universel? — Pour la négative ne pourrait-on pas dire que, s'il est vrai que deux titres valables ne peuvent aucunement concourir simultanément pour la même chose et dans la même personne, puisque *res mea amplius mea fieri non potest*, il est vrai aussi que, si des deux titres que la même personne possède simultanément pour la même chose, l'un est valable, l'autre nul, le possesseur est en droit de mettre à l'écart ce dernier pour faire valoir exclusivement le premier?

C'est ce que vous avez à décider, messieurs. — Arrêt.

LA COUR; — Sur la première partie des premiers, troisième et quatrième moyens (premier, troisième, quatrième et cinquième moyens dans le premier arrêt) :— Attendu, en droit, que c est au légataire universel qu'appartient l'universalité des biens que le testateur laisse à son décès; que même si, à cette époque, il n'existe pas d'héritiers auxquels une portion de la succession est réservée, il en est saisi de plein droit, sans être tenu de demander la délivrance (c. civ. art. 1002, 1003 et 1006); qu'investi ainsi de l'universalité des droits héréditaires, si quelques dispositions faites par le testateur sont nulles, et, par conséquent, réputées non écrites, c'est aussi l'héritier universel qui seul profite de cette nullité, à l'exclusion des héritiers du sang qui n'ont, par là, ni qualité, ni droit, ni intérêt pour la provoquer (c. civ. 900);

Et attendu, en fait, que, par arrêt de la cour d'Aix, du 6 fév. 1833, passée en force de chose jugée, à la suite de l'arrêt de rejet rendu par la cour de cassation le 5 juin 1834, il a été irrévocablement décidé que Pélissier de Pierrefeu est l'héritier investi de l'universalité des droits héréditaires, dans la succession de Jean-Antoine-André Peyron, par son testament du 18 juin 1821;

Attendu que c'est d'après cela que l'arrêt attaqué a jugé que, lors même qu'on réputerait nulle, comme entachée du vice d'une substitution fidéicommissaire, la disposition des neuf douzièmes en question, ces neuf douzièmes appartenaient exclusivement à Pélissier de Pierrefeu, en sa qualité d'héritier universel, et que, par conséquent, les demandeurs en cassation, représentant (ici comme créanciers, comme héritiers dans le premier arrêt) Pierre Peyron, second frère du testateur, n'avaient ni qualité, ni droit, ni intérêt pour faire valoir cette prétendue nullité, et que, l'ayant ainsi jugé, le même arrêt a fait une juste application de la loi;

Sur la seconde partie de ces moyens : — Attendu, en droit, que si toute disposition par laquelle l'institué est chargé de conserver et de rendre est nulle, même à l'égard de l'institué (c. civ., art. 896), cette nullité n'affecte que l'institution à laquelle elle se rapporte, et elle ne peut aucunement être étendue à une institution qui est tout à fait distincte et indépendante de la disposition fidéicommissaire, et qui, sans aucune charge de conserver et de rendre, fournit à l'institué un titre parfaitement conforme à la loi, et ainsi capable de lui transmettre tout ce qui y est compris;

Et attendu qu'il est constant et reconnu, en fait, que l'institution d'héritier universel en faveur de Pélissier de Pierrefeu est tout à fait distincte et indépendante de la disposition fidéicommissaire des neuf douzièmes en question, et qu'elle ne renferme aucune charge de conserver et de rendre;—C'est d'après cela que l'arrêt attaqué a jugé que, même en considérant le legs des neuf douzièmes comme nul et non écrit, cette nullité, loin de vicier l'institution de l'héritier universel, faisait rentrer ce legs, comme caduc, dans la masse de l'hérédité dévolue intégralement au même héritier universel, en vertu tant de la loi que de l'autorité de la chose jugée; et que, l'ayant ainsi jugé, le même arrêt a fait une juste application de la loi;

Sur la troisième partie du troisième moyen : — Attendu que de tout ce qui précède, il résulte : 1° que la disposition de neuf douzièmes est tout à fait distincte et indépendante de l'institution d'héritier universel, parfaitement conforme à la loi, en faveur de Pélissier de Pierrefeu; 2° que c'est seulement en vertu de cette institution d'héritier universel et nullement de la disposition des neuf douzièmes que Pélissier de Pierrefeu recueille les biens dont il s'agit; que, par conséquent, en réputant nulle et non écrite, même à l'égard de Pélissier de Pierrefeu, comme y ayant été compris le dernier, la disposition des neuf douzièmes, la nullité et l'inexistence légale de cette disposition ne pouvait nuire en rien à la validité et à l'efficacité de l'institution d'héritier universel faite en sa faveur, et en conformité de la loi; et que, l'ayant ainsi jugé, l'arrêt attaqué a fait une juste application de la loi (ce considérant n'est pas dans l'arrêt rendu dans la première affaire);

Sur le second moyen, tiré de ce que la même disposition des neuf douzièmes serait encore nulle, pour s'y trouver compris les enfants du mineur André, lesquels, à l'époque du décès du testateur, n'étaient ni nés ni même conçus : — Attendu que ce moyen est repoussé par les mêmes motifs qui répondent aux moyens précédents (ce considérant n'est que dans l'arrêt rendu dans la première affaire);

Sur le second moyen (sixième moyen dans le premier arrêt) : — Attendu, en droit, que, dans toute disposition, les conditions contraires

assimilerait le legs à une véritable transmission de *propriété*. Cette observation, qui nous paraît incontestable, faite aussi par M. Rolland de Villargues, n° 240, a été confirmée par un arrêt rendu dans une espèce absolument semblable (Metz, 16 fév. 1815, aff. Bernard, V. n° 68; V. toutefois *Contrà* M. Vazeille, sur l'art. 899, n° 9).

183. Nous serions assez disposés à considérer comme grevé de substitution celui qui en apparence n'a été déclaré que légataire d'un simple usufruit, si le second institué n'était appelé à recueillir la propriété qu'éventuellement, et sous la condition de survie à l'usufruitier. Ici se rencontrent tous les résultats de la substitution prohibée. Une telle clause serait souvent un moyen indirect de contravention à la loi prohibitive. M. Rolland de Villargues fait la même remarque, n° 249, et il pense que cette disposition devrait être annulée d'après l'art. 896 c. nap. Cet auteur convient, à la vérité, que, dans la rigueur des principes, on devrait plutôt y voir un legs conditionnel, puisqu'en cas de caducité la libéralité profitera à l'héritier, seul nu-propriétaire, et non au prétendu grevé, comme il arrive dans les substitutions. C'est en ce dernier sens que s'est prononcé un arrêt qui a décidé qu'il y a legs conditionnel et non substitution prohibée dans la disposition faite au profit d'une personne pour le cas où elle survivra à une autre, qui est en même temps légataire de l'usufruit (Colmar, 25 août 1825, aff. Kopp, n° 116).

184. Les mêmes doutes naissent de cette autre disposition: « Je lègue à Pierre et à Paul l'usufruit et *au survivant* la propriété. » — D'un côté, se font remarquer ici tous les inconvénients des substitutions prohibées; de l'autre, on peut dire, en principe rigoureux, qu'on n'y voit pas la réunion des caractères généraux auxquels les substitutions se distinguent des legs conditionnels. Quelle est, en effet, la chose substituée? L'usufruit? mais nous avons prouvé (n° 158) que l'usufruit n'était pas susceptible de ce mode de transmission. La propriété? mais le prémourant n'y a eu aucun droit avant son décès, puisque la survie était la condition de la qualité de propriétaire. Il n'a donc pu être chargé de conserver et rendre en cette qualité. — Dira-t-on que la propriété appartenait par la nature même de la disposition aux deux légataires, en ce qu'elle ne peut rester en suspens, et que d'une autre part l'héritier n'en doit point profiter, puisque la condition de survie se réalisera nécessairement à l'avantage de l'un ou l'autre des légataires; qu'ainsi, ne reposant point sur la tête de l'héritier, le survivant ne saurait recueillir la totalité de la chose sans succéder à la portion du prédécédé: ce qui constituerait, au moins quant à cette portion, un ordre successif? M. Rolland de Villargues répond (n° 95) qu'il n'est point impossible que la chose appartienne à l'héritier; qu'elle devra rester entre ses mains, à titre de nu-propriétaire, jusqu'au jour où elle est due au survivant des deux légataires. Il est constant que les legs ne doivent être exécutés qu'après que la condition en est accomplie; jusque-là le légataire est sans droit, comme le décident plusieurs lois romaines (L. 5, § 2, et L. 21, *in princip.*, ff., *Quandò dies legat.*, etc.; L. 1, § 2, ff., *De condit. et dem.*; L. 46, § 1, *De legat.* 1°). Il n'y a que l'effet rétroactif attribué aux conditions qui ait la force d'anéantir pour le passé la transmission faite par intérim à l'héritier. — Enfin on n'objectera pas que c'est l'héritier qui se trouve grevé dans le sens de la loi. En effet, la restitution doit se faire après la mort du grevé; et ici elle est subordonnée à une condition tout indépendante de cette mort, à la survie de l'un des deux légataires à l'autre. — Nous inclinons, par ces motifs, à croire avec MM. Rolland de Villargues, n°s 75, 96, 250; Toullier, t. 5, n° 45, et Vazeille, sur l'art. 899, n° 14, que la clause en question ne renferme qu'un legs conditionnel.

185. « Je lègue la propriété de mes biens aux enfants à naître de mon fils, voulant qu'il se contente d'en jouir en usufruit sa vie durant. » — Aux yeux des anciens auteurs, cette espèce emportait substitution (Thévenot, n°s 206 et 287; Furgole, sur l'ord. de 1747, n° 17; M. Merlin, Quest. de dr., v° Substit. fidéicomm., § 5). Thévenot en donne cette raison, p. 192: «Par le principe que la propriété ne peut rester en suspens, elle appartiendra au fils, jusqu'à ce qu'il lui survienne des enfants, malgré la clause qui le réduit au simple usufruit. » Un décret du 9 fruct. an 2 (1), rendu en interprétation de la loi du 17 nivôse précédent, a été invoqué à l'appui de cette opinion, comme l'ayant convertie en loi.—Il nous semble cependant que la clause en question ne présente pas les caractères d'une substitution prohibée, mais qu'elle renferme deux legs directs, l'un de l'usufruit, l'autre de la propriété. — Le père a qualité pour profiter de la disposition; les enfants ne l'auront qu'autant qu'ils existeront à l'époque où l'acte produira son effet; il faut être conçu au décès du testateur pour être capable de recevoir par testament (c. nap. 906). La propriété ne sera donc jamais restée en suspens. Si le légataire avait, lors du décès du testateur des enfants déjà nés ou du moins conçus, c'est à eux que la propriété aura appartenu dès l'ouverture de la succession; dans le cas contraire, elle sera toujours restée entre les mains de l'héritier du testateur. Le legs de l'usufruit, dans ce dernier cas, sera seul valable. Tel est le système enseigné aussi par MM. Rolland de Villargues, n° 251, et Duranton, t. 8, n° 52. — Il a été décidé, en ce sens, qu'il n'y a pas substitution prohibée dans la disposition suivante: « Je lègue la propriété de la moitié de ma succession aux enfants à naître de..... (légataire de l'usufruit de la même moitié), et dans le cas où ledit... décéderait sans enfants, je lègue la même moitié, en propriété et en usufruit, à la dame...; et, dans le cas où ladite dame me prédécéderait, je fais ledit legs à ses enfants nés et à naître (Caen, 11 août 1825) (2).

186. Toutefois il a été jugé, en sens contraire: 1° par application de l'art. 20 de la loi du 9 fruct. an 2, que la disposition par laquelle un testateur lègue l'usufruit d'une somme d'argent à l'un de ses enfants et la propriété à ses petits-enfants à naître renferme une substitution prohibée (Paris, 26 brum. an 12, aff. Pierre Grenu *C.* Jean-Jacques Grenu); — 2° Qu'il y a substitution prohibée dans la disposition par laquelle un testa-

aux lois sont réputées non écrites (c. civ. 900); — Attendu que si, comme le soutiennent les demandeurs en cassation, les conditions renfermées dans la dispositions des neuf douzièmes étaient contraires aux lois, elles devaient être réputées non écrites; d'où il suit qu'en ne les exécutant pas, Pélissier de Pierrefeu, loin d'être en faute et avoir, par là, encouru la caducité du legs universel en sa faveur, n'avait fait que ce que la loi l'obligeait de faire, et que, l'ayant ainsi jugé, l'arrêt attaqué a fait une juste application de la loi; — Rejette.

Du 24 mai 1857.-C. C., ch. req.-MM. Zangiacomi, pr.-Lasagni, rap.

(1) Ce décret porte: « Sur la vingtième question, tendante à ce que la loi détermine la date et les effets d'une substitution directe, faite au profit de l'aîné enfant que laissera un citoyen désigné, avec disposition d'usufruit au profit de celui-ci, la convention nationale, considérant qu'au nom près une telle disposition ne présente qu'une substitution dont l'usufruitier se trouverait grevé envers l'aîné de ses enfants, et doit suivre les mêmes règles; décrète qu'il n'y a pas lieu à délibérer. » Cette décision a été rendue sous l'empire de la loi du 14 nov. 1792, qui, de même que le code civil, prohibait les substitutions.

(2) (Manchon *C.* Seyer.) — LA COUR; — Attendu, sur la nullité des testaments, que l'usufruit légué à Rose-Céleste Loriot par l'acte 3 du testament de Jeanne Godard, du 7 juillet 1809, doit s'étendre par le décès du légataire; que cet usufruit n'a pas été substitué et n'a pu l'être; que rien ne motive l'annulation que le premier juge a prononcée de ce legs; qu'il doit donc subsister; — Qu'il en doit être de même du legs de nue propriété de la moitié de la succession, fait, par l'art. 4 du même testament, à la femme Manchon, pour le cas où Céleste Loriot décéderait sans enfants; que ce legs est de l'espèce des legs conditionnels que la loi autorise; qu'il ne renferme pas de substitution, puisque la femme Manchon est immédiatement saisie de la propriété pour le cas prévu, et qu'aucune disposition ne la charge de conserver et de rendre l'objet du legs, si Céleste Loriot laissait des enfants à son décès; — Que le legs dont il s'agit en faveur de la femme Manchon, doit produire son effet dans les termes du testament, puisque le legs de la nue propriété qui avait été fait en première ligne aux enfants de Céleste Loriot est devenu caduc, par la raison qu'il n'en existait pas au décès de la testatrice; — Attendu que le legs de bâtiments fait au profit de la femme Manchon, dans le deuxième testament, sous la charge d'une rente de 30 fr., est valable, puisque la femme Manchon n'est chargée de conserver et de rendre lesdits bâtiments au profit de qui que ce soit; que s'il y avait substitution, elle ne pourrait frapper que la rente comme devant se perpétuer en faveur des enfants à naître de Rose-Céleste Loriot, mais que la femme Manchon ne demande point à être affranchie de cette rente et ne s'oppose pas même à ce qu'elle soit perpétuelle au profit de Céleste Loriot, au lieu d'être viagère sur sa tête; qu'il y a lieu de l'ordonner ainsi, puisqu'il est évident que la testatrice a voulu donner en rente à sa petite-nièce l'équivalent de ce qu'elle lui était en immeuble.

Du 11 août 1825.-C. de Caen, 1re ch.-M. Régnée, pr.

teur, après avoir légué la jouissance des rentes, les déclare non cessibles ni aliénables, sous quelque prétexte que ce soit, par le légataire, et en donne la propriété aux enfants à naître de ce légataire, et, s'il meurt sans enfants, au plus proche parent du testateur; qu'on ne saurait voir dans une telle disposition deux legs simultanés, l'un de l'usufruit, l'autre de la nue propriété, surtout si, comme dans l'espèce, il n'y avait pas d'enfants du légataire, au décès du testateur, pour recueillir la nue propriété (Paris, 1er déc. 1807) (1).

187. La même doctrine ressort des arrêts suivants qui ont décidé : 1° que dans la disposition par laquelle un testateur a institué son fils héritier en ne lui réservant que l'usufruit, par crainte, formellement exprimée, de ses dissipations, et a légué la propriété aux enfants nés ou *à naître* de l'usufruitier, on doit voir non une exhérédation officieuse, mais une substitution fidéicommissaire annulée par la loi des 25 oct. et 14 nov. 1792 (Req. 15 pluv. an 11) (2); — 2° Que pour qu'une disposition, qualifiée substitution par le testateur lui-même, puisse offrir le caractère d'une exhérédation officieuse, il ne suffit pas que le testateur ait expressément réduit son fils à l'usufruit par forme d'aliments insaisissables, et ait allégué le motif de sa dissipation, il faut encore, et nécessairement, qu'au décès du testateur, le fils, prétendu exhérédé, ait des enfants qui puissent être saisis de la nue propriété; qu'il y a, dans ce cas, substitution fidéicommissaire, si le testateur a dit, par exemple : « Je veux que mon fils se contente de l'usufruit de mes biens, et qu'il soit grevé de substitution envers ses enfants à naître pour la totalité de ces biens » (Paris, 28 juin 1811) (3).

188. Il y a substitution prohibée 1° dans la disposition portant legs d'usufruit à deux époux pour en jouir l'un après l'autre, legs de la propriété aux enfants à naître dans le cas de survie au dernier des époux, et retour de la chose léguée aux héritiers légitimes du testateur, si les enfants décèdent en minorité ou sans enfants légitimes (Paris, 13 janv. 1821) (4);

---

(1) *Espèce :* — (Lafeuilland *C.* Delachaussée.) — 28 déc. 1785, testament olographe de Jacques Delachaussée, portant : « Je lègue à Delachaussée, mon neveu, la jouissance des 2,504 liv. de mes contrats de rente;... lesquelles rentes je déclare non cessibles ni saisissables, comme pension alimentaire;... lesquels contrats de rente je veux ne pouvoir être engagés, cédés, échangés ni vendus, sous quelque prétexte que ce soit par mon neveu; desquels je donne la propriété à ses enfants, nés en sortable mariage; et, s'il meurt sans enfants, la propriété passera à mon plus proche parent de mon côté et ligne, à l'effet de quoi lesdits contrats demeureront déposés ès mains de M. D..., pour recevoir les rentes sur les quittances qui lui seront fournies par mon neveu. » — Ces dispositions ont été textuellement exécutées, jusqu'à la promulgation des lois de 1792, abolitives des substitutions. Alors Delachaussée neveu, célibataire, a prétendu que la substitution était anéantie à son profit. La dame Lafeuilland, héritière pour partie de feu Delachaussée, a prétendu que le neveu n'avait reçu que l'usufruit de la rente, et ses enfants nés ou à naître, la nue propriété. — 5 février, Delachaussée est déclaré non recevable par le tribunal de la Seine. — Appel; les moyens de l'appelant se retrouvent dans l'arrêt qui suit.

La cour; — Considérant que la disposition testamentaire de Jacques Delachaussée renferme une véritable substitution; — Que la preuve en résulte : 1° de la transmission que le testateur y prescrit par ordre successif; 2° de la défense faite par Jacques Delachaussée, à son neveu, d'aliéner les objets légués; défense qui, emportant l'obligation de conserver la propriété de ces objets, et de la remettre soit aux enfants du légataire, soit aux plus proches parents du testateur, forme le principal caractère du fidéicommis; et 3° de l'impossibilité où l'on serait, en admettant la disposition des deux legs d'usufruit et de nue propriété, d'asseoir le legs de propriété sur la tête de qui que ce fût; puisque, d'un côté, Gilbert Delachausée, légataire, n'avait point au décès de son oncle, et n'a point encore aujourd'hui d'enfants pour le recueillir, et que de l'autre, les proches parents du testateur n'y sont appelés qu'en cas de mort du même Gilbert Delachaussée, sans enfants; — Considérant que les substitutions ayant été abolies par les lois des 25 oct. et 14 nov. 1792, Gilbert Delachaussée, légataire grevé, doit avoir la libre disposition des rentes dont il s'agit; — Emendant... au principal, ordonne que l'inscription du 21 therm. an 7, de 769 fr... représentant les contrats en question, et de 2,504 liv. de rente, légués sur Jacques Delachaussée à Gilbert Delachaussée, sera remise à ce dernier, pour en jouir, faire et disposer comme de sa propre chose, et en toute propriété, etc.

Du 1er déc. 1807.-C. de Paris.

(2) *Espèce :* — (Desjardins *C.* Cramoisy.) — En 1765, Gabrielle Cramoisy lègue à Dominique Cramoisy, son fils puîné, deux maisons. — Le testateur témoigne des craintes que les dissipations de ce fils ne l'aient bientôt dépouillé de ces deux maisons, et il ajoute : — « Mais ne voulant pas que cette portion soit dépensée, je lui substitue ses enfants nés ou à naître, réservant audit Dominique l'usufruit, qui à sa mort se consolidera à la propriété, en faveur de ses enfants. » — 1768, décès du testateur. — 1795, Dominique Cramoisy poursuit l'annulation du testament, comme renfermant une substitution. — Un tribunal de famille accueille sa prétention. — La femme Desjardins, fille de Dominique Cramoisy, qui n'avait pas été partie dans ce jugement, y forma tierce opposition, dont elle fut déboutée par un nouveau jugement. — 9 pluv. an 10, jugement confirmatif du tribunal d'appel de Nancy.

Pourvoi de la femme Desjardins. — Elle présentait d'abord un acte, passé le 27 mai 1792, par lequel il est accordé une indemnité à Dominique Cramoisy pour raison de son usufruit, et une indemnité à ses enfants pour raison de leur propriété; elle en concluait que Dominique Cramoisy avait lui-même reconnu n'être pas propriétaire grevé de substitution : — Venant à l'examen de la clause testamentaire, la demanderesse faisait remarquer, 1° que le testateur disait conserver à son fils l'usufruit; 2° qu'il alléguait sa dissipation pour le priver de la propriété; 3° que cette propriété était conférée aux petits-fils. — Or, disait-elle, à ces signes, on distingue l'exhérédation officieuse, qui n'est point du tout une substitution. — Le fils exhérédé n'a aucun droit de propriété : il ne peut donc pas se dire propriétaire grevé ou à charge de rendre, ce qui est l'essence de la substitution. — Jugement (apr. délib. en ch. du cons.).

Le tribunal; — Vu les lois des 25 oct. et 14 nov. 1792, qui déclarent propriétaires libres les grevés de substitution; — Vu pareillement l'art. 20 de la loi du 9 fruct. an 2, qui décide qu'une institution directe faite au profit de l'aîné des enfants à naître que laissera un citoyen désigné, avec disposition d'usufruit au profit de celui-ci, doit avoir l'effet d'une substitution fidéicommissaire; — Considérant, 1° que la disposition portée au testament de Gabriel Cramoisy et de son épouse, concernant Dominique Cramoisy, leur fils puîné, et les enfants de ce dernier, est qualifiée par lesdits testaments de substitution au profit des enfants nés et à naître dudit Dominique Cramoisy, en réservant l'usufruit à celui-ci pour, l'usufruit éteint, les enfants nés et à naître jouir en propriété des deux maisons composant le lot de leur père; 2° que c'est une erreur assez commune dans certains pays de regarder le grevé de substitution comme simple usufruitier, parce qu'il ne peut aliéner au préjudice des appelés, et que sous ce rapport l'acte notarié du 27 mai 1772, par lequel il est accordé une indemnité à Dominique Cramoisy pour l'usufruit, et à ses enfants pour la propriété, n'était point une reconnaissance de sa part; que le testament ne contient point de substitution, mais deux legs directs, l'un d'usufruit fait à Dominique, l'autre de la nue propriété fait à ses enfants; que d'ailleurs cette prétendue fin de non-recevoir ne paraît avoir été opposée par Desjardins et sa femme, ni en première instance, ni en cause d'appel; 3° qu'il importe peu que le jugement attaqué ait fait une fausse application à l'espèce de la loi du 28 août 1792, qui abolit la puissance paternelle; de celle du 17 niv. an 2, qui veut l'égalité entre les enfants, et de l'art. 11 du tit. 12 de la coutume de Lorraine, relatif à l'exhérédation proprement dite, dès que le jugement par lui confirmé, et qui a jugé Dominique Cramoisy propriétaire libre, était fondé sur les lois des 25 oct. et 14 nov. 1792; — Rejette.

Du 15 pluv. an 11.-C. C., sect. req.-M. Vermeil, rap.

(3) (Bagnac *C.* Soufflot ou de la Tournelle.) — La cour; — Attendu que dans l'ancienne législation, l'exhérédation officieuse n'avait effet en legs direct qu'au jour du décès du testateur il existait une descendance de l'exhérédé qui pouvait être saisie de la propriété; — Que, dans l'espèce, aucun enfant ni descendant de la Tournelle fils n'ayant existé au décès de Thérèse de Baillon, veuve de la Tournelle, l'exhérédation implicite portée au testament est devenue une substitution fidéicommissaire au profit des enfants à naître; — Qu'encore bien que le testament n'ait pas contenu d'institution nominale au profit de la Tournelle fils, laquelle n'était pas nécessaire en droit coutumier, ledit de la Tournelle a eu, en vertu de la règle le mort saisit le vif, la saisine de la propriété des biens de sa mère grevée de la charge de rendre; — Attendu que le legs universel au profit des nièces de la testatrice n'a été fait que pour l'événement du décès de la Tournelle sans enfants avant la mère, ce qui n'est pas arrivé, et que, pour tout autre cas, il présente évidemment une substitution fidéicommissaire; — Attendu qu'en cet état les lois d'octobre et de novembre 1792 ont dégrevé de la Tournelle, et lui ont donné la faculté de disposer; — Confirme, etc.

Du 28 juin 1811.-C. de Paris.

(4) *Espèce :* — (Megallant et Dupré *C.* demoiselle Pountney.) — Le 11 germ. an 12, la dame Louvet, épouse en secondes noces de Mégret, a fait un testament olographe, par lequel, après avoir légué à la demoiselle Pountney une rente au principal de 30,000 fr., elle ajoute : « Pour jouir, par ladite demoiselle Pountney, en usufruit seulement, si elle ne se marie pas, et si elle se marie et qu'elle prédécède, son mari en jouira également sa vie durant. S'il existe des enfants de leur union survivant le dernier mourant d'eux, ils jouiront en toute propriété de la même rente; mais si les enfants décèdent en minorité ou sans en-

— 2° Dans la disposition par laquelle un testateur, après avoir donné et légué à deux personnes conjointement sa moitié dans un immeuble, ajoute qu'au décès des légataires cette moitié passera à d'autres personnes désignées, lesquelles en auront la propriété par indivis (Req. 9 juill. 1851, aff. Philippon, D. P. 51. 1. 187).

189. La disposition par laquelle un père, tout en instituant sa femme héritière, à la charge de rendre à sa fille, avec la faculté de conserver l'usufruit sa vie durant, institue en même temps sa fille elle-même pour le cas où sa mère, à son décès, ne lui aurait pas encore rendu la succession, ne renferme ni une substitution conditionnelle, ni un simple fidéicommis à terme, ni une fiducie, mais une véritable substitution fidéicommissaire. En conséquence, une telle substitution, si elle a été faite avant la loi du du 14 nov. 1792, se trouve abolie par cette loi (Pau, 10 juin 1830) (1).

190. On devrait voir également une substitution fidéicommissaire, réunissant les caractères de trait de temps et charge de conserver et de rendre, dans la disposition par laquelle un testateur, après avoir institué un légataire de quote-part d'im-

---

fants légitimes, je veux que ladite rente et son principal retournent à mes parents et legitimes héritiers. » — La testatrice a institué pour sa légataire universelle la dame Lecloutier-Dupré, sa sœur. La dame Megallant et le sieur Dupré, enfants et héritiers de cette dernière, ont demandé la nullité du legs fait à la demoiselle Pountney, comme contenant une substitution prohibée.—Jugement du tribunal de Pontoise, du 29 juill. 1819, qui rejette cette prétention : — « Attendu que le legs dont il s'agit est un legs d'usufruit seulement; qu'il ne confère à la demoiselle Pountney aucune propriété, même dans le sens de la substitution qui constitue le grevé propriétaire, sauf l'extinction du droit à la mort; d'où résulte qu'elle n'est point chargée de conserver et de rendre à un tiers; qu'au lieu donc de l'art. 896, c'est l'art. 899 qu'il faut appliquer. » —Appel.—Arrêt.

La cour; — Considérant que le sens des actes est déterminé par l'ensemble de leurs dispositions; que le testament dont il s'agit, dans sa première disposition, contient le legs d'une somme de 30,000 fr.; que, dans la disposition suivante, la testatrice ne fait que régler l'ordre de jouissance successive de ce capital, d'abord en faveur de la fille Pountney, puis de son mari, et enfin de ses enfants appelés à la propriété de la rente et de son capital; que la clause finale portant qu'en cas de mort des enfants en minorité, ou sans enfants légitimes, ladite rente et son principal retourneront aux parents et légitimes héritiers de la testatrice, il en résulte qu'il y a suspension et incertitude de la propriété du capital légué, à partir du décès de la testatrice, jusqu'à l'époque où se réaliserait le dernier cas prévu; qu'une pareille disposition, emportant charge de conserver et de rendre, offre tous les caractères d'une substitution; que l'art. 896 du code, en prononçant la nullité, même à l'égard du légataire, ne permet pas de diviser la disposition, et de la réduire à un legs d'usufruit, la nue propriété restant dès à présent aux héritiers de la testatrice; que ces héritiers doivent subir la loi du testament dans son entier, ou recueillir les avantages de la prohibition du code; — Émendant, etc.

Du 15 janv. 1821-C. de Paris.

(1) (Fitte C. hérit. Saint-Hilaire.) — La cour; — Attendu que Jean Dufau, en instituant Jeanne Salles, son épouse, pour son héritière universelle, la chargea de rendre son hérédité à l'aînée de leurs filles; que cette disposition présente deux institutions différentes, l'une au profit de la femme, l'autre au profit de la fille; que la seconde ne devant recueillir qu'après la première les biens donnés, ces deux institutions sont successives; qu'ainsi elles réunissent les divers caractères auxquels on a toujours reconnu la substitution fidéicommissaire; que le testateur a, il est vrai, ajouté que, dans le cas où sa femme serait décédée sans avoir pu remettre son hérédité à sa fille, il entendait que celle-ci la recueillît; mais que cette clause, qu'il eût fallu, de droit, suppléer, et qui n'a eu pour but que de lever des doutes que le testateur avait conçus mal à propos sur l'effet que devait produire, à l'égard de sa fille, l'institution qu'il venait de faire en faveur de sa femme, ne peut changer la nature de celle-ci; que c'est donc en méconnaissant les principes que le tribunal de Tarbes a pris droit de cette clause, pour transformer l'institution subordonnée, dont la fille est l'objet, en institution directe, qui serait devenue pure et simple, Jeanne Salles n'ayant pas satisfait, avant sa mort, à la condition qui lui avait été imposée; que les mêmes raisons repoussent la prétention des mariés Saint-Hilaire, de faire envisager l'institution faite par Jean Dufau en faveur de sa femme comme une simple fiducie, en se fondant sur une autre clause du testament, par laquelle Jean Dufau autorise sa femme à retenir l'usufruit des biens, lorsqu'elle en fera la remise; que Jeanne Salles, instituée héritière universelle par son mari, fut saisie de sa succession, malgré la charge de conserver et de rendre; que la propriété reposa sur sa tête; qu'elle ne fut tenue de rendre aucun compte des revenus; qu'aucune époque ne lui ayant été fixée pour faire la remise de l'hérédité, elle pouvait en jouir jusqu'à sa mort, et que tous ces avantages excluent, suivant les auteurs, toute idée de fiducie; que l'autorisation de retenir l'usufruit ne neutralise pas l'institution; qu'il est de principe que, dans un testament, toutes les clauses doivent s'expliquer de manière à ce que chacune ait son effet; qu'il est évident, dans l'espèce, que la première disposition faite par Jean Dufau en faveur de sa femme, n'aurait pas l'effet qu'emportent les termes dans lesquels elle est conçue, si elle était restreinte par la seconde à un simple usufruit; qu'enfin les époux Saint-Hilaire ne sont pas mieux fondés à soutenir que le fidéicommis dont il s'agit est à terme certain, et qu'ainsi il ne rentre pas dans la catégorie des substitutions, suivant la doctrine de M. Toullier; qu'en adoptant, en effet, les principes enseignés par ce jurisconsulte, le fidéicommis n'est à terme certain que lorsque l'époque où la remise doit être effectuée est indiquée d'une manière précise, circonstance qui ne se trouve pas dans l'espèce, Jeanne Salles ayant été libre de remettre l'hérédité quand il lui plairait; que l'institution faite par Jean Dufau en faveur de Jeanne Salles, son épouse, étant une véritable substitution, dès qu'il est reconnu qu'elle n'avait pas effectué la remise des biens avant la loi du 14 nov. 1792, elle en devint propriétaire par l'effet de cette loi, et qu'il y a, par conséquent, lieu de réformer le jugement dont est appel, dans le chef qui a refusé de faire entrer ces biens dans le partage de sa succession;

En ce qui touche l'appel des parties de Casaubon envers le chef du jugement qui a rejeté leur demande, tendant à exercer le retrait successoral : — Attendu, 1° que, lorsque le texte de la loi est clair et précis, les juges doivent l'appliquer littéralement, et qu'ils ne peuvent, par des considérations puisées dans ses motifs, admettre des distinctions et des exceptions qu'elle n'a pas établies; que l'art. 841 c. civ. veut formellement que toute personne, même parente du défunt, qui n'est pas son successible, à laquelle un cohéritier aurait cédé son droit à la succession, puisse être écartée du partage, soit par tous les cohéritiers, soit par un seul, en lui remboursant le prix de la cession; que Saint-Hilaire n'étant pas appelé à la succession de Jeanne Salles, sa belle-mère, les mariés Fitte avaient, d'après cet article, le droit de l'exclure du partage, en se faisant subroger à la cession que lui ont faite certains de leurs cohéritiers; qu'en leur refusant l'exercice de ce droit, parce que le mari de l'une des parties prenantes devant, à ce titre, assister au partage, les motifs qui ont dicté l'article précité ne sauraient s'appliquer à lui, le tribunal de Tarbes a méconnu les principes qui régissent l'entente et l'application des lois, et commis un excès de pouvoir; qu'ainsi sa décision à cet égard doit encore être réformée;

Attendu, 2° que le juge ne peut subordonner l'exercice d'un droit à une condition que ne lui a pas imposée la loi qui le défère; que l'art. 841, en accordant aux cohéritiers la faculté de se faire subroger aux cessions faites à un étranger par d'autres cohéritiers, n'exige pas qu'ils en offrent le prix en formant leur demande; qu'ainsi, en rejetant celle des mariés Fitte, sur le motif qu'ils n'avaient pas rempli ce préalable, le tribunal de Tarbes a ajouté à la loi; que sa décision doit donc également être réformée en ce point; mais qu'il y a lieu néanmoins de fixer le délai dans lequel les mariés Fitte devront, à peine de déchéance, effectuer le remboursement dû à Saint-Hilaire, s'ils veulent mettre à profit la subrogation qu'ils réclament;

Disant droit à l'appel interjeté par les mariés Fitte envers le jugement du tribunal civil de Tarbes, du 22 janv. 1827, déclare..... avoir été mal jugé dans les dispositions relatives au retrait successoral et à la substitution fidéicommissaire contenue dans le testament dont il s'agit; réforme ledit jugement, et procédant par nouveau sur ces chefs, vu l'art. 841 c. civ., subroge Anne Dufau, épouse Fitte, à Jean Saint-Hilaire, pour les droits cosuccessifs maternels que ce dernier a acquis de Jean-Pierre et François Dufau, deux des cohéritiers; par voie de suite, déclare que ledit Saint-Hilaire sera écarté du partage, à la charge toutefois par Anne Dufau, suivant son offre, de lui rembourser, dans la huitaine, à partir de la signification du présent arrêt, sans que cette clause puisse être réputée comminatoire, le prix des deux cessions, ainsi que les frais et loyaux coûts des actes à ce relatifs : faute de quoi elle sera déchue; moyennant ce, ordonne que les parts dans la succession maternelle qui auraient compété à Jean-Pierre et François Dufau seront délivrées à Anne Dufau, avec restitution des fruits et intérêts depuis le décès de Jeanne-Marie Salles, mère commune; — Déclare que la substitution fidéicommissaire contenue dans le testament de Jean Dufau, auteur commun, du 8 janv. 1789, a été frappée de nullité par la loi du 14 nov. 1792, et, par suite, tous les biens de l'institution irrévocablement dévolus à Jeanne Salles, mère commune; — Ordonne, en conséquence, qu'ils feront partie du patrimoine de cette dernière, et que celui-ci sera divisé en autant de parts égales qu'il y a de successibles, pour l'une d'elles être délivrée à ladite Anne Dufau, avec restitution des fruits et intérêts depuis l'ouverture de ladite succession.

Du 10 juin 1830.-C. de Pau, ch. cor.-M. de Charritte, pr.

meubles et un héritier universel, veut que, moyennant le payement d'une somme déterminée, les héritiers du légataire soient tenus de remettre les biens légués, soit à l'héritier lui-même, soit, au cas où celui-ci prédécéderait laissant des enfants habiles à lui succéder, à celui de ses enfants que le légataire aura la faculté d'élire, soit à l'aîné d'entre eux, à défaut d'élection. — On dirait en vain que ce n'est là qu'un simple legs d'usufruit; et on se prévaudrait vainement aussi de ce que, l'événement ayant attribué le bénéfice de la disposition à l'héritier institué personnellement, lequel était en même temps héritier naturel et unique du testateur, il n'y avait pas, dès lors, interversion de l'ordre successif (Cass. 22 janv. 1839, aff. Paulhiac, n° 30).

191. Nous avons vu précédemment comment doit s'exécuter la disposition d'un usufruit faite au profit de plusieurs personnes qui sont appelées à en jouir l'une après la mort de l'autre. — Mais supposons que l'usufruit ait été légué à l'un pour qu'il le rende à l'autre, soit sur-le-champ, soit dans un délai déterminé : quels seront alors les droits du grevé et de l'appelé? La question a été examinée par les auteurs qui traitent des substitutions, quoiqu'il ne s'agisse alors que d'un fidéicommis pur et simple et d'un fidéicommis à terme. Les loi romaines ont des dispositions expresses sur ce double point, et rien ne s'oppose à ce qu'elles soient encore suivies.

D'abord, selon la loi 4, ff., *Quib. mod. ususf. amitt.*, le droit d'usufruit peut être l'objet d'un fidéicommis pur et sans terme. Comme ce droit est délivré par l'héritier à celui qui en est légataire, on ne voit pas de motif qui empêche qu'un testateur le fasse remettre par l'héritier à un premier légataire, à la charge par celui-ci de le rendre à un tiers. C'est l'observation que fait M. Proudhon, de l'Usuf., t. 2, n° 430. — Mais quels sont les effets particuliers de cette espèce de disposition? Elle n'est pas tout à fait inutile au légataire chargé de rendre : que le substitué vienne à prédécéder le testateur, ou que, lui survivant, il se trouve incapable, ou qu'enfin il répudie la libéralité, c'est le légataire qui en profitera, et non l'héritier du testateur : *quia in fideicommisso potiorem causam habere eum cujus fides electa sit senatus voluit* (L. 60, ff., *De legat.* 2°). L'usufruit ne se consolide pas à la propriété; il se confirme sur la tête du légataire, premier appelé, pour qu'il en jouisse toute sa vie (L. 17, ff., *eod. tit.*; Pothier, Donat. testamentaires, chap. 6, sect. 5, § 1). « La raison de cela, dit M. Proudhon, *loc. cit.*, c'est que la charge de rendre se trouve éteinte du moment qu'il n'y a plus de créancier autorisé à exiger la restitution; en conséquence, on applique à la cause du légataire particulier le même principe qui est admis dans celle du légataire universel, lequel profite de la caducité des legs dont le testateur avait voulu le charger envers des légataires prédécédés, ou incapables, ou qui refusent d'accepter. »

Un second avantage est offert au grevé dans l'espèce proposée; comme il a droit de conserver pour lui-même la chose qu'il est chargé de rendre, dans l'un ou l'autre des trois cas signalés, il a droit en même temps de demander la délivrance à l'héritier. « Une fois mis en possession, dit encore M. Proudhon, n° 431, il fait les fruits siens, tant que le substitué ne demande pas à son tour la remise du legs. »

Un troisième effet est remarqué par le même auteur dans le fidéicommis pur et sans terme; c'est que la remise du droit légué, faite par le premier légataire, opère un transport parfait, qui le met à l'abri de toute réclamation de l'héritier nu-propriétaire; le substitué, devenu usufruitier, est seul garant de sa gestion, et c'est par sa mort que l'usufruit doit s'éteindre. Sous ce point de vue, la charge de rendre ou la restitution par suite d'un fidéicommis est bien distincte d'une simple cession ou aliénation de l'usufruit. La cession ne constitue pas le cessionnaire usufruitier en titre; le droit repose sur la tête du cédant; c'est par la vie de ce dernier que s'en mesurera la durée; c'est lui qui demeure garant de l'entretien du fonds à l'égard du propriétaire.

192. Dans l'hypothèse du legs d'usufruit, avec charge de rendre *après un certain délai*, le substitué est mis en possession, le délai expiré, de la même manière que si la restitution n'avait pas été différée. Le premier légataire a été seul, pendant le temps limité de sa jouissance, responsable de toutes les obligations imposées à l'usufruitier. Ce substitué reçoit la chose avec la même responsabilité, dont l'autre devient entièrement libéré. « Il est de principe, en cette matière, dit M. Proudhon, n° 434, que les choses passent avec toutes leurs charges entre les mains du substitué» (L. 2, Cod., *ad S.-C. Treb.*). De là, par exemple, nécessité pour le substitué de fournir nouveau cautionnement pour lui-même. La caution du premier légataire est dégagée pour tous faits à venir.

193. Mais diverses questions peuvent se présenter, dans le double cas de prédécès, soit du substitué, soit du grevé, avant l'époque fixée pour la remise; et c'est le lieu de remarquer, avec le savant auteur que nous avons cité, plusieurs différences entre les legs d'usufruit et les legs de propriété, quoique faits dans la même forme.

194. Le substitué décède avant l'expiration du délai, ou bien il est incapable, ou il refuse de recueillir l'usufruit à l'échéance du terme. Quels seront les droits du grevé? L'usufruit se trouve dès lors confirmé sur sa tête pendant toute sa vie. Personnel et non transmissible de sa nature, ce droit n'a pu passer aux héritiers du substitué, à la différence de la propriété, qui, si elle avait été léguée à la place de l'usufruit, constituerait « un droit acquis et transmissible à des héritiers, » selon les expressions de l'art. 1041 c. nap. On ne verrait, dans ce dernier cas, qu'un payement différé : les droits du substitué sont ouverts alors dès le jour du décès du testateur, « et il est saisi comme tout autre légataire, dit M. Proudhon, n° 434, parce qu'il est dès lors créancier pur et simple, quoique le jour du payement ne soit pas encore arrivé» (L. 21, ff., *Quand. dies leg. ced.*) — Serait-ce l'héritier du testateur qui, à l'époque fixée pour la remise, voudrait prendre la place du substitué? Mais ce n'est pas l'héritier qui était chargé de rendre. L'usufruit avait été légué sous cette unique charge; le testateur, en ne faisant dépendre la cessation de l'usufruit du premier légataire que de la restitution au second, annonçait assez que s'il préférait le substitué au grevé à l'époque déterminée pour la remise, il avait aussi préféré le grevé à son héritier. M. Proudhon fait très-bien remarquer, n° 436, que pour que l'héritier eût la préférence sur le grevé, il faudrait, par exemple, une vocation successive au même droit de deux légataires, avec limitation pure et simple du temps de la jouissance du premier appelé. Le testateur aurait dit : Pierre et Paul jouiront successivement de l'usufruit, Pierre pendant les dix premières années, Paul à dater de ce terme. Évidemment, dans cette hypothèse, c'est à l'héritier que devrait profiter la caducité du second legs, parce que seul il en était chargé, et que la jouissance du premier légataire avait été expressément restreinte à dix années.

195. Supposons maintenant que ce soit le grevé qui prédécède, ou refuse la libéralité, avant l'époque de la remise. Quels seront les droits du substitué? Il devra attendre la révolution du délai. Premièrement, la délivrance de son usufruit n'est que conditionnelle; il faut qu'il survive au temps fixé pour la restitution. En second lieu, l'usufruit, dès qu'il est éteint, se consolide à la propriété, et le propriétaire est l'héritier, contre lequel le substitué n'a d'action qu'au terme assigné pour l'ouverture de son droit. — Nouvelle différence, remarque encore M. Proudhon, entre un legs d'usufruit et un legs de propriété, faits tous deux avec charge de rendre dans un délai. Le second légataire de la propriété entrerait de suite en jouissance du domaine, quoique le premier fût décédé avant le temps de restitution. « La raison de cela, dit M. Proudhon, n° 437, c'est qu'en ce cas le fidéicommis n'est pas conditionnel, mais pur et simple, suivant la règle : *Legatum purum est, cum non conditione, sed morâ suspenditur*, règle consacrée dans notre code comme dans la loi romaine; d'où résulte la conséquence que, sitôt après la mort du testateur, le substitué a été saisi de la propriété du domaine légué, et que le légataire en premier ordre n'en a réellement pu appréhender que l'usufruit. Or l'usufruit, se consolidant à la propriété, s'éteint toujours au profit du propriétaire. »

196. La charge de rendre, imposée au premier légataire, passerait à ses héritiers, si sa mort était survenue après l'acceptation du legs et avant le terme de la remise. « Le fidéicommis est, comme l'explique Furgole (des Testaments, ch. 7, sect. 7, n°s 8 et suiv.), une charge réelle, qui affecte et suit la chose, en quelques mains qu'elle passe, » à moins que, « par la clause du testament, cette charge n'ait été imposée qu'à la personne seulement du légataire nommé en premier ordre. » Toutefois, le changement de la personne qui doit rendre ne changeant rien dans les droits ni les actions de celui qui doit recevoir, les héritiers du grevé ne seront assujettis à la restitution qu'au temps et sous la condition qui obligeraient le grevé lui-même, s'il vivait encore. Cette doctrine, fondée sur des textes précis de lois romaines (L. 77, § 15, ff., *De legat.* 2°, et L. 36, § 1, *De condit. et dem.*), est enseignée par M. Proudhon, *loc. cit.*, n° 436. On la trouve fort bien développée dans plusieurs endroits des ouvrages de Pothier, des Donations testamentaires, ch. 5, sect. 3, § 3; des Substitutions, sect. 7, art. 1, § 2.

197. La nue propriété peut, aussi bien que la pleine propriété elle-même, être l'objet d'une substitution prohibée. Il est possible en effet que le testateur, après avoir légué l'usufruit d'une chose à une certaine personne, lègue la nue propriété de cette même chose à une autre personne, à la charge par celle-ci de conserver et de transmettre, lors de son décès, à une troisième personne, soit la nue propriété à lui léguée, soit la pleine propriété, si la consolidation s'est opérée dans l'intervalle du décès du testateur à son propre décès. Que décider dans ce cas? Le legs de l'usufruit reste à l'abri de toute attaque, car il est distinct et indépendant des dispositions dont la nue propriété est l'objet; quant à ces dernières, elles sont nulles, soit quant au substitué, soit quant au grevé, suivant ce que nous verrons (*infrà*, n° 229). Tel est aussi le sentiment de M. Troplong, n° 166.

198. Il a été jugé qu'on ne doit point voir une substitution prohibée dans cette clause testamentaire : « Je donne l'usufruit de mon domaine de... à Bénéteau père, la nue propriété à Bénéteau fils, et dans le cas où celui-ci viendrait à décéder avant son père, le père jouira du domaine pendant sa vie; mais à sa mort, il appartiendra à Mouillebert » (Poitiers, 21 juin 1825) (1). Ceci nous semble contestable. Que voyons-nous dans la clause dont il s'agit? D'abord un legs pur et simple d'usufruit, puis un legs conditionnel de la nue propriété. Or cette dernière disposition nous paraît présenter les caractères d'une substitution prohibée, suivant ce que nous avons dit au paragraphe précédent (V. *suprà*, n°s 123 et s.). Nous croyons donc que le legs d'usufruit doit subsister, mais que la clause relative à la nue propriété doit être annulée tant à l'égard de l'appelé conditionnellement qu'à l'égard du grevé.

§ 2.—*Des clauses de retour dont peut résulter une substitution prohibée.*

199. Aux termes de l'art. 951 c. nap., le droit de retour ne peut être stipulé qu'au profit du donateur seul. Une telle clause diffère de la substitution, en ce qu'un tiers n'est point ici gratifié en second ordre. D'après le principe qu'on ne peut pas se donner à soi-même sa propre chose, le donateur ne saurait être considéré comme un second donataire, ni, par conséquent, comme *substitué* (L. 2, Cod., *De donat. quæ sub modo*). — Ainsi jugé que la clause par laquelle plusieurs propriétaires indivis, et héritiers les uns des autres, stipulent, dans une donation qu'ils font à un tiers, le droit de retour au profit du dernier survivant d'entre eux, n'est pas une substitution prohibée (Riom, 25 fév. 1825) (2).

---

(1) (Bénéteau et Mouillebert C. Théronneau.) — LA COUR; — Considérant que la demoiselle Brunet de Biossay, par les §§ 1 et 2 de son testament olographe du 2 mai 1822, a institué Célestin Bénéteau son légataire de la nue propriété de la métairie de la Valembreuse; que ces deux paragraphes ne peuvent être séparés et pris isolément l'un de l'autre; — Considérant que le § 2 se trouve modifié par le § 4, en ce qui concerne Célestin Bénéteau;—Que, par les dispositions du § 4, le legs de la métairie de la Valembreuse, en faveur de Célestin Bénéteau, devient conditionnel, et que la faculté de le recueillir de la part de ce dernier est restreinte au cas où il survivrait à Aimé Bénéteau, son père;

Considérant que, par les dispositions du même § 4, le sieur de Mouillebert n'est appelé à recueillir le legs de la nue propriété de la métairie de la Valembreuse, que dans le cas où Célestin Bénéteau ne la recueillerait pas lui-même; — Qu'une telle disposition, non-seulement n'est pas prohibée par la loi, mais qu'elle est formellement autorisée par l'art. 898 c. civ.;

Considérant que Célestin Bénéteau n'est chargé ni par l'un ni par l'autre de ces paragraphes de conserver et de rendre au sieur de Mouillebert la nue propriété de la métairie de la Valembreuse; — Que l'on ne trouve dans le testament de la demoiselle Brunet de Biossay aucune disposition ni même aucune expression desquelles on puisse induire cette charge; — Que Célestin Bénéteau est si peu chargé de conserver et de rendre, que si le prédécès de son père le met dans la possibilité de recueillir le legs de la métairie de la Valembreuse, le sieur de Mouillebert n'aura plus rien à y prétendre en vertu du testament dont il s'agit, et que ce dernier n'est pas, par conséquent, appelé à recueillir cette métairie après Célestin Bénéteau par ordre successif; — Considérant que le legs n'a aucun des caractères constitutifs de la substitution prohibée; que les premiers juges ont mal jugé en l'annulant comme contenant cette substitution; qu'il y a lieu de réformer cette disposition de leur jugement;

Considérant que la demoiselle Brunet de Biossay, après avoir, par le § 5 de son testament, légué l'usufruit des meubles, garnissant quelques appartements désignés, au sieur Girard, s'exprime ainsi : « Après sa mort (celle du sieur Girard), ils seront à Célestin Bénéteau, à qui je les donne et lègue, ainsi que tous mes autres meubles et effets, qui, par leur antiquité et leur caducité, ne lui seront pas d'un grand profit; » — Considérant qu'une disposition ainsi conçue ne doit pas être restreinte aux seuls meubles dont parle l'art. 533 c. civ. et aux seuls meubles antiques et caducs; — Que s'il pouvait y avoir quelques doutes sur les intentions de la testatrice à cet égard, ils seraient levés par le § 6 du même testament, dans lequel elle charge Célestin Bénéteau de donner à ses domestiques des meubles désignés, et notamment à l'une d'elles, Jeanne Roi, une douzaine et demie de ses beaux torchons, ne servant qu'à elle, testatrice, et une autre douzaine à Marie Roi, sœur de la première;—Que ces expressions, *tous mes autres meubles et effets*, employées par la testatrice dans le legs mobilier par elle fait au profit de Célestin Bénéteau, comprennent, aux termes de l'art. 535 c. civ., tout ce qui est censé meuble; — Qu'il y a lieu, par ces motifs, et sans s'arrêter à l'appel incident, de faire droit à l'appel principal, et de réformer aussi sous ce rapport la décision des premiers juges; sans avoir égard à l'appel incident, et faisant droit de l'appel principal, met les appellations et ce dont est appel au néant en ce qui concerne Célestin Bénéteau; émendant et faisant ce que les premiers juges auraient dû faire, quant à ce, déclare le sieur Théronneau mal fondé dans sa demande en nullité du legs fait à Célestin Bénéteau par le testament de la demoiselle Brunet de Biossay, du 2 mai 1822, de la propriété de la métairie de la Valembreuse; en ordonne en conséquence la délivrance aux charges de droit; ordonne également la délivrance aux charges de droit du legs fait par le même testament au profit dudit Célestin Bénéteau de tous les meubles et effets de la testatrice, tels qu'ils sont désignés par l'art. 535 c. civ.

Du 21 juin 1825.-C. de Poitiers, 2e ch.-M. Barbault de la Motte, pr.

(2) (Mourguy C. Mauret.) — LA COUR; — En ce qui touche le moyen de nullité de la donation, opposé par Antoine Mauret, qu'il fait résulter de ce qu'elle contiendrait une substitution fidéicommissaire prohibée par l'art. 896 c. civ., et qui, aux termes du même article, entraînerait la nullité, non-seulement des clauses de substitution, mais encore celle de la disposition spéciale : — Attendu, quant à la clause de la donation, où il est dit que, dans le cas où l'un des donataires viendrait à mourir avant que toutes les donatrices fussent décédées, le survivant des donataires profiterait en totalité de l'objet de la donation, comme clause expresse de ladite donation, et sans laquelle elle n'eût été faite; qu'on ne saurait y voir une substitution fidéicommissaire; qu'il est de toute évidence qu'aucun des donataires n'est chargé de conserver et de rendre à un tiers ce qui aurait pu lui revenir dans la donation, laquelle charge de conserver et de rendre est le caractère essentiel de substitution fidéicommissaire; que si on analyse la clause, on ne peut y voir qu'une substitution vulgaire ou directe qui est permise par l'art. 898 du même code;

Et, relativement à la clause de la même donation, portant qu'elle est faite sous la réserve que se font les donatrices du retour et réversion de la somme de 20,000 fr. par elles donnée, dans le cas où François et Anne Mourguy vinssent à prédécéder la dernière qui décéderait desdites donatrices :—Considérant que, pour savoir si cette clause contient ou non une substitution fidéicommissaire prohibée, il faut considérer l'ensemble, le but et le résultat des clauses de la donation, et les circonstances dans lesquelles elle a été faite. — Or, on voit qu'Anne, Catherine, Marguerite et Marie Dagiral, qui sont les quatre donatrices, demeuraient ensemble, et jouissaient, par indivis, de leur fortune; que leurs héritiers, *ab intestat*, se divisaient en deux branches; l'une était composée de François et Anne Mourguy, leur petit-neveu et petite-nièce, l'autre d'Antoine Mauret, leur neveu; les filles Dagiral n'avaient pas l'intention de disposer de leurs biens hors de leurs famille; leur intention était de les diviser entre leurs héritiers du sang; — Que, dans ces vues, elles commencèrent par la donation de la somme de 20,000 fr., qu'elles firent aux enfants Mourguy, et le surplus de leur bien, qui paraît avoir excédé de beaucoup cette somme de 20,000 fr., était réservé à Antoine Mauret, partie de Salveton; qu'en effet, d'après les testaments faits en faveur de ce dernier par les deux donatrices survivantes, qui étaient Anne et Marie Dagiral, sous la même date du 14 mars 1820, le restant des biens

200. Mais la stipulation de retour au profit d'autres que le donateur doit-elle tellement être assimilée à une substitution fidéicommissaire, qu'on doive annuler la disposition dans son *ensemble?* Ou bien, réputant non écrite la clause de retour, laissera-t-on produire son effet à la disposition principale?—Divers systèmes ont été proposés sur cette question. M. Toullier, t. 5, nº 48, considère en tout point la clause dont il s'agit comme une substitution fidéicommissaire. «Le nom seul est changé,» dit-il. C'est aussi la doctrine de M. Merlin (Rép., vº Substit. fidéicommis., sect. 8, nº 9). — Cette doctrine a été consacrée par un arrêt qui a décidé que, sous l'ancienne comme sous la nouvelle législation, la stipulation du droit de retour, au profit du donateur *et de ses héritiers,* renfermait une véritable substitution fidéicommissaire, abolie par la loi du 14 nov. 1792 (Riom, 9 avril 1829) (1).

201. Nous croyons qu'une distinction doit être faite. Supposons d'abord que le donateur ait stipulé le droit de retour pour lui-même, ou à son défaut *pour ses héritiers.* Devra-t-on voir là une substitution? Nous ne le pensons pas.—Sans doute, dans le cas où le donateur décédera avant le donataire, cette clause produira, à l'égard des héritiers du premier, les mêmes effets qu'une substitution; cependant, comme le donateur avait d'abord stipulé pour lui-même et qu'il n'a désigné ses héritiers, pour recueillir dans l'hypothèse de son prédécès, que comme le représentant, comme étant à son lieu et place, on doit voir dans la disposition dont ils sont l'objet, non pas une seconde libéralité formant substitution fidéicommissaire, mais seulement une extension illégale du droit de retour. Entre ces deux choses il existe une différence qu'il ne faut pas perdre de vue et que M. Troplong (nº 1267) fait ressortir en ces termes : dans le droit de retour stipulé même au profit des héritiers, dit-il, la chose donnée remonte vers sa source; dans la substitution, elle s'en éloigne; dans l'un, elle est censée rentrer dans la succession du donateur du défunt, comme si elle n'en fût jamais sortie; dans l'autre, elle passe dans un patrimoine étranger. Or c'est seulement pour les substitutions que l'art. 896 prononce la nullité intégrale de la dispo-

---

des quatre sœurs a passé à Antoine Mauret; — Considérant que, dans cette position, les quatre sœurs Dagiral, en se réservant dans la donation un droit de retour réversible de l'une à l'autre, et en faveur de celle d'entre elles qui décéderait la dernière, ne peuvent être considérées, les unes à l'égard des autres, comme ayant stipulé ce droit de retour au profit de tierces personnes, en contravention à la seconde partie de l'art. 951 du code civil, puisque ces quatre donatrices, n'agissant et ne pouvant agir, pour assurer la libéralité qu'elles faisaient de la somme de 20,000 fr. que conjointement et toutes ensemble, et chacune d'elles par égalité, ainsi qu'elles se sont exprimées, ce qui indique une espèce de solidarité qui les identifiait; ce droit de retour réversible devenait alors une condition casuelle et inhérente à leurs qualités, cumulées et inséparables, de donatrices du même objet; — Considérant, d'ailleurs, que, quand il s'élèverait sous ce rapport une question sur la validité ou la nullité de la donation, Mauret serait non recevable à demander cette nullité, et qu'il serait obligé d'exécuter la donation; — Qu'en effet, la donation et les testaments qui sont corrélatifs, dont les uns sont la suite de l'autre, forment un pacte de famille qui a été l'ouvrage de tous les membres qui la composaient; que, par le résultat des testaments faits en faveur d'Antoine Mauret, les successions des sœurs Dagiral ont passé en entier sur sa tête, à l'exception de la somme donnée, à laquelle la branche Mourguy a été réduite; qu'après le décès de deux des donatrices, qui étaient Catherine et Marguerite, Antoine Mauret, qui demeurait avec ses deux tantes, ainsi que cela est établi par les testaments des deux survivantes, et qui ne pouvait ignorer la donation, aurait pu, dans son système actuel, en qualité d'héritier desdites Catherine et Marguerite Dagiral, qui avaient prédécédé leurs deux sœurs Anne et Marie, réclamer ses droits dans la succession, et demander la nullité de la donation; que cependant il garda un silence dont on conçoit facilement la raison; — Que, par les testaments du 14 mars 1820, dont il eut certainement connaissance, puisqu'ils furent passés par acte public, en présence de quatre témoins, dans la maison même où il habitait, les deux sœurs donatrices survivantes, qui avaient succédé aux deux prédécédées, et qui comptaient sur l'exécution de la donation, lui assurent tous les biens dont elles étaient investies, et ceux dont leurs sœurs prédécédées l'avaient été, moins l'objet de la donation; que ces testaments contiennent, au moins implicitement et virtuellement, la charge d'exécuter la donation, puisque, dans celui de Marie Dagiral, celle-ci l'institue son héritier universel, sous réserve néanmoins de ce dont elle pourrait avoir ci-devant disposé par actes entre-vifs, et aux charges portées aux art. 1 et 2 du testament, dans l'un desquels articles elle avait chargé son héritier institué d'acquitter tout ce qu'elle pourrait devoir, tant de son chef que de celui de ses défuntes sœurs, auxquelles, disait-elle, elle avait succédé; ce qui ne pouvait être dit que dans l'idée que le retour successif, porté dans la donation, devait être exécuté; qu'Anne Dagiral, autre sœur survivante, en instituant, par son testament, Antoine Mauret, son héritier universel, y dit : A l'exception de ce dont elle pourrait avoir déjà disposé par acte entre-vifs; expressions qui se reportaient à toutes les parties de la donation, puisqu'elle était commune et réciproque envers les quatre donatrices, et indivisible entre elles; — Que si la prétention de l'intimé était admise, il en résulterait un renversement des premiers principes qui règlent les engagements et effets des dispositions; on verrait un particulier exciper de deux qualités qui s'entre-détruisent; comme héritier du sang, il réclamerait la nullité d'une donation que, comme héritier universel et testamentaire, il a dû exécuter et maintenir; il pouvait être privé pleinement des successions de ses tantes qui ont été ses bienfaitrices, par une disposition qu'elles auraient pu faire en faveur de tout autre, n'étant point un héritier à réserve, et n'y ayant point d'autre héritier qui eût cette prérogative; mais les successions lui ont été déférées par une disposition testamentaire qui emportait la condition que la donation serait exécutée; dès lors il ne peut profiter des successions, et en même temps rejeter les conditions sous lesquelles elles ont passé sur sa tête; une telle prétention est repoussée par l'équité, par la morale et par les principes du droit; — Par tous ces motifs, dit qu'il a été mal jugé, bien appelé; ordonne que la donation du 24 mars 1806 sera exécutée selon sa forme et teneur.

Du 25 fév. 1825.-C. de Riom, 1re ch.-M. Grenier, 1er pr.

(1) *Espèce :* — (Bernard C. Royet.) — En 1787, Bernard père constitue en dot à sa fille, en la mariant à Perrot, un domaine et une maison, « lesquels, porte l'acte, sont donnés sous la charge et condition qu'au cas que ladite future épouse décède sans enfants, ils feront retour au sieur Bernard, et à son héritier universel, en cas de disposition et au défaut aux cohéritiers de la future. » — En 1823, la dame Perrot décède sans enfants.— Alors les héritiers de Bernard père ont réclamé, en vertu du droit de retour stipulé, la propriété des biens donnés.— Un sieur Royet, héritier de la dame Perrot, a soutenu que cette stipulation de retour était une substitution fidéicommissaire, abolie par la loi du 14 nov. 1792.— Jugement qui accueille cette défense.—Appel.—Arrêt.

LA COUR; — Attendu le principe constant qu'on doit juger de la nature et de la valeur des actes, non par la dénomination qu'il a plu aux parties de leur donner, mais par leur substance et par leurs effets; — Attendu que la clause portée au contrat de mariage de Marie-Anne Bernard avec Laurent Perrot, de l'année 1787, qu'on qualifie de retour conventionnel, emportait une véritable substitution au profit des héritiers de Jean Bernard, père de Marie-Anne, avec charge de conserver et de rendre à ces derniers, en quelque nombre qu'ils fussent; — Attendu que, dans la pureté des principes du droit, tout retour conventionnel proprement dit était limité à la personne du donateur, comme étant un droit qui lui était absolument personnel; que la stipulation de ce retour en faveur des héritiers de ce donateur devenait alors une véritable substitution fidéicommissaire; — Attendu que la loi des 25 oct. et 14 nov. 1792 a aboli, pour l'avenir, les substitutions fidéicommissaires, et a voulu que la propriété des biens substitués demeurât, franchement et librement, sur la tête de ceux qui en étaient grevés, et qui étaient chargés de les conserver et de les rendre; — Attendu que, si l'on doit nécessairement voir, dans la clause dont il s'agit dans la contestation, une substitution fidéicommissaire, quels que soient les termes dans lesquels elle a été conçue, il devient indispensable de lui appliquer l'abolition portée dans la loi ci-dessus citée, qui frappe sur tout ce qui était substitution fidéicommissaire; que, si le retour conventionnel a été quelquefois excepté de l'abolition portée par cette loi, ce n'a été que dans le sens et pour le cas d'un retour stipulé au profit du donateur seul; de tout quoi il résulte que, dès l'instant de la promulgation de cette loi, Marie-Anne Bernard est devenue propriétaire incommutable des immeubles dont il s'agit, qui font l'objet de la contestation, et que, par conséquent, elle a pu en disposer à son gré;

Considérant, d'ailleurs, que, de divers actes passés entre les héritiers Jean Bernard, et notamment de celui du 14 pluv. an 7, il résulte que tous ces héritiers ont entendu que chacun d'eux jouît, irrévocablement, des héritages qui lui étaient délaissés, dépendant de la succession de Jean Bernard; que ces actes gardent le silence le plus absolu sur les biens qui seraient revenus aux cohéritiers de Marie-Anne Bernard, par suite de son décès arrivé du vivant de ces cohéritiers; que, bien loin de se faire aucune réserve à cet égard, il a été stipulé qu'ils entendaient se tenir quittes, respectivement, de tous droits et prétentions, de toutes recherches qui pourraient être fondées sur des titres de familles; de tout, quoi, il résulte que ces cohéritiers n'entendaient donner aucun effet à la clause dont il s'agit; ce qui fait fortement présumer qu'ils la regardaient comme une substitution fidéicommissaire, et, par conséquent, comme éteinte par la loi des 25 oct. et 14 nov. 1792;—Dit qu'il a été bien jugé, etc.

Du 9 avril 1829.-C. de Riom, 1re ch.-M. Grenier, 1er pr.

cition; et c'est là une rigueur exorbitante qui ne doit pas être étendue à d'autres cas que ceux qui sont formellement prévus par cet article. — D'où nous concluons que, dans l'hypothèse dont il s'agit, il y a lieu d'annuler, non pas la disposition *tout entière*, mais seulement la partie de cette disposition qui concerne les héritiers, en vertu de l'art. 900 c. nap., qui veut que les conditions contraires aux lois soient réputées non écrites. C'est ce qu'enseignent aussi MM. Rolland de Villargues, n°s 295 et suiv.; Coin-Delisle, sur l'art. 951, n°s 24 et suiv.; Marcadé, sur l'art. 951, n° 4; Troplong, n° 1267. — Il a été jugé, en ce sens, que le droit de retour ne pouvant être stipulé qu'au profit du donateur seul, la stipulation de ce droit, faite dans une donation contractuelle en faveur du donateur ou de ses héritiers, doit être réputée non écrite à l'égard de ces derniers, et que cette stipulation ne peut être considérée comme renfermant une substitution fidéicommissaire qui devrait entraîner la nullité de la donation (Req. 8 juin 1836) (1). — Sur l'application de l'art. 900 c. nap., V. Dispositions entre-vifs, n°s 89 et suiv.

202. Supposons maintenant qu'au lieu de stipuler le retour pour lui-même ou ses héritiers, le donateur l'ait stipulé au profit d'un tiers. Il n'est pas douteux qu'il y aura là une véritable substitution. Nous voyons en effet, dans cette hypothèse, une double libéralité faite *in ordine successivo*; une chose est donnée à une personne à la charge par elle de la conserver et de la rendre lors de son décès à une autre personne; c'est bien là ce qui caractérise la substitution. Ce n'est que par une évidente impropriété de langage que l'expression *droit de retour* a été employée dans notre hypothèse; ce nom suppose que la chose donnée revient au point d'où elle est partie; et ici elle passe des mains du donataire aux mains d'un étranger, elle s'éloigne du point de départ au lieu d'y revenir (V. Conf. les mêmes auteurs). — Décidé, en ce sens, que la disposition testamentaire contenant clause de retour au profit d'une personne désignée, pour le cas où le légataire mourrait sans enfants, est entachée de substitution fidéicommissaire (Req. 18 avr. 1842, aff. Cabrolier, V. n° 239).

M. Grenier fait une autre distinction (t. 1, n° 34) : la clause de retour a-t-elle été nettement écrite pour le cas précis du décès du donataire ou de la défaillance de sa postérité, du vivant du donateur? On la réputera simplement non écrite, comme contraire à la loi. Le savant auteur en donne cette raison : « Les parties n'ont point contracté dans l'idée de faire une substitution. Le cas prévu, du vivant du donateur, caractérise le retour. » C'est sur le droit de retour que porte le fond de la disposition; c'est l'art. 951 qui a été enfreint; or cet article ne prononce pas, contre le donataire immédiat, la nullité qui se trouve dans l'art. 896. Au contraire, est-ce pour le cas de prédécès du donataire et de ses descendants même après la mort du donateur que le tiers est appelé? « La convention relative au retour ne serait pas seule nulle; la disposition, dans toutes ses parties, serait annulée, en conséquence de l'art. 896 c. nap., comme présentant dans son ensemble et dans son résultat une substitution fidéicommissaire. — Que, dans le second cas, il y ait substitution et par suite application de l'art. 896, c'est ce que nous venons de démontrer. Mais est-il également vrai que dans le premier cas la stipulation de retour doive être réputée non écrite? Nous ne le pensons pas. Il nous semble, ainsi qu'à M. Coin-Delisle (sur l'art. 951, n° 26), que la vocation d'une tierce personne au bénéfice du retour, du vivant du donateur, ne serait autre chose que la donation du droit qui appartient éventuellement à ce dernier, et qu'une telle donation, si elle était régulièrement faite et acceptée, serait valable comme le serait également la vente d'un droit de retour qui ne serait pas encore ouvert.

203. Si le donateur, au lieu de stipuler le retour pour lui-même *ou ses héritiers*, l'avait stipulé pour ces derniers seulement, on devrait voir dans cette clause une substitution prohibée; car les héritiers, dans ce cas, ne seraient pas appelés à recueillir comme représentant le donateur, ils seraient de véritables donataires appelés *in ordine successivo* après le décès du premier donataire (V. Conf. MM. Coin-Delisle, sur l'art. 951, n° 25; Marcadé, sur l'art. 951, n° 4). A plus forte raison en serait-il ainsi si le donateur avait stipulé le retour au profit d'un seul de ses héritiers. — Il a été décidé, conformément à cette doctrine, qu'il y a substitution prohibée et non pas simple stipulation de retour : 1° dans la donation d'un immeuble faite par

(1) *Espèce* : — (Hérit. Tribert C. Sicard.) — Le 24 sept. 1816, lors du contrat de mariage de la demoiselle Roussel avec le sieur Sicard, le sieur Tribert et la dame Dupuis, sa femme, firent donation contractuelle, en faveur de la nouvelle épouse, sous réserve d'usufruit, leur vie durant, de la plus grande partie de leurs biens, tant meubles qu'immeubles, en stipulant, toutefois, « le droit de retour, soit à eux, soit à leurs héritiers, des choses par eux données, en cas de prédécès de la future épouse, sans enfants ou descendants d'elle, conformément à l'art. 951 c. civ. » — Les époux Tribert sont décédés successivement en 1831 et 1832. — Le 8 janv. 1835, leurs héritiers intentèrent contre les époux Sicard une action en nullité de la disposition précitée, comme ayant tous les caractères d'une substitution prohibée. Mais le tribunal de Ruffec, saisi de l'action, les en débouta par jugement du 24 déc. suivant. — Appel.

22 juin 1835, arrêt confirmatif de la cour de Bordeaux, qui motiva sa décision en ces termes : — « Attendu que les art. 896 et 951 c. civ. ont des dispositions très-distinctes, et que, si l'on consulte soit la lettre, soit l'esprit de la loi, on doit reconnaître que leurs effets sont différents; — Que l'art. 896 ne se borne pas à réputer non écrite la clause qui chargeait le donataire ou l'héritier institué de conserver et de rendre à un tiers, mais qu'elle frappe de nullité absolue la donation et l'institution en elle-même; — Qu'il en est autrement pour l'art. 951; que le législateur s'est borné à déclarer que le retour ne pourrait être stipulé qu'au profit du donateur seul, mais qu'il n'a pas dit que, si ce droit était stipulé en faveur d'un tiers, la donation serait nulle; qu'il en résulte qu'une stipulation de cette espèce ne peut avoir d'effet, mais qu'elle n'annule pas la donation; que c'est le cas d'appliquer la disposition de l'art. 900 c. civ., suivant lequel toute disposition entre-vifs ou testamentaire, contraire aux lois, est réputée non écrite; — Que, pour étendre à l'infraction faite à l'art. 951, la nullité prononcée par l'art. 896, on fait vainement observer qu'il existe une certaine analogie entre la substitution fidéicommissaire et le retour des objets donnés en faveur des tiers; que, nonobstant cette analogie, qui n'a pu échapper au législateur, il a distingué les deux cas, les a régis par des dispositions différentes, et que l'on ne peut étendre une nullité absolue d'un cas à l'autre; — Attendu que, si l'intention d'une disposition valable suffit pour la faire maintenir, lorsqu'elle est nulle de sa nature, il ne peut en être ainsi que quand la nullité est manifeste, et lorsqu'il est impossible de concilier la disposition avec la loi qui la prohibe; qu'elle doit, au contraire, avoir son effet lorsqu'elle présente un sens naturel, susceptible de la faire valider; — Attendu que, par le contrat de mariage du 24 sept. 1816, les mariés Tribert ont exprimé, en termes formels, qu'ils faisaient donation entre-vifs à Rosalie Roussel, de leurs biens présents et à venir, sous réserve d'usufruit; que si, en stipulant le droit de retour en leur faveur, ils ont ajouté : « soit à leurs héritiers, » ils déclarent en même temps qu'ils disposent conformément à l'art. 951 c. civ.; qu'il résulte de l'ensemble de la disposition que c'est une véritable donation qu'ils ont faite et qu'ils ont entendu faire, qu'on en trouve la preuve dans la stipulation du droit de retour à leur profit; que, dès lors, ces mots *soit à leurs héritiers*, contiennent une extension du droit de retour contraire à la loi; que cette clause doit être réputée non écrite, mais que la donation n'en est pas moins valide. »

Pourvoi des héritiers Tribert pour fausse application des art. 900 et 951 c. civ. et violation de l'art. 896 du même code, en ce que la clause, dans une donation, du droit de retour, soit aux donateurs, soit à leurs héritiers, renferme une substitution fidéicommissaire, prohibée par l'art. 896. — Arrêt.

LA COUR; — Statuant sur le moyen tiré de la fausse application des art. 900 et 951 c. civ., et de la violation tant de ce dernier article que de l'art. 896 du même code : — Attendu que l'art. 896 c. civ. ne s'applique qu'à la disposition par laquelle le donataire, l'héritier institué ou le légataire, serait chargé de conserver et de rendre à un tiers; que, quant à la donation avec droit de retour, elle est régie par l'art. 951 du même code, qui contient, sur ce point, des dispositions précises et spéciales; que le législateur, en déclarant, dans cet article, que le donateur ne pourra stipuler le droit de retour des objets donnés qu'à son profit seulement, n'a pas prononcé, en cas d'extension de la disposition, la nullité de la donation;

Attendu qu'il est de principe que les nullités absolues ne peuvent être étendues, par analogie, d'un cas à un autre; que, suivant l'art. 900 du même code, conforme au droit commun, dans toute disposition entre-vifs ou testamentaire, les dispositions contraires aux lois sont réputées non écrites; — Attendu qu'en déclarant non écrite la disposition par laquelle les donateurs s'étaient réservé, dans l'acte dont il s'agit, un droit de retour, soit à eux, soit à leurs héritiers, des choses par eux données, l'arrêt attaqué a fait à la contestation une juste application des art. 900 et 951 c. civ., et n'a aucunement violé l'art. 896 du même code; — Rejette.

Du 8 juin 1836. — C. C., ch. req. — MM. Zangiacomi, pr. — Jaubert, rap.

un père à un de ses fils, dans son contrat de mariage, « à charge qu'en cas de mort dudit futur mariant sans enfants, il retournera à son fils aîné ou à ses enfants par représentation ou autres enfants du donateur. » On soutiendrait en vain qu'il y a retour conventionnel et non condition de conserver pour rendre (Req. 16 juill. 1807) (1); — 2° Dans le cas où, après une donation universelle, le donateur dispose d'un immeuble excepté de cette libéralité, et avec la clause que si le donataire particulier venait à décéder sans enfants, l'immeuble à lui donné appartiendrait en propriété au donataire universel. Une telle disposition a été annulée par la loi des 25 oct. et 14 nov. 1792, abolitive des substitutions (Cass. 22 juin 1812) (2); —3° Dans une clause par laquelle le donateur, au lieu de stipuler que les biens reviendront directement à lui-même, a stipulé qu'ils reviendront à ses héritiers, comme si, par exemple, il a donné une certaine somme exigible après son décès, et qui devra faire retour à ses héritiers en cas de décès du donataire sans enfants (Rej. 30 mars 1829, (3); Rouen, 24 août 1812, aff. Priet, V. n° 155); —

(1) (Genois C. Toussaint.) — LA COUR; — Attendu qu'en jugeant que la stipulation de retour du fief d'Hurphalus donné par le père, à Louis de Saint-Genois, par son contrat de mariage du 23 oct. 1779, dans le cas où il viendrait à mourir sans enfants, en faveur de Joseph de Saint-Genois, son frère aîné, était une véritable substitution abolie par la loi des 25 oct. et 14 nov. 1792, la cour d'appel de Bruxelles n'a fait que se conformer à la lettre et à l'esprit de la loi, d'où il suit qu'elle n'a pu y contrevenir; — Rejette.

Du 16 juill. 1807.-C. C., sect. req.-MM. Henrion, pr.-Cochard, rap.

(2) *Espèce* : — (Blayac C. Royère.) — Par le contrat de mariage de François Blayac et de la demoiselle Paithad, du 6 mai 1792, Louise Blayac fit donation, du consentement de Rouch, son mari, à Blayac, futur époux, de tous ses biens, sous les réserves suivantes : 1° de trois portions d'immeubles dont Louise Blayac fit en même temps donation à Antoine Royère, son cousin, qui l'accepta; — 2° D'une pièce de terre appelée la Taudine, pour pouvoir en disposer ainsi et de la manière qu'elle aviserait; de sorte, est-il dit dans l'acte, que tant la pièce de la Taudine que celles données à Antoine Royère, sont exceptées, et ne font point partie de la donation faite à François Blayac; — 3° Enfin de l'usufruit et jouissance de tous les biens donnés, pendant sa vie et celle de Rouch, son mari. — Par autre acte du même jour, Louise Blayac fit donation à Antoine Royère de la pièce de terre appelée la Taudine, la même qu'elle s'était réservée par la donation faite à Blayac. — Elle se réserva l'usufruit de cette pièce de terre, tant pour elle que pour son mari, jusqu'au décès du survivant, de manière, porte ce nouvel acte, qu'alors seulement Antoine Royère, donataire, prendra la réelle possession et jouissance de la terre donnée, et en jouira pendant sa vie; et au cas où le donataire viendrait à décéder sans enfants, audit cas seulement, la donatrice veut et entend que la pièce de terre appartienne en propriété à François Blayac, son donataire universel. — Antoine Royère est décédé sans enfants. — La veuve Royère a prétendu que la charge de rendre à François Blayac, après la mort d'Antoine Royère sans enfants, était une véritable substitution fidéicommissaire, et que les substitutions de cette nature ayant été abolies, Antoine Royère avait été affranchi de la charge de rendre, était devenu donataire pur et simple. — François Blayac a répondu qu'il ne s'agissait que d'un droit de retour stipulé en sa faveur.

Le 6 juill. 1809, le tribunal de Béziers a décidé qu'il y avait substitution fidéicommissaire, et, en conséquence, a adjugé la propriété à la veuve Royère.

Sur l'appel, le 28 mai 1810, arrêt infirmatif de la cour de Montpellier. — Pourvoi de la veuve Royère pour violation des lois des 25 oct. et 14 nov. 1792. — Arrêt.

LA COUR; — Attendu que la pièce de terre qui est l'objet de la contestation ne fut pas comprise dans la donation universelle de biens présents et à venir, consentie, le 6 mai 1792, par Louise Blayac, à François Blayac, et qu'elle fut même expressément exceptée de la donation; — Que, par autre acte du même jour, Louise Blayac fit donation entre-vifs, à Antoine Royère, de ladite pièce de terre; que seulement elle en réserva la jouissance pour elle et pour son mari jusqu'à leur décès, et que néanmoins elle imposa pour condition que, dans le cas où Antoine Royère, donataire, viendrait à décéder sans enfants, la pièce de terre appartiendrait en propriété à François Blayac, son donataire universel; — Qu'il est évident que cette dernière clause contient une véritable substitution fidéicommissaire, puisqu'elle impose au donataire la charge de conserver à un tiers pour le cas où il décéderait sans enfants; puisqu'elle impose, dans le même cas, aux héritiers du donataire la charge de rendre à un tiers; puisqu'enfin il y a un tiers qui est appelé à recueillir après un donataire qui est grevé de rendre à ce tiers; — Qu'ainsi la clause dont il s'agit devait être annulée, en vertu de la loi des 25 oct. et 14 nov. 1792, qui a aboli les substitutions non ouvertes; — Que cependant, pour la soustraire à l'annulation, on l'a dénaturée, sous prétexte de l'interpréter; qu'on l'a fait considérer comme ne contenant qu'un simple droit de retour en faveur de François Blayac, quoiqu'elle ne porte pas que les biens retourneront, quoique cette expression ne pût même être employée, puisque le retour signifie la réversion à un précédent propriétaire, et qu'ici François Blayac n'avait jamais été propriétaire de la pièce de terre qui avait été formellement exceptée de la donation universelle à lui consentie; — Qu'au surplus, dans l'espèce, le prétendu droit de retour, qu'on voudrait faire reconnaître, ne serait dans la réalité qu'une véritable substitution fidéicommissaire, puisqu'il en a tous les caractères, et qu'à l'aide de la distinction qui a été admise, il n'y aurait pas de substitution fidéicommissaire qui ne pût être maintenue; — Que lorsqu'une clause est claire et précise, il n'y a pas lieu à interprétation; — Que, dans l'espèce, il ne s'agissait pas de rechercher quelle avait été la commune intention des parties contractantes, ni ce qu'elles avaient voulu faire, mais qu'il fallait s'arrêter à ce qui avait été fait, et qu'il avait été fait réellement une substitution fidéicommissaire; — Qu'enfin, lorsqu'il s'agit de déterminer la nature et l'essence d'un acte, dans les cas où la loi annule ou prohibe, une fausse interprétation qui tend à maintenir ce que la loi prohibe et annule, couvre une véritable violation de la loi, et qu'ainsi cette espèce d'interprétation ne peut être à l'abri du recours en cassation; — Casse, etc.

Du 22 juin 1812.-C. C., sect. civ.-MM. Muraire, 1er pr.-Chabot, rap.-Pons, av. gén., c. conf.-Coste et Duprat, av.

(3) *Espèce* : — (Bagnères C. Guiraud.) — Dans le contrat de mariage de 1785, entre Rose Bagnères et Teulat, Jacques Bagnères a fait don, à la future sa nièce, de 10,000 liv., payables deux ans après son décès, « lesquelles 10,000 liv., porte l'acte, seront réversibles à l'héritier du donateur, au cas où la future épouse viendrait à décéder sans enfants, et ses enfants, sans enfants de légitime mariage. » — Peu après, Rose Bagnères devient veuve; elle se remarie avec Guiraud, et devient veuve une seconde fois sans avoir d'enfants de ces mariages. — En 1820, Jacques Bagnères, donateur, décède, laissant pour héritier son neveu. — La veuve Guiraud demande à celui-ci le payement du don des 10,000 liv. — Bagnères prétend qu'elle ne peut exiger cette somme, parce que le donateur a voulu qu'elle fît retour à son héritier, si elle décédait sans enfants; qu'en attendant l'événement, elle n'avait droit qu'aux intérêts. — La veuve répond que la disposition renferme une substitution dont elle était grevée lors de la loi du 14 nov. 1792, et qu'aux termes de cette loi, qui a aboli les substitutions, elle doit profiter de la somme substituée. — 14 mars 1825, le tribunal de Tarbes prononce en faveur de l'héritier. — Sur l'appel de la veuve Guiraud elle soutient qu'il y a substitution, et non pas droit de retour. — Appel incident de la part de l'héritier, qui prétend que, s'il y avait substitution, il faudrait annuler et la substitution et l'institution.

La cour de Pau, par arrêt du 4 janv. 1826, a statué dans les termes suivants : — « Considérant qu'il résulte, en fait, du contrat de mariage de Rose-Jacquette Bagnères, passé, le 1er fév. 1785, devant Paris, notaire, qu'il lui fut donné en dot, par Jacques Bagnères, son oncle, une somme de 10,000 liv., payables deux ans après le décès de celui-ci, réversibles à son héritier au cas où la donataire viendrait à décéder sans enfants, ou ses enfants, sans enfants issus de légitime mariage; — Considérant que cette clause appréciée en droit, il en résulte incontestablement qu'au moment de son contrat de mariage, Rose Bagnères acquit un droit certain et actuel sur les biens de son oncle, quoiqu'elle ne dût en obtenir la délivrance qu'à une époque postérieure au décès de celui-ci, par la raison que cette donation fut faite à cause de noces et à titre de dot, circonstances qui lui imprimèrent, dès ce moment, un caractère d'irrévocabilité tel, qu'il ne fut plus au pouvoir du donateur de la rendre inefficace,

» Considérant, en ce qui touche les motifs d'opposition à la délivrance de cette somme, malgré l'échéance du terme du payement stipulé par le donateur, qu'ils sont subordonnés à la décision qui sera portée sur le genre de contrat intervenu entre parties dans la clause subséquente à la donation dont s'agit : or, à cet égard, s'il était vrai, comme les premiers juges l'ont décidé, que cette clause affectât la chose donnée du droit de retour, ce droit étant essentiellement personnel au donateur, il faudrait que cette somme fût destinée par la condition à lui revenir, en sorte qu'il lui restât une action à exercer par lui-même et éventuellement par ses héritiers, condition qui, non-seulement ne se retrouve pas dans le contrat, mais qui même était physiquement impossible, puisque la chose donnée devait rester au pouvoir du donateur pendant son vivant, et n'était délivrable que deux ans après son décès; vainement alléguerait-on, en s'étayant des auteurs et des lois, que, la chose donnée étant stipulée réversible à l'héritier du donateur, c'est tout comme si celui-ci avait dit qu'elle lui serait rendue à lui-même. Ce que disent les lois et les auteurs n'est évidemment applicable qu'au cas où il s'agit de régler l'étendue ou les effets du droit attaché à la qualité d'héritier, et parce que l'on raisonne de celui-ci en tant qu'il a succédé à tous les droits du défunt; mais, dans l'espèce, la stipulation dont s'a-

4° Dans la clause testamentaire qui porte que les biens légués passeront aux enfants de l'héritier institué, et qu'à défaut de descendants de l'héritier institué, les biens reviendront à l'héritière naturelle du testateur (Limoges, 18 déc. 1821) (1); — 5° Dans une clause par laquelle le testateur, après avoir institué un héritier universel, ajoute : « Je me réserve que, si mon héritier vient à décéder sans enfants, je veux que mon bien revienne à mes sœurs. » On dirait en vain que, pour qu'une clause pareille fût nulle, il faudrait nécessairement qu'elle ne pût pas être interprétée dans le sens d'une substitution vulgaire (Nîmes, 4 avr. 1827) (2); — 6° Dans la clause portant : « Si mon légataire meurt sans laisser d'enfants légitimes, je veux que mes biens légués

---

git n'étant pas directement faite en faveur du donateur, devient, par cela même, exclusive d'une affectation de retour, avec lequel elle implique ouvertement, puisqu'elle n'a plus pour objet de faire revenir la chose donnée au donateur lui-même, et qu'elle le prive, au contraire, de l'expectative d'un pareil événement, et parce qu'enfin feu Bagnères n'ayant stipulé aucun droit en sa faveur, n'en avait aucun de ce chef à transmettre à titre successif à son héritier; si néanmoins celui-ci était appelé à recueillir l'effet d'une pareille stipulation, ce n'était plus comme en ayant trouvé le droit dans la succession de son oncle, mais, au contraire, comme ayant été créé en sa faveur dans le contrat de donation de 1785, droit par conséquent qui l'appelait, comme tiers, à recueillir la chose donnée à défaut de descendants légitimes de la donataire, et qui établissait en sa faveur une véritable substitution, suivant la définition qu'en donne Despeisses (t. 2, p. 121, col. 1, éd. in-folio), qui a écrit particulièrement pour le ressort du parlement de Toulouse, et qui décide qu'il était de jurisprudence de reconnaître une substitution, non-seulement dans la clause par laquelle le testateur ou le donateur avait dit textuellement : je substitue, mais encore lorsqu'il avait dit que, dans le cas par eux prévu, les biens donnés retourneraient à leurs héritiers; « car, en cet endroit, selon l'expression propre de cet auteur, les mots *de retour ou de réversion* équipollent à celui, *je substitue*, » ce qui se trouve, d'ailleurs, conforme à la définition qu'en a donnée Serres dans ses Institutes, et même M. Grenier dans son Traité des donations, dans lequel on lit, t. 1, p. 119, « que l'on reconnaîtra une substitution dans le legs fait par un particulier à un tiers, avec condition que, si le légataire décède sans enfants ou descendants, l'objet légué retournera aux héritiers du disposant. »

» Ainsi, et d'après les auteurs anciens et d'après les modernes, les mots *retour* ou *réversion*, à eux seuls, ne constituent pas ce que l'on appelle le droit de retour; et au contraire, lorsque celui-ci n'a pas été directement stipulé en faveur du donateur, ils rentrent dans ce qui constitue une substitution; et, puisqu'elles ont été abolies par les lois des 25 oct. et 14 nov. 1792, en ce qui touche les temps antérieurs, il en résulte évidemment que Rose Bagnères a acquis, par l'effet de ces lois, la propriété absolue de la chose, qui lui fut donnée par son contrat de mariage;

» Considérant, en ce qui touche l'appel incident de la partie de Sicabaig, qu'il faut distinguer la législation de 1792 de celle introduite par l'art. 896 du code, en ce que l'une n'atteignit que la substitution non encore ouverte, et consolida, sur la tête du grevé, la propriété de la chose substituée, tandis qu'au contraire l'article cité frappe de nullité la donation elle-même; et, dans l'espèce, la donation de 10,000 liv. ayant été irrévocablement acquise à Bagnères du jour de son contrat de mariage, l'époque du décès du donateur ne peut apporter aucun changement à cette donation, et le contrat qui la contient doit au contraire recevoir son exécution en tout ce qui n'a point été modifié par lesdites lois de 1792, ce qui rend l'appel incident évidemment mal fondé; — Par ces motifs, déclare avoir été mal jugé, bien appelé; réforme en conséquence ledit jugement; émendant, condamne la partie de Sicabaig à payer à celle de Biraben les 10,000 liv. que feu Jacques Bagnères, son oncle, lui avait constituées dans ledit acte du 1er fév. 1785, de laquelle somme celle-ci est déclarée propriétaire incommutable; la condamne aussi au payement des intérêts qui ont légitimement couru, etc. »

Pourvoi en cassation du sieur de Bagnères. — Arrêt.

La cour; — Attendu que la clause du contrat du 1er fév. 1785, portant réversion au profit de l'héritier du donateur, ne constituait point ce qu'on appelle le droit de retour, par la raison qu'il n'était pas stipulé au profit du donateur lui-même; — Attendu que, si la substitution fidéicommissaire, qui résultait d'une pareille clause, était nulle par suite de la disposition de l'art. 5, ord. de 1747, elle n'annulait pas, pour cela la donation, parce que, d'après les principes sous l'empire desquels l'acte avait été fait, cette clause devait être regardée comme non écrite; — Qu'il suit de là qu'en déclarant la dame veuve Guiraud propriétaire incommutable de la somme qui lui avait été donnée, et en condamnant le sieur Bagnères à la lui payer, l'arrêt attaqué n'a violé aucune loi; — Par ces motifs, rejette, etc.

Du 30 mars 1829.-C. C., ch. civ.-MM. Boyer, f. f. pr.-Ruperou, rap.

(1) (Alamachère C. Duris.) — La cour; — Attendu que Charles Denys, par son testament en date du 15 déc. 1818, reçu Vidard notaire, institue Jean Alamachère pour son héritier général et universel, dans tous les biens et droits qui lui appartiendront au jour de son décès; qu'il veut en conséquence qu'il jouisse desdits biens sa vie durant; qu'il veut aussi, au cas que ledit Alamachère ait des enfants, que les biens passent à ces enfants et à leur postérité, et les mêmes biens faisant l'objet de l'institution retournent aux héritiers présomptifs de lui testateur; — Attendu que cette obligation de conserver et de transmettre ainsi ses biens constitue un véritable fidéicommis ou substitution fidéicommissaire prohibée par l'art. 896 c. civ.; qu'il s'ensuit que le testament susdit est nul et ne peut produire aucun effet; — Met l'appel au néant.

Du 18 déc. 1821.-C. de Limoges, ch. civ.-M. de Gaujal, 1er pr.

(2) *Espèce* : — (Veuve Maurin C. époux Saint-Etienne.) — Jugement du tribunal de l'Argentière, à la date du 26 avr. 1826, ainsi conçu : « Attendu qu'aux termes de l'art. 896 c. civ., les substitutions fidéicommissaires sont prohibées; que cet article caractérise ces sortes de dispositions, et les réprouve en entier, en ajoutant que toute disposition par laquelle le donataire, l'héritier institué ou le légataire sera chargé de conserver et de rendre à un tiers est nulle, même à l'égard du donataire, héritier ou légataire; — Attendu que, pour qu'il y ait substitution fidéicommissaire, il faut qu'il y ait une première transmission à un individu qui doit recueillir avec obligation de rendre; qu'il y ait une deuxième transmission sur la tête d'un tiers; qu'il y ait trait de temps et vocation de deux individus pour recueillir l'un après l'autre, *ordine successivo*; — Attendu qu'il est de principe qu'on ne peut prendre des détours pour éluder la loi; qu'il n'est point nécessaire que la charge de conserver et de rendre soit expresse; qu'il suffit que la clause ne puisse s'exécuter autrement que comme substitution, quels que soient les termes dont on s'est servi, ou que cette charge en résulte par une conséquence nécessaire, la disposition ne pouvant être raisonnablement interprétée d'une autre manière;

» Attendu qu'il s'agit de faire l'application de ces règles à l'espèce actuelle; — Attendu que le testateur, dans son testament olographe du 29 juill. 1824, après avoir légué l'usufruit de ses biens à sa mère, fait des legs pies et des legs particuliers à ses deux sœurs, institue pour son héritier universel Maurin (Prosper), son frère, et impose à cette institution les clause et condition suivantes : « Je me réserve que, si mon héritier venait à décéder sans enfants, je veux que mon bien vienne à mes sœurs; » — Attendu que cette disposition présente tous les caractères d'une substitution fidéicommissaire; qu'on y voit une première transmission sur la tête de Prosper Maurin, et une deuxième transmission sur celle des sœurs du testateur dans le cas prévu; qu'on y rencontre le trait de temps et la vocation successive de deux gratifiés; que l'obligation de conserver et de rendre, quoique non littéralement exprimée, résulte de la clause par une conséquence nécessaire, puisque l'héritier saisi des biens ne peut en disposer, au préjudice des substitués, en aucun temps; que vainement on oppose que, dans le doute, on doit interpréter l'acte dans le sens qui le laisse subsister plutôt que dans celui qui l'anéantit; ce qui s'appliquerait à l'espèce, où l'on peut voir aussi bien une substitution vulgaire qu'une substitution fidéicommissaire, puisque le testateur, en appelant ses sœurs, n'a pas distingué le cas où son héritier lui survivrait de celui où il ne lui survivrait pas, ou ne pourrait, ou ne voudrait recueillir sa succession; d'une part, il faut, pour qu'il y ait lieu à interprétation, que les expressions soient ambiguës et équivoques, que la clause puisse raisonnablement être susceptible de deux sens; mais il n'en est point ainsi lorsque la clause est claire et précise, et qu'elle est conçue de manière qu'elle renferme nécessairement charge de conserver et de rendre; or c'est ce qui existe dans l'espèce, où l'on voit que le testateur a supposé que son héritier recueillerait, à la charge de conserver et de rendre pour le cas prévu; ce qui résulte clairement des circonstances ci-après : 1° le testateur, après avoir institué Prosper Maurin pour son héritier, ajoute qu'il veut que, si son héritier vient à décéder sans enfants, etc. : cette expression *héritier* suppose, dans l'intention du testateur, que l'héritier était investi de l'hérédité, et qu'il l'avait recueillie; 2° ces expressions : *je me réserve que si*..... et celles-ci : *en cas de décès sans enfants*,....... et enfin celles qui portent que *mon bien vienne à mes sœurs*, appellent la même conséquence; 3° les sœurs appelées à recueillir la substitution figurent au nombre des légataires; 4° la substitution vulgaire isolée que l'on prête au testateur n'aurait eu aucun sens; car si l'héritier fût mort avant le testateur, quoiqu'il eût laissé des enfants, pour lesquels le testateur avait manifesté un sentiment de préférence, la disposition eût été nulle, comme caduque, par la raison que les enfants n'étaient pas dans l'intention, mais simplement dans la condition; de sorte que les sœurs du testateur auraient recueilli, en vertu des dispositions de la loi, la succession de ce dernier, concurremment avec les enfants, dont les droits auraient été puisés également dans la loi : or un testateur est censé n'avoir écrit rien d'inutile; 5° le testateur qui a préféré un frère utérin et les enfants de celui-ci à des sœurs germaines, n'a pas voulu que son hérédité sortît de sa famille

retournent à mes collatéraux» (Amiens, 25 fév. 1837, aff. Lefebvre, V. Minorité, n°301-3°);— 7° Dans la clause d'un testament portant stipulation d'un droit de retour sur les biens légués, non au profit du testateur ou de ses héritiers en général, mais, dans l'un des cas prévus par le testament, au profit d'un seul individu désigné, soit par sa qualité d'aîné, soit par le choix déféré par le testateur au légataire des biens sujets à retour (Cass. 22 janv. 1839, aff. Paulhiac, n° 30; Req. 31 janv. 1842, aff. de Lascoups, n° 110); — 8° Dans la disposition par laquelle le testateur, après avoir institué un légataire à titre universel et un héritier universel, veut qu'au cas de prédécès du légataire, les biens légués passent à l'héritier institué (Toulouse, 30 juin 1840) (1).

204. Il pourrait se faire que le donateur eût stipulé le droit

---

pour passer en des mains étrangères; voilà le motif pour lequel il a appelé ses sœurs dans un cas prévu, en interdisant par là toute disposition à son héritier, et en réglant sa succession selon l'ordre de ses affections; — D'autre part, la clause dont il s'agit présenterait tout au plus une substitution compendieuse, qui embrasserait conséquemment et la vulgaire et la fidéicommissaire avant l'événement, et se réduirait à l'une d'entre elles, suivant l'événement, puisqu'en effet le testateur a appelé ses sœurs, en cas de décès de son héritier sans enfants, en tout temps et sans limitation; de manière qu'on ne pourrait y apporter une restriction sans diviser et enfreindre ses volontés : or la substitution aurait été fixée, dans l'espèce, à une substitution fidéicommissaire par suite de la survivance de l'héritier; — Attendu que, de tout ce qui précède, il résulte que la disposition dont il s'agit est une véritable substitution fidéicommissaire, et que, par suite, il y a lieu de l'annuler en son entier. » — Appel. — Arrêt.

LA COUR; — Attendu que les motifs énoncés dans le jugement sont conformes aux principes, et que la cour les adopte en entier; — Démet de l'appel.

Du 4 avr. 1827.-C. de Nîmes, ch. temp.-M. Fajon, pr.

(1) (Hérit. Paulhiac C. de Lascoups.)—LA COUR;—Attendu que les appelants ne méconnaissent pas que la loi du 14 nov. 1792 ne peut être utilement invoquée par eux pour justifier que feu l'abbé Paulhiac, qu'ils représentent, fût, dès l'instant de sa publication, irrévocablement saisi des biens dont feu la dame de Gardonne l'avait gratifié par son testament mystique du 27 avril 1787, qu'autant qu'une substitution fidéicommissaire eût été attachée à cette libéralité; l'appréciation de leur demande est nécessairement subordonnée au caractère légal de cette disposition; l'examen de ces divers chefs doit donc seul fournir les éléments de cette détermination; — Attendu que les expressions employées par feu la dame Gardonne pour gratifier l'abbé Paulhiac ne permettent point de douter que ce ne soit à titre de propriété, et non de simple usufruit, qu'elle lui transmet une partie de sa fortune, puisque, indépendamment de ce que ces termes de son testament : « Je donne et lègue à mondit sieur abbé Paulhiac la tierce partie de tous mes biens meubles et immeubles, droits, noms, raisons, actions, en quoi que le tout puisse consister, sont la traduction presque littérale de ceux-ci : *do, lego, addico*, par lesquels le législateur romain voulait que fût constatée la transmission des droits du testateur à son héritier, il est impossible que cette volonté soit plus explicitement manifestée qu'elle ne l'est, et par ces deux obligations qu'elle lui impose : 1° de payer la tierce partie de ses dettes; 2° de demeurer dans l'indivision, quant à la jouissance, avec son héritière, en lui laissant par exprès le droit de demander, quand bon lui semblera, le partage pour le fonds, et par ces autres expressions de ce même testament : Je nomme... pour mon héritière universelle en tous mes biens non donnés ni légués, Marie de Pourquery, ma fille, en, par elle, payant les deux tiers de mes dettes. — Au décès de la dame de Gardonne, l'abbé Paulhiac fut donc propriétaire du tiers de sa succession, quoique ce droit de propriété ne fût pas incommutable, comme le démontrent les autres clauses du testament;

Attendu, en effet, que cette libéralité est ainsi modifiée par ces deux dispositions qui la suivent immédiatement, ainsi conçues : « 1° Mais si madite héritière laisse des enfants habiles à succéder, ils pourront réclamer la tierce donnée au sieur abbé Paulhiac, pour les immeubles seulement, après sa mort... et je veux que ledit sieur ait le choix parmi les enfants susdits habiles à succéder pour donner ladite tierce, au défaut duquel choix l'aîné des mâles, et n'y en ayant pas, l'aînée des filles, jouira seul ou seule du droit de retour pour la dernière tierce...; — 2° Tout comme au cas de prédécès de mondit sieur abbé Paulhiac avant mon héritière, le droit de retour aura lieu en faveur de cette dernière; »—La réalisation, soit du premier, soit du second cas prévu par la testatrice, enlève au droit de propriété son plus utile et son plus doux privilége; quels que soient, en effet, les besoins du légataire, les fruits des biens donnés doivent seuls y pourvoir pendant sa vie et à sa mort; il ne pourra ni les transmettre à ses proches, ni en récompenser les soins affectueux d'un serviteur dévoué; dans l'une et l'autre hypothèses, quoique propriétaire, il doit conserver; et la testatrice désignant explicitement ceux qu'elle appelle à recueillir, créant ainsi un nouvel ordre de succession, lui prescrit de rendre; une substitution a donc été attachée au legs fait à l'abbé Paulhiac; la substitution, en effet, est, d'après une définition universellement adoptée, la disposition de l'homme par laquelle celui qui reçoit à titre de libéralité est chargé de conserver la chose à lui donnée pour la rendre à un tiers, qu'il gratifie en second ordre; mais si ce sont là les vrais éléments de la disposition de la dame de Gardonne, si tel est leur caractère légal, le droit des appelants a été évidemment méconnu par les premiers juges; l'art. 2 de la loi du 14 nov. 1792 porte, en effet: «Les substitutions faites avant la publication du présent décret, par quelques actes que ce soit, qui ne seront pas ouvertes à l'époque de ladite publication, sont et demeurent sans effet; » donc, à partir de la promulgation de ce décret, la charge qui grevait l'abbé Paulhiac a disparu, son droit a été affranchi des limites que lui avait imposées sa bienfaitrice, propriétaire incommutable, les biens en provenant n'ont pu désormais être distingués du surplus de son patrimoine; mais les premiers juges ayant dénié ce caractère, si ce n'est à ces deux dispositions, du moins à la seconde, la seule qu'il y ait lieu à apprécier, puisque c'est la seule dont le fait matériel qui en est le fondement, la survie de la demoiselle de Gardonne à l'abbé Paulhiac, se soit réalisé, pour n'y voir que la constitution d'un droit de retour, stipulation confirmée par les art. 74 et 5 des lois des 17 niv. et 22 vent. an 2, il faut apprécier le mérite de leur décision sous ce rapport;

Attendu que ce droit ne saurait être le résultat de ces expressions employées par la dame de Gardonne : Au cas de prédécès de mondit sieur abbé de Paulhiac avant mon héritière, le droit de retour aura lieu en faveur de cette dernière, le caractère légal d'un acte quelconque est l'œuvre de la loi, qui n'adopte le nom que celui dont il émane lui a donné qu'autant qu'il réunit les faits qu'elle a elle-même déclarés en être les éléments constitutifs; la qualification donnée dans l'hypothèse prévue par la dame de Gardonne à la transmission de la tierce partie de ses biens de l'abbé Paulhiac à sa fille, ne sera donc d'aucune influence dans la cause; si cette transmission ne peut être l'effet de la stipulation du droit de retour, quel est donc ce droit et quels en sont les éléments? —Attendu que s'il est vrai que, sous certains rapports, la substitution fidéicommissaire et le droit de retour ont des règles et des principes communs, il est également certain que leurs éléments constitutifs sont entièrement différents: l'un, le retour légal, est l'œuvre de la loi; la substitution, au contraire, ne reçoit son existence que de la volonté de l'homme; son but, qui est aussi son essence, doit faire rentrer, dans le cas prévu, dans les mains du donateur l'objet de sa libéralité; la substitution, au contraire, dépouille d'abord irrévocablement le donateur; le gratifié l'est à son tour par l'événement de la condition, mais c'est un tiers qui alors recueille la libéralité; le retour conventionnel ne peut être stipulé que dans une donation entre-vifs, puisqu'un acte de cette nature peut seul opérer une transmission effective, et que pour recouvrer il faut s'être d'abord dessaisi; c'est, au contraire, presque toujours dans des dispositions à cause de mort que les substitutions ont leur fondement; mais, dès lors, comment le testateur pourrait-il reprendre ou recouvrer ce dont il ne s'est jamais dessaisi? donc, pour que le droit de retour existe, il faut que l'objet donné revienne, après que le donataire en a été saisi, à celui dont il émane; un pareil droit ne peut donc être constitué par une disposition à cause de mort; ici, en effet, dès que le droit du légataire commence, celui du testateur est irrévocablement éteint; mais lui est-il inhibé de le stipuler au profit de ses héritiers? C'est ce qu'il faut examiner, puisque la solution affirmative de cette question justifie la demande des appelants et que la solution contraire légitime la résistance de l'intimé;

Attendu qu'il importe peu dans l'intérêt de celui-ci que, sous l'empire de la législation qui a précédé le code civil, il fût permis au donateur de stipuler le droit de retour tant dans son intérêt qu'au profit de ses héritiers, et que même son silence, quant à eux, ne fût point négatif de ce droit; une pareille extension d'un droit essentiellement personnel, et qu'il serait, dès lors, facile de prouver avoir été contraire aux vrais principes du droit, avait pour point d'appui fondamental la stipulation faite d'abord par le donateur à son profit; mais puisque le testateur ne peut rien stipuler pour lui-même, s'il stipule au profit de ses héritiers, ce n'est point le droit de retour qu'il leur ouvre, mais, maître de sa chose, il en dispose en leur faveur, alors que déjà, ou au même instant, il en a disposé au profit d'un autre; mais, ainsi qu'il sera bientôt plus explicitement démontré, c'est une disposition en second ordre, en un mot une substitution; — Attendu, néanmoins, que cette conséquence, quelque rationnelle qu'elle soit, ne saurait justifier la demande des appelants, s'il était vrai, comme le soutient l'intimé, que la stipulation contenue dans le testament de la dame Gardonne, dans l'intérêt de sa fille, ne crée aucun droit au profit de celle-ci, puisque sa qualité d'unique héritière de la première la saisissait de plein droit au décès de l'abbé Paulhiac, de la tierce des biens à lui donnés; mais cette objection, décisive si elle était fondée, est repoussée à la fois par le principe fondamental constitutif du droit des héritiers, et par la nature de la disposition qui

de retour pour lui-même et à son défaut pour un tiers. Que décider pour ce cas? Suivant MM. Troplong (n° 1269) et Bayle-Mouillard (sur Grenier, t. 1, p. 332), c'est bien là le droit de retour dont parle l'art. 951, sans mélange de substitution; seulement il est porté au delà de ses limites légales. Par conséquent il y a lieu, dans cette hypothèse, non pas d'annuler la disposition dans son entier, mais seulement de la considérer comme non écrite à l'égard du tiers. — Il a été jugé, en ce sens, que, lorsqu'une donation contient une stipulation de droit de retour, tant au profit du donateur qu'au profit d'un de ses enfants, dans le cas où le donataire viendrait à mourir sans postérité, il n'y a pas lieu d'annuler la donation dans son entier, comme entachée d'une substitution prohibée, mais seulement de considérer comme non écrite la stipulation en faveur de l'enfant (Cass. 23 juin 1825 (1); et, sur renvoi, Bordeaux, 5 mars 1824, M. de Marbotin, pr.). — Mais nous ne croyons pas que cette doctrine soit parfaitement exacte. Lorsque le donateur insère dans l'acte de donation la clause dont il s'agit, que fait-il? Il stipule le droit de retour en sa faveur pour le cas où il survivra au donataire; mais en même temps il fait, pour le cas où ce sera le donataire qui lui survivra, une substitution fidéicommissaire au profit du tiers; la disposition dont il s'agit implique donc une substitution conditionnelle; cela suffit, à notre avis, pour qu'elle doive être totalement annulée. Tel est aussi le sentiment de M. Coin-Delisle, sur l'art. 951, n° 28.

205. Le droit de retour, stipulé par le donateur, au profit de la disposition qu'il en aura faite par testament ou autrement, ne vicie pas, en tant que contenant une substitution prohibée, le même droit que ce donateur s'est valablement réservé pour lui-même, alors que la première réserve est demeurée sans effet (Req. 26 janv. 1837, aff. Villanova-Darguine, V. Contr. de mar., n° 3333, 2°).

206. Notre ancienne jurisprudence autorisait la stipulation du droit de retour au profit des héritiers du donateur, et cette stipulation n'était point confondue avec les substitutions, bien qu'à certains égards elle en produisît les effets. Ce qui les différenciait principalement, c'est que les substitutions éloignaient les biens de la famille à laquelle ils appartenaient primitivement, tandis que le retour les ramenait dans cette famille. Aussi lorsque, après avoir fait une donation avec substitution au profit des descendants du donataire, le donateur stipulait le retour au profit de ses héritiers pour le cas où la descendance du donataire viendrait à s'éteindre, cette stipulation n'était point considérée comme ajoutant un nouveau degré à la substitution, mais bien comme en opérant l'extinction. Lors donc que le législateur prononça l'abolition des substitutions, il ne crut pas devoir toucher au droit de retour soit légal, soit conventionnel. La loi de 1792 n'en fait nulle mention. Bien plus, l'art. 74 de la loi du 17 niv. an 2 maintint formellement ce droit dans toute son intégrité et avec tous ses effets, non-seulement pour le passé, mais encore pour l'avenir. Cet état de choses dura jusqu'au moment où les art. 896 et 951 c. nap. vinrent établir sur ce point des règles nouvelles. L'art. 5 de la loi du 23 vent. an 2 portait qu'il n'était rien innové par l'art. 74 de la loi du 17 niv. an 2 « aux effets du retour légal dans les pays et pour les cas où ces droits avaient lieu. » — En conséquence il a été décidé : 1° que le droit de retour, stipulé dans une donation ancienne faite sous l'empire de la coutume de Navarre, en faveur du donateur et de ses héritiers, ne devait pas être réputé aboli par les lois de 1792, en même temps que les substitutions, quoiqu'il y eût un très-long intervalle entre l'époque du décès du donateur et celle du retour au profit des héritiers (Req. 17 janv. 1809, MM. Muraire 1er pr., Borel rap., aff. Larregoyen *C.* dame de Noailles; 11 frim. an 14, M. Ruperou, rap., aff. Guinharte *C.* Bordenave); — 2° Que le retour de la dot, stipulé anciennement en Normandie par contrat de mariage au profit du donateur et de ses héritiers, n'est pas une substitution fidéicommissaire abolie par la loi du 14 nov. 1792 (Rouen, 19 janv. 1822, aff. demoiselles de Flavigny *C.* Lecarpentier); — 3° Que les lois de 1792, abolitives des substitutions, ne sont pas applicables aux stipulations de retour de dot faites, dans le ressort de l'ancien parlement de Pau, au profit du donateur et de ses enfants (Req. 20 déc. 1825, MM. Desèze, 1er pr., Poriquet, rap., aff. Duhart-Arbouet *C.* Noguès); — 4° Que la stipulation du retour de la dot faite dans l'ancien droit pour le cas de prédécès du donataire *et de sa descendance*, en faveur du donateur *et de ses*

---

gratifie l'abbé Paulhiac; on ne saurait méconnaître, en effet, que le représentant du défunt ne peut revendiquer que les droits que celui-ci lui a transmis; mais, pour pouvoir les transmettre, il faut qu'à un instant quelconque de sa vie ce droit ait reposé sur sa tête; or il est impossible de concevoir qu'après l'ouverture du droit du légataire, le testateur, qui n'est plus, ait, non un droit, mais même l'espérance d'un droit; et ce qu'il n'a point eu un instant ne peut se trouver ou advenir à sa succession; car s'il est un principe hors de toute contestation, c'est que si une succession peut utiliser les droits du défunt, elle ne peut par elle-même en acquérir; d'un autre côté, la disposition faite au profit de l'abbé Paulhiac par la dame de Gardonne ne devait pas nécessairement s'éteindre à son décès; s'il survivait à la demoiselle Pourquery et à ses descendants légitimes, elle faisait partie intégrante de son patrimoine; la dame de Gardonne ne pouvait donc porter atteinte à ce droit qu'en le modifiant dans l'acte même par lequel elle le créait; celle au profit de laquelle elle a fait cette modification tient donc son droit uniquement de sa disposition; mais, on le sait, la substitution est une disposition de l'homme; inutile, dès lors, d'ajouter que dans le testament de la dame de Gardonne, la vocation de sa fille, en second ordre, à la tierce donnée à l'abbé Paulhiac, était aussi indépendante du fait d'acceptation ou répudiation de sa succession, que de son concours avec d'autres héritiers. Sous quelque rapport que soient donc appréciées les dispositions de la dame de Gardonne, elles présentent toujours : 1° l'abbé Paulhiac légataire en pleine propriété de la tierce partie de ses biens; 2° s'il survit à la fille de la testatrice, son droit sera incommutable; 3° il cessera à son décès, et celle-ci, à son tour, sera investie du même droit si elle lui survit. Mais les développements qui précèdent l'ont déjà démontré, ces faits sont les éléments légaux de la substitution fidéicommissaire; il y a donc lieu de réformer la décision des premiers juges, puisqu'en les méconnaissant, elle a soumis les représentants de l'abbé Paulhiac à une obligation dont la loi du 14 nov. 1792 avait exonéré leur auteur; — Attendu que les motifs ci-dessus justifiant la demande des héritiers Paulhiac, sa recevabilité ne saurait être l'objet d'un doute sérieux...

Du 30 juin 1840.-C. de Toulouse, aud. sol.-M. Hocquart, 1er pr.

Un pourvoi formé contre cet arrêt a été rejeté, le 31 janv. 1842, V. n° 110-4°.

(1) (Hérit. Saint-Arroman. — La cour; — Vu les art. 896, 900 et 951 c. civ.; — Considérant que, par le contrat de mariage le demandeur en cassation, son père lui fit donation, par préciput et hors part, de tous ses biens présents et à venir; que le donateur réserva le droit de retour, tant pour lui que pour son fils puîné, si le donataire n'avait point d'enfants, ou si ses enfants décédaient en minorité; que la cour royale de Toulouse a annulé cette donation, sur le fondement de l'art. 896, qui, dans le cas d'une substitution faite avec la charge de conserver et de rendre à un tiers, prononce la nullité, tant de la substitution que de la donation; — Considérant que le sort et les effets de la donation et du droit de retour dont il s'agit ont dû, au contraire, être réglés par l'art. 951, qui contient des dispositions précises et spéciales sur cette question; — Que, par cet article, le législateur, malgré le plus ou moins de ressemblance et d'analogie qu'il peut avoir reconnu entre le droit de retour conventionnel et la substitution fidéicommissaire, a fait cesser les incertitudes auxquelles cette espèce d'analogie aurait pu, dans quelques circonstances, donner lieu; — Qu'il a laissé au donateur la faculté de stipuler pour lui le droit de retour, soit pour le cas du prédécès du donataire seul, soit pour le cas du prédécès du donataire et de ses descendants; qu'il a défendu, au contraire, la stipulation de ce droit au profit de tout autre que le donateur, sans prononcer, cependant, dans le cas de cette extension, la nullité de la donation; que, par conséquent, au lieu d'annuler arbitrairement la donation faite au demandeur en cassation par son père, dans ledit contrat de mariage, la cour royale de Toulouse aurait uniquement dû considérer comme non écrite la stipulation du droit de retour au profit du fils puîné; — Qu'en effet, d'après l'art. 900 c. civ., conforme au droit commun, dans les dispositions entre-vifs ou testamentaires, les conditions contraires aux lois sont seulement réputées non écrites; que si, d'après l'art. 896, la nullité de la substitution fidéicommissaire entraîne avec elle la nullité de la donation ou de l'institution, ce n'est évidemment que parce que la disposition de cet article prononce formellement cette double nullité; — Considérant enfin que les nullités sont de droit étroit, et ne peuvent être ni suppléées, ni étendues d'une espèce à l'autre, surtout lorsque, dans les diverses espèces, malgré leur plus ou moins d'analogie, le législateur a tracé des règles et des principes différents; qu'en décidant le contraire et en annulant la donation dont il s'agit, la cour royale de Toulouse a fait une fausse application de l'art. 896 c. civ., et violé les art. 900 et 951 du même code; — Casse.

Du 23 juin 1825.-C. C., sect. civ.-MM. Desèze, 1er pr.-Vergès, rap.

héritiers, ne contient pas une substitution prohibée et abolie par les lois de 1792 et du 17 niv. au 2 (Req. 18 janv. 1827, MM. Henrion, pr., Mousnier-Buisson, rap., aff. Dhostel *C.* Bignon); — 5° Que le droit de retour de la dot, tant au profit du donateur que de ses héritiers, stipulé sous l'empire des coutumes de Béarn et de Navarre, n'est pas atteint par la prohibition relative aux substitutions, établie par l'art. 896 c. nap., lors même que ce droit ne s'est ouvert que sous l'empire de ce code (Req. 23 août 1832, MM. Zangiacomi, pr., Lebeau, rap., aff. Prisonnier *C.* Noguès Gerderest);—6° Que les lois abolitives des substitutions n'ont pas atteint les pactes de retour stipulés antérieurement à ces lois au profit de l'auteur d'une constitution de dot, ou de ses descendants, pour le cas de décès sans postérité de la personne dotée ou d'extinction de cette postérité (Bastia, 18 fév. 1847, aff. Bonacorsi, D. P. 47. 2. 149).

207. Une clause de retour stipulée, même sous l'ancien droit, au profit d'un tiers, dans une institution contractuelle, pour le cas de décès sans enfants du donataire, a pu être déclarée ne contenir qu'une substitution fidéicommissaire, laquelle s'est trouvée abolie par la loi de 1792 sous laquelle elle s'est ouverte (Rej. 24 août 1831, aff. Boissel, V. Dispos. entre-vifs, n° 1967-4°).

208. Toutefois, dans cette clause : « Je lègue à dame... la somme de... Après sa mort, son mari en aura la jouissance : s'il n'existe pas d'enfants de leur mariage, le capital reviendra ou passera aux enfants de mon frère; dans le cas contraire, l'hôpital de... en héritera »..., il n'y a pas charge de rendre imposée par le testateur ni dès lors substitution prohibée : « Attendu que les clauses par lesquelles le sieur de Marcorelle a légué 60,000 fr. à la dame de Sainte-Marie, et 40,000 fr. au sieur Ferdinand de Marcorelle, ne contiennent pas la charge de conserver et de rendre, et que les deux dispositions peuvent, en effet, s'interpréter dans le sens d'une substitution vulgaire, qui appelle les divers substitués, seulement dans le cas où le légataire premier désigné, et chacun ensuite selon son rang, seraient décédés avant le testateur; — Attendu, dès lors, qu'il n'y a pas substitution prohibée dans le sens de l'art. 896 c. civ., et que la disposition contenant les deux legs dont il s'agit doit être exécutée; — Démet de l'appel » (Toulouse, 4 août 1830, 1re ch., M. de Miégeville, pr., aff. Latour *C.* Marcorelle).

209. A supposer qu'il y eût charge expresse de rendre, cette substitution eût été autorisée par la loi de mai 1826 (motifs des premiers juges dans l'affaire qui précède).

§ 3. — *Des clauses de substitution réciproque, dont peut résulter une substitution prohibée.*

210. Sous le nom de substitution *réciproque* est désignée la disposition par laquelle deux personnes sont grevées mutuellement l'une envers l'autre. Les lois romaines en offrent de fréquents exemples (L. 77, § 13, ff., *De leg.* 2°; L. 16, C., *De pact.*, etc.). Une telle manière de disposer renferme souvent une substitution prohibée. Les observations rangées sous ce paragraphe se rapporteront à un triple point de vue : — 1° Quand la substitution *prohibée* résulte-t-elle nécessairement des termes de la clause? — 2° Quand la clause peut-elle se résoudre en une substitution *vulgaire*? — 3° Quand peut-on n'y voir que l'expression d'un simple *droit d'accroissement?*

211. 1° *Cas où la substitution prohibée résulte nécessairement des termes de la clause.* — Nous citerons d'abord l'hypothèse suivante : « J'institue Pierre et Paul, et au décès de l'un, je le charge de rendre à l'autre mon hérédité. » Cette substitution réciproque tombe évidemment sous la prohibition portée par l'art. 896 c. nap. Chacun des deux légataires n'aura d'abord qu'une moitié des biens; la moitié qu'il n'aura pas, le survivant y sera éventuellement appelé. Le prémourant l'a conservée à la charge de la rendre. Il y a un grevé, un substitué, un ordre successif, pour la moitié que ne possédait pas celui qui, en définitive, recueillera la totalité. Un tel résultat n'est pas subordonné à un simple droit d'accroissement, autorisé par la loi, puisque ce droit n'existe qu'au cas où le colégataire ne recueille pas : ce qui suppose toujours une transmission en premier ordre, et non en second, selon la remarque de Ricard, des Donat., 3e part., chap. 4. — Il a été décidé que, lorsqu'un testament porte : « Je fais et institue mes légataires universelles mes trois nièces et les *substitue* réciproquement et également entre elles et les unes aux autres au cas qu'elles décèdent sans enfants, » l'arrêt qui, par interprétation des termes du testament, décide que cette clause contient une substitution prohibée, échappe à la censure de la cour de cassation (Req. 8 oct. 1806, MM. Muraire, pr., Borel, rap., aff. Fromigné *C.* Lardas).

212. Une substitution prohibée se rencontre aussi, même sous un double rapport, dans l'exemple suivant, rappelé par tous les anciens auteurs : « Je lègue tel fonds à Pierre et à Paul, et je charge le dernier mourant des deux de le rendre à Antoine. » La substitution au profit d'Antoine est évidente; mais il en est une autre, tacitement renfermée, dans la charge de rendre. Quel sera l'objet rendu? la totalité du fonds. Or, pour être tenu de la restituer, il faut que le survivant en ait été lui-même gratifié, qu'il ait recueilli la part du prédécédé. *Nemo oneratus, nisi honoratus.* Cette part aura donc été réellement l'objet d'une substitution prohibée, comme nous l'expliquions dans le cas précédent. Telle est la décision expresse de la loi *Seia* 87, § 2, ff., *De legat.*, 2°; et c'est de là, dit M. Rolland de Villargues, n° 219, que les auteurs enseignent qu'il y a substitution réciproque tacite : 1° toutes les fois que le dernier mourant est chargé de rendre à un tiers; 2° toutes les fois qu'il a été chargé de rendre la chose entière (Cujas, in tit. *De legat.* 2°, ff., ad dict. leg. 31; Peregrinus, art. 13, n° 14; Ricard, part. 1, n° 394; Thévenot, n° 418; Pothier, sect. 2, art. 3). — Décidé, toutefois, que la clause par laquelle un testateur institue pour ses héritiers universels sa sœur et le fils de cette dernière, pour jouir *de l'hérédité*, sans division ni partage, si ce n'est pour les revenus, et après la mort de l'un et de l'autre, la remettre à la famille de son frère, ne renferme pas une substitution réciproque tacite; de sorte que la substitution a pu, sous l'empire de l'ord. de 1747, être déclarée ouverte, pour moitié, au décès de l'un des institués... Et l'arrêt qui le décide ainsi est à l'abri de censure (Req. 24 juin 1812, MM. Henrion, pr., Lefessier, rap., aff. hérit. Laurière *C.* Bessières).

213. Un legs du même fonds a été fait conjointement à deux personnes, à condition que celle qui survivrait recueillerait la portion laissée à son décès par le prémourant et après qu'il en aurait joui. Il y a bien là substitution réciproque, d'après ce que nous avons dit ci-dessus. Toutefois Ricard, part. 1, nos 405 et suiv., propose une exception : il décide autrement, si les colégataires étaient appelés à se succéder *ab intestat* les uns aux autres. Mais cette décision est trop générale : nous préférons la distinction de M. Rolland de Villargues, n° 221 : « ou le testateur n'a point dérogé à l'ordre de la succession *ab intestat*, et alors la disposition est inutile; ou il a ajouté à cet ordre (ce qui est évident ici, puisqu'il y a inaliénabilité des biens), et alors la disposition renferme une substitution. »

214. « Je lègue tel fonds à Pierre et à Paul, à condition qu'il appartiendra au survivant. » — Cette espèce se résout en une disposition de l'*usufruit* au profit des deux légataires pendant leur vie, et de la propriété au profit de celui qui survivra. On peut, sans s'écarter de la volonté du testateur, entendre ainsi la clause. Or le survivant recevra directement la propriété, puisque le prémourant, considéré comme simple usufruitier, n'a pu transmettre ce qu'il n'avait pas. L'usufruit du prémourant ne se consolidera pas à la propriété du survivant par voie de substitution, puisqu'il s'éteint par le décès de l'usufruitier, et que, ce droit n'étant pas transmissible, on n'est pas censé le conserver avec la charge de le rendre (V. ce qui a été dit *suprà*, n° 158). M. Toullier (t. 5, n° 46) voit aussi dans la clause proposée un double legs, qui est permis : legs pur et simple de l'usufruit, legs conditionnel de la propriété. C'est en ce sens que s'est prononcée la cour suprême dans un cas identique à celui que nous venons d'examiner (Req. 26 juill. 1808, MM. Henrion, pr., Dunoyer, rap., aff. hérit. *C.* légat. Hamelin).

215. Lorsque dans leur testament des père et mère, après avoir partagé leurs biens en autant de lots qu'ils avaient d'enfants, ont ajouté que « ces biens sont donnés à charge de substitution, jusqu'à la troisième génération, sans qu'aucun des enfants *ou leurs successeurs* puissent les vendre ou aliéner, » une cour d'appel a pu juger, sans s'exposer à cassation, qu'une telle clause ne contient pas une substitution réciproque prohibée; les termes *ou leurs successeurs* ne devant s'entendre que des descendants de chaque enfant grevé, et non indistinctement de tous les successeurs (Req. 20 avr. 1813, MM. Lasaudade, pr., Vergès, rap., aff. de Belloy *C.* de Valicourt).

216. 2° *Cas où la clause peut se résoudre en une substitution vulgaire.* — La substitution pourra d'abord être réputée *vulgaire* si je dis : « J'institue Pierre et Paul, et je les substitue l'un à l'autre lors de leur décès. » — Le décès de l'un peut arriver avant comme après le décès du testateur; le prémourant peut ou non avoir recueilli. La clause, s'entendant de ces deux cas, doit valoir dans le sens qui n'annule pas la disposition. — V. Conf. MM. Rolland de Villargues, n° 223; Troplong, n° 122.

217. On verrait également une substitution vulgaire dans le legs fait à Pierre et à Paul, et *au survivant d'eux*. Le survivant ne recueillerait que vulgairement, si son colégataire n'avait pas encore recueilli, s'il était mort avant le testateur (V. Conf. M. Poujol, sur les art. 896 et suiv., n° 20). — Jugé ainsi à l'égard d'un legs fait à trois individus conjointement et au survivant des trois (Besançon, 29 mars 1811) (1). — De même, il a été décidé que la donation faite à deux personnes conjointement, avec clause qu'en cas de prédécès de l'un des donataires le don passera en totalité au survivant, ne constitue pas une substitution prohibée (Riom, 25 fév. 1825, aff. Mourguy, V. n° 199).

218. Au contraire, il a été jugé que la disposition par laquelle un testateur lègue ses biens à deux personnes, et déclare qu'il veut et entend que, l'une d'elles venant à décéder, l'entière hérédité passe sur la tête du survivant, auquel cas il institue celui-ci pour son héritier universel, pour pouvoir disposer du tout ainsi que bon lui semblera, renferme une substitution prohibée (Rej. 26 déc. 1836) (2). Dans cette affaire, la cour d'appel avait reconnu en fait, d'après les termes du testament, que chacun des deux institués avait été investi de la propriété de sa part des biens; la conséquence nécessaire, c'est qu'il y avait substitution au profit du survivant.

219. « Je lègue à Pierre et à Paul, et si l'un d'eux meurt sans enfants, je lui substitue l'autre. » Deux cas peuvent se présenter pour l'application de cette clause : les enfants seront ou non des héritiers *ab intestat* du testateur. — S'ils sont ses héritiers, si l'institué, par exemple, est son fils, on conçoit fort bien que le testateur n'a voulu substituer qu'autant qu'ils n'existeraient pas, et non à leur préjudice. Existants, ils recueilleront les biens, d'après le double vœu du testateur et de la loi; à leur défaut, s'opérera la substitution vulgaire. — Mais supposons-les étrangers à la famille du disposant, la volonté de faire une substitution vulgaire ne peut plus s'expliquer : que les enfants, en effet, soient existants à son décès, les biens passeront de l'institué aux héritiers *ab intestat* du testateur. Mais ce n'est pas là évidemment ce qu'a voulu celui-ci. Il a préféré les enfants de l'institué à ses propres héritiers; il a donc entendu que les enfants recueilleraient les biens après leur père; il a donc entendu que le père serait chargé de conserver et de rendre. La substitution fidéicommissaire s'est donc nécessairement offerte à sa pensée. C'est ainsi que raisonne M. Rolland de Villargues, n°s 207 et 225, pour justifier la distinction que nous venons d'énoncer, « et il faut conclure, dit-il, n° 207, que, dans la dernière hypothèse, la condition *s'il décède sans enfants* est un obstacle à ce que la substitution soit considérée comme vulgaire. » — Le même auteur avait, dans la première édition de son traité, admis, sans aucune distinction, la possibilité d'une substitution vulgaire dans les deux cas proposés. Il se fondait sur le principe (qu'il développe

(1) (Titon *C.* Billet et autres.)—LA COUR; — Attendu que deux principes invariables doivent régir l'interprétation des dispositions de dernière volonté; l'un, que, dans le doute, un testament ne doit être interprété de manière à le rendre nul; l'autre, qu'un testateur est toujours censé avoir voulu se conformer à la loi plutôt que de l'enfreindre;—Qu'il résulte de ces maximes que le testament du sieur Titon ayant été passé depuis la publication du code civil, ce n'est ni par les lois romaines, ni par la doctrine de leurs commentateurs, mais d'après le code civil lui-même, qu'il doit être apprécié, et que le testateur est censé avoir voulu s'y conformer;—Que ce serait aller directement contre l'esprit des lois romaines que d'appliquer à un testament fait depuis le code, et pour le détruire, des dispositions qu'elles n'avaient établies que pour conserver et faire valoir les actes de dernière volonté;—Que l'esprit général de la jurisprudence, soit des cours d'appel, soit de la cour de cassation, est de n'annuler comme fidéicommissaire une disposition faite depuis le code, qu'autant qu'elle présente nécessairement un fidéicommis, et qu'elle ne peut être soutenue d'aucune manière; — Qu'en appliquant ces principes à la clause dont il s'agit, on reconnaît, et il est constant en fait, qu'elle ne présente qu'un legs fait conjointement, renfermant un droit d'accroissement dont l'effet était d'assurer la totalité du legs au survivant des trois légataires, dans le cas où les deux autres auraient prédécédé le testateur;

Que cet effet, établi par le code civil, a été simplement expliqué par le testateur, et que cette explication ne peut pas vicier la clause contestée; — Que lorsqu'on voudrait prétendre que les termes *au survivant des trois* ne doivent pas être inutiles, et qu'ils doivent produire un effet, on devrait regarder cette clause comme renfermant une substitution vulgaire, et que le testateur ne devait être censé avoir appelé le survivant des trois que pour le cas où les deux premiers seraient morts avant lui; — Que dans ce cas le legs devait être maintenu, d'après l'art. 898 c. civ., parce qu'il ne présenterait pas nécessairement un fidéicommis;— Qu'enfin si les lois romaines pouvaient être invoquées pour apprécier le testament du sieur Titon, tout ce qu'on pourrait voir dans le legs de la moitié de la maison dite de l'Abbaye, avec la totalité des clos et ceux y attenant, ce serait une substitution compendieuse; et que M. Merlin, dans la troisième édition du Répertoire, t. 12, p. 288, enseigne aujourd'hui que la substitution compendieuse a son effet comme vulgaire; en sorte que, même sous ce rapport, le legs devrait être confirmé; — Qu'ainsi le legs de la maison ne présente point de substitution fidéicommissaire, aux termes de l'art. 896 c. civ.; — Dit qu'il a été mal jugé, etc.

Du 29 mars 1811.-C. de Besançon.

(2) *Espèce* : — (De Gaujal *C.* de Masson.) — La disposition contestée du testament était ainsi conçue : « Et tous et chacun les biens meubles et immeubles, noms, voies de droit, raisons et actions, présents et à venir, en quoi le tout puisse consister, ladite demoiselle de Prodejac, testatrice, déclare qu'elle fait, nomme et institue pour héritières générales et universelles demoiselles Marguerite-Hélène de Prodejac et Antoinette-Jacquette-Catherine de Prodejac, ses sœurs; et l'une des deux venant à décéder, la demoiselle testatrice veut et entend que l'entière hérédité passe sur la tête de la survivante, auquel cas elle institue celle-ci pour son héritière générale et universelle pour pouvoir disposer de tout ainsi que bon lui semblera. » — Arrêt.

LA COUR; — Vu la loi du 14 nov. 1792 et l'art. 896 c. civ.; — Attendu que, par son testament du 17 mars 1788, la demoiselle Marie-Gabrielle de Prodejac, après avoir institué Marguerite-Hélène et Antoinette-Jacquette-Catherine de Prodejac, ses deux sœurs, pour ses héritières universelles de tous ses biens meubles et immeubles, a déclaré que l'une des deux venant à décéder, la testatrice voulait et entendait que son entière hérédité passât sur la tête de la survivante, auquel cas elle instituait celle-ci pour son héritière universelle et générale pour pouvoir disposer de tout, ainsi et comme bon lui semblerait;

Attendu que cette disposition n'est pas restreinte au seul cas où l'une des héritières instituées décéderait avant la testatrice, mais qu'elle embrasse même celui où l'une d'elles décéderait après avoir recueilli le bénéfice de l'institution; que la demoiselle Antoinette de Prodejac et les demandeurs en cassation qui la représentent ont donné eux-mêmes cette interprétation à la disposition testamentaire, puisqu'après le décès de Marguerite-Hélène ils ont demandé, en vertu de cette clause, la distraction, à leur profit, de tous les biens qui provenaient de la succession de Marie-Gabrielle, et qui avaient été recueillis pour moitié par ladite Marguerite-Hélène;

Attendu que la survivante des deux héritières instituées est appelée par le testament, non pas conditionnellement et seulement pour le cas où la prémourante laissera dans sa succession une partie des biens provenus de la testatrice, mais pour tous les cas et en termes absolus à la totalité de l'hérédité de cette dernière, qui passera sur la tête de la survivante en qualité d'héritière universelle; — Que l'arrêt attaqué, en reconnaissant dans ce testament des dispositions qui avaient investi chacune des héritières universelles de la propriété de la moitié des biens, et qui les transmettant ensuite à une autre personne, après qu'elle avait fait impression sur la tête de la première, constituaient, à la charge de celle-ci, l'obligation de conserver et de rendre, et par suite une substitution fidéicommissaire, annulée par la loi du 14 nov. 1792 et par l'art. 896 c. civ., a fait une juste application de ces lois;

Attendu d'ailleurs que les deux héritières instituées ayant survécu à la testatrice, et ayant recueilli l'institution, les biens provenus de la succession de la testatrice, sont devenus leur propriété définitive, et la moitié attribuée, par le partage de l'an 7, à Marguerite-Hélène s'est confondue dans son patrimoine; qu'ainsi le droit d'accroissement, admis par l'art. 1044 c. civ., pour le cas du prédécès d'un légataire avant le testateur, ne peut pas être appliqué, dans l'espèce, et Antoinette de Prodejac n'avait aucun titre pour demander la distraction de ces biens à son profit, et que l'arrêt attaqué, en rejetant cette demande, n'a violé aucune loi; — Rejette.

Du 26 déc. 1836.-C. C., ch. civ.-MM. Portalis, 1er pr.-Tripier, rap., Laplagne-Barris, 1er av. gén., c. conf.-Galisset et Lacoste, av.

lui-même, chap. 8, nº 124) que les enfants mis dans la condition ne sont pas censés dans la disposition; qu'on ne peut donc les considérer comme substitués dans l'espèce (V. *suprà*, nºs 46 et s., nos observations). Or, disait-il, le décès de l'institué sans enfants pouvant arriver avant le décès du testateur, il faudra toujours s'en tenir à ce cas possible de substitution vulgaire. Cette solution, plus générale, semble admise aussi par M. Duranton, t. 8, nºs 44 à 48. M. Troplong (nº 125) l'adopte également, tout en reconnaissant cependant que ces mots *sans enfants* peuvent faire naître des doutes; il pense que les doutes ne sont pas suffisants en cette matière pour faire tourner l'interprétation à l'annulation. — Il a été jugé que s'il est dit dans un testament: « Je donne et lègue à Pierre et à Paul (petits-fils du testateur) la moitié de mes biens, et, dans le cas où l'un d'eux meure sans enfants, je lui substitue l'autre survivant, » on doit entendre que le testateur a voulu parler du cas où l'un des légataires mourrait avant lui et non après; qu'ainsi la disposition présente une substitution vulgaire et non une substitution fidéicommissaire prohibée; que, du moins, l'arrêt qui décide en fait que dans cette hypothèse le testateur n'a pas eu la volonté de faire une substitution prohibée échappe à la censure de la cour de cassation (Req. 11 juin 1817) (1).

220. 3º *Cas où la disposition ne contient que l'expression d'un droit d'accroissement.* — Pour qu'une disposition ne contienne, sous les apparences d'une substitution fidéicommissaire, que l'expression d'un simple droit d'accroissement, il faut qu'il soit supposable que le survivant a été appelé à recueillir la portion du prédécédé, dans le cas où celui-ci serait décédé du vivant du testateur. Sans doute, il était inutile de stipuler pour ce cas le droit d'accroissement, puisqu'il résulte virtuellement, selon l'art. 1044, de la nature du legs fait conjointement. Mais il vaut mieux réputer telle clause inutile que contraire à la loi. Le sens favorable à l'exécution ou au maintien de l'acte est toujours préférable. C'est ce qui a été décidé par un arrêt de la cour de Paris, du 12 mars 1813 (rapporté avec Req. 19 juill. 1814, aff. Marlot, ci-après).

221. Au surplus, ce sont là des questions d'interprétation de volonté dont la solution appartient souverainement aux juges du fait. Ainsi, il a été jugé que lorsqu'un testateur, après avoir institué Pierre et Paul ses héritiers par égales parts, a déclaré que si l'un d'eux venait à mourir sans postérité, sa portion profiterait au survivant, les tribunaux peuvent décider, en fait, que le testateur n'a pas entendu substituer ses héritiers l'un à l'autre, mais qu'il a simplement établi entre eux un droit d'accroissement, sans que cette interprétation qu'ils donnent à la volonté du testateur puisse donner ouverture à cassation (Req. 19 juill. 1814) (2).

222. De même on peut, sans s'exposer à la censure de la cour suprême, ne voir qu'une substitution vulgaire, permise par l'art. 898, ou la stipulation du droit d'accroissement, autorisé

(1) *Espèce:* — (Maslieurat.) — En 1812, Maslieurat fit un testament ainsi conçu: « Je lègue à Joseph et à Marie Maslieurat, mes petit-fils et petite-fille, fils d'Henri Maslieurat, mon fils unique, à titre de préciput et hors part, la moitié de tous mes biens meubles et immeubles... et dans le cas que l'un de mesdits petits-enfants meure sans enfants, je lui substitue l'autre survivant. » — Après la mort du testateur, le père des légataires a demandé contre eux la nullité de ce legs, comme contenant une substitution prohibée.

14 juin 1814, le tribunal de Bourganeuf annule le legs pour cette cause. — Appel.—5 janv. 1816, arrêt infirmatif de la cour de Limoges. — « Considérant qu'aux termes de l'art. 896 c. civ., les substitutions sont prohibées en termes généraux; que cette prohibition est modifiée par l'art. 898, d'après lequel la disposition qui appelait un tiers à recueillir dans le cas où le légataire ne recueillerait pas, est déclarée valable comme ne contenant pas une substitution; — Considérant qu'il résulte de cette dernière disposition, rapprochée du principe certain que lorsqu'un acte quelconque présente un sens qui peut le faire valoir, il doit être préféré à celui qui l'anéantirait; que par suite, lorsqu'une disposition testamentaire, présentant l'idée d'une substitution, peut s'appliquer naturellement et avec vérité aux dispositions de l'art. 898, elle doit être maintenue quand même; considérée sous un autre rapport et prise dans un sens, elle pourrait aussi donner lieu à l'application de l'art. 896, les testaments, plus qu'aucun autre acte, devant toujours être entendus, *magis ut valeant quàm pereant;* — Considérant que dans la clause critiquée, le testateur garde un silence absolu sur son propre décès, qu'il n'attache l'effet de sa disposition ni au cas exprès où l'un de ses petits-enfants décéderait après lui, ni à celui qui décéderait sans enfants avant lui; qu'il suit de là qu'on ne peut pas limiter sa disposition à l'un des cas exclusivement, qu'elle les comprend dès lors tous les deux; — Qu'il ne saurait être douteux que dans le cas où l'un de ses petits-enfants eût décédé avant le testateur, le survivant eût dû recueillir la totalité du legs par l'effet de la substitution vulgaire maintenue par l'art. 898 du code, ou même par l'effet du droit d'accroissement, aux termes de l'art. 1044, et de plus, et quoiqu'il soit également vrai que le décès de l'un des petits-enfants après le testateur ait pu donner lieu à interpréter la clause dans le sens de la substitution fidéicommissaire, déclarée nulle par l'art. 896, il n'en résulte pas moins que cette même clause doit être interprétée de préférence dans le sens d'après lequel la disposition du testateur peut aujourd'hui recevoir son exécution, quoique dans la réalité le décès d'aucun des petits-enfants ne soit arrivé devant le sien; qu'il suffit effectivement qu'il eût pu prévoir cet événement possible dans sa disposition et qu'elle dût avoir son exécution pour qu'elle doive être déclarée valable aujourd'hui, quoique l'événement ne soit pas arrivé, la disposition devant être jugée d'après ce qu'elle était à l'époque où elle a été faite, et non d'après ce qu'elle a pu devenir depuis, d'après l'acte en lui-même et non d'après l'événement; — Que cette raison de décider pour la validité de cette disposition de Joseph Maslieurat puise une nouvelle force dans l'art. 1044 du code; qu'aux termes de cet article la disposition attaquée devrait encore être maintenue par la seule force du droit d'accroissement et la présomption naturelle que le testateur, en appelant le survivant de ses deux petits-enfants à recueillir la totalité du legs fait à l'un et à l'autre conjointement par une seule disposition, et sans assigner la part de chacun, n'a fait qu'exprimer l'effet naturel et nécessaire de ce droit d'accroissement pour le cas où l'un des deux viendrait à décéder, soit avant, soit après lui; qu'il ne saurait y avoir de doute dans le premier cas, et que la possibilité du second ne pouvant être raisonnablement séparée de l'intention du testateur, il en résulte que dans l'un comme dans l'autre cas, le survivant n'en eût pas moins dû recueillir la totalité du legs par droit d'accroissement aussi pleinement que par l'effet de la substitution vulgaire; qu'il en résulte dès lors par suite de conséquence que la clause doit recevoir son exécution sous ce nouveau rapport comme sous le premier.

Pourvoi pour violation de l'art. 896 c. civ. et fausse application des art. 898 et 1044, en ce que la cour royale a déclaré qu'il n'y avait qu'une substitution vulgaire, là où les termes du testament présentent une véritable substitution fidéicommissaire.—Arrêt.

La cour; — Attendu que le testament présentait la question de savoir si la disposition renfermait une substitution vulgaire ou une substitution fidéicommissaire; — Attendu que les termes dans lesquels est conçue cette disposition pouvant se prêter à l'une ou l'autre interprétation, la cour royale n'a violé ni l'art. 896 c. civ., ni faussement appliqué l'art. 898, en interprétant la volonté du testateur dans le sens qui donne force et exécution à l'acte testamentaire dont il s'agit; — Rejette.

Du 11 juin 1817.-C. C., sect. req.-MM. Henrion, pr.-Rousseau, rap.

(2) *Espèce:* — (Marlot C. les hér. Doulcet.) — Par son testament olographe du 4 févr. 1811, la dame Doulcet, veuve Siméon, nomme pour ses légataires à titre universel, et par portions égales, les trois enfants d'Antoine-Jean Doulcet, son second frère, « voulant, dit-elle, qu'en cas de décès sans postérité de l'un ou de l'autre de mesdits trois neveux ou nièces, la portion du prédécédé profite tout entière à celui ou à celle, ou à ceux d'entre eux qui survivront, pour être partagée par les survivants également. » — Après la mort de la veuve Siméon, la dame Marlot, sa fille, a demandé la nullité de son testament, comme renfermant une substitution fidéicommissaire. — Jugement du 30 nov. 1812 qui rejette ce moyen de nullité, et ordonne l'exécution du testament, attendu que, loin d'avoir fait une substitution fidéicommissaire, la testatrice n'a voulu qu'établir le droit d'accroissement entre ses légataires dans le cas où l'un d'eux viendrait à mourir avant elle; qu'à la vérité cette clause, inspirée par sa prévoyance, était inutile, parce qu'entre les héritiers ou légataires appelés conjointement, l'accroissement a lieu de plein droit, mais que dans le doute les juges doivent interpréter les clauses des actes et des testaments dans le sens le plus favorable à leur maintien et à leur exécution, et qu'ils doivent aussi présumer que les testateurs ont voulu plutôt se conformer à la loi que s'en écarter.

Le 12 mars 1813, arrêt confirmatif de la cour de Paris, adoptant les motifs du tribunal.

Pourvoi de la dame Marlot, pour contravention à l'art. 896 c. civ., fausse application des art. 1044 et 1045 du même code.— Arrêt.

La cour; — Attendu que, d'après les termes mêmes du testament, la cour d'appel de Paris a pu décider, par voie d'interprétation, que la testatrice n'a pas établi, dans l'espèce, une substitution fidéicommissaire proscrite par la loi, mais seulement fixé le droit d'accroissement reconnu par l'art. 1044; — Que les termes employés ne se trouvent point en opposition avec la décision; — Rejette.

Du 19 juill. 1814.-C. C., ch. req.-MM. Henrion, pr.-Sieyes, rap

par l'art. 1044, dans la clause par laquelle un testateur, après avoir institué plusieurs héritiers, dispose que si l'un d'eux décède sans enfants, sa portion sera reversible aux autres (Req. 10 janv. 1821) (1).

223. Mais il a été décidé, d'un autre côté, qu'il suffit qu'un legs fait conjointement à plusieurs personnes soit grevé de substitution, pour que le décès de l'un des légataires, antérieur à celui du testateur, ne donne pas lieu à l'accroissement du legs au profit de ses colégataires au préjudice du substitué (Paris, 11 mars 1856, aff. Rouger, Dispos. entre-vifs, nº 179-2º).

224. Il peut arriver que la seconde disposition ne puisse valoir à titre de droit d'accroissement, encore bien que le testateur lui ait donné ce nom, et que cependant la clause dans son ensemble ne constitue pas une substitution prohibée. Par exemple, le testateur, après avoir institué plusieurs héritiers, a déclaré vouloir que sa succession fût partagée également entre eux, et que, dans le cas où quelques-uns viendraient à décéder sans postérité et sans avoir disposé, leur portion accrût aux autres. Dans cette hypothèse, la clause d'accroissement est nulle, car il ne peut y avoir d'accroissement qu'autant que l'un des conjoints est décédé avant d'avoir recueilli; or ici les survivants ne sont appelés à recueillir la portion du prémourant qu'après que celui-ci en aura joui. D'un autre côté, il n'y a pas substitution, car l'accroissement était stipulé pour le cas où les légataires seraient décédés sans postérité et *sans avoir disposé*. Puisqu'ils avaient la liberté de disposer, ils n'étaient plus considérés comme chargés de conserver. Il a été décidé que, dans ce cas, la disposition principale devait être maintenue et que la clause d'accroissement devait être simplement réputée non écrite, aux termes de l'art. 900 c. nap., comme étant une condition contraire à l'art. 725 c. nap., selon lequel la loi règle les successions *ab intestat* (Rouen, 10 juin 1814) (2). Le même arrêt a décidé en même temps que les héritiers *ab intestat* des légataires avaient seuls qualité pour faire annuler cette condition, au lieu que, s'il y avait eu substitution, la nullité n'eût pu être proposée que par les héritiers du testateur. Cet arrêt est approuvé par M. Rolland de Villargues, nº 228. Il est, au contraire, critiqué par M. Vazeille, sur l'art. 898, nº 12.

225. Une controverse assez grave s'est élevée dans l'espèce suivante : Plusieurs individus, copropriétaires d'un immeuble, conviennent de le posséder, soit en commun, soit même divisément, avec clause que la part des prémourants accroîtra aux survivants, de telle sorte que le dernier vivant doit réunir la totalité de la chose sur sa tête. — Y a-t-il là substitution prohibée? — L'affirmative est soutenue par M. Merlin (Quest. de droit, vº Substitution fidéicommiss., § 4), et voici comment il raisonne : Les survivants et le dernier mourant n'ont d'abord qu'une portion dans la chose; les autres portions, qui leur adviennent par le prédécès de leurs colégataires, ils les recueillent comme de véritables donataires, et ils étaient éventuellement appelés à les recueillir; les prémourants avaient la propriété des parts qui se trouvaient entre leurs mains, la propriété ne pouvant rester en suspens; ils étaient donc chargés de conserver pour rendre; la transmission aux survivants, et notamment au dernier mourant, s'en fera donc dans un ordre successif. — La loi 1, C., *De donat. caus. mortis*, favorise cette opinion : elle suppose une donation à cause de mort portant qu'à la mort de l'un des donataires sa portion accroîtra celle de l'autre; et, lors de l'accomplissement de la condition, elle accorde au survivant, en revendication de la part du défunt, l'action du fidéicommis, *fideicommissi actio competit*. — Deux autres points de vue, exclusifs de l'idée de substitution, ont été signalés pour l'interprétation de la clause dont il s'agit. — D'un côté, on n'y a vu qu'un contrat *intéressé* de part et d'autre et purement aléatoire. C'est la doctrine de M. Rolland de Villargues, nº 229 : « Chacun des contractants, dit-il, ne s'y propose que son propre intérêt, et n'entend point accorder un bienfait à l'autre. La portion que chacun doit avoir en succédant à l'autre est l'équivalent et de celle qu'il a donnée et du risque qu'il doit courir. En un mot, la convention est entre les parties un jeu de loterie, une tontine; mais elle ne présente ni don ni libéralité; elle ne peut donc renfermer de substitution. » C'est en ce sens aussi que s'exprime M. Troplong, nº 128. La régie de l'enregistrement s'est fondée sur les mêmes raisons, lorsqu'elle a décidé, le 9 nov. 1820, qu'il n'était pas dû de droit de mutation au décès des prémourants. — La clause a été considérée sous un autre point de vue, par un arrêt rendu contre les conclusions de M. Merlin. Elle a été jugée renfermer deux dispositions directes : l'une pure et simple de l'usufruit, au profit de chacune des parties; l'autre conditionnelle de la propriété, au profit seulement du dernier mourant (Req. 12 pluv. an 9) (3). La propriété n'ayant été transférée qu'à celui qui survivrait, les pré-

---

(1) *Espèce* : — (Les hér. Marret.) — Le 23 niv. an 12, Marret institue pour ses héritiers ses trois neveux en ces termes : « Je veux que, si quelqu'un d'eux venait à décéder sans enfants, sa portion soit reversible aux autres héritiers restants ci-dessus institués. » — Les frères et sœurs du testateur ont attaqué ce testament, comme contenant une substitution prohibée. — Jugement du 16 juill. 1817, qui, par ce motif, prononce la nullité du testament. — Sur l'appel, arrêt infirmatif de la cour de Riom, du 28 mai 1819 : — Attendu que la clause pouvait être entendue d'une substitution vulgaire non prohibée, et même d'un simple droit d'accroissement entre cohéritiers ou légataires, admis par l'art. 1044; que, dès lors, la clause pouvant être interprétée dans un sens qui maintenait l'institution, on devait préférer cette interprétation, 1º parce qu'il est de principe que les clauses d'un acte susceptible de plusieurs sens doivent être interprétées dans celui qui tend à maintenir l'acte, plutôt que dans celui qui en entraînerait la nullité; 2º parce que le testateur doit être présumé avoir voulu faire ce que la loi lui permettait, plutôt que ce qu'elle lui défendait, sous peine de voir annuler ses dispositions; 3º parce qu'enfin on ne voit point dans la clause dont il s'agit la condition expresse de conserver et de rendre qui caractérise essentiellement la substitution prohibée. — Pourvoi des héritiers présomptifs pour violation de l'art. 896 c. civ. — Arrêt.

La cour; — Attendu que la clause du testament ne contenant point la clause expresse de conserver et de rendre, condition qui caractérise les substitutions fidéicommissaires, prohibées par l'art. 896 c. civ., les juges ont pu, en interprétant la clause, l'assimiler à une substitution vulgaire non prohibée par nos lois, et encore au droit d'accroissement, d'après la disposition de l'art. 1044 du même code, et qu'en jugeant ainsi, ils ne se sont point mis en opposition avec l'art. 896 dudit code; — Rejette.

Du 10 janv. 1821.-C. C., ch. req.-MM. Henrion, pr.-Lecoutour, rap.

(2) *Espèce* : — (S... C. N...) — Le sieur N... a institué plusieurs héritiers « entendant, a-t-il dit, que toute ma succession, tant mobilière qu'immobilière, soit partagée également entre eux, et que, dans le cas de décès d'un ou de plusieurs, leur portion accroîtra aux autres, s'ils sont décédés sans postérité et sans avoir disposé. » — Après le décès du testateur, ses héritiers légitimes ont demandé la nullité de cette disposition, comme contenant une substitution prohibée. Il y a charge de conserver et de rendre, disaient-ils, puisque chacun doit avoir recueilli et possédé de son vivant sa portion, avant qu'elle soit transmise au survivant. — Il ne peut y avoir là d'accroissement, en vertu de l'art. 1044 c. civ., puisque l'accroissement dont parle cet article ne s'opère que par le décès, avant le testateur, d'un des colégataires.

Jugement qui déclare l'action en nullité non recevable et mal fondée. — Appel des légataires. — Arrêt.

La cour; — Vu la clause du testament; — Vu pareillement l'art. 896 c. civ.; — Attendu que les dispositions testamentaires du sieur N... ne sont point critiquées, ni en la forme, ni à raison de la capacité de donner ou de recevoir, ou de la quotité disponible; — Attendu qu'elles ne peuvent être contestées avec fondement sous le rapport de la nullité prononcée au second paragraphe de l'art. 896 c. civ., parce qu'il n'y a aucun point de contact entre les termes de l'article et ceux du testament; — Que même il se trouve opposition manifeste de vues, d'esprit et d'effets, la pleine et entière disposition des biens laissés par le testament aux héritiers institués étant incompatible avec la charge de conserver et de rendre à un tiers, exprimée audit article, comme signe caractéristique du fidéicommis, emportant la nullité tant de l'institution que de la substitution; — Que, loin que l'institution soit restreinte ou limitée en faveur d'aucun étranger, par la disposition dont elle est immédiatement suivie, elle ne fait que s'accroître d'une nouvelle chance de gain pour les institués mêmes; — Qu'ainsi, au lieu d'une substitution, et surtout d'une substitution fidéicommissaire, objet spécial du second membre de l'art. 896, on ne peut voir, et il n'existe réellement dans le testament et la disposition devenue le motif du litige, qu'un droit d'accroissement éventuel à titre successif; lequel, d'après les art. 725 et 1044 c. civ., peut être considéré comme illégal et susceptible de l'application de l'art. 900 du même code, mais dont l'illégalité ne peut être proposée que par les propres héritiers des institués; — Et vu que S... et consorts ne sont héritiers d'aucun des institués, et ne peuvent jamais le devenir; — Confirme, etc.

Du 10 juin 1814.-C. de Rouen.

(3) *Espèce* : — (Lemoine d'Herly C. Debrie.) — Par acte du 9 juill. 1780, Lemoine d'Herly et ses quatre sœurs, copropriétaires du domaine de

mourants n'auront pu la transmettre. Et, quant à l'usufruit, il n'est pas non plus transmissible de sa nature : nous avons prouvé (*suprà*, nos 158 et s.) qu'il ne saurait être la matière d'une substitution. Il n'y a donc pas là, sous ce double rapport, charge de conserver et de rendre. — M. Merlin a été détourné par ces motifs de la première opinion, exprimée dans ses conclusions; il convient, en commentant l'arrêt cité, qu'on ne doit voir dans la clause proposée « qu'une donation mutuellement faite de la propriété à chacun des donataires, sous la condition qu'il survivra à tous les autres, et qu'à défaut d'accomplissement de cette condition, il ne sera qu'usufruitier : condition (ajoute-t-il) qui n'a rien de contraire à la maxime que la propriété ne peut pas rester en suspens, puisqu'elle n'empêche pas que la propriété ne réside, dès le moment de la donation, sur la tête de chaque donataire mutuel, et qu'elle a seulement l'effet de la résoudre, lorsqu'elle vient à manquer. » Cette interprétation, après tout, lui paraît parfaitement d'accord avec le principe qu'il a développé dans ses conclusions du 5 juin 1809 (Rép., vo Substitut. fidéicommiss., sect. 8, no 7), savoir, que, dans le doute, il faut s'attacher au sens qui favorise la validité de l'acte.

226. Depuis, un arrêt a décidé que le contrat par lequel des associés ont arrêté, avant le code Napoléon, que tous leurs biens et acquêts continueraient d'être possédés par les survivants d'entre eux, à la charge par le dernier de les rendre à des substitués convenus, est un contrat aléatoire ou pacte de famille qui n'a point été atteint par les lois abolitives des substitutions, alors même que les associés seraient décédés depuis le code... Qu'il en doit être ainsi surtout si la convention n'a porté que sur la jouissance, l'usufruit des biens, lesquels, au décès du dernier mourant, ont dû être recueillis par les héritiers légitimes des contractants (Corse, 2 juin 1828) (1).

227. Le principe ci-dessus énoncé, que dans le doute il

Migeau, voulant en conserver entre eux successivement la totalité, se firent une donation entre-vifs, mutuelle et irrévocable, les uns aux autres, avec accroissement entre eux, à mesure du décès du premier mourant d'eux, ce acceptant respectivement par chacun d'eux, les parts et portions qui leur appartiennent, faisant un cinquième au total. — Lemoine d'Herly et deux de ses sœurs décédèrent avant la loi du 14 nov. 1792. — L'une des deux sœurs survivantes mourut en l'an 3, laissant pour héritiers *ab intestat* sa sœur et un frère. — Entre ces deux héritiers s'éleva la question de savoir si la sœur survivante n'était pas devenue propriétaire de la totalité du domaine. — Le 9 fruct. an 5, le tribunal de la Seine annule la donation, comme renfermant une substitution fidéicommissaire, attendu qu'elle porte, de la part de chacun de ses auteurs, sur un bien que chacun d'eux devait, en cas de survie, recueillir d'abord dans la succession du premier mourant, ensuite dans celle du second, puis dans celle du troisième, enfin dans celle du quatrième; et, par conséquent, sur un bien à venir; et qu'aux termes de l'art. 15 de l'ordon. de 1731, ces donations sont nulles.

15 fruct. an 8, arrêt infirmatif de la cour de Paris, qui attribue la totalité du domaine à la demoiselle Lemoine, attendu que la propriété avait été donnée en entier par l'acte de 1780 à un seul des contractants; que si le donataire de la totalité n'était pas encore connu au temps de l'acte, l'événement de survie l'avait fait connaître, de telle sorte que le prédécès des autres contractants n'avait pas augmenté son droit, mais l'avait seulement manifesté à l'instant où il avait survécu; que cet acte n'avait rien de contraire aux lois ni aux mœurs; qu'il contenait une donation mutuelle réputée valable par l'ordon. de 1731, dont une disposition expresse assujettit ces donations à l'insinuation.

Pourvoi de Lemoine pour viol. de l'art. 34 de l'ordon. de 1747, qui prohibe les substitutions au delà de deux degrés, et de la loi du 14 nov. 1792, qui les abolit toutes.

M. Merlin, commissaire du gouvernement, pour établir que la clause renfermait une substitution fidéicommissaire, dit en substance que les survivants, et notamment le dernier mourant n'ayant qu'une portion dans la chose, ne pouvaient réunir sur leur tête la portion dont ceux-ci jouissaient sans être considérés comme de véritables donataires; que d'un autre côté le dernier vivant n'étant qu'éventuellement appelé à recueillir la totalité de la chose, il s'ensuivait que la propriété reposait sur la tête des prémourants avec d'autant plus de raison que la propriété ne peut rester en suspens; que dès lors les prémourants étaient nécessairement chargés de conserver et de rendre leurs portions au dernier vivant; que celui-ci ne les recevait que dans son ordre successif.

La cour; — Attendu que l'acte du 19 juill. 1780 contient simplement une donation faite aux survivants des frères et sœurs Lemoine, de la maison et des biens qui leur appartenaient, avec rétention d'usufruit et clause de société commune et continuée jusqu'au décès du pénultième d'entre eux; que cet acte n'offre aucun caractère de substitution, soit dans son expression, soit dans l'intention secrète qu'on voudrait y supposer; que cette idée de substitution, fondée sur ce que la donation est faite avec droit d'accroissement des uns aux autres, à mesure du décès du premier mourant d'eux, disparaît, si l'on considère que le droit d'accroissement ne fut stipulé que pour renforcer la disposition, mais qu'au fond la disposition en était inutile et ne portait sur rien, puisque chacun des frères et sœurs Lemoine ayant déjà, et par acte, donné au dernier vivant tout ce qui lui appartenait, faisant un cinquième des objets désignés, aucun d'eux ne pouvait plus transmettre, et rien ne pouvait plus accroître aux autres; que la clause voulant que les survivants soient successivement saisis et mis en possession, ne prouve pas davantage, puisqu'elle n'est relative qu'à l'usufruit réservé, la propriété étant déjà transférée à celui qui survivrait; que ce n'est pas de l'interprétation plausible dont un acte est susceptible, qu'on peut déduire cette violation formelle des lois, qui seule peut donner lieu au recours en cassation; qu'ainsi, dans l'espèce, l'acte du 19 juill. 1780, ne présentant, dans sa qualification, dans son essence et dans la volonté connue des parties, qu'une donation permise, on ne peut pas dire que le jugement qui l'a confirmé ait contrevenu aux art. 30 et 34 de l'ordon. de 1747, concernant les substitutions, ni aux lois de 1792 qui les ont abolies; — Rejette, etc.

Du 12 pluv. an 9.-C. C., sect. req.-M. Porriquet, rap.

(1) (Rouaserra C. Rouaserra.) — La cour; — Considérant que, par l'acte du 14 août 1780, Jean-Paul, Noël, Jules et Pierre-Jean, frères Rouaserra, ont fondé entre eux une société de certains biens immeubles à eux échus de la succession de leurs auteurs, des fruits desdits biens et des acquêts à faire par eux éventuellement, avec clause que le tout continuerait d'être possédé par les survivants d'entre eux, à charge par le dernier d'eux de les conserver et rendre à des substitués désignés audit acte; — Considérant que si les lois abolitives des substitutions, et survenues du vivant des quatre associés, ont détruit la disposition qui instituait le fidéicommis pour l'époque du décès du dernier mourant, elles n'ont pu affecter les bases dudit acte constitutif de la société qui, de fait, a continué de subsister jusqu'aux décès successifs de Noël, de Jules et de Pierre-Jean; — Considérant que la clause qui établissait le profit de la survivance contenait un véritable contrat aléatoire; qu'elle ne rentrait point dans les termes des substitutions abolies par les lois de 1792 et prohibées par le code civil, sous l'empire duquel trois des contractants sont décédés; que, contrairement à l'opinion d'un jurisconsulte célèbre, la jurisprudence a consacré les pactes de cette nature, qu'on n'aurait pu annuler sans détruire des espérances légitimes, et sans enlever des droits acquis par les conventions synallagmatiques; — Considérant, néanmoins, que des termes de l'acte de 1780 et de l'ensemble des faits de la cause il résulte que la volonté des contractants n'a été d'assurer aux survivants successifs et au dernier vivant qu'une sorte d'usufruit, de jouissance viagère des biens compris dans ladite société, lesquels, après le décès du dernier des quatre frères, doivent retourner aux héritiers naturels de ceux-ci, ou à ceux auxquels ils les auraient légués par des actes en forme;

Considérant, sur le chef de la sentence arbitrale qui a annulé le testament authentique de Pierre-Jean, pour défaut de mention de lecture au testateur, en presence de témoins, que ledit testament finit par ces mots : « Le présent testament a été entièrement écrit par nous notaire susdit, sous la dictée du testateur, en présence des susdits témoins toujours présents, ensuite il en a été fait lecture à haute et intelligible voix, le testateur a déclaré, etc. ; » — Que de ces termes résulte la mention expresse de la présence des témoins à la lecture faite au testateur du testament comme à sa dictée; qu'en décidant autrement, il faudrait prendre les mots *toujours présents* pour une répétition inutile; qu'il est plus naturel et plus raisonnable de les appliquer à ce qui suit qu'à ce qui précède, la validité des actes de dernière volonté ne pouvant dépendre du plus ou moins de correction grammaticale dans le texte, lorsque le sens est suffisamment clair;

Considérant que la disposition faite, par ce testament, au profit des enfants de Jean-Paul, institué, rentre dans les termes de l'art. 1049 c. civ., qui la permet en faveur des descendants de frère et sœur; — Considérant que la condition imposée aux filles de Jean-Paul, de se marier avec les fils de Xavier ou d'Antoine, étant contraire à la liberté du choix, en fait de mariage, doit être considérée comme non écrite; — Qu'en admettant même que, dans le silence du code à cet égard, on dût adopter les maximes du droit romain de préférence à celles introduites par les lois du 5 sept. 1791 et du 17 niv. an 2, cette clause ne pourrait être invoquée contre Jean-Paul lui-même institué au premier degré; qu'elle ne saurait non plus être opposée aux filles de Jean-Paul qu'autant que l'on établirait qu'elles ont refusé de prendre pour époux des fils de Xavier et d'Antoine, ce qui n'a pas même été allégué;

Considérant que si la clause du même testament, qui appelle les enfants et descendants desdits Xavier et Antoine à la moitié de la succession, au cas où ces mariages n'auraient pas lieu par le refus des filles de Jean-Paul, pourrait être envisagée comme une substitution faite hors des termes de l'art. 1049, il faut dire, néanmoins, que cette disposition,

faut s'attacher au sens qui favorise la validité de l'acte, est appliqué par M. Merlin à cette autre espèce : Un testateur, en instituant des mineurs légataires universels, ordonne que les parts de ceux qui décéderont en minorité appartiendront au survivant. — Après avoir dit qu'une telle disposition eût, sans aucun doute, renfermé une substitution fidéicommissaire d'après le droit romain, mais que, sous le code Napoléon, il faut lui chercher un sens qui ne la rende pas nulle, le savant auteur (Quest. de dr., *loc. cit.*, § 4, nº 2) l'explique ainsi : il la divise en deux dispositions différentes : l'une pure et simple, qui embrasse collectivement tous les institués; l'autre conditionnelle, qui se rapporte à chacun d'eux individuellement. Chaque institué n'est saisi de la propriété que sous la condition résolutoire « s'il ne meurt pas avant la majorité de tous. » Devenus majeurs, tous demeureraient irrévocablement propriétaires de leurs parts. « Par l'effet de cette condition, ceux qui viennent à mourir avant la majorité du plus jeune sont censés n'avoir jamais été saisis de la propriété. La condition résolutoire rétroagit jusqu'au jour de la mort du testateur, dans les testaments comme dans les contrats; » si, la condition arrivant, la saisine de chaque mineur décédé est réputée non avenue, il suit qu'il n'y a pas substitution au profit du majeur survivant, qui en reçoit les parts; la substitution n'existe que « lorsqu'il y a vocation *ordine successivo*, et, par conséquent, lorsqu'on ne peut parvenir aux biens donnés que par un possesseur intermédiaire. »

228. Mais il en serait autrement, selon la remarque du même auteur (*loc. cit.*, nº 3), si le testateur, en instituant légataires universels tous ses neveux, y compris ceux qui ne seront conçus qu'après sa mort, ordonnait que ses biens restassent indivis jusqu'à la majorité du plus jeune, que ceux-là seuls vinssent au partage, qui atteindraient leur majorité complète, et que les parts de ceux qui décéderaient avant cet âge accrussent aux survivants. — Ici s'applique d'abord l'art. 906 c. nap., qui ne déclare capable de recevoir directement du testateur que celui conçu lors de son décès. Or le testateur veut, dans l'espèce, que ses neveux, même conçus après sa mort, concourent, à leur majorité, avec ceux conçus de son vivant, pour le partage de ses biens. C'est donc, remarque M. Merlin, comme s'il disait en termes exprès : « Je charge mes neveux, conçus au temps de ma mort, de conserver et rendre à leurs frères ou cousins germains qui ne seront conçus qu'après, la partie de mes biens qui sera nécessaire pour composer à ceux-ci des lots égaux aux leurs. » Il est impossible, en effet, que les neveux, conçus depuis son décès, reçoivent des propres mains du testateur; il faut donc l'interposition des autres neveux; ceux-ci sont donc grevés au profit de ceux-là. M. Merlin conclut qu'il y a là une substitution prohibée. — Cette conclusion ne nous semble pas rigoureusement conforme au principe que nous avons démontré (*suprà*, nº 115), savoir, qu'il est de l'essence de la substitution proscrite par l'art. 896 c. nap., que le grevé doive conserver toute sa vie pour ne rendre qu'à la mort. Dans l'espèce, les neveux premiers conçus et majeurs devront rendre à leurs frères ou cousins, à mesure que ceux-ci atteindront leur majorité. La circonstance de la restitution différée jusqu'à la mort du grevé ne se rencontrant pas, et cette circonstance formant, comme nous l'avons prouvé *loc. cit.*, l'un des caractères essentiels de la substitution que le code a voulu interdire, nous ne croyons pas admissible l'opinion de M. Merlin. — A notre sens, la disposition ne devra valoir qu'en ce qui concerne les neveux conçus avant le décès du testateur, et l'on réputera non écrite, aux termes de l'art. 900 c. nap., la condition qui appelle les neveux conçus après.

Art. 3. — *De la nullité de la substitution et des effets de cette nullité quant aux autres dispositions du même acte.*

229. La règle qui prohibe les substitutions fidéicommissaires a naturellement pour sanction la nullité des dispositions faites au mépris de la prohibition. Cette nullité est effectivement prononcée par l'art. 896 c. nap. Mais ne frappe-t-elle que la seconde disposition faite au profit du substitué, ou s'étend-elle encore à la disposition principale, faite au profit du premier institué? L'art. 896 porte : « Toute disposition, etc., *sera nulle, même à l'égard du donataire, de l'héritier institué ou du légataire.* » Le sens de ces mots a divisé les jurisconsultes. — Pour le maintien de la première disposition on raisonne ainsi : En général, les conditions contraires à la loi sont réputées non écrites (c. nap. 900) et n'annulent pas les dispositions à titre gratuit qui les contiennent, *quæ vitiantur et non vitiant.* Pourquoi le législateur eût-il dérogé à cette règle en matière de substitutions? S'il les a prohibées, c'est que l'inaliénabilité des biens et l'incertitude de la propriété qui en résultaient produisaient les plus graves inconvénients. Aucun de ces inconvénients n'est attaché au maintien de la seule disposition faite en faveur du grevé. A ne considérer que les motifs de la loi, elle ne doit pas évidemment en vouloir la nullité : aussi a-t-on toujours tenu pour maxime que l'institution était indépendante de la validité de la substitution. C'était la règle invariable du droit romain et de notre ancienne jurisprudence. Par la loi des 14 oct.-25 nov. 1792, toutes les substitutions ont été abolies en France; mais les institutions d'héritiers, dont elles dépendaient, n'ont pas moins été maintenues. Pas un mot n'a été dit, soit au conseil d'Etat, soit au tribunat, contre cet ancien système; et sans doute on n'eût pas abrogé, sans en faire l'observation particulière, une règle jusque-là si constante, si générale. — Le texte de l'art. 896 s'explique parfaitement dans le sens de la même règle : il ne déclare nulle que « toute disposition, *par laquelle*... on sera chargé de rendre... » C'est donc sur la charge de rendre ou sur la disposition formant cette charge que porte la nullité, et non sur l'institution elle-même. En effet, l'article renferme deux parties distinctes : la première pose le principe de la prohibition des substitutions; la seconde en tire la conséquence, qui est la nullité de la *disposition par laquelle* on est chargé de rendre, c'est-à-dire de la disposition qui seule caractérise la substitution, et est tout indépendante de la donation, de l'institution, du legs. — Dans la série des art. 896 et 899, le législateur n'arrête son attention que sur les substitutions, sans s'occuper en aucune manière des institutions, dont les principes trouvent plus loin leur place. Son but n'est que de définir ce qui constitue la substitution qu'il prohibe, et d'expliquer certaines dispositions qu'il autorise, quoique offrant des apparences ou des points de similitude avec celles prohibées. — Ces mots de l'art. 896, *même à l'égard du donataire*, etc., signifient seulement que le donataire sera affranchi de toute charge; qu'il n'en résultera pas plus d'action contre lui que contre l'héritier *ab intestat* du disposant. L'orateur du gouvernement, dans son rapport au corps législatif, les interprétait ainsi : « Je donne une maison à Pierre, disait-il, à la charge de la rendre à Jean; c'est une disposition qui sera nulle, *même en faveur de Pierre.* »

On a répondu, et c'est ce dernier sentiment que nous n'hésitons pas à embrasser : Le texte et les motifs de l'art. 896 sollicitent, avec une force égale, l'interprétation contraire. — A ne considérer que le texte, la manière dont il vient d'être commenté répugne à toutes les notions reçues. Il faut supposer d'abord que le législateur n'aurait que répété dans la seconde partie de l'article ce qu'il avait dit dans la première, quoiqu'il les ait séparées par un alinéa, indicatif généralement d'une différence d'objets : il aurait, en deux phrases, exprimé cette même pensée : *Les substitutions sont prohibées ou sont nulles.* On veut que *toute disposition par laquelle*, etc., s'entende seulement de la charge de rendre, distinguant bien la disposition qui forme cette charge de celle qui la contient. Mais le législateur s'est proposé ici de définir les substitutions; pour qu'elles existent, il faut une première disposition gratuite, donation, institution ou legs, à laquelle son

de nature éventuelle, et subordonnée à un cas qui n'est pas réalisé, ne peut avoir d'influence sur le sort dudit testament...;—Déboute les parties de Bradi de leurs conclusions incidentes tendantes à la vérification des signatures apposées à l'acte du 5 pluv. an 11 dûment enregistré le 18 août 1823;—Déclare régulier en la forme, bon et valable au fond, le testament de Pierre-Jean, en date du 6 oct. 1809, enregistré à Tullano le 4 juillet 1811;—Ordonne que ledit testament sera exécuté selon sa forme et teneur...;—Ordonne que le surplus de la sentence arbitral. sortira son plein et entier effet, etc.

Du 2 juin 1828.-C. de Corse.-M. Daligny, pr.

ajoutée la charge de conserver et de rendre. — Les art. 1049 et 1050 sont explicites : « *Sera valable..*, porte le premier de ces articles, *la disposition... avec charge de rendre...* » L'art. 1050 : Les *dispositions permises par les deux articles précédents* ne seront *valables* qu'autant que *la charge de restitution* sera au profit de tous les enfants, etc. » Or, dit M. Merlin (Rép., v° Substitut. fidéicomm., sect. 1, § 14), « si les dispositions avec la charge de rendre, qui occupent ici le législateur, ne sont *permises* que par *les deux articles précédents*, si elles ne sont *valables* que parce que les deux articles précédents les ont permises, elles sont donc nulles hors des cas précisés par ces articles. L'art. 896 ne proscrit donc pas seulement la charge de rendre; il proscrit donc également la disposition dont la charge de rendre forme la condition. » — Les expressions *sera nulle, même à l'égard du donataire*, etc., signifient, dit-on, que le donataire sera affranchi de toute charge. Mais c'était la conséquence forcée de la nullité déjà prononcée deux fois par l'art. 896. C'est un second pléonasme que les adversaires supposent dans la rédaction de la loi; contrevenant ainsi à cette règle élémentaire qui ne permet, dans le doute, d'attacher à la loi un sens qui en ferait la rédaction vicieuse (§ 19, ff., *De legib.*). — Pour démontrer la nécessité de cette addition finale *même à l'égard du donataire*, on a dit encore : Sans elle, on eût pu croire que les biens devaient, après la mort du grevé, retourner aux héritiers *ab intestat* du disposant, au lieu de demeurer dans la succession du donataire. Mais il est impossible que le législateur ait craint cette méprise; il prohibait les substitutions; la disposition par laquelle les biens retourneraient des mains du donataire aux héritiers du disposant est elle-même une substitution. Etait-il raisonnable de faire entrer un pareil résultat dans le vœu d'un législateur sage? — Les paroles qu'on a citées de l'orateur du gouvernement se retournent contre ceux qui les invoquent : « *Je donne ou lègue* ma maison à Pierre, disait M. Jaubert, à la charge de la rendre à Jean; c'est cette disposition qui sera nulle, *même en faveur de Pierre.* » *Cette disposition....* ce n'est donc pas la seule condition de rendre qui déclare nulle; c'est la disposition entière. *Même en faveur de Pierre...* Si la disposition est nulle en faveur de Pierre, Pierre ne conservera donc pas le bénéfice de l'institution.

230. L'art. 896, tel que nous l'entendons, était dicté par les plus puissants motifs. — Premièrement, où serait le titre du premier donataire, qui demanderait à conserver irrévocablement les biens? Dans la volonté du donateur. Mais il aurait plus que celui-ci n'a voulu lui donner. Il n'avait reçu qu'à la charge de rendre. — On doit présumer, répondra-t-on, que s'il avait connu la loi, le disposant eût laissé ses biens à l'institué seul. Est-ce donc sur une simple présomption du vœu de l'instituant que la loi intervertira l'ordre de succession, la distribution de son patrimoine? Une volonté bien formelle est nécessaire. « Eh! combien de donateurs, remarque M. Merlin, *loc. cit.*, ne donnent à la charge de substitution que pour faire en quelque sorte entreposer leurs libéralités dans des mains fidèles, en attendant que ceux à qui ils veulent les assurer définitivement puissent les recueillir et en profiter! » — D'un autre côté, ne pas annuler la disposition principale, c'eût été autoriser le moyen indirect de substituer. Que de donateurs, comptant sur la loyauté des donataires, les eussent institués pour remettre leurs biens à une seconde personne! L'expérience l'avait trop appris. On ne devait plus rien négliger pour l'efficacité d'une mesure qu'on croyait intimement liée à l'intérêt politique, au bien général de la société. La décence publique, la délicatesse des mœurs repoussaient tout système qui eût placé un grevé entre sa conscience, tendante à la restitution de ce qu'il n'aurait reçu que précairement, et la loi qui l'aurait autorisé à le conserver. — C'est ce qu'enseignent aussi MM. Merlin, *loc. cit.*; Rolland de Villargues, n° 271; Toullier, t. 5, n° 13; Grenier, t. 1, n° 5; Durantón, t. 8, n° 90; Delvincourt, t. 2, note 7 sur la page 105; Delaporte, t. 4, p. 15; Leclerq, Droit rom. dans ses rapports avec le droit franç., t. 5, p. 294; Troplong, Donat. et testam., n° 164; Coin-Delisle, sur l'art. 896, n° 42; Saintespès-Lescot, t. 1, n° 61; Marcadé, sur l'art. 896, n° 8. Et c'est ce qu'a également décidé le conseil d'Etat par le décret du 31 oct. 1810 que nous avons rapporté ci-dessus (n° 124). — Enfin cette doctrine a été consacrée par une jurisprudence constante. Ainsi il a été jugé que, dans le cas de substitution prohibée, la première institution ou donation est nulle comme la seconde (Req. 18 janv. 1808, 7 nov. 1810 (1); 23 ill. 1811, MM. Henrion, pr., Vergès, rap., aff. Hespers *C.* Bruys; Cass. 27 juin 1811, aff. Drion, n° 303; Bruxelles, 10 fév. 1809, aff. Ernst, n° 86; 6 déc. 1809, aff. Wacquenaere, n° 284; Rouen, 24 août 1812, aff. Priet, n° 155).

231. Mais il a été jugé que la loi du 14 nov. 1792, en abolissant les substitutions fidéicommissaires faites avant sa publication, n'avait pas annulé l'institution elle-même; qu'à cet égard, l'art. 896 c. nap., qui prononce la nullité de celle-ci comme de celle-là, a introduit un droit nouveau; que, par suite, la personne grevée d'une pareille substitution avait pu valablement, sous l'empire de la loi électorale du 19 avr. 1831 (aujourd'hui abrogée), déléguer les contributions assises sur les biens substi-

(1) 1re *Espèce* :—(Hér. Rayet.)—Le 24 juin 1787, Pons-Rayet institua Jean-Pierre Rayet, l'un de ses frères, son héritier universel, à la charge de rendre l'entière hérédité à la fin de ses jours, ou plus tôt, si bon lui semblait, à l'aîné de ses enfants mâles, et à défaut de mâles à l'aînée de ses filles.—Le testateur est décédé le 9 therm. an 11.—Guillaume Rayet, son héritier naturel, attaqua le testament sous deux rapports : 1° comme portant une disposition universelle, anéantie par les lois des 17 niv. et 22 vent. an 2; 2° comme contenant une substitution fidéicommissaire, déclarée nulle par les art. 896, 1048 et 1050 c. civ., nullité qui entraînait celle de l'institution.— Le 27 prair. an 12, le tribunal de Cahors, sans se prononcer sur ce second moyen de nullité, annula le testament de Pons-Rayet, pour n'avoir pas été refait et circonscrit dans les termes du droit établi par les lois des 5 brum. et 17 niv. an 2, et ordonna le partage de la succession entre les deux frères.— Appel; et le 30 avril 1806, la cour d'Agen, proscrivant au contraire le premier moyen, mais adoptant le second, déclara qu'il avait été bien jugé, attendu que l'art. 896 c. civ. paraît, dans sa teneur, comporter plus que la nullité de la substitution; que par ces expressions, même à l'égard du donataire, de l'héritier institué, ou du légataire, le législateur a étendu son intention et marqué, d'une manière non équivoque, sa volonté d'abolir, non-seulement le fidécommis, mais encore la totalité des dispositions auxquelles cette condition se trouvait attachée; que forcément on doit trouver dans cette interprétation le vrai sens, le véritable esprit de l'article précité, parce que si le législateur n'avait eu en vue que de frapper les substitutions, il se serait borné au premier membre de l'article, les substitutions sont prohibées, qui aurait suffisamment exprimé son intention quant à ce; que ce qu'il ajoute dans le second membre, l'extension qu'il y donne au principe déjà posé, signalent à grands traits toute sa pensée, celle d'envelopper dans la même proscription la disposition même dans la partie qui a trait à l'institué; que ces mots, *même à l'égard*, considérés dans l'acception qu'ils doivent avoir, équivalent à *pour ce qui regardé, pour ce qui concerne* le donataire, l'héritier institué ou le légataire : c'est incontestablement la donation, l'institution ou le legs, et que les termes d'autres articles du code, subséquents à l'art. 896, répandent un jour bien lumineux sur cette intention du législateur. — Pourvoi pour fausse application et violation de l'art. 896 c. civ.—Arrêt.

LA COUR (après un *consultis classibus*); — Considérant qu'on ne peut admettre que, par l'art. 896 c. civ., le législateur ait voulu n'annuler que les substitutions; — Que s'il l'avait ainsi voulu, il se serait borné à ces mots, *les substitutions sont prohibées*; — Considérant que la nullité de la disposition prononcée par l'article s'étend, même à l'égard du donataire, de l'héritier institué et du légataire; — Qu'il résulte de cette addition (qui autrement serait inutile), que le législateur a eu l'intention d'enlever au donataire, à l'institué, au légataire, l'avantage qui leur est fait, et par conséquent qu'il annule leur donation, institution ou legs; — Rejette, etc.

Du 18 janv. 1808.-C. C., sect. req.-MM. Liborel, pr.-Zangiacomi, r.

2e *Espèce* : — (Vanderheyden *C.* Crust.)— Le 7 oct. 1785, Vanderheyden avait institué son frère héritier universel, et substitué l'un de ses fils.— Après le décès du testateur, arrivé le 29 oct. 1806, la dame Crust, sa nièce, a demandé la nullité des dispositions testamentaires.— Le tribunal de Malmédy et la cour de Liége, le 20 fév. 1809, ont annulé l'institution comme la substitution, attendu qu'aux termes de l'art. 896 c. civ., la disposition par laquelle l'héritier est chargé de conserver et de rendre à un tiers, est nulle, même à l'égard de l'héritier institué. Pourvoi. — Arrêt.

LA COUR; — Attendu qu'il est dans l'esprit et dans les termes de l'art. 896 c. civ. que la nullité de la substitution entraîne la nullité de l'institution faite à sa charge; qu'on ne peut entendre autrement la fin de cet article, qui dit que la disposition est nulle, même à l'égard de l'héritier institué; — Rejette, etc.

Du 7 nov. 1810.-C. C., sect. req.-MM. Cassaigne, rap.-Coste, av.

tués (Cass. 24 juill. 1839) (1). — Décidé également 1° qu'avant le code Napoléon la nullité de la substitution n'entraînait pas celle de l'institution (Paris, 7 therm. an 12, aff. Frion, n° 130); — 2° Que la disposition du code Napoléon qui prononce la nullité de l'institution en même temps que de la substitution n'est pas applicable à une disposition faite anciennement (Rej. 30 mars 1829, aff. Bagnères, n° 203-3°).

232. L'exhérédation prononcée dans un testament contre les héritiers naturels, à la suite d'une disposition qui contient un legs avec substitution des biens du testateur, peut être considérée comme une suite de cette disposition et déclarée pareillement nulle (Paris, 16 déc. 1833, aff. Chamot, n° 67-5°).

233. L'existence d'une substitution n'entraîne pas la nullité de toutes les autres dispositions contenues dans le même acte. Quels motifs invoquions-nous tout à l'heure pour la nullité de l'institution? C'est que, dans la pensée du disposant, elle forme un tout indivisible avec la substitution; c'est que, dans le concours du grevé et du substitué, on ne distingue pas lequel des deux aurait eu la préférence du testateur; c'est qu'enfin le grevé, obligé par sa conscience de restituer, eût pu souvent faire cette restitution contre le vœu de la loi. Ces motifs demandent donc que la substitution ne soit une cause de nullité que pour les dispositions dont elle est une condition. Ainsi notamment les legs purs et simples renfermés dans le testament du substituant recevront leur exécution (Rouen, 24 août 1812, aff. Priet, n° 155; Angers, 7 mars 1822, aff. Hunant, n° 121; Caen, 2 déc. 1847, aff. Soynard, D. P. 49. 2. 84. — V. Conf. MM. Toullier, t. 5, n° 14; Rolland de Villargues, n° 276; Grenier, *loc. cit.*, n° 4; Duranton, t. 8, n° 91; Coin-Delisle, sur l'art. 896, n° 45; Troplong, n° 164; Marcadé, sur l'art. 896, n° 8; Saintespès-Lescot, n° 62). — Et il en serait ainsi dans le cas même où ces legs auraient été mis à la charge du grevé ou de l'appelé. Ils devraient être acquittés dans ce cas par ceux qui recueilleraient les biens compris dans l'institution et la substitution annulée. — V. en ce sens MM. Duranton, t. 8, n° 92; Coin-Delisle, *loc. cit.* — V. aussi Angers, 7 mars 1822, précité.

234. Que dans les biens légués à une même personne il s'en trouve une partie non grevée de la charge de restitution, la nullité n'aura aucun effet quant à cette partie. Pourquoi en serait-il autrement? La portion non grevée n'a-t-elle pas été transmise d'après les règles ordinaires, sans qu'il en puisse résulter aucun des inconvénients signalés pour la prohibition des substitutions? Cette solution, consacrée par la cour suprême (Req. 3 août 1814) (2), est professée par MM. Toullier, *loc. cit.*; Rolland de

(1) (Lasserre C. Condat et préfet des Hautes-Pyrénées.) — LA COUR; — Vu l'art. 2 de la loi du 14 nov. 1792 et l'art. 1 de la loi du 19 avr. 1831; — Attendu qu'il résulte, en fait, de l'arrêt attaqué, que la maison dont la veuve Decams, veuve en premières noces de Potier, a délégué les impôts à Lasserre, demandeur, provenait de la succession dudit Potier, décédé en 1794, et lui avait été léguée par testament authentique de 1782; — Attendu que la cour royale de Pau (par arrêt du 15 nov. 1838) a jugé, en droit, que la dame Decamps n'était pas propriétaire de cette maison, parce que le legs qui lui en avait été fait était grevé de substitution, et, dès lors, frappé d'une nullité absolue; — Attendu que l'art. 2 de la loi du 14 nov. 1792, qui a aboli et déclaré sans effet les substitutions faites avant sa publication, n'a pas annulé l'institution; — Que l'art. 896 c. civ. a, sous ce rapport, introduit un droit nouveau, et ne pouvait recevoir à l'espèce aucune application, puisque le droit de la veuve Decamps était acquis avant sa promulgation; — Attendu qu'en jugeant que Potier n'avait pas transmis par son testament à la veuve Decamps la propriété de la maison qu'il possédait lors de son décès, en retranchant, en conséquence, du cens électoral de Lasserre les impôts assis sur ladite maison, et en ordonnant la radiation de son nom des listes électorales, la cour royale de Pau a faussement interprété et appliqué l'art. 2 de la loi du 14 nov. 1792, a expressément violé les dispositions dudit article et celles de l'art. 1 de la loi du 19 avr. 1831; — Casse.

Du 24 juill. 1839. — C. C., ch. civ. — MM. Portalis, 1er pr. — Thil, rap. — Laplagne-Barris, 1er av. gén., c. conf. — Scribe, av.

(2) *Espèce* : — (Raymond Lassus et cons.) — Raymond Lassus aîné, mort le 9 nov. 1811, avait fait, le 21 déc. 1808, un testament ainsi conçu : — « J'institue pour mon héritier, à l'effet de recueillir le restant de ma future succession, mon frère plus jeune, Maurice Lassus (absent), et, si je lui survis, l'aîné de ses enfants, s'il en a. » — « Et dans le cas où je survivrais à ces héritiers, ou que mon frère Maurice mourût après moi et sans enfant, je déclare que mon intention est que la portion que je leur donne soit recueillie par Raymond Lassus de Lesparre (l'un de ses frères), ou, à son défaut, par l'aîné de ses enfants. »

Le testateur ordonne ensuite que son argent, le produit de ses titres de créance et le prix de ses récoltes, seront placés de concert avec le curateur qui sera nommé à son héritier absent, « afin, dit-il, que si mon héritier ou son procureur constitué se présente, il puisse retirer ses fonds, qui ne sont pas compris dans l'espèce de substitution que j'établis au profit de mon frère de Lesparre, laquelle, tant vis-à-vis de lui que des autres, n'a pour objet que mes biens immeubles. » — Maurice Lassus a survécu au testateur. — Ses frères et sœurs ont soutenu : 1° que son institution était nulle, comme grevée d'une substitution fidéicommissaire; 2° que Raymond Lassus ne pouvait pas profiter de la substitution vulgaire, faite à son profit, parce qu'il n'était appelé par cette substitution que dans le cas où Maurice Lassus, premier héritier institué, décéderait avant le testateur, et que, Maurice lui ayant survécu, la condition de la substitution n'était pas arrivée. — Maurice Lassus est convenu que le fidéicommis dont il était grevé opérait la nullité de son institution, mais seulement à l'égard des immeubles qui seuls étaient substitués. — De son côté, Raymond Lassus prétendait : 1° que Maurice ne pouvait recueillir ni les meubles ni les immeubles, parce que son institution comprenait les uns et les autres, et que, grevée de substitution, elle était nulle pour la totalité; 2° que, suivant les lois et l'autorité des jurisconsultes, une substitution vulgaire, faite pour le cas où le premier héritier institué mourrait avant le testateur, comprend tous les cas où le premier institué n'est pas héritier, et que, Maurice ne pouvant pas recueillir à cause de la nullité de son institution, la substitution vulgaire devait avoir son effet au profit de Raymond.

Le 15 avr. 1813, le tribunal de Bordeaux déclare nulle la substitution fidéicommissaire, et par suite l'institution en faveur de Maurice Lassus, en ce qui concerne les immeubles; maintient cette institution quant au mobilier, et déclare la succession immobilière dévolue à Raymond Lassus de Lesparre, et la succession mobilière à Maurice, attendu, pour ce qui concerne la succession immobilière, que la substitution vulgaire, d'après tous les principes, s'étend d'un cas à un autre.

Appel, et le 21 août 1813, la cour de Bordeaux maintient la disposition du jugement qui accordait à Maurice la succession mobilière, mais réforme la disposition qui adjugeait les immeubles à Raymond Lassus : — Attendu « que les termes du testament de Lassus aîné expriment clairement que la substitution fidéicommissaire qui y est établie ne porte que sur les immeubles de l'hérédité; que ce sont les immeubles seulement que Maurice Lassus, héritier institué, était chargé de rendre, et qu'il devait recueillir la libre propriété des effets mobiliers; — Que la substitution prohibée par la loi ne rend nulle que la disposition à laquelle elle se rapporte, et que ne pouvant atteindre la disposition des effets mobiliers, elle ne doit mettre aucun obstacle à ce que cette disposition reçoive son exécution quant au mobilier que l'héritier n'est pas chargé de remettre; que les principes de la législation nouvelle permettent de diviser l'institution d'héritier, de la maintenir en ce qui est conforme aux dispositions de la loi, en même temps qu'elle est annulée en ce qui lui est contraire; que la disposition par laquelle le testateur a donné des biens dont il ne pouvait pas disposer, et a disposé de ceux qu'il pouvait donner, n'est pas nulle pour le tout, mais seulement susceptible de réduction; que de la même manière, en grevant des biens de la charge de les rendre, en donnant les autres en pleine propriété par une même institution, cette institution ne doit pas être annulée pour la totalité, mais seulement réduite aux biens dont elle a transmis à l'institué une propriété libre; — Que Raymond Lassus, appelé à recueillir l'hérédité par une institution au deuxième degré, n'y était appelé que dans le cas où Maurice Lassus serait mort avant le testateur; que ce cas n'est pas arrivé; que le testateur n'a pas prévu que Maurice Lassus serait empêché, par la disposition de la loi, de recueillir ses immeubles; qu'il ne pouvait pas le prévoir, lorsqu'il faisait une substitution qui, par la prohibition de la loi, annulait sa disposition; déclarer que, dans ce cas, Raymond est appelé à l'effet de l'institution, c'est substituer à la volonté du testateur qu'il a exprimée une autre volonté qu'il n'a pas manifestée, et qu'il ne pouvait pas avoir, puisqu'il ne prévoyait pas l'événement que lui-même a fait naître sans le savoir; que la loi investit de son autorité la volonté du testateur pour la faire exécuter, mais que la justice ne peut pas mettre à la place d'une volonté écrite une volonté présumée; que si l'intention du testateur n'est pas clairement exprimée, on peut, par des conjectures, la découvrir et l'interpréter, mais que c'est toujours la volonté du testateur qu'il s'agit d'exécuter; qu'on ne peut pas ajouter un cas qui n'est pas prévu à celui qui est écrit dans le testament; car, pour le cas non prévu, on ne sait pas quelle eût été l'intention du testateur. »

Pourvoi de Raymond Lassus pour contravention à l'art. 896 c. civ. et aux principes qui régissent les substitutions vulgaires. — Arrêt.

LA COUR; — Attendu qu'en déclarant, d'une part, que le testament de Raymond Lassus aîné ne contenait point de substitution fidéicommissaire à l'égard de la succession mobilière; d'autre part, que le cas d'annulation de l'institution par lui faite à l'égard de ses immeubles n'avait pas été prévu, et qu'il n'avait appelé le demandeur par cette

Villargues, n° 277; Merlin, Rép., v° Subst. fidéicomm., sect. 1, § 14, n° 5; Duranton, t. 8, n° 88; Troplong, n° 165; Marcadé, *loc. cit.*; Saintespès-Lescot, *loc. cit.*

M. Coin-Delisle, sur l'art. 896, n° 44, trouve cette décision trop absolue. Selon cet auteur, il y aurait lieu de distinguer suivant la manière dont la charge de conserver et de rendre se trouverait liée à la disposition principale. C'est qu'en effet plusieurs hypothèses peuvent se présenter. Le testateur peut avoir dit, par exemple : « Je lègue tous mes immeubles et mes meubles à Paul, à la condition de conserver et de rendre les meubles seulement à Pierre. » Il peut avoir dit aussi : « Je lègue mes immeubles à Paul, à la charge d'en rendre à sa mort la moitié à Pierre. » Dans ces deux cas, M. Coin-Delisle est d'avis que la disposition tout entière doit être annulée. « Dès que la charge de rendre, dit-il, vicie la disposition par laquelle elle est imposée, il semble peu important que cette charge soit égale à la disposition qui l'établit ou qu'elle soit moindre. » En décidant autrement, on s'expose à altérer la volonté du testateur. Qui oserait affirmer que le testateur aurait donné à Paul une portion de ses biens s'il avait pensé que l'autre portion ne parviendrait pas à Pierre? D'ailleurs, il n'y a, dans les hypothèses qui précèdent, qu'une disposition unique; or l'art. 896 annule *la disposition*, et ce serait s'écarter de son texte que d'en laisser subsister la partie qui excéderait la charge. — Mais il peut se faire que le testateur ait commencé par léguer ses immeubles à Paul, et qu'il lui ait ensuite légué ses meubles à la charge de les rendre à Pierre lors de son décès; dans ce cas, le premier legs, étant indépendant de la substitution, ne peut recevoir d'elle aucune atteinte. Il peut se faire encore que le testateur ait légué ses immeubles à Paul, et que, par une autre disposition du même testament, il lui ait imposé la charge de rendre à Pierre, lors de son décès, la moitié seulement desdits immeubles. Dans ce cas, la substitution n'annulera dans la disposition principale qu'une quantité égale à la quantité substituée, parce que, le tout étant d'abord donné absolument et sans charge, l'imposition d'une charge après coup ne peut enlever à la première disposition son caractère absolu et parfait que jusqu'à concurrence de ce qui est nécessaire pour satisfaire à la restriction nouvelle. — V. aussi dans la Thémis, t. 6, p. 35, un article de M. Meyer.

235. Si, dans un même testament, il y avait au profit de la même personne d'abord une disposition pure et simple, puis une disposition conditionnelle renfermant substitution, la nullité de cette dernière disposition n'entraînerait pas la nullité de la première (Agen, 15 déc. 1811) (1). C'est une conséquence des principes énoncés ci-dessus. Elle est approuvée par M. Rolland de Villargues, n° 276.

236. Il peut arriver que la substitution et l'institution dépendent l'une de l'autre, quoique renfermées dans deux actes séparés. La nullité simultanée n'en doit pas moins être prononcée. —Exemples : 1° Un premier testament contient l'institution ou le legs; cette libéralité est grevée de substitution par un second testament. Le testateur était maître de modifier sa précédente disposition. La condition qu'il vient d'y apposer n'est pas moins obligatoire que si elle avait été insérée dans le premier acte. — 2° Que des biens aient été donnés par acte entre-vifs; que le donataire accepte plus tard une libéralité, faite sous la condition que ces biens seront grevés de restitution; les deux libéralités devenant indivisibles, l'une étant la condition de l'autre, elles seront en même temps

---

substitution vulgaire que pour le cas arrivé où Dominique-Maurice Lassus ou l'aîné de ses enfants le prédécéderaient, la cour de Bordeaux n'a fait qu'interpréter ledit testament, et qu'elle n'a pas donné ouverture à la cassation par l'exercice du pouvoir que la loi lui déférait exclusivement à cet égard; que, d'après l'interprétation dudit testament ainsi déterminée, l'arrêt attaqué s'est conformé au vœu de l'art. 896 c. civ., et ne pouvait en étendre l'application à l'institution libre du fidéicommis sans violer les règles de droit sur l'autorité des dispositions testamentaires non prohibées par la loi, et qu'il a pareillement appliqué sainement le vœu des lois, et particulièrement celui de l'art. 1040 c. civ. sur les dispositions testamentaires; — Rejette.

Du 5 août 1814.-C. C., sect. req.-MM. Lasaudade, pr. d'âge.-Borel, r.

(1) *Espèce* : — (Hérit. Fabré C. Bergonnioux.) — Le 8 oct. 1808, Fabré, par testament, donna à Marie Bergonnioux, son épouse, tous les biens dont la loi lui permettait de disposer, déclarant que si elle venait à accoucher d'un ou plusieurs enfants, le legs demeurerait réduit à la moitié de l'usufruit des biens donnés. Il ajouta : « Je veux encore qu'au cas seulement où l'enfant ou les enfants dont madite épouse pourrait accoucher, provenant de notre union, viennent à décéder sans pouvoir disposer de leurs biens, le premier legs ci-dessus par moi fait à madite épouse, sorte son plein et entier effet dans toute son intégrité. » — Après le décès du testateur et de son épouse, qui recueillit les biens, les parents du testateur ont demandé l'annulation du testament, comme renfermant une substitution prohibée. — Ils ont fait observer que le testateur avait voulu que, dans le cas où les enfants viendraient à décéder sans avoir pu disposer des biens donnés, son épouse les recueillît en totalité; qu'ainsi, à l'égard des enfants, cette disposition renfermait l'obligation de conserver et de rendre. — Bergonnioux, héritier de la dame Fabré, sa sœur, a répondu par les motifs du jugement qui suit.

Jugement qui déclare le legs valable, attendu qu'il ne faut pas confondre dans le testament dont est question deux dispositions bien distinctes et séparées : la première, par laquelle le testateur lègue à Marie-Jeanne Bergonnioux, son épouse, la partie disponible de ses biens, réductible à l'usufruit de la moitié desdits biens, en cas de survenance d'enfant; et la seconde, par laquelle il veut que, dans le cas où les enfants dont sa femme viendrait à accoucher décéderaient sans pouvoir disposer, le premier legs qu'il lui a fait de la portion disponible sorte son plein et entier effet; — Qu'il est évident que la première de ces deux dispositions est pure et simple, sans mélange d'aucune espèce de substitution; — Que la seconde présente plus de difficultés; qu'il est bien certain qu'en vertu de cette disposition, l'épouse du testateur aurait pu recueillir les biens de son mari, sans les tenir immédiatement de ses mains, *putà*, s'il y avait eu des enfants qui lui eussent survécu, et qui eussent décédés sans pouvoir disposer, parce qu'ils n'auraient pas eu l'âge ou la capacité nécessaires, ou bien qui, pouvant disposer, ne l'auraient pas fait; en quoi l'ordre naturel des successions, quant à la portion des biens attribuée par la loi à la ligne paternelle, aurait été changé; — Que cependant on ne rencontre pas dans cette disposition les principaux caractères des substitutions admises par le même droit; — Que la substitution pupillaire, ainsi que la compendieuse, cessent de plein droit, l'une à la puberté de l'institué, et l'autre à l'époque fixée par le testateur, après la puberté, tandis que la vocation de Marie Bergonnioux n'avait de terme nécessaire que la mort de ses enfants; — Que la substitution exemplaire suppose l'existence, à l'époque du testament d'un enfant privé de sens ou frappé de quelque autre incapacité légale, ce qui ne se rencontre pas dans l'espèce; — Que le principal caractère de la substitution fidéicommissaire est la charge imposée à l'institué de rendre l'hérédité à un tiers désigné par le testateur, ou tout au moins la transmission nécessaire à ce tiers, en telle sorte qu'il ne dépende pas de l'institué de le priver du droit de recueillir après lui l'hérédité; — Que, dans l'espèce, Marie Bergonnioux est bien appelée à recueillir, après ses enfants, la portion disponible des biens de son mari; mais que sa vocation est subordonnée au cas où ceux-ci n'auraient pas usé de la faculté que leur laisse le testateur de disposer en faveur de tout autre; — Qu'au surplus, dans la supposition où la disposition dont s'agit renfermerait une substitution quelconque en faveur de la dame Bergonnioux, il n'est pas douteux que cette substitution serait de nul effet, comme prohibée par l'art. 896 c. civ.; mais que cet article laisserait toujours subsister la première disposition par laquelle André Fabré a légué à sa femme la portion disponible de ses biens, disposition évidemment pure, simple et entièrement indépendante de la seconde; — Qu'en effet, une disposition n'est pas nulle, parce que dans l'acte qui la contient, se trouve une autre disposition prohibée par la loi; qu'en matière de disposition testamentaire, l'art. 900 se borne à réputer non écrites les conditions contraires aux lois; — Que l'art. 896 a consacré une exception à ce principe, en frappant de nullité non-seulement les substitutions, mais encore, dans certains cas, les institutions qui s'y trouveraient rattachées, et qui, sans cela, auraient été valables; — Mais qu'il ne faut pas donner à cette disposition exorbitante du droit commun une extension qu'elle n'a pas; qu'il est remarquable que cet article n'a pas frappé l'institution toutes les fois qu'elle se trouverait liée à une substitution, mais seulement dans le cas où l'institué serait chargé de rendre l'hérédité à un tiers; — Que le législateur n'a pas voulu placer l'héritier grevé entre son intérêt qui le porterait à grever ses biens, et sa conscience qui lui prescrirait de les rendre; qu'il n'a pas voulu surtout en réunir sur sa tête la propriété à l'usufruit contre la volonté du testateur; que, dans l'espèce, la lettre et le motif de la loi sont inapplicables à la première disposition d'André Fabré, puisqu'il a légué à sa femme la propriété avec l'usufruit, puisqu'il ne l'a point chargée de rendre, et que, par conséquent, elle pouvait retenir les biens et en disposer librement sans blesser sa délicatesse et sa conscience; — Que cette disposition doit d'autant plus sortir à effet, que le cas pour lequel elle a été faite (le décès du testateur sans enfants) étant arrivé et le seul arrivé, les dispositions ultérieures sont caduques et comme non écrites. » — Appel des héritiers Fabré. — Arrêt.

La cour; — Adoptant les motifs, confirme, etc.

Du 15 déc. 1811.-C. d'Agen.

annulées, comme si le même acte les avait contenues dès l'origine (c. nap. 1052; MM. Rolland de Villargues, n° 275; Saintespès-Lescot, n°s 61 et 64). — Jugé, dans le sens de cette opinion, que dans le cas où un legs fait par un premier testament est ensuite grevé de substitution fidéicommissaire par un second acte testamentaire, il y a lieu d'annuler à la fois ces deux dispositions, qui doivent être réputées ne former qu'un seul tout indivisible à l'égard du légataire grevé (Rej. 21 juin 1841, aff. Schwartz, n° 57-2°).

237. Mais que la substitution se rattache seulement à l'institution d'héritier, et qu'un legs ait été antérieurement fait à l'institué, l'un pourra, selon les circonstances, subsister sans l'autre. — La loi 16, C., *De fideicommiss.*, renferme une décision de Papinien, qui nous semble, comme à M. Rolland de Villargues, n° 279, pouvoir encore servir de règle. Le testateur aura chargé l'héritier institué, à qui des prélegs avaient été faits, de rendre après sa mort tout ce qui lui est provenu de l'hérédité, *quidquid ex hæreditate ad eum pervenerit*; les legs précipuaires seront compris dans le fidéicommis, si l'on ne prouve que l'intention du testateur a été de les excepter, *si quas... probationes habes ad commendandam hanc patris voluntatem, quam fuisse adseveras.*

238. Il ne suffit pas que les deux dispositions qui concourent soient une dépendance l'une de l'autre pour qu'on doive les envelopper dans la même nullité; il faut encore que toutes deux soient conçues dans des formes valables, et ne soient pas nulles pour autre cause que la prohibition, pour un vice quelconque de forme ou de fond. — Développons ce second principe, en l'appliquant d'abord à la substitution, ensuite à l'institution même.

239. La substitution nulle en soi et à part toute prohibition n'entraînera pas la nullité de la disposition principale. — M. Rolland de Villargues, n° 279, cite, à l'appui de cette solution, la maxime : *Quod nullum est nullum producit effectum;* maxime passée en jurisprudence, et reproduite par la loi 5, Cod., *De legib.*, selon laquelle les actes nuls sont réputés n'avoir jamais existé. Dunod dit aussi, dans son Traité des prescriptions, p. 67 : « La loi qui en a prononcé d'avance la nullité les réduit à un pur fait qui ne produit aucun droit, aucune action, aucune exception : *Actus merifacti, sine ullo juris effectu, ne nomine quidem contractus digni*, selon les expressions de d'Argentrée, p. 1368, n° 9. » — V. également en ce sens MM. Saintespès-Lescot, n° 65; Troplong, n° 167.

240. Mais la nullité de la substitution peut venir d'abord d'un vice de forme. Tel serait le cas d'un second testament, nul pour cette cause, et qui grèverait de substitution la libéralité contenue dans un premier testament. La substitution alors n'est pas même censée exister. — Les formes qui peuvent manquer et dont l'omission emporterait nullité sont la compétence du notaire, la capacité des témoins, la date ou la signature, etc., tout ce qui enfin est nécessaire à l'authenticité de l'acte. — V. Conf. M. Saintespès-Lescot, n° 65.

241. La substitution sera nulle pour vice du fond, si elle est faite, par exemple, au profit d'une personne qui était incapable de recevoir du testateur, au profit d'une personne incertaine, etc. Dans ce cas, la clause serait réputée non écrite, aux termes de l'art. 900 c. nap., et la disposition principale serait maintenue. C'est ce qu'enseignent aussi MM. Rolland de Villargues, n° 327, et Saintespès-Lescot, *loc. cit.*

242. La disposition principale devrait être maintenue si le substitué était décédé avant le testateur. Dans ce cas, en effet, au moment où s'ouvrent les droits conférés par le testament, il n'y a plus de substitution, puisque le substitué n'existe plus; l'institution principale subsiste seule, et rien ne s'oppose à ce qu'elle reçoive son effet. — Il a été décidé, en ce sens : 1° qu'un testament fait sous l'ancienne législation, contenant une substitution fidéicommissaire, n'est pas nul quoique le testateur soit décédé depuis le code Napoléon, si la personne substituée était décédée avant le testateur (Grenoble, 3 juill. 1810) (1); — 2° Qu'un testament qui contient plusieurs substitutions, et dont l'auteur est décédé postérieurement au code Napoléon, est valable, lorsque ceux en faveur de qui elles avaient été faites viennent à décéder avant le décès du testateur, ou n'existent pas au moment de ce décès, et qu'ainsi il y a impossibilité physique que l'ouverture de la substitution se réalise jamais (Agen, 12 août 1811) (2); — 3° Que le testament par lequel une femme institue son mari héritier universel de ses biens, est valable, bien qu'il renferme la clause de conserver et de rendre à ses posthumes, si à l'époque de l'ouverture de sa succession elle était sans postérité (Req. 3 déc. 1812) (3).

(1) (Vincent C. Doncieux-Chauvin.) — LA COUR; — Considérant qu'en chargeant sa mère d'une substitution en faveur d'Emilie Chauvin, sœur du testateur, celui-ci n'a pu contrevenir à l'art. 896 c. civ., qui n'existait pas encore, et qu'on ne peut pas dire qu'il ait eu l'intention d'y contrevenir en laissant subsister son testament après la publication du code, attendu que, longtemps avant, la substitution était devenue caduque, par le prédécès d'Emilie, substituée à sa mère, qui, par ce prédécès, était devenue, soit par la disposition de la loi, soit par l'intention du testateur, héritière pure et simple; qu'ainsi le testament de Chauvin ne peut recevoir aucune atteinte par le code civil, n'existant aucune contravention à ce code, ni au temps de la confection de ce testament, ni au temps de la mort du testateur; — Ordonne que le testament dont il s'agit sera exécuté.

Du 3 juill. 1810.-C. de Grenoble.-M. Barral, 1er pr.

(2) *Espèce* : —(Lamothe C. Beffara.)—Jeanne Lamothe, par son testament du 28 sept. 1782, «institua pour ses héritiers généraux et universels Jean Beffara, son mari, et Jeanne Rougié, sa belle-sœur, pour, par eux, jouir conjointement de son hérédité, immédiatement après son décès; voulant que le survivant desdits héritiers jouît de son entière hérédité après le décès du prémourant, et que ce dernier rendît l'hérédité à un des posthumes de la testatrice et à tel que bon lui semblerait, et, au cas où lesdits posthumes viendraient à décéder avant les héritiers institués, que le survivant desdits héritiers disposât de l'hérédité à ses plaisirs et volontés, etc. »

Jeanne Lamothe décéda après promulgation du code civil, mais sans laisser de postérité; un enfant dont elle était enceinte, lorsqu'elle avait fait son testament, n'était pas né viable, et elle n'en avait point eu d'autre. D'un autre côté, Jeanne Rougié, belle-sœur de la testatrice, était décédée longtemps avant elle; en telle sorte qu'à l'époque du décès de Jeanne Lamothe il ne restait plus dans son testament qu'une simple institution en faveur de Jean Beffara.

Après ce décès, les héritiers légitimes de la testatrice voulurent recueillir sa succession, prétendant que le testament en vertu duquel ils s'étaient mis en possession était vicié par deux substitutions prohibées également par les lois de 1792, auxquelles avait survécu la testatrice, et par le code civil, sous l'empire duquel elle était décédée.

Ce système fut repoussé par jugement du tribunal de Gourdon, le 20 juill. 1809. — Appel de la part des héritiers Lamothe. — Arrêt.

LA COUR;—Attendu que le mari et la belle-sœur étant institués conjointement, il existait entre eux une substitution vulgaire; qu'un des institués étant décédé avant la testatrice, la substitution réciproque est devenue caduque dès ce moment, et que le survivant a recueilli l'entière institution par l'effet de la substitution vulgaire maintenue par l'art. 898 c. civ.;—Attendu que si la testatrice avait entendu, par le mot de *posthume*, les enfants qui naîtraient après son testament et qui vivraient à son décès, cette disposition est devenue caduque, lorsqu'à son décès il n'existait aucun de ces enfants, et qu'à cette époque le tiers auquel l'héritier aurait dû rendre, n'existant pas, l'art. 896 n'était pas applicable; que si la testatrice eût entendu, par posthumes, les enfants qui naîtraient d'elle, après son décès, la disposition aurait été dérisoire et impossible et ne vicierait pas l'institution, puisqu'on ne peut entendre par posthume que l'enfant qui vient au monde après le décès de son père; que, dans ce cas, on ne pourrait pas voir un tiers auquel l'institué doive rendre, ce tiers n'ayant jamais existé ni pu exister, et l'institué ayant été directement et irrévocablement suivi par le décès de la testatrice, sans que sa propriété fût subordonnée à aucun événement futur; qu'ainsi, dans cette hypothèse, il ne peut pas y avoir lieu au surplus de l'application de l'art. 896; — Met l'appel interjeté par les parties de Gladi au néant.

Du 12 août 1811.-C. imp. d'Agen.-MM. Bergognié, pr.-Lébé, av. gén., c. conf.-Gladi et Pouydebat, av.

(3) (Caissac C. Beffara.)—LA COUR;—Attendu, en fait, que s'il est vrai que le testament dont il s'agit contient des substitutions fidéicommissaires, il est vrai aussi, 1° qu'à l'époque dans laquelle ce testament a été fait, les substitutions fidéicommissaires étaient permises; que tous les héritiers substitués étaient prédécédés lors de l'ouverture de la succession, et même lors de la publication des lois abolitives du fidéicommis; — Attendu, en droit, que les substitutions autorisées par les lois lors de la confection du testament et devenues caduques lors de l'ouverture de la succession, et même lors de la publication des lois abolitives des fidéicommis, devaient être censées comme non écrites; qu'ainsi elles ne pouvaient point annuler l'institution de l'héritier, et vicier le testament à la validité duquel *media tempora non nocent*, et que par conséquent, en adoptant ces principes, l'arrêt attaqué n'a ni violé l'art. 896

243. Maintenant considérons la nullité de l'institution elle-même dans son influence sur la substitution. Celle-ci peut-elle valoir, au moins comme disposition principale, lorsque l'institution est nulle? — L'affirmative est soutenue par Furgole (Quest. sur les donat., quest. 5, nos 11 et suiv.), MM. Merlin (Quest. de dr., vo Stipulation pour autrui) et Rolland de Villargues (nos 30 à 33 et 288). — Leurs arguments sont puisés dans la nature même de la substitution. Ils la regardent d'abord comme une seconde donation, vraiment indépendante de la première. En effet, disent-ils, toute charge imposée à un donataire, héritier institué ou légataire, de rendre ou de donner quelque chose à un tiers, renferme une donation à ce tiers. L'action du tiers, en vertu de la charge, n'a d'autre fondement que la volonté du donateur : *juxta donatoris voluntatem*, porte la loi 3, C., *De donat.* Cette charge est révocable jusqu'au jour de l'acceptation (c. nap. 1121), et l'on sait, remarque Furgole, *loc. cit.*, que la faculté de cette révocation est une des règles essentielles qui gouvernent les donations. Peu importe que la substitution doive ne s'ouvrir qu'après le décès du grevé ; les donations peuvent être faites *ad certum tempus*. Cujas (C., *De donat. quæ sub modo*), le président Fabre (*De errorib. Pragmat.*, déc. 47, err. 7, no 5) et Pothier (des Obligat., no 73) caractérisent de la même manière la substitution, la qualifient une *seconde donation, principale* comme la première. Dès lors, ajoute-t-on, la substitution doit avoir son effet, l'institution fût-elle nulle : car un même acte peut renfermer des dispositions nulles et d'autres valables, si elles concernent des personnes différentes et que la nullité ait une cause relative, comme serait le défaut d'acceptation du premier donataire.

Voulût-on réputer la substitution un *accessoire* de la disposition principale, on arriverait encore à la même solution : 1o Si l'on invoquait la maxime posée par la loi 129, § 1, ff., *De reg. jur.*, et selon laquelle le principal n'est point détruit sans l'accessoire, on répondrait par la loi 178 du même titre, qui reproduit la même règle avec le correctif *plerumque* : ce qui exclut l'idée d'une nécessité rigoureuse, pour n'exprimer qu'un fait commun le plus usité. — 2o Tiraqueau (du Retrait lignager, § 1, glos. 18, no 59) cite une foule de docteurs qui pensent avec lui que l'accessoire ne suit pas la nature du principal, lorsqu'il y a diversité de raison, *cùm ratio utriusque diversa est.* C'est justement ce qui se rencontre dans l'espèce : telle forme qui manque à l'institution se trouve dans la substitution. Le vice n'est que relatif. — 3o Deux exceptions sont encore proposées par les docteurs à la règle commune : la première, pour le cas où l'accessoire peut se soutenir lui-même, *quando accessorium per se stare potest* ; la deuxième, lorsqu'il est également principal, *æque principale*. Que la substitution forme une seconde disposition principale, c'est ce que nous venons de démontrer. Ne fût-elle qu'accessoire, rien ne l'empêcherait de subsister indépendamment de l'autre donation. — C'est ainsi qu'à Rome la caducité du legs n'emportait pas celle du fidéicommis ; c'est ainsi que les substitutions et autres clauses du testament conservaient leur effet, bien que l'institution fût anéantie pour cause de prétérition ou d'exhérédation injuste. — Objecterait-on que, le donataire étant chargé de rendre au substitué, celui-ci ne saurait recevoir des mains d'un autre? Mais qu'a voulu en définitive le substituant? Qu'après tel événement prévu les biens fussent transmis au second institué ; son vœu s'accomplira indépendamment de l'acceptation du premier donataire (L. 3, C., *De donat. quæ sub modo*). Il serait injuste, par exemple, que le refus ou l'incapacité de l'un empêchât l'autre d'accepter la libéralité qui le concerne particulièrement, et qui est distincte de celle répudiée ou caduque. — La substitution, en tout cas, ne pouvant, à défaut d'une institution régulière, valoir que comme institution, aucun des inconvénients qui se sont offerts à la pensée des auteurs de l'art. 896 ne sera la conséquence de notre doctrine. — Les raisons que nous venons d'exposer à l'appui de cette doctrine sont développées par Furgole, et reproduites par M. Rolland de Villargues, *loc. cit.*

244. La substitution se soutiendra encore comme seconde donation, lors même que la nullité de l'institution viendra d'un vice du fond. Le grevé est incapable, le substitué capable. L'institution sera nulle, et la substitution valable. — Voici une espèce qui a été proposée à M. Rolland de Villargues, no 289 : Un père avait institué son enfant naturel, avec charge de restitution, pour la totalité de ses biens ; la loi ne lui permettait d'en donner que la moitié. M. Rolland décida que la substitution vaudrait pour la portion de biens que l'enfant naturel était incapable de recevoir, et dont il ne pouvait, par conséquent, être grevé. « La donation, dit-il, étant déclarée nulle, doit être considérée comme n'ayant jamais existé, et la substitution est isolée de la donation. »

245. Il suit du même principe que la caducité des legs ne porte aucune atteinte aux substitutions qu'ils contiennent. C'est ce qui arrive quand le légataire décède avant l'exécution du testament (c. nap. 1039) ou l'accomplissement de la condition sous laquelle il a été gratifié (*ibid.* 1040) ; quand il refuse ou qu'il est incapable d'accepter le legs. — La même décision est, dans le droit romain, modifiée par une distinction qui n'est plus conforme à nos usages ; il n'en était pas de l'institution comme des legs : l'institution servait de base à tout le testament, *caput et fundamentum totius testamenti* (L. 61, § 1, ff., *De legat.* 2o). Sa caducité entraînait donc nécessairement celle des fidéicommis comme de toutes les autres dispositions testamentaires. — Thévenot, chap. 83, et Pothier, p. 477, attestent aussi que notre ancienne jurisprudence validait les fidéicommis attachés aux legs nuls, et même dans les pays coutumiers on attribuait de semblables effets aux fidéicommis dépendants d'institutions d'héritier. — C'est la doctrine qu'enseignent encore MM. Toullier, t. 5, no 795, et Rolland de Villargues, no 290.

246. Un testateur a formellement prévu le cas où l'une des deux dispositions serait attaquée, comme renfermant une substitution : il a statué que dans ce cas l'institution seule aurait ses effets, donnant ainsi une préférence manifeste au grevé sur le substitué. — L'institution alors doit être maintenue : on ne doute plus de l'intention du testateur ; les deux dispositions ne sont plus indivisibles dans sa pensée. C'est l'opinion de M. Rolland de Villargues, no 293 : elle a été confirmée par un arrêt (Paris, 3 mars 1820) (1). — M. Duranton s'élève contre cet arrêt, t. 8,

---

c. nap., ni faussement appliqué l'art. 888 du même code ; — Rejette. Du 5 déc. 1812.-C. C., sect. req.-MM. Henrion, pr.-Lasagni, rap.

(1) *Espèce* : — (La veuve Bourguignon C. la demoiselle Hermel.) — Le 20 mai 1815, testament olographe du sieur Bourguignon, dans lequel on lit une disposition ainsi conçue : « Je donne à la demoiselle Félicité Hermel 12,000 fr. qui ne lui seront remis que pour se marier ou prendre un état quelconque ; je laisse seulement le droit à mes héritiers de les payer de suite, s'ils le désirent ; jusqu'au remboursement, à partir de mon décès, il lui sera payé une rente de 600 fr. par an, de trois mois en trois mois. — Si la demoiselle Hermel mourait sans postérité, la somme de 12,000 fr. restera à mes héritiers ou représentants, comme il est expliqué d'autre part en tout et pour tout. » — Le testateur décède en 1816 ; la demoiselle Hermel demande la délivrance de son legs au mineur Bourguignon, son héritier sous bénéfice d'inventaire. — La veuve Bourguignon, mère et tutrice de ce dernier, a contesté cette demande, et a prétendu que le legs devait être déclaré nul, soit parce qu'il présentait une substitution prohibée, soit parce que les forces de l'hérédité étaient absorbées et au delà par les dettes du défunt, constatées par l'inventaire. — Le 24 avril 1819, le tribunal de la Seine déclare le legs valable, « Attendu que, si l'art. 13 du testament du sieur Bourguignon contenant, au profit de la demoiselle Hermel, un legs de 12,000 fr. et le legs de pareille somme qui y est ajouté par le codicille, présentent, par la manière dont ils sont rédigés, une disposition avec charge de substitution, laquelle disposition devrait, aux termes de l'art. 896 c. civ., être déclarée nulle, cependant le testateur ayant terminé ledit art. 13 par ces expressions : *La somme de 12,000 fr. restera à mes héritiers ou représentants, comme il est expliqué des autres parts, en tout et pour tout*, il devient nécessaire, pour connaître l'intention du testateur et apprécier l'effet qu'elle doit avoir, de consulter les dispositions de même nature qui précèdent celles faites au profit de la demoiselle Hermel ; que, remontant des unes aux autres jusqu'à la première qui renferme le legs de 50,000 fr. fait par le testateur au profit de l'enfant de la dame Dest..., et sous la même charge de substitution et retour en faveur de ses héritiers, et d'une pension viagère au profit de la mère, à payer, au cas de retour, par les héritiers, on lit à la fin de cette disposition ces termes : « Et dans le cas où l'on prétendrait que je n'aie pu assurer le droit de retour à mes héritiers, et que, de fait, d'une manière ou d'une autre, le droit de retour n'aurait pas lieu, audit cas je dégage expressément mon hérédité de toute pension envers la mère, n'entends donner et ne donne en effet pour elle et son fils que la somme de 50,000 fr. ci-dessus fixée, lors de l'établissement ; » que ces termes expriment clairement l'intention du testateur de révoquer la substitution jointe à

nº 94 : « Il est clair, dit-il, que c'était rendre sans intérêt à se plaindre de la substitution ceux-là mêmes dans les mains desquels la loi a précisément voulu placer l'action pour l'attaquer. C'est assurer, en quelque sorte, le succès aux substitutions prohibées; car cette clause pourrait devenir de style dans les actes, et le vœu de la loi serait facilement éludé. » Mais il restera d'autres moyens que l'action des héritiers du substituant pour faire annuler la substitution; quand le second institué demandera les biens grevés de restitution, les héritiers du donataire principal attaqueront le titre en vertu duquel il réclame; les biens ne seront pas rendus; les tribunaux, sans aucun des inconvénients produits par les substitutions, maintiendront l'institution seule en se référant à la clause du testament. — On conçoit que la solution doit être la même, si la préférence a été donnée par cette clause, non à l'institution, mais à la substitution : c'est cette dernière disposition qui seule sera confirmée.

247. Une substitution prohibée est susceptible de ratification, en ce sens que celui qui a le droit d'en demander la nullité peut y renoncer, soit expressément, soit tacitement, par suite d'exécution volontaire (Montpellier, 24 mars 1841, rapporté avec Req. 18 avril 1842, aff. Cabrolier, V. nº 259).

248. Les juges pourraient-ils d'office suppléer le moyen tiré de la nullité de la substitution? Il faut distinguer, d'après la nature des conclusions prises par les parties. A-t-on demandé la nullité, mais par d'autres moyens? Les juges suppléeront le moyen omis (L. uniq., C., *Ut quæ des. adv. part. jud. suppl.*). Aucune action en nullité n'a-t-elle été formée? il n'y a plus de moyen à suppléer, ou les juges prononceraient sur choses non demandées, alloueraient plus qu'il n'a été réclamé : deux cas de requête civile (c. pr. 480). C'est ce qu'enseignent MM. Merlin, Quest. de dr., vis Conclusions du ministère public, § 2; Substitut. fidéicommis., § 4; Berriat-Saint-Prix, Cours de procédure, 3e édit., p. 407 et 408; Rolland de Villargues, nº 294.

249. Lorsqu'un testament contient une substitution prohibée et une substitution fidéicommissaire pour le cas où la première ne vaudrait pas, la nullité de la première n'entraîne pas la nullité de la seconde si cette dernière n'est pas prohibée par la loi (Turin, 29 déc. 1810, aff. Barra *C.* Mangiardi).

250. Lorsqu'un tiers a été appelé par le testateur à recueillir les biens, à la place de l'institué, pour le cas où l'institué mourrait avant le testateur, sa vocation ne lui profite pas si l'institué a survécu, mais qu'il soit dans l'impuissance de recueillir les biens, à raison, par exemple, de la nullité de son institution, comme grevée de substitution fidéicommissaire; ici la substitution vulgaire ne doit point s'étendre du seul cas prévu à un autre; du moins les juges ont le pouvoir de le décider ainsi, par interprétation du testament, sans s'exposer à la censure de la cour suprême (Req. 3 août 1814, aff. Raymond Lassus, nº 234).

ART. 4. — *De la preuve des substitutions prohibées.*

251. La substitution prohibée peut-elle s'établir hors l'acte qui contient la donation, l'institution ou le legs? Telle est la question à résoudre. — Il faut d'abord bien distinguer la substitution prohibée de ce qu'on appelle un fidéicommis tacite. Sous ce nom est particulièrement désignée toute disposition faite à une personne interposée, avec charge de rendre les biens à un tiers, déclaré incapable. De tels fidéicommis se prouvent par toute espèce de moyens. Le droit romain, qui en adjugeait le profit au fisc, se montrait un peu plus sévère dans le choix des preuves que notre ancienne jurisprudence, qui faisait profiter de la nullité les héritiers du disposant. Un billet, une contre-lettre et autres preuves *très-manifestes* sont les moyens indiqués par la loi 3, § 3, ff., *De jur. fisci.* Des témoins et des présomptions suffisaient dans notre ancien droit (Furgole, des Testaments, chap. 7, sect. 3, nº 364; le Nouveau Denisart, vº Fraude), et suffiraient encore s'il s'agissait de constater une contravention à l'art. 911 c. nap., qui déclare nulle toute disposition au profit d'un incapable, déguisée sous le nom de personnes interposées. C'est ce que pensent aussi, sans hésiter, MM. Toullier, t. 5, nº 77; Grenier, t. 1, nº 136; Rolland de Villargues, nº 295. La fraude se découvre par tous les genres de preuve (c. nap. 1353). — Il a été jugé en ce sens : 1º que le fidéicommis tacite au profit d'un incapable peut être prouvé par témoins et par présomptions (Req. 2 juill. 1839, aff. Ville-Teynier, vº Disp. entre-vifs et test., nº 321); — 2º Que cette preuve peut être, sur la demande de l'héritier légitime, faite contre le légataire par interrogatoire sur faits et articles (Rej. 18 mars 1818, aff. Cognac, V. Interrog. sur faits et articles, nº 22-2º).

252. Il faut remarquer encore qu'à la différence du fidéicommis au profit d'incapables, est valable celui, quoique également tacite, qui a pour but de transmettre les biens à une personne capable, sur-le-champ ou dans un délai déterminé. Ici point de prohibition légale éludée. L'art. 896 c. nap. n'est pas violé, puisqu'il n'y a pas de substitution dans la disposition dont il s'agit, la restitution devant se faire à une autre époque qu'à la mort du grevé. La capacité de la personne qui doit recevoir la soustrait à l'application de l'art. 911. Le fidéicommis n'est donc entaché d'aucune simulation frauduleuse; il n'enlève aucun droit garanti à des tiers par des motifs d'ordre public; il doit donc être maintenu; peu importe la précaution qu'a prise le testateur de cacher le véritable institué. Les causes d'un tel silence sont indifférentes à la validité de l'acte, tant qu'il n'y a pas de prohibition légale éludée. C'est le principe qu'enseignent tous les auteurs; il est fondé sur plusieurs lois romaines (L. 56 et 58, ff., *De contrah. empt.*; L. 3 et 39, C., *eod. tit.*; L. 4, ff., *Locat. cond.*; L. 6, ff., *Pro donat.*). La cour de cassation l'a constamment appliqué aux donations déguisées sous la forme de contrats onéreux, mais faites entre personnes capables de disposer et recevoir. C'est la doctrine notamment de MM. Toullier, t. 4, nº 453; Chabot, Quest. transit., vº Donat. déguisées, §§ 4 et 5. — Décidé en ce sens : 1º que le fidéicommis est valable si les biens doivent être transmis à une personne capable; qu'on rejetterait dès lors l'offre de le prouver (Paris, 31 juill. 1819, aff. Bruère, V. Disp. entre-vifs, titre 4); — 2º Que l'héritier légitime (non réservataire) n'est pas recevable à invoquer des preuves prises en dehors du testament pour établir l'existence d'un fidéicommis tacite, lorsque les personnes au profit desquelles serait faite cette substitution ne sont pas incapables de recevoir du testateur (Limoges, 11 janv. 1841, rapporté avec Req. 16 mars 1842, aff. Maumy, nº 269); — 3º Qu'on ne peut admettre contre un testament contenant un legs pur et simple et qui a été exécuté comme tel, la preuve tendant à établir que ce testament renferme un fidéicommis tacite dont l'objet était de procurer, par cette voie détournée, l'affranchissement des esclaves du testateur, ou du moins de leur conférer la liberté de fait. Une telle preuve, fût-elle accomplie, ne pourrait avoir pour effet de modifier ou de détruire la disposition d'un testament authentique (Req. 18 juin 1833) (1); — 4º Que de ces mots d'un testament « que le légataire connaît les intentions du testateur, et

---

la disposition, dans le cas où elle ne pourrait avoir lieu, et de laisser alors subsister, sa disposition sans aucune charge; que, le cas prévu ayant eu lieu, la disposition doit être considérée comme existante seule, non-seulement relativement au legs fait à l'enfant de la femme Dest..., mais aussi relativement aux autres legs faits de la même manière, et notamment à celui fait au profit de la demoiselle Hernel, puisqu'il doit, aux termes du testament, se régler en tout et pour tout sur ce premier legs, qui sert de modèle aux autres. — En ce qui touche la demande subsidiaire de la veuve Bourguignon : — Attendu que l'insuffisance de la succession du feu sieur Bourguignon pour acquitter les reprises de sa veuve et les dettes, ne rendrait pas nuls en droit, mais seulement inutiles en fait, les différents legs portés au testament dont il s'agit; que, d'ailleurs, cette insuffisance ne pourrait être établie que par une liquidation régulièrement faite, et qu'il n'a pas encore été procédé à cette liquidation. » — Appel par la veuve Bourguignon. — Arrêt.

LA COUR; — Considérant que, par la clause finale du legs fait à la fille Hermel, et le renvoi en tout et pour tout aux dispositions précédentes, le testateur a exprimé l'intention de disposer au profit de la fille Hermel et de supprimer la clause de retour, en tant qu'elle pourrait, contre sa volonté, être entendue comme contenant substitution; — Sur le chef d'appel subsidiaire, adoptant les motifs des premiers juges; confirme, etc.

Du 3 mars 1820.-C. de Paris.

(1) *Espèce* : — (Min. pub. *C.* Delisle-Loture.) — Le sieur Duval-Desfleuriottes décéda le 24 sept. 1811, laissant un testament sous la date du 5 mars précédent. — Par ce testament, il institua la dame veuve Ducasse sa légataire universelle. Sa succession consistait en une habitation, avec 8 hectares de terre, une esclave nommée *Solitude* et ses trois enfants *Médélice, Joseph* et *Françoise*. — La veuve Ducasse n'accepta le legs que sous bénéfice d'inventaire. Elle donna asile dans sa maison

que celui-ci a en lui la plus grande confiance, » il ne résulte pas suffisamment que le legs soit un fidéicommis prohibé (Lyon, 15 fév. 1836) (1); — 5° Que de même encore, une vente ou une institution testamentaire ne peuvent être annulées pour cause de fidéicommis, lorsqu'il n'est pas imposé à l'acquéreur ou au légataire de conserver et de rendre, lors même qu'on alléguerait que les dispositions contenues dans les actes ne sont qu'un moyen indirect employé pour transmettre des biens à un incapable (Lyon, 21 août 1838) (2).

253. Mais la seule question qui doit ici nous occuper a pour

---

aux enfants de Solitude, encore en bas âge; pendant le cours de sa vie, elle traita ces enfants avec bienveillance, et, après sa mort qui eut lieu en 1816, la dame Blondel, sa fille, déclara, dans l'inventaire, que sa mère n'avait accepté la succession Desfleuriottes que pour la rendre *à qui de droit*, voulant désigner ainsi les enfants de Solitude. — Aussi ne furent-ils pas compris dans le dénombrement : néanmoins ils furent estimés pour la forme et à raison de l'absence des autres héritiers. — Lorsque tous les héritiers furent présents, ils désapprouvèrent la déclaration faite par la dame Blondel, et voulurent s'en tenir à la lettre du testament du sieur Desfleuriottes. — Toutefois, on remarque dans cette transaction que la dame Blondel et son mari, toujours bienveillants pour l'esclave Solitude et pour ses enfants, notamment pour Françoise, déclarent se désister de tous leurs droits sur la succession Desfleuriottes. — Le sieur Delisle-Loture se rendit adjudicataire, les 16 déc. 1826 et 19 nov. 1828, de la moitié des biens composant la succession de la veuve Ducasse. Dans cette moitié furent compris les biens provenant du legs Desfleuriottes. — On a prétendu, d'après une correspondance du mois d'août 1826 et du mois de février 1852, que l'acquéreur n'ignorait pas que le sieur Desfleuriottes, en léguant sa succession à madame Ducasse, n'avait fait qu'un fidéicommis déguisé pour procurer, par ce moyen détourné, la *liberté de fait* (a) à ses esclaves, et leur transmettre son petit héritage. — Des contestations s'élevèrent à cet égard; mais elles se terminèrent par une transaction, du 27 juin 1822, dans laquelle il fut convenu, entre autres choses, que les biens provenant du legs Desfleuriottes seraient vendus concurremment avec ceux de la succession Ducasse. — Cependant le sieur Delisle-Loture se refusa obstinément, après la publication de l'ord. de 1852, à régulariser la position de Françoise et à consentir, par suite, à l'affranchissement que poursuivait le procureur du roi, conformément à l'ord. de 1852. Il y forma opposition.

Le 22 fév. 1834, jugement du tribunal de première instance de Saint-Pierre (Martinique), qui accueille l'opposition et ordonne la radiation de Françoise des registres de l'état civil, où elle avait déjà été inscrite comme affranchie, sur la poursuite du ministère public. — Sur l'appel, arrêt confirmatif de la cour de la Martinique, du 7 août 1834.

Pourvoi de la part du procureur général. — Premier moyen. Fausse application de l'art. 896 c. civ. et violation des ordonnances de 1685, 1767 et 1774. — Deuxième moyen. — Violation des principes relatifs aux désistements et renonciations (aucun texte de loi n'était cité à l'appui de ce moyen). — Troisième moyen. — Violation de l'art. 7 de l'ord. du 12 juill. 1852, en ce qu'en mettant même de côté le testament et le désistement dont il vient d'être parlé, la cour royale était dans l'obligation d'admettre la preuve d'une possession d'état de liberté de fait, puisqu'aux termes de l'ordonnance, cette possession suffit pour parvenir à l'affranchissement. — Arrêt.

La cour ; — Sur le premier moyen : — Considérant qu'il est constaté par l'arrêt attaqué, et non méconnu par le demandeur, que le testament du sieur Duval-Desfleuriottes ne contenait l'expression d'aucun fidéicommis, imposé à la veuve Ducasse, ni aucune clause relative aux droits qui auraient pu être conférés à Marie Françoise; que ce testament a été exécuté sans aucune réclamation du vivant de la veuve Ducasse; — Que l'existence du fidéicommis tacite allégué, fût-elle prouvée, ne pourrait avoir l'effet de modifier ou de détruire la disposition du testament authentique du sieur Duval-Desfleuriottes;

Que, dès lors, c'est avec raison que la cour royale a refusé d'admettre la preuve testimoniale offerte à cet égard par le demandeur, et que son arrêt, loin d'avoir en cela violé la loi et les principes, en a, au contraire, fait une juste et bonne application;

Sur le second moyen : — Considérant que la cour royale, appréciant les faits reconnus et constatés et interprétant le dire consigné par les sieur et dame Blondel-Larougerie dans l'inventaire fait après le décès de la veuve Ducasse et les autres actes produits au procès, a déclaré qu'il n'y avait jamais eu désistement de propriété de la part des sieur et dame Blondel sur Françoise et ses enfants;

Qu'en prononçant ainsi, la cour royale n'a fait qu'user du droit qui lui appartenait de juger les faits et de fixer le sens des déclarations et actes écrits; que sa décision en ce point est souveraine et ne peut pas être réformée par la cour de cassation;

Sur le troisième moyen : — Considérant que la cour royale, pour déclarer que Françoise et ses enfants n'avaient jamais été libres de fait, s'est également fondée sur des faits qu'elle seule avait le droit de reconnaître et de constater et sur des écrits dont l'interprétation lui appartenait exclusivement; que, dès lors, sa décision sur ce chef est également inattaquable; — Rejette, etc.

Du 18 juin 1835.-C. C., ch. req.-MM. Zangiacomi, pr.-Brière-Valigny, rap.-Dupin, av. gén., c. conf.

(1) *Espèce :* — (Chausson C. Bibet.) — Par testament olographe du 21 mai 1821, Françoise Chausson a légué la portion disponible de ses biens à la veuve Choussy qui, porte l'acte, *connaît ses intentions* et en qui elle *a la plus grande confiance.* — Après son décès, partage de ses biens entre ses héritiers légitimes et la veuve Choussy. — Cette dernière décède à son tour, instituant la demoiselle Bibet pour son héritière

En cet état, les héritiers de Françoise Chausson demandent la nullité de son testament du 21 mai 1821, sur le motif que le legs fait au profit de la veuve Choussy est un legs incertain; — Que cette veuve n'a été qu'une personne interposée; — Que le legs était fait en réalité au profit d'un couvent dont elle était supérieure, couvent non autorisé par le gouvernement. — La demoiselle Bibet répond que le legs a été sérieux et sincère, et qu'il ne contient aucune condition. Elle objecte d'ailleurs que les héritiers, en consentant le partage de la succession avec la légataire, ont reconnu la sincérité et la validité du testament, et que cette reconnaissance les rend, aux termes de l'art. 1338 c. civ., non recevables à en demander la nullité.

27 août 1831, jugement du tribunal civil de Lyon qui déclare la demande recevable, mais la rejette comme mal fondée :

« Considérant que les héritiers de droit de la dame Choussy ont joui paisiblement de leur lot pendant cinq années environ; — Que ces faits sont une exécution volontaire du testament, laquelle, suivant les deux paragraphes de l'art. 1338 c. civ., rendrait, dans un cas ordinaire, les héritiers de droit de la demoiselle Chausson, non recevables à l'attaquer; — Considérant que l'usage que la dame Choussy a pu faire, cinq années plus tard, de sa propre succession, étant étranger à la demoiselle Chausson, ne saurait influer sur l'appréciation de son testament, et conséquemment relever ses héritiers de cette fin de non-recevoir;

» Considérant néanmoins que la nullité dont il s'agit est d'ordre public, puisque le vice sur lequel elle reposait, consistant dans l'institution d'héritier ou de légataire inconnu, pourrait rendre illusoire certaines prohibitions de la loi, soit sous le rapport des incapacités, soit sous celui des constitutions, lesquelles prohibitions ont toutes été établies dans l'intérêt général de la société; — Qu'ainsi, et comme d'après l'art. 6 c. civ., on ne peut déroger par des conventions particulières aux lois qui intéressent l'ordre public, l'exécution pleine et parfaitement volontaire de ce testament ne peut être un obstacle à une demande fondée sur un tel motif, quelque grave et décisive que cette exécution puisse être dans tout autre cas;

» Au fond : — Considérant que les pensées religieuses qu'on lit au commencement du testament ne prouvent que l'excessive piété de la testatrice; — Qu'elles sont dans l'usage des personnes dévotes qui rapportent tout à Dieu, même des actes de leur vie moins importants qu'un testament; — Considérant que l'institution de la dame Choussy pour héritière universelle de la demoiselle Chausson est expresse, formelle, sans modification ni restriction; — Que cette énonciation *qu'elle connaît les intentions de la testatrice et possède sa confiance*, ne contient pas l'obligation de disposer de la succession suivant ces intentions; surtout dans le cas où elles ne seraient pas aussi les propres intentions de la dame Choussy; — Que ces énonciations tendent à faire supposer entre la testatrice et la légataire une communauté d'intention qui a pu être, à la vérité, la cause impulsive de la donation; mais qu'il ne saurait en résulter que la légataire ne soit pas, comme elle l'est en effet, maîtresse absolue de l'hérédité; — Considérant au surplus que, dans le doute, il est convenable et conforme aux principes les plus élémentaires du droit de valider un acte régulier en la forme, et qui a longtemps été approuvé par ceux-là mêmes qui s'en plaignent aujourd'hui. » — Appel. — Arrêt.

La cour ; — Adoptant les motifs des premiers juges, dit bien jugé.

Du 15 fév. 1836.-C. de Lyon, 2e ch.-MM. Achard.-James, pr.-Chaix, av. gén.-Marnas fils et Journel, av.

(2) *Espèce :* — (Hérit. Bochard C. Corsain et Chênevier.) — Le sieur Bochard, grand vicaire à Lyon, quitta ce diocèse et se retira à Poncin, son pays natal. Il y acquit divers immeubles, entre autres une propriété située au Menestruel. Il fit élever une maison dans cette propriété, s'y fixa, et eut la pensée d'y établir une maison religieuse; puis, abandonnant cette idée, M. Bochard y fonde une institution, avec l'autorisation du ministre de l'instruction publique.

En avril 1831, M. Bochard cède son institution à Corsain, et par acte

---

(a) Les esclaves, dans les colonies, n'acquéraient la liberté qu'au moyen d'une autorisation du gouvernement. Cependant beaucoup d'esclaves jouissaient de la liberté de fait à l'abri du patronage de leurs maîtres. Mais cet état était purement précaire : les héritiers pouvaient méconnaître les bonnes intentions de leurs auteurs. L'ordonnance royale du 12 juill. 1832 avait remédié à cet inconvénient, en autorisant l'affranchissement de tous ceux qui étaient notoirement libres de fait avant sa promulgation.

objet le mode de preuve des substitutions prohibées par l'art. 896 c. nap., c'est-à-dire de la charge imposée à un donataire, à un héritier institué ou à un légataire, de conserver les biens donnés pour les rendre, à sa mort, à une personne gratifiée en second ordre. — Une controverse du plus grand intérêt s'est élevée, à cet égard, entre les auteurs. M. Merlin (Quest. de dr., v° Substit. fidéic., § 4) soutient que la substitution est susceptible de preuves autres que l'acte même qui contient l'institution; et il cite celles résultant de la prestation de serment, d'un interrogatoire sur faits et articles. Son sentiment est adopté par M. Coin-Delisle, sur l'art. 896, n° 55. — M. Rolland de Villargues, n° 297, prétend, au contraire, que c'est dans le seul acte de la donation ou du testament que doit se puiser la preuve; c'est vers cette dernière opinion que nous inclinons. Remettons sous les yeux du lecteur tous les éléments de cet important débat. — Un principe est admis de part et d'autre: c'est que les substitutions, si elles étaient permises, et qu'elles dussent n'être conçues que dans la forme de dispositions entre-vifs ou testamentaires, ne seraient pas susceptibles d'être prouvées autrement que par le testament ou la donation: *Frustrà non probatur quod probatum non relevat.* Par qui serait, dans ce cas, proposée la preuve? Par le second institué, qui voudrait l'exécution du fidéicommis. Mais sa vocation est nulle, à défaut de certaines formes, et ces formes manquent dans l'hypothèse. Inutile serait donc toute prestation de serment, tout aveu de la partie, etc. Par cela seul qu'il n'aurait substitué que verbalement ou d'une manière irrégulière, le testateur serait présumé avoir voulu que la substitution demeurât sans effet. C'est ce qu'établit fort bien Thévenot, chap. 86, « et on le tenait ainsi, dit-il, dès avant les ordonnances de 1731 et 1735..., qui rejettent les dispositions gratuites faites sans écrit et sans la forme des testaments ou des donations entre-vifs. » M. Merlin (Rép., v° Testament, sect. 2, § 1, art. 2, n° 5) rapporte un arrêt du parlement de Bordeaux, de 1739, qui a statué dans le même sens. — Il faut donc, pour l'admissibilité de la preuve, qu'avant tout elle puisse être utile. Or c'est précisément cette utilité qu'on conteste à toute preuve autre que celle résultant de l'acte même. Là est le nœud de la difficulté. — Pour démontrer qu'il est utile de constater la substitution par serment ou interrogatoire sur faits et articles, M. Merlin dit en substance: C'est l'héritier *ab intestat* qui intentera l'action; son intérêt est patent; l'institution sera nulle s'il parvient à prouver la substitution par l'une ou l'autre des deux voies indiquées. Pourquoi cette nullité? C'est que le testateur et l'institué ont frauduleusement concerté un moyen d'éluder la prohibition de l'art. 896. On dira: Le grevé n'était pas tenu d'exécuter, puisque le testateur ne le lui avait pas expressément enjoint. Mais il s'était reposé sur sa bonne foi; la confiance n'a pas moins été le motif déterminant de l'institution. C'est par le même principe que l'héritier *ab intestat* était toujours reçu, avant le code, à faire affirmer par l'institué qu'il n'avait pas charge de rendre totalité ou partie de la succession à un incapable, dont il ne serait que le prête-nom. M. Merlin (Rép., v° Fidéicommis tacite, n° 4) rapporte deux arrêts conformes du parlement de Paris, de 1716. — V. aussi Ricard, des Donations, part. 1, n° 1497.

On voit donc que, dans la pensée de ce savant auteur, la substitution, même nulle pour vice de forme ou du fond, abstraction faite de la prohibition, emporte nullité de l'institution. Or nous avons déjà prouvé le contraire (*suprà*, n° 259); et cette démonstration nous est facilitée par M. Merlin lui-même. Ne convient-il pas, dans un plaidoyer recueilli au Rép., v° Substit. fidéic., sect. 8, « qu'on ne peut pas induire de fidéicommis d'une clause qui n'est pas obligatoire; que d'une clause qui ne produit pas d'obligation on ne peut faire résulter une substitution fidéicommissaire? » Il n'y a donc pas de substitution prohibée dans l'espèce que pose M. Merlin. Elle n'est pas écrite; elle est viciée pour défaut de formalités. Le substitué n'aurait pas d'action contre le grevé en restitution des biens; elle n'est pas, en un mot, *obligatoire*; donc l'institution n'en subsistera pas moins. Le même auteur ne convient-il pas aussi que la simple prière de rendre n'est pas censée grever le donataire dans le sens de l'art. 896 c. nap.; que l'institution, accompagnée de cette prière, échappe à la nullité prononcée par le code? Il en donne pour raison que la restitution est alors facultative; qu'une prière n'est pas une charge de rendre, produisant une action civile en faveur du substitué; qu'elle ne forme qu'un lien moral, obligatoire seulement pour la conscience. Il ne suffit donc pas, de l'aveu de M. Merlin lui-même, que le testateur ait confié la remise des biens à la bonne foi de l'institué, que cette remise ait été le motif déterminant de l'institution; il faut donc qu'elle soit obligatoire. Le législateur n'a donc entendu prohiber que les substitutions qui, si elles étaient permises, autoriseraient le substitué à réclamer les biens, dont résulterait pour lui un droit. Or, permises, il leur faudrait, comme sous l'ord. de 1747, les formes requises pour les donations ou les testaments, puisqu'il n'est pas d'autre manière, selon nos lois actuelles, de disposer à titre gratuit. Les substitutions manquant de ces formes ne sont donc pas atteintes par l'art. 896, qui n'a pour but que de prévenir le retour des nombreux inconvénients attachés à une restitution for-

---

sous signature privée du 15 août 1853, lui vend les immeubles qu'il a acquis dans les communes de Poncin, Menestruel, Neuville et Cerdon.

Le 15 déc. 1853, M. Bochard fait un testament olographe, par lequel il institue son légataire universel, Chénevier, qu'il avait élevé, et décède le 22 juin 1854, sans laisser d'héritiers à réserve. Chénevier est envoyé en possession des biens qui lui ont été légués.

Le 27 oct. 1854, les héritiers Bochard forment contre Corsain et Chénevier une demande en nullité de l'acte de vente et du testament. Ils prétendent que ces titres sont le résultat de la captation; que la maison d'éducation fondée par M. Bochard n'est en réalité qu'un établissement religieux, et que les biens du fondateur n'ont été transmis aux défendeurs que pour passer, à l'aide de cette voie détournée, à un établissement religieux; que cette circonstance présente une double nullité, savoir: une substitution fidéicommissaire prohibée, et un moyen indirect de doter un établissement non autorisé et incapable de recevoir.

Les dispositions de M. Bochard, tant à l'égard de Corsain que de Chénevier, ne pouvaient être taxées d'injustes vis-à-vis de sa propre famille: il était établi que M. Bochard avait reçu un patrimoine de 20,000 fr. environ, et avait fait, durant sa vie, aux membres de sa famille, des donations s'élevant ensemble à plus de 44,000 fr.

Le 4 août 1857, jugement du tribunal de Nantua, qui, sans s'arrêter à la preuve offerte, statue en ces termes: — « Attendu que, pour apprécier l'action des demandeurs, il convient de se fixer sur la nature de l'établissement de Menestruel; que, si, dans le principe, son auteur l'avait destiné à une communauté religieuse, ainsi que semblerait l'indiquer l'exemplaire des statuts qui a été produit, cette disposition a été changée dès l'année 1829, pour y substituer une maison d'éducation qui a existé et existe encore telle que dès lors; — Qu'il est constant, en effet, que cette maison a été soumise à l'université; que le serment prescrit a été prêté par tous les membres qui la composent; que le droit universitaire a été payé, et que le personnel des instituteurs exclut toute idée de congrégation religieuse; — Attendu que, dans cet état, le fondateur aurait pu d'autant mieux vendre et tester comme il l'a fait, qu'autre chose est une corporation ou un établissement d'utilité publique, autre chose sont les individus dont cette corporation est composée; ce n'est qu'à elle-même que l'art. 910 c. civ. est applicable, mais chaque individu de la corporation jouit de la pleine et entière faculté de disposer et de recevoir, à moins qu'il n'ait encouru personnellement quelques-uns des divers genres d'incapacité déclarés par la loi, ce qui ne se rencontre pas dans l'espèce; — Attendu que, pour que l'art. 896 pût être opposé, il faudrait que la charge de conserver et de rendre à un tiers résultât de la vente et du testament même; que, loin de là, les deux actes sont pures et simples; — Attendu qu'aucune loi ne déclare les établissements relatifs à l'instruction publique incapables de recevoir par des dispositions entre-vifs ou par testament, sauf l'approbation du gouvernement; en sorte que les demandeurs non héritiers à réserve ne seraient pas recevables à critiquer les actes dont il s'agit, lors même qu'il serait établi que ceux au profit desquels ils ont été passés seraient personnes interposées; — Attendu, au surplus, que la prohibition de la loi n'a eu pour objet que de réprimer des dispositions au détriment des familles, et qu'il paraît établi que le grand-vicaire Bochard a laissé à la sienne bien au delà de ce qu'il avait reçu de ses père et mère, ce qui, dans le doute, suffisait pour repousser la réclamation des demandeurs, et déterminer le tribunal à maintenir des actes que la loi a toujours entourés de faveurs; — Attendu, quant à la preuve offerte, qu'elle est irrélevatoire et inadmissible, en ce que la plupart des faits articulés, qui n'ont même aucun rapport au testament, se seraient passés antérieurement à la mort de M. Bochard, et qu'en supposant réel son projet primitif, il y aurait renoncé par tout ce qui a existé depuis 1829; que, d'ailleurs, ces prétendus aveux et projets ne pourraient détruire ni des actes passés à des tiers capables d'acquérir et de recevoir, ni des faits tels que ceux ci-devant déduits. » — Appel par les héritiers Bochard. — Arrêt.

LA COUR; — Adoptant les motifs des premiers juges, confirme.

Du 21 août 1858.-C. de Lyon.-MM. de Belbeuf, 1er pr.-Laborie, subst.

cée. Or c'est l'art. 896 qui seul déclare nulle l'institution dans les cas auxquels il est applicable. L'application en étant écartée, on rentre dans les principes généraux, qui ne permettent pas, par exemple, d'autre révocation de testament que celle par testament postérieur, ou acte devant notaire, portant changement de volonté (c. nap. 1035). Or admettre l'existence d'une substitution sur des présomptions ou des preuves extrinsèques à l'acte, c'est admettre, en résultat, un nouveau moyen de révocation.

Il a été décidé, conformément à cette doctrine, que si, d'après les termes du testament, la pleine propriété a été léguée et qu'il n'y ait, d'ailleurs, aucun indice de dol ou de fraude de la part du légataire, celui-ci ne peut être obligé à prêter serment qu'il n'a point promis verbalement au testateur de faire rendre la succession aux héritiers *ab intestat* (Trèves, 13 nov. 1809) (1).

254. L'aveu que ferait l'institué lui-même d'avoir été verbalement grevé de restitution ne laisserait pas moins, par une conséquence du même principe, subsister l'institution, puisqu'elle n'est invalidée par la charge de rendre qu'autant que cette charge est imposée dans une forme régulière et obligatoire. « D'ailleurs, dit M. Rolland de Villargues, l'héritier qui n'est grevé par le testament d'aucune substitution, est irrévocablement investi de la propriété de tous les biens du défunt; il ne peut perdre cette propriété qu'en la transmettant par des titres onéreux ou gratuits; ses aveux, quels qu'ils soient, ne constituent pas des actes de cette nature, et ne peuvent pas, par conséquent, le dépouiller de la propriété qui lui appartient, et qu'il ne consent pas à abandonner. » — Ce principe a été consacré par un arrêt de la cour de cassation (Cass. 18 janv. 1813, aff. Buscaglione, V. Disp. entre-vifs, n° 2513). — Il a été décidé, en conséquence, que la déclaration de l'héritier institué purement et simplement, que l'intention du testateur était de transmettre ses biens aux personnes désignées dans cette déclaration et qu'il promet d'exécuter cette intention, voulant que ses héritiers après lui remplissent cette promesse, ne peut être invoquée par les personnes désignées, ni comme modifiant le testament en leur faveur, ni comme ayant une force d'exécution quelconque sur la succession de cet héritier institué, à l'encontre de ses propres héritiers (trib. de Saint-Yrieix, 16 juill. 1838, rapporté avec Req. 16 mars 1842, aff. Maumy, n° 269).

255. Cependant il a été jugé qu'à la requête d'un héritier légitime, qui demande la nullité d'un legs comme grevé de substitution, l'existence de cette substitution peut être prouvée par l'aveu du légataire, par des lettres du testateur, et que la nullité du legs peut être prononcée en conséquence de cette preuve (Req. 22 déc. 1814) (2).

256. Ce que nous venons de dire de l'aveu s'appliquerait au cas où, pour prouver la substitution, on alléguerait un simple écrit, tel qu'une lettre missive. L'ord. de 1735, art. 3, déclare nulles toutes dispositions faites par lettres missives; il faut, en un mot, pour la régularité de la substitution, qu'elle ait la forme de la donation ou du testament. C'est dans les seuls actes de cette espèce que seront puisées les preuves recevables.

257. M. Rolland de Villargues, auquel nous avons emprunté la plupart des observations contenues dans cet article, fait très bien remarquer, n° 301, qu'il faut excepter le cas où serait articulée la soustraction ou la perte de l'instrument renfermant la substitution. « Alors, dit-il, en tirant argument de l'art. 1348 c. nap., on pourrait permettre de prouver par témoins l'existence de l'instrument et de la substitution, et même exiger le serment du grevé. Cela dépendrait de la force des circonstances. »

ART. 5. — *De l'interprétation des substitutions.*

258. Dans le doute, la question de savoir si un acte renferme ou non une substitution prohibée, doit se résoudre en un sens qui exclue l'idée de substitution. C'est la conséquence du principe qui donne la préférence à l'interprétation favorable à la validité des actes (L. 12, ff., *De reb. dub.*; c. nap. 1157). L'auteur d'une disposition n'est pas censé avoir voulu qu'elle fût nulle; et l'on sait que la substitution entraîne la nullité de la disposition principale (MM. Merlin, Rép., v° Substit. fidéicom., sect. 8, Toullier, t. 5, n° 430; Rolland de Villargues, ch. 7; Coin-Delisle, sur l'art. 896, n°s 34 et 41; Troplong, n° 117; Saintespès-Lescot, n° 81). — Ainsi, dans la clause qui présentera un double sens, il faudra, s'il est possible, au lieu d'une substitution prohibée, voir une substitution vulgaire, une disposition simultanée de la nue propriété et de l'usufruit, une simple charge de rendre, une fiducie, la stipulation d'un droit de retour ou d'un droit d'accroissement, ou enfin un legs conditionnel. Nous avons, dans nos observations précédentes, signalé différentes clauses de ce genre, qui offrent de grandes apparences de similitude avec les substitutions prohibées, et que la jurisprudence s'est constamment attachée à valider, en suivant notre règle d'interprétation. — Ces principes ont été consacrés par la jurisprudence. — Ainsi il a été jugé : 1° qu'en cas de doute sur le point de savoir si une disposition présente une substitution, on doit, sous l'empire du code, qui prohibe les substitutions, et à la différence de ce qui se pratiquait sous l'ancien droit, admettre l'interprétation exclusive de la substitution (Aix, 18 fév. 1825, aff. Pinatel, sous Req. 7 déc. 1826, V. n° 312), et que si la charge de rendre n'est pas littéralement exprimée, le doute doit s'interpréter en faveur de la disposition (Req. 5 juill. 1832, aff. Lecomte, n° 70-2°); — 2° Que lorsqu'il est possible de donner, par voie d'interprétation, à une substitution le caractère de simple substitution vulgaire, le testament qui la contient doit être maintenu, et spécialement qu'une disposition ainsi conçue : Je lègue telle part de mes biens à tel, réversible sur sa femme et ses enfants, est valable, ce legs pouvant être considéré comme n'étant fait à la femme que dans le cas de décès de son mari avant le testateur, et aux enfants, que dans le cas où ces derniers survivraient à leurs père et mère (Req. 24 mars 1829) (3); — 3° Que la clause portant qu'au cas où un légataire universel décédera sans enfant avant sa mère, celle-ci recueillera la succession, doit être entendue dans le sens d'une substitution vul-

(1) (Werlé C. Werlé.) — LA COUR; — Attendu que bien que le serment, déféré par les appelants à l'intimé, ait pour objet un fait personnel à celui-ci, puisqu'il s'agit d'une prétendue promesse de sa part à la feue testatrice, son épouse, d'indemniser les héritiers *ab intestat* de celle-ci du legs de la totalité de son avoir, pour éviter les frais que pourrait occasionner un simple legs d'usufruit; néanmoins il n'y a pas lieu d'admettre ce moyen, soit parce que le testament dont il s'agit, revêtu des formes prescrites, ne contient rien de contraire à la loi, et qu'il est même rédigé en termes trop clairs et trop précis pour faire présumer des dispositions opposées à celles qu'il renferme; soit parce que l'intimé avait déjà l'usufruit des biens de son épouse d'après le ci-devant statut du Palatinat, et qu'il n'est pas à présumer qu'il ait consenti à une espèce de fidéicommis; qui, suivant les dispositions de l'art. 896 c. civ., aurait vicié de nullité cette disposition; soit parce qu'il n'y a dans l'espèce aucun indice de fraude ou de dol, qui puisse faire présumer la promesse alléguée; que sous tous ces rapports la délation de serment ne peut donc être adoptée; — Par ces motifs, met l'appel au néant.

Du 13 nov. 1809.-C. d'ap. de Trèves.-MM. Ruppenthal et Pape, av.

(2) (De Thiville C. Lefebvre.) — LA COUR; — Attendu que l'arrêt se justifie par le principe généralement reconnu que l'intention des parties s'explique plutôt par les faits réels qui la manifestent, que par le sens littéral des termes même de leur déclaration, et que dans la cause aux lettres écrites par la testatrice relatives au testament se joint l'aveu même du demandeur en cassation; que l'arrêt attaqué n'a ordonné dans son dispositif aucune preuve testimoniale; que la cour n'a aucunement considéré les lettres missives dont il s'agit comme un changement de volonté; qu'elles ont servi seulement, ainsi que l'aveu du demandeur, à fixer la véritable intention de la testatrice sur la nature du legs qu'elle lui faisait; que par conséquent il n'y a aucune application à faire de l'art. 1035 c. civ.; — Rejette le pourvoi formé contre l'arrêt de la cour d'Orléans du 8 avr. 1812.

Du 22 déc. 1814.-C. C., sect. req.-MM. Henrion, pr.-Rousseau, r.

(3) *Espèce :* — (Bercher, etc. C. Perreau.) — 7 fév. 1824, testament olographe par lequel la demoiselle Billouard institue P. Billouard, son frère, son légataire pour un tiers. — La testatrice ajoute : « Je lègue le second tiers à Aug. Taveau, mon neveu, réversible sur sa femme Aimée Thibault, ma nièce, et ses enfants. — Je lègue le troisième tiers à P. Perreau, mon neveu, de même réversible sur la tête de sa femme, Brigite Thibault, ma nièce, et sur ses enfants les plus malheureux, prévoyant que les deux qui sont dans le commerce à Paris peuvent s'en passer. » — Les héritiers présomptifs de la demoiselle Billouard demandent la nullité de ce testament, comme renfermant une substitution prohibée par l'art. 896 c. civ. — Leur prétention est accueillie par jugement du tribunal de la Seine, du 3 fév. 1827.

gaire, c'est-à-dire du cas seulement où le légataire prédécéderait le testateur (Paris, 10 déc. 1836) (1).

259. Mais lorsque la clause d'un testament est conçue en termes qui ne donnent lieu à aucune ambiguïté et qui constituent une substitution prohibée, on ne peut lui appliquer la règle d'interprétation d'après laquelle on doit entendre une disposition dans le sens qui doit lui faire produire un effet (Req. 18 avril 1842) (2) : le juge ne saurait changer.

Appel par les légataires, et le 4 déc. 1827, arrêt infirmatif de la cour de Paris, en ces termes : « Considérant que le mot *réversible*, employé par la testatrice dans la disposition faite au profit de Perreau, paraît avoir pour objet d'exprimer l'intention que le legs à lui fait passât à la veuve dudit Perreau, si ce dernier était décédé avant la testatrice, et encore que le legs passât aux enfants les plus malheureux de Perreau et sa femme, si ces derniers venaient à décéder avant l'époque de l'ouverture de la succession de ladite testatrice ; — Que cette disposition ne contenait pas l'obligation de conserver et de rendre ; que, dès lors, elle n'entraîne pas nécessairement l'idée d'une substitution fidéicommissaire prohibée par le code civil, et qu'elle peut être, en conséquence, considérée comme une substitution vulgaire que la loi autorise ; — Considérant, d'ailleurs, que si les expressions dont la testatrice s'est servie pouvaient faire naître des doutes sur la validité relativement au legs dont il s'agit, ces doutes devraient être interprétés dans le sens de la validité de la disposition, d'après ce principe, que nul ne peut être présumé avoir voulu faire un acte prohibé par la loi, et encore, suivant la règle qui veut que les dispositions testamentaires soient entendues dans le sens selon lequel elles peuvent produire effet, plutôt que suivant celui où elles resteraient sans valeur. »

Pourvoi pour violation de l'art. 896 c. civ. — Le mot *réversible*, a-t-on dit, s'emploie, suivant tous les dictionnaires de droit, pour désigner des biens qui doivent, en certaines circonstances, retourner au propriétaire qui en a disposé. — Le cas où l'objet donné à un premier légataire est réversible à un second, rentre absolument dans le cas où cet objet doit revenir au donateur, car le second légataire ne pouvant tenir l'objet légué que de la volonté du testateur, le legs lui arriverait, si la condition de réversion était valable, par l'effet d'une fiction selon laquelle on le substituerait à l'hoirie du testateur. C'est là précisément ce que la loi a voulu empêcher. Nul retour ne peut se réaliser au profit du donateur que de son vivant (951 c. civ.) ; donc jamais il ne peut y avoir lieu, en vertu d'un testament, à un retour au profit de la succession du testateur ; donc, toute substitution qui n'est que la transmission à un tiers de l'objet du retour doit être interdite. — Jamais le mot *réversible* ne peut manifester l'intention d'opérer une simple substitution vulgaire, et l'appréciation du juge n'est pas souveraine devant les termes du droit. — Arrêt.

La cour ; — Attendu, en droit, que s'il appartient aux cours royales de chercher dans les actes l'intention des parties, de la reconnaître, et de la déclarer par voie d'interprétation, ce droit ne peut s'étendre jusqu'à changer la nature et l'essence des contrats ; il en est de même lorsqu'une fausse interprétation tend à maintenir ce que la loi annule ou prohibe ; d'où il suit que s'agissant, dans l'espèce, d'une question de substitution, la clause du testament doit être examinée et appréciée par la cour de cassation ; — Attendu que l'obligation de conserver et de rendre n'étant pas littéralement exprimée, la disposition ne peut être annulée que dans le cas où, contenant évidemment une substitution, il ne serait pas possible de lui donner un autre sens ; le doute doit toujours être interprété en faveur de la disposition ; — Attendu, en fait, que la testatrice a légué le tiers de ses biens à son neveu, réversible sur la tête de sa femme et sur ses enfants, et que ce legs est susceptible de deux interprétations ; qu'il peut être considéré comme contenant l'obligation de conserver et de rendre, mais qu'il peut aussi s'entendre du cas de décès du légataire avant la testatrice, et que la cour royale de Paris a pu, dès lors, le juger ainsi, sans violer aucune loi ; — Rejette, etc.

Du 24 mars 1829.-C. C., ch. req.-MM. Favard, pr.-Mestadier, rap.-Lebeau, av. gén., c. conf.-Rochelle, av.

(1) *Espèce* : — (Tamisier C. Tamisier.) — Par testament du 19 avr. 1820 le sieur Tamisier institue Pierre-Alfred Tamisier son fils, pour son légataire universel, et dit ensuite : « mais dans le cas où il décéderait avant sa mère, j'entend que ses enfants, s'il en a, succèdent à ses droits, et que, dans le cas où il n'en aurait pas, sa mère, mon épouse bien-aimée, recueille seule le fruit de ma succession et en dispose comme elle l'entendra. » — Après le décès du testateur, ses parents demandent la nullité du legs universel comme renfermant une substitution prohibée.

25 fév. 1836, jugement du tribunal de la Seine qui rejette la demande : — « Attendu qu'en principe, les dispositions testamentaires doivent, à moins d'un vice manifeste, être entendues de manière à être exécutées, et que, dans le doute, le testateur doit être présumé avoir voulu se conformer à la loi ; — Que la clause du testament du sieur Tamisier ne renferme ni expressément ni nécessairement la condition de conserver et de rendre ; qu'au contraire, la disposition peut être entendue dans ce sens que le testateur n'a institué les enfants Tamisier et la dame Tamisier sa femme, dans la supposition du prédécès de Tamisier fils et de ses enfants avant le testateur ; — Que, dans cette supposition ainsi entendue la clause ne renferme plus qu'une substitution vulgaire et autorisée. » — Appel. — Pour les appelants, on a dit : la condition de conserver et de rendre peut être attachée à un legs expressément ou implicitement ; dans l'un comme dans l'autre cas, elle vicie le legs. Il y a substitution implicite toutes les fois qu'il résulte de la disposition testamentaire que, la propriété devra être transmise à un tiers par le légataire, après avoir reposé sur la tête de celui-ci. Or, c'est ce qui se rencontre dans la cause, puisque la succession, après avoir été recueillie par le légataire, devra, dans le cas où il n'aura pas d'enfants, être transmise à la mère, si elle survit. Peu importe qu'il puisse se faire que la mère ne survive pas ; car la validité ou la nullité d'une disposition testamentaire résulte de son contexte et non des événements qui suivent la mort du testateur. — Arrêt.

La cour ; — Adoptant les motifs des premiers juges, confirme, etc.

Du 10 déc. 1836.-C. de Paris.-MM. Séguier, pr.-Berville, 1er av. gén.

(2) *Espèce* : — (Epoux Cabrolier C. Calmels.) — 24 mars 1841, arrêt de la cour d'appel de Montpellier, en ces termes : — « Attendu, au fond, que la clause du testament, par laquelle Naamar Calmels a déclaré qu'Amant Calmels, son frère, hériterait de sa succession, en ajoutant : « le tiers de l'héritage, s'il vient à mourir sans enfants, retournera à mes deux nièces Issaly...., » présente tous les caractères d'une substitution prohibée ; qu'en effet, on y trouve l'ordre successif et le trait de temps : Amant Calmels est appelé au premier degré, les filles Issaly au deuxième ; il est tenu de conserver et de rendre, si l'événement de la condition a lieu ; enfin, par l'effet de ce legs, la propriété réside d'abord sur la tête du grevé et passe ensuite aux appelés ; — Que toutes ces clauses caractérisent essentiellement une substitution prohibée ; — Attendu que la loi donne sans doute aux magistrats le pouvoir discrétionnaire de rechercher l'intention du testateur et d'interpréter, en la combinant avec les autres, la clause du testament où se trouve la disposition attaquée ; mais que le juge ne doit user de ce pouvoir que lorsque la clause est véritablement ambiguë, et non dans le cas où, comme dans l'espèce, elle présente un sens clair et positif et tous les caractères d'une substitution qu'il est impossible de méconnaître ; — Par ces motifs, annule la clause dont il s'agit comme renfermant une substitution prohibée... ; »

Pourvoi pour violation de l'art. 896 c. civ., en ce que l'arrêt attaqué a vu une substitution fidéicommissaire dans la clause litigieuse. — Le testateur, dit-on, ne peut jamais être présumé avoir voulu faire une disposition inutile et prohibée par la loi. Dans les clauses susceptibles de deux sens différents, on doit préférer celui qui peut la rendre valable (Grenier, t. 1, p. 115 ; Proudhon, de l'Usufruit, t. 2, no 435 ; Rolland de Villargues, des Substitutions, no 88 ; Toullier, t. 5, nos 12 et suiv.). — Pour qu'il y ait substitution prohibée, il faut que le légataire direct soit chargé de conserver et de rendre à un tiers la propriété même de la chose léguée : d'où il suit qu'un testateur peut donner à l'un l'usufruit et à l'autre la nue propriété, sans qu'il y ait substitution. De même, un legs pouvant être fait conditionnellement en le faisant dépendre d'un événement futur et incertain, si le légataire meurt avant l'événement de la condition suspensive, on peut valablement (art. 898) lui substituer une autre personne pour recueillir le legs. — Enfin, la jurisprudence reconnaît que le legs de l'usufruit à Pierre, et, après sa mort, de la propriété à Paul, ne renferme pas de substitution. — Si, dans l'espèce, on retranche de la clause dont il s'agit les mots *s'il vient à mourir sans enfants* ; cette clause se réduit aux mêmes termes que celles où la jurisprudence n'a vu que le legs successif de l'usufruit à l'un et de la nue propriété à l'autre : c'est donc l'usufruit que Naamar Calmels avait seulement légué à son frère. Quant à la condition *s'il vient à mourir sans enfants*, elle n'a d'autre effet que de rendre conditionnel, à l'égard des nièces Issaly, ce legs de propriété écrit en leur faveur dans le testament.

Sur ce moyen, M. le conseiller rapporteur Mesnard a fait des observations fort lumineuses dont nous extrayons le passage suivant : — « ... Alors même, a dit ce magistrat, qu'on se demande si l'institution écrite dans le testament de Calmels peut se réduire à une substitution vulgaire, on est frappé des obstacles qu'opposent à cette interprétation les termes si formels de cette institution. Vous y remarquerez, en effet, d'abord, que l'institution est conditionnelle et que la condition se réfère à la mort de l'institué, en sorte que la volonté exprimée par le disposant a été que, dans le cas prévu par la condition, les biens retournassent à des tiers nominativement désignés. Vous penserez peut-être que la supposition d'une substitution vulgaire ne pourrait pénétrer sans violence dans une pareille clause, et que ce serait en forcer le sens outre mesure que d'admettre qu'il a pu entrer dans l'esprit du testateur de rapporter l'effet conditionnel de la disposition au cas prévu du prédécès du légataire. Cette charge de retour qu'il est impossible d'effacer du testament, tant sont précis les termes qui la constituent paraît en

260. A côté de cette règle, il en est une autre qui veut qu'on tienne au sens de la disposition plutôt qu'aux termes. « Ce n'est pas sur les mots, dit fort bien M. Proudhon (de l'Usufruit, nº 446), mais sur les choses seulement, que porte la prohibition générale de substituer; en conséquence, une disposition dont l'exécution entraînerait les effets d'une substitution n'en serait pas moins prohibée et nulle, lors même qu'on aurait voulu la déguiser sous une autre dénomination. » —MM. Merlin (Quest. de dr., vº Substit. fidéic., §§ 5 et 6) et Rolland de Villargues, nº 116, font la même remarque sur la nécessité de réprimer sévèrement toute espèce de tournure frauduleuse (V. aussi MM. Coin-Delisle, sur l'art. 896, nº 35; Troplong, nº 117; Saintespès-Lescot, nº 81). Aussi la jurisprudence a-t-elle souvent déclaré substitution des clauses où le disposant avait expressément employé les termes *droit de retour*, *d'accroissement*, etc. (V. notamment *suprà*, art. 2).—Il a été décidé que la charge imposée au légataire de conserver et de rendre à un tiers (il faut ajouter : *à la mort du grevé*) les biens légués, qu'elle soit exprimée en termes formels de l'acte, ou qu'elle résulte nécessairement de l'ensemble de ses dispositions, renferme une substitution prohibée (c. nap. 896); — Et spécialement, que la disposition par laquelle le testateur, après avoir exprimé son intention que « ses biens ne soient pas vendus et dispersés, et qu'ils restent toujours intacts et au même état qu'il les abandonne, » institue un tel pour son légataire universel, et, à son défaut ou après lui, soit qu'il prédécède, soit qu'il lui survive, ses héritiers ou descendants, a tous les caractères du fidéicommis graduel ou linéal, et, par conséquent, de la substitution prohibée par l'art. 896 c. nap.; qu'il en serait de même alors que le testateur aurait ajouté qu'il veut qu'il soit formé de ses biens ainsi légués un *stand* comme en Allemagne, c'est-à-dire un majorat, puisque, y eût-il incertitude sur la personne appelée à recueillir ce majorat, la prohibition d'aliéner et la charge de conserver au profit d'un tiers n'en auraient pas moins été imposées par le testateur (Metz, 15 mars 1855, aff. Mer, D. P. 55. 2. 21).

261. Il n'est plus de termes auxquels la loi attache nécessairement l'effet de produire une substitution. L'appréciation du sens de l'acte est livrée entièrement à la sagesse du juge, qui ne peut, toutefois, en changer la nature (Req. 24 mars 1829, V. nº 258-2º et Cassation, nº 1207). Les lois romaines n'ont plus, à cet égard, d'autorité en France, depuis la loi du 30 vent. an 12, qui les abolit en toute matière devenue l'objet du code. C'est par cette raison qu'il a été décidé que la *prière* de conserver et de rendre n'emportait plus essentiellement fidéicommis obligatoire, et, par conséquent, ne tombait pas sous la prohibition de l'article 896 (Req. 5 janvier 1809, aff. Biourge, nº 60-1º).

262. A plus forte raison ne doit-on pas tenir un compte rigoureux des conjectures admises par les interprètes de l'ancien droit dans telles ou telles circonstances, pour y faire trouver une substitution. « On les avait si fort étendues, dit Furgole (sur le préamb. et sur l'art. 19 de l'ord. de 1747), qu'il était peu de dispositions où l'on ne parvînt à découvrir quelque substitution conjecturale. On fit de cette matière un chaos et un labyrinthe inextricable. » M. d'Aguesseau réprima cet abus, et voulut, comme l'annonce le préambule de l'ord. de 1747, « prévenir les interprétations arbitraires, et obliger les donateurs et testateurs à s'expliquer d'une manière plus expresse. » Il en donna deux exemples, en excluant de la substitution les enfants mis simplement dans la condition (art. 19, tit. 1; V. nos observat. nºs 46 et s.), et en défendant la représentation dans les substitutions, si le substituant ne l'avait positivement ordonné (art. 21, *eod. tit.*). —Mais l'ordonnance laissait subsister les conjectures fondées sur des textes précis du droit romain, et elles n'ont plus d'autorité sous le code, comme nous le disions au numéro précédent. Les conjectures, d'ailleurs, n'étaient accueillies autrefois que pour favoriser la volonté du disposant, pour lui donner les effets qu'on supposait conformes à son intention. Aujourd'hui elles ne tendraient qu'à l'anéantir, qu'à en empêcher l'exécution (MM. Merlin, *loc. cit.*; Grenier, t. 1, p. 115, 2e éd.; Toullier, t. 5, nºs 25 et 26; Rolland de Villargues, nºs 110 et 111; Duranton, t. 8, nº 70; Troplong, nºs 116 et 117; Coin-Delisle, sur l'art. 896, nº 36; Saintespès-Lescot, nº 82).

263. La cour suprême a souvent cassé des arrêts qui avaient faussement interprété un acte contenant substitution; mais elle n'a pas, à cet égard, suivi de règle invariable. —Elle en a posé une cependant dans son arrêt du 22 juin 1812 (recueilli ci-dessus, nº 205). Il en résulte cette distinction, enseignée aussi par M. Rolland de Villargues, nºs 98 à 101 : La cour d'appel ne s'est elle trompée que sur l'existence de tel ou tel fait, qui, s'il existait réellement, caractériserait la substitution? Erreur de fait; la cour de cassation n'en connaîtra pas. Mais la cour d'appel s'est-elle trompée sur le véritable caractère qu'il fallait attacher à certains faits qu'elle a constatés elle-même, qu'elle a déclaré exister? Alors *erreur de droit*, qui sera déférée à la censure suprême : « Lorsqu'il s'agit, porte l'arrêt cité, de déterminer la *nature* et l'*essence* d'un acte, dans le cas où la loi annule ou prohibe, une fausse interprétation qui tend à maintenir ce que la loi prohibe et annule, couvre une violation de la loi, et ne peut être à l'abri du recours en cassation. »

264. Sur cette question, il a été jugé : 1º que lorsqu'une cour, interprétant des clauses susceptibles de difficulté, décide qu'un testament renferme une substitution réciproque entre les parties y dénommées, son arrêt ne contrevient à aucune loi, et par conséquent ne peut donner ouverture à cassation (Req. 11 vent. an 11, M. Lombard, rap., aff. Bourbon C. Franqueville); — 2º Que l'interprétation des termes d'une donation est abandonnée aux lumières et à la conscience des juges du fond; que, par

---

effet inconciliable avec la supposition que celui auquel elle est imposée ne recueillera pas l'objet de la libéralité et suffit ainsi pour repousser l'idée d'une substitution vulgaire : *nam post mortem videtur rogatus, qui aliàs circuitus esset inutilis* (Peregrinus, *De fideicomm.* 11, v. 2). » — M. le conseiller rapporteur cite ici l'opinion des auteurs qui voient une substitution prohibée dans la clause de retour au profit d'une personne désignée (V. Merlin, Rép., vº Substitut. fidéicommis., sect. 8; Grenier, nº 541; Toullier, t. 5, nºs 48 et 287, t. 6, nº 412; Rolland de Villargues, nºs 86 et 295). Cette opinion est consacrée par un monument législatif, le décret du 31 oct. 1810, et formellement adoptée par les cours de Bourges et d'Amiens (14 mars 1831 et 25 fév. 1837, V. nº 203-5º et Disp. entre-vifs). On peut aussi consulter les motifs remarquables d'un arrêt de la cour de cassation du 22 juin 1812 (V. nº 203-2º), au rapport de M. Chabot, et cité par Merlin, qui, à l'occasion de cet arrêt, rendu dans une espèce où il s'agissait d'une donation entre-vifs, n'hésite pas à dire qu'à plus forte raison il y aurait substitution prohibée dans une clause de retour stipulée par le donateur, non à son profit personnel, et, à son défaut, au profit de ses héritiers, mais au profit d'une personne désignée nominativement. « Ne peut-on pas dire, poursuit M. le rapporteur, qu'à plus forte raison aussi il en doit être de même lorsque la clause de retour est insérée dans un testament? Si, en effet, lorsqu'elle est établie dans une donation au profit d'autres personnes que le donateur, on peut, en certains cas, la considérer seulement comme non écrite, ainsi que l'a fait la cour de cassation dans ses arrêts du 3 juin 1823 et du 8 juin 1836 (V. ci-dessus, nº 201, 204), on ne saurait procéder de la même manière, quand on la trouve écrite dans un testament qui, de sa nature, répugne à une pareille clause. — D'abord, on conçoit très-bien qu'elle ne peut être établie au profit du testateur, puisque c'est son décès seul qui doit donner ouverture aux droits de l'institué. Que, si elle est établie au profit d'une autre personne, comme dans l'espèce, sera-t-il possible de la considérer comme une simple condition apposée à la libéralité et susceptible, en certains cas, d'être réputée non écrite? Ou bien plutôt ne devra-t-on pas la regarder comme partie intégrante de la disposition qui, au cas du décès de l'institué, appelle un autre légataire et établit ainsi cet ordre successif où se trouve le principal caractère de la substitution prohibée? — C'est ce que vous aurez à décider. » — Arrêt.

La cour; — Sur le deuxième moyen, fondé sur la violation formelle des dispositions de l'art. 896 c. civ. : — Attendu, en fait, que Naamar Calmels a inséré dans son testament une clause ainsi conçue : « Mon frère héritera de ma succession; le tiers de l'héritage, s'il vient à mourir sans enfants, retournera à mes deux nièces Issaly de la Salinié; » — Attendu, en droit, que si, dans les clauses ambiguës ou susceptibles de deux sens, on doit s'attacher à faire prévaloir celui avec lequel elles peuvent produire effet, ce principe cesse de recevoir son application lorsque le sens de la disposition est assez nettement déterminé pour ne donner lieu à aucune ambiguïté; — Attendu que la clause précitée contient tous les éléments constitutifs de la substitution fidéicommissaire, à savoir la charge de conserver et de rendre et l'ordre successif; qu'en le décidant ainsi, l'arrêt attaqué a fait une juste interprétation de ladite clause et, par suite, une non moins juste application de l'art. 896 c. civ.; — Rejette.

Du 18 avr. 1842.-C. C., ch. req.-MM. Zangiacomi, pr.-Mesnard, rap.

exemple, une cour d'appel a pu juger, sans violer aucune loi, qu'une donation entre-vifs conçue ainsi : « Je donne à mon neveu ou à ses enfants à naître, etc., » renferme une substitution *fidéi-commissaire*, et non une substitution *vulgaire* (Req. 27 mess. an 11, aff. Jouve *C.* ses neveux); — 3° Que lorsque, sur la question de savoir si un acte attaqué comme renfermant une substitution abolie par la loi de 1792, ou prohibée par les lois antérieures, contenait en effet une substitution fidéicommissaire ou un simple legs conditionnel, une cour a décidé que les expressions équivoques et ambiguës employées par le défunt pour exprimer sa volonté, caractérisaient tout autre chose qu'une substitution, cette interprétation d'un acte privé, ne portant atteinte à aucune loi, ne peut donner ouverture à cassation (Req. 5 janv. 1808, MM. Muraire, pr., Coffinhal, rap., aff. Gros *C.* Royer, arrêt qui rejette le pourvoi formé contre un arrêt de la cour de Grenoble du 22 déc. 1806); — 4° Que la disposition d'un testament ainsi conçue : « Dans le cas seulement où mon légataire viendrait à mourir sans se marier, je donne et lègue à l'hospice de S... 25,000 fr., pour être employés à la nourriture de trois sœurs de charité, » une telle disposition a pu être considérée, non comme un simple legs conditionnel, mais comme une substitution fidéicommissaire anéantie par la loi des 25 oct. et 14 nov. 1792, sans que cette décision viole aucune loi (Req. 4 oct. 1810, MM. Lasaudade, pr., Minier, rap., aff. hosp. Saint-Léonard *C.* veuve Ducluzaux); — 5° Que les cours d'appel sont souveraines dans l'interprétation des actes qui leur sont soumis. Ainsi l'arrêt qui déclare qu'un testament renferme un fidéicommis divisible, ne donne pas ouverture à cassation, bien que l'interprétation qui aurait été faite de ce testament et des actes privés qui s'y rapporteraient reposerait sur une erreur (Req. 30 juill. 1813, MM. Henrion, pr., Borel, rap., aff. Botti); — 6° Que l'arrêt qui, par interprétation d'un testament, a décidé qu'il renfermait la charge de conserver et rendre les biens à un tiers, et, par conséquent, une véritable substitution fidéicommissaire, n'est pas, quant à cette interprétation, soumis à la cour suprême (Req. 27 avril 1819, aff. Dalsace, V. Droit civ., n° 85-1°); — 7° Que l'arrêt qui reconnaît qu'un testament n'a aucun caractère de substitution, et n'impose point au légataire la charge de conserver et de rendre, est à l'abri de la cassation (Req. 17 août 1824, aff. Delabrosse, V. Disp. entre-vifs, n° 205-3°); — 8° Que les cours d'appel interprètent souverainement les clauses des testaments; qu'ainsi lorsqu'une cour a décidé que dans tel cas il n'y avait pas substitution, elle a rendu une décision de fait qui échappe à la censure de la cour de cassation (Req. 25 janv. 1827, MM. Henrion, pr., Borel, rap., aff. Glarel *C.* Leprévost, arrêt qui rejette le pourvoi formé contre un arrêt de la cour de Rouen); — 9° Que la question de savoir si un testament, d'après l'intention du testateur, dispose à titre de propriété, ou à titre d'usufruit seulement, est du domaine de l'appréciation souveraine appartenant aux cours royales (Req. 31 janv. 1842, aff. Lascoups, n° 110).

265. Mais il a été décidé : 1° que le droit qu'ont les cours d'appel de chercher dans les actes l'intention des parties, et de la déclarer par voie d'interprétation, ne s'étendant pas jusqu'à changer la nature et l'essence des contrats, et à maintenir ce que la loi prohibe, il s'ensuit que la cour suprême peut reconnaître une substitution fidéicommissaire là où une cour d'appel n'aurait vu, d'après les termes du testament, qu'une substitution vulgaire (Req. 24 mars 1829, aff. Bercher, V. n° 258); — 2° Que la question de savoir si un acte contient ou non une substitution prohibée rentre dans les attributions de la cour de cassation, qui, à cet égard, n'est pas liée par l'appréciation des juges du fond (Req. 20 janv. 1840, aff. Garneray, n° 177-2°).

266. Sous l'empire de la législation qui autorisait les substitutions, il a été décidé qu'au cas d'une substitution ainsi conçue: « Je substitue à mon héritier, dans le cas où il mourrait sans enfants, *le premier enfant mâle* qui naîtra du mariage de son père, *à l'exclusion des filles*, » ces mots, *le premier enfant mâle*, ne désignent que l'enfant qui naîtra le premier du mariage indiqué; qu'ainsi, dans le cas où ce premier enfant mâle serait décédé avant le grevé, son premier enfant mâle n'est pas fondé à réclamer le bénéfice de la substitution, le mot *enfant*, dans cette espèce, devant être restreint à celui qui a été spécialement désigné; et que les juges qui interpréteraient autrement cette clause s'exposeraient à la censure de la cour suprême (Cass. 14 fruct. an 10, M. Oudot, rap., aff. dame de Clercy *C.* la Nœrie).

267. Au contraire, il a été décidé que lorsque le testateur a substitué à son héritier le premier enfant mâle de cet héritier, et à cet enfant le puîné des enfants mâles de l'héritier, les juges, sans violer aucune loi, peuvent décider que les petits-fils mâles de l'héritier sont compris dans la substitution (Req. 5 janv. 1807) (1).

268. La disposition par laquelle un testateur, après avoir, par un premier codicille, légué un immeuble à un hospice, ordonne, par un second codicille, qu'une portion de cet immeuble sera distrait en faveur d'un tiers, à condition que dans le cas où ce dernier viendrait à décéder sans enfants, la portion distraite en sa faveur retournera à l'hospice, est une substitution prohibée qui rend nulle toute la disposition et qui, dès lors, laisse subsister tous les droits de l'hospice, tels qu'ils résultaient du premier codicille (décr. cons. d'Ét. 31 oct. 1810, hosp. du Bois-Commun *C.* Françoise-Julienne, V. n° 124).

269. La charge *de conserver et de rendre*, sans laquelle il ne peut y avoir substitution prohibée, ne peut s'induire de la clause d'un testament portant : « Je ne fais point de legs à ma famille, je me contente de la recommander aux soins de mon légataire universel, *en qui j'ai toute confiance* pour lui faire du bien...,» ni du rapprochement de cette clause (en supposant que les preuves extrinsèques soient admissibles) avec une déclaration écrite et signée par le légataire universel, *postérieurement* au testament, et portant que le testateur lui a exprimé et confié son intention de distribuer sa fortune entre telles et telles personnes désignées, ce que lui, légataire universel, *promet sous la foi du*

---

(1) (Les hér. de la veuve Dupuy.) — La cour; — Attendu que l'arrêt ne présente aucune contravention aux lois qui défendent d'admettre des conjectures sur la volonté du testateur, lorsque les termes dont il s'est servi sont clairs, ni à celles qui veulent que la volonté du testateur soit exécutée; — Que les termes du testament relatifs à la substitution dont il s'agit sont vagues et ambigus; — Que le testateur substitue à l'héritier nommé le premier enfant mâle qu'il aura de mariage légitime; — Qu'en cas de décès de cet enfant sans enfant, il lui substitue le puîné des enfants mâles dudit héritier nommé; — A défaut de mâles, les filles, par mêmes ordre et conditions; — Qu'il fait ensuite une substitution subsidiaire en faveur de son frère et de ses enfants, aux mêmes conditions; — Qu'enfin, à défaut des précédents, il substitue sa sœur; — Que dans le vague, la généralité et l'ensemble de ces expressions, le testateur n'ayant pas formellement et expressément restreint la vocation du puîné des enfants mâles de l'héritier nommé au puîné immédiat de cet héritier, et ayant au contraire subordonné la vocation des filles au défaut de mâles sans restriction, les juges ont pu, sans violer les lois ci-dessus rappelées, chercher dans le testament la véritable intention du testateur, l'expliquer, l'interpréter selon leur conscience, et juger en fait que de la Nœrie, enfant mâle, issu du puîné immédiat de l'héritier nommé, se trouve collectivement appelé à la substitution, par la vocation du puîné des enfants mâles de cet héritier; — Qu'on peut d'autant moins invoquer, dans ce cas particulier, l'exemple de l'arrêt de la cour du 14 fruct. an 10, qu'indépendamment de la différence des termes de la substitution actuelle avec ceux de la substitution dont il s'agissait alors, il résulte de cet arrêt, à la différence encore du cas présent, qu'en cas d'événement de la substitution, le testateur avait légué 1,000 liv. à chacune des filles exclues, ce qui restreignait nécessairement la vocation, puisqu'autrement les legs auraient pu s'étendre indéfiniment, et épuiser l'hérédité ; — Que l'arrêt ne contrevient non plus à aucune des lois suivant lesquelles la substitution nominative peut être faite par la désignation de la parenté, comme par le nom propre de l'appelé, puisqu'il juge et qu'il a pu valablement juger en fait que la substitution est collective; — Que suivant la loi 220 au ff., *De verbor. signif.*, le mot *liberi* comprend collectivement tous les degrés de la ligne descendante; et d'après l'opinion des jurisconsultes français, notamment Dumoulin, Furgole et autres, également graves, le mot *enfant* correspond au mot *liberi* des Romains, et comprend, par son énergie et par la signification que la loi et l'usage lui ont attribuée, tous les descendants, de quelques degrés qu'ils soient, lorsqu'ils sont à la place de ceux du premier degré de génération, qui sont décédés sans avoir recueilli; qu'ainsi, loin d'avoir fait une fausse application de cette loi, qui était celle des parties, l'arrêt n'a fait que s'y conformer dans l'espèce; — Rejette le pourvoi contre l'arrêt de la cour de Lyon, du 25 mai 1806.

Du 5 janv. 1807.-C. C., sect. req.-MM. Cochard, rap.-Jourde, subst. c. conf.-Guichard, av.

serment d'exécuter de point en point (Req. 16 mars 1842) (1).

Art. 6. — *Questions transitoires.* — *Rétroactivité.*

270. L'application des lois qui, avec des modifications diverses, ont prononcé l'abolition des substitutions fidéicommissaires, et la combinaison de ces lois avec le principe de non-rétroactivité, qui forme l'une des bases fondamentales de notre législation, soulèvent quelques questions transitoires dont la solution trouve ici sa place naturelle.

---

(1) *Espèce :* — (Maumy C. veuve et mineur Dauriat.) — Suivant testament par acte public, du 2 juill. 1825, la dame Dauriat, née Maumy, sans héritiers à réserve, déclara instituer son mari pour son légataire universel, ajoutant : « Je ne fais point de legs à ma famille, je me contente de la recommander aux soins de mon mari, en qui j'ai toute confiance, pour lui faire du bien. » — Trois jours après ce testament, le 5 juill. 1825, et avant le décès de la testatrice, arrivé le 9 juill. suivant, le sieur Dauriat, légataire institué, écrivit la déclaration suivante qu'on a trouvée dans ses papiers et que nous transcrivons littéralement : — « Déclaration que Marie Maumy, mon épouse, m'a donnée de confiance le 5 juill. 1825. Par un testament du 2 juill. courant, reçu Dessenaud, elle m'institue pour son héritier général et spécial de tout ce qu'elle pourra avoir après son décès, sous la réserve de 400 fr., pour être employés à des messes par le desservant des Cars, après son décès, sous la recommandation que je jouirais, ma vie durant, de tous les revenus, et ce qu'elle peut avoir jusqu'à mon décès serait divisé de la manière suivante : — Le 5 juill. 1825, Marie Maumy, ma chère et bien-aimée épouse, elle m'a dit et dicté ses intentions que l'épouse de Louis Parthonneau, de Limoges, sa filleule ; du nommé Cadet Bernard, de Limoges, le fils de Desproyes, mon beau-frère, demeurant au bourg des Cars; Marie Dauriat, fille de Jean Dauriat, mon frère, demeurant à idem; Adélaïde Senseau, épouse de Dewalois, avoué à Saint-Yrieix; Jean Reymondeaud, fils de feu Reymondeaud et de Catherine Dauriat, ma sœur : — Lesquels sept ci-dessus, je leur diviserai par égales portions en ce qu'ils seront tenus de payer à Mariette Faure de Limoges, sa filleule, à la fille aînée de Gabriel Delominic de Lascaux, à chacune 200 fr.; si elles étaient mortes avant moi, les 400 fr. seront et resteront aux sept héritiers de l'autre part, par égale portion. Telles sont les volontés de ma chère épouse bien-aimée, que je promets sous la foi du serment devant Dieu d'exécuter de point en point les intentions qu'elle m'a confiées : en cas de mort subite ou autrement, j'entends que ceux qui prétendront part à ma succession soient dans le cas de les exécuter, telles que mon épouse me les a dites de confiance. — Aux Cars, le 5 juill. 1825, signé Dauriat. »

Le sieur Dauriat s'est remarié avec Catherine Lassince, sa servante, qui lui a donné un fils. Il est décédé en 1837, laissant un testament contenant diverses dispositions en faveur de sa seconde femme, mais où il n'a pas reproduit celles qu'il s'était engagé par serment à exécuter au nom de Marie Maumy. Toutefois, comme on l'a déjà dit, la déclaration ci-dessus transcrite a été trouvée dans les papiers de sa succession.

Le sieur Maumy, héritier légitime de la première femme et oublié dans la déclaration du 5 juill. 1825, a demandé contre la veuve Dauriat et son fils mineur la nullité du testament du 2 juill. précédent, comme entaché de substitution fidéicommissaire.—De leur côté, les personnes dénommées dans ladite déclaration en ont demandé l'exécution.

16 juill. 1838, jugement du tribunal de Saint-Yrieix qui rejette ces diverses demandes, par les motifs suivants : — « Attendu, sur la première question (celle de savoir s'il y a dans le testament de Marie Maumy une substitution prohibée), que l'art. 896 c. civ., après avoir dit en termes généraux : les substitutions sont prohibées, ajoute, pour expliquer ce qu'il entend par substitutions prohibées : « Toute disposition par laquelle le donataire, l'héritier institué ou le légataire sera chargé de conserver et de rendre à un tiers, sera nulle, même à l'égard du donataire, de l'héritier institué ou du légataire. » Ainsi, deux conditions sont essentielles pour constituer une substitution prohibée : la charge de conserver, et la charge de rendre à un tiers ; — Attendu que les motifs du législateur, en prohibant ces substitutions, étaient d'intérêt et en quelque sorte d'ordre public; car il avait pour but d'empêcher les fraudes auxquelles donnaient lieu les anciennes substitutions ; il voulait rendre au commerce une grande masse de propriétés qui en étaient retirées et demeuraient paralysées entre les mains des grevés, et qu'il favorisait ainsi les progrès de l'agriculture et du commerce ; — Attendu qu'en s'appuyant sur ces motifs il est facile de voir qu'il faut, pour qu'il y ait substitution prohibée, obligation de conserver, mais une obligation réelle et formant un lien de droit entre le grevé et le substitué, de telle sorte que les biens soient paralysés entre les mains du grevé et qu'il ne puisse les vendre sans que les ventes soient frappées de nullité et que le substitué ait action pour faire prononcer cette nullité en s'appuyant sur le titre qui n'a fait l'institution qu'à la charge de la substitution ; — Attendu que toutes les fois qu'il n'y a pas charge de conserver, impossibilité d'aliéner, il n'y a plus les caractères de la substitution prohibée : il faudrait donc, dans le cas d'un testament, par exemple, que ce testament contînt la charge de conserver et de rendre; ou, si un premier testament ne contenait que l'institution, qu'un second testament, dans toutes les formes légales, contînt la substitution ; mais une simple déclaration verbale de la part du testateur, mais la reconnaissance même écrite, hors du testament, de la part de l'institué, ne peuvent établir une substitution; — Attendu qu'il n'est pas exact de dire qu'il y a, dans ce cas, fraude à la loi, qui peut être prouvée par tous les genres de preuves : s'il s'agissait d'une substitution fidéicommissaire au profit d'un incapable, oui; car il y aurait violation de la loi et on pourrait prouver cette violation; mais dans le cas où la personne au profit de laquelle on prétend qu'il y aurait substitution est capable de recevoir du testateur, l'art. 896 ne serait pas violé, car cet article a voulu qu'il y ait obligation de conserver, mais obligation donnant action et paralysant dans les mains du grevé des biens que le législateur veut laisser dans le commerce; — Or, dans l'espèce, le sieur Dauriat pouvait-il aliéner les biens qui lui étaient donnés par sa femme Maumy? Oui sans doute, puisque l'institution contenue au testament du 2 juill. 1825 est pure et simple et sans aucune condition. Si le sieur Dauriat avait vendu ces biens, pourrait-on aujourd'hui critiquer ces ventes entre les mains des tiers acquéreurs, en s'étayant de la déclaration du sieur Dauriat? Evidemment non; s'il en était autrement, ce serait ouvrir la porte à tous les genres de fraude, car il dépendrait toujours du vendeur de donner une déclaration de laquelle il résulterait que les biens par lui vendus étaient grevés de substitution, et de donner à cette substitution la date qu'il voudrait; — Attendu, dès lors, que la condition de conserver, condition impérative, et formant lien de droit, n'existait pas de la part du sieur Dauriat; qu'il pouvait vendre, et vendre valablement, les biens laissés par sa femme ; qu'ainsi, un des caractères essentiels de la substitution prohibée manquait dans l'espèce ;

» Sur la dernière question (celle de savoir si la déclaration du 5 juill. 1825 peut donner une action aux personnes qui y sont désignées) : — Attendu que les personnes désignées dans la déclaration du 5 juill. 1825, dûment enregistrée, déclaration qui fut trouvée lors de l'inventaire fait après le décès du sieur Dauriat, l'invoquent comme explication du testament du 2 juillet et de l'intention du testateur; qu'ils l'invoquent encore comme constituant un acte obligatoire de la part du sieur Dauriat, et par conséquent de ses héritiers ; — Attendu que, s'il appartient aux magistrats d'interpréter un testament pour maintenir la volonté d'un testateur, c'est lorsque ce testament contient des termes ambigus, des clauses obscures; alors les magistrats peuvent, par voie d'interprétation, fixer le sens obscur d'une clause, mais cela en s'appuyant sur les termes mêmes du testament et non sur les documents extrinsèques et étrangers, qui n'auraient pas eux-mêmes la forme d'un testament émané de la même personne; car autrement ce serait admettre qu'on peut tester d'une manière autre que celle prévue par l'art. 969 c. civ.; — Attendu que, dans l'espèce, il n'existait qu'une simple déclaration verbale de la dame Maumy : or le code civil ne reconnaît pas les testaments verbaux. L'art. 893 c. civ. dit qu'on ne peut disposer à titre gratuit que par donation entre-vifs, ou par testament, dans les formes ci-après établies; or une déclaration verbale n'a aucune des formes établies par les art. 970, 971 et 976 c. civ.; cependant un testament ne peut être modifié ou annulé que par un autre testament fait dans les formes régulières, car toute modification du premier testament contient une nouvelle disposition, et par conséquent un nouveau testament; — Attendu que la déclaration écrite du sieur Dauriat ne peut non plus avoir aucune force interprétative sur le testament de la dame Maumy, car le document n'émane pas de la testatrice elle-même, et il n'appartient pas à un tiers de modifier les dispositions testamentaires d'une personne; on ne peut pas tester pour autrui ;—Attendu que c'est dans le testament seul de la dame Maumy qu'il faut rechercher quelles ont été ses dispositions; or ce testament ne contient rien d'obscur, rien qu'il soit nécessaire d'interpréter ;—La dame Maumy laisse au sieur Dauriat tous ses biens, meubles et immeubles, pour en user, faire et disposer comme il avisera. Elle dit, dans une autre clause, qu'elle ne fait pas de legs à sa famille, se contentant de la recommander à son mari, en qui elle a toute confiance pour lui faire du bien ; or toutes ces dispositions sont claires, précises, et n'ont pas besoin d'interprétation ;—Attendu que la déclaration du 5 juillet 1825, en l'envisageant sous le rapport moral et sous le rapport légal, doit avoir une solution différente : dans le premier cas, il n'est pas douteux qu'elle constitue une obligation naturelle, un devoir de conscience impérieux, que le sieur Dauriat, et après lui ses héritiers, auraient bien fait sans doute de respecter, et d'autant plus peut-être que la dame Maumy s'en était remise entièrement à la bonne foi du sieur Dauriat, sans exiger ni prendre contre lui aucune mesure coercitive ;—Mais en se renfermant dans les règles strictes de la légalité, il faut reconnaître que la déclaration du 5 juillet ne contient aucune force obligatoire, aucun lien de droit entre le sieur Dauriat et les personnes qui y sont désignées ; que, pour le décider ainsi, plusieurs motifs se réunissent :—Et d'abord la déclaration du 5 juillet 1825 contient une violation manifeste des dispositions de l'art. 1130 c. civ. qui

271. Il a été jugé que l'abolition prononcée par la loi de 1792 s'applique même à une substitution que le grevé, par une transaction antérieure, se serait obligé à maintenir et exécuter (Cass. 17 nov. 1812) (1).—En effet, une transaction intervenue, avant la loi abolitive, sur les difficultés qui avaient pu s'élever entre les parties intéressées, n'a ajouté aucune force à celle que la substitution avait reçue du titre qui l'avait originairement créée; elle l'a confirmée, mais en tant seulement que la législation alors en vigueur l'autorisait; par conséquent, elle ne peut faire obstacle à l'application de la loi qui, plusieurs années après, a prononcé l'abolition des substitutions.

272. Lorsque, dans un testament fait sous l'empire de l'ancien droit, le testateur, après avoir institué un légataire universel à charge de substitution, avait ajouté que, dans le cas où, *par des événements qu'il ne pouvait prévoir*, la substitution ne pourrait avoir lieu, il instituait telle autre personne pour son légataire universel, il doit être réputé n'avoir eu en vue, dans cette dernière clause, que le cas où le premier légataire universel décéderait sans postérité avant le testateur; en conséquence, si ce premier légataire universel a survécu au testateur, la disposition faite en sa faveur avec charge de substitution a dû recevoir son effet, et dès lors la loi de 1792 a consolidé la propriété entre ses mains en l'affranchissant de la charge qui lui avait été imposée. Le second légataire universel institué conditionnellement n'a pas été fondé à prétendre que la condition de son institution s'était trouvée réalisée par l'effet de la loi de 1792, et à demander en conséquence que l'hérédité lui fût remise (Paris, 28 juin 1811, aff. Bagnac, n° 187-2°).

273. Pour pouvoir demander les biens substitués à leur profit, il fallait que les appelés eussent eu et qu'ils eussent conservé le droit de les réclamer, jusqu'au jour de la publication du décret du 14 nov. 1792, qui abolit les substitutions (Req. 18 flor. an 13, aff. Clermont-Tonnerre, V. Émigré, n° 50).

274. La loi de 1792, n'ayant dû avoir d'effet qu'en faveur de ceux qui avaient recueilli les biens substitués, ou de ceux qui avaient le droit de les réclamer, ne peut être invoquée contre l'appelé à la substitution, par une personne en faveur de laquelle cet appelé a renoncé gratuitement et conditionnellement aux biens substitués; l'appelé les ayant recueillis par la main de son donataire, et ayant le droit de les réclamer dans les cas prévus par le contrat, c'est à lui que les biens substitués doivent demeurer, si la donation est révoquée postérieurement aux lois de 1792 (Req. 28 frim. an 13, aff. Villiers-Lafaye, V. Dispos. entre-vifs, n° 1880).

275. La loi du 14 nov. 1792 n'abolit que les substitutions; il faut se garder de l'étendre, par analogie, à d'autres dispositions qui présenteraient dans leurs effets les plus grandes apparences de similitude. Une loi qui rétroagit doit s'interpréter dans le sens le plus restrictif. Ainsi, la jurisprudence constante de la cour suprême s'est opposée à ce que l'on comprît dans cette abolition les stipulations de retour faites dans les pays où elles étaient autrefois permises (V. *suprà*, n° 206). — Elle a décidé de même à l'égard de la réserve des biens donnés par un époux à son conjoint, faite par l'édit des secondes noces au profit des enfants en cas de convol de l'époux donataire (Rej. 11 janv. 1825, MM. Brisson, pr., Vergès, rap., aff. Jammarin *C.* Paret); — Et que les

---

interdit formellement toute stipulation sur une succession future, même avec le consentement de celui de la succession duquel il s'agit; — Or la dame Maumy vivait encore le 5 juill. 1825; il résulte de son acte de décès qu'elle n'est morte que le 9 juillet; cependant le document du 5 juillet, s'il pouvait avoir quelque force, serait une véritable stipulation entre le sieur Dauriat et la dame Maumy, sur la succession non encore ouverte de celle-ci : cette stipulation serait donc nulle aux termes de l'art. 1130 c. civ.; — Ensuite cette déclaration ne contient qu'une simple promesse non acceptée, promesse qu'il recommande aussi à ses héritiers d'exécuter en cas de mort subite; mais cette promesse n'est pas un véritable contrat renfermant dans lui-même sa sanction et l'obligation de l'exécuter; c'est, et rien de plus, l'engagement de conscience du sieur Dauriat de faire avant sa mort une disposition valable en faveur des personnes désignées, et la recommandation à ses héritiers de remplir ses intentions, si une mort subite l'empêchait de les remplir lui-même; mais dans des promesses, dans des recommandations ainsi faites, on ne voit rien qui, d'après la loi, puisse donner une action pour forcer à les remplir;— Attendu que, si on pouvait considérer cette déclaration comme un contrat unilatéral sous seing privé, il ne formerait pas preuve d'obligation, puisqu'il se trouve en la possession de celui qui l'a souscrit; il ne pourrait être considéré comme un simple projet non suivi d'exécution; — Attendu encore que, lorsqu'on pourrait voir dans la déclaration du 5 juillet un contrat réel, il serait nul, aux termes de l'art. 1174 c. civ., comme renfermant une condition potestative de la part de celui qui s'obligeait. La déclaration du 5 juillet n'avait pas plus de force contre le sieur Dauriat que la clause contenue au testament, qui aurait été ainsi conçue : « Dauriat laissera, s'il le veut, les biens qu'il aura recueillis dans ma succession à telles personnes. » Dauriat, porteur de la promesse qu'il avait faite à sa femme, était libre, entièrement libre de l'exécuter ou de ne pas l'exécuter; il pouvait brûler l'écrit, l'écrit lui-même subsistant, il dépendait de lui de remplir la promesse qu'il avait faite, de laisser les biens par une disposition valable aux personnes désignées;— Attendu que la disposition du 5 juillet ne pourrait donner action pour obtenir des dommages-intérêts, résultant de ce que les promesses du sieur Dauriat auraient empêché la dame Maumy de tester en faveur de personnes désignées; que ce serait là un moyen indirect de donner à de simples promesses, à de simples discours, la force d'un testament, de faire produire des effets à de simples testaments verbaux destitués de toutes les formes prescrites par la loi, ce serait violer les dispositions des art. 893, 895 et 964 c. civ.;—Attendu que la déclaration du 5 juillet 1825 n'est pas un testament de la part du sieur Dauriat; qu'en la considérant même sous ce rapport, elle aurait été rapportée par le testament postérieur du sieur Dauriat qui révoque formellement tous testaments faits précédemment.»

Appel.—Les six personnes désignées dans la déclaration du 5 juillet ont obtenu une transaction; en sorte que l'appel a été soutenu par le sieur Maumy seul. — 11 janv. 1841, arrêt de la cour de Limoges, qui confirme avec adoption de motifs.

Pourvoi de Maumy pour violation de l'art. 896 c. civ., en ce que l'arrêt attaqué a refusé de prendre en considération la déclaration du 5 juillet pour savoir s'il y avait substitution prohibée.—Arrêt.

La cour; — Attendu, en droit, qu'il n'y a point de substitution fidéicommissaire sans charge de conserver et de rendre (art. 896 c. civ.); —Et attendu, en fait, que, dans son testament du 2 juillet 1825, la femme Dauriat, après avoir institué purement et simplement son mari pour son légataire universel, a ajouté : « Je ne fais point de legs à ma famille; je me contente de la recommander aux soins de mon mari, en qui j'ai toute confiance pour lui faire du bien; »—Que, par cette clause, si précise et si claire, la testatrice, en donnant une marque toute particulière de confiance envers son mari, s'en est entièrement rapporté à son bon vouloir, pour tout le bien qu'il croirait devoir faire en faveur de sa famille; et en écartant toute charge de conserver et de rendre, elle a écarté, par là, toute substitution fidéicommissaire; — Que c'est à tort qu'on prétendait l'induire d'une déclaration signée par le mari et retrouvée parmi les papiers de sa succession; — Qu'en effet, sans s'occuper, en droit, de la question de savoir si l'héritier *intestat* peut être recevable à prouver, par des éléments pris hors du testament, une substitution fidéicommissaire prétendue faite en faveur de personnes capables de succéder, comme il pourrait l'être pour prouver cette prétendue déclaration faite en faveur de personnes incapables, il est certain, en fait, que d'après la déclaration elle-même, ce n'est ni avant le testament, ni lors de sa confection, mais postérieurement, que la testatrice aurait oralement et de pure confiance, manifesté et recommandé à son mari, légataire universel, les dispositions dont il s'agit;—Qu'ainsi, c'était par une nouvelle marque de confiance qu'elle subordonnait toujours au fait et à la volonté du même légataire universel les avantages à faire aux personnes désignées dans le même déclaration, personnes qui toutes étaient capables de succéder et parmi lesquelles ne figure pas l'héritier *intestat*, seul demandeur en cassation; — Que, d'après cela, en décidant que les dispositions de la femme Dauriat ne renfermaient pas la substitution fidéicommissaire, l'arrêt attaqué n'a violé ni l'art. 896 c. civ. invoqué par le demandeur, ni aucune autre loi; — Rejette.

Du 16 mars 1842.-C. C., ch. req.-MM. Zangiacomi, pr.-Lasagni, rap.-Delangle, av. gén., c. conf.-Jousselin, av.

(1) (hérit. Gauthier des Clefs)—La cour; — Vu la L. 9, § 1, et la L. 5, ff, *De transactionibus*; — Considérant que la transaction sur laquelle se fonde le jugement du tribunal civil du département de Maine-et-Loire, est des 12 et 13 mai 1786; que, dès lors, il est impossible de dire que les parties ont prévu ou pu prévoir l'abolition des substitutions établies par le décret du 14 nov. 1792; — D'où il suit que le tribunal civil du département de Maine-et-Loire s'étayant de ladite transaction pour maintenir la substitution dont il s'agit, a méconnu les dispositions des lois précitées puisées dans la nature des choses, et par suite a violé le décret du 14 nov. 1792;— Casse le jugement du tribunal d'appel d'Angers du 8 therm. an 7.

Du 17 nov. 1812.-C. C., sect. civ.-MM. Mourre, 1er pr.-Reweus, rap.-Lecoutour. av. gén., c. conf.-Dard, av.

lois abolitives des substitutions sont étrangères aux dévolutions coutumières, et ne peuvent, dans tous les cas, être invoquées lorsqu'elles n'ont été promulguées dans le pays où la dévolution était en usage qu'après le décès du testateur (Req. 30 juill. 1806, aff. Peters, V. Dispos. entre-vifs, nº 647).

276. Il semble, au premier abord, que la loi de 1792 contienne une dérogation au principe de non-rétroactivité des lois. En effet, peut-on dire, en thèse générale, c'est la loi du décès du substituant qui détermine les droits du grevé et des substitués. Or la loi de 1792 enlève au substitué l'expectative légale qui lui était acquise de recueillir après le décès du grevé. Donc cette loi a un effet rétroactif. — Mais il a été jugé que, tant que les biens sont possédés par le grevé, il n'est pas vrai de dire que la substitution soit ouverte, ni que l'appelé ait un droit acquis sur ces biens; qu'en conséquence, la loi du 14 nov. 1792, qui abolit les substitutions non ouvertes lors de sa publication, n'offre aucune disposition rétroactive, et que dès lors cette loi n'a point été abrogée par celle du 3 vend. an 4, qui a aboli l'effet rétroactif de toutes les lois antérieures relatives à la transmission des biens (Req. 21 mars 1826) (1).

277. La loi de 1792, ainsi que nous l'avons vu (*suprà*, nº 15), déclarait sans effet les substitutions qui ne seraient pas ouvertes lors de sa publication, c'est-à-dire celles en vertu desquelles le substitué n'aurait pas encore un droit acquis, mais seulement une expectative. Il résultait de là que lorsqu'une substitution avait été faite avec la faculté d'élire et que l'élection n'avait pas encore eu lieu lors de la publication de la loi de 1792, cette élection ne pouvait plus être utilement faite. — Il a été décidé, toutefois : 1º que lorsqu'un testateur, ayant fait une substitution de l'usufruit de ses biens au profit de Pierre, l'un de ses frères, et de la nue propriété au profit de l'un des enfants mâles de Pierre, à l'exclusion des filles, a donné en même temps à Pierre le pouvoir d'élire celui qui recueillerait le bénéfice de la substitution, s'il est arrivé que Pierre n'ait eu qu'un seul enfant mâle, soit au moment du décès du grevé, arrivé avant 1792, soit lors de la promulgation de la loi de 1792, soit depuis cette époque et jusqu'à son décès, c'est à cet enfant et non à la succession de Pierre que les biens substitués doivent être dévolus, lesdits biens ayant été consolidés sur sa tête par l'effet de la loi de 1792 (Req. 6 juin 1833) (2) : Dans cette espèce, il n'y avait lieu d'exercer le

---

(1) *Espèce* :—(Bournazel C. de Fumel.)—Claude Bournazel avait réuni sur sa tête tous les biens des familles de Verdalle et de Bournazel, grevés, depuis plus d'un siècle, de substitutions au profit de la descendance mâle et des aînés mâles dans sa ligne.—Le 10 janv. 1792, il est décédé, laissant des enfants de deux lits.—Jean Bournazel, issu du premier lit, a succédé seul aux biens substitués; il est décédé, le 2 avril 1808, sans postérité. Après sa mort, Pierre-Charles Bournazel, enfant du second lit, a formé, contre la femme de feu son frère, que ce dernier avait instituée sa légataire universelle, une demande en délaissement des biens composant la substitution. L'instance, interrompue par la mort de la dame de Bournazel, fut reprise contre le sieur de Fumel, héritier de cette dame. — Mais, en première instance, le sieur Pierre-Charles de Bournazel succomba par une fin de non-recevoir tirée d'une transaction qu'il avait consentie avec la défunte, de concert avec ses frères et ses sœurs.

Sur l'appel, la cour de Toulouse a rendu, le 21 avril 1825, l'arrêt suivant : « Attendu, 1º... ; 2º que la loi des 25 oct. et 14 nov. 1792 abolit les substitutions non ouvertes lors de sa publication, et déclara que celles qui seraient ouvertes à cette dernière époque n'auraient d'effet qu'en faveur de ceux qui auraient alors recueilli les biens ou le droit de les réclamer; que ces termes de la loi signifient bien clairement que le possesseur, ou celui qui avait alors le droit de jouir des biens substitués, en conserva seul et exclusivement la propriété qui devint libre sur sa tête; que les appelés vivants ou à naître furent pour toujours exclus de l'utilité des substitutions et dépouillés de toute espèce de droit, quel qu'il fût, sur des biens qu'ils n'avaient recueillis ni de fait ni de droit; —Attendu, 3º que la loi du 17 nivôse annula génériquement toutes les dispositions à cause de mort, dont l'auteur était encore vivant, ou n'était décédé que le 14 juillet 1789 ou depuis, quand même elles auraient été faites antérieurement; que, par là, les substitutions créées le 14 juillet 1789 et depuis, et même antérieurement à cette époque, lorsque l'auteur n'était décédé que postérieurement, furent annulées sous la dénomination générique de dispositions à cause de mort, tandis que la loi de 1792 les avait respectées, ce qui résulte de la réponse à la cinquante-deuxième question de la loi du 22 vent. an 2 ; — Attendu que la loi du 9 fruct. de l'an 2 rapporta aussi génériquement l'effet rétroactif de la loi du 17 nivôse;—Attendu que celle du 3 vend. an 4 ne fit que régler l'exécution de cette dernière loi ; qu'ainsi les substitutions auxquelles la loi de 1792 s'était appliquée, étant différentes des substitutions frappées par la loi du 17 nivôse, les lois du 9 fruct. an 2 et du 3 vend. an 4 ne se rapportant ou ne s'appliquant qu'à l'effet rétroactif de la loi du 17 niv., ne statuèrent et ne durent rien statuer quant à la loi du 14 nov. 1792; —Attendu, d'ailleurs, que l'art. 12 de la loi du 3 vend. an 4 porte simplement que, en conséquence de la loi du 9 fructidor dernier et des articles ci-dessus, ladite loi du 5 brumaire, celle du 17 nivôse, en ce qu'il n'y est point dérogé, celle du 7 mars 1793 sur les dispositions en ligne directe, et toutes les lois antérieures non abrogées, relatives aux divers modes de transmission des biens, auront leur exécution, chacune à compter du jour de sa publication;—Que, dès lors, en supposant que cet art. 12 dût s'étendre à la loi des 25 oct. et 14 nov. 1792, il en résulterait taxativement que cette dernière loi continuant de recevoir son exécution à compter du jour de sa publication, vu qu'elle n'a jamais été abrogée, celui-là seul qui possédait alors les biens ou qui avait droit de les réclamer et de les posséder en était devenu le propriétaire irrévocable, à l'exclusion de tous autres, puisque, d'après cette loi de 1792, les substitutions non ouvertes demeuraient abolies. »

Pourvoi de la part de Bournazel pour fausse application de l'art. 2 de la loi des 25 oct. et 14 nov. 1772 et violation de l'art. 12 de celle du 3 vend. an 4.—Arrêt.

La cour ; — Attendu, en droit, que si la loi du 3 vend. an 4, par son art. 12, abolit l'effet rétroactif de toutes les lois antérieures relatives à la transmission des biens, cette même loi n'a considéré, comme renfermant un effet rétroactif, que les dispositions, lesquelles enlevaient véritablement aux individus des droits qui leur étaient déjà réellement acquis avant leur publication ;—Attendu que la validité intrinsèque et efficace d'une substitution fidéicommissaire doit être régie par les lois en vigueur à l'époque du testament, du décès du testateur, et notamment de son ouverture, qu'ainsi ; avant cette époque de l'ouverture, aucun droit ne peut être considéré comme déjà réellement acquis aux appelés à la même substitution. — *Substitutio quæ nondum competit, extra nostra bona est* (L. 42, ff., *De acq. rer. dom.*) ; — Attendu que la loi du 14 nov. 1792 n'a aboli que les substitutions qui n'étaient pas encore ouvertes lors de sa publication ; — Qu'ainsi elle n'a enlevé aux appelés à ces substitutions aucun droit qui leur fût déjà réellement acquis avant cette publication, et, par conséquent, elle n'a point été, même sous ce rapport, abrogée par la loi du 3 vend. an 4 ;—Qu'en effet, depuis le moment de sa publication jusqu'au procès actuel, la loi du 14 nov. 1792 a été constamment exécutée en ce sens par les grands corps de l'Etat dans leurs délibérations, par les tribunaux dans leurs jugements, et par les particuliers dans leurs transactions ;

Et attendu qu'il est constant et reconnu, en fait, qu'à l'époque de la publication de la loi du 14 nov. 1792, aucune des substitutions de sa famille n'était encore ouverte en faveur du demandeur en cassation, quoique déjà vivant; qu'au contraire elles étaient toutes légitimement possédées par Jean, son frère aîné; — Que, dans ces circonstances, en décidant que les biens composant ces substitutions étaient demeurés libres sur la tête de Jean, frère aîné, leur possesseur légitime, l'arrêt attaqué a fait une juste application de la loi du 14 nov. 1792, sans se mettre en contradiction avec celle du 3 vend. an 4, ni aucune autre loi ;—Rejette.

Du 21 mars 1826.-C. C., ch. req.-MM. Henrion, pr.-Lasagni, rap.

(2) *Espèce* : — (Gisclard et Fourés C. Féral.)— En 1769, testament de Jacques Féral qui avait alors deux frères, Joseph et Pierre Féral. L'une des clauses est ainsi conçue : « Et, en tous mes biens meubles et immeubles, je nomme et institue pour mon héritier général et universel, savoir : Joseph Féral, mon frère, actuellement au service, pour en disposer à sa volonté, et si en cas ledit Féral, mon héritier institué, décédait sans enfants de légitime mariage, je donne et lègue à Pierre Féral, mon autre frère, la jouissance pendant sa vie de mon entière hérédité, audit cas seulement, et si ledit Pierre Féral vient à avoir des enfants de légitime mariage, je substitue mon hérédité à un de ses enfants, les mâles préférés aux filles, lui donnant pouvoir d'en faire le choix, élection et nomination, et si ledit Pierre Féral vient à décéder sans enfants de légitime mariage, je substitue mon hérédité à J.-J. Bassigni, mon neveu, etc. »

Le 23 oct. 1773, décès de Jacques Féral, testateur. — Et en 1782, décès sans enfants, à l'île de France, de Joseph Féral, premier institué. — Pierre Féral eut plusieurs enfants : 1º Pierre-Joseph, né le 3 juin 1780 ; 2º Jean-Jacques, né le 12 janv. 1782 ; 3º trois filles.— Le fils aîné décéda, à ce qu'il paraît, vers le même temps que le testateur, et Pierre Féral, son père, qui détenait l'hérédité grevée lors de la loi des 25 oct.-14 nov. 1792, mourut en 1807, laissant un testament du 29 novembre de la même année, par lequel il léguait l'entier préciput de ses biens à J.-J. Féral. Du reste, il n'avait point fait usage du droit d'élection que lui accordait son frère.

Alors, demande en partage de la succession par les demoiselles Féral. — Instance sur la formation des lots.— J.-J. Féral prétend non-seulement au préciput qui lui a été légué par son père, mais encore à l'entière hérédité de Jacques Féral, en vertu du testament de 1769.

droit d'élire; ce droit, en effet, suppose nécessairement qu'il existe au moins deux personnes entre lesquelles un choix doit être fait; or ici il n'y avait qu'un enfant mâle; par conséquent, la substitution s'était ouverte à son profit dès le décès du grevé et abstraction faite de toute élection; — 2° Que, quoiqu'il soit dit dans l'ord. de 1747 (art. 37, tit. 1), que « lorsque le grevé est mort sans avoir accepté expressément ni tacitement le legs, le substitué du premier degré prend sa place, » il n'est pas moins vrai que le grevé décédé ainsi, et qui survivait au disposant lors de la publication des lois de 1792, a été saisi, à l'exclusion de l'appelé dont le droit n'était pas encore ouvert, de la propriété irrévocable des biens de la substitution, et a transmis cette propriété à ses héritiers (Req. 8 août 1808, aff. Kercado, n° 63).

278. Un arrêt a décidé que dans le cas d'une substitution portant la clause que la propriété des biens passerait à celui des parents du testateur qui serait le plus proche lors du décès de la femme du grevé, survivante et usufruitière, le parent le plus proche au jour de la publication de la loi de 1792 a dû être déclaré propriétaire des biens, et que l'on n'a pu, sans violer cette loi et sans un déni de justice, renvoyer après l'événement de la condition ou le décès de la femme, l'examen de son droit (Cass. 26 janv. 1812) (1).

Le 29 août 1826, jugement de première instance qui repousse ses prétentions, en ce qui touche le dernier chef de sa demande, par les motifs que la faculté d'élire, accordée au père, équivaut à la charge de rendre dès que le testateur emploie le terme de substitution; qu'un usufruitier chargé d'élire dans une substitution est un grevé de substitution; que Pierre Féral ayant été saisi de l'hérédité de son frère Jacques, en 1782, cette hérédité a été consolidée sur sa tête par l'effet des lois des 25 oct. et 14 nov. 1792, lors desquelles il vivait encore, n'ayant jamais fait aucune élection; qu'enfin, lors de l'émission desdites lois de 1792, J.-J. Féral n'avait aucun droit acquis et n'était point saisi de l'hérédité, etc — Appel de J.-J. Féral, et le 11 fév. 1830, arrêt infirmatif de la cour de Toulouse, qui juge, en fait, que le testament de Jacques Féral contient deux dispositions bien distinctes, l'une par laquelle il substitue à Joseph, dans la propriété, les enfants de Pierre, et l'autre par laquelle il substitue Pierre lui-même dans l'usufruit, en cas de mort de Joseph sans enfants; que Pierre ayant un enfant mâle au moment de la mort de Joseph, cet enfant avait recueilli, par l'effet de la substitution dont son oncle était conditionnellement grevé, la propriété des biens dont son père avait recueilli l'usufruit; que le droit d'élire, accordé à Pierre, ne pouvait exister qu'autant qu'il aurait eu plusieurs enfants mâles; que n'en ayant qu'un en 1782, époque du décès de Joseph Féral, cet enfant mâle unique avait été saisi immédiatement de la propriété des biens, et son père de l'usufruit. Et, en droit, « Attendu que, d'après cette volonté bien exprimée de Jacques Féral et les faits constants du procès, il est manifeste que les lois d'oct. et de nov. 1792 n'ont pu rien produire en faveur de Pierre Féral; qu'au besoin, ces lois ayant consolidé la propriété des biens substitués sur la tête de celui qui en était actuellement saisi, l'aurait consolidée sur la tête de Jean Féral qui l'avait recueillie et seul avait pu la recueillir à cette époque; — Que, par une semblable conséquence des termes dudit testament et des faits qui l'ont suivi, l'art. 20 de la loi du 9 fruct. an 9 est sans application à l'espèce. »

Pourvoi des demoiselles Féral pour violation des art. 2 et 3 de la loi des 25 oct. et 14 nov. 1792.— Arrêt.

LA COUR; — Attendu qu'il résulte de l'arrêt attaqué que la demande introduite par les époux Gisclard et Fourés, pour ramener dans la succession de Pierre Féral les biens de l'hérédité de Jacques Féral, ne procédait que du testament dudit Jacques Féral, du 12 avril 1769, et n'était fondée que sur ce que ce testament aurait contenu, au profit dudit Pierre Féral, une institution grevée de substitution, et sur ce que la loi des 25 oct.-14 nov. 1792 aurait consolidé, sur la tête dudit Pierre Féral, la propriété des biens ainsi substitués; qu'ainsi, la véritable question à juger était de savoir si Pierre Féral était, en 1792, un grevé de substitution, ou seulement un légataire d'usufruit;— Attendu, à cet égard, que l'arrêt attaqué a été fondé, d'après les termes du testament, à considérer Pierre Féral comme n'étant qu'un légataire d'usufruit; et qu'en écartant d'ailleurs les inductions contraires tirées du droit d'élire, il n'a fait, à la fois, qu'interpréter la volonté du testateur et se conformer aux principes de l'ord. de 1747 relativement aux substitutions conjecturales;— Attendu, au surplus, et quant à Jean-Jacques Féral, que, d'après la circonstance particulière qu'en 1782, en 1792 et depuis il était le seul enfant mâle de Pierre Féral, et, d'ailleurs, par interprétation de la volonté du testateur, l'arrêt attaqué a considéré la vocation dudit Jean-Jacques Féral comme étant directe et non conditionnelle; où il a tiré, avec raison, la conséquence que ledit Jean-Jacques Féral vait, lors de la promulgation de la loi de 1792, le droit de réclamer les biens provenant de la substitution ouverte à son profit depuis 1782, par le décès de Joseph Féral sans enfants, et qu'ainsi, lesdits biens avaient été consolidés sur sa tête par l'effet de cette loi; — Rejette.

Du 6 juin 1833.-C. C., ch. req.-MM. Zangiacomi, pr.-De Broé, rap.

(1) *Espèce :* — (Montge C. la dame Sandrouin.) — Le 25 mars 1585, Gérard de Furnal et Jacqueline Seuzeillé, son épouse, par un testament conjonctif, firent les dispositions suivantes au profit de Philippe, leur fils : « Nous l'avons institué notre héritier universel ès seigneuries de Furnal et Pétigny, aux charges et conditions ci-après. — Encore que Philippe se mariât, ne voulons que les deux seigneuries se puissent distraire ou aliéner hors des mains de ceux de notre maison et famille de Furnal, ni que les douaires de Philippe ou de ses successeurs y puissent prétendre aucun droit de propriétaire, tant par les morts de leurs maris ou épouses futurs que de leurs hoirs et successeurs; ainsi, ordonnons que se devront contenter de leurs domaines conventionnels. En cas qu'aucun douaire fût assigné légitimement, retourneront, les seigneuries, à ceux qui seront au jour du trépas de tels douairiers, trouvés plus proche venants de notre maison de Furnal : et advenant qu'il n'y ait assignation de douaire légitime, se devront contenter, leur vie durant, des deux seigneuries, pour, immédiatement leur trépas advenant, retourner en la forme ci-devant dite. » — Par l'effet de la substitution créée par ce testament, les terres de Furnal et Petigny sont parvenues à Charles-Alexandre de Franceau, descendant des testateurs par les femmes, et éloigné d'eux au sixième degré. En 1754, Charles épousa la dame de Sandrouin; et, le 11 déc. 1758, il l'institua son héritière universelle. Après sa mort, elle se mit en possession de tous ses biens. Entre elle et les parents du mari s'engagèrent de longues contestations, terminées par une transaction du 26 juin 1761. — Le 20 frim. an 12, la sœur de Montge, descendant des testateurs, réclama les biens substitués; la dame de Sandrouin lui opposa différentes exceptions. Mais celle qui a fait la matière des décisions intervenues est tirée de ce que, pendant la vie de la dame de Sandrouin, on ne pouvait savoir quel serait le plus proche parent des testateurs à l'époque de son décès, et que c'est la plus grande proximité à cette époque que les testateurs ont considérée comme la condition du droit à la substitution. Montge répondait : « La loi de 1792, en abolissant les substitutions, a voulu faire cesser toute incertitude sur la propriété des biens substitués. Je suis le plus proche parent des testateurs au jour de la publication de cette loi. Comme femme du grevé, vous n'avez que l'usufruit des biens; c'est donc sur ma tête qu'a dû se consolider la propriété. J'avais un droit éventuel à cette propriété avant la loi; si je pouvais le perdre, c'est qu'il était possible qu'un autre fût plus proche que moi au décès de la femme du grevé; mais mon droit au moins était formé. Celui de l'autre substitué était à naître, et la loi de 1792 ne permet pas qu'un droit à la substitution soit acquis postérieurement à la publication. Mon titre est donc devenu irrévocable, comme celui d'un grevé, qui, sans retour, posséderait les biens : la loi de 1792 l'en avait trouvé saisi. — Le 10 mai 1809, la cour de Liége a déclaré Montge sans qualité et non recevable dans son action : « Attendu qu'aux termes du testament de 1585, les biens dont il s'agit ne devaient retourner qu'à ceux qui seraient trouvés les plus proches de la maison de Furnal au jour du trépas de la dame Sandrouin, douairière du dernier fiduciaire; qu'il suit de là que le fidéicommis réclamé par le sieur de Montge n'aurait pu être ouvert en sa faveur qu'à la mort de ladite dame, et dans le seul cas où, à cette époque, il aurait été trouvé le parent le plus proche de la maison de Furnal. » — Pourvoi de Montge par les motifs déjà exposés. — Arrêt.

LA COUR; — Vu les art. 2 et 3 de la loi du 14 nov. 1792; — Et considérant qu'aux termes de cette loi, la propriété des biens substitués par le testament du 25 mars 1585 a été fixée sur la tête de celui (quel qu'il fût, de Montge ou de tout autre) qui avait droit à cette propriété au jour de la publication de la loi, et qu'à compter de ce même jour, les droits éventuels de tous ceux qui auraient pu être appelés (soit purement et simplement, soit sous condition) à les recueillir après ce propriétaire, ont été abolis; — Que cependant l'arrêt du 10 mai 1809 a jugé, au contraire, que de Montge était sans qualité et non recevable dans son action, par ce seul motif que ses droits à la propriété de la terre de Furnal n'auraient pu être ouverts qu'après l'événement d'une condition qui n'était pas encore arrivée; — Que cette fin de non-recevoir, créée par la cour d'appel de Liége, se trouve en opposition formelle avec la loi précitée, puisque cette loi aurait fixé la propriété de la terre de Furnal sur la tête du sieur de Montge, si, comme il le prétendait, et par les motifs qu'il donnait, il avait eu droit à cette propriété au jour de la publication de la même loi, et que la même loi l'eût empêché d'acquérir ce droit à l'événement de la condition, s'il ne l'avait pas eu en 1792; — Que de l'admission de cette fin de non-recevoir, contraire à la loi, il est résulté que la cour d'appel de Liége s'est dispensée d'apprécier les prétentions de Montge à la propriété actuelle de la terre de Furnal, soit sur la durée de la substitution de 1585, soit sur les effets de la transaction de 1761, et de statuer sur toutes les questions agitées devant elle, soit sur le maintien controversé que de Montge était héritier de sa mère, soit sur la prescription invoquée par la défenderesse, soit enfin sur la prétention de celle-ci, que c'était sur sa tête que la loi de 1792 avait consolidé la

279. La loi du 11 nov. 1792, portant abolissement des substitutions, a rendu propriétaire pur et simple et incommutable celui à qui la remise anticipée avait été faite précédemment (Nancy, 9 fév. 1829, aff. Rennel, V. Emigré, nº 284-1º).—Aussi ce n'est pas sur le grevé de substitution qui, antérieurement à la loi du 14 nov. 1792, s'était dessaisi de son droit en faveur de l'un de ses enfants, en ne se réservant que l'usufruit du bien substitué, que s'est opérée l'abolition de la substitution, mais bien en faveur de l'enfant du grevé; que c'est, en conséquence, ce dernier, sur lequel a pesé la confiscation, qui a droit à l'indemnité représentative du bien confisqué (Req. 23 fév. 1831, aff. Joviac, V. Emigré, nº 329).

280. Il a été décidé dans le même sens et sous la même loi, qu'une substitution fidéicommissaire s'ouvre valablement au profit de l'appelé par l'abandon anticipé que lui fait le grevé (Cass. 5 juill. 1852, aff. Moreau, D. P. 52. 1. 181).

281. La loi du 28 mars 1793, en déclarant que les substitutions dont les Français étaient grevés à l'époque de leur émigration, seraient ouvertes au profit de la nation, a aboli les substitutions et rendu les émigrés propriétaires des biens substitués. — Dès lors, les héritiers de l'appelé ne peuvent disputer aux ayants cause de l'émigré, dont les biens ont été confisqués et aliénés au profit de la nation, le droit à l'indemnité accordée par la loi du 27 avril 1825.—En vain opposeraient-ils que, les émigrés ayant été frappés de mort civile avant la loi de 1793, les substitutions dont ils étaient grevés ont dû s'ouvrir au profit des appelés, cette loi ayant réglé les effets de cette mort civile à l'égard de l'Etat; et que l'art. 2 c. nap., inapplicable d'ailleurs à une législation spéciale qui a précédé le code, a été violé (Req. 16 fév. 1831, aff. Saint-Aignan, V. Emigré, nº 85-2º).

282. L'art. 896 c. nap. a renouvelé l'abolition des substitutions déjà prononcée par la loi de 1792. Mais, à la différence de cette dernière loi, il déclare nulle, non pas seulement la substitution elle-même, mais aussi la disposition principale faite en faveur du grevé. — Or supposons qu'une substitution ait été faite avant la loi de 1792, mais que le disposant ne soit décédé que depuis la promulgation du code Napoléon. Quel sera le sort de la disposition? Il est bien évident d'abord qu'elle sera nulle à l'égard du substitué. Mais le sera-t-elle également à l'égard du grevé? Il faut distinguer. Si la disposition avait été faite par testament, en sorte que le droit n'ait pu s'ouvrir qu'au décès du disposant, c'est la loi en vigueur à l'époque de ce décès qui doit être appliquée, et dès lors le droit du grevé n'a jamais pu naître, en présence de l'art. 896. — C'est en ce sens qu'il a été décidé que l'art. 896 c. nap., qui abolit les substitutions, s'applique même à celles créées sous un régime qui les permettait, si le testateur est décédé depuis le code; c'est la loi du décès de son auteur qui règle les effets du testament (Nîmes, 11 août 1812, aff. Saltet, V. nº 149).

283. Si, au contraire, la disposition avait été faite par acte entre-vifs, et que dès lors le droit du grevé, bien que ne devant avoir son effet qu'au décès du disposant, ait eu un caractère d'irrévocabilité dès le moment où l'acte a été passé, ce droit a été consolidé par la loi de 1792, et l'art. 896 c. nap. n'a pu y porter atteinte. — Il a été jugé en ce sens que par la loi du 14 nov. 1792, la propriété de la chose substituée à titre d'institution irrévocable, quoique le droit du grevé n'ait dû s'ouvrir qu'après le décès de l'instituant, s'est trouvée consolidée sur la tête de ce dernier, et que son droit, devenu incommutable, n'a pu être atteint par l'art. 896 c. nap., encore bien que le décès de l'instituant ait eu lieu sous ce code (Pau, 4 janv. 1826, sous Req. 30 mars 1829, aff. veuve Guiraud, nº 203-3º).

284. L'art. 896 c. nap., qui annule à la fois la substitution et la disposition principale, s'appliquerait même à une donation avec charge de rendre à leurs héritiers, faite entre époux avant le code, sous la loi de 1792, qui se bornait à abolir les substitutions, et maintenait les grevés dans leurs droits, pourvu que les deux époux aient survécu au code. Une telle donation étant révocable jusqu'au décès de l'un des donateurs, c'est par la loi de ce décès que doivent s'en régler les effets (Bruxelles, 6 déc. 1809) (1).

285. L'abolition prononcée par la loi de 1792 a plus d'étendue dans ses conséquences que la prohibition générale de l'art. 896 c. civ. Cette loi anéantit tout ce qui était substitution d'après la législation antérieure. Le code, au contraire, ne prohibe que les substitutions qui présenteront les caractères qu'il détermine, c'est-à-dire qui contiendront la *charge* de conserver et de rendre. Cette observation n'est pas sans importance; il en résulte que telle disposition qui échapperait à la prohibition du code sera tombée néanmoins sous l'abolition de 1792; telle serait, par exemple, la *prière* de conserver et de rendre (V. *suprà*, nºs 59 et s.), la substitution dite *de residuo* (V. *suprà*, nºs 66 et s.).

286. Une loi pourrait, sans rétroactivité, imposer au substitué, comme une condition *sine quâ non* de son droit, l'obligation de remplir telles ou telles formalités conservatrices, et qui dépendraient de sa volonté. C'est la conséquence du principe développé vº Lois, nºs 275 et s.— Ainsi jugé qu'une loi ne rétroagirait pas, si elle se bornait à imposer au substitué la condition *sine quâ non* de faire dès à présent enrégistrer et publier son titre,

---

propriété; — Qu'ainsi, l'arrêt dénoncé contient tout à la fois une violation expresse de la loi du 14 nov. 1792 et un déni de justice; — Casse.

Du 26 janv. 1812.-C. C., sect. civ.-MM. Muraire, 1er pr.-Gandon, r.

(1) *Espèce* : — (Héritiers Wacquenaere C. héritiers Stobeleere.) — Par contrat passé devant notaire, le 5 frimaire an 11, Jacques-Jean de Wacquenaere et Jeanne-Isabelle Stobeleere, son épouse, communs en biens, stipulent mutuellement « que, si au prédécès de l'un d'eux il n'existe pas d'enfant de leur union, le survivant aura et retiendra en pleine et absolue propriété tous les biens corporels et incorporels, meubles et immeubles que le prémourant délaissera, nuls exceptés ni réservés, avec droit et pouvoir de les aliéner, grever, obliger, et d'en disposer à volonté, comme seul et absolu maître et propriétaire d'iceux : *bien entendu que les héritiers du survivant ou de la survivante d'eux deux, avec ceux qui seraient autrement en droit comme héritier du prémourant ou de la prémourante, partageront moitié par moitié, comme argent en coffre, le jour du décès du survivant, et dans sa mortuaire, tous les biens que le survivant ou la survivante délaissera*, et les présentes (disent les mêmes époux dans cet acte) devront valoir et sortir effet, soit comme donation mutuelle à cause de mariage, au profit du survivant ou de la survivante, soit autrement, ainsi qu'elles pourront le mieux subsister, nonobstant le contrat de mariage passé entre les parties le 16 janv. 1768. » — Le 1er fév. 1808, décès de la femme sans enfants. Le mari meurt le 1er février de l'année suivante; mais il laisse un testament olographe, en date du 8 nov. 1808, où il institue pour ses héritiers ses propres neveux, à l'exclusion des parents de sa femme. C'est ce testament qui donne lieu à la contestation. — Les héritiers Wacquenaere prétendent recueillir, par l'effet de son testament, tous ses biens propres et encore ceux qui lui sont advenus par l'effet de la donation du 5 frim. an 11. — Ils se refusent à en délaisser moitié aux parents de la donatrice, aux termes de ce même acte du 5 frim. an 11. — A cet égard, ils prétendent d'abord que, selon la clause bien entendue, les héritiers de la femme prédécédée ne sont appelés à la succession du mari qu'au cas où il ne disposerait pas autrement. — 28 avr. 1809, le tribunal de Gand rejette leur demande. — Appel. — Arrêt.

La cour; — Attendu que l'acte du 5 frim. an 11 contient une donation mutuelle et réciproque entre époux, laquelle, ne pouvant recevoir son exécution qu'à la mort de l'un d'eux, est par sa nature donation à cause de mort; — Que d'ailleurs toutes les dispositions de cet acte et les effets dont elles doivent être suivies se réfèrent à la mort de celui des époux qui prédécédera, et caractérisent par elles-mêmes l'acte comme donation à cause de mort; — D'où il suit que c'est par la loi en vigueur, à l'époque où les effets de l'acte du 5 frim. an 11 ont été ouverts, et par conséquent d'après le code civil, que le mérite du même acte doit être apprécié, puisque les deux époux sont décédés sous l'empire de ce code; — Attendu qu'aux termes de l'acte du 5 frimaire, la propriété serait conférée d'une manière absolue au survivant des conjoints, et qu'elle reposerait sur sa tête pendant sa vie; que les héritiers des époux n'y succèdent pas immédiatement, mais seulement après la mort du survivant; — Attendu que le pouvoir de disposer, accordé au survivant, ne peut s'entendre que des actes entre-vifs et non à cause de mort, puisque par là le survivant disposerait pour un temps où il n'est plus d'une chose qui n'est pas mise à sa disposition; car ce qu'il laisse est à partager entre les héritiers respectifs des époux; — D'où résulte que le survivant a été grevé, du moins quant au résidu de sa succession, et qu'il est vrai de dire qu'il a été tenu de le conserver et de le rendre; — Attendu que, suivant l'art. 896 c. civ., les substitutions sont prohibées, et que toute disposition par laquelle le donataire sera chargé de conserver et de rendre à un tiers est nulle, même à l'égard du donataire; — Qu'en appliquant cet article à l'acte du 5 frim. an 11, la donation faite au profit de l'auteur des appelants est nulle, par suite de la nullité de la substitution à laquelle elle est liée, et qu'elle ne peut être opposée aux héritiers de J. Isabelle Stobeleere, et encore moins le testament de Wacquenaere, pour les repousser de leur demande subsidiaire; — Emendant, etc.

Du 6 déc. 1809.-C. de Bruxelles.

quoiqu'il ne fût pas soumis à cette formalité pour la conservation de son droit à l'époque où il est né. Par exemple : Une substitution perpétuelle, établie dans le comtat Venaissin avant le règlement de 1700, qui exige l'insinuation, a été depuis soumise à cette formalité pour les ouvertures de la substitution qui ont eu lieu sous l'empire de ce règlement. — Les tiers-acquéreurs ont pu exciper du défaut d'insinuation (Rej. 17 déc. 1816) (1).

287. Ce ne serait pas rétroagir non plus que de statuer sur les contestations nées de substitutions anciennes, dans d'autres formes que celles prescrites par les lois contemporaines de ces substitutions (V. Conf. Merlin, Quest. de droit, v° Substitution fidéicommissaire, § 12). — Ainsi, jugé que les conclusions du ministère public ne sont plus nécessaires, comme sous l'ord. de 1747 (art. 49, tit. 1), en matière de substitutions fidéicommissaires, surtout si la contestation s'élève sur les effets d'une substitution abolie par la loi de 1792 (Rej. 23 août 1820) (2).

288. Suivant un arrêt, les filles normandes qui, d'après l'art. 268 de la coutume de Normandie, ne jouissaient, à l'âge de vingt-cinq ans, que de l'usufruit de leur légitime, et n'en acquéraient la propriété que par leur mariage ou par l'extinction de la ligne masculine, ont acquis cette propriété, indépendamment de l'événement de ces deux conditions, en vertu de la loi du 22 vent. an 2, qui décide que la disposition de certaines coutumes, semblable à celle de l'art. 268 précité, ne présente qu'une substitution statutaire comprise dans l'abolition des substitutions (Req. 5 juill. 1826) (3).

---

(1) *Espèce* : — (Laincel.) — Le 20 mars 1668, le sieur Esplandian de Savonne disposa de biens situés dans le comtat Venaissin, et les greva d'un fidéicommis perpétuel, qui, successivement recueilli par quatre individus, s'ouvrit enfin au profit du sieur Laincel. — Les biens substitués avaient été vendus par les grevés ; il demanda la nullité des aliénations et la restitution des biens. — Les acquéreurs résistèrent, se fondant principalement sur ce que, la substitution n'ayant pas été insinuée, Laincel ne pouvait s'en prévaloir vis-à-vis des tiers. — Laincel répondit qu'en 1668, date de la substitution, aucune loi n'en ordonnait l'enregistrement. — Mais cette formalité avait été prescrite depuis, et en 1700, par un règlement du vice-légat du pape à Avignon. — Le 26 août 1812, le tribunal de Carpentras prononce en faveur de Laincel. — Le 25 janv. 1815, arrêt infirmatif de la cour de Nîmes. — Pourvoi en cassation de la part de Laincel, pour violation de l'art. 5 du règlement de 1700. — Arrêt.

LA COUR ; — Considérant, sur le premier moyen, que le règlement de 1700, dans sa disposition relative à l'enregistrement, parle des substitutions en termes génériques, et s'applique, par conséquent, à toutes les substitutions et à celles antérieures et à celles postérieures à 1700 ; qu'en ce point, le règlement se réduit à dire qu'à l'avenir, nul fidéicommis ne pourra être accepté sans que l'héritier grevé ou le fidéicommissaire acceptant ne fasse enregistrer son titre ; disposition qui n'a rien de rétroactif, puisqu'elle se rapporte à un événement et à un temps à venir ; — Sur le deuxième moyen : — Que l'arrêt attaqué ne prononce pas la nullité de la substitution dont il s'agit, mais dit seulement qu'à défaut d'enregistrement de la part de Laincel et des précédents grevés, ils ont tous encouru la déchéance de leurs droits, et, par suite, sont non recevables à les exercer ; ce qui est conforme au règlement qui, en effet, prononce cette déchéance au préjudice de tous les grevés qui négligent la formalité de l'enregistrement ; — Rejette.

Du 17 déc. 1816.-C. C., sect. civ.-MM. Brisson, pr.-Zangiacomi, rap.

(2) *Espèce* : — (Charles de Hamal C. Benoît.) — 1er avr. 1722, Alphonse de Hamal, l'un des futurs époux, se constitue en dot, par contrat de mariage, sa terre de Vierves, et déclare « que tous ses biens immeubles, tant féodaux, censaux, qu'allodiaux, de même que sa vaisselle d'or et d'argent, demeureront chargés de fidéicommis réel, graduel et perpétuel, en faveur de ses fils, petits-fils et arrière-petits-fils, ne soit qu'il trouve à propos d'en disposer autrement, de quoi il se réserve la faculté. » Le 15 oct. 1756, il institue Philippe de Hamal, son fils aîné, héritier de sa terre de Vierves, et le charge expressément « de se conformer en tout et partout au fidéicommis masculin, réel, graduel et perpétuel, établi par le contrat de mariage. » Philippe jouit de cette terre jusqu'à sa mort. Il laisse deux enfants, Philippe et Benoît.

Le 5 déc. 1780, Philippe, n'ayant pas d'enfants, adopte, du consentement de Benoît et par acte notarié, le fils aîné de celui-ci, Ferdinand, et l'institue « son héritier, comme son propre enfant, de tous ses biens, le tout en faveur du mariage à conclure par Ferdinand du consentement des deux seigneurs, pères adoptif et légitime. » — 26 mai 1781, contrat de mariage entre Ferdinand et la demoiselle d'Horion. L'acte d'adoption est joint à l'acte. — 15 mars 1784, décès du père adoptif de Ferdinand. — Le 17 du même mois, celui-ci se présente devant un notaire, « et considérant la lésion énormissime, qui lui résulterait des effets de l'acte d'adoption du 5 déc. 1780, auquel il n'a alors acquiescé que par esprit de déférence pendant sa minorité, sans aucune connaissance des affaires de l'adoptant, déclare renoncer à cet acte et à la succession mobilière de l'adoptant. » — Le 12 mai 1789, décès de Ferdinand. — 9 vend. an 4, réunion à la France du pays de Liége, où la loi du 14 nov. 1792 est publiée quelques mois après. — Le 28 germ. an 11, le fils aîné de Ferdinand, Charles-François de Hamal, demande contre Benoît la nullité de la renonciation faite par son père. — Le 27 flor. an 12, cette nullité est prononcée par le tribunal de Rocroy, qui, ordonnant en même temps l'exécution de l'acte d'adoption et du contrat de mariage de Ferdinand, attribue au requérant tous les biens de Philippe, son aïeul, sauf l'usufruit des deux tiers, réservés à Benoît par la législation de 1781. — 22 juill. 1809, arrêt infirmatif de la cour de Metz, rendu sans conclusions du ministère public.

Pourvoi de Charles-François de Hamal. — Son principal moyen était tiré de ce défaut de conclusions. Les autres moyens portaient sur l'interprétation des actes d'adoption et contrat de mariage. — M. Merlin, procureur général, a conclu au rejet du pourvoi. Il a prétendu d'abord que l'art. 49, tit. 2, de l'ord. de 1747, qui exige les conclusions du ministère public en matière de substitutions, était abrogé à l'époque où est intervenu l'arrêt attaqué : 1° la loi du 24 août 1791, qui fixe les cas où ces conclusions sont nécessaires, ne parle pas des substitutions ; 2° la loi du 14 nov. 1792, qui les a abolies, a par cela même aboli l'art. 49 : en effet, cet article avait un double motif : la nature des substitutions qui forment une portion du droit public ; leur sûreté, leur stabilité intéresse, d'ailleurs, le plus souvent des enfants à naître, et si le ministère public intervient dans les affaires de mineurs, à plus forte raison doit-il surveiller les intérêts de deux qui n'ont pas encore reçu le jour, et que pourrait frauder d'une manière si préjudiciable la mauvaise administration du possesseur actuel. Telles sont les raisons qu'allègue Sallé pour justifier l'article cité. Or la transmission des biens, dans l'ordre de la substitution, ne devant plus avoir lieu, et les droits non ouverts des substitués devenant entièrement nuls, c'est le cas d'appliquer la maxime *cessante causâ cessat effectus* ou *cessante legis ratione, cessat lex* ; — En vain a-t-on objecté qu'il s'agit, dans la cause, des effets d'un acte d'adoption, et que les art. 554 à 556 c. civ. exigent que le jugement sur l'adoption soit précédé des conclusions du ministère public : 1° dans ces articles, il n'est question que de l'adoption introduite par le code, qui emporte prohibition de mariage entre l'adoptant, l'adopté et les descendants ; entre les enfants adoptifs de la même personne, etc. ; en un mot, de l'adoption, qui confère à l'adopté les droits déterminés par le code, et modifie gravement son état. Or qu'a de commun cette adoption et celle stipulée par l'acte du 5 déc. 1780, sans le concours de l'autorité publique ? Elle n'a pu, par cette raison, de l'aveu du demandeur lui-même, avoir que l'effet d'une institution d'héritier. En outre, les articles cités ne requièrent l'intervention du ministère public que dans les jugements préalables à l'adoption introduite par le code, et uniquement relatifs à la question de savoir si elle doit ou non être permise, et non dans les jugements à rendre sur les contestations auxquelles l'adoption peut donner lieu, soit entre l'adoptant et l'adopté, soit entre celui-ci et les héritiers de celui-là. — Enfin, le défaut de conclusions, si elles étaient nécessaires, ne pourrait que donner ouverture à requête civile, d'après l'ordon. de 1667, tit. 35, art. 34 ; « puisque seule, cette ordonnance prévoit le cas de substitution, » et qu'il n'en est pas mention dans les lois postérieures, qui ont fait de la violation de cette forme un motif de cassation. — Arrêt.

LA COUR ; — Attendu que, quoique l'ordon. de 1747 défendît de rendre des jugements sur les substitutions fidéicommissaires, sans les conclusions du ministère public, néanmoins les art. 1 et 3 de la loi du 24 août 1790, et même l'art. 83 c. pr., n'énoncent plus les substitutions dans l'énumération des matières sur lesquelles l'audition du ministère public est nécessaire ; — Que les art. 354, 356 et 357 c. civ., relatifs aux conclusions du ministère public en matière d'adoption, n'ont trait qu'aux adoptions introduites et non autorisées par ce même code, et peuvent d'autant moins s'étendre à l'espèce d'adoption dont il s'agit, que le demandeur lui-même ne la regarde que comme une institution contractuelle ; — Rejette, etc.

Du 23 août 1820.-C. C., sect. civ.-M. Botton, rap.

(3) (Hérit. Vallée C. Bourbon et Gohier.) — LA COUR ; — Sur le moyen tiré d'une prétendue fausse application de l'art. 268 de la coutume de Normandie, des lois des 14 nov. 1792 et 22 vent. an 2 ; — Attendu qu'il est reconnu, par l'arrêt attaqué, et attesté d'ailleurs par de nombreux monuments de la jurisprudence des anciennes cours et tribunaux de la Normandie, que les filles normandes, jouissant par usufruit de leur légitime en attendant leur mariage, en acquéraient la propriété par la survenance de l'un et l'autre des événements ci-après, savoir : leur mariage ou leur survie à leurs frères et l'extinction de la ligne masculine ; — Attendu que la loi du 22 vent. an 2, en répondant à la cinquante-troisième des questions qui y étaient proposées, a décidé que les coutumes, qui ne déféraient aux filles la propriété de leur légitime qu'au cas où la ligne masculine viendrait à défaillir, ne présentait qu'une substitution statuaire, qui ne pouvait exister, d'après l'abolition prononcée par les lois des 25 oct. et 14 nov. 1792, et que la pleine propriété ne pouvait être contestée ; — Attendu que cette interprétation des lois de 1792 ;

289. Un autre arrêt juge que dans le ci-devant Piémont, bien que la loi du 15 niv. an 9 attribuât aux cadets de famille la moitié des biens fidéicommissés sur la tête de leurs aînés, dans le cas où ces aînés mourraient sans laisser d'enfants habiles à recueillir la substitution aux termes des lois d'alors, si l'enfant grevé de fidéicommis est décédé sous l'empire du code, le sort des biens grevés se règle par la loi du 29 germ. an 11, faisant partie du code sur les successions (Turin, 14 fév. 1806, aff. Solaro *C.* Solaro).

SECT. 3. — DES SUBSTITUTIONS AUTORISÉES PAR LE CODE NAPOLÉON EN FAVEUR DES PETITS-ENFANTS, DES NEVEUX OU NIÈCES DU DISPOSANT.

ART. 1. — *Des personnes qui peuvent ou substituer, ou être grevées, ou être appelées.*

290. Nous traiterons dans cet article des substitutions au profit des petits-enfants, de celles au profit des neveux et nièces, enfin des règles communes à ces deux espèces de substitutions.

291. 1° *Des substitutions faites au profit des petits-enfants.* —L'art. 1048 c. nap. dispose en ces termes : « Les biens dont les père et mère ont la faculté de disposer pourront être par eux donnés, en tout ou en partie, à un ou plusieurs de leurs enfants, par actes entre vifs ou testamentaires, avec la charge de rendre les biens aux enfants nés et à naître, au premier degré, desdits donataires. »

292. Les ascendants peuvent-ils grever leurs petits-fils, si le père est prédécédé? L'art. 1048 n'emploie que les expressions *pères, mères* et *enfants*; de là le doute. D'un côté, on dit : Le système du code est le moins favorable aux substitutions. Elles n'y figurent que comme une exception la plus étroite. Si le législateur avait entendu accorder aux ascendants la même faculté qu'aux pères et mères, ne s'en fût-il pas expliqué, comme il l'a fait dans l'art. 1075, relatif au partage que « les père et mère et autres *ascendants* pourront faire entre leurs enfants et *descendants*? » On n'objectera pas que c'est par oubli : la rédaction de l'art. 1048 fut communiquée au tribunat, telle qu'on la voit au code, et, quoique la section ait proposé ce changement : « les biens dont les pères et mères et *autres ascendants*, etc..., à un ou plusieurs de leurs enfants ou *descendants successibles*, etc. » (V. Locré, t. 11, p. 329), la rédaction première fut conservée.— C'est en ce sens que se prononcent MM. Toullier, t. 5, n° 723; Rolland de Villargues, Rép. de Favard, v° Substitut., chap. 2, sect. 2, § 1, n° 6; Coin-Delisle, sur l'art. 1048, n° 2; Bayle-Mouillard, sur Grenier, t. 3, n° 61; Troplong, Don. et test., t. 4, n° 2213; Marcadé, sur l'art. 1048, n° 1.—Ces arguments ne manquent pas de gravité. Mais on peut répondre, ce nous semble, avec avantage : Le mot *enfants* est d'ordinaire synonyme, en droit, de *descendants* (L. 84, ff., *De verbor. sign.*); témoin les art. 914, 1049, 1082, etc., où la loi lui donne cette extension (V. aussi vis Contr. de mar., n° 1173, et Parenté n° 11). C'est par l'esprit, plutôt que par la lettre, qu'il faut interpréter les lois ; il y a identité de motifs pour autoriser la substitution dans l'un ou l'autre cas. Un aïeul peut craindre les débordements d'un petit-fils dissipateur, et doit avoir à cœur d'assurer aux enfants de ce petit-fils la conservation de sa succession. Le degré intermédiaire étant vacant par la mort du père, les petits-fils, par représentation, sont au premier degré, à l'égard de leur aïeul. C'est lui qui leur sert de père, dans l'ordre des affections, comme pour les prérogatives de la puissance paternelle. Quant à l'amendement du tribunat, les procès-verbaux de la discussion ne font point mention des motifs du rejet : peut-être a-t-il paru superflu, comme entrant de soi dans l'esprit de la loi, lorsque, bien entendu, les enfants sont décédés, et qu'ainsi le premier degré de descendance ayant disparu, les *petits-enfants* sont en réalité, dans le langage de la loi comme dans la limite des affections, les *enfants* des instituants. — Telle est aussi l'opinion de MM. Delvincourt, t. 2, note 5 sur la page 104; Duranton, t. 9, n° 525; Delaporte, Pandect. franç., t. 4, p. 506; Vazeille, sur l'art. 1048, n° 3. — La première de ces deux opinions a été consacrée par deux arrêts qui ont décidé : 1° que l'art. 1048 c. nap., qui, par exception au principe général (art. 896), autorise les père et mère à grever un ou plusieurs de leurs enfants, de substitution, au profit de leurs petits-enfants nés et à naître, ne confère pas ce droit aux aïeuls et aïeules, même en cas de prédécès des enfants du premier degré (Cass. 29 juin 1853, aff. Larette, D. P. 53. 1. 283); — 2° Que la faculté de substituer, autorisée par l'art. 1048 c. nap., ne peut être exercée que par les père et mère, et que, par suite, un aïeul ne peut, en instituant un de ses petits-enfants, le grever de substitution; et qu'à supposer qu'une telle disposition ait été permise sous l'empire de la loi du 17 mai 1826 (qui autorisait les substitutions à deux degrés), elle ne saurait, depuis la loi du 7 mai 1849, être exécutée au profit des substitués (Paris, 23 août 1850, aff. Belon, D. P. 51. 2. 41).

293. Un père peut-il grever son fils au profit des petits-enfants de celui-ci, si les enfants sont prédécédés? Si l'on s'attache à l'esprit de la loi, aux motifs qui ont dicté l'art. 1048, il semble que la question doive être résolue affirmativement; en effet, la sollicitude et l'affection paternelle méritent les mêmes égards, qu'elles aient pour objet les enfants ou petits-enfants d'un fils dissipateur, si, dans la seconde hypothèse, les enfants n'existent plus. On objecte que l'art. 1048 ne parle que de « la charge de rendre aux enfants nés et à naître, *au premier degré seulement*, des donations, » et que ces mots *au premier degré* ne peuvent avoir d'autre sens que celui-ci *à la première génération*. Mais on peut répondre que par ces mots on peut entendre aussi le degré le plus proche : ce qui signifierait que l'on ne doit appeler à la substitution que ceux qui succèdent immédiatement au donataire *omisso medio*; que d'ailleurs le législateur a pu vouloir dire qu'il autorisait seulement un degré de substitution, soit au profit des enfants du fils, lorsqu'ils existent, soit au profit des petits-enfants, lorsque les enfants sont prédécédés. « L'ascendant, a dit M. Jaubert, ne pourra étendre sa prévoyance au delà des enfants de son fils. » Oui, peut-on répondre, quand le fils a des enfants : il y aurait alors ou deux degrés de substitution, ou gratification des petits-fils au préjudice des fils du donataire, et par là dérogation à l'ordre successoral, ce qui ne saurait se rencontrer dans notre espèce.—C'est cette interprétation que nous inclinons à préférer, bien qu'elle fasse un peu violence au sens naturel des termes de la loi, parce qu'elle est la plus conforme à son esprit. Elle a été adoptée par MM. Delvincourt, t. 2, note 6 sur la page 104; Malleville, t. 2, sur l'art. 1051; Duranton, t. 9, n° 526; Vazeille, sur l'art. 1048, n° 4. —L'interprétation contraire, qui n'admet au bénéfice de la substitution que les enfants du fils, et qui exclut les petits-enfants, lorsque les enfants sont prédécédés, a pour elle MM. Toullier, t. 5, n° 726; Coin-Delisle, sur les art. 1048-1050, n° 4; Troplong, t. 4, n° 2222; Marcadé, sur les art. 1048 et suiv., n° 3.

294. Un beau-père ne pourrait grever son gendre ni sa bru : ces personnes ne se trouvent ni dans la lettre, ni dans l'esprit de la loi. Telle est aussi l'opinion de MM. Delaporte, Pandect. franç., t. 6, p. 307; Coin-Delisle, sur les art. 1048 et 1051, n° 2. Décidé en ce sens (Turin, 29 déc. 1810, aff. Mangiardi *C.* Barra).

295. 2° *Des substitutions au profit des neveux et nièces.* — L'art. 1049 porte : « Sera valable, en cas de mort sans enfants, la disposition que le défunt aura faite par acte entre-vifs ou testamentaire, au profit d'un ou de plusieurs de ses frères ou sœurs, de tout ou partie des biens qui ne sont point réservés par la loi dans la succession, avec la charge de rendre ces biens aux enfants nés et à naître, au premier degré seulement, desdits frères ou sœurs donataires. »

296. La survenance d'enfants aurait-elle révoqué la donation, si les enfants sont morts avant le donateur? A ne consulter que le texte, *en cas de mort sans enfants*, il semblerait que, contre la règle générale (c. civ. 964), la donation serait simplement suspendue par la naissance de l'enfant, pour reprendre tous ses effets en cas de survie du donateur. Mais il n'est pas probable que telle ait été la pensée des auteurs du code. Les principes généraux sur la révocation des donations sont si nettement établis, sont fondés sur des considérations si puissantes, et s'appliquent si bien à l'espèce par identité de motifs, que, pour en décliner l'application, il faudrait une exception conçue

donnée par la loi elle-même, ne pouvait être méconnue par la cour royale de Caen, et qu'elle en a fait une juste application par l'arrêt attaqué ;—Rejette le pourvoi contre l'arrêt de la cour de Caen du 10 août 1825.

Du 5 juill. 1825.-C. C., sect. req.-MM. Henrion, pr.-Borel, rap.

en termes directs et nullement équivoques.—On peut assigner un autre but à l'intention exprimée par ces mots, *en cas de mort sans enfants* : on aura voulu valider la disposition faite à une époque où le disposant n'était pas sans enfants, pourvu qu'il n'en laissât aucun à son décès. Telle est l'interprétation professée par MM. Delvincourt, t. 2, note 3 sur la page 104; Duranton, t. 9, nos 527 et 528; Grenier, t. 1, p. 619, no 360; Coin-Delisle, sur les art. 1048-1050, no 8; Troplong, no 2215; Marcadé, sur les art. 1048 et suiv., no 3. — V. *Contrà* Delaporte, Pand. franç., t. 4, p. 512; MM. Toullier, t. 5, no 797; Rolland de Villargues, Rép. de Favard, vo Substit., ch. 2, sect. 2, § 6, no 17.

297. L'existence d'enfants *naturels*, au décès du donateur, ne serait point un obstacle à l'efficacité de la disposition. Le code n'a eu probablement en vue que les enfants légitimes. L'ordonnance de 1747 interprétait ainsi « la condition que le grevé vienne à décéder sans enfants..., sans qu'on puisse avoir égard, est-il dit dans l'art. 23, tit. 1, à l'existence des enfants naturels, même légitimés autrement que par le mariage subséquent, » c'est-à-dire par lettre du prince. — Ils n'auraient droit qu'à la portion que le code leur attribue. C'est ce qu'enseignent encore MM. Rolland de Villargues (Rép. de M. Favard, ch. 2, sect. 2, franç., t. 4, p. 512; Coin-Delisle, § 1, no 3); Delaporte, Pand. sur les art. 1048 et suiv., no 9; Troplong, nos 2216 et suiv.

298. M. Rolland de Villargues (*loc. cit.*, no 4) enseigne qu'il en serait autrement de l'enfant *adoptif*, parce que l'art. 350 c. nap. lui accorde sur la succession de l'adoptant les mêmes droits que ceux qu'y aurait l'enfant né en mariage (V. aussi en ce sens MM. Vazeille, sur l'art. 1049, no 4, et Marcadé, sur les art. 1048 et suiv., no 2). Mais tel n'est pas notre sentiment. Il ne s'agit point ici de régler les droits successifs, il s'agit de savoir quelle influence exerce l'existence des enfants sur l'efficacité d'une certaine disposition; or il ne nous paraît pas possible d'assimiler sous ce rapport aux enfants qui sont tout à la fois légitimes et naturels ceux que le disposant se serait donnés par la fiction légale de l'adoption. Nous croyons donc que l'existence d'un enfant adoptif (que l'adoption soit antérieure ou postérieure à la donation, peu importe) ne ferait point obstacle à la validité de la substitution faite au profit des enfants des frères ou sœurs; mais alors les droits successifs de l'enfant adoptif ne recevraient aucune atteinte de cette disposition.—V. Conf. MM. Coin-Delisle, sur les art. 1048 et suiv., no 9; Troplong, no 2219).

299. L'ordonn. de 1747 ne voulait pas non plus qu'on eût égard « à l'existence des enfants *morts civilement*..., ou incapables des effets civils pour quelque cause que ce soit, lorsque le décès sans enfants était la condition de la disposition. » — Ils devraient encore être regardés comme n'existant pas. Le législateur n'a défendu que les substitutions qui porteraient préjudice aux enfants du disposant; or, s'ils ne sont pas capables de recueillir la succession, le préjudice n'existe pas. — V. Conf. M. Coin-Delisle, sur l'art. 1049, no 9.

300. Que devrait-on décider si le disposant laissait des enfants, mais que ces enfants fussent renonçants à sa succession ou qu'ils en fussent déclarés indignes? MM. Vazeille, sur l'art. 1049, no 4, et Marcadé, *loc. cit.*, pensent qu'ils seraient considérés comme n'existant pas quant à la succession, et que dès lors leur existence ne ferait point obstacle à l'efficacité de la disposition dont il s'agit. Mais le texte de l'art. 1049 (en cas de mort *sans enfants*) dit trop positivement le contraire pour qu'il soit possible d'adopter cette interprétation. C'est ce qu'enseignent aussi MM. Coin-Delisle, sur les art. 1048-1051, no 10; Troplong, no 2220.

301. *Règles communes aux deux espèces de substitutions.* — La capacité de substituer, dans les cas prévus par les art. 1048 et 1049, est subordonnée aux mêmes règles que celle de disposer par actes entre-vifs ou testamentaires. — Chez les Romains, celui qui n'avait point le droit de tester, encore qu'il pût disposer d'une autre manière, était incapable de faire un fidéicommis (L. 2, ff., *De leg.* 1o). L'ord. de 1629 défendait aux personnes rustiques de substituer, « vu la difficulté pour ces personnes, dit Thévenot, d'être instruites des règles et de la portée des termes dans une matière si épineuse (chap. 5). » Mais cette disposition n'a jamais été observée qu'au parlement de Dijon. Merlin rapporte, Rép., vo Substit. fidéic., sect. 2, § 1, no 2, divers arrêts de ce parlement, qui fixent le sens, alors fort controversé, des mots *personnes rustiques*. — Cette exception bizarre fut supprimée dans tout le royaume par l'ord. de 1747, qui accorde indistinctement l'usage des substitutions « à toutes personnes capables de disposer de leurs biens, *de quelque état et condition qu'elles soient.* »

302. Il faut que les enfants soient au *premier degré* pour recueillir les biens dont leur père est grevé (c. nap. 1048, 1049). —Mais si la charge de rendre était stipulée au profit, d'abord des enfants au premier degré, puis des petits-enfants, la disposition serait-elle entièrement nulle, ou la nullité ne frapperait-elle que la clause relative aux petits-enfants? — M. Toullier, t. 5, no 729, ne croit nulle que la seconde partie de la disposition, qui appelle les petits-enfants : « le surplus subsisterait, dit-il, parce que le code n'a point en ce cas prononcé la nullité de toute la disposition, et qu'on ne peut suppléer une nullité. Ce serait le cas d'appliquer la maxime *utile per inutile non vitiatur.* » Il invoque l'opinion de M. l'avocat général Daniel, qui disait, « dans les conclusions qui furent suivies par l'arrêt de la cour de cassation du 31 mars 1807 (V. no 306), que *la nullité de la clause de restitution n'opérait pas la nullité de l'institution.* Il ne faut donc pas, ajoute M. Toullier, appliquer ici l'art. 896. » — Cette opinion nous paraît très-controversable. Les art. 1048 et 1049 ne contiennent que des exceptions à la règle générale posée par l'art. 896. La substitution dont il s'agit rentre-t-elle dans la classe de celles exceptées? Non, puisqu'elle embrasse plus d'un degré, puisqu'elle n'est pas conçue dans les termes que l'exception autorise. Mais il est de la nature de toute exception de se restreindre au cas formellement prévu; se trouvant hors ce cas, la substitution retombe donc sous la prohibition de l'art. 896. Or cet article n'annule pas moins la disposition principale que la clause de restitution (V. nos observ., *suprà*, no 229).—Telle est aussi l'opinion de MM. Rolland de Villargues, Rép. de Favard, ch. 2, sect. 2, § 1, no 14; Vazeille, sur l'art. 1049, no 13; Coin-Delisle, sur les art. 1048 et s., no 16; Troplong, no 2225. Elle a été consacrée par un arrêt (Cass. 27 juin 1811, aff. Drion, no 303).

303. Il faut que les appelés soient les *enfants* du grevé (c. nap. 1048 et 1049). Si la disposition était faite conjointement au profit d'autres enfants que ceux du grevé, elle serait entièrement nulle. C'est une nouvelle conséquence des observations qui précèdent, approuvée par MM. Merlin, Rép., vo Substit. fidéic., sect. 5, § 2, no 4, et Rolland de Villargues, *loc. cit.*, no 13, consacrée par la cour de cassation, le 27 juin 1811 (1).

(1) *Espèce* : — (Hér. Drion.) — Le 13 sept. 1806, Jacques Drion, après avoir institué François Drion, son frère, pour son héritier universel, ajoute dans son testament : « J'entends et je veux qu'il ne puisse aliéner aucun des biens-fonds de mon hérédité, et qu'après son décès ces biens retournent à ses deux enfants; je charge encore mon héritier, après le payement des dettes et des legs, d'employer en achat de biens-fonds le reste de l'argent qu'il trouvera dans ma succession, pour les biens-fonds acquis être, après son décès, partagés par tête entre ses enfants et ceux d'Adrien Drion, mon frère, qui sont encore à marier. » — Après le décès du testateur, tous ses frères et sœurs, à l'exception de l'institué, demandèrent l'annulation du testament comme renfermant des substitutions prohibées, sous deux rapports : d'un côté, les enfants à naître de l'institué n'étaient pas appelés expressément; de l'autre, la charge de restitution n'était pas restreinte aux enfants de l'institué, imposée en faveur de ceux d'un autre frère du testateur. — L'institué a répondu que la condition exigée par l'art. 1049 c. civ., que les biens soient rendus aux enfants nés et à naître du frère institué, ne pouvait déterminer l'annulation de la première disposition, puisque, lors du décès du testateur, l'héritier institué n'avait d'autres enfants que ceux désignés par le testament; — Qu'en tout cas, dans la première disposition, la charge de conserver et de rendre portait uniquement sur les immeubles; que si cette disposition pouvait être annulée, parce que la charge de restitution a été restreinte aux enfants nés, on ne pourrait étendre l'annulation aux meubles, sur lesquels ne frappait point la substitution; — Que, quant à la disposition relative aux biens-fonds acquis par l'institué avec l'argent de la succession, et qui, après son décès, devaient être partagés entre ses enfants et les enfants à marier d'Adrien Drion, elle était conforme au vœu du code civil, puisqu'il n'y avait pas de distinction entre les enfants du frère institué, et que, sous le nom de ses enfants, les enfants nés et à naître de cet héritier étaient indistinctement appelés à recueillir cette partie de la succession, et que si des enfants d'un autre frère se trouvaient dans la vocation, la disposition n'é-

304. Mais il va sans dire que les enfants *naturels* du grevé ne profiteraient point de la substitution faite au profit des enfants. Les enfants naturels, même reconnus, sont étrangers à la famille de leurs père et mère; on ne peut donc admettre que lorsque le disposant a fait, en faveur des enfants du grevé, un acte de prévoyante sollicitude, il ait songé à eux. Cette doctrine était également admise sous l'ancien droit. — Ainsi il a été jugé que les lois romaines, qui admettaient les enfants naturels du grevé à recueillir l'effet de la substitution faite en faveur des enfants de celui-ci, n'étaient pas en vigueur en France avant l'ordonnance de 1747; que la substitution ne devait, comme depuis cette époque, profiter qu'aux enfants légitimes (Req. 21 juin 1815, MM. Henrion, pr., Brillat-Savarin, rap., aff. Chartraire de Montréal C. Rigoley d'Ogny): « Attendu, porte l'arrêt, que les lois romaines invoquées n'ont passé ni dans notre droit ni dans nos mœurs. »

305. Lors même que le disposant aurait formellement déclaré substituer les enfants naturels du grevé, la disposition serait sans effet à leur égard. En effet, la loi en autorisant les substitutions dont nous nous occupons en ce moment, n'a eu en vue que la conservation des biens dans les familles; or les enfants naturels ne font pas partie de la famille. — Ainsi il a été jugé que les substitutions autorisées par le code et par la loi de 1826 sont nulles, si elles sont faites en faveur d'enfants naturels du grevé; et qu'une substitution faite à la fois au profit des enfants naturels et des enfants légitimes du grevé est nulle, même à l'égard des enfants légitimes (Caen, 2 déc. 1847, aff. Soynard, D. P. 49. 2. 84).

306. Il faut que la disposition soit faite au profit de tous les enfants *nés et à naître* du grevé. L'art. 1050 c. nap. porte que « les dispositions permises par les deux articles précédents ne sont valables qu'autant que la charge de restitution sera au profit de tous les enfants, nés et à naître du grevé, sans exception ni préférence d'âge ou de sexe. » — Remarquons d'abord qu'il n'est pas nécessaire que les termes, *enfants nés et à naître*, soient littéralement écrits. La simple charge de rendre *à ses enfants*, aux enfants *issus de lui*, à *mes petits-enfants*, etc., comprendrait les enfants nés et à naître, les filles aussi bien que les garçons. C'est le cas d'appliquer la maxime *ut potius valeat, quàm pereat*. On ne doit pas supposer que le disposant a voulu faire une disposition nulle. — C'est par respect pour cette règle qu'un arrêt a considéré comme satisfaisant au vœu de la loi la clause de restitution *à mes petits-enfants issus de mon fils*, à mes petits-fils (Req. 31 mars 1807) (1). — La même interprétation et la règle qui lui sert de fondement sont enseignées par MM. Merlin, *loc.*

---

tait nulle qu'à leur égard. — Le 20 nov. 1807, le tribunal civil de Charleroy décide que le testament contient des substitutions prohibées, les annule toutes, ainsi que l'institution d'héritier dans l'universalité des meubles, comme dans celle des immeubles, sans distinction, et ordonne la délivrance des legs non grevés de substitution.

Sur l'appel, le 14 juill. 1808, arrêt de la cour de Bruxelles qui déclare l'institution d'héritier nulle, en ce qui concerne les immeubles, et valable pour le surplus; annule aussi la substitution faite en faveur des enfants d'Adrien Drion dans les biens achetés par l'héritier institué avec l'argent de la succession, et la déclare valable, en tant qu'elle est faite en faveur des enfants de l'héritier institué; — « Attendu qu'aux termes de l'art. 896 c. civ., toute disposition par laquelle le donataire, l'héritier institué ou le légataire, est chargé de conserver et de rendre à un tiers, est une substitution fidéicommissaire; que, par le même article, toute disposition de cette nature est prohibée et annulée, même à l'égard du donataire, de l'héritier institué ou légataire; que, dans le sens de cet article, par disposition n'est pas seulement entendue la substitution, mais aussi l'institution, qui ne font ensemble qu'une même disposition, savoir une libéralité vinculée; qu'il résulterait du système contraire cette absurdité que, contre la volonté expresse du testateur, l'institué aurait sans charge quelconque, entre ses mains, la libre propriété d'un bien dont le testateur n'a voulu que lui accorder la jouissance; que de cette proscription prononcée par le code ne sont exceptées que les dispositions permises aux pères et mères par l'art. 1048, et celles permises aux frères et sœurs par l'art. 1049; qu'aux termes de l'art. 1050, pour la validité des dispositions permises dans les deux articles précédents, il est nécessaire que la charge de restitution soit au profit de tous les enfants nés et à naître; que de ce chef est viciée la première des substitutions fidéicommissaires, n'étant faite qu'en faveur des deux enfants actuellement existants de l'héritier institué, et aucunement de tous ses enfants nés et à naître, soit du présent mariage, soit d'autre qu'il pourrait contracter par la suite; que cette substitution étant nulle, l'institution d'héritier a été également viciée pour autant que la charge de rendre était apposée à l'institution; que l'institution d'héritier universel comprenant les titres universels d'héritier mobilier et immobilier, un de ces titres a pu être annulé sans entraîner la nullité de l'autre; que, dans ce cas, la charge de rendre n'étant imposée que pour les biens-fonds, l'institution à titre universel n'est annulée que relativement à la succession immobilière; que la seconde substitution fidéicommissaire est également viciée, en ce qui concerne les enfants d'Adrien Drion, la substitution à leur égard étant faite au profit d'autres enfants que ceux du grevé; que ladite substitution est valable à l'égard des enfants de l'héritier institué, la libéralité n'étant pas seulement exercée en faveur des deux enfants de cet héritier, comme dans la première disposition, mais aux enfants de l'héritier, après son décès, et par conséquent à tous les enfants nés et à naître dudit héritier, sans exception ni préférence d'âge ou de sexe. »

Pourvoi pour violation de l'art. 896 et fausse application de l'art. 1049 c. civ. — Arrêt (après un long délib. en ch. du cons.).

La cour; — Vu les art. 896 et 1049 c. civ.; et considérant, en droit, que, suivant l'art. 896, les substitutions sont prohibées, et que toute disposition par laquelle le donataire, l'héritier institué ou le légataire est chargé de conserver et de rendre à un tiers, est nulle, même à l'égard du donataire, de l'héritier ou du légataire; — Que si cet article fait une exception en faveur des dispositions permises aux frères et sœurs, cette exception est limitée par l'art. 1049; — Que, suivant ce dernier article, la disposition au profit d'un frère, avec charge de rendre, n'est valable qu'autant que la substitution est faite au profit des seuls enfants du donataire; — Considérant, en fait, que Jacques Drion, en instituant son frère François son héritier universel, l'a chargé d'employer en acquisition d'immeubles l'argent qui lui restait après les dettes payées, et de conserver ces immeubles pour être, après son décès, partagés par tête entre ses enfants et les enfants d'Adrien, son autre frère; — Que les enfants d'Adrien ne sont point les enfants du donataire; que la substitution leur est commune avec les enfants de celui-ci, et que, dès lors, cette substitution se trouve hors du cas de l'art. 1049, retombe, pour le tout, sous la prohibition de l'art. 896, et produit, suivant ce dernier article, la nullité de la disposition dont il s'agit, relative aux immeubles à acquérir avec l'argent restant après les dettes payées; que cependant l'arrêt attaqué a maintenu cette disposition au profit de François, tout en annulant la substitution en faveur des enfants d'Adrien, en sorte que cet arrêt introduit une disposition toute autre que celle manifestée par le testateur, et contrevient aux articles cités; — Casse, etc.

Du 27 juin 1811.-C. C., sect. civ.-MM. Mourre, pr.-Oudot, rap.-Thuriot, av. gén., c. conf.-Guichard et Coste, av.

(1) *Espèce* : — (Hér. Hardy C. Hardy.) — Jacques Hardy avait, le 10 vend. an 13, rédigé ainsi son testament olographe : — « Je soussigné, etc., donne et lègue, par préciput et hors part, à Jacques Hardy, mon fils, à charge par lui de rendre à mes petits-enfants issus de lui; et dans le cas où il me prédécéderait, je donne et lègue à mesdits petits-fils existants lors de mon décès.... le quart disponible, etc. »

Les héritiers Hardy contestent à leur frère la validité de cette disposition, comme renfermant une substitution prohibée. Leurs motifs étaient ceux reproduits par le tribunal de Bayeux dans son jugement du 21 therm. an 13, qui annule l'institution : — « Considérant (relativement à la substitution) que, d'après les principes élémentaires de la langue française, les participes des verbes neutres, quand ils ne sont point précédés du verbe auxiliaire être, pour en fixer le sens, expriment toujours un temps passé; d'où il suit que ce mot *issus*, dont s'est servi le sieur Hardy, ne peut présenter d'autre idée que celle d'une substitution au profit des enfants actuels du sieur Hardy, et conséquemment exclusive des enfants à naître; — Qu'en admettant encore, contre toutes les règles de la langue, que le mot *issu* pût également exprimer, soit un temps passé, soit un temps futur, par la raison que l'on suppose sous-entendus les mots *qui sont* ou les mots *qui seront* (selon le sens à exprimer), il en résulte nécessairement que la volonté du testateur demeure incertaine entre les deux interprétations; et qu'en adoptant l'une ou l'autre, le juge pourrait arbitrairement substituer sa volonté particulière à celle du testateur, qui doit seule faire la loi; — Que le code civil, dans les art. 1048, 1049 et 1050, s'est servi, avec une sorte d'affectation, des mots *tous les enfants nés et à naître*, comme pour avertir les testateurs qu'ils devaient s'y attacher scrupuleusement, s'ils voulaient rendre valables leurs dispositions testamentaires, dans le cas desdits articles; que le feu sieur Hardy, au lieu d'employer ces expressions si claires, si précises, y a employé le mot *issus*, susceptible d'interprétations différentes et opposées, et par là même s'est écarté de la lettre comme de l'esprit de la loi; — Considérant enfin que le seul moyen d'assurer le repos des familles, de prévenir toutes ces contestations enfantées par le dangereux esprit de système, qui ne s'occupe trop souvent qu'à tourmenter et fatiguer les lois par des interprétations subtiles et forcées, c'est de tenir sévèrement la main à l'exécution stricte et littérale de ces mêmes lois. »

Appel de Hardy Grammont, le légataire à charge de rendre; et le 6 mars 1806, arrêt infirmatif de la cour de Caen ; — « Attendu que la

cit., nº 2; Rolland de Villargues, nº 11; Toullier, nº 730; Duranton, t. 9, nº 545; Troplong, nºs 2223 et 2224.

307. Il a été jugé que tout en grevant ses biens de substitution au profit de ses petits-enfants, un testateur peut léguer l'usufruit de ces biens à un tiers autre que le grevé (Req. 7 fév. 1831, aff. Rouget, V. nº 137).

308. Si la charge de rendre ne comprenait que les enfants *actuellement nés*, la disposition serait nulle, dans le cas même où il n'en serait pas né d'autres au grevé. Il suffit qu'elle sorte des termes prescrits pour l'exception par les art. 1048 et 1049, pour qu'elle retombe sous la prohibition générale de l'art. 896. Là reviennent les observations énoncées ci-dessus (nº 302). C'est aussi l'opinion de MM. Rolland de Villargues, *loc. cit.*, nº 12, et Troplong, nº 2224. Et elle a été consacrée par un arrêt dans une espèce où le testateur avait institué l'un de ses fils pour héritier universel à la charge par lui de ne point aliéner les biens-fonds de la succession, et de les laisser *à ses deux enfants* (Bruxelles, 14 juill. 1808 sous Cass. 27 juin 1811, aff. Drion, nº 303).

309. Mais supposons que la disposition renferme deux institués; l'un est grevé régulièrement envers ses enfants nés et à naître, l'autre irrégulièrement envers ses enfants actuellement existants : la nullité de cette dernière clause ne rejaillira pas sur la première (même arrêt). L'institution et la substitution des enfants nés et *à naître* seront maintenues. Pourquoi? C'est que l'acte ici contient deux dispositions distinctes, indépendantes, dont l'une n'est point la condition de l'autre, et que rien ne s'oppose à ce qu'un même acte contienne, au profit de personnes différentes, et par clauses entièrement séparées dans la pensée de leur auteur, deux dispositions. l'une valable, l'autre nulle. Ce principe a souvent été consacré par la jurisprudence, en matière de substitutions. — V. *suprà*, nºs 233 et s.—Conf. Merlin, *loc. cit.*, nº 3.

310. Mais il a été jugé que le legs fait à deux personnes indivisément, avec substitution permise quant à l'un des institués, mais prohibée quant à l'autre, est nul à l'égard des deux institués, et non pas seulement en ce qui touche le dernier (Req. 9 juill. 1851, aff. Philippon, D. P. 51. 1. 187).

311. Thévenot (chap. 67) pose une espèce « qui, dit-il, se présente assez fréquemment : « Je nomme pour mes héritiers ou légataires Paul, François et Philippe, voulant que, lors de leur décès, ils *restituent mes biens à leurs enfants*. » Un tel fidéicommis, remarque cet auteur, se divise par *portions*. Chacun des trois héritiers ou légataires n'est censé grevé que dans la *part* qu'il reçoit, et envers ses *propres* enfants seulement. » Il fonde cette décision sur une loi romaine expresse (L. 23, ff., *ad S. C. Treb.*). Voudrait-on entendre que chaque grevé fût tenu de rendre aux enfants de ses cohéritiers ou colégataires? Mais ce serait admettre un fidéicommis réciproque là où peut s'interpréter et s'exécuter d'une autre manière la volonté du disposant; or, il est de principe, dit Thévenot, « que la réciprocité ne s'admet point sans une nécessité absolue. » — M. Rolland de Villargues émet la même solution, *loc. cit.*, nº 17.

312. La donation de biens présents faite, hors des cas prévus par l'art. 1048 c. nap., dans un contrat de mariage à *l'un des époux et aux enfants à naître du mariage*, ne contenant pas la charge de rendre, ne constitue point une substitution prohibée; seulement la donation est caduque à l'égard des enfants à naître (Req. 7 déc. 1826) (1).

---

disposition à charge de rendre aux enfants issus ne peut et ne doit avoir son effet qu'au moment où la restitution s'opérera; — Que les mots exprimés dans l'art. 1050, d'*enfants nés et à naître*, sont indicatifs du vœu de la loi, mais non des termes sacramentels dont on ne puisse s'écarter, à peine de nullité; — Que la loi a voulu exclure des dispositions en faveur des petits-enfants, les préférences d'âge ou de sexe; — Que le fait et le vœu de la loi sont remplis, si tous les enfants nés et à naître sont appelés à recueillir la restitution, sans exception ni préférence; que s'étendant aux petits-enfants issus du grevé, elle les appelle tous, non-seulement ceux qui sont nés, mais ceux qui sont à naître ou qui existent au moment où la restitution aura lieu; — Que la disposition subsidiaire de la même clause ne laisse aucun doute à cet égard, puisqu'elle désigne les petits-fils existants lors du décès; — Que ce serait une équivoque et une subtilité de prétendre que par le mot *fils*, le testateur n'a pas compris les filles; que cette équivoque est détruite par les expressions employées d'abord *mes petits-enfants*; — Que toute autre interprétation restrictive est contraire à la lettre et au sens du testament, qui est sans restriction, et ne présente qu'une expression générale, conforme au vœu de la loi. »

Pourvoi des hérit. Hardy. Ils reproduisaient les motifs du jugement infirmé, et de plus disaient : « Le mot *issu*, isolément pris, signifie les enfants nés : témoin les art. 141, 143, 197, 198, 202, 206, 745 et 1100 c. civ., qui emploient ce mot pour, *qui sont issus*. — M. Daniels, substitut du procureur général, a été d'avis que la cour d'appel aurait pu fortifier sa décision en ajoutant que la nullité de la clause de restitution n'opérerait pas la nullité de l'institution. — Il a pensé d'ailleurs que si, dans la décision rendue, les juges d'appel s'étaient trompés sur le sens des expressions combinées du testament, en les interprétant les unes par les autres, ce ne serait qu'un mal-jugé; qu'enfin une clause, même testamentaire, devait être entendue *ut valeat potius, quam pereat*.—Arrêt.

La cour; — Attendu que l'arrêt attaqué repose uniquement sur l'interprétation des mots *issus* et *petits enfants*, employés dans le testament de Jacques-Thomas Hardy; — Que cette interprétation, dans l'espèce, loin d'entraîner aucune contravention à la loi, est d'autant plus raisonnable qu'elle a été faite dans le sens tendant à établir la validité de l'acte et sa concordance avec la loi, plutôt que dans un sens qui aurait introduit une contrariété entre ses dispositions et anéanti leurs effets;—Rejette.

Du 31 mars 1807.-C. C., sect. req.-MM. Borel, rap.-Sirey, av.

(1) *Espèce:* —(Hérit. Pinatel *C.* Pinatel.)—Le 28 mars 1817, contrat de mariage du sieur Pinatel et de la demoiselle Mouret, dans lequel comparaît la demoiselle Pinatel, qui déclare « faire donation entre-vifs actuelle et irrévocable audit sieur Pinatel, son petit-neveu, et aux enfants à naître du mariage, de tous les biens immeubles qu'elle possède actuellement, et qui consistent, etc. » — La donatrice étant morte en mars 1819, ses héritiers demandèrent la nullité de cette donation, en ce qu'elle contenait une substitution. — Le tribunal de Marseille accueillit cette demande. — Appel; et, le 10 fév. 1825, arrêt infirmatif de la cour d'Aix ainsi conçu : — « Considérant que la donation dont il s'agit, querellée de nullité par les intimés, comme entachée d'une substitution prohibée par l'art. 896 c. civ., ne contient pas la charge de conserver et de rendre, qui est, d'après ledit article, le caractère distinctif d'une substitution; — Considérant que tout le système des intimés consiste à établir par conjecture, soit l'obligation de conserver, soit celle de rendre, et à les faire résulter de ce qu'il s'agirait ici d'enfants à naître. — Mais, à cet égard, considérant que la législation actuelle ne peut plus permettre de décider, par conjectures, sur la réalité d'une substitution; que c'est précisément parce que les substitutions sont prohibées, qu'il ne faut pas admettre que l'on veuille, par une clause qui ne serait pas bien claire, faire une disposition qui serait contraire à la loi; — Que si, dans l'ancienne législation, on examinait les équipollences, c'était la suite du système de cette législation, qui, favorisant les substitutions, amenait à supposer plus facilement l'intention d'en créer; — Considérant que si, d'après les art. 1048 et 1049 c. civ., il y a faculté d'établir, par les personnes dénommées aux susdits articles, des substitutions fidéi-commissaires à des enfants nés ou à naître, il résulte aussi de ces articles, qu'il faut toujours que la condition de conserver et de rendre soit positivement énoncée, ce qui ramène au principe précédemment établi; — Que, dès lors, la simple vocation dans une donation ne peut former une substitution; car, sans l'obligation textuelle de conserver et de rendre la vocation, comme dans la cause actuelle, des enfants à naître, n'est qu'une vocation simultanée au moment même de la donation, c'est-à-dire une clause nulle et réputée non écrite à l'égard des enfants à naître, d'après l'art. 906 c. civ., mais qui ne vicie point la donation faite d'une manière indivisible au futur époux donataire; — Considérant encore que, lorsqu'il s'agit de prononcer la nullité d'un acte, il est de règle que l'interprétation qui valide l'acte, doit toujours être préférée à celle qui l'annule, et qu'on ne doit interpréter dans un sens qui annulerait l'acte qu'autant que cette interprétation résulterait positivement et nécessairement de la clause querellée; — Considérant que cette règle doit être d'autant plus facilement appliquée dans la cause actuelle, qu'il est évident que la demoiselle Pinatel, en faisant par contrat de mariage, la donation dont il s'agit, à Louis-Xavier Pinatel et aux enfants à naître de celui-ci, a simplement voulu énoncer la cause impulsive de la donation qui était les charges du ménage, dont les enfants à naître font la partie la plus importante; qu'ainsi, loin d'avoir imposé au donataire l'obligation de conserver et de rendre, et d'avoir appelé les enfants à naître en second degré, elle les a, au contraire, confondus avec leur père, et a indiqué qu'ils ne profiteraient des objets donnés qu'en qualité d'enfants, c'est-à-dire d'héritiers ou ayants cause du donataire, indication qu'il n'était pas nécessaire de donner, mais qui est couverte par la maxime, que ce qui abonde ne vicie pas; — Considérant que l'intention de la demoiselle Pinatel était tellement peu dirigée vers une substitution que, soit dans le préambule de la donation, soit plus bas dans le corps de l'acte, soit même dans son testament du même jour, en rappelant la donation dont s'agit, elle n'en parle que comme d'une donation purement personnelle à Louis-Xavier Pinatel.

313. L'art. 1051 contient une exception à la règle qui ne permet de substituer au grevé que ses enfants *au premier degré seulement*. Cet article est ainsi conçu : « Si, dans les cas ci-dessus, le grevé de restitution au profit de ses enfants meurt, laissant des enfants au premier degré, *et des descendants d'un enfant prédécédé*, ces derniers recueilleront, par représentation, la portion de l'enfant prédécédé. » Cette disposition mérite, par son importance, diverses observations.

314. Le principe de la représentation dans les substitutions n'avait été admis, par l'ordonnance de 1747, ni en ligne directe, ni en ligne collatérale (tit. 2, art. 20 et 21).—Cette ordonnance avait mis fin ainsi à de grandes controverses que la question faisait naître entre les anciens auteurs, et qui empêchaient la jurisprudence d'être uniforme. Dans quelques pays, et notamment au parlement de Toulouse, la représentation était autorisée pour les substitutions en ligne directe (Thévenot, p. 454). L'ordonnance la proscrit indistinctement; « le tout cependant, ajoute l'art. 21, à moins qu'il n'ait été ordonné, par une disposition expresse, que la représentation aurait lieu, ou que la substitution serait déférée suivant l'ordre des successions légitimes. »

315. L'art. 1051 suppose les *descendants d'un enfant prédécédé* en concours avec des *enfants au premier degré*, lorsqu'il permet à ceux-là de recueillir la portion de leur père. Mais si le grevé n'a laissé que de petits-enfants, seront-ils également admis à la substitution par représentation, ou la substitution devient-elle caduque? — Cette question a divisé les auteurs. — — MM. Maleville, sur l'art. 1051, et Delvincourt, t. 2, note 7 sur la page 104, opinent pour la représentation; ils expliquent l'art. 1051 par l'ancien droit. « Des enfants du premier degré auraient, dit M. Delvincourt, exclu les petits-enfants dans le système de l'ordonnance. » C'est tout simplement cette disposition qu'on a voulu abroger... En conséquence, la conjonction *si* ne doit pas, dans l'art. 1051, s'entendre comme faisant condition, mais, au contraire, dans le sens de *quoique, quand même*, parce qu'effectivement le cas où il existe d'autres appelés au premier degré était le seul où il pût y avoir du doute; ceux-ci auraient pu prétendre qu'étant appelés personnellement par le donateur ils devaient recueillir à eux seuls le bénéfice de la substitution, de préférence aux enfants du prédécédé, qui n'étaient pas directement appelés par l'acte de donation. » La disposition qui interdisait la représentation « n'était peut-être pas sujette à de grands inconvénients, remarque le même auteur, dans le droit ancien, où les substitutions pouvaient avoir lieu à l'égard de tout individu, même étranger à la famille du substituant. » Elle aurait été « contraire à la justice dans le droit actuel, qui n'admet les substitutions que dans le cas où la représentation est admise, et qui ne les considère que comme des effets de la tendresse et de la prévoyance paternelle. » Il n'importe pas moins aux descendants qu'aux enfants du grevé d'être garantis contre ses prodigalités pour la conservation des biens substitués. — Cette doctrine est rejetée par MM. Grenier, t. 2, n° 361; Toullier, t. 5, n° 727; Duranton, t. 9, n° 548; Rolland de Villargues, Rép. de Favard, v° Substitution, chap. 2, sect. 2, § 1, n° 16; Delaporte, Pandect. franç., t. 4, p. 515. La loi, a-t-on dit, ne valide la substitution qu'en faveur des enfants nés et à naître du donataire ou légataire. Voilà le principe : les substitutions étant vues défavorablement par le code, il faut se garder d'étendre l'exception. L'art. 1051 est formel, c'est dans le concours avec les enfants du grevé que le droit des petits-enfants trouve sa source. Et pourquoi cette circonstance a-t-elle fait déroger à l'ordonnance de 1747, qui n'admettait la représentation que lorsque le substituant l'avait expressément ordonnée, ou avait transmis ses biens dans l'ordre des successions légitimes? C'est par un motif d'égalité. On n'a pas voulu que les oncles ou tantes des petits-enfants eussent seuls la totalité des biens, qui, d'après le cours naturel, devaient se distribuer à toute la descendance du grevé. C'eût été d'ailleurs intervertir l'ordre des successions; et l'on sait que les dispositions dont il est mention au chap. 6 du titre des Donations n'ont été permises que par la raison, souvent alléguée dans les discussions du code, qu'elles ne produisaient point les inconvénients des substitutions prohibées; qu'elles n'étaient pas un instrument d'inégalité des partages, une modification de l'ordre successoral. Ces considérations, qui militaient pour la représentation dans le cas prévu par l'art. 1051, sont sans influence si le grevé n'a laissé que des petits-enfants. Un droit égal leur sera départi sur ses biens, par représentation; seulement ils ne l'exerceront qu'à titre d'héritiers, obligés ainsi d'accepter la succession et d'en payer les dettes. Par là sera observée la règle générale, qui n'admet la représentation que dans les successions *ab intestat*, et jamais dans les dispositions de l'homme: règle qui était le motif de l'art. 21, tit. 2, de l'ordonnance de 1747. Ce raisonnement nous semble expliquer la véritable pensée du législateur.—Il a été décidé, en ce sens, que si les enfants du grevé de substitution meurent avant lui, ses petits-enfants, ne formant pas le premier degré dont parle l'art. 1048 c. civ., ne peuvent prétendre à la substitution (Rouen, 23 juin 1848, aff. Trannoy, D. P. 49. 2. 162).

Art. 2. — *Des biens qui peuvent être substitués et jusqu'à quelle concurrence.*

316. On peut, en général, substituer tout ce dont on peut disposer à titre gratuit. — Les *meubles* peuvent être substitués *en nature* : mais il faut une condition expresse de les rendre tels à l'appelé (c. nap. 1063); sinon ils doivent être vendus, et le prix employé au profit de l'appelé (*ibid.* 1062, 1065 et suiv.). —D'après le droit romain, le grevé avait, en règle générale, le droit de conserver les meubles pour ne les rendre qu'en nature (L. 2, § 17, ff., *De leg.* 3°; L. 3, § 4, ff., *De usuf. et fruct.*). Il en était de même sous notre ancien droit (V. Furgole, sur l'art. 8 du tit. 2 de l'ord.). L'ordonnance de 1747 en avait restreint la faculté à deux sortes de meubles : les *bestiaux* et ustensiles servant à la culture, lesquels étaient même de droit censés compris dans la substitution des terres; les meubles servant à l'usage ou ornement des châteaux ou maisons, si une clause formelle ordonnait la restitution en nature. Tous les autres meubles n'étaient substituables que pour être vendus, et le prix employé en faveur des appelés (tit. 1, art. 4 à 8). La prohibition générale de substituer autrement «avait pour objet, dit Thévenot (sur l'art. 8 de l'ord.), 1° d'éviter le dépérissement des meubles; 2° de prévenir l'aliénation ou l'abus que le grevé en pourrait aisément faire; 3° d'obvier aux difficultés sur l'identité des meubles.»

317. Les biens *incorporels* sont passibles de substitution comme les biens corporels. Tels sont les servitudes (L. 41, ff., *De legat.* 1°); les actions en revendication d'immeubles (c. nap. 526); les créances purement personnelles (L. 59, ff., *De leg.*-3°); les *offices* et les *rentes constituées à prix d'argent* (ord. 1747, tit. 1, art. 3); les intérêts dans une société de commerce (arr. du parl. de Paris 5 janv. et 27 août 1781; Merlin, Rép., v° Substit. fidéic., sect. 6, § 1, art. 3, n° 3).

318. La chose d'*autrui* ne peut pas plus être substituée que léguée (c. nap. 1021). — La chose de l'héritier institué, du donataire ou du légataire, est-elle la chose d'autrui, dans le sens de l'art. 1021? La question est fort débattue, et nous l'avons examinée v° Disposit. entre-vifs et testam. En tout cas, fût-il permis au donateur ou au testateur de charger celui qu'il gratifie de rendre sa propre chose, la disposition ne formerait pas une

---

Pourvoi de la part des héritiers Pinate.) — Arrêt.

La cour ; — Attendu que la clause du contrat de mariage dont il s'agit n'imposait point au donataire l'obligation de conserver pour rendre aux enfants à naître de son mariage; que, dès lors, les circonstances et l'intention des parties pouvaient seules être appréciées, et que le droit d'appréciation appartient, dans ce cas, aux cours royales ; — Attendu qu'une donation faite à l'un des futurs époux et aux enfants à naître n'emporte pas par elle-même, substitution au profit de ces derniers; qu'en principe ceux qui ne sont ni nés, ni conçus au moment d'une donation, sont incapables de recevoir, d'après l'art. 906 c. c.; que, par exception à cette règle, prise dans la nature des choses, des enfants non conçus sont capables de recueillir une libéralité, lorsqu'elle est faite à leur profit dans les cas prévus par les art. 1048, 1049 et 1081 du même code; mais que, dans tous les autres cas, la règle générale subsistant, une donation faite à des enfants à naître est caduque; et, si elle est faite à la fois à une personne capable et à ces incapables, la clause en faveur de ceux-ci est réputée non écrite; — Rejette.

Du 7 déc. 1826.-C. C., ch. req.-MM. Henrion, pr.-Pardessus, rap.

substitution véritable, laquelle suppose nécessairement double transmission du même objet. La clause serait de la nature de celles autorisés par l'art. 1101 c. nap. M. Rolland de Villargues, Rép. de M. Favard, chap. 2, sect. 2, § 2, fait la même remarque. —Dans le droit romain, la chose d'autrui pouvait être l'objet du fidéicommis, comme d'un simple legs (Inst., *De sing. reb.*, § 1; L. 77, § 25, ff., *De legat.* 2°; Thévenot, chap. 9).

319. Sont cependant passibles de substitutions les biens précédemment donnés sans cette charge. C'est ce qu'on nomme substitution après coup. Mais la charge n'affectera la première libéralité qu'autant qu'elle sera la condition d'une libéralité nouvelle. Il est entendu que nous ne parlons pas de dispositions testamentaires, toujours susceptibles de modification ou de révocation, au gré du testateur. Il s'agit de biens donnés entre-vifs par acte irrévocable. —Le droit romain faisait la même distinction (L. 77, §§ 1 et 2, ff., *De legat.* 2°; L. 16, ff., *De mort. caus. donat.*); seulement le donateur pouvait substituer après coup, s'il en avait fait la stipulation expresse.—Cette réserve était de nul effet sous l'ord. de 1747; elle résistait à notre principe sur les donations entre-vifs : donner et retenir ne vaut. Avant l'ordonnance, les substitutions après coup étaient permises pour quelques pays dans certains cas, indiqués par l'art. 15, et autres que celui où le donateur s'en serait expressément réservé la faculté (Ricard, des Donat., part. 3, n° 804 et suiv.). —Le système de l'ordonnance a été suivi par le code, dont l'art. 1052 est presque la répétition textuelle de son art. 16.—Cet art. 1052 porte : « Si l'enfant, le frère ou la sœur auxquels des biens auraient été donnés par acte entre-vifs, sans charge de restitution, *acceptent une nouvelle libéralité* faite par acte entre-vifs ou testamentaire, sous la condition que les biens précédemment donnés demeureront grevés de cette charge, il ne leur est plus permis de diviser les deux dispositions faites à leur profit et de renoncer à la seconde pour s'en tenir à la première, quand même ils offriraient de rendre les biens compris dans la seconde disposition. » — Les effets de la seconde disposition sont soumis à diverses conditions, que nous allons successivement exposer.

320. Il faut, avant tout, que la charge de restitution soit imposée en termes exprès, le doute étant toujours favorable à la liberté, et que le donateur soit capable de s'obliger au moment où il l'accepte (Furgole, sur l'ord. de 1747, tit. 1, art. 16). Quant aux formes de l'acceptation, elles seront celles prescrites en cas de libéralités ordinaires. L'acceptation doit être expresse, si c'est une donation entre-vifs; elle s'induira, si c'est un testament, ou d'un consentement précis, consigné dans un acte, ou des demandes judiciaires faites pour en obtenir l'exécution, ou de la mise en possession du grevé; tous faits qui ne lieront le légataire qu'autant qu'ils seront postérieurs au décès du testateur, seul moment où la libéralité testamentaire est échue (M. Grenier, n° 365; ord. 1747, art. 36, tit. 1).

321. Mais de quel jour la seconde disposition produira-t-elle ses effets? L'ord. de 1747 portait, tit, 1, art. 17 : « Dans le cas où le donataire aurait accepté la libéralité faite sous la condition de substitution, même pour les biens précédemment donnés, ladite substitution n'aura effet que du *jour qu'il l'aura acceptée ou qu'il en aura fait ordonner l'exécution à son profit.* » Cette règle doit encore être appliquée. La substitution après coup existe, non par le pouvoir du donateur, puisque les biens donnés sont retranchés de son patrimoine (L. 68, ff., *De legat.* 2°), mais par la volonté du donataire, qui se soumet à la charge. Elle affecte les biens du moment où cette volonté s'est manifestée, encore que la donation contenant la charge eût une date antérieure à l'acceptation. Les droits acquis précédemment à des tiers sur les biens donnés seront donc à l'abri de tout effet rétroactif (MM. Merlin, *loc. cit.*; Grenier, n° 362; Toullier, t. 5, n° 733; Delvincourt, t. 2, note 9, sur la page 105; Duranton, t. 9, n° 556; Troplong, n° 2235; Coin-Delisle, sur l'art. 1052, n° 3; Marcadé, sur l'art. 1052, n° 2).

322. L'acceptation elle-même doit être légalement *connue* des tiers, pour qu'elle leur soit opposable : on transcrira les deux actes : le premier, parce qu'il renferme la disposition; le second, parce qu'il renferme la charge de rendre. Mais la transcription ne devra se faire qu'au bureau de la situation des biens compris dans la substitution (M. Delvincourt, *loc. cit.*)

323. Puisqu'une nouvelle libéralité est exigée, comme condition de la validité de la clause qui oblige à rendre les biens déjà donnés, on pourrait penser que le donataire doit être admis à se faire restituer contre son acceptation, si la seconde disposition lui était évidemment onéreuse. Mais le texte de l'art. 1052, commenté par la doctrine des anciens auteurs, repousse cette exception (V. Furgole et Thévenot, sur l'art. 16 de l'ord. 1747; M. Marcadé, sur l'art. 1052, n° 1).

324. La nécessité d'une nouvelle libéralité est telle, que, sans elle, le consentement du donateur et du donataire ne suffirait pas pour valider la modification de la première. D'une part, le donateur, dit M. Troplong, disposerait de choses qui ne lui appartiennent plus, puisqu'il s'en est dessaisi irrévocablement; d'autre part, le donataire donnerait un consentement sans cause; il serait censé avoir cédé à des importunités (V. aussi en ce sens M. Delvincourt, *loc. cit.*).

325. L'art. 1052 n'autorise à grever par seconde disposition que les biens *précédemment donnés*. La charge de rendre, qu'elle contiendrait, serait donc en partie sans effet, si elle embrassait des biens acquis par le donataire d'une autre manière. Pothier enseigne le contraire, sect. 4, art. 1, § 4, invoquant le principe général, selon lequel nous pouvons mettre à nos libéralités telle charge et condition que bon nous semble, pourvu qu'elles ne soient contraires ni aux lois ni aux bonnes mœurs. « Mais cela pourrait, remarque M. Toullier, n° 732, souffrir des difficultés sous l'empire du code, dont l'esprit n'est pas d'étendre les substitutions, mais de les restreindre dans les cas précis prévus par la loi. On pourrait donc dire que la quotité qu'on peut grever de restitution tient au droit public, et que la loi ne permet pas de rendre inaliénable une aussi grande masse de propriétés; enfin, que l'art. 1052 ne saurait être étendu, et que *inclusio unius est exclusio alterius.* « Cette opinion de M. Toullier est d'autant plus remarquable, qu'il soutient, t. 5, n° 517, que l'on peut encore, comme dans le droit romain, léguer la chose de son héritier, et par suite, charger son donataire ou légataire de donner sa propre chose à un tiers. — Du reste, nous rappellerons, comme dans le cas exposé ci-dessus (n° 318), qu'en obligeant le donataire de rendre, même à son décès, sa propre chose, le donateur ne fait pas une véritable substitution, puisqu'il n'y a pas transmission *successive* de la *même* chose dans deux ou plusieurs mains; qu'elle passe directement, sans intermédiaire, du donataire au tiers désigné.

326. Les père et mère, frères et sœurs, ne peuvent substituer que les biens « dont ils ont la faculté de disposer » (c. nap. 1048)... « qui ne sont point réservés par la loi dans leur succession » (1049). On ne peut, en effet, dit M. Delvincourt (t. 2, notes sur la page 105), imposer de charge ou de condition qu'autant qu'on est maître de disposer des biens qu'on y assujettit. — Thévenot (chap. 9, n° 134) en donne une autre raison non moins plausible, quant au père qui ne laisserait à son fils, en le grevant, que le montant de sa légitime : c'est qu'en vertu du principe *nemo donatus, nisi honoratus*, on ne saurait grever celui à qui on ne laisse que ce qui lui est dû. — Des lois expresses ont déclaré que la légitime n'était passible d'aucune charge (L. 32, C., *De inoff. test.*). — Il a été décidé, en conséquence, que l'héritier à réserve a le droit, dans le cas où la totalité des immeubles de la succession a été grevée de substitution, de demander qu'il soit fait distraction, sur la masse, de tels immeubles qu'il conviendra, à l'effet de composer, avec l'actif du mobilier net, la quotité réservée qui doit être affranchie de la substitution (Paris, 14 juin 1836, aff. Cazalot, n° 370).

327. De ce que la réserve doit être intacte, il ne suit pas qu'on doive annuler pour la totalité la charge de rendre qui comprend les biens excédant la quotité disponible; l'excédant seul sera retranché de la substitution, réductible d'après les règles ordinaires (MM. Rolland de Villargues, *loc. cit.*, n° 15; Duranton, t. 9, n° 533; Toullier, n° 731). Cela s'observait sous l'ancienne législation : « car, en général, on ne peut grever le donataire de restitution que jusqu'à concurrence de ce qu'il a reçu, » et il ne tient ici du donateur que ce que ne lui alloue pas la loi. C'est ce que dit Pothier (sect. 4, art. 1, § 5), conformément à la loi 114, § 3, *in fin.*, ff., *De legat.* 1°. — Comme il n'y a point de réserve établie en faveur du frère, tout ce qu'il reçoit provient de la libéralité, et il n'y a que l'ascendant du donateur qui peut alors demander des détractions.

328. Mais un père fait un prélegs à l'un de ses enfants, à condition que la totalité de sa portion héréditaire, y compris sa légitime, et même le prélegs si l'on veut, seront grevés de restitution; la disposition sera-t-elle valable pour ce qui concerne la légitime? — MM. Rolland de Villargues, *loc. cit.*, n° 16, et Toullier, t. 5, n° 734, enseignent que la condition n'a rien de contraire aux lois, en ce que «le fils sera libre de refuser le don pour ne pas se soumettre à la charge. » M. Delvincourt, t. 2, note 4 sur la page 104, soutient la même opinion dans une discussion approfondie dont l'argumentation nous semble concluante : — « A compter du décès de son père, le fils a la libre disposition de sa légitime ; or, en acceptant le legs fait avec charge de la rendre, c'est lui-même qui en dispose ; la règle qui défend au père de disposer de la légitime de ses enfants ne reçoit donc pas son application. Il est d'autres règles applicables : c'est que le testateur peut imposer à son légataire l'obligation de donner sa propre chose à un tiers. L'art. 1052 en offre l'exemple en matière de substitutions par acte entre-vifs ; une seconde disposition grève les biens donnés sans charge dans la première. « D'ailleurs le testateur ne peut-il pas faire une disposition en faveur d'un de ses héritiers légitimaires, sous la condition qu'il s'en contentera pour tout droit de légitime? et si le légitimaire accepte la disposition en pleine connaissance de cause, le croirait-on recevable à venir ensuite réclamer un supplément? Si donc le testateur peut imposer cette obligation, pourquoi non celle de la restituer à ses enfants?... C'est le droit de tous les testateurs de pouvoir imposer des sacrifices à leurs légataires. » Quel a été, après tout, le but des art. 1048 et 1049, comme de toutes les lois sur la portion disponible? C'est que le droit du fils à la légitime fût toujours à couvert : or, tel il se présente dans l'espèce, comme dans tous les cas où, libre de répudier le legs, le fils peut conserver la légitime intacte et sans aucune charge. — M. Delvincourt réfute l'objection qu'on tirerait de ce que la prohibition de grever la légitime serait fondée sur l'intérêt public, « pour empêcher qu'une trop grande quantité de biens ne soit ôtée de la circulation, et qu'en conséquence les conventions des parties ne sauraient y déroger d'après l'axiome : *Privatorum pactionibus juri publico non derogatur*. » Ce qui prouve que tel n'est point le motif de la prohibition, mais qu'elle est établie, dans le seul intérêt du légitimaire, sur le principe qu'on ne peut imposer de charge qu'aux biens qu'on peut donner ou ne pas donner, « c'est qu'il est permis de grever de restitution le frère ou la sœur pour la totalité de la succession. » Ce n'est donc que la qualité d'enfant qui s'oppose à ce que la légitime soit grevée : or, *unusquisque potest renuntiare juri in sui favorem introducto*; et dès lors reviennent avec toute leur force les arguments que nous faisions valoir tout à l'heure. En un mot, le droit du légitimaire sur la réserve n'est pas plus fort ni plus sacré que le droit de propriété ; l'un et l'autre sont pareillement disponibles dans les mains de celui qui les recueille après le décès du débiteur de la légitime. — Cette doctrine était enseignée, dans l'ancien droit, par Lebrun, des Successions, liv. 2, chap. 3, part. 4, n°s 2 et suiv., et elle avait été confirmée par un arrêt du parlement de Paris, du 25 août 1662, que rapporte Merlin (Rép., v° Peine test., n° 7). — L'adhésion de M. Jaubert s'induit de ces paroles que nous trouvons dans son rapport au tribunat : «La réserve ne peut être grevée d'aucune charge; si le père a disposé en faveur de son fils, et qu'il lui ait imposé des charges et conditions, le fils peut, *acceptant pour la réserve légale*, se soustraire à toutes ces charges et conditions. » Donc, s'il n'opte pas, il demeure soumis à ces charges; donc son consentement à les accepter l'oblige.

Mais cette doctrine est combattue par MM. Duranton, t. 9, n° 552, et Troplong, n° 2227. Selon M. Duranton, la condition doit être regardée comme non écrite, en vertu de l'art. 900 c. nap., et le prélegs ne pas moins produire son effet. « Vainement dirait-on, ajoute cet auteur, que le testateur n'aurait par là porté aucune atteinte à la réserve, attendu que l'enfant peut répudier le legs, car il n'en demeurerait pas moins vrai que la condition mise à ce legs serait contraire à la loi. » — M. Troplong prétend, de son côté, que l'opinion que nous venons d'exposer ne tendrait à rien moins qu'à porter atteinte à la réserve et à faire renaître des abus condamnés par le code Napoléon; qu'elle serait un piége pour le fils gratifié qui accepterait le legs; qu'elle offrirait un appât captieux à la violation de la loi. Il conclut que la condition dont il s'agit est illégale, attendu que la défense faite par les art. 1048 et 1049 de substituer les biens réservés est de droit public et qu'il n'y a pas de moyen détourné qui puisse militer contre elle. — C'est en ce sens aussi que s'était autrefois prononcé Ricard, Donat., part. 3, n°s 1128 et suiv.

329. La question change de face si l'on suppose, non plus dans un testament, mais dans une donation entre-vifs, la clause de restitution de tous les droits héréditaires que peut espérer le donataire dans la succession du donateur. La légitime alors n'est plus disponible dans les mains du donataire, puisqu'il est défendu de renoncer à une succession future ou non ouverte (c. nap. 791). Aussi, MM. Rolland de Villargues et Delvincourt (*loc. cit.*) n'appliquent-ils leurs raisonnements, dans l'espèce qui précède, qu'à une clause testamentaire. — Cependant M. Toullier, t. 5, n° 754, ne distingue pas; c'est d'une donation qu'il s'agit dans le cas qu'il propose, et il ne valide pas moins la charge de rendre tous les biens qui doivent revenir au donataire dans l'hérédité du disposant : « C'est, dit-il, une donation modale ou onéreuse, d'où résulte un engagement réciproque qui ne peut plus être révoqué. » Cette opinion nous paraît contraire à l'art. 791 c. nap., qui défend, avant son ouverture, toute aliénation « des droits éventuels qu'on peut avoir à une succession. »

330. Le même motif nous porte à croire, avec M. Rolland de Villargues, *loc. cit.*, n° 13, que la seconde disposition ne pourrait, dans le cas prévu par l'art. 1052, grever les biens donnés d'abord sans charge et faisant partie de la réserve. M. Grenier, t. 1, n° 364, semble énoncer implicitement l'avis opposé, en ce que l'art. 1052 *ne fait aucune distinction*; mais il faut combiner cet article avec les précédents, qui ne permettent de substituer que la portion disponible. On déciderait autrement si la seconde libéralité était par testament; la charge de rendre la légitime, comprise dans les biens donnés, serait susceptible d'effet, parce qu'au moment de l'acceptation du nouveau don, c'est-à-dire après la mort du testateur, la succession serait ouverte, et qu'on peut alors renoncer à la réserve; c'est le cas d'appliquer ce que nous disions au n° 328; c'est dans le même cas que raisonnent de la même manière les auteurs des Pandectes françaises, t. 4, p. 519, et qu'est intervenu un arrêt qui a décidé que l'héritier légitimaire peut consentir que la portion réservée demeure comprise dans la substitution qui a été faite de toute sa portion héréditaire (Paris, 11 fév. 1813) (1).

331. Le même arrêt décide également, et avec raison, que

(1) (Dupuis C. d'Héricourt.) — LA COUR; — Attendu qu'il est incontestable que des biens propres ne pouvaient pas être grevés de substitution au delà de la portion disponible, il est certain, d'autre part, que le grevé pouvait se soumettre volontairement à cette charge, et rendre la substitution valable par son acquiescement; qu'ainsi, tout consiste à examiner, dans le fait, si d'Héricourt père, grevé de substitution par son oncle dans la totalité de sa portion héréditaire, a réellement accepté cette charge, ou s'il s'y est soustrait, en abandonnant, comme il le devait alors, les biens disponibles ; que les actes des 11 août et 1er sept. 1786 ne décident rien ; que le premier n'est qu'un acte de délivrance, contenant des réserves de la part de d'Héricourt; que le second n'est qu'une renonciation de d'Héricourt au legs à lui fait des cinq neuvièmes de la poterie, ladite renonciation ayant pour but unique de faire cesser le cumul défendu par la cout. de Paris, des qualités d'héritier et de légataire ; mais que l'acte de famille du 26 juill. 1787 et le partage du 10 mars 1789 sont entièrement décisifs, et prouvent manifestement l'intention de d'Héricourt père de se soumettre à la substitution dans toutes ses parties; que par le premier de ces actes, passé en présence du tuteur à la substitution, il se reconnaît grevé de substitution dans la totalité de sa portion héréditaire étant aux îles, par lui évaluée à une somme de 800,000 fr.; et que, loin de la contester, il avoue qu'il doit être fait emploi de sa portion dans les fruits échus au jour du décès du testateur; et qu'ayant déjà touché quelque partie de ces fruits, sans qu'il en eût été fait emploi, il doit en indemniser la substitution ; pour raison de quoi il consent que le tiers d'un envoi déjà fait et de ceux à faire à l'avenir jusqu'au complément de sa portion dans les fruits échus soit prélevé par l'exécuteur testamentaire, et employé au profit de lui d'Héricourt, à charge de substitution ; ce qui est accepté par la famille et par l'exécuteur testamentaire, sous le cautionnement des sieurs de Butler et de Noé, deux des cohéritiers du sieur d'Héricourt,

la renonciation à la légitime n'empêcherait pas les créanciers du grevé d'en demander la distraction de son chef, si elle était faite en fraude de leurs droits. C'est la conséquence des art. 1166 et 1167 c. nap. — V. Conf. MM. Rolland de Villargues et Grenier, *loc. cit.*

332. Lorsque l'héritier à réserve a été grevé de substitution au profit de ses enfants pour toute la quotité disponible, le payement des legs particuliers de capitaux et de rentes perpétuelles ne peut être mis à sa charge : il doit être prélevé sur cette quotité. —... Mais à l'égard des legs de rentes et pensions viagères, ils doivent, comme charges de fruits, être acquittés par le grevé de substitution (Paris, 30 janv. 1838, aff. Cazalot, V. Disp. entre-vifs, nº 979).

ART. 3. — *Des actes par lesquels on peut substituer, et des formalités prescrites pour ces actes dans l'intérêt des tiers.*

333. Les substitutions ne se font plus que par *actes entre-vifs ou testamentaires* (c. civ. 1048, 1049). — L'ord. de 1747 n'avait point, à cet égard, d'article exprès ; mais son préambule renferme la même énonciation, consignée, du reste, dans l'art. 3 de l'ord. des donations de 1731. — Avant cette époque, il n'était pas en France de *formes* déterminées pour les fidéicommis. On suivait à peu près les règles du droit romain (Thévenot, ch. 10 ; Ricard, ch. 8, nº 599). Ces règles ont varié. Les premières lois romaines ne permettaient de substituer que par actes de dernière volonté, *testaments, codicilles, donations* à cause de mort. Un simple *signe de tête*, une *lettre missive*, un écrit quelconque suffisaient ; et alors la substitution était censée faite par codicilles (L. 37, § 3, ff., *De legat.*-3º). La législation du code autorisa les substitutions par donations entre-vifs. La loi 3, C., *De donat. quæ sub mod.*, accorde à celui qui a été ainsi substitué l'action *utile*. — Quelle que soit la forme du fidéicommis, on ne peut disconvenir que cette manière de disposer participe surtout de la nature des dispositions testamentaires : comme elles, en effet, le fidéicommis se fait en faveur de personnes qui ne sont point parties dans l'acte, qui souvent même n'existent pas encore. Thévenot signale divers autres points de similitude (ch. 10, §§ 1, 2 et 7). Justinien avait prononcé l'entière assimilation, dite l'*exéquation*, des legs et des fidéicommis par donation entre-vifs. Cette assimilation exista dans notre ancien droit, jusqu'à ce que l'ord. de 1731 déclara irrévocable le fidéicommis fait dans cette dernière forme (Ricard, ch. 4, nºs 137 et 140).

334. Les substitutions sont soumises à des formalités que les auteurs appellent *intrinsèques* et *extrinsèques*. Les formalités intrinsèques sont et doivent être celles des actes qui les contiennent. La nullité du testament ou de la donation, pour défaut de forme, entraînerait la nullité de la substitution, comme de toutes les autres clauses qui y seraient insérées (arr. du parlement de Paris, 10 juill. 1738 ; Denisart, nº 77 ; et Merlin, Rép., vº Substitution, sect. 7, § 2) ; et dans ce cas, les *aveux* des parties, la *preuve* par *serment*, par *témoins*, ou autres de ce genre, seraient insuffisantes pour faire produire à la substitution ses effets, lesquels dépendent toujours de la conformité de la disposition aux solennités prescrites par la loi ; qui veut qu'avant tout elle soit rédigée par écrit (arr. du parlem. de Bordeaux, mars 1739 ; Serres, Instit. du droit franç., liv. 2, tit. 23 ; Merlin, Rép., vis Fidéicommis tacite, nº 5, et Testament, sect. 4, § 3 ; V. aussi les raisons et les autorités cités dans la discussion de l'affaire qui suit). — Il a été décidé, de même, que, sous les ord. de 1731 et 1747, qui prescrivaient certaines formalités pour les substitutions, et qui notamment exigeaient qu'elles fussent rédigées par écrit, on ne pouvait réclamer l'exécution d'un fidéicommis non écrit, ou qu'au moins l'héritier qui se prétendait institué n'était pas recevable à en faire les preuves par d'autres moyens, tels que des déclarations de témoins, des aveux du grevé, des énonciations contenues en divers actes (Cass. 13 août 1810) (1).

335. Cependant l'acceptation, quoiqu'elle soit de l'essence

---

qui se rendent ses garants solidaires pour sûreté de l'entière représentation de sa portion dans lesdits fruits ; que par le partage contenant division entre les héritiers et légataires universels, et sous-division entre les héritiers des biens de Picardie, ledit partage également fait en présence du tuteur à la substitution, il est dit expressément, après une distraction des fiefs faite au profit des légataires, que les autres immeubles féodaux des environs de Péronne et de Saint-Just appartiendront au sieur d'Héricourt, à charge de substitution ; qu'enfin le seul fait de la jouissance qu'a eue d'Héricourt, et qu'il a conservée jusqu'à son décès, de la totalité des biens meubles et immeubles, acquêts et propres, compris dans sa portion héréditaire, sans distraction ni abandon quelconque, renferme de sa part l'acceptation la plus pleine, la plus entière et la plus parfaite de l'universalité de la substitution ; que Dupuis, au reste, ne peut pas exciper, par rapport à ses deux premiers titres de créance, de leur antériorité à la publication et enregistrement de la substitution faite en Picardie, parce que ces titres ne lui confèrent hypothèque sur les biens de France qu'autant qu'il en existerait dans les mains de d'Héricourt au jour de son décès : celui-ci a pu, de son vivant s'en disposer au préjudice dudit Dupuis, en consentant, comme il l'a fait, que lesdits biens demeurassent grevés de substitution. — Met l'appellation et ce dont est appel au néant ; — Émendant, décharge d'Héricourt fils des condamnations contre lui prononcées ; — Au principal, déclare Dupuis non recevable en sa demande à fin de payement des arrérages des rentes viagères dont s'agit ; — Fait mainlevée pure et simple de toutes oppositions et inscriptions, etc. ; — Ordonne que l'amende consignée sera rendue ; — Condamne Dupuis en tous les dépens ; — Sur le surplus des demandes et conclusions, — Met les parties hors de cour, etc.

Du 11 fév. 1815.-C. de Paris, 2e ch.-M. Agier, pr.

(1) *Espèce* : — (Hérit. Auriol C. les consistoires de Montpellier et de Saint-Hippolyte.) — Le 15 sept. 1761, Jacques Monier, né protestant, fit, peu de temps avant sa mort, un testament mystique ; il institua Jacques Périé son légataire universel. Celui-ci a recueilli à ce titre l'hérédité de Jacques Monier. Il mourut en 1779, après avoir institué sa nièce (la dame Auriol) sa légataire universelle, à la charge de l'usufruit en faveur de son frère, François Périé, qui a joui de cet usufruit jusqu'au mois de messidor an 6, époque de son décès. — Au mois de nivôse an 11, les consistoires des églises de Montpellier et de Saint-Hippolyte, prétendant que Jacques Monier, en instituant Jacques Périé son légataire universel, l'avait chargé, à titre de fidéicommis, d'une somme de 38,000 fr. pour servir à la construction de deux temples, l'un à Montpellier, l'autre à Saint-Hippolyte, lorsque les protestants auraient recouvré le libre exercice de leur culte, firent citer la veuve Auriol pour leur remettre cette somme. — Ils demandèrent subsidiairement d'être admis à prouver par témoins et par actes : 1º que la maison et le jardin appelés le Cimetière des protestants avaient toujours eu une destination religieuse ; 2º que les biens légués à Jacques Périé n'avaient jamais été confondus avec les biens de la société universelle qui avait existé entre lui et son frère ; 3º que, pendant toute sa vie, Jacques Périé, et après sa mort, François son frère, et même depuis la dame Auriol elle-même, avaient annuellement distribué aux pauvres de Montpellier, et fait passer à Lasalle, protestant de Saint-Hippolyte, une somme égale à celle représentative des intérêts du produit des biens de Monier ; ce qui était attesté par une déclaration notariée de Lasalle, décédé ; 4º que, par son testament du 11 déc. 1779, Jacques Périé, après l'institution de ses légataires, avait nommé Colombier et Rampon pour veiller à l'exécution de ses volontés particulières, dont il dit leur avoir été donné connaissance. — Les enfants de la dame Auriol (décédée depuis l'instance) opposèrent plusieurs exceptions à ces demandes, notamment que leur mère avait nié l'existence, soit du prétendu dépôt ou fidéicommis tacite, et que la preuve que les consistoires offraient d'en rapporter n'était point recevable. Cela fut ainsi jugé par le tribunal de Montpellier.

Mais, sur l'appel, arrêt infirmatif du 27 mai 1807, qui ordonna aux héritiers de la dame Auriol de rendre compte aux consistoires de la succession de Jacques Monier. — Ce premier arrêt ayant été rendu par défaut contre l'une des héritières de la dame Auriol, elle y forma opposition ; mais, par un second arrêt, du 19 août 1807, la cour de Montpellier ordonna l'exécution du premier : « Attendu qu'en se reportant à l'époque où le testament a été fait, il est certain que Jacques Monier, très-zélé protestant, n'avait ni le libre exercice de son culte ni la liberté d'exprimer en termes bien formels l'intention où il était de favoriser, par le don de sa succession presque entière, à défaut de parents pour la recueillir, les églises protestantes de Montpellier où il résidait, et de Saint-Hippolyte dont il était originaire ; mais que, dans le fait, cette intention jaillit évidemment de plusieurs actes qui se rattachent à la disposition qu'il a faite en faveur de Jacques Périé ; que l'héritage dont il s'agit n'est pas un véritable dépôt, mais une espèce de fidéicommis ; que, quelle que soit la possession dans laquelle ont été Jacques Périé et ses héritiers testamentaires, de l'héritage de Jacques Monier, elle n'a été qu'une possession précaire ; qu'ils n'ont jamais été les véritables héritiers de Jacques Monier ; que cet héritage n'a été dans leurs mains qu'une espèce particulière de dépôt rendu nécessaire par circonstance, et dont la justice ne permet pas qu'ils deviennent propriétaires ; et que, dès lors, ils doivent rendre cet héritage à ceux qui peuvent aujourd'hui le recueillir. » — Pourvoi des héritiers Auriol. — D'abord, disaient-ils, la réclamation des consistoires manquait par sa base, et parce qu'en 1761 ils n'avaient pu être, physiquement parlant (ils n'existaient pas), l'objet d'une libéra-

de la donation, n'est pas nécessaire de la part de l'appelé à la substitution, qui peut n'être pas encore né. Il suffit de celle du donataire immédiat. L'ord. de 1731 le décidait par une disposition expresse (art. 11 et 12). Pothier, sect. 1, art. 1, allègue cette raison, que la substitution n'est qu'une charge, qu'une condition de la donation, et qu'on peut stipuler pour un tiers, encore qu'il ne soit pas partie dans l'acte, lorsque telle est la condition d'une donation qu'on fait à un autre. — V. aussi en ce sens M. Toullier, t. 5, n° 735.

336. Quant aux formalités *extrinsèques*, elles tendent à donner le plus de publicité possible à la substitution, dans l'intérêt des tiers. Elles sont ainsi déterminées par l'art. 1069 c. nap. : « Les dispositions par acte entre-vifs ou testamentaires, à charge de restitution, seront, à la diligence soit du grevé, soit du tuteur nommé pour l'exécution, rendues publiques ; savoir, quant aux immeubles, par la transcription des actes sur les registres du bureau des hypothèques du lieu de la situation ; et quant aux sommes colloquées avec privilége sur des immeubles, par l'inscription sur les biens affectés au privilége. »

337. Les lois anciennes prescrivaient aussi certains modes de notoriété pour les substitutions. La première qui en ait ordonné en France la *publication* est l'édit du mois de mai 1553 (art. 4) ; mais cette forme ne devint usitée qu'après qu'elle eut été exigée de nouveau par l'ord. de Moulins en 1566 (art. 57). Trois déclarations, des 10 juill. 1566, 17 nov. 1690 et 18 janv. 1712, ont expliqué les deux lois précédentes, établi sous différentes

---

lité, et parce que, dans le sens légal, aux termes des lois de 1688, 1539, 1666 et 1649, ils étaient radicalement incapables. D'ailleurs, à supposer que le legs eût existé, il était prescrit à l'époque de la demande en délivrance ; quarante-deux ans s'étaient écoulés depuis la mort du testateur, et il est de principe que l'action en pétition d'hérédité se prescrivait par trente ans ; mais, au surplus, ajoutaient-ils, tous ces raisonnements supposent l'existence d'un fidéicommis, et les termes du testament s'opposent évidemment à une pareille hypothèse ; enfin, le fidéicommis, s'il en existait un, serait nul. — L'art. 1er de l'ord. de 1735 porte : « Toutes dispositions testamentaires ou à cause de mort, de quelque nature qu'elles soient, seront faites par écrit ; déclarons nulles toutes celles qui ne seraient faites que verbalement ; et défendons d'en admettre la preuve par témoins, même sous prétexte de la modicité de la somme dont il aurait été disposé. » — Les fidéicommis tacites ne sont point exceptés de cette disposition si générale ; il faut dire même depuis l'ordonnance, il ne peut plus y avoir de fidéicommis tacite. — Tous les auteurs, notamment ceux du parlement de Toulouse, s'accordent à professer que, depuis cette ordonnance, tout fidéicommis doit être écrit. Selon Furgole, p. 26, t. 1, des Testaments, non-seulement la preuve par témoins est défendue, comme inutile, quand même il s'agirait d'une somme au-dessous de 100 livres ; mais encore on ne peut pas ordonner le serment de l'héritier pour savoir si le testateur l'a chargé d'un fidéicommis ou autre disposition verbale, à cause de la nullité radicale déclarée par l'ordonnance, ce qui fait qu'une telle disposition non écrite ne peut lier l'héritier, ni opérer aucun effet, quand même elle serait constatée par sa confession. — Quant aux autorités invoquées, et qui semblent contredire cette doctrine, analysons les rapidement. — Serres enseigne que la preuve des fidéicommis tacites était admise au parlement de Toulouse. Mais il observe que depuis l'ord. de 1735 et celle de 1747, il n'y a plus lieu à cette épreuve. — Boutaric, sur la première de ces ordonnances, p. 555, dit que le parlement de Toulouse recevait autrefois la preuve du fidéicommis verbal, rejetée dans tous les autres parlements de France, comme contraire à l'ordonnance de Moulins et à celle de 1667 ; mais il ajoute que l'ord. de 1735, à laquelle il faut s'en tenir, a levé tout doute sur ce point. — Maynard, liv. 5, chap. 94, p. 1059, démontre que la preuve du fidéicommis est inadmissible après dix ans du décès de son prétendu auteur. — Fromendal, p. 528, professe la même doctrine que Serres et Maynard ; Dolive, p. 452, liv. 5, chap. 22, cite deux arrêts de 1628 et 1631 (conséquemment bien antérieurs à la loi qui prohibait cette preuve), qui ont admis la preuve vocale du fidéicommis, mais par les témoins du testament. — Catelan, liv. 2, chap. 10, t. 1, p. 249, nous a transmis deux arrêts du parlement de Toulouse, l'un de mars 1666, qui juge que la preuve d'un fidéicommis prétendu omis dans un testament, est inadmissible ; l'autre, du 17 mars 1699, qui décide qu'après quinze ans on ne peut réclamer l'exécution d'un fidéicommis, soit verbal, soit écrit ; il atteste aussi la jurisprudence, qui, dans les cas où la preuve vocale était admise, ne l'autorisait que par les témoins numéraires. — Basset, t. 1er, liv. 5, tit. 5, rapporte des arrêts qui prouvent que rien ne peut suppléer la preuve écrite des fidéicommis. — M. de Lamoignon, dans ses arrêtés, au mot Fidéicommis, le déclare aussi formellement, et ajoute que les incapables ne peuvent être l'objet d'un fidéicommis, même écrit. — Cambolas, p. 112 et 147, rend compte de deux arrêts : l'un, de 1596, refusa d'admettre la preuve d'un fidéicommis fait par un père pour sa fille exhérédée par lui ; l'autre, de 1586, autorisa la preuve ; mais il ne s'agissait pas d'un fidéicommis non écrit ; il s'agissait de suppléer à la perte d'un testament. — Raviot, t. 2, p. 469 quest. 288, nos 28 et 29, cite deux arrêts du parlement de Paris, des 5 mai 1672 et 27 mars 1680, qui prononcent que la preuve du fidéicommis n'est point admissible, sauf s'il s'agit d'un incapable, à déférer le serment à l'héritier prétendu grevé. C'est ce qui a été jugé au même parlement, le 5 avril 1781 (Denisart, v° Fidéicommis, qui en rapporte un autre du 25 janv. 1784). — Domat, liv. 5, tit. 5, sect. 5, p. 517, nos 5 et 7, sur les fidéicommis tacites pour les incapables, dit : « La preuve en est admissible, selon les règles, mais sur la demande des héritiers naturels. — Furgole, que nous venons de voir repousser formellement toute preuve du fidéicommis non écrit, ajoute, p. 478, que lorsqu'il y a preuve de la charge de rendre (preuve légale s'entend), les biens doivent être adjugés aux héritiers *ab intestat*. — Les demandeurs invoquaient aussi l'autorité de Decornier, Ricard, d'Aguesseau (58e plaid.) ; et de là ils concluent 1° que le fidéicommis non écrit était nul ; 2° qu'en tout cas la preuve d'un fidéicommis tacite ne pouvait se faire qu'à la demande des héritiers légitimes du substituant.

Les consistoires répondaient, en résumé : Dans l'art. 1 de l'ord. de 1735 il ne peut avoir été question du fidéicommis tacite. Il impliquerait contradiction qu'il eût exigé qu'on écrivît ce qui devait être tacite ; et il est de notoriété que les fidéicommis tacites se sont toujours prouvés, même depuis l'ordonnance, non-seulement par témoins, mais, suivant le langage des jurisconsultes, *indiciis manifestissimis*. — Furgole, que les demandeurs ont invoqué, se demande, au tit. 1, chap. 6, sect. 5, n° 264, de son Traité des testaments, si l'ord. de 1735 a changé la jurisprudence antérieure concernant les fidéicommis tacites. Il ne balance pas à décider que la nouvelle ordonnance n'a rien changé à cet égard. Or c'était un axiome de droit, que toutes sortes de preuves étaient admissibles en matière de fidéicommis : *In causâ fideicommissi*, disait la loi 64, ff., *De leg.*, 2°, *conjectura potest admitti*. La raison en est bien simple : celui qui, chargé de rendre, refuse, commet une fraude. Le dol peut se prouver par témoins. — La jurisprudence a toujours confirmé cette doctrine. Parmi une foule d'arrêts qui ont admis la preuve vocale, nous n'en citerons que quatre, postérieurs à la mise en vigueur de l'ordonnance de 1735 ; ceux du 14 mai 1756 et 8 août 1758, cités par Furgole et par Serres ; ceux du 5 avr. 1781 et 25 janv. 1784, rapportés par Denisart. — Quant à l'exception de prescription, ils ont soutenu que la dame Auriol, ses prédécesseurs et ses représentants, n'avaient été que dépositaires des biens du sieur Monier, et qu'à ce titre ils n'avaient pu prescrire.

M. Daniels a discuté les fins de non-recevoir opposées par les héritiers ; arrivant au fond du procès, il a rappelé qu'à Rome toute espèce de preuves était recevable pour les fidéicommis tacites, faits ordinairement au profit d'incapables (L. 3, § 3, ff., *De Jure fisci* ; L. 10, *De his qui et indig.*). Il a prétendu que cet usage, d'abord adopté en France, avait dû s'y continuer, même depuis l'ordonnance de Moulins et celles de 1735 et 1747, parce que la fraude se prouve par tous les moyens (Furgole, *ibid.*, n° 264 ; Pothier, Donation entre mari et femme, n° 94). — Mais, a dit M. l'avocat général (et cette distinction semble avoir été adoptée par l'arrêt de cassation), mais qui a le droit de provoquer cette preuve ? — Nul doute que les héritiers naturels à qui les biens légués doivent revenir si le fidéicommis est prouvé, n'aient cette faculté : aussi les tribunaux la leur ont-ils toujours accordée. — Mais l'individu qui se prétend héritier substitué peut-il demander à faire cette preuve ? — Non. — De deux choses l'une : ou c'est un incapable ; et le fait seul de son incapacité lui refuse l'accès des tribunaux ; ou on le suppose capable ; et alors que réclame-t-il ? L'effet d'une disposition testamentaire non écrite ? Une pareille disposition est radicalement nulle, aux termes de l'art. 1 de l'ord. de 1735. Il est donc sans titre pour réclamer ; il ne peut donc réclamer ni provoquer la preuve de l'existence d'un titre qui ne pourrait lui profiter. — En vain soutiendrait-on qu'un fidéicommis secret n'est nul qu'autant que l'objet en est illicite. C'est une erreur réprouvée par le texte formel de l'ord. de 1735, par plusieurs arrêts, et par l'autorité de tous les jurisconsultes qui ont écrit depuis la promulgation de cette loi. Le législateur, en abolissant les dispositions non écrites, n'a fait aucune distinction entre l'institution directe d'un héritier et un fidéicommis. — Il faut donc reconnaître que, depuis l'ord. de 1735, on ne peut plus provoquer la preuve d'un fidéicommis tacite, pour en réclamer le bénéfice. Cette preuve ne peut être accordée qu'aux héritiers du sang, qui ont intérêt à prouver la fraude pour faire anéantir l'acte qui la prouve. — Arrêt (apr. délib. en ch. du cons.).

LA COUR ; — Vu les art. 1, 2 et 3 de l'ordonnance des testaments du mois d'août 1735, et celle des substitutions du mois d'août 1747, tit. 1, chap. 2, art. 19 ; — Attendu que le prétendu fidéicommis tacite dont il s'agit n'a point été rédigé par écrit ; — Attendu qu'en ordonnant l'exécution, les arrêts dénoncés ont contrevenu aux articles précités desdites ordon. de 1735 et 1747 ; — Casse, etc.

Du 15 août 1810.-C. C., sect. civ.-MM. Muraire, 1er pr.-Liborel, rap.-Coste et Pérignon, av.

peines la nécessité de la publication, fixé l'époque où elle devait avoir lieu, et désigné les personnes qui pouvaient ou auxquelles on pouvait en opposer le défaut. Toutes ces dispositions ont été développées et arrêtées par l'ord. de 1747, art. 18 à 36, tit. 2, qui, outre l'*insinuation*, prescrit la *lecture* à l'audience et la *transcription* sur les registres du greffe de l'acte portant substitution, devant le juge du domicile du substituant, et celui de la situation des biens substitués. — Toutefois, il a été jugé que ces formalités (de la publication et de l'enregistrement de la substitution) n'étaient imposées qu'aux appelés grevés de substitution, et non au dernier appelé (Rej. 13 juin 1820, MM. Brisson, pr., Trinquelague, rap., aff. Saint-Guirons *C.* Roux): — « Attendu, porte l'arrêt, que les formalités prescrites par les art. 33 et 36, tit. 2, de l'ord. de 1747, concernant les substitutions, ont pour objet la conservation des droits des substitués et la sûreté des familles; que c'est ainsi que s'en explique le législateur lui-même dans l'art. 33; — Attendu que cet objet ne peut avoir lieu lorsqu'il s'agit d'un dernier substitué, puisque nul n'a des droits après lui; — Attendu que le législateur a explicitement manifesté son intention de ne pas étendre au dernier substitué l'obligation de ces formalités, etc. » — La publication des substitutions est une institution de notre droit français: elle était entièrement inconnue dans le droit romain, qui, quoique ayant ordonné l'insinuation pour les donations entre-vifs, n'avait rien statué de semblable pour les fidéicommis. Les aliénations des biens substitués y étaient résolubles par la seule force du fidéicommis (Thévenot, ch. 43, 49; Ricard, ch. 13, nº 117).

338. Lorsque la substitution est faite par donation entre-vifs, la transcription à laquelle cet acte est soumis par le droit commun (art. 939 c. nap.) se confond avec celle qui est spécialement exigée par l'art. 1069 pour tout acte portant substitution. Toutefois une deuxième transcription est nécessaire dans le cas prévu par l'art. 1052, c'est-à-dire dans le cas où le disposant, en faisant une seconde libéralité, impose comme condition la charge de rendre à une donation antérieure faite purement et simplement. C'est ce qu'enseigne M. Troplong, nº 2283.

339. Pour assurer la *publication* et l'*enregistrement*, l'ord. de 1747 voulait que le grevé ne pût entrer en possession qu'en vertu d'une ordonnance du juge, et que, pour l'obtenir, il justifiât de l'accomplissement de cette formalité. De plus, sa négligence était punie de la privation des fruits (art. 35, 41). — Le code napoléon s'est borné à déclarer le grevé et le *tuteur* à l'exécution personnellement *responsables* du défaut de transcription ou d'inscription (art. 1070 et 1073): c'est à leur diligence qu'il confie l'exécution de cette formalité (art. 1069).—V. aussi en ce sens M. Troplong, nº 2284.

340. Le code ne fixe point de *délai* dans lequel la transcription doive se faire. Il eût été plus sage peut-être d'en laisser un fort court, et tel que la transcription, faite dans cet intervalle, rétroagît au jour de la substitution. Les droits des appelés en seraient mieux consolidés; le grevé ne pourrait plus, en aliénant le jour même de la substitution, leur causer un préjudice inévitable, ou attendrait le temps nécessaire pour qu'un tuteur pût veiller à leurs intérêts. — L'ord. de 1747 avait accordé un délai de six mois. La substitution, transcrite alors, avait effet contre les créanciers et tiers acquéreurs, à compter de sa date, si elle était par acte entre-vifs, ou du décès du disposant, si elle était par testament (tit. 2, art. 28). Mais, comme le fait observer M. Troplong (nº 2284), on ne peut évidemment invoquer les dispositions d'une loi abrogée pour régler un délai et une déchéance, sous prétexte que la loi actuelle aurait omis de se prononcer.

341. L'effet de la transcription est de rendre résolubles en faveur des appelés les aliénations et hypothèques consenties postérieurement par le grevé: « Ce qui sera observé, portait l'art. 31, tit. 2, de l'ord. de 1747, encore que le substitué se trouve en même temps héritier pur et simple du vendeur; sauf néanmoins qu'en ce cas il ne puisse déposséder l'acquéreur qu'après l'avoir remboursé entièrement du prix de l'aliénation, frais et loyaux coûts. » — Cette disposition devrait-elle encore être observée, sous l'empire du code, à l'égard de l'héritier pur et simple? La question ne peut s'élever, si l'héritier a accepté bénéficiairement, vu la séparation des qualités et des patrimoines. — D'un côté on a dit: L'esprit du code est conforme à l'ancienne jurisprudence. La plupart des dispositions du chap. 6, titre des Donations, sont ou calquées presque littéralement sur celles de l'ordonnance, ou commentées, expliquées par elles dans une foule de cas. Le nouveau législateur, si telle avait été son intention, n'eût-il pas dérogé en termes formels? L'équité d'ailleurs ne plaide point ici la cause de l'acquéreur: ne savait-il pas, ou ne devait-il pas savoir qu'il n'achetait qu'une propriété résoluble? Le code, plus sévère en cela que le droit romain, veut que la vente de la chose d'autrui soit nulle, et s'il accorde à l'acheteur des dommages-intérêts, ce n'est que lorsqu'il a ignoré que la chose fût à autrui. « Or, ajoute M. Toullier, celui qui acquiert du grevé ne peut alléguer cette ignorance; et c'est pour cette raison qu'il ne peut opposer aux héritiers du grevé la maxime *quem de evictione tenet actio, eumdem agentem repellit exceptio.* » Telle est la doctrine de MM. Toullier, nº 769; Grenier, nº 382; Rolland de Villargues, Répert. de Favard, vº Substitution, chap. 2, sect. 2, § 3, nº 8; Delaporte, Pandect. franç., sur l'art. 1069. — M. Delvincourt (t. 2, note 3 sur la page 107) soutient avec force l'opinion contraire. Voici son raisonnement: En principe, l'héritier du vendeur est tenu de l'obligation de garantie contractée par son auteur; ce qui le rend non recevable, d'après la maxime citée, à évincer l'acquéreur. L'ord. de 1747 dérogeait donc au droit commun dans la disposition qu'on veut appliquer encore. Mais, par cela seul que cette disposition était exorbitante, il faut croire que le code, en ne la reproduisant pas, a préféré la règle générale. Elle est d'une nature qui ne permet pas de la suppléer, de la supposer dans le silence de la loi. Outre cette règle vulgaire d'interprétation, d'autres considérations, puisées dans l'esprit même de la loi nouvelle, s'opposent à ce qu'on la répute calquée sur la loi ancienne. Quel était le but de celle-ci? conserver les biens en nature dans les familles. De là attribution à l'appelé de la chose même, plutôt que du prix de la chose. Quel est le but du code? Conserver seulement une ressource aux appelés contre les prodigalités d'un père dissipateur. Le motif de l'ordonnance n'existe donc plus; et en outre, dès que la succession du grevé, remarque M. Delvincourt, est acceptée purement et simplement par les appelés, il y a forte présomption qu'elle est avantageuse, et que par conséquent les appelés sont au-dessus du besoin. » M. Duranton, t. 9, nº 587, exprime son sentiment sous une forme dubitative; mais on aperçoit qu'il incline de préférence vers le dernier avis.

Pour nous, nous croyons que la première doctrine doit être préférée. Le but qu'avait voulu atteindre l'auteur de l'ordonnance de 1747 est la même que s'est proposé le code Napoléon dans les dispositions dont nous nous occupons: c'est la conservation des biens en nature dans les familles. On l'a souvent répété lors de la discussion de la loi du 17 mai 1826. M. Duranton lui-même convient que tel est l'esprit de la loi; nous nous étonnons donc que, dans le doute, il n'ait pas opté pour l'application du système de l'ordonnance.

342. Le défaut de transcription a pour effet de rendre irrévocables les hypothèques et aliénations que consent le grevé. Il pourra être opposé, porte l'art. 1070, par les créanciers et tiers acquéreurs, même aux mineurs ou interdits, sauf le recours contre le grevé et contre le tuteur à l'exécution, et sans que les mineurs ou interdits puissent être restitués contre ce défaut de transcription, quand même le grevé et le tuteur se trouveraient insolvables. » L'ord. de 1747, art. 32, tit. 2, et, avant elle, la déclaration de 1712, avaient établi ce principe, presque dans les mêmes termes. — Il a été décidé, et il est incontestable, du reste, que le mot *créanciers*, dans l'art. 1070, doit s'entendre seulement des créanciers hypothécaires inscrits sur les biens substitués (Bruxelles, 21 juin 1824, aff. Delrue, nº 344).

343. Quel est le motif qui a fait accueillir avec faveur la cause des *créanciers* ou *acquéreurs* dont il s'agit? C'est qu'ils avaient juste raison de croire le grevé incommutable propriétaire; c'est qu'en un mot ils sont de bonne foi. Si donc ils tenaient leurs titres d'autres que le grevé, s'ils avaient, par exemple, traité avec ses héritiers non substitués, ils ne mériteraient pas la même faveur. « Comme les héritiers (dit Furgole dans une espèce semblable) n'ont aucune propriété ni aucun droit de faire l'aliénation, l'acquéreur ne peut se prévaloir du défaut d'insinuation; et, malgré ce défaut, la vente sera annulée, et le fidéicommis maintenu. » Merlin (Rép., vº Substitution fidéic., sect. 7, § 5, art. 1, note) cite à l'appui de cette opinion, qui est aussi la sienne, deux arrêts : l'un du parlement de Paris, rapporté par Leprêtre, du 17 sept. 1589 ; l'autre du parlement de Toulouse, du 4 août 1739, rapporté par Furgole (Testaments, chap. 7, sect. 4, nº 42). — Jugé que la déclaration du roi, du 18 janv. 1712, à laquelle l'ord. de 1747 n'a point dérogé, voulait que les acquéreurs de biens substitués ne pussent opposer le défaut d'insinuation que lorsqu'ils les auraient acquis du grevé lui-même; que, par conséquent, celui qui aurait acquis ces biens, non du grevé, mais de son donataire, qui en aurait reçu le prix, ne serait pas recevable à opposer ce défaut d'insinuation, alors même que le grevé aurait paru et consenti au contrat (Rej. 10 nov. 1829) (1).

344. Le défaut de transcription peut être opposé aux *mineurs*, lors même qu'il n'a pas été nommé de *tuteur* à la substitution (Bruxelles, 21 juin 1824) (2).

345. Du même principe que les *créanciers* du grevé n'ont été traités avec faveur que parce que le grevé est vraiment propriétaire, et qu'ils ont pu le croire incommutable, il suit encore que l'art. 1070 ne saurait s'appliquer aux créanciers et tiers acquéreurs du tuteur à l'exécution, auxquels ce tuteur aurait hypothéqué ou vendu les biens substitués. — M. Grenier émet un avis contraire, t. 1, nº 380 : il le fonde sur ce que le tuteur est responsable pour défaut de transcription, sur ce qu'il est ajouté, dans l'art. 1070, « sauf le recours contre le grevé et contre le tuteur à exécution. » Mais cette responsabilité du tuteur est établie pour l'intérêt des appelés, en cas d'inefficacité de leur recours contre le grevé insolvable. Il n'y a rien à en inférer pour l'intérêt des tiers qui tiendraient du tuteur leurs droits sur les biens substitués. Entendre autrement l'art. 1070, c'est le mettre en opposition avec tout le système du code, avec les principes les plus connus. Comment le tuteur a-t-il pu transférer un droit sur des biens qui ne lui appartiennent en aucune manière, s'il est vrai que l'aliénation de la chose d'autrui soit nulle (c. nap. 1599), que « le vendeur ne transmette à l'acquéreur que la propriété qu'il avait lui-même sur la chose vendue » (2182)? Pourquoi était-il besoin de l'art. 1070? C'est que sans cette disposition les créanciers du grevé, même antérieurs à la transcription, se fussent vus repoussés par l'art. 2125 : « Ceux qui n'ont sur l'immeuble qu'un droit suspendu par une condition, ou résoluble dans certains cas, ou sujet à rescision, ne peuvent consentir qu'une hypothèque soumise aux mêmes conditions ou à la même rescision. » Or le tuteur n'a sur l'immeuble substitué aucun droit de ce genre. — M. Grenier dit aussi : « L'art. 1070 est conçu de la même manière que l'était l'art. 32, tit. 2, de l'ordon. de 1747, relativement à l'enregistrement et à la publication qui avait lieu pour les anciennes substitutions; et cet article de l'ordonnance était entendu dans le sens que je viens de présenter, par tous les commentateurs et encore par Pothier dans son Introd. au tit. 16 de la cout. d'Orléans, nº 18, et par Furgole, sur l'art. 32, mais surtout sur l'art. 29, où il explique ce qu'on doit entendre positivement par créanciers et tiers acquéreurs. » — A cette assertion nous ferons la même réponse que M. Duranton, qui défend notre opinion, t. 9, nº 577 : « Ni cet art. 32, ni aucun des auteurs cités par M. Grenier, n'a parlé et n'a pu parler des créanciers et tiers acquéreurs du tuteur à la substitution; et par une raison bien simple : c'est qu'alors il n'y avait pas de tuteur, » comme nous l'expliquons au paragraphe suivant. Le même système conduirait jusqu'à admettre, faute de transcription, l'hypothèque légale de la femme du tuteur sur les biens de la substitution non moins que sur ceux de son mari : ce qui, comme le remarque encore M. Duranton, n'est pas soutenable.

346. Quant aux créanciers et tiers acquéreurs qui ont contracté avec le disposant, leur condition est réglée par d'autres principes. Ils n'opposeront que le défaut de transcription de la donation, si la substitution est faite par acte entre-vifs (c. nap. 941); et, en cas de testament, les aliénations ou créances postérieures l'auront révoqué entièrement ou jusqu'à concurrence. — Il ne peut donc être question, dans l'art. 1070, que des créances sur le grevé, des ventes faites pendant la durée de sa jouissance.

347. L'art. 1070 ne parle que du défaut de transcription; mais ce qu'il dit doit être appliqué également au défaut d'*inscription* dans le cas où cette inscription est exigée par l'art. 1069. — V. Conf. M. Troplong, nº 2287.

348. Selon l'art. 1072, « les donataires, les légataires, ni même les héritiers légitimes de celui qui aura fait la disposition, ni pareillement leurs donataires, légataires ou héritiers, ne pourront, en aucun cas, opposer aux appelés le défaut de transcription ou inscription. » C'est ce que décidait l'art. 34, tit. 2, de l'ordon. de 1747. « Quelle faveur, en effet, dit Thévenot, nº 755, pourraient mériter ceux qui tiendraient les biens substitués, ou quelque droit sur ces biens, de la libéralité du grevé? L'éviction, après l'ouverture du fidéicommis, ne leur cause aucun dommage, *nullum damnum emergens*; ce n'est qu'un profit qui leur échappe, *lucrum cessans*. Et le premier de tous les principes est que personne ne doit s'enrichir aux dépens d'autrui : ces tiers donataires s'enrichiraient aux dépens des substitués, n'ayant rien

(1) (Fournier C. Trincal.) — La cour ; — Attendu, en droit, qu'aux termes de la déclaration du roi, du 18 janv. 1712, à laquelle il ne fut pas dérogé par l'ord. de 1747, le défaut d'insinuation des substitutions ne pouvait être opposé par les acquéreurs de biens substitués que lorsque c'était du grevé lui-même qu'ils les avaient acquis ; — Attendu qu'il a été jugé, en fait, par l'arrêt attaqué, que ce ne fut pas du grevé, mais de son donataire, que Fournier acquit les biens substitués dont il s'agit; que si le grevé parut dans l'acte, ce ne put être pour y faire un transport de propriété, puisqu'il était dessaisi des choses vendues; qu'aussi ce fut le donataire qui en reçut le prix, et qui s'en dévêtit au profit des acquéreurs ; — Rejette.

Du 10 nov. 1829.-C. C., ch. civ.-MM. Portalis, 1er pr.-Carnot, rap.-Quéquet, av. gén., c. conf.-Odilon Barrot, av.

(2) (Delrue C. Duchesne.) — La cour ; — Attendu que d'après le texte et l'esprit de l'art. 1070 c. civ., le défaut de transcription de la disposition contenant substitution de biens immeubles, peut être opposé aux substitués, même mineurs, par les créanciers du grevé, inscrits sur ces immeubles en vertu d'une hypothèque quelconque; — Que ledit article étant conçu en termes généraux, doit opérer, soit qu'il y ait, soit qu'il n'y ait pas de tuteur nommé à la substitution, d'autant plus qu'aux termes de l'art. 1069, précédent, le grevé seul est suffisamment qualifié et obligé même de faire effectuer la transcription requise par cet article, de sorte que la nomination d'un tuteur à la substitution est étrangère aux créanciers et tiers acquéreurs, dont parle l'art. 1070 précité ; — Attendu que, par son inscription du 25 mars 1822, l'intimé avait, dès lors acquis, sur les biens substitués, une hypothèque judiciaire, en vertu du jugement par défaut du 21 du même mois, confirmé contradictoirement par celui du 11 avril suivant, pour deux des trois créances réclamées à charge du débiteur Delrue, grevé de substitution, et que la transcription de la substitution fidéicommissaire n'ayant eu lieu que le 19 juin 1822, ledit intimé peut faire valoir sadite inscription contre les substitués, enfants Delrue, quoique mineurs, conformément à l'art. 1070 précité ; — Attendu que c'est en vain que l'appelante invoque la déchéance du bénéfice de l'institution, qu'aurait encourue le Grevé Delrue, à défaut d'avoir fait nommer un tuteur à la substitution, conformément à l'art. 1057 c. civ., vu que cette déchéance, étant une peine de la négligence du grevé, ne s'encourt pas de plein droit, mais doit être déclarée par le juge, qui décide en même temps si la substitution peut être ouverte : ce que le juge ne peut faire, à moins que le grevé n'ait été réellement négligent en laissant écouler le délai d'un mois, qui courait effectivement contre lui, pour satisfaire à son obligation de faire nommer un tuteur à la substitution; d'où il suit qu'aucune déchéance n'ayant été déclarée encourue dans l'espèce, et moins encore inscrite au registre pour être rendue publique, elle ne peut être opposée à l'intimé, créancier inscrit ; — En ce qui touche l'appel interjeté par Duchesne : — Attendu que puisqu'il n'existe pas d'inscription valable sur les substitués pour la créance 1,157 florins 62 cents, vu que cette créance avait été écartée par le jugement contradictoire du 11 avril 1822, l'appelant ne peut être envisagé de ce chef que comme créancier chirographaire ; — Attendu que l'art. 1070 c. civ., quoique parlant de créanciers indéfiniment, doit toutefois se limiter aux créanciers hypothécaires, inscrits sur les immeubles substitués, vu qu'il s'agit évidemment dans cet article de droits réels, soit de propriété, soit d'hypothèque, à acquérir sur les biens substitués, de préférence aux substitués, lorsque la disposition fidéicommissaire n'est pas rendue publique par la transcription sur le registre des hypothèques, ce qui devient encore plus saillant lorsque l'on voit que, dans ledit art. 1070 et dans l'art. 1151 subséquent, les créanciers sont mis sur la même ligne que les tiers acquéreurs des biens substitués, qui obtiennent le droit réel de propriété sur les biens acquis, tandis que les créanciers chirographaires n'ont aucun droit réel sur les biens de leur débiteur, aussi longtemps que leurs créances ne sont pas valablement inscrites sur ces biens, en vertu d'un jugement quelconque ; — Par ces motifs, met les appellations au néant, etc. »

Du 21 juin 1824.-C. de Bruxelles, 3e ch.-M. Dedryver, subst.

déboursé pour acquérir. » — Cette explication ne concilie pas, toutefois, l'art. 941 avec l'art. 1072 c. nap., et de là est née une controverse entre les nouveaux auteurs. Aux termes de l'art. 941, « le défaut de transcription pourra être opposé par toutes personnes ayant intérêt, excepté seulement celles qui sont chargées de faire faire la transcription et le donateur. » Par conséquent, le second donataire, qui aurait fait transcrire, serait préféré au premier donataire, qui a négligé cette formalité. Mais supposons qu'une donation a été faite avec substitution et qu'il n'y a pas eu transcription, qu'ensuite le disposant a fait donation de la même chose à une autre personne et que cette donation a été transcrite, le second donataire, qui, aux termes de l'art. 1072, ne peut se prévaloir du défaut de transcription de la première donation contre les appelés, peut-il s'en prévaloir, en vertu de l'art. 941, contre le grevé?

MM. Delvincourt, t. 2, note 2, sur la page 109, et Duranton, t. 9, n° 580, se prononcent pour l'affirmative : ils reconnaissent d'abord qu'il n'y a que les appelés qui soient relevés du défaut de transcription à l'égard des donataires postérieurs qui eussent fait transcrire leur titre; ce relief ne profite pas au grevé, premier donataire; pourquoi? C'est qu'on peut imputer au grevé de n'avoir pas fait transcrire la donation, à la différence de l'appelé, qui n'existait peut-être pas à l'époque où la substitution a été connue. C'est qu'en outre il s'agit, le plus souvent, de conserver aux appelés des moyens d'existence, tandis que les autres donataires, dans le même besoin, peuvent ne tendre qu'à s'enrichir. Mais comment se réaliseront les droits des substitués, si au grevé en faute est préféré le donataire postérieur et vigilant, d'après l'art. 941? « Ce second donataire, répond M. Delvincourt, conservera l'objet avec la charge de restitution; tellement que, si le grevé meurt laissant des enfants, la seconde donation sera annulée. Mais s'il décède sans postérité, le second donataire demeurera propriétaire irrévocable de l'immeuble. » M. Coin-Delisle (sur l'art. 941, n° 19) admet aussi que le second donataire peut se prévaloir contre le grevé du défaut de transcription.

M. Grenier, dans une discussion fort étendue, s'attache à combattre ce système (t. 1, n° 380). Il pense « que par cela seul que les donataires postérieurs ne peuvent se prévaloir du défaut de transcription contre les appelés, ils n'ont point ce droit à l'égard même des donataires directs. » Il en donne plusieurs raisons : la lettre de l'art. 1072 ne fait aucune distinction entre la disposition comme donation entre-vifs, et la même disposition comme substitution; il n'y a qu'une forme identique de transcription pour toutes les parties de l'acte; le défaut de transcription ne saurait donc faire crouler l'une sans l'autre. Aussi est-il dit dans l'art. 1072 qu'*en aucun cas* le défaut de transcription ne saurait être opposé aux appelés par les personnes qui y sont mentionnées. — De plus, il résulte des principes de la législation nouvelle que le disposant est considéré lui-même comme chargé de la transcription. L'accomplissement de cette forme n'est plus, comme sous l'ordonnance, imposé au grevé seul. En effet, d'après l'art. 1055, celui qui fait une disposition avec charge de rendre peut, par le même acte ou par un acte postérieur et authentique, nommer un tuteur pour l'exécution. « Le disposant participe donc, dit M. Grenier, à l'exécution de la disposition à charge de rendre. » La loi indique que c'est autant dans son propre intérêt que dans celui du grevé et des appelés qu'elle lui permet une disposition de cette nature. Aussi la discussion du conseil d'État nous apprend-elle (séance du 22 vent. an 11) que la première rédaction de l'art. 1072 faisait dépendre de la nomination du tuteur par le substituant lui-même la validité de la disposition; et si cette nomination lui devint facultative, pour être faite, à son défaut, par le grevé ou son tuteur, ce fut sur cette simple observation de Cambacérès : « On doit empêcher, avant tout, que l'oubli ou l'ignorance n'introduise des nullités dans les testaments olographes. » La loi a donc été conçue sous l'influence de cette idée que le disposant était censé pourvoir lui-même à l'exécution de ses dispositions; qu'indirectement il était chargé de les faire transcrire. Dès lors sont applicables les principes relatifs aux donataires, légataires et héritiers de tous ceux qui sont chargés de faire transcrire. Or l'art. 941, qui consacre ces principes, excepte formellement, entre les personnes ayant intérêt et qui peuvent opposer le défaut de transcription, « celles qui sont chargées de faire faire la transcription ou leurs ayants cause. » Le donataire postérieur du substituant est son ayant cause; donc ni le substituant ni le donataire ne pourront pas plus opposer au grevé qu'aux appelés le défaut de transcription, en vertu même de l'art. 941.

Cette solution nous paraît douteuse. — La même difficulté ne se rencontrait pas dans l'ancien droit. La substitution était-elle par testament, il ne pouvait être question alors de donataires postérieurs; et, de plus, les héritiers, étant tenus, comme les légataires grevés, de l'accomplissement des formalités de publication, n'avaient pas motif de se prévaloir de leur inexécution. La disposition était-elle entre-vifs, deux formalités, différentes, qui ne se faisaient ni de la même manière ni dans les mêmes lieux, devaient concourir : l'insinuation de la disposition comme donation entre-vifs, établie par l'ord. de 1731; ensuite la publication et l'enregistrement de la disposition comme substitution. L'insinuation rendait la disposition parfaite à l'égard des héritiers ou donataires postérieurs. Comme du défaut de publication et d'enregistrement ne résultait que l'inexécution de la substitution, et que la disposition directe n'en conservait pas moins toute sa force en faveur du donataire, les donataires postérieurs, de même que les héritiers légitimes, étaient évidemment sans intérêt à relever l'omission de cette formalité. La même observation est faite par M. Grenier, *loc. cit.*

349. « Le défaut de transcription ne pourra être suppléé, ni regardé comme couvert par la *connaissance* que les créanciers ou les tiers acquéreurs pourraient avoir eue de la disposition par d'autres voies que celle de la transcription » (c. nap. 1071). — L'ord. de 1747 contenait une semblable disposition (art. 33). L'équité semble la condamner, puisque celui qui n'a pas traité de bonne foi ne mérite aucune faveur. Aussi tenait-on, avant l'ordonnance, qu'en pareil cas le défaut de publication n'était pas un obstacle à l'éviction (Ricard, chap. 13, n°s 131, 132). Mais prévenir les embarras sur la preuve de la connaissance, assujettir les substitués ou les administrateurs de leurs droits à une exécution plus attentive des formalités de publication, comme seul moyen d'empêcher l'effet des aliénations, tel a été le double but de l'amélioration consacrée de nouveau par le code. — Il en résulte que la transcription est la seule voie légale de notification aux tiers; que rien ne saurait la remplacer, « ni une dénonciation, ni une signification de l'acte contenant la substitution, ni même la présence à cet acte de l'opposant, eût-il signé comme témoin (ou rédigé comme notaire) la donation ou le testament. » C'est ce qu'enseigne Furgole, sur l'art. 23 de l'ord. de 1747; il rapporte un arrêt conforme du parlement de Toulouse, du 24 mai 1728.

350. La substitution était transcrite, et réputée ainsi connue des tiers; le grevé n'a pas moins vendu les biens; quel recours aura l'acheteur contre le grevé, lorsque la vente sera déclarée résoluble au profit des appelés? — Thévenot, chap. 49, entre, sur cette question, dans un examen approfondi de la législation romaine; et des lois qu'il commente (V. notamment L. 3, §§ 2, 3 et 4, C., *Comm. de legat.*), il suit que l'acheteur de mauvaise foi ne peut répéter contre le grevé vendeur que le prix de la vente, sans aucun autre dédommagement, au lieu que l'acheteur de bonne foi aurait son plein recours tant pour le prix que pour améliorations et dommages-intérêts. Or l'acquéreur, après la publication de la substitution, ayant à s'imputer de ne la pas connaître, ou ayant traité en la connaissant, « doit, dans ces deux cas, être assimilé à l'acheteur de mauvaise foi. Si on l'autorise à répéter le prix, c'est que le grevé ne saurait le conserver sans s'enrichir aux dépens d'autrui; ce que prohibe une maxime la plus répandue. » — Cette opinion de Thévenot (sur l'art. 31, tit. 2, de l'ord. de 1747) est professée par M. Rolland de Villargues, *loc. cit.*, n° 12; et nous la croyons fondée, la bonne foi ne devant plus se présumer dans l'acheteur après la transcription.

351. Ce recours des acquéreurs s'exercera, disait l'ord. de 1747, « sur les biens libres du vendeur » (art. 31). — Furgole (sur cet article) et M. Toullier (t. 5, n° 769) remarquent avec raison que si le grevé vendait des biens avant d'avoir fait distraire sa légitime, ou avant le partage des biens, dont une partie seulement est substituée, les ventes devraient être imputées à valoir à ses droits, et, en cas de concours de plusieurs acquéreurs, les premiers auraient la préférence. C'est ce qu'enseignent aussi MM. Grenier, n° 392, et Rolland de Villargues, n° 11.

Art. 4. — *Des formalités prescrites dans l'intérêt des appelés, lorsque le grevé se met en possession des biens.*

352. Les formalités dont nous allons parler, et qui la plupart tirent leur source de l'ord. de 1747, ont pour objet de donner un représentant aux appelés pour veiller à la gestion du grevé et prévenir des contestations scandaleuses entre un père et ses enfants ; de constater la quotité des biens compris dans la substitution, et d'en assurer la conservation.

353. *De la nomination du tuteur.* — Notre législation à cet égard est toute nouvelle. Inconnue dans le droit romain, cette espèce de tutelle n'apparaît nulle part dans les anciens auteurs, pas même dans Ricard, qui a si bien approfondi la matière des substitutions, et qui n'écrivait qu'un siècle auparavant. Thévenot, chap. 88, est le premier qui en parle : « L'usage de faire créer un tuteur à la substitution, en la personnifiant, ne s'est, dit-il, établi parmi nous que depuis un certain temps. L'ordonnance de 1747 n'exige que la nomination d'un *curateur à la substitution*, avec la seule mission d'*assister à l'inventaire* des biens du substituant, et à l'*emploi des deniers*, quand le premier substitué n'est pas né (tit. 2, art. 5 et 12). — Hors ces deux cas, fixés par l'ordonnance, nos *tuteurs* à la substitution, continue Thévenot, ne sont guère nommés que pour mettre le grevé en état de faire juger ses prétentions contre les substitués, qui ne peuvent pas y défendre. » Aucune loi n'autorisant cette tutelle, personne n'était contraint de l'accepter ; « aussi ne prenait-on, dit encore le même auteur, pour cette fonction qu'un homme sans consistance et presque toujours insolvable. » — Sous l'empire du code Napoléon, le disposant peut désigner lui-même le tuteur ; s'il ne l'a pas fait, c'est au grevé à provoquer sa nomination. Cette tutelle ne peut être refusée sans cause légale de dispense. C'est ce qui résulte des art. 1055 et 1056, ainsi conçus : « 1055. Celui qui fera les dispositions autorisées par les articles précédents pourra, par le même acte, ou par un acte postérieur, en forme authentique, nommer un tuteur chargé de l'exécution de ces dispositions : ce tuteur ne pourra être dispensé que pour une des causes exprimées à la sect. 6 du chap. 2 du titre de la Minorité, de la Tutelle et de l'Emancipation. — 1056. A défaut de ce tuteur, il en sera nommé un à la diligence du grevé, ou de son tuteur s'il est mineur, dans le délai d'un mois, à compter du jour du décès du donateur ou testateur, ou du jour que, depuis cette mort, l'acte contenant la disposition aura été connu. »

354. Ces articles prescrivent la nomination du tuteur d'une manière générale, sans distinguer si les appelés sont *majeurs* ou *mineurs*, s'ils sont ou ne sont pas pourvus d'un tuteur. Ainsi cette nomination serait nécessaire lors même que les appelés seraient majeurs, ou que déjà ils seraient pourvus de tuteur. La tutelle spéciale dont il s'agit a pour objet aussi les intérêts des appelés à naître.

355. La nomination faite par le testateur lui-même est valable, bien qu'elle soit faite dans un *testament olographe ;* car le testament olographe vaut comme acte public et solennel (V. Conf. MM. Coin-Delisle, sur l'art. 1055, n° 2; Troplong, n° 2256). La nomination serait valable, suivant la juste observation de M. Troplong, alors même qu'elle serait faite par un testament olographe postérieur à celui qui contient la substitution.

356. Si le disposant, n'ayant pas d'abord désigné le tuteur dans l'acte contenant la substitution, le désigne par un acte postérieur, autre qu'un testament olographe, il est nécessaire que ce second acte soit authentique. Pour remplir cette condition, il n'est pas absolument nécessaire qu'il soit passé devant notaire; une déclaration faite devant le juge de paix assisté de son greffier satisferait au vœu de la loi. — V. Conf. M. Troplong, *loc. cit.*

357. Supposons que, le disposant n'ayant pas de son vivant nommé de tuteur, il y soit pourvu par les soins du grevé, conformément à l'art. 1056 ; comment se fera la nomination? — Dans un *conseil de famille*, et selon les formes ordinaires. Le droit commun doit être suivi, du moins en thèse générale. — V. Conf. M. Troplong, n° 2259.

358. Mais en quel lieu doit être convoqué le conseil de famille? Un arrêt a décidé que c'est devant le *juge de paix* du lieu où est décédé l'auteur de la substitution, et non devant celui du *domicile* des substitués (Angers, 12 avr. 1852, aff. Perrault, D. P. 52. 2. 245). Et, en effet, il est possible qu'au moment où il s'agit de nommer le tuteur les appelés ne soient pas encore nés ; s'ils existent, il est possible qu'ils aient des domiciles différents ; comment dans ces cas appliquer la règle établie par l'art. 406? D'ailleurs cette tutelle a pour objet de surveiller, non des personnes, mais des biens ; celui qui sera nommé ne sera pas le tuteur des appelés, mais le tuteur de la substitution ; il est donc naturel que l'opération se fasse au lieu où s'ouvre la succession.

359. *L'appelé* à une substitution ne peut être nommé tuteur à cette substitution, alors surtout qu'il n'offre aucune garantie (Angers, 17 juin 1825, aff. Thibaut, v° Tierce opposition).

360. Doit-il être nommé un *subrogé tuteur?* L'art. 1055 n'en parle pas ; une tutelle *ad hoc* ne doit pas être entièrement soumise aux mêmes formalités que la tutelle ordinaire ; le tuteur de l'art. 409 c. nap. est administrateur de la personne et des biens du mineur ; le tuteur de l'art. 1055 n'est qu'un surveillant de l'administration du grevé : « Ce serait donc, dit M. Delvincourt (t. 2, note 6, sur la page 106), un surveillant donné à un surveillant : ce qui n'est pas admissible. » M. Duranton exprime la même opinion, t. 9, n° 563.

361. L'art. 1057 contient la sanction de l'obligation imposée au grevé par l'art. 1056 ; il est ainsi conçu : « Le grevé qui n'aura pas satisfait à l'article précédent (c'est-à-dire fait nommer un tuteur dans le délai d'un mois) *sera déchu* du bénéfice de la disposition ; et, dans ce cas, le droit *pourra* être déclaré ouvert au profit des appelés, à la diligence, soit des appelés s'ils sont majeurs, soit de leur tuteur ou curateur s'ils sont mineurs ou interdits, soit de tout parent des appelés majeurs, mineurs ou interdits, ou même d'office à la diligence du procureur impérial près le tribunal de première instance du lieu où la succession est ouverte. » — Cette déchéance, prononcée contre le grevé, n'a pas été introduite dans l'intérêt des héritiers naturels du disposant lui-même ; elle a pour but unique de protéger la substitution et ceux qui doivent en profiter (M. Troplong, n° 2260).

362. La *déchéance* prononcée contre le grevé par l'art. 1057 c. nap. à défaut d'avoir fait nommer un tuteur à la substitution n'est pas encourue de *plein droit*, en ce sens que, bien qu'elle n'ait point été déclarée, elle puisse être opposée aux créanciers du grevé qui ont pris inscription sur les immeubles substitués (Bruxelles, 21 juin 1824, aff. Delrue, n° 344). — Il faut donc, pour que la déchéance soit encourue réellement, qu'elle soit prononcée par le tribunal; mais le tribunal doit-il nécessairement la prononcer lorsqu'elle est demandée, ou dépend-il de lui de la prononcer ou non, suivant les circonstances? On a présenté, pour résoudre la question, différentes hypothèses. — Tous les auteurs conviennent d'abord que la *déchéance* ne devrait pas être prononcée si l'obstacle à la nomination du tuteur était un cas de force majeure. — Mais assimilera-t-on à ce cas la minorité du grevé? La négligence de son tuteur l'aura-t-elle exposé à une déchéance rigoureuse? — Nous croyons, avec MM. Coin-Delisle (sur l'ord. 1057, n° 6) et Troplong (n° 2263), que, dans ce cas, la déchéance ne doit pas être prononcée, car le grevé n'est pas en faute ; aucune négligence ne peut lui être imputée. — Sans aller jusque-là, M. Duranton (t. 9, n° 568) accorde aux juges le pouvoir de tempérer alors ce que le texte de la loi a de trop sévère ; et il pense qu'ils devront se montrer plus ou moins indulgents, selon que son tuteur serait ou non solvable. « Ils préféreront, dit-il, s'attacher à l'esprit de la loi, qui est d'assurer l'exécution des volontés du disposant en punissant le grevé qui les méconnaîtrait sciemment et librement, et non de les rendre vaines en frappant de déchéance celui qui n'a aucune faute à s'imputer. » Cette opinion est aussi celle de MM. Grenier, t. 1, n° 385, et Delaporte, Pandectes franç., t. 4, p. 530. — M. Delvincourt (t. 2, note 8, sur la page 106) fonde l'avis opposé sur les termes impératifs de l'art. 1057, *sera déchu*, combinés avec l'art. 1074, qui déclare le mineur grevé non restituable « dans le cas même de l'insolvabilité de son tuteur contre l'inexécution des règles qui lui sont prescrites par les articles du présent chapitre. » Cette disposition, dit-il, s'applique à toutes les formalités dont l'exécution est imposée au grevé. M. Marcadé (sur l'art. 1057, n° 2) se prononce aussi dans ce dernier sens.

363. La déchéance serait-elle facultative si le grevé était majeur? — M. Duranton (*loc. cit.*) ne la répute facultative qu'à l'égard du mineur, et il n'admet, pour garantir «le grevé majeur ou non interdit, que le cas de force majeure ou d'impossibilité résultant des circonstances, qui excuse presque toujours.» L'interprétation de M. Grenier lui semble laisser trop de latitude aux juges; selon cet auteur, la déchéance est subordonnée aux circonstances, d'après lesquelles les juges pourront la prononcer de suite, ou après un nouveau délai qu'ils croiraient devoir accorder. «Les juges seraient donc dispensés, objecte M. Duranton, de prononcer la déchéance, quoique la négligence du grevé majeur fût grave.» Mais c'est aux juges, répondrons-nous, à apprécier cette gravité; et il est présumable qu'ils n'accorderont de nouveau délai qu'autant que le grevé alléguera des motifs raisonnables de son retard. Le grevé sera déchu si l'on reconnait qu'il n'a différé l'élection du tuteur que pour soustraire à sa vigilance les premiers actes de sa gestion, et empiéter avec plus de facilité sur les droits des appelés nés ou à naître. Enfin des dispositions qui ne sont que comminatoires sont quelquefois exprimées en des termes aussi impératifs que la déchéance portée par l'art. 1057. Dans le doute, et en remarquant bien que le libre arbitrage des magistrats n'offrira pas ici d'inconvénients, il nous semble plus sage de s'en tenir à la règle générale, *Benigniùs leges interpretandæ sunt*; règle qui sert surtout à l'application des clauses pénales. Telle est aussi l'interprétation adoptée par Delaporte, Pand. franç., t. 4, p. 509, et par M. Troplong, n° 2261. — M. Coin-Delisle (sur l'art. 1057, n° 5), après avoir dit que la première partie de l'art. 1057 est impérative, et que le grevé majeur est déchu faute de diligences dans le mois pour la nomination d'un tuteur, reconnaît cependant que la loi doit être entendue humainement, et que les juges peuvent et doivent ne pas prononcer la déchéance quand le grevé n'a pas connu la disposition, par exemple s'il a été retenu par une maladie, un voyage, même s'il est certain que, par une erreur d'interprétation, il ait vu de bonne foi dans la substitution une disposition d'une autre nature. — M. Marcadé (sur l'art. 1057, n° 2) est d'avis que, dans le cas prévu par l'art. 1057, les juges ne peuvent se dispenser de prononcer la déchéance. — Il a été jugé que le grevé de restitution qui n'a pas fait nommer un tuteur à la substitution dans le délai de l'art. 1056 a été justement déclaré déchu de la substitution, conformément aux termes rigoureux de cet article. On dirait en vain que l'art. 1057 n'accorde au juge qu'une faculté qu'il ne peut exercer qu'autant que l'omission du grevé a été frauduleuse ou préjudiciable au mineur (Req. 17 avril 1845) (1).

364. L'art. 1057 dit que le grevé *sera déchu*, et que le droit des appelés *pourra être ouvert*: cela paraît signifier que la déchéance peut avoir lieu sans l'ouverture de la substitution, soit qu'il n'existe pas encore d'appelés, soit que les appelés existants n'aient pas capacité de recueillir les biens. C'est ainsi, en effet, que la plupart des auteurs interprètent ces expressions, et ils examinent, par suite, ce que deviendront, dans cette double hypothèse, les biens substitués. — Suivant quelques-uns (MM. Delvincourt, t. 2, note 9, sur la page 106; Coin-Delisle, sur l'art. 1057, n° 5; Marcadé, sur l'art. 1057, n° 2), si, au moment où la déchéance est prononcée, il n'y a pas encore de substitués, les biens seront partagés entre les héritiers *ab intestat* du disposant, et la part de chaque héritier demeurera grevée en faveur des enfants qui pourront survivre au grevé. Ces héritiers ne seront que les dépositaires des biens relativement aux appelés tant qu'il demeurera incertain s'il doit en naître un jour; dès qu'il en sera né un, il aura droit à tous les biens substitués, à la charge de partager avec ses frères à naître ou même de les restituer entièrement, s'il mourait avant le grevé. — Mais, à notre avis, plus d'un argument décisif s'élève contre ce système: d'abord, si la charge de restitution profite à d'autres qu'à l'appelé, il y aura au moins deux grevés, ce que n'a pu vouloir la loi qui réduit les substitutions à un degré. En second lieu, quel raisonnement s'est offert à l'esprit du législateur, quand il a prononcé la déchéance contre le grevé qui ne faisait pas nommer de tuteur? Il a considéré, en se référant au vœu du substituant, l'intérêt des appelés; mais il n'a pas oublié que le grevé, comme les appelés, était préféré par le substituant à d'autres héritiers *ab intestat*; ce n'est donc pas au profit de ces héritiers qu'il a eu l'intention de dépouiller le grevé. La mesure de la nomination du tuteur ne leur était-elle pas tout à fait étrangère? Puisque le législateur n'y voyait qu'une garantie offerte à l'appelé, il était naturel que l'appelé seul fût admis à l'exercice d'un droit, à défaut de cette garantie.

Un autre système est proposé par M. Duranton, n° 567 : il consiste à traiter le grevé comme une espèce de séquestre comptable, qui fera siens tous les fruits recueillis jusqu'au moment où se présentera un appelé pour revendiquer les biens, et qui conservera irrévocablement les biens mêmes, s'il n'y a pas d'ouverture de la substitution. Il est entendu que le tribunal ordonnera les mesures conservatoires nécessaires dans l'intérêt de ceux qui surviendraient après. Le grevé fera les fruits siens, parce qu'il les aura, jusqu'à l'ouverture de la substitution, perçus sur une chose qui était encore à lui. A compter de l'époque de cette ouverture, les droits des appelés devront se régler ainsi pour que le grevé ne profite pas de la déchéance : si l'un d'eux vient à mourir, sans laisser d'enfants ou descendants, sa part

(1) *Espèce* : — (Hunot C. Soufflot.) — Le 29 mai 1841, arrêt de la cour de Paris qui déclare le sieur Hunot déchu du bénéfice de la substitution dont il se trouvait grevé au profit de la dame Soufflot, sa fille, faute par lui d'avoir fait nommer un tuteur à l'exécution, dans le délai d'un mois, conformément à l'art. 1056. Cet arrêt est ainsi motivé : — « Considérant que l'art. 1057 c. civ. dispose dans sa première partie que le grevé qui n'aura pas fait nommer un tuteur à l'exécution dans le délai prescrit par l'art. 1056, sera déchu du bénéfice de la disposition ; — Que ces dernières expressions sont absolues et impératives; que, dès lors, leur sens précis et complet ne saurait être modifié par le mot *pourra*, qui ne s'applique en réalité qu'à la seconde partie de l'article ; qu'en effet, l'idée générale et facultative que ce mot présente, est parfaitement expliquée par le nombre et la diversité des personnes qui peuvent provoquer l'ouverture du droit au profit des appelés ; — Considérant que ces substitutions ne sont permises qu'entre parents, et que les appelés sont nécessairement les descendants en ligne directe du grevé; — Que le tuteur à l'exécution est ainsi placé entre les parents et leurs enfants pour protéger les droits de ceux-ci, avec le pouvoir de concourir directement et sous sa propre responsabilité à tous les actes qui ont pour objet d'assurer à cette protection son efficacité: — Considérant que, pour atteindre ce but, l'action du tuteur doit commencer aussitôt que le grevé est investi de la propriété et de la libre disposition des biens ; — Que, s'il en était autrement, le grevé pourrait, pendant l'intervalle de temps qui s'écoulerait jusqu'à la nomination du tuteur, valablement disposer des biens au détriment des appelés; puisque ceux-ci, même mineurs, seraient sans droit dans ce cas pour exercer un recours utile contre les créanciers ou les tiers acquéreurs ; — Qu'en effet, la loi, à cet égard, est tellement formelle, que l'art. 1070 dispose que ce recours est interdit aux appelés mineurs, même en cas d'insolvabilité de leur tuteur ou du grevé ; — Qu'il suit de là que la nomination du tuteur dans le délai prescrit par l'art. 1056 est de la plus urgente nécessité, et que, dès lors, il importait essentiellement qu'elle fût soumise à une sanction rigoureuse et absolue; — Qu'il devait d'autant plus en être ainsi, que l'obligation imposée au grevé lui-même de pourvoir à cette nomination, avait précisément pour objet de créer une garantie immédiate et permanente contre ses propres actes, ce qui exclut toute idée d'une déchéance purement comminatoire, dont la force et les effets dépendraient des circonstances et tomberaient sous l'appréciation du juge ; — Considérant que l'appelant n'a pas fait nommer de tuteur à l'exécution dans le délai prescrit par l'art. 1056, et qu'il n'allègue d'ailleurs aucun fait de force majeure qui l'ait empêché de remplir cette obligation. »

Pourvoi du sieur Hunot pour fausse application de l'art. 1057 c. civ. — Arrêt.

LA COUR ; — Attendu, en droit, que l'art. 1055 c. civ. autorise celui qui fera une des dispositions permises par les art. 1048 et suiv. même code, à nommer un tuteur chargé de veiller à l'exécution de ces dispositions; que l'art. 1056 prescrit qu'à défaut de ce tuteur, il en sera nommé un, à la diligence du grevé, dans le délai d'un mois, à compter du jour du décès du donateur ou testateur ; et enfin, que l'art. 1057 déclare que le grevé qui n'aura pas satisfait à l'art. 1056, sera déchu du bénéfice de la disposition. — Attendu, en fait, qu'il est constaté par l'arrêt attaqué, que le demandeur (le grevé) n'a point fait nommer de tuteur à l'exécution de la disposition du testateur, dans le délai prescrit par l'art. 1056 du code, et a laissé passer plus de trois années sans accomplir cette obligation; — Attendu que, dans ces circonstances, la cour royale, en fondant son arrêt sur la disposition impérative et rigoureuse de la loi, loin de l'avoir violée, en a fait une juste application à la cause ; — Rejette.

Du 17 avril 1845. — C. C., ch. req. — MM. Zangiacomi, pr. — Jaubert, rap. — Delangle, av. gén., c. conf. — Fabre, av.

accroîtra à ses cosubstitués. Le grevé déchu n'en recueillera pas une portion au préjudice de ses enfants vivants; car ce n'est pas dans son intérêt que la substitution a été ouverte par suite de la déchéance. Les effets de cette ouverture doivent être les mêmes que s'il n'y avait pas eu de déchéance; cet événement n'a pu les dénaturer. Or, dans l'ordre naturel, la part des prédécédés accroît aux appelés survivants. Ce n'est donc que dans la succession du dernier de tous les appelés, qu'à titre d'héritier seulement, le grevé déchu pourra reprendre, confondue définitivement avec les autres biens du défunt, la chose qui avait été substituée.—Ce système nous paraît préférable à celui qui précède; on peut lui reprocher cependant de manquer de simplicité et de netteté. Sur qui repose la propriété des biens pendant l'intervalle qui s'écoule depuis la déchéance encourue par le grevé jusqu'à l'ouverture de la substitution? C'est ce qu'on ne voit pas bien. D'un côté, M. Duranton fait du grevé, pendant ce temps, une *espèce de séquestre comptable*; d'un autre côté, il lui attribue les fruits, comme étant perçus sur une chose qui lui appartient encore jusqu'à l'ouverture de la substitution, et qui lui appartiendra irrévocablement s'il ne lui naît pas d'enfants. Et puis comment accorder ces deux choses dans le système de M. Duranton? Le grevé est déchu du bénéfice de la disposition, et cependant il conserve la jouissance de la chose, il en fait les fruits siens!

M. Troplong (n° 2262) va plus loin que M. Duranton : il pose en principe que, lorsque le grevé n'a pas d'enfants, nulle action en déchéance n'existe contre lui. Supposant le cas où le grevé n'a omis de faire nommer un tuteur que parce que, n'ayant pas d'enfants et ne pouvant plus espérer d'en avoir, il considérait la substitution comme ne devant jamais se réaliser, le savant auteur montre facilement combien il serait peu rationnel, peu conforme à l'intention probable du disposant, d'admettre l'action en déchéance au profit d'héritiers, peut-être éloignés, que le disposant en tous cas avait écartés et en vue desquels la nomination du tuteur n'avait pas été établie. — Nous inclinerions à préférer cette interprétation. Et cependant on peut lui reprocher de ne pas protéger suffisamment les intérêts des substitués dans le cas où le grevé, n'ayant point à la vérité d'enfants mais pouvant en avoir, néglige de faire nommer un tuteur à la substitution. Mais c'est à la loi elle-même plutôt qu'à son interprétation que le reproche nous semble pouvoir s'adresser; d'ailleurs le disposant peut toujours obvier à cet inconvénient en désignant lui-même le tuteur.

Il a été jugé que, si la déchéance portée par l'art. 1057 c. nap. est encourue d'une manière absolue par le grevé de restitution qui a omis de faire nommer un tuteur à la substitution dans le délai fixé par l'art. 1056, l'envoi en jouissance immédiate des appelés est *facultatif* pour les tribunaux, en sorte qu'il peut y être sursis si l'intérêt légitime des tiers l'exige (Colmar, 14 août 1840) (1). D'après cet arrêt, les tribunaux pourraient, en prononçant la déchéance contre le grevé, réserver aux créanciers de ce dernier la jouissance de la chose. Cela nous paraît inadmissible en principe. Les créanciers, en effet, peuvent bien, aux termes de l'art. 1166, exercer les droits de leur débiteur; mais si le grevé est déclaré déchu, il n'y aura plus sur sa tête de droits que ses créanciers puissent exercer. La déchéance ainsi entendue ne serait pas une véritable déchéance, puisque le grevé se trouverait ainsi libéré jusqu'à concurrence de ce que ses créanciers auraient reçu.

365. Le tuteur a pour mission de veiller à l'accomplissement des volontés du testateur quant à la substitution. Cela résulte de l'art. 1055. Il a été jugé qu'il a qualité pour requérir l'emploi des mesures propres à empêcher la dissipation des biens substitués (Caen, 12 juin 1854, aff. Debaupte, D. P. 55. 2. 193).

366. *De l'inventaire.* — Avant Justinien, aucune loi n'obligeait l'héritier grevé de faire inventaire des biens du substituant, dans l'intérêt du fidéicommissaire. Justinien, par sa novelle première, prescrivit cette formalité, à peine, pour le grevé, d'être privé de la *quarte falcidie* qu'il avait droit de retenir sur les fidéicommis particuliers, et d'acquitter pleinement ces fidéicommis, encore que les valeurs héréditaires parussent insuffisantes. Cette loi n'était exécutée que dans nos pays de droit écrit (Ricard,

(1) *Espèce :* — (Lavallée C. créanciers Lavallée.) — 7 juin 1839, jugement du tribunal de Wissembourg qui le décide ainsi en ces termes : « Le tribunal; — Considérant, en ce qui touche la demande principale tendant à faire déclarer François-Michel Lavallée déchu du bénéfice de l'acte du 19 déc. 1824, et à obtenir l'ouverture du droit au profit des appelés à la substitution, que cette demande est fondée sur les dispositions de l'art. 1057 c. civ.; mais qu'il importe de distinguer la déchéance du grevé de l'ouverture du droit au profit des appelés; que la déchéance est encourue de plein droit par le non-accomplissement des conditions portées en l'art. 1056; mais qu'il dépend des tribunaux de prononcer, dans ce cas, l'ouverture du droit au profit des appelés; — Considérant que, dans l'espèce, François-Michel Lavallée a irrévocablement encouru la déchéance du bénéfice de la donation, 1° parce qu'il a négligé de faire nommer un tuteur; 2° parce qu'il a tellement mésusé de la chose donnée, qu'il en a fait l'aliénation comme d'une chose dont il aurait été propriétaire incommutable; — Considérant que, si la loi a séparé la déchéance du grevé de l'ouverture du droit au profit des appelés, c'est qu'elle a eu évidemment en vue l'intérêt du donateur et celui des créanciers du donataire; qu'effectivement, ainsi qu'il a déjà été dit, le donateur peut faire prononcer la résolution en ce qui concerne la jouissance et la propriété conditionnelle, et la position des créanciers du donataire peut être assez intéressante pour engager le juge à leur assurer le produit de la chose donnée, jusqu'au moment de l'échéance de la condition; que ce cas est prévu par l'art. 1055 c. civ.; — Considérant que, dans l'espèce, François-Michel Lavallée a aliéné tous les biens compris dans la substitution; que les acquéreurs vont se trouver dépossédés par suite de l'instance actuelle, et qu'il est juste de leur conserver du moins un gage pour la restitution du prix par eux payé, en leur réservant les fruits desdits biens, lesquels devront être soumis à l'administration d'un séquestre judiciaire; — Considérant que cette mesure conciliera tous les intérêts : ceux du grevé, en le libérant pour autant de créances qui entraîneraient contrainte par corps à raison du stellionat commis; des créanciers, en leur assurant un gage; des appelés et du donateur, par l'exécution franche et légale de l'esprit de l'acte du 19 déc. 1824, et par le maintien de leurs droits respectifs; — Par ces motifs, dit que François-Michel Lavallée sera et demeurera personnellement déchu du bénéfice de la disposition du 19 fév. 1824; en conséquence, sans s'arrêter à la demande en déclaration d'ouverture du droit au profit des appelés, nomme Me Lœdlin, notaire à la résidence de Niederrœdern, séquestre judiciaire des biens compris en la substitution, lequel gérera et administrera, ainsi qu'il sera dit ci-après, sous la surveillance du tuteur nommé à ladite substitution. » — Appel. Arrêt.

La cour; — Attendu que les dispositions du code civil relatives aux substitutions autorisées, ne renferment aucune exception aux principes généraux qui ne permettent pas que les tiers puissent être liés par les effets d'une convention, d'un acte ou d'un fait qui leur est étranger; qu'en cette matière, la pensée du législateur a été de concilier les intérêts des appelés à recueillir le bénéfice de la substitution avec ceux du grevé et de ses ayants droit; que, si l'art. 1055 c. civ. prévoit le cas d'abandon anticipé de la jouissance de la part du grevé, et s'il dispose que cet abandon ne pourra préjudicier à ses créanciers, il est évident que cette hypothèse n'est pas indiquée comme devant être la seule pour laquelle il puisse y avoir lieu à acquérir, le cas échéant, les réclamations de ces créanciers; qu'il faut au contraire admettre que, pour tous les cas qui présenteront quelque analogie avec celui prévu, la même règle pourra être adoptée; qu'il n'y a en effet aucun motif fondé pour investir les appelés *hic et nunc* de la jouissance des biens composant la substitution, alors que l'époque morale fixée par la loi pour l'ouverture du droit, c'est-à-dire la mort naturelle ou civile du grevé de substitution, n'est pas arrivée, et que ce n'est que par l'effet d'une déchéance prononcée contre lui à raison de faits qui seraient ou pourraient être tout aussi volontaires de sa part que celui d'abandon, qu'il en est privé; qu'il pourrait de la sorte être porté atteinte aux droits des créanciers les plus légitimes, ce qui ne saurait avoir lieu; que c'est évidemment dans la pensée de prévenir un semblable abus que l'art. 1057 du même code a soigneusement distingué la déchéance encourue par le grevé de la mise en jouissance des appelés, laquelle est laissée à l'arbitrage du juge, qui peut l'accorder de suite à ceux-ci ou surseoir dans l'intérêt des tiers; que cette prévoyance est sage, puisqu'elle concilie avec les droits des appelés ceux des créanciers du grevé, qui sans cela se trouveraient à la merci de celui-ci, puisqu'il est vrai de dire qu'il est tout aussi loisible d'encourir la déchéance de son droit, faute d'accomplissement des formalités exigées, que de mésuser de sa jouissance, ou même de l'abandonner;

Qu'il n'y a donc aucun motif fondé à alléguer pour ne pas accueillir la déclaration des créanciers en pareil cas d'autant mieux que les créanciers trouvent la garantie de leurs droits, d'une part, dans la déchéance prononcée contre celui à la charge duquel les biens substitués étaient confiés, et, d'autre part, dans la nomination judiciaire d'un tuteur à la substitution dont la propriété, quant aux biens qui la composent, leur est ainsi assurée d'une manière incommutable; — Adoptant, au surplus, en ce qu'il n'y a rien de contraire au présent arrêt, les motifs des premiers juges; — Confirme, etc.

Du 14 août 1840 — C. de Colmar.

chap. 4, nº 111; Thévenot, chap. 44). — L'ordon. de 1747 a établi, pour tout pays, la nécessité d'un inventaire, que la substitution soit universelle ou particulière (tit. 2, art. 1). Elle oblige le grevé ou le substitué d'en justifier, lorsqu'il voudra se mettre en possession des biens (art. 35), et punit leur négligence de la privation des fruits (art. 42). — Le code prescrit aussi un inventaire; mais aucune déchéance n'est prononcée pour omission. — « Après le décès de celui qui aura disposé à la charge de restitution, porte l'art. 1058, il sera procédé, dans les formes ordinaires, à l'inventaire de tous les biens et effets qui composeront sa succession, excepté néanmoins le cas où il ne s'agirait que d'un legs particulier. Cet inventaire contiendra la prisée à juste prix des meubles et effets mobiliers. »

367. L'inventaire doit comprendre tous les biens de la succession du disposant; car la quote-part substituée ne peut se déterminer que par la connaissance du tout; à moins cependant que la substitution ne porte sur un legs particulier; auquel cas l'inventaire est tout à fait inutile, l'objet de la substitution se trouvant déterminé dans la disposition même. L'ordonnance de 1747 exigeait l'inventaire aussi bien dans le cas de legs particulier que dans le cas de legs universel ou à titre universel. Le nouveau législateur a pensé avec raison qu'il n'avait d'utilité que dans ces deux dernières hypothèses.

368. L'art. 1058 exigeant l'inventaire de *tous les biens et effets*, sans distinction, on doit y comprendre les immeubles aussi bien que les meubles. Déjà c'était dans l'ancien droit le sentiment de Furgole. C'est aussi, sous l'empire du code Napoléon, celui de M. Troplong, nº 2265. — V. toutefois *Contrà* M. Coin-Delisle (sur l'art. 1058, nº 8), qui estime qu'il suffit d'y comprendre les meubles.

369. Cet inventaire serait-il nécessaire si la substitution était faite par donation entre-vifs? L'art. 1058 n'excepte point ce cas; mais pourquoi multiplier les frais sans nécessité? La donation contient une désignation suffisante des immeubles, un état des meubles et effets mobiliers. L'ordon. de 1747 prescrivait aussi, sans distinction de la nature des actes de substitution, la formalité de l'inventaire; Furgole ne le réputait pas moins inutile dans l'espèce (Comment. sur l'art. 1, tit. 2). Cette opinion doit être d'autant mieux suivie, que l'art. 1058 annonce positivement, par l'exception relative au legs particulier, que le législateur n'a exigé d'inventaire que là où il serait utile. C'est l'opinion de MM. Grenier, t. 1, nº 387; Toullier, t. 5, nº 755; Delaporte, Pandect. franc., sur l'art. 1058; Rolland de Villargues, Rép. de M. Favard, chap. 2, sect. 2, § 4, nº 9; Troplong, nº 2267.

370. La prisée de l'inventaire du mobilier, lorsqu'elle a lieu contradictoirement entre l'héritier à réserve grevé de substitution sur tous les immeubles de la succession, et le tuteur à la substitution, de même que l'expertise des immeubles, également contradictoire, quoique faite par un seul expert, peuvent servir de base légale de la valeur des biens, à l'effet de liquider la succession, et de déterminer la quotité réservée qui doit être affranchie de la substitution (Paris, 14 juin 1836) (1).

371. L'inventaire « sera fait, porte l'art. 1059, à la requête du grevé de restitution, et dans le délai fixé au titre des Successions, en présence du tuteur nommé pour l'exécution. » — Cette présence du tuteur est-elle si rigoureusement obligée, que si le tuteur a été légalement assigné et qu'il ne comparaisse pas, on ne doive pas y procéder, à peine de nullité? La question a divisé les auteurs. Déjà Furgole, sur l'art. 5, tit. 2, avait dit : « Il ne me paraît pas douteux... que le défaut de comparaître sur une assignation équipolle à la présence, et que si l'inventaire ne pouvait être fait qu'autant que le curateur assisterait réellement, il pourrait en empêcher la faction. Mais, ajoutait-il, le curateur défaillant pourrait bien être tenu à des dommages-intérêts provenant de l'infidélité de l'inventaire, occasionnée par son absence, comme ayant manqué à son devoir. » Des interprètes du code ont proposé un autre système : si le tuteur ne se présente pas, il sera assigné devant le juge, pour voir dire qu'il devra se trouver au lieu indiqué pour l'inventaire; faute de quoi il serait procédé à la nomination d'un nouveau tuteur. On s'est fondé sur les termes absolus de l'art. 1059, qui exigent le plus impérieusement la présence du tuteur; on a même fait observer qu'après avoir exigé sa présence, il n'ajoute pas, *ou lui dûment appelé*, ce que la loi ne manque pas de faire à l'égard de toutes les parties dont la présence n'est pas indispensable. On a allégué enfin que le tuteur était le seul représentant légal des appelés, et l'inventaire offrant au grevé le principal moyen de les tromper, le concours du tuteur devenait le plus puissant obstacle à la fraude.

Mais on peut répondre : 1º L'omission de ces mots, *ou lui dûment appelé*, n'a en soi rien de concluant pour la nécessité d'une présence réelle : ce pourrait être un simple oubli; — 2º L'art. 1061, dans le cas qu'il prévoit, statue « qu'il sera procédé au même inventaire, *en y appelant* le grevé ou son tuteur, et le tuteur nommé pour l'exécution. » La présence de l'une ou l'autre de ces trois personnes n'est pas signalée ici comme absolument nécessaire; et remarquez que le tuteur à l'exécution est placé sur la même ligne, à cet égard, que le grevé ou son tuteur; — 3º L'art. 1073, qui détermine les effets de l'inexécution par le tuteur des règles prescrites, n'annule pas l'inventaire auquel il n'a pas assisté, mais se borne à le déclarer « personnellement responsable..., en général, s'il n'a pas fait toutes les diligences nécessaires pour que la charge de restitution soit bien et fidèlement acquittée; » — 4º Enfin ne résulterait-il pas de notables inconvénients d'une mesure qui laisserait aux tuteurs successivement nommés un moyen si facile de rendre leur nomination vaine? Pourquoi tant d'entraves et de frais? — C'est par de sem

(1) *Espèce :* — (Veuve Cazalot C. Carayon-Latour.) — M. Rieussec avait grevé de substitution la totalité de ses immeubles, au profit des enfants de sa fille, veuve du sieur Cazalot. — Après son décès, il fut procédé à un inventaire contradictoire, par Mᵉ Danloux-Dumesnil, notaire, entre la dame Cazalot et le sieur Carayon-Latour, nommé tuteur à la substitution. — Par suite d'une expertise, également contradictoire, ordonnée sur requête de l'une et de l'autre partie, les immeubles furent estimés à la somme de 659,253 fr. — La dame Cazalot, dont la réserve était atteinte par la substitution, demande : 1º qu'il fût procédé à la liquidation, en prenant pour base la prisée de l'inventaire et l'estimation des immeubles expertisés; 2º qu'il fût distrait, sur la masse des immeubles, la quotité réservée qui devait être affranchie de la substitution. — Jugement qui, attendu que la valeur du mobilier et des immeubles, n'était pas suffisamment constatée par l'inventaire et l'expertise, renvoie les parties devant Mᵉ Danloux-Dumesnil, pour qu'il soit procédé à la liquidation, à la fixation de la valeur du mobilier, et au retranchement de tels immeubles qu'il conviendrait pour parfaire la légitime de la dame veuve Cazalot, et décide, en outre, que les immeubles seront estimés de nouveau par trois experts. — Appel par la dame Cazalot. — Arrêt.

LA COUR; — En ce qui concerne la liquidation de la succession : — Considérant que cette opération est nécessaire pour le règlement des droits respectifs des parties; — En ce qui concerne le mobilier : — Considérant qu'il a été procédé à un inventaire régulier, lors duquel, aux termes de l'art. 942 c. pr., la prisée a dû être faite à juste valeur et sans crue; — Considérant qu'il n'y a dans l'espèce aucun motif de s'écarter de cette base légale de fixation de la valeur du mobilier; que le tuteur à la substitution, à raison même de sa qualité de tuteur, ne pourrait s'entendre à l'amiable avec la dame Cazalot, sur un autre mode d'évaluation; qu'enfin les tribunaux ne peuvent ni statuer ni réserver de statuer sur la vente dudit mobilier qui appartient exclusivement et librement à la dame Cazalot, non grevée à cet égard de substitution;

En ce qui concerne les immeubles : — Considérant que sur la requête présentée tant au nom du tuteur à la substitution qu'au nom de la dame Cazalot, est intervenu, le 15 oct. 1835, un jugement qui a ordonné l'estimation desdits immeubles par un seul expert, à l'effet de déterminer leur importance dans la totalité de la fortune du sieur Rieussec, et de pouvoir, par suite, constater la quotité disponible. — Considérant que ce jugement a été exécuté, et que l'expert, serment par lui préalablement prêté, a rempli la mission qui lui avait été confiée; que son procès-verbal est régulier en la forme, et que rien n'indique qu'il ne soit pas juste au fond;

Infirme le jugement, ordonne en conséquence qu'il sera procédé à la liquidation; et prenant pour base la prisée du mobilier faite dans l'inventaire et l'estimation des immeubles faite par l'expert Rifaut, ordonne que, lors desdites opérations, il sera fait distractions sur la masse de tels immeubles qu'il conviendra, à l'effet de composer, avec l'actif mobilier net, qui est et restera la propriété libre de la dame Cazalot, la quotité réservée qui doit être affranchie de la substitution; commet aux fins ci-dessus Mᵉ Danloux-Dumesnil, notaire; nomme M. Try, conseiller, pour faire le rapport sur les contestations auxquelles pourraient donner lieu lesdites opérations, ou sur l'homologation qui devra être demandée, devant la cour, du procès-verbal de liquidation.

Du 14 juin 1836.-C. de Paris, 1re ch.-MM. Miller, pr.-Delapalme, av. gén., c. conf.-Paillet et Baroche, av.

blables motifs que la nullité de l'inventaire est contestée, dans le cas proposé, par MM. Grenier, t. 1, n° 387; Toullier, t. 5, n° 756; Rolland de Villargues, n° 7; Coin-Delisle, sur les art. 1058 et suiv., n° 2. Les auteurs des Pandectes françaises ont, dans la seconde édition, rétracté l'opinion contraire émise dans la première, sur l'art. 1059. Enfin M. Troplong (n° 2269) dit que, si le tuteur dûment appelé à l'inventaire néglige de comparaître, il est certain qu'on pourra y procéder en son absence.

372. Sous l'ord. de 1747, tit. 2, art. 5, l'inventaire eût été irrégulier et nul, si les substitués eux-mêmes n'y avaient été appelés. Le code n'exige plus que l'intervention du tuteur à l'exécution. Sans doute, la faculté pour les substitués sera toujours de droit, s'ils veulent en user; mais leur présence n'est plus une formalité nécessaire. M. Grenier, n° 387, explique parfaitement le système du code. «La loi a craint, dit-il, de mettre en opposition les enfants avec les pères. Les enfants seraient souvent gênés dans la défense de leurs droits par le respect qu'ils doivent à leurs auteurs. » Le tuteur est donc le seul contradicteur légitime à l'égard du grevé. M. Toullier, t. 5, n° 755, reproduit à peu près les mêmes observations.

373. « Les *frais* de l'inventaire seront pris sur les biens compris dans la disposition (art. 1059, *in fine*). » Les avances doivent donc en être faites par le grevé.—L'ord. de 1747, tit. 2, art. 1 et 2, chargeait l'héritier légitime ou le légataire universel, de la requête, de l'inventaire, et du payement des frais, dans l'intérêt de la substitution, quoiqu'il ne fût ni grevé ni substitué. C'est lui, disait-on, qui doit procurer l'accomplissement des volontés du défunt, puisqu'il le représente (Thévenot et Furgole, sur les art. 1 et 2 de l'ord.). — Mais il n'y aurait plus lieu de suivre cette règle, tant la dérogation du code est formelle.

374. L'inventaire doit, aux termes de l'art. 1059, être fait « dans le *délai* fixé au titre des Successions, » c'est-à-dire dans le délai de trois mois à compter de l'ouverture de la succession, et non pas dans le délai de quatre mois et dix jours, comme le prétend M. Toullier, t. 5, n° 751; le délai de quarante jours pour délibérer n'étant ici susceptible d'aucune application.—V. Conf. MM. Marcadé, sur l'art. 1059; Troplong, n° 2268.

375. L'art. 1060 porte que « si l'inventaire n'a pas été fait à la requête du grevé dans le délai ci-dessus, il y sera procédé dans le mois suivant, à la diligence du tuteur nommé pour l'exécution, en présence du grevé ou de son auteur. » Et l'art. 1061 ajoute que, s'il n'a pas été satisfait aux deux articles précédents, il sera procédé au même inventaire, à la diligence des personnes désignées en l'art. 1057 (c'est-à-dire à la diligence, soit des appelés s'ils sont majeurs, soit de leur tuteur ou curateur s'ils sont mineurs ou interdits, soit de tout parent des appelés majeurs, mineurs ou interdits, ou même d'office, à la diligence du procureur impérial près le tribunal de première instance du lieu d'ouverture de la succession), en y appelant le grevé ou son tuteur, et le tuteur nommé pour l'exécution. »

376. *De la vente des meubles.* — Le droit romain autorisait le grevé à conserver les meubles, pour ne les rendre qu'en nature (L. 11, § 17, ff., *De legat.*-3°; L. 3, § 4, ff., *De usufr. et fruct.*); et tel était l'usage suivi avant l'ord. de 1747, qui oblige le grevé à la vente « par *affiches* et *enchères* de tous les meubles et effets compris dans la disposition (art. 8, tit. 2) », à l'exception : 1° de ceux que les juges lui permettront d'imputer « sur ce qui lui est dû pour ses détractions ou autres droits (art. 9) »; 2° de ceux que le substituant l'a expressément chargé de rendre en nature, lesquels ne peuvent être, suivant les art. 6 et 7, tit. 1, que les bestiaux et ustensiles pour la culture, les meubles destinés à l'usage et ornement des maisons (Thévenot, ch. 9). — Le code Napoléon dispose sur ce point dans les art. 1062-1064, qui sont ainsi conçus : « 1062. Le grevé de restitution sera tenu de faire procéder à la vente, par affiches et enchères, de tous les meubles et effets compris dans la disposition, à l'exception néanmoins de ceux dont il est mention dans les deux articles suivants. —1063. Les meubles meublants et autres choses mobilières qui auraient été compris dans la disposition, à la condition expresse de les conserver en nature, seront rendus dans l'état où ils se trouveront lors de la restitution. — 1064. Les bestiaux et ustensiles servant à faire valoir les terres seront censés compris dans les donations entre-vifs ou testamentaires desdites terres; et le grevé sera seulement tenu de les faire priser et estimer, pour en rendre une égale valeur lors de la restitution. »

377. Comme on le voit, le code ne reproduit pas l'exception portée par l'art. 9 de l'ordonnance, qui laissait à la *prudence des juges* d'ordonner la *rétention* par le grevé des meubles et effets qu'il demanderait à imputer, suivant la *prisée*, sur ce qui pouvait lui être dû dans la succession, comme s'il avait une réserve ou un legs à réclamer, s'il avait acquitté certains legs ou payé d'autres dettes. — Nous pensons, avec M. Rolland de Villargues, Rép. de M. Favard, v° Substitution, ch. 2, sect. 2, § 4, n° 14, que l'ordonnance peut encore être suivie en ce point et que le silence du code ne suppose pas dans les auteurs l'intention d'y déroger. Telle est aussi l'opinion de MM. Coin-Delisle, sur les art. 1062-1064, n° 2; Troplong, n° 2277. — Si même un partage se fait, à titre d'héritier, entre le grevé et le tuteur à l'exécution, rien ne s'oppose à ce que la totalité des meubles soit attribuée au grevé, selon le prix de l'inventaire, pourvu qu'il offre de donner des immeubles en échange de ce qui reviendrait aux substitués (V. Conf. MM. Toullier, t. 5, n° 763; Grenier, n° 389; Rolland de Villargues, *loc. cit.*, n° 16). C'est toujours la sagesse des juges qui en décidera.

378. Deux autres exceptions à la vente des meubles sont proposées par Furgole, sur les art. 8 et 9 de l'ordonnance : la première, si l'auteur de la substitution avait légué à une tierce personne l'*usufruit* des meubles, et substitué seulement la propriété; il faudrait au moins le *consentement* de l'usufruitier à la vente; la seconde concerne les *créances* et actions, mises au rang des meubles : « L'obligation de vendre, dit Furgole, ne regarde que les *choses corporelles*, qui n'ont pas une valeur fixe et permanente, et qui peuvent être sujettes à augmentation ou diminution de prix, soit par l'usage, soit autrement. » Les créances ne sont pas susceptibles de *prisée* ou d'*estimation*; la valeur ne dépendant d'aucune fixation à faire par experts, le grevé les conservera. L'opinion de Furgole est adoptée par MM. Grenier, n° 388; Toullier, t. 5, n° 760; Rolland de Villargues, *loc. cit.*, n° 13; et c'est ce qui résulte de l'art. 1066, selon lequel le grevé doit faire le recouvrement des effets actifs, provoquer le remboursement des rentes, pour l'emploi du prix.

379. M. Troplong, n° 2275 *in fine*, fait justement observer que la disposition de l'art. 1064 doit être généralisée, et qu'il convient de l'étendre à tous les meubles que l'art. 524 déclare *immeubles par destination*.

380. L'art. 453 c. nap. dispense les père et mère, « tant qu'ils ont la jouissance propre et légale des biens du mineur, de vendre les meubles, s'ils préfèrent de les garder pour les remettre en nature. » — Le grevé, qui doit toujours, dans le système du code, être père ou mère des substitués, pourra-t-il se prévaloir de cet article pour garder en nature les meubles, objet de la substitution? — Nous ne le pensons pas, par une double raison : la matière du chap. 6, des Donat., a ses règles spéciales, et l'art. 453 a un motif qui ne s'applique pas à la substitution : dans un cas, les meubles seront restitués après un court délai, à l'émancipation ou à la majorité du mineur; dans l'autre, après la mort seulement du grevé. Plus les meubles ont le temps de dépérir, de se détériorer, plus la vente en profite, s'il y a emploi du prix, à ceux qui doivent le recueillir. La même solution est donnée par M. Rolland de Villargues, *loc. cit.*, n° 15.

381. Passons aux *formes* de la vente. — L'art. 1062 se borne à exiger que le grevé y procède par *affiches* et *enchères*. « Il n'est donc pas nécessaire, dit M. Toullier, n° 759, de suivre les formes compliquées et dispendieuses du code de procédure pour la vente des meubles saisis. Il suffit que la vente soit annoncée par des exploits d'affiches aux lieux accoutumés, afin qu'elle soit connue. » La même remarque est faite par Furgole, sur l'art. 8, tit. 2, de l'ord. de 1747, conçu dans les mêmes termes. M. Grenier, tout en l'approuvant, pense néanmoins que « par rapport à des objets précieux, tels que des diamants et autres bijoux, dont la vente pourrait ne pas être faite à un prix convenable, sans des précautions extraordinaires, le tuteur à l'exécution et le grevé doivent les faire régler par le tribunal. » Ce ne serait en tout cas qu'une mesure de prudence, et non une obligation rigoureuse, dont l'inexécution exposerait le tuteur à la responsabilité prononcée par l'art. 1074.

382. Quant aux meubles que le grevé sera tenu de conserver en nature, sa responsabilité s'étendra à toutes les pertes et détériorations, autres que celles provenant de l'usage ordinaire des objets; et s'ils ne se retrouvent plus, le grevé en restituera la valeur, d'après la prisée faite en l'inventaire (arg. de l'art. 950 c. nap.; M. Delvincourt, t. 2, note 8, sur la p. 107). — L'art. 1064 l'oblige à faire estimer les bestiaux et ustensiles servant à la culture, « pour en rendre *une égale valeur*. » L'ord. de 1747 portait *d'une égale valeur*; et c'est dans ce sens qu'il faut entendre les termes du code. On a voulu que le grevé laissât les héritages garnis des bestiaux et ustensiles nécessaires; c'est une espèce de *cheptel de fer*, auquel s'applique l'art. 1826 c. nap. — V. Conf. MM. Delvincourt, note 1, sur la page 108; Duranton, t. 9, nº 570; Troplong, nº 2276).

383. Le code ne fixe pas plus que l'ordonnance de *délai* pour la vente. Il faut, comme on le pensait autrefois, que, sous peine de répondre des dommages-intérêts envers les substitués, le grevé y fasse procéder aussitôt après la clôture de l'inventaire (M. Rolland de Villargues, *loc. cit.*, nº 18).

384. Le code ne dit pas non plus si le *tuteur* à l'exécution devra être présent à la vente. — Il est certain d'abord qu'il a droit d'y assister; l'art. 1074 établit une responsabilité personnelle contre lui, « s'il ne s'est pas, en tout point, conformé aux règles prescrites pour constater les biens, *pour la vente du mobilier*, etc.; et, en général, s'il n'a pas fait toutes les diligences nécessaires pour que la charge de restitution soit bien et fidèlement acquittée. » Il aurait donc, dit Toullier, « même le droit d'assigner le grevé qui négligerait la vente, pour faire ordonner qu'il lui sera permis d'y faire procéder. » MM. Grenier, nº 388, et Delvincourt, t. 2, note 7 sur la p. 107, émettent le même avis. Mais ces auteurs ne concluent pas que l'absence ou le défaut d'assignation du tuteur entraîne la nullité de la vente; le code ne charge point précisément le grevé de l'y appeler. Cependant M. Rolland de Villargues, *loc. cit.*, nº 17, croit la présence du tuteur aussi indispensable à la régularité de la vente que celle du subrogé tuteur voulue par l'art. 452 en tutelle ordinaire. « Il y a ici même raison, dit-il, et une raison plus grave pour le tuteur à la substitution. » M. Coin-Delisle, sur les art. 1062 à 1064, nº 3, dit également que les ventes ne peuvent être faites qu'en sa présence.

385. *De l'emploi des deniers.* — Le grevé, chargé de rendre au substitué des deniers, n'était point obligé par les lois romaines d'en faire emploi (L. 11, § 17, ff., *De leg.* 3º). C'est l'ord. de 1747 qui, la première, a introduit cette sage précaution (tit. 2, art. 11 à 17; Thévenot, chap. 43), confirmée par le code (art. 1065 à 1068). — L'emploi n'a pas besoin d'être ordonné par le disposant. C'est la loi elle-même qui en établit la nécessité. Il fallait, sous l'ordonnance, que le substituant eût formellement prescrit l'emploi, pour que la substitution de deniers fût valable (tit. 1, art. 5); cette disposition n'a pas été conservée. — L'art. 1065 porte : « Il sera fait par le grevé, dans le *délai* de six mois à compter du jour de la clôture de l'inventaire, un emploi des deniers comptants, de ceux provenant du prix des meubles et effets qui auront été vendus, et de ce qui aura été reçu des effets actifs. Ce délai pourra être prolongé s'il y a lieu. » Et l'art. 1066 ajoute : « Le grevé sera pareillement tenu de faire emploi des deniers provenant des effets actifs qui seront recouvrés et des remboursements de rentes; et ce, dans trois mois au plus tard après qu'il aura reçu ces deniers. » — Dans ce dernier cas, la loi ne donne que trois mois pour l'emploi, à compter de la clôture de l'inventaire, le grevé ayant pu prévoir le remboursement, et prendre d'avance des précautions. Il a six mois, au contraire, pour les deniers trouvés dans l'inventaire ou provenant de la vente des meubles; il en ignorait très-probablement la quotité, et ne pouvait ainsi, avant qu'ils fussent dans ses mains, combiner les moyens de placement. — La modicité de la somme à placer, le défaut d'emploi convenable, seraient, dans cette hypothèse, des motifs d'obtenir du juge une extension de délai.

386. Le *mode* d'emploi est réglé par la volonté du disposant ou par la loi. « Cet emploi, porte l'art. 1067, sera fait conformément à ce qui aura été ordonné par l'auteur de la disposition, s'il a désigné la nature des effets dans lesquels l'emploi doit être fait; sinon, il ne pourra l'être qu'en immeubles, ou avec privilége sur des immeubles. » L'ord. de 1747 ne permettait d'employer les deniers « qu'en acquisition de *fonds de terre*, ou en *rentes foncières* ou constituées » (tit. 2, art. 11).

387. Résulte-t-il de ces mots employés par l'art. 1067 c. nap., *avec privilége sur des immeubles*, qu'un placement fait avec première *hypothèque* ne remplirait pas également le vœu de la loi? On ne trouve pas facilement l'occasion de se subroger aux droits d'un créancier privilégié sur immeubles; une première hypothèque offre de grandes sûretés; peut-être le législateur n'a-t-il entendu par les expressions *avec privilége*, qu'une cause légitime de préférence sur des immeubles : ce qui ne comprendrait pas moins l'hypothèque que le privilége. Les auteurs sont d'avis qu'il faut, autant que possible, se conformer au vœu textuel de l'art. 1067, mais que l'autre moyen, proposé pour l'emploi, ne doit pas être indistinctement rejeté (MM. Duranton, t. 9, nº 574; Rolland de Villargues, *loc. cit.*, nº 23; Coin-Delisle, sur les art. 1067 et 1068, nº 1; Troplong, nº 2280). M. Toullier, nº 760, dit que les mots *avec privilége sur immeubles* signifient seulement « qu'ils doivent être libres de toute hypothèque et privilége antérieurs. » M. Vazeille (sur l'art. 1067, nº 1) va même plus loin : il décide que l'on pourrait, suivant les circonstances, se contenter d'une hypothèque de deuxième ou de troisième ordre.

388. C'est au profit, non du grevé personnellement ou de ses ayants cause, mais de la substitution, que la collocation doit être faite; il faut que la substitution ait un *privilége* sur la somme colloquée de préférence au grevé (MM. Rolland de Villargues, nº 24; Toullier, nº 760). « Ce privilége s'acquiert, dit M. Toullier, en référant dans l'acte que la somme provient des deniers chargés de restitution en vertu d'acte fait tel jour au profit des enfants du grevé. »

389. D'après l'art. 1068, « l'emploi ordonné par les articles précédents sera fait en présence et à la diligence du tuteur nommé pour l'exécution. » — Les substitués n'en auraient pas moins le droit de faire de leur côté toutes les diligences nécessaires; ils ont intérêt à la conservation des biens de la substitution : c'est l'observation de Furgole, sur l'art. 13, tit. 2 de l'ordonnance, et de M. Rolland de Villargues, nº 26.

390. L'ord. de 1747 ajoutait expressément, tit. 2, art. 15, que les débiteurs ne seraient pas responsables du défaut de remploi. Le silence du code n'empêche pas qu'on doive suivre la même règle. Le grevé est autorisé à recevoir (1066); les débiteurs sont donc autorisés à payer (MM. Toullier, t. 5, nº 762; Rolland de Villargues, nº 27).

391. Mais, pour se *libérer* valablement, est-il nécessaire que les débiteurs appellent le *tuteur* à l'exécution? — M. Delvincourt, t. 2, note 6 sur la page 108, propose une distinction. S'agit-il de sommes placées par l'auteur même de la substitution? Le payement sera valable hors la présence du tuteur : car il n'a pas concouru au placement, et les débiteurs ne sont pas tenus de connaître la substitution. Mais, dans ce cas même, le payement ainsi fait serait nul, si le tuteur, responsable des sommes reçues que pourrait dissiper le grevé, avait sagement dénoncé la substitution aux débiteurs, leur déclarant qu'ils n'aient à payer que lui dûment appelé. — S'agit-il de sommes placées par le grevé depuis son entrée en jouissance? Le tuteur a dû concourir à l'emploi; il devra également concourir au remboursement. *Res eodem modo dissolvi debent quo fuerunt colligatæ.* Les débiteurs ne peuvent plus prétexter l'ignorance de la substitution. — Nonobstant ces raisons, MM. Toullier, t. 5, nº 761, et Duranton, t. 9, nº 572, déclarent indistinctement valable le payement fait dans l'absence du tuteur, et nous inclinons vers cette solution. Le grevé, en effet, est seul propriétaire avant l'ouverture de la substitution; en cette qualité, le code l'autorise à recevoir tous les deniers, et même le remboursement des rentes (art. 1066); la présence du tuteur, qui, dans d'autres cas, est si souvent indiquée comme nécessaire, est ici entièrement passée sous silence, pour quelque espèce de remboursement que ce soit.

392. *De la transcription et de l'inscription.* — Cette mesure, dont nous avons parlé sous le paragraphe précédent, n'intéresse pas seulement les tiers; sans la publicité qu'elle tend à donner à la substitution, les droits des appelés seraient compromis, en cas d'aliénation des biens substitués, par l'insolvabilité du grevé et du tuteur.

Art. 5. — *Des droits et obligations du grevé, et des droits du substitué pendant la condition.*

§ 1.—*Des droits du grevé pendant la condition. — Prescription.*

393. Le grevé est propriétaire des biens substitués, mais sous une condition résolutoire. — Cette première notion, dont sortent tant de déductions, n'a pas été nettement présentée par tous les auteurs. Ricard, notamment, laisse sur ce principe beaucoup d'obscurité, et même Thévenot, n° 555, signale quelque contradiction de cet auteur, en comparant ses chap. 1, n° 12; 5, n° 100; 6, n° 182; 13, n°s 85 et 86. —D'autres, en parlant du droit du grevé pendant sa jouissance, ont employé fréquemment les termes d'*usufruitier* et d'*usufruit*.

394. Il faut reconnaître d'abord que le grevé est vraiment propriétaire; ce qu'on prouve par ce raisonnement décisif: la propriété ne peut pas rester en suspens. Or les biens substitués ne sauraient, pendant la condition, appartenir à d'autres qu'au grevé ou à l'appelé; et ce n'est pas à l'appelé, puisque son droit est suspendu jusqu'à ce que tel événement arrive, et que, s'il n'arrive pas, toutes les aliénations et hypothèques consenties par le grevé ont la même stabilité qu'émanées d'une propriété pleine et incommutable; puisqu'enfin le caractère essentiel de la substitution fidéicommissaire est le concours de deux transmissions et leur ordre successif; ce qui a été démontré ci-dessus (sect. 2, art. 1, § 2). La même doctrine est exposée dans la plupart des traités (V. notamment MM. Merlin, Rép., v° Substit. fidéic., sect. 12, § 1, n° 2, Rolland de Villargues, Rép. de M. Favard, *ibid.*, chap. 2, sect. 2, § 3, n° 1; Grenier, n° 365; Delvincourt, t. 2, p. 105; Duranton, t. 9, n° 585; Coin-Delisle, sur les art. 1048-1051, n° 22; Troplong, n° 2237). — Il faut reconnaître, en second lieu, que le grevé n'a qu'une propriété *résoluble*; mais il n'est point censé, lorsqu'elle est résolue par l'arrivée de la condition, n'avoir jamais été propriétaire; on le regarde, au contraire, comme ayant toujours conservé cette qualité. Sa propriété, disent les auteurs, n'est résolue que *ut ex nunc*, et non *ut ex tunc*. — Ce double principe est fondé sur un grand nombre de lois romaines, que commente Thévenot, ch. 33.

Et il a été consacré par plusieurs arrêts qui ont jugé: 1° que la propriété du fonds substitué repose sur la tête du grevé, lequel peut l'aliéner et l'hypothéquer, sauf à l'appelé l'action résolutoire; qu'en conséquence, les créanciers de l'auteur de la substitution ne peuvent écarter les créanciers du grevé de la distribution du prix provenant de la vente des biens grevés, sous le prétexte que ces biens n'auraient pu être hypothéqués par le grevé (Req. 5 mai 1830) (1);—2° Que l'enfant donataire, grevé de substitution au profit de ses propres enfants, n'en est pas moins saisi actuellement de la propriété des biens donnés (Cass. 20 janv. 1840, aff. Laffitte, V. Enregistrement, n° 3904);—3° Que le grevé de substitution étant investi du droit de propriété des objets soumis à la charge de conserver et de rendre, a pu aliéner valablement, ces biens, sauf, le cas échéant, l'exercice du droit des appelés (Paris, 25 juill. 1850, aff. Hainguerlot, D. P. 51. 2. 170).

395. Il a été décidé cependant: 1° que les biens légués sous charge de substitution ne peuvent être aliénés par le grevé, ni saisis par ses créanciers (Paris, 12 janv. 1847, aff. Verneuil, D. P. 47. 2. 61); — 2° Que le tuteur à la substitution a qualité pour s'opposer à la saisie pratiquée par les créanciers (même arrêt).

396. De ce que le grevé est propriétaire des biens substitués, il suit qu'il les administre par lui-même et en son nom personnel. La loi 44, ff., *Ad treb.*, dit formellement qu'il ne doit point être considéré comme le procureur d'un tiers (Thévenot, n°s 666 à 669; Pothier, sect. 5, art. 1; MM. Merlin, *loc. cit.*, n° 2; Rolland de Villargues, n° 3). — C'est lui, par conséquent, qui reçoit et fait les payements, même les remboursements de rentes (c. nap. 1066); c'est dans ses mains que serait versé le prix de l'immeuble substitué, s'il était aliéné pour les causes autorisées, comme licité ou vendu pour utilité publique.

397. Il peut établir une servitude sur les biens substitués; mais elle sera soumise aux mêmes conditions que sa propriété, résoluble comme elle à l'ouverture de la substitution (L. 105, ff., *De condit. et demonst.*; M. Merlin, *loc. cit.*, n° 4, et Rép., v° Servitude, §§ 10 et 30). La servitude ne serait irrévocable qu'autant que le grevé l'aurait consentie à titre onéreux, avant la transcription. La bonne foi des tiers ne mériterait pas moins de faveur dans ce cas que s'il s'agissait d'autres aliénations (Thévenot, n° 693; V. aussi ce qui a été dit *suprà*, n°s 342 et s.).

398. Les baux faits par le grevé sont-ils résolubles en même temps que sa propriété? — Denisart cite un arrêt du parlement de Paris, du 30 juin 1755, et une sentence du Châtelet, du 28 août 1756, qui obligent l'appelé à l'exécution de ces baux. Mais Thévenot, ch. 42, § 8; Ricard, ch. 10, n° 228; Guyot, Rép., *loc. cit.*, n° 5, réfutent ainsi les motifs que Denisart donne à ces décisions, v° Substitution, n° 125. Il y a identité de raison pour la révocation du bail et de la servitude lors de l'ouverture. A quel titre le bail serait-il obligatoire pour le substitué? Ce n'est pas du grevé qu'il reçoit la propriété des biens: *Capit a gravante et non a gravato.* Il n'en est ni le successeur universel, ni le successeur à titre particulier. Le grevé d'ailleurs n'était ni son administrateur, ni son mandataire. Où donc serait le principe d'un lien, d'un engagement entre le substitué et le fermier ou locataire? — La femme, a-t-on objecté, est obligée à raison du bail de son fonds dotal, fait par le mari (L. 25, § 4, ff., *Soc matrim.*; c. nap. 1429, 1430). Mais point de parité entre les deux espèces. La femme a son mari pour administrateur légal de

(1) *Espèce*: — (Bourgeois C. Hutteau.) — En 1806, testament de la dame Brion, par lequel elle ordonne la vente de divers biens qu'elle laissera à son décès, pour payer, dans l'année, toutes ses dettes. — Elle y réduit sa fille unique, la dame Desmarquette, à la moitié qui lui est réservée par la loi, et ne lui laisse l'autre moitié qu'à la charge de la rendre à ses enfants à naître. — La dame Brion décède. — L'exécuteur fait transcrire son testament au bureau des hypothèques. — Inventaire de la succession. — La vente ordonnée par cette dame n'a pas lieu. — Ses créanciers négligent de s'inscrire. — Depuis, la dame Desmarquette confère hypothèque au sieur Hutteau d'Origny et autres, sur la succession de sa mère, et les créanciers s'inscrivent. — En cet état, les immeubles de la succession de la dame Brion sont expropriés par Bourgogne et autres créanciers de cette dame. — Ordre est ouvert. — Débats entre les créanciers de la dame Desmarquette. — Bourgeois et autres prétendent devoir être colloqués au premier rang, soit en vertu de la séparation des patrimoines, laquelle aurait eu lieu de plein droit par la transcription du testament, portant injonction de vendre pour payer les créanciers, soit parce que les biens grevés de substitution n'ont pu être aliénés ni hypothéqués par la dame Desmarquette, laquelle n'en aurait pas été propriétaire, mais simple dépositaire ou usufruitière.

27 avr. 1827, le tribunal de Soissons rejette ces prétentions. — Appel. — 30 janv. 1828, arrêt de la cour royale d'Amiens, qui confirme.

Pourvoi des héritiers Bourgeois. — 1° Violation des art. 1048, 1050 et suiv. c. civ.; — 2° Violation des art. 878 et 2111 c. civ. — Arrêt.

La cour; — Attendu qu'il résulte des articles combinés 1055, 1069, 1070 et suiv. c. civ., que les droits de l'appelé ne s'ouvrent qu'au moment où ceux du grevé de la charge de rendre cessent d'exister; que c'est à cette époque que sont résolubles, contre les créanciers et les tiers acquéreurs, les obligations et les ventes consenties par le grevé, au préjudice de l'appelé; que la propriété ne pouvant être flottante et incertaine, les droits qui en découlent résident dans les mains du grevé tant qu'il possède, sauf l'expectative de l'appelé, expectative purement éventuelle et subordonnée;

Sur le troisième moyen: — Attendu que la transcription du testament de la dame de Brion est une mesure conservatoire dans l'intérêt des appelés à la substitution; mais que cette mesure ne se rapporte qu'à la substitution; qu'absolument étrangère aux intérêts des créanciers de ladite dame de Brion, elle ne pouvait les dispenser, s'ils voulaient réclamer le bénéfice de l'art. 878 c. civ., de la nécessité de requérir l'inscription prévue par l'art. 2111 du même code, inscription sans laquelle, aux termes de ce dernier article, la séparation des patrimoines ne peut être demandée; que la qualité d'héritiers bénéficiaires ne peut être attribuée à des enfants à naître, appelés à la substitution, et que les principes applicables aux héritiers bénéficiaires ne sont pas applicables à des appelés, pas plus que ne le sont, à une succession bénéficiaire, ceux qui s'appliquent à une succession non ouverte; l'héritier bénéficiaire est possesseur de l'hérédité, de ses droits et actions; l'appelé ne possède rien tant qu'il n'est qu'appelé, et dans la clause l'appelé ou les appelés sont encore des enfants à naître; — Rejette, etc.

Du 5 mai 1830.-C. C., ch. req.-MM. Favard, pr.-Mousnier-Buisson, rap.-Laplagne-Barris, av. gén., c. conf.-Jacquemin, av.

ses biens dotaux; elle est donc engagée par son fait. Le grevé n'administre qu'en son propre nom. — M. Guyot, *loc. cit.*, rapporte deux arrêts qui ont statué dans ce dernier sens; l'un du parlement de Paris, du 18 mars 1783, l'autre du parlement de Provence, du 23 mai 1705. — Quoi qu'il en fût sous l'ancien droit, il nous semble que cette opinion ne doit plus, sous le code, être adoptée. Des règles nouvelles ont été posées par l'art. 595. Aujourd'hui le bail fait par l'usufruitier aux époques et pour les termes fixés par les art. 1429 et 1430, lient le propriétaire; celui-ci n'a plus le droit d'expulser le fermier (art. 1743); et si on le lui a enlevé, c'est comme trop nuisible à l'agriculture, par des considérations d'intérêt public. On ne voit donc pas pourquoi le bail fait de la même manière par le grevé ne lierait pas également le substitué. — Cette conséquence de nos nouveaux principes est approuvée par MM. Merlin, *loc. cit.*; Rolland de Villargues, n° 3; et implicitement par MM. Delvincourt, t. 2, notes sur la page 103; Coin-Delisle, sur les art. 1048-1051, n° 23.

399. Le principe qui fait du grevé un véritable propriétaire l'investit aussi, par voie de conséquence, de toutes les actions passives et actives qui concernent les biens substitués : *ipsi et in ipsum competunt* (Pothier, sect. 5, art. 1).

400. Mais on ne saurait procéder au partage entre le grevé et un tiers, sans faire nommer un tuteur qui, d'après le vœu de l'art. 1056, représente à ce partage les enfants nés et à naître du grevé. Tout partage est nul, sans cette formalité préalable (Turin, 29 déc. 1810) (1).

401. Les *jugements* rendus contre le grevé, et passés en *force de chose jugée*, obligent-ils le *substitué?* — Les lois romaines n'ont de relatif à cette question que la maxime générale : *res inter alios judicata, aliis non præjudicatur* (L. 63, ff., *De re jud.*). — Avant l'ord. de 1747, l'usage, en France, était d'attaquer ces jugements sans autre forme que celle de la tierce opposition; on donnait pour motif que le substitué n'est point successeur du grevé, qu'il ne tient pas de lui la propriété des biens. Mais il résultait de là qu'à chaque degré de substitution, et même dans les trente ans après l'ouverture, une simple opposition du possesseur actuel renouvelait des procès terminés avec le dernier possesseur ou avec les grevés précédents, quoique jugés en grande connaissance de cause, et sans que la collusion des parties ou l'omission de vrais moyens dût être alléguée pour autoriser le nouveau débat. — L'ordonnance, pour remédier à cet inconvénient, introduisit une autre voie, celle de la *requête civile*, et en fit la seule ressource du substitué en pareil cas. La requête civile devait être fondée, ou sur le *défaut entier de défenses* de la part du grevé, ou sur l'*omission de défenses valables*, ou sur le *défaut des conclusions des gens du roi*, exigées par la même ordonnance dans tout jugement concernant les substitutions, ou sur quelques-uns des moyens de requête civile fixés en général par l'ord. de 1667 (art. 49 et 50).

402. Sous le code, la voie de la *tierce opposition* est, ce nous semble, ouverte aux substitués; mais il faut distinguer :— 1° Le *tuteur* à la substitution a-t-il été mis en cause? A-t-on entendu les conclusions du *ministère public* nécessaires, aux termes de l'art. 83 c. pr., dans toutes les causes « où l'une des parties est défendue par un curateur? » Les appelés n'auront, pour attaquer le jugement, d'autres voies que celles ouvertes au grevé lui-même. — 2° Le tuteur a-t-il été mis en cause, mais sans que le ministère public ait donné ses conclusions? Les appelés auront la seule voie de la requête civile (c. pr. 83 et 480, n° 8). — 3° Le ministère public a-t-il été entendu, mais sans que le tuteur ait été mis en cause? Alors sera permise la tierce opposition. Qu'on n'objecte pas l'art. 50 de l'ord. de 1747, qui n'admettait que la *requête civile*; il n'y avait pas, dans le système de l'ordonnance, de tuteur nommé à la substitution; les intérêts des substitués n'étaient confiés qu'à la surveillance, à la protection du ministère public; sa seule intervention les faisait croire valablement défendus. Le code, au contraire, a, dans la personne du tuteur, donné aux appelés nés ou à naître un représentant légal; et partant, il ne faut plus se borner à dire qu'ils n'ont été valablement défendus; ils ne sont pas même censés avoir été parties au procès, puisqu'on n'a pas appelé celui que la loi reconnaît seul capable de les représenter. — Ce système de procédure a le suffrage de MM. Delvincourt, t. 2, note 3 sur la page 107; Duranton, t. 9, n° 591; Coin-Delisle, sur les art. 1048-1051, n° 26. Ce dernier auteur fait toutefois observer avec raison que, si les jugements concernant soit l'administration du grevé, soit même la propriété, avaient été rendus avant la transcription, les appelés n'en pourraient décliner l'autorité.

403. Les *transactions* faites par le grevé obligent-elles les appelés? — L'affirmative est érigée en loi romaine (L. 17, ff., *De transact.*) pour le cas où le tiers qui a transigé ignorait le fidéicommis; cela tenait au principe qui faisait dépendre de la seule bonne foi de l'acheteur l'irrévocabilité de la vente des biens substitués (Thévenot, ch. 49, § 1). — L'ord. de 1747 n'a lié les appelés, en pareil cas, qu'autant que la transaction était homologuée par arrêt sur les conclusions du ministère public; ils devaient l'exécuter, à moins qu'ils ne fissent rétracter l'arrêt par requête civile (tit. 2, art. 53 et 54). — Quelles règles suivra-t-on sous le code? La présence du tuteur à la substitution sera d'abord nécessaire; et, du reste, l'homologation des tribunaux de première instance, sur les conclusions du ministère public, suffira, comme pour les transactions qui intéressent des absents, des mineurs ou interdits (MM. Duranton, t. 9, n° 592; Delvincourt, t. 2, note 3 sur la page 107; Coin-Delisle, sur les art. 1048-1051, n° 27). — Mais il faut remarquer : 1° que la transaction, quoique dépourvue de ces formalités, serait opposable aux tiers par les appelés qui la prendraient en son entier. Ce n'est qu'aux appelés et dans leur intérêt qu'il a été permis de relever ce défaut; le grevé, à leur égard, a toujours qualité suffisante pour améliorer les biens, comme on l'a jugé de tout temps (Ricard, ch. 13, n° 90). — 2° La transaction lierait les appelés, sauf leur recours contre le grevé ou le tuteur à l'exécution, si elle était antérieure à la transcription (Thévenot, n° 711; c. nap. 1070). — 3° Elle les lierait encore, si les appelés acceptaient la succession du grevé : on contracte pour soi et ses héritiers (M. Duranton, t. 9, n°s 590 à 592).

404. La *prescription* court-elle contre les *appelés* en même temps que contre le grevé? — Le code ne s'explique pas plus sur ce point que l'ord. de 1747 : de là cette grande controverse qui divise les nouveaux comme les anciens auteurs. La question se résout par des principes différents, selon la diversité des hypothèses. Précisons nettement l'espèce où siége la véritable difficulté : on suppose tous les appelés existants ou majeurs, et le tiers qui veut retenir l'immeuble se prévaut, à défaut de titre, d'une possession trentenaire commencée depuis l'entrée en jouissance du grevé, et accomplie avant l'ouverture de la substitution. La prescription, dans ce cas, est-elle opposable aux appelés? — L'espèce se présente ainsi dégagée d'une foule d'accessoires ou incidents, dont nous examinerons tour à tour l'influence sur la solution, et qui, pour n'avoir pas été distingués, ont souvent produit la confusion et l'erreur. — Contre la prescription s'élèvent Furgole; Thévenot; Guyot, Rép., v° Substit., sect. 13; Grenier, n° 383; Rolland de Villargues, *loc. cit*, n° 14; Delvincourt, t. 2, note 3 sur la page 107; Vazeille, des Prescriptions, n° 303; Coin-Delisle, sur les art. 1048-1051, n° 31. Thévenot assure, ch. 55, n° 909, qu'il a « toujours vu tenir et juger, à Paris, contre la prescription. » Maynard, liv. 7, ch. 64, rapporte

---

(1) *Espèce* : — (Les frères Mangiardi C. la dame Barra.) — Catherine Casazza, veuve Barra, avait institué Valentin Barra, son fils, à la charge de restitution aux enfants nés et à naître du mariage de Valentin avec Catherine Tessier. — Décès de la testatrice. — Valentin se met en possession des biens substitués. La totalité n'était pas grevée. Il en vend une portion indivise aux frères Mangiardi; ceux-ci provoquent le partage ordonné par jugement. La dame Barra forme opposition au partage, par les motifs de l'arrêt suivant, conforme au jugement de première instance. — Arrêt.

LA COUR; — Attendu que comme les enfants nés et à naître ont un droit acquis aux biens substitués...., il est évident que tout partage fait sans que ces enfants y aient été ni contemplés ni représentés, doit être considéré comme nul, et que rien ne dispense d'accueillir le réquisitoire du ministère public, tendant à ce que préalablement les formalités légales soient remplies à cet égard, au vœu des art. 1056 et suiv. c. civ.; — Ordonne qu'un tuteur soit nommé dans les formes légales aux enfants nés et à naître des époux Barra et des frères Mangiardi, procédé au partage requis, nul égard eu au précédent, qui est regardé comme non avenu.

Du 29 déc. 1810.-C. de Turin.

deux arrêts conformes du parlement de Toulouse, de janv. 1574 et sept. 1585.—Pour la prescription, on peut citer Ricard, ch. 13, nos 92 et 93; Domat, liv. 5, tit. 5, sect. 3, nos 13 et 14; Pothier, sect. 5, art. 2; Pérégrinus, art. 41, nos 8 et 18; Dunod, des Prescript., part. 3, ch. 4; M. Duranton, t. 9, no 610. — Dunod parle de deux arrêts rendus dans ce sens, et sur sa plaidoirie, au parlement de Metz; mais il n'en relate ni l'espèce, ni la date, et il avertit en outre que l'un de ces arrêts n'a pas statué sur la question seule, qu'elle « n'était agitée que subordonnément. »

Dans cette lutte des plus imposantes autorités, nous n'émettrons pas sans hésitation notre opinion personnelle; mais, attentifs surtout à recueillir tous les éléments du débat, nous nous référerons successivement aux lois romaines, aux principes généraux du droit, aux dispositions particulières du code. — Les lois romaines, au Digeste, n'offrent rien de précis; au code, elles tranchent nettement la question en faveur des appelés ou contre la prescription (V. notamment L. 3, § 3, C., *Commun. de leg. et, fid.*). Ricard et Domat citent bien, comme décidant le contraire trois lois du Digeste; mais, pour les comprendre, il faut se rappeler que, selon l'ancien droit, la propriété ne passait au fidéicommissaire que par la *tradition* ou *restitution*, ce qui fut changé par Justinien. Dans le temps intermédiaire entre l'ouverture et la remise, le grevé et l'appelé pouvaient tous deux agir, l'un comme étant encore propriétaire, l'autre comme ayant un droit ouvert. C'était donc la faute de l'appelé, si, par sa propre inaction, la prescription se trouvait complétée pendant cet intervalle. Les lois citées auraient donc bien décidé, et par des motifs qui ne s'appliquent plus à nos mœurs, si elles n'avaient que dans cette hypothèse déclaré la prescription acquise contre l'appelé; or, tel est nécessairement le sens de l'une des trois lois (L. 36, *De usu et usuf.*), et tel peut être le sens des deux autres (L. 22, § 3; et L. 70, § 2, *Ad Treb.*). C'est ce que démontre Thévenot, nos 901 à 909, de la manière la plus détaillée et la plus convaincante. — En tout cas, nulle induction à tirer des lois romaines, la prescription y fût-elle évidemment prononcée contre les appelés. Cela s'expliquerait par la liberté qu'elles leur accordaient de demander caution au grevé pour la restitution du fidéicommis : au moins étaient-ils garantis contre sa négligence, et ils auraient pu réparer ainsi le dommage causé par la prescription; mais cette caution n'a pas lieu parmi nous. C'est ce qu'observe encore le même auteur. — Les principes généraux du droit ont été invoqués de préférence aux lois romaines; mais il est difficile de les concilier en cette matière. — 1° On dit contre la prescription : Elle est assimilée à une aliénation; la défense de prescrire se trouve donc comprise dans la défense d'aliéner; la prescription ne nuit donc pas plus aux appelés que l'aliénation. Dunod répond : « Quoique les lois défendent d'aliéner les biens de l'Église, il est certain qu'on peut les prescrire par quarante ans. La prohibition d'aliéner n'est donc pas un obstacle perpétuel à toute aliénation. » — 2° Il est de principe que la prescription, même du plus long cours, ne court pas contre un droit qui dépend d'une condition, jusqu'à l'événement de cette condition (L. 7, C., *De præscr. 30 vel 40 ann.*). C'est une vérité plus que manifeste, ajoute la loi romaine : *Plusquàm manifestum est.* — Dunod répond encore : Si le droit ici n'est pas sujet à prescription, c'est qu'elle ne peut courir contre ce qui n'existe pas; que, l'obligation et l'action ne prenant naissance qu'à l'échéance de la condition, il eût été impossible au créancier de faire les actes interruptifs, et que *contrà non valentem agere non currit præscriptio*; mais « il n'en est pas de même du fidéicommis, qui existe, et qui a dans la personne du grevé un défenseur en état d'agir. » Ricard complète ainsi cette réponse : « Il suffit que le grevé soit légitime contradicteur... Les appelés succèdent aux intérêts du grevé, lequel est établi pour la conservation des actions. » Thévenot, à la vérité, réplique avec raison que les appelés ne sont point les *successeurs* du grevé; que, comme lui, ils ne tiennent leurs droits que du substituant. — 3° On convient, dit aussi Thévenot, que la *faculté d'agir*, de la part de celui contre lequel on veut prescrire, est une condition nécessaire de la prescription; mais cette faculté ne réside pas dans les appelés, même existants et majeurs. « Quelle sorte d'action intenteraient-ils pour empêcher la prescription? Elle ne peut être interrompue que par une demande en justice : or, quelle sera la *demande en justice* que les substitués pourront former? » Ne dites pas que le grevé est légitime contradicteur dans l'intérêt des appelés; premièrement, c'est en son nom propre et pour lui-même qu'il administre; il n'est pas le procureur des appelés. En outre, les intérêts du grevé peuvent être en opposition directe avec ceux des appelés, si, par exemple, il s'est concerté avec les tiers détenteurs pour les laisser jouir; il dépendrait donc de lui de rendre le fidéicommis inutile. — Tel est le résumé des arguments que nous avons vu présenter par les anciens auteurs.

Les dispositions particulières du code ne font qu'ajouter à l'opinion que nous nous serions formée sans le secours du code : c'est que, dans l'hypothèse proposée, la prescription a dû courir contre les appelés. — L'objection fondamentale qu'on oppose est, d'après ce qu'on a vu, la maxime *contrà non valentem agere*, etc. Toute la difficulté se réduit donc à savoir si les appelés, avant l'ouverture du fidéicommis, ont des moyens d'interrompre la prescription. Quelle sorte d'actions intenteront-ils, demandait Thévenot sous l'ancien droit? Nous répondons par les termes mêmes de cet auteur, no 891 : « Les appelés peuvent exercer les actions conservatoires. » Et que faut-il entendre par là? Thévenot nous l'explique, no 770 : « Le substitué exerce valablement toutes les actions qui ne tendent qu'à empêcher qu'on ne rende son espérance illusoire et vaine. On ne peut pas prétendre, continue-t-il, qu'il soit contre les règles de permettre au substitué ces actions dans un temps où il n'a encore aucun droit existant, puisque les lois romaines lui en donnaient une de la plus grande utilité, » et deux même, comme il le dit ailleurs, nos 763, 765, mais qui n'existent pas chez nous : les actions à fin de cautionnement et d'envoi en possession à défaut de caution valable. Est-ce que les actions conservatoires qui, comme nous le verrons tout à l'heure, sont attribuées à l'appelé par le suffrage unanime des auteurs, n'embrassent pas la faculté de faire les actes interruptifs de prescription? La prescription ne tend-elle pas à rendre leur espérance illusoire et vaine? C'est donc la faute des appelés si elle a couru pendant leur majorité (ce que nous supposons dans l'espèce) et qu'ils n'y aient pas mis obstacle; dès lors plus d'application de la maxime *contrà non valentem*. — On a objecté l'art. 2257 c. nap., selon lequel, et conformément à cette maxime, la prescription ne commence à courir, à l'égard d'une créance à terme ou sous condition, ou d'une action en garantie, qu'à compter de l'échéance ou de l'éviction. Mais cet article, répond fort bien M. Duranton, n'est applicable qu'entre les parties contractantes, et non à l'égard des tiers; et du reste, vis-à-vis des tiers, le créancier sous condition peut, avant qu'elle soit accomplie, « exercer tous les actes conservatoires de son droit » (c. nap. 1180). — On a opposé encore l'art. 2226, qui déclare imprescriptible « le domaine des choses qui ne sont point dans le commerce; » mais il ne s'agit, dans cette disposition, que des biens non susceptibles d'une propriété privée (c. nap. 538), et tels ne sont pas les biens substitués : ils sont aliénables, d'ailleurs, dans différents cas, comme nous l'expliquerons ci-après; et de ce que leur aliénation est soumise à des conditions et des formes particulières, il n'y a rien à induire contre la faculté de les prescrire. Les biens des communes, les forêts de l'Etat, etc., ne sont aliénables qu'en vertu d'une loi : la prescription ne peut pas moins courir, au profit des particuliers, contre « l'Etat, les communes et les établissements publics » (c. nap. 2227 et 541). Les immeubles dotaux avaient été formellement déclarés inaliénables pendant le mariage (c. nap. 1554); on n'a pas moins jugé utile, pour les rendre imprescriptibles pendant le même temps, d'en faire l'objet d'une autre disposition expresse (art. 1561 et 2255). — Enfin le principe général est que « la prescription court contre toutes personnes, à moins qu'elles ne soient dans quelque exception établie par une loi » (art. 2251). Point d'exception pour les appelés majeurs et capables d'agir pendant qu'a couru la prescription, comme on en voit pour les mineurs, les interdits et les femmes mariées. Point d'exception à l'égard des immeubles substitués, comme on en voit pour les immeubles dotaux. Il y a donc d'autant plus de raison de s'en tenir au principe qu'il est fondé sur des considérations d'ordre public : le repos des familles, la sécurité du commerce. De plus, et c'est une innovation importante, qui n'eût peut-être pas été sans influence sur l'opinion de quelques-uns des anciens auteurs, un tuteur à la substitution a été créé par le code; il est responsable, « s'il n'a pas fait toutes les diligences nécessaires pour que la charge de restitution soit bien et fidèlement acquittée » (art. 1073). Il veillera donc à ce que la prescription ne dépouille pas les appelés; ceux-ci auront donc un recours contre lui, en même temps que contre le grevé : leurs intérêts sont ainsi doublement garantis. — Pothier nous apprend que, selon d'anciens auteurs, l'appelé doit être restitué en cas d'insolvabilité du grevé qui a laissé perdre ses droits; il rejette avec Ricard ce sentiment, l'insolvabilité du grevé ne changeant rien au principe de la prescription qui a éteint ses droits; mais au moins voit-on, par cette controverse, que la considération de la garantie accordée par le code contre le tuteur à l'exécution eût pu attirer au système de la prescriptibilité des biens substitués quelques-uns des auteurs que les dispositions différentes de l'ancien droit en détournaient.

405. Mais la prescription ne courra pas contre les appelés, s'ils sont *mineurs* ou à naître; ainsi le veut le droit commun (c. nap. 2252), d'après le principe qui fonde la prescription à fin d'acquérir sur la présomption que celui qui laisse prescrire a consenti à l'aliénation. Les mineurs sont incapables d'aliéner; les appelés dont il s'agit ne sont donc pas présumés avoir aliéné leur espérance sur les biens substitués, leur droit éventuel, leur action révocatoire (M. Duranton, t. 9, n° 610).

406. Quelques auteurs, qui admettent en général l'imprescriptibilité des biens substitués, ont fait exception pour le cas où la prescription aurait commencé avec l'auteur de la substitution, et non avec le grevé seulement. M. Guyot est de ce nombre (Rép., *loc. cit.*). Cette distinction ne nous paraît pas fondée; tant que le grevé et les appelés ont le pouvoir d'empêcher la prescription de s'accomplir, il y a même motif de déclarer les biens prescriptibles, qu'elle ait ou non commencé avant la jouissance du grevé. M. Rolland de Villargues, *loc. cit.*, ne pense pas non plus qu'il y ait lieu de distinguer.

407. Une autre distinction a été proposée par les mêmes auteurs. M. Delvincourt, t. 2, note 3 sur la p. 107, notamment, qui rejette la prescription avant l'ouverture de la substitution, l'admet si elle n'a pas été transcrite ou rendue publique; mais le code n'exige cette formalité que relativement aux tiers acquéreurs ou créanciers qui, ayant traité à prix d'argent, sont dignes, en effet, de cette faveur. La prescription est une voie d'acquérir sans payer; le code ne veut pas que le défaut de transcription profite aux donataires du grevé ou à tous autres acquéreurs à titre gratuit; il y a parité de raison à l'égard de ceux qui prétendent avoir prescrit. C'est ce qu'expliquent parfaitement Thévenot, chap. 45, § 3, et Furgole, qui cite un arrêt conforme (des Testaments, chap. 7, sect. 4, n° 41). C'est la bonne foi, d'ailleurs, qu'on a voulu protéger dans la personne des créanciers du grevé qui avaient stipulé avant la transcription; ils ont eu juste motif de le croire incommutable propriétaire; mais la bonne foi n'est pas nécessaire pour la prescription de plus long cours : les principes, dans ces deux cas, sont tout différents.

408. La prescription, si on l'admet, ne pourra-t-elle être que trentenaire? Les biens substitués s'acquerront-ils par une *possession de dix à vingt ans?* — On a dit que la publicité de la transcription était un obstacle à la bonne foi du tiers détenteur; mais il faut distinguer : on a raison si le détenteur ne tient son titre que du grevé; on se trompe si ce titre est émané d'une autre personne. Dans ce dernier cas même, la bonne foi sera moins facile à présumer que s'il n'y avait pas eu transcription; mais il n'y a pas de présomption de droit du contraire; cela dépendra des circonstances (M. Duranton, t. 9, n° 610).

409. Une distinction, que nous ne pouvons pas admettre, est proposée par M. Delvincourt, *loc. cit.*, sur le *délai* de prescription. Il faut se rappeler que cet auteur ne fait courir la prescription qu'à compter de l'ouverture du fidéicommis, réputant non avenue, à l'égard des appelés, toute possession antérieure. Il dit que, dans ce cas, la possession devra nécessairement être de trente ans pour prescrire, et il en donne cette raison que le tiers détenteur, si son titre est émané du grevé, n'a plus à acquérir la propriété de l'immeuble, mais à se libérer de l'action révocatoire des appelés. — Mais il nous semble que, le jour où le fidéicommis s'est ouvert, le cessionnaire du grevé cesse d'être propriétaire comme le grevé lui-même; que son titre devient entièrement nul, en tant qu'il lui conférait des droits de propriété. S'il lui faut un titre nouveau pour être déclaré propriétaire, pourquoi ne serait-ce pas la prescription de dix ou vingt ans? Ignorant la substitution, sa bonne foi mérite les mêmes égards que celle du détenteur qui devrait son titre à un tiers. L'ordre public est également intéressé à ce que sa sécurité ne soit pas déçue. — M. Delvincourt invoque, par analogie, l'art. 966, qui, en cas de révocation de donation pour survenance d'enfants, ne permet au donataire possesseur d'opposer que la prescription de trente ans, à compter de la naissance du dernier enfant; mais l'analogie n'existe pas. La révocation des donations pour survenance d'enfants a été l'objet d'une faveur toute particulière; on a pu croire d'ailleurs que le donataire serait généralement de mauvaise foi, connaissant la survenance d'enfants, et se sachant ainsi dessaisi du domaine qu'il ne continuait pas moins de posséder. Peut-être a-t-on craint encore que le donateur ne se fût entendu avec lui pour le laisser en possession. Enfin, des motifs différents ont dû diriger le législateur dans les deux hypothèses, et il suffit que l'exception n'ait été formellement portée que sur un seul cas pour qu'on ne doive pas l'étendre à un autre. — Il a été jugé que l'acquéreur d'un immeuble grevé de substitution, qui a connu cette charge avant l'ouverture du droit du substitué, ne peut opposer à ce dernier la prescription de dix ou vingt ans, encore bien qu'il aurait été de bonne foi au moment de l'acquisition (Cass. 9 janv. 1827) (1).

410. Mais cette *mauvaise foi* n'a point fait obstacle à ce que l'acquéreur fît les fruits siens jusqu'au jour de la demande (même arrêt).

---

(1) *Espèce* : — (Flach C. Forcioli.) — Ange Vincenti avait fait donation à son frère, Ours Vincenti, d'une maison située à Calvi (Corse), avec charge de substitution en faveur des enfants à naître du donataire. — Pendant la vie de l'institué, un de ses créanciers hypothécaires, le sieur Regny, avait fait saisir sur lui cet immeuble, et se l'était fait adjuger en justice. — Depuis, il en avait vendu les deux tiers au sieur Flach, et donné l'autre tiers à une dame Cataneo, qui l'avait elle-même revendu au sieur Flach. — Il n'est pas inutile de remarquer que le fidéicommis était parfaitement connu dès la vente par cet acquéreur; car, attaqué en payement du prix par ses vendeurs, il ne paya que sous caution. — Le 15 sept. 1791, la substitution s'étant ouverte au profit de la fille du donataire, la dame Forcioli, celle-ci assigna, le 21 juin 1806, les héritiers Flach en délaissement de cet immeuble et en payement de la dot de sa mère. — Les défendeurs appelèrent en garantie les héritiers Cataneo qui prirent leur fait et cause, mis ils ne demandèrent pas à être mis hors d'instance. — 11 nov. 1822, jugement qui condamne Flach au délaissement de la maison et au remboursement des fruits depuis l'ouverture du droit de l'appelée, mais rejette la demande quant au payement de la dot, et décide qu'il sera tenu compte au détenteur des améliorations tant de son fait que de celui d'Ours Vincenti; condamne au surplus les garants.

Appel par les époux Forcioli. — Appel incident par les héritiers Flach. Les appelants principaux n'avaient intimé sur leur appel qu'une partie des garants. Ceux-ci soutinrent, pour ce défaut de forme, l'appel non recevable à leur égard. — 13 mai 1823, arrêt qui rejette la fin de non-recevoir et confirme le jugement : « Considérant, y est-il dit, que la dame Cataneo ne peut se faire un moyen du défaut de présence du sieur Sproni, son coïntéressé, ayant pu l'appeler en cause, si elle avait intérêt de l'y voir figurer; — Considérant que, d'après les termes de la loi 3, Cod. *Communia de leg.*, les biens substitués ne pouvaient se prescrire au préjudice des appelés et au profit des tiers que par une possession de trente ans; que la saisie, faite par le sieur Regny, de la maison dont il s'agit avec autres biens libres, a eu lieu pendant la vie d'Ours Vincenti, premier grevé, qui n'est décédé qu'en 1791; — Considérant que ce n'est qu'à cette époque que le droit de ses enfants a été ouvert; que si, postérieurement, l'abolition des substitutions a profité à ceux-ci, ils ont ainsi conservé pendant trente ans le droit de revendiquer le bien substitué qui n'avait pu être aliéné à leur préjudice durant le fidéicommis; qu'enfin, de l'époque de 1791 au jour de l'action formée par la dame Forcioli, il ne s'est pas écoulé un temps suffisant pour l'éteindre; — Considérant que les sieurs Flach étaient, au décès d'Ours Vincenti, suffisamment avertis que les biens à eux transmis par le sieur Regny, ou de son chef, étaient pour partie grevés de fidéicommis; qu'ayant été actionnés par le vendeur pour le payement de la portion du prix dont ils étaient débiteurs, ils ont refusé de s'en dessaisir, à moins qu'il ne leur fût donné caution, et ont offert même de résilier pour ladite cause, ce qui résulte de la sentence du 22 mars et de l'arrêt de mai de 1781, d'où suit qu'ils n'ont pu gagner les fruits. »

Pourvoi par Flach. — 1° Violation de l'art. 182 c. pro, en ce que l'appel n'était pas recevable tant que les époux Forcioli navaien pas

411. Enfin, en cas de vente d'un immeuble grevé de substitution, la prescription ne court contre le substitué qu'à partir de l'ouverture de son droit (même arrêt).

412. Si l'on conteste que la prescription s'opère au préjudice des appelés, pendant la jouissance du grevé, on admet au moins sans controverse qu'elle peut s'opérer à leur profit. Les biens que le grevé eût acquis à titre de propriétaire du domaine substitué seraient restituables avec ce domaine même. Il les possédait *propter dispositionem*, disent les auteurs.

413. Certaines prescriptions cependant pourraient ne profiter qu'au grevé; il était débiteur, en sa qualité de détenteur des biens substitués; la somme due n'a pas été payée; la prescription l'a libéré. Les représentants du grevé en porteront le montant dans le compte à rendre, comme si le payement avait été réel. — Mais, par compensation, il sera comptable, dans l'intérêt des appelés, de toutes les sommes qu'il n'a pas exigées et dont il a laissé prescrire la créance. Présumé en avoir reçu le payement, ou fait la remise, il les remboursera à ce double titre (MM. Duranton, t. 9, n° 609; Grenier, n° 383; Rolland de Villargues, n° 25). — Fût-il insolvable, la prescription n'aurait pas moins couru au préjudice des appelés. C'est d'une dette mobilière qu'il s'agit. « Le débiteur, dit M. Rolland, peut se libérer dans les mains du grevé; la prescription tient lieu de payement; on l'oppose à l'appelé, à l'égal d'une décharge fournie par le grevé, qui en demeure seul responsable. » C'est, au surplus, la décision de la loi 7, § ult., ff., *Ad S.-C. treb.*, adoptée par tous les auteurs (V. Furgole, sur l'art. 31, tit. 2, ord. de 1747). C'est sur le même principe qu'est fondée la prescription des créances dotales contre la femme pendant le mariage.

414. Quand on conteste la prescriptibilité des biens substitués avant l'ouverture du fidéicommis, on n'entend pas que la prescription ne puisse s'effectuer contre le grevé seulement. Il avait des droits de propriété résolubles. Aux mêmes conditions seront soumis les droits de celui qui aura possédé pendant le temps nécessaire pour prescrire. La prescription militera contre le grevé parce qu'il a pu agir, disent tous les auteurs qui la croient inefficace au préjudice des appelés (Thévenot, ch. 56, § 4; MM. Rolland de Villargues, n° 9; Delvincourt, t. 2, notes sur la page 107).

415. Mais le grevé pourrait-il, par la possession trentenaire, prescrire contre les appelés, après l'ouverture du fidéicommis? La question ne peut se présenter qu'autant que la charge de rendre devrait avoir son effet à une autre époque que le décès du grevé. Elle est débattue par les auteurs. — Selon Ricard, ch. 13, n° 89, « le titre en vertu duquel le grevé possède résiste perpétuellement à ce qu'il puisse acquérir la qualité de véritable possesseur, étant comme le fermier, qui a commencé sa jouissance en vertu d'un bail. » Thévenot réfute avec force ce raisonnement, n° 882 : Si le fermier ne prescrit pas, c'est que, dit-il, « ne possédant point durant son bail *animo domini*, il est censé n'avoir possédé depuis qu'au même titre par tacite reconduction. » Mais le grevé est propriétaire : il possède donc *animo domini*; on il faudrait aller jusqu'à dire que l'héritier ne peut pas non plus prescrire contre le légataire, parce que son titre d'héritier le charge de délivrer le legs. Il est entendu que la prescription, dans ces deux cas, ne sera jamais celle de dix ou vingt ans, la charge de rendre excluant la bonne foi de la part du grevé comme de l'héritier débiteur du legs. — La réfutation de Thévenot est approuvée par M. Merlin, *loc. cit.*, n° 5.

§ 2. — *Des obligations du grevé pendant la condition.*

416. Déjà nous avons signalé cinq sortes d'obligations particulières imposées au grevé lors de son entrée en jouissance, et qui concernent la nomination d'un tuteur, l'inventaire de la succession du substituant, la vente des meubles, l'emploi des deniers, la transcription de l'acte contenant la substitution. — Il nous reste à faire connaître les obligations générales dont il est tenu pendant sa jouissance, comme propriétaire sous une condition résolutoire.

417. Il est soumis à la plupart des mêmes *charges* que *l'usufruitier*. — Obligé de rendre les biens, il doit à leur conservation tous les soins d'un bon père de famille. Cependant la loi 22, ff., *Ad treb.*, ne le rend *responsable* que des pertes occasionnées par *faute* grossière, *quæ dolo proxima est*. Il ne répond point de la faute légère et de la *négligence* qu'on a coutume de mettre dans ses affaires personnelles : *non levi et rebus suis assuetâ negligentiâ*.

418. Il n'est pas douteux d'abord qu'il doit toutes les *contributions* ordinaires et extraordinaires qui pèsent sur les biens; ce sont les charges naturelles des *fruits*, dont il profite comme l'usufruitier qui en est également tenu (L. 7 et 52, C., *De usuf.*). — Il doit les *arrérages* des rentes ou les *intérêts* des sommes dont la substitution est grevée, pour ce qui en échoit durant sa jouissance (L. 58, § 1, ff., *Ad treb.*; Thévenot, ch. 42, § 4). — Quant aux capitaux des dettes laissées par le substituant, il est évident qu'il ne les doit en son nom dans aucun cas. Il peut prendre sur les fonds mêmes de la substitution de quoi acquitter ces dettes, comme l'a jugé le parlement de Paris, le 12 avril 1777 (M. Merlin, Rép., v° Substit. fidéic., sect. 12, § 2, n° 2).

419. Les *frais* de *scellés* et d'*inventaire* sont pris sur la masse des biens; l'art. 1059 le dit formellement. Mais en est-il de même des frais de *mutation*, de *transcription* et d'*inscription*? M. Delvincourt, t. 2, notes sur la page 107, place sur la même ligne les frais de transcription et d'inscription; quant aux droits de mutation, c'est le grevé qui doit les acquitter, sauf à répéter contre les appelés, à l'époque de l'ouverture, « la portion qui est à leur charge et qui sera évaluée dans ce cas comme elle l'est à l'égard du propriétaire en cas d'usufruit. Tout ceci, ajoute M. Delvincourt, est conforme à l'opinion de Ricard, part. 2, n° 155. » MM. Toullier, t. 5, n° 776, et Rolland de Villargues, n° 6, se bornent à énoncer que ces divers frais sont imposés personnellement

---

intimé tous les garants. — 2° Violation des lois romaines sur la matière et des dispositions du chap. 34 des statuts civils de l'île de Corse. — 3° Violation de la loi *Fin. cod. de usur. et fruct. leg.* et des lois romaines relatives aux fruits, en ce que l'arrêt a condamné le sieur Flach à la restitution de tous les fruits. — Arrêt.

La cour; — Sur le premier moyen : — Attendu qu'il ne peut exister aucune violation de l'art. 182 c. pr., puisque, dans l'espèce, le garanti n'avait pas été mis hors de cause, et que c'était à lui à appeler tous ses garants, s'il croyait y avoir intérêt. — Sur le deuxième moyen : — Attendu en ce qui touche la prescription de trente ans, qu'elle n'aurait pu commencer qu'à dater du jour de l'ouverture de la substitution, puisque l'appelé n'a eu de droit acquis et n'a pu agir qu'à cette époque, et que, depuis ce moment jusqu'à l'action intentée, il ne s'est écoulé que quinze années; — Attendu, en ce qui touche la prescription de dix ou vingt ans, que la cour royale de Bastia a jugé qu'à dater de 1781, dix ans avant l'ouverture de la substitution, le détenteur de l'immeuble n'avait pu être de bonne foi, parce qu'il avait su que l'immeuble par lui acquis était grevé de substitution ; qu'il s'en était même fait un moyen en justice pour ne payer son prix qu'à la charge de donner caution; — Attendu que, dès lors, la bonne foi n'a pas existé au moment de l'ouverture de la substitution ; qu'ainsi, n'est pas remplie la condition de bonne foi qui doit exister au moins au commencement de la prescription; — Rejette les deux premiers moyens ;

En ce qui touche le troisième moyen, relatif à la restitution des fruits; — Vu les lois romaines, la loi cod. L. 6, *tit. 47, De usuris et fructibus legatorum, vel fideicommissorum*; *In legatis et fideicommissis fructus post litis contestationem, non ex dei mortis consequuntur, sive in rem, sive in personam agatur*; la loi 18, ff., liv. 6, tit. 1, *ad senatus consultum Trebellianum* ; *in fideicommissariâ hæreditatis restitutione, constat non venire fructus, nisi in morâ facta est*; — Et attendu que l'arrêt attaqué a ordonné la restitution des fruits, par le moyen unique de mauvaise foi; — Attendu qu'en fait, il n'a fondé cette mauvaise foi que sur la connaissance qu'avait le détenteur de l'existence de la substitution, sans addition d'aucun autre fait ni circonstance; — Mais attendu qu'en ce point, la cour a faussement appliqué la loi *Communia de legatis*, et violé les deux autres lois ci-dessus citées, parce que le fait même, tel qu'il est constaté par l'arrêt, a bien pu établir la mauvaise foi du détenteur, quant à la propriété de l'immeuble, mais non pas quant aux fruits, puisque ce détenteur même, connaissant la substitution, n'a pu connaître que par la demande de l'appelé saisi, soit l'ouverture de la substitution, soit l'existence de l'appelé, soit sa volonté d'accepter la substitution, et que jusque-là il a pu percevoir les fruits siens comme il a fait siens tous ceux échus pendant la vie du grevé; — Casse l'arrêt en cette disposition.

Du 9 janv. 1827.-C. C., ch. civ.-MM. Brisson, pr.-Bonnet, rap.-Cahier, av. gén., c. conf.-Piet et Guichard av.

au grevé, sans qu'il doive lui en être tenu compte par les appelés. — C'est dans ce dernier sens, adopté par Guyot, Rép., *loc. cit.*, n° 5, qu'ont été rendus trois arrêts du conseil du roi, deux du 13 déc. 1712, le troisième du 7 mai 1718. Il s'agissait des frais d'insinuation. Ces arrêts sont motivés sur ce que le grevé ne peut pas laisser imparfaites les volontés de celui auquel il succède, et que, tenu en conséquence de toutes les formalités de publication, c'est à lui à en payer les droits accessoires. — Dans une affaire qui présente une grande analogie, le parlement de Paris, après une discussion solennelle, que rapporte Merlin, *loc. cit.*, a mis aussi à la charge personnelle du grevé les droits seigneuriaux auxquels la disposition donnait ouverture. Cet arrêt, du 12 avril 1777, a été, en 1779, suivi d'un autre semblable au parlement de Douai. A l'appui de ces décisions, on disait en substance : L'objet de la substitution ou le vœu du substituant est de conserver les biens aux appelés. Le grevé est donc un dépositaire chargé de rendre comme il a pris et tout ce qu'il a pris. S'il peut entamer les fonds substitués pour acquitter les droits auxquels est subordonnée sa propriété, on lui accorde une préférence personnelle sur tous les autres appelés, dont la jouissance sera moins étendue, et qui devront aussi payer les mêmes droits lorsque les biens passeront dans leurs mains. Inaliénables de leur nature, les fonds substitués ne doivent se dissiper par aucun mode indirect d'aliénation. Les droits seigneuriaux sont positivement considérés par l'art. 56, tit. 1, de l'ord. de 1747, comme dus à cause de la possession, et personnels par conséquent à celui qui veut posséder. Ces droits ne sont pas différents du centième denier, de l'insinuation, du droit de franc-fief et autres, dus au même titre et par les mêmes personnes. — Cependant deux arrêts du haut conseil de Hollande de 1725 et 1736 ont décidé que les frais de mutation devaient se prendre sur les capitaux substitués. Mais, remarque Merlin, *loc. cit.*, l'arrêtiste qui les a recueillis a soin d'avertir qu'ils ont été rendus sur simples requêtes, sans entendre les parties intéressées à la conservation des fonds.

420. Aux frais de qui se font les *réparations* des biens substitués ? — Les auteurs sont d'avis que le grevé a les mêmes obligations, à cet égard, que le simple usufruitier : tenu des réparations menues et d'entretien, il ne le sera pas de celles qu'on appelle *grosses*. C'est ce que décide expressément la loi 58, ff., *De legat.* Le grevé qui a reconstruit des maisons incendiées en répétera le montant lors de la restitution. — Mais par quelle voie procédera-t-on à ces grosses réparations ? On convient d'abord que le grevé, s'il négligeait de les faire ou de les provoquer, répondrait des détériorations qui en seraient la suite. Bourjon, toutefois, t. 2, p. 153, édit. de 1747, applique aux appelés les mêmes règles qu'au propriétaire en cas d'usufruit. Ce sont eux, dit-il, qui devront faire les avances ; le grevé en payera les intérêts. M. Toullier, n° 775, rejette avec raison ce système. Le grevé n'est-il pas propriétaire ? Comment forcer à des avances les appelés dont le droit n'est qu'incertain ? Bourjon conseille un autre expédient, qui a le suffrage de M. Toullier, et qu'ont ratifié deux arrêts du parlement de Flandre, de 1782, rapportés par Merlin, *loc. cit.* : c'est de faire sur les biens substitués un emprunt, qui tombera à la charge des appelés, le cas de restitution arrivant. Mais le tout, comme l'observent les auteurs, doit être contradictoire avec le tuteur nommé à l'exécution. — V. aussi en ce sens M. Coin-Delisle, sur les art. 1048-1051, n° 28.

421. A l'égard des impenses, améliorations ou constructions, il faut, comme Pothier, qui entre, à cette occasion, dans de grands détails (sect. 4, art. 2, § 2), distinguer entre les impenses nécessaires, utiles, ou simplement voluptuaires. — Les *nécessaires*, ou celles indispensables soit à la conservation, soit à l'exploitation de la chose (L. 79, ff., *De verb. signif.*), lui seront remboursées, si le prix n'en a été excessif par sa faute, auquel cas on ferait une réduction. — Si elles n'ont été qu'*utiles*, le recouvrement n'est autorisé que jusqu'à concurrence de la plus-value de l'héritage au moment de la restitution ; ce qui les distingue des dépenses nécessaires, susceptibles de répétition lors même qu'elles n'auraient pas duré par cas fortuit ou force majeure. Une autre différence se fait remarquer entre le grevé et l'usufruitier en ce qui concerne les impenses utiles ; l'usufruitier ne peut alors réclamer aucune indemnité, la chose eût-elle augmenté de valeur (c. nap. 599). Les auteurs en donnent cette raison que le grevé, étant propriétaire, a des droits plus étendus qu'un usufruitier, qui ne peut rien faire sans consulter le propriétaire (Pothier, du Douaire). — Quant aux dépenses purement voluptuaires, qui ne rehaussent pas le prix de l'héritage, il n'en est jamais dû compte au grevé ; seulement il peut, à la charge de rétablir les choses dans leur premier état, enlever à ses frais les glaces, tableaux et autres ornements qu'il aurait fait placer. — Cette doctrine est reproduite par MM. Toullier, n° 775 ; Rolland de Villargues, n° 8 ; Delvincourt, t. 2, notes sur la page 107.

422. Le *trésor* trouvé sur le fonds grevé serait attribué à la propriété du fonds pour moitié ; mais le grevé, n'ayant qu'une propriété résoluble, devrait le restituer lors de la résolution de son droit. L'autre moitié appartiendrait irrévocablement au grevé, s'il était l'*inventeur* (MM. Delvincourt, t. 2, notes sur la page 107 ; Duranton, t. 9, n° 594).

423. Le grevé peut et doit intenter les procès raisonnables concernant la propriété des biens substitués. Mais Pothier, *loc. cit.*, fait une distinction, admise par les auteurs, quant aux frais qu'il recouvrera lors de l'ouverture de la substitution. Ont-ils été modiques, ont-ils eu la *possession* pour objet, on les considérera comme des charges de la jouissance. Tendaient-ils à la conservation de la *propriété*, le substitué les remboursera. — V. Conf. MM. Toullier, n° 276 ; Rolland de Villargues, *loc. cit.*

424. Les biens libres du grevé ne sont point *hypothéqués* par la loi à la restitution du fidéicommis. Le code diffère en ce point de l'ord. de 1747, qui accordait cette hypothèque légale sur tous les biens du grevé, à compter du jour où il recueillait la chose substituée (art. 17, tit. 1). C'était une dérogation au droit romain, qui n'affectait de l'action hypothécaire que les biens compris dans les fidéicommis (L. 1, C., *Comm. de leg. et fid.*). — La disposition de l'ordonnance n'a point été reproduite ; le silence du code suffit pour qu'on ne doive pas la suivre, l'hypothèque légale n'étant pas de sa nature susceptible d'extension d'un cas à un autre, et le code n'en reconnaissant pas d'autre qu'en faveur des femmes, à l'égard de leurs maris, et des mineurs ou interdits, à l'égard de leurs tuteurs (MM. Grenier, n° 391 ; Toullier, n° 764 ; Duranton, n° 563 ; Delvincourt, notes sur la page 107 ; Delaporte, Pandectes franç., sur l'art. 1008 ; Rolland de Villargues, *loc. cit.*, § 5, n° 22). Mais le tuteur à la substitution peut et doit obtenir contre le grevé des jugements qui produiront l'hypothèque judiciaire ; c'est une raison de plus pour en surveiller scrupuleusement l'administration. — Le même raisonnement est proposé par les auteurs cités pour décider pareillement que les appelés n'ont pas d'*hypothèque légale* sur les biens du *tuteur* à l'exécution, dans les cas qui donneraient lieu à la responsabilité établie contre lui par l'art. 1073, « s'il n'a pas fait toutes les diligences nécessaires pour que la charge de restitution soit bien et fidèlement acquittée. »

425. Le grevé ne peut aliéner les biens substitués, du moins d'une manière irrévocable. Cette règle générale reçoit différentes exceptions, outre celle déjà indiquée dans l'art. 3, et relative aux aliénations faites avant la transcription.

426. Le substituant peut avoir expressément autorisé la vente dans telle ou telle circonstance prévue ; elle sera valable si le grevé n'a transgressé en aucune manière le pouvoir qui lui a été confié. — V. Furgole, sur l'ord. de 1747, tit. 2, art. 31 ; Thévenot, chap. 48, § 2 ; MM. Rolland de Villargues, n° 12 ; Coin-Delisle, sur les art. 1048-1051, n° 52.

427. Que l'immeuble substitué soit sujet à dépérir, prêt à tomber en ruines, que les revenus ne suffisent pas aux réparations, l'aliénation n'intéresse pas moins alors les appelés que le grevé. Mais tous les auteurs qui déclarent dans ce cas l'immeuble aliénable mettent avec raison une double condition : l'autorisation de justice et la charge de remploi. Serres, Inst. au droit franç., liv. 2, tit. 24, § 2, rapporte un arrêt conforme du parlement de Flandre, du 10 août 1782. — V. aussi en ce sens Thévenot, n° 690 ; MM. Rolland de Villargues, n° 13 ; Coin-Delisle, sur les art. 1048-1051, n° 32.

428. Nul doute non plus que l'aliénation ne soit permise pour le payement des dettes, pour éviter une expropriation forcée. L'équité le veut, si les biens substitués étaient affectés par le disposant lui-même au payement de ces dettes. Une libéralité ne produit point son effet au préjudice des créanciers antérieurs. Plusieurs lois romaines le décident ainsi (L. 78, § 4, ff., *De leg.* 2°, et L. 38, ff., *De leg.* 3°). — Mais par quelles formalités procédera-t-on à la vente? Unanimes sur le principe de sa validité, les auteurs diffèrent quant aux formes. Sous l'ancien droit, des interprètes sont allés jusqu'à dispenser le grevé de toutes formalités; mais Furgole, qui lui-même avait exprimé cette opinion sur l'art. 17 de l'ord. de 1747, se ravise sur l'art. 31, et en fait sentir la nécessité, dans la crainte de collusion du grevé et des tiers. La loi demande qu'il y ait des affiches et enchères pour la vente des meubles et effets; à plus forte raison sont-elles nécessaires pour les ventes d'immeubles. Thévenot, chap. 50, croit prudent d'obtenir l'autorisation du juge, contradictoirement avec les substitués qui existent, et le curateur à la substitution. L'annotateur de Ricard, part. 2, n° 291, veut qu'on observe toutes les formalités usitées pour la vente des biens des mineurs. Sous le code, cette dernière opinion est professée par MM. Delvincourt, t. 2, notes sur la page 107, et Rolland de Villargues, n° 15. « On ne pourrait pas, dit M. Rolland, en substituer d'autres sans se jeter dans l'arbitraire. » — M. Grenier pense, au contraire, n° 392, « qu'il est difficile d'appliquer à cette matière celles prescrites par le code de procédure relatives à la vente des biens de la part d'un héritier bénéficiaire, ou d'un curateur à une succession vacante, ou à la vente des biens d'un mineur. La différence des cas et des personnes, ajoute-t-il, écarte l'application de ces règles. Il suffit qu'il y ait des formes indiquées par le tribunal, le tuteur à la substitution dûment appelé, qui aient pour résultat que la vente soit faite publiquement et sans fraude. Une estimation préalable, ordonnée par jugement et faite par experts nommés en justice; la vente faite sur enchères en l'étude d'un notaire, après des affiches apposées aux lieux accoutumés, et dont l'apposition soit établie, paraissent présenter toutes les sûretés possibles. » En conséquence, une seule adjudication suffira. M. Duranton, t. 9, n° 590, est de l'avis de M. Grenier, et comme lui nous croyons du reste que l'importance des biens à vendre, l'âge des appelés et d'autres circonstances devront déterminer le tribunal dans le choix des formalités que le grevé sera tenu de remplir.

429. Le consentement des appelés majeurs et maîtres de leurs droits suffirait pour la validité de la vente des biens substitués (L. 120, § 1, ff., *De legat.* 1°; L. 11, C., *De fideic.*). L'ord. de 1747 le reconnaissait formellement (art. 28). — En vain objecterait-on que sous notre législation l'appelé est toujours le descendant du grevé, et qu'il n'est pas permis de pactiser sur des successions futures. Cette objection se réfute par le principe : *Capit a gravante et non a gravato*. C'est du substituant, dont la succession est ouverte, et non du grevé son père, que l'appelé tient ses droits. — On n'alléguerait pas avec plus de succès le silence du code, qui n'a pas reproduit la disposition de l'ordonnance. Ce silence se justifie par l'inutilité de l'énonciation formelle d'un principe élémentaire : chacun peut renoncer à un droit introduit seulement en sa faveur. Ne doit-on pas, par analogie et même à plus forte raison, invoquer l'art. 918 c. nap., qui déclare les enfants qui y ont consenti non recevables à contester l'aliénation faite par le père à fonds perdu au profit d'un successible (MM. Delvincourt, t. 2, notes sur la page 107; Duranton, t. 9, n° 589; Rolland de Villargues, n° 16; Coin-Delisle, sur les art. 1048-1051, n° 33)?

430. Mais dans quelles formes doit être exprimé le consentement des appelés? Les lois romaines, citées au numéro précédent, se bornent à exiger que le consentement soit exprès, nullement équivoque. L'ord. de 1747 voulait qu'il fût constaté par acte notarié avec minute. Le code, par son silence, autorise tout mode authentique de renonciation. — Avant l'ordonnance, deux arrêts des 17 juill. 1615 et 6 avril 1628, rapportés par Merlin, *ibid.*, sect. 12, art. 3, avaient décidé, le premier, qu'il ne suffisait pas de la présence de l'appelé à l'acte de vente en qualité de témoin, ce que déclare aussi la loi 34, § 2, ff., *De legat.* 2°; le second, qu'il ne suffisait pas de la réception par l'appelé lui-même du prix de la vente.

431. Les appelés qui ont consenti à la vente ne sont pas censés avoir aliéné le droit d'en réclamer le prix contre le grevé, à l'époque fixée pour l'ouverture du fidéicommis.—Cela fait question parmi les interprètes du droit romain, deux lois semblant se contrarier formellement (L. 92, ff., *De legat.* 1°; L. 88, § 14, ff., *De legat.* 2°).—Mais Thévenot dit fort bien, n° 833 : « Consentir à la vente n'est pas renoncer au fidéicommis absolument et en tout temps; c'est abdiquer indistinctement la chose, mais ce n'est pas abdiquer le prix.... Pourquoi le grevé profiterait-il irrévocablement du prix, quand il n'est pas évident que telle ait été l'intention de l'appelé? » Ce raisonnement a été répété par tous les auteurs (Ricard, Furgole, Pothier; MM. Merlin, *loc. cit.*, art. 3; Delvincourt, Duranton, Rolland de Villargues, *loc. cit.*; Coin-Delisle, sur les art. 1048 à 1051, n° 33).

432. Les biens substitués sont encore aliénables dans l'intérêt de la *femme* du grevé. — Les lois romaines en permettaient la vente ou l'hypothèque : 1° pour constituer une dot à la fille grevée par son père, si elle n'avait pas d'autres biens (L. 22, § 4, ff., *Ad. S.-C., treb.*; L. 6, C., *eod.*); 2° pour la dot des filles du grevé; 3° pour la restitution de la dot de la femme du grevé, en cas d'insuffisance des biens libres (nov. 39, cap. 2, *Auth. res. quæ cod. commun. de legat.*). Tel était du moins le sens donné à ces dernières lois par la jurisprudence de la plupart des parlements. Mais leur interprétation avait divisé les auteurs, qui ont beaucoup écrit sur cette matière; les éléments de cet ancien débat sont reproduits en détail par Merlin, Rép., v° Subst. fidéic., sect. 12, § 3, art. 5, et Quest. de droit, *ibid.*, § 8. — L'ord. de 1747 accordait de plein droit à la femme du grevé une hypothèque subsidiaire sur les biens substitués pour la dot, l'augment de dot, les gains de survie, les douaires préfix et coutumiers, tant pour le fonds que pour les intérêts et fruits (tit. 1, art. 44). Cette hypothèque était refusée pour les donations, bagues, joyaux et deuil (art. 48), pour la récompense des biens à la vente desquels la femme avait consenti (art. 49), et enfin pour l'indemnité des dettes contractées par la femme (art. 50). La faveur du mariage et l'intention présumée du substituant étaient le motif de cette mesure. Les substitutions avaient surtout pour objet l'illustration des familles; or, comment les appelés (grevés eux-mêmes envers des degrés subséquents) se fussent-ils ménagé des alliances convenables, si la dot de leur femme n'avait été garantie par les biens de la substitution? Il arrivait souvent, par la durée des substitutions, que les appelés n'avaient pas d'autre patrimoine. Mais, d'un autre côté, des contestations s'élevaient à chaque degré, et si les femmes avaient exercé des répétitions fréquentes, le but principal de la substitution demeurait éludé; il ne restait presque plus rien à rendre.— Le code a pourvu aux plus graves inconvénients. L'art. 1054 porte : « Les femmes des grevés ne pourront avoir sur les biens à rendre de recours subsidiaire en cas d'insuffisance des biens libres, que pour le capital des deniers dotaux, et dans le cas seulement où le testateur l'aurait expressément ordonné. » Remarquons d'abord que le mot *testateur* est synonyme ici de *disposant* ou *auteur de la substitution*. Il n'y a pas plus de raison pour autoriser le recours de la femme, en cas de testament qu'en cas de donation. M. Bigot-Préameneu, dans les motifs qu'il assigne à l'art. 1054, se sert indifféremment de l'une et l'autre expression (V. *suprà*, p. 7, notes, n° 11); et c'est dans ce sens que l'entendent tous les auteurs (MM. Grenier, n° 378; Duranton, t. 9, n° 595; Delaporte, Pand. franç., sur l'art. 1054).

433. Les femmes.... ne pourront avoir de recours.... que pour le *capital* des deniers dotaux, etc. » — On a demandé s'il ne dépendrait pas du disposant d'étendre ce recours aux *intérêts* de la dot, à la récompense des propres aliénés et d'autres droits matrimoniaux. L'affirmative est soutenue par MM. Toullier, n° 745, et Rolland de Villargues, n° 18 : Qui peut le plus peut le moins, disent-ils; c'est la portion disponible qu'il est permis de substituer. Il était au pouvoir du substituant d'en donner toute la propriété à l'épouse du grevé; à plus forte raison doit-il lui être loisible d'accorder sur ces biens un simple recours éventuel et subsidiaire. Chacun est maître, en général, d'apposer à sa libéralité telles conditions que bon lui semble. — MM. Maleville, sur l'art. 1054; Delaporte, Pand. franç., sur le même article; Grenier, n° 378; Delvincourt, t. 2, notes 5 et 6 sur la page 107; Coin-Delisle, sur l'art. 1054, n° 1, enseignent le contraire. Le texte de la loi leur semble d'abord conçu dans un sens restrictif, *que pour le capital.... et dans le cas seulement...*, etc.

N'était-il pas naturel, en supposant telle la pensée du législateur, qu'il ajoutât : *pour le capital, intérêts et autres droits, si le testateur l'ordonne?* Qui peut le plus, dit-on, peut le moins ; mais on ne peut pas insérer une clause qui permettrait de détruire la substitution, et qui serait un moyen d'établir des causes de préférence entre les créanciers. La loi nouvelle veut que dès l'abord on sache ce qui passera à l'appelé. Il ne faut pas que la femme laisse capitaliser les intérêts et fruits par son long retard à demander la restitution de la dot, après la dissolution du mariage. Au moment de la disposition, le montant du capital peut être connu, et non la totalité éventuelle des intérêts ou autres droits. En vain objecte-t-on qu'on est maître de conditionner sa libéralité à son gré : on n'est pas moins forcé de convenir qu'il a fallu une permission expresse de la loi pour que la stipulation du recours de la femme soit valable comme condition de la substitution. Et pourquoi? C'est que le code n'a fait exception à la prohibition générale des substitutions qu'à l'égard de certaines personnes et en faveur de la seule postérité des grevés. C'est dans son intérêt qu'avait été établie l'indisponibilité des biens substitués. Or l'art. 1054 la fait profiter à d'autres qu'à cette postérité. La femme se trouve avoir un recours sur des biens qui, probablement, n'existeraient plus dans les mains du grevé, s'ils eussent été aliénables. En effet, l'existence seule de la substitution fait présumer dans le grevé le défaut d'ordre et d'économie, et l'insuffisance des biens libres achève de démontrer que c'est un dissipateur, qui eût aussi vendu les biens substitués, s'il l'avait pu. Le droit de la femme, venant indirectement par voie de substitution, est donc tout exceptionnel. Il ne répugne donc pas qu'on puisse, par cette voie, transmettre à la femme du grevé moins de droits que par tout autre mode de disposer. Il est donc naturel de restreindre plutôt que d'étendre les termes de l'art. 1054, dont le but, après tout, a été de pourvoir mieux à la stabilité, à la fidèle exécution de la charge de rendre.

434. L'art. 1054 emploie les mots *capital des deniers dotaux.* —L'hypothèque de la femme ne s'exercerait donc pas pour une répétition de deniers provenant de la vente d'immeubles personnels de la femme mariée sous le régime de la communauté. L'ord. de 1747, bien plus favorable aux femmes que le code, la refusait dans ce cas (tit. 1, art. 49). Ces immeubles n'étant aliénables qu'avec le consentement de la femme, elle doit s'imputer de l'avoir donné. Deux époux d'ailleurs pourraient ainsi étendre démesurément l'effet du recours subsidiaire, et faciliter par là au grevé le moyen de dissiper les biens substitués, d'empêcher leur restitution à qui de droit. La même décision s'appliquerait aux deniers paraphernaux (art. 1576), le mari n'ayant pu les toucher sans le consentement de la femme, aux indemnités résultant de l'art. 1431, etc. — C'est dans ce sens restrictif que l'art. 1054 est interprété par MM. Grenier, n° 378; Delaporte, Pand. franç., sur cet article; Delvincourt, t. 2, notes sur la page 107.

435. Le grevé épouse plusieurs femmes successivement; toutes auront-elles le recours subsidiaire? — La question était fort débattue avant l'ord. de 1747, dont l'art. 52, tit. 1, la résout formellement au profit des femmes, dans le cas où le recours ne s'offrirait pas contre les enfants d'un précédent mariage appelés à recueillir les biens. — Les raisons de douter étaient, dit Pothier, sect. 5, § 4, la possibilité de voir à la fin absorbé l'avantage de la substitution, et la difficulté de présumer que le substituant ait voulu que son enfant qu'il grevait se mariât plusieurs fois, surtout s'il avait des enfants du premier mariage. Quoi qu'il en soit, la disposition de l'ordonnance ne doit plus rigoureusement être suivie. Le recours des femmes n'a plus lieu de plein droit; il faut que le testateur l'ait permis. Tout dépendant, à cet égard, de sa volonté, c'est la manière dont il s'est exprimé qui décidera. M. Delvincourt, t. 2, notes sur la page 107, pense, entre autres, que ces mots, *la femme du grevé,* devront dans l'acte de substitution s'entendre uniquement de la femme que le grevé avait au moment de l'acte, ou de la première qu'il aura, s'il n'était pas encore marié.

§ 5. — *Des droits du substitué pendant la condition.*

436. Le substitué, pendant la condition, n'a qu'une *espérance* de recueillir l'objet du fidéicommis. La propriété est toute dans les mains du grevé. Le substitué ne peut donc encore exercer aucune action suppositive d'un droit acquis. Ainsi le décidaient les lois romaines, en l'assimilant à un créancier conditionnel, dont le droit ne se forme que par l'arrivée de l'événement (L. 66, ff., *De rei vindicat.*; L. 54, ff., *De verb. signif.*; Inst., *De verb. obl.*, § 4).

437. De là deux arrêts des parlements de Metz et de Douai, qui ont jugé, le premier, du 23 mai 1692, que, si un bien de la substitution avait été saisi immobilièrement sur le grevé, les appelés ne pourraient, quant à présent, demander la nullité de la poursuite ou le délaissement (M. Rolland de Villargues approuve cette décision, *loc. cit.*, § 5, n° 20); le second, du 6 mars 1692, qu'avant l'ouverture les appelés ne sont pas recevables à faire déclarer que les choses comprises dans telle disposition sont fidéicommissées à leur profit (M. Merlin, Rép., v° Substit. fidéic., sect. 14, n° 1).

438. Mais par cela seul qu'ils ont une espérance de recueillir les biens, les appelés ont intérêt à leur conservation. On doit donc leur accorder les actions conservatoires. L'art. 1180 c. nap. lève à cet égard toute difficulté, puisque «le créancier peut, avant que la condition soit accomplie, exercer tous les actes conservatoires de son droit. » Aussi les art. 1057 et 1061 leur permettent-ils de surveiller et de requérir au besoin l'accomplissement de toutes les formalités propres à assurer une fidèle restitution : l'inventaire, la vente des meubles, l'emploi des deniers, etc. — Les mêmes dispositions étaient portées par l'ord. de 1747, tit. 2, art. 2, 13 et 15. — Les lois romaines permettaient de demander caution au grevé (L. 5, § 2, ff., *Ut legat.*) et de se faire envoyer en possession par forme de gage et de nantissement, à défaut de caution (Ricard, ch. 10; Thévenot, ch. 46).

439. Les appelés peuvent vendre leur espérance, pendant la condition. Outre les principes qui le décident ainsi, en général, pour l'espérance qu'on a d'avoir une chose (L. 8, § 1, ff., *De contrah. empt.*, et L. 3, C., *De donat.*), la loi 1, *De pact.*, en contient une décision spéciale relative au fidéicommis. C'est la doctrine de tous les temps (Furgole, sur l'ord. de 1747, tit. 1, art. 23). De là le droit qu'ont les appelés, comme nous le disons ailleurs, de renoncer à la substitution au profit ou du grevé, ou d'un des appelés, ou d'un tiers acquéreur.

Art. 6. — *De l'ouverture des substitutions; de ses causes et de ses effets.*

440. L'ouverture de la substitution est la formation du droit au profit du substitué, comme la définit Thévenot, ch. 21, n° 484; c'est le moment où le fidéicommis se réalise et prend effet, commence à être dû. C'est ce que les lois romaines expriment en ces autres termes : *Quandò dies legatorum vel fideicommissorum cedat* (L. 213, ff., *De verb. signif.*).

441. *Des causes d'ouverture de la substitution.* — L'art. 1053 c. nap. porte : « Les droits des appelés seront ouverts à l'époque où, pour quelque cause que ce soit, la jouissance de l'enfant, du frère ou de la sœur, grevés de restitution, cessera. »

442. C'est par la mort du grevé que s'ouvrent ordinairement les droits des appelés. Telle était, dans l'ancien droit, la condition présumée de l'ouverture (Ricard, part. 2, ch. 1, n° 12; Thévenot, ch. 21). Le code fait une nécessité de cette condition, puisqu'on ne peut connaître qu'au décès du grevé tous les enfants nés et à naître, qui sont indistinctement appelés au bénéfice de la restitution. On conçoit cependant que le disposant pourrait, par un terme ou une condition quelconque, reculer après le décès du grevé l'époque de la remise. « Je donne à Paul, mon fils, à la charge de rendre, à son décès, à ses enfants nés et à naître, s'ils se marient. » Subordonnée ainsi au cas du mariage ou à tel autre événement, la substitution n'en serait pas moins légitime. Les auteurs n'en font pas le plus léger doute (Pothier, sect. 6, art. 1, § 1; M. Toullier, t. 5, n° 781).

443. La mort civile, lorsqu'elle était en vigueur, avait le même effet que la mort naturelle du grevé, quant à l'ouverture des substitutions. En effet, aux termes de l'art. 25 c. nap., la mort civile, comme la mort naturelle, enlevait au grevé tous ses biens et ouvrait sa succession au profit de ses héritiers. Avant l'ord. de 1747 on doutait que la mort civile dût produire un tel effet (Ricard, des Disposit. condit., nos 329 et suiv.); mais l'ordonnance avait décidé comme le code. Aujourd'hui l'incapacité qui a remplacé la mort civile, et qui se borne à empêcher le condamné à une peine afflictive perpétuelle de disposer ou de recevoir à titre gratuit, n'a point pour effet de faire cesser la jouissance du grevé, lorsqu'elle a déjà commencé avant sa condamnation. — V. Conf. M. Troplong, no 2238, note 4.

444. La libéralité faite au grevé peut être révoquée, soit pour cause d'ingratitude, soit pour indignité, soit pour inexécution des conditions auxquelles elle avait été subordonnée par le disposant (c. nap., art. 727-730, 953 et suiv.). Dans ces cas, la révocation encourue par le grevé emporte l'ouverture immédiate du droit des appelés. Cela résulte clairement de l'art. 1053. Si les appelés étaient encore à naître, les biens grevés devraient retourner provisoirement au donateur (V. en ce sens MM. Coin-Delisle, sur l'art. 1053, nos 3 et 4; Troplong, nos 2238 et suiv.). — M. Duranton (no 600) enseigne que, dans ces cas, la révocation profite au donateur, que seulement les biens ne rentrent dans ses mains qu'avec la charge de rendre aux appelés s'ils surviventau grevé. Mais nous croyons que cette doctrine n'est pas en harmonie avec le texte de l'art. 1053, qui veut que le droit des appelés s'ouvre au moment même où la jouissance du grevé cesse par quelque cause que ce soit.

445. La survenance d'enfants au donateur est aussi une cause de révocation de la donation; mais dans ce cas l'art. 1053 c'est point applicable. Le droit des appelés ne s'ouvre pas. En effet, la survenance d'enfants emporte révocation, non pas seulement de la libéralité faite au profit du grevé, mais aussi de la libéralité faite au profit des appelés. — V. Conf. M. Troplong, no 2239.

446. Il est libre au grevé de rendre les biens à l'appelé, avant que le temps de la restitution soit arrivé; mais cet abandon anticipé « ne pourra, porte l'art. 1053, préjudicier aux créanciers du grevé antérieurs à l'abandon. » Le droit romain n'accordait alors aucune action aux créanciers, à moins qu'ils ne prouvassent la fraude par quelque circonstance particulière. Le grevé était censé n'avoir que mieux rempli le vœu du disposant (L. 19, ff., *Quæ in fraud. cred.*). — Dans notre ancien droit, la question était débattue avant l'ord. de 1747, qui l'a tranchée dans le même sens que le code, en permettant l'exercice « des mêmes droits et actions que s'il n'y avait point eu de restitution anticipée, et ce jusqu'au temps où le fidéicommis devait être restitué » (art. 42). — C'est la mesure la plus sage : combien de grevés s'entendraient secrètement avec les appelés pour leur remettre les biens d'avance, et faire tort à des créanciers légitimes! Les appelés ici ne tiennent leur droit que du pacte fait entre eux et lui, et non de la volonté du disposant. Jusqu'à l'époque de l'ouverture, ils n'occuperont que la place destinée au grevé (Ricard, part. 2, no 55).

447. L'art. 1053 ne parle que des créanciers du grevé; les tiers acquéreurs ne sont pas moins compris dans cette disposition, d'autant mieux que l'esprit général du code est de les favoriser plus encore que des créanciers ordinaires. Ils ont acheté dans l'assurance de jouir jusqu'au décès du grevé, et même de devenir propriétaires incommutables s'il décédait sans postérité. Leurs droits subsisteront contre toute convention postérieure entre les appelés et le grevé; ils ne seront évincés qu'après la mort du grevé, et s'il existe des appelés capables. C'est ce que décidait formellement l'ord. de 1747, tit. 1, art. 43, qui, sur ce point, est invoquée par les nouveaux auteurs comme l'explication du code.—V. notamment MM. Grenier, no 369; Delvincourt, t. 2, notes sur la page 107; Toullier, t. 5, no 786; Delaporte, Pandect. franç., sur l'art. 1053; Coin-Delisle, sur l'art. 1053, no 10; Troplong, no 2245.

448. Comme l'abandon n'empêche pas, selon les termes de l'ordonnance et l'esprit du code, que les créanciers n'exercent les mêmes droits et actions que s'il n'avait pas eu lieu, il suit que les poursuites pourront être toujours dirigées contre le grevé, exercées sur les fruits des biens sujets à restitution, et que le tiers acquéreur fera les fruits siens, jusqu'à ce qu'il soit attaqué et qu'on ait fait juger l'invalidité de son titre (Furgole, sur l'art. 42 de l'ordon.; MM. Grenier, no 369; Delaporte, *loc. cit.*).

449. L'art. 1053 parle de créanciers *antérieurs* à l'abandon; cela s'explique encore par l'ordon. de 1747, qui disait, art. 42 : « Ce qui aura lieu, même à l'égard des créanciers chirographaires, pourvu que leurs créances aient une date certaine avant la remise » (V. en ce sens M. Troplong, no 2245). — Il n'est pas nécessaire non plus que le titre soit émané d'un officier public, si sa date est incontestable. Le droit des créanciers est le même dans les deux cas, également fondé sur leur bonne foi.

450. Au surplus, si l'abandon anticipé ne peut préjudicier aux créanciers antérieurs du grevé ni aux tiers acquéreurs, entre le grevé lui-même et les appelés il produit irrévocablement tous les effets dont il est susceptible. — V. Conf. M. Troplong, no 2244.

451. L'art. 1053 a fait naître plusieurs questions concernant les appelés. Il faut remarquer d'abord que l'abandon anticipé fera passer les biens *cum onere* dans les mains des appelés vivants, si la substitution est, comme sous le code, au profit de tous les enfants nés et à naître. L'abandon ne peut nuire à ceux nés postérieurement.

Mais on demande ce qu'il faudra décider dans l'hypothèse suivante? Deux enfants partagent par moitié les biens de leur père; l'un d'eux meurt sans postérité. Il naît depuis un troisième enfant au grevé. Si l'abandon n'avait pas eu lieu, cet enfant n'eût été en concours qu'avec son frère survivant pour le partage des biens substitués lors du décès de leur père. Pourquoi donc n'aurait-il pas égal droit à la moitié? L'abandon n'a pu lui préjudicier; c'est une convention à laquelle il est et demeure étranger; et son droit, ses intérêts ne sont pas moins sacrés que ceux des créanciers. Telle est l'opinion de MM. Delvincourt, t. 2, notes sur la page 107; Duranton, t. 9, no 606; Troplong, nos 2243 et 2244.

452. Mais contre qui, dans l'espèce, sera répétée la moitié par le troisième enfant? Suivant MM. Delvincourt et Duranton (*loc. cit.*), elle le sera à la fois contre la succession du frère prédécédé et contre le frère survivant. Celui-ci objectera-t-il qu'il n'aura de cette manière que le quart, tandis que, sans l'abandon, il aurait eu, comme le troisième enfant, droit à la moitié? Les héritiers du prédécédé lui répondront : « C'est une chance que vous avez courue; s'il n'était pas né de troisième enfant, vous auriez eu l'avantage d'une plus longue jouissance. Ne vous plaignez donc pas de la chance contraire. » Il ne dira pas non plus qu'il n'a partagé qu'éventuellement; il dépendait de lui d'en faire la réserve expresse dans l'acte d'acceptation ou d'abandon : ce qu'il n'a pas fait. — M. Coin-Delisle (sur l'art. 1053, nos 8 et 9), toutefois, s'élève contre ce sentiment. Ce que l'art. 1053 permet, selon lui, ce n'est pas la *restitution anticipée des biens*, c'est *l'abandon anticipé de la jouissance*; mais cet acte, tout provisoire, n'emporte point attribution définitive de la propriété; c'est seulement à la mort du grevé que sont réglés quant à cette propriété les droits des appelés, et ils doivent l'être alors comme s'il n'y avait pas eu abandon anticipé de la jouissance, c'est-à-dire que les biens doivent être également répartis entre les appelés alors vivants. — Pour nous, nous croyons que la première solution doit être préférée.

453. S'il n'est pas survenu de nouvel enfant depuis l'abandon, et que l'un des deux appelés, dans l'espèce précédente, meure avant le grevé, la part du prédécédé n'accroîtra point au survivant, elle passera aux héritiers. En acceptant l'abandon, le survivant a consenti une espèce de contrat aléatoire : le droit pouvait ne jamais s'ouvrir en sa faveur, comme il pouvait s'ouvrir pour la totalité. Il a préféré jouir de suite de la moitié; la chance a tourné contre lui, il en souffrira le préjudice. Sa position est bien différente de celle du troisième enfant, dont nous parlions tout à l'heure, dont le droit se fût évanoui entièrement s'il était mort avant le grevé; aucune chance n'a couru pour lui, il est juste qu'on n'en exige aucun sacrifice. — V. Conf. M. Troplong, no 2243. — *Contrà* M. Coin-Delisle, *loc. cit.*

454. Les appelés, nés depuis l'abandon, seront-ils obligés d'attendre le décès du grevé pour concourir avec leurs frères déjà saisis au partage des biens? MM. Delvincourt et Duranton, *loc. cit.*, proposent une distinction que nous croyons admissible : l'abandon est-il fait en considération des appelés existants, *intuitu personæ*, dans leur seul intérêt, pour leur procurer par exemple, une dot, un établissement, le droit des appelés non existant à cette époque ne s'ouvrira qu'à la mort du grevé. Mais, dès le moment de leur naissance, ils auraient droit au partage, si la jouissance du grevé avait cessé pour toute autre cause, ou si l'abandon avait été fait sans aucune vue de favoriser spécialement les appelés alors existants.

455. Jusqu'ici nous avons supposé que le grevé s'était immiscé dans la possession des biens. Mais s'il s'est borné à répudier la libéralité avant toute immixtion, quels seront les droits des créanciers? — Il faut distinguer : la libéralité est-elle par acte entre-vifs? S'il ne l'a pas acceptée, point de contrat; le donateur est toujours libre de la révoquer; les créanciers n'ont pas plus de droit aux biens que le donataire. L'a-t-il acceptée? les créanciers demanderont à jouir, comme il aurait pu le faire lui-même. Que leur opposera-t-on? Les lois romaines, selon lesquelles le débiteur qui refusait d'acquérir n'était pas censé aliéner en fraude de ses créanciers (ff., tit. *De his quæ in fraud. credit.*)? Mais la jurisprudence française a depuis des siècles, comme l'observe M. Grenier, nº 371, rejeté ce principe. La différence entre les deux législations est longuement expliquée par Mornac, sur la loi 4, C., *Quandò fiscus*, et Lebrun, des Success., liv. 2, chap. 2, sect. 2, nº 42. Le code Napoléon offre aussi plusieurs exemples de subrogation des créanciers aux droits que leur débiteur refuse d'exercer, soit qu'ils dérivent de la loi, soit d'une convention. L'art. 788 en est la plus grande preuve. Et quelle différence entre le cas d'une succession et celui de la disposition dont il s'agit? Ajoutons que l'art. 1053 ne figurait pas originairement dans le projet du code; c'est la section du tribunat qui le proposa. Mais qu'entendait-elle en stipulant pour les créanciers au cas d'abandon? Remettre en vigueur l'ancienne jurisprudence établie par l'ordon. de 1747 : c'est ce dont on se convainc en lisant les observations de la section (M. Locré, Lég. civ., t. 11, sur cet article). Or l'ordonnance ne faisait aucune distinction, quant aux droits des créanciers, entre les deux cas de répudiation simple et d'abandon anticipé (art. 38, 39, 42). La raison veut aussi qu'ils soient confondus dans la même disposition (MM. Grenier, nº 370; Toullier, nº 790; Delvincourt, t. 2, notes sur la page 107; Rolland de Villargues, nº 5; Maleville et Delaporte, Pandect. franç., sur l'art. 1053; Coin-Delisle, sur l'art. 1053, nº 11).

456. Nous croyons que la même solution devrait être appliquée au cas où le grevé répudierait une libéralité testamentaire qu'il n'aurait point encore acceptée. C'est aussi le sentiment des auteurs précités, à l'exception toutefois de M. Coin-Delisle. Ce dernier demande quelle est la loi qui oblige tout homme ayant des dettes à accepter nécessairement les libéralités quelconques qui lui sont offertes. Et il répond : Aucune. Mais ce que M. Coin-Delisle dit des libéralités testamentaires, on peut le dire également des successions; et cependant l'art. 788 permet aux créanciers de celui qui renonce à une succession de se faire autoriser à l'accepter à son lieu et place. Pourquoi donc ce que les créanciers peuvent faire dans un cas, ne pourraient-ils pas le faire également dans un cas tout à fait analogue?

457. Dans cette hypothèse, il est une autre circonstance étrangère à l'abandon anticipé ou à la répudiation que prévoyait l'ord. de 1747. Le grevé laisse jouir les héritiers du disposant, sans exprimer ni acceptation ni refus. L'ordonnance permettait aux créanciers d'exiger qu'il s'expliquât, et, en cas de refus, de demander à accepter pour lui (art. 38 et 39). — M. Grenier, nº 371, pense que cette disposition doit encore être suivie; le droit des créanciers est en effet le même que dans le cas de répudiation ou de remise anticipée.

458. L'art. 618 c. nap. porte : « L'usufruit peut aussi cesser par l'abus que l'usufruitier fait de sa jouissance, soit en commettant des dégradations sur le fonds, soit en le laissant dépérir faute d'entretien. » Cette règle est-elle à suivre à l'égard du grevé? Pareil abus donnerait-il ouverture au fidéicommis, en faisant cesser sa jouissance? Diverses opinions se sont formées sur ce point. — Il faut d'abord se rappeler que, dans le droit romain, l'appelé avait, pour la conservation de son espérance, l'action en cautionnement, et subsidiairement l'envoi en possession par forme de gage ou de nantissement (L. 6, ff., *Ut in posses. leg. vel. fideic.*). La restitution définitive n'était point permise. La loi 50, ff., *Ad. S.-C. Treb.*, cite un exemple de cette restitution, mais c'est dans une espèce où la caution ne pouvait être demandée, vu que la puissance paternelle s'opposait à cette demande, et que le grevé était le père de l'appelé. — Ricard, chap. 10, nºs 25 et 26, pensait cependant que pour cause d'abus le grevé pouvait « être contraint de restituer avant le temps; on doit, ajoutait-il, avoir recours à toutes sortes d'autres remèdes, avant d'en venir à cette extrémité. » Thévenot, au contraire, opinait contre la restitution, et n'assujettissait le grevé qu'à donner caution ou à souffrir l'envoi en possession, à titre de gage (chap. 47, nº 781). — M. Rolland de Villargues, nº 11, croit cet avis préférable, même sous le code; il se borne à dire, pour le motiver : « Tant que la condition n'est pas déchue, il est incertain si les appelés auront jamais des droits à faire valoir; dans cette incertitude, on ne déclarerait pas leur droit ouvert, sans prononcer contre le grevé une expropriation qu'aucune loi n'autorise. » C'est en ce sens aussi que se prononce M. Coin-Delisle, sur l'art. 1053, nº 14. On peut ajouter à l'appui de la même opinion : Les abus du grevé sont moins faciles, moins redoutables que ceux de l'usufruitier, à cause de la surveillance du tuteur à la substitution, qui, le plus souvent, les préviendra. L'art. 618 c. nap. règle les rapports de deux étrangers, l'un nu-propriétaire, l'autre usufruitier; ici, c'est un enfant qui ferait un procès à son père, à sa mère; il fallait, dans ce cas, plus de prudence; le remède eût été extrême. Quel levain d'animosité entre un père et ses enfants! Le propriétaire n'a contre l'usufruitier d'autre garantie que la mesure prescrite par l'art. 618; mais, outre l'obstacle que le grevé rencontre pour ses déprédations dans la vigilance du tuteur, les appelés au besoin auraient encore une action contre le tuteur, personnellement responsable de tout ce qui empêche la restitution fidèle des biens substitués (art. 1075). De telles considérations justifient assez le silence des art. 1048 et suiv., et il ne faut pas s'étonner que l'art. 618 n'ait point été renouvelé au chapitre des dispositions avec charge de rendre.

Ces raisons ne manquent pas de gravité; mais ne peut-on pas répondre : 1º L'art. 1057 déclare le grevé déchu du bénéfice de la disposition par cela seul qu'il n'a pas pris les mesures exigées pour constater la quotité des biens compris dans la substitution; à plus forte raison cette déchéance est-elle méritée s'il cherche à les détruire. — 2º Quoique propriétaire, le grevé n'est pas moins assimilable à l'usufruitier sous une foule de rapports, pendant sa jouissance, vu la résolubilité de son droit de propriété. Dès qu'il y avait plus forte raison de prononcer la déchéance pour l'abus caractérisé par l'art. 618 que pour la cause déterminée dans l'art. 1057, il est facile de présumer que le législateur se sera implicitement référé à l'art. 618; il n'était pas besoin d'une répétition inutile. — 3º Les juges, après tout, auront libre appréciation des moyens de concilier les intérêts du grevé et de l'appelé; l'art. 618 leur accorde ce pouvoir. Ou ils prononceront la déchéance en termes absolus, ou ils se borneront à ordonner l'envoi en possession des appelés, à la charge de lui payer annuellement une certaine somme. C'est le moyen que proposent, pour la plupart des cas, et si les appelés existent, MM. Grenier, nº 376; Toullier, nº 785, qui cite l'opinion conforme, sous l'ancien droit, de Ricard et de Bourjon; Maleville, sur l'art. 1057; Delvincourt, t. 2, note 2 sur la page 105; Duranton, nº 603.

459. Le même article s'appliquera encore en ce qui concerne les créanciers du grevé. Comme ceux de l'usufruitier, ils pourront « intervenir dans les contestations pour la conservation de leurs droits, offrir la réparation des dégradations commises, et des garanties pour l'avenir » (MM. Grenier, nº 375; Duranton, nº 604). — Furgole, sur l'art. 43, tit. 1, de l'ord. de 1747, professe un système moins équitable, quoique fondé sur la loi 50, ff., *Ad S.-C. Trebell.*; il ne veut pas que la condition des créanciers soit plus aggravée qu'en cas de remise anticipée. Mais M. Grenier fait très-bien remarquer la différence de ces deux cas : dans l'un, on maintient les créanciers dans l'intégrité de leurs droits, parce qu'on craint la collusion du grevé avec les appelés, qu'il gratifie par anticipation de la remise; dans l'autre, la collusion est impossible, puisque les appelés n'ont qu'à souffrir de l'inconduite du grevé. Ici la restitution est forcée; là elle est toute volontaire.

460. *Des effets de l'ouverture.*—Le substitué devient-il propriétaire aussitôt que le fidéicommis s'est ouvert par le décès du grevé, ou faut-il qu'il ait accepté le fidéicommis?— La question a de l'importance pour le cas (probablement fréquent, puisque le grevé, dans l'esprit du code, est un dissipateur) où les enfants jugeraient utile soit de répudier, soit de n'accepter que bénéficiairement la succession de leurs père ou mère, grevée à leur profit.—Dans le droit romain, l'héritier légitime, le légataire, le substitué, n'acquéraient la propriété que par l'adition ou acceptation.—Dans notre ancien droit, la même règle s'observait, sauf la modification introduite, pour l'héritier seul, par la maxime le mort saisit le vif. C'était la doctrine de Ricard, chap. 9, n° 784. L'ord. de 1747 l'avait consacrée, puisqu'elle veut (art. 36 et 37, tit. 1) que celui qui a accepté fasse degré dans la substitution, et que celui qui n'a pas accepté ne fasse pas degré. L'art. 36 dit aussi que le substitué qui aura accepté sera censé avoir recueilli l'effet de la disposition. Du reste, l'ordonnance n'exige pas une acceptation expresse : il suffit qu'on en manifeste l'intention, en s'immisçant dans les biens, par exemple. Rien ne s'oppose, sous le code, à l'observation des mêmes règles, si la succession du grevé a été répudiée ou acceptée sous bénéfice d'inventaire (MM. Merlin, Rép., v° Subst. fidéic., sect. 16, n°s 1 et suiv.; Duranton, t. 9, n° 611).

461. La propriété est-elle acquise par la seule acceptation de l'appelé, ou faut-il encore la délivrance ou une demande en délivrance?—Le droit romain n'a pas résolu toujours la question dans le même sens. Justinien dérogea aux anciennes lois en accordant au fidéicommissaire, comme aux légataires, l'action *in rem*, sans la condition préalable ou de la délivrance par le grevé, ou de l'envoi en possession par le juge (L. 2, C., *Comm. de leg. et fid.*; L. 23, ff., *De rei vind.*).—L'ord. de 1747 n'exigeait pas non plus la tradition; elle suppose le substitué propriétaire dès qu'il a accepté; mais, à la différence du dernier état de la législation romaine, elle déclare que le substitué ne pourra évincer les tiers acquéreurs qu'après qu'il aura obtenu la délivrance ou remise (art. 40).— «Le motif de l'ordonnance a été apparemment, dit Thévenot, que c'était plutôt au grevé ou à ses héritiers à plaider, le cas arrivant, sur l'existence ou la validité du fidéicommis, qu'à des tiers qui, naturellement, sont moins à portée de connaître les moyens pour et contre.»—La propriété étant acquise par la seule acceptation, et le droit d'éviction en résultant comme une conséquence naturelle, nous ne voyons pas de nécessité de suivre la disposition de l'ordonnance, que le code n'a pas reproduite; elle nous paraît, comme à M. Grenier, n° 377, exorbitante.

462. L'acceptation, quoique postérieure à l'ouverture de la substitution, n'aurait pas moins effet à compter du jour de l'ouverture, par une fiction rétroactive commune aux legs et aux successions légitimes. Le grevé est réputé n'avoir eu, depuis cette époque, aucune propriété. C'est ce qu'enseignent tous les auteurs, d'après un grand nombre de lois romaines (Thévenot, chap. 36).

463. En est-il de la possession comme de la propriété? s'acquiert-elle sans délivrance ou sans demande? — Non : la délivrance effectuée ou demandée est nécessaire. L'appelé ne reçoit la possession que du grevé ou de ses héritiers; la propriété, au contraire, il la tient du substituant même, le grevé n'étant point donateur, n'exerçant aucune libéralité envers lui : *capit à gravante, et non à gravato.* — Ces principes, constamment appliqués en France avant et après l'ord. de 1747, tit. 1, art. 40 (Thévenot, chap. 37), sont encore enseignés par MM. Rolland de Villargues, *loc. cit.*, n° 13; Duranton, t. 9, n° 611; Merlin, *loc. cit.*, sect. 15, § 3, n° 2, et v° Légitime, sect. 8, § 3, art. 1, n° 12).— Jugé que le défaut d'envoi en possession prescrit par l'ord. de 1747, pourrait être opposé au substitué par les tiers acquéreurs, quand même les poursuites en éviction seraient dirigées depuis la loi abolitive des substitutions; cette loi n'a porté aucune atteinte au droit, antérieurement ouvert au profit des tiers, d'opposer l'inexécution des formalités prescrites par l'ordonnance (Rej. 3 janv. 1810) (1). — Du reste, l'ordonnance, dans son précepte relatif aux formalités de l'envoi en possession, ne distingue pas le cas où celui qui doit recueillir les biens substitués est tenu de les rendre à un appelé ultérieur, du cas où il les recueille librement et sans charge de restitution. Le substitué, dans ces deux cas, est assujetti à ces formalités, s'il veut évincer des tiers acquéreurs (même arrêt).

464. De quel jour sont dus à l'appelé les fruits postérieurs à l'ouverture? — Du jour où la propriété lui est acquise, selon les lois romaines (L. 42, ff., *De usufr. et fruct.*). Cependant une loi du code paraît exiger la mise en demeure, même après la propriété acquise (L. 4, C., *De usufr. et fruct. leg. seu fid.*).—Mais « il est depuis longtemps certain parmi nous, dit Thévenot, n° 656, qu'il ne suffit pas d'avoir la propriété pour faire les fruits siens, ni dans les legs, ni dans les fidéicommis. » — C'est du jour, non de l'acceptation, mais « de l'acte par lequel l'exécution de la substitution aura été consentie, ou de la demande qui aura été formée à cet effet, » que l'ord. de 1747, art. 40, adjuge les fruits au substitué. Il est vrai que la demande en délivrance est, au lieu d'une simple acceptation, la manière ordinaire d'accepter les legs et les fidéicommis (Thévenot, ch. 41). — Sous le code, les opinions des auteurs sont divisées : les uns, et nous inclinons vers ce sentiment, pensent qu'il en doit être comme pour les legs. En conséquence, pour une substitution universelle ou à titre universel, les fruits seraient dus aux appelés à compter de l'ouverture, s'ils avaient dans l'année formé leur demande (arg. art. 1005). A notre sens, les raisons de décider sont les mêmes à l'égard du légataire et du substitué (M. Duranton, t. 9, n° 611). — M. Grenier prétend le contraire : il accorde aux appelés les fruits échus depuis l'ouverture, sans qu'il y ait eu de leur part ni demande en délivrance ni d'autre formalité... Il est, dit-il, dans l'esprit de l'art. 1053..., qu'à l'époque où, pour quelque cause que ce soit, la jouissance du grevé cesse, les appelés soient *saisis de droit*, et que, *dès ce moment*, les fruits des biens substitués leur appartiennent. » — Il faut convenir que cette interprétation ne trouve rien qui la justifie dans les termes de l'article invoqué, qui porte seulement : « Les droits des appelés *seront ouverts* à l'époque où... la jouissance du grevé cessera. » Les droits du légataire sont ouverts aussi à la mort du testateur; l'acquisition des fruits n'en est pas moins subordonnée à certaines conditions. — Le même auteur dit encore : « D'après la nature et la durée des anciennes substitutions, on sent les inconvénients qu'il y aurait eu d'admettre les appelés de plein vol à la mise en possession des biens grevés... Il était indispensable de procéder préalablement à la distinction des biens libres et de ceux substitués, à la liquidation des créances ou reprises du grevé, aux détractions des légitimes, ou de la quarte trébellianique, qui n'a plus lieu actuellement. » — Mais les biens substitués ne sont-ils pas plus ou moins confondus de fait avec les biens personnels du grevé? Ne peut-il pas encore, et M. Grenier lui-même en convient plus loin, être besoin de liquidations entre les appelés et les héritiers du grevé pour légitime, créances ou reprises, ou toute cause d'une reddition de compte? Une demande en délivrance n'est donc pas moins nécessaire que dans l'ancien droit. Jusqu'à cette demande, les héritiers du grevé, ne distinguant pas les biens à rendre, peuvent posséder de bonne foi.

465. Par cela seul que les règles qui concernent le légataire en matière de possession et de fruits nous paraissent applicables au substitué, nous croyons qu'il n'est plus dans l'esprit du code

(1) (Dubouzet C. Dison.) — La cour (apr. dél. en ch. du cons.); — Attendu que l'ordonnance des substitutions ne distinguant pas, dans son précepte relatif aux formalités de l'envoi en possession, le cas où celui qui doit recueillir les biens substitués est tenu de les rendre à un appelé ultérieur, du cas où il les recueille librement et sans charge de restitution, l'arrêt attaqué n'a pu violer la loi en exigeant du demandeur en cassation l'observation desdites formalités, abstraction faite du point de savoir s'il est ou non grevé de restitution; — Attendu que la loi de 1792, abolitive des substitutions, n'a porté aucune atteinte aux droits ouverts antérieurement à sa publication, soit au profit des substitués, pour réclamer l'effet des substitutions, soit au profit des tiers acquéreurs, pour opposer auxdits substitués l'inobservation des formalités à eux imposées par l'ordonnance des substitutions, et qu'en réclamant le bénéfice d'une législation aujourd'hui abolie, les appelés ne peuvent se soustraire aux conditions prescrites par cette même législation; — Rejette le pourvoi formé contre l'arrêt de la cour de Paris, du 31 août 1808.

Du 3 janv. 1810.-C. C., Sect. civ.-MM. Muraire, 1er pr.-Boyer, rap.

d'admettre cette disposition de l'art. 41 de l'ord. de 1747, tit. 1 : « Lorsqu'il échoira de procéder à la distinction des biens libres et des biens substitués, et à la liquidation des détractions, les héritiers, représentants ou ayants cause de l'auteur de la substitution, ou de celui qui en était chargé, auront la *jouissance provisoire* des biens faisant partie de la succession, jusqu'à ce que ces distinctions et liquidations aient été faites. » — C'est bien là le lieu de répéter ce qu'appliquait M. Grenier à la question précédente : L'ancien système des substitutions tendait moins que le nôtre à simplifier les liquidations entre les appelés et les héritiers du grevé. Le code pourvoit mieux à la stabilité de la substitution, à l'exécution fidèle de la charge de rendre, en autorisant beaucoup moins de détractions. La *jouissance provisoire* accordée aux héritiers soit du grevé, soit du substituant, ayant surtout pour motif cette complication, ces lenteurs de l'ancien mode de liquidation et des contestations qu'il suscitait en foule, n'est plus en harmonie avec nos usages, ni avec les principes généraux du droit, qui assimilent les légataires aux fidéicommissaires, et attribuent les fruits aux légataires, et comme une conséquence de la seule demande en délivrance.

466. Sous l'ancienne jurisprudence, et dans les pays de droit écrit, quoique en général les biens du fidéicommis dussent être distraits du patrimoine du grevé, on faisait exception pour la fixation de la légitime, dans le cas d'un fidéicommis établi par l'aïeul au profit d'un de ses petit-fils, si c'était le fils que l'aïeul avait considéré comme l'objet principal de sa libéralité ; alors le fils ne transmettait les biens à celui de ses enfants substitué, que grevés de la légitime de ses autres enfants (Nîmes, 7 mars 1806) (1).

467. Le compte de la substitution est rendu aux appelés qui ne se portent pas héritiers du grevé, ou qui acceptent sa succession sous bénéfice d'inventaire. Le compte est débattu avec les créanciers de la succession et les héritiers légitimes, d'après les règles ordinaires. — Mais comment s'imputent, soit les dettes anciennes du grevé envers le substituant, soit les dettes du substituant envers le grevé? Si le grevé était débiteur, le substitué universel répétera contre lui ou son représentant ce qu'il devait au disposant. La dette est bien déclarée confuse par l'adition, d'après les lois romaines ; mais elles en permettent la répétition par une action particulière et nouvelle, qu'elles qualifient *ex causâ fideicommissi* ; elles supposent, et on doit l'entendre ainsi, que le testateur avait chargé l'institué de rendre cette somme au fidéicommissaire (L. 25, § 11, et 58, ff., *Ad S.-C. Treb.*). Telle est la doctrine de tous les auteurs (Thévenot, ch. 84).

468. Quant aux créances du grevé sur le substituant, déduction doit en être faite lors de la restitution ; son adition, et la confusion qui en est la suite nécessaire, ne les a point éteintes (L. 104, § 7, ff., *De leg.* 1°; L. 51, ff., *Ad S.-C. treb.*). Il ne perdrait ses créances qu'autant qu'il serait prouvé que le testateur, en l'instituant, a voulu qu'il les compensât avec le bénéfice résultant de l'institution (L. 123, *ibid.* ; L. 53, *De leg.* 2°). Mais quel sera le mode de déduction? Les lois romaines sont interprétées en sens divers à cet égard. Ricard veut que l'action du grevé reprenne vigueur lors de la remise pour obliger le substitué, comme elle eût obligé le défunt lui-même, s'il vivait : « La confusion, dit-il, se règle sur le titre d'héritier, et ne dure qu'autant de temps que la succession demeure en sa personne » (chap. 12, n° 71). Pérégrinus entend que le grevé ne doit rendre que ce qui restera des biens, après qu'il en aura déduit le montant de son dû ; il ne le recevra point en deniers, comme le veut Ricard ; mais il devient, *ipso jure*, dès le moment de son adition, propriétaire incommutable des biens de l'hérédité, jusqu'à concurrence. Thévenot, chap. 85, entre dans une discussion approfondie des lois romaines, réfute ces deux systèmes, et conclut que le grevé ne peut conserver la possession que jusqu'à ce qu'on lui paye ses créances ; mais que ce n'est que par forme de gage et de nantissement qu'il a droit de retenir les biens et de les répéter, s'il en a été dessaisi sans payement. — L'ordon. de 1747 décide, tit. 2, art. 9, que, pour ses détractions ou autres droits, le grevé pourra être autorisé à retenir les meubles et effets mobiliers, s'il demande à les imputer sur ce qui lui est dû. Le grevé n'est donc pas de plein droit propriétaire incommutable, jusqu'à concurrence de ses créances ; il ne l'est pas même des effets mobiliers, dont il doit faire emploi, selon l'ordonnance. — L'application de ce dernier système nous semble encore, sous le code, abandonnée à la sagesse du juge, en raison des circonstances.

469. Lorsqu'un testateur grevé de substitution a disposé par erreur des biens qui ne lui appartenaient pas, les héritiers nécessaires ou légitimes seront recevables à revendiquer leur part dans ces biens, lors même qu'ils auraient été nommés légataires par le testateur. — Les héritiers institués ne pourraient pas, dans un cas pareil, en invoquant les lois romaines, faire déclarer les premiers indignes des libéralités du testateur, comme ayant critiqué sa volonté et ses dispositions. — ...Les héritiers institués seraient également non recevables à demander la réduction des legs en proportion de l'éviction, attendu qu'ils n'ont éprouvé aucune éviction dans les biens personnels et formant l'hérédité du testateur (Rej. 9 fév. 1808) (2).

---

(1) *Espèce :* — (Les frères Peytavin.) — Jean Peytavin avait fait donation entre-vifs de ses biens à André Peytavin, son fils, à la charge de substitution au profit d'un de ses petits-enfants, s'il survivait au donataire. — Le cas prévu arriva : André prédécéda son père. Jean Peytavin, second du nom, fils aîné d'André, fut institué héritier de son père et de son aïeul, à la charge d'acquitter la légitime de droit due à ses frères. — Lorsqu'on en vint à la fixation de cette légitime, Jean Peytavin, héritier institué, prétendit devoir distraire de la masse de la succession : 1° les dettes, 2° les biens substitués. — Pierre Peytavin, son frère, soutint que les biens substitués ne pouvaient être assimilés aux dettes, et qu'ils devaient entrer dans la composition de la masse héréditaire. — L'instance, suspendue pendant longtemps, fut reprise en l'an 10, devant le tribunal de Mende, qui ordonna que les biens substitués seraient distraits. — Appel. — Arrêt.

LA COUR ; — Considérant qu'en thèse générale, les biens dépendants d'un fidéicommis doivent être distraits du patrimoine du grevé, *tanquam res alienum*, comme toute autre dette, suivant la disposition des lois 77, ff., *De leg.* 2, 6 et 8 au code *Ad leg. falcid.*, la novelle 39, chap. 1, et l'authentique *res quæ*, au code *Communia de legat.* ; mais que cette règle souffre exception dans le cas d'un fidéicommis établi par l'aïeul en faveur d'un petit-fils ; qu'on distingue dans cette espèce si c'est le fils ou le petit-fils qui ait été l'objet de sa libéralité ; que lorsqu'elle est faite en contemplation du petit-fils, les biens qui en sont l'objet étant réputés n'avoir jamais été dans le patrimoine du fils, comme propriétaire, ses autres enfants n'y ont aucun droit de légitime ; que lorsqu'au contraire elle l'a été en contemplation du fils, on les considère comme une dépendance de son héritage, parce que l'aïeul est présumé n'avoir eu en vue, en faisant une disposition secondaire, que d'empêcher la dissipation et le partage de ses biens, sans nuire à aucun de ses descendants ; que telle était la jurisprudence du parlement de Toulouse, attestée par Cambolas, liv. 2, chap. 14 ; Laroche et Graverol, lib. 6, *in verb.* Légitime, tit. 65, art. 4 ; et par Fromental, v° Légitime ; — Qu'ici l'on a pu douter que Jean Peytavin premier voulût favoriser principalement son fils André, puisqu'il commença par lui faire une donation irrévocable de tous les biens qui lui restaient, et ne lui substitua un de ses petits-enfants qu'autant qu'il survivrait lui-même à ce donataire ; que celui-ci, survivant au donateur, aurait donc recueilli, à l'exclusion de tous ses enfants, l'effet de la donation, et ne l'aurait transmise à son héritier que grevée de la légitime de ses autres enfants ; qu'on voit par là que l'intention de l'aîné ne fut pas de priver de cette légitime ceux de ses petits-enfants qui ne seraient pas héritiers de leur père ; qu'en ne désignant même particulièrement aucun de ses petits-enfants pour substitué, il parut vouloir les confondre tous dans les mêmes sentiments d'affection, ce qui ne saurait se concilier avec le dessein d'en priver quatre du droit le plus incontestable, la légitime sur la succession de leur auteur commun... ; — Emendant, etc.

Du 7 mars 1806.-C. de Nîmes.

(2) (Wischer-Celles C. Brouchoven.) — LA COUR ; — Attendu qu'il est constant au procès, ou par la nature des faits, ou par l'autorité de la chose jugée par les jugements et arrêts ci-dessus, que les défendeurs n'étaient point les héritiers nécessaires de Sottignies fils, dernier testateur ; que, comme descendants de Guillaume-Louis Wischer de Celles, ils avaient droit à une part quelconque dans les biens substitués en leur faveur par Sottignies père ; que Sottignies fils avait disposé par erreur de ces biens à leur préjudice, comme les croyant siens ; qu'ils n'ont fait que revendiquer leur part dans ces biens, sans critiquer ni combattre au surplus aucune des dispositions de son testament ; qu'on ne peut pas dire que dans une telle espèce, les lois romaines invoquées par les demandeurs soient positivement applicables, ni qu'il y ait été contrevenu ; — Attendu que les demandeurs institués par Sottignies fils n'ayant éprouvé aucune éviction dans les biens personnels et formant l'hérédité du testateur, ce n'est pas le cas d'appliquer les lois qui commandent la

ART. 7. — *De l'extinction des substitutions, de ses causes et de ses effets.*

470. La substitution s'évanouit par le défaut de la condition qui y était apposée (L. 49, ff., *De leg.*, 1°, §§ 1, 2 et 3).

471. Elle tombe également, si l'appelé n'existe plus ou est incapable au moment de l'ouverture; c'est l'appelé lui-même, et non les héritiers de l'appelé, que le substituant a voulu gratifier. Mais le fidéicommis subsiste pour ceux des autres appelés qui auraient la capacité requise (L. 17, ff., *De leg.*, 2°). — Il a été jugé que l'enfant grevé de substitution aux termes de l'art. 1048 c. nap., c'est-à-dire au profit de son enfant du premier degré, acquiert, par le prédécès de ce dernier le droit de disposer des objets de la substitution au préjudice des enfants de l'appelé ou petits enfants du grevé (Rouen 23 juin 1848, aff. Trannoy, D. P. 49. 2. 147).

472. La substitution s'éteint par l'épuisement des degrés permis.

473. Elle s'anéantit avec la chose substituée, si elle vient à périr : mais il faut qu'il n'y ait ni dol ni faute de la part du grevé. C'est à cette condition qu'il n'est tenu de rien rendre (L. 26, § 1, ff., *De leg.*, 1°; L. 22, § 3, ff., *Ad treb.*).

474. La révocation par le substituant fait-elle disparaître le fidéicommis? — Les lois romaines le déclaraient révocable par la volonté nue du substituant, sans qu'il fût besoin d'aucune forme, et pourvu que l'intention de révoquer fût constante. Peu importait que le fidéicommis fût par acte entre-vifs ou par testament (L. 18, ff., *De legat.*, 5°; L. 3, ff., *De adim. vel transfer. leg. vel fid.*, § 11; L. 27, C., *De fideicom.*). Les mêmes règles furent observées en France jusqu'à l'ordonnance des donations de 1731; le fidéicommis par donation entre-vifs était révocable, « à moins, dit Ricard, que le substitué n'eût été présent et acceptant dans la donation » (chap. 4, n°s 137 et 140); mais l'ordonnance précitée statue qu'il « vaudrait en faveur du substitué par la seule acceptation du donataire, » lors même que le substitué existerait au temps de la donation (art. 11 et 12). — L'ord. de 1747 veut aussi que « quand la donation a été bien et dûment acceptée, » les substitutions faites dans cette forme ne puissent être révoquées ni changées. Il n'y avait donc plus que celles par testament que le substituant pût révoquer à son gré.

475. Sous le code, le seul consentement du donateur et du grevé suffirait-il pour détruire la charge de rendre, contenue dans un acte entre-vifs? — « Dès que la disposition négative de l'ordon. de 1731, dit M. Delvincourt (t. 2, notes sur la page 107), n'a pas été renouvelée par le code, l'on doit présumer que le législateur n'a pas entendu la maintenir : il faut se référer au principe général *unaquæque res dissolvi potest eodem modo quo fuit colligata.* C'était l'avis de Ricard, qui écrivait avant l'ordonnance, part. 1, n°s 137 et suiv. » — Cette opinion est rejetée, et doit l'être, à notre sens, par MM. Toullier, t. 5, n° 793, et Rolland de Villargues, Rép. de M. Favard, v° Substit., chap. 2, sect. 2, § 6, n° 20 : l'obligation de rendre est contractée par le donataire, non pas envers le donateur, mais envers les appelés; et elle existe indépendamment de leur acceptation, que la loi n'a pas exigée.

476. Quel est l'effet de la renonciation de l'appelé? Chacun pouvant s'abstenir du bienfait qui le concerne, il semble naturel que la renonciation de l'appelé fasse défaillir la substitution. On doit cependant distinguer : la renonciation suit-elle l'ouverture? Elle vaudra sans aucun doute et sans qu'il soit besoin de forme particulière (L. 38, ff., *De leg.*, 1°; L. 26, Cod., *De fideicomm.*). — Est-elle antérieure? Il faut distinguer encore : faite du vivant du testateur, si la substitution est testamentaire, elle sera nulle, comme ayant pour objet une succession future. Après la mort du testateur, sa validité dépendra de certaines conditions. Dans ce cas, les lois romaines la déclaraient nulle, en général, attendu qu'on ne peut renoncer à une chose à laquelle on n'a encore aucun droit (L. 45, ff., *De leg.* 2°, § 1). Mais, par exception, elles lui donnaient effet, si elle était conçue en forme de pacte ou convention avec le grevé ou le substitué (L. 2, ff., *De pact.*, § 4; L. 1 et 16, C., *eod.*; L. 11, C., *De transact.*). Cette exception, enseignée par tous les anciens auteurs, a été adoptée par l'ord. de 1747; elle n'admet la renonciation avant l'ouverture qu'autant qu'il y en a un acte passé *avec le grevé ou le substitué*; encore exige-t-elle qu'il soit passé *devant notaire*, et qu'il en reste minute, à peine de nullité (tit. 1, art. 28). Pourquoi un écrit sous seing privé ne suffirait-il pas alors, comme après l'ouverture? « C'est que, dit Thévenot (sur l'art. 28), quand le fidéicommis est ouvert, il n'y a point de fraude à craindre dans la renonciation par rapport aux appelés subséquents; au lieu qu'avant l'ouverture elle peut compromettre le droit des substitués suivants en faisant passer le fidéicommis à ceux qui existent pour lors, à l'exclusion de ceux qui auraient existé lors de l'ouverture. L'ordonnance ne veut pas que par un écrit qui pourrait être fait après coup et antidaté, on dérange à son gré l'ordre naturel de la substitution. » — M. Toullier (n° 801) pense que cette disposition doit être observée sous l'empire du code : « car, dit-il, une pareille renonciation est une véritable donation entre-vifs, sujette aux formalités particulières à ces sortes d'actes, et par conséquent à l'acceptation expresse. » — Quoique les appelés n'aient pas un droit formé, un droit exigible avant l'ouverture de la substitution, ils ont néanmoins un droit éventuel ou une espérance qui ne peut leur être enlevée sans leur consentement. Cela suffit pour les autoriser à convenir avec le grevé qu'au cas où la substitution s'ouvrirait par la suite à leur profit, ils ne la recueilleront pas. Cette convention n'a rien de contraire aux lois ni aux bonnes mœurs, puisque nous la supposons faite sur une succession ouverte. Tel est aussi le sentiment de M. Rolland de Villargues, n° 21.

477. La renonciation, comme nous l'avons dit ailleurs, ne s'introduirait pas du consentement des appelés à la vente faite par le grevé. Ils ne seraient pas censés du moins avoir abdiqué leur droit à la restitution du prix pour le temps où la chose même eût dû leur être remise.

478. Il est presque superflu de remarquer que la renonciation n'aura l'effet d'exclure que celui des appelés qui l'a consentie. La loi 26, C., *De fid.*, suppose que c'est le père qui renonce; elle ne maintient pas moins le fils, second appelé, en ce que sa vocation est un droit personnel, qui n'a rien de commun avec celui de son père. Il en serait donc de même, le fils fût-il héritier du père, en ce que celui-ci ne serait jamais censé avoir renoncé qu'à son propre droit, comme l'enseignent Ricard, ch. 9, n° 748, et Thévenot, n° 1156.

479. Le code a bien une disposition spéciale pour les effets de la remise anticipée, qui ne nuira point aux créanciers antérieurs du grevé (art. 1053). Son silence, quant aux effets de la renonciation de l'appelé, doit s'interpréter dans le même sens; les motifs sont les mêmes, et le principe général d'ailleurs est dans l'art. 1166, qui permet aux créanciers d'exercer *tous les droits et actions* de leur débiteur, à l'exception de ceux exclusivement attachés à la personne. V. Conf. MM. Rolland de Villargues, n° 23; Grenier, n° 372.

480. La caducité de l'institution ou du legs entraîne-t-elle celle de la substitution? Déjà nous avons décidé qu'en général la substitution valait comme seconde donation principale, même lorsque la première disposition demeurait sans effet. — Mais c'est le lieu d'expliquer plusieurs distinctions qui résultent de la comparaison de l'ancien et du nouveau droit. — Les lois romaines faisaient dépendre de l'adition de l'héritier institué la validité du fidéicommis, condition de l'institution (L. 81, ff., *De leg.*, 2°; L. 39, § 3, ff., *De admin. et peric. tut.*). De là le droit accordé au fidéicommissaire par le S.-C. Pégasien, de forcer l'héritier grevé d'accepter l'hérédité pour la rendre. — Cette règle avait toutefois deux exceptions : 1° le fidéicommis par testament militaire valait, sans l'adition de l'institué (L. 13, § 4, ff., *De testam. mil.*, et L. 43, ff., *De fideic. lib.*); — 2° Elle n'était

---

réduction du legs en proportion de l'éviction; qu'au surplus, l'arrêt attaqué (de la cour de Bruxelles, du 2 fruct. an 12) a réservé aux demandeurs, héritiers institués, le bénéfice de la quarte falcidie, s'il y a lieu; — Attendu que c'est avec raison qu'on s'est conformé aux formalités prescrites pour les appels dans la cause qui, quoiqu'elle dût être de grande révision dans son principe, avait été convertie en appel; — Rejette.

Du 9 fév. 1808.-C. C., sect. civ.-MM. Chasle, rap.-Merlin, pr. gén., c. conf.

pas non plus nécessaire si le testament portait qu'au cas où il ne pourrait valoir comme testament, il vaudrait comme codicille : ce qu'on appelle la *clause codicillaire*. Le testament dégénérait par là en codicille, où l'institution d'héritier n'a pas lieu (L. 3, ff., *De testam. mil.*).

L'ord. de 1747 s'est conformée au droit romain pour le principe : « la caducité de l'institution emportera celle de la substitution fidéicommissaire » (tit. 1, art. 26), et pour les deux exceptions relatives au *testament militaire* (*ibid.*), et la *clause codicillaire* (art. 27). — Mais elle en diffère en un point important : la renonciation, dans le droit romain, ne rendait pas moins l'institution caduque que le décès avant le testateur ou l'incapacité de l'institué. Les lois disaient indistinctement : *si nemo subiit hæreditatem*. L'ordonnance décide que « la renonciation de l'institué ne pourra nuire au substitué » (art. 27). Et pourquoi ne regarde-t-elle pas alors la substitution comme caduque? C'est que l'institution est présumée avoir eu son effet, l'institué ayant été, jusqu'à la renonciation, saisi de l'hérédité en vertu de notre règle : *le mort saisit le vif*. — Mais qu'est devenue cette jurisprudence sous le code? D'abord, l'institution d'héritier n'est plus nécessaire pour la validité d'un testament, et, quand elle s'y trouve, elle n'a que l'effet d'un legs universel; dès lors la substitution vaudra, sans qu'il soit besoin de l'adition de l'institué. Le vœu du testateur est tel, puisqu'il a évidemment préféré l'appelé à ses héritiers naturels; c'est ce que reconnaît positivement une des lois romaines citées : elles ne s'opposaient à l'exécution de cette volonté que pour un vice de forme qui n'existe plus. L'héritier légitime sera donc tenu, dans tous les cas indistinctement, d'acquitter le fidéicommis, comme aurait fait le légataire, s'il avait recueilli sous les mêmes conditions (V. en ce sens M. Troplong, n° 2247). — C'est ce qui s'observait aussi dans les pays coutumiers, où l'institution d'héritier n'était non plus considérée que comme un legs universel. Divers arrêts rapportés par Merlin ont statué dans ce sens (parlement de Paris, 26 fév. 1715, fév. 1717 et 1718; Rép., v° Subst. fidéic., sect. 18, n° 7). — Les principes du droit romain n'étaient pas les mêmes quant à la caducité du legs et à celle de l'institution. Les anciennes lois déclaraient bien la substitution évanouie, par cela seul que le legs qu'elle grevait devenait caduc; mais dans la suite on établit pour règle générale que la charge du fidéicommis passerait à celui qui profiterait des biens à la place du légataire grevé (L. 61, § 1, ff., *De leg.* 2°; L. 4, C., *Ad treb.*; L. 1, § 4 et 9, C., *De caduc. tollend.*). — Les nouveaux auteurs sont également d'avis que si le légataire grevé ne recueille pas, les biens seront dans les mains de l'héritier légitime qui aura accepté la succession, affectés de la même charge, au profit des appelés (MM. Toullier, t. 5, n° 794; Delvincourt, t. 2, notes sur la page 107; Duranton, t. 9, n°s 600 et suiv.; Merlin, *loc. cit.*; Rolland de Villargues, *loc. cit.*, § 6, n° 19).

481. Si la caducité du legs n'entraîne pas celle de la substitution, faut-il au moins que les appelés soient nés au moment où le legs est déclaré caduc pour profiter des biens? — M. Duranton (t. 9, n° 602) professe l'affirmative. Il se fonde sur la nature de la substitution, qui, de *fidéicommissaire* qu'elle eût été par l'acceptation du légataire, devient nécessairement *vulgaire* par sa renonciation ou toute autre cause de la caducité du legs. Elle n'est pas fidéicommissaire, car il est de l'essence du fidéicommis qu'une personne veuille ou puisse recueillir pour remettre; que deux gratifiés jouissent comme propriétaires dans un ordre successif. Elle est vulgaire; car on ne maintient les appelés, à défaut du grevé, qu'en supposant que le testateur les a tous préférés à des héritiers légitimes; il a voulu favoriser ses héritiers, à défaut des appelés, comme les appelés à défaut du grevé. Or il est de principe que, pour profiter d'une libéralité, il faut être conçu à l'instant où l'acte qui la contient a son effet (c. nap. 906). Le code n'a fait exception que pour le cas de substitution fidéicommissaire, autorisée par les art. 1048 et 1049, en faveur des enfants nés ou à naître du grevé. L'idée du fidéicommis écartée, on rentre donc dans les termes du droit commun. — Il suit de là que les appelés, qui recueilleront en vertu de la substitution vulgaire, ne seront point grevés envers ceux des autres appelés, qui naîtraient postérieurement au décès du testateur. Les biens substitués dont ils auront été saisis, au lieu d'accroître à ceux-ci, passeront aux héritiers légitimes du défunt. — M. Delvincourt (*loc. cit.*) admet implicitement la même doctrine. — Mais elle est combattue, avec raison selon nous, par MM. Coin-Delisle, sur l'art. 1053, n° 1, et Troplong, n° 2247. La volonté du testateur a été d'appeler au bénéfice de la substitution tous les enfants nés et à naître du grevé; admettre les uns et exclure les autres, c'est s'écarter de cette volonté, c'est refaire le testament au lieu de l'exécuter. Qu'on ne dise pas que la disposition est nulle en ce qui concerne les enfants à naître; cette disposition est valable puisqu'elle était autorisée par les art. 1048 et 1049 c. nap.; or il n'a pu dépendre de l'institué de déjouer par sa seule volonté la légitime prévoyance du législateur et du disposant; il a bien pu, par sa répudiation, avancer l'époque de l'entrée en jouissance des appelés, mais voilà tout; son pouvoir ne va pas jusqu'à favoriser les uns aux dépens des autres, et telle serait cependant la conséquence de la doctrine de M. Duranton. Ainsi, s'il existe déjà des enfants au moment de la répudiation, ils auront le droit de réclamer immédiatement les biens substitués; mais ils ne les prendront qu'à la charge de partager avec ceux qui pourront naître ultérieurement. S'il n'existe pas encore d'enfants, les biens substitués demeureront en séquestre entre les mains des autres héritiers du testateur, sous la surveillance d'un tuteur à la substitution. Tel paraît être aussi le sentiment de Toullier, t. 5, n°s 793 à 795.

482. Supposons maintenant que la substitution ait été faite par donation entre-vifs et que le grevé refuse de l'accepter. Dans ce cas, il n'y a point de donation, point de contrat, mais un simple projet auquel le refus du donataire enlève tout effet. Il n'y a pas de donation sans le concours de deux volontés. Ainsi le droit des appelés, dans cette hypothèse, ne peut point prendre naissance. C'est ce qu'enseignent MM. Coin-Delisle, sur l'art. 1053, n° 11, et Troplong, n° 2248. — V. toutefois *Contrà* M. Vazeille, sur l'art. 1053, n° 4.

SECT. 4. — DES SUBSTITUTIONS AUTORISÉES PAR LA LOI DU 17 MAI 1826.

483. La loi du 17 mai 1826 était conçue dans un tout autre esprit que les dispositions du code Napoléon qui viennent d'être expliquées. Ces dernières ne permettaient de substituer que pour garantir ses petits-enfants ou ses neveux contre les dilapidations d'un père dissipateur. La loi de 1826 se proposait un but tout politique : c'était la division indéfinie des propriétés que l'on voulait arrêter; c'était un auxiliaire, un appui qu'on prétendait donner au gouvernement monarchique dans un régime plus étendu des substitutions (Exposé des motifs, chamb. des pairs, 10 fév. 1826; chamb. des députés, 11 avril). — Cette loi portait (article unique) : « Les biens dont il est permis de disposer aux termes des art. 913, 915, 916 c. nap. pourront être donnés en tout ou en partie, par acte entre-vifs ou testamentaire, avec la charge de les rendre à un ou plusieurs enfants du donataire, jusqu'au deuxième degré inclusivement. — Seront observés, pour l'exécution de cette disposition, les art. 1051 et suiv. c. nap., jusques et y compris l'art. 1074. » — Cette disposition déroge au code en trois points principaux : 1° elle étend les substitutions à deux degrés; 2° elle permet de les faire au profit d'un seul des enfants du grevé; 3° la parenté n'est plus nécessaire entre le disposant et le grevé.

484. D'après un arrêt, la clause par laquelle un testateur avait déclaré que les institués ne pourraient vendre ni aliéner ces biens, sous quelque prétexte que ce fût, et seraient forcés de les laisser à leurs enfants ou à leurs héritiers, avait pu être considérée comme renfermant une substitution fidéicommissaire au profit des enfants et petits-enfants seulement des institués, laquelle était permise par la loi du 17 mai 1826, sans que l'arrêt qui le décidait ainsi, en se fondant tant sur le sens du mot *héritiers*, dans le langage ordinaire, que sur les intentions du testateur, manifestées dans d'autres clauses du testament, tombât sous la censure de la cour suprême (Req. 3 fév. 1835) (1).

485. Comment devaient, sous l'empire de la loi dont il s'a-

(1) (Leharivel et consorts C. Leharivel et joints.) — LA COUR; — Considérant que la cour royale de Rennes, en interprétant les clauses

git, se compter les degrés? Dans la discussion de la loi, on s'était référé sur ce point à l'ordon. de 1747, après de longs débats sur l'opportunité d'insérer textuellement dans la loi les dispositions de l'ordonnance ou d'y renvoyer formellement. — Or, selon l'art. 33 de l'ordonnance, les degrés de substitution devaient être comptés par tête et non par souches ou générations; de telle manière que chaque personne fût comptée pour un degré.

486. Le grevé n'avait jamais compté pour un degré; deux degrés ne s'entendaient donc ici que des deux appelés successifs.

487. L'appelé qui renonçait avant d'avoir accepté n'était pas censé avoir rempli un degré, « encore que la renonciation n'eût pas été gratuite, » porte l'ordonnance, art. 37. — Rien ne s'opposait dans le code à ce qu'on suivît la même règle.

488. Le décès sans acceptation était assimilé, par l'art. 37 de l'ord., à la renonciation. — Jugé, sous l'ord. de 1747, que le grevé qui décédait sans avoir accepté la disposition fidéicommissaire, et sans s'être immiscé dans la possession des biens substitués, ne remplissait pas un degré de substitution (Req. 16 fruct. an 12, M. Ligs, rap., Méchin, proc. gén., concl. conf., aff. Desroblet).

489. Il n'était pas exigé par la loi de 1826 que le second substitué fût le fils du premier appelé; il pouvait être seulement un des descendants à un degré plus éloigné. — Toutefois, c'était dans la descendance du donataire que la loi de 1826 avait concentré le bénéfice de la substitution. Ainsi un enfant du donateur ne pouvait pas être substitué (Rapp. de la commiss. à la ch. des déput., séance du 28 avr. 1826).

A plus forte raison, la substitution n'eût pu profiter à des personnes tout à fait étrangères à la famille du grevé (V. la discuss. à la ch. des déput., séance du 28 avr. 1826).

490. L'art. 1051 c. nap. permet que, si le grevé laisse des enfants au premier degré, et des descendants d'un enfant prédécédé, « ces derniers recueillent par représentation la portion de l'enfant prédécédé. » Sous la loi de 1826, la même représentation pouvait avoir lieu au profit des enfants du deuxième appelé. — La loi, en effet, prescrivait, pour son exécution, l'observation des art. 1051 et suiv.

491. La loi de 1826 autorisait la charge de rendre à un ou plusieurs enfants du donataire. Il ne faut pas induire de ces mots *du donataire*, qu'il pouvait y avoir plusieurs grevés collectivement. — La proposition de réduire le nombre des institués à un seul ayant été faite à la chambre des députés, avait été rejetée (séance du 11 mai 1826).

492. On avait proposé aussi d'abroger expressément les art. 1048, 1049 et 1050. Mais la chambre des députés passa à l'ordre du jour (même séance).

493. La commission de la chambre des pairs avait proposé de permettre aux tribunaux d'accorder une pension aux enfants du grevé non appelés à la substitution, en cas d'insuffisance, soit des biens libres de son père, soit de ses biens personnels, pour assurer sa subsistance. La proposition fut rejetée (rapp. à la ch. des pairs, séance du 11 mars 1826; rapp. à la ch. des députés, séance du 28 avril 1826).

494. La loi de 1826, comme l'ordonnance, permettait de substituer *tous* les biens sans distinction. La chambre des pairs avait rejeté un amendement tendant à limiter les substitutions aux seuls immeubles (séance 2 avril 1826).

495. On s'était plaint, à la chambre des députés, que la charge d'élire fût passée sous silence. L'art. 14 de l'ord. de 1747 autorisait « la charge de remettre les biens à celui que le donateur ou *donataire* voudrait choisir. » Cette faculté, fréquemment pratiquée dans toute la France, l'était principalement dans les dispositions de l'un des époux au profit du conjoint survivant. C'était un moyen d'attirer à ce dernier de la part des enfants plus d'obéissance et de respect. La charge d'élire n'impliquait substitution que lorsqu'elle était imposée à l'institué ou au légataire même; alors il y avait deux transmissions successives. Mais il arrivait aussi d'instituer celui de plusieurs individus désignés, qui serait choisi par un tiers. Ce second mode n'était qu'une institution directe, en faveur de l'élu, imaginée dans les coutumes où l'on n'aurait pu employer le premier, la substitution par testament étant interdite (M. Grenier, t. 1, p. 75). — Le rapport de la commission expliquait fort bien que la loi de 1826 autorisait implicitement la délégation du droit d'élire. D'abord, cette faculté, sous l'ancien régime, avait toujours été considérée comme inhérente à la nature de la substitution. En effet, on connaît son donataire; mais on ne connaît pas les enfants et petits-enfants nés et à naître de ce donataire; et il est naturel de désirer que les biens qu'on substitue passent à ceux qui se rendront le plus dignes de cette libéralité, et qui, par une sage administration, sauront mieux les conserver. Aussi l'ord. de 1735, relative aux testaments, mentionne-t-elle la délégation du choix, non comme un droit qu'avait besoin de créer l'ordonnance, mais comme une conséquence naturelle du droit de disposer sous la charge de rendre. L'ord. de 1747 s'explique dans le même sens. Or, disait M. le rapporteur à la chambre des députés, « l'ordonnance avait pour objet de borner à deux degrés les substitutions. Le but du projet présenté est le même : identité de principe, identité de conséquence. » Il est vrai, continue-t-il, « que l'usage d'une semblable délégation peut rendre plus fréquentes les chances de caducité ou de partage. Mais c'est à la prudence des donateurs à les prévenir par des clauses particulières. »

496. Il faut que l'élu ne fût appelé qu'après la mort de celui qui le choisissait, sinon le fidéicommis eût été simplement à terme, et n'eût pas formé une substitution. — V. Conf. M. Duranton, t. 9, n° 560).

497. Une question fut soulevée à la chambre des députés (séance du 11 mai 1826) sur les droits de mutation que devrait payer chaque grevé au moment où il recueillerait les biens. La régie de l'enregistrement suivait deux règles contraires dans deux cas analogues; le droit était exigé, en cas de majorat, au taux de la transmission d'usufruit; ainsi l'ordonnait un décret impérial du mois de juin 1806. Les droits de transmission de propriété n'étaient dus alors que lorsque les biens devenaient libres dans la succession du dernier titulaire; mais s'agissait-il de biens donnés en vertu des art. 1048 et 1049 c. nap., le grevé payait comme s'il était propriétaire. — Il fut expliqué que cette jurisprudence devait encore être suivie. Le décret de 1806 était une exception d'un ordre spécial, non applicable au droit civil ordinaire. Le grevé était vraiment propriétaire, quoique sa propriété fût conditionnelle et résoluble. Dans les substitutions réglées par l'ord. de 1747, les mutations avaient été constamment soumises au même droit que les mutations de propriété. Du système contraire fussent résultés un privilége pour les biens substitués, et un préjudice notable pour le trésor.

498. Disons, en terminant, que la loi du 17 mai 1826, qui n'était point, au reste, entrée dans les mœurs et qui n'a reçu que bien peu d'application, a été abrogée, ainsi que nous l'avons remarqué plus haut (n° 24), par la loi du 11 mai 1849. On se retrouve dès lors sous l'empire du code de 1803, dont on a présenté l'explication dans ce traité.

499. La loi du 11 mai 1849, née dans un temps où la république n'avait point encore dépassé les limites que des esprits aventureux et inexpérimentés tentaient de lui faire franchir, a eu pour objet l'abrogation des lois de Napoléon sur les majorats et de celle de 1826 sur les substitutions, inspirées les unes et les autres par les craintes que les chefs de l'Etat avaient de la liberté et de l'égalité sociale, chez un peuple dont les grandes majorités ne paraissaient pas encore capables d'en faire un meilleur usage qu'en 1793. — Les dispositions de cette loi, relatives aux substitutions, sont retracées plus haut, n° 24. — Au reste, cette loi a déjà reçu quelques applications, V. n° 294; V. aussi D. P. 51. 2. 41; 53. 2. 193.

---

du testament dont il s'agit, tant d'après l'acception que le mot héritier avait dans le langage ordinaire que d'après les intentions manifestées par le testateur dans d'autres passages du même testament, la cour royale en a tiré la conséquence que ce testateur n'avait fait qu'une substitution fidéicommissaire aux premier et deuxième degrés de ses descendants en ligne directe, telle qu'elle est permise par la loi du 17 mai 1826, et qu'en le jugeant ainsi, cette cour n'a fait qu'une juste interprétation du testament du 25 avril 1850; — Rejette.

Du 5 fév. 1835.-C. C., ch. req.-MM. Zangiacomi, pr.-Joubert, rap.-Nicod, av. gén., c. conf.-Jouhaud, av.

Table sommaire des matières.

Table des articles du code Napoléon.

Table chronologique des lois, arrêts, etc.

SUBSTITUTION D'ENFANT. — V. Crimes contre les personne, nos 250 et s.

SUBSTITUTION DE PERSONNE. — V. Faux, no 353; Mandat, nos 280 et s.

SUBSTITUTION VULGAIRE. — V. Substitution, nos 2, 8 et s., 20 et s., 95 et s., 216 et s., 238 et s.

SUBVENTION. — V. Hospices, nos 64, 114; Impôt, no 49; Presse, Théâtre, Voirie.

SUBVENTION DE GUERRE. — V. Voitures publiques.

SUCCESSEUR APPARENT. — V. Prescription civile, Propriété, Succession.

SUCCESSIBILITÉ. — V. Succession; V. aussi Crimes contre la sûreté de l'État, nos 111 et s.; Presse.

SUCCESSIBLE. — V. Disp. entre-vifs, Succession.

SUCCESSION. — 1. Le mot *succession* a deux acceptions différentes : il signifie, le plus souvent, la transmission des biens d'une personne morte à une personne vivante, quelquefois la réunion même de ces biens. — On entend sous l'expression *partage* la division de ces biens entre les successeurs ou héritiers. — Les biens sont transmis, ou par la volonté de l'homme, ou par le seul effet de la loi. Par la volonté de l'homme, la succession est dite testamentaire ou contractuelle; par le seul effet de la loi, on l'appelle légitime ou *ab intestat*. Cette dernière succession se divise encore en régulière et irrégulière, selon la qualité des personnes appelées à en profiter. — Nous n'avons à nous occuper ici que des successions légitimes ou *ab intestat*, les successions testamentaires et contractuelles ayant été l'objet de notre Traité des dispositions entre-vifs et testamentaires.

Division.

CHAP. 1. — PROLÉGOMÈNES. — HISTORIQUE DE LA LÉGISLATION. — TABLEAU DES LOIS. — EXPOSÉ ET RAPPORT DU TITRE. — DROIT COMPARÉ.

2. Le droit de succession se lie intimement au droit de propriété, à la constitution de la famille, et quelquefois aux institutions politiques. On l'a donc réglé avec soin chez tous les peuples policés, et c'est l'un des modes de transmission de biens qui présente dans l'histoire le plus de variétés et de vicissitudes. — Cependant il est arrivé presque toujours qu'on a pris pour base du droit héréditaire le lien du *sang* et la proximité du *degré*. On ne conçoit pas, en effet, surtout en ligne directe, de vocation plus équitable et plus conforme au vœu présumé du défunt et à celui de la nature. Outre l'affection réciproque, n'y-a-t-il pas en vie commune, collaboration, copossession et en quelque sorte copropriété des mêmes biens? N'était-on pas lié par un devoir mutuel de secours et d'assistance? N'y-a-t-il pas, envers la société, cette solidarité d'honneur qui s'attache au même nom, cette responsabilité morale, qui continue dans l'un la personne de l'autre? Aussi peut-on dire jusqu'à un certain point que le droit de l'héritier est un de ces droits que la loi de chaque peuple proclame et protége, mais sans les créer entièrement, parce qu'ils sont dans le cœur humain et dans les sentiments de tous. La succession *ab intestat* a donc son principe dans le droit naturel, et n'est pas une pure création du droit civil (V. aussi en ce sens, v^is Droit naturel, n° 55, et Propriété).—A la vérité on a prétendu le contraire : on a dit qu'à raison de la variété des coutumes, la succession ne présentait point un caractère suffisant d'universalité pour entrer dans le domaine du droit des gens. On a même supposé, pour la discussion, un état de nature, qui présente l'homme sans traditions, sans conventions et sans lois, où la propriété commence et finit par l'occupation, et n'est point par conséquent transmissible au décès (V. le rapport de Chabot, *infrà*, p. 169, n° 38). — Mais, sans nous préoccuper ici de théories vaines, il nous a paru qu'on devait, malgré des variations que les lois positives ou civiles ont opérées dans le cours des âges, voir une dérivation du droit de nature, et dans l'hérédité *ab intestat*, objet de ce traité, et même dans l'hérédité testamentaire, comme nous l'avons amplement établi ailleurs (V. à cet égard, v^is Dispos. entre-vifs et testam., n°s 4 et 5; Droit civil, n° 56; Propriété).

3. *Lois des peuples les plus anciens.*—Subordonnée au droit de propriété, la succession ne saurait exister dans un État où la domination absolue du souverain le rend seul maître de tous les biens, où les sujets n'ont qu'une possession précaire. Telle était, dans l'antiquité la plus reculée, la monarchie des *Assyriens*. Le roi avait le domaine éminent de la terre; les sujets n'étaient que de simples concessionnaires, à temps, payant à l'État une redevance.—De même dans les royaumes de Syrie, on ne considérait les domaines patrimoniaux que comme un usufruit laissé par la volonté du souverain. MM. de Pastoret, Hist. de la législ., t. 1, p. 111 et 339; Troplong, De la propriété, chap. 13, et des Donations, Préface, p. 6 et 7. L'esprit de cette législation se montre encore, comme nous le dirons plus loin, chez quelques peuples orientaux.

4. L'*Égypte*, qui a été le berceau de la civilisation de l'Orient, était une monarchie théocratique, divisée en trois castes : les prêtres, les guerriers, le peuple. Les deux premières castes étaient héréditaires, et partageaient la terre avec le roi.—Quant au peuple, qui comprenait les gens de métier et les laboureurs, la Genèse, chap. 37, enseigne que le roi avait fait des distributions de terres, sous la charge d'une redevance du cinquième. M. Giraud, p. 27, croit qu'il en résulta un droit de propriété privée.—M. Troplong, des Donations, etc., Préface, p. 14, n'y voit qu'un colonage héréditaire, au lieu d'un colonage à temps. —Quoi qu'il en soit, l'esprit de conservation dans les familles était porté si loin, que l'hérédité existait pour les professions elles-mêmes. Elles se transmettaient de père en fils, sans qu'on pût en changer, ni en avoir deux (Bossuet, Hist. univ., p. 453).

5. La législation des *Hébreux*, qui nous est mieux connue, a dû être plus ou moins empruntée à celle des Egyptiens; car c'est après la sortie d'Égypte, et lorsqu'elle avait été habitée par Abraham et Jacob, et administrée par Joseph, que Moïse donna ses lois au peuple de Dieu. Or Moïse avait fait le partage des terres, et elles étaient inaliénables. Dieu ayant dit au peuple par sa voix : *Terra non vendetur in perpetuum, quia mea est, et vos advenæ et coloni mei estis* (Lévit., chap. 25, vers. 23). Aussi, à l'époque du jubilé, chacun pouvait rentrer, par un rachat, dans la propriété des terres, qu'il avait aliénées. On avait assuré, d'ailleurs, par la succession *ab intestat*, la perpétuité des héritages dans les familles : *Et hæreditario jure transmittetis ad posteros, ac possidebitis in æternum* (*ibid.*, vers. 46).— La loi d'hérédité appelait successivement les descendants, les ascendants, les collatéraux.—Entre *descendants*, les filles étaient exclues par les enfants *mâles* et leurs descendants; mais elles avaient droit alors à des *aliments* sur les biens paternels, et, lors de leur mariage, à un dixième de l'hérédité. — Le fils aîné avait une double portion sur l'héritage paternel, mais non sur celui de sa mère. Ce droit d'aînesse, qui n'existait point pour les filles, ne pouvait être méconnu ni déplacé par aucune disposition du père (V. Disposit. entre-vifs et test., n° 7). L'histoire sainte représente d'ailleurs les premiers-nés comme les enfants du Seigneur, comme ceux qui lui sont voués et dont l'offrande lui est la plus agréable (Exode, chap. 13, vers. 2; Nombres, chap. 3, vers. 13).—Quant aux enfants *naturels*, ils avaient à peu près les mêmes droits que les enfants légitimes, pourvu qu'ils ne fussent pas nés d'une servante ou d'une idolâtre (Pastoret, Hist. de la législat., t. 3, p. 470 à 480). — Les *ascendants* étaient préférés aux *frères*. Mais la *mère* ne succédait point. Elle partageait la vénération demandée par les Ecritures pour le père; elle ne partageait jamais sa puissance (Exode, chap. 20, vers. 12; Deutéronome, ch. 5, vers. 16). — Dans les successions *collatérales* venaient d'abord les frères, puis les oncles paternels, et, après eux, les parents les plus proches; mais la parenté maternelle ne succédait point. — La *représentation* avait lieu à l'infini en ligne directe et collatérale. — Dans les successions conjugales, le *mari* héritait de la *femme*; mais la femme n'héritait point du mari, non plus, comme on l'a vu, que de ses propres enfants, quoiqu'ils fussent ses héritiers légitimes.—Un *étranger* n'héritait point d'un Israélite. Les enfants d'un étranger ne lui succédaient, que s'il avait été prosélyte à l'époque de leur naissance. On mettait en question si des personnes de tribus différentes pouvaient se succéder mutuellement. Le livre des Nombres paraît le nier (chap. 36, vers. 7). — Mais les docteurs n'appliquaient cette exclusion qu'aux temps où l'on venait de partager la terre promise, et non aux siècles qui ont suivi (Pastoret, *loc. cit.*).

6. Chez les peuples de la *Grèce*, les deux principaux législateurs furent Lycurgue pour Lacédémone, Solon pour Athènes; et les lois athéniennes devinrent le type de législation des autres cités grecques. — Lycurgue avait ordonné, par sa constitution, le *partage* égal des biens de la République entre tous les citoyens. Ce fut une funeste aberration, dont nous signalons (v° Disposit. entre-vifs et test., n° 9) le but et les conséquences. Sous ce régime d'égalité forcée, qui n'était qu'une transmission violente de la propriété, il n'y eut plus de droit héréditaire dans les familles, ni faculté de disposer de ses biens par donation ou testament. — A Athènes, où l'hérédité était admise, les *mâles* avaient la préférence sur les filles, en ligne directe et collatérale; elles étaient exclues de la succession paternelle et les frères ne leur devaient qu'une dot; et, chose bizarre, s'il n'y avait que des *filles*, les plus proches parents ne pouvaient hériter qu'en revendiquant les filles avec la succession, l'une ne s'obtenant point sans les autres. — Entre descendants mâles, le partage se faisait par portions égales, sans droit de primogéniture, et sans que le père pût déroger par testament à cette égalité. L'existence d'enfants mâles rendait les biens indisponibles, et le testament n'était permis qu'au préjudice des collatéraux, sauf toutefois certains cas d'indignité ou d'exhérédation, encourue par les enfants eux-mêmes (V. Disposit. entre-vifs et test., n° 12). — Les enfants *naturels* n'étaient pas de la famille, et n'héritaient point à défaut d'enfants légitimes. Mais la *légitimation* leur conférait les droits successifs. — En ligne *collatérale*, les parents paternels avaient la préférence jusqu'à un certain degré; ainsi les parents maternels ne succédaient qu'à défaut, dans la ligne paternelle, de frères, de sœurs, et de cousins formant le troisième degré. — Les *étrangers* ne pouvaient recueillir aucune succession. C'est ainsi que le mariage avec les étrangers était interdit sous des peines rigoureuses. — La transmission des biens s'opérait de plein droit au profit des héritiers légitimes, sans qu'ils eussent besoin, comme l'héritier institué, de demander en justice leur envoi en possession (Pastoret, Hist. de la législ., t. 6, p. 410, 433, 435 à 442).

7. *Droit romain.* — De tous les régimes de succession que nous offre l'histoire, le plus opposé aux notions naturelles et aux sentiments de famille est dans les premières lois des Romains.— La loi des Douze Tables distinguait trois ordres d'héritiers, qu'elle appelait *sui hæredes, agnati, gentiles*. — Les *héritiers siens* comprenaient tous ceux qui par naissance, par adoption ou par *manus* se trouvaient au moment de son décès, sous la puissance du père de famille. — Les *agnats* étaient les plus proches parents par mâles, en puissance, comme le défunt, et sous le même chef. — La loi ajoute : *si agnatus nec esset, gentiles familiam habento.* Quelle parenté comprenait ce titre, c'est ce que nous ne savons que très-imparfaitement, dit M. Laboulaye (Hist. du droit de prop., p. 225). — Les Institutes de Justinien ne font mention que des deux premiers ordres d'héritiers, et on s'en tient généralement à cette seule division. — Les agnats ont été aussi distingués plus tard des *cognats*, c'est-à-dire des parents par femmes ou parents maternels. Mais les cognats, dans l'ancien droit civil, n'étaient point successibles. Les enfants eux-mêmes n'héritaient pas de leur mère, ni la mère de ses enfants. — La famille romaine n'existait originairement qu'entre personnes soumises au même chef. Elle dérivait de la puissance *paternelle*, et non de la naissance ou de la *parenté* naturelle. C'était un lien civil, une organisation toute politique. — *Jure proprio*, dit Ulpien, *familiam dicimus plures personas quæ sunt sub unius potestate, at naturâ, aut jure subjectæ.* (L. 195, D., *De verb. signif.*).

L'hérédité était déférée sans distinction de sexe soit aux *héritiers siens*, soit aux *agnats*. Mais lorsque la *fille* ou petite-fille sortait de la famille paternelle, la place qu'elle y occupait ne pouvait plus être prise par ses propres enfants. — La fille, par le mariage, entrait dans une autre famille. Or, la femme *in manu* succédait au mari, et la bru au beau-père, comme l'enfant *in potestate*. — Le fils, par l'émancipation, devenait chef d'une famille nouvelle, et perdait tout droit à la succession paternelle. — Les agnats ne comprenaient que les *collatéraux*, et non les *ascendants*. Un ascendant ne pouvait succéder aux enfants qu'il avait sous sa puissance, puisqu'elle le rendait seul maître de leurs biens et de leurs personnes, et qu'en conséquence ils ne laissaient pas d'hérédité. Les fils de famille n'eurent rien en propre, jusqu'à la concession des pécules. — Les héritiers siens, dits en même temps héritiers *nécessaires*, succédaient malgré eux, ne pouvant se soustraire à une hérédité onéreuse. Les agnats, héritiers *volontaires*, étaient libres de ne pas accepter. Mais, chose bizarre, quand l'agnat le plus proche refusait ou s'abstenait, la succession ne passait point au degré subséquent ; nul autre agnat n'y avait droit par représentation ou dévolution. Cela paraît d'autant plus étrange, que l'État ne s'était pas encore attribué les biens vacants. L'hérédité tout entière appartenait alors au premier occupant et se prescrivait par une année de possession.

8. On a expliqué de diverses manières l'origine et le but de la loi des Douze Tables, relativement aux successions. Sur l'origine, V. nos observations vº Disposit. entre-vifs, nº 20. Quant au but, Montesquieu, Esprit des lois, liv. 27, chapitre unique, voulant pénétrer à fond cette matière, croit avoir trouvé, « ce que je ne sache pas, dit-il, que l'on y ait vu jusqu'ici. Romulus partagea les terres de son petit Etat à ses citoyens ; il semble que c'est de là que dérivent les lois sur les successions. » Pour maintenir cette division des terres, il fallait que les biens d'une famille ne pussent passer dans une autre. « Ainsi, chez les premiers Romains, les femmes succédaient, lorsque cela s'accordait avec la division des terres, et elles ne succédaient point lorsque cela pouvait la choquer, c'est-à-dire lorsqu'elles auraient transporté les biens dans une autre famille. » — Mais ce point de vue, vrai sous divers rapports, ne saurait expliquer complétement le système de la loi : car comment concilier avec le but supposé l'admission des femmes, des brus et des enfants adoptifs à la succession du père de famille, à l'exclusion des enfants émancipés, la non dévolution au degré subséquent de la succession entre agnats, et la faculté de tester en usage dès le temps de Romulus ? — M. Merlin, Rép., vº Occupation, comme Heineccius, liv. 3, tit 1, nº 1, Antiq. rom., voit le motif de la loi dans l'intention de conserver les familles. M. Laboulaye, Droit de propriété, liv. 4, chap. 8, dit aussi : « Dans une aristocratie telle que le patriciat, c'était une nécessité politique et religieuse que les familles ne s'éteignissent pas. » — M. Toullier, t. 4, nºs 119 et 126, rattache le droit successif, dans la famille romaine, au *droit d'occupation*. Il était, en effet, naturel d'admettre, entre personnes qui ont vécu soumises au même chef de famille la continuation d'une possession qui a été commune ; la copropriété de biens qu'avait acquis au chef de la société domestique la contribution de leur industrie. — A l'égard des héritiers siens, les Institutes, lib. 2, tit. 19, *De hæred. qualit. et different.*, énoncent formellement le principe que les enfants sont considérés comme copropriétaires, même du vivant du père, qui semblerait donc n'être qu'un administrateur des biens de la famille avec les pouvoirs les plus étendus. Il est remarquable que les expressions *hæres et dominus* étaient synonymes pour les anciens.

9. Nous avons dit que l'hérédité était déférée par la loi des Douze Tables, sans distinction de sexe. Mais les *femmes* et les *filles* devinrent incapables de succéder, au moins dans une certaine mesure. — Tel fut l'objet de la loi *Voconia*, plébiscite qui parut en l'an 585 de Rome. — Caton l'ancien contribua de tout son pouvoir à faire recevoir cette loi ; il s'agissait de restreindre le luxe, et pour cela il fallait prévenir les trop grandes richesses des femmes. — La loi limitait à une certaine somme le droit de la femme qu'elle privait de la succession. Mais le but étant de régler les richesses, et non la pauvreté, la prohibition ne s'appliquait qu'à la succession de ceux qui étaient inscrits dans le cens, ce qui fournit, dit Montesquieu (Esprit des lois, liv. 27, chapitre unique), un prétexte pour l'éluder ; il y eut des pères qui ne se firent point inscrire dans le cens, pour pouvoir laisser leur succession à leur fille. — La même loi prononçait l'incapacité de recevoir par donation ou legs au delà d'une certaine portion : d'où l'origine des *fidéicommis*. — V. Disp. entre-vifs et testam., nºs 38 et 39.

10. La loi des Douze Tables, fort incomplète, était aussi d'une dureté excessive. L'équité du préteur vint au secours des personnes qui lui paraissaient injustement exclues de la succession. Il leur accorda la *possession des biens*. Le *bonorum possessor* n'était pas héritier ; il n'avait pas le domaine quiritaire de l'hérédité ; mais, grâce aux fictions et actions utiles, qui lui garantissaient sa simple possession, il avait tous les avantages du véritable héritier, moins le titre, qui ne pouvait émaner que de la loi civile. — La possession de biens fut conférée non-seulement à défaut d'héritiers (c'est-à-dire lorsque les biens seraient restés sans maître, l'Etat n'y ayant encore aucun droit), mais en concurrence et même de préférence aux héritiers désignés par la loi.

Ainsi l'enfant sorti de la famille par l'émancipation ou toute autre cause, concourait avec les héritiers siens. Dans la succession des agnats, la dévolution se fit d'un degré à l'autre, quand l'appelé du premier degré ne se présenta pas. A défaut d'agnats, vinrent les parents par femme ou les cognats ; et après ceux-ci, l'époux survivant. — Ces diverses vocations étaient réglées, dans l'édit du préteur, par diverses clauses, dites *undè liberi*, *undè legitimi*, *undè cognati*, *undè vir et uxor*.

On dut régler la succession entre *époux* lorsque, par l'abolition de la *manus*, le mari ne fut plus maître des biens de la femme, et la femme l'héritière nécessaire du mari. — De même il fallut pourvoir au droit de succession du père, après que la loi eut reconnu au fils une propriété distincte, le *peculium castrense*. Le père prenait le pécule du fils, en vertu de sa puissance, comme il aurait pris celui de ses esclaves. Si le fils était émancipé, le père en héritait, non à titre de père, mais *exemplo patroni*, comme le patron héritait de l'affranchi. L'édit du préteur évitait, par cette assimilation, de heurter de front la loi des Douze Tables. — Toutefois, si ingénieux que fût le préteur à éluder par des fictions le texte de cette loi, elle imposait certaines limites qu'il ne pouvait guère franchir. Par exemple, nous l'avons bien vu admettre le fils émancipé en concours avec les héritiers siens, mais c'est en supposant que le fils se trouvait encore en puissance. Or une telle supposition n'était pas probable pour les enfants de la mère, qui n'a jamais eu la puissance. Le préteur, ne pouvant tourner ici la loi, était forcé de n'admettre la succession réciproque entre la mère et les enfants, et la succession des enfants de la fille à leur aïeul maternel, qu'à défaut d'agnats, souvent fort éloignés.

11. Le droit prétorien ne donnait donc point encore complète satisfaction aux sentiments de la famille. Mais le principe de la parenté *naturelle* fit de nouveaux progrès sous les empereurs, et se développa avec l'influence du christianisme, dans les quatrième et cinquième siècles (M. Laferrière, Hist. du dr. civ., t. 2, p. 503, et notre Essai sur l'histoire générale du droit français, t. 1). — Ainsi les enfants de la sœur vinrent concurremment avec les oncles et cousins agnats; mais il ne leur fut accordé d'abord, par la loi de Valentinien, que les deux tiers de la part qu'aurait eue leur mère.— Une constitution de Léo et d'Anthemius ôte au père son droit de patron sur la succession des pécules, et lui préfère les frères et sœurs, en lui réservant l'usufruit. Le père, toutefois, était le premier héritier dans la succession de sa fille. Mais cette distinction est abolie par le sénatus-consulte Orfitius, et les descendants de la fille ont la préférence. On préfère aussi les enfants aux agnats maternels dans la succession de la mère. — Quant à la mère, succédant à ses enfants, elle n'était appelée par le sénatus-consulte Tertullien qu'à défaut du père ou des frères consanguins du défunt; mais elle partageait avec la sœur consanguine. —Il restait donc encore quelque inégalité de droits entre la mère et le père, entre les enfants de la sœur et leurs oncles ou cousins agnats. Ce n'était plus toutefois la puissance, mais le sang qui donnait le titre d'héritier. On en voit un notable exemple dans la loi de Théodose et de Valentinien, qui préfère à l'aïeul le fils en puissance pour les biens maternels que laisse le petit-fils décédé. L'ancienne organisation de la famille n'existait plus qu'en souvenir.

12. Après tant de dérogations successives, qui avaient compliqué et dénaturé le système de la loi des Douze-Tables, tout en paraissant s'y rattacher encore, il devenait nécessaire de refondre cette partie de la législation. Tel fut l'objet de la novelle 118 de Justinien, publiée en 540. Dernier progrès du droit romain sur les successions, on la retrouve, à quelques différences près, au fond des législations modernes. — Justinien ne considère que le lien du *sang* et la proximité du *degré*. Il n'admet plus qu'une même dénomination, un seul titre pour les parents: ils sont tous *cognats*, et ils exercent les mêmes droits, qu'ils soient ou non de la même famille. — Trois ordres de succession sont établis : les *descendants*, les *ascendants*, les *collatéraux*. — A la différence du code Napoléon, la succession ne se divise point par *lignes*; l'ascendant ou le collatéral le plus proche prend la totalité. Le partage se fait par *tête* entre plusieurs parents du même degré; les ascendants excluent les frères ou sœurs non germains en ligne collatérale; le frère ou la sœur est *représenté* par ses enfants, mais non par ses petits-enfants; enfin il n'y point de limitation de degré pour le droit successif. — Après avoir posé ces règles, Justinien ajoute qu'elles ne sont applicables qu'aux *catholiques* : il déclare confirmer les dispositions antérieures qui excluent les hérétiques de toute succession.

13. *Ancien droit germanique.* —Parvenus aux derniers monuments de la législation romaine sur les successions, voyons comment et avec quelles vicissitudes elle pénétra dans les *Gaules*. —Après la conquête, les Gaules, faisant partie de l'empire d'Occident, étaient régies par le code Théodosien. Mais l'invasion des Barbares au cinquième siècle eut pour effet de diviser le territoire en deux grandes fractions. Le Midi fut occupé par les Wisigoths et les Burgundes; le Nord, par les Francks, divisés en deux races, Saliens et Ripuaires. — Le *droit romain* resta la loi dominante des contrées méridionales. Mais il n'en fut pas de même dans le Nord, où prévalut le droit germanique. Déjà nous avons eu occasion de rappeler cette grande démarcation (vº Contrat de mar., nos 41 à 46). — Or quelle était la coutume germaine quant au droit de succession? Tacite, *De morib. Germanorum*, § 20, enseigne qu'ils ignoraient le testament, et que les enfants partageaient sans distinction d'âge et de sexe les biens du défunt, et, à défaut d'enfants, les frères, puis les oncles. Cela ne doit s'entendre, toutefois, que du partage des biens mobiliers; car le même historien nous décrit les mœurs demi-sauvages de ces peuplades, qui, entre les rives du Rhin et du Danube, s'exerçaient constamment à la guerre et changeaient de lieux tous les ans, sans avoir ni terres ni limites qui leur fussent propres : *Neque quisquam*, dit aussi César, *de bello gallico, agri modum certum aut fines habet proprios*. Il ne s'agissait donc point encore de l'hérédité foncière.

Mais, après leur irruption dans les Gaules, les Barbares y fixèrent leurs demeures; les terres par eux conquises, ou distribuées par les Romains, devinrent une propriété transmissible. Alors commença un nouveau droit de succession.—On distingua, dans l'hérédité, deux patrimoines : les *propres* (*allod, bonum paternum, avitum;—hœreditas,—terra salica*), les *acquêts*, (*attractum, bonum ex conquistu, conquistum*). L'esprit de conservation dans la famille fut porté si loin pour les propres, qu'à la différence des acquêts, on les déclarait inaliénables, hors la présence et sans le consentement des héritiers.— Pour les biens propres, les *mâles* eurent la préférence sur les *filles*. On voulut que l'alleu passât à celui qui pouvait le mieux le défendre. « Que le fils, dit la loi des Angles (tit. 6, *De adolibus*), et non la fille prenne la succession de son père. Si le défunt n'a pas de fils, qu'on donne à la fille, l'argent et les esclaves; mais que l'alleu appartienne à l'agnat paternel le plus proche. C'est au successeur de l'alleu qu'appartient le vêtement de guerre, la vengeance de son parent. Les agnats paternels succèdent jusqu'au cinquième degré; au delà, c'est la fille : l'hérédité passe de la lance au fuseau. « *Tunc demùm hœreditas ad fuseum à lance transeat.* » (M. Laboulaye, Droit de propriété, liv. 9, chap. 10). — Le privilége des mâles se rattachait donc à l'idée de *défense*. C'est par une raison semblable que, dans les familles germaines, la puissance du chef fut confiée toujours au père et jamais à la mère : puissance toutefois qui n'en faisait pas, comme à Rome, un maître absolu, mais un protecteur, un gardien. Le même caractère de protection se remarquait dans la puissance maritale (V. vº Contrat de mar., nº 55).—Cependant l'exclusion des *filles* n'avait pas partout la même rigueur. Elles sont admises, tantôt à défaut d'enfants mâles (Lex saxon., tit. 7, chap. 1, 5 et 8; Lex burg., tit. 14; Lex alam., tit. 57 et 92); tantôt à défaut de parents mâles au cinquième degré (Lex anglior., tit. 6 et 10), et même au degré le plus éloigné (Lex ripuar., tit. 56). Quelquefois, au contraire, on a ordonné l'égalité du partage entre frères et sœurs. Mais c'est une exception qu'on ne voit que dans la loi des Wisigoths, rédigée par des évêques et toute imprégnée de l'esprit romain.—Entre mâles, il n'y a point de droit d'*aînesse*. Tous les frères partagent également. — Il en était ainsi même pour la couronne, puisque nous voyons les fils de Clovis et de Louis le Débonnaire se partager le royaume comme un patrimoine.—La succession est dévolue, à défaut de *descendants*, au *père*; puis aux *collatéraux* les plus proches, et les *mâles* ont encore la préférence en ce qui concerne les alleux. Mais on ne voit dans aucun texte la préférence des parents paternels sur les parents maternels. — La succession germaine étant *lignagère*, la proximité n'est point calculée comme dans le droit romain. Les plus proches sont les plus rapprochés de la souche commune, quoiqu'ils ne soient pas toujours le plus étroitement unis au défunt.—Ainsi on appelle d'abord à la succession les descendants du père; à leur défaut, les descendants de l'aïeul; à défaut de ceux-ci, les descendants du bisaïeul; et, dans la même ligne, le parent le plus proche passe avant le plus éloigné, sans qu'il y ait jamais lieu à représentation.—La représentation n'est pas même admise en ligne directe.

14. *Ancien droit français.*—Le système des *propres* et l'exclusion des filles par les mâles étaient, entre autres causes, un acheminement au régime féodal. En soumettant la propriété à une hiérarchie politique, la féodalité va nécessairement modifier le droit de succession, par rapport, soit au seigneur, qui relève d'un suzerain, soit aux vassaux et serfs, qui relèvent du seigneur. Mais rappelons avant tout que le *fief* ne fut d'abord qu'une simple concession révocable faite pour un temps indéterminé, à la charge du service militaire. Plus tard, il fut à vie; puis, sous les rois de la seconde race, il devint transmissible aux enfants du possesseur, et insensiblement aux autres héritiers. — De l'hérédité des fiefs sortit le *droit d'aînesse*, qu'on n'avait point connu sous les rois de la première race. «L'idée d'un droit d'aînesse, dit M. Laboulaye, *loc. cit.*, p. 419, ne pouvait naître que là où le service militaire du fief nécessite l'indivisibilité de la succession.» — Ce droit n'existait qu'entre mâles; le fief ne passait point originairement en la possession des femmes, incapables du service militaire. — C'est par un motif semblable que les ascendants ne succédaient point aux fiefs : un aïeul, un grand-oncle, impropres par leur âge au service des armes, ne pouvaient convenir au seigneur pour ses vassaux, d'où cette règle de notre droit coutumier : *propres ne remontent point*. — Quand le service militaire fut aboli, le titre seul du fief resta indivisible. Mais les biens en dépendant se partagèrent, comme tous biens patrimoniaux. Les coutumes, à cet égard, présentent une telle diversité, qu'il faudrait des volumes, dit M. Merlin, Rép., v° Fief, sect. 2, § 4, pour retracer tout ce que notre jurisprudence offre de variation sur la manière de succéder aux fiefs. — La coutume de Paris, qui a servi de type à plusieurs autres, traçait ainsi l'ordre successif. En ligne directe, le droit d'aînesse n'existe que pour les mâles. Le fils aîné prend, à titre de préciput, le château ou principal manoir, la cour, la basse-cour et un arpent de terre aux environs de la maison; il a en outre ce qu'on appelle une portion avantageuse, c'est-à-dire les deux tiers du reste du fief, s'il n'y a que deux enfants, et la moitié, s'ils sont plus de deux (art. 13, 15, 16 et 19). — En ligne collatérale, les mâles excluent les filles au même degré, et ils partagent entre eux par égales portions (art. 25, 322 à 325 et 331). — Le sexe féminin n'était donc plus une cause d'incapacité, mais seulement d'infériorité, dans la succession aux fiefs. Cependant l'ancienne inhabileté des femmes a laissé encore quelques vestiges dans nos lois; ainsi elles sont exclues de la couronne, qui est la source de tous les fiefs, et les apanages des enfants de France ne passent qu'à la postérité masculine.

15. L'hérédité des fiefs n'eut point pour conséquence de faire oublier la propriété originaire du seigneur suzerain. L'héritier d'abord lui devait *foi et hommage*, et la reconnaissance du vassal, qui n'était dans l'origine, dit Montesquieu, qu'une chose occasionnelle, devint une action réglée. Elle se fit d'une manière plus éclatante, avec de nouvelles formalités. — On admet, en outre, une fiction d'après laquelle à chaque mutation, le bien était censé se réunir à la *table et domaine* du suzerain; et l'héritier, pour se faire ressaisir de l'héritage, devait payer un droit appelé *relief* (Revue de législat., t. 25, p. 140). — Il y avait encore un autre droit, dit de *garde noble*: quand l'héritier était mineur, le seigneur s'emparait du fief et faisait élever le pupille dans le métier des armes jusqu'à ce qu'il fût en âge de remplir le service militaire qu'il lui devait.

Le droit de *relief* pour les transmissions successorales était fort onéreux, et les légistes imaginèrent un moyen de s'en affranchir, en invoquant la maxime le *mort saisit le vif*: maxime déjà en vigueur sous saint Louis (établiss. liv. 2. chap. 4), et de plus en plus populaire. On voulut ainsi ne faire qu'une seule et même personne des deux propriétaires successifs, en joignant la possession du défunt à celle de l'héritier. Le seigneur objectait que le défunt était censé lui avoir remis en mourant la possession de ses biens, pour qu'il en investît le fils ou le parent le plus proche, on répondait que le Seigneur ne pouvait être saisi que par une institution d'héritiers avec fidéicommis; et l'on ajoutait que *Dieu peut faire un héritier*: autre règle souvent opposée aux prétentions féodales. — M. Troplong, Des donations, préface p. 151.

16. Nous venons de parler de la succession aux fiefs. — Ajoutons un mot, quand à la condition des *serfs*, qui aux 7e et 8e siècles, formaient la grande masse de la population. On les appelait aussi *gens de main morte*, parce que, ne pouvant acquérir pour eux-mêmes, ni transmettre, la main, instrument du travail, était censée morte chez le serf. Il ne laissait pas d'hérédité, n'ayant acquis que pour son seigneur; il ne pouvait donc ni succéder, ni tester. Cette incapacité dura des siècles; mais il s'opéra enfin quelque adoucissement dans le sort des classes serviles. « Les seigneurs, dit M. Troplong, *loc. cit.*, p. 119, ayant un grand intérêt à ne pas dissoudre le lien de famille, il passa en usage de laisser les enfants jouir des biens de leur auteur décédé, à la condition qu'ils vivraient en communauté tacite, perpétuelle et de père en fils, sous la main du maître qui autorisait ainsi la continuité de la possession tant que se prolongeait l'existence de cette association, de cette espèce de corps moral. » Nous nous sommes expliqué déjà sur cette communauté, (V° Contrat de mariage n° 57). C'est au douzième siècle que se produit l'amélioration la plus notable dans la condition des classes inférieures. Les serfs sont *affranchis* dans la plupart des localités; le seigneur leur donne des biens et en même temps des lois civiles, qui en règlent la disposition. Ces chartes d'affranchissement, qui font partie de nos coutumes, n'accordent pas toutes les mêmes avantages: ici on permet seulement de vendre et d'acheter; là, on détermine la succession légitime, mais en passant sous silence le droit de tester; ailleurs on laisse la faculté de disposer. Ces différences entre personnes de condition libre disparaissent presque entièrement au seizième siècle; et si, dans les coutumes, rédigées après révision, on en voit encore quelques-unes (au centre et à l'est de la France) reconnaître l'état de mainmorte, les serfs, qu'elles régissent, sont en très-petit nombre. — M. Troplong, Des donations, préface p. 127.

17. Cependant, même après leur affranchissement complet et lorsque la liberté eut fait le plus de progrès, notre droit coutumier consacra l'empreinte du régime féodal; et la France resta comme par le passé, divisée entre deux systèmes de succession. Dans les pays de droit écrit, on suivait généralement la novelle 118 de Justinien, et en conséquence la succession se partageait par égales portions entre les enfants, sans distiction d'âge et de sexe, et sans égard à la nature et à l'origine des biens. — Dans les pays de coutume, on ne connaissait ni cette égalité des droits, ni cette unité de patrimoine. Et d'abord on y voit consacré le *droit d'aînesse*. Les coutumes variaient à l'infini sur la mesure de cette prérogative. Les unes ne reconnaissaient qu'un héritier, toujours l'aîné. Les autres lui accordaient ou un simple préciput, ou de plus une portion avantageuse. Celles-ci donnaient le préciput à la fille, si elle était l'aînée; celle-là aux mâles, quoique puînés. Le mode de partage se diversifiait encore, ici selon la qualité des biens *nobles* ou *roturiers*, là selon la qualité des personnes. Certaines coutumes n'attribuaient qu'aux nobles le droit d'aînesse; la plupart aux roturiers, notamment la coutume de Paris, qui formait le droit commun. (M. Merlin, Rép. v° Aîné, Infançon, Préciput, Primogéniture, et Quint naturel). — Le droit coutumier admettait aussi l'inégalité des sexes. Outre la préférence qu'avaient les *mâles* au même degré pour certains biens de la succession, il était permis au père d'exclure totalement les filles de sa succession. Mais les coutumes présentaient sur ce point une extrême variété. Ici le père noble avait seul le droit d'exclure sa fille; là, le même droit appartenait au père roturier, à la mère et aux aïeux. Il suffisait, pour l'exclusion, que la fille eût été dotée: dans certaines coutumes, ou par son père ou par sa mère, par son aïeul ou aïeule; dans d'autres par le père, et par la mère, ou par le père du vivant de la mère. Dans presque toutes les coutumes, la dot la plus modique était un moyen d'exclusion. En Normandie, les filles ne pouvaient demander aucune partie de l'héritage de leurs père et mère, contre leurs frères ni contre leurs enfants, mais seulement le mariage avenant. Suivant les coutumes d'Anjou, de la Touraine et du Maine, la fille dotée d'un chapeau de roses ne pouvait rien demander de plus.

18. Nous avons dit que l'unité de patrimoine ne se rencontrait point dans la succession coutumière, comme dans l'hérédité romaine. Au lieu de cette masse unique formant l'universalité des biens et droits du défunt, nous voyons, pour la même succession, différents patrimoines et différents ordres d'héritiers. — On faisait une double distinction des biens: à raison de leur nature, on les divisait en biens *nobles* et *roturiers*, en *meubles* et *immeubles*; à raison de leur origine, en *propres* et *acquêts*, en biens *paternels* et *maternels*. On appelait *propre*, tout bien immeuble ou réputé tel, qui avait été transmis par succession ou autre voie semblable; *acquêt*, l'immeuble acquis à tout autre titre qu'une succession ou donation en ligne directe. — La distinction des propres avait une grande importance pour la conservation des biens dans la famille. « Ainsi, dit Loisel, on ne fait pas *héritier*, par testament, qui l'on veut, de ses propres; mais bien de ses meubles et acquêts. » Les coutumes ne permettaient la disposition des propres par testament que pour un quart, un tiers ou un quint. — On ne considérait point pour base du droit héréditaire, la proximité du degré, mais la ligne dont les propres étaient provenus. Les ascendants, comme il a été dit déjà, n'y succédaient jamais d'après la maxime: héritage propre ne remonte. — Chaque espèce de biens avait encore des subdivisions; on distinguait notamment jusqu'à neuf espèces de *propres*: propres *réels* et propres *fictifs*; propres *conventionnels*; propres *anciens*, qui avaient cette qualité avant que le défunt les recueillît; propres *naissants*, qui n'avaient acquis cette qualité que dans les mains du défunt; propres *paternels* et propres *maternels*; propres *de ligne*, ceux affectés aux parents d'un seul côté; propres *sans ligne*, ceux qui venaient de la succession d'une personne parente des deux côtés. — Chaque coutume avait des principes différents pour régler la nature, la distinction et la transmission de ces diverses espèces de biens. Pour succéder au propre, il fallait : ici, que l'héritier fût simplement parent du défunt, du côté dont le propre était advenu; là, qu'il eût, en outre, appartenu à un ascendant commun, que tous deux sortissent de la même souche; ailleurs, que l'un et l'autre descendissent de l'acquéreur qui avait mis l'héritage dans la famille. — Quant aux autres espèces de biens, la même diversité de règles se faisait remarquer pour leur transmission. Dans la plupart des coutumes, les meubles se partageaient également entre les enfants ou descendants; à leur défaut, la succession se déférait aux ascendants, le plus souvent à l'exclusion des collatéraux, quelquefois aux frères et sœurs concurremment. Cette succession se réglait par la proximité du degré. — Les biens *nobles* étaient dévolus en général à l'aîné des mâles, pour la majeure partie, et quelquefois même en totalité. Les immeubles *roturiers* se partageaient ordinairement par portions égales; certaines coutumes cependant autorisaient sur ces biens l'exercice du droit d'aînesse. — Il y avait aussi, quant aux immeubles, diversité des coutumes pour le *retrait lignager*, c'est-à-dire, le droit accordé aux plus proches parents du vendeur de reprendre l'immeuble aliéné en remboursant le coût d'acquisition.

19. Les deux systèmes de succession, dans les pays de coutume et dans les pays de droit écrit, présentaient bien d'autres points de dissemblance, que nous n'avons point à énumérer ici, et qui seront exposés dans le cours de notre traité. Nous signalerons notamment le principe de la *division des biens* entre les deux *lignes;* la représentation en ligne collatérale; l'exclusion des *ascendants* par les frères et sœurs germains; le privilége du *double lien* entre frères et sœurs de différents lits; la limitation du *degré* de successibilité; la *saisine légale*, les conditions d'*acceptation* et de *répudiation* de l'hérédité; l'obligation du *rapport* en ligne collatérale; l'effet déclaratif du *partage*, etc. — Sur tous ces points et autres, le droit coutumier n'était pas seulement en opposition avec le droit romain, mais les coutumes elles-mêmes offraient entre elles les plus grandes divergences.

20. *Droit intermédiaire.* — Le droit de succession qui, nous l'avons dit, se lie à la constitution de la famille et aux tendances politiques du pays, dut subir profondément l'influence des grands principes de 1789, qui présidèrent à tant de sages réformes de l'assemblée constituante. — Ainsi au nom de la liberté qui avait fait supprimer les ordres religieux, on releva de l'incapacité de succéder les personnes entrées dans les ordres (L. 16-20 mars 1790; 8 sept.-14 oct. 1790, tit. 2). — Au nom de l'humanité, considérée comme formant une seule famille, sans limite de territoire, on permit aux étrangers de donner et recevoir en France, par tous les moyens qui y étaient autorisés; on abolit les droits d'*aubaine*, et de *détraction*, sans aucune condition de réciprocité (L. 6 août 1790; 15 et 28 avril 1791). — Au nom de *l'égalité*, on abolit, dans le *partage* des successions, toutes ces distinctions d'*âge* et de *sexe*, si contraires au vœu de la nature, si propres à relâcher les liens de famille. — Dès le 15 mars 1790, la loi portant suppression des droits féodaux, supprimait en même temps (art. 11) « les droits d'aînesse et de masculinité, à l'égard des fiefs, domaines et alleux nobles, » et ordonnait le partage de toutes successions « sans égard à l'ancienne qualité noble des biens et des personnes. » — Une autre loi, des 8-15 avril 1791, abolit aussi « toute inégalité résultant des qualités d'aîné ou de puîné, de la distinction des sexes ou des exclusions coutumières. » — La convention porta plus loin encore le principe d'égalité entre les enfants. Par une fâcheuse assimilation, contraire aux mœurs et à la dignité du mariage, elle appelait par égale portion les enfants naturels et les enfants légitimes, à la succession de leurs père et mère, et même, rétroactivement, aux successions ouvertes depuis le 14 juill. 1789 (décrets des 4 juin 1793, et 12 brum. an 2).

21. Mais le monument le plus considérable du droit intermédiaire sur les successions, est la fameuse loi du 17-21 niv. an 2, qui, art. 61, déclare abolis, « toutes lois, coutumes, usages et statuts relatifs à la transmission des biens par succession ou donation. » Elle ne se borne pas, comme la loi du 8-15 avr. 1791, à supprimer toute inégalité, résultant des *exclusions coutumières;* elle déclare (art. 62) que « la loi ne reconnaît aucune différence dans la *nature* des biens, ou dans leur *origine*, pour en régler la transmission. » C'est à cette disposition seulement, et non à celle de la loi précédente, qu'on rattache l'abrogation de la règle, *paterna paternis, materna maternis* (Merlin, Rép., v° Exclusions coutumières). — La loi du 17 niv. a des dispositions particulières pour chacun des trois ordres d'héritiers. On y remarque notamment, en ligne collatérale, ces trois dispositions : 1° les *frères, sœurs* ou leurs *descendants*, excluent tous les *ascendants*, même les père et mère; 2° les *collatéraux*, qui descendent des ascendants les plus proches, excluent ceux qui descendent d'ascendants plus éloignés : la famille supérieure ne succède qu'à défaut de membres de la famille inférieure; 3° enfin la *représentation* est admise à l'infini : ce qui, en multipliant le nombre des héritiers, tendait, selon l'esprit de cette époque, au morcellement des propriétés et à l'affaiblissement du crédit des grandes familles. — La même loi qui statue en outre sur les avantages faits par donation ou testament, dans le but d'assurer une égalité absolue entre héritiers, contenait une disposition *rétroactive*, qui la déclarait applicable au partage des successions ouvertes antérieurement et depuis le 14 juill. 1789. — D'autres lois moins importantes, qu'on verra sous le tableau ci-après, sont venues plus tard modifier cette monstrueuse rétroactivité, ou donner la solution de questions diverses, nées des lois précédentes.

22. *Code civil français.* — Le titre des successions a été présenté au conseil d'État par M. Treilhard, au nom de la section de législation, le 25 frim. an 11 (16 déc. 1802), les 2, 9, 16, 23 niv. et 5 vent. an 11 (23 et 30 déc. 1802, 6 et 13 janv., et 24 fév. 1803); communiqué le 8 vent. an 11 au tribunat, qui fit des observations, à la suite desquelles il s'engagea entre elle et la section du conseil d'État, une conférence dont M. Treilhard, fit le rapport le 15 germinal en présentant une dernière rédaction que le conseil adopta de suite. — Ainsi préparé, le titre fut présenté au corps législatif par M. Treilhard, qui en fit l'exposé des motifs (V. p. 166), et MM. Galli et Majac. — On le communiqua le 22 germinal au tribunat, où M. Chabot (de l'Allier) en fit le rapport (V. p. 169) et où il fut adopté à l'unanimité de cinquante-neuf voix. — Le vœu d'adoption, fut porté par MM. Chabot (de l'Allier); Siméon, qui en exposa les motifs (V. p. 175), et Arnould, le 29 germinal (19 avril), au corps législatif qui, le même jour, convertit le projet, à l'unanimité de deux cent dix-huit voix, *en loi* dont la promulgation se fit le 9 flor. an 11 (29 avr. 1803). — V. p. 161.

23. Dans l'économie de ce titre dont on trouvera le texte ci-après mis en rapport avec les discours des orateurs qui l'ont expliqué, la matière est divisée en six chapitres (V. *eod.*). — Le titre des successions n'a été modifié dans l'ensemble de ses dispositions, par aucune loi postérieure. Il a été seulement dérogé à l'art. 726, relatif à la capacité des étrangers par la loi du 14 juill. 1819, qui abolit le droit d'aubaine et de détraction. — V. cette loi, p. 179.

24. *Législation comparée.* — *Droit de la plupart des autres peuples.* — Parvenus à la législation qui nous régit actuellement, il nous reste à faire connaître, dans leurs dispositions les plus saillantes, les lois et coutumes des autres peuples. — Si nous commençons par les pays où la civilisation a fait le moins de progrès, nous y retrouvons les coutumes les plus anciennes. — Ainsi nous avons vu, chez les premiers peuples de l'Orient, le *souverain* investi seul du domaine, et les sujets réduits à une possession toute précaire, non susceptible, par conséquent, de transmission au décès; nous voyons encore qu'en Turquie, dit Montesquieu, Esprit des lois, liv. 5, ch. 14, « le Grand Seigneur donne la plupart des terres à sa milice, et en dispose à sa fantaisie : il se saisit de toutes les successions des officiers de l'empire. Lorsqu'un homme meurt sans enfants mâles, le Grand Seigneur a la propriété, et les filles n'ont que l'usufruit. Il arrive que la plupart des biens de l'État sont possédés d'une manière précaire. » — Montesquieu fait remarquer cependant que « le prince se contente ordinairement de prendre 3 p. 100 sur les successions des gens du peuple. » — On lit aussi, dans le Recueil des voyages, qui ont servi à l'établissement de la compagnie des *Indes* t. 1, X, et d'après l'analyse que nous en donne l'Esprit des lois, *loc. cit.*, que « par la loi de *Bantam*, le roi prend toute la succession, même la femme, les enfants et la maison. On est obligé, pour éluder la plus cruelle disposition de cette loi, de marier les enfants à huit, neuf ou dix ans, et quelquefois plus jeunes, afin qu'ils ne se trouvent pas faire une malheureuse partie de la succession du père. » — La loi de *Pégu* est moins cruelle : si l'on a des enfants, le roi ne succède qu'aux deux tiers.

25. Mais venons à des nations où la civilisation peut nous offrir plus de points de comparaison entre leur législation et la nôtre. — *L'Angleterre* est peut-être le pays où le droit de succession présente le plus de vestiges des temps barbares. — On sait que le régime *féodal* a laissé son empreinte dans la constitution de la propriété anglaise. « Presque toute la propriété, dit M. Laya, Droit angl., t. 1, p. 313, est censée être accordée par un seigneur, en considération de services rendus par celui qui *tient* cette propriété, et qui prend le nom de *tenant*; l'*immeuble* concédé a le titre général de *tenure*, mais les tenures se diversifient en grand nombre par les usages locaux qui les régissent. » — D'après une coutume fort ancienne, qui remonte aux rois danois, le seigneur prélève sur la succession du tenancier un *heriot*, c'est-à-dire un objet mobilier qu'il prend à son choix; le droit varie selon les coutumes. — La loi anglaise compte les degrés en ligne directe comme le droit romain et le droit canon; pour les degrés en ligne collatérale, elle suit la méthode du droit canon.

26. Dans la plupart des coutumes, c'est le fils aîné qui hérite seul de la *tenure*, de l'immeuble. Il y a toutefois une coutume assez bizarre dans le Stafford et quelques anciens bourgs : le cadet a la préférence sur l'aîné. « Ce système, dit M. Laya, *loc. cit.*, a d'abord prévalu en Angleterre. On en donne cette raison que, sous le système féodal, le lord avait le privilége de passer la première nuit des noces avec la fiancée de son vassal. On supposait le premier né non légitime. » — L'enfant mâle est admis à la succession avant l'enfant du sexe féminin. Mais les filles ont droit à la succession avant tous parents collatéraux. — Entre elles, les filles sont appelées sans distinction d'âge. Le droit de primogéniture n'a été introduit parmi les femmes que pour la succession à la couronne. Quand il ne s'agit que de dignités et titres, par exemple du titre de comtesse, l'aînée des filles du comte n'a pas nécessairement droit au titre : c'est le roi qui décide; il peut le déférer à celles d'entre les filles du comte mort qu'il préfère. — Les descendants en ligne directe représentent *in infinitum* l'ancêtre qui n'existe plus : ainsi les descendants du fils aîné succèdent tous avant le fils puîné; c'est une succession par tiges ou par souches, *in stirpes*. — A défaut de descendants, la succession passe aux collatéraux, à l'exclusion des ascendants. Les héritages descendent, mais ne remontent jamais dans la ligne directe. La loi appelle ceux qui sont les plus proches, soit personnellement, soit par représentation. Le parent le plus proche, mais qui n'a que le *demi-sang*, est exclu par le parent le plus éloigné, mais qui a le *sang entier*, c'est-à-dire qui descende, non pas seulement du même ancêtre, mais du même couple d'ancêtres.—Les biens passent même au seigneur par droit d'échette plutôt qu'au demi-sang par héritage. Cette exclusion du demi-sang est d'abord défendue, en théorie, par Blackstone, qui finit par avouer que, dans l'application, elle donne lieu à des injustices. — Dans les successions *collatérales*, à moins que les biens ne proviennent, en fait, des femmes, les souches masculines doivent être préférées aux souches féminines, c'est-à-dire que la parenté par les ancêtres mâles, quoique éloignée, est admise avant la parenté par les femmes, quoique plus proche (Blackstone, liv. 2, chap. 14).

27. Il y a des règles spéciales de succession pour les biens mobiliers et les choses personnelles, les *chattels*. — L'ancienne loi autorisait le roi, comme curateur général de tous ses sujets, à disposer des biens qu'un homme n'avait pas donnés par testament; le roi transmit aux prélats cette branche de la prérogative, à charge d'en faire un usage pieux et charitable. Les abus de ce pouvoir devinrent si grands que la législature a été successivement obligée d'intervenir pour y porter remède, et introduire un ordre de choses nouveau. Sous Edouard III, il fut ordonné que pour administrer les biens ainsi laissés *ab intestat*, l'ordinaire déléguerait les amis du mort, les plus proches et les plus dignes de confiance; que ces administrateurs seraient considérés, quant aux poursuites et aux comptes, comme étant sur le même pied que les exécuteurs testamentaires. De là dérivent les administrateurs actuels; simples officiers de l'ordinaire, ils sont nommés par lui, en exécution de ce statut. Henri VIII étendit le pouvoir du juge ecclésiastique : il lui permit de donner l'administration, soit à la veuve, soit au plus proche parent, ou à tous deux, et de choisir entre deux ou plusieurs personnes du même degré de parenté. — Les administrateurs ont pour les successions *ab intestat* des fonctions semblables à celles des exécuteurs testamentaires (Blackstone, liv. 2, chap. 32). — V. aussi Disp. entre-vifs et testam., n° 76.

28. L'ancienneté et la diversité des coutumes dont se compose la législation anglaise, en rendent l'étude assez difficile, et c'est Blackstone qui nous donne à cet égard le plus d'éclaircissements; quant aux autres législations, dont il nous reste à parler, elles nous sont mieux connues à raison de leur codification. Dans la revue que nous allons en faire, nous nous attacherons à signaler les points de dissemblance avec le code Napoléon, en nous aidant pour ce travail, de la Concordance publiée par M. Antoine de Saint-Joseph. — Nous commencerons par les codes étrangers qui ont paru ou qui ont été préparés avant le code Napoléon; ce sont les codes suédois, prussien, autrichien et bavarois.

29. Le code *suédois* publié en 1734 admet nos trois ordres d'héritiers; mais la représentation en ligne collatérale s'arrête à la descendance du quatorzième ascendant (chap. 9, art. 3). Il distingue les biens en biens de villes et biens de campagne. Dans les villes, les femmes et leurs descendants ont une part égale à celles des hommes; à la campagne, la fille n'a qu'un tiers et le fils les deux tiers. Cette proportion est observée entre le père et la mère, lorsque la succession échoit aux ascendants (chap. 2, art. 1; chap. 3, art. 1 à 5). — S'il n'y a dans la succession qu'une seule propriété immobilière ou maison d'habitation, elle est attribuée aux frères par préférence à la sœur, et sauf compensation en autres valeurs (chap. 12, art. 6). — L'inventaire après décès est exigé avec rigueur. Le conjoint survivant qui néglige d'y faire procéder perd le quart de sa portion dans la communauté. Les héritiers, s'ils sont aussi en faute, payent à titre d'amende pour les pauvres 3 p. 100 du montant de la succession (chap. 9, art. 5).

Quant à la *capacité* de succéder, le code contient une disposition empreinte de l'intolérance *religieuse*. — On assimile aux condamnés pour crime, « l'individu banni pour hérésie, ou qui embrasse à l'étranger une foi hérétique (c'est-à-dire qui a abjuré le luthéranisme). » — Il ne peut pas succéder en Suède, à moins qu'il ne revienne à la véritable foi et qu'il ne soit gracié par le roi dans les cinq années de son abjuration (chap. 7, art. 4). — Enfin, à l'égard des étrangers, on consacre le droit d'aubaine, tel qu'il est établi par l'art. 11 c. nap. (chap. 15, art. 1 à 7).

30. En *Prusse*, la succession ne se divise point entre deux lignes; c'est le parent le *plus proche*, paternel ou maternel, qui est appelé. Les *collatéraux* non germains partagent entre eux comme les germains (Code, tit. 3, part. 2, art. 43). — Il n'y a pas de *représentation* (tit. 2, part. 2, art. 59, 352, 353). — Les successions sont déférées dans l'*ordre* suivant : — 1° Aux descendants légitimes; — 2° Aux ascendants du premier degré (tit. 2, part. 3, art. 489); — 3° Aux frères et sœurs germains et à leurs descendants (tit. 3, part. 2, art. 36, 39); — 4° Aux frères et sœurs utérins et consanguins, et à leurs descendants, ainsi qu'aux ascendants du premier degré (tit. 2, part. 2, art. 493); — 5° Aux autres parents, mais au delà du sixième degré, les parents sont exclus, par l'épouse survivante, et les enfants d'un mariage *morganitique* (tit. 1, part. 2, art. 637), c'est-à-dire de la main gauche, dans lequel la femme ne jouit pas de l'état civil du mari. — L'*enfant naturel* a tous les droits d'enfant légitime sur les biens de sa mère. Quant à la succession du père qui l'a reconnu, l'enfant n'a droit à aucune légitime. Il peut seulement réclamer l'entretien et l'éducation jusqu'à sa quatorzième année; en outre, le sixième de la succession si le père ne laisse pas d'enfants de mariage de main droite ou de main gauche (tit. 2, part. 2, art. 656, 657). — Le *rapport* à la succession n'est point dû par tout héritier, mais seulement par les descendants, et il n'est dû que du tiers de ce qu'ils ont reçu pour leur établissement (tit. 2, part. 2, art. 318, 359). — Disons en terminant qu'avant d'obtenir la *délivrance*, l'héritier est tenu d'affirmer sous *serment*, qu'il ne connaît pas de plus proche parent du défunt. Le juge prévient les autres parents par insertion dans les feuilles publiques, et s'ils ne se présentent pas dans le délai qui leur est fixé, ils seront liés par tout ce qu'aura fait l'héritier envoyé en possession (art. 482).

31. En *Autriche*, l'ordre de succession embrasse ce qu'on appelle six lignes : 1° les enfants et descendants; — 2° Le père et la mère, et ceux issus d'eux (ou les frères et sœurs et leurs descendants); — 3°, 4°, 5° et 6° Les aïeux, les bisaïeuls, les trisaïeuls, les avant-trisaïeuls et leurs descendants (art. 731). Au-delà de ces six lignes, il n'y a plus de succession légitime (art. 751). — Il est remarquable que le code autrichien n'emploie pas l'expression *collatéraux*. Elle ne voit que des descendants et des ascendants; la succession remonte toujours aux ascendants, sauf à descendre aux enfants de l'ascendant le plus proche, avant de passer à l'ascendant le plus éloigné ou à sa descendance, et ainsi de suite.

Si le père et la mère vivent, ils recueillent toute la succession; si l'un d'eux est décédé, ses descendants prennent la part qu'il aurait dû avoir (art. 735). —Les *frères* et *sœurs* qui ne sont pas germains ne succèdent que d'un côté (art. 736).

Quand les *aïeux* sont appelés, la succession se divise par moitié entre les ascendants du père et ceux de la mère (art. 738). — On distingue dans une même *ligne* diverses *branches*. Ainsi, d'après l'art. 748, «la sixième ligne a seize branches.—Quand les parents qui composent ces branches existent, la succession est divisée en seize portions égales. » — Si une branche est éteinte, sa part passe à la branche la plus rapprochée (art. 748). — Un parent qui appartient à deux branches, cumule ses parts (art. 750).

Les *enfants naturels* ne succèdent qu'à leur mère, mais avec les mêmes droits que les enfants légitimes (art. 754).

Le *conjoint* survivant a droit : 1° à la totalité de la succession s'il n'y a pas de parents au degré successible, ni d'enfant naturel ou adopté, et que la séparation de corps n'ait pas été prononcée contre lui; 2° au quart de la succession (y compris les avantages nuptiaux, ou les legs qui lui auraient été faits), s'il y a des parents autres que les enfants; 3° à l'usufruit d'une part d'enfant, s'il y a trois enfants ou plus; et, s'il y en a moins, à l'usufruit du quart de la succession (art. 757 à 759). —La loi considère quelquefois l'*origine* des biens, car il est dit à l'art. 761 que des lois particulières et politiques régissent exceptionnellement la transmission par hérédité, des fiefs et des biens des vassaux ou des paysans.

32. La loi autrichienne présente aussi de notables différences avec le droit français, quant à l'*acceptation* et à la *répudiation* de la succession. — Ce n'est que du jour de l'acceptation, que l'héritier est censé posséder l'hérédité (art. 547). Personne n'est saisi de plein droit; l'envoi en possession par le tribunal est toujours nécessaire (art. 797). — On peut renoncer à une succession future (art. 781). L'héritier qui est en même temps légitime et testamentaire doit accepter le testament ou renoncer en ses deux qualités à la succession; sauf le droit conservé par le renonçant à sa légitime (art. 808). — On ne peut, même par contrat de mariage, interdire à son héritier le *bénéfice d'inventaire* (art. 803). — Les droits des *créanciers* sont mieux garantis que dans la loi française. Ainsi l'héritier bénéficiaire n'est pas autorisé à payer les créanciers à mesure qu'ils se présentent, sans avoir égard aux droits des autres. Il est contraint de payer de ses deniers ce que les créanciers auraient reçu s'ils s'étaient présentés tous en même temps (art. 815). Le créancier peut demander, même contre un héritier pur et simple et avant la saisine, que la succession soit non-seulement séparée des biens personnels de celui-ci, mais qu'elle soit gardée par le tribunal ou administrée par le curateur, jusqu'au payement de la dette. Un droit semblable est accordé au légataire et au légitimaire (art. 812). Tous les héritiers sont solidairement responsables avant le partage, ils sont considérés comme une seule et même personne à l'égard de l'héritage commun.

33. En *Bavière*, l'ordre de succession est le même que le nôtre; mais en ligne collatérale la *représentation* n'a lieu que jusqu'aux enfants des frères et sœurs, et la successibilité n'est limitée à aucun *degré* (code, liv. 3, ch. 12).

Il y a des préférences d'âge et de sexe. — Ainsi dans la *noblesse* un préciput est créé en faveur de l'*aîné* (liv. 3, chap. 12-8°). — L'héritier *mâle* le plus âgé peut garder les immeubles, en payant la part des autres cohéritiers; c'est lui aussi qui a les titres de succession, pour en fournir aux autres des copies (liv. 3, ch. 1, art. 14, 12° et 13°).

Les *enfants naturels* ne succèdent, même à leur mère, qu'à défaut d'autres parents. Ils n'ont droit qu'à des frais d'entretien (liv. 3, ch. 12).—La succession entre *époux* est ainsi réglée. S'il n'y a pas d'enfant, le conjoint survivant doit rendre aux héritiers du défunt : 1° tout ce que celui-ci a apporté à la communauté, moins le lit matrimonial; 2° la nue-propriété de la moitié des acquêts. — S'il y a des enfants du mariage ou d'une précédente union, la femme survivante prend ses biens et hardes, sa dot, le don de noces que lui a fait son mari, la contre-dot (un avantage nuptial égal à la dot) en usufruit, une part d'enfant dans le mobilier et dans les acquêts. — Si c'est le mari qui survit, il garde tous les acquêts, et restitue aux enfants ce que la femme a apporté (liv. 3, chap. 6). — La *renonciation* à une succession future est permise (liv. 3, chap. 2). — Quant au *partage*, il est dit qu'il ne peut jamais être déclaré nul, mais qu'il y a lieu de le rectifier pour lésion de moitié (liv. 3, chap. 1).

34. — Nous passons aux *codes étrangers*, qui ont été publiés postérieurement au code Napoléon. Nous ne signalerons pas les dispositions qu'ils ont pu lui emprunter, mais seulement les modifications ou les différences les plus notables.

Le code *Hollandais* reconnaît nos trois *ordres* d'héritiers, mais avec des quotités de droit différentes. — A défaut de descendants, les *père* et *mère* du défunt, en concours avec les *frères* et *sœurs*, ont droit aux deux tiers s'il n'y a qu'un frère et une sœur; à la moitié, s'il y a plusieurs frères ou sœurs (art. 901). — Le père ou la mère survivant a droit à la moitié de la succession, s'il n'y a qu'un frère ou une sœur; au tiers, s'il y en a deux; au quart, s'ils sont en plus grand nombre (art. 902); à la totalité, s'il n'y a ni frère ni sœur (art. 906). — La faculté de *renoncer* à la succession est imprescriptible (art. 1108).—L'héritier *bénéficiaire* est tenu d'annoncer dans les feuilles publiques qu'il va rendre compte de son administration et payer les créances et legs (art. 1082).— Dans les successions *vacantes*, l'exécuteur testamentaire est de droit curateur (art. 1172). — Le *rapport* en nature est toujours facultatif pour l'héritier qui a le choix de rapporter la valeur de l'immeuble (art. 1139). — Il peut aussi faire en nature le rapport du mobilier (art. 1141). L'action en *rescision* du partage se *prescrit* par trois ans à compter du partage (art. 1162). — La vente de droits successifs faite sans fraude à un cohéritier n'est sujette à rescision que lorsqu'il est devenu, par cette vente, propriétaire de la totalité de la succession (art. 1164).

35. Le *code Sarde* admet *l'ouverture* de la succession par l'émission des vœux dans les ordres monastiques et dans les corporations *religieuses* régulières; mais le religieux qui, délié de vœux temporaires, rentre dans le monde avant l'expiration de six ans, peut demander la restitution de ses biens et le revenu d'une année seulement (art. 977). — La succession est dévolue sans distinction de ligne au plus *proche parent* (art. 946). — Les *frères* et *sœurs* germains ou leurs descendants partagent par tête avec les *père* et *mère* ou l'un d'eux seulement, ou avec un autre *ascendant*, de manière que l'ascendant n'ait pas moins du tiers de la succession (art. 934, 936). — Les frères et sœurs *germains* excluent les frères *consanguins* ou utérins (art. 939). — On distingue le *sexe* pour certaines successions : ainsi les sœurs et leurs descendants sont exclus en faveur des frères et de leurs descendants *mâles*, lorsqu'il s'agit, soit de la succession du père ou d'un autre ascendant mâle de la ligne paternelle, soit de la succession de la mère, soit enfin de la succession d'un frère germain ou consanguin (art. 942 à 945).— Toutefois ceux à qui profite cette exclusion sont tenus de donner en compensation à la personne exclue une portion de biens ou une somme d'argent équivalente à la part légitimaire, si le défunt est un ascendant, et au tiers de la portion civile s'il s'agit de la succession d'un frère (art. 946). — Cette préférence ne profite pas aux frères ou descendants de frères qui ne pourraient, à raison de l'état par eux embrassé, conserver ni perpétuer la famille (art. 941). —L'*époux* survivant non séparé de corps a droit à l'usufruit du quart de la succession de son conjoint décédé sans testament, si celui-ci ne laisse pas plus de trois enfants. Autrement l'usufruit n'est que d'une part d'enfant. L'époux est déchu de ce droit de succession en passant à des secondes noces (art. 959). — La succession de l'*enfant naturel* décédé sans postérité est déférée à son conjoint survivant pour les deux tiers, et pour l'autre tiers au père et à la mère (art. 956). — A l'égard de l'héritier qui a accepté sous *bénéfice d'inventaire*, il faut que la déclaration soit dans les trente jours publiée dans les gazettes et affichée à la porte du tribunal et de la dernière habitation du défunt (art. 1010). Le *rapport* n'est dû qu'entre héritiers et seulement en ligne descendante (art. 1080).

36. Le code des *Deux-Siciles* a admis les modifications ci-après, aux dispositions du code Napoléon, sur l'ordre successif. — Les descendants des frères et sœurs succèdent par tête et sans *représentation* quand ils se trouvent à des degrés égaux (art. 664). — Les *père* et *mère*, ou le survivant d'eux, et à leur défaut l'*ascendant* le plus proche, concourent avec les frères et sœurs germains ou non, et partagent par tête ou par portion égale (art. 671). — Après les *oncles* et *tantes*, vient le *collatéral* le plus proche, dans quelque ligne qu'il se trouve (art. 673). — Les *enfants naturels* succèdent à leur mère, mais ils ne prennent dans la succession du père, qui les a reconnus, qu'une part proportionnelle, qui varie selon le degré des parents avec lesquels ils concourent (art. 674). — Le *conjoint* privé de fortune, qui n'a point de patrimoine convenable à son état, a droit sur les revenus de la succession du conjoint à une pension alimentaire, qui égale le quart du revenu des biens, s'il n'y a pas d'enfants, ou qu'ils ne soient pas plus de trois. L'usufruit n'est que d'une part d'enfant s'ils sont en plus grand nombre (art. 689, 690).

37. Le grand-duché de *Bade*, qui a fait partie de la confédération rhénane, était alors régi par le code Napoléon, qui y est resté en vigueur, moins quelques modifications. — Voici celles dignes d'être remarquées, quant au droit de succession. — L'*époux survivant* a toujours, s'il n'y a pas d'enfants, l'usufruit des biens de l'autre époux pendant sa vie, à moins de convention contraire (art. 738). — L'époux survivant a également *par droit de mariage*, sur la succession des ascendants du conjoint décédé, un usufruit viager d'un quart de leurs biens, ou une rente équivalente (art. 745). — Les *enfants naturels*, reconnus après la naissance d'enfants légitimes, ne peuvent se prévaloir de leurs droits, tant qu'il existe des enfants légitimes ou leurs descendants (art. 756).

38. En *Suisse*, les cantons ne sont pas tous régis par les mêmes lois civiles. Il y a notamment deux codes distincts, pour les cantons de *Vaud* et de *Berne*. — Dans le code Vaudois, nous remarquons que la succession n'est divisée entre deux *lignes* qu'avec certaines restrictions; ainsi, l'*ascendant* d'une ligne prend toute la succession à défaut d'ascendant dans une autre ligne (art. 532). — Entre *collatéraux*, on fait deux parts égales pour les deux lignes paternelle et maternelle (art. 538). Mais à défaut de parent au sixième degré, le partage par ligne cesse, et le plus proche parent est appelé (art. 539). — On ne succède pas toutefois au delà du dixième *degré* (art. 540). — L'*époux* survivant recueille : 1° la moitié de la succession à défaut d'enfant, père, mère, frères ou sœurs, ou descendants d'eux; — 2° Le quart seulement, s'il n'y a pas d'enfant, mais père ou mère, frères ou sœurs, même utérins ou consanguins, ou descendants d'eux; — 3° L'usufruit des biens dévolus à ses enfants, dans la succession de l'époux décédé, sauf, pour l'enfant marié ou devenu majeur, le droit de se faire mettre en possession de la moitié des biens grevés de cet usufruit (art. 541 à 545).

39. Le code du canton de *Berne* contient des dispositions qui étonnent par leur singularité. — Ainsi, on distingue les héritiers dans l'ordre suivant : *naturels*, *testamentaires*, *légaux*. — On appelle héritiers naturels ceux que le testateur ne peut exclure de la succession qu'en les *déshéritant*, et voici les seuls cas permis d'exhérédation : 1° Si le descendant a maudit le testateur, ou lui a dit des injures grossières, ou s'est porté à des voies de fait; — 2° S'il a été condamné à une peine infamante; — 3° S'il a contracté étant mineur un mariage contre lequel le testateur a protesté (art. 547). — Les héritiers naturels sont (nous copions textuellement) : le conjoint survivant, à moins de convention contraire, qui devient nulle quand il existe des enfants; — 2° Les descendants légitimes (art. 516). — Les héritiers *légaux* sont : les ascendants et les collatéraux. — Le père exclut tous les héritiers autres que les enfants (art. 621). — La mère, au contraire, ne succède à ses enfants, que s'il n'y a ni père, ni frères, ni sœurs du même lit (art. 625). — Dans tous les *partages*, le plus jeune fils peut prendre dans sa part la maison ou l'héritage, suivant estimation judiciaire (art. 545).

40. Il a été publié aussi un code de la *Louisiane*, qui reproduit le plus souvent avec une grande prolixité le système du code Napoléon. Nous y remarquons ceci : — Les *esclaves* seuls sont incapables de transmettre leur succession *ab intestat*, et d'hériter (art. 945). — L'*ascendant* le plus proche exclut les ascendants plus éloignés, même d'une autre *ligne* (art. 903). — Les *enfants naturels* sont appelés à la succession de leur mère, et excluent tous autres parents, s'il n'y a pas d'enfants légitimes; dans le cas contraire, ils n'ont droit qu'à des aliments modiques (art. 912). — Quant à la succession du père, ils n'ont la préférence que sur l'État, ils sont exclus par tous parents, et même par la femme survivante, sauf leurs droits à des aliments (art. 913). — La *femme* survivante est préférée à l'enfant naturel dans la succession du mari, quoique l'enfant naturel soit préféré au père dans la succession de la femme (art. 918). — La femme d'ailleurs ne succède au mari qu'autant qu'elle n'a pas été séparée de corps et de biens (*ibid.*).

41. Après cette revue des législations étrangères, si nous voulons d'une manière générale leur comparer le code Napoléon, nous voyons, d'une part, que sa rédaction l'emporte beaucoup pour la concision et la clarté, et que, d'autre part, il n'a rien à leur envier pour l'ensemble et l'économie des dispositions. Ce qui recommande surtout notre système des successions, c'est le grand principe d'égalité qui a prévalu sur toute distinction de personnes et de biens; les autres législations sont entrées moins largement dans cette voie. — Il est vrai que, sous d'autres rapports, on a élevé quelques critiques. Sans parler d'imperfections de détails, suite nécessaire d'une œuvre de transition et de conciliation, qui réunit en un seul tant de systèmes opposés ou divers, on a dit notamment que l'unité de principe manquait à notre ordre successif, en ce qu'on n'avait pas toujours suivi pour règle l'équité et le vœu présumé du défunt. On a cité pour exemples le partage par lignes, et la succession de l'époux à son conjoint. — Sans doute, le partage par lignes peut avoir pour résultat assez choquant l'égalité de parts entre un ascendant et un parent collatéral du douzième degré. Mais il faut considérer que la présomption d'affection du défunt n'a pas été le seul point de vue du législateur, il s'est proposé, en outre, comme on le doit en cette matière, d'étendre et de vivifier l'esprit de famille. — Quant à la succession de l'époux, nous reconnaissons que les codes étrangers ont été mieux inspirés en lui faisant une condition meilleure. La position qu'occupent les époux dans la famille, les considérations d'équité et de bienséance sont méconnues par la disposition qui n'appelle le conjoint survivant qu'à défaut de parents, et par préférence seulement à l'État. C'est une sorte d'exclusion, que nous avons déjà critiquée, v° Disposit. entre-vifs, n° 83, et qui semble d'ailleurs, comme nous l'expliquerons en son lieu, n'avoir eu pour cause qu'un malentendu lors de la discussion du conseil d'État.

Tableau chronologique de la législation relative aux successions depuis 1790. — Motifs et rapport du code.

15-28 mars 1790. — Décret qui déclare que, par suite de l'abolition des droits d'aînesse et de masculinité, les successions des nobles seront partagées comme celles de tous les autres citoyens (art. 11). — V. Propriété féodale.

8-15 avr. 1791. — Décret relatif au partage des successions *ab intestat*.

Art. 1. Toute inégalité ci-devant résultant, entre héritiers *ab intestat*, des qualités d'aîné ou de puîné, de la distinction des sexes ou des exclusions coutumières, soit en ligne directe, soit en ligne collatérale, est abolie. Tous héritiers en égal degré succéderont par portions égales aux biens qui leur sont déférés par la loi : le partage se fera de même par portions égales, dans chaque souche, dans le cas où la représentation est admise. — En conséquence, les dispositions des coutumes ou statuts qui excluaient les filles ou leurs descendants du droit de succéder avec les mâles ou les descendants des mâles, sont abrogées. — Sont pareillement abrogées les dispositions des coutumes qui, dans le partage des biens, tant meubles qu'immeubles, d'un même père ou d'une même mère, d'un même aïeul ou d'une même aïeule, établissent des différences entre les enfants nés des divers mariages.

2. La représentation aura lieu à l'infini, en ligne directe descendante, dans toutes les coutumes, savoir : dans celles qui la rejettent indéfiniment, à compter du jour de la publication du présent décret, et dans celles qui la rejettent seulement pour les personnes et les biens ci-devant nobles, à compter du jour de la publication du décret du 15 mars 1790.

3. Les étrangers, quoique établis hors du royaume, sont capables de recueillir en France les successions de leurs parents, même Français ; ils pourront de même recevoir et disposer par tous les moyens qui seront autorisés par la loi.

4. Les dispositions des articles 1 et 3 ci-dessus auront leur effet dans toutes les successions qui s'ouvriront après la publication du présent décret, sans préjudice des institutions contractuelles ou autres clauses qui ont été légitimement stipulées, soit par contrat de mariage, soit par articles de mariage dans les pays où ils avaient force de contrats, lesquelles seront exécutées conformément aux anciennes lois.

5. Seront pareillement exécutées, dans les successions directes et collatérales, mobilières et immobilières, les exceptions contenues dans la seconde partie de l'art. 11 du tit. 1er du décret du 15 mars 1790, en faveur des personnes mariées, ou veuves avec enfants ; et ces exceptions auront lieu pour toutes les espèces de biens.

6. Lesdites exceptions ne pourront être réclamées que par les personnes qui, à l'ouverture des successions, se trouveront encore engagées dans des mariages contractés avant la publication du décret du 15 mars 1790, s'il s'agit de biens ci-devant féodaux ou autres sujets au partage noble, et avant la publication du présent décret, s'il s'agit d'autres biens, ou auxquelles il restera des enfants ou petits-enfants issus de mariages antérieurs à ces époques respectives.

7. Lorsque les personnes auront pris les parts à elles réservées par lesdites exceptions, leurs cohéritiers partageront entre eux le restant des biens, en conformité du présent décret.

8. Le mariage d'un puîné, ni sa viduité avec enfants, ne pourront servir de titre à son cohéritier aîné non marié ni veuf avec enfants, pour jouir du bénéfice desdites exceptions.

9. Nul puîné devenu aîné depuis son mariage contracté même avant la publication, soit du présent décret, soit de celui du 15 mars 1790, ne pourra réclamer, en vertu desdites exceptions, les avantages dont l'expectative était, au moment où il s'est marié, déférée par la loi à son cohéritier présomptif aîné.

5 brum. an 2 (26 oct. 1793). — Décret qui contient quelques dispositions sur les successions des religieux (art. 4 et suiv.), et qui dispose que les successions ouvertes depuis le 14 juill. 1789 seront partagées également (art. 9) ; que les dispositions des coutumes qui excluent la représentation en ligne directe et en ligne collatérale au désavantage des neveux et nièces sont abolies (art. 15). — V. Dispos. entre-vifs, p. 25.

17-21 niv. an 2 (6-10 janv. 1794). — Décret relatif aux donations et successions.

Art. 1. Les donations entre-vifs faites depuis et compris le 14 juill. 1789 sont nulles. — Toutes celles au même titre, légalement faites antérieurement, sont maintenues. — Les institutions contractuelles et toutes dispositions à cause de mort, dont l'auteur est encore vivant ou n'est décédé que le 14 juill. 1789 ou depuis, sont nulles, quand même elles auraient été faites antérieurement.

2. Les dispositions contractuelles antérieures au 14 juill. 1789, qui renferment en même temps des libéralités entre-vifs et irrévocables, sous quelque dénomination qu'elles aient été conférées, et une institution dans des biens à venir, n'auront leur effet que pour le don entre-vifs et non pas pour les biens résultant de l'institution, si l'instituant vit encore ou n'est mort que le 14 juill. 1789 ou depuis.

3. Les ci-devant religieux et religieuses sont appelés à recueillir les successions qui leur sont échues à compter du 14 juill. 1789, ou qui leur écherront par successions.

4. Les pensions attribuées par les décrets des représentants du peuple aux ci-devant religieux et religieuses diminueront, en proportion des revenus qui leur sont échus. — Les revenus seront évalués pour cet effet au denier vingt des capitaux.

5. Les ci-devant religieux et religieuses qui ont émis leurs vœux avant l'âge requis par les lois sont réintégrés dans tous leurs droits, tant pour le passé que pour l'avenir ; ils peuvent les exercer comme s'ils n'avaient jamais été engagés dans les liens du régime monastique : les actes de dernière volonté qu'ils auront pu faire avant leur profession sont anéantis.

6. Lorsque les ci-devant religieux et religieuses viendront à succéder en vertu des art. 3 et 5 ci-dessus, concurremment avec d'autres cohéritiers, les dots qui leur auront été fournies lors de leur profession par ceux à qui ils succéderont seront imputées sur leur portion héréditaire, les rentes ou pensions qui auront été constituées à ces ci-devant religieux et religieuses par ceux à qui ils succèdent demeureront éteintes

7. Pour l'exécution des articles précédents, en ce qui concerne l'intérêt national, tous ci-devant religieux et religieuses seront tenus d'inscrire, dans les quittances qu'ils fourniront aux receveurs de district, la déclaration qu'ils n'ont rien recueilli ou qu'ils ont recueilli une succession dont ils énonceront la valeur. — A défaut d'exactitude dans lesdites déclarations, ils seront à l'avenir privés de leurs pensions, et condamnés, au profit du trésor public, à une amende quadruple des sommes qu'ils auront indûment perçues. — L'agent national près le district de la résidence sera tenu de faire toutes diligences à ce sujet.

8. Les enfants, descendants et collatéraux ne pourront prendre part aux successions de leurs pères, mères, ascendants ou autres parents, sans rapporter les donations qui leur ont été faites par ceux-ci antérieurement au 14 juill. 1789 ; sans préjudice toutefois de l'exécution des coutumes qui assujettissent les donations à rapport, même dans le cas où les donataires renoncent à la succession du donateur. — Le présent article sera observé nonobstant toutes dispenses de rapport stipulées dans les lieux où elles étaient autorisées.

9. Les successions des pères, mères ou autres ascendants, et des parents collatéraux, ouvertes depuis et compris le 14 juill. 1789, et qui s'ouvriront à l'avenir, seront partagées également entre les enfants, descendants ou héritiers en ligne collatérale, nonobstant toutes lois, coutumes, donations, testaments et partages déjà faits. En conséquence, les enfants, descendants et héritiers en ligne collatérale, ne pourront, même en renonçant à ces successions, se dispenser de rapporter ce qu'ils auront eu à titre gratuit, par l'effet des donations que leur auront faites leurs ascendants ou leurs parents collatéraux, le 14 juill. 1789 ou depuis.

10. A l'égard des successions ouvertes depuis et compris le 14 juill. 1789, et qui intéresseraient des ascendants, ceux-ci seront tenus à les rapporter, ou autorisés à les revendiquer, selon les règles générales qui seront ci-après prescrites.

11. Le mariage d'un des héritiers présomptifs, soit en ligne directe, soit en ligne collatérale, ni les dispositions contractuelles faites en le mariant, ne pourront lui être opposés pour l'exclure du partage égal, à la charge par lui de rapporter ce qui lui aura été donné ou payé lors de son mariage.

12. Est réputée non écrite toute clause impérative ou prohibitive insérée dans les actes passés même avant le décret du 5 sept. 1791, lorsqu'elle est contraire aux lois et aux mœurs, lorsqu'elle porte atteinte à la liberté religieuse du donataire, de l'héritier ou du légataire, lorsqu'elle gêne la liberté qu'il a, soit de se marier ou de se remarier même avec des personnes désignées, soit d'embrasser tel état, emploi ou profession, ou lorsqu'elle tend à le détourner de remplir les devoirs imposés, et d'exercer les fonctions déférées par les lois aux citoyens.

13. Les avantages singuliers ou réciproques stipulés entre les époux encore existants, soit par leur contrat de mariage, soit par des actes postérieurs, ou qui se trouveraient établis dans certains lieux par les coutumes, statuts ou usages, auront leur plein et entier effet, nonobstant les dispositions de l'art. 1, auquel il est fait exception en ce point. — Néanmoins, s'il y a des enfants de leur union ou d'un précédent mariage, ces avantages, au cas qu'ils consistent en simple jouissance, ne pourront s'élever au delà de moitié du revenu des biens délaissés par l'époux décédé ; et s'ils consistent en des dispositions de propriété, soit mobilière, soit immobilière, ils seront restreints à l'usufruit des choses qui en seront l'objet, sans qu'ils puissent excéder la moitié du revenu de la totalité des biens.

14. Les avantages légalement stipulés entre époux dont l'un est décédé avant le 14 juill. 1789 seront maintenus au profit du survivant. A l'égard de tous autres avantages échus et recueillis postérieurement, ou qui pourront avoir lieu à l'avenir, soit qu'ils résultent des dispositions matrimoniales, soit qu'ils proviennent d'institutions, dons entre-vifs ou legs faits par un mari à sa femme ou par une femme à son mari, ils obtiendront également leur effet, sauf néanmoins leur conversion ou réduction en usufruit de moitié dans le cas où il y aurait des enfants, conformément à l'art. 13 ci-dessus.

15. Les donations et dispositions faites par *contrat de mariage* au profit des conjoints, depuis le 14 juill. 1789 et avant la promulgation du décret du 5 brum. dernier, par tous citoyens, parents ou non parents des époux, pourvu que les donateurs fussent sans enfants, sont aussi exceptées de la nullité prononcée par l'art. 1 de la présente loi. Néanmoins, et dans le cas où le donataire serait successible, et prendrait part à la succession du donateur, il ne le pourra qu'en rapportant lesdites donations à la masse.

16. Les dispositions générales du présent décret ne font point obstacle pour l'avenir à la faculté de disposer du dixième de son bien, si l'on a des héritiers en ligne directe ; ou du sixième, si l'on n'a que des héritiers collatéraux, au profit d'autres, que des personnes appelées par la loi au partage des successions.

17. A l'égard des citoyens au profit desquels il a été fait, *à titre universel*, des dispositions dont la nullité est prononcée par la loi du 5 brum., ils demeurent autorisés à retenir, soit le dixième, soit le sixième, qu'elle rend disponible, net et défalcation faite de toute espèce de charges, même des libéralités particulières, maintenues par le présent décret.

18. En cas que *le titre universel* s'applique à un simple usufruit, la retenue pourra s'élever jusqu'à la jouissance du cinquième, si ce titre a été conféré par une personne qui eût des enfants, et du tiers, si le donateur était sans enfants.

19. S'il y a plusieurs institués, légataires ou donataires au même *titre*

universel déchus, ils concourront pour la retenue portée par les articles précédents, et s'en diviseront le produit entre eux au marc la livre des portions qui leur étaient assignées.

20. En toutes successions rouvertes au moyen de la présente loi, celui au profit duquel se trouvait faite la disposition à *titre universel* annulée, pourra en outre conserver sur l'hérédité autant de valeurs égales au quart de sa propre retenue, qu'il avait d'enfants au temps où il avait recueilli l'effet de la disposition.

21. Si l'institué, donataire ou légataire à *titre universel* se trouve successible, il pourra, pour le passé, user de la retenue, d'après les règles ci-dessus, ou s'en tenir à sa part héréditaire. — Dans aucun cas il ne pourra les cumuler.

22. Le descendant du successible qui n'a aucun droit actuel à la succession et qui en fait la remise d'après une disposition annulée, peut profiter de la retenue, quoique son ascendant prenne part à la même succession.

23. Dans le cas où un époux décédé avant ou depuis le 14 juill. 1789 aurait conféré au conjoint suivant la faculté d'élire un ou plusieurs héritiers dans ses biens, l'élection, si elle n'a eu lieu que le 14 juill. 1789 ou depuis, demeure nulle et de nul effet; et tous les héritiers présomptifs au préjudice desquels elle aurait été faite sont, nonobstant toute exclusion, appelés à partager la succession de la même manière et par les mêmes règles que celles ouvertes depuis et compris le 14 juill. 1789.

24. Tous actes portant institution nominative d'un héritier, néanmoins subordonnée au cas où un tiers ne disposerait pas autrement des biens compris en la même institution, sont nuls et de nul effet à dater du 14 juill. 1789, si, à cette époque, le droit de l'institué n'était pas devenu irrévocable, soit par le décès du tiers, soit par transaction authentique passée avec lui.

25. Les dispositions alternatives, comme celles par lesquelles le donateur avait promis de nourrir et d'entretenir le donataire, ou de lui donner une somme déterminée en cas que leur humeur cessât de sympathiser, sont maintenues comme donations entre-vifs, si elles sont antérieures au 14 juill. 1789.

26. Toutes donations à charge de rentes viagères ou vente à fonds perdus, en ligne directe ou collatérale, à l'un des héritiers présomptifs ou à ses descendants, sont interdites, à moins que les parents du degré de l'acquéreur et de degrés plus prochains n'y interviennent et n'y consentent. — Toutes celles faites sans ce concours depuis et compris le 14 juill. 1789 aux personnes de la qualité ci-dessus désignée sont annulées, sauf à l'acquéreur à se faire rapporter par son donateur ou vendeur, ou par ses héritiers, tout ce qu'il justifiera avoir payé au delà du juste revenu de la chose aliénée; le tout sans préjudice des coutumes ou usages qui auraient invalidé de tels actes passés même avant le 14 juill. 1789.

27. Le présent décret sera exécuté dans tous les cas qu'il embrasse, nonobstant toutes renonciations, transactions et jugements intervenus antérieurement au présent décret.

28. A l'égard de tous traités ou partages faits en exécution de dispositions non annulées par le présent décret, ils seront exécutés, pourvu qu'ils ne soient accompagnés d'aucun vice qui donne spécialement lieu à nouveau partage.

29. En toutes successions abandonnées par les héritiers naturels, les créanciers du défunt pourront, de leur propre chef, poursuivre le rapport des avantages annulés par le présent décret.

30. Dans tous les cas où le rappel établi par les dispositions ci-dessus concernera des individus dont les biens sont acquis et confisqués à la République, la nation exercera leurs droits. — Elle rapportera, ainsi qu'ils y eussent été tenus eux-mêmes, les dispositions qu'elle aurait recueillies de leur chef et qui se trouveraient annulées par le présent

31. En cas que les propriétés se trouvent indivises entre la République et des citoyens, elles seront vendues selon les articles 8, 9 et 10 du décret du 13 sept. dernier.

32. En cas que les dispositions aient été faites par un homme décédé sans parents, le donataire ou institué en conservera l'effet.

33. Ne sont pas comprises dans les dispositions du présent décret les donations qui, bien que grevées d'usufruit, étaient, quant à la propriété, ouvertes et échues avant le 14 juill. 1789.

34. Les dons et legs à titre particulier, faits depuis et compris le 14 juill. 1789, sont maintenus dans le concours des deux circonstances ci-après; savoir, lorsque le donataire particulier ou légataire n'avait pas, au temps que le don ou legs lui est échu, une fortune excédant un capital de dix mille livres, et lorsque le don ou legs particulier ne s'élève pas lui-même au delà de cette somme.

35. Dans le cas où, soit le donataire, soit le légataire à *titre particulier*, auraient des enfants, le *maximum* de fortune sera pour eux fixé à dix mille livres, plus autant de fois cinq mille livres qu'ils avaient d'enfants à l'époque du don ou legs qui leur a été conféré. — Le *maximum* du legs ne pourra surpasser, en ce cas, le *maximum* de fortune ainsi réglé.

36. Pour vérifier le *maximum* de fortune, les arbitres dont il sera parlé ci-après, se feront représenter l'extrait des diverses impositions du donataire à *titre particulier*, ou légataire. — Ils pourront, au surplus, s'environner de tous autres renseignements à ce sujet.

37. Si la fortune que possède le donataire ou légataire à *titre particulier* ne consiste qu'en simple usufruit ou viager, l'estimation s'en fera de telle manière qu'un revenu de mille livres ne soit représentatif que d'un capital de dix mille livres.

38. De même les avantages à vie seulement et qui ne consisteraient qu'en usufruit ou pension seront estimés d'après cette donnée.

39. Dans tous les cas ci-dessus, si les avantages excèdent la somme à laquelle ils peuvent légalement s'élever, ils y seront réduits.

40. Si la fortune du légataire à *titre particulier*, donataire ou pensionnaire, excède le *maximum* ci-dessus, sans cependant atteindre la somme jusqu'à laquelle elle pourrait légitimement s'élever par la réunion du don et du legs, il pourra en conserver l'effet jusqu'à cette concurrence seulement et non au delà.

41. Néanmoins, et en toutes successions dont la valeur nette pour les héritiers naturels excédera deux cent mille livres, les legs particuliers, dons ou pensions, sortiront sans autre examen leur effet jusqu'à concurrence d'un sixième, si mieux n'aiment les donataires, légataires ou pensionnaires s'en tenir aux règles générales ci-dessus posées.

42. Le donataire ou légataire à *titre particulier*, déchu, qui se trouvera en même temps successible, ne pourra user de la faculté accordée par les articles précédents, qu'en renonçant à l'exercice des droits que lui donne la qualité d'héritier naturel. — Le descendant du successible qui n'a pas un droit actuel n'est pas compris dans cette disposition.

43. Si, dans aucun des cas ci-dessus, la portion dont les lois anciennes ne permettaient pas de priver l'héritier en *ligne directe*, ne lui reste pas entière, celui-ci est autorisé à la prélever avant les legs, qui diminueront en proportion.

44. Les avantages ou gratifications accordés aux exécuteurs testamentaires depuis et compris le 14 juill. 1789 sont maintenus, pourvu qu'ils n'excèdent point la valeur d'une année des revenus du testateur. — Si, néanmoins ces revenus excédaient six mille livres, la gratification ne vaudra que jusqu'à concurrence de cette somme, et le surplus sera sujet à rapport.

45. Les droits acquis, soit à des tiers possesseurs, soit à des créanciers hypothécaires et à tous autres, ayant une date certaine antérieure au 5 brumaire dernier, sur les biens compris dans les dispositions annulées par le décret du même jour, leur sont conservés.

46. Dans les partages et rapports qui seront faits en exécution des articles précédents, pour les successions actuellement ouvertes, il ne sera fait aucune restitution ni rapport des fruits et intérêts perçus, échus ou acquis avant la promulgation du décret du 5 brumaire, en vertu des décrets, coutumes et dispositions auxquels il a été ci-dessus dérogé.

47. Les héritiers naturels rappelés par le présent décret seront tenus de recevoir les biens dans l'état où ils se trouveront actuellement, et de s'en rapporter, sur la consistance de ces biens, à l'inventaire qui en aura été dressé, et, à défaut d'inventaire, à l'état qui en sera fourni, sauf tous légitimes contredits.

48. L'institué ou donataire déchu qui ne pourra représenter en nature les effets et biens compris dans l'inventaire ou état, tiendra compte aux héritiers naturels du prix qu'il en aura tiré, s'il les a vendus, ou de leur valeur au temps où il les avait recueillis, s'ils sont autrement sortis de ses mains.

49. D'un autre côté, il lui sera fait état, par la masse de la succession, de toute espèce d'impenses, de quelque nature qu'elles soient, qu'il aura faites dans les biens sujets à rapport, et de toute charge par lui légitimement acquittées, autres que celles affectées à la simple jouissance, comme aussi de tous déboursés relatifs à l'acte annulé, centième denier et accessoires, faux frais et voyages. — La succession poursuivra à ses propres risques et périls le recouvrement des charges qui, après avoir été légalement acquittées, se trouveraient, par l'effet du présent décret, sujettes à restitution, sans néanmoins que ce recours puisse donner lieu à aucune répétition contre le trésor public, à raison des droits qu'il aurait perçus.

50. L'institué ou donataire déchu pourra donner en payement des rapports auxquels il est tenu par l'effet du présent décret, soit le prix même des objets qu'il aurait aliénés, et qui lui serait encore dû, soit les contrats et créances qu'il justifiera résulter du placement des deniers provenant de la libéralité annulée; sans garantie de la solvabilité des débiteurs, s'il a contracté de bonne foi.

51. Si l'institué ou donataire déchu n'avait été avantagé que sous des charges et conditions particulières, comme de conférer ses travaux ou ses revenus, il pourra réclamer sa part des améliorations et acquêts faits pendant la durée de cette espèce de société.

52. Si les charges imposées se trouvent être de telle nature qu'on ne puisse en induire une société, le donataire déchu est néanmoins autorisé à faire la retenue des sommes auxquelles elles se seront élevées. — Il lui sera même fait état, s'il le demande, des intérêts des sommes par lui payées, à dater du jour des paiements, sauf, en ce cas, l'imputation des fruits qu'il pourrait avoir perçus.

53. Tous les partages qui seront faits en exécution du présent décret seront définitifs : s'il y a un mineur, son tuteur, d'après l'avis du conseil de famille composé de quatre parents ou amis non cointéressés au partage, y stipulera pour lui, sans qu'il soit besoin de ratification de sa part. — Il répondra personnellement des fautes qu'il pourrait commettre par dol ou fraude.

54. Toutes contestations qui pourront s'élever sur l'exécution du présent décret seront jugées par des arbitres. — Il est défendu aux tribunaux ordinaires 'en connaître, et de donner suite à celles qui seraient actuellement portées devant eux pour ce fait, à peine de nullité

55. Il sera nommé deux arbitres par chacune des parties. — Faute par l'une d'elles de le faire sur la sommation qui lui en aura été notifiée, le juge de paix du lieu de l'ouverture de la succession en nommera d'office,

après un délai de huitaine, auquel il sera ajouté un jour par dix lieues de distance. — En cas qu'il y ait partage dans l'avis des arbitres, le tiers sera nommé par le même juge.

56. L'instruction sera sommaire : les jugements desdits arbitres ne seront pas sujets à appel.

57. Le droit de réclamer le bénéfice du décret, quant aux dispositions qu'il annule, n'appartient qu'aux héritiers naturels, et à dater seulement du jour où leur droit est ouvert, sans que jusqu'à cette époque il y ait lieu à aucune restitution des fruits.

58. Le présent décret est déclaré, dans tous ses points, commun à toutes les parties de la République, même à celles dont l'union a été prononcée depuis le 14 juill. 1789.

59. Toutes les fois que les dispositions du présent décret se trouveraient tourner au profit d'étrangers sujets des puissances avec lesquelles la République française est en guerre, elles cesseront d'obtenir leur effet; et les dispositions contraires faites au profit des républicoles ou des étrangers alliés ou neutres demeurent en ce cas maintenues.

60. Les droits restitués par le présent décret ne peuvent être exercés que par ceux au profit desquels ils sont rétablis. — Toutes ventes ou cessions qui en seraient faites à des tiers sont déclarées nulles.

61. Au moyen des dispositions ci-dessus, le décret du 5 brumaire dernier est déclaré comme non avenu. — Toutes lois, coutumes, usages et statuts relatifs à la transmission des biens par succession ou donation, sont également déclarés abolis, sauf à procéder au partage des successions échues depuis et y compris le 14 juill. 1789, et de celles à venir, selon les règles qui vont être ci-après établies.

Règles générales pour le partage des successions.

62. La loi ne reconnaît aucune différence dans la nature des biens ou dans leur origine pour en régler la transmission.

63. Il y a trois espèces de successions pour les parents; la succession qui échoit aux descendants, celle qui échoit aux ascendants, et celle à laquelle sont appelés les parents collatéraux.

De la succession des descendants.

64. Si le défunt laisse des enfants, ils lui succéderont également.

65. A défaut d'enfants, les petits-enfants succèdent à leur aïeul ou aïeule.

66. A défaut de petits-enfants, les arrière-petits-enfants succèdent à leur bisaïeul ou bisaïeule.

67. A défaut de ceux-ci, les autres descendants succèdent dans l'ordre de leur degré.

68. Lorsqu'il y a des petits-enfants ou des descendants des degrés ultérieurs, la représentation a lieu.

De la succession des ascendants.

69. Si le défunt n'a laissé ni descendants, ni frères ou sœurs, ni descendants de frères ou de sœurs, ses père et mère ou le survivant d'entre eux lui succèdent.

70. A défaut des pères et mères, les aïeuls et aïeules ou les survivants d'entre eux succèdent, s'il n'y a pas de descendants de quelqu'un d'entre eux.

71. A défaut d'aïeuls ou d'aïeules, les ascendants supérieurs sont appelés à la succession, suivant la proximité du degré, s'il ne reste pas de descendants de ce même degré.

72. Dans tous les cas, les ascendants sont toujours exclus par les héritiers collatéraux qui descendent d'eux ou d'autres ascendants au même degré.

73. Les ascendants succèdent toujours par tête.

74. Les biens donnés par les ascendants à leurs descendants, avec stipulation de retour, ne sont pas compris dans les règles ci-dessus; ils ne font pas partie de la succession du descendant, tant qu'il y a lieu au droit de retour.

Des successions collatérales.

75. Les parents collatéraux succèdent, lorsque le défunt n'a pas laissé de parents en ligne directe.

76. Ils succèdent même au préjudice de ses ascendants, lorsqu'ils descendent d'eux, ou d'autres ascendants au même degré.

77. La représentation a lieu jusqu'à l'infini en ligne collatérale. Ceux qui descendent des ascendants les plus proches du défunt excluent ceux qui descendent des ascendants plus éloignés de la même ligne.

78. Ainsi, les descendants du père excluent tous les descendants des aïeul et aïeule paternels. Les descendants de la mère excluent tous les autres descendants des aïeul et aïeule maternels.

79. A défaut des descendants du père, les descendants des aïeul et aïeule paternels excluent tous les autres descendants des bisaïeuls et bisaïeules de la même ligne.

80. A défaut des descendants de la mère, les descendants des aïeul et aïeul maternels excluent tous les autres descendants des bisaïeuls et bisaïeules de la même ligne.

81. La même exclusion a lieu en faveur des descendants des bisaïeuls ou bisaïeules, ou ascendants supérieurs, contre ceux des ascendants d'un degré plus éloigné dans la même ligne.

82. Par l'effet de la représentation, les représentants entrent dans la place, dans le degré et dans tous les droits du représenté. La succession se divise en autant de parties qu'il y a de branches appelées à la recueillir; et la subdivision se fait de la même manière entre ceux qui en font partie.

83. Si donc les héritiers du défunt descendent, les uns de son père, les autres de sa mère, une moitié de la succession sera attribuée aux héritiers paternels, et l'autre moitié aux héritiers maternels.

84. Si le défunt n'a pas laissé d'héritiers descendants de son père, la portion paternelle sera attribuée, pour une moitié, aux descendants de l'aïeul paternel, et pour une autre aux descendants de l'aïeule maternelle.

85. Si le défunt n'a pas laissé d'héritiers descendants de sa mère, la portion maternelle sera pareillement partagée entre les descendants de l'aïeul paternel et ceux de l'aïeule maternelle.

86. Il en sera de même si le défunt n'a pas laissé d'aïeul ou d'aïeule, soit dans l'une, soit dans l'autre branche. Les descendants du bisaïeul et ceux de la bisaïeule prendront chacun une moitié dans la portion qui aurait appartenu à l'aïeul ou à l'aïeule.

87. Il en sera de même encore pour les descendants des degrés supérieurs, lorsque le bisaïeul ou la bisaïeule n'auront pas laissé de descendants.

88. Ces règles de représentation seront suivies dans la subdivision de chaque branche. On partagera d'abord la portion qui est attribuée à chacune, en autant de parties égales que le chef de cette branche aura laissé d'enfants, pour attribuer chacune de ces parties à tous les héritiers qui descendent de l'un de ses enfants, sauf à la subdiviser encore entre eux dans les degrés ultérieurs, proportionnellement aux droits de ceux qu'ils représentent.

89. La loi n'accorde aucun privilége au double lien; mais si des parents collatéraux descendent tout à la fois des auteurs de plusieurs branches appelés à la succession, ils recueilleront cumulativement la portion à laquelle ils sont appelés dans chaque branche.

90. A défaut de parents de l'une des lignes paternelle ou maternelle, les parents de l'autre ligne succèderont pour le tout.

22 vent. an 2 (12 mars 1794). — Premier décret portant qu'il n'y a pas lieu à délibérer sur diverses questions relatives au décret du 17 nivôse dernier.

La Convention nationale, après avoir entendu le rapport de son comité de législation sur un grand nombre de pétitions relatives au décret du 17 nivôse dernier, formant un ensemble qui tend, savoir :

1° A ce qu'il soit établi des exceptions au décret du 17 nivôse, en faveur des citoyens de la ci-devant province de Normandie, où les garçons, appelés par le statut à succéder au préjudice des filles, conféraient dans la maison paternelle des travaux et même des revenus dont ils exposent que le partage égal avec leurs sœurs mariées deviendrait pour eux une source de lésion. — Considérant, sur la *première question*, que, dans un partage de succession, l'on ne saurait, sans bouleverser l'ordre social, avoir égard ni au nombre d'années pendant lesquelles les enfants sont restés en la maison paternelle, ni au plus ou moins de travaux que chacun a pu y conférer; que s'il y a eu des apports étrangers, on peut les prélever; que s'il y a eu pacte qui puisse être assimilé à une société, on peut user du bénéfice de l'art. 51 du décret du 17 nivôse; mais que, dans tous les cas, un article spécial pour les habitants de la ci-devant Normandie est une chose inadmissible, lorsque l'uniformité des lois est un des premiers besoins d'un peuple composé d'hommes égaux et libres.

2° A ce que, dans tout le territoire de la République, les dispositions qui n'offrent qu'une restitution des choses que le donateur tenait anciennement de la famille du donataire, soient exceptées de la nullité prononcée par la loi. — Sur la *seconde question*, que l'exception demandée ferait en quelque sorte revivre le système des propres ou anciens, et introduirait des distinctions souvent frauduleuses, mais plus souvent encore hérissées d'embarras et d'incertitudes; qu'enfin, et pour ne pas énerver le nouveau système, il a bien fallu prendre les hommes et les biens en l'état où ils étaient le 14 juillet 1789, sans reporter la vue au delà.

3° A ce que les avantages postérieurs au 14 juillet 1789 soient maintenus, quand ils se trouveront faits au profit d'enfants que le donateur aura nourris et élevés. — Sur la *troisième question*, que, s'il s'agit d'enfants que le donateur ait eus hors du mariage, une loi spéciale leur a restitué tous leurs droits depuis le 14 juillet 1789; et que, s'il est question d'autres enfants dont l'humanité seule ait engagé à prendre soin, ils peuvent, outre les bienfaits de l'éducation, recueillir encore le bénéfice des exceptions que la loi a établies, et qui, suffisantes pour tous, ne le sont pas moins spécialement pour eux.

4° A ce que toutes successions ouvertes, même avant le 14 juillet 1789, soient adjugées aux héritiers naturels, quand il y aura procès subsistant à cet égard. — Sur la *quatrième question*, que l'on ne saurait s'arrêter à l'objet dont il s'agit, sans mettre l'effet rétroactif en question; et que, s'il n'y en a point à dater du 14 juillet 1789, parce que la loi n'a fait que développer les principes proclamés dès lors par un grand peuple qui se ressaisissait de ses droits, l'effet rétroactif commencerait là seulement où l'on dépasserait cette limite; que d'ailleurs, si la réclamation des héritiers naturels, pour ce qui appartient aux époques antérieures, était fondée, ils n'ont pas besoin du secours de la loi nouvelle, et que, si elle ne l'était pas, il serait immoral d'accorder plus de faveur à celui qui a fait un mauvais procès, qu'au citoyen tranquille qui a respecté les lois de ce temps.

5° A ce que les legs pieux faits en faveur des hôpitaux, administrations des biens des pauvres, et autres établissements de ce genre, soient conservés et exceptés de la nullité légale, au moins pour le passé. — Sur la *cinquième question*, que des maisons de secours ne peuvent jouir du privilége de dépouiller les héritiers naturels, et que, sauf la quotité héréditaire réservée au titre universel, ou les avantages conservés au titre particulier, ces sortes d'établissements ne peuvent ni ne doivent jouir d'une autre condition que les citoyens.

6° A ce qu'il soit formellement décrété que les dispositions de la loi du 17 nivôse, qui permettent, en certains cas, de distraire de l'hérédité plus du dixième en ligne directe, et du sixième en ligne collatérale, ne s'appliquent qu'aux libéralités échues antérieurement à la promulgation du décret du 5 brumaire. — Sur la *sixième question*, que l'art. 16 du décret du 17 nivôse explique assez qu'à l'avenir, et à quelque titre que les dons soient conférés, il n'y aura qu'un dixième de disponible si le testateur a des enfants, ou le sixième s'il n'en a point, sauf les dons entre époux, et qu'ainsi les plus amples réserves ou retenues, dans les cas déterminés par le décret du 17 nivôse, ne sont que pour les dispositions du passé, et toutefois ouvertes antérieurement à la promulgation du décret du 5 brumaire.

7° A ce qu'il soit formellement déclaré que les retenues attribuées par le décret du 17 nivôse ne s'appliquent point au cas où les dispositions étaient essentiellement nulles antérieurement à ce décret. — Sur la *septième question*, que, quand la loi a validé certaines dispositions, elle n'a eu pour objet que celles qui se trouvent même littéralement inscrites dans les articles 1er et 13; et que les retenues qu'elle a attribuées ne peuvent de même s'appliquer qu'aux dispositions qui, annulées par le décret du 17 nivôse, pouvaient légalement subsister auparavant.

8° A ce qu'il soit expliqué si le religieux qui a émis ses vœux postérieurement au 14 juillet 1789 peut reprendre ses biens et droits héréditairement recueillis par ses parents. — Sur la *huitième question*, qu'il n'y a plus de difficulté que dans le cas où un homme réputé mort, et dont on se serait partagé la succession, reparaîtrait, et que, les lois ayant annulé toute émission de vœux postérieure au 14 juillet 1789, la réintégration du ci-devant religieux dans ses biens et droits, à dater de la même époque, n'est que la conséquence de ce principe.

9° A ce qu'il soit clairement défini si tous vœux religieux émis avant l'âge de vingt et un ans sont annulés par l'art. 5 du décret du 17 nivôse. — Sur la *neuvième question*, que, l'article cité n'invalidant que les vœux émis avant l'âge requis par les lois, il faut distinguer les époques; qu'ainsi, et avant l'édit de 1768, l'âge de seize ans étant proclamé suffisant pour les lois d'alors, il n'y aurait nullité qu'autant que les vœux auraient été émis avant cet âge; de même que depuis il faudrait seulement tenir pour nulles les professions faites avant vingt et un ans pour les hommes, et dix-huit ans pour les femmes.

10° A ce que les avantages conférés par les statuts aux époux soient maintenus comme ceux qui étaient l'effet de la stipulation. — Sur la *dixième question*, que cette indemnité sort évidemment des termes de l'art. 13 du décret du 17 nivôse, qui maintient les dispositions, même statutaires, sous la foi desquelles les époux s'étaient engagés, tandis que l'art. 14 leur permet de plus toute autre stipulation à l'avenir; latitude politique qui fait assez apercevoir que le système restrictif n'est pas pour les dispositions entre époux, sauf la réductibilité à l'usufruit de moitié, en cas qu'il y ait des enfants.

11° A ce qu'il soit prononcé sur le sort des dispositions entre conjoints, par lesquelles l'un d'eux, en donnant à l'autre, aurait déclaré qu'il s'en rapporte à celui-ci pour l'exécution de ce qui lui a été recommandé en secret. — Sur la *onzième question*, qu'une telle disposition n'est qu'un fidéi-commis, ou, si l'on veut, un acte visiblement dirigé au profit d'un tiers qui n'est point, comme le conjoint, capable de recueillir, et que, sous ce rapport, une semblable disposition ne peut subsister.

12° A ce qu'il soit décidé si la disponibilité entre époux ne cessera point, lorsque la nation représentera leurs successibles naturels. — Sur la *douzième question*, que, d'une part, les lois, et notamment le décret du 28 mars, se bornent en ce cas à frapper de nullité les dispositions qui seraient faites en ligne directe; que, d'une part, la République, placée dans des circonstances extraordinaires, aux droits d'un tiers, peut bien se les attribuer dans leur intégrité, mais ne doit pas les étendre, et que, dans le cas particulier, les droits de la République ne sont pas d'une autre nature que ceux de la famille privée dans les cas ordinaires.

13° A ce qu'il soit loisible au conjoint qui aurait été avantagé par l'époux prédécédé, de transmettre à des parents de cet époux les biens qu'il tiendrait de lui. — Sur la *treizième question*, qu'outre que cette faculté deviendrait une disposition réelle entre autres qu'époux, et contrarierait ainsi le système général, la loi a bien dû se garder d'établir un intermédiaire dont on pourrait se servir pour gratifier tel parent au préjudice de tel autre, et rétablir ainsi l'inégalité, au lieu qu'avertis de l'impossibilité de ce transport, les époux seront plus circonspects, ou, du moins, de meilleure foi dans leurs dons réciproques.

14° A ce qu'il soit déclaré si, pour fixer le maximum de fortune à l'égard d'un époux donataire particulier d'un tiers, l'on peut avoir égard à la fortune de l'autre conjoint. — Sur la *quatorzième question*, que, de même que les fortunes des époux restent distinctes, sauf les acquêts communs, de même il faut les estimer séparément, avec d'autant plus de raison que la confusion des revenus, pouvant cesser par le divorce, par la mort, ou même par toute autre stipulation, laisserait en véritable éviction celui qui la veille aurait été privé par la seule considération d'une cause aussi fugitive.

15° A ce qu'il soit déclaré si les avantages stipulés entre époux divorcés auront leur effet. — Sur la *quinzième question*, que la seule faveur due aux mariages a fait, en cette matière, prévaloir un système de libéralité qui cesse lorsque, en rompant le contrat, les époux redeviennent étrangers l'un à l'autre.

16° A ce que toutes dispositions faites avec la réserve de les révoquer, et toutes donations subordonnées au changement de la volonté du donateur, n'aient, à quelque titre qu'elles aient été faites, d'autres règles ni d'autres effets que ceux propres aux dispositions à cause de mort. — Sur la *seizième question*, qu'il résulte bien assez évidemment, et de l'ensemble de la loi, et des seuls termes de la raison, que les dispositions révocables au seul gré du donateur ne sont, dans quelques actes qu'elles aient été inscrites, que des dispositions à cause de mort, puisque jusque-là le donateur a pu les changer.

17° A ce que la faculté d'élire qui n'a pas été consommée par un acte entre-vifs ou par le décès de l'électeur, le tout antérieurement au 14 juill. 1789, soit assimilée à celle qui, faite depuis, est annulée par l'art. 23 du décret du 17 niv. — Sur la *dix-septième question*, qu'elle se résout par les mêmes principes que la précédente, et que l'élection qui a été susceptible de révocation depuis le 14 juill. 1789 n'est pas d'autre condition que celle qui a été conférée depuis la même époque.

18° A ce que les démissions de biens soient nettement classées parmi les dispositions entre-vifs ou à cause de mort. — Sur la *dix-huitième question*, que, si le décret du 17 niv. ne s'est point particulièrement expliqué sur les démissions de biens, c'est que ces dispositions, révocables en certains pays, ne l'étaient pas en d'autres, et que, pour ne pas changer la condition de ces sortes d'actes, le principe posé, la classification n'offrait que l'application de la loi; qu'ainsi, et dans les lieux où les démissions étaient irrévocables, elles seront considérées comme donations entre-vifs et maintenues si elles sont antérieures au 14 juill. 1789, et qu'ailleurs elles seront considérées comme simples dispositions à cause de mort.

19° A ce que la loi fasse nettement connaître si les donations ou constitutions de biens à venir, faites entre-vifs avant le 14 juill. 1789, sont maintenues ou annulées, dans le cas où leur auteur n'est décédé que depuis. — Sur la *dix-neuvième question*, qu'il n'y a point de différence entre une donation ou constitution de biens à venir, et l'institution dans les biens à venir, qui est annulée par l'art. 2, quoique inscrite dans les dispositions contractuelles et entre-vifs, quand l'auteur de la libéralité est mort depuis le 14 juill. 1789.

20° A ce que les dispositions dont il est parlé en l'exception portée par l'art. 15 du décret du 17 niv., ne puissent s'appliquer qu'aux *donations entre-vifs*, et non aux *simples institutions*. — Sur la *vingtième question*, que l'esprit du décret du 17 niv. n'est point équivoque, et que l'exception portée par l'art. 15 n'a pas eu pour objet de valider les simples institutions contractuelles faites depuis le 14 juillet 1789, puisque celles mêmes qui sont antérieures sont frappées de nullité, quand l'instituant est mort depuis cette époque; mais seulement de confirmer les vraies et pures donations entre-vifs, dans le cas prévu par cet article.

21° A ce qu'il soit déclaré si le maintien prononcé par ce même article des donations faites depuis le 14 juillet 1789, selon l'exception prévue, invalide, par la règle des inclusions, celles de même nature qui seraient antérieures à cette époque. — Sur la *vingt-unième question*, que la chicane seule a pu donner lieu d'élever cette question, et que, s'il ne s'agit, dans l'article qui l'a fournie, que du maintien d'un certain genre de donations entre-vifs postérieures au 14 juill. 1789, c'est qu'il fallait marquer une exception, ce qui a été fait sans toucher à la validité des donations antérieures à cette époque, bien plus sacrées sans doute, et bien formellement maintenues par les dispositions générales de la loi.

22° A ce qu'il soit expliqué si la donation à charge de nourrir le donateur est maintenue, quand d'ailleurs elle est antérieure au 14 juill. 1789. — Sur la *vingt-deuxième question*, qu'elle est véritablement oiseuse, en ce que la donation entre-vifs, accompagnée de conditions onéreuses, ne peut être de moindre faveur que la donation purement gratuite, et qu'il est déraisonnable d'élever des doutes sur le maintien des donations de ce genre qui sont antérieures au 14 juill. 1789.

23° A ce qu'il soit nettement décidé si l'héritier naturel décédé avant les lois qui ont établi ses droits, mais postérieurement à l'époque assignée pour leur restitution, en a été saisi et les a transmis à ses successeurs ou ayants droit. — Sur la *vingt-troisième question*, qu'elle est décidée par les principes généraux, et qu'il impliquerait contradiction de ne pas considérer comme ayant été saisi celui qui vivait à une époque tout à la fois postérieure et au 14 juill. 1789, et à l'ouverture de la succession.

24° A ce que, dans ce cas néanmoins, si la disposition annulée se trouvait nominativement faite au profit d'un ou plusieurs de ses successibles ou héritiers, ceux-ci, recouvrant, du chef de leur auteur immédiat, une part actuelle et effective à la succession, ne puissent user de la retenue autorisée à leur profit singulier, par les art. 22 et 42 du décret du 17 niv., à moins qu'ils ne renoncent à leur part héréditaire. — Sur la *vingt-quatrième question*, que la retenue accordée à l'institué ou donataire déchu, bien qu'il soit successible, ou, en d'autres termes, héritier présomptif du rappelé, n'ayant pour objet que de l'indemniser d'une expropriation que ne saurait remplacer un espoir souvent éloigné, ce motif cesse avec ses effets lorsque, dans le partage, et lors de la remise, le donataire déchu se trouve avoir, même par représentation, un droit d'hérédité *actuel* et effectif, à moins qu'il ne renonce à sa part héréditaire.

25° A ce qu'en expliquant la quotité de la retenue permise au donataire *à titre universel* déchu, il soit dit si cette quotité se prendra sur tous les biens, ou seulement sur ce qui restera après les dettes et legs particuliers prélevés. — Sur la *vingt-cinquième question*, que, résolue par la simple raison, elle ne l'est pas moins clairement par l'art. 17 du décret du 17 niv., sainement entendu ; qu'en effet, la défalcation préalable des dettes et legs ne permet pas de douter que la quotité réservée au titre universel ne s'exerce que sur ce qui reste après ce prélèvement.

26° A ce qu'il soit décidé si, dans la déclaration prescrite par l'art. 7 du décret du 17 niv. aux ci-devant religieux ou religieuses qui auront succédé ou succéderont en vertu de ce décret, il sera fait déduction des dots qui leur auront été imputées conformément à l'art. 6 du même décret. — Sur la *vingt-sixième question*, qu'il n'y a plus de difficulté, s'agissant d'une déduction naturelle et de droit, et la seule raison dictant que la déclaration n'est due que de ce qu'on recueille effectivement.

27° A ce que l'on retire de l'art. 59 du décret du 17 nivôse tout ce qui exclurait le républicole héritier naturel d'un étranger de la faculté de poursuivre, sur les biens situés en France, la révocation des dispositions que l'étranger aurait faites depuis le 15 juill. 1789. — Sur la *vingt-septième question*, que le décret du 17 nivôse se concilie encore parfaitement avec ce qu'on demande ; qu'en effet, et de ce que le donataire conserve le fruit de la disposition qu'un tiers aurait faite à son profit et au préjudice d'un étranger sujet de l'une des puissances coalisées, qui, sans l'extranéité, serait dans le cas du rappel, il ne s'ensuit pas que les héritiers naturels de celui-ci fussent inhabiles à réclamer contre la disposition qu'il aurait personnellement faite à leur détriment depuis le 14 juillet 1789, sauf les droits de la nation, et que les deux espèces mises en opposition sont très-distinctes.

28° A ce que les legs particuliers et dons modiques, maintenus par le décret du 17 nivôse aux citoyens peu fortunés, le soient sans déduction du peu qu'ils possédaient auparavant. — Sur la *vingt-huitième question*, que ce que l'on demande est non-seulement dans l'esprit, mais encore dans la lettre du décret, qui, pour rendre le fait sensible par un exemple, permet au donataire déchu, et qui, sans enfants, n'a que dix mille livres de fortune, de retenir de plus l'effet du don particulier, jusqu'à concurrence d'une somme égale.

29° A ce qu'en expliquant l'art. 54 du décret, il soit décrété que les avantages de même nature, et qui réuniront les mêmes conditions, inscrits dans un testament antérieur au 14 juill. 1789, mais dont l'effet ne se sera ouvert que depuis, soient maintenus de la même manière que ceux faits depuis et compris le 14 juill. 1789, et échus lors de la promulgation du décret du 5 brumaire. — Sur la *vingt-neuvième question*, que, d'après les principes développés ci-dessus, le legs inscrit dans un testament antérieur au 14 juillet 1789, et dont l'effet ne s'est ouvert que depuis, et toutefois avant la promulgation du décret du 5 brumaire, ne saurait être de pire condition que celui fait depuis la même époque du 14 juillet, et que deux espèces aussi analogues ne peuvent avoir que des règles communes.

30° A ce que, dans le cas où les dons particuliers épuiseraient la succession d'une manière notable, l'héritier naturel ait droit de concourir avec les donataires pauvres, s'il n'a pas lui-même la somme de fortune qui rend le donataire *particulier* habile à la retenue. — Sur la *trentième question*, qu'elle est sans doute une de celles qui présentent le plus de difficulté ; que cependant, et d'une part, on peut considérer qu'elle se présentera rarement, parce que des dons à titre *particulier* ne sont presque jamais que de faibles émanations de successions qu'ils n'épuisent pas ; à la différence du titre *universel*, que la loi a indéfiniment restreint à la retenue d'une quotité héréditaire, parce qu'on y trouve toujours l'expropriation complète des héritiers naturels ; que, d'une autre part, et dans l'espèce proposée, ce serait une lutte ouverte entre plusieurs citoyens tous pauvres, pour de chétifs avantages, et que l'exiguïté même de leurs moyens respectifs convertirait souvent en un fléau le stérile recours d'une liquidation qui ne ferait que les épuiser tous sans rien laisser à aucun ; qu'en cet état, il a fallu se fixer sur celui qui était de condition plus favorable, et que l'homme peu aisé qui avait la possession a paru remporter cet avantage sur celui de sa catégorie qui, après tout, ne perd que l'occasion de gagner.

31° A ce qu'il soit déclaré si le sixième, jusqu'à concurrence duquel les legs sont maintenus dans le cas de l'art. 41 du décret du 17 nivôse, est le sixième des *legs*, ou le sixième de *l'hérédité*. — Sur la *trente-unième question*, que la retenue spéciale et sans examen que l'art. 41 du décret du 17 nivôse a introduite en faveur des *legs particuliers*, jusqu'à concurrence d'un *sixième*, dans les successions où les héritiers naturels recueillent plus de deux cent mille livres, n'a jamais pu s'entendre que du sixième de l'hérédité, et non du legs, sans quoi la loi eût évidemment manqué son but.

32° A ce que la loi s'explique particulièrement sur les dons rémunératoires et sur ceux conférés à des domestiques.—Sur la *trente-deuxième question*, que, si la loi se fût particulièrement occupée des dons rémunératoires, chacun aurait, sur ce fondement, demandé le maintien de ses avantages ; et qu'à l'égard des domestiques, outre que l'on n'en reconnaît plus, il n'a pas dû y avoir de règles spéciales pour eux, parce que, s'ils sont indigents, ils profiteront des retenues légales, et que, s'ils sont riches, ils ne méritent pas plus de faveur que les autres citoyens.

33° A ce qu'en toute succession où l'on vient par représentation, l'on soit tenu au rapport, et des libéralités personnelles qu'on a recueillies du même chef, et de celles qu'a reçues la personne représentée. — Sur la *trente-troisième question*, qu'il est d'abord incontestable que, dans l'espèce proposée, on doit le rapport de ce qu'on a personnellement reçu, et qu'il ne l'est pas moins qu'entrant aux droits de ses auteurs, celui qui succède, à ce titre, doit rapporter ce qu'a reçu la personne représentée.

34° A ce qu'il soit décidé si le rapport est dû des fonds que le successible aurait eus par droit de retrait lignager. — Sur la *trente-quatrième question*, qu'il ne s'agit pas de choses que le successible tienne de la libéralité de celui à qui il succède, et qu'un fonds qui était irrévocablement sorti du domaine de ce dernier par la voie ordinaire des transactions commerciales, et qui n'est rentré au pouvoir d'un de ses héritiers que par l'effet de la volonté propre de celui-ci, aidée du statut, ne présente qu'un contrat dont l'objet ne peut être réputé sujet à rapport.

35° A ce qu'il soit expliqué si, par l'art. 53 du décret du 17 nivôse, on a entendu tirer pleinement des dispositions de ce décret, et notamment du rapport ordonné par l'art. 8, les donations qui, bien que grevées d'usufruit, étaient, quant à la propriété, acquises avant le 14 juillet 1789.— Sur la *trente-cinquième question*, que quand on a déclaré ces sortes de donations *non comprises dans les dispositions de la loi*, on n'a dit ni entendu dire autre chose, sinon que ces donations n'étaient point frappées de nullité pour être grevées d'usufruit, mais sans les dispenser du rapport à la succession échue depuis le 14 juillet 1789, quand le donataire, en même temps successible, veut y prendre part.

36° A ce qu'il soit déclaré si celui qui a reçu un don particulier antérieurement au 14 juillet 1789, ne peut conserver le don qui lui aurait été fait postérieurement à la même époque, sans rapporter le premier.— Sur la *trente-sixième question*, que, hors le cas du retour à succession, il n'y a point de rapport à faire ; que, pour déclarer la validité ou la nullité du don particulier postérieur au 14 juillet 1789, la loi n'a admis d'autre base que la fortune à cette dernière époque, et que c'est sous ce rapport seulement que l'ancien don pourrait faire obstacle à la reprise du second, s'il en était résulté pour le donataire une fortune telle qu'il devînt inhabile à conserver l'effet de la dernière libéralité.

37° A ce qu'il soit déclaré si, dans le cas du titre universel, la retenue du dixième ou du sixième ne peut s'exercer sans le rapport ou l'imputation des libéralités particulières que l'institué déchu aurait recueillies avant le 14 juillet 1789.— Sur la *trente-septième question*, qu'elle présente une différence très-sensible d'avec la précédente, et que, de la diversité des principes, il doit résulter diversité dans les conséquences ; qu'en effet, il s'agit ici de prendre une quotité héréditaire et de concourir à un partage, ce qui exige le rapport, à moins qu'en renonçant à cette quotité héréditaire, on ne s'en tienne aux avantages conférés et acquis avant le 14 juillet 1789.

38° A ce qu'il soit déclaré si la retenue du sixième ou du dixième s'exercera même sur les objets rapportés. — Sur la *trente-huitième question*, que les objets rapportés faisant partie de la succession, et la retenue s'exerçant sur cette masse, la question proposée ne saurait être problématique.

39° A ce que, dans les nouveaux partages, l'héritier naturel rappelé soit, comme l'institué ou donataire déchu, tenu de rapporter en nature tout ce qu'il aurait, par quelque arrangement et à quelque titre que ce fût, antérieurement perçu de la même hoirie, et conservé au même état. — Sur la *trente-neuvième question*, que le rapport respectif qu'elle a pour objet, fondé sur l'équité et sur les règles les plus communes en matière de partage, se trouve ici fortifié par la circonstance que celui qui gagne tout au moyen de la loi ne peut se dispenser de rapporter en nature, s'il les a conservés en cet état, des biens sur lesquels, comme sur tous les autres, le déchu a une modique retenue à exercer.

40° A ce que, dans le concours de plusieurs institués déchus pour la retenue du dixième ou du sixième, et en cas de renonciation de l'un d'eux à sa part dans cette quotité, il soit déclaré à qui cette part accroîtra. — Sur la *quarantième question*, que, d'une part, le fait d'un tiers ne doit ici rendre la condition de l'autre pire ni meilleure ; et que, d'un autre côté, il y aurait injustice si l'on attribuait à celui-ci le bénéfice d'une renonciation qui tourne au détriment de la masse, soit qu'elle ait pour objet d'y prendre une part plus forte, soit qu'elle n'ait pour but que d'éviter le rapport d'avantages antérieurs ; qu'ainsi c'est à la masse de la succession qu'accroît naturellement la part dont il s'agit.

41° A ce que les règles propres à l'estimation des avantages en propriété ou en usufruit s'appliquent à ceux qui participent de l'un et l'autre genre. — Sur la *quarante-unième question*, qu'elle ne présente aucun doute raisonnable ; qu'ainsi, et dans le cas proposé, la propriété d'un fonds de cinq mille livres et l'usufruit d'un autre fonds en valeur de dix mille livres ne représente ensemble qu'une libéralité évaluée au capital de dix mille livres.

42° A ce que, dans les donations à charge de nourrir le donateur, postérieures au 14 juillet 1789, et annulées par cette raison, le donataire déchu soit autorisé à répéter les frais de nourriture. — Sur la *quarante-deuxième question*, que l'art. 49 du décret du 17 nivôse autorise à répéter toutes les charges qui ne sont pas attachées à la jouissance ; mais que celle-ci en descendant, le donataire ne peut les répéter qu'en renonçant aux fruits et les rapportant.

43° A ce que l'institué déchu soit autorisé à imputer ce qu'il vérifiera avoir payé de bonne foi, d'après l'intention du testateur, bien que non écrite. — Sur la *quarante-troisième question*, qu'elle appartient plus à la conscience des arbitres qu'à la loi même, qui ne doit pas poser un principe dont on pourrait abuser.

44° A ce qu'il soit interdit, d'une manière précise, à celui qui a fait depuis le 14 juillet 1789, ou qui fera à l'avenir une donation entre-vifs, soit en faveur de mariage, soit en avancement d'hoirie ou autrement, de réclamer personnellement contre l'effet de sa propre libéralité, et sauf aux héritiers, à son décès, de faire valoir leurs droits. — Sur la *quarante-quatrième question*, qu'elle est véritablement résolue par l'art. 57 du décret du 17 nivôse; qu'en effet, l'attribution faite par cet article aux seuls héritiers, et à dater seulement du jour où leur droit est ouvert, décide bien nettement que nul droit, à cet égard, ne réside dans la personne du donateur même.

45° A ce qu'il soit expliqué si, par l'art. 25 du décret du 17 nivôse, on a entendu laisser le donateur libre de tenir ou de ne pas tenir les conditions qu'il s'était imposées. — Sur la *quarante-cinquième question*, que l'art. 57 prononce bien le contraire, en ne conférant qu'aux héritiers le droit de réclamer le bénéfice de la loi; et que, tout ce que l'on doit induire de l'art. 25, c'est que si les dispositions de la nature de celles qui y sont rappelées étaient postérieures au 14 juillet 1789, et avaient été converties en un payement effectif, le produit de ce payement, devenu vrai capital, serait sujet au rapport forcé dans la succession.

46° A ce qu'il soit expliqué à qui et sur quel pied les retenues légales sont affectées, quand la succession échue ou les fonds donnés depuis le 14 juillet 1789 ont passé au même titre gratuit en d'autres mains. — Sur la *quarante-sixième question*, que, la restitution étant principalement adjugée aux héritiers naturels qui ont souffert de la première disposition, les retenues ne peuvent avoir lieu que de la même manière que le premier institué ou donataire déchu les eût exercées lui-même, et dans le cas où il y aurait été admis, sauf à ses héritiers personnels à le représenter pour ces retenues, ou à ses donataires particuliers à les exercer dans les cas déterminés par la loi, jusqu'à concurrence seulement de la part qui lui fût personnellement avenue.

47° A ce qu'il soit déclaré si les retenues légales auront lieu par rapport aux dispositions à cause de mort, contenant titre universel, dont l'effet ne s'est ouvert que depuis la promulgation du décret du 5 brumaire, sans qu'il y ait eu nouvelle disposition circonscrite dans les termes du droit nouveau. — Sur la *quarante-septième question*, que la loi a aboli ces anciennes dispositions, et que, si elle a simplement réduit à une quotité celles dont l'auteur décédé ne pouvait refaire un nouvel acte, ce motif a cessé lorsque cet auteur a survécu à la promulgation de la loi du 5 brumaire; qu'ainsi, et s'il ne l'a pas fait, l'ancienne disposition est nulle pour le tout, sans quoi il n'y aurait pas de raison pour ne pas attribuer le même effet aux dispositions de cette nature qui pourraient échoir dans vingt ou trente ans, ce qui ferait ainsi concourir deux sortes de législations qui ne doivent plus rien avoir de commun par la suite.

48° A ce qu'il soit décidé si l'institution, soit dans une universalité de meubles, soit dans une universalité d'acquêts, soit dans une universalité de propres seulement, constitue un titre universel, et si, en ce cas, la retenue du sixième ou du dixième s'exerce toujours sur les biens de tous genres. — Sur la *quarante-huitième question*, que le titre universel est celui qui porte sur l'universalité ou sur une quotité, soit des meubles et effets mobiliers, soit des acquêts, soit des propres de celui qui dispose; et que la retenue du dixième ou du sixième doit toujours avoir lieu sur l'universalité de la succession, et selon les termes généraux de la loi, à moins que les héritiers naturels rappelés ne préfèrent de laisser au déchu l'effet de la disposition.

49° A ce que la loi prononce formellement sur la conservation ou l'abolition du tiers coutumier qui, en certains lieux, assurait aux enfants une portion de bien de leur père, en rendant dans ses mains cette portion non susceptible des transactions commerciales ordinaires. — Sur la *quarante-neuvième question*, qu'il ne peut y avoir qu'une législation uniforme en France, et que, l'art. 61 abolissant les transformations statutaires, la question se trouve résolue par ce seul point.

50° A ce qu'il soit déclaré si, dans les partages qui auront lieu en successions collatérales, en cas de décès de tous les héritiers du premier degré, ceux du second succéderont toujours par représentation de leurs auteurs. — Sur la *cinquantième question*, que les règles ont paru devoir être communes en ligne directe et collatérale, et qu'il a semblé plus simple et plus moral qu'en tout genre de successions, et sans égard à des prédécès, on suivît toujours la condition de son auteur, en venant par représentation là où cet auteur vivant eût été le premier successible; qu'au surplus, ne s'agissant ici que de l'interprétatation du décret du 17 nivôse, ses divers articles combinés ne laissent aucun doute sur ce point.

51° A ce qu'il soit expliqué si le frère consanguin ou utérin doit, d'après les nouveaux principes, prendre dans la succession de son frère une part égale à celle qu'y prendra le frère germain, en cas de concours, et si, dans l'absence de frères germains, et de tout descendant d'eux, il prendra non-seulement la moitié affectée à sa ligne, mais encore la moitié affectée à l'autre ligne, au préjudice des ascendants qui pourraient appartenir à cette dernière ligne. — Sur la *cinquante-unième question*, que l'abolition du privilége du double lien doit être sainement entendue; qu'il en résulte bien que le frère germain n'exclut pas généralement, comme par le passé, l'utérin ou le consanguin, mais qu'en restituant à celui-ci ses droits naturels, la loi n'a ni pu ni dû les étendre; qu'ainsi, et dans tous les cas, la succession se divisant en deux parts, il aura un droit égal à celui du frère germain dans la moitié affectée à sa ligne, mais ne concourra pas avec ce dernier dans les biens de l'autre ligne à laquelle il est étranger, non plus qu'il n'y succédera quand il n'y aurait que des ascendants ou même des oncles ou grands-oncles; le droit de succéder de l'une des lignes à l'autre ne commençant que là où les parents de l'une des deux manquent entièrement, selon que le tout résulte évidemment du décret du 17 nivôse.

52° A ce que les substitutions et leurs effets soient abolis, à dater de la même époque que les autres dispositions.—Sur la *cinquante-deuxième question*, qu'il n'y a pas de doute que les substitutions créées le 14 juill. 1789 et depuis, ou même antérieurement à cette époque, lorsque leur auteur n'est décédé que postérieurement, ne soient annulées sous la dénomination générale de *dispositions à cause de mort*; qu'à l'égard des effets des substitutions antérieures, on doit s'en tenir au décret des 25 oct. et 14 nov. 1792; que ce décret a fait assez, en conférant au possesseur la pleine propriété, pour faire cesser une indisponibilité aristocratique, funeste, d'ailleurs, au commerce et aux transactions sociales; mais que nulle faveur n'était due ni au grevé, ni au substitué, ni aux leurs, qui n'étaient, à vrai dire, que des privilégiés de famille, pour discuter ou changer leur condition respective, dans l'intervalle du 14 juill. 1789, au moment où fut portée la loi d'abolition des substitutions; qu'à cette époque, on ne vit que la possession pour y consolider la propriété, et que cette loi, qui ne dut son existence qu'à des considérations politiques, n'a rien de commun avec celle du 17 nivôse; qu'enfin, et s'il y avait ici quelqu'un de favorable sous les rapports de la nature, ce seraient les parents expropriés du substituant, et non ceux des grevés ou substitués; mais que, s'agissant, à l'égard des premiers, de dispositions consommées avant le 14 juill. 1789, il faut respecter cette limite, et s'en tenir à la stricte observation des lois respectivement rendues sur cette double matière.

53° A ce que la légitime ou toute autre portion qui en tenait lieu, et que certaines coutumes ne déféraient aux filles en propriétés qu'au cas que la ligne masculine vînt à défaillir, soit aujourd'hui déclarée leur appartenir irrévocablement.—Sur la *cinquante-troisième question*, qu'elle ne présente qu'une substitution statutaire, qui ne peut exister d'après l'abolition de toutes substitutions, prononcée par le décret des 25 oct. et 14 nov. 1792, et qu'ainsi la pleine propriété ne peut être aujourd'hui contestée à des légitimaires déjà trop mal partagés.

54° A ce que le parent gratifié par un acte postérieur au 14 juill. 1789 soit autorisé à conserver l'effet de cette disposition, dans le cas où son cosuccessible avantagé à son préjudice dans une autre succession antérieure au 14 juill. 1789, n'en ferait point le rapport.—Sur la *cinquante-quatrième question*, que ce qui est bon et sage dans le partage d'une seule et même succession, prend un autre caractère lorsqu'on veut en faire l'application à des successions diverses; qu'en effet, ce serait remettre en partage des actes irrévocablement consommés avant le 14 juill. 1789, et dépasser une limite sans laquelle il n'y aurait plus rien de fixe dans le système, ni de certain dans ses effets.

55° A ce qu'en expliquant l'art. 26 du décret du 17 nivôse, relatif aux ventes à fonds perdu faites à des successibles, il soit décrété que les ventes faites à autre titre antérieurement à ce décret sont maintenues quand elles ont lieu de bonne foi, sans lésion, et sans aucun des vices qui peuvent annuler les contrats. — Sur la *cinquante-cinquième question*, que la loi valide ce qu'elle n'annule pas; qu'ayant anéanti entre successibles les ventes à fonds perdu faites depuis le 14 juill. 1789, sources trop fréquentes de donations déguisées, parce que les bases d'estimation manquent, elle n'y a pas compris les autres transactions commerciales contre lesquelles on n'invoquait ni lésion, ni défaut de payement.

56° A ce qu'il soit décidé si les transactions et renonciations antérieures au 14 juill. 1789, sont annulées comme celles qui sont postérieures à cette époque. — Sur la *cinquante-sixième question*, que, s'il s'agit de donations acquises ou de successions ouvertes avant le 14 juill. 1789, la transaction, même postérieure, n'est pas annulée, parce que l'effet de ces anciennes dispositions est maintenu, et que la transaction vaut quand la manière n'est pas changée; mais que, s'il s'agit de renonciations anticipées à des droits ouverts depuis cette époque, outre que l'art. 11 du décret du 17 nivôse les écarte dans les contrats de mariage, seule espèce d'actes où elles fussent autorisées, les lois, même anciennes, réprouvaient en tous autres actes les transactions qui intervenaient sur des successions d'hommes encore vivants.

57° A ce qu'il soit déclaré si l'art. 44, en conservant aux exécuteurs testamentaires une partie des émoluments attachés à ce titre, leur laisse quelque droit à la gestion. — Sur la *cinquante-septième question*, qu'il est étonnant qu'on tire de l'indemnité accordée l'occasion de demander s'il reste quelque fonction à remplir en exécution d'un titre qui n'existe plus, et qui a nécessairement pris fin avec sa cause.

58° A ce que, dans les lieux où le contrôle n'était pas en usage, la date des dispositions soit déclarée suffisamment établie par la rédaction devant des officiers publics. — Sur la *cinquante-huitième question*, qu'elle est résolue par les règles les plus communes, et que, pour constater la date et l'authenticité d'un acte, on ne peut raisonnablement exiger d'autres formalités que celles qui étaient admises par l'usage.

59° A ce qu'il soit décidé si le juge de paix, saisi de la nomination des arbitres, doit être celui du lieu où le disposant est mort, ou celui du domicile qu'il habitait ordinairement à l'époque du décès. — Sur la *cinquante-neuvième question*, que les règles constantes ont toujours été de considérer comme le lieu de l'ouverture des successions celui où le défunt avait son domicile, sans égard à celui où il sera décédé pendant un voyage ou tout autre séjour momentané et que les lois nouvelles n'ont apporté aucune dérogation à ce principe.

60° Enfin, à ce qu'il soit déterminé si le recours en cassation sera admis contre les jugements des arbitres qui prononceront en cette matière. — Sur la *soixantième question*, que, si l'on a craint les involutions de procédures et interdit l'appel en cette matière, le recours en cassation ne l'a pas été de même, et qu'il était bon sans doute de laisser aux citoyens cette ressource contre les infractions formelles de la loi;

Décrète sur le tout qu'il n'y a pas lieu à délibérer.

23 vent. an 2 (13 mars 1794).—Deuxième décret contenant un mode d'exécution du décret du 17 niv.

Art. 1. Lorsqu'il y aura plus de deux parties dans les contestations qui s'élèveront sur l'exécution du décret du 17 niv. dernier, les institués ou donataires déchus, d'une part, et les héritiers naturels rappelés, d'une autre part, en quelque nombre qu'ils soient respectivement, se concilieront sur le choix de leurs arbitres, de telle sorte qu'il n'y en ait que deux de chaque part. — En cas que l'on ne s'accorde pas sur ce point, le juge de paix choisira lui-même les arbitres; savoir: deux parmi les citoyens inscrits sur les listes qui lui seront remises par les divers institués ou donataires déchus, et les deux autres sur les listes qui lui seront fournies par les héritiers naturels rappelés.

2. La disposition précédente ne fait point obstacle à ce que les parties conviennent unanimement d'un moindre ou d'un plus grand nombre d'arbitres; mais, en cas de dissentiment de l'une ou de plusieurs d'entre elles, l'art. 1 sera invariablement observé.

3. Dans les donations qui ne comprennent que des meubles, lorsqu'elles ont été faites à la charge de nourrir ou loger le donateur, il est loisible au donataire, si l'auteur de la disposition est encore vivant, ou de répudier la donation, ou de faire procéder à ses frais, dans le délai d'un mois, par un expert que le juge de paix nommera à la prisée des meubles donnés.

4. Lorsque cette estimation aura été faite, le donataire est autorisée, à l'époque de l'ouverture de la succession du donateur, ou à rapporter les meubles en nature, ou seulement leur valeur, telle qu'elle aura été fixée par l'expert.

5. Il n'est rien innové par l'art. 74 du décret du 17 niv., à l'égard des donations antérieures au 5 brum., aux effets du retour légal dans les pays et pour les cas où ce droit avait lieu; néanmoins il ne pourra être exercé sur les biens du donataire acquis à la République par droit de confiscation ou autrement.

6. Dans le cas où les citoyens obligés aux restitutions ordonnées par le décret du 17 niv. ne pourraient les effectuer actuellement sans que leurs affaires en fussent sensiblement dérangées, les arbitres sont autorisés à leur accorder un délai qui ne pourra néanmoins excéder le terme d'une année.

7. Le dépôt des jugements des arbitres se fera au greffe du tribunal du district du lieu de l'ouverture de la succession.

8. Les dispositions du présent décret et de celui du 17 niv. demeurent, quant au mode de procéder, déclarées communes aux enfants nés hors du mariage qui réclameront leurs droits successifs, en vertu du décret du 12 brum.

9. Tout citoyen qui, en vertu du décret du 17 niv., voudra déposséder un tiers déchu, sera tenu d'exercer son action dans le délai d'un an, à compter de la promulgation du présent décret; après ce délai, il n'y sera plus recevable.

9 fruct. an 2 (26 août 1794). — Loi sur diverses questions relatives aux donations, successions et substitutions.

La convention nationale, après avoir entendu le rapport de son comité de législation sur diverses pétitions relatives aux lois intervenues sur les donations, successions et substitutions, lesquelles pétitions forment un ensemble qui tend, savoir:

1° A ce qu'il soit statué sur le sort de dispositions qui, bien que qualifiées institutions contractuelles, avaient dessaisi le donateur, soit en ce qu'il aurait borné ses droits à un simple usufruit, soit en ce qu'il se serait particulièrement réservé les dispositions de tel ou tel fonds, soit enfin en ce qu'il y aurait eu tradition effective; le tout antérieurement au 14 juill. 1789; — Considérant, sur la *première question*, que les contrats doivent s'apprécier bien plutôt par la substance que par la dénomination; qu'ainsi, et si l'acte qui contient la disposition était non-seulement irrévocable de la part du disposant, mais qu'en même temps celui-ci n'ait pu aliéner ou hypothéquer tout ou partie des biens qui en faisaient la matière, on ne peut plus voir dans un tel acte qu'une disposition entre-vifs qui avait saisi le donataire de tout ce que le donateur ne pouvait plus aliéner, à la différence de l'acte qui, bien que qualifié donation, eût réservé au donateur la faculté d'aliéner ce qui en était l'objet; qu'enfin, au double caractère, et de l'irrévocabilité de l'acte, et de l'inaliénabilité de la part du disposant, à aucun titre, des choses ou de partie des choses qui en sont l'objet, les arbitres ont un point certain pour reconnaître les dispositions que la loi maintient en tout ou en partie, si elles sont antérieures au 14 juill. 1789, tout de même que l'absence de l'un de ces deux caractères leur indique les dispositions annulées par la loi; qu'ainsi les institutions et promesses d'instituer, pures et simples, qui, dans certains pays, en ôtant à l'instituant la faculté d'instituer tout autre héritier, lui laissaient néanmoins celle de disposer à autre titre du tout ou partie de ses biens, restent, dans les cas et à la forme de l'art. 1 de la loi du 17 niv., sans effet pour les biens qu'il pouvait aliéner.

2° A ce qu'on détermine l'effet des dispositions qui, originairement révocables par condition du fait de l'homme ou des statuts, ont cessé de l'être avant le 14 juill. 1789. — Sur la *seconde question*, qu'elle se résout par les principes développés dans la précédente, et que le moment où la disposition est devenue irrévocable, et son objet inaliénable par le fait du disposant, est devenu aussi celui où elle a dû obtenir son entier effet, si cette chance a reçu son accomplissement avant le 14 juill. 1789.

3° A ce que les hospices de charité et maisons de secours soient, en expliquant la sixième réponse inscrite au décret du 22 vent., déclarés habiles à conserver l'effet des libéralités particulières, jusqu'à concurrence de 10,000 liv., sans considération du degré de fortune donné pour base générale à cette habileté. — Sur la *troisième question*, que la raison qui a fait déclarer les citoyens peu fortunés aptes à cette retenue militait ici pour les maisons de secours, et que la loi avait fait assez pour l'intérêt des familles particulières, quand elle avait, par rapport à ces sortes d'établissements, limité, par un *maximum* commun, l'effet des libéralités à eux faites; et qu'ainsi circonscrites dans ces termes, elles doivent subsister aujourd'hui au profit de la nation, qui représente ces hospices, d'après la loi du 24 mess.

4° A ce qu'il soit particulièrement statué sur la forme des déclarations que les ci-devant religieux auront à faire, en exécution de l'art. 7 de la loi du 7 niv., quand leurs droits ne seront ni liquidés ni connus. — Sur la *quatrième question*, que, d'après les règles du simple bon sens, ils n'auront en ce cas autre chose à déclarer que ce fait, et d'autres soumissions à faire que de rapporter ou imputer après la liquidation; sauf, sur ce point comme sur tous autres de même nature, les peines attachées aux fausses déclarations par l'article cité.

5° A ce qu'il soit pourvu aux renonciations que certains ci-devant religieux pourraient faire de droits à eux échus, dans la vue de gratifier d'autant leurs familles, et de conserver ainsi leurs pensions au détriment du Trésor public. — Sur la *cinquième question*, que c'est un principe sacré que nul ne peut être héritier malgré soi, et qu'ici même ce principe doit être respecté, sauf, s'il y échet, aux agents nationaux à exercer les droits du renonçant, seul moyen de concilier le droit essentiel de tout citoyen avec l'intérêt de la République.

6° A ce qu'en expliquant la réponse donnée à la neuvième question posée dans le décret du 22 vent., il soit déclaré si les vœux religieux prononcés par les hommes avant vingt-un ans, et par les femmes avant dix-huit, sont, bien qu'antérieurs au 14 juill. 1789, annulés, même dans les pays réunis où l'édit de 1768 n'était pas en vigueur. — Sur la *sixième question*, que la négative est évidente, et résulte du principe même posé dans la réponse citée, qui, en distinguant les époques, marque l'esprit de la loi, et conduit aussi naturellement à la distinction des lieux qui, avant le 14 juill. 1789, étaient soumis à d'autres règles, n'y ayant de nullité commune que pour les vœux émis postérieurement à cette époque.

7° A ce qu'il soit prononcé sur le sort des avantages entre époux, lorsque, concourant avec des avantages aussi maintenus en faveur d'autres personnes, la succession se trouve insuffisante pour remplir les uns et les autres. — Sur la *septième question*, que, si les avantages sont inscrits dans le même acte, chacun des donataires n'en recueille l'effet qu'au marc la livre; mais qu'au cas contraire, le premier légitimement saisi est celui qui garde: principe de tous les temps, et auquel la législation nouvelle n'a pas dérogé.

8° A ce que la loi décide qui, de la femme ou de l'héritier naturel du mari, recueillera l'effet d'une disposition faite par ce dernier au profit d'un tiers, depuis le 14 juill. 1789, d'objets qui, sans cette disposition, fussent avenus à la femme. — Sur la *huitième question*, que la validité des dons entre époux est une opération des conventions et non de la nature; qu'ainsi, et dans les cas où la femme a été légalement privée par une volonté contraire, l'exercice des actions de la loi n'appartient qu'aux héritiers naturels, que les restitutions prononcées par la loi du 17 niv. regardent seuls.

9° A ce qu'il soit décidé si ce que certains statuts accordaient aux femmes, non à titre de communauté, mais par droit de préciput ou d'hérédité, sur certains genres de bien de leurs maris, n'est qu'un avantage réductible à un usufruit de moitié, lorsqu'il y a des enfants. — Sur la *neuvième question*, qu'elle n'est point douteuse pour la réductibilité dans le cas prévu, ne pouvant être question d'une appropriation à titre de bénéfice de communauté là où cette communauté n'existait point.

10° A ce qu'il soit décidé si les ascendants à qui il était dû une légitime, et qui l'ont recueillie, seront tenus d'en faire le rapport dans les successions ouvertes depuis le 14 juill. 1789, ou si l'art. 45 de la loi du 17 niv. les autorise à la garder. — Sur la *dixième question*, qu'il y a distinction à faire; qu'en effet, et si l'intérêt des ascendants se trouve simplement en opposition avec celui de tiers institués ou donataires, ces premiers doivent profiter du bénéfice attribué par l'article cité à la ligne directe dont ils font partie; mais que, s'il y a des descendants d'eux qui soient appelés à recueillir, non plus en vertu d'un titre restreint, mais par l'effet de la loi, l'art. 10 de celle du 17 niv. résout la question, et établit la nécessité du rapport.

11° A ce que, dans le cas où un frère utérin exclut sa mère d'une succession que, comme ascendante, elle recueillerait seule sans sa présence, il soit décidé si la totalité n'en doit pas appartenir à ce frère, comme cause de l'exclusion. — Sur la *onzième question*, que si, dans l'espèce proposée, il paraît, en adoptant la négative, y avoir quelque contrariété entre la cause et l'effet, c'est néanmoins le résultat simple de la démarcation entre la ligne ascendante et la ligne collatérale, et que ce point, indiqué pour principe de la division entre l'utérin et les parents de l'autre ligne, doit être observé, sans toucher aux principes d'après lesquels la mère exclurait, soit les ascendants plus éloignés, soit les collatéraux de l'autre ligne, si elle n'eût pas eu d'autres enfants qui, placés, par rapport à leur frère défunt, dans la ligne collatérale, donnent ouverture au concours avec ses parents paternels, et que la même décision s'applique au cas où le frère consanguin exclut son père.

12° A ce qu'il soit décidé de quelle manière s'exerceront les retenues attribuées au titre universel, quand il y aura à la fois un légataire universel de l'usufruit et un autre de la propriété. — Sur la *douzième question*, qu'après avoir assigné la retenue en usufruit, conformément à l'art. 13 de la loi du 17 nivôse, celle en propriété peut et doit, après cet usufruit, s'exercer sur les mêmes objets jusqu'à concurrence de la quotité légale, ce qui s'opère successivement, et ne grève personne.

13° A ce qu'il soit statué sur l'effet qu'obtiendra la retenue légale affectée au titre universel détruit, lorsque les libéralités particulières et autres charges de l'hoirie l'absorberont entièrement. — Sur la *treizième question*, qu'elle est oiseuse, en ce que, si les libéralités particulières, devenues d'autant plus favorables qu'elles ne sont maintenues qu'au profit de gens peu fortunés, absorbent tout, il n'y a plus de retenue pour le titre universel là où il ne reste rien, ni pour l'institué, ni même pour les héritiers naturels rappelés.

14° A ce que la loi fasse cesser l'effet des parts accroissantes à raison des enfants, là où ces enfants ont cessé d'être à la charge de leurs pères et mères. — Sur la *quatorzième question*, que si la loi, en adjugeant ces parts accroissantes, a pris en considération la charge résultant du nombre des enfants, elle y a vu aussi la division future de son bienfait sur plusieurs têtes, et qu'elle doit être indéfiniment exécutée.

15° A ce que l'on détermine comment s'opérera la prise et le partage des parts accroissantes à la retenue légale, lorsque cette retenue principale est concurremment dévolue à plusieurs institués ou donataires déchus, dont les uns avaient des enfants et les autres non. — Sur la *quinzième question*, que l'esprit et la lettre de la loi annoncent assez évidemment qu'après la division de la retenue principale, les parts additionnelles également dues par la succession n'accroissent, par l'effet d'une seconde opération, qu'au lot de celui qui avait des enfants, et à raison de la valeur particulière de ce lot.

16° A ce que, pour arriver à la fixation des fortunes, dans les cas où elle est considérée comme condition préliminaire de la retenue, on ne comprenne pas les pensions qui auraient été supprimées dans l'intervalle de la donation au nouveau partage, et que, de même, l'institué déchu soit dispensé de rapporter la valeur des droits qui auraient été abolis en ses mains dans le même intervalle. — Sur la *seizième question*, que, dans l'un comme dans l'autre cas, le fait supérieur de la loi vient naturellement au secours et de celui qui fut pensionnaire, mais qui a cessé de l'être à l'époque du nouveau partage, et de celui qui a été légalement dépossédé.

17° A ce que la loi explique si celui qui a recueilli l'effet d'une donation particulière antérieure au 14 juillet 1789, et qui depuis cette époque, mais antérieurement au 5 brumaire dernier, avait recueilli du même chef un titre universel annulé, ne peut que conserver la retenue accordée à ce titre, et est tenu de rapporter la donation particulière. — Sur la *dix-septième question*, que si l'acte d'héritier, fait postérieurement à la promulgation des lois nouvellement rendues sur cette matière, le comporte naturellement ainsi, cette disposition appliquée aux actes antérieurs serait injuste, et rendrait la loi illusoire, en enlevant le bénéfice de l'option à ceux pour lesquels il a été introduit ; qu'ainsi il peut garder le don particulier antérieur au 14 juillet 1789, s'il remet en totalité ce qu'il avait recueilli à titre universel.

18° A ce qu'il soit décrété qu'il n'est point dérogé à la nullité des donations, même antérieures au 14 juillet 1789, dans les cas où elle pouvait s'opérer par la survenance d'enfants. — Sur la *dix-huitième question*, que toutes les dispositions de la loi du 17 nivôse, en maintenant ce qui est antérieur au 14 juillet 1789, en présupposent l'existence légale, et sont loin d'avoir anéanti les moyens de retour à l'ordre naturel que les lois anciennes admettaient.

19° A ce qu'il soit clairement déterminé si l'institution faite par un mari à sa femme ou par une femme à son mari, avec charge expresse de rendre l'hérédité à tel de leurs enfants que l'institué voudra choisir, renferme une substitution ou une simple faculté d'élire. — Sur la *dix-neuvième question*, que, s'il s'agit de dispositions postérieures au 14 juillet 1789, l'effet en est nécessairement réduit à la portion d'usufruit que la loi rend disponible quand il y a des enfants ; et que, si ces dispositions sont antérieures, le mari, comme grevé, et sauf la légitime des enfants, jouit bien du bénéfice des lois des 25 octobre et 14 novembre 1792, mais n'a pu élire utilement l'un de ses enfants au préjudice des autres, à moins que l'élection, avec ses effets, ne fût conférée avant le 14 juillet 1789.

20° A ce que la loi détermine la date et les effets d'une institution directe faite au profit de l'aîné des enfants que laissera un citoyen désigné, avec disposition d'usufruit au profit de celui-ci. — Sur la *vingtième question*, qu'au nom près, une telle disposition ne présente qu'une substitution dont l'usufruitier se trouvait grevé envers l'aîné de ces enfants, et doit suivre les mêmes règles.

21° A ce qu'en corrigeant les principes établis par la loi des 25 octobre et 14 novembre 1792, concernant les effets des substitutions, la loi en remette l'objet aux héritiers naturels dépouillés, au lieu de le laisser aux grevés. — Sur la *vingt et unième question*, qu'un double inconvénient existerait dans l'interversion proposée : le premier, d'ôter aux grevés une propriété qui, dans leurs mains, a été consolidée à l'usufruit par une loi solennelle, et dont ils ont pu disposer sous la foi même de cette loi ; le second, de rappeler indéfiniment à l'exercice de droits perdus depuis longtemps pour les héritiers naturels ; qu'en cet état, l'ordre social, bien supérieur à l'intérêt de quelques particuliers, sollicite le maintien des règles rappelées en la cinquante-deuxième réponse inscrite au décret du 22 ventôse.

22° A ce qu'il soit décidé si les donations d'une valeur déterminée, et néanmoins assignées en fonds héréditaires, comportent, dans les cas où elles sont maintenues, l'estimation de ces mêmes fonds, à la date du jour où le droit a été ouvert, ou seulement de celui de la délivrance. — Sur la *vingt-deuxième question*, que si, en partage de chose indivise, l'époque du partage entre cohéritiers est la seule que l'on consulte, parce que les augmentations ou diminutions sont communes à la masse, il en est autrement par rapport au tiers donataire, et qu'ainsi les fonds à lui donnés jusqu'à concurrence d'une valeur déterminée reçoivent naturellement, pour leur estimation, la date du jour où ils lui sont légitimement échus.

23° A ce que les dispositions de la loi du 17 nivôse obtiennent leur effet, nonobstant toutes clauses par lesquelles un enfant aurait été exhérédé pour fait de mariage sans le consentement de son père, ou une femme privée de ses avantages pour cause de remariage. — Sur la *vingt-troisième question*, que toute exhérédation, qui tend nécessairement à donner à l'un ce dont on prive l'autre, est implicitement abolie avec tous ses effets depuis le 14 juill. 1789 ; qu'au surplus, et tant dans la première que dans la seconde espèce proposée, l'art. 12 de la loi du 17 nivôse annule clairement de pareilles clauses comme contraires à la liberté, lorsque l'effet ne s'en est ouvert que postérieurement à l'époque générale déterminée par cette loi.

24° A ce que les coutumes qui consacraient certains modes de partage, ou admettaient des droits de choix, et celles qui établissaient un douaire, même en faveur des enfants, soient déclarées abolies. — Sur la *vingt-quatrième question*, que l'art. 61 de la loi du 17 nivôse ramène tout à l'uniformité par l'abolition des coutumes sur le fait des dispositions depuis le 14 juill. 1789, et qu'ainsi la question proposée se trouve déjà affirmativement décidée par les termes généraux de la loi.

25° A ce qu'il soit décidé si de plusieurs institués déchus, successibles ou non, celui qui a acquis, par licitation ou autrement, les parts des autres, antérieurement au 5 brumaire, doit être pour ces parts assimilé aux tiers possesseurs à titre onéreux, et maintenu, sauf l'action des héritiers naturels sur le prix, en quelques mains qu'il soit ou qu'il ait passé. — Sur la *vingt-cinquième question*, que l'affimative n'est pas douteuse, et que, sans cela, l'acquéreur, même par licitation, tenu au rapport de ces parts, dont souvent il aurait soldé le prix, resterait en éviction, ou courrait, pour le recouvrement, des risques qui concernent plus naturellement les héritiers rappelés ; qu'enfin, et par rapport à ces parts, le contrat ne présente qu'une tierce acquisition à titre onéreux.

26° A ce que, dans le cas où les héritiers naturels de celui qui a disposé sont en partie républicoles, et en partie étrangers sujets des puissances ennemies, il soit décidé à qui accroîtront les parts de ces derniers. — Sur la *vingt-sixième question*, que, si l'effet total de la disposition est, pour le passé, maintenu, quand il n'y a point de successibles républicoles, alliés ou neutres, il en résulte assez clairement que, dans le concours allégué, les parts des exclus restent aux républicoles institués, l'effet de l'incapacité puisée dans le droit politique n'accroissant pas nécessairement aux héritiers naturels.

27° A ce que le partage des successions restituées aux protestants réfugiés soit fait, dans tous les cas, comme si elles étaient ouvertes depuis 1789. — Sur la *vingt-septième question*, que ces citoyens ne sont pas d'autre condition que les autres, et que leurs droits se régissent d'après les règles communes, et selon les dates effectives de l'ouverture des successions.

28° A ce que toute vente ou cession de droits à un cohéritier par son cohéritier ou copartageant, soit exceptée de la nullité prononcée par l'art. 59 de la loi du 17 nivôse. — Sur la *vingt-huitième question*, que, si l'article cité a généralement eu pour objet d'empêcher des acquéreurs de droits litigieux de venir troubler les familles, il perd ici son application, et ne laisse apercevoir, dans l'espèce proposée, qu'un arrangement licite, quand la bonne foi y préside.

29° A ce qu'il soit expliqué si les art. 57 et 60 de la loi du 17 nivôse, en ne parlant que de l'action restituée aux héritiers naturels, font obstacle à celle qui résulte des avantages maintenus contre la succession, soit que les héritiers naturels l'aient revendiquée, soit qu'elle soit restée aux mains de l'institué, ou de toute autre manière. — Sur la *vingt-neuvième question*, qu'elle n'offre pas une difficulté sérieuse ; qu'en effet la loi ne devait procurer des moyens de restitution qu'à ceux qui avaient été injustement privés, mais que les avantages maintenus conservent essentiellement l'action qui leur est propre, et que la matière ne comportait pas une disposition spéciale sur un point aussi clair.

30° A ce que l'hypothèque des femmes leur soit conservée sur les biens restitués par leurs maris, en exécution de la loi, lorsqu'elles l'auront épuisée sur leurs autres biens libres, et à ce qu'il soit pourvu à la manière d'assolider leurs droits. — Sur la *trentième question*, que l'art. 45 de la loi du 17 nivôse est commun aux femmes comme à tous autres créanciers hypothécaires, et qu'au surplus il n'y a nulle action nouvelle à introduire en leur faveur pour l'assolidation future de leurs droits, sauf à elles, en cas de péril, à user du bénéfice des lois préexistantes.

31° A ce que, dans le cas où le déchu est héritier naturel, et opte pour la retenue légale, il soit décidé si cette retenue doit s'imputer sur la part affectée à sa ligne, ou se prendre sur la masse. — Sur la *trente et unième question*, que, la retenue se prenant sur la masse de la part de l'institué non successible, il y a même raison dans le cas particulier, puisque la qualité d'héritier naturel se perd par l'option, et qu'il y a encore justice, en ce que la ligne à laquelle appartient le déchu serait nécessairement lésée si elle supportait seule l'effet d'une retenue qui ne manquerait pas d'excéder la part naturelle de ce déchu.

32° A ce que l'on concilie les art. 9 et 42 de la loi du 17 nivôse, en ce que le premier exige indéfiniment de la part du successible, le rapport des avantages postérieurs au 14 juillet 1789, tandis que l'autre défère la faculté d'opter entre le don et la qualité d'héritier. — Sur la *trente-deuxième question*, que ces deux dispositions se concilient naturellement, en ce que l'une offre le principe général, et l'autre une exception en faveur de ceux là seulement qui n'avaient ni le degré de fortune qui rend inhabile à conserver une donation particulière, ni recueilli à ce titre au delà de ce que la loi permet, et qu'en ce cas, pour ne pas rendre la condition du successible, pour le passé, pire que celle de l'étranger, il fallait bien lui déclarer l'option.

33° A ce qu'il soit expliqué si l'obligation de refaire de nouveaux actes, dont il est parlé en la réponse à la quarante-septième question inscrite dans le décret du 22 ventôse, s'applique au cas où la disposition plus ancienne n'est que d'objets particuliers non excédant la quotité disponible aujourd'hui. — Sur la *trente-troisième question*, qu'outre que la raison résiste à cette interprétation, la lettre même de la loi la rejette, lorsqu'elle ne s'est ainsi expliquée qu'à l'égard des dispositions contenant titre universel, non restreint à la quotité disponible, ou à une quotité moindre.

34° A ce qu'il soit décidé si le tiers coutumier que le statut de la ci-devant Normandie accordait aux enfants est atteint par la loi, quand il a été réglé avant le 14 juillet 1789, contradictoirement avec les parties intéressées. — Sur la *trente-quatrième question*, qu'il ne peut, en ce cas, y avoir de doute pour le maintien de tels actes, qui présentent indubitablement un contrat entre-vifs valable par sa date.

35° A ce qu'il soit statué sur le sort des dispositions entre époux, lorsque, faites avant le 14 juillet 1789, elles excédaient le point indiqué, soit par les conventions, soit par les lois d'alors. — Sur la *trente-cinquième question*, que, s'il s'agit de dispositions dont l'effet ait été ouvert avant le 14 juillet 1789, elles doivent être ramenées à ce terme ; mais qu'à l'égard des dispositions dont l'effet s'est ouvert depuis, elles n'ont d'autre règle que les art. 13 et 14 de la loi du 17 nivôse.

36° A ce qu'il soit dit si les tribunaux ordinaires restent compétents pour connaître des contestations relatives à des droits ouverts avant le 14 juillet 1789, et qui ne seront pas formées en exécution de la loi du 17 nivôse. — Sur la *trente-sixième question*, que l'affirmative résulte évidemment de la loi, qui n'assujettit au jugement par arbitres que les contestations relatives à l'exécution de cette même loi.

Décrète, sur le tout, qu'il n'y a pas lieu de délibérer.

5 flor. an 3 (24 avril 1795). — Décret portant : La convention nationale décrète la suspension de toute action intentée ou procédure commencée à l'occasion de l'effet rétroactif résultant de la loi du 17 nivôse, sur les successions.

9 fruct. an 3 (26 août 1795). — Décret portant : La convention nationale, sur le rapport de son comité de législation, décrète que les lois des 5 brum. et 17 niv. an 2 de la République, concernant les divers modes de transmission des biens dans les familles, n'auront d'effet qu'à compter des époques de leur promulgation.

3 vend. an 4 (25 sept. 1795). — Décret relatif à l'abolition de l'effet rétroactif des lois des 5 et 12 brumaire et du 17 niv. an 2, concernant les successions, donations, etc.

Art. 1. Les droits acquis de bonne foi, soit à des tiers possesseurs, soit à des créanciers hypothécaires ou autres, ayant une date certaine postérieure à la promulgation desdites lois du 5 brum. et du 17 niv. an 2, mais antérieure à la promulgation de la loi du 5 floréal dernier, sur les biens compris dans les dispositions rapportées par la loi du 9 fructidor dernier, leur sont conservés, sauf le recours des héritiers rétablis vers les personnes déchues. — Mais toutes aliénations, hypothèques et dispositions desdits biens à titre onéreux ou gratuit, postérieures à la promulgation de ladite loi du 5 floréal dernier, sont nulles.

2. Dans les nouveaux partages, liquidations, rapports et restitutions qui auront lieu en exécution de la présente loi, il ne sera point fait raison des fruits ou intérêts perçus avant la publication de ladite loi du 5 floréal, sauf les exceptions ci-après.

3. Les personnes rappelées et rétablies dans leurs droits par la présente loi seront tenues de recevoir les biens en l'état où ils se trouvent, sauf l'action pour abatis de bois-futaie.

4. Ceux qui sont obligés de restituer en vertu de la présente loi, et qui auront cessé de posséder, avant le 5 floréal dernier, les biens ou effets sujets à restitution, tiendront compte du prix qu'ils en auront tiré, s'ils les ont aliénés à titre onéreux, ou de leur valeur au temps où ils les ont recueillis, s'ils sont autrement sortis de leurs mains ; sauf aux personnes rétablies à exercer toutes actions nécessaires qui appartenaient à ceux qui ont aliéné à titre onéreux ou gratuit.

5. Les partages faits entre la République et les personnes déchues qui étaient ci-devant religieux ou religieuses ou qui n'avaient que des portions légitimaires ou des dots à réclamer, sont maintenus, sauf l'exécution de l'art. 7 de la loi du 17 nivôse. — Sont maintenus également les partages entre des héritiers des ci-devant religieux ou religieuses qui n'ont rien recueilli, en vertu des lois des 5 brumaire et 17 nivôse, que des portions légitimaires.

6. Les copartageants déchus seront préalablement remboursés de toutes dépenses qui auront augmenté ou conservé la valeur des fonds, et de toutes charges par eux légitimement acquittées, autres que les charges affectées à la simple jouissance ; comme aussi de tous frais et déboursés relatifs aux partages et autres actes annulés par la présente loi.

7. Les copartageants déchus pourront donner en payement des restitutions auxquelles ils sont tenus par l'effet de la présente loi, soit le prix même des objets qu'ils avaient légitimement aliénés, soit les contrats et créances qu'ils justifieront résulter du placement des deniers provenant des partages annulés, sans garantie de la solvabilité des débiteurs.

8. Les personnes déchues par la présente loi auront la faculté de retenir en biens héréditaires, et proportionnellement sur chaque espèce de biens, le montant des portions légitimaires et supplémentaires, et des autres droits qui leur appartiennent. Les payements qui pourront leur avoir été faits *à compte*, en argent ou assignats, ou de telle autre manière que ce puisse être, soit avant ou après l'ouverture de la succession, ne pourront les priver de cette faculté, dont elles jouiront dans tous les cas, à la charge de rapporter dans la masse ce qu'elles ont reçu, dans les mêmes espèces, ou la valeur réelle et effective en assignats au cours. — La disposition du présent article s'applique pareillement aux légitimaires dont les droits ont été ouverts, soit avant le 14 juill. 1789, soit depuis le 5 floréal dernier.

9. Toutes dispositions des lois rendues en interprétation des dispositions rétroactives abrogées par la loi du 9 fructidor dernier sont rapportées quant à l'effet rétroactif. — La loi du 5 floréal, qui suspend toute poursuite en vertu de la loi du 17 nivôse, est abrogée, sans qu'on puisse l'opposer pour moyen de nullité contre les procédures contradictoires faites depuis la publication de la loi du 9 fructidor, pour l'exécution de cette loi.

10. Toutes contestations qui pourront s'élever sur l'exécution de la présente loi seront jugées selon les règles générales de l'ordre judiciaire. Les art. 54, 55 et 56 de la loi du 17 nivôse sont abrogés.

11. Tous procès existants, même ceux pendants au tribunal de cassation ; tous arrêts de deniers, toutes saisies ou oppositions, tous jugements intervenus, partages ou autres actes, et clauses qui ont leur fondement dans les dispositions rétroactives desdites lois du 5 brum. et du 17 niv. an 2, ou dans des dispositions des lois subséquentes rendues en interprétation, sont abolis et annulés. — Les amendes consignées, même pour les procès jugés, seront restituées.

12. En conséquence de la loi du 9 fructidor dernier et des articles ci-dessus, — Ladite loi du 5 brumaire, celle du 17 nivôse, en ce qu'il n'y est point dérogé, celle du 7 mars 1793 sur les dispositions en ligne directe, et toutes lois antérieures non abrogées, relatives aux divers modes de transmission des biens, auront leur exécution chacune à compter du jour de sa publication.

13. La loi du 12 brum. an 2, concernant le droit de succéder des enfants nés hors mariage, n'aura d'effet qu'à compter du jour de sa publication. — Les règles d'exécution du présent article seront les mêmes que celles établies ci-dessus relativement à l'abolition de l'effet rétroactif desdites lois du 5 brumaire et du 17 nivôse.

20 prair. an 4 (8 juin 1796). — Loi qui établit un mode pour statuer sur les prédécès de plusieurs individus se succédant de droit, et morts dans la même exécution.

Le conseil.... considérant qu'il est instant de tracer aux tribunaux une marche certaine et régulière, lorsqu'il sera impossible de constater le prédécès de deux personnes se succédant de droit, et mises à mort dans la même exécution.... — Prend la résolution suivante : — Lorsque des ascendants des descendants et autres personnes qui se succèdent de droit, auront été condamnés au dernier supplice, et que, mis à mort dans la même exécution, il devient impossible de constater leur prédécès, le plus jeune des condamnés sera présumé avoir survécu.

18 pluv. an 5 (6 fév. 1797). — Loi relative aux successions.

Le Conseil.... considérant que les changements survenus dans les lois relatives aux successions ont fait naître plusieurs difficultés qui empêchent les tribunaux de prononcer sur les réclamations qui leur sont adressées à cet égard.... — Prend la résolution suivante :

Art. 1. Les avantages, prélèvements, préciputs, donations entre-vifs, institutions contractuelles et autres dispositions irrévocables de leur nature, légitimement stipulées en ligne directe avant la publication de la loi du 7 mars 1793, et en ligne collatérale ou entre individus non parents antérieurement à la publication de la loi du 5 brum. an 2, auront leur plein et entier effet, conformément aux anciennes lois, tant sur les successions ouvertes jusqu'à ce jour que sur celles qui s'ouvriraient à l'avenir.

2. Les réserves faites par les donateurs ou auteurs d'institutions contractuelles, qui n'en auront pas valablement disposé, feront partie de la succession *ab intestat*, et seront partagées également entre tous les héritiers autres que les donataires ou les institués, sans imputation sur les légitimes ou portions de légitime dont les héritiers ou donataires auraient été grevés. — Il n'est pas innové, par les dispositions du présent article, aux réunions desdites réserves déjà opérées en faveur des institués ou donataires, conformément à l'art. 28 de l'ordonnance du mois de fév. 1731, par le décès des donateurs et des instituants arrivé avant la publication de la loi du 5 brum. an 2.

3. Les ci-devant religieux et religieuses sont appelés à recueillir les successions qui leur sont échues, mais à compter seulement de la publication de la loi du 5 brum. an 2, sauf l'exécution de l'art. 5 de la loi du 3 vend. dernier, relativement aux partages faits entre eux ou leurs héritiers et la République.

4. Les actes de dernière volonté faits antérieurement à la publication

des lois des 5 brum. et 17 niv. an 2, et qui n'ont pas été refaits ou renouvelés depuis, dans les cas mêmes où la loi en indiquait l'obligation, restent néanmoins valables, et sont seulement réductibles jusqu'à concurrence de la quotité disponible, lorsqu'ils sont l'ouvrage : 1° de militaires décédés au service de la patrie, ou de personnes mortes au service des armées ; 2° de personnes décédées en maison de reclusion, ou qui ont péri en vertu de jugements révolutionnaires, ou qui ont demeuré cachées par suite de mises hors la loi ou de mandats d'arrêt; 3° de personnes mortes en voyage de long cours. — Il n'est rien changé, à l'égard des autres citoyens, aux dispositions établies notamment par l'art. 47 de la loi du 22 ventôse et par l'art. 55 de celle du 9 fructidor an 2, relativement à l'effet qu'ont perdu ou conservé les actes de dernière volonté faits antérieurement à la loi du 5 brumaire, par des personnes qui ont survécu à la publication de ladite loi sans les renouveler : néanmoins, lesdits actes conserveront, sans distinction, leur effet, jusqu'à concurrence de la portion disponible, dans toutes les successions ouvertes jusqu'à la publication du décret du 22 ventôse, qui a déclaré formellement la nécessité de renouveler les dispositions à titre universel.

5. Si les actes de dernière volonté maintenus par l'article ci-dessus contiennent tout à la fois des dispositions à titre universel et des legs particuliers, les dispositions universelles et les legs particuliers seront réduits proportionnellement et au marc la livre des valeurs que chacune des dispositions devait produire net, par les anciennes lois, à celui qui en était l'objet; à moins que l'auteur de la disposition n'ait expressément énoncé une préférence en faveur d'un ou de plusieurs légataires; auquel cas, le légataire préféré recevra l'intégrité de son legs, pourvu qu'il n'excède pas la quotité disponible.

6. Les avantages entre époux, maintenus par les art. 13 et 14 de la loi du 17 nivôse, sur l'universalité des biens de l'auteur de la disposition, ne s'imputent point sur le *sixième* ou le *dixième* déclaré disponible entre toutes personnes par l'art. 16 de la même loi, et n'entrent point en concurrence avec les autres légataires dans la distribution au marc la livre ordonnée par l'article précédent.

7. Les élections d'héritier ou de légataire, et les ventes à fonds perdu, qui ont été annulées par les art. 25 et 26 de la loi du 17 nivose, à compter du 14 juill. 1789, sont rétablis dans leur effet primitif, si elles ont été faites par actes ayant date certaine avant la publication de ladite loi du 17 nivôse.

8. L'art. 1 de la loi du 5 vendémaire dernier est déclaré commun aux légataires qui ont obtenu la délivrance de leurs legs contre l'héritier déchu par le rapport de l'effet rétroactif de la loi du 17 nivôse, ou contre la nation représentant des héritiers : en conséquence, les jugements obtenus par des légataires pourront être opposés à l'héritier ou légataire rappelé, comme s'ils avaient été rendus avec eux ; sauf à l'héritier rappelé, s'il y a lieu, à se pourvoir contre ces jugements en la manière accoutumée.

9. L'art. 4 du décret des 8-15 avril 1791, relatif à l'abolition des exclusions coutumières, portant que les dispositions des art. 1 et 3 du même décret *auront leur effet en faveur des filles ou de leurs descendants, dans toutes les successions qui s'ouvriront après la publication dudit décret*, est applicable aux filles ci-devant exclues par les statuts locaux, quoiqu'elles fussent mariées avant ce décret et qu'elles eussent fait une renonciation surérogatoire.

10. Les renonciations expressément stipulées par contrat de mariage dans les pays de non-exclusion, auront leur effet pour les successions ouvertes jusqu'à la publication de la loi du 5 brum. de l'an 2, qui les a abolies. — En conséquence, les filles exclues par les statuts seront appelées au partage des successions ouvertes postérieurement à la publication du décret des 8-15 avril 1791 ; et les filles renonçant au partage des successions ouvertes dans les pays de non-exclusion depuis la publication de la loi du 5 brumaire, pourront prendre la portion à elles attribuée par les lois existantes à l'ouverture desdites successions.

11. Néanmoins, les personnes mariées, ou veuves avec enfants, aux époques du décret des 15-28 mars 1790 ou de celui des 8-15 avril 1791, ainsi que les enfants de ces mêmes personnes décédées depuis lesdites époques, conserveront, à l'égard des filles exclues ou renonçantes, les avantages qui leur étaient assurés par lesdits décrets jusqu'à la publication de la loi du 4 janv. 1793, qui abroge lesdites réserves.

12. Ceux au profit desquels devait tourner le bénéfice des exclusions, renonciations, et qui s'en trouvent déchus, pourront réclamer, dans les améliorations et acquêts, une indemnité proportionnelle aux mises de fonds qu'ils auraient faites, ou aux travaux et produits industriels qu'ils auraient conférés dans la maison paternelle, sans néanmoins qu'ils puissent se prévaloir de la présente disposition pour en cumuler les avantages avec ceux qui pourraient résulter pour eux d'aucun pacte de société, dans le cas où il y aurait eu entre eux et leur père un acte de cette nature, qui sera seul exécuté.

13. En procédant à la liquidation des successions, les biens seront estimés sur le pied de leur valeur à l'époque de 1790. Les rapports qui ne seront pas faits en nature ou dans les mêmes espèces qu'ils ont été reçus seront conservés par le copartageant, en déduction de sa portion héréditaire ou légitimaire : en conséquence, il lui sera délivré le complément de ce qui doit lui revenir.

14. L'art. 4 de la loi du 3 vendémiaire, qui autorise les personnes déchues à retenir en biens héréditaires le montant des portions légitimaires et supplémentaires, et des autres droits qui leur appartiennent, tel que la dot ou le *mariage avenant*, n'est applicable qu'au cas où il y a eu un partage fait en vertu de l'effet rétroactif de la loi du 17 nivôse. Dans ce cas seulement, la personne déchue doit être maintenue dans les objets à elle échus par l'effet du partage, jusqu'à concurrence du montant desdits droits.

15. Quant aux autres légitimaires dont les droits sont ouverts avant le 14 juill. 1789, ou qui, étant rappelés par les lois des 5 brumaire et 17 nivôse, n'ont pas fait de partage, les choses étant à leur égard dans le même état, leurs droits seront réglés comme ils l'auraient été précédemment et d'après les anciennes lois.

16. Dans le cas ci-dessus, la simple réception de la légitime, faite en tout ou en partie après le décès des père et mère, ne préjudicie pas à l'action en supplément, à moins qu'il n'y ait été expressément renoncé après l'ouverture des successions; et, dans tous les cas, ce supplément, s'il est dû, ou tous autres droits, ainsi que les sommes qui resteraient à payer sur les légitimes, dots ou mariages avenants, seront exigibles en biens héréditaires, nonobstant toutes lois et usages contraires.

17. Les légitimaires et les filles dotées qui ont reçu des fonds en payement de leur légitime, dot ou mariage avenant, dans des successions ouvertes avant leur rappel, les conserveront irrévocablement, nonobstant toute faculté de rachat stipulée par suite de dispositions coutumières déjà abrogées par un décret du 30 sept. 1793.

18. Il n'est pas dérogé, par la loi du 3 vendémaire dernier, aux ventes de droits successifs ou autres actes légalement passés entre cohéritiers, pour des successions ouvertes avant la publication de la loi du 17 niv. an 2, lesquels seront exécutés conformément aux anciennes lois, sauf l'exécution de l'art. 14 ci-dessus.

19. Les dispositions des lois contraires à la présente sont rapportées.

29 germ.-9 flor. an 11 (19-29 avril 1803). — Extrait du code civil, liv. 3, tit. 1 (1).

CHAP. 1. — DE L'OUVERTURE DES SUCCESSIONS, ET DE LA SAISINE DES HÉRITIERS.

718. Les successions s'ouvrent par la mort naturelle et par la mort civile.—V. exposé des motifs et rapp., ci-après, n°s 4, 41, 121.

719. La succession est ouverte par la mort civile, du moment où cette mort est encourue, conformément aux dispositions de la sect. 2 du chap. 2 du titre de la Jouissance et de la privation des droits civils. — V. n° 4.

720. Si plusieurs personnes respectivement appelées à la succession l'une de l'autre, périssent dans un même événement, sans qu'on puisse reconnaître laquelle est décédée la première, la présomption de survie est déterminée par les circonstances du fait, et, à leur défaut, par la force de l'âge ou du sexe. — V. n°s 5, 42, 121, s.

721. Si ceux qui ont péri ensemble avaient moins de quinze ans, le plus âgé sera présumé avoir survécu. — S'ils étaient tous au-dessus de soixante ans, le moins âgé sera présumé avoir survécu. — Si les uns avaient moins de quinze ans et les autres plus de soixante, les premiers seront présumés avoir survécu. — V. n°s 5, 42, 122.

722. Si ceux qui ont péri ensemble avaient quinze ans accomplis et moins de soixante, le mâle est toujours présumé avoir survécu, lorsqu'il y a égalité d'âge, ou si la différence qui existe n'excède pas une année. — S'ils étaient du même sexe, la présomption de survie qui donne ouverture à la succession dans l'ordre de la nature, doit être admise : ainsi le plus jeune est présumé avoir survécu au plus âgé. — V. n°s 5, 42, 122.

723. La loi règle l'ordre de succéder entre les héritiers légitimes : à leur défaut, les biens passent aux enfants naturels, ensuite à l'époux survivant ; et s'il n'y en a pas, à *l'État*. — V. n° 124.

724. Les héritiers légitimes sont saisis de plein droit des biens, droits et actions du défunt, sous l'obligation d'acquitter toutes les charges de la succession : les enfants naturels, l'époux survivant et *l'État* doivent se faire envoyer en possession par justice dans les formes qui seront déterminées. — V. n°s 125, s.

CHAP. 2. — DES QUALITÉS REQUISES POUR SUCCÉDER.

725. Pour succéder, il faut nécessairement exister à l'instant de l'ouverture de la succession. — Ainsi sont incapables de succéder : — 1° Celui qui n'est pas encore conçu ; — 2° L'enfant qui n'est pas né viable ; — 3° Celui qui est mort civilement. — V. n°s 6, 45, s. 125.

726. Un étranger n'est admis à succéder aux biens que son parent, étranger ou Français, possède dans le territoire de *l'empire* que dans les cas et de la manière dont un Français succède à son parent possédant des biens dans le pays de cet étranger, conformément aux dispositions de l'art. 2, au titre *de la Jouissance et de la privation des droits civils.* — V. n°s 45, 125.

727. Sont indignes de succéder, et comme tels exclus des successions, — 1° Celui qui serait condamné pour avoir donné ou tenté de donner la mort au défunt ; — 2° Celui qui a porté contre le défunt une accusation capitale, jugée calomnieuse ; — 3° L'héritier majeur qui, instruit du meurtre du défunt, ne l'aura pas dénoncé à la justice. — V. n°s 7 s., 47, 126.

728. Le défaut de dénonciation ne peut être opposé aux ascendants et descendants du meurtrier, ni à ses alliés au même degré, ni à son époux ou à son épouse, ni à ses frères ou sœurs, ni à ses oncles et tantes, ni à ses neveux ou nièces. — V. n°s 7, s. 47, 126.

729. L'héritier exclu de la succession pour cause d'indignité, est tenu

(1) Les discours des orateurs au tribunat et au corps législatif sont recueillis ci-après à la suite du code, p. 166 et s.

de rendre tous les fruits et les revenus dont il a eu la jouissance depuis l'ouverture de la succession. — V. n° 126.

730. Les enfants de l'indigne, venant à la succession de leur chef, et sans le secours de la représentation, ne sont pas exclus pour la faute de leur père; mais celui-ci ne peut, en aucun cas, réclamer sur les biens de cette succession, l'usufruit que la loi accorde aux pères et mères, sur les biens de leurs enfants. — V. n° 124.

CHAP. 3. — DES DIVERS ORDRES DE SUCCESSION.

SECT. 1. — *Dispositions générales.*

731. Les successions sont déférées aux enfants et descendants du défunt, à ses ascendants et à ses parents collatéraux, dans l'ordre et suivant les règles ci-après déterminées. — V. nos 45, 48, 127.

732. La loi ne considère ni la nature ni l'origine des biens pour en régler la succession. — V. nos 9 s., 12, 67, 128.

733. Toute succession échue à des ascendants ou à des collatéraux, se divise en deux parts égales, l'une pour les parents de la ligne paternelle, l'autre pour les parents de la ligne maternelle. — Les parents utérins ou consanguins ne sont pas exclus par les germains; mais ils ne prennent part que dans leur ligne, sauf ce qui sera dit à l'art. 752. Les germains prennent part dans les deux lignes. — Il ne se fait aucune dévolution d'une ligne à l'autre, que lorsqu'il ne se trouve aucun ascendant ni collatéral de l'une des deux lignes. — V. nos 11, 16, 68, 129, 141.

734. Cette première division opérée entre les lignes paternelle et maternelle, il ne se fait plus de division entre les diverses branches; mais la moitié dévolue à chaque ligne appartient à l'héritier ou aux héritiers les plus proches en degrés, sauf le cas de la représentation ainsi qu'il sera dit ci-après. — V. nos 57, 131.

735. La proximité de parenté s'établit par le nombre de générations; chaque génération s'appelle un *degré*. — V. n° 132.

736. La suite des degrés forme la ligne : on appelle *ligne directe* la suite des degrés entre personnes qui descendent l'une de l'autre; *ligne collatérale*, la suite des degrés entre personnes qui ne descendent pas les unes des autres, mais qui descendent d'un auteur commun. — On distingue la ligne directe, en ligne directe descendante et ligne directe ascendante. — La première est celle qui lie le chef avec ceux qui descendent de lui; la deuxième est celle qui lie une personne avec ceux dont elle descend. — V. n° 132.

737. En ligne directe, on compte autant de degrés qu'il y a de générations entre les personnes : ainsi le fils est, à l'égard du père, au premier degré; le petit-fils, au second; et réciproquement du père et de l'aïeul à l'égard des fils et petits-fils.

738. En ligne collatérale, les degrés se comptent par les générations, depuis l'un des parents jusques et non compris l'auteur commun, et depuis celui-ci jusqu'à l'autre parent. — Ainsi, deux frères sont au deuxième degré; l'oncle et le neveu sont au troisième degré; les cousins germains au quatrième; ainsi de suite.

SECT. 2. — *De la Représentation.*

739. La représentation est une fiction de la loi, dont l'effet est de faire entrer les représentants dans la place, dans le degré et dans les droits du représenté. — V. n° 49.

740. La représentation a lieu à l'infini dans la ligne directe descendante. — Elle est admise dans tous les cas, soit que les enfants du défunt concourent avec les descendants d'un enfant prédécédé, soit que tous les enfants du défunt, étant morts avant lui, les descendants desdits enfants se trouvent entre eux en degrés égaux ou inégaux. — V. nos 13, 51, 133.

741. La représentation n'a pas lieu en faveur des ascendants; le plus proche, dans chacune des deux lignes, exclut toujours le plus éloigné. — V. nos 51, 134.

742. En ligne collatérale, la représentation est admise en faveur des enfants et descendants de frères ou sœurs du défunt, soit qu'ils viennent à sa succession concurremment avec des oncles ou tantes, soit que tous les frères et sœurs du défunt étant prédécédés, la succession se trouve dévolue à leurs descendants en degrés égaux ou inégaux. — V. nos 13 s. 52, 135.

743. Dans tous les cas où la représentation est admise, le partage s'opère par souche : si une même souche a produit plusieurs branches, la subdivision se fait aussi par souche dans chaque branche, et les membres de la même branche partagent entre eux par tête. — V. n° 15.

744. On ne représente pas les personnes vivantes, mais seulement celles qui sont mortes naturellement ou civilement. — On peut représenter celui à la succession duquel on a renoncé. — V. nos 53, 136.

SECT. 3. — *Des successions déférées aux descendants.*

745. Les enfants ou leurs descendants succèdent à leurs père et mère, aïeuls, aïeules, ou autres ascendants, sans distinction de sexe ni de primogéniture, et encore qu'ils soient issus de différents mariages. — Ils succèdent par égales portions et par tête, quand ils sont tous au premier degré et appelés de leur chef : ils succèdent par souche, lorsqu'ils viennent tous ou en partie par représentation. — V. nos 59, 69, 138.

SECT. 4. — *Des successions déférées aux ascendants.*

746. Si le défunt n'a laissé ni postérité, ni frère, ni sœur, ni descendants d'eux, la succession se divise par moitié entre les ascendants de la ligne paternelle et les ascendants de la ligne maternelle. — L'ascendant qui se trouve au degré le plus proche recueille la moitié affectée à sa ligne, à l'exclusion de tous autres. — Les ascendants au même degré succèdent par tête. — V. nos 57, 70, 75, 139, 142.

747. Les ascendants succèdent, à l'exclusion de tous autres, aux choses par eux données à leurs enfants ou descendants décédés sans postérité, lorsque les objets donnés se retrouvent en nature dans la succession. — Si les objets ont été aliénés, les ascendants recueillent le prix qui peut en être dû. Ils succèdent aussi à l'action en reprises que pouvait avoir le donataire. — V. nos 10, 17, 74, 139 s.

748. Lorsque les père et mère d'une personne morte sans postérité lui ont survécu, si elle a laissé des frères, sœurs, ou des descendants d'eux, la succession se divise en deux portions égales, dont moitié seulement est déférée au père et à la mère, qui la partagent entre eux également. — L'autre moitié appartient aux frères, sœurs ou descendants d'eux, ainsi qu'il sera expliqué dans la section 5 du présent chapitre. — V. nos 17, 139.

749. Dans le cas où la personne morte sans postérité laisse des frères, sœurs, ou des descendants d'eux, si le père ou la mère est prédécédé, la portion qui lui aurait été dévolue conformément au précédent article se réunit à la moitié déférée aux frères, sœurs ou à leurs représentants, ainsi qu'il sera expliqué à la section 5 du présent chapitre.

SECT. 5. — *Des successions collatérales.*

750. En cas de prédécès des père et mère d'une personne morte sans postérité, ses frères, sœurs, ou leurs descendants, sont appelés à la succession, à l'exclusion des ascendants et des autres collatéraux. — Ils succèdent ou de leur chef, ou par représentation, ainsi qu'il a été réglé dans la section 2 du présent chapitre. — V. nos 71, 139.

751. Si les père et mère de la personne morte sans postérité lui ont survécu, ses frères, sœurs, ou leurs représentants, ne sont appelés qu'à la moitié de la succession. Si le père ou la mère seulement a survécu, ils sont appelés à recueillir les trois quarts. — V. nos 72, 139, 142.

752. Le partage de la moitié ou des trois quarts dévolus aux frères ou sœurs, aux termes de l'article précédent, s'opère entre eux par égales portions, s'ils sont tous du même lit; s'ils sont de lits différents, la division se fait par moitié entre les deux lignes paternelle et maternelle du défunt; les germains prennent part dans les deux lignes, et les utérins et consanguins chacun dans leur ligne seulement : s'il n'y a de frères ou sœurs que d'un côté, ils succèdent à la totalité, à l'exclusion de tous autres parents de l'autre ligne. — V. nos 58, 75.

753. A défaut de frères ou sœurs ou de descendants d'eux, et à défaut d'ascendants dans l'une ou l'autre ligne, la succession est déférée pour moitié aux ascendants survivants; et pour l'autre moitié, aux parents les plus proches de l'autre ligne. — S'il y a concours de parents collatéraux au même degré, ils partagent par tête. — V. nos 70, 141 s.

754. Dans le cas de l'article précédent, le père ou la mère survivant a l'usufruit du tiers des biens auxquels il ne succède pas en propriété. — V. nos 18, 142.

755. Les parents au delà du douzième degré ne succèdent pas. — A défaut de parents au degré successible dans une ligne, les parents de l'autre ligne succèdent pour le tout. — V. nos 19, 44, 76, 142.

CHAP. 4. — DES SUCCESSIONS IRRÉGULIÈRES.

SECT. 1. — *Des droits des enfants naturels sur les biens de leur père ou mère, et de la succession aux enfants naturels décédés sans postérité.*

756. Les enfants naturels ne sont point héritiers; la loi ne leur accorde de droits sur les biens de leur père ou mère décédés que lorsqu'ils ont été légalement reconnus. Elle ne leur accorde aucun droit sur les biens des parents de leur père ou mère. — V. nos 76, 143.

757. Le droit de l'enfant naturel sur les biens de ses père ou mère décédés est réglé ainsi qu'il suit : — Si le père ou la mère a laissé des descendants légitimes, ce droit est d'un tiers de la portion héréditaire que l'enfant naturel aurait eue s'il eût été légitime; il est de la moitié lorsque les père ou mère ne laissent pas de descendants, mais bien des ascendants ou des frères ou sœurs; il est des trois quarts lorsque les père ou mère ne laissent ni descendants ni ascendants, ni frères ni sœurs. — V. nos 77, 143.

758. L'enfant naturel a droit à la totalité des biens lorsque ses père ou mère ne laissent pas de parents au degré successible. — V. nos 20, 81, 143.

759. En cas de prédécès de l'enfant naturel, ses enfants ou descendants peuvent réclamer les droits fixés par les articles précédents. — V. n° 77.

760. L'enfant naturel ou ses descendants sont tenus d'imputer sur ce qu'ils ont droit de prétendre tout ce qu'ils ont reçu du père ou de la mère dont la succession est ouverte, et qui serait sujet à rapport, d'après les règles établies à la section 2 du chapitre 6 du présent titre. — V. n° 78.

761. Toute réclamation leur est interdite, lorsqu'ils ont reçu, du vivant de leur père ou de leur mère, la moitié de ce qui leur est attribué par les articles précédents, avec déclaration expresse, de la part de leur père ou mère, que leur intention est de réduire l'enfant naturel à la portion qu'ils lui ont assignée. — Dans le cas où cette portion serait inférieure à la moitié de ce qui devrait revenir à l'enfant naturel, il ne pourra réclamer que le supplément nécessaire pour parfaire cette moitié. — V. nos 78, 144.

762. Les dispositions des articles 757 et 758 ne sont pas applicables

aux enfants adultérins ou incestueux. — La loi ne leur accorde que des aliments. — V. nos 21, 79, 145.

763. Ces aliments sont réglés, eu égard aux facultés du père ou de la mère, au nombre et à la qualité des héritiers légitimes.

764. Lorsque le père ou la mère de l'enfant adultérin ou incestueux lui auront fait apprendre un art mécanique, ou lorsque l'un d'eux lui aura assuré des aliments de son vivant, l'enfant ne pourra élever aucune réclamation contre leur succession.

765. La succession de l'enfant naturel décédé sans postérité est dévolue au père ou à la mère qui l'a reconnu; ou par moitié à tous les deux, s'il a été reconnu par l'un et par l'autre. — V. nos 22, 80. 146.

766. En cas de prédécès des père et mère de l'enfant naturel, les biens qu'il en avait reçus, passent aux frères ou sœurs légitimes, s'ils se retrouvent en nature dans la succession : les actions en reprise, s'il en existe, ou le prix de ces biens aliénés, s'il est encore dû, retournent également aux frères et sœurs légitimes. Tous les autres biens passent aux frères et sœurs naturels, ou à leurs descendants. — V. nos 22, 80, 146.

SECT. 2. — *Des droits du conjoint survivant et de l'état.*

767. Lorsque le défunt ne laisse ni parents au degré successible, ni enfants naturels, les biens de sa succession appartiennent au conjoint non divorcé qui lui survit. — V. nos 23, 82, 147.

768. A défaut de conjoint survivant, la succession est acquise à *l'Etat.* — V. nos 85, 147.

769. Le conjoint survivant et l'administration des domaines qui prétendent droit à la succession sont tenus de faire apposer les scellés, et de faire faire inventaire dans les formes prescrites pour l'acceptation des successions sous bénéfice d'inventaire. — V. nos 25, 84.

770. Ils doivent demander l'envoi en possession au tribunal de première instance dans le ressort duquel la successsion est ouverte. Le tribunal ne peut statuer sur la demande qu'après trois publications et affiches dans les formes usitées, et après avoir entendu le *procureur impérial.* — V. nos 84, 148.

771. L'époux survivant est encore tenu de faire emploi du mobilier, ou de donner caution suffisante pour en assurer la restitution, au cas où il se présenterait des héritiers du défunt, dans l'intervalle de trois ans : après ce délai, la caution est déchargée. — V. no 24.

772. L'époux survivant ou l'administration des domaines qui n'auraient pas rempli les formalités qui leur sont respectivement prescrites, pourront être condamnés aux dommages-intérêts envers les héritiers, s'il s'en représente.

773. Les dispositions des art. 769, 770, 771 et 772, sont communes aux enfants naturels appelés à défaut de parents.

CHAP. 5. — DE L'ACCEPTATION ET DE LA RÉPUDIATION DES SUCCESSIONS.

SECT. 1. — *De l'acceptation.*

774. Une succession peut être acceptée purement et simplement, ou sous bénéfice d'inventaire. — V. nos 88, 149.

775. Nul n'est tenu d'accepter une succession qui lui est échue. — V. nos 86, 149.

776. Les femmes mariées ne peuvent pas valablement accepter une succession sans l'autorisation de leur mari ou de justice, conformément aux dispositions du chap. 6 du titre du Mariage. — Les successions échues aux mineurs et aux interdits ne pourront être valablement acceptées que conformément aux dispositions du titre de la Minorité, de la Tutelle et de l'Emancipation. — V. no 90.

777. L'effet de l'acceptation remonte au jour de l'ouverture de la succession. — V. no 87.

778. L'acceptation peut être expresse ou tacite; elle est expresse, quand on prend le titre ou la qualité d'héritier dans un acte authentique ou privé; elle est tacite quand l'héritier fait un acte qui suppose nécessairement son intention d'accepter, et qu'il n'aurait droit de faire qu'en sa qualité d'héritier. — V. nos 26, 87, 150.

779. Les actes purement conservatoires, de surveillance et d'administration provisoire ne sont pas des actes d'adition d'hérédité, si l'on n'y a pas pris le titre ou la qualité d'héritier. — V. nos 87, 150.

780. La donation, vente ou transport que fait de ses droits successifs un des cohéritiers, soit à un étranger, soit à tous ses cohéritiers, soit à quelques-uns d'eux, emporte de sa part acceptation de la succession. — Il en est de même, 1o de la renonciation, même gratuite, que fait un des héritiers au profit d'un ou de plusieurs de ses cohéritiers; 2o De la renonciation qu'il fait même au profit de tous ses cohéritiers indistinctement, lorsqu'il reçoit le prix de sa renonciation. — V. nos 87, 150.

781. Lorsque celui à qui une succession est échue, est décédé sans l'avoir répudiée, ou sans l'avoir acceptée expressément ou tacitement, ses héritiers peuvent l'accepter ou répudier de son chef.

782. Si ces héritiers ne sont pas d'accord pour accepter ou pour répudier la succession, elle doit être acceptée sous bénéfice d'inventaire.

783. Le majeur ne peut attaquer l'acceptation expresse ou tacite qu'il a faite d'une succession que dans le cas où cette acceptation aurait été la suite d'un dol pratiqué envers lui; il ne peut jamais réclamer sous prétexte de lésion, excepté seulement dans le cas où la succession se trouverait absorbée ou diminuée de plus de moitié par la découverte d'un testament inconnu au moment de l'acceptation. — V. no 91.

SECT. 2. — *De la Renonciation aux successions.*

784. La renonciation à une succession ne se présume pas : elle ne peut plus être faite qu'au greffe du tribunal de première instance dans l'arrondissement duquel la succession s'est ouverte, sur un registre particulier tenu à cet effet. — V. nos 27, 85 et 151.

785. L'héritier qui renonce, est censé n'avoir jamais été héritier. — V. nos 27, 89, 151.

786. La part du renonçant accroît à ses cohéritiers; s'il est seul, elle est dévolue au degré subséquent. — V. no 151.

787. On ne vient jamais par représentation d'un héritier qui a renoncé : si le renonçant est seul héritier de son degré, ou si tous ses cohéritiers renoncent, les enfants viennent de leur chef et succèdent par tête. — V. nos 54, 151.

788. Les créanciers de celui qui renonce au préjudice de leurs droits peuvent se faire autoriser en justice à accepter la succession du chef de leur débiteur, en son lieu et place. — Dans ce cas, la renonciation n'est annulée qu'en faveur des créanciers, et jusqu'à concurrence seulement de leurs créances : elle ne l'est pas au profit de l'héritier qui a renoncé. — V. nos 27, 89.

789. La faculté d'accepter ou de répudier une succession se prescrit par le laps de temps requis pour la prescription la plus longue des droits immobiliers. — V. no 92.

790. Tant que la prescription du droit d'accepter n'est pas acquise contre les héritiers qui ont renoncé, ils ont la faculté d'accepter encore la succession, si elle n'a pas été déjà acceptée par d'autres héritiers, sans préjudice néanmoins des droits qui peuvent être acquis à des tiers sur les biens de la succession, soit par prescription, soit par actes valablement faits avec le curateur à la succession vacante. — V. nos 92, 151.

791. On ne peut, même par contrat de mariage, renoncer à la succession d'un homme vivant, ni aliéner les droits éventuels qu'on peut avoir à cette succession. — V. nos 95, 152.

792. Les héritiers qui auraient diverti ou recélé des effets d'une succession sont déchus de la faculté d'y renoncer : ils demeurent héritiers purs et simples, nonobstant leur renonciation, sans pouvoir prétendre aucune part dans les objets divertis ou recélés. — V. nos 27, 89.

SECT. 3. — *Du bénéfice d'inventaire, de ses effets, et des obligations de l'héritier bénéficiaire.*

793. La déclaration d'un héritier, qu'il entend ne prendre cette qualité que sous bénéfice d'inventaire, doit être faite au greffe du tribunal civil de première instance dans l'arrondissement duquel la succession s'est ouverte; elle doit être inscrite sur le registre destiné à recevoir les actes de renonciation. — V. nos 285, 155.

794. Cette déclaration n'a d'effet qu'autant qu'elle est précédée ou suivie d'un inventaire fidèle et exact des biens de la succession, dans les formes réglées par les lois sur la procédure, et dans les délais qui seront ci-après déterminés. — V. nos 29, 155.

795. L'héritier a trois mois pour faire inventaire, à compter du jour de l'ouverture de la succession. — Il a de plus, pour délibérer sur son acceptation ou sur sa renonciation, un délai de quarante jours, qui commencent à courir du jour de l'expiration des trois mois donnés pour l'inventaire, ou du jour de la clôture de l'inventaire s'il a été terminé avant les trois mois. — V. nos 26, 29, 86, 153.

796. Si cependant il existe dans la succession des objets susceptibles de dépérir ou dispendieux à conserver, l'héritier peut, en sa qualité d'habile à succéder, et sans qu'on puisse en induire de sa part une acceptation, se faire autoriser par justice à procéder à une vente de ces effets. — Cette vente doit être faite par officier public, après les affiches et publications réglées par les lois sur la procédure. — V. no 29.

797. Pendant la durée des délais pour faire inventaire et pour délibérer, l'héritier ne peut être contraint à prendre qualité, et il ne peut être obtenu contre lui de condamnation : s'il renonce lorsque les délais sont expirés, ou avant, les frais par lui faits légitimement jusqu'à cette époque sont à la charge de la succession. — V. no 86.

798. Après l'expiration des délais ci-dessus, l'héritier, en cas de poursuite dirigée contre lui, peut demander un nouveau délai, que le tribunal saisi de la contestation accorde ou refuse suivant les circonstances.

799. Les frais de poursuite, dans le cas de l'article précédent, sont à la charge de la succession, si l'héritier justifie, ou qu'il n'avait pas eu connaissance du décès, ou que les délais ont été insuffisants, soit à raison de la situation des biens, soit à raison des contestations survenues; s'il n'en justifie pas, les frais restent à sa charge personnelle.

800. L'héritier conserve néanmoins, après l'expiration des délais accordés par l'art. 795, même de ceux donnés par le juge conformément à l'art. 798, la faculté de faire encore inventaire et de se porter héritier bénéficiaire, s'il n'a pas fait d'ailleurs acte d'héritier, ou s'il n'existe pas contre lui de jugement passé en force de chose jugée, qui le condamne en qualité d'héritier pur et simple.

801. L'héritier qui s'est rendu coupable de recélé, ou qui a omis sciemment et de mauvaise foi de comprendre dans l'inventaire des effets de la succession, est déchu du bénéfice d'inventaire. — V. nos 29, 155.

802. L'effet du bénéfice d'inventaire est de donner à l'héritier l'avantage : — 1o De n'être tenu du payement des dettes de la succession que jusqu'à concurrence de la valeur des biens qu'il a recueillis, même de pouvoir se décharger du payement des dettes en abandonnant tous les biens de la succession aux créanciers et aux légataires; — 2o De ne pas confondre ses biens personnels avec ceux de la succession, et de conserver contre elle le droit de réclamer le payement de ses créances. — V. no 88.

805. L'héritier bénéficiaire est chargé d'administrer les biens de la succession, et doit rendre compte de son administration aux créanciers et aux légataires. — Il ne peut être contraint sur ses biens personnels qu'après avoir été mis en demeure de présenter son compte, et faute d'avoir satisfait à cette obligation. — Après l'apurement du compte, il ne peut être contraint sur ses biens personnels que jusqu'à concurrence seulement des sommes dont il se trouve reliquataire.—V. nos 29, 88, 155.

804. Il n'est tenu que des fautes graves dans l'administration dont il est chargé.

805. Il ne peut vendre les meubles de la succession que par le ministère d'un officier public, aux enchères, et après les affiches et publications accoutumées. — S'il les représente en nature, il n'est tenu que de la dépréciation ou de la détérioration causée par sa négligence. — V. n° 29.

806. Il ne peut vendre les immeubles que dans les formes prescrites par les lois sur la procédure ; il est tenu d'en déléguer le prix aux créanciers hypothécaires qui se sont fait connaître.

807. Il est tenu, si les créanciers ou autres personnes intéressées l'exigent, de donner caution bonne et solvable de la valeur du mobilier compris dans l'inventaire, et de la portion du prix des immeubles non déléguée aux créanciers hypothécaires. — Faute par lui de fournir cette caution, les meubles sont vendus, et leur prix est déposé, ainsi que la portion non déléguée du prix des immeubles, pour être employés à l'acquit des charges de la succession.

808. S'il y avait des créanciers opposants, l'héritier bénéficiaire ne peut payer que dans l'ordre et de la manière réglés par le juge. — S'il n'y a pas de créanciers opposants, il paye les créanciers et les légataires à mesure qu'ils se présentent.

809. Les créanciers non opposants qui ne se présentent qu'après l'apurement du compte et le payement du reliquat, n'ont de recours à exercer que contre les légataires. — Dans l'un et l'autre cas, le recours se prescrit par le laps de trois ans, à compter du jour de l'apurement du compte, et du payement du reliquat.

810. Les frais de scellés, s'il en a été apposé, d'inventaire et de compte, sont à la charge de la succession.

SECTION 4. — *Des successions vacantes.*

811. Lorsqu'après l'expiration des délais pour faire inventaire et pour délibérer, il ne se présente personne qui réclame une succession, qu'il n'y a pas d'héritiers connus, ou que les héritiers connus y ont renoncé, cette succession est réputée vacante. —V. nos 24, 154.

812. Le tribunal de première instance, dans l'arrondissement duquel elle est ouverte, nomme un curateur sur la demande des personnes intéressées, ou sur la réquisition du procureur impérial.

813. Le curateur à une succession vacante est tenu, avant tout, d'en faire constater l'état par un inventaire ; il en exerce et poursuit les droits ; il répond aux demandes formées contre elles ; il administre, sous la charge de faire verser le numéraire qui se trouve dans la succession, ainsi que les deniers provenant du prix des meubles ou immeubles vendus, dans la caisse du receveur de la régie impériale, pour la conservation des droits, et à la charge de rendre compte à qui il appartiendra.

814. Les dispositions de la section 3 du présent chapitre, sur les formes de l'inventaire, sur le mode d'administration et sur les comptes à rendre de la part de l'héritier bénéficiaire, sont au surplus communes aux curateurs à successions vacantes. — V. n° 154.

CHAP. 6. — DU PARTAGE ET DES RAPPORTS.

SECT. 1. — *De l'action en partage et de sa forme.*

815. Nul ne peut être contraint à demeurer dans l'indivision ; et le partage peut être toujours provoqué, nonobstant prohibitions et conventions contraires. — On peut cependant convenir de suspendre le partage pendant un temps limité : cette convention ne peut être obligatoire au delà de cinq ans ; mais elle peut être renouvelée. — V. nos 50, 100, 155.

816. Le partage peut être demandé, même quand l'un des cohéritiers aurait joui séparément de partie des biens de la succession, s'il n'y a eu un acte de partage, ou possession suffisante pour acquérir la prescription. — V. nos 107, 156.

817. L'action en partage, à l'égard des cohéritiers mineurs ou interdits, peut être exercée par leurs tuteurs, spécialement autorisés par un conseil de famille. — A l'égard des cohéritiers absents, l'action appartient aux parents envoyés en possession. — V. n° 156.

818. Le mari peut, sans le concours de sa femme, provoquer le partage des objets meubles ou immeubles à elle échus qui tombent dans la communauté : à l'égard des objets qui ne tombent pas en communauté, le mari ne peut en provoquer le partage sans le concours de sa femme ; il peut seulement, s'il a le droit de jouir de ses biens, demander un partage provisionnel. — Les cohéritiers de la femme ne peuvent provoquer le partage définitif qu'en mettant en cause le mari et la femme. — V. n° 156.

819. Si tous les héritiers sont présents et majeurs, l'apposition des scellés sur les effets de la succession n'est pas nécessaire, et le partage peut être fait dans la forme et par tel acte que les parties intéressées jugent convenable. — Si tous les héritiers ne sont pas présents, s'il y a parmi eux des mineurs ou des interdits, le scellé doit être apposé dans le plus bref délai, soit à la requête des héritiers, soit à la diligence du procureur impérial au tribunal de première instance, soit d'office par le juge de paix dans l'arrondissement duquel la succession est ouverte. — V. nos 52, 156.

820. Les créanciers peuvent aussi requérir l'apposition des scellés, en vertu d'un titre exécutoire ou d'une permission du juge.

821. Lorsque le scellé a été apposé, tous créanciers peuvent y former opposition, encore qu'ils n'aient ni titre exécutoire ni permission du juge. — Les formalités pour la levée des scellés et la confection de l'inventaire, sont réglées par les lois sur la procédure.

822. L'action en partage, et les contestations qui s'élèvent dans le cours des opérations, sont soumises au tribunal du lieu de l'ouverture de la succession. — C'est devant ce tribunal qu'il est procédé aux licitations, et que doivent être portées les demandes relatives à la garantie des lots entre copartageants et celles en rescision du partage. — V. n° 156.

823. Si l'un des cohéritiers refuse de consentir au partage, ou s'il s'élève des contestations soit sur le mode d'y procéder, soit sur la manière de le terminer, le tribunal prononce comme en matière sommaire, ou commet, s'il y a lieu, pour les opérations de partage, un des juges sur le rapport duquel il décide les contestations. — V. n° 156.

824. L'estimation des immeubles est faite par experts choisis par les parties intéressées, ou, à leur refus, nommés d'office. — Le procès-verbal des experts doit présenter les bases de l'estimation : il doit indiquer si l'objet estimé peut être commodément partagé ; de quelle manière ; fixer enfin, en cas de division, chacune des parts qu'on peut en former, et leur valeur.

825. L'estimation des meubles, s'il n'y a pas eu de prisée faite dans un inventaire régulier, doit être faite par gens à ce connaissant, à juste prix et sans crue.

826. Chacun des cohéritiers peut demander sa part en nature des meubles et immeubles de la succession : néanmoins, s'il y a des créanciers saisissants ou opposants, ou si la majorité des cohéritiers juge la vente nécessaire pour l'acquit des dettes et charges de la succession, les meubles sont vendus publiquement en la forme ordinaire. — V. n° 108.

827. Si les immeubles ne peuvent pas se partager commodément, il doit être procédé à la vente par licitation devant le tribunal. — Cependant les parties, si elles sont toutes majeures, peuvent consentir que la licitation soit faite devant un notaire, sur le choix duquel elles s'accordent. — V. n° 112.

828. Après que les meubles et immeubles ont été estimés et vendus, s'il y a lieu, le juge-commissaire renvoie les parties devant un notaire dont elles conviennent ou nommé d'office, si les parties ne s'accordent pas sur le choix. — On procède devant cet officier, aux comptes que les copartageants peuvent se devoir, à la formation de la masse générale, à la composition des lots, et aux fournissements à faire à chacun des copartageants.

829. Chaque cohéritier fait rapport à la masse, suivant les règles qui seront ci-après établies, des dons qui lui ont été faits, et des sommes dont il est débiteur.

830. Si le rapport n'est pas fait en nature, les cohéritiers à qui il est dû prélèvent une portion égale sur la masse de la succession. — Les prélèvements se font, autant que possible, en objets de même nature, qualité et bonté que les objets non rapportés en nature. — V. n° 109.

831. Après ces prélèvements, il est procédé, sur ce qui reste dans la masse, à la composition d'autant de lots égaux qu'il y a d'héritiers copartageants, ou de souches copartageantes.

832. Dans la formation et composition des lots, on doit éviter, autant que possible, de morceler les héritages et de diviser les exploitations ; et il convient de faire entrer dans chaque lot, s'il se peut, la même quantité de meubles, d'immeubles, de droits ou de créances de même nature et valeur. — V. n° 108.

833. L'inégalité des lots en nature se compense par un retour, soit en rente, soit en argent. — V. n° 109.

834. Les lots sont faits par l'un des cohéritiers, s'ils peuvent convenir entre eux sur le choix, et si celui qu'ils avaient choisi accepte la commission : dans le cas contraire, les lots sont faits par un expert que le juge-commissaire désigne. — Ils sont ensuite tirés au sort.

835. Avant de procéder au tirage des lots, chaque copartageant est admis à proposer ses réclamations contre leur formation.

836. Les règles établies pour la division des masses à partager sont également observées dans la subdivision à faire entre les souches copartageantes.

837. Si, dans les opérations renvoyées devant un notaire, il s'élève des contestations, le notaire dressera procès-verbal des difficultés et des dires respectifs des parties, les renverra devant le commissaire nommé pour le partage ; et, au surplus, il sera procédé suivant les formes prescrites par les lois sur la procédure.

838. Si tous les cohéritiers ne sont pas présents, ou s'il y a parmi eux des interdits ou des mineurs, même émancipés, le partage doit être fait en justice, conformément aux règles prescrites par les art. 819 et suivants, jusques et compris l'article précédent. S'il y a plusieurs mineurs qui aient des intérêts opposés dans le partage, il doit leur être donné à chacun un tuteur spécial et particulier. — V. n° 112.

839. S'il y a lieu à licitation, dans le cas du précédent article, elle ne peut être faite qu'en justice avec les formalités prescrites pour l'aliénation des biens des mineurs. Les étrangers y sont toujours admis. — V. n° 112.

840. Les partages faits conformément aux règles ci-dessus prescrites,

soit par les tuteurs, avec l'autorisation d'un conseil de famille, soit par les mineurs émancipés, assistés de leurs curateurs, soit au nom des absents ou non-présents, sont définitifs : ils ne sont que provisionnels, si les règles prescrites n'ont pas été observées. — V. nos 32, 112.

841. Toute personne, même parente du défunt, qui n'est pas son successible, et à laquelle un cohéritier aurait cédé son droit à la succession, peut être écartée du partage, soit par tous les cohéritiers, soit par un seul, en lui remboursant le prix de la cession. — V. n° 111.

842. Après le partage, remise doit être faite à chacun des copartageants des titres particuliers aux objets qui lui seront échus. — Les titres d'une propriété divisée restent à celui qui a la plus grande part, à la charge d'en aider ceux de ses copartageants qui y auront intérêt, quand il en sera requis. — Les titres communs à toute l'hérédité seront remis à celui que tous les héritiers ont choisi pour en être le dépositaire, à la charge d'en aider les copartageants, à toute réquisition. S'il y a difficulté sur ce choix, il est réglé par le juge.

SECT. 2. *Des Rapports.*

843. Tout héritier, même bénéficiaire, venant à une succession, doit rapporter à ses cohéritiers tout ce qu'il a reçu du défunt, par donation entre-vifs, directement ou indirectement : il ne peut retenir les dons ni réclamer les legs à lui faits par le défunt, à moins que les dons et legs ne lui aient été faits expressément par préciput et hors part, ou avec dispense du rapport. — V. nos 55, 95, 157.

844. Dans le cas même où les dons et legs auraient été faits par préciput ou avec dispense du rapport, l'héritier venant à partage ne peut les retenir que jusqu'à concurrence de la quotité disponible : l'excédant est sujet à rapport. — V. n° 96.

845. L'héritier qui renonce à la succession peut cependant retenir le don entre-vifs, ou réclamer le legs à lui fait, jusqu'à concurrence de la portion disponible. — V. n° 97.

846. Le donataire qui n'était pas héritier présomptif lors de la donation, mais qui se trouve successible au jour de l'ouverture de la succession, doit également le rapport, à moins que le donateur ne l'en ait dispensé. — V. n° 98.

847. Les dons et legs faits au fils de celui qui se trouve successible à l'époque de l'ouverture de la succession, sont toujours réputés faits avec dispense du rapport. — Le père venant à la succession du donateur n'est pas tenu de les rapporter. — V. nos 54, 98.

848. Pareillement, le fils venant de son chef à la succession du donateur n'est pas tenu de rapporter le don fait à son père, même quand il aurait accepté la succession de celui-ci ; mais si le fils ne vient que par représentation, il doit rapporter ce qui avait été donné à son père, même dans le cas où il aurait répudié sa succession. — V. n° 98.

849. Les dons et legs faits au conjoint d'un époux successible sont réputés faits avec dispense du rapport. — Si les dons et legs sont faits conjointement à deux époux, dont l'un seulement est successible, celui-ci en rapporte la moitié ; si les dons sont faits à l'époux successible, il les rapporte en entier. — V. n° 99.

850. Le rapport ne se fait qu'à la succession du donateur.

851. Le rapport est dû de ce qui a été employé pour l'établissement d'un des cohéritiers, ou pour le payement de ses dettes. — V. n° 100.

852. Les frais de nourriture, d'entretien, d'éducation, d'apprentissage, les frais ordinaires d'équipement, ceux de noces et présents d'usage, ne doivent pas être rapportés. — V. nos 55, 100.

853. Il en est de même des profits que l'héritier a pu retirer de conventions passées avec le défunt, si ces conventions ne présentaient aucun avantage indirect, lorsqu'elles ont été faites. — V. n° 101.

854. Pareillement, il n'est pas dû de rapport pour les associations faites sans fraude entre le défunt et l'un de ses héritiers, lorsque les conditions en ont été réglées par un acte authentique. — V. n° 101.

855. L'immeuble qui a péri par cas fortuit et sans la faute du donataire n'est pas sujet à rapport. — V. n° 157.

856. Les fruits et les intérêts des choses sujettes à rapport ne sont dus qu'à compter du jour de l'ouverture de la succession.

857. Le rapport n'est dû que par le cohéritier à son cohéritier ; il n'est pas dû aux légataires ni aux créanciers de la succession. — V. nos 55, 99.

858. Le rapport se fait en nature ou en moins prenant. — V. nos 55, 157.

859. Il peut être exigé en nature, à l'égard des immeubles, toutes les fois que l'immeuble donné n'a pas été aliéné par le donataire, et qu'il n'y a pas dans la succession, d'immeubles de même nature, valeur et bonté, dont on puisse former des lots à peu près égaux pour les autres cohéritiers. — V. nos 55, 157.

860. Le rapport n'a lieu qu'en moins prenant, quand le donataire a aliéné l'immeuble avant l'ouverture de la succession ; il est dû de la valeur de l'immeuble à l'époque de l'ouverture.

861. Dans tous les cas, il doit être tenu compte au donataire des impenses qui ont amélioré la chose, eu égard à ce dont sa valeur se trouve augmentée au temps du partage.

862. Il doit être pareillement tenu compte au donataire des impenses nécessaires qu'il a faites pour la conservation de la chose, encore qu'elles n'aient point amélioré le fonds.

863. Le donataire, de son côté, doit tenir compte des dégradations et détériorations qui ont diminué la valeur de l'immeuble, par son fait ou par sa faute et négligence.

864. Dans le cas où l'immeuble a été aliéné par le donataire, les améliorations ou dégradations faites par l'acquéreur doivent être imputées conformément aux trois articles précédents.

865. Lorsque le rapport se fait en nature, les biens se réunissent à la masse de la succession francs et quittes de toutes charges créées par le donataire ; mais les créanciers ayant hypothèque peuvent intervenir au partage, pour s'opposer à ce que le rapport se fasse en fraude de leurs droits.

866. Lorsque le don d'un immeuble fait à un successible avec dispense du rapport excède la portion disponible, le rapport de l'excédant se fait en nature, si le retranchement de cet excédant peut s'opérer commodément. — Dans le cas contraire, si l'excédant est de plus de moitié de la valeur de l'immeuble, le donataire doit rapporter l'immeuble en totalité, sauf à prélever sur la masse la valeur de la portion disponible ; si cette portion excède la moitié de la valeur de l'immeuble, le donataire peut retenir l'immeuble en totalité, sauf à moins prendre, et à récompenser ses cohéritiers en argent ou autrement.

867. Le cohéritier qui fait le rapport en nature d'un immeuble peut en retenir la possession jusqu'au remboursement effectif des sommes qui lui sont dues pour impenses ou améliorations.

868. Le rapport du mobilier ne se fait qu'en moins prenant. Il se fait sur le pied de la valeur du mobilier lors de la donation, d'après l'état estimatif annexé à l'acte ; et, à défaut de cet état, d'après une estimation par experts, à juste prix et sans crue.

869. Le rapport de l'argent donné se fait en moins prenant dans le numéraire de la succession. — En cas d'insuffisance, le donataire peut se dispenser de rapporter le numéraire, en abandonnant, jusqu'à due concurrence du mobilier, et, à défaut du mobilier, des immeubles de la succession.

SECT. 3. — *Du payement des dettes.*

870. Les cohéritiers contribuent entre eux au payement des dettes et charges de la succession, chacun dans la proportion de ce qu'il y prend — V. nos 56, 102, 158.

871. Le légataire à titre universel contribue avec les héritiers au prorata de son émolument ; mais le légataire particulier n'est pas tenu des dettes et charges, sauf toutefois l'action hypothécaire sur l'immeuble légué. — V. nos 104, 158.

872. Lorsque les immeubles d'une succession sont grevés de rentes par hypothèque spéciale, chacun des cohéritiers peut exiger que les rentes soient remboursées et les immeubles rendus libres avant qu'il soit procédé à la formation des lots. Si les cohéritiers partagent la succession dans l'état où elle se trouve, l'immeuble grevé doit être estimé au même taux que les autres immeubles ; il est fait déduction du capital de la rente sur le prix total ; l'héritier dans le lot duquel tombe cet immeuble demeure seul chargé du service de la rente, et il doit en garantir ses cohéritiers.

873. Les cohéritiers sont tenus des dettes et charges de la succession, personnellement pour leur part et portion virile, et hypothécairement pour le tout ; sauf leur recours, soit contre leurs cohéritiers, soit contre les légataires universels, à raison de la part pour laquelle ils doivent y contribuer. — V. nos 105, 158.

874. Le légataire particulier qui a acquitté la dette dont l'immeuble légué était grevé demeure subrogé aux droits du créancier contre les héritiers et successeurs à titre universel.

875. Le cohéritier ou successeur à titre universel qui, par l'effet de l'hypothèque, a payé au delà de sa part de la dette commune, n'a de recours contre les autres cohéritiers ou successeurs à titre universel que pour la part de chacun d'eux doit personnellement en supporter, même dans le cas où le cohéritier qui a payé la dette se serait fait subroger aux droits des créanciers ; sans préjudice néanmoins des droits d'un cohéritier qui, par l'effet du bénéfice d'inventaire, aurait conservé la faculté de réclamer le payement de sa créance personnelle, comme tout autre créancier. — V. n° 105.

876. En cas d'insolvabilité d'un des cohéritiers ou successeurs à titre universel, sa part dans la dette hypothécaire est répartie sur tous les autres, au marc le franc. — V. n° 105.

877. Les titres exécutoires contre le défunt sont pareillement exécutoires contre l'héritier personnellement ; et néanmoins les créanciers ne pourront en poursuivre l'exécution que huit jours après la signification de ces titres à la personne ou au domicile de l'héritier. — V. nos 105, 159.

878. Ils peuvent demander, dans tous les cas, et contre tout créancier, la séparation du patrimoine du défunt d'avec le patrimoine de l'héritier.

879. Ce droit ne peut cependant plus être exercé, lorsqu'il y a novation dans la créance contre le défunt, par l'acceptation de l'héritier pour débiteur.

880. Il se prescrit, relativement aux meubles, par le laps de trois ans. — A l'égard des immeubles, l'action peut être exercée tant qu'ils existent dans la main de l'héritier.

881. Les créanciers de l'héritier ne sont point admis à demander la séparation des patrimoines contre les créanciers de la succession.

882. Les créanciers d'un copartageant, pour éviter que le partage ne soit fait en fraude de leurs droits, peuvent s'opposer à ce qu'il y soit procédé hors de leur présence : ils ont le droit d'y intervenir à leurs frais ; mais ils ne peuvent attaquer un partage consommé, à moins toutefois qu'il n'y ait été procédé sans eux et au préjudice d'une opposition qu'ils auraient formée. — V. n° 56.

SECT. 4. — *Des effets du partage, et de la garantie des lots.*

883. Chaque cohéritier est censé avoir succédé seul et immédiatement

à tous les effets compris dans son lot, ou à lui échus sur licitation, et n'avoir jamais eu la propriété des autres effets de la succession.

884. Les cohéritiers demeurent respectivement garants, les uns envers les autres, des troubles et évictions seulement qui procèdent d'une cause antérieure au partage. — La garantie n'a pas lieu, si l'espèce d'éviction soufferte a été exceptée par une clause particulière et expresse de l'acte de partage; elle cesse, si c'est par sa faute que le cohéritier souffre l'éviction. — V. nos 110, 160.

885. Chacun des cohéritiers est personnellement obligé, en proportion de sa part héréditaire, d'indemniser son cohéritier de la perte que lui a causée l'éviction. — Si l'un des cohéritiers se trouve insolvable, la portion dont il est tenu doit être également répartie entre le garanti et tous les cohéritiers solvables.

886. La garantie de la solvabilité du débiteur d'une rente ne peut être exercée que dans les cinq ans qui suivent le partage. Il n'y a pas lieu à garantie à raison de l'insolvabilité du débiteur, quand elle n'est survenue que depuis le partage consommé.

SECT. 5. — *De la rescision en matière de partage.*

887. Les partages peuvent être rescindés pour cause de violence ou de dol. — Il peut aussi y avoir lieu à rescision lorsqu'un des cohéritiers établit, à son préjudice, une lésion de plus du quart. La simple omission d'un objet de la succession ne donne pas ouverture à l'action en rescision, mais seulement à un supplément à l'acte de partage. — V. nos 115, 161.

888. L'action en rescision est admise contre tout acte qui a pour objet de faire cesser l'indivision entre cohéritiers, encore qu'il fût qualifié de vente, d'échange et de transaction, ou de toute autre manière. — Mais après le partage, ou l'acte qui en tient lieu, l'action en rescision n'est plus admissible contre la transaction faite sur les difficultés réelles que présentait le premier acte, même quand il n'y aurait pas eu à ce sujet de procès commencé. — V. nos 115, 161.

889. L'action n'est pas admise contre une vente de droit successif faite sans fraude, à l'un des cohéritiers, à ses risques et périls, par ses autres cohéritiers, ou par l'un d'eux. — V. no 114.

890. Pour juger s'il y a eu lésion, on estime les objets suivant leur valeur à l'époque du partage.

891. Le défendeur à la demande en rescision peut en arrêter le cours et empêcher un nouveau partage, en offrant et en fournissant au demandeur le supplément de sa portion héréditaire, soit en numéraire, soit en nature.

892. Le cohéritier qui a aliéné son lot en tout ou partie, n'est plus recevable à intenter l'action en rescision pour dol ou violence, si l'aliénation qu'il a faite est postérieure à la découverte du dol, ou à la cessation de la violence.

Exposé des motifs de la loi relative aux successions, par le conseiller d'État Treilhard (séance du 19 germ. an 11).

1. Législateurs, — Le gouvernement vous présente par notre organe le projet de loi sur les successions, c'est-à-dire le testament présumé de toute personne qui décéderait sans avoir valablement exprimé une volonté différente. — La société se perpétue par les mariages : son organisation serait imparfaite s'il n'existait pas aussi un moyen de transmettre les propriétés de la génération présente à la génération future. — Chacun laisse en mourant une place vacante : nous avons des biens à régir, des droits à exercer, des charges à supporter; l'héritier est un autre nous-mêmes qui nous représente dans la société; il y jouit de nos biens, il y remplit nos obligations. — Ce remplacement ne peut s'opérer que de deux manières, ou par la force de la loi qui nous donne un successeur, ou par la volonté de l'homme qui désigne lui-même la personne qui doit le remplacer. — Toutes les législations sur cette matière sont nécessairement formées de la combinaison diverse de ces deux espèces de transmissions. — Il eût été dur, injuste, d'interdire des actes de confiance, de bienfaisance, j'aurais pu dire de justice, envers ceux dont nous aurions reçu des témoignages constants d'affection pendant tout le cours de notre vie. Il fallait aussi suppléer à l'oubli, à la négligence de l'homme que la mort aurait frappé avant qu'il eût disposé de ses propriétés; la transmission des droits et des biens doit donc s'opérer, soit par la loi, soit par la volonté de l'homme; et nous distinguons les héritiers légitimes (ceux appelés par la loi), des héritiers institués (ceux appelés par des actes de dernière volonté). — Un projet vous sera présenté sur la faculté de disposer : il s'agit aujourd'hui des successions légitimes, de celles qui sont déférées par la force de la loi quand elle supplée au silence de l'homme.

2. Déjà vous concevez, citoyens législateurs, combien il importe de se pénétrer de toutes les affections naturelles et légitimes lorsqu'on trace un ordre de successions : on dispose pour tous ceux qui meurent sans avoir disposé; la loi présume qu'ils n'ont eu d'autre volonté que la sienne. Elle doit donc prononcer comme eût prononcé le défunt lui-même au dernier instant de sa vie, s'il eût pu, ou s'il eût voulu s'expliquer. — Tel est l'esprit dans lequel doit être méditée une bonne loi sur cette matière. Que chacun descende dans son propre cœur, il y trouvera gravé en caractères ineffaçables le véritable ordre de succéder. — Le bienfait de la vie que des enfants tiennent de leur père est pour eux un titre sacré à la possession de ses biens. Voilà les premiers héritiers. — Il n'est pas dans l'ordre de la nature qu'un père ferme les yeux de son fils; mais lorsque l'ordre de la nature est interverti, quel législateur pourrait enlever à un malheureux père la succession de ses enfants? — Enfin, s'il n'existe pas des parents dans la ligne directe, les collatéraux les plus proches sont présumés de droit les premiers dans l'ordre des affections; sans doute cette présomption n'a pas la même force que celle qui appelle respectivement les pères et les enfants. La nature avait en quelque manière établi entre eux une communauté de biens, et leur succession n'est, pour ainsi dire, qu'une jouissance continuée; il n'en est pas de même entre collatéraux : mais, dans le silence de l'homme, la loi n'a pu adopter à leur égard d'autre règle que la proximité. — Voilà en général l'ordre des successions suivant le vœu de la nature. Malheur à ceux qui auraient besoin de raisonnement et de discussion pour reconnaître une vérité toute de sentiment!

3. Mais ce principe général peut éprouver dans son application de grandes difficultés qu'il a été nécessaire de prévoir et de résoudre. — Elles peuvent naître sur l'époque précise de l'ouverture d'une succession, sur les qualités et les droits de ceux qui se présentent comme héritiers, sur les obligations dont ils sont tenus, sur la nature des biens, sur leur partage. — Je ramènerai toutes les questions à trois points fondamentaux : droits des héritiers légitimes, droits des appelés à défaut de parents, acceptation et partage des successions. — J'expliquerai les principes auxquels se rattachent les nombreuses dispositions de détail. Je ne pourrai peut-être pas donner sur chaque base tout le développement dont elle serait susceptible; mais je tâcherai dans cette vaste matière de saisir les motifs principaux. Votre sagacité suppléera facilement au reste.

4. La première question qui peut se présenter dans une succession, c'est celle de savoir à quelle époque elle est ouverte : on conçoit combien cette question est importante; car les héritiers peuvent être différents suivant que la succession est ouverte ou plus tôt ou plus tard. — La réponse paraît facile. C'est à l'instant du décès que s'ouvre une succession; c'est dans cet instant physique que l'héritier est censé prendre la place du défunt; c'est ce que nos coutumes avaient si énergiquement exprimé par ces mots : *le mort saisit le vif*. Les biens, les droits d'un défunt ne peuvent pas rester en suspens; il est remplacé au moment où il décède, et il a pour héritier celui qui à ce même instant se trouve appelé par la loi. — Nulle différence sur ce point entre la mort naturelle et la mort civile; c'est toujours l'époque de la mort qui saisit l'héritier.

5. Mais il peut arriver que plusieurs personnes, dont les unes doivent succéder aux autres, décèdent dans un même événement; et sans qu'on puisse connaître précisément laquelle est morte la dernière. C'est cependant celle-ci qui a hérité des autres, et dont la succession se trouve grossie des biens qui appartenaient aux premiers décédés. — Il a bien fallu recourir aux présomptions, à défaut de preuves, et donner des règles certaines pour déterminer un ordre dans lequel on doit supposer que les trépas se sont suivis. — C'est d'abord par les circonstances du fait qu'il faut décider, s'il est possible, la question de la survie; mais si l'on ne peut tirer aucune lumière des circonstances du fait, c'est dans la force de l'âge ou du sexe qu'il faut puiser, je ne dirai pas des preuves, mais les conjectures les plus vraisemblables. — Dans l'âge où les forces humaines prennent de l'accroissement, le plus âgé sera présumé avoir survécu, comme étant le plus fort; par la même raison, dans l'âge du dépérissement, la présomption sera pour le moins âgé; dans l'âge intermédiaire, on supposera que c'est le mâle qui aura survécu, comme le plus capable de résister; et, si les personnes sont du même sexe, la présomption de survie qui donnera ouverture à la succession dans l'ordre de la nature sera admise. — Voilà, citoyens législateurs, les règles adoptées par le projet. Elles ne sont pas nouvelles : elles avaient été sanctionnées par la jurisprudence; et je ne crois pas que dans la fatale obscurité qui enveloppe un événement de cette nature on ait pu établir des règles sur des bases plus sages.

6. Au moment où la succession est ouverte, s'ouvre aussi le droit de l'héritier : la place du défunt ne peut pas rester vacante, ni le sort de ses propriétés incertain; de là il résulte que pour être habile à succéder à une personne, il faut nécessairement exister à l'instant de son décès; et par conséquent, ni l'enfant qui n'est pas encore conçu ni l'enfant qui n'est pas né viable, ne peuvent être héritiers : le néant ne peut pas occuper une place. — Celui qui est mort civilement n'est pas moins incapable de succéder; c'est le néant dans la vie civile.

7. Mais celui qui se trouve en effet parent au degré que la loi appelle à la succession héritera-t-il toujours et dans tous les cas? La capacité qu'il tient de la nature ne pourra-t-elle pas être effacée par quelque vice inhérent à sa personne? — L'ordre de succéder établi par la loi est fondé sur une présomption d'affection du défunt pour ses parents plus proches. Or il est de la nature de toute présomption de céder à la vérité contraire quand elle est démontrée, ou même à des présomptions plus graves. — Si l'héritier de la loi avait été condamné pour avoir tué ou tenté de tuer le défunt; s'il avait porté contre lui une accusation capitale qu'on aurait déclarée calomnieuse; si étant majeur ou instruit du meurtre du défunt il ne l'avait pas dénoncé pour faire punir le meurtrier, la loi qui l'appelle à la succession pourrait-elle s'accorder avec la volonté présumée du défunt, et ce parent coupable ou lâche devrait-il hériter de celui qu'il aurait assassiné, ou dont il aurait laissé les mânes sans vengeance? — Non certainement : et celui-là ne peut réclamer les droits de la nature qui en a abjuré tous les sentiments : cependant le défaut de dénonciation du meurtrier peut quelquefois n'être pas l'effet d'une indifférence coupable. Si le meurtrier était un père, un fils, un époux, le silence ne serait-il pas un premier devoir, et comment la loi pourrait-elle dans ce cas ordonner de le rompre? — Nous avons donc pensé que le défaut de dénonciation ne pourrait être opposé à ceux qui, unis avec le meurtrier par les liens d'une parenté étroite, ne pourraient le dénoncer sans blesser les règles de la morale et de l'honnêteté publique.

8. Nous n'avons pas jugé convenable d'étendre davantage les causes d'indignité; il ne faut pas, sous le prétexte spécieux de remplir la volonté présumée d'un défunt, autoriser des inquisitions qui pourraient être également injustes et odieuses. C'est par ce motif que nous n'avons pas cru devoir admettre quelques causes reçues cependant dans le droit romain, comme, par exemple, celles qui seraient fondées sur des habitudes criminelles entre le défunt et l'héritier, ou sur la disposition qu'on prétendrait avoir été faite par l'héritier d'un bien du défunt avant son décès, ou sur l'allégation que l'hértier aurait empêché le défunt de faire son testament ou de le changer. — Ces causes ne présentent pas, comme celles que nous avons admises, des points fixes sur lesquels l'indignité serait déclarée; elles portent sur des faits équivoques, susceptibles d'interprétation, dont la preuve est bien difficile; l'admission en serait par conséquent arbitraire. — Sans doute l'ennemi du défunt ne doit pas être son héritier; mais les causes d'indignité doivent être tellement précises qu'on ne puisse se méprendre dans leur application : autrement, pour venger un défunt, on jetterait dans toute sa famille des semences inépuisables de haine et de discorde.

9. Après avoir déterminé l'instant où les successions sont ouvertes, et déclaré les qualités nécessaires pour hêtre habile à succéder, des déficultés nouvelles, et plus sérieuses peut-être, ont dû nous occuper. Fallait-il distinguer dans une succession les différentes espèces de biens dont elle est composée? et l'héritier le plus proche est-il si invinciblement saisi que dans aucun cas il ne doive souffrir la concurrence d'un héritier plus éloigné? Aura-t-on égard, dans la transmission des biens, à leur nature et à leur origine? Admettra-t-on la représentation dans quelques cas? Quel sera l'effet du double lien?

10. Il existait entre les dispositions du droit romain et celles du droit coutumier une première différence qui en entraînait beaucoup d'autres. — A Rome, un mou-

rant ne laissait qu'une succession; elle était déférée au degré le plus proche. — Dans nos usages, nous connaissions au contraire presque autant de successions que de natures de biens. Un mourant laissait un héritier des meubles et acquêts, un héritier des propres paternels, un héritier des propres maternels. La même personne pouvait quelquefois réunir toutes ces qualités; mais elles étaient souvent disséminées sur plusieurs têtes, qui pouvaient même n'être unies entre elles par aucun lien de parenté. — Le désir de conserver les biens dans les familles, désir louable quand il est contenu dans de justes bornes, avait fait admettre dans nos mœurs la distinction des biens propres, c'est-à-dire des biens immeubles advenus par succession. Ce vœu de la conservation des biens ne se manifestait pas seulement dans les lois sur les successions, il influait aussi dans les lois qui réglaient la liberté de disposer : un mourant ne pouvait pas transmettre ses propres, ou ne pouvait en transmettre qu'une faible partie; la loi lui assignait un héritier qu'il n'était pas en son pouvoir d'écarter. Nous avions aussi des coutumes plus sévères et qui interdisaient la disposition, même entre-vifs, des biens échus par succession. Telle était enfin la tendance à conserver les propres dans les familles, que la disposition de ces biens à titre onéreux n'était pas entièrement libre. Un parent pouvait exercer le retrait sur un acquéreur; et cette faculté, qui ne se prescrivait que par le laps d'une année, laissait pendant tout ce temps sur la personne du propriétaire une incertitude également fâcheuse pour l'intérêt public et l'intérêt particulier. — On conçoit sans peine que cette distinction de plusieurs successions dans une seule, et le concours d'héritiers différents, suivant les diverses origines des biens, devait presque toujours entraîner de nombreuses contestations. — Enfin comment pouvait-on supposer qu'un ordre de choses d'après lequel des héritiers très-éloignés et même inconnus au défunt excluaient de proches parents qu'il avait affectionnés dans le cours de sa vie; comment, disons-nous, pouvait-on supposer que cet ordre se trouvait en accord avec la volonté présumée de l'homme dont la succession était ouverte? — Nous n'avons pas cru convenable de conserver des distinctions qui ne tirent pas leur source des principes du droit naturel et dont les effets nous ont paru beaucoup plus nuisibles qu'utiles : nous ne connaissons qu'une seule succession, et toute distinction résultante de la diverse origine des biens est abolie.

11. Mais en adoptant sur cet article les principes du droit romain, nous n'avons pas dû rejeter ce qu'il pouvait y avoir de bon dans les usages des pays coutumiers; et sans condamner les citoyens à des recherches longues et ruineuses sur l'origine des biens qui composent une succession, nous avons cependant pourvu à l'intérêt des familles : toute succession déférée à des ascendants ou à des collatéraux sera partagée en deux portions égales, l'une pour la branche paternelle, l'autre pour la branche maternelle : ce n'est pas seulement une espèce de biens, c'est la totalité de la succession qui sera ainsi divisée; deux familles s'étaient unies par un mariage, elles resteront encore unies dans le malheur commun qui aura enlevé les fruits de cette union. C'est ainsi que se concilie le vœu de la nature, qui semble appeler les parents les plus proches, avec l'intérêt de deux familles dont le défunt tirait son origine.

12. Une autre distinction était admise dans notre droit : c'est celle de la nature des biens. On connaissait des biens nobles et des biens roturiers. Cette distinction avait introduit dans les successions autant de règles diverses que de coutumes, et notre législation ne présentait sur ce point qu'un amas de ruines entassées au hasard. — Le vœu de tous les hommes éclairés appelait depuis longtemps une réforme; on voulait surtout dans les lois cette unité qui semble être de leur essence, puisqu'elles sont l'image de l'ordre éternel.

Mais, pour remplir ce vœu, il fallait un de ces grands événements qui déracinent les empires et changent la face du monde. Il fallait qu'un grand peuple conspirât tout entier pour établir le règne de l'égalité sur la ruine des distinctions et des priviléges. — Je n'ai pas besoin de vous dire que le code ne présente aucun vestige des dispositions écloses dans l'anarchie féodale. Vous ne voulez pas du privilége des terres plus que du privilége des races. Ce n'est pas, citoyens législateurs, que les services des pères doivent être perdus pour les enfants : loin de nous ces maximes funestes et antisociales qui étoufferaient dans l'homme le principe le plus pur et le plus actif d'une louable émulation! mais la gloire des aïeux ne tiendra pas lieu d'énergie, de talents et de vertus; les enfants qui n'auront hérité que du nom resteront accablés sous cet immense fardeau, et la naissance ne dispensera pas du mérite. Voilà l'égalité bien entendue; voilà la véritable égalité.

13. En vous présentant le tableau de l'ordre dans lequel les successions sont déférées, j'ai annoncé que la loi appelait les parents les plus proches : cette règle, généralement vraie, serait cependant quelquefois injuste si elle recevait toujours une application rigoureuse. De petits-enfants qui auraient eu le malheur de perdre leur père, seraient-ils encore exposés au malheur d'être exclus par un oncle de la succession de leur aïeul? — Des neveux seraient-ils exclus de la succession de leur oncle, parce que celui-ci aurait survécu à leur père? Ces exclusions s'accorderaient-elles avec la volonté présumée du défunt, et la loi qui les admettrait ne se trouverait-elle pas en contradiction avec les affections naturelles? N'est-il pas au contraire plus juste de donner aux enfants, par une fiction favorable, le droit de représenter leur père, et de prendre, comme s'il vivait encore, sa part dans la succession? — A Rome, la représentation dans la ligne directe descendante fut toujours admise. Justinien l'étendit à la ligne collatérale en faveur des neveux qui, ayant perdu leur père, se trouvaient exclus par un oncle de la succession d'un autre oncle. — Nos coutumes présentaient sur cette matière une diversité affligeante. — Les unes rejetaient le droit de représentation même en directe; d'autres l'admettaient en ligne directe seulement. A Paris, la représentation en collatérale était reçue suivant les dispositions du droit romain : quelques coutumes admettaient la représentation à l'infini dans les deux lignes; quelques autres ne l'admettaient qu'en faveur de certaines personnes et pour certains biens. Enfin il y avait encore une classe de coutumes, qu'on appelait muettes, parce qu'elles ne s'expliquaient pas sur cette matière. — Nous nous sommes rapprochés des dispositions du droit romain, que nous avons cependant un peu étendues. — La loi qui exclurait la représentation en ligne directe descendante serait une loi impie et contre nature.

14. Le besoin de la représentation ne se fait peut-être pas sentir aussi vivement en collatérale; cependant la fiction qui donne aux neveux la place de leur père est pour le moins très-favorable. Là se bornaient les dispositions du droit romain. Nous avons cru que la même faveur était due aux petits-neveux, et que la représentation devait être toujours admise dans la succession d'un oncle en faveur des descendants de ses frères et sœurs : nous avons trouvé les mêmes motifs de convenance et d'affection pour les petits-neveux que pour les neveux; mais la représentation ne peut pas s'étendre plus loin. Si l'on voulait admettre cette fiction dans la succession des cousins, il n'y aurait aucune raison pour s'arrêter, et nous aurions dans notre code la représentation à l'infini, source intarissable de procès.

15. J'ai déjà dit que la représentation était une fiction qui donnait aux enfants la portion qu'aurait eue leur père s'il était encore vivant. Ils ne peuvent pas prétendre plus que lui, en quelque nombre qu'ils se trouvent; ils ne doivent donc former qu'une tête dans la succession, autrement la fiction qui les rappelle serait très-préjudiciable à leurs cohéritiers. Mais comme le trépas de leur père ne doit pas leur nuire, il ne faut pas non plus qu'il leur profite. C'est par cette raison que les partages doivent s'opérer par souche toutes les fois qu'il y a lieu à représentation.

16. La règle d'un partage égal entre les deux branches paternelle et maternelle nous a fourni un moyen simple mais efficace de couper court à toutes les contestations que faisait naître le privilége du double lien sur le lien simple, c'est-à-dire le privilége de ceux qui descendent du même père et de la même mère sur ceux qui ne descendent que de l'un des deux. — Justinien avait d'abord introduit dans les successions collatérales une préférence en faveur des frères et sœurs conjoints des deux côtés avec le défunt sur les frères et sœurs qui ne lui tenaient que d'un seul côté. Bientôt il accorda la même préférence aux neveux et nièces qui tenaient au défunt par le double lien. — Nos coutumes présentaient sur ce point la même diversité que sur le droit de représentation. Quelques-unes rejetaient la prérogative du double lien; d'autres l'admettaient selon la disposition du droit romain; là, cette prérogative était étendue aux oncles; ici, elle n'était accordée qu'aux frères et non aux neveux; ailleurs, elle n'était reçue que pour une certaine espèce de biens; enfin venait encore la classe des coutumes muettes, et les auteurs et la jurisprudence se trouvaient partagés sur la règle qu'on devait y suivre. — Toutes ces variations vont heureusement disparaître. Les parents utérins ou consanguins (qui ne sont liés que d'un côté) ne seront pas exclus par les parents germains (ceux qui sont liés des deux côtés); mais ils ne prendront part que dans leur ligne; les germains prendront part dans les deux lignes; ainsi le parent du côté du père aura sa part dans la moitié affectée à la branche paternelle; le parent du côté de la mère partagera la moitié échue à la branche maternelle; le parent des deux côtés sera admis aux partages des deux portions.

17. Vous connaissez actuellement, citoyens législateurs, les bases fondamentales de la première partie du projet; je n'ai pas besoin d'entrer dans d'autres détails; les articles sur les successions déférées aux descendants, aux ascendants, aux collatéraux, sont le résultat fidèle de ce que vous venez d'entendre. — Je dois seulement, avant de passer à d'autres objets, vous dire un mot de quelques dispositions particulières, qu'il suffira d'exposer pour en prouver la nécessité et la convenance; — 1° Les ascendants succéderont, à l'exclusion de tous autres, aux choses par eux données à leurs enfants décédés sans postérité; — 2° Lorsqu'un fils mourra sans postérité, s'il laisse des frères et sœurs, la succession sera divisée, moitié pour les père et mère, moitié pour les frères et sœurs : si le père ou la mère sont morts, ceux-ci auront les trois quarts. — Nous avons encore sur ce point interrogé les affections de la nature. — Sans doute des pères et mères doivent succéder de préférence à des collatéraux; mais lorsque, perdant un de leurs enfants, il leur en reste d'autres encore, le partage de la succession entre les pères et les enfants n'est-il pas dans l'ordre de la nature? Dans le droit romain les ascendants excluaient les frères utérins ou consanguins; ils concouraient avec les frères germains. Dans la plupart de nos coutumes, les père, mère, aïeul et aïeule succédaient aux meubles et acquêts; ils ne succédaient pas aux propres; dans quelques provinces, les aïeul et aïeule ne succédaient pas, mais seulement les père et mère. Nous avons substitué à ces dispositions diverses une règle juste, simple et d'une application facile. Les père et mère partageront avec leurs autres enfants la succession du fils décédé; ils auront chacun leur quart, et les enfants l'autre moitié. Si l'un des père et mère était décédé, les enfants auraient les trois quarts, qu'ils partageraient entre eux par portions égales, s'ils étaient du même lit. S'ils sont de lits différents, il s'opère une division entre les deux lignes; chaque enfant prend sa part dans la sienne; et s'il n'y a d'enfants que d'un côté, ils recueillent le tout. — Des dispositions si conformes au vœu de la nature n'ont pas besoin d'être expliquées. — Je passe à un autre article qui n'aura pas plus besoin d'apologie.

18. Lorsque le défunt laisse un père ou une mère, s'il ne laisse d'ailleurs ni descendants, ni frère, ni sœur, ni neveux, ni aucun ascendant dans l'autre ligne, nous avons conservé dans ce cas au père ou mère survivant l'usufruit du tiers des biens dévolus aux collatéraux; faible consolation sans doute pour le père ou la mère, mais consolation qui pourra leur procurer du soulagement dans l'âge des infirmités et des besoins. Cette disposition est encore fondée sur la volonté présumée du fils, qui certainement n'eût pas voulu, pour hâter la jouissance des collatéraux, laisser dans la détresse les auteurs de ses jours.

19. Enfin nous avons pensé que les parents au delà du douzième degré ne devaient pas succéder. Les relations de famille sont effacées dans un si grand éloignement; et une longue expérience nous a prouvé que des successions dévolues à de telles distances étaient toujours en proie à une foule de contestations qui concentraient pour ainsi dire toute l'hérédité dans la main des gens de justice; heureux encore lorsque la cupidité enflammée ne soutenait pas ses prétentions par de fausses généalogies, si difficiles à connaître quand il faut remonter à plusieurs siècles! — Voilà tout ce que j'avais à dire sur cette première partie. — Je passe à la seconde, celle des successions qu'on nomme irrégulières, parce qu'elles ne sont plus déférées dans l'ordre d'une parenté légitime.

20. Les anciennes lois appelaient, à défaut de parents, l'époux survivant, et à son défaut le domaine. — Nous avons admis ces dispositions; mais n'y a-t-il pas des droits plus légitimes encore, et qui doivent précéder ceux du conjoint et de la république? Je veux parler des droits des enfants naturels qui ont été reconnus. — Déjà vous avez sanctionné par votre suffrage une loi qui doit en même temps préserver les familles de toute recherche odieuse de la part d'enfants dont les pères ne sont pas connus, et laisser aux pères la faculté de constater par leur reconnaissance l'état des enfants. — Si la nature réclame pour ceux-ci une portion de patrimoine paternel, l'ordre social s'oppose à ce qu'ils le reçoivent dans les mêmes proportions et au même titre que les enfants légitimes. — Il faut en convenir, on ne s'est jamais tenu dans une juste mesure envers les enfants naturels. Un préjugé barbare les flétrissait même avant leur naissance; et pendant que nous punissions ces infortunés pour la faute de leurs pères, les vrais, les seuls coupables, tranquilles et satisfaits, n'éprouvaient ni trouble dans leur jouissance, ni altération dans leur considération personnelle. — Ce renversement de tous les principes ne devait pas subsister; et si nous ne sommes pas encore parvenus à imprimer au vice toute la flétrissure qu'il mérite, du moins nous avons effacé la tache du front de l'innocent. Nous avons aussi dû mettre un terme à une espèce de réaction qui tendait à

couvrir les enfants naturels d'une faveur qui ne leur est pas due. — Ils ne partageront pas avec les enfants légitimes le titre d'héritier; leurs droits sont réglés avec sagesse, plus étendus quand leur père ne laisse que des collatéraux, plus restreints quand il laisse des enfants légitimes, des frères ou descendants. — Enfin, à défaut de parents, l'enfant reconnu succédera.

21. Remarquez, je vous prie, que cet avantage n'est accordé qu'à l'enfant reconnu : or la reconnaissance d'enfants adultérins ou incestueux n'étant pas permise, suivant les dispositions de la loi sur la *paternité* et la *filiation*, ils ne pourront réclamer la portion des enfants naturels.—Cependant comme la recherche de la maternité, admise par la même loi, pourrait entraîner la preuve de commerces adultérins ou incestueux, il a bien fallu assurer des aliments aux fruits malheureux de ces désordres révoltants; mais on n'a pas dû pousser plus loin l'indulgence : il serait inutile de justifier devant vous cet article; et puisse notre siècle être assez heureux pour n'être jamais témoin de son application !

22. Après avoir fixé les droits des enfants naturels sur la succession de leur père, on a aussi dû établir quelques règles sur leur propre succession : elles sont en petit nombre. Les père ou mère qui auront reconnu un enfant naturel lui succéderont, s'il n'a pas laissé de postérité. Si les père ou mère sont prédécédés, les biens seulement que les enfants naturels en avaient reçus passeront aux frères ou sœurs légitimes; les autres biens seront recueillis par les frères ou sœurs naturels, et au surplus la loi générale sur les successions sera exécutée.

23. Au défaut d'enfants naturels reconnus, s'ouvre le droit du conjoint survivant, et ensuite celui de la république. — Je ne ferai qu'une observation sur cette partie Les successions irrégulières ne peuvent s'ouvrir que dans le cas où il ne se présente pas d'héritiers légitimes; mais ceux-ci ont le droit de réclamer tant que leur action n'est pas prescrite : il a donc fallu veiller à ce que les biens de la succession fussent conservés pour eux, s'ils paraissaient un jour et dans un temps utile. On a dû par conséquent faire constater avec exactitude la masse des biens, et obliger les prétendants à faire un inventaire; on a dû pareillement les forcer à un emploi du mobilier, ou à donner une caution qui en réponde.

24. Mais il peut arriver qu'il ne se présente pour recueillir une succession ni parents, ni enfants naturels, ni époux survivants, ni même la république. La succession est alors vacante. Il faut cependant que les personnes qui ont des droits à exercer contre elle trouvent un contradicteur légitime de leurs prétentions; la loi leur en donne un dans la personne d'un curateur à la succession vacante. Le projet explique, dans une section particulière, comment sera nommé ce curateur, les formalités qu'il doit remplir, les obligations dont il est tenu; il indique la caisse dans laquelle on doit verser les fonds. Tout est prévu pour qu'aucune portion de l'actif ne soit soustraite, qu'aucun droit légitime ne soit éludé, et que le curateur, qui n'est qu'un agent de la succession, ne puisse, par sa négligence ou par ses infidélités, faire tort soit aux créanciers, soit aux héritiers qui pourraient se présenter.

25 Me voici parvenu à la dernière partie du projet, à la manière d'accepter ou de répudier une succession, au mode du partage, à ses effets et à l'acquit des dettes. — La loi serait imparfaite si elle ne renfermait pas tout ce qui peut avoir trait à une succession; si, après avoir commencé par fixer l'instant où elle est ouverte, elle ne parcourait pas tout l'espace qui se trouve entre cette première époque et le moment où toutes les difficultés sont aplanies, toutes les opérations terminées par un partage définitif et irrévocable, qui, fixant la part de chaque héritier et dans les biens et dans les charges, fait disparaître entre eux toute indivision. — Les règles sur cette partie sont renfermées dans les deux derniers chapitres du projet. Ils contiennent un grand nombre d'articles qui présentent le développement de quelques principes, dont l'exposition ne peut être ni longue, ni difficile.

26. Deux intérêts opposés doivent toujours occuper le législateur en matière de successions, celui des héritiers, celui des créanciers. — L'héritier recueille les biens; mais la loi ne les lui transmet que sous l'obligation d'acquitter les charges. — Les créanciers peuvent exercer leurs droits contre l'héritier; mais la loi donne à celui-ci un délai suffisant pour connaître l'état de la succession, et pour réfléchir sur le parti qu'il doit prendre d'accepter ou de refuser. Il n'est pas dans cette partie du projet une seule disposition qui ne tende à conserver un juste équilibre entre des intérêts également recommandables, pour ne jamais favoriser l'un au préjudice de l'autre. — Les précautions ordonnées ne permettront ni de se soustraire à la qualité d'héritier quand on l'aura prise, soit expressément dans un écrit authentique ou privé, soit tacitement en faisant des actes qui supposent nécessairement l'intention d'accepter, ni de charger de cette qualité celui qui n'aurait pas voulu la prendre, et qui ne l'aurait pas prise en effet, de manière à ne laisser aucun doute sur sa volonté.

27. Tant qu'un héritier n'a accepté ni expressément, ni tacitement, il conserve sans contredit la faculté de renoncer; et comme son acceptation le rend héritier du moment de l'ouverture de la succession, l'effet de sa renonciation doit aussi remonter à la même époque, et il est réputé n'avoir jamais été héritier. — Une renonciation appelle d'autres héritiers; elle intéresse aussi les créanciers de la succession : un acte de cette nature doit être nécessairement public; il sera fait au greffe du tribunal d'arrondissement dans lequel la succession est ouverte. — La clandestinité pourrait couvrir beaucoup de fraudes : il est inutile sans doute de dire que celui-là ne pourra pas exercer la faculté de renoncer à une succession qui en aurait diverti ou recelé quelques effets. Il n'est pas moins superflu d'annoncer ici qu'un héritier appelé à une succession utile ne saurait en frustrer ses créanciers par des renonciations dont il aurait peut-être touché secrètement le prix : la bonne foi doit être la base de tous les actes, et les créanciers ont toujours le droit d'accepter du chef de leur débiteur une succession qu'ils peuvent croire avantageuse.

28. Mais ne doit-il pas y avoir un terme moyen entre l'acceptation pure et simple qui soumet l'héritier à toutes les charges sans exceptions, quoiqu'elles excèdent de beaucoup les bénéfices et la renonciation qui le dépouille de tout sans retour, encore que par l'événement l'actif se trouve surpasser de beaucoup les dettes? Laissera-t-on nécessairement l'héritier entre la crainte d'une ruine totale par une acceptation hasardée, et la certitude d'un dépouillement absolu par une renonciation méticuleuse? — Ces inconvénients n'avaient pas échappé à nos jurisconsultes : ils avaient dû se faire sentir plus vivement encore chez les Romains, qui attachaient une espèce de honte à mourir sans héritiers. Pour rassurer sur le danger des acceptations on avait admis d'abord le droit de délibérer, qui donnait la possibilité de connaître l'état d'une succession : on accordait au moins un délai de cent jours à l'héritier qui le demandait, et pendant ce temps il pouvait prendre connaissance de tous les papiers et de tous les titres. — Cette précaution pouvait cependant se trouver encore insuffisante et il arrivait qu'une succession acceptée comme bonne était mauvaise en effet, par les charges découvertes dans la suite et qu'on avait d'abord ignorées. — Justinien crut devoir rassurer entièrement les héritiers, en leur accordant la liberté d'accepter sous bénéfice d'inventaire; l'effet de cette acceptation était d'empêcher la confusion des biens d'une succession avec les biens personnels de l'héritier : d'où il résultait, 1° que celui-ci n'était tenu des dettes que jusqu'à due concurrence du bénéfice; 2° qu'il conservait l'exercice des actions personnelles qu'il pouvait avoir contre le défunt. — Une institution aussi sage a été admise dans les pays coutumiers. A la vérité, comme le droit romain n'y avait pas force de loi, celui qui voulait jouir du bénéfice d'inventaire était obligé d'obtenir des lettres du prince; mais elles s'expédiaient sans difficulté à la grande chancellerie; c'était une affaire de pure forme : il n'en est plus question depuis plusieurs années. — Nous n'avons pas dû repousser dans notre projet une faculté utile, l'héritier, et nullement préjudiciable aux créanciers.

29. L'héritier aura trois mois pour faire inventaire, et ensuite, pour délibérer, un délai de quarante jours, qui même pourra être prorogé par le juge, si des circonstances particulières lui en démontrent la nécessité. Pendant ce temps l'héritier ne peut être contraint à prendre qualité, et il ne peut être exercé de poursuite contre lui. — D'un autre côté, il a été entièrement pourvu à l'intérêt des créanciers : — 1° Par l'obligation imposée à l'héritier de déclarer au greffe qu'il entend jouir du bénéfice d'inventaire; — 2° Par la nécessité de faire un inventaire fidèle qui constate le véritable état de la succession; — 3° Par les précautions prises pour empêcher le dépérissement ou la soustraction du mobilier; — 4° Par la déchéance prononcée contre l'héritier qui n'aurait pas compris tous les effets dans l'inventaire; — 5° Par les formes prescrites pour la vente des meubles et des immeubles; — 6° Par le compte rigoureux que l'héritier doit rendre de son administration. — C'est ainsi que les intérêts opposés de l'héritier et des créanciers ont été scrupuleusement respectés dans le projet, et il ne paraît pas que cette partie soit plus que les autres susceptible d'objections fondées.

30. Il ne me reste plus qu'à vous parler du partage des successions; c'est l'objet du dernier chapitre; il présente cinq sections : du partage et de sa forme, des rapports, du payement des dettes, des effets du partage et de la garantie des lots, de la rescision en matière de partages. — C'est encore ici l'intérêt des héritiers et l'intérêt des créanciers qu'il s'agit de protéger et de maintenir : toutes les dispositions de ce chapitre, comme celles du chapitre précédent, ne sont que la conséquence de quelques principes dont la vérité ne peut être méconnue.

31. C'est d'abord un point constant que personne ne peut être contraint de rester avec d'autres dans un état d'indivision. On peut donc toujours demander un partage, s'il est possible; ou la licitation, si le partage ne peut pas s'opérer. Cependant il peut exister quelques causes légitimes de différer, et il n'est pas défendu de suspendre l'exercice de cette action pendant un temps limité : une pareille convention doit être exécutée.

32. Lorsque le partage s'opère entre les héritiers tous majeurs et présents, ils sont libres d'y procéder dans la forme qu'ils trouvent la plus convenable; et s'il s'élève des difficultés, c'est au tribunal du lieu où la succession est ouverte qu'elles doivent être portées. — Mais dans le nombre des cohéritiers, il peut se trouver des mineurs, des interdits, des absents, et il a fallu tracer des règles pour maintenir dans leur intégrité des intérêts qui furent toujours placés sous une surveillance spéciale de la loi. — Le législateur doit éviter deux dangers avec le même soin : celui de ne pas pourvoir suffisamment à l'intérêt du plus faible, et celui de blesser les intérêts des majeurs en les tenant dans une longue incertitude sur la solidité des actes : le projet a prévenu ces deux inconvénients. — L'apposition des scellés, la nécessité d'un inventaire, les estimations par experts, la formation des masses devant un officier commis à cet effet, les ventes par autorité et sous les yeux de la justice, le tirage des lots au sort; tout garantit autant que possible la conservation rigoureuse de tous les droits, et dans les opérations préliminaires du partage, et dans le partage lui-même : l'on a par conséquent dû établir pour règle, que les actes faits avec toutes ces formalités par les tuteurs, sous l'autorisation d'un conseil de famille, ou par les mineurs émancipés, assistés de leurs curateurs, seront définitifs. Ils ne pourront être attaqués que pour des causes communes à toutes les parties, telles que le dol, la violence, ou la lésion de plus du quart.

33. Pour faire un partage, il faut de toute nécessité former avant tout la masse des biens à partager : cette masse se compose et des biens existant actuellement dans la succession, et de ceux que les héritiers peuvent avoir reçus du défunt pendant sa vie. — Dans le droit romain, les enfants venant à la succession de leur père n'étaient pas tenus de rapporter les donations qu'ils en avaient reçues, si elles leur avaient été faites en préciput et avec dispense de rapport. — Nos coutumes inclinaient plus fortement à maintenir l'égalité entre les héritiers; quelques-unes ne permettaient même pas de conserver, en renonçant, les avantages qu'on avait reçus; mais dans les autres on avait senti qu'il eût été injuste d'interdire la faculté de marquer une affection particulière à l'un de ses héritiers présomptifs. Celui-ci pouvait retenir l'objet donné en renonçant à la succession du donateur. Et comme on distinguait dans la même succession autant de successions différentes qu'il y avait de natures de biens, ou de coutumes diverses dans lesquelles ces biens étaient situés, la même personne prenait la qualité de donataire ou de légataire dans certains biens, ou dans certaines coutumes, et la qualité d'héritier dans les autres. — Ces distinctions subtiles font place à des règles plus simples et plus conformes aux notions communes de la justice. Une loi particulière renfermera dans des bornes convenables l'exercice de la faculté de disposer en faveur d'un héritier présomptif : le donateur et le testateur seront libres de déclarer que leurs libéralités sont faites par préciput, et leur volonté recevra son exécution jusqu'à concurrence de ce dont ils auront pu disposer. S'ils n'ont pas affranchi l'héritier de l'obligation du rapport, il ne pourra pas s'y soustraire; ainsi la volonté du défunt sera toujours la règle qu'on devra suivre, tant qu'elle ne se trouvera pas contraire à la disposition de la loi.

34. De nombreuses difficultés s'élevaient autrefois sur les questions, si un fils devait rapporter ce qui avait été donné à son père, un père ce qui avait été donné à son fils, un époux ce qui avait été donné à l'autre époux; mais la source de toutes ces contestations est heureusement tarie. Les donations qui n'auront pas été faites à la personne même de l'héritier seront toujours réputées faites par préciput, à moins que le donateur n'ait exprimé une volonté contraire.

35. Toutes les difficultés sur cette matière se rapporteront toujours nécessairement à ces questions : par qui est dû le rapport? à qui est-il dû? de quoi est-il dû? comment doit-il être fait? — Elles sont résolues dans le projet de manière à ne laisser aucun doute. — Le rapport est dû par les héritiers; il est dû aux cohéritiers et non pas aux créanciers ou aux légataires; il est dû de tout avantage; mais on ne peut ranger dans la classe des avantages, ni les frais de nourriture, entretien,

éducation, apprentissage, ni les frais ordinaires d'équipement ou de noces, ni les présents d'usage : toutes ces dépenses étaient de la part du père une dette et non pas une libéralité; en donnant le jour à ses enfants, il avait contracté l'obligation de les entretenir, de les élever et de les équiper. — Enfin le rapport doit être fait en nature, s'il est possible, ou en moins prenant. — Chaque héritier doit avoir sa juste part dans la masse à diviser : la justice peut être violée, ou en donnant moins, ou en donnant des effets de moindre qualité et valeur. — Si dans la succession on trouve la possibilité de prélèvements égaux aux objets donnés, le donataire sera dispensé de faire le rapport en nature. Dans le cas contraire, ce rapport sera exigé. — Vous sentez, citoyens législateurs, combien toutes ces règles minutieuses peut-être au premier coup d'œil, sont cependant essentielles et nécessaires; vous voyez aussi qu'elles sont fondées sur des principes de raison et de justice. Je ne m'étendrai pas davantage sur cet objet; je m'en rapporte à l'impression que la simple lecture fera certainement sur vos esprits.

56. Le payement des dettes est la première et la plus importante obligation des héritiers : les créanciers dont l'intérêt ne peut être révoqué en doute, peuvent s'opposer, pour la conservation de leurs droits, à ce que le partage soit fait hors de leur présence; mais ils ne peuvent pas attaquer un partage fait *sans fraude* en leur absence, à moins qu'il y eût été procédé au préjudice d'une opposition qu'ils auraient formée : ils sont bien maîtres d'intervenir, mais on n'est pas obligé de les appeler. — Le projet règle la proportion dans laquelle les cohéritiers et les légataires universels contribuent entre eux au payement des dettes ; il conserve au surplus les droits des créanciers sur tous les biens de la succession; et les règles proposées n'ayant d'ailleurs rien que de conforme à ce qui s'est pratiqué jusqu'à ce jour, je puis, je dois me dispenser d'entrer dans une plus longue explication.

57. Je crois, citoyens législateurs, vous avoir fait connaître l'esprit qui a dirigé la préparation de la loi : la première intention du gouvernement a dû être de régler l'ordre des successions suivant le vœu de la nature; sa sollicitude a dû s'occuper ensuite des héritiers et des créanciers, véritables parties dans toute successions, pour n'offenser les intérêts ni des uns ni des autres. — Nous avons tracé des règles claires et précises, et nous avons cherché à les disposer dans un ordre qui en facilitât l'étude et l'intelligence. — Trop longtemps la volonté publique fut en quelque manière étouffée sous une masse de dispositions éparses, souvent incohérentes et même contradictoires : chacun pourra désormais, avec un peu d'application, acquérir du moins la connaissance générale des lois qui doivent régir sa personne et ses propriétés : il n'en faut pas davantage dans le cours ordinaire de la vie. — Mais on tomberait dans une étrange et funeste erreur, si l'on pouvait supposer qu'une connaissance des lois suffisante pour le commun des hommes dût suffire également au magistrat chargé de les appliquer, ou au jurisconsulte qui exerce aussi une espèce de magistrature, bien flatteuse sans doute, puisqu'elle repose sur une confiance toute volontaire. — Ce n'est que par de longues veilles et par une profonde méditation sur les principes d'ordre naturel et de justice éternelle auxquels doivent se rattacher toutes les bonnes lois, que l'on peut apprendre à en faire une juste et prompte application dans cette variété infinie d'espèces qui font éclore tous les jours mille circonstances imprévues, ou la malice inépuisable des plaideurs. — Malgré quelques dispositions bizarres qui ont échappé à d'utiles et successives réformes, il sera encore nécessaire d'étudier dans nos coutumes l'histoire de la législation française, et d'y chercher les premières traces des règles que nous avons dû en extraire, comme plus adaptées au génie français et à nos mœurs actuelles. — Mais c'est surtout dans les lois du peuple conquérant et législateur qu'on puisera, pour me servir des expressions d'un auteur moderne, ces principes lumineux et féconds, ces grandes maximes qui renferment presque toutes les décisions ou qui les préparent; c'est là qu'il faut chercher, pour se les rendre familières et propres, ces notions sûres et frappantes qu'on peut regarder comme autant d'oracles de la justice. — Les compilations du droit romain ne sont pas, j'en conviens, exemptes de quelques défauts, ni d'un désordre qui doit en rendre l'étude pénible; mais quel courage ne serait pas soutenu par la perspective de cette riche et abondante moisson qui s'offre au bout de la carrière? Les lois romaines, tirant d'elles-mêmes toute leur force sans autre autorité que celle de leur sagesse, ont su commander à tous les peuples l'obéissance et le respect; un consentement unanime les a honorées du titre de raison écrite, et elles devront toujours être l'objet principal des méditations d'un bon magistrat et d'un véritable jurisconsulte. — De tous les priviléges dont l'homme s'enorgueillit, je n'en connais qu'un de réel; c'est celui de pouvoir s'instruire et raisonner : sans doute l'exercice de cette faculté est utile dans tous les États; mais il est un besoin absolu pour ceux qui prétendent à l'honneur d'éclairer ou de juger leurs concitoyens. — Pardonnez, citoyens législateurs, des réflexions qui ne tiennent peut-être pas directement à l'objet que j'ai dû me proposer ; j'espère cependant que vous ne les jugerez pas déplacées dans un siècle où l'on semble épuiser toutes les ressources de l'esprit pour se dispenser d'acquérir de la science. — Je n'ajouterai qu'un mot : le projet que nous vous présentons, longtemps médité au conseil d'État, a encore acquis un degré de perfection par les observations des commissaires du tribunat.

Rapport fait au tribunat par Chabot (de l'Allier), au nom de la section de législation, sur la loi relative aux succession (séance du 26 germ. an. 11).

58. Tribuns, la propriété des biens s'acquiert et se transmet par succession, par donation entre-vifs ou testamentaire, et par l'effet des conventions. — Elle s'acquiert aussi par accession ou incorporation, et par prescription. — Il ne s'agit en ce moment que de la manière dont on acquiert et transmet la propriété par *succession.*

Avant l'établissement des sociétés civiles, la propriété était plutôt un fait qu'elle n'était un droit. — La nature a donné la terre en commun à tous les hommes ; elle n'en a point assigné à chacun d'eux telle ou telle portion. — La propriété particulière ne pouvait donc avoir d'autre origine que le droit du premier occupant, ou le droit du plus fort : elle ne durait que par la possession, et la force aussi pouvait la détruire. — La société civile est la seule et véritable source de la propriété, c'est elle qui garantit à chaque individu ce qu'il possède à juste titre; et cette garantie est elle-même le but principal de la société; elle est un des premiers éléments de son existence de sa conservation et de sa prospérité. — Mais si l'homme, dans l'état de nature, n'avait pas le droit de propriété, il ne pouvait le transmettre lorsqu'il mourrait; car on ne peut transmettre, on ne peut donner ce qu'on n'a pas. — La transmission des biens par succession n'est donc pas du droit naturel, mais du droit civil.

Partout, en effet, l'ordre des successions a été réglé par des lois positives, et cet objet important a trouvé sa place dans le code de tous les peuples. — Il appelle aujourd'hui vos méditations, tribuns. La France entière attend, avec la plus vive sollicitude, que cette partie de la législation, si longtemps étouffée par une masse de systèmes qui variaient dans chaque pays, et ne présentaient, le plus souvent, qu'incohérence et obscurité, soit enfin ramenée à l'unité si désirable dans les lois, et réduite à des règles simples, claires et précises, qui soient en harmonie avec les droits de la nature, avec les affections légitimes des familles et les intérêts de la société. — Tels sont les caractères éminents de la loi proposée par le gouvernement. Je n'aurai constamment qu'à faire ressortir la justice et la sagesse de ses dispositions en vous présentant le résultat de l'examen qu'en a fait votre section de législation.

59. La succession est la manière dont les biens, les droits, les dettes et les charges des personnes qui meurent passent à d'autres personnes qui entrent en leur place. — On distinguait dans le droit écrit et dans le droit coutumier deux espèces de successions, celles qui étaient déférées par la volonté de l'homme et celles qui étaient déférées par la force de la loi, quand le défunt n'avait point exprimé sa volonté. — On appelait successions *légitimes* celles qui n'étaient réglées que par la disposition de la loi, parce qu'elles faisaient passer les biens de ceux qui mouraient sans en avoir disposé aux parents appelés par la proximité du sang, qui sont, en effet, les héritiers légitimes qu'indique la nature. — Les successions déférées par la volonté de l'homme avaient leur source dans des institutions d'héritiers faites par testaments ou par contrats de mariage. — Les Romains avaient admis les institutions testamentaires par une disposition de la loi des Douze Tables : *Uti quisque legassit, suæ rei ita jus esto ;* et même, pour que la liberté de ces institutions fût entière et ne pût être gênée par aucune autre convention, ils n'avaient point admis les institutions par contrat de mariage : on essaya de les introduire sous l'empire de Dioclétien et de Maximilien; mais on trouve dans la loi 5, au code *De pactis conventis super dote*, la preuve qu'elles furent rejetées. — Les institutions testamentaires étaient d'un usage universel dans les provinces de la France qui étaient régies par le droit romain : elles n'avaient été admises que dans un très-petit nombre de nos coutumes. — Les institutions contractuelles formaient au contraire le droit commun des pays coutumiers, et on les recevait même avec faveur dans les pays de droit écrit. — Cet ordre de choses subsista jusqu'au décret du 7 mars 1793, qui, en abolissant la faculté de disposer de ses biens, soit à cause de mort, soit entre-vifs, soit par donations contractuelles, en ligne directe, ne permit plus de faire, dans cette ligne, aucunes institutions d'héritiers. — Peu de temps après cette faculté fut aussi interdite, en ligne collatérale, par la loi du 5 brum. an 2. — La fameuse loi du 17 nivôse suivant adopta le même système; elle autorisa cependant à disposer du dixième de son bien en ligne directe et du sixième en ligne collatérale, mais seulement en faveur des non-successibles.

Ainsi, à compter de la publication de ces lois, les institutions testamentaires et contractuelles ne furent plus permises : il n'y eut plus que des héritiers légitimes et des successions *ab intestat*, et tel est encore aujourd'hui l'état de notre législation. — La loi du 4 germ. an 8 n'a pas rétabli les institutions d'héritiers; elle n'a fait que donner plus d'étendue à la faculté de disposer. — Vous aurez donc à examiner, tribuns, en vous occupant de cette matière, si la faculté de disposer ne se trouve pas encore restreinte dans des bornes trop étroites, si même elle ne doit pas être illimitée en ligne collatérale, et s'il ne convient pas de rétablir les institutions d'héritiers que l'expérience de plusieurs siècles avait consacrées. — Mais ce n'est point ici le lieu d'examiner ces questions; elles appartiennent au titre des donations et des testaments, qui bientôt vous sera présenté. — J'ai voulu seulement établir la distinction entre les successions *ab intestat*, et celles qui pourront être déférées par la volonté de l'homme, pour qu'on ne les confonde pas dans la discussion, leurs règles n'étant pas toujours les mêmes.

40. Le projet de loi que nous avons à discuter aujourd'hui traite successivement de l'ouverture des successions, de la saisine des héritiers, des qualités requises pour succéder, de la représentation, des successions déférées aux descendants, de celles déférées aux ascendants, de celles déférées aux collatéraux, des droits des enfants naturels sur les biens de leurs père et mère, de la succession aux enfants naturels décédés sans postérité, des droits du conjoint survivant et de la république, de l'acceptation et de la répudiation des successions, du bénéfice d'inventaire, des successions vacantes, de l'action en partage et de sa forme, des rapports, du payement des dettes, des effets du partage et de la garantie des lots, enfin de la rescision du partage. — Mon intention n'est pas, tribuns, de suivre en détail ce projet dans toutes ses parties; il doit suffire d'en exposer le système et les principes, de les comparer avec les systèmes et les principes anciens, pour en marquer la différence et les avantages, et de tracer ensuite les règles générales qu'il établit. — Il serait inutile de s'arrêter à une foule de dispositions secondaires qui ne sont que des conséquences et ne contiennent que des développements. — Je me bornerai donc à quelques points fondamentaux, et, sur chacun d'eux, aux dispositions principales qui doivent régler toutes les autres. — J'examinerai : 1° à quelle époque sont ouverts les droits des héritiers, et quelles sont les qualités requises pour succéder; — 2° Dans quel ordre les héritiers légitimes sont appelés aux successions; — — 3° Comment se fait entre eux la division des biens; — 4° Quels sont les droits des enfants naturels sur les biens de leurs père et mère, dans le cas où il y a des héritiers ; — 5° Comment se règle la succession aux enfants naturels décédés sans postérité; — 6° A qui passent les successions *ab intestat*, à défaut d'héritiers du sang. — Je terminerai la discussion par une simple analyse des dispositions les plus importantes sur l'acceptation et la répudiation des successions, sur les rapports, les dettes et les partages.

41. *A quelle époque sont ouverts les droits des héritiers? — Quelles sont les qualités requises pour succéder?* — Il est d'abord très-important de bien constater l'époque de l'ouverture des successions, pour connaître quelles sont les véritables héritiers. — Les successions s'ouvrent par la mort naturelle et par la mort civile. — Lorsqu'un homme décède, la place qu'il laisse vacante est aussitôt remplie par ceux de ses parents qui sont appelés à sa succession. A l'instant même où la mort lui enlève ses droits la loi les confère à ses héritiers ; il n'y a pas de lacune : et c'est là l'origine de cette maxime du droit coutumier, *le mort saisit le vif*. — La mort civile produit aussi les mêmes effets, parce qu'elle est dans l'ordre civil ce que la mort naturelle est dans l'ordre physique.

42. Mais l'époque du décès n'est pas toujours connue, et ne peut pas être toujours constatée d'une manière certaine. Alors, s'il y a concours d'héritiers, il devient nécessaire de suppléer aux preuves par des présomptions ; et le projet de loi s'est attaché à choisir les plus naturelles et les plus vraisemblables. — Ainsi lorsque plusieurs individus respectivement appelés à la succession l'un de l'autre périssent dans un même événement, sans qu'on puisse reconnaître lequel est décédé le premier, la

présomption de survie doit être déterminée par les circonstances du fait. — Mais si les circonstances du fait sont elles-mêmes inconnues, ou si elles ne donnent aucuns renseignements, on ne peut plus établir la présomption de survie que sur la force de l'âge et du sexe. — Dans l'âge où l'individu n'a pas encore la jouissance entière des forces physiques, c'est le plus âgé qui est censé avoir survécu dans un événement commun, parce qu'il était le moins faible, et qu'il a pu se défendre plus longtemps contre le danger. — Par le même motif, dans l'âge où les forces décroissent, c'est le moins âgé qui est censé avoir survécu. — Dans l'âge de la force on suppose que le mâle a survécu, si la différence de l'âge n'excède pas une année; mais entre personnes du même sexe la présomption de survie ne peut plus se trouver que dans l'ordre de la nature, et c'est alors le plus jeune qui est présumé avoir survécu au plus âgé.

43. Quand l'époque de l'ouverture des successions est connue ou fixée par la loi, il s'agit de rechercher quels sont à cette époque les héritiers légitimes, et quelles qualités ils doivent avoir pour succéder. — La loi ne peut évidemment reconnaître d'autres héritiers légitimes que les parents du défunt pour les biens dont il n'a pas disposé lui-même. Il répugnerait à la raison qu'elle préférât des étrangers aux parents. — Les familles sont les premières sociétés que la nature ait formées entre les hommes : elles sont la source et la base de la grande société civile; il est donc dans les intérêts de l'ordre social de respecter les liens qui unissent les membres des familles, de les fortifier, de les étendre; et le moyen le plus sûr à cet égard c'est d'établir la successibilité entre les parents. — Ici d'ailleurs la loi, n'ayant d'autre office à remplir que de suppléer la volonté de l'homme qui est mort sans l'exprimer, doit régler la transmission de ses biens comme il est présumable qu'il en eût disposé lui-même; elle doit lui donner pour héritiers ceux qui auraient été le sujet de son propre choix, et l'on doit supposer naturellement qu'il aurait choisi ses propres parents, lorsqu'il n'a pas manifesté de volonté contraire, parce qu'il doit être présumé avoir eu plus d'affection pour ses parents que pour des étrangers.

44. Mais il est un terme auquel s'éteint la parenté, et auquel doit aussi s'arrêter la sucessibilité. — L'ancien droit romain n'accordait pas le droit de succéder au delà du septième degré de parenté, *Loi 4, D. De gradibus et affinibus;* mais Justinien étendit le droit jusqu'au dixième degré inclusivement. — En France, il passait en général pour constant qu'il n'y avait pas de restriction dans cette matière lorsqu'il était question d'exclure le fisc; et dans la coutume même de Normandie, qui paraissait conforme à l'ancien droit romain, on suivait la computation canonique; ce qui faisait le quatorzième degré en droit civil, où l'on compte des deux côtés. — La faveur due à la famille, et le titre naturel qui l'appelle à la succession, ont motivé la disposition du projet de loi qui prolonge jusqu'à douze degrés civils la faculté de succéder.

45. Cependant cette faculté est soumise à des règles particulières, et l'on n'en jouit que lorsqu'on a les qualités requises par la loi. — Ainsi d'abord, suivant le titre premier du code civil, l'individu mort civilement est incapable de succéder : c'est une conséquence du principe que les successions sont de droit civil. — Il résulte aussi d'une autre disposition du même titre qu'un étranger n'est admis à succéder aux biens que son parent, étranger ou Français, possède dans le territoire de la République, que dans le cas et de la manière dont un Français succède à son parent possédant des biens dans le pays de cet étranger.

46. Mais une règle générale dans cette matière, c'est que, pour succéder, il faut nécessairement exister à l'époque de l'ouverture de la succession, et l'on en déduit la conséquence que celui qui n'est pas encore conçu, et l'enfant qui n'est pas né viable, sont incapables de succéder. — C'est un principe du droit écrit comme du droit coutumier que la capacité ou l'incapacité de l'héritier se règle au temps où la succession est ouverte; il faut donc, pour être habile à succéder, exister réellement à cette époque. — Cependant il n'est pas nécessaire que l'individu soit né pour être habile à succéder; il suffit qu'il soit conçu, parce que l'enfant existe réellement dès l'instant de la conception, et qu'il est réputé né lorsqu'il y va de son intérêt, suivant la loi *Antiqui* 3, ff., *si pars hæred. petatur*, les lois 7 et 26, ff., *De statu hom.*, et la loi dernière ff., *De ventre in posses. mitt.* — Cette présomption de naissance, qui équipolle à la naissance elle-même pour déférer le droit d'hérédité, cesse d'avoir lieu si l'enfant ne naît pas, et s'il ne naît pas viable. — Lorsque l'enfant n'est pas vivant en sortant du sein de sa mère, il est censé n'avoir pas vécu pour succéder; car c'était dans l'espoir de la naissance qu'on le regardait comme vivant dès l'instant de la conception; et si cet espoir est trompé, la présomption qui le faisait regarder comme vivant ne peut plus être fondée sur la réalité. — Lorsque l'enfant n'est pas né viable, il est aussi réputé n'avoir jamais vécu, au moins pour la successibilité : en ce cas, c'est la même chose que l'enfant soit mort ou qu'il naisse pour mourir. — La loi 3 au code *De posthumis hæredibus instituendis*, exige que l'enfant naisse parfait : *si vivus perfectè natus est*, c'est-à-dire qu'il ait atteint le terme auquel il est possible qu'il vive. — La loi 2 du même titre, et la loi 3, au *Digeste*, *De suis et legitimis hæredibus*, en ont aussi une disposition formelle. — Le projet de loi ne fixe aucune règle sur l'époque de la viabilité; il ne pourrait en donner qui fussent assez sûres et précises ; les secrets de la nature à cet égard sont impénétrables. Il a préféré de laisser les diverses questions qui pourront s'élever sur cette matière aux jugements des tribunaux, qui se décideront d'après les faits et les circonstances particulières.

47. Mais on peut être capable de succéder et être exclu comme *indigne*. — Le projet de loi n'admet que trois cas d'indignité, et n'exclut, sous ce rapport, que celui qui serait condamné pour avoir donné ou tenté de donner la mort au défunt, celui qui aurait porté contre le défunt une accusation capitale jugée calomnieuse, et l'héritier majeur qui, instruit du meurtre du défunt, ne l'aurait pas dénoncé à la justice. — Néanmoins, dans ce dernier cas, le défaut de dénonciation ne peut être opposé ni aux ascendants et descendants du meurtrier, ni à son époux ou à son épouse, ni à ses frères ou sœurs, oncles ou tantes, neveux ou nièces. — Ces dispositions sont infiniment sages et morales, et n'ont pas besoin d'être justifiées.

Il s'agit maintenant d'examiner dans quel ordre sont appelés aux successions *ab intestat* les parents qui ont les qualités requises pour succéder.

48. *Dans quel ordre les héritiers légitimes sont-ils appelés aux successions?* — Les motifs qui font admettre pour seuls héritiers les membres de la famille sont aussi les mêmes qui doivent régler entre les parents du défunt l'ordre de la succession. Celui-ci doit naturellement recueillir l'hérédité pour lequel le défunt doit être présumé avoir eu le plus d'affection; et le défunt doit être présumé avoir eu plus d'affection pour celui avec lequel il était uni le plus étroitement par les liens du sang que pour les autres parents plus éloignés en degré : c'est donc en général le parent le plus proche qui doit être appelé à la succession, et il est conforme au vœu de la nature de régler ainsi l'ordre des successions sur celui des affections. — Sans doute la présomption que le défunt préférait son parent le plus proche n'est pas toujours la vérité, surtout en ligne collatérale; mais comme elle est la plus naturelle, la plus raisonnable, et, en un mot, la plus vraisemblable, la loi ne devait pas en admettre d'autre lorsque le défunt avait gardé le silence.

49. Cependant cette règle générale reçoit une exception dans le sens même de la présomption qui lui sert de base; et comme, dans l'ordre des affections, il existe une représentation réelle qui met les enfants à la place des pères qui sont décédés, et reporte sur eux toute la tendresse de la famille, la loi admet aussi une représentation qui met également, pour la successibilité, les enfants à la place de leurs pères, et rapproche en quelque sorte les degrés, comme l'affection du défunt les avait elle-même rapprochés. — Cette représentation admise par la loi n'est qu'une fiction; mais elle est une image réelle de la vérité, et sans elle la loi serait presque toujours en opposition avec les affections du défunt, et violerait presque toujours ses intentions. — L'aïeul aime ses petits-enfants comme il aimait son fils; ils lui tiennent lieu du fils qu'il a perdu, et le représentent à ses yeux; ils ont dans son cœur la même place que leur père y occupait, ils auront aussi dans sa succession les mêmes droits. C'est son vœu le plus cher que la loi vient remplir.

50. Le droit de représentation a subi quelques variations dans le droit romain. — La représentation en ligne directe descendante ne fut dégagée de toutes restrictions, et la représentation en ligne collatérale ne fut établie que par la novelle 118 — Suivant le chapitre premier de cette novelle, la succession d'un ascendant doit être partagée entre tous ses enfants, en quelque degré qu'ils soient, sans distinction ni du sexe, ni des siens, ni des émancipés ; le partage se fait entre eux par têtes, s'ils sont au premier degré, et par souches, s'ils viennent à titre de représentation.— Par le chapitre second, les ascendants sont appelés au défaut de tous les descendants, mais sans représentation; seulement lorsqu'il se trouve plusieurs ascendants au même degré, il se forme entre eux une espèce de représentation ou d'accroissement, en vertu de laquelle les ascendants paternels prennent la moitié de la succession, quoique ce nombre soit plus petit d'un côté que de l'autre. — Le chapitre troisième introduit la représentation en ligne collatérale; mais il la borne aux enfants des frères, et ne l'étend pas aux enfants des autres collatéraux, qui tous viennent par tête, selon leur nombre et leur degré de proximité, les plus proches excluant toujours les plus éloignés. — La représentation fut admise dans les pays coutumiers; mais elle n'y fut reçue ni d'une manière égale, ni dans toutes les coutumes. — Il y en a qui l'ont rejetée tant en ligne directe qu'en ligne collatérale, comme Ponthieu, Artois et Boulonnais. — D'autres l'ont admise en directe et l'ont rejetée en collatérale. — Plusieurs l'ont admise à l'infini dans l'une et l'autre ligne. — D'autres l'ont étendue en collatérale au delà des termes de droit, sans la porter à l'infini comme en directe. — Quelques-uns, l'admettant à l'infini en ligne directe, lui ont donné en ligne collatérale plus d'étendue pour certaines espèces de biens que pour d'autres. — Plusieurs encore ne l'ont admise que pour certaines personnes et des biens d'une nature particulière. — Mais dans le plus grand nombre, elle a été reçue dans les termes de droit, c'est-à-dire jusqu'à l'infini en ligne directe, et jusqu'aux enfants des frères du défunt en ligne collatérale.

51. Pour ramener sur tous ces points à une législation uniforme, il fallait choisir entre le droit écrit et les divers usages des pays coutumiers, ce qui était le plus conforme à la nature et à la présomption de la volonté du défunt. — Or, point de difficulté en ligne directe descendante : l'affection de l'homme s'étend à tous ses descendants; tous lui sont également chers. Ceux qui survivent remplacent dans son cœur ceux qui sont décédés; tous sont ses enfants : la représentation ne doit donc pas avoir de limites en ligne directe descendante. — Il n'en est pas de même en ligne directe ascendante. — L'enfant doit avoir et a réellement plus de tendresse pour son père que pour son aïeul; et plus ses ascendants sont éloignés de lui, moins il éprouve pour eux de cette affection vive et spontanée que la nature elle-même inspire. — Les ascendants les plus proches doivent donc exclure des successions les ascendants les plus éloignés, et il ne peut y avoir entre eux de représentation. — Il semble d'ailleurs que la représentation ne puisse avoir lieu qu'en remontant, jamais en descendant.

52. Il y a plus de difficulté à l'égard de la ligne collatérale. — La représentation dans cette ligne doit-elle être bornée aux enfants des frères et sœurs du défunt, ou bien doit-elle être étendue à tous les descendants des frères et sœurs, ou enfin doit-elle illimitée comme en ligne directe, et s'étendre à tous les parents collatéraux?— Ces trois systèmes partageaient nos coutumes, et chacun d'eux a ses partisans et ses défenseurs.—Mais, pour décider quel est celui qui mérite la préférence, il ne s'agit toujours, en restant fidèles à notre principe, que de vérifier quel est le plus conforme au vœu de la nature, à l'ordre des affections, et à la présomption de la volonté du défunt. — L'homme qui n'a pas d'enfant, et qui perd un frère qu'il aimait, reporte naturellement son affection sur tous les descendants de ce frère. Ses neveux, ses petits-neveux, sont toujours pour lui ce qu'était son frère, dont ils prennent successivement la place, et qu'ils lui représentent tous également. — Il existe d'ailleurs une sympathie admirable entre la vieillesse et l'enfance; on voit chaque jour que les petits-enfants et les petits-neveux sont précisément ceux auxquels s'attachent plus particulièrement les aïeuls et les grands-oncles, et cet intérêt devient encore bien plus vif lorsque ces enfants sont orphelins, et que leurs innocentes caresses semblent demander à leurs aïeuls et à leurs grands-oncles de leur tenir lieu de père et de mère. — Imitant la nature qui a établi une succession d'amour et de tendresse entre les frères et leurs descendants, la loi doit donc aussi établir entre eux la succession de biens. — Gardons-nous de rompre trop vite par nos institutions les liens qui unissent les familles; cette union fait le bonheur des États. — Mais aussi la loi ne doit pas aller plus loin que la nature elle-même, et supposer des affections égales lorsque réellement elles n'existent pas.

Étendre la représentation à tous les parents collatéraux sans distinction, la faire remonter jusqu'aux oncles et grands-oncles et à leurs enfants et descendants, mettre en concurrence des cousins et arrière-petits-cousins avec les descendants des frères et sœurs, c'est supposer que le défunt avait la même tendresse pour les uns et pour les autres; et cette supposition est contre la nature et la vérité, ou au moins contre la présomption la plus raisonnable. Le cœur de l'homme ne met pas ordinairement sur la même ligne les descendants des oncles et des grands-oncles et les descendants des frères et des sœurs; toute la ligne des frères et sœurs lui tient évidemment par des liens plus proches et conséquemment plus chers; et c'est une chose bien vraie que la tendresse, qui coule comme de source dans les lignes égales ou descendantes, ne remonte pas avec la même intensité aux lignes ascendantes.— Borner la représentation en ligne collatérale aux enfants et descendants des frères et des sœurs, c'est donc avoir suivi la nature dans l'ordre de ses affections; c toutes les fois qu'on la prend pour guide, il est rare qu'on se trompe. — Il faut encore, dans cette matière comme dans toutes les autres, consulter les intérêts de la société, auxquels doivent être toujours subordonnés les intérêts individuels. — Or, si l'on admettait la représentation à l'infini, il y aurait presque toujours pour chaque succession collatérale un grand nombre d'héritiers; et l'agriculture et le commerce réclament pour que les biens des successions ne soient pas trop divisés. — Appeler à une succession un grand nombre d'héritiers, c'est d'ailleurs ne donner le plus souvent à chacun d'eux que des embarras et des procès.

53. Après avoir fait connaître l'origine et les motifs de la représentation, il faut en déterminer les règles et les effets. — D'abord on ne représente pas les personnes vivantes, mais seulement celles qui sont mortes naturellement ou civilement. — Cette maxime est établie par Dumoulin : *Rursus nota*, dit-il, *quod repræsentatio nunquam est de personâ vivente, sed tantùm de parente mortuo naturaliter aut civiliter*. — C'était aussi la disposition du droit écrit. — Il est évident qu'on ne peut pas entrer dans la place de celui qui est vivant et qui remplit son degré.

54. Mais lorsqu'un individu appelé à recueillir une succession y a renoncé gratuitement, ne peut-on pas le représenter, puisqu'il ne remplit pas son degré? — Cette question a été longtemps controversée parmi les jurisconsultes. — Le projet de loi la résout d'une manière conséquente au principe de la représentation, et conformément à la jurisprudence la plus suivie. — Les art. 686 et 687 disposent qu'on ne vient jamais par représentation d'un héritier qui a renoncé, que sa part accroît à ses cohéritiers, et que, dans le cas seulement où il est seul, sa portion est dévolue au degré subséquent. — En effet, s'il y a d'autres héritiers en pareil degré que le renonçant, ceux qui voudraient prendre sa part ne pourraient la réclamer qu'en prenant sa place par représentation; mais on ne peut représenter un homme vivant. — Si le renonçant avait pour cohéritiers présomptifs des parents plus éloignés que lui à la vérité, mais rapprochés de son degré par le bénéfice de la représentation, il est certain encore qu'on ne pourrait prendre sa place pour concourir avec ses cohéritiers qu'en le représentant lui-même. — Mais s'il était seul héritier, alors ses parents n'auraient pas besoin de le représenter pour venir à la succession à laquelle il aurait renoncé; ils la prendraient, non point à titre de représentation, mais de leur chef et à titre de dévolution, conformément à l'édit du préteur appelé *successorium*.

55. Les mêmes règles doivent évidemment s'appliquer au cas où le plus prochain héritier serait mort sans avoir accepté ni renoncé : ses parents ne pourraient recueillir la succession à laquelle il avait droit que comme ses héritiers *personnels*, et non comme le représentant; l'hérédité qui lui était échue se trouverait dans sa propre succession, et ne pourrait en être distraite par des parents qui voudraient le représenter dans un moment où il vivait. — Il y aurait beaucoup d'inconvénients à permettre qu'un homme fît passer à ses enfants une succession qui lui serait échue, sans avoir pris lui-même le titre d'héritier : il trouverait ainsi le moyen de frustrer ses créanciers, et l'on verrait souvent en pareille matière des fidéicommis frauduleux.

56. On peut cependant représenter celui à la succession duquel on a renoncé, mais après sa mort seulement. En ce cas ce n'est pas de la main du représenté, mais de la loi même que le parent tient ses droits : il prend, il est vrai, la place du représenté; mais ce n'est pas la volonté du représenté qui la lui donne, c'est la disposition de la loi. — L'homme ne peut transmettre ses droits qu'à celui qui lui succède : mais la représentation n'est pas une transmission; c'est une subrogation entre les parents qui n'est établie que par la loi, et qui n'est pas au pouvoir de l'homme. — Il y a d'ailleurs un grand motif d'équité pour qu'on puisse prendre une succession à laquelle on est appelé par la proximité du sang et par la loi, sans être obligé d'accepter la succession onéreuse de celui qui était, de son vivant, le plus proche en degré. Les enfants dont le père a été dissipateur trouvent ainsi dans les successions de leurs aïeux des moyens d'existence. Appelés par la nature à ces successions, ils ne doivent pas en être privés par la faute de leur père; et les créanciers du père ne peuvent s'en plaindre, puisqu'ils n'ont jamais eu de droits sur des successions qui ne sont échues qu'après la mort de leur débiteur, et qu'ils n'auraient pas plus d'avantages si les successions étaient recueillies par d'autres que les représentants du débiteur.

57. J'ai prouvé, citoyens tribuns, que les successions *ab intestat* doivent être déférées aux parents qui sont les plus proches, ou de leur chef, ou par représentation. — Mais l'homme a des parents de deux lignes; il tient à deux familles : à celle de son père et à celle de sa mère; il est présumé avoir une affection égale pour ses parents de l'un et de l'autre côté, et il a d'ailleurs des biens qui proviennent de l'une et de l'autre ligne. — Ses parents des deux lignes doivent donc être également appelés à sa succession et pour que l'une ne soit pas entièrement exclue par l'autre, le projet de loi admet, lorsqu'il n'y a pas d'enfants ou descendants, le parent le plus proche du côté paternel et le parent le plus proche du côté maternel. — C'est le vœu de la nature d'accord avec la justice. — C'est d'ailleurs resserrer les liens des deux familles que d'établir entre elles le droit de successibilité réciproque. — Cependant après cette division entre la ligne paternelle et la ligne maternelle, il ne doit plus s'en faire d'autre entre les diverses branches de chaque ligne. — Le système de fente et de refente, qu'on avait cru voir dans la loi du 17 niv. an 2, aurait étendu beaucoup trop loin le droit de succéder, et chaque succession eût été encore morcelée entre une foule d'héritiers. — Dans chaque ligne le parent le plus proche en degré, ou de son chef, ou par représentation, sera seul héritier, sans descendre jusqu'aux diverses branches de la ligne, pour y faire encore la distinction de parents paternels et de parents maternels dans cette ligne; qu'il soit de l'un ou de l'autre côté, ou des deux à la fois, peu importe, pourvu qu'il soit dans la ligne la plus proche du défunt.

58. Mais les individus qui sont tout à la fois parents du côté du père et du côté de la mère, excluront-ils ceux qui ne sont parents que de l'un des côtés? C'est la question *du double lien*, qui mérite d'être examinée. — Le privilége du double lien consistait en ce que des parents qui étaient unis tout à la fois du côté du père et du côté de la mère eussent le droit de se succéder en tout ou en partie dans de certains degrés, ou même à l'infini, à l'exclusion des parents qui n'étaient joints que d'un côté seulement. — Ainsi les frères utérins ou consanguins étaient exclus par les frères germains, et même par les neveux qui étaient de l'un et de l'autre côté. — Ce privilége n'était pas connu dans l'ancien droit romain, et il ne pouvait y être admis, puisque les parents maternels n'y succédaient pas, et que tous les droits de succession dérivaient de la parenté paternelle et de la proximité du degré, sans aucune representation en ligne collatérale. — Il n'en fut question ni dans le Digeste ni dans le code; et ce ne fut que par la novelle 118 qu'il fut établi. — Nous n'examinerons pas s'il était déjà connu dans la France, ou s'il n'y fut introduit qu'avec les lois romaines. — Mais il ne fut reçu dans nos coutumes qu'avec des modifications infiniment variées, soit à l'égard des personnes, soit à l'égard des biens auxquels il fut appliqué. — Il est d'abord un grand nombre de coutumes qui l'ont expressément rejeté, notamment celles de Paris et de Bordeaux. — D'autres n'en ont pas fait mention; et celles qui l'ont reçu se divisent en neuf classes, à raison de leurs différences sur les personnes qu'elles admettent au privilége. — Elles diffèrent aussi beaucoup entre elles et avec le droit écrit quant aux biens. — De sorte qu'il y avait dans les diverses provinces la plus grande variation sur la prérogative du double lien. — Il eût fallu la refondre dans une législation uniforme, si le système avait été bon en lui-même; mais il est évidemment contraire à la justice et à la raison.

Comment en effet serait-il juste? comment serait-il raisonnable que l'individu qui est parent d'un côté n'eût pas au moins une portion des biens attribués à la ligne par laquelle il tient à celui dont la succession est ouverte, s'il n'y a pas dans cette ligne un autre parent plus proche en degré? — Que l'individu qui est parent des deux côtés prenne dans les deux lignes, cela est équitable; mais lorsque dans une des lignes il y a un autre parent *égal en degré*, ce parent a évidemment autant de droits aux biens attribués *à cette ligne* que celui qui est parent des deux côtés : donner le tout à celui-ci, et ne rien donner à celui-là, c'est donc une injustice. — Ainsi le frère germain vient à la succession pour la ligne paternelle et pour la ligne maternelle, parce qu'il tient aux deux lignes. Il prendra tout ce qui est attribué à la ligne maternelle, s'il n'a qu'un frère consanguin qui est étranger à cette ligne, ou bien il prendra tout ce qui est attribué à la ligne paternelle, s'il n'a qu'un frère utérin qui est également étranger au côté paternel : point de difficulté à cet égard. Mais pourquoi donc aurait-il le droit de tout prendre dans la ligne où il se trouve un autre frère? Issus l'un comme l'autre de cette ligne, égaux en degré, n'est-il pas de toute justice qu'ils partagent entre eux également les biens qui sont attribués à cette ligne à laquelle ils appartiennent au même titre? — Nos aïeux le pratiquaient ainsi; ils donnaient deux portions aux frères germains, et une seulement aux frères consanguins dans les meubles et les acquêts du défunt, et cette règle était suivie non-seulement entre frères, mais encore dans les degrés ultérieurs de la ligne collatérale, ainsi que l'atteste l'auteur du *Grand coutumier*. — On divisait aussi les biens en deux lignes : l'une du côté du père, l'autre du côté de la mère; les frères germains prenaient une part dans chaque ligne, et les demi-frères ne prenaient leur part que dans la ligne dont ils procédaient. — Telle est encore la disposition de plusieurs coutumes, notamment de celles d'Anjou et du Maine, qui conservent tant de traces de notre ancien droit. — Et telle est aussi la disposition que le projet de loi propose de consacrer irrévocablement, parce qu'elle est la plus juste, la plus raisonnable et la plus conforme à l'ordre de la nature.

J'ai fait connaître, tribuns, l'ordre suivant lequel doivent être appelés aux successions les héritiers légitimes. — Il me reste à exposer les principes d'après lesquels doit s'opérer entre eux la division des biens.

59. *Comment succèdent les héritiers légitimes.* — Il est d'abord sans difficulté que ceux qui sont héritiers au même degré doivent partager entre eux *par têtes*, puisqu'ils ont tous les mêmes droits; et cette règle doit aussi s'appliquer à tous ceux qui sont appelés de leur chef, sans le secours de la représentation. — Mais lorsque la représentation a lieu, tous les représentants ne peuvent avoir conjointement que les droits qu'avait le représenté; ils ne doivent donc avoir entre eux tous que la part qu'il aurait eue, et conséquemment ils ne partagent que par souche avec les autres héritiers; mais ensuite ils divisent entre eux par tête la portion du représenté, parce que entre eux chacun a des droits égaux sur cette portion.

60. *Egalité dans le partage des successions* ab intestat. — Ici se présente, tribuns, la question de savoir si l'égalité doit être rigoureusement établie dans le partage des successions *ab intestat*, et si la loi seule peut et doit y porter atteinte, indépendamment de la volonté de l'homme, et même contre sa volonté. — Cette question est du plus grand intérêt, et mérite de fixer particulièrement votre attention.

61. *Abolition du droit d'aînesse et des exclusions coutumières.* — Il n'y avait rien de plus recommandable que l'égalité de partage entre les enfants, suivant le chapitre dernier de la novelle 22, *De nuptiis*, et la loi 77, § *Evictis de legat.* 2. — Cette égalité entre les enfants est un droit de la nature elle-même, et cependant combien de nos coutumes l'avaient violé! — En examinant la distinction qu'elles établissaient entre les mâles et les filles, entre les aînés et les puînés, on serait tenté de croire qu'elles ne regardaient pas les filles comme des enfants légitimes, et qu'elles doutaient de la légitimité des puînés. — La totalité des successions appartenait aux mâles : la moindre dot, un simple chapeau de roses composait la légitime des filles. — Mais, parmi les mâles, les aînés emportaient presque tout, et les puînés étaient traités à peu près comme les filles. — De là les dissensions dans les familles, la discorde parmi les enfants, et ces inégalités choquantes qui comblaient de richesse les aînés et réduisaient les puînés et les filles à un état misérable. — Ces enfants déshérités n'avaient le plus souvent d'autre ressource que de s'ensevelir dans les cloîtres, où ils gémissaient pendant leur vie entière, victimes innocentes de la barbarie des lois et de la dureté de leurs parents. — Mais il fallait soutenir l'éclat des familles, il fallait soutenir l'honneur d'un grand nom; et comme alors l'éclat et l'honneur résidaient dans les richesses et dans la puissance, et non dans les vertus et les talents, on sacrifiait sans pitié à de vaines chimères le bonheur de ses enfants; et pourvu que l'un d'eux pût jouer un rôle brillant dans le monde, on voyait avec une froide indifférence la situation déplorable de tous les autres. — Telle fut la cause de ces guerres toujours existantes entre les aînés et les cadets, de ces jalousies que le malheur aigrissait sans cesse, de ces haines profondes et invétérées qui avaient rompu tous les liens des familles, qui ont produit tant de crimes, et qui se sont développées de nos jours avec tant de force.

62. Chez les Romains, le droit d'aînesse et d'exclusion légale des filles était méconnu, ff., *Emancipi.* 9, *Instit.*, *De hæredit. quæ ab intest. defer.* — Cependant la loi des Douze-Tables avait attribué les successions aux héritiers siens à l'exclusion des émancipés, et aux parents du côté des mâles à l'exclusion des parents du côté des femmes. — Mais, l'empereur Justinien effaça ces distinctions par la novelle 118, restitua à tous les enfants des droits égaux, rappela tous les parents du côté paternel et du côté maternel à la succession légitime, selon le degré de parenté de chacun d'eux; et cette novelle, qui forme le dernier état de la législation romaine, était constamment suivie dans les pays de droit écrit. Ce fut le régime féodal qui introduisit en France une législation contraire; et l'on sait qu'elle ne remonte pas à une date fort ancienne. — Sous les deux premières races de nos rois, l'aîné partageait également avec ses frères et sœurs dans les possessions féodales comme dans les autres biens; on en trouve la preuve dans cette loi d'Edouard le Confesseur : *Si quis intestatus obierit, liberi ejus*

succedunt in capita. — Mais lorsque la révolution eut porté les Capétiens sur le trône, les propriétaires des grands fiefs s'étant réunis pour secouer le joug de l'autorité royale, et bientôt, à leur exemple, tous les seigneurs voulant acquérir de nouvelles prérogatives, le droit d'aînesse fut établi, afin de réunir dans une même main toute la puissance du père et des moyens assez forts pour soutenir ses prétentions. — L'usage s'établit donc d'abord de donner toutes les possessions féodales à l'aîné mâle. Cet ancien droit est consigné dans l'assise de Geoffroy, comte de Bretagne, de l'an 1185 : *Majores natu integrum dominium obtineant, et junioribus, pro posse suo, provideant de necessariis, ut honestè viverent.*—A l'imitation des grands, les roturiers voulurent aussi faire des avantages considérables aux aînés, dans l'espoir de relever leurs familles; et le droit d'aînesse fut établi pour les biens en roture comme il l'avait été pour les fiefs. — L'exclusion des filles eut la même origine et les mêmes motifs.

63. Mais comme ce qui est injuste devient toujours arbitraire, les coutumes varièrent à l'infini sur le droit d'aînesse et l'exclusion des filles. — Les unes n'admettaient le droit d'aînesse qu'en ligne directe; les autres l'admettaient en ligne collatérale. — Les unes n'accordaient qu'un préciput; les autres accordaient, en outre, une portion avantageuse; quelques-unes même ne reconnaissaient pour seul héritier que l'aîné, ne réservant qu'une faible portion aux puînés. — Les unes donnaient le préciput à la fille si elle était l'aîné des enfants; les autres l'attribuaient aux mâles quoique puînés. — Les unes distinguaient dans le partage des successions la qualité des biens, et voulaient que ceux possédés noblement se partageassent d'une manière, et ceux en roture d'une manière différente; les autres confondaient à cet égard les biens nobles et les biens en roture. — Les unes distinguaient la qualité des personnes et n'accordaient qu'aux nobles le droit d'aînesse; les autres l'accordaient aussi aux roturiers, et au nombre de ces dernières se trouvait la coutume de Paris, qui formait le droit commun dans toutes celles qui n'avaient point de dispositions contraires.

64. Quant aux exclusions des filles il y avait aussi une foule de variations et de différences dans les coutumes. — Dans les unes, il suffisait, pour que la fille fût exclue, qu'elle eût été dotée ou par son père ou par sa mère, ou par son aïeul ou aïeule; dans d'autres, il était nécessaire qu'elle fût dotée par le père ; d'autres encore exigeaient qu'elle fût dotée par le père et par la mère, ou par le père, du vivant de la mère. — Ici le père noble avait seul le droit d'exclure sa fille; là le même droit appartenait au père roturier, à la mère et aux aïeuls. — Telle coutume excluait de toutes successions collatérales les filles dotées; telle autre les admettait précisément aux successions collatérales. — Dans presque toutes, la dot la plus modique suffisait pour exclure. — En Normandie, les filles ne pouvaient demander aucune partie de l'héritage de leurs père et mère contre leurs frères ni contre leurs enfants, mais seulement le mariage avenant. — Suivant les coutumes d'Anjou, de la Touraine et du Maine, la fille dotée d'un chapeau de roses ne pouvait rien demander de plus.

65. Il faudrait s'étonner sans doute de toutes ces bizarreries, de toutes ces inégalités si injustes, si contraires au vœu de la nature, si l'on ne savait pas sur quels préjugés elles étaient établies. L'orgueil féodal avait corrompu toutes les sources de la morale; il avait étouffé tous les sentiments de la nature; et cet orgueil, se communiquant aux roturiers, qui n'étaient que trop souvent les serviles imitateurs des grands, avait brisé dans toutes les classes du peuple tous les liens des familles.—Ici, d'ailleurs, il faut bien remarquer que la volonté des lois était souvent en opposition avec la volonté de l'homme. L'enfant aîné n'était pas toujours celui que le père affectionnait le plus et qui remplissait le mieux à son égard les devoirs de la piété filiale; et cependant la loi, malgré la volonté du père, attribuait à cet aîné des avantages considérables sur les autres enfants. — Souvent un père eût voulu récompenser sa fille de la tendresse qu'elle avait toujours eue pour lui, et des soins qu'elle prenait de sa vieillesse lorsqu'il était abandonné par ses autres enfants; mais la loi s'y opposait, et il mourait avec la triste certitude que sa fille chérie n'aurait presque rien dans sa succession. — La loi cependant ne devrait avoir pour objet, surtout dans les successions en ligne directe, que de suppléer la volonté de l'homme; elle ne devrait remplir d'autre office que de régler la transmission des biens du défunt comme il est présumable qu'il en eût disposé lui-même ; et la présomption qu'indiquent la nature et la justice est toute en faveur de l'égalité entre les enfants.—Aussi l'assemblée constituante regarda comme un de ses premiers devoirs de faire cesser tous ces priviléges odieux qui ne résultaient que de la primogéniture ou de la différence des sexes, ou de la féodalité des biens, ou de la seule volonté de la loi.—Dès le 15 mars 1790, elle prononça l'abolition de toutes inégalités résultantes des lois féodales; et le 15 avr. 1791, elle prononça l'abolition de toutes celles qui résultaient entre toutes sortes de personnes et à l'égard de toutes sortes de biens, soit de la différence des sexes, soit de la primogeniture, soit des exclusions coutumières. — Ainsi les descendants d'un même père, les parents de la même ligne, égaux par la nature, devinrent égaux en droits par la loi. — Cette disposition, tribuns, se trouve consignée dans le projet de loi que nous discutons, et sans doute elle obtiendra votre assentiment unanime.

66. Mais il faut bien observer qu'il ne s'agit ici d'égalité que dans la succession *ab intestat*, c'est-à-dire dans les biens dont le défunt n'a pas disposé.—Nous n'entendons pas que la volonté de l'homme soit liée à cette égalité rigoureuse, et qu'il ne puisse disposer d'aucune portion de ses biens en faveur d'un ou plusieurs de ses enfants, ou autres héritiers. — Mais ce qu'il peut faire à cet égard, la loi ne doit pas se le permettre. — Il peut avoir des raisons particulières d'affection, de reconnaissance ou de bienfaisance pour avantager un de ses héritiers, et il doit être enfin le maître de disposer des biens qui lui appartiennent; mais la loi ne peut avoir ni les mêmes motifs ni les mêmes droits, et n'ayant pas à donner, mais seulement à *transmettre* les biens, elle ne doit suivre d'autre règle, dans cette transmission, que la volonté de l'homme ou le droit de la nature. Lorsque le défunt n'a fait aucune disposition de ses biens, il est censé avoir voulu qu'ils fussent partagés également entre ses héritiers; lorsqu'il n'a disposé que d'une partie, il est censé avoir voulu laisser le reste dans le partage égal; et, dans l'un et l'autre cas, sa volonté doit être respectée par la loi. — Seulement il faut donner à la loi le droit de modifier les libéralités faites par le défunt, lorsqu'elles sont exorbitantes et contraires à l'ordre social, qui réclame pour le maintien des familles, que dans certains cas les héritiers ne soient pas entièrement dépouillés. — Mais constamment assujettie ou à la volonté de l'homme, lorsque cette volonté est restreinte dans de justes bornes, ou aux droits de la nature qu'elle doit respecter, la loi ne peut ni étendre les libéralités faites par le défunt, ni en faire elle-même. — En un mot, elle doit se borner à *transmettre* ce que l'homme ou la nature a *réglé*. — C'est ainsi qu'il faut entendre et concilier l'égalité dans les partages consacrés par la loi sur les successions et les inégalités qui sont permises par la loi sur les donations et testaments.

67. *Abolition de la distinction des biens en propres et acquêts.*—Les coutumes avaient établi une autre espèce d'inégalité légale par la distinction qu'elles faisaient des biens en acquêts et en propres, et par la manière dont elles distribuaient ces biens à diverses classes d'héritiers, et même souvent aux parents les plus éloignés. —Cet objet, tribuns, mérite encore de fixer votre attention. — Les législateurs les plus célèbres de l'antiquité ne distinguaient pas dans les successions ce qui provenait du père du défunt d'avec ce qui provenait de sa mère; ils ne formaient du tout qu'un seul patrimoine qu'ils donnaient au plus proche héritier.—Les Romains le pratiquèrent ainsi tant qu'ils furent libres. *Quod videlicet unius duo patrimonia esse non viderentur*, dit la loi, *jurisperitos*, § *Cùm oriundus*, ff., *De excusat. tut.* — Ce ne fut que sous les empereurs que la loi 4, *De maternis bonis et materni generis*, au code théodosien, établit une législation contraire : elle donna aux parents paternels, même à l'exclusion d'autres parents les plus proches en degré, les biens que le défunt avait recueillis du chef de son père ou de ses autres parents paternels, et réciproquement pour les biens maternels. — Mais il est vraisemblable que cette loi, contraire aux mœurs et aux habitudes des Romains, ne fut pas longtemps en usage : on n'en trouve pas la moindre trace dans le code de Justinien; et, d'après les dispositions de ce code, on ne reconnaissait d'autre règle, dans nos pays de droit écrit, que d'attribuer la totalité des biens du défunt au parent le plus proche, sans distinguer la nature ni l'origine des biens. — On séparait, au contraire, dans les pays coutumiers, toute succession collatérale en plusieurs patrimoines, et l'on y distinguait plusieurs espèces de biens qu'on distribuait à des héritiers de diverses classes. — On distinguait d'abord les meubles, les acquêts et les propres. — On divisait ensuite les propres en propres naissants et propres anciens, en propres paternels et propres maternels, en propres de ligne et propres sans ligne.—Chaque coutume avait, en outre, des principes différents pour régler la nature, la distinction et la transmission de ces diverses espèces de biens. — Ici, pour succéder à un propre, il fallait être parent du défunt du côté de celui qui avait mis l'héritage dans la famille, et, lorsqu'on avait cette qualité, on excluait les parents des autres côtés, quoique plus proches. — Là on ne pouvait succéder à un propre qu'autant qu'il avait appartenu à un ascendant commun entre le défunt et son héritier; en sorte qu'à défaut de parents venant de la même souche que celui auquel il s'agissait de succéder, le propre perdait sa qualité et appartenait à l'héritier le plus proche et sans distinction de ligne. — Ailleurs, pour succéder à un propre, il ne suffisait pas d'être parent du défunt du côté dont provenait le propre, ni même de descendre d'une même souche, il fallait être descendu, comme le défunt, de l'acquéreur qui avait mis l'héritage dans la famille. — Dans d'autres coutumes, on n'exigeait pas la proximité du degré du représentant avec le défunt, mais seulement la proximité et habileté de succéder de la personne représentée avec celui qui avait mis l'héritage dans la famille. — Dans d'autres enfin, l'héritage propre qui se trouvait dans la succession d'une personne décédée sans enfants était déférée à son plus proche héritier du côté du parent par le décès duquel cet héritage lui était échu, sans remonter plus haut ni chercher plus loin de quelle part ce parent l'avait eu lui-même. — Et dans chacune de ces coutumes il y avait encore des règles différentes pour l'application des mêmes principes; il y avait chaque jour et diversité de jurisprudence et questions nouvelles, qui donnaient lieu à une foule de contestations.

Les règles particulières au privilége du double lien, les différentes manières de faire contribuer aux dettes mobilières ou immobilières suivant la nature et l'origine des biens, les distinctions à faire dans l'application des rapports, et le grand nombre de divisions et de subdivisions qu'il fallait opérer pour arriver au partage entre les diverses espèces d'héritiers, augmentaient encore, d'une manière effrayante, les embarras, les difficultés; et il était rare qu'une succession collatérale tant soit peu importante ne fût pas une pépinière de procès.

68. Cet ordre de succession si compliqué, si varié, si difficile, consacrant encore une foule d'inégalités, et si peu conforme d'ailleurs au vœu de la nature, puisqu'il appelait souvent des parents éloignés à l'exclusion des parents les plus proches, devait être remplacé par un autre ordre, qui eût d'abord le grand mérite d'être uniforme pour toute la République, et qui fût d'ailleurs simple dans ses éléments, facile dans son exécution, fidèle aux principes de l'égalité des droits, et qui surtout eût pour base l'ordre même des affections de l'homme. —Tels sont, tribuns, les caractères et les avantages du nouveau système qu'établit la loi proposée. —Comme chez les Romains, comme dans le droit écrit, chaque succession ne formera plus qu'un seul patrimoine, et l'on n'y distinguera plus diverses espèces de biens pour les distribuer suivant leur nature à diverses lignes ou branches d'héritiers : tous les biens resteront confondus, comme ils l'étaient dans la main du défunt qui pouvait disposer de tous, et ils seront tous également déférés au plus prochain héritier dans chaque ligne, soit de son chef, soit par représentation.—Chaque ligne profitera donc des biens; et c'est là l'intention générale de l'ancienne règle, *paterna paternis.*—Cette règle avait eu pour objet de modifier le principe qui attribuait la totalité des biens au plus proche parent, sans rien donner à la ligne dans laquelle n'était pas issu le parent le plus proche.—Mais on la modifie elle-même à son tour, parce qu'elle morcellerait trop les successions, en les divisant entre les diverses branches ou individus de chaque ligne. Le projet de loi se borne à les diviser en masse par moitié entre les deux lignes. — Ainsi plus de recherches longues et pénibles pour découvrir et constater de quel côté, de quel individu venaient les biens; plus de contestations sur leurs qualités de propres ou d'acquêts; plus de difficultés sur la distinction des diverses espèces de propres; plus de débats sur les droits et les qualités des divers héritiers; partage facile et sans frais. Ce sont là sans doute de grandes améliorations; et lorsqu'on y ajoute encore tous les autres avantages que nous avons fait remarquer dans le cours de la discussion, il reste pleinement démontré que le nouveau système est tout à la fois beaucoup plus simple et bien mieux combiné dans l'ordre de la nature et dans les intérêts de la société, que tous ceux que le droit écrit et les coutumes avaient introduits dans les diverses provinces de la France. — Vous connaissez maintenant, tribuns, les règles générales sur les successions; et comme les règles qui sont particulières à chaque ligne n'en sont que des conséquences, ou, pour mieux dire, l'application, il suffira de vous les présenter dans un ordre méthodique, sans qu'il soit besoin de les accompagner d'aucun commentaire : elles peuvent se réduire à huit.

69. *Ordre des successions* ab intestat. — 1° Les enfants ou leurs descendants succèdent à leurs père et mère, aïeuls, aïeules, ou autres ascendants, sans distinction de sexe ni de primogéniture, et encore qu'ils soient issus de différents mariages. —Ils succèdent par égales portions et par tête quand ils sont tous au pre-

mier degré, et appelés de leur chef; ils succèdent par souche lorsqu'ils viennent tous ou en partie par représentation.

70. 2° Si le défunt n'a laissé ni postérité, ni frères, ni sœurs, ou descendants d'eux, la moitié de sa succession est dévolue à ses ascendants de la ligne paternelle, et l'autre moitié aux ascendants de la ligne maternelle.—Celui qui se trouve au degré le plus proche recueille la moitié affectée à sa ligne à l'exclusion de tous autres.—Les ascendants au même degré dans la même ligne succèdent par tête. — S'il n'y a d'ascendants que dans une ligne, ils ne prennent toujours que la moitié de la succession, et l'autre moitié appartient aux parents les plus proches de l'autre ligne (1). —Dans ce dernier cas, si l'ascendant est le père ou la mère, il a en outre l'usufruit du tiers des biens auxquels il ne succède pas en propriété.

71. 3° En cas de prédécès des père et mère d'un individu mort sans postérité, ses frères et sœurs, ou leurs descendants, sont appelés, à l'exclusion de tous autres ascendants et collatéraux.

72. 4° Si le père et la mère de l'individu mort sans postérité lui ont survécu l'un et l'autre, et s'il y a en outre des frères ou sœurs du défunt, ou descendants d'eux, la succession se divise en deux portions égales, dont moitié seulement est déférée au père et à la mère qui les partagent entre eux également; l'autre moitié appartient aux frères, sœurs, ou descendants d'eux. — Si le père ou la mère seulement a survécu, les trois quarts de la succession appartiennent aux frères et sœurs, ou à leurs descendants.

73. 5° Le partage de ce qui est dévolu aux frères ou sœurs s'opère entre eux par égales portions, s'ils sont tous du même lit. — S'ils sont de lits différents, la division se fait par moitié entre les deux lignes paternelle et maternelle du défunt; les germains prennent part dans les deux lignes, et les utérins et consanguins chacun dans leur ligne seulement. — S'il n'y a de frères ou sœurs que d'un côté, ils succèdent à la totalité, à l'exclusion de tous autres parents de l'autre ligne. Ils excluent tous les parents qui ne sont pas dans le cas de la représentation.

74. 6° Dans tous les cas qui viennent d'être expliqués, les ascendants succèdent, *hors part et à l'exclusion de tous autres*, aux choses par eux données à leurs enfants ou descendants décédés sans postérité, lorsque les objets donnés se trouvent en nature dans la succession. — Si les objets ont été aliénés, les ascendants recueillent le prix qui peut en être dû; ils succèdent aussi à l'action en reprise que pouvait avoir le donataire.

75. 7° Si le défunt n'a laissé ni enfants ou descendants, ni frères ou sœurs, ou descendants d'eux, ni ascendants dans l'une et l'autre ligne, sa succession se divise en deux parts égales, l'une pour les parents de la ligne paternelle, l'autre pour les parents de la ligne maternelle. — La moitié dévolue à chaque ligne appartient à l'héritier, ou aux héritiers les plus proches en degré, soit de leur chef, soit par représentation entre eux, et il ne se fait pas de division entre les deux branches de la même ligne.

76. 8° A défaut de parents successibles dans une ligne, les parents de l'autre ligne succèdent pour le tout. — Toutes ces règles particulières, tribuns, sont en harmonie parfaite avec les principes que nous avons établis; toutes sont conformes au vœu de la nature, et il était impossible de suivre d'une manière plus exacte l'ordre des affections humaines : c'est une vérité de sentiment dont chacun de nous trouvera la preuve dans son cœur. — Je n'étendrai donc pas plus loin la discussion sur la partie du projet de loi relative aux successions légitimes. — Mais le projet établit une autre espèce de successions, qu'il appelle irrégulières, et il range dans cette classe 1° les droits des enfants naturels sur les biens de leurs père et mère; 2° la succession aux enfants naturels décédés sans postérité; 3° la transmission des biens de l'individu qui ne laisse pas d'héritiers légitimes. — Je discuterai brièvement ces trois objets.

77. *Droits des enfants naturels sur les biens de leurs père et mère, lorsqu'il y a des héritiers.* — L'ancienne législation était injuste et barbare à l'égard des enfants naturels; elle ne leur accordait que de simples aliments, même lorsqu'ils étaient reconnus, et la totalité des biens de leurs père et mère passait, à leur préjudice, aux parents collatéraux les plus éloignés, et même au fisc. — Les lois des 4 juin 1793 et 12 brumaire an II tombèrent dans un excès contraire; elles donnèrent aux enfants naturels tous les droits des enfants légitimes. — Le projet de loi a pris un tempérament beaucoup plus équitable et plus moral. — Il n'accorde pas aux enfants naturels les droits et les honneurs de la légitimité, il ne les place pas dans la famille, il ne les appelle même en aucun cas comme héritiers; mais il leur attribue, sur les successions de leurs père et mère, un droit proportionné à la valeur des biens, et dont la quotité se trouve plus restreinte lorsqu'il y a des enfants légitimes, plus étendue lorsqu'il n'y a que des ascendants ou frères ou sœurs, et plus considérable encore lorsque les parents successibles sont à des degrés plus éloignés.—Dans le premier cas le droit de l'enfant naturel est d'un tiers de la portion héréditaire qu'il aurait eue s'il eût été légitime; dans le second cas le droit est de la moitié; dans le troisième il est des trois quarts; mais il ne s'élève jamais à la totalité tant qu'il y a des héritiers légitimes. — Cette mesure concilie parfaitement les droits de la nature avec ce qu'exigent les bonnes mœurs, la faveur due au mariage, et les droits des familles. — En cas de prédécès de l'enfant naturel, ses descendants peuvent réclamer les mêmes droits, parce qu'ils le représentent.

78. L'enfant naturel ou ses descendants sont tenus d'imputer, sur ce qu'ils ont droit de prétendre, tout ce qu'ils ont reçu du père ou de la mère dont la succession est ouverte, et qui serait sujet au rapport d'après les règles établies dans le projet de loi. — Cette disposition est, pour les parents légitimes, une garantie que les enfants naturels n'auront pas plus que la loi ne permet de leur donner. — Les père et mère des enfants naturels pourront les réduire à la moitié de la portion que la loi leur attribue. — Il était convenable de laisser aux pères et mères cette faculté qui retiendra les enfants dans les devoirs de la piété filiale; mais aussi cette faculté devait avoir des limites, pour que les pères et mères n'eussent pas le pouvoir de priver entièrement les enfants naturels de leurs droits.

79. Quant aux enfants adultérins ou incestueux, la loi ne s'en occupe qu'avec regret. Ils existent; il faut bien qu'elle leur assure des aliments, mais elle ne leur confère aucun autre droit. Le crime qui leur a donné naissance ne permettait pas de les traiter comme des enfants nés de personnes libres.

80. *Succession aux enfants naturels décédés sans postérité.* — La succession de l'enfant naturel qui décède sans postérité doit appartenir au père ou à la mère qui l'a reconnu, ou par moitié à tous les deux, s'il a été reconnu par l'un et par l'autre. — L'enfant naturel qui ne laisse pas de descendants n'a aucuns parents légitimes, et, suivant le droit commun de la France, ses biens devraient passer au fisc. Il est préférable sans doute qu'il ait pour héritiers ses père et mere, qui, en le reconnaissant, ont rempli les devoirs de la nature et méritent de jouir de tous les droits de la paternité. — Il est également juste qu'en cas de prédécès des père et mère de l'enfant naturel, les biens qu'il en avait reçus retournent aux enfants légitimes, si lui-même n'a pas d'enfants ou descendants. — Mais le surplus de ses biens ne peut également appartenir aux enfants légitimes, parce qu'il ne peut y avoir entre eux et les enfants naturels de successibilité : ils ne sont pas membres de la même famille.—Les biens que l'enfant naturel n'a pas reçus de ses père et mère sont déférés, s'il n'a pas de postérité, à ses frères ou sœurs *naturels*, ou à leurs descendants, et, s'il n'y en a pas, à la République; et il est bien évident que cette successibilité établie entre les frères et sœurs naturels n'est qu'une faveur de la loi, le droit de succéder ne pouvant appartenir qu'aux parents légitimes : mais la République, qui seule en ce cas aurait des droits, peut y renoncer.

81. *A qui sont déférées les successions* ab intestat, *à défaut d'héritiers légitimes.* — Lorsque le défunt n'a pas laissé de parents, ou que ceux qu'il a laissés ne sont pas successibles d'après les règles précédemment établies, alors, mais alors seulement, la totalité des biens du défunt appartient à ses enfants naturels légalement reconnus, ou à leurs descendants; et il est en effet dans l'ordre de la nature qu'ils soient préférés à des étrangers. — Mais ils ne sont pas même encore appelés comme héritiers; ils sont tenus de demander aux tribunaux la délivrance des biens; et dans aucun cas ils ne peuvent réclamer de droits sur les successions *des parents* de leurs père et mère, parce qu'encore une fois ils ne sont jamais membres de la famille légitime. Ce n'est qu'à défaut de la famille, et parce qu'elle est éteinte, que les biens de leurs père et mère seulement leur sont déférés comme par déshérence.

82. A défaut d'héritiers légitimes et d enfants naturels les biens du défunt sont attribués à son conjoint survivant *non divorcé*, conformément à la disposition du droit romain, au titre *Unde vir et uxor*. — Cette disposition était observée dans tous les pays de droit ecrit; plusieurs de nos coutumes l'avaient formellement adoptée; elle était même suivie dans toutes les autres qui n'avaient pas de disposition contraire. — Il est naturel de présumer que les conjoints se préféraient au fisc pour se succéder l'un à l'autre. — Mais cette présomption de préférence ne pouvait plus exister lorsque les conjoints étaient divorcés. Le divorce les ayant rendus étrangers l'un à l'autre, comme s'ils n'avaient jamais été conjoints, le survivant ne peut pas plus avoir de droits que tout autre étranger quelconque à la succession du prédécédé.

83. Enfin, lorsqu'il n'y a ni héritiers légitimes, ni enfants naturels ou descendants, ni conjoint survivant non divorcé, les biens du défunt appartiennent à la République. — C'était une règle générale dans le pays de droit écrit comme dans le pays coutumier. — *Scire debet gravitas tua, intestatorum res qui sine legitimo hærede decesserint, fisci nostri rationibus vindicandas.* L. I, c. *De bon. vacant.* — Les biens qui ne se trouvent avoir aucun maître passent à l'usage du public, et appartiennent à la société entière.

84. Mais ni la République ni le conjoint survivant ne sont saisis des biens par le décès de celui qui en était le propriétaire : comme les enfants naturels, ils doivent demander aux tribunaux l'envoi en possession, et ils sont tous également tenus de faire apposer les scellés et de faire faire inventaire pour la sûreté des droits des héritiers légitimes qui peuvent se présenter par la suite, et à qui les biens doivent être restitués. — J'ai terminé, tribuns, l'examen de la partie la plus importante du projet de loi; l'autre partie, relative aux acceptations, aux renonciations, aux rapports, aux dettes, et aux partages, exigera moins de développements : elle n'offre pas à discuter, comme la première, un système nouveau; elle ne contient que des règles déjà connues, mais choisies avec beaucoup de discernement dans le droit écrit, dans les diverses coutumes, et dans la jurisprudence; je me bornerai donc à examiner les dispositions les plus importantes.

85. *De l'acceptation, de la renonciation, et du bénéfice d'inventaire.* — L'héritier appelé par la loi n'est pas tenu d'accepter la succession qui lui est échue : le droit français n'a jamais reconnu d'héritier nécessaire. — Mais la renonciation ne doit pas se présumer. L'héritier présomptif doit être toujours censé héritier tant qu'il n'a pas renoncé; et pour que sa renonciation soit constante et publique, le projet de loi exige qu'elle soit faite au greffe du tribunal de première instance dans l'arrondissement duquel s'est ouverte la succession. — Les coutumes et la jurisprudence variaient encore beaucoup à cet égard. — Suivant l'art. 43 des placités de Normandie, la coutume de Poitou, et quelques autres, l'héritier présomptif, quoiqu'il n'eût pas renoncé, n'était pas censé héritier s'il n'en avait pas fait acte ou pris la qualité. — D'autres coutumes, notamment celles d'Auvergne et de la Marche, avaient une disposition contraire. — On distinguait aussi pour la nécessité de la renonciation entre la succession directe et la succession collatérale; et la jurisprudence variait encore dans les pays dont les coutumes étaient muettes sur ce point. —Mais il est préférable de regarder comme héritier, tant qu'il n'y a pas de renonciation, celui qui est héritier présomptif : la loi lui a donné un droit réel; il est saisi de la succession dès le moment de son ouverture, et il ne peut être privé de son droit, il ne peut perdre la saisine, s'il n'y a expressément renoncé. — Appelé par la loi, c'est à lui à s'expliquer; et il faut aussi que les créanciers de la succession connaissent l'héritier contre lequel ils peuvent se pourvoir.

86. Cependant, s'il n'a pas accepté, il ne peut être poursuivi par les créanciers immédiatement après l'ouverture de la succession. A compter de cette époque il a trois mois pour faire inventaire, et en outre quarante jours pour délibérer sur l'acceptation ou la renonciation. Pendant la durée de ces délais il ne sera pas contraint à prendre qualité, et il ne pourra être obtenu contre lui de condamnation

87. L'effet de l'acceptation remonte au jour de l'ouverture de la succession : *Hæres quandoque adeundo hæreditatem, jam tunc à morte successisse defuncto intelligitur.* L. 54, § *De acq. vel omit. hæred.* — L'acceptation ne résulte pas seulement d'un acte authentique ou privé dans lequel on aurait pris le titre ou la qualité d'héritier; elle résulte encore de tout acte qu'on n'avait droit de faire qu'en qualité d'héritier, et qui suppose nécessairement, de la part de l'héritier qui l'a fait, l'intention d'accepter la succession. — Ainsi une donation, vente ou transport de ses droits successifs, et une renonciation faite moyennant un certain prix, sont des actes d'adition d'hérédité. — La renonciation, *même gratuite* au profit d'un ou de plusieurs des héritiers, et non pas au profit de tous, est aussi un acte d'héritier, par la raison que celui qui renonce vraiment doit s'abstenir de tout ce qui

(1) Néanmoins si le défunt a disposé des trois quarts de ses biens, la *totalité* du quart qui reste dans la succession *ab intestat* appartient aux ascendants, lorsqu'il n'y a pas de frères ou sœurs ou descendants d'eux, conformément à l'art. 915 du Code, titre *des Donations et Testaments*

concerne l'hérédité; que conséquemment il n'a le droit de disposer de sa portion en faveur de personne, et que si de semblables dispositions étaient permises, on vendrait tous les jours effectivement ses droits sous le titre d'une renonciation gratuite. — Mais les actes purement conservatoires de surveillance et d'administration provisoire ne sont pas des actes d'héritier, si l'on n'y a pas pris le titre ou la qualité d'héritier.

88. Une succession peut être acceptée purement et simplement, ou sous bénéfice d'inventaire. — Lorsqu'elle est acceptée purement et simplement, l'héritier est tenu indéfiniment, même sur ses biens personnels, de toutes les charges et dettes de l'hérédité : il représente entièrement le défunt. — L'effet du bénéfice d'inventaire est de donner à l'héritier l'avantage, — 1° De n'être tenu du payement des dettes de la succession qu'à concurrence de la valeur des biens qu'il a recueillis, même de pouvoir se décharger du payement des dettes en abandonnant tous les biens de la succession aux créanciers et aux légataires; 2° De ne pas confondre ses biens personnels avec ceux de la succession, et de conserver contre elle le droit de réclamer le payement de ses créances. — L'héritier bénéficiaire administre les biens de la succession, à la charge de rendre compte, et ne peut vendre les meubles qu'aux enchères, et les immeubles dans la forme prescrite par le code de procédure civile.

89. L'héritier qui renonce est censé n'avoir jamais été héritier; mais s'il avait fait antérieurement un acte d'adition d'hérédité, sa renonciation ne serait pas valable, et pourrait être contestée par les créanciers. — L'héritier qui a diverti ou recélé des effets d'une succession est déchu de la faculté d'y renoncer; il demeure héritier pur et simple, et ne peut prétendre aucune part dans les objets divertis ou recélés ; c'est une juste peine de sa fraude. — Il fallait aussi veiller aux intérêts des créanciers dans le cas où un héritier renoncerait au préjudice de leurs droits. Ils sont admis à se faire autoriser par justice à accepter la succession du chef de leur débiteur, et en son lieu et place ; mais la renonciation n'est annulée en ce cas qu'en faveur des créanciers, et jusqu'à concurrence seulement de leurs créances ; elle ne l'est pas au profit de l'héritier qui a renoncé.

90. La femme mariée ne peut valablement accepter une succession sans l'autorisation de son mari, ou de justice, conformément aux dispositions du chapitre 6 du cinquième titre du Code civil. — Les successions échues aux mineurs et aux interdits ne peuvent être valablement acceptées que conformément aux dispositions du titre sur les tutelles.

91. Le majeur ne peut attaquer l'acceptation expresse ou tacite qu'il a faite d'une succession que dans le cas où cette acceptation aurait été la suite d'un dol pratiqué envers lui : il ne peut jamais réclamer sous prétexte de lésion, excepté seulement dans le cas où la succession se trouverait absorbée ou diminuée de plus de moitié par la découverte d'un testament inconnu au moment de l'acceptation. — Le dol vicie tous les contrats; mais si la lésion était admise en cette matière, il n'y aurait jamais rien de certain. L'héritier a le moyen de ne pas s'y exposer en ne se portant héritier que sous bénéfice d'inventaire.

92. La faculté d'accepter ou de répudier une succession se prescrit par le laps de temps requis pour la prescription la plus longue des droits immobiliers. — Tant que la prescription du droit d'accepter n'est pas acquise contre l'héritier qui a renoncé, il a la faculté d'accepter encore la succession; mais il ne peut exercer cette faculté que dans le cas seulement où la succession n'a pas été acceptée par d'autres héritiers, et sans préjudice des droits acquis à des tiers sur les biens de l'hérédité.

93. Les coutumes avaient imaginé un nouveau moyen d'exclure les filles des successions; c'était de les faire renoncer dans leurs contrats de mariage à des successions même non encore échues. — Il est évident que ces renonciations, contraires au principe général qui veut qu'on ne puisse renoncer à la succession d'un homme vivant, avaient la même origine et les mêmes motifs que les exclusions coutumières; c'était toujours pour conserver aux mâles, et surtout à l'aîné, une grande fortune pour soutenir l'éclat et le nom de la famille. — Les renonciations auxquelles on forçait les filles de souscrire par leurs contrats de mariage, et sans lesquelles on ne leur permettait guère de se marier, avaient donc la même tache d'injustice et de féodalité que les exclusions coutumières; elles blessaient également la nature et l'égalité, et il fallait également les proscrire. Le projet de loi se prononce à cet égard d'une manière très-positive : « On ne peut, même par contrat de mariage, dit l'art. 791, renoncer à la succession d'un homme vivant, ni aliéner les droits éventuels qu'on peut avoir à cette succession. »

94. *Des Rapports.* — Il est dans les principes de l'équité que tout héritier rapporte à ses cohéritiers les dons et legs qu'il a reçus de la part du défunt, à moins qu'il n'en soit valablement dispensé. — Aussi le rapport était le droit commun dans la France, et un très-petit nombre de coutumes en avaient dispensé. — La loi 1re, D., *De collatione*, commence par ces mots : *Hic titulus manifestam habet æquitatem.* — Si le rapport n'était pas connu dans l'ancien droit romain, c'est que dans aucun cas il ne pouvait y avoir lieu, puisque la loi des Douze-Tables n'appelait à la succession du père que les enfants siens, c'est-à-dire ceux qui étaient sous la puissance du père de famille au moment de son décès, et que cette puissance empêchait toutes obligations, tous actes, et par conséquent toutes donations entre le père et les enfants. — Mais lorsque le préteur eut appelé à la succession les enfants émancipés, comme toutes les acquisitions faites par les héritiers siens faisaient partie de la succession du père, et qu'au contraire les enfants émancipés pouvaient acquérir pour leur propre compte, il devint nécessaire, pour établir l'égalité entre eux, d'introduire une espèce de rapport, c'est-à-dire d'obliger les émancipés à confondre aussi dans la succession les biens qu'ils avaient acquis. — Ce rapport, qui n'était dans l'origine qu'une indemnité en faveur des héritiers siens, s'étendit successivement à d'autres cas, à mesure qu'il s'opéra des réformes dans la législation. — Il n'eut lieu d'abord que dans les successions *ab intestat*, ou du moins il fallait qu'il fût expressément ordonné pour les successions testamentaires; mais Justinien ordonna par la novelle 18, chap. 6, qu'il aurait lieu entre les héritiers institués, comme entre les héritiers légitimes, et que, pour en dispenser il faudrait une prohibition expresse de la part du testateur. — Tel est le dernier état de la législation romaine sur cette matière, et les pays de droit écrit s'y conformaient entièrement.

Nos coutumes variaient beaucoup à cet égard. — Les unes rejetaient absolument le rapport; d'autres ne l'admettaient qu'avec des modifications diverses; mais il n'en était aucune qui contînt une disposition absolument prohibitive, et à laquelle par conséquent la volonté de l'homme ne pût déroger.

95. Nous allons voir comment le projet de loi a réglé d'une manière uniforme ce qui l'était si diversement dans le droit écrit et dans les coutumes. — Le droit romain ne soumettait à la loi du rapport que les héritiers en ligne directe descendante; il en exemptait les ascendants et les collatéraux. — Plusieurs coutumes soumettaient également au rapport les héritiers de toutes les lignes ; et le projet de loi a préféré cette disposition générale, parce qu'elle est en effet la plus équitable, parce qu'elle est conforme au principe d'égalité qu'il faut tendre continuellement à établir dans toutes les successions, et qu'enfin, à l'égard des collatéraux et des ascendants comme à l'égard des descendants, la présomption de la volonté du défunt est en faveur du rapport, lorsqu'il n'en a pas formellement dispensé, quoiqu'il en eût le droit.

96. Il y avait des coutumes dans lesquelles on ne pouvait dispenser du rapport à la succession, et d'autres dans lesquelles la dispense était permise, mais en prohibant expressément le rapport, ou en qualifiant la donation de préciput. — Suivant le droit écrit, le rapport pouvait être également prohibé, et il fallait aussi que la prohibition fût expresse, *nisi expressim designaverit se velle non fieri collationem*, dit Justinien, novelle 18, chap. 6. — Le projet de loi autorise le donateur ou testateur à dispenser du rapport, mais seulement jusqu'à concurrence de la quotité qui était disponible de la part du testateur ou donateur. En effet, puisque la loi permet à l'homme de disposer en propriété d'une certaine portion de ses biens, même en faveur de ses héritiers, il est conséquent qu'il puisse dispenser du rapport de la chose qu'il donne, si elle n'excède pas la portion disponible; autrement il n'en aurait pas réellement la disposition libre et entière.

97. Le projet de loi dispense même formellement du rapport les donataires qui ne se trouvent pas successibles des donateurs au moment de l'ouverture des successions, et tous ceux qui ne viennent pas par représentation des donataires aux successions des donateurs. — Mais cette dispense ne peut toujours avoir lieu que jusqu'à concurrence de la portion disponible. — Ainsi l'héritier qui renonce à la succession peut retenir le don entre-vifs, ou réclamer le legs jusqu'à concurrence de la portion disponible. — Dans le droit romain, la renonciation à l'hérédité dispensait pareillement du rapport; il était même permis à la fille qui renonçait de réclamer sa dot. — Le plus grand nombre des coutumes avait une disposition semblable; mais d'autres aussi avaient une disposition contraire, ou ne dispensaient du rapport l'héritier renonçant que dans certains cas. — La dispense entière est admise dans tous les cas par le projet de loi; et la raison qui la justifie, c'est que, le rapport n'ayant d'autre objet que d'établir l'égalité entre les cohéritiers, il ne peut être dû que par les héritiers; et l'on ne doit pas craindre que ce soit un moyen de faire des avantages frauduleux, puisque la portion disponible étant fixée par la loi, le donateur ou testateur aurait pu lui-même en disposer, même en dispensant expressément du rapport.

98. Par une autre conséquence du même principe, le donataire, qui n'était pas héritier présomptif lors de la donation, mais qui se trouve successible au jour de l'ouverture de la succession, doit le rapport, à moins que le donateur ne l'en ait dispensé. — Mais le fils de celui qui se trouve successible n'est pas soumis au rapport, parce qu'il n'est pas lui-même héritier : ce sera bien, si l'on veut, un avantage indirect pour le père dans certaines circonstances; mais il ne faut pas oublier que la portion disponible est réglée, et que l'aïeule pouvait la donner à son fils comme à son petit-fils. — Pareillement le fils venant de son chef à la succession du donateur n'est pas tenu de rapporter le don fait à son père, même quand il aurait accepté la succession de celui-ci; mais s'il vient par représentation, il doit rapporter ce qui avait été donné à son père, même dans le cas où il aurait répudié sa succession. — La raison de la différence, c'est que, dans le second cas, prenant la place de son père, il doit remplir les obligations dont son père était tenu, puisqu'il profite de ses droits, et conséquemment qu'il doit faire le rapport qui était dû par son père; au lieu que, dans le premier cas, venant de son chef, et non par représentation, il ne peut être tenu, comme héritier personnel du donateur, du rapport d'une chose qui ne lui a pas été donnée, et qu'en ce cas l'obligation au rapport qui était à la charge de son père ne peut l'affecter lui-même, quoiqu'il ait accepté sa succession, puisqu'il ne vient pas à la succession du donateur comme héritier de son père, et qu'on ne doit confondre ni ses deux qualités, ni les deux successions.

99. Toujours, par conséquence des mêmes principes, le conjoint de l'époux successible n'est pas tenu au rapport de ce qu'il a reçu personnellement; mais si les dons et legs ont été faits conjointement aux deux époux, celui qui est successible doit le rapport de la moitié, à moins qu'il n'en ait été dispensé. — Ainsi, dans tous les cas, le rapport n'est dû que par le cohéritier à son cohéritier; il n'est pas dû aux légataires, ni aux créanciers de la succession, parce que, encore une fois, le rapport n'a d'autre objet que l'égalité entre les cohéritiers, et qu'il ne peut conséquemment être ordonné qu'en leur faveur.

100. Les frais de nourriture, d'entretien, d'éducation et d'apprentissage, les frais ordinaires d'équipement, ceux de noces et présents d'usage, ne doivent pas être rapportés; mais le rapport est dû de ce qui a été employé pour l'établissement d'un des cohéritiers ou pour le payement de ses dettes. — Telle était la disposition du droit écrit et de presque toutes les coutumes; elle est équitable. Il serait beaucoup trop sévère que les aliments et les frais d'éducation fussent sujets au rapport; il faut aussi laisser quelques droits à la nature et à la tendresse, et ce serait les contraindre d'une manière insupportable, que de leur interdire jusqu'à de simples dons, qui d'ailleurs sont si utiles pour resserrer les liens de famille. — Mais les frais d'établissement et le payement des dettes sont de véritables libéralités qui, à raison de leur importance, doivent rentrer dans la règle générale.

101. Il y a plus de difficulté à l'égard des associations qui avaient été faites entre le défunt et l'un de ses héritiers, et généralement de toutes conventions entre eux dont l'héritier a pu retirer quelques profits. — Mais il ne pouvait leur être défendu de s'associer, et de faire toutes autres conventions, pourvu qu'il n'y eût ni fraude, ni avantage indirect en faveur de l'héritier; et quoique ces conventions leur aient procuré à l'un comme à l'autre des profits, ce n'est pas toujours une preuve qu'il y eût réellement avantage indirect de la part du défunt. — C'est donc l'intention réelle et le fait qu'il faut considérer dans cette matière. — Si le défunt n'a rien tiré de son patrimoine pour le faire entrer dans celui de son héritier, s'il a traité avec lui comme il aurait traité avec un étranger, quoiqu'il en soit résulté des profits pour l'héritier, il n'y a pas lieu à rapport. — Le défunt a bien procuré à son héritier l'occasion de gagner; mais il l'a fait sans rien perdre lui-même, et il n'y a que la certitude d'un avantage frauduleux qui puisse en pareil cas obliger au rapport.

102. *Du payement des dettes.* — Les héritiers représentent celui auquel ils succèdent, et comme tous ses droits actifs leur appartiennent, ils supportent aussi toutes les charges et les dettes dont il était tenu. — Ainsi les créanciers du défunt ont contre eux les mêmes droits qu'ils avaient contre lui.

103. Il est de justice que chaque cohéritier ne contribue à l'acquit des dettes et charges de la succession que dans la proportion de ce qu'il y prend : néanmoins, il n'est pas seulement tenu personnellement pour sa portion virile, il est encore tenu hypothécairement pour le tout, c'est-à-dire que les créanciers hypothécaires peuvent

rcer la totalité de leurs droits sur la portion de biens qui lui est échue, co que l'hypothèque est indivisible et ne peut être ni détruite, ni morcelée par nutation de propriété ou par la division des biens; mais en ce cas l'héritier a recours, soit contre ses cohéritiers, soit contre les autres successeurs à titre versel, à raison de la part pour laquelle ils doivent y contribuer. — Il ne peut endant exercer ce recours contre les autres cohéritiers ou successeurs à titre uni-sel, que pour la part que chacun d'eux doit personnellement en supporter, quoi-il se soit fait subroger aux droits des créanciers, parce que cette subrogation est avantage qu'il doit communiquer à tous ses cohéritiers, et qu'il y aurait circuit ctions s'il se faisait payer la totalité par un de ses cohéritiers, qui en ce cas iendrait à son tour contre lui par la force de l'hypothèque et de la subrogation.— ns le cas d'insolvabilité d'un des cohéritiers ou successeurs à titre universel, sa t dans la dette hypothécaire est répartie sur tous les autres, au marc le franc.

104. Le légataire à titre universel contribue avec les héritiers, au prorata de émolument; mais le légataire particulier n'est pas tenu des dettes et charges, ce qu'elles doivent être déduites avant de lui délivrer le legs, si le legs excède la lion dont le testateur pouvait disposer sans aucune charge. — Le légataire uni-sel est celui auquel le testateur a légué tous ses biens. — Le légataire à titre versel est celui auquel le testateur a légué une quote-part de ses biens, telle une moitié, un tiers, ou tous ses immeubles, ou tout son mobilier, ou une quotité de tous ses immeubles, ou de tout son mobilier. — Le légataire particulier est ui auquel le testateur a légué un ou plusieurs objets certains et déterminés, comme maison qui est désignée, un ou plusieurs domaines qui sont spécialement indi-és, une somme fixe en argent, en bijoux, etc.

105. Le plus grand nombre de nos coutumes avait admis que le créancier du défunt pouvait exercer de poursuites contre les héritiers personnellement, qu'après ir fait déclarer exécutoires contre eux les titres authentiques qu'il avait contre défunt.—Mais cette formalité, qui ne servait qu'à occasionner des frais, à mul-ier les procès, et à fournir au débiteur de mauvaise foi des exceptions de forme ur éluder le payement, était évidemment en opposition avec ce principe, que éritier représente le défunt, et succède à tous ses droits actifs et passifs, et avec autre principe également incontestable, qu'un titre authentique ne peut être al-é par l'événement du décès du débiteur. — Lorsqu'un héritier poursuit le paye-nt d'une créance de la succession, il n'a pas besoin d'un jugement qui le recon-sse pour créancier, il suffit que sa qualité d'héritier soit certaine. — Pourquoi nc, lorsqu'il est poursuivi lui-même par un créancier du défunt en vertu d'un titre hentique, serait-il nécessaire d'obtenir un jugement qui le reconnaisse pour dé-eur? Sa qualité de débiteur ne résulte-t-elle pas *ipso jure* de celle de l'héritier? t-ce pour lui donner un délai qu'on a imaginé cette procédure? Mais il a déjà eu is mois pour faire inventaire, et quarante jours pour délibérer, et l'on a déjà vu e dans cet intervalle de temps il ne peut être poursuivi par les créanciers. — On urrait donc tout au plus obliger le créancier à faire signifier ses titres à l'héritier, après cette signification surseoir encore pendant quelques jours aux poursuites, ur que l'héritier puisse vérifier si les titres sont légitimes, et s'opposer à leur écution s'il en a le droit : cette disposition se trouve dans le projet de loi; mais abroge expressément toute action en déclaration de titre exécutoire, parce qu'il évident que cette action, absolument inutile et contraire aux principes, n'est un germe de procès que le Code civil doit prévenir.

106. *Du partage.* — Ceux qui ont une chose commune entre eux, dit Domat, peuvent être contraints de la posséder, toujours indivise. Ils peuvent bien con-oir de remettre le partage à un certain temps, mais non pas qu'il ne puisse ja-is être fait. — Les père et mère ne peuvent pas même défendre le partage entre rs héritiers, dit Lebrun; ce serait vouloir empêcher l'exécution des lois dans rs successions, ce qui est contre la disposition de la loi, *Nemo*, ff. *De legat.* 1. Conformément à ces principes, le projet de loi dispose que nul ne peut être con-int à demeurer dans l'indivision, et que le partage peut être toujours provoqué nobstant prohibitions ou conventions contraires. — On peut cependant convenir suspendre le partage pendant un temps limité; mais cette convention ne peut e obligatoire au delà de cinq ans : seulement elle peut être renouvelée.

107. Suivant la glose sur la loi, *Si major c. communi divid.*, le partage était ésumé par une jouissance divise pendant dix années entre présents, et vingt an-es entre absents. — Quelques coutumes avaient une disposition semblable. — ais l'action en partage pouvant être exercée pendant trente ans, lorsqu'il y a indi-sion, il serait contradictoire que l'un des héritiers pût acquérir par une jouis-nce moins longue de la part de son cohéritier. La jouissance séparée ne peut être une *présomption* de partage; et cette présomption ne doit pas l'emporter sur le oit de partage qui appartient à chaque héritier, à moins que la jouissance divise ait été assez longue pour anéantir le droit par la prescription.—Aussi on admet-t presque généralement qu'une jouissance divise pendant un temps qui ne pou-it acquérir la prescription ne nuisait pas à l'action en partage; et le projet de loi opte cette disposition.

108. Le partage a pour objet de faire cesser l'indivision et d'attribuer à chaque héritier la portion à laquelle il a droit sur la masse commune : il n'est question ns un partage que de distribuer à chacun la juste valeur de ce qui lui appartient de ce qu'il possédait auparavant par indivis. Ce n'est pas une affaire de négoce de commerce : il n'y a de part et d'autre ni vente ni échange; tout consiste à ré-er divisément la portion dont chacun était déjà propriétaire dans la masse indivise. Il faut donc que l'égalité règne dans les partages : elle y est rigoureusement né-ssaire, et toutes les conséquences qui en résultent doivent être maintenues avec n. — Ainsi chacun des cohéritiers ayant également son droit sur chaque espèce biens de la succession, chacun d'eux peut demander sa part en nature des meu-es et des immeubles; et si cette distribution ne peut avoir lieu sans morceler les ritages et sans diviser les exploitations, ce qu'il faut toujours éviter, on doit au oins faire entrer, s'il se peut, dans chaque lot la même quantité de meubles, d'im-eubles, de droits ou de créances de même nature et valeur.

109. Si le rapport des choses qui avaient été données à l'un des héritiers ne peut s être fait en nature, les cohéritiers auxquels il est dû ont droit de prélever une rtion égale sur la masse de la succession, et ces prélèvements doivent se faire, tant que possible, en objets de même nature, qualité et bonté, que les objets non pportés. — Mais si la formation des lots égaux en nature n'est pas praticable sans ire à tous les héritiers, elle ne peut être exigée par un ou plusieurs d'entre eux; dans ce cas l'inégalité des lots se compose par un retour, soit en rente, soit en gent.

110. C'est encore un des effets de l'égalité qui doit régner dans les partages, que us les cohéritiers soient garants respectivement de leurs lots, et des troubles et évictions qu'ils peuvent mutuellement éprouver. — Cette garantie est de droit; il n'est pas besoin de l'exprimer : on peut cependant y déroger en tout ou en partie par une clause expresse de l'acte de partage; elle cesse lorsque c'est par sa faute que le cohéritier souffre l'éviction.

111. Les étrangers qui achètent des droits successifs apportent presque toujours la dissension dans les familles et le trouble dans les partages. Le projet de loi donne le moyen de les écarter. L'art. 841 dispose que toute personne, même parente du dé-funt, qui n'est pas son successible, et à laquelle un cohéritier aurait cédé son droit à la succession, peut être écartée du partage, soit par tous les cohéritiers, soit par un seul, en lui remboursant le prix de la cession. — Cette disposition infini-ment sage est conforme aux lois *Per diversas et ab Anastasio*, qui avaient été gé-néralement admises dans notre jurisprudence. — Il est de l'intérêt des familles qu'on n'admette point à pénétrer dans leurs secrets, et qu'on n'associe point à leurs affaires des étrangers, que la cupidité ou l'envie de nuire ont pu seules déterminer à devenir cessionnaires, et que les lois romaines dépeignaient si énergiquement par ces mots *Alienis fortunis inhiantes*.

112. Il ne doit être procédé à la licitation que dans le cas seulement où les im-meubles ne peuvent pas se partager commodément, c'est-à-dire sans désavantage pour les héritiers. — Entre majeurs présents, les partages peuvent être faits à l'amiable, et il doit être procédé à la vente par licitation devant le tribunal, à moins que les parties ne consentent qu'elle ait lieu devant un notaire. — Mais si tous les cohéri-tiers ne sont pas présents, ou s'il y a parmi eux des interdits, ou des mineurs même émancipés, les partages et licitations ne peuvent avoir lieu qu'en justice. — Les partages qui ont été faits conformément aux règles prescrites, soit avec les tuteurs, dûment autorisés, soit avec les mineurs émancipés, autorisés par leurs curateurs, soit au nom des absents ou non présents, avec les parents envoyés en possession, sont définitifs : ils ne sont que provisionnels, si les règles prescrites n'ont pas été observées.

113. Mais quoique définitifs, ils peuvent être rescindés pour cause de violence ou de dol, et même pour cause de lésion. — Le dol et la violence, qui sont des vices résolutifs de tous les contrats, semblent encore plus odieux dans un acte de famille. — L'égalité qui doit être observée dans les partages exigeait aussi que la rescision fût admise pour cause de lésion, et même pour une lésion moindre que celle qui est nécessaire en vente ordinaire, puisque dans les ventes ordinaires il se fait une espèce de commerce ou de négoce qui n'exige pas une égalité aussi rigoureuse que dans les partages où rien n'est à commercer ni à négocier. — C'est par ce motif qu'il était généralement reçu dans notre droit français que la lésion de plus du quart suffisait pour opérer la rescision des partages : le projet de loi maintient cette disposition; et pour qu'on ne puisse pas l'éluder en donnant à l'acte de partage une autre dénomination, il dispose que tout acte qui aura pour objet de faire cesser l'indivision entre cohéritiers sera considéré comme un partage. — Cependant, comme il faut un terme aux actions rescisoires, si le partage a été suivi d'une transaction faite sur les difficultés réelles, il sera irrévocable, même quand il n'y aurait pas eu à ce sujet de procès commencé. — On verra au titre *des prescriptions* par quel laps de temps doit se prescrire à l'avenir l'action en rescision; jusqu'à ce qu'il en soit autrement ordonné, elle sera admise pendant dix ans, conformément à la législation actuellement existante.

114. C'était une question controversée parmi les jurisconsultes et diversement décidée par les tribunaux, que de savoir si la lésion devait donner lieu à la restit-tution contre une vente de droits successifs faite avant le partage, sans garantie et aux risques et périls de l'acquéreur. — D'une part, on disait que la restitution ne pouvait avoir lieu pour cause de lésion contre les contrats où le prix de la chose était incertain, parce qu'alors il était impossible de juger s'il y avait réellement lésion, et l'on en concluait que la rescision ne pouvait être admise contre les ventes de droits successifs faites sans garantie, et aux risques et périls de l'acquéreur, parce que l'incertitude sur les dettes, et même sur la quotité des biens, rendait absolument incertain le prix de la vente : c'était, dit-on, le *jactus retis* permis par les lois romaines. — D'autre part, on distinguait entre la vente de droits successifs faite à un étranger et celle faite à un cohéritier. — A l'égard de la première, on convenait qu'elle ne pouvait être rescindée pour cause de lésion, mais seulement pour cause de violence ou de dol. — Quant à la seconde, on soutenait que le pre-mier acte entre cohéritiers qui faisait cesser l'indivision était toujours un partage, quelque dénomination qui lui eût été donnée, et l'on invoquait l'égalité qui devait être constamment la base des actes entre cohéritiers. — Quelques-uns cependant convenaient encore qu'il n'y avait pas lieu à rescision, même entre cohéritiers, si le vendeur était censé avoir eu la même connaissance que l'acquéreur des forces de la succession. Dans cette opinion, c'était évidemment n'admettre la rescision qu'en cas de dol et de fraude, c'est-à-dire, si l'héritier acquéreur, qui connaissait bien la valeur de la succession, avait trompé le vendeur qui ne la connaissait pas. — Le projet de loi n'admet pas l'action en rescision pour cause de lésion contre une vente de droits successifs faite à un étranger : mais on a déjà vu que cet étranger pourra être écarté du partage par les cohéritiers du vendeur. — Il n'admet pas même, en général, l'action en rescision pour simple lésion lorsque la vente a été faite à l'un des cohéritiers; mais si la lésion est l'effet de la fraude, dans ce cas seulement elle peut donner lieu à la rescision. — Les tribunaux décideront quand il y aura fraude : elle dépend presque toujours de circonstances particulières sur lesquelles on ne peut établir de règles générales.

Tribuns, je termine enfin une discussion qui peut-être vous a semblé trop longue, et qui n'a pu fixer votre attention que par l'importance de son objet. — Je ne ferai plus qu'une seule observation, et vous en approuverez les motifs. — L'ora-teur du gouvernement a dit, en présentant le projet de loi au corps législatif, que ce projet, médité longtemps au conseil d'État, avait encore acquis un degré de perfec-tion par les observations des commissaires du tribunat : nous devons aussi à la vérité de déclarer publiquement que votre section de législation avait donné un assentiment unanime à l'ensemble et à toutes les dispositions les plus importantes du premier projet, qu'elle en avait généralement adopté les principes et les bases, et qu'elle avait trouvé dans la rédaction un modèle de précision et de clarté. — En-core amélioré dans quelques parties, ce projet présente aujourd'hui le système le plus heureusement combiné, le plus conforme à la nature, à la raison, à nos mœurs, à notre état social; c'est un code complet sur la matière, et votre section vous pro-pose à l'unanimité, tribuns, d'en voter l'adoption.

Discours prononcé au corps législatif par le tribun Siméon, l'un des orateurs chargés de présenter le vœu du tribunat sur la loi relative aux successions. — (Séance du 29 germ. an 11.)

115. Législateurs, quand l'instinct est la nature de l'homme ne le porteraient

pas essentiellement à la société, sa raison l'y aurait amené. Sa sûreté individuelle et sa propriété, les deux choses qui le touchent le plus, prennent, en effet, dans l'état social, une force immense. — Sans la société il serait réduit à ses seules forces, ou fortuitement à celles de quelques individus qu'un intérêt passager lui réunirait; aucune prévoyance en commun de l'avenir; point de cette vigilance publique qui s'occupe des individus sans qu'ils y songent; point de propriété, que de la chose dont on serait réellement et physiquement saisi. — La société seule peut garantir à l'homme le champ qu'il a cultivé et qu'il ne saurait garder: la propriété ne serait qu'un rêve et une prétention chimérique si la société ne la consolidait et ne la soutenait. — C'est donc pour être libre de sa personne et maître de sa chose que l'homme s'est mis en société, si toutefois il n'y naquit pas originairement, et si elle n'est pas un bienfait que le ciel lui accorda avec l'existence. — La sûreté et la propriété, bases de la société, doivent l'être aussi du Code civil. — La sûreté individuelle ne se borne pas dans l'état de société à la faculté d'aller, de venir, de disposer de soi; elle se compose de tout ce qui tient à l'état de la personne, à ses droits de famille, à sa manière d'exister socialement: c'est pour cela que l'état des personnes a dû être le premier objet du Code. Le second, celui qui va vous occuper maintenant, législateurs, est la propriété.

116. La propriété s'acquiert et se transmet. — Avant de régler comment elle se transmettra, il faut déterminer comment elle s'acquiert. — Si l'*occupation* fut le mode d'acquérir le plus naturel et par conséquent le premier, il ne saurait être considéré dans l'état social. En effet, l'occupation n'est qu'un fait qui cesse avec la détention de la chose. — Un autre peut occuper ce que j'occupais tout à l'heure, et que j'ai abandonné. Il faut, pour empêcher ces occupations successives qui seraient une source de dissensions et de querelles, quelquefois sanglantes, que l'occupation reçoive un caractère légal, et que le fait qui la constitue soit converti en droit. — L'occupation, sans autre titre, d'un immeuble, ne sera donc pas un moyen de l'acquérir.

117. La propriété immobilière s'acquiert et se transmet par succession, par donation, par contrats, ou par suite des contrats. — Elle s'acquiert aussi par l'accession qui vient s'ajouter et s'incorporer à ce que nous possédons déjà, ou par la prescription qui consacre la possession. — La possession est une détention de fait et de droit qui dispense de la détention continuelle et lui substitue la détention de volonté. — La détention de fait appartient à l'ordre naturel; l'ordre social ne peut la reconnaître qu'en la légalisant. — Il n'y a donc de moyen d'acquérir ce qui a déjà un maître que par son consentement, par son obligation, ou par prescription.—Ce qui n'a point de maître est réservé à l'usage commun de tous, d'après les lois de police qui en règlent l'usage.

118. Quant aux choses mobilières, quoique par leur nature elles soient, même dans l'ordre social, susceptibles de l'occupation et de la détention continuelle, la société a dû régler aussi la manière dont on les acquerrait. C'est pour cela que l'occupation simplement et proprement dite n'est pas mentionnée même à leur égard. — L'état social ne permet pas que la chasse, la pêche, les trésors, les effets que la mer rejette, les choses perdues, soient, comme dans l'état de nature, au premier occupant. — L'usage des facultés naturelles, les faveurs du hasard et l'avantage de la primauté, ne doivent pas être en contradiction avec une propriété préexistante et mieux fondée en droit. — Ces notions préliminaires, qui auront leur développement dans des règles particulières, ont dû être placées à la tête du livre qui traite des différentes manières d'acquérir la propriété : ces lois seront hors du code, parce qu'elles ne sont pas d'un intérêt aussi important et aussi général que les successions, les donations entre-vifs ou testamentaires, et les obligations.

119. On pourrait s'étonner que de ces trois grands moyens d'acquérir ou de transmettre la propriété les successions soient le premier dont on s'occupe : il semble qu'il faudrait d'abord régler ce qui se fait pendant la vie avant de songer à ce qui arrive quand elle est terminée. — Néanmoins il y a plusieurs raisons de cette préférence : — 1° Les successions sont réglées et déférées par la loi : il faut statuer sur ce qu'elle veut avant d'en venir à ce qu'elle permet; — 2° La succession est une espèce de continuation du domaine du défunt en faveur de ses proches. Elle opère une moindre mutation de propriété que les donations entre-vifs, testamentaires, ou que les obligations. — Enfin on a pour ce que l'on veut faire pendant sa vie les règles de sa raison et les droits de sa volonté; mais il faut que la loi dispose sur ce qu'on n'a pas fait. Tous les jours on meurt, tous les jours on succède : les successions étaient l'objet le plus urgent à régler, celui qui rendait le code plus désirable et plus nécessaire.

120. Quelque important que soit l'état des personnes, quelque prééminence qui lui appartienne sur les biens, on n'a eu qu'à rassembler et améliorer des lois déjà bonnes. L'état des personnes n'avait pas été subverti autant que les successions bouleversées d'abord par l'effet rétroactif, morcelées ensuite par des divisions et des subdivisions infinies qui, pour donner quelque chose à chacun, auraient fini par ne laisser rien à personne. — La matière des successions est immense. Rassembler en quelques pages les principes qui doivent y présider, choisir les meilleurs modes de succéder, ceux qui sont le plus conformes à l'équité et les plus simples, qui préviennent le plus les contestations, ou qui en rendent la décision facile; faire connaître clairement aux citoyens des règles qui les intéressent tous individuellement, puisque tous sont appelés à recueillir et à transmettre des successions, tel est le but qu'on devait se proposer. J'espère, législateurs, que vous jugerez, comme le tribunat dont j'ai l'honneur de vous apporter le vœu, qu'il a été heureusement atteint. — L'ouverture des successions, les qualités requises pour y parvenir, les divers ordres des successions, les modes de les accepter ou de les répudier, ceux de les partager, ce sont les principaux objets sur lesquels le titre des successions devait statuer.

121. Aussitôt que nous mourons, tous les liens qui tenaient nos propriétés dans notre dépendance se rompent; la loi seule peut les renouer : sans elle les biens destitués de leurs maîtres seraient au premier occupant; chaque décès ramènerait l'incertitude et les désordres que l'état social a fait cesser. La *succession* est donc une institution civile par laquelle la loi transmet à un propriétaire nouveau et désigné d'avance la chose qui vient de perdre son propriétaire précédent. La mort seule ouvre la succession : il ne saurait y avoir de succession d'un homme vivant. — On ne regarde point tel ce coupable qui, grâce à l'humanité des lois, a conservé sa tête, mais marquée du sceau de l'infamie : il respire, il n'est point séparé de la nature, mais il l'est de la société qu'il a grièvement offensée; elle lui a retiré les prérogatives qu'elle donne; elle protégera encore la vie qu'elle lui a laissée, mais comme celle d'un esclave de la peine, qui ne peut rien posséder, qui n'a ni existence ni droits civils. La mort civile, comme la mort naturelle, offre donc la succession. — La mort naturelle est un fait physique et irrévocable qui frappe les yeux. La mort civile est une privation morale qui a besoin de jugement et d'exécution. Prononcée contre un contumax qui n'a point été entendu, qui peut-être serait absous s'il se présentait et se faisait entendre, elle n'est définitivement encourue qu'après un délai que les lois ont déterminé : ce n'est qu'à l'expiration de ce délai qu'elle donnera ouverture à la succession du condamné; car les lois aiment à le réputer encore capable des effets civils, tant qu'il est dans les délais qu'elles lui accordent pour se représenter et se justifier.

122. Quoique la mort naturelle soit un des faits les plus évidents et les plus faciles à constater, elle arrive quelquefois au loin sans qu'on en trouve de témoin; d'autres fois elle s'étend au même instant, dans un grand désastre, sur plusieurs personnes, sans que l'on sache quelles sont celles qui ont succombé les premières. Ce mystère est indifférent à éclaircir, si elles n'ont entre elles aucun rapport de successibilité; mais si un père et un fils, si une sœur et un frère ont péri dans le même naufrage ou le même incendie, il importe de déterminer quel est celui qui est décédé avant l'autre; car celui qui a survécu, ne fût-ce que d'un instant, a succédé; il a transmis à ses héritiers et sa propre succession et celle qui passa un moment sur sa tête; selon que l'on présumera la survie de l'un ou de l'autre, les héritiers seront différents. Il a fallu statuer sur ce cas, que les voyages d'outre-mer et mille accidents rendent commun. On a cherché à mettre autant qu'on l'a pu les présomptions constantes de la loi à la place des suppositions et des arguments intéressés des parties. On ne pouvait cependant pas exclure les circonstances du fait; elles auront le premier rang dans cette discussion : car les faits sont au-dessus des présomptions, qui ne peuvent en être que le supplément. — Ainsi, quoiqu'il soit présumable que dans une ruine commune le plus fort aura péri le dernier, cette présomption serait écartée s'il était prouvé que le danger capital a d'abord et premièrement investi le plus fort avant de s'étendre au plus faible : les conjectures tirées de la force de l'âge ou du sexe seront toujours subordonnées aux circonstances du fait, — Mais si l'on n'en connaît aucunes, ou si elles ne sont pas suffisantes, on les combinera avec les présomptions de la loi. Elle les établit avec une grande sagacité. — Toutes choses égales entre des enfants, le plus âgé est présumé avoir survécu. — Entre des sexagénaires, la présomption est toute contraire; elle est en faveur du plus jeune. — Entre un enfant et un vieillard, la présomption est encore pour la jeunesse. — A égalité d'âge, elle est pour le sexe le plus fort.

123. La mort, soit naturelle, soit civile, à l'instant où elle frappe définitivement, ouvre donc la succession. Elle l'ouvre au profit des héritiers légitimes; elle les saisit de plein droit du patrimoine du défunt, sans qu'il soit besoin d'aucune demande de leur part : utile et belle conception, au moyen de laquelle la propriété ne reste jamais en suspens, et reçoit, malgré les vicissitudes et l'instabilité de la vie, un caractère d'immutabilité et de perpétuité. L'homme passe, ses biens et ses droits demeurent; il n'est plus, d'autres lui-même continuent sa possession, et ferment subitement le vide qu'il allait laisser.

124. A défaut d'héritiers *légitimes* (on appelle ainsi ceux que les lois désignent pour recueillir de plein droit les successions), le code les accorde à un autre ordre de personnes; d'abord aux enfants naturels, s'il y en a, sinon à l'époux survivant, enfin à la République. Mais attendu qu'ils ne sont pas des héritiers légitimes proprement dits, ils ne sauraient être saisis de plein droit comme le sont les héritiers légitimes et réguliers; ils doivent recourir à justice et se faire envoyer en possession.

125. Maintenant que la mort ou naturelle ou civile a ouvert la succession et qu'elle en a saisi de plein droit les héritiers légitimes, il faut reconnaître ces héritiers, et savoir quelles sont les qualités dont ils ont besoin pour recueillir. — La première, c'est d'exister au temps où la succession s'ouvre; car s'il n'y a pas de succession d'un homme vivant, il n'est pas possible non plus qu'il y ait transmission du défunt à un autre défunt, ou à un être qui n'existe pas encore : pour être saisi, il faut être vivant. — On présume tel enfant qui croît au sein de sa mère; il est, en effet, ou le fils ou le parent du défunt, et s'il naît viable, il serait contraire à l'équité et à la raison que son existence certaine, quoiqu'elle ne fût pas entièrement développée, ne fît obstacle à des parents plus éloignés. — Comme un fait physique s'oppose à ce qu'un héritier qui n'a pas existé ou qui a cessé de vivre soit saisi, un fait légal empêche que le condamné à mort civile ne le soit aussi. Il faut avoir pour succéder la double capacité naturelle et civile. — La capacité civile appartient à tout Français jouissant de ses droits civils, et même aux étrangers dans les mêmes cas et de la même manière qu'ils nous l'accordent chez eux.

126. En vain on aurait la capacité de succéder, si l'on s'en était rendu indigne. Les Romains avaient multiplié les incapacités; nous les réduisons à trois : la condamnation pour attentat à la vie du défunt : on n'hérite pas de ceux qu'on assassine; — Une accusation capitale et calomnieuse portée contre lui; — L'indifférence pour son assassinat, qu'on n'a ni poursuivi ni dénoncé; à moins que le devoir de venger sa mort n'ait été étouffé par un devoir contraire, celui de ne pas se rendre dénonciateur d'un parent. — L'héritier exclu par indignité est à l'instar d'un possesseur de mauvaise foi. S'il avait joui de la succession, non-seulement on la lui ôterait, mais on lui en arracherait les fruits.

Les fautes sont personnelles. L'indignité du père ne nuira donc pas à ses enfants, s'ils peuvent venir de leur chef à la succession, et sans y représenter son odieuse tête; mais aussi la justice qui leur est accordée ne lui profitera pas : il ne pourrait prétendre, en vertu de sa puissance paternelle, aucun usufruit sur les biens de cette succession, de laquelle il a mérité d'être immédiatement repoussé.

127. Après avoir réglé les qualités des héritiers, il faut déterminer l'ordre dans lequel ils sont appelés. — Les bonnes lois ne sont guère que des déductions de la raison naturelle, appuyée sur l'équité, et dirigées par l'expérience des besoins de la société et des particuliers. Ce ne sont donc pas des innovations qu'il faut principalement attendre dans un code; on aimera, au contraire, à y retrouver ce qu'on savait, ce qu'on pratiquait, ce que l'usage avait prouvé bon, ou ce que l'habitude avait rendu commode et familier; on n'y désirera que la réforme des vices de législation bien constants, et les améliorations que réclament évidemment le progrès des lumières et les changements survenus dans les mœurs et dans la position des fortunes. — La raison indique pour les premiers héritiers d'un défunt ses enfants; à leur défaut, ses ascendants et ses collatéraux. Cette notion sera donc la première base de l'ordre des successions légitimes.

128. Mais distinguera-t-on dans les successions la nature et l'origine des biens? Chaque successeur viendra-t-il prendre les biens auxquels il pourrait prétendre avec plus de droit, sous le prétexte qu'ils étaient provenus de sa ligne? Les biens paternels iront-ils aux héritiers paternels? Adjugera-t-on aux héritiers maternels les biens maternels? Distinguera-t-on des acquêts, des propres et des biens en tenant lieu? — Ce fut l'usage d'une partie de la France jusqu'à la loi du 17 niv. an 2; c'était la règle commune des pays coutumiers. Moins heureux en cela que les pays

de droit écrit, la distinction de la nature et de l'origine des biens les fatiguait de procès et de contestations souvent épineuses et subtiles. La liquidation et le partage des successions, même quand ils n'étaient pas contentieux, devenaient difficiles, exigeaient presque toujours l'intervention des hommes de loi. On simplifia la jurisprudence en abrogeant cette distinction ; et ce fut un des bienfaits de la loi du 17 nivôse, loi sage et louable à beaucoup d'égards, qu'on aurait beaucoup plus appréciée, si l'injustice de son effet rétroactif n'eût soulevé contre elle de trop justes ressentiments.

129. En enlevant aux parents paternels et maternels à chacun les biens de leur ligne, on crut leur devoir une indemnité : le principe de la distinction des biens était équitable ; c'étaient les difficultés de son application qui avaient dû la faire abroger. On y substitua un partage égal entre les deux lignes, sans égard à la nature et à l'origine des biens.— C'était une innovation dans les pays de droit écrit, où l'on ne faisait jamais qu'une masse des biens, recueillie en entier par les héritiers les plus proches. Mais cette innovation avait pour elle l'équité du principe de la distinction des biens paternels et maternels ; elle avait l'avantage de prendre un milieu entre les usages trop subtils des pays coutumiers et la trop grande simplicité des lois romaines à cet égard. On a dû laisser subsister ce mode, qui, en ôtant à chacun des deux usages différents ce qu'ils avaient d'excessif, les rapproche et les concilie.

130. Par les mêmes motifs le privilége du double lien reste aboli, comme il l'avait été par la loi du 17 nivôse. La division de la succession entre les deux lignes donne à chacune une portion égale. Les parents germains figureront dans les deux lignes où ils sont placés ; mais ils n'excluront pas des parents qui, pour n'avoir pas de droits dans l'une des lignes, n'en ont pas moins d'incontestables dans l'autre.

131. Une fois la division opérée entre les lignes paternelle et maternelle, il n'y aura plus de subdivision entre les diverses branches sorties de ces lignes. On tarit ici une source féconde et funeste de prétentions et d'inconvénients. Dans quelques coutumes on avait poussé le scrupule, pour les droits de chaque ligne, jusqu'à chercher toujours dans chaque subdivision des parents paternels et maternels ; on remontait jusqu'à ce qu'on en trouvât : c'est ce qu'on appelait la *refente*. Cette minutieuse subtilité avait passé dans la loi du 17 nivôse, et paraissait y avoir été adoptée. Cependant plusieurs jurisconsultes, profitant de la rédaction quelquefois peu claire de cette loi, et désirant prévenir les inconvénients d'une division presque infinie, avaient trouvé dans le texte même des arguments contraires. La sagesse du tribunal de cassation a sanctionné leurs efforts, et préparé dans le code la place de cette décision qui vient proscrire à jamais un système monstrueux ; il pouvait appeler un millier d'individus en partage d'une succession, et la dévorer cent fois en recherches de titres, en tableaux de généalogie, en frais, en contestations de tout genre.

132. Pour reconnaître les héritiers et leur distribuer leurs droits, il faut fixer quels étaient leurs rapports avec le défunt. Le code définit de la manière la plus claire ce que c'est que le *degré* et la *ligne*. — Chaque génération s'appelle un degré. — La suite des degrés forme la ligne. Le nombre des degrés établit la proximité ou la parenté — On avait autrefois deux manières de compter les degrés. Le droit civil en donnait une, le droit canonique en fournissait une autre. — Le droit canonique, bon pour régler la discipline intérieure du rit de l'église romaine, n'a point d'autorité extérieure. Notre droit civil doit nous suffire ; sa computation est d'ailleurs la meilleure et la plus ancienne. Elle sera uniformément et uniquement suivie.

133. L'équité et la loi appellent aux successions les parents les plus proches, à l'exclusion des plus éloignés. Il a fallu dès longtemps statuer sur un cas qui, dans certaines circonstances, aurait rendu injuste l'application de ce principe. — Un père avait plusieurs enfants ; il en a marié un, qui l'a prédécédé, laissant lui-même des enfants. L'héritage paternel se divisera-t-il entre les enfants du père sans que ses petits-enfants, sous prétexte qu'ils ne sont qu'au second degré, y prennent aucune part ? Au malheur d'avoir perdu leur père, joindront-ils celui d'être privés de la portion qu'il aurait eue dans les biens de leur aïeul ! Si leur père eût vécu, ses frères, leurs oncles auraient partagé avec lui ; pourquoi ne partageraient-ils pas avec eux ? A défaut de leur père, leur aïeul ne leur devait-il rien ?— Le droit avait introduit pour ce cas la *représentation*, et le code a dû la conserver. C'est une fiction dont l'effet est de considérer le représentant comme le représenté, de le faire entrer dans la place, le degré et les droits de celui qu'il représente : fiction heureuse qui répare les torts d'un sort cruel, protége des orphelins, et réalise les espérances dans lesquelles ils avaient été conçus.

134. La représentation n'a point de terme dans la ligne directe descendante. Qu'importe en effet que l'on soit petit-fils, arrière-petit-fils ? on n'appartient pas moins au malheureux vieillard dont les yeux affaiblis ont vu une branche de sa descendance se dessécher successivement dans ses prolongements, et n'offrir qu'à une extrémité éloignée, et d'autant plus précieuse à son cœur affligé, un reste de reproduction et de vie. — La successibilité des descendants est autant naturelle que légitime ; mais celle des ascendants est contre la marche ordinaire des événements : on croit voir remonter un fleuve vers sa source ; l'ordre de la nature est troublé. Il n'y aura donc point de représentation pour ce cas extraordinaire : l'ascendant plus proche dans chaque ligne exclura le plus éloigné.

135. La représentation se borne en ligne collatérale aux enfants des frères et sœurs, et à leurs descendants : nouveau bienfait du Code, exclusion de la représentation dans les degrés ultérieurs, parce qu'en effet on n'aurait su où s'arrêter, parce que les droits des collatéraux au troisième degré ne sont plus assez forts pour qu'on leur appliqué la fiction introduite d'abord en faveur des petits-fils, et étendue ensuite aux neveux et à leurs descendants.

136. On ne représentera pas une personne vivante, car on ne peut pas occuper une place qu'elle remplit : elle aurait beau ne vouloir pas user des droits que cette place lui donne ; dans ce cas elle y renonce, elle les abjure : sa renonciation nuit à ceux qui le représenteraient.

137. Mais pour représenter quelqu'un, on n'a pas besoin d'être son héritier ; on peut même avoir refusé de l'être. La raison en est qu'on ne représente pas un défunt dans une succession où il serait appelé s'il était vivant, parce qu'on est son héritier ; car comme tel on n'aurait aucun droit sur une succession ouverte après son décès. On le représente, parce qu'on prend sa place dans la famille ; on remplit le degré qu'il eût occupé. Ce droit est un droit de parenté que l'on tient du sang ; ce n'est pas un droit qui dépende de l'héritage du représenté.

138. Après avoir établi les principes généraux de l'ordre des successions, le code décide comment elles sont déférées, d'abord dans la ligne descendante. — Les enfants ou leurs descendants succèdent à leurs ascendants par égales portions. Plus d'injustes distinctions, ni de sexe, ni de primogéniture, ni même de lit. Les femmes ne sont ni moins nécessaires ni moins précieuses à la société que les hommes, les cadets que les aînés, les enfants d'un second mariage que ceux d'un premier. La loi les voit tous d'un œil égal, et leur donne à tous les mêmes droits. C'est aux parents qu'il appartiendra de les distinguer sans injure, de marquer à ceux qui l'auront méritée une juste prédilection. Leurs dispositions seront le jugement domestique, la loi particulière de leurs familles ; elles pourront y introduire une inégalité raisonnable et modérée. Mais l'égalité sera le droit commun, le vœu et la disposition générale de notre droit civil

139. A défaut de descendants et de frères et sœurs du défunt ou de leurs descendants, le Code appelle les ascendants, et les préfère aux collatéraux plus éloignés. — La succession collatérale ne vient en général qu'après la succession ascendante et en troisième ordre. Il y a cependant des cas où ces deux successions ont réciproquement la préférence l'une sur l'autre ; il y a des cas où elles se mêlent, où les ascendants et les collatéraux concourent ensemble. — Ainsi les frères et sœurs et leurs descendants excluent les ascendants au second degré, c'est-à-dire leurs aïeuls. — Ils n'excluent point les ascendants au premier degré ; ils succèdent avec leurs pères et mères. La succession fraternelle se partage dans ce cas entre la ligne ascendante et la ligne collatérale. — Mais toujours les pères et mères, et même des ascendants qui d'ailleurs ne seraient pas successibles, reprennent les effets qu'ils avaient donnés au défunt ; c'est un retour légal que l'équité commande. — Les pères et mères ne seront donc pas écartés de la succession de leurs enfants prédécédés par leurs autres enfants. Le code les rétablit dans les droits naturels que l'ancienne jurisprudence leur avait reconnus, et que la loi du 17 nivôse avait injustement étouffés.

140. Les mêmes motifs qui réservent aux enfants une portion sur le patrimoine de leurs père et mère en assignent pareillement une à ceux-ci sur les biens de leurs enfants prédécédés sans postérité. — Ce n'est pas, comme on l'a dit quelquefois, pour les consoler de la perte qu'ils ont faite ; quelle somme d'argent peut en effet consoler de la mort prématurée d'un enfant chéri ? c'est parce que les droits d'aliments sont réciproques entre les enfants et les auteurs de leurs jours ; c'est parce qu'à défaut de la ligne descendante, il est équitable de faire concourir le premier degré de la ligne ascendante avec les frères et sœurs.— C'était un étrange motif de la loi du 17 niv., que de dire que les pères n'avaient pas dû prévoir qu'ils survivraient à leurs enfants. De ce qu'ils n'auraient pas dû s'attendre à ce malheur, cependant trop commun, en sont-ils coupables ? et sur une succession dont ils n'ont certainement pas désiré, dont ils n'ont pas dû prévoir, si l'on veut, l'ouverture, devront-ils perdre les droits que la nature leur accorde, ce que dans leur vieillesse ou dans leurs besoins ils auraient reçu de leur enfant, s'il eût vécu ? Avec raison, le code se met à la place de cet enfant, et remplit pour lui un devoir qu'il ne peut plus acquitter. D'ailleurs la portion que le code accorde aux père et mère en concours avec les frères du défunt, qui sont leurs héritiers naturels, ne leur reviendra-t-elle pas ? On ne peut qu'applaudir à cette correction de la loi du 17 nivôse.

141. A défaut de frères ou de sœurs qui excluent les aïeuls et qui concourent avec les père et mère ; à défaut d'ascendants qui, en quelques degrés qu'ils soient, pourvu qu'il y en ait dans les deux lignes, excluent les collatéraux qui ne sont ni frères ni sœurs, ni descendants de frères ou de sœurs, la succession appartient à ces proches éloignés. — Mais toujours, soit que les successions, en suivant l'ordre naturel, descendent avec la filiation, soit qu'elles rétrogradent en remontant dans la ligne ascendante, soit qu'elles se répandent en collatérale, elles se divisent entre les deux lignes paternelle et maternelle : c'est un principe commun à tous les ordres de succession.

142. Il sera utile de résumer maintenant en peu de mots les règles des successions ascendantes et collatérales. — Le défunt a-t-il laissé son père et sa mère, et des frères et des sœurs ; sa succession se partage par moitié entre la ligne ascendante et la ligne collatérale. — Ne reste-t-il dans la ligne ascendante que le père ou la mère ; la moitié du prédécédé, qui est le quart de la totalité, se réunit à la portion des frères ; ils auront les trois quarts. — N'y a-t-il ni frères ou sœurs, ni descendants de frères et sœurs, et se trouve-t-il dans la ligne ascendante des parents paternels et maternels ; ils succèdent et partagent exclusivement aux collatéraux. — N'y a-t-il dans la ligne ascendante qu'un parent paternel ou maternel ; il a la moitié, les collatéraux ont l'autre ; mais si cet ascendant est le père ou la mère, il prend en usufruit le tiers de la moitié dévolue à la ligne collatérale ; c'est un préciput que le code lui accorde sur des collatéraux éloignés. — Après le douzième degré, on ne connaît plus de parenté pour la successibilité ; en effet, les preuves en deviendraient trop difficiles. C'est l'orgueil bien plus que l'intérêt qui conserve les généalogies ; le commun des hommes, étranger aux vanités de la naissance, est incapable des soins nécessaires pour remonter à une origine trop ancienne ; et c'est pour le commun des hommes que les lois sont faites. — D'ailleurs, outre la difficulté des preuves au delà du douzième degré, le code a dû prendre un terme quelconque ; sinon, en remontant à l'infini, on verrait les familles se confondre, la parenté deviendrait innombrable ; et, sous le prétexte d'être plus juste, on tomberait dans des partages et des embarras inextricables. Après le douzième degré, on est si éloigné de la souche commune, les sentiments d'affection et de famille sont si usés, que la plupart du temps on ne se connaît pas, et l'on n'a respectivement pas plus de droits que les autres hommes. — Tout ce que l'on a pu dans ce cas accorder de faveur à la très-ancienne parenté a été de donner à un parent qui serait unique au douzième degré la portion de sa ligne et celle de la ligne défaillante.

143. Il peut arriver que l'on meurt sans descendants, sans ascendants, sans collatéraux : que deviendront les biens ? Il y aura lieu alors à la succession *irrégulière*. — On appelle ainsi la succession que la loi défère quand elle ne trouve plus personne dans la famille qui soit l'héritier légitime et de droit. Ici, la succession qui est, comme nous l'avons vu, d'institution civile, devient encore plus arbitraire, c'est-à-dire plus dépendante de ce droit positif, par lequel le législateur, placé entre diverses manières de statuer, choisit l'une plutôt que l'autre, en cherchant néanmoins à se rapprocher autant qu'il le peut des bornes immuables de la justice et de l'équité. — Ces deux sentiments lui indiquent, à défaut de successeurs légitimes, les enfants naturels. Le code ne les placera pas, comme les lois trop peu morales du 4 juin 1793 et du 12 brumaire an 2, à côté des enfants nés d'une union respectable, et sanctionnée par toutes les lois domestiques, publiques et religieuses ; il ne les honorera pas du titre d'héritiers, il ne leur accordera que des droits ; il leur garantira la dette que leur père et leur mère contracteront en leur donnant la naissance, et qu'ils avoueront en les reconnaissant. Les enfants naturels n'exerceront pas les droits de famille ; ils sont hors de la famille : mais le sang de leur père et de leur mère coule dans leurs veines ; ce sont les droits du sang que le code leur

adjuge. — Ces droits ne sauraient s'étendre en collatérale aux biens de la famille dont ils ne sont pas ; ils se bornent aux biens des père et mère. — A côté des droits héréditaires des descendants légitimes, la créance des enfants naturels se réduit au tiers de la portion qu'ils auraient reçue s'ils eussent été légitimes. — Elle monte à la moitié de cette portion, s'il n'y a point de descendants légitimes, mais seulement des ascendants et des frères — Elle parvient aux trois quarts quand il n'y a que des collatéraux plus éloignés. — Mais jamais l'enfant naturel n'aura la totalité, à moins que l'on ne trouve plus de parents successibles. — Alors il exclura le fisc, qui est aussi un successeur irrégulier, mais le dernier de tous.

144. Si pour la tranquillité et le repos de leur famille, les père et mère ont eu soin d'acquitter de leur vivant leur dette envers leur enfant naturel ; si en la payant par anticipation ils ont déclaré ne vouloir pas qu'il vînt après eux troubler leur succession, le code maintiendra cette disposition lors même que ce don anticipé n'arriverait qu'à la moitié de la créance ; mais si le don était resté au-dessous de la moitié, l'enfant pourrait en réclamer le supplément. — Une pareille donation est utile et pour l'enfant naturel, qu'elle fait jouir plus tôt, et pour la famille, qu'elle débarrasse d'un créancier odieux : il est bien de la maintenir, mais sous la condition équitable qu'elle n'aura pas été excessivement lésive.

145. Quant aux enfants adultérins ou incestueux, ils n'ont pas même de créance ; ils n'ont droit qu'à la pitié : elle ne leur a jamais obtenu que des aliments. — Si nous nous occupons d'eux, ce n'est pas qu'il soit permis de reconnaître les fruits de l'inceste et de l'adultère comme ceux d'une cohabitation illégitime, mais tolérée. Le code civil a pu permettre l'aveu d'une faiblesse ; il ne souffre pas la reconnaissance d'un crime. — Mais quoique les enfants adultérins ou incestueux ne puissent être légalement reconnus, leur existence est un fait qui peut quelquefois être évident. — Un enfant aura été valablement désavoué par un mari, il aura été jugé le fruit adultère de l'épouse : le crime de sa mère ne saurait la dispenser de lui donner des aliments. — Un homme aura signé comme père un acte de naissance sans faire connaître qu'il est marié à une autre femme que la mère du nouveau-né, ou que la mère est sa sœur ; il aura voulu faire fraude à la loi : l'enfant, ignorant le vice de sa naissance, se présentera dans la succession pour y exercer les droits d'un enfant naturel ; on le repoussera par la preuve qu'il est né d'un père qui ne pouvait légalement l'avouer ; mais l'aveu de fait, écrit dans son acte de naissance, lui restera et lui procurera des aliments. — Cette disposition est conforme à l'ancien droit ; il était nécessaire de la conserver : car enfin les enfants adultérins ou incestueux n'en sont pas moins hommes ; et tout homme a droit de recevoir au moins des aliments de ceux qui lui ont donné la vie.

146. La succession aux biens des enfants naturels, s'ils n'ont pas de descendants légitimes, est dévolue aux père et mère qui les ont reconnus. — Si les père et mère sont prédécédés, les biens que les enfants naturels en avaient reçus font retour aux enfants légitimes des père et mère. — Tout le surplus des biens des enfants naturels appartient à leurs frères ou sœurs naturels, ou aux descendants de ceux-ci s'il en existe. — A défaut, l'enfant naturel n'a point d'héritier régulier : sa succession appartient à ses héritiers irréguliers, qui sont, premièrement, ses enfants naturels, si, trop fidèle imitateur des vices de son père, il ne s'est perpétué que d'une manière illégitime ; secondement, sa femme ; et troisièmement, la République.

147. Le conjoint survivant et la République forment, en effet, le second et le troisième ordre des successions irrégulières. — Le conjoint survivant, quelque étroit que fût le lien qui l'unissait avec le défunt, appartient à une famille étrangère. Si la nouvelle famille qu'ils étaient destinés à former vient à manquer, la loi, sauf les témoignages d'amitié qu'ils pourront se donner, ne les appelle à se succéder qu'à défaut de parents de leurs familles respectives ; mais si ces parents manquent, plutôt que d'appeler le fisc, qui est l'héritier de ceux qui n'en ont point, on préfère le conjoint survivant. — Le fisc ou le trésor de la République recueille les successions auxquelles personne n'a le droit de se présenter, par cette raison que ce qui n'appartient à aucun individu appartient au corps de la société, qui représente l'universalité des citoyens : jouissant pour l'avantage commun, il prévient les désordres qu'entraîneraient les prétentions de ceux qui s'efforceraient d'être les premiers occupants d'une succession vacante.

148. Les successeurs irréguliers ne sauraient être, comme les successeurs réguliers, saisis de plein droit. — Ils doivent demander l'envoi en possession. Il ne leur est accordé qu'après des publications, des formalités, et sous des précautions propres à conserver les droits des héritiers réguliers s'il venait à s'en présenter.

149. Maintenant que le code a déterminé quels sont les héritiers légitimes ou *ab intestat*, réguliers ou irréguliers, il va s'occuper des effets des successions, des obligations qu'elles emportent, des précautions à prendre pour qu'elles ne soient pas onéreuses. — D'abord recueillir une succession est un droit ; chacun est libre, sauf la fraude qu'il ferait aux droits du tiers, de renoncer à son droit ; de là une ancienne règle, *N'est héritier qui ne veut*. Cette règle a dû être conservée. — L'acceptation d'une succession peut être onéreuse comme elle peut être lucrative. L'héritier saisi des droits du défunt est par cela même soumis à ses obligations ; il est son image active et passive. — Il résultait de ce principe que beaucoup d'héritiers, craignant de s'engager dans une succession ruineuse, la refusaient. Les Romains, nos modèles en tant de choses et nos meilleurs maîtres en législation, avaient vu de l'inconvenance dans ce refus. — Ce peuple qui eut toujours pour but principal et première passion l'immortalité, qui voulait que chaque citoyen pût dicter des lois domestiques qui réglassent après lui son patrimoine, qu'il se survécût à lui-même, et fût toujours représenté ; ce peuple regardait comme une infamie que l'on mourût sans héritier ; qu'il ne se trouvât pas quelqu'un qui se fît un honorable et généreux devoir de recueillir les droits et de remplir les obligations d'un défunt : opinion digne de la première simplicité de ses mœurs et de la noble générosité de son caractère. — A mesure que les mœurs s'affaiblirent, que le luxe et les dettes qu'il entraîne se multiplièrent, il ne fut plus possible d'espérer de la part des héritiers un dévouement qui serait trop lésif. Cependant pour faciliter autant qu'il serait possible l'acceptation des successions, on détermina un délai pendant lequel les héritiers pourraient prendre connaissance de l'hérédité, et délibérer s'ils l'accepteraient. — Au terme de ce délai ils n'eurent d'abord qu'à accepter ou répudier. C'est Justinien qui, perfectionnant cette idée, créa le bénéfice d'inventaire, au moyen duquel l'héritier ne s'oblige pas personnellement, et ne peut jamais être contraint au delà des forces de la succession. — Cette institution était trop utile pour n'être pas universelle : elle passa des pays de droit écrit dans les pays coutumiers. Quel dommage que la multiplicité des formes et l'avidité des gens de palais aient fait tourner si souvent à la ruine des successions un moyen qui avait été heureusement imaginé pour leur conservation et pour la sûreté des héritiers ! Mais l'abus, que l'on peut restreindre en simplifiant les formes, en réprimant ceux qui les exploitent comme une mine abondante pour eux, quand ils ne devraient les faire servir principalement qu'à l'avantage de leurs clients, l'abus n'empêche pas que l'institution ne soit bonne en soi.

150. Nous trouvons ici en quelques articles toutes les règles de l'acceptation pure et simple, de l'acceptation bénéficiaire et de la répudiation. — L'acceptation est expresse lorsqu'on prend le titre ou la qualité d'héritier ; elle est tacite lorsqu'on fait des actes qu'on ne pourrait faire sans être dans l'intention de recueillir. — Les actes conservatoires ne sauraient produire l'acceptation tacite ou de fait ; ils ne supposent que le dessein louable de pourvoir à quelque chose d'urgent. — La donation ou la vente de ses droits successifs est une disposition à titre de maître ; elle vaut donc acceptation. — La renonciation au profit même d'un cohéritier a le même effet, car elle est une espèce de don qu'on lui fait. Pour ne pas accepter, il faut répudier ou s'abstenir absolument, s'en rapporter à la loi pour la transmission du droit qu'on abandonne, et n'en pas disposer soi-même.

151. Les renonciations doivent être connues et publiques. On établit utilement dans les greffes des tribunaux de première instance un registre où elles devront être inscrites. — Le renonçant est comme s'il n'avait jamais dû hériter ; il ne transmet pas ce qu'il n'a pas voulu recueillir. On ne le représente point. S'il est seul héritier, celui qui est dans le degré suivant vient de son propre chef à la succession. Si le renonçant a des cohéritiers, sa portion leur accroît. — La renonciation n'est pas irrévocable ; on peut se repentir d'accepter tant que les choses sont entières, c'est-à-dire tant que d'autres n'ont pas accepté, ou qu'on n'a pas laissé éteindre son droit par la prescription.

152. On ne peut renoncer d'avance à une succession ni en vendre sa part ; il faut connaître son droit et savoir en quoi il consiste pour y renoncer valablement. — Cette disposition paraît contraire aux règles du contrat de vente, qui permettent de vendre des choses à venir, telles que des fruits à recueillir, des animaux qui peuvent naître, et d'autres choses semblables, quoiqu'elles ne soient pas encore en nature (1). On peut vendre une espérance, un coup de filet par exemple, une liquidation de profits qui ne sont pas assurés (2) ; mais dans tous ces cas le vendeur est propriétaire. L'espérance qui vend a un fondement réel dans le champ, dans le troupeau, dans le coup de filet, desquels il est le maître ; au lieu que l'espérance d'un héritier présomptif dans une succession future n'a pas de base réelle, et ne porte que sur la présomption souvent fautive qu'il succédera : d'ailleurs, en établissant que tout ce que l'on peut avoir, posséder ou recouvrer est susceptible de vente, le peuple sage, le conquérant et le législateur du monde, excepta les ventes qui seraient contraires à la nature, au droit des gens ou aux bonnes mœurs (3). — Or la vente de la sucession d'un homme vivant offense les convenances ; elle suppose autant le désir que la trop active prévoyance de sa mort. La renonciation, si elle est payée, est une vente qui a les mêmes vices que la vente elle-même ; si elle est gratuite, elle est une sorte de mépris, une offense faite à celui dont on répudie d'avance l'héritage ; ou s'il la sollicite lui-même, elle peut être forcée par l'autorité qu'il exerce ; elle peut entraîner, pour le renonçant, une lésion que la loi ne doit pas souffrir. — On avait cependant admis dans les pays coutumiers la renonciation des filles : elle avait pour motifs les avantages présents qu'elles trouvaient dans leur dot et leur établissement, et surtout le désir de conserver les biens dans les familles. — Mais un établissement était dû aux filles comme aux mâles ; la dot ne devait être, pour elles comme pour eux, qu'un avancement d'hoirie : c'était leur vendre avec injustice et cherté un établissement, que de le leur faire acheter par la perte de leur portion héréditaire. — La conservation des biens dans les familles, précieuse à beaucoup d'égards, ne l'est pas assez pour qu'on y veille au détriment d'une partie de la famille elle-même. Les filles y sont nées ainsi que les mâles : Malheur à la société, si la nature, adoptant ces injustes préférences, devenait plus prodigue de mâles que de filles, et rompait dans les naissances cet équilibre des deux sexes si nécessaire à la propagation et à la tranquillité de l'espèce humaine ! — On aperçoit que le droit romain valait mieux à cet égard que le droit coutumier, et l'on ne regrettera point qu'il ait prévalu.

153 Si l'on ne veut accepter la succession que sous bénéfice d'inventaire, on en fera la déclaration au greffe. — Elle ne sera utile qu'autant qu'elle concourra avec un inventaire fidèle et exact, qui garantira la probité de l'héritier et l'intérêt des créanciers. — L'infidélité volontaire de l'inventaire, ou les recélés, priveront du bénéfice d'inventaire. — Les délais pour procéder à l'inventaire et pour délibérer sont restés tels qu'ils ont été observés de tous les temps. — L'héritier bénéficiaire est un administrateur pour les créanciers et les légataires : il leur doit compte ; il ne peut rien faire de relatif à la succession que de leur connaissance et dans les formes prescrites par les lois sur la procédure civile. — Mais aussi, comme un administrateur, il ne s'oblige point personnellement.

154. Une succession à défaut d'acceptation ou par répudiation devient vacante. — Si ceux que la loi y appelle ne sont pas connus, ou si aucun d'eux ne veut la recueillir, on nomme un curateur qui l'administre. La section 4 du chapitre 5 du titre dont je vous rends compte, législateurs, traite des successions vacantes. Les règles en sont trop simples pour avoir besoin de développement ; il suffit de dire que le curateur doit faire tout ce que ferait l'héritier bénéficiaire.

155. Une fois les héritiers reconnus et l'hoirie acceptée, il y a lieu à partage, s'il y a plusieurs héritiers ; c'est le sujet d'un sixième chapitre, qui traite : — De l'action en partage et de sa forme ; — Des rapports ; — Du payement des dettes ; — De la garantie des lots ; — Et de la rescision en matière de partage.

156. Le partage est nécessaire, parce que souvent l'indivision ne convient à personne : en tout cas il suffit qu'elle déplaise à un seul pour qu'il ait droit de la faire cesser. — On ne peut pas même s'obliger à demeurer toujours dans l'indivision. Une société éternelle n'est pas compatible avec la mobilité de nos intérêts. Le code limite très-sagement à cinq ans la convention de suspendre le partage. Après ce délai, elle est sans force ; elle a besoin d'être renouvelée. — Il n'y a jamais de partage par le seul fait ; il faut toujours un acte qui le règle, à moins que la possession séparée qu'on aurait eue ne soit transformée en titre par la prescription. — La minorité, l'assujettissement à la puissance maritale ou paternelle, ne font pas obstacle au partage ; ces circonstances exigent seulement des formalités et des précautions que le code prescrit, et qui ne sont pas nécessaires quand tous les cohéritiers sont

(1) *Fructus et partus futuri rectè emuntur* L. 8. ff., *De cont. empt.*

(2) *Spei emptio est, veluti captus avium vel piscium.* L. 8, § 1, ff., *De cont. empt.*

(3) *Omnium rerum quas quis habere, vel possidere, vel persequi potest, venditio rectè fit. Quas verò naturæ, vel gentium jus, vel mores civitatis commercio exuerunt earum nulla venditio est.* L. 34, § 1, ff., *De cont. empt.*

majeurs. — Le jugement de l'action en partage appartient au tribunal du lieu où la succession sera ouverte. — On a simplifié la décision des difficultés qui peuvent naître dans les partages, en les soumettant à un jugement sommaire, en faisant présider les partages, s'il y a lieu, par un juge, qui souvent sera un médiateur, et qui en tout cas mettra le tribunal à portée de prononcer promptement et équitablement.

157. La base du partage étant l'égalité, chaque cohéritier rapporte à la masse les dons qu'il a reçus, ou les sommes dont il est débiteur. — Ces rapports se font en nature ou en moins prenant. — En nature, si le défaut de ce mode de rapport emportait une inégalité impossible à réparer; en moins prenant, si les cohéritiers trouvent des immeubles équivalents. — Ce qui a péri sans la faute du donataire, et les dons qui sont plutôt des devoirs, ou des marques de tendresse que des avantages considérables, ne se rapportent pas.

158. Le partage, en divisant les biens, les transmet à chaque copartageant avec leurs charges. — Chaque cohéritier contribue aux dettes dans la proportion de ce qu'il recueille. — Il n'est tenu personnellement que de sa part contributive, sauf de souffrir les hypothèques qui porteraient sur le tout. — Le légataire à titre universel, qui est une espèce de cohéritier, contribue proportionnellement aux dettes avec les cohéritiers. Le légataire particulier n'y contribue pas; mais il est sujet aux hypothèques de la chose léguée, parce qu'elles sont une charge de cette chose même.

159. Les créanciers porteurs de titres exécutoires peuvent les faire valoir contre l'héritier personnellement, parce qu'il est l'image du défunt; il suffira que préalablement les créanciers lui en aient donné connaissance.—C'est ici une amélioration introduite dans les usages suivis à Paris, où l'on faisait déclarer exécutoires contre l'héritier les titres qu'on avait contre le défunt; formalité superflue, qui entraînait des frais inutiles et contrariait ce principe, que l'héritier est saisi de plein droit, qu'il représente le défunt, et que par l'acceptation pure et simple il s'oblige personnellement, et confond ses biens avec ceux de la succession.

160. Les cohéritiers étant des associés qui ont partagé une chose commune, ils se doivent garantir des vices et des évictions procédant d'une cause antérieure au partage. — Ils sont d'ailleurs propriétaires de leurs lots comme s'il n'y avait jamais eu d'indivision; et ils supportent chacun les pertes qui ont des causes postérieures au partage, comme ils profitent seuls des augmentations.

161. Enfin un partage peut avoir été mal fait, il peut être lésif. — On a conservé l'action en rescision, telle qu'elle était établie généralement pour lésion de plus du quart. — Quoique les lois nouvelles aient proscrit la rescision en matière de vente, on a dû la maintenir relativement aux partages, parce que les principes en sont différents. — Le vendeur demande le plus haut prix, l'acheteur aspire au moindre: étrangers l'un à l'autre, ils ne se doivent rien; leurs intérêts, loin d'être communs, sont contraires; le plus habile ou le plus heureux fait le meilleur marché. Il n'y a point de raison suffisante de les recevoir à rescision, puisque l'essence de leur contrat est de livrer et de prendre une chose vénale au prix dont ils seraient d'accord. Le prétexte de réparer une lésion énorme que le vendeur aurait soufferte entraînait des procès dispendieux, dont on a bien fait d'extirper la racine. On sera plus attentif dans les ventes quand on n'aura plus d'espoir de restitution. — On est libre de ne pas vendre, on n'est pas libre de rester dans l'indivision. La base de la vente est l'avantage que chacun des contractants y cherche aux dépens de l'autre; celle du partage est au contraire l'égalité. Le partage est donc rescindable de sa nature; car il cesse d'être partage s'il n'est pas égal, sinon mathématiquement, du moins jusqu'à une certaine proportion.—Mais si le premier acte faisant partage, de quelque couleur qu'on l'ait déguisé, est rescindable, il cesse de l'être lorsqu'un second acte l'a consacré, ou lorsqu'on a disposé de son lot. Il n'y a d'exception que dans le cas du dol qu'on n'aurait découvert qu'après l'aliénation; si on le connaissait auparavant, on a renoncé à s'en prévaloir, puisqu'on a vendu.

Telles sont, législateurs, les principales règles que ce titre du code vient tracer aux citoyens. Ils y trouveront dans quelques pages tout ce qu'il est utile de savoir sur les successions, ce qui est répandu dans de nombreux et de volumineux traités dont ce titre est le résumé et la quintessence.

41. 14 juill. 1819. — Loi relative à l'abolition du droit d'aubaine et de détraction.

Art. 1. Les art. 726 et 912 du Code civil sont abrogés; en conséquence, les étrangers auront le droit de succéder, de disposer et de recevoir de la même manière que les Français, dans toute l'étendue du royaume.

2. Dans le cas de partage d'une même succession entre des cohéritiers étrangers et français, ceux-ci prélèveront sur les biens situés en France une portion égale à la valeur des biens situés en pays étranger dont ils seraient exclus, à quelque titre que ce soit, en vertu des lois et coutumes locales.

CHAP. 2. — DE L'OUVERTURE DES SUCCESSIONS ET DE LA SAISINE DES HÉRITIERS.

SECT. 1. — *De l'ouverture des successions.*

42. « Les successions s'ouvrent par la mort naturelle et par la mort civile » (c. nap. 718). — La mort seule donne lieu à cette ouverture; car seule elle rend vacante la place que nous occupons dans la société, et l'héritier prend cette place, représente *in universum jus* celui auquel il succède. — Les successions ne s'ouvrent donc point par l'*absence*, quelque prolongée qu'elle soit; l'envoi définitif en possession de ses biens n'en ôte pas la propriété à l'absent, ou du moins il peut les recouvrer dans les mains de ses héritiers présomptifs, qui les détiennent encore. *Nulla viventis hæreditas.* — Nous avons expliqué (vº Droits civils, nºs 619, et s.), à quel moment la *mort civile*, qui a été abolie (V. L. 31 mai 1854, D. P. 54. 4. 91) est encourue, et comment on peut le constater. Il nous reste à tracer les règles qu'il faut suivre, en cas d'incertitude, sur l'époque du décès.

43. Le code Napoléon, en déterminant les formalités des actes de décès (art. 77 et suiv.), n'enjoint pas de faire mention du *jour* et de *l'heure*: une telle mention ferait-elle foi jusqu'à inscription de faux? Non: car si elle n'a pas été prescrite, c'est qu'on a remarqué qu'il n'était pas au pouvoir de l'officier public de certifier le fait de sa propre autorité. On conçoit qu'il lui soit dû foi entière, quand il atteste le décès; il s'est transporté près de la personne décédée (c. nap. 77). Mais l'heure ne lui est connue que sur le témoignage de ceux qui disent avoir assisté au dernier soupir. Et d'ailleurs le moment suprême dans certaines maladies n'est pas facile à préciser. C'est la même difficulté qui a fait décider, par le décret du 4 juin 1806, qu'en cas de présentation d'un enfant mort, dont la naissance n'aurait pas été enregistrée, les diverses énonciations de l'officier public ne feraient préjuger en rien si l'enfant a eu vie ou non, et qu'il doit se borner à mentionner, non pas que l'enfant est décédé, mais qu'il lui a été présenté sans vie (MM. Duranton, t. 6, nº 42; Favard, vº Success., sect. 1, § 1, nº 1; Vazeille, p. 2; Poujol, Success., t. 1, p. 65; Marcadé, t. 3, p. 14, note).

44. Le code a prévu le cas où « plusieurs personnes *respectivement* appelés à la succession *l'une de l'autre*, périssent dans un *même événement*, sans qu'on puisse reconnaître laquelle est décédée la première. » C'est la célèbre question *de commorientibus*, traitée avec tant d'étendue par tous les auteurs. L'art. 720 détermine alors « la *présomption* de survie par les circonstances du fait, et, à leur défaut, par la force de l'*âge* ou du *sexe*. » L'art. 722 signale une troisième source de présomptions, à défaut des deux autres: l'*ordre* naturel des successions. — Remarquons, en passant, que les présomptions de survie établies par le code Napoléon n'ont point été admises par les législations étrangères. On y répute mortes en même temps les personnes qui ont péri dans le même événement; elles ne se transmettent point de l'une à l'autre, et à leur défaut est appelé le plus proche parent (code suédois, ch. 4, art. 1; code prussien, part. 1, tit. 1, art. 39; code autrichien, art. 25; code vaudois, art. 511). Le code des Deux-Siciles fait exception; mais il répute toujours survivant le plus âgé (art. 840). — Revenons au code français.

45. Les *circonstances du fait* sont naturellement le premier élément de décision. Ainsi, une inondation ou un incendie a commencé par le rez-de-chaussée: la personne habitant le rez-de-chaussée sera présumée morte avant celle qui occupait l'étage supérieur. Les auteurs citent encore comme exemple l'arrêt Bobé, rapporté par Lebrun, des Success., liv. 1, ch. 1, sect. 1, nº 17: une mère avait été massacrée avec ses deux enfants; on examina quelle était la personne dont les assassins avaient intérêt à se défaire le plus promptement, et l'on jugea que c'était la mère. Les enfants étaient âgés, l'un de huit ans, l'autre de vingt-deux mois.

46. La loi a admis trois catégories d'*âge*: au-dessous de quinze ans, entre quinze et soixante, au-dessus de soixante. Elle a calculé les forces de l'âge d'après la vraisemblance ou la nature, lorsqu'elle a présumé survivant le plus âgé de deux enfants de moins de quinze ans, et le moins âgé de deux vieillards de plus de soixante ans (art. 721). — Elle n'a tenu compte du sexe que dans le seul cas où «ceux qui ont péri ensemble avaient quinze ans accomplis et moins de soixante; le mâle est présumé avoir survécu, lorsqu'il y a égalité d'âge, ou que la différence n'excède pas une année » (art. 722). — La loi enfin n'a eu égard qu'à l'ordre naturel des successions, en faisant profiter la présomption au plus jeune, « si l'un avait moins de quinze ans, et l'autre plus de soixante, » ou que tous deux, du même sexe, eussent quinze ans et moins de soixante (art. 721, 722). — En dehors de cette division des âges, il reste deux cas, non prévus, mais réglés implicitement. Ainsi la personne qui se trouve entre quinze et soixante ans sera toujours présumée avoir survécu, soit à l'enfant de moins de quinze ans, soit au vieillard de plus de soixante. C'est l'opinion de tous les auteurs, moins M. Malpel, qui présume la survie de l'enfant.

47. Le projet du code contenait, à la suite de l'art. 722, cette disposition: «Si l'on ignore absolument lequel des deux individus est le plus âgé, leur succession se défère comme si ni l'un ni l'autre n'avaient jamais existé.» Mais cette disposition était rendue inutile par l'art. 136 qui avait déjà posé une règle semblable au titre des *absents* (V. Absence, nos 503 et s.).—Des auteurs enseignent que, dans l'ignorance de l'âge des comourants, le juge peut prendre en considération les *forces* respectives pour fonder la présomption de survie (MM. Toullier, t. 4, p. 75; Delvincourt; et Duranton, t. 6, p. 52). — Tel n'est point, à notre sens, l'esprit de la loi, et nous signalons plus loin, no 49, le danger d'une telle interprétation. — Conf. Malpel, no 12; Marcadé, no 4).

48. Le système du code civil a été critiqué, en ce qu'il érige en présomptions légales de simples conjectures, bien souvent faillibles. Il eût été mieux, a-t-on dit, de s'en tenir à la règle de l'art. 136 c. civ. (MM. Toullier et Vazeille). Mais le législateur a préféré ne pas intervertir l'*ordre légal* des successions et faire profiter aux plus proches parents l'incertitude même de la survie. Du reste, les présomptions admises par le code sont celles les plus accréditées, et elles ont l'avantage de substituer une règle fixe aux controverses de l'ancienne jurisprudence.

49. La présomption de survie, fondée sur la différence d'âge, est-elle tellement obligatoire, que le juge ne puisse la faire fléchir en appréciant les forces respectives? MM. Chabot, no 3; Marcadé, no 4; Vazeille, no 1; Massé et Vergé sur Zachariæ, t. 2, p. 238, note 6, refusent au juge le pouvoir de graduer dans chaque période et pour chaque année les proportions d'accroissement ou de diminution des forces. La loi a tenu compte des différences de sexe et d'âge parce qu'elles sont évidentes et parlent d'elles-mêmes; elle n'a pas eu égard à des différences de constitution trop incertaines et le plus souvent inappréciables. — C'est ainsi que, dans le cas même où l'âge des comourants est inconnu, la loi n'a pas dit qu'on présumerait survivant le plus robuste : le projet du code Napoléon, comme on l'a vu, avait une disposition expresse qui les réputaient morts en même temps. — D'autres auteurs pensent qu'une supériorité de force notoire est une de ces *circonstances de fait*, laissées par l'art. 720 à l'appréciation du juge, et qui viennent avant les présomptions générales des articles suivants (Delvincourt, t. 2, p. 13, note 2, et Duranton, t. 6, nos 48 et 51). Cette interprétation nous paraît laisser trop de latitude à l'arbitraire et s'éloigner de l'esprit de la loi dans tous les cas où la comparaison des forces n'est pas motivée sur un indice particulier facile à déterminer, comme une *maladie grave*, une *infirmité* de nature à produire à chaque instant la cessation de l'existence. — Par exemple, dans le concours de l'enfant qui vient de naître et d'un homme de soixante ans et quelques jours, la débilité de l'enfant sera-t-elle un motif suffisant d'admettre contre la présomption de l'art. 721 la survie du sexagénaire robuste? — Aux raisons ci-dessus on peut ajouter que la présomption de l'art. 721 est particulièrement favorable en ce qu'elle profite au plus jeune, selon l'ordre naturel des successions. C'est ainsi que, dans le droit romain, l'impubère était toujours présumé survivre à ses père et mère (L. 24, ff., *De reb. dub.*; mêmes auteurs).

50. A l'égard de *jumeaux*, l'âge se détermine par l'époque de la naissance, et non par celle trop conjecturale de la conception. Le premier sorti du sein de la mère sera réputé l'aîné, sans qu'il y ait lieu de rechercher si le premier conçu n'était pas le puîné. — Ainsi statuait l'ancienne jurisprudence, conformément à la loi *Arescula*, ff., *De stat. hom.* (MM. Chabot, t. 1, p. 48; Favard, vo Success., sect. 1, § 1, no 3; Duranton, t. 6, no 52; Malpel, no 12; Vazeille, sur l'art. 722; Poujol, t. 1, p. 80; Marcadé, no 4). — Sans parler de l'époque de la naissance, MM. Toullier, t. 4, no 75, et Delvincourt, t. 2, p. 13, note 4, proposent seulement de considérer les forces respectives de chacun des jumeaux. — Telle est aussi la règle enseignée par MM. Duranton et Favard pour le cas où il n'y a pas de renseignement sur l'époque de la naissance; mais dans ce cas, et par les raisons ci-dessus, no 47, nous croyons qu'il faut réputer les jumeaux morts en même temps, ou en d'autres termes appliquer l'art. 136 c. nap. —Conf. MM. Malpel; Vazeille, sur l'art. 722; Marcadé, *loc. cit.*

51. Une loi du 20 prair. an 4 statue en ces termes : « Lorsque des ascendants, des descendants et autres personnes qui se succèdent de droit auront été condamnées au dernier supplice, et que, mises à mort dans la même exécution, il devient impossible de constater leur prédécès, le *plus jeune* des condamnés sera *présumé* avoir survécu.—Cette loi a été abrogée par celle du 30 vent. an 12, mise à la suite du code Napoléon (Conf. MM. Malpel, no 13; Proudhon, Cours de dr. civ., t. 1, p. 74; Vazeille, sur l'art. 722, no 3).—La *mort civile* (avant son abolition) étant encourue dès le commencement du jour de l'exécution, elle frappait en même temps chacun des condamnés. Étant d'ailleurs incapables de succéder entre eux, il n'y a pas lieu de rechercher (c. nap. 26) quel a été le survivant.—Il a été jugé qu'à défaut de preuves, et sous la loi de l'an 4 deux enfants morts (en 1794) en même temps que leur mère, et dans un même événement, ne sont pas légalement présumés lui avoir survécu (Rennes, 17 avril 1821) (1).

52. L'art. 720 suppose que les comourants ont péri dans un *même* événement. Les présomptions de survie sont-elles applicables quand le décès a eu lieu le même jour, mais dans deux événements différents? Non : car le péril n'ayant pas été commun, la résistance ne nécessitait pas les mêmes forces.

53. Mais quelle règle suivra-t-on? A notre sens c'est le cas de l'art. 135 c. nap., si l'ordre des décès ne peut être reconnu (Conf. Vazeille, p. 2, no 3, p. 6, no 3; Marcadé, no 5; Massé et Vergé sur Zachariæ, t. 2, p. 237, note 3). La plupart des auteurs admettent, au contraire, la présomption de survie en faveur du plus jeune (Chabot, sur l'art. 720; Favard, vo Success., sect. 1, § 1, no 5; Malpel, no 18; Duranton, t. 6, no 42, Demante, t. 2, p. 22, note). — On se fonde sur la disposition finale de l'art. 722 c. nap.; mais cette disposition, qui est toute spéciale, se réfère au cas prévu par l'art. 720. — On se fonde en outre sur la faveur de la présomption qui, dit M. Chabot, fut souvent admise *in subsidium*, par les législateurs pour les cas où toutes les autres manquaient. Elle était dans les lois romaines. On la retrouve dans la loi citée plus haut du 20 prairial an 4. Mais on peut répondre que la présomption en faveur du plus jeune cède, d'après le système du code Napoléon, à la présomption résultant de la supériorité des forces. Il serait donc contraire à l'esprit de la loi et aux vraisemblances d'admettre la survie d'un enfant de quelques mois, l'autre successible ayant l'âge de la pleine vigueur. Quant à la loi du 20 prair. an 4, abrogée par le code Napoléon (V. ci-dessus, no 51), elle ne tend pas à consacrer un résultat si choquant; car le plus jeune, dont elle présume la survie, sera toujours âgé au moins de seize ans, puisqu'au-dessous de cet âge on ne peut être condamné à mort (c. pén., art. 66, 67; V. Peine, nos 421 et s.).—Et d'ailleurs, ainsi que l'a jugé l'arrêt ci-dessus no 51, cette loi n'est applicable qu'au seul cas qu'elle prévoit.

54. L'art. 720 suppose les comourants *respectivement appelés à la succession l'un de l'autre*. Peut-on néanmoins invoquer les présomptions de survie, si l'une succède à l'autre sans réciprocité? D'une part, on dit que l'art. 720 a statué sur le cas le plus fréquemment débattu par les anciens auteurs; mais que sa disposition n'est qu'énonciative. On ne voit pas, par exemple, comment la naissance d'un enfant à l'un de deux frères, auparavant héritiers l'un de l'autre, ferait que le père serait présumé avoir prédécédé son frère, lorsque la survie est seule vraisemblable, et que, sans cet enfant, on l'eût réputé survivant.—Les présomptions, quoique incertaines, sont, en général, basées sur le vraisemblance, et réunissent ainsi le plus de probabilités, le plus d'apparences de vérité. Or, l'intention du législateur a été, avant tout, de ne pas intervertir l'ordre légal des successions, et pour cela, à défaut de preuves positives, de se rapprocher le plus pos-

(1) (Bastard. C. Lemerle.) — LA COUR; — Considérant 1o que la loi du 20 prair. an 4, n'a pour objet que les successions des personnes condamnées au dernier supplice par l'autorité judiciaire; qu'on ne peut étendre les lois d'un cas particulier à un autre cas particulier tout différent;

Considérant 2o que les enquêtes faites en première instance n'offèrent qu'incertitude sur la question de survie qu'elles tendaient à clairer, et qu'elles ne présentent aucune circonstance de fait de laquelle on puisse inférer que les enfants ont survécu à leur mère; que la preuve de ce fait était tout entière à la charge de l'appelant, comme demandeur en pétition d'hérédité, les défendeurs n'ayant rien à prouver, suivant la règle *actore non probante, reus absolvitur*; qu'ils ont pour eux une longue possession, jointe à l'équité première de toutes les lois, et les droits du sang qui en découlent; qu'à défaut de circonstances de fait, ils ont en leur faveur la présomption légale dont le principe est dans la loi romaine, justement appliquée par les premiers juges; — Confirme.

Du 17 avr. 1821.—C. de Rennes, 3e ch.—MM. Jollivet et Morel, av.

sible de la justice et de la vérité. Dans le doute enfin, il vaut mieux avantager deux lignes que de s'exposer à donner tout à une seule. Telle est l'opinion exprimée par MM. Duranton, t. 6, nº 45; Malpel, nº 16. — Mais on a répondu, avec raison, que la vocation *réciproque* des comourants est le seul cas prévu par le texte du code, comme dans la discussion qui en a expliqué les principes. Les présomptions légales sont restrictives de leur nature, et ne s'étendent pas par simple analogie; l'analogie, d'ailleurs, n'existe pas, car la présomption de survie n'a pas le même caractère de nécessité, quand l'une des personnes ne doit pas succéder à l'autre; et, en outre, elle a des effets moins favorables. — Ainsi, dit fort bien M. Marcadé, p. 23 : « La présomption a pour résultat, quand il y a réciprocité, de simplifier ses calculs, en réunissant toutes les successions en une seule. Au contraire, s'il n'y a pas réciprocité, la présomption n'apporte aucun changement ou le changement est peu sensible. Ainsi, quand quatre frères, dont trois ont des enfants, meurent dans le même événement, si c'est à celui qui n'a pas d'enfants que la présomption légale attribue la survie, il y aura toujours quatre successions séparées à déférer, comme si cette présomption n'existait pas; que si la présomption le fait mourir le second ou le troisième, la liquidation des successions se trouvera plus compliquée encore qu'en l'absence de la présomption. » — Conf. Favard, vº Success., sect. 1, § 1, nº 6; Vazeille, sur l'art. 722, nº 6.

55. Les présomptions des art. 720, 721 et 722 c. civ. ne régissent-elles que les successions *ab intestat*, ou s'appliquent-elles encore aux successions déférées par la volonté de l'homme? — Cette question a donné lieu à de grandes controverses. — L'application des présomptions est restreinte aux successions *ab intestat*, par MM. Merlin, Carré, Analyse raisonn.; Chabot, sur l'art. 720, nº 7; Duranton, t. 6, nº 48; Delvincourt, t. 2, p. 13, note 4; Favard, vº Success., sect. 1, § 1, nº 6; les auteurs des Pand. franç., sur l'art. 722; Marcadé, sur l'art. 720, nº 5; Massé et Vergé sur Zachariæ, t. 2, p. 237, note 3. Il y a deux arrêts conformes (Bordeaux, 29 janv. 1849, aff. Durup, D. P. 50. 2. 180; Paris, 30 mars 1850, aff. Roslé, D. P. 51. 2. 108). — Les présomptions sont étendues à toutes les successions par MM. Toullier, t. 4, nº 78; Maleville, sur l'art. 722; Vazeille, sur l'art. 722; Poujol, t. 1, p. 77 et suiv.; Belost-Jolimont sur Chabot; Taulier, t. 3, nº 119. — M. Malpel, nº 14, fait une distinction; il les croit applicables aux successions déférées par la volonté de l'homme, mais dans le cas seulement de réciprocité.

L'interprétation restrictive nous paraît préférable. Les présomptions légales n'exercent leur empire que dans les cas pour lesquels on les a spécialement établies (c. nap. 1350). Les art. 720 et suiv. sont placés au titre des successions *ab intestat*; il y est mention de personnes respectivement appelées à succéder. Or, remarque fort bien M. Chabot, « entre le testateur et le légataire, entre le donateur et le donataire, il s'agit, non de régler la successibilité, mais de déterminer si le legs ou le don fait à l'un d'eux est valable. » — La loi du 20 prair. an 4, qui présume survivant le plus jeune de deux condamnés exécutés en même temps, statue entre « ascendants et descendants, et autres personnes *qui se succèdent de droit*. » — Dans tous les discours des orateurs du gouvernement, dans la discussion préparatoire du code Napoléon, il n'est parlé que de ces sortes d'héritiers; pas un seul exemple n'est emprunté aux successions *testamentaires* et *contractuelles*. — Il n'y a pas d'ailleurs les mêmes raisons de décider. Dans la succession *ab intestat*, il est nécessaire de recourir aux présomptions, la personne de l'héritier étant incertaine et la propriété flottante; dans le cas de donation ou de testament, il y a un héritier connu, désigné par la loi elle-même, et investi de plein droit de l'hérédité. D'un autre côté, le but des présomptions est l'ordre légal des successions. Or, leur application, en cas de testament ou de donation, aurait un effet tout contraire; elles dépouilleraient des héritiers saisis au profit de donataires ou de légataires. — Enfin, la succession *ab intestat* s'étend et se propage de proche en proche, en suivant les liens du sang et la volonté présumée du défunt. Au contraire, dans la succession testamentaire ou contractuelle, la libéralité s'arrête le plus souvent à la personne de l'institué; c'est lui et non sa famille que nous préférons à nos héritiers naturels. Cependant les présomptions de survie ne profiteraient qu'à la famille de l'institué, c'est-à-dire à ceux que le défunt n'entendait pas probablement gratifier.

Voyons toutefois les objections qui ont été faites en les appliquant d'abord aux successions testamentaires, ensuite aux successions contractuelles. — Pour motiver l'extension des art. 720 et suiv. aux successions testamentaires, on a dit surtout que, dans les lois romaines, les présomptions de survie profitaient à l'héritier institué ou au légataire non moins qu'à l'héritier légitime. Ricard argumentait de même sous l'ancienne législation, des Disposit. condit., nºs 576 et suiv. Il se réfère notamment à la loi 9, § 4, *De reb. dub.*, qui suppose un père mort avec son fils pubère, qu'il avait institué son seul héritier, et elle présume le fils survivant. — Mais on peut répondre que cette loi statue sur un cas particulier; qu'elle n'est pas d'accord avec d'autres textes, statuant sur d'autres cas (même loi, § 2; L. 17, ff., *De reb. dub.*; L. 34, *Ad sen. cons. treb.*); qu'enfin l'institution d'héritier est de nos jours bien moins favorable, l'héritier du sang ayant toujours la préférence. — Les lois romaines n'admettaient point la maxime *le mort saisit le vif*. L'héritier légitime n'était pas saisi de plein droit (c. nap. 724), à moins qu'il ne fût héritier sien. Il fallait qu'auparavant il acceptât la succession : pour l'accepter, il fallait qu'elle lui fût déférée, et cette délation n'avait lieu *ab intestat* que du moment où l'on était certain qu'il n'existait pas d'héritier testamentaire. La première question à résoudre était donc, s'il y avait ou non un héritier testamentaire.

On a objecté, toutefois, qu'il y avait encore, sous le code Napoléon, deux espèces de successions, l'une légitime, l'autre testamentaire. — Il est plus exact de dire que la loi ne reconnaît plus que la succession *ab intestat*; le code en ce point a consacré le principe de nos anciennes coutumes. La qualité d'héritier n'est plus attribuée par les dispositions de l'homme. La loi n'y voit plus que des legs ou donations, quelle que soit leur dénomination. C'est dans ce sens que l'art. 1002 c. nap. fut ajouté au projet du code, pour qu'il fût bien entendu que les effets attachés par le droit romain au titre d'héritier testamentaire étaient *entièrement détruits* dans notre droit. — V. Disp. entre-vifs, nºs 3422 et s.

On a dit encore qu'il existait au titre des successions légitimes, un grand nombre de règles applicables aux successions testamentaires et notamment celles relatives au partage et au payement des dettes. — Cela n'est vrai que pour les règles qui ne supposent pas le titre d'héritier. Ainsi, les dispositions sur le partage s'appliquent à tous propriétaires qui se trouvent dans l'indivision. Ajoutons que les dispositions qui sont communes à l'héritier et au légataire leur sont applicables par identité de motifs; or il n'y a pas les mêmes raisons de décider, comme on l'a vu plus haut, en ce qui concerne les présomptions de survie.

M. Toullier, au cas de dispositions réciproques, insiste particulièrement sur ce que les testaments seraient caducs si l'on n'appliquait pas les présomptions de survie, « ce qui est contraire, dit-il, à la maxime suivant laquelle il faut prendre le parti le plus favorables aux actes, et qui peut les faire exécuter. » — Mais la caducité des deux testaments n'a rien qui choque la raison, puisque l'exécution de l'un et de l'autre dépendait d'un événement qui n'est pas constaté, et que, dans l'incertitude, la cause de l'héritier légitime est la plus favorable. D'un autre côté, la maxime invoquée n'est faite que pour l'interprétation des actes qui présentent deux sens, dont l'un tend à les valider, l'autre à les infirmer; et si l'on opte alors pour le premier sens, c'est que nul ne peut être raisonnablement supposé avoir voulu faire un acte nul. Or la volonté des parties n'est ici d'aucune influence.

56. La question de survie semble offrir plus de difficultés, si c'est un légataire universel que le même événement a fait mourir avec le testateur, et que celui-ci ne laisse pas d'héritiers à réserve. Comme le légataire universel est saisi alors de la succession, on mettrait peut-être à la charge des héritiers légitimes la preuve de la survie du testateur. — Mais ce serait faire une confusion. Le légataire universel n'est saisi qu'autant qu'il a survécu au testateur. Telle est la condition de son droit; il faut donc pour opérer la saisine, que l'événement de la condition soit constant. Jusque-là, les héritiers légitimes conservent leur droit, dont le titre est dans la seule disposition de la loi. — La saisine du légataire universel n'appartient d'ailleurs qu'à lui. Ses héritiers ne pourraient la réclamer qu'en prouvant le prédécès du testateur (c. nap. 135). — Cette circonstance, qu'il ne s'agit point des intérêts du légataire lui-même, mais de ses héritiers, peut-être même de ses légataires, donataires ou créanciers, gens entièrement inconnus au testateur, est un nouveau motif de résoudre le doute au profit des héritiers *ab intestat*. — Il serait bizarre enfin que ceux-ci pussent retenir la succession jusqu'à ce que fût prouvée la survie des légataires, soit particuliers, soit à titre universel; tandis que si un seul légataire avait été institué pour la totalité, la même preuve ne pourrait être exigée.

57. A l'égard des successions contractuelles, la maxime *actori incumbit onus probandi*, doit aussi l'emporter sur les présomptions de survie; mais diverses hypothèses peuvent se présenter.

58. Un donateur a stipulé le droit de retour : c'est à ses héritiers à prouver que la condition de ce retour s'est accomplie. Le donataire était saisi; la révocation de son droit ne doit s'opérer que pour une cause certaine (MM. Chabot et Duranton, *loc. cit.*). — C'est le même principe qui, dans la loi 16, ff., *De reb. dub.*, fait dépendre de la preuve du prédécès de la fille le retour de la dot aux héritiers de la mère, dans le cas où il a été stipulé que la dot reviendrait à la mère, si elle survivait à sa fille.

59. La donation de biens à venir par contrat de mariage ou l'institution contractuelle se régit-elle par le même principe que la donation de biens présents faite sous condition de retour? — M. Chabot n'établit pas de différence; il applique à l'un et l'autre cas sa décision, qui impose aux héritiers du donateur la preuve de sa survie; car, dit-il, « le donataire était saisi d'un droit. » M. Duranton distingue avec raison : la saisine était *réelle* dans la donation de biens présents; le donataire avait un droit *plein et entier*. Or telle doit être la nature du droit dont on a été saisi, pour que la preuve de l'événement, qui tend à nous en dépouiller, tombe sur ceux qui nous le contestent. Dans la donation de biens à venir, la saisine du donataire n'est que fictive; le donateur peut même aliéner, à titre onéreux, les biens donnés. Les héritiers de celui-ci les trouvent dans sa succession; ils ont commencé à les posséder; la saisine légale les en a investis. C'est donc au donataire à demander la délivrance. Il n'était pas propriétaire des biens, ni du droit de les recueillir, puisque du vivant du donateur il n'aurait pu aliéner ce droit ni y renoncer; ce qui eût été pactiser sur une succession future. Il n'avait donc qu'une espérance; et, dans le doute, si elle s'est réalisée, la saisine effective et légale de l'héritier légitime doit prévaloir. — L'art. 1039 c. nap. déclare la donation *caduque* en cas de prédécès du donataire. La loi emploie la même expression pour qualifier le legs auquel le prédécès du légataire ôte son effet. Il ne s'agit donc, en aucune manière, d'un retour de biens, d'une résolution ou révocation de donation; c'est une simple caducité. — En vain objecterait-on contre les héritiers du donateur que les dispositions par contrat de mariage sont dignes de faveur; elles ne le sont que pour les donataires et leurs descendants, qui n'en profiteraient pas dans l'espèce. Du reste, la conservation des biens dans la famille est toujours plus conforme au vœu du législateur. — Conf. MM. Vazeille; Marcadé, *loc. cit.*; Massé et Vergé sur Zachariæ, t. 2, p. 237, note 3).

60. Le don réciproque que se seraient fait deux époux par leur contrat de mariage, en faveur du survivant, demeurerait sans effet, la survie ni de l'un ni de l'autre ne pouvant être prouvée. La communauté se partagerait suivant le droit commun, le plus favorable dans le doute. — Chabot, sur l'art. 720, n° 7; Duranton, t. 6, n° 50. — Jugé, dans un tel cas, que l'héritier qui se prévaut du prédécès d'un des époux doit prouver son allégation, et ne saurait invoquer l'art. 720, les présomptions de survie ne s'appliquant pas aux successions testamentaires ou contractuelles (Bordeaux, 29 janv. 1849, aff. Durup. D. P. 50. 2. 180).

61. Le droit d'invoquer la présomption de survie n'est pas purement personnel, et restreint aux héritiers des codécédés; il peut être exercé, comme tous les droits utiles, par leurs donataires, légataires et créanciers (Arg. c. nap. 1166, MM. Chabot sur l'art. 720, n° 6, Malpel, n° 19, Duranton, t. 6, n° 47, Vazeille, *loc cit.*, Marcadé p. 29). — La régie peut-elle exciper des présomptions établies par les art. 720 c. nap., et percevoir autant de droits qu'il se serait opéré de *mutations?* — V. Enregistrement, n° 4003.

62. Lorsqu'il y a incertitude sur l'heure du décès de deux personnes qui héritent réciproquement l'une de l'autre, mais dont les héritiers de chacune d'elles sont différents, la transaction par laquelle partie des héritiers renonçait au profit des autres à la succession de celle qui passe pour avoir décédé la première, moyennant une somme déterminée, ne les oblige pas au payement des dettes de la succession d'un tiers dont ces deux personnes décédées avaient hérité précédemment. C'est là, d'ailleurs, une interprétation d'acte qui échappe à la censure de la cour suprême (Rec. 31 déc. 1825, MM. Henrion pr., Vallée, rapp., aff. Perrin).

SECT. 2. — *De la saisine des héritiers.*

63. Après avoir déterminé le mode et l'époque d'ouverture des successions, la loi expose dans quel ordre elles sont déférées : d'abord, aux héritiers légitimes; « à leur défaut, aux enfants naturels; ensuite à l'époux survivant, et s'il n'y en a pas, à l'état » (c. nap. 723.) — D'après ce texte, il semblerait que les biens ne passent aux enfants naturels qu'à défaut d'héritiers légitimes, mais on verra plus loin qu'ils concourent entre eux (art. 757). — Quelques orateurs avaient demandé au Conseil d'État que l'époux eût la préférence sur l'enfant naturel. — Les héritiers légitimes sont distingués ici des successeurs irréguliers (V. la rubrique du chap. 4 c. nap.). Mais la même expression (*legitimi à lege vocati*) s'emploie aussi par opposition aux légataires ou donataires qui tiennent leur vocation de la volonté de l'homme.

64. *Héritiers légitimes.* — Aux termes de l'art. 724 c. nap., « les héritiers légitimes sont *saisis de plein* droit des biens, droits et actions du défunt, sous l'obligation d'acquitter toutes les charges de la succession. » Cette disposition n'a fait que consacrer l'ancienne maxime, que Tiraqueau appelle la *coutume du monde*, *le mort saisit le vif*. Elle était observée dans l'ancien droit romain à l'égard des héritiers *siens et nécessaires*; mais les autres héritiers, dits *externes* ou *volontaires*, n'étaient admis à la succession que par l'adition; jusque-là leur titre demeurait en suspens : *jacebat hæreditas* (tit., ff., *quib. mod. acquir. vel omitt. hæred.*). — La saisine s'opérait dans nos pays de droit écrit comme dans les pays coutumiers, à la différence que, dans les premiers, elle s'appliquait même aux héritiers testamentaires; les coutumes, au contraire, les obligeaient toujours à demander la délivrance aux héritiers légitimes. Cette différence tenait peut-être à ce qu'en pays de droit écrit on pouvait disposer, par testament, de l'universalité de ses biens; au lieu qu'en pays coutumier il existait des réserves; d'où résultait que l'héritier naturel devait être saisi et délivrer les legs, afin qu'il pût examiner si le testateur n'avait point passé les bornes de la loi. — Le code a adopté un système de transaction; le légataire universel sera saisi quand il n'y aura pas d'héritiers à réserve (art. 1006.) Ce système fut l'objet d'une grande discussion au conseil d'État; on disait, pour l'usage des pays coutumiers, que l'héritier naturel avait un titre toujours incontestable; qu'au contraire, le testament n'a d'effet qu'après qu'il a été reconnu valide, et que jusqu'à ce que la qualité du légataire universel ait été jugée, ou s'il ne présente le testament qu'après un long espace de temps, il fallait, pour éviter une incertitude nuisible, que, dans l'intervalle, la succession reposât sur une tête quelconque; qu'au surplus, la saisine de l'héritier naturel ne causerait aucun préjudice à l'institué. — En faveur du système des pays de droit écrit, on répondait que la présomption était pour la validité de l'acte jusqu'à ce qu'il fût déclaré nul; qu'on devait donc l'exécuter de suite, et éviter un circuit qui exposait la succession à beaucoup de dangers, et le légataire universel à des retards pénibles (MM. Maleville, *sur l'art.* 724; Locré, *Lég. civ.*, etc., t. 10, p. 71). — Des législations étrangères présentent quelques divergences, quant à la saisine légale. Le code sarde, par exemple, va plus loin que le code Napoléon, en saisissant de plein droit, même les héritiers *testamentaires* (art. 967). En Autriche, au contraire, et en Prusse, tout héritier, même légitime, doit se faire envoyer en possession par justice; mais les héritiers de celui-ci acquièrent tous ses droits s'il meurt avant l'envoi en possession (c. autrichien 737; c. prussien, part. 1re, tit. 1er, art. 367 à 370). D'après le code hollandais (art. 880), l'Etat seul est tenu d'obtenir cet envoi.

65.—Par application de lois et de dispositions antérieures au code Napoléon, il a été jugé : 1° Que, suivant les principes du droit romain, l'héritier testamentaire était saisi, dès le moment de l'ouverture de la succession, sans qu'il fût tenu d'en demander la délivrance (Cass., 3 vent. an 11., aff. Anthennis. V. Enreg., n° 4204); 2° Que, sous l'empire des constitutions piémontaises, contrairement à la législation romaine, la saisine avait lieu de plein droit. Spécialement l'état d'imbécillité dans lequel a vécu et est décédé un individu ne faisait pas obstacle à ce qu'il ne recueille la succession qui lui échoit et qu'il ne la transmette à ses héritiers au préjudice des plus proches parents de celui à qui il succède (Req., 9 janv. 1809, MM. Muraire, pr., Aumont, rap., aff. Scozia).

66. Le principe de la saisine de l'héritier légitime était consacré dans l'art. 61 de la loi du 17 niv. an 2. — C'est ainsi que la loi a été appliquée à l'égard de l'héritier direct ou collatéral (Riom, 1er fév. 1847, aff. Aulagne. D. P. 47. 2. 85).— Il a même été jugé : 1° Que cette loi avait aboli toutes lois antérieures qui statuaient autrement sur la saisine des successions; par exemple, l'art. 540 de la coutume de Normandie, portant : « En succession collatérale, la justice de celui qui a fief et obéissance est saisie de la succession. Le juge, après s'être informé, la baillera au plus prochain en prenant caution de la rendre quand et à qui faire se devra » (Cass. 6 germ. an 13. M. Schwendt, rap., aff. Lesqueyn C. Nedellec); — 2° Qu'après la publication de la loi du 17 niv. an 2, les héritiers, même collatéraux, étaient saisis de plein droit de la succession qui leur était échue, même dans les pays où l'on suivait la disposition du droit romain, qui n'accordait pas le droit de transmission, si l'héritier n'avait pas fait adition d'hérédité dans l'année (L. 1, § 5, cod. *de caducis tollendis*; 19, cod. *de jure deliberandi*. Bastia 9 mai 1833) (1).

67. Par l'effet de la saisine, l'héritier est autorisé avant toute adition à faire tous les actes de *conservation* et de *surveillance*, sans lesquels les biens restés à l'abandon pourraient se détériorer ou se perdre (c. nap. 779). — Jugé que l'héritier légitime, étant saisi de plein droit et ayant l'administration légale de tous les biens de la succession, ne peut être obligé à fournir caution des valeurs mobilières, sur la demande des légataires ou donataires du défunt, pendant les contestations élevées entre eux et l'héritier. « Attendu que, suivant les art. 724 et 1004 c. civ., les héritiers sont saisis de plein droit des biens du défunt, tandis que les légataires soit universels, soit à titre universel, sont tenus au contraire de demander la délivrance, aux termes dudit art. 1004 et 1011, même code; qu'il n'y a que l'héritier bénéficiaire qui puisse être obligé, sur la demande des tiers intéressés, de fournir caution des valeurs mobilières, suivant l'art. 807 dudit code (Angers, 16 mai 1816. 1re ch., aff. Ferrei).

68. Toutefois, on a jugé 1° que le droit de saisine légale de l'héritier n'est pas tel que le juge ne puisse décider par interprétation du testament que les titres de la succession resteront dans les mains du notaire qui les détient et qui avait la confiance du testateur, jusqu'après partage entre l'héritier et les légataires, et qu'ils seront remis par le notaire à ceux à qui ils appartiendront d'après le partage ; une telle décision ne porte aucun préjudice à la saisine légale : « Attendu que d'après la disposition particulière du testament dont il s'agissait, la cour d'appel a pu, sans préjudicier à la saisine légale du demandeur, ordonner que les titres demeureraient jusqu'à la fin du partage entre les mains du notaire dans lequel le testateur avait placé sa confiance. — Rejette » (Req., 8 août 1809., MM. Henrion, pr., Pajon, rap., aff. Ghistain, C. Charlier);—2° Que sous l'empire de la coutume de Normandie (art. 237), que la saisine attribuée au fils aîné dans un esprit de conservation n'enlevait pas à ses cohéritiers la faculté de demander l'administration provisoire de la succession, lorsqu'il était insolvable ou incapable, alors surtout qu'ils avaient au préalable intenté leur action en partage (Req., 15 niv. an 11, MM. Muraire, pr., Gandon, rap., aff. Lempereur C. Gurbert).

69. La saisine ayant pour effet la mise en possession immédiate et de plein droit, on a jugé : 1° qu'il y avait violation de ce principe dans un arrêt qui déclare un héritier non-recevable dans une demande, par le motif qu'il ne justifie pas que son auteur avait recueilli les biens réclamés à titre d'héritier, et qu'il les possédait au jour de son décès. (Cass. 7 mars 1826) (2);— 2° Que, l'art. 209 de la coutume du Bourbonnais disposant « le mort saisit le vif, son plus prochain héritier habile à lui succéder *ab intestat* sans appréhension de fait » on ne pouvait aucunement disposer de cette succession à son préjudice (Cass. 10 therm. an 13) (3).

70. La saisine, dit-on généralement, a aussi pour effet de rendre transmissible à ses héritiers le droit du successible qui n'a pas encore accepté.—Mais on verra plus loin, n° 81, que le même droit appartient aux successeurs irréguliers qui n'ont pas la saisine. —Jugé que, sous la coutume de Normandie, l'enfant ne transmettait point à ses héritiers collatéraux l'action en délivrance du tiers coutumier, s'il n'avait de son vivant opté pour ce tiers (Rej. 31 janv. 1809) (4).

---

(1) (Pietri C. Pietri.) — LA COUR ; — Attendu que, quelque rigoureux que fussent les principes du droit romain sur la nécessité de l'adition pendant la vie du premier héritier en ligne collatérale, à l'effet de pouvoir transmettre à ses propres héritiers le droit à la succession qui lui était échue, conformément à la loi, cod. 19, *De jure deliberandi*, lesdits principes (à supposer qu'ils n'eussent pas été modifiés par le droit nouveau, l'opinion des docteurs et la jurisprudence des tribunaux) sont devenus sans application possible, surtout depuis la promulgation de la loi du 17 niv. an 2, laquelle a été rendue sous l'empire, et sous l'influence de la règle généralement reçue en France, *le mort saisit le vif*, et qui, par son art. 61, a formellement sanctionné ladite règle, en abrogeant toutes les lois, coutumes et usages relatifs à la transmission des biens par succession, parmi lesquelles lois est nécessairement comprise la dix-neuvième au code *De jure deliberandi*, qui concernait la transmission des biens en ligne collatérale ; — Que de tout ce qui précède, il s'ensuit qu'au 19 prair. an 8, époque du décès du prêtre Jean-Félix Pietri, et même avant la publication de l'art. 781 c. civ., l'adition n'était plus nécessaire pour pouvoir opérer la transmission de l'hérédité, l'héritier du non acceptant pouvant l'accepter de son chef ; — Confirme.

Du 9 mai 1833.-C. de Bastia.-MM. Colonna-d'Istria, pr.-Sorbier, pr. av., c. conf.-Mari et Biadelli, av.

(2) (Dame Sombret C. hér. Bauvoir.) — LA COUR ; — Considérant que la deuxième fin de non-recevoir est prise de ce que la dame Sombret n'a pas fait la justification qui lui incombait (dit l'arrêt) du fait que Louis Aubert d'Armanville, en sa qualité d'héritier aux propres paternels de Louis Dussart, avait recueilli lesdits 320 arpents de bois, et qu'il les possédait à ce titre lors de son décès ; — Mais qu'en déclarant la dame Sombret non recevable par ce motif, la cour royale a violé formellement le principe général de la saisine de l'héritier et l'art. 116 de la coutume de Châteauneuf, qui l'avait consacré en ces termes : « Le mort saisit le vif, son plus prochain héritier habile à lui succéder, et sans appréhension de fait ; » — D'où il suit, en dernière analyse, que l'arrêt dénoncé ne peut être justifié ni dans l'une ni dans l'autre de ses dispositions, et doit être annulé pour défaut de motifs sur ce qui constituait le fond du procès, et pour contravention tant aux art. 2048 et 2049 c. civ. qu'à l'art. 116 de la coutume de Châteauneuf ; — Par ces motifs, casse et annule l'arrêt de la cour royale de Rouen, du 23 déc. 1822, etc.

Du 7 mars 1826.-C. C., ch. civ.-MM. Brisson, pr.-Porriquet, rap.-De Vatimesnil, av. gén., c. conf.-Guillemin et Scribe, av.

(3) (Maréchal C. Morel.) — LA COUR ; — Vu l'art. 299, cout. Bourbonnais, qui porte : « Le mort saisit le vif, son plus prochain héritier habile à lui succéder *ab intestat*, sans appréhension de fait ; » — Et attendu qu'il est constaté par le contrat de Claude Geneste, fils de Jean, représenté par le défendeur, que Jeanne Fabre, mère commune, était décédée *ab intestat* avant l'institution contractuelle dudit Jean en sa faveur ; que, dès lors, il n'a pu l'instituer légataire universel dans la succession de ladite Jeanne Fabre ; que cependant le tribunal du district de Cusset, et, après lui, le tribunal civil du département de l'Allier, ont décidé que le demandeur n'aurait qu'un dixième dans sa succession, qui devait être partagée par portions égales, ce qui lui donnait un cinquième ; d'où il résulte que lesdits deux tribunaux ont contrevenu audit art. 299, cout. Bourbonnais, ci-devant transcrit ; — Casse et annule les jugements rendus par les tribunaux de district de Cusset et civil de l'Allier, les 21 therm. an 2 et 14 germ. an 7.

Du 10 therm. an 13.-C. C., sect. civ.-M. Dutocq, rap.

(4) (Duhéron C. Maréchal.) — LA COUR ; — Attendu que les art. 399 et 401 de la coutume de Normandie ne s'expliquant pas d'une manière positive sur la question proposée, la cour d'appel de Caen a pu, sans les violer, adopter l'interprétation que la jurisprudence leur avait donnée ; et que, d'après cette jurisprudence, pour que l'enfant pût transmettre, à titre de succession, le droit au tiers coutumier à des héritiers collatéraux, il ne suffisait pas, dans la ci-devant Normandie, qu'il eût renoncé

71. La saisine n'attribue à l'héritier que la possession et non la propriété des biens de la succession. La propriété peut avoir été l'objet de dispositions particulières du défunt qui recevront leur effet par la demande en délivrance. — A défaut même de dispositions, et s'il y a plusieurs héritiers, son droit ne se convertit en propriété réelle et effective que par le partage qui détermine les biens tombés dans son lot, et auxquels seuls il est censé avoir succédé. Aussi, tant qu'il n'y a pas eu de liquidation et partage, un cohéritier est non recevable à revendiquer contre un tiers sa part indivise dans un immeuble qu'il prétend dépendre de la succession. — C'est ce qui a été jugé, comme nous le verrons plus loin, par application de l'art. 883 c. nap.

72. La saisine légale ne dispense pas de la preuve que la succession a été acceptée. — Jugé, par ce motif, que le parent le plus proche en degré d'une personne décédée *ab intestat* n'est pas, par cette seule qualité, présumé de droit son héritier; que, par conséquent, si ce fait est dénié, c'est à celui qui l'allègue à le prouver (Liége, 4 mai 1813) (1).

73. Il est fait exception, toutefois, en matière fiscale. — Le successible, par le seul effet de la saisine légale, est soumis au payement des droits de mutation et à l'obligation de faire dans le délai de six mois la déclaration des biens héréditaires sans que la régie ait à prouver qu'il a pris qualité ou qu'il a appréhendé de fait les biens de la succession. C'est au successible à justifier qu'il a renoncé. La jurisprudence est constante à cet égard. — V. Enreg., nos 4005 et suiv.

74. L'art. 724 accorde la saisine, *sous l'obligation d'acquitter toutes les charges de la succession*. L'héritier, en effet, est le représentant du défunt, et, en quelque sorte, la continuation de sa personne. Mais, en acceptant la succession sous bénéfice d'inventaire, il limite son obligation à son émolument. Il est entendu du reste que la saisine a lieu au profit de l'héritier bénéficiaire comme au profit de l'héritier pur et simple; seulement il ne peut rien s'approprier avant le payement des légataires et des créanciers (Bilhard, Tr. du bénéf. d'inv., no 105). — Jugé que lorsqu'il n'existe pas d'héritiers à réserve, l'administration provisoire des biens de la succession appartient au légataire universel et au donataire à titre universel, de préférence à l'héritier bénéficiaire, bien que celui-ci conteste leurs titres et ait pour lui la possession de fait (Paris, 22 mars 1836, aff. Susini, V. Disp. entre-vifs, titre 4).

75. Le testateur a-t-il le pouvoir de dispenser de la demande en délivrance les légataires, que la loi y assujettit? Non, cette loi, qui règle les successions *ab intestat*, est d'ordre public. Il faut que si des contestations s'élèvent sur la validité du testament, la succession repose provisoirement sur quelque tête, qui occupe la place du défunt. — Une disposition spéciale a été nécessaire pour accorder au légataire universel la saisine légale (c. nap. 1006), au légataire particulier « les intérêts ou fruits de la chose léguée, dès le jour du décès..., lorsque le testateur aura expressément manifesté sa volonté à cet égard » (c. nap. 1015). Il serait besoin d'une disposition aussi formelle pour autoriser la dispense dont il s'agit. La loi permet bien de donner la saisine à l'exécuteur testamentaire pendant une année, mais cette saisine toute spéciale limitée au mobilier, et qui ne s'étend jamais aux immeubles, peut d'ailleurs cesser au gré de l'héritier dès qu'il offre somme suffisante pour le payement des legs mobiliers (c. nap. 1026, 1027; MM. Chabot, sur l'art. 724, no 14; Marcadé, sur l'art. 724, no 3).

76. La saisine de l'héritier profite aux créanciers de la succession, en leur permettant de diriger contre lui leurs actions avant qu'il ait pris qualité, et quoique dans les délais pour délibérer. Ils empêchent par là de s'accomplir la prescription, qui n'est pas suspendue pendant ces délais (c. nap. 2259). On avait douté, dans l'ancienne jurisprudence, si la saisine pouvait être rétorquée contre l'héritier (Lebrun, liv. 3, chap. 1, no 39; d'Argentré, sur l'art. 509, glose 3, no 3). Le même doute s'est élevé depuis le code. La cour de Bordeaux avait déclaré nulle une assignation donnée à un héritier par un créancier pendant les délais pour délibérer; l'arrêt fut cassé, le 10 juin 1807 en vertu des principes sur la saisine (V. ci-après, ch. 6, sect. 3). Les mêmes principes sont enseignés par MM. Toullier, t. 4, no 83, Duranton, t. 6, no 58, et les auteurs des Pand. franç., sur les art. 724 et 795.

77. *Des successeurs irréguliers.* « Les enfants naturels, l'époux survivant et l'Etat doivent se faire envoyer en possession par justice dans les formes déterminées » (c. nap. 724, 769 à 773). — La loi ne parle ici que de trois espèces de successeurs irréguliers. Mais il en est d'autres, également obligés de demander l'envoi en possession. On a cité, avec raison, les père et mère de l'enfant naturel, ses frères et sœurs naturels ou leurs descendants, dans les cas prévus par les art. 765 et 766 (MM. Chabot, *sur cet article*; Malpel, no 184). — La question, du reste, a subi controverse pour les père et mère naturels (Voy. nos observ., chap. 5, sect. 3).

78. L'art. 724 ne reproduit point dans son second paragraphe, à l'égard des successeurs irréguliers, les mots : *sous l'obligation d'acquitter toutes les charges de la succession*; obligation imposée à l'héritier légitime. On a conclu de là que l'époux survivant et l'enfant naturel n'étaient jamais tenus des dettes de la succession *ultrà vires*; qu'il n'était donc pas nécessaire qu'ils se portassent héritiers sous bénéfice d'inventaire. Cette opinion, généralement admise, donne lieu cependant à une controverse et à des distinctions que nous examinons plus loin, chap. 5, en expliquant les art. 769 et 773 c. nap.

79. De ce que l'enfant naturel n'a pas la saisine, et est tenu de demander la délivrance aux héritiers légitimes, suit-il que, même en l'absence d'héritiers à réserve, il n'a droit aux fruits de la portion que la loi lui attribue sur les biens de son père et de sa mère qui l'ont reconnu qu'à partir de la demande d'envoi en possession? — Cette question, que n'examinent point les auteurs, est fort délicate. D'un côté, il semble que la maxime *fructus augent hæreditatem*, doit profiter à tout *successible* et *copartageant* : deux qualités qu'on ne refuse pas à l'enfant naturel. Il a un *droit sur les biens* (c. nap. 756). Or, les fruits par droit d'accession s'ajoutent à la copropriété. En outre, il a *proportionnellement* les mêmes droits que l'enfant légitime (c. nap. 757). Remarquons enfin qu'à la différence des légataires (c. nap. 1005 et 1014), les art. 724 et 773 c. nap. n'ont point dit que la jouissance de l'enfant naturel ne commencerait qu'à dater de la demande d'envoi en possession. — Cependant on a jugé en sens contraire et avec raison, ce semble : 1o Que si l'enfant naturel vient en concours avec des frères et sœurs du défunt, ceux-ci doivent seuls être investis de l'entière succession, sauf à lui départir ensuite les droits que la loi lui attribue. Il devrait être procédé ainsi, lors même que l'enfant naturel aurait déjà, et pendant plusieurs années, été mis en possession par jugement de tous les biens de la succession (Montpellier, 15 therm. an 11, aff. Fulcrand. V. no 413); — 2o Que le droit aux fruits était une conséquence nécessaire de la saisine légale, et que, par suite, les fruits n'appartenaient qu'aux héritiers légitimes, jusqu'à la demande de l'enfant naturel (Req., 22 mars 1841 (2); Bordeaux, 27 juill. 1854, aff. Couperie, D. P. 55. 2. 187).

80. Mais il a été décidé que l'enfant naturel saisi de la suc-

---

à l'hérédité du père, mais qu'il fallait en outre qu'il eût, avant son décès, fait l'option du tiers coutumier; — Rejette, etc.

Du 31 janv. 1809.-C. C., sect. civ.-MM. Botton, rap.-Geofrenet, av.

(1) (Hackstein C. Wurthein.) — LA COUR; — Attendu que l'assignation introductive d'instance tendait à faire condamner les appelants à payer à l'intimé une somme de 5,425 florins d'Hollande, montant d'une lettre de change souscrite au profit dudit intimé par le défunt Pierre Hackstein, avec les intérêts à raison de 6 p. 100; — Attendu que l'intimé fondait sa demande sur ce que Pierre Hackstein aurait eu pour héritier Jacques Hackstein son père, et que les appelants auraient été les héritiers de celui-ci; — Attendu que les appelants ont nié constamment que Jacques Hackstein aurait accepté la succession de son fils Pierre, et se serait immiscé dans ladite succession, ni qu'il aurait fait aucun acte quelconque d'héritier; qu'ils ont aussi nié d'avoir fait aucun acte d'héritier de leur chef, ni de posséder aucun effet qui aurait appartenu au défunt Pierre Hackstein; — Attendu qu'il est de principe qu'un père ni ses héritiers ne sont point tenus d'accepter la succession du fils, et que l'intimé n'a point prouvé ni offert de prouver que Jacques Hackstein, ou les appelants qui le représentent, aurait fait acte quelconque d'héritier dudit défunt Pierre Hackstein; — Faisant droit sur l'opposition à l'arrêt par défaut du 22 mars dernier, émendant, etc.

Du 4 mai 1813.-C. de Liége.

(2) (Désiré Delille C. Dusillet et cons.) — LA COUR; — Attendu qu'aux termes de l'art. 756 c. civ. les enfants naturels ne sont point

cession de son père, lors de la promulgation du code napoléon, n'est pas tenu de remettre toute l'hérédité aux héritiers légitimes, sauf à réclamer ensuite ses droits; il lui suffit, dans ce cas, d'offrir aux héritiers leurs parts dans la succession. — Il a surtout ce droit, lorsque, outre ses droits personnels, il se présente encore au nom d'un des héritiers légitimes (Grenoble, 14 vent. an 12, aff. Brunel, V. Paternité, n° 500).

81. De ce que l'enfant naturel et l'époux survivant ne sont pas *héritiers* dans le sens de l'art. 724, et n'ont pas la saisine, des auteurs ont conclu que s'ils meurent avant la demande d'envoi en possession, ils ne transmettent pas à leurs héritiers le droit de faire cette demande (Pandectes franç., sur l'art. 724). — Cette opinion confond le droit à la propriété avec la possession. C'est la possession seule qui ne sera pas transmissible. Mais le défunt ayant une action en délivrance, et l'héritier succédant à tous les biens, droits et actions, elle a été nécessairement transmise. — Selon l'art. 759, en cas de prédécès de l'enfant naturel, ses descendants peuvent réclamer ses droits, par représentation; à plus forte raison, par transmission. — Le légataire particulier n'a pas non plus la saisine; son droit, cependant, même avant la demande en délivrance, est déclaré formellement transmissible (c. nap. 1014). — La saisine n'est pas indispensable pour donner droit à la propriété; elle n'est une condition nécessaire que de la possession à compter du jour du décès; et l'envoi en possession n'est qu'une mesure de sûreté et de conservation pour les héritiers, qui se découvriraient plus tard. C'est l'avis de MM. Toullier, t. 4, n° 90; Chabot, sur l'art 724, n° 16; Duranton, t. 6, n° 63; Delvincourt, t. 2, p. 23, note 1; Marcadé sur l'art. 724.

CHAP. 3. — DES QUALITÉS REQUISES POUR SUCCÉDER.

SECT. 1. — *De l'incapacité de succéder.*

82. Est incapable de succéder celui qui n'existe pas au moment de l'ouverture de la succession, ou qui n'a pas alors la jouissance des droits civils.

ART. 1. — *De l'existence au moment du décès.*

83. L'art. 725 c. nap. porte : « Sont incapables de succéder, 1° celui qui n'est pas encore conçu; 2° l'enfant qui n'est pas né viable. »

84. L'enfant conçu est apte, sous la condition qu'il naîtra viable, à recueillir une succession, de même qu'une donation ou un legs (c. nap. 906). De là la disposition de l'art. 393, d'après lequel il doit être nommé un *curateur au ventre*, lorsqu'au décès du mari la femme est enceinte.—V. Minorité, n°s 121 et s.

85. Le code Napoléon a déterminé l'époque de la conception pour la filiation des enfants légitimes. Le terme des naissances tardives est de trois cents jours au plus; le terme des naissances précoces est de cent quatre-vingts (c. nap. 312, 314, 315). — Cette règle est-elle applicable en matière de succession? L'enfant sera-t-il réputé conçu avant l'ouverture de la succession toutes les fois qu'il sera né dans les trois cents jours depuis le décès du *de cujus*? — Il faut distinguer. On s'accorde à reconnaître que l'art. 312 est applicable lorsque la successibilité est la conséquence de la légitimité de l'enfant (V. Paternité, n° 87). La controverse ne s'élève qu'au cas où la capacité de succéder est *indépendante de la légitimité.* — Dans cette dernière hypothèse on dit, d'une part, que l'art. 312 ne contient qu'une fiction; que les fictions n'ont d'effet que dans les limites fixées par la loi elle-même. Or, le code n'a point dit que dans toute circonstance et pour tout objet il serait loisible d'abréger ou d'étendre la durée de la gestation, selon que l'exigerait l'intérêt de l'enfant. — La loi n'a eu en vue que la légitimité, et l'on comprend qu'elle se soit montrée plus favorable à l'intérêt des mœurs qu'à un intérêt d'argent. — D'où l'on conclut qu'il y a lieu d'admettre la preuve contraire à la présomption de l'art. 312, pour écarter l'enfant de la succession (*Conf.* Chabot sur l'art. 725, n° 5, Coin-Delisle sur l'art. 906, Demolombe, t. 5, p. 100, Marcadé sur l'art. 725, p. 38 et suiv.). — Mais il faut répondre que la loi a voulu fixer les incertitudes; que le danger des contestations et des enquêtes est plus grave dans une matière si délicate et nécessairement conjecturale, où il doit toujours rester du doute; qu'il y a, sous ce rapport, les mêmes motifs d'appliquer les présomptions de la loi en matière de succession et de filiation; que la légitimité ne serait le plus souvent qu'une illusion trompeuse, qu'elle ne réfléchirait sur nous qu'un éclat importun, si les droits de succession ne devaient être réunis aux droits de famille dont ils sont un accessoire indispensable; qu'en un mot, il y a indivisibilité entre la légitimité et la successibilité, en ce sens qu'il doit être permis à l'enfant de recueillir tous les droits qui sont placés sous la protection de la légitimité, sans qu'il soit permis d'en contester un seul. Cette doctrine est aussi adoptée par MM. Toullier, t. 4, n° 95, Delvincourt, Duranton, t. 6, n° 72, Vazeille, n° 7, Belost-Jolimont sur Chabot, obs. 1. — Dans ce sens il a été jugé, 1° que l'enfant né dans le cours d'un second mariage, pendant lequel un enfant que sa mère avait eu d'un premier lit est décédé, doit être réputé avoir été conçu à l'effet de succéder à ce dernier, par cela seul qu'il est né dans les dix mois; et, par exemple, deux cent quatre-vingt deux jours après ce décès (Req. 8 fév. 1821) (1) ou deux cent quatre-vingt seize jours (Grenoble, 20 janv. 1853, aff. Gros, D. P. 55. 2. 40), ou même deux cent quatre-vingt seize jours après ce décès (Orléans, 16 mars 1822, aff. Chesne, contre lequel il y a eu pourvoi rejeté,

---

héritiers; d'où résulte la conséquence qu'ils ne sont point saisis de plein droit des biens de leurs père ou mère décédés, conséquence littéralement consacrée d'ailleurs par l'art. 724 qui porte que les héritiers légitimes sont saisis de plein droit des biens, droits et actions du défunt, et qui ajoute même que les enfants naturels, l'époux survivant et l'État doivent se faire envoyer en possession par justice; — Attendu qu'à la vérité les art. 724 et 756 n'excluent pas les enfants naturels de la participation aux jouissances perçues depuis l'ouverture de la succession jusqu'à la demande en délivrance et n'attribuent pas exclusivement ces jouissances aux héritiers légitimes; mais que dans le doute légal de la volonté de demander l'envoi en possession, et jusqu'à ce que cette volonté soit manifestée par une action, les héritiers légitimes jouissent de la succession dont ils sont saisis de plein droit, avec une bonne foi qui ne serait même pas altérée par la connaissance personnelle de droits non exercés et qui peuvent ne pas l'être; — Attendu que le meilleur commentaire des art. 724 et 756 se trouve dans l'art. 1005 où l'on voit que, pour accorder au légataire universel la jouissance avant la demande en délivrance, le législateur a pris soin de l'exprimer et y a même mis pour condition que cette demande serait formée dans l'année du décès, n'accordant autrement la jouissance que du jour de la demande, et dans l'art. 1014 qui, obligeant aussi le légataire particulier à une demande en délivrance, ne lui accorde les fruits ou intérêts que du jour de l'action; — Attendu qu'en fixant les droits de l'enfant naturel sur les biens de ses père ou mère décédés, d'une portion héréditaire déterminée suivant la qualité des héritiers légitimes, l'art. 757 ne déroge ni à l'obligation de demander la délivrance imposée par l'art. 724, ni aux conséquences qui en résultent, ni même à l'exclusion de la qualité d'héritier prononcée par l'art. 756, une portion héréditaire n'étant accordée à l'enfant naturel que comme un droit sur les biens; — Attendu enfin que si les fruits perçus par un ou plusieurs des héritiers, depuis l'ouverture de la succession jusqu'au partage doivent, d'après les lois romaines et la jurisprudence, être rapportés et imputés sur la part héréditaire de ceux qui les ont perçus, lorsque le rapport n'en est fait, ni en nature ni en argent, c'est parce que les héritiers légitimes, étant saisis de plein droit des biens de la succession, y sont tous appelés au même instant et au même titre, et que la condition de l'un ne doit pas être meilleure que celle de l'autre; *prospicere debet judex*, dit la loi 19, ff., *familiæ ercisc.*, *ut quod unus ex hæredibus, ex re hæreditariâ percepit, non ad ejus solius lucrum pertineat*; le texte et l'esprit de la loi qui a servi de base à la jurisprudence ne peuvent recevoir d'application à l'enfant naturel auquel l'art. 756 refuse la qualité d'héritier, ni à l'époux survivant ni à l'État qui, obligés à demander la délivrance et n'étant pas saisis de plein droit, pourraient former l'action aussitôt après le décès ou la différer jusqu'au dernier jour de la trentième année, rendant ainsi à volonté leur condition différente de celle des héritiers légitimes; — La cour royale de Colmar a donc fait sous tous les rapports, en n'accordant les intérêts à l'enfant naturel qu'à compter du jour de la demande en délivrance, une juste application de la loi et des principes relatifs à la matière; — Rejette.

Du 22 mars 1841.-C. C., ch. req.-MM. Zangiacomi, pr.-Mestadier, rap.-Delangle, av. gén., c. conf.-Moreau, av.

(1) *Espèce* : — (Carré C. Bouvet.) — La veuve Bolard avait une fille, Alexandrine, quand elle s'est remariée, le 28 août 1812, au sieur Bouvet. —Décès, le 5 oct. d'Alexandrine.—Le 12 juill. 1815 c'est-à-dire neuf

(V. l'arrêt suivant). Remarquons, au surplus, avec M. Marcadé, n° 5, que le cas de légitimité étant on ne peut plus favorable aux yeux de la loi, et le code fixant pour ce cas les deux durées extrêmes de la gestation, il s'ensuit qu'il ne peut y avoir, pour aucune hypothèse, une gestation plus courte que cent quatre-vingts jours, ni une gestation plus longue que trois cents.

Au reste, à supposer que l'art. 315 relatif à la contestation de légitimité ne soit pas applicable, il suffit que les faits tendant à prouver l'impossibilité de la cohabitation avant le décès de l'enfant du second lit aient été déclarés non pertinents ni admissibles, pour que cette décision, abandonnée au pouvoir discrétionnaire du juge, échappe à la censure de la cour de cassation (Req., 28 nov. 1833) (1). — Toutefois, la question était tellement engagée dans la cause, qu'il ne nous paraît pas possible que la cour suprême, quelque évasifs que paraissent, au premier abord, les termes de son arrêt, ait pu se dispenser de la résoudre.

86. Les enfants *légitimés* n'ont aucun droit sur les successions des parents, morts avant le mariage qui a produit leur légitimation, quoique conçus à l'époque où la succession s'est ouverte. La légitimation n'a pas d'effet rétroactif qui dépouille les tiers de droits héréditaires antérieurement acquis. Il faut être capable lors de l'ouverture de ces droits (V. Patern. et filiat., n°s 80 et 81. — Conf. Merlin, v° Légitimation, sect. 3; Duranton, t. 6, n° 69; Favard, v° Success., sect. 1, § 2, n° 2, et Légitim., § 3; Malpel, n° 29; Toullier t. 2, n°s 929, 930, et t. 4, n° 92; les auteurs des Pandect. franç., sur l'art. 725). Adoptée dans l'ancien droit par Dumoulin, Domat et Pothier, elle était combattue par Lebrun, des Success., liv. 1, chap. 2, sect. 1.

87. Au reste, il nous paraît certain, et il a été jugé que le défaut de qualité de celui qui réclame une hérédité, résultant de ce qu'il n'était pas conçu à l'époque de l'ouverture de la succession, peut être opposé par un débiteur, alors même qu'un héritier non contesté le reconnaîtrait pour son cohéritier (Nîmes, 16 janv. 1850, aff. de Labareyre, D. P. 51. 2. 126).

88. La conception ne servirait pas à l'enfant s'il n'était né viable. — Jugé de même qu'avant le code, et dans le ressort du parlement de Bordeaux, la viabilité de l'enfant était une condition nécessaire de son aptitude à succéder; il n'aurait pas suffi que l'en-

mois et neuf jours après, la dame Bouvet met au jour un garçon; elle décède elle-même le 25 oct. 1815 suivant, laissant son fils pour unique héritier. — Lors du partage de la succession d'Alexandrine Bolard, la dame Carré, sa tante paternelle, en demande la division en deux lots égaux : l'un pour la dame Bouvet, ou les représentants de celle-ci; l'autre pour elle, dame Carré. — Bouvet soutient que son fils mineur, frère utérin d'Alexandrine, n'étant né que neuf mois et neuf jours, ou deux cent quatre-vingt-deux jours après le décès de sa sœur, doit être réputé conçu à l'époque de ce décès; et qu'aux termes de l'art. 725 c. civ., la succession d'Alexandrine lui est dévolue tout entière, les trois quarts de son chef, et l'autre quart du chef de sa mère, dont il est l'héritier. — Bouvet, pour justifier la capacité de succéder dans la personne de son fils, invoque l'art. 315 c. civ., et prétend que la présomption légale établie par cet article est applicable à tous les cas, et qu'à la faveur de cette présomption, le mineur Bouvet aurait pu recueillir la succession de sa sœur alors même qu'il ne serait venu au monde que dix mois ou trois cents jours après la mort de celle-ci.

Le 5 août 1818, jugement du tribunal de la Seine, qui consacre ce système : « En ce qui touche la qualité du mineur Louis-Joseph-Sévère Bouvet : — Attendu qu'aux termes de l'art. 725 c. civ., l'enfant conçu au moment de l'ouverture de la succession est habile à succéder; — Attendu que, dans l'incertitude de l'époque précise de la conception, le législateur a établi, par l'art. 315 c. civ., une présomption légale, suivant laquelle tout enfant né moins de trois cents jours après la dissolution du mariage est réputé conçu avant cette dissolution; — Attendu que les mêmes motifs qui ont fait poser cette règle en faveur de l'enfant, au titre de la Paternité et de la Filiation, existent également pour l'enfant appelé à une succession; d'où il résulte que, dans le silence de la loi et l'incertitude du fait, il y a lieu d'appliquer la même présomption; — Attendu qu'il est constant, dans la cause, que le mineur Bouvet est né neuf mois et neuf jours seulement après le décès d'Alexandrine Bolard, sa sœur utérine; que dès lors il y a présomption légale que ledit mineur Bouvet était conçu au moment du décès de la mineure Alexandrine Bolard; d'où il résulte que le mineur Bouvet a qualité pour prendre part à la succession.....; le tribunal, sans s'arrêter ni avoir égard aux conclusions des sieur et dame Carré, tendantes à faire déclarer le mineur Bouvet inhabile à succéder à Alexandrine Bolard, desquelles ils sont déboutés, ordonne, etc. »

Appel des époux Carré, défendus par Me Dalloz, dont la plaidoirie est résumée dans la 1re édit., v° Filiation, p. 541 et suiv., et D. P. 21. 1. 333). — Le 19 juill. 1819, arrêt de la cour de Paris, audience solennelle, qui adopte les motifs des premiers juges. — Pourvoi. — Arrêt.

La cour; — Attendu que, d'après l'art. 315 c. civ., la légitimité de l'enfant ne peut être contestée que lorsqu'il est né trois cents jours après la dissolution du mariage de ses père et mère; — Attendu que, dans l'espèce, Louis-Sévère Bouvet, fils mineur de Sulpice-Sévère Bouvet et de défunte Alexandrine Becquet, sa femme, veuve en premières noces d'Auguste-François Bolard, est né neuf mois et neuf jours après le décès de Françoise-Alexandrine Bolard, sa sœur utérine; qu'ainsi son état ne pourrait être mis en question sous le rapport de la légitimité, l'époque de sa naissance étant même loin d'atteindre le terme préfixe de trois cents jours, en deçà desquels la contestation d'état n'est pas admissible; — Attendu que l'art. 725 du même code, qui établit les incapacités de succéder, ne contrarie en aucune manière les dispositions de l'art. 315 ci-dessus, puisque celui-ci présume l'enfant né ou conçu dans le terme qu'il détermine, et que l'autre donne à l'enfant conçu tous les droits qu'il aurait, s'il était né, et n'indique, pour donner ouverture au droit de succéder, aucune époque particulière et différente de celle que la loi a consacrée pour la légitimité; — Attendu qu'il n'est pas contesté que l'enfant né dans le délai fixé par l'art. 315 ne soit habile à succéder à ses père et mère; — Attendu enfin qu'en adoptant la même règle de décision pour une succession collatérale, ouverte par le décès de la sœur utérine, l'arrêt attaqué n'est donc contrevenu à aucune loi, et s'est sagement conformé aux principes généraux qui admettent la successibilité comme une conséquence immédiate de la légitimité; — Rejette.

Du 8 fév. 1821.-C. C., sect. req.-MM. Louvot, f. f. pr.-Lebeau, av. gén., c. conf.-Dunoyer, rap.-Loiseau, av.

(1) *Espèce :* — (Veuve Chesne C. Mesnard.) — En 1826, le sieur Chesne décéda, laissant pour héritière sa fille en bas âge, Marie-Justine Chesne. — Sa veuve se remaria avec le sieur Mesnard. — Le 15 mai 1829, pendant ce second mariage, Marie-Justine Chesne mourut, laissant pour héritiers apparents : 1° la dame Mesnard, sa mère; 2° son aïeule maternelle, la veuve Chesne. — Celle-ci réclama le partage.

Le 22 août 1829, tentative de conciliation au bureau de paix. Les époux Mesnard déclarèrent ne pas vouloir se concilier, les droits de l'aïeule maternelle étant éventuels à raison de la grossesse de la dame de Mesnard, enceinte avant le décès de Marie-Justine. — Enfin, la dame Mesnard accoucha le 7 mars 1830, deux cent quatre-vingt-seize jours après le décès de sa fille. — La veuve Chesne persista dans sa demande; et, par des conclusions signifiées au procureur du roi de Loches, elle offrit de faire preuve que la grossesse de la dame Mesnard n'avait pu précéder la mort de sa petite-fille. — 16 juill. 1831, jugement du tribunal de cette ville, qui déclare la veuve Chesne non recevable dans sa demande.

Appel. — 16 mars 1832, arrêt confirmatif de la cour d'Orléans : — « Considérant que les premiers juges, en décidant que l'art. 315 formait, en faveur de l'enfant, une présomption légale à l'abri de toute contradiction, ont implicitement rejeté la preuve des faits articulés. — Au fond : — Considérant que la qualité d'héritier est une conséquence de la légitimité; qu'ainsi les mêmes règles doivent servir à déterminer l'une et l'autre; — Considérant que les art. 312 et 315 c. civ. disposent que la conception peut, aux yeux de la loi, avoir lieu trois cents jours avant la naissance; qu'il suffit, aux termes de l'art. 725, d'être conçu pour hériter; que la fille Mesnard, pour établir ses droits à la succession de la mineure Chesne, doit, dès lors, démontrer qu'elle est née trois cents jours au plus après la mort de cette dernière; — Qu'il est constant, en fait, que la naissance de la fille Mesnard n'est séparée du décès de sa sœur que de deux cent quatre-vingt-seize jours; — Attendu que les faits articulés, quand même ils seraient prouvés, n'établiraient pas l'impossibilité physique de la cohabitation pendant les cinq jours qui ont précédé l'ouverture de la succession dont il s'agit, etc. »

Pourvoi de la veuve Chesne. — Violation de l'art. 725 et fausse application des art. 315 et 1352 c. civ. — On soutient que la qualité d'enfant légitime et celle d'héritier sont parfaitement distinctes; — Qu'en matière de succession, la règle des trois cents jours n'a pas, comme en matière de légitimité, le caractère de présomption légale, mais le caractère de simple présomption; — Que celui-ci n'exclut pas la preuve contraire, puisque l'art. 1352 ne refuse la preuve contre les présomptions, même légales, qu'autant que, sur le fondement de cette présomption, la loi refuse l'action en justice. Or, dans l'espèce, on n'a pu refuser l'action en pétition d'hérédité contre un enfant né dans les trois cents jours d'un décès, sur le motif que cet enfant est présumé de plein droit, conçu avant ce décès et, par conséquent, héritier. — Arrêt.

La cour; — Sur le troisième moyen : — Considérant qu'en supposant que l'art. 315 c. civ. ne fût pas applicable à la cause, l'arrêt attaqué, en déclarant les faits articulés non concluants et non admissibles n'a fait qu'user du pouvoir discrétionnaire qui lui était accordé pour leur appréciation; — Rejette.

Du 28 nov. 1833.-C. C., ch. req.-MM. Zangiacomi, pr.-Joubert, rap.-Nicod, av. gén., c. conf.-Gatine, av.

fant fût né vivant (Limoges, 12 janv. 1813, aff. Coste, V. n° 97-3°).

89. Il peut arriver qu'on n'ait aucun moyen de vérifier la viabilité à l'époque où elle est contestée : l'enfant aura été inhumé. L'enfant sera présumé viable s'il est né vivant. L'incapacité ne se présume pas (c. nap. 902-1123. — Conf. MM. Merlin, Quest. de droit, v° Vie, § 1; Chabot, sur l'art. 725, n° 12; Toullier, t. 4, n°s 97, 101; Delvincourt, t. 2, p. 15, note 9; Vazeille et Marcadé, sur l'art. 725). — Jugé aussi que la viabilité se présume et que la preuve contraire doit être faite par celui qui a intérêt à la contester (Limoges, 12 janv. 1813, aff. Coste, V. n° 97-3°; Bordeaux, 8 fév. 1830, aff. veuve, Merle, V. n° 97-2°; Angers, 25 mai 1822, aff. Hamon, V. Acte de l'état civil, n° 410). M. Malpel, n° 23, n'admet la présomption de viabilité qu'autant que l'enfant ne serait pas mort peu d'heures après sa naissance. Une vie de très-courte durée lui semble un indice suffisant de non-viabilité. Mais la brièveté de l'existence ne prouve pas nécessairement que l'enfant n'avait pas, à sa naissance, une organisation complète, l'aptitude commune à une assez longue vie. C'est ainsi réciproquement que la non-viabilité pourrait être déclarée, quoique l'enfant eût vécu plusieurs jours (Conf. MM. Toullier, n° 93; Chabot et Merlin, *loc. cit.*; Duranton, t. 6, n° 77).

90. La preuve que l'enfant est *né vivant* doit être faite par celui qui a intérêt à cette naissance.

91. Mais en quoi consistera cette preuve? Elle résulte d'abord de la mention des registres de l'état civil constatant la vie de l'enfant. L'acte de naissance fait foi alors jusqu'à inscription de faux. — Conf. MM. Chabot, n° 12; Toullier, t. 4, n°s 47 et 101; Duranton, t. 6, n°s 77, 78; Malpel, n° 25; Merlin, Quest. de dr., v° Vie, § 1; Poujol, t. 1, p. 100, 101; Vazeille, sur l'art. 725, n° 3; Marcadé, *loc. cit.*

92. Toutefois, il en serait autrement si l'acte de naissance constatait que l'enfant a été présenté mort par une personne déclarant qu'il avait vécu. Un décret du 4 juill. 1806, explicatif des dispositions du code, décide qu'une telle déclaration ne permet pas de préjuger la question de savoir si l'enfant a eu vie ou non; dans ce cas, le fait de la vie doit être prouvé par ceux qui y ont intérêt (Angers, 25 mai 1822, aff. Hamon, V. Acte de l'ét. civ., n° 410. — Conf. mêmes auteurs).

93. D'après un arrêt, l'acte de naissance fait foi, jusqu'à inscription de faux, que l'enfant est né vivant. La preuve contraire n'est pas admissible, encore que, dans un acte de décès du même jour et du même officier public, il soit dit que l'enfant est mort en naissant; encore qu'il ne soit pas fait mention dans l'acte de naissance que l'enfant ait été présenté à l'officier public ou que cet officier se soit présenté auprès de la mère; encore qu'il soit reconnu par les parties que l'accouchement a été long et laborieux (Paris, 13 flor. an 12, aff. Deshayes, V. Acte de l'ét. civ., n° 409). — M. Vazeille, *loc. cit.*, pense que la preuve dans ce cas était admissible sans inscription de faux, à raison du second acte du même jour qui énonçait que l'enfant était mort en naissant.

94. Du reste, foi ne sera due aux témoins que sur l'existence des faits qu'ils allégueront comme signes de vie. La valeur de ces signes ne peut, en général, être bien appréciée que par des gens de l'art. Les vagissements de l'enfant sortant du sein de la mère sont une preuve non douteuse. Ce n'est pas le seul indice de vie, selon la loi 3, C., *De posthum.* Des mouvements, des battements de cœur, la respiration, sont aussi des symptômes. — On avait, pendant un quart d'heure, senti battre le cœur d'un enfant, plongé dans l'eau tiède, et qui venait d'être mis au jour par l'opération césarienne. Le parlement de Flandre, sur l'avis de trois médecins, vit là une marque infaillible de vie. A cet arrêt du 2 déc. 1697, on peut en joindre un semblable du parlement de Rouen, du 20 fév. 1734 (M. Merlin, Quest. de dr., v° Vie, § 1, n° 1). — Cependant il faut se garder de considérer comme signe de vie toute espèce de mouvements dans le corps d'un enfant qui naît. Les anatomistes nous apprennent que non séparé de sa mère, il a quelquefois, quoique venu au monde, des mouvements convulsifs, et, s'il est très-faible, des respirations incomplètes, accompagnées de soupirs; que ces mouvements peuvent durer, sans la vie complète, une ou deux heures. On peut consulter, à cet égard, un mémoire de M. Alphonse Leroy, rapporté par Merlin, *loc. cit.* — Conf. Merlin, *loc. cit.*; Chabot, sur l'art. 725, n° 8; Toullier, t. 4, n° 96; Malpel, n° 22; Duranton, t. 6, n° 27; Vazeille, sur l'art. 725, n° 2. — V. en ce sens Bordeaux, 8 fév. 1830, aff. Merle, n° 97. — Jugé qu'un enfant ne peut être réputé né qu'autant qu'il est sorti vivant du sein de sa mère; qu'ainsi, ne peut être considéré comme né l'enfant qui a été découvert vivant dans le sein de sa mère après le décès de celle-ci, mais qui est lui-même décédé avant d'avoir été séparé du corps de la mère; que, par suite, il est incapable de succéder (Cologne, 14 mars 1855, aff. Péters, D. P. 55. 2. 338). — Cette décision nous paraît susceptible de doutes, en ce qu'elle a d'absolu. Est-il bien vrai que la séparation du corps de la mère et de celui de l'enfant, soit indispensable pour constituer la naissance? Ne doit-on pas se préoccuper plutôt et uniquement de la respiration de l'enfant? Or, n'est-il pas possible que, malgré son adhésion au corps de la mère, l'enfant ait une respiration entière au moment où il est découvert, et cette respiration, que l'on regarde généralement comme le fait constitutif de la naissance, dans le sens légal du mot, cessera-t-elle d'avoir ce caractère par cela seul que l'enfant sera décédé avant d'avoir pu être extrait du corps de la mère, ou que cette extraction elle-même aura causé sa mort? En sera-t-il ainsi même dans le cas où la respiration complète de l'enfant s'est manifestée après le décès de la mère, et alors, par conséquent, que l'on ne peut dire qu'il ait vécu de la vie de sa mère et non de sa vie propre? Ce sont-là, à notre sens, de graves raisons de douter.

95. A défaut des registres de l'état civil, qui constatent la vie de l'enfant, on consultera les accoucheurs, sages-femmes et autres personnes présentes à l'accouchement. « Leurs dépositions, disent MM. Merlin, *loc. cit.*, et Toullier, n° 96, doivent faire pleine foi des faits qu'ils attestent, touchant les signes de vie de l'enfant, parce qu'ils sont témoins nécessaires. On ne rejette pas même en cette matière une déposition isolée; autrement on réduirait souvent les parties à l'impossible » (MM. Chabot, sur l'art. 725, et Duranton, t. 6, n° 78). Un arrêt du parlement de Rouen, du 10 mai 1759, a jugé la déclaration d'une sage-femme, jointe à l'acte d'inhumation, suffisante pour prouver qu'un enfant est né vif, à l'effet d'acquérir au père le droit de viduité. Dans le fait toutes les présomptions se réunissaient pour la vie de l'enfant : il était à terme, par un accouchement ordinaire; c'était à celui qui prétendait l'enfant venu mort au monde à l'établir (Dict. de dr. normand, v° Viduité). — Jugé que la non-viabilité de l'enfant, et, par suite, son incapacité de transmettre à sa mère l'hérédité du père prédécédé, résulte des déclarations unanimes faites devant le juge de paix par les personnes qui ont assisté à l'accouchement, ou qui ont donné des soins à la mère, constatant que celle-ci est accouchée d'un avorton et hors terme, c'est-à-dire avant le temps de gestation suffisant pour qu'il puisse vivre, encore bien que ces déclarations, confirmées d'ailleurs par l'événement, n'aient pas été faites sous serment (Bastia, 18 mars 1842, aff. Marcelli, V. Acte de l'ét. civ., n° 144).

96. Les signes de la viabilité sont plus difficiles encore à distinguer que les signes de la vie. Les juges se réfèrent, en pareil cas, au témoignage de médecins expérimentés. — Dans les traités de médecine légale, on signale, comme présomption la plus favorable, la naissance à terme; on recherche aussi la preuve dans la longueur du corps, son poids, le degré de perfection de ses organes, certaines proportions entre les parties supérieures et les inférieures. Ces notions, du reste, sont bien conjecturales; les anatomistes les plus experts en ce genre de recherche ne s'entendent pas toujours sur les caractères de la viabilité, comme on peut le voir en comparant le mémoire déjà cité; les Leçons de médec. lég. d'Orfila, t. 1, part. 1, p. 367 et suiv.; le Dict. des scienc. médic., v° Viabilité.

97. La viabilité doit être présumée par cela seul que l'enfant est né vivant : 1° s'il paraît né à terme et que rien n'annonce dans sa conformation qu'il ne peut pas vivre (Angers, 25 mai 1822, aff. Hamon, V. Acte de l'ét. civ., n° 410); — 2° Si l'enfant, né vivant à terme, est bien conformé et avec tous les organes nécessaires à la vie, lors même qu'il serait décédé peu d'instants après sa naissance, et qu'il aurait été dans un état apoplectique apparent, état que rien ne constaterait être le résultat d'un vice de conformation, ou d'une lésion essentielle et antérieure à sa naissance, de quelque organe indispensable à la vie et qui ait nécessairement causé la mort (Bordeaux, 8 fév. 1830) (1); — 3° Lors même que l'existence de l'enfant se présenterait avec la réunion des diverses circonstances qui suivent : déclaration de la mère qu'elle n'était enceinte que de trois ou quatre mois; mort de la mère d'une maladie ordinaire, sans éprouver les douleurs de l'enfantement, et nécessité de l'opération césarienne; exiguïté de l'enfant, qui n'aurait pas plus de sept pouces de longueur; le défaut de cris de cet enfant à sa naissance et le défaut d'ongles (Limoges, 12 janv. 1813) (2).

98. D'ailleurs, il a été décidé : 1° que la preuve de la non-viabilité ne doit pas nécessairement être faite par le rapport de médecins, chirurgiens ou accoucheurs, sur l'état de l'enfant à sa

(1) (Veuve Merle C. Doret.) — La cour; — Attendu que, suivant l'art. 960 c. civ., toutes donations entre-vifs, encore qu'elles fussent mutuelles et rémunératoires, faites par une personne qui n'avait point d'enfant ou de descendants vivants, demeurent révoquées de plein droit par la survenance d'un enfant légitime du donateur, même d'un posthume; que néanmoins cette révocation ne s'opère que lorsque l'enfant est capable de succéder, et que l'art. 725 en déclare incapable celui qui n'est pas né viable; — Attendu qu'en employant le mot *viable*, notre législation nouvelle n'en a pas déterminé l'acception; qu'il faut donc l'entendre dans le sens que lui avaient donné les lois et la jurisprudence antérieures; que, selon l'ancien droit, un enfant était viable quand il était né vivant, à terme, bien conformé et avec tous les organes nécessaires à la vie; — Qu'en fait, il est certain que l'enfant de la veuve Merle est né à terme; que sa conformation ne s'écartait pas des règles de la nature; qu'il a vécu, puisqu'il n'est décédé qu'environ deux heures après sa naissance; qu'on n'a pas constaté qu'il manquât de quelque organe nécessaire à la vie; que, par conséquent, il devait être légalement réputé viable; — Attendu qu'on ne peut tirer aucune induction contraire de sa mort prématurée et de son état apoplectique apparent, soit parce que la durée, plus ou moins longue, de la vie d'un enfant n'est pas une des conditions exigées pour qu'il soit déclaré viable, soit parce qu'il n'a pas été prouvé que cet état apoplectique apparent fût le résultat d'un vice de conformation ou d'une lésion essentielle et antérieure à la naissance, de quelques organes indispensables à la vie, et qu'il ait nécessairement causé la mort; qu'on n'a pas fait l'autopsie de l'enfant Merle; que c'était à ceux qui soutenaient qu'il n'était pas né viable à en rapporter la preuve positive; qu'elle ne pouvait pas s'établir par des raisonnements fondés sur des probabilités ou des conjectures; que la justice ne la trouve pas dans les rapports contradictoires qui ont été mis sous ses yeux, et que, dans le doute, les tribunaux devraient se décider en faveur de la vie; — Attendu que la veuve Merle est accouchée six mois après le décès de son mari; que la légitimité de sa fille, conçue pendant le mariage, n'a pas été attaquée juridiquement; qu'ainsi la naissance de cet enfant, légalement réputé viable et capable de succéder, a révoqué les donations faites par son père à Françoise Serret; — Emendant, dit que l'enfant de Pierre Merle et de Marie Bourg, sa veuve, est né viable et capable de succéder; — Déclare révoquées, par sa naissance, les donations entre-vifs que ledit Pierre Merle avait faites à Françoise Serret, sa nièce, les 30 juill. 1819 et 4 mai 1822.

Du 8 fév. 1830.-C. de Bordeaux, 1re ch.-M. Ravez, 1er pr.

(2) (Coste C. Escaravage.) — La cour; — Considérant que l'acte de sépulture de Jeanne Coste et de son enfant, en date du 24 août 1784, ne peut pas faire preuve complète de la vie et de la viabilité de cet enfant par plusieurs raisons : la première, parce que la preuve des naissances ne peut être faite que par les registres destinés à les constater; la seconde, parce que l'attestation du curé sur le baptême et la vie n'est confirmée par la présence ni des parrain et marraine ni d'aucun témoin; — Qu'il est dit formellement dans l'acte dont il s'agit que les témoins ont été seulement présents à l'enterrement; que quoique cet acte ne soit pas nul en lui-même, il ne peut pourtant faire foi entière pour la vie et le baptême, qu'autant qu'il serait revêtu des formalités qui lui sont propres; — Que cependant cet acte, tel qu'il est, forme une grande présomption pour la vie; qu'Etienne Coste n'a jamais soutenu que l'enfant fût né mort; qu'on doit d'autant plus incliner pour la vie, que rien n'indique que la conception ne remonte pas au cent quatre-vingtième jour, à compter de la naissance, puisque la première couche de Jeanne Coste datait de trois ans; que le silence d'Etienne Coste pendant vingt ans, pour répéter la dot que son beau-frère avait reçue, fait présumer qu'il ne croyait pas lui-même que l'enfant fût né mort, et qu'une réunion aussi puissante de présomptions conduit à décider, à moins qu'il n'existât des preuves contraires, que l'enfant est né vivant; d'autant que, dans le doute, on doit, d'après la doctrine des auteurs, juger plutôt pour la vie que pour la mort;

Considérant qu'au milieu du conflit d'opinions des auteurs, et de la variation des arrêts sur le fait de savoir s'il suffit qu'un enfant soit né vivant pour succéder et pour transmettre, quoiqu'il ne soit pas né viable, il convient de se décider par les motifs qui ont déterminé l'art. 725 c. civ., savoir : que l'enfant qui n'est pas né viable est réputé n'avoir jamais vécu pour succéder, et que c'est la même chose que l'enfant soit mort ou qu'il naisse pour mourir; que l'arrêt du parlement de Bordeaux, du 10 juin 1641, rapporté par Lapeyrère, établit que la jurisprudence de ce parlement était conforme à cette doctrine; qu'on ne trouve aucun arrêt contraire de cette cour, et que celui-ci doit d'autant mieux être pris en considération, que c'est dans le ressort de ce parlement que se sont ouvertes les successions dont il s'agit;

Considérant que la vie de l'enfant devant être réputée comme un fait constant, la présomption de la viabilité en dérive nécessairement, d'autant, encore une fois, que rien ne fait présumer que l'enfant soit né avant le cent quatre-vingtième jour depuis la conception; que dans cette circonstance ce serait à Etienne Coste à faire cesser les présomptions, en établissant la non-viabilité; que c'est à celui qui allègue l'incapacité à la justifier; qu'ainsi la circonstance de l'opération césarienne ne peut détruire la présomption de la viabilité;

Considérant qu'Etienne Coste avait offert en première instance de prouver la non-viabilité, sans mettre en question si cette preuve devait être à la charge d'Escaravage; que le jugement de première instance ayant seulement décidé que les faits par lui articulés ne sont pas pertinents ni suffisants, son appel ne peut avoir eu pour objet que de soumettre à la cour ce qui était en litige devant les premiers juges; mais que ce serait intervertir l'ordre de la procédure que d'examiner si la preuve de la viabilité doit maintenant être à la charge d'Escaravage, et que ce n'est que pour établir de plus en plus qu'il ne peut en être chargé dans aucun cas, que la difficulté a été ci-dessus examinée sous des rapports généraux;

Considérant qu'il est bien vrai qu'un grand nombre d'auteurs pensent que la preuve de non-viabilité doit être faite par le rapport des médecins, chirurgiens et accoucheurs sur l'état de l'enfant à sa naissance; mais que ce mode est impraticable aujourd'hui à l'égard de l'enfant dont il s'agit, puisqu'il est inhumé depuis vingt-huit ans; que dans cet état de choses on ne peut pas imputer à Etienne Coste le défaut de procès-verbal des gens de l'art à la naissance de l'enfant, parce que ne résidant ni dans la maison ni dans le lieu où est décédée sa sœur, il a dû ignorer dans les premiers moments les circonstances de l'accouchement; — Qu'un collatéral ne doit pas être privé de la preuve testimoniale sur la non-viabilité, lorsqu'il ne lui a pas été libre de prendre tout autre moyen de découvrir la vérité avant l'inhumation de l'enfant;

Considérant que, malgré que les faits articulés par Etienne Coste soient de nature à concourir pour établir la non-viabilité, néanmoins il est quelques-uns desdits faits dont il est impossible que des témoins ordinaires parlent pertinemment; que les autres dans leur réunion n'établiraient pas suffisamment la non-viabilité; — Qu'ainsi, 1° la déclaration de la mère qu'elle n'était enceinte que de trois ou quatre mois ne prouverait pas que réellement sa grossesse ne remontât pas plus haut, parce que, suivant les auteurs de médecine légale, les femmes peuvent grandement se tromper sur les signes de la grossesse, et qu'il convient de dire avec Ricard, des Dispositions conditionnelles, n° 487, que la femme ne peut rien dire que de fort incertain, n'y ayant que Dieu, qui est le scrutateur infaillible des ouvrages secrets de la nature, qui puisse avoir une connaissance certaine du temps de la génération; — Sur le second fait, consistant à dire que Jeanne Coste est morte d'une maladie ordinaire sans éprouver les douleurs de l'enfantement; — Considérant que ce fait, en le supposant établi, ne prouverait point contre la viabilité, parce qu'un coup de sang ou un accident imprévu peuvent avoir occasionné une mort prompte à Jeanne Coste, et que, dans ce cas, les gens de l'art ont dû recourir promptement à l'opération césarienne; mais que le docteur Mahon établit, en son traité de médecine légale, que même dans ce cas, et supposant seulement le fœtus à six mois, on peut espérer une heureuse issue de l'opération; — Sur le troisième fait, consistant à dire que l'enfant, après l'opération césarienne, a été mis sur un plat d'étain : — Considérant que le placement de l'enfant après sa naissance sur tel ou tel corps ne peut rien prouver contre la viabilité, d'autant plus qu'un plat d'étain pouvait avoir des dimensions suffisantes pour contenir l'enfant et qu'il pouvait être couvert de linges; — Sur le quatrième fait, consistant à dire que l'enfant ne fit point entendre sa voix, qu'il ne respira pas complétement, et ne vécut pas de sa propre vie dans l'air et la lumière : — Considérant que le défaut de cris n'est point une raison pour soutenir que l'enfant n'est pas né viable d'après la loi *Quod certatum* au code, tit. *De posth. hæred. instit.*;

Considérant qu'il n'y a que des gens de l'art très-exercés qui puissent distinguer la respiration complète de la respiration incomplète, la vie propre de l'enfant de celle qui lui était commune avec sa mère; qu'il n'est plus possible de faire sur cet enfant des opérations qui pourraient distinguer ces faits; mais qu'il est bien évident que des témoins ordinaires ne peuvent donner aucun renseignement certain sur cette distinction, et que dès lors il serait plus dangereux qu'utile d'ordonner une enquête sur ce fait, d'autant qu'il n'avait pas été proposé en première instance;

En ce qui concerne le cinquième fait, consistant à dire que l'enfant n'avait que 7 pouces de longueur : — Qu'en le supposant prouvé, il n'en résulterait rien qui pût établir la non-viabilité, parce que le fœtus, d'après tous les livres de médecine légale, est plus ou moins long, suivant la constitution et la santé des père et mère; que les expériences modernes

naissance; d'autres témoins peuvent être entendus, surtout si la contestation s'élève longtemps après l'inhumation de l'enfant et qu'il n'ait pas été loisible à celui qui conteste de faire visiter l'enfant, à sa naissance, par les gens de l'art. — Il est cependant tel signe de non-viabilité sur lequel des témoins ordinaires ne pourraient utilement être entendus, et que des gens de l'art auraient seuls qualité pour vérifier : s'il fallait, par exemple, distinguer la respiration complète de la respiration incomplète, la vie propre de l'enfant de celle qui lui était commune avec sa mère (Limoges, 12 janv. 1815, aff. Coste, V. nº 97); — 2º Que l'acte de décès ne fait point preuve complète de la vie et de la viabilité de l'enfant; tel serait l'extrait mortuaire délivré sous l'ancienne législation par un curé, qui constaterait que l'enfant a été baptisé et n'a vécu qu'un quart d'heure, surtout si cette attestation du curé n'était confirmée par la présence ni des parrain et marraine ni d'aucun témoin (même arrêt).

99. Un enfant naît avant le cent quatre-vingtième jour de la célébration du mariage dont on le prétend issu; est-il réputé non viable? L'art. 312 dit bien que, dans ce cas, le mari pourra le désavouer. Mais de là résulterait son illégitimité, son incapacité de succéder au mari; il pourrait être viable, quoique illégitime (MM. Delvincourt, t. 2, p. 24, note 9; Duranton, t. 6, nº 75; Malpel, nº 29; Vazeille, nº 4). — Cependant, si un tiers avait intérêt à se prévaloir de sa viabilité, MM. Merlin, Quest. de dr., vº Vie, § 1, nº 2, et Toullier pensent que l'honneur de la mère et la morale publique se trouvant en opposition avec les droits de ce tiers, on devrait présumer l'enfant non viable. Cette décision nous paraît fort controversable.

100. La viabilité du nouveau-né ne suffisait pas, dans l'ancien droit, pour le rendre capable de succéder, s'il n'était né avec une figure humaine, ou qu'on pût le ranger dans la classe des monstres ou des prodiges (L. 14, ff., *De stat. hom.*). — Les auteurs sont d'accord que l'enfant qui a l'essentiel de la figure humaine jouit de tous les droits civils, quoiqu'il lui manque un ou plusieurs membres, ou qu'à un corps humain il s'unisse des membres d'animaux. Mais ils réputent monstrueuse, et n'ayant pas les droits d'enfant, la production qui assortirait à un corps humain une tête d'animal (L. 12, § 1, ff., *De lib. et posth.*; Lebrun, liv. 1, ch. 4, sect. 1; Ricard, des Disposit. condit., t. 2, ch. 5, nºs 100 et suiv.; MM. Chabot, sur l'art. 725, nº 11; Duranton, t. 6, nº 75; Malpel, nº 51; Vazeille, p. 18, nº 9; Poujol, t. 1, p. 101-102).

101. Le code prussien, qui est fort minutieux dans ses prévisions, prévoit la naissance d'enfants hermaphrodites, et il veut que leur sexe soit déterminé par les parents, pour leur éducation; par les enfants eux-mêmes, quand ils ont atteint leur dix-huitième année, pour le règlement de leurs droits, et par les gens de l'art, nommés judiciairement quand les intérêts d'un tiers en dépendent (*ibid.*, part. 1, tit. 2).

ART. 2. — *De la jouissance des droits civils. Capacité des étrangers.*

102. L'art. 725 déclare le mort civilement incapable de succéder. — On trouvera au mot Droits civils, nºs 682 et s., les notions générales sur cet effet de la mort civile; au mot Émigrés, nºs 87 et s., les applications les plus controversées du même principe, et au mot Obligations les modifications aux règles de la capacité qui résultent de la loi du 31 mai 1854, portant abolition de la mort civile (V. aussi vº Peine, nºs 720 et s.). — Il nous reste à parler ici de la capacité des *étrangers*, quant aux successions ouvertes en France.

103. Avant le code, la législation sur la successibilité des étrangers avait subi de grandes variations. Sous l'empire du *droit d'aubaine*, ils étaient incapables de transmettre, soit *ab intestat*, soit par testament, les biens de leurs successions, situés en France. On fit une exception pour leurs enfants et descendants regnicoles. Hors ce cas, les biens appartenaient au roi ou au seigneur justicier du lieu de leur situation. Les gouvernements étrangers avaient établi, dans leurs États, le même droit sur les successions des Français. C'est sous les règnes de Louis XV et de Louis XVI que la plupart des puissances convinrent de l'abolition réciproque du droit d'aubaine, avec réserve toutefois d'un droit de *détraction*. — Le 6 août 1790, l'assemblée constituante abolit les droits d'aubaine et de détraction, sans aucune condition de réciprocité. Mais cette mesure ne faisait encore cesser l'exclusion des aubains qu'à l'égard des successions d'étrangers; l'assemblée, par une plus grande faveur, permit, le 28 avril 1791, aux étrangers, quoique établis hors de France, d'y recueillir les biens de leurs parents même français. — Plus tard, on sentit la nécessité de rendre ce droit réciproque, comme moyen le plus efficace d'amener les divers gouvernements à accorder dans leurs pays aux Français la jouissance de tous ou certains droits civils. C'est le système qui prévalut au conseil d'État, dans l'intérêt de tous les peuples, disait-on, non moins que de la France. L'art. 11 du code Napoléon ne fut adopté qu'après une longue et savante discussion, précédée d'un rapport sur la législation des autres pays à l'égard de la France (M. Locré, Lég. civ., etc., t. 2, p. 210, 286, 322, 341). — La jurisprudence a fait l'application des diverses lois que nous venons de rappeler; nous avons classé les arrêts dans l'ordre chronologique de ces lois.

104. *Des étrangers avant le code Napoléon.* — La loi des 6-18 août 1790 portait, art. 1 : « Le droit d'aubaine et celui de détraction sont abolis pour toujours. » — On a demandé s'il résultait de là pour l'étranger la faculté de succéder en France à des parents français, faculté qui fut reconnue expressément par la loi du 8 avril 1791. — On a jugé que la loi de 1790 n'avait rendu à l'étranger que le droit de succéder en France à ses parents étrangers, mais non à ses parents français; que tel est l'effet de l'abolition du droit d'aubaine, prononcée, en général, par la loi du 18 août 1790 (art. 1), et, en particulier, pour les Genevois, par les lettres patentes de juin 1608 (Rej. 2 prair. an 9, MM. Liborel, pr., Aumont, rap., aff. Bastard C. Cros).

105. Un arrêt décide que suivant les principes de l'ancienne législation, le droit d'aubaine était distinct et indépendant de l'incapacité de succéder; l'abolition de ce droit d'aubaine n'entraînait pas celle de l'incapacité de succéder; cette incapacité ne pouvait cesser que par l'effet d'une dérogation expresse et formelle; qu'en conséquence, l'art. 23 du traité du 15 août 1761 fait entre la France et l'Espagne, et appelé pacte de famille, en n'abolissant que le droit d'aubaine en faveur des Espagnols, a laissé subsister leur incapacité de succéder à leurs parents français. — En conséquence, avant la loi du 14 juill. 1819, abolitive du droit d'aubaine et de l'incapacité de succéder, un Espagnol, non naturalisé, ne pouvait succéder à son parent français décédé en France (Rej. 28 déc. 1825) (1).

106. L'abolition du *droit de détraction*, prononcée par la loi du 18 août 1790, n'avait d'autre effet que d'affranchir les étrangers du payement du droit auquel ils étaient assujettis, lorsqu'ils

---

de Chaussier établissent que c'est moins par la longueur du fœtus que par ses proportions qu'on peut juger de son âge;

Considérant, en ce qui concerne le défaut d'ongles, que l'absence des ongles au septième mois pourrait encore provenir de la faiblesse de la constitution de l'enfant, et que Foderé, en sa Médecine légale, rapporte, en parlant de ses propres enfants, que, quoiqu'au terme de neuf mois, ils étaient si peu pourvus de cheveux et d'ongles qu'on les aurait pris pour des avortons; — Qu'Haller et d'autres physiologistes ont remarqué qu'à sept mois les ongles étaient mous ou nuls; que dès lors l'absence prétendue des ongles, quand elle serait prouvée, ne conduirait à aucun résultat utile;

Considérant que, pour prouver la non-viabilité, il faudrait d'autres caractères, ceux, par exemple, indiqués d'après Mahon, en son Traité de médecine légale, qu'il devrait y avoir encore imperfection des membres, défaut de cheveux, confusion des doigts, cécité, clôture de la bouche et des narines; qu'ainsi les faits articulés par Étienne Coste sont dès lors insuffisants; — Confirme, etc.

Du 12 janv. 1815.-C. de Limoges.-MM. Mestadier et Dulac, av.

(1) (Robiou C. Locquet de Granville) — LA COUR (apr. délib. en ch. du cons.); — Attendu que de la combinaison de la loi du 18 août 1790, concernant l'abolition du droit d'aubaine, avec la loi du 8 avr. 1791, portant abolition de l'incapacité des étrangers de recueillir, en France, les successions de leurs parents français, il résulte que, suivant la législation antérieure, le droit d'aubaine était tellement distinct et indépendant de l'incapacité de succéder, que l'abolition de ce droit d'aubaine n'entraînait pas celle de l'incapacité de succéder, et que cette incapacité ne pouvait cesser que par l'effet d'une dérogation expresse et formelle; — Que, dans le fait, l'art. 23 du traité du 15 août 1761 contient abolition du droit d'aubaine en faveur des Espagnols; mais qu'il ne déroge pas à leur incapacité de recueillir les successions de leurs pa-

voulaient transporter hors de France le produit des successions qu'ils y avaient recueillies (Rej. 2 prair. an 9, MM. Liborel, pr., Aumont, rap., aff. Bastard *C.* Cros).

107. Le droit d'aubaine était facultatif pour l'Etat, qui ne pouvait être réputé avoir été saisi de la succession soumise à ce droit tant qu'il ne l'avait pas exercé, et qui même était censé y avoir renoncé s'il avait consenti, par exemple, la mainlevée du séquestre de guerre qui frappait les biens de cette succession (c. 11, 726, 770; Cass. 24 juin 1839, aff. Richemont, V. Traité internat.; 11 août 1841, aff. Richemont, *eod.*).

108. La loi du 17 niv. an 2 portait : « Toutes les fois que les dispositions de la présente loi se trouveraient tourner au profit d'étrangers, sujets des puissances avec lesquelles la République est en guerre, elles cesseront d'obtenir leur effet; et les dispositions contraires, faites en faveur des républicoles, alliés ou neutres, demeurent en ce cas maintenues. » — Jugé que cette disposition refuse aux étrangers, non pas le droit de succéder en France, mais la simple faculté d'y recueillir les avantages de l'effet rétroactif (Cass. 3 vend. an 10, MM. Liborel, pr., Maleville, rap., aff. Fassi *C.* Bérard).

109. *Des étrangers sous le code Napoléon, et avant la loi du 14 juill. 1819.* — Les étrangers n'étaient admis par les art. 11 et 726 c. nap. à succéder aux biens laissés en France par leur parent étranger ou Français, que dans les cas et de la manière dont un Français succédait à son parent possédant des biens dans le pays de cet étranger. Cette condition de réciprocité a fait naître plusieurs questions.

110. Et d'abord on a demandé si cette réciprocité devait être fondée sur des *traités*, ainsi que semble l'exiger l'art. 11 c. nap. Dans le projet de cet article il y avait, par *les lois et les traités de la nation*; on a supprimé le mot *lois*. Tous les auteurs pensent que la réciprocité ne peut résulter que des traités, et que c'est par exception qu'un avis du conseil d'Etat, approuvé le quatrième jour complémentaire de l'an 13, et rendu sur la question de savoir si l'étranger, prisonnier de guerre en France, peut y contracter un mariage valable, décide qu'un tel mariage produit les effets civils quant à l'état de la femme et des enfants; mais que les conventions matrimoniales, en tout ce qui touche la successibilité, n'ont d'effet en faveur de l'étranger, prisonnier de guerre, qu'autant que les lois du pays dont il est sujet accorderaient les mêmes avantages aux Français qui se marient en pays étranger (MM. Chabot, sur l'art. 726, n° 2; Toullier, t. 1, p. 212; Proudhon, C. de dr. franç., t. 1, p. 79; Duranton, t. 6, n° 81). — Il a été jugé de même qu'à défaut de traités, il ne suffisait pas que la législation du pays de l'étranger déclarât le Français capable d'y succéder; Et spécialement : 1° que les lettres patentes du 18 janv. 1787, qui admettent les Anglais à succéder en France à leurs parents français, formant une loi plutôt qu'un traité, ont été abrogées par le code Napoléon, qui fait dépendre la successibilité des étrangers de la réciprocité établie en faveur des Français, non par des lois, mais par des traités conclus entre les Etats respectifs (Cass. 6 avril 1819) (1); — 2° Que la femme, Française d'origine, et devenue Anglaise par son mariage avec un Anglais, ne peut succéder en France à ses parents français, à défaut de traités qui établissent la réciprocité du droit de succéder entre les deux pays; peu importe qu'en Angleterre la femme anglaise, devenue étrangère, conserve le droit de succéder à ses parents anglais (même arrêt); — 3° Que, les lettres patentes de 1787 ayant été abrogées par le code Napoléon, un Anglais n'a pu depuis sa promulgation être admis à recueillir la succession de son parent mort en Belgique, pendant la réunion de ce pays à la France (Liége, 13 janv. 1829, aff. Commiss. du syndicat *C.* Haufort); — 4° Que l'art. 912 c. nap., avant l'abolition du droit d'aubaine, ne permettait pas aux Français de disposer au profit d'un Américain des biens situés en France, la convention du 30 sept. 1800 ne permettant pas aux Américains de disposer au profit d'un Français des biens situés en Amérique (Rouen, 2 avril 1821, aff. Paulmier, v° Droits civils, n° 186).

111. Comment devait s'entendre la réciprocité exigée par les art. 11 et 726 c. nap.? Était-ce une réciprocité de nation à nation seulement, ou d'individu à individu? La jurisprudence s'était fixée dans ce dernier sens (MM. Chabot, *loc. cit.*, n° 23; Duranton, t. 6, n° 82; Toullier, t. 4, n° 102; Delaporte, Pandectes françaises, sur les art. 11 et 726). — Jugé spécialement, 1° qu'il ne suffit pas que le Français soit reconnu capable de succéder dans le pays de l'étranger, mais qu'il faut encore que cet étranger individuellement ait la capacité de transmettre au Français dont il veut recueillir l'héritage. Ainsi, les religieux étrangers, morts civilement dans leur pays, sont incapables de succéder à leurs parents en France, soit *ab intestat*, soit par testament (Cass., 24 août 1808, 1er fév. 1813) (2); — 2° Que la réciprocité qu'exigeait l'art. 726 c. nap. était une réciprocité d'individu à indi-

---

rents français; qu'au contraire, il la maintient par la manière dont il est conçu; qu'en effet, après avoir dit que les Espagnols ne seront plus réputés aubains, en France, il ne dispose point que, par suite, ils pourront recueillir les successions de leurs parents français; qu'il dit uniquement qu'en conséquence Sa Majesté Très-Chrétienne s'engage d'abolir le droit d'aubaine, en sorte qu'ils pourront disposer des biens qu'ils posséderont dans le royaume, et les transmettre *ab intestat* à leurs héritiers légitimes; que, réciproquement, Sa Majesté Catholique accorde le même droit aux Français dans ses Etats; qu'il est ajouté que les sujets des deux couronnes seront généralement traités, en tout et pour tout ce qui concerne cet article, comme les propres et naturels sujets de la puissance dans les Etats de laquelle ils résideront; et que, par une dernière disposition, il est déclaré que tout ce qui est dit ci-dessus, par rapport à l'abolition du droit d'aubaine, en faveur des Espagnols et des Français, est accordé aux sujets du roi des Deux-Siciles; qu'il suit donc évidemment de l'ensemble de l'art. 23 du traité de 1761, qu'il n'a aboli que le droit d'aubaine, et qu'il a laissé subsister l'incapacité des Espagnols de succéder à leurs parents français; qu'en le jugeant ainsi, et en déboutant par suite les sieur et demoiselle Robiou de leur demande, la cour royale de Rennes, loin d'avoir faussement interprété cet art. 23, n'a fait qu'une juste application des art. 11 et 726 c. civ., sous l'empire duquel la succession du sieur Cheville de Vaulerault s'est ouverte; — Par ces motifs, sans qu'il soit besoin d'examiner les fins de non-recevoir proposées par le sieur Locquet de Grandville, rejette.

Du 28 déc. 1825.-C. C., sect. civ.-MM. Desèze, 1er pr.-Rupérou, rap.-Cahier, av. gén., c. conf.-Rochelle et Delagrange, av.

(1) (Flavigny *C.* Adair.) — La cour (apr. dél. en ch. du cons.); — Vu les art. 11, 19 et 726 c. civ.; — Attendu que, d'après l'art. 19, la femme française qui épouse un étranger suit la condition de son mari; que par conséquent la dame Adair, comtesse d'Hagnicourt, qui a épousé en Angleterre le sieur Adair, Anglais, postérieurement à la promulgation du code civil, est devenue elle-même étrangère à la France; que la jouissance des droits civils accordée à l'étranger par l'art. 11 est subordonnée à la réciprocité établie en faveur des Français par les traités de la nation à laquelle cet étranger appartient; que l'art. 726 a consacré le même principe quant à la capacité des étrangers pour succéder en France, soit à des étrangers, soit à des Français; que, dès lors, un étranger n'est admis à succéder en France que d'après les bases de réciprocité convenues dans des traités passés avec la nation à laquelle cet étranger appartient; que les lettres patentes du 18 janv. 1787, enregistrées au parlement de Paris, avaient été le premier acte de la législation française qui eût déclaré les Anglais habiles à succéder en France à leurs parents français; que, par un décret du 8 avr. 1791, tous les étrangers avaient été déclarés capables de recueillir en France les successions de leurs parents, même français; que, tant que ces lettres patentes et ce décret ont été en vigueur, il n'y a eu aucun doute sur la capacité des Anglais pour succéder en France, même à leurs parents français; qu'il n'en a plus été de même sous l'empire du code civil; que les dispositions de ce code ont en effet abrogé tant lesdites lettres-patentes que le décret du 8 avr. 1791, en faisant dépendre la successibilité des étrangers de la réciprocité établie en faveur des Français, non par des lois, mais par des traités conclus entre les Etats respectifs; qu'il n'existe aucun traité qui ait autorisé, d'une part, les Anglais à succéder en France à leurs parents français, et, d'autre part, les Français à succéder en Angleterre à leurs parents anglais; que les droits conservés par la législation anglaise à la femme anglaise qui épouse un étranger, sont indifférents dans la cause où il s'agit de droits de réciprocité dans les successions entre les sujets des deux Etats; que par conséquent la cour royale de Metz, en déclarant la dame Adair habile à succéder à un parent français conjointement avec les autres parents regnicoles, a violé les art. 11, 19 et 726 c. civ.; — Casse.

Du 6 avr. 1819.-C. C., sect. civ.-MM. Brisson, pr.-Vergès, rap.-Cahier, av. gén., c. conf.-Delagrange et Leroy de Neufvillette, av.

(2) 1re *Espèce* : — (Huseman *C.* Wonthyssen.) — La cour (apr. dél. en ch. du cons.); — Vu les art. 726 et 912 c. civ.; — Considérant que de ces articles il résulte qu'une parfaite réciprocité est une condition nécessaire des droits qu'un étranger peut exercer en France, pour recueillir ou transmettre une succession; que cette réciprocité est exigée non-seulement de nation à nation, mais même de particulier à particulier; — Considérant qu'il est constant que, suivant les lois anciennes,

vidu, en ce sens que l'exclusion prononcée contre le Français par la loi de son cohéritier étranger, rendait ce dernier incapable de succéder en France, soit qu'elle atteignît, en général, tous les Français, soit qu'elle dérivât de causes indépendantes de la nationalité, et, par exemple, de l'âge ou du sexe (Req. 31 déc. 1850, aff. Marinetti. D. P. 51. 1. 52).

112. Toutefois, les exclusions fondées sur cette réciprocité d'individu à individu ne pouvaient être opposées à l'étranger appartenant à un pays en faveur duquel le droit d'aubaine était aboli, et le priver de tout droit de successibilité en France qu'autant que la succession se composait de biens situés à la fois en France et en pays étranger : si la succession ne comprenait que des biens situés en France, la réciprocité étant complète entre tous les cohéritiers, les étrangers devaient être admis à cette succession, malgré l'exclusion dont leurs cohéritiers français se seraient trouvés frappés dans leur pays (Gênes), à raison, par exemple, de leur sexe (même arrêt).

113. Quant à l'effet des traités autorisant l'étranger à succéder en France, on a demandé s'ils étaient suspendus ou anéantis par l'état de guerre. — Il a été décidé, conformément à la doctrine de tous les publicistes, qu'ils ne sont que suspendus, et qu'en conséquence les étrangers peuvent, la paix rétablie, recueillir en France les successions ouvertes pendant les hostilités avec leur nation (Turin, 10 janv. 1810; Colmar, 2 avr. 1824 (1) Cass., 3 vend. an 10, MM. Liborel, pr., Maleville, rap., aff. Fassi C. Bérard; Req., 9 juin 1825, aff. Romieux, V. Droits civils, nº 184).

114. Pareillement on a jugé, 1º que la conquête momentanée, par les Anglais, d'une colonie française, a bien pu suspendre le droit résultant des traités entre la France et les États-Unis, mais n'a pu porter atteinte à l'application de la loi française aux biens situés dans la colonie (Req., 1er fév. 1837) (2); — 2º Qu'un legs fait sous l'empire du traité du 8 vend. an 9, par un Français au profit d'un Américain, n'était valable qu'autant que les biens légués se trouvaient situés sur le territoire national du légataire. — Et spécialement une Française n'a pu léguer, en 1813, à un Américain, une somme d'argent sur ses biens situés à la Martinique..., bien que la colonie fût alors sous la domination anglaise (même arrêt).

115. *Des étrangers sous la loi du* 14 *juill.* 1819. Cette loi (V. *supra*, nº 25 et p. 179), dont il a déjà été parlé avec quelque étendue vº Droits civils, nºs 30, 181 et s., a supprimé la condition de réciprocité écrite dans les art. 11 et 726, et aboli le droit d'aubaine d'une manière absolue. Il y a lieu seulement, si la succession est située en France et en pays étranger, à une attribution plus forte de valeurs héréditaires au profit des héritiers français, pour

---

les religieux et religieuses, établis soit en France, soit en Prusse, soit dans l'électorat de Cologne, étaient incapables de recueillir ou transmettre une succession; que ces anciennes lois n'étaient pas révoquées à l'époque de l'ouverture de la succession du sieur Wonthyssen; qu'aujourd'hui même encore, un religieux prussien n'a aucune succession dont il puisse disposer; qu'il ne peut conséquemment disposer en faveur d'un Français; que par une conséquence ultérieure, fondée sur le texte même de l'art. 912 c. civ., un Français ne peut disposer au profit d'un religieux prussien; — Considérant que de ce qui précède, il résulte que la cour d'appel de Liége, en adjugeant aux défenderesses la succession de leur père, a violé les articles précités; — Casse, etc.

Du 24 août 1808.-C. C., sect. civ.-MM. Viellart, pr.-Bauchau, rap.

2e *Espèce* : — (Veuve Torchini C. Magnocavalli.) — LA COUR (après délib. en ch. du cons.); — Vu les art. 725, 726, 11 et 912 c. civ.; — Attendu que le renonciataire ne peut avoir d'autres et plus grands droits que n'en aurait le renonçant lui-même; — Attendu que le moine Gaëtan Magnocavalli a fait profession à Milan, dans l'ordre des Barnabites, et était encore engagé dans les liens monastiques au 11 mai 1808, date de l'ouverture de la succession de Lucas Tedeschi à Alexandrie en Piémont; — Que les lois milanaises (encore en vigueur, lorsqu'après l'érection du royaume d'Italie, dans lequel le duché de Milan est incorporé, le code civil y a été publié) réputaient les religieux morts civilement et les déclaraient incapables de succéder; — Que ce code ne les a abrogées ni expressément ni implicitement; — Que ses art. 8, 22, 25 et 24, dans lesquels la cour royale a cru trouver cette abrogation, ne sont pas plus applicables aux religieux et aux effets des vœux monastiques, qu'ils ne le seraient aux émigrés et aux effets de l'émigration, ou que l'art. 3 du même code, relatif aux lois de police, ne le serait aux ambassadeurs et aux autres membres du corps diplomatique; — Que dans tous ces cas qui tiennent à un ordre de choses purement politique, ce n'est pas dans les lois civiles qu'il faut rechercher la volonté du législateur, mais dans les lois spéciales et particulières destinées à les régler; — Que c'est par ce motif qu'il a été déclaré par une disposition expresse du code italien, conçue dans les mêmes termes que l'art. 7 de la loi française, du 30 vent. an 12, qu'il n'y avait d'abrogés que les lois, statuts et ordonnances concernant les matières qui faisaient l'objet des lois comprises dans le code; — Qu'il suit de là : 1º qu'en droit et d'après les dispositions des lois italiennes sainement entendues, le moine Gaëtan Magnocavalli était, au 11 mai 1808, date du décès de Lucas Tedeschi, son neveu, incapable de succéder à ses parents, et de leur transmettre sa succession; — 2º Qu'en adjugeant à ce religieux, malgré son incapacité, sa part dans une succession ouverte en France et régie par les lois françaises, tandis qu'un Français n'aurait pas pu lui succéder en Italie, la cour royale, après avoir erré dans l'interprétation et l'application des lois du royaume d'Italie, et commis une contravention expresse aux lois de la France, qui obligent les tribunaux français à faire, lorsqu'il y a lieu, une juste application des lois étrangères de la même manière que les tribunaux étrangers seraient obligés, en semblable cas, de faire l'application des lois françaises; à l'art. 725 c. civ., qui déclare celui qui est mort civilement incapable de succéder, et aux art. 726, 11 et 912 du même code, suivant lesquels une parfaite réciprocité de nation à nation, et de particulier à particulier, est (ainsi que la cour l'a jugé par son arrêt du 24 août 1808, dans l'affaire des religieuses prussiennes de Vonthüssen) la condition nécessaire de l'exercice des droits qu'un étranger peut avoir de recueillir et de transmettre une succession; — Attendu, enfin, qu'il n'est pas nécessaire d'établir ici la distinction à faire entre le cas où les tribunaux ne se sont trompés que dans la relation des faits, ou dans l'interprétation des actes, dont la cour n'a pas à s'occuper, et celui où ils se sont trompés dans la décision d'une question de droit qu'il appartient toujours à la cour d'apprécier et de juger; — Qu'il ne l'est pas davantage d'examiner si l'erreur de droit, telle que celle qui résulte de la violation ou fausse application des lois étrangères, donne par elle-même, et dans tous les cas, ouverture à cassation; — Qu'il suffit que, dans l'espèce, cette erreur de droit sur le sens et l'application d'une loi, que la sagesse et la clarté de ses dispositions a fait adopter dans le royaume d'Italie, soit devenue la source des plus expresses contraventions aux lois du royaume, pour qu'il soit indispensable d'annuler l'arrêt auquel ces contraventions sont justement reprochées; — Casse l'arrêt de la cour de Gênes du 8 juill. 1809, pour violation expresse des art. 725, 726, 11 et 912 c. civ.

Du 1er fév. 1813.-C. C., sect. civ.-MM. Mourre, pr.-Porriquet, rap.-Merlin, pr. gén., c. conf.-Darrieux et Sirey, av.

(1) 1re *Espèce* : — (Beugero C. Caréva.) — LA COUR; — Considérant que si l'état de guerre dans lequel se trouvaient en 1795 la France et le Piémont, et la différente forme de gouvernement introduite en France, auraient pu autoriser le gouvernement français et le roi de Sardaigne à ne plus reconnaître et à revenir sur le traité de 1760, il est cependant sûr qu'un tel traité, et notamment l'art. 21, comme basé sur une réciprocité de traitement non incompatible avec l'état de guerre, ne pouvait être rangé dans la classe de ces conventions qui cessent de plein droit d'avoir leur effet par la seule circonstance d'une guerre survenue entre les deux gouvernements, a dû continuer de recevoir son exécution jusqu'à ce qu'il eût été formellement révoqué; — Emendant.

Du 10 janv. 1810.-C. de Turin.

2e *Espèce* : — (Zwickert C. Mayer.) — LA COUR; — Considérant que les traités existants entre les États, et qui règlent l'état des personnes, ne sont pas anéantis par l'état de guerre, mais seulement suspendus; que même la conquête n'altère pas le droit des parties belligérantes; chacune d'elles conservant ses droits de propriété et de souveraineté, même sur les pays occupés, jusqu'à ce que des traités nouveaux en aient autrement décidé, en maintenant ou modifiant l'état préexistant des choses; — Qu'ainsi, à titre de sujets autrichiens, les mineurs Zwickert ont droit de recueillir une succession ouverte en France à leur profit; — Emendant.

Du 2 avr. 1824.-C. de Colmar.

(2) (Magill C. hér. Monnel-Gonnier.) — LA COUR; — Sur le deuxième moyen : — Attendu que le legs fait à Magill, Américain, par le testament du 14 juill. 1813, n'eût été valable, suivant la combinaison des termes de l'art. 912 c. civ. avec le traité du 8 vend. an 9, passé entre la France et les États-Unis d'Amérique, qu'autant qu'il eût porté sur des biens-fonds situés sur le territoire américain, tandis qu'il résulte, au contraire, du testament que la somme léguée a été donnée sur les biens-fonds situés à la Martinique; que, vainement, on a objecté que la Martinique était en la possession des Anglais, à la date du testament, et qu'ainsi il s'agissait de biens situés en pays étranger, puisqu'il est certain que l'occupation temporaire de cette colonie, par la puissance anglaise, n'a pu porter aucune atteinte aux droits de la France, ni changer le caractère de sa possession sur la Martinique, possession momentanément suspendue par l'effet de la conquête, mais qui n'a pas cessé, quant au droit, d'être régie par la loi française; — Rejette.

Du 1er fév. 1837.-C. C., ch. req.-MM. Zangiacomi, pr.-Bernard (de Rennes), rap.-Hervé, av. gén., c. conf.-Fichet, av.

compenser les inégalités qu'ils pourraient souffrir en pays étranger. C'est une loi de protection pour les Français menacés d'exclusion et de privilége : c'est une loi de justice et d'égalité. — Jugé que cette loi a introduit un droit nouveau; qu'avant sa publication un cohéritier ne pouvait réclamer, sur les biens de la succession situés en France, aucune indemnité à raison de la portion des biens situés en pays étranger, dont il était privé par la loi étrangère (Grenoble, 12 juill. 1835, M. de Noaille, pr., aff. Genon C. Trouillet).

116. Comment doit se déterminer le prélèvement autorisé par la loi de 1819 au profit des héritiers français? Jugé à cet égard, 1° qu'il y a lieu de comprendre figurativement dans le partage des biens de France ceux qui sont situés en pays étranger et dont les héritiers français seraient exclus par la législation de ce pays, à quelque titre que ce soit; « attendu, en ce qui concerne les biens situés en Savoie, que l'arrêt attaqué a ordonné que, de quelque nature qu'ils puissent être, ils ne seraient compris que figurativement dans le partage et pour servir à déterminer la récompense ou indemnité qui peut être due en exécution de l'art. 2 de la loi du 14 juill. 1819; — Rejette » (Rej. 16 fév. 1842, MM. Portalis, pr., Legonidec, rapp., Hello, av. gén., concl. conf., aff. Bouffier C. Charransol); et cela ne paraît pas contestable; — 2° Qu'il doit être formé fictivement une masse des deux successions régies séparément par les lois du pays où les biens sont situés, et que la quotité disponible doit être calculée sur cette masse, d'après la loi française (Grenoble, 25 août 1848, aff. Chauten, D. P. 49. 2. 249).

117. Cette réunion fictive des biens situés en France et en pays étranger, qu'on suppose régis en totalité par la loi française, rend facile l'application de la loi de 1819, quand l'exclusion prononcée par la loi étrangère contre les héritiers profite indistinctement à tous leurs cohéritiers étrangers; la part française de chacun d'eux est naturellement réduite de l'excédant qui leur est attribué dans leur pays. — Mais en est-il de même quand ce bénéfice est réservé à l'un des héritiers étrangers seulement? Les parts revenant dans les biens de France aux autres héritiers, exclus aussi bien que le Français, doivent-elles être frappées du droit de prélèvement accordé à ce dernier, ou ce droit ne peut-il être exercé que sur le lot de l'héritier avantagé, encore que ce lot serait insuffisant pour compléter la part de l'héritier français? Pour résoudre cette question, il ne faut pas perdre de vue la pensée d'égalité qui a présidé à la loi de 1819 : elle s'est proposée, avant tout, de placer sur la même ligne, les parents français et étrangers du défunt, sous cette seule restriction que, si du concours des deux lois différentes dans le partage d'une même succession, il résultait quelque préjudice pour l'héritier français, l'égalité serait rétablie à l'aide d'une indemnité prélevée en France. Or, ce vœu d'égalité ne serait-il pas méconnu si le prélèvement pouvait s'exercer aux dépens d'héritiers qui eux-mêmes sont atteints par la loi étrangère? Ne serait-ce pas là aggraver, au contraire, l'inégalité dont ils sont eux-mêmes victimes dans leur pays? Sans doute, il peut arriver que la part de l'héritier avantagé soit inférieure à l'indemnité due à l'héritier français; mais est-il juste de faire peser cette indemnité sur ceux qui ne profitent pas du bénéfice à raison duquel elle est réclamée? — Jugé dans un tel cas que le prélèvement ne peut être exercé que sur la part de celui des héritiers étrangers qui profite de l'exclusion : les parts des autres héritiers étrangers ne doivent pas être atteintes (Cass., 27 août 1850, aff. Chauten, D. P. 50. 1. 257).

118. Le prélèvement accordé aux héritiers français peut-il être exercé sur les valeurs mobilières qui se trouvent en France, comme sur les immeubles, quoique la succession se soit ouverte en pays étranger? Le doute vient, de ce qu'en principe, les meubles sont réputés situés au domicile de celui à qui ils appartiennent. Mais outre que cette règle reçoit diverses exceptions (V. Lois, n°s 422 et suiv.), elle doit fléchir devant le but évident de la loi de 1819, qui a été d'assurer l'égalité du partage entre les héritiers étrangers et français. Les biens qui sont en France, disait M. Boissy-d'Anglas, dans son rapport devant la Chambre des pairs, sont pour les héritiers français un véritable gage. Or, le législateur eût manqué son but, s'il avait fait exception pour les meubles; car qui ne sait que c'est généralement en biens meubles, en effets publics, en action d'industrie, en effets de commerce, en marchandises, que consiste la fortune laissée en France par les étrangers? Notre question a été résolue dans le même sens par la cour suprême (Cass. 27 août 1850, aff. Chauten, D. P. 50. 1. 257); et telle est l'opinion des auteurs à l'exception de M. Duvergier sur Toullier, t. 2, p. 67, qui soutient l'avis contraire (V. Lois, n° 425, où la question a déjà été examinée). — Jugé aussi que le prélèvement par l'héritier français peut s'exercer sur les meubles, et même sur les valeurs payables par des banques étrangères, quand les titres, soit nominatifs, soit au porteur, ont été laissés en France par l'auteur commun (Req. 21 mars 1855, aff. Gatilzin, D. P. 55. 1. 137). — Dans l'espèce on ne contestait pas que le prélèvement dût s'étendre aux valeurs mobilières. Seulement on soutenait que des créances sur des débiteurs domiciliés en pays étranger, et notamment sur des banques étrangères, ne doivent pas être considérés comme situées en France, pour l'application de la loi de 1819. La chambre des requêtes n'a pas admis cette restriction qu'on tentait d'apporter au bénéfice de loi. — Il en est autrement en matière d'impôt. L'impôt, quoiqu'il atteigne même les meubles trouvés en France parmi les biens dépendant de la succession d'un étranger, ne frappe pas les créances (V. Rej. 23 janv. 1849, aff. hérit. Hemar, D. P. 49. 1. 42, et v° Enregistrement, n°s 4153 et s.). — Mais il y a de cela des raisons particulières que le nouvel arrêt rappelle avec soin.

119. Le droit de prélèvement s'exerce sur les biens situés en France, sans qu'il y ait lieu de distinguer si la succession est *ab intestat* ou testamentaire (Paris, 1er fév. 1836, aff. Imbert, V. Lois, n° 422).

120. Les héritiers français n'ont droit à une indemnité sur les biens de France que pour des exclusions qui diminuent, en pays étranger, leur capacité de succéder ou de recevoir, et non pour celles qui proviennent de nullités ou vices, dont les actes en vertu desquels ils se présentent au partage des biens étrangers, peuvent se trouver entachés, d'après la loi étrangère; par exemple, s'il s'agit d'une donation valable en France, mais annulée à l'étranger, où elle a été faite, faute d'homologation du juge (Cass. 27 août 1850, aff. Chauten, D. P. 50. 1. 257).

121. L'héritier français a-t-il, en cas d'insuffisance des biens sur lesquels s'exerce son droit de prélèvement, une action contre le cohéritier qui profite de l'exclusion prononcée contre lui en pays étranger? Pourrait-il, en conséquence, se faire indemniser sur le patrimoine personnel de ce cohéritier? M. Rossi, Encyclop. du droit, v° Aubaine, n° 20, inclinerait vers l'affirmative. Mais cette opinion que M. Rossi n'exprime qu'avec hésitation, nous semble tout à fait inconciliable avec le caractère du droit de prélèvement créé par l'art. 2 de la loi de 1819. C'est à titre héréditaire et non pas en qualité de créancier de son cohéritier que l'héritier français prend en France une part plus forte, comme compensation de la valeur des biens dont il est exclu à l'étranger. Son droit, qui constitue un véritable droit de propriété, est donc limité à la chose qui en est l'objet, et ne saurait se transformer en une créance dont l'héritier étranger serait personnellement tenu. M. Rossi irait même jusqu'à dire que le Français aurait action pour le cas où, faute de tout bien français, il ne pourrait rien obtenir en France. « Cependant, ajoute-t-il, nous concevons les répugnances des esprits timorés pour ces déductions. Ils les écarteront peut-être par une fin de non-recevoir tirée de la nature tout exceptionnelle de l'expédient que l'art. 2 autorise. Le législateur, diront-ils, n'a excepté que le cas où des biens de la succession existeraient en France. Dès que ce cas ne se vérifie point, l'exception tombe; l'art. 2 n'a plus d'application. » Cette objection, qui n'a pu échapper à l'esprit judicieux de M. Rossi, nous paraît décisive contre l'avis que proposerait le savant publiciste; nous croyons en résumé : 1° que le droit à l'indemnité accordée à l'héritier français par l'art. 2 de la loi de 1816 n'existe qu'autant que la succession comprend des biens situés en France; 2° que ce droit ne peut être exercé sur les biens personnels des cohéritiers étrangers.

122. Du principe, admis par la loi de 1819, que les héritiers étrangers doivent obtenir dans les biens de France l'intégralité des droits que leur assure la loi française, toutes les fois qu'ils ne sont pas appelés à recueillir une part plus forte que l'héritier français dans le partage des biens étrangers, il suit que l'héritier français, donataire par préciput d'une certaine portion dans une succession composée de biens situés en France et en pays étranger, ne peut conserver les immeubles français qu'il a reçus entre-vifs que jusqu'à concurrence de la quotité disponible afférente aux biens de France, et il est tenu de rapporter l'excédant pour former la part de réserve légale revenant dans les mêmes biens à ses cohéritiers étrangers, si la différence entre la réserve française (3/4) et la réserve étrangère (1/2) ne permet pas à ces derniers d'obtenir l'équivalent de cette part de réserve sur les biens étrangers..., sauf à l'héritier français à exercer ses droits de donataire, s'il y a lieu, lors du partage des biens étrangers (Grenoble, 25 août 1848, aff. Chauten, D. P. 49. 2. 248).

123. Jugé 1° que la disposition du testament d'un étranger, quoique annulée dans le pays de cet étranger, comme excédant sa capacité de disposer, est valable en France, relativement aux immeubles qui y sont situés, si la même incapacité n'est pas prononcée par la loi française (Req. 19 avril 1841) (1); — 2° La créance d'un étranger, hypothéquée sur des biens situés en France, est compensable, quant aux effets de cette hypothèque, conformément à la loi française, avec le legs fait par le créancier au débiteur, bien que la succession se soit ouverte à l'étranger, et que, d'après la législation du pays, le legs soit frappé de nullité, si cette même nullité n'existe pas dans la loi française. — L'effet de cette compensation est d'éteindre l'hypothèque en France, au profit du débiteur ou des tiers détenteurs, quoique la créance qu'elle avait pour objet continue de subsister dans les pays où la succession, dont elle fait partie, s'est ouverte, en vertu de la loi étrangère qui, en annulant le legs, rend, par suite, la compensation impossible; et on dirait vainement que l'hypothèque doit suivre le sort de l'obligation dont elle est l'accessoire et à laquelle elle emprunte sa nature (même arrêt; c. nap. 1290, 1124).

124. Lorsque la succession d'un étranger, ouverte en France, est réclamée par un étranger en vertu des traités diplomatiques intervenus entre son pays et la France, les tribunaux n'excèdent pas leurs pouvoirs, soit en ordonnant la levée des scellés sur la demande d'un créancier français, soit en ordonnant d'autres mesures conservatoires ayant pour objet de mettre les prétendus héritiers à même d'exercer leurs droits, si d'ailleurs il n'existe devant eux aucune contestation relative à l'envoi en possession (Ord. cons. d'Et. 17 mai 1826, M. Favard, rap., aff. Brandas).

125. Quant aux droits de mutation dus sur une succession dévolue à l'étranger, et composée de biens situés en France et à l'étranger, V. Enregistrement, n° 4146 et suiv.

SECT. 2. — *De l'indignité de succéder.*

ART. 1. — *Des causes d'indignité.*

126. La morale publique, non moins que les affections présumées du défunt, demandait qu'on écartât de sa succession celui qui s'en était rendu *indigne;* mais en faisant cesser l'exclusion dans le cas où l'héritier n'aurait pu s'y soustraire qu'en manquant à des devoirs que lui imposait la nature. L'art. 727 déclare indignes, « 1° celui qui serait condamné pour avoir donné ou tenté de donner la *mort* au défunt; 2° celui qui a porté contre le défunt une accusation capitale jugée *calomnieuse;* 3° l'héritier majeur qui, instruit du meurtre du défunt, ne l'aura pas *dénoncé* à la justice », s'il n'est ni époux du meurtrier, ni son parent ou allié en ligne directe, ni son frère, oncle ou neveu (art. 728). — Les lois romaines portaient plus loin les causes d'indignité (ff. et C. *de his quæ ut ind.*). L'ancienne jurisprudence les avait multipliées indéfiniment (M. Merlin, Rép., v° Indignité), puisque les tribunaux réglaient, d'après les faits et circonstances, ce qui devait suffire pour rendre indigne. Le code a fait cesser l'arbitraire. — Les législations étrangères ont admis généralement un plus grand nombre de cas d'indignité, et par exemple, 1° si l'on a *tué* les enfants ou parents du défunt (C. bavarois, liv. 3, ch. 1); 2° si l'on a *attenté* à l'honneur, la vie ou la fortune, non-seulement du défunt, mais de ses enfants, parents ou époux, tant qu'il ne résulte pas des circonstances que le défunt lui a pardonné (c. autrichien, art. 540); 3° si un parent a négligé de fournir des *aliments* au défunt (c. prussien, part. 2, tit. 3, art. 762); 4° si l'on est convaincu de *soustraction* du testament (c. vaudois, art. 514-3°); 5° si l'on a contraint le défunt à faire ou ne pas faire un *testament* (c. bavarois, *loc. cit.*, c. autrichien, art. 542, c. des Deux-Siciles, art. 548); 6° si l'on a *contesté* son état (c. bavarois, *loc. cit.*); 7° si l'on s'est *interposé* dans le but de faire héritier un indigne (*ibid.*); 8° entre personnes convaincues d'*inceste* ou d'*adultère* (c. autrichien, art. 543); 9° lorsqu'on *émigre* (*ibid.*) ou qu'on *déserte* à l'armée (*ibid.* et c. prussien, part. 2, tit. 1, art. 467). — On remarquera que, dans le code Napoléon, les cas d'indignité sont plus

(1) *Espèce :* — (Jeantin C. Durel.) — 21 juill. 1837, arrêt de la cour de Grenoble, qui statue en ces termes : — « Attendu que, dans le contrat de mariage de 1811, la femme Burtin se constitua, tant en argent qu'en valeur de trousseau, une somme de 5,800 fr., dont elle se trouva, dès lors, créancière de son mari; — Attendu qu'il n'est pas suffisamment établi que, durant le mariage, le mari se soit prévalu d'autres valeurs appartenant à sa femme; — Attendu, en effet, que la sentence du juge-mage de Chambéry, qui aurait réglé le compte tutélaire de Duchesne père, est inefficace pour constituer ce dernier débiteur de sa fille de sommes excédant les 5,800 fr. ci-dessus, d'autant que cette sentence pourrait être le résultat d'un accord entre les parties, accord qui porterait préjudice à un tiers acquéreur d'immeubles ayant appartenu à Duchesne; — Attendu que, par un testament de 1812, Catherine Burtin, femme Duchesne, a légué à son mari un quart en propriété et un quart un usufruit de sa succession; — Attendu qu'en supposant l'invalidité de ce testament en Savoie, à raison des constitutions du pays, on ne peut pas contester son efficacité sur les biens de France, en présence de la loi de 1819 et de l'époque du décès de la testatrice survenu en 1828; — Attendu qu'en vertu de ces libéralités, Duchesne a eu à recueillir une quote-part des biens délaissés par son épouse; — Attendu que cette quote-part excède les 5,800 fr. dont il se trouvait débiteur, ainsi que cela résulte des documents et renseignements produits au procès; — Attendu qu'il s'est, dès lors, opéré compensation complète de la créance des mariés Gentin; que, par suite, l'action intentée par eux contre Duret en déclaration d'hypothèque légale est mal fondée. »

Pourvoi de Gentin, pour fausse application de la loi du 14 juill. 1819, abolitive du droit d'aubaine, des art. 1289, 1290 et 1291 c. civ. et des art. 529 et 2114 du même code, en ce que l'arrêt attaqué a compensé un legs nul en Savoie avec la garantie hypothécaire existant en France pour une créance dépendant de la succession ouverte en Savoie. — L'arrêt attaqué ne peut donc se justifier qu'autant que la dame Duchesne aurait possédé en France des immeubles qui, en vertu de la loi du 14 juill. 1819, resteraient soumis à la loi française. Or, le seul droit que la testatrice possédait en France c'était une hypothèque légale sur les biens vendus au sieur Duret. Mais peut-on assimiler cette hypothèque à un immeuble? Non évidemment, car elle n'est qu'un accessoire de la créance.

M. le conseiller rapporteur Brière-Valigny a fait, entre autres, les observations suivantes : — .... « Il ne faut pas perdre de vue que c'est le représentant de Catherine Burtin qui réclame en France, en exerçant un droit d'hypothèque sur des immeubles situés en France, le payement des créances que Catherine Burtin avait contre son mari. Celui-ci ou les sieurs Duret qui sont à ses droits ont pu opposer le testament nul en Savoie, mais reconnu valable en France, par lequel Catherine Burtin a créé des droits au profit de son mari, droits dont la loi sarde n'aurait pas pu arrêter l'exercice en France, et dont, à plus forte raison, cette loi, qui n'a pas autorité en France, n'a pu empêcher que les sieurs Duret se prévalussent pour repousser l'action de l'héritier de Catherine Burtin. » — Arrêt.

LA COUR; — Attendu qu'il est reconnu au procès que le testament de Catherine Burtin, femme de Joseph Duchesne, quoique déclaré nul en Savoie, avait pu être valable en France; — Que, par suite, le sieur Joseph Ducnesne, ou les sieurs Duret qui étaient à ses droits, ont pu se prévaloir des droits résultant de ce testament au profit dudit Joseph Duchesne, pour repousser l'action formée par les héritiers de Catherine Burtin;

Attendu que Joseph Duchesne s'est trouvé créancier de la succession de sa femme, en vertu du testament de celle-ci, d'une somme que la cour royale a reconnu être supérieure à celle de 5,800 fr. dont il était débiteur envers la même succession, à raison des reprises matrimoniales de sa femme; — Que la cour royale a fondé sa décision à cet égard sur les faits et documents qui lui ont été soumis et qu'il entrait dans son pouvoir souverain d'apprécier; — Attendu que l'existence simultanée des deux créances étant ainsi reconnue, la compensation les a éteintes jusqu'à due concurrence; — Attendu que la cour royale, en le jugeant ainsi, n'a violé ni les principes ni les lois invoquées, mais en a fait, au contraire, une juste et régulière application; — Rejette.

Du 19 avr. 1841.-C. C., ch. req.-MM. Zangiacomi, pr.-Brière-Valigny, rap.-Pascalis, av. gén., c. conf.-Mandaroux-Vertamy, av.

graves (si l'on excepte l'attentat à la vie) que les causes de *révocation* pour *ingratitude*, de la donation entre-vifs (art. 956). Au reste et en général, on ne saurait étendre l'indignité hors des cas formellement prévus.

127. Avant de reprendre ces divers cas, disons d'abord qu'il a été jugé par application d'autres textes: — 1° Que la loi 9, § 1, D. *de his quib. ut indign. aufer.*, qui déclare indigne de recueillir un legs celui qui a *publiquement* cherché à *déshonorer* le testateur, ne s'applique point à l'enfant qui, en sa qualité d'héritier, attaque des actes souscrits par son père; que d'ailleurs, les lois et la jurisprudence autorisant les enfants même à attaquer la validité des actes de leurs auteurs, par les moyens de simulation, de donations déguisées faites à des concubines, ont, par cela même, permis les imputations que les héritiers sont obligés de présenter en justice pour faire annuler ces actes (Req., 22 janv. 1807, aff. Bousquet);—2° Que la loi du 17 niv. an 2, en prescrivant l'égalité entre héritiers, n'a point dérogé aux principes anciens en matière d'indignité; — Et spécialement que le fils *parricide* est indigne de succéder à son père (Rouen, 21 prair. an 13, aff. Piel c. Gorlier).

128. Revenons aux cas d'indignité que prévoit l'art. 727 c. nap.—1° *Celui qui serait condamné pour avoir donné ou tenté de donner la mort au défunt.* — Puisqu'il faut une condamnation, la *notoriété* publique ne suffirait pas; si donc l'héritier mourait pendant les poursuites, l'indignité n'aurait pas été encourue (MM. Duranton, n° 97; Malpel, n° 39; Chabot, sur l'art. 727, n° 18; Merlin, Rép. v° Indignité, n° 9; Vazeille, sur l'art. 727, n° 2; Marcadé, sur l'art. 727; Massé et Vergé sur Zachariæ, t. 2, p. 242, note 1). Tout accusé est *présumé* innocent. — Les lois romaines déclaraient indigne sans distinction tout auteur d'homicide sur le défunt, sans examiner s'il était réellement coupable, et lors même qu'il se fût trouvé dans le cas de *légitime défense*. Les anciens auteurs s'élevaient contre cette rigueur injuste (Pothier, des successions, p. 76). — Le code faisant dépendre l'indignité de la *condamnation*, il n'y a plus d'indignité là où le meurtre ne constitue ni crime ni délit (c. pén. 64, 327, 328, 329).

129. La loi n'a voulu punir que l'*intention* et la *gravité* du crime. Si donc le *meurtre* n'est que la suite d'une *négligence* ou d'une *imprudence*, l'indignité ne sera pas encourue, quoiqu'il puisse y avoir condamnation à « un emprisonnement de trois mois à deux ans, et à une amende de 50 à 600 francs » (c. pén. 319). L'auteur de l'homicide involontaire n'est puni que pour sa maladresse ou son imprudence, et non comme coupable d'avoir donné la mort. C'est l'avis de tous les auteurs.

130. La question présente plus de difficulté, si le coupable a été déclaré *excusable*, comme *provoqué* au crime soit par des coups ou violences (c. pén. 321), soit par l'escalade ou l'effraction de clôtures (322), soit par l'adultère de l'épouse (324). — On dira pour l'indignité : L'excuse n'empêche pas qu'il y ait crime et condamnation; elle ne fait que diminuer la peine, réduite par l'art. 326 c. pén. à un emprisonnement d'un à cinq ans, et de plus à la surveillance de la haute police pendant cinq à dix ans. Il n'y a pas là absence totale de la volonté de donner la mort; le meurtrier est réellement condamné pour avoir donné la mort. — Le législateur devait craindre que la mort ne vînt de l'ardent désir de jouir d'une succession, plutôt que d'une résistance ou d'une colère bien fondée. La dispense de l'indignité ne doit donc pas être le résultat de la diminution de la peine. Telle est l'opinion de MM. Merlin, *loc. cit.*, n° 3; Favard, v° Indignité, n° 3; Malpel, Vazeille, *loc. cit.*; Duvergier sur Toullier, t. 4, n° 106; Massé et Vergé sur Zachariæ, p. 242, note 1.—On a répondu: sans doute l'excuse du meurtre ne l'empêche pas d'exister, mais elle empêche d'en appliquer les peines; or l'indignité est une de ces peines. L'indignité ne résulterait pas du crime consistant dans des coups ou blessures ayant entraîné la mort, mais sans *intention de la donner*, quoiqu'ils soient punis des travaux forcés à temps ou même à perpétuité (c. pén. 309, 310); car l'héritier est condamné alors pour avoir porté des coups et non pour avoir tué. Comment l'indignité pourrait-elle résulter d'un fait que la loi ne punit que d'un an de prison? Le meurtrier, dans les cas d'excuse, peut être plus malheureux que coupable; il n'a pas eu la volonté libre et entière de tuer, puisqu'il a été poussé, entraîné et peut-être même forcé au fait de l'homicide. L'art. 727 c. nap. a surtout voulu exclure de la succession celui qui n'avait homicidé le défunt que pour s'emparer plus promptement de ses biens. — Cette interprétation, que nous préférons, est enseignée par MM. Chabot et son annotateur Belost-Jolimont, n° 7; Duranton, t. 6, p. 95; Poujol, sur l'art. 227, n° 4; Marcadé, sur l'art. 728, n° 2.

M. Delvincourt, tout en adoptant le principe que le meurtre excusable doit emporter l'indignité, laisse aux juges la faculté de se décider d'après les circonstances. Mais le code a voulu prévenir cet arbitraire, en prenant soin de préciser les causes d'indignité. — Lebrun, des Success., liv. 3, chap. 9, n° 2, ne veut qu'en aucun cas l'homicide excusable succède. « Ce serait, dit-il, un trop dangereux exemple; et, d'ailleurs, il y a toujours eu faute de sa part, ou pour provocation ou pour trop peu de modération. » M. Espiard, son continuateur, modifie la décision absolue de cet auteur pour le cas où l'héritier « a mis dans sa défense une raisonnable modération; le surplus est un *malheur* qui ne doit pas le rendre indigne. » — Les termes exprès du code ôtent beaucoup de leur autorité aux anciennes décisions sur ce point.

131. La mort donnée en duel entraînerait-t-elle l'indignité? —Il faut distinguer : l'indignité sera encourue, si le jury, vu les circonstances, déclare l'accusé coupable de meurtre; mais il n'y aura pas indignité, s'il a été condamné seulement par la cour d'assises à une peine correctionnelle pour imprudence (Marcadé, *loc. cit.*). On a même soutenu, d'une manière générale, que le duel ne peut être assimilé au meurtre ordinaire, et n'est passible d'aucune loi pénale, s'il n'y a eu de la part du vainqueur aucune fraude, s'il a observé les usages reçus en pareil cas. — Ce point de vue, toutefois, contraire à la jurisprudence de la cour de cassation, a fait naître une grande controverse. — V. Duel, art. 3.

132. Si la condamnation avait été prononcée par *contumace*, l'indignité s'effacerait, en cas de décès de l'indigne, pendant le délai de grâce, puisque, selon les art. 29 et 31 c. nap., le condamné est alors « réputé mort *dans l'intégrité de ses droits*, » et que « le jugement est *anéanti* de plein droit » (MM. Duranton, t. 6, n° 99; Vazeille, sur l'art. 727, n° 8; Poujol, t. 1, p. 115). — Pour le cas de condamnation par contumace, M. Duranton, *loc. cit.*, fait des distinctions qui s'appuient sur les dispositions du code Napoléon et du code pénal, relatives à la mort *civile*. MM. Massé et Vergé sur Zachariæ, t. 2, p. 243, note 3, font remarquer, avec raison, que ces distinctions n'ont plus de fondement depuis l'abolition de la mort civile, par la loi du 31 mai 1854. On doit donc décider que le contumax est condamné dans le sens de l'art. 727, tant qu'il n'a pas purgé sa contumace, et à plus forte raison quand elle ne peut plus être purgée, la peine étant prescrite.

133. La *grâce* ne relèverait pas de l'indignité; elle remet la peine, mais n'éteint pas le crime. L'art. 727 n'exige pas l'exécution, mais seulement la condamnation (MM. Maleville, Chabot et Delaporte, sur cet article; Delvincourt, t. 2, p. 13, note 3; Duranton, t. 6, n° 98; Malpel, n° 45; Berriat-Saint-Prix, C. de dr. crim., p. 31; Toullier, t. 4, n° 107; Vazeille, *loc. cit.*; Marcadé, sur l'art. 727; Massé et Vergé sur Zachariæ, *loc. cit.*) — Par la même raison, la prescription de la peine n'effacerait pas l'indignité, la condamnation ne continuant pas moins de subsister. Il en serait autrement de la prescription de l'action publique, puisqu'elle rendrait la condamnation elle-même impossible.

134. 2° *Celui qui a porté contre le défunt* une accusation capitale *jugée calomnieuse.* — L'accusation, proprement dite, n'appartient qu'au ministère public; on entend ici, par ce mot, une plainte en justice, une dénonciation. — Il ne suffirait pas d'une injure la plus grave, d'une imputation verbale ou écrite, même proférée en un lieu public ou répandue par la voie de la presse; il faut que le fait ait été déféré directement à la justice (MM. Chabot, sur l'art. 727, n° 12; Duranton, n° 103; Malpel, n° 45; Vazeille, sur l'art. 727, n° 10; Marcadé, sur l'art. 728, p. 45; Massé et Vergé sur Zachariæ, t. 2, p. 244, n° 6).

135. Il faut, de plus, que l'accusation ait été jugée *calomnieuse.* La morale ne réprouve pas, elle commande même, dans l'intérêt de la société, la dénonciation du coupable. — Mais si l'accusé a été renvoyé de la plainte, l'accusation sera-t-elle par cela seul jugée calomnieuse? Non; quoiqu'elle n'ait pas réussi, elle a pu n'être pas téméraire et intentée dans le dessein de nuire.

L'accusation calomnieuse est un délit qui, donnant lieu à des dommages-intérêts envers l'accusé et à des peines correctionnelles (c. pén. 371, 373, 374), ne peut, comme les autres délits, être constatée que par une instruction contradictoire et entraîner des peines qu'en vertu d'un jugement qui déclare le prévenu coupable. L'art. 358 c. inst. crim. suppose bien que le renvoi de l'accusé n'a pas pour conséquence nécessaire de faire réputer l'accusation calomnieuse; car, après avoir dit que si l'accusé a été déclaré non coupable, la cour statuera sur les dommages-intérêts respectivement prétendus, il ajoute que l'accusé *pourra* aussi en obtenir contre les dénonciateurs pour fait de calomnie; et l'art. 360 réserve, même à celui qui s'était porté partie civile, le droit de s'opposer à la demande de dommages-intérêts par des fins de non-recevoir et des défenses au fond. — La cour d'assises de Douai avait adjugé des dommages-intérêts à l'accusé contre son dénonciateur, par le seul motif qu'il résultait de la déclaration de non-culpabilité que l'inculpation était calomnieuse. La cour suprême, le 25 mars 1821, cassa cet arrêt, attendu que « le jury appelé à juger si l'accusé était ou non coupable, ne l'était pas et ne pouvait l'être à apprécier la dénonciation, à juger dans quelle intention elle avait été faite. » — Ce système, consacré plus d'une fois par la même cour, et développé par M. Merlin, Rép., vº Réparation civile, § 2, nº 3, est enseigné par MM. Chabot, sur l'art. 727, nº 14; Delvincourt, t. 2, p. 13, note 7; Duranton, t. 6, nº 107; Malpel, nº 47; les auteurs des Pandectes franç., sur l'art. 727; Vazeille, sur l'art. 727, nº 11).

136. Mais qu'est-ce qu'une accusation *capitale?* Tous les auteurs comprennent sous ce nom l'accusation qui aurait pour objet de faire perdre la vie naturelle ou civile : *Appellatio* CAPITALIS *mortis vel amissionis civitatis intelligenda est* (L. 103, ff., *De verb. sign.*). — MM. Delvincourt, t. 2, p. 25, note 5, et Chabot, *loc. cit.*, nº 13; Favard, vº Indignité, nº 6; Poujol, sur l'art. 727, nº 8, étendent la signification du mot *capitale* jusqu'à l'accusation dont résulterait, sans la mort civile, une *peine infamante* quelconque. Ils invoquent la loi romaine que nous venons de citer, les principes de morale et d'honnêteté publique, la novelle 115, qui admettait pour cause d'exhérédation toute dénonciation en matière criminelle. L'honneur, enfin, disent-ils, n'est-il pas ou ne doit-il pas être plus cher que la vie? — La question, ce nous semble, ne devrait se résoudre que par le sens usuel et défini des mots *accusation capitale*. La loi n'est point à faire, et, en pareille matière, l'interprétation est de droit restrictive. — Or le mot *capital* ne s'est jamais entendu que de la peine de mort naturelle ou civile (le nouveau Denisart, vº Capital; le Rép. de M. Merlin, et Ferrières, vº Peine). Le dictionnaire de l'Académie appelle aussi *capital* « le crime qui mérite le dernier supplice, ou le supplice même. » La loi romaine avait multiplié les causes d'indignité. La pensée, moins sévère, des rédacteurs du code, s'est arrêtée notamment sur l'inconvénient de voir s'enrichir d'une succession celui qui en aurait hâté l'ouverture, ou directement en donnant la mort, ou indirectement par une accusation qui exposait l'accusé à la mort naturelle ou à la mort civile, autre cause d'ouverture des successions. Mais nous répugnons à croire qu'ils aient regardé comme accusation capitale celle susceptible d'entraîner, par exemple, une simple dégradation civique (Conf. MM. Maleville, sur l'art. 727; Duranton, nº 106; Malpel, nº 47; Toullier, nº 108; Zachariæ, t. 3, p. 170; Belost sur Chabot, nº 3; Vazeille et Marcadé, sur l'art. 727; Massé et Vergé sur Zachariæ, *loc. cit.*, note 5).

137. Le pardon du défunt, après la condamnation, relèverait-il le condamné de l'indignité? La question ne peut s'élever qu'à l'égard des deux premières causes d'indignité. — D'après la jurisprudence ancienne, la réconciliation rendait à l'indigne le droit de succéder à sa victime (Lebrun, liv. 3, chap. 9, nº 15; Pothier, des Success., chap. 1, sect. 2, art. 4, § 2). Les nouveaux auteurs sont divisés; MM. Toullier, t. 4, nº 109; Malpel, nº 62, énoncent la même opinion motivée par ce dernier sur les paroles de M. Treilhard au corps législatif, qui alléguait, pour raison de l'indignité, la volonté présumée du défunt. — On peut répondre que l'indignité est fondée encore sur les convenances d'honnêteté publique; elle est d'ailleurs un supplément de peine, et la peine est indépendante de la volonté du défunt, comme la condamnation. L'héritier qui n'a pas dénoncé le meurtre ne pourrait profiter de la disposition qui permettrait la remise, puisqu'il n'a toujours encouru l'indignité qu'après la mort de la victime; le plus coupable, le meurtrier ou le calomniateur, aurait donc une chance, un avantage qui ne seraient jamais offerts à celui qui en serait bien plus digne, n'ayant peut-être négligé de dénoncer que par insouciance ou légèreté. Des motifs différents ont pu déterminer le pardon; c'est à Dieu, qui sonde les consciences, à les peser et à en tenir compte, et non à la société ou à la loi, qui ne voit que le crime extérieur, les intérêts généraux compromis, et la nécessité de prévenir un grand scandale. En vain opposerait-on l'art. 957 c. nap., qui ne permet plus au donateur de faire révoquer la donation pour ingratitude, s'il a gardé le silence plus d'un an depuis qu'il a eu connaissance du délit : les causes de révocation sont moins graves que celles d'indignité. Par l'action en indignité, on écarte d'une succession celui qui probablement n'a pas encore recueilli; par la révocation, on détruit ce qui est fait, on dépouille d'une propriété transférée peut-être depuis longtemps : or *difficilius ejicitur quàm non admittitur*. Enfin, le donataire ne tient son droit que du donateur, et l'héritier légitime ne tient le sien que de la loi. La révocation est purement facultative; l'art. 957 n'oblige point le donateur d'intenter cette action; l'art. 727 prononce *ipso jure, vi legis*, l'exclusion de la succession. — Notre doctrine est celle de MM. Chabot, sur l'art. 727, nºs 11 et 15; Delvincourt, t. 2, p. 25, note 14; Duranton, t. 6, nº 109; Vazeille, sur l'art. 727, nº 9; Marcadé, sur l'art. 728, nº 5; Massé et Vergé, *loc. cit.*—Le code autrichien (art. 540) fait cesser l'indignité « lorsqu'il résulte des circonstances que le défunt a pardonné. » On lit aussi dans le code des Deux-Siciles, art. 650, 651, que l'héritier peut être relevé de l'indignité par une vocation expresse du défunt, contenue dans un acte authentique ou dans un testament.

138. Toutefois, si la remise de l'indignité n'est pas permise directement à la victime, elle peut, dans un cas, empêcher son héritier de l'encourir: c'est lorsque, dénoncée calomnieusement pour un crime capital, elle ne poursuit pas le dénonciateur et laisse prescrire son action par un silence de trois années (c. inst. crim. 638; c. pén. 373; Marcadé, *loc. cit.*).

139. 3º *L'héritier majeur qui, instruit du meurtre du défunt, ne l'aura pas dénoncé à la justice.* — C'est le meurtre, et non le meurtrier, qu'il doit dénoncer; il peut ne pas connaître celui-ci. —Les lois anciennes exigeaient que l'action criminelle, jusqu'à sentence définitive, fût suivie par l'héritier; une simple dénonciation suffit, d'après le code (Chabot, nº 16; Maleville, sur l'art. 727; Vazeille, sur l'art. 727, nº 12; Poujol, t. 1, p. 118; Marcadé, sur l'art. 728, nº 4).

140. L'héritier majeur, parvenu à sa majorité depuis le meurtre, sera tenu de le dénoncer, s'il est possible encore de le constater et d'en faire punir les auteurs. MM. Poujol, sur l'art. 727, nº 1; Massé et Vergé sur Zachariæ, t. 2, p. 244, note 9, objectent que cette obligation n'est imposée qu'à celui qui est majeur lors de l'ouverture de sa succession, et que le mineur qui a acquis le droit à la succession avant sa majorité, n'en peut plus être dépouillé; qu'en effet, les cas d'indignité sont des causes d'exclusion et non des causes de déchéance. On a répondu : Le majeur aussi ferait ce raisonnement, puisque la connaissance du meurtre a pu ne lui parvenir qu'après qu'il a été saisi par l'ouverture de la succession (Chabot, sur l'art. 727, nº 16; Duranton, t. 6, nº 112).—Toutefois nous pensons, avec MM. Vazeille et Marcadé, sur l'art. 727, que les circonstances seront à prendre en grande considération pour décider si le silence a été assez long et si l'on doit y voir l'insouciance coupable que la loi a entendu punir.

141. L'héritier, par la dénonciation du meurtre, n'est pas censé faire acte d'héritier; il a dénoncé *pietatis intuitu*, et cet acte est de sa nature préliminaire à l'acceptation. (L. 20, § 5, ff., *De acquir. vel omitt. hæred*; Lebrun, liv. 3, chap. 8, sect. 2, nº 4; Leprestre, cent. 1, chap. 11; Delvincourt, t. 2, p. 25, note 8).

142. Si l'héritier avait, en le poursuivant lui-même, obtenu des réparations civiles contre le meurtrier, il ne serait pas tenu de les remettre aux créanciers de la succession, eût-il accepté sous bénéfice d'inventaire ou renoncé depuis. Elles lui sont adjugées, non en sa qualité d'héritier, mais pour l'indemniser du dommage que lui a causé la mort prématurée du défunt; elles ne font point partie de la succession, le dommage n'étant ni appréciable ni réparable quant au défunt. — Il en serait autrement du crime qui aurait, en donnant la mort, détérioré les biens; la succession prendrait une part proportionnée à la perte éprouvée sur les biens Lebrun, liv. 2, chap. 4, sect. 4, n° 43; Rousseaud de Lacombe. v° Intérêts civils, n° 3).

143. Aux termes de l'art. 728, « le défaut de dénonciation ne peut être opposé aux ascendants et descendants du meurtrier, ni à ses alliés au même degré, ni à son époux ou à son épouse, ni à des frères ou sœurs, ni à ses oncles et tantes, ni à ses neveux et nièces. » Le premier projet du code avait restreint l'exception à la ligne directe. Le conseil d'Etat a adopté les observations des tribunaux, qui presque tous optaient pour la rédaction actuelle. — Notre ancienne jurisprudence, de même que les lois romaines, avait étendu l'exception aux époux, et elle ne l'admettait point en ligne collatérale.

144. L'art. 728 n'applique l'exception aux alliés que dans la ligne directe; il faut l'étendre aux alliés collatéraux: le tribunat en fit la proposition formelle, motivée sur ce qu'en droit l'allié à degré égal est toujours assimilé au parent. (c. pr. 268, 283, 378; c. nap. 206, 407, 408; c. inst. 156, 322.) « Cette observation, dit M. Chabot, fut adoptée, puisqu'on substitua dans l'article aux mots *ni à ses alliés en ligne directe*, ces autres expressions, *proposées par le tribunat, ni à ses alliés aux mêmes degrés*; mais au lieu de les placer à la fin de l'article, comme on l'avait demandé, on les écrivit, par inadvertance, à la même place où se trouvaient les mots qu'on supprimait. » En effet, si le mot *alliés* se rapportait seulement à ce qui précède, aux ascendants et descendants, on eût dû dire *alliés dans la même ligne*, et non pas *aux mêmes degrés*, puisqu'on n'a pas encore énoncé de degré, et qu'au contraire on a désigné en masse tous les ascendants et descendants sans distinction, de quelque degré qu'ils soient. (MM. Locré, Lég. civ., etc., t. 10, p. 160; Chabot, sur l'art. 728, n° 1; Delvincourt, t. 2, n° 110; Vazeille, Marcadé et Poujol, sur l'art. 728; Massé et Vergé sur Zachariæ, p. 245, note 11.) Les auteurs des Pandectes françaises, sur l'art. 728, se bornent à conclure que le changement proposé par le tribunat n'ayant point été fait, « le législateur n'a pas voulu étendre l'excuse aux alliés en collatérale. »

ART. 2. — *De la procédure à suivre pour faire déclarer l'indignité.*

145. Une première question se présente quant à la nécessité même de l'action en déclaration d'indignité: l'indignité est-elle la conséquence légale de la condamnation qui a été prononcée contre le meurtrier ou le calomniateur, ou est-il besoin d'un jugement spécial de déclaration d'indignité, rendu du vivant de l'indigne? Sans doute l'indignité ne peut être encourue de plein droit par l'héritier qui a omis de dénoncer à la justice le meurtre de son auteur; elle doit résulter d'une constatation judiciaire, établissant que l'héritier a réellement connu le meurtre, et que le défaut de dénonciation de sa part ne peut être excusé par aucun motif légitime. — Mais dans les deux autres cas spécifiés par l'art. 727, où l'indignité résulte d'un fait déjà judiciairement établi, tout n'est-il pas jugé en ce qui concerne l'indignité? La plupart des auteurs, sans faire aucune distinction entre les trois hypothèses, croient nécessaire un jugement spécial rendu par le tribunal civil. (MM. Toullier, t. 4, n° 117; Boileux, sur l'art. 727; Duranton, t. 6, n° 115; Marcadé, t. 3, sur l'art. 727, n° 6, et dans l'ancien droit, Pothier, des Success., chap. 1, sect. 2, quest. 2, §2; Malpel, n° 35; Vazeille, art. 727, n° 15; Poujol, même article, n° 14; Proudhon, Usufruit, t. 1, n° 156; Rolland de Villargues, v° Indignité, n° 20). — Il a été jugé, au contraire, que l'indignité résulte du seul fait de la condamnation pour meurtre ou pour accusation capitale jugée calomnieuse. Dans l'espèce, il y avait condamnation pour meurtre (Bordeaux, 1er déc. 1853, aff. Venayre, D. P. 54. 2. 158). Cet arrêt, fort bien motivé, nous paraît, comme à MM. Massé et Vergé sur Zachariæ, t. 2, p. 245, note 1, conforme au texte et à l'esprit de la loi.

Le texte de l'art. 727, en déclarant indigne « *celui qui serait condamné*, etc., » semble attacher virtuellement l'indignité à la condamnation. — D'ailleurs, l'action spéciale, à laquelle on voudrait subordonner l'indignité, deviendrait souvent illusoire et d'un exercice à peu près impossible, dans le cas où elle serait le plus nécessaire. Ainsi supposons qu'il n'y ait pas eu pourvoi de la part du condamné à une peine capitale: les héritiers n'auront pour agir que le court intervalle entre la condamnation et son exécution, c'est-à-dire un délai insuffisant, surtout pour des successibles absents ou ayant un domicile éloigné. Au contraire, l'action durera trente ans, si le meurtrier n'a été condamné qu'à une peine temporaire; de telle sorte que plus le crime de l'héritier serait détestable et le châtiment rigoureux, moins l'action en indignité aurait d'énergie ou d'efficacité.

On objecte l'art. 957 c. nap., relatif à la révocation des donations pour ingratitude. Mais alors l'action en révocation est nécessaire, soit parce qu'il y a eu translation de propriété qu'il faut faire cesser, soit parce que tous les cas de révocation de donation entre-vifs ne donnent pas lieu également à des poursuites criminelles. D'ailleurs, l'indignité est déterminée par des considérations plus impérieuses d'ordre et de morale publique. — C'est par de tels motifs, comme on l'a vu *suprà*, n° 137, que les adversaires eux-mêmes reconnaissent que le pardon ou le silence du défunt ne relève point le condamné de l'indignité, bien qu'il en soit autrement de la révocation pour ingratitude.

On objecte aussi que l'indignité est une véritable exhérédation, à titre de peine, et que toute peine doit être prononcée contre l'auteur du fait auquel elle est attachée, et non contre ses héritiers. Mais, en principe, les héritiers sont passibles de toutes les exceptions opposables au défunt lui-même, et il y a notamment d'autres exclusions prononcées par le droit civil à titre de pénalité, en matière de succession et de communauté (c. nap. 792 et 1477), qui atteignent les héritiers, et non pas seulement la personne exclue. Aucun texte, d'ailleurs, n'oblige les parties intéressées à obtenir contre le condamné lui-même une décision d'indignité avant l'exécution de la condamnation qui le frappe de mort naturelle ou civile.

Remarquons, en terminant, que l'intérêt de notre question se rapporte surtout au cas où, la victime ayant survécu au condamné, les enfants de celui-ci prétendent venir à la succession par représentation de leur père, en disant qu'il n'est pas mort indigne. — V. ci-après, n° 160.

146. Par qui peut être intentée l'action en déclaration d'indignité? Par les héritiers qui ont intérêt à l'exclure de la succession, comme appelés au partage, ou devant la recueillir entièrement à son défaut, ne fussent-ils qu'héritiers irréguliers. — Les donataires ou légataires universels pourraient exercer la même action, si l'indigne demandait pour sa réserve la réduction de la libéralité entre-vifs ou testamentaire; car la réserve n'est due qu'à celui qui conserve la qualité d'héritier (MM. Chabot, sur l'art. 727, n° 21; Duranton, n° 119; Vazeille, Marcadé, Poujol, sur l'art. 728).

147. Quand à la place de l'indigne viennent plusieurs héritiers en concours, et que tous ont intenté l'action en indignité, chacun profite pour sa part des biens qu'aurait recueillis l'indigne. Mais si un seul de ces héritiers a formé l'action, l'indigne sera-t-il exclu de la succession entière ou seulement de la part afférente au demandeur? M. Delvincourt attribue au demandeur toute la succession. Nous pensons, au contraire, avec M. Marcadé, sur l'art. 728, que l'indigne doit retenir les parts des héritiers qui ont gardé le silence. Telle est leur volonté présumée. S'ils n'ont pas agi contre l'indigne, c'est dans son intérêt, pour le laisser jouir des biens, et non pour favoriser celui d'entre eux qui, malgré les autres peut-être, s'est décidé à former la demande. — L'indigne conserverait, sans aucun doute, les parts de ses héritiers, s'ils avaient déclaré formellement renoncer à l'action d'indignité, pour le laisser en possession des biens qu'ils pouvaient lui enlever. Le même effet doit être attaché à leur silence, quand il a évidemment le même motif.

On pourrait opposer un arrêt de cassation du 14 déc. 1813, qui énonce dans ses motifs que l'un des héritiers doit seul profiter de toute la succession, si les autres refusent de se joindre à lui pour l'exercice de l'action en indignité. Mais il est à remarquer que, dans l'espèce de cet arrêt, tous avaient formé leur demande, et que chacun réclamait sa part dans la succession. L'arrêt décide seulement que si tous les héritiers ont intenté la même action, mais que les uns aient appelé du jugement qui l'a rejetée et que les autres soient demeurés sans appel, la part de ceux-ci n'accroîtra point à ceux-là. Les non-appelants ne peuvent pas être assimilés à un héritier renonçant; et l'indignité, quoique indivisible en elle-même, ne l'est pas dans ses effets et son exécution, ayant pour objet le partage d'une succession évidemment divisible de sa nature (Cass. 14 déc. 1813) (1).

148. L'action en indignité est personnelle à l'héritier qui viendrait au défaut de l'indigne : elle a pour effet inévitable de jeter le trouble et le désordre dans la famille. Les créanciers ne pourraient pas l'exercer à la place de leur débiteur; il ne renonce point ici à une succession qui lui soit échue; ce que l'art. 788 exige pour que les créanciers soient autorisés à l'accepter jusqu'à concurrence de leurs droits (MM. Chabot, *loc. cit.*; Duranton, nº 120; Marcadé, *loc. cit.*).

149. L'action étant personnelle, elle doit se porter devant le tribunal du domicile de l'indigne (c. pr. 59), à moins que la question d'indignité ne s'élève incidemment sur la demande en partage, ou sur une action de pétition d'hérédité, cas où le tribunal du lieu de l'ouverture de la succession serait seul compétent (MM. Chabot; Malpel, nº 36; Duranton, nº 116; Vazeille, sur l'art. 727, nº 15).

150. L'action ne peut s'exercer qu'après le décès de la victime, personne jusqu'alors n'ayant d'intérêt. — Elle dure trente ans, à compter de cette époque, la loi n'ayant fixé aucun délai particulier (c. nap. 2262). C'est, d'ailleurs, une sorte de pétition d'hérédité (MM. Delvincourt, p. 25, note 10; Duranton, nº 117; Marcadé, *loc. cit.*, nº 6).

ART. 3. — *Des effets de l'indignité.*

151. L'indigne « est tenu de rendre tous les fruits et revenus dont il a eu la jouissance depuis l'ouverture de la succession (c. nap. 729). — Il est traité comme un possesseur de mauvaise foi (L. C., *De his quib. ut indign.*). — Cependant il peut avoir quelque temps possédé de bonne foi : si, par exemple, il n'a pas dénoncé le meurtre, et qu'il n'ait pas su de suite que le défunt était mort de cette manière. Dans ce cas, il ne devrait pas moins tous les fruits, la loi ne faisant aucune distinction (M. Malpel, nº 55).

152. L'indigne ne pourrait pas opposer la prescription de cinq ans pour se dispenser de la restitution des fruits. La prescription n'est pas opposable, en cas de mauvaise foi constatée (arg. c. nap. 549). L'art. 729 l'oblige à rendre tous les fruits sans aucune limitation. La prescription de cinq ans a été établie pour les débiteurs de rente et autres prestations annuelles, dans la crainte qu'une trop forte accumulation d'arrérages ne les réduisît à la pauvreté; mais elle ne s'applique point aux restitutions de fruits. Le principe *fructibus augetur hæreditas* oblige toujours le possesseur de l'hérédité qui est de mauvaise foi. C'est l'opinion de MM. Chabot, sur l'art. 729, nº 2; Duranton, t. 4, nº 363, et t. 6, nº 122; Malpel, nº 57; Vazeille, sur l'art. 729, nº 1.

153. En vertu du même principe, les intérêts des sommes qu'a touchées l'indigne comme détenteur de la succession, nous paraissent dus de plein droit, et non pas seulement du jour de la demande. MM. Toullier, t. 4, nº 114; Malpel, nº 56; Massé et Vergé sur Zachariæ, t. 2, p. 246, note 3, opposent la loi 1. C., *De his quib. ut indign.* et l'art. 1153, c. nap. Mais ces lois ne sont point applicables à la pétition d'hérédité, et elles favoriseraient ici l'indigne, contre le vœu du législateur (Conf. Domat, 2ᵉ part., liv. 1, tit. 1, sect. 3, nº 12; Delvincourt, t. 2, p. 25, note 12; Duranton, t. 6, nº 123; Vazeille, sur l'art. 729, nº 1).

154. Quel serait le sort des hypothèques et aliénations consenties par l'indigne avant le jugement qui le déclare tel? S'agit-il de dispositions à titre onéreux, les auteurs les réputent valables, si le tiers était de bonne foi. L'exception de bonne foi fait, en général, fléchir le principe *nemo plus juris in alium transferre potest, quàm ipse habet.* Une autre considération écarte ce principe. « L'indignité est un cas très-rare, dit M. Chabot; les faits qui le constituent sont presque toujours secrets. » Rien de plus pardonnable que l'ignorance des tiers. En outre, l'indigne a été quelque temps saisi. Il avait dans la loi un titre véritable jusqu'au jugement d'indignité. Aussi ne faut-il pas confondre notre question avec celle que nous examinerons chap. 6, sect. 1, sur la validité des ventes consenties par l'héritier apparent, héritier sans titre, ou qui n'avait qu'un titre faux. Divisés sur ce dernier point, les auteurs s'accordent tous sur le premier; on maintient les aliénations faites par l'indigne, comme on maintiendrait, en vertu de l'art. 958, celles du donataire jugé depuis ingrat. Le principe est le même (MM. Chabot sur l'art. 727, nº 22; Maleville et Delaporte, Pandectes françaises sur l'art 729; Toullier, t. 4, nº 115; Malpel, nº 60; Duranton, t. 6, nº 126; Vazeille et Marcadé, sur l'art. 729).

155. S'agit-il de dispositions à titre gratuit, la question est plus controversée. MM. Chabot et Malpel, *loc. cit.*; Massé et Vergé sur Zachariæ, t. 2, p. 247, note 6, les croient irrévocables, vu la différence des intérêts entre un donataire et un acquéreur à titre onéreux : l'un *certat de damno vitando*; l'autre, *de lucro captando*.—On a répondu avec raison que cette distinction n'est guère applicable, puisque l'héritier, qui exclut l'indigne, fait aussi un lucre, en recueillant un droit qui ne lui était pas encore dévolu. Le donataire a de plus, sur l'héritier, l'avantage de la possession. Or *in pari causâ, melior est causa possessoris.* On a signalé, en outre, comme dignes d'une faveur spéciale, les

(1) (La dame Fraissinhes C. la dame Gaffier.) — LA COUR; — Vu les art. 82 de la loi du 17 niv. an 2 et 1217 c. civ.; — Attendu que tous ceux qui ont droit à une succession sont autorisés à demander, chacun dans son intérêt particulier, au possesseur des biens qui en dépendent, la part et portion qui leur en appartient, et que, dans l'espèce, les cinq cohéritiers paternels de Jean-Pierre Lavabre se sont réunis, pour former, chacun dans son intérêt, la demande en relâchement des biens de sa succession; — Attendu que, par un jugement passé en force de chose jugée contre quatre desdits cohéritiers, la demanderesse en cassation, contre laquelle la demande en relâchement avait été exercée, a été maintenue dans les biens provenant de la succession de son fils; qu'il ne restait dès lors plus rien à juger sur l'appel qu'avait interjeté le cinquième desdits cohéritiers paternels dudit Jean-Pierre Lavabre, dans l'intérêt des quatre autres cohéritiers, ni quant à l'objet de la demande qu'ils avaient formée; — Qu'à la vérité, un seul des cohéritiers peut former l'action en indignité, et que seul il doit profiter de toute la succession, si les autres cohéritiers refusent de se joindre à lui pour l'exercice de cette action; mais que, dans l'espèce, tous ont formé leur demande; que chacun d'eux a réclamé sa part dans la succession; — Que si l'indignité est une peine, elle ne l'est réellement que dans l'intérêt des parties intéressées; d'où il suit que les effets purement civils de cette peine appartiennent à chacun des cohéritiers qui les réclament, et se distribuent entre les cohéritiers, à proportion du droit que chacun peut avoir à la succession; — Que la cour d'appel de Montpellier l'a reconnu elle-même ainsi, par son arrêt du 12 déc. 1806, en déclarant les quatre cohéritiers du fils Lavabre, qui n'avaient pas appelé dans le délai de droit, non recevables dans leur intervention sur l'appel de la défenderesse, et dans leur adhésion à son appel; — Qu'en le jugeant ainsi, la cour d'appel de Montpellier a reconnu, de la manière la plus formelle, qu'il n'y avait pas indivisibilité dans l'action; car s'il y avait eu réellement indivisibilité, l'appel de la défenderesse aurait profité à tous ses cohéritiers; — Que cependant la cour de Montpellier a jugé, par un arrêt définitif, qu'il y avait indivisibilité; en quoi elle a porté une décision absolument contraire à celle qu'elle avait rendue le 12 déc. 1806; — Attendu que, quand on ferait abstraction de cette circonstance, la cour d'appel de Montpellier aurait violé ouvertement les dispositions de l'art. 1217 c. civ., qui a été simplement déclaratif des anciens principes, en considérant comme indivisible une chose qui, dans sa livraison et dans son exécution, était susceptible de division; — Qu'en effet, si l'indignité en elle-même est une chose indivisible, elle ne peut l'être dans ses effets et dans l'exécution, lorsqu'elle a pour objet le partage d'une succession évidemment divisible de sa nature; — Qu'il n'y avait eu au procès ni désistement de demande ni renonciation de la part d'aucun des cohéritiers; que tous, au contraire, avaient usé de leurs droits, par une action intentée en justice, et suivie jusqu'à sentence définitive, qui avaient irrévocablement fixé leurs droits, à l'égard de ceux qui ne s'en était pas rendus appelants; — Que, la sentence ayant passé à leur égard en force de chose jugée, leurs droits avaient passé dans les mains de ceux qui les leur avaient contestés; — Qu'il ne peut y avoir droit d'accroissement, en pareil cas, au profit des cohéritiers; que ce droit ne pourrait résulter que d'une renonciation pure et simple; — Casse.

Du 14 déc. 1813.-C. C., sect. civ.-MM. Mourre, pr.-Carnot, rap.

donations par contrat de mariage, que la loi déclare irrévocables pour cause d'ingratitude (c. nap. 959). — Enfin, l'héritier actuel ne peut-il pas exercer une action en indemnité contre l'indigne exclu et que sa mauvaise foi rend responsable?—On concilie ainsi les divers intérêts en maintenant les dispositions à titre gratuit (Conf., Duranton, n° 127; Vazeille, Poujol et Marcadé, sur l'art. 729; Belost-Jolimont sur Chabot, art. 727, obs. 4).

156. Toutefois, il a été jugé que les biens que l'indigne a recueillis après la mort de son auteur, et qu'il a ensuite donnés à son enfant par contrat de mariage, peuvent être revendiqués par les héritiers légitimes du défunt, même contre le donataire, si ce dernier ayant accepté la succession de l'indigne mort civilement, est tenu de ses obligations à titre d'héritier (Bordeaux, 1er déc. 1853, aff. Venayre, D. P. 54. 2. 158).—Il résulte des motifs de l'arrêt que la donation eût été maintenue, si elle avait été faite à tout autre qu'à *l'héritier* du donateur; mais cette *qualité* une fois reconnue, le donataire ne pouvait retenir des biens que son auteur eût été tenu de restituer. Dans l'espèce, l'indigne avait tué sa mère.

157. L'indigne est *censé* n'avoir jamais été *héritier*. C'est la conséquence du principe qui fait remonter au jour de l'ouverture de la succession la saisine de celui qui le remplace. — Il ne sera donc point passible des *dettes* de la succession, et il n'aura point perdu par l'effet d'une confusion ses créances personnelles contre le défunt. — Les lois romaines, plus sévères contre l'indigne, faisaient renaître ses obligations sans faire renaître ses créances (L. 8 et 18, § 1, *De his quæ ut indign.*; L. 29, ff., § 2, *De jure fisci*). C'était une faveur accordée au fisc, qui profitait toujours des biens enlevés à l'indigne; et de plus l'indigne ne perdait pas les biens, comme entièrement exclu de la succession, dans le sens que nous attachons à cette exclusion. Notre ancienne jurisprudence repoussait ce système, et maintenait l'indigne dans ses créances d'après le principe qui défend de s'enrichir aux dépens d'un tiers, même de mauvaise foi. D'ailleurs, il n'y a que la propriété incommutable qui engendre une confusion irrévocable. C'était l'avis de Dumoulin et Lebrun, enseigné par MM. Delvincourt, Chabot, sur l'art. 730, n° 3; Toullier, n° 116; Duranton, nos 124, 125; Malpel, n° 58; Vazeille, Marcadé et Poujol, sur l'art. 729; Massé et Vergé sur Zachariæ, t. 2, p. 247. — Jugé que le légataire ou l'héritier institué, déclaré indigne, est réputé n'avoir jamais eu la *saisine légale* de la succession, et dès lors le second institué, appelé à la succession par voie de substitution à défaut du premier, a droit au legs, ou à la succession *jure proprio*, par préférence aux héritiers naturels de l'instituant (Cass. 22 juin 1847, aff. Gauthey, D. P. 47. 1. 200).

158. L'exclusion de l'indigne n'est relative qu'à la succession de la victime. Il pourrait recueillir indirectement les mêmes biens dans la succession d'un autre qui en aurait hérité à sa place : soit, par exemple, un petit-fils, qui, du vivant de son père indigne, succède à son aïeul. Les biens de l'aïeul passeront au père si le père survit au fils. *Hæreditas adita, jam non est hæreditas, sed patrimonium hæredis.* Les peines, les incapacités ne s'étendent pas. C'était, au surplus, la décision des lois romaines (L. 7, ff., *De his quæ ut indign.*), enseignée encore par MM. Chabot, sur l'art. 730, n° 2; Delvincourt, t. 2, p. 25, note 14; Malpel, n° 59; Duranton, t. 6, n° 114; Dalaporte, Pandectes françaises, t. 3, p. 34; Vazeille, Poujol et Marcadé, sur l'art. 730). — A la vérité, l'ancienne jurisprudence n'admettait cette solution qu'en cas de crime excusable (Lacombe, v° Indignité, n° 5), et les auteurs exprimaient, en général, un avis contraire (Lebrun, liv. 3, ch. 1; Bourjon, Duplessis, sur la coutume de Paris). Mais ce système, qui manque à nos yeux d'une base légale, a de plus l'énorme inconvénient de rendre perpétuellement distinctes, à la honte d'une famille, des successions vraiment confondues d'après la maxime que nous avons citée.

159. Dans l'ancienne jurisprudence, l'indignité se communiquait aux enfants, excepté dans le cas du mari qui avait tué sa femme (Lebrun, liv. 3, ch. 9, n° 6). Le code a mis un terme à cette rigueur excessive qui punissait les enfants des fautes de leur père. Aux termes de l'art. 730, « les *enfants* de l'indigne venant à la succession de leur chef, et sans le secours de la *représentation*, ne sont pas exclus pour la faute de leur père; mais celui-ci ne peut, en aucun cas, réclamer sur les biens de cette succession l'usufruit que la loi accorde aux pères et mères sur les biens de leurs enfants. »

160. Les enfants de l'indigne pourraient-ils le représenter dans la succession de la victime, si elle lui avait survécu? La question est fort controversée.

On dit d'une part : Le texte de l'art. 730 suppose l'indigne survivant, car il ajoute que l'usufruit légal ne peut être réclamé par le père, sur les biens que ses enfants recueilleront de leur chef. — D'ailleurs, l'indignité est une peine et la *peine* est *personnelle*. La représentation a bien pour effet de continuer les obligations du défunt, mais celles seulement qui n'ont rien de pénal; peu importe que l'obligation se résume ici dans un intérêt civil ou pécuniaire. La révocation de donation pour ingratitude est bien aussi une peine pécuniaire; cependant elle ne peut être demandée contre les héritiers du donataire ingrat (c. nap. 957). On ajoute que le caractère d'indigne ne peut être imprimé que par un jugement obtenu après le décès de la victime (Favard, v° Succession, sect. 2, § 4, n° 10; Marcadé, sur l'art. 730, n° 1).

On répond contre la représentation : Si la pensée de la loi s'était portée uniquement sur le cas de l'indigne survivant, elle n'eût pas jugé nécessaire la disposition de l'art. 730, puisque d'après l'art. 744, on ne représente jamais les personnes vivantes. D'ailleurs la représentation est une fiction qui met dans les *droits et à la place du représenté*. — C'est ainsi que l'art. 848 c. nap. oblige le représentant au rapport de tout ce que le représenté aurait rapporté lui-même à la succession; donc, on peut opposer au représentant les causes d'exclusion qui seraient opposables à l'indigne lui-même. Vainement on oppose le caractère pénal de l'indignité; il y a d'autres exclusions prononcées à titre de peine (c. nap. 792 et 1477) et qui atteignent les héritiers de la personne exclue. — Quant à la prétendue nécessité d'un jugement civil et postérieur au décès de la victime pour imprimer la qualité d'indigne, on a vu *suprà*, n° 143, que la question était controversée en ce qui concerne les deux cas de condamnation pour meurtre ou d'accusation capitale jugée calomnieuse.

La plupart des auteurs se prononcent contre la représentation, et cette interprétation nous paraît plus conforme à l'esprit de la loi (Merlin, Rép., v° Représent., sect. 4, § 3; Toullier, t. 4, nos 112, 192; Delvincourt; Chabot, sur l'art. 744, n° 3; Zachariæ, t. 4, p. 176; Vazeille, sur l'art. 730, n° 2). M. Duranton, t. 6, p. 131, a fait une longue dissertation pour démontrer que les enfants de l'indigne auraient dû être admis à la représentation; mais tel n'est pas à ses yeux le sens de l'art. 730. Il y a aussi contre la représentation un arrêt fort bien motivé de la cour de Bordeaux (Bordeaux, 1er déc. 1853, aff. Venayre, D. P. 54. 2. 156), rendu contre les enfants d'un meurtrier mort avant la victime. — Le code autrichien porte, art. 541, que « les enfants de l'indigne ne sont pas exclus, s'il est mort avant la victime dont ils se trouvent héritiers. »

161. L'indignité peut-elle être prononcée à raison de son propre fait contre celui qui ne vient à une succession que par représentation? Le doute vient de ce que le représentant est saisi de tous les droits du représenté, qui, lui, n'était pas indigne et aurait recueilli, s'il vivait encore, la succession du *de cujus*. Mais il faut considérer que la représentation est un droit de successibilité, et que la loi a entendu refuser à l'indigne tous droits de ce genre sur les biens de la victime (Marcadé, *loc. cit.*).

CHAP. 4. — DES DIVERS ORDRES DE SUCCÉDER.

SECT. 1. — *Dispositions générales.*

162. La loi commence par reconnaître trois *ordres* d'héritiers réguliers : les descendants, les ascendants et les collatéraux (c. nap. 731). — La même division existait dans les pays coutumiers et dans les pays de droit écrit. Les héritiers du premier ordre excluaient toujours ceux des deux autres. Les ascendants et les collatéraux tantôt concouraient, tantôt s'excluaient réciproquement, d'après des règles que le code a presque toutes modifiées, et que nous rappellerons en traitant séparément de chacun des différents ordres de succession. — Il paraîtrait résulter du rang établi par la loi entre les trois sortes d'héritiers, que les *ascendants* viennent toujours avant les collatéraux. Mais il n'en est pas ainsi; certains collatéraux, qu'on a appelés *collatéraux privilégiés*, par opposition aux collatéraux ordinaires (Marcadé, sur l'art. 751), concourent avec les ascendants, ou même les excluent (c. nap. 746). — V. sect. 4.

163. « La loi ne considère ni la nature ni l'origine des *biens*, pour en régler la succession » (c. nap. 752). — Il en était de même dans le droit romain; le plus proche héritier recueillait, comme formant un seul patrimoine, tout ce qui provenait, soit du père, soit de la mère (L. 30, § 1, ff., *De excus. tut.*; L. 76, § 1, *De legat.*, 2°); tout ce que le défunt avait acquis lui-même, ou qui lui était échu par succession. En France, les pays de droit écrit suivaient cette règle; mais dans les pays de coutume, on faisait une double distinction des biens: à raison de leur nature, on les divisait en biens nobles et roturiers, en meubles et immeubles; à raison de leur origine, en propres et acquêts, en biens paternels et et maternels. — Chaque espèce de biens avait encore des subdivisions, et les coutumes présentaient la plus grande variété. Quant à leur transmission par succession, nous avons fait connaître *suprà*, n° 18, l'état de l'ancienne législation et les changements apportés par les lois intermédiaires. — Jugé sous l'empire de l'ancien droit: 1° que la règle *paterna paternis, materna maternis*, était admise en Brabant, dans toutes les coutumes qui ne l'avaient pas expressément exclue; que ces coutumes et notamment celle de Bruxelles (art. 291) étaient *souchères*, en ce sens que pour pouvoir succéder *ab intestat*, en vertu de la règle *paterna paternis*, il fallait descendre en ligne directe de celui qui avait apporté dans la famille les biens auxquels on voulait succéder (Bruxelles, 2e ch., 6 avril 1826, M. Delahamaïde, av. gén., c. conf., aff. V..... et autres *C.* T.....); — 2° Que suivant le droit commun dans les pays régis par les statuts relatifs à la succession des propres, tout cohéritier propriétaire par indivis d'un héritage propre qui acquérait avant partage soit par licitation, soit par cession la part de son cohéritier, demeurait propriétaire de la totalité de l'immeuble à *titre de propre*; et la coutume de Poitou, qui ne reconnaissait pour héritages ou *propres* que les immeubles obvenus *par succession* (art. 203), ne dérogeait pas à ce principe par cela qu'elle déclarait acquêts les biens advenus *à tout autre* titre (Req. 14 niv. an 10, MM. Muraire, pr., Vermeil, rap., aff. mineur Jaucourt *C.* demoiselle Lenoir); — 3° Que la loi du 18 mars 1790, art. 11, qui abolissait la distinction des biens et des personnes dans le partage des successions, n'avait pas d'effet rétroactif; en conséquence, une succession ouverte en 1772, bien que le partage eût lieu postérieurement à cette loi, devait être réglée en conformité des dispositions de la coutume locale alors en vigueur; que, dans cette circonstance, la production de titres destinés à éclairer les juges sur le mode du partage et la nature des biens n'a pu être assimilée à la production de titres récognitifs de droits féodaux prohibée par la loi (Req. 4 prair. an 9, MM. Delacoste, pr., Vasse, rap., aff. Métayer *C.* Livet).

164. Le principe d'après lequel la loi ne considère pas l'*origine* des biens, pour en régler la succession, reçoit trois exceptions concernant: 1° le *retour* à l'adoptant des biens donnés à l'*adopté*, mort sans descendant légitime (c. nap. 351, 352); — 2° Le retour à l'*ascendant* (art. 747); — 3° Le retour des biens qu'a reçus un enfant *naturel*, de son père, aux descendants légitimes de celui-ci (art. 766).

165. Une autre règle générale, contenue dans l'art. 733, c'est que « toute succession échue à des ascendants ou à des collatéraux se *divise* en deux parts égales: l'une pour les parents de la ligne paternelle, l'autre pour les parents de la ligne maternelle. » Mais, continue l'art. 734, « cette première division opérée, il ne se fait plus de division entre les diverses branches; la moitié, dévolue à chaque ligne, appartient à l'héritier le plus proche. » — Le droit romain ne divisait point la succession par ligne; l'ascendant ou le collatéral le plus proche prenait la totalité. Le partage se faisait par *tête* entre plusieurs du même *degré*. — Le droit de coutumier admettait la règle célèbre *paterna paternis, materna maternis*. — La loi du 17 niv. an 2 proscrivait cette règle, affectant indistinctement la moitié de tous les biens à chacune des lignes paternelle et maternelle. — Au conseil d'État, MM. Cambacérès et Bigot de Préameneu proposèrent de rétablir la règle *paterna paternis*, mais en restreignant ses effets à des degrés assez proches pour que l'origine des biens ne fût enveloppée d'aucune incertitude; par exemple, au degré de *cousin* issu de germain. M. Cambacérès, qui avait participé à la formation de la loi du 17 nivôse, la disait conçue dans un esprit de morcellement qui tendait trop à affaiblir, à diminuer l'influence des familles. On ajoutait, à l'appui de la proposition: C'est le seul moyen d'empêcher que les biens d'une famille ne passent dans une autre; ce désir est dans tous les cœurs. Un collatéral se portera bien plus volontiers à donner en faveur de mariage, s'il est certain qu'une autre famille ne profitera pas de sa libéralité. — On répondit: bornât-on au degré de cousin issu de germain les effets de la règle *paterna paternis*, la recherche de l'origine des biens ne serait pas moins une source de contestations: il faudrait remonter au bisaïeul commun. Si le parent dont viennent les biens est le plus proche, un testament peut prévenir l'injustice d'un partage égal entre les deux lignes. Si l'on suppose ce parent le plus éloigné, l'affection présumée du défunt lui préférait un *frère*, un *neveu*. Du reste, la supposition la plus commune est que la masse de la succession se compose également de biens venus des deux lignes. Quant aux donations en faveur de mariage, elles n'étaient pas plus usitées dans les pays de droit écrit qu'en pays coutumier. Le donateur ne peut-il pas garantir l'intérêt de sa famille par la stipulation du droit de retour?

En définitive, le système du code fut accepté comme terme moyen entre le droit écrit et le droit coutumier. On crut concilier le vœu de la nature, qui semble appeler les parents les plus proches, et le vœu de conservation des biens dans les familles. On y vit un moyen de resserrer le lien des deux familles du défunt, et le parti le plus conforme à l'esprit général fut adopté par le code, bien qu'il ait un peu des inconvénients des deux systèmes qu'il a essayé de concilier. En effet, comme le droit écrit, il n'empêche pas que les biens passent d'une famille à l'autre; comme le droit coutumier, il donne une moitié aux parents d'une ligne, quelque éloignés qu'ils soient, quoique inconnus au défunt, de préférence à ses parents les plus proches de l'autre ligne, et même à son père ou à sa mère et à ses descendants. Le code n'a donc et ne pouvait avoir aucun esprit qui lui fût propre. Ses rédacteurs annonçaient bien, et l'on a souvent répété, que les successions devaient se déférer dans l'ordre de la nature et selon l'affection présumée du défunt. Mais, dès le premier pas, on s'est écarté de cette règle, comme le remarque fort bien M. Maleville, t. 2, p. 191. « Nous étions alors, dit le même auteur, dans un état amphibie qui laissait beaucoup d'incertitude sur l'espèce de gouvernement qui serait définitivement adopté. Chacun opinait donc, sans dire trop ouvertement ses motifs ultérieurs, d'après la forme qu'il jugeait la meilleure. Il est probable que si le code avait été fait plus tard, les lois auraient pris sur ces grandes questions une marche plus assurée. » — Toutefois, plus de cinquante années se sont écoulées sans qu'on ait songé à prendre une telle marche, qui ferait naître sans doute bien d'autres résistances.

166. En évitant de pousser la division des biens jusque dans les branches de chaque ligne, l'art. 734 a obvié à tous les embarras du système, connus dans quelques coutumes sous le nom de *refente*, et « qui pouvait, disait M. Siméon au corps législatif, appeler un millier d'individus au partage d'une succession, la dévorer cent fois en recherches de titres, en tableaux de généalogie, en frais, en contestations de tous genres » (M. Locré, Lég. civ., etc., t. 10, p. 286).

On a douté longtemps, sous la loi du 17 niv. an 2, si elle avait adopté ce système. La cour suprême, après plusieurs variations, l'a enfin repoussé par de nombreux arrêts. — Elle a jugé que l'art. 77 de cette loi, en restreignant dans la même ligne le droit d'exclusion qu'il accordait à ceux qui descendaient de l'ascendant plus proche du défunt, a entendu, non pas permettre l'exercice de ce droit dans chaque branche d'héritiers, mais seulement le renfermer dans l'ensemble des branches, formant chaque ligne ou côté paternel ou maternel du défunt. En d'autres termes, la refente n'a pas lieu dans les successions collatérales, ouvertes sous l'empire de la loi du 17 niv. an 2; par conséquent le collatéral, qui descendait d'un bisaïeul du défunt, excluait le descendant d'un trisaïeul dans la même ligne. Peu importe que ces descendants soient de différentes souches ou lignes, *l'un par rapport à l'autre*; il suffit qu'ils soient de la même ligne *respec-*

tivement au défunt, pour que le descendant de l'ascendant le *plus proche* exclue le descendant de l'ascendant le plus éloigné (Rej. 12 brum. an 9 (1). — Conf. Cass. 13 flor. an 10, M. Bassire, rap., aff. Lecacheux; Req. 1er nivôse an 9, M. Riols,

(1) *Espèce* : — (Bourla C. François.) — M. Merlin nous apprend, Quest. de dr., vº Succession, § 8, qu'en l'an 6 la cour de cassation, appelée à résoudre cette question, en référa au corps législatif par arrêt du 24 germinal. Le conseil des Cinq-Cents la renvoya à une commission, qui, par l'organe de M. Jacqueminot, proposa un projet de résolution contraire à la refente. — Ce projet fut vivement débattu, et rejeté enfin par un arrêté d'ordre du jour, du 8 niv. an 7. — Le 18 germinal suivant, la cour de cassation jugea en faveur de la refente.

Arrêt semblable avait été rendu par défaut, le 18 messidor même année, au profit de François. Bourla ayant formé opposition, la question a été examinée de nouveau, et après un long délibéré est intervenu l'arrêt suivant, dont la jurisprudence de cette cour ne s'est plus écartée. — Arrêt.

La cour; — Attendu que la transmission des biens par succession, quoique subordonnée aux lois positives, a toujours eu pour règle fondamentale la présomption naturelle de l'affection du défunt en faveur de ses parents les plus proches, et que la loi du 17 nivôse elle-même a pris en considération cette présomption naturelle dans les dispositions sur les différentes espèces de successions; — Attendu que la représentation n'est qu'une exception à cette règle fondamentale, et une fiction de la loi par laquelle le représentant remonte au degré de celui qu'il représente, pour succéder en son lieu et place, de la même manière qu'il ferait s'il était vivant, et eu égard à la proximité, ou, en cas de concurrence, à l'égalité de son degré avec le défunt; — Que la seule différence qui existe entre la représentation simple et la représentation à l'infini, consiste en ce que la simple représentation s'arrête en remontant à un degré déterminé, tel que celui de frère du défunt, et en descendant au premier degré des descendants; au lieu qu'en vertu de la représentation à l'infini, tous les descendants d'un même auteur peuvent remonter indéfiniment jusqu'à cet auteur, soit oncle, grand-oncle, lorsque celui qu'ils représentent pourrait lui-même succéder par la proximité ou l'égalité de son degré, s'il vivait;

Que la fente ou division de la succession collatérale en deux lignes n'est elle-même qu'une exception à la règle fondamentale de cette matière, exception qui, loin d'être un effet et une conséquence nécessaire de la représentation à l'infini, exclut, au contraire, toute idée de représentation, par le mur de séparation qu'elle élève entre les lignes; — Que la refente, qui serait une nouvelle exception, est encore moins une conséquence nécessaire de la fente et de la représentation à l'infini; mais une exception qui ne peut, ainsi que la fente, avoir lieu que comme un droit positif établi par une disposition expresse;

Qu'il résulte de ces principes que, pour admettre la refente, d'après la loi du 17 niv. an 2, il faudrait trouver dans cette loi une disposition expresse qui l'eût autorisée entre les branches de la même ligne, comme elle a autorisé expressément la fente entre les deux lignes paternelle et maternelle; ou qu'il faudrait au moins y trouver des dispositions expresses qui donnassent à la représentation à l'infini un caractère et un effet différents de ceux qui résultent de sa nature et de son objet; — Que, quand il s'agit de fixer le sens d'une loi, il n'est plus permis aux magistrats de lui supposer un tel esprit ou une telle intention; que la volonté et l'intention de la loi ne peuvent résulter que de ses expressions et de ses dispositions littérales; — Qu'aucune disposition de la loi du 17 nivôse ne représente la conséquence que le demandeur en a voulu faire résulter, et qu'il faudrait y trouver écrite; que tous les articles de cette loi, au contraire, résistent à ces conséquences, au lieu de les autoriser; — Que l'art. 77, qui établit la représentation à l'infini, en détermine à l'instant même l'effet, en posant pour règle générale que ceux qui descendent des ascendants les plus proches du défunt, excluent ceux qui descendent des ascendants plus éloignés de la même ligne;

Que le mot *ligne*, appliqué à la succession collatérale, ne désignant que la manière dont le collatéral est lié au défunt, et tout collatéral n'étant jamais lié à un défunt que de deux manières, ou par le père ou par la mère de ce défunt, il s'ensuit que le sens du mot *ligne*, en cette matière, est d'indiquer uniquement le lien paternel ou celui maternel, et que c'est forcer le sens naturel du terme que de vouloir comprendre dans cette expression, prise au singulier, non-seulement les lignes paternelle et maternelle, mais encore les branches de chacune de ces lignes, branches qui ne sont que des ramifications ou divisions des liens paternel ou maternel, auxquelles ont est obligé de donner les dénominations arbitraires de *lignes secondaires*, par opposition à la dénomination de *lignes principales*, que l'on donne aux deux premières;

Que si le mot *ligne* pouvait en lui-même présenter quelque équivoque, ce serait dans la loi qui l'emploie qu'il faudrait chercher le sens dans lequel elle l'a employé, puisqu'il ne peut y avoir de meilleur dictionnaire de la loi elle-même;

Que l'art. 90 suffirait, à cet égard, pour lever tous les doutes; que cet article, qui n'est que le complément de tout le système de la représentation admise par la loi, et qui n'a pour objet que d'indiquer l'effet de la distinction des lignes qu'elle a établie dans l'art. 77, fixe évidemment le sens de ces mots, *de la même ligne*, lorsque la loi se contente d'appliquer cet effet de la distinction à la ligne paternelle et à la ligne maternelle, en ces termes : « A défaut de parents de l'une des lignes paternelle ou maternelle, les parents de l'autre ligne succéderont pour le tout; » puisque si les législateurs avaient eu, dans l'art. 77, l'intention de diviser, non-seulement les deux lignes, mais encore les branches de chacune de ces lignes, et de regarder ces branches comme autant de nouvelles lignes, ils auraient dû et ils n'auraient pas manqué d'ajouter : « Il en est de même à défaut des parents, des aïeux et aïeules, des bisaïeux et bisaïeules, à l'égard desquels les parents de l'une ne peuvent succéder qu'à défaut des parents de l'autre; — Que loin que les articles intermédiaires, qui se trouvent entre les art. 77 et 90, puissent contredire la conséquence qui résulte de ces deux articles rapprochés, il suffit de les suivre avec quelque attention, pour connaître qu'ils ne peuvent que confirmer cette conséquence; qu'en effet, tous ces articles intermédiaires ne sont que le développement de la règle générale posée dans l'art. 77, dont la loi fait l'application à divers exemples, dans lesquels elle ne fait que tirer la conséquence de l'exclusion ou de la vocation qui résultent de la loi;

Que s'il s'agit, dans les art. 78, 79, 80 et 81, de faire l'application de l'exclusion à la règle de la distinction des lignes, la loi ne considère que la ligne du père et celle de la mère, et dans chaque ligne exclut toujours les descendants de l'ascendant le plus proche. Les descendants des aïeul et aïeule paternels excluent tous les autres descendants des bisaïeul et bisaïeule de la même ligne (art. 79). — Les art. 78 et 80 répètent la même chose pour les descendants de la mère, qui excluent ceux des aïeul et aïeule maternels, et pour les autres descendants des bisaïeul et bisaïeule de la même ligne, lesquels sont de même exclus par les descendants des aïeul et aïeule maternels : l'art. 81 ne fait qu'étendre la même règle à tous les degrés supérieurs;

Que s'il s'agit, dans les art. 83, 84, 85 et 86, d'expliquer la vocation et le mode de partage, la loi n'établit encore la division par moitié qu'entre les descendants du père ou de la mère, entre les descendants de l'aïeul et aïeule paternels ou maternels, pour attribuer aux uns la portion paternelle et aux autres la portion maternelle, expressions qui ne désignent toujours que les deux lignes paternelle et maternelle, et qui ne partagent jamais la portion paternelle ou maternelle qu'entre des branches en égal degré;

Que c'est par suite de cette exclusion, toujours restreinte aux degrés inégaux, et de cette vocation commune, restreinte aux branches égales, que l'art. 82 ne partage la succession qu'en autant de parties qu'il y a de branches appelées à la recueillir; que l'art. 88 ne partage en parties égales que dans la subdivision de chaque branche entre les enfants d'un même chef; que ces deux articles forment une nouvelle preuve que la loi n'a pas compris les branches sous le mot *ligne*, puisqu'il est impossible de supposer que la même loi ait employé ces deux mots différents, *ligne et branche*, pour signifier la même chose, puisqu'il est évident que la loi n'emploie ici le mot *branche* que dans sa signification propre;

Que l'équivoque qui a été élevée sur l'art. 86 ne peut jamais contrebalancer les décisions positives qui résultent non-seulement des art. 77 et 90 réunis, mais encore des autres articles qui précèdent le 86e; que tout le monde convient qu'il y a déjà un premier vice de rédaction dans cet article, où il faut suppléer dans la première partie, après ces mots : *n'a pas laissé*, ceux-ci : *d'héritiers descendants*, d'aïeul ou d'aïeule, et qu'on ne peut jamais prendre dans cet article le mot *ou*, dans le sens disjonctif, quand on considère qu'il a pour corrélatif l'art. 79, qui exclut collectivement les descendants des bisaïeul et bisaïeule, par les descendants des aïeul et aïeule;

Que ce qui achève de repousser l'opinion favorable à la refente est l'impossibilité où l'on se trouverait d'appliquer, dans ce système, l'une des dispositions de l'art. 76 ainsi conçu : « Ils (les collatéraux) succèdent même au préjudice de ses ascendants (des ascendants du défunt), lorsqu'ils descendent d'eux ou d'autres ascendants au même degré. » — Il a été clairement décidé par l'art. 51 de la loi du 22 vent. an 2, et par l'art. 11 de celle du 9 fructidor suivant, que ces mots qui terminent l'art. 76, *ou d'autres ascendants au même degré*, ne pouvaient s'appliquer au cas où l'ascendant dont ne descend pas le collatéral, et que ce dernier peut exclure comme étant au même degré que celui dont il descend, appartenait à une ligne différente. — Cette décision des lois des 22 vent. et 9 fruct. an 2 est fondée sur ce principe, que la loi du 17 nivôse avait établi une telle séparation entre la ligne paternelle et la ligne maternelle, que les parents de l'une de ces lignes ne pouvaient succéder aux parents de l'autre qu'à défaut de parents dans cette dernière, soit ascendants, soit collatéraux;

Si, conformément au système du demandeur, la loi avait établi entre les branches ou lignes secondaires de la même ligne paternelle ou maternelle, la même séparation qu'elle a établie entre ces deux lignes principales, il suivrait de la décision portée par les lois des 22 vent. et 9 fruct. qu'au moyen de cette séparation, qui, d'après les vues supposées à la loi, devrait produire dans l'un et l'autre cas les mêmes consé-

rap., aff. Navarrio; 11 niv. an 9, aff. Pedillon *C.* Trudaine; Cass. 4 vent. an 11, M. Cochard, rap., aff. Bourla *C.* François; 13 mess. an 12, M. Cochard, rap., aff. Despinois *C.* Nollet; —*Contrà* Cass. 26 pluv. an 4, M. Albarel, rap., aff. Germain; 18 germ. an 7, M. Battant-Pommerol, rap., aff. Havart; 28 mess. an 7, M. Lizot, rap., aff. François *C.* Bourla).—Jugé de même que sous l'empire de la coutume d'Anvers, qui admettait la représentation en ligne collatérale et à l'infini, la refente n'avait pas lieu en matière de succession (Bruxelles, 26 mars 1829, aff. Leemans).

167. En voulant qu'après la division de la succession entre les lignes paternelle et maternelle, il ne se fasse plus de division entre les diverses branches, le code n'empêche pas que la portion attribuée à l'une de ces lignes ne soit partagée entre tous les collatéraux, égaux en degré, mais issus de parents différents:—«La cour; attendu qu'il est constant en fait que les Delahaye sont parents collatéraux du défunt en égal degré; que par conséquent l'arrêt attaqué (de la cour de Caen), en admettant les Delahaye au partage de la succession dont il s'agit, loin de contrevenir aux art. 754 et 755 c. civ., s'y est, au contraire, strictement conformé; rejette» (Req. 31 mars 1806, MM. Muraire, 1er pr., Rousseau, rap., aff. Lebis *C.* Delahaye).

168. Le sens des mots *parents paternels* a été mis en question. On a prétendu que les art. 733 et 734 ne comprennent sous cette appellation que ceux qui portent le *même nom* que le défunt, qui ont la même souche par le sang et par le nom, c'est-à-dire qui suivent leur filiation de *mâle* en *mâle*. En effet, a-t-on dit, dans les arbres généalogiques, les générations paternelles se comptent par la succession des individus du même nom, et composent essentiellement la même ligne; le concours des femmes par lesquelles cette succession s'est établie ne forme que des alliances; c'est ainsi que toutes les familles s'enchaînent dans l'état social, et que se fonde cette réciprocité de considération et de devoirs qui rattachent les mariages à l'ordre public. — Le code Napoléon n'a donc entendu, après avoir séparé les biens entre les parents du père et de la mère, appeler comme ligne paternelle que ceux qu'il désigne sous le nom de *consanguins* et qui ont avec le défunt un père commun du même nom. Les individus venant par les mères ne sont que comme des *affins*. Or l'affinité et la parenté ne sont point identiques. — La question s'est présentée dans une espèce où un cousin au septième degré, descendant par les mâles du trisaïeul du défunt, prétendait exclure de la ligne paternelle des cousins au cinquième degré, neveu et petit-neveu par les femmes du père du défunt. Il a été jugé que les parents paternels par les mâles, dans la ligne paternelle, n'excluent pas les parents paternels par les femmes, dans la même ligne: — «La cour; vu les art. 733 et 734 c. civ.; considérant qu'il est constant et avoué que les enfants Poinsenet et Rochet sont issus de Marie-Martin, aïeule paternelle de Pierre Jesson, et que leur compétiteur ne tire son origine que du trisaïeul dudit Jesson; que, dès lors, ils sont plus proches parents paternels du défunt; déclare Secondé non recevable» (Paris, 4 avril 1808, M. Blondel, pr., aff. Secondé *C.* Rochet, etc.)—Conf. Chabot, sur l'art. 733, n° 1; Toullier, t. 4, n° 224; Duranton, t. 6, n° 142; Favard, v° Succession, sect. 1, § 3; Massé et Vergé sur Zachariæ, t. 2, p. 251, note 1).

169. Il a aussi été décidé: 1° que celui qui fait partie d'une *branche maternelle de la ligne paternelle* est parent du côté paternel, et dès lors a droit de recueillir, à ce titre, la portion paternelle de la succession à partager: — «Attendu, porte l'arrêt, que c'est par une confusion de la ligne avec les branches que les demandeurs ont considéré comme maternel le lien qui unit Magdeleine Giffard à Jeanne-Thérèse le Touzez, *de cujus*, tandis qu'il ne forme qu'une des branches de lien paternel même, et qu'il est hors de doute que celui-là qui fait partie d'une branche *maternelle* de la ligne *paternelle* est parent du *côté paternel*: rejette, etc...» (13 mess. an 12, ch. civ., MM. Maleville, pr., Rupérou, rap., aff. Dubourdier *C.* Giffard); — 2° Que les parents dont le lien avec le défunt est formé par son aïeule paternelle, doivent être considérés comme parents paternels et comme successibles dans leur ligne (Turin, 10 fév. 1812, aff. Rocagno). — C'est ainsi que sous l'empire de la loi du 17 niv. an 2, qui admettait en ligne collatérale les ascendants des ascendants les plus proches du défunt, par exclusion de ceux qui descendent d'ascendants plus éloignés (art. 77), il a été jugé qu'il n'y avait lieu à aucune distinction entre les parents descendants d'un ascendant portant le même nom que les père et mère du défunt, et ceux descendants d'un ascendant autrement nommé (Cass. 26 août 1806, M. Bauchau, rap., aff. Bayergues, *C.* Navarre).

170. Il peut être dérogé par testament au principe de la division de la succession en deux lignes, et même cette dérogation, sans être expresse, peut résulter d'équivalent. Par exemple, lorsque le testateur a ordonné que ses biens fussent divisés entre ses plus proches parents collatéraux, par portions égales, il est censé avoir voulu exclure la division préalable de la succession par ligne (c. civ., 733): — «Attendu que l'effet d'une semblable division serait d'attribuer à chacune des parties de la cause des parts inégales.» (Toulouse, 14 fév. 1829, aff. Roby *C.* Barus-Durban.)

171. Pareillement on a jugé 1° que la clause par laquelle un testateur, sous l'empire du code Napoléon, appelle à sa succession ses parents paternels et maternels *par souche et représentation*, et ajoute *que ses parents qui descendent de ses ascendants les plus proches excluront ceux qui descendent de ses ascendants plus éloignés de la même ligne*, a pu être interprétée en ce sens que le testateur n'a désigné que la ligne paternelle ou maternelle, et non les autres lignes ascendantes... Par suite, les parents de la ligne paternelle et maternelle excluent les descendants d'un trisaïeul (Req. 16 avril 1812, MM. Henrion, pr., Borel, rap., aff. Sejoin et consorts *C.* Vandemandel et autres); — 2° Que la clause du testament qui dispose que les héritiers légaux du premier et du second rang recueilleront l'hérédité par portions égales, doit être interprétée en ce sens que le partage s'opérera entre les deux branches paternelle et maternelle, et que la subdivision s'exécutera dans chacune de ces lignes, par égales portions et par tête, entre les successibles du premier et du second degré (Douai, 22 nov. 1838) (1); —3° Que lorsqu'une hérédité a été nominativement léguée à des frères et à des neveux, fils

---

quences et les mêmes effets, jamais les parents d'une branche ou ligne secondaire ne pourraient succéder à la portion attribuée à une branche ou ligne secondaire, qu'à défaut absolu de parents dans celle-ci; car il est physiquement impossible, dans cette hypothèse, de trouver un cas où le collatéral, qui exclut l'ascendant dont il descend, pût exclure un autre ascendant dont il ne descend point, parce qu'on trouvera toujours, à chaque degré supérieur de l'ascendant, les branches ou lignes secondaires divergentes, et aussi étrangères l'une à l'autre que le sont au premier degré les lignes paternelle et maternelle; et que, dès lors, la moitié déférée par la loi à la ligne paternelle devant se diviser entre la branche ou ligne secondaire de l'aïeul et celle de l'aïeule dans cette ligne paternelle, cette refente établira une telle séparation entre ces deux branches ou lignes secondaires, que les parents de la branche ou ligne secondaire de l'aïeul ne pourront succéder à la portion exclusivement attribuée à la branche ou ligne secondaire de l'aïeule, qu'à défaut absolu de parents dans cette dernière branche ou ligne secondaire, puisque le même principe, d'après lequel les lois de ventôse et fructidor an 2 ont rejeté l'application de ces mots qui terminent l'art. 76, *ou autres ascendants au même degré*, dans le cas où l'ascendant et le collatéral ne sont pas de la même ligne, s'opposerait à l'application de ces mêmes mots, dans le cas où l'ascendant et le collatéral ne seraient pas de la même branche ou ligne secondaire; d'où il suit, comme il est dit plus haut, que, dans le système de la refente, l'art. 76 ne pourrait jamais recevoir d'application, et qu'ainsi il faudrait rayer de cet art. 76 ces mots: *ou autres ascendants au même degré*; ce qui est spécialement impossible tant que la disposition qu'ils expriment n'est pas rapportée;

Qu'enfin, étant obligé d'opter entre l'une ou l'autre des deux interprétations que l'on prétend donner aux art. 77 et suiv. de la loi du 17 nivôse, il serait contraire aux principes d'admettre celle de ces deux interprétations qui est inconciliable avec l'art. 76 de la même loi, et de rejeter l'interprétation avec laquelle cet art. 76 se concilie parfaitement; — Rejette.

Du 12 brum. an 9.-C. C., sect. civ.-M. Basire, rap.

(1) *Espèce*: — (Hér. Cany.) — 26 août 1837, jugement du tribunal d'Arras qui déclare que les parents du quatrième degré dans la ligne paternelle et ceux du cinquième degré dans la ligne maternelle sont seuls appelés à partager, par égales portions, la succession de la dame Rucart; — Considérant, porte ce jugement, que, par son testament, en date du 5 août 1836, la dame Rucart a légué par portions égales sa succession à ses héritiers légaux aux premier et deuxième rangs; — Considérant

d'autres frères, et que le testateur n'a pas désigné le mode de répartition à suivre, l'hérédité doit être divisée par tête, la disposition par testament faisant présumer, de la part du testateur, la volonté de s'écarter de l'ordre légal de répartition; en tout cas, la liquidation basée sur une division par têtes ne peut être attaquée pour cause d'*erreur de droit*, par l'héritier intéressé au partage par souche, s'il a assisté aux opérations sans protestation (Colmar, 2 juin 1841) (1);—4° Que le rappel à succession, étant présumé n'avoir été admis par le testateur que pour empêcher l'exclusion d'un parent auquel la loi n'a pas accordé le bénéfice de la représentation, et non pour créer, au profit de celui-ci, des exclusions nouvelles, ne doit, si le rappelé ne se trouve exclu que dans une ligne, produire aucun effet au détriment des parents du même degré, avec lesquels il est appelé par la loi à succéder de son chef dans l'autre ligne (Angers, 26 mars 1851, aff. Allard, D. P. 52. 2. 163.).

172. Lorsque le parent le plus proche dans une ligne est nommé légataire de la moitié des biens du testateur, à la condition de renoncer au surplus des autres biens, cette renonciation de la part du légataire, faisant qu'il n'est plus héritier, le legs à lui fait n'épuise pas le droit de la ligne à laquelle il appartient; d'où la conséquence que la partie non léguée de la succession ne doit pas être dévolue, seulement à l'autre ligne, mais doit se diviser entre les deux lignes, aux termes du droit commun (Paris, 1er juill. 1811 (2). — Conf. Chabot, sur l'art. 786, n° 10; Delvincourt, t. 2, p. 104; Vazeille, sur l'art. 786, n° 4;

---

que, pour être habile à succéder en vertu de ce testament, il faut réunir deux conditions, savoir : être héritier légal, et, en second lieu, se trouver, par rapport à la testatrice, aux premier et deuxième rangs parmi ceux qui se trouvaient le plus près d'elle dans l'ordre des générations à partir des père et mère communs; — Considérant que les seuls des parents de la dame veuve Rucart qui réunissent ces deux conditions sont, savoir : dans la ligne paternelle, ceux au quatrième, et dans la ligne maternelle, ceux du cinquième degré, lesquels, au moyen de la confusion faite des deux lignes en une seule par la testatrice, forment entre eux seuls les deux premiers anneaux de l'ordre de successibilité qu'elle établit; — Considérant que s'il fallait, contre toute raison et présomption naturelle d'affection, admettre à la succession tous les parents au deuxième rang qui ne seraient pas en même temps héritiers légaux, la dame Rucart aurait rendu ses libéralités illusoires, à force de les faire descendre à des degrés de parenté inférieurs. — Appel par les autres parents. — Arrêt.

LA COUR; — Vu l'art. 733 c. civ.; — Attendu que la règle générale qui régit le partage des successions échues à des héritiers collatéraux est que la division doit s'en opérer par égales portions entre les deux lignes paternelle et maternelle du défunt; — Que, pour qu'il y ait dérogation à cette règle, il faut qu'il y ait, de la part du testateur, volonté formellement exprimée à cet égard; — Attendu que, dans l'espèce, rien de semblable n'existe, puisque le testament litigieux ne contient aucune dérogation de cette nature; — Qu'effectivement l'institution d'héritier que cet acte renferme n'a d'autre but et d'autre portée que d'établir dans chacune des lignes paternelle et maternelle, et au profit des héritiers de chacune de ces lignes, un concours simultané entre les héritiers appelés par la vocation même de la loi et ceux du degré immédiatement subséquent, et ce, de manière à ce que le partage de l'hérédité délaissée par la dame Rucard s'opère dans chacune desdites lignes, entre tous cesdits héritiers concurremment, par tête et par égale portion;.... — Par ces motifs, émendant, dit que tous parents au quatrième et au cinquième degré dans la ligne paternelle, comme tous parents aux cinquième et sixième degrés dans la ligne maternelle, sont appelés, par le testament de la dame Rucart, à recueillir, dans chacune de ces lignes, sa succession par égales portions entre les héritiers du premier et du second rang, et sans différence entre eux quant à la quotité, etc.

Du 22 nov. 1858.-C. de Douai, 2e ch.-M. Sénéca, pr.

(1) (Scherb et autres C. Caspar.) — LA COUR (apr. délib.); — Considérant que la loi n'appelle les héritiers collatéraux à recueillir une succession que lorsque le défunt n'en a pas disposé par testament, et qu'il n'a pas lui-même désigné ses héritiers, ce qui fait dire avec raison que la loi, en ce point, est le testament présumé du défunt, la disposition qu'elle suppose qu'il aurait faite s'il avait testé, disposition qu'il connaît légalement et qu'il ratifie par son silence en n'exprimant pas une volonté contraire; d'où il suit que celui qui ne veut disposer que comme la loi dispose à défaut du testament, n'a pas besoin de rédiger ses dispositions, et par cela seul qu'il fait un testament, et loin qu'il y ait (comme on le suppose erronément dans le jugement dont appel) « une présomption *de jure* qu'il a voulu le moins possible s'éloigner de l'ordre indiqué par la loi, et que cette présomption ne puisse être détruite que par l'évidence, » il faut, au contraire, en cette matière, mettre la vocation de la loi entièrement de côté lorsqu'il y a un testament, et ne consulter que la seule vocation du testateur, sa volonté, qui est alors la loi première; — Que c'est l'affection du testateur pour ceux qu'il désigne comme légataires ou héritiers, beaucoup plus que leur degré de parenté, qui l'engage à disposer comme il le fait; — Qu'ainsi ceux qu'il nomme ou qu'il reconnaît comme ses héritiers partagent entre eux sa succession par portions égales, toutes les fois qu'il n'a pas exprimé une volonté contraire, et qu'il ne leur a pas attribué des parts inégales; — Qu'enfin la première et la principale règle pour l'interprétation des dispositions testamentaires est de les rapprocher les unes des autres, de les concilier et de rechercher dans leur ensemble quelle a été réellement la véritable intention du testateur;

Considérant qu'en faisant l'application de ces principes aux testaments du général Scherb, on voit que, par le premier testament du 8 fév. 1825 (suit l'appréciation de diverses clauses et circonstances); — Considérant que cette division de la succession en parts égales, telle qu'on vient de l'indiquer, a été, dès l'ouverture de la succession, admise par les héritiers institués et mise en exécution dans tous les différents actes intervenus entre eux, etc.; — Emendant.

Du 2 juin 1841.-C. de Colmar, 1re ch.-MM. Poujol, pr.-Devaulx, av. gén., c. contr.-Chauffour et Fuchs, av.

(2) *Espèce* : — (Vassan C. Graimbert.) — Le 27 nov. 1809 est décédé le sieur de Vassan, ne laissant que des collatéraux. — La dame de Valcourt a renoncé à sa succession pour obtenir la délivrance des legs qu'il avait faits en sa faveur. — A l'époque du testament, la dame de Valcourt avait pour cohéritier, dans son degré, le sieur Dumoulin, décédé avant le testateur. — Par l'effet du décès du sieur Dumoulin, et de la renonciation de la dame de Valcourt, le degré qu'ils occupaient dans la ligne maternelle s'est trouvé vacant. — Les sieurs Graimbert, dans la même ligne, au degré subséquent, se sont présentés pour la part afférente à la ligne maternelle. — Les héritiers paternels ont dit, pour les exclure, que le degré de la dame de Valcourt était supposé rempli par l'acceptation des legs, en ce qu'ils avaient été faits pour tenir lieu de sa part dans la succession, comme il résultait des termes et de l'esprit du testament. — Les sieurs de Graimbert répondaient que le testateur, ayant la libre disposition de ses biens, avait été le maître de disposer de telle portion qu'il lui avait plu, soit en faveur d'un étranger, soit en faveur d'un de ses héritiers présomptifs; que ce legs prélevé, le surplus des biens de la succession devait se partager entre les lignes paternelle et maternelle, conformément à l'art. 733 c. civ., et que, quelle que fût la cause de la renonciation de l'héritier le plus proche, il suffisait que la renonciation existât pour que, aux termes des art. 785 et 786, les parents, venant immédiatement après le renonçant, fussent appelés.

Le 26 déc. 1810, le tribunal de la Seine a accueilli la demande des sieurs Graimbert : — « Attendu qu'il résulte du testament du feu sieur de Vassan qu'il lègue à la dame de Valcourt, l'une de ses plus proches héritières, la terre de Dampmart et une somme de 3,000 fr., et que, quant au surplus de ses biens, déduction faite de tous les legs par lui faits, et autres charges et dettes de la succession, il les laisse à ses héritiers légitimes, à l'exclusion de la dame de Valcourt, qui n'y aura aucun droit au moyen des legs ci-dessus; — Qu'après le décès du sieur de Vassan, la dame de Valcourt, son héritière et sa légataire, a accepté lesdits legs et a renoncé à la succession; que, par le fait de son acceptation et sa renonciation expresse, la dame de Valcourt est devenue étrangère à la succession du sieur de Vassan; que cela résulte de l'art. 785 c. civ.; — Que, dans cet état, la succession du sieur de Vassan, déduction faite tant du legs de ladite dame de Valcourt que des autres legs et charges, a dû, suivant la loi, et d'après les dispositions du testament, se partager entre les héritiers légitimes; — Qu'aux termes de l'art. 733 du code, toute succession se divise en deux parties égales, l'une pour les parents de la ligne paternelle, l'autre pour les parents de la ligne maternelle; — Que, dans l'espèce, les héritiers légitimes, à l'époque de la confection du testament, étaient la dame de Valcourt et le sieur Dumoulin, parents du sieur de Vassan au même degré; que le sieur Dumoulin étant décédé avant l'ouverture de la succession, et la dame de Valcourt y ayant renoncé, sans aucun prix attaché à sa renonciation, leurs droits ont passé tout entiers aux héritiers du degré subséquent dans la même ligne, puisque l'un et l'autre n'ont jamais été héritiers, l'un à raison de son décès avant celui du testateur, et l'autre par le fait de sa renonciation, au moyen de laquelle elle est censée, d'après l'art. 786, n'avoir jamais été héritière; — Que cette conséquence résulte de l'art. 786, qui porte : La part du renonçant accroît à ses cohéritiers. s'il est seul, elle est dévolue au degré subséquent; qu'il suit de cette disposition que, dans l'espèce, si le sieur Dumoulin eût survécu au testateur, la part de la dame veuve de Valcourt, renonçante, aurait accru au sieur Dumoulin; mais que le sieur Dumoulin ayant prédécédé le testateur, et la dame de Valcourt devenue seule héritière dans la ligne maternelle, mais n'en ayant jamais pris la qualité ni les droits, n'ayant par conséquent pas épuisé ceux appartenant à sa ligne, ces droits sont restés aussi intacts que si elle n'eût jamais existé; par conséquent, sa

Poujol, sur les art. 785 et 786, nº 5; Duranton, t. 6, nº 501; Massé et Vergé sur Zachariæ, t. 2, p. 251, note 2.)

173. Au cas de succession déférée aux ascendants ou aux collatéraux, comme au cas de succession déférée aux frères et sœurs, la personne qui se trouve au degré successible parente du défunt dans les deux lignes paternelle et maternelle doit prendre part, en sa double qualité, aux biens attribués à chacune des deux lignes.—Il a été jugé en ce sens que, lorsqu'après le décès d'un individu qui avait épousé sa cousine germaine, l'enfant né du mariage est décédé, ne laissant dans la ligne paternelle que des cousins dans un degré plus éloigné que sa mère, celle-ci doit succéder dans les deux lignes (Rouen, 22 janv. 1841) (1); et Pothier, chap. 2, sect. 2, art. 2, qui émet aussi cette opinion, même au sujet de propres, ce qui semblait la rendre plus contestable avant le code qu'aujourd'hui, dit aussi que la mère partagerait, par exemple, dans la ligne paternelle, si le cousin qui s'y trouve était au même degré qu'elle, c'est-à-dire au cinquième degré à l'égard de son fils. — Le parent recueillerait seul la part afférente à cette ligne, s'il était cousin germain, parce qu'elle n'est qu'issue de ce degré vis-à-vis de son fils. La jurisprudence qui, en raison de la nature des propres, variait alors et qui était même contraire à la doctrine de Pothier, a été vivement critiquée par lui. Cette doctrine ne saurait souffrir de difficulté aujourd'hui.

174. Lorsque, dans la succession d'un individu décédé *ab intestat*, il ne se trouve d'abord qu'un héritier et dans la branche paternelle, si un jugement accorde à cet héritier l'universalité de la succession, mais avec cette restriction : « que la moitié de la succession afférente à la branche maternelle demeurera en séquestre pendant une année, etc. » dans cet état, s'il se présente un héritier maternel, même après l'année expirée, il aura droit de répéter les fruits perçus sur sa portion afférente, à partir de l'ouverture de la succession, sans que l'héritier paternel puisse s'opposer à la restitution, sous prétexte qu'il les avait recueillis de bonne foi (C. civ., 138, 549), et que, jusqu'au jour de la demande de l'héritier maternel, il avait été constant et paisible possesseur de l'universalité des biens (C. civ., 755; Req. 14 août 1835) (2).

175. Le mode de transmission, conforme à la règle *paterna paternis*, n'a point été aboli par la loi du 8 avr. 1791, qui a eu seulement pour objet de détruire les inégalités introduites dans le partage des successions, et fondées ou sur la primogéniture, ou sur le double lien, ou sur la différence des sexes : elle n'a, du reste, rien changé à l'ordre de vocation établi par les lois anciennes (Cass. 16 brum. an 8) (3).—C'est ainsi que la même loi a maintenu le privilége du double lien admis par quelques coutumes (Rej. 8 août 1838, aff. Remy, V. *infrà*, nº 177).

176. Une quatrième règle est renfermée dans l'art. 733 : « Les parents utérins ou consanguins ne sont pas exclus par les germains ; mais ils ne prennent part que dans leur ligne, sauf ce qui sera dit à l'art. 752 : les germains prennent part dans les deux lignes. » — Le code abolit ainsi le privilége du *double lien*, qui excluait totalement les frères utérins ou consanguins au profit des germains. Ce privilége n'était pas connu dans l'ancien droit romain : il ne pouvait l'être, les parents maternels ne succédant pas ; il n'en est question ni dans le Digeste ni dans le code : c'est la novelle 118 qui l'établit ; mais il ne profitait qu'aux ascendants, aux frères et sœurs germains et à leurs enfants. Les autres parents du défunt n'excluaient point les consanguins ou utérins. —Le droit coutumier présente de grandes modifications à ce système : d'abord, plusieurs coutumes rejetaient expressément le privilége, notamment celles de Paris et de Bordeaux ; d'autres n'en font pas mention ; quelques-unes, particulièrement celles d'Anjou et du Maine, disposaient comme le code ; celles, en un mot, qui l'ont reçu, se divisent en neuf classes, à raison des personnes qu'elles admettent au privilége, et souvent elles diffèrent encore quant aux biens.

Toutes ces variations ont heureusement disparu devant la disposition du code ; l'égalité relative, qu'elle consacre dans chaque ligne, a été adoptée comme la mesure la plus juste, la plus conforme au vœu présumé du défunt et à l'ordre de la nature. — — Jugé : 1º que la coutume de Saint-Sever, qui admettait la règle *paterna paternis*, était exclusive du privilége du double lien (Cass. 29 déc. 1829) (4) ; — 2º Qu'il en était autrement sous la coutume de Dreux, et, par exemple, dans les successions colla-

---

part, aux termes de l'art. 786, a été dévolue au degré subséquent dans la ligne maternelle ; — Qu'il est constant que les sieurs de Graimbert sont héritiers légitimes du sieur de Vassan dans la ligne maternelle, au degré successible subséquent à celui de la dame de Valcourt ; qu'ainsi la succession du sieur de Vassan, prélèvement fait du legs fait à la dame de Valcourt, ainsi que des autres legs et charges de ladite succession, doit être partagée entre lesdits sieurs de Graimbert et consorts, héritiers maternels, et les sieurs Forget et autres, héritiers de la ligne paternelle. » — Appel. — Arrêt.

LA COUR ; — Adoptant les motifs des premiers juges, confirme.

Du 1er juill. 1811.–C. de Paris.

(1) *Espèce* :—(Passé *C.* Ricard.)— Le tribunal de Rouen, après avoir constaté la parenté indiquée dans la notice ci-dessus, a jugé en ces termes : —« Attendu qu'il suit de là qu'il existe entre la dame veuve Ricard, mère de Prosper Ricard, son fils, une double parenté, et que la question se réduit à savoir si la parenté directe a absorbé et fait disparaître la parenté collatérale ; — Attendu qu'à cet égard la loi n'offre aucune disposition formelle et précise, et que la seule qui se présente comme s'y rapportant, et qui est invoquée par le demandeur pour établir que la dame veuve Ricard n'avait pas de droits dans la ligne paternelle, est celle relative aux parents germains qui sont appelés à succéder dans les deux lignes ; — Attendu que cette disposition de la loi prouve seulement qu'on peut succéder dans les deux lignes paternelle et maternelle, et que s'il y a une induction à en tirer, elle est plutôt en faveur de la dame Ricard, puisqu'ainsi qu'il a été établi, elle se trouve parente du défunt dans les deux lignes ; — Attendu que cette objection écartée, il ne reste plus que les définitions données par la loi sur la parenté directe et collatérale, et qu'aucune disposition de cette loi ne dit qu'une même personne ne pourra pas se prévaloir d'une double parenté fondée sur ces définitions ; — Par ces motifs, le tribunal déclare le sieur Passé mal fondé dans son action. » — Appel. — Arrêt.

LA COUR ; — Adoptant les motifs, etc., confirme, etc.

Du 22 janv. 1841.–C. de Rouen, 2e ch.–MM. Gesbert, pr.–Sénard et Grainville, av.

(2) (Lejeune *C.* Longer.) — LA COUR ; — Attendu que, si le jugement du 30 juin 1829 semble accorder à la dame Moncuit la possession de l'universalité de la succession de feu M. l'évêque de Cahors, ce jugement renferme néanmoins une disposition qui réserve très-formellement les droits des héritiers éventuels au maternel, et ordonne même le séquestre de la moitié de ladite succession afférente à cette branche ; qu'il suit de là que l'arrêt attaqué, bien loin d'avoir violé la loi, a décidé, au contraire, avec raison et conformément aux principes du droit, que la dame Moncuit n'avait jamais eu la possession de la part de la succession afférente à la branche maternelle. — Attendu, en outre, que ce même arrêt a souverainement décidé, par l'appréciation des faits de la cause, que la dame Moncuit n'aurait pas pu posséder de bonne foi ; qu'ainsi c'est par une juste application des règles de la matière que les fruits ont été refusés au demandeur ; — Rejette.

Du 14 août 1835.–C. C., ch. req.–MM. Zangiacomi, pr.–Bernard, rap.

(3) (Cayré *C.* Capdevielle.) — LA COUR ; — Attendu, 1º que la loi du 8 avr. 1791 n'a pas eu pour objet de déterminer quelles seraient à l'avenir les personnes appelées à recueillir une succession, et n'a rien changé à cet égard à l'ordre de vocation établi par les lois anciennes, mais a voulu seulement détruire toutes ces inégalités que des exclusions coutumières, fondées ou sur la primogéniture, ou sur le double lien, ou sur la différence des sexes, établissaient contre divers héritiers appelés par les lois anciennes à recueillir une succession ; d'où il suit que le tribunal civil du département du Gers, en décidant au contraire que, par l'effet de la loi du 8 avr. 1791, un oncle maternel, appelé par la coutume de Lavedan à recueillir certains biens dans la succession de Marie Capdevielle, sa nièce, en vertu de la règle *paterna paternis, materna maternis*, devait cependant en être exclu, et que cette succession appartenait en entier au père de Marie Capdevielle, a, par là, donné à cette loi une extension qu'elle ne devait pas avoir, et en a fait une fausse application en supposant qu'elle a dépouillé un parent de titre d'hérédité que la loi lui conférait, et a, par suite, violé l'art. 19 du tit. 6 de la coutume de Lavedan ; — Attendu, 2º que le jugement arbitral du 19 vent. an 2 était uniquement fondé sur la disposition rétroactive de l'art. 69 de la loi du 17 nivôse précédent ; qu'il se trouvait donc annulé par l'art. 11 de la loi du 5 vend. an 4 ; que, néanmoins, le tribunal civil du département du Gers a considéré ce jugement comme subsistant encore, et devant être exécuté ; d'où il suit que, sous ce rapport, ce tribunal a violé ledit art. 11 de la loi du 5 vent. an 4 ; — Casse.

Du 16 brum. an 8.–C. C., sect. civ.–M. Derazey, rap.

(4) (Lespès *C.* Duiau.) — LA COUR ; — Vu l'art. 15, tit. 12 de la coutume de Saint-Sever, ainsi conçu : « Les biens démourés du décès d'aucun, viennent au plus prochain de l'estoc et ligne d'où sont venus et yssus ; tellement qu'à la succession des biens venus par la ligne pater-

térales, les frères et sœurs de père et de mère excluaient ceux qui ne l'étaient que d'un côté (cout. de Dreux, art. 90; Rej. 26 therm. an 5, MM. Giraudet, pr., Schwendt, rap., aff. Tubœuf). — La succession d'un individu mort sans enfants était dévolue par moitié aux collatéraux de la ligne paternelle, et par autre moitié aux collatéraux de la ligne maternelle, alors qu'il n'existait dans la ligne paternelle qu'un enfant de son frère consanguin : c'est à tort que celui-ci prétendait exclure les collatéraux de la ligne maternelle (L. 17 niv. an 2, art. 52, 69, 85; Req. 7 pluv. an 8, MM. Chasle, pr., Boullet, rap., aff. Dufayel *C.* Paris).

177. Pareillement, suivant deux arrêts, le privilége du double lien a été aboli par la loi du 17 niv. an 2. Et, en conséquence, le privilége du double lien, c'est-à-dire le droit de successibilité en ligne collatérale, consacré par quelques coutumes (spécialement par celle de Metz) au profit des germains, à l'exclusion des utérins et des consanguins, a survécu à la loi du 8 avr. 1791, et n'a été aboli que par la loi du 17 niv. an 2. — La loi du 8 avr. 1791 (art. 1, tit. 11) n'a pas eu pour objet de changer l'ordre de vocation aux successions, établi par les lois anciennes, mais seulement de faire disparaître, entre ceux que ces lois appelaient à succéder, les inégalités de partage résultant, en ligne directe, des qualités d'aînés ou de puînés, de la distinction des sexes, ou des exclusions coutumières. — ... Et par ces dernières expressions, il faut entendre seulement les exclusions que les coutumes faisaient dériver, soit du mariage seul, soit de la dot constituée aux filles (Rej. 8 août 1838 (1), 29 mess. an 6, aff. Deguivre *C.* Crenet).

178. Pour les questions qui, à l'égard de successions anciennes, pourraient encore s'élever sur le privilége du double lien, on consultera utilement Lebrun, des Success., liv. 1, ch. 6, sect. 2; Henrys, t. 1, quest. 204; Dumoulin, en ses notes sur les coutumes de Poitou (art. 295), de Tours (art. 289), de Bourbonnais (art. 317); Pothier, Cout. d'Orléans, art. 90.

179. Jugé que, bien que les lois révolutionnaires aient, et notamment celle du 8 avr. 1791, aboli les dispositions des coutumes qui établissaient des distinctions entre les enfants, issus de divers mariages, pour leurs droits, sur les héritages de leur père et mère, cependant leur effet n'a pu s'étendre jusqu'à permettre à un père, qui a convolé en secondes noces, de vendre les biens dont il n'avait que la jouissance, sous l'empire d'une coutume qui attribuait au fils de famille la propriété de la moitié des biens lorsque le père se remariait (Req. 25 fruct. an 5, MM. Gandon, pr., Albarel, rap., aff. Lassègue *C.* Mirande).

180. Après avoir indiqué le mode général de répartition des biens entre les héritiers, le code s'occupe de définir leurs rapports de parenté avec le défunt; il explique de la manière la plus claire ce que c'est que le *degré* et la *ligne* (art. 735 à 738). — En ligne collatérale, on a rejeté, pour la *computation* des degrés, les règles du droit canonique, selon lequel on remonte bien du parent le plus éloigné jusqu'à l'auteur commun, mais sans redescendre à l'autre parent; ainsi, dans ce droit deux frères ne sont qu'au premier degré, un oncle et un neveu au second, etc. La computation du code est la plus ancienne.

181. Mais comment se prouve le degré de parenté? Le code Napoléon, art. 45, 46 et 319, veut que la filiation se prouve par des actes de naissance en bonne forme. L'ordonnance de 1667, tit. 20, art. 7, portait : « Les preuves de l'âge, du mariage et du temps du décès seront reçues par des registres en bonne forme, qui feront foi et preuve en justice. » On a demandé si ces dispositions ont pour effet, en matière de succession, d'exclure toute autre preuve de la parenté, soit écrite, soit testimoniale; lorsque, d'ailleurs, on ne peut alléguer ni la perte, ni la non-existence des registres de l'état civil, ni même la possession d'état. — La cour de Rennes avait jugé le 8 mai 1822 (aff. Delaunay C. Tribouille), que «lorsque l'éloignement du temps et des lieux, et d'autres circonstances indépendantes du fait des parties, ne permettent pas de représenter des actes de l'état civil, on peut, en matière de succession, s'aider pour établir sa parenté de toutes autres preuves littérales, spécialement du contrat de mariage, partage, et autres titres de famille, ainsi que des énonciations contenues dans des actes de naissance. » — Le pourvoi contre cet arrêt a été rejeté : « Attendu que sur les actes produits et autres renseignements donnés au procès, l'arrêt juge que la dame veuve de la Tribouille, comme plus proche parente de la défunte, devait recueillir la succession à l'exclusion de la demanderesse, parente plus éloignée; et attendu que l'appréciation des actes est dans les attributions des cours royales; — Rejette, etc. (Rej., 14 janv. 1824. MM. Henrion, pr., Lecoutour, rap., aff. Delaunay C. Tribouille; — V. dans le même sens, Req., 18 déc. 1838, aff. Cadroy, v° Actes de l'état civil, n° 122). — Jugé aussi, 1° Que les dispositions citées de l'ordonnance de 1667 et du code Napoléon « ne sont applicables qu'au genre de preuve des faits qui y sont prévus (l'état et la filiation), et nullement à celles dont on peut faire usage pour constater les généalogies; qu'en matière de succession, on peut s'aider, pour établir sa parenté, non-seulement des registres de l'état civil, mais encore de toute autre preuve littérale, spécialement des contrats de mariage, partages et autres titres de famille; que tel a toujours été l'usage et la pratique habituelle des jurisconsultes et des notaires » (Paris, 2 mars 1814, aff. Petit-Jean); — 2° Qu'on peut, pour prouver sa

---

nelle, succèdent les parents paternels, et non maternels, et par le contraire »; — Attendu qu'en attribuant les biens au plus prochain de l'estoc et ligne d'où ils sont venus, cet article ne distingue pas si la proximité est de deux côtés ou d'un seul, et que cette affectation générale exclut le privilége du double lien, parce que le nombre des liens n'influe pas sur le degré de parenté; — Attendu que les art. 22 et 33 du même titre n'établissent pas une exception à la règle *paterna paternis, materna maternis*, qui est le fondement de l'art. 15; qu'ils ne font que la modifier, en ce sens que les enfants, issus de différents mariages, succèdent à leur père ou mère *in stirpes*, au lieu de succéder *in capita*, et que ces articles n'ont rien statué sur les successions collatérales; — Attendu que si le texte de la coutume de Saint-Sever était obscur, il faudrait en chercher l'esprit dans les coutumes voisines (Bayonne, Bordeaux, Bergerac, Saint-Jean-d'Angely et La Rochelle, qui ont appliqué la règle des pays coutumiers à la portion indisponible des propres, et le principe de la novelle 118 aux autres biens), plutôt que dans le droit romain, qui ne peut être invoqué que pour régler les cas non prévus par la coutume locale; — Attendu que la cour royale de Pau a fondé son arrêt sur une ancienne jurisprudence, dont elle n'indique aucun monument positif, et qu'une tradition aussi vague ne saurait couvrir la violation formelle de l'article ci-dessus, qui était la loi de la matière; — Par ces motifs, casse.

Du 29 déc. 1829.-C. C., ch. civ.-MM. Portalis, 1er pr.-Delpit, rap.-Joubert, av. gén., c. conf.-Renard et Guillemin, av.

(1) (Remy *C.* Champigneulles.) — La cour; — Vu l'art. 1, tit. 11, de la coutume de Metz, lequel portait : « Tant qu'il y a germains ou descendants d'iceux, le non-germain ne succède; » — Attendu que cette disposition qui établissait un droit exclusif de successibilité au profit des germains, à l'exclusion des consanguins et des utérins, n'était pas abrogée à l'époque du 25 sept. 1793; — Qu'en effet, la loi du 8 avr. 1791 n'a pas eu pour objet de changer l'ordre de vocation établi par les lois antérieures; — Qu'elle a voulu seulement introduire l'égalité entre ceux qui étaient appelés par les lois anciennes à recueillir les successions, et faire cesser notamment les inégalités qui résultaient en ligne directe des qualités d'aînés ou de puînés, de la distinction des sexes, ou des exclusions coutumières; — Qu'elle a ordonné à cet effet que tous les héritiers en égal degré succéderaient par portions égales aux biens qui leur étaient déférés par la loi; — Que les frères consanguins ou utérins, n'étant pas héritiers avec les germains, d'après la coutume de Metz, ne pouvaient invoquer la loi d'avril 1791 pour réclamer le partage par portions égales; — Attendu que cette loi n'a pas compris dans les exclusions coutumières qu'elle a abolies toutes les exclusions, de quelque nature qu'elles fussent, qui résultaient des dispositions qui avantageaient quelques parents par préférence aux autres; que cette disposition n'était relative qu'aux dispositions des coutumes qui faisaient résulter, soit du mariage seul, soit de la dot constituée aux filles, un titre d'incapacité contre elles et contre leurs descendants, de succéder à ceux qui les avaient dotées ou mariées; — Que cette volonté du législateur est manifestée, tant par l'ensemble de la loi que par les discours des orateurs qui l'ont précédée; — Attendu que la dernière disposition de l'art. 1 n'avait abrogé les dispositions des coutumes qui établissaient des différences entre les enfants nés de divers mariages, que pour le partage des biens d'un même père ou d'une même mère, d'un même aïeul ou d'une même aïeule; — Que l'abrogation prononcée par cet article ne s'étendait pas aux lignes collatérales; — Qu'il résulte des considérations qui précèdent, qu'en décidant que la successibilité en collatéral établie par la coutume de Metz au profit des germains, à l'exclusion des consanguins et des utérins, n'avait été abolie que par la loi du 17 niv. an 2, l'arrêt attaqué n'a violé aucune loi; — Rejette.

Du 8 août 1838.-C. C., ch. civ.-MM. Boyer, pr.-Tripier, rap.-Laplagne-Barris, 1er av. gén., c. conf.-Piet et Delaborde, av.

parenté et son droit de successibilité, suppléer à un acte de filiation ancien, qu'on ne retrouve pas, par une série d'actes de famille qui établissent cette filiation (Paris, 3 janv. 1825, aff. Ratel, V. Paternité, n° 388-4°); encore qu'ils ne soient pas émanés des père et mère : « Attendu que la cour s'est déterminée, à défaut d'acte de filiation, que l'éloignement des temps et des circonstances particulières indépendantes du fait des parties ne leur permettaient pas de représenter, par des actes de famille authentiques, qu'elle avait le droit d'apprécier, sans contrevenir à aucun desdits articles » (Req., 8 nov. 1820. MM. Henrion, pr., Lecoutour, rap., aff. Petit c. hérit. Pourradier).

182. Au surplus, l'appréciation des actes tendant à établir le degré de parenté en matière de succession, est toute dans l'attribution des cours royales, et ne peut ainsi donner ouverture à cassation, soit qu'il s'agisse d'actes de l'état civil, soit de tous autres titres de famille (Req., 12 janv. 1808. MM. Henrion, pr., Cassaigne, rap., aff. Chaudonet; Req., 19 juill. 1809, aff. Davost, v° Acte de l'état civil, n° 422; 14 déc. 1813, M. Lefessier, pr., aff. Maugrin; 8 nov. 1820, aff. Petit, V. Paternité, n° 303; 14 janv. 1824, aff. Delaunay, V. n° 181).

183. Jugé qu'un acte de partage constitue seul une preuve suffisante de successibilité entre ceux qui qui l'ont signé. — Et que ceux des signataires, qui contestent la qualité des autres, sont obligés de faire la preuve que c'est par erreur qu'ils l'ont reconnue (Rennes, 1re ch., 12 fév. 1812, aff. hérit. Garbagny C. Bouillic).

184. Les lois sur les successions sont d'ordre public : nul ne peut y déroger par des conventions particulières, quant aux biens dont il ne dispose pas, et qu'il veut conséquemment transmettre *ab intestat* (Chabot, t. 2, p. 148). — Il a même été jugé qu'un acte peut être déclaré nul, comme présumé fait en fraude d'une loi, non rendue encore, mais qu'il était facile aux parties de prévoir, et qui change l'ordre des successions; telle serait, par exemple, la supposition d'une créance au profit de beau-père de l'un des enfants du prétendu débiteur, pour avantager cet enfant au préjudice de ses frères et sœurs, et au delà de la portion allouée par la loi nouvelle (Turin, 27 juill. 1810) (1).

SECT. 2. — *De la représentation.*

185. « La représentation, porte l'art. 739, est une fiction de la loi, dont l'effet est de faire entrer les représentants dans la place, dans le degré et dans les droits du représenté, » ou pour mieux dire, dans les droits qu'aurait eus le représenté, s'il avait survécu à l'ouverture de la succession. Elle est fondée sur l'affection présumée, et l'injustice qu'il y aurait à rendre les enfants victimes du décès prématuré de leurs auteurs. Cependant le principe de la représentation a été limité à certaines personnes : les relations de parenté, dans certains degrés éloignés, deviennent si étendues et si générales, qu'elles ne sont plus des motifs d'affection. En multipliant trop le nombre des héritiers, on n'eût le plus souvent donné à chacun d'eux que des embarras et des procès. L'intérêt politique d'ailleurs, l'agriculture et le commerce, réclamaient contre un extrême morcellement des propriétés. Telles sont les vues générales qui semblent avoir dirigé le nouveau législateur.

On a contesté que la représentation fût une *fiction*. L'héritier, a-t-on dit, vient à la succession par la volonté de la loi, en vertu du droit que la loi lui reconnaît, et non au lieu d'une personne qui, étant décédée avant l'ouverture de la succession, n'y a jamais eu aucun droit (Toullier, et Duvergier sur Toullier, t. 4, n° 189). Mais c'est précisément parce que cette personne n'y avait point droit, que la loi elle-même qualifie la représentation de fiction. Elle suppose un fait qui n'existe pas, en donnant au représentant tous les droits qu'aurait eus le représenté s'il existait (Maleville, sur l'art. 739; Chabot, même article, n° 2; Duranton, t. 6, n° 273; Poujol, sur l'art. 739; Marcadé, *ibid.*; Massé et Vergé sur Zachariæ, t. 2, p. 256, note 1.

186. « La représentation a lieu à l'infini dans la *ligne directe* descendante » (c. nap. 740). — Cette disposition, si conforme au vœu de la nature, était dans le droit romain. A la vérité la loi des Douze-Tables, appelant également et au même titre les petits-enfants et les enfants, semblait vouloir que ce partage se fît par têtes; mais les jurisconsultes et les préteurs, par une décision d'équité, ne donnèrent aux petits-enfants que la part qu'aurait eue leur père (Inst., lib. 3, t. 1, § 6). — Quelques coutumes n'admettaient pas la représentation, même en ligne directe.

Les enfants ou petits-enfants de l'*adopté* décédé succèdent-ils par représentation à l'adoptant, ou, en d'autres termes, sont-ils petits-enfants civils de ce dernier. La question est traitée v° Adoption, n° 183. Ajoutez, dans le sens de l'affirmative, Delvincourt; Malpel, n° 119; Coin-Delisle, des Donations, sur l'art. 914, n° 14; Vazeille, sur l'art. 740; Marcadé, sur l'art. 744, n° 3.

187. « La représentation n'a pas lieu en faveur des *ascendants*; le plus proche, dans chacune des deux lignes, exclut toujours le plus éloigné » (c. nap. 741). On représente pour remonter, jamais pour descendre. Ce principe est ancien; il est fondé sur ce que la représentation n'est que le partage par famille; or, les familles sont les individus issus du même père, du dernier auteur commun (L. 195, § 4, ff., *De verb. sig.*). Le nouveau législateur, qui s'est souvent référé à l'ordre naturel des affections, a considéré aussi que plus les ascendants sont éloignés, moins ils nous sont chers. La novelle 118 n'admettait pas non plus la représentation en ligne ascendante; mais, à la différence du code elle donnait toute la succession à l'ascendant le plus proche, au lieu de la diviser en deux lignes. Les coutumes rejetaient également cette représentation : mais elles n'accordaient aux ascendants que les acquêts et meubles; jamais ils ne succédaient aux propres, d'après une maxime féodale, qui les excluait des fiefs.

188. « En ligne *collatérale*, la représentation est admise en faveur des enfants et descendants des frères ou sœurs du défunt... » (c. nap. 742). — Le code a établi, en ce point, un droit entièrement nouveau. — On ne connaissait pas la représentation en collatérale, dans les anciennes lois de Rome. Introduite par la novelle 118, elle n'avait lieu qu'entre oncles et neveux. Le droit coutumier présente, à cet égard, de grandes variétés : ici, la représentation était absolument rejetée; là, on l'admettait entre les

---

(1) (Terziano C. Voltero et Brayda.) — LA COUR; — Attendu que la cession du 11 fév. 1805, consentie par Jean Magallone au profit de Jean Terziano, n'est postérieure que de huit jours à la procuration passée par Jean Magallone père au profit de son fils, et que ces deux actes n'ont précédé que d'un temps moindre de trois mois la promulgation de la loi du code civil, qui règle le nouvel ordre des successions; — Que si la première de ces circonstances offre un indice que la procuration a été sollicitée pour parvenir à consommer la cession, il est, d'ailleurs, vraisemblable que celle-ci n'est qu'un stratagème pour éluder la seconde, qu'il était naturel et commun alors de prévoir; que c'est donc la crainte d'un nouveau mode de partage de la succession paternelle qui a été la cause de la simulation; — Que cette présomption devient urgente jusqu'à la conviction par l'examen des faits et des circonstances qui concourent en en l'affaire; qu'il n'est point prouvé par contre, ainsi qu'il devrait l'être, que Magallone fils ait effectivement exercé la procuration susdite par d'autres actes que par celui signalé comme frauduleux et simulé; il ne l'est pas davantage que Terziano fût réellement créancier envers la feue Marie Daluzio de toute la somme en l'acquittement supposé, de laquelle Magallone consentit le mode de payement controversé; il ne l'est non plus que ce soit ledit Magallone fils qui ait pourvu, par son administration et ses soins, au maintien de la subsistance de la famille et de la maison paternelle, tandis que tout indique que cette charge fut portée exclusivement, et même sans ménagement, par Terziano, ou indépendamment de la volonté de Magallone fils, ou d'accord avec lui, ou exerçant un empire absolu sur sa personne en qualité de son beau-père, qualité passée sous un silence signifiant en l'acte dont est cas; qu'enfin, quel que soit l'effet de la libération du père accordée à son fils, elle n'emporte point d'approbation de la vente susdite; que de ces circonstances jointes aux enquêtes fortement contraires dans leur ensemble au système de l'appelant, il résulte que la cession en payement susmentionnée est simulée; qu'elle manque de cause et d'équivalent, qu'elle est faite en fraude des tiers, qu'enfin l'acte qui la contient, sans porter aucune empreinte de complicité de la part de l'officier public qui l'a reçu, qui a pu lui-même être trompé, n'étant cependant que le résultat de manœuvres illicites de la part des contractants, est en conséquence réprouvé par la loi, art. 1131 c. civ., leg. 7, § 4, ff., *De pactis*; — Par ces motifs, le contrat du 11 fév. 1805 doit être déclaré nul et de nul effet dans l'intérêt des intimés, et ce, malgré l'offre du serment ajouté en cette instance, par l'appelant Terziano, vu que ce moyen n'a aucunement le concours des circonstances propres à le rendre recevable, pour en faire dépendre la décision, etc.

Du 27 juill. 1810.-C. de Turin.

oncles et neveux seulement. Telles étaient les coutumes de Paris et d'Orléans, qui formaient le droit commun. Une troisième classe de coutumes l'étendait à l'infini, à quelque degré que ce fût. — Cette dernière disposition était passée dans la loi du 17 niv. an 2, si favorable à l'extrême division des propriétés, qui tendait à niveler les fortunes, pour affaiblir le crédit des familles puissantes. Le système de cette loi n'eut pas de défenseur lors de la discussion du code. Des orateurs proposèrent de restreindre aux neveux le bénéfice de la représentation; d'autres, de l'étendre même aux enfants de cousins germains, concourant avec des cousins de ce degré. On a pris un terme moyen : l'extension à toute la descendance des frères du défunt. — Jugé que la coutume de Stavelot (pays de Liége) était muette pour le cas où dans une succession les oncles se trouvaient en concours avec les cousins germains; ... et, d'un autre côté, elle refusait expressément la représentation en ligne collatérale. Dès lors, le droit romain formant le droit commun du pays, les cousins étaient exclus par les oncles (nov. 118, *De just.*; Req. 2 mai 1809, MM. Henrion, pr., Poriquet, rap., aff. Lejeune *C.* Lonhienne).

189. L'art. 742 c. nap. prévoit deux cas seulement de représentation : le concours de *neveux* avec leurs *oncles*, le concours entre neveux à degrés égaux ou inégaux, lorsque tous les frères et sœurs du défunt sont prédécédés. Mais la disposition n'est pas moins générale, et les deux cas prévus ont eu pour objet de l'expliquer, et non de la restreindre. Le droit romain n'accordait aux neveux le bénéfice de la représentation que contre leurs oncles, et il s'était élevé entre Accurse et Azon une controverse célèbre sur la question de savoir si entre neveux, issus de plusieurs frères, et seuls appelés à la succession, le partage devait se faire par souche ou par tête. — L'art. 740 est rédigé pour la représentation en ligne directe, de la même manière que l'art. 742 pour la représentation en collatérale. Mais le principe qu'il exprime n'est pas moins absolu, quoique l'article n'ait prévu non plus que les deux mêmes cas particuliers. L'art. 740 commence par disposer que la représentation a lieu à l'infini dans la ligne directe descendante, *et qu'elle est admise dans tous les cas.* On a voulu s'expliquer sur les deux hypothèses qui pouvaient présenter le plus de difficultés. On a employé la conjonction *soit* pour chaque hypothèse; or, cette conjonction n'est pas de sa nature restrictive, mais plutôt extensive. Elle signifie, dans le langage ordinaire, que la disposition doit s'observer *même* pour les cas qui sont désignés. — C'est ainsi que l'art. 751 admet la représentation au profit des neveux appelés à concourir avec le père et la mère du défunt, c'est-à-dire hors des deux cas spécialement énoncés dans l'art. 742.

190. L'effet de la représentation admise par l'art. 742 s'applique aux descendants des frères utérins ou consanguins, comme aux descendants des frères germains, sauf à partager d'après l'art 733 (Conf. MM. Poujol, t. 1, p. 175; Marcadé, p. 111). — Décidé que, sous la loi du 17 niv. an 2, pour appliquer les principes de la représentation, il ne faut pas considérer le degré du représentant, mais celui du représenté; ainsi, des arbitres n'ont pu écarter d'un partage des petits-neveux et attribuer la totalité de la succession aux neveux comme plus proches, lorsque les uns et les autres représentent les frères du défunt (L. 17 niv. an 2, art. 77 et 82; Cass. 11 germ. an 3. MM. Guyot, pr., Lalonde, rap., aff. Odot *C.* Miot).

191. L'art. 743 ordonne le *partage* par *souche*, « dans tous les cas où la représentation est admise. » — Par conséquent, des neveux ou des petits-enfants, issus de souches différentes, quoique au même degré, partageront par souche, et non par tête. On n'a pas voulu que la mort du père des uns pût empirer ou améliorer la condition des autres. Ainsi se trouve résolue une question célèbre, qui divisait les anciens auteurs. La jurisprudence était telle à l'égard des petits-enfants, contre le sentiment d'Azon, de Ferrières et autres docteurs. (M. Merlin, Rép. v° Représentation). Mais les neveux partageaient par tête. (Lebrun, liv. 1, chap. 1, sect. 4, n° 2; Serres, Inst., p. 409; Rousseaud, v° Successions, sect. 3, n° 5.) La coutume de Paris en contenait la disposition expresse (art. 321). Les nouveaux auteurs interprètent comme nous l'art. 743, combiné avec l'art. 742 (MM. Chabot, t. 2, p. 270; Maleville, t. 2, p. 218; Delaporte, Pandect. français., t. 3, p. 61; Delvincourt, t. 2, p. 15, note 5; Vazeille, sur l'art. 743, n° 4; Marcadé, sur l'art. 743. — Jugé 1° que, sous l'empire de la loi du 17 niv. an 2, que la représentation ayant lieu à l'infini en ligne collatérale, et la succession se divisant en autant de parties qu'il y avait de branches appelées à la recueillir (art. 77 et 82), c'est par contravention à cette loi qu'une succession collatérale a été divisée par tête. (Cass. 26 pluv. an 4. MM. Bailly, pr., Albarel, rap., aff. Germain *C.* Faivre); — 2° Que lorsqu'un testateur a légué ses biens à *tous ses parents et arrière-parents, en plus grand nombre possible par représentation, sans égard au code civil qui n'admettait que les plus proches*, c'est par tête et non par souche que le partage doit en être fait, bien que, suivant le code civil, le bénéfice du droit de représentation emporte le droit de jouir de la part qui appartenait au représenté (Req. 11 janv. 1825) (1).

192. La représentation est une *fiction* de la loi (c. civ. 739); le représentant ne tient donc pas son droit du représenté, mais de la loi seule. On peut donc représenter quelqu'un sans être son héritier (c. civ. 744); c'est la différence principale entre la succession par représentation et celle par transmission. — Ainsi jugé que, sous les lois romaines, l'héritier qui venait par représentation, n'était point tenu de payer les dettes du représenté, s'il avait renoncé à sa succession (nov. 118). — « Attendu qu'il n'existe point de loi aux termes de laquelle, et dans les hypothèses de même nature que celle dont s'agit au procès, le représentant puisse être grevé de dettes et autres charges du représenté; qu'en réglant, dans la novelle 118, les principes et les effets de la représentation en ligne directe, le législateur n'a point imposé au représentant l'obligation de payer les dettes du représenté (Cass. 5 frim. an 7, M. Magdeleine, rap., aff. Lorrin).

193. De même il n'est pas nécessaire, pour représenter, qu'on fût *né* ou *conçu* lors du décès de celui qu'on représente; il suffit qu'on le soit à l'ouverture de la succession : nouvelle conséquence du principe que le représentant tient son droit de la loi, et non du représenté (Lebrun, liv. 1, chap. 3, n° 11).

194. De ce que le représentant vient *jure proprio*, il suit aussi qu'il doit être personnellement *capable* de succéder à celui dont il recueille les biens.

195. Le représentant est mis à *la place et dans les droits* du représenté (c. nap. 739); il faut donc une place et des droits vacants. On ne peut donc représenter une personne *vivante* (c. nap. 744). — Ainsi, l'*indigne* survivant n'ayant pas de droits sur la succession de la victime, elle ne parviendra pas à ses enfants par représentation. — Toutefois si l'indigne meurt avant le *de cujus*, peut-il être représenté? — V. *suprà*, n° 160.

196. On ne saurait représenter une personne qui, à l'époque de l'ouverture de la succession, aurait été, en cas de survie, *incapable* de la recueillir (mêmes auteurs). La question a moins d'importance aujourd'hui que les incapacités sont extrêmement réduites; elle en avait, pour les enfants de l'étranger ou d'un

(1) (Hér. Varin.) — LA COUR; — Vu la clause du testament d'Alexandre Varin par laquelle il appelle en partage de sa succession tous ses parents et arrière-parents en plus grand nombre possible par représentation sans avoir égard au code civil français qui n'admettait que les plus proches en degré auquel il entendait déroger; — Et attendu qu'au décès d'Alexandre Varin il existait six parents issus de germains, lesquels étant plus proches en degré avaient été ses héritiers chacun pour un sixième à l'exclusion de tous autres, si le testateur n'en eût autrement disposé, mais qu'ayant voulu que ses autres parents plus éloignés viennent par représentation, alors Jeanne-Joséphine Poullain, fille d'un autre cousin issu de germain, lequel était décédé lors du décès du testateur, se trouva appelée, aux termes du testament, par représentation de son père, à la succession pour un huitième, un autre huitième revenant à deux autres enfants également nés d'un cousin issu de germain, ce qui produisit l'effet de faire partager la succession en huit parts; — Que la prétention élevée par la demanderesse d'avoir à elle seule un tiers de la succession, parce qu'il fallait remonter à la souche commune à tous les héritiers, et qu'en y remontant elle représentait seule une de ces trois souches, n'était pas admissible d'après le testament qui ne l'appelait à la succession que par représentation qui lui donnait un droit égal aux autres cohéritiers; d'où il suit que l'arrêt attaqué n'ayant accordé à la demanderesse qu'un huitième a fait une juste interprétation du testament, et n'a point fait une fausse application de l'art. 755 ni violé les art. 739, 743, 740 c. civ.; — Rejette le pourvoi formé par les héritiers Varin.

Du 11 janv. 1825.-C. C., sect. req.-MM. Botton, pr.-Lecoutour, rap.

Français qui a perdu cette qualité, avant la loi du 14 juill. 1819, qui rend les étrangers habiles comme les Français à succéder en France.

197. L'absent dont on n'a pas de nouvelles peut-il être représenté? — V. Absent, nº 509.

198. Le représentant doit trouver vacants tous les degrés intermédiaires qui l'éloignaient du *de cujus*; il faut qu'il puisse les occuper tous successivement. La représentation ne fait point de saut, *non per saltum*, selon l'expression de Lebrun.

SECT. 3. — *Des successions déférées aux descendants.*

199. Rien de plus simple que la transmission aux *descendants*. Ils succèdent, ou de leur chef ou par représentation, toujours à l'exclusion des ascendants et collatéraux, « sans distinction de sexe ni de primogéniture, et encore qu'ils soient issus de différents mariages » (c. nap. 745). — Dans l'origine les lois romaines exigeaient, outre la qualité de descendant, qu'on fût sous la puissance du père pour lui succéder. La novelle 118 effaça entièrement cette différence.—V. *suprà*, nºs 7, 12.

200. *Sans distinction de sexe...* Les filles n'ont pas toujours eu les mêmes avantages que les mâles dans les successions de leurs père et mère.—On a vu *suprà*, nºs 13, 14, 17, 20, l'historique de cette inégalité des sexes. — Voici quelques décisions relatives à l'ancien droit et aux lois intermédiaire. — Jugé : 1º que, d'après la coutume d'Auvergne, art. 33, tit. 12, les filles dotées étaient exclues de l'héritage de leur mère par l'héritier mâle, mais dans le cas seulement où elles avaient été mariées du vivant de celle-ci (Req. 2 brum. an 10, MM. Muraire, pr., Vermeil, rap., aff. Bonneau C. Maillary); — 2º Que la coutume de Nivernais (art. 13, 14 et 16, ch. 34) permettait au frère du défunt d'exclure de sa succession sa sœur, mais ne pouvait être invoquée que par le frère personnellement et non pas par les enfants. — Ainsi les enfants du frère d'un défunt et ceux de sa sœur ont pu être simultanément appelés à recueillir sa succession (Req. 9 fruct. an 12, MM. Delacoste, pr., Genévois, rap., aff. Chammorot *C.* Godin); — 3º Qu'il n'y a pas violation de la coutume de Normandie, suivant laquelle les enfants mâles étaient seuls héritiers de leur père, dans un arrêt qui reconnaît la propriété d'un immeuble à une fille réservée à la succession de son père (Rej. 26 août 1823, MM. Brisson, pr., Henry Larivière, rap., aff. Duchenim).

201. C'est par la loi du jour de l'*ouverture* de la succession que se règlent les droits de ceux qui y sont appelés. L'espérance de la recueillir ne constituant pas un droit acquis, peut, sans rétroactivité, être enlevée par la loi nouvelle. De ce principe (V. vº Lois, nºs 323 et s.), il a été conclu : 1º que ce n'est pas donner à la loi nouvelle sur les successions un effet rétroactif que d'admettre au partage de la succession, ouverte sous son empire, les filles qu'en excluaient les coutumes ; l'espérance des mâles ne constitue pas, dans ce cas, un droit acquis; spécialement que l'exclusion des filles, portée par les constitutions piémontaises, et la renonciation même que ces filles auraient faite à une succession en vertu de ces lois, ne les empêcheraient pas d'être admises au partage égal de cette succession, si elle s'était ouverte sous le code, et surtout si l'exclusion et la renonciation avaient eu pour objet de conserver les biens par voie d'agnation dans la famille, et qu'il ne fût plus possible, à l'ouverture de la succession, de réaliser cette fin, à cause des nouvelles lois qui s'y opposeraient (Turin, 4 vent. an 13, aff. Robasti *C.* Robasti); — 2º Qu'une loi nouvelle peut, sans rétroagir, détruire l'expectative d'une succession qui ne s'est ouverte que sous son empire, et, par exemple, l'espérance qu'avaient les mâles, sous l'ancienne jurisprudence piémontaise, de recueillir, à l'exclusion des filles, les biens que leur père avait tenus en emphytéose ecclésiastique. — Les mâles seraient déchus de cette espérance, si la succession s'était ouverte sous le code, qui prohibe la distinction des sexes et de la nature des biens, encore que l'emphythéose n'eût été établie expressément que pour le preneur et ses descendants mâles. Il suffit que le bailleur n'en éprouve aucun préjudice, et que la loi du contrat continue d'être en vigueur à son égard, quant à son droit de retour, pour que, sans effet rétroactif, la vocation des filles soit autorisée en même temps que celle des mâles, qui, avant le décès du preneur, n'avaient pas sur les biens emphytéotiques un droit déjà acquis, mais une simple expectative (Cass. 23 nov. 1807) (1).

202. Toutefois, pour que la loi nouvelle régisse la succession ouverte sous son empire, il faut qu'il n'ait été attribué antérieurement et d'une manière irrévocable, aucun droit sur cette succession. Et spécialement ce n'est pas par les lois nouvelles que se régleraient les droits successifs d'une fille de Normandie, quoique le père soit décédé sous ces lois, s'il avait fait, sous l'ancienne législation, une démission de ses biens en faveur de ses enfants mâles, et qu'il eût donné un mariage avenant à sa fille; cette démission étant, selon la coutume, irrévocable à l'égard de ceux qui n'auraient pas la qualité d'héritiers, et la fille dotée n'étant pas héritière, l'attribution de cette qualité par les lois postérieures n'a pu avoir d'effet rétroactif (Req., 4 mai 1807) (2).

203. Les enfants mâles qui, lors de la publication de la loi du 8 avr. 1791, étaient mariés, doivent conserver les avantages résultant des exclusions coutumières, lors même que leurs sœurs ne se sont mariées qu'après eux (Cass. 19 juill. 1809, aff. Jusseraud, V. Disp. entre-vifs et test., nº 645).

204. La constitution dotale faite dans le contrat de mariage par le père à sa fille, sous la renonciation de celle-ci à tout droit dans sa succession, ne peut être considérée comme une institution au profit des enfants mâles, d'une portion successive plus forte que celle fixée par la loi de l'égalité, alors surtout que ceux-ci n'ont point été parties au contrat; une telle disposition n'est pas de celles que l'art. 4 de la loi du 15 avr. 1791 a entendu excepter de ses dispositions. En conséquence, si la succession du père ne s'est ouverte que sous la loi de 1791, les filles, nonobstant une pareille renonciation, ont droit à l'égalité des parts (Cass. 8 flor. an 2, MM. Lalonde, pr., Riolz, rap., aff. Fouchet *C.* Goujon).

205. *Sans distinction de primogéniture.* — Nous avons exposé *suprà*, nºs 14 et s., les diverses phases du droit d'aînesse dans l'ancienne législation, jusqu'à son abolition par les lois des 15 mars 1790 et 8 avr. 1791; il nous reste à relater ici certaines décisions rendues sous l'empire de l'ancien droit ou des lois intermédiaires.— Jugé : 1º que, sous la coutume de Paris, les priviléges du droit d'aînesse sur les biens des père et mère ne pouvaient être réclamés par le fils aîné qu'à titre d'héritier; si donc il renonçait à leur succession, il perdait ces priviléges (Cass. 26 août 1818) (3). — Sous la même coutume, la légi-

---

(1) (Int. de la loi *C.* hér. de Sérénus Beltrami.)— LA COUR (apr. dél. en ch. du cons.) — Vu les art. 752 et 745 c. civ.; — Et attendu que, dans l'espèce soumise à la cour d'appel de Turin, il n'était point question de décider si, d'après les lois nouvelles, le droit de retour des fonds emphytéotiques, après l'extinction des personnes appelées en vertu du titre constitutif, pouvait encore avoir lieu au profit du bailleur, mais qu'il s'agissait uniquement de savoir si, le cas de retour prévu par le titre n'étant pas encore arrivé, les filles du propriétaire utile des fonds devaient participer avec leurs frères à la succession dans lesdits biens, ouverte après que le code civil a force de loi dans le ci-devant Piémont; — Qu'aux termes des art. 733 et 745 de ce code, les enfants succèdent à leur père, sans distinction de sexe, quelles que soient la nature et l'origine des biens; — Qu'ainsi la cour d'appel de Turin n'a pu, sur le fondement d'une ancienne jurisprudence, admettre une exception à la règle générale établie par la loi nouvelle, et exclure les filles, lorsqu'il s'agit d'emphytéose ecclésiastique, sans commettre un excès de pouvoir et sans violer les textes de la loi précitée;—Casse l'arrêt de la cour de Turin, du 11 therm. an 13.

Du 23 nov. 1807.-C. C., sect. civ.-MM. Viellart, pr.-Botton, rap.

(2) (Dame Mignot *C.* Hardy.) — LA COUR; — Attendu que la dame Mignot, la coutume tenant, n'aurait pu faire prononcer la révocabilité de la donation en question, parce qu'elle était irrévocable à son égard, n'étant pas héritière et ayant reçu sa dot, mariage avenant, parce que les articles de la coutume par elle invoqués aujourd'hui, sous législation nouvelle, lui étaient alors étrangers, et que les frères admis comme héritiers pouvaient seuls les invoquer en cette qualité; — Attendu que la dame Mignot venant en vertu des lois nouvelles comme héritière à la succession de son père en l'en 8, doit nécessairement se soumettre à l'autorité de ces mêmes lois qui, comme celle du 18 pluv. an 5, a maintenu, dans son art. 1, l'irrévocabilité acquise des donations de la nature de celle dont il s'agit; qu'ainsi ses frères ont pu renoncer à la qualité d'héritiers pour s'en tenir dans l'espèce à ladite donation; — Rejette le pourvoi formé contre l'arrêt de la cour de Rouen, du 5 fruct. an 13.

Du 4 mai 1807.-C. C., sect. req.-MM. Sieyès, rap.-Badin, av.

(3) (Les hérit. Rohan-Rochefort.) — LA COUR (ap. dél. en ch. du cons.); — Attendu, sur la seconde fin de non-recevoir, que les faits qui

time ne pouvait, si le fief excédait un arpent, s'exercer avant le prélèvement du préciput et des portions avantageuses attribuées au droit d'aînesse (même arrêt).

206. C'est par la loi du jour de l'ouverture de la succession, comme on l'a vu déjà, *suprà*, n° 201, que se règlent les droits de ceux qui y sont appelés. Le droit d'aînesse a donc pu, sans rétroactivité, être aboli à l'égard des successions non ouvertes encore, et lorsque d'ailleurs il n'avait été fait aucune disposition irrévocable au profit de l'aîné. — Décidé : 1° que, sous l'empire des statuts du comté de Daguestout, l'aîné qui avait, par le fait de son mariage et de son établissement dans la maison paternelle, un droit à certains biens de la succession de son père, à l'exclusion de ses autres frères, ne peut, si la succession s'est ouverte depuis la loi du 8 avr. 1791, abolitive de toute inégalité entre héritiers, par suite des qualités d'aînés ou de puînés, réclamer les biens que les statuts lui accordaient, encore qu'il se fût marié sous leur empire et qu'il soit en jouissanse de ses biens, s'il ne justifie d'un contrat irrévocable qui l'en ait mis en possession (Req. 15 oct. 1807, aff. Berwenger, *infrà*, 3°) ;—2° Que les coutumes qui attribuaient à l'aîné des enfants qui se mariait la succession exclusive dans les biens stemmatiques des père et mère communs, ont été abolies par la loi du 17 niv. an 2, même pour les aînés déjà mariés lors de sa publication, si les père et mère vivaient encore (Trèves, 12 déc. 1810, aff. Gehengen *C. N.*) ; — 3° Que l'art. 13 L. 17 niv. an 2, qui maintient les avantages entre époux, à eux conférés par les statuts régulateurs des mariages antérieurs, ne s'étend pas aux droits d'aînesse ou autres avantages conférés par certains statuts à un époux, à raison de son mariage; que l'art. 10 L. 22 vent. an 2, explicatif de l'art. 13 L. 17 niv., n'a pas voulu confondre les avantages à époux avec les avantages entre époux ; qu'il reste donc les règles générales consacrées par les lois des 8-15 avr. 1791, art. 2, 17 niv. an 2, art. 61, et 18 pluv. an 5 (Req. 15 oct. 1807) (1); — 4° Que même c'est par les lois en vigueur au décès des père et mère que se réglaient les priviléges du droit d'aînesse sur leur succession, tellement que ceux-ci ne pouvaient, de leur vivant et par donation, en gratifier irrévocablement leur fils aîné. Si donc la succession s'est ouverte sous l'empire du code, l'aîné sera déchu de tous ses droits de primogéniture, de ceux même qui lui auraient été conférés par donation entre-vifs sous l'ancienne législation (Cass. 26 août 1818, aff. Rohan-Rochefort, V. n° 203).— Cette décision va trop loin, il y avait droit acquis par la donation.

207. Au contraire, il avait été décidé que les enfants d'un aîné qui existait encore lors de la publication de ces lois, ont conservé les avantages du droit d'aînesse qu'elles assuraient à leur père, et ont pu, après son décès, exercer ce droit par représentation dans la succession de leur aïeul, mort depuis leur publication (Rej. 6 frim. an 11 (2); — Conf. Cass. 26 flor. an 11, aff. hérit. Goujon).

208. Enfin il a été jugé: 1° que la loi du 8 avril 1791,

---

lui servent de base ne sont pas justifiés, et que, d'ailleurs, quoiqu'ils rentrent dans la défense au fond, ils n'ont été discutés ni en première instance ni sur l'appel ; — Rejette les fins de non-recevoir ;

Sur le fond : — Attendu, sur le premier moyen, qu'il est établi qu'à l'audience qui a été présidée par le premier président de la cour royale, on a non-seulement repris les conclusions, mais qu'on a aussi entendu les plaidoiries des avocats des parties; que, par conséquent, le vœu de la loi a été rempli;

Attendu, sur le quatrième moyen, que l'art. 17 de la coutume de Paris n'est applicable que lorsqu'il s'agit d'un fief consistant en un manoir et un enclos d'un arpent, et qu'il n'y a pas d'autres biens, ou qu'ils sont du moins d'une valeur trop modique pour faire face aux droits de légitime; que la valeur de la terre de Rochefort est, au contraire, trop importante pour qu'il y ait lieu à faire usage de cet article, relatif à des immeubles d'une valeur très-modique et insuffisante pour les droits de légitime ; — Rejette ces deux moyens ;

Faisant droit sur les autres moyens ;—Vu l'art. 16 de la coutume de Paris, ainsi conçu : « S'il y a plusieurs enfants, excédant le nombre de deux, venant à la succession des père et mère, au fils aîné, par préciput pour son droit d'aînesse appartient en chacune desdites successions, tant de père que de mère, un hôtel tenu en fief, tel qu'il veut choisir pour principal manoir, avec l'enclos et basse-cour et la moitié de tous les héritages tenus en fief, et à tous les autres enfants ensemble, la moitié restante desdits fiefs et héritages tenus noblement» ;—Vu l'art. 2 du tit. 1 de la loi du 15 mars 1790 : « Toutes les successions, tant directes que collatérales, tant mobilières qu'immobilières, qui échoiront à compter de la publication du présent décret, seront, sans égard à l'ancienne qualité des biens et des personnes, partagées entre les héritiers, suivant les lois, statuts et coutumes qui règlent le partage entre tous les citoyens » ; — Vu l'art. 745 c. civ.; — Attendu que, par la première disposition dudit contrat de mariage, le prince de Rohan-Rochefort a été institué héritier principal et noble, pour recueillir, à ces titres, dans la succession paternelle, le préciput et les portions avantageuses, d'après les coutumes qui régiraient cette succession; que, par la seconde disposition, totalement indépendante et essentiellement différente de la première, le prince de Rohan-Rochefort a été donataire, à titre particulier et irrévocable, de la terre de Rochefort; que cette donation lui a été faite par son père, à la charge, en cas d'acceptation de l'institution contractuelle, d'imputer sur les droits successifs la valeur de ladite terre, d'après l'estimation qui en serait faite; — Attendu que, d'après l'art. 16 de la coutume de Paris, d'après l'opinion générale des commentateurs de cette coutume, et d'après une jurisprudence invariablement observée sous l'empire de la législation féodale, le fils aîné n'avait, dans les familles nobles, le droit de prendre le préciput et les portions avantageuses qu'à titre d'héritier; que le prince de Rohan-Rochefort, héritier institué dans son contrat de mariage par son père, a renoncé à la succession paternelle ouverte en 1811; que cette renonciation l'aurait privé, dans le temps même où les lois féodales étaient en vigueur, du droit de réclamer, en qualité d'aîné, le préciput et les portions avantageuses; qu'en faisant produire à la donation particulière de la terre de Rochefort, quant au préciput et aux portions avantageuses, des effets exclusivement réservés par la loi et par ledit contrat à l'institution, la cour royale de Paris a dénaturé l'essence de ce contrat, et s'est mise en opposition tant avec les dispositions de la coutume qu'avec la volonté du père; qu'en effet, le privilége du droit d'aînesse a été tellement concentré dans l'institution par l'instituant lui-même, qu'il a imposé à son fils aîné la condition expresse de ne pas cumuler les avantages de l'institution avec ceux de la donation, et d'imputer, au contraire, la donation sur sa part héréditaire; qu'il implique que l'institué qui n'aurait pu cumuler les deux avantages de l'institution et de la donation, même en acceptant l'institution, puisse les cumuler en y renonçant;

Attendu, en second lieu, que le prince de Rochefort est décédé en 1811; qu'à cette époque, soit en vertu des lois des 15 mars 1790 et 8 avr. 1791, soit en vertu de l'art. 745 c. civ., les droits d'aînesse et de masculinité dans les successions étaient abolis; que, par conséquent, le droit de prendre à titre successif, en vertu du privilége d'aînesse, le préciput et les portions avantageuses, n'existait plus lors du décès du prince de Rochefort; que la loi du 18 pluv. an 5 n'a conservé que les avantages irrévocablement acquis antérieurement aux lois qui en avaient prononcé l'abolition; qu'on ne peut considérer comme irrévocablement acquis, du vivant du père, un droit d'aînesse qui était essentiellement subordonné à l'ouverture de la succession, et dont plusieurs événements pouvaient détruire les effets; qu'aussi le prince de Rochefort père s'est-il référé lui-même dans ledit contrat, quant à l'institution, aux droits et coutumes qui seraient en vigueur lors de l'ouverture de la succession; que, dans cet état de choses, l'action en retranchement de la donation pour cause de légitime devait être jugée d'après les dispositions de l'art. 298 de la coutume de Paris, et qu'il n'y avait lieu à accorder le prélèvement ni des portions avantageuses ni du préciput; qu'en décidant le contraire la cour royale de Paris a violé l'art. 16 de la coutume de Paris et les lois ci-dessus transcrites; — Casse, etc.

Du 26 août 1818.-C. C., ch. civ.-MM. Desèze, 1er pr.-Vergès, rap.-Cahier, av. gén., c. conf.-Darrieux et Moreau, av.

(1) (Hér. Berwenger.) — La cour; — Attendu, 1° que l'art. 2, L. 8-15 avr. 1791, avait aboli toute inégalité ci-devant résultant entre héritiers *ab intestat*, des qualités d'aînés ou de puînés; — Attendu, 2° que l'art. 1, L. 18 pluv. an 5, n'avait maintenu que les avantages et les prélèvements stipulés en ligne directe par des conventions antérieures à la promulgation de la loi du 7 mars 1793, et que c'est dans ce sens qu'a été rédigée la réponse à la dixième question de la loi du 22 vent. an 2, laquelle, en assimilant les avantages statutaires faits aux époux, à ceux stipulés entre eux par des actes légitimes, suppose nécessairement qu'ils ont produit tout leur effet à la date même de la célébration du mariage; — Attendu, 5° que le demandeur ne réclame qu'en sa qualité d'aîné les biens stemmatiques existants dans la succession de son père, qu'il convient lui-même ne pouvoir être dévolus qu'à titre de sucsion et à l'époque du décès de celui-ci; — Attendu, enfin, qu'à cette cette époque il avait perdu tous les priviléges attachés par le statut municipal à sa qualité d'aîné, son père étant mort après la publication du règlement du 17 flor. an 6 dans les quatre départements réunis; d'où il suit qu'il ne peut réclamer des avantages attachés à une qualité qui ne subsistait plus lors de l'ouverture de la succession dont il s'agit; — Par ces motifs, rejette, etc.

Du 15 oct. 1807.-C. C., sect. req.-M. Cochard, rap.

(2) (Les hérit. Blondel.)—Le tribunal;—Attendu qu'à l'époque de la publication de la loi du 8 avr 1791, Charles Blondel vivait encore, qu'il

art. 9, et les autres lois postérieures, ne sont pas applicables au cas d'une succession ouverte et recueillie sous l'empire de la loi du 15 mars 1790 : — «Considérant que, si le décret du 8 avril 1791 exclut le puîné, devenu aîné depuis son mariage contracté, même avant le 15 mars 1790, ce ne peut être que respectivement aux successions qui pourraient s'ouvrir depuis sa promulgation, puisqu'il ne dit pas que cette modification à la loi de 1790 doit avoir lieu pour les successions lors échues, puisqu'il faudrait qu'il portât une disposition positive pour opérer la rétroaction» (Rennes, 18 fév. 1811, aff. de Quelen C. de Quelen de Kprigent); — 2° Que la loi du 8 avril 1791, qui restreint les avantages de la masculinité au seul mâle marié, qui était aîné à l'instant du mariage, sans les étendre, comme la loi du 15 mars 1790, à celui même qui, n'étant pas aîné lors de son mariage, l'est devenu avant l'ouverture de la succession, n'empêche pas que ce dernier n'ait été irrévocablement saisi de tous les avantages de la masculinité, si la succession s'est ouverte sous la loi du 16 mars 1790, encore que le partage n'ait eu lieu que sous celle du 8 avril 1791 (Paris, sect. réun., 15 fév. 1817, M. Séguier, pr., aff. hérit. Sainte-Marie C. de Visseo et de Lubersac); — 3° Que l'assignation équitable accordée aux puînés par la loi du 15 nivôse an 9, abolitive du droit de primogéniture dans le Piémont, a pu être déterminée sur la consistance du patrimoine au jour du décès, alors qu'il est déclaré, en fait, qu'à l'époque de la loi le patrimoine n'avait pas essentiellement varié; que les imputations sur l'assignation équitable n'ont lieu que quant aux capitaux, et non quant aux arrérages de pension reçus par les puînés (Req. 21 avril 1808, MM. Muraire, pr., Bailly, rap., aff. Gui Albrion C. Louis Albrion et consorts).

SECT. 4.—*Des successions déférées aux ascendants.*

ART. 1.—*Des successions ordinaires déférées aux ascendants.*

209. Dans le droit romain, les *ascendants* étaient préférés à tous collatéraux, autres que les frères et sœurs germains, qui étaient admis au partage par tête. Le plus proche des ascendants recueillait toute la succession. La division par lignes ne s'opérait qu'entre ascendants du même degré. Ainsi étaient régis nos pays de droit écrit par la novelle 118. La *représentation* fut introduite par la novelle 127, au profit des neveux en concours avec les ascendants. — Ces deux novelles laissaient indécises plusieurs questions qu'on trouvera discutées par Lebrun, liv. 1, chap. 5, sect. 1; Serres, liv. 3, tit. 1; M. Merlin, Rép., v° Succession, sect. 1, § 3, art. 2.—Le droit coutumier avait sur le même objet les dispositions les plus variées. On a distingué jusqu'à douze espèces de coutumes. Dans la plupart, et notamment celles de Paris et d'Orléans, les père et mère, aïeux ou aïeules, succédaient aux meubles et acquêts. Dans d'autres, les aïeux ou aïeules ne succédaient pas, mais seulement le père et la mère; quelquefois le père et la mère ne recueillaient rien, pas même les meubles. Ailleurs, la mère était exclue ou par le père, ou par les parents paternels. En général, les ascendants ne succédaient pas aux propres (M. Merlin, Rép., v[is] *Paterna paternis* et Réversion).—La loi du 17 niv. an 2 donnait la préférence aux *frères* et à leurs descendants sur tous les ascendants, même le père et la mère. — Au conseil d'État on se prononça fortement contre ce système. Le législateur de l'an 2 alléguait pour motif que le père n'avait pas dû prévoir qu'il survivrait à ses enfants. Était-ce une raison suffisante de le dépouiller de droits que lui accorde la nature? La question s'est offerte aux auteurs du code sous un autre point de vue : ils ont considéré qu'il existe entre les enfants et leurs père et mère une dette d'aliments réciproque; qu'après tout, la part recueillie par le père ou la mère reviendrait aux frères et sœurs, leurs héritiers naturels (M. Locré, Lég. civ., t. 10, p. 290).—Selon le code, les ascendants excluent en général les collatéraux : dans certains cas ces deux successions ont réciproquement la préférence l'une sur l'autre; quelquefois elles se mêlent ou concourent ensemble. Ainsi les aïeux ou aïeules sont exclus par les frères et sœurs ou leurs descendants, qui concourent avec le père et la mère. Entre ascendants, ou s'il n'y a d'ascendants que d'un côté, la succession se divise par lignes, et la moitié passe au parent le plus proche de chaque ligne. La représentation n'a point lieu au profit des ascendants, qui, dans la même ligne et au même degré, succèdent par tête (art. 746 à 749).—Il a été jugé, sous l'empire de la loi du 17 niv. an 2, que dans le cas où un enfant était décédé laissant après lui sa mère survivante et des frères et sœurs utérins, sa succession était dévolue à la mère, mais concurremment avec les frères et sœurs utérins de l'enfant décédé (art. 82, 83, 86 et 89; Nîmes, 28 fév. 1820, M. Gonnot, av. gén., c. conf., aff. Bayle et Picon C. Lacroix).

210. Les lois romaines et l'ancienne jurisprudence déclaraient indignes de succéder à ses enfants du premier mariage la mère qui convolait à de secondes noces sans avoir fait nommer un tuteur à ses enfants mineurs et sans avoir rendu un compte de tutelle.—Il a été jugé : 1° que cette incapacité n'était pas encourue à l'égard de la succession des enfants décédés avant le convol (Nîmes, 28 fév. 1820, aff. Bayle, précitée);—2° Que la même incapacité n'a été abolie ni par la novelle 118, ni par la loi du 17 niv. an 2, art. 61 et 69, qui règlent d'une manière générale l'ordre des successions, mais sans entendre abroger les lois portant des exceptions spéciales au préjudice de certaines personnes privées en certains cas de leur droit (Req. 24 fruct. an 13, aff. Marie Combres, V. Mariage, n° 965-2°).

ART. 2. —*De la succession des ascendants aux choses par eux données, ou du retour légal.*

211. Selon l'art. 747, «les ascendants succèdent, à l'exclusion des autres, aux choses par eux données à leurs enfants ou descendants décédés sans postérité, lorsque les objets donnés se retrouvent en nature dans la succession. — Si les objets ont été aliénés, les ascendants recueillent le prix qui peut en être dû. Ils succèdent aussi à l'action en reprise que pouvait avoir le donataire.» — Cette succession, dite *anomale*, est encore appelée *droit de retour, réversion*. Il ne faut pas confondre ce retour légal avec le retour conventionnel, qu'on peut stipuler dans les donations, et dont il a été parlé v° Disposit. entre-vifs, n°s 1759 et suiv. Nous en remarquerons plus loin les différences.

§ 1.—*Historique, droit ancien.* — *Questions transitoires.*

212. Le retour légal a son origine dans le droit romain, qui le fondait sur deux motifs : l'un, d'épargner aux ascendants le désagrément de supporter la double perte de leurs enfants et des biens qu'ils leur avaient donnés : *Solatii loco, ne et filiæ amissæ et pecuniæ damnum sentiret*; l'autre, d'encourager la libéralité des ascendants, par l'espérance de recouvrer ce dont ils s'étaient dépouillés : *Ne circà liberos munificentia retardetur* (L. 6, ff., *De jur. dot.*; L. 4, C., *Sol. matrim.*). — Toutefois le droit de retour n'était accordé qu'aux ascendants paternels, et en vertu de la puissance paternelle, il ne s'exerçait que sur les dots et les donations en faveur de mariage. De plus, on lui attribuait le même effet qu'au retour conventionnel : la propriété et toutes les charges étaient résolubles par le prédécès du donataire sans

---

avait des enfants, et que ses enfants ont survécu à Adrien Blondel, leur aïeul;

Qu'aux termes de cette loi du 8 avr. 1791, et de celle antérieure, du 15 mars 1790, les mariés ou les veufs avec enfants pouvant seuls réclamer le bénéfice des exceptions qu'elles établissent, il faut reconnaître qu'en admettant ces exceptions, ces lois ont eu pour principal objet l'intérêt des enfants issus de mariages contractés sous le régime de l'inégalité des partages, et qu'ainsi le jugement attaqué, en adjugeant aux défenderesses la portion avantageuse que leur père aurait prise dans la succession de leur aïeul, s'il lui eût survécu, loin d'avoir violé ces lois, en a saisi l'esprit et rempli l'objet; — Attendu enfin que, quand même la manière dont l'art. 6 de la loi du 8 avril est rédigé présenterait quelque doute, il serait levé par cette disposition de l'art. 11 de la loi du 18 pluv. an 5, « ainsi que les enfants de ces mêmes personnes décédées depuis lesdites époques des 15 mars 1790 et 8 avr. 1791, » disposition qui s'adapte si parfaitement à l'espèce, que le tribunal d'appel ne pouvait se dispenser d'en appliquer, comme il l'a fait, le bénéfice aux enfants de Charles Blondel; — Rejette le pourvoi formé contre le jugement du tribunal d'appel de Rouen, du 21 therm. an 9.

Du 6 frim. an 11.-C. C., sect. civ.-M. Henrion, rap.

postérité. — En France, le droit de retour fut partout étendu à la mère et à tous les ascendants maternels, et on l'exerça indistinctement sur toutes sortes de donations entre-vifs, faites aux descendants même pour autre cause que le mariage. — Mais des effets différents lui furent attachés dans les pays de droit écrit et dans les pays de coutume. Dans les premiers, la propriété revenait au donateur libre de toutes dettes ; il l'eût revendiquée contre un acquéreur, comme dans le cas de retour conventionnel ; on suivait, en un mot, les lois romaines. Dans les pays de coutume, le droit de retour avait été converti en un véritable droit de succession. Il en portait le nom : « Les ascendants succèdent ès choses par eux données, etc., » disait l'art. 313 de la coutume Paris, reproduit à peu près par le code. Ils étaient soumis à toutes les obligations de l'héritier.—Dans quelques coutumes, et selon la jurisprudence de quelques provinces de droit écrit, notamment celle du parlement de Toulouse, les collatéraux aussi recouvraient les choses par eux données en faveur de mariage.— Le retour légal n'a plus lieu qu'au profit des ascendants ; il faudrait, de la part des collatéraux, une stipulation expresse. — Il a été jugé par application de l'ancien droit que : 1° l'art. 161 de la coutume de Blois, qui établissait un droit de retour des biens patrimoniaux au profit des héritiers collatéraux de l'époux donateur, dans le cas où il n'y avait pas d'enfants issus du mariage, ne contenait, quant à ce retour, aucune disposition d'ordre public, prohibitive de toute convention dérogatoire. — Est valable, par conséquent, la stipulation par laquelle deux époux, régis par la coutume de Blois, se sont fait, par leur contrat de mariage, une donation mutuelle de la moitié de leurs héritages matrimoniaux, sans qu'il y ait lieu à aucune réversion au profit de leurs héritiers collatéraux (Rej. 18 juill. 1836) (1); — 2° Le droit de retour légal avait lieu en pays de droit écrit, et spécialement en Dauphiné, au profit du père donateur, pour le cas de prédécès du donataire sans postérité, que la donation eût été faite par contrat de mariage ou de toute autre manière; il n'avait pas lieu au profit de la femme donatrice (Grenoble, 16 janv. 1828, aff. Cret C. Pion, V. Contr. de mar., n° 3852); — 3° L'art. 15 (titre des mariages) de la coutume de Labour, qui dispose que, si l'enfant né d'un mariage pour lequel l'époux décédé avait assigné des biens, décède lui-même sans enfants, frères et sœurs, ces biens retournent au plus prochain habile à succéder, doit être entendu en ce sens qu'il ne constitue pas un droit de retour ou de réversion au profit du donateur ou de ses héritiers, en cas de décès sans postérité, mais qu'il appelle à la succession le plus proche héritier, à l'extinction de l'usufruit du survivant (Req. 11 juill. 1833) (2).

213. Sous l'empire des lois intermédiaires, il a été décidé : 1° que le droit de retour, soit légal, soit conventionnel, a été aboli par la loi du 5 brum. an 2 (Toulouse, 19 nov. 1819, aff. Pelet C. Barrau); — 2° Que la loi du 17 niv. an 2 n'autorisait pas le retour légal, mais simplement les stipulations de retour; que toutefois cette loi et celle du 5 brum. an 2 ont conservé le droit de retour légal, en tant qu'applicable aux donations antérieures au 5 brum. an 2 (Req. 24 août 1824, aff. Camoin, V. n° 249).

214. Le code a renfermé toutes les règles de la matière dans un seul article, bien insuffisant pour résoudre les nombreuses questions qui en sont nées. La matière a été peu discutée au conseil d'État, où l'on s'entendait sur les bases. M. de Maleville va même jusqu'à dire que le procès-verbal est très-obscur. Il ne faut donc pas s'étonner de la diversité d'opinions et de jurisprudence sur cette partie de notre droit, déjà si fécond en controverses avant la législation nouvelle.

215. Au reste, c'est par la loi contemporaine de la donation, et non par la loi du décès, que doit se résoudre la question de savoir s'il y a lieu au retour légal (Agen, 20 (ou 28) fév. 1807, aff. Martin, V. n° 254).

§ 2.—*A quel titre l'ascendant reprend les choses données.*

216. C'est à *titre successif* que l'ascendant reprend la chose donnée. — Les ascendants succèdent, dit l'art. 747. On a vu *suprà*, n° 212, que la même expression était employée par la coutume de Paris, art. 313, et que ce caractère de droit successif était reconnu dans nos pays de coutume, à la différence des lois romaines et de la jurisprudence des pays de droit écrit.—Toutefois, le droit de l'ascendant est un droit mixte qui participe à la fois du droit de retour et du droit de succession. C'est une succession toute spéciale qui a ses règles à part, et l'une des grandes difficultés de cette matière est de distinguer sous quels rapports sont applicables ou non les règles des successions ordinaires.

Voici d'abord les points d'assimilation généralement admis entre les deux successions. — L'ascendant ne reprend la chose donnée qu'autant que le donataire n'en a pas disposé à titre onéreux ou gratuit, et même par testament (V. ci-après, § 3)—Il est tenu des *dettes* de la succession, dans la proportion de son émolument, et même *ultrà vires*, s'il n'a pas accepté sous bénéfice d'inventaire. C'était la décision des anciens, comme des nouveaux auteurs (Lebrun, liv. 1, chap. 5, sect. 2, n° 67; Rousseau de Lacombe, v° Réversion, n° 1; MM. Merlin, Rép., *ibid.*, sect. 2, § 2; Toullier, t. 4, n° 216; Delvincourt, t. 2, p. 18, note 4; Duranton, t. 6, n° 209; Favard, v° Success., sect. 3, § 2, n° 4). —La raison de douter se présente surtout dans le cas où l'actif de la succession ne se composerait que de la chose donnée. On pourrait dire : La quotité du droit de l'ascendant est ici spéciale et déterminée par l'acte de donation, qui supplée l'inventaire.— Mais l'ascendant a été saisi comme héritier ; il représente donc le défunt *in universum jus*; si de fait leurs biens ne sont pas confondus, leurs qualités personnelles le sont de droit. D'ailleurs, un inventaire même fidèle ne suffirait point en général pour affranchir des dettes celui qui ne se serait pas porté, en outre, héritier bénéficiaire (c. nap. 793).—Il est dû par l'ascendant un droit proportionnel de *mutation*; il ne serait dû qu'un droit fixe, s'il s'agissait d'un simple retour. C'est ce qu'a jugé la cour suprême, le 8 fév. 1814, v° Enregist., n° 4041 (Conf. Duranton, t. 6, n° 215, et Delvincourt, t. 2, p. 18, note 3; Vazeille, sur l'art. 747, n° 2).

---

(1) (Pornay C. Angineau.) — La cour ; — Attendu qu'il résulte de l'arrêt attaqué que, par leur contrat de mariage, passé devant le notaire de Valençay, le 8 juill. 1791, les époux Angineau se sont fait respectivement donation « de la moitié de leurs héritages patrimoniaux, sans qu'il y ait lieu à aucune réversion au profit de leurs héritiers collatéraux ; » — Attendu que l'art. 161 de la coutume de Blois, qui établit un droit de retour des biens patrimoniaux, au profit des héritiers collatéraux de l'époux donateur, quand il n'y a pas d'enfants issus du mariage, ne contient aucune disposition prohibitive de toute stipulation contraire à ce droit de retour ; — Attendu qu'il ne résulte pas de la jurisprudence et de l'opinion des auteurs qui ont écrit sur la coutume de Blois, qu'il fût interdit de déroger au retour des biens patrimoniaux donnés aux époux ; — Attendu que ce retour, prescrit par l'art. 161 précité, ne formait point le droit général de la France, et n'a point le caractère d'un principe d'ordre public auquel les conventions particulières ne pouvaient porter atteinte ; — Attendu, dès lors, qu'en validant la clause du contrat de mariage des époux Angineau, exclusive de la réversion à leurs héritiers collatéraux de la moitié de leurs biens patrimoniaux, dont ils se faisaient donation, l'arrêt attaqué (de la cour de Bourges, du 5 juin 1835) n'a pas violé l'art. 161 de la coutume de Blois ; — Rejette.

Du 18 juill. 1836.-C. C., ch. civ.-MM. Portalis, 1er pr.-Thil, rap., Tarbé, av. gén., c. conf.-Dalloz et Piet, av.

(2) (Bérindoagne C. hérit. Dorcasberro.) — La cour ; — Attendu que la cour royale de Pau a reconnu et déclaré, en fait, que le contrat de mariage du 29 avr. 1790 ne contenait ni directement ni indirectement aucune stipulation sur le droit de retour, et que, dès lors, il ne s'agit pas de savoir si le retour conventionnel doit être régi par la loi du contrat ou par la loi de la succession ; — Attendu qu'en disant, par l'art. 15, titre des mariages, que, si l'enfant né d'un mariage pour lequel l'époux décédé avait assigné des biens, décédait lui-même, sans enfants, frères et sœurs, ces biens retournent au plus prochain habile à succéder, la coutume de Labour n'a pas constitué un droit de retour ou de réversion au profit du donateur ou de ses héritiers, en cas de décès sans postérité; elle n'a nullement dérogé aux lois sur les successions ; c'est, au contraire, le plus prochain habile à succéder qu'elle appelle, à l'extinction de l'usufruit du survivant, conformément aux art. 12, 13 et 14 du même titre ;

Attendu qu'il ne s'agit, dès lors, dans la cause, que d'une succession ordinaire et de droits successifs soumis, par conséquent, à la loi du décès ;

D'où il résulte qu'en ordonnant, conformément aux dispositions du code civil, le partage de la succession dont il s'agit, ouverte le 31 oct. 1811, la cour de Pau (arrêt du 8 août 1832) a fait une juste application des principes relatifs à la matière ; — Rejette.

Du 11 juill. 1833.-C. C., ch. req.-MM. Zangiacomi, pr.-Mestadier, rap.

217. De ce que le retour a lieu à titre successif, il suit encore : 1° que l'*ascendant* ne renoncerait pas valablement à son droit pendant la vie du donataire, toute renonciation à succession future étant nulle (Chabot, n° 7); — 2° Que s'il n'a pas *survécu* au donataire, il n'a pas transmis le droit de retour à ses propres héritiers; — 3° Qu'avant l'abolition de la *mort civile* par la loi du 31 mai 1854, la mort civile du donataire donnait ouverture au droit de retour comme la mort naturelle, s'il n'avait pas de postérité (Toullier, t. 4, n° 239 et suiv.; Duranton, t. 6, n° 207; Vazeille, sur l'art. 747, n° 14; Massé et Vergé sur Zachariæ, t. 2, p. 284, note 1). — Jugé même, quant à la mort civile du donataire, avec confiscation de biens, qu'elle donne ouverture au droit de retour en faveur de l'ascendant donateur, alors même que le donataire a des enfants, et que la confiscation n'est pas exécutée, surtout si, comme dans l'espèce, la donation avait été faite à la charge par le donataire de nourrir et d'entretenir le donateur : « Considérant que loin de violer la loi ou de l'appliquer faussement à l'espèce, l'arrêt (de la cour de Montpellier, du 19 pluv. an 12) s'est justement conformé à la jurisprudence la plus favorable aux enfants, en décidant que par la mort civile du donataire avec confiscation des biens, l'ascendant donateur rentre de plein droit dans la propriété des biens donnés, quoique le donataire ait des enfants; rejette, etc. » (Rej. 13 mess. an 13, MM. Muraire, pr., Cassaigne, rap., aff. hérit. Romieu).

218. La déclaration d'absence donne ouverture au droit de retour légal des biens donnés à l'absent, de même que s'il était décédé (Nancy, 31 janv. 1833, aff. Baradel; V. Absent, n° 669).

219. L'*indignité* et l'*incapacité* de succéder s'appliquent au retour légal, comme à la succession ordinaire (Chabot, sur l'art. 747, n° 15; Marcadé, même article).

220. Nous venons de signaler quelques règles communes au retour légal et à la succession ordinaire; voyons maintenant les points de dissemblance entre ces deux successions.

L'ascendant *succède* aux choses par lui données, *à l'exclusion de tous autres*, dit l'art. 747. Il prend *hors part* les biens donnés : c'est une sorte de préciput. — D'un autre côté, l'ascendant exclut même le parent plus proche dans sa ligne, et, par exemple, le père ou la mère du défunt. — Autrefois, divers parlements s'opposaient à cette exclusion en se fondant sur la loi 6, ff., *De collat.*, qui accorde au père la réversion de la dot constituée par l'aïeul paternel. Mais cette loi dispose ainsi, par le motif que les pères étaient obligés de doter leur enfants, et que l'aïeul, qui donnait la dot, acquittant la dette du père, était censé donner pour le père et à sa décharge. Or l'obligation de doter n'est plus dans nos lois (c. nap. 204), et même l'exécution de la loi citée serait inconciliable avec l'art. 951, qui ne permet de stipuler le retour qu'au profit du donateur seul. Dans les pays de coutume, l'aïeul excluait toujours le plus proche de l'autre ligne; quelques auteurs voulaient qu'il en fût autrement, si dans sa ligne se trouvait l'héritier plus proche (Duplessis, sur l'art. 313 de la coutume de Paris; M. Merlin, Rép., v° Réversion, sect. 2, § 2, art. 3, n° 5). Cette distinction tenait à des principes particuliers au régime des propres. Aujourd'hui, le texte de l'art. 747, conforme d'ailleurs à l'opinion la plus accréditée avant le code Napoléon, est positif et ne laisse plus de doute. L'ascendant a la préférence sur tous parents autres que les enfants ou descendants du donataire. Ceux-ci morts, on doit lui rendre ce dont il ne s'était dépouillé qu'en leur faveur (Lebrun, liv. 1, chap. 5, sect. 2, n° 14; Pothier, des Success., chap. 2, § 2; Charondas, sur l'art. 313 de la cout. de Paris; Lalande, sur l'art. 325 de celle d'Orléans; MM. Chabot, n° 3; Delvincourt, t. 2, p. 19, note 6; Duranton, t. 6, n° 204; Toullier, t. 4, n° 217; Delaporte, Pand. franç., sur l'art. 747; Massé et Vergé sur Zachariæ, t. 2, p. 285, note 3.

221. De ce que l'ascendant succède aux choses par lui données, à l'exclusion de tous autres, et même de parents plus proches dans sa ligne, il suit que l'hérédité du donataire présente dans ce cas deux successions distinctes qui n'ont ni les mêmes biens, ni les mêmes héritiers, ni les mêmes règles de transmission. Or, s'il y a deux successions distinctes et que le vœu certain du législateur soit de faire profiter l'ascendant seul des biens donnés par préférence à tous parents autres que la postérité du donataire, il suit encore à notre sens qu'il n'y a pas lieu d'appliquer les règles des successions ordinaires qui auraient pour effet d'avantager indirectement ces parents au détriment de l'ascendant. A l'égard du donataire lui-même et des tiers envers lesquels le donataire s'est obligé, l'ascendant est bien dans la position d'un héritier ordinaire; mais pour ses rapports avec les héritiers eux-mêmes, il est privilégié; ceux-ci n'ont rien à prétendre ni directement ni indirectement sur la chose donnée.

222. D'où la conséquence, à notre sens, que la chose donnée ne doit pas, si les autres biens sont insuffisants, entrer en compte pour fournir la réserve à des ascendants d'une autre ligne, ou à un ascendant plus proche de sa ligne, au père, par exemple. — On objecte que d'après l'art. 922 c. nap., la réserve se prend sur tous les biens qu'avait le défunt à son décès, et que les deux successions, anomale et régulière, font une même masse, une même hérédité. — Le prélèvement, dit-on encore, n'est permis à l'ascendant que jusqu'à concurrence des droits privilégiés, des charges réelles, qui grèvent le bien donné; et la réserve est une dette qui a ce double caractère. Si le donataire avait disposé des biens, le donateur ne pourrait les réclamer; à plus forte raison, si c'est la loi elle-même qui en dispose par les motifs les plus sacrés. — Nous répondons : L'art. 922 n'a point prévu ce cas particulier; la cause du donateur, qui ne s'était dépouillé que sous une condition tacite de retour, est plus favorable que la prétention, toute lucrative, des héritiers même à réserve. Il est plus conforme à l'équité et à l'esprit de l'art. 747, de séparer les deux successions, plutôt que de les confondre. La réserve n'est due que par la succession ordinaire : en effet, d'après l'art. 915, les ascendants n'ont droit à une réserve que *dans l'ordre où la loi les appelle à succéder*; or cet ordre n'est observé que pour la succession ordinaire, puisque les ascendants, même plus proches, sont exclus par le donateur de la succession anomale. — Enfin, l'insuffisance des notions, tirées de la loi même, fait, en cette matière plus qu'en toute autre, sentir le besoin de tenir sévèrement au texte, pour éviter l'arbitraire. Telle est aussi l'opinion soutenue, avec plus ou moins d'hésitation par MM. Chabot, n° 17; Duranton, t. 6, n° 229; Delvincourt, t. 2, p. 19, note 1; Favard, v° Success., sect. 3, § 2, n° 6; Delaporte, Pandect. franç., sur l'art. 747; Toullier, t. 5, n° 129; Vazeille, sur l'art. 747, n° 9; Marcadé, même article, n° 9; Massé et Vergé sur Zachariæ, t. 2, p. 293, note 4.

223. Quelques-uns de ces auteurs pensent cependant que, s'il s'agissait de la réserve du donateur lui-même, elle devrait être imputée sur la chose donnée (MM. Chabot, n° 15-6°; Duranton, t. 6, n° 228; Delvincourt, t. 2, p. 19, note 5). Cette opinion est inconciliable avec celle qu'ils ont émise dans l'espèce précédente. Ils disent ici : 1° Ce qu'un successible prend à titre héréditaire s'impute toujours sur sa réserve. Mais cette règle n'est pas plus faite pour le cas particulier que l'autre règle générale, posée par l'art. 922, dont nous parlions tout à l'heure. Il y a ici deux successions distinctes, et c'est la succession ordinaire qui doit seule la réserve. — La loi appelle l'ascendant à l'*exclusion de tous autres*; mais si la chose donnée se compte sur sa portion, il aura d'autant moins dans le surplus de l'hérédité. Les autres héritiers se trouveront donc, au moins indirectement, succéder avec lui à la chose donnée. On traitera l'ascendant comme s'il n'avait qu'un seul titre, celui d'héritier; et la loi, eu égard à la qualité de donateur, lui accorde un droit mixte, une sorte de préciput. Or les biens reçus à titre de préciput ne s'imputent point sur la légitime. — 2° La loi, dit M. Duranton, ne considère jamais l'origine des biens, pas plus pour la formation des réserves que pour la dévolution aux héritiers. Cela est vrai en général, mais non quand il existe un ascendant donateur, puisqu'alors c'est l'origine même de la chose donnée qui fonde le droit de l'ascendant. — 3° Le donataire, dit-on encore, pouvait disposer des biens donnés comme de ses biens ordinaires; donc, en donnant ces derniers, il est censé avoir entendu que les autres fourniraient à leur place les réserves de l'ascendant. Outre que cette supposition est toute gratuite, l'intention du donataire n'est pas même à rechercher; car les conditions sous lesquelles doivent venir les héritiers à une succession sont indépendantes de la volonté de l'homme, tant qu'elle n'a pas été manifestée dans la forme d'un acte de disposition. Notre interprétation est celle de MM. Favard et Delaporte, Vazeille, Marcadé, Massé et Vergé, *loc. cit.* — V. aussi v° Disposit. entre-vifs, n° 1083

224. Du principe que l'hérédité du donataire présente à l'égard de l'ascendant donateur deux successions distinctes, il suit que l'ascendant, quand il est appelé en même temps comme héritier, peut renoncer à la succession ordinaire pour s'en tenir aux biens donnés. La maxime *Hæreditas pro parte adiri nequit*, n'est applicable qu'au cas d'une seule et même hérédité. On oppose l'indivisibilité de la qualité d'héritier. Mais l'ascendant, en renonçant à la succession ordinaire, ne scinde pas son titre, puisqu'il en a deux. La loi elle-même reconnaît qu'il peut être héritier quant à la chose donnée, et non héritier quant aux autres biens du défunt; car il est exclu du reste de la succession, si c'est un aïeul, par le père, par les frères et sœurs et leurs descendants (Conf. Chabot, n° 16; Merlin, Rép., v° Réversion, § 2; Duranton, t. 6, n° 210; Favard, sect. 3, § 2, n° 5; Vazeille, sur l'art. 747, n° 3; Marcadé, sur l'art. 747, n° 12; Massé et Vergé sur Zachariæ, t. 2, p. 285, note 3; et parmi les anciens auteurs, Lebrun, liv. 1, chap. 5, sect. 2, n° 4; Ferrière, sur l'art. 313 de la commune de Paris, § 3, n° 3; Duparc-Poullain, sur la coutume de Bretagne, t. 3, p. 683, note *a*, et dans ses Principes du droit, t. 4, p. 254, où il cite un arrêt du parlement de Bretagne, du 28 juillet 1744. — *Contrà*, Toullier, t. 4, n° 219, et Delvincourt, t. 2, p. 18, note 4; Pothier, des Success., chap. 2, sect. 2, art. 3, § 2; et Duplessis, *ibid.*, liv. 3, chap. 2). — Quant à l'intérêt de notre question, il est à remarquer que l'ascendant, comme tous les auteurs en conviennent, est tenu des dettes *pro modo emolumenti* sur l'une ou l'autre succession. Mais il est possible que les objets donnés aient un prix d'affection, ou encore que, donataire sans la clause de préciput, l'ascendant veuille s'en tenir à la chose dont il s'est dépouillé, pour ne pas faire rapport de l'autre don à la succession ordinaire.

225. Si l'ascendant n'a pas borné exclusivement son acceptation aux choses par lui données, est-il censé avoir accepté la succession pour le tout? La solution dépendra des circonstances du fait. Mais dans le doute on présumera l'acceptation des deux successions (Toullier, t. 4, n° 237; Marcadé, art. 747, n° 12.— *Contrà*, Vazeille, n° 4, qui limite alors l'acceptation aux biens donnés).

226. On vient de voir que l'ascendant peut reprendre la chose donnée, lors même qu'en concours avec des parents plus proches dans sa ligne, il n'est pas appelé à la succession ordinaire. — Cependant le retour légal n'a lieu qu'entre personnes qui ont des rapports de successibilité, qui peuvent être héritières l'une de l'autre.—L'aïeul d'un enfant naturel ne lui succède pas. Si donc il avait doté cet enfant, l'art. 747 ne serait pas applicable. La reconnaissance du père est un acte étranger à l'aïeul, qui, aux yeux de la loi, n'est pas même censé parent ou ascendant de l'enfant reconnu. — Mais le père de l'enfant naturel, habile à lui succéder, pourrait, à la différence de l'aïeul, exercer le retour légal. L'art. 766 c. nap. accorde l'action en reprise des biens donnés, même au frère légitime de l'enfant naturel; à plus forte raison doit-elle appartenir au père donateur. — Cette distinction est faite par tous les auteurs (MM. Chabot, n° 3, et Delaporte, Pandect. franç., sur l'art. 747; Duranton, t. 6, n° 221; Vazeille, sur l'art. 747, n° 12; Marcadé, art. 747, n° 1), à l'exception de M. Malpel, qui se borne à objecter que l'art. 747 est placé dans une section qui ne s'occupe que des ascendants légitimes.

227. Nous avons dit plus haut que le retour légal avait été établi, entre autres motifs, pour encourager la libéralité des ascendants. Il n'a donc lieu que pour les *choses données* (c. nap. 747), mais non pour les biens procédant d'un contrat à titre onéreux.—Jugé spécialement qu'il ne s'applique point aux actes qui ont réellement le caractère de contrat à titre onéreux, quoique qualifiés donation (Nancy, 31 janv. 1833, aff. Baradel, V. Absent, n° 669; trib. de la Seine, 6 juill. 1849, aff. Rossignol, D. P. 49. 3. 76).

228. C'est ainsi encore qu'il a été décidé que l'aumône dotale destinée à fournir à tous les besoins de sa fille, est, de la part du père, l'acquittement d'un engagement aléatoire contracté par lui pour se dégager de l'obligation naturelle et légale de nourrir et d'élever son enfant, et nullement une donation faite à la communauté; d'où il suit que, dans le cas de prédécès de la fille, la somme formant l'aumône dotale ne fait pas retour au père, et reste acquise au couvent, quelle qu'ait été d'ailleurs la durée de l'existence de la jeune personne, et son état de santé et de maladie (Agen, 12 juill. 1836, MM. Tropamer, pr., aff. Sousseyrac).

229. Le retour légal n'a lieu qu'autant qu'il y a eu une donation entre-vifs de biens présents, comportant dessaisissement du donateur. Les donations contractuelles de biens à venir qui ne saisissent pas le donataire actuellement, ne font pas retour par son prédécès sans postérité; elles deviennent seulement *caduques* (c. nap. 1089).

230. Un partage d'ascendant entre-vifs est assimilé, pour le droit de retour légal, à une donation entre-vifs ordinaire. — Jugé que lorsque l'un des enfants copartageants décède sans postérité, c'est à l'ascendant que les biens appartiennent, par l'effet du retour légal, et non aux autres enfants copartageants par voie d'accroissement (Lyon, 2 avril 1840, aff. demoiselle Naville, V. n° 240; Douai, 14 mai 1851, aff. Houllier, D. P. 52. 2. 276. —Conf. Merlin, Rép., v° Part. d'asc., n° 19; Delvincourt, t. 2, p. 361; Toullier, t. 5, n° 814; Genty, Part. d'asc., p. 209 et 285; Marcadé, sur l'art. 1078, n° 2; Massé et Vergé sur Zachariæ, t. 2, p. 288, note 1).

231. Toutefois, à l'égard du retour conventionnel, il a été jugé que les partages anticipés, faits sous la forme de donations entre-vifs, dans lesquels la réserve du droit de retour n'est pas stipulée, ne renferment pas implicitement, comme les donations à titre d'avancement d'hoirie, la réserve de ce droit (Montpellier, 11 janv. 1833, M. de Trinquelague, pr., aff. Deltour *C.* Pons; V. Disposit. entre-vifs, n°s 1750 et s.).

§ 3. — *Comment faut-il que la chose donnée se retrouve dans la succession.*

232. Aux termes de l'art. 747 c. nap., une des conditions du droit de retour est que « les objets donnés se retrouvent *en nature* dans la succession. » —Le sens de ces mots, *en nature*, a été fort débattu. La pensée du législateur est qu'il soit possible de distinguer la chose donnée des autres biens de la succession. Il n'a pas voulu, en outre, retirer cette chose de la circulation, en rendre l'aliénation et les charges résolubles, comme dans le cas de retour conventionnel. A défaut de la chose, la loi remet à l'ascendant « le prix qui peut en être dû, » ou « l'action en reprise que pouvait avoir le donataire. »

233. Pour que la chose donnée soit réputée *se retrouver en nature*, faut-il que la chose elle-même reste *identiquement* dans la succession? Peut-on admettre, par fiction, des équipollences, des transformations, des subrogations ou remplacements? Il s'est élevé à cet égard de grandes controverses. M. Marcadé, p. 89 à 93, dont la doctrine est approuvée par MM. Massé et Vergé sur Zachariæ, p. 290, n° 11, est celui de tous les nouveaux auteurs qui donne aux expressions de l'art. 747 le sens le plus restrictif. Il s'est efforcé d'établir que la réversion n'a jamais lieu qu'autant que l'objet lui-même est encore dans la succession; il ne fait exception que pour le don d'une somme d'argent. Alors il ne sera pas nécessaire, à raison de la fongibilité de l'argent, qu'on retrouve les mêmes pièces de monnaie.—A l'appui de cette théorie, on insiste sur le texte même de l'art. 747. Ces mots *se retrouvent en nature*, sont bien plus limitatifs que si l'on avait dit *se retrouvent dans la succession*, et ne permettent pas d'admettre des équivalents. D'ailleurs l'article ajoute que « si les objets ont été aliénés, les ascendants recueillent le prix qui peut en être dû. » Si l'on a fait une disposition spéciale pour cette faculté de prendre le prix encore dû, c'est qu'on y a vu une exception au principe posé d'abord. Le principe est donc que le retour n'a lieu que pour la chose même qui a été donnée, sans qu'elle puisse être représentée par une autre chose. Et même si l'on a voulu que le prix encore dû représentât l'objet aliéné, c'est qu'à défaut du payement l'aliénation n'est pas consommée. Mais il en résulte bien que le retour ne serait plus possible, si le prix était une fois entré dans le patrimoine du donataire. Autrefois, en invoquant les règles de la succession coutumière relatives aux *propres* et aux *acquêts*, on étendait par des fictions le droit de retour légal. L'art. 747 c. nap., par sa concision énergique et précise, a eu pour but de mettre fin aux incertitudes et aux subtilités de l'ancien droit.—A cette doctrine de M. Marcadé on peut opposer surtout l'interprétation de M. Maleville, celui de tous les commentateurs qui entend les mots *en nature* dans le sens le plus large. Il pense que le droit de retour ne doit cesser que lorsque la chose donnée « a péri dans les mains du donataire, ou a été dissipée par lui sans emploi utile. » *Dans tous les autres cas*, selon lui, il faut que la chose donnée ou son équivalent revienne au donateur. Il se fonde sur la grande maxime d'équité : *Nemo debet locupletari cum damno alterius.*

Entre ces deux théories extrêmes se place une doctrine moins absolue et plus accréditée, que nous allons apprécier successivement dans son application à diverses hypothèses.

234. Et d'abord une somme a été donnée sans désignation des espèces; la succession renferme une quantité égale ou plus forte de numéraire. L'ascendant reprendra-t-il ce dont il avait disposé? Sans doute, on n'est pas sûr que l'argent rendu soit absolument le même que l'argent donné. Mais les choses fongibles sont toujours représentées par d'autres choses de même nature. C'est la valeur qu'il faut considérer, et non les corps spécifiques : *totidem est idem* (Conf. MM. Chabot, n° 21; Toullier, n° 227; Maleville, t. 2, p. 221; Massé, Parfait notaire, t. 3, p. 34; Favard, sect. 3, § 2, n° 11; Delaporte, Pand. franç., t. 3, p. 73; Delvincourt, t. 2, p. 18, note 5; Grenier, des Donations, t. 2, n° 598; Vazeille, sur l'art. 747, n° 26; Rej. 30 juin 1817, aff. Lemarchand, n° 235).—M. Duranton, t. 6, n°s 235 à 239, n'admet la réversion qu'au cas où par une déclaration d'emploi ou autres circonstances, on pourra constater l'identité de la somme donnée. — L'intention du législateur, dit-il, est que l'ascendant ne reprenne sa chose qu'autant qu'elle est parfaitement distincte, impossible à confondre avec le reste de la succession. Ainsi, il n'a droit au prix de la chose aliénée que *s'il est encore dû*. L'art. 747, par cette restriction, exclut nécessairement la règle que le numéraire remplace toujours du numéraire de même valeur; car autrement l'ascendant pourrait, si le prix avait été payé, reprendre la même somme d'argent sur le numéraire qui se trouverait dans la succession. — Ce numéraire, au surplus, retrouvé peut-être vingt ou trente ans après la donation, peut provenir en tout ou en grande partie de l'industrie du donataire. Et c'est cette difficulté de distinguer, dans les vicissitudes de la fortune, l'origine d'une somme d'argent ou d'autre chose fongible qui doit faire décider dans tous les cas que les choses fongibles sont censées consommées, lorsqu'elles ont été confondues avec les autres choses de la même personne. M. Duranton conteste, d'ailleurs, comme trop absolue, la règle posée par les adversaires, et qui leur fait dire que, dans les choses fongibles, l'espèce est toujours représentée par le genre; que l'espèce existe toujours en nature dans une autre espèce du même genre. Cela est vrai, surtout à l'égard des débiteurs de quantités, comme les emprunteurs par prêt de consommation. — Mais la loi nous offre des exemples contraires. L'art. 1238 ne permet pas de répéter, contre le créancier qui l'a consommée de bonne foi, « une somme d'argent ou autre chose qui se consomme par l'usage, quoique le payement en ait été fait par celui qui n'en était pas propriétaire ou qui n'était pas capable de l'aliéner. « La loi suppose ici que le créancier, après avoir reçu 100 francs, par exemple, a compté ces 100 francs même à un de ses créanciers : eh bien ! le véritable propriétaire des espèces ne pourra les réclamer, le créancier possédât-il une plus grande quantité d'espèces du même genre : et cependant sa réclamation serait accueillie, si les espèces trouvées dans les mains du créancier étaient identiquement celles sorties de la bourse du véritable propriétaire. Le numéraire ne remplace donc pas toujours du numéraire de même valeur. Témoin encore l'art. 1250, n° 2; les lois romaines 11, § 2; 19, § 1, ff. *De reb. credit.*; 78, ff., *De solut.*, et le § 2, *Instit. quib. alien. licet, vel non.*—M. Marcadé, *loc. cit.*, n'admet pas non plus, d'une manière absolue, la fongibilité de l'argent. Il prévoit le cas où la somme d'argent a été placée chez un banquier ou prêtée sur hypothèque. Il a été entendu que le banquier ou l'emprunteur se libérerait plus tard en d'autres choses de mêmes espèce et quantité. C'est ce qui fait alors que la somme rendue est réputée celle qui a été livrée et qui venait de l'ascendant. Mais hors ce cas d'emploi déterminé, la fongibilité ne peut être invoquée par l'ascendant. Ainsi, par exemple, et quoique la succession présente un numéraire bien plus considérable que la somme donnée, M. Marcadé ne croit pas le retour possible, s'il est établi que ce numéraire a une autre origine que le don de l'ascendant, et que la somme donnée a été ou perdue, ou dissipée, ou employée à des acquisitions. — Jugé, dans ce dernier sens, que la disposition de l'art. 747 c. nap. n'est pas applicable au cas où la chose donnée est une somme d'argent, surtout lorsqu'il s'est écoulé un long temps entre la donation et le décès du donataire, qui, dans l'intervalle, a fait des acquisitions (Bruxelles, 24 juill. 1828, aff. P... C. C..., V. Contrat de mariage, n° 3011).

235. Que décider si des obligations, des billets et effets publics ont été donnés, et qu'il ne se trouve dans la succession que du numéraire, ou s'il a été donné du numéraire, et qu'il ne se trouve que des obligations, des billets ou des effets publics? — Il a été jugé que l'ascendant qui a donné une somme d'argent peut exercer le droit de retour légal sur les effets de commerce et les créances qui se trouvent dans la succession du donataire (Rej. 30 juin 1817) (1). La même opinion est soutenue par les auteurs qui admettent le retour dans l'espèce ci-dessus. En effet, dit-on, les billets et le numéraire sont équipollents, en ce que les uns sont un moyen d'avoir l'autre. Le possesseur du titre est censé avoir l'argent en nature, d'après la loi 143, ff., *De verb.*

(1) *Espèce* : — (Les hér. Lemarchand.) — Le 6 août 1811, Guillaume-Bruno Lemarchand reconnaît avoir reçu de son père une somme de 50,000 fr. pour son établissement. Il décède sans postérité, le 19 avril suivant. — Plusieurs collatéraux se présentent pour recueillir sa succession. — Lemarchand père prétend d'abord, et en vertu de l'art. 747, prélever sur la succession de son fils les 50,000 fr. par lui donnés. — Les collatéraux contestent, sous prétexte que la somme de 50,000 fr. ne se retrouve pas en nature. — Le 30 mai 1815, jugement du tribunal de Rouen, qui rejette les prétentions du père. — Appel, et le 11 janv. 1816, arrêt infirmatif de la cour de Rouen : « Attendu que l'art. 747 exige seulement que les objets donnés se retrouvent en nature, et non pas qu'ils soient identiquement les mêmes; qu'autrement ce serait rendre illusoires les dispositions de l'art. 747, lorsque les choses données consisteraient en une somme, soit en espèces métalliques, soit en effets commerciaux, puisque, si un père donne des espèces métalliques ou des effets de commerce à son fils qui veut s'établir, c'est dans l'intention que celui-ci fasse usage des capitaux donnés, et que, dès lors, si ce fils vient à mourir sans postérité, il est bien certain qu'on ne retrouvera pas dans la succession les mêmes espèces métalliques ni les mêmes effets commerciaux qui lui avaient été donnés; que la chose donnée par le sieur Lemarchand père se retrouve en nature dans la succession de Guillaume-Bruno Lemarchand, son fils, tant en numéraire qu'en effets de commerce, obligations et contrats, et que, conformément audit art. 747, il a droit d'y succéder, à l'exclusion de tous autres; que si l'on considère le fils comme ayant prêté ou aliéné temporairement la chose à lui donnée, le donateur, aux termes de cet article, a le droit de recueillir ce qui est dû, et même de succéder à l'action en reprise que son fils pourrait avoir; qu'il est avantageux et même utile pour la morale et l'intérêt public, de favoriser de pareils avantages de la part des pères en faveur de leurs enfants; que, dans le fait particulier, il est reconnu qu'il existe dans la succession de Guillaume-Bruno Lemarchand, tant en numéraire qu'en billets de commerce, obligations et contrats, au moins une somme de 52,420 fr., sauf au sieur Lemarchand père à contribuer aux dettes *pro modo emolumenti*. »

Pourvoi des collatéraux. — Arrêt.

LA COUR; — Attendu que le code civil a eu pour objet de rétablir les ascendants donateurs dans les droits naturels que leur reconnaissait l'ancienne jurisprudence, et dont la loi du 17 nivôse les avait privés par son silence; — Attendu que le droit de succession consacré par l'art. 747 n'est point une simple exception à la règle de l'irrévocabilité des donations, mais un droit spécial, fondé sur l'équité et sur une stipulation tacite présumée que les ascendants qui donnent à leurs descendants n'ont en vue que leur postérité, et non des étrangers envers lesquels ils ne sont pas censés vouloir se dépouiller, s'ils ont la douleur de survivre à leurs enfants; — Attendu que, suivant l'esprit et le texte de cet article, les ascendants donateurs ont le droit exclusif de succéder aux choses par eux données à leurs descendants décédés sans postérité, lorsqu'elles se trouvent en nature dans leur succession; — Attendu que, dans l'espèce, il est jugé, en fait, par l'arrêt attaqué, que les 50,000 fr., donnés par Lemarchand père à son fils Bruno se sont trouvés dans la succession de ce dernier, et qu'en jugeant, en droit, que cette même somme, quoique composée tout à la fois d'argent, d'effets de commerce et obligations valant numéraire, s'y était trouvée en nature, et en ne mettant pas de distinction entre ces valeurs qui, dans l'état actuel de la législation, n'en reçoivent aucune dans l'usage, la cour royale de Rouen n'a point violé la loi, mais n'a fait, au contraire, qu'une juste application de l'art. 747 du code; — Rejette, etc.

Du 30 juin 1817.-C. C., sect. civ.-MM. Desèze, 1er pr.-Legonidec, r.

signif., qui habere videtur, de quo habet actionem, habere enim quod peti potest. — M. Grenier, t. 2, p. 342, énonce la question sans la résoudre, ou plutôt il ne présente que des doutes, tout en paraissant incliner vers le système de l'arrêt, puisqu'il enseigne que tous les papiers ayant cours de monnaie doivent être soumis au droit de retour. — M. Duranton, t. 6, nos 235 à 239, soutient le système contraire dans le deux hypothèses, soit que la succession offre du numéraire à la place de numéraire, soit des billets ou créances.—M. Marcadé, art. 747, no 5, n'admet le retour ou la fongibilité que dans le cas d'emploi déterminé : si, par exemple, le donataire ayant fait un prêt en numéraire ou en valeurs négociables, reçoit des valeurs au lieu de numéraire ou du numéraire au lieu de valeurs.

236. Si l'objet a été *échangé*, l'ascendant succédera-t-il au bien donné en contre-échange? La négative semble résulter de ce que la subrogation est de droit étroit; qu'elle ne s'opère que dans les cas spécialement prévus.— Ce principe néanmoins n'est pas si rigoureux à l'égard de la subrogation d'une personne appelée aux droits généraux d'une autre. Les auteurs distinguent deux subrogations dites, l'une réelle, l'autre personnelle. La seconde embrasse généralement les choses substituées à celles qui ont été aliénées. On peut en citer plusieurs exemples (L. 70, § 3; 71 et 72, ff., *De legat.* 2°; c. nap. 132, 1407). — Le code statue ainsi, même quant aux biens dotaux (art. 1559), quoiqu'il eût déclaré d'abord qu'à moins de stipulation expresse dans le contrat de mariage, l'immeuble acheté des deniers dotaux ne serait point dotal. — Ici la subrogation n'est pas simplement d'une chose à une autre chose, mais de la personne à la personne, puisque le donateur est héritier. — On peut dire ensuite que l'art. 747, en ne permettant la reprise du prix qu'autant qu'il serait encore dû, a pour motif que le prix n'est point alors confondu avec les autres biens du donataire : ce qui paraîtrait autoriser la reprise, sous l'unique condition qu'il n'y ait pas confusion. Or, dans l'espèce, l'objet reçu en échange est supposé distinct, facile à reconnaître. — Enfin, l'ancienne jurisprudence admettait la subrogation dans ce cas, bien qu'elle ne l'étendît pas, comme le code, jusqu'au prix encore dû (Conf. MM. Chabot, no 22; Merlin, *loc. cit.*; Delvincourt, p. 19, note 4; Duranton, t. 6, no 235; Malpel, no 125-1°; Vazeille, sur l'art. 747, no 24. — *Contrà*, Marcadé, sur l'art. 747, no 5).

237. Un prêt a été fait, ou un immeuble acheté avec l'argent donné, et cet emploi du prix a été expressément déclaré par le donataire. L'action contre l'emprunteur, ou l'immeuble passeront à l'ascendant. Il s'est opéré une sorte d'échange, qui rend applicables les principes exposés au no 21 (MM. Delvincourt et Malpel, *loc. cit.*; Chabot, no 24; Duranton, nos 239, 240; Toullier, no 227.—*Contrà* Marcadé, *loc. cit.*).—Jugé, toutefois, que le droit de retour est un droit exorbitant, qui doit être limité aux cas spécialement déterminés par la loi ; qu'en conséquence, il ne peut être exercé par le père qui a constitué une somme d'argent en dot à sa fille, lorsque celle-ci, par suite d'un jugement en séparation de biens obtenu contre son mari, exerçant son action en reprise, a reçu un immeuble en *payement* de sa dot; dans ce cas, la chose donnée n'existe pas en nature dans la succession du donataire (Rej. 7 fév. 1827) (1).

238. L'ascendant succède-t-il aux biens donnés, si le donataire les a *aliénés*, mais qu'ils soient rentrés dans son patrimoine par rachat ou disposition gratuite de l'acquéreur? — Les avis sont partagés. — Contre l'ascendant, on invoque d'abord la jurisprudence et l'opinion générale des auteurs des pays coutumiers, où, comme de nos jours, la réversion était réputée un droit successif. Lebrun cependant excepte : 1° le cas où le donataire n'aurait vendu qu'avec faculté de rachat, l'aliénation alors n'étant pas définitive; 2° le cas où le donataire n'aurait disposé qu'en fraude du droit de retour, soit dans l'intention de racheter, soit avec l'assurance de retrouver le bien comme héritier de l'acquéreur. — M. Merlin embrasse sur tous ces points le sentiment de Lebrun, d'après la maxime *Mutatione personæ, mutatur qualitas et conditio rei* (Rép., v° Réversion, sect. 2, § 2). — D'autres auteurs, s'en tenant à la seule question que nous avons posée, la résolvent dans le même sens (MM. Malpel, no 135-6°; Chabot, no 21; Favard, sect. 3, § 2, no 9; Marcadé, sur l'art. 747, no 6; Massé et Vergé sur Zachariæ, t. 2, p. 291, note 15). Tous leurs arguments se réduisent à dire que le donataire ne possède plus au même titre, l'aliénation ayant détruit tous les effets de la donation; qu'il ne suffit pas que les biens soient les mêmes, qu'il faut encore qu'ils soient biens donnés, selon l'expression de l'art. 747, et qu'ils n'ont plus cette qualité depuis qu'ils ont été aliénés. — On répond, d'autre part : La jurisprudence coutumière décidait ainsi, parce que l'ascendant ne recouvrait les biens donnés qu'à titre de propres, et que l'aliénation leur faisait perdre ce caractère. — L'art. 747 est conçu dans un esprit différent, puisqu'il admet l'ascendant même au prix qui peut être dû, et à l'action en reprise. Comment ne serait-il pas autorisé à reprendre, au lieu du prix, l'objet même? La loi n'exige point que la chose se retrouve dans la succession au même titre, mais seulement en nature. — Par les mots *en nature*, le but du législateur a été de garantir les droits des tiers qui auraient acquis du donataire, de distinguer dans ses effets le retour stipulé du retour légal. Ici, les tiers n'ont aucun préjudice à redouter, les biens n'appartenant qu'à la succession du donataire (Conf. MM. Delvincourt, note 4, p. 19, t. 2; Toullier, t. 4, no 215; Duranton, t. 6, no 232; Vazeille, no 23). — Nous avons peine à fixer notre avis : cependant la dernière opinion nous paraît erronée, en ce qu'elle ne veut pas du tout qu'on ait égard à la cause de la propriété. Si le descendant avait disposé des biens au profit d'un autre ascendant, et que celui-ci les lui eût donnés à son tour, lequel des deux ascendants aurait droit d'y succéder? Le second, sans doute : c'est lui qui a fait entrer les biens dans la succession; sans sa libéralité, on ne les y trouverait pas. On se rattachera donc ici à la cause immédiate de la propriété. Pourquoi le même principe serait-il sans influence dans les autres cas? — On objecte que l'ascendant succède même au prix : mais il n'y a pas eu ici mutation de qualité dans le descendant qui n'a pas cessé d'être donataire; et à défaut de payement, le vendeur pouvait reprendre la chose.— D'ailleurs une disposition spéciale a été jugée nécessaire pour

(1) *Espèce :* — (Sorain C. Sorain.) — En mariant leur fille Angélique à Morain, en 1815, les époux Sorain lui ont constitué en dot divers immeubles et 6,000 fr. argent : cette somme a encore été augmentée par acte ultérieur. — En 1816, la dame Morain se fait séparer de biens d'avec son mari : ses reprises sont liquidées à 8,025 fr., en payement desquels Morain lui cède un domaine. — En cet état, décès de la dame Morain sans postérité et *ab intestat*. Sa succession est dévolue pour moitié à ses père et mère, et pour l'autre moitié à une sœur unique. — Ces derniers vendent le domaine pour 8,025 fr. — Lors du partage de la succession, les père et mère prétendent avoir droit de prélever la valeur des sommes d'argent par eux données en dot à leur fille. — Instance. — 4 juin 1821, jugement qui rejette cette prétention. — Appel, et, le 10 janv. 1822, arrêt confirmatif de la cour de Poitiers, ainsi conçu : « Considérant que l'art. 747 c. civ. n'a admis le droit de retour que quand les choses données se retrouvent en nature, ou sur le prix qui en reste dû, lorsqu'elles ont été aliénées, ou enfin sur l'action en reprise accordée au donataire; et, en fait, que les objets donnés n'existaient plus en nature; qu'il n'y avait pas de prix qui en restât dû, et que l'action en reprise n'existait plus, puisqu'elle avait été exercée par la donataire elle-même. » — Pourvoi de la part de Sorain pour violation du texte et de l'esprit de l'art 747. — Arrêt.

LA COUR; — Attendu que c'est par exception au droit commun que les ascendants donateurs sont autorisés, par l'art. 747 c. civ., à succéder aux choses données, et que cette autorisation ne leur a été accordée que sous la condition, ou que ces choses existeraient encore en nature, à l'ouverture de la succession du donataire, ou qu'il resterait dû à la même époque quelque partie du prix de l'adjudication qui en aurait été faite, ou que le donataire, à son décès, aurait encore l'action en reprise à exercer; — Et attendu qu'il a été reconnu et déclaré constant, en fait, par l'arrêt attaqué, que, dans l'espèce, non-seulement la chose donnée n'existait plus en nature dans la succession de la donataire, et qu'il ne restait dû aucune partie du prix de l'aliénation qui en avait été faite, mais même que l'action en reprise avait été exercée par la donataire de son vivant; — Attendu que, dans cet état des choses, la cour royale de Poitiers, loin d'avoir violé les dispositions de l'art. 747 c. civ., s'y est, au contraire, expressément conformée, en jugeant que le demandeur était mal fondé dans son action aux fins de relâchement des objets qui se trouvaient exister dans la succession de la donataire, comme provenant de l'action en reprise qu'elle avait exercée, en suite de la séparation de biens qu'elle avait fait prononcer contre son mari; — Rejette.

Du 7 fév. 1827.-C. C., ch. civ.-MM. Brisson, pr.-Carnot, rap.-Cahier, av. gén., c. conf.-Guillemin et Barrot, av.

permettre la succession au prix, et l'exception ne doit pas s'étendre à une espèce qui ne présente aucune analogie.

Il est entendu, du reste, qu'il y aurait lieu au retour légal, si le bien aliéné rentrait dans le patrimoine du donataire, par suite ou d'une nullité de l'aliénation, ou de l'accomplissement d'une condition résolutoire. Ce serait le cas de *l'action en reprise*, prévu formellement par l'art. 747 : il en serait de même si l'aliénation et l'acquisition qui l'a suivie avait été frauduleusement combinée, dans le seul but d'empêcher le droit de retour.

239. Si le donataire est marié, et que l'immeuble soit tombé en *communauté*, l'ascendant peut-il le reprendre dans la succession ? La négative est décidée en termes absolus et sans examen de la question, par M. Delvincourt, *loc. cit.*— MM. Chabot, nº 25 ; Vazeille sur l'art. 747, nº 25 ; Massé et Vergé sur Zachariæ, t. 2, p. 291, note 22, entrent dans plusieurs distinctions : 1º si le donataire, dans le partage de la communauté, a recueilli en nature la moitié des biens donnés, l'ascendant pourra les reprendre. L'aliénation, résultant de la mise en communauté, n'était qu'éventuelle, pour le cas où le conjoint aurait des reprises à exercer sur ces biens. Le cas n'arrivant pas, et le partage étant déclaratif de propriété, le donataire a toujours conservé la propriété de la moitié qui lui est échue ; — 2º La femme ou ses héritiers renoncent à la communauté ; la totalité de la chose donnée retournera par la même raison à l'ascendant. Par la renonciation, la femme est censée n'avoir jamais eu de communauté ; — 3º Aux termes des art. 1471 et 1474, le conjoint a, pour l'acquit de ses droits, pris en nature tous les biens de la communauté ; point de retour dans ce cas ; la chose a été entièrement et définitivement aliénée. Elle ne se retrouve plus dans la succession du donataire. L'ascendant ne pourrait pas demander que les reprises du conjoint s'exerçassent préférablement sur les biens personnels du défunt. La loi veut qu'on épuise d'abord tous les biens de la communauté ; elle autorise la préhension en nature. C'est plus qu'une hypothèque ; la mise en communauté est une véritable aliénation au profit du conjoint, éventuelle avant le partage, définitive ou consommée après que les reprises ont absorbé la totalité des biens communs.

240. La disposition *entre-vifs*, qu'aura faite le descendant de la chose donnée, ôte tout recours à l'ascendant donateur : les auteurs sont unanimes à cet égard. — Mais en serait-il de même d'une disposition *testamentaire?* Dans les pays de droit écrit, le testament ne faisait pas obstacle au retour légal. Les pays coutumiers avaient une jurisprudence différente, approuvée par Lebrun, liv. 1, chap. 5, sect. 2, nº 63 ; Ricard, Donations, part. 3, nºs 768 et suiv. ; Boucheul, des Convent. de succéder, chap. 12, nºs 75 et suiv., et les auteurs par lui cités. — L'art. 747 a été conçu dans ce dernier sens. L'ascendant est appelé par succession *ab intestat*, et la succession testamentaire l'emporte sur la succession légitime. — La propriété des choses léguées appartient au légataire, dès l'instant de la mort du testateur. La saisine de l'héritier n'est relative qu'à l'obligation pour les légataires de demander la délivrance : elle n'atténue pas, du reste, l'effet de la transmission de propriété. — La loi n'accorde qu'à l'héritier réservataire l'action en réduction des legs : nulle part on n'a vu assimiler à la réserve le droit de retour de l'ascendant. — Professée par MM. Chabot, nº 20 ; Toullier, t. 4, nº 215 ; Delvincourt, t. 2, p. 18, note 5 ; Grenier, t. 1, nº 598 ; Duranton, nº 228 ; Malpel, nº 136 ; Favard, sect. 3, § 2, nº 10 ; Vazeille, art. 747, nº 7 ; Marcadé, art. 747, nº 5 ; Massé et Vergé sur Zachariæ, t. 2, p. 291, cette interprétation (que nous avons soutenue avec succès devant la cour de cassation dans une plaidoirie analysée au Recueil périod. 30. 1. 146, et qui a été l'objet d'une critique fort savante insérée au Moniteur universel des 12, 13 et 19 août 1830, sous les initiales Cte S., à qui elle était inspirée par le souvenir d'une ancienne doctrine admise dans les pays de droit écrit, et que le code Napoléon ne paraît pas avoir reproduite), cette interprétation, disons-nous, a été consacrée par plusieurs arrêts, qui ont décidé que le retour légal au profit de l'ascendant donateur ne peut avoir lieu lorsque le donataire a disposé par testament des biens donnés (Req. 17 déc. 1812 ; Cass. 16 mars 1830 (1) ; Agen, 13 mars 1817, MM. Lacuée, pr., Lebé, av. gén., aff. Roques *C.* Bosq ; Riom, 12 fév. 1824, aff. veuve Massol ; Montpellier, 31 mai 1825, M. Delauro-Dubez, pr., aff. Regnier ; Besançon, 30 juill. 1828, M. Monnot-Arbilleux, pr., aff. Thurel *C.* Nabot ; Grenoble, 8 avr. 1829, aff. Clément ; Bordeaux, 15 avr. 1831, M. Roullet, pr., aff. Amouroux ; Lyon, 2 avr. 1840, aff. Naville *C.* Cortey).

241. Pareillement, on a décidé que, lorsque les biens donnés par un ascendant lui font retour par suite du prédécès du donataire, c'est à lui d'acquitter les legs dont la succession de ce dernier est grevée, alors même que, par la donation, cet ascendant se serait réservé l'usufruit, avec défense au donataire d'aliéner, de quelque manière que ce fût, tout ou partie des biens donnés. — « Attendu que la donation ne prohibait nullement au donataire les dispositions testamentaires attaquées par le demandeur, et que la cour royale (de Paris, 3 juill. 1833) n'a pu violer les articles invoqués par cette interprétation qui était, d'ailleurs, exclusivement dans ses attributions ; rejette » (Req. 2 janv. 1838, MM. Zangiacomi, pr., Madier de Montjau, rap., aff. Bercher *C.* Amiot).

Au reste, on a jugé : 1º que, dans le ressort du parlement de

(1) 1re *Espèce* ; —(Antoine Noailhes *C.* Claudine Mestre.)—LA COUR ;— Attendu que le droit de retour légal appartenant aux ascendants donateurs sur les choses par eux données à leurs enfants ou descendants, ne doit être fixé, ni par les lois romaines, ni par le texte des coutumes, ni par les anciens arrêts, mais par les dispositions du code civil ; — Attendu que l'art. 747 du code, qui accorde aux ascendants le droit exclusif de succéder aux choses par eux données à leurs enfants ou descendants, est placé sous le titre des successions *ab intestat* ; et que, d'ailleurs, cet article exige en termes exprès, pour l'exercice de ce droit, non-seulement que les enfants donataires soient décédés sans postérité, mais que les objets se retrouvent dans la succession ; que, dans le cas où ces objets ont été aliénés, ce même titre ne donne point aux ascendants le droit de les réclamer, mais seulement celui de recueillir le prix qui peut être dû, ou l'exercice de l'action en reprise que pourraient avoir leurs enfants ou descendants ; qu'il suit de ces dispositions que, lorsque les donataires, quoique décédés sans postérité, ont disposé, soit par donation, soit par testament, de tout ou de partie des choses à eux données par leurs ascendants, et que, par une conséquence nécessaire, ces choses ne se trouvent plus en nature dans leur succession, le droit de retour légal établi en faveur des ascendants par ledit art. 747 est sans application ; que ce principe est confirmé par la disposition de l'art. 952, qui ne donne l'effet de résoudre les aliénations des biens donnés qu'au droit de retour conventionnel, c'est-à-dire à celui qui, conformément à l'art. 951, aura été stipulé dans l'acte de donation ; que, dans l'espèce, le donateur ascendant, loin de s'être réservé ce droit, avait, au contraire, dans le contrat de son fils, donataire, expressément et formellement déclaré que ce dernier disposerait des choses données ainsi qu'il aviserait ; qu'ainsi, en adjugeant à Claudine Mestre, veuve de Pierre Noailhes, fils du demandeur, la moitié des biens que ce dernier avait donnés à son fils à titre de préciput, et dont ledit Pierre Noailhes, prédécédé, avait disposé en faveur de ladite Claudine Mestre, la cour d'appel de Montpellier (arrêt du 15 déc. 1811) n'est point contrevenue à la loi ; —Rejette, etc.

Du 17 déc. 1812.-C. C., sect. req.-MM. Henrion, pr.-Lamarque, r.

2e *Espèce* : — (Sombal *C.* Falques.) — LA COUR ; — Vu les art. 747 et 915 c. civ. ; — Considérant qu'aux termes de ces articles, l'ascendant donateur n'est appelé, par la loi, qu'à titre successif, à recueillir les objets donnés qui se retrouvent en nature dans la succession de l'enfant donataire, et les biens formant la réserve légale ; — Qu'à ce titre successif, l'ascendant est un véritable héritier ; qu'aussi l'art. 747, placé dans le chap. 5 des Successions, à la sect. 4, intitulé des Successions déférées aux ascendants, porte-t-il que les ascendants succèdent : — Que, dès lors, ils sont tenus des dettes et charges, au nombre desquelles sont les legs valablement faits par les enfants décédés sans postérité avant leurs ascendants donateurs ; — Que la disposition testamentaire, faite par la dame Sombal au profit de son mari, n'est pas moins valable à l'égard du père qu'à l'égard de tous autres héritiers ; que l'on ne peut en retrancher, au profit du père, les objets dont la donation avait rendu sa fille propriétaire, sans porter atteinte à ce droit de propriété, lequel comprend la faculté de disposer, tant entre-vifs qu'à cause de mort, dans les limites fixées par l'art. 915 c. civ. ; — Que le père ne peut, aux termes de cet article, faire opérer sur le testament de sa fille d'autre réduction que celle de la réserve légale, réduction consentie et offerte par la demande même ; — Que cette réduction opérée en faveur du père héritier, il est, à ce titre, tenu de l'exécution du testament, et ne peut, dans l'ordre successif établi par le code, opérer une nouvelle réduction par le prélèvement des objets provenant de la dot, au préjudice de la disposition faite par sa fille ; — Qu'en jugeant le contraire, l'arrêt (de la cour d'Agen) a faussement interprété l'art. 747, et, en cela, violé tant ledit article que l'art. 915 ; — Donne défaut, et pour le profit, casse, etc.

Du 16 mars 1830.-C. C., ch. civ.-MM. Portalis, 1er pr.-Piet, rap.-Joubert, av. gén., c. conf., Dalloz, av.

Paris, les ascendants ne reprenant les biens donnés à leurs descendants qu'à titre de succession, il fallait, comme sous le code, que le donataire n'en eût pas disposé par testament ou autrement, pour que l'ascendant pût exercer le droit de retour. — « Attendu la jurisprudence constante de cette cour, notamment depuis la réformation de la coutume de Paris, d'après laquelle le retour légal n'était pas admis, si ce n'est par voie successive; — Attendu, en effet, que, suivant la jurisprudence, les ascendants ne reprenaient ces mêmes biens qu'à titre de succession, et dans le cas seulement où le donataire n'en aurait pas disposé à titre onéreux ou autrement » (Riom, 1er déc. 1818, aff. Menesloux C. hérit. Icher Labarthe); — 2° Dans le ressort du parlement de Toulouse, le retour légal des choses données par le père à son fils *antè* ou *propter nuptias*, s'opérait de plein droit, si le donataire mourait sans postérité avant le donateur, lors même que le donataire en aurait disposé, et qu'il en eût fait, par exemple, une libéralité testamentaire (même arrêt).

242. Comment s'exercera le retour légal, s'il a été concédé quelque *droit réel* sur la chose donnée? Il faut distinguer: ce droit est-il un démembrement de propriété, comme un usufruit, une servitude? l'ascendant ne prendra que ce qui reste, le fonds sans la servitude ou l'usufruit. — Le droit n'est-il qu'une hypothèque ou un privilége? le fonds retournera grevé à l'ascendant. Mais, comme l'hypothèque ne diminue point la propriété, qu'elle n'est qu'un contrat accessoire fait pour le payement d'une dette, dont l'ascendant n'est tenu que pour sa part, il aura un recours contre ses héritiers pour ce qui excède cette portion (MM. Delvincourt, t. 2, p. 18, note 6; Duranton, t. 6, nos 213, 214; Vazeille, sur l'art. 747, no 20; Marcadé, art. 747, no 7. — *Contrà* Massé et Vergé sur Zachariæ, t. 2, p. 291, par le motif que le donataire qui pouvait aliéner complétement l'immeuble a pu de même le grever d'hypothèques, qui en absorbent la valeur).

243. Lorsque la chose donnée n'existe plus dans la succession, parce qu'elle a été aliénée par le donataire, l'ascendant « recueille le prix qui peut en être dû » (c. nap. 747). — En effet, l'aliénation n'est pas encore entièrement consommée, puisque le défaut de payement peut en amener la résolution; la créance d'ailleurs est facile à distinguer des autres effets de la succession.

244. Dans le cas d'aliénation de l'objet donné moyennant une rente, cette rente, à partir du décès du donataire, revient-elle à l'ascendant? Oui, selon MM. Chabot, no 18, et Vazeille, no 20; mais nous pensons, avec Marcadé, art. 747, no 8, que dans ce cas on ne peut pas dire que le prix de l'aliénation soit dû. Il ne faut pas confondre la rente et les arrérages de cette rente. Elle est le titre ou le principe producteur et les arrérages en sont les produits. Le droit de rente étant entré dans le patrimoine du donataire, le prix est payé; l'aliénation est consommée et l'ascendant n'a pas plus droit aux arrérages qu'il n'aurait droit, si le donataire avait vendu un immeuble donné, *aux intérêts* de la somme reçue et placée par ce donataire.

245. Puisque l'ascendant peut recueillir le prix de l'objet donné, il est évident, et cela s'induirait dans l'absence même de ce texte, que l'ascendant succède aux *choses* par lui *données*, qu'elles soient mobilières ou immobilières. A la vérité, l'art. 313 de la coutume de Paris s'interprétait pour les immeubles seulement; mais cela venait de ce que l'article précédent restreignait le sens du mot *choses* aux propres, et qu'on ne considérait comme propres que les immeubles (Lebrun, liv. 1, chap. 5, sect. 2, no 491). — Notre interprétation est confirmée par la discussion qui s'éleva au conseil d'Etat, le 2 niv. an 11 (M. Locré, Lég. civ., etc., t. 10, p. 80. — Conf. MM. Delvincourt, t. 2, p. 18, note 3; Duranton, t. 6, no 201; Delaporte, Pand. franç., t. 3, p. 73).

246. Lorsque le bien donné n'est plus en nature dans la succession et que le prix n'en est plus dû, l'ascendant succède à l'action en reprise que pouvait avoir le donataire (c. nap. 747); *qui habet actionem ad rem recuperandam, ipsam rem habere intelligitur.*

Sous le nom d'action en reprise, la loi n'entend pas seulement la répétition de la dot, telle qu'elle est autorisée dans les cas prévus par les art. 1407, 1468 à 1471, 1473, 1531 à 1559, 1564 à 1570. — Cette dénomination générique embrasse les actions en réméré, en rescision pour vilité du prix ou non payement, pour vice de forme, erreur, incapacité, dol ou violence, et même en révocation de donation pour inexécution des conditions ou ingratitude (MM. Chabot, no 24; Delvincourt, t. 2, p. 19, note 5; Duranton, no 224; Vazeille, sur l'art. 747, no 28).

247. Mais l'ascendant, comme tout autre héritier, exercera ces diverses actions avec les mêmes charges ou obligations qui auraient été imposées au donataire, s'il les avait lui-même intentées. En outre, l'ascendant devant reprendre sa chose dans l'état où elle se trouve, sera seul responsable des détériorations qu'elle aurait pu supporter, et il n'aura point à cet égard d'indemnité à réclamer des autres héritiers (mêmes auteurs).

248. De ce que l'ascendant n'aurait pas de *dommages-intérêts* à répéter contre ses cohéritiers pour dépréciation de sa chose, M. Toullier conclut que réciproquement il ne leur devrait non plus aucune récompense ou rapport pour les améliorations qui seraient survenues, même pour des constructions importantes, faites par le donataire. — Cette solution nous semble, comme à M. Duranton, heurter formellement la loi. Un héritier rapporte à ses cohéritiers tout ce qu'il a reçu du défunt directement ou indirectement (c. nap. 843). C'est justice que la loi accorde à l'ascendant, en lui restituant ce dont il s'était dépouillé pour une cause qui n'existe plus. Mais il y aurait faveur, et par conséquent violation des principes sur l'égalité des partages, dans la concession d'un plus grand avantage : l'un s'enrichirait au détriment de l'autre. — En cas d'absence, les envoyés en possession ne seraient redevables à l'absent de retour d'aucune indemnité pour détérioration de ses biens, s'ils n'en avaient profité; l'absent reprend alors les biens dans l'état où ils se trouvent (c. nap. 132). Cependant qui nierait que l'absent dût rembourser aux envoyés en possession l'argent qu'ils auraient dépensé pour augmenter beaucoup la valeur des biens? L'indemnité pour améliorations faites de ses deniers était due pareillement, dans le droit romain, au possesseur de bonne foi d'une hérédité, quoiqu'il ne fût tenu non plus de la dépréciation des biens que *quatenùs locupletior factus erat* (Conf. MM. Chabot, nos 18 à 25; Duranton, t. 6, no 246; Vazeille, sur l'art. 747, nos 21, 22; Marcadé, art. 747, no 7; Massé et Vergé sur Zachariæ, t. 2, p. 289, note 7).

§ 4. *Du prédécès du donataire sans postérité.*

249. L'ascendant est présumé toujours embrasser dans sa libéralité la descendance du donataire. Mais faut-il que cette descendance soit légitime? Oui, selon MM. Legentil (Revue crit. de jurisp. 1851, p. 354 et 489; Pont, Revue crit., 1852, p. 12, no 4; Massé et Vergé, sur Zachariæ, t. 2, p. 286. Mais la plupart des auteurs se prononcent en faveur de l'enfant naturel; seulement la loi ne lui attribuant, lorsqu'il concourt avec l'ascendant, qu'une moitié de ce qu'il aurait eu s'il était légitime, on ne l'admet que pour cette portion dans ce partage des biens de l'ascendant, qui prend l'autre moitié (Delvincourt, t. 2, p. 19, note 7; Chabot, nos 4 et 14; Duranton, t. 6, no 219; Malpel, no 134; Favard, sect. 3, § 2, no 8; Vazeille, sur l'art. 747, no 17; Poujol, t. 1, p. 220; Fouet de Conflans, no 6; Belost Jolimont (observ. no 2); Zachariæ, *loc. cit.*; Marcadé, art. 747, no 3; Richefort, État des familles, t. 3, no 383; Conf. Bruxelles, 27 juill. 1827) (1)

(1) (H... C. D...) — LA COUR; — Attendu que les mots *sans postérité*, qui se trouvent dans l'art. 747 c. civ., y sont énoncés sans la moindre limitation, et que ce mot *postérité*, dans sa signification, comprend les enfants naturels reconnus aussi bien que les enfants légitimes; — Que, d'ailleurs, la loi ayant voulu donner à l'enfant naturel reconnu, dans les biens délaissés par le père ou la mère qui a fait la reconnaissance, le droit de prendre une part de la portion héréditaire qu'il aurait eue s'il eût été légitime, il faut déduire de là la conséquence qu'Angeline H... a droit, quant aux biens donnés dont il s'agit, à la même part que quant aux autres biens composant la succession de feu Ferdinand D... son père; — Que vainement on invoque, à l'appui du système contraire, le droit romain et les anciennes coutumes, puisque le code civil a introduit de grands changements relativement aux droits des enfants naturels reconnus; — Qu'on ne peut non plus invoquer avec fruit, l'art. 351 c. civ., d'abord parce qu'il s'agit, dans cet article, d'un cas différent, et ensuite parce que le législateur, se servant dans ce même article des expressions particulières *sans descendants légitimes*, doit avoir voulu autre chose que dans l'art. 747, où il emploie les termes généraux *sans postérité*

Du 27 juill. 1827.-C. de Bruxelles, 1re ch.

Toutefois, le contraire a été jugé par trois arrêts (Cass. 3 juill. 1832 (1); Douai, 14 mai 1851, aff. Houlier, D. P. 52. 2. 276; Rej. 9 août 1854, aff. Lallart, D. P. 54. 1. 265) motivés d'une manière remarquable et qui interprètent le mot *postérité* dans le sens seulement d'une descendance légitime. On verra plus loin, sur les art. 759 et 766, que le mot *descendant* a donné lieu à une semblable controverse, et que tels des auteurs qui comprennent la postérité naturelle dans l'expression *postérité* de l'art. 747, restreignent au contraire le mot *descendant* des art. 759 et 766 à la descendance légitime. Mais ces deux interprétations n'ont au fond rien de contradictoire, en ce que les art. 759 et 766, relatifs aux enfants naturels, doivent s'interpréter par le principe de l'art. 756, qui ne leur accorde aucun droit sur les biens des parents de leur père et mère. C'est aussi par des raisons toutes spéciales que le mot *postérité* dans l'art. 765 s'entend de la postérité même *naturelle*, selon la plupart des auteurs. — Il a été jugé aussi, mais d'après les principes suivis en Béarn, et dans un cas où le droit de retour avait été stipulé par contrat de mariage, que la prorogation du droit de retour, soit conventionnel, soit légal, jusqu'à l'extinction de la postérité du donataire, n'avait lieu qu'au profit de sa descendance légitime et non d'un enfant naturel reconnu (Req. 24 août 1824) (2).

250. L'enfant adoptif exclurait totalement l'ascendant. La loi lui assure les mêmes prérogatives que s'il était légitime, dans la succession de son père. Tel est même le principal effet de l'adoption. Vue sous cet aspect, elle est en résultat une donation irrévocable de la succession; et l'on sait que le donataire peut priver l'ascendant de son droit, par des dispositions entre-vifs ou testamentaires (MM. Delvincourt, Malpel, Favard, *loc. cit.*; Chabot, n° 15; Duranton, n° 220; Vazeille, sur l'art. 747, n° 16; Marcadé, *loc. cit.*; Massé et Vergé, t. 2, p. 286, note 6).

251. Rien ne limitant dans l'art. 747 l'acception du mot *postérité*, l'enfant consanguin ou utérin aurait le même droit que l'enfant issu du mariage contemporain de la donation (MM. Chabot, n° 10; Duranton, n° 217; Toullier, n° 222; Vazeille, sur l'art. 747, n° 15). — Ce point était controversé dans l'ancien droit, surtout à l'égard de l'enfant né d'un mariage antérieur. — Les donations par contrat de mariage, conformément à l'art. 1089, ne profitent à la vérité qu'aux enfants issus de ce mariage; mais l'art. 1082 a pour ce cas une disposition expresse, que les mêmes motifs n'étendent pas aux donations faites en vertu de l'art. 747.

252. Puisque le droit de retour est fondé sur la stipulation tacite qu'à défaut de descendants qui profiteraient de la donation, les biens retourneront à l'ascendant de préférence à tout autre, ce droit devrait s'exercer si le donataire laissait des enfants, mais qu'ils renonçassent à la succession, ou que, pour incapacité ou indignité, ils ne pussent la recueillir. L'intention du législateur est évidente. D'ailleurs, en matière de succession, laisser des descendants qui ne soient pas héritiers, ou ne pas laisser de descendants, c'est la même chose (MM. Chabot, n° 11; Toullier, t. 4, n° 223; Duranton, t. 6, n° 218; Vazeille, sur l'art. 747, n° 18; Poujol, t. 1, p. 222, 223; Marcadé, *loc. cit.*).

253. Si le donataire laisse en mourant des enfants, mais que ces enfants viennent à décéder avant le donateur, y aura-t-il lieu au retour? Peu de questions ont été aussi débattues. — Dans les pays de droit écrit, les auteurs et la jurisprudence présentaient la plus grande variété, à tel point que la cour suprême a déclaré facultative pour les juges, et mis à l'abri de la cassation, telle ou telle interprétation des lois romaines, celle, par exemple, excluant le droit de retour (Req. 28 therm. an 11. M. Vallée, rap., aff. Delarivière). — Dans les pays de coutume on était généralement favorable à l'ascendant (Lebrun, l. 1, chap. 5, sect. 2, nos 33 et 34; Pothier, des Success., chap. 2;

---

(1) *Espèce :* — (Lépine C. Lépine.) — Par acte du 25 sept. 1822, la dame Vachette, veuve Lépine, avait donné à son fils Marc-Antoine Lépine, divers immeubles estimés 4,837 fr. 80 c. — Le donataire décéda le 2 août 1825, laissant pour héritiers sa mère et un frère, et en outre un enfant naturel légalement reconnu. — Lors du règlement de la succession de Marc-Antoine Lépine, la dame Vachette, sa mère, demanda le prélèvement à son profit, 1° des immeubles qu'elle avait donnés à son fils, et qui se retrouvaient en nature dans sa succession; 2° de 1,500 fr., tant pour avances faites à son fils que pour frais de nourriture et d'entretien. — La demoiselle Daubonne, mère et tutrice du fils naturel de Marc-Antoine Lépine, soutint qu'il n'y avait pas lieu, dans l'espèce, au retour légal, ni au remboursement des 1,500 fr. demandés. — Le 28 août 1828, jugement du tribunal de Senlis, qui déboute la dame Lépine de ses prétentions.

Appel par la veuve Lépine, qui reprit ses conclusions de première instance et demanda, en outre, la nullité, pour vice de forme, de l'acte de reconnaissance de l'enfant naturel de son fils. — Le 12 juin 1829, arrêt de la cour d'Amiens, en ces termes : « En ce qui touche la demande incidente, attendu que la déclaration faite le 12 déc. 1816, par feu Marc-Antoine Lépine, d'être père de l'enfant dont était alors enceinte la demoiselle Daubonne, et auquel elle a depuis donné le jour, a été reçue par le maire de Précy-sur-Oise, étant à la fois officier de l'état civil de ladite commune; que la circonstance que cette déclaration a été inscrite au registre des délibérations de ladite commune ne saurait la vicier; qu'elle a été faite, néanmoins, par un acte authentique; — Attendu que la loi n'a pas prescrit, à peine de nullité, la lecture d'un acte contenant reconnaissance d'un enfant naturel, ni la mention de cette lecture, ni celle de la profession des parties et des témoins; — Attendu, dès lors, que l'acte de reconnaissance susdaté est valable, et qu'il n'y a lieu d'accueillir les moyens de nullité employés par l'appelante; — En ce qui touche la question si l'appelante est fondée à exercer le droit de retour légal, quant à la donation par elle faite le 25 sept. 1822 à feu Marc-Antoine Lépine, son fils; — Attendu que l'enfant reconnu par Marc-Antoine Lépine même, quoique enfant naturel, est sa postérité, dans le sens de l'art. 747 c. civ.; que ses droits sont réglés par l'art. 757 de ce code; d'où il suit qu'il n'y a lieu au retour légal des objets de la donation du 25 sept. 1822; — Sur la question de savoir si l'appelante est appelée à prétendre indemnité de 1,500 fr. pour les causes énoncées en sa demande; — Attendu que l'appelante et son fils Marc-Antoine ayant demeuré et vécu ensemble de leurs revenus confondus, et n'y ayant eu entre eux aucune convention relativement aux aliments dont il s'agit, il n'y a lieu à l'indemnité demandée par l'appelante; — Par ces motifs, la cour, sans avoir égard aux moyens de nullité proposés, confirme, etc.

Pourvoi par Jean-Etienne Lépine (sa mère, la dame Vachette, étant décédée) pour violation des art. 747 et 756 c. civ. — Arrêt.

La cour (ap. dél. en ch. du cons.); — Vu l'art. 747 c. civ.; — Attendu que, suivant cet article, les ascendants succèdent, à l'exclusion de tous autres, aux choses par eux données à leurs enfants ou descendants décédés sans postérité, lorsque les objets donnés se retrouvent en nature dans leur succession; que, dans le sens de cet article conféré avec les autres dispositions du code civil qui le précèdent et le suivent, le mot *postérité*, qui y est employé, équivaut à ceux de descendants et de postérité légitime; que, par conséquent, les ascendants succèdent aux choses par eux données, à l'exclusion des enfants naturels du donataire, sans que l'existence de ces derniers fasse obstacle au droit de retour établi à leur profit; que cela résulte encore de la combinaison des art. 750 et 751 c. civ., avec l'art. 747 : d'où il suit que, dans le cas prévu par cet article, l'ascendant donateur exclut les ascendants de l'autre ligne, les frères et sœurs et les autres collatéraux du donataire, qui pourraient se présenter à titre d'héritiers légitimes; — Que, loin de déroger au droit de retour dont il s'agit dans l'espèce, l'art. 756 c. civ. le confirme, en refusant aux enfants naturels la qualité d'héritiers, et en ne leur accordant aucun droit sur les biens des parents de leurs père et mère, qui ne sont pas tenus de les reconnaître, et qui ne peuvent être présumés les avoir eus en vue dans leurs libéralités; qu'en jugeant le contraire, l'arrêt attaqué a expressément violé la loi précitée; — Casse.

Du 3 juill. 1832.-C. C., ch. civ.-MM. Portalis, 1er pr.-Chardel, rap.-Joubert, 1er av. gén., c. conf.-Lacoste et Fichet, av.

(2) (Camoin C. N...) — La cour; — Attendu qu'il n'est pas contesté en droit que les lois des 17 niv. an 2 et 23 vent. suivant, non-seulement n'ont pas aboli, mais ont au contraire conservé les effets des stipulations de retour et même ceux du retour légal dans les pays et pour les cas où le droit avait lieu pour les donations antérieures au 5 brum. an 2; — Attendu en fait que le retour dont il s'agit dans cette affaire est stipulé par un contrat de mariage de 1774, sur lequel par conséquent ne peuvent réagir ni les dispositions du code civil, ni celles des autres lois, postérieures audit acte; — Attendu enfin qu'en décidant par interprétation des termes de ce même acte, de l'induction de donations et par application des principes suivis en Béarn, que, lorsque ces principes étaient en vigueur, les biens grevés d'un droit de réversion prorogé jusqu'à l'extinction de la postérité du donataire, ne devaient passer qu'à la descendance légitime, et que le sieur Camoin excluait la fille naturelle de son défunt frère, l'arrêt attaqué n'a violé ni pu violer aucune loi, puisque les dispositions législatives, relatives aux droits des enfants naturels reconnus, ont été proclamées bien longtemps après que la fille naturelle a obtenu sa part dans l'augment de 10,000 liv., qui faisait partie de la succession de sa mère; — Rejette, etc.

Du 24 août 1824.-C. C., sect. req.-MM. Lasaudade, pr.-Dunoyer, r.

Ricard, Donat., part. 3, nos 980 et suiv.; Ferrière, sur l'art. 313 de la cout. de Paris; Duplessis, *ibid.*; Lemaistre, *ibid.*, tit. 15, chap. 2; V. en outre les nombreuses autorités citées par Lemaistre). — Sous le code, on s'est prononcé généralement contre l'ascendant. — Approuvée par MM. Chabot, qui, no 2, p. 415, invoque le suffrage de MM. Tarrible et Daniels, magistrats distingués; Merlin, Rép., vo Réserve, sect. 2, § 2, no 6; Grenier, des Donat., t. 2, p. 343; Favard, sect. 3, § 2, no 7; Duranton, t. 6, no 216; Malpel, no 133; Massé et Vergé, sur Zachariæ, t. 2, p. 285, note 5; Poujol, no 22; Marcadé, art. 747, no 4; Fouet de Conflans, sur l'art. 747), cette interprétation est combattue par MM. Delvincourt, qui est entré dans les plus grands développements, t. 2, p. 19, note 7; Toullier, t. 4, no 225; Maleville, Anal. rais., t. 2, p. 222; Delaporte, Pandect. franç., t. 3, p. 76; Vazeille, art. 747, no 20).

On a d'abord opposé, l'ancien droit : la coutume de Paris, art. 313, portait : « Succèdent (les ascendants) ès choses par eux données à leurs enfants décédant sans postérité, et descendants d'eux. » Or cet article, dans tous les pays où il avait force de loi, s'appliquait sans contestation au profit de l'ascendant. — Mais on a répondu : L'art. 313 était précédé d'un autre, portant : Le propre héritage ne remonte aux père et mère, aïeul et autres ascendants... « Toutefois, continuait l'art. 313, succèdent, etc. » — L'exception ici a pour objet de déterminer que, nonobstant la maxime *propre ne remonte*, les ascendants pourront succéder aux propres; ils ne pouvaient succéder, à d'autres biens qui n'avaient pas cette qualité. La succession aux propres une fois admise, on rentrait dans le principe général qui permet aux parents de la ligne du défunt de les recueillir, sans limiter le degré de proximité. L'ascendant était appelé à la succession des enfants du donataire par la règle *Paterna paternis.* Cette explication résulte très-clairement des développements de M. Chabot, *loc. cit.*, p. 394, et de Pothier, des Success., chap. 2, art. 3, § 2. — On invoque encore pour l'ascendant le texte de l'art. 747, ces mots, à leurs enfants ou *descendants* : ce qui signifie, dit-on, que l'ascendant succède non-seulement à ses enfants donataires, mais à leurs descendants. — Mais par le mot descendants, le législateur a voulu étendre à l'aïeul non moins qu'au père, la faculté de donner avec droit de retour : l'aïeul succède aux descendants, quand ils sont donataires. L'art. 747 est d'ailleurs très-clair dans sa contexture : « L'ascendant succède à l'action en reprise que pouvait avoir le donataire. C'est donc de la succession au donataire qu'il s'agit, et non de la succession à ses enfants, qui n'auraient pas cette qualité. C'est de plus aux choses par eux données que les ascendants succèdent. Or, dans l'hérédité des enfants du donataire, l'ascendant ne retrouverait plus des biens donnés, mais des biens recueillis de leur père à titre successif. La cause de la propriété a changé. — On a aussi objecté, par analogie, l'art. 352 qui permet à l'adoptant de reprendre ce qu'il a donné à l'adopté, dans la succession de ce dernier, et dans celle des enfants de l'adopté morts sans postérité. — Mais cet article est une conséquence des principes sur la composition de la famille civile de l'adoptant; aussi l'art. 352 qualifie-t-il le droit de l'adoptant « inhérent à sa personne, et non transmissible à ses héritiers, même en ligne descendante. » On peut remarquer, d'ailleurs, que, sans l'art. 352, l'adoptant eût eu la douleur de voir passer tous les biens donnés à des personnes qui lui sont absolument étrangères, à la famille naturelle de l'adopté, au lieu que l'ascendant voit toujours ses biens passer à des parents, et que dans notre hypothèse il sera nécessairement appelé lui-même ou à recueillir totalement, ou à partager la moitié de la succession du descendant, affectée à sa ligne. — On a invoqué, enfin, l'art. 1082, c. nap., qui répute faites en faveur des enfants les donations par contrat de mariage, et le donateur ne reprend les biens qu'après le décès des enfants du donataire. — Mais les donations de l'art. 747 ont un objet différent : on dispose ici de biens présents, et, dans l'art. 1082, de biens à venir. Or, l'art. 1081 statue expressément que, même par contrat de mariage, la donation entre-vifs de biens présents « ne pourra avoir lieu au profit des enfants à naître, si ce n'est dans les cas énoncés au chap. 6; » et, dans ce chapitre, il s'agit de dispositions à charge de rendre aux enfants du donataire. C'est cette charge de rendre qui constitue les enfants donataires, comme leur père, d'après le principe développé au mot *Substitution*, nos 102 et s., qui, dans les substitutions fidéicommissaires, distingue deux donations indépendantes l'une de l'autre. De plus, l'art. 1089 appelle le donateur qui a survécu aux enfants du donataire de biens à venir, par l'effet de la caducité de la disposition, et non à titre d'héritier. C'est un autre retour conventionnel, subordonné sous tous les rapports à d'autres règles que le retour légal de l'art. 747, qui ne s'applique qu'à l'ascendant héritier et donateur de biens présents. — Pour nous, il nous semble que, dans une matière où il est si facile, vu la concision de la loi et l'obscurité des principes, de substituer sa propre volonté à celle du législateur, l'argument de texte a la plus grande autorité. Les termes de l'art. 747 ont d'autant plus de poids, que le législateur, quand il a eu la pensée que les adversaires lui supposent, l'a exprimée formellement, comme dans les art. 352 et 951 c. nap. qui prévoient les deux cas de décès, du donataire et de décès de ses enfants.

254. C'est dans ce sens que s'est fixée la jurisprudence excluant le retour légal, quand l'ascendant vient à la succession non du donataire lui-même, mais de ses enfants (Rej. 18 août 1818; Nîmes, 14 mai 1819; Req. 30 nov. 1819) (1). — Conf. Agen,

(1) 1re *Espèce* : — (Grellet-Desprades C. Chantreau.) — LA COUR (apr. délib. en ch. du cons.); — Vu l'art. 747 c. civ., et l'art. 7 de la loi du 30 vent. an 12, sur la réunion des lois composant le code; — Attendu qu'à compter du jour où ces lois ont été rendues exécutoires, les lois romaines, les ordonnances et les coutumes générales et particulières ont cessé d'avoir force de loi dans les matières qui sont l'objet du code civil; — Attendu que la donation dont il s'agit dans la cause a été faite postérieurement à la promulgation de ce code, et qu'ainsi c'est dans ses dispositions seules qu'il faut chercher la solution de la question à laquelle cet acte donne lieu; — Attendu que le droit de retour légal tel qu'il avait été établi par les lois romaines, et étendu par la jurisprudence de diverses cours du royaume, dans les pays de droit écrit, n'existe plus, et que ce n'est qu'à titre de succession que le code civil attribue aux ascendants donateurs des droits particuliers sur les choses par eux données; — Attendu qu'après avoir posé, dans l'art. 746, la règle générale, d'après laquelle les ascendants doivent succéder, et déclaré que les successions qui leur sont déférées se divisent par moitié entre la ligne paternelle et la ligne maternelle, l'art. 747 appelle les ascendants donateurs à la succession exclusive des objets compris dans leur donations, et établit par là, à l'égard de ces objets, une exception à la règle générale prescrite par l'article précédent; — Attendu que les exceptions doivent être strictement restreintes dans les limites qui leur sont assignées; — Attendu qu'il résulte formellement de l'ar. 747 que c'est dans la succession du donataire lui-même que l'ascendant donateur doit exercer le privilège qui lui est accordé; que cela est même littéralement exprimé dans la disposition de cet article, où, dans le cas de l'aliénation des objets donnés, le législateur veut que l'ascendant succède à l'action en reprise que pouvait avoir le donataire; qu'ainsi c'est à l'instant du décès du donataire qu'il faut se reporter pour savoir s'il y a ou non ouverture au droit spécial attribué à l'ascendant donateur, et que ce droit ne lui étant déféré que dans le cas du prédécès du donataire sans postérité, il est irrévocablement éteint si le donataire laisse des enfants; que, pour que ce droit se prolongeât malgré l'existence de ces enfants, et s'étendît au cas où ils mourraient eux-mêmes avant l'ascendant donateur, il faudrait une disposition particulière de la loi, parce qu'il est vrai de dire que ces enfants ne sont pas donataires, et qu'à leur égard les biens, objet de la donation, sont des biens héréditaires et non pas des biens donnés; que les enfants laissés par le donataire, et non existants encore à l'époque de la donation, peuvent d'autant moins être considérés comme donataires eux-mêmes, et implicitement compris dans cette donation, que l'art. 1081 du code prohibe de les y comprendre, même d'une manière expresse, sauf des cas auxquels l'art. 747 est totalement étranger; que, lorsque le législateur a voulu que le droit successif ou conventionnel de réversion appartînt au donateur dans les deux cas, et du prédécès du donataire sans enfants, et du prédécès de sa postérité, il a eu soin de l'exprimer; que c'est ainsi que, par l'art. 352, il a déclaré que si, du vivant de l'adoptant, et après le décès de l'adopté, les enfants ou descendants laissés par celui-ci mouraient eux-mêmes sans postérité, l'adoptant succéderait aux choses par lui données; que c'est ainsi encore que dans l'art. 951 il a disposé que le donateur pourrait stipuler le droit de retour des objets donnés, soit pour le cas du prédécès du donataire seul, soit pour le cas du prédécès du donataire et de ses descendants; qu'une disposition différente dans l'art. 747 annonce une différence dans la volonté du législateur, et que, n'ayant mentionné dans la concession du droit particulier qu'il a conféré par cet article à l'ascendant donateur, que le cas du prédécès du donataire sans postérité, il a voulu, pour tous les autres cas,

28 fév. 1807, M. Bergognié, pr., aff. Cathus C. Martin; Toulouse, 16 avril 1810, M. Dézazars, pr., aff. Picot-Baxère C. Lartigue, etc.; 9 janv. 1815, M. Dézazars, pr., aff. Pélissier; Req. 4 déc. 1817, MM. Henrion, pr., Sieyès, rap., aff. Briam C. veuve Maucolin; Bastia, 25 juin 1838, MM. Colonna-d'Istria, pr., Sorbier, av. gén., aff. Luccioni; Agen, 9 nov. 1847, aff. Delafaye, D. P. 48. 2. 33; Req. 20 mars 1850, aff. Delafaye, D. P. 50. 1. 145.

255. On a jugé de même, quoiqu'il s'agît d'une donation entre-vifs par contrat de mariage: l'art. 1089 c. nap., qui étend les donations matrimoniales aux enfants des donataires, et qui sous ce rapport semblerait autoriser le donateur à se prétendre successible de son petit-fils, pour l'objet donné, ne s'entend point des donations entre-vifs, mais seulement des institutions contractuelles. C'est ce qui résulte des deux arrêts ci-dessus (Nîmes, 14 mai 1819, aff. Nury; Req. 30 nov. 1819, aff. Gonneau).

256. Il a été décidé enfin sous l'empire de la loi du 17 niv. an 2, que le retour légal n'a pas lieu dans la succession des enfants du donataire (Agen, 28 fév. 1807, MM. Bergognié, pr., Guillemette, subst., aff. Cathus C. Martin).

257. D'après l'art. 951 c. nap. « le donateur pourra stipuler le droit de retour des objets donnés, soit pour le cas du prédécès du donataire seul, soit pour le cas du prédécès du donataire et de ses descendants.—Il a été jugé : 1° que la simple stipulation, de la part d'un père en dotant sa fille, du droit de retour, le cas y échéant, suffit pour qu'il y ait lieu à l'application de l'art. 951 sur le retour conventionnel, et non de l'art. 747 sur le retour légal...; seulement, et à supposer que le vague de la stipulation doive faire rejeter la prétention du père donateur à l'exercice du droit de retour au décès du donataire, même laissant des enfants (stipulation qui eût été permise), cette prétention doit être admise, lorsque le retour n'est réclamé qu'après le décès de ces derniers eux-mêmes sans postérité (Nîmes, 26 mars 1827, M. Fajon, pr., aff. Lhermite);—2° Que la réserve du droit légal de retour, le cas échéant, stipulée par un ascendant donateur, doit être déclarée se référer non au droit à titre successif établi par l'art. 747 c. nap., et désigné communément sous le nom de retour légal, mais au retour conventionnel autorisé par l'art. 951, et qui, à la différence du retour légal, s'exerce au cas même où le donataire laisserait des descendants. Une telle stipulation doit être déclarée avoir effet, quant aux biens donnés, au profit des ascendants donateurs, même à l'encontre des enfants du donataire décédé, institués ses héritiers universels. En tous cas, une pareille décision, fondée sur l'appréciation de l'intention des parties, n'est pas sujette à la censure de la cour de cassation (Req. 7 août 1859) (1).

SECT. 5. — *Des successions collatérales.*

258. L'ancien droit déférait, entre collatéraux, la succession au plus proche. Cette règle recevait six exceptions : 1° le droit de représentation; 2° le privilége du double lien; 3° la maxime *paterna paternis*; 4° la *fente* des meubles et acquêts en deux lignes; 5° les prérogatives de l'aînesse; 6° celles de la masculinité.—Déjà plusieurs de ces exceptions ont été indiquées dans les articles précédents; on les trouvera toutes développées dans le Répert. de M. Merlin, v^is Aîné, Primogéniture, Double lien, *Paterna paternis*, Représentation, Succession, sect. 1, § 3, art. 5.—La loi du 17 niv. an 2 avait aboli toute distinction de sexe et d'âge, de nature et d'origine des biens; elle contenait surtout deux dispositions remarquables en ligne collatérale : 1° les frères, sœurs ou leurs descendants excluaient tous les ascendants, même le père et la mère (art. 76); 2° les collatéraux qui descendaient des ascendants les plus proches, excluaient ceux qui descendaient d'ascendants plus éloignés (art. 78 à 81). Ainsi les biens ne pouvaient passer aux parents issus de l'aïeul, tandis qu'il restait des parents issus du père; le neveu était préféré à l'oncle, le cousin germain au grand-oncle, etc., quoiqu'en égal degré; le cousin issu de germain au même grand-oncle, quoique placé dans un degré plus éloigné. La famille supérieure, en un mot, ne succédait qu'à défaut de membres de la famille inférieure. — Jugé toutefois que la loi du 17 niv. an 2 (art. 77) n'avait égard à la proximité du degré que dans la même ligne. Mais dans le partage d'une succession collatérale les héritiers d'une ligne n'étaient pas exclus par les héritiers de l'autre ligne, sous le prétexte que ceux-ci descendaient d'ascendants plus proches (Cass. 23 mess. an 4, M. Dubourg, rap., aff. Pignolet).

259. Sous le code Napoléon, les frères, sœurs ou leurs descendants excluent les aïeux et les autres collatéraux. — Ils con-

---

le soumettre à la loi générale des successions; qu'ainsi, en jugeant que la dot constituée à la demoiselle Félicie Desprades par ses père et mère, dans son contrat de mariage avec le sieur de Chantreau, ne devra pas être prélevée par le sieur et la dame Desprades, dans la succession de l'enfant né de ce mariage et mort après sa mère, mais que la moitié de cette dot, dont la dame de Chantreau n'avait pas disposé, devait faire partie de cette succession, et être partagée entre les successeurs de cet enfant, dans l'ordre et la proportion que prescrivent les lois générales des successions, la cour royale de Poitiers (arrêt du 25 avril 1817), loin d'avoir violé l'art. 747 c. civ., s'est au contraire exactement conformée à ses dispositions; — Rejette.

Du 18 août 1818.-C. C., sect. civ.-MM. Brisson, pr.-Trinquelague, rap.-Joubert, av. gén., c. conf.-Rochelle et Loiseau, av.

2e *Espèce :* — (Nury C. Soulier.) — Attendu que les père et mère de Marie-Rose Nury n'ont pas succédé, en vertu de l'art. 747 c. civ., aux 2,000 fr. par eux donnés à leur fille dans son contrat de mariage du 28 fév. 1810, parce que la donataire a laissé à elle survivant un fils qui lui a succédé à leur exclusion, selon le vœu du même article; — Attendu que les donateurs n'ayant point usé de la faculté que leur donnait l'art. 951, de stipuler le droit de retour de la somme par eux donnée, en cas de prédécès de leur fille et de ses descendants, ils ne peuvent pas la reprendre à ce titre; — Attendu que la caducité prononcée par l'art. 1089, taxativement restreinte aux donations énoncées aux art. 1082, 1084 et 1086, ne peut être étendue à une donation entre-vifs de biens présents ou à une donation particulière d'une somme déterminée dont le donataire se trouve saisi au moment même de l'acte; de sorte que le donateur venant à décéder avant le donateur, le premier n'en transmet pas moins irrévocablement, à ses propres héritiers, la chose à lui donnée, si le second, bien qu'il lui survive, n'a pas eu la précaution de s'en réserver le retour, et que cette hypothèse s'est vérifiée dans l'espèce présente; — Confirme.

Du 14 mai 1819.-C. de Nîmes.-MM. Espérandieu et Baragnon, av.

3e *Espèce :* — (Gonneau C. Ringvald.) — LA COUR; — Attendu qu'il résulte de la disposition de l'art. 747 c. civ., que ce n'est que dans la succession directe du donataire que l'ascendant donateur peut exercer le droit de retour; — Attendu que cette entente de la loi est conforme aux termes mêmes dans lesquels elle est rédigée; qu'en effet, l'art. 747 dispose que les ascendants succèdent aux choses par eux données à leurs enfants ou descendants, décédés sans postérité; que s'il existait encore des doutes sur le véritable sens de cet article, ils seraient levés par les dispositions de l'art. 951, qui défère expressément au donateur la faculté de stipuler le droit de retour, soit pour le cas du prédécès du donataire seul, soit pour le cas du prédécès du donataire et de ses descendants; — Attendu, enfin, qu'il résulte du rapprochement des art. 747 et 951 c. civ., et de leur combinaison, que le droit de retour ne peut s'exercer dans la succession de l'enfant qui a survécu au donataire, qu'autant qu'il a été stipulé dans l'acte de donation; — Rejette le pourvoi formé contre l'arrêt du conseil supérieur de l'île de France, du 16 mai 1816.

Du 30 nov. 1819.-C. C., sect. req.-MM. Henrion, pr.-Liger, rap.

(1) (Thorte C. Marsan.) — LA COUR; — Sur le premier moyen : — Attendu que la question posée dans le point de droit de l'arrêt attaqué embrasse, par sa généralité, toutes les questions particulières qui ont été débattues devant la cour royale, et qu'ainsi il a été satisfait suffisamment, à cet égard, aux prescriptions de la loi;

Sur le deuxième et le troisième moyen : — Attendu que l'arrêt attaqué déclare expressément que, dans l'acte de donation du 21 mars 1824, les donateurs ont entendu se réserver le droit de retour tel qu'il est réglé par l'art. 951 c. civ.; — Que cette déclaration de l'arrêt attaqué étant fondée sur l'intention des parties, manifestée par les termes de l'acte de donation, constitue une appréciation d'intention qui rentrait dans les attributions exclusives et souveraines des juges du fond, et qu'il ne saurait en résulter aucune violation de la loi; — Attendu, d'une autre part, que le droit établi par l'art. 747 c. civ., en faveur des ascendants sur les choses par eux données à leurs enfants ou descendants, est un droit successif qui ne peut être exercé par les ascendants que dans le cas où ils sont appelés à la succession de l'enfant ou du descendant donataire, et lorsque les objets donnés, ou l'action en reprise de leur prix, s'ils ont été aliénés, se retrouvent dans la succession; — Que, dans l'espèce, Jean Marsan n'est pas décédé sans postérité, et qu'ainsi ses père et mère n'ont pas été appelés à sa succession, laquelle a été dévolue à son fils; — Que, dans cet état, l'art. 747 c. civ. n'était pas applicable; qu'il n'a pas été appliqué, et dès lors n'a pas été violé par l'arrêt attaqué (de la cour de Pau, du 12 août 1857); — Rejette.

Du 7 août 1859.-C. C., ch. req.-MM. Zangiacomi, pr.-Valigny, rap.

courent avec le père et la mère pour moitié, si tous deux survivent; pour les trois quarts, s'il n'existe que le père ou la mère. — Peu importe que les frères ou sœurs ne soient que consanguins ou utérins; ils ne sont pas moins préférés, ainsi que leur descendance, aux ascendants et collatéraux. Ce dernier point, d'abord controversé, a été fixé soit par la jurisprudence, soit par l'opinion de tous les auteurs (Chabot, Maleville, Delaporte, Pandect. franç., sur l'art. 750; Delvincourt, t. 2, p. 20, note 1; Duranton, t. 6, n° 251; Malpel, n° 140; Favard, sect. 2, § 2, art. 1, n° 6; Vazeille, sur les art. 748 et 749; Req. 27 déc. 1809 (1); conf. Bruxelles, 28 therm. an 12, aff. N...; Nancy, 8 frim. an 13, aff. Gérard; Caen, 25 frim. an 14, aff. M...; Bruxelles, 27 janv. 1804, aff. N...; Toulouse, 27 juin 1810, M. Dezazars, pr., aff., ve Orliac; tribunal de Châteaudun, 27 janv. 1814).

260. Il a été jugé que sous l'empire de la loi du 17 niv. an 2, la mère n'était pas exclue par le frère consanguin (trib. de Riom, 15 therm. an 11, aff. Marge C. Floret). — Mais le frère consanguin seulement excluait le père, et même appelait les héritiers collatéraux du côté de la mère du défunt à recueillir les portions affectées par la loi à la ligne maternelle (L. 17 niv. an 2, art. 69, 72, 76 et 85; Cass. 26 germ. an 3, MM. Lalonde, pr., Dubourg, rap., aff. Briquet C. Roue). — Il a aussi été jugé : 1° que, sous l'empire de la même loi, le frère consanguin ou utérin n'est héritier que de l'une des deux parts dans lesquelles se divise la succession collatérale; il ne concourt soit avec ses frères, soit même avec des ascendants ou des oncles et grands-oncles que relativement à la part de bien affectée à la ligne à laquelle il appartient (Cass. 27 vent. an 3, MM. Lalonde, pr., Maleville, rap., aff. Pierdet C. Fourré); — 2° Que l'aïeule maternelle du défunt succède par préférence aux collatéraux de la même ligne, d'un degré plus éloigné, bien qu'une moitié de la succession soit déférée dans la ligne paternelle à des frères ou sœurs consanguins, à l'exclusion de leur père. Cette préférence accordée dans une ligne à des collatéraux sur les ascendants n'est pas un motif d'exclusion, dans l'autre ligne, des ascendants supérieurs au profit des collatéraux, d'un degré plus éloigné (L. 17 niv. an 2, art. 70, 72, 75 et 76; L. du 22 vent. an 2, réponse à la 51e quest., et L. du 9 fruct. même année, réponse à la 11e quest.; — Cass. 5 janv. 1821) (2).

261. L'art. 751 c. nap. fait concourir avec le père ou la mère, les frères, sœurs ou leurs représentants. Ce mot *représentants* offre quelque équivoque, rapproché des expressions *frères* ou *descendants*, qui sont dans l'article précédent. On serait d'abord tenté de croire que les neveux ne sont admis qu'en cas de représentation, ou lorsqu'ils ne viennent pas de leur chef. Cette interprétation a été repoussée par tous les auteurs, comme ne reposant sur aucun motif raisonnable de déroger à la règle générale, qui met leurs descendants sur la même ligne que les frères ou sœurs dans leurs rapports avec les ascendants ou collatéraux (c. nap. 746, 748, 750; — MM. Chabot, n° 5, sur l'art. 750; Favard, *loc. cit.*, n° 7-2°; Duranton, nos 248, 249; Malpel, nos 144, 145; Vazeille, sur l'art. 749, n° 2; Poujol, p. 249).

262. Les collatéraux, autres que les frères ou sœurs ou leurs descendants, concourent avec les ascendants de l'autre ligne. Dans le droit romain, ces collatéraux étaient toujours exclus par le père ou la mère. — Le partage se fait entre les deux lignes, moitié aux ascendants, moitié aux collatéraux; mais le père ou la mère a, dans ce cas, l'usufruit du tiers des biens auxquels il ne succède pas (art. 753, 754). — L'attribution de cet usufruit est une imitation imparfaite des coutumes de Paris et d'Orléans, qui l'accordaient aux ascendants sur les conquêts de leurs enfants, sous plusieurs conditions, expliquées par Lebrun, liv. 1, chap. 5, sect. 3. — Le nouveau législateur a entendu que l'usufruit tînt lieu à l'époux survivant de pension alimentaire. « C'est une consolation, disait M. Treilhard, qui procurera du soulagement dans l'âge des infirmités et des besoins. Elle est fondée sur la volonté présumée du fils, qui n'eût pas voulu, pour hâter la jouissance des collatéraux, laisser dans la détresse les auteurs de ses jours. »

263. Le père ou la mère doit-il caution pour l'usufruit que lui accorde l'art. 754? — La négative avait d'abord été enseignée par M. Delaporte, Pand. franç., qui semble s'être rangé depuis à l'opinion contraire (t. 3, p. 98, 2e édit.), adoptée par MM. Maleville et Duranton (t. 4, nos 483, 608; t. 6, n° 257; Vazeille, sur l'art. 754, n° 2). — La loi ne dispensant pas cet usufruit de la caution, et surtout les biens n'étant plus ceux de l'enfant, nous croyons que les collatéraux ont le droit d'exiger cette garantie.

264. Les parents au delà du douzième *degré* ne succèdent plus. — Autrefois, on ne mettait aucune limite de degré au droit de succéder, qui s'exerçait tant qu'il existait des parents connus. Tel était même le projet du code. — On a rejeté ce système par un double motif : les relations de famille sont effacées dans un si grand éloignement; la difficulté de se procurer des généalogies qui remontent à plusieurs siècles, exposerait les familles à se

---

(1) (Blanwart C. Dehaynin.) — LA COUR; — Considérant qu'aux termes de l'art. 750 c. civ., lorsqu'un individu meurt sans postérité et sans père et mère, ses frères et sœurs ou leurs descendants sont appelés à la succession, à l'exclusion des autres collatéraux; — Que cet article, parlant indistinctement des frères et sœurs, comprend nécessairement les germains, les consanguins et les utérins; — Que l'on peut d'autant moins en douter, que dans le projet du code cet article avait été restreint aux frères et sœurs germains, et que ce mot *germains*, supprimé lors de la discussion, ne se trouve plus dans le texte de la loi; — Que vainement on oppose que des frères et sœurs consanguins et utérins n'appartiennent qu'à la ligne paternelle ou maternelle, et qu'aux termes de l'art. 733, les successions collatérales doivent être partagées également entre ces deux lignes; — Que, dans la nécessité de concilier cet art. 733 avec la disposition claire et évidente du 750e, il faut indispensablement admettre que le premier de ces articles est modifié par le second; qu'ainsi le partage entre les deux lignes, établi en principe général, cesse d'avoir lieu lorsque des frères consanguins ou utérins se présentent à une succession collatérale, sans concours avec des germains, et que ces deux dispositions se concilient, comme la règle, avec l'exception; — Que c'est vainement encore qu'argumentant de quelques mots de l'art. 733, on oppose que cet article n'est soumis qu'à la seule exception contenue en l'art. 752, et que c'est mal à propos qu'on en cherche une seconde dans l'art. 750; — Qu'il résulte de ce qui précède que l'art. 750 dispose, comme le 752e, par exception à l'art 733; qu'étant impossible d'entendre l'art. 750 dans un sens autre que celui ci-dessus expliqué, on ne peut, sous aucun prétexte, en éluder l'application; — Qu'enfin il résulte de l'art. 752 qu'en cas de concours avec le père ou avec la mère du défunt, les frères consanguins ou utérins recueillent les trois quarts de la succession, sans partage avec les collatéraux; que si cette disposition n'est pas textuellement applicable à l'espèce actuelle, l'esprit dans lequel elle a été rédigée prouve du moins qu'il a été dans l'intention du législateur de favoriser d'une manière particulière les frères et sœurs, même lorsqu'ils sont de différents lits, et de leur donner, dans tous les cas, le droit d'exclure les autres collatéraux; qu'il serait, en effet, contraire à la raison et à la justice, qu'en cas de survie du père ou de la mère du défunt, le frère utérin ou consanguin recueille les trois quarts de la succession, à l'exclusion de tous les collatéraux même les plus proches; et qu'en cas de prédécès du père et de la mère du défunt, il n'eût que moitié de la succession, et que l'autre moitié fût à son préjudice dévolue à des collatéraux qui pourraient n'être qu'au douzième degré; — Rejette, etc.

Du 27 déc. 1809.-C. C., sect. req.-MM. Henrion, pr.-Zangiacomi, r

(2) (Lançon ou la veuve Gerphanion C. les enfants Martin.) — LA COUR (apr. délib. en ch. du cons.); — Vu les art. 70, 72, 75 et 76 de la loi du 17 niv. an 2; — Vu aussi la réponse à la cinquante et unième question, contenue dans la loi du 22 vent. an 2, et la réponse à la onzième question contenue dans la loi du 9 fructidor de la même année; — Attendu qu'il est reconnu, dans l'espèce, que la succession doit être divisée entre la ligne paternelle et la ligne maternelle; — Attendu que lorsqu'il y a lieu à la distinction des deux lignes, chacune d'elles est régie par des règles particulières suivant l'ordre du degré; que l'art. 51 de la loi du 22 vent. an 2 suppose qu'une succession peut appartenir dans une ligne à des collatéraux, et dans l'autre à des ascendants, et que l'art 11 de la loi du 9 fruct. an 2 ne contient aucun principe contraire; — Attendu que les aïeux et aïeules succèdent, s'il n'y a pas des descendants de quelques-uns d'entre eux, ou d'autres ascendants au même degré, et que les défendeurs ne descendent que d'un ascendant plus éloigné que l'aïeule maternelle; d'où il suit que l'arrêt de la cour d'appel de Riom, en adjugeant la moitié maternelle aux défendeurs, au préjudice de l'aïeule maternelle, a violé les articles précités de la loi du 17 niv. an 2, et faussement appliqué ceux également précités des lois des 22 vent. et 9 fruct. an 2; — Casse, etc.

Du 5 janv. 1821.-C. C., sect. civ.-MM. Brisson, pr.-Jaubert, rap. Cahier, av. gén., c. conf.-Lecouturier et Loiseau, av.

confondre, le partage à des embarras, à des procès inextricables et ruineux. — V. *suprà*, p. 167, n° 19, p. 177, n° 142.

CHAP. 5. — DES SUCCESSIONS IRRÉGULIÈRES.

265. Autrefois, on distinguait en France jusqu'à huit espèces de successions irrégulières : 1° *L'époux* survivant, s'il était *indigent*, obtenait des héritiers une portion des biens du défunt (Rép. de Merlin, v° Quarte du conjoint pauvre); — 2° A défaut de parents successibles, le conjoint recueillait la totalité; — 3° A défaut de conjoint, les biens appartenaient au *seigneur* haut justicier par droit de déshérence (V. *ibid.*, v° Déshérence); — 4° Le monastère succédait au religieux; les parents étaient préférés au monastère, si le religieux avait été promu évêque (V. *ibid.*, v[is] Côte morte et Pécule); — 5° Les biens *confisqués* sur le criminel passaient au roi ou au seigneur haut justicier (V. *ibid.*, v° Confiscation, § 1); — 6° Le *droit d'aubaine* transmettait au roi les biens de l'étranger décédé dans ses Etats; — 7° Le *roi* ou le *seigneur* succédaient au *bâtard*; — 8° Le seigneur succédait à son *mainmortable* (V. *ibid.*, v[is] Echute et Mainmorte). — Ces diverses espèces de successions n'étaient pas soumises aux mêmes règles dans les provinces de droit écrit et dans les pays de coutume. — Aujourd'hui, l'on ne distingue plus que quatre successions irrégulières : 1° celles des *enfants naturels*, ou la succession aux enfants naturels; — 2° Celle du *conjoint* survivant; — 3° Celle de l'*Etat*; — 4° Celle des *hospices*. — Cette dernière succession a ses règles spéciales dans la loi du 15 pluv. an 13, et dans un avis du conseil d'Etat du 3 nov. 1809. — V. Hospices, n°s 125 et suiv.

SECT. 1. — *Des droits des enfants naturels sur les biens de leurs père et mère, et de la succession aux enfants naturels décédés sans postérité.*

ART. 1. — *Des droits des enfants naturels sur les biens de leurs père ou mère.*

§ 1. — *Historique. — Questions transitoires.*

266. La dignité du mariage et l'honnêteté des mœurs s'opposent à ce que les enfants naturels soient admis au partage des biens de leur père ou mère dans la même proportion et au même titre que les enfants légitimes. — Chez les Romains, la loi n'accordait aux enfants naturels que des aliments, s'il existait des enfants ou une femme légitime du défunt; et, à leur défaut, ils ne recueillaient que le sixième de la succession, dans lequel la mère survivante prenait encore une portion virile. Le surplus était dévolu aux parents éloignés ou au fisc. Toutefois, ils pouvaient recevoir, par donation ou testament, au delà de ce que leur attribuait la loi. La totalité des biens leur était transmissible, si le père ne laissait ni descendants, ni femme, ni ascendants légitimes; la totalité, moins la légitime due à l'ascendant, si l'ascendant se trouvait le plus proche héritier; le douzième seulement, s'il restait des enfants légitimes; encore ce douzième se divisait-il par têtes entre les enfants naturels et leur mère (nov. 89, cap. 12; nov. 18, cap. 5; *Authent.* licet, C., *De natur. liber.*). — Ces enfants ne succédaient point aux ascendants, si ce n'est par représentation de leur mère. Mais l'aïeul, paternel ou maternel, pouvait, s'il n'avait plus d'enfant légitime, transmettre tous ses biens au petit-fils naturel (L. *ult.*, C., *De nat. lib.*). La loi romaine fondait, en outre, sur la qualité de la mère, certaines distinctions qui ne sont plus dans nos mœurs : si elle appartenait à une famille illustre, l'enfant naturel n'avait rien à réclamer, pas même des aliments (L. 5, C., *Ad S.-C. Orfitian.*); si c'était une femme publique (*meretrix*), l'enfant (dit alors *spurius* par opposition à *liber naturalis*) suivait entièrement la condition de sa mère, lui succédait de la même manière que les autres enfants naturels, succédait même aux aïeux maternels par droit de représentation; mais il n'avait aucune espèce de droit à la succession paternelle (L. 8, ff., *Undè cognat.*).

Selon nos anciennes lois, l'enfant naturel ne succédait ni à son père ni à sa mère : il avait seulement une action en aliments. On exceptera de cette règle le parlement de Grenoble, les coutumes d'Artois, Saint-Omer et Valenciennes, qui admettaient la succession réciproque des enfants naturels et de leur mère. Dans tout le reste de la France, ils n'auraient pu rien recevoir, *ab intestat* ou autrement, au delà d'une somme alimentaire. On doutait si cette incapacité subsistait, à l'égard des aïeux qui les auraient avantagés par testament. Mais ils étaient capables, sans contredit, de recueillir toute libéralité de collatéraux ou d'étrangers. — En général, la successibilité réciproque des bâtards et de leurs parents naturels avait peu de règles fixes. Chaque parlement de pays de droit écrit suivait une jurisprudence particulière; les coutumes étaient, sur le même objet, ou muettes ou très-obscures. On peut consulter d'Aguesseau, t. 7, p. 425; Furgole, des Testaments, chap. 6, sect. 2, n° 101; Denisart et Merlin, Rép., v° Bâtard.

267. La législation ancienne s'était montrée injuste et cruelle envers les enfants naturels; la législation intermédiaire tomba dans un excès contraire. — Un premier décret du 4 juin 1793 se borne à statuer « que les enfants nés hors mariage succéderont à leur père et mère dans la forme qui sera déterminée. » Ce principe fut organisé par la fameuse loi du 12 brum. an 2. — D'après l'art. 2, « leurs droits de successibilité sont les mêmes que ceux des autres enfants. » — Mais la loi ne se borne pas à consacrer cette égalité. Par un *effet rétroactif*, elle admet (art. 1) « les enfants actuellement existants, nés hors mariage, aux successions de leurs père et mère, *ouvertes depuis le 14 juill.* 1789, » sans qu'ils puissent toutefois « exiger la restitution des fruits perçus, ni préjudicier aux droits acquis, soit à des tiers possesseurs, soit à des créanciers hypothécaires ou autres, ayant titre authentique avant le 1er brumaire » (art. 7).

Quant aux successions à venir, l'art. 10 contenait cette disposition : « A l'égard des enfants nés hors du mariage, dont le père et la mère seront encore existants lors de la promulgation du code civil, leur état et leurs droits seront, en tous points, réglés par les dispositions du code. » — On espérait, en l'an 2, que le code civil ne tarderait pas à être promulgué. Il ne le fut que neuf ans après. Cette lacune dans la législation, cette longue incertitude, devinrent l'occasion de bien des procès et de grands abus.

De là notamment cette question fréquemment débattue : La loi de brumaire s'applique-t-elle seulement aux successions ouvertes lors de sa publication, ou règle-t-elle encore les successions ouvertes depuis et dans l'intervalle de cette publication au code Napoléon? — La jurisprudence avait renvoyé au code la détermination des droits sur les successions ouvertes depuis la loi de brumaire, en déclarant qu'aucun tribunal ne pouvait, sans empiétement, statuer sur ces droits, tant qu'ils n'avaient pas été réglés par le pouvoir législatif : — « Attendu que le législateur avait laissé dans une incertitude absolue les droits des enfants nés hors mariage, dont les père et mère décéderaient dans l'intervalle de la loi du 12 brum. an 2 à la publication du code; que l'art. 8 ne lève pas cette incertitude, puisqu'il n'a de rapport qu'aux successions ouvertes antérieurement au 12 brum. an 2, et qu'aucun tribunal ne pouvait statuer sur les réclamations relatives à l'état de ces enfants et à leurs droits dans les successions ouvertes depuis la publication de la loi du 12 brum. an 2, sans prendre part à l'exercice du pouvoir législatif qui a, en effet, réglé depuis leur état et leurs droits de successibilité d'une manière bien différente de celle adoptée par le jugement attaqué; cassé, etc. » (Cass. 2 brum. an 13, M. Dutocq, rap., aff. Dewatines *C.* Hannich; 4 pluv. an 8, M. Gamon, rap., aff. Olivier *C.* Josèphe; 2 vent. an 12, MM. Maleville, pr., Coffinbal, rap., aff. Picard *C.* Reusse). — Et il a été décidé en ce sens que les droits d'un enfant naturel sur la succession de son père, décédé dans l'intervalle de la loi de brum. an 2 à la publication du code, doivent être réglés conformément au code, dans le cas même où cet enfant avait déjà en sa faveur chose jugée sur son état; en d'autres termes, l'état, jugé sous la loi du 12 brum. an 2, n'était point nécessairement attributif des droits réglés par cette loi (Rej. 15 fruct. an 13, MM. Vasse, pr. d'âge, Vergès, rap., aff. Lhermite *C.* Desroys).

268. D'après l'art. 16 de la loi du 12 brum. an 2 « les enfants et descendants d'enfants nés hors du mariage représenteront leurs père et mère dans l'exercice des droits que la présente loi leur attribue. » — Il a été jugé que cette disposition n'admettait point l'enfant à représenter sa mère décédée avant le 14 juill. 1789, cet enfant ne pouvant réclamer aucun droit sur la succession de sa mère. En d'autres termes, la loi de brumaire n'admet les enfants naturels que dans les successions de leurs père et mère, ouvertes depuis cette époque; et, du reste, elle a laissé subsister l'ancien droit, qui n'attribuait en aucun cas la qualité d'héritier à l'enfant naturel, et voulait que, pour représenter une personne décédée, on fût au moins, lors du décès, capable d'être son héritier (Cass. 4 frim. an 5 (1); 12 pluv. an 8, M. Lizot, rap., aff. Chambon C. Josephe).

269. La loi du 17 niv. an 2 qui réduisait à l'usufruit de moitié les dons et avantages faits entre époux par contrat de mariage ou par acte postérieur, au profit des enfants de leur union ou d'un précédent mariage, n'étendait pas le bénéfice de cette réduction aux enfants nés hors mariage, encore bien que la loi du 12 brum. an 2 accordât à ceux-ci les mêmes droits de successibilité qu'aux enfants légitimes : «Attendu que les art. 13 et 14 de la loi du 17 nivôse, qu'il n'est permis aux juges d'interpréter ni d'étendre, ne comprennent pas dans leur disposition le cas où il existerait des enfants nés hors du mariage; rejette» (Req. 12 frim. an 3, MM. Miquel, pr., Albarel, rap., aff. Bellecombe C. Bellecombe).

270. Une loi du 3 vend. an 4 abolit l'effet rétroactif de celle du 12 brum. an 2; une autre intervint sur le même objet le 15 therm. an 4 qui déclare aboli l'effet rétroactif attribué au droit des enfants naturels par *la première disposition de l'art.* 1 de la loi du 12 brum. an 2. Il ne faut pas conclure des expressions soulignées que l'art. 1 de la loi de brumaire soit seul aboli. — Et spécialement, il a été jugé que la même abrogation comprend l'art. 15 de la loi de brumaire qui donnait aux enfants naturels le droit de prendre le tiers de la succession échue depuis 1789, lorsqu'ils étaient en instance avec des héritiers directs ou collatéraux et qu'il n'y avait pas encore de jugement en dernier ressort (Req. 16 juin 1806, MM. Henrion, pr., Lasaudade, rap., aff. Maurel C. Fraissenet).

271. Aux termes de l'art. 4 de la loi du 15 therm. an 4 «le droit de successibilité réciproque entre les enfants nés hors le mariage et leurs parents collatéraux, et celui donné à ces enfants et à leurs descendants, de représenter leurs père et mère, n'auront d'effet que par le décès de ces derniers postérieur à la publication de la loi du 4 juin 1793, et seulement sur les successions ouvertes depuis la publication de celle du 12 brumaire.» — Jugé, par interprétation de cette disposition, 1° que les droits de successibilité et de représentation en ligne collatérale étaient accordés aux enfants naturels par la loi du 12 brum. an 2, sans égard à l'époque du décès de leur père; la restriction qu'a apportée depuis à l'exercice de ces droits la loi du 15 therm. an 4, ne s'applique point aux successions ouvertes dans l'intervalle de ces deux lois (L. 2 vent. an 6; Cass. 27 mess. an 7, M. Riolz, rap., aff. Martin); — 2° Que le droit qu'ont eu les enfants naturels de représenter leurs père et mère, étant restreint par la loi du 15 therm. an 4, au cas où leurs pères ne seraient décédés qu'après la publication de la loi du 4 juin 1793, il en résulte que si le décès a précédé cette époque, l'enfant naturel n'a pu succéder même à un aïeul qui l'aurait institué héritier sous l'empire des lois intermédiaires; l'institution serait nulle, encore que les colégataires l'eussent d'abord et provisoirement admis au partage; seulement l'enfant pourrait, en vertu de cette institution, réclamer quelques secours, ou la faire réduire, d'après l'ancien droit, qui permettait aux enfants naturels de recueillir de leurs aïeux des legs modiques (Aix, 6 juin 1811) (2).

272. Une loi interprétative du 2 vent. an 6 modifia celle du 15 therm. an 4, en disposant, art. 1, que les droits des enfants naturels pourront être exercés dans les successions directes et collatérales ouvertes depuis la publication de la loi du 12 brum. an 2, jusqu'à celle de la loi du 15 therm. an 4, *quoique leurs père et mère fussent morts avant le 4 juin* 1793. — Jugé, à cet égard, que le droit réciproque de succéder, créé par la loi du 12 brum. an 2, entre les enfants naturels et leurs parents collatéraux, modifié d'abord par la loi du 15 therm. an 4, a été rétabli dans tous ses effets par la loi du 2 vent. an 6, et que cet état de la législation a subsisté jusqu'à la promulgation du code civil (Req. 26 janvier 1832) (3).

273. Un plus grand intérêt se rattache à la loi du 14 flor. an 11

---

(1) (Harley C. Mullot.) — La cour; — Considérant que le mineur Labruyère ne pouvait, sous aucun point de vue, réclamer l'effet de la loi du 12 brum. an 2, soit parce que cette loi, admettant les enfants nés hors mariage aux seules successions de leurs père et mère, ouvertes depuis le 14 juill. 1789, admettre le mineur Labruyère à la succession de son aïeul, c'était étendre la loi à un cas pour lequel elle n'avait rien changé au droit ancien; soit parce que le père du mineur Labruyère étant mort antérieurement à l'époque du 14 juill. 1789, et son fils né hors mariage n'étant pas son héritier, ce fils ne pouvait, en aucun cas, représenter son père pour l'exercice de droits successifs; d'où il résulte que, par leur décision, les arbitres ont violé et faussement appliqué l'art. 1 de la loi du 12 brum. an 2; — Casse, etc.

Du 4 frim. an 5.-C. C., sect. civ.-M. Baillot, rap.

(2) (Hér. Arnaud.) — La cour; — Considérant que Pierre Arnaud, de la succession duquel il s'agit, est décédé en vendémiaire an 9, et qu'Antoine-Martin Arnaud, père naturel de François Arnaud, intimé, était décédé le 13 juin 1793; — Que la loi du 15 therm. an 4 avait restreint le droit de successibilité réciproque des enfants naturels avec leurs parents collatéraux, et celui qu'ils avaient, eux et leurs descendants, de représenter leurs père et mère au cas où leurs père et mère ne seraient décédés qu'après la publication de la loi du 4 juin 1793, et que l'art. 1 de celle du 2 vent. an 6, en soulevant cette condition pour les successions ouvertes depuis la publication de la loi du 12 brum. an 2, jusqu'à celle du 15 therm. an 4, l'a confirmée pour celles qui s'étaient ouvertes depuis cette dernière époque, et qui s'ouvriraient à l'avenir; — Que François Arnaud, intimé, n'a point prouvé que la loi du 4 juin 1793 fût publiée dans le district de Marseille le 13 du même mois, jour du décès de son frère naturel, et que ses adversaires ont produit un arrêté de la ci-devant administration du département des Bouches-du-Rhône, constatant que cette loi n'avait été publiée que le 27 août suivant; — Qu'aucun droit n'ayant été acquis à François Arnaud lors du décès de son père, il ne peut en exercer aucun par représentation de celui-ci, et il se trouve frappé de l'incapacité dont l'enfant naturel était atteint avant la loi du 4 juin 1793, pour toutes successions, tant testamentaires qu'*ab intestat*; — Considérant que la loi transitoire du 14 flor. an 11 ne peut lui être d'aucun secours, parce qu'elle n'est relative qu'aux enfants naturels dont les pères et mères sont morts depuis la promulgation de la loi du 12 brum. an 2, jusqu'à la promulgation du code civil; — Considérant, 2° que par la désemparation qui lui a été faite par l'acte du 6 fruct. an 11, Icart, notaire à Ceireste, d'une petite propriété, ne l'a été que dans l'idée où il pourrait avoir quelque chose à prétendre; qu'elle n'était que provisoire, puisqu'on stipulait pour des absents et des mineurs, et qu'on y faisait figurer une tutrice agissant sans autorisation; qu'elle ne peut donc leur être opposée comme une reconnaissance des droits de François Arnaud, ni en acquiescement au testament de l'aïeul; — Considérant, 3° que l'ancien droit permettait aux enfants naturels de recueillir de leurs aïeux des legs modiques; que, quoique l'institution d'héritier faite par Pierre Arnaud en faveur de son petit-fils naturel ne puisse être maintenue, elle manifeste sa volonté de lui laisser quelques secours, et alors il y a lieu de le faire concourir au marc le franc à la quotité disponible avec les prélégataires de cette quotité; — Réforme, et sans s'arrêter à l'institution d'héritier dont il s'agit, non plus qu'à l'acte du 6 fruct. an 11, déclare que l'intimé n'a aucun droit d'héritier à exercer dans la succession de son aïeul naturel, et néanmoins ordonne qu'il viendra en concours au marc le franc pour le quart formant la portion disponible en conformité de l'art. 926 c. civ., avec les légataires de ce quart.

Du 6 juin 1811.-C. d'Aix.

(3) (Brissac C. Dubarry.) — La cour; — Sur le troisième moyen, consistant dans la fausse application des lois des 12 brum. an 2 et 2 vent. an 6, ainsi que dans la violation de celles des 15 therm. an 4 et 14 flor. an 11 : — Attendu, en droit, que la loi du 12 brum. an 2, art. 9, établit qu'à défaut d'héritiers directs, il y aura successibilité réciproque entre les enfants nés hors mariage et leurs parents collatéraux; — Attendu, en fait, que la succession de la comtesse Dubarry s'est ouverte sous l'empire de cette loi; — Attendu qu'à la vérité, ses père et mère étaient décédés avant la publication de la loi du 4 juin 1793, et que l'art. 4 de celle du 15 therm. an 4 veut que le droit de successibilité réciproque entre les enfants nés hors mariage et leurs parents collatéraux n'ait d'effet que par le décès des père et mère de ces enfants, postérieur à la publication de la loi du 4 juin 1793; — Mais que, par le préambule de la loi du 2 vent. an 6, il est reconnu qu'en restreignant le droit de successibilité réciproque dont il s'agit au cas où les pères et mères des enfants nés hors mariage ne seraient décédés qu'après la publication de la loi du 4 juin 1793, celle du 15 therm. an 4 n'a pu fixer cette condition que pour l'avenir; qu'elle emportait, pour le passé, dans les successions ouvertes depuis le 12 brum. an 2, un effet rétroactif qu'il importait de faire cesser; — Qu'en conséquence, la loi du 2 vent. an 6

(V. Paternité, nº 436), qui, du reste, n'a eu non plus qu'un but *transitoire*. Selon l'art. 1, c'est le code, et non la loi de brumaire, qui doit régler les successions ouvertes au profit d'enfants naturels depuis l'an 2. Ainsi se trouvait tranchée la question qu'avait résolue dans le même sens la jurisprudence de la cour suprême, *suprà*, nº 267.—L'art. 2 ordonne l'exécution des dispositions entre vifs ou testamentaires antérieures au code, sauf leur réduction ou un supplément, si elles dépassent ou n'atteignent pas la quotité attribuée à l'enfant naturel par le code. — Enfin, l'art. 3 maintient les conventions et jugements, passés en force de *chose jugée*, par lesquels ont été réglés l'état et les droits des enfants naturels. — Il a été jugé, par application de cette loi : 1º Qu'en maintenant les dispositions faites par des père et mère au profit d'enfants naturels, « sauf la réduction à la quotité disponible, aux termes du code civil, » l'art. 2 n'a point entendu la quotité dont il est permis, en général, de disposer d'après les art. 913 et suiv., mais la portion accordée à l'enfant naturel par les art. 757 et suiv. Ces dispositions, en conséquence, ne seront pour l'enfant d'aucun avantage réel, puisque la loi, dans le silence de ses père et mère, lui adjugeait de droit la même part (Req. 28 mess. an 13) (1); — 2º Que l'art. 3 embrasse, sous le nom de conventions, même des actes de partage de successions collatérales, dans lesquels auraient figuré, comme copartageants, des enfants naturels dont les père et mère sont décédés dans l'intervalle de la loi du 12 brum. an 2 à la promulgation du code. En vain alléguerait-on, pour faire excepter de tels actes, qu'ils ont été passés avec un mineur, et qu'étant même avec un majeur, susceptibles pendant dix ans d'être attaqués pour cause de lésion, des partages n'ont point le caractère d'irrévocabilité exigée par la loi de l'an 11. « Attendu que ces actes sont devenus irrévocables par l'art. 3 de la loi du 14 flor. an 11; que la disposition de cet article est générale, et s'applique à toutes les conventions par lesquelles l'état et les droits des enfants naturels auraient été réglés; d'où il suit qu'en refusant d'envoyer la régie en possession des biens obvenus à Aubin Cauroy par les actes de partage susdits, l'arrêt de la cour d'appel de Bordeaux a violé la loi du 14 flor. an 11; — Casse, etc. » (Cass. 15 janv. 1811. MM. Delacoste, pr., Audier-Massillon, rap., aff. Cauroy); — 3º Que néanmoins l'art. 3 n'a pas entendu que les actes qu'il maintient pussent être opposés à des tiers qui n'y ont été ni parties, ni appelés, et qui avaient antérieurement acquis des droits sur les biens de la succession du père. Et, spécialement que, la vente des biens d'une succession, faite par l'héritier légitime, dans l'intervalle de la loi du 12 brum. an 2 à la promulgation du code, ne peut recevoir aucune atteinte, sur l'opposition de l'enfant naturel, des conventions ou jugements postérieurs, par lesquels l'héritier aurait reconnu, ou les tribunaux auraient réglé l'état et les droits de cet enfant : l'enfant naturel alors, au lieu de rentrer dans les biens vendus, n'exercera son droit que sur le prix ou leur valeur estimative (Cass. 20 mai 1806, MM. Target, pr., Chasles, rap., aff. Lefèvre C. Rolandeau).

274. Les rédacteurs du code ont cherché le juste milieu entre les deux précédentes législations, extrêmes, l'une dans ses rigueurs, l'autre dans son indulgence. Pour payer la dette du sang ou de la nature, une part est accordée à l'enfant naturel dans les biens de ses père et mère; et en vue de conserver au mariage sa dignité et ses prérogatives, cette part n'est point égale à celle d'enfant légitime; elle n'est point attribuée à titre d'héritier; l'enfant n'a plus aucun droit sur les biens des parents de ses père et mère (c. nap. 756).

275. C'est par la loi du jour du *décès* et non par la loi du jour de la *reconnaissance* de paternité, que se règlent les droits de l'enfant naturel à la succession de son père. Et spécialement la reconnaissance d'un enfant naturel faite, avant la loi nouvelle, par un père qui s'est marié depuis, et qui n'est décédé que sous le code, donne à l'enfant qu'elle concerne le droit de demander à un enfant du mariage communication des pièces relatives à la succession de leur père commun. — En vain objecterait-on qu'anciennement les enfants naturels n'avaient droit qu'à des aliments (Cass. 24 nov. 1830, aff. Gabriel, vº Paternité, nº 547-1º). — Jugé que l'état et les droits des enfants nés hors mariage, dont les père et mère sont décédés depuis la promulgation de la loi du 12 brum. an 2 et, à plus forte raison, l'état et les droits des enfants naturels nés hors mariage, dont les père et mère sont décédés sous l'empire du code Napoléon, sont réglés par ce code; qu'en conséquence, un enfant né hors mariage n'a aucun droit à la succession, ouverte sous le code Napoléon, de celui qu'il prétend être son père, s'il ne justifie pas de sa filiation conformément aux dispositions de ce code, et s'il se borne, notamment, à produire un jugement qui, sur une demande judiciaire en déclaration de paternité, formée avant le code, aurait condamné son prétendu père à lui servir des aliments dont des décisions ultérieures, suivies de transaction, auraient ordonné le payement (Req. 10 fév. 1851, aff. Louis Paupart. D. P. 54. 5. 730).

déclare, par ses art. 1 et 2, que, nonobstant les dispositions de celle du 15 therm. an 4, les enfants nés hors mariage sont appelés à recueillir toutes les successions directes et collatérales ouvertes depuis la loi du 12 brum. an 2, jusqu'à celle du 15 therm. an 4, quoique leurs pères et mères soient morts avant le 4 juin 1793;

Que bien que, dans ces articles, la loi du 2 ventôse ne fasse pas mention des successions des enfants nés hors mariage, ouvertes dans les mêmes circonstances, on ne peut douter qu'elle ne les attribue à leurs parents collatéraux, d'après le droit de réciprocité par elle reconnu; que, sans cela, ses dispositions ne rempliraient pas l'objet indiqué dans son préambule, qui est de faire cesser, tant au profit des parents collatéraux qu'à celui des enfants naturels eux-mêmes, l'effet rétroactif que la loi du 15 therm. an 4 avait donné à ses propres dispositions; qu'en le jugeant ainsi, l'arrêt attaqué a fait une sage interprétation de ces lois, et n'a pu violer, d'ailleurs, celle du 14 flor. an 11, qui, ne statuant que sur l'état et les droits des enfants naturels dont les père et mère sont morts depuis la promulgation de la loi du 12 brum. an 2, est sans aucune application à l'espèce; — Rejette, etc.

Du 26 janv. 1832.-C. C., ch. req.-MM. Zangiacomi, pr.-De Maleville, rap.-Laplagne-Barris, av. gén., c. conf.-Lacoste, av.

(1) (Reynier.) — LA COUR; — Considérant que l'art. 10 de la loi du 12 brum. an 2 avait renvoyé, pour les successions à venir, les enfants naturels, aux dispositions du code civil, sans distinguer les cas où il y aurait eu donation ou testament par le père, des cas où il n'y en aurait pas; ce qui conduisait naturellement les auteurs de la loi transitoire du 14 floréal à prendre aussi le code civil pour règle principale de ses dispositions, et sans distinguer aussi, pour la fixation de leurs droits, les enfants qui avaient pour eux un testament ou une donation, des enfants enfants qui n'avaient aucune disposition en leur faveur; — Que l'art. 1 de la loi du 14 flor. an 11 renvoie purement et simplement aux dispositions du code civil ceux des enfants naturels dont les pères sont décédés sans avoir réglé leur sort par disposition entre-vifs ou testamentaire, ce qui prouve qu'en effet le législateur a voulu s'en remettre autant que possible aux dispositions du code civil sur le sort des enfants naturels; — D'où il suit que si, par les dispositions suivantes, le législateur donne un effet quelconque aux testaments ou donations des pères, il a néanmoins entendu les concilier avec les dispositions du code civil; — Que le seul moyen de concilier l'application du code à l'exécution des dispositions des pères fut d'ordonner, par l'art. 2, l'exécution des donations ou testaments faits par les pères, sauf réduction, et encore sauf supplément, selon les règles du code, établies au titre des Successions irrégulières, au chapitre où sont fixés les droits des enfants naturels dans la succession de leurs pères; qu'entendre dans ce sens l'art. 2 de la loi du 14 flor. an 11, ce n'est point rendre inutiles les donations ou testaments des frères, puisque l'objet donné ou légué par convenance à l'enfant naturel lui est conservé, en le recevant pour sa valeur et jusqu'à concurrence de la quotité du bien qu'il lui est permis de recevoir; que ce n'est pas non plus entendre l'art. 2 dans un sens qui le confonde avec l'art. 1, puisque de cet art. 2 il peut résulter pour l'enfant naturel, par addition à l'art. 1, un droit réel à tel objet déterminé, en vertu des dispositions du père; — Considérant enfin que le législateur ayant lui-même indiqué par le second membre de l'art. 2 de la loi, que pour le supplément aux dispositions du père, il faudrait recourir à l'art. 761 c. civ., c'est-à-dire au chapitre qui règle les droits particuliers des enfants naturels; et cette deuxième partie de l'article étant liée à la première, par l'expression corrélative *comme aussi*, il est évident que c'est au même chapitre du code civil que le législateur a voulu renvoyer aussi pour la réduction, en cas d'excès dans les dispositions du père; qu'au surplus, cette manière d'entendre la loi se trouve consacrée par l'autorité de l'un des rédacteurs du code civil et de la loi transitoire (M. Maleville, Analyse du code civil, t. 2, p. 245); — D'où il suit qu'en réduisant à moitié l'institution universelle, faite par feu Reynier au profit des enfants naturels, et réservant l'autre moitié pour les sœurs du défunt, conformément à la disposition de l'art. 757 c. civ., la cour d'appel n'a point contrevenu à la loi, et l'a, au contraire, entendue dans le sens le plus conforme à l'esprit du législateur; — Rejette, etc.

Du 28 mess. an 13.-C. C., sect. req.-MM. Muraire, 1er pr.-Genevois, rap.-Jourde, subst., c. conf.-Sirey, av.

276. Les droits de l'enfant naturel se règlent par la loi du jour de l'ouverture de la succession. — Toutefois comme une donation mutuelle entre époux, par contrat de mariage, de l'universalité de leurs biens en faveur du survivant, doit être régie dans ses effets par les lois existantes au moment où elle a été stipulée, il a été jugé que si les époux avaient un enfant naturel, et qu'à ce moment les lois ne lui attribuassent qu'un droit à des aliments sur la succession paternelle, l'enfant ne pourrait, quoique la succession se fût ouverte sous le code, exercer un droit plus étendu au préjudice du donataire universel (Req. 9 juill. 1812, MM. Henrion, pr., Botton, rap., aff. D'Abadie *C.* Leclerc).

277. L'enfant naturel, né en France d'un père même étranger, n'a de droits à exercer dans sa succession ouverte en France depuis la promulgation du code, qu'autant qu'il serait reconnu dans les formes prescrites par ce code; et il ne suffirait pas que, par des transactions postérieures et sous seing privé, le père eût assuré à l'enfant des aliments. Dans ce cas aussi la preuve de la filiation par témoins n'est pas permise (Liége, 20 août 1812, aff. Walbourg *C.* L...).

§ 2. — *De la quotité des droits de l'enfant naturel.*

278. Les art. 757 et 758 règlent ainsi qu'il suit les droits de l'enfant naturel sur les biens de ses père et mère décédés : ce droit est d'un tiers de la portion héréditaire qu'il aurait eue s'il avait été légitime, lorsque le défunt laisse des descendants légitimes; de la moitié, s'il n'existe que des ascendants, des frères ou sœurs; des trois quarts, lorsqu'il n'y a ni descendants ni ascendants, ni frères ni sœurs; de la totalité, s'il n'est pas de parents au degré successible.

279. En concours avec des descendants venant par représentation de leur père, l'enfant naturel a la même portion que s'il concourait avec le père; mais sa portion sera-t-elle la même si ces descendants viennent de leur chef; si, par exemple, le défunt laisse un enfant légitime, déclaré indigne ou qui renonce, et qui a lui-même deux enfants. MM. Chabot, n° 3, Duranton, t. 6, n° 274, tout en reconnaissant que la représentation est alors impossible, veulent que les petits enfants soient comptés, comme s'ils venaient par représentation, et ils réduisent en conséquence la part de l'enfant naturel au sixième de la succession. MM. Malpel, n° 159; Vazeille, n° 2; Marcadé, art. 757, n° 1, opposent ce raisonnement, qui nous paraît fondé : Si l'enfant naturel était légitime, il exclurait les deux petits enfants et prendrait la succession entière; donc il a droit au tiers de cette succession.

280. L'art. 757 accorde à l'enfant naturel les *trois quarts* de la succession, « lorsque les père ou mère ne laissent ni descendants ni ascendants, ni frères ni sœurs. » — Mais quelle est la portion de l'enfant en concours avec des *neveux*? Est-elle des trois quarts, ou les neveux, par représentation, ont-ils droit à la moitié? Cette question est fort controversée. La jurisprudence qui paraît à peu près fixée attribue les trois quarts à l'enfant naturel. Il y a dans ce sens trois arrêts de la cour de cassation (Req. 20 fév. 1823, 28 mars 1833 (1); 6 avr. 1813, MM. Lasaudade, pr., Lombard, rap., aff. Pigeaux, et neuf de cours d'appel (Rouen, 14 juill. 1840 (2); Riom, 1re sect., 29 juill. 1809, MM. Redon, 1er pr., Grenier, proc. gén., c. conf., aff. Mozac *C.* hér. de la Cha-

---

(1) 1re *Espèce :* — (Duplessis de Poussillac *C.* Despiard.) — LA COUR ; — Attendu, en droit, que, d'après l'art. 757 c. civ., lorsque les père ou mère ne laissent ni descendants, ni ascendants, ni frères, ni sœurs, le droit de l'enfant naturel sur leurs biens est des trois quarts de la portion héréditaire que le même enfant naturel aurait eue s'il eût été légitime; — Et attendu, en fait, que Despiard père n'a laissé ni descendants, ni ascendants, ni frères, ni sœurs; qu'ainsi, en accordant à son enfant naturel les trois quarts de la portion héréditaire qu'il aurait eue s'il eût été légitime, l'arrêt attaqué a fait une juste application de l'art. 757; — Attendu que l'art. 742 du même code, qui admet, en ligne collatérale, la représentation en faveur des enfants et descendants des frères et sœurs du défunt, régissant uniquement les successions régulières, n'est point applicable à l'espèce où il s'agit d'une succession irrégulière; que, pour ces deux différents ordres de succession, la loi établit aussi des principes différents; que, dans les premières, elle contemple, en ligne collatérale, les parents du défunt jusqu'au douzième degré, et les contemple pour leur assurer sa succession *ab intestat*, tandis que, dans les secondes et dans la même ligne, elle contemple seulement les frères et sœurs du défunt, et elle les contemple moins pour leur assurer sa succession que pour fixer, d'après les égards particuliers qui leur sont dus, le droit de l'enfant naturel sur les biens de son père, et que franchir une ligne de démarcation si expressément établie, ce serait, en ajoutant à la loi, la violer ouvertement; — Attendu, au surplus, que dans les successions régulières elles-mêmes, et d'après la disposition formelle de l'art. 742, le droit de représentation n'est accordé qu'aux enfants et descendants des frères et sœurs du défunt qui concourent à sa succession; et que, dans l'espèce, les neveux et nièces de Despiard père ne succèdent point; qu'ils ne figurent pas même au procès, de manière que la portion que, par leur moyen, on ôterait à l'enfant naturel, profiterait exclusivement à un héritier testamentaire étranger à la famille, ce qui choquerait la nature du droit de représentation; — Rejette.

Du 20 fév. 1823.-C. C., sect. req.-MM. Henrion, pr.-Lasagni, rap.-Cahier, av. gén., c. conf.-Guillemin, av.

2e *Espèce :* — (Hér. Moreau *C.* Vollant.) — LA COUR; — Attendu, en droit, que la sect. 1 du chap. 4, intitulé des Successions irrégulières (liv. 3, tit. 1 c. civ.), a été exclusivement consacrée par le législateur à déterminer les droits des enfants naturels sur les biens de leurs père et mère, et à fixer la succession aux mêmes enfants naturels décédés sans postérité; — Attendu que l'art. 757 porte, entre autres choses, en termes exprès, que, lorsque les père et mère ne laissent ni descendants, ni ascendants, ni frères, ni sœurs, le droit de l'enfant naturel est des trois quarts de la portion héréditaire que le même enfant naturel aurait eue, s'il eût été légitime; — Attendu que la disposition de l'art. 742 du même code, qui admet, en ligne collatérale, la représentation en faveur des enfants et descendants des frères et sœurs du défunt, régissant uniquement les successions régulières, ne pourrait être appliquée aux successions irrégulières, dont il s'agit dans l'espèce, que dans le cas seulement où la même disposition aurait été reproduite dans la loi spéciale de la matière: que, loin de là, le législateur, dans ces successions irrégulières, a toujours taxativement contemplé les seuls frères et sœurs du père naturel; que, dans le cas unique de l'art. 766, où, en fixant la succession à l'enfant naturel, dans les biens autres que ceux que le même enfant naturel aurait reçus de ses père et mère, et en voulant déférer cette même succession non-seulement à ses frères et sœurs naturels, mais encore à leurs descendants, le législateur a pris soin de les y appeler en termes formels : « Tous les autres biens, » porte ledit art. 766, dernier alinéa, « passeront aux frères et sœurs naturels, ou à leurs descendants; » ce qu'il n'a pas fait à l'égard des cas prévus par l'art. 757; — Attendu qu'à la lettre de la loi est conforme son esprit : plus la consanguinité s'éloigne, moins l'injure est grave; le législateur a donc pu, il a même dû borner la liberté souveraine de tester, du père naturel, avec plus de rigueur à l'égard de ses frères et sœurs qu'à l'égard de ses neveux et nièces. Les lois romaines refusaient, ainsi que le code civil, toute réserve aux frères et sœurs du défunt; elles ne la leur accordaient que « *Si scripti hæredes infamiæ vel turpitudinis, vel levis notulæ maculâ adsperganiur* (L. 27, au code, *De inoff. test.*); » mais, dans ce même cas, il n'était rien réservé aux enfants des frères et sœurs du même défunt : « *Fratris et sororis filii* (L. 21, au code, *De inoff. test.*), *testamentum inofficiosum frustrà dicunt, cùm nemo eorum qui ex transversâ lineâ veniunt, exceptis fratre et sorore, ad inofficiosi querelam admittatur; sciendum est* (L. 1, au Dig., *De inoff. test.*) *frequentes esse inofficiosi querelas... cognati, qui sunt ultrà fratrem, meliùs facerent, si se sumptibus inanibus non vexarent, cum obtinere spem non haberent;* » — Et attendu, en fait, que Moreau père n'a laissé ni ascendants ni descendants, ni frères ni sœurs; — Que, par conséquent, en accordant à ses deux enfants naturels les trois quarts de la portion héréditaire qu'ils auraient eue, s'ils eussent été légitimes, l'arrêt attaqué (de la cour de Poitiers, du 29 mai 1832) s'est conformé et à la lettre et à l'esprit de l'art. 757 c. civ., loi spéciale de la matière; — Rejette,

Du 28 mars 1833.-C. C., ch. req.-MM. Zangiacomi, pr.-Lasagni, r.

(2) (Danger *C.* hér. Danger.) — LA COUR ; — Sur la question de savoir si l'appelant, en sa qualité d'enfant naturel, a droit aux trois quarts de la succession de son père, décédé sans descendants légitimes, ni ascendants, ni frères, ni sœurs ; — Attendu que l'art. 757 c. civ., n'admet, ni dans son texte, ni dans son esprit, le droit de représentation en faveur des neveux et nièces du défunt, quand ils se trouvent en concours avec un enfant naturel; — Que la représentation est une fiction qui ne doit pas être étendue au delà des limites posées par la loi; — Que si l'art. 742 du même code autorise, en ligne collatérale, la représentation en faveur des enfants et descendants des frères et sœurs, c'est là une disposition qui régit exclusivement les successions régulières, et ne peut s'appliquer à une matière tout exceptionnelle, et que le législateur a soumise à des règles spéciales; — Que la loi a pris soin, dans le chapitre intitulé : Des successions irrégulières, de fixer les droits des enfants naturels sur les biens de leurs pères et mères; qu'elle n'a eu en vue que les frères et sœurs, et non leurs descendants, quand elle les a appelés à concourir avec l'enfant naturel; — Que celui-ci devait, en effet, dans l'ordre naturel des choses, avoir une part plus ou moins considérable,

pelle; Montpellier, 13 juill. 1812, aff. Delzeuze *C.* Delzeuze; Rouen, 17 mars 1813, aff. Boullanger, nº 305; Agen, 16 avril 1822, M. Bergognié, pr., aff. David; 16 juin. 1823, M. Bergognié, pr., aff. Lille *C.* Lille; Toulouse, 29 avr. 1845, aff. Rollindes, D. P. 45. 2. 165; Paris, 20 avr. 1853, aff. Morel. D. P. 53. 2. 190). — Nous ne connaissons que deux décisions contraires, c'est-à-dire, admettant les neveux par représentation, à la moitié de la succession (Rennes, 26 juill. 1843 (1); Pau, 4 avr. 1810, aff. Gamotis, V. nº 313).

Parmi les interprètes, la controverse est toujours très-vive.— Rejeté par MM. Grenier, des Donat., t. 2, p. 411, nº 667; Favard, *loc. cit.*, nº 7; Malpel, nº 159-5º; Vazeille, nº 6; Belost-Jolimont, sur Chabot, t. 1er, p. 550; Richefort, Etat des familles, t. 3, nº 376; Cadrès, des Enfants naturels, nos 193, 194; Massé et Vergé, sur Zachariæ, p. 275, note 11, le système de la représentation est soutenu par MM. Chabot, t. 2, p. 164 à 199; Merlin, vº Représentat., sect. 4, § 7; Maleville, Analys. raisonnée, t. 2, p. 237; Toullier, t. 4, nº 233; Delvincourt, t. 2, p. 21, note 8; les auteurs des Pandect. franç., t. 3, p. 112; Cotelle, code Napoléon *approfondi*, t. 1, p. 267; Rolland de Villargues, vº Port. dispon., nº 76; Duranton, t. 6, nº 288; Zachariæ, § 605; Pont, Revue de législ. 1846, t. 1, p. 103; Marcadé, sur l'art. 757, nº 2; Poujol, nº 25; Duvergier, sur Toullier, Gros, Droits success. des enf. nat., nº 53. — M. Loiseau a rétracté dans son Appendice, p. 108, l'avis opposé, qu'il avait énoncé d'abord à la page 650 de son Traité des enf. nat. MM. Chabot et Merlin sont revenus deux fois à l'examen de la question, et ont répondu dans le plus grand détail à toutes les objections proposées. Pour nous aussi nous persistons, après nouvel examen, dans l'opinion que nous avons déjà émise dans la première édition de notre Répertoire en faveur des neveux.

281. Le raisonnement qui nous détermine se résume à ceci : en principe, le neveu est assimilé au frère, pour la quotité de leurs droits successifs (c. nap. 742, 750). En principe, le neveu comme le frère exclut l'ascendant ou lui est préféré (c. nap. 750). Il est donc présumable que la loi n'a pas entendu, dans l'art. 757, réduire le neveu au quart, quand elle admettait pour la moitié le frère et l'ascendant. — Ce serait une exception à la règle générale, et une exception ne peut résulter que d'un texte bien formel, lorsque surtout la discussion législative, loin de la motiver, favorise plutôt l'induction contraire. — Voyons toutefois les objections qui ont été faites.

On a dit d'abord que l'art. 757, après ces mots *ni frères ni sœurs*, n'ajoute point *ni descendants d'eux*, comme on le voit souvent ailleurs; que l'omission est d'autant plus remarquable que deux fois le même article parle des frères et sœurs, sans nommer leurs descendants. Mais l'art. 757 n'est pas la seule disposition où le principe de la représentation soit sous-entendu. Exemple : dans l'art. 752, il est dit que « s'il n'y a de frères ou sœurs que d'un côté, ils succèdent à la totalité, à l'exclusion de tous autres parents de l'autre ligne. » Les neveux ou les nièces n'excluraient pas moins, par représentation, les mêmes parents. L'art. 767 appelle le conjoint à défaut de parents successibles et d'enfants naturels; les descendants de ces enfants, quoiqu'il n'en soit pas fait mention, écarteraient le conjoint. — Une discussion s'est élevée au conseil d'Etat. La section de législation proposait de n'accorder qu'aux ascendants le droit de réduire l'enfant naturel à la moitié; en concours avec des frères ou sœurs, il aurait eu les trois quarts. « Lecture faite de cet article, porte le procès-verbal, M. de Maleville dit que les trois quarts sont trop pour les enfants naturels lorsqu'ils sont en concurrence avec les frères ou sœurs; que, d'ailleurs, l'article n'est pas concordant avec la disposition qui règle le concours dans les successions entre les frères et les ascendants. » Le consul Cambacérès appuya fortement l'observation de M. de Maleville, demanda réduction à la moitié de la portion héréditaire, quand il existerait des frères ou sœurs : l'amendement fut adopté. — Que résulte-t-il de cette discussion? Sans doute on ne s'est point occupé explicitement des neveux; mais pourquoi a-t-on rétabli les frères sur la même ligne que les ascendants? C'est pour se conformer aux principes généraux, pour mettre en harmonie les art. 748, 750, 751 et 757, qui ne permettaient pas que l'ascendant, exclu en général par le frère, eût plus que lui. — Or les mêmes principes, le même motif de concordance n'exigent-ils pas que le neveu, qui exclut aussi l'ascendant, ait une portion au moins égale. — M. Treilhard, au corps législatif, disait des enfants naturels : « Leurs droits sont plus étendus quand le père ne laisse que des collatéraux, plus restreints quand il laisse des enfants légitimes, des frères ou descendants. » — Maleville répète, dans son Analys. rais., t. 2, p. 175, que si le législateur s'est abstenu de dénommer les descendants des frères ou sœurs, c'est pour éviter une redite inutile.

Pour justifier l'objection du texte, on a rapproché les termes de l'art. 766, qui, distinguant les frères et sœurs en légitimes et naturels, n'a ajouté le mot *descendant* qu'après *frères et sœurs naturels*. Donc les descendants, dit-on, ne représentent pas les frères et sœurs légitimes. — Mais cette interprétation de l'art. 766 est généralement repoussée, comme nous l'expliquerons plus loin, art. 2.

On a dit encore, et avec une grande insistance, que la représentation n'a été instituée que pour les successions régulières ou légitimes; l'art. 742, qui en contient le principe, est dans le chap. 3 du titre des Successions, et n'est nullement rappelé dans le chapitre suivant, où il n'est question que des successions irrégulières. La représentation, d'ailleurs, n'est admise qu'entre héritiers; et tel n'est pas l'enfant naturel. — Les réponses ici se pressent en foule. On peut observer d'abord que l'enfant naturel est assimilé à l'héritier, sous presque tous les rapports (V. le paragraphe suivant); que, d'ailleurs, si la loi lui a refusé la qualité d'héritier, ce n'a pas été pour améliorer sa condition, et cependant on argue de là pour étendre ses droits successifs, en restreignant les droits des neveux.— Quant à la représentation, l'art. 759 c. nap. l'admet au profit des descendants de l'enfant naturel; on ne voit pas pourquoi réciproquement elle ne saurait être rétorquée contre cet enfant. — Elle n'a lieu, dit-on, que pour les successions légitimes. Mais la succession, à l'égard des neveux, n'est-elle pas légitime? Ne sont-ils pas des héritiers réguliers? Leur qualité ne peut pas changer, à raison de la qualité de ceux qui plus tard viennent demander une part dans la succession, et qui n'ont pas le titre d'héritier. La loi a saisi le neveu, dès l'instant de l'ouverture; il est monté au degré et à la place du frère. Comment la réclamation postérieure d'un successeur irrégulier suffirait-elle pour l'en faire descendre? Le même successible serait donc aujourd'hui héritier par représentation, demain héritier de son chef; héritier par représentation à l'égard des frères ou sœurs du défunt; héritier de son chef envers l'enfant naturel. — La loi ne dit nulle part que la qualité d'héritier doive être soumise à ces vicissitudes, à cette scission. — Le principe de la représentation n'a pas été, dit-on, rappelé au chapitre des Successions irrégulières. Mais on s'est référé d'intention aux règles générales du chapitre précédent. En effet, que l'enfant naturel vienne en concours d'un enfant légitime et de deux petits-enfants, nés d'un second enfant prédécédé. On réglera sa part, comme s'il y avait deux enfants légitimes. Mais si les petits-enfants sont admis alors à représenter leur père, et s'ils ne comptent que pour une seule tête, ce n'est qu'en vertu des art. 740 et 743. Que leur père, au lieu d'être prédécédé, soit vivant et renonçant ou indigne, les petits-enfants seront exclus du partage avec l'enfant naturel, en vertu de l'art. 744. Donc les règles générales du chap. 3, et celles notamment de la représentation, sont applicables aux héritiers légitimes concourant avec un enfant naturel. C'est ainsi

suivant le degré de consanguinité de ceux qui seraient en concours avec lui; que le législateur a voulu ainsi concilier les droits de l'équité avec ceux résultant de la parenté légitime, — Réformant, etc.

Du 14 juill. 1840.-C. de Rouen, 1er ch.-M. Fercoq, pr.

(1) (Lafargue C. Steven et autres.) — LA COUR; — Considérant que si le dernier paragraphe de l'art. 757 ne parle que des frères et sœurs, sa disposition n'en reste pas moins soumise au principe général de la représentation posée dans les art. 742 et 750 même code; — Considérant, dès lors, que les enfants Wetherel, étant issus d'une sœur de la dame Soubiès, ont, du chef de leur mère, des droits incontestables à la réserve fixée par l'art. 757; — Considérant qu'au moment de la mort de la testatrice, elle avait un frère, une sœur, et des neveux, issus d'une autre sœur; qu'en conséquence, la part de l'enfant naturel n'était que de la moitié de la succession; — Infirme, etc.

Du 26 juill. 1843.-C. de Rennes, aud. solenn.-M. de Kerbertin, 1er pr.

que, pour déterminer alors les droits des père et mère, des frères et sœurs des ascendants en général ou des collatéraux ordinaires, il faut nécessairement recourir aux dispositions (art. 746 et suiv., 750 et suiv.) du même chapitre.

Pour écarter la représentation par les neveux, on a objecté encore qu'on aime mieux son enfant naturel que le descendant d'un frère ou d'une sœur. Or la loi des successions est fondée sur l'affection présumée du défunt. Mais d'abord les successions irrégulières ne sont pas, ne devaient pas être, comme les successions régulières, le testament présumé du défunt. Ce n'est pas sa volonté qu'on a considérée, en traitant l'enfant naturel moins favorablement que l'enfant légitime. Cette inégalité a pour motif l'intérêt des bonnes mœurs, le maintien des familles légitimes, l'honneur du mariage. Aussi les parents même du douzième degré concourent-ils avec l'enfant naturel. D'un autre côté, s'il est vrai que l'affection présumée soit la règle du droit de succéder, le neveu ne doit pas moins obtenir dans la succession que l'ascendant, puisque, selon l'art. 750, qui a été basé sur la présomption des affections, l'ascendant est exclu par le neveu, ne vînt-il même que de son chef. L'ascendant, à la vérité, a une réserve, à la différence du neveu. Mais cette différence lui est commune avec le frère et la sœur.

Un autre motif, enfin, a été puisé dans les termes mêmes de l'art 742, pour refuser au neveu le bénéfice de la représentation. Cet article, a-t-on dit, ne l'a point introduite d'une manière absolue, mais pour deux cas seulement : le concours de neveux avec leurs oncles, le concours entre neveux à degrés égaux ou inégaux, lorsque tous les frères et sœurs du défunt sont prédécédés. Cette objection se réfute par ce que nous avons dit *suprà*, sur l'art. 742, en démontrant que sa disposition est générale, et que les deux cas prévus ont eu pour objet de l'expliquer, et non de la restreindre.

Au surplus, nous remarquerons, en terminant, que le neveu, en concours avec l'enfant naturel, n'a pas besoin rigoureusement d'invoquer la représentation pour recueillir la moitié de la succession. Et c'est à tort, ainsi que l'a très-bien fait observer M. Pont, *loc. cit.*, que notre doctrine est qualifiée de *système de représentation*. En effet, la règle générale, qui attribue aux neveux les mêmes droits qu'aux frères et sœurs, est dans l'art. 750, qui admet les neveux *ou de leur chef ou par représentation*. C'est ainsi que l'art. 752, tel qu'il est entendu de tous les interprètes, embrasse les descendants des frères et sœurs, quoiqu'il ne parle pas de leurs descendants.

282. Suivant un arrêt, la représentation, dans les cas où elle est admise, ne peut avoir lieu qu'en faveur des enfants ou descendants des frères et sœurs du défunt qui concourent à sa succession, et nullement au profit d'un légataire universel qui les exclut (Req. 20 fév. 1825, aff. Duplessis, V. n° 280).

283. Comment se calcule la portion héréditaire attribuée à l'enfant naturel par l'art. 757? Il faut remarquer d'abord que la loi ne lui donne pas le tiers de la part d'un enfant légitime, mais le tiers de la part qu'il aurait eue, s'il eût été légitime : ce qui est bien différent. Ainsi, pour déterminer la portion de l'enfant naturel, on commence par répartir fictivement la succession entre les enfants légitimes et l'enfant naturel, comme elle eût été répartie si l'enfant naturel était légitime; puis la part échéant à l'enfant naturel, d'après ce partage fictif, est ensuite divisée par tiers, et le résultat de ce second partage est la part réelle qui revient à l'enfant naturel (MM. Duranton, t. 6, n°s 275 et suiv.; Chabot, sur l'art. 757, n° 2; Marcadé, même article; Massé et Vergé sur Zachariæ, t. 2, p. 272, note 5).

Supposons une succession de 24,000 fr., un enfant légitime et un enfant naturel. L'enfant naturel n'aura que 4,000 fr. — M. Blondeau, de la Séparat. des patrim., p. 528, note 2, a un système à part, dont nous pouvons difficilement nous rendre compte, et qui consiste à considérer la portion héréditaire comme une action sociale, et à attribuer aux enfants légitimes une action entière, et aux enfants naturels un tiers d'action; d'où la conséquence, selon cet auteur, qu'un enfant naturel, en concours avec un seul enfant légitime, prend un quart de la succession, et l'enfant légitime trois quarts.

284. Il s'élève plus de difficulté si, au lieu d'un seul enfant naturel, on en suppose plusieurs en concours avec un ou plusieurs enfants légitimes. — On a prétendu, dans ce cas, qu'il fallait non pas réputer d'abord tous les enfants légitimes, mais régler la part de chacun, comme concourant avec un enfant légitime et un enfant naturel. On allègue pour raison que la part d'un héritier doit être plus considérable en proportion de ce que ses cohéritiers ont le droit de moins prendre, et que, par conséquent, la part de l'enfant naturel, concourant avec un naturel et un légitime, doit être plus forte que s'il concourait avec deux enfants légitimes. — On peut répondre que le système qui se présente le plus naturellement à l'esprit, et qui résulte, d'ailleurs, des termes mêmes de l'art. 757, consiste à réputer tous les enfants légitimes à la fois, à faire leurs parts dans cette hypothèse, et à en donner définitivement le tiers à chaque enfant naturel. — De plus, l'autre système conduit à l'absurde. Prenons la dernière hypothèse de l'art. 757 : deux enfants naturels concourant avec des collatéraux, autres que les frères et sœurs. L'un des enfants dira : Je dois avoir les trois quarts de ce que j'aurais si j'étais légitime; légitime, et concourant avec un frère naturel, je serais tenu de lui abandonner seulement le sixième de la succession; il me resterait donc cinq sixièmes. — Étant naturel, et concourant avec des collatéraux, je dois avoir les trois quarts de ces cinq sixièmes ou 15/24es=5/8es. L'autre enfant vient ensuite et fait le même calcul; ce qui donne en résultat à tous les deux 30/24es, ou cinq quarts de la succession, c'est-à-dire un quart de plus que la succession entière : nouvelle preuve de l'impossibilité d'agir autrement qu'en les supposant tous à la fois légitimes. — Notre calcul, du reste, s'appuie sur l'autorité unanime des auteurs (MM. Merlin, Quest. de droit, v° Réserve, §§ 1 et 2; Chabot, t. 2, p. 99 à 112; Loiseau, Tr. des enf. nat., p. 624, et Appendice, p. 101; Toullier, t. 4, n°s 254, 246 à 248; Delvincourt, t. 2, p. 21, note 5; Duranton, t. 6, n°s 275 à 278; Malpel, n° 161; les auteurs des Pandectes françaises, t. 5, p. 112; Favard, v° Succession, sect. 4, § 1, n° 8; Vazeille, sur l'art. 757, n° 4; Poujol, p. 291; Marcadé, sur l'art. 757, n° 3; Zachariæ, Massé et Vergé, ses annotateurs, t. 2, p. 274, note 10). — Jugé, en conséquence, que s'il y a un enfant légitime et deux enfants naturels, le droit de ceux-ci est d'un douzième de la succession pour chacun d'eux, ou d'un sixième pour les deux (Req. 28 juin 1831) (1).

On a proposé un troisième système, qui tend à compter trois enfants naturels pour un enfant légitime, six pour deux (M. Duranton, t. 6, n° 276). — Enfin, M. Gros, Revue du droit français, t. 1, p. 507 et suiv., indique, sous le nom de procédé de répartition, un quatrième système, qui ne peut être appliqué et expliqué qu'au moyen des signes et des raisonnements de l'algèbre, et qui, par cela même, n'a pas dû entrer dans les prévisions plus simples du législateur.

Un arrêt (Cass. 26 juin 1809, aff. Picot, V. n° 312) relatif au cas de concours d'un seul enfant naturel avec un enfant légitime, et au mode de fixation de la réserve, dit aussi dans ses motifs « que s'il n'existe qu'un enfant légitime, il doit être procédé comme s'il y en avait deux, et *s'il en existe deux, comme s'il y en avait trois*, etc. »

285. Comment réglerait-on la part de l'enfant naturel, s'il existait, dans les deux lignes, des parents de différents degrés, si, par exemple, un ascendant dans l'une, et des cousins dans l'autre? N'aurait-il que la moitié de la succession, ou prendrait-il la moitié de la portion affectée à la ligne de l'ascendant, et les trois quarts de celle affectée à la ligne collatérale? — Le premier mode de partage est préféré par MM. Favard, v° Success., sect. 4,

(1) (Gabriel C. Gabriel.) — LA COUR; — Attendu qu'il résulte de la combinaison des art. 756, 757 et 913 c. civ. que le législateur, en circonscrivant dans de justes limites les droits de l'enfant naturel reconnu sur les biens de ses père et mère, a voulu donner à ces droits une base fixe et proportionnée à la quotité disponible ou indisponible des biens délaissés, et qu'ainsi la loi a placé l'enfant naturel reconnu au rang des successibles et des copartageants; — Attendu que la cour royale de Paris, en attribuant à Marie-Geneviève-Gasparde Gabriel, veuve Léger, et à Jean-Claude Gabriel, une quote part de biens proportionnée à ce que cette quote-part eût été si ces enfants fussent nés légitimes, a fait une juste application des dispositions du code civil;

Du 28 juin 1831.-C. C., ch. req.-MM. Dunoyer, pr.-Jaubert, rap.

§ 1, et Duranton, t. 6, n° 287; Zachariæ, t. 2, p. 276. L'art. 757, disent-ils, ne fait aucune distinction relative aux lignes; il ne considère que le degré de parenté des cohéritiers de l'enfant naturel. S'il y a un ascendant, on attribue à l'enfant la moitié de ce qu'il aurait eu s'il eût été légitime. « L'existence ou la non-existence d'ascendants dans les deux lignes, ajoute M. Favard, ne fait que régler et modifier les rapports entre les ascendants de ces mêmes lignes, rapports auxquels l'enfant naturel n'a aucun droit de se mêler. » On signale encore une conséquence contraire à l'art. 754, qui résulterait de l'autre mode de partage. Cet article accorde au père et à la mère, qui concourent avec des collatéraux autres que les frères et sœurs, l'usufruit du tiers des biens auxquels ils ne succèdent pas en propriété. Or qu'arrivera-t-il dans notre hypothèse, si les cousins n'ont que le quart? Que l'usufruit du père, leur cohéritier, ne portera pas sur tout ce qu'il doit embrasser, sur la moitié des biens destinés à la ligne collatérale. Mais il a le droit d'exiger que cet usufruit ne soit pas réduit. — Et qu'on n'objecte pas que les collatéraux ne doivent point profiter de ce qu'il existe un ascendant. On répondrait qu'il n'y a pas plus de raison, pour que de son côté l'enfant naturel profite de ce qu'il y a des collatéraux; que ce n'est pas le seul cas, après tout, où, à l'occasion d'un autre, on a des droits plus étendus qu'à défaut de cet autre; qu'enfin, si, d'une circonstance qui ne leur est pas personnelle, l'enfant naturel ou les collatéraux doivent tirer avantage, la cause la plus favorable est, toutes conditions d'ailleurs égales, celle des collatéraux, déjà saisis et défendeurs à la demande en délivrance de la portion qu'il est tenu de remettre à l'enfant naturel. — L'opinion contraire, que nous préférons, est professée par MM. Toullier, Chabot, t. 2, p. 205; Delvincourt, t. 2, p. 21, note 8; Vazeille, sur l'art. 757, n° 9; Poujol, n° 265; Marcadé, sur l'art. 757, n° 4; Massé et Vergé, sur Zachariæ, *loc. cit.*, note 13. La division s'opérant en deux lignes, les intérêts de l'ascendant et du collatéral, vis-à-vis de l'enfant naturel, deviennent distincts et séparés; le collatéral à qui l'enfant naturel demande les trois quarts de la portion affectée à sa ligne, ne peut pas exciper de la faveur qui n'appartient qu'à l'ascendant. Le vœu du législateur n'a pas été, ainsi que l'atteste l'art. 757, de traiter à l'égal de l'enfant naturel un collatéral du degré le plus éloigné. — Jugé dans ce dernier sens que l'enfant naturel qui est en concours avec un frère consanguin du défunt et une tante du côté maternel, a droit à la moitié dans la ligne paternelle et aux trois quarts dans l'autre ligne : « Attendu que l'enfant naturel ne se trouvant en concours dans la ligne maternelle avec aucun frère ou sœur, ou descendant d'eux, mais seulement avec des oncles ou des tantes, ou autres collatéraux d'un degré plus éloigné, a réellement droit, suivant l'art. 757 c. nap., dans la ligne maternelle, aux trois quarts, et non pas seulement à la moitié de la succession de sa mère; » infirme, etc. (Paris, 30 pluv. an 13, aff. Bergeret et demoiselle Rouzet *C.* Duclos-Grenet).

286. Cependant nous ne conclurons pas de là que s'il n'existait aucun parent successible dans l'une des lignes, et un ascendant dans l'autre, on dût donner à l'enfant naturel toute la portion affectée à la ligne défaillante. Notre précédente solution ne conduit point nécessairement à cette conséquence, quoi qu'en dise M. Duranton, *loc. cit.* En effet, pourquoi accordions-nous à l'enfant naturel les trois quarts dans la ligne collatérale, la moitié dans la ligne de l'ascendant? C'est que le collatéral d'abord n'était pas autorisé à se plaindre, ses relations de successibilité avec l'enfant naturel étant ainsi déterminées par l'art. 757. Ensuite, l'ascendant n'avait pas non plus le droit de se plaindre, demeurant entièrement étranger à la part de la ligne collatérale, et ne devant rien attendre de cette part, même lorsque l'enfant naturel n'existerait pas. En est-il ainsi dans notre hypothèse? Non ; l'ascendant, s'il n'existait pas d'enfant naturel, aurait droit, d'après l'art. 755, à la totalité des biens; il s'en trouverait saisi en vertu de l'art. 724. Or l'enfant naturel ne peut lui demander la délivrance que de la quotité qui lui est assignée par l'art. 757, c'est-à-dire de la moitié de la succession, au lieu des trois quarts qu'il aurait si la part de la ligne qui manque lui était totalement dévolue. — Il faudrait raisonner de même à l'égard de tout autre parent d'un degré successible (Conf. M. Delvincourt, *loc. cit.*; Duranton, t. 6, n° 289; Vazeille, Chabot et Marcadé, sur l'art. 758; Massé et Vergé, *loc. cit.*).

287. La portion héréditaire que l'art. 757 accorde à l'enfant naturel ne doit pas être prise seulement sur les biens dont se fût composée sa réserve s'il avait été légitime, mais sur l'universalité de la succession. — Ainsi, jugé qu'en concours avec les frères ou sœurs d'une personne décédée et qui n'a fait aucune disposition, il aura la moitié de tous les biens, et non simplement la moitié de la quotité réservée à l'enfant légitime, ou le quart de la succession (Montpellier, 15 therm. an 11, 28 janv. 1808 (1); Merlin, v° Success., sect. 2, § 2, art. 1, n° 4; Favard, *ibid.*, sect. 4, § 1, n° 9; Massé et Vergé sur Zachariæ, t. 2, p. 272, note 4).

§ 3. — *Nature du droit de l'enfant naturel, conséquence, réserve.*

288. Aux termes de l'art. 756, « les enfants naturels ne sont point héritiers; la loi ne leur accorde de droit sur les biens de leur père ou mère décédés que lorsqu'ils ont été légalement reconnus. Elle ne leur accorde aucun droit sur les biens des parents de leur père ou mère. » Pour l'honneur du mariage, la loi a refusé à l'enfant naturel le titre d'*héritier*. C'est un *successeur irrégulier* qui ne fait point partie de la famille.

289. De ce que l'enfant naturel n'est pas héritier, on a voulu souvent tirer la conséquence que les dispositions de la loi, dans lesquelles il est parlé des héritiers, ne lui étaient point applicables. On en verra ci-après de nombreux exemples. Constatons, dès à présent, que, d'après la jurisprudence et l'opinion de la plupart des interprètes, le droit successif de l'enfant naturel est, à la quotité près, semblable à celui de l'héritier et réglé par les mêmes principes... Il n'y a de différence, à proprement parler, que quant à la saisine. L'enfant naturel n'ayant pas la même notoriété, la même évidence d'état que l'enfant légitime, on l'a obligé de recourir à la justice pour faire *vérifier* sa filiation et sa successibilité.

290. Et d'abord il n'est pas douteux que l'enfant naturel a *qualité*, dès qu'il a demandé la délivrance, pour être admis à la *levée des scellés*, à *l'inventaire* et à toutes les opérations préliminaires du partage. Il pourrait même, avant que sa qualité fût pleinement justifiée, requérir l'apposition des scellés. Cela ne se fût pas pratiqué dans la coutume de Paris, qui exigeait la saisine dans le requérant. Mais l'art. 909 c. pr. établit une autre règle, suivie déjà dans la plupart des pays de droit écrit : elle permet de requérir l'apposition des scellés à tous ceux qui prétendent droit dans la succession. Il n'est donc pas nécessaire que le droit soit justifié (Chabot, t. 2, p. 30; Loiseau, Tr. des enf. nat., p. 616 et suiv.; Toullier, t. 4, n° 265; Favard, v° Success., sect. 4, § 1, n° 14; Vazeille, sur l'art. 757, n° 10).

291. Le droit successif de l'enfant naturel est-il un *jus in re* ou simplement un *jus ad rem?* — L'art. 54 du projet de la commission, discuté au conseil d'État, portait : « Les enfants natu-

(1) 1re *Espèce :* — (Hér. de Fulcrand Sue.) — La cour; — Considérant que, dans l'espèce, Fulcrand Sue n'a laissé qu'un enfant naturel et des frères et sœurs; cet enfant, s'il eût été légitime, aurait eu l'entière succession, puisque le père n'avait fait aucune disposition : il doit donc en avoir la moitié, puisqu'il n'est qu'enfant naturel, et qu'il existe des frères ou sœurs. L'expression dont se sert la loi : « le tiers, la moitié, les deux tiers de la portion héréditaire, » ne peut être entendue d'une simple portion de droit, qui ne puisse, comme autrefois la légitime, être ôtée à l'enfant. On doit nécessairement l'entendre de tous les droits successifs de l'enfant légitime, c'est-à-dire que l'enfant naturel doit avoir la moitié de ce qu'aurait eu l'enfant légitime; et puisque l'enfant légitime aurait eu la totalité de la succession, l'enfant naturel doit donc en avoir la moitié.

Du 15 therm. an 11.-C. de Montpellier.

2e *Espèce :* — (Montlaur C. Bithareux.) — La cour; — Attendu qu'en ne réduisant pas les droits d'Elisabeth-Marie-Antoine Montlaur ou des enfants qui la représentent, à la moitié de ce dont son père n'aurait pas pu la priver si elle eût été légitime, l'arrêt attaqué n'a pas contrevenu formellement aux art. 756 et 757 c. civ., ces articles ne prescrivant pas nécessairement une pareille limitation, — Rejette le pourvoi contre l'arrêt de la cour de Pau, du 20 mars 1806.

Du 28 janv. 1808.-C. C., sect. req.-MM. Muraire, 1er pr.-Lachèze, r.

rels n'ont qu'une *créance* sur les biens de leurs père et mère décédés. » — Sur l'observation de M. Cambacérès, on évita le mot *créance* pour lui substituer celui de *droit*, dont le sens moins précis n'indique pas une simple action personnelle contre l'héritier, mais un droit dans la succession même. « Le droit de l'enfant naturel, disait M. Bigot-Préameneu, est, sous le rapport de créance, une *participation* à la succession. » Aussi l'art. 757 lui accorde-t-il une quotité d'une *portion héréditaire*. » *Ces biens passent*, porte l'art. 723, aux enfants naturels, etc. ; la rubrique du chapitre qualifie leurs droits de *successions irrégulières*. D'ailleurs l'esprit de la loi est d'assurer une existence aux enfants naturels. — Tout concourt donc à démontrer qu'ils ont, selon l'expression de M. Toullier, t. 4, nos 250, 251, « un droit *réel*, un droit acquis dès l'instant de l'ouverture de la succession, à la quotité *indivise* des choses héréditaires, en un mot, une portion de la *propriété*. » C'est aussi ce qu'enseignent tous les auteurs (MM. Chabot, t. 2, p. 27; Loiseau, Tr. des enf. nat., p. 205; Favard, v° Success., sect. 4, § 1, n° 14; Delvincourt, t. 2, p. 21, note 4; Duranton, t. 6, n° 269; Malpel, n° 158; Merlin, Rép., vis Bâtard, § 4, et Représentation, sect. 4, § 7; Vazeille, sur l'art. 757, n° 10).

292. Ce caractère de droit réel ou de copropriété a les conséquences les plus importantes. C'est le point de vue le plus général de l'assimilation entre l'enfant naturel et l'héritier pour leurs droits successifs, à l'égard soit des héritiers, soit des tiers.

293. A l'égard des héritiers, une première conséquence est le droit pour l'enfant naturel de provoquer le *partage* de la succession ou d'intervenir sur la demande en partage. Il n'aura pas, si l'on veut, l'action *familiæ erciscundæ*, parce qu'il n'est pas de la famille; mais il exercera celle appelée *communi dividundo*. On a prétendu qu'il n'a pas l'action directe en *partage*; qu'il peut seulement, pour la conservation de ses droits, assister aux opérations du partage qui doit se faire entre les cohéritiers. Mais cette prétention est, sous tous les rapports, insoutenable. S'il n'y avait qu'un héritier, il faudrait bien que l'enfant naturel provoquât lui-même le partage; s'ils étaient plusieurs, faudrait-il qu'il dépendît du bon plaisir et de l'intérêt des héritiers de prolonger indéfiniment l'indivision pour reculer d'autant l'époque de la jouissance et de la disposition que l'enfant naturel a droit de réclamer sur une quote-part des biens (Conf. Chabot, t. 2, p. 207; Favard et Toullier, *loc. cit.*; Vazeille, sur l'art. 757, n° 9; Malpel, n° 161; Poujol, art. 766, n° 6; Dutruc, du Partage, n° 251)? — Jugé que l'enfant naturel ayant un droit de propriété indivise peut demander le partage des biens de la succession (Nancy, 22 janv. 1838, M. de Metz, pr., aff. André *C.* Masson; Paris, 29 juin 1851, aff. Boisson, D. P. 52. 2. 264).

294. Le partage se fera dans la forme ordinaire et notamment on tirera les lots au sort. C'est la conséquence, contestée par M. Toullier, *loc. cit.*, du droit qu'a l'enfant naturel de prendre sa portion *en nature*. — Jugé 1° qu'il y a lieu au tirage des lots au sort et que les frais de partage seront pris sur la masse (Nancy, 22 janv. 1838, M. de Metz, pr., aff. André *C.* Masson); — 2° Que l'enfant naturel, quoique non héritier, a le même droit que l'enfant légitime, de prendre sa part de la succession en corps héréditaires ou en nature, au lieu d'être réduit à se contenter de valeurs estimatives (Paris, 22 mai 1815) (1).

295. Le *rapport* est-il dû à l'enfant naturel par les héritiers légitimes? L'affirmative résulte encore du principe contenu dans l'art. 757. Puisque l'enfant naturel a une quotité de ce qu'il aurait eu s'il eût été légitime, il est naturel de faire entrer dans son lot tout ce qui composerait le lot d'un enfant légitime (Chabot, t. 2, p. 212; Duranton, t. 6, nos 298, 299; Loiseau, des Enf. nat., p. 695; Favard, v° Succes., sect. 4, § 1, n° 10). — On a objecté (M. Toullier, t. 4, n° 258) que la « condition des héritiers légitimes serait pire que celle des donataires étrangers, et que l'art. 857 dit expressément que le rapport n'est dû que par l'héritier à son cohéritier. » Le premier motif est nul : la condition d'un héritier, assujetti au rapport, est toujours, sous ce point de vue, pire que celle d'un donataire étranger qui n'a pas la même obligation. Du reste, l'héritier peut se dispenser du rapport en renonçant. — Quant à l'art. 857, son but est surtout de faire connaître « que le rapport n'est pas dû aux légataires ni aux créanciers de la succession. »

296. L'enfant naturel peut exiger des héritiers, même le rapport en nature; car son lot doit, sauf la différence de quotité, être composé d'immeubles de mêmes nature, valeur et bonté (c. nap. 859) que le lot d'un enfant légitime. — Toutefois une objection, fort grave à nos yeux, peut être tirée de ce que l'enfant naturel, d'après l'art. 760, ne doit point le rapport en nature aux héritiers; il est tenu seulement d'*imputer* ce qu'il a reçu sur ce qu'il a droit de prétendre, et cette imputation n'est qu'un rapport en moins prenant; or l'obligation du rapport en nature devrait être réciproque; la réciprocité est la règle générale des obligations entre héritiers. Nous pensons que la loi a pu, sans inconséquence, s'écarter ici de cette règle. En effet, que l'on considère ce qu'a d'exceptionnel la position de l'enfant naturel, qui n'a en général d'autres ressources que ce qu'il reçoit du vivant de ses père et mère, et qui, selon la prévision de la loi, n'aura reçu le plus souvent qu'une portion de ce à quoi il a droit. N'y avait-il pas là une raison toute particulière de lui conserver la propriété incommutable des immeubles reçus ainsi par anticipation, et de ne le soumettre vis-à-vis des héritiers qu'à une simple imputation de leur valeur?

C'est ainsi que la disposition de l'art. 760 est généralement motivée. On peut d'ailleurs, par analogie, invoquer, pour le rapport en nature, les considérations qui ont fait décider (V. nos 366 et s.) que l'enfant naturel a droit à une réserve, et par suite peut obtenir la réduction des dons entre-vifs excédant la portion réservée. — Jugé que le rapport en nature est dû à l'enfant naturel (Req. 28 juin 1831 (2); Amiens, 26 nov. 1811, aff. Landrin, V. n° 308). Il a été jugé au contraire, mais l'arrêt est à peine motivé, que l'enfant naturel a le droit seulement d'exiger, pour compléter ses droits héréditaires, la réunion fictive de l'immeuble donné à l'enfant légitime, avec estimation de sa valeur au jour de l'ouverture de la succession (Paris, 5 juin 1826) (3).

297. Il a même été décidé que la faculté accordée aux suc-

---

(1) (La demoiselle Fery *C.* Forestier.) LA COUR ; — Considérant que la loi qui règle les droits des enfants naturels reconnus sur les biens de leurs pères et mères, sous la dénomination de successions irrégulières, les reconnaît comme succédants, quoique non héritiers; que l'art. 757 c. civ. fixe les droits desdits enfants naturels à une certaine quotité de la portion héréditaire qu'ils auraient eue s'ils eussent été légitimes; que des expressions et de l'ensemble des dispositions de la loi, il résulte que les droits des enfants naturels reconnus ne se réduisent pas à une simple créance sur la succession, mais doivent leur être délivrés dans la même nature de biens que l'aurait été leur portion héréditaire s'ils eussent été légitimes, c'est-à-dire en corps héréditaire même; que dans le partage d'une succession, la loi n'admet la licitation qu'au cas où les biens en dépendants seraient déclarés impartageables; que les trois enfants naturels reconnus de Nicolas Sarrazin de Maraize ont droit à la moitié des biens qu'il a laissés; — Confirme, etc.

Du 22 mai 1815.-C. de Paris.

(2) (Gabriel *C.* Gabriel.) — LA COUR; — ...Sur le moyen tiré de la violation de l'article 918 du code civil : Attendu que l'enfant naturel reconnu, assimilé aux successibles, étant, aux termes de l'art. 760 du code, tenu au rapport dans le cas où il aurait reçu des avantages anticipés, peut, par raison de réciprocité, exiger le rapport des avantages faits à son préjudice depuis sa reconnaissance; — Attendu enfin que la cour royale, en jugeant que le contrat du 30 juin 1815 était une aliénation à charge viagère avec réserve d'usufruit, a fait une appréciation d'actes, qui échappe à la censure de la cour; — Rejette, etc

Du 28 juin 1831.-Ch. req.-MM. Dunoyer, f. f. de pr.-Jaubert, rapp. Laplagne-Barris. av. gén., c. conf.-Garnier, av.

(3) (Bottot-Dumesnil *C.* Curville.) — LA COUR; — Attendu que la loi accorde aux enfants naturels, dans la succession de leur père, un droit fixé suivant le nombre des enfants légitimes; — Que si, aux termes de l'art. 756 c. civ., l'enfant naturel n'a pas le titre d'héritier, le droit qu'il peut exercer dans la succession de ses père et mère n'en est pas moins un droit héréditaire; que, pour le déterminer, la masse de la succession doit être fixée de la même manière que si elle devait être partagée entre des héritiers légitimes; qu'ainsi il doit être fait rapport, aux termes de l'art. 860 c. civ., du montant des donations faites par Bottot-Dumesnil à la dame Curville; — Que l'acte du 28 oct. 1822 ne pourrait obliger Bottot-Dumesnil fils qu'autant qu'il serait conforme aux dispositions du code civil; — Qu'aux termes de l'art. 761 du même code, l'enfant naturel n'est obligé de s'en tenir aux donations à lui faites entre vifs, par ses père et mère, que si elles ne sont pas inférieures à la moitié de ce qui doit lui revenir comme enfant naturel; —

cessibles en ligne directe de demander l'imputation sur la portion disponible de la valeur en pleine propriété des biens aliénés au profit de l'un d'eux, avec réserve d'usufruit, et le rapport de l'excédant s'il y en a, peut être exercée par l'enfant naturel reconnu postérieurement à l'aliénation (Agen, 29 nov. 1847, aff. Lescure-Coste, D. P. 48. 2. 39).

298. *L'accroissement* de la part du renonçant, profite-t-il à l'enfant naturel? Oui, puisque le lot de l'enfant naturel doit être formé, moins la fraction, de tout ce qui conposeraient le lot de l'enfant légitime (Favard vº Succes., sect. 4. § 1, nº 11); M. Loisseau (des enfants nat., p. 654) se borne à objecter que, d'après l'art. 786, « la part du renonçant accroît à ses *cohéritiers,* » et que l'enfant naturel n'a pas le titre d'héritier. — D'ailleurs, si, par suite de leur renonciation, aucun des parents successibles ne concourait avec l'enfant naturel, il recueillerait la totalité des biens, en vertu de l'art. 758 ; ce qui, par analogie, semble autoriser en général l'accroissement à son profit de la part de tout héritier renonçant.

299. L'enfant naturel, en cas d'absence sans nouvelle du père, a le droit de réclamer l'envoi en possession (Vazeille, sur l'art. 760, nº 5, V. Absence, nº 128.—*Contrà*, Toullier, *loc. cit.*, qui objecte que l'art. 123 c. nap. n'accorde ce droit *qu'aux héritiers*). Mais cette décision, qui ne tient qu'à un mot, méconnaît, à notre sens, l'esprit de la loi.

300. Du principe que l'enfant naturel a un *jus in re* sur la succession de ses père mère, on a tiré encore la conséquence : 1º que l'enfant dont on conteste la légitimité, et non la filiation, a droit à une *provision* alimentaire sur les biens du père décédé ; et, dans ce cas, il n'est pas astreint à donner caution, si ses droits successifs, sa qualité fût-elle réduite à celle d'enfant naturel, suffisent pour répondre de la valeur de cette provision (Besançon, 25 mai 1806 aff. Mageret, V. Mariage, nº 740) ; — 2º Que l'enfant naturel peut demander une provision alimentaire à l'héritier légitime, seul saisi à ce titre des biens de la succession, quoiqu'on ne connaisse pas encore le montant de la succession, et que l'héritier légitime ne l'ait acceptée que sous bénéfice d'inventaire (Paris, 27 déc. 1808) (1).

301. Jusqu'ici, nous avons signalé dans leur application aux héritiers seulement, les conséquences du principe qui attribue à l'enfant naturel un *droit réel* ou de copropriété sur les biens de la succession. — Voyons maintenant quelques conséquences du même principe à l'égard des tiers.

302. Le *payement* fait à l'enfant naturel, dans la proportion de ses droits, par un débiteur de la succession, n'est pas moins valable que le payement fait à un héritier. — Il a été jugé à cet égard que le dépositaire, qui a été condamné à restituer la chose déposée à la succession du déposant, ne peut se refuser à cette restitution, sous prétexte que le réclamant n'est qu'un enfant naturel, et que depuis le code, il ne s'est pas fait envoyer en possession ; il ne le peut surtout, si cet enfant, en concours avec un enfant légitime, s'est mis, sous la loi du 12 brum. an 2, en possession réelle de la moitié de la succession, a fait différents actes d'héritier, sans que son cohéritier légitime lui ait contesté ou sa qualité ou cette possession ; dans ce cas, le payement fait à l'enfant naturel serait valable (Paris, 20 germ. an 13) (2).

303. L'enfant naturel a contre les tiers l'action en revendication ; la qualité d'héritier n'est point une condition de l'action en revendication des choses héréditaires ; il suffit d'en être propriétaire. Le légitimaire, dans le droit romain, quoique non héritier, pouvait revendiquer les biens qui composaient sa légitime ; le légataire aurait la même faculté, si même, avant la demande en délivrance, l'héritier avait aliéné les choses comprises dans son legs (L. 1, C., *De leg. et fideic.*). M. Merlin cite un grand nombre d'anciens arrêts qui ont statué dans ce sens (Rép., vis Bâtard, sect. 2, § 4, et Légitime, sect. 10. — Conf. MM. Chabot, t. 2, p. 32; Toullier, t. 4, nos 266 et 267; Duranton, t. 6, nº 269; Marcadé, sur l'art. 756, nº 1).

304. Les *ventes* faites de bonne foi par l'héritier avant que l'enfant naturel ait fait connaître son état et réclamé ses droits, doivent elles être maintenues, et quel est, en tout cas, le droit de l'enfant naturel contre le vendeur? Cette question fort controversée se rattache aux principes développés au chap. 5, sect. 1, à l'égard des ventes faites en général par l'*héritier apparent*.

305. L'enfant naturel peut aussi, comme l'héritier légitime, quereller les actes faits par ses père et mère décédés en état de démence (Rouen, 17 mars 1813) (3).

Confirme ; — Ordonne qu'il sera fait rapport, par la dame Curville, des donations qui lui ont été faites, et que la maison dont il s'agit sera estimée à la valeur qu'elle pouvait avoir à l'époque de l'ouverture de la succession.

Du 5 juin 1826.-C. de Paris, 2e ch.-M. Cottu, pr.

(1) (Les hérit. Hamelin.) — LA COUR ; — Attendu que le droit de l'enfant naturel dans la succession de son père est ouvert du jour de la mort du père ; que, jusqu'à présent, la fille Hamelin n'a rien perçu sur le produit des biens de la succession de Charles Hamelin, dont Pierre-Jean Hamelin, son frère, est détenteur, et dont il n'a encore rendu aucun compte ; qu'en ce cas l'enfant naturel a droit à des aliments ; — Emendant, condamne Pierre-Jean Hamelin, personnellement et comme détenteur des biens de la succession de Charles Hamelin son frère, à payer à la fille Hamelin la somme de 6,000 fr. à titre de provision, imputable d'abord sur les fruits et intérêts des biens de la succession et subsidiairement sur les capitaux, etc.

Du 27 déc. 1808.-C. de Paris, 1re ch.

(2) (Demoiselle Clavet C. Raffeneau.) — LA COUR ; — Attendu que Marie-Anne Lafontaine, conjointement avec son frère, a été mise en possession de fait de l'hérédité de Lafontaine, son père naturel ; que cette prise de possession a eu lieu par des actes faits pour elle et en son nom, par Raffeneau, notaire, qui fut nommé son tuteur, qui fit apposer et successivement lever les scellés, vendre les meubles, et qui depuis rendit un compte à la mère de la mineure, sa nouvelle tutrice ; — Que cette prise de possession de la qualité d'héritière, et la possession réelle de ce qui se trouvait dans l'hérédité, ne fut point contestée par la sœur unique du défunt ; qu'elle est décédée sans avoir fait aucune réclamation ; que personne n'a paru depuis pour contester à la mineure Lafontaine la qualité dont elle est de fait en réelle possession ; — Attendu que c'est sur le fondement de cette qualité que sa tutrice a dénoncé la soustraction faite par Raffeneau du titre de dépôt de 100,000 fr. qu'il avait donné au défunt ; que le jugement qui le condamne à la restitution de la somme énonce cette qualité, et que si la condamnation poursuivie par la tutrice de Marie-Anne Lafontaine est prononcée par le tribunal criminel d'une manière générale envers la succession de Lafontaine, c'est qu'en effet Marie-Anne, n'étant reconnue héritière que pour moitié, ne pouvait pas obtenir l'adjudication entière ; — Attendu que Raffeneau, poursuivi par voie d'exécution pour la moitié de la somme, ne peut pas exciper des dispositions de la loi transitoire du 14 flor. an 11, qui veut que les enfants naturels, réclamant des droits successifs, se fassent avant tout envoyer en possession légale ; que cette loi ne reçoit aucune application à l'espèce : 1º parce que, avant la promulgation de cette loi, Marie-Anne Lafontaine était en possession de fait de la qualité d'héritière des biens, et que personne ne se présentant pour lui contester cette qualité, Raffeneau ne peut, en règle générale, être recevable à la lui contester ; — 2º Parce qu'il s'agit du montant d'un titre soustrait à la succession, et que celui qui a soustrait une chose à quelqu'un n'est pas recevable, pour différer la restitution, à dire que la chose n'appartient pas à la personne dépouillée ; — Que si la soustraction n'avait pas été commise, le titre aurait été compris dans l'inventaire qui s'est fait à la requête de Raffeneau lui-même ; que la mère tutrice eût réclamé et obtenu que Raffeneau s'en chargeât, dans e compte qu'il rendit avant la loi de floréal an 11, et que sa condition n'a pu devenir meilleure par l'effet d'un délit ; — 3º Parce qu'il suffit que la mineure soit en paisible possession de fait de la qualité d'héritière pour que Raffeneau puisse s'acquitter valablement entre ses mains, suivant la disposition de la seconde partie de l'art. 1238 c. civ.: « Le payement fait de bonne foi... ; » ce qui s'applique à l'espèce, puisque la mineure est présumée en possession de la généralité des papiers dépendant de la succession dont ce titre faisait partie ; — Emendant, etc.

Du 20 germ. an 13.-C. de Paris.

(3) *Espèce:* — (Enfant et hérit. Boullanger.)—En 1810, décès d'Angélique Boullanger, en état d'imbécillité et de démence. — Angélique était accouchée, hors mariage, d'un enfant mâle le 21 nov. 1756. — Cet enfant mâle rechercha la maternité ; il parvint, après la mort de sa mère, à se faire reconnaître comme enfant naturel par arrêt de la cour de Rouen. — Après cette reconnaissance judiciaire, l'enfant d'Angélique Boullanger attaque les donations entre-vifs faites par sa mère, au préjudice de ses droits successifs. — Il dirige son action contre des neveux et nièces de la défunte, ses donataires universels; il demande la nullité des donations, comme faites par un donateur qui n'avait pas l'esprit sain (c. civ. 901), et réclame les trois quarts de la succession (c. civ. 757). — Arrêt.

LA COUR ; — Attendu que François Boullanger, dit Renet, a complètement prouvé, tant par les actes qu'il a produits que par l'enquête, son identité avec l'enfant mâle nommé Jean-François, dont Angélique

806. On a vu par les exemples qui précèdent, que le droit de l'enfant légitime forme le type du droit de l'enfant naturel; qu'en d'autres termes le droit de l'enfant naturel peut dans sa restriction, être réclamé de la même manière que le droit de l'enfant légitime dans sa latitude. — De là encore cette conséquence que l'enfant naturel a droit à une *réserve*, qui se calculera proportionnellement à la réserve de l'enfant légitime, d'après les mêmes règles que la portion héréditaire dans la succession *ab intestat*. Le droit de l'enfant naturel à une réserve est passé en jurisprudence après de longues controverses, mais on ne s'entend pas encore sur l'étendue de ce droit. Des distinctions ont été faites selon que les dispositions du défunt, dont l'enfant naturel demande la réduction, sont testamentaires ou entre-vifs, et surtout selon que les dispositions entre-vifs sont postérieures ou antérieures à la reconnaissance de l'enfant. Examinons chacune de ces trois hypothèses.

807. S'agit-il de dispositions testamentaires : on a dit contre la réduction (et ce système refuse à l'enfant naturel tout droit de réserve) : c'est l'art. 913 c. nap., placé au titre des *donations*, qui règle la quotité disponible ; or cet article ne concerne nommément que l'enfant légitime. L'art. 916, qui statue que, « à défaut d'ascendants et de descendants, les libéralités pourront épuiser la totalité des biens, » doit s'interpréter par l'art. 913; le mot *descendants* s'entend donc des descendants *légitimes*. — L'enfant naturel ne méritait pas plus un droit de réserve que les frères ou sœurs, placés sur la même ligne pour la quotité héréditaire. A la vérité il a droit à des aliments; mais l'ancienne jurisprudence accordait des aliments à l'enfant naturel, et il n'avait alors aucun droit de réserve, ni même la faculté de succéder. Telle est encore la condition des enfants adultérins ou incestueux. Le droit de réserve tend à restreindre un droit naturel, la propriété; il faut une loi positive pour l'instituer. Le droit à des aliments est un droit naturel : il faudrait une loi positive pour le détruire. — Opposera-t-on l'art. 761, qui permet de réduire l'enfant naturel à la moitié de ce qui lui est attribué par la loi, mais sans pouvoir, dans sa donation à l'enfant, le réduire à moins de la moitié: d'où l'on induira qu'à plus forte raison le père ne peut le priver de la totalité en disposant au profit d'étrangers? — La réponse à cette objection est dans la détermination précise du but de l'art. 761 : l'enfant naturel, qui n'a pas de famille, est généralement dénué de ressources, ou du moins il n'a pas les mêmes moyens d'exister que l'enfant légitime. On a voulu assurer un établissement à cet enfant, encourager les parents à lui faire des avances. Ainsi la réduction doit être stipulée dans une donation entre-vifs, et non à la suite d'un simple legs. Peut-être a-t-on pensé encore que les parents saisiraient avec empressement, selon les circonstances, ce moyen de prévenir l'espèce de scandale qui résulterait du concours au partage de l'enfant naturel avec la famille légitime. Mais il n'y a aucune contradiction entre la limite apposée au droit de réduire, et le pouvoir indéfini de disposer de ses biens. C'est sur les biens restés libres que l'art. 761 permet de réduire. Une permission expresse était nécessaire, en ce qu'il est défendu de stipuler sur une succession future. — Du reste, on n'entend pas limiter les dispositions en faveur d'autres que l'enfant naturel. C'est l'art. 913, placé au titre des Donations, qui règle la quotité disponible. L'art. 761, au titre des Successions, règle le droit de réduire dans les successions *ab intestat*. Or, ce droit de réduire dans la succession *ab intestat*, et le droit de disposer de manière qu'il n'y ait pas de succession *ab intestat*, sont distincts et séparés, celui-ci ne donne pas l'autre. — Voudrait-on voir l'expression du droit de réserve dans ces mots de l'art. 757 : « Le droit de l'enfant naturel est du tiers (ou de toute autre fraction) de la portion héréditaire que l'enfant naturel aurait eue s'il eût été légitime? » Donc, l'enfant naturel a, moins la quotité, les mêmes droits que l'enfant légitime. Mais on peut répondre que leurs droits diffèrent de nature comme de quotité. C'est à titre d'héritier que l'enfant légitime en est investi; d'ailleurs, l'enfant naturel a une position bien moins favorable au point de vue de la morale publique. — Si la loi eût étendu à l'enfant naturel le droit de réserve, elle ne s'en fût pas expliquée au titre des Successions *ab intestat*, mais dans les art. 913 et 916, les seuls qui règlent et qui devaient régler cette matière. La loi n'eût pas passé sous silence un droit si difficile à régulariser dans le mode de son exercice, puisque tous les auteurs sont divisés, soit sur sa quotité, soit sur la manière de procéder à la distraction de la réserve, dans les cas divers où il y a des parents de classes différentes, dans les cas divers où il y a des donataires ou légataires, soit successibles, soit étrangers. M. Merlin, Quest. de dr. v° Réserve, en convient lui-même : la théorie des jurisconsultes présente à cet égard « la contradiction la plus affligeante pour la raison, et la plus embarrassante pour la justice. » — A défaut d'un texte, n'est-il pas plus simple, plus sage de repousser le droit de réserve, que de le faire dériver d'inductions pénibles et vagues qui, par tant de côtés, ouvrent la porte à l'arbitraire, à l'incertitude? — Tels sont, en résumé, tous les raisonnements qu'a développés M. Chabot, avec la plus grande étendue contre le droit de réserve, t. 2, p. 49 à 91. Il invoque le suffrage de M. Tarrible, ex-tribun. Le savant auteur avait exprimé la même opinion dans une première édition. Sa conviction n'a point été ébranlée par la controverse dont elle a été plus tard l'objet, ni par l'imposante réunion des auteurs et de plusieurs décisions judiciaires, qui ont fixé la jurisprudence dans un sens contraire. MM. (Merlin, *loc. cit.*; Grenier, 1re édit., t. 3, p. 349, des Donat.; Toullier, t. 4, n° 263; Levasseur, Portion disponible, p. 52, Loiseau, des Enfants naturels, p. 677, et dans son Appendice, p. 97; Delvincourt, t. 2, p. 22, note 4; Duranton, t. 6, n° 309; Malpel, n° 160; Maleville, Anal. raison., t. 2, p. 253; les auteurs des Pandect. franç. t. 3, p. 108; Favard, sect. 4, § 1, n° 12; Vazeille, sur l'art. 761; Marcadé, sur l'art. 914, n° 3; Troplong, des Donat., n° 771). Un seul arrêt, que nous sachions, a refusé à l'enfant naturel tout droit de réserve, et par suite le droit de faire réduire les dispositions testamentaires (Rouen, 31 juillet 1820) (1). — Toutes les autres décisions sont favorables à l'enfant, et avec des

Boullanger est accouchée le 11 nov. 1756; — Que l'appelant a, dans l'art. 757 c. civ., un titre qui lui donne qualité de contredire les actes qu'on oppose par exception à la demande qu'il forme de la part légale que lui confère cet article sur les biens de sa mère; — Attendu que la principale condition de la validité d'une donation est, suivant l'art. 901, que le donateur soit sain d'esprit;—Attendu qu'il est établi aux pièces du procès qu'Angélique Boullanger a toujours été, durant le cours de sa vie, dans l'état d'imbécillité; que la preuve de ce fait résulte, etc...; qu'ainsi on ne peut voir, dans la donation du 28 flor. an 12, l'acte d'un esprit sain ni d'une volonté réfléchie de la part d'Angélique Boullanger, mais seulement le résultat des manœuvres d'un héritier avide pour dépouiller à l'avance l'appelant, qui était, dès lors, reconnu de toute la parenté sous la qualité de fils naturel de ladite Angélique;

Attendu que la quotité attribuée à l'enfant naturel, sur les biens de ses père et mère par l'art. 757 du code, est des trois quarts lorsque les père et mère ne laissent ni descendants ni ascendants, ni frères ni sœurs, et que, dans l'espèce de la cause, Angélique Boullanger n'a laissé pour héritiers que des neveux qui sont entre ceux de la même branche; —Attendu que la représentation n'est établie aux art. 739 et suiv. que pour régler le droit de succéder en ligne directe ou collatérale, entre les parents des différentes branches du lignage, et qu'il ne s'agit point ici du droit de succéder, mais de la fixation de la part légale de l'enfant naturel, qu'il ne réclame pas à titre d'héritier, et qui est, dès lors, à déterminer, d'après l'art. 757, eu égard à la qualité des parents survivants, qui sont nominativement désignés audit article, ce qui exclut toute extension par représentation ou autrement de la qualité d'une personne à l'autre; — Annule la donation entre-vifs du 28 flor. an 12; ordonne qu'il sera fait délivrance à l'enfant naturel des trois quarts des biens.

Du 17 mars 1813.-C. de Rouen, aud. solenn.

(1) *Espèce* : — (Les hérit. Bachelet.) — Louis Bachelet, enfant naturel reconnu de Louis-René Bachelet, décédé sans postérité légitime, ne trouvant pas dans la succession de celui-ci les droits qu'il prétendait lui être réservés par la loi, a fait assigner Marie Bachelot, sœur et légataire à titre universel du défunt, pour faire prononcer la réduction des dispositions portées au testament, sur le motif qu'elles entamaient la réserve légale. — Le 27 nov. 1819, jugement qui donne acte aux héritiers de ce qu'ils consentent que Louis Bachelet exerce ses droits sur les biens dont le testateur n'a pas disposé, et le déclare, au surplus, non recevable dans toutes ses autres demandes et prétentions ; — Attendu que de ce qu'à un droit héréditaire donné par la loi à l'enfant légitime, se trouve attaché un droit de réserve sur les dispositions faites par le père ou la mère, on ne peut pas conclure que ce droit de réserve se trouve également attaché, dans le silence de la loi, au droit bien différent et bien moins favorable qui est accordé à l'enfant naturel; qu'il

motifs identiques, se résumant dans cette idée que le droit de l'enfant légitime ayant été pris pour point de comparaison du droit de l'enfant naturel, il était superflu que la loi s'expliquât d'une manière spéciale sur la réserve de ce dernier (Req. 27 avril 1830 (1); Cass. 26 juin 1809, aff. Picot, V. n° 312; Pau, 4 avril 1810, aff. Gamotis, V. n° 313; Douai, 14 août 1811, aff. Philibert C. les hér. de Marie Evrard; Amiens, 26 nov. 1811, aff. Landrin, V. n° 308; Paris, 2 janv. 1819, aff. Compigny, v° Paternité, n° 552; Paris, 20 avr. 1853, aff. Morel, D. P. 53. 2. 190).

306. S'agit-il de dispositions entre-vifs? On a distingué, selon qu'elles sont postérieures ou antérieures à la reconnaissance de l'enfant. — Et d'abord, pour les dispositions entre-vifs, même postérieures, on a refusé à l'enfant naturel l'action en réduction, tout en permettant d'exercer le droit de réserve sur les biens dont il a été disposé par testament. Cette opinion, professée par MM. Delvincourt, Maleville et les auteurs des Pandectes françaises, est rejetée par tous les autres auteurs. M. Toullier s'est rangé à cette dernière interprétation, qu'il avait d'abord combattue. Quant à nous, la distinction nous semble inconciliable avec les principes généraux qu'on a fait valoir pour le droit de réserve. — De deux choses l'une : ou les art. 757, 761 et 913 ne sont pas applicables à la réserve de l'enfant naturel, et alors il n'aura aucune espèce de réserve, ces dispositions étant les seules dont on puisse induire un tel droit; ou la réserve a son principe dans les articles cités, et, comme ces articles ne distinguent pas entre les biens donnés ou légués, il faudra indifféremment en autoriser l'exercice sur tous biens dont il a été disposé, soit par testament, soit par acte entre-vifs. Quelle autre base aurait donc la distinction proposée? Voici, toutefois, les objections qui ont été faites : 1° les art. 756, 757 emploient les expressions, *sur les biens des père et mère décédés*. Le législateur n'annonce-t-il pas là l'intention de restreindre les droits de l'enfant naturel aux biens laissés par les père et mère à leur décès? — Nous répondons : L'art. 756 ne serait probant qu'autant qu'il porterait : « La loi n'accorde de droits... que sur les biens des père et mère décédés; » mais il dit seulement : « La loi ne leur accorde de droits sur les biens... que lorsqu'ils ont été légalement reconnus. » L'objet spécial de l'article a donc été, non de restreindre les droits aux biens laissés lors du décès, mais de déclarer que la reconnaissance légale serait la condition de ces droits. Le mot *décédé* n'ayant pas été employé dans une intention restrictive, il est plus simple de lui faire signifier après leur décès.—Mais à quoi bon, objecte-t-on, énoncer cette circonstance, *après leur décès*, puisque du vivant des père et mère l'enfant naturel n'a évidemment aucun droit sur leurs biens? On peut répondre de plusieurs manières : d'abord, ce ne serait pas la première fois qu'un mot inutile se fût glissé dans la rédaction de la loi; ensuite la nature du droit de l'enfant naturel ayant été l'occasion de grands débats au conseil d'Etat, les uns le qualifiant une créance, les autres contestant la justesse de cette qualification, on a voulu établir au moins que s'il y avait dette ou obligation des père et mère, elle ne devait être acquittée qu'au décès. Si le législateur avait eu dans l'esprit la distinction qu'on suppose, se fût-il contenté, pour l'exprimer, du mot unique et si équivoque *décédés?* — Comme il se fût agi d'un droit tout particulier, exorbitant, qui n'a de type dans aucune autre disposition du code, il eût donné une explication formelle; il eût précisé la différence entre les deux droits de réserve. — Au surplus, dût-on admettre que dans l'art. 756 il s'agit de biens laissés au moment du décès, il n'en résulterait pas surtout que les biens légués pussent être réclamés par l'enfant naturel. Ces biens ne font pas réellement partie de l'hérédité, puisque, à compter du jour du décès, la propriété en appartient au légataire (c. nap. 1014). C'est ce que la cour suprême a déclaré dans son arrêt du 17 déc. 1812 (aff. Noailles, V. n° 240), et ce que les adversaires eux-mêmes ont reconnu à l'égard du droit de retour de l'ascendant donateur : ils conviennent que les biens légués ne sont plus censés se retrouver en nature dans la succession.

2° A défaut d'un texte de loi, on dit qu'il y a plus de motifs de ne pas porter atteinte à la donation qu'au testament; que l'irrévocabilité des donations est un gage de sécurité, un moyen de faire circuler les biens; que, dans l'ancien droit, le donateur avait, pour cette raison, une plus grande disponibilité que le testateur. — Mais tout cela n'a pas empêché le législateur d'admettre l'enfant légitime à la réduction des dispositions entre-vifs. Pourquoi non l'enfant naturel? On ajoute, à la vérité, que la reconnaissance de cet enfant est toujours, quoique authentique, un fait moins connu que la filiation légitime. Par conséquent, le donataire aura plus facile occasion d'être trompé dans son espérance de conserver toute la chose donnée. Mais de telles considérations ne sont-elles pas vraiment insuffisantes pour faire fléchir le système général de la fixation de la réserve?

Quant à la jurisprudence, nous ne connaissons que trois arrêts, concernant des donations entre-vifs *postérieures* à la reconnaissance. Et ils décident, en sens divers, l'un, que l'enfant naturel n'a pas de réserve sur les biens dont son père a disposé par dons entre-vifs... Par suite, il n'est pas fondé à attaquer comme simulée, et contenant une donation, la vente consentie par ce dernier (Lyon, 16 juill. 1828) (2); les deux autres, que l'enfant naturel peut faire réduire, jusqu'à concurrence de sa réserve, la dona-

est à remarquer que le code civil contient deux titres séparés pour régler ce qui est relatif aux successions *ab intestat*, et ce qui est relatif aux donations et aux testaments; que, dans le premier, le législateur s'est borné à déterminer les droits qu'auront sur les successions *ab intestat* soit les parents légitimes, soit les héritiers irréguliers; que, dans le second, il n'a accordé qu'aux enfants légitimes le droit de réserve et de réduction; que, si le législateur avait réellement entendu accorder quelque réserve aux enfants naturels, il en aurait au moins fixé l'étendue, déterminé les effets et réglé l'exercice, comme il l'a fait à l'égard des enfants légitimes, ce qu'il n'a pas fait; d'où il suit que Louis Bachelet n'ayant droit à aucune réserve, est non recevable à critiquer, soit les aliénations, soit les dispositions par donations et testaments qu'aurait pu faire son père; qu'il ne le pourrait qu'autant qu'aucuns de ces actes seraient le fruit du dol ou de la fraude, ou seraient entachés de nullité; qu'il n'établit aucun fait de dol ou de fraude, et ne propose aucun moyen de nullité contre les actes qui lui sont opposés; qu'enfin, il doit se contenter de l'offre qui lui a été faite par Marie Bachelet, et qu'elle réitère dans ses conclusions, de lui faire délivrance du quart des biens existants dans la succession de Bachelet père à l'époque de son décès. — Appel. — Arrêt.

LA COUR; — Adoptant les motifs des premiers juges, confirme, etc.
Du 31 juill. 1820.-C. de Rouen.

(1) (Muller C. Muller.) — LA COUR; — Sur le moyen unique, tiré tout à la fois de la fausse interprétation de l'art. 757 c. civ., de la fausse application des art. 913 et suiv. du même code, relatifs à la quotité disponible, et de la violation de l'art. 916, qui porte qu'à défaut d'ascendants et de descendants, les libéralités, par actes entre-vifs ou testamentaires, pourront épuiser la totalité des biens; — Attendu qu'il résulte des dispositions du code civil, que les enfants naturels légalement reconnus ont des droits particuliers sur les biens de leurs père et mère décédés; que ces droits ont été réglés, dans un chapitre distinct, intitulé des *successions irrégulières*; — Que, d'après les art. 757 et suiv., appartenant à ce chapitre, ces droits consistent dans une quotité de biens qui composent la succession des père et mère; que cette quotité est réglée, proportionnellement, suivant que l'enfant naturel se trouve en concours avec des enfants légitimes ou autres successibles, plus ou moins proches parents du défunt, et, qu'à défaut de parents au degré successible, l'enfant naturel a droit à la totalité des biens; que cette proportion est fixée dans des termes tels qu'il est hors de doute que l'enfant naturel ne peut jamais être dépouillé entièrement de ce que la loi lui attribue; qu'à la vérité le père et la mère peuvent réduire le droit de l'enfant naturel à la moitié de la part qui lui est assignée par la loi; mais que la réduction ne peut s'étendre au delà, et que, de plus, la loi exige d'eux la déclaration expresse que leur intention a été de faire ladite réduction; que le droit de l'enfant naturel deviendrait illusoire, s'il suffisait, pour que toute réclamation lui fût interdite, que ses père ou mère eussent épuisé, par des libéralités, la totalité de leurs biens; — Que les dispositions spéciales qui lui garantissent ce droit, ne peuvent recevoir aucune atteinte des art. 911 et suiv. c. civ., ni de l'art. 916 du même code; — Qu'enfin, il est garanti à l'enfant naturel, par ses père et mère eux-mêmes, du moment où ils l'ont reconnu; — Attendu qu'en se fondant sur ces principes, l'arrêt attaqué (de la cour de Besançon) a fait une juste et saine application des lois de la matière; — Rejette.

Du 27 avr. 1830.-C. C., ch. req.-MM. Favard, pr.-Faure, rap.

(2) (Laforest C. Laforest.) — LA COUR; — Considérant qu'en les supposant même simulés (les actes de vente), ils ne laisseraient point que d'être valables en justice, parce que la simulation n'est réprouvée par la loi qu'autant qu'elle est essentiellement frauduleuse; qu'il est toujours permis de disposer par voie indirecte de ce dont on ne peut pas disposer directement; — Considérant que les héritiers à réserve sont

tion faite par le père à sa fille légitime dans son contrat de mariage (Amiens, 26 nov. 1811) (1); ou la donation déguisée, faite au fils légitime sous forme de vente, à charge de rente viagère et avec réserve d'usufruit (c. civ. 918; Req. 28 juin 1831, aff. Gabriel, V. n° 296).

309. En ce qui concerne les donations entre-vifs *antérieures* à la reconnaissance, on a dit, contre la réduction, que l'art. 960 c. nap. ne permet la révocation des donations que pour survenance d'*enfants légitimes*. Sans doute la révocation et la réduction ont des effets et des règles différents; mais on peut chercher l'intention législative dans l'art. 960. La révocation a été regardée comme une exception au droit commun; la réduction a ce même caractère. La révocation a été circonscrite dans d'étroites limites, parce qu'elle tend à détruire la foi dans les transactions sociales, qu'elle peut devenir un instrument de fraude contre les tiers, que l'incertitude des propriétés nuit à leur circulation et à leur culture. La réduction a en partie de semblables effets; elle dépouille les tiers, sinon de la totalité, au moins d'une portion de droits acquis. La réduction est donc une révocation indirecte, ou, si l'on veut, moins complète dans ses résultats, mais également abusive et désastreuse. Un droit de propriété est toujours en définitive révoqué, anéanti par la réduction. Ajoutons que le respect pour les droits acquis est ici d'autant plus désirable, que, dans les mains du donateur, la reconnaissance serait un moyen bien facile de compromettre les droits du donataire; et que cette reconnaissance pouvant se faire longtemps après la donation, même par le testament du père, il en résulterait une incertitude et une réaction des plus fâcheuses. — Telle est la doctrine de MM. Toullier, t. 4, n° 263; Merlin, Rép., v° Réserve, sect. 4, n° 9; Grenier, t. 2, n° 668; Chabot, t. 2, p. 97; Loiseau, des Enfants nat., p. 698; Favard, v° Succ., sect. 4, § 1, n° 12; Chardon, Dol et fraude, n° 378; Poujol, Success., art. 756, n° 14; Richefort, État de la famille, t. 2, n° 348, t. 3, n° 496; Cadrès, Des enfants naturels, n° 249; M. Merlin, qui toutefois a émis un avis opposé (Quest. de droit v° Adoption, § 6, n° 3) quant à l'effet des donations entre-vifs faites par l'adoptant avant l'adoption, s'exprime ainsi: « Il faut cependant remarquer que l'enfant naturel qui aurait été seulement reconnu après la donation ne pourrait pas en demander le retranchement pour un droit de réserve. —La raison en est que, dans la règle, l'enfant n'acquiert un droit, à l'égard des tiers; que par sa reconnaissance. Cette conséquence se tire de la disposition de l'art. 335 c. civ., où il est dit: « La reconnaissance faite pendant le mariage par l'un des époux, au profit d'un enfant naturel qu'il aurait eu avant son mariage, d'un autre que de son époux, ne pourra nuire ni à celui-ci, ni aux enfants nés de ce mariage... » Cette doctrine est aussi celle que nous avons adoptée et dans laquelle nous persévérons, ainsi que nous l'avons déjà fait au sujet de l'adoption, en critiquant cette fois l'opinion contraire de Merlin (V. Adoption, n°s 191 et 194; V. aussi notre observation D. P. 47. 1. 265). — Au reste, l'interprétation contraire est enseignée par MM. Duranton, t. 6, n° 311; Malpel, n° 162; Vazeille, sur l'art. 761, n° 5; Rolland de Villargues, Rép., v° Portion dispon., n°s 53 et suiv.; Duvergier sur Toullier, t. 4, n° 263, note 2; Belost sur Chabot, art. 756, observ. 5; Marcadé, sur l'art. 614, n° 3; Troplong, des Donat., n°s 771, 932; elle se

les seuls fondés à attaquer la disposition entre-vifs faite par leurs auteurs au préjudice de la légitime que la loi leur accorde sur les biens de ceux-ci; — Que ce droit ne peut appartenir à Jacques Laforest, qui n'est point enfant légitime de Pierre Laforest, ainsi qu'il se qualifie, mais bien enfant naturel;—Qu'en sa qualité d'enfant naturel, les droits du demandeur sont réglés par l'art. 757 c. civ., qui n'en accorde aux enfants que sur les biens existants au décès de leurs père et mère, et non pas sur ceux sortis à cette époque de leur possession, et desquels ils ont pu valablement disposer en totalité, attendu que la loi ne prescrit de réserve sur cette espèce de biens qu'en faveur de l'enfant légitime.

Du 16 juill. 1828.-C. de Lyon, aud. solen.-M. Nuges, pr.

(1) (Landrin C. Dufour.) — LA COUR; — En ce qui touche la disposition dudit jugement relative au rapport et à la réduction demandés par la demoiselle Lefebvre sur les libéralités faites par Landrin père à la femme Dufour, sa fille légitime, suivant le contrat de mariage en date du 28 prair. an 5; — Attendu que, suivant l'art. 757 c. civ., le droit de l'enfant naturel sur les biens de ses père et mère décédés, s'ils ont laissé des descendants légitimes, comme dans l'espèce, est d'un tiers de la portion héréditaire que l'enfant naturel aurait eue s'il eût été légitime; qu'il résulte des termes de cet article que, pour fixer le montant de la part qui appartient à l'enfant naturel, il faut nécessairement, et avant tout, établir une portion héréditaire, et la composer telle que la loi la lui attribue; — Attendu qu'il résulte également de cette disposition que l'enfant naturel a, non pas comme héritier, qualité qu'il n'a pas, mais en vertu du droit que la loi lui donne, le droit de prendre une quote déterminée dans une portion héréditaire, soit intégrale, c'est-à-dire composée de tous les biens qui sont actuellement dans l'hérédité ou qui doivent y être, et telle enfin que l'héritier légitime aurait le droit de la demander et de la recueillir sans aucune exception, puisque la loi n'excepte aucuns biens; — Attendu que, suivant l'art. 915 du code, les libéralités, soit par acte entre-vifs, soit par testament, ne peuvent excéder la moitié des biens du disposant, lorsqu'il ne laisse à son décès qu'un enfant légitime, et le tiers seulement s'il laisse deux enfants légitimes, comme dans l'espèce, puisque les parties s'accordent en ce point que l'enfant naturel doit être compté pour une tête successible lorsqu'il s'agit de déterminer sa quote-part, et que, dans le cas où ces libéralités excéderaient la portion disponible, elles sont réductibles à la quotité permise par la loi; que si, suivant l'art. 921 du code, la réduction des libéralités qui excèdent la portion disponible, ne peut être demandée que par ceux au profit desquels la loi fait la réserve, et non par les donataires, légataires et créanciers, cette exclusion ne frappe pas sur les enfants naturels, appelés à recueillir une quotité déterminée dans une portion héréditaire; car, pour être privé de la faculté d'exiger le rapport et la réduction à l'effet de former cette portion héréditaire, il faudrait qu'ils fussent expressément exclus; il est évident au contraire que, dans l'art. 921 précité, les enfants naturels ne sont pas nominativement exclus, et qu'ils ne sont d'ailleurs ni donataires, ni légataires, ni créanciers; on peut et l'on doit dire, au contraire, qu'ils sont compris dans le nombre de ceux au profit desquels la loi fait la réserve, puisque, étant en droit d'exiger la formation d'une portion héréditaire, telle qu'elle aurait lieu pour un enfant légitime, il suit nécessairement de là, et par la seule force de la loi, qu'ils sont fondés à demander la formation d'une véritable portion héréditaire telle que doit l'avoir un enfant légitime, ce qui constitue réellement et de fait une réserve légale en leur faveur. D'un autre côté, en rapprochant l'art. 857 du code, qui porte que « le rapport n'est dû que par le cohéritier à son cohéritier, et non aux légataires et créanciers, » des art. 908, 760 et 761, qui défendent aux enfants naturels de rien recevoir au delà de ce qui leur est accordé au titre des Successions, et les obligent à imputer sur ce qu'ils ont droit de prétendre, ce qu'ils ont pu toucher du père ou de la mère, dont la succession est ouverte, et qui serait sujet à rapport, et, dans le cas contraire, les autorisent à réclamer le supplément nécessaire pour parfaire la portion qui leur est attribuée; en rapprochant ces différents articles et en les combinant, on ne peut s'empêcher de reconnaître que l'enfant naturel n'est point réputé légataire ni créancier, puisque, s'il était légataire ou créancier, il ne serait point assujetti à faire le rapport qui n'est dû que par le cohéritier à son cohéritier; que, dès lors, lorsqu'il est obligé de rapporter, c'est qu'il est, sinon cohéritier quant au nom, du moins cosuccessible et habile à venir à la succession ouverte de ses père et mère, conjointement avec les cohéritiers et légataires, pour y recueillir sa quote-part dans la portion héréditaire, ce qui produit, relativement au tiers qui lui est dévolu, le même effet que s'il était légitime ou cohéritier pour le tout. Cette conséquence résulte encore de la disposition de ce même art. 760, qui renvoie aux art. 850 et suiv., et lesquels art. 850 et suiv. veulent que ce rapport par l'enfant naturel soit fait d'après les règles qui sont établies pour les enfants légitimes. La raison et l'équité, qui commandent la réciprocité dans ces obligations, démontrent que, dès lors que l'enfant naturel est obligé de faire le rapport à la succession du père commun, d'après les mêmes règles que les enfants légitimes, il s'ensuit que ceux-ci, qui sont les successibles dans la même hérédité, doivent, de leur côté, faire le rapport de ce qui se trouve nécessaire pour composer la portion héréditaire qui appartient à l'enfant naturel, comme s'il était légitime; autrement il est sensible que le droit de l'enfant naturel, qui, quelque nom qu'on veuille lui donner, est un droit positif et certain, pourrait devenir illusoire, et qu'il ne tiendrait qu'à un père déraisonnable ou séduit, d'absorber, par les libéralités excessives, en faveur de ses légitimes enfants, la portion héréditaire que la loi assure à l'enfant naturel reconnu, et de réduire celui-ci à une condition pire que celle de l'enfant adultérin ou incestueux, qui a du moins des aliments que les enfants naturels ne seraient pas en droit de demander, et que la loi ne leur a effectivement pas donnés sur la succession, parce qu'elle a pourvu à leurs besoins par une autre disposition; — En ce qui touche la disposition du même jugement, relative à la maison vendue par le père à la femme Dufour, sa fille, et à son gendre; — Attendu que, si le père a été en droit de son vivant de vendre les biens qui lui appartenaient, il n'a pu ni dû le faire de manière à procurer à l'un de ses enfants une légitime ou avantage, au préjudice de la portion que la loi assurait à son enfant naturel reconnu; — Émendant, etc.

Du 26 nov. (ou 26 mars) 1811.-C. d'Amiens.

fonde notamment : 1° sur ce qu'outre que l'art. 960 n'est pas applicable, il faut considérer que l'enfant reconnu depuis la donation, pouvait exister antérieurement, et que la reconnaissance tardive ne fait que déclarer la paternité ; — 2° Sur ce que les effets attachés à la qualité d'enfant sont généralement indivisibles.

Et il faut dire que la jurisprudence a statué dans ce dernier sens à l'égard de donations antérieures à la reconnaissance, en déclarant réductibles : 1° la donation déguisée faite par le père à sa future dans le contrat de mariage, sous forme de quittance de dot (Toulouse, 15 mars 1834) (2);—2° La donation par laquelle la mère, antérieurement au jugement qui aurait reconnu l'enfant, aurait disposé de l'universalité de ses biens (Rouen, 17 mars 1813, aff. Boullanger, V. n° 305) ; — 3° Les donations entre-vifs faites successivement par le père à ses trois enfants légitimes en les mariant (Cass. 16 juin 1847, aff. Duval, D. P. 47. 1. 265).

310. Comment se calcule la réserve de l'enfant naturel? Dans les observations qui précèdent nous supposions que la réserve de l'enfant naturel est d'une fraction de la quotité à laquelle il aurait droit, si le défunt n'avait pas fait de dispositions. On a prétendu, toutefois, que cette réserve était en totalité de la portion fixée par les art. 757 et 758, si le père n'avait pas adopté le mode de réduction énoncé dans l'art. 761 ; qu'en d'autres termes, le droit de l'enfant naturel ne pouvait pas être restreint par des dispositions testamentaires. Mais ce système est repoussé avec raison par tous les auteurs, et il a été jugé que la portion héréditaire de l'enfant naturel peut être réduite, comme celle des enfants légitimes, par des donations ou des legs, jusqu'à concurrence de la quotité disponible : — « Considérant, sur l'étendue des droits de l'enfant naturel reconnu, que la loi l'investissant d'une quote-part certaine dans la succession à laquelle se rattachent ses droits, lui confère nécessairement une réserve, avec toutes les conséquences liées à ce droit ; — Que cette réserve doit trouver ses bases, non dans les dispositions des art. 757 et 758 c. nap., qui ne posent que des principes généraux, mais dans les limites imposées à la quotité disponible ; — Que s'il en était autrement, la position de l'enfant naturel reconnu serait plus favorable que celle de l'enfant légitime, conséquence que l'esprit comme l'ensemble des textes de la loi n'a certainement pas voulu consacrer » (Nancy, 22 janv. 1838, M. de Metz, pr., aff. André *C.* Masson ; décision semblable, Bruxelles, 1re ch., 27 juill. 1827, aff. H... *C.* D...).

311. Le calcul de la réserve de l'enfant naturel est subordonné à quelques règles générales que nous allons d'abord indiquer : 1° le minimum de la quotité disponible ne doit jamais être inférieur au quart, puisque telle est la portion dont l'art. 913 permet au père de disposer, quel que soit le nombre de ses enfants même légitimes ; — 2° La réserve de l'enfant légitime n'étant jamais de plus de la moitié des biens, et l'enfant naturel ne méritant pas une plus grande faveur, sa réserve ne doit en aucun cas excéder cette portion ; — 3° Il ne faut pas que l'enfant légitime, concourant avec un frère naturel, ait une part plus forte que s'il succédait seul, ou si l'enfant naturel n'existait pas. De même la condition du légataire universel ne doit pas être plus avantageuse avec le concours qu'à défaut de l'enfant naturel. — Ces données générales expriment évidemment l'intention du législateur.

Or pour obtenir de tels résultats, il est certaines règles à observer, enseignées par la grande majorité des auteurs et consacrées par la jurisprudence. — 1° La même proportion doit exister entre les deux réserves et les deux parts héréditaires de l'enfant naturel et de l'enfant légitime ; en d'autres termes, la réserve de l'enfant naturel doit être une quotité de celle qu'il aurait eue s'il était légitime, et une portion de son droit de succession irrégulière. — 2° Il faut (et ici nous copions l'arrêt de cassation du 26 juin 1809 [aff. Picot, V. *infrà*, n° 312]) « admettre momentanément l'enfant naturel au nombre des enfants légitimes, le faire concourir figurativement avec eux, de manière que s'il n'existe qu'un enfant légitime, il doit être procédé comme s'il y en avait deux ; et s'il en existe deux, comme s'il y en avait trois, etc. » Ce partage fictif terminé, on réduit le lot de l'enfant naturel des deux tiers de la moitié, etc., eu égard à la qualité de copartageant. On fait entrer l'excédant et les autres lots dans une même masse, qui se divise ensuite entre les héritiers légitimes et le légataire universel, comme s'il n'y avait pas eu d'enfant naturel, ou comme si ce dernier eût été simplement créancier de la somme prélevée. — 3° La part de l'enfant naturel ainsi fixée, on la considère comme une dette qui doit être supportée par les légitimaires et les légataires universels, ou à titre universel, chacun en proportion de ce qu'il prend dans la succession. — Ce mode de supputation est suivi par MM. Merlin, Quest. de dr., v° Réserve ; Loiseau, Des enf. nat., p. 101 de l'appendice ; Chabot, t. 2, p. 99 à 120 ; Grenier, Rép. de M. Merlin, v° Réserve, sect. 4, n° 13 ; Delvincourt, t. 2, p. 22, note 4 ; Toullier, t. 4, n°s 246 à 248 ; Duranton, t. 6, n°s 275 à 278 ; Malpel, n°s 160, 161 ; Favard, v° Succession, sect. 4, t. 1, n° 13 ; Vazeille, sur l'art. 761, n° 2 ; Marcadé, sur l'art. 916 ; Troplong, des Donat., n° 773).

312. Un autre mode de calcul a été proposé pour le cas de concours d'un enfant naturel avec un enfant légitime nommé légataire universel. On a dit : l'art. 913 c. nap., qui fixe la quotité disponible, autorise le père qui n'a qu'un enfant légitime à disposer de la moitié de son bien. Cet article n'ajoute pas que la disposition sera diminuée au cas de l'existence d'un ou de plusieurs enfants naturels. La succession du père se trouve donc composée seulement de la moitié indisponible. Or sur cette moitié il reviendrait une moitié à l'enfant naturel s'il était légitime,

---

(2) (Veuve de Labeaumelle C. époux Fauré.) — LA COUR ; — Attendu que, si le caractère du contrat qui renferme les conventions qui régissent la société conjugale, doit lui assurer toute la protection de la loi, et faire accorder foi pleine et entière aux faits qu'il constate, il ne doit pas cependant être inhibé aux tiers dont les intérêts sont lésés par de pareils actes, de prouver leurs feintise et simulation, pourvu, toutefois, qu'ils aient qualité pour se livrer à un pareil examen, droit consacré en leur faveur par un arrêt de la cour de cassation, du 5 janvier 1831 ; — Attendu que les actes du procès constatant que le 2 avril 1799, feu le sieur Angliviel de Labeaumelle reconnut, antérieurement à son mariage avec la demoiselle Thomassin, la dame Fauré, née quelque temps auparavant, pour sa fille naturelle, celle-ci peut être admise à établir que la reconnaissance de dot faite par ledit sieur de Labeaumelle, son père, en faveur de ladite demoiselle Thomassin, est feinte et simulée, et qu'elle ne constitue qu'une pure libéralité, les valeurs énoncées livrées dans ce contrat n'ayant jamais été réalisées ; — Attendu que c'est sans fondement qu'on objecte, pour la faire déclarer irrecevable dans son action, 1° que le contrat du 2 avril 1799, constitutif des droits de la dame veuve de Labeaumelle, étant antérieur à l'acte de reconnaissance, quels que soient les droits que ce dernier acte confère à la dame Fauré, ils ne peuvent cependant être tels qu'ils puissent réagir sur un contrat parfait, et devenu irrévocable avant son existence, soit parce que s'il est reconnu, ce qui va être examiné bientôt, que la reconnaissance confère à la dame Fauré un droit de réserve sur la succession de son père, l'antériorité des actes qu'elle soutient porter atteinte à ses droits, ne saurait les soustraire à son examen, soit parce qu'il n'est pas exact de prétendre que les droits de la dame de Labeaumelle sont antérieurs à ceux de la dame Fauré, puisque ceux de la première n'ont été irrévocablement acquis qu'à partir du jour de la célébration du mariage, fait postérieur à l'acte de reconnaissance de la dame Fauré ; 2° qu'en admettant même que cette reconnaissance soit antérieure aux droits de la dame veuve de Labeaumelle, comme elle ne donne à la dame Fauré des droits que sur la succession de feu le sieur de Labeaumelle, tout ce qui est hors de la succession ne peut être querellé par elle, puisque, s'il résulte des dispositions des art. 756, 757, 760 et 913 c. civ., que le législateur, en conférant des droits aux enfants naturels reconnus, établit une grande différence entre eux et les enfants légitimes, cette différence tient bien moins à la nature du droit qu'à sa quotité, et que, d'ailleurs, quelle que soit la divergence des opinions des auteurs sur ce point, il est néanmoins certain, d'après les textes ci-dessus indiqués, qu'il serait impossible de garantir aux enfants naturels reconnus, les droits qu'ils leur attribuent, s'ils n'avaient pas pour leur fixation, et comme les enfants légitimes, le droit de discuter les titres qui, à quelque époque que ce soit, ont porté quelque atteinte au patrimoine de leurs auteurs, mais que ce droit est formellement consacré en leur faveur par arrêt de la cour de cassation, du 28 juin 1831 ; — Attendu, au fond, que si les premiers juges ont sainement apprécié les actes et les faits du procès, en déclarant que, malgré les énonciations portées au contrat de mariage de feu le sieur de Labeaumelle, celui-ci n'avait jamais reçu du sieur Thomassin, son beau-père, la somme de 40,000 fr., partie de la dot constituée à la demoiselle Thomassin, et que cette reconnaissance de payement n'était, en réalité, qu'une donation faite par le sieur de Labeaumelle à sa future, donation, dès lors, passible de l'action en réduction de la dame Fauré, il n'en est pas de même de la somme de 6,000 fr. ;....

Par ces motifs, vidant le renvoi au conseil, etc.

Du 15 mars 1834.-C. de Toulouse 2e ch.-M. Garrisson, pr.

c'est-à-dire le quart du tout; mais l'art. 757, ne lui attribuant que le tiers de ce quart, l'enfant naturel est réduit au douzième. —La cour de Pau avait accueilli cette prétention : — « Attendu que l'enfant naturel devrait avoir le sixième de tous les biens de son père, si celui-ci n'avait pas fait un testament; mais que Léon Picot ayant disposé de la quote dont la loi lui permettait la disposition, son enfant naturel ne peut avoir que le sixième de la moitié des biens indisponibles, c'est-à-dire le douzième de tous les biens composant la succession de feu Picot. » Cet arrêt a été cassé le 26 juin 1809 (1), et on a jugé avec raison que, dans le cas proposé, la réserve devait être fixée aux deux tiers, comme s'il y avait eu deux enfants légitimes, et qu'ainsi l'enfant naturel devait avoir le tiers d'un tiers, c'est-à-dire le neuvième de la succession.

212. Il a été jugé aussi que l'enfant naturel doit être compté fictivement comme enfant légitime pour la fixation de la quotité disponible; que sa réserve n'est qu'une fraction de la portion dont le père ne pourrait disposer si l'enfant était légitime. — Qu'en conséquence il y a lieu de prélever la quotité disponible au profit de celui à qui elle a été attribuée, et que le partage ne se fait, selon les proportions de l'art. 757, que pour ce qui reste indisponible (Pau, 4 avril 1810) (2).

---

(1) (Hérit. Picot.) — La cour; — Vu les art. 757 et 913 c. civ.; — Et attendu que, par les dispositions combinées de ces deux articles du code, le législateur, en circonscrivant dans de justes limites les droits de l'enfant naturel sur les biens de ses père et mère, a voulu leur donner en même temps une base assurée, et qui fût indépendante de tout arbitraire; une base de laquelle il pût résulter, dans tous les cas, une valeur proportionnelle à la quotité disponible ou indisponible des biens délaissés par les père et mère de l'enfant naturel; de manière que, si, d'un côté, toute prétention exagérée était désormais condamnée au silence, il ne fût pas permis, d'un autre côté, de méconnaître la juste mesure des obligations naturelles qu'impose la paternité; — Que ces principes sont consacrés de la manière la plus expresse par la règle tracée par l'art. 757, où il est dit : Le droit de l'enfant naturel, sur les biens de ses père et mère décédés, est d'un tiers de la portion héréditaire qu'il aurait eue, s'il eût été légitime; — Que, pour exécuter cette disposition de la loi, dans l'intérêt de l'enfant naturel, il faut l'admettre momentanément au nombre des enfants légitimes, et le faire concourir figurativement avec eux, de manière que, s'il n'existe qu'un enfant légitime, il doit être procédé comme s'il y en avait deux, et s'il y en a deux, comme s'il y en avait trois, etc., etc.; car tel eût été le nombre des légitimaires qui auraient concouru à la fixation de la portion héréditaire, si l'enfant naturel eût été légitime; ce serait évidemment y contrevenir que d'opérer d'une autre manière; — Que par l'effet d'une telle contravention, on porterait une atteinte manifeste aux droits de l'enfant naturel, puisqu'en diminuant le nombre des enfants légitimes ou réputés tels, à l'effet de fixer la portion héréditaire, on diminuerait pareillement la quotité des biens non disponibles, sur laquelle doit être prise cette portion héréditaire dont le tiers appartient à l'enfant naturel; — Que, dans l'espèce jugée par l'arrêt dénoncé, où il y avait un enfant légitime et un enfant naturel, la règle tracée par l'art. 757 exigeait donc qu'on opérât, pour la fixation de la portion héréditaire, comme s'il y avait eu deux enfants légitimes; et dans ce cas, la quote non disponible, sur laquelle aurait été prise la portion héréditaire de chacun des légitimaires, eût été, suivant l'art. 913 du code, des deux tiers de l'universalité des biens; ainsi, chacun des légitimaires aurait eu pour sa part un tiers de tous les biens; ainsi, l'enfant naturel auquel il revenait un tiers de ce tiers, aurait eu un neuvième de la succession;

Considérant que la cour d'appel n'a cependant accordé à Jean-Baptiste Picot qu'un douzième de l'universalité des biens composant l'hérédité de son père, pour lui tenir lieu de tous ses droits dans la succession; que les juges de cette cour ont été conduits à ce résultat, par l'effet d'une infraction évidente à la règle tracée dans l'art. 757 de ce code, en ce que, au lieu de fixer la portion héréditaire, comme si l'enfant naturel eût été légitime, c'est-à-dire comme s'il y avait eu réellement deux enfants légitimes, ce qui aurait élevé la quote non disponible aux deux tiers de la succession, ils n'ont eu égard dans leurs opérations qu'à l'existence d'un seul enfant légitime, et dès lors la quote des biens non disponible n'étant que de la moitié de la succession, suivant l'art. 913 du code, la portion héréditaire de chacun des deux enfants, prise sur cette moitié, n'a plus été que le quart de la totalité; et par conséquent le tiers afférant à l'enfant naturel n'a plus été, dans ce calcul, que le douzième de la succession; — Considérant que cette opération, quoique régulière en elle-même, par l'exactitude des calculs, a eu pour base une contravention évidente à la disposition de l'art. 757 du code, et qu'elle présente en même temps une fausse application de l'art. 913; — Casse, etc.

Du 26 juin 1809.-C. C., sect. civ.-MM. Gandon, pr. d'âge.-Genevois, rap.-Merlin, pr. gén. c. conf.

(2) (Héritiers Gamotis.)—Jean-Baptiste Gamotis décéda le 16 mess. an 10, ayant institué pour ses héritiers Barthélemi, Pierre et Jean Gamotis, ses neveux et nièces, et reconnu pour ses enfants naturels Louis et Nicolas Gamotis. — Après la publication du code, l'un de ces enfants réclama les trois quarts de la succession de son père, attendu que celui-ci n'avait laissé ni ascendants, ni frères, ni sœurs. — Mais les neveux ont prétendu qu'il fallait prélever à leur profit la moitié formant leur réserve légale, d'après la loi du 4 germ. an 8; et que l'enfant naturel ne devait avoir que le quart de l'autre moitié, c'est-à-dire le huitième de la succession. — Le 21 août 1806, le tribunal de Tarbes accorde aux collatéraux la moitié de la succession, d'après la loi du 4 germ. an 8, et à l'enfant naturel les trois quarts de l'autre moitié. — Appel respectif des parties : des neveux, en ce qu'ils étaient privés du bénéfice de la représentation dans la succession *ab intestat*; de l'enfant naturel, en ce qu'il n'avait pas été réputé légitime pour la fixation de la quotité disponible, relativement à la succession testamentaire. — Arrêt.

La cour; — Considérant que le droit de l'enfant naturel sur les biens de ses père et mère décédés est de la moitié de ce qu'il aurait eu s'il eût été légitime, lorsque le défunt laissé des ascendants, des frères ou des sœurs, et des trois quarts lorsque le défunt ne laisse ni ascendants, ni frères, ni sœurs (art. 757 c. civ.);— Que quoique Jean-Baptiste Gamotis n'ait laissé ni frères ni sœurs; mais des enfants descendant d'eux, le droit de Nicolas Gamotis est le même que si les frères et sœurs du défunt existaient, par la raison que l'art. 742 admet la représentation en collatéral en faveur des enfants et sœurs, et que, par l'effet de cette représentation, les représentants entrent dans le degré et dans les droits des représentés (art. 739); — Que le droit de Nicolas Gamotis doit donc, suivant l'art. 757, être fixé à la moitié de ce qu'il aurait eu s'il eût été légitime; que conséquemment il doit en avoir la moitié; — Que vainement il oppose qu'il a droit aux trois quarts, attendu que si l'art. 757 le réduit à la moitié lorsque le défunt laisse des frères ou des sœurs, cet article n'ajoute pas les mots « ou des enfants et descendants des frères et sœurs; » — Que cet ajoutement ne serait qu'une répétition inutile de l'art. 742, qui admet les enfants des frères et sœurs à les représenter, et de l'art. 739 qui, en leur qualité de représentants, les place dans le degré, et leur donne les droits des représentés;

Qu'on n'objecte pas avec plus de raison que la représentation n'est admise qu'entre les héritiers, et qu'ils ne peuvent l'opposer à l'enfant naturel, qui n'est appelé qu'à titre de succession irrégulière; — Qu'il est vrai que l'enfant naturel est appelé au partage par succession irrégulière, mais que c'est toujours par succession, puisque son droit est un droit de participation à la succession, une portion héréditaire plus ou moins considérable, suivant les divers cas indiqués par l'art. 757; d'où il suit que la représentation doit opérer contre l'enfant naturel, comme elle opère entre des successeurs réguliers; — Que cela est tellement vrai, que l'art. 742 établit une règle générale qui embrasse tous les cas, et ne peut cesser d'avoir son effet dans une hypothèse particulière, que par une dérogation expresse et formelle, qu'on chercherait vainement dans quelqu'une des dispositions de la loi relative aux droits des enfants naturels; — Que si le système de l'enfant naturel était accueilli, il en résulterait qu'en concourant avec des descendants des frères et sœurs, il aurait plus de droit que s'il concourait avec des ascendants, tandis que cependant l'art. 750 porte qu'en cas de prédécès des père et mère d'une personne morte sans postérité, les frères et sœurs ou leurs descendants sont appelés à la succession, à l'exclusion des ascendants; — Que n'étant pas raisonnable de penser que la loi ait voulu refuser aux descendants des frères et des sœurs ce qu'elle accorde à des ascendants que ces descendants excluent dans les autres successions, il faut en conclure que le droit naturel de l'enfant, quand il partage avec des descendants des frères et sœurs, est le même que quand il partage avec des frères et sœurs du défunt; que conséquemment, dans l'espèce de la cause, le droit naturel de l'enfant est de la moitié de la succession de Jean-Baptiste Gamotis, sauf la quotité disponible dont il va être parlé.

Considérant que Jean-Baptiste Gamotis décéda sous l'empire de la loi du 4 germ. an 8, dont l'art. 1 permettait la libre disposition du quart de son bien, à celui qui laissait à son décès moins de quatre enfants; — Que Nicolas Gamotis, seul enfant naturel de Jean-Baptiste, devant être momentanément admis et compter comme légitime pour fixer la quotité disponible, ainsi qu'il a été décidé par la cour de cassation, dans son arrêt du 26 juin 1809, la conséquence est que Jean-Baptiste Gamotis pouvait disposer du quart de son bien; que, conséquemment, l'institution testamentaire faite en faveur des parties de Casaubon doit leur profiter à concurrence de ce quart, sur lequel seront pris d'ailleurs les legs contenus dans le testament dudit Jean-Baptiste Gamotis; — Réformant, accorde aux héritiers Gamotis exclusivement la quatrième partie de la succession de Jean-Baptiste Gamotis, en vertu de l'institution testamentaire par lui faite en leur faveur; et ordonne que les trois quarts restant seront partagés en deux portions égales, qui

314. Les règles que nous venons d'exposer ne sont pas toujours d'une application facile; les hypothèses varient à l'infini, nous en examinerons deux seulement, qui sont offertes par les art. 757 et 758, et qui ne présentent pas le moins de difficultés.

Avec l'enfant naturel concourent un ascendant dans chaque ligne et un légataire universel; la masse de la succession est de 24,000. On dira: Si l'enfant naturel était légitime, il aurait 12,000 fr.; mais concourant avec un ascendant, l'art. 757 ne lui accorde que la moitié (ou 6,000 fr.) de cette portion. Les autres 6,000 fr. seront joints aux 12,000 restant, et cette masse de 18,000 fr. sera répartie par moitié entre le légataire universel et les deux ascendants, qui auront chacun un quart.

315. Mais, au lieu d'un parent légitimaire, supposons un collatéral, auquel il n'est jamais dû de réserve, soit un frère, un enfant naturel et un légataire universel, même masse, 24,000 fr.; comment fixera-t-on la part réservée à l'enfant naturel? La question est controversée. On a dit d'une part: le légataire universel excluant le frère, la réserve de l'enfant naturel devra se calculer comme s'il n'existait pas de parents au degré successible, en conséquence elle sera de la moitié. C'est un principe constant, que ne pas succéder, ou n'exister pas, est la même chose quand il s'agit de régler, vis-à-vis les parents non appelés, les droits de ceux qui ont la vocation et qui veulent l'exercer. C'est ainsi qu'à l'égard de l'enfant naturel, placé dans le cas de l'art. 758, qui lui adjuge la totalité des biens, s'il n'existe pas de parents successibles, on reconnaît généralement qu'il a le même droit à la totalité, si les parents qui existent renoncent ou sont inhabiles à succéder; le même principe doit être suivi pour le calcul de la réserve. Cette opinion de MM. Delvincourt, t. 2, page 22, note 4; Duranton, t. 6, nº 285; Chabot, sur l'art. 756, a été consacrée par la cour de Toulouse, qui a jugé en conséquence que l'enfant naturel en concours avec un légataire universel, les collatéraux successibles (autres que frères et sœurs) exclus par le legs universel ne se présentant pas, doit être placé sur la même ligne que l'enfant légitime et avoir la moitié de la succession et non pas seulement la moitié des trois quarts, c'est-à-dire les trois huitièmes (Toulouse, 8 juin 1830) (1).

A l'appui de l'opinion contraire que nous préférons, on a répondu que l'art. 758 c. nap. entendait parler, non des parents venant effectivement recueillir la succession, mais seulement de ceux qui sont appelés à la recueillir d'après les règles des successeurs *ab intestat*. Il est bien vrai que cet article serait applicable en cas de renonciation ou d'indignité des parents successibles; mais il ne faut pas assimiler l'héritier exclu par un légataire universel, à l'héritier indigne ou renonçant, le premier n'est dépouillé de son titre que relativement au légataire universel; il le conserve éventuellement en cas de nullité ou de caducité du legs. Au contraire l'indignité ou la renonciation effacent le titre d'héritier absolument pour tous et vis-à-vis de tous. Il n'y a donc aucune inconséquence à compter dans un cas, et à ne pas compter dans l'autre, l'héritier exclu, pour calculer le droit successif de l'enfant naturel. D'ailleurs, donner la moitié à l'enfant naturel, c'est ne faire aucune différence entre lui et l'enfant légitime qui n'obtiendrait pas une plus grande part. Enfin il résulterait de là encore cette conséquence étrange. Supposons que le père naturel qui a un frère légataire lègue les trois quarts de ses biens, ce legs à titre universel serait valable pour ces trois quarts; car il n'est tenu de laisser à son enfant naturel, qu'une réserve d'un quart. Cependant on voudrait que le legs ne fût plus valable pour moitié, si le père avait légué la totalité de ses biens; l'étendue de la quotité disponible dépendrait donc du mode de disposition et serait moindre avec une disposition universelle, qu'avec celle faite à tout autre titre. — Conf. Merlin, Quest. vº Réserve; Toullier, t. 4, nº 264; Grenier, Des donations, nº 677; Malpel, nº 161; Duranton, t. 6, nº 322; Vazeille, sur l'art. 761, nº 3; Marcadé, sur l'art. 916; Troplong, des Donat., nº 775.

Il a été jugé dans ce dernier sens que les droits successifs des enfants naturels se déterminent d'après l'état de famille de leurs auteurs au moment de l'ouverture de la succession, c'est-à-dire eu égard aux héritiers légitimes qu'ils ont laissés, que ces héritiers viennent ou non à l'hérédité; qu'ainsi, l'enfant naturel n'a qu'une réserve du quart, bien que les frères et sœurs du défunt soient exclus (Nancy, 25 août 1851 (2);—Conf. 15 mars 1847, aff. Vergne, D. P. 47. 1. 138).

316. Nous venons de nous expliquer sur le droit de réserve

---

seront distribuées par la voie du sort, l'une à Nicolas Gamotis, et l'autre aux héritiers Gamotis, etc.

Du 4 avr. 1810.-C. de Pau.

(1) (Blanc et Mathieu *C.* Marty.) — LA COUR; — Attendu que, d'après les dispositions de l'art. 758 c. civ., l'enfant naturel a droit à la totalité des biens, lorsque les père et mère ne laissent point de parents au degré successible; que, dans l'espèce, l'enfant naturel n'est en concurrence avec aucun parent au degré successible, mais avec un légataire universel étranger; — Que, dans ce cas, il est placé par la loi sur la même ligne que l'enfant légitime, et que, par conséquent, les droits de l'enfant naturel et la réserve légale doivent être fixés à la moitié; — Que c'est vainement qu'on a dit que la dame Marrast laissait des parents au degré successible, et que, dès lors, les droits de l'enfant naturel devaient être fixés aux trois huitièmes de la totalité de la succession;—Que, dans l'espèce, quoique les parents existent, il doit en être comme s'ils n'existaient pas, puisqu'ils ne prennent aucun droit sur la succession; qu'ils en ont même été exclus par le testament, et qu'ils ne sont pas héritiers à réserve: en effet, les droits des enfants naturels n'ont été réduits à une quotité moindre qu'une portion héréditaire, qu'en considération de l'existence de parents légitimes avec lesquels l'enfant naturel peut se trouver en concours pour le partage de la succession, qu'afin que les droits vis-à-vis de la famille légitime ne soient pas entièrement détruits par l'existence de l'enfant naturel, et qu'en conséquence la réduction a été fixée à un taux plus ou moins considérable, suivant que les parents légitimes avec lesquels l'enfant naturel est en concours se trouvent à un degré plus proche ou plus éloigné du défunt; —Qu'ainsi, les motifs de la réduction n'existent plus, lorsqu'il n'y a aucun parent légitime qui succède; lorsque l'enfant naturel ne se trouve en concours qu'avec un étranger à sa famille, qui ne vient à la succession que comme donataire ou légataire universel, et que, dans ce cas, les parents légitimes qui ne peuvent succéder doivent être considérés, relativement à la succession et relativement aux droits de l'enfant naturel, comme s'ils n'existaient pas; car ne pas exister, ou ne pas succéder, sont *unum et idem*, quand il s'agit de régler vis-à-vis des parents non appelés les droits de ceux qui sont appelés à les exercer et qui ont le droit de le faire.

Du 8 juin 1830.-C. de Toulouse, 2e ch.-M. de Faydel, pr.

(2) (Bureau de bienfaisance de Bar-le-Duc *C.* Cellier.) — LA COUR; — Considérant, sur la première question, que, par son testament du 8 nov. 1829, Marie-Anne Cellier a disposé de toute sa fortune en legs particuliers et en legs pieux, en instituant légataire universel du surplus de ses biens le bureau de bienfaisance de Bar-le-Duc; — Que, parmi les legs particuliers par elle faits, elle a donné à Claude-Joseph-Emile Cellier, son fils naturel reconnu, une somme de 2,000 fr. une fois payée, laquelle somme ne devait lui être remise que lorsqu'il aurait atteint sa trentième année; — Que Marie-Anne Cellier est décédée le lendemain, laissant au nombre de ses héritiers deux sœurs dont elle n'a pas parlé dans son testament; — Que, dans ces circonstances, son enfant naturel prétend à la moitié des biens délaissés par sa mère, tandis que le bureau de bienfaisance, légataire universel, et les légataires particuliers, ne consentent qu'au prélèvement du quart, y compris le legs de 2,000 fr., en faveur de l'enfant naturel. — Considérant que, pour savoir quelle portion l'enfant naturel, partie de Moreau, doit prendre dans les biens de sa mère, il faut concilier entre eux et avec l'esprit de la loi les différents articles du code relatifs aux enfants naturels; — Qu'en s'attachant d'abord au titre des successions irrégulières, on y trouve établi le principe général que les enfants naturels ne sont pas héritiers; qu'ils ont seulement des droits sur la succession de leurs père et mère naturels; que ces droits sont immédiatement fixés par l'art. 757, qui porte notamment que, lorsque les père ou mère naturels laissent des ascendants ou des frères et sœurs, le droit de l'enfant naturel est de la moitié de la portion qu'il aurait eue, s'il eût été enfant légitime; — Considérant que la testatrice ayant laissé deux sœurs et un fils naturel, ce dernier n'aurait pu prendre dans la succession que la moitié, qui se trouvait réduite à la réserve légale du quart, à raison des legs faits par le testament de sa mère; — Que c'est en vain que l'enfant naturel voudrait augmenter la portion qu'il peut prendre dans la succession, ainsi que son droit de réserve légale, en considérant comme n'existant pas deux sœurs de la testatrice, puisqu'elles ne concourent pas avec lui dans le partage de la succession testamentaire; — Qu'il est impossible, d'après les termes et l'esprit de la loi, de se jeter dans ce système d'interprétation; que, quant au texte, il est précis; qu'il ne veut pas que la portion de l'enfant naturel soit aussi considérable, si son père ou sa mère laisse des frères ou sœurs; que ce serait ajouter au texte de la loi et s'éloigner de son esprit que d'exiger que les frères ou sœurs existants fussent de plus en concours dans le partage de l'hérédité avec l'enfant naturel; — Qu'on s'aperçoit, en recherchant l'esprit de la loi, qu'elle n'a pas eu en vue l'intérêt des

de l'enfant naturel. Rappelons en terminant et pour compléter l'assimilation entre lui et l'héritier légitime, que l'enfant naturel, quoique non héritier dans la rigueur de ce mot, ne peut, du vivant de son père, renoncer valablement à ses droits pécuniaires sur sa succession, tels qu'ils sont réglés par l'art. 761 c. nap.; qu'ici s'applique, comme dans le cas de succession légitime, la prohibition des pactes sur succession future. c. nap. 791 (Bruxelles, 18 fév. 1813) (1).

§ 4. — *Des dispositions faites en faveur de l'enfant naturel. Imputation.—Réduction.*

317. L'enfant naturel peut recevoir de ses père ou mère par donation ou testament. Les art. 761 et 908 c. nap. ont pour objet ces dispositions, selon qu'elles restreignent ou étendent les droits que la loi attribue dans la succession *ab intestat.*

318. *Dispositions qui restreignent les droits de l'enfant naturel.* — Aux termes de l'art. 761, « toute réclamation est interdite aux enfants naturels, lorsqu'ils ont reçu du vivant de leur père ou de leur mère la *moitié* de ce qui leur est attribué par les articles précédents, avec déclaration expresse, de la part de leur père ou mère, que leur *intention* est de *réduire* l'enfant naturel à la portion qu'ils lui ont assignée. — Dans le cas où cette portion serait inférieure à la moitié de ce qui devrait revenir à l'enfant naturel, il ne pourra réclamer que le supplément nécessaire pour parfaire cette moitié. »

319. La première condition de réduction, prévue par cet article, est que l'enfant naturel *ait reçu du vivant de ses père ou mère.* — M. Siméon expliquait ainsi cette disposition devant le corps législatif : « Si, pour la tranquillité et le repos de leur famille, les père et mère ont eu soin d'acquitter de leur vivant leur dette envers leur enfant naturel; si, en la payant par anticipation, ils ont déclaré ne vouloir pas qu'il vînt après eux troubler leur succession, le code maintiendra cette disposition, lors même que ce don anticipé n'arriverait qu'à la moitié de la créance. Une pareille donation, ajoute l'orateur, est utile, et pour l'enfant naturel qu'elle fait jouir plus tôt, et pour la famille qu'elle débarrasse d'un créancier odieux; il est bien de la maintenir. » Le législateur a donc songé à concilier les intérêts des parents et de l'enfant naturel; l'anticipation de la jouissance a donc été considérée comme une compensation de la réduction (V. p. 178, n° 144, V. aussi p. 175, n° 78). « C'est ainsi que, dans les coutumes qui permettaient d'apanager les filles lors de leurs contrats de mariage, tous les commentateurs convenaient que l'apanage était nul, si la dot n'avait été stipulée payable qu'après le décès du constituant » (V. Auroux de Pommiers, sur l'art. 305 de la cout. du Bourbonnais, et Lebrun, liv. 3, ch. 8, sect. 1, som. 33).

320. De ces expressions de l'art. 761, *lorsqu'ils ont reçu du vivant*, il suit d'abord que la déclaration de réduire ne suffirait pas sans la tradition *réelle* de la moitié assignée (MM. Chabot, t. 2, p. 254; Delvincourt, p. 22, note 3; Maleville, t. 2, p. 240; Favard, *loc. cit.*, n° 17; Vazeille, sur l'art. 761, n° 7; Poujol, p. 312).

321. Une autre conséquence des mêmes expressions, c'est que la réduction par testament ou disposition à cause de mort ne serait pas valable. On a objecté que la disposition faite *du vivant* du père ou de la mère n'avait été citée par l'art. 761 que comme exemple, et non dans une intention exclusive de tout autre mode de disposer; que, par testament, le père naturel pourrait, au profit d'un étranger, aliéner la totalité de ses biens, et laisser à l'enfant une part moindre que celle réservée par l'art. 761; qu'enfin le droit de réduire a été accordé pour contenir l'enfant naturel dans les devoirs de la piété filiale; en usant donc de cette faculté par testament, on entre mieux dans l'esprit de la loi, puisque l'effi-

---

héritiers légitimes, en réduisant la part de l'enfant naturel, dont les père ou mère laisseraient des frères ou sœurs; qu'une plus haute pensée a restreint dans ce cas la fixation des droits de l'enfant naturel; que c'est au nom de la morale publique, pour protéger les familles et les mariages légitimes, que la loi a dû interdire des libéralités excessives au profit d'enfants nés du désordre des mœurs; — Qu'en examinant sous ce rapport les motifs qui ont dicté les art. 757 et suiv., et en les rapprochant des autres textes de la loi relatifs aux enfants naturels, on voit que le législateur n'a pas voulu qu'ils fussent considérés, ni comme héritiers, ni comme membres de la famille, ni qu'ils pussent, dans aucun cas, obtenir en présence de parents au degré successible une portion égale à celle qu'aurait eue l'enfant légitime; que, néanmoins, cette assimilation à l'enfant légitime aurait lieu au cas particulier en présence des sœurs de la testatrice, si la prétention de l'intimé était accueillie; — Considérant qu'en reconnaissant que l'art. 757 a réduit les droits de l'enfant naturel, dans l'espèce actuelle, par les plus impérieux motifs d'ordre public, il est impossible d'admettre qu'il soit permis au père ou à la mère naturels d'éluder cette prohibition d'ordre public par un testament; qu'il importe peu que les frères ou sœurs, ou les autres parents successibles plus éloignés, soient exclus du concours avec l'enfant naturel dans le partage de la succession testamentaire; qu'à la vérité, leur prétérition dans un testament qui absorbe la succession les privera de toute participation à ses émoluments, puisque la loi ne leur accorde aucune réserve légale; mais que leur existence seule, à côté de l'enfant naturel, demeurera un obstacle permanent à l'assimilation de ce dernier à l'enfant légitime, dans le partage des biens délaissés par le père ou la mère naturels;

Considérant que ces principes se fortifient encore par le rapprochement des art. 757 et 908 du code; qu'après avoir fixé, par l'art. 757, les droits de l'enfant naturel, en présence de parents successibles, l'art. 908 interdit formellement d'étendre ces droits par une disposition testamentaire; que la testatrice n'aurait pu faire indirectement ce que la loi lui défendait de faire directement; qu'ainsi, en exhérédant tacitement ses deux sœurs par son testament, elle n'a pas pu augmenter par là indirectement les droits de son enfant naturel, restreints par une prohibition d'ordre public; — Qu'il résulte de ces observations que l'intimé ne pouvait obtenir sur les biens de sa mère que le quart que l'appelant et les autres légataires ont consenti qu'il prélevât; et que cette décision est aussi équitable que légale, puisque la testatrice, loin d'avoir eu la pensée de reporter sur son fils naturel la part de succession dont elle privait ses sœurs, l'avait réduit à un legs particulier de 2,000 fr.;—Par ces motifs, met l'appellation et ce dont est appel au néant, en ce que la moitié de la totalité de la succession de Marie-Anne Cellier a été attribuée à son fils naturel; émendant quant à ce, ordonne que son droit dans cette succession sera réduit au quart, et que le legs particulier de 2,000 fr. fait audit Cellier par le testament de sa mère sera compris dans ce quart, etc.

Du 25 août 1831.-C. de Nancy, 1re ch.-M. de Metz, 1er pr.

(1) (Hérit. Pauwels.) — La cour ; — Considérant, en fait, que les stipulations contenues dans l'acte du 18 prair. an 13 se réfèrent à l'état de la fortune du père, telle qu'elle était à la date dudit acte, et non pas telle qu'elle serait un jour lors du trépas de ce même père; et que la renonciation de l'enfant naturel y exprimée frappe littéralement sur tous les avantages que le législateur pourrait, selon la croyance des parties, encore introduire en faveur des enfants naturels, par des lois subséquentes à leur contrat autres que le code civil; — Considérant que, dès lors, il n'est pas clairement exprimé dans l'acte que l'enfant naturel renonce aussi au supplément éventuel qui, sur le pied du code civil lui-même, pourrait être nécessaire à l'époque du décès de son père, pour lui parfaire sa juste moitié dans les biens de son père, selon la consistance de la fortune de ce dernier, telle qu'elle serait à son trépas, la règle de droit étant que les renonciations sont de stricte interprétation; — Considérant, en droit, que quand même une telle extension de la renonciation contenue audit acte serait admise, et qu'il faudrait la référer à l'état des biens du père tels qu'ils existeraient à l'époque de son décès, alors cette stipulation contiendrait une renonciation de succéder aux biens d'un homme vivant, renonciation qui est réprouvée par les art. 791 et 1130, § 1, c. civ.; — Considérant que, quoique les enfants naturels ne puissent se dire héritiers, ils ont néanmoins des droits sur les biens de leur père décédé, droit qui, quoiqu'il ne soit pas celui de l'hérédité, se fait cependant par succession, et lequel le chap. 4 du code civil appelle une succession irrégulière;—Considérant que l'art. 791, se trouvant placé dans le chap. 5 qui traite de l'acceptation et de la répudiation des successions en général, doit être censé comprendre dans ses dispositions tant les successions irrégulières que les successions régulières, et qu'il en est de même de l'art. 1130, § 1, par le principe que là où la loi ne distingue pas, le magistrat ne doit point introduire de distinction; — Considérant qu'un enfant naturel n'est pas un nu-créancier dans la mortuaire de son père, ainsi que le dit le premier juge; car, selon l'art. 760, cet enfant peut être contraint au rapport; d'où il suit que, dans tout ce qui n'a pas de relation à la saisine héréditaire, la plus grande analogie règne dans la matière des successions régulières; et d'où la conséquence ultérieure est que l'enfant naturel ne peut pas renoncer valablement, du vivant de son père, à l'espèce de réserve et de quotité disponible et inaliénable qui est établie en sa faveur, lors du décès de son père, par l'art. 761, § 1, c. civ.; émendant, etc., condamne l'intimé à former état et inventaire de tout ce qu'a délaissé à sa mort Joseph Pauwels, afin de faire parfaire, s'il y a lieu, à l'appelant, la quote-part qui lui revient selon l'art. 761 c. civ.

Du 18 fév. 1813.-C. de Bruxelles.

cacité d'un tel acte n'est point subordonnée au consentement de l'enfant, et qu'après tout on a le moyen de le révoquer, si l'on a lieu plus tard de se louer de sa conduite. — De telles considérations ne sauraient prévaloir sur le texte si formel et sur les motifs exposés *suprà* (nº 319) de l'art. 761 (Conf. Delaporte, Pandect. franç., 2ᵉ éd., t. 3, p. 119; Chabot, t. 2, p. 259; Grenier, des Donat., t. 2, nº 420; Malpel, nº 163; Delvincourt, Duranton et Maleville, *loc. cit.*; Toullier, nº 256; Vazeille, sur l'art. 761, nº 7; Poujol, p. 316; Marcadé, art. 761, nº 2; Massé et Vergé sur Zachariæ, t. 2, p. 278, note 21). — Jugé aussi que la réduction de la part de l'enfant naturel, prévue par l'art. 761, ne peut être valablement stipulée par testament (Paris, 2 janv. 1819, aff. Compigny, V. Paternité, nº 552-2º), « attendu que le testament ne peut lui-même fonder la demande en réduction proposée par les enfants légitimes, le dessaisissement actuel au profit d'Elisabeth André (enfant naturel) n'ayant pas eu lieu, comme l'exige impérativement l'art. 761 » (Nancy, 22 janv. 1838, MM. de Metz, pr., Garnier, av. gén., aff. André).

322. De même, la donation de biens à venir ou l'institution contractuelle ne serait point un mode valable de réduction. Mais il ne faut pas conclure que la réduction serait également nulle, si le père s'était réservé la jouissance des biens donnés entre vifs, ou qu'il eût stipulé un terme de payement fort éloigné. — M. Toullier ne croit pas, toutefois, que ce terme pût être celui de la mort du père. Cette restriction, qu'il n'essaye pas de justifier, n'a pas de fondement à nos yeux. M. Toullier, dans les deux autres cas, admet la réduction, parce que, dit-il, l'enfant a reçu une chose certaine, et que la propriété de la chose lui a été transférée dès le moment de la donation; qu'il a pu lui-même en disposer. Mais ces raisons ne s'appliquent-elles pas à la créance, quoique payable après la mort du père? Le droit de disposer de cette créance n'est point suspendu; l'exécution seulement en est retardée. La cession gratuite qui en est faite n'est point une donation à cause de mort (Conf. Duranton, t. 6, nº 306; Poujol, p. 312).

323. D'après un arrêt, l'acte notarié, qualifié de donation et de transaction, acte accepté ou signé par une mère et par ses enfants, dans lequel la mère assigne à l'un de ceux-ci, enfant naturel, pour tout droit, une somme à prendre dans sa succession, est nul, soit comme donation, en ce qu'il n'opère pas le dessaisissement actuel du donateur, soit comme transaction, en ce qu'il offre une stipulation sur une succession non ouverte (c. nap. 894, 1130; Nancy, 22 janv. 1838, M. de Metz, pr., aff. André *C.* Masson).

324. La seconde condition de réduction prévue par l'art. 761 c. nap. est que l'enfant naturel ait reçu *la moitié de ce qui lui est attribué par les articles précédents.* — L'enfant peut-il être réduit à la moitié de sa réserve, quand le père a fait, au profit d'un tiers, des dispositions qui ont épuisé la quotité disponible? On a dit, d'une part, que, dans la prévision de l'art. 761, l'enfant ne se trouve pas déjà restreint à sa réserve, puisqu'on prend pour base de la réduction la *part héréditaire* qui lui est attribuée par les art. 757 et suiv. Or ces articles, qui n'ont pour objet que la succession *ab intestat*, n'entendent parler évidemment que de la part intacte, et non de celle réduite par la donation de la portion disponible. Une part héréditaire est une portion de la succession entière. *Hæreditas nihil aliud est quàm successio in universum jus* (L. 62, ff., *De regul. jur.*). Il serait, d'ailleurs, trop rigoureux de cumuler à la fois contre l'enfant naturel les deux réductions des art. 913 et 761. Telle est la doctrine de MM. Duranton, t. 6, nº 301; Vazeille, nº 6; Duvergier sur Toullier; Marcadé, sur l'art. 761, nº 1. Mais on a répondu : La portion de l'enfant naturel est fixée par les art. 757 et suiv., qu'il y ait ou non des dispositions faites par le défunt; et, dans tous les cas, elle n'est que d'une fraction de la part qu'il aurait eue, s'il était légitime. Or, enfant légitime et seul héritier, il n'aurait que la moitié de la succession, si la quotité disponible avait été épuisée. Enfant naturel, il ne doit donc avoir qu'une fraction de cette moitié, *d'après les art.* 757 *et suiv.* Mais l'art. 761 permet de réduire *ce qui lui est attribué par ces articles*; la réserve elle-même peut donc être frappée de cette réduction spéciale (Conf. Toullier, t. 4, nº 262; Grenier, t. 2, p. 674; Rej. 31 août 1847, aff. Rollindes, D. P. 47. 1. 324).

325. Une troisième condition de réduction est « la déclaration expresse de la part de ses père et mère, que leur intention est de réduire l'enfant naturel à la portion qu'ils lui ont assignée. » — Cette déclaration peut-elle être postérieure à la donation et par acte séparé? L'affirmative a été consacrée par la cour de cassation (Req. 31 août 1847, aff. Rollindes, D. P. 47. 1. 324). — M. Maleville dit sur l'art. 761 : « Pour que la réduction ait son effet, il faut que la déclaration soit *précédée*, accompagnée ou suivie de la tradition effective de la moitié. » La question, à notre sens, est subordonnée au point de savoir s'il faut voir dans la donation un contrat entre le père et l'enfant, ou un acte libre de l'autorité paternelle.

326. Ce qui nous conduit à l'examen de cette autre question fort controversée : le consentement de l'enfant à la donation est-il indispensable pour qu'elle ait l'effet de réduire? Oui, selon MM. Merlin, Rép., vº Réserve, sect. 4, nº 18; Maleville, Chabot, nº 3; Grenier, t. 2, p. 674; Favard, vº Succ.; Malpel, nº 163; Vazeille, nº 7; Demante, Prog., t. 2, p. 80; Poujol, nº 9; Zachariæ, t. 2, p. 278; Duvergier sur Toullier; Richefort, Etat des familles, t. 3, nº 423; Marcadé, art. 761, nº 2. — On dit, dans ce sens, que l'art. 761 a été conçu dans l'intérêt de l'enfant naturel, non moins que de ses père et mère. Il est donc juste que l'enfant ait le droit de comparer les avantages qu'il peut attendre ou de la donation, ou de la succession, et de rejeter ceux que le donateur lui propose, s'il y découvre une lésion trop grave, s'ils ne compensent les légitimes espérances qu'il sacrifie. Du reste, si l'acceptation de l'enfant naturel n'avait pas été nécessaire, le législateur s'en fût expliqué, puisque c'est une dérogation aux principes généraux sur la validité des donations. L'interprétation contraire, que nous préférons, est enseignée par MM. Toullier, t. 4, p. 262; Duranton, t. 6, p. 330; Pont, Revue de législ., 1846, t. 1, p. 88; Belost-Jolimont sur Chabot, art. 761, note 2; Taulier, t. 3, p. 191 et 192; Cadrès, Traité des enf. nat., nº 200; Massé et Vergé sur Zachariæ, *loc. cit.*, note 22. — Elle a été consacrée deux fois par la cour de cassation, qui a jugé que la faculté accordée au père naturel par l'art. 761, dérive de la puissance paternelle et n'est point, par conséquent, subordonnée à l'acceptation de l'enfant; que la volonté du père fait seule loi à cet égard (Req. 21 avril 1835 (3); Rej. 31 août 1847, aff. de Rollindes, D. P. 47. 1. 324). Ce système est parfaitement développé dans

(1) *Espèce :* — (Eulart de Granval *C.* Eulart de Granval.) — Jugement du tribunal d'Arras, ainsi conçu : — « Considérant qu'il résulte des termes de l'art. 761 c. civ., que l'acte par lequel le père peut assigner à son fils naturel la moitié de la part qu'il devrait avoir dans sa succession, doit être considéré comme une donation entre-vifs, puisqu'il faut qu'il y ait, du vivant du père, abandon et transmission réelle à son fils; — Que la loi n'ayant pas déterminé des formes ni des conditions particulières pour la validité de ce genre de donation, il faut nécessairement leur faire l'application de celles exigées pour les donations en général; — Que si le législateur avait voulu que la donation permise par l'art. 761 fût valable par la seule volonté et l'unique disposition du père, et que le fils fût forcé de l'accepter, il n'aurait pas manqué de s'exprimer en termes qui pussent au moins faire induire cette volonté, et d'autant plus qu'il se serait alors agi d'une disposition privative, et de déroger au droit commun sur l'acceptation des donations; — Qu'une des conditions essentielles à la validité des donations est le consentement et l'acceptation volontaire du donataire; — Que l'enfant naturel déclare ne pas vouloir accepter la donation qui lui est faite par son père; — Déclare le père naturel non fondé. — Appel, et, le 27 fév. 1834, arrêt infirmatif de la cour de Douai : — « Considérant que l'art. 761 a pour objet non une libéralité, ou plutôt une transaction sur une succession future, mais bien une faculté accordée aux père et mère de l'enfant naturel de l'écarter de leur succession, en lui assignant et payant, par anticipation, une part déterminée de ce qui peut lui revenir; que cette interprétation résulte à la fois des termes et des motifs de l'art. 761, de même encore que des inconvénients du système contraire; qu'en parlant, en effet, de réduction de droits, d'assignation de part, d'interdiction de toute réclamation, etc., le législateur a évidemment indiqué qu'il ne pouvait s'agir en cette disposition, d'acte de libéralité, ni également d'acte de transaction, dont il excluait surtout l'idée en ouvrant à l'enfant naturel, en cas d'insuffisance de la part assignée, une action en supplément; que l'argument tiré du mot *reçu*, dont se sert l'art. 761, est sans effet utile au cas particulier, puisque ce mot s'applique tout aussi bien au payement qu'à la donation; que ces motifs, d'ailleurs, exposés par l'orateur de la loi, de même aussi que la discussion sur l'article du projet, nous représentent cette disposition comme un moyen de débar-

les motifs d'un arrêt de la cour de Toulouse, du 29 avril 1845, maintenu en 1847 par l'arrêt cité de la cour suprême (même décision : Metz, 27 janv. 1853, aff. Lanher, D. P. 54. 2. 252). — Le point de vue qui nous touche le plus dans ce sens est le but tout moral de l'art. 761, expliqué par les orateurs mêmes du gouvernement (V. n° 319). On a voulu, dans une pensée de paix, de convenances et de protection pour la famille légitime, que le père pût, selon les circonstances, écarter de sa succession celui qui rappellerait de fâcheux écarts. C'était donc le cas de s'en rapporter exclusivement à l'appréciation du père, et non de le mettre à la discrétion d'un enfant qui traiterait avec lui d'égal à égal, lui demandant compte de son avoir, et calculant les forces de sa succession future. Au surplus, la disposition prévue par l'art. 761, étant toute spéciale et exceptionnelle, n'est pas soumise nécessairement aux principes des donations et des transactions ordinaires; d'ailleurs, à ne considérer que le droit commun, le consentement de l'enfant à ne plus rien demander sur la succession du donateur rentrerait dans les pactes prohibés sur succession future.

327. L'art. 761 permet à l'enfant naturel de réclamer le supplément nécessaire pour parfaire la moitié, s'il a reçu une portion inférieure. Rappelons ici que l'enfant renoncerait vainement du vivant de ses père et mère à son action en supplément. La prohibition de l'art. 791 est alors applicable (Conf. Marcadé, sur l'art. 761; Zachariæ, Massé et Vergé, ses annotat., t. 2, p. 279, note 25).—V. *suprà*, n° 316.

328. Du reste, il a été décidé que la déclaration d'un père, que son enfant naturel a déjà reçu la moitié de la portion lui revenant et qu'il entend le restreindre à cette moitié reçue, suffit bien pour que le droit de l'enfant soit restreint à la moitié, mais ne suffit pas pour rendre constant et légalement prouvé le fait de la réception de cette même moitié (Paris, 2 janv. 1819, aff. Compigny, V. Paternité, n° 552).

329. *Dispositions qui étendent les droits de l'enfant naturel.* — Aux termes de l'art. 908 c. nap. : « Les enfants naturels ne peuvent, par donation entre-vifs ou par testament, rien recevoir au delà de ce qui leur est accordé au titre des *successions.* » — Cette prohibition ne constitue point une *indignité* ou une *incapacité* d'ordre public ; elle est établie dans l'intérêt des parents légitimes, qui peuvent *renoncer* à s'en prévaloir. La convention entre héritiers, sur la part à abandonner à l'enfant naturel, n'a donc rien d'illicite, lors même que cette part serait supérieure à celle fixée par l'art. 908 c. nap. Il en est de même de la renonciation d'un héritier à l'action en réduction ou nullité d'un legs excessif fait à l'enfant naturel. C'est ainsi que la législation romaine déclarait inattaquables les legs et testaments nuls, excessifs, inofficieux, quand ils avaient été exécutés (L. 16 *C. de testam.*). — Jugé dans ce sens que cet article établit une sorte d'indisponibilité purement relative aux autres successibles dans l'intérêt desquels une réserve a été faite par la loi et qui peuvent, dès lors, renoncer à leur droit et ratifier, par leur acquiescement exprès ou tacite, les libéralités excessives faites à l'enfant naturel, sans que cet acquiescement (émané d'un frère) puisse être réputé illicite comme contraire à l'ordre public ou aux bonnes mœurs (c. civ., 6, 757, 908, 1338; Cass. 16 août 1841, et sur renvoi, Rennes, 26 juill. 1843; Toulouse, 7 fév. 1844) (1).

330. De ce que la loi ne reconnait à l'enfant naturel *aucun*

---

rasser la famille légitime d'un créancier qui devait lui être désagréable, et comme un acte forcé pour l'enfant naturel; qu'il résulterait enfin du système contraire ce grave inconvénient qu'il dépendrait chaque fois de l'enfant naturel de rendre illusoire le droit établi par l'art. 761; qu'il suit de là que le consentement de l'enfant naturel n'est pas une nécessité de la disposition susdite, ni un obstacle, par conséquent, à son exécution. »

Pourvoi du sieur Eulart de Granval pour fausse interprétation et violation de l'art. 761. — Arrêt.

La cour ; — Attendu que le père fait un acte d'autorité paternelle lorsque, usant de la faculté qui lui est accordée par l'art. 761 c. civ., il donne à son fils naturel, de son vivant, la moitié de ce qui lui reviendrait dans sa succession, avec déclaration expresse que son intention est de le réduire à cette moitié : que cette disposition, placée au chap. 4, liv. 3, tit. 1, des Successions irrégulières, est une disposition spéciale à laquelle ne se réfèrent plus les principes généraux sur les conventions qui ne se forment que par le concours de deux volontés; que ce droit du père serait illusoire, s'il dépendait de la volonté de l'enfant d'en empêcher l'accomplissement par son refus; que le seul droit de l'enfant est, aux termes du même article, de pouvoir réclamer le supplément nécessaire pour parfaire cette moitié dans le cas où elle ne lui aurait pas été délivrée ; qu'en le jugeant ainsi, la cour royale de Douai a fait une juste application des termes et une saine appréciation de l'esprit de la loi ; — Rejette.

Du 21 avr. 1835.-C. C., ch. req.-MM. Zangiacomi, pr.-Hua, rap.-Lebeau, av. gén., c. conf.-Valton, av.

(1) 1re *Espèce* :—(Lafargue C. Stévenson et Wetherell.)—La cour ;—Attendu que les art. 757 et 908 c. civ., en limitant les droits de l'enfant naturel, eu égard au degré de consanguinité des autres successibles, à défaut desquels il peut recueillir toute l'hérédité, n'ont point entendu frapper cet enfant naturel ni d'une indignité ni d'une incapacité absolue de succéder, mais seulement établir une sorte d'indisponibilité purement relative aux autres successibles, dans l'intérêt desquels une réserve était fixée par la loi ; — Que, si des considérations de morale et d'ordre public ont fait refuser à l'enfant naturel le titre d'héritier, il n'existe rien de contraire aux bonnes mœurs dans les conventions par lesquelles le successible réservataire, sans attribuer à l'enfant naturel cette qualité d'héritier dont il ne peut être honoré, lui abandonne, à titre onéreux ou gratuit les biens qu'il aurait eu le droit de revendiquer ;—Attendu que ces conventions, qui ne règlent que des intérêts privés, ne sauraient être réputées illicites, et se trouvent, dès lors, régies par les dispositions de la loi commune et les principes généraux du droit;

Attendu qu'il était soutenu par Lafargue dans la cause, et qu'il ne paraît pas avoir été contesté que Picou-Prémarais, frère germain de la dame Soubiez, avait approuvé, ratifié et exécuté, autant qu'il dépendait de lui, soit la disposition du testament du 4 mars 1816, par laquelle ladite dame Soubiez a institué le docteur Miquel son légataire universel, soit la donation par laquelle, en 1818, ledit Miquel a transmis à Antoinette Picou, fille naturelle de la dame Soubiez, tous les biens par lui recueillis dans sa succession; — Attendu qu'aux termes de l'art. 1338 c. civ., cet acquiescement emportait, de la part de Picou-Prémarais, renonciation implicite à tous les moyens et exceptions qu'il aurait pu opposer contre ces actes ; — D'où il suit que la cour de la Guadeloupe, par l'arrêt attaqué, en rejetant l'exception opposée par le demandeur et tirée de l'acquiescement dudit Picou-Prémarais, sous prétexte que la nullité du legs excessif en faveur de l'enfant naturel est absolue, non relative et exclusive de tout acquiescement, comme fondée sur l'ordre public, a faussement appliqué les art. 757, 908 et 6 c. civ., et expressément violé l'art. 1338 du même code ; — Casse.

Du 16 août 1841.-C. C., ch. civ.-MM. Boyer, pr.-Jacquinot-Godard, rap.-Laplagne-Barris, 1er av. gén., c. contr.-Morin, av.

Cet arrêt a renvoyé les parties devant la cour de Rennes qui, en audience solennelle a statué en ces termes :

La cour ; — Considérant que le sieur Picou-Prémarais, l'un des héritiers à réserve, a ratifié et aidé à exécuter autant qu'il dépendait de lui le fidéicommis et la donation ; — Considérant que ce sont sans doute des considérations de haute morale et d'ordre public qui ont fait refuser à l'enfant naturel le titre d'héritier (art. 756 c. civ.) ;— Mais que ce ne sont plus les mêmes considérations qui ont présidé à la fixation de la portion que l'enfant naturel devait être appelé à recueillir dans l'hérédité des auteurs de ses jours, et de la réserve accordée à certains parents; qu'à cet égard tout a été déterminé en faveur des héritiers légitimes, puisqu'on voit que la part de l'enfant naturel reconnu est graduée en raison du degré de consanguinité desdits héritiers (art. 757) et que cet enfant recueille même la totalité des biens lorsqu'il n'existe pas de parents au degré successible (art. 758) ; — Considérant que ce rapprochement suffit pour prouver qu'il n'y a contre l'enfant naturel ni indignité ni incapacité absolue, mais seulement une indisponibilité relative ; — Considérant en conséquence qu'il n'y a atteinte ni aux bonnes mœurs ni à l'ordre public dans la renonciation d'un successible réservataire à attaquer la disposition excessive faite au profit de l'enfant, ou dans l'abandon qu'il lui fait de la quotité à lui réservée ; — Considérant que chacun est libre de renoncer à un droit ouvert en sa faveur (art. 1338) ; — Considérant que, d'après la ratification du sieur Picou-Prémarais, sa part n'allait pas à ses cohéritiers ; qu'il n'y a dans l'espèce aucune indivisibilité, et que cette part profite à l'enfant seul au profit duquel a eu lieu ladite ratification ; — Considérant que si le sieur Picou-Prémarais a ratifié, en ce qui le concerne, le fidéicommis et la donation, on ne peut dire que par ses agissements il ait lié ses cohéritiers, dont il n'avait reçu aucuns pouvoirs spéciaux ; — Infirme, etc.

Du 26 juill. 1843.-C. de Rennes, aud. sol. M. de Kerbertin, 1er pr.

2e *Espèce* : —(Pénavayré C. veuve Pénavayré.)—La cour ;—Attendu en droit que, si la prohibition de l'art. 908 c. civ. a été dictée en partie par des considérations d'ordre public et de moralité, la quotité de la part qui advient à l'enfant naturel est réglée, d'après la qualité des hé-

droit sur les biens des parents de ses père et mère, et lui interdit en même temps de rien recevoir par donation ou testament au delà de ce qui lui est accordé au titre des successions, suit-il qu'il ne peut recevoir de libéralités d'aucun parent de ses père et mère? Un arrêt a tiré cette conséquence, et déclaré nulles, par application des art. 756 et 908, les libéralités que ferait un ascendant à l'enfant naturel; en ce sens du moins que celui-ci ne pourrait cumuler ces libéralités et la part que lui attribue la loi dans la succession de ses père et mère (Besançon, 25 juin 1808) (1). — Cette décision est critiquée avec raison par MM. Vazeille, sur l'art. 756; et Marcadé, p. 418. L'art. 908, comme ses termes mêmes l'expliquent, n'a en vue que le cas où l'enfant naturel est le successible du donateur ou testateur. L'interdiction de recevoir par donation ou testament ne s'applique pas à une succession où il ne lui est rien accordé par la loi. Autrement, on arriverait à cette conséquence que l'enfant naturel serait privé du droit de devenir donataire ou légataire de qui que ce soit, car la loi ne distingue pas entre l'aïeul et tous autres parents collatéraux ou directs. — Il a été jugé dans ce dernier sens que le legs fait par un individu au profit de l'enfant naturel de son fils défunt, doit être réputé fait à un étranger, en ce sens, du moins, qu'un autre enfant du testateur n'est pas fondé à demander qu'il soit soumis aux dispositions de l'art. 908 c. civ., et, par suite, qu'il soit réduit comme excédant ce que la loi permet de donner aux enfants naturels (Rouen, 20 mars 1851, aff. Hérondelle, D. P. 52. 2. 85).

331. Les art. 757 et 908 qui fixent les droits des enfants naturels reconnus sur la succession de leurs parents, et qui statuent qu'ils ne pourront rien recevoir au delà, ne font pas obstacle à ce que les legs particuliers faits à des étrangers soient prélevés sur la portion dévolue aux héritiers légitimes non réservataires. — Ainsi, lorsqu'un testateur qui laisse un enfant naturel et des neveux institue son enfant naturel légataire universel, les juges peuvent voir dans cette disposition l'intention de lui donner la portion la plus élevée que la loi lui permette de recueillir, et ordonner que le quart qui revient aux héritiers légitimes supportera seul le payement des legs faits à des étrangers. (Req. 29 nov. 1825) (2).

332. Pareillement, lorsqu'un père, laissant des collatéraux autres que des frères et sœurs, a légué le quart de sa succession à un étranger, et les trois quarts à son enfant naturel, les collatéraux n'ont pas le droit de faire réduire le legs fait à l'enfant naturel, sous prétexte que le quart ayant été légué à un étranger, la succession ne se compose, en réalité, que des trois quarts, et que, dès lors, l'enfant naturel ne peut prétendre qu'aux trois quarts de ces trois quarts ou aux neuf seizièmes de la succession entière (c. nap. 757, 908; Req. 14 mars 1837) (3).

333. Le legs fait par le père et la mère d'un enfant naturel

---

ritiers légitimes, et que cette part, qui est très-faible si le père laisse des enfants légitimes, et qui s'élève à la moitié de la succession quand le défunt laisse des ascendants ou des frères et sœurs, et aux trois quarts lorsqu'il ne laisse que des collatéraux plus éloignés, comprend la totalité de l'hérédité lorsqu'il ne se trouve pas de parents au degré successible; que c'est donc non pas précisément à raison d'une indignité absolue attachée à la condition d'enfant naturel, mais surtout à cause de l'intérêt de préférence qui s'attache aux parents légitimes, eu égard à leur degré de parenté, que l'incapacité de recevoir au delà de ce que prescrit l'art. 757 a été prononcée; — Attendu que cette prohibition prend un caractère relatif qui laisse à celui qui a le droit de s'en prévaloir la faculté d'y renoncer; — Attendu, en fait, que Jean-Bernard Pénavayré n'a pu ignorer le testament de son frère, sans lequel il eût pris une moitié de sa succession; — Attendu qu'il a su également que le legs fait à Géraud Montroux n'était qu'un fidéicommis destiné à faire passer la totalité de l'hérédité à Jean-Gabriel Pénavayré, au mépris des art. 757 et 908 c. civ., et qu'il a consenti à son exécution depuis le décès du testateur; — Attendu que cet acquiescement résulte... (suit l'énonciation de divers actes); — Attendu que ces actes, rapprochés des autres faits et circonstances du procès, prouvent suffisamment que Jean-Bernard Pénavayré a connu le fidéicommis et l'a ratifié par son exécution volontaire et en connaissance de cause, et qu'aux termes des art. 1338 et 1340 c. civ. il s'est rendu non recevable, lui et ses héritiers, à le critiquer; — Attendu que ce n'est qu'après la mort de Jean-Bernard et de Jean-Gabriel, et après que 28 années s'étaient écoulées depuis l'ouverture du fidéicommis, que les héritiers du premier sont venus l'attaquer en justice, ce qui confirme l'opinion que l'intention de l'oncle a toujours été de laisser à son neveu la propriété entière de la succession de Jacques-Philippe Pénavayré; — Adoptant au surplus les motifs du jugement de 1re instance; — Met l'appel au néant, etc.

Du 7 fév. 1844.-C. de Toulouse, 1re ch.-M. Legagneur, 1er pr.

(1) (Les hér. Boilland.) — LA COUR; — Considérant que l'art. 756 c. civ., qui n'accorde aux enfants naturels reconnus aucuns droits sur les biens des parents de leur père et mère, est conçu en termes généraux, qui doivent embrasser tous les cas: qu'on ne peut, sans ajouter à sa disposition, l'appliquer seulement aux successions *ab intestat* des ascendants ou parents, les enfants naturels en étant exclus de droit, sans qu'il ait été nécessaire que le législateur s'en expliquât; — Que l'art. 908 du même code est absolu, qu'il y est dit que les enfants naturels ne pourront, par donation entre-vifs, ou par testament, rien recevoir au delà de ce qui leur est accordé au titre des successions; que si le législateur eût entendu que leur incapacité ne fût relative qu'à leurs père et mère, il l'aurait dit expressément; mais qu'en se bornant à ces expressions, rien recevoir, sans expliquer de quelles personnes, il a voulu qu'il ne pût leur être fait des donations ou des legs par aucun de ceux de la succession desquels ils sont exclus; et que, pour attribuer à la loi un autre sens, il faudrait à ces mots, rien recevoir, ajouter encore ceux-ci, de leurs père et mère; — Considérant encore que le terme parents comprend éminemment les ascendants, et qu'à l'égard de ceux-ci, la nouvelle législation n'a point anéanti l'ancienne, puisque nulle part le législateur n'a dit que lorsqu'ils auraient des enfants légitimes, les enfants naturels seraient capables de recevoir d'eux des donations entre-vifs ou des legs, indépendamment de la part qui leur est accordée dans les biens de leurs père et mère; et que pour leur reconnaître un droit aussi considérable, contraire d'ailleurs à l'intérêt dû aux enfants légitimes, à l'honneur du mariage, au repos des familles, le silence de la loi ne suffit pas; — Confirme, etc.

Du 25 juin 1808. — C. de Besançon.

(2) *Espèce :* — (Hérit. Patureau C. dame Huart.) — Le sieur Patureau institue par testament la dame Huart, sa fille naturelle, légataire universelle; il fait quelques legs montant au sixième de la succession. — La dame Huart obtient, par jugement contradictoire avec les héritiers légitimes, que les trois quarts de la succession lui seront délivrés exempts de contribution aux legs. — Appel par les héritiers Patureau. — 9 fév. 1824, arrêt confirmatif de la cour de Bourges, qui décide que le prélèvement des legs se fera exclusivement sur le quart dévolu aux héritiers légitimes.

Pourvoi par les héritiers Patureau, pour fausse application de l'art. 757. — Les droits de l'enfant naturel, ont-ils dit, sont calculés en raison de ce qu'il aurait eu, s'il eût été légitime; si la dame Huart eût été légitime, elle aurait pris toute la succession et aurait payé toutes les dettes; de même, prenant les trois quarts de la succession, elle en doit supporter non-seulement les dettes, mais encore les charges, en proportion de son émolument. — Arrêt.

LA COUR; — Attendu que l'arrêt attaqué a entendu et interprété le testament du feu sieur Patureau-Duboutray, dans le sens qu'ayant institué la femme Huart-Saint-Maur, sa fille naturelle, pour sa légataire universelle, il a manifesté l'intention de lui laisser la portion la plus élevée que la loi lui permettait de recueillir; — Attendu que cette portion étant réduite aux trois quarts chargés des dettes dans la même proportion, et le quart restant pour les héritiers du sang n'étant pas absorbé, puisqu'il est reconnu que les legs particuliers ne comprennent que le sixième de la succession, les legs ont pu être mis à la charge desdits héritiers; — Qu'ainsi l'arrêt attaqué n'a violé ni l'art. 757, ni l'art. 908 c. civ., qui sont invoqués; — Rejette, etc.

Du 29 nov. 1825.-C. C., sect. req.-MM. Henrion, pr.-Dunoyer, rap.

(3) *Espèce :* — (Delaunay C. Tempé.) — La cour de Paris a, le 11 fév. 1836, rendu un arrêt dont les motifs sont rapportés v° Disposit. entre-vifs et testam., n° 741, et qui rejette la prétention des collatéraux.

Pourvoi, pour violation des art. 757, 908 et 916 c. civ., en ce que, dans aucun cas, l'enfant naturel, ne serait-il en concours qu'avec de simples collatéraux, ne peut usurper le rang et les droits de l'enfant légitime. — Cette proposition, a-t-on ajouté, ressort de la moralité des articles invoqués. En effet, l'art. 757 pose, en principe général, que l'enfant naturel ne prendra, dans la succession de ses auteurs, que les trois quarts de ce qu'il aurait eu, s'il eût été légitime. Le dernier quart doit donc, dans l'intention du législateur, former la part des collatéraux. Mais si un testateur dispose de ce quart en faveur d'un étranger, qu'arrive-t-il alors? C'est que, dans le fait, la succession à partager entre les héritiers légitimes et l'enfant naturel est réduite aux trois quarts. Dans ce cas, l'enfant naturel prendra donc les trois quarts de ce qu'il aurait eu, s'il était légitime, c'est-à-dire les trois quarts des trois quarts ou les neuf seizièmes; les trois seizièmes restant, déduction faite du legs des quatre seizièmes ou du quart, appartiendront aux collatéraux. — Raisonner ainsi, ce n'est pas créer une réserve au profit des collatéraux; c'est seulement éviter, suivant le vœu de la loi, écrit formellement dans l'art. 908, que l'enfant naturel ne puisse franchir la limite qui le sépare de l'enfant légitime. Si, dans l'espèce, le mineur Tempé eût été fils

doit être considéré comme fait à l'enfant par personne interposée ; ce legs doit, en conséquence, être fictivement réuni aux avantages directement accordés par le père à l'enfant, et être réduit à la quotité déterminée par la loi, s'il l'excède (c. nap. 908, 911). — Mais par cela seul qu'il excéderait cette quotité, il n'est pas susceptible d'être annulé comme fait à un incapable (Pau, 15 juin 1838, aff. Anglade, V. Disposit. entre-vifs, n° 449).

334. La reconnaissance faite par le père naturel, postérieurement au décès de la mère, dont il est le légataire universel suffit pour le faire réputer *personne interposée*, et par suite incapable de recevoir le legs : — « Attendu la disposition des art. 908 et 911 c. nap., qui ne fait, d'ailleurs, que rappeler un principe de droit commun admis dans l'ancienne législation comme dans la nouvelle; confirme » (Paris, 30 pluv. an 13, aff. Bergeret et demoiselle Rouzet *C.* Duclos-Granet).—Mais, à l'égard des dispositions faites par l'aïeul, l'enfant de son enfant naturel est-il réputé toujours personne interposée?—V. ci-après, n° 350.

335. La prohibition portée contre les enfants naturels de ne rien recevoir au delà des limites fixées par les art. 757 et 758 c. nap. s'applique indifféremment à leur concours avec la famille légitime ou la famille naturelle. — Et spécialement, la donation entre-vifs faite à deux de ses enfants naturels par un père décédé sans héritiers légitimes, mais avec cinq enfants naturels, doit être rapportée, bien qu'à défaut de successible la succession entière soit dévolue à ses enfants naturels : — « Attendu que, dans un but moral, et en principe, les droits des enfants naturels sont tarifés d'une manière inflexible par la loi, aux termes des art. 757 et 908 c. nap.—Qu'à ce titre aucune exception ne peut les placer dans une situation plus avantageuse que celle que la loi leur a faite, qu'ils soient ou non en concours avec des enfants légitimes ou autres successibles à tout autre titre; confirme» (Toulouse 8 fév. 1840, 3e ch., M. de Feydel, pr., aff. Azéma *C.* Azéma).

336. Le legs fait à un enfant naturel, reconnu par un testament olographe, doit, s'il a pour cause cette qualité d'enfant du testateur, être réduit à la quotité qu'il est permis à l'enfant de recevoir d'après la loi, bien que ce mode de reconnaissance soit déclaré nul. Vainement objecterait-on que les bornes fixées par l'art. 757 c. nap. ne concernent que les enfants naturels légalement reconnus (Nîmes, 2 mai 1837, aff. Chaix, V. Paternité, n° 539-1°).

337. Un légataire universel, étranger à la famille, n'a pas qualité pour demander la réduction d'une donation faite à un enfant naturel, excédant ce dont il est permis de disposer en sa faveur; on objecte en vain que cet enfant n'est pas un héritier, et qu'il ne peut se prévaloir des art. 920 et 921 c. nap. (Paris, 16 juin 1838) (1).

338. Toutefois, il a été jugé que la réduction d'un legs particulier, fait à un enfant naturel, ne profite pas aux héritiers non réservataires, mais aux légataires universels, à moins de déclaration contraire du testateur (c. nap. 1003, 1006, 1043; Paris, 9 juin 1834) (2).

339. *Imputation, rapport.*—Aux termes de l'art. 760 «l'enfant naturel ou ses descendants sont tenus d'imputer sur ce qu'ils ont droit de prétendre tout ce qu'ils ont reçu du père ou de la mère dont la succession est ouverte, et qui serait sujet à rapport, d'après les règles établies à la sect. 2 du chap. 6 du présent titre. »—En soumettant l'enfant naturel à une simple *imputation*, la loi l'autorise par cela même à retenir les biens qui lui ont été donnés; il suffira d'en précompter la valeur sur sa part de succession. Ainsi le *rapport* en nature n'est point dû par l'enfant naturel aux héritiers légitimes. Il est *propriétaire* incommutable. En lui conservant ainsi les biens qu'il a reçus, on a eu égard sans doute à la position toute spéciale d'un enfant qui sans famille est le plus souvent réduit pour toute ressource au don qui lui a été fait. On a donné aussi pour motif que «le rapport n'est dû que par le cohéritier à son cohéritier (c. nap. 857). Mais cette raison de texte nous touche moins parce qu'elle n'empêcherait pas, à notre sens, l'enfant naturel d'obtenir des héritiers le rapport en nature (V. *suprà*, n° 296).—Jugé que le rapport à la succession de son père n'est pas dû par l'enfant naturel; en conséquence, les héritiers du sang ou le légataire universel institué n'ont d'autre droit que de faire réduire la donation faite à l'enfant naturel, lorsqu'elle excède la quotité déterminée par la loi (Pau, 15 juin 1838, aff. Anglade, V. Disposit. entre-vifs, n° 449).

340. L'art. 760 renvoie pour l'imputation aux règles établies à la section *du Rapport*. On croirait, au premier abord, que ces règles sont toutes applicables; mais, ainsi qu'il est énoncé dans l'arrêt (Rej. 11 janv. 1831, aff. Marast, V. n° 342), elles «ne doivent être consultées que pour connaître les dons que l'enfant naturel doit ou ne doit pas imputer.» L'imputation diffère, d'ailleurs, du rapport, à divers points de vue. On peut consulter à cet égard les développements contenus dans un arrêt de la cour de Pau du 14 juill. 1827 (aff. Marast, V. n° 342).

---

légitime, qu'aurait-il perçu dans la succession de son père? Evidemment les trois quarts seulement, car l'autre quart a été affecté à un legs particulier non sujet à réduction. Comme enfant naturel, il ne peut être placé dans une position identique. — Les collatéraux ont donc qualité pour le faire restreindre à la portion déterminée par le code, et, en cela ils exercent la faculté qu'aurait le légataire universel lui-même, en concours avec l'enfant naturel; l'analogie est incontestable. — Arrêt.

LA COUR; — ... Sur le troisième moyen: — Attendu que, de la combinaison des art. 757, 908 c. civ., il ne peut résulter, pour des collatéraux (qui ne sont point héritiers à réserve), le droit de faire réduire le legs fait par un père à son enfant naturel, des trois quarts de sa succession, conformément audit art. 757, et lorsque le défunt ne laisse, d'ailleurs, ni ascendants ni descendants légitimes, ni frères ni sœurs, et qu'en le décidant ainsi, l'arrêt attaqué a fait une juste application des lois sur la matière; — Rejette.

Du 14 mars 1837.-C. C., ch. req.-MM. Zangiacomi, pr.-Faure, rap.

(1) *Espèce* :—(Cazin *C.* Heim.)—Le sieur Lepelletier est décédé après avoir institué légataires universelles la dame Heim, sa fille naturelle, et la demoiselle Cazin ;—La dame Heim renonce au legs pour s'en tenir au don d'une rente de 1,200 fr. constituée à son profit par son père; — La demoiselle Cazin prétend que cette donation excède ce dont le donateur pouvait disposer puisqu'il existe des héritiers légitimes, et que, même dans le silence de ces derniers, il y a lieu à la réduire. — Jugement du tribunal de la Seine qui repousse cette prétention en ces termes : — «Attendu que, s'il paraît que le capital de la rente de 1,200 fr. excède le montant des droits que la dame Heim aurait pu exercer dans la succession de son père, ouverte le 4 janvier 1837, et si, aux termes de l'art. 908 c. civ., les enfants ne peuvent, par donation entre-vifs ou par testament, rien recevoir au delà de ce qui leur est accordé au titre *des Successions*, la demoiselle Cazin, légataire universelle de Lepelletier Saint-Fargeau, n'a pas droit, en cette qualité, de demander la réduction de la donation faite par ce dernier à sa fille naturelle, ou le rapport à la succession du montant de cette donation; —Qu'en effet l'incapacité dont la loi frappe les enfants naturels n'est pas absolue; — Qu'elle n'a été établie qu'en faveur des héritiers légitimes; de telle sorte que, s'il n'existe pas de parents au degré successible, l'enfant naturel a droit, suivant l'art. 758, à la totalité des biens; — Que de ce principe que l'incapacité des enfants naturels est purement relative, il suit que les héritiers de Lepelletier Saint-Fargeau pourraient seuls, s'ils y avaient intérêt, demander la réduction de la donation dont s'agit; — Attendu que la légataire universelle ne peut pas exciper de leurs droits à cet égard, et que son action est repoussée par les dispositions contenues pour des cas analogues dans les art. 857 et 921 c. civ.; — Appel. — Arrêt.

LA COUR; — Adoptant les motifs des premiers juges; — Confirme.

Du 16 juin 1838.-C. de Paris, 1re ch.-M. Séguier, 1er pr.

(2) *Espèce* : — (Sayssel *C.* Sayssel.) — Voici les motifs du jugement du tribunal de la Seine: « Attendu qu'en même temps que la demoiselle Sayssel a légué sa maison, rue du Cadran, à ses deux fils naturels et aux descendants de l'un d'eux, elle a institué les sieurs Corbière et Dupré ses légataires universels; — Attendu qu'en supposant que le legs particulier fait par elle à ses enfants naturels, excédât la quotité de biens qu'ils pouvaient recevoir, le legs serait caduc jusqu'à concurrence de cet excédant, conformément à l'art. 1043 c. civ.; — Attendu que la caducité du legs ne profite pas à l'héritier du sang, mais au légataire universel, à moins que le testateur n'ait exprimé une volonté contraire; —Attendu que, dans aucune disposition du testament, la demoiselle Dorothée Sayssel n'a manifesté cette volonté contraire; — Attendu que les sieurs Pierre et Bernard Sayssel, ne pouvant pas profiter de la réduction du legs particulier dont il s'agit, et n'ayant, par suite, rien à prétendre dans la succession de la demoiselle Sayssel, leur tante, sont sans qualité pour demander, soit la réduction du legs, soit le partage de la succession ; — Déclare les sieurs Pierre et Bernard Sayssel non recevables en leur demande. » — Arrêt.

LA COUR; — Adoptant les motifs des premiers juges, etc.

Du 9 juin 1834.-C. de Paris, 1re ch.-M. Séguier, 1er pr.

341. La différence résulte principalement de ce que la propriété des biens donnés est acquise à l'enfant naturel d'une manière irrévocable. Il suit de là, par exemple : Que l'immeuble donné est au risque de l'enfant naturel, et que, s'il périt avant la mort du donateur, l'enfant naturel ne devra pas moins en imputer sa valeur, tandis que dans le même cas l'héritier serait affranchi du rapport (c. nap. 855). — Par le même motif, on n'appliquera pas à l'imputation l'art. 860, d'après lequel l'héritier, qui a *aliéné* l'immeuble, doit le rapport de la valeur de l'immeuble à l'époque de l'ouverture de la succession. La dette de l'enfant naturel sera de la valeur qu'avait l'immeuble au moment de la donation (Conf. Marcadé, sur l'art. 760).

342. D'après l'art. 856 « les *fruits* et *intérêts* des choses sujettes à rapport sont dus à compter du *jour de l'ouverture* de la succession. — On a jugé que l'enfant naturel, tenu d'imputer sur ses droits dans la succession tout ce qu'il a reçu de son père ou de sa mère décédés, et qui serait sujet à rapport, n'est pas obligé, comme l'héritier légitime, de tenir compte des intérêts ou fruits produits depuis l'ouverture de la succession (Cass. 11 janv. 1831) (1).

343. On doit imputer, d'après l'art. 760 et suiv. « ce qui serait sujet à rapport, etc. » Il ne faut pas conclure de là que ce qui a été donné avec dispense de rapport ne soit pas imputable sur la part héréditaire de l'enfant naturel ; car autrement on éluderait l'art. 908, qui le déclare incapable de rien recevoir au delà de ce qui lui est accordé par l'art. 757 (Conf. Marcadé, *loc. cit.*). — Il a été jugé que l'enfant naturel, doit imputer les donations qu'il a reçues d'un tiers sur la portion qui lui revient dans la succession de son père, lorsque les circonstances font présumer que ces donations proviennent réellement de celui-ci (Paris, 19 juill. 1806) (2).

344. De ce que l'enfant naturel n'est tenu qu'à l'imputation

---

(1) (Achille Marast C. Claverie-Cailleau.) — La cour de Pau a, le 14 juillet 1827, statué en ces termes : — « Attendu que, bien que le cohéritier légitime soit tenu, conformément à l'art. 856 c. civ., de rapporter les fruits ou intérêts des choses sujettes à rapport, à compter du jour de l'ouverture de la succession, on ne doit pas en conclure que, d'après l'art. 760, combiné avec le même art. 856, l'enfant naturel, qui est tenu d'imputer, est, en outre, obligé d'ajouter à cette imputation les fruits ou intérêts de la chose par lui reçue. — En effet, la raison pour laquelle le cohéritier qui rapporte doit également rapporter les fruits ou intérêts depuis l'ouverture de la succession, provient de ce qu'à la mort du donateur, le cohéritier donataire cesse d'être propriétaire de la chose qui lui avait été donnée ; cette chose appartient dès ce moment, et rentre dans la succession, exempte de toutes charges et hypothèques; la donation est dès cet instant résolue, elle ne peut plus produire aucun effet; conséquemment si ce cohéritier continue à jouir, il faut bien qu'il rapporte, non-seulement le don qui lui a été fait, mais encore les fruits ou intérêts. — Il en est autrement de l'enfant naturel ; ce n'est point par la voie du rapport, comme les héritiers légitimes, qu'il précompte ce qu'il a reçu, c'est par la voie de l'imputation : l'art. 760 peut d'autant moins se combiner ou se référer à l'art. 856, que l'imputation et le rapport sont deux choses distinctes, qui produisent des effets différents : le rapport se fait à la masse de la succession, tandis que l'imputation se fait sur la part qui revient dans la succession à celui qui a reçu ; aussi l'imputation est-elle moins favorable à l'enfant naturel que ne le serait le rapport. — Il y a encore cette différence entre l'imputation et le rapport, ainsi que l'observe M. Chabot de l'Allier, que l'obligation d'imputer ne force pas à restituer en nature les choses qu'on a reçues, pas même les immeubles ; il suffit d'en précompter la valeur sur sa part dans la succession : il faut considérer, dit cet auteur, que l'enfant naturel n'étant obligé qu'à l'imputation, est devenu, dès le moment de la donation qui lui a été faite, propriétaire incommutable de l'immeuble qu'il a reçu ; que, dès lors, il a pu en disposer à son gré, même à titre gratuit ; que jamais il ne peut être contraint à le restituer en nature, et qu'il ne doit imputer que la valeur qu'avait l'immeuble au temps de la donation ; mais si l'on doit convenir que l'enfant naturel est devenu propriétaire incommutable au moment de la donation ; s'il n'a pas cessé de l'être lors de l'ouverture de la succession ; si, au lieu de rapporter ou de rendre en nature ce qu'il a reçu, il ne peut être astreint qu'à imputer sa valeur au temps de la donation, il est évident que les fruits ou intérêts lui appartiennent; qu'il est dispensé d'en faire le précomptement, et que les art. 760 et 856 c. civ. n'ont aucun rapport entre eux, et sont parfaitement indépendants l'un de l'autre : l'art. 760 ne dit pas, comme on l'a prétendu, que l'imputation sera faite d'après les règles établies dans la sect. 2, chap. 6, au titre *des Successions ;* mais il dit que l'enfant naturel ou ses descendants sont tenus d'imputer ce qu'ils ont reçu, et qui serait sujet à rapport, d'après les règles établies dans la sect. 2 ; or, cette dernière disposition ne fait autre chose qu'indiquer et préciser l'espèce de dons à imputer par l'enfant naturel : ce sont ceux, dit cet article, qui seraient sujets à rapport, d'après les règles établies dans la sect. 2, chap. 6 ; ces règles ne doivent donc être consultées que pour connaître les dons que l'enfant naturel doit ou ne doit pas imputer, et non pour savoir s'il est ou non obligé à l'imputation des fruits ou intérêts d'une chose qui lui avait été donnée, et dont il n'a jamais cessé, depuis lors, d'être le propriétaire incommutable ; d'où il suit que l'art. 856, bien qu'il soit placé dans la sect. 2 chap. 6, est sans application dans la cause, et qu'aux termes de l'art. 760, la partie de Bennemazon (Claverie-Caillau) n'est tenue d'imputer que ce qu'elle a reçu, c'est-à-dire la somme de 5,000 liv. tournois : d'un autre côté, si, comme le soutiennent les parties de Sicabaig (héritiers Dupoey), feu Bertrand Dupoey n'avait laissé, à son décès, pour toute succession connue, que les 5,000 liv. reçues par la partie de Bonnemazon lors de son contrat de mariage, il est évident qu'avant la loi sur l'indemnité des émigrés, elles auraient eu le droit conformément à l'art. 920 et suiv. c. civ., d'intenter une action en réduction, et de l'obliger à restituer les onze douzièmes de cette somme ; mais c'est une erreur de prétendre qu'elles auraient pu en exiger les intérêts depuis l'ouverture de la succession ; outre que la partie de Bonnemazon a joui de bonne foi à titre de propriétaire, pendant le cours de 25 années, sans réclamation aucune de la part des héritiers légitimes, ce qui aurait suffi pour faire rejeter une pareille prétention, la loi l'aurait également repoussée, puisque, aux termes de l'art. 928 du même code, toutefois que l'action en réduction n'a pas été intentée dans l'année du décès, on ne peut réclamer les intérêts que du jour de la demande; ainsi, même dans le cas supposé par les parties de Sicabaig, elles auraient été mal fondées à réclamer les intérêts des choses restituables, si ce n'est du jour de la demande ; et, malgré que ce point de droit soit, en quelque sorte, hors de la question du procès, les observations auxquelles il a donné lieu serviraient, si cela était nécessaire, à démontrer de plus en plus que la partie de Bonnemazon est, sous tous les rapports, dispensée d'imputer les intérêts demandés ; — Par ces motifs, dit avoir été mal jugé, bien appelé de la disposition qui condamne la partie de Bonnemazon à imputer les intérêts de la somme de 5,000 liv., mentionnée dans le contrat de mariage du 17 janvier 1784, de la mort de feu Dupoey, père naturel de ladite partie de Bonnemazon, jusqu'à la promulgation de la loi du 25 avril 1825, etc. »

Pourvoi d'Achille Marast et de la dame Zoé Dupoey, pour violation des art. 757, 760, 856 et 908 c. civ., attendu qu'il y a même motif d'appliquer à l'enfant naturel et à l'enfant légitime les règles sur le rapport, l'imputation prévue à l'art. 760 n'étant qu'un rapport fictif. — Arrêt.

LA COUR ; — Attendu que l'enfant naturel devient propriétaire incommutable de l'objet qui lui est donné, au moment de la donation ; — Qu'il est uniquement tenu d'imputer, sur les droits que la loi lui confère, lors de l'ouverture de la succession, la valeur de l'objet qui lui a été donné ; qu'il n'est pas tenu d'imputer les fruits ou intérêts de l'objet dont la propriété lui a été transférée ; qu'il résulte uniquement de l'art. 760 c. civ. que l'enfant naturel est tenu d'imputer ce qu'il a reçu, et qui serait sujet à rapport, d'après les règles établies au chapitre *des Rapports ;* — Que ces règles ne doivent être consultées que pour connaître les dons que l'enfant naturel doit ou ne doit pas imputer, et nullement pour savoir s'il est ou non obligé à imputer les fruits ou intérêts d'une chose qui lui aurait été donnée ; que la donation lui ayant transmis un droit incommutable, il ne peut être question, à son égard, d'imputation des fruits ou des intérêts qu'il a perçus, en vertu de son droit de propriété ; — Attendu enfin qu'en décidant que les art. 760 et 856 c. civ. étaient indépendants l'un de l'autre, la cour royale de Pau a fait une juste application de ces articles, rejette le 1er moyen ;

Du 11 janv. 1831.-C. C., ch. civ. MM. Portalis, pr.-Vergès, rap.-Joubert, 1er av. gén., c. conf.-Gueny et Lacoste, av.

(2) *Espèce :* — (Bergeret de Norinval C. veuve Cousin de Méricourt.) — Le 11 av. 1806, jugement qui ordonne le rapport à la masse, et l'imputation sur le sixième revenant à la fille naturelle : 1° de la rente perpétuelle de 1,074 liv., résultant de l'inscription faite en son nom sur l'Etat ; plus, de la rente viagère de 500 liv. aussi sur l'Etat, inscrite en son nom et sur sa tête ; le tout provenant des rentes viagères, montant ensemble à 6,150 liv., dont la survivance lui appartenait ; 2° des vingt actions sur la caisse Lafarge ; 3° de tous les arrérages desdites rentes et actions, sur le pied qu'ils avaient été perçus par ses tuteurs depuis l'époque du décès du sieur de Méricourt ; 4° enfin des 4,000 liv. touchées à titre de provision, attendu qu'à l'époque où le placement en viager a eu lieu, les lois en vigueur prohibaient toute donation directe du père à son enfant naturel, si ce n'est par forme de pension alimentaire, à cause de l'incapacité où était celui-ci de recevoir, ce qui a dû porter le sieur Cousin de Méricourt à interposer le nom de Melchior Boitel prêtre, comme il aurait pu choisir tout autre à son insu : conjecture qui se trouve confirmée par un écrit dudit Boitel ; d'où il résulte que l'acquisition des deux rentes

et non au rapport, MM. Chabot, n° 2 et Poujol, n° 1, tirent cette conséquence : « que les biens donnés à l'enfant naturel, sont sortis irrévocablement du patrimoine du père, et n'y doivent pas rentrer; donc on ne peut pas les compter dans la masse sur laquelle la part de cet enfant doit se calculer. Ainsi, soit un enfant légitime, un enfant naturel qui a reçu 1,200 fr. et une somme de 12,000 fr. laissée par le défunt pour tous biens; l'enfant naturel, disent ces auteurs, n'aura droit à un sixième que sur les 12,000 fr.; sa part sera donc de 2,000 fr. et comme il a déjà reçu 1,200 fr., il n'en aura plus que 800 à recevoir. » Nous croyons, comme MM. Vazeille, n° 2, et Marcadé, sur l'art. 760, que c'est là une erreur. L'enfant étant débiteur d'une somme de 1,200 fr., la succession comprend véritablement 13,200 fr. et le sixième calculé sur cette somme étant de 2,200 fr., c'est encore 1,000 fr. qui doivent lui revenir. L'imputation diffère du rapport effectif, mais elle équivaut à un rapport en moins prenant, et dès lors pour déterminer la part qui doit revenir à l'enfant naturel, il y a lieu de réunir fictivement à la masse ce qu'il a reçu.

345. L'enfant naturel peut renoncer à ses droits dans la succession de son père, pour s'en tenir à une donation d'immeubles qui lui a été faite entre-vifs par ce dernier. — Jugé que dans ce cas l'enfant ne peut être retenu comme partie, dans l'instance en partage de la succession; qu'il peut néanmoins y assister à ses frais pour surveiller la liquidation (Bordeaux, 6 août 1827) (1).

§ 5. — *Du droit des descendants de l'enfant naturel.*

346. Aux termes de l'art. 759, « en cas de prédécès de l'enfant naturel, ses enfants ou descendants peuvent réclamer les droits fixés par les articles précédents. » — Ce mot, *descendants*, embrasse-t-il la postérité *naturelle* comme la postérité *légitime?* Nous ne le pensons pas : l'art. 756 n'accorde aux enfants naturels aucun droit *sur les biens des parents* de leur père ou mère. Telle est l'opinion de MM. Loiseau, Traité des enfants naturels, p. 643; Chabot, t. 2, p. 220; Toullier, n° 241; Malpel, n° 296; Vazeille, n° 1; Poujol, n° 2; Marcadé, n° 1, Massé et Vergé, sur Zachariæ, t. 2, p. 277, note 19. — M. Duranton hésite à se prononcer dans ce sens, t. 6, n° 295. D'autres soutiennent l'opinion contraire, mais ils sont divisés eux-mêmes sur l'application de leur système. Ainsi les auteurs des Pandectes franç., t. 3, p. 116, veulent que les descendants naturels recueillent entière la créance qu'ils trouvent dans la succession de leur père, et qu'ils n'éprouvent de réduction, graduée sur l'échelle de proportion de l'art. 757, qu'autant qu'ils sont en concours avec un enfant légitime. Au contraire, Favard, v° Succession, sect. 4, § 1, note 15; Delvincourt, t. 2, p. 22, note 1; Maleville, t. 2, p. 259, qui admettent aussi les descendants naturels par représentation, n'attribue à chacun qu'une quotité de la portion héréditaire qu'ils auraient eue s'ils étaient légitimes; le tiers, par exemple, du tiers dû à leur père, ou un neuvième de la succession de l'aïeul.—Le premier de ces deux systèmes n'a aucune base, ni dans le texte, ni dans les principes de la loi; il tend à traiter les petits-fils naturels avec la même faveur que les petits-fils légitimes. D'autres vues ont en général dirigé le législateur. — Quant au second système, il a cela de remarquable, que ceux mêmes qui le défendent, conviennent qu'il est contraire à l'art. 756, et que, d'après les règles les plus usuelles d'interprétation, il ne résulte pas de la contexture de l'art. 759. Mais on invoque la discussion du conseil d'État. La section avait proposé l'art. 759, tel que nous le voyons dans le code; le procès-verbal porte : « Le consul Cambacérès demande si l'enfant naturel du bâtard jouira du bénéfice de cet article. — Le comte Berlier observe que l'article ne peut s'appliquer dans toute sa latitude à un tel enfant, puisqu'on a décidé : 1° qu'il n'était pas héritier, mais simplement créancier; 2° que cette créance, réduite à une quotité de biens et droits du père, ne le représente conséquemment point en entier. — Le consul objecte que quoique l'enfant naturel ne soit pas héritier, il a cependant droit à un tiers d'une part héréditaire dans la succession de son père; l'article transmet ce droit à ses descendants : or, s'il n'a que des enfants naturels, ils auront un neuvième dans la succession de leur aïeul. — L'article est adopté. » M. de Maleville interprète l'article dans le sens de l'observation de M. Cambacérès; mais la discussion ayant été close sur cette observation, et la rédaction n'ayant subi aucun changement, il n'est nullement démontré que M. Cambacérès ait exprimé l'intention du conseil d'État. Si sa proposition avait été accueillie, on l'eût développée, ou du moins, comme elle renferme une exception à la règle générale de l'art. 756, on eût songé à lever l'équivoque des expressions employées par l'art. 759, qui n'avait pas été rédigé sous l'influence de la même pensée, et qui venait d'être l'objet d'une explication contradictoire. — On objecte encore que le mot *descendants* a un sens générique qui se prête indistinctement à la descendance naturelle ou légitime; que, placé sous la rubrique des *enfants naturels*, on a une raison particulière de l'entendre dans cette double acception : ces objections n'ont à nos yeux aucune gravité, comparées au principe bien formel de l'art. 756. — Au surplus on a vu *suprà*, n° 249, que le sens du mot *postérité*, dans l'art. 747, est également controversé.

347. C'est seulement *en cas de prédécès de l'enfant naturel* que ses descendants légitimes peuvent venir à la succession de leur aïeul; ils viennent donc par représentation et non de leur chef. Aussi, d'après l'art. 760, les descendants de l'enfant naturel sont-ils tenus d'imputer sur leur part, ce qu'il a reçu de l'aïeul, imputation qui n'aurait point lieu, s'ils succédaient de leur chef (c. nap. 848). D'où il suit que les descendants sont exclus de la succession de l'aïeul, en cas de renonciation ou d'indignité du père encore vivant; car « on ne représente pas les personnes vivantes. » (C. nap. 744; Chabot, t. 2, p. 229; Vazeille, n° 2; Marcadé, n° 2). — Cette interprétation est combattue par Zachariæ et ses annotateurs, Massé et Vergé, t. 2, p. 278, note 20; et par M. Feuguerolles, professeur à la faculté de droit de Caen, dans une consultation insérée au Rec. pér. 1847, 2, 129. — A leurs yeux, les mots *en cas de prédécès* ont été employés impropre-

viagères provenait effectivement des deniers du sieur Cousin de Méricourt; que la modicité de sa fortune, bornée à 800 liv. de revenu en immeubles, le peu de valeurs trouvées à son décès et estimées 115 liv., comparées à l'importance des capitaux versés sous son nom au trésor royal; la circonstance d'une donation antérieure faite par lui à sa sœur, avec réserve d'usufruit, mise en opposition avec un placement considérable, sans s'en réserver la jouissance pour lui-même (placement dont l'effet aurait été pour lui de se dépouiller personnellement ainsi que sa famille, à laquelle il avait donné des preuves d'affection en la personne de sa sœur, et cela pour favoriser un homme opulent tel que le sieur de Méricourt, et un enfant naturel de treize mois qui lui était étranger, et dont la naissance illégime devait naturellement répugner aux principes religieux et moraux professés par le sieur Boitel), démontrent la fausseté de l'énonciation faite isolément dans les quittances de finance et sous la signature de ce dernier, ainsi que la vérité de l'assertion contraire faite par lui dans l'écrit dont il est question; et qu'enfin la précaution prise à l'égard d'Adelaïde-Louise de rendre les rentes viagères incessibles et insaisissables, et l'autorisation d'en recevoir les arrérages en temps de minorité, sans le secours de personne, à titre d'aliments, étaient des preuves manifestes que l'affection paternelle seule avait inspiré cette stipulation, et que les 81,000 francs ainsi que les billets de chances avaient été fournis par le sieur de Méricourt.

Appel par les sieur et dame Bergeret. — Arrêt.

LA COUR; — Adoptant les motifs des premiers juges, confirme, etc.

Du 19 juillet 1806. — C. de Paris, 1re sect.

(1) (Hérit. Montaut C. Dupin.) — LA COUR; — Attendu qu'Euphrasie Montaut (épouse Dupin) ne peut être considérée ni comme héritière ni comme copropriétaire des biens délaissés par Charles Montaut, son père, puisqu'elle a renoncé à ses droits sur lesdits biens pour s'en tenir à la donation contractuelle qui lui avait été faite; que les héritiers de Charles Montaut ne peuvent pas non plus se dire copropriétaires des biens compris dans cette donation dont ils n'ont encore ni demandé ni fait ordonner la réduction; que, par conséquent, Euphrasie Montaut, devenue, par sa renonciation, étrangère à l'instance en partage introduite entre les héritiers de son père, ne devait pas y être maintenue comme partie; — Attendu que l'événement possible d'une demande en réduction de la donation contractuelle, rendait utile à tous les parties la présence d'Euphrasie Montaut et de Victor Dupin, son mari, aux opérations préliminaires du partage; et qu'en les autorisant à y assister à leurs frais, le premier tribunal n'a pas blessé les intérêts ou les droits des héritiers Montaut; confirme.

Du 6 août 1827. C. de Bordeaux, 1re ch.-M. Ravez, 1er pr.

ment, pour signifier *à défaut de*..... On s'est servi alternativement de ces deux locutions, témoin les art. 750, 755, 766. D'ailleurs, dit-on aussi, la loi générale des successions est le type des successions irrégulières. Or, en principe, nul n'est admis à recueillir par représentation une hérédité, à laquelle, en l'absence d'héritiers ou de successeurs plus proches, il n'eût pas été appelé de son propre chef. La représentation n'est qu'un secours ou un subsidiaire. En reconnaissant le droit de représentation, l'art. 759 n'exclut donc pas virtuellement le droit propre et direct.

Remarquons, en terminant, que la solution est subordonnée à cette autre question, qui divise également les mêmes auteurs. Les père et mère naturel, succèdent-ils aux descendants légitimes de l'enfant naturel? Non, d'après l'opinion la plus accréditée. V. ci-après, art. 2. Or, la réciprocité est généralement admise en matière de succession; *Si vis te mihi succedere, fac ut tibi succedam.*

348. En cas de renonciation ou d'indignité du père naturel encore vivant, ses enfants légitimes ne succéderaient pas à l'aïeul, à défaut de parents au degré successible. On leur préférerait le conjoint survivant et l'Etat. M. Vazeille, n° 2, fonde l'opinion contraire sur ce que l'art. 767 n'appelle le conjoint qu'au cas où le défunt ne laisse ni parents au degré successible, *ni enfants naturels*. Or, dit-il, cette dernière expression comprend les descendants légitimes de l'enfant naturel. Mais nous répondrons avec M. Marcadé, *loc. cit.*, qu'elle ne le comprend que lorsqu'ils viennent par représentation, puisque, selon M. Vazeille lui-même, ils n'ont pas l'avantage de la vocation directe. L'argument de cet auteur n'est qu'un cercle vicieux.

349. Des aliments sont-ils dus à l'enfant naturel par l'aïeul? — Non, puisque la loi, selon les expressions de l'art. 756, «ne lui accorde *aucun droit* sur les biens des parents de ses père et mère.» Aux yeux de la loi, il n'existe pas de parenté entre l'aïeul et l'enfant; il ne serait pas juste d'ailleurs qu'il fût au pouvoir du premier venu de grever ses ascendants par des déclarations de paternité imprudentes et frauduleuses peut-être, de l'obligation de fournir des aliments à tous les enfants qu'il lui plairait de reconnaître (Conf. Chabot, t. 2, p. 148; Delvincourt, t. 2, p. 22, note 2; Duranton, t. 6, n° 268; Demolombe, t. 4, n° 20). — V. aussi v^is Mariage, n° 626, Paternité, n°s 682 et s.

350. Les enfants légitimes d'un enfant naturel peuvent-ils par donation ou testament recevoir de leur aïeul au delà des droits que la loi attribue à leur père? M. Marcadé, p. 418, enseigne la négative, en se bornant à dire d'une manière générale que les descendants légitimes du bâtard sont au lieu et place de leur père par rapport à la succession de l'aïeul. Mais deux hypothèses sont à distinguer. Si l'enfant naturel vit encore au moment des dispositions faites par l'aïeul, les descendants seront réputés personnes interposées (c. nap. 911) et les dispositions réduites aux proportions fixées par l'art. 757. — Mais en cas de mort de l'enfant naturel, avant les dispositions de l'aïeul, il n'y a plus le même motif de les soumettre à la réduction : la loi ne les a pas déclarés incapables de recevoir pour eux-mêmes, mais seulement pour l'enfant naturel pouvant indirectement recueillir l'effet de la libéralité. Il a été jugé que dans ce cas, la libéralité devait s'exécuter quelle qu'en fût l'étendue, et par exemple un legs universel, comme celle faite à toute personne étrangère au donateur (Colmar, 31 mai 1825; Rej. 13 avril 1840) (1). — Il y a une décision contraire, qui déclare réductible, conformément aux art. 757 et suiv., le legs universel fait

---

(1) 1re *Espèce:* — (Witteman Schopperten C. hér. Leininger.) — LA COUR; — Considérant que les art. 757 et 759 c. civ., dont le tribunal de Saverne s'est étayé, pour annuler le testament du 14 sept. 1806, ne sont applicables qu'au cas où l'enfant naturel ou ses descendants viennent à la succession dans l'ordre légal; — Considérant que, d'après l'art. 902 dudit code, toutes personnes peuvent recevoir par donation entre-vifs ou par testament, excepté celles que la loi en déclare incapables; que l'art. 908, combiné avec l'art. 911, en déclarant l'enfant naturel incapable de recevoir au delà de ce qui lui est accordé au titre des successions, soit que la libéralité lui soit faite directement, soit que le donateur la lui ait faite sous le nom d'une personne interposée, et en réputant personnes interposées les enfants et descendants de l'enfant naturel, supposent nécessairement que l'enfant naturel aurait pu recueillir l'effet de la libéralité; mais que ces dispositions ne déclarent pas incapables ses enfants et descendants de recevoir pour eux-mêmes, lorsqu'ils ne peuvent plus être réputés personnes interposées de l'enfant naturel, qui n'existerait plus au moment où la libéralité serait faite; — Attendu, en fait, que, lors du testament du 14 sept. 1806, Catherine Leininger, fille naturelle de la testatrice et mère de la légataire universelle, était décédée, et que dès lors il n'a pu y avoir interposition de personnes; — Par ces motifs, donne défaut aux appelants contre l'intimé, etc.; prononçant sur l'appel du jugement rendu au tribunal de Saverne, le 12 juillet 1825, met l'appellation et ce dont est appel au néant; émendant, déboute les intimés de leur demande formée en première instance et les condamne aux dépens.

Du 31 mai 1825.-C. de Colmar.-MM. Marquair, pr.-Antonin, av.

2e *Espèce:* — (Bourgois C. Gosselin.) — Jugement du tribunal de Montreuil, conçu en ces termes : — « Attendu que les prohibitions doivent être strictement renfermées dans les termes dans lesquels elles sont faites, et ne peuvent s'entendre qu'au cas qui est positivement prévu et prescrit par elles; que, par conséquent, la disposition de l'art. 908 c. civ., qui interdit aux enfants naturels la faculté de recevoir, par donation entre-vifs ou par testament, au delà de ce qui leur est accordé au titre des successions, ne peut s'étendre aux descendants desdits enfants naturels; que, s'il est vrai que, dans la loi, le mot *enfant* comprenne quelquefois les enfants et leurs descendants, il n'est pas exact de dire qu'il ait toujours et dans tous les cas cette désignation large et absolue, surtout lorsqu'il s'agit de prohibitions, qui sont toujours de droit rigoureux et étroit; que ce qui le prouve, c'est que le législateur, après avoir, dans l'art. 913, établi en faveur des enfants une réserve sur partie des biens de leur père, a soin d'exprimer immédiatement, dans l'art. 914, que les descendants, à quelque degré que ce soit, sont compris sous le nom d'enfants dans l'article précédent, tandis que la même disposition ne se trouve, ni dans l'art. 908, ni dans l'article qui suit; qu'il est constant que l'art. 908 et l'art. 913 apportent l'un et l'autre des restrictions à la faculté pleine et entière de recevoir et de disposer, proclamée par l'art. 902 du même code civil, comme principe de droit commun et comme appartenant à toutes les personnes qui n'en sont pas déclarées incapables par la loi; qu'il est donc évident que le législateur, en donnant, par une disposition positive et spéciale, une signification large et étendue au mot *enfant* employé par lui, dans l'art. 913, a fait suffisamment entendre que sa volonté n'était pas que ce mot ait la même signification et la même étendue, dans l'art. 908, qui se trouve placé près et avant l'art. 913, et qu'il n'a pas voulu étendre la rigueur de la prohibition de recevoir, comme il a étendu la faveur de la réserve, non-seulement aux enfants, mais à leurs descendants; qu'on voit, en effet, que, si le législateur a été quelquefois rigoureux vis-à-vis des enfants naturels, c'est uniquement dans l'intérêt des mœurs, et pour conserver le privilége qui appartient au lien sacré du mariage, mais que son intention n'a été nulle part d'étendre ces rigueurs et les prohibitions qu'il a prononcées, à regret, comme nécessaires, au delà du cas pour lequel il a établi ces prohibitions; — Attendu qu'en empêchant l'enfant naturel lui-même de recevoir au delà de ce que la loi lui accorde, c'est assez pour assurer au mariage les avantages qu'il doit conserver.

» Attendu que le cas où l'enfant naturel meurt avant son père ou sa mère étant tout à fait exceptionnel, il n'est pas à craindre qu'on spécule sur un événement à la fois pénible et incertain, pour renoncer au mariage; et qu'il n'y a aucun danger à laisser à un aïeul ou aïeule, vis-à-vis un descendant survivant, la faculté qu'on a cru devoir interdire au père ou à la mère, vis-à-vis l'enfant lui-même; qu'il suffit au législateur que la faculté de donner au delà de la portion attribuée par la loi aux petits-enfants naturels soit interdite, tant que vit le père ou la mère, parce qu'alors, aux termes de l'art. 911 c. civ., les petits-enfants sont réputés personnes interposées pour éluder la prohibition de l'art. 908; mais que, quand l'enfant naturel n'existe plus, la prohibition portée par ledit art. 908 cesse aussi d'exister en même temps que la personne qui en était l'unique objet; — Attendu que, non-seulement lorsque la testatrice est morte, mais encore lorsqu'elle a fait son testament en faveur d'Henriette Maury, la mère de cette dernière avait cessé d'exister; — Attendu qu'il serait contre tout principe de justice de chercher des prohibitions là où la loi n'en a pas mis;

» Attendu que, dans toutes circonstances, le législateur et la jurisprudence ont fait une distinction notable pour la différence qu'il convient d'apporter entre les descendants de l'enfant naturel et l'enfant naturel lui-même; qu'il est reconnu que les cours royales, et même la cour suprême, avaient adopté le principe que l'aïeul pouvait adopter le descendant de son enfant naturel, avant de permettre l'adoption des enfants naturels par le père et la mère; — Attendu qu'il serait rigoureux et même de toute injustice d'argumenter de ce que la loi réserve aux enfants naturels décédés les mêmes droits que ceux qu'avaient ces enfants naturels, dans la succession de leur père ou de leur mère, pour prétendre que la prohibition de recevoir est une conséquence du droit qu'on leur donne; qu'on doit tirer une conséquence toute contraire de la disposition de l'art. 759 c. civ., et dire que le législateur a voulu leur

par l'aïeul aux enfants légitimes de l'enfant naturel (Paris, 26 déc. 1828) (1). — Mais, outre que cette décision est à peine motivée, il est à remarquer que, dans l'espèce, l'enfant naturel était absent, n'ayant pas donné de ses nouvelles depuis bien des années; on ne prouvait pas qu'il fût décédé avant l'aïeul testateur.

351. Sous l'empire du droit écrit, la mère d'un enfant naturel a pu, d'après un arrêt, disposer au profit des descendants légitimes de ce dernier, en les instituant héritiers; telle était la disposition de la loi 12 au Code, *De naturalibus liberis* (Toulouse, 2 août 1808) (2).

---

accorder les mêmes droits que ceux attribués à leur père ou à leur mère décédés, puisqu'il a formellement établi l'existence de ces droits en faveur des enfants ou descendants survivants, et qu'il n'a pas voulu étendre aux descendants la prohibition de recevoir plus que ne donne la loi, lorsque la volonté de l'aïeul serait d'exercer cette libéralité, puisqu'il a borné cette prohibition aux seuls enfants naturels, sans que rien n'établisse qu'elle est étendue à leurs descendants; — Attendu que les liens de famille n'existent, pour les enfants naturels, qu'au premier degré; que l'étendue de ces liens aussi bien que l'étendue de leurs droits sont réglées par la loi; qu'on en doit conclure que les prohibitions qui, par les termes de la loi, ne s'appliquent aussi qu'au premier degré, ne doivent pas s'étendre au delà du point où le législateur a cru devoir les borner; — Attendu, puisque la loi n'en faisait pas une prohibition, que la testatrice pouvait aussi bien porter sur Henriette Maury, que sur toutes autres personnes, la donation des biens dont elle pouvait disposer; — Attendu que les parents collatéraux qui attaquent aujourd'hui le testament de Marie-Josèphe Bourgois, femme Lepinois, paraissent avoir eu longtemps cette opinion; qu'ils n'ont songé à attaquer ledit testament que longtemps après le décès de la testatrice, et lorsque la donataire se croyait tranquille sur le legs qui lui avait été fait; — Attendu qu'aucun vice de forme n'est reproché au testament, et que les sieur et dame Gosselin en demandent le décret vis-à-vis des héritiers qui les appellent en cause; — Rejette la demande, etc. » — Appel, et le 9 mai 1836, arrêt confirmatif de la cour de Douai :

« Attendu qu'aux termes de l'art. 902 c. civ., toutes personnes peuvent recevoir par donation entre-vifs ou testamentaire, excepté celles que la loi en déclare incapables; — Attendu que l'art. 908, en déclarant que les enfants naturels ne peuvent rien recevoir au delà de ce qui leur est accordé au titre des Successions, n'a pas frappé leurs descendants de la même incapacité; que, si les descendants, en quelque degré que ce soit, sont ordinairement compris sous le nom d'*enfant*, ce ne peut être que lorsqu'il s'agit d'étendre aux premiers une incapacité que la loi ne prononce que contre les seconds; — Attendu qu'en fixant les droits des descendants de l'enfant naturel dans la succession *ab intestat* du père ou de la mère de ce dernier, les art. 759 et 760 ne défendent pas de rien recevoir au delà, par donation entre-vifs ou par testament; — Que, sans doute, lorsqu'en vertu de ces articles, ils viennent à la succession du chef de leur auteur, ils ne peuvent réclamer que les droits de celui qu'ils représentent; mais qu'il en est autrement, quand, défendeurs à une action en réduction d'une libéralité dont ils ont été l'objet, ils luttent pour conserver ce qu'ils tiennent de la volonté du défunt; que, dans ce dernier cas, ou bien l'enfant existait au moment où la libéralité a été faite à ses descendants, et alors elle est frappée de nullité par l'art. 911, non comme faite directement à un incapable, mais comme faite indirectement à l'enfant naturel, sous le nom de personnes interposées; ou bien, au contraire, il était décédé au temps de la disposition, et alors les motifs de la prohibition cessent, et la libéralité doit être exécutée comme celle qui aurait été faite à toute personne étrangère au donateur; — Attendu que, dans l'espèce, la disposition faite par Marie-Josèphe Bourgois en faveur de la fille de Marie-Françoise Bourgois, son enfant naturel, est postérieure au décès de celle-ci; — Par ces motifs, ordonne que le jugement dont est appel sortira effet, etc. »

Pourvoi des sieurs Trousson, Normand et Brismoutier, pour violation des art. 757, 759, 760, 761 et 908 c. civ., et fausse application de l'art. 902 du même code. — Arrêt.

La cour; — Attendu que le chapitre du code civil qui traite de la capacité de disposer ou de recevoir par donation entre-vifs ou par testament pose, quant aux incapacités, des règles qui, loin de pouvoir être étendues, doivent être renfermées dans leurs plus rigoureuses limites, puisque l'art. 902, placé sous ce chapitre, en accordant à toutes personnes la faculté de recevoir, n'excepte que celles qui sont déclarées incapables par la loi; — Que, d'après ce principe, l'art. 908, qui prive les enfants naturels de la faculté de rien recevoir au delà de ce qui leur est accordé au titre des successions, doit être considéré comme limitatif et s'appliquer aux seuls enfants naturels à qui le père fait directement une libéralité, sans pouvoir, d'une manière générale, être étendu aux descendants de ceux-ci, pour les frapper de la même incapacité; — Qu'à la vérité, l'art. 914 comprend, sous le nom d'*enfants*, les descendants à quelque degré que ce soit; — Mais qu'il n'admet cette extension qu'en faveur de ceux qui sont appelés à recevoir la libéralité dont il est question à l'art. 915, et pour déterminer leur appel par représentation;

Attendu que, si, aux termes de l'art. 911, toute disposition au profit d'un incapable est nulle, lorsqu'elle est faite sous le nom d'une personne interposée, et, si on peut considérer comme telle le descendant d'un enfant naturel, tant que celui-ci est vivant, il ne peut en être de même lorsqu'il est décédé avant la libéralité, car alors elle ne saurait lui profiter, et le lien intermédiaire étant rompu, il n'y a plus lieu de supposer d'interposition en sa faveur; — Attendu que les art. 757 à 760, relatifs seulement aux droits des enfants naturels sur les biens de leurs père et mère, indépendamment de toute libéralité de leur part, sont par cela même sans influence sur la solution de la question; — Attendu que, dans l'espèce, c'est postérieurement à la mort de sa fille naturelle que Marie-Joseph Bourgeois, femme Lepinoy, a fait, en faveur d'Henriette, sa petite-fille, la libéralité qui donne lieu au litige; — Que, dès lors, la cour royale de Douai qui, par son arrêt du 9 mai 1836, a déclaré cette libéralité valable, n'a violé aucune loi; — Par ces motifs; — Rejette.

Du 15 avr. 1840.-C. C., ch. civ.-MM. Portalis, 1er pr.-Bérenger, r.-Barris, 1er av. gén., c. conf.-Godard de Saponay et Ledru-Rollin, av.

(1) (Autreau, etc. C. Maréchal.) — Fils reconnu d'Armand Maréchal, Louis-Amand, après s'être marié, est parti pour l'armée, en 1811, laissant deux enfants issus de son mariage. — Depuis on n'a pas eu de ses nouvelles. — En 1827, Maréchal père décède après avoir institué les deux enfants de son fils naturel, absent, pour ses héritiers universels. — Autreau et consorts, neveux et nièces du défunt, prétendent que les enfants de Louis-Amand ne peuvent recueillir que les droits qu'il aurait lui-même.—29 mars 1828, jugement du tribunal d'Epernay, qui accueille cette demande en ces termes : « Attendu que les mineurs Maréchal, vis-à-vis du testateur Armand Maréchal, leur aïeul, sont dans les mêmes rapports que Louis-Amand Maréchal, leur père, fils naturel dudit Armand; qu'ainsi dans la succession déférée soit *ab intestat*, soit par disposition testamentaire, il ne peut leur être attribué d'autres et plus grands droits que ceux qu'aurait eus, sur la même succession, Louis-Amand Maréchal, leur père; — Attendu qu'Armand Maréchal délaisse des parents au degré successible; que, suivant les dispositions de la 2e partie de l'art. 757 c. civ., il ne peut revenir à son fils naturel que les trois quarts des biens composant la succession, l'autre quart étant dévolu à ses héritiers collatéraux; que, dès lors, il y a lieu d'ordonner l'exécution du testament, mais d'en réduire les effets aux trois quarts des biens composant la susdite hérédité, le surplus devant passer aux héritiers. — Appel des enfants Maréchal. — Arrêt.

La cour; — Adoptant les motifs des premiers juges; — Confirme, etc.

Du 26 déc. 1828.-C. de Paris, 1re ch.-MM. Séguier, 1er pr.-Vaufreland, av. gén., c. conf.-Persil et Dupin jeune, av.

(2) (Compans et autres C. enfants Marty.) — La cour; — Considérant que si les lois interdisent au père d'instituer son enfant naturel pour héritier, il n'en est pas de même à l'égard des petits-fils de son enfant naturel; telle est la disposition de la loi 12, C., *De naturalibus liberis*. La seule modification apposée à cette disposition, c'est que l'aïeul n'ait pas de descendants légitimes, au préjudice desquels tournerait l'institution; or, il est convenu que Jeanne Limes, testatrice, n'a jamais été mariée; elle pouvait donc user de la faculté à elle accordée par la loi citée, et instituer, pour ses héritiers, les enfants légitimes de Raymonde, sa fille naturelle; — Considérant que la déclaration du 26 nov. 1659 et l'édit de mars 1697 ne se rapportent qu'aux enfants et descendants issus de mariages tenus secrets, et de ceux contractés *in extremis*; les peines prononcées par ces deux lois ne s'appliquent pas à notre espèce, ne pouvant y être étendues par induction, parce que les peines doivent constamment être resserrées dans les bornes que la loi leur a prescrites. La déclaration et l'édit mentionnés ci-dessus avaient principalement en vue le maintien de l'autorité paternelle, le besoin de prévenir les mésalliances et de maintenir la dignité du mariage qui se trouvait profanée, alors qu'après un concubinage on n'y avait eu recours qu'au dernier moment de la vie; et si le législateur avait voulu faire régner la même prohibition de l'aïeul aux descendants de son fils naturel, il n'aurait pas manqué de l'exprimer; son silence ne peut être suppléé pour dépouiller les enfants Marty d'une disposition que la loi 12, C., *De naturalibus liberis*, doit faire maintenir expressément; — Considérant que cette opinion se trouve soutenue, d'ailleurs, par plusieurs autorités du plus grand poids, celles de d'Olive, liv. 5, chap. 54; Henrys, liv. 6, quest. 10; Louet, Lebrun et autres; elle a même été confirmée par un arrêt du parlement de Toulouse, rendu le 22 mai 1779, au rapport de M. de Gailhard, dans la cause de la dame veuve Dumas et ses enfants, contre le sieur Michel; — Considérant que la cour doit, dès lors, confirmer le jugement de première instance qui a maintenu le testament de Jeanne Limes : — Confirme. »

Du 2 août 1808.-C. de Toulouse.-M. Dast, pr.

ART. 2. — *De la succession aux enfants naturels décédés sans postérité.*

352. A défaut de postérité, les père et mère qui l'ont reconnu sont les premiers appelés à la succession de l'enfant naturel (art. 765). Le code, en ce point, a introduit un droit nouveau. Les femmes, à la vérité, succédaient à leurs enfants naturels, selon les lois romaines (L. 5, C., *Ad S.-C. Orphil.*). Ces lois n'étaient pas observées en France, si ce n'est dans le ressort du parlement de Grenoble, et dans les coutumes d'Artois, Saint-Omer et Valenciennes. Mais la même succession ne fut jamais accordée aux hommes. S'il ne laissait ni enfants légitimes, ni mère, les biens du bâtard appartenaient au roi ou au seigneur haut-justicier (Bacquet, Bâtardise, ch. 8; et Justice, ch. 23). Les auteurs du code ont voulu encourager les reconnaissances d'enfant et récompenser les père et mère qui avaient rempli ce devoir. Les droits successifs d'ailleurs sont en général réciproques.

353. Pour succéder à l'enfant naturel, il faut que les père ou mère l'aient reconnu dans les formes légales et de son vivant. — Jugé que le père qui n'a reconnu qu'après le décès de l'enfant ne peut lui succéder (Paris, 25 mai 1835, aff. Rolland, V. Paternité, nº 509).

354. La postérité illégitime de l'enfant naturel exclurait-elle les père et mère? — Les auteurs des Pandectes franç., t. 3, p. 125, admettent les petits-enfants naturels, en vertu de l'art. 757, à la moitié de ce qu'ils auraient eu s'ils étaient légitimes. Cette opinion est motivée sur ce que les père et mère sont ici héritiers légitimes. M. Duranton, t. 6, nº 336, énonce la même solution sans aucun motif. — Nous ne croyons pas l'art. 757 applicable : les père et mère naturels sont des successeurs irréguliers, comme l'annonce la rubrique du chapitre où ce code traite de leurs droits. L'art. 757 ne règle que les rapports des parents légitimes avec les enfants naturels. A défaut de parents légitimes, l'art. 758 attribue au bâtard la totalité de la succession de son père. On ne comprend pas que le législateur eût ajouté à l'art. 165, *décédé sans postérité*, s'il n'avait pas voulu parler de la descendance naturelle. A quoi bon, puisque les enfants légitimes succèdent de préférence, même à leur père ou mère légitimes? Dans l'ordre naturel il y avait plus de raison encore que dans l'ordre légitime de préférer l'enfant au père : l'un est innocent, l'autre coupable. Ces divers motifs ne permettent pas d'invoquer ici, par analogie, l'interprétation qui dans l'art. 759, n'entend le mot *descendant* que de la descendance légitime (V. *suprà*, nº 346). — Notre doctrine a le suffrage de MM. Delvincourt, p. 23, note 6; Maleville, t. 2, p. 247; Chabot, t. 2, p. 323; Loiseau, des Enf. natur., appendice, p. 90; Malpel, nº 164; Demante, Progr., t. 2, p. 94; Vazeille sur l'art. 765, nº 3; Poujol, nº 1; Marcadé, p. 130; Massé et Vergé sur Zachariæ, t. 2, p. 280, note 2.

355. Les père ou mère naturels ont-ils un droit de réserve, sur les biens de leur enfant? La question est fort controversée. Pour la réserve (Bordeaux, 20 mars 1837 (1); 24 avril 1834, M. Gerbaud, rap., aff. Boutet; Loiseau, *loc. cit.*, p. 695; Grenier, Rép., de Merlin, vº Réserve, sect. 4, nº 20; contre la réserve, Douai, 5 déc. 1840 (2); Delvincourt, p. 23, note 5; Malpel, nº 167; Chabot, t. 2, p. 331; Marcadé, sur l'art. 915, nº 3). Cette dernière opinion est aussi la nôtre; il n'y a rien à conclure de ce que l'enfant naturel a une réserve sur les biens des père et mère; réserve fondée sur l'art. 757, qui, moins la quotité des droits place l'enfant naturel sur la même ligne que l'enfant légitime; la réciprocité ici ne serait ni juste ni possible, à raison de la règle *nemo ex delicto suo potest consequi emolumentum*, et parce que, dans le système adverse, le père ou la mère auraient toujours une aussi grande part que s'ils étaient légitimes et seraient ainsi traités plus favorablement que l'enfant lui-même.

356. Les père ou mère d'un enfant naturel ont-ils droit à la succession des enfants légitimes de ce dernier, décédés sans postérité? Non, parce que la parenté naturelle n'établit de liens de droit qu'entre les père et mère et l'enfant qu'ils ont reconnu (c. nap. 765). Il est vrai que les descendants légitimes de l'enfant naturel ont le droit de succéder à leur aïeul dans le cas prévu à l'art. 759; mais les descendants ne viennent alors qu'en vertu de la *représentation* et non de leur propre chef : ce qui toutefois a été contesté (V. *suprà*, nº 346). Or, la représentation n'a point lieu dans la ligne ascendante c. nap. 741. La réciprocité d'ailleurs, n'est pas toujours admise dans les successions irrégulières, et les père ou mère, en tout cas, mériteraient moins de faveur que les descendants qui n'ont aucune faute à s'imputer (Conf. Massé et Vergé sur Zachariæ, t. 2, p. 281, note 3; trib. de Nevers, 7 janv. 1838, aff. Chevannes, V. Paternité, nº 718-3º; Caen 9 juin 1847, et sur pourvoi, Req. 5 mars 1849, aff. Lebailly, D. P. 49. 1. 93). Nous avons rapporté avec l'arrêt de Caen une consultation de M. le professeur Feuguerolle produite devant la cour impériale, et où sont développées toutes les objections qu'on peut élever contre cette décision dans l'intérêt de l'enfant naturel.

357. A défaut de père et mère, les *frères naturels* succèdent

(1) (Laburthe C. Faurel.) — LA COUR; — Attendu que, d'après l'art. 915 c. civ., les libéralités par acte entre-vifs ou par testament, ne peuvent excéder les trois quarts des biens, lorsque, à défaut d'enfant, le défunt ne laisse d'ascendant que dans une ligne; — Qu'il ajoute que les biens ainsi réservés au profit des ascendants seront par eux recueillis dans l'ordre où la loi les appelle à succéder; — Que cet article est conçu en termes généraux qui excluent toute distinction entre les ascendants des enfants légitimes et ceux des enfants naturels; — Que la réserve, qui est une partie de l'hérédité, doit, dès lors, être attribuée à tout ascendant qui est appelé à la succession; — Attendu que, suivant l'art. 765 du même code, au titre des Successions irrégulières, la succession de l'enfant naturel qui décède sans postérité est dévolue, sans restriction, au père ou à la mère qui l'a reconnu; — Attendu que l'art. 757, au même titre, qui règle les droits de l'enfant naturel légalement reconnu sur les biens de ses père et mère, lui accorde sur lesdits biens une part restreinte dont, dans aucun cas, il ne peut être entièrement privé, et qui a tous les caractères d'une réserve légale; — Qu'il résulte de ces divers textes une réciprocité de droits et de devoirs entre les pères et mères et les enfants; — Que cette réciprocité, qui est la règle suivie en matière de succession, ne reçoit aucune atteinte réelle de ce que la mesure, quant à la quotité des biens réservés, se trouve être inégale; — Que Jeanne Faurel, qui n'aurait pu disposer de tous ses biens au préjudice de Gustave Faurel, son fils naturel, et qui, en vertu de l'art. 765, était appelée à recueillir l'entière hérédité de celui-ci, s'il fût décédé *ab intestat*, est fondée, d'après l'art. 915, à prétendre au quart à titre de réserve légale, dans cette hérédité dont elle avait été saisie de plein droit; — Par ces motifs, et ceux qui ont déterminé les premiers juges, met au néant l'appel que les parties de Dupré ont interjeté du jugement rendu par le tribunal de première instance de Bordeaux, le 24 fév. 1835, etc.

Du 20 mars 1837.-C. de Bordeaux, 1re ch.-M. Gerbeaud, pr.

(2) (Regnier C. Sergent.) — LA COUR; — Considérant, en droit, que la réduction des donations ne peut être demandée que par ceux au profit desquels la loi fait la réserve (art. 921 c. civ.); que la réserve, comme tout droit privilégié, ne peut résulter d'une simple analogie de position; qu'il faut, pour la consacrer, une disposition précise qui en fixe le principe et l'étendue; — Considérant qu'aucun texte de loi n'établit une réserve au profit des père et mère de l'enfant naturel reconnu; — Que l'art. 915, qui est invoqué, n'est évidemment applicable qu'aux ascendants légitimes; — Que l'art. 765 n'a trait de son côté qu'au décès *ab intestat*; — Que le principe de réciprocité sur lequel s'appuie la prétention de l'intimée, principe qui prend sa source dans un lien naturel et se personnifie en quelque sorte dans la dette alimentaire, ne peut être d'une application nécessaire à des droits réglés par la loi civile (V. art. 549), et par conséquent à la réserve, qui est une institution civile placée au devant de la famille légitime, dans l'intérêt de sa conservation; — Qu'en admettant même que de la réciprocité des droits successifs dût sortir un principe de réserve, toujours est-il, en résultat, qu'il serait inopérant aussi longtemps qu'une disposition législative ne fût venue l'appliquer en en réglant la quotité; — Qu'attribuer aux pères et mères naturels, pour écarter l'objection, la même réserve qu'aux pères et aux mères légitimes, ce serait méconnaître la différence qui existe entre les uns et les autres et contrevenir même à ce principe de réciprocité que l'on invoque, puisque l'enfant naturel ne jouit point à leur égard des droits de l'enfant légitime; — Considérant, d'ailleurs, que l'analogie de position qu'on prétend établir entre l'enfant et le père naturels n'est justifiée ni en droit, ni en raison; — En droit, parce qu'il n'existe au profit du père naturel aucun texte qui fixe, même implicitement, comme à l'égard de l'enfant naturel, un minimum pour la réduction des droits (art. 756, 757, 761); — En raison, parce que la naissance de l'enfant ne peut lui être reprochée, tandis qu'il importe aux mœurs publiques d'éviter que le nombre des paternités ne s'augmente, et que le désordre ne trouve un nouvel aliment dans le bénéfice même que cette paternité lui pourrait offrir; — Met le jugement dont est appel au néant; émendant, etc.

Du 5 déc. 1840.-C. de Douai, 2e ch.-MM. Lambert, pr.-Dumon, av.

au bâtard.—Les frères légitimes n'ont droit qu'aux biens qu'il aurait reçus des père et mère, s'ils se retrouvent en nature dans la succession; ils succèdent encore à l'action en *reprise* ou au prix, s'il est dû des biens aliénés (c. nap. 766).— On rejeta, au conseil d'Etat, une disposition qui, dans le projet du code, appelait indistinctement à la succession les frères soit légitimes, soit naturels. — La loi a restreint le droit de succession ordinaire aux bâtards entre eux. L'enfant naturel ne succédant pas au frère légitime, on a voulu que réciproquement le frère légitime ne succédât pas à l'enfant naturel. Ils ne sont pas membres de la même famille. D'un autre côté, les frères naturels seront plus souvent dans le besoin, puisqu'ils n'ont recueilli qu'une très-petite part de la succession paternelle ou maternelle dont la presque totalité a passé aux enfants légitimes.

358. Les frères naturels excluent l'époux survivant. On proposa de donner la préférence à l'époux; le conseil d'Etat vota en faveur des frères. Leur droit n'est pas contestable, puisque le conjoint n'est appelé par l'art. 767 qu'à défaut de parents successibles (MM. Maleville et Delaporte, Pandectes françaises, sur l'art. 766).

359. Le partage entre les frères et sœurs naturels est soumis aux règles générales des successions ordinaires. Dans le projet du code Napoléon, la section se terminait par un article portant : « La succession de l'enfant naturel n'est dévolue à ses père, mère, frères ou sœurs, que lorsqu'il a été légalement reconnu; elle est au surplus recueillie conformément *aux règles générales* sur les successions. » Cet article n'a été retranché que comme inutile. Et le commissaire du gouvernement, dans l'exposé des motifs, répétait en terminant devant le corps législatif. « Au surplus la loi générale sur les successions, sera exécutée » (V. *suprà*, p. 168, nº 22. Conf. Chabot, nº 7; Loiseau, p. 637; Toullier, t. 4, p. 269; Delvincourt, t. 2; Duranton, t. 6, nº 339; Vazeille, nº 5; Zachariæ, t. 2, p. 281; Marcadé, sur l'art. 766, nº 3).

360. De là, entre autres, cette conséquence, que le principe de la division en deux lignes paternelles et maternelles (c. nap. 733) est applicable entre frères et sœurs naturels, et par conséquent ceux qui tiennent au défunt par un double lien prendront part dans les deux lignes, à la différence des frères et sœurs qui ne seraient que consanguins ou utérins (mêmes auteurs).

361. L'art. 766 appelle à la succession de l'enfant naturel, ses frères et sœurs naturels et *leurs descendants*. Cette expression s'entend-elle seulement des descendants légitimes? M. Chabot, nº 7, l'applique aux descendants naturels, parce que, dit-il, il ne s'agit pas là, comme dans l'art. 759, d'un concours avec des parents légitimes, et que si les descendants naturels étaient exclus, ce ne pourrait être qu'au profit du conjoint survivant ou du fisc. M. Vazeille est du même avis, pour le cas de concours avec le conjoint ou le fisc, ou avec un frère naturel, ou l'enfant naturel d'un autre frère de même qualité. Mais, si l'un des frères naturels a laissé des enfants légitimes, et l'autre des enfants naturels seulement, ou si le même frère laisse des enfants légitimes et des enfants naturels, ceux qui ont l'avantage de la légitimité exclueront-ils les autres? M. Vazeille pense que les enfants légitimes d'un frère naturel excluront les enfants de l'autre frère qui ne sont que naturels, parce que le droit de représentation n'est attaché qu'à la descendance légitime.—M. Marcadé, *loc. cit.*, enseigne d'une manière absolue qu'il ne s'agit dans l'art. 766 que des descendants légitimes; en effet, dit-il, l'enfant naturel ne succède jamais à son aïeul légitime, de même il ne succéderait pas à son aïeul naturel, puisque, comme on l'a vu, les règles générales sur les successions s'appliquent aux successions irrégulières, le bâtard ne pourra donc à plus forte raison succéder, à un oncle ou grand oncle naturel. Cette interprétation que nous adoptons, est la conséquence de nos observations ci-dessus, nº 346, sur le sens du mot *descendant* dans l'art. 759. Il n'y a pas plus de successibilité pour le neveu naturel que pour le petit-fils naturel.

362. Les *frères légitimes*, quoiqu'ils ne reprennent que les choses provenant du père ou de la mère, sont appelés par succession, et non par droit de retour, comme l'ascendant de l'art. 747. C'est la conséquence des mots *qui se retrouvent en nature*, employés par l'art. 766, et de la rubrique *des Successions* sous laquelle est placé cet article. Autrement les biens seraient passés aux frères légitimes, libres de toutes charges. Il suit de là qu'ils sont obligés *pro modo emolumenti* au payement des dettes. MM. Loiseau, p. 635; Delaporte, Pandect. franç., *loc. cit.*; Chabot, t. 2, p. 338; Delvincourt, p. 23, note 7; Poujol, p. 330.

363. Les frères légitimes ont-ils la préférence sur le fisc pour les biens qui ne proviennent pas des père et mère de l'enfant naturel? La négative, jugée par la cour de Grenoble, le 13 janv. 1840, aff. Cheval, V. Paternité, nº 545, est enseignée par MM. Malleville, Vazeille, nº 7; Poujol, nº 6; Marcadé, *loc. cit* — MM. Delvincourt et Duranton, t. 6, nº 339, opposent l'ancienne maxime *fiscus post omnes*; mais il faut entendre, *post omnes successores*. Or, les frères légitimes sont-ils successibles? Non, parce que la parenté soit légitime, soit naturelle, n'est un titre de successibilité que dans les limites fixées par la loi, et aucun texte n'admet les frères légitimes à la succession ordinaire de l'enfant naturel. D'ailleurs l'art. 766 ne fut adopté tel qu'il est par le conseil d'Etat, que sur cette proposition de Cambacérès, que le fils doit être appelé « quand la partie de la succession qui provenait du père est rendue aux enfants légitimes. »

M. Duranton, *loc. cit.*, tout en donnant aux frères légitimes la préférence sur le fisc, appelle le conjoint avant les frères. Il y aurait donc, entre le conjoint et l'Etat, un successeur intermédiaire. Mais l'art. 768 déclare formellement « qu'à défaut de conjoint, la succession est acquise à l'Etat. » Ce système moyen ne nous paraît donc pas soutenable. Ou il faut totalement exclure les frères légitimes des biens non donnés, ou il faut les préférer au conjoint et à l'Etat.

364. L'Etat, quand il exclut les frères légitimes, exclut, à plus forte raison, d'autres collatéraux légitimes plus éloignés. Jugé spécialement que la succession de l'enfant naturel, qui ne laisse ni père et mère, ni frère et sœur naturels, ni conjoint, tombe en déshérence, et est appréhendée par l'Etat, bien qu'il existe des enfants légitimes du frère de sa mère (Colmar, 18 janv. 1850, aff. Ranner, D. P. 51. 2. 161).

365. Le droit de *reprise* n'est accordé par l'art. 766 qu'aux frères et sœurs légitimes. — Leurs descendants y sont-ils admis par *représentation?* — Lors de la discussion, on proposa de dénommer les descendants, sans faire aucune distinction entre les frères légitimes et les frères naturels. Mais il fut arrêté une autre rédaction, où ne figuraient sous aucun rapport les descendants. Le tribunat, à qui la rédaction fut communiquée, fit remarquer l'oubli du mot *descendants*, mais à l'égard seulement des descendants des frères ou sœurs naturels. D'où l'on a conclu (Malpel, nº 164; Grenier, Donat., t. 2, nº 677) que les descendants des frères et sœurs légitimes étaient exclus. — On peut répondre : Si le tribunat a demandé l'addition du mot *descendants* après *frères et sœurs naturels*, c'est que la représentation n'avait été admise par l'art. 759 qu'en faveur des descendants des enfants naturels, et qu'il était besoin de désigner spécialement les descendants des frères et sœurs naturels, pour qu'ils pussent profiter du bénéfice de l'art. 766. Mais une énonciation particulière n'était pas nécessaire pour les descendants de frères ou sœurs légitimes, l'art. 742 les sous-entendant de plein droit dans la dénomination de frères et sœurs. De plus l'art. 766 est fondé sur la présomption que le père donateur préférait ses enfants légitimes aux autres enfants naturels qu'il aurait eus; or, un père est censé généralement avoir pour tous ses descendants, pour tous les enfants de ses enfants décédés, la même affection que pour ses enfants. Telle est aussi l'interprétation de MM. Delvincourt, p. 23, note 7; Chabot, t. 2, p. 341; les auteurs des Pandect. franç., t. 3, p. 125; Merlin, Rép., vº Représentation, sect. 4, § 7; Toullier, t. 4, nº 269; Vazeille sur l'art. 766, nº 3; Poujol, p. 331; Marcadé sur l'art. 766, nº 2; Massé et Vergé sur Zachariæ, t. 2, p. 281, note 6; Coin-Delisle, dans une consultation rapportée D. P. 53. 2. 115. Une question analogue et fort controversée est née de l'art. 757, à l'égard des neveux qui concourent avec l'enfant naturel : les observations qui ont servi à la résoudre (V. *suprà*, nº 280) s'appliquent au cas dont il s'agit. — Jugé que le droit établi par l'art. 766 c. nap., au profit des frères et sœurs légitimes de l'enfant naturel ne passe point à leurs descendants; et que, par suite, la succession d'un enfant naturel, en cas de prédécès de ses père et mère et de ses frères ou sœurs légitimes, est dévolue, encore que ceux-ci auraient laissé des enfants ou descendants, à ses frères et sœurs naturels ou à leurs descendants, sans qu'il y ait à distinguer entre les biens que l'enfant naturel a reçus de ses père et mère, et ses autres biens (Paris, 10 mai 1851 et Rej. 1er juin 1853, aff. Lahirigoyen, D. P. 53. 1. 178, et 2, 115).

366. L'art. 766 n'appelle les frères légitimes aux biens donnés « qu'en cas de prédécès des père *et* mère de l'enfant naturel ; » la loi ne dit pas des *père* ou *mère*. La cour de Dijon, le 1er août 1818, et la cour de Riom, le 4 août 1820 (1), ont conclu de là que les frères légitimes ne succéderaient pas aux biens donnés par leur père, avant que la mère fût aussi décédée. Mais la volonté du législateur n'a pu être de favoriser l'un des concubins au préjudice des enfants légitimes de l'autre. La particule *et* a été souvent, par erreur, employée pour la particule *ou*, comme l'attestent notamment les art. 859, 1041 c. nap. L'esprit de la loi doit l'emporter sur la lettre, quand cet esprit n'est pas douteux. La lettre de la loi peut d'ailleurs s'observer dans certains cas qui peut-être s'offraient à la pensée du législateur. Si, par exemple, c'est le donateur qui a survécu à son conjoint, il faudra le prédécès du père et de la mère, pour que le droit de reprise puisse être exercé par les enfants légitimes. Delvincourt, *loc. cit.*; Chabot, t. 2, p. 340 ; Malpel, n° 164 ; Duranton, t. 6, n° 338 ; Vazeille sur l'art. 766, n° 2.

ART. 3. — *Des droits des enfants adultérins ou incestueux sur les biens de leur père et mère, et de la succession à ces enfants.*

367. L'adultère et l'inceste ont toujours encouru des peines ou une réprobation plus graves que le simple concubinage. — L'empereur Auguste permettait à tous les citoyens de dénoncer l'adultère, comme un crime, et d'en demander vengeance (L. *Julia de adult.*). Constantin le punissait de mort (L. 30, C. *eod. tit.*). Justinien porta les peines les plus sévères contre l'inceste : la confiscation, l'exil, l'infamie (Nov. 12, cap. 1). Les enfants nés de l'un ou l'autre commerce étaient eux-mêmes des objets d'opprobre et d'ignominie : *Nec alendi, nec naturales nominandi erant.* La loi romaine leur refusait toute action en aliments, comme s'ils étaient indignes de vivre (*Auth. ex complexu*). A la vérité, ces rigueurs inhumaines furent tempérées par les interprètes et le droit canon, qui autorisèrent l'enfant à réclamer des aliments et le père à lui en accorder par testament, même à doter sa fille. Quant aux droits de successibilité, les lois romaines et celles de l'ancienne monarchie en privèrent constamment les enfants adultérins ou incestueux. Ils ne pouvaient succéder à aucun de leurs parents, les rapports de parenté n'existant pas aux yeux de la loi. Pour qu'on n'éludât pas cette disposition, il leur était défendu de rien recevoir, par donation ou testament, de leurs père et mère ou ascendants. Les mêmes prohibitions étaient réciproques à l'égard des parents, également incapables de succéder à l'enfant; on avait poussé la sévérité au point de déclarer les biens, délaissés par l'enfant, imprescriptibles dans les mains des ascendants. Le fisc aurait pu les revendiquer après trente ans de possession. — V. M. Loiseau, Tr. des enf. nat., p. 49 et suiv.

368. La loi du 12 brum. an 2 ne parle point des enfants incestueux ; les enfants adultérins n'y figurent que dans l'art. 13, qui, venant après d'autres dispositions, concernant les enfants naturels ordinaires, statue en ces termes : « Sont exceptés ceux de ces enfants dont le père ou la mère était, lors de leur naissance, engagé dans les liens du mariage : il leur sera accordé, à titre d'aliments, le tiers en propriété de la portion à laquelle ils auraient droit, s'ils étaient nés en légitime mariage. » — A l'égard des enfants naturels ordinaires, dont le père est mort dans l'intervalle de cette loi, au code Napoléon, on a vu *suprà*, n° 267, que leur droit dans sa succession, devait être réglé par le code et non par la loi du 12 brumaire. En est-il de même des droits des enfants adultérins? On a motivé la négative sur ce que la loi de brumaire ne renvoyait au code Napoléon que pour les successions à échoir aux enfants naturels, et avant de parler dans l'art. 13 des enfants adultérins. Or cet article, en faisant pour ceux-ci une exception formelle, détermine leurs droits d'une manière précise, sans les soumettre à aucune législation postérieure. C'est ainsi encore que la loi transitoire du 14 flor. an 11 ne parle que des enfants nés hors mariage, sans s'occuper spécialement de ceux nés pendant le mariage de l'un des époux. Qu'on se rappelle d'ailleurs au milieu de quels orages fut rendue la loi du 12 brumaire. Le législateur d'alors, entraîné au delà des bornes vis-à-vis de l'enfant naturel, ne pouvait se dissimuler qu'en les assimilant en tout aux enfants légitimes, il étendait trop leurs droits ; et, par une sage prévoyance, il crut devoir renvoyer à des temps plus tranquilles le règlement définitif de ces droits. Il n'y avait pas la même raison pour les enfants adultérins ; la loi de brumaire ne leur attribuant que des aliments, il était facile de prévoir que plus tard il n'y aurait pas ou presque pas de changements à leur égard. — Nonobstant ces raisons, il a été jugé qu'il n'y a aucune distinction à faire entre les enfants adultérins et les enfants naturels proprement dits ; que c'est le code et non la loi de brumaire, qui règle leurs droits sur la succession du père, mort dans l'intervalle de cette loi au code Napoléon (Paris, 16 pluv. an 12) (2).

369. Toutefois, il a été décidé : 1° que la loi du 12 brum. an 2, qui, par un effet rétroactif, admet les enfants nés hors mariage aux successions de leurs père et mère, ouvertes depuis le 14 juill. 1789, ne s'applique qu'aux enfants naturels simples,

(1) 1re *Espèce* : — (Lantissier C. Deschamps.) — LA COUR ; — Considérant que la succession d'un enfant naturel est déférée en totalité, à défaut d'enfants ou descendants, à ses père et mère qui l'ont reconnu, et au cas de prédécès de l'un d'eux, à celui qui a survécu à l'enfant naturel ; — Considérant que, d'après l'art. 766 c. civ., les frères et sœurs légitimes ne peuvent exercer le droit de retour que cet article leur confère qu'en cas de prédécès des père et mère ; — Considérant, dès lors, que ce droit ne peut être exercé par les enfants légitimes du père prédécédé sur les biens par lui donnés à l'enfant naturel, si la mère de cet enfant a survécu ; que vouloir interpréter la loi dans un sens contraire, ce serait suppléer une disposition législative dans une matière qui est toute de droit positif ; que, vainement, pour étayer ce système, s'appuierait-on sur les dispositions des lois en matière de succession ordinaire, puisque l'analogie ne peut exister entre ces dispositions et celles qui ont été prescrites pour les successions irrégulières ; — Considérant, en conséquence, que la femme Deschamps, qui a reconnu son enfant naturel et qui lui a survécu, avait seule droit de recueillir les biens par lui délaissés, et que les appelants ont mal à propos invoqué les dispositions de l'art. 766, pour faire rejeter la demande en nullité du traité du 17 oct. 1809, etc.

Du 1er août 1818.-C. de Dijon.-M. Ranfer de Monceaux, 1er pr.

2e *Espèce* : — (Peytieu C. De Latour.) — LA COUR ; — ... En ce qui concerne la demande de Marie-Anne Peytieu, tendant à recueillir, en qualité d'héritière de son fils naturel, la portion entière qui devait revenir à celui-ci dans la succession du sieur Duffayet de Latour, d'après la fixation faite dans ce cas par l'art. 757 c. civ. ; — Attendu qu'il résulte expressément de l'art. 766 même code, que, pour que les objets que les enfants naturels recueillent dans la succession de leur père reviennent aux frères ou sœurs légitimes, il faut le prédécès des père et mère de l'enfant naturel ; que c'est là une condition textuellement prononcée par la loi ; que cette condition comprend cumulativement deux cas, savoir : le cas du décès du père et celui du décès de la mère ; qu'on ne peut diviser ces deux cas ; que tous deux doivent se présenter, et que, dans l'espèce, il ne s'en présente qu'un, puisque la mère de l'enfant naturel est vivante ; — Attendu que, sur une matière telle que celle dont il s'agit, il est dans l'ordre de s'en tenir à la disposition littérale et précise de l'art. 766 du code, dès qu'elle n'est combattue ni modifiée par aucune autre disposition législative ; qu'on risquerait de s'égarer en recourant à d'autres dispositions concernant les successions régulières ; ces successions et les demissions irrégulières ayant été réglées par des principes différents, d'après des idées diverses et opposées, et que des analogies des unes aux autres seraient dangereuses, etc.

Du 4 août 1820.-C. de Riom, 1re ch.-M. Grenier, pr.

(2) (Hérit. Superville C. demoiselle Papot.) — LA COUR ; — Considérant que la disposition de l'art. 13 de la loi du 12 brum. an 2 ne s'appliquait qu'aux enfants adultérins dont les père et mère étaient morts depuis le 14 juill. 1789 jusqu'à la publication de cette loi ; qu'à l'égard de ceux dont les père et mère vivaient lors de cette publication, l'art. 10 a laissé leur état et leurs droits soumis aux dispositions du code civil ; — Que François Superville n'étant décédé qu'en l'an 10, on n'a pu invoquer pour son fils adultérin la disposition de l'art. 13 de la loi du 12 brumaire ; — Qu'aux termes de la loi du 14 flor. an 11, cet enfant ne peut prétendre autre chose de la succession de son père que des aliments, et qu'à cet effet cette loi l'a soumis aux dispositions du code civil ; — Vu les art. 52 et 53 du code ; — Emendant, etc.

Du 16 pluv. an 12.-C. de Paris.

c'est-à-dire nés de père et mère non engagés dans les liens du mariage. En conséquence, sont exceptés du bénéfice de la rétroactivité les enfants adultérins, dont les droits pour aliments sont spécialement déterminés, pour l'avenir seulement, par l'art. 13 de la loi citée (Rej. 8 mars 1825) (1); — 2° Que la loi du 15 therm. an 4, abolitive de la rétroactivité créée par la loi du 12 brum. an 2, n'a rien disposé sur les enfants adultérins : cette loi n'est applicable qu'aux enfants naturels simples; et spécialement qu'un enfant adultérin, né en 1773, ne peut, en vertu des lois des 12 brum. an 2 et 15 therm. an 4, réclamer sur une succession ouverte en 1792, les droits alimentaires dont parlent ces lois; l'une n'ayant disposé, à l'égard des enfants adultérins, que pour l'avenir; l'autre ne s'appliquant qu'aux enfants naturels simples; l'enfant adultérin ne peut exercer sur la succession dont il s'agit que les droits accordés par les anciennes lois (même arrêt).

370. Relativement à la quotité des aliments, il a été décidé que l'art. 13 de la loi du 12 brum. an 2, qui accorde aux adultérins le tiers de la succession à titre d'aliments, ne doit pas être appliqué rigoureusement au cas où la succession est tellement modique que le tiers ne suffit pas pour subvenir à la nourriture de l'enfant. Alors c'est aux tribunaux à fixer équitablement la quotité due par les héritiers légitimes, à titre d'aliments (Rouen, 8 germ. an 11, aff. Leroi *C.* Lerible).

371. Sous l'empire de la loi du 12 brum. an 2, il a été jugé que l'enfant naturel, né pendant l'instance en divorce entre son père et la femme de celui-ci, a pu être habile à acquérir des droits successifs; l'exception portée par l'art. 14 de cette loi ne s'applique qu'au cas de succession de personnes déjà séparées de corps (Sect. réun. cass. 5 niv. an 9) (2).—La même question ne pourrait se reproduire sous l'empire du code; car l'art. 227 déclare que le mariage n'est dissous que par le divorce légalement prononcé.—Donc, pendant le cours de l'instance, le lien subsiste encore; l'enfant qui naîtrait de l'un des conjoints et de tout autre serait réputé adultérin; il ne pourrait donc acquérir les droits que le code attribue aux enfants naturels reconnus.

372. Le code n'accorde aux enfants adultérins ou incestueux que des aliments « réglés eu égard aux facultés du père ou de la mère, au nombre et à la qualité des héritiers légitimes ; » et toute réclamation sur la succession leur est interdite, « lorsque le père ou la mère leur ont fait apprendre un art mécanique, ou que l'un d'eux leur a assuré des aliments de son vivant » (art. 762 à 764).

373. La section de législation avait proposé un article qui permettait à l'enfant de demander, à sa majorité, le remboursement du capital des aliments, si ce remboursement était utile pour lui assurer un état, et que sa conduite en garantît l'avantage. On rejeta l'article, comme introduisant une procédure contraire aux bonnes mœurs, comme donnant aux enfants adultérins et incestueux un avantage qui est refusé aux bâtards simples, enfin comme tendant à discuter les biens des père et mère. La même proposition fut renouvelée avec une modification qui ajournait la demande après le décès des père et mère. On rejeta aussi cette modification, par le motif qu'un père pouvait avoir transigé pour dérober à la publicité sa paternité adultérine ou incestueuse, et que sa prévoyance serait déjouée, si une action contre ses héritiers devenait l'occasion de divulguer sa faute. — Locré, Lég. civ., etc., t. 10, p. 92.

374. Le métier de couturière, que des père et mère auraient fait apprendre à leur fille adultérine, n'est pas un art mécanique dans le sens de l'art. 764 c. nap., et ne suffit pas pour lui ôter tout droit sur leur succession. — « Attendu que, quoique fille adultérine, la femme Capmartin avait droit à des aliments, et que l'exception portée par la première partie de l'art. 764 du c. nap. ne peut être invoquée contre elle, puisque ses parents s'étaient bornés à lui faire apprendre ou à lui apprendre eux-mêmes, sans frais, la couture, dont les profits sont insuffisants pour fournir à la subsistance d'une personne qui n'aurait point d'autres ressources, et qui ne saurait être rangée au nombre des arts mécaniques dont parle ledit article; confirme » (Toulouse, 30 avr. 1828; M. d'Adelguier, pr., aff. Fontètes *C.* Capmartin).

375. L'art. 335 défend de reconnaître un enfant adultérin ou incestueux. Mais cette reconnaissance peut être indirectement acquise par suite d'une procédure en désaveu ou en nullité de mariage pour bigamie ou pour degré prohibé. — On a demandé si une reconnaissance directe des père et mère ne donnerait pas à l'enfant l'action en aliments. L'art. 335, a-t-on dit, n'a eu pour objet que d'écarter l'enfant adultérin ou incestueux des successions irrégulières; c'est la différence qu'on a voulu établir entre cet enfant et le bâtard simple. Mais l'équité s'opposait à ce qu'on entendît dispenser les père et mère de l'obligation naturelle de nourrir celui qu'ils ont reconnu. Cette interprétation qui divise les auteurs et que nous combattons v° Paternité, n°s 724 et suiv., est généralement repoussée par la jurisprudence qui, dans des vues de morale et d'honnêteté publique, refuse à la reconnaissance tout effet, soit pour l'enfant, soit contre lui.

376. Une donation indirecte et déguisée, au profit d'un enfant adultérin, n'est pas nulle par cela seul, si elle ne constitue d'ailleurs qu'une donation alimentaire, d'après les données d'appréciation qui sont dans la loi (Toulouse, 30 avril 1828) (3).

---

(1) De (Follainville *C.* princesse de Rohan.) —LA COUR (ap. dél. en ch. du cons.); — Attendu qu'il résulte des dispositions combinées des art. 1 et 13 de la loi du 12 brum. an 2 (1er nov. 1793), que les enfants naturels simples, ou nés de père et de mère libres, furent seuls admis aux successions de leurs père et mère, ouvertes depuis le 14 juill. 1795, ou qui s'ouvriraient à l'avenir; que les enfants naturels, nés de père ou mère qui était, lors de leur naissance, engagé dans les liens du mariage, furent formellement exceptés de ces dispositions, et restreints à une quotité déterminée de biens, à titre d'aliments et sans aucun effet rétroactif; que la loi du 15 therm. an 4 (2 août 1796) ne fit qu'abolir la rétroactivité attribuée au droit de succéder des enfants naturels simples, et régler les restitutions de biens qui devaient être la suite de cette abolition; qu'elle ne s'occupa pas des enfants naturels adultérins, en faveur desquels la loi de brumaire n'avait établi ni successibilité ni rétroactivité; — Que, par suite, ces derniers ne sauraient profiter de l'art. 5 de la même loi du 15 thermidor, qui est spécialement et uniquement destinée à donner une indemnité aux seuls enfants naturels qui étaient déchus, par l'effet de cette loi, des droits successifs que leur avait conférés la disposition rétroactive et dont l'abolition de cette disposition venait de les dépouiller; — Attendu, enfin qu'il est constant, dans la cause : 1° que le sieur de Follainville se présente comme enfant naturel adultérin du duc de Bouillon; 2° que la succession, sur laquelle il élève des prétentions, s'est ouverte en 1792 antérieurement aux lois des 4 juin et 1er nov. 1793, ou brum. an 2; qu'il ne peut donc exciper contre cette succession de la rétroactivité de la loi de brumaire, parce qu'elle ne le concerne pas; qu'il ne peut non plus se prévaloir des dispositions de l'art. 5 de la loi du 15 thermidor an 4, qui lui sont également étrangères; qu'en le déclarant non recevable dans ses différentes demandes, l'arrêt attaqué, loin de violer les lois des 12 brum. an 2 et 15 therm. an 4, en a fait, au contraire, une juste et saine application : — Rejette le pourvoi formé contre l'arrêt de la cour de Paris, du 5 juill. 1821.

Du 8 mars 1825.-C. C., sect. civ.-MM. Brisson, pr.-Legonidec, rap.

(2) (Blanquart-Labarrière *C.* Dumas.) — LA COUR; — Vu les art. 1er, 2, 13 et 14 de la loi du 12 brum. an 2; — Et attendu qu'en supposant Isabelle fille naturelle de Jacques-François-Antoine-Pierre Blanquart-Labarrière, il n'en serait pas moins constant que, lors de sa naissance, son père était engagé dans le lien du mariage, circonstance qui ne permet pas de la placer entre les enfants légitimes dans le partage de la succession de son père, selon l'art. 13 de ladite loi du 12 brumaire; — Attendu que l'art. 14 de cette loi ne présente une exception à l'art. 13 que dans le cas où il s'agit de la succession de personnes séparées de corps par jugement ou acte authentique; — Que cette exception ne regarde absolument que le passé, puisque les demandes en séparation de corps furent éteintes et abolies par l'art. 6 du § 1 de la loi du 20 sept. 1792 sur le divorce; — Qu'étendre l'exception de l'art. 14 aux personnes divorcées, ce serait provoquer au divorce les époux infidèles qui verraient exister des traces de l'oubli de leur devoir; — D'où il résulte que le jugement attaqué n'a pas seulement fait une fausse application de l'art. 14 de la loi du 12 brum. an 2, mais qu'il a formellement contrevenu à l'art. 13 de la même loi; — Casse, etc.

Du 5 niv. an 9.-C. C., sect. réun.-M. d'Outrepont, rap.

(3) (Fontètes *C.* Capmartin.) — LA COUR; — Attendu que toutes les circonstances de la cause établissent que l'obligation du 1er mai 1820, consentie par les époux Fontètes à la veuve Roussel, est simulée à concurrence de 2,000 fr; qu'elle n'a eu lieu, ainsi que la donation de la même somme, faite le lendemain par la veuve Roussel, en faveur des époux Capmartin, que pour déguiser une libéralité des époux Fontètes envers leur fille; que, par suite, il s'agit seulement de savoir si cette libéralité peut être maintenue; — Attendu qu'il résulte des faits et des actes produits devant la cour, que, s'il y a quelque incertitude sur la

377. L'arrêt qui, annulant comme entachée d'adultérinité la reconnaissance faite par un mari au profit d'un enfant, né de sa femme avant leur mariage, décide que cette femme, en recevant un legs universel de son mari, n'est point personne interposée au profit de l'enfant prétendu adultérin, et qu'un tel legs n'est que le résultat de l'affection conjugale, ne viole aucunement les dispositions prohibitives de l'interposition des personnes au profit des incapables (c. nap. 911, 998; Rej. 18 mars 1828, aff. Lemerle, V. Paternité, nº 725-3º).

378. Il suffit que des aliments aient été fournis à un enfant adultérin, et par le père qui a avoué sa paternité adultérine, conformément à la déclaration qui en est faite dans l'acte de naissance, et par les héritiers de ce dernier, pour que ces héritiers ne soient pas fondés à critiquer l'arrêt qui, s'appuyant sur cette exécution, les condamne à servir une pension alimentaire à l'enfant (c. nap. 756, 1338; Rej. 24 déc. 1832, aff. Robin, V. Paternité, nº 735-2º).

379. Des aliments sont-ils dus, à titre de réserve, aux enfants adultérins ou incestueux? — M. Chabot, *loc. cit.*, se prononce, sans hésiter, pour la négative. Il ne daigne pas même discuter la question, se bornant à dire que « les donataires entre-vifs ne sont aucunement obligés au payement des dettes des successions des donataires. » — MM. Merlin et Malpel, nº 172, soutiennent l'opinion contraire, énoncée aussi, mais sans discussion, par M. Duranton, t. 6, nº 712. M. Merlin, Quest. de dr., vº Réserve, en donne ces motifs : « L'art. 762, en déclarant que la loi ne leur accorde que des aliments, fait bien entendre qu'il est dû au moins des aliments; qu'ils sont dus par la volonté de la loi, et que la volonté de la loi ne doit pas être inefficace. En disant que, dans les deux cas qu'il prévoit (lorsque le père ou la mère aura fait apprendre un art mécanique ou assuré des aliments de son vivant), l'enfant ne pourra élever aucune réclamation contre les successions de leurs père et mère, l'art. 764 fait bien entendre que, hors ces deux cas, la réclamation sera accueillie; et ce mot *réclamation* annonce assez par lui-même que, hors ces deux cas, il n'est au pouvoir de personne de rendre sans effet l'action en aliments que donne la loi. » Ce raisonnement ne nous paraît pas très-concluant : la loi, en général, ne dispose que des biens libres laissés dans la succession. Les dispositions de l'homme l'emportent sur celles de la loi. Quand on a voulu déroger à cette règle, on s'en est expliqué formellement; les art. 913 et 916 accordent une réserve aux ascendants et aux enfants légitimes. La réserve est un droit d'héritier; si on l'a étendue à l'enfant naturel, quoique non héritier, c'est que l'art. 757 lui attribuant une quotité de la portion héréditaire qu'il aurait eue s'il eût été légitime, on a cru que cette quotité devait se composer des mêmes éléments que la portion héréditaire de l'enfant légitime. Mais il n'y a nulle raison d'analogie, nulle expression dans la loi, qui permette de croire dus, au même titre de réserve, les aliments assignés aux enfants incestueux ou adultérins, et qui ne sont qu'une dette de la succession.

380. L'enfant naturel qui s'est borné en première instance à poursuivre la délivrance de ses droits successifs, ne peut pas, sur l'appel, transformer sa demande en celle d'une quote-part à titre d'aliments (Toulouse, 6 mai 1826, aff. Mesplier, V. Paternité, nº 688-2º).

381. A qui passe la succession de l'enfant incestueux ou adultérin? — A ses descendants, et, à leur défaut, au conjoint survivant et à l'État. Si l'enfant ne succède pas à ses père et mère, il y a plus de raison encore pour que ceux-ci, les seuls coupables, ne succèdent pas à l'enfant. La successibilité, d'ailleurs, est généralement réciproque (Chabot, t. 2, nº 353; Duranton, t. 6, nº 340; Malpel, nº 173; Loiseau, Appendice, p. 97).

SECT. 2. — *Des droits du conjoint survivant et de l'État.*

382. *Droits du conjoint survivant.* — L'art. 767 appelle à la succession le conjoint non divorcé, lorsque le défunt ne laisse ni parents au degré successible, ni enfants naturels. — Cette disposition, motivée sur la présomption d'affection, a son origine dans les lois romaines (*tit.* ff. et C. *Unde vir et uxor*), qui préféraient également le conjoint au fisc. Il en était ainsi dans toute la France.

383. Le divorce exclut la successibilité entre époux. Il a été jugé en conséquence que l'art. 394 de la coutume de Normandie, qui attribuait à la femme moitié de la succession mobilière du mari, supposait l'existence du mariage lors du décès du mari, et n'était pas applicable entre époux divorcés (Req. 29 août 1827, aff. Alleaume, V. Contr. de mar., nº 3878).

384. L'ancienne jurisprudence excluait aussi le conjoint s'il avait abandonné son époux, ou s'il s'était *séparé de corps*.—La séparation de corps ne serait plus aujourd'hui un obstacle à la succession du conjoint. — La question avait été débattue au conseil d'État; MM. Maleville, Berlier, Treilhard, opinaient contre le conjoint; MM. Tronchet et Bigot de Préameneu combattaient cette opinion. Le procès-verbal porte qu'il fut admis en principe que les époux séparés de corps ne se succéderaient pas, et que l'article fut renvoyé à la section pour un changement de rédaction conforme à ce principe. Cependant la rédaction définitive ne parle que du divorce; ce que M. Maleville explique ainsi : « C'est qu'on a considéré depuis que l'exclusion de la succession, en cas de séparation, pourrait tomber sur l'époux qui n'avait rien à se reprocher. » — Conf. Delvincourt, p. 24, note 6; Duranton, t. 6, nº 343; Toullier, t. 4, nº 254; Maleville, t. 2, p. 333; Favard, sect. 4, § 2; Vazeille, sur l'art. 767; Poujol, p. 338.—*Contrà*, Delaporte, Pandect. franç., t. 3, p. 130.

385. Le mariage nul ou simplement putatif, empêche-t-il l'époux de jouir du droit de succession? Il faut distinguer. A quelle époque a-t-on prononcé la nullité du mariage? Avant le décès de l'un des époux? l'autre ne lui succédera pas, quoique de bonne foi. Les effets civils d'un tel mariage n'ont été maintenus que pour le temps antérieur au jugement qui déclare le mariage nul; et le droit à une succession ne s'acquiert que depuis son ouverture. Il n'y a pas de succession en cas de divorce; à plus forte raison lorsqu'il est jugé qu'il n'y a jamais eu mariage. — Le mariage a-t-il subsisté jusqu'à la mort? tous deux se succéderont s'ils sont de bonne foi. Si l'un est de mauvaise foi, l'autre succédera seul, sans réciprocité (Chabot, t. 2, p. 350; Delvincourt, *loc. cit.*; les auteurs des Pandect. franç., t. 2, p. 132; Vazeille, sur l'art. 767, nº 3; Poujol, p. 337, 338).

386. Les lois romaines privaient la mère tutrice, qui s'était *remariée* sans avoir préalablement fait nommer un nouveau tuteur, de la succession de son enfant décédé en pupillarité.—Jugé que ces lois n'ont point été abrogées en ce point par la loi du 17 niv. an 2.—V. Mariage, nº 965.

387. L'art. 767 doit être combiné avec les deux dispositions qui le précèdent, et qui donnent aux père et mère naturels, aux frères et sœurs naturels, aux frères et sœurs légitimes de l'enfant naturel, la préférence sur le conjoint. Il faut remarquer en outre que le conjoint, quoiqu'il soit appelé *à défaut de parents au degré successible*, ne serait pas moins admis à la succession s'il existait de ces parents, mais qu'ils eussent renoncé. Par la *renonciation*, on est censé n'avoir eu jamais qualité pour succéder. — C'est l'observation de tous les auteurs.

388. Le droit romain (nov. 53, ch. 6; 74, ch. 5; et 117, ch. 5) accordait une portion de la succession d'un mari opulent à la veuve qui n'avait plus le moyen de subsister honorablement, lors même que le mari laissait des enfants, soit de son mariage avec elle, soit d'un mariage précédent; la portion était du quart, s'il y avait moins de quatre enfants; elle partageait par tête avec un plus grand nombre. Le tout lui passait en pleine propriété si les enfants étaient d'un précédent mariage; sinon en usufruit. L'ancienne jurisprudence attribuait l'usufruit ou une pension à l'époux dans le besoin, mais sans suivre les mêmes règles que le droit romain. — Il a été jugé à cet égard 1º que le

consistance de la succession du sieur Fontètes père, du moins, il est établi que celle de la femme Fontètes se porte à plus de 36,000 fr., déduction faite des charges dont elle est grevée, et qu'ayant laissé seulement trois enfants, la somme de 2,000 fr., assurée à la femme Capmartin, n'est pas excessive pour lui tenir lieu des aliments auxquels elle a droit; — Par ces motifs, et adoptant, au surplus, ceux des premiers juges, démet Fontètes de son appel.

Du 30 avril 1828.-C. de Toulouse.-M. d'Aldéguier, pr.

droit établi dans les pays de droit écrit, sous le nom de quarte du conjoint pauvre, au profit des époux mariés sous l'empire de ce droit, n'a point été aboli par la loi du 17 niv. an 2 (Req. 2 août 1831, aff. Llannet, V. Contr. de mar., n° 517);—2° Que l'arrêt qui décide que la quarte du conjoint pauvre appartiendra en toute propriété à la mère, si elle survit à ses enfants, fait une juste application de l'authentique *prœtereà*, au C. *undè vir et uxor*, et n'est pas susceptible de cassation pour prétendue violation, soit de la nov. 117, ch. 5, soit de la loi du 17 niv. an 2, en ce que son droit n'aurait pas été *hic et nunc* réduit à un simple droit d'usufruit (même arrêt); — 3° Que l'authentique *prœtereà*, qui accorde à la veuve pauvre une portion de la succession du mari, n'était admise par la jurisprudence du parlement d'Aix qu'avec des modifications, et notamment qu'il ne s'appliquait pas à la femme qui avait été dotée (Req. 5 oct. 1791, MM. Lions, pr., Riolz, rap., aff. veuve Laurens).

389. Sous l'empire du code Napoléon, le conjoint exclu de la succession par des parents pourrait-il, sur les biens du défunt, obtenir une pension alimentaire?—L'ancienne jurisprudence fut rappelée au conseil d'État dans la discussion de l'art. 767. « On n'en contesta pas la justice, remarque M. Maleville; on dit seulement qu'il y avait été pourvu par un autre article du code, article qui ne se trouve nulle part; en sorte, continue le même auteur, que si le conjoint n'a pas d'enfants de l'époux prédécédé, auxquels, suivant l'art. 205, il puisse demander des aliments, il se trouvera réduit à la misère en face d'héritiers opulents. » M. Maleville, t. 2, p. 253, croit en conséquence que, « malgré le silence du code, et d'après ce qui résulte du procès-verbal, l'équité et l'honneur du mariage autorisent suffisamment les tribunaux à se conformer à l'ancienne jurisprudence, le code n'ayant statué que sur la propriété. » M. Delvincourt, p. 24, note 6, exprime la même opinion.— C'est à regret que nous voyons, dans la sévérité des principes, un obstacle à l'application actuelle de cette doctrine équitable. Le code n'admet le conjoint qu'à défaut de parents successibles: rien de plus positif. Le droit des parents ne rencontre aucune limite, à l'égard du conjoint; le texte de la loi doit l'emporter sur l'arbitraire (Conf. Malpel, n° 175, et les auteurs des Pand. franç., t. 3, p. 131; Vazeille, sur l'art. 768, n° 4). Nous ne pouvons du reste, que nous référer à nos observations ci-dessus, n° 41, sur la rigueur ou l'imprévoyance de notre loi. On a aussi vu, *suprà*, n°s 36 à 40, que les législations étrangères, ont fait au conjoint survivant une condition plus favorable.—M. Troplong, des Donat., n° 765, approuve le système du code Napoléon, et considère comme suffisante la faculté qu'il laisse aux époux de pourvoir au sort du survivant, soit par des donations, soit par la stipulation du régime de communauté. Toutefois le même auteur ajoute immédiatement, et sans motiver son opinion: « Tout ce à quoi la veuve pourrait prétendre, c'est à des aliments; mais les héritiers d'un homme riche laisseront-ils sa veuve traîner dans la pauvreté une vie honorable? Les tribunaux n'auraient-ils pas le droit de les contraindre à remplir un devoir pieux envers la mémoire de celui dont ils détiennent les biens? »

390. *Droit de l'État.*—A défaut de conjoint survivant, la succession est acquise à l'État (c. nap. 768).—La même disposition était dans le droit romain (L. 1, C. *De bon. vacant. fiscus post omnes*).—Il a été apporté une exception, en faveur des hospices, par un avis du conseil d'État, du 3 nov. 1809, qui, dans certains cas, leur confère la propriété des effets mobiliers des malades décédés.—V. v° Hospices, n°s 123 et s.

391. La disposition qui attribue à l'État les successions en déshérence s'applique non-seulement à la succession d'un Français, mais à tous les biens, même purement mobiliers, que possède en France l'étranger qui y décède, sans que le souverain du pays auquel appartenait cet étranger y puisse rien prétendre (c. nap. 3, 713, 723, 768). — C'est ce qui a été jugé spécialement pour des biens laissés en France par un citoyen des États-Unis (Paris, 15 nov. 1833) (1) et par un Toscan (Trib. de Bordeaux, 12 fév. 1852, aff. hosp. de Bordeaux, D. P. 54. 2. 154). Les biens dans les deux espèces étaient revendiqués par les consuls des deux nations. — En d'autres termes, le droit de retenir les biens vacants jusqu'à ce qu'un légitime ayant droit se présente pour les recueillir est une des conséquences de la souveraineté de chaque État sur tous les biens meubles et immeubles qui se trouvent sur son territoire (V. Conflans, Jurispr. des success., p. 2; Lebret, de la Souveraineté, liv. 3, chap. 12; L. 1, 2, 3, 4 et 5, cod., *De bonis vacantibus*; L. 1, § 2, Dig., *De jure fisci*). —Vainement on a objecté qu'en principe, la transmission après

(1) *Espèce*: — (Barnet C. préfet de la Seine.) — Un jugement avait envoyé le sieur Barnet, consul des États-Unis d'Amérique à Paris, en possession des biens que laissait en France le sieur May de Boston, décédé sans conjoint survivant connu, ni parents successibles. — Opposition de la part du préfet de la Seine, fondée sur les art. 713 et 723 c. civ. — M. Barnet répond que les articles invoqués ne s'appliquent qu'à ceux qui jouissent de la qualité de Français, et que les successions étant de droit positif, la loi d'Amérique est seule applicable.

26 fév. 1832, le tribunal de la Seine admet la prétention du préfet en ces termes: — « Attendu qu'aux termes de l'art. 713 c. civ., les biens qui n'ont pas de maître appartiennent à l'État; que ce droit de propriété sur les biens vacants, a pour principe la souveraineté de l'État sur toutes les choses mobilières et immobilières situées sur son territoire;

» Attendu que l'art. 723 du même code, qui attribue à l'État les successions des personnes mortes sans laisser de parents au degré successible, ni enfant naturel, ni conjoint survivant, n'est que la conséquence de l'art. 713, et a également pour base la souveraineté de l'État sur toutes choses qui se trouvent dans l'étendue de sa juridiction;

» Attendu que si les successions des personnes décédées sans laisser ni parents au degré successible, ni enfant naturel, ni conjoint survivant, sont acquises à l'État, il en résulte nécessairement que nul ne peut, à l'exclusion de l'État, obtenir l'envoi en possession d'une succession, s'il ne prouve pas qu'il est parent, enfant naturel ou conjoint du défunt; — Attendu qu'aucune de nos lois ne fait exception à ces principes pour le cas où il s'agit de la succession d'un étranger; que la loi du 14 juill. 1819 s'est bornée à abroger les art. 726 et 912 c. civ., et à déclarer, en conséquence, que les étrangers auraient le droit de succéder, de disposer et de recevoir, de la même manière que les Français, dans toute l'étendue du royaume; mais qu'elle n'a pas dérogé à l'art. 723 relativement à la succession d'un étranger; qu'elle n'a pas dit que la succession de l'étranger décédé en France, sans laisser ni enfant naturel, ni conjoint, n'appartiendrait pas à l'État; que cette loi, au contraire, en assimilant l'étranger au Français, quant au droit de succéder, de disposer et de recevoir, n'appelle, préférablement à l'État, pour succéder à l'étranger, que ses parents, ses enfants naturels ou son conjoint, soit étranger, soit Français; d'où il suit que, s'il n'a laissé ni parents, ni enfants naturels, ni conjoint connus, sa succession, comme celle du Français en pareil cas, est acquise à l'État, quant aux biens meubles et immeubles qui se trouvent en France;

» Attendu que la prétention du sieur Barnet de faire considérer la succession, dans le cas dont il s'agit, comme acquise à la patrie de l'étranger, est inadmissible; — Que, loin d'être fondée sur aucune loi, elle est repoussée par les art. 713 et 768 c. civ., et par les dispositions de la loi du 14 juill. 1819, qu'elle ne peut non plus se concilier avec le principe de souveraineté, qui s'exerce sur toutes choses, meubles et immeubles, situées dans sa juridiction, aussi pleinement sur celles appartenant à des étrangers que sur celles qui appartiennent aux nationaux; qu'elle n'est, d'ailleurs, appuyée sur aucune convention diplomatique existante entre la France et les États-Unis d'Amérique, qu'elle n'a pas même pour appui l'exemple de ce qui se passe dans ce dernier pays, dont le sieur Barnet est consul, puisque les successions des Français qui y demeurent, sont recueillies par les magistrats, qui ne les rendent, soit au consul français, soit à tous autres, qu'autant qu'ils justifient des pouvoirs et des droits héréditaires des réclamants; — Attendu qu'il résulte de tout ce qui précède, que le titre du sieur Barnet, de consul et de représentant du gouvernement des États-Unis, ne lui donnait aucun droit pour obtenir l'envoi en possession de la succession du sieur May, Américain, décédé à Paris, et que, d'un autre côté, il n'est justifié ni des pouvoirs, ni même de l'existence, soit d'un parent au degré successible, soit d'un enfant naturel, soit d'un conjoint du défunt sieur May; que, dès lors, c'est l'administration des domaines qui doit être envoyée en possession de sa succession, sauf à cette administration à en rendre compte aux parents, enfant naturel ou conjoint qui pourront se présenter par la suite, même leur fondé de pouvoir; — Attendu que l'administration des domaines a rempli les formalités prescrites par l'art. 770 c. civ.; — Le tribunal reçoit le préfet de la Seine, ès noms qu'il agit, opposant au jugement du 12 mai 1829; rapporte ledit jugement; — Déclare nul et de nul effet tout ce qui a pu être fait en vertu du jugement susdaté; — Ordonne que le sieur Barnet rendra compte, à l'administration des domaines, des gestion et administration qu'il a eues de la succession du sieur Ebenezer May, etc. » — Appel. — Arrêt.

La Cour; — Adoptant les motifs des premiers juges, confirme.

Du 15 nov. 1833.-C. de Paris, 1re ch.-M. Séguier, 1er pr.

décès des objets mobiliers est régie par le statut personnel, où la loi du domicile du défunt. Ce principe n'est applicable que dans le cas de succession, et ce n'est pas à titre de succession, mais par droit de souveraineté que les biens sans maître appartiennent à l'Etat. On a argumenté aussi de l'abolition du droit d'aubaine ; mais cette abolition n'a été prononcée qu'en faveur des héritiers mêmes, voulant recueillir la succession de l'étranger.

SECT. 3. — *Des formalités et des effets de l'envoi en possession des successions irrégulières.*

392. *Des formalités.* — Les parents sont avertis par « trois *publications* et *affiches*, dans les formes usitées, » et « le tribunal ne peut statuer sur la demande des héritiers irréguliers qu'après avoir entendu le *procureur impérial*, » dont l'une des fonctions est de veiller aux intérêts des absents (c. nap. 770).— Une circulaire du grand-juge, du 8 juill. 1806, ajoute à ces formes : Le tribunal décerne acte de la demande, ordonne qu'une expédition de ce premier acte sera adressée au ministre de la justice pour l'insertion dans le *Moniteur*; les trois affiches sont apposées dans le ressort de l'ouverture, de trois mois en trois mois; le jugement d'envoi en possession n'est prononcé qu'un an après la demande. — La circulaire ne s'occupe que des demandes formées par la régie du domaine; mais comme elle n'est qu'un mode d'exécution de l'art. 770, les tribunaux ne doivent pas moins l'observer à l'égard de l'enfant naturel et du conjoint survivant (MM. Toullier, t. 4, nº 188; Delvincourt, t. 2 p. 22, note 9; Vazeille, nº 1, et Marcadé, sur l'art. 770).

393. Le code ne s'explique point sur les *formes usitées* pour les publications et affiches : on sait qu'elles ne sont pas les mêmes pour la vente des meubles et pour la vente des immeubles ; qu'elles diffèrent encore selon qu'il s'agit de meubles ordinaires ou de ceux mentionnés dans l'art. 620 c. pr. — M. Chabot, t. 2, p. 356, pense qu'il faut s'en tenir aux formes de la vente d'immeubles, surtout s'il y a des immeubles dans la succession. Nous croyons avec MM. Duranton, t. 6, nº 653, Vazeille, nº 1 et Marcadé, sur l'art. 770, qu'il n'y a pas nécessité d'observer ces formes, et qu'en général on peut laisser au tribunal la faculté d'aviser, selon les cas, celles qui, moins dispendieuses, atteindraient également le but de la loi.

394. Avant le jugement d'envoi en possession y a-t-il lieu à la nomination d'un curateur? L'affirmative est motivée par M. Toullier, t. 4, nº 292, sur ce que, d'après l'art. 811 c. nap., la succession est réputée vacante, quand « il n'y a pas d'héritiers connus ou que les héritiers connus y ont renoncé. » Mais le même article énonce une autre condition de la vacance. C'est *qu'il ne se présente personne qui réclame la succession*, et la loi ne distingue pas si les prétendants sont des héritiers légitimes ou des successeurs irréguliers. — Il n'y aura donc jamais de succession vacante, objecte-t-on, les successeurs irréguliers pouvant, après les délais pour faire inventaire et délibérer, s'emparer aussitôt des biens : mais ils peuvent aussi ne pas user de cette faculté, l'hérédité leur paraissant onéreuse ; et c'est alors qu'on nommera un curateur contre lequel ils se réservent, s'il y a émolument, de poursuivre la liquidation de leurs droits (Chabot, nº 4; Malpel, nº 159 ; Duranton, nº 352 ; Favard, sect. 4, § 4, nº 3; Vazeille, nº 2; Poujol, t. 1, p. 541 ; Duvergier sur Toullier; Marcadé, sur l'art. 770).—Jugé dans ce sens qu'il suffit que l'Etat se présente pour recueillir une succession, à défaut d'héritiers connus et de conjoint survivant, pour que cette succession ne puisse être réputée vacante, et que, par suite, il n'y ait pas lieu à la nomination d'un curateur jusqu'à l'envoi en possession de l'Etat; et que si ce curateur était déjà nommé avant la réclamation de l'Etat, il doit être révoqué après cette réclamation, sauf au tribunal à confier l'administration provisoire de la succession à tel gérant par lui désigné, jusqu'à ce que l'Etat soit envoyé en possession (Paris, 26 mars 1855, cass. 17 août 1840 (1); Colmar, 18 janv. 1850, aff. Ranner, D. P. 51. 2. 161; Rennes, 7 juill. 1851, aff. Enreg., D. P. 52. 5. 518).

---

(1) 1re *Espèce :* —(Debuire C. domaines.) — 28 mai 1854, jugement du tribunal de la Seine qui statue en ces termes : — « Attendu qu'aux termes de l'art. 811 c. civ., lorsque après l'expiration du délai pour faire inventaire et pour délibérer, il ne se présente personne qui réclame une succession, et qu'il n'y a pas d'héritiers connus, ou que les héritiers connus y ont renoncé, cette succession est réputée vacante;— Attendu qu'évidemment les termes de cet article : *s'il ne se présente personne*, s'applique à l'enfant naturel, au conjoint survivant et à l'Etat; qu'en effet, l'article parle des héritiers, ce qui aurait suffi pour rendre la pensée du législateur, s'il avait voulu exclure les successeurs irréguliers; — Attendu que l'art. 767 c. civ. porte : Lorsque le défunt ne laisse ni parents au degré successible, ni enfants naturels, les biens de la succession appartiennent au conjoint qui lui survit, et que l'art. 768 déclare qu'à défaut de conjoint survivant, la succession est acquise à l'Etat; — Attendu que le législateur avait déjà dit, dans l'art. 550 du même code : Tous les biens des personnes qui décèdent sans héritiers, ou dont les successions sont abandonnées, appartiennent au domaine public; — Attendu, en conséquence de ces dispositions législatives, que lorsque l'Etat déclare appréhender une succession abandonnée, cette succession n'est plus vacante; — Attendu qu'il en est ainsi à l'égard de la succession de la demoiselle Caussin; — Attendu, au surplus, que rien n'oblige l'Etat à prouver qu'il n'existe ni héritier, ni enfant naturel, ni époux survivant; qu'indépendamment de l'impossibilité d'établir une preuve négative de ce genre, l'obligation qui serait imposée à l'Etat, à cet égard, serait contraire à l'art. 156 c. civ.; que cet article ne distingue pas, lorsqu'il dispose que la succession est dévolue à celui qui l'aurait recueillie à défaut de celui qui, ayant des droits préférables, ne se présente pas; qu'il faut que toute succession repose sur la tête de quelqu'un, et que c'est pour cela que le curateur à succesiou vacante a été imaginé, mais pour le cas seulement où l'Etat lui-même, dont les droits sont écrits dans la loi, ne se présenterait pas pour les revendiquer; — Atttendu que l'existence d'un curateur à une succession vacante est incompatible avec celle d'un ayant droit qui réclame cette succession; que sans doute l'Etat, aux termes de l'art. 770 c. civ., doit demander l'envoi en possession au tribunal, mais au tribunal seulement, ce qui exclut l'idée qu'il soit obligé de faire nommer un curateur pour obtenir contre lui cet envoi en possession; que, d'ailleurs, l'administration provisoire est due à l'Etat, car, aux termes de l'art. 769, il doit faire apposer les scellés et faire faire inventaire; que la loi ne lui aurait pas ordonné l'accomplissement de ces formalités, en même temps qu'elle les permet au curateur par les art. 813 et 814, si l'existence de ces deux administrateurs avait pu être considérée comme pouvant être simultanée; — Attendu, enfin, que l'administration provisoire doit appartenir à celui qui a un titre à la possession définitive, de préférence à celui qui, comme le curateur, n'est appelé que par la nécessité la plus absolue, sans droit éventuel ultérieur ; — Attendu, d'ailleurs, que l'Etat offre toute espèce de garantie, puisque la loi le dispense de faire emploi du mobilier et de donner caution pour en assurer la restitution, obligation que l'art. 771 impose au conjoint survivant; — Attendu que, si l'Etat a droit à l'administration provisoire d'une succession abandonnée dont il revendique la possession, c'est nécessairement à lui que s'appliquent les termes de l'art. 813 qui oblige le curateur à rendre compte à qui il appartiendra; — Ordonne la cessation des fonctions de Dubuire, et qu'il rendra compte de sa gestion au domaine. » — Appel. — Arrêt.

LA COUR ; — Adoptant les motifs, confirme, etc.

Du 26 mars 1855.-C. de Paris, 3e ch.-M. Lepoitevin, pr.

2e *Espèce :* — (Domaines C. Debled.) — Le sieur Quéval est décédé sans héritier connu. L'administration des domaines, agissant en vertu du droit conféré à l'État, comme successeur irrégulier, par l'art. 768 c. civ., a présenté une enquête au tribunal qui a ordonné les affiches prescrites par l'art. 770.

Après ce jugement, le tribunal, le même jour, sur la demande d'un créancier de la succession, a déclaré cette succession vacante et a nommé le sieur Debled curateur. Tierce opposition de la régie et nouveau jugement qui l'a déclaré non recevable dans sa demande à fin d'administration provisoire, par les motifs suivants : — « ... Attendu qu'aux termes de l'art. 770 c. civ., le conjoint survivant et l'administration des domaines, lorsqu'ils prétendent droit à une succession, doivent demander l'envoi en possession au tribunal du lieu de l'ouverture ; — Que le tribunal ne peut statuer qu'après trois publications et affiches dans le formes usitées ; — Que donner à la régie des domaines l'administration d'une succession dans le cas ci-dessus, avant qu'il ait été procédé à aucune publication et affiche, ce serait statuer au moins provisoirement et admettre une partie de ses prétentions, sans que la condition formellement prescrite par l'art. 770 ait été remplie; que l'on contreviendrait par là au texte formel de cet article, qui ne distingue pas entre les différentes attributions de la possession demandée, et ne permet pas d'accorder les unes en suspendant les autres; — Attendu, d'ailleurs, que cette prescription de la loi est fondée sur la différence reconnue en tout temps en jurisprudence entre les successions vacantes et celles en déshérence; que les premières sont celles dont les héritiers ne se présentent pas, ou ont renoncé, mais qui peuvent encore avoir des héritiers incon-

395. D'après une autre doctrine longuement développée par M. Toullier, t. 4, nos 374 à 276, 279, 281, et rejetée par tous les auteurs que nous venons de citer, les successeurs irréguliers seraient tenus, pour obtenir, l'envoi en possession, de prouver que le défunt n'a pas laissé de parents au degré successible. Il ne suffirait pas qu'il n'y eût pas d'héritiers connus, ou que les héritiers connus eussent tous renoncé. Les preuves, ajoute d'ailleurs M. Toullier, peuvent rarement être rigoureuses; c'est à la prudence des juges à les apprécier. — Comment, en effet, pourrait-on prouver d'une manière certaine qu'il n'y a dans les duex lignes de la famille du défunt et dans les branches particulières de chaque ligne, aucun parent jusqu'au douzième degré? Comment surtout le conjoint ou l'Etat constateraient-ils qu'il n'a laissé ni enfant, ni père ou frères naturels? La loi a vu des garanties suffisantes dans les affiches et publications, dans les renseignements dont s'entourent le ministère public et le tribunal. La présomption, après toutes ces formalités, est qu'il n'y a pas d'autres successibles plus favorables, et c'est le cas d'ailleurs d'appliquer l'art. 137, selon lequel «s'il s'ouvre une succession à laquelle soit appelée une personne dont l'existence n'est pas reconnue, la succession doit être dévolue, comme si cette personne n'existait pas. » — M. Toullier argumente principalement du texte des art. 758 et 767, qui par ces mots, « lorsque le défunt ne laisse pas de parents au degré successible,» exigent plus que ces autres expressions de l'art. 811, « lorsqu'il n'y pas d'héritier connu, ou que les héritiers connus y ont renoncé. » Dans ce dernier cas, dit-il, la succession est simplement vacante; dans le premier, déshérente; et la déshérence est la condition de la dévolution aux successeurs irréguliers de la totalité des biens. » — On a répondu avec raison qu'il n'y a *déshérence* qu'à défaut d'héritiers réguliers ou irréguliers, et que la succession est *vacante*, quand elle n'est réclamée par personne, quoiqu'il existe peut-être ou même probablement des héritiers réguliers ou irréguliers. Au surplus, il résulterait du système de M. Toullier qu'on serait obligé d'attendre trente ans l'envoi en possession, puisque jusque-là il n'y a pas prescription de la pétition d'hérédité. Ce serait rendre illusoire le bénéfice de la loi.

396. Toutefois il a été jugé qu'il n'y a pas lieu, sur la simple renonciation des héritiers du premier degré, de prononcer la déshérence au profit de l'Etat, si les héritiers du degré subséquent sont connus, et surtout si parmi eux il y a des mineurs, la succession étant à l'égard de ceux-ci réputée bénéficiaire (Paris, 31 août 1822, aff. Delaunay, V. chap. 6, sect. 4).

397. Aux termes de l'art. 773, «les dispositions des art. 769, 770, 771 et 772 sont communes aux *enfants naturels*, appelés à défaut de parent. » — Quand les enfants naturels concourent avec des parents, selon l'art. 757, ils n'ont qu'une simple demande d'envoi en possession à former contre les héritiers du sang ou les légataires universels; ils peuvent même commencer par une action directe en partage. On a vu, n° 293, qu'ils ont cette action, et il a été jugé qu'elle était recevable, sans qu'il fût besoin préalablement de demander l'envoi en possession, l'art. 773 c. nap. n'exigeant ce préliminaire que lorsque l'enfant naturel est appelé à la succession à défaut de parents légitimes (Nancy, 22 janv. 1838, M. de Metz, pr., aff. André C. Masson).

398. L'envoi en possession, autorisé pour l'enfant naturel à défaut de parent, est un envoi définitif et non pas seulement provisoire : « Attendu, en point de droit, que l'envoi en possession doit être pur et simple, d'après les expressions de la loi, au titre des successions; lesquelles expressions, comparées à celles dont le législateur s'est servi au titre des absents, ne laissent aucun doute sur le principe; émendant, ordonne l'envoi pur et simple en possession des biens, etc. » (Paris, 3e ch., 20 germ. an 13, aff. Dandelot C. Villeneuve).

399. Le juge du lieu de l'ouverture de la succession, *compétent* pour statuer sur la demande faite par l'enfant naturel d'une portion des biens de son père, est en même temps compétent pour la question d'état, si elle est préjudiciellement proposée (L. 3, C., *De judiciis*; Req. 25 août 1813) (1).

400. L'art. 773 ne comprend dans sa disposition que les

nus, tandis que les autres sont celles à l'égard desquelles le défaut d'héritiers a été constaté; que les formalités de l'art. 770 ont précisément pour but d'arriver à cette constatation; que le droit du domaine étant subordonné à la déshérence, c'est pour cela que l'exercice de ce droit est suspendu, tant que cette déshérence n'a pas acquis le degré de probabilité que la loi regarde comme suffisante; — Attendu que, pendant la durée de l'accomplissement desdites formalités, la succession est seulement vacante, et que ce qui est relatif à son administration, dans cet état, est réglé par les art. 811 et suiv. c. pr.; — Qu'admettre le terme moyen, proposé par l'administration des domaines, ce serait substituer arbitrairement un régime provisoire, non prévu ni réglé par la loi, à celui qu'elle détermine; — Attendu, d'ailleurs, que les intérêts des tiers pourraient avoir à souffrir de ce mode d'administration, puisqu'on leur donnerait l'Etat pour contradicteur, alors même que la propriété de celui-ci demeurerait suspendue; qu'on les priverait ainsi du bénéfice des articles qui viennent d'être cités, notamment en ce qui est relatif à la vente et à la réalisation des biens de la succession, et qu'on assujettirait provisoirement l'exercice de leurs droits aux formes spéciales que la loi exige pour les actions à diriger contre l'Etat, sans que toutefois ils eussent l'avantage de pouvoir immédiatement le considérer comme leur débiteur... »

Appel. — 25 mai 1838, arrêt de la cour royale d'Amiens, qui confirme, avec adoption de motifs.

Pourvoi de la régie des domaines pour violation des art. 768 et 769 c. civ., fausse application de l'art. 811 du même code. — Arrêt (apr. délib. en ch. du cons.).

La cour; — Vu les art. 768, 769, 770 et 811 c. civ.; — Attendu qu'aux termes des art. 767 et 768 c. civ., à défaut de parents au degré successible, d'enfants naturels et de conjoint survivant, la succession est acquise à l'Etat; — Qu'aux termes de l'art. 769 c. civ., l'administration des domaines qui prétend droit à la succession, est tenue de faire apposer les scellés et de faire faire inventaire dans les formes prescrites pour l'acceptation des successions sous bénéfice d'inventaire; — Qu'aux termes de l'art. 811 c. civ., une succession n'est réputée vacante que lorsque après l'expiration des délais pour faire inventaire et pour délibérer, il ne se présente personne qui réclame une succession, qu'il n'y a pas d'héritier connu, ou que les héritiers connus y ont renoncé; — Attendu que, dans l'espèce, l'administration des domaines, prétendant droit à la succession au nom de l'Etat, s'est pourvue, en conformité de l'art. 770 c. civ., devant le tribunal de Saint-Quentin, dans le ressort duquel la succession s'était ouverte, pour demander l'envoi en possession; — Que, par jugement du 24 janv. 1838, ce tribunal a ordonné les publications et affiches prescrites par la loi; mais que, le même jour, sur la requête d'un créancier, ledit tribunal a nommé un curateur à la succession, comme si elle devait être réputée vacante, jusqu'à ce que l'envoi en possession eût été prononcé; — Que, sous ce prétexte, le même tribunal et, en cause d'appel, la cour royale d'Amiens ont maintenu la nomination de ce curateur, malgré les réclamations de l'administration des domaines; — Attendu que le retard apporté à l'envoi en possession de la succession n'était point une circonstance qui pût autoriser la cour royale d'Amiens à considérer comme vacante une succession réclamée (art. 811) par un prétendant droit, au profit duquel l'art. 768 c. civ. déclare cette succession acquise, puisque le cas prévu par l'art. 811 c. civ. ne se vérifiait pas, et qu'en cet état des faits, la supposition d'une vacance de succession était inadmissible;

Qu'en admettant que le curateur eût été régulièrement nommé avant toute réclamation de l'administration des domaines, cette nomination ne pouvait être maintenue, lorsque cette administration se présentait au nom de l'Etat; que, s'il appartenait au tribunal de différer l'envoi en possession de la succession, et d'en remettre l'administration à tel gérant qu'il désignerait, son pouvoir n'allait pas jusqu'à continuer le curateur précédemment nommé dans l'exercice de fonctions devenues sans objet, puisque la succession était réclamée; — D'où il suit qu'en jugeant le contraire, l'arrêt attaqué a expressément violé les art. 768, 769, 770 et 811 c. civ.; — Casse.

Du 17 août 1840.-C. C., ch. civ.-MM. Portalis, 1er pr.-Piet, rap.-Laplagne-Barris, 1er av. gén., c. contr.-Fichet, av.

(1) (Nazo C. Destaing.) — La cour; — Considérant que, d'après l'art. 757 c. civ., le droit de l'enfant naturel sur les biens de ses père et mère n'est pas une simple créance, mais une portion déterminée dans la succession indivise du défunt; qu'à la vérité, l'enfant naturel ne peut pas réclamer son droit à titre d'héritier; mais que l'action qui en résulte n'en est pas moins une action mixte, qui doit être portée devant le juge de l'ouverture de la succession, comme cela se pratique pour les demandes en délivrance de legs; qu'il est de principe que la question d'Etat incidente à la question de propriété, doit toujours être jugée par le tribunal saisi de cette question de propriété; que, dans l'espèce, il est constant que la succession du général Destaing est ouverte à Aurillac; qu'Emile Destaing, qui se prétend son enfant naturel, a dû dès lors porter devant le tribunal d'Aurillac la demande formée contre l'héritier légitime du général Destaing, pour qu'il lui fût délivré un sixième de sa succession; d'où il résulte que, si l'héritier légitime veut contester la reconnaissance d'Emile Destaing, cette demande, et toutes autres incidentes, doivent être soumises au tribunal civil d'Aurillac saisi de la

enfants naturels. Les père et mère naturels, les frères et sœurs naturels sont-ils tenus de demander l'envoi en possession dans les formes prescrites? Sans doute, le bâtard n'ayant pas de famille, il est plus facile de s'assurer qu'il n'existe pas d'autres héritiers; cependant il peut, à la rigueur, avoir laissé des enfants légitimes ou naturels qui ne sont qu'absents, et pour lesquels les publications et les autres mesures de précaution ne seraient pas inutiles. D'un autre côté, l'art. 724, quoiqu'il ne parle non plus que des *enfants naturels* de l'époux survivant et de l'Etat, semble exiger d'une manière générale l'envoi en possession, pour tous ceux qui ne sont pas *héritiers légitimes saisis de plein droit*. La question a été particulièrement débattue à l'égard des père et mère naturels. Les auteurs des Pandectes françaises, t. 3, p. 125, qualifient le père naturel véritable héritier saisi par la loi; ils invoquent ces mots de l'art. 765, *la succession est dévolue...* L'argument n'a pas grande force, même d'après ces auteurs, puisque sur l'art. 768, qui, à défaut de conjoint, déclare la succession acquise à l'État, ils remarquent que le mot *succession* a été improprement employé, le fisc n'étant pas héritier, mais simple successeur aux biens. — Selon M. Delvincourt, *loc. cit.*, le père naturel «est plutôt un successeur irrégulier qu'un héritier;» cependant il ne le croit pas tenu de demander l'envoi en possession. Ses motifs sont qu'il n'est pas du tout mention des père et mère naturels dans les art. 769 à 773, et qu'il n'y a pas identité de raisons pour leur rendre communes ces dispositions, en ce qu'ici ils ne pourraient être exclus que par les enfants, et que l'existence de ces enfants ne peut être ignorée. Ce système nous paraît inconciliable avec la disposition de l'art. 724, qui ne saisit de plein droit que les héritiers légitimes. MM. Chabot, t. 2, p. 326, et Loiseau, *loc. cit.*, p. 84, voient dans le père un successeur irrégulier tenu à l'envoi en possession; mais ils le dispensent de toutes les formalités, affiches ou publications, qui, dans les cas ordinaires, précèdent cet envoi. — Nous pensons aussi que le silence de l'art. 773, à l'égard des successibles naturels autres que les enfants, laisse au juge une certaine latitude pour éviter, selon les circonstances, des frais de publicité qui lui paraîtraient inutiles.

401. *Effets de l'envoi en possession.* — Quels sont les *droits* et *obligations* qui en résultent? Commençons par les droits. — Le successeur irrégulier a le droit de disposer du *mobilier*. Il est tenu seulement, selon l'art. 771 c. nap., « de faire emploi du mobilier, ou de donner caution suffisante pour en assurer la restitution; au cas où il se présenterait des héritiers dans l'intervalle de trois ans : après ce délai, la caution est déchargée. » La caution ne serait point obligée envers les créanciers de la succession, elle n'est exigée que dans l'intérêt des parents successibles. — La caution, en outre, est limitée au mobilier; pour les immeubles, les héritiers légitimes conservent le droit de les revendiquer jusqu'après les délais de prescription (Delvincourt, t. 2, p. 23, note 2; Duranton, n° 358).

402. L'obligation de fournir caution n'est imposée par les art. 771, 773, qu'à l'époux survivant et à l'enfant naturel. — L'Etat, qui ne meurt jamais, et que la dignité nationale fait réputer toujours solvable, n'est point soumis à caution. Une loi du 21 fév. 1827 en contient la disposition expresse : elle dispense l'Etat de la caution prescrite par l'art. 2185 en cas de surenchère hypothécaire. Cette loi est intervenue à l'occasion d'un arrêt de la cour de Paris, maintenu par la cour suprême, qui avait jugé le contraire.

403. Les héritiers irréguliers peuvent-ils, aussitôt l'envoi en possession, disposer des immeubles de la succession? — Tous les auteurs sont d'accord sur la nullité de l'aliénation faite pendant les trois premières années. « La loi, dit M. Maleville, t. 2, p. 259, en les obligeant à un bail de caution durant cet intervalle, indique assez que c'est un temps d'attente, et qu'ils doivent conserver. » — Mais, ces trois ans révolus, l'aliénation serait-elle valable? Non, selon MM. Toullier (t. 4, n° 259) et Chabot (t. 2, p. 587), Malpel (n° 327); Vazeille (sur l'art. 772, n° 4), qui croient que la propriété n'est incommutablement acquise aux tiers que par la prescription trentenaire, ou celle de dix et vingt ans, s'ils sont de bonne foi. On dit dans ce sens que l'action en pétition d'hérédité est de trente années. Pendant tout ce temps, la propriété des biens héréditaires devrait donc être révocable dans les mains des détenteurs irréguliers. — La loi cependant a consacré une exception pour le mobilier; mais elle ne parle pas des immeubles : elle a donc voulu les laisser soumis à la règle générale. — Il en était ainsi, dans le droit ancien, des immeubles acquis à l'Etat par déshérence; l'État n'en pouvait disposer qu'après trente ans. — Les mêmes principes ont été consignés de nouveau dans une circulaire de la régie des domaines, du 10 prair. an 6 : « Le droit de déshérence, y est-il dit, n'établit point, avant la prescription légale, la République propriétaire incommutable des biens qu'elle acquiert à ce titre. Tant que cette prescription n'est pas accomplie, la République n'a qu'une propriété flottante et incertaine, dont elle a sans doute le droit de jouir, mais non de disposer. Il faut excepter le mobilier, qu'il serait déraisonnable de conserver pendant trente ans, et dont la vente est nécessitée par l'intérêt du propriétaire, quel qu'il soit en définitive. Ainsi la République, par la déshérence, n'est point saisie de la propriété; mais elle acquiert un droit éventuel que le temps seul peut confirmer et rendre absolu. »

L'opinion contraire est enseignée par M. Delvincourt, t. 2, p. 23, note 3; Maleville et les auteurs des Pandect. franç., sur l'art. 773. Le code Napoléon, disent-ils, prévoit plusieurs cas où la bonne foi de l'acquéreur le rend propriétaire incommutable autrement que par la prescription de biens dont la propriété eût été résoluble dans les mains du vendeur : témoin les art. 132, 790, 1240 c. nap. Il est rare qu'après l'accomplissement de toutes ces formalités et l'envoi en possession étant prononcé, les parents non connus élèvent une réclamation imprévue et tardive; fallait-il, pour un intérêt imaginaire ou invraisemblable, gêner plus longtemps dans les mains des successeurs irréguliers la libre disposition des biens? La propriété restera donc en suspens pendant trente ans et plus, s'il y a des minorités. L'esprit général du code, comme l'ordre public, sont contraires à cette incertitude. On invoque le droit ancien; mais ce droit admettait aussi la succession du conjoint survivant, et l'on n'a jamais prétendu que le conjoint dût attendre trente ans pour disposer. Quant à l'Etat, il a pu s'interdire cette disposition, mais sans porter atteinte aux droits du conjoint ou de l'enfant naturel. — Après tout, l'instruction qu'on rappelle est antérieure au code, et de plus elle ne saurait jamais l'emporter sur la loi, qui a été interprétée en sens contraire par l'arrêt (Cass. 5 avril 1815, aff. Haupechich, *infrà*, n° 404).

Pour nous, la question nous paraît subordonnée aux mêmes principes et distinctions que la thèse générale de la validité des aliénations de l'héritier apparent : thèse examinée plus loin avec de grands développements (ch. 6, sect. 1), auxquels nous renvoyons le lecteur. On a objecté que, dans le cas de l'art. 132 c. nap., l'absent ne se représente que plus de trente ans après l'envoi en possession; et l'art. 128 dit formellement que, pendant les trente années, les envoyés en possession « ne pourront aliéner ni hypothéquer les biens de l'absent. » — Mais le successeur irrégulier ne peut pas être comparé à l'envoyé en possession des biens d'un absent. L'incertitude sur l'existence de l'absent est le motif qui a fait limiter les droits de l'envoyé en possession.

---

demande principale, et non au tribunal civil de la Seine, quoique l'héritier légitime soit domicilié à Paris; — Que les saisies-arrêts faites par le subrogé-tuteur d'Emile Destaing sont évidemment incidentes et connexes à la demande principale par lui formée au nom de son pupille, et que conséquemment elles doivent être jugées par le même tribunal saisi de cette demande; que néanmoins, par un arrêt de la cour, du 26 therm. an 13, la connaissance des contestations survenues entre la veuve Destaing et le père du général, a été attribuée au tribunal de Mauriac, et que les mêmes motifs doivent y faire renvoyer les demandes dont il s'agit entre les parties; la cour, sans s'arrêter à l'assignation donnée le 24 mars dernier devant le tribunal civil de la Seine, par la veuve Destaing, comme tutrice de sa fille, au sieur Serres, subrogé tuteur d'Emile Destaing, laquelle est déclarée nulle et comme non-avenue, ordonne que, sur les demandes pendantes tant au tribunal civil d'Aurillac qu'à celui de la Seine, entre la dame veuve Destaing et ledit sieur Serres, aussi en sa qualité, les parties procéderont devant le tribunal civil de Mauriac...., qui procédera également sur toute demande incidente qui pourrait être formée à raison de la succession du général Destaing, dépens reservés, sur lesquels statuera le tribunal de Mauriac.

Du 25 août 1815.-C. C., sect. req.-M. Favard, rap.

Le successeur irrégulier, après toutes les formalités, est autorisé à croire qu'il n'existe pas d'héritiers légitimes. Il est, aux yeux de tous, le représentant du défunt et le seul propriétaire des biens de la succession. Il y a les mêmes raisons d'équité et d'intérêt public qu'à l'égard de l'héritier apparent, pour ne pas laisser la propriété en suspens, et mettre à couvert de tout préjudice le vendeur et l'acquéreur de bonne foi.

404. Il a été jugé qu'avant le code et sous l'empire de la loi du 12 nov. 1790, l'Etat, qui, à défaut d'héritiers connus, s'emparait des biens d'une succession, les possédait comme propriétaire, quoique susceptible d'être évincé; qu'il pouvait, en cette qualité, aliéner irrévocablement les biens, même avant que les héritiers légitimes fussent déchus, par la prescription, de la faculté d'accepter; que, par exemple, l'Etat exerce valablement toutes les actions relatives à la propriété, et qu'étant censés avoir été représentés par lui dans une contestation de ce genre, les héritiers qui reparaîtraient plus tard ne pourraient, par la tierce opposition, attaquer le jugement rendu contre l'Etat; qu'ils ne le pourraient, lors même qu'ils fonderaient cette action sur un moyen nouveau que le fisc aurait négligé de faire valoir (Cass. 5 avril 1815) (1).

405. L'envoi en possession oblige-t-il les successeurs irréguliers à payer les *dettes* de la succession *ultrà vires*, s'ils n'ont fait au greffe la déclaration prévue à l'art. 793 c. nap. et rempli les autres formalités du bénéfice d'inventaire; ou sont-ils dispensés de ces formalités et réputés de plein droit successeurs bénéficiaires? Cette dernière opinion est celle de la plupart des auteurs (Delvincourt, *loc. cit.;* Favard, v° Success., sect. 1, § 3, n° 5; Delaporte, Pandect. françaises, sur l'art. 724; Duranton, t. 6, n° 290; Chabot, t. 2, p. 389; Marcadé, sur les art. 724 et 793. — *Contrà*, MM. Maleville, sur l'art. 724; Vazeille, sur l'art. 793, qui croient nécessaires les formalités du bénéfice d'inventaire). — Quant à nous, l'art. 724 nous paraît établir un contraste frappant entre les *héritiers*, qui sont saisis de plein droit *sous l'obligation d'acquitter toutes les charges de la succession*, et les enfants naturels, l'époux survivant et l'Etat, à l'égard desquels cette obligation n'est point reproduite et qui doivent se faire envoyer en possession, la loi leur refusant (c. nap. 723, 756) la qualité d'héritier.

A la vérité, on objecte que la loi ne leur a pas refusé la qualité d'héritier pour les avantager, et qu'ayant les mêmes profits que les successeurs réguliers, ils doivent avoir les mêmes charges —Mais les adversaires eux-mêmes reconnaissent que l'Etat n'est tenu des dettes que jusqu'à concurrence de la valeur des biens, et qu'il est dispensé de la déclaration au greffe comme l'étaient autrefois, soit le fisc, soit le seigneur haut justicier. Or la loi n'a fait aucune distinction à cet égard entre les différents successeurs irréguliers. Ils sont placés sur la même ligne dans les art. 723, 724, 769 et autres. La loi, sans doute, n'a entendu obliger l'héritier *ultrà vires* aux dettes de la succession, que parce qu'il est le représentant du défunt, le continuateur de sa personne. Les successeurs irréguliers ne sont que des successeurs aux biens, et c'est pour cela précisément que la loi leur a refusé la saisine, cette investiture immédiate et complète de tous droits actifs et passifs, qui juridiquement fait revivre le défunt dans l'héritier. — M. Vazeille se récrie contre cette distinction, en disant qu'on ne peut pas être successeur universel ou à titre universel d'une personne, sans tenir sa place. Mais un successeur universel quant aux biens peut n'être pas le représentant indéfini et absolu de la personne. Ainsi, que je fasse une donation entre-vifs de tous mes biens : le donataire sera mon successeur universel quant aux biens, mais il ne représentera pas ma personne qui est encore vivante. M. Vazeille demande où sera le représentant parfait du défunt quand il n'y aura que des successeurs irréguliers. « Il suffit de répondre, dit aussi M. Marcadé (sur l'art. 793), qu'il n'y en aura pas. » C'est ainsi qu'un testateur ne laisse pas de représentant parfait de sa personne, mais seulement des successeurs aux biens, quand il a distribué toute sa fortune entre des légataires particuliers, et que la succession est répudiée par les héritiers du sang.

On a objecté, toutefois, que l'héritier institué, tenu de demander la délivrance, en pays de coutume, n'était pas moins soumis au payement des dettes. Or, l'envoi en possession équivaut à la délivrance. On a dit encore que les formalités de scellés et d'inventaire, dont l'envoi en possession doit être précédé, ne sont commandées, de même que les publications et affiches, que dans l'intérêt des héritiers inconnus, qui se présenteraient plus tard. Mais ces formalités profitent aux créanciers eux-mêmes, sont pour eux des garanties légales, notamment l'inventaire, pour lequel l'art. 769 c. nap. renvoie aux formes prescrites pour l'acceptation bénéficiaire. La fraude alors étant impossible, et les biens de la succession demeurant très-distincts des biens personnels des successeurs, il n'y a aucune raison d'améliorer la condition des créanciers du défunt, en donnant un nouveau gage à leurs créances. M. Vazeille exagère d'ailleurs l'importance de la déclaration au greffe, en disant que les créanciers ont besoin d'être avertis ainsi, pour faire opposition aux scellés et à l'inventaire.— Le même auteur remarque en outre qu'il est dans l'intérêt des créanciers et des héritiers absents que les envoyés en possession soient astreints au mode de gestion avec garantie et compte, imposé à l'héritier bénéficiaire. Mais la loi ayant réglementé par des dispositions spéciales (c. nap. 771, 772) la gestion des successions irrégulières, a entendu sans doute ne pas les soumettre en même temps à des règles différentes.

406. Si les successeurs irréguliers avaient omis de faire faire inventaire, seraient-ils tenus *ultrà vires* des dettes de la succession? Oui, selon M. Chabot, *loc. cit.* — MM. Malpel et Marcadé, *loc. cit.*, font une distinction qui nous paraît fondée. Sans doute le successeur est en faute de n'avoir pas fait inventaire; mais une faute, quelle qu'elle soit, ne peut pas transformer un successeur irrégulier en héritier légitime. Il n'est dû que réparation du préjudice causé. On admettra, en conséquence, les créanciers à établir l'importance des biens par de simples probabilités, par la commune renommée; mais s'il ressort de toutes les présomptions et conjectures que l'actif ne dépassait pas telle somme, on n'obligera pas le successeur en faute à payer sur ses propres biens une somme supérieure. — Jugé que, dans le cas de l'art. 394 de la coutume de Normandie, qui conférait à la femme moitié de la succession mobilière de son mari, elle était tenue seulement des dettes mobilières pour sa portion, mais non d'une ac-

(1) (Haupechich C. Morel et Duvivier.) — La cour; — Vu l'art. 474 c. pr. et les art. 1350 et 1352 c. civ.; — Considérant que la succession Lano s'est ouverte sous l'empire de la loi des 22 nov.-1er sept. 1790, portant, art. 5 : « Tous les biens et effets, meubles et immeubles demeurés vacants et sans maîtres, et ceux des personnes qui décèdent sans héritiers légitimes, ou dont les successions sont abandonnées, appartiennent à la nation; » — Que Lano, mulâtre, étant mort sans héritiers naturels, et sans que personne se soit présenté pour lui succéder à titre d'héritier institué, le fisc s'est fait envoyer en possession comme d'une succession tombée en déshérence; qu'alors n'existait pas le code civil, qui a prescrit certaines formes pour l'envoi en possession; que la nation s'étant fait envoyer à titre de déshérence, on ne peut nier qu'elle a possédé à ce titre, comme propriétaire, quoique susceptible d'être évincée si un héritier se présentait avant l'accomplissement de la prescription; que ceux qui avaient des actions à exercer sur les biens les ont valablement exercées contre elle, et ne pouvaient les exercer autrement; que dans les discussions qui ont eu lieu, la nation plaidait pour elle-même, s'il ne devait pas se présenter d'héritier, et qu'elle plaidait pour ceux-ci et comme les représentants de droit, s'ils se faisaient connaître avant la prescription acquise; d'où il résulte que les jugements rendus contre la nation, et qui ont acquis force de chose jugée contre elle, conservent la même force contre les héritiers qui se sont présentés postérieurement, parce qu'ils ont été représentés par elle; d'où il résulte qu'en recevant la tierce opposition des défendeurs au jugement arbitral du 19 brum. an 5, l'arrêt attaqué a fait une fausse application de l'art. 474 c. pr., et a, par suite, violé les art. 1350 et 1352 c. civ.; — Que c'est une erreur de dire que, quoique supposés représentés par la nation lors du jugement arbitral du 19 brum. an 5, les défendeurs étaient recevables dans leur tierce opposition, parce qu'ils la formaient dans une qualité que la nation n'avait pas fait valoir. Il est sans doute possible que la nation eût réussi à écarter les prétentions de Brononville, si elle eût excepté du contrat de 1791, qui avait transporté à Lano, à titre particulier, les biens dont il s'agit. Mais la nation était défenderesse; elle a choisi son genre de défense; elle l'a établi comme il lui a paru plus avantageux de le faire. Si elle a négligé un moyen, elle n'eût pu rétablir la question et proposer ce moyen quand le jugement était passé en force de chose jugée; les défenseurs ne pouvaient avoir plus de droit qu'elle; — Casse, etc.

Du 5 avr. 1815.-C. C., ch. civ.-MM. Muraire, 1er pr.-Grandon, rap.

tion réelle, et, par exemple, de l'action en garantie qui résulte contre la succession du mari, de l'aliénation des biens dotaux de la femme, faite pendant le mariage (Req. 29 août 1827, aff. Alleaume, V. Contr. de mar., n° 3878).

407. Quelles seraient les obligations des envoyés en possession, s'ils se trouvaient plus tard évincés par un héritier légitime? L'art. 772 prévoit ce cas, mais en se bornant à statuer qu'ils pourraient être condamnés à des dommages-intérêts, s'ils n'avaient pas rempli les formalités prescrites. Cette règle est bien insuffisante. Les principes de la responsabilité en cette matière sont consignés au titre *De petit. hæred.*, ff., et développés lumineusement par Pothier, dans son Traité de la propriété. La question peut s'examiner tour à tour sous le rapport des profits et des pertes, des dégradations, des impenses et réparations, de la restitution des fruits. — Dans tous ces cas, une distinction importante doit être établie entre les possesseurs de bonne ou mauvaise foi; et il ne faut traiter comme possesseurs de bonne foi les héritiers irréguliers qu'autant qu'ils auraient rempli les formalités tracées par les art. 770 à 772. C'est l'observation de tous les auteurs (MM. Chabot, t. 2, p. 389; Toullier, t. 4, n°s 286 à 294; Delvincourt, t. 2, p. 23, note 5; Vazeille, sur l'art. 772; Poujol, p. 356, 357). — En outre, le principe général à suivre à l'égard du possesseur de bonne foi, c'est qu'il ne doit restituer que jusqu'à concurrence de ce dont il est plus riche; sa possession n'aura eu pour effet ni de l'enrichir ni de l'appauvrir. — Voici les applications de ce principe.

408. Le possesseur de bonne foi devra compte de tous les profits qu'il a pu retirer, même de ceux que l'héritier eût pu ne pas faire. On cite cet exemple : Le possesseur de l'hérédité a vendu 100 fr. un effet qu'il a ensuite racheté 60 fr. : il ne peut pas se borner à rendre l'effet, il doit rendre de plus les 40 fr. de profit qu'il en a retirés (L. 20, § 1, et L. 22, *tit. cit.*; Pothier, *ibid.*, n°s 406 à 417). La même obligation pèse, à plus forte raison, sur le possesseur de mauvaise foi, mais avec cette différence qu'il devrait rendre les profits, les eût-ils dissipés sans utilité, tandis que le possesseur de bonne foi n'est tenu de restituer que les profits qui l'auraient enrichi.

409. Le possesseur de bonne foi n'est point responsable des pertes survenues par son fait ou sa négligence; par exemple, s'il avait laissé acquérir des prescriptions, des péremptions, s'il avait laissé un débiteur devenir insolvable. Mais il en serait autrement du possesseur de mauvaise foi. — A la vérité, les lois 25, § 2, et 31, § 4, ff., *De hæred. petit.*, paraissent opposées sur ce point. La dernière de ces deux lois se prononce en faveur du possesseur de mauvaise foi, par la raison que, n'ayant pas d'action contre les créanciers de la succession, on ne peut lui reprocher de ne les avoir pas poursuivis. La loi 25 semble consacrer le même principe, puisque, dans le même cas, elle déclare le possesseur obligé, *si exigere potuit*. Mais le motif allégué ne suffit pas. Il n'est pas moins vrai, sous notre droit, qu'à la place du successeur irrégulier on eût nommé, s'il ne s'était pas présenté, un curateur à la succession vacante; que ce curateur eût poursuivi la dette; que, par conséquent, l'héritier légitime a éprouvé un tort par la détention injuste du possesseur, qui doit donc l'en indemniser. L'art. 772, d'ailleurs, décide formellement et en général que les successeurs irréguliers qui n'auraient pas rempli les formalités prescrites, « pourront être condamnés aux dommages-intérêts envers les héritiers, s'il s'en présente » (Conf. Chabot et Delvincourt, *loc. cit.*; Toullier, n° 287; Vazeille, sur l'art. 772; Poujol, p. 357).

410. L'héritier légitime remboursera au possesseur de bonne foi le prix de toutes ses impenses et réparations, sans qu'il puisse en contester l'utilité. Au possesseur de mauvaise foi, on tiendra compte toujours des dépenses nécessaires; mais, pour celles seulement utiles, on ne l'indemnisera que jusqu'à concurrence de la plus-value.

411. La même distinction s'applique aux dégradations. Le possesseur de bonne foi aurait négligé de réparer les biens, ils seraient tombés en ruine, ou il les eût démolis; toute son obligation se réduirait à les rendre dans l'état où ils se trouvent (L. 41, § 3, *tit. cit.*; Pothier, *ibid.*, n° 436). — Au contraire, le possesseur de mauvaise foi encourt la responsabilité pour tous dommages résultants des dégradations arrivées par son fait ou par sa négligence (L. 31, § 3, *tit. cit.*).

412. Que décider à l'égard des *fruits?* — La loi 20, § 3, ff. *De petit. hæred.*, déclare généralement et sans aucune distinction, que les fruits perçus depuis l'ouverture de la succession font partie de l'hérédité. Mais la loi 40, § 1, au même titre, distingue entre les fruits perçus avant la demande en restitution, et ceux perçus depuis. Les premiers ne sont dus par le possesseur de bonne foi que jusqu'à concurrence de ce dont ils l'ont enrichi; le possesseur de mauvaise foi doit compte de tous les fruits, qu'il en ait ou non profité, de ceux même qu'il eût pu percevoir et qu'il n'a pas perçus. — En France, certaines coutumes, comme celles de Bretagne et de Normandie, ne dataient l'exigibilité des fruits que du jour de la demande. Dans les autres pays coutumiers, la question était débattue. Lebrun, liv. 2, ch. 7, sect. 1, n°s 17 et 18, et Pothier, dans son Traité de la propriété, n° 430, s'opposent à toute restitution de fruits échus avant la demande. D'autres auteurs, notamment Domat, accordaient tous les fruits, même consommés de bonne foi (de la Restit. des fruits, liv. 3, tit. 5, sect. 3). Cette dernière opinion nous semble, comme à MM. Chabot, t. 2, p. 392; Toullier, t. 4, n° 291; Delvincourt, t. 2, p. 23, note 3; Vazeille, n° 3; Proudhon, Traité du dom. de propriété, n° 432, ne pouvoir se concilier avec le code. Selon l'art. 138, « tant que l'absent ne se présente pas, ceux qui ont recueilli la succession gagnent les fruits perçus de bonne foi. » Selon l'art. 549, « le simple possesseur ne fait les fruits siens que dans le cas où il possède de bonne foi. » De ces deux dispositions, parfaitement applicables à l'espèce, il résulte évidemment que si le possesseur de mauvaise foi doit tous les fruits, la bonne foi dispense, au contraire, de restituer ceux perçus avant l'action. L'équité se joint ici au texte de la loi; on proportionne, en général, ses dépenses à ses revenus. Obliger le possesseur d'une hérédité à rendre tout ce qu'il a consommé de bonne foi, ce serait souvent l'exposer à une ruine presque certaine. Enfin la loi du 15 pluv. an 13 a tranché formellement la question dans notre sens, par rapport à la succession des enfants décédés dans les hospices (V. Hospice). — Nous appliquons notre décision même aux fruits des trois premières années. M. de Maleville, t. 2, p. 289, les croit toujours restituables; « mais il y a, répond fort bien M. Toullier, *loc. cit.*, le même motif de bonne foi pendant ces trois années que pendant les suivantes; et l'art. 771 n'a point exigé la caution pour la restitution des fruits de ces trois années, mais seulement pour la restitution du mobilier. » C'est ce qu'enseignent aussi les auteurs des Pand. franç., t. 3, p. 137, et ce qui a été consacré par la jurisprudence dans les cas de restitution due, soit par l'enfant naturel, soit par l'État.

413. Le possesseur, même de bonne foi, ne peut en même temps retenir les fruits par lui perçus, et répéter les impenses qu'il a faites pour l'entretien ou la conservation de l'immeuble (motif de l'arrêt; Paris, 11 juill. 1851, aff. Stolze, D. P. 53. 2. 143).

414. Il a été jugé : 1° que l'enfant naturel qui a joui, longtemps avant le code, de la succession de son père, en vertu d'un jugement et conformément à la loi du 12 brum. an 2, doit être réputé possesseur de bonne foi, et dispensé, par conséquent, de la restitution des fruits, jusqu'au jour où, depuis le code, les héritiers ont attaqué la possession (Montpellier, 15 therm. an 11) (1); — 2° Que l'enfant naturel, à qui un jugement avait accordé l'entière succession de son père sous la loi du 12 brum. an 2, a

(1) (Hér. de Fulcrand Sue.) — LA COUR ; — Considérant que les lois autorisent la demande des appelants à ce qu'ils soient déclarés seuls héritiers dudit Fulcrand Sue; leur parenté n'a pas été contestée : et quant à la fille naturelle, la loi du 14 floréal et le code civil ne lui donnent aucun droit à cette qualité. L'art. 1 de la loi du 14 floréal porte, etc. M. Fulcrand Sue est mort en l'an 6, depuis la promulgation de la loi du 12 brum. an 2; il faut donc consulter les lois du code civil pour régler l'état et les droits de la fille naturelle. Son état n'est point contesté; la reconnaissance de son père est conforme aux dispositions de la loi, mais pour ce qui concerne les droits, l'art. 724 du code s'exprime en ces termes... L'art. 756 ajoute... Il faut donc ultérieurement accueillir les conclusions des frères et sœurs de Fulcrand Sue, les déclarer seuls héritiers, et les investir de l'entière succession, sauf à départir à l'enfant naturel les droits que lui attribue la loi; — Considérant que l'en-

pu, comme possesseur de bonne foi, être dispensé du rapport des fruits aux héritiers, qui plus tard se sont fait adjuger, en vertu de la loi du 14 flor. an 11, la moitié de cette succession : les fruits ne leur sont dus que du jour où ils ont fait appel ; — « Attendu que la cour d'appel n'a violé aucune loi, en décidant que le possesseur de bonne foi n'est pas tenu à la restitution des fruits perçus avant la demande, et en jugeant en fait que, dans l'espèce, Michel Jolivet avait joui de bonne foi des biens qu'il avait recueillis comme enfant naturel de Jean-Baptiste Jolivet, » rejette (Req. 9 brum. an 13 ; MM. Muraire, 1er pr. ; Genevois, rap., aff. hérit. Jolivet).

Toutefois il a été décidé que l'enfant naturel doit la restitution des fruits de la portion revenant aux héritiers, à compter du jour de la promulgation de la loi transitoire du 14 flor. an 11, et non pas seulement du jour de la demande en délaissement : — « Attendu que celui qui possède de bonne foi fait les fruits siens, et que la partie de George Fabre n'a cessé de posséder de bonne foi que depuis la publication de la *loi transitoire* du 14 flor. an 11 » (Montpellier, 15 juill. 1812, aff. Delzeuze C. Delzeuze).

415. L'héritier apparent qui a possédé de bonne foi les biens de la succession, se croyant enfant légitime et l'héritier unique, ne doit restituer les fruits que du jour de la demande, bien qu'il n'ait pas fait dresser d'inventaire et qu'il soit depuis reconnu enfant adultérin du défunt (Cass. 17 août 1830) (1).

416. L'État, obligé de restituer aux héritiers qui se présentent une succession en déshérence, dont il s'était mis en possession, en conserve les fruits comme possesseur de bonne foi, même les fruits perçus avant l'envoi en possession légalement obtenu, cet envoi en possession ayant un effet rétroactif au jour de l'ouverture de la succession (Rej. 7 juin 1837 ; Paris, 1er juin 1837 (2) et 2 fév. 1844, aff. Didier, n° 419 ; 13 avr. 1848,

---

fant naturel n'ayant eu droit qu'à la moitié des biens, la tutrice a donc mal à propos joui pour elle, jusqu'à ce jour, de la totalité; qu'elle doit donc rendre compte des fruits de cette moitié, qui ont été par elle indûment perçus ; mais qu'on ne doit pas la traiter comme un possesseur de mauvaise foi, et ordonner la restitution des fruits au dire d'experts, mais bien comme un possesseur de bonne foi, qui doit rendre compte des fruits, par état, puisque sa possession était fondée sur un titre légal qui demeure renversé, mais qui n'en excusait pas moins le possesseur ; — Émendant, etc.

Du 15 therm. an 11.-C. de Montpellier.

(1) (Époux P... C. dame L...)—La cour;—Vu les art. 549, 550 et 138 c. civ. ;—Considérant qu'aux termes de l'art. 549 c. civ., le simple possesseur a droit de s'approprier les fruits de la chose qu'il détient de bonne foi ; que, d'après l'art. 138, ce principe est applicable à l'héritier apparent qui, de bonne foi, a recueilli une succession à laquelle il se croyait appelé, et qu'il est ensuite obligé de rendre au véritable héritier ; que, d'après l'art. 550, la bonne foi résulte de ce que le possesseur a un titre translatif de propriété dont il ignore les vices ; — Considérant que, dans l'espèce, la dame P... a constamment soutenu qu'elle n'a recueilli la succession de L..., qu'avec la persuasion intime qu'elle était fille légitime et unique héritière de cet individu ; que, pour établir ces qualités, elle se fondait sur des actes de famille et une longue possession d'état, que la cour royale ne pouvait se dispenser, comme elle l'a fait, d'examiner et d'apprécier à l'effet de reconnaître si ces actes et cette possession constituaient le titre et la bonne foi exigés par l'art. 550 c. civ. ; — Qu'à la vérité, cette cour avait, par un précédent arrêt rendu en 1825, reconnu l'insuffisance de ces titres, pour constater la légitimité de la dame P..., et l'avait déclarée fille adultérine de L... ; mais que cet arrêt, que celui attaqué, ne disent pas que cette femme eût excipé de ces titres, en connaissant le vice, ni qu'elle se fût emparée de la succession de son père, sachant qu'elle n'y avait aucun droit ; — Que, dans un de ses considérants, l'arrêt attaqué dit que les sieur et dame P... devaient être réputés de mauvaise foi, parce qu'ils avaient recueilli ces biens sans en avoir fait inventaire, conformément aux art. 1414 et suiv. c. civ. ; — Que, dans le cas prévu par ces articles, le mari doit faire inventaire d'une succession qui est échue à sa femme ; mais que cette formalité n'est prescrite que dans l'intérêt des époux, et pour régler leurs droits respectifs ; que, par son objet et ses résultats, cette disposition est étrangère à la question de savoir si, ou non, la dame P... réunit les conditions qui, aux termes de l'art. 550 c. civ., caractérisent la possession de bonne foi ; — Que ces principes ne sont nullement modifiés par l'art. 762 c. civ. ; — Que tout ce qui résulte de cet article, c'est que l'enfant adultérin n'a aucun droit successif sur les biens de ses père et mère ; qu'il ne peut réclamer ni part ni créance héréditaires ; qu'il ne lui est dû que des aliments ; mais que, pour conserver les fruits dont il s'agit, la dame P... ne prétend pas qu'elle soit appelée à un titre quelconque, pour une portion quelconque, à l'hérédité de son père ; qu'elle n'excipe d'aucun article de la loi relative aux successions ; qu'elle n'invoque que les droits que la loi relative à la propriété attribue d'une manière absolue et sans exception à tout possesseur de bonne foi, uniquement à raison de sa possession et de sa bonne foi ; que ces droits qui n'ont rien de commun avec ceux réglés par l'art. 762 c. civ., sont spécialement et exclusivement fixés par les art. 549, 550, 138 que la cour royale a violés, puisqu'elle refuse à la dame P... une part qu'elle réclame, sans avoir décidé préalablement, soit que cette femme n'avait pas de titres apparents qui lui transmissent la succession de L..., soit qu'elle connaissait le vice des titres qu'elle produisait ;—Casse.—Arrêt.

Du 17 août 1830.-C. C., ch. civ.-MM. Portalis, 1er pr.-Zangiacomi, rap.-Joubert, av. gén., c. conf.-Moreau et Gueny, av.

(2) 1re *Espèce* : — (Héritiers Avril C. l'État.) — La cour ; — Attendu que les conditions exigées de l'héritier apparent, soit régulier, soit irrégulier, possesseur de bonne foi, pour le dispenser de restituer les fruits à l'héritier plus prochain, réclamant tardivement la succession, sont 1° la preuve de cette bonne foi ; 2° la preuve que ces fruits ont été réellement perçus comme tels et comme ne tenant aucunement à la propriété ; — Attendu que les art. 138 et 549 c. civ. ne distinguent point l'époque à laquelle les fruits ont été perçus par le possesseur de bonne foi, pourvu que ce soit avant l'instant où l'héritier plus prochain s'est présenté et a fait connaître son titre et son droit, cas auquel cesse la bonne foi ; — Attendu que ce n'est qu'à dater de ce jour que celui-ci a droit aux fruits non encore perçus par le possesseur, c'est-à-dire du jour de la litiscontestation ; — Attendu que cette résolution dérive du principe même qui attribue au possesseur de bonne foi le droit de conserver les fruits ; qu'en effet, ce principe est fondé sur la présomption que le possesseur de bonne foi, en recevant de simples fruits, les a pu appliquer, soit à une augmentation de dépenses personnelles, soit à des aumônes, soit à de bonnes œuvres, ou à tout autre emploi, et qu'il ne serait pas juste de faire une diminution à sa fortune personnelle en le contraignant à une restitution de valeurs disparues et consommées ;

Attendu que tous ces motifs qui s'appliquent à l'héritier putatif régulier, s'appliquent aux héritiers irréguliers et au fisc qui est de ce nombre, au rang réglé par la loi ; lesquels, à la vérité, sont tenus de remplir certaines formalités pour obtenir l'envoi en possession ; — Attendu que, lorsque ces formalités ont été remplies et l'envoi en possession prononcé, il a un effet rétroactif au jour de l'ouverture de la succession, et attribue la possession des fruits au fisc, lequel doit les conserver, comme possesseur de bonne foi, pour tout le temps que l'existence de l'héritier a été ignorée et jusqu'au jour où celui-ci s'est fait connaître ; — Attendu qu'après les formalités remplies et l'envoi en possession prononcé, le domaine est saisi complétement et à dater du jour de l'ouverture de la succession, et qu'il a droit de se croire de ce jour propriétaire incommutable des fruits ;

Attendu enfin que ni les termes des articles invoqués ni aucune autre autorité ne font, relativement aux fruits perçus par le possesseur, que la seule distinction entre ceux perçus avant l'apparition de l'héritier et ceux perçus postérieurement ; que l'héritier qui, dans ce cas, se présente tardivement à la succession, recueille tout ce qui lui appartient, quand il a la totalité de la propriété du fonds et les revenus échus depuis le jour de son apparition, et même les fruits échus antérieurement, et qui n'auraient pas encore été perçus par le possesseur ; que, d'après ces motifs, on ne peut trouver, dans l'arrêt attaqué, aucune violation de loi ; qu'il s'est, au contraire, conformé aux vrais principes de la matière ; — Rejette le pourvoi formé contre l'arrêt de la cour de Paris, du 1er août 1834.

Du 7 juin 1837.-C. C, ch. civ.-MM. Portalis, 1er pr.-Bonnet, rap.-Laplagne-Barris, av. gén. c. contr.-Piet et Teste-Lebeau, av.

2e *Espèce* : — (Héritiers Givry C. Potel.) — La cour ; — Attendu (ici les trois premiers attendus de l'arrêt qui précède)... ; — Attendu que ce motif ne cesse pas de s'appliquer au possesseur, par le fait qu'au lieu de percevoir les fruits terme par terme, il en aurait reçu une forte partie en masse, puisqu'avant et après cette perception, il a dû, en sa qualité d'héritier alors reconnue, les considérer comme siens, comme à lui acquis et par lui en tous les cas disponibles ; — Attendu qu'on ne peut opposer à l'héritier putatif qu'il n'a été possesseur que du jour où le jugement l'a envoyé en possession, ou tout au plus du jour où il s'est présenté comme héritier ; — Attendu, en effet, que l'héritier apparent reconnu est saisi complétement jusqu'au jour de l'apparition de l'héritier plus prochain ; qu'il l'est à dater du jour de l'ouverture de la succession ; qu'il a tout droit de se croire, de ce jour, incommutablement propriétaire des fruits ; — Attendu que la lacune de possession matérielle est remplie, à son profit, soit par la simple adition d'hérédité sans opposition, soit par le jugement prononçant dans le silence et l'absence de l'héritier plus prochain, alors inconnu, qui lui ont conféré la possession réelle antérieure, droit auquel (en ce qui concerne la possession), le droit de l'héritier plus prochain, reconnu plus tard, n'a pu porter aucune atteinte ; — Attendu, dans l'espèce, que le dépôt des sommes à la caisse

aff. Lapierre, D. P. 48. 2. 114; 17 janv. 1851, aff. domaine *C.* hérit. Ardisson, D. P. 51. 2. 69). Il a été jugé au contraire, mais dans une espèce où la question ne paraît pas avoir été discutée, que le domaine n'ayant été envoyé en possession qu'à titre d'administrateur provisoire des biens d'un absent, devait restituer aux héritiers qui se présentaient tous les fruits par lui perçus, à la charge de lui tenir compte des frais (Paris, 6 janv. 1844, aff. Mayrand, V. Absent, n° 507).

417. Les fruits antérieurs à l'envoi en possession resteraient à l'État, lors même qu'ils se seraient trouvés déposés à la caisse des consignations (Rej. 7 juin 1857, aff. Givry, n° 416).

418. L'État ne possède de bonne foi que pendant que l'existence de l'héritier a été ignorée et jusqu'au jour où celui-ci s'est fait connaître (mêmes arrêts). — Jugé spécialement que le domaine cesse d'avoir droit aux fruits du jour où le mémoire exigé par l'art. 15 de la loi du 28 oct. 1790, a été déposé par l'héritier, et non pas seulement du jour où l'action en délaissement de l'hérédité a été portée devant les tribunaux (Paris, 13 avr. 1848, aff. Lapierre, D. P. 48. 2. 114).

419. Nous venons de dire que l'Etat a le droit de conserver les fruits même antérieurs à son envoi en possession. Tout en lui reconnaissant ce droit, on a jugé avec raison que la possession prise par le domaine, des biens qui composent une succession en déshérence n'a, jusqu'à l'envoi en possession régulièrement prononcé, que le caractère d'une possession précaire, équivoque, et non à titre de propriétaire; qu'en conséquence, ce n'est qu'à compter de l'envoi en possession prononcé à son profit que commence pour le domaine la possession utile pour prescrire; que vainement l'Etat invoquerait la fiction de la loi qui fait remonter l'effet de l'acceptation au jour de l'ouverture de la succession; que cette fiction ne s'applique qu'aux héritiers légitimes à raison de la saisine dont ils jouissent; et qu'elle ne s'étend pas aux héritiers irréguliers; que, par suite, le domaine est mal fondé à prétendre faire remonter, à l'effet d'invoquer la prescription trentenaire, l'envoi en possession prononcé à son profit, soit à l'époque de l'ouverture de la succession, soit même à l'époque de sa prise de possession antérieure à cet envoi en possession (Paris, 2 fev. 1844) (1).

L'administration, si l'on consulte ses propres instructions, paraît elle-même avoir compris que le premier acte de possession légale d'une succession en déshérence ne pouvait commencer à son égard que par l'envoi en possession; et que c'est après trente ans de possession continue, à partir, non pas de l'ouverture de la succession, mais bien de cet envoi en possession, que l'Etat pouvait devenir propriétaire. Une erreur, répandue primitivement dans l'administration, faisait supposer que les droits de l'Etat prenaient naissance à compter de l'ouverture de la succession; on en avait conclu que l'Etat étant saisi par l'effet de la vacance, était tenu d'accepter et de gérer, ou de renoncer; il en résultait de nombreux inconvénients pour le domaine (V. cette doctrine dans les instruct. des 24 germ. an 12, n° 219; 6 mai et 3 déc. 1811, n°s 517 et 552; et la décision concertée par les min. des finances et de la justice, du 8 juill. 1806). Ces erreurs ont été redressées par une décision du ministre des finances du 13 août 1832 (V. la note du n° 424), insérée dans une instruction spéciale du 31 août 1832, n° 1407, où les principes sont bien posés. Le ministre y établit que la vocation de l'Etat est subordonnée à sa demande d'envoi en possession; que c'est à dater de cet envoi en possession et non à partir de l'ouverture de la succession que prennent naissance les droits et les obligations du domaine; enfin qu'il

---

des consignations n'a pu changer leur nature de fruits; que les notaires qui ont déposé n'avaient reçu que comme mandataires et pour qui de droit, et que l'héritier putatif a appréhendé les fruits à la caisse des consignations, comme il les aurait reçus des fermiers ou débiteurs de rentes eux-mêmes, ce qu'il aurait pu faire aussi par des mandataires;

Attendu enfin, etc., etc. (suit le dernier attendu de l'arrêt qui précède). — Rejette le pourvoi formé contre l'arrêt de la cour de Paris du 5 juillet 1854.

Du 7 juin 1857.-C. C, ch. civ.-MM. Portalis, 1er pr.-Bonnet, rap.-Laplagne-Barris, 1er av. gén., c. contr.-Fichet et Lanvin, av.

5e *Espèce :* — (Les héritiers Held *C.* l'administration des Domaines.) — Jugement du tribunal civil de la Seine ainsi conçu : — « Attendu que l'héritier est saisi, du jour du décès de son auteur, de toutes les valeurs de la succession; que ce principe est général et s'applique à l'héritier irrégulier comme aux héritiers ordinaires, à la charge toutefois par l'héritier irrégulier de se faire envoyer en possession; — Attendu que l'envoi en possession une fois ordonné a un effet rétroactif, et que l'héritier demeure saisi du jour de l'ouverture de la succession; qu'autrement, avant l'envoi en possession, la propriété aurait été incertaine et n'aurait reposé sur aucune tête, ce qu'il est impossible d'admettre; — Attendu que, l'envoi en possession ayant un effet rétroactif, il y a lieu, par une conséquence nécessaire, d'attribuer à l'Etat, comme héritier de bonne foi, tous les arrérages échus depuis le jour du décès jusqu'au jour de la demande; — Déclare les héritiers Held mal fondés dans leur demande à fin de restitution des arrérages perçus par le domaine depuis le décès du sieur Held jusqu'à l'envoi en possession. » — Appel par les héritiers Held. — Arrêt.

La cour; — Considérant que le domaine, envoyé en possession d'une succession en déshérence, après avoir rempli les formalités prescrites par la loi, reçoit cette possession à titre d'héritier et de propriétaire, et que par conséquent elle remonte au jour où la succession a été ouverte; — Que, dans ce cas, le domaine n'est pas réputé avoir été simple administrateur de la succession, mais avoir agi en vertu d'un droit d'héritier consacré par le jugement d'envoi en possession; — Qu'encore bien que le droit acquis au domaine soit résoluble par la représentation de l'héritier dans le délai fixé par la loi, ce n'en est pas moins un droit de propriété qui fait acquérir au domaine, possesseur de bonne foi, les fruits perçus jusqu'au jour où l'héritier a formé sa demande; — Adoptant au surplus les motifs des premiers juges, — Confirme.

Du 1er juin 1857.-C. roy. de Paris, 3e ch.-MM. Simonneau, pr.-Pécourt, av. gen., c. conf.-Tonnet et Teste, av.

(1) (Le domaine *C.* hér. Didier.) — Le 12 mai 1843, jugement qui condamne le domaine à restituer aux demandeurs, la dame Raffy et le sieur Lefebvre, la succession de la dame Didier : — « Attendu qu'aux termes de l'art. 724 c. civ. les héritiers légitimes sont saisis, de plein droit, des biens, droits et actions du défunt; que cette saisine et ses effets ne peuvent cesser que par la possession d'un tiers jouissant pendant le temps et avec les conditions voulues par la loi pour acquérir la propriété par la prescription; qu'aux termes de l'art. 2229, pour prescrire, il faut une possession continue et non interrompue, paisible, publique, non équivoque et à titre de propriétaire; que, suivant l'art. 2262 c. civ., la prescription applicable est celle trentenaire; — Attendu que l'administration des domaines qui prétend retenir la succession de la veuve Didier, à l'exclusion des demandeurs, n'établit pas à quelle époque elle se serait mise en possession de ladite succession; que, s'en fût-elle emparée dès son ouverture, c'est-à-dire au 4 fruct. an 12, sa possession jusqu'au 15 oct. 1825, date de l'envoi en possession prononcé à son profit par jugement du tribunal, n'aurait pas le caractère déterminé par l'art. 2229 précité; qu'en effet, il résulte des termes de l'art. 724 précité, qu'il n'existe au profit de l'État aucune saisine, puisqu'il est obligé de demander la délivrance; que, conséquemment, jusqu'à l'accomplissement des formalités prescrites, la possession du domaine est précaire, équivoque, et non à titre de propriétaire; qu'elle ne réunit les conditions voulues par ledit art. 2229 qu'après l'envoi en possession dudit jour 15 oct. 1825;

» Que, vainement, on objecte que par l'art. 789 la faculté d'accepter une succession est prescrite par le laps de temps de trente années; que cet article placé sous la rubrique de la renonciation aux successions, rapproché du principe posé par l'art. 724, ne peut s'entendre qu'en ce sens que l'héritier se trouve définitivement héritier et privé seulement de la faculté de renoncer; que l'on n'est pas mieux fondé à objecter qu'aux termes de l'art. 777 dudit code, l'effet de l'acceptation remonte au jour de l'ouverture de la succession, et qu'ainsi l'État doit être réputé avoir possédé la succession dont il s'agit à partir du 4 fruct. an 12; que, d'une part, l'ensemble des dispositions du chapitre où se trouve placé ledit article, prouve qu'il ne s'agit que d'héritiers réguliers; que, d'une autre part, si, par une fiction, la loi fait rétroagir les effets de l'acceptation, c'est évidemment parce que celui qui l'a faite avait déjà une saisine qui n'avait pas besoin de manifestation pour exister, tandis que la loi refuse cette saisine à l'héritier irrégulier, qui n'est réputé en possession que lorsque la justice la lui a accordée après l'accomplissement des formalités de nature à appeler les héritiers du sang; — Que vainement encore voudrait-on induire l'existence de cette saisine du fait que l'État aurait le droit de conserver les fruits même antérieurs à son envoi en possession; qu'en effet, dès que l'Etat s'est conformé aux dispositions de l'art. 770 c. civ., il est réputé professeur de bonne foi, jouissant à titre de propriétaire, et ayant droit, dès lors, tant aux fruits à échoir qu'à tous ceux échus, puisque tous ont la même nature; que de ces principes on ne saurait donc induire que, quant à la propriété, la fiction de la rétroactivité ait lieu avec les mêmes effets. » — Appel par le domaine. — Arrêt.

La cour; — Adoptant les motifs des premiers juges, confirme.

Du 2 fév. 1844.-C. de Paris, 1re ch.-MM. Séguier, 1er pr.-Tardif, subst., concl. conf.-Ferd. Barrot et Mathieu, av.

faut trente ans de possession continue à compter de l'envoi en possession, pour que l'Etat devienne propriétaire. L'art. 4 de l'arrêté cité est ainsi conçu: «L'administration représentera l'Etat dans toute action ou demande se rapportant aux succession dont elle aura demandé l'envoi en possession, et aux biens de ces successions, jusqu'à ce que, par l'expiration du délai de trente ans à compter de l'envoi en possession, lesdits biens se trouvent irrévocablement réunis au domaine de l'Etat. » — En donnant, par les motifs exprimés dans les instructions citées, pour point de départ à la possession légale de l'administration, l'envoi en possession, la doctrine ministérielle reconnaît inévitablement que la possession antérieure à cet envoi n'a aucun caractère utile pour prescrire contre l'héritier; car, si l'on admet que cette possession soit prise à titre de propriétaire, on fera résulter de cette possession l'acceptation tacite de l'Etat; tandis que le ministre déclare, avec raison, que cette acceptation ne peut légalement être manifestée que par la demande d'envoi en possession. C'est cette demande qui manifeste l'intention d'occuper la succession vacante *animo sibi habendi*; jusque-là, les faits de possession, accomplis par le domaine avant d'avoir obtenu l'envoi en possession, ne peuvent être envisagés que comme des actes de haute tutelle administrative dans l'intérêt public, à laquelle d'ailleurs il est intéressé, soit comme ayant droit aux fruits en raison de sa bonne foi, soit comme surveillant éventuel d'une propriété qui, si aucun héritier ne se représente, dans les trente ans de l'envoi en possession, lui appartiendra irrévocablement.

420. De la décision qui précède résulte cette différence entre l'envoi en possession obtenu par le successeur irrégulier et la saisine que la loi confère à l'héritier légitime : par la saisine c'est la propriété, et par l'envoi en possession, c'est la jouissance seulement, qui est reportée à l'époque de l'ouverture de la succession. Cette distinction se retrouve aussi dans deux arrêts de la chambre civile du 7 juin 1837, aff. Avril et hérit. Givry, V. n° 416. Elle paraîtrait avoir été omise dans un arrêt de la cour de Paris du 1er juin 1837, aff. Held, n° 416, confirmatif d'un jugement du tribunal de la Seine du 12 janv. 1836. Ce jugement fait produire à l'envoi en possession du domaine un effet rétroactif analogue à celui de la saisine : — «Attendu, portent ses motifs, que l'héritier est saisi, du jour du décès de son auteur, de toutes les valeurs de la succession; que ce principe est général, et s'applique à l'héritier irrégulier comme à l'héritier ordinaire, à la charge toutefois par l'héritier irrégulier de se faire envoyer en possession; que l'envoi en possession une fois ordonné a un effet rétroactif, et que l'héritier demeure saisi du jour de l'ouverture de la succession; que, s'il en était autrement, il en résulterait que jusqu'à l'envoi en possession, la propriété aurait été incertaine, et n'aurait reposé sur aucune tête, ce qu'il est impossible d'admettre. » — Ce jugement aurait été confirmé par le motif suivant : — « Considérant que le domaine, envoyé en possession d'une succession en déshérence après avoir rempli les formalités prescrites par la loi, reçoit cette possession à titre d'héritier et de propriétaire, et que par conséquent, elle remonte au jour où la succession a été ouverte; que, dans ce cas, le domaine n'est pas réputé avoir été simple administrateur de la succession, mais avoir agi en vertu d'un droit d'héritier consacré par le jugement d'envoi en possession; qu'encore bien que le droit acquis au domaine soit résoluble par la représentation de l'héritier dans le délai fixé par la loi, ce n'en est pas moins un droit de propriété. » — La doctrine des arrêts de cassation cités plus haut semble plus exacte.

421. Le domaine, condamné à la restitution d'une succession dont il s'était emparé comme vacante, ainsi que de fruits par lui perçus depuis la demande, doit aux héritiers, à titre de fruits civils, les intérêts des sommes provenant de cette succession qu'il a versées dans les caisses du trésor (Paris, 11 juill. 1851, aff. Stolze, D. P. 55. 2. 143).

422. Le domaine qui s'était emparé d'une succession en déshérence, peut-il, lorsqu'il l'a restituée aux héritiers légitimes, réclamer des frais de régie? La cour de Paris a décidé : 1° que l'administration, ayant géré dans l'intérêt des héritiers, a droit aux frais de régie (Paris, 1er août 1834, aff. Avril, V. n° 416; 6 janv. 1844, aff. Mayrand, V. Absent, n° 507); — 2° Qu'aucun prélèvement proportionnel ne peut être fait sur l'actif, dont la restitution intégrale est indispensable, sauf la rétention des fruits et le remboursement des frais, y compris la remise du receveur (Paris, 17 janv. 1851, aff. Ardisson, D. P. 51. 2. 69) : — 3° Que le domaine ne peut réclamer des frais de régie, lorsqu'il en a été indemnisé par l'excédant des fruits sur la dépense (Paris, 11 juill. 1851, aff. Stolze, D. P. 55. 2. 143); — 4° Qu'il ne peut non plus réclamer des héritiers le montant des réparations, de quelque nature qu'elles soient, par lui faites à un immeuble de la succession, s'il en a été également couvert et au delà par la perception des fruits (même arrêt).

423. Les héritiers d'un individu dont la succession a été appréhendée par l'Etat, ne peuvent être déclarés non recevables dans leur action en revendication de cette succession, jusqu'à ce qu'ils rapportent la preuve que la femme de cet individu, dont on n'a pas de nouvelles, donataire par contrat de mariage des biens que le prémourant laisserait à son décès, n'a pas survécu à leur auteur : c'est au domaine qui exerce les droits de cette absente, à prouver la survivance (c. nap. 135, 136; Paris, 6 janv. 1844, aff. Mayrand, V. Absent, n° 507).

424. Les créances existant contre des successions en déshérence recueillies par l'Etat, sont passibles de la prescription quinquennale établie par l'art. 9 de la loi du 29 janv. 1831, lorsqu'elles n'ont pas été liquidées, ordonnancées et payées dans les cinq ans, à partir du jour où le droit s'est ouvert au profit de l'Etat, à moins que l'ordonnancement n'ait été retardé par le fait de l'administration. Le retard dans l'ordonnance d'une telle créance ne peut être attribué à l'administration, et le créancier n'est pas relevé de la déchéance, par l'opposition aux scellés qu'il aurait primitivement formée et qui aurait porté l'existence de la créance à la connaissance de l'administration, si d'ailleurs ce créancier n'a pas provoqué la distribution judiciaire de l'actif de son débiteur, frappé de nombreuses oppositions (ord. cons. d'Et. 12 avril 1845) (1).

(1) *Espèce.* — (Sallentin C. Min. des finances). — La succession de la demoiselle Blondeau avait été recueillie par l'Etat par droit de déshérence. Les formalités exigées par la loi, pour la prise de possession du domaine, furent accomplies, durant lesquelles de nombreuses oppositions survinrent de la part des créanciers de la demoiselle Blondeau. Le sieur Sallentin, entre autres, créancier de 434 fr., forma opposition à la levée des scellés et fit connaître ses droits. Postérieurement, l'administration répartit l'actif de la succession entre les créanciers Blondeau, sans y comprendre le sieur Sallentin; et lorsque celui-ci réclama, l'administration répondit que l'actif était épuisé. Le sieur Sallentin ayant assigné l'Etat, un jugement du tribunal de la Seine du 20 juill. 1840 condamna l'Etat au payement de la créance réclamée, par les motifs suivants : — « Attendu qu'il n'est pas méconnu que Sallentin est créancier de la succession Blondeau, de la somme de 434 fr. 40 c.; — Attendu que pour sûreté de sa créance, il avait formé opposition aux scellés apposés après le décès de la débitrice; — Attendu que l'administration a cependant procédé à la distribution des deniers provenant de la succession sans l'appeler; — Qu'en agissant ainsi elle est devenue responsable de sa créance et lui a donné le droit d'en demander le remboursement intégral; — Qu'on lui oppose, il est vrai, que s'il eût été appelé, il aurait eu 10 p. 100 seulement, mais que cette objection ne saurait être prise en considération; — Qu'il est possible, en effet, que si Sallentin eût été appelé comme il devait l'être, il eût fait écarter quelques créanciers; — Qu'enfin, les choses ne sont plus entières par le fait de l'administration. »

Le ministre des finances a pris, alors, le 5 nov. 1841, un arrêté, en vertu duquel la créance du sieur Sallentin a été déclarée frappée de la déchéance prononcée par les art. 9 et 10 de la loi du 29 janv. 1831, à l'égard de toutes les dettes de l'Etat non liquidées dans le délai de cinq ans.

Recours du sieur Sallentin contre cette décision, pour fausse application des art. 9 et 10 de la loi précitée. — Il prétend que les articles invoqués ne sont pas applicables aux créanciers d'une succession en déshérence, et il cherche à démontrer au moyen de l'instruction même du ministre des finances, du 15 août 1832, qui porte en substance : « Que l'Etat n'est pas saisi de plein droit, comme les héritiers légitimes, des successions qui lui sont dévolues par le code, puisqu'il est tenu, par les dispositions des art. 724 et 770 dudit code, de s'en faire envoyer judiciairement en possession; — Que, bien qu'après l'envoi en possession prononcé, l'administration des domaines ait constamment le droit de se saisir des biens de la succession et de les mettre sous la main de l'Etat qu'elle représente, la possession de l'Etat n'est que précaire et résoluble,

425. L'Etat qui a recueilli une succession en déshérence (en 1810) n'est pas fondé à se prévaloir, contre la demande en restitution formée ultérieurement (en 1837), par les héritiers légitimes, de la déchéance prononcée contre les créanciers de l'Etat par les lois des 25 mars 1817 et 29 janv. 1831, sur l'arriéré de la dette publique; et par exemple à prétendre que les lois sont applicables aux valeurs héréditaires qu'il avait perçues avant leur publication. « Attendu, porte le jugement dont les motifs ont été adoptés, que les demandeurs (les héritiers) ne procèdent pas comme *créanciers*, mais comme *propriétaires* à titre d'héritiers, et que les motifs qui ont déterminé les lois de déchéance invoquées par l'Etat ne leur sont pas applicables » (Paris, 1re ch., 8 janv. 1841, MM. Séguier, 1er pr., Bresson, subst., c. contr., Lavaux, av., aff. Dom. *C.* Chauffaille et autres). —Toutefois en cas pareil l'Etat doit être déclaré avoir possédé de bonne foi jusqu'au jour de la demande en restitution, et dès lors a fait siens les fruits qu'il avait recueillis (même arrêt).

426. Celui qui accepte une succession réputée jusque-là en déshérence, la prend dans l'état où elle se trouve et doit subir l'effet de la prescription qui aurait couru contre l'Etat, encore bien qu'à cette époque l'acceptant fût mineur : en pareil cas, il n'y a pas de suspension à son profit (Nîmes, 16 janv. 1850, aff. de Labareyre, D. P. 51. 2. 126).

427. La règle, suivant laquelle nul n'est tenu de produire contre soi, ne peut être invoquée par le domaine, détenteur des titres d'une succession en déshérence, contre un prétendant droit à cette succession qui demande la communication des pièces ou titres de la succession qui ont été inventoriés après le décès du défunt pour servir à qui de droit (Paris, 15 mars 1850, aff. Franchini, D. P. 51. 2. 123).

428. Quelle est l'autorité compétente pour prononcer sur la qualité des prétendants à une succession en déshérence? C'est l'autorité judiciaire, et non le produit administratif.—Jugé qu'il n'appartient qu'aux tribunaux d'apprécier la qualité des prétendants (ord. cons. d'Ét. 7 avril 1824, M. de Peyronnet, rap., aff. Leroy et Duhamel).

De même, les tribunaux sont régulièrement saisis de la demande formée contre l'Etat à fin de restitution d'une succession dont il s'est emparé par droit de déshérence. — Toutefois il y a lieu de surseoir à statuer jusqu'après la justification de la qualité du demandeur, si le conflit a été élevé, et que la demande ait été formée par le curateur nommé à la succession vacante (ord. cons. d'Ét. 17 mai 1826, M. Favard de Langlade, rap., aff. de Schlabrendorf et Sattig *C.* le dom.).

429. Est aussi de la compétence judiciaire l'action intentée contre l'Etat par le créancier d'une succession en déshérence, pour faire reconnaître la validité de son titre contre cette succession.—Mais l'autorité administrative serait seule compétente s'il s'agissait de statuer sur la créance que le défunt, comme employé du gouvernement, pouvait avoir contre l'Etat (ord. c. d'Ét. 15 nov. 1822, M. de Cormenin, rap., aff. Pillet *C.* préf. de la Seine).— Le créancier qui a actionné l'Etat devant les tribunaux doit préalablement présenter son mémoire à l'administration, conformément à la loi du 5 nov. 1790 (V. Domaine de l'Etat, nos 332 et s.). Mais l'inobservation de cette formalité ne change pas l'ordre des juridictions; il y a lieu seulement à une action en nullité de la procédure (même ord., et ord. réglem. 1er juin 1828, art. 5).

430. Lorsque le curateur à la succession vacante d'un étranger décédé en France n'agit pas au nom du gouvernement auquel cet étranger ressortissait, c'est aux tribunaux à prononcer sur sa qualité et sur sa demande (ord. cons. d'Ét. 7 juin 1826, M. Favard, rap., aff. Sattig *C.* régie des dom.).

431. Jugé, sous l'empire de la loi du 17 niv. an 2, qu'il n'y avait pas lieu à soumettre à la décision d'arbitres une demande en désistement de biens immeubles, formée contre celui qui s'est emparé de ces biens à titre de déshérence; les arbitres étaient incompétents pour statuer sur une telle matière, et le juge de paix ne pouvait nommer d'office les arbitres, sur le silence ou le refus de l'une des parties (L. du 17 niv. an 2, art. 54; Cass. 24 vend. an 4, MM. Bailly, pr., Levasseur, rap., aff. Faverot *C.* Fraboulet).

CHAP. 6. — DE L'ACCEPTATION ET DE LA RÉPUDIATION DES SUCCESSIONS.

SECT. 1. — *De l'acceptation des successions.*

ART. 1. — *De l'acceptation en général.*

432. Une succession peut être acceptée purement et simplement, ou sous bénéfice d'inventaire (c. nap. 774). — L'héritier pur et simple n'exclut pas le cohéritier du même degré qui n'accepte que sous bénéfice d'inventaire. Il en était autrement dans les pays coutumiers; les coutumes de Paris et d'Orléans, qui formaient le droit commun, donnaient la préférence à l'héritier pur et simple, mais en ligne collatérale seulement. Cette préférence n'était admise, en pays de droit écrit, que par le parlement de Bordeaux. Un tel système n'est plus conciliable avec les dispositions du code, qui ne permettent aux mineurs et aux interdits que l'acceptation bénéficiaire (c. nap. 461; Maleville, t. 2, p. 260; Chabot, t. 2, p. 411).—A l'égard des héritiers de celui à qui une succession est échue, et qui est décédé sans l'avoir répudiée ou acceptée, l'art. 782 dispose que « si ces héritiers ne sont pas d'accord pour accepter ou répudier la succession, elle doit être acceptée sous bénéfice d'inventaire. »—Cette disposition est une dérogation à l'ancien droit : on consultait, en pareil cas, les intérêts du défunt; et le parti qu'il lui eût été le plus avantageux de prendre, on l'imposait à ses héritiers, d'après le principe qui les fait considérer comme la continuation de sa personne ou ses représentants. Au conseil d'Etat, des orateurs opinèrent en faveur de cette jurisprudence; pour le système du code, on allégua que l'ancienne jurisprudence « donnait lieu à de longues contestations, et qu'il était mieux d'adopter une

---

puisqu'il ne l'a obtenue que dans la supposition qu'il n'y a pas d'héritiers légitimes ni de successeurs irréguliers appelés avant lui par la loi, et que ce n'est qu'après trente ans qu'il peut devenir propriétaire définitif et incommutable; que, jusqu'à l'expiration de ces trente ans, la propriété étant imparfaite, il ne peut que jouir de ces biens, mais non en disposer irrévocablement; que c'est l'administration des domaines que le code désigne nominativement pour représenter l'Etat dans la régie des successions dont il s'agit; que cette désignation indique clairement que les lois spéciales sur l'administration des biens proprement dits domaniaux, appartenant définitivement à l'Etat, ne sont pas applicables à l'administration des biens dont l'envoi en possession lui a été accordé à titre de successeur irrégulier, lesquels forment une classe particulière de biens qui ne lui appartiennent et qu'il ne détient qu'éventuellement; — Que, conséquemment, les attributions et distributions d'autorité ou de concours dans l'administration des biens purement domaniaux que les lois spéciales départissent entre l'administration des domaines et les préfets, qui ont remplacé les administrations départementales, ne sont à invoquer et ne peuvent être observées à l'égard des biens des successions dont il s'agit, que quand, après une possession de trente ans, ils se trouvent réunis aux biens domaniaux et en font partie. » — Au surplus, ajoute le sieur Sallentin, c'est par le fait de l'administration que ma créance n'a pu être liquidée dans les cinq ans, puisque j'avais formé opposition à la levée des scellés, suivie d'une demande en payement datant du 28 août 1832, ce qui me place dans le cas d'exception prévu par l'art. 10 de la loi qu'on m'oppose. »

LOUIS-PHILIPPE, etc.; — Vu la loi du 29 janv. 1831; — Considérant que d'après les dispositions de la loi du 29 janv. 1831, sont prescrites et éteintes au profit de l'Etat toutes créances qui, n'ayant pas été acquittées avant la clôture des crédits de l'exercice auquel elles appartiennent, n'auraient pu, à défaut de justifications suffisantes, être liquidées, ordonnancées et payées dans un délai de cinq années, à partir de l'ouverture de l'exercice auquel elles appartiennent, à moins que l'ordonnancement et le payement n'aient pu être effectués dans les délais déterminés, par le fait de l'administration; — Considérant que la créance du réclamant sur la succession en déshérence de la demoiselle Adam, dite Blondeau, a été soumise aux dispositions des lois qui régissent la dette publique, à partir du 2 août 1831, époque à laquelle l'Etat a été envoyé en possession de ladite succession; — Considérant que le sieur Sallentin ayant formé opposition aux scellés, l'actif de ladite succession ne pouvait être distribué entre les créanciers que dans l'ordre et de la manière réglés par le juge, et que c'est faute par le sieur Sallentin d'avoir provoqué cette distribution par contribution en temps utile, que sa créance n'a pu être liquidée, ordonnancée et payée dans les cinq ans de l'exercice auquel elle appartient;

Art. 1er. La requête du sieur Sallentin est rejetée, etc.

Du 12 avr. 1845. Ord. cons. d'Etat.-M. Villermay, rap.

règle simple et qui ne nuit à personne » (M. Locré, Lég. civ., etc., t. 10, p. 108). On peut voir dans le Nouveau Denisart, v° Adition, § 4, et surtout v° Héritier, § 10, divers exemples des difficultés que faisait naître l'ancien droit.

433. Le refus d'accepter la succession échue à leur auteur peut, de la part de certains héritiers, être motivé sur une donation qui lui aurait été faite, supérieure à sa part héréditaire, et qui obligerait au rapport en cas d'acceptation : les héritiers opposés à l'acceptation devront-ils contribuer au rapport? Oui, selon MM. Vazeille et Marcadé, sur l'art. 782; Massé et Vergé sur Zachariæ, t. 2, p. 303. Nous préférons l'opinion contraire. La disposition générale de l'art. 843 n'embrasse pas l'hypothèse extraordinaire de l'art. 782, c'est l'intention du législateur qu'il faut avant tout consulter : or l'art. 782 n'a été adopté au conseil d'État, ainsi que nous le disions au numéro précédent, que comme renfermant « une règle simple et qui ne nuit à personne, » et l'on n'avait en vue que l'obligation de concourir aux dettes *ultrà vires* : obligation dont les effets sont anéantis par le bénéfice d'inventaire. Il y aurait eu injustice évidente à imposer une acceptation nuisible; le législateur se fût de plus contredit lui-même, puisque dans l'art. 775 il ne déclare l'acceptation facultative que pour ne point froisser violemment les intérêts des successibles. Ajoutons que la fraude serait facile si l'un des héritiers concertait son acceptation avec les copartageants de la succession échue pour améliorer la condition de ceux-ci par l'effet du rapport, imposé aux autres.—M. Delvincourt propose, en conséquence, de n'obliger au rapport les héritiers, forcés d'accepter bénéficiairement, que jusqu'à concurrence de ce qu'ils auront retiré de la succession, de manière que leur condition ne soit pas empirée.—M. Duranton, t. 6, n° 410, croit cette distinction inconciliable avec le principe absolu de l'art. 843. Mais il admet lui-même une exception à ce principe pour le cas où celui des cohéritiers, qui voudrait contraindre les autres d'accepter, serait en même temps appelé à recueillir les deux successions, la première de son chef, la seconde par représentation, ce qui peut arriver par l'effet de divers mariages contractés dans la même famille; alors cet héritier ayant intérêt, si la première succession n'est pas avantageuse, à ce que les valeurs données et plus considérables soient rapportées, son acceptation ne devra pas exposer à un tort réel et inévitable les copartageants de la succession du donataire : ceux-ci pourront donc, en ne consentant à ne recevoir aucun émolument de cette succession, s'en tenir à leur part de la chose donnée. C'est le vœu de l'équité que les intérêts divers soient ainsi conciliés, et tel est l'esprit du droit commun. L'art. 1382 oblige à réparer le préjudice qu'on a causé par son fait; cette obligation doit être plus sévère encore, si l'on a causé le préjudice à autrui pour en tirer soi-même un bénéfice.

434. Nul n'est tenu d'accepter une succession qui lui est échue (c. nap. 775). Telle était la maxime de nos coutumes : N'est héritier qui ne veut. — Le droit romain distinguait deux sortes d'héritiers, les héritiers siens et nécessaires ou les enfants en puissance de leur père, les héritiers *étrangers* (*extranei*) et *volontaires*. Les premiers étaient héritiers malgré eux; le préteur leur permit plus tard de répudier ce titre en s'abstenant de toute participation à la succession. C'est ce qu'on appelle le *bénéfice d'abstention*. — Dans nos pays de droit écrit, on observait la loi dernière, C., *De rep. vel abst.*, et la loi 6, § 1, ff., *Ad S.-C. Tertull.* Selon ces lois, l'héritier sien pouvait, pendant trois ans, et l'enfant non héritier sien pendant un an, prendre l'hérédité, qu'il avait déjà répudiée, si elle n'était pas encore acceptée par un autre. — Cette faculté avait été étendue jusqu'à trente ans par la jurisprudence des parlements de Toulouse et de Bordeaux. Les enfants pouvaient même, dans ce dernier ressort, répudier la succession qu'ils avaient acceptée, à la condition d'en rendre les fonds et les fruits et d'en affirmer un état sincère. Ils le pouvaient, quoiqu'il n'eût pas été fait d'inventaire régulier au décès (Serres, p. 306; Lapeyrère, v° Répudiation).

435. De ce que nul n'est tenu d'accepter la succession qui lui est échue, il suit que lorsqu'un successible nie qu'il ait pris la qualité d'héritier, c'est au créancier qui le poursuit à prouver qu'il a accepté la succession : — « Attendu que les intimés, quoique appelés par la loi à la succession des débiteurs originaires de la rente, ont toujours nié d'avoir accepté leur succession, et de s'être portés pour leurs héritiers; que l'appelant n'a fait aucune preuve à cet égard; qu'ainsi, d'après le principe n'est héritier qui ne veut, les intimés ne sont pas obligés personnellement à payer les arrérages de la rente; confirme, etc. » (Liége, 2e ch., 4 janv. 1812, aff. Derkens *C.* Nagaut). — Vainement prétendait-on, dans l'espèce, que les enfants, pour n'être pas tenus des dettes de leur mère, devaient prouver qu'ils avaient renoncé à sa succession; que, jusque-là, ils étaient présumés héritiers, d'après la maxime le mort saisit le vif. Les enfants répondaient avec raison que la présomption invoquée disparaissait devant la déclaration formelle qu'ils ne s'étaient point portés héritiers; que c'était la seule manière de concilier les art. 775 et 778 c. nap.

ART. 2. — *De la capacité d'accepter les successions, et quand l'acceptation peut être faite.*

436. *Capacité.* — L'acceptation est un quasi-contrat qui nous oblige envers les héritiers, les légataires, les créanciers du défunt, en un mot envers tous les prétendants droit à la succession. —De là, selon l'art. 776, la nécessité, pour les *femmes* mariées, de l'*autorisation* du mari ou de justice, conformément au chap. 6 du titre du Mariage, et pour les *mineurs* et *interdits*, de l'autorisation de leurs tuteur ou curateur, conformément au titre de la Minorité, etc. — L'art. 776 ne parle pas du *prodigue*, auquel il a été nommé un conseil judiciaire; mais il résulte évidemment des articles combinés 499 et 513 que l'assistance de ce conseil est nécessaire pour l'acceptation du prodigue (Conf. Chabot, t. 2, p. 445; Duranton, t. 6, n° 419; Delaporte, Pandect. franç., t. 3, n° 150; Vazeille, sur l'art. 776, n° 6).

437. L'autorisation du mari ou de justice est nécessaire pour l'acceptation des successions échues à la femme, quel que soit le régime matrimonial; mais l'acceptation doit émaner de la femme elle-même. Le mari n'a point à cet égard de mandat légal. —Jugé en conséquence : 1° que des faits d'immixtion et d'adition d'hérédité ne peuvent, lorsqu'ils sont personnels au mari, et qu'ils ont eu lieu sans mandat de sa femme, ou même contrairement à sa volonté manifestée dans des actes authentiques, attribuer à celle-ci la qualité d'héritière; que, dans ce cas, le mari ne saurait être présumé le mandataire légal de sa femme (c. nap. 776, 1428, 1549; Riom, 19 avr. 1828) (1); — 2° Qu'une succession échue à la femme ne peut être acceptée tacitement en son nom par son mari. L'acceptation doit émaner directement de la femme après l'autorisation du mari ou de la justice, alors surtout que la femme est mariée sous le régime dotal (Riom, 18 avr. 1825, M. Grenier, pr., aff. Giraud *C.* Morin).

438. Le mari pourrait-il, sur le refus de la femme, accepter la succession, s'il y était personnellement intéressé? — Chef de la communauté, le mari tient de la loi (c. nap. 1041 et 1421) le droit d'accepter une succession qui doit en faire partie, comme il peut en provoquer le partage sans le concours de sa femme (c. nap. 818). Il n'a pas même besoin d'invoquer l'art. 788, qui autorise les créanciers à accepter à la place de leur débiteur renonçant. Il serait injuste de lui refuser cette faculté, puisqu'il pourrait arriver, par le refus de la femme, que la communauté se trouvât grevée de toutes les dettes mobilières de la succession, quoiqu'elle n'eût rien à prendre dans l'actif. En effet, la renonciation de la femme n'est valable qu'avec l'autorisation du mari

(1) (Jouves-Hommes *C.* Harent.)—LA COUR;—Attendu qu'il n'est pas établi au procès que Marie Borie se soit personnellement immiscée dans la succession de Françoise Solignat sa mère; que les faits d'immixtion et d'adition d'hérédité, imputés à Jean Jouves-Hommes, étant personnels à ce dernier, qui n'a agi qu'en qualité de mari, sans aucun mandat spécial, et sans la participation de ladite Marie Borie sa femme, ne peuvent, d'après les principes et la jurisprudence des arrêts, imprimer à cette dernière la qualité d'héritière, qui est plus d'intention que de fait; — Attendu que, si le mari est présumé être le mandataire légal de sa femme, cette présomption cesse quand cette qualité lui est contestée ou que les faits du mari sont en contradiction avec la volonté manifestée par la femme elle-même dans des actes publics et authentiques; — Émendant, etc.

Du 19 avr. 1828.-C. de Riom.-2e ch.-M. Landois, pr.

ou du juge. Son seul refus n'empêcherait donc pas les créanciers mobiliers de la succession de poursuivre contre la communauté après les délais pour faire inventaire et délibérer, le payement de leurs créances (c. nap. 1409). — Conf. Furgole, des Testaments, chap. 10, sect. 1, nº 36; Pothier, des Successions, ch. 3, sect. 3, art. 1, § 2; Nouveau Denisart, vº Adition d'hérédité; Chabot, t. 2, p. 438; Delvincourt, t. 2, p. 28, note 8; Duranton, t. 6, nº 425; Toullier, t. 4, nº 301; Delaporte, Pandectes françaises, t. 3, p. 149; Vazeille, sur l'art. 776, nº 3; Massé et Vergé sur Zachariæ, t. 2, p. 302, note 1).—Mais nous pensons en même temps, comme tous ces auteurs, que l'acceptation du mari serait à ses risques et périls, que les biens personnels de la femme ne devraient point supporter les pertes qui en résulteraient si la succession était onéreuse. — Réciproquement, si, contre le vœu de son mari et sur l'autorisation de justice, la femme avait accepté, le mari n'en devrait souffrir aucun préjudice.—V. toutefois, pour ce dernier cas, les distinctions prévues vº Contr. de mar., nºs 958, 960, 962 et 963.

439. *Quand l'acceptation peut être faite.* — Il faut d'abord que la succession soit ouverte (c. nap. 791); jusque-là, il n'y a pas d'acceptation obligatoire, d'après la maxime *nulla viventis hæreditas.* — Jugé en conséquence qu'en acceptant, du vivant de leur père, une démission irrévocable de tous biens, les enfants, sous l'ancienne législation, ne se sont pas, par cela seul, exclus du droit de renoncer à sa succession ouverte en 1792; si donc ils y renoncent valablement, on ne peut les poursuivre comme héritiers : — « Attendu que l'acte du 20 mars 1782, soit qu'on le considère comme donation entre-vifs, soit qu'on l'envisage comme démission des biens, n'a point astreint les enfants, pour conserver l'effet, à se porter héritiers de leur père; que la renonciation faite par d'Hailly à la succession de son père, ouverte en 1792, est bonne et valable, rien ne justifiant qu'il se fût auparavant immiscé dans ladite succession; dit qu'il a été mal jugé, etc. » (Paris, 11 mai 1808, aff. d'Hailly C. Delamarche). Vainement objectait-on que la démission de biens n'était qu'une succession anticipée; qu'on ne pouvait l'accepter sans prendre la qualité d'héritier, et qu'on ne pouvait plus se dépouiller de cette qualité que par la renonciation au bénéfice même de la démission.

440. Il faut que la succession soit personnellement déférée à celui qui veut se porter héritier, c'est-à-dire qu'il soit appelé à la recueillir dans l'ordre établi par la loi. — Ainsi, le parent d'un *émigré* n'aurait pu accepter valablement sa succession avant d'obtenir l'*amnistie* ou la radiation de l'émigré, parce que, jusqu'à cette époque, la mort civile et la confiscation empêchaient que la succession fût déférée aux parents. C'est ce qui a été jugé plusieurs fois, notamment par la cour de cassation, le 5 therm. an 12 et le 31 mars 1806 (V. vº Emigré, nº 92). C'est ce qu'enseignent MM. Chabot, p. 400; Maleville, t. 2, p. 291; Duranton, t. 6, nº 366; Toullier, t. 4, nº 299; Delaporte, Pand. franç., t. 3, p. 144; Vazeille, sur l'art. 775, nº 3.

441. De même il a été décidé : 1º que l'acceptation d'une hérédité est nulle, lorsque celui qui l'a faite n'était pas appelé à recueillir l'hérédité; dès lors, les engagements qui résultent de l'acceptation d'une hérédité ne peuvent porter sur celui qui n'est pas héritier, et nulle demande ne peut être intentée contre lui avec succès en cette qualité (Req. 5 therm. an 12, MM. Maleville, pr., Vergès, rap., aff. Villers C. veuve Buyer); — 2º Que les successions ne s'ouvrant que par la mort civile ou naturelle, des enfants qui ont pris la qualité d'héritiers de leur père peuvent la rétracter, si le décès de ce dernier n'est pas prouvé (c. nap. 136, Bourges, 22 juillet 1828) (1).

442. L'acceptation, faite par un parent plus éloigné, l'obligerait-elle, si plus tard le parent le plus proche venait à répudier la succession? — Oui, selon MM. Toullier, t. 3, nº 299; Malpel, nº 186, parce que l'héritier qui renonce est censé n'avoir jamais été héritier » (c. nap. 785). — MM. Delvincourt, t. 2, note 2, p. 27; Chabot, t. 2, p. 401; Duranton, t. 6, nº 366, pensent au contraire que ce n'est pas le cas d'appliquer cette règle, dont le seul but est d'empêcher que l'héritier renonçant retienne des fruits ou quoi que ce soit de la succession. — De même, on a fait remonter l'effet de l'acceptation au jour de l'ouverture, afin que l'héritier profitât de tous les bénéfices, comme il fût tenu de supporter toutes les pertes survenues avant son acceptation. Mais cette double règle n'a jamais eu pour objet de légitimer une acceptation, nulle dans l'origine, de donner l'existence à une acceptation qui n'existait pas. L'effet de remonter au jour de l'ouverture n'est attribué qu'à l'adition d'hérédité régulièrement faite.—C'est par ce principe, ajoute-t-on, qu'il a été jugé, que si le successible était, lors de l'ouverture, incapable de recueillir la succession, par exemple s'il était mort civilement, l'acceptation serait nulle, quand même l'incapacité viendrait à cesser par la suite (Cass. 16 mai 1815, MM. Muraire, pr., Liborel, rap., aff. Caron C. Bontron). —Pour nous, ces raisonnements ne nous paraissent pas décisifs. Nous voyons, comme M. Vazeille, sur l'art. 775, nº 4, une objection grave dans l'art. 136 c. nap., qui défère la succession au parent le plus proche en apparence. Sans doute, la pétition d'hérédité est réservée par l'art. 137 au véritable héritier, qui se présenterait plus tard; mais s'il n'exerce pas cette pétition et qu'il renonce, l'esprit de la loi est, ce nous semble, de conserver la succession à celui qui l'a recueillie.

443. A l'égard de certaines successions, il s'est élevé des contestations sur l'*époque* à laquelle elles avaient été déférées. — La succession des *émigrés* a été déférée par la radiation, l'élimination ou l'*amnistie* (V. vº Emigré, nºs 87 et s.); celle des religionnaires fugitifs, dont on ignorait l'époque du décès, par la loi de 1790, qui restitue leurs biens aux parents les plus proches à cette époque (Rej. 30 avril 1806, aff. Faure, V. Lois, nº 324-2º). —Quant à l'absent, il a été jugé plusieurs fois que sa succession est censée ouverte du jour de sa disparition, si l'on ne prouve pas le fait de la mort postérieure. — V. vº Absent, nºs 205 et s.

444. Ce n'est pas assez que la succession soit déférée; il faut que l'acceptant le *sache*. S'il ignorait, par exemple, le décès du *de cujus*, l'acceptation serait nulle, quoique la succession fût réellement ouverte (L. 32, § 1; 33, 34, § 1; 46, ff., *De acq. vel omitt. hæred.*; L. 21, ff., *De condit. et demonst.*). L'acceptation ici serait sans cause, puisqu'elle est toute dans l'intention ou la volonté de s'obliger, et que l'acceptant est incertain s'il s'oblige, qu'il peut croire ne pas faire un acte sérieux. *Omnia quæ animi destinatione agenda sunt, non nisi verâ et certâ scientiâ perfici possunt* (L. 76, ff., *De reg. jur.*).

445. L'acceptation serait valable, quoique l'héritier ignorât pour quelle part la succession lui était déférée, ou en quelle qualité il était parent du défunt. Il suffit qu'il ait la vocation de la loi. Cela tient au principe que l'acceptation est *indivisible*, que l'hérédité ne peut être acceptée pour une partie, répudiée pour une autre (L. 21 et 30, § 6, ff., *eod.*; L. 5, ff. *si pars hæredit. pet.*). — Il est un cas cependant que nous expliquerons plus loin, où l'erreur sur le montant de l'actif de la succession serait une cause de révocation (c. nap. 783.)

ART. 3. — *De quels actes résulte l'acceptation.*

446. L'acceptation est expresse ou tacite (c. nap. 778); *aut verbo, aut facto,* disaient les lois romaines. — V. aussi ce qui est dit sur les effets de l'acceptation, soit des donations, soit des legs, soit du partage d'ascendants, vº Disposit. entre-vifs et test., nºs 1434 et s., 3552 et s., 4522 et s., soit des obligations, vº Obligation.

§ 1. — *De l'acceptation expresse.*

447. Aux termes de l'art. 778, l'acceptation « est expresse

(1) (Girand.) — LA COUR; — Considérant qu'au bureau de paix et dans l'assignation par eux donnée devant les premiers juges, ils avaient pris la qualité d'héritiers de leur père, ce qui les rendait garants de ses faits, et, par conséquent, non recevables à critiquer la vente par lui faite : mais que, depuis, ils ont abdiqué le titre d'héritiers; — Qu'en vain, on oppose que cette qualité, une fois prise, est indélébile; — Que les successions ne peuvent s'ouvrir que par la mort naturelle ou civile; — Que Girand père est parti pour les armées comme remplaçant; que rien n'atteste son décès; qu'ainsi, les enfants n'avaient que l'action d'envoi en possession, et que la qualité, par eux prise, d'héritiers de leur père, est une erreur depuis reconnue, ce qui, dès lors, ne peut produire aucun effet contre eux.

Du 22 juill. 1828.-C. de Bourges.-M. Sallé, 1er pr.

quand on prend le *titre* ou la *qualité* d'héritier dans un acte authentique ou privé.»—Une acceptation purement *verbale* n'obligerait point le successible, les paroles eussent-elles été prononcées en présence des créanciers. Cela résulte de la discussion du conseil d'Etat. On a prévu que le fait de la déclaration verbale ou le sens des termes employés par le déclarant pourraient susciter de nombreuses contestations (Conf. Chabot, t. 2, p. 457; Delaporte, Pand. franç., t. 3, p. 151 ; Malpel, n° 191 ; Duranton, t. 6, n° 372; Vazeille, sur l'art. 778, n° 4). — Nous pensons même, avec M. Duranton, que la déclaration exprimée en justice dans un *interrogatoire* sur faits et articles, ne constituerait pas nécessairement une véritable acceptation; elle pourrait seulement, jointe à d'autres circonstances, devenir un indice de l'acceptation tacite.

448. Le sens du mot *acte* a été, dans l'art. 778, l'objet de quelques doutes. Dans le projet soumis aux tribunaux, on lisait *écrit* au lieu d'*acte*. C'est sur l'observation de la cour de cassation que ce dernier mot fut substitué. M. Réal, lors de la discussion, avait demandé au conseil d'Etat qu'on définît les *actes privés* dont il était question dans l'article, « afin, disait-il, de ne point laisser d'induction arbitraire. Cette proposition n'eut pas de suite. — De là cette question, qui peut se présenter fréquemment: La qualité d'*héritier*, prise dans une lettre missive, constitue-t-elle une acceptation expresse? Selon nous, la solution doit varier à raison des circonstances.—S'agit-il d'une lettre écrite à un ami où j'aurai, par exemple, annoncé le décès de mon parent et l'intention de disposer de ses biens de telle manière et à titre d'héritier? Evidemment, je n'ai point ici pour but de m'obliger à l'égard des tiers. Il est de principe d'ailleurs qu'une lettre missive ne peut profiter qu'à celui à qui elle est écrite, et que des tiers n'ont aucun droit de s'en prévaloir. Or, dans notre hypothèse, la lettre aura été adressée à d'autres qu'à des créanciers, des légataires ou des cohéritiers. — La lettre, au contraire, a-t-elle été écrite à une personne qui a des droits sur la succession, qui est positivement intéressée à savoir de quelle manière et entre quelles personnes elle sera partagée? Pourquoi les juges n'induiraient-ils pas une acceptation expresse des termes de la lettre, comme ils l'induiraient de tout autre acte? — On répond que la jurisprudence ne range point, en général, au nombre des actes, les lettres missives. On cite l'art. 1985, qui, après avoir dit que le mandat peut être donné par acte public ou par acte sous seing privé, ajoute, *même par lettre :* ce qui différencie la lettre et les actes privés. Enfin, M. Delaporte, Pand. franç., p. 151, t. 3, invoque pour cette opinion le suffrage de Domat, Serres, Pothier, de MM. Merlin, Maleville, Chabot, et de plus un arrêt du 7 juin 1674. — Remarquons d'abord que toutes ces autorités ne s'expliquent point directement sur l'hypothèse particulière où nous raisonnons; elles ont en vue probablement les lettres missives en général; or, nous pensons aussi que, hors certains cas, la déclaration qu'elles contiendraient n'obligerait point le successible. Mais si ce successible avait, par exemple, écrit à un créancier pour lui demander soit une remise de la dette, soit un terme pour le payement, soit une transaction; s'il avait fait cette demande comme se portant héritier, une lettre, dans de telles circonstances, manifesterait évidemment l'intention d'accepter; le successible aurait fait un acte sérieux, qui devait lui paraître obligatoire. La discussion du conseil d'Etat prouve que l'art. 776, en faisant résulter l'acceptation expresse d'un acte authentique ou privé, n'a eu d'autre but que d'exclure les acceptations purement verbales, dont l'existence eût été souvent contestée. Hors de cette limite, le législateur a dû laisser la plus grande latitude à la manifestation de la volonté d'accepter, puisque l'intention seule constitue l'acceptation. C'est sous l'influence de ce principe que les lois romaines autorisaient l'acceptation par simple lettre : *Possunt significare per nuntium...* (L. 65, ff., *Ad S.-C. Treb.*).—Notre doctrine est celle de MM. Toullier, t. 4, n° 308; Delvincourt, t. 2, p. 27, note 1; Duranton, t. 6, n° 373; Malpel, n° 191; Massé et Vergé, sur Zachariæ, t. 2, p. 304; Vazeille, sur l'art. 778, n° 2. — Elle est soutenue par M. Chabot, t. 2, p. 456, 2e édit., qu'on a signalé à tort comme étant d'un avis contraire.

449. Il faut, pour l'acceptation expresse, qu'on ait pris « *le titre ou la qualité d'héritier* dans un acte authentique ou privé » (c. nap. 778). — Il peut arriver cependant que le successible se soit dit formellement héritier dans un acte authentique sans que cette énonciation emporte preuve irrécusable de son acceptation. Tout dépend de la manière dont il s'est servi de ce mot, du sens qu'il y attachait personnellement. Peut-être le mot *héritier* a-t-il été dans sa pensée synonyme de *habile à succéder*, de *parent le plus proche*. Cette méprise est facile à concevoir de la part d'un homme qui n'est pas initié à la langue du droit, d'autant que la loi elle-même a quelquefois donné au même mot cette signification étendue (c. pr. 909-3°). L'acceptation consistant dans l'intention, *potius est animi quàm facti*, ce sera aux juges à décider si cette intention résulte de la nature ou de l'objet de l'écrit dans lequel on s'est qualifié héritier (Toullier, t. 4, n° 308 ; Duranton, n° 373; Vazeille, sur l'art. 778, n° 1; Massé et Vergé, *loc. cit.*).

450. Il a été jugé : 1° que le successible qui, dans une procuration donnée pour la levée des scellés, la confection de l'inventaire et la vente du mobilier, a, dans l'inventaire et le procès-verbal de vente, pris la qualité d'héritier en se réservant la faculté de renoncer à la succession ou de l'accepter sous bénéfice d'inventaire, peut encore, s'il n'a d'ailleurs rien appréhendé, se porter héritier bénéficiaire (Cass. 1er août 1809) (1); — 2° Que le légataire universel qui a pris la qualité d'héritier, est fondé à se faire relever de cette erreur de droit et ne doit pas être réputé avoir accepté purement et simplement, alors d'ailleurs que ce n'est que concurremment avec celle-là qu'il a pris celle-ci (Limoges, 8 déc. 1837, aff. Tramont, V. Disp. entre-vifs, n° 3572); —3° Qu'à moins d'une déclaration continue, formelle et expresse, les qualités données aux parties dans l'inventaire relatif à une succession, ne sont pas définitives, mais bien subordonnées aux acceptations et renonciations qu'elles ont toujours le droit de faire ultérieurement (c. nap. 778, 779, 796); qu'à plus forte raison, il en est ainsi lorsque l'inventaire contient la réserve expresse que les qualités qui y sont prises ne pourront nuire ni préjudicier à qui que ce soit (Orléans, 31 mars 1849, aff. Vallerand, D. P. 51. 2. 17).

451. Peu importe que l'acte dans lequel le successible a pris la qualité d'héritier soit nul pour vice de forme ou autre cause. L'intention d'accepter n'en a pas moins été exprimée

(1) (Daguillard C. Mounier.) — La cour ; — Vu les art. 516 et 517 de la coutume de Paris ; — Et attendu qu'il résulte des actes et pièces du procès, qu'en même temps que les demanderesses donnaient leur procuration au sieur Rodrigue, pour agir sous leurs noms en qualité d'héritières de Daguillard, elles le chargèrent expressément de leur réserver le droit de renoncer à la succession, ou de l'accepter sous bénéfice d'inventaire, puisqu'en effet cette réserve a été faite dans l'inventaire dressé, et qu'ensuite elle fut répétée dans le procès-verbal de vente qui fut fait quelques jours après; qu'ainsi, et jusqu'alors, la qualité d'héritières, prise par les demanderesses, accompagnée d'une pareille réserve, ne pouvait être considérée comme exclusive du bénéfice d'inventaire, ni de la renonciation à l'hérédité ; — Attendu que, suivant les lois et les principes en vigueur lors de l'ouverture de la succession dont il s'agit, et qui ont été de nouveau consacrés par les art. 797, 798, 799 et 800 c. civ., le droit ou la faculté de renoncer à une succession, ou de se porter héritier par bénéfice d'inventaire, peut encore s'exercer après que le délai pour délibérer est expiré, toutes les fois qu'il n'a pas été fait acte d'héritier pur et simple ; — Attendu qu'il est constant au procès que le 18 pluv. an 5 il fut fait, dans les formes et avec les solennités requises, un inventaire de la succession, et que le 21 du même mois il fut procédé à la vente d'une partie du mobilier constaté par cet inventaire, et dont le prix n'a produit qu'une modique somme de 259 l. 11 s.; — Que, d'une part, cette vente fut nécessitée par le besoin de payer des frais funéraires ; que, d'autre part, elle fut faite publiquement par un officier public, et à l'assistance d'un commissaire du domaine national ; — Qu'ainsi la nature de cette vente, et les circonstances qui l'ont accompagnée, en font une espèce absolument différente de l'appréhension dont il est parlé dans l'art. 517 de la coutume de Paris, et qui, suivant cet article, devrait être réputée acte d'héritier ; — D'où il suit que l'arrêt dénoncé en jugeant, d'après les actes et faits particuliers de la cause, que les demanderesses devaient être réputées héritières pures et simples, a fait évidemment une fausse application de l'art. 517 de la coutume de Paris, et par suite a violé avec la même évidence la disposition de l'art. 516 ; — Casse l'arrêt de la cour impériale de Bordeaux, du 4 fév. 1807.

Du 1er août 1809.-C. C., ch. civ.-MM. Muraire, 1er pr.-Vallée, rap.

(MM. Duranton, t. 6, n° 383; Massé et Vergé sur Zachariæ, t. 2, p. 304, note 10).

452. Quant à la qualité d'héritier prise dans une déclaration des droits de mutation, ou attribuée dans la quittance du receveur. — V. ci-après, n° 502.

453. La déclaration faite par un successible qui n'a ni accepté ni répudié, qu'il n'entend pas être tenu des dettes de la succession, si elles excèdent l'actif, n'emporte pas acceptation de la succession, et ne fait pas dès lors obstacle à une renonciation ultérieure : « Attendu que la déclaration des demandeurs, qu'ils n'entendaient pas être tenus des dettes, si elles excédaient l'actif, déclaration dont ils se sont désistés par leur renonciation, ne pouvait pas les faire considérer comme héritiers purs et simples, puisqu'une telle déclaration exprimait l'intention de ne pas confondre les biens et de renoncer s'il y avait lieu ; casse, etc. » (Cass. 5 fév. 1806, MM. Maleville, pr., Oudart, rap., aff. de Goyr *C.* Schmitz).

454. Reprendre une instance en qualité d'habile à se porter héritier de la partie décédée, plaider et interjeter appel, toujours en la même qualité, ne suffit pas pour imprimer à cet héritier la qualité d'héritier pur et simple, alors, d'ailleurs, qu'avant l'arrêt, il a déclaré n'accepter que sous bénéfice d'inventaire : — « Considérant que, l'arrêt en vertu duquel la veuve Thomas est poursuivie ne lui ayant attribué aucune qualité, il appartient à la cour d'interpréter ledit arrêt; considérant que la veuve Thomas n'a agi dans la procédure que comme habile à se dire et porter héritière ; qu'antérieurement à la prononciation de l'arrêt, ladite veuve Thomas avait acquis la qualité d'héritière bénéficiaire, et qu'elle ne l'a perdue par aucun acte d'immixtion; infirme » (Paris, 2ᵉ ch., 4 août 1825, M. Cassini, pr., aff. veuve Thomas *C.* Delacourtie).

455. Le successible qui, assigné en qualité d'héritier, défend, au fond, sur la poursuite d'un créancier de la succession, est encore recevable, après cette défense, à renoncer à la succession : « Attendu que Lapotonnière a renoncé à la succession de ses père et mère, et qu'on ne justifie pas qu'il ait fait acte d'héritier » (Paris, 29 pluv. an 11, aff. Lapotonnière). Ces défenses peuvent en effet n'être qu'un acte conservatoire (Vazeille, art. 778, n° 5).

456. L'acceptation d'une succession ne résulte pas nécessairement du concours des circonstances suivantes : un successible a laissé poursuivre contre lui, en qualité d'héritier, l'expropriation des biens héréditaires ; il a laissé rendre un jugement d'adjudication contre lui en la même qualité ; il a laissé acquérir à ce jugement l'autorité de la chose jugée ; il y a acquiescé, en produisant à l'ordre dont le jugement a été suivi ; mais d'une part, après la mort du *de cujus*, il a fait des actes conservatoires de ses droits, en s'inscrivant sur les biens de la succession ; et d'autre part, il a renoncé expressément à la succession, avant que le jugement d'adjudication, auquel il n'a figuré que passivement et non activement, ait obtenu force de chose jugée (Riom, 15 fév. 1821) (1).

457. Pareillement, la réunion des circonstances ci-après n'a pas paru constituer une acceptation tacite de la succession : — 1° La délibération par laquelle un conseil de famille charge le tuteur qu'il nomme d'administrer les biens de la succession à laquelle ont droit les mineurs ; — 2° Le jugement par défaut obtenu par un créancier de la succession contre les successibles et exécuté par eux, surtout lorsque ces derniers sont mineurs ; — 3° L'opposition formée par les successibles à la vente par expropriation forcée des biens de la succession, s'il était avantageux pour la succession même que cette vente n'eût pas lieu ; — 4° La vente par expropriation des biens de la succession et même l'ordre du prix poursuivi contre les successibles, si tout a été fait par défaut contre eux ; — 5° La demande par le successible à fin de validité de l'inscription par lui prise contre son tuteur qui a géré les biens de la succession, si ces biens ne sont pas le seul objet du compte, et si dans sa demande le successible n'a pris que la qualité d'habile à se porter héritier (Bourges, 15 fév. 1814, M. Sallé, 1ᵉʳ pr., aff. Delarche *C.* Enfantin et Schmidt).

458. A plus forte raison, ne peut être considéré comme héritier pur et simple, et privé de la faculté de renoncer, le mineur contre qui une procédure de saisie a été intentée en sa qualité de cohéritier de son auteur, alors même que, devenu majeur, la saisie lui a été dénoncée personnellement, avec la qualification de cohéritier, et que la même qualité lui a été donnée dans tous les actes subséquents de l'expropriation, et même dans le jugement d'adjudication préparatoire, rendu contre lui par défaut, mais sans contestation sur la qualité attribuée (Pau, 16 janv. 1832) (2).

459. L'acceptation d'une succession peut-elle résulter de la qualité d'héritier prise dans un acte qui fait partie d'une instance périmée? — Le doute vient de l'art. 401 c. pr., qui veut que l'on ne puisse se prévaloir en aucun cas des actes de la procédure éteinte; mais cette disposition ne nous paraît pas applicable, l'intention étant seule à considérer. Jugé aussi que la péremption d'une instance n'éteint pas les qualités sous lesquelles ont agi les parties; on peut donc postérieurement leur opposer la qualité d'héritier qu'ils y avaient prise (Metz, 5 juin 1827, Journ. de cette cour, t. 5, p. 689). — M. Bourbeau sur Boncenne, t. 2, p. 551, exprime la même opinion, mais en ajoutant avec raison qu'il faudrait décider autrement si la re-

---

(1) (Moustoux *C.* Donnet.) — La cour ; — ...Considérant que la loi définit les actes d'acceptation ; qu'il est vrai que, dans tous les actes dont il a été fait mention, la qualité d'héritière a été donnée à la dame Donnet, mais que dans ces mêmes actes elle ne figure que passivement et non activement ; — Que, suivant la loi, l'acceptation est expresse ou tacite ; qu'elle est expresse, quand on prend le titre ou la qualité d'héritier dans un acte authentique ou privé ; qu'elle est tacite, quand l'héritier fait un acte qui suppose nécessairement son intention ; — Que, dans l'espèce, la femme Donnet n'a pu ignorer qu'on lui donnait la qualité d'héritière de son père ; mais qu'elle n'a fait expressément ni tacitement aucun acte qui suppose son intention d'accepter la succession ; qu'on lui reproche d'avoir habité une maison dépendante de la succession ; mais qu'un bail authentique, du 21 oct. 1809, établit que cette maison a été affermée par la seconde femme de son père à Michel Renou ; que la femme Donnet convient d'avoir habité cette maison, mais que c'est comme l'ayant sous-affermée verbalement dudit Michel Renou, ce qui ne prouve pas alors l'acceptation ; — Qu'au lieu de justifier d'une acceptation de la femme Donnet, qui toutefois ne pouvait la faire sans l'autorisation de son mari, ledit Donnet et sa femme rapportent une inscription prise en 1814 pour la conservation de leurs droits ; » — Confirme, etc.

Du 15 fév. 1821.-C. de Riom.

(2) (François Louban *C.* Jean-Pierre Pontous.) — La cour ; — ...Attendu, en fait, que François Louban était mineur lorsque les actes de la procédure de saisie furent commencés ; que, dès lors, il ne peut être procédé contre lui qu'en sa qualité d'héritier bénéficiaire (art. 461 c. civ.); — Que cette qualité était inhérente à sa personne, et a continué à lui rester, tant qu'il n'a point fait un acte exprès ou tacite d'adition de l'hérédité, ou qu'il n'existe pas contre lui de jugement, passé en force de chose jugée, qui le condamne en qualité d'héritier pur et simple ; — Qu'à la vérité, devenu majeur le 20 nov. 1826, la saisie lui fut dénoncée personnellement avec sa qualification de cohéritier de Jean Louban ; que la même qualité lui fut donnée dans tous les actes subséquents de l'expropriation ; qu'enfin, c'est en cette qualité qu'il fut pris, le 20 mars 1827, lorsque le tribunal procéda par défaut à l'adjudication préparatoire contre lui et contre les autres cohéritiers ;

Mais attendu que cette simple qualification d'héritier, sans ajouter celle d'héritier pur et simple, n'enlève pas et n'exclut point nécessairement la qualité d'héritier au bénéfice d'inventaire ; qu'en effet, toutes les actions de l'hérédité, sans distinction, résident également sur la tête de l'héritier bénéficiaire, comme sur celle de l'héritier pur et simple ; — Qu'il est, d'ailleurs, à remarquer que cette qualité de cohéritier fut donnée à François Louban, sans son concours, dans tous les actes de la procédure, et, par défaut, dans le jugement d'adjudication préparatoire, à la date du 20 mars 1827 ; — Que, plus tard, et le 22 mai 1827, jour fixé pour l'adjudication définitive, François Louban, demandant la nullité de l'adjudication préparatoire faute de signification préalable, eut le soin de protester, par acte signifié avant le jugement, qu'il n'entendait point faire acte d'héritier pur et simple, se réservant de faire usage des droits que la loi lui donne ; — Que, plus tard encore, et lors de l'arrêt rendu sur l'appel de ce jugement, le 18 janv. 1828, il renouvela cette protestation ;

Attendu, d'après ces faits, que c'est sans fondement que les parties de Branthomme et Castelnau invoquent l'autorité de la chose jugée résultant de ces divers jugements et arrêt ; — Qu'en effet, il ne s'est jamais agi dans ces divers jugements et arrêt d'examiner en quelle qualité procédait François Louban ; — Que, dès lors, cette question reste entière, puisqu'elle ne fit jamais l'objet de quelque débat entre parties ; — Infirme.

Du 16 janv. 1832.-C. de Pau.-M. Dombidau, pr.

connaissance, au lieu de porter directement sur la qualité d'héritier, n'avait trait qu'à un fait d'où l'on voudrait induire une acceptation tacite de l'hérédité. Dans ce cas la péremption de l'instance anéantirait l'aveu ou la reconnaissance.

460. Celui qui intente l'action d'indignité contre un héritier qui l'exclurait, sans cela, de la succession, fait acte d'héritier. Il n'en serait pas de même de l'héritier présomptif qui dénoncerait et poursuivrait le meurtre du défunt, puisque ce ne serait pour lui qu'un moyen d'éviter d'être déclaré indigne. (Poujol, p. 405. — V. Contr. de mar., nº 2104).

§ 2. — *De l'acceptation tacite.*

461. L'acceptation est tacite, porte l'art. 778, « quand l'héritier fait un acte qui suppose nécessairement son intention d'accepter, et qu'il n'aurait droit de faire qu'en sa qualité d'héritier; » ce que la loi romaine expliquait de cette autre manière: *Quoties quid accepit quod citra jus et nomen hæredis accipere non poterat* (L. 20, ff. *De acq. vel omitt. hæred.*). — Le plus léger doute devrait s'interpréter en faveur du successible, qui prétend ne s'être pas obligé. La loi romaine disait aussi : *Nisi* EVIDENTER *quasi hæres manumiserit, non debet eum calumniam pati quasi se miscuerit hæreditati* (L. 42. ff. *eod.*). — Les actes dont peut résulter l'acceptation tacite ont pour objet ou la disposition, ou l'administration des biens de la succession.

462. *Actes de disposition.* — La disposition des biens de la succession est en général attributive de la qualité d'héritier; car ce n'est qu'à ce titre qu'on agit comme *propriétaire* des choses dépendantes de l'hérédité. *Pro hærede gerit, qui rebus hæreditariis quasi dominus utitur* (*Quot. de hæred. qual.* § 7.). — Cependant il faudrait décider autrement si le successible n'avait pas cru que le bien dont il disposait appartînt à la succession. Réciproquement, l'acceptation, étant plus d'intention que de fait, s'induirait de la disposition d'une chose qui n'appartenait pas au défunt, et que le successible croyait faire partie de l'hérédité. (L. 87 et 88, ff. *De acq. vel omitt. hæred.*; Denisart, vº Adition d'hérédité; Pothier, des Success., ch. 3, sect. 3, art. 1, § 1; Vazeille, sur l'art. 778, nº 9.)

463. La jurisprudence offre plusieurs exemples de la première de ces deux hypothèses. — Ainsi n'emportent pas nécessairement acceptation de la succession : — 1º Le fait d'avoir récolté un bien de l'hérédité, lorsqu'il est établi que cette récolte n'a été faite que par erreur (Req. 1er février 1843., aff. Grenouilloux, V. nº 474); — 2º Le fait de l'héritier qui, comme donataire, vend par erreur avec le bien à lui donné une partie de terrain appartenant à la succession (Toulouse, 27 février 1821, aff. Ané *C.* Ané).

464. Ainsi encore les enfants d'un père exproprié et mort à l'hôpital n'ont pu être réputés avoir fait acte d'héritiers, en vendant un lot communal, que l'on prétendait avoir été attribué à ce dernier, par un partage de communaux fait en 1791, lorsque les lois postérieures ont attribué la propriété de ces sortes de biens, non au chef de la famille, mais à la famille elle-même, et lorsque l'aliénation en avait été prohibée par la loi du 10 juin 1793, pendant dix ans, et que c'est dans cet intervalle que le père est décédé à l'hospice;—« Considérant que si les vendeurs pouvaient se croire raisonnablement propriétaires à un autre titre que celui d'héritiers de leur père, ils ne doivent pas être présumés avoir agi en cette dernière qualité, puisque n'étant pas expresse, la qualité d'héritier ne peut résulter que d'un acte qui ne laisse aucun doute sur l'intention d'être et de se porter héritier, et de se soumettre à tous les engagements, à toutes les conséquences qui dérivent de cette qualité » (Colmar, 16 mars 1820, aff. Scherb *C.* Frantz); — 3º Que les enfants qui, après avoir renoncé à la succession de leur père et accepté celle de leur mère, se sont partagé des biens que leur mère possédait depuis plus de quarante ans, mais sur la propriété desquels le père avait des droits par indivis, n'ont pas fait acte d'héritier de leur père, si on ne prouve pas qu'ils connaissaient l'état d'indivision des biens (Req. 19 janvier 1826.) (1); — 4º Que la citation devant le juge de paix pour venir en partage d'une succession, demande répétée dans le procès-verbal de non-conciliation, ne constitue pas un *acte d'acceptation* dans le sens de l'art. 778 c. nap., alors que cette demande en partage s'appliquait à plusieurs successions et qu'il a été reconnu que c'était par erreur que celle en litige y avait été comprise, le cohéritier y ayant précédemment renoncé (Req. 24 nov. 1812, MM. Henrion, pr., Botton, rap., aff. Lacombe).

465. Il a été jugé aussi 1º que lorsque les biens d'un auteur commun sont restés indivis entre deux sœurs et un frère, s'il arrive, après la mort du frère, que les sœurs renoncent à sa succession par acte authentique, la vente publique qu'elles feront ensuite des biens appartenant à ce dernier, n'anéantira pas leur renonciation et les deux sœurs seront censées avoir vendu, non en qualité d'héritières de leur frère, mais comme héritières de leur père (Paris, 3 mess. an 10, aff. Monnier *C.* Moreau). — 2º Que le successible, donataire d'une quotité des biens composant la succession, a pu aliéner une partie de ses biens, sans qu'il en résulte pour lui acceptation de la succession et attendu qu'étant propriétaire par indivis de partie des biens vendus, il a pu les aliéner à un autre titre que celui d'héritier (Limoges, 8 mai 1822, aff. Pascarel *C.* Raymond).

466. Il a été décidé pareillement que celui qui, en même temps qu'il renonce à une succession, *se met en possession* des biens à lui donnés par son auteur, ne doit pas, si la donation est annulée, être considéré comme ayant fait acte d'héritier (Amiens, 11 juin 1814, aff. Legrand, V. Disposition entre-vifs, nº 1535); — 2º Que la prise de possession d'un immeuble de la succession n'emporte point adition d'hérédité, si celui qui s'est mis en possession a pu croire avoir droit à l'immeuble en toute autre qualité que celle d'héritier; — Et spécialement parce que l'immeuble dépendrait d'une autre succession dont il serait légataire (Riom, 18 avr. 1825, M. Grenier, pr., aff. Giraud *C.* Morin); — 3º Qu'au cas où le même individu réunit les qualités d'héritier présomptif et de légataire universel en usufruit du défunt, la prise de possession sans inventaire pouvant aussi bien être attribuée à sa qualité de légataire qu'à celle d'héritier, il n'y a pas en ce cas adition d'hérédité. « Attendu que Charlotte Verdery avait deux qualités : celle d'héritière naturelle et celle de légataire de l'usufruit de tous les biens délaissés par J. Verdery; qu'on ne sait pas parfaitement en laquelle de ces deux qualités Charlotte est entrée en possession, et que dès lors elle n'a pas fait, ainsi que l'exige l'art. 778 c. nap., un acte qui supposât nécessairement son intention d'accepter, etc. » (Bordeaux, 13 mars 1834, aff. Vᵉ Belhade *C.* Verdery); — 4º Que le fait que la veuve et les enfants se sont mis en possession des biens depuis le décès du débiteur ne suffit pas pour rendre ces derniers héritiers purs et simples, nonobstant leur renonciation à la succession, surtout si les enfants sont mineurs, et que la veuve ait manifesté dans un procès-verbal descriptif du mobilier l'intention de ne pas confondre leurs biens avec ceux de l'hoirie (Nîmes, 8 nov. 1827, aff. Dayre, V. nº 588).

467. Il a cependant été décidé 1º que lorsqu'avant le décès les héritiers présomptifs se sont emparés des biens sans avoir un juste titre, et qu'après ils continuent de rester en possession, cette continuité de possession équivaut de leur part à une acceptation formelle de la succession (Riom 29 mars 1810) (2).— Mais il nous semble, comme à M. Vazeille, sur l'art. 778, nº 5,

---

(1) (Carbone *C.* Lucciana.)—LA COUR;—...Attendu, sur le deuxième moyen fondé sur la violation et fausse application de l'art. 778 c. civ., que les frères Lucciana avaient renoncé à la succession de Mathieu Lucciana, leur père, et que la question se réduisait à savoir s'ils avaient fait une acceptation tacite, en partageant des biens que Carbone prétendait appartenir à la succession du père; qu'à cet égard, l'art. 778, dans sa seconde partie, dit que l'acceptation est tacite, quand l'héritier prétendu a fait un acte qui suppose nécessairement l'intention d'accepter,

Et attendu que le partage fait par les frères Lucciana avait pour objet des biens provenant de la succession du prêtre Laurent Lucciana, leur oncle, lesquels biens avaient passé à leur mère, et que l'un et l'autre en avaient eu la possession pendant plus de quarante ans; que, dans cet état de choses, les frères Lucciana n'ont pas eu lieu de croire que ces biens provenaient de la succession de leur père; qu'ils ont pu les partager sans qu'il en résultât qu'on dût les supposer nécessairement d'avoir eu l'intention d'accepter ladite succession; — Rejette le pourvoi formé contre l'arrêt de la cour de Bastia, du 31 juill. 1824.

Du 19 janv. 1826.-C. C., sect. req.-MM. Brillat, pr.-Lecoutour, r.

(2) (Artaud *C.* Caste.) — LA COUR; — Attendu, en ce qui touche

que l'usurpateur, en continuant sa jouissance après l'ouverture de la succession, ne change pas nécessairement sa qualité; peut-être ne se propose-t-il que d'acquérir par le temps de prescription. D'ailleurs, en principe, la possession est présumée continuer au même titre qu'elle a commencé (L. 3, § 19, ff., *De acq. poss.* et L. 1, § 1, ff., *Pro hœred.*). Or elle n'a pu commencer à titre d'héritier, la succession n'étant pas ouverte; — 2° Que l'héritier qui a pris possession d'un ou plusieurs immeubles dépendant de la succession, sans avoir préalablement rempli les formalités relatives à l'acceptation sous bénéfice d'inventaire, doit être déclaré héritier pur et simple (Req. 20 déc. 1841, aff. Formel, V. Contrat de mariage, n° 3347).

468. De ce qu'un fils de famille, en prenant part au partage des biens de sa grand'mère et de ses oncles, dont il est légataire, s'est trouvé recueillir une portion des biens paternels confondue avec ceux de ses grand'mère et oncles, il ne suit pas nécessairement une adition tacite de la qualité d'héritier, si non-seulement il n'a pas pris la qualité d'héritier de son père, mais si, au contraire, il avait antérieurement renoncé à cette qualité... En un tel cas, la détention des biens du père ne suppose pas nécessairement l'intention de la recueillir à titre d'héritier... Et c'est avec raison qu'il a été décidé, par interprétation de la volonté de l'enfant, qu'il devait être présumé détenir les biens en sa qualité de légataire, et que ce n'était qu'une simple détention qu'il avait eue vis-à-vis de l'hérédité paternelle (Req. 11 janv. 1831) (1).

469. Au contraire, on a jugé que, sous le droit romain comme sous le code, le fait, de la part de successibles, de s'être partagé en majorité les biens de la succession paternelle, dont ils avaient joui par leur tuteur, pendant leur minorité, doit nécessairement les faire réputer héritiers purs et simples, encore bien qu'il serait reconnu que ces biens se trouvant confondus avec d'autres qui leur étaient personnels, et dont leur père avait la jouissance, ils n'ont pas eu l'intention de faire acte d'héritier (Cass. 8 mars 1830) (2).

470. Voyons maintenant quelques exemples d'actes de disposition ou de propriété emportant acceptation tacite de l'hérédité. Telle est d'abord la demande en partage de la succession (Poujol, p. 392, 393): et spécialement, jugé qu'une demande en partage, avec la qualité d'habile à se dire et porter héritier, doit être considérée comme un acte d'adition pure et simple, exclusif de la faculté d'accepter postérieurement sous bénéfice d'inventaire (Paris, 30 déc. 1837, M. Jacquinot, pr., aff. Fontaine *C.* Nancey).

471. La procuration donnée pour procéder au partage des biens du défunt n'emporte pas adition d'hérédité si elle a été révoquée avant que le mandataire en ait fait usage (Bilhard, n° 119; Poujol, p. 399).

472. Recevoir sa part d'une créance due à la succession, c'est faire acte d'héritier. Jugé qu'en agissant ainsi, un successible, institué légataire sans dispense de rapport, peut, même avant que le partage soit consommé, perdre le droit de renoncer à la qualité d'héritier pour s'en tenir à son legs (Cass. 27 janvier 1817, aff. Gast., V. chap. 7, sect. 1).

473. Sont aussi des actes de propriété et, par conséquent, d'héritier la *demande en délaissement* ou restitution d'un bien qui en dépend; la demande en *nullité* ou *rescision* d'une convention ou disposition faite par le défunt; la *transaction* ou le compromis sur un procès qui intéresse la succession. — Jugé ainsi, même à l'égard d'un *compromis* qui était demeuré sans effet, les arbitres n'ayant pas ensuite rempli leur mandat (Agen, 13 juin 1823) (3). — De même, le légataire universel du mari qui, par compromis avec les héritiers de la femme, nomme d'amiables compositeurs pour régler ses droits successifs et pour

---

François Artaud aîné, le fait reconnu qu'avant le décès de Jacques Artaud, son père, il jouissait de partie des immeubles de ce dernier; qu'après son décès, il ne s'est point fait envoyer en possession, et a continué sa jouissance, soit avant, soit après la répudiation du 16 frim. an 7; que même, par acte du 27 fruct. an 9, il a manifesté son intention, et a agi comme propriétaire, en affermant partie des immeubles de ladite succession au nommé Resal; — En ce qui touche Madelaine Artaud et Antoine Lasteyras, son mari : — Attendu que, soit avant, soit après la répudiation du 16 frim. an 7, ils sont restés en possession de la fabrique de papier provenue de la succession de Jacques Artaud; que cette possession n'a point été autorisée en justice; que la même fabrique a été vendue contradictoirement, par expropriation, sur Madelaine Artaud et son mari; — Attendu que, par acte du 19 déc. 1779, Jacques Artaud a reçu le remboursement de la rente de 300 fr. dont il s'agit; — Attendu que des faits ci-dessus il résulte que François Artaud, Madelaine Artaud et son mari, sont garants de leur propre demande. — Confirme.

Du 29 mars 1810.-C. de Riom, 2e ch.

(1) (Pradines *C.* Pujos.) — LA COUR; — Attendu que la défenderesse éventuelle n'avait point fait, par aucun acte, acceptation expresse de la succession de son père; et quant à l'acceptation tacite dont on se prévalait contre elle, que celle-ci, aux termes de l'art. 778 c. civ., n'aurait pu résulter que d'un acte qui supposât nécessairement son intention d'accepter; que, loin de là, sa mère, en sa qualité de tutrice, avait fait acte de renonciation pour elle, et que cette renonciation était suffisamment justifiée par le fait même qu'une demande avait été dirigée contre un curateur à cette succession vacante; que si, dans le partage qui a été fait ensuite des biens de sa grand'mère et de ses oncles, la défenderesse s'est trouvée recueillir une portion des biens paternels confondue avec les autres, elle n'en a eu que la simple détention, sans qu'on pût induire de ce fait qu'elle eût voulu l'appréhender à titre d'héritière; ce qui aurait été en contradiction avec les actes déjà faits; que, de plus, elle avait un autre titre pour assister à ce partage, celui de légataire de sa grand'mère et d'héritière de ses oncles; qu'ainsi, sous un double rapport, la cour royale d'Agen, recherchant l'intention d'après les faits et les circonstances, a sainement interprété les actes, et fait une juste application de la loi; — Rejette, etc.

Du 11 janv. 1831.-C. C., ch. req.-MM. Favard, pr.-Hua, rap.

(2) (Bertarelli *C.* hér. Semidei.) — LA COUR (après délib. en ch. du cons.); — Attendu que, par sa sentence, dont l'appel était soumis à la cour royale de Corse, le tribunal de première instance, séant à Bastia, avait, positivement, jugé que « le contrat de mariage du 14 août 1811, portant constitution de dot, de Jeanne Semidei, femme Antomarchi, prouve qu'elle et ses frères ont partagé l'héritage du père commun; que les frères, en donnant à leur sœur moins que ce qui lui revenait pour sa portion aliquote, et se chargeant de payer les dettes de la succession, ont fait des actes qui caractérisent une véritable immixtion d'hérédité »; — Qu'au lieu d'apprécier cet acte du 14 août 1811 (que toutefois elle relate dans le point de fait qui constitue la première partie de son arrêt, 3 mars 1824), la cour royale de Corse a simplement examiné si « l'immixtion des frères et sœur Semidei dans l'hérédité paternelle, durant leur minorité et la continuation de la jouissance des mêmes biens, après qu'ils sont devenus majeurs, a suffi pour les constituer héritiers purs et simples de leur père »; et qu'en décidant négativement cette question, par application de la loi *Scio etiam*... 3 ff, § 2 *de minoribus, 25 annis*, cette cour n'a condamné les enfants Semidei, envers Bertarelli, que comme détenteurs des biens composant la succession paternelle, et jusqu'à concurrence seulement des forces de l'hérédité, et non pas (ainsi que l'avaient fait les premiers juges), comme héritiers purs et simples de leur père; — Attendu que l'appréciation de l'acte du 14 août 1811, était, pour la cour impériale de Corse, d'une nécessité tellement indispensable, qu'il était formellement soutenu, et même déjà jugé par le premier tribunal, que, par le partage contenu dans cet acte, les enfants Semidei avaient, en pleine majorité, agi comme héritiers; que, par ce même acte, ils s'étaient respectivement attribué des portions de l'hérédité; en un mot, que ce partage supposait, nécessairement, leur intention d'accepter la succession, puisqu'ils n'avaient eu droit de le faire qu'en leur qualité d'héritiers; — Qu'ainsi, en négligeant de s'expliquer sur cet acte, et laissant, par conséquent, subsister les conséquences légales qui en avaient été détruites par les premiers juges, l'arrêt attaqué a faussement appliqué la loi *Scio etiam*, et formellement contrevenu aux lois *Si ex asse hæres,... pro hærede,...* et à l'art. 778 c. civ.; — Cassé.

Du 8 mars 1830.-C. C. ch., civ.-MM. Boyer, pr.-Quéquet, rap.-Cahier, av. gén., c. conf.-Molinier, av.

(3) (Hér. Créon.) — LA COUR; — Attendu que, si les enfants héritiers naturels de Jacques Créon ont pu posséder les biens de ce dernier, soit par insistance comme copropriétaires pour une portion, soit comme simples administrateurs, sans qu'on pût induire une adition tacite d'hérédité de cette prise de possession, il est également certain que l'adition tacite peut être attribuée au fait dont il s'agit, si l'on prouve que les enfants de Jacques Créon entendaient jouir des biens *animo domini* et comme succédant à leur père. Or, cette intention résulte clairement d'un compromis passé, le 12 sept. 1821, antérieurement aux déclarations faites au greffe de n'accepter que sous bénéfice d'inventaire, entre les enfants Créon et leur mère, dans l'objet de parvenir au partage de la succession; et il importe peu que les arbitres n'aient pas ensuite rempli leur mandat par des circonstances étrangères à la question. Il reste toujours certain que les enfants Créon ont pris implicitement qualité dans un acte public qu'ils ne pouvaient passer que comme héritiers, et qu'ils ont en outre fait comprendre quelle était la nature de la prise de possession susdite. Dès lors, il faut tenir que lesdits enfants se sont mis dans le cas de ne pouvoir ni répudier, ni se porter héritiers bénéficiaires. Ils sont devenus

prononcer sur la validité ou l'invalidité de testaments et donations, fait acte d'héritier pur et simple... bien que le compromis soit resté sans effet (Bordeaux, 19 janv. 1838) (1).

474. Percevoir les *revenus*, c'est faire acte d'héritier. Cependant une récolte de fruits parvenus à leur maturité, et par exemple la vendange, peut n'être considérée que comme un acte d'administration, n'emportant pas la qualité d'héritier, mais soumettant seulement le successible à une reddition de compte (Req. 1er février 1845) (2).

475. Faire des *réparations* qui ne sont pas nécessaires et urgentes, abattre des bois, changer la surface du sol des héritages ou la forme des édifices, sont des actes qui tiennent au droit de propriété, et que le successible ne pourrait faire *citrà nomen et jus hæredis* (Chabot, t. 2, p. 466; Toullier, t. 4, no 310 à 315; Delvincourt, t. 2, p. 27; Duranton, nos 386, 387; Malpel, no 190; Vazeille, sur l'art. 779, no 2.); si quelques-uns de ces actes devenaient urgents, il serait prudent de se faire autoriser dans la forme de l'art. 996.—V. vo Contr. de mar., no 2102.

476. L'art. 780 c. nap. range au nombre des actes d'adition la *donation*, *vente* ou *transport* que fait de ses droits un des cohéritiers, soit à un étranger, soit à tous ses cohéritiers, soit à quelques-uns d'eux. — Jugé 1° Que la *donation*, faite par un héritier, de tous ses droits successifs, doit faire considérer le donataire par les autres habiles à succéder comme leur véritable cohéritier, encore que le donateur soit d'une ligne différente; que, par conséquent, les renonciations en faveur du même donataire ne sont pas des donations assujetties aux formes prescrites pour ces sortes d'actes, mais des cessions ou abandons d'un droit successif à forfait; par conséquent, elles ne sont pas nulles pour avoir été faites par acte au greffe (Caen, 26 fév. 1827) (3).—2° La *cession* faite par un fils de tous ses droits dans la succession de sa mère comprend ceux qu'elle avait dans la succession de l'un de ses frères à laquelle elle avait renoncé, mais qui n'avait pas encore été appréhendée par un autre héritier à l'époque de la cession. Par suite, le cessionnaire peut accepter cette succession (Req. 19 févr. 1828, MM. Henrion, pr., Favard, rap., aff. D'Assas *C.* Berger).

477. L'acceptation de la succession résulte encore selon l'art. 780 : 1° De la *renonciation*, même *gratuite*, faite au profit d'un ou de plusieurs des cohéritiers; — 2° De la renonciation

débiteurs des créanciers du défunt, même sur leurs biens personnels, et toute demande en distraction de biens leur appartenant en propre doit être repoussée; — Par ces motifs, réformant, etc.

Du 13 juin 1825.-C. d'Agen.

(1) *Espèce :* — (Bordes *C.* Chanzenel.) — Les époux Bordes, légataires universels du sieur Pierre Nicolas, furent saisis par le sieur Chanzenel, créancier de ce dernier. Ils demandèrent la nullité de la saisie en ce qu'elle portait sur des meubles qui leur appartenaient personnellement, quoiqu'ils n'eussent accepté la succession du sieur Nicolas que sous bénéfice d'inventaire. Le sieur Bordes leur opposa un compromis passé entre eux et les époux Coudert, héritiers de la femme Nicolas, épouse du testateur, dans lequel ils avaient pris la qualité d'héritiers. — Arrêt.

La cour;—...Considérant qu'on est forcé de reconnaître qu'il y a eu, de la part des mariés Bordes, acceptation expresse de la succession de Pierre Nicolas, puisque, dans un acte authentique, ils ont pris le titre et la qualité d'héritiers; qu'à la vérité les mariés Bordes n'ont pas ajouté au mot héritiers, ceux-ci : *purs et simples;* mais que toutes les clauses d'un acte devant s'interpréter les unes par les autres, il convient d'examiner si l'ensemble du compromis de 1814 n'établit pas suffisamment que les mariés Bordes ont voulu prendre et ont réellement pris la qualité d'héritiers purs et simples de Pierre Nicolas; — Qu'en se livrant à cette recherche, on trouve que les appelants ont donné à d'amiables compositeurs le pouvoir de statuer sur la validité ou invalidité, soit des donations, soit des testaments en vertu desquels ils réclamaient le partage de la succession de Pierre Nicolas; — Que les mariés Bordes, en abandonnant ainsi à la décision des amiables compositeurs, nommés par le compromis, le sort des actes sur lesquels ils fondaient leurs droits, aliénaient les biens de la succession, et, par conséquent, faisaient une chose qui aurait été interdite à des héritiers sous bénéfice d'inventaire; — Qu'inutilement les mariés Bordes voudraient se prévaloir d'une déclaration à la date du 20 juin 1834, par laquelle ils se portaient héritiers de Pierre Nicolas, sous bénéfice d'inventaire, parce que la qualité d'héritiers purs et simples, une fois acceptée, ne peut plus se perdre; — Que non moins vainement les mariés Bordes ont fait soutenir que la nullité du compromis entraînait celle de l'acceptation pure et simple; — Que cette argumentation n'a rien de solide, parce que, si le compromis est devenu nul quant à son exécution, il n'en a pas été de même en ce qui touchait les qualités prises dans cet acte, lesquelles ne pouvaient plus être répudiées et rendaient indestructible le lien de droit qui venait de se former entre les héritiers et les créanciers de Pierre Nicolas; — Par ces motifs, confirme, etc.

Du 19 janv. 1838.-C. de Bordeaux, 4e ch.-M. Dégranges, pr.

(2) (Grenouilloux *C.* Patrigeon.)—La cour;—Attendu que l'arrêt attaqué (de Bourges) décide aussi, en fait, que ce n'est que par erreur que le défendeur éventuel a fait une récolte sur le morceau de vigne dont il était question, et que, d'ailleurs, une récolte de fruits parvenus à leur maturité n'est qu'un acte d'administration fait dans l'intérêt de la chose même, qui ne peut attribuer en lui-même aucune qualité définitive et donner d'autre droit aux intéressés que celui d'exiger un compte qui, dans l'espèce, bien loin d'avoir été refusé, n'a pas même été demandé; — Rejette.

Du 1er fév. 1845.-C. C., ch. req.-MM. Zangiacomi, pr.-Joubert, rap.-Delangle, av. gén., c. conf.-Cléraut, av.

(3) (Chédeville *C.* Bidard.) — La cour; — Considérant, relativement à la question de nullité de la renonciation, que l'art. 780 c. civ permet à un cohéritier de disposer de ses droits successifs par donation, vente ou transport, en faveur d'un étranger, de tous ses cohéritiers, ou de quelqu'un d'eux; que ce même article permet à un héritier de renoncer à une succession, même gratuitement, au profit d'un ou plusieurs de ses cohéritiers; qu'ainsi, d'après les soutiens respectifs des parties, on doit apprécier la nature et les véritables caractères, non-seulement de l'acte du 20 juin 1811, mais encore de celui du 28 déc. 1810, ainsi que la qualité des personnes en faveur desquelles ces actes ont eu lieu; — D'abord, quant à la qualité de la dame Chédeville des Vaucelles, qu'en fait, elle était seule et unique héritière de la dame Hédon, sa mère; que, lors même qu'il en aurait été autrement, et dans le cas où ladite dame Chédeville aurait été obligée de rapporter à la succession de la dame Hédon l'effet entier de la donation, par avancement d'hoirie, faite en sa faveur par l'acte du 2 nov. 1810, cette circonstance ne changerait en rien la nature de l'acte et n'en altérerait ni la validité ni les effets; — Que, par l'acte du 2 nov. 1810, la dame Chédeville a été investie de tous les droits attribués par la loi à la dame Hédon, sa mère, dans la succession du sieur Roussel de La Bérardière; que cet acte contient une subrogation formelle, en faveur de la dame Chédeville, à tous les droits et priviléges de sa mère dans ladite succession; qu'ainsi ladite dame Chédeville a pu et dû être considérée par les sieurs de Grimoult de Villemotte comme leur cohéritière dans cette même succession; qu'en vain le sieur Bidard argumente de ce que la dame Hédon était héritière du sieur de La Bérardière dans la ligne paternelle, tandis que les sieurs de Grimoult étaient héritiers dudit sieur de La Bérardière dans la ligne maternelle, parce que, si la loi fait une division des biens d'une succession pour en régler le partage, elle n'apporte pas pour cela de distinction dans la qualité des successibles, qui tous sont cohéritiers dans la même succession, n'importe la ligne à laquelle ils appartiennent; que cette distinction est d'autant moins fondée, qu'aujourd'hui, aux termes de l'art. 755 c. com., comme d'après les dispositions de la loi du 17 niv. an 2, sous l'empire de laquelle la succession du sieur de La Bérardière s'est ouverte, à défaut de parents au degré successible dans une ligne, les parents de l'autre ligne succèdent pour le tout...;

Que, dans cet état de choses, il ne reste plus à examiner que le mérite des renonciations sous le rapport de la forme; — Qu'en assimilant à une donation entre-vifs un acte de renonciation à une succession, sous prétexte que cet acte ne serait ni une vente ni un transport, mais bien un avantage à titre gratuit, on pourrait être souvent conduit à une décision injuste, puisqu'une succession se compose d'actif et de passif, et qu'il n'est pas impossible que le renonçant, qui ne se décide à renoncer que pour obtenir sa tranquillité et se soustraire à un résultat qu'il croit pouvoir être préjudiciable à ses intérêts, n'ait été clairvoyant dans sa prévision; tandis que celui qui accepte la renonciation dans l'espoir d'un résultat profitable pourra s'être trompé dans ses espérances; qu'on doit dès lors regarder une renonciation en faveur d'un cohéritier, non pas comme un acte formel de donation, mais bien comme un acte particulier de cession ou d'abandon d'un droit successif à forfait, dont le résultat est incertain, mais dont l'objet est de mettre le renonciataire au lieu et place du renonçant, pour profiter ou perdre, suivant que la succession sera avantageuse ou onéreuse, par suite de la liquidation; — Qu'envisagées sous ce rapport, on ne peut voir un acte formel de donation entre-vifs dans les renonciations des 28 déc. 1810 et 20 juin 1811, mais seulement un acte de cession ou abandon de droits successifs actifs ou passifs, qui pouvait être fait par tout autre acte particulier qu'une renonciation, et à forfait, même sans prix; qu'ainsi les renonciations dont il s'agit ne peuvent être déclarées nulles, sous prétexte que les formalités prescrites à l'égard des donations entre-vifs n'auraient point été observées; — Confirme le jugement du tribunal de Domfront, etc.

Du 26 fév. 1827.-C. de Caen, 1re ch.-M. Régnée, pr.

faite même au profit de tous ses cohéritiers indistinctement, lorsqu'il reçoit le prix de sa renonciation. — Dans ce dernier cas, l'ancienne jurisprudence était contraire (Lebrun, liv. 3, chap. 8, sect. 2, n° 4); mais la renonciation payée étant une véritable vente de droits successifs, elle doit valoir acceptation.

478. La renonciation gratuite au profit de quelques-uns des cohéritiers est regardée comme une donation; elle ne peut donc se faire par *simple acte* au greffe; il faut le concours de formalités requises pour la validité des donations. Dans une espèce, où la renonciation avait été faite au profit, non d'un cohéritier, mais d'un cessionnaire des droits successifs, c'est ce qu'a jugé la cour de cassation le 17 août 1815 (1) (Conf. Delvincourt, t. 2, p. 28, n° 1; Duranton, t. 6, n° 370; Poujol, t. 1, p. 425). — Cependant, il a été jugé que les formes de la donation ne sont pas nécessaires pour l'acte par lequel un héritier légitime abandonne une partie de la succession qui lui est dévolue, à une personne qui renonce, de son côté, à se prévaloir du testament que le défunt peut avoir fait à son profit, cet acte est valable, ou comme contrat aléatoire ou comme donation déguisée (Rennes, 8 mai 1833) (2).

479. Nulle comme donation, une telle disposition pourrait valoir encore comme acceptation. C'est l'intention plus que le fait qu'il faut considérer en cette matière; or, l'intention s'est également manifestée par la donation, qu'elle soit nulle ou valable. « D'ailleurs, dit fort bien M. Delvincourt, comme la nullité, dans ce cas, peut être invoquée même par les parties qui ont figuré dans l'acte, il en résulterait qu'il serait facultatif au donateur de la demander ou non, et par conséquent d'être ou de n'être pas héritier; ce qui est contre tous les principes. » C'est ainsi que la vente de la chose d'autrui, quoique nulle, ne fait pas moins présumer l'acceptation du successible, si en la vendant il a cru qu'elle dépendait de la succession.

480. Celui qui a renoncé à la succession de son père ne fait pas un acte qui suppose nécessairement son intention de l'accepter, lorsque, dans un contrat de vente consenti par sa mère des biens de la communauté, il déclare ne rien prétendre aux biens vendus, et promet de n'apporter aucun trouble à l'exécution du contrat (Rennes, 22 août 1820) (3). — De même il a été décidé que les enfants qui, dans un contrat de vente faite partie à rente viagère par leur mère, de ses propres et des acquêts de sa communauté, interviennent pour déclarer qu'ils n'inquiéteront jamais l'acquéreur, ne font pas un acte d'héritiers de leur père, si, d'ailleurs, il n'est pas justifié qu'ils aient touché une part quelconque du prix, et que les termes de leur intervention semblent devoir la restreindre aux biens propres de leur mère, et non faire considérer les enfants comme vendeurs, *aliud est vendere, aliud venditioni consentire* (Rennes, 4 août 1819, aff. Mauny *C.* v^e Richard).

481. Il a été toutefois jugé que l'acte par lequel un fils consent que le créancier de son père s'empare d'un immeuble de sa succession en payement de la créance peut être réputé vente et adition d'hérédité, encore que déjà il y ait eu répudiation expresse, et que dans l'acte d'abandon il soit dit que cet acte est fait pour exprimer plus positivement la répudiation déjà faite : — Attendu que l'héritier nécessaire, qui fait acte d'héritier, ne peut renoncer à cette qualité, quand même il y joindrait des protestations contraires au fait; que l'un des actes qui entraîne après lui le plus sûrement la qualité d'héritier dans celui qui le fait, est la vente d'un des héritages de la succession; qu'ainsi, en déclarant le demandeur héritier pur et simple, et en le condamnant en conséquence à payer la somme à lui demandée, l'arrêt n'est contrevenu à aucune loi; rejette, etc. » (Req. 13 avril 1815, MM. Henrion, pr., Vallée, rap., aff. Noël. — Conf. Poujol. p. 393 et Fouet de Conflans, sur l'art. 778-6°).

482. La déclaration faite par un héritier qu'il renonce à la communauté résultant du mariage de son auteur implique l'acceptation de la succession de celui-ci, sans qu'une renonciation postérieure puisse être opposée à la régie (trib. civ. de la Seine, 10 mars 1841, aff. Duverger, V. Enreg., n° 4258).

483. La renonciation faite par un successible à la communauté existant entre son auteur et l'époux de celui-ci, constitue un acte d'héritier emportant acceptation de la succession, alors que cette renonciation a eu lieu par l'intermédiaire du porteur d'une procuration authentique dans laquelle le successible a *formellement* pris *la qualité* d'héritier. ....Et la décision qui affranchit ce successible des conséquences de la qualité d'héritier prise dans un acte authentique et suivie d'un acte qu'il ne pouvait faire qu'en qualité d'héritier, ne peut échapper à la censure de la cour de cassation, sous prétexte qu'elle ne contiendrait qu'une appréciation d'intention (Cass. 23 déc. 1846, aff. Bigot, D. P. 47. 1. 21).

484. L'obligation contractée par les héritiers du mari, de payer à la femme survivante, en échange de la renonciation à la communauté que celle-ci a faite à leur profit commun, une pension viagère à elle léguée par son mari, a pu, lorsqu'elle a été suivie d'exécution, être considérée comme emportant acceptation tacite de la succession de ce dernier, même de la part de celui des héritiers qui y aurait antérieurement renoncé, et comme assujettissant dès lors cet héritier au rapport, sans qu'une telle décision tombe sous la censure de la cour de cassation (c. nap. 778; Req., 28 avril 1852, aff. Roulet, D. P. 52. 5. 516).

485. *Actes d'administration.* — Les actes d'administration sont un indice souvent équivoque de la volonté d'accepter. Voici la règle que pose à cet égard l'art. 779 : « Les actes purement conservatoires, de surveillance et d'administration provisoire, ne sont pas des actes d'adition d'hérédité, si l'on n'y a pas pris la qualité d'héritier. » — Le successible

(1) (Chédeville *C.* Grimoult et Bidard.) — LA COUR; — Considérant que de la combinaison des art. 780 et 784 c. civ., il résulte qu'il n'y a de véritable renonciation dans l'esprit de la loi que celle qui rend le renonçant étranger à la succession; que c'est dans ce cas seulement que la loi se contente d'un simple acte unilatéral déposé au greffe du tribunal, et que dans tous les autres cas la transmission des droits successifs ne peut se faire que de l'une des trois manières maintenues dans la première partie de l'art. 780, savoir : la donation, la vente ou le transport; — Considérant que, dans l'espèce, l'acte de renonciation, déposé au greffe par la mère de la dame Chédeville, étant fait uniquement au profit de cette dernière, loin d'avoir rendu la renonçante étrangère à la succession, lui a au contraire imprimé d'une manière indélébile le caractère d'héritier, ce qui résulte bien évidemment de l'art. 780; — Attendu que ces motifs suffisent pour justifier l'arrêt dénoncé; — Rejette le pourvoi formé contre l'arrêt de la cour de Caen, du 15 juill. 1814.

Du 17 août 1815.-C. C., ch. req.-MM. Henrion, pr.-Babille rap.

(2) (Leroux *C.* Leroux.) — LA COUR; — Considérant que si, dans l'acte du 9 mai 1828, Charles Leroux abandonne à ses neveux les deux tiers d'une succession dont il pouvait les exclure, à raison de la proximité de son degré de parenté, il ne fait cet abandon que sous la condition que ceux-ci renoncent à se prévaloir du testament que Rolland Leroux pourrait avoir fait en leur faveur, et à charge par eux de faire toutes les suites, diligences et avances nécessaires pour la liquidation de la succession; — Qu'un pareil acte n'est pas purement gratuit, et présente bien plutôt le caractère d'un contrat aléatoire; — Considérant, d'ailleurs, que, dût-on regarder comme peu probable l'existence prévue d'un testament fait en faveur des neveux, et induire des termes de l'art. 2 de l'acte du 9 mai que Charles Leroux a entendu faire à ceux-ci une pure libéralité, il en résulterait seulement qu'il aurait déguisé une donation sous la forme d'un contrat onéreux d'une autre espèce, qui ne serait pas soumis aux formes des art. 931 et 932 c. civ.; — Qu'il est de jurisprudence constante qu'une donation déguisée sous la forme d'un contrat onéreux est valide, lorsqu'elle est faite à une personne capable de recevoir, et qu'il y a même raison de décider dans tous les cas où des donations se trouvent comprises dans des contrats d'une nature différente.

Du 8 mai 1833.-C. de Rennes.

(3) (Verrier et autres *C.* veuve Braux.) — LA COUR; — Attendu que nul n'est héritier qui ne veut (art. 775 c. civ.); qu'il est de fait que les appelants ont, par acte en forme, renoncé à la succession de leur père; que, par leur renonciation, ils ont manifesté leur résolution de ne prendre aucune part à sa succession; que, pour détruire l'effet de leur renonciation, il faudrait qu'on pût leur opposer des actes bien précis de leur part, desquels on pourrait induire une acceptation tacite de l'hérédité paternelle; — Attendu que les contrats de vente notariés, en date des 28 mai 1806 et 5 déc. 1815, consentis par leur mère à deux de ses enfants, desquels l'intimée prétend faire résulter une acceptation tacite de la succession du père commun, loin de la faire présumer, démontrent au contraire l'intention des appelants de ne prendre aucune part à l'hérédité; — Qu'en effet, s'ils interviennent dans ces actes de vente, c'est pour déclarer qu'ils n'y prétendent rien; qu'ils n'y figurent, ni comme covendeurs ni comme héritiers; qu'ils n'y stipulent rien pour eux-mêmes; que le consentement qu'ils ont donné à ces actes, l'approbation même qu'ils en ont faite, ne sont de leur part qu'une simple promesse de n'apporter aucun trouble à leur exécution; — Infirme.

Du 22 août 1820.-C. de Rennes.-MM. Gaillard et Morel, av.

est alors considéré comme *negotiorum gestor*, et non comme propriétaire. On a consulté les intérêts de tous ceux qui peuvent avoir des droits sur la succession. S'offrait l'alternative, ou de laisser les biens à l'abandon, ou d'établir une administration par *interim*. Aucun administrateur ne présentait plus de garanties et n'occasionnait moins de frais de gestion que l'héritier présomptif, déjà saisi par la loi, et qui, pouvant se décider à accepter la succession, a un intérêt particulier à la conservation des biens qui la composent. *Si quid custodi causâ fecit, apparet non videri pro hæredo gessisse.* (L. 20, ff., *De acq hæred.*; Lebrun, liv. 3, ch. 8, sect. 2, nº 4.)

486. La jurisprudence nous offre plusieurs exemples d'*actes conservatoires* ou de *mesures provisoires*, qui n'ont pas paru suffisants pour attribuer la qualité d'héritier. — Ainsi jugé 1º Qu'une demande à l'effet d'obtenir la levée des scellés apposés sur les meubles et effets d'une succession, constitue seulement un acte conservatoire de la part de l'héritier institué, et n'emporte pas acceptation de la succession, si cet héritier ou son fondé de pouvoir n'a pas pris la qualité d'héritier pur et simple (c. nap. 778, 779; L. 22, C. *De jur. delib.*, et 21, ff., § 2, *De acquir. vel amitt. hæred.*; Cass. 16 mai 1815) (1); — 2º Que l'héritier présomptif qui se fait autoriser de justice à procéder à des levées de scellés, inventaire et vente mobilière, réservant de prendre qualité, qui procède à ces actes et paye les frais faits pour y parvenir, n'a pas fait un acte d'héritier suffisant pour l'empêcher de se porter héritier bénéficiaire (Rennes, 3 mars 1820) (2).

487. La nomination d'un gérant à une succession est un acte conservatoire de surveillance et d'administration provisoire; elle peut être demandée par un habile à succéder; il n'est pas nécessaire d'avoir fait acte d'héritier. « — Attendu que la nomination d'un gérant pour l'administration des biens d'une succession n'est autre chose qu'un moyen de conservation de la chose commune, qu'un acte de la nature de ceux que l'art. 779 c. nap. qualifie purement conservatoires, de surveillance et d'administration provisoire; qu'il ne peut constituer un acte d'adition d'hérédité, ce qui écarte l'application de tous les articles invoqués à l'appui de ces deux moyens; rejette » (Req. 27 avr. 1825. MM. Brillat, pr., Borel, rap., aff. Albarel *C.* Guillard.). — Et la nomination d'un tiers, pour gérer une succession, n'a rien d'inconciliable avec le délai pour faire inventaire et délibérer : un successible ne peut s'opposer à cette nomination, demandée par son cosuccessible, sous prétexte qu'elle le force à prendre qualité (Même arrêt).

488. Il en est de même de la demande formée par un héritier, auprès de l'autorité administrative, en mainlevée du séquestre apposé sur les biens de son auteur émigré, et en partage des biens séquestrés, et cela, encore que, dans cette demande, renouvelée même depuis un arrêt qui a accordé aux successibles un certain délai pour accepter ou répudier, il aurait pris la qualité d'héritier (Paris, 10 mai 1826) (3); — ... Ou de la demande auprès de l'administration en liquidation de l'indemnité due à la succession de son auteur émigré à laquelle il a précédemment renoncé; c'est simplement un acte conservatoire (Nancy, 29 mai 1828, aff. Beaufort, V. Contrat de mariage, nº 2149); — Et, de même, le fait par un successible d'avoir sollicité l'amnistie de son auteur décédé en état d'émigration n'emporte pas seul, vis-à-vis des tiers, acceptation de l'hérédité (Req. 8 fév. 1810, aff. Lebos, V. Émigré, nº 78).

489. Un fils n'a pas fait acte d'héritier en sollicitant et en obtenant du roi la remise de divers objets mobiliers confisqués sur son père révolutionnairement condamné, et dont l'État avait disposé au profit d'une commune, qui consent à cette restitution; du moins l'arrêt qui décide qu'en obtenant ces objets de la libéralité du roi et de celle de la commune, le fils ne les a reçus qu'à titre de grâce personnelle, et non comme héritier en vertu de la loi du 5 déc. 1814, présente en ce point une appréciation de faits qui échappe à la censure de la cour suprême (Rej., 19 août 1822) (4).

490. Prendre les clefs du défunt, et même les titres de la succession, mais avant que les scellés aient été apposés, ce n'est pas faire acte d'héritier. L'intention a pu n'avoir d'autre objet que la conservation des biens ou des titres. Ainsi jugé par un arrêt du 26 mai 1674. — Conf. Delvincourt, t. 2, p. 27, note; Duranton, *loc. cit.*; Vazeille, sur l'art. 779, nº 1.

491. Le fait de s'être *mis en possession* de tout ou partie du *mobilier* de la succession emporte-t-il nécessairement acceptation du successible? Les circonstances sont à considérer. On pourra n'y voir souvent qu'un acte conservatoire (Bilhard, du Bénéf. d'inv., nº 132; Vazeille sur l'art. 778, nº 13). — Jugé qu'on ne doit pas y voir un acte d'héritier : 1º si le successible détient les hardes

(1) (Carron C. Bontron.) — LA COUR; — Attendu... que la procuration prétendue donnée par Carron à Lacroix, à l'effet de demander la levée des scellés apposés sur les meubles et effets dépendants de la succession de Deloys-Delabatie, n'a point été produite; que, d'ailleurs, un pareil acte, purement conservatoire de sa nature, lorsqu'on n'articulerait point que François Carron y eût pris la qualité d'héritier pure et simple de Deloys-Delabatie, n'aurait pas pu suffire, aux termes de l'art. 779 c. civ. pour lui attribuer cette qualité; qu'il résulte même de l'art. 775 dudit code que, dans l'hypothèse où cette procuration aurait existé, et que François Carron y aurait pris la qualité d'héritier pure et simple de Deloys-Delabatie, cet acte n'aurait pas pu lui avoir attribué cette qualité indélébile, parce qu'étant alors frappé de mort civile, par l'effet de son inscription sur la liste des émigrés, l'acceptation qu'il aurait faite de la succession de Deloys-Delabatie eût été radicalement nulle, et que, conséquemment, elle n'aurait produit aucun effet;... — Casse l'arrêt de la cour de Lyon, du 19 fév. 1813.

Du 16 mai 1815.-C. C., sect. civ.-MM. Muraire, 1er pr.-Liborel, r.

(2) (Gérard, Odion et femme). — LA COUR; — ...Considérant qu'il est constant au procès que les appelants, se disant présomptifs héritiers de Jacques Haguenier, et sous la réserve formelle de prendre qualité, se firent autoriser par justice à procéder au lief des scellés, à faire inventaire et vente du mobilier dans les premiers jours de juillet 1819, tous créanciers ayant droit dûment appelés; — Considérant que les procès-verbaux d'inventaire et de vente, et les affiches qui eurent lieu dans le courant du même mois de juillet, constatent également leur réserve de prendre qualité, jusqu'à l'époque du 9 août suivant, où ils firent leur déclaration de n'accepter la succession dudit Jacques Haguenier que sous bénéfice d'inventaire; — Que l'acquittement fait par les appelants, des frais de justice et autres, causés pour parvenir à la vente du mobilier, ne peut évidemment être considéré que comme un acte d'administration provisoire autorisé par la loi, et non susceptible d'être critiqué; — Considérant que les deux payements, savoir : la somme de 15 fr. 60 c., réclamée par un sieur Dufeillay, avoué, pour frais d'instance de police; et celle de 52 fr., pour un mémoire de tabacs fournis au défunt par la veuve Ménard, ont été faits, le premier par le commissaire-priseur chargé de la vente, et le second par le sieur Mayeux, avoué des appelants, comme le constatent les quittances servies au procès; — Considérant que ces deux payements, alors même que les appelants ne seraient point fondés à les opposer à des tiers créanciers, ne sauraient néanmoins constituer une adition tacite de la qualité d'héritier pur et simple, puisqu'ils manquent des caractères essentiels voulus par la loi, savoir : un acte qui suppose nécessairement l'intention d'accepter, de la part des appelants, ou qu'ils n'auraient eu droit de faire qu'en qualité d'héritiers, ou enfin qu'ils eussent pris dans les actes mêmes la qualité ou le titre d'héritiers; — Considérant qu'on ne peut induire aucune de ces circonstances des payements ci-dessus faits, sans la participation directe des appelants, dont les droits étaient toujours conservés par leurs réserves; — Infirme.

Du 3 mars 1820.-C. de Rennes.-MM. Bernard et Letourneux, av.

(3) Hérit. de la Toison-Rocheblanche, C. hérit. Truchy). — LA COUR; — Considérant que les actes faits, en l'an 5, par Truchy-de-Lays, n'ont eu pour but que de conserver l'actif commun; que l'*attribution de qualité* ne peut résulter entre cohéritiers que d'un acte volontaire, ayant réellement ce but; que les héritiers Truchy-de-Lays ont pu valablement renoncer, puisqu'un délai pour prendre qualité leur avait été imparti par l'arrêt du 26 déc. 1817; — Déboute.....

Du 10 mai 1826. — C. de Paris. — M. Séguier, 1er prés.

(4) (Cazotte C. Notteret.) — LA COUR; — Attendu que les tableaux dont il s'agit avaient été confisqués sur Cazotte père, ce qui en avait fait passer la propriété dans le domaine de l'État; que l'arrêt attaqué a déclaré en point de fait que le gouvernement en avait disposé, dans le principe, au profit de la commune de Châlons, qui seule, conséquemment, aurait eu le droit de s'opposer à ce qu'ils fussent rendus à Cazotte fils; — Qu'en recevant ces tableaux de la munificence royale et du consentement de la commune de Châlons, Cazotte fils n'avait pas fait acte d'héritier de son père; qu'il ne les avait reçus qu'à titre de grâce personnelle; — Attendu que, dans cet état de choses, la cour royale (de Paris) a pu déclarer, par interprétation des actes qui se trouvaient soumis à son appréciation, qu'en acceptant à ce titre de grâce la remise desdits tableaux, le défendeur n'avait pas fait acte d'héritier de son père, sans violer aucune des lois invoquées à l'appui du pourvoi; — Rejette.

Du 19 août 1822.-C. C. sect. civ.-MM. Brisson, pr.-Carnot, rap.

ou linge de corps qui constituaient toute la succession de son père (Agen, 6 avril 1816) (1), ou d'autres objets de mince valeur dépendant de cette succession qu'il a répudiée (Bordeaux, 16 janv. 1839) (2);—2° Si le fils a conservé chez lui des meubles de peu de valeur et que le père à qui ils appartenaient logeât chez lui et à sa charge: « Attendu, quant aux meubles du père Patrigeon, qu'il n'a laissé qu'un coffre et des hardes; que ces objets ont été placés chez son fils par le père qui vivait à sa charge; qu'après la mort de ce dernier, ils ont pu rester dans la maison du fils, sans qu'on puisse en faire résulter de sa part l'intention de se porter héritier, et qu'au surplus, l'intéressé a offert de remettre ces objets de peu de valeur à qui de droit» (Bourges, 25 août 1841, aff. Grenouilloux); — 3° Si en jouissant des objets de la succession et en consommant les choses fongibles, le successible n'a fait que continuer l'habitation et le genre de vie qu'il a partagés pendant la vie du défunt (Orléans, 31 mars 1849, aff. Vallerand, D. P. 51. 2. 17).

492. Il a été jugé aussi que de ce que des héritiers auraient emporté chacun une partie du mobilier peu considérable, laissé par un individu décédé insolvable, et cela moins dans la vue d'en faire le partage, que dans celle d'en rester dépositaires, et aussi pour vider une chambre occupée par le défunt, ils ne sauraient être considérés comme ayant fait acte d'héritiers purs et simples, lorsque, d'ailleurs, il résulte des circonstances qu'ils n'ont pas eu l'intention d'accepter purement et simplement (Lyon, 17 juil. 1829) (3).

493. Au contraire, il a été décidé: 1° qu'il suffit qu'au nombre des effets mobiliers du défunt, dont un successible s'est emparé, et qui avaient été vendus à ce dernier par le défunt décédé chez le successible, et demeurant avec lui, il s'en trouve, même d'une valeur minime, qui n'avaient point été vendus, pour que le successible doive être réputé avoir fait acte d'héritier pur et simple: il opposerait en vain que, connaissant l'insolvabilité du défunt, il ne doit pas être présumé avoir accepté la successsion (Angers, 6 juin 1829) (4); — 2° Que le fait d'avoir distribué les vêtements du défunt aux personnes qui l'ont soigné dans sa dernière maladie, constitue à lui seul l'adition d'hérédité, et suffit pour faire prononcer la déchéance du bénéfice d'inventaire, surtout si ce vestiaire a été omis dans l'inventaire (Limoges, 19 fév. 1831) (5); — 3° Que même la circonstance qu'un héritier a disposé de quelques menus objets, tels que hardes de la succession

(1) (Delatour C. Daguzan.) — LA COUR; — Attendu que cette déclaration n'énonce point de payement fait par Dominique Daguzan à raison des biens ayant appartenu à Barthèlemy Daguzan, leur père; qu'aucun autre acte du procès ne prouve l'existence de ce payement; — Que cette déclaration exclut l'idée d'un acte qui, aux termes de l'art. 778 c. civ., suppose nécessairement intention d'accepter; d'où il suit que c'est vainement que l'on demande la garantie aux enfants de Barthélemy Daguzan, de Saint-Sauvy, comme ayant fait acte d'héritiers; — Attendu encore que l'allégation des appelants, que les enfants de Barthélemy Daguzan détiennent quelques hardes de feu leur père, fût-elle fondée, ne serait pas une preuve qu'ils se sont immiscés dans l'hérédité; — Confirme, etc.

Du 6 avr. 1816.-C. d'Agen.

(2) (Peytoureau C. Cabrol.) — LA COUR; — Attendu que Peytoureau puîné avait fait une renonciation en bonne forme à la succession de Léonard; — Que cette renonciation doit avoir son effet, à moins qu'elle ne soit rendue inutile par des actes formels d'adition d'hérédité; — Attendu que, si, au décès de Léonard Peytoureau, il s'est trouvé à son domicile quelques effets mobiliers dépendant de sa succession, ils sont plutôt passés dans la possession d'Anne Lacoste que dans celle de Peytoureau puîné; — Que, si, après le décès de celui-ci, il en est resté gardien et détenteur, c'est que la remise ne lui en a point été réclamée; — Que ces meubles étaient d'une mince valeur, et qu'il n'en a disposé en aucune sorte; — Attendu qu'ayant renoncé à la succession de son père, il n'a pu être considéré que comme gardien de ce petit mobilier; — Émendant, etc.

Du 16 janv. 1839.-C. de Bordeaux.-M. Roullet, pr.

(3) (Marcoux C. hérit. Tardy.)—LA COUR; —...Attendu que les faits d'où les premiers juges ont entendu faire résulter une acceptation tacite tant contre ladite Jeanne Tardy, femme Gonon, que contre Marie Tardy, femme Journel, et contre Bernard Tardy, autres parties appelantes, et tels qu'ils se trouvent constatés par l'enquête à laquelle il a été procédé, consistent uniquement en ce que les appelants, dix-huit mois environ après le décès de leur père, ayant appelé deux personnes dans la chambre qu'avait occupée le défunt, et qui était restée inhabitée depuis sa mort, leur firent reconnaître le peu d'objets mobiliers qu'il y avait délaissés; qu'après cette reconnaissance d'iceux, chacun d'eux en retira une partie pour vider la chambre qu'ils devaient laisser libre, afin de n'en pas garder le loyer à leur charge, et qu'ils ne retirèrent ainsi cet actif mobilier qu'en manifestant leur intention de le représenter s'il était nécessaire; — Attendu qu'il est constant qu'à l'époque où ces faits se passèrent, Jeanne Tardy, femme Gonon, n'avait point encore atteint sa majorité; qu'ainsi, à son égard, et quelque graves qu'on voulût les supposer, n'aurait pu en résulter tacitement l'acceptation pure et simple de la succession dont il s'agit, mais qu'en eux-mêmes ils ne furent point de nature à pouvoir emporter une telle acceptation, même à l'égard des héritiers majeurs qui y concoururent; — Attendu, effectivement, que ceux-ci n'ayant agi, comme ils le firent, qu'en présence de deux personnes qui avaient été appelées pour reconnaître les objets mobiliers qu'ils retiraient, n'entendirent pas du tout faire un partage d'iceux, tel qu'il s'opère entre héritiers qui procèdent à ce titre, mais qu'ils ne firent que s'en constituer conjointement dépositaires pour les représenter, le cas échéant; qu'on ne saurait voir dans ce dépôt volontaire, qui fut par eux appréhendé, et quelle qu'ait pu en être l'irrégularité, un acte propre à faire supposer nécessairement l'intention qu'ils auraient eue d'accepter purement et simplement la succession du défunt, intention sans laquelle il n'y a jamais lieu, suivant l'art. 778 du code, de qualifier comme acte d'acceptation tacite aucun acte quelconque dont elle n'est pas le principe ou la conséquence nécessaire, et que même la manière dont procédèrent les appelants tend à montrer qu'ils avaient eu une intention absolument contraire; — Attendu, au surplus, que les diverses circonstances qui avaient précédé le décès du père des appelants, servent à indiquer qu'il est réellement mort dans un état d'insolvabilité et d'indigence; qu'aussi l'intimé ne leur impute pas d'avoir diverti ou recélé, c'est-à-dire d'avoir soustrait de mauvaise foi aucun effet dépendant de la succession, seul cas où l'art. 792 c. civ. permet que des héritiers qui n'ont accepté une succession ni expressément, ni tacitement, puissent cependant être déchus de la faculté d'y renoncer ou de faire inventaire; et que, dès lors, c'est là une déchéance qui n'a été qu'induement prononcée contre les appelants par le jugement dont est appel; — Émendant, etc.

Du 17 juill. 1829.-C. de Lyon, 2e ch.-M. Reyre, pr.

(4) *Espèce*: — (Monsallier C. Desmottes, etc.) — Le 6 avr. 1826, Deslandes, serrurier à Laval, meurt, laissant pour unique héritière sa fille, femme Monsallier. — La succession était toute mobilière. — Monsallier fait enlever et dispose des objets qui garnissaient la maison du défunt. — Il était dû, par Deslandes, 1,400 fr. aux héritiers Desmottes, et 770 fr. à la veuve Bizardière. Ils s'adressent à Monsallier, comme héritier pur et simple. — Alors, et le 27 déc. 1827, il fait au greffe sa renonciation à la succession de son beau-père. — Action en justice. — Des enquêtes ont lieu pour établir les faits.

21 août 1828, jugement définitif du tribunal de Laval, qui porte que: « Non-seulement Monsallier a enlevé des effets sans aucune formalité, mais qu'il a donné, soit à titre de payement, soit à titre de récompense, divers autres effets de la succession; qu'il a emporté tout ce qui se trouvait chez Deslandes. — Le tribunal, s'appuyant sur les art. 778 et 873 c. civ., et sur l'art. 989 c. pr., déclare Monsallier héritier pur et simple, et en cette qualité le condamne à l'acquittement des dettes de la succession. »

Appel. — Monsallier disait: « Je ne puis pas avoir eu l'intention d'accepter la succession de mon beau-père, dont je connaissais le dénûment; il vivait de mes bienfaits. Je payais son loyer; il était donc logé chez moi. J'avais acheté son mobilier. C'est donc comme acquéreur et non comme héritier que je me suis emparé du petit mobilier de Deslandes. » — En effet, le défendeur présentait un acte sous seing privé, à la date de 1817, dans lequel Deslandes vendait pour 500 fr., à son gendre, son mobilier. — La description de ce mobilier se trouvait dans l'acte. Parmi ces objets, on n'avait pas compris la modeste garderobe du défunt, et plusieurs arbustes dont Monsallier avait également disposé

M. Nibelle, avocat général, a pensé que Monsallier n'avait pas pu se saisir, en qualité de créancier, des effets qu'il aurait achetés. Il fallait qu'il en demandât la délivrance. — La vente remonte à dix ans. — Quelques parties du mobilier ont dû être renouvelées. Il est, au surplus, avoué que certains effets, non compris dans l'acte, ont été enlevés par Monsallier, qui a fait maison nette. — Dans la coutume de Senlis, l'héritier présomptif qui prenait pour 5 sous des biens de la succession, faisait acte d'héritier, parce que cela ne se pouvait expliquer autrement. Les faits de Monsalier prouvent son intention. Il a agi en propriétaire, il est héritier pur et simple. — Arrêt.

LA COUR; — Adoptant les motifs des premiers juges, confirme.

Du 6 juin 1829.-C. d'Angers.-MM. Puisart, pr.-Janvier et Bellanger, av.

(5) *Espèce*: — (Labosche C. Laurent.) — Jugement du tribunal de Brives, ainsi conçu: — « Attendu qu'à l'égard des habits, linge et hardes du défunt, les enfants Labosche, pour justifier l'omission qui en a eu lieu dans l'inventaire, disent qu'ils ont distribué ce vestiaire aux personnes qui avaient soigné leur père pendant sa dernière maladie; mais que ce fait, avoué par les enfants Labosche, constitue à lui seul l'adition d'hérédité; qu'en effet, pour disposer, à titre gratuit comme à titre

envers un pauvre, et en a reçu lui-même, d'un commun accord avec les autres héritiers, quelques-uns d'une valeur minime d'environ 50 ou 60 cent., doit être considérée comme supposant nécessairement l'intention d'accepter, et constitue un acte d'héritier pur et simple (Bourges, 23 janv. 1828) (1).

494. Le successible, créancier du défunt, fait-il acte d'héritier, s'il prend dans la succession la chose due? — La nature ou l'objet de la dette et diverses autres circonstances peuvent modifier la décision. Ainsi, que l'héritier eût prêté son cheval au défunt, ou le lui eût remis à titre de dépôt; qu'il le reprenne, sans attendre que les autres successibles, qui peut-être résident au loin et n'ont pas encore accepté, le lui restituent, il n'y a pas là nécessairement adition d'hérédité. Le successible a pu ne reprendre son cheval, que parce qu'il lui appartenait, et qu'il en avait un besoin urgent, sans aucune intention d'ailleurs de devenir héritier. — Nous trouvons donc trop générale ou trop absolue la doctrine de certains auteurs, qui le déclarent indistinctement obligé par une acceptation tacite, « lorsqu'il se met en possession d'un bien héréditaire pour se rembourser de ce que lui devait le défunt, ou qu'il prend dans la succession la chose due ou qui lui a été léguée. » Ce sont les expressions de M. Chabot, t. 2, p. 467, dont l'opinion, rejetée par MM. Duranton, t. 6, n° 401, et Vazeille, sur l'art. 778, n° 11, est approuvée de MM. Toullier, t. 4, n° 313 et Delaporte, Pandect. franç., t. 3, p. 154. — La question était fort débattue entre les anciens auteurs. Le président Fabre attachait la qualité d'héritier au fait de l'habile à succéder, qui se mettait en possession des biens paternels, pour recouvrer la dot de sa mère. On fondait cette doctrine sur ce que la qualité de créancier ne donne pas la possession de la chose due, mais simplement le droit d'en demander la délivrance à ceux qui la possèdent. Les coutumes de Paris et d'Orléans statuaient dans ce sens, adopté par Pothier, des Successions, ch. 3, art. 1, § 1. — Pour l'avis contraire, embrassé par Bartholc, Bulde, Masuer, Furgole (Testaments, ch. 10, sect. 1) et d'autres jurisconsultes, on disait que la qualité de créancier excluait toute présomption d'acte d'héritier; qu'on doit être présumé posséder *titulo utiliori*, et que tel est le titre de créancier; qu'après tout, le titre de possession étant au moins ambigu et incertain, il convenait, dans le doute, d'exclure l'obligation qui résulterait de l'adition. Le parlement de Toulouse suivait cette règle.

495. Il a été jugé que la dation en payement, faite par un héritier, de la portion qui lui a été attribuée dans une succession, ne constitue pas une acceptation pure et simple de cette succession, lorsqu'il est constant que l'objet donné en payement n'a été par lui recueilli qu'à titre de créancier de cette succession, et non pas à titre d'héritier. — « Attendu qu'il a été reconnu, en fait, par la cour royale, que c'était à titre de créancière et non d'héritière, que la dame Montmain avait reçu et pris dans cette succession la moitié de la Guildiverie, qu'elle a ensuite donnée, en payement de l'acquisition d'une sucrerie; qu'ainsi on ne peut induire de ce fait une acceptation pure et simple de la succession de Joseph Bourdelon; rejette » (Req. 16 août 1830, MM. Dunoyer, pr., Maleville, rap., aff. Gardemal *C.* hér. Meat). — Dans l'espèce de cet arrêt, l'abandonnement à *titre de créancier* était consenti par les cohéritiers; mais dans un autre cas on a jugé avec raison que le successible fait acte d'héritier, malgré une répudiation antérieure, lorsque en qualité de créancier, mais toutefois de son autorité privée, il s'empare de l'universalité de la succession, quoique dans la répudiation il eût déclaré qu'il ne jouirait que comme créancier (Riom, 19 août 1809, aff. Escole *C.* Roquelaure).

496. La *vente des meubles* susceptibles de dépérir ou dispendieux à conserver est-elle un acte de surveillance ou d'administration provisoire dans le sens de l'art. 779? — D'après l'art. 796 c. nap. l'héritier peut, dans ce cas, sans qu'on puisse en induire une acceptation tacite, se faire autoriser par justice à procéder à la vente de ces effets. Cette vente, ajoute l'article, doit être faite par un officier public, après les affiches et publications réglées par les lois sur la procédure. Mais la vente non autorisée serait-elle toujours un acte d'héritier? L'affirmative est soutenue par MM. Chabot, t. 2, p. 463, 586; Delvincourt, t. 2, p. 27, note 2; Maleville, t. 2, p. 283; Malpel, n° 198. Ces auteurs rappellent les coutumes d'Orléans et de Paris, qui formaient le droit commun, et selon lesquelles il suffisait, pour être héritier, d'avoir disposé d'une portion de biens, quelle qu'elle fût. — Selon MM. Toullier, t. 4, n° 311, et Delaporte, Pand. franç., t. 3, p. 193, la solution dépendrait des circonstances. Le successible, par exemple, ne serait point devenu héritier, si, en cas d'urgence, la vente avait été faite pendant les délais pour délibérer, aux enchères, après des affiches et publications, et qu'au plus tard, à l'expiration des délais, il s'obligeât, en faisant sa déclaration de répudiation, à rendre compte du prix des choses qu'il a été forcé de vendre. C'était aussi l'opinion de Duparc-Poullain, Princip. du Droit, t. 4, p. 16. — Nous préférons cette doctrine, qui subordonne la décision aux circonstances. Il peut arriver que l'accomplissement de toutes les formalités eût entraîné des lenteurs qui exposaient les objets vendus à une détérioration grave ou à un entier dépérissement. L'art. 796 ne dit point formellement que le défaut d'autorisation de la vente fera réputer l'héritier acceptant; le droit romain ne prescrivait pas même cette formalité; et la vente, en pareil cas, n'attribuait point la qualité d'héritier (Vazeille, sur l'art. 779, n° 2). — Il est entendu, du reste, qu'en principe, la vente du mobilier faite *sans formalité* emporte adition d'hérédité. L'art. 989 c. pr. prononce alors contre l'héritier la déchéance du bénéfice d'inventaire. Ainsi jugé que le successible qui a disposé librement et sans inventaire de tout le mobilier de la succession, a fait acte d'acceptation tacite, et c'est en vain qu'il déclarerait plus tard avoir accepté sous bénéfice d'inventaire (Req. 15 juin 1820) (2).

497. Toutefois il a été décidé qu'on ne doit pas considérer

---

onéreux, il faut être propriétaire de l'objet donné ou cédé; aussi a-t-il été jugé en pareil cas, par une cour souveraine, que le fait de disposer des hardes du défunt, de si peu de valeur qu'elles fussent, suffisait pour que ceux qui faisaient cette disposition fussent réputés héritiers purs et simples; — Attendu, en second lieu, que François Mazoyer-Labosche, faisant tant pour lui que pour ses frères et sœurs, a, le 1er juill. 1819, fait la déclaration de la succession de leur père, en ces termes : « Par le décès de leur père, les biens déclarés sont échus à ses enfants en propriété et jouissance, » et qu'une pareille déclaration suffisait pour imprimer la qualité d'héritier; — Attendu, en troisième lieu, que le 17 nov. 1829, c'est-à-dire postérieurement à la déclaration faite au greffe, les enfants Labosche ont adressé un commandement aux débiteurs de la succession de leur père, dans lequel ils ont pris la qualité d'héritiers de leur père; que, de toutes ces circonstances il résulte nécessairement que les enfants Labosche ont fait actes d'héritiers, et ne peuvent, dès lors, plus se prévaloir de la déclaration par eux faite au greffe le 12 août 1819. — Appel. — Arrêt.

LA COUR; — Attendu que le motif pris par les premiers juges de ce que Labosche aîné ayant passé, le 1er juill. 1819, déclaration de mutation de propriété après le décès de son père, devait, par ce seul fait, être réputé avoir fait acte d'héritier pur et simple; que ce motif est sans consistance, puisque, d'une part, la déclaration n'aurait été faite que par l'un des héritiers, pendant que la saisie est poursuivie contre les trois enfants du père commun, et que, de l'autre, tout héritier, même bénéficiaire, est tenu d'une pareille déclaration dans les six mois du décès; — Adoptant, sur le surplus, les motifs des premiers juges, confirme, etc.

Du 19 fév. 1831.-C. de Limoges.

(1) (Berger *C.* Petit.) — LA COUR; — Considérant qu'aux termes de droit, l'héritier qui fait un acte qui suppose nécessairement l'intention d'accepter, est par là même héritier; que le caractère est, dès lors, indélébile, et ne permet plus sa renonciation; — Qu'il est avoué, dans l'espèce, que, dans le cours de l'inventaire, il fut fait deux paquets de quelques hardes, linge et menus objets de la succession, et que chacun des héritiers en emporta un; — Que l'intimé lui-même a donné quelques menus objets de cette succession à un étranger, ce qu'on ne peut donner sans être propriétaire; qu'à la vérité, ces objets étaient d'une très-mince valeur, mais que la loi ne distingue pas; — Confirme.

Du 23 janv. 1828.-C. de Bourges, 1re ch.-M. Sallé, 1er pr.

(2) *Espèce* : — (Mourre et Truc *C.* Bertrand.) — LA COUR; — Attendu, en droit, qu'il y a acceptation tacite d'une succession, quand l'héritier fait un acte qui suppose nécessairement son intention d'accepter, et qu'il n'avait droit de faire qu'en sa qualité d'héritier (art. 778 c. civ.); — Et attendu qu'il a été reconnu, en fait, par l'arrêt attaqué, que les demanderesses en cassation, héritières de leur oncle, n'avaient pas fait inventaire de sa succession; que dans cette succession il existait un mobilier; qu'enfin elles avaient librement disposé de tout ce mobilier; — Que, dans ces circonstances, les juges ont pu, sans se mettre en contradiction avec aucune loi, décider qu'il y avait eu, de la part des mêmes demanderesses en cassation, acceptation tacite de la

comme un acte d'héritier la vente de mobilier qu'autorise un successible qui, dans le procès-verbal de vente, s'est réservé la faculté de renoncer ou d'accepter bénéficiairement, s'il est certain qu'il n'a rien touché du prix, si ce prix est extrêmement modique, destiné seulement au payement des frais funéraires, si la vente d'ailleurs a été faite publiquement et par un officier public représentant un cohéritier absent; ce n'est pas là du moins un acte d'appréhension dans le sens de l'art. 317 de la coutume de Paris (Cass., 1er août 1809, aff. Dagnillard, V. *suprà* n° 480-1°).

498. Fait-on acte d'héritier, en *louant* ou affermant les biens, en renouvelant les *baux*? L'affirmative est simplement énoncée par M. Toullier, t. 4, n° 314, et soutenue par M. Malpel, n° 190. — MM. Chabot, t. 2, p. 492; Duranton, t. 6, n° 405, et Vazeille, sur l'art. 779, n° 2, se bornent à exprimer des doutes, et conseillent prudemment au successible de se faire autoriser par le tribunal. — M. Duranton toutefois pense, comme M. Delvincourt, t. 2, p. 28, note 4, que le successible pourrait sans crainte faire les locations d'appartements pour les termes d'usage des baux non écrits. — Le doute naît de ce que le tuteur a qualité pour consentir les baux des biens du mineur; de ce que les lois romaines ne voyaient pas dans de tels actes un indice d'acceptation. D'un autre côté, l'art. 778, plus sévère que ces lois, ne permet au successible que les actes d'administration provisoire; et même, quand il s'agit d'éviter la perte ou la détérioration d'objets mobiliers, l'art. 796 exige, pour la vente, l'autorisation du juge. On serait donc porté à croire qu'à plus forte raison les baux doivent être autorisés, n'étant jamais nécessités aussi impérieusement que la vente des choses qui dépérissent. Ainsi raisonne M. Malpel, *loc. cit.* — Mais nous inclinons à penser qu'un bail consenti par l'habile à succéder ne doit point empêcher les juges de comparer tous les autres actes de sa gestion, et de décider en conséquence qu'il n'avait point l'intention d'accepter. Il a pu croire, comme certains jurisconsultes, que la faculté de louer et affermer était dans ses attributions d'administrateur. — Jugé qu'un bail à ferme, consenti par un successible, n'a pas pu être considéré par les juges du fond comme ne constituant pas acte d'héritier, alors qu'il résulte, au contraire, de ce contrat (produit devant la cour de cassation), que le successible avait disposé comme propriétaire et en se qualifiant tel (c. nap. 778). ... Par suite, la répudiation postérieure à un pareil bail, faite, au nom du successible décédé, par son cosuccessible devenu son héritier, est tardive, et ne peut pas avoir pour effet de soustraire à un second droit de mutation la part, dans l'hérédité commune, échue au défunt, et que son héritier aurait recueillie de son chef propre, si la répudiation eût été valable (Cass. 27 juin 1837, aff. Cavaillier, V. Enregistr., n° 326).

499. Bien qu'un fils ait été appelé par les créanciers de la succession de son père, en qualité de son héritier, aux poursuites exercées par eux sur ses immeubles, et qu'en cette qualité il ait demandé que les baux précédemment faits fussent entretenus, ou qu'il se soit opposé à différentes mesures prises par eux, cependant il ne peut être considéré comme héritier, la renonciation qu'il fait ensuite à la succession est valable... et l'arrêt qui décide que ces actes, ainsi que d'autres, faits par eux, ne constituent pas des actes d'héritiers, est souverain. (Req. 10 juill. 1816 MM. Henrion, pr., Brillat-Savarin, rap., aff. Delaroche *C.* Enfantin. — *Nota.* L'arrêt contre lequel il y a eu pourvoi rejeté était de la cour de Bourges, du 15 fév. 1814).

500. *Payer les dettes* de la succession, est-ce faire acte d'héritier? — Il faut distinguer. A-t-on payé des deniers de la succession? Un tel acte sort évidemment des bornes d'une simple administration; on n'a pu disposer de ces deniers qu'à titre de propriétaire et par conséquent d'héritier (L. 2, C. *De jur. delib.*; L. 8, C. *De inoff. testam.*) — A-t-on payé de ses propres deniers? La question n'est résolue par M. Chabot, t. 2, p. 471 à 478, qu'avec de nombreuses distinctions. On n'aura pas fait acte d'héritier, s'il s'agit de dettes funéraires: on est censé avoir payé *pietatis causâ* (L. 20, § 1, ff. *De acquir. hœred.*); peu importe même qu'on n'ait pas fait de réserves. Mais, hors ce cas, il faut déclaration expresse qu'on n'entend pas payer en qualitié d'héritier. — Ainsi, obligé non solidairement avec le défunt, on a acquitté toute la dette; ou non coobligé, on l'a acquittée sans se faire subroger formellement au créancier; ou, s'il y a des poursuites, on ne déclare pas, soit dans un procès-verbal, soit dans un acte authentique, qu'on n'a payé que pour arrêter ces poursuites; ou, s'il s'agit d'une vente faite au défunt, on ne dit pas qu'on paye le prix échu pour prévenir la demande en révocation, telle qu'elle est admise par les art. 1654 à 1656, c. nap.; ou, s'il s'agit d'arrérages échus d'une rente perpétuelle, pour prévenir la demande en remboursement du capital, suivant l'art. 1912; ou enfin on a gardé le même silence quand il s'agissait de dettes criardes, de legs modiques faits à des domestiques à titre de récompense, ou de legs destinés à faire prier Dieu pour le défunt. — Dans tous ces exemples, M. Chabot croit le payement attributif de la qualité d'héritier, par cela seul que l'habile à succéder n'a pas positivement exprimé qu'il ne voulait pas faire adition d'hérédité. On invoque l'opinion des anciens auteurs (notamment Pothier et Domat, liv. 1, tit. 3, sect. 1); et ces termes de la coutume de Bourbonnais, art 325, qui, ajoute-t-il, étaient le droit commun des pays coutumiers: « Quand aucun, habile à succéder, paye créanciers, légats..., il est réputé héritier, et ne peut plus répudier. »

La doctrine de M. Chabot nous semble s'écarter ouvertement des principes du code, tels qu'il les a expliqués lui-même: « Le code, dit-il ailleurs, p. 457, exige, pour l'acceptation tacite, la réunion de deux conditions: 1° que l'héritier présomtif ait fait un acte qui suppose nécessairement son intention d'accepter; 2° qu'il n'ait eu droit de faire cet acte qu'en sa qualité d'héritier. » Or, répondrons-nous, le payement d'une dette de la succession suppose-t-il nécessairement la volonté d'hêtre héritier? Tous les jours ne paye-t-on pas la dette d'autrui par pure bienveillance, par intervention, ou *animo negotii gerendi?* Ce qu'on fait pour un étranger sans aucun mandat, ne peut-on pas le faire pour un proche parent, ou par honneur pour la mémoire du défunt? L'habile à succéder n'est-il pas d'autant plus porté à le faire, qu'outre l'action *negotiorum gestorum* qu'il exercerait, s'il n'acceptait pas, il doit songer qu'il aura en définitive géré sa propre affaire, s'il vient à accepter? Sans doute, les payements qu'il a faits rendent présumable son intention d'accepter; mais des présomptions, des conjectures ne suffisent pas.

Toute la théorie de M. Chabot est fondée sur les anciennes doctrines et sur la disposition de la plupart des coutumes. Mais écoutons-le encore lui-même réfuter cette objection: « Le code, dit-il, p. 458, ne s'est pas contenté, comme l'avait fait le droit romain, de la simple intention d'accepter; il ne s'est pas contenté, comme l'avaient fait nos coutumes, de la simple immixtion dans les biens de la succession. Il a voulu que, pour l'acceptation, il y eût, de la part de l'héritier présomptif, un acte qui tout à la fois prouvât l'intention d'accepter, et contînt immixtion dans les biens. » — Ajoutons que, même selon le droit romain, l'intention d'accepter ne résultait du payement des dettes du défunt, qu'autant que la portion payée par le successible correspondait tout juste à sa part de la succession; il était censé, disait-on, alors, avoir voulu affranchir sa part héréditaire. C'est ainsi qu'on appliquait, et M. Chabot en convient, les lois 2, C., *De jur. delib.*, et 8, C., *De inoff. test.* — Notre interprétation a le suffrage de MM. Toullier, t. 4, n° 314; Duranton, t. 6, n° 402; Delvincourt, t. 2, p. 27, n. 2, qui supposent qu'en payant de ses deniers, l'habile à succéder a pu agir *animo gerendi negotia hœreditatis*.

501. Voyons maintenant comment notre question a été résolue par la jurisprudence dans les divers cas qu'elle prévoit.

Jugé d'abord que ce n'est pas faire acte d'héritier que de payer: 1° Les frais de sépulture et d'enterrement de son père (Agen, 24 nov. 1842, aff. Lavielle *C.* Dubouch); 2° Les gages d'un domestique, « attendu qu'il n'est pas justifié que, soit avant, soit après sa renonciation, Pierre Delpeyrat, ait acquitté des dettes de l'hérédité paternelle; que les payements qu'il avoue avoir faits de quelques sommes modiques par respect filial, *pietatis causâ*, tel que celui des gages qui se trouvaient dûs à un domestique, ne sauraient constituer une adition d'hérédité ainsi que l'enseigne la loi 20, § 1, au digeste, tit *de acquirendâ vel amittendâ hœreditate*; émendant, etc. » (Bordeaux, 11 mai 1833, M. Gerbeaud,

---

succession dont il s'agit; — Rejette le pourvoi formé contre l'arrêt de la cour d'Aix.

Du 15 juin 1826.-C. C., ch. req.-MM. Botton, pr.-Lasagni, rap.

pr., aff. Maleville *C.* Delpeyrat); — 3° Quelques-unes des dettes de la succession de son père, si le fils a préalablement renoncé à cette succession. « Attendu que le fils qui a répudié la succession paternelle, et qui néanmoins acquitterait quelques-unes de ses dettes, est censé le faire pour honorer la mémoire de son père; — Que cet acte est louable en soi, et qu'il serait injuste d'en faire résulter une adition d'hérédité. Emendant, etc. » (Bordeaux, 16 janv. 1839, M. Roullet, pr., aff. Peytoureau *C.* Cabrol.)

502. Le payement des *droits de mutation* comporte-t-il l'acceptation des droits de la succession? — Non, d'après la jurisprudence, parce que ce payement étant en quelque sorte forcé dans un délai assez court, sous peine de doubles droits, le successible veut seulement se mettre en règle, pour le cas où il accepterait plus tard (Grenoble, 12 août 1826 (1); Paris, 5 juill. 1826, MM. Miller, pr., Delapalme, rap., aff. Blaise *C.* Mesgrigny; Limoges, 19 fév. 1831, aff. Labosche, V. n° 493; V. en outre les arrêts ci-après; Conf. MM. Poujol, sur l'art. 779, n° 2; Belost-Jolimont sur Chabot, même art., obs. 2; Championnière et Rigaud, t. 5, n° 2572; Massé et Vergé, sur Zachariæ, t. 2, p. 305, note 15). Ces derniers auteurs ajoutent que la question dépend des circonstances.—Il y a toutefois un arrêt contraire d'après lequel il suffit qu'un successible, *après les délais pour faire inventaire et délibérer*, ait acquitté les droits de mutation, pour qu'il soit réputé avoir voulu accepter la succession purement et simplement, même à l'égard d'un créancier de l'hérédité (Caen, 17 janv. 1824) (2).

503. La question peut d'ailleurs s'offrir avec des circonstances plus ou moins favorables à l'héritier. Et par exemple on ne présumera pas qu'il a entendu faire acte d'héritier : 1° Si les droits d'enregistrement qu'il a payés étaient très-modiques (25 c.) (Montpellier, 1er juill. 1828, aff. Gonsdal, V. n° 507);—2° S'il est établi que, dès l'ouverture de la succession, il était notoire et à la connaissance personnelle du successible, qu'elle fût obérée et insolvable (Toulouse, 7 juin 1830) (3); — 3° S'il a payé un droit de mutation de 50 cent. qu'il croyait devoir à un autre titre que celui d'héritier (Bordeaux, 16 janv. 1839, M. Roullet, pr., aff. Peytoureau *C.* Cabrol); — 4° S'il a payé depuis sa renonciation à la succession et que surtout il ait déclaré, devant le receveur de l'enregistrement, n'entendre pas prendre la qualité d'héritier par le fait de l'acquittement du droit (Bordeaux, 11 mai 1833, M. Gerbeaud, pr., aff. Maleville *C.* Delpeyrat).

504. Il a été jugé aussi 1° que le payement des droits de mutation ne suffit pas pour faire considérer un héritier comme ayant accepté purement et simplement la succession, bien que, dans la quittance des droits, le receveur de l'enregistrement lui ait donné la qualité d'héritier, et qu'il n'ait pas fait de réserves; il peut encore accepter sous bénéfice d'inventaire, lorsque, d'ailleurs, dans l'inventaire, où le passif surpassait de beaucoup l'actif, il avait figuré seulement comme habile à se porter héritier, refusant positivement de prendre la qualité d'héritier (Nancy, 19 mai 1842) (4); — 2° Qu'un successible, quoique, par la con-

---

(1) (Colomb *C.* Pirodon.)—LA COUR; —...Attendu que le payement du droit de mutation, pour cause de décès, ne peut jamais être un obstacle, soit à la répudiation de la succession, soit à une acceptation bénéficiaire, parce que ce droit est dû au moment de l'ouverture de la succession, et à raison de la valeur des biens à la même époque; et que, quelle que soit la détermination ultérieure des héritiers légitimes ou testamentaires, elle ne peut ni faire cesser le droit ouvert par le seul fait du décès, ni le modifier; que c'est là un principe consacré par un arrêt de la cour de cassation, du 18 niv. an 12; infirme.

Du 12 août 1826.-C. de Grenoble, 2e ch.-M. Paganon, pr.

(2) (Les sieurs Cardin *C.* leur frère.) — LA COUR; — Considérant qu'il peut être fait distinction entre Julien et Georges Cardin, parce que le payement des droits de mutation de la succession de la mère commune, n'étant que de ce dernier, peut être considéré comme étranger à Julien; — En ce qui concerne Georges Cardin, considérant qu'il paya au bureau de Brecey les droits de mutation de la succession de sa mère le 1er déc. 1815; qu'on ne peut pas concevoir que ce payement ait été fait dans une autre qualité et avec autre intention que de se rendre héritier de sa mère; qu'en effet, ce droit est assis sur la mutation qui se fait des biens des mains du défunt dans celles de l'héritier; qu'il n'est pas dû à un autre titre; qu'on ne peut supposer que Georges Cardin ait été surpris, ni qu'il ait entendu payer ce droit officieusement pour la succession, 1° parce qu'il n'a fait ce payement qu'après l'expiration des délais accordés pour faire inventaire et délibérer; 2° parce que, si la succession devait rester abandonnée, elle appartenait au fisc et ne devait aucun droit, et que si elle devait aller aux collatéraux, il ne payait pas un droit suffisant en ne payant que celui dû lorsque la succession est échue en ligne directe.... infirme le jugement du 4 nov. 1820, au respect de Julien Cardin, personnellement; ce faisant, le décharge des demandes et prétentions de Jean Cardin;—Confirme ledit jugement à l'égard de Georges Cardin.

Du 17 janv. 1824.-C. de Caen, 2e ch.-M. Lefollet, pr.

(3) (Clanet *C.* Benet.)—LA COUR; —...Attendu que Joseph Benet a renoncé, comme sa sœur, à la succession de son père, et qu'il n'a point fait acte d'héritier avant cette renonciation; qu'en effet, le payement des droits de mutation qu'il a fait au décès de son père, et la possession où l'on prétend qu'il serait de certains immeubles dépendants de sa succession, ne suffirait point pour prouver qu'il a entendu faire acte d'héritier, surtout quand on rapproche ces circonstances des autres faits de la cause, notamment de la délibération du 16 sept. 1810, à laquelle assista Joseph Benet, et où il est reconnu que ladite succession est obérée et insolvable; qu'ainsi, on ne peut pas facilement présumer, surtout quand Joseph Benet n'a pris dans aucun acte la qualité d'héritier, qu'il ait voulu accepter une succession onéreuse; — Démet les héritiers Clanet de leur appel, etc.

Du 7 juin 1830.-C. de Toulouse, 1re ch.-M. Hocquart, pr.

(4) (Menestrier *C.* Garcin.) — LA COUR; — Attendu que l'acceptation d'une succession est expresse ou tacite, qu'elle est expresse quand le successible prend dans un acte authentique ou privé la qualité ou le titre d'héritier avec l'intention d'appréhender l'hérédité et de s'obliger aux charges qu'elle impose; qu'elle est tacite, quand le successible, sans prendre la qualité ou le titre d'héritier, fait un acte qui suppose nécessairement son intention d'accepter et qu'il n'aurait droit de faire qu'en cette qualité; — Attendu que l'acceptation ne peut pas être considérée comme expresse quand ce n'est pas le successible lui-même qui prend le titre d'héritier, mais que ce titre lui est donné par un tiers, et quand surtout la nature de l'acte et les circonstances dans lesquelles il est intervenu laissent planer un doute raisonnable sur l'intention du successible d'accepter la succession qui lui est dévolue par la disposition de la loi; — Attendu que L. J. Charles Garcin, après le décès de Caroline Garcin, sa fille, arrivé le 17 mars 1835, a fait procéder, tant en son nom personnel qu'en celui de sa femme et de ses quatre enfants majeurs, par le ministère d'un notaire à l'inventaire général de tous les biens meubles, dépendant de la succession; que, dans cet acte qui porte la date du 17 juin de la même année, il est énoncé formellement que l'inventaire est fait pour la conservation des droits respectifs des parties, et de tous autres qu'il appartiendra; que Garcin, sa femme et ses enfants ne stipulent qu'en qualité d'habiles à se porter héritiers de Caroline Garcin, chacun pour la part qui lui afférera dans sa succession; que les objets inventoriés resteront à la charge de Garcin pour être représentés par lui quand et à qui de droit; que ce n'est que quinze mois après la confection de cet inventaire que Garcin, sur l'invitation du receveur de l'enregistrement au bureau de Lamarche, s'est transporté devant ce fonctionnaire et a acquitté entre ses mains pour droits de mutation et demi-droit en sus de la succession de Caroline Garcin, la somme de 5 fr. 90 cent.; que le receveur a dressé acte de la déclaration faite à cette occasion par Garcin; que dans la première partie de cet acte, qui est l'œuvre exclusive de ce fonctionnaire, il est dit que Garcin a comparu devant lui comme héritier pour moitié avec sa femme, et comme se portant fort pour ses quatre enfants majeurs, et que, dans la seconde partie qui contient la déclaration faite par Garcin, il est énoncé que la moitié de la succession de Caroline Garcin était échue à ses père et mère, et l'autre moitié à ses frères et sœurs; qu'en s'en tenant littéralement aux termes de l'acte, rigueur qui est nécessaire dans une matière qui peut entraîner la perte ou la déchéance de droits légaux, il n'est pas certain 1° que ce soit Garcin lui-même qui ait pris la qualité d'héritier; qu'il paraît, au contraire, que cette qualité lui a été donnée par le receveur; 2° que la qualité d'héritier lui ait été donnée dans le sens absolu de ce mot, c'est-à-dire, comme impliquant l'intention de recueillir purement et simplement l'hérédité et d'en supporter les charges, et non pas dans le sens de simple successible, d'habile à se porter héritier, qualité qui avait été prise par lui dans l'inventaire, et qu'il lui importait d'autant plus de conserver que, d'après cet acte, le passif de la succession dépassait de beaucoup l'actif; qu'il suit de là que l'acceptation expresse de la succession de Caroline Garcin n'est pas suffisamment justifiée; que la circonstance que Charles Garcin a acquitté les droits de mutation ne peut pas être considérée comme ajoutant quelque chose à l'acceptation expresse; que ce serait là un fait d'acceptation tacite, si l'on pouvait en induire des conséquences juridiques; mais que Garcin a pu, ainsi qu'aurait pu le faire un tiers, tel qu'un *negotiorum gestor*, acquitter les droits de mutation sans devenir pour cela héritier pur et simple de la défunte; qu'il était de plus dans l'obligation d'acquitter ces droits, parce que saisi, ainsi que sa femme et ses enfants, par le fait seul du décès, de la propriété des biens, chacun dans la proportion de ses droits héréditaires, sauf renonciation ou acceptation de la succession sous bénéfice d'inventaire, ils étaient tenus personnelle-

trainte décernée contre lui, il ait payé quelques centimes pour les droits de mutation auxquels donnait ouverture la succession de son parent, sur quittance dans laquelle la qualité d'héritier du défunt lui est donnée, peut être déclaré n'avoir pas fait acte d'héritier, et l'arrêt qui le décide ainsi, par appréciation des circonstances et de l'intention du successible, ne saurait donner prise à la cassation (C. nap. 778, 777; Rej. 24 déc. 1828) (1).

505. La qualité d'héritier, prise dans une déclaration de succession faite au bureau de l'enregistrement, n'emporte point acceptation de la succession, si elle n'a été ni écrite ni signée par l'héritier auquel on l'attribue. En conséquence cet héritier a pu depuis renoncer valablement à sa succession. Dans l'espèce la cour de Bourges, le 25 août 1841, avait statué ainsi : «... Considérant, à l'égard du premier moyen, que la déclaration de succession n'est pas signée par Patrigeon, quoiqu'il sache écrire et signer; qu'elle ne peut, dès lors, faire foi contre lui; qu'il serait, si le contraire était admis, trop facile à un créancier du défunt de compromettre les intérêts de l'héritier présomptif de son débiteur, en faisant lui-même une déclaration dans laquelle il lui ferait prendre la qualité d'héritier. » —Le pourvoi contre cet arrêt a été rejeté, — Attendu que l'arrêt attaqué décide, en fait, que la déclaration faite au bureau de la régie de l'enregistrement, d'où l'on voulait faire résulter l'acceptation de succession, n'était ni écrite ni signée par l'héritier auquel on l'attribue, et qu'en tirant de ce fait la conséquence que cette déclaration ne pouvait rien prouver contre ce prétendu héritier, l'arrêt attaqué n'a pu violer aucune loi (Req. 1er fév. 1843, MM. Zangiacomi, pr., Joubert, rap., aff. Grenouilloux C. Patrigeon). — De même il a été décidé que la qualité d'héritier, prise par un successible dans une déclaration faite pour la perception des droits de mutation devant le receveur de l'enregistrement, ne constitue point une acceptation (Lyon, 17 juill. 1829) (2).

506. Si le payement des droits de mutation n'emporte pas nécessairement adition d'hérédité, il en est ainsi à plus forte raison d'une simple déclaration de succession, sans payement des droits de mutation (Agen, 6 avril 1816, aff. Delatour, V. no 491-1o).

507. Le payement des droits de succession par le mari d'une femme successible n'emporte pas acceptation de l'hérédité à l'égard de cette dernière : « Attendu que la dame Gaudal ne s'est point immiscée dans la succession de son père; que la renonciation qu'elle en fit, par acte du 4 janv. 1823, est régulière; que la déclaration faite par le sieur Goudal, pour le payement des droits de succession, lui est étrangère, et qu'il est évident, par l'extrême modicité de ces droits, réglés à 25 cent., qu'elle ne fut faite par son mari que dans la vue de prévenir toute espèce de recherche de la part du fisc » (Montpellier, 1er juill. 1828, aff. Goudal C. Durand).

508. De même, la déclaration des droits de mutation d'une succession, faite par la tutrice légale, non autorisée d'ailleurs à accepter pour son pupille, ne peut tenir lieu d'acceptation, ni constituer celui-ci héritier bénéficiaire de son auteur (Délib. de l'adm., 5 juill. 1836).

509. Quel serait l'effet des réserves du successible, exprimant dans un acte qu'il n'entend pas prendre la qualité d'héritier? — On a proposé une distinction : si ces réserves sont contenues dans un acte d'administration tel qu'il n'en résulte pas évidemment l'intention d'accepter, elles serviront à écarter toute présomption de cette intention. Si elles sont démenties par la nature de l'acte, si l'habile à succéder n'a pu le faire que comme propriétaire et maître de la succession, toute protestation contraire sera sans effet. Autrement on ne manquerait jamais de protester, pour s'affranchir de la responsabilité des actes d'héritier. C'est donc le cas d'appliquer la maxime : *Contrà actum protestatio non valet* (Conf. Pothier, *loc. cit.*; Lebrun, liv. 3, chap. 8, sect. 2; Chabot, t. 2, p. 488; Delvincourt, t. 2, p. 27, n. 2; Duranton, t. 6, no 388; Malpel, no 190; Poujol, no 405).

510. Nous avons vu de quels actes résulte l'adition d'hérédité. Remarquons, en terminant, 1o que les juges de première instance n'ont point autorité pour statuer en dernier ressort sur la qualité d'héritier, niée par le défendeur, quoiqu'il s'agisse de cette qualité incidemment à la demande d'une somme inférieure à 1,000 fr. — « Considérant, que le jugement dont est appel statuant sur la qualité d'héritier, prononce sur une question dont l'objet est indéfini et excède visiblement la compétence en dernier ressort du tribunal civil (Paris, 29 pluv. an 11, aff. Lapotonnière C. Plommageat; Riom, 18 avril 1825, aff. Giraud. V. Degré de jurid., no 256);» —2o Que l'arrêt d'une cour d'appel qui décide que de tel acte il ne résulte pas adition d'hérédité pure et simple, ne contient qu'une interprétation d'acte qui échappe à la censure de la cour de cassation (Req. 11 pluv. an 12, MM. Maleville, pr., Dutocq, rap., aff. Cairon Marville C. Lange; 26 juin 1828, aff. Chastenay-Lanty, sect. 3, art. 5).

511. Cependant il a été jugé que si, au lieu de répondre à la prétention qu'un acte de partage emporte virtuellement l'intention d'accepter, un arrêt se borne à dire que cette intention ne

ment du payement des droits de mut ation qui sont irrévocablement acquis au fisc par l'événement du décès, et qui doivent être payés par tous ceux qui possèdent ou détiennent légalement les biens, soit provisoirement, soit définitivement, et quelle que soit, d'ailleurs, leur qualité;

Attendu que la jurisprudence tend à interpréter dans ce sens les faits d'acquittement des droits de mutation opérés par les successibles; qu'il y aurait une rigueur extrême à faire dépendre le sort des héritages et la position de ceux qui sont appelés à les recueillir de l'accomplissement des formalités fiscales, alors surtout que ces formalités sont constatées par des fonctionnaires qui se préoccupent plus de la perception des sommes qui sont dues au trésor que de l'influence que les déclarations qu'ils formulent peuvent produire sur les droits héréditaires des parties, selon la loi civile; — Attendu que, dès lors, c'est à tort que les premiers juges se sont fondés sur la déclaration de succession faite au bureau de l'enregistrement, et sur l'acquittement des droits de mutation pour déclarer Garcin, ainsi que sa femme et ses enfants, héritiers purs et simples de Caroline Garcin; — Infirme.

Du 19 mai 1842.-C. de Nancy, ch. civ.-MM. Mourot, pr.

(1) *Espèce* : — (Allègre C. Bonnafoux.) — Le 17 janv. 1826, arrêt de la cour de Riom, ainsi conçu : « Attendu que Pierre Bonnafoux n'a fait, en aucune circonstance, adition de l'hérédité de Jean Bonnafoux, et qu'il y a formellement renoncé par acte fait au greffe, le 17 août 1821; que le payement du droit de mutation de ladite succession montant à quelques centimes seulement, ne constitue pas suffisamment, dans la circonstance où il a été fait, un acte d'adition d'hérédité, et peut être considéré comme un acte d'administration provisoire, auquel Pierre Bonnafoux, simple cultivateur, a pu se croire obligé par une contrainte décernée à cet effet, et que d'ailleurs les termes dans lesquels est rédigée la quittance, sont le fait seul du receveur, et que l'on ne voit pas que luimême ait formellement pris ou accepté la qualité d'héritier d'une succession où plusieurs autres de ses frères et sœurs avaient été appelés. »

Pourvoi par les sieurs Allègre pour violation, tant des lois romaines que des anciennes règles du droit français en matière d'adition d'hérédité, et de l'art. 778 c. civ., et fausse application de l'art. 779 même code. — On insistait principalement sur la qualité d'héritier acceptée dans la quittance du receveur. — Arrêt.

LA COUR; — Attendu que la cour royale de Riom a déclaré, en fait, que Pierre Bonnafoux n'avait, dans aucune circonstance, fait adition de l'hérédité de Jean Bonnafoux, son frère; qu'il y avait formellement renoncé par acte fait au greffe du tribunal, le 17 août 1821, et qu'on ne voyait pas qu'il eût pris formellement, dans les actes qu'on lui opposait, le titre et la qualité d'héritier dudit Jean Bonnafoux; — Que cette décision est le résultat d'une interprétation des actes et d'une appréciation des faits et des circonstances de la cause; — Qu'à l'égard de la preuve testimoniale à laquelle les Allègre avaient conclu subsidiairement, ladite cour royale a déclaré que les faits articulés étaient vagues, non pertinents et ne précisaient rien sur la consistance du mobilier laissé par Jean Bonnafoux; — Que ces appréciations étaient dans les attributions exclusives de la cour royale qui a rendu l'arrêt attaqué, et qu'elle n'a violé expressément aucune loi; — Par ces motifs, rejette, etc.

Du 24 déc. 1828.-C. C., ch. civ.-MM. Brisson, pr.-Jourde, rap.-Joubert, 1er av. gén., c. conf.-Jousselin et Mandaroux, av.

(2) (Marcoux C. Tardy.) — LA COUR; — Attendu, à l'égard de Jeanne Tardy, femme Gonon, en particulier, que l'intimé ne saurait être fondé à se prévaloir contre elle de ce qu'elle aurait pris, étant majeure, la qualité d'héritière de son père dans l'acte qui eut lieu de sa part pour l'acquittement des droits de mutation dont la succession du défunt avait pu être passible; car, outre qu'il est constant que cet acte ne fut qu'une suite de la contrainte qui avait été décernée contre ladite Jeanne Tardy, femme Gonon, à raison desdits droits, la qualité d'héritière qu'elle prit en procédant dans une telle circonstance, n'ayant tendu très-ouvertement qu'à la désigner comme successible du défunt, ne put pas du tout avoir pour effet de lui imposer les obligations d'une héritière pure et simple, c'est-à-dire de constituer, à son égard, une acceptation expresse de la succession dont il s'agit.

Du 17 juill. 1829.-C.

résulte pas de l'immixtion des héritiers dans l'hérédité, sans s'expliquer positivement sur l'effet du partage, il y a lieu à cassation pour violation de l'art. 778 c. nap. (Cass. 8 mars 1850, aff. Bertarelli, n° 469).

ART. 4. — *Effets de l'acceptation.*

512. Les effets de l'acceptation diffèrent selon qu'elle est pure et simple ou bénéficiaire (V. la sect. 3 pour l'acceptation bénéficiaire); mais elle ne peut être conditionnelle (V. *eod.*). — Toutefois, il est deux effets communs à ces deux modes d'accepter: l'irrévocabilité en général, et l'effet rétroactif au jour de l'ouverture de la succession.

§ 1. — *De l'irrévocabilité de l'acceptation : exceptions.*

513. Aux termes de l'art. 783, c. nap., « le majeur ne peut attaquer l'acceptation *expresse* ou *tacite* qu'il a faite d'une succession, que dans le cas où cette acceptation aurait été la suite d'un *dol* pratiqué envers lui; il ne peut jamais réclamer, sous prétexte de *lésion*, excepté seulement dans le cas où la succession se trouverait absorbée ou diminuée de plus de moitié par la découverte d'un *testament inconnu* au moment de l'acceptation. »

514. *De l'irrévocabilité en général.* — L'acceptation est de sa nature irrévocable; *Semel hæres, semper hæres.* — En était-il de même avant le code Napoléon? il résulte clairement des lois romaines, que, celui qui, étant majeur, avait fait acte ou pris la qualité d'héritier, ne pouvait ensuite être admis à répudier la succession (Inst., lib. 2, tit. 19; L. 20, ff. *De adquir. vel amitt. hæred.*; C., lib. 6, tit. 30; Lebrun, des Success., liv. 3, chap. 8, sect. 2, n° 2; Pothier, Success., chap. 3, sect. 4, § 2). Mais ces lois n'étaient pas suivies dans tous les pays de droit écrit. Un usage contraire s'était établi notamment dans le ressort du parlement de Bordeaux (Salviat, p. 260 et suiv.). Il a été décidé que cette jurisprudence n'était plus obligatoire depuis l'ordonn. de 1667: «Considérant, que, d'après l'ordonn. de 1667, tit. 7, art. 1er et suiv., l'héritier n'a que trois mois pour faire inventaire et quarante jours pour délibérer, lorsqu'il n'a point accepté la succession, ou ne s'y est point immiscé en faisant acte d'héritier; d'où il suit que s'y étant immiscé, et n'ayant point fait d'inventaire, il ne peut plus renoncer à la succession; autrement il pourrait frustrer impunément les créanciers de leurs droits sur les biens de la succession » (Cass., 2 mess. an 5, M. Chupiet, rap., aff. Bouvy *C.* Rochart). M. Merlin, quest. de dr., v° Hérit., § 2, critique cet arrêt, et soutient que l'ordonnance de 1667 n'a apporté aucun changement à la jurisprudence bordelaise.

515. Il a été jugé aussi : 1° par application des lois romaines et de l'ordonn. de 1731, art. 17, qu'avant le code Napoléon, l'enfant qui avait accepté la qualité de donataire universel des biens présents et à venir de son père, qui avait toujours agi en cette qualité, notamment en payant à sa sœur la somme de 1,000 liv. due à celle-ci par leur père commun, n'était plus recevable à répudier cette qualité (Cass., 26 therm. an 3. MM. Lalonde, pr., Albarel, rap., aff. veuve Vial *C.* veuve Christol); — 2° Que spécialement la maxime *Semel hæres semper hæres* et l'art. 8 de la loi du 17 niv. an 2, qui obligeaient ceux qui s'étaient portés héritiers d'une succession à rapporter les donations qui leur avaient été faites par le défunt, n'étaient obligatoires qu'à l'égard des créanciers, et n'empêchaient pas que les héritiers ne pussent ensuite renoncer pour s'en tenir à leurs donations lorsqu'ils ne voulaient pas les rapporter et qu'il n'y avait pas de créancier :— «Considérant que l'immixtion dans l'hérédité ne devient un titre prohibitif de renonciation que relativement à l'intérêt des créanciers et nullement par rapport aux héritiers; d'où il résulte que l'art. 8 de la loi du 17 niv. an 2 et la maxime *semel hæres semper hæres*, ne sont point applicables à l'espèce, rejette » (Req. 23 frim. an 8, MM. Chasle, pr., Guiguon, rap., aff. Devreese *C.* Robert).

516. D'ailleurs, il a été décidé : 1° que le principe *semel hæres, semper hæres*, ne s'applique qu'au profit des créanciers et autres tiers intéressés et non au profit des cohéritiers. — « Considérant que le tribunal de Montauban, loin de décider que Suzanne Negré, après avoir accepté l'hérédité de son père, avait pu la répudier, a, au contraire, décidé que les actes qu'elle invoquait ne caractérisaient pas l'adition d'hérédité; que, d'ailleurs, le principe *semel hæres* ne s'applique qu'aux créanciers et autres tiers intéressés et non aux cohéritiers;—Rejette »(19 germ. an 5, Ch. civ., MM. Lalonde, pr., Buhan, rap., aff. Suzanne *C.* Elisabeth Nègre);»—2° Que l'héritier qui a renoncé, après avoir fait acte d'héritier, ne peut exciper lui-même de l'inefficacité de sa renonciation à l'encontre des tiers qui ont acquis de ses cohéritiers non renonçants des immeubles de la succession; la renonciation qu'il ne pourrait opposer à ceux qui auraient intérêt à la combattre, conserve, en ce cas, son effet contre lui (C. nap. 783, 786, 790; Poitiers, 4 avr. 1842, aff. hérit. Lecomte *C.* Vandermarq et Morozain.)

517. L'héritier qui a accepté purement et simplement l'*institution contractuelle*, faite en sa faveur par son père, ne peut plus, s'il n'a point fait inventaire, se faire restituer contre son acceptation, et par suite, demander sous prétexte de la réserve légale, la réduction d'un legs qui était une charge de cette institution (Req., 10 nov. 1812. MM. Lasaudade, pr., Favard de Langlade, rap., aff. Reynaud *C.* Labouche).

518. Du principe, que l'acceptation est irrévocable, il suit que la circonstance que les biens d'une succession acceptée sont restés abandonnés par suite de l'ignorance de leur existence ou pour tout autre motif, ne peut faire déclarer prescrite l'action de l'acceptant ou de ses ayans-droit : c'est le cas d'appliquer la maxime : *Qui semel hæres, semper hæres* (C. nap. 1789, 2281; Req., 18 mars 1834, aff. Vacquant, V. sect. 4). — Jugé aussi que celui qui, après avoir accepté pendant sa minorité une succession sous bénéfice d'inventaire, est resté ensuite plus de trente ans sans faire acte d'héritier, a toujours conservé sa qualité d'héritier. Il peut revendiquer les biens héréditaires contre les tiers détenteurs, s'ils n'ont pu ignorer le vice de leurs titres, et cela encore bien que l'état s'en fût emparé, par erreur, comme biens d'émigré, et que les tiers détenteurs les aient acquis publiquement, après 1814, sur la mise en vente d'un curateur, nommé à cette succession, comme étant réputée vacante en ce que, nonobstant la loi du 5 déc., qui en avait ordonné la restitution, personne ne s'était présenté pour la réclamer (Metz, 5 mars 1833, MM. Pécheur, f. f. de pr., Legagneur, 1er av. gén., aff. Auger *C.* hérit. Jacquant).

519. *Causes de révocation.* — L'art. 783 prévoit exceptionnellement deux causes de révocation de l'acceptation : le *dol* et la *lésion*. D'après les principes généraux, l'erreur et la *violence* vicient aussi le consentement. Ces principes sont applicables en ce sens que l'erreur se confond avec la lésion, résultant de la découverte d'un testament. — Quant à la violence, elle se confond avec le dol, dont elle n'est qu'une des espèces, puisque le dol embrasse toutes les manœuvres déloyales employées pour arracher le consentement *Metus in se dolum recipit.* On les a distingués au titre des obligations, parce que le dol et la violence produisent en général des effets différents (C. nap. 1111, 1116). On ne les a pas distingués dans l'art. 783, parce que les effets sont alors les mêmes. Mais à plus forte raison, la violence devait-elle être une cause de nullité de l'acceptation (Vazeille, Marcadé, sur l'art. 783; Massé et Vergé sur Zachariæ, p. 307, note 24).

520. *Dol.* — Pour que l'acceptation soit révocable à cause du dol, faut-il que le dol ait été pratiqué par des légataires ou créanciers de la succession? — Selon l'art. 1116, « le dol est une cause de nullité de la convention, lorsque les manœuvres ont été pratiquées par l'une des parties... » Sinon, la partie trompée n'a qu'une action en dommages-intérêts contre le tiers, auteur des manœuvres. — MM. Delvincourt et Chabot, t. 2, p. 504, infèrent de là que l'acceptation de l'héritier n'est viciée par le dol qu'à l'égard de celui qui l'a pratiqué; mais on a répondu avec raison que l'art. 1116 n'était applicable qu'au cas d'une convention, d'un contrat. Les légataires et créanciers de la succession n'ont point contracté avec l'héritier; ils n'ont point compté sur sa fortune personnelle. Ils ne sont point dans la position favorable d'un contractant, qui ne s'est obligé réciproquement qu'en comptant sur l'exécution de l'engagement. Au surplus, l'art. 783 ne distingue pas entre les personnes dont émanerait le dol; si l'on s'en tenait rigoureusement à l'art. 1116, on ne voit pas pourquoi les créanciers seraient responsables de la fraude d'un des légataires, et respectivement. Leurs intérêts ne sont pas les mêmes, et l'héritier est différemment obligé envers les uns et les autres (Conf. MM. Duranton, t. 6, p. 452; Vazeille, n° 3; Poujol, n° 2; Belost-Jolimont sur Chabot; Zachariæ, et ses annotateurs; MM. Massé et Vergé, t. 2, p. 308, note 26). — Jugé en ce sens : 1° qu'il suffit que des héritiers aient été déterminés par le dol de l'une des parties, ou même de tierces personnes, à accepter une succession, pour qu'ils soient restituables contre leur acceptation à l'égard de tous les créanciers (Rennes, 29 août 1837, aff. Bourdonnay, V. l'arrêt qui suit); — 2° Que la constatation et l'appréciation des faits, constitutifs du dol, invoqué comme cause de nullité d'une convention, sont dans les attributions exclusives des juges du fond : il n'appartient à la cour de cassation de vérifier que les conséquences en droit qui en ont été déduites. — Et spécialement que le silence gardé par un créancier connaissant le mauvais état des affaires d'une succession, lorsqu'en sa présence on annonçait aux héritiers que la succession offrait un actif important, déclaration qui a déterminé ceux-ci à accepter purement et simplement, a pu être déclaré constituer un dol, au moins par réticence, lequel donne aux héritiers le droit de se faire restituer contre leur acceptation, sans qu'une pareille décision tombe sous la censure (Req. 5 déc. 1838 (1). Du même jour, trois arrêts, Aff. Bourdonnay, Charpentier, Robinot).

---

(1) 1re *Espèce* : — (Bourdonnay, etc. *C.* veuve et hérit. Bourdonnay-Duclésio.) — En 1828, le sieur Bourdonnay-Duclésio, négociant, est décédé laissant une veuve commune en biens avec lui, et plusieurs enfants parmi lesquels se trouvaient des mineurs. Son passif dépassait de beaucoup son actif, et il paraît que le mauvais état de ses affaires était connu de deux de ses créanciers, les sieurs Hippolyte Bourdonnay, son frère, et Moisan, et pouvait être pressenti par d'autres, tels que les sieurs Charpentier, Robinot et Boullé.

Le sieur Durand-Vaugaron, gendre du défunt, avait d'abord manifesté l'intention de n'accepter la succession du chef de sa femme que sous bénéfice d'inventaire. Mais, après une vérification de livres, faite par Charpentier, en présence tant des héritiers et de la veuve Duclésio que d'Hippolyte Bourdonnay, et de laquelle il résultait, au dire de Charpentier, qu'il restait un actif net de 550,000 fr., et après des assertions dans le même sens, tenues à la famille, soit par Moisan, soit par Robinot et Boullé, la veuve et les héritiers majeurs se décidèrent à accepter purement et simplement, la première la communauté, et les seconds la succession. Cette acceptation immédiate était formulée dans une circulaire rédigée par Charpentier et adressée à tous les créanciers, par laquelle les acceptants déclaraient continuer le commerce et les affaires de Duclésio. — Enfin, relativement aux enfants mineurs, leur mère et tutrice légale obtint du conseil de famille l'autorisation d'accepter en leur nom sous bénéfice d'inventaire; mais aucun inventaire n'a eu lieu.

Vingt mois se sont écoulés pendant lesquels la gestion des affaires a été dirigée principalement par Durand-Vaugaron. Au bout de ce terme, on a reconnu la véritable situation de la fortune de feu Duclésio. Aussitôt, tous les héritiers, sans distinction des mineurs, ont demandé à être relevés de leur acceptation comme ayant été le résultat du dol et des manœuvres pratiquées à leur égard. Ils ont assigné, à cet effet, les tiers intéressés, et notamment Hippolyte Bourdonnay, Moisan, Charpentier, Robinot et Boullé, auxquels ils ont imputé les manœuvres dont ils se plaignaient. Ils ont conclu contre eux à des dommages-intérêts, en rapport de toutes les sommes qu'ils pourraient avoir reçues depuis le décès de Duclésio, au delà de ce qu'ils ont à prendre pour leur part dans la succession, et à la garantie et libération des autres engagements consentis pendant la gestion de l'hérédité. — Les demandeurs se sont désistés plus tard de ces dernières conclusions; mais il n'y a pas eu acceptation de ce désistement.

Les défendeurs ont opposé qu'il n'y a pas eu dol; que la veuve, à défaut d'inventaire, n'est plus recevable à renoncer à la communauté; que sa renonciation, de même que celle des héritiers majeurs, doit être également repoussée pour cause d'immixtion; que, quant aux héritiers mineurs, ils ne peuvent participer à l'action pour cause de dol, l'art. 783 c. civ. ne parlant que des majeurs. — Jugement qui accueille cette défense.

Appel par les héritiers, qui reproduisent toutes leurs conclusions premières, même celles dont ils s'étaient désistés. — 29 août 1837, arrêt infirmatif de la cour royale de Rennes, qui dit « que la veuve et les enfants majeurs de Bourdonnay-Duclésio, ainsi que le sieur Durand, ont été décidés par le dol de Moisan et d'Hippolyte Bourdonnay à accepter, et même immédiatement, à titre d'héritiers purs et simples, la première, la communauté qui existait entre elle et son mari, et les seconds, la succession de leur père et beau-père dans la mesure de leurs droits, et que la veuve Duclésio a été déterminée à accepter la même hérédité pour les mineurs, dol sans lequel il est évident qu'ils ne les auraient pas acceptées, et dont l'effet rendait l'inventaire inutile à l'égard des majeurs; — Déclare également que Robinot, Boullé et Charpentier ont contribué par leur faute à leur acceptation immédiate; — Restitue en conséquence la veuve et les enfants Bourdonnay et Durand-Vaugaron, contre l'acceptation de la communauté et de la succession dont s'agit, et les décharge des condamnations contre eux prononcées en qualité d'acceptants, sauf la responsabilité de la tutrice et du subrogé tuteur ou de ses représentants envers les mineurs, s'il y a lieu, pour défaut d'inventaire; — ... Condamne Robinot et Boullé à rapporter les sommes qu'ils ont retenues ou qui leur ont été remises en qualité de créanciers de Bourdonnay, et qui depuis leur ont été remboursées comme faisant partie du prêt de 200,000 fr., en restituant à l'hérédité l'excédant du dividende qui leur reviendra du produit de la succession, avec intérêts à partir du jour des attouchements; — Condamne aussi Moisan, les syndics de la faillite d'Hippolyte Bourdonnay et Charpentier à rapporter chacun à la succession, avec intérêts du jour des payements, ce qu'il a reçu au delà du dividende qui lui sera dû par la masse héréditaire, en raison de ce qui doit appartenir aux appelants, si ce n'est à l'égard de traites qu'ils auraient négociées avant le décès, restitution proportionnelle commune à Robinot et Boullé; — ... Condamne Moisan, les syndics de la faillite Bourdonnay, Robinot, Boullé et Charpentier, chacun pour sa part, à libérer, garantir et indemniser les gérants des engagements légitimes qu'ils ont utilement pris depuis le 4 mars 1828... sur leur fortune personnelle et non comme simples gérants, pour le surplus de l'indemnité que leur offrira la répartition de l'actif de la succession, dont ils soutiennent qu'ils sont eux-mêmes créanciers; — .... Condamne Moisan, les syndics, Robinot, Boullé et Charpentier aux dépens envers toutes les parties en cause principale et d'appel, pour tous dommages-intérêts. »

Les motifs de cet arrêt sont ainsi conçus : — ... « Sur la fin de non-recevoir opposée aux mineurs Duclésio : Considérant que, si l'art. 783 c. civ. ne parle que des majeurs, l'on ne peut en induire que la loi ait eu l'intention d'exclure les mineurs du droit de se faire restituer contre une acceptation sous bénéfice d'inventaire, qui leur causerait un préjudice réel; qu'elle ne statue que sur les cas ordinaires où communément le bénéfice d'inventaire ne leur est pas nuisible; mais que, dans l'espèce, il s'agit d'une succession intéressée dans quatre entreprises ou sociétés, qui peuvent entraîner des contestations sérieuses, qui exigent des peines, des dépenses, et dont la gestion soumet à une responsabilité très-onéreuse;... — Sur la demande en restitution formée par la veuve et les enfants majeurs du sieur Bourdonnay-Duclésio, ainsi que par le sieur Vaugaron... : — Considérant qu'il résulte de son inventaire, en date du 1er janv. 1826, que le passif en excédait l'actif de plus de 1,000 fr., si l'on déduit des valeurs dont il se compose les immeubles et autres droits de son épouse, les crédits sans valeur et la perte sur le prix d'un navire, sur ses cargaisons et les voyages qu'il avait entrepris; qu'il se livrait à des négociations continuelles d'effets de commerce aux conditions qu'on lui imposait, et que le sieur Charpentier lui-même jugeait très-onéreuses par sa lettre du 14 déc. 1827; que les entreprises de la tannerie et du Kergoat offraient un grand déficit, suivant la lettre écrite par le sieur Moisan, le 25 déc. 1827; qu'il était donc, le 25 fév. 1828, jour de son décès, dans un état d'insolvabilité complète; qu'il est de toute invraisemblance que sa veuve, ses enfants et le sieur Vaugaron eussent consenti à accepter la communauté et la succession, s'ils avaient connu la situation de ses affaires;

» Considérant qu'ils n'ont été décidés à cette acceptation que par le dol de quelques-unes des parties, sans lequel il est évident qu'ils eussent renoncé, à moins qu'ils ne se fussent exposés à accepter sous bénéfice d'inventaire, et qu'une partie des intimés a commis, à leur égard, des fautes dont ils sont responsables; qu'ils n'avaient pas eu le temps nécessaire pour la vérification de la correspondance et des livres, qui, étant mal tenus et incomplets, exigeaient un examen sérieux; — Considérant que le sieur Charpentier, négociant éclairé, qui avait la confiance de la famille, après une inspection du livre-journal pendant deux ou trois heures, lui déclara, ainsi qu'il l'avoue dans son mémoire, que le sieur Bourdonnay laissait une fortune de 550,000 fr., lorsqu'il lui négociait des effets de commerce à un intérêt onéreux, en comprenant sa commission de banque et autres accessoires dispendieux, négociations qu'il faisait également pour la maison Bourdonnay jeune et Moisan, liés d'intérêts avec le sieur Bourdonnay; qu'il connaissait exactement le prix du navire et les pertes éprouvées sur les voyages qu'il avait entrepris jusqu'à ce jour, et qui étaient terminés; — Que ce bâtiment, étant porté sur le journal au prix de 88,677 fr., quoiqu'il n'eût été acheté que 50,400 fr., la valeur des poivres et indigos y étant exagérée, il ne pouvait s'empêcher de reconnaître que ce registre était inexact; et il eût dû le faire remarquer à ceux qui avaient droit à sa succession, en les prémunissant contre les dangers d'une résolution précipitée; — Que cependant, après une inspection superficielle, il rédigea, dès le même jour, une circulaire au nom de la veuve Bourdonnay-Duclésio et comp., pour annoncer aux correspondants de son mari qu'elle prenait la suite de ses affaires, continuation qui renfermait l'acceptation de la communauté et qui détermina celle de la succession, de la part de ceux de ses

521. *Lésion.* — Quant à la lésion, la loi n'y a égard qu'autant que « la succession se trouverait absorbée ou diminuée de plus de moitié par la découverte d'un *testament inconnu* au moment de l'acceptation » (c. nap. 783). — Cette disposition est-

---

enfants majeurs et du sieur Vaugaron...; — D'où il suit que le sieur Charpentier est en faute, pour avoir déclaré que la succession du sieur Duclésio possédait une fortune nette de 550,000 fr., tandis qu'il connaissait au moins une perte notable sur le navire et les marchandises, et les conséquences des emprunts journaliers du sieur Bourdonnay; — Qu'au surplus, il n'a pas tardé à recouvrer ce qui lui était dû, et qu'il n'a pas négligé d'agir avec prudence pendant les relations qu'il a entretenues depuis avec les appelants;

» Considérant qu'Hippolyte Bourdonnay n'ignorait pas que le sieur Duclésio était originairement sans fortune; qu'il faisait très-souvent des prêts à son frère, au moyen d'emprunts dont il payait les intérêts, sans en recevoir lui-même; — Qu'il connaissait sa détresse et les moyens ruineux qu'il employait pour se procurer des ressources; — Qu'il le déclare lui-même dans la lettre qu'il lui écrit le 4 mars 1827, où l'on voit ces expressions : « Je ne parle de tes affaires à personne. Tu passes ici pour millionnaire, et il est inutile que je le démente, et encore moins que je dise comment nous manœuvrons. Ainsi, sois sans inquiétude; » — Qu'il a donc commis un dol, au moins par réticence, en dissimulant la situation du sieur Duclésio aux héritiers naturels, lors de la réunion qui eut lieu le 5 mars 1828, chez la dame Bourdonnay, pour délibérer sur la situation qu'ils devaient prendre dans leur intérêt;

» Considérant, à l'égard de Moisan, qu'il connaissait bien sa fâcheuse position, ainsi que celle du sieur Bourdonnay...; — Que, néanmoins, il a dit au sieur Durand-Vaugaron, en présence du sieur Charpentier, que sa maison représentait à la succession un avoir de 140,000 fr.; — Qu'il convient qu'il voulait le décider à accepter pour l'honneur de son beau-père; — Qu'il résulte de cet aveu, et des autres documents de la cause, qu'il a employé auprès de lui les moyens propres à l'y décider; — Qu'ainsi, il a commis un dol en provoquant l'acceptation des appelants par des déclarations mensongères;

» Considérant qu'il suffit que des héritiers naturels aient été déterminés par le dol de l'une des parties, ou même de tierces personnes, à accepter une succession, pour qu'ils soient restituables envers tous les créanciers;

» En ce qui touche les sieurs Robinot et Boullé : — Considérant qu'ils conviennent qu'un puissant intérêt les engageait à désirer que les affaires entreprises par le sieur Bourdonnay ne fussent pas suspendues; — Que, si les lettres de change et autres effets n'étaient pas acquittés, le protêt, conséquence inévitable de la moindre hésitation, ne leur eût pas permis d'y satisfaire, étant engagés pour des sommes très-élevées dont le payement était urgent; — Qu'ils ont fait des démarches pour obtenir une prompte décision de la famille, et même pour la rendre favorable à leurs intérêts; — Qu'ils ont combattu de tous leurs moyens la déclaration du sieur Durand-Vaugaron, qui exigeait un délai de trois mois quarante jours pour faire inventaire et délibérer, et qu'après leur entretien avec lui, ils se rendirent à Vannes, le lendemain 25 février, auprès des frères du sieur Bourdonnay, qu'ils jugeaient propres à exercer de l'influence sur l'opinion de leurs parents; — Qu'ils dirent en même temps qu'ils étaient persuadés de l'opulence de la succession, et que les sommes dont ils étaient créanciers témoignaient de leur confiance dans la fortune du sieur Duclésio; — Que, cependant, les demandes continuelles de fonds qu'il leur adressait devaient leur inspirer de violents soupçons, et que leurs démarches et leurs vives instances afin de précipiter une détermination, toujours hasardeuse lorsqu'il s'agit d'un négociant livré à des spéculations incertaines, leur ont fait commettre une faute dont ils doivent la réparation;

» ... En ce qui touche les fins de non-recevoir résultant du défaut d'inventaire de la part de la veuve Bourdonnay et de ses enfants, et de la gestion des affaires de la succession, contre la résolution de l'acceptation, et la demande de rapport des sommes reçues par les créanciers de l'auteur des appelants, depuis le décès : — Considérant que la loi prescrivait à la tutrice et, à son défaut, au subrogé tuteur, de faire dresser un inventaire des meubles et effets mobiliers, des dettes actives et passives, ainsi que des titres et papiers essentiels; — Mais que, ayant été décidés par des manœuvres entachées de dol à accepter immédiatement la communauté et la succession, et l'inventaire exigeant un long délai, que les sieurs Hyppolyte Bourdonnay, Moisan, Robinot et Boullé voulaient absolument éviter, afin de prévenir le protêt des traites et des mandats dont ils étaient responsables comme endosseurs, en se refusant aux instances de Durand-Vaugaron, qui exigeait que ce devoir fût accompli: obligés, d'après la circulaire adressée aux correspondants du décédé, qui fut préparée dès le 5 mars 1828 par le sieur Charpentier, et qui partit le lendemain matin, de continuer les affaires qu'il avait entreprises, ils ne purent se livrer à un inventaire que l'exécution des travaux et le mouvement continuel des fonds rendait très-difficile; — Que, d'ailleurs, l'inventaire existe dans les livres et les papiers du sieur Duclésio, et que la valeur des effets mobiliers peut être rétablie par la preuve testimoniale, s'ils ne sont pas tous représentés; — Que les intimés n'ont donc pas le droit de se plaindre d'une omission dont quelques-uns d'entre eux sont les auteurs; — Que les mêmes causes ont déterminé les appelants à entreprendre la gestion des affaires de la succession, et que le compte qui en sera rendu pourra seul la faire apprécier; — D'où il suit que les exceptions proposées ne sont pas admissibles envers les parties qui viennent d'être dénommées;

» Considérant, au fond, sur la demande en restitution des sommes payées aux créanciers de la succession depuis le décès, et sur la garantie et libération des engagements pris par la veuve et les enfants du sieur Bourdonnay, pour l'administration de l'hérédité, que les appelants s'étaient désistés de cette demande devant les premiers juges, à l'audience du 18 fév. 1855, mais que leurs conclusions n'ayant pas été admises par les intimés, du moins dans leur ensemble, ils reproduisirent, dès le 10 mars suivant, celles qui avaient été prises dans leur exploit introductif d'instance; — Qu'ils ne sont pas fondés à exiger le rapport des sommes versées par les sieurs Robinot et Boullé, dont ils se réservèrent une partie pour faire la provision des traites souscrites à leur ordre par le sieur Duclésio, et qu'ils avaient mises en circulation; — Que, n'étant plus porteurs de ces effets au moment du décès, mais seulement soumis à la garantie du payement, ils avaient cessé d'être, pour cette cause, créanciers de l'hérédité; mais qu'ils doivent restituer ce qu'ils ont reçu à tout autre titre, comme créanciers de la succession et de la communauté, sans toutefois qu'il y ait double emploi à leur préjudice, ainsi que les autres parties constituées en dol ou en faute, en acquittant l'excédant du dividende qui leur reviendra du produit de la succession et de la communauté, d'après la liquidation qui en sera faite...; — Que ceux des intimés, étrangers aux faits de dol, et auxquels on ne peut reprocher aucune faute, qui ont touché de bonne foi, depuis l'acceptation, les sommes qui leur étaient légitimement dues, ne sont pas tenus de restituer, sur la demande des autres créanciers qui n'avaient pas formé d'opposition avant qu'ils eussent été satisfaits; — Que l'on ne pourrait autoriser le rapport des payements faits pendant la gestion à ceux qui sont devenus créanciers depuis le décès, sans tromper la foi publique et causer une grande perturbation; — Mais que les appelants doivent être garantis des engagements qu'ils ont pris utilement dans l'intérêt de l'hérédité, sur leurs fortunes personnelles, et non comme simples gérants, conformément à l'art. 1577 c. civ., par les auteurs du dol et par ceux qui sont en faute, déduction faite sur leurs créances de l'indemnité qu'ils obtiendront, d'après la répartition de l'actif de la succession entre les créanciers. »

Cet arrêt a été l'objet de trois pourvois en cassation : le premier, de la part des syndics de la faillite d'Hippolyte Bourdonnay et du sieur Moisan; le second, de la part du sieur Charpentier; le troisième, de la part des sieurs Robinot et Boullé.

Pourvoi des syndics Bourdonnay et de Moisan. — 1° Violation de l'art. 1116 et de la loi 1, § 2, *De dolo malo*, en ce que la cour royale a considéré le silence, ou une simple réticence, comme pouvant constituer le dol personnel.

2° Fausse application des mêmes textes de loi, en ce que, relativement à Moisan, il n'y avait pas plus de raison de le déclarer responsable d'un fait qui n'a pas déterminé l'obligation dont la nullité était demandée pour cause de dol.

3° Fausse application de l'art. 783 c. civ., en ce que l'arrêt attaqué a restitué les mineurs contre l'acceptation de la succession, quoique l'article précité n'accorde le bénéfice de cette restitution qu'aux majeurs. — Arrêt.

La cour; — Sur le moyen pris de la violation de l'art. 1116 c. civ. et sur le deuxième moyen, tiré de la fausse application de cet article : — Attendu que la constatation et l'appréciation des faits constitutifs du dol sont dans les attributions exclusives des juges du fond, et que la cour de cassation ne peut être appelée à vérifier que les conséquences en droit qui en ont été déduites; — Que, dans l'espèce, après avoir rappelé la connaissance qu'Hippolyte Bourdonnay avait du mauvais état des affaires de son frère et des opérations ruineuses auxquelles il s'était livré, circonstances sur lesquelles il a gardé le silence lorsqu'en sa présence on annonçait à la veuve et aux héritiers que la succession offrait un actif important, la cour royale a pu dire que ce silence d'Hippolyte Bourdonnay constituait un dol, au moins par réticence; — Que, d'ailleurs, l'arrêt attaqué relate d'autres faits reprochés à Hippolyte Bourdonnay et à Moisan, et auxquels la cour royale a reconnu le caractère du dol; — Que cette appréciation appartenait à la cour royale; — Que les conséquences qu'elle en a déduites sont conformes à la loi et ne constituent ni violation ni fausse application de l'art. 1116 c. civ.;

... Sur le moyen tiré de la fausse application de l'art. 783 c. civ. : — Attendu que l'art. 783 c. civ. autorise le majeur à attaquer l'acceptation qu'il a faite d'une succession, lorsque cette acceptation a été la suite d'un dol pratiqué envers lui; — Que, si cet article ne parle que du majeur, c'est que lui seul, pour être relevé de l'acceptation d'une succession, est tenu de prouver que cette acceptation est le résultat d'un dol, tandis qu'il suffit au mineur de prouver qu'il est lésé; — Qu'en ef-

elle applicable lorsque le testament nomme un légataire universel ou à titre universel? On a prétendu que les legs particuliers rendaient seuls la restitution nécessaire en ce qu'ils ajoutaient aux charges de l'hérédité. Mais l'héritier du sang, évincé par un légataire universel, ne reste point soumis au payement des dettes. Si c'est un légataire à titre universel, les dettes se divisent comme les biens, et dès lors, a-t-on dit, l'héritier, dans ces deux cas, n'a pas besoin de la restitution (Duranton, t. 6, nos 462, 465; Vazeille, n° 9).—M. Marcadé, n° 3, combat cette distinction qu'il avait d'abord professée. La loi a pensé, dit-il, que l'héritier ne s'était soumis aux chances d'une acceptation pure et simple ou même aux obligations et soins d'une acceptation bénéficiaire que parce qu'il comptait sur la totalité de l'actif. D'ailleurs, il peut avoir intérêt à la restitution pour le cas d'insolvabilité du légataire universel ou à titre universel. M. Duranton lui-même, combattu en ce point, à la vérité, par M. Vazeille, laisse à la charge du parent dépouillé et qui a accepté purement et simplement la portion des dettes qui excéderait la valeur des biens.

522. La révocation serait-elle proposable pour cause de lésion, si l'on avait découvert des dettes considérables, inconnues au moment de l'acceptation, et qui diminueraient de plus de moitié la succession? La question fut discutée au conseil d'État. On écarta l'exception tirée des dettes, par le double motif que l'héritier avait dans le bénéfice d'inventaire le moyen de s'en affranchir, et que cette exception susciterait dans la pratique des embarras et des procès. On peut ajouter qu'un testament est en général moins facile à découvrir ou à présumer que des dettes considérables. C'est en secret qu'on dépouille des héritiers légitimes, afin de ne pas perdre leur affection; mais les habitudes d'économie ou de prodigalité que l'on connaissait au défunt, sa position sociale, ses relations d'affaires, feront ordinairement conjecturer les dettes qu'il a pu contracter (Conf. Chabot, t. 2, p. 506; Delvincourt, t. 2, p. 29, note 2; Duranton, t. 6, n° 459; Maleville, t. 2, p. 268; Malpel, n° 196; Vazeille, n° 6; Marcadé, n° 3). — La législation romaine a présenté en ce point quelques variations. D'abord, elle ne restituait que les mineurs contre l'acceptation téméraire d'une succession onéreuse (*Instit.*, § 5, *De Hæred. qual. et diff.*). Plus tard, le majeur fut restituable, à raison de dettes considérables, découvertes depuis l'adition. L'apparition d'un codicille n'était jamais une cause de révocation, la loi *Falcidia* autorisant l'héritier testamentaire ou *ab intestat* à retenir le quart de l'hérédité ou de sa part héréditaire. — Justinien, en introduisant le bénéfice d'inventaire, abolit la *quarte falcidie* et l'exception des dettes pour tout majeur qui n'aurait pas accepté bénéficiairement. Dans nos pays de droit écrit, on observait généralement ces principes : il est arrivé cependant de relever quelquefois l'héritier pour dettes inconnues lors de l'adition, ou de le dispenser, s'il s'agissait d'un testament, de payer les legs *ultrà vires*.

523. A quels héritiers s'applique l'art. 783? On a prétendu qu'il n'était pas applicable au majeur qui a accepté la succession sous bénéfice d'inventaire; parce qu'il n'a pas besoin alors de la restitution accordée par cet article (Chabot, n° 1). Mais il suffit de répondre que l'acceptation, même bénéficiaire, peut causer un grave préjudice, par l'obligation du rapport, outre qu'elle entraîne des soins d'administration et une responsabilité dont il est juste d'exonérer l'héritier, victime du dol ou de la lésion. C'est ainsi que la violence serait incontestablement une cause de nullité de l'acceptation bénéficiaire; or on a vu *suprà*, n° 519, que la loi assimilait ici le dol et la violence (Conf. MM. Duranton, t. 6, n° 450; Marcadé, n° 4; Massé et Vergé sur Zachariæ, p. 307, note 25).

524. L'art. 783 ne parle que de l'héritier *majeur*; les causes prévues de révocation sont-elles applicables au *mineur*? Non, a-t-on dit, le mineur étant de droit héritier bénéficiaire, et le mot *majeur* ayant ici un sens d'autant plus déterminé qu'il est parlé dans un article précédent (776) de l'héritier mineur (Chabot, n° 1; Vazeille, n° 6; Poujol, *loc. cit.*). Mais on vient de voir que notre article s'applique aussi à l'acceptation bénéficiaire, ce que reconnaît M. Vazeille lui-même. Il n'y a donc pas lieu de faire exception pour le mineur (Conf. MM. Duranton, Marcadé, Massé et Vergé, sur Zachariæ, *loc. cit.*)— Jugé que le mineur qui a accepté une succession sous bénéfice d'inventaire, peut, de même que l'héritier majeur, se faire *restituer* contre son acceptation, si elle a été déterminée par le *dol* dont il a été usé envers lui (Req. 5 déc. 1838, aff. Bourdonnay, Charpentier et Robinot, V. n° 520).

525. Il résulte même de cet arrêt qu'à la différence du majeur, le mineur serait restituable contre son acceptation pour simple lésion. La cour, en effet, s'est fondée, non pas seulement sur l'art. 783, mais encore sur l'art. 1305, qui dispose que la simple lésion donne lieu à la rescision en faveur du mineur non émancipé, contre toutes sortes de conventions. — Telle est aussi l'opinion de M. Toullier, t. 4, n° 335; mais nous croyons comme M. Vazeille que l'art. 1305 est restreint aux conventions; que les acceptations d'hérédité ne sont pas rangées dans la classe des conventions, et qu'elles ont un régime spécial, des règles parti-

---

fet, d'après l'art. 1305 c. civ., la simple lésion donne lieu, en faveur du mineur, à la rescision contre toutes sortes de conventions; — Que la rescision, admise en faveur du mineur dans tous les cas où il y a lésion, doit l'être nécessairement et à plus forte raison dans le cas prévu par l'art. 783, c'est-à-dire si la lésion est la suite d'un dol;

Attendu que l'arrêt attaqué a déclaré que l'acceptation faite par la veuve Bourdonnay-Duclésio, pour ses enfants mineurs, de la succession de leur père, acceptation qui les avait lésés, avait été la suite d'un dol; — Qu'il a dû, dès lors, conformément aux art. 783 et 1305 précités, relever lesdits mineurs de cette acceptation; — Qu'en le faisant, il a sainement appliqué la disposition de la loi invoquée; — Rejette.

Du 5 déc. 1838.-C. C., ch. req.-MM. Zangiacomi, pr.-Brière-Valigny, rap.-Hébert, av. gén.-Mandaroux-Vertamy, av.

2e *Espèce* : — (Charpentier C. les mêmes.) — Pourvoi de Charpentier. — 1° Violation de l'art. 783 c. civ., en ce que le mot *majeur*, employé par cet article, exclut le mineur du droit d'être relevé de son acceptation pour cause de dol.

2° Violation, sous un autre rapport, du même art. 783 et des art. 1382 et 1383 c. civ., en ce que l'arrêt attaqué a étendu à une prétendue faute la peine qui ne pouvait jamais atteindre que le dol personnel.

3° Violation des art. 783, 802 et 1455 c. civ., en ce que, faute par la dame Bourdonnay d'avoir fait inventaire en sa double qualité de commune et de tutrice, elle devait être déclarée non recevable à alléguer que l'actif a été absorbé par le passif. — Arrêt.

La cour (apr. dél. en ch. du cons.); — Sur le premier moyen, tiré de la fausse application de l'art. 783 c. civ... (mêmes motifs que ceux qui répondent au cinquième moyen dans l'arrêt qui précède);

Sur le deuxième moyen, tiré de la violation du même art. 783 et de la fausse application des art. 1382 et 1383 c. civ.: — Attendu, en droit, que l'héritier, relevé de l'acceptation par lui faite d'une succession, parce que cette acceptation a été la suite d'un dol pratiqué envers lui, peut poursuivre la réparation du tort qu'il a souffert, non-seulement contre les auteurs du dol, mais encore contre tous ceux qui, par leur faute, ont facilité le dol ou ont contribué à le faire réussir; — Qu'en cette matière, comme en toute autre, le principe général posé dans l'art. 1382 c. civ., que tout fait quelconque de l'homme qui cause à autrui un dommage oblige celui par la faute duquel il est arrivé à le réparer, doit recevoir son application;

Et attendu, en fait, que la cour royale, après avoir reconnu que l'acceptation immédiate par la veuve Bourdonnay-Duclésio et par ses enfants, soit de la communauté qui avait existé entre elle et son mari, soit de la succession de ce dernier, avait été la suite d'un dol pratiqué par Hippolyte Bourdonnay et par Moisan, a déclaré que Robinot, Boullé et Charpentier avaient contribué, par leur faute, à cette acceptation immédiate; — Que cette déclaration repose sur des faits relatés dans l'arrêt attaqué, et dont l'appréciation appartenait aux juges du fond; — Que, dès lors, la cour royale a pu, comme elle l'a fait, condamner Charpentier à garantir la veuve et les enfants Bourdonnay-Duclésio des effets de leur acceptation;

Sur le troisième moyen, tiré de la violation des art. 783, 802 et 1455 c. civ.: — Attendu que le défaut d'inventaire étant, comme l'acceptation elle-même, la suite de l'erreur dans laquelle la veuve et les héritiers Bourdonnay-Duclésio ont été induits, ceux qui, par leur dol ou par leur faute, ont été la cause de cette erreur, ne peuvent pas être admis à en exciper pour repousser l'action en restitution formée contre eux; — Que cette décision est conforme aux principes et ne constitue aucune violation de loi; — Rejette.

Du 5 déc. 1838.-C. C., ch. req.-MM. Zangiacomi, pr.-Brière-Valigny, rap.-Hébert, av. gén.-Ledru-Rollin, av.

3e *Espèce* : — Sur le pourvoi formé contre le même arrêt de la cour royale, par les sieurs Robinot et Boullé, il a été rendu le même jour un troisième arrêt, conçu dans les mêmes termes que celui qui précède. — M. Scribe, av.

culières qui pourvoient, autant qu'il a paru convenable, à l'intérêt des héritiers mineurs ou majeurs. — Que d'incertitude et d'éventualité dans les rapports de l'héritier mineur avec ses cohéritiers ou les tiers, si son acceptation était révocable indéfiniment pour une lésion, dont la mesure plus ou moins conjecturale serait arbitrairement fixée! — Cependant une distinction est à faire entre les cohéritiers du mineur et les créanciers de la succession; le mineur qui a accepté sous bénéfice d'inventaire peut user de la faculté d'abandonner les biens selon l'art. 802 c. nap. Cet abandon a tous les effets d'une répudiation vis-à-vis les créanciers, mais il n'en est pas de même à l'égard des cohéritiers, qui n'ont pas moins le droit d'exiger le rapport.

526. Les créanciers de l'héritier ont le droit, selon l'art. 788, d'accepter la succession du chef de leur débiteur, qui y a renoncé à leur préjudice. La loi ne dit point qu'ils aient également le droit de faire annuler l'acceptation qui leur préjudicie; faut-il en conclure qu'ils ne le pourraient pas? L'art. 1167 contient une disposition générale qui permet au créancier de faire annuler tous les actes faits par le débiteur en fraude de ses droits. A Rome, l'annulation n'était permise sur la demande du créancier que pour l'acceptation et non pour la répudiation, la loi n'accordant l'action paulienne que quand le débiteur avait diminué ses biens, et non quand il avait négligé seulement de les augmenter. M. Marcadé, sur l'art. 788, n° 3, enseigne qu'*à fortiori* le créancier peut être admis à faire annuler l'acceptation sous le code Napoléon, comme sous l'ancien droit; mais il remarque avec raison qu'alors l'intention de les frauder doit être prouvée par les créanciers, aucun texte ne permettant de se contenter du simple préjudice, et l'acceptation d'une succession obérée ayant souvent lieu sans pensée de fraude et par respect pour la mémoire du défunt.

527. *Délai de l'action en restitution.* — Dans quel délai l'héritier doit-il demander sa restitution? L'art. 1304 c. nap. fixe un délai de dix ans pour l'action en nullité ou rescision des *conventions*. Mais comme il ne s'agit point de convention, et que cette disposition est une exception au principe général de l'art. 2262, on doit appliquer la prescription trentenaire; le délai, toutefois, aura le même point de départ que celui réglé par l'art. 1304, et qui est motivé sur la nature même des choses (M. Marcadé, n° 7).

Il est entendu que l'action en restitution deviendrait non recevable si l'héritier avait, depuis la découverte du dol ou du testament, fait acte d'héritier, cette acceptation nouvelle étant valable (MM. Duranton, t. 6, n° 465; Vazeille, n° 10; Marcadé, *loc. cit.*).

528. *Mode de restitution et contre qui.* — Comment et contre quelle personne la restitution doit-elle être réclamée? Nulle difficulté, quand elle est opposée par exception aux poursuites des légataires ou des créanciers. Mais l'héritier peut aussi prendre les devants par action principale. Cette action sera exercée, en cas de dol ou violence, contre ceux qui ont concouru aux manœuvres; en cas de découverte d'un testament, contre ceux qui y sont nommés; dans les deux cas, on mettra en cause les personnes auxquelles l'héritier aura consenti de nouveaux titres (M. Vazeille, n° 11). M. Duranton, t. 6, n° 467, conseille même de mettre en cause tous ceux qui peuvent avoir intérêt à combattre la prétention d'héritier, même quand il n'a pris aucun engagement envers eux.

529. *Effets de la révocation de l'acceptation.* — L'héritier est remis au même état que s'il n'avait pas accepté les engagements ou traités, qu'il a pu contracter envers les créanciers ou les légataires de la succession avant l'ouverture de la succession (MM. Duranton, t. 6, n° 466; Malpel, n° 312; Vazeille, n° 4; Marcadé, n° 8).

530. Quel est le sort des aliénations, consenties par l'héritier restitué, pendant qu'il possédait les biens de la succession? M. Troplong, des Hypoth., t. 2, p. 163, n° 467, enseigne qu'elles ne sont pas résolues; il invoque les lois romaines, qui décident ainsi à l'égard du mineur restitué contre son acceptation et l'interprétation de Pothier. — M. Troplong distingue, en outre, la résolution *ex causâ necessariâ* ou par la force de la convention, et la résolution *ex causâ voluntariâ*, ou, par le fait de celui qui l'obtient. L'héritier, dit-il, ne doit pas nuire par son propre fait à ses créanciers, et il suffit qu'il ait été *medio tempore* légitime propriétaire des biens pour qu'il ait pu valablement les aliéner. Cette doctrine nous paraît plus douteuse sous le code Napoléon. Dans le droit romain, l'héritier tirant sa qualité du droit civil, et n'étant restitué que par le secours du préteur, demeurait héritier selon la validité du droit. — C'est ce qui faisait décider, comme on le verra plus loin, que la portion du successible restitué n'accroissait pas à ses héritiers, opinion qui n'est plus suivie sous le code, aujourd'hui l'héritier, par l'effet de la restitution, étant censé n'avoir jamais été héritier. Nous reconnaîtrons toutefois, que la position d'un tiers acquéreur est bien plus favorable que celle de créanciers de la succession envers lesquels se serait engagé l'héritier. Ceux-ci, en effet, à l'époque où est née leur créance, ne comptaient que sur les biens de leur débiteur, et la restitution de l'héritier ne leur cause point une perte, mais les prive simplement d'un gain, c'est-à-dire du gage accessoire et imprévu consistant dans les biens personnels de l'héritier. — Il a été jugé que lorsque l'acceptation de la communauté ou d'une succession vient à être annulée comme entachée de dol, tout ce que la femme ou les héritiers ont payé par suite de cette acceptation jusqu'à la découverte du dol est sujet à répétition (c. nap. 1377; Req. 5 déc. 1838, aff. Charpentier, V. n° 520).

531. Toutefois, il faut distinguer entre les créanciers auteurs du dol et ceux auxquels on ne peut reprocher aucune faute : les premiers doivent restituer tout ce qu'ils ont reçu depuis l'acceptation, à moins qu'il ne s'agisse de traites tirées à leur ordre et qu'ils auraient négociées auparavant. Quand aux seconds, soit qu'ils fussent créanciers avant l'ouverture de la succession ou la dissolution de la communauté, soit qu'ils le soient devenus depuis l'acceptation des héritiers ou de la femme, ils ne sont sujets à aucun rapport des sommes qui leur ont été payées par ces derniers légitimement; seulement, les héritiers doivent obtenir contre les auteurs du dol la garantie des engagements qu'ils peuvent avoir pris sur leur fortune personnelle et dans l'intérêt de l'hérédité jusqu'à l'annulation de leur acceptation. — V. *suprà*, n° 520; Rennes, 29 août 1837, aff. Charpentier.

532. Ceux qui, par leur dol ou par leur faute, ont provoqué l'acceptation pure et simple d'une succession et de la communauté par des héritiers et une femme commune, ne sont pas recevables à exciper du défaut d'inventaire pour repousser l'action en restitution formée contre eux par les acceptants, en vertu de l'art. 783 c. nap. (c. nap. 783, 802, 1455). — V. *suprà*, n° 520; Req. 5 déc. 1838, aff. Charpentier et aff. Robinot.

533. Cette exception ne serait pas proposable même par les créanciers étrangers au dol (Req. 5 déc. 1838, aff. Robinot, V. *suprà*, n° 520).

534. L'héritier relevé de l'acceptation d'une succession, en ce que cette acceptation a été la suite d'un dol pratiqué envers lui, peut poursuivre la réparation du tort qu'il a souffert (en se faisant garantir, par exemple, des effets de son acceptation), non-seulement contre les auteurs du dol, mais encore contre tous ceux qui, par leur faute, ont facilité le dol ou ont contribué à le faire réussir : ici s'applique le principe général posé dans l'art. 1382 c. nap. — ... L'appréciation des faits qui constituent une faute, en pareil cas, échappe à la censure. Spécialement, une cour royale a pu déclarer en faute, soit celui qui, après une inspection superficielle des livres d'un commerçant décédé, a déclaré à ses héritiers que sa succession offre un actif considérable, tandis que la connaissance qu'il avait des pertes notables faites par le défunt sur certaines entreprises, et des emprunts ruineux et réitérés de celui-ci, devait lui faire penser le contraire et l'empêcher de s'en rapporter aux livres de commerce inexactement tenus; soit celui qui, pour éviter que les héritiers ne poursuivent leur projet de n'accepter la succession que sous bénéfice d'inventaire, ce qui suspendrait le cours des affaires de la maison du défunt à son détriment, a fait des démarches auprès des parents des héritiers pour qu'ils engagent ces derniers à accepter purement et simplement et à continuer les affaires du défunt, en assurant qu'il est persuadé de l'opulence de la succession, quoiqu'il ait de sérieux motifs de ne pas croire à cette opulence (Req. 5 déc. 1838, aff. Bourdonnay, aff. Charpentier, aff. Robinot, V. *suprà*, n° 520).

535. Par la découverte du testament, l'art. 788 libère-t-il l'héritier, même à l'égard des créanciers de la succession? — Selon MM. Delvincourt et Duranton, *loc. cit.*, la révocation n'a d'effet que contre le légataire, attendu que l'art. 785 n'a point accordé la restitution pour découverte de dettes. Mais le propre des rescisions est de remettre les choses dans leur état primitif. L'art. 783 a placé sur la même ligne, quant aux effets de la révocation, le dol et la découverte du testament. Or on ne nie pas que le dol, n'eût-il été pratiqué que par l'un des créanciers ou légataires, libère l'héritier à l'égard de tous. La qualité d'héritier est généralement indivisible. L'erreur vicie le consentement, et la loi présume que l'héritier n'eût pas accepté, s'il avait connu le testament (Conf. Chabot, t. 2, p. 514; Malpel, nº 196; implicitement les auteurs des Pandect. franc., t. 3, p. 161; MM. Vazeille, nº 8; Marcadé, nº 8; Poujol, même article, nº 5; Massé et Vergé sur Zachariæ, t. 2, p. 508, note 28).

536. La part de l'héritier restitué pour dol ou autre cause accroît-elle à ses cohéritiers non restitués? — La loi romaine décidait la négative (L. 61 et 98, ff., *De acq vel. amitt. hæred.*), enseignée aussi par Pothier et Lebrun, qui la fondent sur ce que l'héritier restitué demeurait toujours, selon la subtilité du droit, héritier, d'après la maxime : *Semel hæres, semper hæres.* — Doit-on décider de même sous le code? M. Delaporte, Pandect. franç., t. 3, p. 161, n'exprime que des doutes. Une distinction a été proposée par MM. Chabot, p. 515; Delvincourt, t. 2, p. 29, note 1, et Duranton, t. 6, nº 464. La part n'accroîtra qu'aux cohéritiers qui ignoraient l'acceptation du restitué. Les autres, qui ont accepté en la connaissant, étaient peut-être déterminés par cette considération. Il est juste, dit-on, de ne pas les obliger aux dettes au delà de la portion qu'ils savaient correspondante à leur lot. Ils ont pu s'imposer ce sacrifice pour faire honneur à la mémoire du défunt; mais, en se l'imposant, ils entendaient le partager entre eux et l'héritier restitué. — Cette distinction, qui paraît équitable, s'écarte trop des principes du code. L'héritier qui renonce est censé n'avoir jamais été héritier (art. 785). L'effet de l'acceptation remonte au jour de l'ouverture de la succession (art. 777). On ne peut accepter en partie la succession. On ne serait pas recevable à dire, pour s'exempter de payer toutes les dettes : « Je croyais, en acceptant, que j'aurais moins de dettes à payer. » Cependant les cohéritiers qui s'opposeraient à l'accroissement ne tiendraient pas un autre langage. Ajoutons que la considération de l'acceptation des successibles aura rarement une influence décisive sur la détermination des autres ; car, en général, on n'accepte pas purement et simplement une succession qu'on croit onéreuse (Conf. M. Marcadé, nº 8). — Une troisième opinion est professée sur ce point par M. Toullier, t. 4, nº 519, qui, sans examen, se borne à renvoyer aux lois romaines, citées plus haut, et décide, en conséquence, qu'il n'y a pas lieu à l'accroissement; « que les cohéritiers peuvent abandonner la part du restitué aux créanciers de la succession, pour éviter le surcroît des charges. » Mais, nous le répétons, cette décision, fondée par les lois romaines sur ce que le restitué conservait sa qualité d'héritier, n'est plus conciliable avec les principes du code, qui le considère comme renonçant, et déclare que le renonçant est censé n'avoir jamais été héritier.

537. L'héritier qui a obtenu la restitution peut encore accepter la succession, ce qui s'induirait même de nouveaux faits d'immixtion; il peut notamment accepter sous bénéfice d'inventaire, si l'acceptation annulée était pure et simple (Chabot, nº 7; Vazeille, nº 9; Poujol, sur l'art. 783).

§ 2. — *Effet rétroactif de l'acceptation au jour où la succession s'est ouverte.*

538. Selon l'art. 777, qui renouvelle en ce point la disposition du droit romain (L. 54, ff., *De acq. vel am. hæred.*), « l'effet de l'acceptation remonte au jour de l'ouverture de la succession. »

539. Il en était de même sous la coutume de Paris, l'héritier acceptant était censé posséder les biens de la succession à compter du jour où elle s'était ouverte, et non pas seulement du jour de son acceptation. — Par suite, l'action en pétition d'hérédité de la part des autres héritiers se trouvait prescrite au profit du cohéritier acceptant, si trente ans s'étaient écoulés sans réclamation depuis le décès de l'auteur commun, et alors même que moins de trente ans se seraient écoulés depuis l'acceptation (cout. de Paris, art. 118, 318; Rej. 14 juill. 1840) (1).

540. De ce que l'effet de l'acceptation remonte au jour de l'ouverture de la succession, on a tiré cette conséquence qu'une inscription prise sur une succession bénéficiaire n'est pas essentiellement nulle; elle peut devenir valide et produire son effet du jour où elle a été prise, si l'héritier bénéficiaire vient à être déclaré héritier pur et simple (Caen, 16 juill. 1834) (2).

541. Lorsque le parent qui avait accepté est évincé par un

(1) (Hér. Bowermann C. hér. O'Mullane.) — LA COUR; — Attendu, quant au moyen tiré de la fausse application de l'art. 118 de la coutume de Paris et de la violation de l'art. 318 de la même coutume, que l'acceptation a un effet rétroactif au jour de l'ouverture de la succession, et que ce principe, établi par la loi romaine (L. 51, ff., *De usurpationib. et usucapionib.*, et L. 54, ff., *De acquirend. vel amitt. hæred.*), se trouve reproduit et consacré par l'art. 777 c. civ.; qu'ainsi l'héritier acceptant est censé, par la fiction légale, posséder les biens de la succession à partir du décès, quel que soit d'ailleurs le temps qui s'est écoulé jusqu'à son acceptation;

Attendu que nul n'étant, d'ailleurs, tenu d'accepter la succession qu'il est appelé à recueillir, l'héritier habile à succéder, quoique saisi par le décès, aux termes de l'art. 318 de la coutume de Paris, n'en était pas moins tenu de prendre qualité et d'acquérir ainsi, par son acceptation, la possession de l'hoirie, dans le délai de trente années fixé, pour la prescription, par l'art. 118 de ladite coutume; — Que l'héritier, à défaut par lui de manifester ainsi sa volonté dans lesdits délais, n'y était plus recevable, puisqu'il se serait trouvé en concours avec un héritier acceptant, dont la possession remontait à plus de trente ans, et qui pouvait, dès lors, lui opposer la prescription;

Attendu que les arrêts attaqués ont constaté, en fait, que la succession d'Henri Bowermann, ouverte en 1799, avait été acceptée, dès l'année 1802, par William Bowermann, son frère, représenté par les héritiers O'Mullane, et qu'il résulte aussi desdits arrêts que l'action en pétition d'hérédité, exercée par les demandeurs, se disant héritiers Bowermann, n'a été introduite qu'en septembre 1832; — Qu'ainsi, en décidant que l'effet de l'acceptation de William Bowermann, remontant au jour de l'ouverture de la succession, cette acceptation devait faire courir utilement la prescription, depuis la même époque contre la demande des héritiers Bowerman, et en déclarant, en conséquence, ladite demande non recevable, lesdits arrêts, loin de violer les articles précités du statut, n'en ont fait qu'une juste application; — Sans qu'il soit besoin de statuer sur le deuxième moyen, tiré de la fausse application de l'art. 118 de la coutume de Paris, joint les pourvois et les rejette.

Du 14 juill. 1840.-C. C., ch. civ.-MM. Dunoyer, f. f. de pr.-Jacquinot, rap. Tarbé, av. gén., c. conf.-Ledru-Rollin et Mandaroux, av.

(2) (Chesnel-Larossière C. Sénéchal.) — LA COUR; — Considérant que Dupont-Despatis étant décédé en 1814, sa succession fut acceptée sous bénéfice d'inventaire, par sa sœur, la veuve Chauvière; — Considérant que cette veuve a vendu depuis à Sénéchal et à Simon, par acte volontaire et sans formalités, le 25 oct. 1819, en se disant héritière de Dupont-Despatis, la ferme de Sainte-Marguerite qui dépendait de la succession de ce dernier, et que par cet acte notarié les acquéreurs ont été subrogés à tous ses droits sur cette terre;

Considérant qu'il est vrai que Fournier qui, en vertu de la créance hypothécaire sur Dupont-Despatis et pour sûreté de laquelle il avait une inscription sur la terre de Sainte-Marguerite, à la date du 11 octobre 1811, avait poursuivi l'expropriation forcée de cette terre sur la veuve Chauvière, et que même l'adjudication préparatoire avait eu lieu avant la vente volontaire; — Mais considérant aussi qu'avant cette vente volontaire, la veuve Chauvière avait obtenu un jugement qui avait déclaré éteinte la créance de Fournier, et que ce n'est que plusieurs années après que ce jugement ayant été réformé par arrêt, Fournier a fait prononcer, par un autre arrêt, la nullité de l'acte de vente de 1819, comme ayant été passé à une époque où la partie saisie ne pouvait plus vendre à l'amiable, suivant le texte de l'art. 692 c. proc. civ., et a ensuite repris ses poursuites en expropriation, et que l'adjudication en a été faite, le 8 fév. 1830, au profit de Sénéchal, qui était resté en possession de la terre de Sainte-Marguerite depuis le contrat de 1819; — Considérant que cette possession et cette jouissance ont eu lieu pour tout le temps qui a précédé l'adjudication, en vertu de l'acte de vente volontaire qui avait transmis aux acquéreurs les droits que la veuve Chauvière avait sur l'immeuble qu'elle vendait, en sorte qu'ils peuvent invoquer, relativement aux fruits, les dispositions que la veuve Chauvière aurait pu invoquer elle-même; — Considérant qu'il résulte de l'ensemble des dispositions du code de procédure civile, et notamment de l'art. 691, que lorsque les immeubles saisis sont loués et lorsque le bail a une date certaine, les créanciers peuvent faire saisir et arrêter les loyers ou fermages, et que, lorsqu'ils ne le font pas, le saisi peut en profiter, sans

parent plus proche, quel est l'effet de cette éviction? Déjà nous avons traité la question, *suprà*, n° 405, par rapport aux successeurs irréguliers, envoyés en possession, et qui sont écartés plus tard par un héritier légitime. Nous nous sommes occupés sur-

être tenu de les rendre comme séquestre judiciaire; — Considérant qu'il est constant que les immeubles saisis sur la veuve Chauvière étaient loués à l'époque de 1819; qu'ils l'ont toujours été depuis, et, qu'en fait, le bail qui en avait été passé avait une date certaine, par une des clauses de l'acte de vente volontaire, et par la mention qui en avait été faite dans le cahier des charges, rédigé antérieurement sur la poursuite immobilière dirigée par Fournier; — Considérant qu'aucune saisie-arrêt n'ayant été exercée relativement à ces fermages, la veuve Chauvière en a conservé la libre disposition, et a pu les transporter valablement à Sénéchal; qui reconnaît les avoir reçus du fermier, en vertu de son contrat; — Considérant qu'on doit d'autant plus décider que Sénéchal n'est tenu d'aucune répétition de fruits ou d'intérêts de son prix, avant l'adjudication passée à son profit, que rien ne prouve qu'il ait acheté de mauvaise foi à une époque où il existait un jugement qui déclarait la créance de Fournier éteinte, et que ce n'est environ que dix ans après que ce jugement a été réformé; que, pendant tout ce temps, on l'a laissé jouir tranquillement et sans oppositions; que les dispositions de son contrat ne contiennent rien de frauduleux, puisqu'il conservait son prix pour être distribué à ceux qui y avaient droit, et qu'il affirme et offre de prouver, si on le juge utile, qu'il a exactement payé à sa venderesse les intérêts de son prix, qui étaient supérieurs aux fermages qu'il recevait.

Considérant que Fournier qui est aux droits de Minel de Montreuil n'a pas renouvelé, avant l'expiration de dix ans, l'inscription qui avait été prise, le 11 oct. 1811, sur la terre de Sainte-Marguerite, et l'a ainsi laissée périmer et devenir inefficace, mais qu'il a pris une nouvelle inscription, le 15 avril 1825, pour sa créance en capital et intérêts, sur les biens dont il s'agit de distribuer le prix.

Considérant qu'il s'agit de savoir si cette dernière inscription est nulle comme ayant été prise sur une succession acceptée sous bénéfice d'inventaire, soit parce que l'héritier bénéficiaire, la veuve Chauvière, n'aurait pas perdu cette qualité, soit parce que, lors même qu'elle l'aurait perdue, cela n'aurait pas changé les droits des créanciers de la succession que l'on soutient avoir été fixés irrévocablement par le fait de l'acceptation sous bénéfice d'inventaire;

Considérant que le droit d'accepter une succession par bénéfice d'inventaire, introduit dans le droit romain par la loi 22 au code *De Jure deliberando*, admis dans l'ancien droit français et maintenu par le code civil, est établi en faveur de l'héritier suivant tous les auteurs; que cela résulte positivement de l'ensemble de toutes les dispositions du code civil qui y sont relatives, et notamment de l'art. 802, qui déclare que l'effet du bénéfice d'inventaire est de donner à l'héritier les avantages qu'il indique; ensuite, le bénéfice d'inventaire est une faculté utile à l'héritier et nullement préjudiciable aux créanciers (exposé des motifs au corps législatif par Treilhard);

Considérant que l'héritier bénéficiaire ne peut obtenir ni même conserver ses avantages qu'autant qu'il se soumet aux conditions et aux obligations que la loi lui impose, et que du moment où il se dispense de les observer, en faisant un acte de la nature, de ceux indiqués par l'art. 778, il devient expressément ou tacitement héritier pur et simple;

Considérant que l'effet de l'acceptation remonte au jour de l'ouverture de la succession, art. 777, et qu'il dépend de l'héritier de faire cesser ainsi à chaque instant, par son fait ou par sa volonté, les effets du bénéfice d'inventaire, sans que ses créanciers ou ceux de la succession soient fondés à s'en plaindre, sauf les cas de fraude ou de dol qui seraient établis et qui font toujours exception, lorsque la loi en admet la preuve;

Considérant que le code a aussi tracé des règles aux créanciers de la succession, pour assurer leurs droits, indépendamment de la qualité de l'héritier, de sa conduite et des titres de ses créanciers;

Considérant, en effet, qu'il leur suffit, pour obtenir la séparation des patrimoines, de se conformer aux dispositions des art. 878 et suiv. du code, et en prenant, conformément à l'art. 2111, une inscription sur les immeubles du défunt, dans le délai qui est fixé, et alors ils conservent leur privilége auquel il ne peut plus être porté atteinte;

Considérant qu'il est hors de doute que ces formalités sont indispensables, lorsqu'il ne s'agit pas d'une succession bénéficiaire;

Considérant qu'il est vrai que l'art. 2146 du code décide que les inscriptions ne produisent aucun effet, si elles sont prises dans le délai pendant lequel les actes faits avant l'ouverture des faillites sont déclarés nuls et qu'il en est de même entre les créanciers d'une succession, si l'inscription n'a été faite par l'un d'eux que depuis l'ouverture et dans le cas où la succession n'est acceptée que par bénéfice d'inventaire;

Mais considérant que cet article ne s'occupe que du cas où il s'agit réellement d'une succession bénéficiaire, où il n'y a pas de confusion entre les biens du défunt et ceux de l'héritier, et qu'il fixe alors, par analogie, les droits des créanciers entre eux, de la même manière qu'entre les créanciers du failli, sans s'occuper des effets de l'inscription par rapport aux créanciers de l'héritier, mais que du moment où il n'y a plus d'héritier bénéficiaire, mais un héritier pur et simple qui est réputé l'avoir été du jour de l'ouverture de la succession, il n'y a plus lieu à l'application de cet article, parce qu'il est censé ne pas y avoir eu de succession bénéficiaire;

Considérant que les inscriptions dont il s'agit dans cet article sont alors soumises pour leur validité ou leur nullité à l'événement; qu'en effet, lorsqu'un créancier prend une inscription sur son débiteur qui fait ensuite faillite, l'inscription est valable ou nulle; suivant qu'on fait définitivement décider si le débiteur est ou non en faillite et suivant aussi l'époque à laquelle on en fait remonter l'ouverture, et qu'il en est de même pour l'inscription prise sur une succession, selon qu'on décide que l'héritier est héritier bénéficiaire ou héritier absolu;

Considérant qu'en entendant les dispositions du code dans le sens qu'on vient de leur attribuer, il y a des garanties pour les créanciers de la succession, et s'ils les perdent, c'est par leur négligence et par leur faute, en suivant la foi de l'héritier dont la loi ne permet pas d'enchaîner la volonté pour le forcer à rester héritier bénéficiaire, ou à remplir, pour être déclaré héritier pur et simple, des formalités qui n'existent pas pour prendre la qualité d'héritier absolu, qui est conforme au droit général;

Considérant encore que c'est une erreur de penser que la maxime *semel hæres semper hæres*, qui a été admise pour l'héritier pur et simple, soit applicable dans toute son étendue à l'héritier bénéficiaire qui ne l'est que sous certaine condition; qu'en effet, beaucoup d'auteurs pensaient, avant le code, entre autres Hue, dans son commentaire sur la coutume d'Amiens, que l'héritier bénéficiaire n'est pas proprement héritier, et ne tient lieu que de curateur aux biens vacants; Ferrière professe la même opinion dans son Commentaire sur la coutume de Paris, art. 342 et 343 de cette coutume;

Considérant qu'il n'est pas douteux qu'en vertu de l'art. 802, l'héritier bénéficiaire peut se décharger du payement des dettes, en abandonnant tous les biens de la succession aux créanciers et aux légataires, et que c'est une grande question de savoir quels sont, relativement à l'héritier, les effets de cet abandon;

Considérant qu'effectivement, en Normandie, l'héritier bénéficiaire pouvait renoncer et réclamer ensuite son tiers coutumier, et que si la jurisprudence n'était pas à cet égard la même dans toute la France, l'opinion de Merlin, dans son Répertoire de jurisprudence et admise par beaucoup d'auteurs, entre autres Delvincourt, Toullier, Chabot, Duranton, Laporte, etc., est que depuis le code civil, la question est réduite à une question de mots, parce qu'il est évident, selon Merlin, que l'abandon que l'héritier bénéficiaire peut faire, est l'équipollent d'une renonciation effective, à sa qualité d'héritier.

Considérant que si des arrêts ont décidé que l'héritier bénéficiaire est héritier de manière à ne pouvoir renoncer, notamment celui du 1er fév. 1830 (V. *infrà*, sect. 3), il est certain qu'il a été décidé, de la manière la plus formelle, par plusieurs arrêts, et notamment par ceux rendus par la cour de cassation, le 15 brum. an 13 et le 6 juin 1815, (V. *eod.*), que l'héritier bénéficiaire peut ensuite renoncer de manière à être censé n'avoir jamais été héritier;

Considérant que si la jurisprudence venait à se fixer dans ce sens, il en résulterait évidemment que l'héritier bénéficiaire qui aurait renoncé valablement après avoir rendu son compte, n'aurait été qu'administrateur comme celui qui aurait agi sans prendre qualité, et qu'un autre héritier, venant ensuite prendre à sa place la succession purement et simplement, il serait censé n'y avoir jamais eu d'héritier bénéficiaire, en sorte que ce cas, qu'on ne donne que pour exemple, suffirait pour prouver que l'acceptation d'une succession sous bénéfice d'inventaire ne serait pas nécessairement irrévocable par rapport aux créanciers du défunt;

Considérant qu'en supposant même que la jurisprudence se fixe définitivement dans le sens de l'arrêt du 1er fév. 1830, il ne sera pas moins inexact de dire que la position des créanciers du défunt doive être rassurée par la déclaration d'acceptation sous bénéfice d'inventaire; car, indépendamment des motifs qu'on a présentés pour établir que l'héritier bénéficiaire a toujours le droit de devenir héritier pur et simple, il suffit, pour prouver que ces créanciers n'ont pas de droit acquis, de supposer que l'héritier, qui a pris la succession sous bénéfice d'inventaire, se trouve, plus de six mois après l'ouverture de la succession, et avant d'avoir fait vendre les biens de la succession, évincé par un parent plus proche, qui se trouve être le seul héritier, et qui accepte la succession purement et simplement;

Considérant que le droit de faire décider quelle est la qualité d'un héritier, appartient à ceux qui ont intérêt, surtout lorsque, comme dans le cas dont il s'agit au procès, c'est un créancier de la succession qui prétend établir que l'héritier de son débiteur, ayant confondu tous les biens dans sa main en se rendant héritier pur et simple, il a eu le droit de prendre valablement une inscription sur les biens sur lesquels il en avait une à l'époque de l'ouverture de la succession, et qu'il avait oublié de renouveler en temps utile;

tout des actes d'administration, émanés de ces successeurs irréguliers, et nous les avons déclarés valables, d'accord avec tous les auteurs et la jurisprudence.—Il nous reste à parler des actes d'aliénation émanés de l'héritier *apparent*. C'est une matière difficile et pour laquelle il faut avant tout distinguer diverses espèces d'aliénation.

542. Nul doute d'abord, quant à la validité des aliénations mobilières; elles sont protégées par la maxime : *en fait de meubles possession vaut titre* (c. nap. 2279. — Malpel, n° 211; Merlin, quest. de droit, v° Hérit., § 3). Nous supposons, bien entendu, une aliénation d'objets particuliers; car notre maxime, restreinte aux corps certains, ne saurait être étendue à une *universalité* (V. aussi c. nap., 1141 et 1935) de meubles, comme une succession ou une quotité de succession. Ce cas rentrerait dans l'hypothèse, examinée plus loin, de la vente de l'entière hérédité ou des droits successifs. — V. n° 555.

543. Il faut distinguer aussi les aliénations forcées et les aliénations volontaires. Ainsi, l'expropriation obtenue contre l'héritier apparent, à la requête des créanciers de la succession, obligera le véritable héritier. — Il faut respecter les actes que des personnes de bonne foi ont été contraintes de faire avec un possesseur désigné par la loi pour contradicteur nécessaire.

544. On peut même dire d'une manière générale que la chose jugée avec l'héritier apparent est opposable à l'héritier véritable. Les intérêts de celui-ci sont garantis alors par l'intervention de la justice, et l'héritier apparent n'est censé avoir agi que comme mandataire légal ou *negotiorum gestor*. — C'est ainsi que le curateur à la succession vacante en exerce valablement toutes les actions, bien qu'il n'ait pas le pouvoir d'aliéner directement sans l'autorisation de la justice (c. nap. 790 et 813). — Jugé en effet : 1° que celui qui, se croyant le plus proche parent, s'était porté héritier, a valablement exercé toutes les actions de l'hérédité, de telle sorte que la chose jugée en sa faveur profite au véritable héritier, qui s'était d'abord abstenu, mais qui se présente ensuite pour réclamer la succession : c'est dans ce sens du moins que doivent s'interpréter les art. 299 et 323 de la coutume du Bourbonnais (Cass. 11 frim. an 9) (1); — 2° ...Que le légataire, en vertu d'un testament olographe, connu postérieurement à une saisie faite sur un immeuble de la succession auquel il a part, est censé avoir été représenté dans les jugements intervenus, avant qu'il se fît connaître, entre les créanciers de la succession et les héritiers connus. — ... En un tel cas, ces jugements sont exécutoires même contre le légataire, de telle sorte qu'il ne peut, pour sa part, s'opposer à la saisie des immeubles (Agen, 11 mai 1833, aff. Fournier *C.* Filières); — 3° Que, sous l'empire de la loi du 17 nov. 1790, l'état, qui, à défaut d'héritiers connus, s'est emparé des biens d'une succession, en exerce valablement toutes les actions relatives à la propriété, et qu'étant censés avoir été représentés par lui dans une contestation de ce genre, les héritiers qui reparaîtraient plus tard, ne pourraient, par la tierce opposition, attaquer le jugement rendu contre l'État; qu'ils ne le pourraient, lors même qu'ils fonderaient cette action sur un moyen nouveau que le fisc aurait négligé de faire valoir (Cass. 5 avr. 1815, aff. Haupechich, V. *suprà*, n° 404).

545. Ce que nous venons de dire de la chose jugée peut s'appliquer aussi, quoique à moins forte raison, à la *transaction* passée avec l'héritier apparent; elle est valable et lie le véritable propriétaire qui lui succède (Malpel, n° 210; Toullier, *loc. cit.*). — En tous cas, une telle transaction est obligatoire pour l'autre partie qui y a concouru. — Jugé spécialement qu'au cas où la veuve a traité avec lui de la liquidation de la communauté, ainsi que de tous ses autres droits et reprises, l'héritier plus proche, à qui la succession est restituée, profite de cette transaction, sans qu'on puisse lui opposer que, n'y ayant point été partie, elle doit être sans effet à son égard, aux termes des art. 1131 et 2051 c. nap. (Angers, 2 mai 1807) (2).

Considérant que, parmi les nombreux inconvénients qui résulteraient de ce qu'on ne permettrait pas à un créancier de prouver que l'héritier a cessé de l'être sous bénéfice d'inventaire pour faire valoir son inscription, on fera remarquer qu'il serait traité moins favorablement que ceux qui seraient devenus propriétaires incommutables des biens de la succession, que l'héritier leur aurait vendus sans formalités, en en recevant le prix dont il aurait disposé au préjudice des créanciers de la succession;

Considérant qu'en interprétant la législation dans le sens du présent arrêt, et de ceux de plusieurs cours souveraines qui ont jugé de la même manière, loin de violer la loi, on se conforme à son esprit, en conservant, en tant que possible, la publicité des priviléges et hypothèques par leur inscription, pour avertir toutes les parties intéressées, tandis que, dans le système contraire, on établit une séparation de patrimoine d'une manière que l'on prétend être irrévocable, tandis qu'elle n'a été établie sans inscription que pour un cas et conditionnellement, tant que la qualité d'héritier bénéficiaire existerait, qualité que l'héritier a pu perdre à chaque instant, on ne peut trop le répéter, et qu'il peut n'avoir jamais eue, malgré sa déclaration au greffe, s'il n'a pas rempli fidèlement les conditions prescrites par l'art. 794;

Considérant, enfin, qu'admettre l'opinion opposée à celle ci-dessus adoptée, c'est créer ou au moins étendre d'une manière fâcheuse des priviléges non inscrits, contraires au système de publicité qui est la base de nos lois sur les créances hypothécaires, et, par des moyens occultes, favoriser évidemment des fraudes, parce qu'il sera souvent facile de tromper des tiers, qui, voyant dans la main de ceux avec lesquels ils traitent des biens libres en apparence, et qui ont passé successivement dans plusieurs générations qui les ont recueillis comme héritiers absolus, seraient dans l'impossibilité de savoir qu'il y aurait eu anciennement séparation de patrimoines, résultant d'une acceptation sous bénéfice d'inventaire, oubliée et abandonnée depuis longtemps, et que rien n'indiquerait l'importance des droits des créanciers qui ne se seraient pas fait connaître;

Considérant que l'acte de vente volontaire de la terre de Sainte-Marguerite ayant été consenti par la veuve Chauvière, le 25 oct. 1819, en qualité d'héritière de son frère, et sans aucunes formalités, elle doit, d'après les dispositions du code civil relatives au bénéfice d'inventaire, et spécialement d'après le texte de l'art. 988 c. pr. civ., être réputée héritière pure et simple, et que Fournier, en le faisant décider ainsi, contradictoirement avec les autres créanciers qui sont au procès, a le droit, par suite, de faire confirmer le jugement qui a déclaré valable son inscription du 15 avril 1825, comme étant prise lorsque l'héritier avait perdu sa qualité d'héritier bénéficiaire;

Considérant, en effet, que l'acte de vente qui a été annulé sur la demande de Fournier, n'en subsiste pas moins pour constater la volonté de la veuve Chauvière et l'acte qu'elle ne pouvait faire qu'en qualité d'héritière pure et simple, qui a reçu son exécution relativement à la jouissance des biens pendant très-longtemps, et qui est restée obligatoire entre la venderesse et les acquéreurs, qui ont une action contre elle, en raison des obligations prises envers eux; réforme.

Du 16 juill. 1834.-C. de Caen, 1re ch.-M. Roger-de-Lachouquais, pr.

(1) (Les hérit. Audrigon, etc. *C.* Limoges.)—LA COUR;—Vu les art. 299 et 323 de la coutume du Bourbonnais; — Et attendu qu'il n'y a point d'héritiers nécessaires; que si, en ligne collatérale, l'héritier le plus proche est appelé d'abord à recueillir la succession, il n'est cependant l'héritier qu'autant qu'il se présente pour profiter de la vocation de la loi; que s'il renonce à l'hérédité, ou s'il s'abstient, le parent le plus proche après lui est également appelé par la loi, sous la seule condition de rendre l'hérédité, si celui qui le précède, s'étant borné à s'abstenir, réclame ladite hérédité en temps utile; d'où il résulte que, pendant l'abstention du premier appelé, celui qui a recueilli la succession couvre véritablement l'hérédité, et en exerce valablement toutes les actions; — Attendu que le tribunal civil du département de l'Allier a violé ces principes, en jugeant que les Petit-Jean et Grosieux, parents dans la ligne maternelle de Jacques Audrigon, *de cujus*, n'avaient eu ni droit ni qualité pour se porter héritiers pendant l'abstention des Limoges, parents plus proches du même dans la même ligne, et exercer une action appartenant à cette ligne; que le jugement du 19 nivôse an 7, qui contient cette décision, fait une fausse application de l'art. 299 de la coutume du Bourbonnais, et contrevient formellement à l'art. 323 de la même coutume; — Casse le jugement du tribunal de l'Allier.

Du 11 frim. an 9.-C. C., sect. civ.-M. Aumont, rap.

(2) *Espèce :* — (Margariteau *C.* la demoiselle de Ceintré.) — Le 10 flor. an 13, décès du sieur Margariteau. — Sa veuve traite pour ses droits ou reprises, avec l'enfant naturel de son mari, dans la supposition qu'il est son héritier légitime. — Bientôt après il est reconnu que la demoiselle Poulain de Ceintré est la véritable héritière du sieur Margariteau. Alors la veuve de ce dernier demande l'annulation du traité qu'elle a fait avec Jacques-Marie, enfant naturel. — 26 juillet 1806. Appel. — Arrêt.

LA COUR; — Considérant que dans l'acte de réglement du 19 mess. an 13, il ne se rencontre point d'erreur ou d'ignorance de fait touchant la personne du fils naturel de Margariteau; que l'erreur proposée par les intimés sur la qualité d'héritier faussement attribuée audit fils, serait une erreur de droit qui, en général, ne peut porter atteinte aux conventions, et qui, dans l'espèce, étant fondée sur l'opinion générale qu'avaient alors les jurisconsultes touchant le sens de la loi du 12 brum. an 2, serait une erreur commune, qui ne peut opérer la nullité

546. Quant aux aliénations purement *volontaires*, il faut distinguer encore les aliénations gratuites et celles à titre onéreux. — Une donation entre-vifs ou un legs, fait par l'héritier apparent, n'obligerait pas l'héritier véritable.

547. C'est à l'égard des *ventes d'immeubles* et des ventes de *droits successifs* que s'élève principalement la controverse; — controverse ancienne et célèbre, qui a pris de larges proportions dans tous les ouvrages de droit, et a provoqué un grand nombre de décisions judiciaires. — Ici encore des distinctions ont été faites, et diverses hypothèses sont à prévoir. — Il faut supposer, d'abord, une vente pure et simple, sans stipulation de non-garantie en cas d'éviction. Une telle stipulation ferait présumer que les parties avaient des doutes sur les droits du vendeur. Le contrat était aléatoire, l'acquéreur pourrait donc être dépossédé. On est d'accord sur ce point. — Dans le cas de vente pure et simple, il faut distinguer encore si l'héritier apparent et l'acquéreur étaient tous deux de *bonne foi*, ou s'il n'y a bonne foi que de l'acquéreur; si la vente a pour objet tel ou tel immeuble de la succession, *res singulæ*, ou si elle embrasse l'entière hérédité, le *jus universum*, le droit successif du vendeur.

Ce sont trois hypothèses bien distinctes, donnant lieu chacune à une controverse spéciale, et que nous allons examiner séparément.

548. Supposons d'abord une vente d'immeubles particuliers, les deux parties étant de *bonne foi*. — Pour la validité de la vente, on cite Merlin, Quest. de droit, v° Héritiers, § 3; Chabot, sur l'art. 756, n° 13; Malpel, n°s 211 et suiv.; Duvergier de la Vente, t. 1, n° 225; Fouet de Conflans, sur l'art. 724, Championnière, Revue de législ. et de jurispr., 1843, p. 258; Req. 3 août 1815; Cass. 16 janv. 1843; et sur renvoi Aix, 22 déc. 1843; Rej. 16 janv. 1843 (1); Toulouse, 23 fév. 1813, MM. Dast, pr., Cavalié, subst., aff. Dubernat C. Dépuy; Paris,

---

du susdit règlement; — Par ces motifs, et vu l'art. 3 de la loi du 14 flor. an 11; émendant, déclare la veuve Margariteau non recevable, etc.

Du 2 mai 1807.-C. d'Angers.

(1) 1re *Espèce* :—(Prépetit C. Louvet et Ribard.)—En l'an 13, Fumeçon mourut, ne laissant que des héritiers collatéraux. — Les frères et sœurs Rogier furent les seuls qui se présentèrent pour recueillir les biens dévolus à la ligne maternelle. Le 24 messidor an 13, partage de la succession entre l'une et l'autre ligne.— L'un des sieurs Rogier vendit aux sieurs Ribard et Louvet une pièce de terre tombée dans son lot. — En 1808, les sieurs Duguey, de Prépetit et autres héritiers, plus proches dans la ligne maternelle, assignèrent les sieurs Rogier en délaissement des biens recueillis dans la succession. — Jugement par défaut qui leur ordonna de délaisser les biens avec restitution des fruits du jour de la demande. — Ce jugement a acquis l'autorité de la chose jugée. Prépetit, cessionnaire des droits de ses cohéritiers, demanda aux sieurs Louvet et Ribart la restitution de la pièce de terre vendue par Rogier.— Par deux jugements, des 25 fév. et 19 mars 1813, le tribunal d'Argentan condamna les acquéreurs au délaissement. — Dans les motifs, le tribunal reconnut que l'ancienne jurisprudence, invoquée par les acquéreurs, était certaine; mais il pensa que cette jurisprudence n'était plus d'accord avec les dispositions du code civil, et qu'elle était par conséquent abrogée. — Sur l'appel, le 21 fév. 1814, arrêt infirmatif de la cour de Caen. — Attendu que, suivant l'ancienne jurisprudence attestée par les auteurs normands et puisée dans l'arrêt Malaudin du 19 juin 1759, celui qui a acquis d'un héritier apparent des biens dépendants d'une succession dont cet héritier a été ensuite exclu par un parent plus proche, était maintenu dans son acquisition, lorsqu'il l'avait faite de bonne foi, parce que le nouvel héritier devait s'imputer de ne s'être pas présenté plus tôt, et qu'à l'égard des tiers il devait prendre les choses dans l'état où il les trouvait; que tout en reconnaissant la vérité de ce principe, les premiers juges ont pourtant décidé qu'il avait été aboli par le code civil; que, pour établir cette dérogation à l'ancienne jurisprudence, on s'est prévalu des art. 724, 729, 789, 790, 2265 et 1599 c. civ.; qu'en les examinant, on n'y trouve que des principes généraux établis par le législateur pour les cas ordinaires, mais qui ne portent aucune atteinte à l'ancienne jurisprudence; que si les héritiers plus proches, représentés aujourd'hui par leur cessionnaire, se fussent présentés plus tôt, ils auraient pu invoquer ces articles avec avantage; que l'inventaire a été fait dans les trois mois; que les quarante jours pour délibérer se sont écoulés; que le sieur Rogier s'était présenté comme héritier; qu'il avait fait tous les actes qui appartiennent à cette qualité, en partageant les biens avec les héritiers de la ligne paternelle, en acquittant les droits de mutation, en jouissant des biens échus à la ligne maternelle, en faisant des coupes de bois et des ventes, sans que des héritiers plus proches soient venus réclamer la succession, sans même qu'ils aient manifesté, par des actes quelconques, l'intention de faire valoir leurs droits dans la suite; que, de ces faits, il résulte que le sieur Rogier a pris la saisine légale de la succession; qu'aux yeux de la loi il est réputé avoir été le véritable héritier; qu'on ne peut donc pas dire qu'il a vendu la chose d'autrui, et qu'il avait au contraire l'exercice de tous les droits attachés à la propriété.

Pourvoi de Prépetit, pour fausse application de l'art. 549 c. civ., et contravention aux art. 724 et 1599. — Arrêt.

LA COUR; — Attendu que l'arrêt dénoncé est fondé sur une ancienne jurisprudence conforme au droit romain et soutenue par les motifs les plus puissants d'ordre et d'intérêt publics; qu'elle se concilie avec les articles prétendus violés, 549, 724 et 1599 du code civil, qui n'ont statué qu'en règle générale; — Rejette, etc.

Du 3 août 1815.-C. C., sect. req.-MM. Henrion, pr.-Sieyes, rap.

2e *Espèce* : —(De Rastignac C. Rolland.) — LA COUR; — Après une long. délib. en ch. du cons.) — Faisant droit sur le deuxième moyen, vu les art. 724, 775, 777, 1006, 1599, 2125, 2182 et 2265 c. civ.; et 731 c. pr. civ. (ancien texte); — Attendu qu'une succession, aussitôt son ouverture, est dévolue par les art. 755 et 767 civ., aux parents du défunt jusqu'au douzième degré inclusivement, à leur défaut aux enfants naturels, et à défaut de ceux-ci, au conjoint survivant; qu'elle ne tombe en déshérence et qu'elle n'est pourvue d'un curateur que lorsqu'aucun des appelés ne répond à la vocation de la loi; — Attendu que, malgré la dévolution faite par les art. 755 et 767, il n'y a point d'héritier nécessaire; aussi l'art. 775 déclare expressément que nul n'est tenu d'accepter une succession qui lui est échue; — Qu'il résulte virtuellement de cet article que le degré de parenté ne suffit pas pour faire reposer sur la tête du parent le plus proche la pleine et actuelle propriété des biens héréditaires; — Et que lorsque, pendant son abstention, un parent plus éloigné accepte la succession et en jouit publiquement et paisiblement, ce parent gère et administre pour lui-même et dans son intérêt personnel, et s'il vend un meuble ou un immeuble de la succession, il est réputé disposer, non de la chose appartenant à un autre, mais de sa propre chose; — Que l'ancienne et la nouvelle jurisprudence ont, en conséquence, constamment admis, que les débiteurs d'une succession se libèrent valablement entre les mains de l'héritier apparent et que les jugements obtenus par cet héritier apparent, ou rendus contre lui, quel que soit leur importance et leur objet, acquièrent pour tous l'autorité de la chose jugée; — Que si, dans le cas d'actions judiciaires, l'héritier apparent qui puise dans le droit d'agir librement en demandant ou en défendant, celui de se concilier, d'acquiescer, de compromettre, oblige la succession, il n'y a pas de motif pour lui refuser le pouvoir d'en vendre les valeurs mobilières ou immobilières, ce qui est, d'ailleurs, souvent indispensable pour acquitter les charges et arrêter des poursuites ruineuses; — Attendu que, dans le cas où cet héritier est évincé par un parent plus proche, on ne peut appliquer aux ventes qu'il a faites les art. 1599 et 2182 c. civ., et l'art. 731 c. pr. civ., parce qu'il n'y a pas eu, dans le sens de ces articles, vente de la chose d'autrui; — Qu'il n'y a pas lieu non plus d'exiger de l'acquéreur la justification d'une possession de dix ou vingt ans, conformément à l'art. 2265 c. civ., parce que son vendeur qui, comme successible, a accepté la succession, lorsqu'aucun parent plus proche ne se présentait, ne doit pas être assimilé à un usurpateur qui se serait emparé d'une propriété, sans aucun titre, droit et qualité; — Attendu qu'on ne peut pas appliquer par analogie, pour annuler la vente faite par l'héritier apparent, l'art. 2125 concernant ceux qui hypothèquent un immeuble sur lequel ils n'ont qu'un droit suspendu par une condition, ou résoluble dans certains cas, ou sujet à rescision, car cet article suppose l'existence soit d'une convention, soit d'un texte précis de loi où se trouvent, ou d'où résultent la condition, les cas de résolution, le principe de l'éviction; — Attendu que l'art. 724, relatif à la saisine de droit des héritiers légitimes, et l'art. 777 qui fait remonter leur acceptation au jour de l'ouverture de la succession, posent des règles générales, sans égard au degré plus ou moins rapproché des successibles, et que ces règles s'appliquent, quant aux tiers, au parent qui se présente le premier et empêche par son acceptation que la succession ne soit déclarée vacante; — Attendu que la jurisprudence des anciens parlements validait les ventes passées entre l'héritier apparent et des acquéreurs de bonne foi; que le code civil ne contient, à l'égard de ces ventes, aucunes dispositions nouvelles; que les motifs de droit et d'équité, que les puissantes considérations d'ordre et d'intérêt public qui servaient de base à cette jurisprudence, ont conservé leur force et ont même acquis un nouveau degré d'énergie, puisque la législation moderne est plus favorable que l'ancienne à la libre et facile circulation des biens; — Attendu, au reste, qu'en cette matière il y a essentiellement lieu d'examiner les faits et d'apprécier les circonstances en présence desquelles les ventes ont été consommées, pour rechercher si elles ont été faites à des acquéreurs de bonne foi, par de véritables héritiers apparents, sous l'influence de l'erreur commune; — Que, dans l'examen et l'appréciation du juge, on trouve des garanties contre les spoliations qui pourraient résulter de l'appréhension subite des successions et des ventes précipitées de leur actif;

12 avril 1823, aff. Ducasse, V. n° 562; Caen, 17 juill. 1823, aff. Vaumousse *C.* Deslogettes; Montpellier, 11 janv. 1830, aff. Gavalda, V. n° 570; Toulouse, 3 mars 1833, aff. Despouy *C.* Domez; Limoges, 27 déc. 1833, aff. Dufour *C.* Labrousse;

Attendu que, dans l'espèce de l'arrêt attaqué, on ne pourrait faire, à juste titre, une distinction entre le parent ou l'héritier du sang, et l'héritier testamentaire ou institué; — Attendu, en effet, que M. de Pradines qui a légué, par testament authentique, la totalité de ses biens à Destours, n'a laissé aucuns héritiers à réserve; qu'aux termes de l'art. 1006 c. civ., Destours a été, en conséquence, saisi de plein droit de la succession, comme l'eût été l'héritier du sang, suivant l'art. 724, et que son acceptation a eu l'effet spécifié dans l'art. 777; — Attendu que le testament de M. de Pradines a été attaqué plusieurs années après l'ouverture de sa succession, par les seuls héritiers du sang qui aient jugé à propos de se présenter, et qu'il a été validé par jugement de 1811 et par un arrêt confirmatif de 1812; — Que c'est après l'épreuve judiciaire subie par son titre et lorsque la possession, dans laquelle il avait été maintenu, avait continué publiquement et paisiblement, que Destours a vendu, le 25 mars 1816, par contrat notarié, un immeuble de la succession, dont la presque totalité du prix a été stipulée payable par fractions et en plusieurs annuités;

Attendu, d'ailleurs, que la cour royale de Montpellier a jugé, en point de droit et en considérant Destours comme un héritier apparent troublé par un héritier du sang, que, quoiqu'il y eût bonne foi de la part de Destours, vendeur, et de Rastignac, acheteur, et de la part des différents acquéreurs auxquels ce dernier avait rétrocédé une partie des biens dont il était devenu propriétaire en 1816, toutes les ventes étaient nulles, comme ayant eu pour objet la chose d'autrui; — Attendu qu'en jugeant ainsi, l'arrêt attaqué a faussement interprété et appliqué les art. 1599, 2125, 2182, 2265 c. civ., et 731 c. pr. civ. (ancien texte), et a violé les art. 724, 775, 777 c. civ.; — Par ces divers motifs, — Casse.

Du 16 janv. 1843.-C. C., ch. civ.-MM. Portalis, 1er pr.- Thil, rap.- Laplagne-Barris, pr. av. gén., c. conf.-Coffinières et Piet, av.

Les parties ont été renvoyées par l'arrêt qui précède, devant la cour d'Aix qui a statué en ces termes : — La cour; — « Attendu que, demandeur en dépossession de Rastignac et de ses acquéreurs, Rolland n'a point fait prononcer par la justice, et ne lui demande pas même aujourd'hui la nullité du testament en vertu duquel l'abbé Destours a investi ce dernier de la propriété réclamée sur lui et sur ses autres possesseurs; — Que cette nullité, plus tard prononcée, ne saurait acquérir un effet rétroactif jusqu'à ce jour, et moins encore dans la prévoyance de cet événement futur, avoir le résultat de cet événement même; — Attendu que le porteur d'un titre de propriété paisible, et même le propriétaire apparent, auxquels on ne reproche ni défaut de confiance envers leur position, ni aucune connivence avec leur acquéreur, ne sauraient être atteints par les prévisions des art. 1599, 2182 c. civ., et 731 c. pr. civ., et, réputés ainsi avoir vendu *à non domino*, encourir l'application de la maxime qu'on ne transfère que *ce qu'on a* : ils sont, en réalité, nantis l'un et l'autre des biens qu'ils transmettent; l'abbé Destours détenait le domaine que de Rastignac acquit de lui, et dans nombre de cas, notamment celui de l'art. 2265 c. civ., l'acquéreur exerce encore tous les droits de son vendeur, alors que celui-ci en est dépouillé par la justice; — Qu'à l'époque de l'achat de de Rastignac, l'abbé Destours était, quant au domaine de Castel-Noël qu'il vendait, le successeur reconnu de son ancien propriétaire, pour exercer ses mêmes droits, aux termes de l'art. 1006 c. civ., et des art. 724 et 777 du même code précités, à l'instar de l'héritier du sang; que, dès lors, son acquéreur de bonne foi pouvait n'être pas tenu d'aller préalablement scruter le for intérieur de celui-ci, pour y découvrir s'il était tout à fait rassuré sur son titre; — Qu'il en serait autrement, si l'abbé Destours s'était lui-même convaincu de son inefficacité, jusqu'au point de l'avoir manifesté par des actes significatifs, et dont la preuve serait rapportée, s'il avait vendu de mauvaise foi, enfin, et mieux encore, si cette mauvaise foi lui avait été commune avec son acquéreur; — Mais, attendu que les efforts de l'appelant sur ce point sont restés impuissants; que la plus-value de Castel-Noël, la part du prix retenu par l'acquéreur ne sauraient entacher ni le vendeur, ni l'acheteur à cet égard : l'augmentation de valeur de l'immeuble doit être attribuée au laps de temps (l'achat de Rastignac remonte à vingt-sep années), aux améliorations auxquelles le propriétaire nouveau et qui habite son domaine ne manque guère de se livrer; et si de Rastignac, a gardé en main une part du prix au delà du terme fixé pour son entier payement, il pouvait être contraint à se libérer, et rien n'indique que se soit par mesure de précaution qu'il ait gardé ces sommes; — Émandent, etc.

Du 22 déc. 1845.-C. d'Aix.-MM. Verger, pr.-Desolliers, av.-gén.

5e *Espèce* : — (Foubert *C.* hérit. de Lenoncourt.) — Le 25 mai 1839, qrrêt de la cour de Rouen, ainsi conçu : — « Attendu que la question aui s'agite est celle de savoir si la vente d'un objet déterminé, faite par l'héritier apparent, est valable au respect du tiers acquéreur de bonne foi, question grave qui divise la doctrine et la jurisprudence; — Considérant que, si l'on consulte l'ancien droit, on voit que le parlement de Rouen, d'abord, et, après lui, les parlements de Paris et de Toulouse, validaient ces sortes de ventes; — Qu'il est difficile de penser qu'il puisse en être autrement sous l'empire du code civil, qui a proclamé en principe la libre circulation des biens et le maintien des actes faits de bonne foi par les tiers; — Attendu que les partisans du système contraire se fondent surtout sur la maxime qu'en France le mort saisit le vif; que l'action en pétition d'hérédité dure trente ans; que la vente de la chose d'autrui est nulle; que le vendeur ne transmet à l'acquéreur que la propriété et les droits qu'il avait lui-même sur la chose vendue; enfin, sur cet axiome de droit, *nemo plus juris in alium transferre potest, quam ipse habet*; — Attendu qu'à la maxime *le mort saisit le vif*, on peut opposer avec avantage cette autre, également écrite dans notre code : *n'est héritier qui ne veut. Nemo invitus hæres*; — Attendu que les art. 1599, 2182, 2125 c. civ. et 731 c. pr., contiennent des principes généraux pour les cas ordinaires; mais que vouloir les opposer à celui qui, de bonne foi, aurait acquis de l'héritier apparent, ce serait évidemment aller contre la pensée du législateur; ce serait le mettre en contradiction flagrante avec lui-même, rendre impossible toute transaction avec l'héritier apparent, et mettre hors du commerce, pendant trente ans au moins, les immeubles provenant d'une hérédité, et bouleverser ainsi toute l'économie de la loi, qui veut la libre circulation des biens;

Attendu que l'ordre public exige que la propriété ne reste pas incertaine; c'est le motif qui a porté le législateur à édicter les art. 152, 136, 958, 1240, 1380 et 1935 c. civ., qui sont autant d'exceptions aux principes généraux dont il vient d'être parlé; ce qui prouve de plus en plus que la maxime *nemo plus juris* est susceptible de modifications; — Attendu que la position du tiers acquéreur de bonne foi de l'héritier apparent est préférable à celle du véritable héritier qui se présente tardivement, après que la succession a été ostensiblement appréhendée publiquement et notoirement administrée sans contestation aucune; — En effet, quand toutes ces circonstances se rencontrent, le tiers acquéreur de bonne foi n'a aucune imprudence à se reprocher, et la loi qui se fût montrée plus exigeante à son égard eût été injuste. Le nouvel héritier, au contraire, doit s'imputer la faute de ne s'être pas présenté plus tôt, et la loi qui le punit de sa morosité fait preuve de sagesse, *jura vigilantibus subveniunt*;

» Attendu que la solution donnée à cette question serait encore la même dans le cas où la bonne foi ne se rencontrerait que du côté du tiers acquéreur; — Attendu que les principes généraux du droit sur la vente ne sauraient être invoqués ici avec succès; — Que le principal motif pour lequel le tiers acquéreur de bonne foi de l'héritier apparent ne peut pas être évincé se tire de l'impossibilité où il est de connaître si l'héritier apparent a ou n'a pas des cohéritiers, surtout lorsque la succession est en ligne collatérale; — Qu'il est placé dans la même impossibilité pour ce qui est du contrôle de la bonne foi de son vendeur, et que, dès lors, sa position ne peut pas changer; — Attendu qu'il n'y a aucun argument sérieux à tirer contre ce système, de ce qu'il se pourrait que le tiers acquéreur eût connaissance de la mauvaise foi de son vendeur, car, dans ce cas, la bonne foi du tiers acquéreurs s'évanouissant, elle le laisserait sans défense en face de l'action résolutoire, ce qui est en parfaite harmonie avec la thèse de droit que l'on soutient; — Attendu qu'en vain l'on dirait qu'il n'y a d'héritier apparent que celui qui est de bonne foi; — Que cette proposition, qui est vraie de l'héritier apparent à l'héritier réel, ne saurait l'être au respect du tiers acquéreur de bonne foi; pour lui, l'héritier apparent est celui qui est publiquement, notoirement en possession de l'hérédité, qui l'administre au conspect de tous, et qui fait tous les actes d'un véritable propriétaire, sans contradiction aucune; — Attendu que rien dans la cause ne permet de suspecter la bonne foi de Foubert; qu'aucune imprudence ne peut lui être reprochée, et que les intimés héritiers au même degré que le comte d'Heudicourt doivent s'imputer à faute leur silence qu'ils n'ont rompu qu'au mois de mars 1836, près de vingt ans après que Foubert était en possession paisible, publique, non équivoque et à titre de propriétaire, *cum animo sibi habendi*, des bois de Maunys; — Réforme. »

Pourvoi des héritiers Lenoncourt pour fausse application des art. 755, 724, 775 et 777. — Arrêt (apr. dél. en ch. du cons.).

La cour; — Attendu, en fait, qu'il est authentiquement établi et qu'il résulte, d'ailleurs, de l'arrêt attaqué qu'Edme Sublot, comte d'Heudicourt de Lenoncourt, était parent au degré successible de madame d'Heudicourt de Lenoncourt, veuve du comte de Belzunce; qu'il a soutenu, en qualité de seul et unique héritier de cette dame, morte en 1803, un procès contre l'abbé Marc, son légataire universel, pour obtenir, en vertu de la loi du 5 déc. 1814, la remise d'un bois dit les *Maunys*, dont l'État était saisi par suite d'un partage de présuccession, fait avec madame de Belzunce, le 22 pluv. an 6; — Qu'après jugement et arrêt sur des incidents, l'abbé Marc s'est désisté de ses prétentions, et que la possession provisoire qui avait été accordée au comte de Lenoncourt, comme héritier du sang, est devenue définitive; — Qu'on ne connaissait aucun héritier vivant de madame de Belzunce, autre que le comte de Lenoncourt, et qu'aussi un acte de notoriété avait constaté qu'il était son seul

Bourges, 16 juin 1837, M. Heulhard, pr., aff. N... C. N...; Toulouse, 21 déc. 1839, aff. Barbe, V. n° 573. On a encore cité dans le même sens un arrêt (Cass. 20 mai 1806, aff. Lefèvre); mais cette décision (V. n° 564) ne résout notre question que dans un cas spécial, en dehors des principes généraux, et par application seulement de la loi du 14 flor. an 11, art. 3.

549. Contre la validité de la vente on invoque : Grenier, Hypoth., t. 1, p. 161, n° 51 ; Toullier, t. 4, n° 287 ; Duranton, t. 1, n°s 565 et suiv. ; Troplong, des Hypoth., n° 468, et Vente, n° 960 ; Marcadé, sur l'art. 137, n° 4 ; Poitiers, 18 avril 1832 ; Orléans, 27 mai 1836 (1) ; Montpellier, 9 mai 1838, aff. Rolland, arrêt cassé par celui du 16 janv. 1843, *suprà*, n° 548.

---

héritier; — Que, lors de la vente du bois de Maunys, faite aux époux Foubert, le comte de Lenoncourt était, comme héritier, en possession publique et paisible de ce bois, et que les époux Foubert l'ont acheté de bonne foi;

Attendu, en droit, que le parent au degré successible qui accepte une succession et en jouit publiquement sans aucun trouble, est, pour ceux avec lesquels il contracte, le véritable représentant du défunt; — Que son titre et sa qualité pour gérer et administrer la succession, disposer de ses valeurs mobilières et immobilières, résultent de sa parenté et des art. 711, 755, 724 et 777 c. civ.; — Que les dispositions combinées de ces articles donnent, en effet, au parent qui répond à la vocation de la loi et empêche par son acceptation que la succession ne tombe en déshérence, la saisine à titre de propriété de tous les biens héréditaires, à compter de l'ouverture de la succession; — Qu'ainsi les art. 1599, 2182 c. civ. et 731 c. pr. (ancien texte), relatifs à la vente de la chose d'autrui, ne peuvent recevoir d'application aux ventes faites par l'héritier apparent à un acquéreur de bonne foi; — Qu'il en est de même de l'art. 2125, concernant ceux qui hypothèquent un immeuble sur lequel ils n'ont qu'un droit suspendu par une condition, ou résoluble dans certains cas, ou sujet à rescision, parce que cet article suppose l'existence d'une convention ou d'un texte de loi d'où résultent la condition, les cas de résolution, ou le principe de la rescision;

Attendu que, suivant l'art. 775, nul n'est tenu d'accepter une succession qui lui est échue; — Que l'abstention d'un héritier ne doit nuire qu'à lui-même, et ne peut, lorsqu'il juge à propos de le faire cesser, agir par rétroactivité pour détruire des droits acquis;

Attendu, dès lors, que la cour royale de Rouen, en maintenant la vente consentie par le comte de Lenoncourt aux époux Foubert, comme ayant été faite par un héritier apparent à des acquéreurs de bonne foi, n'a pas violé les articles de la loi invoqués par les demandeurs, et a fait une juste application des art. 755, 724, 775 et 777 c. civ.; — Par ces motifs, rejette.

Du 16 janv. 1843.-C. C., ch. civ.-MM. Portalis, 1er pr.-Thil, rap.-Laplagne-Barris, 1er av. gén., c. conf.-Beguin et de Tourville, av.

(1) 1re *Espèce* : —(Vacheron C. Berthonneau et autres.)— En octobre 1814, décès de Paul Vacheron; Adélaïde Balzac, sa légataire universelle, vend tous les immeubles dépendant de la succession, sans égard aux droits de réserve de sa fille mineure, qu'elle avait reconnue en 1808 avec Paul Vacheron pour leur enfant naturel. Au mois de mars 1831, Adélaïde Vacheron, qui n'avait atteint sa majorité que depuis le 6 juill. 1827, se mit à la recherche de ses droits dans l'hérédité paternelle, et actionna les tiers acquéreurs en désistement des trois quarts, pour lesquels elle s'y prétendait fondée. — Arrêt.

LA COUR; — Attendu qu'en principe général, l'héritier véritable a trente ans pour revendiquer une succession contre l'héritier apparent qui l'a recueillie à son préjudice; que, par conséquent, pendant tout ce temps, le droit de ce dernier, sur les biens qui la composent, est résoluble et conditionnel; — Attendu que nul ne peut transmettre à autrui plus de droits qu'il n'en a lui-même; que, dès lors, il est évident que l'héritier apparent ne peut, avant les trente ans révolus, transmettre irrévocablement à des tiers la propriété des immeubles de la succession qu'il ne détenait que d'une manière précaire, si un texte précis de la loi ne détermine un plus court délai; — Attendu que si le code civil (art. 2265) accorde aux tiers acquéreurs de bonne foi le droit de prescrire par dix ou vingt ans les immeubles par eux acquis *à non domino*; cette disposition, que réclamait l'ordre public, ne peut être étendue au delà des limites dans lesquelles le législateur l'a circonscrite ;—Attendu que la loi n'a pas établi deux classes de tiers acquéreurs de bonne foi, l'une de ceux qui ne seront propriétaires définitifs qu'après dix ou vingt ans de possession utile, l'autre de ceux qui seront propriétaires irrévocables du jour même de leur acquisition; qu'elle les a tous placés, au contraire, dans une seule catégorie, en leur assurant une faveur égale, des droits absolument identiques; que, par conséquent, le tiers qui acquiert de l'héritier apparent, et celui qui acquiert du possesseur actuel, propriétaire apparent, porteur d'un titre revêtu des formes légales, sont, aux yeux de la loi, sur la même ligne;

Attendu que, du silence de la loi sur le privilége exorbitant invoqué en faveur du tiers qui tient son droit de l'héritier apparent, il n'est nullement rationnel de conclure qu'elle a voulu consacrer l'exception qu'un petit nombre d'arrêts de l'ancienne jurisprudence avaient tenté de faire prévaloir sur le principe général; que, de ce silence même gardé par le législateur au moment où il déterminait les droits des tiers acquéreurs de bonne foi, on doit naturellement conclure qu'il a voulu effacer toute distinction entre ces tiers acquéreurs : *Ubi lex non distinguit, nec distinguere debemus* ; — Attendu qu'il importe peu, d'après ces diverses considérations, que celui qui agit en revendication d'un immeuble contre des tiers acquéreurs, invoque, à l'appui de sa demande, le titre d'acquéreur, de donataire, d'héritier légitime, ou tout autre titre universel ou particulier, pourvu qu'il justifie de son droit à la chose revendiquée (*jus in re*), pourvu qu'il prouve qu'il est propriétaire partiel ou intégral de l'objet revendiqué; car, en principe non contestable, ce n'est pas à la qualité d'héritier, mais à celle de propriétaire, qu'est attaché le droit de revendication; que, d'après cela, la principale question du procès soumis à la cour est celle de savoir si l'appelante, en sa qualité de fille naturelle légalement reconnue de Paul Vacheron a, sur chacun des biens composant la succession de son père, un droit de propriété divis ou indivis (suivent des considérants qui ont pour but d'établir que l'enfant naturel reconnu n'a pas sur la succession un simple droit de créance);—Amendant, déclare nuls, jusqu'à concurrence des trois huitièmes réservés par la loi à la partie de Me Grelland, les actes de vente consentis par Adélaïde Balzac, etc.

Du 18 avr. 1832.-C. de Poitiers, 2e ch.-M. Liége d'Irai, pr.

2e *Espèce* :—(Hérit. Oudin.)—Les biens de la succession de la dame Oudin sont partagés entre les héritiers collatéraux de la défunte dans la ligne paternelle, à défaut d'héritiers connus dans la ligne maternelle.— Les héritiers en possession vendent, quelque temps après, les immeubles de la succession.

Quatre ans après le décès de la dame Oudin, des héritiers au dixième degré dans la ligne maternelle se présentent et font reconnaître leurs droits. Ils demandent ensuite aux héritiers de la ligne paternelle leur part de la succession en nature ou en valeur.

5 déc. 1831, jugement qui fixe à 22,665 fr. les droits des demandeurs pour leur part dans le prix des immeubles aliénés par les héritiers de la ligne paternelle. Ce jugement a acquis l'autorité de la chose jugée.

Les héritiers de la ligne maternelle n'ayant point obtenu l'entier payement de la somme de 22,665 fr. revendiquent, contre les tiers acquéreurs, la propriété des immeubles vendus.

Jugement du tribunal de Gien qui déclare les ventes nulles, comme vente de la chose d'autrui, et qui rejette l'exception de confirmation et ratification de ces ventes que les tiers acquéreurs faisaient résulter de la demande du prix, accueillie par le jugement du 5 décembre 1831.— Appel. — Arrêt.

LA COUR; — Attendu qu'aux termes de l'art. 724 c. civ. l'héritier légitime est saisi de plein droit, et dès le jour du décès de son auteur, de tous les droits et actions dont se compose l'héritage de celui-ci; que l'héritier ne perd cette qualité et les droits qui en dérivent que par sa renonciation ou la prescription; — Qu'ainsi, pendant trente ans, tout possesseur de l'hérédité ayant pour lui sa qualité d'héritier apparent, même de bonne foi, et qui vend en totalité ou en partie les biens de la succession dévolue à l'héritier réel, aliène la chose d'autrui; — Attendu que, d'après les art. 1599, 2182, la vente de la chose d'autrui est nulle; que ce principe général, qui assure la conservation du droit de propriété, ne reçoit d'exception qu'autant que la loi, par des dispositions textuelles et pour des cas spéciaux, en a autrement ordonné; — Que la bonne foi, de la part du vendeur et de l'acheteur, est sans doute prise en considération par la loi pour diminuer la responsabilité de l'un et de l'autre, mais qu'elle ne peut avoir pour effet de conférer à la personne du vendeur le droit de disposer de la chose d'autrui, et qu'à l'égard de l'acheteur muni d'un juste titre, la bonne foi ne peut, d'après l'art. 2265, consolider son droit qu'autant que, par une possession légale de dix ou vingt ans, il a prescrit contre le droit du véritable propriétaire; que la disposition générale de cet art. 2265 s'applique aussi bien à la vente faite par l'héritier apparent qu'à celle consentie par tout autre possesseur de bonne foi; que le législateur place tous les propriétaires apparents dans la même catégorie, leur accorde des droits identiques et les soumet à la même règle; qu'on ne peut, dès lors, faire entre eux une distinction qui n'existe pas dans la loi; — Attendu que, pour éviter l'application de ces principes, on voudrait en vain se prévaloir soit de considérations puisées dans l'intérêt général, soit des dispositions du droit romain et de quelques décisions spéciales de nos lois nouvelles; — Qu'en effet, et quant aux considérations générales, si la position d'un tiers de bonne foi est digne d'intérêt, s'il importe de ne pas laisser trop longtemps peser sur ses propriétés une incertitude nuisible aux progrès de l'agriculture et aux facilités des transactions, il faut, avant tout, conserver le droit antérieur du vrai propriétaire injustement dépouillé; — Qu'en ce qui a trait aux lois romaines invoquées, la loi 13, Dig., § 4, tit. *De hæreditatis petitione*, prononce formellement la nullité de la vente que l'héritier apparent aurait faite de toute l'hérédité, et que

2e espèce; C. cass. de Belgique, 7 janv. 1847, aff. Colnant, D. P. 47. 2. 30. — On a cité dans ce sens d'autres arrêts, mais qui s'appliquent aux deux autres hypothèses que nous avons distinguées et que nous examinerons tout à l'heure.

550. Les divers points de vue de la controverse sont le droit romain, l'ancienne jurisprudence, le code Napoléon et l'intérêt public.

Le droit romain était invoqué par la cour de cassation dans le premier de ses arrêts (Req. 3 août 1815, aff. Prepetit, n° 548). De là sans doute le soin avec lequel cet aspect de notre question a été étudié par les nouveaux interprètes, notamment MM. Toullier, Merlin, Malpel, Duranton et Troplong, *loc. cit.*, qui luttent d'érudition dans des dissertations fort étendues. Sans suivre ces auteurs dans tous leurs développements, voici à quoi se résume ce qu'il est essentiel d'en connaître pour apprécier la portée des lois romaines. L'héritier apparent de bonne foi n'était tenu, par la pétition d'hérédité, que jusqu'à concurrence de ce dont il s'était enrichi : *Eas autem qui justas causas habuissent quare bona ad se pertinere existimarent, usque eo duntaxat (teneri) quo locupletiores ex eâ re facti essent* (L. 20, § 6, D., *De petit. hæred.*). Ces dernières expressions avaient ici un sens spécial. — Dans les cas ordinaires, pour qu'on fût censé s'être enrichi, il suffisait d'avoir reçu la chose ou le prix (L. 17, D., *Quod metûs causâ*). Dans la pétition d'hérédité, il fallait encore ne les avoir, de bonne foi, ni consommés ni dissipés (L. 23, D., *De petit. hæred.*).—L'héritier apparent avait-il vendu des biens particuliers de la succession, l'acquéreur étant comme lui de bonne foi, on se demandait quel serait le sort de cette vente. Si l'acheteur est évincé, il aura une action en garantie, c'est-à-dire en restitution et en *dommages-intérêts*. Le vendeur se trouvera donc dans une condition pire que s'il était actionné directement par la pétition d'hérédité, puisqu'alors il n'aurait eu à restituer que ce dont il s'était enrichi. Pour lui éviter ce recours onéreux, Ulpien décide que le véritable héritier n'a pas alors l'action en revendication : *Et puto posse res vindicari, nisi emptores regressum habeant ad bonæ fidei possessorem* (L. 25, § 17, D., *De petit. hæred.*). Ainsi, dans tous les cas où l'acheteur aurait eu action en garantie, il n'y a pas lieu à la revendication, et le motif de cette exception n'est pas seulement la bonne foi de l'acheteur, mais encore et principalement la règle que le vendeur de bonne foi ne peut être tenu au delà de ce dont il s'est enrichi, ni par suite être obligé à indemniser l'acheteur. La vente, en un mot, n'est maintenue que pour mettre le vendeur à couvert de tout recours en garantie. C'est ainsi que la loi, dans les expressions citées, est entendue par tous les interprètes, anciens et modernes, moins le président Favre, qui, dans le cas supposé, admet la revendication; mais il est remarquable que cet auteur, au lieu de se borner à interpréter le texte d'Ulpien, imagine qu'on l'a altéré, et substitue, de sa propre autorité, le mot *etsi* au mot *nisi emptores*, etc., ce qui change diamétralement le sens de la loi.

Si les interprètes sont d'accord pour admettre notre explication de cette loi, qui statue sur la vente de choses particulières, *res singulas*, il n'en est pas de même quant à la loi 13, § 4, du même titre, qui prévoit la vente par l'héritier apparent de l'entière hérédité. Les opinions ici sont très-divergentes. On demande dans cette loi si l'acquéreur est passible de l'action universelle *petitio hæreditatis*, ou si le véritable héritier est réduit à exercer contre l'héritier putatif autant d'actions séparées en revendication qu'il y a d'objets compris dans la succession. *Quid si quis hæreditatem emerit, an utilis in eum hæreditatis petitio deberet dari, ne singulis judiciis vexaretur?* La loi accorde l'action utile en pétition d'hérédité. M. Toullier voit une antinomie entre cette loi et la précédente, et conclut que ces dispositions étant contradictoires ne peuvent être d'aucun poids dans la discussion. M. Merlin, de son côté, prétend les concilier en disant que la pensée d'Ulpien (auteur des deux lois) a été de restreindre l'exception *ex personâ venditoris* à la vente des choses singulières, parce qu'il n'y avait pas des motifs aussi favorables de maintenir la vente de l'entière hérédité, et il croit même que cette distinction doit encore être suivie sous le code Napoléon (V. ci-après, n° 552). MM. Malpel, Duranton et Troplong proposent un autre mode de conciliation : les deux lois n'ont rien de contradictoire, en ce que dans la loi 13, § 4, il ne s'agit que de la forme de l'action ; on ne s'occupe d'aucune exception en faveur de l'acheteur ; une seule question y est résolue : quelle espèce d'action accordera-t-on au véritable héritier contre l'acquéreur de l'entière hérédité? On accorde l'action *utile* par imitation de l'action *directe*, qui n'avait lieu originairement que contre le détenteur sans titre *pro hærede vel possessore*, à la différence de la revendication admise contre l'acheteur. Les mêmes auteurs combattent avec force la distinction de M. Merlin, en disant notamment que l'action utile contre l'acquéreur de l'entière hérédité ne faisant que remplacer, aux termes mêmes de la loi 13, § 4, les demandes en revendication de chacune des choses de l'hérédité, il convenait que l'acheteur de l'entière hérédité profitât de l'exception accordée à l'acquéreur de choses singulières ; qu'il y avait les mêmes raisons d'équité pour que dans l'un et l'autre cas le vendeur de bonne foi ne fût pas tenu au delà de ce dont il avait profité. Tel nous paraît aussi le vrai sens des deux lois romaines.

551. Passons maintenant à l'ancienne jurisprudence invoquée aussi dans tous les arrêts qui ont déclaré valable la vente par l'héritier apparent de biens particuliers de la succession. Tous les interprètes s'accordent à reconnaître une première dérogation aux principes du droit romain, énoncée en ces termes par M. Merlin lui-même : «Notre ancienne jurisprudence ne tenait aucun compte des lois romaines qui dispensaient l'héritier apparent de bonne foi de restituer au véritable héritier le prix des ventes qu'il avait faites, lorsque après l'avoir touché il l'avait perdu par sa faute ou consommé en folles dépenses; cédant à l'équité naturelle, notre ancien droit attachait au seul fait que le

---

la loi 25, § 17, au même titre, qui, dans le cas de ventes partielles, paraît admettre la validité des ventes, est tellement obscure, même pour les interprètes les plus accrédités, qu'elle ne saurait servir de guide dans l'interprétation de nos lois nouvelles qui ont admis sur ce point d'autres principes ; — Attendu qu'en présence des dispositions des art. 1599, 2125, 2182, on voudrait en vain argumenter de quelques dispositions particulières du code civil pour créer, en faveur de l'héritier apparent de bonne foi, une exception que la loi n'a pas admise par un texte formel; — Qu'en dérogeant aux principes généraux, dans les cas prévus par les art. 132, 955, 1240 et 195, le législateur a créé des exceptions commandées par la force des choses, mais que les dispositions exceptionnelles doivent être renfermées dans les espèces qu'elles règlent, et que les étendre par analogie à des cas non prévus, ce serait détruire le principe général posé dans l'art. 1599 ; — Que c'est aussi par exception que l'art. 1380, au titre des Quasi-contrats, établit que celui qui, de bonne foi et par suite de l'erreur du véritable propriétaire, reçoit de lui un immeuble qu'il revend, n'est tenu que de la restitution du prix ; qu'ici, c'est le véritable propriétaire qui a livré la chose dont il avait droit de disposer ; que l'erreur de celui-ci est son fait ; qu'il ne peut donc l'imputer à d'autres et faire retomber sur eux les conséquences de son erreur ; mais que, dans le cas de vente par un héritier apparent, le véritable propriétaire est dépouillé à son insu et sans que, par son fait, il ait induit en erreur les tiers acquéreurs ; qu'ainsi, et en raison de ces différences, l'art. 1380 ne saurait être invoqué dans la cause actuelle ;

— Attendu qu'il suit de ce qui précède que les ventes consenties par les héritiers apparents étaient nulles, comme faites *à non domino*, pour la portion afférente aux héritiers maternels ;

En ce qui touche les ratifications de ces mêmes ventes : — Attendu que les héritiers maternels avaient deux actions : l'une personnelle et directe contre les vendeurs de leur part héréditaire, l'autre réelle pour la résolution des ventes contre les tiers détenteurs ; — Qu'en recourant d'abord à l'action personnelle, ils ont usé de leur droit, et que, pour induire de cette option une renonciation à recourir plus tard à l'action réelle, il faudrait que l'action, au lieu d'être subsidiaire à la première, fût au contraire exclusive de celle-ci ; qu'il est évident qu'en demandant d'abord la restitution du prix des ventes, les héritiers réels se trouvaient dans la position du vendeur qui réclame d'abord son prix, et qui ensuite et faute de payement a toujours le droit de diriger contre l'acquéreur ou même contre les tiers l'action résolutoire ; qu'une renonciation tacite ne se présume pas et doit résulter d'un acte qui implique nécessairement cette renonciation, ce qui ne se rencontre pas dans l'espèce ; qu'il faut reconnaître que le jugement du 5 décembre ne contient que des condamnations personnelles contre un *negotiorum gestor*, obligé par un quasi-contrat à rendre le prix qu'il a reçu, et que, dès lors, tant que ce prix n'est pas payé, le propriétaire conserve son droit de revenir contre la vente de sa part héréditaire qu'il n'a pas ratifiée ; — Par ces motifs, confirme, etc.

Du 27 mai 1836.—C. d'Orléans.—MM. Gaudry, Légier, Geffrier, av.

prix avait été touché la présomption que le vendeur était encore nanti, ou en avait fait un emploi utile.» Pothier aussi (de la Propriété, nº 489) explique fort bien que le système des lois romaines, équitable en théorie, était d'une application presque impossible, outre qu'il avait l'inconvénient de faire entrer dans le secret des affaires des particuliers.

A cette différence près, l'ancienne jurisprudence adoptait-elle le système de lois romaines quant à la validité des ventes particulières faites par l'héritier apparent? M. Toullier avait dit que le parlement de Rouen était le seul qui déclarât la vente valable; que dans les autres parlements, on enseignait une doctrine contraire, doctrine appuyée de Lebrun, qui dit, liv. 3, chap. 4, nº 57: «L'héritier plus éloigné ne pourrait aliéner pendant sa jouissance au préjudice du plus proche héritier : cela est certain.» —M. Merlin porte à M. Toullier le défi d'indiquer un seul arrêt contraire à la jurisprudence du parlement de Rouen, dont il cite deux arrêts, des 19 juin 1739 (aff. Malandrin) et 5 août 1748.— De plus, il rapporte (Rép., vº Succession, sect. 1, § 5, nº 2) deux arrêts semblables du parlement de Paris, l'un de 1744, l'autre du 19 fév. 1782, le premier rendu contre un mémoire de Cochin (t. 5 de ses Œuvres, p. 651). M. Malpel, nº 211, qui résout la question dans le même sens que M. Merlin, ajoute à ces citations quatre arrêts du parlement de Toulouse, dont il retrace les espèces, et qui sont entièrement conformes. Ces arrêts ont été rendus les 18 mars 1773, 2 sept. 1779, 7 sept. 1780 et 9 avril 1788.—Quant à l'autorité de Lebrun, les paroles qu'on a rappelées ne tranchent point notre question. Sans doute l'héritier putatif ne peut pas, en général, aliéner pendant sa jouissance; mais s'il est de bonne foi, et l'acquéreur aussi, *quid juris?* C'est ce que ne résout pas Lebrun. En tout cas, on opposerait à son suffrage celui bien explicite de Paul de Castre, Balde, Furgole (Testaments, t. 4, chap. 10, sect. 2, nº 100; le Nouveau Denisart, vº Héritier, § 2, nº 16). Toutefois, M. Troplong, de la Vente, nº 960, fait remarquer que si, dans les pays de droit civil, on adoptait la décision de la loi 25, § 17, au Digeste, *De petit. hæredit.*, ailleurs on se fondait uniquement sur la bonne foi de l'acquéreur pour maintenir la vente. Ainsi, dit-il, dans l'arrêt du parlement de Rouen, du 19 juin 1739, il est certain que le vendeur n'était pas de bonne foi, et il est douteux qu'il le fût dans l'arrêt du parlement de Paris, du 17 juin 1744. D'où M. Troplong tire la conséquence qu'il n'y avait pas en France cette unanimité nécessaire pour que l'on pût dire que le système du droit romain y avait un véritable acquiescement. Cette observation fût-elle vraie, il n'est pas moins établi que l'ancienne jurisprudence maintenait les aliénations particulières faites par l'héritier apparent. M. Troplong ne peut opposer que le passage cité plus haut, de Lebrun, qui n'a rien de significatif.

558. Venons au code Napoléon. La cour de cassation dans son premier arrêt du 3 août 1815, aff. Prépetit, s'était bornée à dire que la validité des aliénations reposait : « sur une ancienne jurisprudence conforme au droit romain, et soutenue par les motifs les plus puissants d'ordre et d'intérêt publics. » La cour n'invoquait aucune disposition du code Napoléon, et elle repoussait l'argument tiré de certains articles (549, 721, 1599), en ajoutant qu'ils ne statuaient qu'en règle générale et pouvaient ainsi se concilier avec l'ancien droit. — Plus tard, en 1843, on a cru devoir s'orienter à d'autres points de vue; M. l'avocat général Laplagne-Barris, dans les conclusions qui ont précédé l'arrêt du 16 janv. 1843, aff. de Rastignac, disait que l'ancien droit n'offrait aucun texte précis; que le système romain ne pouvait, à raison de ses applications circonstantielles, être transporté sans danger dans notre droit, et que quant à l'ancienne jurisprudence, le pouvoir des parlements étant semi-législatif, leurs conclusions ont pu être fondées sur des motifs d'utilité publique ou sur des circonstances de fait qu'ils ont silencieusement appréciées; d'où le savant magistrat inférait qu'il fallait chercher dans le code Napoléon seulement la règle de décider; or il a invoqué divers articles, et la cour en a fait l'application, tout en se référant encore à l'ancienne jurisprudence, mais non plus au droit romain.

Pour nous, nous sommes bien loin de penser que le droit romain et l'ancienne jurisprudence ne soient d'aucun poids dans la discussion; on peut apprécier, par les observations qui précèdent leur degré d'autorité; et si l'on joint l'argument de l'intérêt public, tels sont encore à notre sens les principaux motifs qui suffisent pour fonder la validité des aliénations de l'héritier apparent. Nous croyons qu'on a fait de vains efforts pour chercher dans le code Napoléon un texte décisif, de même qu'on ne saurait voir l'abrogation de l'ancien droit dans des dispositions qui ne contiennent que des règles générales, non moins admises autrefois.

Les textes nouvellement invoqués par la cour de cassation sont les art. 755, 767, 773, qu'elle interprète en ce sens, qu'il ne suffit pas d'être au plus proche degré de parenté pour avoir la pleine et actuelle propriété des biens héréditaires; qu'il faut encore accepter la succession ou l'appréhender, et qu'il n'y a point d'héritier nécessaire. Ainsi on pose virtuellement en principe que jusqu'à son adition, l'héritier véritable n'est pas réputé propriétaire. Mais un tel principe pris dans un sens absolu, n'aurait-il point des conséquences devant lesquelles la cour de cassation reculerait elle-même! Comment les concilier avec les art. 724 et 777 c. nap.? L'art. 724 saisit de plein droit l'héritier légitime; *de plein droit*, ce qui signifie sans doute, indépendamment de tout fait d'acceptation, et conformément à l'énergique adage : « *Le mort saisit le vif.* » L'art. 777 fait remonter au jour de l'ouverture de la succession l'effet de l'adition. M. Championnière, *loc. cit.*, qui admet comme nous la validité des ventes faites par l'héritier apparent, critique aussi les nouveaux motifs de la cour de cassation : « Jusqu'à présent, on avait cru, dit-il..., qu'il n'existait pas d'héritier nécessaire, qu'il existe une saisine nécessaire, qui n'est effacée que par la renonciation expresse de celui *qui n'a pas accepté*, laquelle renonciation n'agit rétroactivement qu'à l'aide d'une fiction (l'héritier qui renonce est *censé*...., art. 785); qu'elle ne s'attache pas à la fois à tous les parents du défunt, du premier degré jusqu'au douzième, étant contraire à la nature des choses, qu'un même droit appartint simultanément à plusieurs; que jamais on n'a considéré tous ces parents comme *cohéritiers*, jouissant indivisément de la saisine de la succession; qu'elle n'atteint que l'héritier le plus proche, puisque les successions ne sont, aux termes de l'art. 731, déférées *que dans un ordre* déterminé par la loi; que les collatéraux ne sont pas des héritiers quand il existe des enfants ou descendants; que celui-là seul enfin est l'héritier saisi de plein droit par l'art. 724, auquel la succession est déférée par l'art. 731. »

Le code Napoléon contient plusieurs dispositions qu'on a aussi invoquées par analogie, mais qui sont moins concluantes encore que les articles cités par la cour de cassation. Ainsi, la bonne foi du possesseur a pour effet, dans divers cas, de valider les actes de disposition à l'égard des tiers. Mais ces exceptions à la règle, que nul ne peut transférer plus de droit qu'il n'en a lui-même, ont chacune une raison toute spéciale. Par exemple, l'art. 132 c. nap. maintient les aliénations faites par l'envoyé en possession des biens de l'absent, mais lorsqu'il s'est écoulé trente-cinq ans depuis l'absence et qu'on a pris la précaution de la faire déclarer. — L'art. 790 respecte les actes valablement faits avec le curateur d'une succession réputée vacante; mais le curateur était le mandataire légal de l'héritier qui a tardé à se faire connaître. L'héritier apparent au contraire est l'adversaire de l'héritier réel; il prescrit chaque jour contre lui les biens qu'il détient. — L'art. 1240 déclare valable le payement fait de bonne foi à celui qui est en possession de la créance, bien qu'il en soit par la suite évincé. Mais le débiteur qui paye ici comme contraint ou pour éviter des poursuites, ne peut pas être assimilé à un acquéreur qui a toute liberté d'action. — L'art. 1380 maintient la vente de la chose qui a été reçue indûment et de bonne foi; mais l'erreur dans ce cas est le fait du propriétaire lui-même qui doit s'en imputer les conséquences. — L'art. 1935 valide la vente de la chose déposée quand le vendeur, héritier des dépositaires, ignorait le dépôt; mais il s'agit ici d'une chose mobilière pour laquelle, de droit commun, la possession vaut titre (c. nap. 2279).— Les art. 2005, 2008, 2009, ordonnent à l'égard des tiers de bonne foi l'exécution des engagements du mandataire, quoique postérieurs à la révocation du mandat; mais le mandant est en faute de n'avoir pas fait connaître cette révocation.

Une autre texte passé sous silence dans les arrêts et par la plupart des auteurs, nous paraît plus favorable aux aliénations de l'héritier apparent, c'est l'art. 136 ainsi conçu : « S'il s'ouvre une succession à laquelle soit appelé un individu *dont l'existence n'est pas reconnue*, elle sera *dévolue exclusivement* à ceux avec lesquels il aurait eu le droit de concourir, ou à ceux qui l'auraient recueillie à son défaut. » — Que l'on pèse bien ces expressions, *sera dévolue* EXCLUSIVEMENT : il ne s'agit pas d'une attribution *provisoire conditionnelle*. On ne confie pas l'hérédité à titre de *dépôt* ou d'*administration*. La loi a distingué, à cet égard, dans deux sections différentes, les biens que possédait l'absent au jour de sa disparition, et les droits éventuels qui pourraient lui compéter pendant son absence. Pour les biens actuels, il est réputé vivant. Les envoyés en possession n'ont donc qu'une détention précaire (c. nap., 128) ; pour les droits éventuels, il est réputé mort. La dévolution *exclusive*, dont parle l'art. 136, doit donc être telle que s'il n'existait pas d'héritier plus proche... On ne réserve pas la saisine à l'absent, puisqu'on en fait complète abstraction, et que d'ailleurs la maxime, *le mort saisit le vif*, ne peut profiter qu'à une personne réputée vivante. C'est donc un droit plein et entier que la loi attribue au successible présent. Or si investi du titre et de l'émolument de l'hérîtier, il est saisi de plein droit, selon l'art. 724 c. nap., des biens, droits et actions du défunt, s'il est aux yeux de tous le représentant du défunt, le *légitime propriétaire* de l'hérédité, la loi veut sans doute qu'il puisse valablement en disposer.

On a objecté que l'art. 137 modifiait la disposition de l'art. 136, par ces mots : « Sans préjudice des actions en pétition d'hérédité et d'autres droits qui compéteront à l'absent. » Mais la *pétition d'hérédité* ne s'entend que de l'action accordée au véritable héritier contre l'héritier apparent, pour réclamer l'hérédité; et quant *aux autres droits*, la loi n'a pas entendu l'action en revendication contre les tiers. L'art. 137 doit se combiner avec les deux articles précédents, auxquels il renvoie. L'art. 135 porte : « Quiconque réclamera un droit échu à un individu dont l'existence ne sera pas reconnue, devra prouver que ledit individu existait quand le droit a été ouvert.... » Voilà pour les droits de survie en général, pour un legs, un droit de retour légal ou conventionnel, etc. — L'art 136 continue : « S'il s'ouvre une succession, à laquelle soit appelé, etc. » Voilà pour l'action en pétition d'hérédité. — En disant que « les dispositions des deux articles précédents auront lieu, sans préjudice des actions en pétition d'hérédité et d'autres droits, » l'art. 137 se réfère donc évidemment à l'art. 136 pour la pétition d'hérédité, à l'art 135 pour les autres droits.

L'art. 136, ainsi entendu, réalise la pensée exprimée au conseil d'Etat en réponse à ceux qui objectaient que l'art. 136 consacrait une *spoliation irrévocable*. — «Les absents qui reparaîtront, disait M. Regnier, *s'adresseront aux héritiers en possession.* » Mais pas un mot n'a été dit pour accorder une action contre les tiers détenteurs, et sans doute les rédacteurs du code, qui connaissaient fort bien la question de la validité des ventes faites par l'héritier apparent, ne se fussent pas bornés, s'ils avaient voulu la trancher, à cette vague énonciation *et autres droits*.

Cette explication de l'art. 136 est, en fait, à nos yeux, l'argument de texte le plus imposant qu'on ait proposé dans cette discussion. Il est manifestement dans l'esprit de la loi que sur les biens de successions échues à l'absent depuis son absence, le successible présent a des droits plus étendus que sur les biens possédés par l'absent au moment de sa disparition ; il est dans l'esprit de la loi que la propriété ne reste pas toujours incertaine. Or à quel moment commencerait pour le successible présent le droit d'aliéner? Si la loi n'avait pas entendu comprendre ce droit dans la *dévolution exclusive* de l'art. 136, elle n'eût pas sans doute omis de dire, comme dans l'art. 128, que le successible ne pourrait aliéner, ou comme dans l'art. 132, que l'absent revenu après un certain temps n'aurait plus droit qu'au prix des biens vendus.

Viennent enfin les considérations d'ordre et d'intérêt publics qui, selon les expressions de l'arrêt (Cass. 16 janv. 1843, aff. de Rastignac, n° 548), « ont acquis un nouveau degré d'énergie puisque la législation moderne est plus favorable que l'ancienne à la libre et facile circulation des biens. » Il est rare de voir apparaître, après un long temps, un héritier dont on ne connaissait pas l'existence. Fallait-il, pour une hypothèse qui ne doit pas vraisemblablement se réaliser, tenir tant de situations en suspens, et troubler la sécurité générale? On objecte, à la vérité, que ces considérations n'ont pas empêché le législateur, dans les cas ordinaires, de placer les tiers acquéreurs de bonne foi sous le coup de l'éviction, tant que le délai de prescription n'était pas accompli, et qu'il ne doit pas être permis de substituer, pour tel ou tel cas, une prescription arbitraire à celle organisée par la loi. — Mais nous ferons remarquer qu'il y a ici deux points de vue particuliers au titre d'héritier et qui ne recommandent pas également la vente faite à un autre titre. D'une part, l'hérédité embrasse ou peut embrasser plusieurs objets, qui, s'ils ont été vendus séparément à plusieurs personnes, exposeraient l'héritier apparent, en cas d'éviction, à un grand nombre d'actions en garantie et dommages-intérêts qui entraîneraient sa ruine presque certaine. D'autre part, les acquéreurs, en cas d'hérédité, pouvant être en très-grand nombre, leurs intérêts, réunis à celui de l'héritier de bonne foi, devaient l'emporter sur l'intérêt personnel d'un héritier tardif qui a peut-être de la négligence à s'imputer.

553. Nous passons à la seconde hypothèse que nous avons prévue, celle où il n'y a bonne foi que de la part de l'acquéreur, l'héritier apparent étant de *mauvaise foi* ou connaissant l'héritier légitime, quand il a vendu des immeubles particuliers de la succession. — Pour la validité de la vente on cite Chabot, sur l'art. 756, n° 13 ; Cass. 16 janv. 1843; Bourges, 24 août 1843 (1);

---

(1) *Espèce :* — (Veuve de Saisseval et autres et Poulard-Dupalais C. Opterre.) — Dans cette espèce, la vente des biens de l'hérédité (celle d'un sieur Delorme) avait été faite par un héritier légitime, la dame Poulard-Dupalais, six années après sa prise de possession ; mais il a été découvert et juridiquement constaté, postérieurement à la vente, que cette dame avait soustrait un testament qui instituait la dame Opterre héritière universelle. La nullité de la vente fut prononcée à l'encontre des acquéreurs, bien qu'aucune mauvaise foi ne leur fût imputée, par arrêt de la cour de Poitiers, du 24 mars 1841, et par application des art. 1599, 2182 c. civ. et 731 c. pr. ancien.

Pourvoi par la comtesse de Saisseval et autres acquéreurs, et par les époux Poulard-Dupalais, admis au rapport de M. le conseiller Hervé, sur les conclusions de M. l'avocat général Delangle, pour violation des art. 1599, 2125 et 2182 c. civ. et 731 c. pr. ancien. — Arrêt (apr. dél. en ch. du cons.).

LA COUR ; — Vu les art. 724, 755, 777, 1006, 1599, 2125, 2182 c. civ. et 731 c. pr. civ. (ancien texte) ; — Attendu, en fait, que la dame Poulard-Dupalais était parente au degré successible du sieur Delorme ; — Qu'au moyen de la renonciation de la dame Duval, sa mère, de son frère et de sa sœur, elle est devenue seule héritière du sieur Delorme et qu'elle a accepté sa succession ; — Qu'elle avait la jouissance publique et paisible de cette succession lors des contrats de vente passés entre elle et les époux Groslard, le 24 août 1832 ; la marquise de Leusse, aujourd'hui représentée par la dame de Saisseval, le 28 août de la même année ; les époux Carymentrand et les époux Blache, les 14 et 15 sept. 1834 ; — Qu'il n'a pas été contesté, et qu'il résulte, d'ailleurs, de l'arrêt attaqué que tous les acquéreurs ont acheté de bonne foi ;

Attendu, en droit, que lorsqu'une succession s'ouvre, elle est dévolue par l'art. 755 c. civ. aux parents jusqu'au douzième degré inclusivement ; — Qu'aux termes de l'art. 724, l'héritier légitime est saisi, de plein droit, des biens, droits et actions du défunt, et que, suivant l'art. 777, l'effet de l'acceptation de l'héritier remonte au jour de l'ouverture de la succession ;

Attendu qu'il résulte de la combinaison de ces articles et de l'art. 711 que la dame Poulard-Dupalais était légalement, pour les tiers, la continuation de la personne du défunt et propriétaire de tous les biens qui composaient la succession ; — Que, lorsqu'elle a disposé d'une partie de ces biens au profit des époux Groslard, de la marquise de Leusse, des époux Carymentrand et Blache et des autres acquéreurs dénommés dans l'arrêt attaqué, elle n'a pas vendu la chose d'autrui, et, dès lors, les contrats qu'elle a faits ne pouvaient être annulés par application des art. 1599, 2182 c. civ. et 731 c. pr. civ. ; — Que, par le même motif et surtout à raison des art. 755, 724 et 777, on ne pouvait rien induire, au préjudice des demandeurs, des art. 549 et 2265, relatifs aux aliénations faites par des vendeurs sans titre ni qualité et usurpateurs des choses vendues ;

Attendu qu'il n'y aurait pas lieu non plus d'appliquer par une analogie l'art. 2125, concernant les hypothèques données sur un immeuble par celui qui n'a qu'un droit suspendu par une condition, ou résoluble dans certains cas, ou sujet à rescision, parce qu'on ne peut assimiler aux cas

Rouen, 25 mai 1839, aff. Foubert, *suprà*, n° 548. Ce dernier arrêt ne méconnaît pas, en fait, la bonne foi du vendeur; il n'apprécie qu'hypothétiquement le cas de mauvaise foi. — Contre la validité de la vente faite de mauvaise foi : Poitiers, 13 juin 1822 (1); Bordeaux, 24 déc. 1834, aff. Bagout *C.* Quinguette, et les auteurs cités plus haut (autres que M. Chabot) qui croient la vente valable au cas de bonne foi des deux parties.

554. Voici, en substance, ce qui se dit à l'appui de la nullité. On ne peut plus invoquer ici ni la loi romaine, qui suppose la bonne foi des deux parties, ni l'ancienne jurisprudence dont la plupart

---

prévus par cet article la demande du légataire qui, lorsque tout est consommé, accuse l'héritier d'un délit et le fait condamner pour soustraction de testament;

Attendu que le jugement qui est alors rendu contre l'héritier et le déclare coupable de soustraction, prouve incontestablement sa mauvaise foi et l'oblige à se dessaisir de la succession dont il s'est frauduleusement emparé; mais que la restitution, à laquelle il est tenu, ne doit pas porter atteinte à la foi publique et préjudicier aux tiers qui ont loyalement contracté avec cet héritier;

Attendu que, si, aux termes de l'art. 1006, le légataire universel est réputé saisi de plein droit, quand il n'y a pas d'héritiers à réserve, cette saisine est cependant incomplète et reste, aux yeux de la société, une fiction sans portée, tant qu'il ne s'est pas présenté pour appréhender la succession en vertu de son testament, surtout lorsque, comme dans l'espèce, ce testament étant olographe, il n'a pas obtenu l'ordonnance d'envoi en possession exigée par l'art. 1008;

Attendu que le méfait des époux Poulard-Dupalais doit sans doute, en ce qui les concerne, faire considérer comme régulier et valable le testament du sieur Delorme; mais qu'il n'en est pas de même à l'égard des tiers acquéreurs de bonne foi qu'on veut dépouiller à l'aide de ce testament, dont la production ne leur est pas faite, et qui sont ainsi mis dans l'impossibilité de discuter sa régularité et sa validité;

Attendu que de tout ce qui précède il résulte qu'en annulant les ventes faites par les époux Poulard-Dupalais, l'arrêt attaqué a faussement interprété et appliqué les art. 1006, 1599, 2125, 2182 c. civ. et l'art. 731 c. pr. civ., et a violé les art. 724, 755 et 777 c. civ.; — Par ces motifs, casse..., aux chefs seulement qui ont annulé les ventes et accordé des condamnations récursoires contre les époux Poulard-Dupalais, et ont condamné les acquéreurs aux dépens envers les défendeurs.

Du 16 janv. 1843.-C. C., ch. civ.-MM. Portalis, 1er pr.-Thil, rap.-Laplagne-Barris, 1er av. gén., c. contr. à l'égard du pourvoi de Poulard-Dupalais.-Fabre, Bonjean et Dupont-White, av.

Les parties ont été renvoyées par l'arrêt de cassation qui précède devant la cour de Bourges, qui a statué en ces termes : — LA COUR; — Considérant, en fait, que la dame Poulard-Dupalais, par suite des renonciations de sa mère, de son frère et de sa sœur, était héritière présomptive de défunt Delorme; qu'elle et son mari se sont emparés de la succession de ce dernier, et qu'ils en jouissaient publiquement et paisiblement au moment des ventes par eux consenties des immeubles de cette succession; — En droit, que le mort saisit le vif; qu'ainsi l'héritier, d'après la combinaison des art. 711, 755 et 777 c. civ., est légalement pour les tiers la continuation de la personne du défunt, et peut, comme ce dernier l'aurait pu faire, disposer des biens de l'hérédité; — Que les acquéreurs ont acquis de bonne foi de l'héritier légal, dont le titre n'était nullement contesté; qu'il leur était impossible de s'assurer de l'existence du testament prétendu depuis par la dame Opterre; qu'ainsi les ventes sont valables à leur égard, comme ayant été consenties par le porteur du titre apparent et légal; — Que, s'il en était autrement, aucun bien d'une hérédité ne pourrait être acquis avec sécurité, et qu'il y aurait toujours lieu pour l'acquéreur de craindre d'être troublé dans sa propriété, n'ayant aucun moyen légal de s'assurer si le défunt n'a pas légué tout ou partie de la succession à des tiers autres que ses héritiers naturels; — Qu'on oppose en vain la mauvaise foi des héritiers, qui, dans l'espèce, auraient supprimé le testament du sieur Delorme; que la mauvaise foi de l'héritier ne peut pas nuire à l'acquéreur qui a traité de bonne foi avec le seul propriétaire légal et publiquement reconnu des biens dont il a payé le prix; — Infirme.

Du 24 août 1843.-C. de Bourges.-MM. Mater, 1er prés.-Chevière, av.-gén., c. conf.-Guillot et Massé, av.

(1) (Chauloux *C.* Emery et hérit. Croiset.) — LA COUR; — ...Considérant, quant au fond, que Blaise Croiset, appelé pour une moitié seulement à la succession de François Croiset son frère, a vendu la totalité, se disant seul et unique héritier; qu'il savait qu'un fils de sa sœur était parti comme militaire, et qu'aux termes des lois, les militaires ne sont jamais présumés ni morts ni absents ni en état d'abstention, quant aux successions à eux déférées; que des renseignements étaient faciles à obtenir du ministre de la guerre sur le sort de ce neveu; et que cependant il n'en a pris aucun; qu'il s'est hâté de vendre tous les biens de la succession de son frère dans les trois mois de la mort de sa veuve usufruitière de ces biens, sans partage préalable, et avant tout règlement des dettes de François Croiset et de celles personnelles à Elisabeth Perreau, ce qui ne permet pas de douter de sa mauvaise foi;

Considérant que la bonne foi présumable des trois acquéreurs ne peut leur profiter ni préjudicier à Chauloux que dans les bornes du texte rigoureux de la loi; — Qu'aux termes des principes généraux de tous temps admis, Chauloux a été saisi pour sa moitié de la succession de François Croiset, dès le moment de la mort de celui-ci, suivant cette maxime : *Le mort saisit le vif*, et cette autre : *Hæres sustinet personam defuncti*; que la renonciation ne pouvant se présumer, il était propriétaire des biens de cette succession pour sa part, et ne pouvait cesser de l'être que par une renonciation expresse; que son acceptation, remontant de droit au jour de l'ouverture de ladite succession, était venue encore confirmer la saisine légale; et que, d'après cela, la vente de la part héréditaire de Chauloux, faite par Blaise Croiset, est évidemment la vente de la chose d'autrui; — Qu'aux termes des lois anciennes et nouvelles, la vente de la chose d'autrui est nulle, et que si les tiers acquéreurs de bonne foi peuvent en thèse générale couvrir cette nullité par la prescription de dix et vingt ans, il ne s'est pas écoulé ce temps depuis la vente jusqu'à l'action de Chauloux, la loi du 6 brum. an 5 ayant protégé ce dernier à cet égard au moins jusqu'au 12 mai 1806, époque de son entrée aux Invalides;

Considérant d'ailleurs qu'en ne regardant Chauloux que comme propriétaire sans condition jusqu'à son acceptation, Blaise Croiset ne pouvait se prétendre saisi de la part afférente à celui-ci, et se regarder propriétaire que d'une manière résoluble et sous la condition de la remettre en cas de réclamation; et que d'après la maxime *Nemo plus juris ad alium transferre potest quam ipse habet*, il n'a pas pu en transmettre la propriété pure et simple à des tiers; s'il ne se trouve dans la loi une exception formelle à cette règle générale pour les cas de vente faite par les héritiers apparents; — Considérant que toutes les lois connues jusqu'à ce jour ne font qu'une classe de tous les acquéreurs de bonne foi et n'accordent à tous d'autre faculté que celle de prescrire par dix ans et vingt ans, de gagner les fruits perçus jusqu'à la demande, et de demander des dommages-intérêts suivant les cas, mais nullement celle de devenir propriétaires purs et simples dès le moment de la vente;

Considérant que les lois romaines 13, § 4, et 9, ff. *De hæred. petit.*, 7 C. *De petit. hæred.*, 3, § 2, et 3 C. *Communia de legatis*, loin d'établir une exception à ces principes en faveur du tiers qui a acquis de l'héritier apparent, accordent expressément contre ce tiers, jusqu'à la prescription acquise, l'action en nullité ou en revendication; — Que les textes de l'ancien droit français n'offrent pas de disposition plus favorable aux tiers acquéreurs en ce cas, et que, si entre plusieurs arrêts relatifs à des actes nécessaires et d'administration, il s'en rencontre deux qui, contre l'avis de Le Brun, paraissent valider des ventes volontaires faites par l'héritier apparent, ces arrêts isolés, rendus dans des espèces peu connues, ne peuvent faire jurisprudence et prévaloir sur les principes généraux; — Considérant que le code civil, dont les auteurs n'ont point en cela annoncé vouloir apporter aucun changement aux anciens principes, n'admet aucune exception en faveur du tiers qui a acquis des héritiers apparents, ce qui prouve que le législateur moderne n'a pas pensé que les principes consacrés par les deux arrêts ci-dessus eussent prévalu sur les règles générales du droit;

Considérant que le tiers qui a acquis des héritiers apparents n'est pas dans une position plus favorable que tous les tiers acquéreurs de bonne foi, puisque, s'il n'a pu vérifier que son vendeur fût ou non légitime et unique héritier de la chose vendue, il a dû prévoir au moins à ses risques et périls qu'il pouvait exister un héritier inconnu jusqu'alors, comme il pouvait être présenté un testament non encore découvert jusque-là, par cela seul que le vendeur n'a pu lui justifier son droit d'héritier exclusif; tandis que celui qui acquiert sur la foi d'un ou plusieurs actes successifs de propriété en bonne forme, justifiés de plusieurs années de possession, a dû se croire plus sûrement et plus irrévocablement encore propriétaire, les vendeurs ne pouvant offrir d'ordinaire de preuve et de garantie plus fortes que celles-là; or il serait étrange que l'héritier vendeur assurât au tiers acquéreur de bonne foi d'autant plus de droit qu'il lui donne moins de certitude sur le titre d'héritier exclusif sous lequel il contracte; — Considérant que l'inconvénient de laisser quelques doutes dans l'esprit de certains acquéreurs sur la qualité d'un petit nombre d'héritiers apparents, et de jeter un peu de défaveur sur la vente de biens de quelque succession, est bien moins contraire à l'intérêt général et à l'ordre public que ne le serait l'atteinte portée aux droits des propriétaires sans leur fait, et la faculté offerte à tous héritiers de mauvaise foi de dépouiller les héritiers légitimes en les devançant de quelques instants, pour vendre à des tiers dont il serait presque toujours impossible de prouver la mauvaise foi, les biens des successions ouvertes, soit pour le soustraire à toutes les recherches de l'héritier saisi; émendant, etc., déclare les actes consentis par Blaise Croiset et autres, et les arrière-ventes, en ce qui touche ledit Chauloux, nuls et de nul effet; ordonne en conséquence que rapport sera fait par les tiers détenteurs de la totalité des biens acquis d'Étienne Croiset, Geneviève Perrault, Blaise Croiset et autres, pour du tout être fait partage en quatre lots dont un sera attribué et délivré à Chauloux, etc.; — Ordonne qu'il sera également par les détenteurs fait

des arrêts statuaient dans le même sens, conformément à l'opinion des auteurs, ni le texte de l'art. 136 c. nap. qui suppose appelé à la succession un individu dont *l'existence n'est pas reconnue*; cette existence est connue du vendeur. — Les considérations d'intérêt public ont aussi moins de poids, puisqu'il y a moins d'intérêts menacés par la revendication du véritable héritier. Le vendeur actionné en garantie subira la juste peine de sa mauvaise foi. — L'acheteur, il est vrai, sera exposé à perdre si le vendeur est insolvable; mais pour ce cas même qui ne se présentera pas toujours, il faut considérer qu'en thèse générale l'imprudence est plus facile à présumer, ou qu'il y a moins de motifs de réputer l'erreur invincible, que lorsque l'existence du véritable héritier est inconnue du vendeur lui-même.....

Néanmoins, la cour de cassation, dans les arrêts cités, a fondé, sur plusieurs dispositions du code, des raisonnements contraires, dont la précision n'a rien à emprunter à l'esprit trop contesté des lois romaines, et que la cour de Caen a reproduits dans un récent arrêt du 20 mars 1855, D. P. 56. 2. 63, rendu, il est vrai, dans une espèce où le vendeur et le tiers acquéreur étaient l'un et l'autre de bonne foi. Ces raisonnements, dans leur généralité, sont, à l'instar de ceux que fournit l'art. 136 du même code et qui se déduisent virtuellement de l'idée qu'implique la possession apparente, exclusifs de toute différence, au moins vis-à-vis des tiers acquéreurs, entre le cas où le vendeur est et celui où il n'est pas de bonne foi (V. au reste nº 556 et nos observ., D. P. 43. 1. 49; 56. 2. 63), pourvu, bien entendu, que ces tiers acquéreurs n'aient pas agi avec une précipitation imprudente et dans un temps, par exemple, où l'on supposait l'existence d'héritiers d'un degré plus proche que celui qui avait appréhendé les biens héréditaires, c'est-à-dire dans un temps où la qualité d'héritier ou légataire apparent ne reposait point encore sur la tête de ce dernier.

555. Notre troisième hypothèse est la vente par l'héritier apparent de *l'entière hérédité* ou de ses droits successifs. — La vente est-elle valable, si les deux parties sont de bonne foi? Elle est déclarée nulle par les mêmes auteurs cités plus haut, qui admettent la validité pour la vente de choses particulières. La même distinction a été consacrée par trois arrêts (Cass. 26 août 1833; Rouen, 16 juill. 1834 (1); Agen, 19 janv. 1842, aff. Hé-

rapport des jouissances, savoir : quant au curateur à la succession vacante, depuis son indue occupation; et quant aux acquéreurs, depuis l'action dirigée contre eux, etc. »

Du 15 juin 1822.-C. de Poitiers, 2ᵉ ch.

(1) 1re *Espèce* : — (Veuve Hervé C. Legros, etc.) — En 1826, Pierre Hervé est décédé sans postérité, laissant une veuve légataire de l'usufruit de tous ses biens. — Les héritiers étant alors inconnus ou absents, deux notaires ont été commis pour les représenter, soit à Versailles, soit à Paris. — Au nombre des pièces inventoriées, se trouvèrent, à ce qu'il paraît, deux lettres adressées de l'île d'Aix à feu Hervé, l'une en 1822 par une demoiselle Lécrivain, qui se disait sa cousine; l'autre en 1824 par une femme Hardon, qui se donnait le même titre. — La veuve ayant chargé son notaire de rechercher les héritiers, ce dernier écrivit au sieur Hardon pour savoir s'il était héritier, et, par suite d'une correspondance, il se présenta plusieurs personnes pour recueillir la succession. —François Lécrivain, la veuve Huteau et autres, au nombre de sept, se sont portés héritiers de la ligne paternelle au sixième degré, et la dame Legué s'est présentée comme parente au cinquième degré du côté maternel.—Tous ces héritiers, à l'exception des dames Legué et Huteau, ont, par actes notariés des 12 mai, 31 juill. et 28 août 1827, vendu leurs droits successifs à la veuve Hervé; puis, par autre acte du 28 janv. 1828, cette veuve, tant en son nom personnel que comme cessionnaire des six septièmes de la ligne paternelle, partagea la succession avec les dames Legué et Huteau.—Ce partage consommé, elle se remaria avec Tissier.

Cependant, les sieurs Legros et consorts, se prétendant héritiers de Pierre Hervé au cinquième degré, ayant appris son décès, ont réclamé des époux Tissier la succession avec les fruits, à partir du décès. — Ceux-ci ont répondu que la demande ne pouvait être dirigée contre eux, mais devait atteindre seulement les héritiers qui avaient appréhendé la succession, et qui seuls pouvaient reconnaître ou contester la qualité des nouveaux prétendants droit.— Quant à la restitution demandée, les époux Tissier soutinrent, à l'égard des valeurs mobilières qu'ils pouvaient avoir, qu'aucun droit de suite ne pouvait être exercé contre eux; que, d'ailleurs, et à l'égard des immeubles comme des meubles, les actes que la dame Tissier avait passés avec les héritiers apparents, de bonne foi et avec toutes les précautions nécessaires, étaient à l'abri de toute attaque et pouvaient être opposés aux nouveaux héritiers qui se présentaient tardivement.

15 janv. 1829, jugement du tribunal de Versailles qui, après avoir reconnu les qualités héréditaires des nouveaux prétendants, déclare nuls les actes de transport et de partage; — Attendu, entre autres motifs, qu'en admettant que, dans certains cas, les traités faits entre l'héritier apparent et les tiers, puissent être opposés à l'héritier véritable qui se présente tardivement, les circonstances de la cause écarteraient l'application de ce principe; qu'en effet, la femme Tissier n'a point contracté avec des héritiers qu'elle ait trouvés en possession paisible et publique de la succession, mais avec des héritiers qu'elle a cherchés, provoqués, dont elle s'est entremise de rassembler et d'établir les qualités et les titres; — Que, dès lors, elle est responsable envers les héritiers véritables, non-seulement du défaut de bonne foi, mais aussi du défaut de soins et de réflexion qu'elle aurait pu mettre dans cette recherche; — Attendu que, s'il est constant qu'aucune circonstance de la cause ne tend à inculper, à cet égard du moins, la bonne foi de la femme Tissier, il n'est pas moins constant que c'est faute d'attention et de prudence qu'elle n'a pas découvert d'abord les héritiers véritables; — Que son ignorance desdits héritiers véritables est donc, de sa part, la suite d'une faute grave dont elle ne saurait profiter. »

Appel, et le 1ᵉʳ mai 1830, arrêt infirmatif de la cour de Paris, ainsi conçu : — « Considérant, en droit, qu'il n'y a point d'héritiers nécessaires; que le parent le plus proche n'est héritier qu'autant qu'il se présente pour appréhender la succession; que s'il s'abstient ou garde le silence, et que la succession soit recueillie par un héritier plus éloigné, les actes faits par ce dernier sont valables à l'égard des tiers qui ont agi de bonne foi; — Considérant, en fait, que Gardon et consorts (c'est-à-dire les Lécrivain), sont parents de Pierre Hervé *de cujus*, au sixième degré dans la ligne paternelle; qu'ils ont établi leur généalogie par de nombreux actes de l'état civil; que six d'entre eux ont cédé leurs droits à la veuve Hervé, par actes authentiques, en date du 12 mai, 31 juill. et 28 août 1827; postérieurement auxdites cessions, et le 28 janv. 1828, il a été procédé au partage de la succession Hervé, entre sa veuve, la veuve Huteau, septième héritière paternelle, et Fonteneau, cessionnaire de la veuve Legué, seule héritière de la ligne maternelle; que toutes les circonstances du procès tendent à établir que la veuve Hervé ignorait alors l'existence d'héritiers plus proches, et qu'elle a traité de bonne foi avec ceux qui se sont présentés, comme ayant seuls droit à la succession de son mari. » — Pourvoi par les sieurs Legros, héritiers Hervé, au nombre de cinq, pour violation des art. 136, 137 et 1696 c. civ.—Arrêt (ap. dél.).

LA COUR; — En ce qui touche le pourvoi dirigé contre les mariés Tissier : — Vu les art. 136, 137 et 1696 c. civ.; — Attendu, en droit, que, si la possession publique, notoire et non contestée de la succession d'un défunt, dans la personne de son héritier apparent, produit une exception de bonne foi suffisante pour protéger les actes faits entre lui et des tiers, la même faveur ne peut être étendue à la vente du titre même d'héritier et des droits qui en dérivent, puisque, suivant l'art. 1696 c. civ., une telle vente suppose nécessairement la réalité du titre d'héritier sur la tête du vendeur, qui est obligé de le garantir; — Attendu, en fait, que les actes passés entre la veuve Hervé et les héritiers apparents de son mari, constituent, non pas un partage qui aurait été fait entre eux et elle de la succession du sieur Hervé, dans laquelle sa veuve n'avait aucun droit de copropriété, mais bien la vente d'une hérédité à laquelle ces héritiers apparents n'avaient, aux termes des art. 136 et 137 du même code, qu'un droit résoluble par l'exercice de l'action en pétition d'hérédité; et qu'en validant ces actes, l'arrêt attaqué a violé les articles ci-dessus visés; — Casse.

Du 26 août 1833.-C. C., ch. civ.-MM. Boyer, pr.-Quéquet, rap.-Laplagne-Barris, 1ᵉʳ av. gén., c. conf.-Mandaroux-Vertamy et Garnier, av.

2ᵉ *Espèce* :—Même jour, arrêt semblable (dame Rigot C. dame Hervé).

Sur le renvoi prononcé par la cour de cassation, dans le premier des arrêts qui viennent d'être cités, il a été statué en ces termes :

LA COUR; — Attendu, au fond, sur le premier chef d'appel, que les faits constants au procès et relevés dans le jugement de première instance, prouvent que la dame Tissier n'a pas mis dans les contrats par elle faits avec les prétendus héritiers du sieur Hervé, son premier mari, toute la circonspection et la prévoyance requises pour s'assurer qu'elle traitait avec les héritiers légitimes; — Attendu qu'elle avait sans doute à exercer sur la succession des droits et reprises matrimoniales qu'il lui importait de faire liquider avec le moins de retard possible; mais l'urgence de la liquidation ne rendait pas nécessaires les actes de cession des droits universels qu'elle s'est fait faire par des cousins au sixième degré, sans laisser aux parents d'un degré plus proche le temps de s'habituer pour se faire reconnaître;

Attendu qu'en droit, il est incontestable que les actes faits par l'héritier apparent sont valables à l'égard des tiers qui ont traité consciencieusement avec lui. Mais quel est celui qui dans le droit et la jurisprudence est réputé héritier apparent? Certes, ce n'est pas le premier qui s'empare de ce titre pour vendre immédiatement sa succession à un autre qui se charge de l'exploiter; — L'héritier apparent est celui qui, en qualité de successible, est en possession publique, paisible et notoire de l'hérédité, en conséquence l'administre aux yeux de tous, et fait tous les actes qui appartiennent au véritable héritier; — Attendu que, dans

brard, V. n° 672); mais, dans les espèces de ces arrêts, la qualité d'héritiers apparents était loin d'être publique et notoire, circonstance qui doit nécessairement se rencontrer.

On a dit dans ce sens que, selon l'art. 1696, le vendeur d'une hérédité doit garantir sa qualité d'héritier; que, selon l'art. 137 c. nap., l'absent qui reparaît peut exercer la *pétition d'hérédité*, et que l'acquéreur qui s'est mis à la place de l'héritier putatif est passible de cette action; que le vendeur ici est exposé à une seule action en dommages-intérêts, tandis que, dans le cas de ventes particulières, il avait à craindre le recours de plusieurs acquéreurs.—Ces motifs de distinction, si graves qu'ils soient, nous laissent quelques doutes, en ce que, d'après les observations ci-dessus, il est équitable que le vendeur de bonne foi ne perde ni ne gagne; que l'art. 1696 statue en règle générale, et que l'art. 137 c. nap. suppose la pétition d'hérédité exercée contre l'héritier lui-même et non contre un tiers. C'est ainsi qu'il n'est pas sans quelque difficulté de concilier la décision de la cour de cassation qui déclare nulle la vente de l'entière hérédité, avec les nouveaux motifs de l'arrêt de 1843, qui, depuis, lui ont fait admettre la validité des ventes particulières dans le cas même de mauvaise foi du vendeur.— Nous rappellerons, du reste, quant à l'ancien droit, que notre question était controversée entre les interprètes des lois romaines, et que l'ancienne jurisprudence n'avait statué qu'à l'égard de ventes particulières (V. *suprà*, n°s 550, 551). Remarquons aussi que, dans l'espèce jugée par les deux premiers arrêts que nous rapportons, la vente de ses droits successifs avait été faite avec une précipitation suspecte et par un prétendu héritier qui n'était encore en possession réelle d'aucun objet de la succession. Cette circonstance, toutefois, visée par la cour de Rouen, n'a point été prise en considération par la cour suprême qui se fonde seulement sur ce que l'acheteur qui représente l'héritier apparent, s'est soumis non pas à une action ordinaire en revendication, mais à une pétition d'hérédité, laquelle est réservée à l'héritier véritable par l'art. 137 c. nap.

556. Après cet aperçu général de l'état de la jurisprudence sur la question si grave de la validité des aliénations consenties par l'héritier apparent, il nous reste à signaler quelques décisions d'espèces, quant aux caractères que doit avoir la possession pour mériter la protection de la loi.

L'héritier apparent, dit très-bien un arrêt de la cour de Rouen du 16 juill. 1834 (aff. Tissier, n° 555), est « celui qui, en qualité de successible, est en possession publique, paisible et notoire de l'hérédité, en conséquence l'administre aux yeux de tous, et fait tous les actes qui appartiennent au véritable héritier. » On voit par cette définition que la possession dont se trouve investi un individu ayant la qualité de propriétaire ou d'héritier apparent est virtuellement, aux yeux du public, une possession de bonne foi; que, dès lors, les tiers ne doivent pas avoir à s'inquiéter d'une mauvaise foi essentiellement secrète, et qu'ils ne doivent point non plus être exposés à en subir les conséquences, pourvu qu'on n'ait point de mauvaise foi à leur imputer.—Du reste, on va voir que des idées si simples et dont l'oubli serait le renversement des effets les plus naturels soit de la saisine héréditaire soit de la possession apparente, n'ont pas toujours été proclamées.

557. D'abord, il a été jugé que la vente de tous ses droits faite par un parent qui, sans avoir fait aucun acte d'administration ou de jouissance, s'était attribué la qualité d'héritier, n'est pas valable vis-à-vis d'un parent d'un degré plus proche et que l'acquéreur peut être évincé par ce parent (Rouen, 16 juill. 1834, aff. Tissier, n° 555). — Tel serait encore le cas où la succession devant se partager entre deux héritiers, dont l'un est absent pour service militaire, l'héritier présent s'emparerait de la totalité des biens, les vendrait presque aussitôt l'ouverture de la succession (dans les trois mois), sans remplir aucune des formalités prescrites par l'art. 113 c. nap., sans informer l'absent ni le ministre de la guerre. Un arrêt a vu là une raison d'évincer l'acquéreur de bonne foi au profit du militaire absent pour le service de la patrie (Poitiers, 13 juin 1832, aff. Chauloux, V. n° 554), ce qui, du reste, est dans l'esprit de la loi exceptionnelle de l'an 6.

558. Dans des cas où la vente a été déclarée valable, la possession de l'héritier ou plutôt sa qualité d'héritier apparent était plus ou moins ancienne. Quelquefois il s'est écoulé plus de trente ans entre le décès et la revendication. — Spécialement l'héritier putatif d'un émigré décédé en l'an 11 obtient en 1813 la restitution d'un immeuble confisqué qu'il vend en 1816, et la revendication des véritables héritiers n'a lieu qu'en 1836, sans que néanmoins la prescription fût encore accomplie au profit des tiers acquéreurs. — Une telle vente a été maintenue au profit de ces derniers (Rouen, 25 mai 1839, aff. Foubert, V. n° 548).

559. Au reste, la vente a été maintenue dans bien des espèces où il n'y avait pas la faveur d'une si longue possession, et par exemple (c'est le cas d'une des plus courtes possessions), on a rejeté la revendication exercée en 1808 d'un bien vendu en 1806 par un héritier apparent, et dépendant d'une succession collatérale ouverte en l'an 13. La vente, toutefois, avait eu lieu sous les yeux du véritable héritier (Req. 3 août 1814, aff. Prépétit, V. n° 548). Comment celui-ci aurait-il été écouté malgré son silence?

560. A la possession de l'héritier apparent peuvent se joindre diverses circonstances donnant plus ou moins de force à l'opinion qu'il est le véritable héritier. Ainsi, le possesseur peut tenir ses droits d'un partage fait dans les formes légales, où son titre a subi l'examen et le contrôle des héritiers et de la justice (Limoges, 27 déc. 1833, aff. Dufour C. Labrousse et Delpeuch); ou bien, s'il s'est emparé de toute la succession, il a pu faire constater par un acte de notoriété qu'il était seul héritier du défunt (Cass. 16 janv. 1843, aff. de Lenoncourt, V. n° 548).— Il pourrait arriver encore que le possesseur fût l'héritier légal évincé ensuite, soit en partie par une reconnaissance d'enfant naturel, qu'on ne soupçonnait pas, soit en totalité par un testament qui nomme un légataire universel et qui n'aura été découvert que

cette situation, les actes mêmes d'aliénation partielle doivent être maintenus, parce que l'acquéreur dans ce cas traite sur la foi publique, et ne doit pas souffrir des retards qu'un parent plus proche aura mis à se porter héritier ou à former sa demande en revendication; — Attendu que les actes qui sont l'objet du litige n'ont pas à leur appui la garantie indispensable de la possession publique de l'hérédité dans la main des personnes qui les ont faits; que, lors de leur confection, la veuve Hervé était seule dépositaire de la succession de son mari; la dame Hardon et consorts n'étaient en possession réelle d'aucune chose; ils n'avaient pas fait, comme héritiers, un seul acte d'administration ou de jouissance; ils n'étaient donc pas, lorsqu'ils les ont consentis, héritiers apparents dans le sens de la loi, et cette circonstance suffirait pour les faire réprouver; — Attendu qu'au surplus il ne s'agit pas dans la cause d'actes d'aliénation partielle, mais de vente de droits successifs universels, faite avec une précipitation que rien ne peut justifier; qu'ici, la règle qui valide les ventes particulières de l'héritier apparent ne reçoit aucune application; — Attendu que la loi donne à l'héritier direct trente ans pour former son action en pétition d'hérédité contre le parent plus éloigné qui s'en est mis en possession; — Attendu que la veuve Rigot et les représentants Legros, héritiers au cinquième degré du sieur Hervé, décédé le 27 juin 1826, ont réclamé dès le 25 oct. 1827, et ont formé au mois d'avril 1828 leur action en pétition d'hérédité contre les époux Tissier qui ne la tenaient que de parents au sixième degré; — Attendu que si, par les actes de cession, la veuve Hervé, aujourd'hui femme Tissier, n'a pas été investie du titre d'héritier qui est incessible, elle a néanmoins acquis tous les droits qui en dérivent, avec les charges qui en sont inséparables; que la charge la plus imminente, telle qu'elle a dû le plus facilement la prévoir en achetant la succession des parents au sixième degré, dans un temps si voisin de son ouverture, c'était l'obligation de la rendre, s'il se présentait dans la suite un héritier plus proche; et c'est ce qui explique la modicité du prix pour lequel elle a amené la dame Hardon et consorts à composition; —Attendu que l'action dont il s'agit suit nécessairement l'hérédité en quelque main qu'elle passe; que les intimés ne pouvaient pas la former utilement contre la femme Hardon et consorts, parce qu'en la vendant ils n'en avaient rien retenu, qu'ils devaient donc la diriger contre les époux Tissier, leurs cessionnaires et ayants cause, qui en sont les détenteurs, sauf le recours de ceux-ci contre qui de droit; qu'autrement, et lorsque les héritiers de la loi ne sont pas sur le lieu, il suffirait à un arrière-cousin, qui n'aurait rien à perdre, de vendre la succession en masse à un tiers pour rendre frustratoire l'action en pétition d'hérédité, qui est, dans chaque famille, la patronne des droits héréditaires; — Attendu que, quoique l'acte du 28 janv. 1828 soit définitivement maintenu comme acte de partage, la cession de droits universels qu'il contient, de la part de la dame Jarry au droit de la veuve Huteau, se disant septième héritière dans la ligne paternelle, étant de la même nature et faite aux mêmes titre et degré que les précédentes cessions, elle doit subir le même sort; — Déclare les deux instances d'appel jointes; faisant droit sur le tout, met les appellations au néant, même à l'égard de la cession contenue en l'acte du 28 janv. 1828, lequel, du reste, demeure intact comme acte de partage, etc.

Du 16 juill. 1834.-C. de Rouen, aud. solenn.-MM. Eude, 1er pr.-Paillard, av. gén., c. conf.-Senard et Cheron, av.

bien plus tard. Cette position de l'héritier apparent ne commande-t-elle pas au plus haut degré la confiance des tiers? — Et que décider, par exemple, dans le cas bien autrement respectable encore où cette confiance a été accrue, soit par la publicité donnée à la vente, soit par le silence des ayants droit malgré cette publicité?—V. Ventes publ. d'imm.

561. Il est arrivé aussi que le titre du possesseur, d'abord contesté, a été reconnu par des décisions judiciaires passées en force de chose jugée antérieurement à l'aliénation. Cette circonstance s'est présentée dans deux espèces où le vendeur était un légataire universel contesté dans son titre par l'héritier légitime (Cass. 16 janv. 1843, aff. de Rastignac, V. nº 548), et un héritier légitime contesté par un légataire universel (Cass., 16 janv. 1843, aff. de Lenoncourt, V. *eod.*).

562. Outre la bonne foi du vendeur et de l'acquéreur, on a aussi pris en considération, pour rejeter la revendication du véritable propriétaire, le plus ou moins de négligence qui lui était imputable dans son retard à faire valoir ses droits; spécialement on a écarté l'action de l'enfant naturel qui n'a fait reconnaître sa qualité qu'après l'aliénation consentie par l'héritier légitime, et même après que celui-ci avait fait dresser un acte de notoriété constatant qu'il était seul héritier du défunt. Il a été jugé dans un tel cas: 1º que la vente consentie au tiers de bonne foi par l'héritier légitime devait être maintenue, et qu'il y a lieu seulement de réserver à l'enfant ses droits contre ses derniers (Paris, 12 avr. 1825) (1);—2º Que l'enfant naturel doit, lors du partage, prendre les choses dans l'état où elles se trouvent, c'est-à-dire que la valeur des immeubles doit être déterminée par les prix énoncés aux actes de vente, et non d'après leur état au jour de l'ouverture de la succession (arg. des art. 132, 549, 1380, 1599 et 1935 c. nap.; Req. 20 janv. 1841) (2). — V. à cet égard vº Responsabilité.

563. Toutefois, il a été jugé que l'enfant naturel, au préjudice duquel les biens de la succession ont été aliénés par un héritier apparent ou légataire universel ayant saisine, est fondé à revendiquer ces biens contre les tiers acquéreurs même de bonne foi, pendant dix ans, et contre les tiers acquéreurs de mauvaise foi, pendant trente ans; qu'il importe peu qu'au jour de l'aliénation, l'existence de cet enfant n'ait pas été connue (c. nap. 1006, 2265). (Poitiers, 18 avr. 1832, aff. Vacheron, V. nº 549).

564. Il a été jugé encore dans une espèce concernant un enfant naturel et par application de la loi du 14 flor. an 11, art. 5, que la vente des biens d'une succession, faite par l'héritier légitime, dans l'intervalle de la loi du 12 brum. an 2 à la promulgation du code, ne peut recevoir aucune atteinte, sur l'opposition de l'enfant naturel, des conventions ou jugements postérieurs par lesquels l'héritier aurait reconnu ou les tribunaux auraient réglé l'état et les droits de cet enfant; l'enfant naturel alors, au lieu de rentrer dans les biens vendus, n'exercera son droit que sur le prix ou leur valeur estimative (Cass., 20 mai 1806) (3).

565. Quelquefois on s'est fondé, pour valider la vente faite par l'héritier apparent, sur le consentement tacite que lui avait donné le véritable ayant droit. Ainsi on a écarté la revendication de l'enfant naturel, parce qu'ayant agi d'abord contre les tiers, il avait reconnu ensuite la validité de l'aliénation (Req. 20 janv. 1841, aff. Brenon, V. nº 562).

566. De même il a été jugé: 1º que la vente faite par l'héritier apparent à un tiers de bonne foi ne peut être attaquée par les enfants d'un donataire contractuel, sur le motif que l'immeuble vendu serait compris dans la donation, si le donataire a autorisé non-seulement le partage qui a fait entrer le bien au lot du vendeur, mais encore la vente elle-même, sans énoncer qu'il eût aucun droit particulier dans le bien vendu (Bourges, 16 juin 1837, M. Heulhard de Montigny, pr., aff. N... *C.* N...); — 2º Que la vente faite par un possesseur apparent en vertu d'un testament est valable, le vendeur et l'acquéreur étant de bonne foi, et surtout ne peut être critiquée par ceux des héritiers véritables qui ont reconnu ce testament en l'opposant à des créanciers, comme fin de non-recevoir à l'action que ceux-ci avaient dirigée contre eux en qualité d'héritiers (Toulouse, 5 mars 1835, MM. Hocquart, pr., Martin, av. gén., aff. Despouy *C.* Donnez).

567. Dans une espèce où la vente a été déclarée nulle, on a jugé que l'héritier véritable peut revendiquer, contre les tiers acquéreurs, la propriété des immeubles de la succession, vendus par l'héritier apparent, bien que, préalablement à cette action en revendication, il eût demandé à ce dernier le prix de la vente, et qu'un jugement eût ordonné cette restitution (Orléans, 27 mai 1836, aff. Oudin, nº 549).

568. Il n'y a pas à distinguer, pour la validité de la vente, si le vendeur tient ses droits apparents de la loi comme héritier du sang ou de la volonté de l'homme comme héritier testamentaire ou contractuel; il suffit qu'il ait un titre universel *jus*

(1) (La veuve Ducasse *C.* Roques.) — LA COUR; — Considérant qu'il est constant que Louis et François sont nés hors mariage, et que Louis seul a été reconnu par Roques pour son fils naturel; — Considérant qu'au décès de Roques, aucun autre ayant droit ne s'étant présenté, la veuve Ducasse, sœur du défunt, a été saisie de toute l'hérédité; qu'en cet état elle a pu disposer de tout ou partie de l'actif de la succession, et qu'il n'existe contre elle et Simon, son cessionnaire, aucun indice de mauvaise foi; — Au principal, fait mainlevée de l'opposition formée par Rauch ès mains du caissier du trésor royal; ordonne en conséquence que le transport fait par la veuve Ducasse au profit de Simon sera exécuté; réserve à Rauch, pour Louis Roques, son action contre la veuve Ducasse, etc.

Du 12 avril 1825.-C. de Paris, aud. sol.

(2) (César-Martin de Brenon *C.* héritiers Férand.) — LA COUR; — Attendu, sur le second moyen, qu'il est constaté, d'une part, que tous les immeubles de la succession avaient été vendus avant que le demandeur eût établi sa qualité d'enfant naturel; d'autre part, que celui-ci, après avoir d'abord exercé son action en partage contre les acquéreurs, avait reconnu ensuite la validité des aliénations comme ayant été faites de bonne foi par l'héritier apparent; que, dans un tel état de choses, en décidant que la valeur des immeubles de l'hoirie devait être définitivement déterminée entre les copartageants par les prix énoncés aux actes de vente, l'arrêt attaqué (de la cour d'Aix du 16 janv. 1840) a fait une juste application des principes de la matière et spécialement des dispositions combinées des art. 132, 549, 1380, 1599 et 1935 c. civ.;...—Rejette.

Du 20 janv. 1841.-C. C., ch. req.-MM. Zangiacomi, pr.-Duplan, rap.-Delangle, av. gén., c. conf.-Galisset, av.

(3) (Lefèvre *C.* Rolandeau.) — LA COUR (après un long délib. en la ch. du cons.); — Vu les art. 1 et 5 de la loi du 14 flor. an 11, et l'art. 757 c. civ.; — Attendu que les droits de la mineure de la Salle, dans la succession de son père qui a laissé un frère, sont fixés à la moitié des biens de cette succession par l'art. 757 c. civ., auquel elle est renvoyée par l'art. 1 de la loi du 14 flor. an 11; — Attendu que la transaction passée le 6 vend. an 8, entre Frédéric de la Salle, frère du père de la mineure, et la demoiselle Rolandeau, tutrice de celle-ci, et le jugement rendu en dernier ressort entre les parties, le 27 brum. suivant, sont des actes absolument étrangers aux sieur et dame Lefèvre, qui n'y ont été appelés ni parties; que l'arrêt de l'an 11, qui a rejeté la tierce opposition de ceux-ci au jugement en dernier ressort de l'an 8, porte positivement qu'il n'y a rien de préjugé contre les titres d'acquisition des sieur et dame Lefèvre, et que la demoiselle Rolandeau y a déclaré expressément qu'elle n'entendait point exciper des dispositions de ce jugement, relatives aux tiers détenteurs; — Attendu que la seconde moitié des biens de la succession acquise à la mineure de la Salle, par le moyen de la transaction de l'an 8, étrangère aux demandeurs, acquéreurs antérieurs, ne peut pas être réclamée contre eux; et qu'en accordant à cette mineure les neuf vingtièmes de la valeur des biens de Gumières, qu'ils avaient acquis dès l'an 4, au lieu du quart (*) seulement qui lui appartenait légalement, la cour d'appel de Paris a faussement appliqué l'art. 5 de la loi du 14 flor. an 11, qui ne maintient les conventions et jugements qu'à l'égard des parties intéressées qui y ont figuré, et est contrevenue à l'art. 1 de ladite loi, ainsi qu'à l'art. 757 c. civ. — Attendu que la même fausse application et contravention existent encore dans l'arrêt attaqué, relativement à la disposition qui, au lieu d'annuler les ventes de l'an 5 et de l'an 6, pour le quart seulement des biens qui en font l'objet, légalement attribué à la mineure de la Salle, les a annulées pour la moitié qui appartenait à la succession de son père; — Attendu qu'il n'a pas pu dépendre de la volonté de Frédéric de la Salle, après avoir vendu, sous la qualité de seul et unique héritier de son frère, les biens de la succession, de rompre et anéantir, par son propre fait, les mêmes contrats, ainsi qu'il a tenté de le faire par la transaction de l'an 8, en l'absence et au préjudice de ses acquéreurs, et qu'il n'a pas été le maître d'accorder, à leur détriment, à la mineure de la Salle, des droits plus étendus que ceux qui lui seraient attribués par la loi; — Attendu que les conclusions subsidiaires, et sous le rapport de la garantie exercée contre Frédéric de la Salle, prises en première instance par les acquéreurs, aux fins de résiliation de leurs contrats, dans le cas où ils seraient évincés d'une portion quelconque des biens y compris, ne peuvent pas justifier, en faveur de la mineure de la Salle, l'adoption d'une demande qui excédait les droits que lui attribuait la loi; — Casse, etc.

Du 20 mai 1806.-C. C., sect. civ.-MM. Target, pr.-Chasle, rap.

universum. — Spécialement on a maintenu la vente consentie par un légataire universel (C. C. de Belgique, 7 janv. 1847, aff. Colmant, D. P. 47. 2. 30), notamment dans un cas où le testament, dont tout annonçait la validité, avait été respecté et opposé comme fin de non-recevoir par l'adversaire lui-même (Toulouse, 5 mars 1833, aff. Despouy, n° 566). — Et encore lorsque le légataire universel dont les droits ont été consacrés par un arrêt souverain, a vendu un immeuble de la succession, après plus de treize ans d'une libre et paisible possession de l'hérédité, et moyennant un prix payable par fractions et par annuités (Cass. 16 janv. 1833, aff. de Rastignac, V. n° 548).

569. Même décision encore, pour la vente consentie par un héritier légataire à titre universel et dont le legs comprenait l'immeuble vendu. Dans l'espèce, le partage avait été homologué entre les parties après difficulté sur l'étendue du legs, et l'immeuble avait été vendu douze ans après le décès du testateur, et un an avant la découverte du testament qui révoquait le legs (Limoges, 27 déc. 1833, aff. Dufour C. Labrousse et Delpeuch).

570. Il a été jugé de même, lorsque le vendeur, au moyen d'une donation faite en sa faveur par ses père et mère, se trouvait héritier universel apparent et bien que son titre fût vicieux en ce que la donation comprenait, par exemple, des biens présents et à venir (Ord. 1731, art. 15). Dans l'espèce la vente avait eu lieu sous les yeux des sœurs du vendeur qui n'avaient intenté l'action en nullité que dix-sept ans après la vente (Montpellier, 11 janv. 1830) (1).

571. La question de validité des aliénations n'est admise qu'au cas où le vendeur avait un titre apparent dans sa qualité d'héritier légitime ou institué, ou dans celle soit de successeur à titre onéreux ou héréditaire de cet héritier, soit d'envoyé en possession comme légataire particulier; et surtout dans l'opinion qu'accréditent le silence et l'existence inconnue des héritiers légitimes. — Tout autre possesseur, n'ayant pas cette qualité, n'aliénerait pas valablement les biens dont il ne serait pas propriétaire. Tel serait, par exemple, un acheteur trompé par un faux propriétaire, un donataire dont le titre serait plus tard annulé pour vice de forme. — Il a été jugé aussi, conformément à cette distinction, que des parents de la mère d'un enfant naturel, qui, se croyant appelés à la succession de celui-ci, se sont emparés de ses biens ou en ont obtenu la remise de son tuteur, ne peuvent être assimilés à des héritiers apparents, et, par suite, la vente de ces biens par eux consentie est nulle comme vente de la chose d'autrui, même à l'égard du tiers acquéreur de bonne foi; que, toutefois le payement fait de bonne foi, entre les mains de ce détenteur par un débiteur de l'hérédité, est valable vis-à-vis de l'héritier véritable qui ne s'était pas fait connaître (Colmar, 18 janv. 1850, aff. Ranner, D. P. 51. 2. 161).

572. Au surplus, l'héritier apparent doit restituer la succession à l'héritier réel, sans qu'il y ait lieu d'en suspendre la délivrance jusqu'après le remboursement des sommes par lui payées à la décharge de l'hérédité. — Jugé ainsi dans un cas où l'héritier qui demandait ce sursis à la délivrance avait vendu l'entière succession et où la vente avait été déclarée nulle, quoique les deux parties fussent de bonne foi (Agen, 19 janv. 1842) (2).

573. Jusqu'à présent nous n'avons prévu qu'une seule espèce d'aliénation à titre onéreux, la vente ordinaire faite par l'héritier apparent. A plus forte raison, les mêmes solutions s'appliquent à une aliénation partielle ou n'emportant pas dessaisissement total de la propriété, et, par exemple, à une constitution d'hypothèque ou de servitude. — Jugé spécialement que ces immeubles sont frappés de l'hypothèque légale de la femme de l'héritier apparent, reconnu généralement et publiquement avec cette qualité au moment de son mariage; qu'en tous cas, les tiers acquéreurs qui n'ont été maintenus en possession des biens, vis-à-vis de l'héritier véritable, qu'en vertu du principe de la validité des ventes faites par l'héritier apparent, ne sont pas recevables à scinder l'effet de ce jugement pour contester le droit hypothécaire de la femme sur ces mêmes biens (Toulouse, 21 déc. 1839) (3).

(1) (Gavalda C. Affre et autres.) — LA COUR; — (L'arrêt commence par accueillir le moyen de nullité présenté contre la donation, puis il continue en ces termes:) ...Attendu que, quoique la donation soit annulable, cette nullité, qui ne pouvait avoir lieu de plein droit, n'a été opposée par les sœurs Gavalda que le 15 mars 1826; que, jusque-là, Jean Gavalda a été investi du titre de donataire universel de ses père et mère; qu'il a agi en vertu de ce titre sans opposition ni réclamation; qu'il a été reconnu comme tel dans la famille; qu'après le décès du père, il a continué de rester en possession des biens donnés; qu'il a fait diverses aliénations à la connaissance de ses sœurs, qui n'y ont mis aucun obstacle; qu'il a agi de bonne foi dans la gestion et administration des biens héréditaires; que son titre, quoique vicieux, n'en avait pas moins les apparences d'un titre légitime et la force, tant qu'il n'était pas attaqué; que, dans de telles circonstances, le sieur Affre, qui a agi de bonne foi, a valablement acquis des biens compris dans ladite donation; qu'une possession publique, paisible, non contestée, présentait dans Gavalda le propriétaire véritable et légitime, avec lequel le sieur Affre pouvait traiter sur la foi d'une possession et d'un titre contre lesquels il ne s'était point élevé de réclamation depuis plus de onze ans que le père Gavalda était décédé; qu'il est de principe que les traités, faits avec l'héritier apparent, même les aliénations, doivent être maintenus à l'égard des tiers de bonne foi; que l'héritier qui se présente ensuite doit s'imputer de n'avoir pas fait connaître plus tôt ses droits; — Déclare valable la vente faite à Affre le 30 oct. 1809, etc.

Du 11 janv. 1830.-C. de Montpellier.

(2) (Hébrard C. Roques.) — LA COUR; — Attendu que la délivrance de l'hérédité au véritable propriétaire ne saurait être suspendue par la prétention de l'héritier apparent, jusqu'après le remboursement des sommes par lui payées à la décharge de l'hérédité, parce que, outre que la pétition d'hérédité établit l'hérédité dans l'état primitif, et que l'héritier ne peut être arrêté pour sa mise en possession par les créanciers de cette même hérédité, sauf à être tenu du payement des dettes qui grèvent la succession, l'héritier apparent est tenu de justifier, soit de la réalité, soit de la quotité des payements de ces mêmes dettes, ce qui donne nécessairement lieu à une vérification et à une liquidation; qu'ainsi le délaissement des biens doit être ordonné sans suspension, sauf règlement et payement des sommes dues, à cet égard, à l'acquéreur; — Condamne Roques à faire le délaissement immédiat, etc.

Du 19 janv. 1842.-C. d'Agen.-MM. Tropamer, 1er pr.-Labat, av. gén.

(3) (Veuve Barbe C. Astugue et autres.) — LA COUR; — Sur la question de savoir si l'aliénation faite par l'héritier apparent de certains immeubles particuliers de la succession dont il est en possession, est nulle; — Attendu en fait, qu'un testament de 1787 institua Louis Barbe héritier général de son père; — Que Louis Barbe se qualifia tel dans son contrat de mariage; — Qu'il prit possession, en cette qualité, de tous les biens dépendant de l'hérédité paternelle; — Qu'il continua de la détenir comme héritier général; — Que ses parents, même intéressés, le reconnurent à ce titre, notamment son oncle, son frère et sa sœur, puisqu'ils reçurent de ses mains les légitimes qui leur étaient dues; — Qu'il fit de nombreuses ventes partielles au profit des tiers acquéreurs parties au procès; — Que si, plus tard, le testament en vertu duquel sa possession et ses actes de propriété avaient été faits fut annulé pour cause d'un simple vice de forme, les ventes partielles furent maintenues par un arrêt de 1815, sur le simple concours, de la part du vendeur, du titre d'héritier apparent, et de la bonne foi des tiers acquéreurs;

Attendu, en droit, que la disposition de l'art. 1599 c. civ., qui déclare nulle la vente des biens d'autrui, ne saurait être appliquée, en règle générale, qu'aux aliénations faites par ceux qui, sans titre ostensible, sans possession publique, sans droit quelconque, absolu ou partiel, vendent des héritiers héréditaires à des tiers qui n'ont aucun motif de les en supposer légitimes propriétaires, et dont l'imprudence ou la mauvaise foi méritent d'être punies de la nullité de leur titre d'acquisition; — Que si cette rigueur de la loi doit être appliquée, dans ces divers cas ordinaires et généraux, à la vente d'immeubles héréditaires faite par un étranger ou par un parent non successible, dépourvu de titre écrit ou de la possession, sur lesquels il fonde sa qualité d'héritier, que personne ne lui a reconnue ou attribuée, il n'en saurait être de même dans l'hypothèse d'une vente faite par un individu la qualité, dont la position, la conduite sur l'hérédité, la possession et les titres apparents l'ont notoirement représenté comme l'héritier du défunt, dont il a, plus ou moins immédiatement, pris la place sur les biens par lui délaissés; — Qu'alors la bonne foi, *surtout quand elle est émanée du vendeur et de l'acquéreur*, doit préserver leur contrat de la nullité prononcée par l'art. 1599 contre la vente du bien d'autrui;

Que, si le législateur n'a point compris ce dernier cas au rang des nombreuses exceptions apportées à ce dernier texte, c'est, sans doute, entre autres motifs, parce que la vente de la chose d'autrui était nécessairement à la suite de la mauvaise foi, et la mauvaise foi étant même commune à l'acquéreur qui n'a été trompé par aucune apparence sur la qualité de son vendeur, il a dû voir son titre frappé de la peine de nullité: or, comme une peine doit être rigoureusement renfermée dans les limites posées par le texte de la loi, son auteur n'a pas dû croire qu'on trouverait dans une aliénation faite par l'individu investi de tous les titres ostensibles et apparents les caractères d'une véritable vente de la chose d'autrui, puisqu'au moment où elle a été faite, le vendeur était réellement censé propriétaire de l'immeuble aliéné; — Que, dès lors, on

SECT. 2. — *De la renonciation aux successions.*

ART. 1. — *Des formalités et conditions requises pour la validité de la renonciation.*

§ 1. — *Nécessité d'une renonciation expresse. — Déclaration au greffe. — Capacité de renoncer.*

574. *Nécessité d'une déclaration expresse.* — L'héritier étant saisi par la loi, « la renonciation à la succession ne se présume pas », porte l'art. 784 c. nap. — Les lois romaines faisaient résulter la qualité d'héritier d'une acceptation expresse ou tacite, et, par conséquent, il suffisait de s'abstenir pour n'être pas héritier. — On faisait exception toutefois pour les enfants ou héritiers siens. Il a été jugé que, quoiqu'ils pussent s'abstenir de la succession de leur père, ils n'étaient pas moins réputés héritiers, et, comme tels, passibles des actions contre l'hérédité,

ne saurait, sans iniquité, placer sur la même ligne le traité conclu entre deux étrangers, ou non successibles, et de mauvaise foi, agissant pour tromper des tiers, ou pour se tromper mutuellement, et le traité passé par un successible naturel ou institué, réunissant toutes les conditions apparentes d'un véritable héritier, présumé propriétaire de la chose vendue à un acquéreur, que les faits, les circonstances, la conduite ou le silence du véritable héritier, et sa propre bonne foi, ont induit à erreur; — Que toutes les notions de justice et d'équité militent pour qu'on n'applique point la même peine à la bonne comme à la mauvaise foi;

Que, si l'art. 1599 n'accorde que des dommages-intérêts à l'acheteur qui a ignoré que la chose fût à autrui, c'est, d'abord, parce que dans les cas ordinaires et généraux, seuls prévus par la loi, il y a réellement chose d'autrui, lorsque le véritable propriétaire ne l'aliène pas, c'est-à-dire une chose sur laquelle nul autre que lui n'a, aux yeux des tiers et du public, aucun droit quelconque de propriété, soit réel, soit apparent; une chose, enfin, que le vendeur ne possédait qu'à titre d'usurpateur, une chose qu'il a aliénée sciemment et de mauvaise foi; c'est parce qu'alors l'acheteur, même de bonne foi, dépourvu de tout prétexte, ou de tout autre motif pour pallier son ignorance, doit se reprocher d'avoir supposé le simple possesseur propriétaire, et de n'avoir point pris les précautions, même ordinaires, pour s'assurer de la qualité et des titres personnels du vendeur sur lesquels la notoriété publique et les apparences même étaient nulles;

Que, dans l'hypothèse spéciale d'une aliénation de biens héréditaires, faite par l'héritier apparent en possession de la chose, l'acheteur ne se défend pas sur le seul fondement de son ignorance, mais encore sur ce qu'il n'a point acquis, dans l'acception rigoureuse du mot, et d'après l'esprit de la loi sainement compris, la chose d'autrui, puisqu'aux yeux du public et des tiers, le vendeur y avait, surtout quant à eux, un droit apparent de propriété; sur ce qu'alors, et dans ce cas particulier, cet acheteur, au lieu d'une simple ignorance de sa part, a été déterminé par la connaissance publique et notoire de la qualité d'héritier apparent, ce qui exclut tout reproche de négligence; — Que, dès lors, cet acheteur ne saurait être réduit, comme le premier, à de simples dommages-intérêts; — Que cette distinction, puisée dans la nature des choses, loin d'être destructive des principes relatifs à la prescription contre le véritable propriétaire de la chose vendue, ne tend taxativement qu'à une saine interprétation de l'art. 1599 sur la vente de la chose d'autrui, interprétation dont les effets rendent ce texte inapplicable à l'aliénation faite par l'héritier apparent, propriétaire putatif de la chose à l'instant où il l'a vendue; — Que, s'il était nécessaire de rechercher de nouveaux appuis de ces raisonnements ailleurs que dans les vrais principes sur l'interprétation et l'application des lois, notamment de ceux qui prononcent des peines de nullité ou de déchéance, on trouverait ces appuis dans la jurisprudence, qui, pour avoir été si longtemps controversée, n'en offre pas moins les raisons les plus puissantes pour la solution que la cour adopte en ce moment; — Qu'en effet, dès 1815, la cour suprême confirma un arrêt qui avait maintenu la vente d'un immeuble particulier par l'héritier apparent, parce que cet arrêt était, dit-elle, fondé sur une ancienne jurisprudence conforme au droit romain, et soutenue par les motifs les plus puissants d'ordre et d'intérêt public; qu'elle se conciliait avec les articles prétendus violés 549, 724 et 1599, qui n'ont statué qu'en principe et règle générale;

Qu'un grand nombre de décisions conformes émanèrent de diverses cours royales; — Que si, plus tard, et même en 1836, des arrêts contraires furent prononcés par plusieurs cours royales souveraines, on les vit néanmoins précédés, accompagnés et suivis jusqu'en 1838 de décisions analogues à celle de la cour suprême, notamment celui rendu en 1833 par la cour royale de Toulouse dans une espèce absolument identique à celle-ci, moins la double circonstance de la qualité de fils et de successible en la personne du vendeur, qui se rencontre dans la cause actuelle; — Qu'enfin, la cour de cassation persista véritablement, mais aussi évidemment, dans sa jurisprudence, par ses deux arrêts du 26 août 1833 : — « Attendu, en droit, que si la possession publique, notoire, et non contestée, de la succession d'un défunt, dans la personne de son héritier apparent, produit une exception de bonne foi suffisante pour protéger les actes faits entre lui et des tiers, la même faveur ne peut être étendue à la vente du titre même d'héritier, et des droits qui en dérivent, puisque, suivant l'art. 1696 c. civ., une telle vente suppose nécessairement la réalité du titre d'héritier sur la tête du vendeur, qui est obligé de le garantir; » — Que cette décision, puisée dans la raison des contraires, au lieu de présager un retour plus ou moins éloigné sur la jurisprudence fondée en 1815, laisse bien évidemment comprendre, par les termes et par la nature même des choses, que la cour suprême persévère de plus en plus dans sa première pensée : par les termes, puisque dans cet arrêt de 1833 elle rappelle, d'un côté, la substance des motifs de celui de 1815, pour faire comprendre que, s'ils avaient existé dans la cause où elle statuait en 1833, elle aurait alors rendu la même décision; et que, de l'autre, au lieu de rappeler, dans son dernier arrêt, l'art. 1599, base du système d'annulation absolue et générale, la cour de cassation ne se fonde que sur l'art. 1696, texte particulier à l'aliénation dont la nullité lui était demandée; — Par la nature des choses, puisque, dans l'arrêt de 1815, il s'agissait de l'aliénation d'un objet particulier de la succession, tandis que, dans l'arrêt de 1833, il s'agissait de la vente du titre d'héritier, pour laquelle la bonne foi, même de la part de l'acheteur, n'était même pas présumable, puisqu'aucun fait extérieur ne pouvait la provoquer suffisamment; — Que, dès lors, le magistrat, d'ailleurs guidé par ses propres lumières et par les vrais principes, ne saurait hésiter à suivre l'exemple de la cour régulatrice, dont la jurisprudence, assise sur le droit romain, sur l'ancienne jurisprudence, sur la saine interprétation du code, et sur les motifs les plus puissants de justice, d'ordre et d'intérêt public, s'élève au-dessus de la controverse des cours souveraines et des auteurs sur cette question;

Attendu 1° que les ventes dont il s'agit dans les procès actuels ayant été souscrites de bonne foi par un fils, d'abord successible de droit, et en outre institué héritier général, en vertu d'un testament public, jusqu'alors respecté par tous les autres héritiers légitimes, et même exécuté par certains d'entre eux; que ces ventes ainsi consenties au nom de l'héritier général, seul en possession des biens de la succession dont il était considéré comme l'unique propriétaire, sauf la légitime des autres enfants, et dont il était même réellement propriétaire en partie; — Que ces ventes de biens d'une succession indivise ne sauraient donc être envisagées comme de simples ventes de la chose d'autrui, entre des étrangers sans titre, sans qualité, sans aucun droit apparent, mais, au contraire, avec une évidente mauvaise foi;

Attendu, 2° que ces règles et ces principes doivent être appliqués au cas où l'héritier apparent hypothèque de bonne foi, conventionnellement ou légalement, les immeubles héréditaires au profit des créanciers de bonne foi; et surtout au profit de la femme, qui peut avoir été déterminée à lui accorder sa main par la considération du titre d'héritier général et apparent, suivi et accompagné d'une possession notoire et publique; — Que, puisqu'une aliénation indirecte de l'immeuble résulte de l'hypothèque légale ou conventionnelle, la règle relative à l'aliénation directe et expresse, émanée de l'héritier apparent, doit lui être appliquée, lors, surtout, que les mêmes faits, les mêmes circonstances et les mêmes raisons de décider militent à l'appui de la conservation et du maintien de l'aliénation par la voie de l'hypothèque légale; ce qui a été d'ailleurs identiquement jugé par un arrêt de la cour royale de Paris, du 8 juill. 1833;

Attendu, 3° que, dans tous les cas, une fin de non valoir, ou un défaut de qualité, interdisent aux appelants incidents l'exercice de l'exception, fondée sur ce que Louis Barbe n'aurait pas été réellement propriétaire des immeubles hypothéqués, car cette exception, taxativement introduite en faveur du propriétaire réel, avait été épuisée et prescrite sur la tête de ce dernier par l'arrêt de 1815; que les tiers détenteurs, maintenus dans leur acquisition de bonne foi, ne peuvent être admis à scinder, pour séparer de la vente la charge qui y était inhérente, à cause de la préexistence présumée à l'égard des tiers de l'hypothèque légale en faveur de la femme du vendeur; — Qu'ainsi, l'autorité de la chose jugée par cet arrêt de 1815 s'élève, en quelque sorte, en faveur de la veuve Barbe, puisqu'il serait contradictoire et surtout injuste qu'un même arrêt eût reconnu le vendeur véritable propriétaire de la chose aliénée vis-à-vis de certains acheteurs, et usurpateur vis-à-vis d'une autre partie placée, par une analogie parfaite, dans la même position que les autres, et pour un droit et une charge hypothécaire inséparables de leurs propres titres et de leurs qualités de tiers acquéreurs;

Attendu, 4° que les biens saisis à la requête de Catherine Esparros se trouvant ainsi légalement hypothéqués à son profit, elle a eu le droit de les suivre et de les faire vendre sur la tête de leurs tiers détenteurs; — Que ceux-ci, ne pouvant agir qu'en la qualité qu'ils possèdent ces immeubles, ne sont admissibles à exciper que des moyens de défense spécialement consacrés en leur faveur par les divers articles du code, au titre des Hypothèques, notamment par l'art. 2170, et autres textes auxquels celui-là se réfère; — Que, ne s'y étant point conformés, on ne

jusqu'à preuve d'une renonciation formelle (Rej. 21 flor. an 10) (1).

575. Il a été jugé de même, mais avec cette distinction : le fils, agissant comme demandeur, était réputé héritier de son père ; mais s'il était défendeur on devait prouver contre lui ou des faits d'immixtion ou une acceptation formelle de la succession (Bastia, 21 fév. 1838) (2).

576. En France, les coutumes et la jurisprudence variaient beaucoup sur ce point. Dans quelques coutumes, on allait jusqu'à distinguer, pour la nécessité de la renonciation, entre la succession directe et la succession collatérale. Les auteurs du code ont hésité longtemps sur le système qu'ils adopteraient ; ils ont préféré la règle de l'art. 784, par le double motif « qu'appelé par la loi, c'est à l'héritier à s'expliquer, et qu'il faut aussi que les créanciers de la succession sachent contre quel héritier ils doivent se pourvoir » (M. Chabot, V. *suprà*, p. 175, n° 85).— Sous l'empire de la coutume de Bretagne, il suffisait de s'abstenir de prendre part à une succession, sans qu'on fût obligé d'y renoncer expressément, pour qu'on dût présumer la renonciation (Rennes, 4 juill. 1821, aff. Binet *C.* Grosseau). — Mais on a jugé que la qualité de curateur d'une succession n'étant pas incompatible avec celle d'héritier, l'acceptation de celle-là ne peut être considérée comme une renonciation à celle-ci. Par suite, l'acceptant peut réclamer la succession en qualité d'héritier, même après trente ans, alors qu'il l'avait sans cesse administrée comme curateur : (Req. 6 vent. an 13) (3) : Dans l'espèce, les cohéritiers étaient deux sœurs ; l'une avait accepté, l'autre s'était abstenue, et son mari, créancier de la succession, avait été nommé curateur. Toutes les dettes étant payées, le curateur, abandonnant sa qualité de créancier, réclama, en qualité de représentant de son épouse décédée, le partage de la succession.

577. Au reste, l'héritier à réserve, qui est en même temps légataire universel de l'usufruit, ne peut être présumé avoir renoncé à ses droits héréditaires, soit pour s'être maintenu en jouissance des biens de la succession, soit pour avoir traité au sujet de l'usufruit, mais avec réserve de ses droits quelconques (Bordeaux, 24 avr. 1834, Gerbeaud, pr. aff. Boutet).

578. *Déclaration au greffe.* — La renonciation, continue l'art. 784, « ne peut plus être faite qu'au greffe du tribunal de première instance dans l'arrondissement duquel la succession s'est ouverte, et sur un registre particulier tenu à cet effet. » — Dans l'ancien usage, il suffisait ou d'un acte devant notaire, ou d'une requête signée du renonçant, et notifiée à la partie. — La forme nouvelle a été introduite pour donner, dans l'intérêt des tiers, une plus grande publicité à la renonciation ; le notaire n'aurait donc plus qualité pour recevoir un tel acte ; faite ailleurs qu'au greffe, la renonciation, même authentique, ne pourrait être opposée aux tiers.

579. Mais pourrait-elle l'être à celui qui a renoncé ? Tous les auteurs se bornent à énoncer la négative, déclarant l'acte entièrement nul (MM. Toullier, t. 4, n° 321 ; Favard, v° Renonciation, § 1, n° 3 ; Delaporte, Pand. franç., t. 3, p. 155). Le doute semble naître de ce que la formalité du greffe n'a été instituée que pour faire mieux connaître la renonciation aux tiers. Ainsi, il a été jugé : 1° que, par l'art. 784, « il n'est nullement défendu à l'un ou à plusieurs des successibles de s'obliger en vertu de contrats particuliers, et notamment par voie de transaction, envers les autres successibles, à ne pas se porter héritier (Req. 11 août 1825 (4) ; Conf. Marcadé, sur l'art. 784) ; — 2° Qu'à l'égard d'une renonciation à la communauté, le vice qui peut résulter de ce qu'elle n'a pas été, selon l'art. 1457, faite au greffe, ne serait opposable que par des tiers intéressés et non par la femme elle-même (Rej. 6 nov. 1827) (5). Ces deux décisions sont approuvées

---

saurait les recevoir à exciper des moyens propres et personnels aux cosuccessibles de feu Louis Barbe, qui ne revendiquent aucun des objets saisis comme excédant la part d'héritier général ; — Que, dès lors, les entraves apportées par des tiers détenteurs, et accueillies par les premiers juges, à la marche et à la consommation de la saisie immobilière, sont injustes, non-seulement comme inadmissibles de la part de ceux qui possèdent en vertu d'un titre émané du débiteur de Catherine Esparros, mais même comme tardives, puisqu'on n'a bien ou mal à propos opposé qu'après l'adjudication préparatoire l'exception prise de ce que les biens adjugés n'auraient pas dû être entièrement compris dans le lot de feu Louis Barbe, héritier général et apparent du père commun ; — Que, dès lors, il convient d'ordonner la continuation des poursuites en saisie immobilière devant le tribunal qui doit en connaître ; — Confirme.

Du 21 déc. 1839.-C. de Toulouse, 5e ch.-M. de Faydel, pr.

(1) (Les hérit. Saint-Martin.) — Le tribunal ; — Attendu que si, aux termes des lois romaines, l'enfant qui ne s'est pas immiscé dans la succession paternelle a le droit de répudier cette succession, il ne s'ensuit pas qu'il ne puisse être recherché comme héritier tant qu'il n'a pas fait sa renonciation ; que ce principe a été reconnu par Saint-Martin Lavallée lui-même dans le procès-verbal du bureau de paix, où, pour se mettre en état de prendre un parti sur la poursuite que ses sœurs se proposaient de diriger contre lui, comme héritiers du père commun, il demande communication des titres, pièces et renseignements dont il dit avoir besoin, à l'effet d'accepter l'hérédité ou d'y renoncer ; — Rejette le pourvoi contre le jugement d'Agen du 14 therm. an 9.

Du 21 flor. an 10.-C. C., sect. req.-MM. Vermeil, rap.-Merlin, c. conf.

(2) (Galeazzini *C.* Luiggi, etc.) — La cour ; — Attendu qu'on ne saurait faire résulter la qualité d'héritier de feu Jacques-Marie Luiggi, que l'on voudrait attribuer à ladite demoiselle Vincente, de cela seul qu'elle était sa fille, d'après la maxime *filius, ergo hæres ;* — Que, s'il est vrai que, d'après le droit romain, sous l'empire duquel s'est ouverte la succession de Jacques-Marie Luiggi, le fils qu'on appelait héritier sien, était, comme d'après le code actuel, saisi de plein droit de la succession de son père, il ne s'ensuivait pas qu'il fût forcé de l'accepter, l'édit du préteur ayant mitigé la rigueur de l'ancien droit, en introduisant en sa faveur le bénéfice d'abstention, pour jouir duquel il lui suffisait de ne pas s'immiscer dans la succession, sans qu'il eût besoin de faire aucune déclaration, ainsi que le porte textuellement la loi 12 : *Digestis, de acquirendâ vel omittendâ hæreditate,* d'où la conséquence que ce n'était qu'en faveur du fils qui demandait, *in activis*, que l'on invoquait l'axiome *filius, ergo hæres*, et jamais à son préjudice lorsqu'il se défendait, *in passivis*, parce qu'alors prévalait cette autre maxime « n'est héritier qui ne veut », et qu'il fallait prouver ou qu'il s'était immiscé dans la succession, ou bien qu'il s'était déclaré lui-même héritier pour qu'il pût être considéré comme tel, ainsi qu'il est attesté par tous les auteurs en général, et notamment par Paschalis dans son Traité *De viribus patriæ potestatis*, 4e part., ch. 1er ; — Attendu que rien ne prouve au procès que la demoiselle Vincente se soit immiscée dans la succession de son père, ni qu'elle ait jamais pris la qualité d'héritière ; — Confirme.

Du 21 fév. 1838.-C. de Bastia.-MM. d'Istria, 1er pr.-Giordani, rap.-Sorbier, 1er av. gén., c. conf.-Caraffa, Millauta, Ballesti et Viale, av.

(3) (Bar *C.* Van Alstein.) — La cour ; — Attendu que la nomination d'un curateur et l'acceptation de cette qualité de la part de Van Alstein ne sont point nécessairement exclusives de la qualité d'héritiers ; —Attendu que le demandeur n'aurait pu se prévaloir des lois sur la prescription qu'autant qu'il aurait eu lui-même un droit légalement acquis, ce qui n'est pas ; — Rejette.

Du 6 vent. an 13.-C. C., sect req.-MM. Muraire, pr.-Brillat, rap.

(4) (Bevy *C.* Bevy.) — La cour ; — Sur la troisième partie du moyen : — Attendu, en droit, que, si la renonciation à une succession ne peut plus être faite qu'au greffe du tribunal de première instance dans l'arrondissement duquel la succession s'est ouverte, sur un registre particulier tenu à cet effet (art. 784 c. civ.), il n'est nullement défendu à l'un ou plusieurs des successibles de s'obliger, en vertu de contrats particuliers, et notamment par voie de transaction, envers les autres successibles, de ne pas se porter héritiers, et que, l'ayant ainsi jugé, l'arrêt attaqué ne s'est mis en contradiction avec aucune loi ; — Rejette.

Du 11 août 1825.-C. C., sect. req.-MM. Botton, pr.-Lasagny, rap.

(5) (Virot *C.* Virot.) — La cour ; — Attendu, sur le premier moyen, en droit, que s'il est vrai que la renonciation de la femme à la communauté doit être faite au greffe du tribunal saisi de la demande en séparation (art. 874 c. pr.), il est également vrai qu'en toute matière, et même en cas de renonciation à la communauté, les conventions légalement formées, si elles ne nuisent ni ne profitent aux tiers, tiennent cependant toujours lieu de lois à ceux qui les ont faites (art. 1134 c. civ.) ; d'où la conséquence que si, pour fixer les rapports généraux et applicables indistinctement à tout créancier, il faut que la renonciation de la femme à la communauté soit faite dans les formes spécialement déterminées par la loi, néanmoins toute convention légalement formée, par laquelle la femme renonce à la communauté, la rend non recevable à faire valoir ensuite les droits résultant de la même communauté vis-à-vis de tous ceux en faveur de qui elle a fait cette convention ; — Et attendu qu'il est constant et reconnu en fait que la demanderesse en cassation a expressément et formellement renoncé à la communauté, non-seulement par les conclusions par elle prises lors des jugements des 31 août et 25 déc. 1834, mais encore par le consentement par elle prêté à ce que, dans la liquidation générale et définitive de ses reprises, son mari profitât exclusivement des effets de la communauté, sans faire d'autres réserves que celle d'exercer les droits de survie, le cas échéant ; consentement accepté par le mari, sanctionné et mis à exécution par le jugement du 27 avr. 1825, passé en force de chose jugée ; — Que,

par MM. Favard, *loc. cit.* Vazeille, art. 784, nº 2 : Fouet de Conflans, sur l'art. 784-2º ; — 3º Que l'on ne doit pas regarder comme renonciation à succession soumise aux formalités prescrites par l'art. 784 c. nap., l'acte par lequel un cohéritier reconnaît en transigeant la validité d'une donation faite à son cohéritier, et renonce ainsi à prendre part aux biens qui la composent (Nîmes, 30 juin 1819) (1).

580. En sens contraire il a été jugé que la renonciation à une succession, faite dans un arrondissement différent de l'arrondissement du lieu d'ouverture, est nulle aussi bien à l'égard du renonçant qu'à l'égard des tiers : — « Attendu que la forme indiquée par l'art. 784 c. nap. est substantielle ; qu'ainsi la renonciation faite dans un autre arrondissement ne peut produire effet ; — Attendu qu'une renonciation est un acte fait dans l'intérêt des tiers, dans celui des cohéritiers, et encore dans celui du renonçant ; que, dès lors, on ne peut dire, comme l'ont fait les premiers juges, que si cet acte est nul vis-à-vis des tiers, il doit toujours produire effet vis-à-vis de celui qui renonce ; qu'enfin, on ne doit pas distinguer là où la loi ne distingue pas ; — Emendant, etc. » (Poitiers, 28 juin 1839, M. Moyne, pr., aff. Moreau *C.* Chauvet).

581. Au reste, la cession faite en Normandie par un fils majeur à son père de tous ses droits dans la succession de sa mère, moyennant une somme déterminée, ne devait point être assimilée à une simple renonciation à succession, tellement qu'elle ait dû être faite en justice, suivant l'art. 255 de la coutume (Req. 16 avril 1822, aff. Hermel, V. Minorité, nº 673).

582. La renonciation peut se faire par un fondé de pouvoir : la *procuration* demeure *annexée au registre*. La procuration doit être spéciale (art. 1988) : mais est-il nécessaire qu'elle soit en forme authentique? — MM. Chabot, t. 2, p. 520, et Delaporte, Pand. franç., t. 3, p. 164, exigent, dans tous les cas, cette forme, sans en expliquer le motif. M. Favard, *loc. cit.*, croit suffisante une procuration dont la signature serait légalisée par le maire et ensuite par le sous-préfet, comme il est dit dans l'avis du conseil d'État du 26 nov. 1809. — Selon M. Duranton, t. 6, nº 472, il suffit, si elle est sous seing privé, qu'elle soit annexée au registre. Cette opinion est la nôtre ; la loi n'ayant pas déterminé la forme de la procuration, on reste dans les termes du droit commun, qui se contente d'un acte sous seing privé (art. 1985). Pourquoi imposer des frais inutiles au renonçant? Dira-t-on que la simple annexe au registre ne présente pas assez de garantie contre la suppression de l'acte? Mais si l'on est conséquent, on sera aussi conduit à dire que la procuration ne doit pas être seulement authentique, comme toutes celles délivrées en brevet par les notaires ; qu'il doit en être gardé minute, comme dans le cas d'acceptation d'une donation par un fondé de pouvoir (art. 933). Or la loi n'a prescrit rien de semblable, quant à la répudiation d'une succession (Conf. M. Vazeille, art. 784, nº 3).

583. Celui qui renonce à une succession n'est pas tenu de faire faire inventaire : — « Attendu que la loi n'impose point cette obligation » (Limoges, 8 mai 1822, aff. Pascarel *C.* Raymond). — Jugé de même que sous l'empire de l'ord. de 1667, l'héritier qui ne s'était point immiscé dans la succession pouvait y renoncer, alors même qu'il n'avait pas fait dresser d'inventaire, par suite de son absence pour le service militaire : — « Attendu que les délais accordés à l'héritier par l'art. 1, tit. 7, de l'ord. de 1667, le sont seulement à l'effet de suspendre les poursuites des créanciers de la succession, mais qu'il est de principe que l'héritier qui ne s'est point immiscé, peut renoncer après ces délais ; — Rejette » (Req. 7 vent. an 7, MM. Seignette, pr., Gottier, rap., aff. Fangerolles *C.* Dulong).

584. La répudiation d'une succession ne résulte que de la volonté positivement exprimée. En conséquence, la veuve qui, pensant avoir été dépouillée de la succession de son mari en vertu d'une décision arbitrale, a assigné ses neveux avec la qualité d'héritiers qu'elle ne croyait plus lui appartenir, ne peut être présumée, par cela seul, avoir répudié l'hérédité de son mari (Cass. 13 vend. an 4, MM. Bailly, pr., Chabroud, rap., aff. Massé, veuve Valabrègue, *C.* Liot).

585. Lorsque, par l'effet des circonstances, dans lesquelles se trouve la colonie de Saint-Domingue, des héritiers au profit desquels une succession s'est ouverte dans cette colonie, n'ont pas pu faire, devant les tribunaux de la colonie, leur renonciation à la succession, la cour de cassation peut, par voie de règlement de juges, autoriser ces héritiers à se retirer à cet effet devant un tribunal du royaume (Req. 18 janv. 1825, MM. Henrion, pr., Dunoyer, rap., aff. Bagnier *C.* Cuperlier).

586. La renonciation est valable, quoique non notifiée aux tiers ; cependant, quand l'héritier est assigné en cette qualité, il doit faire connaître qu'il a renoncé. Sinon, il est passible des dépens faits contre lui, jusqu'à ce qu'il ait notifié sa renonciation. Une partie des frais faits depuis cette notification reste même à sa charge, si dans l'acte de notification il n'a pas offert le payement des frais antérieurs : « Attendu que, faute par Françoise Dezémard d'avoir fait notifier à l'intimé sa renonciation, elle doit supporter les dépens faits contre elle jusqu'à cette notification, comme aussi elle doit supporter une partie de ceux qui ont été exposés depuis, faute par elle d'avoir fait offre, dans l'acte de notification, de payer les frais faits antérieurement » (Limoges, 23 juill. 1838, MM. Tixier-Lachassagne, pr., Decous, av. gén., aff. Dezémard *C.* Lauly).

587. Il a été jugé aussi que, bien que l'héritier puisse à son gré et pendant trente ans accepter ou renoncer à la succession (c. nap., art. 789), il doit cependant être tenu des frais de l'action en partage dirigée contre lui, s'il ne renonce que postérieurement à cette action : « Considérant que ces frais sont nécessairement à la charge des mariés Pacros, parce qu'ils n'eussent pas eu lieu s'ils eussent renoncé à la succession lorsqu'ils ont été appelés en conciliation et assignés à venir à partage, etc. » (Lyon, 21 mai 1831, M. Acher, pr., aff. Pacros *C.* Bernay).

588. Toutefois, il a été décidé que l'héritier qui renonce n'est point tenu de notifier sa renonciation au créancier qui antérieurement lui avait fait, selon l'art. 877, la signification des titres exécutoires contre le défunt ; et spécialement, que l'expropriation poursuivie à la requête d'un créancier de la succession contre les enfants du défunt, quand ceux-ci ont fait acte de répudiation, avant même le commandement antérieur à la saisie, est nulle comme faite contre des non-propriétaires, encore bien que ceux-ci n'auraient pas notifié leur renonciation au créancier qui leur avait signifié ses titres : le créancier poursuivant aurait dû préalablement faire nommer à la succession vacante un curateur contre qui les poursuites auraient ensuite été dirigées (Nîmes, 8 nov. 1827) (2).

589. *Capacité de renoncer.* — La faculté de renoncer sup-

dans ces circonstances, en décidant que la demanderesse en cassation ne pouvait aucunement, au mépris de sa renonciation si solidement établie, provoquer la liquidation et le partage de la communauté, l'arrêt attaqué a fait une juste application de la loi ; — Attendu, sur le second moyen, que cette décision unique de l'arrêt est suffisamment justifiée par le contrat judiciaire résultant des conclusions et du consentement de la demanderesse, et renfermant la renonciation expresse et formelle de cette dernière à la communauté ; — Attendu, en outre, que cette renonciation ayant servi de base au jugement de la liquidation générale et définitive du 27 avr. 1825, l'arrêt a dû, comme il l'a fait, repousser l'action de la demanderesse en liquidation et partage de la communauté, en s'étayant encore de l'autorité de la chose jugée par ledit jugement ; — Rejette, etc.

Du 6 nov. 1827.-C. C., ch. req.-M. Lasagni, rap.

(1) (Hérit. Tendil.) — LA COUR ; — Attendu que l'art. 784 c. civ. est ici sans application, parce qu'il n'y a point à présumer une renonciation de la part des sœurs Tendil à la succession de leur père, là où elles déterminent très-explicitement la quotité de la légitime qui leur revient sur elle, et que ce n'est pas renoncer à une succession que de reconnaître la validité de l'acte par lequel celui qui l'a laissée en ayant disposé d'après la faculté que lui en donnait la loi, a réduit ses successibles à des parts moindres que celles qu'ils auraient recueillies s'il n'avait fait qu'une disposition invalable ; que l'absence d'une répudiation faite au greffe, au vœu de l'article précité, ne peut donc vicier le traité du 3 nov. 1806 ; — Confirme.

Du 30 juin 1819.-C. de Nîmes.-MM. Garilhe et Esperandieu, av.

(2) *Espèce* : — (Dayre et Lisbonne *C.* Moustardier.) — 30 janv. 1827, jugement du tribunal de Nîmes, ainsi conçu : — « Attendu qu'il est de principe que l'expropriation ne peut être poursuivie que contre le propriétaire de l'immeuble exproprié, ou contre un curateur ou légitime administrateur ; qu'il est constant, en fait, que les mineurs Moustardier avaient répudié la succession de leur père, dès le 22 déc. 1825, avant le

pose celle d'accepter; on ne peut exercer l'une quand on n'a pas l'autre (L. 4, 18, *De acq. vel omitt. hœred.*). — Les conditions qu'il faut réunir pour être capable d'accepter s'appliquent donc aussi à la renonciation. — V. à cet égard nos 436 et suiv.

590. C'est ainsi que le mineur émancipé, incapable d'accepter seul une succession, ne peut seul la répudier valablement. — Et même on a jugé que la renonciation par lui faite sans délibération du conseil de famille et sans assistance de son curateur est nulle, bien qu'elle ait eu lieu avec l'autorisation du tribunal (Grenoble, 6 déc. 1842, aff. Achard, V. Minorité, n° 839.)

Jugé aussi que les délibérations du conseil de famille qui autorisent un tuteur à répudier la succession échue à son pupille, n'ont pas besoin d'être homologuées en justice : « Attendu que l'art. 461 c. civ. porte que le tuteur ne peut répudier une succession échue au mineur sans l'autorisation du conseil de famille ; qu'il n'ajoute pas que cette délibération doit être homologuée par le tribunal; que, cependant, toutes les fois que cette homologation est nécessaire, le législateur ne manque pas de l'exprimer; qu'il n'appartient pas au juge d'imposer l'obligation de cette formalité, et d'appliquer une nullité qui n'est pas écrite dans la loi ; confirme, etc. » (Toulouse, 11 juin 1829, M. Defeydel, pr., aff. Blancol *C.* Calvet).

§ 2. — *De la prescription de la faculté d'accepter ou de renoncer.*

591. Aux termes de l'art. 789, « la faculté d'accepter ou de répudier une succession se prescrit par le temps requis pour la prescription la plus longue des droits immobiliers. » Cet article a été diversement interprété. — D'après MM. Delaporte et Riffet, Pand. franç., sur l'art. 789, la faculté d'accepter ou de répudier est imprescriptible et dure indéfiniment tant que personne ne s'est mis en possession de la succession ; c'est seulement quand un autre que l'héritier réel s'en est emparé qu'il y a lieu à l'application de l'article. Il ne s'agirait donc que du droit de revendication contre un tiers possesseur. Mais l'article a pour objet le droit même à la qualité d'héritier.

M. Delvincourt, t. 2, p. 31, note 6, pense qu'après un silence de trente années l'habile à succéder serait à la fois réputé acceptant ou renonçant, selon l'intérêt des tiers : acceptant, à l'égard des créanciers de la succession; renonçant à l'égard d'un successible plus éloigné ou d'un tiers étranger qui se serait mis en possession des biens héréditaires. Ce système ne soutient pas un examen sérieux. D'abord, l'art. 789 ne suppose pas qu'on ait en même temps prescrit les deux facultés d'accepter et de répudier; la particule *ou* fait entendre qu'on sera ou héritier ou non héritier. Elle serait bien bizarre la condition d'un parent qui, héritier ou non au gré de ceux qui lui contesteraient l'une ou l'autre qualité, se verrait réduit, en définitive, à supporter tout le passif de la succession sans toucher rien de l'actif. Un tel système, appliqué dans toute sa rigueur, aurait les conséquences les plus révoltantes. Il exposerait à la ruine quiconque a perdu un parent, mort peut-être en pays étranger, mais dont il ne soupçonnait pas plus l'existence que le décès. Et si l'habile à succéder a fait une renonciation tardive, si les parents du degré subséquent ont à peine eu le temps, avant l'expiration des trente années, de manifester leur volonté; si même, se croyant écartés par les parents plus proches, ils n'ont pas appris qu'ils venaient d'être saisis par la loi, on les obligera donc à payer toutes les dettes ; car l'héritier qui renonce est censé n'avoir jamais été héritier, et la dévolution au degré subséquent remonte fictivement au jour de l'ouverture. C'est de ce jour que court le délai de prescription.

Une troisième opinion n'applique l'art. 789 qu'au cas où la succession est occupée par un autre que l'héritier en premier ordre, mais avec cette distinction : si c'est un héritier du degré subséquent, il ne pourra plus être dessaisi, après les trente ans; si c'est un étranger, il pourra l'être par le premier appelé, jusqu'à ce qu'il soit garanti par une possession suffisante pour prescrire. Quant aux créanciers de la succession, l'héritier sera libre de renoncer, même après trente ans, parce que nul n'est héritier qui ne veut (c. nap. 775).—Cette interprétation est tout arbitraire. Elle limite à une hypothèse particulière une disposition absolue; elle limite l'effet de la prescription en faveur de certaines personnes; elle divise la qualité d'héritier, l'admettant à l'égard de l'étranger, qui s'est emparé des biens; la rejetant, vis-à-vis les créanciers. Elle implique de plus contradiction dans la personne de l'héritier du degré subséquent: si sa vocation est légitime, c'est que le premier appelé est censé renonçant. Mais alors cet héritier doit seul exercer toutes les actions héréditaires. Cependant on réserve au premier appelé le droit de revendiquer les biens détenus par l'étranger.

Une autre doctrine est professée par M. Vazeille (Traité de la prescription, t. 1, n° 365) : « En cherchant, dit-il, le but de la loi et un effet à sa disposition, l'on ne trouve qu'une situation qui est dans l'ordre des choses possibles, mais qui doit être si rare qu'elle n'était pas propre à fixer l'attention du législateur. La loi ne rend pas de droit héritiers ceux pour qui trente années se sont écoulées sans qu'ils aient agi et sans qu'on les ait poursuivis sous cette qualité. Mais elle autorise les créanciers à forcer le successible à s'expliquer.... On peut supposer que l'art. 789 a pour objet de mettre un terme à l'hésitation du successible et de faire que lorsqu'il a été poursuivi, et que les délais qu'il a obtenus sont expirés, il perde la faculté de répudier, et soit inévitablement héritier au bout de trente ans. Dans une telle situa-

---

saisie immobilière, avant même le commandement qui la précéda, lequel est sous la date du 30 du même mois de décembre ; que, par suite, d'après l'art. 785, ils étaient censés n'avoir jamais été héritiers ; qu'on ne pouvait donc pas poursuivre sur leur tête l'expropriation des biens de leur père ;

» Attendu que tous les actes de la poursuite en expropriation faite à la requête de Pierre Dayre, créancier du défunt Moustardier, ayant été notifiés à la veuve Moustardier, en sa qualité de tutrice des mineurs, mal à propos qualifiés héritiers, il est évident que l'expropriation a été poursuivie contre des non-propriétaires et des personnes sans qualité pour défendre à la demande ; qu'en effet, dans cette position, l'hoirie étant vacante, c'était aux personnes intéressées, et surtout au créancier poursuivant, à faire nommer un curateur à cette hoirie, contre lequel il aurait légalement exercé des poursuites, qui, à défaut de cette formalité préalable, impérieusement exigée par la loi, ont été, dès le principe, frappées de nullité ;

» Attendu que vainement le poursuivant, ou toute autre partie, voudrait se prévaloir de ce que cette répudiation des enfants mineurs n'aurait point été signifiée, puisque, depuis que l'art. 784 c. civ. a déclaré que la renonciation à sa succession ne pouvait plus être faite qu'au greffe du tribunal du lieu où s'est ouverte la succession, la notification en est devenue inutile, vu que les registres destinés à recevoir ces répudiations sont publics; que les parties intéressées à les connaître doivent s'imputer la faute de ne les avoir point vérifiés avant de commencer leurs poursuites, et de ne s'être pas mis à même de s'assurer de la qualité des personnes contre lesquelles elles agissaient ; qu'aucune objection ne peut être valablement élevée contre cette présomption légale de publicité, surtout lorsque la renonciation a eu lieu avant le commencement de la saisie immobilière ; — Attendu que vainement encore il été soutenu que les poursuites étaient commencées par la notification que fit Pierre Dayre de ses titres antérieurement à la renonciation, puisque cette notification, uniquement faite pour remplir le vœu de l'art. 877, n'a jamais été considérée comme un commencement d'exécution ; que les termes de cet article excluent une telle prétention, et démontrent que cette notification est un préalable de l'exécution, mais n'en fait pas partie ;

» Attendu que l'objection prise de ce que la veuve et les enfants s'étant mis en possession des biens depuis le décès de Denis Moustardier jusqu'à l'adjudication, ils doivent être considérés comme s'étant immiscés dans la succession, ayant fait acte d'héritiers, et, par suite, s'étant rendus irrecevables à se prévaloir de la répudiation du 22 déc. 1825, est dénuée de tout fondement, soit parce que le procès-verbal descriptif du mobilier, à la date du 15 mars 1820, annonce l'intention, de la part des habiles à se porter héritiers, de ne point confondre les biens de l'hoirie avec les leurs ; soit parce qu'il n'est justifié, en fait, d'aucun acte qui prouve l'adition d'hérédité apparente ou tacite, soit, principalement, parce que les mineurs, à raison de leur qualité, ne pouvaient accepter que sous bénéfice d'inventaire ; — Attendu que l'offre en preuve coarctée à cet égard n'est ni pertinente ni admissible, puisque ni les mineurs ni la tutrice pour eux ne peuvent accepter tacitement une succession, ni même se porter héritiers, sans l'autorisation du conseil de famille ; — Attendu que les poursuites en expropriation étant nulles, elles entraînent la nullité du jugement d'adjudication, de l'élection de command en faveur de Lisbonne, comme aussi de la revente consentie par ce dernier d'une maison dépendante de l'hoirie au sieur Antoine Grégoire. » — Appel. — Arrêt.

LA COUR ; — Adoptant les motifs des premiers juges, confirme.

Du 8 nov. 1827.-C. de Nîmes, 1re ch.-MM. Thourel, pr.-Crémieux, av.

tion, si elle peut se rencontrer, l'art. 789 sera applicable; hors de là, on ne lui voit pas d'application relativement à la faculté de répudier. » Mais on peut répondre avec M. Malpel, *loc. cit.*: « Puisque le cas prévu est si rare que l'auteur doute lui-même qu'il se réalise, comment penser que le législateur l'a eu en vue; qu'il s'est occupé d'une hypothèse chimérique? *Quod bis aut semel extitit, prætereunt legislatores* (L. 6, ff., *De legib.*). »

M. Maleville, sur *l'art.* 789, n'applique la prescription qu'à la faculté d'accepter; l'héritier serait nécessairement renonçant après les trente années de silence. Mais ce système retranche arbitrairement une partie du texte qui suppose prescriptible aussi la faculté de renoncer.

MM. Duranton, t. 6, n° 483; Malpel, n° 336, sont conduits au même résultat, mais par une voie différente. « L'habile à succéder, dit M. Malpel, devient après trente ans étranger à la succession, et il doit être considéré comme n'ayant jamais été appelé à la recueillir; il ne peut donc pas l'accepter après ce laps de temps, et c'est par ce motif seulement qu'il ne peut pas y renoncer, suivant la règle, *Quod quis, si velit habere, renuntiare non potest*. Et c'est en ce sens qu'il est vrai de dire que la faculté d'accepter ou de répudier une succession se prescrit par trente ans. Ainsi l'effet de la prescription consiste à dépouiller l'habile à succéder de tous les droits dont la saisine l'avait investi; d'où il suit que les prétentions de ceux qui avaient intérêt à considérer l'habile à succéder comme acceptant, et les prétentions de ceux qui avaient intérêt à le considérer comme renonçant, n'ont plus de fondement.— Cette doctrine est contraire à l'art. 784, selon lequel la renonciation ne se présume pas. Elle ne se concilie pas non plus avec le texte de l'art. 790 : « La faculté d'accepter ou de renoncer se prescrit, etc. » Ce qui suppose qu'on peut, par la prescription, perdre la faculté de renoncer, et demeurer irrévocablement héritier. — M. Duranton confesse la justesse de ces deux reproches. Mais il ne persiste pas moins à défendre la même doctrine, comme « étant le plus en harmonie avec l'esprit général de la loi. » Nul n'est héritier qui ne veut. Par une conséquence des autres systèmes on se trouverait héritier sans avoir su ni le décès ni même la parenté, et sans avoir eu le loisir de renoncer. Si l'on a dit d'ailleurs, en thèse générale, que la renonciation ne se présumait pas, c'était pour favoriser le droit de transmission aux descendants. Mais après trente ans d'inaction, un autre principe devait l'emporter : *Nemo res suas jactare præsumitur*. Si le successible s'était reconnu héritier, il n'eût pas négligé ainsi les choses de l'hérédité. »

Enfin, MM. Chabot, n° 1, et Belot-Jolismont, son annotateur; Demante, t. 2, p. 110; Poujol, entendent ainsi l'art. 789 : Après les trente ans, la faculté de renoncer est prescrite. Quant à la faculté d'accepter, elle peut se prescrire aussi, mais dans le cas seulement où l'héritier aurait déjà renoncé, selon l'art. 790, sans que d'autres se fussent depuis immiscés dans la succession. Ainsi s'observe littéralement l'art. 789, qui, dans ses termes, embrasse deux hypothèses, et donne à la prescription le double effet de rendre le successible, selon les circonstances, tantôt acceptant, tantôt renonçant. — Nous adoptons de préférence cette dernière interprétation. On n'a fait qu'une seule objection grave : Tel parent sera donc, à son insu, forcé d'accepter contre le vœu de l'art. 775, et réduit à payer les dettes imprévues. Nous répondons : 1° après les trente ans, l'acceptation pourra être bénéficiaire; 2° si notre système contrevient à la règle, *nul n'est héritier qui ne veut*, celui qu'on oppose et qui présume la renonciation contrevient à une autre règle, selon laquelle la renonciation ne se présume pas; sous ce rapport, les deux opinions seraient d'une égale défaveur. Mais il faut remarquer que le plus souvent l'acceptation sera volontaire, l'héritier ayant eu le pouvoir de renoncer. Il semble plus naturel, en outre, de maintenir comme définitive l'acceptation jusque-là provisoire ou présumée, que de supposer, à défaut de preuve, qu'on n'a pas et qu'on n'a jamais eu la volonté d'accepter. De même, si l'héritier avait déjà renoncé comme dans l'hypothèse de l'art. 790, l'expiration des trente années le trouvant dans cet état de renonciation, il serait naturel de supposer qu'il persévère dans la volonté de renoncer. 3° Admettre toujours la présomption de répudiation après trente ans de silence, c'est exposer l'habile à succéder, qui ne connaissait peut-être pas l'ouverture de la succession ou qui ne l'a connue que très-tard, à perdre les avantages et prérogatives héréditaires dont l'avait saisi la loi. Notre interprétation, au contraire, ne lèse aucun droit, aucun intérêt; si la succession est avantageuse, on n'en sera point dépouillé à son insu; si elle est onéreuse, le bénéfice d'inventaire sera le moyen d'éviter les pertes. A la vérité on a objecté (M. Malpel) que « la prescription équivaut à une acceptation tacite, » qui de sa nature est pure et simple. Mais la prescription ôte seulement la faculté de renoncer, elle n'a pas d'autre but; en conséquence elle laisse intacte la faculté d'accepter sous bénéfice d'inventaire. L'équité aussi donne ce sens à la loi.

M. Marcadé, n° 2, arrive au même résultat par une interprétation différente. Il pense aussi qu'après trente ans de silence, le successible demeure héritier, sans qu'il lui soit possible de renoncer. Mais il n'admet pas que la faculté d'accepter soit déclarée prescrite, en vue de l'héritier qui a renoncé d'après l'art. 790. Il entend l'art. 790 comme s'il disait seulement *la faculté de répudier se prescrit*; et si on lui objecte que c'est retrancher du texte les mots la *faculté d'accepter*, il répond que la rédaction de l'article enlève à l'héritier une option, le droit de choisir entre l'acceptation ou la renonciation, et signifie par là simplement qu'il ne peut plus renoncer. Ce n'est qu'une manière différente d'exprimer la même pensée.

Quant à la jurisprudence, elle a statué aussi en sens divers, et dans diverses hypothèses. — Jugé : 1° que le successible qui a laissé passer trente années sans prendre qualité est définitivement héritier, et a perdu la faculté de renoncer à la succession; qu'en conséquence il est passible des dettes de cette succession (Bordeaux, 26 janv. 1827, 6 mai 1841 (1); Riom, 1er fév. 1847, aff. Aulagne, D. P. 47. 2. 83); — 2° Que, dans le même cas, le successible, se trouvant définitivement héritier et privé, par suite, de la faculté de renoncer, n'est pas déchu, après trente ans depuis l'ouverture de la succession, de la faculté d'appréhender la succession encore vacante (Paris, 2 fév. 1844, aff. Didier, n° 419); — 3° Que, sous l'ancien droit, l'héritier de premier degré, qui avait laissé passer plus de trente ans sans accepter une succession, n'était pas déchu du droit de l'accepter ou de la revendiquer contre un héritier du degré subséquent, si ce dernier n'avait pas trente ans de possession (Douai, 16 nov. 1831 (2); Grenoble,

(1) 1re *Espèce* : —(Hér. Paulet C. Vaslet.) — LA COUR; — Considérant que la fille ayant survécu à sa mère, a été immédiatement saisie de son hérédité par la seule force de la loi; qu'il est contraire aux principes de prétendre que, par cela seul qu'elle n'aurait pas fait acceptation d'hérédité, la succession eût été, de droit, dévolue aux héritiers collatéraux; qu'en droit, l'abstention d'hérédité ne produit d'autre effet que de paralyser les actions des créanciers contre l'héritier, mais qu'elle ne dépouille nullement celui-ci de la saisine légale qui lui est déférée; que le droit d'accepter une succession ne s'éteint par la prescription, que lorsqu'il arrive qu'une autre personne a acquis cette hérédité au moyen de la possession, mais que, jusqu'alors, l'héritier n'est point dépouillé de sa qualité; — Emendant, etc.

Du 26 janv. 1827.-C. Bordeaux, 2e ch.-MM. Dutrouilh, pr.

2e *Espèce* : —(Duranty C. Barbe.) — LA COUR; — Attendu que les valeurs saisies-arrêtées dépendent de l'hérédité de Duranty, qui a succédé à son frère Duraty, d'Auvillars; que, du moins, une renonciation ne se présumant pas, le patrimoine de Duranty s'est augmenté de celui de son frère susnommé; que vainement trente ans se seraient écoulés sans que Duranty eût pris qualités, qu'il n'en résulte pas la prescription de la faculté, de la part de Duranty, d'accepter la succession de Duranty, d'Auvillars; que ce serait plutôt la faculté de renoncer qui se trouverait prescrite; que la demoiselle Duranty n'a pu, sous le prétexte d'une prescription prétendue acquise contre Duranty de la faculté d'accepter la succession Duranty, d'Auvillars, acceptant de son chef ladite succession, et se l'appropriant ainsi, priver de leur gage des créanciers qui trouvent légalement leur débiteur investi des biens, droits et actions de Duranty, d'Auvillars; que, Duranty n'ayant pas renoncé, ses créanciers n'ont pas dû recourir à la faculté que donne l'art. 788 c. civ.; que dès lors ils n'ont eu à agir que contre la succession de leur débiteur; qu'enfin, la situation que voudrait se créer la demoiselle Duranty ne peut préjudicier aux créanciers de son père; qu'à ces derniers elle n'oppose pas, qu'elle ne peut opposer une possession suffisante pour lui attribuer un droit personnel, puisque la veuve Duranty, d'Auvillars, a possédé jusqu'en 1836; — Confirme.

Du 6 mai 1841.-C. Bordeaux, 2e ch.-M. Poumeyrol, pr.

(2) (Drouillart C. Dauvergne.) — Le 25 août 1795, décès de Huguet Duhallier. — Son héritier, Antoine Drouillart, meurt laissant un fils

16 juill. 1836, et sur pourvoi, Rej. 25 mai 1840) (1); — 4° Qu'avant le code Napoléon, l'héritier naturel conservait le droit d'accepter la succession, même après trente ans, aussi longtemps qu'il n'avait point été acquis par un autre (Cass. 23 janv. 1837) (2).

Jacques-Joseph, qui décède aussi laissant pour héritiers plusieurs enfants. — La succession du sieur Huguet Duhallier reste vacante jusqu'en 1826, époque à laquelle un sieur Dauvergne, héritier subséquent, obtient le payement d'une créance de la succession. — En 1850, demande en restitution de la part des enfants de Jacques-Joseph Drouillart de la créance touchée par Dauvergne. — 30 juin, le tribunal de Boulogne rejette la demande en ces termes : — « Considérant que la succession de Joseph-Hippolyte Huguet Duhallier s'est ouverte par son décès arrivé le 25 août 1795; — Qu'il n'apparaît pas que cette succession ait été acceptée soit par Antoine Drouillart, aïeul des demandeurs, soit par Jacques-Joseph Drouillart, leur père; — Que les demandeurs ayant renoncé à la succession de ce dernier, décédé le 9 juin 1806, la prescription du droit d'accepter ou de répudier la succession de Huguet Duhallier, commencée en 1795, a continué de courir contre la succession dudit Jacques-Joseph Drouillart; — Que cette prescription s'est accomplie en 1825, et que le premier acte d'addition de l'hoirie de Huguet Duhallier a eu lieu dans le courant de 1826 de la part du défendeur; — Que la disposition de l'art. 789 c. civ., qui n'est pas introductive d'un droit nouveau, et qui n'a fait que consacrer les principes du droit coutumier en matière de prescription de la faculté d'accepter ou de répudier les successions, doit être entendue en ce sens que si, en vertu de la maxime *le mort saisit le vif*, les héritiers sont investis de plein droit des biens, charges et actions du défunt, cette saisine n'opère son effet qu'autant que les héritiers ont répondu par une acceptation expresse ou tacite à la vocation de la loi, et ce dans un délai fatal, passé lequel ils sont, faute d'avoir accepté, censé avoir refusé de répondre à l'appel qui leur était fait, tout comme s'ils avaient expressément renoncé et précisément parce qu'ils ont perdu la faculté d'accepter; qu'alors prévaut d'une manière définitive et irrévocable cette autre maxime : nul n'est héritier qui ne veut; — Que, par l'effet de la prescription de la faculté d'accepter ainsi acquise contre la succession de Jacques-Joseph Drouillart, et, à partir du jour où elle a été acquise, la succession de Huguet Duhallier s'est trouvée dévolue aux héritiers les plus proches du degré subséquent; que, si les demandeurs se présentaient comme étant, de leur chef, héritiers plus proches que le défendeur, ou au moins d'égal degré, il y aurait lieu d'apprécier le mérite de cette prétention en elle-même, pour arriver à prononcer sur l'action soit en pétition d'hérédité, soit en partage qu'ils auraient formée en ladite qualité; mais que procédant comme créanciers de Jacques-Joseph Drouillart, et comme exerçant à ce titre les droits qui peuvent appartenir à la succession vacante de leur débiteur dans celle de Huguet Duhallier, l'exception de prescription milite dans toute sa force contre les demandeurs.» — Appel. Arrêt.

LA COUR; — Attendu que la succession de Joseph-Hippolyte Huguet Duhallier, s'étant ouverte en 1795, ne peut être régie par les dispositions du code civil; — Que, sous l'empire de l'ancien droit, l'héritier présomptif ne perdait par la prescription la faculté d'accepter la succession à laquelle il était appelé par la loi, qu'autant qu'un autre héritier avait possédé l'hérédité pendant le temps requis pour la prescription; — Attendu, en fait, que les intimés ne peuvent se prévaloir d'aucune possession pendant le temps qui a précédé l'émission du code civil, et que leur possession, depuis la promulgation du code civil, est insuffisante pour qu'ils puissent invoquer la prescription; — Attendu qu'il n'est point contesté que les appelants n'aient qualité pour exercer les droits de Jacques-Joseph Drouillart, héritier dudit Huguet Duhallier; — Émendant, etc.

Du 16 nov. 1851.-C. de Douai, 1re ch.-M. de Quardeville, 1er pr.

(1) *Espèce* : — (Cheval et cons. C. Deboile.) — Le 16 juill. 1835, arrêt de la cour de Grenoble, conçu en ces termes :

« La cour; attendu que, dans l'ancien droit, sous l'empire duquel s'est ouverte la succession dont il s'agit, et suivant la maxime « le mort saisit le vif », admise dans les pays de droit écrit, tous les héritiers étaient saisis, de plein droit, de l'hérédité du défunt; — Attendu que l'adition d'hérédité n'ajoutait rien au droit que la loi transférait à chaque héritier sur les biens de la succession, et ne produisait d'effet qu'à l'égard des créanciers, en obligeant le cohéritier qui avait fait adition de l'hérédité au payement des dettes et charges, et en le privant de la faculté qu'il pouvait exercer pendant trente ans, à partir de l'ouverture de la succession, de répudier l'hérédité; — Attendu que le droit à l'hérédité ne se perdait, comme tous les autres droits et actions, que par la prescription de trente ans; que cette prescription ne pouvait s'acquérir, au profit de l'un des cohéritiers contre les autres, que lorsque, à la possession du droit qui appartient à tous les héritiers, celui qui se prévalait de la prescription pouvait opposer une possession réelle et exclusive, pendant trente ans, des biens de l'hérédité; « qu'il faut bien prendre garde, dit Furgole, Traité des Test., ch. 10, sect. 1, qu'afin que le droit de l'hérédité fût éteint par la prescription, il faudrait qu'un autre l'eût acquis par la possession; car la prescription est bien mise au rang des moyens d'acquérir ou de perdre; mais il faut, afin qu'elle ait lieu, que ce qui est perdu par l'un à cause de sa négligence soit acquis par un autre à cause de sa possession »; d'où il suit que l'hérédité ne se perdait pas par la seule circonstance du défaut d'adition d'hérédité pendant trente ans, mais qu'il fallait encore que l'héritier qui voulait exclure son cohéritier établit sa possession privative des biens de l'hérédité pendant trente ans; — Attendu que ce que dit Furgole, au ch. 9 du même traité, au sujet de l'accroissement des portions vacantes, n'a rien de contraire au principe général de la prescription; car en lisant avec attention l'opinion de cet auteur relativement au droit d'accroissement, l'on voit qu'au silence ou à l'inaction du cohéritier il faut joindre l'appréhension réelle pendant l'espace déterminé par la prescription pour que l'accroissement puisse s'opérer; — Attendu que l'hérédité d'Étienne Grange n'a jamais été possédée exclusivement par Cheval et consorts; que les biens de cette succession ont été jouis et possédés, depuis son ouverture, par Élisabeth Grange, en sa qualité de légataire de l'usufruit de tous les biens, jusqu'au 18 mars 1828, époque de son décès; — Attendu que le jugement du 15 fév. 1799, qui condamne Cheval et consorts, comme héritiers d'Étienne Grange, au payement de partie des dettes de la succession; que la vente de partie des biens de l'hérédité à laquelle ils ont fait procéder, le 20 juill. 1800, ne peut les faire considérer comme seuls héritiers de la succession, comme ayant joui exclusivement des biens qui la composaient, puisque la veuve Grange a continué à jouir de son usufruit; et que le jugement du 15 juill. 1799, ainsi que la vente du 20 juill. 1800, en imprimant sur la tête de Cheval et cons. la qualité indélébile d'héritiers, et en les soumettant au payement des dettes et charges de la succession, n'ont pu faire perdre aux autres héritiers, qui n'étaient point en qualité dans ce jugement et dans cet acte, les droits héréditaires qu'ils tenaient de la loi; — Attendu, au surplus, qu'en admettant que la vente du 20 juill. 1800 eût eu pour effet de rendre Cheval et consorts seuls possesseurs de l'hérédité, et qu'ainsi la veuve Grange fût considérée comme ayant possédé pour eux, ils ne pourraient encore se prévaloir de la prescription, puisque trente ans ne se seraient pas écoulés depuis le 20 juill. 1800 jusqu'au jour de la demande, en date du mois de mai 1829; — Par ces motifs, ordonne que les mariés Deboile et consorts seront compris au nombre des héritiers d'Étienne Grange; qu'en conséquence, ils concourront, chacun selon son droit, au partage de la succession dudit Étienne Grange. »

Pourvoi des sieurs Cheval et consorts pour violation des L. 4, au code, *De præscription. triginta vel quadrag. annorum*; 8 *ibid.*, *De jure deliberandi*; 25, § 2, Dig., *De inofficiosis testam.* 2, cod.; *De præscrip.*; 50 *vel* 40 *ann.*; 18, Dig., *De acquirendâ vel amittendâ possessione*; et des art. 789 et 2236 c. civ., en ce que l'arrêt attaqué a décidé que, sous l'ancien droit écrit, la simple adition par quelques-uns des successibles appelés à recueillir la nue propriété d'une hérédité grevée d'usufruit ne suffisait pas pour faire courir la prescription au profit de ceux qui avaient ainsi accepté, et au préjudice des coappelés qui avaient laissé écouler plus de trente ans, depuis l'ouverture de la succession, sans accepter eux-mêmes; et en ce que l'arrêt l'a ainsi jugé, bien que, dans l'espèce, les successibles acceptants eussent fait, depuis plus de trente ans, tous les actes d'appréhension réelle et effective compatibles avec la jouissance de l'usufruitier. — Dans ce système, on soutient que la maxime *le mort saisit le vif* n'avait pas pour effet d'attribuer invariablement au successible la qualité d'héritier; que, pour avoir cette qualité, il devait faire acte d'adition d'hérédité, sans quoi ses droits se prescrivaient par trente ans; que c'est là ce qu'enseignaient unanimement les anciens auteurs; que Furgole, notamment, s'en explique formellement (Des testam., chap. 10, sect. 1, n° 159). — Arrêt (ap. délib. en ch. du cons.).

LA COUR; — Attendu que l'arrêt attaqué a déclaré que le jugement du 27 pluv. an 7, et la contrainte du 27 vend. an 8, n'avaient pas pu avoir pour effet de transmettre à Cheval et consorts la saisine et la possession de la totalité de la part afférente à la ligne paternelle dans l'hérédité d'Étienne Grange; et qu'en admettant que la vente du 1er therm. an 7 (29 juill. 1800) pût être considérée comme un acte de possession exclusive, ils ne pouvaient se prévaloir de la prescription, puisque le délai pour prescrire ne se serait pas écoulé depuis le 29 juill. 1800 jusqu'au jour de la demande en partage formée par les mariés de Boile et consorts; et qu'en jugeant ainsi, l'arrêt attaqué n'a fait qu'une juste appréciation des actes de la cause, et s'est conformé aux lois de la matière; — Rejette.

Du 25 mai 1840.-C. C., ch. civ.-MM. Portalis, 1er pr.-Moreau, rap.-Laplagne-Barris, 1er av. gén., c. conf.-Ledru-Rollin et Galisset, av.

(2) (De Larrey C. de Pons.) — LA COUR (ap. délib. en ch. du cons.); — En ce qui concerne les cinq premiers moyens, dirigés contre l'arrêt du 31 août 1835 : — Attendu, sur le premier et le deuxième moyen que, si une succession ouverte avant la promulgation du code civil doit être régie, en ce qui touche les droits des héritiers et des légataires, par les lois en vigueur au moment de son ouverture, ce qui est relatif à la forme et aux effets de l'acceptation ou de la répudiation d'une succession, est

592. Au contraire, il a été décidé : 1° que, d'après l'art. 789 c. nap., l'héritier qui a gardé le silence pendant trente ans est déchu de la faculté d'accepter la succession, à l'encontre d'un héritier plus éloigné, qui s'en est emparé, bien que ce dernier ne l'ait pas possédée pendant un temps suffisant pour prescrire (Rouen, 6 juin 1838) (1); — 2° Que le successible, qui a gardé le silence pendant les trente années, doit être regardé comme ayant entièrement perdu, soit activement, soit passivement, la qualité d'héritier; que, dès lors, il n'est pas besoin d'une renonciation expresse pour le mettre à l'abri des poursuites des créanciers de la succession (Paris, 3 fév. 1848, aff. Baré, D. P. 48. 2. 23).

593. Il a été jugé : 1° que la prescription du droit d'accepter une succession ne court contre un habile à succéder au profit de l'héritier du degré subséquent que du jour où celui-ci a été mis en possession effective des objets de la succession, ou du jour où le premier a été interpellé de prendre qualité; et spécialement que la prescription ne court pas, à défaut d'interpellation, tant que dure l'usufruit d'un tiers sur les biens de la succession (Bourges, 21 janv. 1840) (2). — Cette décision nous paraît ajouter à l'art. 786 des conditions de prescription qu'il n'exige pas. — 2° Que la prescription de trente ans, à laquelle est soumise la faculté d'accepter une succession, court au profit des successeurs irréguliers, à partir de l'ouverture de la succession, et non à dater du jugement d'envoi en possession, l'envoi en possession des successeurs irréguliers remontant à l'ouverture de la succession, comme l'acceptation des héritiers du sang; qu'en conséquence, l'héritier qui a laissé s'écouler, sans accepter, plus de trente ans à compter de l'ouverture de la succession, est non recevable à actionner en pétition d'hérédité l'État qui s'est fait mettre en possession de cette succession, alors même que le jugement d'envoi en possession daterait de moins de trente ans (Cass., 13 juin 1855, aff. préfet de la Seine, D. P. 55. 1. 253).

594. La faculté accordée aux héritiers légitimes de réclamer, pendant trente ans, la succession qui leur est échue et d'en demander le partage, s'étend aux valeurs mobilières, comme aux immeubles, tant que ces valeurs, ou le prix en provenant, se trouvent dans les mains de ceux qui les ont recueillies, soit comme légataires, soit comme héritiers (Cass., 10 fév. 1840, aff. Vallet, V. Prescription).

595. La loi du 27 avril 1825, qui accorde une indemnité aux héritiers de l'émigré, profite à l'héritier qui a laissé s'écouler plus de trente ans, depuis le décès de l'ancien propriétaire, sans respect au moins des autres cohéritiers qui ne se présentaient pas et ne se faisaient pas connaître; — Que les dames Martin et Debouis, en négligeant leurs droits pendant plus de trente années depuis la promulgation du code, ne peuvent aujourd'hui les faire revivre, et se trouvent sans qualité pour évincer la dame d'Ymbleval ou son représentant de tout ou partie d'une succession que celle-ci a valablement et exclusivement recueillie en temps utile; — Attendu que la saisine légale dont se prévalent les intimées ne saurait être un obstacle au rejet de leurs prétentions; — Qu'en effet, la saisine de droit est évidemment subordonnée, quant à ses effets, à l'acceptation ultérieure de l'hérédité; — Qu'à défaut d'acceptation dans le délai légal, la saisine s'évanouit elle-même, et ne peut survivre à l'extinction du droit d'accepter, de sorte que l'héritier négligent se place, vis-à-vis de ses cohéritiers, dans la même position que s'il eût répudié l'hérédité; — Par ces motifs, réforme, etc.

---

soumis aux lois sous l'empire desquelles elles se font; — Qu'il s'agit, dans l'espèce, de régler les effets d'une répudiation qui a eu lieu et qui a été rétractée sous le code civil; — Mais que, si les effets de l'acceptation et de la répudiation doivent être réglés par la loi sous laquelle elles ont lieu, la question de prescriptibilité d'une succession est soumise, par l'art. 2281 c. civ., à la loi sous l'empire de laquelle la succession s'est ouverte;

Attendu que, d'après les principes et la jurisprudence antérieurs au code civil, l'héritier naturel conservait le droit d'accepter la succession aussi longtemps qu'il n'avait point été acquis par un autre; — Que, dans l'espèce, non-seulement à partir du jugement du 15 therm. an 12 (confirmé par l'arrêt du 27 août 1807), qui a condamné Crozilhac à remettre à Larrey les 24,000 liv. tournois, mais même à partir du commencement des poursuites intentées à cette fin par Larrey, il ne s'était pas écoulé trente ans; — Que, d'ailleurs, les héritiers Larrey, en demandant, en 1829, acte de ce qu'ils n'avaient agi que pour les héritiers de Pons, ont reconnu qu'ils n'avaient point eu la possession qui eût pu opérer la prescription pour eux ou pour les destinataires;

Attendu que le droit de rétracter la répudiation, sous les conditions exprimées en l'art. 790 c. civ., est inséparable du droit de répudier, et que ce double droit appartient à l'héritier testamentaire comme à l'héritier légitime, puisque le code les a mis sur la même ligne, en comprenant dans le même titre les successions légitimes et les successions testamentaires; — Rejette, etc.

Du 23 janv. 1837.-C. C., ch. civ.-MM. Portalis, 1er pr.-Rupérou, rap.-Laplagne-Barris, 1er av. gén., concl. conf.-Dalloz et Morin, av.

(1) (Ymbleval C. Debouis et Martin.) — LA COUR; — Attendu, en fait, que la demoiselle de Valaloup est décédée le 7 sept. 1799; — Que les sieurs Legras, Petit et autres se mirent en possession des biens héréditaires dévolus à la ligne maternelle, bien que, dans cette ligne, ils ne fussent pas les parents les plus proches de la défunte; — Attendu qu'en leur qualité d'héritiers apparents les susdénommés ont joui des biens dévolus à la ligne maternelle jusqu'en 1833, époque à laquelle ils furent évincés par la dame d'Ymbleval; — Que cette dernière, agissant alors en son nom personnel, justifia, en temps utile, de sa qualité d'héritière plus proche, et se fit judiciairement envoyer en possession des biens affectés à sa ligne; — Attendu que la dame veuve Martin et la veuve Debouis, quoique se disant aujourd'hui appelées par la loi du 17 niv. an 2 à recueillir conjointement avec la dame d'Ymbleval les biens dévolus à la ligne maternelle, n'ont pas fait reconnaître leur qualité ni manifesté l'intention d'accepter l'hérédité dans les trente années qui se sont écoulées depuis la promulgation du titre des Prescriptions au code civil;

Attendu, en droit, que, dans cet état de choses, et d'après l'art. 789 du même code, les dames Debouis et Martin ont encouru la déchéance prononcée par ledit article; — Que la prescription du droit d'accepter une succession a pour effet d'attribuer aux autres cohéritiers acceptants (s'il en existe) les droits de celui qui en a négligé l'exercice pendant plus de trente années; — Que tel est si bien l'esprit de la loi que, d'après l'art. 790, l'héritier qui a renoncé peut encore, il est vrai, se porter l'héritier, mais sous la condition toutefois que la succession n'ait pas été acceptée par d'autres, et que, d'une autre part, la prescription du droit d'accepter ne soit pas acquise; — Attendu qu'il importe peu que la dame d'Ymbleval n'ait pas eu la jouissance réelle des biens héréditaires durant trente années; — Que son acceptation faite dans cet intervalle, suivie, d'ailleurs, de la revendication de l'hérédité, a un effet rétroactif, et se reporte à l'ouverture même de cette succession, au respect au moins des autres cohéritiers qui ne se présentaient pas et ne se faisaient pas connaître; — Que les dames Martin et Debouis, en négligeant leurs droits pendant plus de trente années depuis la promulgation du code, ne peuvent aujourd'hui les faire revivre, et se trouvent sans qualité pour évincer la dame d'Ymbleval ou son représentant de tout ou partie d'une succession que celle-ci a valablement et exclusivement recueillie en temps utile; — Attendu que la saisine légale dont se prévalent les intimées ne saurait être un obstacle au rejet de leurs prétentions; — Qu'en effet, la saisine de droit est évidemment subordonnée, quant à ses effets, à l'acceptation ultérieure de l'hérédité; — Qu'à défaut d'acceptation dans le délai légal, la saisine s'évanouit elle-même, et ne peut survivre à l'extinction du droit d'accepter, de sorte que l'héritier négligent se place, vis-à-vis de ses cohéritiers, dans la même position que s'il eût répudié l'hérédité; — Par ces motifs, réforme, etc.

Du 6 juin 1838.-C. de Rouen, 1re ch.-M. Fercoq, pr.

(2) (Bouquin C. Arbault.) — LA COUR; — Considérant qu'il est établi par l'enquête du 27 fév. 1838 que Louise Turpin, fille de Guillaume Turpin et de Marie Dureau, avait dans la succession de Jean Courtaux les mêmes droits que Marie Turpin, veuve Prunier, sa sœur, représentée par l'appelant, son cessionnaire, et qu'elle existait en 1792, lors de l'ouverture de cette succession, quant à la nue propriété; — Que Petrot, qui s'était rendu adjudicataire de la locature du Crot, provenant de ladite succession et vendue le 22 janv. 1834 par Bouquin, au nom de Marie Turpin, se disant seule et unique héritière de Jean Courtaux, son frère utérin, a pu craindre, aussitôt qu'il a eu connaissance des droits de Louise Turpin, que celle-ci ne vînt l'évincer de la moitié de cette locature, et qu'il était fondé alors à n'effectuer le payement de cette moitié qu'à la charge par Bouquin de lui rapporter le consentement de ladite Louise Turpin, ou la preuve de son décès sans héritiers; — Qu'en vain l'appelant prétend que l'art. 789 c. civ. prononce la déchéance de l'héritier, qui, pendant le temps requis pour la prescription la plus longue des droits immobiliers, n'a pas accepté la succession qui lui était échue, et qu'ainsi Louise Turpin serait non recevable à venir aujourd'hui, après un silence de plus de quarante ans, réclamer sa part dans la succession de Jean Courtaux; — Que la renonciation à une succession ne se présume pas, et que, tant que, par un acte quelconque elle n'a pas été mise en demeure de se prononcer sur la faculté que lui conférait la loi d'accepter ou de répudier cette succession, nul n'a pu prescrire contre elle l'action en pétition d'hérédité dont l'avait saisie, en effet, le décès de Jean Courtaux, son frère, mais qui, jusqu'à interpellation de prendre qualité, se trouvait suspendue par l'effet de l'usufruit qu'il avait légué à sa veuve; qu'il est reconnu que cet usufruit n'a pris fin qu'en 1827; — Que, jusqu'au moment où le décès de la veuve Courtaux a donné ouverture à l'exercice du droit des héritiers de son mari, on ne peut dire que Marie Turpin ait prescrit contre sa sœur, puisqu'elle n'avait pas elle-même la disposition des objets dépendant de la succession; qu'ainsi ce n'est qu'à partir de 1827 que la possession a commencé à avoir en sa faveur les caractères nécessaires à la prescription; — Que l'on objecte en vain que Pétrot n'a pas été troublé dans sa possession, et que le long silence gardé par Louise Turpin depuis qu'elle a quitté le pays donne lieu de penser qu'elle a cessé d'exister; mais que cette considération, que rien n'établit, d'ailleurs, ne peut prévaloir contre le droit qu'elle aurait si elle se présentait, ou ses héritiers à son défaut, si elle en a laissé, de revendiquer sa part dans la succession de son frère; — Que Pétrot, menacé dans ce cas d'une éviction possible, était donc fondé à invoquer le bénéfice de l'art. 1653 c. civ.; — Confirme, etc.

Du 21 janv. 1840.-C. de Bourges, ch. civ.-M. Baudouin, pr.

prendre qualité. Il peut réclamer sa part de l'indemnité, même contre le cohéritier qui a accepté dans ce délai. L'action en restitution de cette part ne se prescrit que par trente ans à partir de la promulgation de la loi de 1825 (Cass., 6 août 1850, aff. Capron. D. P. 52. 1. 57; 21 janv. 1852, aff. Nettancourt, D. P. 52. 1. 56). Cette loi en effet a cela de particulier que, tout en admettant (art. 7) comme cause de déchéance la renonciation, elle refuse le même effet à la simple abstention, même continuée pendant trente ans. Elle s'écarte en ce point du droit commun, et il en résulte cette conséquence bizarre, que l'habile à succéder peut avoir par son long silence perdu ses droits aux autres biens héréditaires, quoiqu'il soit encore recevable à réclamer sa part d'indemnité.

596. La régie serait non recevable à quereller la renonciation d'enfants à la succession de leur père, sous prétexte qu'elle n'a été faite que plusieurs années après la mort de ce dernier, et parce qu'il ne serait pas justifié qu'ils n'ont rien enlevé des biens du père (Paris, 16 juill. 1814, MM. Faget de Baure, pr., Giraudet, av. gén., aff. Domaine *C.* Enf. Léger).

597. Encore que l'héritier puisse à son gré et pendant trente ans accepter ou renoncer à la succession (art. 789 c. nap.), il doit cependant être tenu des frais de l'action en partage dirigée contre lui, s'il ne renonce que postérieurement à cette action. — « Considérant que ces frais sont nécessairement à la charge des mariés Pacros, parce qu'ils n'eussent pas eu lieu s'ils eussent renoncé à la succession lorsqu'ils ont été appelés en conciliation et assignés à venir à partage, etc. (Lyon, 21 mai 1831, M. Acher, pr., aff. Pacros *C.* Bernay).

598. La part du successible déchu de l'herédité, par l'effet de la prescription, profite aux autres héritiers du même degré, à l'égard desquels la prescription n'a pas couru, à raison, par exemple, de leur état de minorité, et non aux héritiers du degré subséquent (Req. 23 janv. 1855, aff. de Nettancourt, D. P. 55. 1. 116). — L'art. 786 doit, en effet, être étendu à tous les cas où l'un des héritiers est déchu de ses droits. Il n'y a pas de raison pour en restreindre l'application au cas de renonciation.

599. Cette règle ne s'applique pas seulement aux cohéritiers qui ont recueilli la succession directement, mais encore à ceux qui la tiennent par voie de transmission, c'est-à-dire à ceux qui ont recueilli la part d'un héritier décédé sans avoir accepté ni répudié la succession déjà ouverte à l'époque de son décès, la dévolution de cette part étant soumise aux règles ordinaires des successions, et, d'ailleurs, les cohéritiers de l'héritier décédé ne pouvant manifestement y prétendre aucun droit, dès qu'il y a eu acceptation, au nom de ce dernier, de la succession dont elle provient (Même arrêt).

600. Sous la coutume de Normandie et d'après l'ordonn. de 1667, l'action en pétition d'hérédité était prescrite par le laps de quarante ans, à la différence de l'action en partage, par le motif que cette dernière impliquait une *reconnaissance préalable* de la qualité d'héritier (Req., 7 déc. 1820) (1).

601. Sous l'empire des anciennes lois qui régissaient l'Alsace, l'héritier *sien*, qui ne s'était pas immiscé dans la succession, pouvait s'abstenir en tout temps, à moins qu'il n'eût été rendu contre lui un jugement en dernier ressort, pour défaut d'avoir pris qualité (c. nap. 800, 795; Req., 26 oct. 1813, MM. Lasaudade, pr., Botton, rap., aff. Steffann *C.* Groeder).

§ 3. — *De la renonciation à une succession future.*

602. « On ne peut, même par contrat de mariage, renoncer à la succession d'un homme vivant, ni aliéner les droits éventuels qu'on peut avoir à cette succession » (c. nap. 791).—Nous allons parler de la renonciation; à l'égard des traités ou pactes sur succession future, prohibés aussi par les art. 1130 et 1600 c. nap., il en est parlé v° Obligation.

603. Les lois romaines proscrivaient, en règle générale, les pactes sur une succession future, comme renfermant *votum alicujus mortis*, et offensant ainsi la morale; mais elles y mettaient une exception pour le cas où celui dont la succession était en question donnait son consentement et y persévérait jusqu'à la mort. Toutefois, on ne permettait pas à la fille de renoncer dans son contrat de mariage à la succession de ses parents moyennant une dot qui lui était constituée; on craignait sans doute que placée sous leur dépendance pour l'autorisation et les conditions de son mariage, elle n'obéît plutôt à leur volonté qu'à ses propres inspirations (L. 4, C., *De inutil. stip.*; L. 30., ff., *De pact.* Montpellier, 6 avril 1835, aff. Maleville, V. n° 608).—Dans la plupart des pays de droit écrit et dans un grand nombre de coutumes, on s'écartait du droit romain en permettant la renonciation anticipée de la fille dans son contrat de mariage moyennant la dot qui lui était constituée; et même la renonciation à succession future n'était généralement permise que dans cette forme et avec la restriction que la fille pouvait toujours demander un supplément de légitime, si la dot constituée n'en complétait pas le montant (Serres, p. 257; Merlin, Rép., v° Renonc. à succ. fut.).

604. Il a été jugé par application de l'ancien droit : 1° que les renonciations à succession future étaient autorisées, sous le droit romain et dans le ressort du parlement de Toulouse, lorsqu'elles étaient faites hors mariage, en présence et avec le consentement de la personne sur la succession de laquelle on traitait (Montpellier, 6 avr. 1835, aff. Maleville, V. n° 608); — 2° Que dans le ci-devant bailliage de Nassau-Saarbruck les traités sur les successions futures étaient permis; qu'ainsi doit être maintenu celui fait par le père, sa seconde femme et les enfants du premier lit, sur les droits de ceux-ci dans sa propre succession (L. 30, C., *De pactis*; Cass. 28 fructidor an 5, MM. Cochard, pr., Barris, rap., aff. Gangloff *C.* Gangloff); — 3° Que dans l'ancienne jurisprudence, la renonciation à succession future était valable, lorsque le renonçant avait reçu d'avance sa part de l'hérédité par démission de biens de ses père et mère (Metz, 22 mai 1817, aff. Risse *C.* Risse);—4° Qu'en pays de droit écrit, la renonciation à une succession future n'était permise que par contrat de mariage; mais on ne doit pas considérer comme faite dans cette forme la renonciation exprimée dans un acte qui se réfère seulement au contrat de mariage. Par exemple, après avoir doté sa fille, un père aurait nommé son fils donataire universel, en le chargeant de payer à sa sœur le montant de sa dot, moyennant renonciation d'elle au surplus de la succession; si cette renonciation n'avait été faite que dans un acte séparé où la fille reconnaîtrait avoir reçu la somme constituée, elle ne serait pas valable (Req. 12 juin 1806, MM. Henrion, pr., Porriquet, rap., aff. Chaverot); — 5° Qu'en pays de droit écrit, la renonciation par contrat de mariage à la succession d'une personne vivante était valable, si cette personne, présente au contrat, y consentait; elle était valable, quoique faite par une fille mineure à la succession de sa mère tutrice qui n'avait pas encore rendu ses comptes de tutelle. En tout cas, une telle renonciation ne pouvait, sous prétexte de la non-reddition des comptes, être attaquée par la fille que par voie de rescision et dans les dix ans de sa majorité (Cass. 7 août 1810, MM. Muraire, 1er pr., Cassaigne, rap., Daniels, av. gén., c. conf., aff. hérit. Goutte-Faugeas); — 6° Qu'en pays de droit écrit, la fille mineure pouvait toujours, malgré la renonciation qu'elle avait faite dans son contrat de mariage, à la succession échue de sa mère et à la succession future de son père, être admise au partage de ces mêmes successions, ou au moins à sa légitime de droit, si les père ou mère avaient fait des donations ou des dispositions de dernière volonté (Loi dern., ff., *De suis et legitimis hæredibus*; loi 2, C., *Si ut amissam hæreditatem* (Cass. 21 fruct. an 6, M. Boileux, rap., aff. Bayard *C.* Dutour); — 7° Que sous l'empire du droit écrit, la renonciation à tous droits paternels et maternels que la fille avait faite, mais d'une manière vague et générale, dans son contrat de mariage, ne l'excluait pas de la demande en supplément de sa légi-

(1) (Caillet *C.* Saffray.) — La cour; — Attendu que l'auteur du demandeur ne s'est pas présenté comme héritier de Jacques Caillet, lors de l'ouverture de la succession de celui-ci; — Que, pendant soixante-treize ans, ses adversaires ont joui paisiblement de cette succession; que, dès lors, et d'après l'ord. de 1667, le demandeur ne pouvait exercer qu'une action en pétition d'hérédité, action qui, d'après l'art. 521 de la coutume de Normandie, se prescrit par quarante ans, comme toute action autre que la demande en partage; qu'ainsi, en jugeant comme elle l'a fait, la cour d'appel de Rouen s'est conformée aux dispositions dudit art. 521;—Rejette.

Du 7 déc. 1820.-C. C., sect. req.-MM. Henrion, pr.-Vallée, rap.

time (L. *Si quando*, § 2, C., *De inoff. test.*); et que la durée pour former cette demande était de trente ans, d'après la jurisprudence du parlement de Toulouse, attestée par Larroche, Graverol, Cambolas, Maynard, Catelan et Boutarie (Toulouse, 30 juill. 1813, M. Roque, pr., aff. Escach C. Escach).

605. Dans certaines coutumes, la renonciation des filles par contrat de mariage à la succession future de leurs parents ressemblait à une véritable exhérédation, puisqu'elle s'obtenait pour le prix le plus modique, ne fût-ce qu'un *chapel de roses*. — Ce révoltant abus se liait au système féodal qui, par tous les moyens avait assuré la prééminence, en matière de succession, au droit de masculinité et de primogéniture; système restreint d'abord aux biens appelés *biens nobles* ou *fiefs*, mais que par imitation on étendit à tous les autres biens. Notre législation intermédiaire a entièrement aboli ce système.

606. L'enfant renonçant, moyennant une somme, à rien prétendre à l'avenir dans la succession de ses père et mère, conservait néanmoins, sous l'ancienne législation et notamment dans le ressort du parlement de Toulouse, le droit de réclamer, pendant trente ans, ce qui lui manquait pour former sa légitime (c. nap. 2262; Pau, 4 fév. 1830, aff. Dominge, V. n° 622-3°). — Jugé aussi que le don qu'une fille a reçu de son père, par contrat de mariage passé sous l'ancienne législation, n'a pour résultat de le priver de ses droits héréditaires dans la succession paternelle, qu'autant qu'il est prouvé que ce don lui a été fait pour la remplir de tous ces droits, et moyennant renonciation de sa part à de plus amples réclamations (Bordeaux, 6 août 1853, aff. Fompérine, D. P. 54. 2. 232).

607. L'héritier légitimaire, qui, avant et après l'ouverture de la succession, renonce à réclamer sa légitime en nature pour s'en tenir à un don particulier fait en termes d'institution héréditaire et par forme d'assignation de part, alors qu'il existe un légataire universel, et sans qu'il se soit réservé expressément le titre et la qualité d'héritier, ne doit pas cependant être considéré, par cela seul, comme ayant abdiqué cette qualité, et avec elle le droit d'aînesse qui la présuppose (Req., 17 nov. 1829) (1).

608. La loi du 17 niv. an 2 prohibait (art. 11) la renonciation par contrat de mariage de l'héritier présomptif à la succession future, mais elle ne prohibait pas les traités faits hors mariage sur la succession d'une personne vivante et avec son consentement. Le droit romain qui, contenait la même distinction, n'a point été abrogé par la loi de l'an 2, en ce qui concerne ces traités, qui doivent, dès lors, recevoir leur exécution (Montpellier, 6 avr. 1835) (2).

609. Quant à l'exclusion des filles, il faut distinguer l'exclusion coutumière de celle purement conventionnelle. La première fut abrogée par la loi du 8 avr. 1791; la seconde ne l'a été que par la loi du 17 niv. an 2, qui en reporta l'effet aux successions ouvertes depuis le 14 juill. 1789. Cet effet rétroactif fut révoqué par les lois des 9 fruct. an 2 et 3 vend. an 4, qui bornèrent l'application de la loi de nivôse aux successions ouvertes depuis la loi de 1791.

610. Une question s'éleva sur le sort des renonciations antérieures; on la résolut avec cette distinction : dans les coutumes d'exclusion, la renonciation est comme non avenue pour toute succession ouverte depuis la publication de la loi du 8 avr. 1791, à moins que les personnes au profit desquelles elle était faite ne fussent, à l'époque de cette publication, mariées ou veuves avec enfants, ou n'eussent laissé des enfants en mourant. Dans les pays de non-exclusion, toutes les renonciations antérieures à la loi du 5 brum. an 2 ont conservé leur effet relativement aux successions ouvertes jusqu'à sa publication. Toutes celles postérieures sont absolument nulles. Ces distinctions ont été consacrées par les art. 9, 10 et 11 de la loi du 18 pluv. an 5. — Jugé : 1° que dans les pays de non-exclusion et aux termes de l'art. 10 de la loi du 18 pluv. an 5, la renonciation d'une fille à la succession future de son père, ouverte postérieurement à la loi du 8 avr. 1791, était radicalement nulle. Il importe peu que

---

(1) (Dugon C. Dugon.) — LA COUR; — Attendu, en droit, que, d'après une jurisprudence universellement observée sous l'empire de la législation féodale, le fils aîné n'avait droit de prendre le préciput et les portions avantageuses qu'à titre d'héritier; — Mais attendu qu'il est constant et reconnu, en fait, que c'est à titre d'institution héréditaire que Robert Dugon, père commun, a assigné à ses enfants les portions qu'ils devaient prendre dans sa succession; que François Dugon, son fils aîné, loin de renoncer à ce titre d'institution héréditaire, l'a toujours conservé, et, notamment, dans les actes des 26 avr. et 2 déc. 1787, invoqués par les demandeurs en cassation, actes dans lesquels les déclarations des parties n'ont porté que sur la manière d'opérer le payement de ces mêmes portions, *super modo solvendi*; que, dans ces circonstances, en décidant que François Dugon n'était point déchu de son droit d'aînesse, dont, d'ailleurs, il avait déjà irrévocablement disposé en faveur d'Élie Dugon, son frère puîné, par l'acte de donation du 30 janv. 1780, l'arrêt attaqué ne s'est mis en contradiction avec aucune loi; — Rejette, etc.

Du 17 nov. 1829.-C. C., ch. req.-MM. Favard, pr.-Lasagni, rap.-Laplagne-Barris, av. gén., c. conf.-Nicod, av.

(2) (Maleville C. Maleville.) — LA COUR; — Attendu que, dans les pays de droit écrit, et notamment dans le ressort du parlement de Toulouse, la disposition du droit romain, qui prescrivait l'exécution du traité fait hors mariage, en présence et avec le consentement de la personne sur la succession de laquelle on traitait, était littéralement observée;

Attendu que c'est cette dernière disposition qui est applicable à l'acte dont il s'agit au procès, puis cet acte est un traité fait hors mariage, et par lequel tous les enfants d'Antoine Maleville, en présence et du consentement de leur père, cèdent à leur frère aîné, moyennant une somme déterminée, les droits qui pourront lui échoir dans les successions paternelle et maternelle; — Que ce traité doit donc être exécuté, si, à l'époque où il a été fait, la loi romaine n'avait pas été révoquée par les lois nouvelles, et si le père a persévéré dans son consentement jusqu'à sa mort;

Attendu que l'acte est du 26 germ. an 6, ou 15 avr. 1798, et que les parties étaient alors sous l'empire de la loi du 17 niv. an 2; que l'art. 9 de cette loi dispose bien que les successions des pères et mères, ou autres ascendants, et des parents collatéraux qui s'ouvriraient à l'avenir, seront partagées également, mais qu'il ne contient aucune disposition relative aux traités qui pourraient intervenir entre les héritiers présomptifs, avant l'ouverture de la succession; que ce n'est que dans l'art. 11 de cette loi que le législateur s'en occupe; mais qu'il n'y dispose que pour les cas où l'obligation contractée par l'un des héritiers présomptifs fait partie de ses conventions matrimoniales, ce qui rétablit la disposition de loi romaine contenue dans la loi 3, au code *De collationibus*; mais ne déroge pas à celle de la loi dernière, au code *De pactis*, qui maintient les traités sur succession future, lorsqu'ils sont faits hors mariage, et avec le consentement de celui de la succession duquel il s'agit;

Que l'inapplication de cet art. 11 à ces sortes de traités a été reconnue par le législateur lui-même dans l'art. 56 du décret du 22 vent. an 2, où il ne le cite que comme écartant les renonciations faites en contrats de mariage; — Que les autres dispositions de cet art. 56 ne s'appliquent pas mieux à ces traités; que si, en effet, il est dit que les lois anciennes réprouvaient en tous autres actes les transactions qui intervenaient sur des successions d'hommes vivants, cela ne peut s'entendre que des lois qui prohibaient ces transactions quand elles étaient faites hors la présence et sans le consentement de ceux sur la succession desquels on traitait, mais est entièrement inapplicable aux lois qui autorisaient, au contraire, ces sortes de traités avec cette présence et ces consentements; qu'en se référant aux lois anciennes d'une manière générale, le législateur n'a évidemment rien changé aux dispositions relatives à ces derniers cas; que ce n'est que par l'art. 1130 c. civ. que ces dispositions ont été abrogées; mais que cet article postérieur, non-seulement à l'acte dont il s'agit, mais même au décès du père commun, ne peut être d'aucune influence dans la cause; — Qu'on ne peut pas mieux se prévaloir de l'art. 791 du même code, quoique promulgué avant la mort du père, parce que, outre qu'à la différence de l'art. 1132, il est muet sur le cas du consentement donné par celui de la succession duquel il s'agit, sa promulgation n'a eu lieu que longtemps après l'acte du 26 germ. an 6, et qu'il est de principe que la validité des actes est régie par les lois existantes à l'époque où ils se sont faits; que, si cet acte est conditionnel, en ce sens qu'il fallait que le père persévérât jusqu'à sa mort dans le consentement qu'il avait donné, il est de principe encore que l'accomplissement de la condition a un effet rétroactif au temps où le contrat a été consenti, et qu'il est convenu que le père n'a jamais rétracté le consentement qu'il avait donné à cet acte; — Qu'ainsi, il faut reconnaître que, régi par la loi romaine sous laquelle vivaient les parties, il doit recevoir son exécution;

Attendu que l'équité se joint à l'autorité de la loi pour le faire ordonner ainsi; car trente-deux ans se sont écoulés depuis la date de l'acte, et vingt-sept depuis la mort du père commun, et qu'un acquiescement à ses dispositions et son exécution volontaire pendant un aussi long espace de temps ne doivent pas être sans considération dans la cause; — Confirme.

Du 6 avr. 1835.-C. de Montpellier, ch. civ.-M. de Trinquelague, 1er pr.

la renonciation ait été faite au profit d'un frère et non au profit du *de cujus* (Req. 14 janv. 1833; MM. Henrion, pr.; Brillat, rap., aff. Rivory C. Berlier); — 2° Que les lois qui ont aboli les exclusions coutumières, ne distinguant point entre les coutumes d'exclusion absolue et celles d'exclusion modifiée, et annulant en général les renonciations des filles, qui ne contenaient que l'expression de la volonté du statut local, et conséquemment étaient surérogatoires; des filles, exclues de la succession de leur père par une coutume, par exemple, celle d'Auvergne, ne peuvent être repoussées dans leur demande en partage, par le motif que la renonciation qu'elles avaient faite à cette succession n'était que conventionnelle, la coutume ne portant pas l'exclusion absolue (Cout. d'Auvergne, ch. 12, art. 25; L. 15 mars 1790, art. 11; L. 8 avr. 1791, art. 1, 4, 5; L. 18 pluv. an 5, art. 1, 9, 10 et 11; Cass. 19 juill. 1869, aff. Jusserand, V. Disposit. entre-vifs, n° 645).

611. Mais ces lois transitoires ne s'appliquent qu'aux successions; elles n'autorisent pas les filles réstituées à réduire les donations antérieures, par la raison qu'à l'époque de ces donations, les filles renonçantes n'avaient point droit à une légitime (Delaporte, Pand. franç., t. 3, p. 179, Chabot, Quest. transit., v° Réduction). — Jugé que les dispositions de la loi du 18 pluv. an 5, concernant les renonciations surérogatoires des filles exclues des successions par les statuts locaux, ne s'appliquent point aux renonciations consenties par un fils à une propriété dont il était saisi en vertu d'une dévolution coutumière (Req., 30 juill. 1806, MM. Muraire, pr., Rousseau, rap., aff. Peeters C. Vanherk).

612. D'après un arrêt, les lois des 5 brum. an 2, art. 9 et 14, et du 17 niv. an 2, art. 9 et 11, étaient *rétroactives* en ce qu'elles disposaient pour les successions ouvertes depuis 1789 jusqu'au 5 brum. an 2; mais la loi du 18 pluv. an 5, qui a rapporté cet effet rétroactif, a confirmé virtuellement les dispositions des lois de l'an 2, pour les renonciations antérieures à ces lois et faites à toutes les successions ouvertes depuis le 5 brumaire de cette année; le code Napoléon, prenant les choses en l'état où elles se trouvaient relativement aux renonciations anciennes, a laissé subsister la nullité prononcée par les lois de l'an 2 et de l'an 5, pour toutes les successions qui s'ouvriraient postérieurement au 5 brum. an 2. — En conséquence, un successible peut, nonobstant sa renonciation, faite en 1787 par contrat de mariage, à une succession qui ne s'est ouverte que sous le code Napoléon, réclamer ses droits héréditaires (Cass. 2 juill. 1828, MM. Brisson, pr., Bonnet, rap., aff. Pigeonné C. Dulac). — Il a été aussi jugé que la renonciation surérogatoirement faite en 1786, et dans son contrat de mariage, par une fille à la succession de ses père et mère, sous l'empire d'un statut qui l'en excluait, ne peut produire aucun effet, si la succession s'est ouverte sous le code Napoléon (Bastia, 14 avril 1834) (1).

613. La validité de la renonciation à une succession future doit-elle s'apprécier par la loi du jour où cette renonciation est faite ou par la loi du jour de l'ouverture de la succession? Un arrêt a déclaré applicable la loi du jour de la renonciation, dans une espèce où il s'agissait d'un traité fait hors mariage entre tous les enfants, en présence de leur père, et par lequel on cédait au frère aîné, moyennant une somme déterminée, tous les droits à échoir dans la succession paternelle (Montpellier, 6 avril 1835, aff. Maleville, n° 608). — Au contraire, un autre arrêt déclare applicable la loi du jour de l'ouverture de la succession (Bastia, 14 avril 1834, aff. Franceschini, n° 612); mais l'espèce était bien différente : la renonciation faite par contrat de mariage n'était intervenue qu'entre la fille et le père, qui demeurait libre de disposer de ses biens. Cette circonstance est relevée avec soin par l'arrêt comme excluant toute idée de droits acquis en faveur des frères. Quant aux lois intermédiaires, et qui ont déclaré nulles les renonciations anciennes, on a vu ci-dessus que leur effet ne s'étendait pas au traité fait hors mariage sur la succession d'une personne vivante et avec son consentement.

614. La règle qui défend de renoncer aux successions futures n'a pas pour effet de rendre nulle la renonciation qui précède la constatation légale de la qualité de successible du renonçant, et notamment la déclaration judiciaire de sa qualité d'enfant naturel du défunt (c. nap. 756; Req. 9 mai 1855, aff. Muiron, D. P. 55. 1. 228). — Dans l'espèce, d'ailleurs, l'enfant avait par voie de transaction reçu le prix de sa renonciation; il ne s'agissait donc pas d'une renonciation proprement dite (c. nap. 780), et c'était bien plutôt la transaction qui mettait obstacle à l'action en partage.

615. Nous venons de voir à quels cas s'applique la prohibition de l'art. 792. Il s'agit maintenant de déterminer les effets ou la portée de la nullité qui en résulte. — Jugé que la renonciation faite dans le même acte, pour un seul et même prix, à une succession échue et à une succession à échoir, est nulle pour tout : il y a indivisibilité (Riom, 13 déc. 1828; Montpellier, 4 août 1832 (2); Toulouse, 27 août 1833, aff. Rivière, V. *infrà*, n° 621-2°). — De même a été déclarée nulle, pour le *tout*, la cession

(1) (Franceschini C. Franceschini.) — La cour; — Vu les lois des 5 brum. et 17 niv. an 2, celle du 18 pluv. an 5 et l'art. 791 c. civ.; — Attendu que l'on ne saurait repousser l'application de ces lois aux renonciations antérieures à leur publication, sur le fondement que ce serait leur donner un effet rétroactif; qu'il est de principe que jusqu'à leur ouverture les successions sont dans le domaine du législateur, qui peut à son gré en modifier le mode, d'où il suit qu'on ne peut enter aucun droit positif sur une succession avant qu'elle ne soit ouverte, ce qui s'applique à plus forte raison dans le cas où, comme dans l'espèce, la renonciation n'est intervenue qu'entre la fille et le père, lequel, quand même la renonciation n'aurait pas été accueillie, demeurait libre de disposer de ses biens comme il le jugerait convenable, même en faveur de sa fille renonçante, ce qui exclut toute idée de droits acquis en faveur de ses frères; — Confirme.

Du 14 avril 1834.-C. de Bastia.-M. Colonna d'Istria, 1er pr.

(2) 1re *Espèce :* — (Martin C. Amouroux.) — La cour; — Attendu que par le contrat de mariage d'Anne Martin avec Jean Amouroux, du 15 fév. 1740, ladite Anne Martin a renoncé en faveur de Blaise Martin, son frère, tant à la succession, alors échue, de François Martin, son père, qu'à celle à échoir, de Catherine Deberlé, sa mère; — Attendu que cette renonciation serait encore entachée d'un troisième vice, comme faite par la renonçante, tant à la successio échue de François Martin, son père, qu'à celle non encore ouverte de Catherine Deberle, sa mère, pour un seul et même prix; que le prix de deux successions, l'une échue et l'autre à échoir, lorsqu'il est confondu, ne peut se découvrir pour chacune par une opération judiciaire, non plus que par une importation; qu'il est de l'essence des renonciations conventionnelles qu'il y ait un prix particulier pour chacune des deux successions échues et à échoir, et que le prix soit déterminé par les parties elles-mêmes, avec d'autant plus de raison que la fixation de chaque prix, de même que la détermination des objets sur lesquels porte la renonciation formant la matière de leur consentement, et que n'y ayant, dans l'espèce, aucun prix déterminé par les parties elles-mêmes, pour la renonciation à chacune des successions qu'elle embrasse, cette renonciation manque dans ses éléments essentiels; — Attendu que les différents vices qui viennent d'être reprochés à la renonciation dont il s'agit constituent autant de nullités radicales absolues, d'après lesquelles les parties d'Allemand ou leurs auteurs, ont pu, nonobstant ladite renonciation, réclamer des biens dépendants des successions de François Martin et Catherine Deberle, pendant trente ans, à partir de l'ouverture de la succession de cette dernière; — Dit qu'il a été bien jugé, etc.

Du 13 déc. 1828.-C. de Riom.-M. Thévenin, pr.

2e *Espèce :* — (Aribaud C. Lafage.) — La cour; — Attendu, en droit, que les renonciations à succession future ont été prohibées, sous toutes les législations, comme contraires aux bonnes mœurs, et que l'acte du 12 pluv. an 11 contient évidemment un traité de cette nature, puisque Aribaud père, au nom de ses enfants, déclare renoncer non-seulement à tous les droits qu'ils pourraient prétendre sur la succession échue de Pierre Lafage, mais encore sur tous les biens de Jeanne Gely, qui était encore en vie lors du traité; — Attendu que cette double renonciation ayant été faite pour un seul et même prix, il n'est pas possible de déterminer la portion de ce prix afférente à la succession échue de Pierre Lafage de la portion du prix afférente à la succession future de Jeanne Gely, et que, dans ces circonstances, l'objet de cet acte étant indivisible, la nullité doit embrasser toutes ses dispositions, sans qu'il soit possible de valider l'acte pour partie; — Attendu que cet acte se trouvant atteint d'une nullité radicale, comme contraire aux bonnes mœurs, cette nullité doit s'étendre à toutes les stipulations qu'il contient, et, par conséquent, à l'obligation personnelle de garantie stipulée par Jean-Paul Aribaud père, soit parce que, d'après l'art. 2012 c. civ., on ne peut pas cautionner une obligation nulle, soit parce qu'un traité de cette nature ne pouvant avoir aucun effet, il ne peut pas conférer une action utile à aucun des contractants vis-à-vis de l'autre, pour le maintien ou l'exécution d'une obligation que la loi prohibe, etc.

Du 4 août 1832.-C. de Montpellier.-MM. de Trinquelague, 1er pr.-Clararède, av. gén.-Coffinière et Degeap, av.

faite, pour un seul et même prix, de droits successifs échus et à échoir (Limoges, 13 fév. 1828) (1).

616. Cependant la nullité d'un traité sur la succession d'une personne vivante n'entraîne pas la nullité des dispositions de ce traité, relatives à une succession ouverte, bien que le traité ait été passé pour un seul et même prix, si la division des stipulations est rendue facile par l'offre du stipulant de faire porter l'entier prix du traité sur la succession ouverte (Req. 17 janv. 1837) (2). — Il a été jugé aussi que la nullité d'une stipulation sur succession future, contenue dans une transaction, n'a pas nécessairement pour effet de rendre nulle la transaction en totalité; on a pu déclarer valables les autres clauses qui en sont distinctes et indépendantes (Req. 9 fév. 1830, aff. Bonmarchand, v° Transaction).

617. La nullité de la renonciation à succession future est d'ordre public; d'où la conséquence que la garantie par un beau-père d'une renonciation consentie par une fille à la succession de son père, est nulle comme la renonciation elle-même. — « Attendu qu'aux termes des lois anciennes, et notamment de l'art. 2012 c. nap., le cautionnement ne peut exister que sur une obligation valable, et que l'abolition de la renonciation faite par l'intimée a entraîné nécessairement la nullité de la garantie stipulée par son mari, feu Vincent Franceschini, pour sûreté de ladite renonciation; étant de principe que l'accessoire doit suivre le sort du principal » (Bastia, 14 avril 1834, M. Colonna d'Istria, aff. Franceschini).

618. La nullité de la renonciation à succession future est-elle couverte par la *ratification* après le décès? Non d'après un arrêt, qui a soin toutefois de ne pas confondre avec la ratification un acte entièrement nouveau, valable seulement à sa date (Agen, 2 juin 1840, aff. Veyan, V. n° 621-6°). — Il est de principe, en effet, que la ractification ne rétroagit au jour du contrat primitif que pour les nullités d'un intérêt purement privé (V. v° Obligat.). — Cette distinction résulte implicitement d'une autre décision, d'après laquelle la prohibition de l'art. 791 c. nap. ne s'applique pas au cas où un individu qui a renoncé à la succession d'une personne vivante y renonce de nouveau, après le décès de cette personne, par un second pacte de famille qui contient en même temps la ratification du premier pacte: — « Attendu que Catherine Bernollin mère est décédée le 27 mai 1820, et que ce n'est que le 18 juillet suivant (1820) que les demandeurs en cassation, ou leurs auteurs, ont, par une seconde transaction ou pacte de famille, renoncé de nouveau à la succession; — Qu'ainsi la loi qui défend de renoncer à une succession non ouverte, n'était aucunement applicable à l'espèce; rejette » (Req. 11 août 1825, MM. Botton, pr., Lasagni, rapp., aff. Bevy *C.* Bevy).

619. Toutefois il a été jugé qu'un pacte de famille, quoique fait sous des conditions abolies par la législation postérieure, et telles, par exemple, que celle de renoncer à une succession future, doit néanmoins être maintenu, quand, depuis cette législation, les parties l'ont exécuté volontairement: « Attendu qu'en jugeant qu'un pacte de famille, volontairement exécuté par une foule d'actes antérieurs et postérieurs à l'ouverture de la succession de la mère commune devait continuer à faire la loi des parties entre lesquelles ce pacte de famille était intervenu, l'arrêt attaqué (de la cour de Paris) n'a pu violer aucune loi; Rejette » (Req. 5 fév. 1840.-MM. Zangiacomi, pr.-Jaubert, rapp.-Aff. Despréaux *C.* de Canillac).

620. La renonciation à une succession future est-elle *nulle de plein droit?* La nullité est-elle perpétuellement opposable, sans qu'il soit besoin de la faire prononcer en justice? Cette question se rattache à cette thèse générale, examinée v° Obligation: y a-t-il sous le code Napoléon des nullités de plein droit? et quel est aujourd'hui l'effet de la maxime que *temporalia sunt ad agendum, perpetua ad excipiendum?* Nous nous bornerons à remarquer que les arrêts qui suivent (n° 621) préjugent notre question en sens divers à l'occasion de la question de prescription.

621. On a demandé si l'action en nullité de la renonciation est prescriptible et dans quel délai. La jurisprudence paraît fort incertaine, et il y a des arrêts contradictoires de la cour de cassation elle-même. Pour nous, nous inclinons à penser que l'action n'est pas prescriptible, qu'il n'y a pas lieu notamment à la prescription de l'art. 1304 c. nap., et que si après trente ans, depuis son ouverture, la succession ne peut plus être recueillie par celui qui y avait renoncé par anticipation, ce n'est pas à raison du fait de sa renonciation qui demeure non avenue, mais seulement parce que l'action en pétition d'hérédité est éteinte. Cette interprétation, toutefois, nous paraît plus ou moins favorable, selon que la renonciation anticipée a été donnée par convention entre les héritiers et moyennant un prix, ou seulement par convention entre l'héritier présomptif et le défunt, et par exemple, dans le contrat de mariage de la fille dotée. Il y a pour ce dernier cas moins de motifs d'appliquer l'art. 1304. Du reste, cette distinction, qui a été proposée ci-dessus, n° 615, sur une autre question, n'a point été faite ici par les décisions qui suivent. — Jugé: 1° que la renonciation à la succession d'un homme vivant, faite dans une convention à laquelle il n'avait pas concouru, étai tellement prohibée par les lois romaines et nos lois françaises, que la nullité était encourue de plein droit, et qu'en tout temps on pouvait opposer cette nullité. Ce n'était pas le lieu d'appliquer les lois sur les délais prescrits pour l'action en rescision (Req. 12 juin 1806) (3); — 2° Que notammont dans le parlement de Toulouse, l'action en nullité contre un traité contenant stipulation sur une succession future, ne se prescrivait que par trente ans, et l'on serait mal fondé à réclamer, dans ce cas, l'application de l'ord. de 1510, relative seulement à l'action en rescision pour cause de dol ou de fraude, et non pour cause de nullité radicale (Toulouse, 27 août 1833) (4); — 3° Que l'action en nullité

---

(1) (Dupuy-Gorgeon *C.* Sallé. — Le tribunal; — Considérant qu'il est clairement établi, par le traité du 11 déc. 1814, qu'en échange des biens de Chenget, abandonnés par Jean Dupuy à Françoise Dupuy, sa sœur, cette dernière lui a délaissé non-seulement les droits échus par le décès de Geneviève Gravelais, sa mère, mais encore tous ceux qui pourraient lui appartenir dans la succession de Sylvain Dupuy, son père, encore vivant; — Considérant qu'aux termes des art. 791, 1130, 1389 et 1837 c. civ., tout pacte ou traité sur une succession non encore ouverte, est radicalement nul, comme contraire à l'ordre public et aux bonnes mœurs; — Considérant que cette nullité frappe le contrat du 31 déc. 1814, comme indivisible, puisqu'il est fait *unico prœtio*, et sans distinction de la valeur des droits échus, d'avec celle des droits à échoir, non plus que de la portion des biens de Ghenget, donnée pour l'équivalent des uns et des autres. — Appel. — Arrêt.

La cour; — Adoptant les motifs, etc., confirme.

Du 13 fév. 1828.-C. de Limoges, 1re ch.-M. Genebrias, pr.

(2) *Espèce:* — (Hér. Berréon *C.* Mathieu Berréon.) — Le 8 août 1832, arrêt de la cour de Grenoble ainsi conçu: — « Attendu que, bien qu'un traité sur la succession d'une personne vivante soit nul, cette nullité ne peut entraîner celle des autres dispositions entièrement étrangères au traité qui se trouveraient dans le même acte, alors que la division des stipulations peut se faire facilement; — Attendu que l'acte du 3 janv. janv. 1803 contient en même temps traité sur la succession de Claude Berréon, alors décédé, et traité sur les droits présents et à venir de Marie-Anne Lance, mère commune des parties; — Attendu que la déclaration de Mathieu Berréon de ne pas se prévaloir des dispositions de cet acte relatif à la succession de sa mère, dont il a offert le partage, et de faire porter l'entier prix qui est stipulé sur la succession paternelle, détruit tout ce que l'acte pourrait avoir de vicieux. »

Pourvoi pour la violation des art. 791 et 1130 c. civ. — Arrêt.

La cour; — Attendu que c'est du consentement formel du défendeur, qui s'est soumis à faire porter l'intégralité du prix énoncé au traité sur la succession du père commun, que l'arrêt a annulé la disposition du traité relative à la succession future de la mère; qu'à cet égard il était conforme aux dispositions du code; — Attendu que ce traité, qui embrassait également la succession du père commun, contenait deux dispositions distinctes qui, par leur nature, étaient, comme l'a jugé l'arrêt attaqué, divisibles; — Rejette, etc.

Du 17 janv. 1837.-C. C., ch. req.-MM. Zangiacomi, pr.-Lebeau, rap.-Hervé, av. gén., c. conf.-Teste-Lebeau, av.

(3) (Hérit. Chaverot.) — La cour; — Considérant que les lois romaines qui régissaient les parties qualifient de contrat contraire aux bonnes mœurs, l'acte portant la renonciation faite à la succession d'un homme vivant, en son absence, et que, suivant ces lois, comme suivant les lois françaises, de semblables contrats sont nuls de plein droit; d'où il suit que la cour d'appel (de Dijon) a fait une juste application de la loi des parties, ainsi que de la loi du 18 pluv. an 5 et autres, sur lesquelles sa décision est fondée; — Rejette.

Du 12 juin 1806-C. C., sect. req.-MM. Henrion, pr.-Porriquet, rap.

(4) (Rivière *C.* Baudéan et autres.) — La cour; — Attendu que le traité du 24 frim. an 9 a eu lieu relativement à la succession du père mort, et à la succession de la mère survivante, pour un seul et même

d'une renonciation à succession future, intentée sous l'empire de la loi du 18 pluv. an 5, ne se prescrivait que par trente ans, « attendu que la demande de la fille Rivori n'était pas formée en vertu des dispositions de l'ord. de 1510, mais qu'elle exerçait un droit ouvert en sa faveur par la loi du 18 pluv. an 5, et qui ne pouvait se prescrire que par trente ans; rejette » (Req. 14 janv. 1823, MM. Henrion, pr., Brillat, rap., aff. Rivori C. Bestier); — 4° Que sous l'empire des lois intermédiaires qui ont déclaré nulles les renonciations antérieurement faites à des successions ouvertes depuis, il n'y avait pas lieu à demande en nullité, mais seulement à une demande en partage prescriptible par trente ans (Cass. 2 juill. 1828) (1); — 5° Que sous l'empire des mêmes lois, la nullité de la renonciation à une succession future était une nullité substantielle prescriptible seulement par trente ans (Montpellier, 3 juin 1830) (2);— 6° Que sous le code Napoléon, l'action en nullité d'une renonciation à une succession future ne se prescrit pas par dix ans, une telle action étant dans la réalité une action en partage, laquelle ne se prescrit que par trente ans (Aix, 2 juin 1840 (3); Cass. 2 juill. 1828, aff. Pigeonné, précitée; Bastia, 14 avril 1834, M. Colonna d'Istria, pr., aff. Franceschini).

622. En sens contraire, il a été jugé : 1° que, sous l'ordon.

---

prix, sans distinction de la partie de ce prix applicable à chacune de ces deux hérédités; que, dès lors, ce traité est sous ce même rapport indivisible; — Attendu qu'il a été fait sous l'empire des lois des 5 brum. et 17 niv. an 2, et 18 pluv. an 5; que ces lois défendaient d'une manière absolue les traités de cette nature, et rendaient comme non avenues les renonciations à des successions à venir, en sorte que le consentement de ceux à la succession desquels on renonçait, ne pouvait donner à ces renonciations aucune existence légale, ce qui caractérisait une nullité radicale et de droit; — Attendu que les intimés étaient recevables à exercer l'action en partage des deux hérédités, puisque les trente ans depuis la mort des père et mère n'étaient pas échus; — Attendu que les appelants ne sont pas fondés à opposer à cette action l'acte du 24 frim. an 9, puisque la renonciation dont ils excipent n'a jamais eu d'existence réelle et légale; — Attendu que, d'ailleurs, les intimés seraient toujours admissibles à demander la nullité de cet acte, parce que, lors même que l'art. 1304 c. civ. aurait disposé de ces sortes de nullités, il ne serait pas applicable à l'espèce actuelle, vu que les actes doivent être régis par les lois existantes à l'époque de leur confection;

Attendu qu'il importe peu que la prescription contre l'action en nullité fût suspendue durant la vie de la personne à la succession de laquelle on aurait renoncé, il n'en est pas moins constant que cette prescription aurait pris naissance dans l'acte même; d'où il résulte que, ne pouvant lui appliquer deux législations à la fois, c'est celle existante à l'époque de l'acte qui doit seule servir de règle pour décider le sort des actions et des exceptions qui en dérivent; que ce serait donner un effet rétroactif à l'art. 1304 c. civ., si on l'appliquait à des conventions faites avant sa publication; — Attendu qu'il impliquerait que le prétendu droit de celui au profit duquel la renonciation serait faite, eût été régi par les lois existantes à l'époque de l'acte, et quant à l'exercice du droit avant l'ouverture de la succession, tandis qu'on appliquerait à ce même acte et au renonçant une législation postérieure à ce traité; — Attendu que la mère commune ayant elle-même concouru à cet acte, elle aurait eu le droit d'intenter l'action en nullité, droit que les intimés auraient recueilli et qu'ils auraient pu joindre à leur droit personnel; ce qui prouve, de plus en plus, que l'on doit suivre la loi existante à l'époque de l'acte; — Attendu que la prescription de trente ans était seule admise en pareil cas dans le ressort du parlement de Toulouse; — Attendu que l'ord. de 1510 ne s'appliquant qu'aux seuls cas de rescision pour cause de dol, fraude, lésion et autres de cette nature, et non point à des actions ou exceptions pour cause de nullité radicale, dérivant de la non-existence légale de la convention, les appelants sont mal fondés à invoquer cette ordonnance; — Attendu que la nullité vicie le traité du 24 frim. an 9, aussi bien quant à la succession paternelle que relativement à la succession maternelle, parce qu'il a été indivisible dans l'intention des parties, et parce que, si l'on faisait la ventilation du prix pour en appliquer une partie à la succession paternelle, ce prix particulier ne dériverait pas, comme elles l'ont voulu, du seul consentement des parties et des causes ou des chances attachées à ce genre de traité; — Démet de l'appel.

Du 27 août 1835.-C. de Toulouse, 5° ch.-M. Truilhas, pr.

(1) (Pigeonné C. Dulac.) — La cour (apr. délib. en ch. du cons.); — Vu les art. 9 et 14 de la loi du 5 brum. an 2, les art. 9 et 11 de la loi du 17 niv. an 2, l'art. 10 de la loi du 18 pluv. an 5, et l'art. 791 c. civ.; — Considérant que les lois de brum. et de niv. an 8 ont disposé que les renonciations à succession ne pourront être opposées aux renonçants qui se présenteront aux successions pour y obtenir un partage égal;

Attendu que le motif de prescription de dix ans tiré des anciennes ordonnances et de l'art. 1304 c. civ. n'est point applicable à l'espèce, puisqu'il s'y agissait d'une demande en partage qui ne se prescrit que par trente ans, et qu'il n'y avait pas lieu à demande en nullité, la loi ayant elle-même aboli les renonciations, en déclarant expressément que ces renonciations ne pourraient être opposées aux renonçants;

Attendu que l'arrêt de la cour d'Agen, en rejetant la demande en partage des sieur et dame Pigeonné, qui réclamaient leur part égale dans la succession de leur mère et belle-mère, a violé les articles précités des lois des 5 brum. et 17 niv. an 2, l'art. 10 de la loi du 18 pluv. an 5, et, par suite, l'art. 791 c. civ.; — Casse.

Du 2 juill. 1828.-C. C., ch. civ.-MM. Brisson, pr.-Bonnet, rap.

(2) (Ligneragues C. veuve Catuffe.) — La cour; — Attendu que l'acte du quatrième jour complémentaire de l'an 6, par lequel Raymond Catuffe, moyennant une somme de 4,850 fr., renonce à tous ses droits à la succession de son père, qui vivait encore, était nul, comme traitant d'une succession non ouverte; — Que, d'après les lois existantes, cette nullité substantielle ne pouvait être prescrite que par trente ans.

Du 3 juin 1830.-C. de Montpellier.-M. Trinquelague, pr.

(3) *Espèce :* — (Veyan C. Veyan.) — Le 19 vent. an 12, Bernard Veyan achète de Pierre-Joseph Veyan, son frère, les droits qui pourraient revenir à celui-ci dans la succession non encore ouverte de Jeanne Collomp, leur mère, et moyennant 750 fr. — En 1811, décès de Jeanne Collomp. Le contrat de l'an 12 est exécuté jusqu'en 1838, époque à laquelle les représentants de Jean-Pierre Veyan demandent le partage de la succession de leur aïeule. Les héritiers de Bernard Veyan opposent à cette demande l'acte du 19 vent. an 12, et, en même temps, la prescription de dix ans, tirée de l'art. 1304 c. civ., qui a pris cours tout au moins à dater du jour de l'ouverture de cette succession. — Arrêt.

La cour; — Attendu que la succession dont les appelants ont réclamé le partage était ouverte depuis moins de trente ans, à l'époque de l'introduction de l'instance actuelle; — Qu'ainsi ils étaient encore dans le délai légal pour exercer l'action en pétition d'hérédité; — Attendu que l'acte du 19 vent. an 12, par lequel leur auteur, Joseph-Pierre Veyan, a cédé à son frère Bernard ses droits sur la succession de sa mère alors vivante, ne peut arrêter l'effet de leur demande en partage, parce que cet acte, fait sous l'empire du code civil, et contrairement aux dispositions des art. 791 et 1130 déjà publiés, se trouve ainsi entaché d'une nullité absolue et d'ordre public; — Que ce caractère de la nullité dont il s'agit ne peut être méconnu; car, indépendamment de ce que les stipulations sur la succession d'une personne vivante blessent l'honnêteté publique, elles offriraient, si elles étaient licites, des moyens certains d'éluder les lois qui défendent de changer, par des conventions matrimoniales, l'ordre légal des successions, et saperaient ainsi la base de notre organisation civile et politique; — Qu'étant ainsi établi que ces pactes violent une prohibition d'ordre public, la conséquence en est qu'ils ne peuvent jamais acquérir l'existence que la loi leur refuse, et que, nuls dans le principe, ils ne peuvent être validés ni par une nouvelle convention des parties ni par l'effet du temps; — Que, si la personne sur la succession de laquelle on a traité vient à décéder, ce fait reste sans influence sur le sort de la convention antérieure, dont le vice originaire garde toujours cette nature qui s'oppose à ce qu'il puisse être couvert;

Que les parties pourront sans doute poursuivre et peut-être réaliser les mêmes effets par un acte entièrement nouveau, valable à sa date, mais elles ne pourraient atteindre ce but par une ratification pure et simple de l'acte ancien, parce que cette ratification serait elle-même une nouvelle insulte à la loi, et que les lois doivent être non pas seulement obéies, mais encore respectées; — Qu'il faut donc bien se garder de confondre l'acte nouveau avec la ratification, quoique leurs effets puissent être accidentellement les mêmes; — Que l'acte nouveau, en effet, rend hommage à la loi, en supposant, non pas seulement la nullité, mais l'inexistence de l'acte précédent, et d'ailleurs ne recevant l'être que le jour de sa date, il porte sur une succession ouverte; la ratification, au contraire, se rattache à l'acte primitif, qu'elle a pour objet de maintenir aussi bien dans sa date que dans ses effets; s'unissant et s'incorporant avec cet acte, elle reçoit le vice dont il est infecté, au lieu de l'effacer; elle est enfin, comme lui et avec lui, une stipulation sur la succession d'une personne vivante, à moins qu'on ne veuille le considérer isolément, et elle n'est rien; — Que, si la ratification expresse ne serait pas admissible, encore moins peut-on admettre la ratification tacite que la loi présume au bout de dix ans, et qui sert de base à l'art. 1304 c. civ.; car on ne peut accorder à une volonté simplement présumée une force et une valeur refusées à la volonté expresse; — Qu'on ne peut se prévaloir de la généralité des termes de l'art. 1304 c. civ., pour en induire que le laps de dix ans suffit à valider les stipulations contre l'ordre public, et les met à l'abri de l'action en nullité; — Que nul n'a jamais proféré une maxime aussi subversive de l'ordre social, et les intimés eux-mêmes ne le prétendent pas, car ils eussent dû alors invoquer la prescription du jour de la possession de l'acte, tandis qu'ils ne la font courir que du jour où le décès de la mère rendrait possible et licite une

de 1510, le délai de l'action en nullité d'un traité sur une succession future, n'était, comme sous le code Napoléon, que de dix ans : ici s'applique l'art. 15 de cette ordonnance, relatif à l'action en rescision pour dol, fraude, crainte, violence ou déception d'outre moitié du prix; et l'on ne pourrait écarter l'application de cet article, sous le prétexte qu'il s'agirait ici d'une nullité d'ordre public, prescriptible seulement par trente ans (Cass. 10 mars 1812; Grenoble, 2 juill. 1819 (1); Req. 28 mai 1828, aff. Bottard, V. l'arrêt suivant). — Dans l'espèce de l'arrêt de Grenoble, il s'était écoulé plus de quarante ans depuis l'ouverture de la succession. Ce n'est que dans ses motifs que l'arrêt énonce qu'il suffisait de l'expiration de dix années pour la prescription de l'action en nullité; — 2° Que les lois intermédiaires, antérieures au code Napoléon, n'ayant rien disposé sur la durée des actions en rescision de contrats pour dol, fraude, crainte, c'est l'art. 46 de l'ordon. de 1510 qui doit régler le délai de cette action au sujet d'un contrat passé en l'an 2, et ce délai était de dix ans, comme sous le code Napoléon, art. 1304 (Req. 28 mai 1828 (2); — 3° Que, sous le code Napoléon, l'action en nullité d'un traité sur une succession future se prescrit par dix ans à dater de l'ouverture de la succession (Pau, 4 fév. 1830) (3).

623. Du reste, il a été jugé que s'il a été renoncé avant le

---

stipulation sur la succession; — Qu'ils se placent donc eux-mêmes en dehors de l'application directe de l'art. 1304 c. civ., et ne peuvent y rentrer qu'en faisant admettre le système ci-dessus réfuté de la ratification tacite et légale opérée par le seul effet du laps de dix ans écoulé depuis le jour où la convention eût été possible et licite; — Attendu qu'il suit de tout ce qui précède que la seule prescription admissible dans la cause actuelle serait celle de trente ans à partir du jour où la succession de la femme Veyan a été ouverte, non que cette prescription eût validé l'acte du 19 vent. an 12, mais parce qu'elle aurait éteint l'action en pétition d'hérédité; — Attendu qu'il n'existe, d'ailleurs, aucun acte contenant ratification de celui du 19 vent. an 12, ni aucun fait d'où l'on puisse induire cette ratification; — Emendant.

Du 2 juin 1840.-C. d'Aix.-M. Pataille, 1er pr.

(1) 1re *Espèce :* — (Boinon C. Boinon.) — La cour; — Attendu que Jean Boinon avait renoncé, au profit d'Antoine Boinon, son frère, à la succession de son père, dans son contrat de mariage du 8 janv. 1761; que cette renonciation avait été faite en présence et sous l'approbation du père, et pour un prix déterminé qui avait été payé; — Attendu que si, d'après les lois qui régissaient le pays dans lequel ce contrat avait été payé, Jean Boinon, et, après lui, ses héritiers, auraient été en droit de revenir contre l'engagement pris par le contrat de mariage du 8 juin 1761, c'était une action en restitution envers un contrat, qui, d'après les lois générales de la France, et notamment l'art. 46 de l'ordonnance de 1510, ne pouvait plus être exercée après dix ans écoulés en pleine majorité; — Attendu que ce délai était depuis longtemps expiré, lorsque la veuve et les enfants de Jean Boinon ont formé leur demande devant le tribunal de Montbrison; — D'où il suit que la cour de Lyon, en relevant les enfants et représentants de Jean des engagements par lui pris dans le susdit contrat de mariage, pour les admettre au partage de la succession d'Etienne Boinon, a violé l'art. 46 de l'ord. de 1510; — Casse.

Du 10 mars 1812.-C. C., sect. civ.-MM. Muraire, 1er pr.-Massillon, r.

2e *Espèce :* — (Jean-Antoine Bosq C. Me Massot.) — La cour; — Considérant que la renonciation faite par Catherine Bosq, dans son contrat de mariage du 11 mai 1756, à tous droits de légitime et supplément, sur les biens de Jacques Bosq, son père, au moyen de la constitution à elle faite par celui-ci, n'a jamais été attaquée par ladite Catherine Bosq ou ses représentants, par la voie de la restitution ou rescision, quoiqu'il se soit écoulé plus de quarante années depuis le décès de Bosq père, arrivé en 1778; — Considérant que si Catherine Bosq avait eu à se plaindre de cette renonciation, pour cause de lésion ou d'insuffisance de la constitution à elle faite par son père, elle aurait dû l'attaquer dans les dix années du décès de Bosq père, en impétrant des lettres de restitution ou de rescision, en conformité des lois qui ont subsisté jusqu'à la suppression des chancelleries (postérieure de plus de douze années au décès de Bosq père); mais que Catherine Bosq n'ayant point employé la voie de la restitution, ne s'étant plainte d'aucune lésion dans les dix années qui ont suivi le décès de Bosq père, et ni elle, ni son héritier n'ayant même postérieurement demandé, dans aucun temps, la rescision de la renonciation dont il s'agit, il est évident, sous ce rapport, que l'héritier de Catherine Bosq est non recevable dans l'action qu'il a dirigée, contre l'héritier de Bosq père, plus de vingt-neuf années après le décès de ce dernier, en expédition d'une légitime sur les biens dudit Bosq; — Emendant.

Du 2 juill. 1819.-C. de Grenoble, 1re ch.-M. Paganon, pr.

(2) (Bottard C. Bottard.) — La cour; — Attendu que l'acte par lequel Ant. Bottard a renoncé à la succession future de son père, au profit de Zacharie Bottard, son frère, est sous la date du 24 pluv. an 2 (12 fév. 1794); que l'arrêt constate que le décès du père est arrivé le 5 janv. 1806, et que la demande en nullité de l'acte de renonciation dont il s'agit n'a été formée que plus de vingt-deux ans après la date de l'acte, et même plus de dix ans après l'ouverture de la succession du père, époque où la renonciation aurait dû recevoir son effet; — Attendu que, d'après ces faits, si l'on considère la date du contrat litigieux (24 pluv. an 2), la loi du 17 niv. an 2, publiée à cette époque, prescrit bien l'égalité des partages, mais que son art. 11, invoqué par le demandeur, ne contenant aucune disposition hors mariage en matière de succession sur les conventions spéciales des parties, et les autres dispositions de la même loi étant muettes sur le délai des actions en nullité ou rescision des contrats, l'arrêt attaqué n'a pu violer ladite loi du 17 niv. an 2, qui ne contient aucune disposition applicable à la contestation; — Attendu que, si l'on considère la date du contrat comme devant déterminer les lois qui doivent en régler le sort, c'est la législation ancienne sur l'exercice des actions qu'il fallait consulter; qu'à cet égard, l'arrêt attaqué a fait une juste application des lois qui voulaient que toutes les actions personnelles et réelles se prescrivissent par trente ans, à moins que des ordonnances ou statuts spéciaux n'aient fixé la prescription à un moindre délai; que la prescription de dix ans a été introduite par l'art. 46 de l'ord. de 1510 pour toutes rescisions de contrats ou autres actes quelconques, fondées sur dol, fraude, circonvention, crainte, violence ou déception d'outre moitié du prix; que l'arrêt attaqué, en appliquant les dispositions de cet article à une action en résolution de contrat passé en présence et sous l'approbation du père, et pour un prix déterminé qui a été payé, a justement appliqué ledit art. 46 de l'ord. de 1510 sur la durée de l'action en nullité des contrats; — Attendu que l'art. 1304 c. civ. pouvait de même être invoqué par l'arrêt attaqué, puisqu'il constate que la succession paternelle n'a été ouverte que depuis la publication de ce code, et que l'action en rescision du contrat de l'an 2 n'a été intentée et ne pouvait l'être que depuis la mort du père, arrivée en 1806; que cet art. 1304 règle, en termes plus forts et plus étendus, le délai dans lequel doivent être intentées les actions en nullité ou rescision de conventions, et que sa juste application à la cause aurait seule suffi pour justifier l'arrêt; — Rejette, etc.

Du 28 mai 1828.-C. C., ch. req.-MM. Henrion, pr.-Ménerville, rap.-Lebeau, av. gén., c. contr.-Piet, av.

(3) (Dominge Garonne.) — La cour; — Attendu que, si les parties en étaient aux termes du contrat du 1er prairial an 6 (20 mai 1798), le tribunal de Bagnères aurait bien jugé en décidant que Dominge Garonne est fondée à demander le partage de la succession de son père, bien que, moyennant la constitution qu'il lui fit, par ce contrat, elle ait renoncé à rien exiger au delà, trente années ne s'étant pas encore écoulées depuis le décès de son père; et l'on objecte en vain qu'elle ait dû se faire restituer contre sa renonciation dans les dix ans qui ont suivi cette époque, suivant l'art. 1304 c. civ.; — Qu'il est de principe que les effets et les suites des actes, les droits et les actions qui en naissent sont exclusivement régis par la loi sous laquelle ils furent passés, quelque changement qu'il soit survenu dans la législation; qu'en consultant les lois romaines, la jurisprudence du parlement de Toulouse, dans le ressort duquel les parties étaient domiciliées, et les lois des 5 brum. et 17 niv. an 2, en vigueur lorsque l'acte du 1er germ. an 6 fut passé, l'enfant qui, au moyen d'un apportionnement que son père lui avait fait, soit dans un partage d'ascendants, soit par une simple constitution de dot, avait renoncé à plus rien demander, n'en conservait pas moins la faculté de réclamer ce qui manquait à la part que la loi lui attribuait; et il pouvait l'exercer pendant trente ans, à partir de la mort du père, sans avoir besoin de se faire relever de sa renonciation, qui était considérée comme non avenue; mais que l'acte du 1er mai 1808, par lequel Dominge Garonne transigea sur les difficultés que le contrat du 1er prairial an 6 pouvait faire naître, élève, contre sa demande, une fin de non-recevoir insurmontable; qu'il est vrai que, passé pendant la vie de son père, cet acte était susceptible d'être annulé, aux termes de l'art. 1150 c. civ., comme renfermant un traité sur une succession non échue; qu'il eût encore pu l'être comme acte de confirmation ou de ratification, en ce qu'il ne remplit pas les conditions exigées par l'art. 1338, et comme transaction, suivant l'art. 2054, en ce qu'il a été passé en exécution d'un titre nul, sans que les parties aient expressément traité sur la nullité; mais que ce n'étaient pas là des nullités de plein droit, qui existent par la seule force de la loi; qu'elles devaient être reconnues et prononcées par le juge, et qu'il eût fallu que Dominge Garonne les proposât et les fît valoir dans les dix ans de la mort de son père, d'après l'art. 1304 c. civ., sous l'empire duquel l'acte du 1er mai 1808 a été passé; — Qu'il en est de même de la nullité qu'elle fait résulter de la contravention à l'art. 14 de la loi du 25 vent. an 11, sur le notariat, en admettant que cette contravention existe; — Qu'en vain, pour échapper à la fin de non-recevoir qu'on lui propose, Dominge Garonne invoque la maxime : *quæ sunt temporalia ad agendum sunt perpetua ad excipiendum;* — Que, sans examiner si cette maxime s'applique d'une manière absolue aux actions en rescision, ce qui paraît susceptible de graves difficultés, il est au moins certain qu'elle n'est faite que pour celui qui, malgré

code Napoléon à une succession qui ne s'est ouverte que depuis le code, c'est le code Napoléon, et non la législation antérieure, qui doit régler la durée de l'action en nullité de cette renonciation (c. nap. 1304; Req. 28 mai 1828, aff. Bottard, V. n° 622).

624. La nullité de la renonciation a pour effet de remettre l'héritier dans les mêmes droits qu'il aurait, s'il n'avait pas renoncé. Jugé toutefois que des enfants qui, par suite de la renonciation de leur sœur à la succession future de leur père et mère, ont fait des dépenses en travaux et produits industriels pour améliorer les biens de la succession, ont droit à une indemnité pour ces améliorations (Bastia, 14 avril 1834, M. Colonna d'Istria, pr., aff. Franceschini).

§ 4. — *De la déchéance pour recel ou divertissement.*

625. Aux termes de l'art. 792, «les héritiers qui auraient *diverti* ou *recélé* des effets d'une succession, sont déchus de la faculté d'y *renoncer*; ils demeurent héritiers purs et simples, nonobstant leur renonciation, sans pouvoir prétendre aucune part dans les objets divertis ou recélés.» Les art. 1460 et 1477 contiennent une disposition semblable entre époux (V. v° Contr. de mariage, n°s 2193 et suiv.). — La disposition de l'art. 792 est la conséquence du principe qui fait considérer l'immixtion dans les biens de la succession comme une acceptation tacite; mais le recel ou le divertissement peuvent en outre avoir un caractère *frauduleux*; la loi ici les suppose antérieurs à la renonciation; sinon, et au cas où l'héritier subséquent aurait accepté, ils encourraient la peine du larcin, constituant réellement un *vol, contrectatio rei alienæ lucri faciendi causâ*; c'est là distinction qui était adoptée par l'ancienne jurisprudence, et qu'enseignent encore tous nos auteurs (Domat, liv. 1, tit. 3, sect. 1, n° 12; Lebrun, liv. 3, chap. 8, sect. 2, n° 60; arrêt du parlement de Paris, 29 avril 1789 et 7 déc. 1715; parlement de Dijon, 7 juin 1687, et 19 janv. 1692; MM. Merlin, Rép., v° Recélé; Chabot, t. 2 p. 565; Toullier, t. 4, n° 353; Malpel, n° 681; Duranton, t. 6, n° 482; Delvincourt, t. 2, p. 34, note 4; Vazeille, art. 792, n° 2; Marcadé, n° 1).

626. Une autre distinction résulte des nouveaux principes du code: comme l'héritier qui a renoncé peut encore, selon l'art. 790, accepter la succession, si elle ne l'a pas été par d'autres, le recel ou le divertissement, dans ce cas, équivaudra à une acceptation formelle. L'intention de voler n'est pas pleinement caractérisée, puisque la loi l'autorisait, à défaut d'autres héritiers, à se regarder comme propriétaire des effets de l'hérédité. Telle est l'opinion des auteurs que nous avons cités; mais il faut remarquer, avec les mêmes auteurs, que c'est là le seul cas où le recel révoquera la renonciation. L'art. 792 suppose que l'héritier recéleur est dans les délais pour accepter ou renoncer; car il le déclare *déchu de la faculté* de renoncer, et le recéleur *demeure héritier* pur et simple. D'ailleurs, si la succession était avantageuse et que le recel fût un moyen indirect de revenir sur une renonciation téméraire, on s'enrichirait ainsi par la fraude. —V. aussi v° Cont. de mariag., n°s 2211 et suiv.

627. Quels sont les *effets* susceptibles de divertissement ou de recel? On a vu, v° Contr. de mariage, n° 2196, que ce sont principalement les meubles corporels, mais qu'il en serait de même de titres de créance et même de titres de propriété immobilière. — Quant aux immeubles, leur aliénation par l'héritier renonçant ne constitue pas un *divertissement*, tel que l'entend la loi. On pourra seulement y voir, selon les circonstances, un acte d'héritier emportant déchéance de la renonciation. — Jugé à cet égard: 1° que lorsque les biens d'un auteur commun sont restés indivis entre deux sœurs et un frère, s'il arrive que les sœurs renoncent à la succession par acte authentique, la vente publique, qu'elles feront ensuite des biens appartenant à ce dernier, n'anéantira pas leur renonciation, et les deux sœurs seront censées avoir vendu, non en qualité d'héritières de leur frère, mais comme héritières de leur père (trib. d'app. de Paris, 5 mess. an 10, aff. Moreau *C.* Monnier); — 2° Que la vente d'immeubles dépendants d'une succession, faite par un héritier qui y avait renoncé et s'était fait déclarer créancier de cette succession par jugement, doit être considérée, quoique postérieure à ce jugement, comme ayant été faite *à non domino*, et n'emporte pas déchéance de la répudiation, pas plus que la cession de tous ses droits à un tiers dans ladite succession (Req. 23 mars 1813, MM. Henrion, pr., Lombard, rap., Giraud, av. gén., aff. Bretenons *C.* Moublet).

628. Quels sont les actes qui constituent le recel ou divertissement? L'un des caractères essentiels est la mauvaise foi ou l'intention frauduleuse (V. Contr. de mar., n°s 2197 et suiv., où sont rapportés plusieurs exemples). — Ainsi on a jugé avec raison qu'en disant que les omissions commises dans un inventaire, n'étant pas attribuées à la fraude, ne peuvent être considérées comme des recélés, un arrêt motive suffisamment et justifie, d'ailleurs, par appréciation des faits, le rejet de l'action d'un héritier, tendant à faire déclarer ses cohéritiers déchus de leur part dans les objets omis à l'inventaire: «Attendu que, pour absoudre du reproche de recélé non-seulement Huard père, mais encore ses héritiers, le premier des arrêts attaqués considère, en termes exprès, que ces omissions, que l'on n'attribue pas à la fraude, ne peuvent être considérées comme des recélés; — D'où il suit que cet arrêt est motivé, et par là le vœu de la loi rempli; rejette» (Req. 21 fév. 1837, MM. Zangiacomi, pr., Lasagni, rap., aff. Lamé-Fleury *C.* Huard.).

629. Outre l'intention frauduleuse, le recel ou divertissement doit-il, pour tomber sous le coup de l'art. 792, présenter le caractère d'un véritable *délit* rentrant dans les définitions du code pénal? On lit dans un arrêt récent de la chambre civile que cet article «a pour objet de prévenir, en les punissant, les détournements qui, à l'égard soit des autres héritiers, soit des créanciers du défunt, constituent de véritables vols» (Rej. 13 nov. 1855, aff. Crescent, D. P. 55. 1. 433). La pensée de la cour n'a pas été sans doute de limiter au cas de vol la déchéance dont il s'agit; il y a les mêmes motifs de l'appliquer aux divers délits commis par l'héritier au détriment de ses cohéritiers ou des créanciers héréditaires, et, par exemple, aux divers abus de confiance, abus de mandat ou de dépôt, etc., réprimés par la loi pénale. Mais il résulte de cet arrêt que l'art. 792 n'atteint pas la simple dissimulation même frauduleuse, par un cohéritier, des valeurs héréditaires dont il est possesseur.

630. Dans l'espèce, il s'agissait de l'héritier qui retient de mauvaise foi, et dissimule ce qu'il doit rapporter à ses cohéritiers, et faire entrer dans le partage, comme lui ayant été donné en avancement d'hoirie et sans dispense de rapport. Pour l'application de l'art. 792, on disait que le dol civil est l'objet de ses prévisions; que le code pénal eût suffi à punir le délinquant, et que la loi civile n'eût pas manqué de renvoyer à la loi criminelle, si l'on n'avait entendu statuer que contre un véritable délit. Le but de l'art. 792, ajoutait-on, est de maintenir le grand principe de l'égalité des partages; on doit donc l'appliquer par tout où cette égalité est menacée par la fraude. Sans doute la mauvaise foi sera plus difficile à établir et l'erreur plus supposable, pour les biens donnés entre-vifs, que pour ceux qui se trouvent dans la succession au jour du décès. Mais il n'est dû aucune indulgence quand la fraude est manifeste, et la sanction de l'art. 792 est d'autant plus nécessaire pour le recel des biens sujets à rapport que la dissimulation alors est plus facile, plus dangereuse, et peut embrasser la plus grande partie ou même la totalité de la masse partageable. Cependant il a été jugé par l'arrêt ci-dessus, que le défaut de déclaration des donations entre-vifs que le défunt lui avait faites, sans dispense de rapport, ou le défaut de représentation des objets ainsi donnés, ne constituent pas, y eût-il fraude, un recel dans le sens de l'art. 792. — Il est à remarquer que la cour impériale, dans les motifs de la décision déférée à la cour suprême, ne s'expliquait nullement sur le caractère que doit présenter la fraude du recel, mais

l'acte dont on poursuit l'exécution contre lui, n'a pas cessé de posséder, et que Dominge Garonne ne se trouve pas dans ce cas, puisque c'est, au contraire, son frère qui a joui sans trouble de l'hérédité du père commun, et que, quant à lui, l'acte du 1er mai 1808 reçut à l'instant toute l'exécution dont il était susceptible; — Qu'il suit de tout cela que Dominge Garonne a perdu tout droit au partage qu'elle réclame, et que, conséquemment, le jugement qui l'a ordonné doit être réformé.

Du 4 fév. 1830.-C. de Pau, ch. corr.-M. de Charite, pr.

se bornait à déclarer que les objets donnés entre-vifs ne sont pas dans la succession, ou des *effets de la succession*, selon les termes du même article. — Quant aux auteurs cités *suprà*, n° 628, ils semblent tous (sans prévoir spécialement la question relative aux biens donnés) n'exiger que l'intention frauduleuse comme condition du recel prévu par l'art. 792.

631. Si la réticence, quoique frauduleuse, ne constitue pas le recel dans le cas que nous venons de supposer, à plus forte raison en doit-il être ainsi du défaut de déclaration par l'héritier d'une donation déguisée que lui a faite le défunt, lorsque d'ailleurs la mauvaise foi n'est pas établie (Rej. 6 nov. 1855, aff. Viel, D. P. 55, 1. 434). — Ici, en effet, on est dans le cas de la controverse qui s'est élevée sur le point de savoir si les donations déguisées impliquent virtuellement dispense de rapport. Le donataire a donc pu, de bonne foi, croire la donation non rapportable.

632. Le mensonge de l'héritier sur l'origine de sa possession d'objets héréditaires peut, selon les circonstances, ne pas constituer le recel ou divertissement prévu par l'art. 792. Et, par exemple, il ne suffit pas que l'héritier prétende faussement posséder à titre de don manuel, des créances et objets mobiliers dépendant de l'hérédité : — « Considérant que, si la veuve Randon n'a pas prouvé que les effets qu'elle revendique lui aient été donnés, il n'a pas non plus été suffisamment établi qu'elle les ait dérobés ; que, dans tous les cas, et que de là qu'elle n'a pas nié les avoir en son pouvoir, il s'ensuivrait tout au plus qu'il y aurait de sa part déclaration fausse et allégation mensongère, et non divertissement ou recel dans le sens de l'art. 792 ; confirme » (Lyon, 28 déc. 1858, MM. Acher, pr., Laborie, av. gén., aff. Meillet *C.* Liénard).

633. Il a été jugé aussi que, la disposition de l'art. 792 étant pénale, il faut, pour son application, que le divertissement soit prouvé d'une manière positive ; il ne suffirait pas qu'un cohéritier fût condamné à rapporter à la succession un objet dont il serait détenteur, et qu'il prétendrait lui avoir été donné (Caen, 6 nov. 1827) (1).

634. Le divertissement ou vol peut-il résulter d'actes antérieurs à l'ouverture de la succession, s'il est constant qu'ils ont été faits en vue du décès et pour spolier la succession? — Pour l'affirmative, enseignée aussi par Poujol, p. 453, V. v° Contr. de mar., n° 2206. — Jugé en ce sens que de ce que l'appréhension des objets divertis a eu lieu avant l'ouverture de la succession, l'art. 792 c. nap. ne cesse pas d'être applicable, si cette appréhension a été pratiquée dans le but de spolier frauduleusement les autres héritiers ; — Et cela, encore bien que plusieurs des cohéritiers auraient connu l'existence des objets ou sommes retenus dans les mains de leurs copartageants, et que ces derniers, dans la renonciation par eux consentie à la succession de l'auteur commun, auraient fait l'aveu de ces objets ou valeurs, s'ils ont employé, pour s'en faire libérer, des moyens repoussés par la justice et annonçant un calcul intéressé de leur part (Riom, 10 avril 1851, aff. Amblard, D. P. 51. 2. 196).

635. Il y a lieu, sur la demande des créanciers d'une succession, de prononcer la nullité d'une renonciation des héritiers légitimes comme faite frauduleusement, si tous les biens de la succession sont parvenus entre les mains de ces héritiers au moyen soit d'actes simulés faits par le défunt, soit de personnes interposées. — Ces héritiers doivent, dans ce cas, être regardés comme héritiers purs et simples et tenus des dettes, même *ultrà vires* (Nîmes, 9 juill. 1825) (2). — La loi romaine contient une disposition semblable (L. *De acq. vel amitt. hæred.*) : *Si is, qui bonis paternis se abstinuit, per suppositam personam emptoris, bona patris mercatus probatur; perindè eum conveniri oportere à creditoribus, atque si bonis paternis se immiscuisset.*

636. Des jugements passés en force de chose jugée, qui se sont bornés à régler, entre des cohéritiers, la composition du patrimoine de la succession, sans fixer la part de chacun, ne reçoivent aucune atteinte dans leur autorité, par un arrêt qui, sur une dénonciation de faits de recel portée par certains des cohéritiers contre d'autres, et après avoir constaté la véracité de ces faits, applique à ces derniers la disposition pénale de l'art. 792 c. nap. (Req. 22 fév. 1851, aff. Villebrun *C.* Villebrun, V. n° 639).

637. Comment se *prouve* le recel ou divertissement? Par tous les moyens de preuve, la fraude faisant exception à la règle qui interdit la preuve par témoins ou par présomption, quand la valeur des objets réclamés excède 150 fr. (c. nap. 1348, V. Cont. de mar., n° 2215). — Jugé par suite que le fait, par une veuve, d'avoir distrait des effets de la succession de son mari, pour se payer de ses reprises, peut être prouvé par témoins, quoique les objets excèdent 150 fr. : — « Attendu que si, en règle générale, l'existence d'un payement excédant la somme de 150 fr. ne peut être établi à l'aide d'une preuve testimoniale, il y a exception à cette règle, lorsque la chose qu'on veut prouver n'était pas susceptible de l'être par écrit ; — Attendu que les faits que Guinchan a articulés constitueraient une fraude, et ne pouvaient, dès lors, former matière d'une convention écrite ; que la preuve par témoins en était admissible ; confirme » (Bordeaux, 16 juill. 1834, M. Gerbeaud, pr., aff. veuve Faure *C.* Guinchan).

638. Toutefois, la preuve par commune renommée n'est pas admissible pour établir qu'il y a eu recel, et spécialement que tel objet dépendait de la succession : — « Attendu qu'on ne peut pas comprendre dans cette succession un cheptel de la valeur de 1,000 fr. ; qu'aucun titre, aucun document n'en prouve l'existence ; que la preuve qu'en offrent les appelants, tant par commune renommée que par témoins, n'est pas admissible ; que, d'une part, cette preuve est articulée en termes trop vagues pour que la justice puisse l'autoriser ; que, d'autre part, la preuve par commune renommée n'est autorisée que pour quelques cas exceptionnels, indiqués par les art. 1415, 1442 et 1504 c. nap., et que les parties ne se trouvent dans aucun de ces cas ; infirme » (Bordeaux, 2 juin 1831, M. Duprat, pr., aff. Pinet *C.* Penaud). — V. dans le même sens deux autres arrêts v° Contr. de mar., n° 2216).

639. A quels héritiers s'applique la pénalité prévue par l'art. 792 qui prive l'héritier de sa part dans les objets recélés ou di-

---

(1) (Jennet *C.* Mangon.) — LA COUR ; — Considérant que, s'il existe assez de motifs pour ne pas donner à la saisine du billet en question les effets d'une remise volontaire, il n'est cependant pas impossible que cette remise ait eu lieu ; que l'art. 792 c. civ., en tant qu'il porte une disposition pénale, ne peut être appliqué que lorsque le fait qu'il a pour objet de punir est prouvé d'une manière démonstrative ; que, du moment où, dans l'espèce, il peut rester encore quelque incertitude à cet égard, on ne saurait, sans excès de rigueur, priver ledit Jennet de prendre part dans les 2,500 fr. dont il est redevable ; — Réforme le jugement au chef qui prive Jennet de sa part ; — Au surplus, confirme, etc.

Du 6 nov. 1827.-C. de Caen, 1re ch.-M. Dupont, pr.

(2) *Espèce :* — (Créanciers Alvery *C.* héritiers Alvery.) — En l'an 9, J.-B. Alvery vend à Louis Rieu, son beau-père, tous ses biens meubles et immeubles ; il décède en 1806, laissant deux enfants mineurs, Marie et Jean. En 1811, Rieu cède à Marie tous les biens par lui achetés en l'an 9. Celle-ci souscrit une obligation au profit de son frère, se met en possession, et, quelques mois après, répudie, conjointement avec Jean, la succession du sieur Alvery père. Les créanciers soutiennent que l'acte de répudiation est nul comme frauduleux, et que les héritiers sont personnellement tenus des dettes de leur père. — Arrêt.

LA COUR ; — Attendu que toutes les circonstances de la cause concourent à établir que les actes des 15 niv. et 15 vent. an 9, furent concertés entre Jean-Baptiste Alvery et Louis Rieu, pour mettre les biens du premier à couvert des répétitions des demandeurs, sous le nom d'un acquéreur simulé... (suivent les présomptions de simulation) ; — Attendu que de ces cessions évidemment simulées, de même que des ventes consenties à Louis Rieu, il résulte que les enfants de Jean-Baptiste Alvery ont participé à la fraude commise par leur père ; Marie-Rose Alvery, par la cession qui lui fut faite le 17 janv. 1811, de l'utilité des ventes faites à Louis Rieu, et par sa mise en possession des biens meubles et immeubles délaissés par son père, Jean-Pierre Alvery, par l'obligation de 2,000 fr. qui lui fut, le même jour, consentie par sa sœur, et qui ne peut avoir d'autre cause que le partage entre les deux enfants de la succession du père commun ; — Attendu que les enfants Alvery, ainsi mis en possession de tous les biens meubles et immeubles délaissés par leur père, ne sauraient exciper de la répudiation qu'ils ont faite de sa succession le 26 janvier 1812, et que la fraude évidente qui a présidé à cette répudiation doit la faire écarter de la cause, sous le double rapport de l'acceptation de l'hérédité par l'effet de la prise de possession des biens et du divertissement des effets de cette succession, au moyen des actes simulés qui ont été rappelés. — Par ces motifs.

Du 9 juill. 1825.-C. de Nîmes, 3e ch.-M. Thourel, pr.

vertis? On a jugé qu'elle était applicable : 1° à l'héritier qui a accepté une succession purement et simplement, aussi bien qu'à l'héritier renonçant ou à l'héritier bénéficiaire (Req. 22 fév. 1831) (1); — 2° A l'héritier qui a renoncé avant le divertissement ou le recel, et qui demeure dès lors héritier pur et simple (Rennes, 13 fév. 1830) (2); — 3° A l'héritier de la femme, qui a coopéré au recel fait par le mari (Req. 10 déc. 1833, aff. Deschamps, V. Contr. de mar., n° 2219; 5 avril 1832, aff. Gémond, *eod.*, n° 2206).

640. L'art. 792 est applicable pour les peines qu'il prononce, non-seulement à l'héritier proprement dit, mais encore à celui qui est *loco hæredis*, en qualité de légataire universel ou à titre universel, ou de donataire contractuel.—Jugé ainsi spécialement à l'égard d'une veuve donataire contractuelle à titre universel, qui a été assimilée sous ce rapport à un héritier. « Considérant que l'arrêt attaqué ayant jugé que la veuve Pinçon avait recélé une somme de 12,000 fr. et divers effets de commerce dépendant de la succession, a dû la déclarer déchue du bénéfice d'inventaire, et ordonner qu'elle ne prendrait aucune part dans les sommes et effets ainsi détournés; rejette » (Req. 16 janv. 1834, MM. Zangiacomi, pr., Jaubert, rap., aff. veuve Pinçon *C.* hérit. Pinçon).

641. Toutefois, à l'égard du successible, qui est en même temps héritier et légataire ou donataire contractuel, on a demandé si la peine du recel a pour effet de le priver non-seulement de la part qu'il a comme héritier dans les effets divertis, mais encore de tous les droits qu'il y aurait en vertu du legs ou de la donation. On a vu, v° Contrat de mariage, n° 2434, que sur la même question, à l'égard de l'époux, la jurisprudence, d'accord avec les auteurs, appliquait la déchéance pour le tout, même pour les objets légués ou donnés.—Jugé ainsi : 1° à l'égard de la femme qui vient à la succession du mari comme donataire par contrat de mariage (Paris, 22 août 1833, aff. hérit. *C.* veuve Pinçon); — 2° A l'égard d'un héritier et pour des objets qui lui avaient été légués à titre particulier (Bordeaux, 16 juin 1840, aff. Hucher, V. *infrà*, n° 646. — *Contrà*, Poujol, p. 453, 454, et l'arrêt suivant : « Considérant que l'art. 792 c. civ. est placé au titre des Successions; qu'il est évident que cet article ne s'applique qu'aux héritiers du sang, qui seuls ont la faculté de renoncer à la succession et de conserver le titre d'héritiers purs et simples, ou d'accepter la succession sous bénéfice d'inventaire; que les dispositions pénales ne peuvent pas plus être étendues en matière civile qu'en matière criminelle; rejette » (Poitiers, 30 nov. 1830, aff. Martin *C.* Martin).

642. Un mineur ayant agi avec discernement encourt-il les peines du recel et du divertissement? — On a distingué entre les deux déchéances, soit de la faculté de renoncer ou d'accepter sous bénéfice d'inventaire, soit de la faculté de prendre part aux objets recélés. — Jugé que la première de ces deux déchéances ne s'applique pas aux mineurs. « Attendu qu'aux termes des art. 461 et 776 c. civ., un mineur ne peut jamais être héritier que sous bénéfice d'inventaire » (Bruxelles, 9 déc. 1815, aff. Dewite *C.* Desemblanck). — Dans l'espèce, le mineur fut, en conséquence, déclaré héritier bénéficiaire : « Attendu qu'en déclarant que le mineur serait toujours réputé héritier sous bénéfice d'inventaire, la loi s'est opposée à ce qu'aucune de ses actions puisse changer sa qualité et lui imprimer celle d'héritier pur et simple; —... Attendu, dès lors, que la seule peine qu'il encourt, en spoliant ou recélant, est, quant aux effets civils, de se trouver, comme héritier bénéficiaire, obligé de rendre compte des objets de la succession; infirme » (Limoges, 30 juill. 1827, aff. Ladégaillerie *C.* Tamain, M. de Bonnabry, f. f. de pr.). — Telle est aussi l'opinion de MM. Chabot, t. 2, p. 568; Duranton, t. 6, n° 480; Malpel, n° 331; Poujol, p. 454; Marcadé, sur l'art. 792. — V. toutefois v° Contr. de mar., n° 2205, la controverse de la même question à l'égard de la femme commune.

643. D'ailleurs il a été jugé, ce qui nous paraît évident, que l'omission dans un inventaire de valeurs mobilières considérables situées hors du lieu de l'ouverture de la succession, ne fait point perdre à l'héritier mineur sa qualité d'héritier bénéficiaire, si cette omission n'a point eu lieu avec intention de fraude, et il en était ainsi sous l'empire de l'ancien droit (Req. 23 juill. 1807, MM. Muraire, 1er pr., Coffinhal, rap., aff. hérit. Richelieu).

644. Quant à la déchéance de la faculté de prendre part aux objets divertis ou recélés, on l'a déclarée applicable au mineur : « Attendu que ceux des héritiers Tissandier qui ont été convaincus des faits de soustraction et de recel ne peuvent prétendre aucune part dans les objets soustraits ou recelés, suivant l'art. 792 c. nap.; qu'à la même conséquence a dû être soumis le fils mineur, parvenu à l'âge où la loi n'admet plus le non-discernement, alors qu'il est certain qu'il a aidé avec connaissance les auteurs desdites soustractions frauduleuses dans les faits qui les ont préparées, ou dans ceux qui les ont consommées; confirme » (Bor-

(1) *Espèce* : — (Villebrun *C.* Villebrun.)—9 juin 1828, arrêt de la cour de Montpellier, qui statue en ces termes : « Attendu qu'il ne s'agissait, lors du jugement des 18 mai 1820 et 30 mars 1822, que de la composition du patrimoine du père commun sans régler la part que chacun des cohéritiers devait y prendre; qu'il en a été de même lors de la transaction passée entre parties, le 14 mai 1824;—Attendu qu'en demandant, à cette époque, la composition du patrimoine, les appelants n'ont pas renoncé au droit résultant des dispositions de l'art. 792 relative à la peine prononcée contre les héritiers qui recèlent des objets faisant partie de la succession;—Attendu qu'il résulte de l'enquête et de tous ces éléments de la cause, qu'il y a eu de la part des intimés spoliation de la succession du père commun à l'époque de son décès; — Qu'il y a donc lieu de leur faire l'application de la peine portée au susdit art. 792, en les privant de prendre part dans le partage de la succession à la distribution, tant des sommes d'argent, que des objets mobiliers qu'il sont reconnus avoir détournés; — Attendu que, pour le surplus, le tribunal de première instance a fait pleine justice des prétentions respectives; — La cour, réformant, faisant aux intimés l'application de l'art. 792 c. civ., les déclare spoliateurs de la succession, etc. — Arrêt.

LA COUR; — Attendu que, quoique l'art. 792 c. civ., qui est invoqué par les demandeurs, soit placé au titre des Renonciations à succession, et que sa disposition paraisse spécialement relative aux héritiers qui renonceraient après avoir diverti ou recélé les effets de celles auxquelles ils seraient appelés, que l'art. 801 contienne une disposition analogue à l'égard de l'héritier par bénéfice d'inventaire, qu'il déclare déchu de ce bénéfice dans le même cas et pour les mêmes causes, il n'en est pas moins vrai que les soustractions commises par les héritiers, en général, les rendent passibles, indépendamment de l'action publique, pour crime ou délit, s'il y a lieu, des réparations civiles auxquelles le fait peut donner lieu; — Que, sous le rapport de ces mêmes réparations civiles, l'arrêt attaqué a pu, comme il l'a fait, adopter pour règle de décision la disposition finale de l'art. 792 c. civ. dont il s'agit, également applicable à l'héritier par bénéfice d'inventaire, indépendamment de la déchéance de ce bénéfice, nommément prononcée par l'art. 801 du même code, et encore celle de l'art. 1477, qui prive l'époux spoliateur de sa portion dans les effets de la communauté qu'il a divertis ou recelés; — D'où il suit que ce premier moyen n'est pas fondé;— Attendu, en même temps, qu'en appréciant l'autorité des deux jugements de 1820 et de 1822, loin de s'écarter des dispositions de ces mêmes jugements et de les contrarier, l'arrêt attaqué a justement reconnu que la composition des patrimoines, et non les droits afférents à chacun des héritiers, avaient été réglés par ces mêmes jugements, tandis que l'arrêt attaqué a statué uniquement et exclusivement sur ces mêmes droits, et a laissé entières les dispositions des jugements antérieurs, ce qui écarte le dernier moyen; — Rejette, etc.

Du 22 fév. 1831.-C. C., ch. req.-MM. Favard, pr.-Dunoyer, rap.-Laplagne-Barris, av. gén., c. conf.-Jacquemin, av.

(2) (Vret *C.* hérit. Albert.) — LA COUR; — Considérant que si, avant la promulgation du code civil, quelquefois on distinguait entre les recélés faits avant ou après la renonciation, et si on avait pensé que, hors le cas de dol caractérisé, le recélé postérieur ne donnait lieu qu'à poursuivre l'héritier comme spoliateur, sans détruire l'effet de la renonciation, c'est parce qu'on tenait alors pour maxime que le renonçant était irrévocablement exclu de tous ses droits d'héritier, qui, sous aucun prétexte, ne pouvaient plus lui appartenir; mais qu'il doit en être autrement sous l'empire du code civil, dont l'art. 790 permet à l'habile à succéder, qui a renoncé d'accepter encore la succession, tandis que la prescription n'est pas acquise contre lui, si elle n'a pas déjà été acceptée par d'autres héritiers; que, par une conséquence naturelle, l'art. 792 déclare sans effet la renonciation faite par celui qui a recélé ou diverti, et le rend héritier pur et simple, sans excepter le cas où il n'aurait recélé qu'après avoir renoncé, ce que prouvaient de plus en plus ces derniers mots du même article, sans pouvoir prétendre aucune part dans les objets divertis ou recélés, desquels il résulte que le renonçant qui a recélé, à quelque époque que ce soit, demeure héritier, puisqu'il a fallu une disposition expresse pour le priver de toute part dans les choses par lui soustraites. — Condamne les intimés comme héritiers purs et simples, etc.

Du 13 fév. 1830.-C. de Rennes, 3e chamb.-M. Aubrée de Kernaouf, pr.

deaux, 2 déc. 1840, M. Poumeyrol, pr., aff. Tissandier C. Tissandier; Req. 3 mai 1848, aff. Pistole, D. P. 48. 1. 166.—Conf. Marcadé, sur l'art. 792). Les autres auteurs, cités au numéro précédent, se bornent à dire, sans discuter notre question, que le mineur doit tenir compte à ses cohéritiers des effets qu'il a divertis ou recélés, d'après la maxime *nemini fraus sua patrocinari debet*. Jugé aussi, dans un cas où le débat paraît avoir porté seulement sur la qualité d'héritier bénéficiaire, que la seule peine encourue par le mineur, quant aux effets civils, est d'être obligé, comme héritier bénéficiaire, de rendre compte des objets de la succession (Limoges, 30 juill. 1827, aff. Ladégaillerie, V. n° 642).

645. L'héritier qui a recélé des titres de créance doit en rapporter le montant, et non pas seulement ces titres, si les débiteurs se trouvent insolvables (Poitiers, 30 nov. 1830) (1).

646. La déchéance portée par l'art. 792 c. nap. contre l'héritier coupable de recélé, est une peine qui le frappe, bien que ses cohéritiers n'aient, en définitive, souffert aucun dommage, comme si, par exemple, dans l'ignorance du recélé, ils ont traité de leurs droits avec l'héritier, et ont reçu, par suite de leur cession, tout ce à quoi ils pouvaient prétendre dans les biens de la succession, même en y comprenant les objets recélés. — ... Et, par suite, il n'y a pas lieu de surseoir à prononcer cette déchéance jusqu'à ce qu'il ait été statué sur la demande en nullité de la cession proposée par les cessionnaires, comme ayant été consentie pour un prix inférieur, et dans l'ignorance du recélé (Bordeaux, 10 juin 1840) (2).

647. Les héritiers convaincus de recèlements, divertissements et spoliation d'effets de l'hérédité doivent être condamnés solidairement à la restitution, alors surtout qu'on ne peut déterminer quelle est la quotité des effets que chaque héritier a divertie (L. 18 fév. 1810, art. 55; Req. 20 déc. 1815) (3).

648. La restitution des valeurs détournées par un héritier, au préjudice de ses cohéritiers, ne peut être obtenue par voie de prélèvement sur les biens de la succession qu'autant il n'y a pas encore partage consommé : après le partage, les cohéritiers n'ont qu'une action personnelle contre l'auteur du détournement..., à moins que l'objet détourné ne soit un corps certain, auquel cas ils peuvent le revendiquer tant qu'il se trouve dans les biens de ce dernier (Agen, 22 déc. 1846, aff. Casse, D. P. 47. 2. 87).

649. Il n'y a d'autre action entre cohéritiers, relativement à une succession indivise, que l'action en partage. Ainsi, le cohéritier qui prétend que cette succession a été spoliée par son cohéritier, n'est pas recevable à faire pratiquer une saisie-revendication entre les mains de celui-ci des objets prétendus distraits. En admettant qu'il y ait eu spoliation, la demande tendante à la faire punir est un accessoire de la demande en partage, qui doit être formée contre tous les cohéritiers (Riom, 7 juill. 1821, aff. Raynard C. Bazelle).

650. L'art. 792 ne s'applique qu'à l'héritier; en conséquence, la spoliation d'une succession par un individu non successible ou même par la femme du défunt mariée sous le régime dotal, avec société des acquêts immeubles à laquelle elle a renoncé, ne suffit pas pour faire condamner, soit cette femme, soit le tiers non successible qui se serait rendu coupable de spoliation avec elle, au payement des dettes de la succession *ultrà vires*; il n'y a lieu qu'à la condamnation au payement de la valeur des objets soustraits, et même, suivant les circonstances, à des dommages-intérêts, et cela encore bien qu'on alléguerait qu'il est difficile d'évaluer les objets soustraits... Ici s'applique l'art. 1382 c. nap., et non les art. 792, 801 et 1460 (Riom, 21 déc. 1819) (4).

651. Dans le cas où le mari survivant est déchu, pour cause de recel, de sa part dans des objets par lui distraits de la communauté, cette part rentre dans la masse commune de la succession de la femme, et profite à son légataire, à titre universel, comme à l'héritier du sang, chacun dans la proportion de leurs droits (c. nap. 792, 1477; Paris, 8 nov. 1836) (5).

(1) (Martin C. Martin.) — LA COUR; — Considérant que, par son testament en date du 2 juill. 1815, Jacques Martin a légué à Benjamin Martin, son fils, tout ce dont la loi lui permettait de disposer au jour de son décès, quotité réglée par l'art. 915, au tiers de tous ses biens, puisqu'il n'a laissé que deux enfants; — Considérant que Benjamin Martin, qui a constamment agi à l'insu de son frère, qui était détenteur des sommes provenant de la succession du père commun, qui les a placées, qui en a touché l'intérêt, doit s'imputer sa propre négligence et son défaut de précaution lors des placements des capitaux par lui soustraits, et que, si quelques-uns des débiteurs étaient ou sont devenus insolvables, Benjamin Martin, lui seul, doit supporter les pertes qui peuvent résulter de cette insolvabilité; que, par conséquent, il est de toute justice qu'il se libère envers son frère, non par la remise d'une partie des titres de créances, mais en lui comptant, en argent, la somme de 1,758 fr. qui lui est due; — Rejette.

Du 30 nov. 1830.-C. de Poitiers, 2e ch.

(2) (Hucher C. Darriol et Gassou.) — LA COUR; — Attendu qu'aux termes de l'art. 792 c. civ., tout héritier qui a diverti ou recélé des effets de la succession est déchu, par cela même, du droit de prétendre aucune part dans les objets divertis ou recélés; — Que les mariés Hucher étant convaincus d'avoir diverti et soustrait des valeurs dépendantes de la succession de Charpateau, c'était une nécessité pour le tribunal de première instance d'ordonner, conformément aux dispositions positives de la loi, que la femme Hucher et son mari étaient déchus du droit de prendre une part quelconque dans les 4,000 fr., montant des soustractions par eux commises; — Attendu que les appelants se préoccupent en soutenant que la déchéance réclamée par les mariés Darriol et Gassou ne peut être actuellement prononcée, et qu'il faut statuer préalablement sur le point de savoir si les cessions des 5-30 sept. 1832 doivent être ou non annulées; — Qu'en effet, il ne faut pas oublier que la déchéance établie par l'art. 792 c. civ. n'est autre chose que la juste peine du dol dont un héritier se rend coupable, en cherchant à priver ses cohéritiers de la part qu'ils amendent dans un héritage commun; — Que par conséquent fût-il vrai (ce qui n'est pas vraisemblable) que les épouses Darriol et Gassou eussent obtenu de leur cessionnaire tout ce qui leur revenait dans la succession de Jean Charpateau, les mariés Hucher devraient encore, en punition de leur détournement et de l'ignorance où ils auraient laissé leurs cohéritiers des forces de la succession, être privés du droit de rien prendre dans les 4,000 fr. par eux soustraits; — Que, par conséquent, il n'y avait pas lieu de surseoir à la déclaration de la déchéance; — Attendu qu'on ne saurait s'arrêter à la distinction proposée par les époux Hucher entre les héritiers et les légataires, pour arriver à ce résultat que l'épouse Hucher n'a encouru la déchéance que comme héritière de Jean Charpateau, et seulement pour la portion des droits qui lui revenaient en cette qualité dans l'hérédité paternelle; — Qu'il y a trop de subtilité dans cette distinction; — Que les deux qualités se confondant dans la personne convaincue de latitations, la déchéance doit porter sur la totalité des valeurs détournées; — Attendu que les premiers juges ont décidé avec raison, qu'avant de prononcer sur les conséquences de la soustraction, relativement à la validité des cessions dont la nullité est demandée par les époux Darriol et Gassou, il convenait de liquider la succession de Jean Charpateau; — Que cette décision pleine de prudence protége les droits des appelants et rend sans motifs raisonnables les reproches qu'ils adressent aux deux jugements déférés à la cour; — Confirme.

Du 10 juin 1840.-C. de Bordeaux, 4e ch.-M. Dégranges, pr.

(3) (Albert C. Albert.) — LA COUR; — Attendu que, s'agissant de conviction de recèlement, divertissement et spoliation d'effets d'hérédité, ce qui constitue une espèce de dol et de délit, il n'y a pas lieu à l'application des articles du code civil cités par les demandeurs concernant la solidarité; — Que le principe consacré par l'art. 55 de la loi du 18 fév. 1810 domine en pareille matière; que par conséquent l'arrêt attaqué ne fait à cet égard aucune offense à la loi; — Rejette le pourvoi dirigé contre l'arrêt de Montpellier, du 2 mai 1812.

Du 20 déc. 1815.-C. C., sect. req.-MM. Henrion, pr.-Rousseau, rap.

(4) (Rougier et Bourg C. Bonfils, etc.) — LA COUR; — Considérant que les premiers juges se sont écartés des principes en assimilant à un héritier répudiant, après sa main mise sur la succession qui lui était dévolue par la loi, l'étranger auquel on impute des soustractions plus ou moins considérables sur les objets dépendant de cette succession; — Considérant qu'aux termes de la loi il n'existe aucune similitude entre l'héritier de droit et celui qui est étranger à la succession; que le premier est tenu, *ultrà vires*, de toutes les dettes qui peuvent la grever, et que le second n'est soumis qu'à la restitution de la valeur des choses soustraites, si toutefois les spoliations qu'on lui impute sont prouvées, et même quelquefois à des dommages-intérêts plus ou moins considérables, suivant les circonstances, si, par le fait de ces soustractions, les créanciers ont éprouvé une perte notable; — Considérant que les dispositions du jugement dont est appel doivent être réformées, en ce sens qu'elles condamnent les parties d'Allemand à payer à celle de Bayle le montant de toutes leurs créances, sans aucun examen, après avoir néanmoins épuisé l'actif de la succession répudiée de Guillaume Rougier; — Dit qu'il a été mal jugé.

Du 21 déc. 1819.-C. de Riom, 2e ch.-M. Verny, pr.

(5) (Garat C. Deschamps.) — LA COUR; — Attendu que les art. 792 et 1477 c. civ., en déclarant le copartageant qui est coupable de détournement ou de recelé déchu de sa part dans les objets qu'il a di-

Art. 2. — *Des effets de la renonciation.*

652. *Effet rétroactif.* — La renonciation *remonte*, comme l'acceptation, au moment de l'ouverture de la succession. Pour que l'héritier qui renonce n'en ait ni les charges, ni les profits, il est censé n'avoir jamais été héritier (c. nap. 785).

D'abord la règle que l'héritier qui renonce est censé n'avoir jamais été héritier s'applique à l'héritier contractuel aussi bien qu'aux héritiers testamentaires ou naturels (Toulouse, 15 avril 1842, aff. de Montlaur, V. Disp. entre-vifs et Test.).

653. L'héritier qui renonce étant censé n'avoir jamais été héritier, ne peut attaquer, pour cause de lésion, le partage fait par les autres héritiers entre eux (Req. 11 août 1825) (1).

654. Sous la coutume de Bretagne, c'était une question controversée que de savoir si l'enfant né postérieurement à la démission de biens pouvait, bien qu'il eût renoncé à la succession du démettant, exiger sa part des biens compris dans la démission (V. Duparc-Poullain, Principes du droit, t. 4, p. 520; Dargentré, sur l'art. 266, ancienne cout. de Bretagne; Hévin, 27e consultation), et cette question a été résolue affirmativement en faveur de l'enfant d'un second lit né postérieurement à une démission de biens faite par son père au profit de ses frères et sœurs (Rennes, 1re ch., 17 déc. 1810, aff. Coutrisse C. Bohay). Une telle solution n'est plus conciliable avec le principe posé par l'art. 785 c. nap. que *l'héritier qui renonce est censé n'avoir jamais été héritier.*

655. *Accroissement, dévolution.* — La part du renonçant accroît à ses cohéritiers du même degré; ou, s'il est seul, elle est dévolue au degré subséquent (786). L'acceptation étant *indivisible*, et ceux des cosuccessibles qui ont accepté avant les autres, pouvant prévoir la renonciation de ceux-ci, l'accroissement s'opère malgré les cohéritiers (L. 25, 55, ff., *De acq. vel omitt. hæred.*). Quant à la dévolution, les appelés en second ordre conservent la la liberté de s'y opposer, puisque avant la renonciation du premier appelé, ils n'ont pu s'obliger encore par l'acceptation (MM. Chabot, t. 2, p. 532; Toullier, no 525). — Jugé que le principe en vertu duquel la part de l'héritier renonçant accroît à ses cohéritiers, s'applique aussi bien aux renonciations tacites qu'aux renonciations expresses. — Et spécialement, que les parts des héritiers majeurs qui, en s'abstenant pendant trente ans de faire adition d'hérédité, sont devenus étrangers à cette hérédité par l'effet d'une renonciation tacite, profitent aux autres héritiers qui ont accepté ou qui, à cause de leur état de minorité, ont conservé la plénitude de leurs droits. ...Et non aux héritiers d'un degré subséquent, encore que ceux-ci eussent fait une acceptation expresse mais mal fondée, ou même eussent appréhendé des biens héréditaires (Paris, 6 fév. 1854, aff. Saint-Didier, D. P. 54. 2. 177).

656. Lorsque la succession a été divisée par moitié entre deux lignes, l'accroissement se fait au profit de la ligne du renonçant. Les parents de cette ligne sont, en effet, ses seuls cohéritiers pour la moitié qui leur a été affectée. Par la même raison, si la succession se divise par souches, la part du renonçant n'accroît qu'aux cohéritiers de la portion assignée à la même souche. Enfin, pour que la dévolution s'opère d'une ligne à l'autre, il faut que dans celle du renonçant il n'y ait pas de parents au degré successible. Ces principes sont enseignés par tous les auteurs (Lebrun, liv. 1, chap. 5, sect. 1re, no 36; MM. Chabot et Toullier, *loc. cit.*; Maleville, t. 2, p. 274; Duranton, t. 6, no 501; Delvincourt, t. 2, p. 33, note 9. — Vazeille, no 1; Poujol, p. 430, 431).

657. Si l'un des héritiers d'une ligne a renoncé, mais pour conserver un don ou un legs fait sans dispense de rapport, les parents de l'autre ligne seront-ils admis à demander que la part du renonçant leur accroisse dans une proportion égale? — L'affirmative a été motivée sur ce que le renonçant aurait pu s'entendre avec les parents de sa ligne, et ne pas faire le rapport pour diminuer d'autant la moitié affectée à l'autre ligne. On a dit encore que le don ou le legs était présumé équivaloir à la part héréditaire du renonçant, et qu'il en tenait lieu. Mais il suffit de répondre que le rapport n'est dû que par l'héritier à son cohéritier (c. nap. 843 et 847), et que, par la renonciation, l'habile à succéder devient totalement étranger à l'hérédité. La division en deux lignes n'a pour objet que les biens qui composent la succession *ab intestat.* — Il a été jugé en conséquence que la portion de l'héritier qui renonce pour obtenir la délivrance d'un legs qui lui a été fait à cette condition, doit être recueillie par les parents de la même ligne, qui, sans cet héritier légataire, auraient été appelés au partage de la succession (Paris, 1er juillet 1811, aff. Vassan, V. no 172). — La même solution est enseignée par MM. Chabot, p. 534; Duranton et Delvincourt, *loc. cit.*; Favard, vo Renonciat., § 1, no 13; Delaporte, Pand. franç., t. 3, p. 168; Vazeille, art. 786, no 4; Poujol, p. 432.

658. Si, de plusieurs héritiers, les uns ont répudié et les autres ont accepté, purement et simplement, la succession d'un émigré, avant la loi du 27 avril 1825, l'indemnité accordée en vertu de cette loi, doit être dévolue exclusivement aux héritiers acceptants, soit qu'ils se trouvent du même degré que les renonçants, soit qu'ils se trouvent d'un degré subséquent : l'art. 7 de la loi de 1825 n'a relevé l'héritier de sa renonciation qu'à l'égard du fisc ou des créanciers (Aix, 8 nov. 1827, aff. Rasque, vo Émigré, no 317-1o).

659. En renonçant, l'héritier a consommé son droit sur la succession. On ne peut donc venir par représentation d'un héritier qui a renoncé, le représentant n'ayant pas d'autres droits que ceux du représenté. On ne représente pas d'ailleurs une personne vivante (c. nap. 744). Les enfants du renonçant ne sont appelés que de leur chef, au cas où il n'existe pas de cohéritiers du degré de leur père, et ils succèdent par tête (c. nap. 787). — On avait proposé au conseil d'État d'admettre les enfants de leur chef, même lorsqu'il existait des cohéritiers du père; on rejeta la proposition, par le motif qu'elle favorisait les renonciations frauduleuses d'un père au profit de ses enfants, et qu'elle violait le principe général qui ne permet pas de représenter une personne vivante (M. Maleville, t. 2, p. 274). — Jugé qu'en Normandie, le tiers-coutumier n'était pas transmissible de l'enfant à ses héritiers collatéraux, si, avant son décès, l'enfant avait re-

---

traits ou tenus cachés, n'attribuent pas cette part exclusivement à celui qui a fait prononcer la déchéance; — Que, dès lors, cette part rentre dans la masse commune et profite à tous les copartageants non déchus, dans la proportion de leurs droits, ainsi que la cour royale de Paris l'a jugé quant aux droits héréditaires, le 6 juin dernier, entre les parties maintenant en cause; — Que le legs universel est une quote-part dans la succession; que, par diverses circonstances, une succession peut recevoir des accroissements qui n'avaient pas été prévus par le testateur; que les droits des légataires sont déterminés par la quote-part dans la masse générale, et non d'après l'évaluation supposée que le testateur aurait faite du legs qu'il voulait laisser; — Que, dès lors, la succession de la dame Gémond ayant profité de la déchéance des droits de son mari dans divers objets de la communauté (il s'agissait des dividendes d'une action du Constitutionnel), Deschamps, comme légataire universel, doit profiter de cette déchéance à l'égard des objets dont il n'est pas lui-même déchu, encore bien que la dame Gémond n'ait pu prévoir l'accroissement qui devait en résulter pour sa succession; — Attendu qu'on objecterait vainement en faveur de la mineure Garat, que les valeurs dont Gémond est privé ne dépendent pas de la succession de la dame Gémond, mais de la communauté; qu'en effet, ces valeurs, par cela même que Gémond n'y a plus de droit, tombent nécessairement dans la succession de la dame Gémond, et que la mineure Garat elle-même ne peut y avoir droit que comme héritière de son oncle maternel; — Attendu que les valeurs d'une succession, encore bien qu'elles soient attribuées à cette succession de son ouverture, ne sont pas moins censées, par un effet rétroactif, avoir fait partie de cette succession au moment du décès; — Que, dans l'espèce même, l'origine de la spoliation qui a motivé la déchéance est antérieure à la mort de la testatrice, etc.

Du 8 nov. 1856.-C. de Paris, 1re ch.-M. Séguier, 1er pr.

(1) (Bévy C. Bévy.) — La cour; — Attendu, en droit, que l'héritier qui renonce est censé n'avoir jamais été héritier (art. 785 c. civ.), et que, par conséquent, les lois qui régissent les partages entre les cohéritiers, lui demeurent tout à fait étrangères; — Et attendu qu'il a été reconnu, en fait, que par deux transactions ou pactes de famille solennels, le premier du 13 ventôse an 5, le second du 18 juill. 1820, les demandeurs en cassation, ou leurs auteurs, ont formellement renoncé à la succession de Catherine Bornollin leur mère; que, d'après cela, l'arrêt attaqué devait (comme il l'a fait) déclarer les demandeurs non recevables à invoquer lesdites lois relatives aux partages entre cohéritiers; — Rejette.

Du 11 août 1825.-C. C., ch. req.-MM. Botton, pr.-Lasagni, rap.

noncé à la succession du père, et n'avait pas demandé le tiers-coutumier (Rej. 31 janv. 1809 (1).

660. *Indivisibilité de la renonciation.* — En principe, la renonciation, de même que l'acceptation, ne peut avoir pour objet une partie seulement de la succession, mais la totalité (L. 1 et 53, ff. *De acq. vel omitt. hæred.*; L. 9, ff. *De suis et legit. hæred.*; L. 21, C. *De jur. delib.*; C. *De caduc. toll.*, § 10). De là le principe de l'art. 786 c. nap., observé en pays de droit écrit, et qui fait accroître la part du renonçant à celle des cohéritiers, au lieu de permettre à ceux-ci de s'en tenir à leur part en répudiant l'autre.

661. De ce qu'une succession ne peut être acceptée pour une partie et répudiée pour une autre, il suit que l'héritier de la femme dotale ne peut retenir les biens de la succession qui sont frappés de dotalité et renoncer aux autres : en se mettant en possession des biens dotaux, sous le prétexte qu'ils sont affranchis de toute action de la part des créanciers, il fait acte d'héritier pur et simple que n'empêche pas sa renonciation partielle aux biens non dotaux (Req. 20 déc. 1841, aff. Formel. V. Contr. de mar., nº 3347). — Jugé en outre que le principe qui, dans les lois romaines, s'oppose à ce que la succession soit par le même héritier en partie répudiée, en partie acceptée, n'est vrai qu'à l'égard des créanciers et de tous autres qui ont à exercer des actions contre l'hérédité; il en est autrement par rapport aux cohéritiers eux-mêmes, qui, dans leur l'intérêt personnel, peuvent traiter et agir comme bon leur semble. — Spécialement, deux cohéritiers ayant renoncé à une succession, l'un d'eux a pu révoquer ensuite cette renonciation pour la moitié seulement, et l'autre moitié passer au cohéritier, qui plus tard sera revenu aussi sur sa renonciation (Req. 24 mars 1814) (2).

662. La renonciation pure et simple faite par celui qui est appelé à une succession, de son chef et du chef d'un frère, décédé sans avoir accepté ni répudié, doit être considéré comme s'appliquant seulement aux droits recueillis par le renonçant de son chef; par suite, il reste soumis aux charges de l'hérédité, quant aux droits recueillis du chef de son frère (Limoges, 22 juin 1840) (3).

663. *Renonciation faite sous condition.* — En principe, la renonciation doit être pure et simple (L. 77, ff. *de Reg. jur.*), parce que l'héritier ne peut apposer une condition au droit des tiers. — C'est ainsi que l'acceptation ne peut être conditionnelle, ou du moins la seule condition permise est le bénéfice d'inventaire; une autre condition n'est pas opposable aux tiers. — Il a été jugé par exemple que la fille successible, tenue d'opter entre la dot qu'elle a reçue du défunt et sa part héréditaire, ne peut subordonner à une condition l'acceptation de sa part héréditaire, encore que le jugement qui a ordonné l'option n'en ait pas déterminé le mode; que tel est le cas de l'option permise, en pays de droit écrit, à la fille dotée, entre la dot et l'hérédité de l'ascendant donateur; qu'elle ne pouvait être conditionnelle : « attendu que l'option signifiée par la demanderesse n'étant pas pure et simple, ainsi qu'elle avait été ordonnée, et que cette option était même accompagnée d'une condition réprouvée par la loi, il s'ensuit qu'on a pu, sans contrevenir à aucune loi, considérer ladite option comme non avenue; rejette » (Req. 3 août 1808, MM. Henrion, pr., Basire, rap., aff. hérit. Brandi).

664. La renonciation que fait un successible pour s'en tenir à son don, est-elle révocable si le don vient à être déclaré nul, et si sa validité est la condition expresse de la renonciation? — question est résolue affirmativement, mais sans exposé de motifs, par MM. Delvincourt, t. 2, p. 34, note 313; Toullier, nº 334; Malpel, nº 339, qui se bornent à citer l'autorité de Lebrun, liv. 3, ch. 8, sect. 2, nº 6. — Cette solution, qui est aussi la nôtre, paraît cependant susceptible de controverse. D'un côté, les mêmes auteurs ne décident-ils pas, en général, que la renonciation doit être pure et simple; et, pour prouver qu'elle ne peut être conditionnelle, M. Toullier, nº 322, en invoquant la loi 77 ff. *de Reg. jur.*, ajoute : « Ce serait mettre une condition au droit des tiers. » Comment concilier ces deux solutions? Ajoutons que la nullité du don peut n'être prononcée que longtemps après le partage. Il faudra donc renouveler le partage, déposséder les cohéritiers de lots acquis depuis plusieurs années, tromper la sécurité des tiers. N'est-ce pas la réunion de tous ces inconvénients qui a fait proscrire généralement tout système selon lequel la propriété serait incertaine, et qui, hors un petit nombre d'exceptions que le législateur a dû expressément déterminer, sollicite irrévocablement le maintien de la renonciation? D'un autre côté, il semble bien rigoureux de réputer non écrite la condition de la renonciation; car, en cette matière, la loi a égard

---

(1) (Sicard et Moreau C. Marie Gaudon.) — LA COUR; — Attendu que les art. 399 et 401 de la coutume de Normandie, ne s'expliquant pas d'une manière positive sur la question proposée, la cour d'appel de Caen a pu, sans les violer, adopter l'interprétation que la jurisprudence leur avait donnée, et que, d'après cette jurisprudence, pour que l'enfant pût transmettre, à titre de succession, le droit au tiers coutumier à des héritiers collatéraux, il ne suffisait pas, dans la ci-devant Normandie, qu'il eût renoncé à l'hérédité du père, mais qu'il fallait en outre qu'il eût, avant son décès, fait l'option du tiers coutumier; — Rejette.

Du 31 janv. 1809.-C. C., sect. civ.-M. Viellard, pr.

(2) *Espèce*: — (La demoiselle Galiay de Ségur C. Danzin.) — Le 8 juin 1812, arrêt infirmatif de la cour de Pau : — Attendu que Mathieu Dauzin répudia la succession de Louis-Hector Galiay Ségur; qu'il est vrai, en principe, que la portion répudiée accrut à Françoise Dauzin, sa sœur, cohéritière; que Françoise Dauzin renonça à son tour à la même succession; que le 7 brum. an 5, elle révoqua devant notaire cette même renonciation; que si cette révocation avait été pure et simple, il est incontestable que Françoise Dauzin aurait repris les mêmes droits qu'elle avait lors de sa renonciation, c'est-à-dire la succession de Galiay Ségur tout entière; mais qu'il résulte de l'acte de révocation qu'elle déclara formellement qu'elle n'entendait reprendre que sa part cohéréditaire; que l'instance qu'elle engagea contre la dame Rolland n'eut en effet d'autre objet que le délaissement de la moitié de la succession; que ce n'est que cette moitié qui fut cédée à la dame Rolland par la transaction sur procès du 5 frim. an 4; qu'étant hors de doute que Françoise Dauzin, majeure et maîtresse de ses actions, eut la faculté de ne reprendre que la moitié de la succession, il résulte, en effet, de ce qu'elle ne prit que cette moitié, qu'elle renonça à l'autre; que cette seconde moitié n'ayant été appréhendée par personne, la conséquence est que les choses étaient encore entières à l'égard de Mathieu Dauzin, lorsque, le 10 frim. an 6, il révoqua la répudiation du 17 juill. 1795; que cette répudiation étant sans effet, il faut en conclure que la fin de non-recevoir que la dame Rolland oppose sur le fondement de cette répudiation est mal fondée; que vainement on objecte qu'il est de principe qu'on ne peut pas prendre une portion de l'hérédité et renoncer à l'autre; que ce principe n'est vrai qu'à l'égard des créanciers et de tous autres qui ont des actions à exercer contre l'hérédité; mais qu'il en est autrement par rapport aux cohéritiers eux-mêmes qui, dans leur intérêt personnel et particulier, peuvent agir et traiter comme ils le jugent convenable.

Pourvoi. — Contravention à plusieurs textes du droit romain qui déclarent la renonciation à une succession irrévocable, qui décident que l'hérédité ne peut être acceptée ni répudiée que pour le tout, et non pour une portion seulement. — Arrêt.

LA COUR; — Attendu que la demoiselle Dauzin, en rétractant sa renonciation à la succession de Galiay de Ségur, a pu, dans l'intérêt de son frère ou de tous autres, comme elle l'a expressément déclaré, n'accepter que la moitié de cette succession; qu'elle s'en est expliquée expressément dans l'acte de cession du 7 brum. an 5, de tous ses droits en faveur de la réclamante, et en restreignant à cette moitié tous ses droits, prétentions et l'effet de ladite cession; — Qu'il suit de là que la réclamante était tout à fait non recevable et mal fondée dans ses prétentions à la totalité de cette succession, soit qu'elle excipât de ladite cession, soit qu'elle vint du chef du testament de la cédante; que Mathieu Dauzin avait donc qualité, l'autre moitié restant intacte; — Rejette, etc.

Du 24 mars 1814.-C. C., sect. req.-MM. Henrion, pr.-Sieyes, rap.

(3) (Bouillac C. N...) — LA COUR; — Attendu qu'aux termes de l'art. 784 c. civ., la renonciation à une succession ne se présume pas; qu'il suit de là que celui qui est appelé à une succession en une double qualité, d'abord comme héritier direct, et, en second lieu, comme représentant d'un héritier, et qui fait renonciation à cette succession sans exprimer en quelle qualité, n'est censé y renoncer que pour la part qui lui est propre; qu'ainsi les premiers juges ont sainement apprécié l'acte de renonciation du 16 juin 1826, en reconnaissant que cet acte n'emporte pas renonciation, de la part de Catherine Bouillac, aux droits qu'elle pouvait avoir à la succession paternelle du chef de Jean Bouillac, son frère, et qu'elle restait obligée de contribuer de ce chef aux dettes de cette succession; — Mais, attendu que, devant la cour, l'appelante rapporte expédition d'un acte fait au greffe du tribunal de Tulle, le 13 mai dernier, par lequel elle a déclaré expressément renoncer à la succession de son père en qualité d'héritière de son frère, et que, dès lors, il y a lieu de l'affranchir de cette obligation; — Émendant.

Du 22 juin 1840.-C. de Limoges, 1re ch.-M. Tixier, pr.

avant tout à l'intention : *potiùs est animi quàm facti*. Or l'intention d'accepter n'était pas douteuse, pour le cas où la donation ne devait pas produire son effet, on n'a renoncé que pour retenir un avantage supérieur à la part héréditaire. L'équité, qui est la règle des héritiers entre eux, permet-elle que l'un d'eux profite d'une erreur ou d'une surprise pour exclure l'autre? Le renonçant ne peut-il pas d'ailleurs opposer ce dilemme : ma renonciation est ou révocable, ou nulle; révocable, s'il m'était permis de la faire sous condition; nulle dans le cas contraire. Car la condition que prohibe la loi a pour effet de rendre nulle l'obligation elle-même (c. nap. 1172). Ce n'est que dans les dispositions à titre gratuit que la nullité est bornée à la condition (c. nap. 900). — Ce raisonnement aurait plus de force encore, si la renonciation conditionnelle avait été stipulée dans une convention entre héritiers, dans un pacte de famille. — Quant à la jurisprudence qui offre quelques décisions dans le sens de la révocabilité, elle s'est montrée incertaine pour le cas où le successible, au lieu de subordonner formellement sa renonciation à la validité de la donation, s'est borné à dire qu'il renonçait pour s'en tenir au don.

665. Ainsi, il a été jugé d'abord que la renonciation faite, par un héritier donataire, à la succession du donateur, pour s'en tenir à la donation, n'est pas censée contenir, virtuellement, la condition qu'il pourra accepter plus tard la succession, dans le cas où la donation, étant déclarée nulle, ne lui profiterait pas....; une telle renonciation a pu être valablement déclarée pure et simple dans l'intérêt des héritiers, acceptant sous bénéfice d'inventaire ou autrement, sans que cette décision donne prise à la censure de la cour de cassation (Rej. 2 fév. 1830) (1). — 2° Que celui qui renonce purement et simplement à une succession ne peut faire résulter de ces mots : *et ce pour s'en tenir à la donation en forme de partage*, mis à la suite de la renonciation, l'intention de la subordonner à la condition de pouvoir retenir tous les biens compris dans la donation (Poitiers, 7 août 1833) (2); — 3° Que la renonciation à une succession même avec cette clause : *pour s'en tenir à la donation du* 10 *janv.* 1807, ne peut pas être réputée conditionnelle; de telle sorte que le donataire en avancement d'hoirie puisse ultérieurement la rétracter, encore bien que le don à lui fait vienne à être annulé (même arrêt).

666. Au contraire il a été décidé : 1° que la renonciation d'un enfant à la succession de sa mère pour s'en tenir à la donation qui lui a été faite par celle-ci, doit, si la donation est annulée, être regardée comme non avenue, et l'enfant être admis à réclamer sa part héréditaire (Nîmes, 30 janv. 1827) (3); — 2° Que l'héritier qui a renoncé à la succession de son père pour s'en tenir à une donationn qui lui a été faite dans son contrat de mariage, conserve la faculté de révoquer cette renonciation, lorsqu'il se trouve privé de sa donation par une autre donation à titre de préciput qui a absorbé la portion disponible (Riom, 3 fév. 1820, aff. Soubiroux C. Valentin et Ferluc; Limoges, 14 déc. 1831, M. de Gaujal, 1er pr., aff. Barbier C. Desbordes); — 3° Que l'enfant qui n'a renoncé à la succession paternelle pour s'en tenir à une donation, que sous la réserve que cette donation ne serait point querellée et recevrait son entière exécution, peut rétracter sa renonciation, si la donation demeure sans effet : « Attendu que la renonciation d'Antoine Augé à la succession paternelle ne fut que conditionnelle et pour le cas où la donation qui lui avait été faite le 1er juin 1806 ne serait point querellée et pourrait recevoir son entière exécution; que cette condition ne s'est point vérifiée, puisque la quote disponible, sur laquelle la donation devait être prise, lui a été contestée par Louis Augé, à qui elle est dévolue; qu'il y a donc lieu d'admettre Antoine Augé à rétracter sa renonciation et à concourir au partage en qualité d'héritier, en rapportant la somme de 1,200 fr. qu'il avait déjà reçue sur sa donation; confirme » (Montpellier, 13 fév. 1827, M. de Trinquelague, 1er pr., aff. Augé C. Cazal).

Jugé aussi que lorsque la renonciation à un droit est faite conditionnellement, le juge ne peut séparer contre le renonçant la renonciation de la condition qui a été apposée, et qui forme avec elle un tout indivisible (c. nap., 1218, 1356). Spécialement, que

(1) *Espèce* : — (Les héritiers Bousquet.) — Jugement du tribunal d'Alais, qui décide que la renonciation de Guillaume doit être considérée comme non avenue, « attendu que, par son acte d'option fait au greffe du tribunal, Guillaume Bousquet, en renonçant à la succession de son père pour retenir le don qu'il lui avait fait, avait manifesté, avant tout, l'intention de retenir l'objet donné, soit à titre de préciput, soit comme portion héréditaire; qu'un pareil acte ne pouvait être considéré comme une renonciation pure et simple de la succession, puisque le renonçant aurait déclaré vouloir retenir une portion des biens qui la composent, ce qui constituait plutôt une acceptation qu'une répudiation; qu'il était de principe que la renonciation à une succession ne peut être conditionnelle; mais que celle de Guillaume Bousquet ayant eu lieu pour retenir le don à lui fait par son père, serait faite nécessairement sous la condition tacite que l'objet donné lui serait livré; que, dès qu'il était constant que la donation à laquelle il avait déclaré vouloir s'en tenir ne pouvait plus sortir à effet, sa renonciation, faite sous la condition de sa validité, ne pouvait plus avoir aucun effet. »

Appel et le 6 fév. 1824 arrêt infirmatif de la cour de Nîmes : — « Attendu que l'acte de renonciation de Guillaume Bousquet ne renferme aucune condition exprimée qui fasse dépendre l'effet de cette renonciation du sort de la donation précipuaire dont il entendait se prévaloir; que la déclaration par lui faite, à l'égard des droits qui lui étaient conférés par cette donation, ne peut être considérée comme une condition tacite, inhérente à un acte qui, de sa nature, ne peut être conditionnel; et qu'elle n'est, dans le fait, qu'une simple réserve de droits autres que les droits successifs auxquels il renonce; — Que si les cohéritiers de Guillaume Bousquet prétendaient le faire déclarer héritier pur et simple, sous prétexte que sa renonciation était nulle, comme faite sans condition, ils seraient invinciblement repoussés par les motifs ci-dessus; qu'ainsi, Guillaume doit être repoussé par les mêmes motifs; — Attendu que cette renonciation étant reconnue pure et simple, et indépendante de tout événement postérieur, il faut reconnaître, d'après l'art. 790 c. civ., qu'elle devint irrévocable par l'acceptation des cohéritiers de Guillaume; d'où il suit que, dès lors, et aux termes de l'art. 785 du même code, il est censé n'avoir jamais été héritier, et que l'annulation de la libéralité à lui faite n'a pu faire revivre des droits antérieurement éteints; — Emendant, etc. »

Pourvoi de Bousquet puîné; il a soutenu que, d'après ses termes, comme d'après l'ancien droit, la renonciation était conditionnelle; que cela résultait de l'acte de renonciation, et principalement de la clause où il est dit qu'il renonçait à la succession de son père, pour s'en tenir à la donation qui lui avait été faite, ce qui veut bien dire qu'il n'entendait pas renoncer si la donation ne lui profitait pas.

La cour; — Attendu qu'en jugeant que la renonciation dont il s'agit était pure et simple, la cour royale n'a fait qu'apprécier et interpréter les clauses et les termes de l'acte qui lui était soumis, en quoi elle n'a violé aucune loi; — Rejette.

Du 2 fév. 1830.-Ch. civ.-MM. Portalis, 1er pr.-Zangliacomi, rap.-Joubert, av. gén., c. conf.-Jousselin et Barrot, av.

(2) (Mineurs de Suzannet C. de la Villegille.) — La cour; — Attendu que la comtesse de Suzannet a renoncé purement et simplement à la succession, et qu'on ne peut pas faire résulter de ces mots : *et ce, pour s'en tenir à la donation en forme de partage du* 10 *janv.* 1807, qui viennent ensuite; que ladite comtesse de Suzannet a entendu qu'elle ne renonçait à la succession que sous la condition qu'elle pourrait retenir tous les biens compris dans la donation; qu'elle ne peut davantage prétendre à être relevée de l'erreur où elle aurait été sur la portée de sa renonciation; que ce serait là une erreur de droit, et que s'il est vrai que l'erreur de droit puisse être invoquée dans certains cas à l'égard des contrats, elle ne peut jamais l'être contre un acte tel que la renonciation à une succession; — Confirme.

Du 7 août 1833.-C. de Poitiers.-M. Descordes, pr.

(3) (Dame Planchon C. hér. Chauvet.) — La cour; — Considérant que, dans tout contrat, soit unilatéral, soit bilatéral, on doit essentiellement avoir égard à l'intention des parties contractantes; — Considérant que, par son option, la femme Planchon, en renonçant à la succession de sa mère, pour s'en tenir au don qu'elle croyait lui avoir été fait, a manifesté, avant tout, l'intention expresse de retenir l'objet donné, soit comme préciput, soit comme part héréditaire; — Considérant que, bien loin de vouloir exonérer la succession d'une part héréditaire, elle a voulu l'assujettir à une diminution plus considérable que cette part héréditaire; en un mot, qu'elle a renoncé, au moins, sous condition d'obtenir le plus; — Considérant qu'un tel acte, loin d'être considéré comme une renonciation pure et simple, doit être, au contraire, regardé comme une déclaration positive de retenir une portion de cette succession; — Considérant que si, en règle générale, il est vrai que la renonciation n'est pas conditionnelle, il n'en est pas ainsi du cas où le cohéritier ne renonce à une portion que pour en prendre une autre; qu'alors il intervient réellement entre le renonçant et les autres cohéritiers un véritable contrat, en vertu duquel ces cohéritiers ne peuvent être affranchis de payer la part héréditaire que sous la charge de ne pas quereller le don; — Considérant que, s'il existait un doute, il devrait être résolu en faveur du demandeur d'une part héréditaire; — Par ces motifs, etc.

Du 30 janv. 1827.-C. de Nîmes, 3e ch.-M. Madier, f. f. de pr.

dans le cas où une partie a déclaré par ses conclusions renoncer à un legs qui faisait obstacle à sa demande principale en partage, à condition que cette demande serait accueillie, il n'est pas permis au juge, tout en ordonnant le partage, de se fonder sur la renonciation pour retrancher de ce partage les biens légués, jusqu'à concurrence de la quotité disponible, sous prétexte que ladite renonciation donne ouverture au droit d'accroissement en faveur d'un autre légataire conjoint *re et verbis* avec le renonçant (Cass. 25 mai 1842) (1).

667. Il a été jugé, d'ailleurs, 1° que l'enfant donataire sous la loi du 17 niv. an 2, n'a pu renoncer à la succession de son père donateur, décédé depuis le code Napoléon, pour s'en tenir à la donation. — « Attendu que cette loi, prescrivait une égalité parfaite entre les successibles d'un défunt; qu'elle les soumettait au rapport, soit qu'ils acceptassent, soit qu'ils renonçassent, sans même qu'ils pussent, en renonçant, retenir la portion que cette loi déclarait disponible en faveur d'un étranger; confirme » (Paris, 3 déc. 1813, 1er ch. M. Séguier, 1er pr., aff. Simon); — 2° Que l'enfant qui a renoncé à la succession, pour s'en tenir à un legs, n'est plus recevable à exercer aucun des droits qu'il aurait pu faire valoir en qualité d'héritier, ni par conséquent à réclamer soit un supplément de légitime, soit la garantie en raison de l'insolvabilité du débiteur d'une rente qui lui a été donnée pour le remplir de son legs, cette garantie n'étant accordée par la loi qu'entre héritiers ou copartageants. Il en est ainsi surtout, lorsque la rente est devenue caduque, bien postérieurement à l'abandon qui lui en a été fait, et par suite d'événements qu'on ne pouvait pas prévoir à la suite de cet abandon (Rej., 2 avril 1816, MM. Brisson, pr.; Minier, rap., aff. de la Tourette *C.* du Roure).

668. La renonciation doit être réputée non avenue, si elle est faite sous la condition contradictoire d'exercer des droits qui n'appartiennent qu'à l'héritier. — Il a été jugé, spécialement : 1° que la renonciation conditionnelle à une succession, et, par exemple, celle faite sous réserve expresse de la part du renonçant de demander le retranchement des donations antérieures pour être rempli de sa réserve légale, est nulle et de nul effet, comme renfermant incontestablement l'intention de ne renoncer qu'à la condition d'exercer le droit de retranchement. — Par suite, elle ne met pas obstacle à la demande de la réserve légale. — « Attendu que la renonciation dont s'agit n'est pas pure et simple dans ses termes; qu'elle renferme incontestablement, de la part de Nicolas Vidal Comtois, l'intention de ne la consentir qu'à la condition du droit de retranchement à exercer sur la donation en avancement d'hoirie faite à sa sœur, et que, dès lors, la renonciation est et demeure sans effet » (Toulouse, 5 août 1833.-M. Faydel, pr., aff. Vidal *C.* Mousset); — 2° Que la renonciation à la succession paternelle, faite par un enfant pour s'en tenir à ses droits légitimes, a pu être considérée comme ne privant pas cet enfant de sa qualité d'héritier à l'effet de réclamer sa réserve légale, soit par voie de réduction contre les donataires étrangers, soit par voie de rapport contre les donataires ses cohéritiers, sans que l'arrêt qui le décide ainsi par interprétation de l'intention du renonçant tombe sous la censure de la cour de cassation (Req. 29 mars 1842) (2); — 3° Que, dans le cas où un successible a renoncé à une succession

(1) Cornibert *C.* Cornibert.) — La cour; — (apr. délib. en ch. du cons.). — Vu l'art. 1218 c. civ. : — Attendu que l'arrêt attaqué constate que Charles Cornibert avait, par ses conclusions subsidiaires, fait, devant la cour royale de Besançon, une renonciation conditionnelle aux legs qui lui avaient été assignés dans le testament de son père; — Que la condition apposée à la renonciation résulte expressément de la teneur des conclusions qui contiennent cette renonciation, des faits consignés dans les qualités de l'arrêt et de tous les éléments de la cause; — Que ladite renonciation reposait sur la supposition que la condition qui, dans l'intention de Charles Cornibert, renonçant, la motivait et qui en faisait une partie essentielle, sortirait son effet et serait exécutée : d'où il suit que cette exécution était indivisible de la renonciation, et que celle-ci ne pouvait subsister sans elle; — Que, néanmoins, dans cet état de choses, l'arrêt attaqué a donné à la renonciation conditionnelle de Charles Cornibert l'effet d'une renonciation pure et simple, et l'a ainsi dépouillé du bénéfice des dispositions testamentaires de son père à son égard; — Qu'en jugeant ainsi, la cour royale de Besançon a excédé ses pouvoirs et expressément violé les dispositions de la loi précitée; — Casse.

Du 25 mai 1842.-C. C., ch. civ.-MM. Portalis, 1er pr.-Chardel, rap.-Hello, av. gén., c. conf.-Ledru-Rollin et Beguin-Billecoq, av.

(2) *Espèce :* — (Brivazac *C.* Laliman). — Le sieur Guy de Ménoire avait deux filles. En mariant l'aînée au sieur de Budoz, suivant contrat de mariage du 14 avril 1787, il lui constitua une dot de 500,000 fr., payable en différents termes.—Le 9 août 1796 (22 therm. an 4), il maria sa fille cadette au sieur de Lalyman et ne lui assura qu'une pension annuelle de 1,800 fr.—Le sieur Guy de Ménoire est décédé au commencement de 1812. — Il avait été ruiné par les désastres de la colonie de Saint-Domingue et laissait de nombreuses dettes.—La dame de Brivazac, fille de la dame de Budoz, alors décédée, accepta la succession de son grand-père sous bénéfice d'inventaire.—Quant à la dame de Lalyman, elle se présente au greffe du tribunal de Bordeaux, le 1er fév. 1812, et déclara renoncer à cette succession « pour s'en tenir, disait-elle, aux droits légitimaires qu'elle avait à prétendre, en vertu de l'ord. de 1731 et de l'art. 930 c. civ., sur la donation faite par M. Guy de Ménoire, son père, à madame Catherine de Ménoire de Villemur, sa sœur, dans le contrat de mariage passé le 14 avril 1787, entre ladite dame et M. de Budoz. »—Après bien des lenteurs, les biens de la succession furent vendus; un ordre s'ouvrit entre les créanciers, et la dame de Brivazac obtint une collocation pour le complément de la dot constituée à la dame de Budoz, sa mère, et qui n'avait pas encore été payée intégralement. — Par exploit du 27 mai 1837, la dame de Lalyman a assigné la dame de Brivazac, pour voir dire qu'il lui serait attribué, à titre de réserve, le tiers de la constitution dotale de 500,000 fr. faite à sa sœur, en vertu de l'art. 913 c. civ., sous l'empire duquel la succession de M. Guy de Ménoire s'était ouverte.—A cette demande, la dame de Brivazac a opposé : 1° que sa tante ne pouvait réclamer une réserve qu'en qualité d'héritière, et qu'elle avait abdiqué cette qualité par sa renonciation du 1er fév. 1812; 2° qu'en supposant qu'elle eût droit à une réserve, la quotité devait en être fixée non à un tiers, mais au sixième, conformément à la loi qui régissait la donation du 14 avril 1787. La dame de Brivazac a prétendu, en outre, que sur la collocation en principal par elle obtenue, on devait imputer les intérêts de la dot de sa mère, qui n'avaient jamais été payés.

Sur ces débats, un jugement, sans s'arrêter à la fin de non-recevoir prise de la prétendue renonciation de la dame de Laliman, a condamné la dame de Brivazac à payer, à titre de légitime, à sa tante, le sixième de toutes les sommes par elle reçues en vertu de la donation de 1787. —Appel de toutes les parties. — Le 13 août 1840, arrêt de la cour de Bordeaux, ainsi conçu : « Attendu qu'il ne s'agit pas dans la cause d'un enfant donataire et renonçant à la succession, et d'examiner quels peuvent être ses droits dans ce cas particulier; que la dame de Laliman ne peut avoir d'autres droits que ceux que lui donne sa qualité d'héritière; qu'il s'agit donc d'examiner l'étendue et les effets de sa renonciation; — Attendu que la dame de Laliman n'a point fait une renonciation pure et simple, mais qu'elle renonça en déclarant s'en tenir à ses droits légitimaires; — Attendu que toute renonciation tire son efficacité du consentement de son auteur; qu'il est évident, par les termes dont la dame de Laliman s'est servie, qu'en pensant renoncer à la succession, elle entendait formellement conserver ses droits légitimaires; — Attendu que, s'il y avait contradiction dans les termes, il est néanmoins clairement énoncé que la dame de Laliman n'a pas voulu abandonner sa légitime, ou quoi que soit la réserve qui lui était attribuée par la loi dans la succession de son père; d'où il suit qu'il n'y a jamais eu dévolution de sa part sur la tête de la dame de Brivazac, sa cohéritière; ce qui n'empêchait pas qu'elle ne pût accepter la succession de son père sous bénéfice d'inventaire; — Attendu que la dame de Brivazac ne peut pas scinder cette renonciation; qu'en considérant cet acte comme conditionnel, la condition venant à défaillir, la renonciation serait censée non avenue, et la dame de Laliman resterait toujours avec la réserve légale.

» Attendu, quant à l'appel incident de la dame de Laliman et à la question de savoir si, conformément à ses conclusions, elle est fondée à réclamer un tiers dans la succession de son père, que l'art. 843 c. civ. porte que tout héritier, même bénéficiaire, venant à une succession, doit rapporter à ses cohéritiers tout ce qu'il a reçu du défunt, par donation entre-vifs, directement ou indirectement; qu'il ne peut retenir les dons, ni réclamer les legs à lui faits par le défunt, à moins que les dons et legs ne lui aient été faits expressément par préciput et hors part, ou avec dispense de rapport; — Attendu que la donation faite à la dame de Budoz n'a pas été faite par préciput; — Attendu que madame de Brivazac a accepté la succession de son aïeul bénéficiairement; — Attendu qu'il est reconnu que, nonobstant sa renonciation, la dame de Lalyman est restée héritière; d'où il suit que la qualité de cohéritière concourt à la fois dans la personne de l'une ou de l'autre parties, et qu'il n'y a pas lieu de procéder, dans l'hypothèse, par voie de retranchement, mais par rapport entre cohéritiers; — Attendu que la dame de Laliman ne s'est réservé que ses droits légitimaires, c'est-à-dire sa réserve légale, qui se réduit à un tiers dans la succession, et qu'elle est, par conséquent, fondée à réclamer cette quotité.—Attendu qu'en thèse générale, les intérêts

pour s'en tenir à l'institution contractuelle par laquelle il a été nommé légataire universel, un arrêt a pu décider, contre un héritier qui avait accepté la succession, que la renonciation était sans effet, comme contradictoire, et ne se référant à rien, sans que, de cette interprétation, il résulte aucune violation des articles du code sur la renonciation à succession future, lesquels sont inapplicables : « Attendu qu'en interprétant la renonciation faite par le sieur de Montlaur à la succession *ab intestat* de son père par acte du 10 septembre 1807, et en déclarant que cet acte ne pouvait produire aucun effte, comme ne se référant à rien, la cour de Nîmes a usé du droit qui lui appartenait d'interpréter les actes, et a souverainement jugé qu'il n'existait pas de renonciation; rejette, etc. » (Req. 11 juin 1828, MM. Favard, pr., Pardessus, rap., aff. Darnoux *C.* Villardy).

669. *Cas où la renonciation peut être révoquée.* — La renonciation, en général, est *irrévocable*. Le code a consacré plusieurs exceptions. — D'après l'art. 790, « tant que la prescription du droit d'accepter n'est pas acquise contre les héritiers qui ont renoncé, ils ont la *faculté d'accepter* encore la succession, si elle ne l'a pas déjà été par d'autres héritiers, » sans préjudice néanmoins des droits acquis à des *tiers* dans l'intervalle. L'art. 462 c. nap. consacre la même faculté au profit du *mineur* au nom duquel une succession a été répudiée. — La renonciation n'a été déclarée irrévocable, en principe, que pour éviter l'incertitude des propriétés et prévenir un renouvellement successif de partages. Ici de tels inconvénients ne sont pas possibles. Du reste, la question résolue par le code était controversée dans l'ancien droit (Pothier, des Success., ch. 3, § 3, sect. 3, art. 1); — Et l'on a jugé : 1° que, dans les principes du droit romain, l'héritier étranger qui a renoncé à une succession pouvait, comme l'héritier sien, l'accepter encore, si elle ne l'avait pas été par d'autres (L. 6. ff., *ad sen.-cons. Tertul.*, C. *De rep. vel abst. hæred.* — Req. 24 mars 1814, aff. Galiay. V. n° 661); — 2° Que l'ancienne jurisprudence, de même que le code, laissait à l'héritier, qui l'avait d'abord répudiée la faculté de reprendre la succession, tant qu'elle n'était pa acceptée par d'autres héritiers (Nismes, 12 nov. 1819, aff. Serrecourt *C.* Laurent). Qu'en conséquence, l'héritier au premier degré, qui avait répudié une succession, a pu depuis en vendre valablement un des immeubles, si, à l'époque de cette vente, la succession n'avait pas encore été acceptée par l'héritier du degré subséquent : « Attendu que l'arrêt de la cour de Douai a mis en fait que l'art. 790 c. nap. n'a fait que confirmer les anciens principes qui sont conformes aux dispositions dudit article, et que l'arrêt, en jugeant ainsi, n'a violé aucune loi ; — Rejette, etc. » (Req. 15 avril 1818.-MM. Henrion, pr.-de Ménerville, rap., aff. Caron *C.* Delestre). — Dans l'espèce, pour établir qu'autrefois une succession répudiée ne pouvait plus être reprise, lors même qu'elle était encore vacante, on se fondait sur les lois 5 et 6 C., *De repud. vel abstin. hæred.*, et sur les dispositions de la coutume d'Artois, sous l'empire de laquelle la succession s'était ouverte. On invoquait en outre le sentiment de Voët, lib. 29, tit. 2, n° 37; Pothier, Success., chap. 3, sect. 3, art. 1er, § 3; Paton, Comment. sur la cout. de Lille, t. 1, tit. des Successions, art. 11, glose 2, nos 12 et 13; Maillard, Cout. d'Artois, p. 678, § 128; — 3° Qu'avant le code Napoléon l'héritier pouvait, malgré sa renonciation, et vingt-cinq ans après, réclamer la qualité d'héritier; qu'en conséquence, si un curateur nommé à la succession vacante avait fait procéder à la vente d'un bien de la succession, et que l'héritier, ayant accepté depuis, demande à l'adjudicataire la preuve du payement du prix, celui-ci lui opposerait vainement on défaut de qualité (Bourges, 24 therm. an 13) (1); — 4° Qu'autrefois, et notamment dans le ressort du parlement de Bordeaux, un héritier ne perdait pas, par sa renonciation, le droit d'accepter, tant qu'un autre héritier n'avait fait aucune acceptation, encore bien qu'il se serait écoulé plus de trente années (Bordeaux, 26 juin 1826 (2); Rej. 23 janv. 1837, aff. Larrey, V. n° 591-4°).

---

sont dus à compter du jour de l'ouverture de la succession; mais que, pour régler les droits des parties, un compte deviendra nécessaire, et qu'à cet égard leurs droits et exceptions doivent être réservés; — Attendu, quant aux dépens, que les parties ne sont pas parentes au degré fixé par la loi; que la dame Brivazac succombe dans son appel principal, et qu'il y a lieu de faire droit de l'appel incident de la dame de Laliman, etc. »

Pourvoi de la dame Brivazac : 1° Violation des art. 1010, 1011, 784 et suiv. c. civ., en ce que l'arrêt attaqué a méconnu les effets légaux de la renonciation faite par la dame de Laliman, en admettant que cette dame avait pu valablement se réserver ses droits légitimaires et la qualité d'héritière nécessaire pour les exercer. — 2° Violation de l'art. 2 c. civ., en ce que l'arrêt attaqué a soumis rétroactivement la donation du 14 avril 1787 aux principes sur la réduction et le rapport à succession introduits par le code civil. — Arrêt.

La cour ; — Considérant que la cour royale avait à vérifier si la dame Laliman avait renoncé à la succession de son père; qu'en appréciant et interprétant l'acte duquel on prétendait tirer la preuve de cette renonciation, elle a reconnu que la dame Laliman avait entendu formellement conserver ses droits légitimaires et ne rien abandonner de la légitime ou de la réserve légale qui lui était attribuée dans la succession de son père, ce qui, loin d'être une abdication, était une réserve expresse de la qualité d'héritière de son père; que c'est là une interprétation d'acte qui rentrait dans les attributions exclusives des juges du fond, et qui ne peut pas constituer un moyen de cassation;

Sur le second moyen : — Attendu que l'arrêt attaqué déclare, et qu'il est d'ailleurs évident par le contrat de mariage de la dame de Budoz, dont les termes sont rappelés dans cet arrêt, que la donation faite à la dame de Budoz par son père n'a pas été faite par préciput et hors part; d'où il suit que la dame de Budoz, ou la dame de Brivazac, sa fille, qui la représente, venant à la succession de son père, ouverte sous l'empire du code civil, doit rapporter à sa cohéritière, dans cette succession, tout ce qu'elle a reçu en capital sur le montant de cette donation; — Qu'en le décidant ainsi, la cour royale n'a commis aucune violation des lois invoquées ni des principes de la matière, mais s'y est, au contraire, exactement conformée; — Rejette.

Du 29 mars 1842.-C. C., ch. Zangiacomi, pr.-MM. Brière-Valigny, rap.-Delangle, av. gén., c. conf.-Piet, av.

(1) (Hérit. Tête *C.* Haly.) — La cour; — Considérant que cette question a peut-être été moins controversée que ne semblerait d'abord l'annoncer la diversité d'opinions que présentent les auteurs qui l'ont traitée sous l'empire des anciennes lois; que tous, ou du moins la plus grande partie d'entre eux, pour régler le sort des renonciations, paraissent s'être appuyés sur l'intérêt que des tiers pouvaient y avoir; — Qu'en effet on doit distinguer celle faite par un enfant ayant des cohéritiers, et celle que feraient tous les enfants d'un défunt, celle qui, comme dans l'espèce actuelle, laisse la succession vacante, d'avec celle qui donne lieu à l'acceptation d'héritiers naturellement non successibles; — Que, dans le cas où le renonçant a un cohéritier, sa renonciation est nécessairement irrévocable, parce que l'héritier partiel devient, par la renonciation, héritier pour la totalité, et qu'il ne peut plus, sans son consentement exprès, être privé de cet avantage; — Que cet inconvénient ne se trouve point, lorsque la renonciation est faite par tous les présomptifs héritiers, parce que tous ont le même intérêt à persister dans leur renonciation ou à reprendre leur qualité d'héritier; — Que, dans l'espèce où des parents plus éloignés étaient devenus héritiers par la renonciation et avaient accepté la succession, il y a eu des motifs pour circonscrire, dans un délai plus ou moins prolongé, la faculté accordée aux renonçants de reprendre la succession qu'ils avaient répudiée; mais que, lorsqu'aucun héritier ne s'était présenté à la place du renonçant, que la succession était abandonnée, nul n'avait intérêt à ce qu'elle restât toujours vacante; — Que si, comme les Romains, nous n'avons pas d'héritiers forcés, il n'en est pas moins vrai que, dans nos mœurs, la loi voit avec peine un enfant insulter à la mémoire de son père et critiquer hautement son administration en refusant de se déclarer son héritier; — Que tel paraît avoir été l'esprit dans lequel ont été faites toutes les discussions sur les renonciations; — Emendant, etc.

Du 24 thermid. an 13.-C. de Bourges.-M. Delamétherie, pr.

(2) (Grangeneuve *C.* Isabeau de Villiers.) — La cour; — Attendu que depuis la renonciation faite par l'aïeule du sieur Grangeneuve à la succession de la dame Hervé-Dupuy, son aïeule, cette hérédité n'a été acceptée par aucun successible à un degré plus éloigné; qu'elle a été constament gérée par un curateur; que les biens qui en dépendaient sont restés confondus avec ceux que possédaient les auteurs du sieur Grangeneuve; — Que si, dans l'ancien ressort du parlement de Bordeaux, l'héritier en ligne directe ne pouvait plus, après trente ans, se jouer de l'hérédité, la reprendre après l'avoir répudiée, cette disposition, comme celle de la loi *ult. cod., de repud. hered.*, qui bornait à trente ans la faculté de reprendre la succession répudiée, n'élevait contre lui qu'une prescription; que cette prescription ne pouvait lui être opposée que par celui qui, sans titre valable, possédait les biens de la succession et eût été exposé à une éviction, par la reprise de sa part, de l'hérédité qu'il avait répudiée; que, lorsque la succession était demeurée vacante et que les biens qui la composaient n'avaient été appréhendés par personne, l'héritier pouvait toujours reprendre l'hérédité.

Du 26 juin 1826.-Bordeaux, 1re ch.-M. de Saget, pr.

670. Mais le principe, que l'héritier qui a renoncé à une succession ne peut plus l'accepter lorsqu'elle l'a été par d'autres héritiers, ne reçoit pas d'exception de la circonstance que cette dernière acceptation aurait été *tacite* et faite par les ayants cause d'un héritier qui avait lui même renoncé (Req. 18 déc. 1816) (1); — ni lorsqu'elle a été déjà acceptée bénéficiairement par un autre héritier, la loi mettant sur la même ligne l'héritier bénéficiaire et l'héritier pur et simple (Req. 19 mai 1835) (2).

671. On a demandé si l'héritier pouvait rétracter sa renonciation en cas que la succession n'eût été acceptée que par un enfant naturel, le conjoint ou l'État. — L'affirmative était soutenue par M. Chabot dans sa 1re édition. Selon MM. Duranton, t. 6, nº 508, et Delaporte, Pand. franç., t. 3, p. 177, la revendication n'est permise que contre le fisc. Ce qui nous semble inconciliable avec les termes généraux du code, qui, relativement aux successions irrégulières, placent sur une même ligne l'enfant naturel, le conjoint et l'État. D'autres auteurs, et c'est l'opinion à laquelle s'est enfin rangé M. Chabot, 2e édit., t. 2, p. 559, décident d'une manière générale que la renonciation n'est révocable que lorsque la succession est demeurée vacante (MM. Toullier, t. 4, nº 350; Maleville, t. 2, p. 287; Malpel, nº 338; Delvincourt, t. 2, p. 34, note 15; Favard, vº Renonciat., § 1, nº 17; Vazeille, nº 6; Marcadé, nº 1. — Cependant il a été jugé que l'héritier renonçant peut accepter la succession, même sous bénéfice d'inventaire, quoique postérieurement à sa renonciation un héritier irrégulier, tel, par exemple, que le conjoint du défunt, ait déclaré accepter la succession à défaut d'héritiers légitimes; les mots de l'art. 790 : « Si elle n'a pas été acceptée par d'autres héritiers » ne s'appliquant qu'à des héritiers réguliers et non à des héritiers irréguliers (Paris, 28 juill. 1826) (3). On peut répondre contre cette décision, que la loi a souvent compris les successeurs irréguliers sous la dénomination d'héritiers, employé par l'art. 790; témoins les articles 788, 816 et suivants jusques et y compris les 842, 870 à 892, etc. On l'interprétait de même en droit romain, où l'on s'attachait bien plus strictement encore au sens littéral (L. 170, ff., *De verb. signif.*). En outre, l'art. 790 valide tous les droits acquis dans l'intervalle, par prescription ou par actes valablement faits avec le curateur à la succession vacante. Il suppose donc que la succession n'a été appréhendée par personne; et comment croire que le même législateur, qui montre ici une juste sollicitude pour les droits acquis dans un plus ou moins court intervalle, eût tenu les envoyés en possession exposés à une recherche, à une incertitude de plus de vingt-neuf années? Du reste, on a décidé avec raison que la faculté accordée par l'art. 790 c. nap. à l'héritier renonçant, peut être exercée contre les successeurs irréguliers, tels que le conjoint, tant que celui-ci n'a pas formé une demande régulière d'envoi en possession (Caen 15 janv. 1848, aff. Sauvaget, D. P. 48. 2. 78).

672. Le droit de rétracter la répudiation d'une succession, sous les conditions exprimées en l'art. 790 c. nap., appartient à l'héritier testamentaire et à ses héritiers, comme à l'héritier légitime. Il en était de même sous l'ancien droit et notamment dans le ressort du parlement de Bordeaux (Cass. 25 janv. 1837, aff. Larrey, V. nº 591-4º).

673. Lorsque tous les cohéritiers du premier degré ont renoncé à la succession de leur père, celui d'entre eux qui fait un acte de reprise au greffe, un jour avant les autres, les exclut irrévocablement; il en était de même sous l'ancienne jurisprudence (Toulouse 14 mars 1822) (4).

674. La faculté réservée à l'héritier renonçant par l'art. 790 c. nap. *d'accepter encore la succession*, peut s'exercer par de simples actes d'immixtion sans qu'il soit besoin d'une acceptation expresse. — Mais l'immixtion doit plus que jamais n'avoir rien d'équivoque; car le fait d'une renonciation antérieure rend moins présumable l'intention d'accepter. — Jugé que la *détention* par l'héritier institué et majeur des biens dépendant d'une succession, à laquelle son tuteur avait renoncé pour lui pendant sa minorité, a pu être considérée, dans le ressort et sous la jurisprudence du parlement de Toulouse comme une révocation de cette renonciation. — « Attendu, que la cour royale de Montpellier n'a fait qu'apprécier les actes de la cause, en décidant que le sieur Albarel avait repris, à l'époque de sa majorité, le titre et la qualité d'héritier » (Cass. 13 fév. 1833, MM. Portalis, pr., Vergès, rap., aff. Albarel C. Albarel).

675. Du reste la révocation, prévue à l'art. 790, est toute distincte de la *déchéance*, qui fait réputer la renonciation non avenue. La révocation est réputée avantageuse au renonçant; la déchéance est prononcée contre lui, et dans l'intérêt, soit des créanciers, soit des cohéritiers, qui, la succession étant mauvaise, veulent en diviser les charges le plus possible.

676. Le successible qui, après avoir renoncé, devient cessionnaire des droits héréditaires de son cosuccessible, recouvre, du chef de celui-ci, la qualité d'héritier, et, comme représentant le cédant, demeure obligé aux dettes de la succession, bien qu'il ne soit pas lui-même héritier (Bordeaux, 11 mai 1833) (5).

677. La renonciation à une succession par un héritier qui,

---

(1) (Coulaud C. Coulaud.) — LA COUR; — Attendu, en droit, que les héritiers ne peuvent plus accepter une succession, à laquelle ils ont déjà renoncé, après qu'elle a été acceptée par d'autres héritiers; — Et attendu, qu'il a été reconnu, en fait, 1º qu'Elisabeth Caussonel, demanderesse en cassation, dès l'année 1791, avait formellement renoncé à la succession de Pierre Coulaud, premier du nom, son père; 2º que Pierre Coulaud, second du nom, son frère, avait accepté cette même succession; 3º que Françoise et Benoite Coulaud, ses nièces, s'étaient toujours portées héritières, tant de Pierre, second du nom, leur père, que de Pierre, premier du nom, leur aïeul; 4º que la demanderesse, loin de contester ces actes, les avait reconnus; 5º enfin, que ce n'est qu'en 1813, et postérieurement à tous ces faits d'acceptation, que la même demanderesse avait rétracté sa renonciation et accepté la succession de Pierre Coulaud, premier du nom, son père; — Que, dans ces circonstances, en décidant que cette rétractation et cette acceptation ne pouvaient être d'aucun effet, et que la succession de Pierre Coulaud, premier du nom, devait être exclusivement partagée entre Françoise et Benoite Coulaud, tant comme héritières de leur père, que de leur propre chef, l'arrêt attaqué (de la cour de Lyon, du 6 avr. 1816) a fait une juste application des lois de la matière; — Rejette.

Du 18 déc. 1816. — C. C., sect. req. — MM. Henrion, pr. — Lasagni, rap.

(2) (Lecorbellier C. Chatel et autres.) — LA COUR; — Attendu que l'héritier bénéficiaire est assimilé à l'héritier pur et simple; — Attendu que la disposition de l'art. 790 c. civ. est générale et absolue, et n'admet aucune exception; — Attendu qu'il résulte des faits de la cause, que les demandeurs avaient renoncé à la succession de leur père, laquelle avait été acceptée par le sieur Lecorbellier, leur frère aîné, sous bénéfice d'inventaire; d'où il résulte que les demandeurs, aux termes de l'art. 790, ne pouvaient pas revenir contre leur renonciation et accepter la succession à laquelle ils avaient renoncé; — Rejette le pourvoi formé contre l'arrêt de la cour de Rouen, du 15 mars 1834.

Du 19 mai 1835. — C. C., ch. req. — MM. Borel, f. f. de pr. — De Ménerville, rap. — Viger, av. gén., c. conf. — Scribe, av.

(3) (Veuve de Vergennes C. de Vergennes.) — LA COUR; — Attendu qu'aux termes des art. 767, 769, 770 et 771 c. civ., la femme survivante n'a droit à la succession de son mari qu'à défaut de parents successibles, à la charge de se faire envoyer en possession, et, sauf restitution, au cas où il se présenterait un héritier dans l'espace de trois ans; — Attendu qu'aux termes de l'art. 790 du même code, tant que la prescription du droit d'accepter n'est pas acquise contre les héritiers qui ont renoncé, ils ont la faculté d'accepter encore la succession, si elle n'a pas déjà été acceptée par d'autres héritiers; — Attendu que trente ans n'étant pas écoulés depuis la renonciation du vicomte de Vergennes à la succession de son frère, et aucun des parents au degré successible n'ayant appréhendé cette succession, ledit vicomte de Vergennes était dans les délais; — Attendu, dès lors, que l'opposition formée par le vicomte de Vergennes à la demande d'envoi en possession formée par la dame veuve de Vergennes, est recevable et fondée.

Du 25 juill. 1826. — C. de Paris, 1re ch. — M. Séguier, pr.

(4) (Veuve Bonnesis C. Larroque.) — LA COUR; — Attendu qu'il était de principe, dans l'ancien droit, comme l'attestent Domat et Furgole, que lorsqu'une succession était vacante, par le fait de la répudiation des héritiers appelés à la recueillir, et de la non-acceptation des successions en degré inférieur, celui des héritiers répudiants qui reprenait le premier cette succession la reprenait tout entière, et excluait tous ceux qui se présentaient après lui pour la reprendre; — Que l'art. 790 c. civ. a consacré les mêmes principes; qu'ainsi, les premiers juges n'ont fait que se conformer à l'ancienne et à la nouvelle législation, en refusant à la déclaration du 27 juin 1818 l'effet et la force qu'ils ont exclusivement accordés à la déclaration de reprise d'hérédité, faite le 26 juin 1818 par la dame Marthe Basset, épouse Larroque; — Confirme.

Du 14 mars 1822. — C. de Toulouse, 2e ch. — M. d'Aldéguier, pr.

(5) (Malleville C. Delpeyrat.) — LA COUR; — Attendu que, par acte public du 31 mars 1824, Guillaume Delpeyrat fit cession à Pierre Delpeyrat, son frère, intimé, de tous ses droits successifs mobiliers et im-

précédemment, a formé une demande en partage de cette succession, ne peut plus être rétractée par le renonçant, surtout si depuis cette renonciation ses cohéritiers sont restés pendant plusieurs années (12 ans) en possession des biens. La renonciation à la succession constitue, dans ce cas, un désistement de la demande en partage, surtout si le renonçant déclare, dans l'acte de répudiation, qu'il ne s'est jamais immiscé dans la succession, et qu'il n'a pas pris la qualité d'héritier (c. pr. 783; Grenoble, 5 déc. 1834, 2e ch., MM. Fornier, pr., Imbert-Desgranges, subst., c. contr., Raymond et Auzias, av., aff. Rivier *C.* mariés Ravise).

678. Lorsqu'une veuve, avec un de ses fils, s'est mise, aux termes de l'art. 790 c. civ., en possession des biens de la succession de son mari, après y avoir d'abord renoncé, la prescription ne court pas contre les autres cohéritiers, du jour du décès de leur auteur, mais de celui de la mise en possession qui a rendu à la mère la qualité d'héritière qu'elle avait abdiquée (Riom, 1re sect., 25 mai 1810, aff. Begon *C.* Bonnet).

679. La déchéance de la faculté d'accepter après la renonciation n'est-elle prononcée qu'au profit de l'héritier qui a accepté la succession, ou peut-elle être invoquée par celui même qui n'a pris encore aucune qualité? On a jugé dans ce dernier sens (Req. 19 mai 1835, aff. Lecorbellier, V. *suprà*, n° 670), mais sans que les deux arrêts qui statuaient en même temps sur une autre question n'aient motivé cette partie de leur décision.

680. L'enfant qui rétracte sa renonciation, longtemps après l'avoir faite, ne peut exercer l'action en retranchement contre les tiers acquéreurs, qui, dans l'intervalle, ont traité avec les donataires de son père. Ce sont là des droits acquis dans le sens de l'art. 790 c. civ. (Montpellier, 25 mars 1831) (1). — Il ne pourrait exercer cette action contre les donataires mêmes : par exemple, contre ses frères, donataires du père commun, avec lesquels il aurait d'abord conjointement répudié la succession paternelle (même arrêt).

681. Le cohéritier qui s'est seul emparé de la succession, sur le fondement d'une renonciation faite par son cohéritier, mais alors qu'il savait que le renonçant avait déjà accepté sous bénéfice d'inventaire, ce qui rendait la renonciation sans effet, peut être déclaré, sur ce motif, avoir possédé de mauvaise foi, sans qu'une telle décision soit sujette à censure. « Attendu que l'appréciation de la bonne foi rentrait dans les attributions exclusives des juges du fond, et que l'arrêt attaqué (de la cour de Paris) déclare expressément que les demandeurs n'ont pas possédé de bonne foi, parce qu'ils avaient connu l'acceptation des héritiers Rosières de Soran, laquelle n'avait pu être anéantie par leur renonciation postérieure; que cette décision est souveraine et ne peut donner ouverture à cassation; rejette » (Req. 25 mars 1840, MM. Zangiacomi, pr., Brière, rap., aff. Forbin-la-Barben).

682. L'art. 790 c. nap. ne contient pas la seule exception à la règle de l'irrévocabilité de la renonciation. D'après les principes généraux, la renonciation ne serait pas obligatoire si elle était le résultat du *dol* ou de la *violence*. Ici s'appliquent les mêmes observations que nous avons faites à l'égard de l'acceptation, nos 519 et suiv.

683. L'art. 783 c. nap. permet à l'héritier de *rétracter* son acceptation, si l'on a *découvert* plus tard un *testament* qui absorbait la succession, ou la diminuait de moitié. Le code ne dit pas que la découverte d'un actif considérable, inconnu lors de la renonciation, pourrait avoir cet effet. L'ancienne jurisprudence admettait la restitution contre la renonciation : 1° lorsque l'héritier avait renoncé par erreur de fait, par exemple, s'il avait paru un testament faux, qui, s'il eût été valable, aurait absorbé la totalité ou la plus grande partie de la succession; 2° lorsque la renonciation avait été faite à cause d'un testament que n'avait pas vu le renonçant. Lebrun fondait cette opinion sur la loi 4, ff., *De jur. et fact. ign.* (liv. 3, chap. 8, sect. 2, n° 42). — Ces deux causes de révocation sont-elles proposables sous le code? — M. Chabot, t. 2, p. 524, ne le pense pas : dans le premier cas, dit-il, l'héritier peut, avant de renoncer, examiner et constater si le testament est vrai; au second cas, il peut en demander la représentation. — D'autres auteurs s'expriment dans un sens opposé, quant à la première des deux hypothèses (MM. Toullier, t. 4, n° 334; Delvincourt, t. 2, p. 34, note 7; Malpel, n° 338). Ils invoquent l'ancienne jurisprudence, et, par analogie, l'art. 783. M. Favard combat cette doctrine, v° Renonciation, n° 19, par le double motif que l'art. 783 consacre une exception qui de sa nature ne doit pas s'étendre, et que le législateur, si telle avait été sa pensée, n'eût pas manqué de répéter, sous la section de la renonciation, l'exception qu'il venait d'établir pour l'acceptation. Ajoutons que la condition de l'acceptant est plus favorable que celle du renonçant, en ce que l'un *certat de damno vitando*, et l'autre *de lucro captando*. — Nonobstant ces raisons, nous serions assez disposé à voir dans la découverte d'un actif, excédant de plus de moitié la succession connue, une cause de révocation de la renonciation. Mais il faudrait que l'erreur du renonçant eût été invincible. Cette décision générale, nous la fondons sur le principe d'après lequel l'erreur invincible de fait ne vicie pas moins le consentement que le dol ou la violence. On applique bien à la renonciation l'art. 783 dans la partie de sa disposition qui concerne le dol; pourquoi non dans celle relative

---

mobiliers, dans les hérédités paternelle et maternelle, moyennant le prix de 6,000 fr.; — Attendu que, si le fait d'avoir acquis des droits héréditaires ne peut imprimer à Pierre Delpeyrat la qualité d'héritier, il en est autrement quant au successible qui fait vente ou cession de ces mêmes droits, et qu'un tel acte emporte, de la part de ce dernier, acceptation de la succession; — Attendu qu'en droit, le cessionnaire est l'image du cédant, et est tenu, comme tel, de remplir les obligations dont serait tenu l'héritier qui a fait la cession; d'où il suit que les appelants, créanciers de l'hérédité paternelle, ont pu, après la notification préalable de leurs titres, agir directement contre Pierre Delpeyrat, pris comme cessionnaire, à titre universel, de Guillaume, son frère, bien que ledit Pierre ne soit pas lui-même héritier; — Attendu que les titres exécutoires contre le cédant le sont aussi contre le cessionnaire; — Émendant, etc.

Du 11 mai 1835.-C. de Bordeaux, 2e ch.-M. Gerbeaud, pr.

(1) (Aibram *C.* Charot.) — La cour; — Attendu que, si la donation faite à Pierre-Guillaume Charot, le 5 février 1787, était susceptible de réduction à l'époque du décès du père commun, et pouvait être soumise à l'action en retranchement de la part des autres cohéritiers, en cas d'insuffisance des biens de la succession pour les remplir de la réserve légale, ceux-ci ne pouvaient être admis à exercer cette action en retranchement qu'en conservant la qualité d'héritiers, ou purs et simples, ou bénéficiaires; que cette qualité d'héritier était d'autant plus nécessaire et indispensable, qu'il fallait préalablement discuter la succession avant d'attaquer le donataire; — Attendu que, par acte au greffe du tribunal de Béziers, du 26 mars 1811, et après avoir fait procéder à l'inventaire des biens de la succession, les appelants en ont fait la répudiation; qu'en abdiquant la qualité d'héritiers, ils ont, par une conséquence nécessaire, renoncé à leur action en retranchement attachée à cette qualité, et que, dès lors, la propriété des biens de la donation est devenue définitive et irrévocable sur la tête du donataire; — Attendu que la rétractation de la répudiation, faite par les appelants dix-sept ans après (30 janvier 1828), n'a pu faire revivre des droits éteints par une renonciation absolue, volontaire, faite en grande connaissance de cause, en quelque sorte acceptée par le donataire, qui, en conséquence, a disposé des biens de la donation; que cette rétractation tardive n'a pu leur donner d'autres droits que de reprendre la succession dans l'état où elle se trouvait alors, et n'a pu rétroagir, surtout vis-à-vis des tiers, qui n'avaient traité avec le donataire que sur la foi de la répudiation; que ces principes d'équité et de justice sont en harmonie avec les dispositions du code civil, qui, à l'art. 462, veut que le mineur, devenu majeur, et rétractant la répudiation faite en son nom pendant sa minorité, ne puisse accepter la succession que dans l'état où elle se trouvera lors de la reprise, et sans pouvoir attaquer les ventes et autres actes faits légalement pendant la vacance; que l'art. 790 impose à l'héritier qui a rétracté sa répudiation de respecter les droits acquis à des tiers sur les biens de la succession, soit par prescription, soit par actes valables faits avec le curateur à la succession; que l'art. 930, qui autorise l'héritier demandeur en réduction ou revendication à intenter son action, tant contre les détenteurs que contre le donataire, suppose nécessairement que l'héritier a toujours conservé sa qualité d'héritier depuis l'ouverture de la succession, et ne saurait s'appliquer à l'héritier qui aurait renoncé déjà à la succession, et qui ne la reprendrait qu'au moyen de la rétractation de sa répudiation; droit exorbitant accordé à l'héritier, mais qui doit être plutôt restreint qu'étendu, et qui ne saurait égaler celui accordé par la loi à l'héritier qui a voulu toujours réserver sa qualité : — Par ces motifs, et adoptant, de plus, ceux du tribunal de première instance relatifs à la prescription en faveur de Bourdon, a démis et démet les appelants de leur appel.

Du 25 mars 1831.-C. de Montpellier.-M. Rozier, pr.

à l'erreur invincible? L'une et l'autre n'ont été considérées par le législateur que comme la conséquence des règles générales sur la nullité des contrats.—Jugé dans le sens de notre interprétation: 1° que l'héritier est restituable contre sa renonciation à une succession, si, à l'époque où il a renoncé, il était impossible de prévoir l'événement qui, plus tard, est venu accroître considérablement les forces de l'hérédité; tel est le cas d'une succession d'émigré répudiée d'abord, et qu'a enrichie inopinément la remise de biens ordonnée par la loi du 5 déc. 1814 (Paris, 22 avr. 1816) (1); — 2° Que bien qu'un père dans le contrat de mariage de sa fille ait renoncé à la succession de son épouse décédée, cependant cette renonciation n'atteint pas un legs (de 10,000 fr.) fait par son épouse, dans un testament découvert postérieurement et dont il ignorait l'existence (Req. 7 mars 1826) (2).

684. Au contraire et en thèse générale, il a été décidé que l'erreur de fait, l'ignorance ou la lésion, ne peuvent être des moyens de nullité d'une renonciation; elle n'est révocable que lorsqu'il y a eu dol personnel, violence ou défaut d'acceptation par un autre héritier (Aix, 8 nov. 1827, aff. Rasque, V. Emigré, n° 317-1°). — V. aussi *eod.*, v° nos 316 et suiv.

685. *L'erreur de droit* n'est pas une cause de restitution que puisse invoquer l'héritier renonçant... Et par exemple, l'enfant donataire d'une portion indisponible de l'hérédité ne peut être relevé de sa renonciation en ce qu'il aurait cru à tort pouvoir, tout en renonçant à la succession, retenir le don jusqu'à concurrence de sa réserve légale (c. nap. 785, 845; Riom, 16 fév. 1854, Bouchart, D. P. 55. 2. 62). — Jugé de même que le renonçant à une succession ne peut prétendre à être restitué contre l'erreur où il aurait été sur la portée de sa renonciation; c'est là une erreur de droit qui ne peut jamais être invoquée contre la renonciation (Poitiers, 7 août 1833, aff. Suzannet, V. *suprà*, n° 665-2°)—V. d'ailleurs, *suprà*, nos 664 et suiv.

686. Du principe de l'irrévocabilité de la renonciation, il suit encore qu'on a pu juger que lorsqu'une fille, à qui son père a légué sa légitime, à titre d'institution, s'est constitué en dot le montant de ce legs, en déclarant qu'il lui était dû par l'institué de son père, et que celui-ci, présent à l'acte, a même fait à cette fille une donation moyennant laquelle elle a déclaré renoncer à tout supplément de légitime, il y avait eu, dans ce cas, exécution du testament, qui la rend non recevable à demander rien autre dans la succession paternelle (Toulouse, 18 mai 1824, Anglas, V. Substitution, n° 43-3°).

687. La répudiation et l'acceptation sont soumises, quant à ce qui est relatif, non aux droits des héritiers et légataires, mais à leur forme et à leurs effets, aux lois sous l'empire desquelles elles se font. En conséquence, la répudiation faite sous le code d'une succession ouverte antérieurement est révocable conformément à l'art. 790, l'ancien droit la déclarât-il irrévocable (Cass., 23 janv. 1837, aff. Larrey, V. n° 591-4°).

688. *Droit des créanciers.* — Une dernière limitation a été apportée en faveur des créanciers au principe de l'irrévocabilité de la renonciation. L'art. 788 admet « les créanciers de celui qui renonce, au préjudice de leurs droits, à se faire autoriser en justice pour accepter la succession du chef de leur débiteur, en son lieu et place. Dans ce cas, la renonciation n'est annulée qu'en faveur des créanciers, et jusqu'à concurrence seulement de leurs créances; elle ne l'est pas au profit de l'héritier qui a renoncé. L'ancienne jurisprudence était entièrement conforme (Lebrun, liv. 3, ch. 8, sect. 2, nos 27 et 28); elle s'écartait, avec raison, des lois romaines, qui ne subrogeaient pas les créanciers, par le motif qu'un débiteur ne fraudait pas ses créanciers en omettant d'acquérir; qu'il ne les fraudait qu'en laissant perdre ce qu'il avait (L. 6, ff. *quæ in fraudem*; et 17, *si quis omiss.*).

689. Avant d'accepter la succession, les créanciers du renonçant devront constater son insolvabilité, discuter ses biens propres; s'il était solvable, la renonciation n'aurait pas été faite à leur préjudice (MM. Chabot, t. 2, p. 538; Toullier, t. 4, n° 332; Duranton, t. 6, n° 511; Malpel, n° 334; Delvincourt, t. 2, p. 313, note 8; Vazeille, n° 4; Poujol, t. 1, p. 434). — Jugé, toutefois, que le créancier n'est pas tenu à la discussion préalable des biens du débiteur s'ils sont déjà en expropriation (Bourges, 1re ch., 19 déc. 1821, M. Sallé, pr., aff. Nettement C. Bellanger).

690. Les cohéritiers du débiteur pourraient, en désintéressant les créanciers, prévenir son acceptation (mêmes auteurs).

691. Les créanciers du mari peuvent attaquer la renonciation que celui-ci, du vivant de sa femme, a faite, en fraude de leurs droits, à des gains de survie stipulés en sa faveur, par son contrat de mariage (Bruxelles, 5 mars 1814) (3).

692. L'art. 788 autorise les créanciers même à contester un legs qui tend à diminuer la succession répudiée par leur débiteur, encore que la délivrance du legs eût été déjà faite et sans qu'on puisse objecter que le droit de contester un testament soit facultatif et purement personnel à l'héritier : — « Considérant que la veuve Haimonet avait été investie de la qualité d'héritière, et, par suite, du droit de contester la validité des legs; qu'elle n'avait pu abandonner ce droit au préjudice de ses créanciers; qu'en effet, il est de principe qu'un créancier peut exercer tous les droits de son débiteur, et s'y faire subroger à cet effet, quand le débiteur refuse de les exercer lui-même » (Paris, 24 mess. an 8, aff. Bache).

693. C'est ainsi qu'il a été jugé encore que la faculté de se porter héritier n'est pas tellement personnelle au légataire universel, qu'au cas de négligence de ce dernier à le faire, son

---

(1) (Hérit. Toulongeon.) — La cour; — Considérant, d'une part, qu'on ne peut admettre deux successions d'une même personne; que l'effet de la restitution des bois dont il s'agit est de les faire considérer comme n'ayant pas cessé d'appartenir à feu Hippolyte-Jean-René de Toulongeon; d'où il suit qu'ils font partie de son hérédité; — Considérant, d'autre part, que le père des mineurs a cru et a eu juste raison de croire, d'après les lois existantes, qu'il n'y avait dans la succession de son frère, que les biens qui s'y trouvaient à l'époque de son élimination, et paraissaient insuffisants pour en acquitter les charges; que la restitution des bois dont il s'agit, ordonnée par la loi du 5 déc. 1814, a changé inopinément l'état de sa succession; et que, dans ces circonstances, il y a lieu de restituer les mineurs contre une renonciation qui a pour cause une ignorance invincible de fait; — Emendant, déclare l'acte de renonciation du 11 frim. an 10 nul et de nul effet; ordonne, en conséquence, que les mineurs de Toulongeon viendront en partage, avec eur oncle, de tous les biens de la succession de feu Toulongeon, y compris les bois dont la restitution a été ordonnée par la loi du 5 déc. 1814, à la charge d'acquitter leur part dans cette dette, etc.

Du 22 avr. 1816.-C. de Paris, aud. sol.

(2) (Humbert C. Escoffier.) — La cour; — Attendu qu'il a été reconnu en fait par l'arrêt attaqué que Claude Escoffier, antérieurement au contrat de mariage de sa fille, demanderesse en cassation, passé en juin 1817, était en état de faillite, et qu'il avait cédé ses biens et ses droits en faveur des créanciers; — Qu'en outre, à l'époque du même contrat de mariage, ledit Claude Escoffier ignorait même la disposition que sa femme avait faite en sa faveur de la somme de 10,000 fr. dont il s'agit; — Que d'après cela, l'arrêt a dû, comme il l'a fait, décider que Claude Escoffier n'avait ni pu ni voulu renoncer dans ledit contrat de mariage à un droit qu'à cette époque il ignorait lui appartenir, et dont, en tout cas, il n'était plus en son pouvoir de disposer.

Du 7 mars 1826.-C. C., sect. req.-MM. Botton, pr.-Lasagni, rap.

(3) *Espèce* : — (H..... C. Libau.) — Jugement qui, « attendu que par l'acte du 29 juill. 1811, le sieur H... a renoncé aux droits qui lui étaient assignés par son contrat de mariage au mobilier de son épouse et à l'usufruit de ses immeubles, moyennant une rente viagère de 1,000 fr., déclarée insaisissable; — Attendu que l'intention de soustraire aux poursuites de ses créanciers les biens qui en cas de survie lui étaient irrévocablement assurés par son contrat de mariage, résulte évidemment de ce qu'il ne lui restait aucune ressource pour les satisfaire, de ce que cette renonciation a eu lieu dans un moment où il était plus que moralement certain qu'il survivrait à son épouse, vu qu'elle était au lit de la mort, déjà administrée, incapable de signer l'acte, et qu'elle est effectivement décédée le lendemain; — Attendu enfin que cette rente viagère de 1,000 fr., en remplacement de tous les autres avantages du contrat de mariage y est déclarée insaisissable, et que cette circonstance seule prouve que H... n'a renoncé à ses avantages qui lui étaient assurés que pour rendre les poursuites de ses créanciers illusoires, que pour mettre enfin son avoir à l'abri de leurs poursuites; — Attendu que les renonciations préjudiciables aux intérêts des créanciers sont sur la même ligne, quant à leur révocabilité, que les aliénations faites à leur détriment et dans l'intention de les frauder, comme en font foi les dispositions des art. 622, 788 et 1167, C. civ. » — Appel. — Arrêt.

La cour; — Adoptant les motifs, etc., confirme.

Du 5 mars 1814.-C. de Bruxelles 1re ch.

créancier n'ait pas qualité pour accepter la succession en son nom : — « Attendu qu'il est constaté, par l'arrêt attaqué, que la succession de la dame Saint-Marc a été acceptée par le sieur Saint-Marc son mari, débiteur du sieur Thouin-Beaupré; que le sieur Saint-Marc a négligé d'exercer les droits qui lui appartenaient dans cette succession et que l'action en partage exercée par ledit sieur Thouin-Beaupré, au nom du sieur Saint-Marc, n'avait rien qui fût exclusivement attachée à la personne de celui-ci; attendu que dès lors l'art. 1166 n'a point été violé par l'arrêt » (Req. 16 nov. 1856, MM. Zangiacomi, pr., Joubert, rap., aff. veuve Juin C. Thouin-Beaupré).

694. L'autorisation peut être demandée par simple requête : les cohéritiers du renonçant peuvent former opposition et faire décider contradictoirement par les tribunaux s'il y a lieu de donner ou de refuser l'autorisation; quand la succession se divise entre deux lignes, il suffit de mettre en cause les héritiers de la ligne du renonçant (Chabot, nos 3 et 4; Duranton, t. 6, no 518; Vazeille, no 6; Poujol, t. 1, p. 434).

695. Lorsque le créancier d'un héritier qui a renoncé à une succession demande : 1° la nullité de la renonciation, comme faite au préjudice de ses droits; 2° l'autorisation d'accepter la succession aux lieu et place du renonçant; les juges peuvent, même sans statuer sur la nullité de la renonciation, et sur la fraude du débiteur, donner au créancier l'autorisation d'accepter aux lieu et place du renonçant : — « Attendu que Renault est créancier d'Edme, et que cette qualité ne lui est point contestée; qu'en vertu de l'art. 788 c. nap., il a droit d'accepter la succession du père dudit sieur Rivey, aux lieu et place de celui-ci, en s'y faisant autoriser par justice; autorise ledit Renault à accepter, du chef de son débiteur, et en son lieu et place, la succession dudit J.-B. Rivey, et jusqu'à concurrence seulement de sa créance; confirme » (Paris, 13 fév. 1826, M. Séguier, pr., aff. Rivey C. Renault).

696. A quels créanciers s'applique le bénéfice de l'art. 788? A ceux-là seulement qui sont antérieurs à la renonciation et dont le titre a une date certaine. En effet, pour que la renonciation du débiteur soit faite au préjudice de leurs droits, il faut que la faculté d'accepter ait été dans les droits du débiteur à l'époque où il s'est obligé; que les créanciers aient pu compter sur la succession qu'il vient de répudier. MM. Favard, vo Renonciat., no 15, § 1; Chabot, no 3; Toullier, t. 4, no 348; Delvincourt, p. 106; Duranton, no 512; Vazeille, sur l'art. 780, no 7. Toutefois M. Duranton, nos 519, 520, enseigne que si la succession n'a point encore été acceptée par les cohéritiers du renonçant, ses créanciers, postérieurs ou antérieurs, peuvent tous également, en vertu de l'art. 1166, exercer le droit de reprendre la succession conformément à l'art. 790 et concourir ensemble à la distribution du produit de cette succession. M. Vazeille, *loc. cit.*, accorde même dans ce cas la préférence aux créanciers antérieurs.

697. Dans l'art. 788, il ne s'agit que des créanciers personnels de l'héritier présomptif, et non des créanciers du défunt. Ceux-ci ne seraient pas autorisés à accepter la succession à la place de l'héritier présomptif renonçant. Et spécialement, le créancier de la succession vacante d'un associé qui ne s'est présenté ni à l'inventaire, ni aux opérations de la succession; qui n'a pas formé d'opposition à la liquidation de la société qui serait faite avec le curateur de la succession vacante, n'est pas recevable à critiquer ces opérations (Paris, 13 juin 1807) (1).

698. Les créanciers d'une succession sont sans intérêt ni qualité pour contester la renonciation qui a été faite à cette succession par les héritiers, lorsqu'ils l'avaient acceptée sous bénéfice d'inventaire : « Attendu que la question s'élevant, non entre cohéritiers, mais entre des héritiers et des créanciers, ceux-ci sont sans intérêt et par conséquent sans qualité pour examiner s'il existe une différence légale entre la renonciation à une succession et l'abandon de cette même succession, puisqu'à leur égard l'effet de l'abandon est identiquement le même que celui de la renonciation; rejette » (Req. 12 mars 1825, MM. Henrion, pr., Liger-Verdigny, rap., aff. Blanckemanne C. Charvet).

699. Les créanciers d'une succession échue à un mineur, et devenue vacante par la renonciation de ce mineur, parvenu en majorité, ne peuvent être privés, par cette renonciation, du bénéfice de la suspension de l'action en nullité de la vente d'un bien héréditaire, lorsque cette suspension a été déclarée acquise au mineur par jugement antérieur à sa renonciation : « Considérant que Coulanges, mineur, était partie au procès lors du jugement de première instance, confirmé par la cour royale; que si, plus tard, ledit Coulanges, devenu majeur, a renoncé à la succession de son auteur, cette circonstance n'a pu enlever aux créanciers exerçant ses droits, le bénéfice de faits acquis antérieurement; rejette » (Req. 8 nov. 1843, MM. Zangiacomi, pr., Troplong, rap., aff. Trépied C. Voisin). — Jugé que le créancier d'une succession ouverte sous la coutume de Normandie, qui n'a pas été appelé individuellement à contester la délivrance du tiers coutumier aux enfants renonçant à cette succession, est recevable à demander plus tard la révocation de cette délivrance, et à appeler des jugements en vertu desquels elle a été ordonnée : doit être cassé l'arrêt qui décide le contraire, nonobstant les principes généraux du droit et sans citer aucune loi ou usage dérogatoire (Cass. 22 fév. 1826) (2).—Toutefois, il a été jugé, sur renvoi, que, dans la province de Normandie, il était d'usage ra-

---

(1) (Beauvais C. Corbin). — LA COUR; — Attendu que Beauvais n'étant pas créancier des héritiers de ladite demoiselle Corbin, mais seulement de la succession, ne peut pas demander qu'on l'autorise à accepter ladite succession, au défaut d'héritier; — Qu'il avait le droit, suivant l'art. 882 c. civ., d'exiger que l'inventaire, ainsi que la liquidation de la société, fussent faits en sa présence; qu'il devait, à cet égard, former une opposition expresse, et que ne l'ayant pas fait, il ne peut pas revenir contre l'opération, actuellement qu'elle est consommée. — Confirme.

Du 13 juin 1807. — C. de Paris

(2) *Espèce :* — (Feron de Renemesnil C. enfants Letot.) — En l'an 8, décès de Letot. — Ses enfants, après avoir renoncé à sa succession, assignèrent ses créanciers connus en délivrance de leur tiers coutumier. — Cette délivrance fut ordonnée. Les créanciers, ayant obtenu l'envoi en possession des biens compris dans le lot qu'ils avaient choisi, les firent vendre par expropriation forcée. — Ces opérations eurent lieu en brumaire et frimaire de l'an 11. Le 22 août 1820, le sieur Feron de Renemesnil, créancier de Letot père, et qui n'avait pas été assigné individuellement, soit parce qu'il était absent, soit parce que sa créance n'était pas connue, cita les enfants Letot en payement de cette créance.— 15 mai 1822, jugement qui accueille sa demande.—Appel par les enfants Letot.—Feron interjette aussi incidemment appel des jugements de l'an 11, qui avaient fait délivrance du tiers coutumier. — Le 10 déc. 1822, arrêt de la cour de Caen qui annule le jugement du 15 mai, et déclare Feron non recevable dans son appel incident et dans sa demande principale. La fin de non-recevoir contre l'appel incident était fondée sur ce que Feron avait été dûment appelé, lors des jugements de l'an 11, par l'intimation générale faite à tous les créanciers absents ou dont les créances n'étaient pas connues, et sur ce que, dans tous les actes d'exécution qui avaient suivi les jugements qui ordonnaient le partage entre les enfants Letot et les héritiers ou créanciers de leur père, ils avaient été valablement représentés par les créanciers présents.

Pourvoi de Feron pour violation des art. 15 et 12 de l'ord. de 1667, qui exigent que les défendeurs soient assignés personnellement, et qui ne considèrent les acquiescements à des jugements, comme leur donnant l'autorité de la chose jugée, que lorsque ces acquiescements sont formels et émanés de ceux à qui on les oppose. — Arrêt.

LA COUR; — Après délib. en ch. du cons.; — Vu les art. 5 et 12 du tit. 27 de l'ord. de 1667; — Attendu qu'il ne résulte pas de l'arrêt dénoncé qu'il ait été produit par les défendeurs aucune pièce tendant à prouver que Feron ait été personnellement appelé dans les instances sur lesquelles sont intervenus les jugements des 17 et 22 brumaire, et 29 frimaire an 11, ou qu'il en ait personnellement consenti l'exécution; et que la cour royale n'a cité ni loi ni règlement ou usage généralement admis dans le ressort de la ci-devant coutume de Normandie qui, pour le cas spécial dont il s'agit au procès, ait dérogé au droit commun; — Qu'il suit de là, qu'en déclarant le sieur Feron non recevable dans son appel incident des trois jugements des 17 et 22 brum., et 29 frim. an 11, la cour royale a violé expressément les art. 5 et 22 de l'ord. de 1667; — Casse.

Du 22 fév. 1826.-C. C., sect. civ.-MM. Brisson, pr.-Poriquet, rap.-Vatimesnil, av. gén., c. conf.-Nicod et Barrot, av.

Sur le renvoi, la cour de Rouen a rendu l'arrêt dont voici les termes : « Attendu que le tiers coutumier était, en Normandie, une institution locale et particulière à la coutume du pays, dont le mode de liquidation et la délivrance avaient des règles spéciales fondées sur l'art. 587 de la coutume de Normandie et sur la nature des choses et des usages de la province, rarement contestés, et, en tous cas, consacrés par un arrêt du

rement contesté, et, en tout cas, fondé par analogie sur l'arrêt du parlement de Rouen, du 11 fév. 1725, relatif à la délivrance du douaire, que les enfants qui renonçaient à la succession de leur auteur n'étaient point tenus d'appeler individuellement tous les créanciers de la succession à contester la délivrance du tiers-coutumier; il suffisait qu'ils eussent appelé ceux des créanciers qui étaient connus, et la délivrance faite contradictoirement avec ceux-ci et le ministère public, dans les formes usitées, était à l'abri de toute critique de la part des créanciers qui ne s'étaient fait connaître que postérieurement (Rouen, 26 avril 1827, aff. Féron de Rénemesnil).

700. Les créanciers qui se sont fait autoriser à accepter ne deviennent pas pour cela héritiers, et la part de biens afférant à leur débiteur ne devient pas leur propriété; ils doivent seulement les faire vendre en justice (Chabot, nos 7 et 8; Toullier, Delvincourt, *loc. cit.*; Malpel, no 354; Duranton, t. 6, nos 515 516; Vazeille, no 8; Marcadé, no 2). — De même les créanciers acceptants ne sont pas tenus personnellement des dettes de la succession. M. Chabot, no 7, décide autrement, pour le cas où ils n'auraient point fait inventaire; mais nous pensons avec MM. Vazeille, no 12, et Poujol, p. 436, qu'ils ne sont point responsables du défaut d'un acte que la loi ne leur impose pas.

701. L'acceptation par les créanciers empêche-t-elle la vacance de la succession et la nomination d'un curateur? oui, selon M. Chabot, no 8; mais cette décision nous paraît, comme à M. Vazeille, no 11, trop absolue, en ce que les créanciers ne sont pas mis complétement par la loi à la place du débiteur et ne représentent pas le défunt. La nomination d'un curateur peut selon les circonstances paraître utile, quoiqu'en général il n'offre pas les mêmes garanties de bonne gestion que des créanciers qui sont personnellement intéressés.

702. D'après un arrêt, le créancier d'un héritier, qui seul des divers successibles a fait acte d'hérédité, peut se faire subroger à l'administration que cet héritier avait de tous les biens de la succession. — Les autres héritiers, qui ne viennent à prendre qualité que postérieurement, ne peuvent se plaindre que le jugement qui a ordonné cette subrogation leur fait grief, sauf à eux à demander compte à l'administrateur des recettes qu'il a pu faire, et à provoquer le partage (Douai, 27 mars 1844) (1).

Sect. 3. — *Du bénéfice d'inventaire, de ses effets, et des obligations de l'héritier bénéficiaire.*

Art. 1. — *Historique et nature du bénéfice d'inventaire.*

703. Par le bénéfice d'inventaire, l'héritier peut, moyennant certaines formalités, se soustraire aux charges de la succession qui excéderaient l'émolument. Cette institution a sagement concilié les intérêts de l'héritier et des créanciers. S'il n'est pas juste, d'un côté, que l'héritier supporte un préjudice, peut-être

---

parlement de Rouen, rendu le 11 fév. 1725, sur la délivrance du douaire, qui avait une parfaite analogie avec celle du tiers coutumier; —Que, d'après ces usages, les enfants Letot, renonciataires à la succession sur laquelle ils réclamaient leur tiers coutumier, avaient l'action directe contre les derniers acquéreurs des biens qui y étaient sujets, ou la voie de l'intervention dans les instances existantes entre la succession et les créanciers, ou enfin celle de l'action contre la succession elle-même, en intimant tous ceux qui étaient habiles à se porter héritiers absolus, dans les formes établies par l'art. 587 de la coutume; il est d'observation que les demandeurs en tiers coutumier n'appelaient et n'étaient obligés d'appeler que les créanciers qui s'étaient fait connaître, la succession étant considérée comme un être moral qui comprenait tous ceux qui, soit comme héritiers, soit comme créanciers, pouvaient y avoir droit; il ne leur eût pas même été possible d'assigner individuellement tous les créanciers, surtout les chirographaires, qui étaient restés, dans le silence, puisque leur existence n'était pas connue; dans ce cas, les présents, en défendant leurs intérêts, défendaient les intérêts des absents; ceux-ci étaient d'ailleurs représentés et défendus par le ministère public; s'ils ne l'étaient pas personnellement, ils ne pouvaient imputer qu'à leur négligence de ne s'être pas fait connaître, et jamais on n'a vu qu'un créancier particulier non appelé individuellement à la liquidation du douaire ou du tiers coutumier ait été admis à faire révoquer la délivrance faite dans les formes ci-dessus, parce que, dans ce système, il n'y aurait jamais eu de liquidation définitive, et qu'il aurait fallu anéantir aussi toutes les transactions faites par suite de cette délivrance; — Que les enfants Letot ont renoncé à la succession de leur père, par acte du 19 pluv. an 10; qu'ils sont intervenus dans une instance existante entre des créanciers de Letot père et la succession de ce dernier, pour revendiquer leur tiers coutumier; qu'ils ont fait contre cette succession toutes les diligences de contumace prescrites par l'art. 587 de la coutume; qu'ils ont fait liquider leur tiers coutumier contradictoirement avec les créanciers présents et le ministère public pour les absents, comme avec la succession tout entière, qu'ils avaient fait contumacer; qu'ils ont obtenu la délivrance avec les mêmes parties; qu'ils ont eu de plus la précaution de faire signifier le jugement de délivrance, tant à la masse des créanciers qu'aux héritiers en général; que les jugements de liquidation et de délivrance des 17, 22 brum. et 29 frim. an 11 ont reçu leur pleine et entière exécution, sans aucune réclamation, par le partage entre les enfants Letot des biens à eux délivrés pour les remplir de leur tiers coutumier; qu'ainsi, à l'époque de l'action du 22 août 1820, intentée par Feron, créancier chirographaire, qui, jusque-là, ne s'était pas fait connaître, les jugements des 17, 22 brum. et 29 frim. an 11 avaient acquis la force de la chose jugée, tant à son égard qu'au respect des autres parties intéressées; tout était liquidé définitivement, réglé et consommé; d'où il suit qu'il est à la fois non recevable dans sadite action et dans son appel incident..., etc. »

Du 26 avril 1827.—C. de Rouen, aud. solen.

Nota. Consultés successivement sur cette affaire, MM. Nicod et Dalloz ont pensé qu'un pourvoi contre ce dernier arrêt ne serait pas fondé. Cet arrêt, en effet, a rempli la lacune que la cour suprême avait remarquée dans celui de la cour de Caen : le pourvoi n'a pas eu lieu.

(1) *Espèce* :—(Hérit. Becq C. Decoussy.)—Jean Becq étant décédé en 1825, un seul des enfants, Saturnin Becq, fit acte d'adition d'hérédité —En 1840 le sieur Decoussy, agent de change à Paris, fit condamner Saturnin Becq à lui payer la somme de 59,514 fr., par suite d'une liquidation d'achats d'effets publics. Saturnin, qui depuis plus de dix ans jouissait seul de tous les biens laissés par son père, voulant frustrer son créancier, ne renouvela pas en 1842 les baux des terres. — Le 25 mars 1842, un jugement du tribunal de Douai, confirmé par arrêt du 20 juin suivant, autorisa le sieur Decoussy à passer les baux au nom de son débiteur. — En mars 1845, Decoussy assigna Saturnin Becq et ses divers cohéritiers devant le tribunal de Douai, pour se faire autoriser à gérer la succession au lieu et place de son débiteur, qui avait cessé tout acte d'administration;

Le 12 avril 1845, jugement conforme du tribunal de Douai. — » Considérant qu'en droit le seul héritier qui accepte est saisi de l'hoirie commune; qu'il en appréhende toutes les valeurs, en a la libre disposition, sauf l'action en pétition d'hérédité, que, jusqu'à l'accomplissement de la prescription, peuvent exercer ses cohéritiers, et que ce principe a été jugé positivement, par arrêt de la cour de Douai, en date du 20 juin 1842, contre le sieur Saturnin Becq; — Considérant que le droit de saisine de toute la succession n'est pas un droit purement personnel de l'héritier, et qu'en vertu de l'art. 1166 c. civ. il peut être exercé par les créanciers de l'héritier qui a accepté la succession; — Considérant qu'il doit en être ainsi avec d'autant plus de raison que les cohéritiers du sieur Saturnin Becq sont appelés dans l'instance actuelle et mis de nouveau en demeure de prendre qualité, et qu'à défaut de ce faire ils ne peuvent se plaindre du droit qu'exerce le sieur Decoussy du chef de son débiteur en prenant possession de tous les biens d'une succession qu'ils refusent d'accepter; — Considérant que, par suite des oppositions formées par le demandeur, diverses sommes ont été déposées ou doivent l'être soit entre les mains de M. le receveur des finances à Douai, soit entre les mains de M. le receveur des finances à Béthune; — Considérant d'ailleurs qu'il y a nécessité de pourvoir à des dépenses urgentes d'administration telles que le payement des impôts, les frais de la liquidation desdites successions et autres de même nature; que des poursuites sont imminentes, et que le danger s'accroît par l'incurie notoire des cohéritiers. — Appel.

La cour; — Attendu que les appelants sont sans intérêt à demander la réformation du jugement, qui n'a conféré à Decoussy, représentant Saturnin Becq, son débiteur, des droits d'administration sur les biens dépendant des successions de Becq et de Marie Froissart, que sur le refus obstiné des cohéritiers dudit Saturnin Becq de les exercer eux-mêmes; — Attendu que, dès que, renonçant à une inaction de plus de vingt années, ils voulaient faire cesser l'administration de Decoussy, ils n'avaient pas à provoquer la réformation d'un jugement qui ne leur causait aucun grief pour le passé; qu'ils n'avaient qu'à poursuivre devant le notaire à ce commis la liquidation desdites successions, dans laquelle rentrerait le compte de l'administration de Decoussy, et à provoquer le partage des biens qui, en attribuant à chacun des cohéritiers sa part, lui en laisserait pour l'avenir la libre administration; — Attendu que, ce partage et cette liquidation pouvant seuls faire connaître si Saturnin Becq a reçu des fermiers une somme supérieure à ses droits dans les revenus communs, la preuve subsidiairement offerte est irrelevante; confirme, etc.

Du 27 mars 1844.—C. Douai, 1re ch.—M. Leroux de Bretagne, 1er pr.

une ruine totale, pour améliorer la condition des créanciers du défunt, il ne l'est pas non plus que ceux-ci soient exposés, par l'immixtion de l'héritier dans les biens du débiteur, à voir diminuer ou disparaître le gage ou les garanties de la dette. Le problème était donc de chercher un moyen qui, loin de nuire aux uns et aux autres, devînt utile à tous.

Ce moyen n'a pas toujours été connu; le bénéfice d'inventaire ne fut introduit que par Justinien (L. 22, C. *De jur. delib.*). Cependant les Romains, qui attachaient une sorte de honte à mourir sans héritiers, devaient, plus que tous autres, pour prévenir la vacance des successions, ne pas laisser l'héritier entre la crainte d'une ruine totale par une acceptation hasardée, et la certitude d'un dépouillement absolu par une renonciation timide. Aussi avait-on admis d'abord l'insuffisante précaution d'un délai pour délibérer, délai de cent jours au moins, pendant lequel l'héritier pouvait prendre connaissance de tous les titres de la succession (*Instit.*, lib. 2, tit. 19, § 5). Mais sa sécurité n'était point entière; il arrivait plus tard que la découverte d'une dette inconnue, la perte d'un bien, d'un procès, d'une créance, ou tel autre événement imprévu, rendaient la succession onéreuse. Pour rassurer complétement l'héritier, Justinien ordonna que, s'il avait constaté la valeur des biens par un inventaire, il ne fût tenu des dettes que jusqu'à concurrence de cette valeur. Ce bénéfice devait être demandé à l'empereur et accordé par lui. — De là l'usage, en France, de *lettres du prince* pour l'obtention du même bénéfice; elles s'expédiaient dans les petites chancelleries, et s'entérinaient par le tribunal dans le ressort duquel la succession s'était ouverte. Dans les pays de droit écrit, et dans les coutumes qui admettaient expressément la faculté d'accepter sous bénéfice d'inventaire, on n'exigeait pas de lettres; il suffisait d'une simple déclaration de la volonté d'en user. La raison de différence était que les lois romaines, dans les pays de droit écrit, ayant reçu formellement de la volonté du souverain la force et le caractère de loi, le bénéfice qu'elles accordaient était comme accordé par le souverain lui-même. Mais dans les pays coutumiers, dont les statuts n'avaient pas de disposition particulière, l'autorité législative manquant aux lois romaines, le privilége qu'elles constituaient devait être subordonné à l'approbation positive du prince (Dumoulin, sur la Coutume de Bourgogne, art. 22; d'Argentrée, sur celle de Bretagne, art. 572; Rodier, sur l'ordonnance de 1667, art. 1, tit. 7). — Une loi de l'assemblée constituante, du 7 sept. 1790, a fait cesser cette diversité d'usages, en abolissant, pour toute la France, la formalité des lettres de bénéfice d'inventaire. Ce bénéfice s'est obtenu, jusqu'à la publication du code, par un jugement rendu sur la requête de l'héritier.

704. En pays de droit écrit, la femme héritière ne confondait pas sa dot, ni les enfants leur légitime, quoiqu'ils ne fissent pas d'inventaire (Maynard, liv. 6, ch. 8; Lebrun, liv. 3, ch. 4, n. 75). Ce privilége ne serait plus admis vis-à-vis les créanciers. Il ne le serait pas, même à l'égard des légataires et autres successeurs à titre gratuit. Le code ne fait aucune exception : il exige, pour la non confusion, qu'il y ait acceptation sous bénéfice d'inventaire, dans les formes prescrites (Malleville, t. 2, p. 288).—Jugé que sous l'empire des constitutions de Catalogne, l'héritier d'une femme n'avait pas droit de réclamer sa quarte trébillianique qui lui appartenait dans la succession de son mari, alors qu'elle n'avait pas fait à la mort de ce dernier un inventaire conforme aux lois... On soutiendrait en vain qu'il était conforme à l'usage du lieu (Req. 8 juill. 1806, MM. Henrion, pr., Borel, rap., aff. Texidor C. Gobert).

705. Les modifications apportées par le code civil au bénéfice d'inventaire, n'en concernent pas seulement les formalités et conditions. Les effets diffèrent aussi, sous certains rapports. — Ainsi, notamment, dans les pays coutumiers, l'héritier bénéficiaire était exclu par l'héritier pur et simple, même d'un degré plus éloigné, surtout en ligne collatérale. Lebrun, liv 3, ch. 4, entre dans les plus grands détails sur cette exclusion, introduite par honneur pour la mémoire du défunt. Elle n'était pas usitée en pays de droit écrit, quoique, dans certains cas, des arrêts l'eussent arbitrairement autorisée. Le code n'a point, avec raison, adopté cette jurisprudence. Il considère le bénéfice d'inventaire comme un droit individuel et légitime dans chaque héritier, qui ne tend qu'à améliorer sa condition et le soustrait à l'alternative, ou d'un dépouillement absolu par suite d'une renonciation, ou de sacrifices plus ou moins onéreux par suite d'une acceptation téméraire.

706. Autrefois, le bénéfice d'inventaire n'avait pas lieu envers certains créanciers. L'ord. de 1563, art. 16, ne permettait pas aux héritiers des comptables d'en jouir vis-à-vis de l'Etat. On disait que le bénéfice d'inventaire était considéré comme un privilége, et que le roi n'en souffrait pas contre lui. Cette rigueur toutefois ne s'appliquait point aux mineurs; elle avait été étendue par la jurisprudence aux héritiers majeurs des commis des comptables, même en faveur des fermiers généraux, qui tenaient la place du roi. Les héritiers des receveurs des consignations ne jouissaient pas non plus du bénéfice d'inventaire vis-à-vis des créanciers des consignations (Lacombe, v° Héritier, n° 3).— Ces restrictions ne sont plus compatibles avec le code. La dénomination de *bénéfice* a été conservée au bénéfice d'inventaire; mais il n'est pas moins devenu un droit commun qui a effet contre l'Etat, de même que contre les particuliers. Il suffit que le code ne dise rien de contraire. La loi a pourvu à la sûreté des intérêts de l'Etat par le double moyen et du cautionnement des comptables et du privilége qui frappe leurs biens (c. civ. 2098; M. Duranton, t. 7, n° 10).

707. Le bénéfice d'inventaire étant une faveur, ne prive l'héritier d'aucune des prérogatives attachées à la qualité d'héritier. La séparation des patrimoines a pour but seulement d'empêcher que la succession ne lui soit onéreuse. Mais il n'est pas moins le représentant du défunt; la confusion, qui ne se fait pas dans les biens, se fait dans les personnes. On verra plus loin les conséquences de cette importante distinction.

708. Sous le code civil, comme sous l'ancien droit, l'acceptation sous bénéfice d'inventaire est en général facultative; elle n'est forcée pour l'héritier majeur que dans le cas prévu par l'art. 782. Quant au mineur, l'acceptation n'a jamais lieu que sous bénéfice d'inventaire (c. civ. 461), il en est de même pour les successions échues aux hospices, communes, fabriques (Bilhard, Tr. du bénéf. d'inv., n° 29).

709. Le testateur peut-il interdire à l'héritier d'accepter sous bénéfice d'inventaire? Il faut supposer que le testateur a en même temps institué un légataire universel pour le cas où son héritier légitime n'obéirait pas à la condition : sinon, l'héritier contreviendrait impunément à la volonté du défunt, la loi lui transmettant de plein droit les biens de la succession, tant qu'il n'y a pas de disposition au profit d'une autre personne. La question, ainsi posée, était fort débattue dans l'ancien droit. La plupart des auteurs, notamment Lebrun, liv. 3, ch. 4, n° 5, qui cite un grand nombre d'arrêts conformes, regardaient la condition comme non écrite. On invoquait la maxime : *Privatorum pactionibus juri publico non derogari potest.* Autrement, ajoutait-on, on laisserait au testateur un moyen de ruiner quelquefois, par haine secrète ou témérité, l'héritier imprudent que séduiraient de fausses apparences d'une riche succession. Cette doctrine était adoptée, même dans le ressort des coutumes, qui faisaient exclure l'héritier bénéficiaire par un parent, quoique de degré plus éloigné, acceptant d'une manière pure et simple. Cependant le testateur, en prohibant le bénéfice d'inventaire, se conformait à l'esprit de ces coutumes. Mais l'exclusion, répond Lebrun, étant une injustice, elle ne devait pas suffire pour autoriser la volonté peu équitable d'un testateur, qui expose son héritier à une ruine totale pour honorer sa mémoire. — L'opinion contraire se motivait ainsi : la loi dernière (C. *arbit. tutel.*, § 1), donne au testateur la faculté d'interdire le bénéfice d'inventaire au tuteur du mineur institué; la même raison milite pour la prohibition faite à l'héritier majeur. L'interdiction d'un bénéfice n'a rien de contraire à la loi, puisque par là on rentre dans le droit commun. C'est ainsi qu'une caution renonce très-bien aux bénéfices de discussion et de division. C'est ainsi que Justinien permettait l'interdiction contre les héritiers du bénéfice de la quarte falcidie, bénéfice qui, institué pour empêcher que le testateur ne mourût réellement *ab intestat*, ne se liait pas moins au droit public de cette époque que le bénéfice d'inventaire. Ainsi encore un testateur peut prohiber l'accroissement entre les héritiers, quoique l'accroissement soit consacré par les lois; il peut, en donnant des biens à un enfant, en interdire aux père et mère la jouissance, quoiqu'elle leur soit communément attribuée. Enfin, le principe général est que chacun a la liberté d'apposer à sa munificence telle condition que bon lui semble, pourvu qu'elle ne heurte ni l'ordre public ni la morale. Or la condition dont il s'agit, loin de présenter cet inconvénient, a l'avantage d'honorer la mémoire du défunt, en même temps qu'elle favorise les intérêts des créanciers et des légataires (Rousseaud de Lacombe, v° Héritier, n° 2; Montvallon, Des successions, ch. 4, art. 2; Delvincourt, t. 2, p. 31, note 8; Duranton, t. 7, n° 15; Bilhard, Bénéfice d'invent., n° 30). Le bénéfice d'inventaire nous paraît aussi un privilége tout facultatif, auquel on peut renoncer comme à toute autre faveur qui nous intéresse personnellement. Nous ne voyons pas en quoi le mode d'acceptation d'une succession se lierait au droit public. MM. Chabot, art. 774, n° 13; Vazeille, art. 793, n° 2; Poujol, p. 378 et 475, motivent l'opinion contraire sur ce que le bénéfice d'inventaire a été institué par de puissants motifs d'équité et pour le bon ordre dans la famille. — Nous lisons aussi dans le code *autrichien*, art. 805 : « On ne peut interdire à son héritier, même par contrat de mariage, d'user du droit de bénéfice d'inventaire. » De même le code *sarde* porte, art. 1011 : « L'héritier peut demander à être admis au bénéfice d'inventaire, quelle que soit la défense faite à cet égard par le testateur. »

710. Remarquons du reste avec les auteurs favorables à la clause, 1° que si les héritiers légitimes avaient une réserve, le testateur ne saurait leur imposer d'autre peine que la privation de la quotité disponible; 2° que la prohibition du bénéfice d'inventaire n'aurait aucun effet, à l'égard d'un mineur ou d'un interdit ; elle serait réputée non écrite, comme contraire aux art. 461 et 509, qui n'autorisent que l'acceptation bénéficiaire des successions échues *ab intestat* à ces sortes de personnes.

711. Le bénéfice d'inventaire, obtenu par le grevé, profiterait à l'appelé, dans les cas où la loi permet la charge de restitution. A quoi bon, en effet, obliger l'appelé de recommencer toutes les formalités du bénéfice d'inventaire, quand elles ont été remplies par le grevé? C'était l'opinion des anciens auteurs (Montvallon, des Successions, ch. 4, art. 26), professée encore par M. Delvincourt, t. 2, p. 31, note 8, Vazeille, sur l'art. 793, n° 4. — Le bénéfice d'inventaire n'est pas établi seulement pour les héritiers appelés par la loi; il profite aussi aux héritiers testamentaires ou contractuels, lorsqu'à défaut d'héritiers à réserve ils sont saisis de la totalité de la succession. C'est le moyen pour eux d'échapper au payement des dettes *ultrà vires*. — Toutefois ne leur suffirait-il point, à cet effet, de faire un inventaire? Est-il besoin encore de la déclaration au greffe? — V. Disposit. entre-vifs, n° 3682.

Les successeurs irréguliers ont-ils besoin de remplir les formalités prescrites par les art. 793 et suiv. c. civ., pour n'être pas tenus *ultrà vires* des dettes de la succession? ou cette faveur résulte-t-elle pour eux du simple accomplissement des formalités prescrites par les art. 769 et suiv. pour leur envoi en possession? — V. *suprà*, n°s 405 et suiv.

Art. 2. — *Des formalités et délais pour l'acceptation sous bénéfice d'inventaire.*

712. *Déclaration au greffe.* L'héritier doit déclarer « qu'il entend ne prendre cette qualité que sous bénéfice d'inventaire (c. nap. 793). » — La déclaration qu'il entend se porter héritier ne suffirait pas, bien qu'il eût fait faire inventaire, et quoique la loi n'exige pas une pareille déclaration au greffe, pour la qualité d'héritier pur et simple (Paris, 1re ch., 25 avr. 1812, aff. Prevost C. Lestévenon).

713. Sous l'ancien droit suffisait-il que l'héritier eût fait inventaire, sans déclaration de qualité, pour jouir du bénéfice de cet inventaire? Oui, selon un arrêt (Toulouse, 2 avr. 1817. M. Hocquart, pr., aff. Olivier-Dufayet C. hosp. de Toulouse). — Mais il a été jugé en sens contraire qu'il n'y a pas lieu de casser, pour violation de l'ancien droit, l'arrêt qui, dans une espèce antérieure au code Napoléon, a décidé qu'un successible doit être considéré comme héritier pur et simple, parce qu'il n'y a jamais eu de sa part aucune déclaration de vouloir se porter héritier avec bénéfice d'inventaire et quoiqu'il ait fait faire un inventaire (Req. 2 niv. an 14, MM. Muraire, pr., Genevois, rap., aff. Mathon).

714. La déclaration faite au greffe « doit être inscrite sur le registre destiné à recevoir les actes de renonciation » (c. nap. 793). — Elle ne serait pas nulle, par cela seul qu'elle aurait été portée sur une feuille volante (M. Bilhard, du bénéf. d'inv., n° 33).

715. Le déclaration doit être faite « au greffe du tribunal de l'ouverture de la succession (c. nap. 793). » — Jugé qu'avant le code Napoléon, elle ne devait point, à peine de nullité, être faite devant le juge du lieu de l'ouverture de la succession (Bordeaux, 10 août 1811, aff. Dubreuil, V. Domicile, n° 25).

716. Sous le code Napoléon, encore que la déclaration par laquelle les héritiers d'une femme séparée de fait de son mari ont accepté la succession, ait été faite au greffe du tribunal dans l'arrondissement duquel leur auteur demeurait et est décédé, il ne s'ensuit pas que ces héritiers aient renoncé au droit de proposer plus tard l'incompétence de ce tribunal à l'égard des difficultés auxquelles donne lieu la succession; ils peuvent demander leur renvoi devant les juges du domicile du mari (Req. 26 juill. 1808, aff. Thézan, V. Domicile, n° 71).

717. La déclaration au greffe n'est pas nécessaire pour conférer au mineur la qualité d'héritier bénéficiaire (c. nap. 461). En conséquence il peut, à défaut de toute déclaration, être tenu des charges de la succession (Cass. 10 mai 1841, aff. Paumet. V. Enregistrement, n° 6024-6°).

718. *Inventaire.* — La seconde formalité, exigée par l'art. 794 pour l'acceptation bénéficiaire, est un inventaire qui doit précéder ou suivre la déclaration au greffe.

719. L'inventaire doit être *fidèle* et *exact*, c'est-à-dire présenter une description complète de tous les titres, papiers, argent, meubles et effets de la succession (c. pr. 943). Mais la loi n'exige pas, et c'est ce qui a été jugé, que l'inventaire contienne encore la description des immeubles de la succession (Pau, 5 mars 1833) (1).

720. Une *omission*, faite dans l'inventaire sciemment ou de mauvaise foi, entraînerait la déchéance du bénéfice d'inventaire (c. nap. 801); mais s'il s'y rencontrait quelque vice non imputable à l'héritier, ou qui ne le constituerait pas en mauvaise foi, on pourrait, au lieu de prononcer la déchéance, ordonner un second inventaire. (Maleville, t. 2, p. 282; Toullier, t. 4, n° 348; Merlin, Rép. v° Bénéf. d'invent., n° 8; Delaporte, Pandect. franç., t. 3, p. 188; Vazeille, sur l'art. 794, n° 1 et 2. V. aussi Contr. de mar., n°s 1605, 1606). — C'est ainsi qu'il a été jugé que sous la coutume de Normandie, qui ne prononçait (art. 92 et 93) contre l'héritier la déchéance du bénéfice d'inventaire, qu'autant ou qu'il n'aurait pas fait d'inventaire, ou qu'il y aurait commis quelque fraude, ou qu'il aurait recélé quelque effet de la succession, il n'y avait pas lieu à cette déchéance par cela seul que les biens de la succession étant situés en divers endroits, on eût fait, pour partie de ces biens, un inventaire irrégulier dans la forme et, par exemple, un projet d'inventaire, non signé de plusieurs des parties intéressées, ni d'aucun officier ministériel, mais signé de l'héritier, surtout si cet acte a, comme véritable, servi de base à plusieurs actes publics obligatoires contre l'héritier, et que, sans contester la bonne foi de celui-ci, on se borne à arguer du vice de forme (Cass., 18 fruct. an 12, M. Bailly, rap., aff. Sanguin de Livry).

721. L'inventaire doit être fait, « dans les *formes* voulues

(1) (Fourcade C. Tisnes.) — La cour ; — Attendu que c'est en vain qu'on a prétendu que l'inventaire était inexact, parce que les immeubles de la succession n'y auraient pas été décrits ; que l'art. 794 c. civ. porte, à la vérité, que l'héritier bénéficiaire doit faire l'inventaire des biens ; mais que ce même article ordonne que l'inventaire sera fait dans les formes réglées par les lois de la procédure; or, l'art. 943 c. proc. qui règle la forme de l'inventaire, déclare qu'il doit contenir la description et estimation des effets ; que, par ces mots, la loi n'a pas évidemment entendu désigner les immeubles, mais seulement les effets mobiliers ; ce n'est, en effet, que le mobilier dont il est nécessaire de constater l'existence, parce que l'on pourrait facilement le soustraire, tandis que les immeubles ne peuvent pas disparaître ; il est facile aux intéressés de les découvrir, soit à la vue des titres qui doivent être inventoriés, soit à la vue des censiers ou d'autres documents; qu'il résulte de ces observations que cette première fin de non-recevoir ne peut être accueillie...

Du 5 mars 1833.-C. d'appel de Pau.

par les lois sur la procédure » (c. civ. 794), c'est-à-dire par les art. 941 à 944 c. pr.

722. L'estimation des effets, dans l'inventaire, doit être faite à *juste valeur* et *sans crue* (c. pr. 943). La crue était une augmentation du prix porté dans l'inventaire. Dans quelques provinces, cette augmentation se nommait *parisis*. A Paris, la crue s'élevait à un quart au-dessus de la prisée; elle n'était point uniforme partout, ni d'un usage universel (Denizart, v° Crue). On supposait que l'estimation n'avait pas été faite à sa juste mesure; mais la crue remédiait imparfaitement à ce mal : sachant qu'on hausserait leur évaluation, les experts l'abaissaient en conséquence (M. Locré, Lég. civ., etc. t. 10, p. 167).

723. L'inventaire qu'aurait fait le défunt, peu de temps avant sa mort, ne suffirait pas; l'état de ses biens a pu varier jusqu'au décès. La loi d'ailleurs appelle, pour être présentes à la confection de l'inventaire, toutes les parties intéressées (c. pr. 940).

724. Entre divers héritiers, l'inventaire fait par l'un peut servir à l'autre, si d'ailleurs on a rempli toutes les formalités; il ne doit pas nécessairement être fait par l'héritier bénéficiaire. S'il y a des objets omis ou que tous les objets inventoriés ne se trouvent plus dans la succession, l'héritier peut se borner à un procès-verbal de récolement qui comprendra les objets omis et distraira les objets qui n'existent plus (Chabot, n° 8; Delvincourt, t. 2, p. 90, Pand. franc., t. 3, p. 188; Vazeille, n° 12).

725. Suivant un arrêt, lorsque le survivant est tombé en faillite, l'inventaire fait à la requête des syndics ne fait point foi contre les héritiers du prédécédé, et ceux-ci sont toujours recevables à faire faire un autre inventaire (Paris, 28 août 1815, M. Agier, pr., aff. Tartière).

726. S'il n'y a rien à inventorier, il faut au moins un *procès-verbal de carence*; la notoriété publique ne suffirait pas (c. pr. 924; Conf. Lebrun, ibid., n°s 14, 79 et 80; Delaporte, *loc. cit.*; Pothier, des Success., ch. 3, art. 2; Toullier, t. 4, n° 548; Carré et Chauveau, n° 759; Vazeille, sur l'art. 794, n° 13). — Jugé : 1° qu'un procès-verbal de carence supplée à l'inventaire exigé par la loi (Paris, 24 déc. 1835, aff. Ségur *C.* Chantal); — 2° Que le défaut d'inventaire n'emporte pas déchéance du bénéfice d'inventaire, lorsqu'il n'y a rien à inventorier, la succession n'ayant point de mobilier et ne se composant que d'une reprise dotale (Rej. 11 juin 1844, aff. Latour d'Auvergne, V. n° 867). Dans l'espèce, du reste, la déchéance était opposée par des créanciers qu'on a déclarés non recevables.

727. L'associé, héritier de son coassocié, ne peut renoncer à sa succession ou l'accepter sous bénéfice d'inventaire, alors qu'il n'a pas fait dresser d'inventaire; et bien que des circonstances de force majeure aient seules diminué la valeur des biens, il soutiendrait en vain que cet inventaire a été remplacé valablement par l'estimation à laquelle se sont livrés des arbitres nommés par eux et leurs adversaires. C'est ce qui a été jugé sous la jurisprudence du parlement de Provence (Req., 12 fruct. an 8, MM. Muraire, pr., Vergès, rap., aff. Huges *C.* Furet).

728. La rédaction de l'inventaire est confiée à un *notaire* (c. pr. 943). Mais à qui appartient le choix de ce notaire? A l'héritier, selon un arrêt de la cour de Turin, du 14 août 1809, et non d'office au tribunal. — Cependant, si plusieurs héritiers n'étaient pas d'accord, on devrait la préférence au suffrage de ceux qui, réunis, auraient l'intérêt le plus considérable; sinon, toutes choses égales, le choix serait laissé aux juges entre les notaires désignés par les parties (Duranton, t. 7, n° 24; Vazeille, sur l'art. 794, n° 7, V. Notaire, n° 561). — Dans le cas d'un inventaire de communauté entre époux, la cour de Paris a décidé, le 28 oct. 1808 (aff. Folignier, V. Contr. de mar., n° 2178), que c'était à la femme survivante, et non aux héritiers du mari, à choisir ce notaire, l'inventaire étant à la charge de la femme.— Lorsque deux notaires, représentant des parties différentes, concourent à un inventaire, à qui la minute doit-elle rester?—V. Oblig. (preuve littérale).

729. Quelles personnes doivent être appelées à l'inventaire? Les *créanciers* ne sont point compris dans l'énumération des personnes dont l'art. 942 c. pr. ordonne de provoquer la présence. M. Delvincourt pense qu'on doit y appeler les créanciers qui ont fait opposition aux scellés. MM. Chabot, n° 7; Toullier, t. 4, n°s 563, 372; Vazeille n° 8, voient là une mesure de prudence, mais non une nécessité, la présence des créanciers opposants ne devant être provoquée, selon l'art. 931 c. pr., que pour la levée des scellés.—Jugé qu'avant la publication du code de procédure, l'héritier bénéficiaire ne pouvait être réputé héritier pur et simple, pour avoir fait procéder à l'inventaire sans y appeler les créanciers, et avoir abandonné, sans leur concours, à la veuve l'actif de la succession, pour ses reprises réglées amiablement (Amiens, 25 fév. 1809, aff. dom. *C.* Delacroix).

730. L'inventaire, d'après l'art. 942 c. pr., doit être fait en présence des *héritiers présomptifs*. — Jugé, à cet égard, que le légataire universel qui s'est porté héritier bénéficiaire est tenu, à peine de déchéance, d'appeler à l'inventaire non-seulement les héritiers à réserve mais encore les collatéraux (c. civ. 794, c. pr. 942), et que cette déchéance peut être invoquée contre lui par un légataire qui avait renoncé à sa qualité d'héritier (c. nap. 1119 et suiv., 1165, 1166; Req. 18 juill. 1821) (1).—Au contraire il a été jugé que l'héritier institué (contractuellement) qui se trouve investi de la totalité de la succession de l'instituant, et qui accepte sous bénéfice d'inventaire, peut sans encourir la déchéance

---

(1) *Espèce* : — (Borde C. Magrierres.)—Le 3 janv. 1820, arrêt de la cour de Limoges ainsi conçu : — « Attendu que, d'après la disposition de l'art. 794 c. civ., la déclaration d'acceptation d'une succession sous bénéfice d'inventaire n'a effet qu'autant qu'elle est précédée ou suivie d'un inventaire fidèle et exact des biens de la succession, fait dans les formes réglées par le code de procédure; — Que, d'après l'art. 942 c. pr., l'une de ces formes est l'appel à l'inventaire de toutes les personnes énumérées dans cet art. 942, et notamment des héritiers présomptifs du défunt; — Qu'il n'est pas exact de prétendre que cette obligation de la part de l'héritier bénéficiaire, d'appeler à l'inventaire les héritiers présomptifs du défunt, ne peut pas s'étendre à des collatéraux qui, comme dans l'espèce, se trouvent vis-à-vis d'un légataire universel, qui prend toute la succession, et laisse en quelque sorte les collatéraux sans intérêt; que les termes formels de la loi répondent à cette objection; qu'elle se sert du mot *héritier présomptif*, et que, par ce mot, on a toujours entendu l'héritier appelé par la présomption de la loi à succéder au défunt, à raison de la proximité de la parenté, soit en ligne directe, soit en ligne collatérale, qu'il fût à réserve ou non; — Que, d'ailleurs, il n'est pas vrai de dire que l'héritier, même exclu par un légataire universel, n'a pas d'intérêt à surveiller l'inventaire qui est fait de la succession, puisque, d'un côté, étant de la même famille, et souvent portant le même nom que le défunt, il a un intérêt moral à ce qu'un héritier bénéficiaire ne s'enrichisse point des dépouilles de la succession au préjudice des créanciers du défunt, et ne ternisse point sa mémoire et son nom, en le faisant passer pour insolvable; — Que, d'un autre côté, l'héritier présomptif peut avoir un intérêt personnel à être présent à l'inventaire; qu'il peut, par exemple, se trouver dans les papiers de la succession un testament qui révoque celui sur lequel le légataire universel fonde son droit, et qu'il lui serait facile de faire disparaître s'il n'avait point de surveillant intéressé; qu'ainsi l'esprit de la loi s'accorde avec ses termes pour en rendre impérative l'exécution; — Que l'objection tirée de ce que la loi n'aurait pas spécialement attaché la peine de nullité de l'inventaire à l'inobservation des formes prescrites par l'art. 942 c. pr. n'est pas plus fondée que la précédente; — Qu'en effet, il ne s'agit point ni de la validité ou de l'invalidité de l'inventaire en lui-même, mais bien d'une formalité particulière prescrite par la loi à l'héritier bénéficiaire comme condition du droit exorbitant que la loi lui accorde, et comme garantie de l'abus qu'il pourrait en faire, formalité à l'absence de laquelle doit nécessairement être attachée la privation de ce droit, puisque, autrement, la loi serait sans sanction et inutile; — Attendu, sur l'objection tirée de ce que le sieur de Magrierres se présente comme créancier en sa qualité de légataire particulier et non comme héritier présomptif, que le sieur Magrierres était un des héritiers présomptifs de la testatrice, concurremment avec le frère de ladite testatrice; — Attendu, en fait, que le sieur Borde ne l'a point appelé à l'inventaire, ni le frère de la testatrice, dont il ne pouvait ignorer l'existence, ainsi que cela résulte des faits de la cause; qu'ainsi il doit être déclaré héritier pur et simple; — Met l'appel au néant. »

Pourvoi de Borde. — Arrêt.

La cour; — Attendu que l'adition à bénéfice d'inventaire ne peut avoir d'effet qu'autant qu'elle est précédée ou suivie d'un inventaire fait dans les formes réglées par les lois sur la procédure; — Attendu que, parmi ces formes, l'art. 942 c. proc. veut que l'inventaire soit fait en présence des héritiers présomptifs; — Attendu qu'il est reconnu, en fait, que le sieur Borde n'a fait aucune diligence pour provoquer la présence des héritiers présomptifs; — Qu'ainsi la loi n'a point été violée; — Rejette.

Du 18 juill. 1821.-C. C., sect. req.-MM. Lasaudade, pr.-Brillat, rap.

de ce bénéfice se dispenser d'appeler, soit à cet inventaire, soit à la vente du mobilier, les héritiers naturels, autres que les réservataires, qui n'ont aucun droit héréditaire à faire valoir et qui ne contestent pas l'institution (Cass. 16 avr. 1859) (1).

731. L'héritier peut justifier de sa qualité d'héritier bénéficiaire en produisant un simple extrait de l'intitulé de l'inventaire ; il n'est pas tenu d'en donner communication, l'inventaire pouvant contenir des secrets de famille.—Jugé notamment qu'un débiteur de la succession n'est pas recevable à demander cette communication, bien qu'assigné par l'héritier en qualité d'héritier bénéficiaire. « Considérant qu'une partie défenderesse, assignée comme débitrice par la partie qui se prétend héritière du créancier, a bien le droit d'obliger celle-ci à justifier de sa qualité d'héritière, mais non pas celui de l'obliger à justifier qu'elle n'est héritière que sous bénéfice d'inventaire ; considérant que les héritiers Coudray ont justifié de leur qualité d'héritiers; émendant, etc. (Paris, 2e ch., 18 août 1825, M. Cassini, pr., aff. Coudray *C.* Debray).

732. L'apposition des scellés n'est pas une condition rigoureuse du bénéfice d'inventaire ; l'art. 800 c. nap. le décide ainsi par ces mots : « Les frais de scellés, *s'il en a été apposé*, seront à la charge de la succession. » Mais l'héritier a intérêt, pour se mettre à l'abri du soupçon, à observer cette formalité. La question était résolue diversement par les anciens auteurs (Rodier, sur l'ordonn. de 1667, p. 100). Lebrun opinait pour la nécessité des scellés ; il cite plusieurs arrêts qui ont ainsi jugé, et s'appuie du suffrage de Henrys : les termes du code ne laissent plus lieu à controverse. (MM. Chabot, t. 2, p. 578 ; Toullier, t. 4, no 346 ; Duranton, t. 7, no 23 ; Delaporte, Pandect. franç., t. 3, p. 188 ; Vazeille, sur l'art. 794, no 6.)

733. Lebrun met encore au nombre des conditions du bénéfice d'inventaire la vente des immeubles dépendant de la succession. La coutume de Paris en contenait même une disposition expresse (art. 244).—Le code n'impose plus cette condition, puisque l'art. 796 autorise simplement l'héritier à vendre « les objets susceptibles de dépérir ou dispendieux à conserver ».

734. *Délai pour faire inventaire et délibérer.* — L'héritier a trois mois pour faire inventaire, et ensuite, pour délibérer, un délai de quarante jours, qui peut être prorogé par le juge, si des circonstances particulières en démontrent la nécessité (c. nap. 795, 797, 798). Le même délai était accordé par l'ord. de 1667, tit. 7, art. 1. — L'héritier qui accepte, dans les quarante jours, mais avant d'avoir fait l'inventaire, a encore trois mois pour procéder à l'inventaire (Conf. Bilhard, no 52). — S'il y a plusieurs héritiers, chacun peut demander l'avantage du terme dont il n'a pas usé ou la prorogation, alors même que ses cohéritiers ont accepté purement et simplement ou sous bénéfice d'inventaire (Conf. M. Bilhard, no 54).

735. *Prorogation du délai.* — « Après l'expiration des délais ci-dessus, l'héritier, en cas de poursuites dirigées contre lui, peut demander un nouveau délai, que le tribunal saisi de la contestation accorde ou refuse suivant les circonstances (c. nap. 798). » —L'ord. de 1667, tit. 7, art. 4, semblait n'accorder la faculté de prorogation qu'au cas où l'inventaire n'aurait pas encore été fait. Cette restriction n'est point dans le code ; on ne l'observait pas même autrefois dans la pratique.

736. La durée du nouveau délai est subordonnée aux *circonstances*, que les juges seuls sont en droit d'apprécier. C'est à tort qu'on avait mis en doute s'il pouvait excéder quarante jours. Un arrêt a (Paris, 11 fruct. an 13, aff. Happey *C.* Bourdon) accordé une prorogation de deux mois.

737. La loi laissant à cet égard un pouvoir discrétionnaire aux juges du fait, l'arrêt qui refuse à des héritiers un nouveau délai pour faire inventaire, échappe à la censure de la cour suprême, bien qu'il fût patent que le premier délai avait été insuffisant à raison de troubles élevés dans le pays de la situation des biens (à Saint-Domingue) (Req. 7 mars 1820, aff. d'Espagnac, V. Degré de juridict., no 554-4o).

---

(1) *Espèce :* — (Forsse *C.* époux Laden.) — 18 fév. 1856, arrêt confirmatif de la cour de Riom, en ces termes : — ...« Attendu que, si, en principe, l'héritier contractuel institué a le droit de n'accepter la succession qui lui est dévolue par un acte irrévocable que sous bénéfice d'inventaire, il ne peut recueillir les avantages de ce privilége qu'en se conformant strictement aux conditions, formalités et règles sous lesquelles il lui est concédé ; — Attendu que les priviléges sont des exceptions qui doivent être restreintes aux cas prévus et ne peuvent être interprétées d'une manière large, générale et favorable ; mais, au contraire, doivent être réduites à l'application rigoureuse du droit étroit ; — Attendu que la déclaration de l'acceptation de la succession du sieur Chevallier sous bénéfice d'inventaire, faite au greffe du tribunal civil de Mauriac par le sieur Forsse, le 26 déc. 1854, est régie par les dispositions du code civil et judiciaire ; — Attendu que, suivant l'art. 794 c. civ., la déclaration d'un héritier qui n'entend prendre cette qualité que sous bénéfice d'inventaire n'a d'effet qu'autant qu'elle est précédée ou suivie d'un inventaire fidèle et exact des biens de la succession, dans les formes réglées par les lois sur la procédure ; — Attendu que, d'après cet article, la fidélité et l'exactitude de l'inventaire ne suffisent pas et ne peuvent dispenser de l'observation des formalités réglées par les lois de la procédure ; — Attendu que, suivant l'art. 942 c. proc., l'inventaire doit être fait en présence des héritiers présomptifs, et iceux être appelés à la vente du mobilier (art. 947), à peine, contre l'héritier bénéficiaire, d'être réputé héritier pur et simple (art. 989) ; — Attendu que l'inventaire du mobilier délaissé par feu Louis Chevallier a été fait par le sieur Forsse le 26 déc. 1854, et la vente d'icelui a été opérée le 28 janv. 1855, le tout hors la présence et sans y avoir appelé la dame J.-L. Journiac, épouse du sieur Laden, nièce et seule héritière présomptive dudit sieur Chevallier et demeurant sur les lieux ; — Attendu qu'il y a eu inobservation des formalités prescrites par les art. 942, 947, 989 c. proc., inobservation qui rend sans effet la déclaration d'acceptation sous bénéfice d'inventaire faite par le sieur Forsse le 26 déc. 1854, aux termes de l'art. 794 c. civ. ; — Attendu que la déclaration d'acceptation sous bénéfice d'inventaire restant sans effet par le fait du sieur Forsse, celui-ci ne peut invoquer un privilége qu'il a négligé de s'assurer en ne se conformant pas aux conditions que la loi y avait attachées, et qu'il doit, dès lors, être considéré comme héritier pur et simple ; — Attendu que vainement le sieur Forsse soutiendrait qu'ayant accepté l'institution contractuelle faite en sa faveur, sous bénéfice d'inventaire, avant d'avoir fait procéder à aucun acte sur les biens de cette succession, il avait fait passer sur sa tête le *jus et nomen hæredis*, et, par suite, fait cesser tous les droits des prétendus héritiers présomptifs qui doivent y demeurer complétement étrangers : ce raisonnement ne peut enlever aux articles clairs, précis et formels de la loi leur force et leur vigueur, et empêcher leur application au cas présent. »

Pourvoi de Forsse : — Pour excès de pouvoir, fausse interprétation des art. 794 c. civ., 942, 947 et 989 c. proc. — Arrêt.

LA COUR ; — Vu les art. 794 c. civ., 942, 947 et 989 c. proc. ; — Attendu que Forsse, institué, par son contrat de mariage, héritier universel de Louis Chevallier, était, lors du décès de l'instituant, saisi de plein droit de la succession de celui-ci qui n'a pas laissé d'héritier à réserve ; que l'acceptation par lui faite, quoique sous bénéfice d'inventaire, est irrévocable et exclut définitivement tous autres prétendants qui n'auraient pu y avoir droit que par sa renonciation ; que c'est après son acceptation et dans les délais prescrits par la loi qu'il a fait procéder par un notaire commis à un inventaire dont l'exactitude et la fidélité n'ont pas été contestées, et qui a été précédé d'une apposition de scellés ;

Attendu que la dame Laden n'a réclamé aucun droit héréditaire dans la succession de Louis Chevallier ; — Attendu que la disposition de l'art. 942 c. proc., relative à l'appel ou à la présence de l'héritier présomptif à l'inventaire, n'ayant pour objet que la garantie des droits héréditaires, ne peut être invoquée par celui qui n'a ni ne réclame aucun droit de cette nature ;—Attendu que l'art. 947 du même code ne fait que reproduire, quant à la vente du mobilier, la disposition de l'art. 942 ; —Attendu, d'ailleurs, qu'il ne s'agit pas même de savoir si Forsse aurait pu s'opposer à la présence de la dame Laden, dans le cas où elle se serait présentée pour assister, soit à l'inventaire, soit à la vente du mobilier, mais si Forsse, dont le titre n'a pas été attaqué, doit être déchu du bénéfice d'inventaire, pour n'avoir pas appelé la dame Laden ;

Attendu que les déchéances sont de droit étroit ; qu'aucune loi ne prononce la déchéance du bénéfice d'inventaire contre celui qui, investi par le défunt de la totalité de la succession, n'a pas appelé soit à l'inventaire, soit à la vente du mobilier, celui qui, à défaut de dispositions du défunt, aurait été l'héritier légal, lorsque celui-ci, n'étant pas héritier à réserve, n'a aucun droit héréditaire à faire valoir et ne réclame lui-même aucun droit de cette nature ;

Attendu qu'en déclarant, dans l'espèce, le demandeur héritier pur et simple, sur le fondement qu'il n'a pas appelé la dame Laden, soit à l'inventaire, soit à la vente du mobilier, l'arrêt attaqué a ajouté aux dispositions de la loi en créant une déchéance qu'elle ne prononce pas, et, par conséquent, commis un excès de pouvoir, et faussement appliqué et par suite violé les art. 794 c. civ., 942, 947 et 989 c. proc. ; — Casse.

Du 16 avr. 1859.-C. C., ch. civ.-MM. Portalis, 1er pr.-Miller, rap.-Tarbé, av. gén., c. conf.-Piet et Garnier, av.

738. En cas d'appel du jugement qui a accordé un nouveau délai, la cour peut, en refusant le délai, ordonner le partage, sans qu'il y ait violation de la règle des deux juridictions (c. pr. 475), si les premiers juges avaient à statuer en même temps sur la demande en partage (même arrêt).

739. L'art. 799, dans le cas de nouveau délai, met les *frais* de poursuite à la charge de la succession, «si l'héritier justifie, ou qu'il n'avait pas eu connaissance du décès, ou que les délais ont été insuffisants, soit à raison de la situation des biens, soit à raison des contestations survenues; s'il n'en justifie pas, les frais restent à sa charge personnelle.»—Au contraire, l'art. 797 met indistinctement à la charge de la succession «les frais par lui faits légitimement jusqu'à l'époque» où le délai légal est expiré. Le nouveau délai accordé par le juge ne produit donc pas sous ce rapport le même effet que le délai accordé par la loi, puisque dans le premier cas il faut que l'héritier se justifie pour s'affranchir des frais. M. Chabot explique fort bien cette différence: «Prévoyant, dit-il, que les tribunaux pourraient accorder des délais dans des circonstances favorables, quoique la nécessité n'en fût pas rigoureusement démontrée, le législateur a voulu que du moins la crainte de supporter les frais de poursuite empêchât les héritiers de recourir, sans une nécessité réelle, à des voies dilatoires, qui sont toujours très-préjudiciables aux créanciers.» — Jugé que l'héritier présomptif qui, n'ayant pas pris qualité dans les délais pour faire inventaire et délibérer, ni réclamé un sursis, est poursuivi, après ces délais, par un créancier du défunt, doit, si, depuis, il renonce à la succession dont il n'allègue pas avoir ignoré l'ouverture, être condamné aux frais (Colmar, 21 déc. 1830) (1).

740. *Droit de poursuite des créanciers pendant le délai.*— Pendant les délais pour délibérer, les *créanciers* peuvent exercer contre l'habile à succéder toutes les actions qu'ils auraient dirigées contre le défunt. Il en était autrement dans le droit romain; mais cette différence tenait au principe que la qualité d'héritier s'acquérait par l'adition ou l'immixtion sans qu'il y eût de saisine légale. Jusque-là, selon l'expression des lois, *hæreditas jacebat.* Chez nous, au contraire, par l'effet de la saisine, et la renonciation ne se présumant pas, l'habile à succéder est considéré comme héritier, tant qu'il ne se dépouille pas de ce titre.— Toutefois l'art. 797 ajoute que, pendant les délais, «l'héritier ne peut être contraint à prendre qualité, et qu'il ne peut être obtenu contre lui de condamnation.» Ce qui ne signifie pas qu'il ne pourra être formé de demande; seulement l'instruction sera suspendue jusqu'à l'expiration des délais. Cet article est entendu ainsi par tous les auteurs (MM. Chabot, t. 2, p. 589; Toullier, t. 5, n° 350; Maleville, t. 2, n° 283; Duranton, t. 7, n° 22); et la jurisprudence a souvent consacré cette interprétation.— Jugé que l'héritier assigné pendant le délai pour délibérer peut demander un sursis jusqu'à l'expiration de ce délai, mais non la nullité de l'assignation: «Considérant que l'héritier assigné ne peut réclamer qu'une sursoyance aux poursuites jusqu'à l'expiration des délais, et que toujours les citations sont légales; — Rejette le moyen de nullité proposé» (Grenoble, 1er flor. an 9, aff. Eynard C. Eynard).

741. Le créancier de la succession, porteur d'un titre exécutoire arrivé à échéance, peut-il avant l'expiration du délai et après la signification à l'héritier, poursuivre le payement sur les biens de la succession? Les annotateurs de Zachariæ, t. 4, p. 294, note 6, énoncent l'affirmative d'une manière générale. D'autres interprètes (Chabot, sur l'art. 797, n° 2; et Belost-Jolimont, Observ. 1; Fouet de Conflans, p. 209 et 210, ont dit qu'il y avait lieu de déclarer valables les actes de poursuite, mais en même temps qu'il devait y être sursis, si l'héritier le demandait. Pour nous, nous croyons qu'il n'y a lieu de surseoir, que dans le cas où la poursuite tend à faire condamner l'héritier personnellement ou à le forcer de prendre qualité. — Ainsi se concilient les intérêts de l'héritier et des créanciers auxquels un retard d'exécution peut, selon les cas, être très-préjudiciable. —Or, l'héritier peut défendre à bien des poursuites, sans qu'on y voie nécessairement l'intention de prendre qualité; le rôle de défendeur prête moins à la supposition de cette intention, que des actes d'initiative spontanée. — C'est ainsi qu'il a été jugé que le successible ne fait pas nécessairement acte d'héritier, lorsqu'assigné en cette qualité, il défend au fond sur la poursuite d'un créancier de la succession (Paris, 29 pluv. an 11, aff. Lapatonnière, V. n° 455), ou lorsqu'il laisse poursuivre contre lui en cette qualité l'expropriation des biens héréditaires (Riom, 13 fév. 1821, aff. Monstoux, V. n° 456). — L'héritier peut d'ailleurs, en défendant, faire des réserves formelles, quant à sa qualité, et on ne verra plus alors dans sa résistance qu'un acte conservatoire.

742. Cependant la jurisprudence n'a pas eu égard toujours à nos distinctions. On s'accorde bien pour décider que les actes d'exécution sont valables, mais on diffère quant à la nécessité du sursis.—Il a été jugé d'abord, à l'égard d'une saisie-exécution,

---

(1) *Espèce:* — (Aron C. Grossel.) — En 1829, décès de la veuve Trautmann. — La dame Grossel, sa fille, héritière présomptive, ne prend pas qualité. — Aron, créancier de la défunte, après les délais accordés pour faire inventaire et délibérer, pratique une saisie-arrêt sur la dame Grossel, entre les mains d'un débiteur de cette dernière. — Déclaration affirmative du tiers saisi. — Assignation en validité de la saisie et en délivrance des deniers. Alors la dame Grossel signifie une renonciation à la succession de sa mère. Aron se désiste aussitôt de la saisie-arrêt, mais à condition que la dame Grossel payera les frais occasionnés par sa renonciation tardive. — Elle invoque la règle *N'est héritier qui ne veut,* et soutient qu'ayant usé d'une option que la loi lui accorde pendant trente ans, elle ne peut être passible d'aucuns frais.

25 juin 1830, le trib. de Wissembourg accueille cette défense en ces termes: «Attendu qu'il ne faut pas confondre les droits et obligations de l'héritier bénéficiaire avec ceux de l'héritier qui renonce à la succession qui lui était dévolue; que les premiers sont réglés par les articles du code civil, sous la rubrique du bénéfice d'inventaire, de ses effets et des obligations de l'héritier bénéficiaire, tandis que les autres sont réglés par les dispositions de la section qui a pour titre *De la renonciation aux successions;*

» Attendu que l'art. 799, invoqué par le demandeur pour mettre à la charge de la veuve Grossel les dépens de la demande dont il s'est désisté, se trouve sous la première de ces rubriques, et n'est applicable qu'à l'héritier poursuivi qui, voulant encore, après l'expiration des délais fixés par l'art. 795, conserver la faculté se se porter héritier bénéficiaire, sollicite un nouveau délai pour faire inventaire et pour délibérer;

» Que la veuve Grossel ne se trouve pas dans ce cas, puisqu'il resulte d'un acte passé au greffe de ce siége, le 20 mars 1830, qu'elle a renoncé purement et simplement à la succession de la veuve Trautmann; que cette renonciation est régulière, et que le demandeur n'en a point contesté la validité; — Qu'elle n'est point tardive, parce que la faculté de répudier une succession ne se prescrit que par le laps de trente ans, et que, tant que cette prescription n'est pas acquise contre l'héritier, il est toujours en délai utile de renoncer; — Que, par l'effet de sa renonciation, et aux termes de l'art. 785 c. civ., la veuve Grossel est censée n'avoir jamais été héritière de la veuve Trautmann, et que les poursuites dirigées contre elle, à la requête du demandeur, sont censées l'avoir été contre une personne étrangère à la succession; qu'il suit de là que les dispositions de l'art. 799 ne sont et ne peuvent être applicables à la veuve Grossel, puisqu'elles ont été rendues pour un cas exceptionnel où elle ne se trouve point; que, par son désistement, Aron a reconnu l'invalidité de la saisie-arrêt par lui interposée; que, par là, il s'est placé lui-même dans la situation d'un plaideur qui succombe; — Que, dès lors, l'art. 130 c. pr. était la seule disposition qui indiquât quel devait être le sort des dépens de son action; que, d'ailleurs, le désistement étant conditionnel, n'est pas recevable. — Déclare nul et de nul effet le désistement. — Appel. — Arrêt.»

La cour; — Considérant que les délais de trois mois et de quarante jours, pour faire inventaire et délibérer, accordés à tout héritier qui veut en user, ont été établis par la loi pour mettre l'héritier à l'abri des poursuites des créanciers; que ces délais écoulés, sans avoir pris qualité, les créanciers peuvent poursuivre les héritiers que la loi indique; qu'à la vérité, aux termes des art. 798 et 799 du code civil, ces héritiers peuvent demander un nouveau délai, en justifiant d'un empêchement légitime, mais qu'à ce défaut, ils sont passibles des frais de poursuites;

Considérant que les délais de confection d'inventaire et de délibérer étaient expirés lorsque l'appelant a ouvert ses poursuites par la saisie-arrêt, qui a été assise par exploit en validité du 13 mars 1830; que la renonciation de l'intimée à la succession de sa mère n'a été faite que le 20 mars; qu'elle n'a demandé ni obtenu aucune prolongation de délai; qu'ainsi elle se trouve dans le cas de la disposition finale de l'art. 799;

Emendant, déclare valable et suffisant le désistement signifié à la requête d'Aron, le 12 juin dernier; en conséquence, condamne l'intimée veuve Grossel en tous les frais occasionnés par la saisie-arrêt du 8 mars 1830, et aux dépens des deux instances.

Du 21 déc. 1830.-C. de Colmar, 3e ch.-MM. Poujol, pr.-de Vaulx, av. gén., c. contr.-Langhens et de Mégard, av.

1° que la régie de l'enregistrement peut, pendant le délai pour délibérer, sans qu'il y ait lieu de surseoir, poursuivre sur les meubles de la succession, et contre l'héritier présomptif, le payement des droits de mutation; que ce n'est pas là obtenir une condamnation dans le sens de l'art. 797 (Douai, 4 mars 1812 (1). Conf. Vazeille, sur l'art. 797, n° 3);—2° Qu'il n'y a pas lieu de surseoir à la saisie immobilière, quand le créancier est porteur d'un titre exécutoire arrivé à échéance (Paris, 16 août 1851, aff. veuve Goulet, D. P. 52. 2. 251).

743. Mais deux arrêts ont au contraire, accordé le sursis, tout en déclarant la saisie immobilière des biens de la succession valablement formée avant l'expiration du délai pour délibérer (Bordeaux, 30 juill. 1834 (2); Angers, 17 août 1848, aff. Malinas, D. P. 49. 2. 15). Dans l'espèce du dernier arrêt, le sursis était demandé par les héritiers du débiteur, mort pendant l'instance d'expropriation forcée; et ces héritiers étaient, de leur propre chef, propriétaires de l'immeuble saisi.

744. A plus forte raison, n'y a-t-il pas lieu au sursis, quand il s'agit d'actes de poursuite qui n'ont pas le caractère d'actes d'exécution, et par exemple, la notification à l'héritier d'un titre exécutoire contre le défunt peut être faite pendant le délai pour faire inventaire et délibérer, et en conséquence les poursuites exercées après l'expiration de ce délai, en vertu du titre ainsi notifié, sont valables : « Attendu que la notification prescrite par l'art. 877 c. nap., pour rendre exécutoire contre l'héritier un titre à la charge du défunt, n'est point un acte qu'on puisse classer parmi les actes de poursuite qui forceraient l'héritier à prendre qualité avant les délais; émendant » (Paris, 29 déc. 1814, aff. Chaumin).

745. Pareillement, le successible peut, pendant le même délai, être assigné comme héritier en vérification de la signature du défunt, si d'ailleurs on ne conclut à aucune condamnation contre lui; ce n'est là qu'un acte conservatoire, permis aux créanciers du défunt (Cass. 10 juin 1807 (3); Conf. Vazeille, sur l'art. 797, n° 2).

746. Il a été jugé aussi 1° que l'héritier ne peut sous prétexte qu'il est encore dans le délai pour délibérer, demander qu'il soit sursis à statuer sur l'appel interjeté par lui d'un jugement d'adjudication préparatoire rendu contre son auteur (art. 797); car il n'est point forcé à cette occasion de prendre qualité (Bordeaux, 6 août 1833) (4); — 2° Que dans le même délai le créancier, porteur d'un jugement exécutoire par provision, moyennant caution, peut poursuivre l'héritier en réception de la caution, et en faire prononcer l'admission (trib. Lyon, 17 août 1849, aff. Laurent, D. P. 49. 3. 95).

747. La demande qui a pour objet de faire déclarer commune une veuve pour recel, peut être formée avant l'expiration du délai qui lui est accordé pour faire inventaire et délibérer (c. nap. 1460) (Rennes, 22 déc. 1847, aff. Lemoine, D. P. 49. 2. 110).

748. Le porteur d'une lettre de change non acceptée ne peut point obtenir de condamnation contre les héritiers du tireur qui sont encore dans le délai pour faire inventaire et délibérer... Il ne peut pas non plus prendre hypothèque sur les immeubles de la succession de ce tireur : « Attendu qu'aux termes de l'art. 797 (suit le texte) :... qu'on ne peut, par conséquent, prendre inscription d'hypothèque quand elle n'est pas établie, par un titre antérieur à l'ouverture de la succession; que le jugement dont est appel porte une condamnation définitive contre l'hoirie Fontaine et contre ses héritiers; émendant » (Aix, 11 déc. 1824, aff. hérit. Fontaine *C.* Combe).

---

(1) (La Régie *C.* Mirocourt.) — LA COUR ; — Considérant que la poursuite des intimés (les agents du domaine) est fondée sur un bail authentique de la ferme de Ferain, du 16 vent. an 11 ; — Considérant que l'appelante, en sa qualité, ne conteste pas la légitimité de la demande formée par l'administration des domaines, en payement d'une somme de 2,217 fr. 28 cent. pour redevance de fermages ; — Que seulement elle se prévaut de sa qualité d'héritière délibérante au nom de ses enfants mineurs, pour prétendre, en vertu de l'art. 797, que l'héritier bénéficiaire ne peut, pendant la durée des délais pour faire inventaire et pour délibérer, être contraint à prendre qualité, et qu'on ne peut pendant ce temps obtenir de condamnation contre lui ; — Considérant que l'administration des domaines ne poursuit aucune condamnation contre la veuve Mirocourt ou ses enfants, mais exerce une saisie-exécution sur les meubles et effets délaissés par son mari, à l'effet du recouvrement de la somme de 2,217 fr. 28 cent. pour payement de fermages ; — Considérant d'ailleurs que, suivant l'art. 2098 c. civ., les priviléges à raison des droits du trésor public, et l'ordre dans lequel ils s'exercent, sont réglés par des lois particulières qui les concernent, et qu'on ne peut lui appliquer les lois du code civil, faites pour régler les intérêts des citoyens entre eux : — Sans avoir égard à la demande formée par la veuve Mirocourt en prorogation de délai pour délibérer, et adoptant au surplus les motifs des premiers juges, — Confirme.

Du 4 mars 1812.-C. de Douai.

(2) (Vielle *C.* Sautet.) — LA COUR ; — Attendu que si l'art. 797 c. civ. dispose que l'héritier ne peut être contraint à prendre qualité pendant la durée des délais pour faire inventaire et pour délibérer, et qu'il ne peut être obtenu contre lui de condamnation, il ne s'ensuit pas que les tiers soient absolument privés, pendant ce temps, de l'exercice de leurs droits et actions contre celui qui représente la succession, ni que ceux d'entre eux qui sont porteurs de titres exécutoires soient tenus d'attendre l'expiration de ces délais pour les ramener à exécution sur les biens dont cette succession se compose; que le contraire résulte implicitement de l'art. 798 du même code ; — Attendu que Virginie Sautet, instituée légataire universelle par testament de Gustave Maleret, était seulement fondée à se prévaloir de sa qualité d'héritière délibérante, pour arrêter le cours des poursuites en expropriation exercées par J.-J. Vielle, en opposant l'exception dilatoire résultant de l'art. 174 c. pr. civ.; que cette exception est proposable en matière de saisie immobilière tout aussi bien que lorsqu'il s'agit d'une assignation donnée en justice à l'héritier, avant son acceptation ; — Que conséquemment le tribunal de première instance en annulant, sur la demande de Virginie Sautet, la procédure en saisie immobilière, au lieu d'ordonner le sursis, a créé une nullité que la loi n'a pas prononcée; — Attendu que la cour, dans l'état où la cause lui est soumise, n'a pas à examiner si les actes de la procédure en saisie immobilière sont ou non réguliers dans la forme; qu'elle doit se borner à reconnaître, en droit, que la nullité que l'intimée veut faire résulter de l'art. 797 c. civ. n'aurait pas dû être accueillie,

Du 30 juill. 1834.-C. de Bordeaux, 2e ch.-M. Gerbeaud, pr.

(3) (De Gérès *C.* de Puységur.) — LA COUR ; — Attendu que l'art. 797 c. civ. défend seulement de contraindre l'héritier à prendre qualité, et d'obtenir des condamnations contre lui ; que, dans l'espèce, le demandeur, lorsqu'il a donné au défendeur le titre de successeur à titre universel, ne l'a point contraint à prendre cette qualité ni celle de l'héritier, et que, d'ailleurs, il n'a pas demandé de condamnation; qu'aucune loi ne défend à un créancier de la succession d'assigner en justice l'héritier, même pendant les délais pour faire inventaire et pour délibérer ; — Qu'au contraire, l'art. 798 suppose nécessairement que de pareilles assignations sont permises, sauf à l'héritier d'arrêter le cours des poursuites, en exceptant des délais dont il s'agit: exception qui n'est que dilatoire, soit d'après l'ord. de 1667, soit d'après le tit. 4, liv. 2, 2e part., nouv. c. pr. civ. ;

Que, quoiqu'au bureau de conciliation, le défendeur eût déjà excipé qu'il était dans le délai, la citation en conciliation n'aurait pas suffi pour interrompre le cours de la prescription, si la citation n'avait pas été suivie de l'assignation; — Qu'il suit de ces observations que la cour d'appel de Bordeaux, en déclarant nulle l'assignation dont il s'agit, a fait une fausse application de l'art. 797 précité, et commis un excès de pouvoir, en créant une nullité qu'aucune loi ne prononce; — Casse, etc.

Du 10 juin 1807.-C. C., sect. civ.-M. Botton-Castellamonte, rap.

(4) (Pitté Divernois *C.* Dussolier.) — LA COUR ; — Attendu qu'on ne demande pas dans la cause et au mépris de l'art. 797 du c. civ., qu'Elise Divernois soit contrainte à prendre qualité, ni qu'il soit prononcé contre elle une condamnation.

Attendu que Pierre-Antoine Dussollier intimé se borne à demander que la cour statue sur l'appel du jugement du 22 fév. 1833, qui adjuge préparatoirement les biens immeubles saisis à sa requête au préjudice de ses débiteurs, Pitté Divernois et Catherine Fourrier, veuve Divernois ;

Attendu que ledit Duvernois et son épouse, celle-ci n'agissant que comme héritière présomptive de Catherine Fourrier, sa mère, ont interjeté le susdit appel ;—Qu'ils ont conclu à ce que préalablement il fût sursis au jugement du même appel sur le motif qu'ils sont encore dans les délais pour faire inventaire et délibérer au sujet de la succession de ladite Fourrier ; — Qu'un pareil sursis pourrait nuire aux créanciers de cette succession, tandis que, par le jugement de l'appel il ne sera rien préjugé quant à la qualité que l'épouse Divernois pourrait définitivement s'attribuer, il ne sera apporté aucun changement à sa position actuelle, le présent arrêt n'ayant pas pour résultat de la forcer à prendre qualité avant les délais ; — Attendu que la cour ne peut arrêter son intention sur de prétendus griefs par lesquels on allègue, dans ce simple énoncé de l'acte d'appel, que le jugement attaqué par cette voie est nul dans la forme et injuste au fond, — Reçoit les mariés Divernois opposants pour la forme envers l'arrêt par défaut contre eux rendu le 10 juill. dernier.

Du 6 août 1833.-C. de Bordeaux, 4e ch.-M. Poumeyrol, pr.

749. Un débiteur ne peut, dans le délai accordé pour délibérer, faire des offres et une consignation valables, et en mettre les frais à la charge des héritiers présomptifs qui, n'ayant pas encore pris qualité, ne pouvaient ni accepter les offres, ni les refuser (Rej. 8 niv. an 8, aff. Hardi C. Bruneau).

750. Il peut être, jusqu'à la confection de l'inventaire, statué en état de référé sur toutes les mesures provisoires qui peuvent intéresser la veuve, les héritiers et les créanciers; spécialement, il peut être accordé en cette forme plusieurs provisions alimentaires à la veuve, une prorogation de délai à l'héritier pour faire inventaire, et une distribution, à titre de dépôt, des deniers de la succession entre les mains des créanciers du défunt (Paris, 11 fruct. an 13, aff. Happey et Morel).

751. Lorsqu'un jugement qui condamne le défunt a été signifié aux héritiers avant l'expiration du délai pour faire inventaire et délibérer, c'est seulement à l'expiration de ce délai que court celui de l'appel. — V. Appel civil, nos 1026 et suiv.

752. L'héritier actionné par son cohéritier en payement d'une somme qu'il lui doit autrement qu'en sa qualité d'héritier, n'est pas recevable à prétendre que cette demande ne peut être formée contre lui que lors de la liquidation définitive de la succession, ou du *judicium familiæ erciscundæ*.— Par suite, il n'est point fondé à soutenir qu'on doit renvoyer à cette époque la demande formée contre lui par son cohéritier, en payement de ce qui lui revient dans le prix d'un bien commun provenant de la succession, et dont il s'est rendu acquéreur : « Attendu que la liquidation définitive d'une succession, qui serait à faire, ne peut ni ne doit arrêter le payement d'une dette qui est personnellement due par l'un des héritiers, non comme héritier, mais comme tout autre acquéreur d'un bien commun; qu'au surplus il est loisible à chacun des héritiers d'exiger sa part dans le prix d'un bien commun vendu; qu'en conséquence, les principes en vigueur relativement au *judicium familiæ erciscundæ* ne peuvent recevoir ici leur application; met l'appellation au néant, etc. » (Bruxelles, 30 juin 1827, aff. V... C. V...).

753. De ce que le créancier peut agir contre l'héritier avant l'expiration du délai pour faire inventaire et délibérer, il suit ces deux conséquences qui ne pouvaient pas s'admettre sous l'empire des lois romaines : 1° la *prescription* court contre les créanciers pendant le délai, rien ne les empêchant de l'interrompre par une demande judiciaire; 2° elle court aussi contre l'héritier, la saisine l'autorisant à faire tous actes conservatoires, et par conséquent à interrompre les prescriptions. C'est la doctrine des anciens et des nouveaux auteurs. — Jugé aussi que le cours de la prescription trentenaire contre l'héritier bénéficiaire, quant aux créances qu'il a contre la succession, n'est pas suspendu durant le temps qui s'écoule entre le jour de l'ouverture de la succession et celui de l'acceptation bénéficiaire (Limoges, 16 mars 1838, aff. Poisle Brulon, V. Prescription).

754. *Pendant quel temps l'acceptation peut être faite.* — Aux termes de l'art. 800, « l'héritier conserve néanmoins, après l'expiration des délais accordés par l'art. 795, même de ceux donnés par le juge, conformément à l'art. 798, la faculté de faire encore inventaire et de se porter héritier bénéficiaire, s'il n'a pas fait d'ailleurs acte d'héritier, ou s'il n'existe pas contre lui de jugement passé en force de chose jugée, qui le condamne en qualité d'héritier pur et simple. » — La section de législation avait ajouté à cet article : « Mais cette faculté ne s'étend pas au delà d'une année, à compter du jour de l'expiration des délais; l'héritier ne peut ensuite qu'accepter purement et simplement, ou renoncer. » — L'addition était motivée sur le besoin de prévenir les fraudes, et sur ce qu'on avait fait assez pour les intérêts de l'héritier, en permettant aux tribunaux de lui accorder de nouveaux délais pour prendre une parfaite connaissance des affaires de la succession. On répondit que le délai d'un an serait certainement trop court pour le cas où les biens de la succession seraient en grande partie situés hors de France; que la faculté de se porter héritier bénéficiaire n'avait jamais été limitée par un délai, tant que les choses demeuraient entières; qu'enfin la diposition de l'art. 800 ne causerait préjudice à personne, les créanciers ayant toujours le moyen de conserver et d'exercer leurs droits, par l'existence de l'inventaire et la nomination, si aucun parent ne se présentait, d'un curateur à la succession vacante (M. Maleville, t. 2, p. 285).

755. Il résulte de là qu'on a la faculté d'acceptation sous bénéfice d'inventaire pendant tout le temps qu'on pourrait se porter héritier pur et simple. Les deux modes d'acceptation sont soumis à la même prescription (c. nap. 789, V. nos 591 s.). — Jugé que, sous l'ordonnance de 1667, qui ne prononçait pas la nullité des inventaires faits après le délai porté en l'art. 1, tit. 7, on n'était pas héritier pur et simple par cela seul qu'on n'avait pas fait inventaire dans le délai de cet article; qu'on pouvait, sous l'ord. de 1667, de même que sous le code, se porter héritier bénéficiaire, tant qu'on n'avait pas fait acte d'héritier (Cass. 1er août 1809, aff. Daguillard, V. no 450-1°).— Ainsi jugé aussi, dans une espèce régie par les usages du parlement de Provence, approuvés par arrêt du conseil, et qui accordaient trente ans pour faire inventaire (Req. 14 therm. an. 9, MM. Brillat, rap., Merlin, subst., c. conf., aff. Bruni).

Art. 3. — *Des effets du bénéfice d'inventaire ou des droits de l'héritier bénéficiaire.*

756. L'art. 802 porte : « L'effet du bénéfice d'inventaire est de donner à l'héritier l'avantage, 1° de n'*être tenu* du payement des dettes que jusqu'à concurrence de la valeur des biens qu'il a recueillis, *même de pouvoir se décharger* du payement des dettes, en abandonnant tous les biens de la succession aux créanciers et aux légataires; 2° de ne pas *confondre* ses biens personnels avec ceux de la succession, et de *conserver* contre elle le droit de réclamer le payement de ses créances.

757. L'effet général du bénéfice d'inventaire est donc la séparation des deux patrimoines, du défunt et de l'héritier, chacun conservant ses créances et ses dettes distinctes.— De là on a prétendu induire que l'héritier bénéficiaire n'était pas un héritier dans la véritable acception du mot; qu'il n'était pas le représentant du défunt, la continuation de sa personne. Mais on verra plus loin, par de nombreux exemples, que le bénéfice d'inventaire, qui est une faveur, a pour objet seulement de garantir le successible contre l'éventualité d'une succession onéreuse; qu'il ne lui ôte point la qualité d'héritier; que si les biens ne sont pas confondus, il en est autrement des personnes, et qu'il continue de représenter le défunt lors même qu'il a fait aux créanciers et légataires l'abandon des biens de la succession. — Il a été jugé, en conséquence, 1° que le sursis accordé par les arrêtés des 19 fruct. an 10 et 23 germ. an 11, aux colons de Saint-Domingue pour le payement de leurs dettes, peut être invoqué, par l'héritier bénéficiaire du débiteur, comme par le débiteur lui-même ou par ses héritiers purs et simples (Rej. 23 mai 1815 et 18 nov. 1816, aff. Delertaye, V. Posses. franç.); — 2° Que l'héritier ne cessant pas d'être le représentant du défunt, a le droit d'opposer aux créanciers les exceptions dont son auteur aurait pu se prévaloir lui-même et particulièrement la faculté accordée à l'émigré et étendue à ses *représentants* par la loi du 27 avril 1825, art. 18, de se libérer envers ses créanciers, par le transfert, sur le montant de l'indemnité liquidée en rente 3 p. 100, d'un capital nominal égal à la dette réclamée. On prétendait conformément au droit commun que l'héritier bénéficiaire était tenu, une fois les créances acquittées en capital nominal de rente 3 p. 100, de leur rendre compte, en outre, de l'excédant de l'indemnité, s'il y en a un, jusqu'à parfait payement des mêmes créances en valeur effective (Ch. réun. rej. 12 déc. 1839, aff. Martin, V. Émigré, no 375). — Jugé, toutefois, que sauf le droit de faire réduire les saisies-arrêts pratiquées sur l'indemnité par les créanciers des colons de Saint-Domingue, au dixième de cette indemnité, lequel droit lui est commun avec le colon lui-même ou l'héritier pur et simple, l'héritier bénéficiaire est tenu de comprendre, dans le compte de sa gestion qu'il doit rendre aux créanciers, le montant intégral de l'indemnité, s'il en est requis par ces derniers. Que l'art. 9 de la loi du 30 avril 1826, qui restreint les droits des colons au dixième de l'indemnité, ne peut être opposé que par le colon ou son héritier pur et simple, et non par l'héritier bénéficiaire, lequel ne confond pas ses biens avec ceux de la succession (c. nap. 803, 807, Bordeaux, 6 juin 1828, aff. Viard, V. Posses. franç.).

758. Le bénéfice d'inventaire n'affranchit pas l'héritier bénéficiaire de l'obligation d'accomplir les promesses faites par le défunt, alors que l'exécution de ces promesses n'excède pas les forces de l'hérédité. Et spécialement, que, lorsque l'un des propriétaires d'une chose indivise l'a cédée ou vendue en totalité, en se portant fort d'obtenir la ratification de son copropriétaire, l'héritier qui a succédé à la fois à l'un et à l'autre de ces copropriétaires, est tenu, nonobstant sa qualité d'héritier bénéficiaire, de fournir la ratification promise, sauf à en faire limiter les effets aux biens qu'il a recueillis. — En conséquence, son refus de rapporter cette ratification le soumet personnellement à des dommages-intérêts (Req. 17 mars 1852, aff. de la Marthonie, D. P. 52. 1. 116).

759. Reprenons, pour les expliquer séparément, chacun des effets du bénéfice d'inventaire prévus par l'art. 802. — Le premier effet est d'exempter l'héritier du *payement* des *dettes* excédant la valeur des biens *qu'il a recueillis*. — D'anciens auteurs prétendaient l'héritier obligé de faire aux créanciers le rapport des biens qu'il avait reçus en avancement d'hoirie; divers arrêts statuaient dans ce sens (Despeisses, t. 2, p. 480, nº 23). Une telle doctrine n'est plus conciliable avec l'art. 857 du code, suivant lequel « le rapport n'est dû que par le cohéritier à son cohéritier; il n'est pas dû aux légataires ni aux créanciers de la succession. »

760. De même l'héritier bénéficiaire n'est point tenu de contribuer aux dettes de la succession sur les biens provenant d'un retranchement de donations entre-vifs, qu'il a fait réduire en qualité d'héritier à réserve. L'art. 951 déclare formellement que la réduction des dispositions entre-vifs ne pourra être demandée par les créanciers du défunt, ni leur profiter (Conf. MM. Chabot, t. 3, p. 10; Duranton, t. 7, nº 44; Delaporte, Pandectes franç., t. 3, p. 201; Vazeille, art. 802, nº 7).

761. L'héritier bénéficiaire n'est tenu des dettes qu'en proportion de sa part héréditaire. On a élevé des doutes sur ce point. On a prétendu que l'héritier bénéficiaire, étant comptable, ne pouvait retenir aucun bien de la succession qu'après le payement de toutes les dettes. — C'est ainsi qu'un avis du conseil d'État, du 13 nov. 1807, approuvé le 11 janv. 1808, dispose expressément « qu'il ne faut jamais perdre de vue la qualité de l'héritier bénéficiaire, et *qu'il n'est qu'un administrateur comptable.* » Mais, s'il est comptable, c'est qu'il n'a droit qu'au résidu des biens, les dettes et les legs étant défalqués de sa part. Rien ne s'oppose à ce qu'on entende ainsi la loi. — On objecte ces mots de l'art. 802 : « N'est tenu des dettes de la succession que *jusqu'à concurrence des biens qu'il a recueillis.* » Cela d'abord ne signifie pas littéralement que l'héritier soit dans tous les cas tenu jusqu'à concurrence de cette valeur. Ensuite il faut interpréter cette disposition par les règles générales du partage, qui, de plein droit et sans distinction entre les diverses espèces d'héritiers, admettent entre eux la division des dettes. — A la vérité, on objecte encore que la division des dettes a été établie par l'art. 870, qui s'explique par l'art. 873, portant : « Les héritiers sont tenus des dettes;... personnellement pour leur part, et hypothécairement pour le tout, etc. » Le législateur ici n'avait donc pas en vue l'héritier bénéficiaire, qui n'a point d'obligation personnelle. On ajoute que l'art. 1220, en répétant la règle de la division des dettes entre héritiers, se réfère implicitement aux art. 870 et suiv., qui dépendent du titre des successions. Mais il suffit de répondre que le bénéfice d'inventaire a été introduit en faveur de l'héritier qui accepterait de cette manière. Comment croire qu'il était dans l'intention du législateur de diminuer les droits de l'héritier bénéficiaire, de l'obliger personnellement à payer aux créanciers plus que ne devrait payer un héritier pur et simple, lorsque le mode d'acceptation sous bénéfice d'inventaire, facultatif pour le majeur, est inévitablement imposé au mineur et à l'interdit? (Conf. Chabot, t. 3, p. 573; Merlin, Rép., vº Bénéf. d'invent., nº 25; Duranton, t. 7, nº 41; Malpel, nº 289; Delaporte, Pandect. franç., t. 3, p. 186). — Il a été jugé aussi que la division des dettes a lieu de plein droit entre les héritiers, tant bénéficiaires que purs et simples; que le cohéritier bénéficiaire n'est point réputé simple administrateur, ni obligé, comme tel, de compter au créancier tout ce qu'il a recueilli, ou d'abandonner tout ce qui est échu dans son lot, ou de payer toute la dette; qu'il peut, en offrant sa part contributoire dans la dette, se dispenser de rendre compte; et qu'enfin les mêmes principes s'appliquent aux successions qui se sont ouvertes sous l'empire de la coutume de Paris (Cass. 22 juill. 1812) (1).

762. De ce que l'héritier bénéficiaire n'est point tenu *ultrà vires*, suit-il qu'il soit dispensé de payer les droits de mutation dans le délai, lorsque la succession est insolvable? Non, d'après la jurisprudence (V. Enregistrement, nºs 4020 et suiv.); les droits doivent être payés, quelles que soient les charges de la succession et à peine du demi-droit en sus, et il n'a pas d'action en restitution, lorsque l'insolvabilité de la succession a été établie.

763. Le second effet du bénéfice d'inventaire est « de pouvoir se décharger du payement des dettes, en *abandonnant* tous les biens de la succession aux créanciers et aux *légataires* » (C. nap. 802). — Sous la jurisprudence du parlement de Toulouse, l'héritier, même bénéficiaire, pouvait être poursuivi sur ses biens personnels, tant qu'il ne répudiait pas la succession (Cass. 13 fév. 1833, MM. Portalis, pr., Vergès, rap., aff. Albarel *C.* Albarel).

764. L'abandon, prévu à l'art. 802 c. nap. équivaut-il à une véritable renonciation? en d'autres termes, l'héritier bénéficiaire peut-il renoncer? La question divisait les anciens auteurs. Lebrun notamment se prononçait pour la renonciation (liv. 3, chap. 4, nº 85). Son annotateur, M. Espiard, combat cette doctrine, et cite un grand nombre d'arrêts opposés (V. aussi Bretonnier, Quest. de dr., vº Bénéf. d'invent.; et Denisart, *eod. verb.*, § 8). — Sous l'empire du code, M. Maleville se borne à énoncer l'opinion de Lebrun, sans la critiquer. — MM. Toullier, t. 4, nº 341, et Merlin, vº Bénéf. d'invent., nº 15, conviennent que la renonciation n'est pas permise dans les principes du code; mais, disent-ils, la différence de l'abandon et de la renonciation n'est que dans les mots; l'un équivaut à l'autre. — Cette interprétation est erronée en ce que l'abandon et la renonciation diffèrent essentiellement, comme on va le voir, dans leurs effets; ce qui est reconnu aussi par MM. Chabot, t. 3, p. 15; Delvincourt, t. 2, p. 32, note 4; Grenier, Donat., t. 2, nº 505; Duranton, t. 7,

(1) *Espèce :* — (De Villeron *C.* de Saint-Laurent.) — Le sieur de Lamassais est décédé en 1767, et le sieur Merault de Villeron, l'un de ses héritiers, n'a accepté sa succession que sous bénéfice d'inventaire. — Le sieur de Saint-Laurent, créancier de la succession pour une somme de 85,029 fr. 97 c., a formé contre de Villeron une demande en payement de cette somme. — Celui-ci a répondu que n'étant héritier que pour un quart, il n'était tenu qu'au payement d'un quart de la créance. — Un jugement du tribunal de la Seine, du 15 fév. 1810, a condamné de Villeron au payement de toute la dette, et ce jugement a été confirmé par la cour de Paris, le 25 août même année, « attendu qu'un héritier bénéficiaire est un administrateur comptable, et qu'il ne peut retenir aucuns biens quelconques de la succession qu'après l'épuisement des dettes. » — Pourvoi du sieur de Villeron pour violation des art. 332 et 333 de la cout. de Paris, sous l'empire de laquelle s'était ouverte la succession; de la loi 2, C., *De hæred. actionibus*, et des art. 870, 873 et 1220 c. civ. — Arrêt (apr. délib.).

La cour; — Vu l'art. 332 de la cout. de Paris et l'art. 873 c. civ.; — Attendu qu'en droit l'héritier qui use du bénéfice d'inventaire ne perd aucunement, par l'effet de cette mesure, le titre et la qualité d'héritier, ni les droits qui y sont attachés; — Attendu qu'aux termes des articles précités, la division des dettes d'une succession a lieu de plein droit entre les divers héritiers dans la proportion de la part virile dont chacun d'eux y amende; — Que ni la coutume de Paris ni le code civil n'établissent, à l'égard de l'héritier bénéficiaire, aucune exception au principe de la division des dettes que consacrent ces lois; — Qu'il suit de là qu'en déniant, dans l'espèce, au sieur Merault de Villeron le bénéfice de cette disposition, sous le prétexte qu'il en était exclu par sa qualité d'héritier bénéficiaire, et en l'obligeant, par suite, à rapporter au sieur de Saint-Laurent, créancier du sieur Lamassais, au delà de ce dont ledit sieur de Villeron était tenu, à raison de sa portion virile dans l'hérédité de ce dernier, l'arrêt attaqué a formellement contrevenu aux articles susénoncés de la ci-devant coutume de Paris, sous l'empire de laquelle la succession s'est ouverte, et du code civil, qui, en cette partie, a reproduit les dispositions de la coutume; — Par ces motifs, casse, etc.

Du 22 juill. 1812.-C. C., sect. civ.-MM. Muraire, 1er pr.-Boyer, rap.-Merlin, pr. gén., c. conf.-Darieux et Beaupré, av.

nº 45; Delaporte, Pand. franç., t. 3, p. 202; Vazeille, art. 808, nº 8; Poujol, nº 4; Duvergier, sur Toullier, t. 4, nº 358; Marcadé, sur l'art. 802, nº 1. Les mêmes auteurs concluent que l'héritier bénéficiaire est lié par son acceptation comme l'héritier pur et simple, selon la règle générale : *Semel hœres, semper hœres.* Quand le législateur a voulu déroger à cette règle, il l'a dit expressément. Ainsi l'art. 783 détermine les cas où l'acceptation est révocable. On eût employé le mot *renonciation* au lieu d'*abandon,* dans l'art. 802, si l'on avait entendu faire une exception nouvelle. Le seul but du législateur a été de décharger l'héritier bénéficiaire des embarras d'une liquidation qui devait, dans ses prévisions, ne lui laisser aucun profit; mais, pour tout ce qui s'est fait avant son abandon, il est tenu de rendre compte, obligation à laquelle un renonçant, qui n'a rien fait, n'est point soumis. — Au reste, la jurisprudence a généralement consacré la même interprétation, et décidé que le successible qui a accepté sous bénéfice d'inventaire n'a plus le droit de renoncer à la succession, sauf à lui à faire l'abandon (Colmar, 8 mars 1820; Req. 25 mars 1840 (1); Limoges, 30 juin 1852, aff. Chataing, D. P. 54. 5. 727), et les nombreux arrêts, rapportés plus loin, nºs 769 et suiv., qui déterminent les effets de l'abandon.

765. Jugé ainsi, même à l'égard de l'héritier qui a accepté bénéficiairement, sous réserve de la faculté de renoncer; il ne peut plus renoncer valablement. — « Attendu qu'il est de principe que la qualité d'héritier, une fois acceptée, ne peut être répudiée, *semper hœres;* que ce principe s'applique à l'héritier sous bénéfice d'inventaire comme à l'héritier pur et simple; que la jurisprudence a sanctionné en dernier lieu cette doctrine, et que les réserves faites à l'acceptation de la partie de Castelnau n'ont pu en détruire les effets, ne devant être réputées qu'une erreur de pouvoir renoncer, nonobstant une acceptation préexistante...; par ces motifs, réforme la disposition qui répute non avenue l'acceptation au bénéfice d'inventaire, etc. » (Pau, 24 nov. 1837, ch. civ. M. Fourcade, pr., aff. Danty-Cazalès *C.* Danty-Cazalès).

766. Il a été décidé, au contraire, que l'abandon équivaut à une véritable renonciation; que, comme celui qui renonce, l'héritier bénéficiaire qui abandonne les biens de la succession est censé n'avoir été jamais héritier; qu'en conséquence, il ne doit pour la succession aucun droit de mutation (Cass. 6 juin 1815 (2). —V. Enregistr., nº 328).

767. Dans une espèce où le débat ne paraît pas avoir porté sur notre question, il a été jugé aussi que l'héritier, qui a accepté une succession sous bénéfice d'inventaire, peut ultérieurement y renoncer et se soustraire ainsi aux obligations résultant d'une acquisition faite par le défunt. « Considérant que les héritiers bénéficiaires Huin ont pu valablement renoncer, par déclaration au greffe, à la succession, et qu'ils doivent par conséquent être écartés du procès » (Nancy, 4 janv. 1827, M. de Metz, pr., aff. Jacqueray *C.* Escalier-Jonain). Le simple abandon ayant ici le même effet que la renonciation, il n'était pas nécessaire de les distinguer l'un de l'autre.

768. Le mineur qui a accepté la succession sous bénéfice d'inventaire peut-il y renoncer? Non, attendu que les mineurs ayant d'abord accepté la succession sous bénéfice d'inventaire, ils ne pouvaient plus répudier cette succession, et qu'ils n'avaient eu que le droit d'abandonner les biens qui en dépendaient; que c'est sous ce rapport que la délibération du conseil de famille et la répudiation qui en a été la suite devaient être annulées; a démis de l'appel (Toulouse, 2ᵉ ch., 29 mars 1832, M. de Miégeville, pr., aff. Payrastre *C.* Roustel). — Mais on a, au contraire, jugé valable à l'égard des créanciers la renonciation faite par le mineur de-

---

(1) 1re *Espèce :* — (Enfants Wetterwald *C.* Braun.) — Jugement qui, « attendu que le droit de renoncer à une succession n'appartient qu'à l'héritier qui s'est abstenu de toute gestion personnelle, et qui a déclaré, dès le principe, qu'il n'entendait y prendre aucune part; — Que l'acceptation d'hérédité sous bénéfice d'inventaire est une acceptation d'hérédité, une prise de qualité, dont on ne peut plus se démettre par une renonciation pure et simple, puisque les choses ne sont plus entières, et qu'on a géré et administré ou dû gérer et administrer la succession; — Que les formalités prescrites à l'héritier bénéficiaire, qui peuvent le décharger des dettes dont la succession qu'il a acceptée bénéficiairement est chargée, sont tracées par les art. 802 et 805 c. civ.; qu'il est dit dans le premier de ces articles que l'héritier bénéficiaire doit abandonner aux créanciers et légataires tous les biens de la succession; et par le second, qu'il doit leur rendre compte de son administration; qu'il ne peut être tenu sur ses biens personnels qu'après avoir été mis en demeure de présenter son compte, et faute d'avoir satisfait à cette obligation; et qu'après l'apurement de son compte, il ne peut être contraint sur ses biens personnels que jusqu'à concurrence seulement des sommes dont il se trouve reliquataire; — Que l'accomplissement de ces formalités, c'est-à-dire l'abandon des biens et le compte de l'administration, produit à l'égard de l'héritier bénéficiaire le même effet que la renonciation, puisque tous deux le rendent étranger à la succession et aux dettes qui la grèvent; mais il n'en est pas de même vis-à-vis des créanciers et légataires, parce que la renonciation à une succession pourrait conférer les droits successifs du renonçant aux parents d'un degré plus éloigné, tandis que l'abandon qui doit leur être fait, aux termes de l'art. 802 c. civ., les saisit de suite de l'actif de la succession de leur débiteur, et leur évite l'inconvénient majeur de recommencer de nouvelles procédures contre un ou plusieurs héritiers bénéficiaires, qui, après une gestion plus ou moins dispendieuse, feraient également une renonciation, et diminueraient par là l'actif qui s'est dégagé de leurs créances; — Déclare, etc. » — Appel. — Arrêt.

LA COUR; — Adoptant les motifs des premiers juges, comfirme, etc.

Du 8 mars 1820.-C. de Colmar.-M. Poujol, pr.

2ᵉ *Espèce :* — (Forbin-la-Barben *C.* Rosières de Sorin.) — LA COUR; — Sur le premier moyen : — Attendu, en droit, qu'il ne faut pas confondre la renonciation d'une succession et l'abandon que l'héritier bénéficiaire, qui veut se décharger du payement des dettes de la succession, est autorisé par l'art. 802 c. civ., à faire aux créanciers et aux légataires; — Que l'héritier qui renonce est ceneé n'avoir jamais été héritier (c. civ. 785), tandis que, d'après le maxime : *Semel hœres, semper hœres,* applicable à l'héritier bénéficiaire comme à l'héritier pur et simple, celui qui a accepté une succession sous bénéfice d'inventaire ne peut plus y renoncer, et qu'en faisant l'abandon autorisé par l'art. 802, loin d'abdiquer la qualité d'héritier bénéficiaire, il use au contraire d'un droit attaché à cette qualité; — Et attendu que, dans la cause, en décidant que l'acte du 9 juin 1826 ne constituait pas, de la part des héritiers Rosières-de-Soran, une renonciation à la succession de la dame Boisroger-Dumuy, succession que, par un acte antérieur, ils avaient acceptée sous bénéfice d'inventaire, mais un abandon au profit des créanciers, conformément à l'art. 802 c. civ. de la portion qui leur appartenait dans cette succession, l'arrêt attaqué a fait une juste appréciation de cet acte; que cette appréciation, qui repose, d'ailleurs, sur les termes formels des procurations en vertu desquelles l'acte a été souscrit, rentrait dans les attributions souveraines de la cour royale, et ne peut constituer aucune violation de la loi; — Rejette.

Du 25 mars 1840.-C. C., ch. req.-MM. Zangiacomi, pr.-Valigny, r.

(2) *Espèce :* — (La régie *C.* Blanchet.) — Le 17 mai 1809, décès du sieur Blanchet, laissant quatre garçons et une fille. — La demoiselle Blanchet meurt le 29 avr. 1811; ses frères prennent possession de ses biens et payent les droits de mutation pour ceux que la demoiselle Blanchet tenait du chef de sa mère; ils ne comprennent point dans leur déclaration les biens qui pouvaient revenir à la sœur dans la succession de son père. — La régie décerne pour cet objet une contrainte contre le sieur Blanchet. — La régie soutient que la demoiselle Blanchet n'avait pas le droit de renoncer à une succession qu'elle avait formellement acceptée; que ses héritiers n'avaient par conséquent pas plus de droit qu'elle pour faire une semblable renonciation. — Le 3 août 1812, le tribunal de Châteauroux déclare la régie non recevable dans sa demande, « attendu que, suivant l'art. 802 c. civ., l'héritier bénéficiaire peut se décharger du payement des dettes en abandonnant tous les biens de la succession aux créanciers; que la renonciation à la succession est équivalente à l'abandon; que la demoiselle Blanchet a transmis à ses héritiers la faculté qu'elle avait de renoncer, ainsi qu'il résulte de l'art. 781 du même code; que les frères Blanchet, usant de cette faculté, ont renoncé de leur chef; qu'ainsi elle est censée n'avoir jamais été héritière, et qu'elle ne peut, par conséquent, avoir transmis à ses frères aucun droit dans la succession de son père. »

Pourvoi en cassation de la part de la régie pour violation de l'art. 69 de la loi du 22 frim. an 7, et fausse application de l'art. 802 c. civ. La régie produisait les moyens que nous venons de développer nous-mêmes. — Arrêt.

LA COUR; — Considérant que l'art. 802 c. civ. donne à l'héritier bénéficiaire le droit de se décharger du fardeau de l'hérédité en abandonnant les biens aux créanciers; que ce droit de faire cet abandon est le même que celui de renoncer à la succession; que l'héritier de l'héritier bénéficiaire peut, du chef de celui-ci, faire tout ce qui était permis à ce dernier; qu'ainsi les défendeurs ont pu renoncer du chef de leur sœur à la succession de leur père, dont elle était héritière bénéficiaire; qu'au moyen de cette renonciation la sœur est censée n'avoir jamais été héritière, et qu'ainsi on ne peut dire qu'il y ait eu d'elle à ses frères une mutation de droits dans la succession paternelle; — Rejette.

Du 6 juin 1815.-C. C., ch. civ.-M. Gandon, rap.

venu majeur ou par son héritier majeur (Bordeaux, 17 fév. 1826) (1).

769. Voyons maintenant en quoi diffèrent par leurs effets l'*abandon* et la *renonciation*, et considérons tour à tour ces différences par rapport aux cohéritiers et aux tiers.

A l'égard des *cohéritiers*, l'héritier bénéficiaire qui a fait l'abandon de la succession n'est pas plus dispensé du rapport que l'héritier pur et simple, « Attendu que l'héritier bénéficiaire est véritablement héritier; qu'une fois ayant pris ce titre, il ne peut plus l'abdiquer ni y renoncer au préjudice des cohéritiers, et pour se soustraire à des rapports qu'ils auraient droit d'exiger » (Metz, 22 mai 1817, aff. hérit. Risse).

770. L'*abandon* par l'héritier bénéficiaire n'a pas pour effet de donner aux héritiers d'un degré suivant, le droit de l'accepter (Paris, 12 mai 1837) (2).

771. Si les dettes acquittées, il reste un excédant, c'est l'héritier bénéficiaire qui en profitera et non les héritiers d'un degré subséquent. En effet, ce n'est pas à eux que l'abandon a été fait; ce n'est pas envers eux que l'héritier a voulu se débarrasser d'une administration pénible. Autrement la position de tels héritiers serait vraiment extraordinaire, puisque, sans aucun risque et sans aucune formalité préalable, ils se présenteraient à la succession pour recueillir immédiatement un actif certain et déterminé. L'abandon est à leur égard *res inter alios acta*. L'accroissement n'aurait pas plus lieu que la dévolution; c'est toujours l'héritier bénéficiaire qui succéderait au reliquat de la liquidation effectuée sur sa part. — Telle est l'opinion des nouveaux auteurs cités plus haut, conforme à l'ancien droit (Pothier, des Success., p. 383; Basnage, sur l'art. 69 de la cout. de Normandie; Bacquet, Dr. de just., chap. 15, n° 34; un acte de notoriété du Châtelet de Paris du 28 mars 1713, et trois arrêts du parlement de Paris, des 16 avr. 1682, 2 sept. 1755 et 23 juill. 1756; Denisart, v^is^ Renonciation, n° 22, et Bénéfice d'inv., n° 29).

772. De ce que l'abandon n'a pas pour effet de transmettre aux cohéritiers la part de l'héritier bénéficiaire, dans les biens de la succession, il suit que lorsqu'une succession a été acceptée purement et simplement par un héritier et bénéficiairement par deux autres, s'il arrive que, ces deux derniers renonçant, le premier vende seul un immeuble de la succession, la vente est valable à son égard; elle est nulle à l'égard des deux autres dont la renonciation est comme non avenue (Lyon, 13 avr. 1837) (3).

773. Quel est l'effet de l'abandon à l'égard des tiers? L'héritier bénéficiaire devient-il tellement étranger à la succession, que les tiers ne puissent plus diriger contre lui leur action et que même il y ait lieu de nommer un curateur? La jurisprudence a statué en sens divers; mais la plupart des arrêts décident que l'héritier bénéficiaire continue de représenter la succession à l'égard des créanciers. — Jugé d'abord que l'abandon, sans équivaloir à une véritable renonciation, ne met pas moins l'héritier bénéficiaire à l'abri de toutes les poursuites qui intéressent la succession, et qui ne peuvent plus être dirigées contre lui (Douai, 29 juill. 1816, aff. Pilliot *C.* Gilliard; Bordeaux, 17 fév. 1826, aff. Briançon, V. n° 768).

774. Au contraire, il a été décidé : 1° qu'une succession, acceptée bénéficiairement, ne peut pas devenir vacante par la renonciation de l'héritier et donner lieu à la nomination d'un curateur. « Attendu qu'une succession une fois acceptée, de quelque manière qu'elle le soit, ne peut pas devenir vacante ni donner lieu à la nomination d'un curateur; — déclare Brice d'Uzy, prétendu curateur à la succession Albert, purement et simplement non recevable dans son appel, comme étant sans qualité, etc. (Paris, 10 août 1809, aff. Brice d'Uzy *C.* Albert). — Dans l'espèce, l'appel était formé contre un jugement d'ordre, et les héritiers bénéficiaires renonçants, ayant fait défaut lors de ce jugement, l'un des créanciers avait provoqué la nomination d'un curateur; la fin de non-recevoir tirée du défaut de qualité de ce

(1) (Briançon *C.* Fonvielle.) — La cour; — Attendu que la simple lésion donne lieu à la rescision en faveur du mineur non émancipé (1305 c. civ.), et que ses intérêts ne peuvent être irrévocablement compromis que par les actes qui sont considérés par la loi comme s'il les avait faits en majorité (1314 c. civ.); que, si le mineur était lié par l'acceptation faite en son nom d'une succession au bénéfice d'inventaire, il serait par cela même irrévocablement assujetti aux rapports envers ses cohéritiers (845 c. civ.), ce qui pourrait lui être préjudiciable; que, d'ailleurs, l'abandon de tous les biens de la succession aux créanciers et aux légataires, que l'art. 802 c. civ., n° 1, autorise expressément, a, relativement aux créanciers, l'effet d'une véritable répudiation; que des cohéritiers pourraient avoir intérêt, à cause des rapports, à repousser la répudiation; mais qu'un créancier qui ne peut ni empêcher l'abandon ni conserver aucune action utile contre l'héritier bénéficiaire, lorsque l'abandon a eu lieu par répudiation ou par tout autre acte, n'a point d'intérêt à faire maintenir dans une instance une partie qui est devenue étrangère aux débats...; met la baronne de Fonvielle hors d'instance.

Du 17 fév. 1826.-C. de Bordeaux, 2e ch.-M. Delpit, pr.

(2) *Espèce* : — (Duplessis-Grenédan *C.* Forbin.) — An 13, décès de la veuve Dumuy. — Ses héritiers sont, dans la ligne paternelle, la veuve Forbin, et dans la ligne maternelle, la dame Soran. Ces dames renoncent, en l'an 14, à l'hérédité, et l'on nomme un curateur.—Après la loi de 1825, sur l'indemnité, leurs héritiers usent du bénéfice de l'art. de cette loi et de l'art. 790 c. civ., déclarent accepter la succession sous bénéfice d'inventaire, et réclament l'indemnité à laquelle la dame Dumuy avait droit. — Mais, avant la liquidation, les héritiers Soran ont renoncé de nouveau à la succession; la totalité de l'indemnité a été recueillie par les héritiers Forbin.— Alors, les héritiers Duplessis-Grenédan, autres parents de la dame Dumuy, dans la ligne maternelle, d'un degré plus éloigné que les héritiers Soran, se présentent, et exercent contre les Forbin une pétition d'hérédité; ils réclament la moitié afférente à la ligne maternelle, et soutiennent qu'elle doit leur être dévolue par suite de la renonciation des héritiers Soran (c. civ., 755, 786). — On répond que le mot *renonciation*, dont les héritiers Soran se sont servis, est inexact; qu'il doit s'entendre d'un abandon aux créanciers et aux légataires (c. civ., 802); qu'en tout cas, cette renonciation serait nulle, d'après la règle *semel hæres, semper hæres*. — 15 juill. 1836, jugement qui rejette cette prétention : — « ...Attendu que, depuis la renonciation de l'an 14, faite par la veuve Soran jusqu'au moment de l'acceptation qui a eu lieu de son chef, de la part de ses héritiers, il n'apparaît pas et il n'est même pas articulé que les parties de Vaillant (héritiers Grenédan) aient accepté expressément ni tacitement la succession de la dame veuve de Boisroger-Dumuy; qu'il est, au contraire, établi que cette succession est restée vacante et administrée comme telle par un curateur nommé en exécution de l'arrêt de la cour de Paris du 4 juill. 1808; — Qu'il suit de là que les effets de l'acceptation de 1825 ont été d'effacer entièrement la renonciation de l'an 14, de rétablir dans les mains de la veuve Soran la succession dont il s'agit, et d'en saisir ses héritiers et représentants, de la même manière qu'elle en aurait été saisie elle-même, si sa renonciation n'avait pas eu lieu; par conséquent, d'exclure les parties de Vaillant, qui se trouvent, à un degré plus éloigné, dans la ligne maternelle; que cette exclusion, qui existait au moment de l'ouverture de la succession, se reproduit aujourd'hui, et fait qu'ils sont sans droit ni qualité pour former leur action. » — Appel.—Arrêt.

La cour; — Adoptant les motifs, etc., confirme.

Du 12 mai 1837.-C. de Paris, 1re ch.-M. Séguier, 1er pr.

(3) *Espèce* : — (Hérit. Montagnier *C.* créanciers Montagnier.) — Jugement du tribunal de Saint-Etienne qui : « Attendu, en droit, que l'acceptation comme la répudiation d'une hérédité est un quasi-contrat qui, fixant la position de l'héritier et liant vis-à-vis des tiers, ne peut être révoqué à son gré, mais seulement dans le cas expressément déterminé par la loi; que c'est évidemment en raison de l'irrévocabilité de l'option qu'il est appelé à faire, après l'ouverture de la succession, que la loi lui accorde un délai pour inventorier les biens et pour délibérer;

Attendu que la loi n'accorde nulle part à l'héritier bénéficiaire le privilége exorbitant de révoquer l'acte solennel de son acceptation et de revenir sur une détermination prise librement et après délibération; — Attendu qu'à la vérité l'art. 802, n° 1, lui permet de se décharger du payement des dettes en abandonnant tous les biens de la succession aux créanciers et légataires; mais que cet abandon, loin de pouvoir être confondu ou même assimilé à une renonciation proprement dite, en diffère au contraire essentiellement; — Attendu qu'effectivement il importe d'observer que c'est seulement aux créanciers et légataires que l'héritier bénéficiaire est autorisé à abandonner les biens de la succession sans être déchu du bénéfice d'inventaire; que l'effet de cet abandon est de donner aux créanciers et légataires le droit de gérer et de faire vendre les biens héréditaires; que dès lors il est impossible d'assimiler un tel abandon à une renonciation qui aurait pour résultat de faire passer ces mêmes biens aux parents du degré subséquent ou aux cohéritiers du renonçant; — Attendu que l'abandon fait dans le cas prévu par l'art. 802 a le caractère d'une cession de biens et suppose par conséquent dans la personne du cédant la qualité d'héritier, que la renonciation exclurait. » — Appel. — Arrêt.

La cour; — Adoptant les motifs des premiers juges, confirme.

Du 13 avril 1837.-C. de Lyon, 2e ch.-M. Reyre, pr.

curateur était opposée par les autres créanciers; — 2° Que l'héritier bénéficiaire qui fait abandon des biens de la succession n'a pas le droit de se substituer un curateur aux biens délaissés et d'abdiquer ainsi la qualité d'héritier chargé de répondre aux actions dirigées contre lui. Par suite, les créanciers ont pu continuer d'agir contre l'héritier bénéficiaire et ne sont point tenus d'agir contre le curateur qu'il a fait nommer (Paris, 25 juin 1838) (1); — 3° Que l'héritier peut après l'abandon être condamné en sa qualité d'héritier bénéficiaire envers des créanciers qui, avant l'abandon, avaient longtemps plaidé contre lui (Paris, 3 avril 1826, M. Séguier, pr., aff. Mery *C.* Regnier); — 4° Que l'héritier bénéficiaire peut, nonobstant sa renonciation faite avec abandon, être valablement assigné en reprise d'une instance ouverte par son auteur, qui a obtenu un jugement par défaut, pour faire réformer ce jugement (c. nap. 795 et 802; Req. 21 déc. 1829) (2); — 5° Qu'un arrêt d'admission, intéressant une succession, rendu après la renonciation d'un héritier, qui avait accepté cette succession sous bénéfice d'inventaire, est valablement signifié, lorsqu'il l'a été à la personne de l'héritier (Cass. 1er fév. 1830, aff. Enreg. *C.* Lagarde, V. Enreg. n° 1020).

775. Si, sur les conclusions d'un héritier bénéficiaire tendant, 1° à l'infirmation d'un jugement qui le déclare héritier pur et simple; 2° à ce qu'ayant fait l'abandon des biens, autorisé par l'art. 802 c. civ., il soit déchargé de toute action de la part des créanciers, un arrêt infirme ce jugement, sauf aux créanciers à se pourvoir contre le curateur à la succession prétendue vacante, cet arrêt juge virtuellement cette dernière question, et doit être cassé, s'il ne contient pas de motifs qui s'y appliquent (L. 20 avr. 1810, art. 7; Cass. 26 juill. 1837) (3).

776. Si, de plusieurs héritiers bénéficiaires, les uns font l'abandon des biens et que les autres persistent à les conserver, il peut être adjoint à ceux-ci un gérant nommé par les créanciers pour l'administration des biens abandonnés, et pour répondre aux poursuites dirigées contre la succession (Douai, 29 juill. 1816, aff. Pillot *C.* Gilliard). — Dans l'espèce, on objectait que les parts des renonçants accroissent à ceux qui persistent dans l'appréhension de l'hérédité; et qu'on ne pouvait obliger ceux-ci à se concerter avec les créanciers de la succession ou avec leur gérant, pour défendre sur l'action d'un seul de ces mêmes créanciers.

777. La répudiation d'une succession qu'on avait précédemment acceptée sous bénéfice d'inventaire ne fait pas cesser la qualité d'héritier bénéficiaire, même à l'égard d'un acquéreur de biens qu'on a le droit de revendiquer, mais dont la succession est garante: le jugement qui a déclaré l'héritier bénéficiaire non recevable, avant la répudiation, a encore force de chose jugée contre lui après la répudiation (Bordeaux, 4 mars 1826) (4).

778. L'héritier bénéficiaire qui a fait abandon de biens ne peut plus exercer le retrait successoral, ni le retrait litigieux (Grenoble, 4 juin 1836, aff. Brachet. V. n° 784).

779. On a décidé, dans un cas où la renonciation à la succession n'était pas contestée, que par cette renonciation à la succession qu'il avait acceptée sous bénéfice d'inventaire, l'héritier devient sans droit et sans intérêt pour attaquer un jugement rendu antérieurement contre lui en sa qualité d'héritier, en eût-il même déjà payé les dépens; seulement il a la faculté d'employer ces dépens contre le curateur à la succession vacante (Req. 15 brum. an 13; MM. Maleville, pr.; Lasaudade, rap.; aff. Caratier *C.* Capblanc).

780. Sous le rapport fiscal, l'abandon diffère de la renonciation en ce que la renonciation peut donner ouverture à un nouveau droit, à raison de la transmission qui s'opère du renonçant aux héritiers subséquents; l'abandon ne doit pas, en thèse générale, rendre un nouveau droit proportionnel exigible, parce que la propriété réside toujours sur la même tête et qu'il n'y a de changement que dans l'administration. — V. Enreg. n° 328.

781. Dans quelle forme doit être fait l'abandon par l'héritier bénéficiaire, prévu à l'art. 802 c. nap.? Par acte signifié à parties ou signifié entre elles (Chabot, *loc. cit.*). M. Bilhard, n° 137, pense que l'abandon se fait au greffe, et non par acte signifié.

---

(1) (Langenardière *C.* hérit. Debray.) — La cour; — Considérant que la seule question sur laquelle la cour soit appelée à statuer, est celle de savoir si l'action de la demoiselle Langenardière a pu être dirigée contre les héritiers bénéficiaires Debray, malgré l'abandon des biens qu'ils ont fait de la succession, ou si elle a dû l'être contre le curateur aux biens abandonnés;

Considérant qu'aucune disposition de la loi n'accorde à l'héritier bénéficiaire le droit de se substituer un curateur aux biens délaissés, et d'abdiquer ainsi la qualité d'héritier chargé de répondre aux actions dirigées contre lui; que la faculté qu'il tient de l'art. 802 c. civ. est de se décharger du payement des dettes en abandonnant les biens aux créanciers légataires; — Considérant que les héritiers Debray ont, par acte au greffe, déclaré abandonner les biens dépendants de ladite succession; que, par un jugement sur requête, ils ont fait nommer un curateur aux biens délaissés; qu'ainsi il est vrai de dire que l'abandon dont il s'agit n'a point été fait aux créanciers appelés à critiquer et à faire valoir leurs droits en cas d'abandon; qu'il suit de là que lesdits héritiers ont été valablement assignés par la demoiselle Langenardière, mais dans la qualité d'héritiers bénéficiaires, qui leur est attribuée par l'arrêt de la cour royale de Rennes; — Confirme en tant que l'action de la demoiselle Langenardière a été dirigée contre les appelants, mais comme héritiers bénéficiaires; — Met en conséquence le curateur hors de cause.

Du 25 juin 1838. — C. de Paris, 1re et 2e ch. réun. — MM. Hardoin, pr. — Berville, 1er av. gén., c. conf. — Colmet d'Aage fils et Teste, av.

(2) *Espèce:* — (Dame Ernest *C.* Lamothe-Carrier.) — Arrêt de la cour d'Orléans, du 6 juillet 1827, ainsi conçu: « Attendu qu'il est de principe que celui qui accepte une succession est toujours héritier; que l'ancien axiome de droit, *semel hæres, semper hæres*, se trouve consacré par les art. 774 et 785 c. civ., et qu'il s'applique également aux héritiers purs et simples, et aux héritiers sous bénéfice d'inventaire; d'où il résulte que les héritiers Marcorelles n'ont pu valablement renoncer à la succession de leur père, qu'ils avaient accepté bénéficiairement, et que la reprise d'instance dont il s'agit est valable. — Pourvoi par la dame Ernest. — Arrêt.

La cour; — Attendu qu'aux termes des art. 795 et 802 c. civ., la qualité d'héritier bénéficiaire n'est pas moins indélébile que celle d'héritier pur et simple; — Qu'en le jugeant ainsi, la cour d'Orléans, loin de violer les principes du code civil sainement entendus, et notamment le susdit art. 802, s'y est exactement conformée; — Rejette, etc.

Du 21 déc. 1829. — C. C., ch. req. — MM. Favard, pr. — Mousnier, rap. — Lebeau, av. gén., c. contr. — Piet, av.

(3) (Langenardière *C.* hérit. Debray.) — La cour; — Sur le moyen fondé sur la fausse application de l'art. 812 c. civ., sur la violation des art. 775, 783 et 805 du même code et la fausse application des art. 996 et 998 c. pr., en ce que l'arrêt attaqué a renvoyé la demoiselle de Langenardière à se pourvoir contre le curateur à la succession prétendue vacante du feu sieur Debray; — Vu l'art. 7 de la loi du 20 avril 1810; — Attendu que, bien que les premiers juges n'eussent prononcé que sur la question de déchéance et ordonné que, sur l'action intentée contre les héritiers Debray par la demoiselle de Langenardière, les parties plaideraient au fond, l'appel des héritiers Debray a saisi la cour royale de toute la cause; — Que, devant cette cour, les héritiers Debray, en demandant la réformation du jugement de première instance, ont, en outre, conclu à ce que la demoiselle de Langenardière fût déboutée, tant par fin de non-recevoir qu'autrement, de toutes ses conclusions vers les appelants, sauf à elle à se pourvoir contre le curateur et à conclure contre lui, ainsi qu'elle le jugera convenable; — Attendu que l'arrêt attaqué a adopté implicitement ces conclusions par sa disposition portant, sauf à elle à se pourvoir contre le curateur qu'elle a qualifié de curateur à la succession vacante; qu'en prononçant ainsi, l'arrêt attaqué a véritablement affranchi les héritiers Debray de l'action de la demoiselle de Langenardière, et qu'en tranchant une si importante question sans en exprimer aucun motif, il a encouru la nullité prononcée par l'art. 7 de la loi du 20 avril 1810; — Casse, dans la disposition seulement qui a renvoyé la demoiselle de Langenardière à se pourvoir contre le curateur à la succession, qualifiée vacante, de Pierre-Augustin-Camille Debray.

Du 26 juill. 1837. — C. C., ch. civ. — MM. Portalis, 1er pr. — Moreau, rap. — Laplagne, av. gén., c. conf. — Goudard et Beaucousin, av.

(4) (Hérit. Puyadou-Latour.) — La cour; — Attendu que l'appel du jugement du 29 août 1821 n'a pas été interjeté dans le délai fixé par l'art. 443 c. pr., et qu'ainsi ce jugement est passé en force de chose jugée; que ce jugement a décidé que les enfants Puyadou-Latour n'étaient pas recevables à intenter, comme donataires des acquêts, une action dont ils se trouvaient garants comme héritiers au bénéfice d'inventaire de leur père; que la répudiation qu'ils ont faite depuis de l'hérédité paternelle n'a que l'effet de l'abandon des biens autorisé par l'art. 802 c. civ.; qu'elle n'efface pas la qualité d'héritier bénéficiaire qui les a fait déclarer non recevables; qu'elle ne saurait l'effacer surtout à l'égard de Jean-Henri Auphelle, qui a obtenu le jugement de 1821; que la nouvelle demande est la même, fondée sur la même cause, entre les mêmes parties et avec les mêmes qualités; d'où il résulte qu'il y a chose jugée sur la fin de non-recevoir accueillie par les premiers juges; — Confirme.

Du 4 mars 1826. — C. de Bordeaux, 2e ch. — M. Delpit, pr.

M. Bioche, Dict. de proc., v° Bénéf. d'invent., dit avec raison que la notification n'est pas nécessaire, lorsque l'abandon a lieu au greffe). — On a jugé que l'acte par lequel celui qui a déjà accepté une succession sous bénéfice d'inventaire, déclare ensuite y renoncer, peut, quoique fait au greffe, et d'après les circonstances, dont l'appréciation appartient souverainement aux juges du fond, être considéré comme un simple abandon aux créanciers (Cass., 12 mars 1839, V. nº 784).

782. L'héritier qui fait l'abandon, doit présenter en même temps un compte embrassant tout le temps qu'a duré sa gestion.

783. L'abandon est fait à tous les créanciers. On a toutefois déclaré valable l'abandon fait par forme de convention au profit d'un seul créancier de la succession, qui depuis a traité avec tous les autres (Cass. 12 mars 1839, aff. Brachet, V. le numéro suivant). — Sous le rapport fiscal, on a distingué un tel abandon et celui fait à tous les créanciers. — V. Enreg., nº 329.

784. L'abandon étant un acte d'aliénation, ne peut valablement être consenti par un tuteur au non de son pupille, qu'après qu'il a été autorisé par le conseil de famille, sur un compte sommaire présenté par lui et duquel résulte l'insuffisance des effets de la succession pour acquitter les dettes, et après que la délibération du conseil de famille a été homologuée par le tribunal (Cass. 12 mars 1859) (1). — Dans l'espèce, la cour d'appel avait décidé que l'abandon fait sans l'autorisation du conseil de famille peut être régularisé par une approbation ultérieure.

785. Le troisième effet du bénéfice d'inventaire est « de ne

---

(1) *Espèce :* — (Brachet C. Chambon.) — Le 4 juin 1836, arrêt de la cour de Grenoble, ainsi conçu : — « Attendu que celui qui a accepté une succession sous bénéfice d'inventaire a pris qualité d'héritier et ne peut pas, mieux que l'héritier pur et simple, être admis à répudier d'après la règle *semel hæres, semper hæres* ; — Attendu que le droit d'abandonner les biens aux créanciers et aux légataires, accordé par l'art. 802 c. civ. à l'héritier bénéficiaire, non-seulement ne s'oppose pas à ce que, après cet abandon, la qualité d'héritier reste sur sa tête, mais prouve, au contraire, que le législateur a voulu qu'il la conserve, puisqu'il n'a donné d'autre effet à l'abandon que de décharger l'héritier bénéficiaire du payement des dettes; — Attendu que s'il résulte de là que, malgré la répudiation faite au greffe du tribunal de Montélimart, le 21 fév. 1824, par le tuteur des mineurs Brachet, ceux-ci ont conservé la qualité d'héritiers bénéficiaires de Charles de la Calmette, il est vrai aussi que l'héritier bénéficiaire qui a abandonné les biens pour se décharger du payement des dettes, n'a conservé d'autre droit que celui de demander aux créanciers de la succession l'excédant des dettes, legs et frais, en prouvant que cet excédant existe; — Attendu que l'acte du 26 mai 1818, renfermant, de la part de ces héritiers bénéficiaires, abandon de tous les biens de l'hoirie au profit de Chambon, qui était tout à la fois cessionnaire d'un des cohéritiers et de plusieurs créanciers de cette hoirie, et renonciation, de la part de Chambon, à l'action en rendement de compte à restitution de fruits qu'il avait exercée contre les héritiers bénéficiaires, il est impossible de ne pas voir dans cet acte un traité et l'abandon autorisé par l'art. 802 c. civ.; — Attendu qu'il importe peu que Chambon ne fût pas seul créancier de l'hoirie, puisque cet acte fut fait sans préjudice aux droits des autres créanciers, et que, plus tard, tous les autres créanciers ont traité avec Chambon; — Attendu qu'en admettant que Brachet, tuteur, ne pût pas, sans l'autorisation du conseil de famille, souscrire valablement pour les mineurs l'acte du 26 mai 1818, l'abandon par lui consenti a été approuvé et régularisé plus tard; — Attendu, en effet, que le conseil de famille fut appelé, le 20 sept. 1818, à apprécier cet acte, et qu'en autorisant, par sa délibération homologuée, le tuteur à répudier la succession bénéficiaire, non-seulement il a reconnu par là que l'abandon avait été fait dans l'intérêt des mineurs, mais il a voulu qu'il fût fait plus encore; — Attendu que cette délibération ne saurait être annulée ni par le motif que les parents les plus proches n'auraient pas été appelés à composer le conseil de famille, ni par le motif qu'il n'y avait pas de subrogé tuteur nommé à la tutelle; soit parce qu'il résulte de la délibération elle-même que ceux qui furent appelés à composer le conseil de famille, et qui n'étaient pas les parents les plus proches, le furent en remplacement d'autres parents; soit parce que les art. 407 et suiv. c. civ., ne prononçant point la peine de nullité, laissent aux tribunaux le droit d'apprécier les circonstances dans lesquelles le conseil de famille a délibéré, et qu'il n'en existe aucune dans la cause qui puisse faire penser que les intérêts des mineurs ont été négligés ou sacrifiés; soit parce que l'absence de subrogé tuteur, aux termes de l'art. 420 du même code, ne peut être une cause de nullité que lorsque les intérêts des mineurs sont en opposition avec ceux du tuteur, ce qui ne se rencontre pas dans la cause; — Attendu que si, d'après ce qui a été considéré plus haut, la déclaration de répudiation du 21 fév. 1824 n'a pu avoir pour effet d'enlever aux mineurs Brachet la qualité d'héritiers bénéficiaires, rien ne s'oppose à ce qu'elle soit considérée comme ayant confirmé et même renouvelé l'abandon fait par l'acte du 26 mai 1828, qui est le résultat qu'elle doit produire, et qu'ainsi les consorts Brachet et Périer se trouvant dans la position de l'héritier bénéficiaire qui a usé du droit que lui donne l'art. 802 c. civ. ne peuvent avoir d'autre action que celle qui résulterait de la preuve par eux faite que, les dettes et frais payés en entiers, il reste un excédant dans la succession; — Attendu que, loin de fournir cette preuve, il a été démontré que si Chambon avait le droit de faire valoir pour le tout les créances dont il est cessionnaire, les biens de la succession seraient insuffisants; — Attendu que ce n'est qu'en exerçant, soit le retrait successoral, soit le retrait litigieux, et en étant admis à ne faire compte à Chambon que de ce qu'il a déboursé, que l'action qu'ils exercent pourrait avoir quelque avantage pour eux; — Attendu que l'héritier bénéficiaire qui a abandonné les biens ne saurait conserver le droit de demander ni le retrait successoral, ni le retrait litigieux, ni à participer au bénéfice des traités qu'un créancier a pu faire avec d'autres créanciers, parce que ceux-ci, après l'abandon, n'ont pu agir que dans leur intérêt, et que l'héritier bénéficiaire qui a fait abandon ne peut avoir, comme on l'a déjà dit, que le droit de prouver qu'il y a excédant, toutes dettes payées, et de réclamer cet excédant; — Attendu qu'en admettant même les consorts Brachet et Périer à exercer contre les héritiers Chambon le retrait successoral et le retrait litigieux, ils n'en seraient pas moins tenus de lui faire compte du montant intégral des créances dont il est cessionnaire, soit parce que ces créances ne sont pas litigieuses, soit parce que l'effet du retrait successoral serait de rendre Chambon étranger à la succession, et de donner à ses héritiers le droit de faire valoir les créances cédées, en leur entier, comme les cédants eux-mêmes;... — Attendu que Chambon n'était ni héritier du sang ni héritier institué, et que les principes qui veulent qu'un cohéritier qui a traité une affaire de la succession soit présumé l'avoir traitée dans l'intérêt de tous, ne peuvent pas être invoqués ni contre celui qui n'est pas cohéritier, mais seulement cessionnaire d'un cohéritier, parce qu'il ne représente son cédant que lorsqu'il agit en vertu de la cession et non ailleurs, ni par l'héritier bénéficiaire qui a abandonné les biens à des créanciers, et qui ne saurait profiter de ce que ceux-ci ont fait dans leur intérêt; — Attendu que, sous tous les rapports, il est démontré dans la cause, d'une part, que les consorts Brachet et Périer sont dans l'impossibilité de justifier que les biens de l'hoirie bénéficiaire n'ont pas été absorbés par les dettes, et que, d'autre part, il est établi, au contraire, par les titres produits par les héritiers Chambon et par toutes les circonstances de la cause, que ces biens sont loin d'avoir eu, au décès de Charles de la Calmette, une valeur suffisante pour couvrir ces dettes; — Attendu, dès lors, que ce n'est pas le cas d'ordonner, comme l'ont fait les premiers juges, une procédure inutile et dispendieuse pour les parties, mais de déclarer les consorts Brachet et Périer non recevables et mal fondés dans leurs demandes; — Par ces motifs, met les appellations respectivement émises par les parties et ce dont est appel au néant; par nouveau jugement, déclare les consorts Brachet et Périer non recevables et mal fondés dans toutes leurs demandes, fins et conclusions, et sans s'y arrêter, met les héritiers Chambon hors de cour et de procès, etc. »

Pourvoi des sieur Brachet et dame Périer, pour violation et fausse application de l'art. 802 c. civ., et violation de l'art. 457 du même code. — On soutient, d'abord, que l'abandon de biens autorisé par l'art. 802, pour être valable, doit être fait à tous les créanciers et légataires, et qu'il ne suffit pas qu'il soit fait à un seul, lors même que sa créance absorberait la valeur de la succession. En effet, l'abandon des biens a pour effet de décharger l'héritier bénéficiaire, et ce résultat serait manqué si, après avoir traité avec un seul créancier, cet héritier pouvait encore, comme cela n'est pas douteux, être inquiété par ceux qui sont restés étrangers à la convention. L'acte du 26 mai 1818, qui ne déchargeait pas l'héritier, ne devait donc pas être considéré comme un abandon de biens proprement dit, mais comme une translation d'administration sur la tête de Chambon. — En second lieu, à supposer qu'il y eût abandon, un pareil acte d'aliénation ne pouvait être consenti par le tuteur sans l'autorisation du conseil de famille (art. 457). En vain la cour royale argumente de la prétendue ratification contenue dans la délibération du 20 sept. 1818; car la répudiation autorisée par cette délibération était nulle en vertu de la règle consacrée par l'arrêt attaqué lui-même : *Semel hæres, semper hæres.* D'ailleurs, le conseil de famille ne peut couvrir, par une ratification le vice d'un acte consenti sans son concours obligé. Dans tous les cas, ce vice devrait être exprimé dans la ratification, et rien de semblable n'existe dans l'espèce.

Les défendeurs prétendent, au contraire, que la délibération du 20 septembre était une ratification, non pas une ratification expresse, et qui, dès lors, dût remplir les conditions de l'art. 1338, § 1, mais une ratification implicite régie par le § 2 du même article, qui n'exige pas que le vice soit exprimé. Après avoir appuyé cette distinction de la doctrine de Toullier (t. 8, nºs 495, 519), on soutient au reste, en thèse générale, que le conseil de famille peut ratifier des actes qui ont été passés au nom des mineurs sans son consentement. Cette faculté ne lui est interdite par aucun texte; dès lors, les principes généraux lui sont applicables, et son approbation ultérieure doit équivaloir au consent-

pas confondre ses biens personnels avec ceux de la succession » (c. nap. 802). — La *séparation des patrimoines* a-t-elle lieu de plein droit au profit des créanciers de la succession bénéficiaire? Sont-ils dispensés de prendre l'inscription requise par l'art. 2111 c. nap. pour conserver leur privilége à l'égard des créanciers de l'héritier? L'affirmative paraît désormais un point constant en doctrine et surtout en jurisprudence (Grenier, t. 2, nº 433; Persil, Rég. hyp., sur l'art. 2111; Malpel, nº 240, Troplong, Hyp., t. 3, nº 654; Rolland de Villargues, vº Bénéfice d'inv., nº 189; Vazeille, sur l'art. 806, nº 17; Fenet de Conflans, sur l'art. 878, nº 9; Defresne, nº 76; Blondeau, p. 503; Poujol, art. 878, nº 22; Marcadé, sur l'art. 802; Hureaux, Études sur le c. nap., t. 2, p. 377; Massé et Vergé, sur Zachariæ, t. 2, p. 341, note 33). — Jugé: 1º que l'acceptation sous bénéfice d'inventaire produit, en faveur des créanciers de la succession, le même privilége qu'une demande en séparation de patrimoines, et sans qu'il soit besoin d'aucune inscription hypothécaire (Colmar, 9 janv. 1837 (1); Paris, 3e ch., 20 juill. 1811, aff. Pigalle *C.* Mottet; 8 avr. 1825, M. Lepoitevin, pr., aff. Delahoussaye; Cass. 18 juin 1833, aff. Chancerel, V. *infrà*, nº 793; Paris, 4 mai 1835, aff. Chancerel, V. *eod.*; Caen, 26 avr. 1842, aff. Tardif, D. P. 52. 2. 36; Limoges, 24 août 1848, aff. Fayette, D. P. 49. 5. 358; Nîmes, 15 mars 1855, aff. Julian, D. P. 55. 2. 163). Ajoutez dans le même sens plusieurs des arrêts qui suivent et qui statuent sur des cas particuliers. — Nous ne connaissons qu'un arrêt contraire, motivé ainsi: — « Attendu qu'il résulte clairement du texte de l'art. 2111, que la conservation du privilége sur les immeubles d'une succession tient essentiellement à l'inscription sur ces biens, et qu'il est indifférent qu'il s'agisse d'une succession prise purement et simplement ou sous bénéfice d'inventaire, dès que le terme *succession* est exprimé d'une manière absolue et sans aucune distinction » (Rennes, 23 juill. 1819, 2e ch., aff. Leroy *C.* Ksalann); — 2º Qu'en conséquence le créancier d'un héritier bénéficiaire qui a pris inscription sur les biens héréditaires qui pourraient être dévolus à son débiteur après la liquidation de la succession, ne prime pas les créanciers de la succession, même non inscrite conformément à l'art. 2111 c. nap. (Req. 28 janv. 1819) (2).

Une distinction, qui ne nous paraît pas fondée, a été faite par quelques auteurs; Delvincourt, t. 2, p. 33, note 2; Duranton, t. 7, nºs 47 et 489, et t. 19, nº 218. — L'acceptation sous bénéfice d'inventaire dispenserait les héritiers du défunt, de demander la séparation de patrimoines, mais non de prendre inscription. On raisonne ainsi: — L'art. 2111 ne fait point de distinction entre les successions bénéficiaires et celles acceptées purement et simplement. L'art. 802 n'a établi la séparation des patrimoines que dans l'intérêt de l'héritier, sans s'occuper des contestations qui pourraient s'élever entre ses propres créanciers et ceux de la succession. — L'inscription, d'ailleurs, n'est pas inutile pour la sécurité des tiers. L'héritier, quoique bénéficiaire, n'est pas moins censé gérer ses propres affaires, en gérant celles de la succession, dont il est toujours propriétaire. Après un long temps d'administration, les personnes qui contractent avec lui ne peuvent-elles pas facilement se

---

ment donné *ab initio*. Sans doute, la question est controversée dans le cas où la femme a agi sans l'autorisation de son mari; mais le mari ne fait qu'assister sa femme, tandis que le tuteur représente son pupille, ce qui exclut toute analogie. — Arrêt.

LA COUR; — Vu les art. 457 et 458 c. civ.; — Attendu que l'acte du 26 mai 1818, qualifié abandon et considéré comme tel, était un acte d'aliénation faite par le tuteur des mineurs; — Que, comme tel, il ne pouvait valablement, suivant la loi, être souscrit par le tuteur, sans qu'il eût été préalablement autorisé par un conseil de famille, autorisation qui ne pouvait elle-même être accordée que pour une nécessité absolue et un avantage évident; — Attendu que l'autorisation ne pouvait non plus être accordée qu'après un compte sommaire présenté par le tuteur, duquel résultât l'insuffisance de deniers et d'effets mobiliers, et aussi après jugement d'homologation de la délibération du conseil de famille; — Que, dans l'espèce, le tuteur a souscrit l'acte d'abandon sans autorisation aucune; — Que l'acte postérieur de quatre mois, en date du 20 sept. 1818, n'a pu, en aucun cas, réparer le vice du défaut d'autorisation, puisqu'il n'a aucun rapport à l'acte du 26 mai 1818, qui n'y est pas même mentionné; qu'ainsi l'acte du 20 sept. 1818, postérieur de quatre mois à celui du 26 mai, ne pouvait avoir l'effet de valider le traité d'aliénation antérieur auquel il était étranger et non applicable; — Que l'arrêt, appuyé sur ce motif, a formellement violé les art. 457 et 458 c. civ.; — Casse.

Du 12 mars 1859.-C. C., ch. civ.-MM. Portalis, 1er pr.-Bonnet, rap.-Tarbé, av. gén., c. conf.-Moreau et Ledru-Rollin, av.

(1) (Beck, etc. *C.* Mennet.) — LA COUR; — Considérant, en droit, que l'héritier bénéficiaire ne confond pas ses biens propres avec ceux de la succession qu'il est chargé d'administrer, et qui continuent d'être le gage exclusif de tous les créanciers de l'hérédité, comme ils l'étaient avant l'ouverture de la succession; que, de même que ces créanciers n'ont aucun droit sur les biens personnels de l'héritier bénéficiaire, de même aussi les créanciers personnels de cet héritier n'en ont aucun sur ceux de cette succession; — Que la faculté accordée par l'art. 878 c. civ., aux créanciers de la succession de demander la séparation du patrimoine, ne doit être exercée que lorsque la succession a été acceptée purement et simplement, et que par là l'héritier a confondu ses biens propres avec ceux de la succession, parce qu'alors il y a lieu de faire cesser cette confusion et de constater, d'une manière légale, quels sont les objets qui, provenant de la succession, doivent continuer d'être le gage exclusif des créanciers, s'ils le demandent, sans pour cela déroger aux droits qu'ils ont acquis sur les biens personnels de l'héritier, droits qui résultent de l'acceptation pure et simple et de la confusion qui en est la conséquence; — Qu'au contraire, la première condition voulue pour que la succession soit bénéficiaire, est que la déclaration au greffe, prescrite par l'art. 793 c. civ., soit, en conformité de l'art. 794, précédée ou suivie d'un inventaire fidèle et exact des biens de la succession, inventaire qui, pour le cas de minorité, est exigé d'une manière non moins impérative; — Que, par cet inventaire, la séparation des biens composant la succession bénéficiaire est complète et légale, et qu'il impliquerait qu'après cette contestation, faite dans l'intérêt d'abord des créanciers de la succession pour assurer leur gage et leurs recours, puis de l'héritier bénéficiaire pour désigner ceux des biens qu'il doit administrer, chacun des créanciers de la succession bénéficiaire soit obligé, dans son seul intérêt, de former une demande spéciale en séparation de patrimoine; — Que l'on ne peut pas supposer raisonnablement que la pensée du législateur ait été de multiplier ainsi sans utilité les frais si considérables que les demandes ainsi formées par chacun des créanciers exigent; qu'il est bien plus rationnel d'admettre que la séparation des patrimoines ne peut être demandée que lorsqu'il y a confusion des biens de la succession avec ceux de l'héritier, et pour faire cesser l'effet de cette confusion, c'est-à-dire lorsque l'acceptation de la succession est pure et simple et non bénéficiaire; — Considérant que l'art. 2111 du titre des hypothèques ne règle que le rang hypothécaire des créanciers entre eux, mais qu'il n'est pas attributif de droits d'hypothèque aux créanciers personnels de l'héritier bénéficiaire sur les biens de la succession; que ces créanciers ne peuvent exercer que les seuls droits de leur débiteur, et faire, quant aux biens de la succession, que ce qu'il pourrait faire lui-même; que n'étant, quant à ces biens et tant qu'il existe des créanciers, qu'un administrateur comptable envers eux, l'art. 2111, combiné avec les autres dispositions de la loi, loin de conférer à ses créanciers personnels un droit hypothécaire, interdit au contraire à l'héritier bénéficiaire de leur affecter ces biens, et il ne peut le faire, au mépris de cette prohibition expresse, qu'en encourant, comme peine, les effets et les conséquences de l'adition d'hérédité pure et simple, parce qu'il fait alors ce qu'il ne pouvait faire qu'en cette dernière qualité (art. 988 et 989 c. pr. civ.); — Considérant que, d'après l'art. 802 c. civ., l'héritier bénéficiaire peut se décharger du payement des dettes en abandonnant ses biens aux créanciers et aux légataires; que cet abandon ne peut être fait qu'aux seuls créanciers de la succession bénéficiaire et à toutes époques; que la loi n'a pas prescrit que, pour y prendre part, ces créanciers aient demandé la séparation des patrimoines; que surtout elle n'a pas autorisé les créanciers personnels de l'héritier bénéficiaire à prendre hypothèque sur les biens compris dans l'abandon, et à en paralyser l'effet en se faisant attribuer, lors de l'ordre, tout ou partie du prix provenant de ces mêmes biens.

Du 9 janv. 1837.-C. de Colmar, 3e ch.-M. Poujol, pr.

(2) (Janoré *C.* Outin.) — LA COUR; — Attendu que s'il a été reconnu en fait 1º que la succession de Jean-Baptiste Outin avait été acceptée par Robert-Parfait Outin, son frère, sous bénéfice d'inventaire; 2º que l'inventaire avait eu lieu; 3º enfin, que le demandeur lui-même, en reconnaissant que les biens, dont il s'agit au procès, appartenaient à la succession de Jean-Baptiste, n'avait pris d'inscription que sur ceux de ces biens héréditaires qui auraient pu être dévolus à Robert-Parfait Outin, son débiteur, après la liquidation de la même succession; — Que dans ces circonstances, en décidant que l'inscription hypothécaire prise par le demandeur ne pouvait avoir d'effet sur lesdits biens héréditaires de Jean-Baptiste, qu'après le payement des dettes qui les grevaient, et qu'ainsi, le même demandeur ne pouvait aucunement contester aux créanciers dudit Jean-Baptiste la séparation du patrimoine de leur débiteur d'avec celui de l'héritier Robert-Parfait Outin, l'arrêt attaqué (de Rouen, du 28 juin 1817) ne s'est mis en contradiction avec aucune loi; — Rejette.

Du 28 janv. 1819.-C. C., ch. req.-MM. Henrion, pr.-Lasagni, rap.

persuader que tous les biens qu'il possède lui appartiennent également libres ? Elles auront pris inscription sur les immeubles de la succession, et des créanciers, dont elles ne prévoyaient pas le privilége, viendront, après dix ou vingt ans, par une inscription tardive, primer tous ceux envers lesquels l'héritier s'était personnellement obligé. — On a ajouté que l'inscription est dans l'intérêt même du créancier de la succession ; car que deviendrait son privilége, non inscrit, si l'héritier venait à être déchu du bénéfice d'inventaire par un acte d'héritier pur et simple ? Les créanciers inscrits de l'héritier le primeraient, en vertu de la règle qui fait remonter au jour de l'ouverture de la succession l'effet de l'acceptation pure et simple ou bénéficiaire.

786. Le bénéfice d'inventaire emporte la séparation de patrimoines, pour tous les biens de la succession, alors même que tous les héritiers moins un ont accepté purement et simplement (Riom, 8 août 1828) (1). — Cette décision, toutefois, ne nous paraît exacte qu'autant que l'indivision subsiste entre les cohéritiers. Aussi l'arrêt ci-dessus ajoute ces mots après sa solution générale : « Surtout lorsqu'il n'y a pas eu de partage comme dans l'espèce, etc. » — Après le partage, la séparation des patrimoines se concentre sur les biens échus à ceux des héritiers qui n'ont accepté que sous bénéfice d'inventaire (Dufresne, n° 79 ; Massé et Vergé sur Zachariæ, t. 2, p. 342, note 33).

787. Le bénéfice d'inventaire ne produit-il de plein droit la séparation de patrimoines qu'au cas d'une acceptation spontanée ? En est-il de même quand le successible étant mineur est nécessairement héritier bénéficiaire ? On admet généralement que la séparation existe avec les mêmes effets dans les deux cas. Jugé ainsi dans une espèce où tous les héritiers étaient mineurs, et où le tuteur avait déclaré formellement au greffe n'accepter la succession que sous bénéfice d'inventaire. « Attendu que la succession qui, de plein droit et en raison de la minorité de tous ses héritiers, ne pouvait être que bénéficiaire, l'était d'une manière non moins formelle par la déclaration sus-indiquée, qui a eu pour effet surabondant d'avertir légalement les tiers, et d'écarter de la cause toute allégation de fraude ou de déception à leur égard, résultant d'un prétendu défaut de publicité de l'acceptation bénéficiaire ; — Emendant » (Colmar, 9 janv. 1837, 3e ch., M. Poujol, pr., aff. Beck C. Memet).

788. Il n'est pas même nécessaire que tous les héritiers soient mineurs, la minorité de l'un d'eux produit la séparation de patrimoines à l'égard de tous, et empêche ainsi que les héritiers majeurs qui ont accepté purement et simplement puissent valablement consentir sur leurs parts héréditaires aucune hypothèque en faveur de leurs créanciers personnels, et au préjudice des créanciers de l'hérédité (Cass. 18 nov. 1833) (2). — Jugé aussi que lorsque l'état bénéficiaire résulte de la minorité de quelques-uns des héritiers, la séparation des patrimoines consti-

(1) (Créanciers Bravard.) — LA COUR ; — Considérant qu'il importe peu que Benoît Bravard-Faure, qui a acquis les droits des deux autres héritiers, se soit porté héritier pur et simple du père commun, soit de son chef ou au nom de ceux dont il exerce les droits ; qu'il suffit que l'hérédité n'ait été acceptée, par l'un des successibles, que sous bénéfice d'inventaire, pour qu'elle soit considérée comme en état de déconfiture, et pour qu'on doive lui appliquer le principe qu'en toute succession seulement acceptée bénéficiairement, il y a lieu à la séparation du patrimoine du défunt d'avec ceux de ses héritiers, sans distinguer le cas où la succession est acceptée purement et simplement par l'un ou plusieurs d'entre eux, de celui où quelques-uns ne l'acceptent que sous la condition du bénéfice d'inventaire ; que le principe ci-dessus posé, n'ayant été modifié par aucune exception, doit recevoir son application, pour tous les cas où l'acceptation sous bénéfice d'inventaire est générale ou partielle, surtout lorsqu'il n'y a pas eu de partage, comme dans l'espèce, entre les cohéritiers des biens du défunt ; — Qu'il suit de là que les premiers juges n'ont eu aucun motif fondé pour se refuser d'ordonner d'une manière absolue la séparation des patrimoines de Pierre-Joseph Bravard d'avec celui de son fils ; qu'en l'admettant pour les dix seizièmes revenant à la veuve Favier, aux enfants Goyon et à Bravard-Pignol, c'était aussi le cas de l'admettre pour les six seizièmes que Benoît Bravard y amendait ; qu'en distrayant ces six seizièmes du patrimoine du père, et en les réunissant aux biens personnels du fils, pour servir de gage à ses propres créanciers, les premiers juges ont évidemment méconnu le principe et l'effet de la séparation des patrimoines, et qu'il y a lieu de réformer leur décision en ce point. — Emendant, etc.

Du 8 août 1828. — C. de Riom, 2e ch. — M. Thévenin, pr.

(2) *Espèce :* — (Chalambel et Chalchat C. Thomas, Brouhaut, Sollier.) — 4 juin 1830, arrêt confirmatif de la cour de Rouen, ainsi conçu : — « En ce qui touche les collocations faites au profit des sieurs Sollier et consorts et celles faites en faveur de la veuve et des héritiers Brouhaut : — Attendu qu'à son décès Joseph Guitton a laissé quatre enfants, deux majeurs et deux mineurs, qui ont été saisis de plein droit de sa succession ; — Attendu que cette succession a été acceptée purement et simplement par les enfants majeurs, et qu'elle a été acceptée sous bénéfice d'inventaire par la tutrice des enfants mineurs ; — Attendu que l'acceptation sous bénéfice d'inventaire n'a pu établir d'indivisibilité relativement à cette succession ; que le système de l'indivisibilité est repoussé par les dispositions de l'art. 815 c. civ., qui autorise chacun des héritiers à demander le partage, et par l'art. 883, qui décide que chaque cohéritier est censé avoir succédé seul et immédiatement aux objets compris dans sa part ; qu'il faut ainsi tenir pour constant que la succession dont il s'agit s'est divisée en deux parties, dont l'une, afférente aux enfants Guitton majeurs, est régie par les règles ordinaires, et dont l'autre, celle des enfants mineurs, est régie par les principes relatifs à l'acceptation sous bénéfice d'inventaire ; — Attendu qu'à la vérité les enfants Guitton majeurs n'ont pas provoqué le partage des immeubles provenant de la succession de leur père avant la vente judiciaire desdits immeubles ; mais que cette circonstance ne change pas la nature de la succession, et ne fait pas perdre aux enfants Guitton la qualité d'héritiers purs et simples ; que le seul résultat qu'elle produit, c'est que le partage aura lieu sur le produit des immeubles, au lieu d'avoir lieu sur les immeubles eux-mêmes ; — Attendu qu'une fois ces vérités reconnues, il demeure constant, d'une part, que les enfants Guitton majeurs ont pu hypothéquer, conformément à l'art. 2111 c. civ., en faveur des sieurs Sollier et consorts, la moitié des immeubles de la succession de leur père, qui leur était échue après son décès, et d'autre part que la veuve et les consorts Brouhaut, créanciers de Joseph Guitton, ont pu également, après sa mort, pour la conservation de leurs créances, acquérir des hypothèques valables sur la moitié des mêmes immeubles, puisque les enfants Guitton majeurs avaient accepté purement et simplement ladite succession ; — Attendu que les sieurs Chalambel et Chalchat, et autres créanciers de Joseph Guitton, n'avaient qu'une voie pour rendre sans effet les hypothèques des sieurs Sollier et consorts, de la veuve et des héritiers Brouhaut, celle, conformément à l'art. 2111, de prendre inscription, pour la conservation de leur privilége, dans les six mois de l'ouverture de la succession de Joseph Guitton, et de demander ensuite la séparation des patrimoines ; mais qu'à défaut par eux d'avoir rempli ces formalités, ils sont non recevables à critiquer les hypothèques acquises par les sieurs Sollier et consorts, la veuve et les enfants Brouhaut, et qu'ainsi les collocations faites à leur profit doivent être maintenues. »

Pourvoi des sieurs Chalambel et Chalchat, pour violation des art. 2146, 802, 878 et 2111 c. civ., en ce que la cour de Lyon a validé l'hypothèque acquise par la veuve et les héritiers Brouhaut sur la succession de Joseph Guitton, depuis son ouverture ; et cela, quoique la succession eût été acceptée sous bénéfice d'inventaire par deux des héritiers mineurs. — Arrêt.

LA COUR ; — Vu l'art. 2146 c. civ. ; — Attendu que, pour les successions acceptées sous bénéfice d'inventaire, il était de principe, dans l'ancienne législation, que la mort fixait le sort des créanciers d'un défunt, ainsi que l'état de ses biens, et par suite les droits des créanciers de toute nature sur ces mêmes biens, tant que durait l'acceptation bénéficiaire ; que le même principe s'est reproduit dans l'art. 2146 c. civ., qui déclare non valable toute inscription prise depuis l'ouverture d'une succession qui n'est acceptée que par bénéfice d'inventaire ; que vainement on a cherché à éluder, dans l'espèce, l'application de ce principe, par la circonstance que des quatre héritiers de Joseph Guitton, deux avaient accepté purement et simplement, et les deux autres bénéficiairement, à raison seulement de leur minorité ; — Que cette circonstance n'a pu rien changer au principe posé dans le susdit art. 2146, qui ne distingue pas le cas où la succession est, en totalité, acceptée bénéficiairement, de celui où elle ne l'est que partiellement ; que l'inventaire qui est fait nécessairement de l'intégralité de la succession par ceux qui n'ont accepté que sous bénéfice d'inventaire, fixe la consistance entière du patrimoine du défunt, et donne à ses créanciers le droit de se reposer sur les effets de cet inventaire, qui empêche la confusion des deux patrimoines ; que ce n'est que dans le cas d'une acceptation pure et simple de l'hérédité par tous les appelés, qu'il peut y avoir lieu de demander la séparation des patrimoines, en se conformant aux dispositions des art. 878 et 2111 c. civ. ; — Que vainement la cour royale de Lyon a invoqué, à l'appui de son système, les art. 815 et 883 dudit code ; que ces articles sont inapplicables à la cause, puisque la succession est restée volontairement indivise entre les quatre héritiers, et que rien n'a été changé entre eux à l'état existant au jour du décès jusqu'à la vente des biens dont le prix a été l'objet de l'ordre dont il s'agit ; d'où il suit qu'en s'écartant des principes ci-dessus énoncés, la cour royale de Lyon a violé expressément le susdit art. 2146 c. civ. ; — Casse, etc.

Du 18 nov. 1833. — C. C., ch. civ. — MM. Portalis, 1er pr. — Jourde, rap.

tue une situation indivisible, qu'il ne saurait dépendre des créanciers de faire cesser en acceptant les héritiers pour débiteurs ; qu'ici ne s'applique pas l'art. 879 c. nap. (Nîmes, 5 mars 1855, aff. Julian, D. P. 55. 2. 163).

789. Il est entendu, du reste, que la séparation n'a son effet vis-à-vis des héritiers majeurs que pendant l'indivision, et qu'après le partage elle est bornée aux biens tombés dans le lot des héritiers mineurs. L'arrêt ci-dessus énonce aussi cette circonstance, « que la succession est restée volontairement indivise entre les quatre héritiers, » dont deux étaient mineurs, et les deux autres majeurs et héritiers purs et simples.

790. Pour que la minorité des héritiers ou de l'un d'eux emporte de plein droit séparation de patrimoines, est-il besoin que le tuteur ait déclaré formellement accepter la succession sous bénéfice d'inventaire ? Nous ne le pensons pas, l'acceptation dans ce cas ne pouvant être que bénéficiaire (c. nap. 461 ; Conf. Nîmes, 21 juill. 1852, aff. Arliaud, D. P. 54. 2. 206). L'arrêt ci-dessus (Colmar, 9 janv. 1837, aff. Beck) prend bien en considération la circonstance de l'acceptation formelle par le tuteur, mais en ajoutant « qu'elle a eu pour effet *surabondant* d'avertir légalement les tiers, et d'écarter tout soupçon de fraude ou de déception à leur égard. » L'arrêt ne fait pas de cette acceptation la condition de la séparation de patrimoines.

791. Toutefois, il a été jugé qu'une succession échue à un mineur, mais à l'égard de laquelle il n'y a eu de la part du tuteur aucune déclaration d'acceptation faite au greffe, ne peut, bien qu'il ait été dressé un inventaire, être assimilée à une succession bénéficiaire, et emporter virtuellement séparation des patrimoines, tellement que les légataires se soient trouvés dispensés, soit de demander cette séparation, soit de prendre inscription pour la conservation de leurs droits (Agen, 29 mars 1838) (1). — Mais dans l'espèce, la cour considère avant tout cette autre circonstance

---

(1) *Espèce* : — (Suzanne Laroque C. créanciers Dumont.) — Le 18 déc. 1837, jugement du tribunal de Figeac, qui rejette les prétentions de Suzanne Laroque et maintient la collocation provisoire. Après avoir rappelé le point de fait et le texte de l'art. 2111 c. civ., les premiers juges ont motivé leur décision en ces termes :

« Mais attendu que Suzanne Laroque, partie de Fourgous, soutient que l'art. 2111 ne lui est pas applicable ; — Qu'elle se trouve placée dans l'exception posée par l'art. 2146 ; — Qu'il y a lieu d'examiner si elle peut se prévaloir de ce dernier article ; — Qu'il décide que les inscriptions ne produisent aucun effet si elles sont prises dans le délai pendant lequel les actes faits avant l'ouverture des faillites sont déclarés nuls, et qu'il en est de même entre les créanciers d'une succession, si l'inscription n'a été faite par l'un d'eux que depuis l'ouverture, et dans le cas où une succession n'est acceptée que sous bénéfice d'inventaire ; — Qu'en admettant qu'il n'y ait pas à distinguer entre les créanciers d'une même succession (celle du défunt) se débattant entre eux, et les mêmes créanciers en débat avec les créanciers personnels de l'héritier, il reste à savoir, avant tout, si, d'après le texte littéral et formel de l'article en question, la succession de Dumont père a été acceptée sous bénéfice d'inventaire ; — Qu'il est constant, tout d'abord, que la succession de Dumont père n'a jamais été acceptée expressément, du moins, d'aucune manière ; les registres du greffe en font foi, et Suzanne Laroque en convient. Dès lors cette succession doit-elle, de droit, être réputée acceptée à ce titre ? C'est la question réduite à son expression la plus simple, et qui va trouver sa solution dans les dispositions des art. 776 et 461 c. civ. ; or ces articles sont ainsi conçus : ... — Attendu que de ces deux articles il résulte textuellement : 1° que la succession échue à un mineur peut être répudiée ; 2° qu'elle peut aussi être acceptée, non par le mineur qui, privé de sa raison, ne peut rien, aux yeux de la loi, mais par son tuteur qui le représente ;

» Attendu que le droit d'accepter ou de répudier accordé au tuteur est subordonné à deux conditions fondamentales : 1° la première consiste en l'autorisation du conseil de famille ; la deuxième en un fait positif du tuteur, savoir : sa déclaration au greffe du tribunal qu'il répudie ou accepte ; en telle sorte, néanmoins, que lorsqu'il s'agit d'acceptation, elle ne puisse avoir lieu que sous bénéfice d'inventaire ; — Qu'il suit de là que, si le tuteur répudie une succession sans l'autorisation du conseil de famille, cette répudiation est nulle et ne pourra être opposée au mineur devenu majeur ; — Que, dans le cas où cette autorisation aura précédé la répudiation, ce dernier acte liera le mineur comme le majeur lui-même ; — Que, si le tuteur accepte la succession déférée au mineur, ou il l'accepte, même sous bénéfice d'inventaire, mais sans autorisation préalable, et alors l'acceptation est nulle ; ou il l'accepte purement et simplement, mais après l'autorisation du conseil, et alors cette acceptation est valable, mais comme acceptation sous bénéfice d'inventaire seulement. D'où la conséquence que, pour qu'une acceptation, même sous bénéfice d'inventaire, puisse avoir lieu à l'égard d'une succession déférée à un mineur, il faut de rigueur deux circonstances concomitantes : l'autorisation du conseil de famille, la déclaration faite par le tuteur au greffe du tribunal de sa volonté d'accepter ; — Que Suzanne Laroque n'allègue même pas qu'aucune de ces deux conditions ait été remplie ; — Qu'il y a lieu, dès lors, d'après les deux articles ci-dessus mentionnés, de déclarer que, dans aucun temps, la succession du sieur Dumont père n'a été acceptée sous bénéfice d'inventaire, ce qui rend inapplicables les dispositions de l'art. 2146 qui exige en termes exprès cette acceptation ; — Que, si ce texte de la loi repousse les prétentions de Suzanne Laroque, l'esprit des articles cités ne leur est pas moins opposé ; — Qu'il y aurait, en effet, de l'inconséquence de la part du législateur d'avoir, d'un côté, exigé, pour la validité de la répudiation et de l'acceptation bénéficiaire d'une succession échue à un mineur, certaines formalités protectrices, et d'avoir voulu, d'autre part, que l'acceptation bénéficiaire, malgré l'omission des formalités exigées, fût une chose de droit ; — Qu'une telle contradiction n'est pas admissible ; — Que, d'ailleurs, malgré les avantages attachés à l'acceptation bénéficiaire, dont le plus grand est d'éviter que l'héritier soit tenu des dettes de la succession *ultrà vires*, on ne saurait nier que ce genre d'acceptation n'ait aussi ses inconvénients ; — Que la qualité d'héritier une fois prise est indélébile, *semel hæres, semper hæres*, et qu'il n'est plus permis au mineur devenu majeur de renoncer à la succession bénéficiairement acceptée par le tuteur, dans les formes légales ; — Qu'il ne lui est pas permis davantage de retenir le don à lui fait en avancement d'hoirie, puisqu'il ne peut pas renoncer, et que, par l'effet de l'acceptation bénéficiaire, il a perdu le droit d'option (art. 845 c. civ.) ;

» Qu'on objecte en vain qu'une succession est nécessairement dans un de ces trois cas : ou répudiée, ou acceptée sous bénéfice d'inventaire, ou acceptée purement et simplement, et que c'est faire au mineur la plus belle part que de ne le considérer que comme héritier bénéficiaire ; — Que ce syllogisme n'est nullement concluant, et qu'il peut y avoir, à l'égard d'une succession, un autre état que les trois qui ont été signalés, non-seulement quant au mineur, mais encore en ce qui concerne le majeur. Ainsi, pendant les trois mois et quarante jours pour faire inventaire ou délibérer, pendant les dix, vingt ans que l'héritier reste sur les biens, mais sans faire acte d'adition, la succession est-elle répudiée ? est-elle acceptée purement et simplement ? est-elle acceptée sous bénéfice d'inventaire ? Rien de tout cela ; elle peut devenir l'une ou l'autre de ces trois choses, selon la volonté de l'héritier (art. 795, 798, et 800) ; — Qu'il n'y a pas lieu de demander, avec étonnement, ce que devient la saisine pendant tout ce temps ; — Que la saisine, en effet, est déférée par la loi à la personne qu'elle indique pour recueillir la succession ; mais qu'à côté de la maxime : *le mort saisit le vif*, se trouve cette autre maxime : *n'est héritier qui ne veut* ; et comme le mineur ne peut rien vouloir par lui-même, il s'ensuit qu'il n'est lié, par la volonté du tuteur qui le représente, qu'autant que cette volonté s'est conformée rigoureusement, dans sa manifestation, aux prescriptions de la loi. — Tout ce qu'a fait le tuteur au delà de ces limites est nul et ne saurait nuire à celui dont la tutelle lui a été confiée ; — Que s'il était nécessaire de mettre encore cette vérité dans un plus grand jour, on n'aurait qu'à se demander si, lorsque le sieur Boutaric, tuteur, n'avait pas consulté le conseil de famille pour savoir s'il convenait de répudier ou d'accepter la succession déférée à son mineur ; si, lorsqu'il n'avait fait aucune déclaration au greffe qu'il répudiait ou qu'il acceptait la succession en question, le sieur Dumont fils, parvenu à sa majorité, n'aurait pas pu renoncer valablement à cette succession ? Or, comme l'affirmative est incontestable, il faut en tirer la conséquence que la succession de son père n'était pas réputée acceptée bénéficiairement ; car, après une acceptation, même bénéficiaire, toute répudiation est impossible.

» Que l'objection, tirée de l'inutilité de l'inscription sur une succession ainsi en suspens, manque en fait et en droit ; en fait, puisque le sieur Dumont, même avant l'inscription de Suzanne Laroque, l'a acceptée purement et simplement par des actes nombreux d'héritier ; en droit, puisque l'art. 2146 ne dispenserait de l'inscription dans les six mois du décès, exigée par l'art. 2111, que tout autant que, dans cette période de temps, la succession aurait été acceptée sous bénéfice d'inventaire, sans quoi il faudrait dire aussi que l'inscription aurait été inutile même à l'égard de l'héritier majeur, qui aurait possédé vingt ans, vingt-neuf ans, sans faire acte d'adition ; et il est évident que cette prétention créerait une exception que la loi n'a pas faite, et serait insoutenable ; — Que cette autre objection, prise de ce qu'il n'y a pas lieu de demander la séparation de ce qui est séparé de fait, et que l'inventaire auquel il a été procédé, sur la demande du sieur Boutaric, a opéré la séparation du patrimoine de Dumont père de celui de Dumont fils, est tout aussi peu fondée ; — Qu'il est bien évident que la loi (art. 793, 794 et suiv.) a voulu, pour la validité d'une acceptation bénéficiaire, deux choses distinctes : 1° un inventaire ; 2° une déclaration d'acceptation sous bénéfice d'inventaire faite au greffe du tribunal ; — Que prétendre que l'accomplissement d'une de ces deux conditions suffit pour opérer

stance, que le mineur, devenu majeur, avait fait des actes d'héritier pur et simple, et qu'il en résultait la déchéance du privilége de séparation de patrimoines (même arrêt).

792. Dans tous les cas l'acceptation de la succession, sous bénéfice d'inventaire, n'a pour effet de suppléer à la séparation des patrimoines qu'autant que cette acceptation a été suivie d'un inventaire fidèle et exact, fait dans les formes et suivant les délais fixés par l'art. 794 c. nap.—Jugé ainsi dans un cas où l'on voulait exercer le privilége de la séparation sur des valeurs mobilières de la succession (Req. 28 avril 1840, aff. Pates-des-Ormes, V. *infrà*, ch. 7, sect. 5).

793. En supposant que les créanciers de la succession bénéficiaire soient dispensés de prendre inscription pour conserver le privilége de la séparation des patrimoines, sont-ils déchus de ce privilége si l'héritier vient encourir lui-même la déchéance du bénéfice d'inventaire? et en conséquence seraient-ils primés par les créanciers personnels de l'héritier qui auraient pris inscription avant ou depuis sa déchéance? Plusieurs auteurs, Delvincourt; Duranton, *loc. cit.*, ceux mêmes qui ne croient pas l'inscription nécessaire pour conférer le privilége de la séparation de patrimoines, Malpel; Marcadé, art. 878, nº 7, enseignent que la déchéance du bénéfice d'inventaire emporte déchéance de leur privilége, pour les créanciers de la succession et leur rend préférables les créanciers inscrits de l'héritier.— Cette interprétation a été consacrée, même dans une espèce où les créanciers de la succession, qui n'avaient pas demandé la séparation de patrimoines, avaient fait inscrire leur hypothèque dans les six mois de l'adition de l'hérédité. On n'a pas moins jugé que cette hypothèque ne devait être colloquée qu'après celle, inscrite antérieurement, que l'héritier bénéficiaire avait consentie à un créancier personnel avant sa déchéance (Rouen, 5 déc. 1826) (1).

794. Nous pensons, au contraire, qu'il ne peut dépendre de l'héritier d'enlever, par son fait, aux créanciers de la succession les droits qui leur ont été acquis par l'effet de l'acceptation bénéficiaire; et il a été jugé, en conséquence, qu'ils conservaient le privilége de la séparation des patrimoines, nonobstant la renonciation postérieure de l'héritier au bénéfice d'inventaire ou sa condamnation comme héritier pur et simple (Paris, 8 avril 1825; Cass. 18 juin 1833; Paris, 4 mai 1835; Req. 10 déc. 1839 (2); Paris, 16 nov. 1853.—Conf. MM. Belot-Jolimont,

---

une acceptation bénéficiaire, c'est mutiler la loi, c'est vouloir que la partie soit égale au tout, c'est réformer le législateur.—Appel.—Arrêt.

LA COUR; — Adoptant les motifs des premiers juges, dit bien jugé.

29 mars 1838.-C. d'Agen, 1re ch.-M. Tropamer, 1er pr.

(1) (Leclerc *C.* veuve Morière et Foucard.) — LA COUR; — Attendu que, quand on admettrait le système des intimés, qui soutiennent que du moment où une succession est prise par bénéfice d'inventaire, il y a séparation de fait et de droit du patrimoine du défunt d'avec celui de l'héritier, qui dispense les créanciers de la succession de toutes formalités, même de celle de l'inscription, requises par les art. 2111 et 2113 c. civ., ce système ne pourrait leur profiter que tant que durerait l'administration de l'héritier par bénéfice d'inventaire, et s'anéantirait aussitôt que l'héritier bénéficiaire aurait pris la qualité d'héritier absolu, opérant dans sa main la confusion des deux masses de biens;—Attendu que, par l'acte du 9 juin 1823, Pierre Baril fils aîné a fait acte d'héritier pur et simple, et dès lors a abdiqué la qualité d'héritier bénéficiaire, du moins avec Leclerc, avec lequel il contractait; qu'ainsi Leclerc est fondé à réclamer l'exécution de son titre hypothécaire à la date de l'inscription qu'il en a faite le 11 juin 1823, au préjudice de la veuve Morière et Foucard, quant à la portion de l'immeuble hypothéqué par ledit Baril dans l'acte du 9 juin 1823; réformant, ordonne que Leclerc sera colloqué de sa créance hypothécaire à la date de son inscription par préférence à la veuve Morière et à Foucard.

Du 5 déc. 1826.-C. de Rouen, 1re ch.-MM. Eude, pr.-Lepetit, av. gén., c. conf.-Thil, Prat et Lefort, av.

(2) 1re *Espèce* : — (Créanc. Delahoussaye.)—LA COUR;—Considérant qu'il est constant, en fait, que la succession de la dame Delahoussaye a été acceptée sous bénéfice d'iventaire par ses héritiers; que ceux-ci n'ont ni renoncé ni voulu renoncer à ce bénéfice, en s'annonçant héritiers de leur mère, sans adition quelconque, dans des actes postérieurs, et en hypothéquant leurs parts indivises et purement éventuelles dans les immeubles dépendant de la succession de leur mère; que le contraire résulte de tous les jugements, arrêts et pièces qui sont au procès, et dans lesquels ils n'ont cessé d'être qualifiés et reconnus héritiers bénéficiaires;

Considérant, en principe, que l'acceptation d'une succession sous bénéfice d'inventaire, entraîne de plein droit la séparation des patrimoines du défunt et de l'héritier, puisqu'elle en empêche la confusion; — Que la séparation des patrimoines une fois opérée, il n'est plus au pouvoir de l'héritier bénéficiaire ni de ses créanciers personnels d'enlever aux créanciers de la succession des droits qui leur sont irrévocablement acquis; qu'alors ces derniers exercent leurs droits, quels qu'en soient les titres hypothécaires ou chirographaires, sur les biens de l'hérédité, qui sont leur gage spécial; et que ce n'est qu'après qu'ils sont entièrement satisfaits que les créanciers de l'héritier peuvent agir sur le reste des mêmes biens, s'il y en a;—Confirme.

Du 8 avr. 1825.-C. de Paris, 5e ch.-M. Lepoitevin, pr.

2e *Espèce* : — (Chancerel *C.* Roussel.) — LA COUR (après un long délibéré en la ch. du cons.); — Vu les art. 802, 803, 807, 2146, 877, 878, 880 et 2111 du code civil; — Considérant qu'il faut distinguer la séparation de patrimoines qui a lieu sur la demande des créanciers d'un défunt, dans le cas où sa succession est acceptée purement et simplement, et la séparation de patrimoines qui a lieu par l'effet de la loi, quand la succession n'est acceptée que par bénéfice d'inventaire; que, dans le premier cas, l'héritier étant saisi sous condition de tous les biens du défunt, il s'opère dans la main de l'héritier une confusion de ses biens avec ceux de son auteur; que c'est pour établir une séparation entre ces deux patrimoines que la loi a donné aux créanciers du défunt, sous certaines conditions, la faculté de demander que la confusion n'ait pas lieu par rapport à eux; que, dans le deuxième cas, ce n'est pas sur leur demande que la séparation des deux patrimoines s'établit;—Que l'inventaire des biens du défunt pose, entre les deux masses de biens, une barrière qui exclut les créanciers du défunt de tous droits sur les biens de l'héritier, mais qui, en même temps, leur assure un gage exclusif dans le patrimoine du défunt, meubles et immeubles; que, dans ce cas, l'héritier bénéficiaire n'est véritablement qu'un administrateur comptable; et que, dans une telle situation, les créanciers n'ont point à demander une séparation de patrimoines qui existe si évidemment; que la faculté d'exercer l'action en séparation de patrimoines n'a été introduite que pour le cas d'acceptation pure et simple, et de la confusion qui en dérive; qu'ainsi la condition imposée par l'art. 2111 du code, aux créanciers du défunt, et qui limite à six mois l'exercice de leur demande, et qui leur impose l'obligation de prendre inscription dans ce délai, ne s'applique qu'à l'art. 878, auquel l'art. 2111 renvoie positivement; —Considérant que la séparation de patrimoines opérée par l'acceptation sous bénéfice d'inventaire, par l'acte authentique passé au greffe, et par l'inventaire qui en est la condition essentielle, ne peut, par rapport aux créanciers de la succession, disparaître et cesser d'avoir effet par la suite, et moins encore plusieurs années après, par le fait de l'héritier; —Considérant que la peine d'être, en ce cas, considéré comme héritier pur et simple, est établie en faveur des créanciers du défunt, et ne peut, par conséquent, tourner contre eux, et les priver de leur gage exclusif; qu'eux seuls pourraient invoquer cette déchéance, puisqu'elle n'existe que pour eux; que ni l'héritier bénéficiaire, ni ses créanciers ne peuvent se créer un droit par un fait personnel de cet héritier administrateur comptable;

Considérant qu'une doctrine contraire ouvrirait carrière à des fraudes qu'il serait impossible de constater, puisque l'héritier pourrait, par un fait même secret et à l'insu des créanciers de la succession, leur enlever leur gage, et l'attribuer à ses propres créanciers; que l'héritier pourrait aussi, en faisant acte d'héritier, postérieurement aux six mois du délai de rigueur prescrit par l'art. 2111, enlever aux créanciers de la succession le droit de prendre la voie de la demande en séparation de patrimoines; qu'en jugeant le contraire, et en décidant, dans l'espèce, que les héritiers Chancerel seraient rejetés de l'ordre sur les biens dépendant de la succession de Roussel père, parce qu'ils n'avaient pas demandé la séparation des patrimoines, et pris inscription dans le délai de la loi, la cour de Caen a expressément violé les lois précitées;—Casse.

Du 18 juin 1833.-C. C., ch. civ.-MM. Portalis, 1er pr.-Bonnet, rap.-Laplagne, 1er av. gén., c. contr.-Lagarde fils et Dalloz, av.

Sur le renvoi prononcé par l'arrêt ci-dessus, la cour de Paris a statué dans le même sens entre les mêmes parties:

LA COUR; — Attendu que l'art. 2111 c. civ. ne s'applique qu'au cas où, conformément à l'art. 878, il y a lieu à demander la séparation des patrimoines; — Considérant que, dans le cas où une succession est acceptée sous bénéfice d'inventaire, il n'y a pas lieu à demander une séparation, qui est établie de plein droit par l'art. 802; — Considérant que la déchéance du bénéfice d'inventaire est une peine prononcée contre l'héritier, et qui ne peut rendre moins favorable la position des créanciers de la succession, pour lesquels l'acte d'acceptation bénéficiaire a dû tenir lieu de l'inscription prescrite par l'art. 2111 seulement pour le cas d'acceptation pure et simple; — Infirme; au principal, maintient la collocation des appelants, etc.

Du 4 mai 1835.-C. de Paris, aud. solenn.-M. Miller, pr.

3e *Espèce* :—(Donney *C.* Latour d'Auvergne.)—LA COUR;—Attendu que le droit à la division des patrimoines est acquis aux créanciers par le seul fait de l'acceptation de la sucession sous bénéfice d'inventaire, et qu'ils n'ont dans ce cas rien à faire pour le conserver (art. 878, 2111 et 2146 c. civ.), d'où on doit conclure que l'acceptation postérieure de

art. 878, obs.; Fouet de Conflens, même arrêt, n° 10; Blondeau, p. 505; Massé et Vergé, t. 2, p. 342, note 35); — 2° Que lorsqu'un donataire à titre particulier est devenu héritier sous bénéfice d'inventaire du donateur, il ne peut ensuite, par un acte d'héritier pur et simple, opérer la confusion que le bénéfice d'inventaire avait eu pour effet de prévenir, et les créanciers du défunt, exerçant les droits de celui-ci, peuvent demander la révocation de la donation pour inexécution de ses conditions (Cass. 29 juin 1853, aff. veuve Mozer, D. P. 53. 1. 282).

795. C'est ainsi encore que le transport fait par l'héritier bénéficiaire, au profit d'un tiers, de sa créance personnelle contre la succession, ne reçoit aucune atteinte de la renonciation postérieure au bénéfice d'inventaire, sauf l'exception de fraude et de simulation (Req. 10 déc. 1839, V. n° 794).

796. Toutefois, il a été décidé qu'à supposer que l'acceptation d'une succession sous bénéfice d'inventaire opère de plein droit la séparation des patrimoines et ait pour effet de dispenser les créanciers du défunt de prendre l'inscription requise par l'art. 2111 c. nap., pour la conservation de leur privilége, vis-à-vis des créanciers de l'héritier, cependant s'il y a eu depuis acceptation pure et simple de la part de ce dernier, ils ont dû, à partir de cette acceptation, prendre l'inscription dont parle l'art. 2111 (Bordeaux. 24 juill. 1851) (1).

797. La question de déchéance du bénéfice de la séparation de patrimoines s'est élevée aussi dans le cas où la séparation résulte de plein droit de la minorité des héritiers ou de l'un d'eux, et il a été jugé que la séparation continue de subsister même après que l'un des héritiers a, depuis sa majorité, fait acte d'héritier pur et simple, emportant, à son égard, déchéance de ce bénéfice... (Nîmes, 21 juill. 1852, aff. Arliaud, D. P. 54. 2. 206). Seulement la déchéance a pour effet de donner aux créanciers de la succession le droit de poursuivre cet héritier sur ses biens personnels (Colmar, 9 janv. 1837) (2). — Mais il a été décidé, au contraire, à l'égard d'un légataire de la succession qui n'avait pas pris inscription, à raison de la minorité de l'un des héritiers, que le privilége de la séparation s'évanouissait à défaut de cette inscription, depuis que le mineur devenu majeur avait fait des actes d'héritier pur et simple (Agen, 29 mars 1838, aff. Laroque, V. n° 791).

798. On vient de voir que le bénéfice d'inventaire dispense les créanciers de succession de demander la séparation de patrimoines. Il n'en faut pas conclure, toutefois, qu'une telle demande ne serait pas recevable. — Jugé, en effet, que la séparation de patrimoines peut être demandée contre l'héritier bénéficiaire même mineur (Lyon, 24 juill. 1835) (3).

799. Le quatrième effet du bénéfice d'inventaire est « de conserver à l'héritier le droit de réclamer contre la succession le payement de ses créances » (c. nap. 802). — Jugé qu'il en était ainsi sous l'empire de l'ancien droit : — « Attendu que l'effet du bénéfice d'inventaire est d'empêcher la confusion des biens et droits de l'héritier bénéficiaire avec ceux du défunt; qu'il suit de là que Cassany, n'ayant accepté la succession de sa mère que sous bénéfice d'inventaire, a pu exercer ses créances personnelles envers cette succession et envers ses cautions sans être repoussé par la disposition de la loi 7, C. *de Pactis*, et des art. 1300 et 1301 c. nap.; rejette » (Rej. 1er déc. 1812, MM. Muraire, pr., Roger, rap., aff. hérit. Cassany).

800. Il suit de là que l'héritier béficiaire peut exercer contre des tiers les actions qui leur donneraient un recours contre la succession, sans qu'ils aient le droit de lui opposer sa qualité d'héritier. Par exemple, il pourrait revendiquer sa chose propre, qui aurait été vendue par le défunt, nonobstant la maxime : *Quem*

---

la succession, purement et simplement, ne peut pas avoir un effet rétroactif au préjudice des créanciers ; — Attendu qu'il en est de même de l'usage antérieur, fait de bonne foi par l'héritier bénéficiaire, du privilége que lui donne l'art. 802 de ne pas confondre ses biens personnels, et de se faire payer ses propres créances, en les transportant à des tiers ; le transport ne peut recevoir aucune atteinte de la renonciation postérieure au bénéfice d'inventaire ; — Attendu, en fait, que l'exception de fraude et de simulation a été écartée par la cour royale; que l'aliénation des immeubles n'a été ni justifiée ni reconnue, non plus que la vente du mobilier de la succession; que la cession de droits incorporels n'a été qu'un acte de liquidation; que la date n'en a été d'ailleurs ni justifiée ni même indiquée; que la constitution d'hypothèques par l'héritier bénéficiaire serait illusoire et sans effet (art. 2146), et que cette exception n'a pas même été proposée; — Rejette.

Du 10 déc. 1839.-C. C., ch. req.-MM. Zangiacomi, pr.-Mestadier, r.

(1) (Guesnon, etc. C. Cabinac.) — LA COUR ; — Attendu que, s'il est vrai que tant que la succession du sieur Pelet-d'Anglade est restée bénéficiaire, ces créanciers n'ont pas eu besoin de prendre l'inscription pour conserver leur droits sur cette succession, et jouir du bénéfice de la séparation du patrimoine de leur débiteur d'avec celui de ses héritiers, puisque cette séparation existait virtuellement et par la seule force de la loi, nonobstant toutes inscriptions qu'auraient pu prendre les créanciers (art. 802 c. civ.), il a dû en être autrement dès l'instant que cette succession, acceptée d'abord sous bénéfice d'inventaire, est devenue ensuite pure et simple, au moyen des divers actes d'héritier qu'a faits le sieur Pelet-d'Anglade fils ; — Que, dès cet instant, les biens personnels de cet héritier s'étant confondus avec ceux de la succession, les créanciers n'ont pu faire cesser cette confusion qu'en demandant la séparation du patrimoine du défunt, et en prenant inscription en conformité de l'art. 2111 c. civ. ; — Attendu que les dames de Vassan et Guesnon, ayant négligé de prendre inscription dans les six mois à compter de l'acceptation pure et simple de la succession, c'est avec raison que les premiers juges les ont déclarées non recevables dans leur demande en séparation de patrimoines, ont rejeté leur contredit et maintenu l'ordre provisoire du commissaire... ; — Met l'appel au néant; etc.

Du 24 juill. 1851 (ou 1850).-C. de Bordeaux, 2e ch.-M. Duprat, pr.

(2) (Beck, etc. C. hérit. Mennet.) — LA COUR ; — Considérant que la circonstance que l'un des héritiers bénéficiaires paraît avoir fait, depuis sa majorité, et longues années après l'ouverture de la succession, un ou plusieurs actes emportant adition d'héritier pur et simple, ne peut pas rétroagir dans ses effets envers les créanciers de la succession, ni faire cesser à leur égard ce qui est résulté de l'acceptation bénéficiaire primitivement faite et de la séparation de patrimoines opérée dans l'intérêt de tous par l'inventaire qui a eu lieu; qu'elle ne peut pas surtout les obliger à demander une séparation de patrimoines, qui résulte, de fait et de droit, de ce même inventaire et de la qualité d'héritier bénéficiaire en laquelle il a été fait; que la seule conséquence qui puisse résulter de cette adition d'hérédité pure et simple est que, comme peine infligée en faveur des créanciers de la succession, cet héritier se trouve déchu du bénéfice d'inventaire, et qu'il peut être poursuivi par ces créanciers sur ses biens personnels; — Qu'ainsi c'est à tort que les appelants principaux n'ont pas été colloqués, comme créanciers de la succession bénéficiaire, sur le prix des biens en provenant, avant les intimés (héritiers Mennet, créanciers de l'un des enfants Meyer) qui ne sont que créanciers des héritiers; — Par ces motifs, a mis et met l'appellation et ce dont est appel au néant; émendant...., dit que le premier rang d'hypothèque appartient aux appelants, etc.

Du 9 janv. 1837.-C. de Colmar, 3e ch.-M. Poujol, pr.

(3) (Lacour C. Chavot.) — LA COUR ; — Attendu que l'acceptation sous bénéfice d'inventaire de la succession du débiteur ne saurait être un obstacle à la demande en séparation des patrimoines, parce que l'héritier bénéficiaire peut toujours, par son fait, et dans plusieurs circonstances prévues par la loi, se mettre dans le cas d'être regardé comme héritier pur et simple (c. civ., art. 792, 794 et 801); — Qu'on ne peut non plus se prévaloir, contre la dame Lacour, de ce que, dans l'espèce particulière, les héritiers bénéficiaires sont encore mineurs, parce que, s'il est vrai que des mineurs ne peuvent faire acte d'héritiers purs et simples, et rendre ainsi nécessaire, par leur fait, l'exercice de l'action en séparation de patrimoines, il est cependant possible qu'ils meurent avant l'acquittement de la dette, et qu'ils soient remplacés par des héritiers majeurs qui disposeraient des biens de la succession, ou les engageraient, sans que la dame Lacour eût le droit alors de former une demande en séparation qui serait tardive et sans effet, pour n'avoir été ni formée dans le temps voulu par la loi, ni assurée par l'inscription exigée; — Qu'on ne peut opposer davantage à la dame Lacour ce fait particulier, que ses créances seront échues avant la majorité des héritiers bénéficiaires, parce que, si, malgré l'échéance, son payement était retardé jusqu'après cette majorité, et que les héritiers devenus majeurs vinssent à disposer de la succession, sa demande en distinction des patrimoines pourrait être encore, dans ce cas repoussée, par les mêmes moyens; — Attendu que, si la dame Lacour a pu, d'après ces principes, former sa demande, et prendre, avant l'expiration du délai de six mois, une inscription à fins de séparation des patrimoines, il est juste cependant que les frais de ces mesures conservatrices de son droit ne retombent sur les héritiers du débiteur qu'autant que l'événement prouverait par la suite que les craintes qui la font agir n'étaient pas sans fondement; — Qu'il faut, toutefois, distinguer entre les différentes espèces de frais faits par la dame Lacour; — Que les frais qu'elle a faits sur la demande en reconnaissance des billets doivent être mis définitivement à sa charge, suivant les dispositions de la loi du 3 sept. 1807, la reconnaissance n'ayant pas été contestée.

Du 24 juill. 1835.-C. de Lyon.-M. le marquis de Belbeuf, 1er pr.

de evictione tenet actio, eumdem agentem repellit exceptio. L'acquéreur aurait seulement une indemnité à réclamer contre la succession bénéficiaire (Bastia, 27 déc. 1843, aff. Santa-Maria, V. Minorité, n° 549-7°; Toullier, t. 4, n° 340; Chabot, t. 3, p. 7; Delvincourt, t. 2, p. 33, n° 2; Duranton, t. 7, n° 32; Vazeille, art. 802, n° 5; Marcadé, art. 802, n° 3). Jugé de même, dans une espèce où les biens aliénés par le défunt n'étaient pas les biens personnels de l'héritier bénéficiaire, que celui-ci n'est pas tenu de garantir les faits de son auteur; qu'en conséquence il peut, de son chef, demander la nullité des aliénations indûment consenties par ce dernier, sans que cette demande puisse être repoussée par l'exception *Quem de evictione tenet actio* (Grenoble, 28 mars 1835, M. Maurel, pr., aff. Passard *C.* Magnat-Isabeau). — Il y a, toutefois, une décision contraire de la cour de Riom du 13 déc. 1807 (1).

801. Suivant un autre arrêt, dans le cas où l'action en revendication de biens dotaux de leur mère est obtenue par des enfants garants, à titre d'héritiers bénéficiaires, de leur père vendeur, il y a lieu d'autoriser les tiers acquéreurs à conserver, par droit d'insistance, les immeubles revendiqués, jusqu'après l'apurement du compte de la succession bénéficiaire, ou la renonciation à cette succession; jusque-là, l'héritier bénéficiaire, bien que non obligé personnellement, ne laisse pas que d'être comptable, et présumé débiteur (Aix, 31 juill. 1828) (2).

802. L'héritier bénéficiaire peut répéter contre la succession non-seulement ses créances personnelles, mais encore celles dont il était devenu cessionnaire avant l'adition d'hérédité (Req. 14 janv. 1839) (3).

803. Mais la compensation légale a lieu entre l'héritier bénéficiaire et la succession (Bilhard, n° 101).

804. L'héritier bénéficiaire qui a payé, de ses deniers, un créancier du défunt, jouit de la subrogation légale sur la seule déclaration que c'est avec son argent qu'il a payé, sauf à la partie intéressée à protester contre les poursuites du bénéficiaire jusqu'à l'apurement de la succession (Bilhard, n° 103).

805. Contre qui l'héritier bénéficiaire exerce-t-il ses actions personnelles sur la succession? Contre ses cohéritiers, s'il en a, bénéficiaires ou purs et simples; et s'il n'en a pas, contre un curateur au bénéfice d'inventaire, qu'il fait nommer à cet effet dans la même forme que le curateur à la succession vacante (c. pr. 996). — Jugé qu'avant le code Napoléon l'héritier bénéficiaire devait aussi, en pareil cas, pour avoir un légitime contradicteur, faire nommer un curateur à la succession (trib. d'appel de Paris, 15 flor. an 10, aff. Raviès *C.* Dièrès).

806. La nomination d'un curateur au bénéfice d'inventaire, dont parle l'art. 996 c. pr., n'est pas prescrite à peine de nullité; seulement, les condamnations obtenues contre la succession par l'héritier bénéficiaire, ou son cessionnaire, ne sont opposables, à défaut de curateur, qu'aux créanciers appelés dans l'instance.

Du reste, la nomination d'un tel curateur est inutile quand c'est dans un ordre où tous les créanciers sont appelés, que l'héritier bénéficiaire demande à être payé de ses créances personnelles contre la succession : — « Attendu que, dans l'espèce, il s'agissait d'une distribution entre les créanciers de la succession, tous appelés à la discussion de leurs intérêts respectifs, ce qui rendait inutile la nomination d'un curateur; — Attendu, d'ailleurs, que l'art. 996 ne prononce pas la nullité; d'où il résulte seulement que le jugement rendu en l'absence d'un curateur ne peut être opposé aux créanciers qui n'ont pas été appelés dans l'instance; — Rejette le pourvoi formé contre l'arrêt de la cour de Paris (Req. 10 déc. 1839, MM. Zangiacomi, pr., Mestadier, rap., aff. Donney et Beaufils *C.* Latour-d'Auvergne, etc.).

807. Lorsqu'il s'agit de la succession bénéficiaire d'un failli, c'est contre les syndics définitifs que l'héritier doit diriger ses actions; ce n'est pas le cas, l'héritier fût-il même seul, de faire nommer un curateur au bénéfice d'inventaire, conformément à l'art. 996 c. pr. (Amiens, 14 mars 1820, aff. Jamin, V. Faillite, n° 218-8°).—Cette décision est approuvée de M. Duranton, t. 7, n° 33.

808. L'héritier bénéficiaire peut transporter à un tiers ses créances personnelles contre la succession, et les créanciers de

(1) *Espèce :* — (Flouvat *C.* Pourat.) — 9 février 1749, donation immobilière de Jean Flouvat à Antoine son frère. Le donataire n'exécute point les conditions de la donation. Le donateur en demande la révocation. Mais le 31 déc. 1789, il intervient un traité entre eux par fondés de pouvoirs respectifs. Le donateur, est-il dit dans le traité, se départ de toute prétention moyennant la restitution d'un des immeubles donnés. Quelque temps après, le donateur, Jean Flouvat, vend à Pourat-Flouvat le domaine à lui cédé par la transaction de 1789. Il meurt sous l'empire du code, en l'an 12. Le donataire, Antoine Flouvat, décéda bientôt après, laissant deux enfants qui lui succédèrent, et qui en même temps recueillirent la succession de Jean Flouvat, sous bénéfice d'inventaire. Les enfants d'Antoine, comme héritiers de leur père donataire, revendiquent entre les mains de Pourat l'immeuble vendu par Jean, attendu que cet immeuble faisait partie de la donation du 9 fév. 1749; que la rétrocession faite au donateur le 31 déc. 1789 ne lui en a point conféré la propriété, les fondés de procuration du donataire n'ayant pas de pouvoirs suffisants pour consentir une telle rétrocession. Pourat soutient les héritiers non recevables, en ce qu'ils sont aussi héritiers du donateur qui a vendu. Il leur oppose la maxime : *Quem de evictione tenet actio, eumdem agentem repellit exceptio.* Les parties, pour prouver que cette maxime était ou non applicable à l'héritier bénéficiaire, invoquaient réciproquement les auteurs cités pour et contre par Lebrun, des Succ., liv. 3, ch. 4, n° 71. — Jugement qui condamne les héritiers bénéficiaires. — Appel. — Arrêt.

La cour; — Considérant que les enfants d'Antoine ont accepté sous bénéfice d'inventaire la succession de Jean Flouvat, vendeur du domaine du Mas, et qu'en cette qualité d'héritiers bénéficiaires, ils sont garants de l'action en désistement par eux exercée comme donataires du chef de leur père Antoine Flouvat; — Confirme, etc.

Du 13 déc. 1807.-C. de Riom.

(2) (Jaubert *C.* Baudoul, etc.)—La cour;—Considérant que, tandis que les frères et sœurs Jaubert, comme héritiers de leur mère, obtiennent sur les tiers acquéreurs la revendication de ses biens dotaux, ceux-ci obtiennent garantie contre les frères et sœurs Jaubert, comme héritiers bénéficiaires de leur père; qu'en qualité d'héritiers bénéficiaires, lesdits frères et sœurs Jaubert sont comptables, et, par conséquent, présumés débiteurs jusqu'à l'apurement; que, dans cette situation, il serait injuste qu'ils rentrassent en possession des biens dont la revendication est accordée, lorsqu'ils retiendront, d'un autre côté, le prix, les loyaux coûts et les améliorations, à la restitution desquels ils sont condamnés comme héritiers bénéficiaires; qu'il dépend d'eux de faire cesser le droit d'insistance, accordé aux acquéreurs évincés, en apurant promptement la succession bénéficiaire, ou en déclarant y renoncer; qu'entendu dans ce sens, ce chef du jugement dont est appel est juste, et doit être confirmé; — Confirme, etc.

Du 31 juill. 1828.-C. d'Aix.-M. de Sèze, 1er pr.

(3) (Dangé *C.* Dorsay.) — La cour; — Sur le premier moyen (violation des principes du mandat et de l'hérédité bénéficiaire, spécialement des art. 1596 et 803 c. civ.) : — Attendu que les principes invoqués par les demandeurs ne peuvent recevoir application dans l'espèce; — Qu'en effet, en admettant, comme le soutiennent les demandeurs, que l'héritier bénéficiaire ne puisse pas acquérir de créances contre la succession, il n'en résulterait aucun argument contre la créance dont il s'agit au procès, soit parce que l'arrêt attaqué déclare, en fait, que la dame Creuzé de Lesser n'était pas héritière du sieur Dangé de Bagneux, son père, à la succession duquel elle avait renoncé, soit parce que, dans le cas même où elle devrait être considérée comme héritière, l'acquisition de la créance étant antérieure à sa prétendue adition d'hérédité, la créance était alors sa chose personnelle, ce qui lui donnait le droit d'en réclamer le payement, conformément à l'art. 802 c. civ.;...

Sur le troisième moyen (fausse application et violation des anciens principes relatifs à la préférence du douaire sur les reprises de la femme) :— Attendu que l'arrêt attaqué s'est exactement conformé aux principes de l'ancienne jurisprudence sur l'ordre à observer pour le payement de la dot, du douaire et des autres reprises de la femme; — Que les demandeurs eux-mêmes le reconnaissent et se bornent à soutenir que la question se réduisait à un point de fait non contesté par les héritiers de Bagueux, qui auraient reconnu, dans des conclusions signifiées, que les reprises de leur aïeule, à raison de leur nature, devaient obtenir une préférence sur le douaire; qu'ainsi la question ne portait pas sur un point de droit, mais sur une appréciation de faits et une qualification de créances que la cour royale (d'Orléans) pouvait faire souverainement;

Sur le quatrième moyen (violation du contrat judiciaire et des art. 1354 et 1356 c. civ.) :

Attendu que le prétendu contrat judiciaire, de la violation duquel se plaint le demandeur, avait été formé entre les héritiers Creuzé de Lesser et les héritiers de Floressac; — Que, quelle que soit la force des aveux passés entre les héritiers de Lesser et les héritiers de Floressac, ils sont étrangers au sieur Dangé-Dorsay, demandeur, qui n'est pas recevable à les invoquer ni à se plaindre de leur violation; — Rejette.

Du 14 janv. 1839.-C. C., ch. req.-MM. Zangiacomi, pr.-Brière, rap.

cette succession sont sans intérêt pour contester ce transport (Req. 4 déc. 1839) (1).

809. La prescription ne court pas contre l'héritier bénéficiaire, à l'égard des créances qu'il a contre la succession (c. nap. 2258), si toutefois le successible avait laissé s'écouler plus de trente ans avant de prendre qualité; la prescription de ses créances contre la succession aurait pu s'accomplir dans l'intervalle, sans qu'il pût prétendre que l'effet de son acceptation tardive sous bénéfice d'inventaire, remonte au jour de l'ouverture de la succession et fait ainsi obstacle à ce que ces créances aient pu se prescrire (Limoges, 16 mars 1838, aff. Poisle, V. Prescription).

Art. 4. — *De l'administration et des obligations de l'héritier bénéficiaire.*

§ 1.—*Caractères généraux de l'administration de l'héritier bénéficiaire.*

810. L'héritier bénéficiaire « est chargé d'administrer les biens de la succession » (c. nap. 803). — Toutefois, et suivant un arrêt, cette administration peut être confiée par les juges à un étranger, si des circonstances particulières dont l'appréciation leur appartient exclusivement, telles que l'éloignement de quelques-uns des héritiers (lorsqu'il y en a plusieurs, et tous sous bénéfice d'inventaire), l'opposition d'intérêt des autres, exigent, dans l'intérêt même de la conservation de tous les droits, et notamment de ceux des créanciers, que la gestion des biens soit confiée à des mains étrangères (Req. 5 août 1846, aff. Bonenfant, D. P. 46. 4. 467).

811. A qui appartient l'administration de la succession, lorsque l'héritier bénéficiaire est en concours avec un donataire universel en usufruit des biens du défunt? Deux arrêts ont statué en sens divers, accordant la préférence, l'un à l'héritier bénéficiaire sur la veuve donataire en usufruit, qui avait d'abord renoncé à la communauté et à la donation (Paris, 25 juill. 1826) (2); l'autre au donataire universel en usufruit. Et spécialement l'héritier bénéficiaire ne peut revendiquer l'administration des biens sur le motif que la succession est en déconfiture et la donation stérile, et demander la nullité des oppositions formées entre les mains des fermiers, comme contraires à son droit d'administrer, quoique ces oppositions aient été jugées valables avec le donataire universel (Paris, 26 août 1816) (3).

812. La qualité d'héritier bénéficiaire est exclusivement personnelle à cet héritier. En conséqence, les droits et actions qui en dérivent ne peuvent être exercés par ses propres créanciers. Et spécialement le créancier d'un héritier bénéficiaire ne peut, ni en son nom personnel ni comme représentant cet héritier, interjeter appel d'un jugement rendu contre ce dernier en qualité d'héritier bénéficiaire; il ne pourrait, à défaut d'intervention dans l'instance, attaquer le jugement qu'autant qu'il alléguerait qu'il est le fruit de la collusion (Paris, 19 mars 1850, aff. Léguillon, D. P. 51. 2. 226).

813. La condition de l'héritier bénéficiaire comme administrateur, diffère en plusieurs points de celle d'un administrateur ordinaire : 1° c'est sa *propre chose* qu'il administre; car le bénéfice d'inventaire n'ôte pas à l'héritier la propriété des choses héréditaires. Il est ce que les auteurs appellent *procurator in rem suam*.—2° S'il fait des actes qui excèdent les bornes d'une *administration*, ils ne sont pas nuls, seulement ils emportent *déchéance* du bénéfice : on en verra plus loin divers exemples.—3° S'il gère mal, s'il se rend coupable de *fraude*, il ne perd pas la gestion, mais il la continue à titre d'*héritier pur et simple*.—4° Il n'est point *salarié* pour ses peines, ne retirât-il aucun profit de la succession, et la liquidation eût-elle entraîné beaucoup de lenteurs et d'embarras. Il ne peut que répéter ses *avances* et déboursés; il n'a pas même le droit de prendre sa *nourriture* ou son *logement* sur les biens de la succession, soit pendant, soit après les délais pour délibérer. Il était libre de ne pas encourir les risques d'une administration infructueuse; ensuite, répétons-le, il a fait ses affaires propres en même temps que celles des créanciers. C'est une solution généralement accréditée (Duparc-Poullain, t. 4, Principe du droit, p. 93; Bretonnier, Quest. de dr., p. 58; Denisart, v° Compte, n° 6; MM. Chabot, t. 3, p. 24; Toullier, t. 4, n° 372; Malpel, n° 228; Delvincourt, t. 2, p. 33, notes; Vazeille, sur l'art. 803, n° 9).—5° Il n'est tenu que des *fautes graves*, au lieu que l'administrateur ordinaire est responsable même des fautes légères (c. nap. 804, 1999. — § 1, Institut. *De oblig. quæ quasi ex contr. nasc.*). — Que doit-on entendre par ces mots *fautes graves* de l'art. 804 c. nap.? Il semble que ce sont les fautes simplement *graves*, non les fautes très-graves. — V. Responsabilité.

814. L'héritier bénéficiaire administre dans l'intérêt commun de tous ceux qui ont des droits sur la succession.—Jugé en conséquence que l'héritier bénéficiaire, administrateur de la succession, qui avant le partage acquiert, moyennant une somme inférieure à sa valeur, une créance contre l'hérédité, doit être réputé avoir agi comme mandataire de ses cohéritiers et avoir fait une affaire commune à tous; il n'est, dès lors, pas fondé à prétendre s'approprier exclusivement le bénéfice de cette affaire (Paris, 10 mai 1850, aff. Froidefond Duchatenet D. P. 50. 2. 186). — Jugé toutefois que l'héritier nommé par jugement, gérant et liquidateur d'une succession bénéficiaire, ne représente pas ses cohéritiers d'une manière absolue, à tel point que ceux-ci ne puissent intervenir dans les procès concernant la succession, et qui auraient été intentés contre le gérant seul, alors surtout qu'il s'agit d'une demande en délaissement d'un immeuble, ou en délivrance d'une seconde grosse pour parvenir à ce délaissement (Bordeaux, 1re ch., 9 mars 1841, M. Roullet, pr., aff. Froidéfond-Duchatenet C. Froidefond de Bellile et de Mesion.

815. L'héritier bénéficiaire, administrant les biens dans l'intérêt commun des créanciers et de l'hérédité, a intérêt et qualité pour contester, en vertu de l'art. 2146, la validité de l'inscription hypothécaire, comme prise sur les biens de la succession depuis son ouverture. Vainement opposerait-on le défaut d'intérêt résultant de l'état obéré de la succession (c. nap. 803) : « Attendu que l'héritier bénéficiaire administre les biens de la succession dans l'intérêt commun de l'hérédité et des créanciers, et qu'il es comptable de son administration; qu'ainsi, il a incontesta-

---

(1) (Rabourdin C. Lebourgeois-Ducherray.) — La cour; — Attendu que l'arrêt attaqué déclare, en fait, d'une part, que le sieur Rabourdin était créancier de la succession de la veuve Gagnieux, et n'avait aucune action personnelle contre le sieur Simon Brullée, héritier sous bénéfice d'inventaire de ladite veuve Gagnieux, et, d'une autre part, que la somme de 2,500 fr. due au sieur Simon Brullée, par la veuve Brullée ou par le sieur Patinot, était une propriété personnelle dudit sieur Simon Brullée; que ces faits, dont la constatation rentrait dans les attributions souveraines et exclusives de la cour royale, justifient suffisamment les dispositions de l'arrêt attaqué; — Qu'il en résulte, en effet, que le sieur Rabourdin, quel que fût le sort des contestations élevées au sujet de la somme de 2,500 fr. dont il s'agit, n'aurait aucun droit sur cette somme qui n'appartient pas à la succession bénéficiaire dont il est créancier; — Attendu que ces motifs repoussent également les trois moyens de cassation invoqués par le demandeur; — Rejette le pourvoi contre l'arrêt de la cour de Paris du 12 juill. 1858.

Du 4 déc. 1839.-C. C., ch. req.-MM. Zangiacomi, pr.-Brière, rap.-Gillon, av. gén.-Galisset, av.

(2) (Veuve de Vergennes C. de Vergennes.)—La cour;—En ce qui touche l'administration de la succession : — Attendu que le comte de Vergennes, héritier bénéficiaire, est, par cela même, administrateur de la succession, et que, par sa position, il est plus à même de suivre la liquidation des indemnités qui peuvent revenir à la succession de son frère que la veuve, qui avait, dans l'origine, renoncé à la communauté et à la donation;—Reçoit le vicomte de Vergennes opposant à la demande d'envoi en possession de la succession du comte de Vergennes, formée par sa veuve, sauf à la veuve de Vergennes à faire les actes conservatoires nécessaires pour se faire inscrire au trésor, comme usufruitière des indemnités revenant à la succession de son mari, et encore, sauf sa présence aux opérations de liquidation de la succession, et aux actes à faire entre l'héritier bénéficiaire et les créanciers, etc.

Du 25 juill. 1826.-C. de Paris, 1re ch.-M. Séguier, 1er pr.

(3) (Flavigny C. Desvieux.)—La cour;—Attendu que la veuve Desvieux est donataire en usufruit par une clause de son contrat de mariage, à laquelle on ne justifie pas qu'elle ait renoncé, et que les héritiers Desvieux, saisis uniquement de la nue propriété, n'ont aucun droit en ce moment de s'immiscer dans la perception des revenus de l'immeuble dont il s'agit, lequel a été loué par la veuve Desvieux;—Emendant, etc.

Du 26 août 1816.-C. de Paris.-M. Agier, pr.

blement intérêt et qualité dans tous les cas, pour examiner et discuter les prétentions de chaque créancier, surtout lorsque, parmi les héritiers bénéficiaires qui figurent au procès, il s'en trouve un qui est reconnu avoir des droits personnels à exercer contre la succession» (Paris, 15 nov. 1828, M. Dupaty pr., aff. Pâris *C.* Vanspaëen Donck).

816. Il n'y a pas solidarité ni indivisibilité dans l'administration d'une succession bénéficiaire, et l'héritier bénéficiaire à qui on n'a aucun reproche personnel à adresser, ne peut être déclaré responsable solidaire des fautes commises par son cohéritier (Paris, 16 nov. 1855, aff. hérit. de Bouillé, V. Responsab.

817. L'héritier bénéficiaire représente les créanciers dans les instances qui intéressent la succession. — Jugé notamment qu'il n'est pas besoin d'appeler les créanciers de la succession pour faire continuer l'estimation confiée par un compromis à des experts, des améliorations faites à un immeuble par le fermier qui en réclame la plus-value. — «Attendu que les héritiers par bénéfice d'inventaire ont, comme l'héritier pur et simple, le droit d'exercer toutes les actions dérivant de la succession ou hérédité, et d'user en maîtres de tout ce qui la compose, tout dol et fraude cessant, ce qui est conforme à la loi; rejette, (Req. 12 pluv. an 10, MM. Vermeil, pr., Lombard, rap., aff. Brun *C.* Taugnay).

818. De ce que les créanciers de la succession sont représentés par l'héritier bénéficiaire, il suit que lorsqu'un jugement rendu contre cet héritier et passé en force de chose jugée à défaut d'appel a ordonné qu'un tiers saisi ferait délivrance des deniers au saisissant, un autre créancier de la succession ne peut former tierce opposition à ce jugement, ni, par une nouvelle saisie-arrêt, empêcher cette délivrance et prétendre droit à une distribution par contribution de la somme au préjudice du premier saisisssant (Nîmes, 8 fév. 1832) (1).

819. Les créanciers de la succession ont-ils qualité pour pratiquer directement contre ses débiteurs des *saisies-arrêts*, sans recourir à l'entremise de l'héritier? — L'affirmative, quoique fort controversée, est la solution la plus accréditée. — On a dit, d'une part, que l'héritier bénéficiaire est, dans l'intérêt de tous, chargé par la loi de l'administration et de la liquidation de l'hérédité; qu'on économise les frais en centralisant les poursuites dans ses mains; que les droits des créanciers sont suffisamment garantis par la dation d'une caution ou le dépôt des sommes recouvrées, et même par la faculté qui leur appartient toujours de se faire subroger à l'héritier négligent. — On a jugé en conséquence, 1° que l'héritier bénéficiaire peut seul faire les saisies-arrêts sur les débiteurs de la succession, et qu'au lieu de les poursuivre directement, les créanciers de la succession ont simplement la faculté de former opposition entre les mains de l'héritier (Paris, 27 juin 1820; Riom, 24 août 1837 (2); Paris, 30 juill. 1816, aff. Berchoux *C.* Feuillens); — 2° Qu'il en est ainsi notamment du créancier qui ne justifie ni de privilége ni de subrogation aux poursuites (Rouen, 12 août, 1826, M. Carel, pr. aff. Bosselin *C.* Lehuc).

820. Dans le sens contraire qui nous paraît le plus conforme au vœu de la loi, on a dit: Le droit de saisir est assuré aux créanciers par une disposition générale (c. pr. 557). Loin que l'acceptation bénéficiaire soit un cas d'exception, on voit que l'art. 808 c. nap. admet sans restriction l'existence de *créanciers opposants*: ce qui s'entend aussi bien des oppositions entre les mains des débiteurs de la succession qu'en celles de l'héritier bénéficiaire lui-même; — L'héritier, administrant pour lui et comme propriétaire des biens de la succession a des intérêts opposés à ceux des créanciers. Il n'est point leur représentant légal, comme peut l'être le syndic d'une faillite; d'ailleurs, cette qualité de mandataire, subordonnée à toutes les causes de déchéance du bénéfice d'inventaire, serait d'une instabilité fâcheuse et dépendrait de sa seule volonté. On a en conséquence déclaré valables les oppositions formées directement par les créanciers aux mains des débiteurs de la succession bénéficiaire. MM. Delvincourt t. 2, p. 32; Duranton, t. 7, n° 38; Vazeille, sur l'art. 803 n° 4; Poujol, n° 7; Roger, Saisie-arrêt, n° 181; Conflans, sur l'art. 803, n° 1; Bioche, Dict. pr., v° Saisie-arrêt, n° 23; Bilhard, n° 38; Rennes, 3 mai 1814 (3); Bordeaux, 6 mai 1841, M. Poumeyrol, pr., Duranty, *C* Barbes; Req. 9 mai 1849 aff. Tresse *C* Guérinot, D.

---

(1) (Martin *C.* Bezard et Germain.) — La cour (après partage); — Attendu qu'une tierce opposition n'est recevable qu'autant que ceux qui demandent à la former n'ont point été appelés, ni eux ni ceux qu'ils représentent au jugement qui préjudicie à leurs droits; qu'ainsi celle de Bezard et Germain, créanciers opposants dans l'hoirie bénéficiaire de Gervais, doit être rejetée, puisque le jugement de délivrance dont ils se plaignent a été rendu entre Martin et l'héritier bénéficiaire de cette hoirie, et qu'en cette qualité la veuve Gervais a représenté dans cette instance tous les créanciers de son mari; — Attendu que ce jugement ayant acquis la force de la chose jugée, a fait passer définitivement sur la tête de Martin la propriété des sommes qu'il avait fait saisir-arrêter entre les mains des sieurs de Seygnes; que, dès lors, Bezard et Germain n'ont pu valablement faire saisir-arrêter, après ce jugement, les mêmes sommes comme appartenant encore à l'hoirie Gervais, puisque novation parfaite s'était opérée à leur égard; — Attendu qu'ils voudraient vainement, pour valider leurs saisies, se prévaloir, en leur qualité de créanciers d'une hoirie bénéficiaire, du recours qui résulte de l'art. 809 c. civ., puisque, quand bien même leurs prétentions à cet égard seraient fondées, ce ne serait pas contre l'hoirie, mais contre Martin qu'ils auraient dû procéder par la voie de saisie-arrêt; — Par ces motifs, rejette la tierce opposition de Bezard et Germain, ordonne la mainlevée des saisies-arrêts faites en leur nom, entre les mains des sieurs de Seygnes; ordonne que le jugement de délivrance obtenu par Martin sortira son plein et entier effet.

Du 8 fév. 1832.-C. de Nîmes.-M. de Trinquelague, pr.

(2) 1re *Espèce*: — (Hermel *C.* Bourguignon.) — 5 janv. 1820, jugement du tribunal de Paris, qui déclare nulles les oppositions faites par la demoiselle Hermel, et ordonne que les tiers saisis continueront de payer à l'héritier administrateur légal de la succession: — « Attendu que la loi attribue à l'héritier bénéficiaire la gestion des biens de la succession acceptée sous bénéfice d'inventaire; que cette gestion est autant dans l'intérêt de l'héritier que dans celui des créanciers; que des saisies-arrêts formées entre les mains des débiteurs de la succession entravent la gestion de l'héritier bénéficiaire, sont préjudiciables aux intérêts de tous les ayants droit à la succession; que la loi offre aux créanciers les moyens d'assurer leurs droits, soit en exigeant caution de l'héritier, soit en faisant vendre le mobilier de la succession, et en faisant ordonner la consignation des deniers mobiliers. » — Appel de la demoiselle Hermel. — Arrêt.

La cour; — Adoptant les motifs, confirme, etc.

Du 27 juin 1820.-C. de Paris, 1re ch.-M. Séguier, 1er pr.

2e *Espèce*: (Domergue *C.* hér. Grandpré.) — Jugement du tribunal de Clermont-Ferrand, qui, « attendu que la succession Grandpré, qui a donné lieu à la saisie-arrêt, n'a été acceptée que bénéficiairement; — Attendu que l'héritier bénéficiaire administrant dans l'intérêt des créanciers, à qui il doit rendre compte, et la loi l'obligeant à l'accomplissement de formalités qui sont la garantie de cette administration, des saisies-arrêts ne peuvent être que ruineuses et inutiles; — Attendu que la marche qu'ont à suivre les créanciers d'une succession bénéficiaire, pour s'opposer à ce que d'autres créanciers ne soient payés à leur préjudice, étant indiquée par l'art. 808 c. civ., il en résulte évidemment que l'art. 557 c. pr. s'applique plus spécialement à un autre ordre de créanciers et de débiteurs; — Attendu que reconnaître aux créanciers bénéficiaires le droit de saisir-arrêter les deniers de la succession, pendant qu'un autre créancier formerait opposition au payement, entre les mains de l'héritier, serait admettre un conflit préjudiciable aux intérêts de tous, ce que ne peut avoir voulu la loi; — Attendu que l'administration de l'héritier bénéficiaire serait impossible par cette mainmise préalable sur les deniers nécessaires à sa gestion, qu'il ne peut être évidemment tenu de faire à ses frais; — Attendu, dès lors, qu'il serait nécessaire, dans tous les cas, de subordonner, aux risques et périls du créancier, la nullité ou la validité de la saisie à l'appréciation en fait du point de savoir si les deniers saisis sont nécessaire à l'héritier pour faire face aux besoins de son administration; — Attendu qu'il est suffisamment établi dans la cause que le prix du fermage saisi est la portion la plus liquide de la succession Grandpré, embarrassée par de nombreuses contestations judiciaires; qu'ainsi incontestablement, en fait, la voie prise par la partie de Conchon l'a été mal à propos. » — Appel. — Arrêt.

La cour; — Adoptant les motifs, etc. confirme.

Du 24 août 1837.-C. de Riom, 2e ch.-M. Tailhand, pr.

(3) (Brizeux *C.* Héritiers Rousseau-Valinière. — La cour; — Considérant que la législation nouvelle, en matière de bénéfice d'inventaire, a eu pour principal objet de reformer les abus qui perpétuaient la jouissance des héritiers au détriment des créanciers légitimes de la succession; qu'en Bretagne surtout, malgré le soin qu'avait pris la déclaration du roi, du 4 janv. 1698, de limiter la durée du bénéfice d'inventaire à trois ans au plus, on voyait ces instances se prolonger pendant des siècles et aussi longtemps qu'il y avait des biens à consumer en frais; que ces instances s'ouvraient par des bannies publiques qui appelaient tous prétendants droit, et au moyen desquels aucun créancier ne pou-

P. 49. 1. 154; même jour, arrêt semblable, aff. Tresse C. Cabanel; eod. 1er août 1849, aff. Durand-Vaugaron D. P. 49. 1.287.)

821. Ce droit des créanciers peut s'exercer surtout, lorsque d'autres créanciers n'ont pas fait d'opposition entre les mains de l'héritier, et que les sommes saisies ne sont pas nécessaires à son administration (Bordeaux, 19 avr. 1822, aff. Barry C. Mareillac); Ou bien, lorsque l'héritier bénéficiaire est en retard d'exiger les sommes dues, et que la saisie ne cause aucun préjudice à la succession (c. nap. 803, c. pr. 557; Douai, 5 mars 1830, aff. Lequeux, V. Saisie-arrêt); ou encore lorsqu'il s'est déjà écoulé un long temps (vingt années) depuis que la succession a été acceptée par l'héritier sous bénéfice d'inventaire, et qu'il existe des arrêts ou jugements qui l'ont condamné, en cette qualité, au payement des créances faisant l'objet de la saisie (Bruxelles, 14 avr. 1827, aff. D... C. N...).

822. Il a même été jugé 1° que le créancier aurait ce droit, quoiqu'il eût déjà formé opposition entre les mains de l'héritier. Il ne pourrait pas moins se pourvoir par saisie entre les mains des débiteurs, surtout si le fond de la dette n'était pas contesté (Req. 8 déc. 1814) (1);—2° Que tout créancier hypothécaire peut arrêter, entre les mains des locataires, les loyers de la maison saisie, immobilisés par la dénonciation de la saisie (Paris, 16 août 1832) (2).

823. L'héritier bénéficiaire n'a pas qualité pour attaquer le jugement qui condamne le débiteur de la succession à verser entre les mains d'un créancier saisissant, si la créance de ce dernier n'est point contestée, ce jugement ne pouvant faire grief qu'aux autres opposants (Req. 9 mai 1849, aff. Tresse, D. P. 49. 1. 154).

824. Les *frais* des procès intentés ou soutenus par l'héritier bénéficiaire, comme le représentant légal de la succession, sont en principe à la charge de cette succession. Mais il peut y être condamné personnellement selon l'art. 132, c. pr., dans le cas où l'héritier «a compromis les intérêts de son administration :» on laisse la décision du fait à l'arbitrage du juge. Dans l'ancienne jurisprudence, l'héritier bénéficiaire, pour se mettre à l'abri de reproches, devait prendre l'avis d'un jurisconsulte connu. Cette précaution lui évitait la charge des frais, quelle que fût l'issue du procès. M. Malpel, n° 237, se demande pourquoi cette sage doctrine ne serait pas encore observée sous notre code. M. Toullier, t. 4, n° 373, veut qu'on l'observe; MM. Duranton, t. 7, n° 36; Favard, v° Bénéfice d'inventaire; Delaporte, Pandectes franç., t. 3, p. 204, proposent de ne faire supporter les dépens à l'héritier que quand le procès qu'il a soutenu était évidemment insoutenable. — Des usages divers s'étaient, à cet égard, introduits dans le ressort de quelques parlements. A Paris, l'héritier pouvait porter en compte tous les frais de procès, tant qu'un jugement ne lui avait pas formellement interdit cette faculté (Denisart, v° Compte, p. 54; Bretonnier, Quest. de dr., p. 58). Ailleurs, comme en Bretagne, l'héritier courait tous les risques des dépens, sans espoir de répétition, s'il n'avait pas pris l'avis des créanciers. Mais cet avis n'est plus nécessaire; les créanciers de la succession bénéficiaire ne forment plus, comme autrefois, une direction, un corps dont les intérêts soient confiés à quelques-uns d'entre eux, appelés directeurs ou syndics. On a simplifié la procédure pour ne pas multiplier les frais. Les créanciers d'ailleurs, si on les convoquait pour chaque procès, seraient souvent hors d'état de fixer une opinion raisonnée, sans recourir eux-mêmes à des conseils éclairés. Il est donc plus sage de s'en tenir à l'avis de jurisconsultes habiles; l'héritier alors sera certes excusable d'avoir engagé la contestation.

825. Quand l'héritier bénéficiaire est condamné aux dépens, on doit présumer que c'est en sa qualité d'administrateur et non en son propre nom. Le contraire ne s'induit pas de cela seul qu'il n'est pas autorisé par le jugement à les employer en frais de gestion, si d'ailleurs il n'a pas conclu à cet emploi.

826. L'héritier bénéficiaire qui a agi en même temps comme créancier de la succession peut, quoiqu'il n'ait pas rappelé ces qualités dans une instance qu'il a suivie en appel, n'être pas condamné personnellement aux frais: —«Attendu qu'en poursuivant comme créancier, le sieur Née-Devaux pouvait sans doute être condamné aux dépens; mais que sa qualité d'héritier bénéficiaire était prédominante; qu'à la vérité il pouvait, malgré le bénéfice d'inventaire, supporter personnellement les frais d'une mauvaise contestation, mais que l'arrêt ne le dit pas, et qu'en considérant son silence à cet égard et l'influence de la qualité principale en laquelle il procédait, on est conduit à penser qu'il n'a été condamné que comme héritier bénéficiaire (Bourges, 24 août 1820, 1re ch., aff. Née-Devaux C. Ouvrée). — A raison toutefois du doute qui a pu naître alors des deux qualités prises par l'héritier bénéficiaire, c'est à la succession et non au créancier poursuivant à supporter les frais de l'incident (même arrêt).

827. La créance des dépens obtenue contre la succession sur une contestation élevée par l'héritier bénéficiaire, doit être payée, non par contribution, mais intégralement et par préférence, sans qu'il y ait lieu de distinguer si la condamnation autorise ou non l'emploi des dépens; il suffit que l'héritier bénéficiaire soit resté dans les limites de son administration, pour qu'il ait pu obliger ainsi la masse chirographaire jusqu'à concurrence des forces de la succession (Amiens, 17 août 1836) (3).

vait exercer aucune action séparée en payement de ses dus; que tout était dévolu au bénéfice et au tribunal de l'ouverture de la succession; que l'opposition ou l'intervention, dans cette instance, était la seule voie ouverte aux créanciers; qu'aujourd'hui et depuis la promulgation du code civil et du code de procédure, il en est tout autrement; que ces instances ruineuses et oppressives pour les créanciers n'existent plus; que chacun d'eux peut exercer, sur les biens dépendants d'une succession bénéficiaire, toutes les actions qu'il aurait pu exercer contre le défunt; que l'héritier bénéficiaire n'est plus, respectivement même aux créanciers, un simple économe, mais un véritable héritier obligé jusqu'à concurrence de la valeur des biens dont les fonds mêmes peuvent être expropriés, comme ils auraient pu l'être avant l'ouverture de la succession, et dans d'autres tribunaux de l'ouverture, lorsque les biens sont situés dans des tribunaux différents, ainsi que l'a constamment jugé la cour de cassation; que le seul effet du bénéfice d'inventaire est que l'héritier ne confond pas ses biens personnels avec ceux de la succession, et qu'au delà de la valeur de ceux-ci, on ne peut l'inquiéter personnellement, (art. 802 c. civ.); mais il résulte même de cet article que l'héritier est véritablement obligé jusqu'à due concurrence, et par conséquent soumis à toutes les actions des créanciers sur ces biens comme s'il était héritier pur et simple; que l'administration que lui défère l'art. 803 est toute dans l'intérêt des créanciers, non dans celui des héritiers bénéficiaires; que les créanciers, qu'un seul même, peuvent la faire cesser quand ils veulent par l'expropriation; qu'à plus forte raison peuvent-ils saisir-arrêter les revenus des biens qui sont leur gage; que si ce même art. 803 établit que l'héritier bénéficiaire ne peut être contraint sur ses biens personnels que jusqu'à concurrence seulement des sommes dont il se trouve reliquataire, la conséquence naturelle est qu'il peut être contraint sur les biens de la succession sans attendre le compte qu'il est obligé d'en rendre comme administrateur; qu'enfin les créanciers, s'ils le laissent jouir, peuvent bien lui demander une caution (art. 807), mais qu'ils ne sont pas obligés de lui abandonner la libre jouissance des biens qui sont leur gage naturel et qui doivent répondre de ce qui leur est dû; qu'ainsi l'on ne voit, ni dans le code civil, ni dans le code de procédure, aucune disposition qui accorde à l'hériter bénéficiaire un délai quelconque pour l'apurement du bénéfice; d'où il résulte que l'administration de l'héritier ne dure qu'autant que les créanciers n'exercent pas les actions qui leur sont ouvertes sur les biens qui leur doivent, actions qui peuvent être exercées dans tous les temps depuis l'expiration du délai pour délibérer, déterminé par la loi;— Dit qu'il a été mal jugé.

Du 5 mai 1814.-C. de Rennes, 2e ch.-MM. Lesbaupin et Coatpont, av.

(1) (Signoret C. Mathias.)— LA COUR; — Attendu qu'en droit, l'héritier bénéficiaire n'est point le représentant des créanciers, et que, au contraire, il a souvent des intérêts tout à fait opposés, et qu'ainsi l'arrêt attaqué n'a violé aucune loi en décidant que, indépendamment de l'opposition faite entre les mains de l'héritier bénéficiaire, un créancier pouvait encore se pourvoir, par saisie, entre les mains des débiteurs de l'hoirie acceptée par bénéfice d'inventaire, surtout lorsque le fond de la dette n'était pas contesté; — Rejette, etc.

Du 8 déc. 1814.-C. C., sect. civ.-MM. Henrion, pr.-Brillat, rap.

(2) (Veyrassat C. Marquet et Périer.)—LA COUR;—En ce qui touche les oppositions de Veyrassat :—Considérant que les loyers de la maison saisie et de la machine qui en dépend ont été immobilisés par la dénonciation de la saisie; que tout créancier hypothécaire a le droit de les arrêter entre les mains des locataires, et que la veuve et héritiers Marquet ne peuvent s'opposer à cette mesure sous le prétexte qu'ils sont héritiers bénéficiaires, et qu'elle gêne la coadministration, puisque en aucun cas, cette administration ne leur donne le droit de toucher la somme affectée au payement des créanciers hypothécaires;—Infirme, etc.

Du 16 août 1832.-C. de Paris, 2e ch.-M. Vincens-Sant-Laurent, pr.

(3) (Créanc. Lapierre C. hérit. Lapierre.) — LA COUR; — En ce qui touche la question de savoir si les dépens dont les syndics Bedel ont ob-

828. L'héritier bénéficiaire assigné en validité d'une saisie-arrêt pratiquée entre les mains de l'un des débiteurs de la succession, loin d'être mis hors de cause, doit être condamné aux dépens, bien qu'il ne soit pas le débiteur du créancier, et sauf à ne les supporter que jusqu'à concurrence de l'actif de la succession (Req. 17 avr. 1821; MM. Lasaudade, pr.; Rousseau, rap.; aff. Laborie *C.* l'enreg).

829. L'héritier bénéficiaire qui a touché des sommes accordées à la succession par un arrêt frappé de pourvoi, et en a disposé (en payant les dettes de la succession), postérieurement à la notification de l'arrêt d'admission, est passible, en cas de cassation, de la condamnation personnelle à la restitution de ces sommes; il prétendrait en vain, à raison de ce que le pourvoi n'est pas suspensif, et qu'il n'a fait, d'ailleurs, qu'un acte d'administration, ne devoir être condamné à restituer qu'en qualité d'héritier bénéficiaire (c. nap., 802, 803; Rej. 8 août 1843, aff. Perret, V. Cassation, n° 2033).

830. L'héritier bénéficiaire jouit d'un privilége pour le remboursement des frais d'instance en liquidation, de partage, d'homologation, d'acceptation bénéficiaire et de renonciation à communauté dont il a fait l'avance, et qui rentrent tous dans les frais de bénéfice d'inventaire (Paris, 19 janv. 1854, aff. veuve Chopin; D. P. 55. 2. 210).

831. Il a de même un privilége pour le remboursement des droits de mutation par décès (Paris, 19 janv. 1854, aff. veuve Chopin. D. P. 55. 2. 210). Ces droits sont une charge de l'hérédité; l'héritier bénéficiaire n'en est tenu personnellement que vis-à-vis du fisc et non à l'égard des légataires et des créanciers de la succession. — V. Bordeaux, 1er déc. 1846; Grenoble, 21 mars 1850, D. P. 47. 2. 119. 52. 2. 119, et les notes.

§ 2. — *Vente du mobilier. — Vente des immeubles. — Caution.*

832. *Vente du mobilier.* — L'héritier bénéficiaire «ne peut vendre les meubles de la succession que par le ministère d'un *officier public*, aux *enchères*, et après les *affiches* et *publications* accoutumées » (c. nap. 805). — Jugé qu'au mode de vente indiqué par l'art. 805 c. nap., on ne peut substituer un autre mode, et, par exemple, laisser à l'héritier l'option de conserver les meubles pour le prix de l'estimation ou de les faire vendre. — « Attendu que la cour de Dijon, en même temps qu'elle reconnaissait la nécessité de vendre le mobilier dont il s'agit, a introduit un nouveau mode de vente, en laissant l'option au défendeur de se le conserver pour le prix de l'estimation, ou de le faire vendre; ce qu'elle n'a pu faire sans violer ouvertement les dispositions de l'art. 805; Casse » (Cass. 19 fév. 1821, MM. Brisson, pr., Carnot, rap., aff. Layton *C.* Vauban). — Dans l'espèce, le tribunal avait fixé la valeur du mobilier à moitié en sus de l'estimation de l'expert; et la cour avait maintenu l'option accordée par le même jugement : « Considérant que le tribunal en augmentant d'une moitié l'estimation du mobilier, a fait de reste droit à la dame Layton; qu'aller au delà serait commettre une vexation envers le comte de Vauban, pour qui ce mobilier peut avoir une valeur d'affection, attendu qu'il vient de son frère; que, d'ailleurs, la dame Layton ne peut avoir aucun intérêt à sa demande, attendu que les frais de vente et droits d'enregistrement qui se percevraient sur le prix de la vente, seraient une perte pour elle. »

833. Des formes particulières sont établies par le code de procédure, art. 643 à 655, pour la vente des rentes constituées sur des particuliers. — Quant aux *rentes sur l'État*, l'héritier bénéficiaire peut les transférer sans aucune autorisation, si elles sont au-dessous de 50 fr.; au-dessus, une autorisation préalable du tribunal est nécessaire pour le transfert, à peine de déchéance du bénéfice d'inventaire. C'est ce qui résulte d'un avis du conseil d'Etat du 11 juin 1808 (1).

834. L'art. 989 c. pr. prescrit les *formalités* pour la vente du mobilier et des rentes « à peine contre l'héritier bénéficiaire

---

tenu condamnation contre la succession bénéficiaire du sieur Lapierre doivent être payés par préférence : — Attendu qu'aux termes de l'art. 803 c. civ., l'héritier bénéficiaire est chargé d'administrer les biens de la succession et doit rendre compte de son administration aux créanciers et aux légataires; — Attendu qu'il est hors de toute contestation que les sommes avancées par l'héritier bénéficiaire pour frais légitimes d'administration, et spécialement pour dépens des procès qu'il a soutenus dans l'intérêt de la succession, doivent lui être remboursées par préférence sur les deniers de cette succession; — Attendu que les créanciers auxquels ces sommes n'auraient pas été payées par l'héritier bénéficiaire ont nécessairement le même droit que celui-ci de les prélever sur les valeurs de l'hérédité; — Attendu, en effet, que l'hérédité est incontestablement tenue de remplir les obligations contractées par son représentant légal dans les justes bornes de son administration; que si ce dernier paye de ses propres deniers, il prélève ce qu'il a déboursé; que s'il paye des deniers de la succession, la dette est éteinte, et que s'il ne fait ni l'un ni l'autre, la dette subsiste à la charge de l'hérédité et doit être acquittée par elle; — Attendu que s'il en était autrement, certains créanciers seraient soldés intégralement au gré de l'héritier bénéficiaire, tandis que d'autres ne le seraient pas; qu'alors même que des oppositions auraient été formées par quelques créanciers du défunt ès main de cet héritier, ces oppositions l'empêcheraient bien, aux termes de l'art. 808 c. civ., de solder les créanciers du défunt et les légataires, mais ne lui enlèveraient pas le droit qui lui appartient, en sa qualité d'administrateur, de payer, soit avec ses propres deniers, soit même avec ceux de la succession, les créanciers qui ne sont devenus tels que par suite des faits de sa gestion, et que la justice veut que des créanciers qui se présentent à temps pour être payés, et qui ont même titre, éprouvent même sort; — Attendu que les dettes valablement contractées par l'héritier bénéficiaire ne sont ni ne doivent être assimilées à celles du défunt; que celles-ci sont soumises entre elles à la contribution, mais que les premières doivent être soldées par prélèvement, parce que c'est dans l'intérêt de l'hérédité qu'elles ont été faites, et qu'une personne morale doit, comme toute autre, payer ses dettes; que cette obligation ne peut sans doute s'étendre au delà des forces de la succession; mais s'il y a des valeurs suffisantes, ce n'est évidemment qu'après ce prélèvement effectué que les créanciers du défunt doivent être admis au partage du reste des biens de l'hérédité; — Attendu que, dans l'espèce, les dépens dont le prélèvement est réclamé par les syndics des créanciers Bedel contre la succession Lapierre ont été occasionnés par les contestations mal à propos suscitées par l'héritier bénéficiaire et ne se rattachent pas à une dette principale du défunt; — Qu'ainsi ces dépens doivent, comme frais d'administration, être payés par préférence sur les deniers à distribuer;

En ce qui touche la question de savoir si le prélèvement doit avoir lieu même pour les dépens que l'héritier bénéficiaire n'a pas été expressément autorisé à employer en frais de gestion : — Attendu que l'héritier bénéficiaire ne peut être condamné aux dépens qu'en sa qualité d'administrateur ou personnellement; que si les dépens n'ont pas été mis à sa charge personnelle, ils restent nécessairement à la charge de la succession, et qu'il n'y a, dès lors, aucune distinction à faire entre les condamnations simples et celles qui autorisent l'emploi des dépens; — Infirme; ordonne que les syndics Bedel seront payés par préférence de tous les dépens, sans distinction, dont il est obtenu condamnation contre la succession Lapierre.

Du 17 août 1836.-C. d'Amiens, 2e ch.

(1) En voici le texte : — Le conseil d'Etat, etc., est d'avis que l'héritier bénéficiaire ne peut pas faire le transfert des rentes au-dessus de 50 fr., sans être préalablement autorisé. — Qu'est-ce qu'un héritier bénéficiaire? On en trouve la définition dans l'art. 803 : « C'est un homme chargé d'administrer les biens d'une succession, et qui doit rendre compte de son administration aux créanciers et aux légataires. » — La qualité d'administrateur ne donne certainement pas le droit de vendre; aussi a-t-il fallu une disposition particulière de la loi pour autoriser l'héritier bénéficiaire à vendre certains objets de la succession, et pour régler le mode de la vente. — C'est l'objet de l'art. 805. — La seule lecture de cet article suffit pour convaincre que le législateur s'occupait, en ce moment, des choses qui sont meubles par leur nature, et non pas de celles qui sont meubles par la détermination de la loi, comme les rentes; en effet, la faculté de vendre les meubles sous des conditions et avec des formes qui préviennent des abus, ne peut pas s'étendre aux rentes sur l'Etat, qui ne sont nullement susceptibles de ces conditions et de ces formes. — C'est ainsi que l'article du code a été entendu et exécuté jusqu'à ce jour : aussi le ministre du trésor public reconnaît, dans son rapport, que l'autorisation a été nécessaire pour la vente d'inscriptions par l'héritier bénéficiaire. — Ce n'est pas, comme le suppose le rapport, parce que l'héritier bénéficiaire est tenu, aux termes de l'art. 807, de donner caution de la valeur du mobilier si les créanciers l'exigent, ce n'est pas, disons-nous, par ce motif que l'autorisation pour vendre les rentes est nécessaire à l'héritier bénéficiaire : cette nécessité dérive de sa qualité, qui ne le constitue qu'un administrateur; on a dû prendre, à son égard, les mesures adoptées pour tous les autres administrateurs, sous quelque dénomination qu'ils soient connus. — En vain observe-t-on que les rentes sont vendues par l'agent de change, qui est un officier public, et au cours; ce qui, dit-on, supplée suffisamment les enchères, affiches et publications exigées par l'art. 805 du code, pour la validité des ventes de meubles d'une succession bénéficiaire. — D'abord, il serait

d'être réputé héritier pur et simple. » — Une des formalités auxquelles renvoie cet article, est dans l'art. 619 c. pr., qui dispose « que l'apposition d'affiches *sera constatée* par exploit. » Jugé, à cet égard, que des héritiers bénéficiaires autorisés par justice à vendre le mobilier de la succession, n'ont pas encouru la déchéance prononcée par l'art. 989 c. pr., par cela seul qu'ils ne représentent pas le procès-verbal d'apposition des affiches exigé par l'art. 619, lorsqu'il est justifié de l'existence de cette apposition par mention au procès-verbal du notaire qui a procédé à la vente, et qu'il est même représenté un exemplaire imprimé de ces affiches (Req., 6 janv. 1845) (1).

825. La déchéance du bénéfice d'inventaire a été déclarée non applicable : 1° à l'héritier bénéficiaire qui, sans aucune formalité, a donné les rentes sur particuliers en payement pour le montant du capital porté dans l'acte de constitution ; s'il a obtenu ainsi un plus grand avantage pour la succession et les créanciers, qu'il ne l'aurait eu par la vente publique (Req. 27 déc. 1820) (2);—2° A l'héritier bénéficiaire qui, en produisant l'intitulé de l'inventaire énonçant seulement qu'il *est habile à se porter héritier*, a fait procéder à la liquidation d'une rente sur l'État dépendant de la succession, si elle était de peu de valeur relativement à l'importance de cette succession, et s'il n'a agi que sous la qualité prise dans l'inventaire (Req. 10 mars 1813) (3); — 3° Si la vente des meubles (dans l'espèce, il s'agissait de navires vendus par un tuteur au nom de l'héritier mineur), a eu pour but et pour résultat le plus grand avantage des créanciers. On a jugé que, pour que la déchéance fût encourue, il faudrait que la vente eût porté préjudice aux créanciers, ou qu'il y eût au moins doute sur ce qu'elle a d'avantageux (Rouen, 30 août 1828) (4);—4° Si le successible, dans le procès-verbal de vente

---

dangereux de substituer à des formalités voulues par la loi, des équivalents qui pourraient ne pas donner toujours la même garantie. — D'ailleurs, il se présente ici une considération d'une autre nature : la vente au cours du jour peut donner connaissance du véritable prix de la vente ; on le suppose, quoique souvent le taux varie beaucoup dans la même journée. — Mais la nécessité de vendre dans un moment de défaveur sera-t-elle constatée ? l'héritier aura-t-il toujours les notions suffisantes pour vendre dans un temps opportun ? — On dira peut-être qu'il n'a aucun intérêt à vendre à contre-temps ; cela est possible : mais aura-t-il toujours autant de prudence que de droiture ? — Il ne faut jamais perdre de vue sa qualité ; il n'est qu'un administrateur comptable, et l'on ne peut l'affranchir des prétentions indiquées par les lois contre ses erreurs ou ses fautes.

Il ne paraît pas, au reste, que des considérations supérieures, d'un intérêt général, sollicitent ici une dérogation à la loi et à l'usage : le taux actuel des rentes, quoique les héritiers bénéficiaires n'aient vendu jusqu'ici qu'avec autorisation, en fournit une preuve sans réplique. — Enfin, la loi du 24 mars 1806 a fait tout ce qui pouvait être convenable pour faciliter la disponibilité des rentes ; elle a affranchi les tuteurs et curateurs des mineurs ou interdits de la nécessité d'une autorisation spéciale pour le transfert des inscriptions au-dessous de 50 fr. — La modicité de l'objet et une raison d'économie ont motivé cette dérogation ; mais la loi, art. 5, exige toujours l'autorisation pour les ventes d'inscriptions au-dessus de 50 fr. — Il est sensible que ces dispositions s'appliquent à tous les administrateurs comptables et aux héritiers bénéficiaires, qui ne doivent, par conséquent, transférer les rentes au-dessus de 50 fr. qu'après une autorisation préalable.

Du 11 juin 1808.-Av. cons. d'Et.

(1) *Espèce :* — (Héritiers Aunay C. Champin et autres.) — Le 8 juill. 1844, arrêt infirmatif de la cour de Caen, ainsi motivé : — « Considérant que les héritiers Champin ont fait vendre les meubles par le notaire chargé de la liquidation de la succession, et que le procès-verbal constate que cette vente a eu lieu après publications et affiches dont un exemplaire imprimé est représenté ; — Considérant que la vente a eu lieu aux enchères ; que les créanciers en avaient connaissance puisqu'ils ont fait des oppositions, et qu'il est justifié qu'il y avait un certain nombre d'enchérisseurs ; — Considérant que si divers objets inventoriés presque sans valeur n'ont pas été représentés et compris dans la vente, tout annonce qu'ils avaient été cassés par l'usage ; ... — Que dans de telles circonstances, rien ne rend vraisemblable que les héritiers aient agi dans une intention préjudiciable aux droits des créanciers, et qu'il est juste de reconnaître qu'ils ont suffisamment rempli les conditions qui leur étaient imposées, en leur qualité d'héritiers bénéficiaires, pour ne pas être déclarés héritiers purs et simples. » — Pourvoi des sieurs Aunay et autres, pour violation des art. 989, 945, 617, 618 et 619 c. pr. — Arrêt.

La cour ; — Attendu, en fait, que le procès-verbal de vente du mobilier fait par un notaire constate que la vente a eu lieu publiquement et aux enchères, après publications et affiches, et que cette déclaration se trouve aussi dans l'arrêt de la cour royale ; — Attendu, en droit, que la vente du mobilier a pu, sans violer aucune loi, être déclarée, dans l'espèce, avoir été faite régulièrement ; — Rejette.

Du 6 janv. 1845.-C. C., ch. req.-MM. Zangiacomi, pr.-Mestadier, rap.-Delapalme, av. gén., c. conf.-Lanvin, av.

(2) (Albert C. Daubusson.) — La cour ; — Attendu que l'héritier bénéficiaire, en donnant en payement aux créanciers des rentes dues à la succession pour le montant du capital porté en l'acte de constitution, a obtenu un plus grand avantage que s'il les eût fait vendre par vente publique, vu la dépréciation notoire de ces rentes ; qu'ainsi il n'a point commis de contravention à l'art. 989 c. pr., qui ne prescrit des formalités pour la vente de ces sortes de biens que pour prévenir des ventes arbitraires qui pourraient être préjudiciables aux créanciers ; — Rejette le pourvoi formé contre l'arrêt de la cour de Riom.

Du 27 déc. 1820.-C. C., sect. req.-MM. Henrion, pr.-Lecoutour, rap.

(3) (Dubois C. Lavit.) — La cour ; — Considérant que l'arrêt énonce formellement que lors de la liquidation de cette rente, on avait produit simplement l'intitulé de l'inventaire qui annonçait Lavit fils comme habile à se dire et porter héritier de son père ; qu'il résulte de ce fait qu'en faisant procéder soit par lui, soit par une tierce personne à la liquidation de la rente en question, Lavit fils ne l'a fait que sous la qualité qu'il avait prise dans l'inventaire, laquelle ne pouvait en aucune manière le rendre héritier pur et simple ; qu'ainsi toutes les inductions tirées de la loi du 24 août 1793, de celle du 24 mars 1806, et de l'avis du conseil d'État du 11 janv. 1808, se trouvent écartées par le fait reconnu constant par l'arrêt, que Lavit fils n'a toujours entendu agir que comme habile à se dire et porter héritier de son père, et non comme héritier pur et simple.

Du 10 mars 1813.-C. C., sect. req.-MM. Henrion, pr.-Favard, rap.

(4) (Hérit. Ségur.) — La cour ; — Considérant que la dame veuve Ségur est décédée au mois de mars 1825 ; qu'il a été fait, du 22 avr. au 12 mai suivant, inventaire des valeurs par elle délaissées ; — Que le 20 mai, la dame Saint-Félix, autorisée de son mari, et celui-ci agissant comme tuteur du mineur Ségur, ont déclaré au greffe du tribunal de Dieppe, qu'ils n'entendaient accepter la succession que sous bénéfice d'inventaire ; — Considérant que les faits desquels on a voulu faire résulter la déchéance de la qualité ainsi prise par les enfants Ségur, ne sauraient produire cet effet ; — Que si la déchéance du bénéfice d'inventaire peut être prononcée contre l'héritier qui dispose à son gré, et sans remplir aucune formalité, des valeurs de la succession, cette peine ne doit l'atteindre que lorsque, par cette disposition, il a porté préjudice à l'intérêt des créanciers, ou tout au plus lorsqu'il y a doute sur l'avantage des dispositions par lui faites, et sur la bonne foi avec laquelle il a procédé ; mais que, tant qu'il est établi et avoué que les actes de l'héritier n'ont couvert ni pu couvrir aucune fraude, et qu'ils ont eu pour but et pour résultat effectif le plus grand avantage de tous les intéressés, il ne peut évidemment être prononcé de déchéance, par suite des irrégularités commises dans ces actes ; — Que ces principes ont été consacrés par un arrêt de la cour de cassation, rendu le 27 déc. 1820, dans une espèce où il s'agissait de la disposition faite, de gré à gré, de rentes, pour la vente desquelles l'art. 989 c. pr. civ. exige, nommément, que les formalités des ventes aux enchères soient suivies, à peine de déchéance ;

Considérant, en fait, qu'il est justifié que les ventes de la moitié de deux yoles et d'une péniche, comme aussi la vente des sels dépendants de la succession de la dame Ségur, ont eu lieu dans l'intérêt de tous, et avec le plus grand avantage possible ; et qu'il est également établi que la vente de ces objets aux enchères publiques aurait produit des valeurs beaucoup moindres que le prix obtenu par le sieur Saint-Félix ; — Considérant que le sieur Saint-Félix rend compte de toutes les valeurs de la succession, du produit des ventes par lui faites de gré à gré, et des ventes faites aux enchères ; qu'il résulte de son compte qu'il a payé 400 fr. de plus que ce qu'il a reçu, et que, dès lors, aucune condamnation ne saurait être utilement portée ; — Considérant qu'ainsi, la déchéance du bénéfice d'inventaire n'est point encourue ; qu'en outre, quand il y aurait lieu à la prononcer, elle ne pourrait l'être dans l'espèce ; qu'en effet, Edouard Ségur est encore mineur ; que la dame Saint-Félix est décédée, et représentée par ses enfants mineurs ; que ni les uns ni les autres ne peuvent devenir héritiers purs et simples par le fait de leur tuteur ; — Que celui-ci, d'un autre côté, ne pouvant devenir héritier, ne serait jamais responsable des fautes de sa gestion, qu'autant qu'elles auraient pu occasionner des dommages aux créanciers ; et qu'étant bien établi que, dans l'espèce, les faits qu'on lui reproche n'ont occasionné aucun préjudice, et ont, au contraire, servi à l'avantage de tous les intéressés, aucuns dommages-intérêts, par suite de ses faits, n'ont pu être prononcés valablement contre lui ; — Met l'appellation et ce dont est appel au néant ; — Réformant, — Déclare Rouet mal fondé dans ses prétentions.

Du 30 août 1828.-C. de Rouen, 2e ch.-M. Carel, pr.

du mobilier, s'est réservé la faculté de renoncer ou d'accepter bénéficiairement; s'il est certain qu'il n'a rien touché du prix, si ce prix est extrêmement modique, destiné seulement au payement des frais funéraires, si la vente d'ailleurs a été faite publiquement et par un officier public représentant un cohéritier absent; ce n'est pas là du moins un acte d'appréhension dans le sens de l'art. 317 de la coutume de Paris (Cass. 1er août 1809, aff. Daguillard, n° 450-1°).

336. Pareillement, sous l'empire de la coutume de Senlis, l'héritier qui, après inventaire, faisait vendre les meubles de la succession sans autorisation préalable de la justice ne faisait pas acte d'héritier, alors qu'il avait déclaré seulement qu'il était habile à se porter héritier, et si d'ailleurs la vente était nécessitée, soit par les oppositions des créanciers, soit par la circonstance que la maison mortuaire devait être rendue libre et remise à la disposition du propriétaire, le défunt n'en ayant été qu'usufruitier; si enfin la vente a été faite aux enchères, par un officier public après publication, et les opposants ayant été appelés; dans de telles circonstances on ne peut pas supposer que la vente ait eu lieu en fraude et au détriment des créanciers (Req. 27 mai 1806, MM. Muraire, pr., Lasaudade, rap., aff. Lorry C. Lefèvre).

337. Par le droit romain, et notamment dans le ressort du parlement de Toulouse, était valable la vente consentie par un héritier bénéficiaire, même sans formalités de justice, alors que le prix de la vente avait servi à éteindre une dette de l'hérédité. —Il importait peu que cet héritier eût ensuite répudié la succession. En décidant ainsi, une cour d'appel « n'a pu que reproduire et appliquer un principe de droit ancien spécial à une localité, et qui n'est contredit par aucune loi positive, sur laquelle la cassation pût être motivée » (Req. 4 janv. 1830, MM. Favard, pr., Mousnier-Dubuisson, rap., aff. Albaret C. Fayes). — Dans l'espèce, le pourvoi était formé pour contravention à la loi; *scimus* (code, *De jure delib.*).

338. Par les mots *meubles* et *mobiliers*, les art. 805 c. nap. et 989 c. pr. n'entendent-ils assujettir aux formalités des ventes publiques que les effets mobiliers proprement dits? M. Poujol, p. 514, pense que les formalités légales sont nécessaires pour tous les objets compris dans l'art. 535 c. nap. — La plupart des auteurs décident autrement quant aux grains, vins et denrées; les grains notamment peuvent être vendus de gré à gré au prix fixé par les mercuriales (Thomine, t. 2, n° 1185; Chauveau sur Carré, n° 2520; Bilhard, n° 78; Bioche, v° Bénéfice d'invent., n° 67).—Les formes de la saisie-brandon sont exigées pour la vente des fruits par M. Pigeau, Comment., t. 2, p. 701.

339. C'est à l'héritier bénéficiaire d'apprécier s'il lui convient de faire vendre aux enchères, ainsi que le permet l'art. 805 c. nap., certaines valeurs mobilières, créances ou autres dépendant de la succession; et c'est à tort que, pour mettre sa responsabilité à couvert, il demanderait aux tribunaux, soit l'autorisation de faire faire cette vente, soit la désignation de l'officier public par le ministère duquel il devrait y être procédé (Paris, 19 mars 1852, aff. Jonquet, D. P. 52. 2. 215). — C'est ainsi qu'il a été décidé par la même cour, que l'héritier bénéficiaire transige à ses risques et périls, sur les droits intéressant la succession, sans qu'il y ait lieu de l'autoriser à cet égard (Paris, 30 juill. 1850, aff. Boudin, D. P. 51. 2. 116). Dans ce dernier cas, le silence de la loi laissait plus de doute que dans l'espèce de l'art. 805, sur la possibilité d'agir sans autorisation de justice.

340. Le créancier d'une succession bénéficiaire, qui a autorisé le légataire à conserver le mobilier en nature, à la charge de tenir compte de sa valeur, d'après l'estimation de l'inventaire, ne peut être reçu à demander ensuite la vente de ce même mobilier, sous le prétexte qu'il pourrait exister d'autres créanciers de la succession qui n'auraient pas consenti à l'autorisation accordée. — « Considérant que cette convention licite fait loi à son égard, et qu'il ne peut, pour l'enfreindre, argumenter du droit d'autres créanciers qui ne se présentent pas. — Émendant, etc. » (Paris, 27 déc. 1825, 2e ch., aff. Lescale C. Delachesnaye).

341. *Vente des immeubles.* — Les formalités pour la vente des immeubles sont indiquées dans le code de procédure, art. 987 et suiv. L'ancienne rédaction de l'art. 987 a été modifiée en plusieurs points par la loi du 4 mai 1841; ainsi 1° on a déterminé le *tribunal* dont le président recevra la *requête*; 2° la *désignation* des immeubles à vendre doit être *sommaire*; 3° les magistrats ont la faculté d'*autoriser* la vente et de fixer la *mise à prix* sans expertise préalable.

342. L'héritier bénéficiaire, pour faire procéder à la vente, présente une requête au président du tribunal du lieu de la succession. Pour les biens situés en France et qui dépendent d'une succession ouverte en pays étranger, on s'adresse au tribunal du lieu de la situation, et s'ils sont situés dans divers arrondissements, on suit par analogie pour la compétence la règle de l'art. 2210 c. nap., Carré, n° 3221; Bioche, Vente jud. d'imm., n° 231.

343. La requête est *collective*, s'il y a plusieurs héritiers bénéficiaires et qu'ils soient d'accord. En cas de désaccord, celui qui désire la vente assignera ceux qui ne la veulent pas (Chauveau, n° 2509-7°; Bioche, *loc. cit.* n° 234).

344. Le jugement qui autorise la vente et fixe la mise à prix, doit être rendu en audience *publique* et sur le rapport d'un juge commis (c. pr. 987). Pour la vente des biens de mineur, le jugement d'autorisation est rendu à la chambre du conseil, sans rapport préalable et sur un avis de parents (c. pr. 953, 954). Doit-on suivre cette dernière forme si l'héritier bénéficiaire est mineur? Oui selon M. Rodière, t. 3, p. 458, parce qu'alors l'acceptation sous bénéfice d'inventaire est forcée, et ne fait point présumer l'insolvabilité de la succession. Nous croyons du reste, comme cet auteur, qu'il est prudent de combiner autant que possible les deux procédures.

345. Lorsqu'une expertise a été ordonnée, le rapport de l'expert sera entériné sur requête, par le tribunal, dit l'art. 987. On doutait autrefois qu'il y eût lieu à la même formalité si l'héritier bénéficiaire était un mineur; mais l'ordonn. du 10 oct. 1841 sur le tarif alloue (art. 9) une requête pour demander l'entérinement en cas de vente de biens de mineur (Thomine, n° 1137).

346. L'art. 988 c. pr. déclare communs à la vente des immeubles de la succession bénéficiaire un grand nombre d'articles qui précèdent; mais ce renvoi ne comprend pas l'art. 965 qui permet au tribunal d'ordonner, sur simple requête et en la chambre du conseil, que les biens seront adjugés au-dessous de l'estimation, lorsqu'au jour indiqué pour l'adjudication, il ne s'est point présenté d'enchérisseur. Le tribunal n'a pas moins ce pouvoir, parce que l'art. 988 commence par un renvoi général aux formalités prescrites pour la vente des biens de mineur (Chauveau, n° 2512; Bioche, *loc. cit.*, n° 241).

347. Suivant un arrêt, l'héritier bénéficiaire, poursuivant la vente des biens qui dépendent de la succession, ne peut attaquer cette vente, comme faite au-dessous du prix de l'estimation, lorsque son avoué a assisté à l'adjudication, y a consenti, et a reçu les frais dus par les acquéreurs (Rennes, 7 juin 1820) (1).

(1) (De la Rochefoucauld C. de Robien.) — La cour; — Considérant que l'adjudication des immeubles dépendant de la succession bénéficiaire du sieur Stapleton a été faite conformément aux dispositions des art. 965 et 708 c. pr.; que si l'adjudication a été faite au-dessous du prix de l'estimation, ce n'est pas aux adjudicataires qu'il faut en imputer la faute, mais à l'avoué de la duchesse de la Rochefoucauld, poursuivant la liquidation du bénéfice d'inventaire; qu'en effet, son avoué qui était présent à l'audience, non-seulement n'a pas requis la remise de l'adjudication, mais que, conformément à l'art. 5 du cahier des charges, il a perçu des adjudicataires le montant des frais, droits et vacations faits à raison des poursuites, et même le coût du procès-verbal d'estimation des biens; — Que la perception libre et volontaire de ces biens, qui font partie du prix de l'adjudication faite par l'avoué de la duchesse de la Rochefoucauld, poursuivante, la rendait non recevable à attaquer le jugement d'adjudication qui était acquiescé; — Considérant que la duchesse de la Rochefoucauld avait elle-même pressenti la fin de non-recevoir que lui opposeraient les adjudicataires, puisque, dans son exploit d'appel, elle avait réservé de former son action en désaveu contre son avoué, et qu'elle lui a fait reporter son exploit d'appel avec assignation devant la cour pour voir plaider et juger à ses risques, avec réserve expresse de formaliser contre lui sa demande en désaveu; — Considérant qu'avant de statuer sur l'appel de la dame de Lannion, duchesse de la

848. Le tribunal, en ordonnant la vente, déclare par le même jugement qu'elle aura lieu, soit devant un juge à l'audience des criées, soit devant un notaire commis (c. nap. 459; c. pr. 954, 988).—Jugé que la loi n'attribuant aucune préférence à l'un ou l'autre mode, on doit suivre celui qui, selon les circonstances, présente les chances les plus avantageuses pour la vente, et qu'on doit avoir égard au vœu des parties intéressées lorsqu'elles sont toutes d'accord et par exemple pour le renvoi devant un notaire (Paris, 14 oct. 1829, aff. légat. lord Egerton; Bordeaux, 26 nov. 1834, aff. Barthez). Ces deux arrêts toutefois se bornent à prendre en considération le vœu des parties, en signalant d'ailleurs les avantages des modes qu'elles préfèrent. Mais ils ne décident pas en principe que le tribunal est nécessairement lié par la demande des parties; et la jurisprudence dans le cas même où elles sont d'accord, laisse généralement le choix au tribunal. Il a été rendu plusieurs décisions dans ce sens à l'égard de biens de mineur. — V. Vente judiciaire d'immeubles.

849. C'est la loi de la situation, et non celle de l'ouverture de la succession, qui règle les formalités à observer par l'héritier bénéficiaire pour la vente des immeubles (Rej., 26 janv. 1818, MM. Brisson, pr., Vergès, rap., aff. Rohan).

850. Dans le cas où un immeuble a été, soit en propriété, soit en usufruit, l'objet d'un legs particulier, l'héritier bénéficiaire, tant qu'il n'a point fait réduire le legs, ne peut, en sa qualité d'héritier bénéficiaire, faire vendre l'immeuble légué, sous le prétexte qu'il reste des dettes à payer; et par exemple, si l'usufruit seul a été légué, il n'est pas fondé à requérir la vente de l'usufruit avec celle du fond (C nap. 1017, 1024; Bordeaux 8 juill. 1828) (1).

851. Les formalités prescrites par les art. 987 et suiv. c. pr. sont obligatoires pour l'héritier bénéficiaire, au point qu'ayant même comme créancier de la succession un titre exécutoire, il ne pourrait prendre la voie d'expropriation (Toulouse, 17. mars 1827) (2).

852. Toutefois l'accomplissement des formalités n'est pas la condition de la validité de la vente; l'art. 988 prononce seulement la déchéance du bénéfice d'inventaire. La vente n'est point nulle comme faite *à non domino*, l'héritier bénéficiaire étant propriétaire des biens de la succession, comme l'héritier pur et simple (MM. Chabot, t. 3, p. 35; Delvincourt, t. 2, p. 32, note 7; Duranton, t. 7, n° 28; Malpel, n° 233; Vazeille, art. 806, n° 1).— Ainsi la vente sans ces formalités a été déclarée valable, quoique par divers jugements passés en force de chose jugée, il eût été accordé au successible, en qualité d'héritier bénéficiaire, plusieurs délais pour opérer la vente dans les formes légales, et qu'un créancier inscrit eût été subrogé à la poursuite (Paris, 17 déc. 1822) (3).

853. Il a été jugé aussi que l'héritier bénéficiaire n'étant pas moins saisi de la propriété des biens héréditaires que l'héritier pur et simple, la vente de ces biens sans formalités est valable, alors surtout que la loi qui régissait les parties à l'époque de la vente dont il s'agit, ne prescrivait à l'héritier aucune formalité (Paris, 22 frim. an 14, aff. Chabannes C. Hompesch).

854. La *déchéance* du bénéfice d'inventaire, pour vente sans formalité des immeubles de la succession, était prononcée aussi par l'ancien droit, et elle avait lieu notamment sous l'empire de l'édit de 1611, observé dans l'Artois (Rej., 26 janv. 1818, MM. Brisson, pr.-Vergès, rap.-Aff. Rohan-de-Guéménée).

855. Il y a lieu à cette déchéance sur la demande des créanciers, quelle que soit la qualité de l'immeuble vendu sans formalité, et encore qu'il ait été constitué en dot à la fille héritière bénéficiaire: on dirait en vain qu'il n'a pu être le gage des créanciers de la défunte (Req. 28 juin 1826, aff. Bellecôte, V. Contr. de mar. n° 3339).

856. La déchéance est encore applicable bien que la vente ait été annulée (Caen, 16 juill. 1834, aff. Chesnel-Larossière, V. n° 540).

857. Toutefois, on a refusé d'appliquer la déchéance dans les deux cas suivants : 1° si l'héritier bénéficiaire a vendu un immeuble de la succession, sous la condition que la vente serait nulle dans le cas où il renoncerait à la succession, et sans entendre préjudicier en rien à sa qualité d'héritier bénéficiaire (Req. 26 juin 1828) (4); — 2° S'il est établi que la valeur de

---

Rochefoucauld, l'arrêt de cette cour du 14 juill. dernier, lui a ordonné de formaliser, si bon lui semble, son désaveu contre l'officier ministériel qui a occupé pour elle à raison des quittances par lui consenties aux intimés, et lui a donné un délai pour faire statuer sur le désaveu;—Considérant qu'au lieu d'exécuter cet arrêt, la duchesse de la Rochefoucauld a formellement renoncé à formaliser son désaveu; — Considérant que la dame de Robien a déclaré s'en référer à la prudence de la cour; — Par ces motifs, le déclare non recevable dans ledit appel, etc.

Du 7 juin 1820.-C. de Rennes.

(1) (Baillet et Joanne C. Brisard.) — La cour;—Attendu que l'héritier est tenu de faire aux légataires particuliers la délivrance de leurs legs, et qu'il est personnellement obligé de les acquitter aux termes de l'art. 1017 c. civ.; qu'aux termes de l'art. 1024 du même code, le légataire particulier n'est point tenu des dettes de la succession, sauf la réduction du legs au cas où il excéderait la quotité disponible; — Qu'il suit évidemment de ces deux dispositions combinées, que l'héritier bénéficiaire n'a pas le droit de faire vendre l'immeuble légué, soit en propriété, soit en usufruit pour acquitter les dettes de la succession; — Que s'il est vrai qu'aux termes de l'art. 1020, il n'est point tenu de dégager l'immeuble légué de l'hypothèque dont il est grevé, cette disposition, qui le soustrait au recours du légataire poursuivi par le créancier hypothécaire, ne lui confère nullement le droit d'agir en son nom pour faire vendre l'immeuble hypothéqué, objet du legs particulier, et se mettre ainsi au lieu et place du créancier; — Attendu que la dame Brisard n'a point agi par voie de réduction des legs particuliers dont il s'agit; qu'elle a demandé et obtenu du tribunal la permission de faire vendre tant la portion d'immeuble qui lui était dévolue comme héritière bénéficiaire de Thibaut, son père, que celles dont Marie Baillet et Catherine Joanne étaient usufruitières, en vertu du legs particulier dont les avait gratifiées feu Thibaut; qu'en cela, elle a évidemment exercé, et le tribunal accueilli, une action qui ne lui appartenait pas; — Emendant, dit n'y avoir lieu de procéder à la vente de l'usufruit légué.

Du 8 juill. 1828.-C. de Bordeaux, 1re ch.-M de Saget, pr.

(2) (Mesan C. Fourment.) — La cour; — Attendu que Mesan agissait en qualité d'héritier bénéficiaire, et qu'en cette qualité, la voie de l'expropriation forcée lui était interdite pour se faire payer des sommes qui pourraient lui être dues sur la succession de son père; que cette vérité résulte de la combinaison des art. 803, 805 et 806 c. civ., avec les art. 987 et suivants c. proc. L'héritier bénéficiaire peut être créancier de la succession qu'il a ainsi acceptée, mais il n'est pas un créancier ordinaire. Comme gérant et administrateur de la succession, il peut, d'un autre côté, en devenir le débiteur; il est tenu de rendre compte, et, sous ce rapport, il est présumé reliquataire jusqu'à l'apurement définitif de son compte; il ne peut donc pas être considéré comme créancier définitif de la succession; et, aux termes de l'art. 2215 c. civ., la voie de l'expropriation doit lui être interdite. D'un autre côté, l'art. 806 c. civ. établit, de la manière la plus absolue, et sans admettre aucune sorte de distinction, que l'héritier bénéficiaire ne peut vendre les immeubles de la succession qu'en se conformant aux règles prescrites par le code de procédure; d'où suit la nécessité pour l'héritier bénéficiaire d'observer ce qui est prescrit par les art. 987 et suiv. de ce code. C'est donc là ce que devait faire le sieur Mesan, et non des poursuites en expropriation forcée, qui devaient être infiniment plus onéreuses pour la succession que celles autorisées par la loi. Cette doctrine est d'autant plus incontestable, qu'aujourd'hui il est constant, en jurisprudence, que même un créancier ordinaire ne peut recourir à la voie de l'expropriation, envers les immeubles d'une succession bénéficiaire, qu'après avoir sommé inutilement l'héritier bénéficiaire de faire procéder à la vente de ces immeubles, d'après les formes consacrées par le code de procédure. Il suit de tout ce dessus que le sieur Mesan, comme héritier bénéficiaire, n'a pas pu, par incapacité personnelle, faire saisir immobilièrement les immeubles de la succession de son père; d'où résulte la nécessité de prononcer l'annulation de la procédure dont s'agit.

Du 17 mars 1827.-C. de Toulouse, 2e ch.-M. de Faydel, pr.

(3) (Vertillac et Mousset C. Lanfrey.) — La cour; — Considérant que les jugements et arrêts rendus contre de Vertillac et sa sœur, en qualité d'héritiers bénéficiaires de leur père, n'ont pu dépouiller lesdits héritiers, soit du droit de renoncer à la succession, soit de la faculté de se porter héritiers purs et simples; — Considérant que l'arrêt du 20 déc. 1821 n'a été rendu qu'en état de référé et sans préjudice des droits des parties au principal; — Considérant que l'héritier bénéficiaire, tant qu'il n'est pas dépossédé par l'adjudication préparatoire, peut, suivant l'art. 988 c. pr., abdiquer le bénéfice d'inventaire; — Considérant que le remboursement des frais faits par Lanfrey pour arriver à la vente est une question d'ordre étrangère au procès; — Emendant, etc.

Du 17 déc. 1822.-C. de Paris.-MM. Berryer père, Parquin et Lamy, av.

(4) (Chastenay-Lanty C. d'Argence, etc.) — La cour; — En ce qui

l'immeuble vendu aurait été absorbée par les frais de justice, que le prix de la vente a été distribué aux créanciers et accepté par eux, et qu'enfin l'administration de l'héritier bénéficiaire a été régulière sous tous les rapports (Req. 23 juill. 1850, aff. Deglos. D. P. 50. 1. 323).

858. Le droit de faire vendre les immeubles de la succession, appartient-il exclusivement à l'héritier bénéficiaire, ou peut-il être aussi exercé par les créanciers de la succession? La question a donné lieu à la même controverse que celle examinée ci-dessus quant à la validité de la saisie-arrêt. Ici, toutefois, deux hypothèses sont à distinguer : selon que l'héritier bénéficiaire a commencé ou non les diligences nécessaires pour arriver à la vente.

859. Supposons d'abord que l'héritier bénéficiaire n'ait fait aucune diligence. Les créanciers de la succession auront-ils droit de faire vendre les immeubles par expropriation? — On dit, d'une part, qu'à ce droit, établi par une règle générale, il est fait exception par les art. 803 et 806 c. nap. qui constituent l'héritier bénéficiaire, comme le syndic s'il y a faillite, comme le premier saisissant, s'il y a expropriation, procureur des créanciers à l'effet de vendre les biens de la succession à leur profit. Un mode spécial de vente est prescrit à cet égard, et si l'on admettait la voie d'expropriation par le créancier, on ne pourrait même plus revenir par conversion au mode de vente concernant la succession bénéficiaire, puisque l'héritier n'étant pas maître de ses droits (c. pr. 747), quant aux biens de cette succession, ne pourrait pas demander la conversion. — Il a été jugé en conséquence que si, pour opérer la liquidation, il faut en venir à l'aliénation des immeubles, c'est à l'héritier seul à la provoquer, soit par vente volontaire et publique, soit par licitation, sans qu'on puisse recourir à la voie de l'expropriation forcée; les créanciers ne pourraient se faire subroger à la poursuite qu'en cas de négligence ou de malversation (Req. 4 déc. 1822) (1). —

On a dit en faveur des créanciers que l'héritier n'est point leur représentant légal; que le bénéfice d'inventaire n'a point eu pour objet d'empirer leur condition; que s'il centralise les actions héréditaires, c'est pour diminuer les frais et pour donner plus d'unité, plus de rapidité aux poursuites; mais que, tant que l'héritier n'a point encore agi, le créancier est autorisé à prendre les devants; que les art. 806 c. nap. et 987 c. pr., en conférant à l'héritier le droit de faire vendre les biens de la succession, ne l'enlèvent pas aux créanciers qui le tenaient déjà du principe que les biens du débiteur sont leur gage. Ces articles établissent un concours et ne prononcent point une exclusion.

860. Il a été jugé en conséquence : 1° que le droit de faire vendre les immeubles d'une succession bénéficiaire n'appartient pas exclusivement à l'héritier; qu'il peut aussi être exercé par les créanciers de la succession (c. nap. 803, 808, 2210; Req. 29 oct. 1807 Daguilard, V. Compét. civ. des trib. d'arrond., n° 93-1°). —Même décision quant à la vente d'un droit incorporel (Paris, 13 août 1834) (2); — 2° Qu'il en est ainsi lorsque avant la saisie immobilière pratiquée à la requête du créancier, l'héritier

---

touche le moyen pris de l'adition d'hérédité de la dame de Gouffier, que les demandeurs opposent aux marquis et comte d'Argence, défendeurs éventuels, ou à leurs auteurs, et par suite de laquelle ils prétendent les faire déclarer héritiers purs et simples de ladite dame, et les priver ainsi de leur qualité d'héritiers bénéficiaires; — Attendu qu'ils fondent ce moyen principalement sur cinq actes authentiques, des 16 mai 1788, 14 août 1789, 9 déc. même année, 15 avril 1791, et 30 juin même année, dans le contexte desquels ils trouvent des expressions qui ne permettent pas de douter que les défendeurs éventuels y ont manifesté l'intention la plus expresse de se porter héritiers purs et simples de la dame de Gouffier; — Attendu que l'arrêt attaqué a apprécié et interprété ces divers actes avec un grand soin, et n'y a trouvé aucun motif qui pût imprimer aux défendeurs éventuels, ni à ceux qu'ils représentent, la qualité d'héritiers purs et simples de la dame de Gouffier, et qu'une pareille appréciation, sainement faite, comme elle l'a été, est placée dans les attributions des cours royales, et que par conséquent elle échappe à la censure de la cour de cassation;

Attendu que les demandeurs fondaient aussi cette même prétention sur la vente de quelques immeubles faisant partie de la succession bénéficiaire dont s'agit, faite le 21 prair. an 6, par M. François d'Argence, père des marquis et comte d'Argence, parties au procès; — Attendu que cette vente ne fut faite que sous la condition imposée à l'acquéreur de la considérer comme nulle et non avenue dans le cas où il conviendrait au vendeur de renoncer à la succession de la dame de Gouffier, avec déclaration qu'il n'entendait préjudicier à la qualité d'héritier sous bénéfice d'inventaire de cette dame; d'où il suit qu'un acte de cette nature, soumis à des conditions éventuelles qui pouvaient le rendre sans effet, ne peut faire perdre à celui qui l'a consenti, sa qualité d'héritier sous bénéfice d'inventaire, qu'il s'était expressément réservée.

Du 26 juin 1828.-Ch. req.-MM. Henrion, pr.-Chilhaud, rap.

(1) *Espèce* :—(Lefebvre C. le duc de Bourbon.)—Le 20 sept. 1821, arrêt infirmatif de la cour de Paris: — «Attendu que si les créanciers d'une succession bénéficiaire ont le droit incontestable, en vertu de leurs titres, de procéder, par voie de saisie mobilière et immobilière, sur les biens de leur défunt débiteur, il n'est pas moins certain que la loi constitue l'héritier bénéficiaire, administrateur des biens de la succession, et le charge en conséquence de toutes les opérations que sa liquidation peut exiger; qu'il ne s'agit pas de mettre en contradiction ces droits respectifs, et de les rendre inutiles l'un par l'autre, mais de les accorder; et que le moyen de conciliation indiqué par la raison, et constamment adopté par la jurisprudence, est de laisser l'héritier bénéficiaire, tant qu'il ne mésuse pas, pleinement libre dans son administration, sans souffrir qu'elle soit troublée ou paralysée par les poursuites intempestives des créanciers;—Qu'ainsi, s'il est question de la perception des revenus ou du recouvrement des dettes actives de la succession, l'héritier doit les faire, sans que les créanciers puissent l'en empêcher par des saisies-arrêts et oppositions entre les mains des débiteurs, sauf à eux d'exiger qu'il donne caution du montant de ses recettes, ou qu'il en fasse le dépôt; que, s'il s'agit de la vente du mobilier compris en l'inventaire, c'est également à l'héritier qu'il appartient de la poursuivre en la forme prescrite par la loi, et que, hors le cas de négligence ou de malversation, les créanciers ne seraient point admis à procéder par voie de saisie-exécution, ou à s'emparer de la poursuite; qu'enfin, si, pour opérer la liquidation, il faut en venir à l'aliénation des immeubles, c'est toujours à l'héritier seul, hors le cas ci-dessus, de la provoquer, soit par vente volontaire et publique, soit par licitation s'il y a plusieurs héritiers, sans qu'on puisse recourir à la voie de l'expropriation forcée; —Que cette latitude nécessaire, accordée à l'héritier bénéficiaire, ne préjudicie en rien aux droits des créanciers qui, toujours maîtres de la surveiller, et même expressément autorisés par la loi à se rendre intervenants dans l'instance de liquidation et de partage, peuvent, en cas de demeure ou de négligence de sa part, demander d'être subrogés à la poursuite; — Qu'il n'est pas vrai que ce mode d'aliénation soit moins favorable aux créanciers que la voie de l'expropriation forcée; qu'il est au contraire certain et généralement reconnu que l'adjudication par vente volontaire est infiniment plus avantageuse que celle par expropriation forcée, et que la supériorité du prix résultant de la première compense largement le faible profit que les créanciers pourraient faire dans la seconde par l'immobilisation de quelques portions de fruits; que c'est pour cela qu'on voit tous les jours dans les tribunaux une partie saisie demander et obtenir, du consentement de ses créanciers, que la vente forcée soit convertie en vente volontaire, au lieu qu'on n'a jamais vu substituer à une vente volontaire légalement introduite le mode d'expropriation forcée; qu'en supposant qu'il y ait eu négligence du côté de M. le duc de Bourbon, ce n'était pas une raison à ses créanciers pour introduire une saisie immobilière, mais uniquement pour demander la subrogation à la poursuite existante;—Qu'en fait, aucun reproche raisonnable ne saurait être adressé à M. le duc de Bourbon; qu'il a formé la demande en liquidation, partage et licitation, aussitôt qu'il l'a pu; qu'il s'est même engagé par des conclusions expresses que la justice a approuvées, et dont il lui a été donné acte, à terminer toute opération dans le terme d'un an; que les contradictions l'en ont empêché, d'abord l'appel, et ensuite la saisie immobilière; qu'il serait injuste de lui opposer un retard qui n'est que le fait de ses adversaires.»

Pourvoi de Lefebvre pour violation des art. 2204, 2213 c. civ. et fausse application des art. 806 c. civ., 987 c. pr.—Arrêt.

LA COUR;—Attendu que s'il est vrai que le bénéfice d'inventaire et le droit donné par l'art. 806 à l'héritier bénéficiaire de vendre les immeubles, ne font point obstacle à ce que les créanciers exercent leurs droits par toutes voies légales, cependant il appartient aux tribunaux d'empêcher que des poursuites faites par diverses personnes, et dirigées vers le même but, se trouvent en collision, et de prévenir des frais frustratoires ou inutiles; que ces principes ont été reconnus et appliqués par l'arrêt dénoncé, qui, en appréciant les circonstances, a reconnu que le prince de Condé, mandataire commun constitué par l'arrêt du 7 avril 1821, avait fidèlement exécuté son mandat, et ne devait pas être dépouillé d'une poursuite dans laquelle on ne lui reprochait ni négligence ni malversation;—Rejette.

Du 4 déc. 1822.-C. C., sect. civ.-MM. Lasaudade, pr.-Pardessus, rap.

(2) (Benazet C. Delamarre.)—LA COUR;—En ce qui touche le moyen de nullité tiré de la qualité d'héritiers bénéficiaires, prise par les héritiers Davelouis:—Attendu que l'administration de l'héritier bénéficiaire ne peut être entravée par des actes conservatoires, tels que les saisies-arrêts; mais que les créanciers, malgré l'acceptation sous bénéfice d'in-

bénéficiaire, quoique averti par le commandement, n'avait encore pris aucune mesure pour provoquer la vente (Req. 23 juill. 1833) (1).

861. Si le créancier, au lieu de prendre la voie d'expropriation, se borne à demander l'*autorisation* de faire vendre en justice les immeubles de la succession, de la manière prévue à l'art. 987 c. pr., c'est-à-dire à se mettre à la place de l'héritier bénéficiaire pour cette vente, n'y a-t-il pas lieu de suspendre cette subrogation jusqu'à ce que l'héritier ait eu un temps raisonnable pour provoquer lui-même la vente en justice en sa qualité d'administrateur? On a jugé qu'une telle autorisation ne pouvait être obtenue qu'au cas de négligence de l'héritier dans sa gestion et après une mise en demeure (Req. 5 déc. 1834) (2). Dans l'espèce, le créancier qui n'avait pas même de titre authentique et exécutoire, n'avait fait aucun commandement, aucune démarche préalable et sa créance n'était même pas liquidée.

862. Maintenant supposons des diligences commencées par l'héritier bénéficiaire pour faire vendre les immeubles de la succession, auront-elles pour effet de rendre non-recevables les poursuites en expropriation par les créanciers? L'affirmative résulte implicitement des arrêts (Req. 4 déc. 1822, aff. Lefèvre; 23 juill. 1833, aff. Dupin; 5 déc. 1834, aff. Reydelet, V. n°s 859 et 861). — Jugé aussi que quand l'héritier bénéficiaire a commencé les poursuites de vente, un créancier hypothécaire ne peut poursuivre l'expropriation, sauf à se faire subroger à la poursuite de l'héritier bénéficiaire en cas de négligence (Grenoble, 30 juill. 1814) (3).

863. Au contraire, il a été jugé 1° que, si un jugement a autorisé l'héritier bénéficiaire à vendre les immeubles, mais que les autres formalités de la vente n'aient pas encore été remplies, les créanciers ne conservent pas moins le droit d'exercer directement leurs poursuites en expropriation forcée, et qu'il n'est pas même nécessaire, pour ces poursuites, qu'ils se fassent subroger à l'héritier dans la forme de l'art. 722 c. pr.; que ce n'est pas le lieu d'appliquer cet article (Toulouse, 17 août 1822 (4). — Cette décision nous paraît, comme à M. Vazeille

ventaire, ne sont pas privés du droit de faire des actes d'exécution, afin d'arriver à la vente des biens dépendant de la succession; — Au fond : — Attendu que l'intérêt de Davelouis père dans la société de la ferme des jeux (société contractée en 1827 avec le sieur Benazet) constitue un droit incorporel, qui fait partie des biens de la succession dudit Davelouis; que, par conséquent, les héritiers Delamarre, en leur qualité de créanciers, ont été fondés à en opérer la saisie, et à en provoquer la vente; — Confirme.

Du 15 août 1834.-C. de Paris.-M. Lepoitevin, pr.

(1) *Espèce*: — (Dupin C. de Saint-Pierre.) — Le 15 janv. 1833, arrêt confirmatif de la cour de Bourges : « Considérant que le créancier inscrit sur un immeuble a le droit de le saisir immobilièrement et de le faire vendre; que ce droit n'est pas anéanti par le décès du débiteur, ni par l'acceptation que l'héritier fait de la succession sous bénéfice d'inventaire, l'immeuble restant le gage du créancier, quelle que soit la qualité que puisse prendre l'héritier débiteur; qu'il est vrai que l'héritier bénéficiaire est dans l'obligation légale de faire vendre immobilièrement les immeubles de la succession; qu'ainsi, lorsqu'il en a poursuivi la vente, la saisie, de la part du créancier, peut être considérée comme inutile, puisqu'il peut se faire subroger aux poursuites de vente, si l'héritier ne les met pas à fin; mais que, dans l'espèce, aucune diligence n'avait été faite par l'héritier bénéficiaire au moment de la saisie, quoique cette saisie n'ait eu lieu que les 16 et 17 août, et qu'un commandement ait été signifié le 28 juin précédent; que le saisissant a pu, dès lors, user de son droit, et que ses poursuites sont valables. » — Pourvoi. — Violation des art. 802, 803, 804 et 806 c. civ., et des art. 972, 987 et 988 c. pr. — Arrêt.

La cour; — Considérant que l'arrêt constate, en fait, que, soit avant le commandement du 28 juin 1832, soit avant les procès-verbaux de saisie des 16 et 17 août suivant, le demandeur, en sa qualité d'héritier bénéficiaire, n'avait pris aucunes mesures pour provoquer la vente des biens de la succession hypothéqués au payement des créances du défendeur; qu'en jugeant qu'un créancier hypothécaire de la succession, en usant de son droit, avait pu faire saisir immobilièrement, et que les poursuites par lui faites étaient valables, l'arrêt, loin d'avoir violé aucun texte de loi, confirme, au contraire, le principe général formellement consacré par les dispositions du code civil qui attribuent au créancier hypothécaire le droit de suivre l'immeuble, gage de sa créance, dans quelques mains qu'il passe, et d'en poursuivre la vente par voie d'expropriation forcée; — Rejette.

Du 23 juill. 1833.-C. C., ch. req.-MM. Zangiacomi, pr.-Lebeau, rap.-Nicod, av. gén., c. conf.-A. Gatine, av.

(2) (Reydelet C. Dupin.) — La cour; — Sur le premier moyen : — Attendu, en droit, que si, d'après l'art. 2204 c. civ., le créancier peut poursuivre l'expropriation des biens immobiliers appartenant en propriété à son débiteur, cette poursuite, d'après les art. 2213 et 2217 c. civ., ne peut être faite qu'en vertu d'un titre authentique et exécutoire, pour une dette certaine et liquide, et elle doit être précédée d'un commandement de payer; — Et attendu qu'il est constant et reconnu, en fait, qu'il n'y avait, dans l'espèce, ni titre authentique et exécutoire, ni dette liquide, ni commandement de payer, ni aucune poursuite d'expropriation; — D'où il suit que l'art. 2204 c. civ., invoqué par le demandeur, n'a pu être violé; aussi, ce moyen n'a pas été présenté aux juges de la cause. — Sur le deuxième moyen : — Attendu, en droit, que, sans s'occuper de la question de savoir si le créancier d'une succession bénéficiaire peut demander d'être subrogé à l'héritier bénéficiaire, à l'effet d'être autorisé à présenter, d'après l'art. 987 c. pr., requête au président du tribunal de première instance, pour procéder à la vente des immeubles dépendants de la même succession, il est certain qu'une pareille autorisation ne pourrait être demandée que dans le cas seulement où l'héritier bénéficiaire, seul chargé par la loi (art. 803 c. civ.) d'administrer les biens de la succession, serait en demeure, et qu'on pourrait lui imputer quelque négligence dans sa gestion; — Et attendu qu'il a été reconnu, en fait, par l'arrêt attaqué (de la cour de Paris), qu'on ne pouvait imputer aucune négligence à Dupin; — Qu'en effet, la veuve Dupin, sa mère, était décédée le 24 janv. 1832; que le 24 mars suivant, Dupin avait accepté sa succession sous bénéfice d'inventaire; qu'il avait procédé à la confection de cet inventaire et à la vente du mobilier; qu'enfin, c'était le 30 du même mois de mars 1832 que Reydelet, demandeur en cassation, avait demandé l'autorisation pour procéder à la vente des immeubles de la succession dont il s'agit; — Que, dans ces circonstances, en décidant que cette demande avait été prématurément formée par Reydelet, l'arrêt attaqué n'a violé ni l'article 987 c. pr. civ., ni l'art. 803 c. civ., invoqués par le demandeur ni aucune autre loi; — Rejette, etc.

Du 5 déc. 1834.-C. C., ch. req.-MM. Zangiacomi, pr.-Lasagni, rap.

(3) (Beroud C. Durand.) — La cour; — Considérant que l'héritier bénéficiaire ayant mis la plus grande activité à remplir les formalités prescrites par la loi et ayant ensuite prévenu le sieur Durand, celui-ci n'a plus eu le droit de faire lui-même des poursuites en expropriation forcée, puisque celles commencées par l'héritier bénéficiaire avaient pour objet de procurer plus promptement et plus économiquement la vente des biens pour le prix en être distribué suivant l'ordre des privilèges et hypothèques, — Déboute Durand, etc.

Du 30 juill. 1814.-C. de Grenoble, 2e ch.

(4) (Daubanès C. Daubanès.) — La cour; — Attendu qu'il est reçu, en droit, et décidé par la cour de cassation, que l'héritier bénéficiaire n'est pas seulement administrateur des biens de la succession; qu'il en est tellement propriétaire, que la qualité et les droits d'héritier ne cessent point de résider sur sa tête, par l'abandon que la loi lui permet d'en faire pour l'affranchir du payement des dettes; — Que, dès lors, et en vertu de l'art. 877 c. civ., les créanciers sont autorisés à exercer contre lui les mêmes droits qu'ils avaient contre le défunt, et à user des voies indiquées par les art. 2204 et 2213 du même code; — Que c'est une erreur de croire que l'art. 806, qui dispose que l'héritier ne pourra vendre les immeubles de la succession que dans les formes prescrites par le code de pr., eût voulu lui attribuer exclusivement le droit de les vendre, et priver les créanciers des droits que l'hypothèque leur conférait, et de tous ceux que le code civil leur attribuait : cet article n'a voulu que donner une garantie de plus aux créanciers, par les précautions et la publicité qu'il exige, et conserver à l'héritier bénéficiaire une qualité qu'il perdrait s'il n'observait pas ces formalités, puisque l'art. 988 c. pr. le déclare, dans ce cas, héritier pur et simple; — Que l'argument pris de l'art. 2146 ne saurait également affranchir l'héritier bénéficiaire des poursuites en expropriation. Quoique cet article mette sur la même ligne les créanciers d'une succession acceptée sous bénéfice d'inventaire et ceux d'un failli, au sujet des inscriptions prises par les uns et par les autres, aux époques qu'il précise, ce n'est pas une raison pour assimiler l'héritier bénéficiaire au failli. Le failli est dépossédé de ses biens par le seul fait de la faillite; l'héritier bénéficiaire est, au contraire, investi, s'il ne l'était déjà, de ceux de la succession dès l'instant qu'il a pris cette qualité. Le failli et les créanciers sont cumulativement représentés par des syndics, des administrateurs; l'héritier bénéficiaire ne représente point les créanciers et n'est représenté par personne; il n'est pas administrateur; il est reconnu héritier du moment qu'il a accepté : héritier bénéficiaire, s'il observe les règles qui lui sont tracées par le code de procédure; héritier pur et simple, s'il les enfreint; D'un autre côté, ces mots : *il en est de même entre les créanciers d'une succession*, prouvent clairement que le législateur n'a eu en vue que les créanciers de cette succession, et de veiller exclusivement à leurs intérêts; — L'héritier bénéficiaire ne peut donc, sous aucun rapport, se prévaloir des dispositions de l'art. 2146;

Attendu que le jugement qui permettait à l'héritier bénéficiaire de

(art. 806, n° 5), méconnaître l'esprit de la loi. — Si le juge ne doit pas en effet interdire au créancier la voie extrême de l'expropriation, lorsque l'héritier n'agit pas, il excéderait cependant ses pouvoirs si, après qu'un mode simple, prompt et peu coûteux est employé par l'héritier, il ne disait pas au créancier que sa violence pousse à la rigueur : « Faites mettre à fin la procédure commencée, et laissez la voie embarrassée, longue et ruineuse de la saisie immobilière. » — 2° Que les créanciers de la succession bénéficiaire conservent le droit d'en faire vendre les biens par expropriation forcée, encore que l'un des héritiers bénéficiaires eût déjà formé contre des cohéritiers la demande en partage et licitation de l'immeuble saisi; cette demande n'a point l'effet d'arrêter les poursuites (Bourges, 15 mars 1822) (1). Dans l'espèce, on objectait par analogie que les art. 719, 720, 721 ne permettent pas que deux créanciers poursuivent ensemble la vente judiciaire d'un immeuble.

864. Le droit de procéder à une vente volontaire appartenant exclusivement à la personne même du propriétaire de la chose à vendre, et l'héritier bénéficiaire étant réellement propriétaire des objets qui composent la succession, il en résulte que lorsque, pour payer les créanciers du défunt, cet héritier fait vendre les biens de la succession, dans la forme autorisée par les art. 987 et suiv. c. pr., s'il néglige de comprendre dans cette vente un des immeubles de la succession, les créanciers ne peuvent ni l'obliger à suivre relativement à cet immeuble le même mode d'aliénation volontaire qu'à l'égard des autres, ni se faire subroger, à cet effet, au lieu et place de l'héritier; ils n'ont, dans ce cas, que la voie de la saisie immobilière des biens de leur débiteur (c. civ. 803, 1166; Nîmes, 28 déc. 1825) (2).

865. Les poursuites à fin d'expropriation, commencées à la requête d'un créancier hypothécaire sur les immeubles d'une succession, pendant les délais pour faire inventaire et délibérer, sont valablement continuées contre l'héritier bénéficiaire, même après que ce dernier a fait des diligences pour parvenir à la vente de ces immeubles (c. civ. 2214, 2166 et 797). — Mais, dans ce cas, les tribunaux, appréciant l'intérêt commun des parties, peuvent accorder un sursis pour laisser à l'héritier un délai suffisant afin de mener à terme la vente sur publications judiciaires (Paris, 22 nov. 1835) (3).

866. Le créancier d'une succession même bénéficiaire est sans qualité pour s'opposer à la vente judiciaire des biens de la succession, en alléguant que ces biens étant déjà l'objet, devant un autre tribunal, d'une action en revente sur folle enchère, dont le succès paraît assuré, la procédure tendant à la vente judiciaire est inutile et frustratoire. En excipant ainsi de l'action intentée par le vendeur des biens dont il s'agit, ce créancier se prévaut indûment du droit d'un tiers (Bordeaux, 7 juin 1832, aff. Seinsevin, V. Vente publ. d'imm.).

867. Il suffit qu'un héritier bénéficiaire forme, en qualité de propriétaire ou de donataire, une demande en distraction des biens de la succession saisis par les créanciers, pour que ceux-ci soient déclarés mal fondés à opposer à cette demande en distraction la déchéance du bénéfice d'inventaire qu'aurait encourue l'héritier, cette déchéance ne portant aucune atteinte au droit particulier de l'héritier; que par suite, les juges ont pu, sans violer aucune loi, rejeter la demande que les créanciers ont faites d'un compulsoire à l'effet d'établir la déchéance (c. civ. 778 et 780, c. pr. 846; Req. 11 juin 1844) (4).

---

vendre les immeubles ne pouvait, surtout dès que les autres formalités n'avaient pas été remplies, l'affranchir des poursuites des créanciers; qu'aucune loi ne les autorisait à se faire subroger à la demande de l'héritier, et à y donner suite; que c'est sans doute par analogie que l'on a cherché à induire cette subrogation de l'art. 722 c. pr.; mais il ne s'applique qu'aux ventes par expropriation, et celle réclamée par l'héritier aurait été purement volontaire; — Attendu que le motif pris de ce que les biens auraient été vendus à un taux plus élevé, s'ils l'eussent été sur les lieux, ne peut être d'aucune considération; que l'héritier est d'autant moins fondé à l'invoquer, qu'il a renoncé à cet avantage, en laissant écouler un temps considérable depuis sa demande, et avant que l'expropriation eût été commencée; — Par ces motifs, démet Antoinette Daubanès de son appel.

Du 17 août 1822.-C. de Toulouse, 5e ch.

(1) (De Pronleroy C. Choppin.) — LA COUR; — Considérant qu'un créancier peut poursuivre l'expropriation des biens immeubles de son débiteur; — Que ce principe posé dans l'art. 2204 c. civ. est général; que l'exécution d'un titre qui était exécutoire contre le débiteur décédé ne peut dépendre de la qualité que son héritier jugera à propos d'adopter; qu'il peut bien prendre toutes les précautions qu'il jugera nécessaires pour ne pas engager ses propres biens au payement de la dette; mais qu'il ne peut soustraire à la poursuite du créancier ceux que le défunt avait affectés à son hypothèque; — Considérant qu'il en est de même de la demande en partage provoquée par les héritiers de la dame de Pronleroy; que le sieur Choppin peut toujours agir, puisqu'il est créancier de tous, et que les biens à partager entre eux lui ont été engagés pour sûreté de sa créance : qu'il en faudrait dire autant lors même qu'il s'agirait d'une licitation au lieu d'un partage; — Qu'en vain on opposerait qu'en ce cas le créancier serait sans intérêt, parce que la vente par licitation, moins onéreuse pour le débiteur qu'il faut aussi considérer, atteindrait également le but qu'il se propose, celui de recouvrer ce qui lui est dû, puisqu'il en toucherait le prix; — Considérant que, supposant la vente par licitation entre mineurs, malgré toutes les formalités qu'elle exige, moins dispendieuse que l'expropriation (avantage dont ne profiteraient pas les appelants dans le moment actuel où le sieur Choppin touche au moment de l'adjudication définitive), ce ne serait pas un motif suffisant pour forcer le créancier à attendre l'effet de cette licitation, parce qu'elle peut être entravée par une foule d'incidents; qu'elle entraîne des lenteurs qu'il n'aurait pas la faculté d'abréger, et qu'il lui importe de conserver avec tout son avantage l'action qu'il tient de la loi; — Confirme, etc.

Du 15 mars 1822.-C. de Bourges.

(2) (Abrien C. Salin et Piolen.) — LA COUR; — Attendu que l'art. 803 c. civ. donne aux créanciers d'une hoirie bénéficiaire le droit d'exiger de l'héritier qu'il leur rende compte de son administration, et leur permet de le contraindre sur ses biens personnels, s'il ne satisfait pas à cette obligation, mais que la loi ne leur accorde contre cet héritier aucune autre sorte d'action; — Attendu que, dans la cause, ce droit précité est actuellement perçu par les intimés, et forme l'objet d'une instance principale pendante devant le tribunal civil d'Uzès; que la demande qu'ils ont formée incidemment à cette instance, à l'effet d'être subrogés aux droits des héritiers bénéficiaires de Louis Abrien, ainsi qu'aux poursuites déjà commencées pour pouvoir faire procéder eux-mêmes à la vente de certains immeubles qu'ils disent appartenir à l'hoirie dont ils sont créanciers, est à la fois prématurée et mal fondée; qu'elle est prématurée, parce qu'il faut, avant de faire procéder à la vente d'autres biens que ceux compris dans le compte produit, savoir si ce compte, dûment impugné et débattu, ne donnera pas un résultat suffisant pour payer les dettes de l'hoirie; qu'elle est mal fondée, parce que l'art. 1166 c. civ., sur lequel on vient fonder la subrogation demandée, en autorisant les créanciers à exercer les droits de leurs débiteurs, excepte ceux de ces droits qui sont exclusivement attachés à la personne, et que le droit de faire procéder à une vente volontaire appartient exclusivement à la personne du propriétaire de la chose à vendre; que l'héritier bénéficiaire est réellement propriétaire de tous les objets qui composent la succession, et que le droit de les aliéner n'appartient qu'à lui seul; que la loi a suffisamment pourvu à l'intérêt des créanciers en leur donnant le droit de faire saisir immobilièrement les biens de la succession, s'ils le croient utile, et même ceux personnels à l'héritier, s'il se refuse au compte qui lui est demandé; — Rejette la demande en subrogation, etc.

Du 28 déc. 1825.-C. de Nîmes.-M. Trinquelague, pr.

(3) (Le trésor C. Ternaux.) — LA COUR; — Considérant que le commandement à fin de saisie immobilière, notifié à la requête de l'agent judiciaire du trésor, à la date du 30 juillet dernier, est antérieur à toutes poursuites faites par l'héritier bénéficiaire pour parvenir à la vente des immeubles de la succession; que, dans cet état, aucune disposition de la loi ne pouvait priver le créancier hypothécaire du droit de suivre l'effet de son hypothèque; que, dès lors, c'est à tort que les premiers juges ont fait défense à l'agent judiciaire de passer outre aux poursuites par lui commencées; — Mais considérant que la demande en discontinuation de poursuites comprend implicitement une demande en sursis; — Que, dans l'espèce, Ternaux a fait, ainsi que le reconnaît l'agent judiciaire du trésor, toutes les diligences nécessaires pour parvenir à la vente; que ce mode de vente paraît plus favorable aux intérêts de la masse, sans nuire à ceux du trésor, et que les circonstances de la cause autorisent la cour à prononcer le sursis; — Met l'appellation et ce dont est appel au néant; émendant, etc.

Du 22 nov. 1835.-C. de Paris, 3e ch.-M. Vincens Saint-Laurent, pr.

(4) (Caisse hypoth. C. de la Tour d'Auvergne.) — LA COUR; — Sur le premier moyen, applicable à l'arrêt du 18 mai 1842 (de la cour de Caen): — Attendu que, pour rejeter la demande en compulsoire, ledit arrêt, qui a, d'ailleurs, déclaré ne rien préjuger sur les autres questions du procès, tous droits et exceptions quant à ce demeurant réservés, s'est fondé sur ce que ce compulsoire se rattachait à une question sans influence sur le litige; — Qu'en effet, la saisie immobilière du domaine de Saint-Paulet ayant été poursuivie contre le père du défendeur principal, celui-ci avait demandé la distraction d'une partie de ce domaine, dont il se prétendait

868. Les créanciers d'une succession bénéficiaire sont réputés avoir été représentés par l'héritier bénéficiaire dans l'arrêt qui, rendu contradictoirement avec cet héritier, a attribué à certains d'entre eux des sommes par eux saisies-arrêtées. En conséquence, lorsqu'un de ces créanciers pratique une saisie-arrêt sur les mêmes sommes, l'action en mainlevée de cette saisie constitue une difficulté sur l'exécution de l'arrêt entre ceux qui y ont figuré, et doit, s'il s'agit d'un arrêt infirmatif, être portée *de plano* devant la cour qui l'a rendu, surtout si cette opposition a été formée par l'héritier bénéficiaire lui-même exerçant ses droits de créancier (Rej. 1er août 1849, aff. Durand-Vaugaron, D. P. 49. 1. 287).

869. A l'égard des créanciers personnels de l'héritier, il a été jugé que la vente des biens d'une succession bénéficiaire peut être poursuivie par les créanciers même personnels de l'héritier, si ce dernier ne fait aucune démarche pour les vendre, sauf le droit des créanciers de la succession d'être payés par préférence (Limoges, 15 avr. 1851) (1).—*Contrà* Conflans sur l'art. 803-2°; Bilhard, nos 87, 135.

870. Avant le code Napoléon, il arrivait souvent que les *créanciers* de la succession bénéficiaire s'unissaient et nommaient des syndics ou directeurs pour les représenter en justice; dans ce cas, les tiers n'étaient point obligés de mettre en cause chacun des créanciers ni de leur signifier les jugements obtenus contre les syndics; ils ne le pouvaient même pas à raison des frais ruineux qui en seraient résultés.—Il a été jugé en conséquence que la signification faite aux syndics du jugement d'adjudication des biens de la succession bénéficiaire suffisait pour faire courir contre chacun des créanciers le délai d'appel, mais qu'il en serait autrement à l'égard des créanciers qui ne sont point intervenus au contrat d'union et qui n'ont point concouru à la nomination des syndics. Chacun de ces créanciers peut individuellement, et quoiqu'il n'ait point été partie en première instance, ester en cause d'appel sur la demande en nullité de l'adjudication des biens du débiteur commun et proposer tous moyens de nullité contre la procédure qui a été suivie pour cette adjudication, sans qu'on puisse opposer que ces nullités auraient dû être proposées avant l'adjudication (Rej. 11 therm. an 12, M. Vasse, rap., aff. Chenautais *C.* Houitte; M. Merlin, Quest. de dr., vo Union des créanciers, § 1).

871. L'héritier bénéficiaire peut-il se rendre lui-même *adjudicataire* des biens de la succession vendus judiciairement à sa requête? En principe nul ne peut être à la fois vendeur et acheteur; mais l'héritier par le bénéfice d'inventaire *sustinet duas personas*. Ses intérêts et ceux de la succession sont entièrement séparés. — On s'est demandé toutefois si ce n'était pas le cas de la prohibition de l'art. 1596 : « Ne peuvent se rendre adjudicataires, sous peine de nullité, ni par eux-mêmes ni par personnes interposées, les tuteurs..., les mandataires..., les administrateurs des biens qu'ils sont chargés de vendre. » M. Delvincourt, (t. 2, p. 32, no 6), croit la prohibition applicable, à moins que la vente n'ait été faite les créanciers présents ou dûment appelés, auquel cas ils peuvent prévenir ou déjouer la collusion. M. Vazeille, (art. 806, no 7), fait remarquer avec raison que la loi n'exige pas que les créanciers soient appelés à la vente, et que les affiches et les publications d'enchères et l'adjudication faite en justice mettent leur intérêt à couvert. — Le même auteur considère que l'héritier bénéficiaire n'est point le mandataire des créanciers, et que l'art. 1596 n'entend parler que des administrateurs des biens des communes et des établissements publics. C'est ainsi que d'après l'opinion la plus accréditée les syndics d'une faillite ne sont point incapables de se rendre adjudicataires des biens du failli (V. Faillite, no 1164).—A plus forte raison, cette interprétation nous paraît applicable à l'héritier bénéficiaire, vu sa qualité de copropriétaire, qui dans d'autres circonstances est prise en considération et relève de certaines incapacités (Arg. c. nap. 1701). Poursuivant la vente dans son propre intérêt, non moins que dans l'intérêt des créanciers, il pourra, vis-à-vis de ceux-ci, se rendre adjudicataire, comme le peut, vis-à-vis de ses cohéritiers, tout héritier qui poursuit une licitation. La qualité de poursuivant n'est point une cause d'incapacité (Conf. Duvergier, De la vente, t. 16, no 90; Bioche, Vente jud., no 203).

872. Lorsque la vente se fait sur la poursuite des créanciers, après saisie immobilière, la difficulté ne peut plus s'élever au point de vue de l'art. 1596; mais on peut objecter que l'art. 711 c. pr. exclut le saisi de l'adjudication. Il faut répondre, toutefois, que l'héritier bénéficiaire à raison de la séparation des patrimoines n'est personnellement débiteur ni véritablement saisi : l'exclusion ne doit donc pas l'atteindre (Conf. M. Vazeille *loc. cit.*). — Jugé dans un cas où l'héritier bénéficiaire était défendeur à la demande en licitation, qu'il conserve le droit de surenchérir, quoique ayant figuré ainsi à l'adjudication, s'il est en même temps

---

propriétaire, en vertu d'une donation faite en sa faveur; — Attendu qu'en décidant que, sur une demande par lui formée, non comme héritier de sa mère, mais en vertu du droit qui lui compétait de son chef, il n'y avait pas lieu d'ordonner un compulsoire pour établir qu'il était héritier pur et simple de sa mère, compulsoire qu'au surplus l'arrêt définitif a réservé à la caisse hypothécaire le droit de demander ultérieurement, l'arrêt attaqué n'a pas violé les art. 778, 780 c. civ. et 846 c. pr.;

Sur le deuxième moyen, applicable à l'arrêt du 8 août 1842 : — Attendu que l'arrêt attaqué déclare, en fait, « que la mère du défendeur, mariée sous le régime dotal, n'avait point de mobilier; que sa succession ne s'est composée que d'une somme de 60,000 fr. à elle constituée en dot, et de ses droits à la succession de sa mère, qui, acceptée sous bénéfice d'inventaire, n'est pas encore liquidée; qu'il n'y avait rien à inventorier à son décès; » qu'il adopte, de plus, les motifs du jugement de première instance, portant « que le défendeur a pu se dispenser de faire dresser un inventaire dans le délai fixé par la loi, sans qu'il doive par ce seul fait être déclaré héritier pur et simple, tant qu'il n'est pas justifié qu'il s'est immiscé dans la succession, et qu'il a disposé d'une partie des biens qui la composent; » — Attendu qu'en confirmant, par ces motifs, le jugement qui avait rejeté la fin de non-recevoir ou l'exception proposée contre la demande en distraction, et tirée de ce que, faute d'inventaire après le décès de sa mère, le défendeur devait en être réputé héritier pur et simple, l'arrêt attaqué, qui, d'ailleurs, a réservé à la caisse hypothécaire tous ses droits pour le faire déclarer ultérieurement au moyen des actes dont l'arrêt du 18 mai 1842 lui a refusé le compulsoire dans l'instance actuelle, n'a pas violé l'art. 794 c. civ.; — Rejette.

Du 11 juin 1844.-C. C., ch. civ.-MM. Portalis, pr.-Miller, rap.

(1) (Lornac-Cheyroux *C.* Barthélemy.)— La cour ;—Attendu que... le principe qui domine ici, c'est que l'héritier, pour être bénéficiaire, n'en est pas moins héritier, puisqu'il a accepté la succession; que toute la différence qu'il y a entre le bénéficiaire et l'héritier simple, c'est que l'un ne confond pas ses biens propres avec ceux de la succession bénéficiaire, respectivement aux créanciers de la succession seulement, et qu'il ne doit répondre à ces créanciers du payement de leurs créances que jusqu'à concurrence de ce qu'il a recueilli, tandis que l'héritier simple est tenu du payement intégral des dettes, quelles que soient les forces de la succession; — Que c'est à cause de cette faveur accordée à l'héritier bénéficiaire, que la loi, pour éviter les fraudes qui pourraient être pratiquées au préjudice des créanciers, l'a environné de précautions et de formalités, au nombre desquelles se trouve la nécessité de faire inventaire, de ne vendre qu'aux enchères et d'après les formes de la procédure;

Mais que toutes ces précautions, prises dans l'intérêt seul des créanciers, ne changent en rien la qualité d'héritier, abstractivement considérée, qualité qui réside sur la tête du bénéficiaire, depuis son acceptation, comme sur la tête de l'héritier simple; — Que, dès qu'il est constant que le bénéficiaire est héritier, et qu'il recueille à ce titre, tous les biens qui tombent ainsi sous sa main peuvent, si cet héritier bénéficiaire ne fait aucune démarche pour les faire vendre, être saisis réellement sur lui par ses créanciers personnels, sauf le droit des créanciers de la succession bénéficiaire de se présenter à l'ordre, lors de la distribution du prix qui est leur gage, et sur lequel sont acquittées leurs créances par préférence; — Que les créanciers n'ayant pas d'autre droit que celui de se faire payer par toutes les voies légales, y compris la saisie, ils ne sauraient se plaindre qu'un tiers ait usé de cette voie de rigueur, à leur défaut, pourvu que leur gage ne disparaisse pas à leur insu, et que le prix en soit distribué en leur présence; que, d'ailleurs, il n'y a pas de créanciers en cause d'appel; — Que ce qui peut avoir jeté quelque confusion dans les idées sur la question, ce sont les termes d'*administrer* et d'*administration* employés dans les art. 803 et 804 c. civ., relativement à l'héritier bénéficiaire; mais que ces termes ne prouvent autre chose que la nécessité où s'est trouvé le législateur d'exprimer qu'un compte devrait être rendu aux créanciers par l'héritier bénéficiaire, surtout pour le cas d'insuffisance, qui est le cas que l'on doit supposer le plus ordinaire; — Que tout cela, ainsi qu'il a été déjà dit, ne s'applique qu'à la situation du bénéficiaire respectivement aux créanciers; mais que, du reste, les termes d'*administrateur* et d'*héritier* impliquent une contradiction, entendus l'un et l'autre dans un sens absolu; — Dit avoir été bien jugé, etc.

Du 15 avr. 1851.-C. de Limoges, 3e ch.-MM. Firmigier, pr.

créancier hypothécaire de la succession (Caen, 23 août 1839, aff. Lemoine, V. Surenchère).

873. Pareillement il a été jugé que l'héritier bénéficiaire qui se rend adjudicataire d'un bien de la succession, devient débiteur de son prix envers les créanciers de cette succession, et qu'il est soumis à toutes les poursuites et voies d'exécution comme un acquéreur ordinaire (Req. 27 mai 1835, aff. Moreau, V. Vente publ. d'imm.).

874. Il y a lieu à la surenchère du dixième dans les ventes d'immeubles faites en justice par l'héritier bénéficiaire, conformément aux art. 806 c. nap. et 987 c. pr.— V. Surenchère.

875. La surenchère du dixième a lieu aussi pour la vente des immeubles du failli, mais avec un délai et des conditions qui la distinguent spécialement. On peut se demander si la disposition qui l'établit (c. com. 573) est applicable par analogie au cas de succession bénéficiaire. Nous ne le pensons pas. C'est une disposition particulière, qui ne doit pas s'étendre d'un cas à l'autre, surtout lorsqu'ils sont régis par des principes différents (Duranton, Vazeille, sur l'art. 806, n° 9).

876. *De la caution.* — L'héritier bénéficiaire « est tenu, si les créanciers ou autres personnes intéressées l'exigent, de donner caution bonne et solvable de la valeur du mobilier compris dans l'inventaire, et de la portion du prix des immeubles non délégués aux créanciers hypothécaires »; sinon « ces meubles sont vendus, et le prix est déposé, ainsi que la portion non déléguée du prix des immeubles, pour être employés à l'acquit des charges de la succession » (C. nap. 807). — L'héritier est mis en demeure de fournir caution par une sommation extrajudiciaire (C. pr. 992). — S'il y a plusieurs créanciers, il suffit de la demande d'un seul (Chabot, art. 807, n° 3; Vazeille, n° 1; Rolland, v° Bénéf. d'inv., n° 65).

877. La caution est reçue suivant les formes prescrites par le code de procédure, art. 518 et suiv., 992 à 994.

878. Le cautionnement ne peut être illimité; il se borne aux objets mentionnés dans l'art. 807. Spécialement, il ne s'étend pas aux fruits échus ou à échoir. Les créanciers, en effet, peuvent saisir les fruits sur l'héritier bénéficiaire, comme ils le pouvaient sur le défunt (Chauveau sur Carré, n° 2525; Thomine, t. 2, p. 654; Pigeau, t. 2, p. 705; Bilhard, n° 66; Poujol, p. 521).

879. La caution est-elle indispensable, même dans le cas où, propriétaire d'immeubles libres, l'héritier offrirait hypothèque?— Non; l'hypothèque présente encore plus de sûreté que la caution. Ce serait entraver sans utilité l'administration de l'héritier (arg. c. nap. 2041; Delvincourt, t. 2, p. 32, n° 13; Vazeille, art. 807, n° 3.— *Contrà*, Delaporte, Pand. franc., t. 3, p. 211, qui objecte qu'avec la caution il y a deux obligations au lieu d'une seule, et que l'hypothèque laisse craindre les formalités longues et dispendieuses de l'expropriation; V. aussi Cautionnement, n° 155).—En matière de surenchère, la même question s'est élevée, et on décide généralement, par application de l'art. 832 c. pr., que le surenchérisseur ne peut remplacer la caution par une hypothèque sur ses biens.— V. Surenchère.

880. L'héritier bénéficiaire n'est pas forcé de consigner, mais seulement de donner caution; il peut se cautionner lui-même sur ses immeubles. — L'ord. du 3 fév. 1816, relative à la caisse des dépôts et consignations, n'a modifié en rien les principes du droit civil sur ce point (Aix, 28 nov. 1831) (1).

881. Il est entendu, toutefois, que l'héritier bénéficiaire ne peut se dispenser de fournir une caution en alléguant qu'il possède des immeubles plus que suffisants pour la garantie des objets dépendant de la succession, s'il n'offre en même temps une hypothèque :—« Attendu, portent les motifs du jugement adoptés par la cour, qu'aux termes des art. 807 c. nap. et 992, 993 c. pr., l'héritier bénéficiaire est tenu de donner caution toutes les fois qu'il en est requis; que les héritiers Decaux avaient expressément demandé cette caution, et que Duclaux ne pouvait se refuser à l'accomplissement de cette obligation, en se présentant comme acquéreur d'immeubles plus que suffisants pour répondre de sa solvabilité; confirme » (Paris, 8 janv. 1812, aff. Duclaux *C.* Decaux).

882. Dans le cas où le premier cautionnement donné par l'héritier devient insuffisant, il peut être admis à en fournir un supplémentaire (Paris, 15 avril 1820, aff. Hermel, V. Cautionnement, n° 135).

883. L'héritier peut-il, au lieu de la caution, offrir pour gage des créances? Non d'après l'art. 2019, selon lequel la solvabilité d'une caution ne s'estime qu'eu égard à ses propriétés foncières (Vazeille, art. 807, n° 2.—*Contrà*, Bilhard, n° 66). La cour de Paris, par l'arrêt cité plus haut du 15 avril 1820, a jugé suffisant un supplément de cautionnement en créances. Il a été jugé aussi, en matière de surenchère, que le surenchérisseur fournit valablement à titre de cautionnement des créances hypothécaires qui lui appartiennent (V. Vente jud. d'imm.). L'art. 832 c. pr. permet au surenchérisseur de donner, à défaut de caution, un nantissement en argent ou en rente sur l'État.

884. Les créanciers ou légataires peuvent provoquer en référé la nomination d'un *séquestre*, quand l'héritier bénéficiaire en possession des biens de la succession ne répond pas, soit à la réquisition du cautionnement, soit à la contestation de la caution offerte (Bilhard, n° 68).

885. L'héritier bénéficiaire à qui cette qualité a été attribuée par jugement ne peut pas en être déclaré déchu, par cela seul qu'il serait en retard de fournir caution :—« Attendu que les lois ne prononcent d'autre peine contre l'héritier bénéficiaire en retard de donner caution que celle de la dépossession du mobilier que les créanciers peuvent faire vendre, si bon leur semble » (Riom, 30 déc. 1821, M. Thévenin, pr., aff. Tavernier *C.* Chautard). — Jugé toutefois que le refus, par l'héritier, de donner caution, autorise les créanciers à demander que l'administration de la succession lui soit retirée et confiée à un autre, lorsque sa fortune personnelle n'offre aucune garantie; que, d'ailleurs, il s'est refusé depuis vingt ans à rendre compte de sa gestion, et a porté de la mauvaise foi dans son administration (Req. 6 mars 1821, MM. Henrion, pr., Dunoyer, rap., aff. de Chastenet).

§ 3. — *Du compte de bénéfice d'inventaire. — Payement des créanciers et légataires.*

886. *Du compte.* — L'héritier bénéficiaire « doit rendre compte de son administration aux créanciers et aux légataires » (c. nap. 803).—Tout créancier ou légataire peut demander le compte, et l'héritier peut l'écarter en le désintéressant. Si l'héritier ne connaît pas les légataires et créanciers, ou ne les connaît pas tous, MM. Rolland et Carré pensent qu'il poursuit la reddition de compte contre ses cohéritiers, et s'il est seul héritier, contre un curateur qu'il fait nommer.—Bilhard, n° 88, estime qu'il n'y a pas lieu à nomination d'un curateur, et que l'héritier ne doit compte qu'aux créanciers ou légataires qui se présentent.

887. Dans quelles formes le compte doit-il être rendu? Il peut l'être devant notaire et même sous seing privé, si toutes les parties sont capables, présentes et consentantes. (Bilhard, n° 91; Poujol, p. 503; V. Compte, n° 44). Ce n'est que pour le cas contraire que l'art. 995 c. pr. porte : Seront observées pour la reddition du compte du bénéfice d'inventaire les formes prescrites au titre des *redditions de comptes.* »

(1) (Guien.) — LA COUR ; — Attendu que l'art. 807 civ., n'impose à l'héritier bénéficiaire l'obligation de consigner, que faute par lui de fournir caution, et que, d'ailleurs, on est toujours reçu à se cautionner soi-même sur immeuble, d'après le principe des lois romaines *plus cautionis est in re quàm in personâ*, et d'après l'art. 2040 c. civ.;—Attendu que l'ord. du 3 fév. 1816 s'est bornée à déclarer que les sommes provenant des successions acceptées sous bénéfice d'inventaire seront versées dans la caisse des dépôts et consignations, lorsque la consignation en aura été ordonnée par les tribunaux; mais qu'elle n'a apporté et ne pouvait apporter aucun changement aux principes du droit civil ci-dessus rappelés qui doivent seuls servir de règle aux tribunaux, pour ordonner la consignation ou pour en dispenser; — Qu'il suit de ces principes que Guien remplit toutes ses obligations actuelles en faisant offre de se cautionner lui-même sur immeuble, et que les créanciers n'ont pas le droit de rien exiger de plus; — Par ce motif, admet Guien, sur son offre, à se cautionner lui-même sur immeuble, à la charge par lui de réaliser son offre dans la quinzaine, et de justifier, au cas de contestation, la suffisance de l'immeuble qu'il aura affecté audit cautionnement.

Du 28 nov. 1831.—C. d'Aix, 1re ch.—M. Pataille, 1er pr.

888. La compétence toutefois est différente, aux termes de l'art. 527 c. pr. « Les comptables sont poursuivis devant les juges de leur domicile. Mais l'héritier bénéficiaire n'est point, dans le sens de cet article un comptable commis par justice » (V. Compte nos 25 et 49). C'est devant le tribunal du lieu de l'ouverture de la succession que l'action en reddition de compte doit être portée ou que l'héritier lui-même doit assigner l'oyant. Il est naturel, ne fût-ce que pour éviter un déplacement de pièces justificatives, qu'il y ait un seul tribunal compétent pour l'examen de ce compte; que l'héritier n'ait pas à le produire tantôt devant le juge de son domicile, tantôt devant le juge de l'ouverture de la succession, selon qu'il plaira à tel ou tel créancier de choisir l'une ou l'autre juridiction (Carré, no 2527—4o; Pigeau, t. 2, p. 707; Thomine, t. 2, p. 636; Bilhard, no 90).

889. La compétence doit être la même pour toutes les actions intentées par les créanciers de la succession contre l'héritier bénéficiaire : car elles aboutissent à un compte, qu'il leur doit : c'est sa seule obligation, puisqu'il n'est point tenu personnellement.—Cependant une distinction a été proposée : d'après l'art. 59 c. pr., c'est le tribunal du lieu où la succession est ouverte qui doit connaître des « demandes intentées par des créanciers du défunt *avant le partage*.» Mais quand il n'y a pas lieu au partage, quand l'héritier bénéficiaire est unique, peut-il être cité devant le tribunal de son domicile? Oui selon plusieurs arrêts. —V. Compét. civ. des trib. d'arrond., no 85.

890. Le compte doit être divisé en recettes et dépenses. Le chapitre des recettes embrasse tout ce que l'héritier a trouvé dans la succession, ou qui lui est parvenu à son occasion; le chapitre des dépenses, tout ce qu'il justifie avoir légitimement déboursé pour les affaires de la succession, tels que frais funéraires, frais de scellés et d'inventaire, droits de mutation, frais d'ordre et de contribution, frais de compte, réparations des biens, etc., etc. (Chabot, t. 3, p. 22; Toullier, t. 4, no 371; Vazeille, art. 803, no 8). — Jugé que l'héritier bénéficiaire ne peut faire figurer au chapitre des dépenses que les dettes réellement acquittées, et non celles qui restent à payer; — Et spécialement que des enfants qui ont accepté la succession de leur père sous bénéfice d'inventaire, et qui sont en même temps héritiers purs et simples de leur mère, ne peuvent porter au passif de la succession bénéficiaire ce qui leur est dû, soit à tous comme héritiers de leur mère, pour le montant des reprises et autres créances de celle-ci, soit à l'un d'eux en son nom personnel (Cass. 27 juill. 1853, aff. Daisse, D. P. 53. 1. 255).

891. Par l'expression *mobilier*, duquel l'héritier bénéficiaire est tenu de donner caution, la loi comprend toutes les actions et obligations qui ont pour objet des choses exigibles, telles, par exemple, que l'indemnité accordée par la loi du 30 avr. 1826, aux colons de Saint-Domingue.—On dirait en vain qu'elle doit être réputée de nature immobilière (Bordeaux, 6 juin 1828, aff. Viard, vo Possess. franç.).

892. L'héritier bénéficiaire est tenu de porter dans son compte à l'actif de la succession les capitaux des rentes qui lui appartiennent, quand il ne s'agit pas de rentes viagères (c. nap. 802, 803; Req. 10 août 1840) (1).—Dans l'espèce, l'héritier n'avait fait figurer dans son compte que les arrérages, et il prétendait que le forcer en recette pour le capital, c'était le contraindre de devenir personnellement propriétaire de la rente et violer ainsi l'art. 802.

893. La veuve renonçante d'un associé, dont la succession est recueillie sous bénéfice d'inventaire, doit, suivant un arrêt, personnellement tenir compte aux coassociés des éligements communs qu'elle a faits depuis le décès de son mari, et des sommes qui leur reviennent dans celles qu'elle a mal à propos versées dans la caisse de bénéfice d'inventaire, et provenant des éligements et ventes antérieurs au décès (Rennes, 19 mars 1814, 3e ch., aff. Pillet C. veuve Richer).

894. Dans quel délai doit être présenté le compte? La loi ne fixe point de délai; l'héritier doit le présenter, lorsque les parties intéressées le lui demandent (c. nap. 803; Vazeille, sur l'art. 803, no 10).—M. Bilhard, no 89, pense que l'héritier a trois jours pour présenter le compte, et qu'ensuite il peut y être contraint. — L'ord. de 1629, exigeait, art. 138, « que le compte de bénéfice d'inventaire fût clos dans les dix ans; » mais on lit dans un arrêt « que cette disposition en particulier n'a jamais eu d'exécution, outre que l'ordonnance prise généralement n'a jamais été considérée comme loi du royaume, sauf quelques articles appliqués isolément par les cours. » L'arrêt juge, en conséquence, que le défaut de reddition de compte du bénéfice d'inventaire dans les dix ans ne faisait point perdre la qualité d'héritier bénéficiaire (Req. 23 juill. 1807.-MM. Muraire, pr.-Coffinhal, rap., aff. hérit. Richelieu).—Jugé qu'à raison de l'urgence et lorsque d'ailleurs l'héritier bénéficiaire possède des valeurs de la succession pour une somme bien supérieure, la provision accordée à un créancier peut être exécutée contre l'héritier personnellement, et avant toute reddition de compte de sa part (c. civ. 802, 803; Paris, 7 mai 1829) (2).

895. L'héritier bénéficiaire, qui a vendu les biens de la succession, doit en distribuer le prix aux créanciers et légataires, avant de les assigner en reddition du compte du bénéfice d'inventaire; une pareille reddition de compte serait prématurée, et il est passible des dépens de la procédure faite à cette occasion (Bruxelles, 16 nov. 1831) (3).

896. D'après l'art. 803 c. nap., l'héritier bénéficiaire peut être contraint sur ses biens personnels, après avoir été mis en demeure de présenter son compte, et faute d'avoir satisfait à cette obligation. — Une mise en demeure est nécessaire avant que l'héritier puisse être contraint sur ses biens.—Jugé ainsi sous l'empire de l'ord. de 1629, et bien qu'il se fût écoulé plus de dix ans depuis la prise de possession de l'héritier bénéficiaire (Req.

(1) (Nicolas C. Milleville.) — LA COUR; — Attendu, en droit, que l'effet du bénéfice d'inventaire est de donner à l'héritier l'avantage de ne pas confondre ses biens avec ceux de la succession et de n'être tenu au payement des dettes de celle-ci qu'à concurrence des biens qu'il a recueillis;— Mais attendu qu'il a été reconnu, en fait, par l'arrêt attaqué (de Rouen), que la rente de 256 fr. 79 c. dont il s'agit n'était point viagère et qu'elle existait toujours; — Que, d'après cela, en décidant que les demanderesses en cassation étaient obligées, non pas à rembourser le capital de la rente de leurs biens propres, mais seulement à le faire figurer à l'actif du compte bénéficiaire de la succession de la dame de Colmar, l'arrêt attaqué a fait une juste application de l'art. 803 c. civ., sans violer ni l'art. 802 du même code, invoqué par les demanderesses en cassation, ni aucune autre loi; — Rejette.

Du 10 août 1840.-C. C., ch. req.-MM. Zangiacomi, pr.-Lasagni, rap.

(2) (Héritiers Monaco C. Viotte.) — LA COUR; — Considérant que l'obtention d'une provision suppose que la justice a reconnu qu'il y avait urgence de l'accorder, et que cette disposition deviendrait illusoire, s'il fallait subordonner son exécution à un compte de bénéfice d'inventaire, dont le règlement pourrait durer plus longtemps que le fond du procès, dont la demande en provision n'a été qu'un incident préliminaire; — Considérant, d'ailleurs, qu'en accordant à Viotte la provision dont il s'agit, la cour a eu égard à la position de ses parties adverses, et a jugé que, sauf à compter en définitive, elles devaient être réputées nanties de sommes provenant de la succession, suffisantes pour acquitter ladite provision. — Confirme, avec amende et dépens.

Du 7 mai 1829.-C. de Paris, 2e ch.-MM. Cassini, pr.-Jaubert, av. gén., c. conf.-Hennequin et Parquin, av.

(3) (L... C. N...) — LA COUR; — Attendu que l'administration de l'héritier bénéficiaire n'est pas terminée lorsqu'il s'est borné à vendre les biens meubles et immeubles de la succession, sans en distribuer le prix entre les créanciers et les légataires, ainsi que le requiert la loi, et que jusqu'alors il serait prématuré de procéder à l'audition d'un compte d'administration, qui, dans la réalité, n'offrirait qu'une sorte d'aperçu de situation, et ne pourrait le dispenser, après que l'administration serait terminée et coulée à fond, de procéder, soit à l'amiable ou en justice, à la formation d'un compte, qui comprendrait la recette, la dépense et la balance de la consistance de la succession; — Attendu que, dans l'espèce, la besogne à laquelle les appelants prétendent procéder, n'est, dans le fait, qu'un acte inutile et frustratoire, et d'autant plus blâmable dans l'espèce, qu'ils ont appelé, à cette fin, une grande quantité d'individus, qui ne sont pas légalement reconnus comme créanciers de la succession, ce que le législateur moderne n'autorise aucunement, et qu'ils ont engendré d'ailleurs, tant par les susdites citations que par les jugements qu'ils ont provoqués contre les non-comparants, ainsi que par les significations qu'ils leur ont fait faire, des frais d'autant plus inutiles, que les appelants ne pouvaient ignorer, à cette époque, que la succession était extrêmement obérée; en sorte qu'ils ont fait beaucoup de dépenses en pure perte; — Par ces motifs, et ceux repris dans le jugement dont est appel, confirme.

Du 16 nov. 1831.-C. sup. de Bruxelles, 1re ch.

25 juill. 1807, MM. Muraire, pr., Coffinhal, rap., aff. hérit. Richelieu).

897. La mise en demeure de rendre son compte n'a pour effet de rendre l'héritier contraignable sur ses biens personnels que vis-à-vis le créancier qui l'a constitué en demeure; elle n'opère pas à l'égard de tous les créanciers la déchéance du bénéfice d'inventaire : «Attendu que le jugement attaqué n'a pas dit que, faute d'avoir rendu ce compte, la dame Destillières serait indéfiniment considérée comme héritière pure et simple à l'égard de tous les créanciers de la succession de son père; qu'elle n'a été réputée héritière et condamnée à payer qu'à l'égard de la dame Castel seulement, et qu'en le jugeant ainsi, le tribunal n'a violé aucune loi; rejette» (sect. civ. 23 pluv. an 12, MM. Gandon, rap., Lecoutour, subst., aff. Destillières C. Castel). — Décision semblable : «Attendu que le défaut de reddition de compte ne donne pas lieu à la déchéance; qu'il en résulte seulement la faculté au créancier de poursuivre l'héritier sur ses biens personnels, ce qui est purement relatif au créancier poursuivant, tandis que la déchéance produirait un effet général qui profiterait à tous les autres créanciers; dit qu'il a été mal jugé» (Riom, 30 déc. 1821, M. Thevenin, pr., aff. Tavernier C. Chautard).

898. Un jugement par défaut qui prononce contre l'héritier bénéficiaire la déchéance du bénéfice d'inventaire, pour le cas où il ne rendrait pas son compte dans le délai qui lui est fixé, n'a point, après l'expiration de ce délai sans compte rendu, acquis l'autorité de la chose jugée, en sorte que le compte ne soit plus recevable (Paris, 10 juin 1820) (1).

899. Lorsque des héritiers bénéficiaires condamnés par jugement à fournir déclaration des valeurs provenant de la succession ne l'exécutent pas, et qu'un nouveau jugement nomme un juge-commissaire et fixe un délai pour recevoir leur compte, ils peuvent, le délai expiré, être contraints sur leurs biens personnels; vainement prétendraient-ils que le délai a été suspendu par la cessation des fonctions du juge-commissaire, nommé depuis à un autre tribunal. Cette circonstance ne les a pas dispensés de faire toutes leurs diligences, soit pour faire commettre un autre juge, soit pour obtenir une prorogation de délai (Rennes, 10 janv. 1827, M. Boullaire-Villemoisan, pr., aff. Lagarde C. Bébin).

900. L'arrêt qui ordonne qu'un jugement, condamnant un héritier bénéficiaire au payement de certains legs particuliers, ne sera exécuté, quant à présent, que sur les biens de la succession, en maintenant toutefois les inscriptions des légataires sur les biens personnels de l'héritier, jusqu'à la clôture du compte, offert par ce dernier, des fruits et revenus affectés à l'acquittement des legs par le testateur, doit être entendu en ce sens que, faute par l'héritier de rendre son compte, ses biens personnels répondent du payement des legs (Rej. 17 avr. 1839, aff. Billon, V. Chose jugée, n° 354-1°).

901. Un jugement qui déclarerait qu'un individu, qui s'est porté héritier bénéficiaire, doit être condamné comme héritier pur et simple pour avoir négligé, pendant plusieurs années, de rendre compte de sa gestion, et pour n'avoir ensuite rendu, par ordre de justice, qu'un compte irrégulier, ne serait point en contradiction avec les principes du bénéfice d'inventaire; il ne contredirait pas non plus un précédent jugement qui aurait condamné la même personne en qualité d'héritier bénéficiaire (Rej. 8 frim. an 11) (2).

902. L'héritier bénéficiaire qui refuse de rendre compte aux créanciers des fruits de la succession, ne peut, pour se faire relever de la déchéance du bénéfice d'inventaire que lui fait encourir ce refus, exciper du droit d'insistance qui, en vertu de la coutume de Normandie, lui appartenait et a continué à lui appartenir comme héritier de la femme du défunt, sur les biens de la succession de ce dernier, jusqu'au remboursement de la dot, ce droit ne dispensant pas de l'obligation de rendre compte des fruits des biens qui en sont l'objet (Req. 3 juill. 1854, aff. Lestrade, D. P. 54. 1. 378).

903. L'héritier bénéficiaire, en retard de compter, peut-il être contraint par corps? Oui, selon M. Bilhard, n° 89, qui invoque l'art. 534 c. pr., d'après lequel «le délai passé, le rendant y sera contraint par saisie et vente de ses biens, jusqu'à concurrence d'une somme que le tribunal arbitrera : il pourra même y être contraint par corps, si le tribunal l'estime convenable.» Cette disposition ne nous paraît pas applicable à l'héritier bénéficiaire. — V. nos motifs v° Compte, n° 25.

904. *Payement aux créanciers et légataires.* — Parlons d'abord des créanciers hypothécaires. — L'héritier bénéficiaire «est tenu de déléguer le prix des immeubles aux créanciers hypothécaires qui se sont fait connaître» (c. nap. 806). «Le prix sera distribué suivant l'ordre des priviléges et hypothèques» (c. pr. 991). Une procédure d'ordre n'est pas nécessaire, si les créanciers n'élèvent aucune contestation sur les droits respectifs résultant du rang de leurs inscriptions. Dans ce cas même, les créanciers pourraient s'accommoder à l'amiable. L'intervention de la justice ne serait requise que s'il y avait des mineurs (MM. Chabot, t. 3, p. 36; Toullier, t. 4, n° 362; Malpel, n° 476; Delvincourt, t. 2, p. 32, note 8; Delaporte, Pandect. franç., t. 3, p. 208; Vazeille, art. 806, n° 10; Poujol, p. 517, 518).

905. L'inscription prise sur les biens d'une succession bénéficiaire depuis son ouverture, est sans effet entre les créanciers (c. nap. 2146). En conséquence le jugement de condamnation obtenu contre cette succession ne produit pas d'hypothèque judiciaire. — V. Privil. et hypoth.

906. La délégation du prix de vente ordonnée par l'art. 806 c. nap. a-t-elle pour effet de rendre exigibles les dettes non échues? Oui, selon M. Duranton, t. 7, n° 33, parce que l'art. 1187 ôte au débiteur le bénéfice du terme, lorsqu'il a fait faillite. Or la succession bénéficiaire est assimilée à l'état de faillite par l'art. 2146 c. nap., qui déclare sans effet l'inscription prise par un créancier de cette succession depuis son ouverture. Cette assimilation nous paraît trop générale. L'art. 2146 c. nap. a voulu surtout ne pas laisser à l'héritier bénéficiaire le moyen d'avantager certains créanciers aux dépens des autres, en leur donnant l'éveil pour prendre inscription; il n'est pas vrai, d'ailleurs, que toute succession acceptée bénéficiairement soit en déficit; l'expérience offre bien des exemples contraires, outre que c'est le seul mode d'acceptation permis au mineur.

Jugé que la dette à terme ne devient pas exigible contre l'héritier bénéficiaire :—«Attendu que la délégation du prix de vente par l'héritier bénéficiaire aux créanciers hypothécaires, ne peut avoir lieu qu'en l'état des créances, et n'a pas l'effet de rendre exigibles, celles qui ne le sont pas; rejette» (Req. 27 mai 1829, MM. Favard, pr., Hua, rap., aff. Foulonange C. Mallet).—L'arrêt attaqué de la cour de Caen contenait ce seul motif, que «l'art. 806 n'a voulu que rappeler la préférence exclusive, qui appartient sur tous autres aux créanciers ayant hypothèque.» Dans l'espèce, le créancier d'une rente perpétuelle demandait le remboursement du capital et invoquait, outre l'art. 806, l'art. 1913, qui déclare le capital d'une telle rente exigible en cas de faillite ou de déconfiture du débiteur.

907. En tout cas, M. Duranton impose aux créanciers, qui seraient ainsi payés par anticipation, l'escompte sur le pied de l'intérêt légal; sinon ce qui leur reviendrait dans la distribution serait, selon lui, déposé à la caisse des consignations pour produire, au profit de la succession, des intérêts jusqu'à exigibilité.

908. Quoique l'acquéreur d'un immeuble ne puisse se dessaisir du prix entre les mains de l'héritier bénéficiaire de son vendeur, lorsque d'autres héritiers se présentent, il a été jugé

---

(1) (Laron C. Bouillé.) — La cour; — Considérant que les délais accordés aux héritiers bénéficiaires pour rendre leur compte ne sont que comminatoires, et que l'art. 534 du code de procédure ne prononce, en cas de retard, que la faculté au profit du créancier de saisir et de vendre jusqu'à concurrence d'une somme fixée par les tribunaux, et non la déchéance du bénéfice d'inventaire;—Considérant d'ailleurs que le compte de bénéfice d'inventaire a été présenté et affirmé; — Emendant.

Du 10 juin 1820.-C. de Paris.-M. Séguier, pr.

(2) (Mercier C. époux Nezon.) — La cour; — Attendu que c'est uniquement parce que François Mercier n'a pas rendu le compte auquel tout héritier bénéficiaire est assujetti, que le jugement attaqué ordonne la continuation des poursuites commencées contre lui; et qu'ainsi, ce jugement n'est en contradiction, ni avec la loi *Scimus*, C. *De jur. delib.*, ni avec le jugement du 5 niv. an 8, en ce qu'il donne à François Mercier la qualité d'héritier bénéficiaire; — Rejette le pourvoi contre le jugement du tribunal de la Nièvre du 2 fruct. an 10.

Du 8 frim. an 11.-C. C., sect. civ.-MM. Maleville, pr.-Henrion, rap.

que les tribunaux peuvent adjuger à cet héritier bénéficiaire une partie du prix à titre de provision, en le dispensant de fournir caution (c. nap. 807, 1242, 1944, 1663) : — « Attendu que le code Napoléon abandonne à la disposition des tribunaux de juger s'il y a ou s'il n'y a pas lieu à donner caution pour sûreté des sommes adjugées à titre de provision; rejette » (Req. 20 janv. 1820, MM. Henrion, pr., Jaubert, rap., aff. Jeudi C. Rochefort).

909. D'après l'art. 806 c. nap., l'héritier bénéficiaire est tenu de déléguer le prix des immeubles aux créanciers *qui se sont fait connaître*. Les créanciers, dit M. Duranton, se font connaître par la notification de leurs inscriptions; mais cette notification est-elle nécessaire? Nous ne le pensons pas. L'art. 806 peut s'entendre seulement des hypothèques inscrites, sans exiger un autre mode de notoriété que l'inscription. « Le créancier inscrit, dit fort bien M. Vazeille, art. 809, nº 2, peut ignorer l'acceptation bénéficiaire et la succession même; mais il n'est pas permis à l'héritier vendeur non plus qu'à l'acquéreur d'ignorer l'inscription. » Elle assure en principe le droit du créancier sur le prix de l'immeuble affecté, sans qu'il soit besoin d'une opposition expresse. C'est par erreur qu'on a fait dire à un arrêt de la cour de Paris, du 25 juin 1807 (aff. Cordouan, V. nº 921), que l'inscription n'équivaut point à une opposition telle que l'entend l'art. 808 c. nap., et qu'en conséquence l'héritier bénéficiaire n'assumait aucune responsabilité sur ses biens personnels, pour avoir payé les créanciers les plus diligents et épuisé ainsi l'actif de la succession, nonobstant une inscription hypothécaire antérieure à celle des créanciers payés. Dans l'espèce jugée, le créancier avait perdu son droit hypothécaire, l'immeuble grevé ayant été vendu avant la loi du 11 brum. an 7, et l'acquéreur ayant obtenu des lettres de ratification, sans opposition de ce créancier; devenu ainsi un créancier ordinaire, il était obligé de se faire connaître par une opposition à la distribution du prix de l'immeuble.

910. A l'égard des créanciers non hypothécaires, le prix, soit du mobilier, soit des immeubles, est distribué d'une manière différente, selon qu'il a été formé ou non des oppositions aux mains de l'héritier bénéficiaire. — Entre *créanciers opposants*, le prix est distribué par contribution, suivant les formalités indiquées au titre de la *distribution par contribution* » (c. pr. 990), à moins que, maîtres de leurs droits, les créanciers ne s'entendent tous à l'amiable avec l'héritier bénéficiaire (c. pr. 656, 657).

911. Que faut-il entendre par ces expressions : *créanciers opposants*? En quelle forme doit être faite l'opposition? Selon MM. Bilhard, nº 72, et Poujol, nº 523, il suffit d'un acte quelconque informant l'héritier bénéficiaire des droits du créancier. M. Toullier, t. 4, nº 381, exige un acte juridique d'opposition.

912. Suivant un arrêt, le transport d'une créance sur une succession bénéficiaire, signifié postérieurement à une saisie-arrêt, mais avant le jugement ordonnant la délivrance des sommes saisies, vaut comme opposition, dans le sens de l'art. 808 c. nap., et par suite donne droit au cessionnaire à une distribution en concurrence avec le saisissant (Nîmes, 12 juin 1838, aff. Corbier, V. Vente).

913. Le payement fait au mépris des oppositions entraînerait-il la déchéance du bénéfice d'inventaire? Non : un tel acte ne suppose pas nécessairement l'intention d'accepter d'une manière pure et simple, et cette présomption n'est établie par aucune loi; seulement l'héritier serait obligé d'indemniser le créancier qui en aurait souffert préjudice (Duranton, t. 7, p. 33; Vazeille, art. 808, nº 5; Bilhard, nº 73; Poujol, p. 526. — *Contrà*, Chabot).

914. Il a été jugé que l'héritier n'encourt pas la déchéance du bénéfice d'inventaire pour avoir fait des payements sans aucune formalité, ou même réparti dans une proportion inexacte entre les créanciers les recouvrements provenus de l'actif de la succession; ces payements, cette répartition inexacte ne pourraient donner lieu contre l'héritier qu'à une action en dommages-intérêts de la part des créanciers lésés : — « Attendu, sur le deuxième moyen, tiré de la violation de l'art. 808 c. nap., que l'héritier bénéficiaire ne peut être déchu de cette qualité qu'autant que les actes par lui faits seraient de nature à le faire déclarer héritier pur et simple; mais que les payements qu'il a faits à divers créanciers, soit en totalité, soit d'une portion de leurs créances, en les supposant irréguliers, ne seraient que des actes d'une mauvaise administration dont il serait responsable vis-à-vis des créanciers lésés, sans qu'il pût résulter de là qu'il fût déchu de sa qualité d'héritier bénéficiaire; rejette » (Req. 27 déc. 1820, MM. Henrion de Pansey, pr., Lecoutour, rap., aff. Albert C. Daubusson).

915. L'héritier bénéficiaire est-il tenu, lorsqu'il y a des créanciers opposants, d'observer vis-à-vis du fisc la disposition de l'art. 808 c. nap. qui lui enjoint de ne payer que dans l'ordre réglé par le juge? Non : car la loi du 12 nov. 1808, art. 1, accorde au trésor un privilége qui prime tous les autres créanciers, et l'art. 2 impose aux tiers détenteurs l'obligation de payer les contributions dues sur la simple demande du percepteur. Or l'héritier bénéficiaire peut être considéré comme un tiers détenteur des biens de la succession. — V. Impôt direct, nº 426.

916. Il en est de même des droits de mutation par décès. Un héritier bénéficiaire, comme un héritier pur et simple, doit faire la déclaration de mutation des biens de la succession dans les six mois et payer en même temps ces droits, à peine de l'amende du demi-droit en sus. — Il ne peut être exempté de cette amende, sous le prétexte qu'il n'y avait pas de fonds libres dans la succession pour payer les droits, lors même qu'il aurait fait la déclaration de mutation par sommation extrajudiciaire (Cass. 1er fév. 1830, aff. Lagarde, V. Enreg., nº 4020).

917. Bien qu'à l'égard du trésor les héritiers bénéficiaires soient tenus personnellement des droits, cependant, au regard des créanciers de la succession, ils ne peuvent être contraints de les acquitter de leurs deniers; et s'il existe des deniers dans la succession, les créanciers ne sont pas fondés à s'opposer à ce que l'héritier bénéficiaire les fasse servir au payement des droits de mutation (Rouen, 27 déc. 1837, aff. Troude, V. Enreg. nº 5133).

918. Jugé aussi que le bénéfice de n'être tenu des charges que jusqu'à concurrence des forces de la succession, ouvre à l'héritier bénéficiaire une action récursoire sur les revenus ou capitaux de cette succession, mais non une action contre la régie en restitution des droits légitimement perçus (Req. 3 fév. 1829, aff. Daripe, V. Enreg., nº 4020).

919. Quand *il n'y a pas de créanciers opposants*, les créanciers doivent être payés à mesure qu'ils se présentent (c. nap. 808). Les oppositions seules peuvent retarder le payement. On n'a pas voulu laisser à l'héritier la faculté de le différer indéfiniment sous un prétexte quelconque (Bretonnier, Quest. de dr., p. 57; Lebrun, liv. 3, ch. 4, nº 19).

920. Un procès intenté ou soutenu par l'héritier bénéficiaire ne le dispense pas de payer les créanciers ou légataires, sauf à retenir une somme pour les frais (Bilhard, nº 75).

921. Puisqu'à défaut d'oppositions, les créanciers sont payés à mesure qu'ils se présentent, et que l'héritier, par le bénéfice d'inventaire, conserve le droit de réclamer ses créances personnelles contre la succession, il ne devrait aucune restitution aux créanciers ou légataires pour le payement qu'il se serait fait à lui-même par acte authentique et de bonne foi. Autrement, s'il était forcé d'attendre que toutes les dettes fussent acquittées, il serait exposé à n'être pas payé du tout, eût-il même un privilége : ce qui, certes, est contraire à la nature du bénéfice d'inventaire (M. Duranton, t. 7, p. 97; Vazeille, art. 808, nº 6). — Jugé ainsi, même dans un cas où l'héritier bénéficiaire avait été, pendant un long temps, mis en demeure de rendre son compte (Paris, 25 juin 1807) (1).

---

(1) *Espèce* : — (Cordouan C. Daudifret.) — Les époux de Cordouan, créanciers de la succession du sieur Lesénéchal, ont traduit au tribunal de la Seine le sieur Daudifret et la dame Lesénéchal, son épouse, celle-ci héritière bénéficiaire, pour rendre compte de leur administration. — Condamnés le 8 vent. an 12 à rendre le compte demandé, ils n'ont point satisfait à cette obligation, quoique constitués en demeure; ce qui a donné lieu à un second jugement, du 4 pluv. an 13, qui déclare exécutoires contre eux, comme héritiers purs et simples, les titres des sieur et dame de Cordouan. — Sur l'appel de ces deux jugements, les sieur et dame Daudifret ont été admis, par un arrêt du 28 août 1806, à rendre

922. L'art. 809 porte : « Les créanciers non opposants, qui ne se présentent qu'après l'apurement du compte et le payement du reliquat, n'ont de recours à exercer que contre les légataires. Dans l'un et l'autre cas, le recours se prescrit par le laps de trois ans à compter du jour de l'apurement du compte et du payement du reliquat. » — Cette rédaction est inexacte; l'art. 809 ne prévoit qu'un seul cas, et dit cependant *dans l'un et l'autre cas*. Dans le projet du code l'article contenait cette addition : « Ceux qui se présentent avant l'apurement peuvent aussi exercer un recours subsidiaire contre les créanciers payés à leur préjudice. » L'addition a été retranchée. — Le procès-verbal de la discussion, après l'énoncé de l'article du projet, se borne à ajouter : « M. Tronchet demande qu'on distingue dans l'article les créanciers opposants de ceux qui ne le sont pas, conformément à l'article précédent. L'article est adopté avec l'amendement. « Le procès-verbal ne nous apprend rien de plus. On ajouta *non opposants* au mot *créanciers*. Ainsi fut rempli le vœu de l'amendement, qui n'avait pas d'autre objet. — Pourquoi a-t-on supprimé, dans la rédaction définitive, la deuxième partie de l'art. 809, tel qu'il avait été voté sans aucune controverse? C'est ce que nous ne saurions expliquer que de l'une ou l'autre de ces deux manières. Comme les expressions, *n'ont de recours que contre les légataires*, concernent, dans la première partie, les créanciers qui ne se présenteront qu'après l'apurement, etc., on aura jugé inutile de dire qu'il en était autrement des créanciers qui se sont présentés avant l'apurement. *Inclusio unius, exclusio alterius*. Ou la suppression, ce qui est plus probable, a été le résultat d'une simple inadvertance.

923. Quoi qu'il en soit, on est fort divisé sur le point de savoir si les créanciers qui se présenteraient avant l'apurement du compte ou le payement du reliquat pourraient, ou par voie de contribution, ou par privilége, poursuivre et faire réduire les créanciers déjà payés? — Non, selon MM. Toullier, t. 4, n° 366; Delvincourt, t. 2, p. 33, note 6; Duranton, t. 7, n° 35; Favard, v° Bénéfic. d'invent., n° 11. En ne s'opposant pas, en ne se faisant pas connaître, ils ont perdu leurs droits, même leur privilége, par négligence. *Eis satisfaciat qui primi veniunt creditores, et si nihil reliquum est, posteriores venientes repellantur* (L. *ult.*, § 4; C., *De jur. delib.*). C'est la conséquence de la maxime : *Jura vigilantibus succurrunt*. Un autre principe est encore applicable. Tous les créanciers ici *certant de damno vitando*. Or, *in pari causâ, melior est conditio possidentis*. Le même principe a été formellement consacré par l'art. 513 c. com., qui, dans le cas de faillite, refuse tout recours contre les répartitions consommées aux créanciers qui n'ont pas comparu dans les délais fixés.

924. Voici en quel sens on justifie l'opinion contraire enseignée par MM. Chabot, t. 3, p. 47, Malpel, n°s 235 et 236, Vazeille, art. 809, n° 1 : en général, les droits respectifs des créanciers se règlent par la loi des priviléges et hypothèques. Il faut un texte formel pour déroger à cette règle. Or le texte de l'art. 809 ne s'applique pas aux créanciers qui se sont présentés avant l'apurement. Ces créanciers restent donc dans les termes du droit commun. — On oppose l'art. 513 c. com.; mais là il s'agit de créanciers d'une faillite, qui, dans un délai déterminé, doivent faire vérifier leurs titres, et les répartitions ne peuvent être faites qu'entre ceux qui ont accompli cette formalité essentielle. Ici les créanciers n'ont aucun délai pour se présenter jusqu'au payement du reliquat; et l'on voudrait que les droits sur les biens de la succession fussent en quelque sorte le prix de la course. C'est le créancier averti le premier du décès, ou le plus voisin du lieu de l'ouverture de la succession, qui évincera tous les autres, quoique privilégiés. Il dépendra de l'héritier bénéficiaire de s'entendre avec les uns pour hâter leur payement au préjudice des autres. Au moins, si tous conservaient leurs droits jusqu'à l'apurement du compte ou le payement du reliquat, ils auraient, pendant le cours de cette liquidation, le loisir de rechercher leurs titres, de les apporter en temps utile au lieu du décès. Alors seulement on pourrait leur imputer négligence, et invoquer la maxime *in pari causâ*, etc.

925. Au contraire, il a été jugé, et, selon nous, avec plus de raison : 1° que les créanciers d'une succession bénéficiaire, qui ont été payés sans fraude par l'héritier, ne peuvent être tenus, sur la demande d'autres créanciers qui n'avaient pas formé opposition avant le payement, de rapporter ce qu'ils ont reçu; et que même l'héritier peut, à défaut d'opposition, payer valablement et définitivement les créanciers à mesure qu'ils se présentent, sans attendre l'expiration des trois mois et quarante jours pour faire inventaire et délibérer (Cass. 4 avr. 1832, et sur renvoi Orléans, 15 nov. 1832) (1); — 2° Que le créancier payé ne

le compte. — Il en résulte que l'actif héréditaire monte à 101,590 fr. 18 c.; que la dame veuve Lesénéchal avait des reprises à exercer contre la succession de son mari pour 78,868 fr. 27 c., qui lui ont été payés en déduction de la somme première; — Qu'il a été fait une dépense nécessaire de 1,897 fr. 60 c.; — Que la dame Daudifret était de son chef créancière de la succession d'une somme de 21,334 fr. 95 c.; — Et que ces trois sommes excèdent de 510 fr. 70 c. la masse active de la succession. — Dans cet état, les sieur et dame Daudifret ont soutenu que les sieur et dame de Cordouan (qui n'avaient point opposé aux scellés, ne s'étaient point présentés à l'inventaire, n'avaient fait signifier à l'héritier bénéficiaire aucune défense de liquider sans les appelés, n'avaient point saisi entre ses mains, n'avaient point formé d'opposition au sceau des lettres de ratification obtenues sur la vente d'une maison rue du Temple, pas même arrêté le prix dû par l'acquéreur), n'étaient plus recevables aujourd'hui à poursuivre contre eux le payement de leur créance, puisque la succession bénéficiaire était définitivement liquidée par un acte authentique du 1er complémentaire an 9, qui en contenait le compte, et consommait l'emploi du reliquat par un payement effectif, auquel aucun obstacle apparent ne se présentait.

Les sieur et dame de Cordouan ont prétendu que les appelants, constitués en demeure par un délai de onze mois, de rendre le compte ordonné sans l'avoir fait, ne pouvaient plus se dégager de la condamnation personnelle prononcée contre eux par le jugement du 4 pluv. an 13; que, d'un autre côté, les sieur et dame Daudifret ont abdiqué la qualité d'héritiers bénéficiaires, par la disposition qu'ils ont faite de tout l'actif de la succession, en payant une créancière à laquelle ils tenaient par le double lien du sang et de l'affinité, et de laquelle ils étaient successibles immédiats, au préjudice de créanciers étrangers dont ils ne pouvaient ignorer les droits constatés par l'inventaire fait après le décès du sieur Lesénéchal, et par les quittances de la rente de 750 liv. qu'ils avaient entre les mains. — Dans tous les cas, si la dame veuve Lesénéchal a pu être valablement payée sur le mobilier, faute de diligence des sieur et dame de Cordouan, il n'en serait pas de même du prix de la maison vendue. — L'hypothèque des sieur et dame de Cordouan, qui remonte à l'année 1729, prime toutes les autres, même celle de la dame veuve Lesénéchal. S'ils n'ont pas formé d'opposition hypothécaire sur la maison, c'est qu'il n'y a point eu d'ordre provoqué en justice.

Les époux Daudifret s'attachaient surtout à démontrer que le payement qu'ils s'étaient fait à eux-mêmes ne les rendait pas héritiers purs et simples; — Que les créanciers, qui ont tardé à faire leur diligence, n'ont pas de recours contre les créanciers plus diligents qui ont reçu ce qui leur était dû. — Arrêt.

LA COUR; — Faisant droit sur l'appel des jugements rendus au tribunal de première instance de la Seine, les 8 vent. an 12 et 4 pluv. an 13, et sur toutes les demandes et contestations des parties que la cour joint; — En ce qui touche l'appel du jugement du 8 vent. an 12, par lequel il a été dit que les Daudifret rendraient leur compte de bénéfice d'inventaire, par les motifs exprimés audit jugement; — Confirme. — En ce qui touche l'appel du jugement du 4 pluv. an 13: — Attendu, 1° que, par son arrêt du 28 août 1806, la cour a jugé que les Daudifret n'étaient point déchus de la faculté de rendre leur compte de bénéfice d'inventaire; 2° qu'il n'avait été par les Cordouan formé aucune opposition aux scellés apposés après le décès de Jacques-Charles Lesénéchal, et qu'il n'a été par eux fait aucune diligence tendante à ce qu'ils fussent appelés aux opérations de la liquidation de la succession; — 3° Que l'héritier bénéficiaire, s'il n'y a pas de créancier opposant, peut payer les créanciers à mesure qu'ils se présentent; qu'ainsi l'acte de liquidation du 29 fruct. an 9, contenant abandon par Daudifret à la dame Lesénéchal de la totalité de l'actif, ne constitue de leur part aucun acte d'héritier pur et simple; 4° que ni ledit acte du 29 fruct. an 9 ni le compte rendu le 25 sept. dernier par Daudifret, ne présente aucune trace de fraude pratiquée au préjudice des créanciers; — Emendant, décharge les opposants des condamnations contre eux prononcées; — Déclare les Cordouan non recevables dans leurs demandes.

Du 25 juin 1807.-C. de Paris, 2e ch.

(1) *Espèce* : (Fauveau C. hérit. Lecouteulx.) — Le sieur Fauveau étant décédé le 24 oct. 1826, ses enfants acceptèrent sa succession sous bénéfice d'inventaire; il laissait plusieurs dettes. Sa femme, qui avait obtenu un jugement de séparation de corps et de biens, était créancière de 82,148 fr. 94 cent., et elle avait, en outre, des reprises à exercer pour une très-forte somme. — Quelque temps après le décès de son mari, elle se fit transférer en payement par le subrogé tuteur de ses en-

peut être soumis à aucun rapport au profit des créanciers non payés qui forment ultérieurement opposition, alors même que cette opposition aurait lieu avant l'apurement du compte de l'héritier et le payement du reliquat. Ces créanciers conservent seulement leur recours contre l'héritier bénéficiaire à raison des valeurs de la succession qu'il détient encore (Montpellier, 14 mars 1850, aff. Méric-Mouron, D. P. 54. 5. 727).

926. L'héritier bénéficiaire n'est pas tenu de faire emploi des capitaux provenant de la succession, s'ils ont été par lui placés, sans indice d'une spéculation faite dans son intérêt, ou sans qu'il en ait retiré aucun profit personnel; il ne doit aux créanciers que la représentation des capitaux (c. nap. 802 et 808; Paris, 9 nov. 1843, aff. Orfila *C.* hérit. de Boulogne). — Jugé aussi que l'enfant naturel qui exerce ses droits sur la succession de son père, ne peut pas exiger des héritiers bénéficiaires de ce dernier qu'ils lui rapportent l'intérêt des sommes trouvées chez le défunt, ou par eux recouvrées depuis le décès, si ces sommes n'ont point été placées à intérêt; et, dans le cas où elles l'ont été, les héritiers bénéficiaires ne sont tenus d'en payer l'intérêt qu'au taux par eux perçu, ce taux fût-il inférieur au taux légal (c. nap. 802, 1153; Bourges, 18 juill. 1828) (1).

927. L'héritier bénéficiaire ne doit les intérêts du reliquat que du jour de la demande, et seulement à celui des légataires qui l'a mis en demeure. — Ainsi, en cas de tierce opposition des autres légataires à un arrêt qui aurait adjugé exclusivement à l'un d'eux un reliquat qui devait être réparti entre tous, les juges peuvent, sans contrevenir à aucune loi, et tout en ordonnant la répartition du capital, n'admettre les tiers opposants qu'au partage des intérêts échus depuis leur instance de tierce opposition (c. nap. 803, 1153, 1149, 1014; Rej. 22 août 1827, aff. Benquet, V. n° 929).

928. La condamnation au payement des intérêts des intérêts, autorisée par l'art. 1154 c. nap., ne peut être prononcée ni contre l'héritier bénéficiaire personnellement, ni contre la succession elle-même, lorsque d'ailleurs la demande du créancier n'est basée ni sur une faute grave ni sur un retard de rendre compte (Paris, 14 mai 1819) (2). — L'arrêt ne reproduit pas l'un des motifs de l'appelant, tiré de l'art. 2146, qui ne permet pas

---

fants, autorisé par une délibération du conseil de famille régulièrement homologuée, une rente de 2,000 fr., qui se trouvait dans la succession, et qui était provenue au défunt d'un sieur de Thérigny. — Postérieurement à ce transfert, les héritiers Lecouteulx, créanciers du sieur Fauveau, formèrent opposition entre les mains des héritiers Fauveau et Thérigny, pour qu'il ne fût pas procédé hors leur présence aux compte, liquidation et partage de ces successions, et plus tard ils assignèrent les héritiers Fauveau et la dame Fauveau en nullité du transfert de la rente consentie au profit de cette dernière; ils soutinrent que cette rente n'avait pas pu être transmise à la dame Fauveau, au préjudice des autres créanciers.

Le 15 juin 1828, jugement du tribunal de la Seine, en ces termes : « En ce qui touche..... la nullité du transfert, attendu que, de l'interprétation de l'art. 809 c. civ., il résulte que les dispositions de cet article sont restrictives aux créanciers non opposants qui ne se présentent qu'après l'apurement du compte et le payement du reliquat; — Qu'à l'égard du créancier qui se présenterait à la confection de ces deux opérations, il peut exercer son recours non-seulement contre le légataire, mais aussi contre les créanciers qui ont été payés à son préjudice; qu'ainsi, le payement fait avant l'apurement du compte de bénéfice d'inventaire et l'acquittement du reliquat ne peut être considéré comme définitif qu'après l'expiration de trois années, à compter du jour de l'apurement et du payement; que, s'il en était autrement, il dépendrait de l'héritier bénéficiaire, qui doit administrer dans l'intérêt de tous, d'avantager certains créanciers, au détriment d'autres qui auraient un droit égal à la chose commune; — Attendu que, dans l'espèce, le décès de Fauveau a eu lieu le 24 oct. 1826, à Besançon; que la succession a été acceptée, sous bénéfice d'inventaire, le 9 nov. 1826; que le 4 déc. suivant, la dame Fauveau, en sa qualité de tutrice de ses enfants mineurs, a obtenu du conseil de famille l'autorisation de vendre une rente sur l'état de 2,446 fr., dépendant de la succession bénéficiaire, pour être employée au payement des dettes; — Qu'un nouvel avis du conseil de famille a autorisé le subrogé tuteur des mineurs Fauveau à transférer ladite rente à la dame leur mère, pour éteindre jusqu'à concurrence les créances contre la succession de son mari; — Qu'en conséquence de ladite autorisation, le transfert a eu lieu au profit de la dame Fauveau, le 5 fév. 1827; — Attendu que ces différentes opérations ont été consommées avant l'expiration des trois mois et quarante jours accordés par l'art. 795 pour faire inventaire et délibérer, et avant que le décès de Fauveau soit parvenu à la connaissance des héritiers Lecouteulx; — Attendu que, cependant, la dame Lecouteulx étant intervenue dans l'instance en séparation de biens poursuivie par la dame Fauveau contre son mari, et s'étant opposée à ce qu'il fût procédé, hors de sa présence, à la liquidation des reprises de ladite dame, la veuve et les héritiers Fauveau n'ont pu ignorer l'existence des créances des héritiers Lecouteulx contre la succession bénéficiaire; — Attendu que le compte des héritiers bénéficiaires n'est pas apuré, ni le reliquat payé; que, dans cette position, les héritiers Lecouteulx ont le droit d'exiger le rapport à la succession des sommes attribuées à la dame Fauveau, pour éteindre ses créances contre son mari. » — Appel de la veuve Fauveau.—Le 31 janv. 1829, arrêt confirmatif de la cour de Paris, qui adopte les motifs du jugement. — Pourvoi pour violation des art. 808 et 809 c. civ. — Arrêt (ap. délib. en ch. du cons.).

La cour; — Attendu qu'aux termes de l'art. 801 c. civ., l'héritier bénéficiaire est autorisé à payer les créanciers à mesure qu'ils se présentent, s'il n'y a pas de créanciers opposants; que la loi ne détermine aucun délai dans lequel les créanciers doivent former leur opposition; qu'il suit de là que les créanciers qui ont reçu de l'héritier bénéficiaire le montant de leurs créances ont été valablement payés, et qu'ils ne sont tenus à aucun rapport au profit des créanciers de la succession non encore payés; — Que, si l'art. 809 c. civ. dit que les créanciers non opposants qui ne se présentent qu'après l'apurement du compte et le payement du reliquat n'ont de recours à exercer que contre les légataires, on ne saurait en conclure nécessairement que les héritiers qui ont formé opposition avant cette époque aient un recours à exercer contre les héritiers payés avant cette opposition, qui n'ont touché que le montant de leurs légitimes créances, et ont été payés sans fraude; — Qu'il faudrait, pour que ce recours fût admissible, une disposition formelle de la loi; — Que cette disposition n'existe pas, et qu'on ne peut y suppléer par une simple induction; — Attendu que, dans l'espèce, la demanderesse a été payée par les héritiers bénéficiaires à une époque où il n'y avait point de créanciers opposants, toutes les formalités de justice observées; que les oppositions des défendeurs sont postérieures à ces payements, et que néanmoins la cour royale de Paris, sans contester la légitimité de la créance de la demanderesse, et en l'absence de tout fait de fraude, a ordonné qu'elle rapporterait ce qu'elle avait reçu, pour la distribution en être faite entre les créanciers de la succession, chacun selon son droit; — Qu'en ce faisant, elle a expressément violé les dispositions de l'art. 808 c. civ., et faussement appliqué l'art. 809 même code. — Casse, etc.

Du 4 avr. 1832.-C. C., ch. civ.-MM. Portalis, 1er pr.-Cassaigne, rap.-Joubert, 1er av. gén., c. contr.-Desclaux et Lanvin, av.

Sur le renvoi prononcé par l'arrêt ci-dessus, la cour d'Orléans a statué en ces termes :

La cour; — Considérant qu'aux termes de l'art. 724 c. civ., l'héritier bénéficiaire est saisi, comme l'héritier pur et simple, de tous les biens, droits et actions du défunt; — Que, si l'art. 794 l'oblige à faire inventaire, c'est uniquement pour qu'il puisse être admis à jouir des effets déterminés par l'art. 802, mais qu'il n'en résulte pas que sa qualité soit suspendue jusqu'à la confection dudit inventaire, et qu'ainsi, une fois qu'il a pris cette qualité, il peut en exercer tous les droits; — Que, si l'art. 795 lui accorde trois mois pour faire inventaire et quarante jours pour délibérer, ces délais étant uniquement établis en sa faveur, il est libre de les anticiper, et qu'aux termes de l'art. 808, l'héritier bénéficiaire est obligé, quand il n'a pas d'oppositions dans les mains, de payer les créanciers à mesure qu'ils se présentent, et qu'ainsi il n'est tenu d'attendre l'expiration d'aucun délai pour effectuer ces payements...

Du 15 nov. 1832.-C. d'Orléans, aud. solenn.-M. de Beauvert, 1er pr.

(1) (Huart *C.* Patureau.) — La cour; — Considérant que les héritiers bénéficiaires ne sont que des administrateurs, qui ne doivent point placer les deniers qu'ils reçoivent, puisqu'ils n'en sont que les dépositaires; qu'ils ne le pourraient même pas sans danger pour eux, puisqu'ils seraient responsables des personnes auxquelles ils les auraient confiés; qu'ainsi on ne peut exiger d'eux aucun intérêt pour les deniers qui restent entre leurs mains; — Considérant qu'ils doivent cependant tous les fruits qu'ils retirent; qu'ainsi, s'ils ont placé les deniers, l'intérêt qu'ils en ont tiré appartient à la succession, puisque, autrement, le produit d'un dépôt tournerait au profit du seul dépositaire; que, dans l'espèce, les appelants ont déclaré s'en rapporter au serment des intimés, premièrement sur le fait de savoir s'ils ont placé des deniers, autres que ceux trouvés au décès du sieur Patureau; secondement, sur le taux auquel ils ont placé, soit les deniers confiés à l'un d'eux, qu'ils disent être à quatre pour cent, soit tous autres deniers provenant de la succession ou des fermiers. — Dit bien jugé;... à la charge par les héritiers bénéficiaires, d'affirmer, etc.

Du 18 juill. 1828.-C. de Bourges, 1re ch.-M. Sallé, 1er pr.

(2) *Espèce* : — (Hér. d'Orléans *C.* hér. de Lagrange.) — En 1817

de prendre utilement inscription sur les biens d'une succession bénéficiaire depuis son ouverture; d'où l'on induisait que le sort de tous les créanciers est irrévocablement fixé au moment du décès, et qu'aucun droit nouveau ne peut être acquis par l'un d'eux au préjudice des autres. L'art. 2146 ne nous paraît point autoriser une induction si générale. On a voulu surtout ne pas laisser à l'héritier bénéficiaire le moyen d'avantager tels des créanciers en leur laissant prendre ou en provoquant l'inscription. — A cette exception près, la loi a entendu sans doute ne pas sacrifier les intérêts du créancier en même temps qu'elle favorise l'héritier; l'acceptation bénéficiaire est une circonstance indifférente pour les créanciers, qu'elle ne doit pas priver des avantages du droit commun. Nous pensons, comme M. Vazeille (art. 804, n° 4), qu'il serait juste de condamner l'héritier aux intérêts des intérêts, dans les deux cas réservés exceptionnellement par l'arrêt ci-dessus.

829. L'héritier bénéficiaire, poursuivi en payement de son reliquat par l'un des légataires, ne représente point les autres légataires dans les intérêts opposés qu'ils peuvent avoir entre eux, et, par exemple, dans les droits qu'ils ont à exercer pour le partage de ce reliquat. — Ainsi, des légataires sont recevables à former tierce opposition, bien qu'ils n'aient pas dû être mis en cause, contre un arrêt qui, sur la demande de l'un d'eux, dirigée contre l'héritier bénéficiaire, a exclusivement adjugé à ce légataire l'entier reliquat qui devait être proportionnellement réparti entre tous les légataires (Rej. 22 août 1827) (1).

Art. 5. — *De la déchéance du bénéfice d'inventaire.*

830. L'héritier bénéficiaire doit administrer la succession conformément aux règles qui lui sont prescrites; sinon il est exposé à devenir héritier pur et simple; et, comme tel, soumis au payement de toutes les dettes héréditaires.—Cependant toutes les obligations imposées à l'héritier bénéficiaire ne sont pas telles, que leur inexécution emporte nécessairement la *déchéance* du bénéfice d'inventaire. Ainsi, par exemple, il est tenu de fournir caution et de rendre compte de son administration. Or, on a vu ci-dessus que la déchéance ne résultait ni du défaut de caution (n° 835), ni du retard à rendre compte, même après une mise en demeure (n° 897).

831. On est déchu ou de la faculté d'acception bénéficiairement (c. nap. 800), ou d'une acceptation bénéficiaire déjà faite. — La loi a prévu trois causes principales de déchéance : 1° des actes *d'héritier* pur et simple ;—2° Un *jugement* passé en force de chose jugée qui condamne le successible en cette qualité; — 3° Des faits de *recel*, ou de *divertissement*.

832. *Actes d'héritier pur et simple.* — En parlant de l'acceptation tacite des successions, nous avons expliqué (sect. 1, nos 461 et s.), à quels caractères se reconnaît un acte de cette nature, et nous en avons signalé plusieurs exemples. Il nous reste à relater ici les décisions spéciales qui ont prononcé pour cette cause la déchéance de l'héritier bénéficiaire.

833. Remarquons avant tout que l'intention de conserver le bénéfice d'inventaire est toujours *présumable* jusqu'à preuve contraire. On supposera donc faits en qualité d'héritier bénéficiaire tous les actes que le successible aura faits en qualité d'héritier, sans ajouter la qualification de bénéficiaire, si d'ailleurs il n'était pas besoin pour les faire d'être héritier pur et simple (Poujol, t. 1, p. 402). — Ainsi il a été jugé 1° à l'égard d'un héritier bénéficiaire condamné comme héritier, mais sans autre addition, que cette condamnation, se référant à sa qualité de bénéficiaire, n'autorise point l'expropriation de ses biens personnels. — « Attendu que la demoiselle Georgeon n'est, à aucun titre, débitrice personnelle de Fougeron; qu'elle n'est point cessionnaire de son père; qu'elle n'a jamais pris la qualité d'héritière pure et simple, et que celle d'héritière, *sine addito*, donnée à la demoiselle Georgeon en divers actes ou jugements, s'explique par le jugement antérieur, du 17 mars 1791, qui l'a admise à se porter héritière sous bénéfice d'inventaire ;— Infirme, etc. » (Paris, 8 janv. 1808, aff. Georgeon C. Fougeron);—2° Que la disposition faite en majorité d'un objet recueilli dans la succession à une époque où l'on était mineur, et où, par conséquent, on ne pouvait avoir d'autre qualité que celle de bénéficiaire, doit, s'il n'y a déclaration contraire, être présumée faite dans la qualité primitive d'héritier bénéficiaire; et non dans celle d'héritier pur et simple (Guadeloupe, 11 déc. 1828) (2);—3° Que

les héritiers du marquis de Lagrange ont assigné le duc et mademoiselle d'Orléans, héritiers bénéficiaires du feu duc d'Orléans, leur père, en payement d'une somme de 406,674 fr. montant tant du capital que des intérêts d'une obligation souscrite par ce dernier au marquis de Lagrange, le 2 mars 1790. Ils ont demandé, en outre, qu'on leur payât les intérêts des intérêts, à partir du jour de la demande, conformément à la disposition de l'art. 1154 c. civ. — Les héritiers d'Orléans ont opposé deux fins de non-recevoir, prises, l'une de ce que la confusion des qualités de débiteur et de créancier qui s'était opérée dans la personne du domaine, par suite de la confiscation des biens du duc d'Orléans et du marquis de Lagrange, avait éteint la dette des intérêts réclamés; l'autre, de ce que le sursis accordé aux émigrés, qui avaient recouvré la propriété de leurs biens invendus, pour payement de leurs dettes, ayant été prorogé jusqu'en 1820, la demande des héritiers de Lagrange était prématurée. — Le 9 mai 1818, le tribunal de la Seine, sans avoir égard à ces deux fins de non-recevoir, condamne les héritiers du duc d'Orléans à payer aux demandeurs : — 1° La somme à laquelle s'élèvent les intérêts du principal de 400,000 liv. depuis le 1er juillet 1795, jusqu'au 1er juillet 1816, sauf les réductions et retenues légales; —2° Les intérêts desdits intérêts, à partir du jour de la demande.

Les héritiers d'Orléans ont interjeté appel de cette dernière disposition du jugement. — Arrêt.

La cour; — Considérant que la condamnation des intérêts d'intérêts échus est une véritable condamnation de dommages-intérêts et réputée telle par la loi; que le débiteur ne peut devenir passible de dommages-intérêts qu'autant qu'il est en demeure de remplir son obligation; que l'héritier bénéficiaire n'est pas personnellement débiteur; qu'il n'est responsable que des fautes graves qu'il peut commettre dans l'administration qui lui est confiée par la loi, et n'est obligé, vis-à-vis des créanciers, qu'à leur rendre compte de son administration; que la demande de la veuve de Lagrange n'est basée ni sur faute grave ni sur retard de rendre compte; — Emendant, décharge le duc et mademoiselle d'Orléans des condamnations contre eux prononcées, etc.

Du 14 mai 1819.-C. de Paris.-MM. Dupin et Tripier, av.

(1) (Hér. Benquet C. hér. Vergers.) — La cour (après dél. en ch. du cons.); — Attendu que l'arrêt du 27 juin 1822, qui a été l'objet de la tierce opposition admise par celui du 16 mars 1824, préjudiciait aux droits des sieur et dame Vergers et consorts, légataires tiers opposants, en ce qu'il adjugeait aux dames Benquet, autres légataires, l'entier reliquat du compte rendu par l'héritier bénéficiaire de Jean-Guillaume Pons, testateur, tandis que ce reliquat devait appartenir à tous les légataires, et être distribué entre eux dans la proportion du montant de leurs legs, à moins que le testateur n'eût déclaré expressément qu'il entendait que tel legs fût acquitté de préférence aux autres; mais que, dans la cause, aucune préférence n'a été reconnue; — Attendu que ces tiers opposants n'avaient été ni appelés ni représentés lors de l'arrêt du 27 juin 1822; que l'héritier bénéficiaire, avec lequel cet arrêt a été rendu, ne représentait point les légataires dans les intérêts opposés que ceux-ci pouvaient avoir entre eux;—Que la loi n'exige pas que la partie qui forme tierce opposition eût dû être appelée, mais seulement que l'arrêt ou le jugement, attaqué par cette voie, préjudicie à ses droits, et que ni elles ni ceux qu'elle représente n'eussent point été appelés; que deux voies étaient ouvertes à ces légataires Vergers et consorts, pour qu'ils pussent légalement faire valoir leurs droits, ou celle d'une action principale contre les héritiers Benquet, auxquels ce reliquat avait été adjugé par l'arrêt de 1822, ou celle de la tierce opposition à cet arrêt, voie qu'ils ont choisie; qu'en déclarant dans les circonstances de la cause, cette tierce opposition recevable, et en ordonnant, par suite, la répartition et distribution au marc le franc, entre les divers légataires, de la somme principale dont il était question, la cour royale de Pau n'a violé aucune loi; — Attendu que les intérêts d'une somme due sont l'indemnité du dommage souffert par celui qui a constitué le débiteur, en retard d'exécuter son obligation; qu'en adjugeant aux héritiers Benquet les intérêts qui avaient été une suite de l'action judiciaire par eux exercée contre l'héritier bénéficiaire de la succession de Jean-Guillaume Pons, pour parvenir à l'apurement de son compte, et au payement du reliquat, l'arrêt attaqué n'est contrevenu à aucune loi; — Donne défaut contre les non comparants, joignant les deux pourvois, et, y statuant, les rejette l'un et l'autre.

Du 22 août 1827.-C. C., ch. civ.-MM. Brisson, pr.-Jourdé, rap.-Cahier, av. gén., c. contr.-Nicod et Rogron, av.

(2) *Espèce :* — (Gardemal C. hérit. Meat.) — Le 7 oct. 1826, jugement du tribunal de la Pointe-à-Pitre ainsi conçu : « Attendu que la dame Meat, mère des mineurs, était elle-même mineure émancipée, lors de l'acte de 1806; qu'elle n'a pu, dès lors, agir dans cet acte qu'en qualité d'héritière bénéficiaire (c. civ., art. 461 et 454); — Attendu

le seul fait de la détention par l'héritier des biens de la succession, depuis sa déclaration qu'il n'accepte que sous bénéfice d'inventaire, et avant la confection de l'inventaire, n'emporte point de sa part adition pure et simple de l'hérédité (c. nap. 803) : « Attendu que la partie de Sicabaig a prétendu que les parties de Biraben s'étaient immiscées, en prenant possession des biens de l'hérédité; mais qu'aux termes de l'art. 803 c. nap., l'héritier bénéficiaire est administrateur des biens et doit en rendre compte, et que, par conséquent, la seule détention, nécessaire pour l'administration, ne peut être considérée comme un acte d'héritier » (Pau, 5 mars 1835, aff. de Fourcade C. Tisnès).

934. L'héritier bénéficiaire, qui cède ses droits successifs, devient-il par cela seul héritier pur et simple? — D'après l'art. 780, « la donation, vente ou transport que fait de ses droits successifs un des cohéritiers,.... emporte de sa part acceptation de la succession. » Mais cet article est fait pour une autre hypothèse. Il s'agit là d'un héritier qui n'avait pas encore manifesté l'intention de renoncer ou d'accepter. On le considère comme héritier pur et simple, parce qu'il a disposé des biens de la succession, sans que les créanciers aient pu s'assurer exactement de l'état dans lequel l'héritier les a trouvés, et qu'il leur a ainsi enlevé le gage de leurs créances. — Ici la cession ne doit causer aucun préjudice aux créanciers; l'héritier eût pu faire exercer ses droits par un fondé de pouvoir. S'il était décédé, ses héritiers ou ayants cause les auraient exercés à sa place. Pourquoi non un cessionnaire? Il est le représentant de l'héritier; et si, par hasard il spoliait la succession, les créanciers conserveraient leur action contre l'héritier. Jusque-là, ils n'ont droit d'exiger de celui-ci qu'un inventaire fidèle et un compte exact de son administration personnelle ou de celle de son représentant. Cette doctrine est enseignée par MM. Merlin, Quest. de dr., v° Héritier, § 2; Duranton, t. 7, n° 54; Malpel, n° 239; Favard, v° Bénéfice d'invent., n° 17; Vazeille, art. 806, n° 3. — Jugé 1° que l'héritier bénéficiaire ne devient pas héritier pur et simple, par cela seul qu'il cède à l'un de ses cohéritiers ses droits successifs, en déclarant, dans la cession, qu'il agit comme héritier bénéficiaire (Grenoble, 24 mars 1827) (1); — Surtout si la cession porte sur l'universalité de son droit héréditaire, et non sur un objet particulier (Pau, 8 août 1837, aff. Darricau, V. chap. 7, sect. 3, art. 10);—2° Que la cession, par l'héritier bénéficiaire, des droits incorporels appartenant à la succession, peut être déclarée ne constituer qu'un acte de liquidation, et non un acte d'héritier pur et simple : — « Attendu que la cession de droits incorporels n'a été qu'un acte de liquidation, que la date n'en a été d'ailleurs ni justifiée, ni même indiquée (Req. 10 déc. 1839.-MM. Zangiacomi, pr., Mestadier, rap., aff. Donney et Beaufils C. de la Tour-d'Auvergne).

935. Pour que la vente par l'héritier bénéficiaire de ses droits successifs n'ait pas pour effet de le rendre héritier pur et simple, faut-il qu'il soit dit expressément que les droits successifs vendus sont ceux d'héritier bénéficiaire? — Une mention spéciale de ces droits n'est point nécessaire. Ce sera généralement une question d'intention. On présumera que l'héritier bénéficiaire a cédé ses droits successifs, tels qu'il les possédait au moment de la cession. Cette présomption est admise aussi par MM. Merlin et Duranton, *loc. cit.*, qui critiquent un arrêt con-

---

que les actes faits par l'héritier, sans addition de qualité, ou pur et simple ou bénéficiaire, ne peuvent obliger l'héritier que selon la qualité déjà fixée sur sa tête; que Gardemal ne rapporte aucun acte établissant que la dame Meat ait agi en majorité, comme héritière pure et simple; qu'elle a constamment été, depuis l'acte de 1806, soit en minorité, soit sous la puissance de son mari, et que, pour lui faire prendre la qualité d'héritière pure et simple, il faudrait qu'on rapportât un acte d'acceptation; — Que, dans l'acte de 1806, elle a agi tant comme habile à appréhender la succession pour un quart, que comme créancière; que c'est en cette qualité que ses cohéritiers lui ont donné en payement la moitié de l'hérédité; que, comme mineure émancipée, elle pouvait recevoir ce payement et en donner quittance sous l'assistance de son curateur; — Qu'on ne peut, par conséquent, induire de ce fait une acceptation pure et simple; que, si la dame Meat a donné la Guildiverie en payement d'une acquisition, on ne peut pas dire qu'elle l'a fait comme héritière, mais comme en étant propriétaire, en ce qu'elle en avait reçu partie en payement de ses cohéritiers, et acquis l'autre partie d'un tiers. » — Appel. — Arrêt.

LA COUR; — Adoptant les motifs des premiers juges, confirme.

Du 11 déc. 1828.-C. de la Guadeloupe.

(1) (Chaffois C. Rochas.) — LA COUR; — Attendu qu'il est constant qu'aux époques des actes des 28 oct. 1823 et 22 fév. 1824, intervenus entre Jean-Baptiste Chaffois, Marie-Anne et Magdeleine Chaffois, ses sœurs, tous les sus-nommés avaient déclaré, par-devant le greffier du tribunal civil de l'arrondissement de Die, qu'ils acceptaient bénéficiairement la succession de Jean-Baptiste Chaffois, leur père; — Attendu qu'il est également constant qu'après les déclarations des frère et sœurs Chaffois, un inventaire a été fait à la requête de Jean-Baptiste Chaffois, deuxième du nom, et qu'il l'a été en temps opportun; — Attendu que, dans les actes de 1823 et 1824 précités, les frère et sœurs Chaffois n'ont contracté que sous la qualité d'héritiers bénéficiaires du père commun, sans entendre déroger au bénéfice d'inventaire, et que la cession par les sœurs au frère fut spécialement de leurs droits et actions, résultant, est-il dit, de leur qualité d'héritières bénéficiaires;—Attendu que, dès lors, nulle application à faire de l'art. 780 du c. civ., portant que la donation, vente ou transport que fait de ses droits successifs un des cohéritiers, soit à un étranger, soit à tous ses cohéritiers, soit à quelques-uns d'entre eux, emporte de sa part acceptation de la succession;— Attendu qu'en effet cette disposition de la loi doit être entendue en ce sens, que le cohéritier qui donne ou vend ses droits successifs, n'a point auparavant déclaré qu'il n'acceptait la succession que sous le bénéfice de la loi et inventaire, et qu'il a, par conséquent, agi en qualité d'héritier pur et simple;—Attendu qu'on ne peut non plus faire aucune application dans l'espèce, ni de l'art. 805 du c. civ., portant que l'héritier bénéficiaire ne peut vendre les meubles de la succession qu'en observant les diverses formalités prescrites, ni de l'art. 806 du même code, portant que l'héritier bénéficiaire ne peut vendre les immeubles que dans les formes prescrites par les lois sur la procédure, ni enfin de l'art. 988 du code de procédure civile, qui répute héritier pur et simple l'héritier bénéficiaire qui vend les immeubles sans se conformer aux règles tracées, soit dans cet article, soit dans le précédent; — Attendu que toutes les dispositions renfermées aux articles précités doivent être entendues, en ce sens qu'il s'agi de la vente soit des meubles, soit des immeubles d'une succession acceptée bénéficiairement, sans avoir, par l'héritier bénéficiaire, rempli aucune des formalités prescrites par les lois, mais non pas, comme dans l'espèce, d'une simple cession de la part de trois cohéritiers à un quatrième cohéritier, leur frère, de leurs droits dans l'hérédité du père commun, acceptée bénéficiairement, et avec cette circonstance, que tous ont agi en leurs qualités d'héritiers bénéficiaires, et que la cession exprime qu'elle a pour objet les droits et actions résultant de la qualité d'héritières bénéficiaires des sœurs Chaffois; — Attendu qu'il y a une différence sensible entre la vente de certains objets dépendant d'une succession acceptée bénéficiairement, et la cession des droits d'un ou de plusieurs cohéritiers dans la même hoirie, inhérents à la qualité d'héritier bénéficiaire; que, dans le premier cas, l'héritier bénéficiaire qui transmet à des tiers la propriété des objets vendus, porte atteinte atteinte aux droits des créanciers; au lieu que, dans le second cas, le cessionnaire, qui ne fait que succéder aux droits et à la qualité du cédant, demeure soumis envers les créanciers aux mêmes obligations que la loi imposait au cédant; les biens de l'hérédité ne sont point aliénés à l'égard des créanciers; ils demeurent dans la succession pour faire face aux créances; le cessionnaire est obligé d'en faire raison de la même manière que le cédant aurait dû le faire; et par conséquent, la cession ne porte aucun préjudice aux créanciers; aussi la loi ne défend-elle point de céder l'hérédité bénéficiaire, avec les droits qui en dépendent, par de simples actes de gré à gré, comme elle le fait à l'égard des ventes particulières de meubles ou d'immeubles dont l'effet serait de sortir ces espèces de biens de l'hérédité, d'en faire passer la propriété à des tiers, et de porter ainsi atteinte au gage des créanciers;— Attendu que Jean-Baptiste Chaffois, cessionnaire des droits successifs de ses sœurs dans l'hoirie du père commun, acceptée par tous bénéficiairement, ne refuse point de satisfaire aux obligations que la loi imposait à ses sœurs; qu'il offre au contraire à Rochas, créancier poursuivant, de lui rendre compte de la succession de Chaffois père; et qu'ainsi Chaffois fils ne cherche point à se prévaloir des cessions à lui faites par ses sœurs pour nuire à Rochas ni à aucun autre créancier; — Attendu que la conséquence de ce qui précède est que si la contestation devait être jugée en l'état, sur les actes existant au procès; les frère et sœurs Chaffois ne pourraient être réputés héritiers purs et simples de leur père, et le sieur Rochas ne pourrait obtenir aucune condamnation personnelle contre eux; — Met l'appellation et ce dont est appel au néant, et, par nouveau jugement, condamne les frères et sœurs Chaffois, sous la qualit d'héritiers bénéficiaires de leur père, et sous le bénéfice d'inventaire, à payer à Rochas la somme de 1,045 fr., portée en la promesse du 17 pluv. an 12, et à rendre compte de la succession et du bénéfice d'inventaire, à la forme de la loi, etc.

Du 24 mars 1827.-C. de Grenoble, 2e ch.-M. Paganon, pr.

traire ainsi motivé : — « Attendu qu'il est constant en la cause que, nonobstant l'acte du 11 therm. an 11, passé au greffe du tribunal de Clermont, par lequel les appelants et autres, leurs frères et sœur, se sont portés héritiers par bénéfice d'inventaire d'Antoine Goux, ils n'en sont pas moins devenus héritiers purs et simples par l'effet de la vente de tous leurs droits successifs, qu'ils ont passée le 11 fruct. an 12 au sieur Bintot, et comme tels, ont pu être personnellement poursuivis par Daniel, en exécution de son titre; — Confirme, etc. » (Amiens, 2 mai 1806, aff. Daniel *C.* Wibart).

936. Toutefois, il ne suffirait pas que l'héritier déclarât vendre ses droits d'héritier bénéficiaire, s'il n'avait pas encore fixé cette qualité sur sa tête par l'accomplissement des formalités prescrites. Cette vente constituerait une acceptation tacite pure et simple (Duranton, t. 7, n° 54; Vazeille, art. 806, n° 3). — Jugé ainsi dans une espèce où l'héritier avait fait sa déclaration au greffe, mais sans qu'on eût, à l'époque de la vente, procédé à l'inventaire qui est la seconde formalité ou condition de l'acceptation bénéficiaire : — « Attendu que l'héritier bénéficiaire qui vend ses droits successifs sans avoir fait bon et fidèle inventaire, ou sans le faire faire par son acquéreur, est réputé héritier pur et simple; et adoptant les autres motifs des premiers juges; confirme » (Paris, 9 janv. 1806, aff. La Vieuville *C.* Petit-Thouars).

937. L'héritier bénéficiaire, qui a vendu ses droits successifs, doit-il comprendre dans le compte à rendre aux créanciers la somme qu'il a reçue pour prix de sa cession? — Non : ce prix n'est point extrait du patrimoine du défunt. Les créanciers n'ont droit que sur ce patrimoine. La cession est à leur égard *res inter alios acta*. Il doit leur suffire que les biens de la succession soient inventoriés et sagement administrés. Denisart, v° Hérédité, n° 16, relate un arrêt du parlement de Paris, du 4 juillet 1767, qui a jugé *in terminis* que « l'héritier par bénéfice d'inventaire, qui transporte son droit, moyennant un prix, ne peut être contraint par les créanciers de la succession à leur rapporter ce prix; et qu'il est quitte envers eux, en leur rendant ou faisant rendre par son cessionnaire le compte de la succession. » Telle est aussi la doctrine développée par M. Merlin, Quest. de dr. v° Héritier, § 2, et approuvée de MM. Favard, v° Bénéfice d'inv., n° 17; Delvincourt, t. 2, p. 32, note 3, et Vazeille, art. 806, n° 4. — Jugé que par l'achat que fait un héritier bénéficiaire des droits successifs de l'un de ses cohéritiers, héritier pur et simple, et par la rétrocession de ces droits à ce dernier, l'héritier bénéficiaire ne devient pas héritier pur et simple « Attendu que Saturnin Becq n'était point dans le cas de l'art. 780 c. nap., puisqu'il n'a point vendu ses propres droits successifs, mais qu'au contraire il a acheté ceux d'un de ses frères, et que s'il les lui a ensuite rétrocédés, il n'en est pas moins vrai que, de son chef, comme l'ont dit les juges de Douai, il n'était point héritier pur et simple de son père;—Rejette » (Req. 20 avril 1831, MM. Dunoyer, pr., Cassini, rap., aff. Becq). — Dans l'espèce, l'arrêt attaqué de la cour de Douai se bornait à ce motif : « Qu'il n'a été justifié d'aucun fait qui puisse faire considérer le sieur Becq, de son chef, comme héritier pur et simple de son père, et lui attribuer d'autres qualités que celles prises dans ses conclusions, à l'audience. » On objectait toutefois que par l'acquisition des droits d'un héritier pur et simple, on devient, selon l'art. 1698, passible d'une portion proportionnelle des dettes de la succession et qu'on est assimilé tellement à l'héritier cédant que c'est à raison même de cette assimilation que l'art. 841, c. nap. permet aux cohéritiers d'exclure du partage le cessionnaire en lui remboursant le prix de la cession.

938. Les art. 988, 989, c. pr., disposent que l'héritier bénéficiaire sera réputé héritier pur et simple, s'il a fait procéder à la vente, soit des immeubles, soit même du mobilier et des rentes dépendant de la succession, sans suivre les formes prescrites pour la vente de ces sortes de biens. Nous nous sommes expliqué plus haut sur cette cause de déchéance, en signalant quelques cas d'exception, relatifs à la vente soit du mobilier, n°s 834 et suiv., soit des immeubles, n°s 854 et suiv.

939. N'est pas déchu du bénéfice d'inventaire l'héritier qui après l'inventaire, a consommé, sans mauvaise foi, divers objets de peu de valeur dépendants de la succession, la plupart fongibles, compris d'ailleurs dans l'inventaire (Rennes, 24 juin 1840) (1).

940. De même, le fait par un héritier bénéficiaire d'avoir, avant comme depuis l'inventaire, continué l'exploitation de la ferme que tenait le défunt, et d'en avoir employé les produits, n'emporte pas contre lui déchéance du bénéfice d'inventaire, si d'ailleurs il n'est pas allégué que cet emploi ait eu lieu en dehors du besoin de l'exploitation, et pour le profit personnel de l'héritier, ni que celui-ci ait excédé les bornes de l'administration ordinaire d'une ferme. Et il en est de même du fait, par cet héritier, de s'être approprié des linges et hardes de peu de valeur appartenant au défunt. Il est seulement tenu, dans l'un et l'autre cas, à une reddition de compte (Douai, 14 mai 1855, 1re ch.-M. Leroy de Falvy, pr., aff. Bour-Bauda *C.* Jacob). — De ce que l'héritier bénéficiaire a contracté une obligation personnelle pour une dette de la succession, il ne résulte pas une perte de sa qualité. « Attendu que l'obligation personnelle contractée au nom des enfants de Paul-Louis de Beauvilliers envers Hersan n'a pu leur faire perdre la qualité d'héritiers bénéficiaires à l'égard des créanciers de leur père; qu'ayant payé une dette de la succession, et acquis subrogation de droit avec les deniers empruntés pour leur conserver la terre de Montrésor, le tuteur a agi dans l'intérêt des mineurs héritiers bénéficiaires; —Emendant, etc. » (Paris, 3 fév. 1812, 1re ch., aff. Morangiès *C.* Saint-Aignac).

941. Un héritier bénéficiaire est déchu du bénéfice d'inventaire : 1° lorsqu'il se constitue en dot des biens provenant de la succession (Req. 6 juin 1849, aff. Monclar, D. P. 49. 1. 324).— 2° Lorsqu'il renonce, du chef de son auteur, à une succession échue à ce dernier; mais cette renonciation n'est pas nulle, elle ne peut qu'entraîner la déchéance du bénéfice d'inventaire, si l'on y voit une aliénation excédant les droits de l'héritier bénéficiaire (Rej. 2 mai 1849, aff. Bois de Saint-Quentin. D. P. 49 1. 132).

942. L'héritier bénéficiaire qui exerce le retrait successoral, agit dans l'intérêt de la succession et comme son représentant, et dèslors ne fait pas acte d'héritier pur et simple, entraînant sa déchéance (Limoges, 13 juill. 1844, Rilbac. D. P. 46. 4. 468).

943. L'héritier ne peut être privé ou déchu du bénéfice d'inventaire que pour les causes expressément prévues par la loi.—Dès lors, l'héritier bénéficiaire a pu procéder amiablement au partage des immeubles indivis de la succession, sans encourir la déchéance de son bénéfice, si, d'ailleurs, ce partage ne présente aucun indice de dol, de faute grave ou de préjudice pour la succession (Rej. 26 juill. 1837) (2).

944. L'héritier bénéficiaire fait un simple acte d'adminis-

(1) (Héritiers Gillet *C.* époux Deslandes.) — LA COUR; — Considérant que les déchéances ne se suppléent pas; — Que, dans l'espèce de la cause, il a été fait inventaire avec prisage de tout le mobilier de la succession; — Que l'inventaire et le prisage n'ont été l'objet d'aucune critique; — Que la vente du mobilier, à l'exception de quelques articles estimés 192 fr., a été faite conformément à la loi; — Que ces articles en petit nombre, qui n'ont pas été vendus, se composent pour la plus grande partie de choses fongibles; — Que les héritiers bénéficiaires qui les ont consommés ont pu croire ou qu'ils leur écherraient en partage, ou qu'ils pourraient les représenter par d'autres de même nature ou par le prix estimatif; qu'il n'est pas prouvé qu'ils aient agi de mauvaise foi, et qu'ils aient porté préjudice à la succession; — Infirme.

Du 24 juin 1840.-C. de Rennes, 1re ch.-MM. Cadieu, pr.

(2) (Langenardière *C.* hérit. Debray.) — LA COUR; — (Ap. dél. en ch. du cons.) — Sur le moyen tiré de la violation prétendue des art. 778, 803, 1998 et 1338 c. civ., en ce que l'arrêt a déclaré que les héritiers Debray n'étaient pas déchus du bénéfice d'inventaire; — Attendu que la loi a déterminé, par des dispositions expresses et formelles, les causes qui peuvent priver l'héritier du droit de jouir du bénéfice d'inventaire et celles qui peuvent lui faire encourir la déchéance de ce bénéfice, qu'aux termes de l'art. 794 c. civ., l'héritier qui s'est mis en possession des biens et en a disposé sans faire faire d'inventaire, ne peut jouir du bénéfice d'inventaire; — Que, suivant l'art. 801 du même code, il en est de même de l'héritier qui aurait recélé des effets dépendant de la succession; — Que, suivant les art. 988 et 989 c. pr. civ., l'héritier bénéficiaire encourt la déchéance du bénéfice d'inventaire, lorsqu'il procède à la vente volontaire, soit des meubles, soit des immeubles de la succession; — Attendu qu'il n'existe ni dans le code civil, ni dans le code de

tration, et non un acte de propriété, lorsqu'il dispense le porteur d'une lettre de change, due par la masse, d'exercer le recours prévu par l'art. 165 c. com. Ce n'est pas là de sa part renoncer à une déchéance acquise. Et le pouvoir donné par un héritier à un autre, relativement aux affaires de la succession a pu être réputé comprendre l'autorisation de consentir cette dispense, sans qu'une pareille décision soit de nature à tomber sous la censure de la cour de cassation (Rej. 5 juill. 1843, aff. Duboul, V. Effets de commerce, n° 466).

945. L'héritier bénéficiaire encourt-il la déchéance pour avoir hypothéqué à ses dettes personnelles les immeubles de la succession? Oui, puisqu'un tel acte sort des limites d'une simple administration et suppose la qualité de propriétaire (Toullier, t. 4, n° 343; Delvincourt, t. 2, p. 32, n° 7; Vazeille, art. 806, n° 2; Rouen, 5 déc. 1826, aff. Leclerc, V. n° 795). Dans l'espèce, la question n'a pas paru faire difficulté. — Cependant on a jugé que la déchéance n'était pas encourue «attendu que la constitution d'hypothèque par l'héritier bénéficiaire serait illusoire et sans effet (c. nap. 2146) et que cette exception n'a pas même été proposée (Req. 10 déc. 1839, MM. Zangiacomi, pr., Mestadier, rap., aff. Denney et Beaufils *C.* de la Tour d'Auvergne). — Mais on peut répondre que les actes ne doivent point s'interpréter dans un sens qui les rende inutiles ou sans effet; il est donc présumable que dans l'intention des parties l'héritier bénéficiaire avait le droit d'hypothéquer les biens de la succession; qu'il en disposait comme de sa propre chose; qu'il renonçait, en un mot, à sa qualité d'administrateur pour prendre celle de propriétaire.

946. Toutefois, il a été décidé qu'il n'y a pas déchéance du bénéfice d'inventaire lorsque l'héritier bénéficiaire a hypothéqué, sous sa simple qualité d'héritier, la part indivise et *éventuelle* dans la succession, et qu'il résulte d'autres faits qu'il a entendu conserver sa qualité d'héritier bénéficiaire : «Considérant qu'il est constant, en fait, que la succession de la dame Delahoussaye a été acceptée sous bénéfice d'inventaire par ses héritiers; que ceux-ci n'ont ni renoncé ni voulu renoncer à ce bénéfice, en s'annonçant héritiers de leur mère, sans addition quelconque, dans des actes postérieurs, et en hypothéquant leurs parts *indivises* et purement *éventuelles* dans les immeubles dépendant de la succession de leur mère; que le contraire résulte de tous les jugements, arrêts et pièces qui sont au procès, et dans lesquelles ils n'ont cessé d'être qualifiés et reconnus héritiers bénéficiaires» (Paris, 8 avril 1825, M. Lepoitevin, pr., aff. Delahoussaye).

947. *Transiger, compromettre* sont des actes de propriété (V. *suprà*, n° 473) entraînant déchéance du bénéfice d'inventaire (Merlin, Rép., v° Bénéfice d'inv., n° 26; Toullier, t. 4, n° 344; Duranton, t. 7, n° 55; Malpel, n° 237; Delvincourt, t. 2, p. 302, note 2; Vazeille, art. 803, n° 6). — Jugé ainsi à l'égard du compromis (V. Arbitrage, n°s 255 et suiv.) qui a paru suffisant pour attribuer la qualité d'héritier pur et simple, quoiqu'il fût resté sans résultat, les arbitres n'ayant pas statué (V. *suprà*, n° 473). Le compromis est tellement exclu du cercle de la simple administration, que le pouvoir d'administrer le plus étendu, même jusqu'à la faculté de transiger, ne comprend pas le pouvoir de compromettre.

948. Quant à la transaction, il a été jugé aussi que l'héritier bénéficiaire a capacité pour transiger sur les actions dépendantes de la succession; mais, dans ce cas, il doit être déchu du bénéfice d'inventaire. — Peu importe que la transaction ait été faite loyalement, dans la vue d'éteindre un procès dont le soutien pouvait induire à des frais considérables, et dont l'issue pouvait être incertaine : «Attendu que la dame de Navailles, seule héritière de ses père et mère, a eu incontestablement le droit de renoncer à des actions en nullité qui lui appartenaient à ce titre, et la qualité d'héritière bénéficiaire ne lui a nullement enlevé la capacité de transiger sur ces actions; car l'héritier bénéficiaire représente le défunt, de même que l'héritier pur et simple; la propriété des biens de la succession réside sur sa tête, et il a pleinement le droit de traiter et de transiger relativement à ces biens, en subissant, comme une conséquence de ces actes, la déchéance du bénéfice d'inventaire (Limoges, 10 mars 1836, M. Tixier-Lachassagne, pr., aff. S... *C.* Fillolaud). — Dans l'espèce, régie par l'ancienne législation, une femme mariée sous le régime dotal avait transigé sur les droits dotaux litigieux.

949. Pareillement, la femme qui, ayant accepté, sous bénéfice d'inventaire, le legs universel à elle fait par son mari, transige avec des créanciers qui contestaient au testateur son rang hypothécaire sur un immeuble, et qui leur promet de les désintéresser, fait un acte d'héritière pure et simple, et doit être déclarée déchue du bénéfice d'inventaire : «Attendu que, par le traité du 12 avril 1824, la veuve Taffard s'est obligée à désintéresser une partie des créanciers de son mari, et a pris l'engagement de les rendre *taisants*; qu'en souscrivant une telle obligation, elle a fait évidemment acte d'héritier; confirme» (Bordeaux, 21 mars 1828, M. Duprat, pr., aff. veuve Taffard *C.* Pujos).

950. A ces décisions, n'a rien de contraire l'arrêt d'après lequel l'héritier bénéficiaire peut transiger sur l'exercice du retrait successoral, sans compromettre sa qualité, et, en conséquence, doit en actionnant l'étranger cessionnaire se soumettre à l'épreuve ordinaire de la conciliation (Bordeaux, 16 mars 1832) (1). Il n'y pas là, en effet, l'aliénation d'un droit de succession.

951. Si l'intérêt de la succession l'exigeait, l'héritier bénéficiaire pourrait-il s'adresser au tribunal pour obtenir l'autorisation de transiger et se garantir ainsi contre la déchéance du bénéfice d'inventaire? Oui, selon MM. Malpel, *loc. cit.*; Vazeille, art. 803, n° 7. — Mais il a été jugé au contraire que c'est à l'héritier bénéficiaire d'apprécier, à ses risques et périls, s'il lui convient de transiger sur un droit intéressant la succession; et c'est à tort qu'il demanderait, à cet égard, une autorisation aux tribunaux pour mettre sa responsabilité à couvert (Paris, 30 juill. 1850, aff. Boudin, D. P. 51. 2. 116). — On comprend, en effet, que les tribunaux s'abstiennent de répondre à des requêtes de cette nature, puisqu'ils ne sont pas institués pour donner aux parties des consultations, ni pour les aider ou soulager dans l'administration des biens qui peut leur être confiée; ni à plus forte raison pour faire ou prescrire eux-mêmes des actes d'administration. A la différence des administrateurs pour compte d'autrui, qui ne peuvent tenir le pouvoir d'aliéner que de l'autorité de justice, l'héritier bénéficiaire, propriétaire de l'hérédité, est toujours habile à se déclarer héritier pur et simple, trouve en lui-

---

procédure, aucune disposition qui défende à l'héritier bénéficiaire de procéder, sans l'observation des formalités judiciaires, au partage d'immeubles indivis entre la succession bénéficiaire et des copropriétaires étrangers à la succession; — Que, d'une part, à la différence de la vente qui est un acte purement volontaire, le partage peut être un acte forcé, d'après la disposition de l'art. 815 c. civ., qui porte que nul ne peut être contraint de rester dans l'indivision; — Que, d'un autre côté, en matière de prohibition et de déchéance, on ne saurait raisonner par analogie, ni assimiler un cas à un autre, et que, par cela seul que la loi a imposé à l'héritier bénéficiaire l'obligation, à peine de déchéance, de ne faire procéder qu'avec l'observation des formalités judiciaires à la vente des meubles et immeubles dépendant de la succession, et qu'elle a gardé le silence sur le partage des biens immeubles indivis avec des copropriétaires étrangers à la succession, on doit en conclure que ces partages ne sont pas une cause légale de déchéance du bénéfice d'inventaire; — Rejette le pourvoi formé contre l'arrêt de la cour de Rennes, du 19 déc. 1855.

Du 26 juill. 1857.-C. C., ch. civ.-MM. Portalis, pr.-Moreau, rap.

(1) (Mothès *C.* Jalby). — LA COUR; — Attendu que l'exercice du retrait successoral n'est pas un droit dépendant de la succession; que ce droit est accordé à la personne de tous et de chacun des successibles, afin d'écarter les étrangers du partage; que la loi n'interdit pas à l'héritier sous bénéfice d'inventaire la faculté d'exercer ledit retrait; qu'il peut user de cette faculté, et qu'il peut y renoncer; — Attendu que ceux qui peuvent traiter et transiger ne sont pas dispensés du préliminaire de l'essai de conciliation; qu'ils ne peuvent être entendus en justice, sans justifier de l'acomplissement de cette formalité; qu'il résulte de ces principes, que les demoiselles Jalby pouvaient traiter, transignor sur l'action en retrait successoral qu'elles ont intentée contre Jacques Mothes et son épouse, et qu'elles devaient, par conséquent, tenter l'essai de la conciliation avant de porter leur demande devant le tribunal dont est appel; qui aurait dû accueillir la fin de non-procéder ou de non-recevoir proposée par l'appelant contre ladite demande; — Déclare qu'il n'y a lieu de prononcer, quant à présent, sur la demande des demoiselles Jalby.

Du 16 mars 1852.-C. de Bordeaux, 2e ch.-M. de Chancel, pr.

même capacité suffisante pour consentir une transaction. C'est ainsi et à plus forte raison que la même cour a refusé d'autoriser l'héritier bénéficiaire à faire la vente de certaines valeurs mobilières (Paris, 19 mars 1832, aff. Jacquet, D. P. 32. 2. 215).

952. Néanmoins, dans l'espèce jugée par le premier de ces arrêts, les droits de la succession bénéficiaire étaient en contact avec ceux d'une faillite, et la transaction paraissait le seul moyen d'empêcher des frais et des lenteurs qui pouvaient absorber le gage revenant à la succession. On sait que les syndics, quoique incapables d'aliéner, ont reçu de la loi nouvelle (c. com. 487) la faculté, que ne leur accordait pas expressément le code de 1807, de transiger sur toutes contestations qui intéressent la masse, sauf l'homologation du tribunal, selon l'importance de la contestation (V. Faillite, nº 525). Or, quand il s'agit de la transaction entre un héritier bénéficiaire et les syndics d'une faillite, lorsque tout a été accompli de bonne foi, avec le concours des officiers ministériels et de la justice, et pour l'intérêt le mieux entendu de la succession, serait-il refusé aux juges de voir exceptionnellement dans un tel acte ce que les parties y ont vu elles-mêmes, un acte de bonne et loyale administration? Nous pensons qu'il est dans l'esprit de la loi de laisser aux juges cette latitude d'appréciation. C'est ainsi que, d'après plusieurs arrêts, l'héritier bénéficiaire n'a point encouru la déchéance du bénéfice d'inventaire pour avoir vendu, sans les formalités prescrites, les biens de la succession, lorsque le mode de vente suivi était évidemment le plus avantageux à la succession. — V. *suprà*, nºs 835, 837.

953. Les faits d'immixtion de la part du *mineur* ne suffiraient pas pour lui faire perdre le bénéfice d'inventaire. La question toutefois a été controversée, quant aux faits de recel et de divertissement (V. *suprà*, nº 642). — Jugé aussi que le mineur qui s'est immiscé dans la succession de son père, sans faire inventaire, ne peut plus y renoncer, lorsque, devenu majeur, il ne s'est pas fait restituer dans les délais contre cette immixtion...; par suite, il doit acquitter les dettes de la succession, même sur ses propres biens (Req. 30 déc. 1806, MM. Henrion, pr., Lombard, rap.; aff. Entraigues C. Castel).

954. Le mineur ne peut être déchu du bénéfice d'inventaire, par le fait de l'administration de son tuteur et pour un acte qui de la part d'un héritier majeur entraînerait déchéance, soit, par exemple, pour une vente, faite sans formalité, du mobilier de la succession (Rouen, 30 août 1828, aff. Ségur, V. nº 835), soit parce que le tuteur, après avoir accepté pour le mineur sous bénéfice d'inventaire, a omis de faire l'inventaire; cette omission est sans effet contre le mineur, à moins qu'on ne prouve que, depuis sa majorité, il a fait acte d'immixtion (Bordeaux, 1er mars 1832) (1). — Ainsi la déchéance n'aurait pas lieu, et même la succession pourrait encore être répudiée au nom du mineur, bien que le tuteur eût été sommé par les créanciers de prendre qualité, et ne l'eût pas fait dans les délais prescrits (Angers, 11 août 1809) (2).

955. Quand un tuteur a fait, pour son pupille, un acte qui, de la part d'un héritier majeur, entraînerait déchéance du bénéfice d'inventaire; et par exemple, une vente, sans formalités, du mobilier de la succession, le tuteur ne peut être tenu de tous les effets de la déchéance; il l'est seulement de dommages-intérêts, envers les créanciers auxquels, par ses actes, il a porté préjudice (Rouen, 30 août 1828, aff. Ségur, V. nº 835).

956. *Condamnation en qualité d'héritier pur et simple*. — L'héritier ne peut plus, selon l'art. 800, se porter héritier bénéficiaire, si un jugement, passé en force de chose jugée, l'a condamné en qualité d'héritier pur et simple. — On a demandé si un tel jugement peut être invoqué par d'autres que celui au profit duquel il a été rendu, et empêcher le successible à leur égard d'accepter bénéficiairement ou de renoncer. — Les auteurs et la jurisprudence sont fort divisés sur ce point important, qui est discuté avec de grands développements, vº Degré de juridiction, nºs 251 et suiv.

957. La condamnation prononcée contre l'héritier bénéficiaire, sous la seule dénomination d'héritier, sans autre qualification, est censée se référer à la qualité qu'il a prise antérieurement et ne le frappe pas comme héritier pur et simple (Paris, 8 janv. 1808, aff. Georgeon, V. nº 955).

958. Pareillement, de ce qu'un individu aurait obtenu, contre des héritiers, dont l'un a accepté la succession, sous bénéfice d'inventaire, et sans réclamation de la part de ce dernier, un jugement qui les condamnerait tous indistinctement, en leur qualité d'héritiers, à lui payer des salaires auxquels il a droit comme gardien, il ne résulte pas que l'héritier bénéficiaire doive être censé avoir perdu cette qualité, et n'avoir plus, à l'égard de ses cohéritiers, que la qualité d'héritier pur et simple. « Attendu que Saturnin Becq n'a pas été condamné, en qualité d'héritier pur et simple, à payer le salaire du gardien des scellés, et qu'un payement de cette nature peut très-bien être considéré comme un acte d'administration de la part de l'héritier bénéficiaire; — Rejette le pourvoi contre l'arrêt de la cour de Douai » (Req. 20 avril 1831, MM. Dunoyer, pr., Cassini, rap., aff. Becq).

959. C'est ainsi encore que la condamnation prononcée contre des enfants figurant dans l'instance, en qualité d'héritiers purs et simples de leur mère et d'héritiers bénéficiaires de leur père, est réputée n'atteindre ces enfants, du chef de leur père, qu'en cette dernière qualité, quoique le jugement ne fasse aucune distinction à cet égard (Rej. 23 juill. 1851, aff. de Monbreton, D. P. 51. 1. 269).

960. Le jugement qui condamne le successible en qualité d'héritier pur et simple, doit, pour produire l'effet exprimé par l'art. 800, avoir été rendu avant que le successible ait renoncé. En d'autres termes, le successible ne devrait pas être considéré comme héritier pur et simple, par cela seul qu'un jugement, postérieur à cette renonciation, l'aurait condamné en cette qualité (Cass. 5 fév. 1806) (3).

961. *Recel, divertissement*. « L'héritier qui s'est rendu coupable de recélé, ou qui a omis sciemment et de mauvaise foi de comprendre dans l'inventaire des effets de la succession, est déchu du bénéfice d'inventaire» (c. nap. 801). L'art. 792 se sert des mots « *diverti ou recélé*; » l'art. 800 doit s'entendre de

---

(1) (Naviceau C. Gibaudan.) — LA COUR; — Attendu que Henry Gibaudan était mineur lors de l'ouverture de la succession de son père; que la dame Raby, sa grand'mère et sa tutrice, n'a accepté pour lui la succession de son père que sous bénéfice d'inventaire; — Attendu qu'aux termes de l'art. 461 c. civ., l'acceptation d'une succession échue à un mineur ne peut avoir lieu qu'au bénéfice d'inventaire; que, par cette disposition, la loi prohibe au tuteur toute acceptation pure et simple; que, s'il ne peut faire directement une pareille acceptation, il ne peut la faire d'une manière indirecte, en omettant les formalités prescrites; que, par conséquent, l'omission de l'inventaire, commise par le tuteur, n'aurait pas l'effet de rendre le mineur héritier pur et simple; — Que, pour lui faire acquérir cette qualité, il faudrait établir qu'il l'a acquise en faisant des actes d'héritier depuis sa majorité; — Met l'appel au néant.

Du 1er mars 1832.-C. de Bordeaux, 1re ch.-M. Roullet, 1er pr.

(2) (Davière C. Granger.) — LA COUR; — Considérant qu'on doit imputer à négligence au sieur Davière de n'avoir pas fait, au nom de ses mineurs, la déclaration prescrite par l'art. 793 c. civ.; mais que ce défaut de formalité n'était pas un motif pour déclarer héritiers purs et simples les enfants dudit sieur Davière, qui, suivant l'art. 461 du même code, ne pouvaient jamais être regardés que comme héritiers bénéficiaires, et n'être condamnés qu'en cette qualité; — Considérant que la renonciation faite par ledit sieur Davière, au nom de ses enfants mineurs, doit les faire décharger des condamnations contre eux prononcées; — Emendant.

Du 11 août 1809.-C. d'Angers.

(3) (De Geyr C. Schmitz.) — LA COUR; — Vu la loi, § 2, Inst. *De hæred. qualit. et differ.*, et la L. 15, ff., *De acquir. vel amit. hæred.*; — Considérant, 1º que le tribunal civil du département de la Sarthe, en prononçant des condamnations contre les demandeurs, en qualité d'héritiers de leur père, quoiqu'ils eussent renoncé en l'an 8 à sa succession ouverte en 1795, et qu'ils soutinssent s'en être abstenus, a transgressé les lois ci-dessus citées et fait une fausse application de l'art. 225 du règlement judiciaire fait pour les départements de la rive gauche du Rhin, qui fixe à trois mois le délai pour *faire inventaire, et à quarante jours* le délai pour délibérer; que cet article n'a d'autre objet que de déterminer les délais dans lesquels des héritiers présomptifs peuvent être obligés de faire inventaire et de délibérer; mais que l'expiration de ces délais ne peut faire considérer comme héritier quiconque s'est abstenu et a renoncé, avant d'avoir été condamné en cette qualité; — Considérant que, par une violation des mêmes lois et une fausse application du même article, le même tribunal a condamné les demandeurs comme héritiers de Ferdinand de Geyr, l'un de leurs frères; que leur renonciation n'était pas tardive, puisque les choses étaient entières; que les

même, quoique la loi ne se soit pas exprimée de la même manière; le divertissement résulte ici de l'omission frauduleuse dans l'inventaire. En un mot, tous les faits de recélé ou de divertissement, qui, selon l'art. 1792, emportent déchéance de la faculté de renoncer à la succession, emportent aussi déchéance du bénéfice d'inventaire. C'est donc le cas de nous référer à ce que nous avons dit *suprà*, nos 625 et suiv., etc.

962. L'héritier qui ne représente pas des objets compris dans l'inventaire, ne doit pas être assimilé à celui qui a omis dans l'inventaire ou recélé des objets de la succession (Conf. M. Bilhard, no 125).

963. Dans l'inventaire des effets de la succession d'un négociant, la circonstance que ces héritiers ont omis de comprendre les marchandises, livres et papiers relatifs au commerce, ne suffit pas pour les faire déclarer déchus du bénéfice d'inventaire, s'il est reconnu qu'ils n'ont point agi de mauvaise foi. — « Attendu qu'il a été reconnu, en fait, que les omissions reprochées aux héritiers Vangaver dans la description des livres, non-seulement n'étaient point le résultat de leur mauvaise foi, mais qu'ils avaient même pu croire que lesdits livres devaient être relatés dans l'inventaire de la manière qu'ils l'ont fait ; — Que, dans ces circonstances, en décidant que les héritiers Vangaver n'étaient pas déchus du bénéfice d'inventaire, l'arrêt attaqué (de la cour d'Aix) a fait une juste application de la loi ; — Rejette (Req., 11 mai 1825, MM. Brillat pr., Lasagni rap, aff. Savoye *C.* Vangaver.

964. A plus forte raison, l'omission dans l'inventaire d'objets de peu de valeur, tels que cartons, ou de livres que l'héritier croyait de bonne foi avoir été donnés par le défunt, n'entraîne pas la perte de la qualité d'héritier bénéficiaire (c. nap. 805). En tout cas, l'héritier qui a eu connaissance de cette omission et qui a reconnu qu'elle était sans aucune portée, n'est pas recevable à invoquer la déchéance de la qualité bénéficiaire (Bordeaux, 25 mars 1849, aff. Doyen, D. P. 51. 5. 503).

965. Sous la coutume de Normandie qui ne prononçait (art. 92 et 95) contre l'héritier la déchéance du bénéfice d'inventaire, qu'autant ou qu'il n'aurait pas fait d'inventaire ou qu'il y aurait commis quelque fraude ou qu'il aurait recélé quelque effet de la succession, il n'y avait pas lieu à cette déchéance par cela seul que les biens de la succession étant situés en divers endroits, on eût fait, pour partie de ces biens, un inventaire irrégulier dans la forme et, par exemple, un projet d'inventaire, non signé de plusieurs des parties intéressées, ni d'aucun officier ministériel, mais signé de l'héritier, surtout si cet acte a, comme véritable, servi de base à plusieurs actes publics obligatoires contre l'héritier et que, sans contester la bonne foi de celui-ci, on se borne à arguer du vice de forme (Cass. 18 fruct. an 12, M. Bailly, rap., aff. de Livry *C.* Royer).

966. N'est pas déchu du bénéfice d'inventaire l'héritier qui n'a pas celé de mauvaise de foi dans l'inventaire une partie des effets de la succession, ou qui a payé des créanciers, malgré les oppositions formées entre ses mains, ou qui n'a pas appelé en cause à la vente des immeubles un enfant naturel du défunt (c. nap. 778; Req. 15 janv. 1829) (1).

967. La femme qui, agissant sous l'influence de son mari, a omis de comprendre certains meubles dans l'inventaire, auquel elle n'a pas personnellement participé, ne doit pas, par le seul fait de cette omission, être privée du bénéfice d'inventaire (Rej. 4 fév. 1823, aff. Baudre, V. Usufruit).

968. L'héritier peut être déclaré déchu du bénéfice d'inventaire, lorsque, à l'aide d'actes simulés, il a cherché à spolier les créanciers légitimes de cette succession (Rennes, 7 mai 1821) (2).

969. L'héritier sous bénéfice d'inventaire qui a cédé ses droits héréditaires et le cessionnaire ont pu être condamnés envers le créancier du défunt au payement de la dette contractée par celui-ci, le premier comme débiteur direct et le second comme garant, alors qu'il est décidé en fait que le cessionnaire doit être déchu du bénéfice d'inventaire. — Et spécialement cette déchéance a pu résulter de ce que l'inventaire, dressé à la requête du cessionnaire, avait été fait hors la présence des créanciers, ne contenait aucune déclaration d'actif et de passif, ni description des meubles et hardes du défunt ; et encore de ce que le cessionnaire, ayant traité avec des créanciers de la succession, était censé avoir disposé de l'actif pour les désintéresser (Paris, 13 fruct. an 12 : le pourvoi contre cet arrêt a été rejeté ; Req. 7 mess. an 13, MM. Muraire, pr., Chasle, rap., aff. Mondenard *C.* Dupetit-Thouars).

970. Les faits, qui constituent le recélé ou l'omission de mauvaise foi dans l'inventaire, sont entièrement abandonnés à la prudence du juge. Dès lors, tout en reconnaissant que des titres de créance appartenant à la succession et omis dans l'inventaire ont été trouvés trois ans plus tard chez l'héritier bénéficiaire, on pourrait admettre celui-ci à prouver qu'il n'y avait pas de sa part recélé ni mauvaise foi (c. nap. 801). Une telle décision échappe à la censure de la cour suprême (Req. 15 fév. 1815, MM. Lasaudade, pr., Avemaux, rap., aff. Douanes de Bordeaux *C.* Griffon).

971. L'art. 801 c. nap., en ce qui concerne la déchéance pour recélé ou omission dans l'inventaire, ne s'applique pas aux faits de cette nature antérieurs à sa promulgation (Req. 9 déc. 1807, MM. Muraire, pr., Bailly, rap., aff. hérit. Remy).

972. L'art. 801 ne renouvelle pas la disposition de l'art. 792, qui prononce que l'héritier recéleur ne prendra aucune part des objets recélés. Mais il ne faut pas moins le décider ainsi, par identité de motifs (Chabot, t. 3, p. 5 ; Vazeille, art. 794, no 1).

973. L'héritier déchu du bénéfice d'inventaire pour avoir frauduleusement omis dans l'inventaire plusieurs effets de la succession, peut être condamné à payer intégralement les legs, sans avoir le droit de demander la réduction de ceux qui porteraient atteinte à sa réserve légale, par le motif qu'il s'est mis, par son propre fait, dans l'impuissance de composer le patrimoine du défunt de manière à prouver que la portion disponible a été excédée (Rej. 16 janv. 1821) (3).

---

scellés existaient, et que les demandeurs avaient renoncé avant la condamnation prononcée contre eux ; — Casse.

Du 5 fév. 1806.-C. C., sect. civ.-MM. Maleville, pr.-Oudart, rap.

(1) (Lardeur *C.* Cossart.) — LA COUR ; — Attendu que l'arrêt dénoncé reconnaît, quant à la déchéance du bénéfice d'inventaire, qu'il n'est point établi que la veuve Cossart ait celé, de mauvaise foi, dans l'inventaire, tout ou partie des effets de la succession, ni qu'elle ait fait acte d'héritier pur et simple ; — Attendu que la circonstance qu'elle aurait payé des créanciers de la succession, bien qu'il existât plusieurs oppositions, et sans règlement préalable du juge-commissaire, ne peut, dans la cause, constituer un acte d'héritier pur et simple, dont la dame Lardeur-Manent puisse se prévaloir contre ladite dame Cossart ; — Attendu que la vente des immeubles a eu lieu publiquement et sur autorisation de justice, conformément à l'art. 987 c. proc. civ. ; que si l'enfant naturel de Lansoy fils et son neveu n'ont pas d'abord été appelés en cause, cette omission, qui n'a été ni frauduleuse ni préjudiciable à la succession, ne peut encore constituer un acte d'héritier pur et simple, et amener la déchéance du bénéfice d'inventaire ; — Rejette, etc.

Du 15 janv. 1829.-C. C., ch. req.-MM. Borel, pr.-De Menerville, rap.-Laplagne-Barris, av. gén, c. conf.-Joubaud, av.

(2) (Ducouuray et autres *C.* Gaillard.) — LA COUR ; — Considérant, en droit, que l'art. 1167 c. civ., autorise les créanciers à attaquer en leur nom personnel les actes consentis par leurs débiteurs, en fraude de leurs droits ; — Considérant que, bien que la fraude ne doive pas se présumer, la loi (art. 1353 même code) fait un devoir au magistrat d'admettre les moyens de dol, lorsque la preuve du dol résulte de présomptions graves, précises et concordantes ; — Considérant qu'il résulte du rapprochement de tous les faits ci-dessus analysés la preuve suffisante que ces actes sont le résultat de la fraude et de la simulation par laquelle Louis Gaillard fils s'est efforcé de spolier la succession de son père, au préjudice des créanciers légitimes de ladite succession ; qu'ainsi, il y a lieu d'annuler lesdits actes comme simulés et frauduleux, et qu'aux termes de l'art. 801 c. civ., ledit Louis Gaillard doit être déclaré déchu de sa qualité d'héritier bénéficiaire du sieur Gaillard père.

Du 7 mai 1821.-C. de Rennes.-MM. Meaulle et Grivart, av.

(3) (Les hérit. Bertrand *C.* Caband.) — LA COUR (ap. délib. en ch. du cons.) ; — Attendu que l'arrêt attaqué a déclaré, en fait, que l'inventaire représenté dans l'instance par les héritiers Bertrand portait tous les caractères de l'infidélité, et annonçait le projet formé sciemment de cacher le véritable état de la succession, au préjudice de ceux qui avaient des droits à exercer contre elle, projet qui a reçu son exécution autant que cela a dépendu desdits héritiers Bertrand ; — Attendu que de là il résulte que c'est par leur propre fait que les héritiers se sont mis dans l'impuissance de pouvoir composer le patrimoine du défunt, de manière à établir que leur réserve légale était entamée par les legs faits aux défendeurs, et qu'ils devaient être réduits *ad legitimum modum*.

974. Une fille déchue du bénéfice d'inventaire et déclarée héritière pure et simple par suite des soustractions qu'elle a commises dans la succession paternelle, est-elle tenue des dettes de la succession même sur ses biens dotaux? — V. Contr. de mar., n°s 3731, 3736.

975. Le mineur qui a recélé des objets de sa succession, encourt-il la déchéance du bénéfice d'inventaire? — V. *suprà*, n° 642.

SECT. 4. — *Des successions vacantes.*

976. *Cas où il y a vacance.* — L'art. 811 c. nap. répute la succession vacante « lorsqu'après l'expiration des délais pour faire inventaire et délibérer, il ne se présente personne qui la réclame, qu'il n'y a pas d'héritier connu, ou que les héritiers connus y ont renoncé. » La succession est *en deshérence*, lorsqu'il est *constaté* qu'il n'existe ni parent du défunt au degré successible, ni enfant naturel, ni conjoint survivant. — Cette différence se trouve établie dans une circulaire de la régie approuvée le 8 juill. 1806 par le ministre de la justice. — Nonobstant ces expressions de l'art. 811, *s'il n'y a pas d'héritier connu*, la vacance de la succession résulte-t-elle de la simple renonciation de tous les successibles du premier degré, ou faut-il encore que les héritiers connus comme les plus proches, aient renoncé? MM. Delvincourt, t. 2, p. 108; Vazeille, art. 812, n° 1, sont de ce dernier avis, attendu que ceux qui sont présents et sous les yeux, des enfants peut-être pour lesquels le père répudie, ne peuvent être censés *inconnus*. C'est donc au ministère public, s'il les connaît, à s'opposer à l'application des effets de la deshérence. Mais cette opinion est généralement rejetée. « On n'en finirait pas, dit très-bien Chabot, s'il fallait attendre que tous les parents qui peuvent être appelés, en différents ordres, les uns après les autres, se fussent expliqués, ou s'il fallait agir contre les uns et les autres successivement pour les forcer à s'expliquer. Que de frais inutiles pour la succession! » (Conf. MM. Duranton, t. 7, n° 62; Toullier, t. 4, n° 380; Delvincourt, t. 2, p. 35, n° 1; Malpel, n° 339; Merlin, Rép., v° Curatelle, § 3; Favard, v° Success., sect. 5, n° 2.) Ainsi l'avaient jugé trois arrêts du parlement de Paris, dont le dernier, du 24 avril 1735, fut rendu sur la plaidoirie de Cochin (Denisart, v° Curatelle; Merlin, *loc. cit.*). La même interprétation a été consacrée sous le code (Aix, 17 déc. 1807; Paris, 31 août 1822) (1).

977. La nomination d'un *curateur*, faite avant d'avoir mis les héritiers connus et du premier degré en demeure d'accepter ou de renoncer, « serait nulle, dit Toullier, t. 4, n° 379; et les jugements rendus contre lui ne pourraient être opposés ni aux héritiers, ni même au curateur qui serait nommé après leur renonciation. » Delvincourt, t. 2, p. 35, note 1, combat cette solution et pense que, « s'ils renoncent, la nomination du curateur et tous les actes faits avec lui, soit avant, soit depuis la renonciation, seraient valables. » Son motif est que, l'héritier qui renonce étant censé n'avoir jamais été héritier sa renonciation a un effet rétroactif au moment de l'ouverture de la succession. — Ce motif ne nous paraît point concluant, en ce que l'effet rétroactif de l'art. 785 n'a été établi que pour empêcher le renonçant de profiter de la saisine, en gardant, par exemple, les fruits perçus, et non pour donner l'existence à des actes qui n'étaient pas présumés exister avant la renonciation, et non pour rendre valable ce qui était essentiellement nul. — Du reste, nous adopterions l'opinion de M. Delvincourt, selon les circonstances et en considération de la bonne foi, s'il y avait eu diffi-

---

s'ils se trouvaient excéder le sixième du patrimoine du défunt, et qu'en les déclarant déchus du bénéfice d'inventaire, et en induisant de leur conduite qu'ils étaient tenus d'acquitter intégralement les legs réclamés, la cour royale de Lyon a rendu hommage aux principes qui ne permettent pas aux tribunaux de laisser profiter de la fraude ceux qui s'en sont rendus coupables, et n'a violé aucune loi; — Par ces motifs, — Rejette.

Du 16 janv. 1821.-C. C., sect. civ.-MM. Brisson, pr.-Minier, rap.-Cahier, av. gén., c. conf.-Nicod et Barrot, av.

(1) 1re *Espèce* : — (Dominique C. hérit. Moublet.) — LA COUR; — Considérant, 1° qu'il a été constamment reconnu que lorsque les héritiers présomptifs d'un défunt ont renoncé à sa succession, ses créanciers sont bien fondés à faire nommer un curateur à la succession vacante pour poursuivre le payement de leurs créances, sans être obligés de rechercher les autres héritiers qui pourraient accepter ladite succession, tant que ceux-ci ne se présentent pas, ainsi que la question a été jugée par plusieurs arrêts; — Que cette manière de procéder a été généralement suivie parmi nous, ainsi que l'atteste Janety en son commentaire sur le règlement du ci-devant parlement de Provence. — Considérant que le code civil n'a pas dérogé à ces principes par l'art. 811; — Que, d'après cet article, l'héritier connu n'est autre que celui qui se présente pour accepter; que si le législateur eût entendu qu'il suffisait que l'héritier fût connu par la notoriété publique, il l'aurait énoncé formellement, et se serait borné à dire qu'une hoirie est réputée vacante lorsqu'il n'y a pas d'héritier connu; — Qu'on ne peut pas mieux opposer les art. 785, 786 et 787, qui confèrent une succession aux successibles des degrés subséquents, lorsque ceux aux degrés qui précèdent ont tous répudié, parce que ces articles ne font que déterminer l'ordre de successibilité, sans rien statuer sur le mode de procéder contre une hoirie, lorsqu'il y a renonciation des premiers héritiers; — Qu'on peut d'autant moins contester aux créanciers le droit de faire nommer un curateur à l'hoirie vacante, lorsque les héritiers présomptifs répudient, que, dans le nouveau Répertoire de jurisprudence, publié après la promulgation du code civil et du code de procédure, il est soutenu que si les héritiers connus et qui ont renoncé ont des enfants, ou s'il existe, dans un degré subséquent, des collatéraux habiles à succéder, il n'est pas nécessaire, avant la nomination d'un curateur à la succession, de faire à ces enfants ou collatéraux une sommation d'accepter ou de renoncer eux-mêmes, parce que c'est à eux à se présenter de leur propre mouvement, et que leur silence suffit pour autoriser les créanciers à faire nommer un curateur; — Infirme.

Du 17 déc. 1807.-C. d'appel d'Aix.

2e *Espèce* : — (Enregist. C. Delaunay.) — En 1818, S. M. Louis XVIII, S. A. R. Monsieur, et S. A. R. Madame, duchesse d'Angoulême, ont renoncé à la succession de S. A. R. Marie-Adélaïde de France, leur tante et grand'tante. — Cette succession s'est trouvée dévolue à S. A. R. le duc d'Angoulême et aux enfants mineurs du duc de Berri; mais ces héritiers n'ont ni réclamé, ni renoncé. — Le 4 août 1818, le tribunal de la Seine, sur la demande d'un créancier, a déclaré la succession vacante, et nommé Delaunay curateur. — En cet état, la direction des domaines demande à être envoyée en possession de la succession à titre de déshérence; mais un jugement du 4 janv. 1822 déclare n'y avoir lieu à statuer quant à présent : — « Vu les art. 767, 768, 786, 811 et 812 c. civ.; — Attendu que par l'effet de la renonciation de S. M. et de celle de LL. AA. RR. Monsieur, frère du roi, et Madame, duchesse d'Angoulême, la succession de S. A. R. Madame Marie-Adélaïde de France, est dévolue au degré subséquent, par conséquent à S. A. R. Mgr. le duc d'Angoulême, et aux enfants mineurs de S. A. R. le duc de Berri, lesquels n'ont pas renoncé; qu'ainsi l'Etat ne se trouvant pas dans le cas prévu par l'art. 767 c. civ., n'a aucun droit actuel de réclamer, par ordre de déshérence, la succession de Madame Marie-Adélaïde; — Attendu qu'en exécution des art. 811 et 812, il a été, par jugement du 4 août 1818, nommé un curateur à ladite succession; qu'il ne peut y avoir aucun motif légitime de révoquer aujourd'hui cette nomination; que d'ailleurs une telle révocation ne pourrait être prononcée que contradictoirement avec le curateur, qui est saisi de l'administration et a même déjà fait procéder à un inventaire. »

Sur l'appel qu'elle a interjeté, la direction des domaines a soutenu, 1° que la nomination du curateur était nulle, parce qu'on n'avait pas appelé dans l'instance les héritiers du degré subséquent, investis par la loi des droits des héritiers du premier degré; 2° qu'elle devait être envoyée en possession de la succession, attendu que la succession tombait en déshérence, personne ne se présentant pour la recueillir. — Arrêt.

LA COUR; — En ce qui touche la tierce opposition de la régie des domaines à la sentence du 4 août 1818, portant nomination de Delaunay, curateur à la succession de Madame Adélaïde de France : — Considérant que la loi n'ordonne point d'appeler à cette nomination aucun des héritiers ni autres ne pouvant prétendre à la succession; — En ce qui touche l'appel de la sentence du 4 janv. 1822, qui rejette la demande de la régie des domaines, afin d'envoi en possession de la succession à titre de déshérence : — Considérant que, suivant l'art. 770 c. civ., l'envoi en possession au profit de successeurs irréguliers, n'étant admissible qu'après les publications et affiches, pour connaître s'il existe des héritiers du sang, il résulte de cette disposition que, lorsqu'il existe notoirement des héritiers appelés qui n'ont point épuisé leurs droits, il ne peut y avoir lieu à l'envoi en possession à leur préjudice : — Considérant que les renonciations des héritiers du premier degré à la succession dont il s'agit, défèrent la même succession aux héritiers des degrés subséquents; que, parmi ces derniers, se trouvent les enfants de S. A. R. le duc de Berry, mineurs, lesquels ne peuvent être présumés avoir renoncé à la succession, qui, par la force de la loi, est bénéficiaire à leur égard, et ne peut par conséquent être, en aucun cas, onéreuse pour eux; — Confirme.

Du 31 août 1822.-C. de Paris.-MM. Bonnet et Hennequin, av.

culté de reconnaître les héritiers du premier degré. Alors *legitima et probabilis est causa erroris.* C'est dans un cas semblable qu'il a été jugé par le parlement de Paris, en 1778, que le curateur était légitime contradicteur à l'égard de tous héritiers qui viendraient à se présenter, et que ce qui a été fait avec lui est à l'abri de leur critique (Denisart, v° Success. vacante). — Jugé que, dans les colonies et spécialement à la Martinique, une succession ne pouvait être réputée *vacante*, aux termes de l'édit de 1781 (art. 3, 5 et 6), lorsqu'il y avait un héritier présent; qu'en conséquence, les autres héritiers ont le droit de faire annuler tous les actes faits par cet héritier et le prétendu curateur à la succession, par le motif qu'ils n'ont pas été représentés (Req. 2 déc. 1819) (1).

978. Les expressions de l'art. 811, s'il *n'y a pas d'héritier connu*, comprennent les successeurs irréguliers, l'enfant naturel, le conjoint survivant et l'État. Toullier, t. 4, n° 292, avait soutenu que jusqu'à leur envoi en possession, il y avait lieu à la nomination d'un curateur. Mais cette interprétation est repoussée par tous les auteurs et par la jurisprudence (V. *suprà*, n° 394). Ce n'est qu'au cas où les successeurs irréguliers ne demandent pas l'envoi en possession, la succession leur paraissant onéreuse, que la nomination d'un curateur devient nécessaire.

979. La preuve certaine qu'il n'existe pas d'héritier est souvent impossible. De là il peut arriver qu'une succession simplement vacante ait été régie comme en déshérence. C'est ce que prévoit la circulaire citée, en obligeant, dans ce cas, « le receveur à remettre au curateur copie du compte ouvert qu'il aura tenu pour cette succession. » C'est par le même motif que, selon une autre circulaire du 10 prair. an 6, « la république n'est point par la déshérence saisie de la propriété; mais elle acquiert un droit éventuel, que le temps seul peut confirmer et rendre absolu; et ce temps est celui marqué pour la prescription (MM. Duranton, t. 7, n° 57; Malpel, n° 340; Toullier, t. 4, n° 276).

980. Une succession, une fois acceptée, ne peut plus être déclarée vacante, bien qu'on ait depuis ignoré l'existence de l'héritier acceptant.... Par suite, la renonciation à cette succession par un nouvel héritier est nulle, ainsi que la déclaration de vacance de la succession et les actes faits par le curateur (Req. 18 mars 1834) (2).

981. L'acceptation régulièrement faite par le tuteur (c. nap. 461) ôte au mineur la faculté de renoncer à la succession, sauf à faire abandon des biens aux créanciers. — Il s'ensuit que la renonciation de cet héritier n'a pas pour effet de rendre la succession vacante, et ne donne pas lieu à la nomination d'un curateur (Douai, 5 avr. 1848, aff. Delacroix, D. P. 48. 2. 169).

982. L'abandon fait par l'héritier bénéficiaire des biens de la succession, conformément à l'art. 802 c. nap., n'équivaut pas à une *renonciation*, et, dès lors, l'héritier conservant sa qualité ce n'est pas le cas de la nomination d'un curateur. — V. dans ce sens plusieurs arrêts, *suprà*, n°s 773, 774.

983. Lorsque l'État représente un particulier tombé en faillite, dont la succession a été déclarée vacante, il n'y a plus lieu à séquestre, aux termes de la loi du 1er flor. an 3. L'administration des domaines doit cesser la gestion des biens; seulement, il doit être nommé un curateur conformément à l'art. 813 c. nap., et les sommes provenant soit des revenus, soit de la vente des immeubles, doivent être versées dans la caisse des dépôts et consignations (Ord. cons. d'ét. 21 mai 1817, aff. le dom. *C.* Didiot).

984. *Nomination du curateur.* — C'est au tribunal du lieu de l'ouverture de la succession à nommer le curateur. La nomination peut être provoquée par toute personne intéressée, même par le procureur impérial, représentant légal des absents (c. nap. 812). — En cas de concurrence entre deux ou plusieurs curateurs, le premier nommé est préféré, sans qu'il soit besoin de jugement (C. pr. 999).

985. De ce que l'art. 812 c. nap. attribue au tribunal de première instance la nomination du curateur, on a inféré qu'en aucun cas une cour d'appel ne pouvait le nommer elle-même. Mais cette conséquence a été justement repoussée. — Il a été décidé : 1° que le jugement qui nomme un curateur à succession vacante est susceptible d'appel, et la cour, légalement saisie, peut, en l'annulant, nommer elle-même un autre curateur (Req. 7 fév. 1809) (3); — 2° Que lorsque, pendant une instance d'appel, il y a lieu à la nomination d'un curateur à succession vacante, la cour peut faire cette nomination, sans qu'il soit nécessaire de renvoyer devant le tribunal de première instance dans l'arrondissement duquel la succession s'est ouverte. — « Attendu qu'indépendamment que Bourniquel n'a point pris les voies légales pour emporter la disposition de l'arrêt du 12 janv. dernier, qui le nomme curateur à la succession répudiée de feu Henri Ollé-Lacombe, il n'est pas, d'ailleurs, fondé à soutenir que la cour était incompétente pour faire cette nomination, parce que l'art. 812 c. nap., qu'il a invoqué, n'est pas attributif de juridiction, ainsi que la cour de cassation l'a décidé par un arrêt de 1809; — Confirme » (Toulouse, 23 mars 1819, aff. Bourniquel *C.* Cadaux).

986. Le curateur révoqué peut être condamné personnellement aux dépens, s'il s'est lui-même opposé à sa révocation. — L'affaire lui est devenue personnelle, et dès lors il ne peut invoquer les art. 810, 814 c. nap. et 1002 c. pr., pour faire supporter les frais par la succession (même arrêt, aff. Roger).

987. *Droits et obligations du curateur.* — L'art. 813 c. nap. porte : « Le curateur est tenu d'abord de faire constater l'état de la succession par un inventaire; il en exerce et pour-

(1) (Godon *C.* Lavillégu.) — La cour; — Attendu que l'arrêt, en déclarant nuls tous les actes faits par la demanderesse et par le curateur aux successions vacantes, par la raison que la demanderesse, héritière des sieur et dame Godon, son aïeul et aïeule, était présente dans la colonie au moment du décès, au lieu de contrevenir en jugeant ainsi, aux dispositions de l'édit de 1781, en a fait au contraire une juste application; — Rejette.

Du 2 déc. 1819.-C. C., sect. req.-MM. Henrion, pr.-de Menerville, r.

(2) (Vacquant *C.* Auger.) — La cour; — Attendu que l'arrêt attaqué constate qu'il est prouvé au procès, jusqu'à l'évidence, que la succession du marquis de Laudreville avait été acceptée sous bénéfice d'inventaire par sa fille, mère du défendeur éventuel, et que les demandeurs avaient eu connaissance de ce fait, puisqu'ils avaient actionné la demoiselle de Laudreville comme héritière de son père, et avaient exécuté contre elle en cette qualité, l'arrêt qu'ils avaient obtenu; d'où il suit que cet arrêt, en décidant que la succession du sieur de Laudreville n'était pas vacante, et que la nomination d'un curateur et tout ce qui l'avait suivi était nul, n'a fait qu'une juste application des principes du droit; — Attendu, quant à la prescription, que le même arrêt a décidé, en fait, que les demandeurs avaient connu le vice de leur titre; — Attendu, enfin, que, d'après la loi de 1814, les biens rendus appartenaient à l'émigré ou à ses héritiers, qui étaient aptes à les recueillir, et qu'en décidant, dans l'espèce, que les bois dont il s'agit devaient être remis au fils de la dame Auger, fille héritière du marquis de Laudreville, l'arrêt attaqué, loin d'avoir violé la loi du 5 déc. 1814, en a fait une juste application; — Rejette le pourvoi contre l'arrêt de la cour de Metz, du 5 mars 1833.

Du 18 mars 1834.-C. C., ch. req.-MM. Zangiacomi, pr.-Bernard, r.

(3) (Chédeville et Roger *C.* Bergeret.) — La cour; — Vu l'art. 475 c. pr. civ.; — Et considérant que le tribunal d'appel légalement saisi peut faire tout ce qui serait au pouvoir du tribunal de première instance, et que, dans l'espèce, la cour de Paris était régulièrement saisie de la question de savoir si la nomination du sieur Roger à la curatelle de la succession vacante du sieur Bergeret tiendrait; ou si, en infirmant ce dont appel, la curatelle de cette succession serait déférée à un autre individu; d'où il résulte que l'arrêt du 13 fév. 1808, qui, après avoir infirmé ce dont est appel, a nommé un autre curateur que le sieur Roger, ne renferme ni excès de pouvoir, ni fausse application des art. 812 c. civ., 998 et 999 c. pr. civ.; ce qui écarte le premier moyen de cassation; — Considérant, sur le second moyen, que l'art. 812 c. civ. est étranger à la manière de récupérer ou d'employer les frais de curatelle; que l'art. 814 du même code, qui ne fait que rendre communes aux curateurs à successions vacantes les dispositions de la sect. 3, ch. 6, tit. 1, liv. 3 de ce code, sur les formes de l'inventaire, sur le mode d'administration, et sur les comptes à rendre de la part de l'héritier bénéficiaire, est également inapplicable à des frais d'une affaire devenue personnelle à un curateur dont la validité de nomination est contestée; que l'art. 1002 c. pr. ne fait que se référer à l'art. 810 c. civ., et que ces deux articles destinés à régler le mode de récupérer et d'employer des frais simples ordinaires d'une curatelle non contestée, ne sont point applicables aux dépens d'une contestation provoquée et soutenue par un curateur personnellement, et sur laquelle il finit par être remplacé, à raison de la juste défiance qu'il inspire; — De tout quoi il résulte que l'arrêt attaqué est conforme à la loi; — Rejette, etc.

Du 7 fév. 1809.-C. C., sect. req.-M. Bailly, rap.

suit les droits; il répond aux demandes formées contre elle; il administre, sous la charge de faire verser le numéraire de la succession, ainsi que les deniers provenant du prix des meubles ou immeubles vendus, dans la caisse du receveur de la régie pour la conservation des droits, et à la charge de rendre compte à qui il appartiendra. » — La novelle 72, *cap. ult.*, obligeait le curateur à un serment préalable : il n'est plus tenu de ce serment (Delvincourt, t. 2, p. 35, nº 6; Favard, vº Curateur, nº 4; les auteurs des Pand. franç., t. 3, p. 218, nº 6). — Jugé ainsi dans une espèce, où le défendeur assigné en reprise d'instance par le curateur exigeait préalablement cette formalité : — « Attendu que ni le code Napoléon, ni le code de procédure, n'exigent que le curateur nommé à une succession vacante prête serment d'en bien remplir les fonctions » (Bordeaux, 4 avr. 1809, aff. Bayle C. Bœrs).

988. Le curateur doit d'abord faire faire un inventaire (c. pr., 1000). — Si, lors de la nomination du curateur, il avait déjà été fait un inventaire par un héritier ou un légataire universel, il n'y aurait pas lieu à le recommencer, mais seulement à faire un récolement (Conf. M. Poujol, p. 547), à moins que la plus grande partie des biens ou des charges n'y ayant pas été comprises, il n'y eût nécessité pour plus de commodité de refaire un inventaire complet.

989. L'art. 813 se borne à dire que le curateur « administre, *sous la charge de faire verser* le numéraire qui se trouve dans la succession, et les prix de vente, etc. » Une circulaire du ministre de la justice, du 8 juill. 1806, lui interdit en outre « de faire aucune recette ni aucune dépense. » Comme le curateur ne fournit pas caution, et qu'une telle administration n'est pas ordinairement confiée à un homme très-solvable, on est allé au-devant des inconvénients de sa mauvaise foi ou de son insolvabilité. En conséquence les dettes et autres dépenses de la succession doivent être payées par le préposé à la caisse des consignations, sur ordonnance du tribunal, et jusqu'à concurrence des recettes effectives, sous la condition de rendre compte à qui de droit. Les ordonnances du tribunal ne sont point visées par les préfets; le préposé est autorisé à acquitter les frais de scellés, inventaire et vente sur simples mémoires, quittances des parties, certifiés par le curateur et ordonnancés par le juge de paix, sauf à régulariser ensuite cette dépense par une ordonnance générale du tribunal de première instance (Instructions de la régie, des 24 germ. an 12, 6 pluv. an 13, et 6 mars 1806). — Jugé que les curateurs à une succession vacante peuvent être investis d'un mandat plus étendu que celui dont parle l'art. 813 c. nap.; et par exemple, lorsqu'ils sont nommés par un jugement à l'effet de liquider dans l'intérêt des créanciers la succession, ils peuvent, soit payer les dettes à l'aide des recettes faites par la succession, soit se dispenser de verser les fonds à la caisse du receveur de l'enregistrement (Douai, 6 janv. 1849, aff. Lavoisier, D. P. 49. 2. 96).

990. Divers actes du gouvernement ont pourvu à l'exécution de l'art. 813 c. nap. Il s'est agi d'abord de la *caisse* dans laquelle devait se faire le versement. C'était, lors de la promulgation du code, la caisse du receveur de la régie; plus tard, ce fut la caisse d'amortissement (Avis du conseil d'Etat approuvé le 13 oct. 1809). Enfin, la caisse des dépôts et consignations a été substituée à la caisse d'amortissement (Loi sur les finances, du 28 avr. 1816, art. 110; ordonn. du 22 mai 1816). — Jugé, avant l'époque de cette substitution, que le curateur à une succession vacante peut agir contre celui qui a reçu des deniers appartenant à cette succession, pour les faire verser à la caisse du receveur de l'enregistrement; et la régie peut intervenir dans l'instance d'appel, et demander à poursuivre elle-même le détenteur des deniers, pour obtenir le dépôt (Cass. 6 juin 1809) (1).

991. Des difficultés s'étaient élevées sur la question de savoir, si le *versement* devait se faire même dans le cas de ventes judiciaires, et indépendamment de toutes créances inscrites. Plusieurs tribunaux avaient pensé que l'adjudicataire n'était tenu de verser que l'excédant du prix non employé en collocations des créanciers. Une circulaire du ministre de la justice du 1er juill. 1805 prescrit de se conformer à cette jurisprudence. Cependant le tribunal peut ordonner, sur la demande d'un ou plusieurs créanciers, le dépôt de toute la somme à la caisse des consignations (Ordonn. 3 juill. 1816, art. 10).

992. L'obligation imposée par l'art. 813 c. nap. au curateur de verser les deniers à la caisse des consignations, s'étend à l'officier public qui a procédé à la vente du mobilier. Et, par exemple, le greffier qui a fait la vente est tenu d'en consigner le prix, bien que les créanciers aient formé des saisies-arrêts entre ses mains. (Metz, 3 mai 1816) (2).

993. L'huissier qui a fait la vente doit faire le versement dans la huitaine; sinon il peut être condamné à payer le montant des intérêts à trois pour cent, qui courent de plein droit depuis le recouvrement qu'il a fait de la somme, et qui auraient été payés par la caisse des dépôts (c. nap. 813; c. pr. 556; Avis du conseil d'Etat du 13 oct. 1809; Ord. 3 juill. 1816; Req. 21 juin 1825) (3).

994. L'huissier qui a remis le prix de la vente à l'un des

---

(1) (Enreg. C. Bourdier.) — La cour; — Vu l'art. 813 c. civ.; — Et attendu que l'exécution de cet article est d'intérêt public, ayant pour objet d'assurer les droits de la nation et ceux des créanciers, intérêt qui est compromis, quand les deniers dont il s'agit sont aux mains d'une personne qui peut devenir insolvable; — Que Bourdier avait été saisi par un acte authentique, du prix provenant de la vente des meubles de la succession vacante Damour; que dès lors les commandements à lui faits par le curateur de verser le prix dans la caisse de la régie n'avaient rien d'irrégulier, et d'autant moins que la régie faisait au curateur même des commandements de faire opérer ce versement; que quand la cour de Bordeaux (par arrêt du 10 juin 1807) eût trouvé les commandements faits à la requête du curateur irréguliers, elle eût dû faire droit sur ses conclusions et sur celles de la régie, tendantes à faire ordonner un versement exigé par l'art. 813 c. civ.; qu'admettre des exceptions de chicane contre l'exécution d'un article aussi précis et aussi important, c'est contrevenir évidemment contre cet article; — Casse, etc.

Du 6 juin 1809.-C. C., sect. civ.-M. Gandon, rap.

(2) (Brazy C. Lemoine.) — La cour; — Attendu que, d'après l'art. 813 précité, tout détenteur de deniers appartenant à une succession vacante est tenu d'en faire la consignation dans la caisse publique; — Que les saisies-arrêts faites entre les mains de l'intimé, de la part de quelques-uns des créanciers de la succession, et l'ouverture d'un ordre pour la distribution, loin de l'affranchir de cette obligation, lui rendent au contraire applicables les dispositions de l'art. 657 c. pr.; — Émendant.

Du 3 mai 1816.-C. de Metz.

(3) (Masson C. de Neuilly.) — En 1814, vente par Masson, huissier à Clamecy, des bois provenant de la succession vacante d'un sieur Sautereau. Le prix s'élevant à 45,854 fr. fut acquitté en traites que Masson remit au sieur Roux, créancier saisissant, celui-ci à Feuillet, qui en toucha le montant. Une partie du prix (25,299 fr.) servit à désintéresser les créanciers privilégiés. — La dame de Neuilly, admise à prendre part dans les 18,554 fr. 75 c. restant, assigna Masson à déposer cette somme dans la caisse des consignations, en capital et intérêts. — Masson appela en garantie le sieur Feuillet. — Jugement qui condamne Masson et lui accorde toutefois son recours en garantie. — Appel par Masson, et le 7 juill. 1824, arrêt de la cour de Bourges, qui le condamne à rapporter les sommes provenant de la vente des biens de la succession avec les intérêts à 3 p. 100, du jour où il les avait reçues, par les motifs que d'après l'art. 657 c. pr., il avait dû en faire la consignation dans la huitaine à la caisse des dépôts; que l'ord. du 3 juill. 1816, art. 2, nº 15, lui en imposait l'obligation, conformément à l'avis du conseil d'Etat du 13 oct. 1809; que, suivant l'art. 14 de la même ordonnance, la caisse des dépôts et consignations payait l'intérêt de toute somme consignée à 3 p. 100; — L'arrêt dispose ensuite, qu'il n'y a pas lieu à la garantie contre Feuillet, parce que celui-ci, n'étant pas officier public, n'avait pas les mêmes obligations à remplir.

Pourvoi de Masson pour contravention 1º aux art. 1142 et 956 c. civ. et 657 c. pr.; 2º à l'art. 2, nº 15 de l'ord. du 3 juill. 1816; 3º aux lois sur la garantie. — Arrêt.

La cour; — Considérant, 1º que la cour de Bourges n'a accordé dans le cas particulier l'intérêt au 3 p. 100, qu'à titre de réparation du dommage causé par le demandeur à la dame de Neuilly, pour n'avoir pas versé dans la caisse d'amortissement ou des dépôts le montant du prix de la vente de biens appartenant à une succession vacante, dépôt qui, s'il avait été fait, aurait produit, en faveur des créanciers, l'intérêt au 3 p. 100; — Attendu 2º que la cour de Bourges a constaté, en point de fait, que le demandeur, en sa qualité d'huissier, avait procédé à la vente de bois appartenant à la succession vacante de Sautereau, et en avait retiré le prix, sans en faire le versement dans la caisse susénoncée; — Et qu'en point de droit, il avait dû faire ce versement; — Attendu que cette décision est pleinement justifiée par les dispositions

créanciers privilégiés, ne peut exercer aucune garantie contre ce créancier, s'il est lui-même condamné à payer les intérêts de la somme reçue, du jour de la réception, et faute de versement à la caisse des dépôts dans la huitaine: le créancier dépositaire, n'étant pas officier public, n'est pas obligé de faire lui-même le versement; il ne doit les intérêts que du jour de la sommation, à moins de stipulation contraire entre l'huissier et lui (même arrêt).

995. D'après l'art. 814 c. nap., «les dispositions sur le mode d'administration de l'héritier bénéficiaire et sur ses comptes à rendre sont communes au curateur à succession vacante.» Il ne faut pas conclure de là que les obligations de l'un et de l'autre soient entièrement les mêmes. Le curateur a une responsabilité plus étendue, est tenu d'une plus grande exactitude, même des fautes légères, par le double motif qu'il est ordinairement salarié, et qu'on ne saurait dire de lui, comme de l'héritier, que ce sont ses propres affaires qu'il gère. C'est l'observation de tous les auteurs (MM. Maleville, t. 2, p. 296; Chabot, t. 3, p. 597; Delvincourt, t. 2, p. 35, note 6; Delaporte, Pandectes franç., t. 3, p. 220; Duranton, t. 7, n° 71). Entre autres différences dans le mode d'administration, on peut signaler encore la faculté de recevoir les deniers de la succession et l'obligation de donner caution si les créanciers le requièrent : deux mesures particulières à l'héritier bénéficiaire.

996. Le curateur peut encore moins que l'héritier bénéficiaire transiger ou compromettre valablement. Il y aurait dans un tel acte une nullité absolue, opposable même aux personnes, avec lesquelles il aurait été passé (Vazeille, art. 714, n° 4).

997. D'après les art. 1000 et 1001 c. pr. le curateur doit faire vendre les meubles suivant les formalités prescrites aux titres de *l'inventaire* et de la *vente du mobilier* (V. *suprà*, n° 832) et les immeubles et rentes, suivant les formes qui ont été prescrites au titre *du bénéfice d'inventaire* (V. *suprà*, n° 841).—Jugé 1° qu'avant le code, le curateur d'une succession vacante n'était obligé, par aucune loi, de vendre les immeubles héréditaires avec les formalités de justice (Paris, 1er déc. 1806, aff. Suzor, V. 2°; 22 juin 1808, 2e sect., aff. Charpentier *C.* Destou; et sur pourvoi, Req. 4 juill. 1810, MM. Henrion, pr., Lamarque, rap.); —2° Que la vente ainsi faite par le curateur sans formalités, mais en présence et du consentement des créanciers, ne pouvait être arguée de nullité par le successible qui vient prendre la place de l'héritier renonçant (même arrêt, Paris 1er déc. 1806) (1);— 3° Qu'il suffisait en tous cas que des placards eussent été apposés aux lieux accoutumés, que la vente eût été annoncée au son de caisse et faite à la chaleur des enchères. Et cela, alors même que parmi les héritiers renonçants, il se trouvait des mineurs (V. les art. 813, 814, 806, c. nap., 998 et suiv. c. pr.; Req. 4 juill. 1810, MM. Henrion, pr., Lamarque, rap., aff. Destou et cons. *C.* Charpentier); — 4° Que sous le code, le curateur d'une succession vacante a qualité pour céder ou déléguer, en payement d'une dette héréditaire, une créance de l'hoirie... surtout quand il y est autorisé par le tribunal (Riom, 12 mars 1853, aff. Veyrières, D. P. 54. 5. 731).

998. Lorsqu'il n'y a point d'ordre pour la distribution des deniers provenant de la vente des immeubles, les mandats de payement délivrés aux créanciers ne sont point sujets aux droits de greffe (Déc. du min. des financ. du 26 déc. 1809).

999. En cas de vente devant notaire des biens d'une succession vacante, on peut imputer aux créanciers inscrits, qui prétendent que la vente a eu lieu à vil prix, de n'avoir pas pris connaissance du cahier des charges (Req., 1er juin 1836, aff. Berthomé, V. Obligat. [preuve littér.]).

1000. Le curateur à la succession vacante la représente vis-à-vis les créanciers. On a demandé toutefois si ceux-ci avaient le droit de se former des saisies-arrêts sur les sommes dues à la succession. On a vu *suprà*, n° 819, que la jurisprudence reconnaît ce droit aux créanciers d'une succession bénéficiaire; mais cette jurisprudence est motivée principalement sur ce que l'héritier bénéficiaire administre dans son propre intérêt, autant que dans l'intérêt des créanciers; qu'il n'est pas un simple administrateur, mais un héritier, un propriétaire; qu'il est donc juste de permettre aux créanciers de prendre contre lui des garanties : cette considération n'est pas applicable au curateur de la succession vacante. Aussi, pour déclarer la saisie-arrêt valable, un arrêt s'est fondé sur ce seul motif, qu'il ne faut pas enlever au créancier diligent un moyen que la loi lui a donné de faire sa condition meilleure que celle des autres créanciers de la succession (Rouen, 21 janv. 1853, aff. Letellier, D. P. 53. 2. 28). — Mais est-ce là une raison suffisante? Il y a lieu, ce semble, d'en douter. La saisie-arrêt est avant tout une précaution contre la mauvaise foi du débiteur, et non une cause de privilége entre les créanciers, puisque la loi a donné à ceux-ci les moyens de profiter de la saisie faite par l'un d'eux. Or, lorsqu'une succession a été déclarée vacante et qu'un curateur a été nommé, il y a quelque danger à permettre des saisies-arrêts; car la plupart des créanciers, se reposant sur le curateur chargé de liquider la succession, négligeront de faire opposition aux saisies qui auront été faites.

A la vérité, la même cour obvie en partie à ce danger, en décidant aussi qu'il y a lieu d'ordonner, même d'office, que les sommes saisies-arrêtées entre les mains d'un débiteur d'une succession vacante ne pourront être versées par celui-ci qu'à la caisse des consignations, pour n'être attribuées aux créanciers saisissants que jusqu'à concurrence du reliquat disponible après apurement du compte du curateur nommé à la succession (Même arrêt).

1001. Le créancier de la succession vacante d'un associé qui ne s'est présenté ni à l'inventaire, ni aux opérations de la succession, qui n'a pas formé d'opposition à la liquidation de la société qui serait faite avec le curateur de la succession vacante, n'est pas recevable à critiquer ces opérations (Paris, 13 juin 1807, aff. Beauvais, V. n° 697).

1002. Dans le cas où le créancier d'une succession a déclaré adhérer à un contrat d'union formé par tous les autres créanciers, s'il arrive que, par suite de la renonciation de l'héritier, cette succession devienne vacante, les actions intentées par ce créancier ou par ceux qui le représentent devront être dirigées non pas seulement contre le curateur à la succession vacante, mais aussi contre les syndics de l'union. En conséquence, si ces derniers n'ont pas été appelés, ils auront qualité pour former tierce opposition au jugement qui préjudicie à leurs droits (c. nap. 813, pr. 474; Req. 18 mars 1823, MM. Henrion, pr. Borel, rap., aff. Domaines *C.* Desforges et cons.).

1003. Quoique le curateur représente la succession vacante vis-à-vis les tiers, il n'est pas cependant l'ayant cause du défunt, et en conséquence, produisant à une contribution ouverte contre cette succession, il ne peut point être soumis à la prestation de serment autorisée par l'art. 189 c. com. — « Considérant que

---

de l'art. 813 c. civ., de la loi du 28 vent. an 13, de l'art. 556 c. pr., et de l'avis du conseil d'État du 13 oct. 1809, dispositions qui toutes étaient déjà en vigueur au temps des ventes en question; — Considérant 3° que l'arrêt attaqué, dans sa réponse à la seconde question, déclare que les parties étaient d'accord; qu'en supposant que des intérêts fussent dus par le demandeur, ils ne devaient courir que du jour où le prix des bois lui avait réellement été payé, et que la partie dispositive de l'arrêt n'a fait autre chose que se conformer à cet accord des parties; — Qu'au surplus la quotité des dommages-intérêts étant laissée à l'arbitrage du juge, de pareilles fixations ne peuvent fournir des moyens de cassation; — Considérant 4° qu'il ne résulte pas que le demandeur ait fait connaître à la cour de Bourges de quelle manière, et à quelles conditions il avait remis à Feuillet une partie des deniers en question, et que, dans un pareil état de choses l'arrêt dénoncé n'a violé aucune loi, en jugeant que Feuillet, qui n'était point officier public, mais simple dépositaire, n'avait pas de consignation à faire, d'où il suivait que le demandeur n'avait pas de garantie à exercer contre lui; — Rejette.

Du 21 juin 1825.-C. C., sect. req.-MM. Henrion, pr.-Botton, rap.

(1) (Suzor *C.* Tranchard.) — LA COUR; — Attendu qu'aucune loi antérieure au code civil, n'oblige un curateur à la succession vacante, de vendre les immeubles héréditaires en justice, avec affiches et publications; que l'art. 344, cout. Paris, cité comme formant le droit commun, ne parle que du mobilier dépendant des successions, comme plus susceptible d'être soustrait aux personnes intéressées, ou vendu à vil prix au préjudice de leurs droits, et nullement de l'immobilier; qu'en droit, le curateur représente l'hérédité, et que toutes les fois qu'il vend, comme dans l'espèce, avec la présence, le concours et l'acceptation des créanciers, et dans la vue de les satisfaire, les actes qu'il fait ne peuvent pas être valablement critiqués; — Confirme.

Du 1er déc. 1806.-C. d'ap. de Paris.

le curateur à une succession vacante est un administrateur nommé à défaut d'héritier, et qui, gérant dans l'intérêt de tous les intéressés, ne peut être rangé dans la classe des ayants cause du défunt, soit à titre universel, soit à titre particulier» (Paris, 23 août 1838, aff. Dubois).

1004. Le curateur représente la succession vacante vis-à-vis les héritiers qui se présenteront plus tard, et qui sont tenus de respecter les actes, valablement faits entre lui et les tiers (c. nap. 790).

1005. Le curateur est-il tenu, sous peine du demi-droit en sus, de faire la déclaration de succession dans le délai de six mois? — V. les distinctions exposées, v° Enregist., n° 4025 et suiv.

1006. Il n'est pas accordé à la régie, pour droit de mutation sur une succession vacante, de privilége qui prime toutes les hypothèques antérieures des autres créanciers; la régie, pour cette créance, ne doit prendre rang qu'à la date de son inscription, dans l'ordre ouvert sur le prix des immeubles héréditaires (Paris, 13 fruct. an 13, aff. Enreg. *C.* Mouchet.—Conf. Poujol, p. 547).—MM. Vazeille, art. 814, n° 2, et Delaporte, Pand. franç., t. 3, p. 219, approuvent cette décision.

1007. Une circulaire du 8 juill. 1806 prévoit le cas où la succession vacante serait onéreuse. Comme le domaine public profite des successions avantageuses, il était juste qu'en compensation il supportât les charges de celles dont les produits sont nuls. La circulaire porte, n° 4 : « Quand le produit d'une succession vacante ou en déshérence sera insuffisant pour acquitter les frais d'inhumation du décédé et de conservation des biens, les actes de sépulture, apposition et levée de scellés, et les inventaires seront faits sans frais; les honoraires de l'officier public qui aura procédé à la vente seront payés sur son produit ou y seront réduits. Les frais d'inhumation seront acquittés sur le prix de la vente, ou demeureront, s'il est insuffisant, à la charge du domaine; et, dans le même cas, les droits de timbre et d'enregistrement ne seront pas acquittés. »

1008. Le curateur ne doit pas de compte à la régie, si la succession n'a rien produit, s'il n'en existe aucun denier entre ses mains (Req., 20 janv. 1807) (1).

1009. L'art. 49 c. pr. dispense du préliminaire de la conciliation les demandes qui intéressent les curateurs aux successions vacantes. Jugé que cette disposition est applicable non-seulement au regard du curateur, mais encore quant aux autres parties en cause.—En effet, c'est la demande et non la personne que dans ce cas la loi dispense (Gênes, 29 nov. 1811, aff. Malayamba *C.* Ballestreri).

1010. Une ordonnance du roi des 26 déc. 1842-17 janv. 1843, a institué en Algérie des curateurs aux successions vacantes et réglementé leur pouvoir. — V. Organ. de l'Algérie.

CHAP. 7. — DES RAPPORTS ET DU PARTAGE.

SECT. 1. — *Des rapports.*

ART. 1. — *Historique, fondement et caractères distinctifs du rapport.*

1011. L'obligation du rapport a pour fondement, disent les auteurs, le vœu présumé du défunt : le don n'a été fait qu'en avancement d'hoirie. D'anciens commentateurs vont même jusqu'à déclarer l'incompatibilité des qualités de donataire ou de légataire et d'héritier. Ce n'est pas là s'élever à la véritable pensée qui a conçu la loi. Qu'a-t-on voulu? Maintenir l'harmonie et la concorde dans les familles. Un héritier privilégié est vu avec défaveur par ses cohéritiers. — On a signalé aussi le rapport comme un hommage à l'équité qui demande l'égalité dans les partages : *Hic titulus manifestam habet æquitatem*, porte la loi 1, ff. *de Collat. Bon.* Cette raison avait un grand poids sous l'empire des lois romaines et de la plupart de nos coutumes, qui n'admettaient le rapport qu'en ligne descendante : les enfants, en effet, ont naturellement des droits égaux à la succession de leur père. Mais, depuis que le rapport a été introduit en ligne collatérale, la raison d'égalité n'a plus la même importance, puisque tous les collatéraux venant au partage n'ont pas les mêmes droits. — Le vœu présumé du défunt ne pourrait, après tout, être invoqué qu'à l'égard des donations entre-vifs. L'intention de faire un avancement d'hoirie, plutôt que de dépouiller irrévocablement les autres héritiers, se conçoit facilement dans le donateur. Son but aura été le plus souvent de former un établissement au donataire par la jouissance anticipée d'une partie de la succession. Mais, à l'égard des legs, comment supposer la même volonté? Le légataire n'a pas eu de jouissance. Si vous le placez dans l'alternative ou de renoncer à son legs, ou de renoncer à la succession, il arrivera fréquemment que le legs ne lui aura été d'aucun avantage. Cependant il n'est pas probable que le testateur mit pour condition à l'effet de sa libéralité la répudiation de sa succession. En exprimant pour l'un de ses héritiers une affection particulière, un vœu de préférence, il n'entendait pas sans doute qu'il fût traité à l'égal des autres. Ce n'est donc pas sa volonté qui règle ici leurs droits.

Cette distinction entre la donation entre-vifs et le legs avait été parfaitement comprise par le législateur romain; dans toutes les lois qui ordonnent le rapport, il n'est question que de la dot et d'autres libéralités entre-vifs (ff. et C., *litt. de collat. bonor.*; nov. 18, ch. 6). Les rédacteurs du code, moins conséquents, ou dirigés par d'autres principes, étaient peut-être aussi trop préoccupés du souvenir de ces coutumes, qui, en général, réputaient incompatibles les qualités d'héritier et de légataire, quoiqu'on puisse fort bien posséder, à titre de légataire, une quotité de succession qui ne nous appartient pas à titre d'héritier. — La confusion que nous signalons est passée quelquefois dans le langage de la loi nouvelle. Ainsi le mot *rapport*, qui ne convient réellement qu'aux donations, a été appliqué aux legs (c. nap. 847, 849). Les rédacteurs de l'art. 843 ont su mieux distinguer le sens propre de ce mot, lorsqu'après avoir dit « que tout héritier... doit rapporter ce qu'il a reçu par donations entre-vifs,» ils se sont bornés, relativement au légataire, à énoncer qu'il ne peut réclamer les legs. En effet, pour être rapportée à la succession, il faut que la chose en soit sortie; et telle n'est pas la chose léguée, puisqu'elle n'a jamais été dans la possession du légataire.—Du reste, la distinction n'est pas dans les mots seulement, elle se fait remarquer dans les effets. Ainsi, presque toutes les règles qu'on va expliquer sur la matière des rapports ne sont applicables qu'aux donations. Par exemple, la loi dit que « le rapport n'est dû que par le cohéritier à son cohéritier; qu'il n'est pas dû aux légataires, ni aux créanciers de la succession » (c. nap. 857). Comment appliquer ce principe aux legs? Les légataires sont payés entre eux et concurremment; les créanciers leur sont préférés.

On se méprendrait encore sur la vraie signification du mot *rapport*, si, comme l'art. 829, on comprenait sous ce nom la remise de choses reçues du défunt autrement qu'à titre gratuit. Cet article oblige l'héritier « au rapport des sommes dont il est débiteur. » Mais il s'agit là d'une restitution ordinaire, d'une obligation commune. La preuve qu'il ne s'agit pas du rapport, c'est que la loi en dispense l'héritier qui renonce à la succession (c. nap. 845). Or, certes, la renonciation ne mettrait pas l'héritier à couvert du payement des dettes qu'il aurait contractées envers le défunt, soit à titre de prêt ou de dépôt, soit pour autre cause semblable.— C'est à tort aussi qu'on assimile le rapport, même en moins prenant, à l'*imputation* sur la portion héréditaire, puisque telle somme prêtée, susceptible d'imputation, n'est pas soumise à la loi du rapport.

Le rapport est distinct de la *réduction* dont nous avons parlé,

(1) (La régie *C.* Durandeau.) — LA COUR; — Attendu qu'il a été jugé, en fait, que Durandeau, curateur à la succession vacante de Jean Peyrot, n'avait en mains aucuns deniers provenant de cette succession; qu'il n'y avait aucun mobilier dans ladite succession, et qu'il avait été impossible de mettre en bail les biens immeubles, à cause de leur mauvais état et de leur peu de valeur; que, par conséquent, le sieur Durandeau n'avait ni deniers à verser, ni comptes à fournir, en conformité de l'art. 815 c. civ.; — Attendu, d'ailleurs, que l'action de la régie, prématurée dans l'état, est demeurée sauve pour le cas où Durandeau pourrait avoir en ses mains des deniers provenant de la successiou dont il s'agit; — Rejette, etc.

Du 20 janv. 1807.-C. C., ch. req.-MM. Muraire, 1er pr.-Ruperou, r.

vº Dispositions entre-vifs, nºs 1162 et suiv. La réduction s'applique à un plus grand nombre de cas, et à des conséquences plus étendues; entre autres différences, le rapport n'est dû que par l'héritier, et l'héritier est admis au partage des choses rapportées.

1012. Après avoir déterminé ainsi le sens propre du mot *rapport*, voyons les principales vicissitudes qu'a subies la législation en cette matière.

Le rapport, avons-nous dit déjà, n'était admis par les lois romaines qu'entre enfants et descendants. Dans l'origine, il n'en était pas question du tout: les enfants, soumis à la puissance paternelle, n'acquéraient rien pour leur compte; tout le fruit de leurs travaux, tout ce qu'ils avaient reçu, appartenait au père commun. Il n'y eut donc pas de rapport possible, tant que ces enfants furent appelés au partage de sa succession. Mais lorsque le préteur, tempérant la rigueur du droit écrit, eut accordé la possession de biens aux enfants émancipés, il fallut, pour n'être pas injuste envers les enfants siens, obliger ceux-là au rapport des biens qu'ils avaient acquis depuis leur émancipation, les acquisitions de ceux-ci ayant tourné à l'avantage de la succession commune. Sous l'influence de ce principe, le rapport n'eut lieu ni entre les enfants siens, ni entre les émancipés; il n'était établi que pour le cas de concours des uns et des autres (L. 9 et 12, ff. *De collat.*). Justinien l'ordonna indistinctement entre tous les enfants émancipés ou en puissance (nov. 118, ch. 3 et 4).

Le rapport reçut dès lors plus d'une nouvelle extension; on ne le restreignit plus aux successions *ab intestat*; celui des enfants institués, auquel le défunt avait fait une libéralité entre-vifs, dut la rapporter aux autres enfants compris dans l'institution d'héritier (nov. 18, ch. 6).

La législation subit de semblables modifications, quant aux choses sujettes à rapport: la dot en était exceptée. Plus tard, l'exception fut abolie pour la dot et pour la donation à cause de noces, que la loi 1, C. *De collat. dot.* plaça sur la même ligne. Justinien, par une disposition générale, assujettit au rapport les donations de toute espèce. Cependant les legs n'étaient pas pour cet effet assimilés aux donations. M. Levasseur (de la Quotité disponible, p. 164), a émis l'opinion contraire, en expliquant la novelle 18, ch. 6; M. Grenier (des Donations, t. 2, nº 470), prouve clairement que tel n'est pas le sens de la novelle, et qu'il n'y avait de rapport que pour les choses données entre-vifs. Telle était du reste l'interprétation des anciens auteurs (Lebrun, liv. 3, ch. 6, sect. 1, nº 20; Domat, liv. 2, tit. 4, sect. 1, 2, 3; Serres, liv. 3, tit. 1, p. 400; Vinnius, *De collat.*, cap. 7, nºs 4 et 5).

La législation entra dans d'autres détails sur les pécules castrenses ou quasi-castrenses, et sur les biens adventices. On créa pour ces trois objets une dispense de rapport, la loi n'y soumettant en principe que ce qui était provenu de la substance du père et de son vivant, *bona profectitia*.

Dans le droit romain, comme dans notre code, le donataire pouvait toujours, en s'abstenant de la succession, retenir les objets donnés. Mais, s'il venait au partage, il fallait, pour les retenir, une autorisation expresse du donateur. La législation avait été modifiée sur ce dernier point. D'abord, la dispense de rapport fut attachée au seul silence du disposant (L. 25, ff., *Famil. ercisc.*, § 7, L. 1, C. *De coll. bon.*). Justinien ensuite fit prévaloir la présomption contraire, par le motif qu'un effet si important ne devait pas dépendre d'un simple oubli, d'une inadvertance; ce qui se suppose facilement, surtout si le testament a été fait aux approches de la mort (nov. 18, ch. 6).— Jugé, toutefois, que les lois romaines n'obligeaient au rapport des donations faites sans dispense que dans deux cas: 1º lorsque le rapport avait été stipulé par le donateur;— 2º Lorsque le donataire concourait avec un frère qui, lui-même, devait le rapport d'une donation faite à cause de mariage (Liége, 27 fév. 1810, aff. Hout *C.* Dehouselt).

1013. En France, les principes du droit romain étaient généralement suivis par les pays de droit écrit. Dans les coutumes muettes, on observait les mêmes principes, parce que, dit Ricard, la matière des donations entre-vifs ou testamentaires avait été empruntée à la législation romaine, et qu'on regardait comme des exceptions toutes les coutumes qui contenaient des dispositions particulières (Des donations, 1re part., ch. 3, sect. 13, nº 643 et suiv.). — Pothier a réduit en général à trois classes nos dispositions coutumières, et il a essayé ainsi d'expliquer l'esprit de chacune (des Success., ch. 4, art. 2, § 1). Les unes, en plus petit nombre, conformes à la liberté naturelle qu'a tout père de famille de disposer de ses biens, sauf une réserve en faveur des enfants, permettaient de donner entre vifs, même en ligne directe, sans charge de rapport; les autres, qu'on appelait *coutumes d'égalité*, obligeaient au rapport de tout ce qui leur avait été donné, même les enfants qui renonçaient à la succession de leur père. Pothier assigne pour fondement à ces coutumes « l'inclination de l'ancien droit français à conserver l'égalité entre les héritiers, comme moyen de maintenir la paix dans les familles. Cette égalité, continue le même auteur, était d'autant plus importante à l'égard des hommes guerriers et féroces, tels que nos ancêtres, plus susceptibles que d'autres de jalousie, et toujours prêts à en venir aux mains et aux meurtres pour les moindres sujets. » Les coutumes de la troisième classe, les plus nombreuses, et notamment celles de Paris et d'Orléans, consacraient, de même que le code, l'obligation du rapport, en exceptant le cas où l'héritier avait renoncé à la succession. Ici, remarque encore Pothier, on abandonna l'esprit de notre ancien droit pour en retenir la lettre, « par cette subtilité, que la loi défendant les avantages aux héritiers, celui qui renonçait à la succession, n'étant point héritier, ne se trouvait plus compris dans la prohibition de la loi. » — A la vérité, cette division générale de nos coutumes est loin de présenter une idée satisfaisante de leurs variétés, surtout en ce qui concernait la question de savoir s'il y avait ou non dans tels cas dispense de rapport. Dans les unes, on pouvait à la fois être héritier et donataire ou légataire; dans les autres, étaient incompatibles les qualités de légataire et d'héritier. Ici, le rapport avait lieu en ligne collatérale; là, en ligne directe seulement (Merlin, Rép., vº Rapport à succession, § 1, nº 2). Ajoutons, avec l'orateur du gouvernement (exposé des motifs), que « comme on distinguait dans la même succession autant de successions différentes qu'il y avait de natures de biens ou de coutumes diverses, dans lesquelles ces biens étaient situés, la même personne prenait la qualité de donataire ou de légataire dans certains biens ou dans certaines coutumes, et la qualité d'héritier dans les autres » (V. *suprà*, p. 168, nº 33). — Jugé 1º que sous la coutume de Ponthieu, les qualités d'héritier légal et celle de légataire n'étaient point incompatibles (Cout. de Ponthieu, art. 21 et 25; Cass. 2 juin 1813, MM. Mourre, pr., Chabot, rap., aff. d'Eaucourt *C.* de Richecourt); — 2º Que dans les coutumes où, suivant le droit commun coutumier, les qualités d'héritier et de légataire étaient incompatibles, l'incompatibilité ne pouvait être opposée que de cohéritier à cohéritier, et non par d'autres personnes, pas même par celles qui étaient débitrices des choses léguées; attendu, dit l'arrêt, qu'elle n'avait lieu que pour établir l'égalité entre cohéritiers (même arrêt);— 3º Que, dans le ressort du parlement de Toulouse, le rapport n'était dû, comme aujourd'hui sous l'empire du code Napoléon (art. 857), que par le cohéritier à son cohéritier: il n'était pas dû à l'héritier institué ou au légataire; et spécialement que l'enfant, donataire par contrat de mariage, n'était pas tenu de rapporter, au profit de l'héritier institué, l'excédant de sa légitime; il pouvait retenir cet excédant jusqu'à concurrence de sa portion dans la quotité disponible; que même l'héritier institué ne pouvait exercer contre lui aucune réduction; qu'en conséquence, dans une cause régie par l'ancien droit, des enfants donataires ne peuvent être condamnés à rapporter, pour être attribué à l'héritier institué, tout ce qu'ils ont reçu en avancement de leurs droits sous la seule déduction de leur légitime (Cass. 23 janv. 1854, aff. cons. Berbizier, D. P. 54. 1. 68).

1014. Cette diversité cessa par la loi du 17 nivôse an 2, qui, selon l'esprit de l'époque, fut calquée sur les coutumes d'égalité parfaite. Cette loi permettait bien au père de disposer d'un dixième au profit d'un étranger; mais il ne pouvait, en aucune manière, avantager un de ses enfants au préjudice des autres. Avait-il fait une donation à l'un d'eux; le donataire n'était pas dispensé du rapport, même en renonçant à la succession. Si le disposant n'avait pas d'enfant, il pouvait donner à tout autre qu'à un successible le dixième de ses biens ; mais à l'égard des successibles, il en était comme pour les enfants. C'est ce qui résulte des art. 9 et 16 de cette loi. La qualité d'héritier et celle de donataire étaient donc d'une incompatibilité absolue. — Jugé : 1° que la loi de l'an 2, en obligeant au rapport, n'a entendu imposer cette obligation qu'au donataire et non à l'héritier institué. Les art. 8 et 9 ne s'appliquent point à une institution contractuelle, lors surtout que la succession s'est ouverte sous l'empire de la loi du 18 pluv. an 5 (Req. 25 niv. an 13. M. Genevois, rap., aff. Dumas) ; — 2° Que cette loi rétroagissait au 14 juill. 1789, mais cet effet a été abrogé par les lois des 9 fruct. an 3 et 3 vend. an 4, et tous les partages auxquels il avait servi de fondement ont été anéantis (Cass. 19 therm. an 7, M. Havin, rap., aff. Galland).

1015. La même abrogation a été prononcée par l'art. 1 de la loi du 18 pluv. an 5, quant à la disposition de la loi du 17 niv. an 2, art. 8 et 9, qui assujettissait au rapport les donataires qui en avaient été affranchis par la donation, même faite sous l'empire des lois qui autorisaient le cumul de la qualité d'héritier et de donataire. On dirait en vain que la loi de l'an 5 n'abolit l'effet rétroactif qu'en tant que les lois de l'an 2 annulaient même les dispenses de rapport au profit d'héritiers renonçants (Req. 23 fév. 1831, aff. Joviac, V. Émigré, n° 329). — Toutefois, l'art. 1 de la loi du 18 pluv. an 5, qui déclare que les donations antérieures au 7 mars 1793 auront effet conformément aux anciennes lois, n'avait pour but que d'empêcher la loi du 17 niv. an 2 de rétroagir sur des successions ouvertes avant sa promulgation. Il n'est pas applicable aux successions ouvertes postérieurement (Req. 21 mars 1808, MM. Henrion, pr., Bailly, rap., aff. Caziès C. Perriers).

1016. La loi du 4 germ. an 8, après avoir étendu la faculté de disposer au delà des bornes fixées par la loi précédente, ajouta, art. 5 : « Les libéralités autorisées par la présente loi pourront être faites au profit des enfants ou autres successibles du disposant, sans qu'ils soient sujets à rapport. » Dès lors les qualités d'héritier et de légataire ou donataire cessèrent de s'exclure. Un tel système est bien plus d'accord avec nos mœurs et les vues d'une saine politique, qui ne doit pas ôter à l'autorité paternelle, à la magistrature domestique, le moyen le plus efficace de subordination et de respect. C'est faire acte de justice d'ailleurs que de laisser au père la faculté de récompenser celui de ses enfants qui a le mieux mérité par ses travaux ou ses vertus, qui peut-être a le plus contribué à enrichir la famille. — Il s'est élevé la question de savoir si, sous l'empire de la loi du 4 germ. an 8, la dispense de rapport était de droit, ou si elle devait être exprimée. Grenier, t. 2, p. 133, et Chabot, Quest. transit., t. 2, p. 491, pensent que cette loi n'a point dérogé aux anciennes règles, relatives au rapport, et qu'elles étaient respectivement applicables, soit dans les pays de droit écrit, soit dans les pays coutumiers, aux dons faits sous l'empire de la loi de l'an 8. — Jugé dans ce sens que la donation d'un père à un de ses enfants, faite sous l'empire même de la loi du 4 germ. an 8, et alors qu'elle n'excédait pas la quotité disponible fixée par cette loi, est sujette au rapport lorsque l'acte n'en contient pas une dispense expresse (art. 1 et 5 ; c. nap. 843 ; Req. 5 déc. 1820, MM. Henrion, pr., Vallée, rap., aff. veuve Goyet de Livron). — Même décision, qui statue en outre, et comme conséquence, que l'auteur de la donation faite sous la loi de l'an 8 a pu, sous le code civil, imposer l'obligation de rapport à son successible donataire, sans être réputé, par là, modifier sa libéralité (c. nap. 843 ; Req. 28 fév. 1849, De Joviac. D. P. 49. 5. 255). — Il a été jugé, au contraire, qu'une donation faite en ligne directe sous la loi du 4 germ. an 8, était présumée de droit en préciput, quoique, d'après la législation ancienne, une dispense expresse fût nécessaire en ligne directe ; que la dispense du rapport pouvait d'ailleurs s'induire de l'ensemble de la disposition, bien qu'elle n'y fût pas expressément écrite (Riom, 21 juin 1809) (1).

1017. Le code, qui a renfermé dans des bornes moins étroites la faculté de disposer, s'est conformé au principe de la loi de l'an 8 pour la dispense ou l'obligation du rapport. La volonté du défunt, disait l'orateur du gouvernement, sera toujours la règle qu'on devra suivre tant qu'elle ne se trouvera pas contraire à la disposition de la loi (V. *suprà*, p. 168, n° 33). C'est ce qui résulte de l'art. 843.

1018. Le passage d'une législation à l'autre a fait naître un certain nombre de questions, dites transitoires. Déjà nous nous sommes expliqué, v° Dispositions, n°s 582 et s., sur l'époque à considérer pour régler les effets principaux des dispositions entre-vifs, notamment la quotité disponible. Ici on demande quelle loi doit décider si le donataire est ou non dispensé du rapport. Est-ce la loi du temps de la donation ? est-ce la loi de l'ouverture de la succession du donateur ? Cette question a été traitée en thèse générale, v° Loi, n° 295, où nous nous prononçons pour la loi de l'ouverture de la succession. Notre solution n'est point contraire à la jurisprudence, qui, en matière de réduction, règle la quotité disponible par la loi du jour de la donation irrévocable. Le motif de différence est que le donataire peut se dispenser du rapport, en renonçant à la succession, et que la loi nouvelle peut sans effet rétroactif modifier les conditions sur les effets de l'acceptation à l'égard des successions futures. — Cependant une distinction a été proposée, quant au rapport : on s'accorde à reconnaître que si la dispense du rapport résultait expressément de l'acte, elle serait irrévocable comme la donation elle-même. La controverse ne s'engage qu'à l'égard de la dispense qui résultait seulement du statut local : on dit alors qu'elle ne constituait qu'une simple expectative fondée sur une loi essentiellement révocable. A quoi on répond que l'intention du donateur doit s'interpréter par la loi sous l'empire de laquelle il a disposé. Le donateur est censé avoir écrit dans sa disposition ce que portait la loi ; c'est sur cette présomption seule qu'on se fonde pour faire

---

(1) (Fournal C. Fournal.) — La cour ; — Sans s'arrêter aux motifs exprimés au jugement dont est appel ; mais attendu que cette donation a été faite sous l'empire de la loi du 4 germ. an 8, qui veut, art. 5, que les libéralités qu'elle a autorisées et déterminées dans les quatre articles précédents puissent être faites au profit des enfants ou autres successibles, sans qu'ils soient sujets à rapport ; — Que, dans cet article, la loi a deux objets bien distincts exprimés par des termes de relation dont la différence est très-marquée ; — Que, d'abord, elle rend aux ascendants la faculté de donner, et aux descendants la capacité de recevoir ; qu'ainsi, quant à ce, les descendants sont entièrement soumis à la volonté de leurs auteurs, et que cette disposition de la loi est purement relative ; — Qu'ensuite elle déclare les donations affranchies du rapport, et qu'en cette partie sa disposition est absolue, comme conçue en termes négatifs qui lui sont propres, qui sont uniquement et entièrement de sa volonté, sans nulle relation à celle d'aucun autre ; — Que cela est évident par la préposition qu'elle a employée, *sans que*, qui, de sa nature, est exclusive de la chose dont on parle, et équivaut, par conséquent, à cette autre diction affirmative : lesdites donations ne seront sujettes à rapport ; — Qu'ainsi ce serait renverser le sens naturel et grammatical de cette loi que de l'entendre dans le sens que la dispense du rapport n'est que conditionnelle, et qu'il dépend du disposant de l'accorder en l'exprimant, ou de la refuser en ne l'exprimant pas ; — Que ce serait même blesser sa dignité que de supposer qu'elle a été assez peu précautionnée pour expliquer sa pensée en termes susceptibles de la faire entendre également dans deux sens opposés, tandis qu'un mot pouvait suffire à lever l'ambiguïté, s'il y en avait ; — Qu'on ne peut, sans la supposer en défaut, et sans y suppléer arbitrairement, prétendre qu'elle a attaché au mot *pourront* deux idées différentes, et aussi essentielles à exprimer l'une que l'autre ; car étant nécessaire qu'une chose soit, avant que d'être sous tel ou tel mode, il fallait d'abord, et comme la loi l'a fait, qu'elle accordât aux ascendants une faculté de disposer qu'ils n'avaient pas, et qu'ainsi elle leur accordât l'autre faculté indépendante de la première, celle de dispenser du rapport, ce qu'elle devait et n'aurait pas manqué de faire, en ajoutant *pourront aussi*, etc. ; au lieu que, réservant ce pouvoir pour elle-même, elle a dit positivement *sans qu'ils soient*, ou, ce qui est grammaticalement la même chose, *et ne seront* lesdites donations sujettes à rapport ; — Attendu qu'en tout cas, il est au moins incontestable que cette loi ne prescrit aucune formule ; qu'elle n'assujettit point le donateur à manifester sa volonté par une expression plutôt que par une autre, et qu'il résulte des termes et de l'ensemble de la donation dont il s'agit que le donateur a entendu la faire en avantage et sans rapport ; car il dit, entre autres choses, vouloir profiter de la faveur de la loi, et venir au secours de ses petits-enfants, ce qu'il ne pouvait faire que dans l'intention de donner en préciput, puisqu'il leur donnait moins que leur portion héréditaire, et qu'encore il s'en réservait l'usufruit ; — Attendu que, dès lors, il devient inutile d'examiner le mérite du renvoi porté au bas de la minute de l'acte, et au-dessus des signatures, contenant ces mots *par préciput et hors part* ; — Met l'appellation au néant.

Du 21 juin 1809.-C. d'app. de Riom, 1re sect.-M. Redon, 1er pr.

régler la portion disponible par la loi du jour où elle a a été donnée.

1019. Quant aux successions ouvertes sous le code, il a été jugé d'abord que c'est par la loi du temps de la donation, sans dispense expresse de rapport, et non d'après le code, qu'il faut décider s'il y a lieu au rapport ; spécialement 1° on a maintenu la dispense de rapport, résultant des lois romaines (Liége, 27 fév. 1810) (1); — 2° On a soumis au rapport un avantage fait sous la loi du 17 niv. an 2, et qui, à raison de sa modicité, eût pu en être dispensé sous le code Napoléon (Liége, 11 déc. 1812, aff. héritiers Otte, V. Disp. entre-vifs, n° 188);—3° On a décidé que la donation faite au fils par contrat de mariage sous les constitutions piémontaises, à une époque où les filles n'avaient aucune réclamation à exercer sur la succession de leurs père et mère, lorsqu'elles avaient été convenablement dotées, lui aurait conféré un droit irrévocable de sa nature et maintenu comme tel par la loi du 18 pluv. an 5; qu'en conséquence, elle ne devait, le donateur fût-il mort sous le code Napoléon, être rapportée ni réduite pour parfaire les réserves des filles (Grenier, t. 2, p. 95; Req. 15 déc. 1807, MM. Henrion, pr., Pajon, rap., aff. Bolla).

1020. Au contraire, il a été jugé qu'il faut consulter la loi du jour de l'ouverture de la succession, et par conséquent soumettre au rapport, sous le c. nap., la donation entre-vifs faite sous l'empire d'une coutume qui dispensait du rapport en ligne collatérale (Rej. 5 mai 1812 (2); Bruxelles, 10 oct. 1823, aff. Prévost). — Même décision, dans le cas d'une donation contractuelle en avancement d'hoirie, dispensée du rapport par la loi de l'époque de la donation (Req. 29 mars 1842) (3).

1021. La même divergence se rencontre dans les arrêts qui ont statué à l'égard de successions ouvertes sous les lois intermédiaires. Il est à remarquer toutefois que notre question, dans ce cas, ne se présente pas en pure théorie. Il y avait des motifs particuliers de préférence pour la loi du jour de l'ouverture de la succession. En effet, la loi du 17 niv. an 2, non plus que celle du 18 pluv. an 5, qui en a modifié l'effet rétroactif en certains points, ne permettaient d'avantager un successible au profit de l'autre. Elles prescrivaient une égalité parfaite entre les cohéritiers; elles n'admettaient pas, comme le code, la compatibilité des qualités d'héritier et de donataire ou légataire; on conçoit alors que la dispense du rapport, résultant de la loi ancienne, fût vue avec une plus grande défaveur. On peut même argumenter des termes de la loi nouvelle pour prouver qu'elle applique l'obligation du rapport aux donations anciennes qui en étaient dispensées.— Jugé 1°, à l'égard de successions ouvertes sous les lois intermédiaires, que c'est par la loi du temps de l'ouverture de la succession, et non par celle du temps de la donation, qu'il faut décider s'il y a ou non dispense de rapport. — Et spécialement est sujette à rapport une donation faite dans l'intervalle du 14 juill. 1789 à la loi du 17 niv. an 2, si la succession du donateur s'est ouverte sous l'empire de cette loi, et que le donataire l'ait acceptée. Les lois du 9 fruct. an 3, 3 vendém. an 4 et 18 pluv. an 5, n'ont point abrogé l'effet rétroactif de la loi de nivôse, quant à l'obligation du rapport, si le donataire accepte la succession du donateur; l'art. 1 de la loi du 18 pluv. an 5 en a seulement dispensé le donataire qui renonce à la succession. — « Considérant que juger autrement ce serait blesser le système d'égalité que toutes les lois, depuis le commencemencement de la révolution, ont eu pour objet d'établir ; — Que les successions doivent se régler suivant les lois en vigueur au moment de leur ouverture, et qu'Eugénie Milon étant décédée plusieurs années après la loi du 17 nivôse, il n'est pas douteux que l'objet des donations qu'elle avait faites auparavant ne doive être rapporté à la masse de sa succession, si ces donataires veulent y prendre part; casse, etc. » (Civ. cass., 23 messid. an 9., M. Maleville, rap., aff. Milon *C.* Garzement).—2° Même décision dans le cas d'une donation faite sous une condition onéreuse : « Attendu que la loi ne distingue pas entre les donations simples et les donations à charges... » (Req., 16 brum., an 13, M. Vallée, rap., aff. Pigenot) — 3° De même, si la donation a été faite entre collatéraux, sous la coutume de Paris, qui dispensait alors du rapport, mais que le donateur soit décédé sous l'empire de la loi du 18 pluv. an 5, le rapport doit être ordonné, conformément à cette loi, si le donataire vient à la succession (Req., 21 mars 1808, MM. Henrion, pr., Bailly, rap., aff. Cazier *C.* Ferrières); — 4° De même encore les effets d'une donation, déguisée sous la forme d'un contrat à titre onéreux, doivent être appréciés, en ce qui touche la quotité disponible et le rapport, non d'après les lois existantes au moment de l'acte, mais bien d'après les lois en vigueur à l'époque du décès du donateur; il en est ainsi, notamment, d'une donation déguisée, consentie sous l'empire de la loi du 17 niv. an 2, en faveur d'un successible (Req. 16 brum. an 13, M. Vallée, rap., aff. Pigenot; Grenoble, 14 juill. 1824, aff. Chevillon *C.* Aubot; Bordeaux, 20 juill. 1829, aff. Carpentey *C.* Carpentey ; Toulouse, 7 juill. 1829, aff. Cordié *C.* ses frères).

1022. Toutefois il a été jugé à l'égard d'une succession ouverte sous les lois intermédiaires 1° que la fille normande, qui avait reçu son mariage avenant, et qui a été rappelée à la succession de ses père et mère par la loi du 8 avr. 1791, n'a pu demander à ses frères donataires le rapport et le partage des biens à eux donnés par leurs père ou mère, sous la coutume de Normandie, à une époque où la fille ne pouvait pas être héritière; il en doit être ainsi, surtout si les frères donataires ont renoncé à la succession du donateur (Rej., 2 pluv. an 12) (4);—

(1) (Deheusch.)— La cour;—Attendu que l'art. 843 c. civ. ne concerne que les donations qui étaient sujettes au rapport avant le code, et celles qui ont été faites depuis la promulgation de ce code et dans lesquelles la dispense de rapport n'a point été exprimée; mais qu'il ne peut concerner les donations faites avant le code. sous l'empire des lois qui les exemptaient du rapport; car, 1° ce serait donner un effet rétroactif à cet article, si on prétendait l'appliquer aux donations faites sous l'empire des lois qui les exemptaient du rapport, pour les y assujettir; et 2° si cet article était même applicable aux donations antérieures, l'on devrait dire qu'il dispense du rapport les donations qui en étaient dispensées par la loi qui était en vigueur au moment où elles ont été faites : la disposition de la loi ne devant pas avoir moins d'efficacité que la déclaration expresse du donateur, qui n'est censé avoir gardé le silence sur la dispense du rapport que parce que la loi la prononçait pour lui ; — Attendu que les arrêts de la cour de cassation invoqués par les appelants ont été rendus au sujet de successions ouvertes sous l'empire de la loi du 18 niv. an 2, qui prescrivait l'égalité entre les successibles, et ne permettait point d'avantager l'un plus que l'autre, et qu'ici, au contraire, il s'agit d'une succession ouverte sous la législation du code, qui permet d'avantager un successible au préjudice des autres, jusqu'à concurrence de la portion disponible, ce qui prouve que la jurisprudence établie par ces arrêts n'est point applicable à l'espèce; — Confirme.

Du 27 fév. 1810.-C. de Liége.

(2) (Beauvoir *C.* Laubrussel.) — La cour; — Considérant, sur le premier moyen, que, dans l'espèce, il ne s'agit point de régler le sort de la donation, mais bien les conditions sous lesquelles les héritiers de feu l'abbé de Laubrussel peuvent venir à la succession; que les successions doivent se régler suivant les lois en vigueur au moment de leur ouverture;— Considérant que l'art. 843 c. civ. exige le rapport de tout ce que l'héritier a reçu du défunt, à moins que le don ou legs ne lui ait été fait expressément par préciput et hors part, ou avec dispense de rapport; — Considérant que la cour de Metz a reconnu que rien n'annonçait que la donation eût été faite par préciput; qu'ainsi, le défaut d'une déclaration expresse par le donateur a suffisamment autorisé ladite cour à ordonner le rapport; que, dès lors, toutes recherches sur l'intention du donateur sont même inutiles; qu'en supposant qu'aux termes de la coutume de Metz, la donation n'eût pas été sujette à rapport, cette coutume a été abolie par le code, sous l'empire duquel la succession s'est ouverte, lequel seul peut et doit régler les droits des héritiers; — Rejette.

Du 5 mai 1812.-C. C., sect. civ.-MM. Mourre, 1er pr.-Reuvens, rap.

(3) (Brivazac.) — La cour ; — Attendu que l'arrêt attaqué (de la cour de Bordeaux) déclare, et qu'il est, d'ailleurs, évident par le contrat de mariage de la dame de Budoz, dont les termes sont rappelés dans cet arrêt, que la donation faite à la dame de Budoz par son père n'a pas été faite par préciput et hors part ; d'où il suit que la dame de Budoz, ou la dame de Brivazac, sa fille, qui la représente, venant à la succession de son père, ouverte sous l'empire du code civil, doit rapporter à sa cohéritière, dans cette succession, tout ce qu'elle a reçu en capital sur le montant de cette donation ; — Qu'en le décidant ainsi, la cour royale n'a commis aucune violation des lois invoquées ni des principes de la matière, mais s'y est, au contraire, exactement conformée; — Rejette.

Du 29 mars 1842.-C. C., ch. req.-MM. Zangiacomi, pr.-Brière-Valigny, rap.-Delangle, av. gén., c. conf.-Piet, av.

(4) (Duval-Poutrel *C.* Leprevot.) — La cour; — Considérant que l'art. 1 de la loi du 18 pluv. an 5 a maintenu les donations entre-vifs,

2° Que l'héritier institué par contrat de mariage, qui pouvait à la fois, d'après la loi du temps du contrat, recueillir en vertu de l'institution les meubles et acquêts, et en vertu de la loi une portion des propres, sans être tenu au rapport, demeure également dispensé du rapport, en recueillant ce double avantage, quoique la succession de l'instituant se soit ouverte sous l'empire de la loi du 18 pluv. an 5 (Req. 25 niv. an 13) (1).

1023. On devrait considérer la loi du temps où la succession du donateur s'est ouverte, surtout s'il s'agissait d'une donation révocable, et, par exemple, d'une donation faite sous l'empire des lois romaines par un aïeul à son petit-fils, soumis à sa puissance paternelle (Gênes, 29 juin 1807, aff. Pernigotti).

ART. 2. — *Par qui et quand est dû le rapport.*

1024. Le rapport n'est dû que par l'*héritier* (c. nap. 857). Un légataire universel, un héritier institué ne devait pas être soumis à cette obligation, puisqu'elle n'a été introduite que pour maintenir la paix et la concorde dans les familles, ou égaliser, selon le vœu de la nature, les parts des enfants d'un même père. — On verra d'ailleurs plus loin que le legs universel emporte virtuellement dispense de rapport.—Jugé que, sous la coutume de Paris, comme sous le code Napoléon, le rapport n'avait lieu qu'entre cohéritiers (cout. de Paris, 230, 303; Req. 3 juin 1835) (2).

1025. « Celui qui *renonce* à la succession ne doit pas le rapport; il peut retenir les objets donnés ou réclamer les legs jusqu'à concurrence de la quotité disponible » (c. nap. 845). Par l'effet de sa renonciation, il est censé n'avoir jamais été héritier (c. nap. 785). Consacrée par le droit romain, cette disposition n'était pas uniformément admise par toutes nos coutumes.

1026. L'héritier renonçant conserverait le même droit, la libéralité eût-elle été faite expressément à titre d'avancement d'hoirie. L'art. 845 ne subordonne à aucune distinction l'effet de la renonciation (MM. Merlin, Rép., v° Rapport à success., § 2, art. 3, n° 8; Chabot, t. 3, p. 275, n° 4; Vazeille, art. 845, n° 1; Poujol, t. 2, p. 143, 144). La question était débattue dans l'ancienne jurisprudence. Dumoulin avait émis une opinion différente, rejetée par Lebrun. D'un côté, on disait qu'une chose ne peut se prendre qu'au même titre auquel elle a été donnée; de l'autre, on répondait que la qualité d'héritier ne dépendait pas du choix de la personne, mais de la disposition de la loi. Ferrière, sur l'art. 307 de la coutume de Paris, atteste que l'opinion de Dumoulin n'était pas suivie. Il cite un arrêt contraire du 29 août 1671.

1027. Le don ou le legs que retient l'héritier renonçant s'impute sur la masse totale de la succession, et non simplement sur la part qui lui serait échue s'il avait succédé, ou sur la moitié affectée à sa ligne. Lebrun et Pothier étaient d'un avis opposé, par des motifs qui ne sont plus entièrement applicables. Il est vrai que la renonciation de l'un des héritiers ne profitant qu'aux héritiers de sa ligne, et la libéralité retenue étant censée équivaloir à une part héréditaire, l'équité semble la mettre à la charge de cette ligne. Mais l'art. 845 ne distingue pas. Le partage ne se fait entre les héritiers, que les dettes payées. La masse partageable ne comprend pas les choses dont il a été disposé envers un étranger. Or, l'héritier renonçant est devenu tel, relativement aux autres successibles; il est présumé n'avoir eu jamais la qualité d'héritier (Chabot, t. 3, p. 271; Grenier, n° 503; Toullier, t. 4, n° 442; Duranton, t. 7, n° 249, et t. 6, 301, Vazeille, art. 845, n° 3).

1028. Une grave question s'est élevée sur le sens de l'art. 845 c. nap. : L'héritier à réserve, qui renonce à la succession pour s'en tenir à son avantage non dispensé de rapport, peut-il retenir, outre la quotité disponible, sa part dans la quotité non disponible? Peut-il cumuler ces deux quotités? — Il n'est pas de plus mémorable controverse que celle qui, depuis trente ans, divise sur ce point les auteurs et les tribunaux. La jurisprudence a eu de grandes oscillations; la cour de cassation elle-même s'est déjugée. Elle s'était d'abord prononcée contre le cumul dans un arrêt fort bien motivé (Rej. 18 fév. 1818) (3), ainsi que plusieurs cours d'appel, qui dans leurs déci-

---

et autres dispositions irrévocables de leur nature, légitimement stipulées en ligne directe avant la publication de la loi du 7 mars 1793, tant sur les successions ouvertes que sur celles qui s'ouvriraient à l'avenir; — Que la donation faite le 24 avril 1784, aux défendeurs, a été, d'après la coutume de Normandie, à l'abri de toute espèce d'atteinte de la part de la demanderesse, qui avait été mariée et dotée en 1767; — Que, quoique, d'après les dispositions de cette coutume, les donations fussent sujettes au rapport lors de l'ouverture de la succession, il n'y avait néanmoins que les enfants mâles qui eussent le droit, en qualité d'héritiers, de demander ce rapport, afin de faire cesser l'inégalité;—Qu'il n'en était pas de même à l'égard des filles qui avaient été mariées, puisque la coutume les excluait formellement de ce droit;—Que la révocabilité des donations n'était pas par conséquent absolue; — Que cette révocabilité était uniquement relative aux intérêts des enfants mâles;—Que le tribunal (de Rouen) dont le jugement est attaqué s'est conformé, sous ces rapports, aux vrais principes, en déterminant le sort de la donation dont s'agit, d'après les droits que la loi en vigueur à l'époque de cette donation attribuait irrévocablement aux parties;—Que les lois relatives au nouvel ordre des successions étaient sans application à la cause, dès que les défendeurs avaient déclaré qu'ils s'en tenaient à la donation, et qu'ils n'entendaient pas s'immiscer dans la succession; — Rejette.

Du 2 pluv. an 12.-C. C., sect. civ.-M. Vergès, rap.

(1) (Faure C. Faure.)—LA COUR;—Considérant que la succession dont il s'agit n'a été ouverte qu'après la publication de la loi du 18 pluv. an 5; et que la cour d'appel (de Limoges), en décidant, d'après l'art. 1 de cette loi, que l'enfant qui avait en sa faveur une institution contractuelle pouvait, indépendamment de cet avantage, prendre part à la succession de ses parents, sans être tenu au rapport ordonné par la loi du 17 niv. an 2, n'a point commis par cette décision de contravention expresse à la loi du 18 pluviôse; — Rejette.

Du 25 niv. an 13.-C. C., sect. civ.-MM. Genevois, rap.-Sirey, av.

(2) (Robert C. hérit. de Périgny.)— LA COUR; —Attendu qu'en décidant que, dans le compte du bénéfice d'inventaire, pourrait être comprise dans le passif ou pour mémoire (comme cela apparaît à défaut d'actif suffisant actuel), une dot constituée à l'un des enfants des époux Périgny, de la succession desquels le compte d'inventaire était rendu, dans le contrat de mariage de cet enfant, antérieur à la créance de l'oyant compte, et que le rapport de la donation ne pouvait être exigé par le créancier, l'arrêt n'a fait que consacrer un principe admis par l'ancienne législation, et qu'a admis irrévocablement l'art. 857 c. civ., et, par conséquent, n'a pu violer ni les art. 303, 304, 317 de la coutume de Paris, ni les lois abolitives de l'inégalité dans les partages, que ne pouvait invoquer le demandeur en cassation, créancier de la succession, et, dès lors, inhabile à se prévaloir de droits dont l'exercice n'appartiendrait qu'aux cohéritiers de la dame Donvévy (l'enfant doté par ses père et mère); — Rejette, etc.

Du 9 juin 1835.-C. C., ch. req.-MM. Borel, pr.-Voisin de Gartempe, r.

(3) (Delaroque de Mons C. ses frères et sœurs.) — LA COUR (après délib. en ch. du cons.); — Considérant qu'il résulte de la combinaison et du rapprochement des divers articles du code civil relatifs à la légitime des enfants, et notamment des art. 785, 786, 843, 844, 845, 858, 859, 913, 917, 920, 921, 924, 1004, 1006, 1009, etc., que la loi divise en deux portions distinctes les biens de pères et mères; qu'elle laisse l'une à leur disposition, et réserve l'autre aux enfants pour leur légitime; que la quotité de la première est fixée invariablement par le nombre des enfants existants au moment du décès du disposant; qu'elle est toujours la même, soit qu'il ait disposé à titre universel ou particulier, en faveur d'étrangers ou de ses enfants, et en faveur de ceux-ci avec préciput et hors part, ou sans dispense de rapport; qu'elle est la seule chose dont il puisse avantager l'un de ses enfants, en la lui donnant expressément par préciput et hors part; qu'enfin, lorsque ses libéralités excèdent cette quotité disponible, elles sont, sur la demande de ceux qui ont droit à la réserve, sujettes à réduction ou rapport, et que cet excédant fait nécessairement partie de sa succession réservée aux enfants pour leur légitime; que cette deuxième portion des biens des pères et mères est assurée à tous les enfants collectivement et leur est donnée en qualité d'héritiers, pour être partagée entre eux également, ainsi que la portion disponible le serait, si les pères et mères n'en avaient pas disposé, ou n'en avaient disposé qu'au profit d'un ou de plusieurs de leurs enfants, sans les dispenser du rapport; qu'à ce titre d'héritiers, ils sont saisis collectivement de tous les biens et actions du défunt, et investis du droit de former, contre tous les donataires sans distinction, la demande en réduction des donations qui excèdent la portion disponible; que ceux d'entre eux qui renoncent sont censés n'avoir jamais été héritiers, et que la part qu'ils auraient eue en cette qualité accroît à leurs cohéritiers pour le tout, sans y distinguer la partie des biens existants au jour du décès de celle qui est comprise dans des donations faites à des étrangers ou aux enfants renonçant, et sujettes à retranchement pour ce qui excède la quotité disponible; en telle sorte que si l'un des enfants restait seul héritier, il aurait aussi seul droit à

sions n'ont fait que reproduire, en tout ou en partie, les même motifs Poitiers, 7 août 1833 (1); Toulouse, 27 juin 1821, M. Massinet

---

la totalité de la légitime ou réserve légale; que, si l'enfant donataire veut renoncer à la succession pour s'en tenir à son don, il le peut, soit que le don lui ait été fait par préciput, ou sans dispense de rapport, à titre universel ou autrement, mais qu'alors et comme donataire, il ne peut jamais profiter que de la quotité disponible; que toutes ces dispositions du code, relatives à la faculté donnée aux pères et mères de disposer d'une portion de leurs biens, et à la nécessité pour les enfants d'être héritiers pour conserver leur part dans la réserve légale qui, par l'effet de leur renonciation, accroîtrait, pour le tout, à leurs cohéritiers, sont claires, concordantes entre elles, et conçues en termes généraux qui n'admettent ni distinction ni exception; qu'en vain, pour en éviter l'application, on voudrait, en torturant les expressions de quelques-uns des articles du code, prétendre que le législateur a permis aux enfants de prendre ou au moins de retenir une partie des biens de leurs pères et mères autrement qu'à l'un des deux titres de donataires ou d'héritiers; que cette faculté est contraire au système général de la législation nouvelle, et n'est écrite nulle part; qu'elle ne résulte, quoiqu'on l'ait supposé, ni de l'art. 921, qui interdit, à la vérité, aux donataires, légataires ou créanciers du défunt, le droit de demander la réduction des donations entre-vifs, mais qui ne dit pas que les enfants pourront partager la portion excédant la quotité disponible, sans être héritiers; ni de l'art. 924 qui, conformément au droit établi pour les rapports à faire entre cohéritiers, par les art. 858 et 859, autorise le donataire successible à retenir sur les biens donnés sa part dans les biens indisponibles, mais qui, loin de l'y autoriser lorsqu'il cesse d'être héritier, ne lui donne cette faculté que s'il y a dans la succession des biens de même nature, ce qui signifie clairement, s'il vient à partager avec ses cohéritiers;—Qu'en vain encore on voudrait argumenter de ce qui aurait eu lieu si la succession de la dame de Mons avait été régie par les principes de la législation antérieure à la publication du code civil; qu'il est vrai qu'alors, dans les pays même où il fallait être héritier pour demander la légitime, on décidait que l'enfant donataire pouvait, en renonçant à la succession pour s'en tenir à son don, retenir sa légitime sur les biens dont il avait été saisi par la donation, et conserver en outre tout ce qui excédait la légitime due à ses frères et sœurs; qu'il devait en effet en être ainsi, lorsque, d'un côté, la légitime étant considérée comme une dette, une pension alimentaire due par les pères et mères à leurs enfants, on pouvait supposer qu'en leur faisant une donation, ils avaient pour but principal de se libérer de cette dette, de même que les enfants, en l'acceptant, avaient voulu sans doute l'imputer sur ce qui leur était dû; lorsque, d'un autre côté, la quotité dont il était permis aux pères et mères de disposer, soit au profit d'étrangers, soit en faveur de leurs enfants, n'étant pas limitée, la donation, à quelque somme qu'elle montât, n'était sujette à retranchement que jusqu'à concurrence de ce qui était nécessaire pour fournir à chacun des enfants sa légitime personnelle; lorsque enfin la légitime de l'enfant qui renonçait profitait au donataire universel, et n'était pas dévolue par droit d'accroissement aux cohéritiers du renonçant; mais que les principes de cette ancienne législation sont évidemment inconciliables avec ceux du code civil qui, au lieu de ne donner à chacun des enfants, pour sa légitime, qu'une créance personnelle affectée sur les biens, leur donne à tous collectivement la succession tout entière, veut qu'ils n'y aient part qu'en qualité d'héritiers, que s'ils renoncent à la succession pour s'en tenir à leur don, ce don reste fixé, pour eux comme pour les étrangers, à la quotité déclarée disponible, et qui, par l'art. 845, bornant à cette quotité ce que l'enfant qui renonce à la succession a le droit de retenir, annonce bien clairement qu'il ne peut en même temps retenir aucune partie de la réserve légale; que de tout ce qui précède, il faut conclure en dernière analyse qu'en jugeant : 1° que la dame de Mons qui, à son décès, a laissé six enfants, n'avait pu disposer au profit du demandeur, son fils aîné, que du quart de ses biens; 2° que la donation qu'elle lui a faite, l'eût-elle été par préciput ou à titre universel, devait être, sur la demande des héritiers ayant droit à la réserve, réduite à la quotité disponible; 3° enfin que le demandeur, ayant volontairement renoncé à la qualité d'héritier pour s'en tenir à la donation, ne pouvait prétendre qu'à la portion disponible, et avait perdu sa part dans la réserve ou légitime que la loi ne donne qu'aux héritiers, la cour royale de Bordeaux (par arrêt du 30 janv. 1816) s'est conformée au texte et à l'esprit du code civil; — Rejette.

Du 18 fév. 1818.-C. C., ch. civ.-MM. Desèze, 1er pr.-Poriquet, rap.-Cahier, av. gén., c. contr.-Loiseau et Sirey, av.

(1) (Mineurs de Suzannet C. de la Villegille.) — LA COUR; — Attendu que par acte entre-vifs, en date du 10 janv. 1807, la baronne de Suzannet fit, entre ses enfants, le comte de Suzannet et la dame de la Villegille, le partage des immeubles qu'elle possédait alors; elle donna au premier les domaines de la Chardière et de la Jettière, et à la dame de la Villegille la métairie de la Ganditière, plus la somme de 40,000 fr., qu'elle chargea le comte de Suzannet de lui payer dans les quinze mois qui suivrait le décès d'elle, donatrice; et elle déclara qu'elle entendrait que les dispositions en faveur de son fils fussent, en ce qu'elles excéderaient la valeur des objets donnés à madame de la Villegille, considérées comme faites à titre de préciput et hors part, et qu'en conséquence ledit sieur de Suzannet ne fût sujet à aucun rapport à raison de la différence; — Que, par son testament olographe, daté du 25 juin 1827, la baronne de Suzannet, voulant, dit-elle, dédommager sa fille de l'injustice qu'elle lui avait faite au partage du 10 janv. 1807, et qui provenait de ce qu'elle s'était grandement trompée sur la valeur des immeubles qu'elle y avait compris, ordonna que, sur sa future succession, ladite dame de la Villegille, ou à son défaut, son fils Arthur de la Villegille, prendrait, par préciput et hors part, la somme de 146,000 fr., ou quoi que ce soit, une valeur égale à l'excédant du lot attribué au comte de Suzannet sur celui donné à sa sœur, dans l'acte de 1807, moins la somme de 4,200 fr., à laquelle devait se réduire, suivant la testatrice, l'avantage qu'elle avait eu l'intention de faire au comte de Suzannet;—Qu'après le décès de la baronne de Suzannet, qui eut lieu le 4 janv. 1831, la comtesse de Suzannet, en vertu de l'autorisation du conseil de famille, et par acte reçu au greffe du tribunal de Bourbon-Vendée, le 3 oct. suivant, déclara pour ses enfants mineurs, renoncer purement et simplement à la succession de la baronne de Suzannet, et ce pour s'en tenir à la donation en forme de partage du 10 janv. 1807; — Que, dans cet état de choses, il s'agit au procès de déterminer quels doivent être, par suite de la renonciation des mineurs de Suzannet, la portée et les effets des dispositions contenues dans ledit acte de 1807, c'est-à-dire de savoir si les mineurs, malgré leur renonciation, peuvent retenir sur le don fait à leur père, non-seulement la quotité disponible, mais encore la réserve, ou, ce qui est la même chose dans l'espèce, les deux tiers des biens de la donatrice; — Attendu que, suivant l'art. 913 c. civ., les libéralités, soit par acte entre-vifs, soit par testament, ne peuvent excéder la moitié des biens du disposant s'il ne laisse à son décès qu'un enfant légitime; le tiers, s'il laisse deux enfants; le quart, s'il en laisse trois ou un plus grand nombre; — Que cette disposition divise la totalité des biens du père de famille en deux parts très-distinctes : l'une dont il peut disposer, l'autre qui est réservée aux enfants;— Que la première peut être donnée par lui, soit à l'un des successibles par préciput ou sous dispense de rapport, soit à un étranger; mais que si, dans l'un comme dans l'autre cas, les libéralités peuvent épuiser cette quotité disponible, elles ne peuvent l'excéder en aucune manière; — Que la portion indisponible est assurée aux enfants collectivement; qu'ils la recueillent comme héritiers et qu'ils doivent la recueillir entière, de telle sorte que si elle se trouvait avoir été entamée par les dispositions, qu'aurait faites le père de famille, ils ont le droit, pour la compléter, de faire réduire ces dispositions lors de l'ouverture de la succession; — Que si l'enfant donataire a conservé la qualité d'héritier, comme il a, à ce titre, sa part dans cette réserve dont fait partie ce qui, dans la libéralité qu'il a reçue, excède la quotité disponible, il peut retenir sur les biens qui lui ont été donnés, la valeur de la portion qui lui appartient, en sadite qualité d'héritier, sur les biens non disponibles, s'ils sont de la même nature. Cette rétention, la seule qu'autorise l'art. 924 c. civ., au profit du donataire, n'est que l'application de la règle posée dans les art. 858 et 859, touchant les rapports;—Que si, au contraire, il a répudié l'hérédité, comme alors il est censé n'avoir jamais été héritier, et que sa part héréditaire accroît à ses cohéritiers (art. 785 et 786), il est évident que s'étant dépouillé du titre qui pouvait seul le faire admettre au partage de cette portion des biens, que les libéralités du défunt n'ont pu entamer, il ne peut pas plus la retenir sur les biens donnés, qu'il ne pourrait la réclamer des héritiers dans le cas où elle ne se trouverait pas comprise dans les mêmes biens, puisque cette rétention serait une diminution de cette réserve collective, ou masse héréditaire, dont sont exclusivement saisis les héritiers, et dans laquelle il ne peut rien prétendre pour l'effet de la renonciation; qu'il ne lui reste dans cette position que le droit qui lui est accordé par l'art. 845, de retenir le don jusqu'à concurrence de la quotité disponible; — Que les dispositions du code, qui consacrent ces principes, relativement à la faculté donnée au père de famille de disposer d'une portion de ses biens et la nécessité pour les enfants d'être héritiers pour conserver leur part dans la réserve légale, sont, ainsi que l'a solennellement proclamé la cour de cassation, dans son arrêt du 18 fév. 1818, claires, concordantes entre elles et conçues en termes généraux, qui n'admettent ni distinction ni exception; — Qu'on ne saurait admettre, en effet, que l'enfant donataire qui, devenu par la renonciation, étranger à la succession ne pourrait pas demander par voie d'action sa part dans la réserve peut cependant la retenir si elle se trouvait dans ses mains, parce que le donateur qui n'avait pas eu la pensée, sans doute, que le donataire répudierait son hérédité, l'aurait comprise dans le don; qu'une telle exception d'où il suivrait que la loi donnerait elle-même le moyen de faire indirectement ce qu'elle ne permet pas de faire directement, ne résulte ni de la lettre des textes ni de leur esprit, qui est, on ne peut trop le répéter, que la moitié disponible soit invariablement fixée d'après le nombre des enfants; et que nul n'ait le pouvoir de l'excéder dans ses libéralités; — Que vainement on invoque à l'appui du système présenté

pr., aff. Lafontan *C.* Renaud; Riom, 8 mai 1821, M. Barret-Ducoudert, pr., aff. Rousserie *C.* Rousserie; 26 juin 1824, aff. Destaune, V. Disp. entre-vifs, nº 585; Bourges, 4 mai 1825, aff. Bossu, V. Disp. entre-vifs, nº 605; Agen, 21 août 1826, M. Lafontan, pr., aff. Vignes; 20 juin 1827, M. Lafontan, pr., aff. Rigaud *C.* Gauthé; Riom, 14 mai 1829, M. Thévenin, pr., aff. Raymond-Vernet *C.* Rose Vernet; Toulouse, 11 juin 1829, aff. Blancel *C.* Calvet; Limoges, 14 déc. 1831, M. de Gaujal, pr., aff. Rabier *C.* Desbordes; Grenoble, 20 juill. 1832, M. de Noailles, pr., aff. Magnin *C.* Mounier-Poutot; Orléans, 5 déc. 1842, aff. Fonteneau-Dufresne, D. P. 45. 4. 598; Rouen, 10 mars 1845, aff. Dubosc, D. P. 45. 2. 95; Riom, 25 avril 1845, aff. Vien, D. P. 45. 2. 185; 25 avril 1845, aff. Rivet, D. P. 45. 2. 187; Caen, 4 août 1845, aff. Lecesne, D. P. 46. 1. 383; Dijon, 20 déc. 1845, aff. Jannin, D. P. 46. 2. 234; Nancy, 17 juill. 1849, aff. Marchal, D. P. 50. 2. 208; Grenoble, 15 déc. 1849, aff. Jacquet, D. P. 50. 2. 77; Amiens, 7 déc. 1852, aff. Levavasseur, D. P. 53. 2. 127; Agen, 16 mars 1853, aff. Ranson, *eod.*, 128; Amiens, 17 mars 1853, aff. Gandon, *eod.*, 240; Bastia, 23 janv. 1855, aff. Cazale, D. P. 55. 2. 149).

1022. Plus tard, la cour de cassation a changé sa jurisprudence, en admettant le cumul (Req. 5 fév. 1840; Cass. 17 mai 1843 (1); 21 juill. 1846, aff. Lecesne, D. P. 46. 1. 383; Req.

---

dans l'intérêt des mineurs de Suzannet, ce qui se pratiquait anciennement à l'égard de la légitime; que la réserve, telle que l'a constituée le code civil, n'ayant rien de commun avec l'ancienne légitime dont elle diffère essentiellement par le caractère qui lui est propre et dans ses effets, on ne peut pas lui appliquer des principes qui sont évidemment inconciliables avec notre nouvelle législation, laquelle, au lieu de ne donner à chacun des enfants pour sa légitime qu'une créance personnelle affectée sur les biens, leur donne à tous collectivement la succession tout entière, et veut qu'ils n'y aient part qu'en qualité d'héritiers;

Attendu que, de la part de la dame de Suzannet, on n'est pas mieux fondé dans le moyen pris de ce que la donation portant partage, n'étant pas de sa nature une libéralité, mais bien un partage proprement dit, un titre successif, régi par les règles particulières aux partages, il s'ensuit que l'acte du 10 janv. 1807, qui n'a pas été attaqué comme partage et qui ne peut pas l'être aujourd'hui, a irrévocablement fixé la position et les droits des parties quant aux biens dont il a été disposé; que cette circonstance que ledit acte de 1807 contient un partage, ne lui enlève pas son caractère de donation, et que cette donation, qui au surplus, renferme un avantage du tiers des biens de la donation en faveur de l'un des donataires, est faite dans les termes des art. 1075 et 1076 du code, qui la soumettent aux formalités, conditions et règles prescrites pour les donations entre-vifs, et comme il est dans les conditions et règles dont il s'agit, qu'au décès du donateur on réunisse fictivement aux biens lors existant, ceux dont il a été disposé par donation entre-vifs, afin de calculer sur tous ces biens quelle doit être, eu égard au nombre d'héritiers qu'il laisse, la quotité dont il a pu disposer, la renonciation des mineurs de Suzannet ne peut pas les soustraire à l'effet de la demande formée contre eux; — Que, de tout ce qui précède, il s'ensuit, en dernière analyse, que la baronne de Suzannet n'a pu disposer que du tiers de ses biens en faveur de son fils, le comte de Suzannet; que la donation qu'elle lui a faite, bien qu'à titre de préciput, doit être réduite à la quotité disponible, et que les mineurs de Suzannet, ou leur mère pour eux, ayant volontairement renoncé à la qualité d'héritiers pour s'en tenir à la donation, ne peuvent prétendre qu'à la portion disponible et ont perdu leur part dans la réserve que la loi ne donne qu'aux héritiers; — Par ces motifs, vidant le partage déclaré par son arrêt du 30 juill. dernier, et après en avoir délibéré en la chambre du conseil, met l'appellation et ce dont est appel au néant; émendant et faisant ce que les premiers juges auraient dû faire, déclare mal venues et sans effet les offres faites par la dame de Suzannet, au nom et comme tutrice de ses enfants mineurs; statuant sur la demande formée par l'appelant, par exploit du 31 mars 1852, que la donation du 10 janv. 1807 sera réduite au tiers des biens de la donataire, etc., etc.

Du 7 août 1855.-C. de Poitiers.-M. Descordes, 1er pr.

(1) 1re *Espèce* : — (Despréaux de St-Sauveur *C.* de Canillac.) — Par acte du 14 oct. 1784, le sieur de la Rivière avait fait donation, à ses trois enfants, Henry, Marc et Pauline, de plusieurs immeubles, et notamment des terres de Saint-Brisson et de Montal, à charge par les donataires de libérer le donateur des droits et reprises de sa femme, liquidés par acte du 1er oct. précédent. — Le 3 mars 1785, seconde donation en nue propriété aux mêmes enfants par leurs père et mère conjointement. — Le 29 avr. 1789, jour du contrat de mariage de Pauline de la Rivière avec le sieur de Canillac, la dame de la Rivière donna et constitua en dot à sa fille plusieurs immeubles, objets mobiliers, créances, et enfin une somme de 208,000 livres à prendre après le décès de la donatrice. — Il fut stipulé que ces diverses libéralités étaient faites sous la condition que la future épouse ne pourrait en réclamer le payement dans la succession de la mère constituante, qu'en renonçant à prendre aucune part dans les terres de Saint-Brisson et de Montal, et dans les autres immeubles objet de la donation du 14 oct. 1784. — Il fut déclaré par la future épouse que, pour satisfaire à la condition ci-dessus, elle renonçait à la succession de sa mère. — Toutefois l'acte ajoutait que, nonobstant cette renonciation, elle conservait le droit de recueillir dans la succession de la dame de la Rivière sa part des immeubles qui écherraient à celle-ci par succession, donation ou legs, et que, dans tous les cas, ladite renonciation ne pourrait profiter qu'aux frères de la renonçante ou à leurs enfants. — 20 juill. 1814, décès de la dame de la Rivière, mère — La dame de Canillac a renoncé à sa succession pour s'en tenir aux dons à elles faits. — Un jugement du tribunal de la Seine, du 31 mars 1837, a décidé que l'on doit considérer la renonciation à succession faite par la dame de Canillac, en exécution de son contrat de mariage, comme la condition d'un traité autorisé lors de ce contrat, et par lequel ladite dame recevait d'avance sa part héréditaire dans la succession de sa mère; qu'ainsi cette délivrance anticipée l'autorise à imputer ceux des biens donnés qui sont en sa possession, d'abord sur sa réserve, puisqu'elle est comprise dans les droits héréditaires qu'elle a reçus, et subsidiairement sur la quotité disponible. Du reste, la donataire renonçante ne pourrait répéter contre la succession ceux des biens donnés dont elle n'est pas en possession actuelle, que jusqu'à concurrence de la portion disponible, sans imputation sur la réserve. — Appel par le sieur Despréaux de Saint-Sauveur, comme héritier du sieur de la Rivière décédé. — 31 mai 1838, arrêt confirmatif de la cour royale de Paris, qui considère : — « Que les constitutions dotales portées au contrat de mariage de la dame de Canillac, du 29 avr. 1789, à raison de la position où se trouvaient alors les parties et de la condition imposée à la dame de Canillac de renoncer non-seulement à la succession de sa mère, mais encore à la donation du 14 oct. 1784, présentent le caractère d'un pacte de famille ayant pour but de régler à l'avance le partage tant de l'actif appartenant dès lors à la dame de Canillac et à ses frères en vertu de la donation de 1784, que dans les biens existant entre les mains de la mère commune; — Que ce pacte de famille a constamment reçu son exécution de la part de toutes les parties, soit dans les nouveaux arrangements intervenus en 1810, soit dans les ventes faites par de la Rivière seul de la terre de Saint-Brisson à laquelle il n'avait un droit exclusif qu'en vertu de la renonciation de sa sœur à la donation de 1784; — Que cette renonciation, ainsi que la renonciation à la succession maternelle, n'ont eu lieu, de la part de la dame de Canillac, que sous réserve des donations contenues au contrat de mariage, et sont nécessairement corrélatives au maintien intégral des effets de ces donations et du pacte de famille qu'elles contiennent, conformément à la législation existante au moment où elles ont été faites. »

Pourvoi du sieur de Saint-Sauveur. — 1º (rejeté en fait). — 2º Violation des art. 915, 920, 724, 1004, 785, 786 et 845 c. civ., en ce que l'arrêt attaqué a reconnu qu'un héritier qui renonce à la succession pour s'en tenir aux libéralités à lui faites par le défunt, peut imputer ces libéralités non-seulement sur la portion disponible, mais encore sur sa propre réserve, de manière qu'il n'y a lieu à réduction que pour ce qui excède la réserve et la portion disponible cumulées. — 3º Violation de l'art. 7 de la loi du 30 vent. an 12, des lois des 5 brum. an 2 et 18 pluv. an 5, et des art. 791 et 1130 c. civ., en ce que la cour de Paris a considéré le contrat de mariage de 1789 comme contenant un pacte de famille, quoique les frères de la future épouse n'y fussent pas parties, et en ce que, en tout cas, il a maintenu ce prétendu pacte, tandis qu'il aurait dû l'annuler comme fondé sur des conditions abolies par la législation qui a placé les filles au même rang que les enfants mâles dans la succession de leurs père et mère. — On soutient que les lois qui ont annulé les renonciations à des successions futures avaient eu pour effet d'annuler aussi les stipulations du contrat de mariage dont il s'agit, puisqu'elles étaient faites sous la condition que la dame de Canillac renoncerait à la succession de sa mère. — Arrêt.

LA COUR; — Sur le 2e moyen : — Attendu qu'en jugeant que la quotité disponible pouvait être cumulée par le père ou la mère donateurs, en faveur d'un de leurs enfants successibles, avec la portion réservée par le code civil à ce même enfant, l'arrêt attaqué n'a fait qu'appliquer dans leur véritable esprit les articles de ce code qui sont relatifs à la réserve et à la quotité disponible; — Sur le troisième moyen : — Attendu qu'en jugeant qu'un pacte de famille volontairement exécuté par une foule d'actes antérieurs et postérieurs à l'ouverture de la succession de la mère commune devait continuer à faire la loi des parties entre lesquelles ce pacte de famille était intervenu, l'arrêt attaqué n'a pu violer aucune loi; — Rejette.

Du 5 fév. 1840.-C. C., ch. req.-MM. Zangiacomi, pr.-Joubert, rap.

— 2e *Espèce* : — (Leproust-Navereau *C.* hér. Leproust.) — La dame veuve Leproust est décédée le 18 fév. 1837, laissant pour héritiers quatre enfants, Leproust-Navereau, Clément, Isidore et Agathe. — Leproust-Navereau et Clément Leproust avaient reçu, en se mariant, chacun une somme de 950 fr. Clément était devenu insolvable. Isidore et Agathe

6 avril 1847, aff. Teterel et aff. Lecoq, D. P. 47. 1. 155; 27 avr. 1847, aff. Ponsot, D. P. 47. 1. 156; Cass. 21 juin 1848, aff. Vien, D. P. 50. 5. 356; 17 juill. 1854, aff. Carlier, D. P. 54. 1. 271) et plusieurs cours d'appel ont statué dans le même sens (Montpellier, 18 déc. 1835; Bordeaux, 14 juill. 1837; Paris, 7 avril 1838; Rouen 23 déc. 1841 (1); Turin, 1er avril 1812,

demandèrent et conclurent à ce que Leproust-Navereau fût tenu de rapporter, sur ce qu'il avait reçu, ce qui excéderait la quotité disponible; et, attendu sa renonciation, qu'il fût déclaré non recevable dans sa prétention d'obtenir une part dans la réserve.

Jugement du tribunal de Saint-Calais, du 11 mai 1858, qui déclare que Leproust-Navereau n'a aucun droit à la réserve; — «Considérant que Leproust-Navereau a renoncé à la succession de sa mère; qu'ainsi il est censé n'avoir jamais été son héritier; qu'il ne peut, dès lors, prétendre à aucun des droits attachés à cette qualité; que la légitime des enfants fait partie de ces droits, et qu'elle ne leur est due qu'autant qu'ils ne renoncent pas à la succession de leur auteur. » — Appel par Leproust-Navereau. — La quotité disponible avait été fixée sans avoir égard à la donation de 950 fr. faite au sieur Clément Leproust, par le motif que l'état d'insolvabilité de ce dernier ne permettait d'obtenir le rapport d'aucune portion de cette somme. Leproust-Navereau attaqua, devant la cour, ce mode de fixation, et conclut à ce que, pour faire le calcul de la portion disponible, la succession fût réputée augmentée des 950 fr. donnés à Clément; et qu'outre la quotité disponible, il fût autorisé à retenir sa part dans la réserve. — Le 18 juill. 1839, arrêt de la cour d'Angers, qui confirme le jugement du tribunal de Saint-Calais, avec adoption de motifs, et rejette le chef relatif à une nouvelle fixation de la quotité disponible: « Attendu que l'appelant ayant renoncé à la succession de sa mère est sans qualité pour exiger le rapport de ce qui a été donné à Clément Leproust, quand même celui-ci serait en position d'effectuer ce rapport; que, dans toutes les hypothèses, la donation faite audit Clément par contrat de mariage, antérieur à celle de l'appelant, aurait la préférence sur celle dont se prévaut celui-ci, et absorberait la quotité disponible, ce qui rendrait la liquidation moins favorable à l'appelant que celle qui a été exercée par le jugement dont est appel. »

Pourvoi du sieur Leproust-Navereau pour : 1° violation de l'art. 845 c. civ.; — 2° Violation des art. 915 et 922 c. civ., et fausse application de l'art. 857 c. civ. — Arrêt.

La cour; — Vu les art. 845, 913 et 922 c. civ.; — Attendu, sur le premier moyen, que le père de famille ne peut entamer la réserve légale au préjudice de ses enfants; — Que, s'il dispose en faveur de l'un d'eux, la renonciation de celui-ci à la succession paternelle, pour s'en tenir à la donation à lui faite, n'a d'autre résultat que de lui donner droit de retenir, dans les limites de la loi, ce qui lui a été donné; mais que par là, il n'abdique pas sa part dans la réserve légale à laquelle sa qualité d'enfant lui donne droit; — Que cela résulte de la combinaison des art. 845 et 919 c. civ.; — D'où il résulte qu'en décidant que l'enfant donataire qui renonce à la succession perd sa légitime, parce qu'il cesse d'être héritier, l'arrêt attaqué a violé les lois citées; — Attendu, sur le deuxième moyen, que l'héritier donataire, renonçant à la succession pour s'en tenir à la donation à lui faite, conserve droit et intérêt à ce que la fixation de la masse héréditaire soit légalement établie, et qu'en refusant d'y faire entrer fictivement, aux termes de l'art. 922 c. civ., la donation faite à Clément Leproust, l'arrêt attaqué a formellement violé cette loi; — Par ces motifs, casse, etc.

Du 17 mai 1843.-C. C., ch. civ.-MM. Boyer, pr.-Chardel, rap.-Hello, av. gén., c. conf.-P. Dupont et Lanvin, av.

(1) 1re *Espèce:* — (Gardes C Bellaud.) — La cour; — Attendu que la donation entre-vifs est un acte par lequel le donataire se dépouille actuellement et irrévocablement de la chose donnée, au profit du donataire qui l'accepte (art. 894 c. civ.); — Attendu que l'irrévocabilité de cet acte prend un caractère plus obligatoire encore, s'il est possible, lorsque, comme dans l'hypothèse de la cause, la donation est faite en contrat de mariage, et devient ainsi le fondement et le gage de l'union de deux familles; — Qu'il suit de là que, ni les dispositions testamentaires du sieur Gardes père, ni la donation contractuelle par lui faite à l'appelante, le 26 fév. 1832, de quelques qualifications que ces dispositions aient été revêtues, ne sauraient porter atteinte à la donation entre-vifs qu'il avait précédemment consentie à son fils dans le contrat de mariage de celui-ci, en date du 6 mars 1815;

Attendu que, lorsqu'un père de famille donne à l'un de ses enfants une somme qui excède le montant de la part successive du donataire, il est présumé, de droit, lui donner cet excédant sur la portion disponible de ses biens, et qu'il y est autorisé, puisqu'il aurait pu en gratifier un étranger; — Attendu que la clause en avancement d'hoirie, ajoutée à la donation faite à l'enfant, n'ôte pas à cette donation son caractère d'irrévocabilité; — Que cette clause n'a d'autre effet que d'obliger le donataire, s'il veut prendre part à la succession paternelle, d'y rapporter la totalité de son don; mais que cette obligation cesse s'il renonce à cette succession pour s'en tenir à la donation qui lui a été faite; — Attendu que si, pendant un temps, on a mis en doute la question de savoir si, malgré cette renonciation, l'enfant donataire pouvait retenir à la fois sa portion dans la réserve, et le reste du don sur la quotité disponible, cette question n'est plus douteuse aujourd'hui;

Qu'il est universellement reconnu que la renonciation de l'enfant donataire, pour s'en tenir à son don, ne peut être assimilée à la renonciation de l'enfant non donataire; — Que celle-ci est absolue, et ne laisse à l'enfant renonçant ni droit sur la quotité disponible, puisqu'il n'est pas donataire, ni droit sur sa portion successive, puisque sa renonciation ne peut porter que sur elle; — Que l'autre renonciation, au contraire, n'est qu'une renonciation restreinte et conditionnelle; — Qu'en déclarant qu'il ne renonce que pour s'en tenir à son don, l'enfant donataire manifeste la volonté de conserver tout ce qui compose ce don, c'est-à-dire sa part dans la réserve à laquelle il a droit en sa qualité d'enfant, et le surplus dans la portion disponible;

Que c'est ainsi que la cour de cassation l'a jugé par ses arrêts des 11 août 1829 et l'arrêt du 24 mars 1834, et que l'a jugé la presque totalité des cours royales; que cette décision ne blesserait les droits des autres enfants que dans le cas où le don excéderait la portion successive du donataire, réuni à la portion disponible des biens du donateur; mais que telle n'est pas la position des parties; — Qu'il est convenu que le sieur Gardes père a laissé trois enfants; — Que la part de chacun d'eux à la réserve est, par conséquent, d'un quart, et que cette portion n'est nullement ébréchée par l'exécution de la donation faite au fils;

Que l'appelante attaque cette donation sous un autre rapport; qu'elle prétend qu'elle doit être réduite, non comme entamant la portion réservée aux autres enfants, mais comme excédant le montant de la portion disponible, et fonde sa prétention sur l'art. 845 c. civ.; — Confirme.

Du 18 déc. 1835.-C. de Montpellier, ch. civ.-M. de Trinquelague, 1er pr.

2e *Espèce:* — (Brossard C. Bosredon.) — La cour; — Attendu qu'un père peut disposer de ses biens ainsi qu'il le juge convenable, pourvu qu'il respecte les limites établies par l'art. 915 c. civ.; — Qu'il suit de cette première réflexion que l'enfant qui retrouve dans la succession sa portion personnelle, légale et non diponible, n'a pas le droit de se plaindre;

Attendu qu'une donation par avancement d'hoirie n'est pas autre chose que la remise par anticipation de la part que l'enfant devait avoir dans la succession, et que cette remise anticipée n'est point interdite par la loi; — Attendu que la réserve, telle qu'on la trouve fixée par l'art. 913, étant la mesure des droits des héritiers, devient par cela même la mesure des droits que peuvent réclamer les donataires en avancement d'hoirie;

Attendu que l'art. 922 c. civ. veut qu'on détermine la réduction, en formant une masse de tous les biens existants au décès du donateur, et en y réunissant fictivement ceux dont il avait disposé par donation entre-vifs; — Que l'on doit calculer sur tous ces biens (les dettes déduites) quelle est, eu égard aux héritiers qu'il laisse, la quotité dont il a pu disposer; — Confirme, etc.

Du 14 juill. 1837.-C. de Bordeaux, 2e ch.-M. Dégranges, pr.

3e *Espèce:* — (Cochois C. Cochois.) — Appel. — La cour; — Considérant que le rapport n'est dû que par l'héritier à son cohéritier; — Que, dans l'espèce, il s'agit seulement de la réduction d'une donation faite à un enfant réservataire et renonçant, et qu'on ne peut appliquer ici les principes qui sont particuliers aux rapports; — Considérant qu'un enfant renonçant, qui n'aurait pas qualité pour demander sa réserve par voie d'action, peut cependant la retenir sur la donation qui lui a été faite, et ce par voie d'exception; — Qu'en effet, l'héritier qui trouve dans la succession sa réserve personnelle ne peut être recevable à attaquer d'autres enfants qui n'ont rien au delà de leur réserve; — Qu'autrement, admettre un héritier à se prévaloir contre ses frères du privilége réservé à ceux-ci par l'art. 913 c. civ., ce serait tourner contre des enfants un droit introduit en leur faveur; — Considérant, au surplus, que toute donation faite par des pères et mères à leurs enfants sans dispense de rapport est censée faite en avancement d'hoirie; et qu'ainsi, nanti de sa réserve, un enfant donataire peut la conserver, sans avoir besoin d'accepter la succession; — Infirme.

Du 7 avr. 1838.-C. de Paris, 3e ch.-MM. Jacquinot, pr.-Delapalme, av. gén., c. contr.-Demauger et Werwoort, av.

4e *Espèce:* — (Teterel C. Teterel.) — 21 déc. 1840, jugement du tribunal civil du Havre, ainsi conçu:

« Le tribunal; — Attendu que la transmission des biens par succession est basée sur l'affection présumée du défunt, mais que, lorsque la présomption se trouve détruite par la volonté exprimée, cette volonté doit recevoir son exécution; — Attendu que, d'après ces règles générales, la volonté de l'homme semblerait toujours devoir l'emporter sur la volonté de la loi, mais que le législateur a pensé qu'il existait des limites au delà desquelles il y aurait abus du droit de propriété; que ce droit, en un mot, doit être concilié avec l'accomplissement des devoirs de père ou d'enfant; que de là vient l'institution des légitimes et des réserves; — Attendu qu'il y avait sous l'ancien droit une distinction à faire entre les pays de coutume et les pays de droit écrit; que, dans ces derniers, la légitime était, non-seulement attachée à la qualité d'enfant,

aff. Galleani C. Solaro; Riom, 28 janv. 1820, M. Grenier, pr., aff. Lebrun C. Laribette; Toulouse, 7 août 1820, M. de Cambon, pr., aff. Chamayon C. Chamayon; Paris, 31 juill. 1821, M. Séguier, pr., aff. Dunot C. Delamarre; Toulouse, 17 août 1821,

mais pouvait être réclamée en vertu de cette seule qualité, abstraction faite de la qualité d'héritier; que, dans les autres, la légitime, ou portion réservée, était bien attachée à la qualité d'enfant, mais ne pouvait être réclamée qu'en vertu de la qualité d'héritier : *Non habet legitimam nisi qui hæres est*; que la raison de cette différence se puisait indubitablement dans la différence des deux législations sur la transmission des biens par décès; que, sous le droit romain, la volonté de l'homme faisait les héritiers qui, sous le droit commun, étaient appelés à la succession en vertu de la loi; que sous le droit romain, le désir d'empêcher les pères de famille d'abuser de leur autorité porta le législateur à leur défendre de passer sous silence leurs enfants dans leur testament, et donna lieu aux actions résultant de la prétérition et de l'inofficiosité; que la légitime réclamée par les enfants n'était donc autre chose que la portion que, d'après la loi, le père de famille aurait dû leur donner de son vivant ou leur laisser par son testament; qu'il n'était nullement nécessaire qu'une semblable réclamation fût appuyée sur la qualité d'héritier, qualité qui d'ailleurs aurait été très-souvent plus nuisible qu'utile à l'enfant; — Attendu que, sous le droit coutumier, la loi faisait au contraire les héritiers; que ce n'était que par exception que le défunt pouvait, en certains cas, disposer d'une quantité quelconque et parfois de la totalité de ses biens; que, lorsque les enfants privés de leur réserve réclamaient contre une excessive libéralité, ils ne faisaient autre chose que de faire rentrer dans la succession ce qui n'aurait pas dû en sortir, et n'agissaient, dès lors, et ne pouvaient agir que comme héritiers; — Mais attendu que, cependant, on faisait observer avec juste raison que, lorsque l'enfant avait le droit de retenir sa légitime à un autre titre que celui d'héritier, lorsqu'il était donataire du défunt, rien ne s'opposait à ce qu'il conservât cette légitime par exception, quoique ayant abdiqué la qualité d'héritier, parce que rien ne pouvait s'opposer à ce que le père, qui devait laisser dans la succession la réserve ou légitime de chacun de ses enfants, donnât cette réserve de son vivant à un ou à plusieurs d'entre eux, et qu'on ne voyait pas de nécessité à ce que l'enfant, investi de sa réserve à un titre légitime et ne pouvant être exposé à aucun danger, fût obligé de recourir à un autre titre plus dangereux, celui d'héritier, pour conserver ce qu'il avait déjà;

» Attendu que le législateur du code civil avait à choisir entre ces deux systèmes; qu'il est évident que le droit coutumier a prévalu, en ce sens, qu'en thèse générale c'est la loi qui fait les héritiers; que la permission de disposer de ses biens, par acte entre-vifs ou testamentaire, est à la vérité accordée, mais que des bornes sont posées à cet exercice du droit de propriété, afin de ne pas le faire prévaloir sur les devoirs du père de famille;—Attendu que la réserve est attachée à la qualité d'enfant; que cela résulte de l'art. 913, qui veut qu'elle soit calculée à raison du nombre des enfants, et non à raison du nombre des héritiers;—Mais attendu, cependant, que la réserve étant le résultat de la défense de disposer de ses biens en certains cas, au delà de certaines limites, il devient évident que la portion indisponible, n'étant pas transmise par la volonté de l'homme à ceux qui doivent la recueillir, ne peut l'être que par la volonté de la loi; que le résultat de cette dernière volonté est la transmission par voie héréditaire; qu'il faut donc, pour réclamer la réserve dont le père aurait disposé entre-vifs, ou la retenir dans l'hérédité malgré une disposition testamentaire, réunir, à la qualité d'enfant qui motive cette réserve, la qualité d'héritier qui donne le moyen d'obtenir;

» Attendu que cela est si vrai qu'il est reconnu que la seule manière d'exécuter l'art. 921, qui ne permet pas aux créanciers du défunt de profiter de la réduction d'une donation entre-vifs, est l'acceptation, sous bénéfice d'inventaire, de la succession, parce que de cette acceptation résulte pour l'enfant le droit de réclamer la réserve par voie de réduction, et, d'un autre côté, de ne pas confondre avec les biens de la succession cette même réserve qui se trouve réunie aux biens propres de l'enfant; de pouvoir, dès lors, user de la qualité voulue pour que la réserve puisse être demandée, sans pourtant encourir les chances de cette qualité; — Attendu que les raisonnements ci-dessus sont confirmés par les art. 917, 918, 1006, 1011 et 1015, dans lesquels le droit à la réserve semble toujours, en général, être attaché à la qualité d'héritier; que le système du code, sous ce rapport, est donc en harmonie avec l'ancien système coutumier, avec la maxime : *Non habet legitimam nisi qui hæres est*, et avec cet axiome de Dumoulin : *Filius cui delata est hæreditas patri non potest consequi legitimam ex hereditate repudiatâ*;

» Attendu qu'il reste à examiner si le code civil a maintenu l'exception admise par les jurisconsultes anciens, et établissant que l'enfant donataire peut conserver, par voie de rétention, la réserve, quoiqu'il ait abdiqué la qualité d'héritier; —Attendu que, pour soutenir la négative, l'on excipe de l'art. 845 c. civ., qui dit qu'on ne permet à l'héritier donataire qui renonce de conserver la donation que jusqu'à concurrence de la quotité disponible; — Mais attendu que l'art. 845 n'est évidemment que la contre-partie de l'art. 843 et de l'art. 844; que, d'après ces derniers articles, l'héritier qui vient à une succession a besoin de la clause de préciput pour retenir son don; qu'il n'en a pas besoin, au contraire, lorsqu'il renonce à cette même succession; que c'est là tout ce que le législateur a voulu dire par la disposition de l'art. 845, en l'autorisant à retenir ce don jusqu'à concurrence de la quotité disponible; mais que, dans cet article, le législateur n'a pas eu à s'expliquer sur les droits du donataire renonçant par rapport à la réserve; que le titre des successions était, en effet, étranger au mode de délation de cette réserve; qu'on ferait, dès lors, un raisonnement vicieux en disant que, quoique l'art. 845 autorise, en général, la rétention jusqu'à concurrence de la quotité disponible, cette rétention ne peut jamais aller au delà;

» Attendu que si, dans le chap. 3 du titre des donations relatif à la portion disponible et à la réduction, on cherche des traces du droit à la réserve de l'enfant donataire renonçant, on doit convenir que le législateur ne s'est réellement pas occupé de cette question, car l'art. 942 n'est applicable qu'à l'enfant héritier et donataire par préciput; qu'il ne faut pas conclure de là, cependant, que la réserve est tellement irrévocablement attachée au titre d'héritier, qu'il ne puisse y avoir de réserve sous ce titre; qu'on chercherait vainement dans la loi une proposition aussi absolue; qu'on y trouvera, sans doute, des textes qui annoncent qu'on ne peut demander la réserve par voie d'action en réduction, sans être héritier, mais que ces textes se bornent à établir ce principe que, comme le tribunal l'a fait d'ailleurs observer ci-dessus, l'adition d'hérédité n'est nécessaire pour réclamer la réserve par voie de réduction, que parce que la portion indisponible n'étant pas transmise, en ce cas, par la volonté de l'homme, elle ne peut l'être que par la volonté de la loi; que le résultat de cette dernière volonté ne peut être, sous notre législation, que la transmission par voie héréditaire; que nous ne sommes plus, en effet, sous l'empire du droit romain, qui contraignait le père à donner à chacun de ses enfants sa légitime, et avait inventé les actions de prétérition et l'inofficiosité pour suppléer à l'accomplissement de ce devoir légal; mais que la qualité d'héritier doit cesser d'être utile dès que le père de famille a, de son vivant, assuré à un de ses enfants la réserve qu'il est obligé de lui conserver; que la transmission légale n'est plus indispensable en ce cas; qu'on peut ici répéter avec avantage les raisonnements des anciens jurisconsultes qui disaient que la qualité d'héritier n'étant qu'un moyen de réclamer la réserve, si elle peut être obtenue à un autre titre également légitime, on ne voit pas pourquoi ce titre ne suffirait pas; que, sans aucun doute, une donation est un titre légitime; que l'enfant donataire, en renonçant à la succession, n'a pas besoin d'agir comme héritier pour obtenir sa réserve, de chercher dans ce titre d'héritier le moyen de se prévaloir de la faveur légale; que son titre de donataire lui suffit;

» Attendu que le système contraire à celui qui vient d'être exposé présenterait de singulières anomalies; que, par exemple, lorsqu'il n'existe qu'un enfant, le père peut disposer de la moitié de ses biens; que l'enfant n'a donc, en ce cas, que moitié à réclamer du donataire, s'il y a excès dans la donation; qu'autant vaudrait soutenir que si ce donataire, au lieu d'être étranger, était lui-même un enfant, il se trouverait réduit au tiers, et que l'enfant non donataire aurait les deux tiers; qu'ainsi, la qualité d'enfant, si favorable aux yeux du législateur, serait, au contraire, une cause de défaveur; qu'il serait, en outre, bien étrange, dans le cas de l'art. 921, de voir l'enfant non donataire réclamer de l'enfant donataire renonçant toute la réserve, ne pas lui permettre de conserver sa part de cette réserve, sous le prétexte qu'il n'est pas héritier, et se soustraire lui-même aux obligations de cette qualité d'héritier en ne confondant pas la réserve avec la succession; qu'il faut donc reconnaître que le système qui permet à l'enfant donataire, par avancement d'hoirie, de conserver, en renonçant, la réserve et la quotité disponible, n'est point en désaccord avec les principes du code; qu'il est, au contraire, conforme à ses principes, et doit être adopté;

» Attendu que la jurisprudence a varié sur cette question; qu'en 1818, la cour de cassation rendit l'arrêt Delaroque de Mons, qui décida que l'enfant donataire par avancement d'hoirie, renonçant, ne pouvait retenir que la quotité disponible; — Mais, attendu que bientôt les inconvénients de cette décision furent signalés; qu'il en résultait, en effet, nécessairement que l'enfant donataire par avancement d'hoirie, n'ayant en renonçant d'autre droit que celui de retenir son don jusqu'à concurrence de la portion disponible, ne pouvait jamais être dépouillé de ce droit; qu'ainsi, par sa seule volonté, par l'effet de sa renonciation, il privait nécessairement le père de la faculté de donner à un autre enfant, par préciput, ou à un étranger, la quotité disponible; que le père était ainsi dépouillé de sa magistrature paternelle; que, d'un autre côté, on ne pouvait, en présence d'une renonciation faite par le donataire pour s'en tenir à son don, le dépouiller intégralement; que le seul moyen de concilier tous les intérêts était donc de décider que le don par avancement d'hoirie devait d'abord s'imputer sur la réserve, et qu'il ne s'imputerait sur la quotité disponible qu'autant que, par une disposition spéciale, le père ne l'aurait pas épuisée; que ce système fut adopté par la cour de cassation dans les deux arrêts Demourgues, des 11 août

M. d'Aiguesvives, pr., aff. Rives *C.* Rives; Agen, 6 juin 1829, M. Tropamer, pr., aff. Dupouy; Toulouse, 25 juill. 1832, M. de Miégeville, pr., aff. Dufour *C.* Peyrefite; Limoges, 4 déc. 1835, M. Tixier-Lachassagne, pr., aff. Granger *C.* Peytavit; Lyon, 2 mars 1836, M. Achard-James, pr., aff. Charreton *C.* Boissieux; Caen, 25 juill. 1837, M. de la Chouquais, pr., aff. Dudonney *C.* Dionis; Bastia, 27 nov. 1838, aff. Franceschini, V. Appel incident, nº 142; Lyon, 22 juin 1843, aff. Allimand, D. P. 43. 2. 184; 15 juin 1844, aff. Sandelion, *eod.*; Montpellier, 14 mai 1845, aff. N..., *eod.*; Toulouse, 9 août 1845, aff. Daugnac, D. P. 46. 2. 235; trib. de Figeac, 4 déc. 1845, aff. Conios, D. P. 46. 3. 167; Montpellier, 7 janv. 1846, aff. Gros, D. P. 47. 2. 6; Paris, 3 fév. 1846, aff. Lecoq, D. P. 46. 2. 235; Rouen, 29 avril 1847, aff. Lecesne, D. P. 47. 2. 195; 22 juin 1849, aff. Herbel, D. P. 50. 2. 78; Grenoble, 2 fév. 1852, aff. Tirau, D. P. 53. 2. 128; Aix, 27 juin 1853, aff. Beleuil, D. P. 53. 2. 241; Amiens, 17 mars 1853, aff. Gandon, D. P. 53. 2. 240).

1030. Quant aux auteurs, la nouvelle jurisprudence a rencontré dans le plus grand nombre une vive opposition. Antérieurement, la thèse du cumul avait été soutenue par MM. Delvincourt, t. 2, p. 421 à 429; Proud'hon, dans une consultation; Malpel, Suppl. au traité des success., p. 16, nº 270. Mais depuis que la cour suprême s'est rangée à cette opinion, nous ne connaissons qu'un seul interprète, M. Troplong, des Donations, nº 791 à 793, qui ait approuvé ce changement de jurisprudence. — *Contrà* MM. Grenier, t. 2, nº 566, et Chabot sur l'art. 845, d'abord partisans du cumul; Merlin, Quest. de droit, vº Réserve (ce qu'il dit, Rép., vº Légitime, n'appartient qu'à l'ancien droit, et quant aux articles Réserve et Portion disponible du Répertoire, ils sont de M. Grenier et non de M. Merlin); Toullier, t. 5, nº 10; Favard, Rép., vº Renonciation, § 1, nº 14; Levasseur, Quotité dispon., nº 146; Saintespès-Lescot, t. 2, nºs 313, 315 et suiv.; Coulon, Quest. de droit, vº Quotité dispon., nº 111; Zachariæ, § 882, note 2; Duranton, t. 7, nº 252; Demante, t. 2, nº 271; Valette, Droit du 17 déc. 1843, et toute l'école de Paris; Duvergier, Gazette des tribun. du 19 oct. 1844; Rodière, Journ. des trib. du Midi, du 27 juin 1850; Coin-Delisle, dans sa dissertation intitulée: Limite du droit de rétention par l'enfant donataire renonçant.

Pour nous, nous persistons à penser que l'héritier renonçant ne peut retenir cumulativement la portion disponible et sa part de la réserve; qu'il ne peut avoir rien de plus, que si c'était un donataire étranger. — Cette solution, que nous avons développée pour la première fois il y a près de trente ans, dans notre précédente édition, en traitant des *Disposit. entre-vifs et test.*, t. 5, chap. 3, sect. 3, art. 1, nº 47, nous paraît commandée par ces trois principes: 1º la réserve est une partie de la succession; 2º il faut être héritier pour avoir droit à la réserve; 3º la part du renonçant accroît à ses cohéritiers. On peut rattacher à l'une ou l'autre de ces propositions la plupart des éléments de cette grande controverse.

Et d'abord la réserve est une partie de la succession. En effet, la succession se divise en deux masses: la portion disponible et la portion indisponible. La réserve compose même toute la succession, quand le disponible a été épuisé. — Ici on a objecté que les biens donnés entre-vifs ne sont plus dans la succession. — Mais il faut distinguer. A l'égard des tiers, créanciers, donataires et légataires, la succession ne comprend pas les biens donnés; à l'égard des héritiers, la succession se compose de tous les biens qui doivent entrer dans le partage, même par rapport ou réduction. La réduction a l'effet rétroactif d'une condition résolutoire, et le bien donné est censé, pour ce qui excède la portion disponible, n'être jamais sorti des mains du donateur. Tout ce qui n'est pas disponible ayant été *réservé* aux enfants est *succession* à leur égard. La *réserve* (le mot seul semble l'indiquer) ne cesse pas d'être la *succession*, par cela seul que les biens qui y sont affectés ont été momentanément aux mains d'un donataire.

Si la réserve fait partie de la succession, il faut être héritier pour y prétendre. Or le renonçant est censé n'avoir jamais été héritier, c. nap. 785. — On lit toutefois, dans quelques arrêts de cours d'appel, que la réserve est attachée à la seule qualité d'enfant. Mais le contraire résulte de plusieurs articles du code Napoléon, qui qualifient expressément d'*héritiers* les personnes exerçant leurs droits dans la réserve (art. 917, 922, 924, 1004, 1006, 1009, 1011). D'ailleurs si la qualité d'enfant était attributive par elle-même de la réserve, sans adition d'hérédité, le renonçant pourrait la réclamer par voie d'action; et cependant on limite son droit à une rétention par voie d'exception. Car tous les interprètes sont d'accord aujourd'hui pour lui refuser l'action directe: ce n'a été un point d'hésitation que dans les premiers temps du code Napoléon, et sous l'influence du droit romain, qui, par des raisons particulières, exposées plus loin, accordait à l'enfant, même renonçant, l'action en légitime.

Si la réserve est un droit héréditaire, il faut appliquer la règle de l'art. 786 c. nap.: « La part du renonçant accroît à ses cohéritiers. » Car, d'une part, il n'y a pas de règles spéciales de dévolution pour la réserve; elle est régie par les principes de la succession ordinaire et notamment par les art. 724 et 1004 c. nap., qui saisissent de plein droit les *héritiers de tous les biens* du défunt. D'autre part, les adversaires eux-mêmes reconnaissent, à l'égard d'un donataire étranger, que la quotité de la réserve est fixée irrévocablement au décès par le nombre des enfants alors existant; qu'elle ne diminue point par le fait ultérieur de la renonciation de quelques-uns. Ce n'est point une assignation individuelle, une quotité personnelle; c'est une attribution collective à tous les enfants. Tant qu'il reste un seul héritier acceptant, il n'y a donc jamais accroissement de la quotité indisponible à la quotité disponible. — Toutefois c'est contre l'application de l'art. 786 c. nap. qu'on a réuni le plus d'objections en faveur de l'enfant donataire.

On a dit d'abord que cet article suppose un abandon des choses de la succession et n'est pas applicable quand l'héritier retient à un titre spécial la chose donnée: son titre ici est une donation irrévocable de sa nature, un avancement d'hoirie, qui est le payement d'une dette naturelle. — A quoi nous répondons: il n'y a pas deux espèces de renonciation, ou deux renonciations ayant des effets différents. On est acceptant ou renonçant. Acceptant, on ne cumule pas avec la réserve un don non dispensé du rapport; renonçant, on ne peut retenir la réserve, au seul titre de donataire, puisque la donation ne transfère que ce qui est disponible. — L'avancement d'hoirie n'est point considéré comme le payement d'une dette, puisqu'il est rapportable, et que sous le code Napoléon l'enfant n'a point d'action contre ses père et mère pour son établissement. Quant à l'irrévocabilité de la donation, elle ne saurait faire obstacle à la réduction. Révocable et réductible sont deux idées tout à fait différentes. Révocable suppose un acte émané de la volonté du donataire. Réductible, c'est une condition imposée par la loi elle-même.

On a dit ensuite, et c'est à cet argument que les partisans du cumul, et notamment M. Troplong, des Donat., nº 792, semblent attacher le plus de force: les demandeurs en réduction ne sont pas recevables à réclamer au delà de leur part dans la réserve; car l'enfant renonçant peut leur tenir ce langage: Si j'ai renoncé, c'est pour profiter de la donation. J'aurais accepté, si la donation avait été faite à un étranger; et dans ce cas, j'aurais partagé avec vous la réserve. Votre condition est donc là même, soit que je

---

1829 et 30 mai 1836, et dans l'arrêt Decastille, du 25 mars 1834;

» Attendu que ces derniers arrêts battaient nécessairement en brèche le système de l'arrêt Delaroque; que, loin d'interpréter judaïquement l'art. 845, la cour reconnaissait que c'était d'abord sur la réserve que l'imputation du don par avancement d'hoirie devait s'effectuer; qu'elle a été bientôt amenée à décider que, si le père n'avait pas usé de la faculté de disposer de la quotité disponible, le donataire par avancement d'hoirie conserverait, en renonçant, et la part de réserve, et la quotité disponible elle-même; que c'est ce qui résulte en effet de l'arrêt Canillac, du 5 fév. 1840; que la jurisprudence se réunit donc à la doctrine pour faire décider que Teterel aîné, en renonçant à la succession de son père, a le droit de conserver sur son don la part dans la réserve et la quotité disponible, si tant est que cette quotité soit restée intacte; — Déclare, etc. »

Appel par Louis Teterel. — On produit, dans son intérêt, une consultation délibérée par MM. Perreyve et Demante, professeurs à la faculté de droit de Paris, à laquelle ont adhéré Mes Deschamps et Daviel. — Arrêt.

LA COUR; — Adoptant les motifs des premiers juges, confirme.

Du 25 déc. 1841. — C. de Rouen. — MM. Gesbert, pr. — Blanche, subst., concl. contr. — Desseaux, Néel et Sénard, av.

renonce, en retenant avec le don de ma part de réserve, soit que j'accepte, le disponible étant pris par un étranger. Ce n'est pas à vous, d'ailleurs, à tirer profit de ce que la donation m'a été faite. Donc il vous suffit que votre part de réserve soit intacte. — A nos yeux, ce raisonnement n'est concluant que si l'on admet deux portions disponibles : l'une, absolue et fixe, vis-à-vis l'étranger; l'autre, relative et variable, vis-à-vis les enfants des ascendants. Or une telle distinction est-elle conciliable avec les textes du code Napoléon? *Les libéralités ne pourront excéder*, dit l'art. 913 c. nap., sans distinguer si elles sont faites à un héritier ou à un étranger. Nulle distinction, également dans l'art. 920, qui autorise la réduction. Mais la preuve qu'il n'y a pas deux portions disponibles nous paraît résulter surtout de l'art. 845, rapproché de l'art. 844, ou considéré en lui-même. — Aux termes de l'art. 845, « l'héritier qui renonce à la succession peut cependant retenir le don entre-vifs ou réclamer le legs à lui fait, *jusqu'à concurrence de la quotité disponible*. » Or, le sens de ces mots se détermine par l'art. 844, qui, à l'égard des dons par préciput, statue que « l'héritier venant à partage ne peut les retenir que *jusqu'à concurrence de la portion disponible*: l'excédant est sujet à rapport. » Dans ces deux articles, les mots *portion disponible* et *quotité disponible* ont le même sens, et s'entendent de ce qui n'est pas rapportable par le donataire dispensé du rapport. La portion disponible doit donc se calculer de la même manière, que l'héritier soit donataire par préciput ou en avancement d'hoirie. D'ailleurs l'art. 845 assimile pour la mesure du disponible le *don entre-vifs à retenir* et le *legs à réclamer*. Donc le donataire ne peut retenir que ce que le légataire pourrait réclamer. Or, on reconnaît que le légataire ne peut réclamer que la portion disponible, sans y joindre sa part de réserve. Donc l'héritier renonçant doit, dans les deux cas de legs et de donation, être considéré comme étranger à la succession. Aussi l'art. 845, dans les premiers projets du code Napoléon, se terminait par ces mots : *ainsi qu'un étranger pourrait le faire*; mots qu'on a supprimés sans doute comme une superfluité, le style des lois étant un style de disposition et non de comparaison. Ajoutons que, loin de songer à favoriser le renonçant plus qu'un étranger, les rédacteurs de l'art. 845 étaient préoccupés de la loi alors régnante (loi du 17 niv. an 2, modifiée par la loi provisoire du 4 germ. an 8), qui avait placé la réserve dans la succession d'une manière si absolue, que l'hériter renonçant *était sujet au rapport*. C'est par opposition à cette règle et pour en indiquer l'abrogation que l'article emploie le mot *cependant*. Tout ce qu'on a voulu, c'est donc seulement que l'héritier renonçant et donataire ne fût pas de pire condition qu'un étranger. Donc la loi n'a pas entendu qu'il y eût une portion disponible plus étendue en faveur de cet héritier.

Nous ne comprenons pas que M. Troplong, *loc. cit.*, se soit borné à dire sur l'art. 845 : « Quant à l'argument tiré de cet article (argument que le savant auteur n'indique pas), il n'a plus aucune portée pour les esprits sérieux... Il est évident, en effet, que le don, en tant qu'il porte sur la portion disponible, ne saurait l'excéder; c'est là ce qu'a voulu dire l'art. 845. Mais il ne s'explique pas sur la question de savoir si à la portion disponible l'enfant renonçant peut joindre, en la retenant, la légitime *dont il est saisi*. » Que signifient ces mots *dont il est saisi*? Saisi de plein droit, en vertu de la loi? Non, puisqu'il n'est pas héritier. Saisi en vertu de la donation? Mais le don ne peut être retenu, d'après l'art. 845, que jusqu'à concurrence de la portion disponible, c'est-à-dire pour tout ce qui ne l'excède pas. Donc cet article s'oppose à la saisine, supposée par M. Troplong, qui ne la fonde pas, d'ailleurs, sur la seule qualité d'enfant.

On a tiré aussi argument de l'intention présumée du père, qui, en donnant à l'un de ses enfants, entend sans doute ne faire qu'une remise anticipée de sa part de réserve, de manière à conserver, pour des donations ultérieures, un plus grand disponible. Mais remarquons que l'imputabilité sur la réserve, pour faire produire effet à des libéralités postérieures, est une question distincte du droit de cumul invoqué par l'enfant dans son seul intérêt; question examinée séparément n° 1033. Ajoutons que le cumul est contraire à l'intention présumée du père; car en ne faisant qu'un avancement d'hoirie sujet au rapport, il n'entendait pas faire un aussi grand avantage que s'il eût dispensé du rapport. Or, par le cumul, l'enfant renonçant se trouvera aussi avantagé que si le don lui avait été fait par préciput.

On a invoqué l'ancien droit sur la légitime. Mais la réserve établie par le code diffère essentiellement de la légitime, soit des pays de droit écrit, soit des pays de coutume. — Dans les pays de droit écrit, la légitime, conformément au droit romain, n'était point une portion de l'hérédité, un droit héréditaire, mais une créance d'aliments, un secours dû par les père et mère à leurs enfants : *debitum bonorum subsidium* (L. 6, au Cod., *De inoff. test.*; L. 3, au Cod., *De inoff. don.*). D'où il suivait : 1° que l'enfant même renonçant, avait l'action en légitime ou en supplément de légitime; — 2° Que s'il était donataire, on imputait d'abord la chose donnée sur ce qui lui était dû, d'après la maxime *nemo liberalis, nisi liberatus*; — 3° Que chacun des enfants n'ayant qu'une créance personnelle, l'héritier institué ou le donataire se libérait en lui délivrant sa légitime individuelle; que si l'un d'eux renonçait à sa légitime ou négligeait de la réclamer, c'était le donataire qui en profitait, et non les autres enfants; — 4° Qu'en conséquence, et d'après le texte formel de la novelle 92, si l'enfant donataire s'abstenait de la succession, il retenait son don, comme l'eût fait un étranger, à la seule charge de parfaire la légitime de chacun de ses frères et sœurs (Faber, Cod., lib. 3, tit. 19, def. 3; Dumoulin, cons. 35; Furgole, Test., chap. 8, sect. 2; Berroyer, sur arrêts de Bardel; Voët, sur le Digeste). — Dans les pays de coutume, la légitime était considérée comme une portion de l'hérédité, et il fallait être héritier pour la demander. Cependant le renonçant pouvait la retenir par voie d'exception. Cette distinction se motivait sur ce que la légitime consistait pour chaque enfant dans une part fixe et individuelle, au lieu de leur être dévolue à tous *in solidum*. — L'art. 298, ajouté à la coutume de Paris lors de la réformation de 1580, et qui était devenu le droit commun de la France, porte : « La légitime est la moitié de telle part et portion que *chacun* eût eue en la succession..., si les père et mère... n'eussent disposé, etc. » De cette fixation distributive et toute personnelle, il suivait que chacun des enfants devait se trouver satisfait s'il obtenait intacte sa portion virile, et que la part du renonçant accroissait, non aux cohéritiers, mais au donataire ou légataire de la portion disponible. De là aussi cette conséquence, consacrée par l'ord. de 1731, art. 34, que l'enfant avantagé pouvait retenir tout ce qui lui avait été donné, à la seule condition d'indemniser ses frères et sœurs pour la valeur de leur part légitimaire (Denisart, v° Légitime, n°s 13 et suiv.; Bretonnier, t. 2, p. 529; Ferrière, sur la Coutume de Paris, t. 4, p. 324; Auroux des Pommiers, sur la Coutume du Bourbonnais; Guy-Coquille, sur la Coutume du Nivernais, Donat., art. 7; Lebrun, des Successions, liv. 2, chap. 3, sect. 1, n°s 9 et suiv.; Ricard, des Donat., part. 3, n° 978; Pothier, des Donat., sect. 3, art. 5, § 1).

Cette conséquence du droit coutumier est-elle conciliable avec les principes du code Napoléon? Oui, selon M. Troplong, *loc. cit.*, n°s 791 à 793, en ce que les héritiers, demandeurs en réduction, ne sont pas recevables à réclamer au delà de leur part de réserve. Sans répéter ce que nous venons de dire contre cette proposition, remarquons seulement qu'à la différence du droit coutumier, le donataire étranger ne profite plus par accroissement de la part du renonçant. C'est là une différence capitale qui suffirait seule, indépendamment de textes formels, à justifier autrefois le droit de rétention de sa part de réserve par l'enfant donataire et renonçant. — M. Troplong invoque, avec une grande insistance, l'opinion de Dumoulin, en lui donnant une portée qu'on n'avait point encore signalée. Dumoulin écrivait avant la réformation de la coutume de Paris, avant qu'on y eût ajouté l'art. 298 cité plus haut, et introductif d'un droit nouveau. A ce moment, la règle de la légitime, même dans les pays de coutume, était la novelle 18. Or, au lieu de fixer la légitime comme cet article, d'une manière distributive et individuelle, la novelle statuait dans le même sens que le code Napoléon, en la fixant au tiers des biens du défunt, s'il laissait moins de cinq enfants, à la moitié s'il en laissait un plus grand nombre. Cette fixation collective n'empêchait pas Dumoulin de reconnaître au renonçant le droit de retenir sa part de réserve par exception, quoiqu'il fût l'auteur de l'adage *non habet legitimam, nisi qui hæres est* (sur cout. de Paris, art. 125, n° 1). Donc, conclut-on, l'autorité de ce grand jurisconsulte doit avoir tout son poids sous l'empire du code Napoléon. — Mais, pour que cette conclusion fût vraie, il faudrait d'abord établir que l'art. 298, ajouté lors de la réformation à la coutume de Paris, fût l'expression d'un droit *tout nouveau*, c'est-à-dire opposé à la doctrine universellement reçue. En général, on n'érige en loi qu'une opinion déjà plus ou moins accréditée. De plus, le principe que la part du renonçant dans la réserve accroissait au donataire étranger et non aux cohéritiers, était admis avant comme depuis la réformation, dans les pays de coutume comme dans les pays de droit écrit, et ce principe, encore une fois, devait avoir une influence décisive pour notre question.

Un auteur (M. de Maleville) a cru voir dans l'art. 924 c. nap. la reproduction de l'ord. de 1731, art. 34, qui disposait que l'enfant donataire renonçant retenait les biens à lui donnés, sauf la légitime des autres enfants. — M. Delvincourt, t. 2, p. 113 et 248, puise aussi son principal argument pour le cumul dans le texte du même article ainsi conçu : « Si la donation entre-vifs réductible a été faite à l'un des successibles, il pourra retenir, sur les biens donnés, la valeur de la portion qui lui appartiendrait comme héritier dans les biens non disponibles, s'ils sont de la même nature. » Le donateur, dit-il, retient sur la portion non disponible ce qui lui appartiendrait comme héritier, c'est-à-dire s'il était héritier. Donc la loi prévoit le cas où il n'est pas héritier. — Mais telle n'est point la pensée de l'art. 924, qui ne parle point d'ailleurs de renonciation et qui suppose au contraire le même individu à la fois *successible* et donataire. La condition finale *si les biens sont de même nature*, indique assez qu'on a voulu seulement rappeler les principes déjà posés relativement au rapport. C'est ce que nous expliquons v° Disp. entre-vifs et test., n° 1052, en combinant cet article avec l'art. 866, et en reconnaissant d'ailleurs que la correction grammaticale manque à l'art. 924, où le futur conditionnel *appartiendrait* a été employé dans le sens du présent *appartient*. Ajoutons que cet argument de texte paraît abandonné par la plupart des auteurs qui soutiennent le droit du renonçant.

On a prétendu aussi que l'art. 931 c. nap. par ces mots « la réduction ne pourra être demandée que *par ceux au profit desquels la loi fait la réserve*, » devait s'entendre dans un sens partitif et individuel, comme s'il était dit par *chacun de ceux..., dans la proportion de son droit à la réserve*. Mais l'article n'a évidemment pour objet que d'indiquer dans quelles mains est l'action en réduction et non d'en déterminer l'étendue. Il n'a point surtout en vue le cas de renonciation de l'un des successibles, qui a été réglé ailleurs (art. 786) par le droit d'accroissement. Du reste, dans la discussion du code Napoléon, on a rejeté de l'art. 921 cette énonciation finale qu'y ajoutait l'un des projets : « la réduction sera dans les proportions établies en raison de la légitime de chaque successible. »

1031. On a vu que la cour suprême avait changé sa jurisprudence. Il y a eu à cet égard des appréciations inexactes, quant à la portée de quelques-uns de ses arrêts. — Selon nous, l'innovation daterait de l'arrêt (Req. 5 fév. 1840, aff. Despréaux de Saint-Sauveur, *suprà*, n° 1029). Selon d'autres interprètes, elle remonterait plus haut. On a cité trois arrêts antérieurs : 1° L'arrêt Cass. 8 juill. 1826, aff. Lamothe, v° Dispos. entre-vifs, etc., n° 1100-5°. — Mais il s'agissait seulement de savoir si, pour calculer la quotité disponible qui lui a été donnée ou léguée par préciput, un étranger a le droit de demander la réunion fictive des dons faits en avancement d'hoirie. Dans l'espèce, il n'y avait pas même d'héritiers renonçants. — 2° L'arrêt Req. 11 août 1829, aff. Mourgues, *infrà*, n° 1034. — Dans l'espèce, l'héritier renonçant ne demandait pas à annuler la quotité disponible et la réserve. Le procès n'était qu'entre le frère et la sœur de cet héritier, pour savoir si, dans la liquidation à opérer entre eux, le don au renonçant devait s'imputer sur la réserve ou sur la quotité disponible. — 3° L'arrêt Cass. 25 mars 1834, aff. Castille, *infrà*, n° 1034. — Dans l'espèce, il ne s'agissait encore que d'une imputation et non d'un cumul. La décision est que le don en avancement d'hoirie n'est que le don de la réserve légale, selon l'intention du père, qui conserve ainsi un plus grand pouvoir de disposer, et que la renonciation de l'enfant donataire à la succession ne change pas la nature du don et ne le rend pas seulement imputable sur la portion disponible. A la vérité, le donataire a été autorisé à retenir son don, en l'imputant d'abord sur la réserve, puis en prenant sur le disponible le complément de la somme donnée. D'où l'on a conclu (M. Troplong, des Donat., n° 788) que l'arrêt, tranchant une question de cumul, au profit du renonçant, est le premier pas de la cour de cassation dans la voie de sa nouvelle jurisprudence. Mais il faut bien remarquer qu'il ne s'agissait pas d'attribuer en résultat au renonçant un avantage supérieur à celui qu'aurait pu avoir un étranger. Tout en imputant son don d'abord sur la réserve, puis, par supplément, sur la portion disponible, l'enfant ne retenait, en définitive, qu'une somme égale à la quotité disponible. On semblait donc respecter l'art. 845; et l'imputabilité ne faisait question que dans l'intérêt d'un second donataire, à qui avait été donnée ultérieurement la quotité disponible.

1032. Nous avons supposé, dans la discussion qui précède, une donation entre-vifs non dispensée du rapport. Telle, en effet, l'espèce jugée en sens divers par les arrêts ci-dessus. Mais notre solution contre le cumul serait la même, quoique l'héritier renonçant fût donataire par préciput. Car le don ne peut porter que sur le disponible. Peu importerait, par la même raison, que le donateur eût formellement compris dans sa libéralité le disponible et la part de réserve.

1033. La même raison s'oppose encore à cette théorie intermédiaire, consacrée par plusieurs arrêts, et qui, distinguant entre le cumul et la simple imputation, décide que le don fait à l'héritier renonçant et non dispensé du rapport doit s'imputer sur sa réserve, si le père a donné depuis la quotité disponible, soit à un autre enfant, soit à un étranger. Ici, dit-on, ce n'est plus de l'intérêt du renonçant qu'il s'agit. Pourvu qu'il retienne ce qui lui a été donné, peu lui importe que ce soit à titre de réserve ou de quotité disponible. Mais il s'agit de l'intérêt des autres donataires postérieurs ou légataires. Si le don fait au renonçant s'impute sur sa réserve, la quotité disponible en aura été plus étendue; la puissance paternelle en sera favorisée; et il ne dépendra pas d'un enfant de rendre nulles ou de réduire considérablement par une renonciation concertée les autres dispositions de son père. — Puisque d'ailleurs l'on suppose le don fait en avancement d'hoirie, l'intention du père a été qu'il portât d'abord sur la réserve. On encourage ainsi les avancements d'hoirie, sans atteindre le droit des autres légitimaires. Ce n'est pas le cas d'appliquer le principe, que la réserve est attachée à la qualité d'héritier, et ne peut profiter au renonçant; car, encore une fois, il ne s'agit pas d'un profit à faire par le renonçant, mais d'un simple mode d'imputation, qui, sans avantager aucunement celui-ci, concilie les intérêts des autres donataires et des légitimaires. — M. Duranton, t. 7, n° 282 et suiv., entre dans de longs développements pour justifier ce système. M. Coin de Lisle, qui l'avait soutenu d'abord dans son commentaire sur les donations, p. 146, n° 10 et suiv., vient de le combattre dans sa dissertation intitulée : Limite du droit de rétention, etc., n° 230 et suiv. — Pour nous, nous ne méconnaissons pas la puissance des raisons de convenance et d'équité que nous venons de résumer. Mais elles ne sauraient à notre sens prévaloir sur le principe que la loi seule attribue la réserve; que seule elle règle les effets de la donation en avancement d'hoirie pour le cas où l'enfant donataire répudierait la succession et qu'alors la part du renonçant accroît à ses cohéritiers.

1034. Il a été jugé que le don en avancement d'hoirie, fait par un père à son enfant, n'enlève pas au donateur la faculté de disposer dans la suite, par don ou legs, avec préciput et hors part, de la quotité disponible; que si l'héritier renonce à la succession pour s'en tenir à son don, et que la quotité disponible ait été léguée depuis, le droit de rétention doit d'abord être exercé sur la réserve légale; et que, si cette réserve est insuffisante pour compléter le don, le droit de rétention s'exerce alors sur la portion disponible; qu'il ne peut se prévaloir de l'art. 845 c. nap., lequel ne s'applique qu'au cas où le père n'aurait point, avant ou après le don que le donataire prétend retenir, disposé de la quotité disponible (Grenoble, 22 fév. 1827; Req. 11 août 1829; Cass., 25 mars 1834; Aix, 13 fév. 1835 (1); Grenoble, 30

(1) 1re *Espèce* : — (Gallois C. Gallois.) — LA COUR ; — Attendu que tout don en avancement d'hoirie a nécessairement pour objet une remise an-

juin 1826, M. Paganon, pr., aff. Boix *C.* Triolle; Grenoble, 22 janv. 1827, M. de Noailles, 1er pr., aff. Champeau *C.* Champeau; Bastia, 24 juill. 1827, M. Colonna d'Istria, pr., aff. Arena *C.* Lota; Agen, 6 juin 1829, M. Tropamer, pr., aff. Dupouy *C.*

ticipée de la réserve légale que la loi assurait à cet enfant;—Attendu que, dès lors, il est évident qu'un semblable don, qui n'est point accompagné de la dispense du rapport, ne touche en rien à la portion disponible, et se rattache tout entier à la réserve légale; — Attendu que l'enfant qui, en renonçant à la succession de son père ou de sa mère, réclame l'exécution de la libéralité qui lui a été faite en avancement d'hoirie, manifeste évidemment l'intention de conserver la réserve légale qu'il a reçue par anticipation; — Attendu que l'art. 845 c. civ., portant que l'héritier qui renonce à la succession, peut cependant retenir le don entre-vifs jusqu'à concurrence de la portion disponible, doit être entendu dans ce sens, que le droit de rétention doit d'abord être exercé sur la réserve légale de cet héritier renonçant, et que si cette réserve est insuffisante pour compléter le don fait en avancement d'hoirie, le droit de rétention s'exerce alors sur la portion disponible, si elle est restée libre, mais sans que, dans aucun cas, la rétention puisse excéder cette même portion disponible; —Attendu qu'il faut tellement admettre ce mode de rétention, que si les père et mère avaient, antérieurement à la libéralité, en avancement d'hoirie, donné la quotité disponible, soit à un étranger, soit à un enfant, avec dispense du rapport, il serait bien de toute impossibilité que le droit de rétention pût s'exercer, ni en tout ni en partie, sur la portion disponible qui aurait été épuisée par une libéralité expresse, à moins d'admettre que le don postérieur fait en avancement d'hoirie, et, à ce titre, soumis au rapport, soit préférable au don antérieur fait par préciput et hors part, et exempt de tout rapport par là même, ce qui serait évidemment contraire à l'intention du législateur et à la justice; — Attendu qu'accorder une semblable préférence au don en avancement d'hoirie, ce serait tromper les intentions du père de famille qui, tout en voulant faire, à l'occasion du mariage de son fils ou de sa fille, une donation ou une constitution de dot en avancement d'hoirie, et soumise au rapport, ne veut pas anéantir la donation par préciput et hors part de la portion disponible de ses biens qu'il aurait précédemment faite; que ce serait évidemment porter atteinte à l'autorité paternelle, et tarir la source des dons en avancement d'hoirie; — Attendu que ce serait encore favoriser la fraude de la part des enfants réservataires à qui des dons auraient été faits en avancement d'hoirie, et qui, par des renonciations concertées, pourraient rendre illusoires les donations de la portion disponible;

Attendu, d'ailleurs, que, dans le cas de renonciation prévu par l'art. 845 c. civ., les autres enfants ne peuvent éprouver aucun préjudice du mode d'exécution de la donation en avancement d'hoirie, tel qu'il vient d'être défini, dès que, dans toutes les hypothèses, les réserves qui leur sont assurées par le code civil, restent intactes; qu'elles peuvent même être augmentées, s'il n'existe pas de disposition de la portion disponible; — Attendu que les art. 785 et 786 c. civ. sont inapplicables à l'espèce, parce qu'ils ne concernent que la renonciation pure et simple de l'héritier, à qui il n'a été fait aucun don en avancement d'hoirie, et qui ne s'en est fait aucune réserve dans l'acte de renonciation; que ces articles n'ont par conséquent aucun rapport avec le cas d'exception qui est le sujet de l'art. 845 auquel s'appliquent des règles particulières; — Attendu qu'il résulte de ce qui précède, que c'est sans fondement que les consorts Gallois ont prétendu que les dons en avancement d'hoirie faits à Marie Gallois devaient être supportés en entier par Pierre Gallois en sa qualité de préciputaire, et que la réserve légale qui compétait à ladite Marie, devait profiter aux autres cohéritiers des père et mère communs, et accroître leurs réserves légales, sans que ladite Marie pût faire, à cet égard, aucune retenue sur sa réserve; qu'ainsi le jugement du tribunal de Bourgoin, qui a accueilli la prétention des consorts Gallois, doit incontestablement être réformé; —Ordonne, en ce qui concerne les dons en avancement d'hoirie faits à Marie Gallois....., que le droit de rétention introduit par l'art. 845 c. civ. sera exercé, d'accord sur la réserve légale qui lui compétait....., et, en cas d'insuffisance, sur la portion disponible...., sans que, dans aucun cas, cette rétention puisse excéder ladite portion disponible.

Du 22 fév. 1827.-C. de Grenoble, 2e ch.-M. Paganon, pr.

2e *Espèce* :—(Jeanjean *C.* Mourgues.)—En 1819, Mourgues père, en mariant sa fille Elisabeth, lui fait don de 20,000 fr., en avancement d'hoirie. — En 1825, il lègue, par préciput, à son fils Ferdinand, la quotité disponible. — Peu après il décède. — Elisabeth renonce à la succession pour s'en tenir à son don. — Il s'est agi de partager le surplus entre Mourgues fils et une autre sœur, la dame Jeanjean.— Celle-ci a soutenu que l'imputation de l'avancement d'hoirie devait se faire sur la quotité disponible; d'où la conséquence que si cette quotité se trouvait absorbée par le don, le préciputaire n'aurait rien à réclamer. — 6 juill. 1826, le tribunal de Montpellier a adopté le système de la dame Jeanjean. — Appel. — 17 janv. 1828, arrêt infirmatif de la cour de Montpellier, qui reproduit dans ses motifs le système développé par l'arrêt ci-dessus du de la cour de Grenoble, du 22 fév. 1827. — Pourvoi de la dame Jeanjean, pour violation des art. 785, 786, 845 et 925 c. civ.—Arrêt.

LA COUR; — Attendu qu'il est constant que la constitution de dot, faite par Mourgues à la dame Bonnet sa fille, était en avancement d'hoirie; — Attendu que l'avancement d'hoirie n'est qu'une remise anticipée de la part que l'enfant ainsi doté est appelé à recueillir dans la succession de son père; — Attendu que l'enfant qui accepte cette constitution dotale ne peut en changer ni la nature, ni la cause, ni les effets; et qu'elle est toujours imputable sur l'hoirie au moment de l'ouverture de la succession, dont elle est une portion, puisqu'elle a été constituée à ce titre par l'auteur commun; — Attendu que la renonciation à la qualité d'héritier, faite par l'enfant doté en avancement d'hoirie, n'est pas un acte désintéressé et d'abandon pur et simple; que si elle ne le prive pas du droit de conserver sa dot, sans être obligé d'en faire le rapport effectif, ce n'est point un obstacle à ce que cette dot ne soit, à l'égard de l'hérédité, rapportable fictivement, et imputable d'abord sur la part à laquelle la qualité d'enfant donnerait, à celui qui a été doté, droit, dans la réserve légale, et subsidiairement seulement, sur la quotité dont le père avait la libre disposition; — Attendu que, s'il en était autrement, il dépendrait toujours de l'enfant, doté en avancement d'hoirie, de rendre illusoires, par une renonciation concertée, les dons que le père aurait faits de la portion disponible; — Qu'ainsi, en jugeant que la donation en avancement d'hoirie faite à la dame Bonnet, devait être imputée d'abord sur la part à laquelle sa qualité d'enfant lui donnait droit dans la réserve légale, et ensuite dans le cas où la constitution dotale excéderait cette part, sur la quotité disponible, l'arrêt attaqué a concilié le texte et l'esprit des divers articles du code invoqués, avec le respect dû à l'irrévocabilité des conventions, et au droit dont le père ne s'était pas dépouillé de donner la portion disponible; — Rejette.

Du 11 août 1829.-C. C., ch. req.-MM. Favard, pr.-Pardessus, rap.-Lebeau, av. gén., c. contr.-Nicod, av.

5e *Espèce* : — (Castille *C.* Duroure.)—Le comte de Castille, en mariant la dame Duroure, sa fille, en 1806, lui constitua en dot, par avancement d'hoirie, la somme de 100,000 fr. — Depuis, et en 1825, il légua à son fils aîné, par préciput et hors part, les biens composant un majorat, érigé précédemment.—En 1826, il décède laissant sept enfants.

La dame Duroure a déclaré renoncer à la succession pour s'en tenir au don de 100,000 fr.—Un débat s'élève sur l'étendue et le mode de la rétention de cette donation.—27 août 1829, jugement du tribunal d'Uzès qui décide que la dame Duroure ne peut retenir son don que jusqu'à concurrence de sa réserve légale.

Appel.—19 août 1830, arrêt de la cour de Nîmes qui réforme, en se fondant sur ce que l'enfant qui renonce n'est plus héritier; que, n'ayant droit à la réserve qu'en cette qualité, il l'a perdue en renonçant; et qu'ainsi le don qui lui a été fait ne peut plus porter que sur la quotité disponible; ordonne, en conséquence, que le don à retenir par la dame Duroure sera exclusivement imputé sur cette quotité : « Attendu que, d'après l'art. 785 c. civ., l'héritier qui renonce est censé n'avoir jamais été héritier; que, d'après l'art. 786, la part du renonçant accroît à ses cohéritiers; que, d'après l'art. 845, l'héritier qui renonce à la succession peut retenir le don entre-vifs, ou réclamer le legs à lui fait, jusqu'à concurrence de la portion disponible : que de ces textes réunis, qui ne sont ni abrogés ni modifiés par aucun autre, il résulte avec évidence et d'une manière absolue et générale, que l'héritier qui a renoncé est définitivement exclu de toute participation à la réserve, et que sa portion est irrévocablement acquise à ceux de ses cohéritiers qui n'ont pas renoncé; et que, s'il est donataire entre-vifs ou légataire, le don qui lui a été fait lui reste jusqu'à concurrence de la portion disponible, et doit être pris exclusivement sur cette portion; que des dispositions aussi claires, aussi explicites, doivent fermer la porte à toutes ces interprétations subtiles à l'aide desquelles, sous prétexte de chercher l'esprit de la loi, on donnerait à la faculté de disposer une extension qu'elle lui a formellement déniée, mettant ainsi la volonté des tribunaux à la place de la volonté du législateur; qu'il suit de là que la constitution de dot faite à la dame Duroure, dans son contrat de mariage, ne peut être ni pour le tout, ni pour aucune partie à la charge de la réserve, et que le tribunal, en décidant le contraire, a inféré grief aux mineurs, héritiers en seuls de cette réserve. »

Pourvoi du sieur Castille pour violation des art. 845 et 919 c. civ.— Arrêt (après délib. en ch. du cons.).

LA COUR;—Vu les art. 845 et 919 c. civ.;—Attendu que la loi appelle, en principe général, tous les enfants à succéder à leur père, par portions égales; que, néanmoins, elle autorise le père à disposer d'une quotité déterminée de sa succession, soit en faveur d'un de ses enfants, soit en faveur des étrangers, sans toutefois que la réserve légale de l'enfant puisse jamais être entamée;—Que, si toute disposition faite par un père en faveur d'un étranger doit être imputée sur la quotité disponible, puisque cet étranger n'a aucun droit à prétendre dans la succession du donateur, il en est autrement du don qu'un père fait à l'un de ses enfants;—Qu'en effet, le père peut disposer en faveur d'un de ses enfants, soit en avancement d'hoirie, et en lui faisant la remise et la délégation anticipée de tout ou partie de sa portion dans sa réserve légale, soit en

Dupouy; Toulouse, 16 juill. 1829, M. Charlet-Durieu, pr., aff. Sicard *C.* Sicard; Limoges, 4 déc. 1835, M. Tixier-Lachassagne, pr., aff. Granger *C.* Peytavit). — La même interprétation résulte implicitement des nombreux arrêts (dont plusieurs de la cour suprême) qui ont décidé que, pour calculer la quotité disponible qui lui a été donnée ou léguée, un étranger a le droit de demander la réunion fictive des dons faits en avancement d'hoirie (V. v° Dispos. entre-vifs et test., n°s 1084 et suiv.). Les deux questions sont nécessairement subordonnées l'une à l'autre.

1035. Il a été jugé aussi que le don doit s'imputer d'abord sur la part du renonçant dans la réserve, et que le surplus le sera sur la portion disponible, mais de manière que la donation ne puisse excéder en totalité cette même portion disponible... Et s'il y a plusieurs donataires en avancement d'hoirie, le second retient aussi d'abord sa réserve et ce qui reste de la portion disponible, mais toujours de manière qu'il ne puisse avoir en tout plus que la portion disponible, et ainsi à l'égard des autres donataires, jusqu'à ce que la portion disponible se trouve épuisée, les derniers donataires conservant seulement leur part dans la réserve (Caen, 25 juill. 1837) (1).

---

lui donnant tout ou partie de la quotité disponible; — Que le partage égal étant l'ordre de succession établi par la loi, tous les dons faits purement et simplement par le père à ses enfants, sont réputés être faits en avancement d'hoirie; — Que le père n'est censé avoir disposé de la quotité disponible, qu'autant qu'il a fait connaître sa volonté d'une manière expresse, ou que cette volonté résulte manifestement de ses dispositions;

Que, dans toute autre supposition, le don en avancement d'hoirie, sans clause de préciput, ni dispense de rapport, n'enlevant pas au père la faculté de disposer de la quotité disponible, il en résulte que, si, depuis, le père a légué la quotité disponible par préciput à un autre enfant, le premier donataire peut bien renoncer à la succession paternelle, mais que sa renonciation ne peut changer la nature du don qui lui a été fait, et n'a d'autre effet que de lui donner le droit de retenir ou de recevoir ce qui lui a été donné, d'abord, en sa qualité d'enfant, qu'il ne peut ni perdre ni abdiquer, sur la part qui lui aurait appartenu dans la réserve légale, s'il n'eût pas renoncé, et subsidiairement, s'il y a lieu, sur la quotité disponible, afin que la réserve légale de ses frères et sœurs ne soit point entamée; — Que c'est ce qui résulte de la combinaison de l'art. 845 c. civ., placé au titre *des rapports*, et de l'art. 919 dudit code, au titre de *la quotité disponible*, et qui règlent spécialement la matière;

Que, dans l'espèce, la cour royale de Nîmes a fait prévaloir sur la volonté du comte de Castille, manifestée dans son testament, la renonciation de la dame Duroure, sa fille; — Qu'au lieu de se borner à maintenir celle-ci en l'intégralité du don qui lui avait été fait par son contrat de mariage, et d'ordonner, à cet effet, que la valeur en serait perçue d'abord sur la portion de la réserve légale qui lui aurait appartenu si elle n'avait pas renoncé, et subsidiairement, en cas d'insuffisance, sur la quotité disponible dont le comte de Castille avait ultérieurement disposé, l'arrêt attaqué a décidé que les 100,000 fr. donnés à la dame Duroure par son contrat de mariage seraient exclusivement pris sur la quotité disponible, et que la portion héréditaire de cette donataire accroîtrait à ses frères et sœurs, en vertu de sa renonciation; — Qu'en ce faisant, l'arrêt attaqué a ouvertement violé les dispositions de l'art. 919 c. civ., et faussement appliqué celles de l'art. 845; — Casse.

Du 25 mars 1834.-C. C., ch. civ.-MM. Portalis, 1er pr.-Carnot, rap.-De Gartempe, av. gén., c. conf.-Desclaux, Ad. Chauveau et Crémieux, av.

Sur le renvoi prononcé par cet arrêt, voici en quels termes la cour d'Aix a statué.

La cour; — Attendu que le patrimoine du père de famille qui laisse des enfants se divise en deux parts, une qui reste indisponible, pour être distribuée par égales parts aux enfants, une autre qui peut sortir de l'hérédité, et être donnée à un enfant, en sus de ses droits primitifs; — Que, lorsque le donataire n'explique pas qu'il donne hors part, mais que c'est par avancement d'hoirie, il en résulte nécessairement qu'il donne dans la part réservée en faveur des enfants; — Que l'enfant héritier qui renonce ne peut pas pour cela être considéré comme ayant perdu sa qualité d'enfant; — Que cette qualité est la principale idée qui domine dans la législation des successions, puisque la part des biens que cette législation distribue doit, d'après l'art. 915 c. civ., être fixée selon le nombre d'enfants en général, et non selon le nombre d'enfants venant seulement à succession; — Qu'il faut alors voir dans l'enfant successible une double qualité: il est primitivement enfant; il est ensuite l'héritier le plus proche. Comme enfant, il a des privilèges, des droits d'origine exclusivement attachés à cette première qualité. Comme héritier, il succède aux facultés actives et passives;

Attendu que la preuve de cette distinction se trouve dans la disposition de l'art. 921 c. civ., qui fut le résultat d'une profonde discussion au conseil d'Etat et au tribunat, et qui détermine que, lorsque dans une succession il y a lieu à l'action en réduction, elle ne peut être demandée que par les enfants ou leurs ayants cause, et ne peut profiter à d'autres, pas même à des créanciers de la succession, ce qui, dans cette hypothèse, sépare bien la qualité d'enfant de celle d'héritier, puisqu'à ce dernier titre ils seraient tenus des dettes de l'héritage; — Attendu qu'alors la raison ne résiste point à penser que les art. 785 et 786 du code precité n'ont en vue que les enfants en leur qualité d'héritiers seulement, et pour les droits qui pourraient leur compéter comme héritiers, et autres que ceux qu'ils auraient à exercer comme enfants; — Attendu ensuite que la réserve légale est attachée à la seule qualité d'enfant, puisqu'elle est la part que la loi calcule et leur destine, et qui existe toujours dans la succession; — Attendu qu'une donation en avancement d'hoirie n'est réellement qu'une remise anticipée, faite par le père à son enfant sur les droits de celui-ci, et un véritable à-compte de la portion qui lui revien originairement et de plein droit dans cette succession; — Attendu qu'il ne peut appartenir au donataire de changer jamais le caractère bien établi du don à lui fait et ainsi accepté; — Attendu que, dès lors, cette donation est, pour l'enfant, un titre provisoire dont l'entière effectuation est renvoyée après le décès du donateur; — Attendu que, lorsque cette circonstance est à réaliser, et si alors l'enfant veut s'en tenir à sa donation, et renonce à tous autres droits, c'est par voie de rétention qu'il agit, mais il ne peut retenir le montant de son titre provisoire que tout d'abord sur la part que la loi lui destinait, qui est son avoir d'origine, sur lequel le don lui avait été fait, et que, par droit de suite, il retrouve en dedans de la succession; — Attendu qu'il n'en serait pas de même si la donation avait été stipulée par préciput et hors part, parce qu'alors, cette libéralité prenant le caractère de quotité disponible, son aliment se trouve en dehors de l'héritage; — Attendu que, lorsqu'après un don en avancement d'hoirie, le père de famille a encore institué un préciputaire, cette nouvelle disposition ne peut altérer la première donation, et priver l'enfant qui déclare s'y tenir de l'entier accomplissement du don à lui fait et non révoqué; — Que, dès lors, ce préciputaire doit, au besoin, être tenu de parfaire le complément de la première donation; — Attendu que c'est en quoi les premiers juges ont fait erreur, en établissant que la donation en avancement d'hoirie ne devait se prendre que sur la réserve;

Attendu que l'art. 845 c. civ. n'a d'autre but que de limiter les droits de l'enfant qui renonce, et qui a à réclamer un don en avancement d'hoirie; qu'en effet, il est rationnel que ce donataire ne puisse réclamer que jusqu'à concurrence de la quotité disponible, et ne puisse l'excéder, puisque c'est la borne que la loi établit à la libéralité de tout père de famille; — Attendu que si c'est un droit pour l'enfant donataire qui renonce d'imputer d'abord sa réserve légale sur la donation, c'est en même temps pour lui une obligation que les plus grands intérêts de la société et les liens de la famille réclament; car, autrement, si on n'exerçait le droit de payement que sur la quotité disponible exclusivement, les dispositions des art. 913, 919 et 1079 c. civ. seraient anéanties; la magistrature domestique du chef de famille, établie par ces articles, serait sans effet; le pouvoir si nécessaire et si moral dont est investi un père pour pouvoir punir ou récompenser ses enfants selon que ceux-ci auront compris et accompli leurs devoirs, deviendrait illusoire, puisque l'enfant donataire en avancement d'hoirie deviendrait le véritable dispensateur de la quotité disponible, et que même on pourrait voir s'établir, entre cet enfant donataire et les autres enfants en réserve, un concert frauduleux pour détruire la volonté du père commun; — Le législateur n'a pu vouloir ces divers résultats, et les tribunaux ne sauraient y accéder, etc.

Du 13 fév. 1835.-C. d'Aix, ch. réun.-MM. d'Artalan-Lauris, pr.-Desollier, av. gén., c. conf.-Crep, Desfougerres et Perrin, av.

(1) (Dudonney et cons. *C.* Dionis.) — La cour; — Considérant que Jean-Jacques-Etienne Leboucher est décédé le 9 oct. 1820, laissant six enfants, dont cinq ont renoncé à sa succession le 25 déc. suivant, et que Liobé-Azeline Leboucher, alors mineure et maintenant femme Dionis, a seule accepté la succession paternelle, sous bénéfice d'inventaire, par déclaration passée au greffe le même jour, 25 déc. 1820; — Considérant que cette dernière a intenté, le 4 juin 1835, l'action sur laquelle il a été statué par le jugement dont est appel, afin de faire prononcer contre son frère Gabriel Leboucher et contre ses deux sœurs, mariées, l'une actuellement à Legrain, et l'autre à Dudonney, la réduction des donations entre-vifs qui leur avaient été faites par le père commun, en avancement d'hoirie, et qui sont constatées par le contrat de mariage du 26 avr. 1808 de la femme Legrain avec Delaunay, son premier mari, par des actes notariés du 18 mars 1811 et 25 avr. suivant en faveur de Gabriel Leboucher, et par le contrat de mariage de la femme Dudonney, en date du 16 mars 1815;

Considérant que la femme Dionis soutient qu'en sa qualité de seule héritière de son père, dont les biens avaient été expropriés, son frère et ses sœurs donataires doivent, pour lui fournir sa réserve légale, lui restituer les trois quarts des donations par eux reçues, et ne conserver que la portion disponible, tandis que les donataires, qui sont défendeurs, prétendent qu'ils ont le droit de retenir et conserver leurs donations, d'abord chacun jusqu'à concurrence de sa part dans la réserve légale,

1036. Le rapport est dû par *tout héritier.* C'est l'expression de l'art. 843. Ainsi plus de restriction, quant à la ligne collatérale, comme dans la plupart de nos coutumes. — Jugé ainsi dans une espèce où l'on tirait argument de l'art. 918 c. civ. pour établir qu'il n'était point dû de rapport entre collatéraux, parce que le défunt a pu, à leur préjudice, disposer de la totalité de ses biens :— «La cour ;— Considérant que l'art. 843 ordonne à tout héritier, sans distinction, le rapport des donations; que l'art. 918 ne parle que des aliénations, soit à rentes viagères, soit à fonds perdu, ou avec réserve d'usufruit ; qu'ainsi cet article est absolument étranger à l'espèce ;— Rejette » (Req. 5 mai 1812, MM. Mourre, 1er pr., Reuvens, rap., aff. de Beauvoir *C.* de Lambrussel).

1037. Le rapport est dû par le cohéritier ou par ses représentants.— Ainsi le créancier personnel de l'héritier, qui poursuit, au nom de ce dernier, la liquidation et le partage de la succession, doit être également assujetti au rapport, car il ne peut recueillir que la portion de l'héritier dont il exerce les droits.— Toutefois, il a été jugé que le rapport n'est dû par les créanciers d'un héritier que lorsqu'ils exercent les droits héréditaires de leur débiteur; qu'il n'est pas dû quand ils exercent ses droits de créance restés intacts par l'effet d'une acceptation bénéficiaire;

---

et que la première donataire aura le droit de conserver, outre sa réserve, toute la quotité disponible ;

Considérant que les enfants donataires n'invoquent pas les dispositions du titre du code civil, relatif aux successions, mais qu'ils se fondent sur les dispositions qui concernent les donations entre-vifs; — Considérant que c'est un principe général consacré par l'art. 895 qu'on peut disposer de tous ses biens à titre gratuit, dans les formes déterminées par la loi; et qu'il est certain que, suivant l'art. 894, les donations entre-vifs sont irrévocables; — Considérant que les restrictions apportées aux libéralités du disposant qui a des enfants, et qui divisent ses biens en réserve légale et en portion disponible, dont la quotité est déterminée par l'art. 913, suivant le nombre des enfants, n'existent que dans l'intérêt de ces enfants, en faveur desquels on a voulu assurer l'accomplissement d'une obligation naturelle ; — Considérant que l'art. 919 du code, qui porte que la quotité disponible peut être donnée en tout ou partie aux enfants ou autres successibles du donateur, ne permet pas de douter, d'après l'esprit de la loi et l'ensemble de ses dispositions, qu'à plus forte raison il peut leur donner par avancement de succession la portion dont il lui est interdit de disposer au profit d'autres personnes ;

Considérant que celui qui donne par avancement d'hoirie ne peut raisonnablement être réputé avoir voulu donner tout ou partie de la quotité disponible, avant de s'être libéré envers l'enfant donataire de sa part dans la réserve à laquelle il avait droit, parce qu'on est toujours présumé s'acquitter d'une obligation avant de faire une donation de la portion de biens dont on peut disposer en faveur d'autres individus ; — Considérant que, si les dispositions entre-vifs sont réductibles, c'est seulement pour assurer aux enfants leur réserve légale, et de manière à ce que la réduction ne pouvant être demandée que par ceux au profit desquels elle est établie, leurs héritiers ou ayants cause, les donataires, légataires ou créanciers du défunt ne puissent ni la demander ni en profiter (art. 921) ;

Considérant que le texte de cet art. 921, ainsi que les discussions qui ont précédé sa rédaction définitive et son adoption, constatent que le droit des enfants à la réserve légale leur est attribué en raison de leur qualité particulière de descendants, et qu'en l'exerçant, ils ne sont pas nécessairement soumis à toutes les obligations imposées aux héritiers; — Considérant que, si l'enfant donataire qui renonce ne peut, suivant l'art. 857, ni réclamer aucun rapport, ni aucun des biens de la succession, il n'en est pas moins vrai que les autres enfants ne peuvent obtenir la réduction de sa donation qu'afin d'avoir la part que la loi leur attribue dans la réserve légale, réserve qui a été établie autant dans l'intérêt de celui qui l'a reçue du vivant de son père, que de celui qui est obligé de la demander après sa mort ;

Considérant aussi que, suivant l'art. 913, la réserve et la quotité disponible sont fixées par le nombre des enfants que le donateur laisse à l'époque de son décès, et non en raison du nombre de ceux qui acceptent sa succession; — Considérant encore que l'art. 786 porte que la part du renonçant accroît à ses cohéritiers, et que, dans le cas actuel, les enfants donataires ayant renoncé à la succession de leur père, ne peuvent prendre part à un accroissement qui n'appartient qu'à celui qui, postérieurement à l'ouverture de la succession, l'a acceptée au moins sous bénéfice d'inventaire; — Considérant, en effet, que les enfants donataires qui ont voulu se dispenser de rapporter leurs donations, ne peuvent invoquer que leurs droits tels qu'ils existaient à l'époque du décès de leur père, pour se défendre par voie d'exception de l'action intentée contre eux par l'héritier, au profit duquel la loi a seulement accordé le droit d'accroissement, ainsi que le prouve le texte de loi précitée ;

Considérant qu'il n'est ni douteux, ni contesté qu'un enfant qui renonce a droit de conserver sa donation entre-vifs sur la quotité disponible; mais que l'art. 845 qui lui permet de retenir son don jusqu'à concurrence de cette portion disponible, doit être entendu en ce sens qu'en imputant d'abord sa donation sur sa part dans la réserve légale, le surplus doit l'être sur la quotité disponible, mais de manière à ce que la donation ne puisse en totalité excéder cette même portion disponible ; — Considérant qu'en agissant ainsi on rend facile et équitable l'application de l'art. 845, en accordant, lorsqu'il y a plusieurs donataires, au premier, sa part dans la réserve légale et la quotité disponible, de telle sorte qu'il ne puisse conserver en tout que jusqu'à concurrence de la portion disponible; au second, sa réserve et ce qui reste de la quotité disponible, de manière à ce qu'il ne puisse également avoir en tout plus que la quotité disponible, et continuant ainsi à l'égard des autres donataires jusqu'à ce que la portion disponible étant épuisée, les derniers donataires conservent seulement leur part dans la réserve légale ; — Considérant que le texte de l'art. 845 ainsi entendu est conforme à la volonté présumée du donateur, qui n'avait fait que des donations sujettes à rapport, si les donataires n'avaient pas renoncé à sa succession, et qu'on fait produire autant qu'on le peut aux dernières donations leur effet, de manière à conserver le plus possible l'égalité entre les enfants, suivant le système général de notre législation ;

Considérant qu'en décidant autrement on ferait dépendre le sort des donations postérieures de la volonté des premiers donataires qui pourraient, en acceptant ou en renonçant, rendre valables ou sans effet, en tout ou partie, les dernières donations relativement à la part dans la réserve légale; tandis que c'est seulement pour limiter les avantages que le donataire retire de sa renonciation qu'on a voulu que, dans aucun cas, il ne puisse conserver avec sa part dans la réserve qu'une quotité de la portion disponible qui, y étant jointe, n'excède pas en tout ce dont le donateur pouvait alors disposer en faveur de toutes personnes ;

Considérant qu'en entendant et en interprétant en tant que de besoin la législation ainsi qu'on vient de le faire, on se conforme à ce qui est juste et équitable; on fait ce qu'on doit présumer, en cas de doute, que le législateur a voulu faire; on fait l'imputation d'abord sur la réserve, suivant ce principe maintenant reconnu par la jurisprudence que l'enfant réservataire ne peut, au préjudice des donataires même postérieurs et des légataires, élever des réclamations fondées que pour obtenir la réserve qui lui est attribuée par la loi, en imputant d'abord sur cette réserve ce qu'il a reçu de son ascendant par avancement d'hoirie, et ce qu'il a recueilli dans la succession ;

Considérant qu'en supposant qu'il fût possible d'entendre les dispositions de la loi dans le sens invoqué par l'enfant qui a accepté la succession, ce ne serait que par voie d'interprétation, dont les conséquences seraient tellement injustes et contraires à l'esprit de notre législation qu'il faudrait un texte aussi impératif que positif pour se soumettre à un système qui aurait pour résultat d'accorder à un enfant acceptant les trois quarts de la succession de son père, en anéantissant jusqu'à due concurrence les donations entre-vifs des autres enfants qui ont renoncé et qui alors ne conserveraient pour eux trois que le quart des biens, c'est-à-dire qu'ils seraient traités comme des étrangers, en faisant abstraction de la qualité d'enfant, qui leur donnait droit à la réserve; — Que non-seulement cette qualité leur serait alors inutile, mais qu'elle servirait à les dépouiller en partie de leur donation, si leur existence avait de l'influence pour réduire la quotité disponible fixée par l'art. 913;...

Par ces motifs, autorise la femme Legrain à retenir, aux dépens des valeurs à elle données par son père, par son contrat de mariage du 26 avr. 1808, le montant de sa part dans la réserve légale de la succession de son père, et le surplus sur le quart qui formait la quotité disponible, mais de manière à ce qu'elle ne puisse retenir en tout que jusqu'à concurrence de cette quotité disponible; — Accorde à Gabriel Lebouchér le bénéfice de ses conclusions, en l'autorisant à retenir, aux dépens des valeurs pour lui acquittées par son père, par suite des actes des 18 mars 1811 et 25 avr. suivant, le montant de sa part dans la réserve légale, et le surplus jusqu'à concurrence de ce qui pourrait rester de la quotité disponible, d'après les règles tracées pour la femme Legrain ; dit que la part de chacun des enfants donataires, dans la réserve, devant être fixée en raison du nombre des enfants qui existaient à l'époque du décès du père, cette part ne peut être de plus du sixième de la réserve, pour chacun d'eux, et que les réserves dévolues aux autres enfants qui ont renoncé à la succession de leur père sont acquises par voie d'accroissement à la femme Dionis, qui aura les trois sixièmes de la réserve ; — Dit à tort l'action intentée contre la femme Dudonney, qui a reçu une somme qui est reconnue être inférieure à sa part dans la réserve, etc.

Du 25 juill. 1837.-C. de Caen, 1re ch.-MM. de la Chouquais, pr. ; c. conf.-Massot, av. gén.-Thomine et Lys, av.

Qu'en conséquence, le juge ne peut autoriser de payements au préjudice de l'opposition de ces créanciers, sous prétexte que les causes de cette opposition sont absorbées par les sommes dont leur débiteur doit le rapport à la succession... sauf, s'il y a lieu, l'exception de compensation (Cass. 5 juin 1849, aff. Declerck, D. P. 49. 1. 185). — Une distinction nous semble nécessaire, et elle n'est pas inconciliable avec cet arrêt rapproché de l'espèce où il a été rendu.— L'action de l'héritier créancier peut être combattue, soit par les autres créanciers de la succession, qui veulent écarter son concours, en excipant de la charge de rapport qui lui est imposée, soit par les autres héritiers qui prétendent que la créance de leur cohéritier ne doit être acquittée que lorsque la liquidation de la succession fera connaître l'étendue de ses droits. — A l'égard des créanciers, la charge de rapport, qui pèse sur l'héritier bénéficiaire, ne peut mettre obstacle aux poursuites engagées par cet héritier, qui devra être admis à concourir avec eux, parce qu'aux termes formels de l'art. 857 c. civ., ils n'ont pas droit au rapport. Ainsi, les créanciers héréditaires ne pourraient pas se faire payer au préjudice des créances de l'héritier bénéficiaire, en lui opposant l'obligation de rapport (V. Cass. 10 juill. 1844, nº 1081). C'est aussi ce que juge le nouvel arrêt, lequel casse une décision qui autorisait le payement de créances sur la succession à l'exclusion de celles de l'héritier bénéficiaire, à raison des rapports dont cet héritier était tenu.

Mais faudrait-il conclure de ce qui précède que l'héritier bénéficiaire (ou le créancier qui le représente, peut exiger, à l'encontre de ses cohéritiers, le versement immédiat des sommes qui lui sont dues, sauf le règlement ultérieur de sa part héréditaire? Les cohéritiers seraient-ils inadmissibles à exciper contre une telle prétention du rapport imposé vis-à-vis d'eux à cet héritier, sous prétexte qu'il n'agit pas en qualité d'héritier, mais en vertu de sa créance, et qu'à ce titre, il est d'une manière absolue à l'abri d'une exception qui pèse exclusivement sur l'héritier? L'arrêt qu'on recueille déclare dans ses motifs « qu'à l'exercice des droits de créancier on ne peut opposer l'obligation du rapport; » ce qui pourrait faire croire qu'il n'y a pas lieu de distinguer si cette obligation est invoquée dans l'intérêt des créanciers de l'hérédité, ou par les cohéritiers, et qu'ainsi l'héritier bénéficiaire a droit non-seulement de concourir, comme créancier, avec les autres créanciers, mais encore d'être payé de suite, sans effectuer de rapport préalable, et sans attendre les résultats de la liquidation. Quelque appui que cette interprétation semble trouver dans la généralité des expressions de l'arrêt, elle nous paraîtrait dépasser la pensée de la cour. C'est moins à cause de la nature des droits exercés par l'héritier bénéficiaire qu'à raison de la qualité de ceux qui eussent indûment profité du rapport, que notre arrêt, conforme en cela à l'arrêt de 1844, n'a pas permis qu'il en fût excipé. Il se prononce, en effet, à l'égard des seuls créanciers de la succession, et il décide qu'ils n'ont pu être autorisés à se faire payer au préjudice de l'héritier bénéficiaire, et qu'en conséquence ils étaient tenus de subir son concours. Quant à l'obstacle que le rapport dû aux cohéritiers pourrait apporter vis-à-vis de ces derniers au payement immédiat de la créance, il ne s'en explique pas. La question pour les cohéritiers reste donc entière, et, sur cette question, il est difficile de reconnaître à l'héritier bénéficiaire, ou à son ayant droit, le pouvoir d'échapper, à l'aide d'une séparation fictive des deux qualités de créancier et d'héritier réunies sur sa tête, à un rapport qui, vis-à-vis de ses cohéritiers, doit naturellement entrer en ligne de compte avec les droits de toute nature qui lui appartiennent sur la succession.

1038. Le rapport est-il dû par l'enfant naturel?—V. *suprà*, nº 296.

1039. La fille mariée sous le régime dotal et dotée en meubles ou en immeubles par son père ou sa mère, est obligée, comme tout autre héritier, à rapporter à leur succession les biens qu'elle en a reçus en dot, ainsi que les fruits et les revenus depuis l'ouverture de la succession (Cass. 16 nov. 1824, aff. de Croy-Chanel, vº Contr. de mar., nºs 1281 et 3470, V. aussi sur le rapport de la dot, nºs 1050 et suiv.).

1040. Le rapport serait dû par l'héritier, quoiqu'il ne fût pas appelé à la succession lorsque le don a été fait; il suffit qu'il ait cette vocation au temps de l'ouverture. On peut supposer que le donateur ne l'a avantagé que dans la pensée qu'il ne viendrait pas au partage de sa succession. Cette disposition de l'art. 846 n'était pas adoptée par l'ancien droit (Lacombe, vº Incompatibilité; Vazeille, art. 843, nº 1, et 846, nº 1).

1041. La faculté réservée par la loi aux successibles en ligne directe de demander le rapport de l'immeuble aliéné, par l'ascendant, au profit de l'un d'eux, à charge de rente viagère, appartient aux successibles en ligne directe nés après l'aliénation, aussi bien qu'à ceux qui étaient nés auparavant (Poitiers, 23 mars 1839, aff. Broc, et Cass., 25 nov. 1839, aff. Labeuré, V. Dispos. entre-vifs, nº 1007).

1042. La demande en remise à la masse de la succession, des objets héréditaires que l'un des héritiers a, durant l'indivision, vendus à un autre héritier, comme étant sa propriété exclusive, et dont il a reçu le prix, constitue, non une action en rapport à succession, dans le sens de l'art. 843 c. nap., mais une action en nullité de la vente de la chose d'autrui (c. nap. 843, 1599, 1626). Par suite, cette action ne peut être exercée par celui des cohéritiers qui représente le vendeur depuis décédé, à raison de la garantie à laquelle il est soumis, du chef de ce dernier (Req. 6 déc. 1854, aff. Deusy-Roseau, D. P. 55. 1. 19).

1043. L'héritier doit rapporter tout ce qu'il a reçu du défunt, *directement* ou *indirectement*. Il semblerait, par ces expressions de l'art. 843, que, pour être tenu du rapport, il suffit qu'on ait profité, *même indirectement*, de la chose donnée. En expliquant, ci-dessous nºs 1086 s., de quelles choses est dû le rapport, nous examinerons jusqu'à quel point cette règle est applicable. Dès à présent remarquons que le code a, par les art. 847, 848 et 849, tranché plusieurs questions analogues qui faisaient difficulté dans l'ancien droit. Le fils, le père, l'époux du donataire n'est plus assujetti au rapport comme le donataire lui-même, il n'y a point de présomption légale d'un avantage indirect. La loi dit expressément que les dons ou legs faits au fils, au père, ou au conjoint du successible, *sont toujours réputés faits avec dispense de rapport.*

1044. « Si le fils ne vient que par représentation, il doit rapporter ce qui avait été donné à son père, même dans le cas où il aurait répudié sa succession (c. civ. 848). » — Ce n'est pas là, à proprement parler, une exception à la règle. Le fils ne rapporte que comme représentant son père, étant au même degré, dans les mêmes droits et les mêmes obligations. — Aussi les auteurs ne doutent-ils pas que le rapport serait dû, quand même, par suite de cette mesure, le fils ne trouverait plus sa légitime entière dans la succession de l'aïeul (Chabot, t. 3, p. 367; Delvincourt, t. 2, p. 37, nº 6; Poujol, t. 2, p. 156).

1045. Le petit-fils qui vient à la succession de son aïeul par représentation de son père, dont il a répudié l'hérédité, est soumis à rapporter non-seulement les dons faits à ce dernier, mais encore les sommes dues par le père à la succession de l'aïeul (Grenoble, 27 déc. 1852) (1).—Jugé : 1º qu'il en était de même sous l'empire des lois romaines. Le petit-fils devait, dans ce cas, rapporter à la succession de son aïeul ou y prendre en moins ce que ce dernier avait payé pour les dettes du père (Req. 17 fév.

(1) (Pagnoud C. Pagnoud.) — La cour; — Attendu que si bien, comme le disent les auteurs, le petit-fils venant à la succession de son aïeul, en concours avec d'autres enfants et par représentation, y vient *jure suo*, *jure proprio*, ce n'est que par une fiction de la loi qui présuppose que la succession a résidé instantanément sur la tête de son auteur; — Attendu que cette qualité ne lui donne d'autres droits à la succession que ceux qu'aurait eus lui-même celui qu'il représente; — Attendu que, d'après les dispositions du code civil, chaque cohéritier venant à partage est obligé de rapporter à la masse non-seulement les dons qui lui ont été faits, mais encore les sommes qu'il doit à la succession, et celles que celui à la succession duquel il vient aurait payées pour l'acquittement de ses dettes; — Attendu que le petit-fils venant à la succession par droit de représentation, ne peut être mieux traité que celui qu'il représente; que l'art. 848 c. civ., en se servant des expressions, *doit rapporter ce qui a été donné à son père*, embrasse dans ces expressions tout ce que le père aurait rapporté lui-même; que c'est ainsi que l'ont entendu Chabot de l'Allier et Grenier, orateurs chargés de présenter au tribunat et au corps législatif la loi sur

1807) (1); — 2° Que le rapport des sommes prêtées au successible est dû par les héritiers appelés à la succession par représentation de ce dernier, bien qu'ils aient renoncé à sa succession; qu'il en est surtout ainsi dans le cas où, en léguant la quotité disponible, le testateur a déclaré vouloir que, pour la fixation de cette quotité, ses enfants fissent le rapport de tout ce qu'il leur avait donné et de ce qu'ils pourraient lui devoir (Paris, 27 juill. 1850, aff. Lefort, D. P. 54. 5. 650).

1046. La loi du 17 niv. an 2, art. 8 et 9, n'exigeait le rapport que pour les donations faites aux successibles eux-mêmes; l'art. 33 L. 22 ventôse suivant, en étendant l'obligation du rapport aux donations faites à d'autres qu'aux successibles, ne les y soumit que dans le cas où les successibles viendraient à la succession par représentation des donataires. — Jugé, par application de ces lois qu'en ligne collatérale les successions se partagent par égale moitié entre les deux lignes, et que le plus proche parent, dans chaque ligne, est appelé à recueillir la moitié affectée à sa ligne, sans avoir égard au plus ou moins de proximité entre les parents de l'une et l'autre ligne; qu'il en résulte que les enfants du donataire, formant dans une ligne la seule branche appelée à recueillir les biens affectés à cette ligne, dans la succession collatérale du donataire, y arrivent de leur chef, sans le secours de la représentation, et ne sont pas tenus à rapport envers l'autre ligne des choses données à leur père (Req. 25 oct. 1808, MM. Cochard, pr., Lasaudade, rap., aff. Chaulny C. Brigte).

1047. Comment se ferait le rapport d'une donation de l'aïeul au père à la charge de restitution aux petits-enfants? — Point de difficulté, si le père donataire prédécédait l'aïeul; la propriété demeurerait sans aucune charge dans les mains des petits-enfants. Mais si le grevé survit au donateur, que doit-il rapporter à sa succession? Delvincourt, t. 2, p. 37, note 3, propose cette distinction: si les objets donnés tombent dans le lot du grevé, ils y tombent avec la charge de restitution, qui les affectait précédemment; sinon, une valeur égale à celle des objets doit être distraite de la portion héréditaire du grevé, et c'est sur le montant de cette valeur que portera l'obligation de restituer. L'opération se fera sous la surveillance du tuteur à la substitution (*Contrà*, Vazeille, art. 846, n° 2).

1048. Le fils doit-il rapporter à la succession de son aïeul le don qu'il en a reçu directement, lorsqu'il vient par représentation du père? Non, selon M. Marcadé, art. 848, n° 2, parce que la représentation a pour but d'assurer aux représentants la même position qu'ils auraient eue, si le représenté, leur père, avait survécu au *de cujus* et leur eût ensuite transmis sa succession. Or, si ce représenté eût survécu, il n'aurait pas rapporté le don fait à ses enfants. Cette opinion nous paraît, comme à tous les auteurs, contraire aux termes généraux des art. 843, 846, 760 c. civ.

1049. L'époux du donataire devrait-il le rapport, s'il était prouvé qu'il a profité du don; par exemple si le don est tombé dans la communauté, et qu'elle ait été acceptée? Non, cela résulte de la discussion du conseil d'État (séance du 21 niv. an 11), et des termes généraux de l'art. 849 (Chabot, t. 3, p. 373; Duranton, t. 7, n° 235; Toullier, t. 4, n° 437; Delvincourt, t. 2, p. 37, n° 7; Vazeille, art. 849, n° 3).—Réciproquement, il est reconnu que la femme, ne profitât-elle pas du don, parce qu'elle aurait renoncé à la communauté, ne devrait pas moins le rapporter en totalité, s'il avait été fait directement à elle seule. Le premier projet du code adoptait une règle différente et bien plus équitable: l'époux successible n'était tenu du rapport, qu'autant que le don lui avait été utile, et dans la proportion des profits qu'il en avait retirés par l'effet de la communauté (Vazeille, *loc. cit.*).—Si le don ou legs a été fait conjointement aux deux époux, il faut distinguer: tous deux sont-ils successibles, chacun en rapportera la moitié: sinon la part du successible sera seule sujette à rapport (c. civ. 849).

1050. Le rapport ne se fait qu'à la succession du donateur (c. nap. 850). — Cette règle n'est pas toujours d'une application facile, en ce qui concerne le rapport de la dot, constituée à l'un des enfants; il s'agit alors de déterminer la portion pour laquelle les père et mère sont censés y avoir contribué chacun. Diverses hypothèses sont à distinguer, d'après les art. 1438, 1439 c. nap., selon notamment que la dot a été constituée ou en effets de communauté, ou en biens propres, ou à la fois en biens propres ou en effets de communauté. — Cependant on a jugé que, dans le cas même où la femme acceptait la communauté, le rapport était dû par le fils à la succession du mari pour la totalité de la dot prise sur la communauté et constituée par celui-ci seul (Rej. 7 juill. 1835) (1).

1051. Quand la dot a été constituée par le mari seul en effets de communauté, le rapport se fera pour le tout à sa succession, si la femme renonce; par moitié à la succession des deux époux, si la femme accepte (Chabot, t. 3, p. 380; Delvincourt, t. 2, p. 38, n° 3; Duranton, t. 7, n° 244; Vazeille, art. 850, n° 5; Poujol, t. 2, p. 163). — V. Contr. de mar., n°s 1199 et suiv. et 1275.

1052. Quand la dot a été constituée par les époux conjointement en biens propres à l'un d'eux, la dot n'est pas moins censée constituée par chacun d'eux pour moitié, et en conséquence le rapport n'est point dû pour la totalité à la succession de l'époux qui était propriétaire de la chose donnée (Chabot, t. 3, p. 381; Toullier, t. 4, n° 444; Duranton, t. 7, n° 245; Vazeille, art. 850, n° 4; Poujol, t. 2, n° 164; V. Contr. de mar., n°s 1228 et 1281).— Jugé qu'il en doit être ainsi bien que l'époux à qui les immeubles appartenaient n'ait pas déclaré vouloir exercer l'indemnité dont il est parlé dans l'art. 1438 c. nap. (Bordeaux, 6 déc. 1833, aff. Mayer-Franc, V. Contr. de mar., n° 1281).

1053. Au contraire, il a été jugé que l'enfant qui a reçu de sa mère seule la totalité de la dot à lui constituée solidairement par ses père et mère en doit le rapport intégrale à la succession de celle-ci (Amiens, 10 nov. 1853, aff. Hutin-Prairère, D. P. 55. 2. 108). — Nous ne pensons pas que notre interprétation de l'art. 1438 doive être modifiée par la circonstance que les père et mère ont stipulé la solidarité entre eux. — Elle n'a d'autre portée que de soumettre éventuellement chacun des époux au résultat prévu et réglé par cet article, c'est-à-dire à la nécessité de se contenter d'une action indemnitaire contre l'autre époux, s'il fournit lui-même toute la dot sur ses biens personnels. Mais, dit notre arrêt, l'époux qui a acquitté intégralement la dot a pu renoncer à cette action, et l'enfant doté ne saurait lui-même s'en prévaloir. Cette objection ne nous semble point sérieuse, car une telle renonciation ne peut avoir pour effet de faire considérer l'époux de qui elle émane comme donateur de l'intégralité de la dot, alors que

---

les successions; — Attendu que, si quelque doute se présentait sur l'interprétation de la loi, relativement à un partage dont l'égalité doit être la base, égalité qui serait froissée en ce qu'un des enfants aurait reçu, à titre de prêt ou autrement, des sommes qui seraient perdues pour la succession, on devrait recourir aux bases de la loi, aux motifs qui l'ont déterminée, motifs que l'on trouve dans les discours et les ouvrages des orateurs ci-dessus dénommés; — Confirme, etc.

Du 27 déc. 1832.-C. de Grenoble, 2e ch.-M. de Noailles, pr.

(1) (Fariet C. Decosne.) — LA COUR; — Attendu, qu'en admettant le rapport et imputation dont il s'agit, l'arrêt n'a fait que se conformer à la jurisprudence des anciens tribunaux et au vœu de la loi 19, au code *De Collation*; — ...Qu'il ne contrevient point à la règle suivant laquelle nul n'est tenu de payer les dettes de celui à la succession duquel il renonce, puisque le rapport et l'imputation n'imposent point au représentant l'obligation de payer les autres dettes du représenté; — Qu'il ne viole pas davantage la novelle 118, concernant le droit de représentation; Qu'au contraire, cette novelle, en accordant au petit-fils le droit de représenter son père dans la succession de son aïeul, le met au lieu et place du père, et ne l'autorise à prendre dans la succession de l'aïeul que ce que le père pourrait y prendre lui-même s'il était vivant; — Rejette, etc.

Du 17 fév. 1807.-C. C., sect. req.-MM. Muraire, pr.-Cassaigne, rap.

(2) (Des-Assis C. Chantagru.) — LA COUR; — Attendu que l'arrêt attaqué contient des motifs suffisants relativement au rapport de la libéralité de la somme de 7,000 fr., puisque la cour de Limoges a considéré que le rapport était dû en entier à la succession du donateur qui avait, seul, fait cette libéralité; — Attendu, que, dès qu'il est reconnu que le sieur Des-Assis père avait fait cette libéralité seul, et que sa femme n'y avait pas concouru, les droits se réduiront, lors de la liquidation de la communauté, à demander à la succession du père la moitié de ladite somme par lui prise sur la communauté pour faire seul ladite libéralité; — Rejette.

Du 7 juill. 1835.-C. C., ch. civ.-MM. Dunoyer, pr.-Pagès, rap.

l'art. 1438 veut qu'il ne soit regardé que comme donateur de la moitié : il ne peut dépendre de cet époux de se soustraire à une disposition aussi formelle de la loi. Aussi l'arrêt de Bordeaux cité plus haut ne s'est-il pas arrêté à l'objection que nous venons de signaler et qui avait été soulevée aussi dans l'espèce où il a été rendu.

1054. Quand la dot a été constituée à la fois par les deux époux en biens propres, et en effets de la communauté, c'est le cas de la distinction prévue, v° Contr. de mar., n° 1231.—Jugé que si, par contrat de mariage, un immeuble, composé des propres du père et des acquêts de communauté, est donné à l'un des enfants en avancement d'hoirie, avec stipulation de la part de la mère, qu'elle donne sa portion afférente des conquêts, mais jusqu'à concurrence de 150,000 fr., une cour royale a pu ordonner, en appréciant les actes qui ont suivi le mariage et la volonté des contractants, que c'est cette dernière somme qui doit être rapportée par le donataire, encore bien que la portion afférente à la mère dans l'immeuble ne s'élevât qu'à une somme beaucoup moindre, à 85,000 fr., ainsi qu'il résulterait des clauses d'un acte de liquidation passé plus tard (Req. 28 mai 1834) (1).

1055. La présomption que les époux dotant conjointement ont entendu contribuer chacun pour moitié n'est plus applicable, lorsque par une clause expresse ils ont réglé inégalement leur part contributoire, par exemple si la communauté était conventionnelle, et que la femme fût associée pour une part moindre que la moitié; elle serait présumée aussi avoir pour une part moindre contribué à la dot (Chabot, p. 381; Delvincourt, *ibid.*, n° 1; Grenier, n° 214).

1056. Une clause d'un usage très-fréquent est la déclaration par les père et mère constituants que la dot est un *avancement de l'hoirie* du prémourant ou *imputable entièrement sur sa succession*. Cette clause est parfaitement licite, mais les effets en sont douteux, quant au rapport. On admet généralement que la totalité de la dot est rapportable à la succession du premier mourant qui sera présumé alors avoir doté seul (Delvincourt, t. 2, p. 38, n° 1; Vazeille, art. 850, n° 1; V. les développements, v° Contr. de mariage, n°s 1222 et 1282).

1057. D'ailleurs, il a été jugé que la clause d'imputation de la dot sur la succession du prémourant des père et mère qui l'ont constituée, ne peut être invoquée par les créanciers de ces derniers;— Qu'en conséquence, cette clause ne s'oppose pas à ce que la dot devienne exigible durant la vie des constituants, vis-à-vis de leurs créanciers, en cas, par exemple, de faillite de l'un d'eux (Orléans, 24 mai 1848, aff. Vidal, D. P. 48. 2. 185).

1058. Après le décès des deux époux, les sommes que la veuve usufruitière de tous les biens de son mari a avancées à son fils, et dont celui-ci lui a donné quittance sur *ce qui pouvait lui revenir*, doivent être rapportées, par le fils, à la succession du père prédécédé, jusqu'à concurrence de ses droits dans cette succession : celles payées, dans le même temps, pour les frais de son entretien et de son éducation, et qui sont jugées excessives, sont rapportées, pour ce qui est excessif, à la succession maternelle (Bordeaux, 27 avril 1826) (2).

1059. La femme mariée, sous le régime dotal, qui a constitué son mari mandataire général, est-elle obligée à rapporter à ses cohéritiers l'excédant de dot reçu indûment par ce dernier? Jugé affirmativement par application de l'art. 1993 (Rej., 13 avril 1842) (3).—Vainement on objectait que le mari, en exigeant

---

(1) (Pontelay-Fontèle *C.* hérit. de Rohan.) — LA COUR; — Attendu, en droit, que tout héritier venant à une succession doit rapporter à ses cohéritiers tout ce qu'il a reçu du défunt par donation entre-vifs, directement ou indirectement (c. civ. 843); — Et attendu que, pour décider en fait, 1° que la princesse de Rohan mère, par le contrat de mariage du 9 juill. 1780, avait constitué en dot à son fils Charles, non pas la somme de 85,000 fr. ainsi que le prétendait le demandeur en cassation, mais bien celle de 150,000 fr.; 2° que cette somme de 150,000 fr. avait été intégralement payée par la mère donatrice au fils donataire, l'arrêt attaqué (de la cour de Paris) n'a fait qu'apprécier les clauses du contrat de mariage, l'intention des contractants, les actes et les faits qui ont eu lieu en exécution du même contrat de mariage, appréciation que la loi abandonne entièrement aux lumières et à la conscience des juges; — Que, d'après cela et en condamnant Charles de Rohan fils à rapporter à la succession maternelle la somme entière de 150,000 fr., l'arrêt attaqué a fait une juste application de la loi; — Rejette.

Du 28 mai 1834.-C. C., ch. req.-MM. Zangiacomi, pr.-Lasagni, rap.

(2) (Faurie *C.* Faurie.) — LA COUR; — Attendu que si, en principe, le rapport est dû à la succession du donateur, il n'en faut pas moins vérifier, dans l'espèce, s'il y a de la part de la veuve Faurie donation ou seulement libération anticipée d'une portion de l'hérédité paternelle soumise à son usufruit; qu'il est de principe que la veuve qui constitue une dot à sa fille ne doit payer de son chef que ce qui ne peut être pris sur la succession paternelle; qu'il y a même raison de décider pour la veuve qui fait à son fils un avancement d'hoirie; qu'en règle générale chacun est censé, quand il fournit une somme, vouloir d'abord se libérer; qu'on ne conçoit pas que la veuve Faurie, usufruitière des biens de son mari, ait compté à son fils des sommes à valoir sur sa propre succession, et ait conservé celle sur laquelle elle n'avait qu'un simple usufruit; qu'il eût fallu, pour constater une imputation aussi contraire au cours ordinaire des choses, une stipulation formelle et précise; que le reçu de Joseph Faurie porte au contraire sur *ce qui peut lui revenir*, expression qui concorde parfaitement avec l'imputation à faire sur la succession paternelle; que cette imputation ne doit cependant avoir lieu qu'à due concurrence et eu égard à la donation contractuelle faite à la dame Lefébure, et au testament d'André Faurie; — Attendu qu'il n'en est pas de même, quant aux sommes qui lui ont été comptées à Amsterdam; qu'elles lui ont été fournies par sa mère, annuellement, pour son entretien, et que si elles sont trouvées excessives, il y a lieu d'ordonner l'imputation de ce qui est excessif sur la succession maternelle...; — Émendant.

Du 27 avr. 1826.-C. de Bordeaux.-M. de Saget, pr.

(3) (Veuve Dubourdoir *C.* hér. Bussy.)—LA COUR (ap. délib. en ch. du cons.);—Sur le premier moyen, fondé sur la violation prétendue de l'art. 1549 c. civ., et des principes sur l'action *de condictione indebiti* : — Attendu que l'arrêt attaqué constate : 1° que, par le contrat de mariage de Françoise Bussy avec Pierre Dupoizat, Alexandre Bussy, père de ladite Françoise Bussy, a constitué en dot à cette dernière une somme de 4,000 liv. en argent, et un trousseau de 2,000 liv.; que la somme de 4,000 liv. a été stipulée payable moitié dans un an et moitié dans deux ans, et que ladite Françoise Bussy a donné à Dupoizat, son mari, tout pouvoir pour en faire la perception; — 2° Que, suivant quittance du 20 vent. an 7, Bussy père a payé à Dupoizat, son gendre, une somme de 2,560 liv. à valoir sur la dot de 4,000 liv. par lui constituée à Françoise Bussy, sa femme; — 3° Que, par son contrat de mariage avec Levilain-Dubourdoir, son second mari, ladite Françoise Bussy a constitué ce dernier pour son procureur général et spécial à l'effet de faire le recouvrement de la dot à elle constituée par son contrat de mariage avec Dupoizat, son premier mari; — 4° Que, sur des poursuites exercées contre lui par Dubourdoir et Françoise Bussy, sa femme, et, par suite de jugements de condamnation et de l'affirmation faite tant par Françoise Bussy que par Dubourdoir, son mari, qu'ils n'avaient pas connaissance d'un payement à compte fait par Bussy père, ce dernier, dans l'impossibilité où il s'est trouvé de justifier du payement de 2,560 liv. par lui fait, leur a payé, suivant quittance du 4 déc. 1820, la somme de 7,863 fr. pour l'entier capital et les intérêts de la dot de 4,000 liv. par lui constituée à Françoise Bussy, sa fille, par son contrat de mariage avec Dupoizat, son premier mari; — Attendu, en droit, que le mandant est tenu d'exécuter les engagements contractés par le mandataire, et que le fait du mandataire est le fait du mandant, toutes les fois que le mandataire n'a pas excédé les bornes du mandat qui lui a été confié; — Attendu, d'un autre côté, que tout héritier venant à une succession doit apporter à ses cohéritiers tout ce qu'il a reçu du défunt par donation, directement ou indirectement, et qu'il ne peut retenir le don à lui fait, à moins qu'il ne lui ait été fait par préciput et hors part; — Qu'il suit de là qu'en ordonnant que Françoise Bussy, aujourd'hui veuve Dupoizat, serait tenue de faire le rapport à la succession de son père de la somme de 2,560 liv., payée deux fois par Bussy père, pour l'acquittement de la dot par lui constituée à ladite Françoise Bussy, l'arrêt attaqué (de la cour de Lyon) n'a fait qu'une juste application des règles sur le mandat, consacrées par l'art. 1995 c. civ. et de celles sur le rapport, consacrées par l'art. 843 du même code;

Sur le second moyen, fondé sur la fausse application prétendue de l'art. 1578 c. civ. : — Attendu qu'ainsi qu'il vient d'être établi, Françoise Bussy, après avoir, pendant son premier mariage avec Dupoizat, reçu de son père une somme de 2,560 liv. à valoir sur le montant de la dot de 4,000 liv. en argent à elle constituée par son père, a, nonobstant ce payement et en vertu des jugement et arrêt par elle obtenus conjointement avec Dubourdoir, son second mari, reçu, par les mains de ce dernier, son mandataire spécial, la totalité de ladite constitution dotale, ensemble les intérêts courus pendant son premier et son second mariage; — Attendu qu'au moyen du payement qui lui avait été fait de 2,560 liv., elle n'avait plus de droit qu'aux intérêts de 1,440 liv. qui lui restaient dues sur le capital; et que, par les mêmes raisons qu'elle devait le rapport du capital de 2,560 liv. par elle touché deux fois, elle devait aussi le rapport des intérêts de ces 2,560 liv. qu'elle s'était éga-

le payement de la dot, fait son affaire propre, non moins que celle de sa femme, puisque, dispensé d'en donner caution (c. nap. 1550), il est pour ainsi dire propriétaire des sommes dotales pendant le mariage. On ajoutait que le mari tient de la loi son pouvoir d'administration qui est indépendant de la volonté de la femme, et qu'il n'est pas juste de la déclarer responsable d'un fait qu'elle n'a pu empêcher.

1060. Pareillement, il a été jugé qu'il suffit qu'une femme, en se remariant sous le régime dotal, se soit constitué la mêm dot que son père lui avait promise dans son premier contrat de mariage et dont partie avait déjà été reçue par le premier mari, pour que, si la totalité de la dot a été payée au second mari constitué mandataire général de cette femme, par le père qui s'était trouvé dans l'impossibilité de représenter la quittance du premier mari, elle soit tenue de rapporter à ses cohéritiers tout ce qui a été reçu par les deux maris : elle prétendrait en vain que, pour l'excédant de dot reçu par le second mari, celui-ci ne peut l'obliger et que les cohéritiers n'ont qu'une action en répétition à diriger contre lui (même arrêt). — Et dans ce cas, la femme doit également le rapport des intérêts reçus par le mari en même temps que le principal de la dot réclamé pour la seconde fois ; mais elle ne doit aucun compte des intérêts de la somme indûment payée, qui ont couru depuis le payement, s'il n'y a pas eu mauvaise foi (même arrêt).

1061. En cas d'insolvabilité du mari, lors du mariage ou depuis, l'art. 1573 c. nap. dit dans quel cas la femme est tenue de rapporter à la succession du père donateur la dot constituée ou seulement l'action qu'a la femme contre la succession du mari pour s'en faire rembourser (V. Contr. de mar., nos 4240 et s.). Jugé sous la jurisprudence du parlement de Toulouse, que la fille mariée à un époux insolvable n'était pas tenue de rapporter à la succession de son père la dot reçue, mais seulement l'*actionem inanem*, qu'elle avait sur les biens de son mari (Nov. 97, *cap. ult.*; auth. *quod loc.*, C. *De coll.*; Toulouse, 7 juill. 1812, M. Désazars, 1er pr., aff. Ramond *C.* Sabatier).

1062. La femme donataire en avancement d'hoirie d'une somme d'argent qui ne lui a point été payée, en ce que, par exemple, elle y a renoncé en faveur des créanciers du donateur, n'est pas tenue d'en faire le rapport à la succession. — ... Elle n'est pas davantage tenue de rapporter l'action qu'elle peut avoir contre son mari, par suite de cette renonciation, en ce que, notamment, la renonciation aurait été autorisée par le mari, en violation de l'inaliénabilité de la somme donnée, frappée de dotalité (c. nap. 1569; Cass. 21 juill. 1846, aff. Lecesne, D. P. 46. 1. 383; Rouen, 29 avril 1847, aff. Lecesne, D. P. 47. 2. 195).

1063. Lorsqu'un jugement portant qu'un cohéritier n'est pas tenu au rapport de la dot qui lui a été constituée par le défunt, parce que cette dot est restée impayée, se trouve infirmé sur l'appel de quelques-uns seulement des cohéritiers, par un arrêt qui déclare, au contraire, que la dot a été payée, le rapport n'est dû, en vertu de cet arrêt, que dans la limite des droits héréditaires de ceux des cohéritiers qui l'ont obtenu : l'infirmation ne profite pas aux cohéritiers non appelants (c. nap. 1351). — Et il en est ainsi encore que le cohéritier non appelant serait codébiteur solidaire de la dot, en ce qu'il l'avait constituée conjointement avec le défunt, ses cohéritiers étant réputés avoir poursuivi le rapport dans leur intérêt individuel (Req. 12 janv. 1852, aff. Delabarre, D. P. 52. 1. 53). — V. Chose jugée, no 268.

1064. En cas de partage des communauté et successions de deux époux décédés, laissant les mêmes héritiers, la liquidation doit se faire en partageant d'abord la communauté par égales portions et en réunissant chacune de ces portions à la succession propre de chacun des époux ; — ... Et c'est à ces successions isolément et non à la communauté que les héritiers doivent faire le rapport des sommes qu'ils ont reçues sur les biens de cette communauté. — Par suite, si l'avance faite à l'un des enfants sur les biens de la communauté s'impute inégalement sur ce qui lui revient dans chacune des portions ainsi réunies aux successions de ses père et mère, de telle sorte qu'il demeure créancier de l'une d'elles, et débiteur de l'autre, il a droit à son excédant de part dans la première succession, sans qu'il y ait lieu de le compenser, au préjudice de ses créanciers personnels, avec sa dette envers la seconde (Cass. 31 mars 1846, aff. Michel, D. P. 46. 1. 153).

1065. L'offre de rapporter avant partage est prématurée. Jugé spécialement que l'obligation et la fixation des rapports ne dérivant que de la liquidation des droits des héritiers, c'est violer les lois que d'autoriser, avant le partage des biens et la liquidation de la succession, les offres de consignation faites par un héritier pour rapport des sommes par lui reçues (décr. du 1er fruct. an 3 ; Cass. 18 prair. an 7, M. Target, rap., aff. Montaxier *C.* Vacu).

1066. Le rapport doit avoir lieu, alors même que le partage ne se ferait actuellement qu'en partie.

1067. L'action en rapport formée contre les héritiers du donataire n'est pas indivisible (c. nap. 843, 1222) ; — Par suite, l'appel régulièrement interjeté à l'égard de quelques-uns seulement de ces héritiers ne couvre pas l'irrégularité de l'appel signifié aux autres héritiers (Cass. 5 juill. 1852, aff. Moreau, D. P. 52. 1. 181). — V. Appel civil, no 621.

1068. L'action en rapport d'avantages directs ou indirects, faits à un successible, dure autant que l'action en partage de la succession, et ne s'éteint qu'avec cette dernière action. — En conséquence, l'action en rapport est recevable, quoique, à l'époque où s'est ouverte l'action en partage par suite de laquelle le rapport a été demandé, plus de trente ans se soient écoulés depuis l'ouverture de la succession (Req. 14 nov. 1849, aff. Bontoux, D. P. 49. 1. 286).

Art. 3 — *À qui est dû le rapport.*

1069. Le rapport n'est dû qu'à l'*héritier*; il n'est pas dû aux *légataires* ni aux *créanciers* de la succession (c. nap. 857). Remarquons, d'abord, que cette disposition ne s'applique qu'aux *donations* entre-vifs. On ne peut pas dire que le rapport des legs ne soit pas dû aux légataires ni aux créanciers de la succession. Les dettes sont payées avant les legs, et les légataires sont tous appelés concurremment, sans cause de préférence.

1070. Le rapport *n'est dû qu'à l'héritier* ; c'est la conséquence du double motif qui l'a fait instituer ; égalité dans les partages, paix et concorde dans les familles. — L'héritier *renonçant*, qui est censé n'avoir jamais eu la qualité d'héritier, ne serait donc pas autorisé à demander le rapport. C'est une juste réciprocité, puisque sa renonciation l'affranchit lui-même de l'obligation de rapporter. — Ainsi jugé qu'en renonçant à la succession du testateur, pour s'en tenir au legs universel qui lui a été fait, un héritier se rend non recevable à exiger d'un héritier légitimaire le rapport de legs fait par le défunt, sans dispense de rapport (Limoges, 14 juill. 1818) (1).

1071. L'obligation imposée par un père à sa fille, sous la

---

lement fait payer deux fois à titre de constitution dotale; — Qu'ainsi, en ordonnant le rapport de ces intérêts depuis le mois de ventôse an 7, date du premier payement (ce qui ne peut s'entendre que des intérêts tels que de droit, c'est-à-dire de ceux qui ont couru jusqu'au payement effectué le 4 déc. 1820), l'arrêt attaqué n'a fait qu'une juste application des principes et des lois de la matière ;

Sur le troisième moyen, fondé sur la violation prétendue de l'art. 883 c. civ. : — Attendu que Françoise Bussy, en faisant annuler le partage du 26 mai 1827, et en faisant ordonner un nouveau partage, a mis ses cohéritiers dans la nécessité de rapporter les biens qui leur avaient été abandonnés par le partage annulé, et qu'elle n'a pu se soustraire personnellement aux mêmes conséquences ; — Attendu que s'étant mise, par son fait, hors d'état de rapporter en nature la portion de biens qui lui avait été abandonnée, l'arrêt attaqué a pu, sans violer aucune loi, l'assujettir à faire le rapport du prix qu'elle en avait reçu ; — Par tous ces motifs, rejette.

Du 15 avr. 1842.-C. C., ch. civ.-MM. Boyer, pr.-Moreau, rap.-Hello, av. gén., c. conf.-Augier, Huet et Lemarquière, av.

(1) (Hérit. Cheylard.) — La cour ; — Attendu, en droit, qu'aux termes de l'art. 843 c. civ. le rapport est dû en toute succession, à la différence de ce qui avait lieu sous l'empire du droit romain, où le rapport n'était dû que dans la ligne directe et descendante ; que cette règle est générale et absolue, à moins que le donateur ou le testateur n'ait formellement dispensé du rapport ; que l'objet des rapports, dans tous les systèmes, a été de maintenir l'égalité entre les copartageants (*Cod. l.* 6, *De collat.*, no 18, cap. 6 ; art. 843 c. civ.), et que c'est pour cette raison que, même en étendant aux successions collatérales les règles des rapports, par innovation à l'ancien droit, les rédacteurs du code y ont

coutume de Normandie, de rapporter et le capital et les intérêts de la dot à elle constituée, dans le cas où elle ne s'en tiendrait pas à la renonciation consentie par elle à la succession paternelle, était une véritable clause pénale, qui a été annulée par le fait seul de l'ouverture de la succession, sous le code civil, lequel a invalidé les renonciations anticipées (Cass. 30 déc. 1816, aff. Decour, V. Disp. entre-vifs, n° 178).

1072. Le rapport est-il dû à l'enfant naturel?—V. *suprà*, n° 295.

1073. La femme, quoique non héritière, peut, dans un cas, profiter du rapport. Le mari lui a donné, par contrat de mariage, une part d'enfant moins prenant, selon l'art. 1098. Pour calculer cette part, on mettra momentanément la femme au nombre des enfants; elle pourra donc obliger ceux du premier lit, comme si elle était enfant elle-même, à rapporter à la masse partageable les libéralités que leur aura faites le mari. Autrement, il serait au pouvoir de celui-ci de réduire ou d'anéantir par des dons ou des legs postérieurs l'effet d'une disposition irrévocable, en ne laissant presque rien dans la succession (Pothier, chap. 4, art. 2, sect. 6; Grenier, n° 500; Chabot, t. 3, p. 441; Toullier, t. 4, n° 449; Poujol, t. 2, p. 198). — Du reste, il est bien entendu que, pour prétendre aux choses données par le mari, il faut que la femme ait été gratifiée par contrat de mariage; une disposition à cause de mort ou testamentaire ne l'autoriserait à prendre la part d'enfant que sur ce qui resterait de la portion disponible, déduction faite des dons entre-vifs consentis aux autres enfants : c'est la remarque que font les auteurs. — Jugé même : 1° que la femme donataire de son mari d'une part d'enfant ne peut être assimilée à un héritier; et, par suite, bien qu'elle soit fondée à réclamer le rapport fictif des dons faits par le mari à ses enfants, à l'effet de déterminer la quotité de la part qui lui est due, elle ne peut en exiger le rapport réel (c. civ. 857, 922, 1098; Paris, 9 juin 1836) (1); — 2° Qu'au cas où il ne s'agit pas de la donation d'une part d'enfant, l'époux qui se présente à la succession de son conjoint, pour réclamer l'effet de la donation d'une certaine quantité de biens que celui-ci avait faite par contrat de mariage dans la prévision de son prédécès, n'est pas fondé à réclamer aux enfants communs, pour fixer l'importance de la libéralité, le rapport des donations qu'ils ont reçues du défunt : ici s'applique l'art. 857 c. civ. (Bordeaux, 12 avr. 1851, aff. Tachet, D. P. 52. 2. 124).

1074. Mais la réunion fictive est distincte du rapport, et en conséquence la femme donataire, par testament, d'un quart en propriété et jouissance et d'un quart en usufruit, a le droit d'exiger, pour déterminer la quotité disponible, la réunion fictive des dons en avancement d'hoirie, faits par son époux à sa fille dans son contrat de mariage (Req. 8 janv. 1834) (2).

1075. L'époux donataire pourrait-il, hors le cas de donation, d'une part d'enfant moins prenant, demander que la libéralité faite à l'enfant fût imputée sur sa réserve? — V. Disp. entre-vifs.

1076. Le rapport n'est pas dû aux *légataires* (c. civ. 857);

apposé la restriction écrite dans l'art. 857, que le rapport n'est dû qu'au cohéritier, et qu'il n'est pas dû au légataire; — Attendu qu'il faut entendre dans l'application et conférer ensemble les art. 845 et 857, qui, isolés l'un de l'autre, pourraient conduire à des résultats différents; qu'ainsi le système total de la législation sur la matière est que rapport est dû, en toute succession, pour don entre-vifs comme pour legs testamentaire, mais qu'il n'est dû que de cohéritier à cohéritier, et pour maintenir entre eux l'égalité seulement, lorsque la volonté de l'homme n'est point venue modifier la disposition de la loi; qu'il faut déduire de ces principes que le légataire, quel qu'il soit, qu'il appartienne ou non à la ligne du successible, s'il ne se présente qu'en sa qualité de légataire, en vertu de la disposition de l'homme, doit être déclaré non recevable dans toute demande en rapport, puisque, par son propre fait, en abandonnant dans son intérêt la qualité de successible pour s'en tenir à celle de légataire, il tend, autant qu'il est en lui, à rompre l'égalité que la loi avait cherché à établir, et que, par conséquent, il ne peut se plaindre d'un ordre de choses qu'il a lui-même provoqué;

En fait, attendu que Louis Cheylard n'a formé sa demande en nullité du legs d'usufruit fait par le défunt à la mère commune qu'en vertu du testament du 6 mai 1808; que c'est sur cette demande que les arbitres ont ordonné à la mère d'opter entre le legs et la réserve légale que lui assurait, dans la succession de son fils, l'art. 748 c. civ.; que par cette décision les arbitres ont astreint la mère à une option, c'est-à-dire indirectement à un rapport du legs d'usufruit qui, quoique fait sans indication qu'il l'était à titre de préciput, n'était cependant rapportable qu'aux héritiers présomptifs et légitimes du défunt, et non à un légataire; en quoi les arbitres se sont écartés de la juste application de l'art. 857 c. civ.;—Attendu que, du système des rapports voulût-on passer à l'examen de la section du code qui traite de la réduction des donations et legs, la décision attaquée n'en serait pas plus légale; qu'en effet, quoique au premier aperçu l'on puisse peut-être s'arrêter à l'idée de quelques auteurs modernes qui ont dit qu'il ne s'agit point proprement de rapport, tant que les legs n'ont point été reçus, et que la donation doit être jugée par la règle des réductions, néanmoins on voit, 1° que, dans sa deuxième partie, l'art. 843 prévoit le cas de legs à retenir ou à rapporter, et les embrasse dans sa généralité; 2° que le système des réductions s'applique uniquement à la quotité indisponible, il en résulte que les héritiers à réserve ont seuls droit à former une action en réduction, pour faire rentrer intacte à la masse cette quotité indisponible si elle a été ébréchée, et que, dans l'espèce, Louis Cheylard, frère du défunt, ne se trouvant point dans la catégorie des héritiers à réserve, serait encore non recevable dans sa demande, soit qu'on le jugeât par les règles des rapports ou par celles de la réduction; qu'ainsi, d'après les développements ci-dessus donnés, il ne reste, en dernière analyse, qu'à faire exécuter le testament de 1808 pour toute la portion disponible du défunt tel qu'il est écrit; la sœur du défunt, la seule personne qui eût pu s'en plaindre, ne l'attaquant point; — Par ces motifs, dit avoir été mal jugé par la sentence arbitrale du 25 avril 1817; ordonne que le testament de Léonard Cheylard sera exécuté selon sa forme et teneur pour toute la portion disponible des biens du testateur, à la charge par la veuve Cheylard de se conformer aux art. 600, 601 et suiv., tit. de l'Usufruit, dépens compensés.

Du 14 juill. 1818.-C. d'appel de Limoges.

(1) (Moynier C. Noël.) — Jugement, dont voici les termes : — « En ce qui touche, y est-il dit, la dot de la dame Noël, que le notaire, dans son travail, fait rapporter réellement au profit de la veuve Moynier, pour compléter la part qui revient à cette dernière comme donataire de son mari d'une part d'enfant le moins prenant, ch. 3 des abandonnements faits à ladite dame Moynier; — Attendu, en droit, que si la veuve Moynier, en vertu de l'art. 922 c. civ., est fondée à demander le rapport fictif de la dot dont s'agit pour déterminer la quotité de la part d'enfant qui lui est due, elle ne peut cependant exiger le rapport réel de ladite dot pour se faire remplir du montant de cette part; — Attendu, en effet, qu'aux termes de l'art. 857 du même code, le rapport réel n'est dû que par le cohéritier à son cohéritier, et non point à un simple donataire; — Attendu que l'art. 1098 n'a point fait exception à ce principe général et rigoureux; qu'il a eu pour but, non pas d'assimiler l'époux donataire d'une part d'enfant à un héritier, mais seulement de restreindre, dans le cas d'un second mariage, les libéralités que l'art. 1094 permet aux époux de se faire; — Attendu, d'ailleurs, que la dot dont il s'agit a été constituée à la dame Noël, enfant du premier lit, par le sieur Moynier, son père, avant son second mariage; d'où il suit qu'il n'a pas pu, par des libéralités postérieures faites à la seconde femme, anéantir ou diminuer l'effet de la première donation; — Attendu que de ce principe, il résulte que la part d'enfant de la veuve Moynier ne peut être prise que sur les seuls biens existant au moment du décès du sieur Moynier, et non sur la dot de la dame Noël; — Réforme la liquidation, etc. » — Appel. — Arrêt.

LA COUR; — Adoptant les motifs, etc.; — Confirme, etc.

Du 9 juin 1836.-C. de Paris.-M. Lepoitevin, pr.

(2) (Guiard de Latour C. la veuve Lepicard de Veules.) — LA COUR; — Sur le premier moyen, tiré de la fausse application des art. 922 et 1094 c. civ., et sur le deuxième moyen, tiré aussi de la fausse application du même art. 922, et de la violation des art. 857 et 921 du même code :—Considérant que la cour royale (de Riom) a déclaré, en interprétant la volonté et les dispositions du sieur de Veules, exprimées dans son testament, qu'il voulut assurer à son épouse la quotité disponible déterminée par l'art. 1094 c. civ.; — Qu'aux termes de l'art. 922 du même code, le donataire ou le légataire de la portion disponible a le droit de demander la réunion fictive des biens dont il a été disposé par donation entre-vifs, afin de connaître la consistance générale de l'hérédité et afin de fixer la valeur de la quotité disponible; que cette réunion fictive dérive, en ce qui concerne les successibles, de la nature et du caractère des avancements d'hoirie qui ne sont, en réalité, que des remises anticipées des parts que les donataires recueilleront un jour dans la succession; — Considérant que l'art. 857 du même code ne contrarie nullement cette réunion fictive; qu'en effet la règle établie par cet article ne s'applique qu'aux rapports réels différents de la réunion fictive prescrite par l'art. 922; que, par conséquent, quoique l'art. 857 dispense le donataire en avancement d'hoirie, dans son intérêt, du rapport réel de l'objet donné, le donataire de la portion disponible n'en a pas moins le droit de demander la réunion fictive, afin de connaître la masse de l'hérédité, et de faire fixer la portion disponible; — Rejette.

Du 8 janv. 1834.-C. C., ch. req.-MM. Zangiacomi, pr.-Jaubert, rap.-Tarbé av. gén., c. conf.-Jouhaud, av

ni par conséquent à l'héritier institué ou au légataire universel (arg. c. civ. 1002). Il n'est dû qu'à l'héritier légitime.—Ainsi, l'ascendant à qui il a été fait un legs, et qui vient en concours avec un légataire universel non successible, peut cumuler le legs et la réserve (Agen, 28 déc. 1808) (1).

1077. Dans le cas même où le legs a été fait *pour tenir lieu au légataire de la quotité disponible*, un tel legs, fait à un non-successible, ne comprend que les biens qui appartiennent au testateur lors de son décès. Le légataire n'a pas le droit d'exiger des héritiers *ab intestat* le rapport des biens donnés, pour calculer la quotité disponible (Req. 5 nov. 1825) (2).

1078. Le rapport n'a point lieu entre légataires universels ou à titre universel, non successibles (Liége, 11 juin 1806, aff. Grégoire *C.* Domalius). Quand un testament a substitué la volonté de l'homme au système de la loi, les règles de la vocation légale disparaissent. M. Grenier, Donat., t. 2, n° 496, est d'avis cependant qu'il y a lieu au rapport entre légataires universels, s'ils sont en même temps héritiers présomptifs, et qu'ils aient été institués précisément pour les parts qu'ils auraient eues *ab intestat*; mais cette exception est rejetée par MM. Guilhon, Donat., t. 3, n° 1163; Malpel, n° 264; Vazeille, n° 2; Marcadé, sur l'art. 857, n° 4.

1079. L'héritier qui est en même temps légataire par préciput de la portion disponible sur les biens composant la succession peut, comme héritier, réclamer sa portion virile sur les sommes rapportées à la masse par ses cohéritiers donataires en avancement d'hoirie; mais, comme légataire, il ne peut pas être admis à prendre une part quelconque dans les biens rapportés, et il n'a droit, en cette qualité de légataire, qu'à la portion disponible calculée sur les biens appartenant au testateur au jour de son décès. La jurisprudence paraît fixée dans ce sens (Req. 30 déc. 1816, aff. Decourt, V. Disp. entre-vifs, n° 178-1°; Cass. 27 mars 1822, aff. Balzan; Agen, 23 nov. 1824, aff. Labroutière, V. Disp. entre-vifs, n° 1099.—Conf. Agen, 10 juin 1824, M. Dulong, pr., aff. Cluzan *C.* Vergues).

1080. Un héritier qui a reçu des biens par donation entre-vifs ne peut être obligé de les rapporter, pour régler le préciput légué à son cohéritier dans un testament ultérieur, alors même que le testament l'ordonnerait en termes exprès. « Attendu que, suivant les art. 857 et 894 c. nap., la donation entre-vifs est irrévocable et non sujette à rapport au profit des légataires; que, conséquemment, en décidant que, quels que soient les termes du testament de feu Aubiau, la dame de Barbot n'est pas tenue de rapporter les biens compris dans sa donation, pour régler le préciput légué à son frère, l'arrêt de la cour d'Agen, du 19 juill. 1823 n'a fait qu'une juste application de ces articles; rejette » (Rej. 5 juill. 1825, MM. Desèze, 1er pr., Cassaigne, rap., aff. Aubiau *C.* Barbot).

1081. L'héritier bénéficiaire n'étant tenu à aucun rapport en faveur des légataires et créanciers, a le droit de prélever sur l'actif de la succession, avant l'acquit des legs et des dettes, la somme dont il a été gratifié par donation entre-vifs émanée du défunt et dont il est resté créancier envers lui (Cass. 10 juill. 1844) (3).

---

(1) (Montalembert *C.* Laroque.) — Jugé ainsi par le tribunal de Villeneuve, le 24 mai 1808, qui a ordonné que Louis de Montalembert, légataire universel et non successible du sieur de Montalembert, ferait à la dame Laroque, mère du défunt et légataire d'une partie du mobilier, la délivrance de son legs, sans diminution de réserve.—Appel.—Arrêt.

LA COUR; — Attendu que les art. 845 et 857 c. civ. n'assujettissent les héritiers venant à la succession à rapporter les donations entre-vifs qu'ils ont reçu du défunt, et ne leur interdisent de réclamer les dons, à cause de mort, ou de legs qu'il leur a fait, qu'à l'égard de leurs cohéritiers; d'où il suit que l'incompatibilité des qualités d'héritier ou de légataire en la même personne n'est point absolue, mais seulement relative à l'intérêt des cohéritiers; Que l'expression *cohéritier*, employée dans les articles précités, ne signifie que les héritiers légitimes, et non les héritiers institués, 1° parce que l'acception des termes se détermine suivant la matière dont il s'agit : or, la section des rapports, dont ces articles font partie, a été placée dans le code civil sous le titre de Successions légitimes et non des héritiers institués; — 2° parce que, dans les divers articles du code civil, l'héritier institué est, par rapport à l'héritier légitime, toujours qualifié le légataire, soit universel, soit à titre universel; — Que l'appelant n'est point successible de feu sieur Bertrand de Montalembert, mais seulement son héritier institué, c'est-à-dire son légataire universel, et que, par là, il n'est point cohéritier de la dame Laroque, instituée, sur laquelle réside exclusivement, par rapport à lui, la qualité d'héritier dudit feu Bertrand de Montalembert; — Que l'objet des rapports étant de maintenir l'égalité entre cohéritiers, l'héritier intimé non successible est non recevable, aux yeux de l'héritier de la loi, à demander, soit le rapport des donations, soit la compensation des dons ou legs avec la réserve, parce que son titre établit l'inégalité et qu'il impliquerait qu'il pût s'aider, pour maintenir ou pour augmenter cette inégalité, des mesures que le législateur n'a admises que pour la faire cesser; car ce serait replier la loi contre elle-même et lui faire produire un effet diamétralement contraire à son esprit et à son but; — Que l'héritier institué non successible, tenant tout son droit du testament, doit prendre ce titre tel qu'il est dans son entier; qu'il peut d'autant moins inquiéter l'héritier au sujet des legs qui lui ont été faits, qu'ils dérivent du même titre que l'institution, dont ils sont, en quelque sorte, une condition, et que le testateur eût pu transmettre à cet héritier la succession entière, sans blesser, en aucune manière, les droits de celui qui se trouve institué; par où il est évident que l'appelant n'est pas fondé en droit à forcer l'héritier à opter entre la réserve et le legs; — Que, dès que l'intimé n'est pas tenu de droit à opter entre la réserve et le legs, il ne peut y être assujetti que par une disposition expresse du testateur; — Que le testament de feu Louis Bertrand de Montalembert ne contient aucune disposition de ce genre; que les clauses, dont l'appelant voudrait en faire résulter quelqu'une, sont trop vagues et trop conjecturales pour en avoir l'efficacité; — Dit qu'il a été bien jugé, etc.

Du 28 déc. 1808.-C. d'Agen.

(2) *Espèce* : — (Peyrachon *C.* Mollin.) — 7 juin 1820, jugement ainsi conçu : « Attendu que des dispositions du code civil il résulte que le rapport est une obligation imposée par la loi à l'héritier de remettre dans la succession les choses qu'il a reçues entre-vifs, directement ou indirectement, de la part du défunt, pour être partagées entre tous les héritiers; — Attendu que cette obligation, fondée sur la présomption que ce don n'avait été fait à l'héritier qu'à titre d'avance sur ce qu'il devait recueillir dans la succession, a pour principal objet de rétablir entre tous les héritiers l'égalité qui est le vœu de la loi; — Attendu que cette vérité résulte de l'art. 845, qui déclare que tout héritier, même bénéficiaire, venant à une succession, doit rapporter à ses cohéritiers tout ce qu'il a reçu du défunt par donation entre-vifs, directement ou indirectement, à moins qu'il n'ait été expressément dispensé du rapport; — Attendu que de ce principe constant et bien reconnu, il suit qu'il n'y a que les cohéritiers qui puissent demander à leur cohéritier le rapport du don entre-vifs qu'il avait reçu du défunt, puisque lui seul a droit à la faveur de la loi et au maintien de l'égalité; que cette conclusion est encore corroborée par les dispositions claires et précises et formelles de l'art. 857 c. civ. : « Le rapport n'est dû que par le cohéritier à son cohéritier; il n'est pas dû aux légataires ni aux créanciers de la succession; » et la cour suprême a consacré ce principe par son arrêt du 30 déc. 1816; — Attendu, en fait, que le mineur Peyrachon n'est pas le cohéritier de la dame Mollin; qu'il est étranger à la succession dans laquelle il ne recueille que ce qui lui est transmis par libéralité de son grand-père; qu'il ne peut, dès lors, invoquer le bienfait d'une loi qui n'a d'autre objet que de rétablir l'égalité parmi les cohéritiers du sang. » —Appel.—Arrêt confirmatif qui a adopté les motifs des premiers juges. — Pourvoi pour violation des art. 845, 857, 920, 921, 922 c. civ. — Arrêt.

LA COUR; — Sur le premier moyen, résultant d'une prétendue fausse application des art. 845, 857 c. civ.; attendu que l'arrêt attaqué et le jugement qu'il a confirmé, en adoptant ses motifs, ont statué sur une demande en rapport à la masse d'une succession, formée par un légataire universel qui n'était pas successible; qu'en décidant que ledit légataire universel ne pouvait contraindre l'héritier *ab intestat* au rapport de son don, ni prendre part aux sommes rapportées, lesdits arrêt et jugement ont fait une fausse application desdits art. 845, 857; — Sur le deuxième moyen, résultant d'une prétendue violation des art. 920, 921, 922, 923 c. civ. : attendu que dans le cas particulier, où le legs fait au demandeur étranger à l'hérédité *ab intestat*, était fait pour tenir lieu de la quotité disponible, les arrêt et jugement ont pu reconnaître que ledit legs n'avait compris que les biens qui appartenaient au testateur lors de son décès; et qu'ainsi il n'y avait pas lieu d'appliquer les articles susénoncés; — Rejette.

Du 5 nov. 1825.-C. C., sect. req.-MM. Lasaudade, pr.-M. Borel, r.

(3) (Fourment *C.* Mezan) — LA COUR; — Vu les art. 802 et 857 c. civ.; — Attendu que, suivant l'art. 857 c. civ., le rapport des choses données n'est dû que par l'héritier à son cohéritier; — Qu'il n'est pas dû aux légataires, ni aux créanciers de la succession; — Attendu qu'aux termes de l'art. 802 du même code, l'héritier bénéficiaire conserve, contre la succession, le droit de réclamer le payement de ses créances; — Attendu qu'il résulte de l'arrêt attaqué que la dame Fourment, héritière bénéficiaire de Mezan, son père, était créancière sur sa succession d'une somme de 5,000 fr., dont ledit Mezan lui avait fait donation lorsqu'elle

1082. L'art. 857 n'autorise pas l'héritier, en même temps légataire, le fût-il par préciput, à prendre son legs avant les autres légataires. Tous viennent par contribution; c'est une des différences que nous avons déjà signalées entre les dons entre-vifs et les legs (Chabot, p. 455; Delvincourt, t. 2, p. 39, n° 3; Duranton, t. 7, n° 208).

1083. Le rapport n'est pas dû aux *créanciers* de la succession. On le conçoit : c'est leur faute de ne s'être pas assuré des garanties, si leurs titres sont antérieurs à la donation, et qu'ils n'aient pas pris hypothèque sur les biens donnés. Ils n'ont pas dû compter sur ces biens, si les titres sont postérieurs.— Il peut arriver cependant que les créanciers de la succession soient admis à exercer leurs droits sur les biens sujets à rapport. Si la succession est onéreuse et qu'elle ait été acceptée purement et simplement, l'héritier donataire, tenu des dettes *ultrà vires*, pourra être poursuivi sur ses biens *personnels*, et l'on ne distinguera pas alors s'ils proviennent de la donation ou d'autre cause (Chabot, t. 3, p. 445; Delvincourt, t. 2, p. 39, n° 4; Duranton, t. 7, n° 266; Toullier, t. 4, n° 469; Vazeille, art. 850, n° 4).

1084. L'art. 857 ne parle que des créanciers de la succession. En effet, les créanciers personnels de l'un des héritiers pourraient, au nom de leur débiteur, exiger le rapport qu'il négligerait de demander (arg. c. nap. 788 et 1166.— Conf. Chabot, t. 3, p. 453; Duranton, t. 7, n° 269; Vazeille, art. 857, n° 6; Poujol, t. 2, p. 200; Conflans sur l'art. 857, n° 3; Colmar, 13 janv. 1813, aff. Chauvet *C.* Bernard). — C'est par des motifs erronés, à notre sens, qu'il a été jugé, au contraire, que le droit de demander le rapport est un droit exclusivement personnel à l'héritier débiteur, et en conséquence ne peut être exercé par un avoué, même pour ses frais, et n'eût-il aucun autre moyen d'être payé de son client (Toulouse, 16 janv. 1855) (1).

1085. Le rapport ne pourrait être demandé par les créanciers, même contre l'héritier bénéficiaire; celui-ci, eût-il recueilli une part des choses rapportées au profit des cohéritiers, ne devrait pas compte de cette part; et il n'en devrait aucun compte, fît-il l'abandon autorisé par l'art. 802. Les biens donnés étaient, à l'égard des créanciers, en dehors de la succession, et l'héritier bénéficiaire n'est comptable que des biens qui en font partie (Lebrun, Pothier, Grenier, n° 504; Chabot, t. 3, p. 449 à 453; Duranton, t. 7, n° 224; Vazeille, art. 857, n° 5; Poujol, t. 2, p. 291). — Jugé en tout cas que, sur la reddition du compte présenté par des héritiers bénéficiaires, un créancier n'a pu être fondé à demander le rapport à l'actif de la somme constituée en dot à l'un des héritiers par contrat de mariage antérieur à sa créance (Req. 9 juin 1835, aff. Robert, V. n° 1024).

Art. 4. — *De quoi est dû le rapport.*

§ 1. — *Comment doit être exprimée la dispense du rapport.*

1086. L'art. 843 c. nap. soumet l'héritier au rapport de tout ce qu'il a reçu du défunt à titre gratuit, «à moins que les dons et legs ne lui aient été faits expressément par préciput et hors part, ou avec dispense de rapport» : *nisi expressim designaverit testator se velle non fieri collationem* (nov. 18, ch. 16). — Il eût été plus exact de dire *par préciput* ou *hors part*; car l'une ou l'autre de ces locutions suffirait (Grenier, n° 483 et suiv.; Levasseur, de la Port. disp., p. 166; Toullier, t. 4, n° 455; Duranton, t. 7, n° 218, 219; Chabot, t. 3, p. 209; Delvincourt, t. 2, p. 57, n° 1; Delaporte, Pand. franç., t. 3, p. 305).

1087. La clause de préciput et hors part peut être stipulée par acte distinct. Mais il faut que cet acte soit fait dans la forme d'une disposition gratuite (c. nap. 919; Toullier, t. 4, n° 455; Grenier, t. 2, n° 484; Delvincourt; Demante, t. 2, n° 177; Malpel, n° 265; Vazeille, n° 4; Chabot, n° 7; Zachariæ, t. 4, p. 462; Marcadé, sur l'art. 843).

1088. La dispense de rapport doit être *expresse*; il ne suffirait pas, pour en exempter sous la loi nouvelle une donation ancienne, qui n'y était pas soumise dans l'origine, que le donateur, dont la succession s'est ouverte depuis la publication du code, eût, depuis cette publication, exprimé le vœu, par testament, que sa succession fût partagée suivant la loi et la coutume (Rej. 5 mai 1812, aff. Beauvoir, V. n° 1020).

1089. Les termes employés par la loi ne sont point sacramentels; le contraire avait été soutenu dans l'origine; on a reconnu depuis que le législateur s'était principalement attaché à l'intention du disposant. Il eût été peu raisonnable d'exiger qu'un testament, un legs fût conçu dans des termes inconnus du plus grand nombre de citoyens, qui sont étrangers au langage des lois.— La jurisprudence, comme on va le voir, offre beaucoup d'exemples d'équipollence; elle induit la dispense de rapport, tantôt de l'ensemble des diverses clauses de la libéralité, tantôt de la nature même de la disposition. — Par exemple, on a vu la dispense de rapport dans l'ensemble de la disposition, lorsqu'il a été fait un legs de tous les meubles, linge, deniers, effets d'or et d'argent, et autres qui se trouveront dans la maison du testateur au jour de son décès, si ce legs est motivé sur la reconnaissance du testateur et que par le même testament les autres effets de l'hoirie sont légués aux autres héritiers (Turin, 24 mars 1806, aff. Belli, V. Dispos. entre-vifs, n° 4210).

1090. Dans cette clause de la donation d'un immeuble faite par un père à l'un de ses enfants, «pour, par le donataire, jouir en pleine propriété du bien donné, sans être tenu d'en faire aucun rapport à la succession du donateur, mais à condition que les frères et sœurs.... du donataire en seront indemnisés sur les autres biens du donateur, et de la manière qu'il se propose de le faire,» les juges peuvent voir une dispense de rapport, et, dans la condition relative aux frères et sœurs, l'énonciation d'un simple projet de la part du donateur,... et, par suite, déclarer, sans que leur arrêt soit susceptible d'encourir la censure de la cour suprême, que l'inexécution de ce projet ne doit influer en rien sur le sort de la donation, ni détruire la dispense de rapport : on dirait en vain qu'il appartient à la cour de cassation de réformer un arrêt qui, sous le prétexte d'interpréter une donation,

s'était mariée; — Attendu qu'à l'état d'ordre du prix des immeubles de feu Mezan, les époux Fourment ont demandé à être colloqués pour cette somme de 5,000 fr. et les intérêts; — Que, quoique cette donation ne fût pas contestée et qu'aucune demande en réduction n'eût été formée par les cohéritiers de la dame Fourment, l'arrêt attaqué a repoussé sa demande en collocation, sauf à partager, en sa qualité d'héritière bénéficiaire, avec Mezan, son frère défendeur, ce qui resterait libre dans la succession, les dettes payées; — Attendu cependant que la qualité d'héritier bénéficiaire ne pouvait préjudicier à l'exercice des droits personnels de la dame Fourment sur la succession de son père; — Que, d'une autre part, la dame Fourment n'était tenue, comme donataire, à aucun rapport envers les créanciers de la succession, qui ne pouvaient, dès lors, être payés par préférence sur l'actif de cette succession, qu'autant qu'ils auraient eu des droits antérieurs à la donation faite par Mezan père, ce qui n'est aucunement établi par l'arrêt attaqué; — Attendu qu'en refusant, dans ces circonstances, d'admettre la demande des époux Fourment et en les réservant seulement au partage de la succession de Mezan père, après payement des dettes, la cour royale de Toulouse a violé les art. 802 et 857 c. civ.;—Par ces motifs, casse, au chef qui concerne les époux Fourment et Mezan.

Du 10 juil. 1844.–C. C., ch. civ.-MM. Portalis, 1er pr.-Thil, rap.-Pascalis, 1er av. gén., c. conf.-Fichet et Lanvin, av.

(1) (Saintgès et Izard *C.* Pontneau.) — La Cour; — Attendu que, d'après les dispositions de l'art. 857 c. civ., l'action qui peut amener le rapport est inhérente à la qualité d'héritier, et constitue, dès lors, un droit personnel; si les termes si énergiques et si précis de cette disposition avaient besoin pour leur intelligence de quelque développement, ne résulteraient-ils pas de la manière la plus lumineuse des motifs qui ont fait autoriser l'action en rapport? Cette action porte évidemment atteinte à un acte précédemment parfait, et est, dès lors, irrecevable; cependant la loi le modifie, mais uniquement pour maintenir la règle salutaire de l'égalité entre cohéritiers. Aussi le droit romain dont notre droit nouveau a, à cet égard, adopté les principes, place-t-il en tête du titre où il réunit les lois qui régissent cette matière, ces expressions remarquables : *Hic titulus habet manifestam æquitatem. Prætor consequens esse credit ut sua bona in medium conferant qui appetunt paterna*, leg. 1, ff., *De col. bon* —Dès lors, celui-là seul qui doit profiter du rapport a le droit de le demander; cette action est donc interdite au créancier, puisqu'il lui est inhibé de se prévaloir de son résultat. Le droit de demander le rapport, disent les auteurs des Pandectes françaises sur l'art. 1166 c. civ., est un droit personnel à l'héritier, que les créanciers ne peuvent pas exercer. Donc Me Saintgès ne pouvant exercer un pareil droit, l'action, respectivement à lui, est censée ne pas exister dans la succession de feu Pontneau; donc, à son égard, l'assertion des premiers juges conserve toute sa force; — Réformant, etc.

Du 16 janv. 1855.–C. de Toulouse.–M. Garisson, pr.

anéantit une condition qu'elle contient (c. nap. 843, 944; Req. 22 juill. 1828) (1).

1091. Le legs fait à des successibles du quart de tous les biens du testateur, pour être réunis à la moitié qu'ils sont appelés à recueillir dans sa succession, est censé fait par préciput et hors part (Paris, 15 pluv. an 13, aff. Colin). — Il en est de même de la donation de moitié des biens présents et à venir, avec promesse de ne faire ni élire d'autre héritier que le donataire dans l'autre moitié (Riom, 27 nov. 1819, aff. Peyrot, V. Dispos. entre-vifs, nº 712).

1092. On a pu décider, sans donner ouverture à cassation, qu'il y a legs avec dispense de rapport dans un testament ainsi conçu : Je lègue à mon fils aîné le quart de mes biens;... mes héritiers payeront, en outre, une pension viagère à ma cuisinière : « Attendu que les art. 843 et 919 invoqués exigent bien que la dispense du rapport soit expresse pour que le légataire puisse participer à la succession; mais qu'ils ne déterminent aucunes expressions sacramentelles; d'où il résulte que les questions de ce genre sont des questions de volonté qui peuvent être décidées d'après le contexte des dispositions générales et particulières portées au testament; rejette le pourvoi formé contre l'arrêt de la cour de Riom, du 20 janv. 1824 » (Req. 17 mars 1825, MM. Henrion, pr., Borel, rap., aff. Mandosse C. de Rauzat).

1093. Il a été jugé encore : 1º que si un père de famille ayant deux enfants donne à l'un d'eux un immeuble par acte entre-vifs, et, postérieurement, fait un testament par lequel il donne à l'autre enfant tout ce qu'il possédera à son décès, on peut décider qu'il a entendu faire à chacun de ses enfants une attribution spéciale et distincte emportant nécessairement dispense de rapport pour chacun d'eux (Paris, 23 mai 1844, aff. d'Escoubès de Montlaur C. veuve de Montlaur, le pourvoi contre cet arrêt a été rejeté; Req. 10 juin 1846, D. P. 46. 4. 436); — 2º Que la clause d'un testament par laquelle le testateur, après avoir fait un legs d'immeubles, puis un legs de valeurs mobilières au même légataire, ajoute, à la suite de ce dernier legs, mais dans un alinéa distinct, « pour par la dame... en jouir et disposer en pleine et absolue propriété, à partir du jour de ma mort, par préciput, hors part, et sans charge de rapport à ma succession, » a pu être considérée, par une appréciation d'intention fondée sur ce mode de rédaction, comme emportant dispense de rapport, aussi bien pour les legs d'immeubles que pour le legs mobilier (Req. 27 mars 1850, aff. Ruard, D. P. 54. 5. 631); — 3º Que la dispense de rapport peut résulter, même en cas de donation déclarée faite à titre d'avancement d'hoirie, de la condition, insérée dans l'acte de donation, que le donataire renoncera à demander compte au donateur de l'administration que ce dernier a eue de ses biens pendant sa minorité (Req. 5 avr. 1854, aff. Grandgonnet, D. P. 54. 1. 100); — 4º Qu'on a pu faire résulter la dispense de rapport, à l'égard des legs faits à des héritiers : 1º de ce qu'une institution universelle excluait ces héritiers de la succession, et leur rendait ainsi inapplicable la loi du rapport; 2º de ce que les legs étaient faits sous la condition, de la part des légataires, de renoncer à des droits de créance sur la succession, sans qu'une telle décision puisse encourir cassation; que, par suite, lorsque l'annulation du legs universel a donné lieu au partage de la succession entre les héritiers légitimes, ceux de ces héritiers au profit desquels ces legs ont été faits ont droit d'en obtenir le prélèvement (Rej. 18 mai 1846, aff. Dublanc, D. P. 46. 4. 435).

1094. La dispense de rapport, avons-nous dit, peut résulter, non-seulement de l'ensemble des diverses clauses, mais de la *nature* même de la disposition. La question s'est élevée d'abord à l'égard des dispositions *universelles*. La jurisprudence présume la dispense de rapport, lorsque la libéralité embrasse la totalité des biens de la succession ou des biens disponibles. — Comment douter, en effet, que celui qui a donné à l'un de ses héritiers toute sa fortune n'ait pas eu l'intention de l'avantager au préjudice des autres, auxquels il ne laisse rien? Alors il n'est pas besoin que le donataire ou le légataire invoque sa qualité d'héritier pour recueillir au delà de la libéralité qui lui a été faite. Cette opinion, enseignée par MM. Duranton, t. 7, nº 219; Vazeille, art. 843, nº 4; Grenier, *loc. cit.*, n'est pas admise par MM. Poujol, t. 2, p. 35; Levasseur, *ibid.*, p. 165, quoique ce dernier auteur ne doute pas, dans le cas de legs universel, que la véritable intention du testateur ne soit de dispenser de rapport. « On ne peut néanmoins s'y arrêter, ajoute-t-il; le disposant devait se conformer à la volonté de la loi. » — M. Delaporte, Pandectes françaises, t. 3, p. 307, n'exprime que des doutes à cet égard. Pour nous, il nous semble que, dès que l'intention du testateur est évidente, on doit la suivre. On est parti de ce principe, pour déclarer non sacramentels les termes employés par la loi.

1095. Il a été jugé d'abord que le legs de la portion disponible est réputé fait avec dispense de rapport (Caen, 16 déc. 1850, aff. Godefroy, D. P. 51. 2. 246); et spécialement lorsqu'il est dit dans le contrat de mariage de l'un des enfants que ses père et mère « lui assurent tous les avantages permis par la loi » (Paris, 28 juill. 1825, M. Cassini, pr., aff. hérit. de Lubersac). — Même décision quant au legs universel (Bastia, 25 mars 1833, M. Colonna d'Istria, pr., aff. Palmieri C. Marcantoni). — Et on doit surtout y voir la dispense de rapport, lorsque la part des autres enfants est déterminée par le testament (Montpellier, 9 juill. 1833) (2).

1096. D'après une jurisprudence semblable, le legs universel emporte virtuellement dispense de rapport dans les cas suivants : 1º un père, après avoir fait des legs à deux de ses enfants, nomme le troisième pour son héritier seul et universel de tous les biens dont il mourra saisi et vêtu, et veut que sa succession soit recueillie en entier par lui aux charges de droit : — « Attendu qu'il s'agit d'une institution testamentaire à titre universel, qui embrasse dans sa généralité tous les biens de l'instituant, et que l'énergie d'une pareille disposition renferme une dispense de rapport aussi expresse que si le testateur se fût servi littéralement des termes de la loi; émendant, etc. » (Limoges, 26 juin 1822, M. de Gaujal, pr., aff. Pélissier C. ses sœurs); — 2º Le testateur fait un legs universel à ses héritiers légitimes, en les chargeant de payer une somme fixe à son enfant naturel, et en déclarant qu'il réduit celui-ci à cette somme une fois payée, pour tous ses droits dans la succession : — « Considérant que le testament du 24 janv. 1824 contient, de la part de Claire Brice, la disposition universelle de tous ses biens en faveur de ses quatre enfants légitimes; que l'exclusion formelle d'Élisabeth André, sa fille naturelle, de la participation des biens qu'elle lègue, la réduction à la somme de 1,000 fr. dont elle croit pouvoir la frapper, annoncent implicitement et nécessairement, au profit des légataires universels, la dispense de rapporter, les termes par préciput et hors part n'étant pas sacramentels, et pouvant être suppléés par équipollence » (Nancy, 22 janv. 1838, 1re ch., M. de

(1) (Delassault C. Groult.) — LA COUR; — Attendu que, par l'arrêt attaqué, la cour royale d'Amiens, interprétant et appréciant les termes de la donation, qui fait l'objet du procès, a jugé en fait que le donataire était dispensé du rapport en valeur comme en nature, et que la phrase suivante énonçait seulement un projet, qui ne pouvait influer en rien sur le sort de la donation, ni détruire la défense d'aucun rapport qui y est attachée; — Attendu qu'il n'appartient point à la cour de cassation d'examiner et de juger si les cours royales ont bien ou mal apprécié les faits de la cause, bien ou mal interprété les actes; — Rejette, etc.

Du 22 juill. 1828.-C. C., ch. req.-MM. Favard, pr.-Mestadier, rap.

(2) (Teulier C. Delpuech.) — LA COUR; — Attendu qu'une institution générale et universelle d'héritier embrasse tous les biens délaissés par le testateur, sauf ceux dont il fait des dispositions particulières, et ceux compris dans les réserves faites par la loi; — Que, par une telle disposition, le testateur manifeste évidemment la volonté, qu'à l'exception des biens légalement réservés, et des biens dont il a déjà disposé, tout le surplus de sa succession appartienne exclusivement à son héritier général; — Qu'il est, dès lors, inutile qu'il ajoute que sa disposition est faite par préciput et hors part, car ces expressions ne sont exigées par la loi que pour qu'il ne puisse s'élever aucun doute sur la volonté du testateur; et nul doute n'est possible, lorsqu'après avoir fait la part de chacun, le testateur déclare donner tout le reste à celui qu'il préfère et qu'il dénomme; — Attendu que ce principe est d'autant plus applicable à la cause, que, d'une part, le testateur, après avoir confirmé la donation qu'il avait faite à sa fille, borne à la somme donnée l'institution d'héritier qu'il y attache, tandis qu'il revêt du caractère d'institution générale et universelle celle qu'il fait en faveur de son fils; et que, d'autre part, il charge celui-ci d'acquitter en seul les divers legs particuliers contenus dans son testament; — Que c'est donc à bon droit que le tribunal de première instance a déclaré que, dans la succession du père commun, la quotité disponible devait appartenir au sieur Teulier fils.

Du 9 juill. 1833.-C. de Montpellier.-M. de Trinquelague, 1er pr.

Metz, pr., aff. André *C.* Masson); — 3° Un père, après différents legs faits à plusieurs de ses enfants, institue l'un d'eux son héritier universel dans tout le reste de ses biens, et, à son défaut, ses enfants mâles, le chargeant d'exécuter entièrement les dispositions du testament (Rej. 25 août 1812) (1); — 4° Une donation a été faite par contrat de mariage à un fils adoptif, et le père adoptif, auquel est né un enfant légitime d'un mariage postérieur, a institué celui-ci légataire universel des biens qu'il délaisserait à son décès, en déclarant même dans un acte séparé (une lettre) qu'il n'y avait pas lieu de revenir sur la donation faite à l'enfant adoptif (Req. 10 juin 1846, aff. Montlaur, D. P. 46. 4. 436); — 5° Un codicille (fait sous l'empire d'une loi qui n'accordait aux filles qu'un droit à une simple dot, et admettait les enfants mâles seuls à la succession de leur père) doit être considéré, si la succession du disposant s'est ouverte sous le code, comme renfermant au profit de son fils un legs de la quotité disponible; et ce legs doit être réputé fait par préciput, si le père a chargé son fils de l'exécution du codicille, à titre d'héritier légitime; s'il l'a désigné, à différentes reprises, sous cette dénomination; si, léguant en même temps à l'une de ses filles une certaine somme pour lui tenir lieu de dot, il a déclaré exclues de sa succession, moyennant la dot qu'il leur a payée, cette fille et deux autres antérieurement dotées (Turin, 29 août 1807, aff. Chisolfo *C.* Chisolfo).

1097. Les dispositions universelles ne sont pas les seules qui par leur nature emportent dispense de rapport ; on l'a fait résulter aussi du partage anticipé de tous ses biens fait par un ascendant entre ses enfants (Caen, 2 déc. 1847, aff. Soynard, D. P. 49. 2. 84).—Jugé aussi, que la dispense de rapport peut n'être qu'implicite et n'a même pas besoin d'être faite directement par le donateur; par exemple elle peut résulter d'une constatation faite dans un partage anticipé sur la déclaration de l'enfant intéressé au rapport, si, d'ailleurs, ce dernier n'a fait cette déclaration que pour se conformer à l'intention du donateur; —Que la déclaration faite par un enfant, dans un partage d'ascendant, qu'il a reçu une somme égale à celles antérieurement données aux autres enfants en avancement d'hoirie, déclaration suivie dans l'acte de cette mention qu'ainsi les enfants copartageants n'auront à cet égard aucun rapport à se faire, doit, bien que le déclarant n'ait rien reçu et qu'il n'ait, en laissant insérer une telle mention, eu pour but que de se conformer à la volonté du donateur, être considérée comme constituant de sa part, non une libéralité au profit des autres enfants copartageants, donataires en avancement d'hoirie, que révoquerait la survenance d'un enfant au prétendu donateur, mais uniquement comme l'acceptation d'une condition du partage, dont l'effet doit être de dispenser ceux-ci du rapport (Paris, 1er avril 1851, aff. Dupont, D. P. 53. 2. 37).

1098. La dispense de rapport nous paraît résulter de la nature de la disposition, lorsqu'après une donation faite sans dispense, le donateur ajoute que le donataire aura dans le surplus de ses biens une part égale à celle des autres héritiers (MM. Chabot et Grenier, *loc. cit.*) ;—ou lorsque le testateur, après avoir fait un legs particulier, institue le légataire et ses autres successibles par égales portions (Turin, 24 mars 1806, v° Disposition, n° 4210, V. aussi *eod.*, n° 1984-7°).

1099. D'ailleurs il a été jugé que la promesse d'égalité de partage, faite par les père et mère à un de leurs enfans, dans son contrat de mariage, a pu être declarée ne point emporter à son profit donation, par préciput et hors part, d'une portion quelconque de la quotité disponible pour réaliser cette promesse d'égalité, sans que cette appréciation tombe sous la censure de la cour suprême (c. nap. 843, 1082, 1135; Req. 22 mai 1833) (2).

1100. La libéralité, faite sous certaines *charges*, serait-elle censée exempte de rapport? Les principes et l'équité sollicitent, ce nous semble, une distinction. Par exemple, que la condition d'une donation à un successible soit le payement de telle somme à un tiers, le rapport sera dû de la chose donnée, moins cette somme ou une égale valeur. L'héritier n'est pas obligé de remettre à la masse de la succession plus qu'il n'a réellement reçu, ou au delà de ce dont il a été gratifié (Chabot, t. 3, n° 219 ; Grenier, n° 533 ; Delvincourt, t. 2, p. 37, n° 1 ; Duranton, t. 7, n° 314). — Cependant le rapport a été ordonné par la cour de Dijon, le 20 mess. an 10, sans égard à la condition onéreuse, dans une espèce où le donateur avait stipulé que le donataire renoncerait à certains avantages, qui ont profité aux autres successibles.

1101. Il est certain cas même où les charges apposées à la donation feraient présumer la dispense du rapport. — Ainsi, dans une donation contractuelle, la dispense a pu être déclarée résulter de la charge imposée au donataire de rendre les biens donnés à ses enfants, en cas de décès de ce donataire avant le donateur (Req. 16 juin 1830) (3).—Conf. M. Conflans sur l'art. 843, n° 9.

1102. En matière de substitution, il a été jugé 1° que le

(1) (Les hér. Allomello.)—LA COUR (apr. délib.);—Considérant que, si quelques motifs de la cour d'appel (de Turin) sont susceptibles de critique, elle a pu néanmoins légitimement induire du contexte des différentes dispositions particulières et legs portés au testament, que, quant à la portion disponible à laquelle il se trouvait réduit, le testament avait, par le sens des diverses dispositions, et l'énergie des termes de l'institution qui les avait suivis, dispensé aussi expressément l'héritier institué du rapport de l'objet de la libéralité que si la dispense avait été écrite littéralement; que, d'après cela, l'arrêt attaqué n'a violé aucune des dispositions du code civil, relatives à l'obligation du rapport;—Rejette.

Du 25 août 1812.-C. C., sect. civ.-MM. Muraire, 1er pr.-Rousseau, r.

(2) *Espèce :* — (De Jouy *C.* de Boquestant.) — Arrêt confirmatif de la cour de Paris, du 26 mars 1832 : — « Considérant que le majorat créé par la dame de Boquestant en faveur de son mari, le 25 déc. 1810, constitue, au profit de son fils, un avantage qui, suivant l'esprit de la loi sur les majorats, la jurisprudence et l'aveu des parties, est fait par préciput et hors part, et ne serait soumis au rapport que pour parfaire la légitime; — Considérant que, par l'art. 8 du contrat de mariage de la dame de Jouy, les sieur et dame de Boquestant ont déclaré assurer à leur fille l'intégralité de sa portion héréditaire dans leurs successions futures, même dans la portion disponible et dans les biens formant le majorat; — Considérant que cette clause renferme, à la vérité, une promesse d'égalité entre les enfants, mais ne constitue ni en termes exprès, ni en termes équipollents, une donation par préciput et hors part, au profit de la future épouse d'une portion quelconque de la quotité disponible; — Considérant que le partage réclamé par les appelants et qui aurait pour résultat soit d'attribuer, dès à présent, à la dame de Jouy, dans la portion disponible, un immeuble de la valeur égale aux biens du majorat, soit de laisser indivise entre les parties une portion de biens équivalente, n'aurait pour base qu'une énonciation vague du contrat de mariage, et non une disposition attributive de droits certains. » — Pourvoi.—Arrêt.

LA COUR ; — Attendu que la cour royale de Paris, en décidant que l'art. 8 du contrat de mariage de la demanderesse ne renfermait ni expressément ni par équipollents, une donation par préciput et hors part, d'une portion dans la quotité disponible, s'est bornée à une interprétation du contrat qui était dans ses attributions, et n'a violé, en cela, aucune loi; — Rejette.

Du 22 mai 1833.-C. C., ch. req.-MM. Zangiacomi, pr.-Bernard, rap.

(3) *Espèce :* — (Cannelli *C.* Mattei.) — Le 16 juill. 1828, arrêt infirmatif de la cour royale de Corse, en ces termes : « En ce qui touche le rapport fictif ordonné du montant des biens compris dans la donation faite par feu Cannelli à sa femme : — Considérant qu'en supposant qu'une épouse en secondes noces, légataire de la portion disponible d'une part d'enfant, ou du quart de la succession de son mari, puisse, pour faire fixer l'émolument de son legs sur la masse entière de la fortune du défunt, demander le rapport fictif à l'enfant qui n'a été gratifié que par simple avancement d'hoirie, il n'en est pas de même quand l'enfant auquel ce rapport est demandé a été avantagé par préciput et hors part; — Considérant, dans l'espèce, que la donation faite par feu Cannelli à sa fille, a incontestablement le caractère de préciput; qu'en effet, le donateur a grevé les biens donnés d'une restitution en faveur des enfants à naître de la donataire, et n'a permis à celle-ci d'autre disposition que celle de l'usufruit en faveur de son mari; que, par là, feu Cannelli a évidemment usé du droit que confère aux ascendants l'art. 1048 c. civ., et qui ne peut s'appliquer qu'aux biens dont ils ont la libre disposition à titre gratuit;—Considérant que le moyen de nullité de cette donation pris de ce qu'il n'y avait point lors, ni aujourd'hui, d'enfants nés pour recueillir l'effet de la substitution, n'a rien de spécieux : l'art. 1048 valide les clauses de cette nature, stipulées par contrat de mariage; que vainement on allègue que le donateur ayant, à cette époque, résolu de convoler en secondes noces, il ne serait pas raisonnable d'admettre qu'il eût voulu aliéner, dans une proportion considérable, la quotité disponible d'une fortune fruit de son industrie et de son épargne; on répondrait que toute recherche d'intention est interdite quand le disposant a si clairement fixé le caractère de sa libéralité; — Considérant qu'en admettant le système de l'intimée et celui des premiers juges, il

grevé, chargé de rendre à ses enfants, n'est point tenu de rapporter les biens substitués à la succession de son père, le disposant; la charge de rendre équivaut à une dispense *expresse* de rapport, et le légataire peut ainsi cumuler le legs avec sa part héréditaire (Douai, 27 janv. 1819) (1);— 2° Que le legs d'une somme fait par un père à sa fille, avec la clause que, dans le cas où elle viendrait à le prédécéder, la somme léguée appartiendrait aux enfants de celle-ci ou même à celui d'entre eux qui survivra aux autres, peut être considéré comme fait par préciput et avec dispense de rapport (Rej. 7 juill. 1835) (2); — 3° Que l'arrêt qui décide, par l'appréciation des dispositions d'un acte de donation contenant substitution des biens au profit des enfants à naître du donataire et réserve d'usufruit au profit du donateur, qu'il a été fait avec dispense de rapport, ne contrevient à aucune loi (c. nap. 843; Req. 23 fév. 1831, aff. Joviac, V. Émigré, n° 329); — 4° Que la création d'un majorat constitue, au profit de l'enfant qui en est investi, une donation par préciput et hors part (sén. cons. 14 août 1806; décr. 1er mars 1808; Req. 22 mai 1833, aff. Jouy, n° 1099).

1103. Dans le legs d'un immeuble fait à un successible à charge de payer, en argent, à ses cohéritiers, ce qui, dans cet immeuble, excéderait sa part héréditaire, il y a dispense suffisante de rapport en nature, encore bien que la disposition ne contiendrait pas une dispense expresse (Req. 9 fév. 1830, aff. Bonmarchand, V. Transaction).

1104. La dispense de rapport peut s'induire, à défaut d'une clause expresse, de l'intention du testateur, s'il s'agit d'un legs considérable; que ce legs ait été fait au profit d'un frère du testateur, sous différentes charges, et notamment à condition de payer une certaine somme à ses deux sœurs; si ces trois légataires sont les seuls héritiers naturels; s'il est dit dans le testament que le surplus des biens sera divisé par égales portions entre eux; s'il résulte enfin des circonstances que le testateur devait préférer le légataire principal aux deux autres. — « Attendu que le législateur n'ayant pas exigé l'emploi d'expressions spéciales pour établir cette dispense, l'arrêt attaqué a pu induire du contexte des différentes dispositions particulières et legs portés audit testament, que le testateur avait, par la teneur de l'ensemble de ses volontés, dispensé l'héritier du rapport de sa libéralité aussi expressément que si la dispense avait été littéralement écrite;— Rejette » (Req. 20 fév. 1817, MM. Henrion, pr., Lefessier, rap., aff. Pelletier et Labruère).

1105. Les *dons* ou *legs rémunératoires* sont-ils sujets à rapport? Le code les considère comme de véritables libéralités, puisqu'il les soumet à la révocation pour survenance d'enfants (c. civ. 960). Or l'art. 843 oblige indistinctement au rapport de tout ce qu'on a reçu par donation entre-vifs. Cette solution, controversée autrefois, est généralement adoptée. — Toutefois, il faut distinguer si les services dont la donation forme la récompense donnaient naissance à une obligation soit civile, soit même naturelle, et si, en conséquence, la donation peut être considérée comme le payement d'une dette plutôt qu'une libéralité. Dans ce cas, le donataire aurait une action pour ce qui lui serait dû à raison de ses avances ou des charges qu'il se serait imposées; mais les objets seraient rapportés.—Les motifs des récompenses sont presque toujours vagues et incertains; en ordonnant le rapport, on prévient les fraudes, on évite les embarras d'une discussion tendante à savoir si la libéralité excède ou non les services. Chabot (*loc. cit.*) atteste que cette dernière opinion, consacrée par l'ancienne jurisprudence, avait été adoptée par Charondas, Auzanet, Duplessis et les nouveaux auteurs; elle était rejetée par Vinnius, Ricard, Lebrun, et aujourd'hui, mais avec modification, par Delvincourt (t. 2, p. 110), qui ne soumet au rapport que l'excédant de la valeur de la donation sur celle des services ou des charges; par Toullier (t. 5, n° 186), qui déclare exempte de rapport et de réduction la donation pour services réels qui donneraient action en justice, et imputable sur la quotité disponible et réductible en cas d'excès, la donation pour services qui peuvent exciter la reconnaissance, mais ne donneraient lieu à aucune action; et enfin par Vazeille (art. 843, n° 23), qui trouve le caractère de préciput dans la donation rémunératoire pour services importants qui ne sont pas de ces services que la nature et le devoir prescrivent, quand bien même ils ne seraient pas de nature à donner action en justice; mais il la croit, sans égard à l'énonciation d'aucun service, réductible pour la réserve des héritiers de la ligne directe, sauf l'action du donataire pour le payement de services appréciables à prix d'argent. Au reste, une donation qui s'annonce comme l'acquit d'une dette grave, ne fût-ce que selon la conscience, paraît à Vazeille nécessairement faite dans la pensée qu'elle ne peut être mise en partage avec des cohéritiers.

1106. Le don *manuel* est-il virtuellement dispensé du rapport? Oui, a-t-on dit, parce que c'est une libéralité cachée, et que le donateur a entendu sans doute ne pas soumettre au rapport (Vazeille, art. 843, n° 5; Grenier, t. 1, n° 176; Toullier, t. 5, n° 1; Poujol, t. 2, p. 136). L'opinion contraire, que nous préférons, est motivée sur les termes généraux de l'art. 843 c. nap., qui ne s'applique pas seulement aux donations faites dans les formes solennelles, mais à *tout* ce qui a été reçu à titre gratuit, *même indirectement* (Duranton, t. 7, n° 303; Delaporte, Pand. franç., t. 3, p. 291). La jurisprudence s'est prononcée dans ce dernier sens. —Jugé: 1° que les dons manuels et occultes ne sont pas, en l'absence de manifestation contraire du donateur, dispensés nécessairement et de plein droit de rapport (Req. 12 août 1844 (3); Agen, 13 juin 1831, aff. Mataly, V. n° 1107; Req. 30 déc. 1846, aff. Dursel, D. P. 47. 4. 409); — 2° Qu'il en est sur-

---

(1) (Riche C. la dame Pradel.) — Le 17 avril 1818, jugement du tribunal de Valenciennes ainsi conçu : — « Considérant que la matière des substitutions, est traitée tout entière dans le seul chap. 6, des substit., c. civ.; qu'on n'y dit pas, comme dans les autres parties du code, que ces dons ou legs doivent être faits expressément par préciput ou hors part; le dire, ou y laisser appliquer les art. 843 et 844, aurait été une inconséquence; car ordonner le rapport de ces dons à la masse de la succession du donataire, et vouloir que le donataire les remette en même temps à ses enfants implique contradiction. L'exemption de rapport existe donc par la nature et la force de la disposition particulière; elle existe encore par argument *à simili* de l'art. 847; elle existe enfin par équipollence; le code n'a consacré aucune expression particulière pour considérer l'exception de rapport comme *expressément* voulue; *expressément* n'est pas le synonyme de *littéralement*, et la jurisprudence admet l'équipollence comme moyen de présenter suffisamment cette exception. » — Appel.— Arrêt.

La cour; — Adoptant les motifs des premiers juges, confirme.

Du 27 janv. 1819.-C. de Douai.

(2) (Des-Assis C. Chantagru.)—La cour (après dél. en ch. du cons.); — Sur les premier et deuxième moyens : — Attendu que, par le contrat de mariage du sieur Des-Assis fils, son père l'institua héritier pour un tiers à titre de préciput; — Que le père se réserva néanmoins sur ce tiers la somme de 15,000 fr. qui se trouva ainsi détachée du préciput; — Que cette modification fut acceptée par le sieur Des-Assis fils et devint ainsi une partie essentielle du contrat; que le père disposa ensuite par un testament olographe de la somme de 12,000 fr., au profit de la dame Chantagru sa fille, au moyen d'un legs de cette somme dépendante de la réserve qu'il s'était faite dans le contrat de mariage de son fils; — Qu'en déclarant ce legs valide, et non sujet à rapport d'après les diverses circonstances qui concouraient à faire considérer ce legs comme fait par préciput, la cour de Limoges n'est contrevenue à aucune loi; — Rejette.

Du 7 juill. 1835.-C. C., ch. civ.-MM. Dunoyer, pr.-Pagès, rap.

(3) (Gazagnaire C. Gazagnaire.) — La cour; —Sur le deuxième moyen :—Attendu, en fait, qu'il s'agit de dons manuels et occultes faits

en résulterait que le donateur aurait grevé ainsi, non la quotité disponible aux termes de l'art. 1048 c. civ., mais bien une partie de la réserve à sa fille, ce qu'il ne pouvait pas faire et ce qu'il ne doit pas être supposé avoir fait;—Considérant qu'on ne pourrait décider que la donation dont il s'agit a été faite par pure délibération et présuccession sur la légitime (ou réserve par conséquent), qu'en déclarant non écrite la charge de conserver et de rendre aux enfants à naître, ce qui serait détruire un pacte de famille et léser les droits des enfants qui peuvent recevoir le jour de l'union des époux Mattei. » — Pourvoi de la veuve Cannelli, pour violation de l'art. 843 c. civ., en ce que la cour de Corse a admis l'existence d'une clause de préciput qui n'avait point été établie par le donateur. — Arrêt.

La cour; —Attendu qu'en jugeant que la donation faite par Cannelli à sa fille l'avait été par préciput et hors part dans l'intention qu'elle ne fût pas sujette à rapport, l'arrêt attaqué a jugé, par interprétation de la clause, de l'intention qui l'avait dictée; que cette appréciation était dans le domaine des premiers juges; que, d'ailleurs, elle est conforme aux principes, puisque la substitution faite des biens donnés au profit des enfants à naître de la donataire avait mis irrévocablement ces biens hors la main du donateur; — Rejette.

Du 16 juin 1830. C. C., ch. req.-MM. Borel, pr.-Hua, rap.

tout ainsi, dans le cas où l'objet prétendu donné manuellement consiste dans une somme d'argent considérable (20,000 fr.), que le donateur a empruntée en conférant hypothèque sur ses biens et en se soumettant aux risques probables d'une expropriation forcée (Rouen, 12 mars 1845, aff. Helluy, D. P. 45. 2. 159).

1107. La volonté du père donateur d'affranchir son enfant donataire du rapport, ne résulte pas suffisamment de cette double circonstance, que le don a été fait manuellement pour payer une acquisition d'immeubles, et qu'il serait exprimé dans l'acte que l'immeuble a été payé avec les deniers de l'enfant (Agen, 15 juin 1851) (1).

1108. Toutefois, il a été jugé que le don manuel est présumé fait par préciput, alors surtout qu'il n'y a d'autre preuve du don que l'aveu du donataire, et que celui-ci déclare que le don lui a été fait avec dispense de rapport, et que cette dispense résulte des présomptions les plus graves (Bordeaux, 2 mai 1851) (2).

1109. Au surplus, on a toujours fait exception à l'obligation du rapport, lorsque le don était d'une très-mince valeur et qu'il formait comme un présent d'usage. A cet égard, la condition et la fortune du donateur doivent être prises en considération (Duranton et Delaporte, *loc. cit.*).

1110. Pour qu'il y ait lieu à rapport d'objets mobiliers transmis manuellement, il faut prouver que ces objets ont été donnés à titre gratuit : « Considérant que l'arrêt attaqué décide qu'il n'est pas prouvé que les effets réclamés eussent été donnés à titre gratuit, ce qui exclut toute action en rapport » (Req. 13 janv. 1807, MM. Henrion, pr., Dunoyer, rap., aff. hér. Mittaut). —Dans l'espèce, la cour de Poitiers s'était fondée sur ce motif, « que l'on ne peut considérer comme dons les transmissions manuelles faites par un défunt pendant tout le cours de sa vie, à des personnes surtout non successibles, de sommes d'argent, meubles et effets mobiliers, en ce que ces transmissions pouvant avoir pour objet le payement ou l'acquittement d'une dette quelconque, ou enfin la récompense d'un service, ne sont susceptibles d'aucun recours, n'ayant aucun caractère de donations, soit entre-vifs, soit à cause de mort. »

1111. La décision qui, par appréciation des faits résultant d'enquêtes et de contre-enquêtes, ordonne l'imputation de dons manuels et occultes sur la quotité disponible, ne tombe pas sous la censure de la cour de cassation (Req. 12 août 1844, aff. Gazagnaire, V. *suprà*, n° 1106).

1112. Une demande d'imputation de dons manuels sur la quotité disponible constitue une défense à l'action en rapport, et, par suite, a pu valablement être proposée pour la première fois en appel (même arrêt, V. Demande nouvelle, n° 223).

§ 2. — *Des avantages indirects.*

1113. Les moyens d'avantager indirectement une personne se réduisent principalement à trois, que nous examinerons tour à tour, au point de vue de l'action en rapport : 1° l'interposition d'un tiers; 2° le déguisement de la libéralité sous la forme d'un contrat onéreux; 3° la remise d'une dette ou la renonciation à un avantage commun pour en faire profiter seul celui qu'on veut gratifier. — Rappelons, toutefois, qu'il a été traité avec étendue v° Disp. entre-vifs et test. des donations déguisées suivant qu'elles sont faites à des incapables (n°s 433 et s.), ou à des personnes capables, par exemple à des époux (V. *eod.*, n°s 936 et s., 2292), ou à d'autres et par d'autres personnes (V. *eod.*, n°s 1659 et s.), et enfin suivant qu'elles sont déguisées ou non sous la forme des contrats à titre onéreux (V. *iisdem*, n°s 433 et s., 1659 s.).

1114. *Interposition d'un tiers.* — Nul doute qu'il n'y ait lieu à rapport des choses qu'on a reçues du défunt par personne interposée. Les auteurs mêmes qui, comme nous l'expliquerons tout à l'heure, n'admettent pas le rapport en cas de donations déguisées sous la forme de contrats onéreux, l'admettent en cas d'interposition (MM. Toullier, t. 4, n° 472; Grenier, n° 512; Malpel, n° 265). C'était la doctrine des anciens commentateurs (Ricard, 3e partie, n° 1222; Pothier, des Success., chap. 4, art. 2, § 2; Ferrière, sur l'art. 303 de la cout. de Paris). Telle est la règle du code, puisqu'on s'est occupé, dans les art. 847 à 849, d'établir trois exceptions. Ainsi le successible rapportera ce qu'un tiers était chargé de lui remettre par contre-lettre ou par fidéicommis exprès (MM. Chabot, t. 3, p. 222; Duranton, t. 7, n° 316; Delvincourt, t. 2, p. 330, note 2, et les auteurs cités plus haut). — Ainsi, n'est pas dispensé du rapport l'objet même ou la somme dont l'abandon à l'un des héritiers a été la condition d'une donation ou d'une convention faite par le défunt avec un tiers. Qu'on n'objecte pas alors que l'héritier n'a point profité aux dépens de la succession : il est certain que la considération de ce que le donataire devra remettre à l'héritier a dû influer d'autant sur le montant de la libéralité, ou diminuer les profits du défunt si c'était une convention (M. Delvincourt, *loc. cit.*)

1115. En déclarant que la donation ou le legs faits au fils, au père ou au conjoint du successible, seraient *réputés faits avec dispense de rapport*, les art. 847 à 849 ont eu pour but seulement de déroger à la règle générale de l'art. 911, qui de droit présume alors l'interposition. C'est la présomption contraire qui prévaudra en matière de rapport. Mais l'interposition a pu réellement exister. On sera admis à la prouver nonobstant toute présomption. La loi n'a voulu consacrer la dispense de rapport que pour le cas où le successible ne profiterait qu'éventuellement de la libéralité, soit par l'effet de conventions matrimoniales, soit par l'acceptation de la succession du donataire. On n'a pas entendu l'en affranchir, si le père, le fils ou l'époux du successible étaient chargés expressément par le défunt de lui restituer la chose donnée. C'est dans ce sens que le code est interprété par les auteurs (MM. Grenier, n° 513; Toullier, t. 4, n° 473; Duran-

par le père à Georges Gazagnaire, l'un de ses enfants, et évalués à la somme de 4,000 fr.; — Attendu, en droit, que si les dons manuels et occultes ne peuvent, pas plus que les donations déguisées, être de plein droit et nécessairement dispensés de rapport, ou imputables sur la quotité disponible, leur véritable caractère résulte de la volonté du donateur; c'est aux juges du fait qu'il appartient de rechercher et de déclarer quelle a été son intention; — Attendu que, dans l'espèce, les faits avaient été l'objet d'enquêtes réciproques; qu'ils étaient parfaitement connus de la cour royale, étant constatés par le jugement de première instance dont elle a adopté les motifs, et qu'en ordonnant l'imputation des dons manuels et occultes sur la quotité disponible, elle n'a fait qu'user de son pouvoir d'appréciation de la volonté du père donateur; —Rejette le pourvoi contre l'arrêt de la cour d'Aix, du 18 janv. 1843.

Du 12 août 1844.-C. C., ch. req.-MM. Zangiacomi, pr.-Mestadier, rap.-Chégaray, av. gén., c. conf.-Béchard, av.

(1) (Veuve Mataly C. Ducondut.) — La cour; — Attendu qu'on ne peut dire que la volonté du père ait été expressément manifestée dans l'objet du préciput, puisqu'il n'y a aucune espèce d'acte écrit de sa part, et que le don a été purement manuel; qu'en vain invoque-t-on la jurisprudence qui aurait admis comme expression suffisante de préciput la donation déguisée sous la forme de contrat onéreux; outre que cette jurisprudence est controversée, qu'elle tend à favoriser la fraude, ce qui est contraire à toute bonne justice, c'est que dans l'espèce il ne se rencontre pas même de donation déguisée sous forme de contrat onéreux, puisqu'aucun acte écrit n'émane du père, qu'il n'y a ni vente ni obliga- l'on de sa part, soit directement, soit par des personnes interposées; que l'intention du père d'attribuer cette somme par préciput à ses deux enfants, est d'autant moins manifeste, qu'elle est démentie, au contraire, de la manière la plus formelle, par la donation expresse du quart de tous ses biens par préciput dans le contrat de mariage de sa fille, sous la date du 21 sept. 1816; que cette donation ayant dû être l'une des causes déterminantes du mariage, et le don de 7,100 fr. étant alors inconnu, ce serait par l'effet d'une déception coupable que la fille serait privée du préciput qui lui avait été si solennellement attribué; — D'où suit qu'il y a lieu de considérer le don de 7,100 fr. comme un simple avancement d'hoirie, d'en ordonner le rapport à la succession.

Du 15 juin 1851.-C. d'Agen, 1re ch.

(2) (Lopes-Dias C. Lopes-Dias.) — La cour; — Attendu, en ce qui concerne le rapport du don manuel de 50,000 fr. que Isaac Lopes-Dias prétend lui avoir été fait par son père, que le don manuel d'un objet mobilier est censé fait par préciput lorsqu'il n'existe aucun acte qui le constate, parce qu'on doit supposer que si le donateur ne l'avait fait qu'à la charge de rapport, il aurait pris soin de le constater de manière à assurer l'effet de sa volonté; — Que, dans l'espèce, Isaac Lopes-Dias affirme que la somme de 50,000 fr. lui a été donnée avec dispense de rapport, et que foi doit être ajoutée à sa déclaration jusqu'à la preuve contraire, ...et que cet aveu ne peut être scindé; — Attendu que les présomptions les plus graves, et spécialement les balances arrêtées chaque mois par Daniel Lopes-Dias, à partir du 1er fév. 1828, confirment d'ailleurs la vérité de cette déclaration, reconnue par plusieurs membres de la famille; — Met l'appel au néant, etc.

Du 2 mai 1851.-C. de Bordeaux, 1re ch.-M. Roullet, pr.

ton, nos 316 et 317; Delvincourt, p. 328, note 10; Chabot, p. 222 à 225; M. Vazeille, art. 847, no 5).—Dans l'ancien droit, la controverse ne s'élevait que pour l'hypothèse des dons ou legs faits au fils du successible.

1116. Il a été jugé : 1° qu'avant le code Napoléon la coutume de Paris réputait avantage indirect, et, comme tel, sujet au rapport, tout don fait aux enfants de ceux qui venaient comme héritiers à la succession de leurs père et mère (Req. 11 mars 1834, aff. Reghat, V. Dispos. entre-vifs, no 1997);—2° Qu'avant le code, la femme aurait été tenue au rapport des sommes données par le père à son mari, surtout si le père avait inscrit ces sommes comme avancement d'hoirie sur des papiers domestiques, et qu'il n'en eût pas demandé le payement pendant sa vie (Colmar, 19 nov. 1813, aff. Chauvet *C.* Bernard); — 3° Qu'en outre la question de savoir si la femme est tenue au rapport des objets donnés par son père à son mari devrait, à l'égard des objets donnés avant le code, se décider d'après les anciens principes, et non d'après le code, quoiqu'il s'agisse d'une succession ouverte sous son empire (même arrêt).

1117. La fille mariée doit-elle le rapport des sommes prêtées par son père à son mari? L'art. 849 l'en dispenserait bien, s'il s'agissait d'un don au lieu d'un prêt. Lebrun, liv. 3, ch. 6, sect. 2, no 6, entre dans de grands développements sur cette question, et, pour la résoudre, invoque des principes qui ne se concilient plus avec les dispositions du code. Aujourd'hui la femme sera ou non soumise au rapport, selon qu'elle se sera ou non obligée conjointement avec son mari, selon qu'elle aura ou non accepté la communauté, et le rapport ne sera qu'une restitution, provenant d'une obligation ordinaire (Chabot, t. 3, p. 389, Duranton, t. 7, no 234; Vazeille, sur l'art. 849, no 3).—Jugé que lorsque dans un contrat de mariage le père du futur ne donne rien à son fils, mais dote sa belle-fille, si les sœurs et frères de celle-ci prouvent que la dot a été fournie en réalité par leur père commun, et non par le père du futur, cette donation indirecte n'est pas présumée nécessairement faite avec dispense de rapport (Montpellier, 26 fév. 1830) (1).

1118. Une mère souscrit une obligation de 3,000 fr. au profit d'un individu qui, peu de jours après, épouse sa fille; une donation déguisée ayant été reconnue dans cette obligation, on l'a déclarée sujette à réduction, mais non rapportable par la fille (Grenoble, 14 janv. 1824, aff. Chevellon *C.* Aubert).

1119. Lorsqu'une donation a été faite par l'un des époux au successible de l'autre époux, avec charge de rapport au cas où le donataire deviendrait héritier du conjoint du donateur, il n'est pas nécessaire, si le donataire vient à la succession de ce conjoint, qu'il rapporte effectivement à la masse la somme donnée, ou qu'il la prenne en moins sur sa part. Le partage égal peut être ordonné entre le donataire et ses cohéritiers, avec réserve seulement au profit de ceux-ci d'une action en restitution de la somme donnée. Il n'y a pas là nécessité d'appliquer la loi sur les rapports, parce qu'il ne s'agit pas de la succession du donateur (Req. 21 mars 1808; MM. Henrion, pr.; Bailly, rap.; aff. Cazier *C.* Perrières.)

1120. *Donations déguisées sous la forme d'un contrat onéreux.*—Ces donations, qu'on tient aujourd'hui pour valides entre personnes capables de donner et recevoir (V. Disp. entre-vifs, nos 1659 et suiv.), sont-elles sujettes à rapport? Trois opinions se sont formées à cet égard. — D'abord, les uns pensent que le seul fait de déguiser la donation emporte dispense de rapport (Merlin, Quest. de droit, vo Donat. § 5, no 3; Malpel, no 266; Toullier, t. 4, no 474; Vazeille, sur l'art. 843, no 5; Poujol, sur le même article, no 8; Fouet de Conflans, *ibid.*, no 14; Belost-Jolimont sur Chabot art. 843, observ. 4; Marcadé, art. 851. no 3; Massé et Vergé sur Zachariæ, t. 2, p. 405, note 17. — Conf. Grenoble, 6 juill. 1821, 2e ch., aff. Barbier *C.* Brochier; Lyon, 22 juin 1825, aff. Solichon, V. Disp. entre-vifs, no 4619; Agen, 4 mai 1830, aff. Alary, V. *eod.*, no 614; Caen, 26 mars 1833, aff. Jean *C.* Legrain; 4 mai 1836, aff. Barbot *C.* Aubert; Req. 9 mars 1837, aff. Verdat, V. Disp. entre-vifs, no 1633). — Jugé ainsi spécialement à l'égard : 1° d'une vente d'immeuble (Toulouse, 7 juill. 1829) (2). — « Attendu, porte un autre arrêt, que, suivant la jurisprudence généralement adoptée, toute libéralité déguisée sous la forme d'une vente, est, par cela seul, préciputaire; qu'il serait absurde, en effet, que celui qui vend déclarât qu'il dispense l'acquéreur de rapporter à sa succession l'objet qu'il aliène irrévocablement; émendant » (Bordeaux, 20 juill. 1829, M. de Saget, pr., aff. Carpentey; Conf. Rennes, 10 fév. 1818, aff. Dondart *C.* Huet);—2° D'un transport de créance moyennant un prix déterminé (Caen, 23 mai 1836, aff. Foulon, Bordeaux, 27 avril 1839; M. Poumeyrol, pr. aff. Sarlaud;) —3° D'un bail à ferme consenti par le père à l'un de ses enfants et qui n'est qu'un moyen de déguiser l'abandon gratuit de la jouissance. «Attendu qu'en supposant simulés les beaux à ferme consentis par Arnaud le père à son fils Izaac, ils ne déguiseraient

(1) (Rousselier *C.* Lacombe.) — LA COUR; — Attendu que l'action de faire donner par un autre ne suppose pas nécessairement l'intention de dispenser du rapport; que cette voie détournée peut avoir un tout autre objet; que la loi soumet au rapport les donations indirectes aussi bien que les donations directes; qu'elle ne les en exempte que sous la même condition, celle que la disposition de l'exemption soit expresse; qu'il est évidemment dans son esprit que l'égalité dans les partages ne soit rompue que dans le cas où aucun doute à cet égard ne peut être élevé sur la volonté du père de famille; et qu'il serait contraire aux principes d'une saine morale d'attribuer plus d'effet à une donation que la fraude aurait déguisée, qu'à une donation faite ouvertement et de bonne foi; — Attendu, enfin, qu'il n'existe aucun acte postérieur au contrat de mariage de la dame Rousselier, qui annonce, de la part de son père, la volonté que la donation indirecte qu'il lui avait faite dans le contrat fût dispensée du rapport; — Par ces motifs, démet les appelants de leur appel, etc.

Du 26 fév. 1830.-C. de Montpellier.-M. Trinquelague, 1er pr.

(2) (Her. Cordié.) — LA COUR; — Attendu.... (Ici il est reconnu que les ventes sont des donations déguisées.).... — Attendu, sur la question de savoir si ces donations déguisées sont sujettes à rapport, que l'héritier, venant à succession, n'est pas tenu de rapporter les dons qui lui ont été faits, expressément, avec dispense de rapport; — Attendu qu'il est généralement reconnu qu'il n'est pas nécessaire que la dispense de rapport soit sacramentellement écrite, et qu'il suffit des équipollents; — Attendu qu'une donation, reconnue déguisée sous l'apparence d'un contrat onéreux, témoigne, aussi énergiquement qu'il soit possible, que le donateur a voulu dispenser du rapport l'objet donné, puisque, par cet acte, il veut évidemment le distraire à jamais de sa succession; — Attendu que l'objection prise de ce que ces équipollents ne peuvent pas suffire dans les donations déguisées, puisque toutes les donations indirectes offrent ces équipollents, et que, néanmoins, l'art. 843 c. civ., exige le rapport des donations indirectes où l'on n'a pas exprimé la clause de préciput; — Attendu, disons-nous, que cette objection n'est pas fondée en fait, car toutes les donations indirectes n'offrent point des équipollents de la clause de dispense de rapport : par exemple la substitution, en faveur du petit-fils, d'un bien donné au fils, est une donation indirecte, qui ne dispense nullement le petit-fils du rapport, s'il se trouve successible du donateur au décès de celui-ci; la donation d'un immeuble à une personne, sous la charge de donner 10,000 fr. à un tiers, contient une donation indirecte en faveur de ce tiers, qui ne sera pas dispensé du rapport des 10,000 fr., s'il se trouve, successible du donateur au décès de celui-ci : d'où suit que l'art. 843 c. civ. a dû exiger pour les donations indirectes, comme pour les donations directes, qu'elles fussent rapportées, si elles ne contenaient pas dispense de rapport, soit écrite sacramentellement, soit manifestée par des équipollents; d'où suit encore qu'une donation, déguisée sous l'apparence d'un contrat de vente, n'est point, quoique indirecte, sujette à rapport, puisque, par cet acte, le donateur veut distraire, irrévocablement et à jamais de sa succession, l'objet donné; — Attendu que le législateur, toutes les fois qu'il a eu occasion d'appliquer à des donations déguisées les règles du rapport, par exemple dans les art. 847, 849, 911 et 918, a formellement déclaré que ces donations déguisées n'étaient sujettes à rapport que pour l'excédant de la quote disponible; que vainement on prétendrait que c'est par exception qu'il l'a décidé ainsi dans ces articles; il serait, en effet, impossible de trouver un motif raisonnable à cette prétendue exception; il résulte, au contraire, de la jurisprudence, et notamment d'un arrêt de la cour de cassation, du 13 août 1817, que l'art. 918 c. civ., loin d'être une exception, n'est qu'une conséquence du droit commun, tant ancien que moderne, ce qui est confirmé par les arrêts de la cour de cassation, des 22 août 1810 et 6 juin 1814; — Attendu sur la question de savoir si la quotité disponible doit être déterminée d'après la loi en vigueur à l'époque de la donation, ou d'appès la loi en vigueur au moment du décès du donateur, que le réservataire ne peut pas exiger une réserve plus forte que celle qui lui est assignée par la loi existante au décès de celui auquel il succède; conséquemment, qu'il ne peut faire réduire la donation qu'à la quote disponible déterminée par cette dernière loi; — Infirme, etc.; — Emendant.

Du 7 juill. 1829.-C. de Toulouse, 2e ch.-M. Chalret-Durieu, pr.

autre chose que l'abandon de la jouissance des biens donnés; qu'un tel abandon aurait été licite, et qu'il ne saurait être considéré comme fait en fraude des droits légitimaires des autres enfans, puisque, soit d'après les anciens, soit d'après les nouveaux principes, les fruits des immeubles donnés ne se rapportent point depuis la donation jusqu'au jour de l'ouverture de la succession; confirme, etc.» (Nîmes, 15 mars 1819, aff. hérit. Arnaud).

1121. Une seconde opinion admet l'obligation du rapport, par cela seul qu'il n'y a pas eu dispense (Grenier, n° 513; Chabot, t. 3, p. 225, 226; Delvincourt, t. 2, p. 121; Duranton, t. 7, n°s 313, 326 et suiv.; Proudhon, Usufruit, n° 2396; Duvergier sur Toullier; Pont, Rev. de législ., t. 22, p. 284; Montpellier, 26 fév. 1830, M. Trinquelague, 1er pr., aff. Rousselier; Paris, 19 juill. 1833, aff. Guelbeau; Montpellier, 21 nov. 1836, 1re ch., aff. Boyer; Douai, 30 janv. 1838, M. Delaetre, pr., aff. Delbal). — Jugé ainsi, spécialement, à l'égard : 1° d'une vente d'immeubles (Toulouse, 2 fév. 1824 et 9 mai 1840; Besançon, 15 nov. 1843 (1); Bruxelles, 26 juill. 1820, aff. Verbeke; Nancy, 26 nov. 1834, aff. Scallier C. Scallier; Montpellier, 21 nov. 1836, aff. Boyer);—2° D'un bail à ferme (Amiens, 10 janv. 1821, aff. Galland C. Destriaux); — 3° De la convention par laquelle une mère s'oblige envers les créanciers de son fils failli à payer pour son compte une certaine somme : — « Attendu qu'il a été juste pareillement de faire rapporter audit Simon Maurice les sommes payées à sa décharge par la dame sa mère ou par ses héritiers, par suite de l'obligation par elle contractée envers les créanciers dudit sieur son fils, puisqu'il ne justifie d'aucun acte ou disposition quelconque émané de la dame sa mère, établissant sa volonté de le dispenser d'en faire le rapport; confirme, etc. » (Bordeaux, 16 août 1827, M. Dutrouilh, pr., aff. hérit. de Bethmann).

1122. Une troisième opinion, intermédiaire, admet que si une donation déguisée n'est pas par elle-même dispensée de rapport, cependant il n'est pas nécessaire, pour que cette dispense ait lieu, qu'elle soit exprimée en termes précis, les juges pouvant la faire résulter de l'intention du donateur, manifestée par les faits de la cause. Cette proposition a été consacrée deux fois par la cour suprême, à l'égard : 1° d'une acquisition d'immeuble faite par un père pour son fils mineur, sans moyens pécuniaires, et moyennant une rente viagère et un capital une fois donné (Req. 20 mars 1843) (2); — 2° D'un achat de rente sur l'État faite par une mère au nom de plusieurs enfants (Rej.

(1) 1re *espèce* : —(Hér. Albouy.)—LA COUR;—Attendu qu'il demeure établi en fait que le prix des actes de vente du 19 janv. 1815 a tourné au profit d'Antoine Albouy; que si, d'après la jurisprudence, les donations indirectes sont permises, sauf l'obligation de les réduire à la quotité disponible, il ne s'ensuit pas, néanmoins, que ces donations soient censées faites par préciput et dispensées du rapport; qu'il résulte, au contraire, du texte et de l'esprit de la loi que, s'il n'y a pas dispense expresse de rapporter, ces dons indirects, comme tous les autres, doivent contribuer à la formation de la masse des biens à diviser : (art. 843. c. civ.) que d'après l'art. 919, la déclaration de dispense est si nécessaire que, elle peut être faite, soit par l'acte même de disposition, soit postérieurement; ce qui démontre de la manière la plus énergique que, si le testateur ou le donateur, qui a la plus grande faculté d'exprimer sa volonté à ce sujet, ne le fait pas, il est présumé n'avoir pas voulu détruire entre ses cohéritiers le principe d'égalité sur lequel repose notre système de succession, et avoir voulu, au contraire, soumettre la donation à la formalité du rapport; que ce mode d'expliquer la loi est le seul conforme à son esprit, parce qu'il n'est pas possible de présumer que des actes clandestins et seulement tolérés aient plus de force et d'effet que ceux qui sont formellement autorisés par le code, et qui sont revêtus de toutes les formalités qu'il a introduites pour en garantir l'efficacité; — Infirme.

Du 2 fév. 1824.-C. de Toulouse, 2e ch.

2e *Espèce* : — (Pic C. Cistac.) —LA COUR; — Vu les art. 843, 847, 848, 849, 855, 918 et 919 c. civ.; — Attendu que le premier de ces articles soumet le donateur à rapporter à la masse tous les dons qui ne lui ont pas été faits expressément par préciput et hors part, ou avec dispense de rapport; — Que, loin de distinguer entre les diverses espèces de donations, il comprend dans sa disposition celles qui ont été faites indirectement, aussi bien que les autres; — Que, par là, le législateur n'a fait que donner une sanction à l'esprit qui l'a inspiré dans le titre des Successions, et qu'il n'est pas étonnant qu'il ait exigé que la modification à la règle de l'égalité dans les partages ne pût provenir que de l'expression formelle de la volonté du donateur; — Qu'en vain, pour échapper au texte si explicite de cet article, on a prétendu que la donation déguisée sous la forme d'un contrat onéreux n'est point une donation indirecte; — Qu'indépendamment de ce que, dans le langage actuel du droit, ces deux mots se confondent dans une même pensée, parce que l'on considère comme indirecte toute libéralité qui est faite par une voie détournée destinée à en cacher l'existence, plusieurs articles du code s'expliquent dans ce sens, notamment l'art. 853, qui, en parlant d'un avantage indirect, entend désigner une donation dissimulée sous les formes d'une convention d'un autre ordre; — Que cet article vient en confirmation de celui déjà invoqué, puisqu'il est impossible, quelque rapprochement que l'on fasse avec l'art. 854, d'en restreindre l'application à la défense de se prévaloir des seuls avantages prohibés; — Que son texte prouve que ce sont les avantages indirects de toute nature qui ne peuvent être imputés par l'enfant à qui ils sont faits sur la quotité disponible; — Que de graves objections résultent, il est vrai, contre cette décision des art. 918, 847, 848 et 849; —Qu'il est impossible de ne pas être frappé, en effet, de cette considération; — Que, dans le premier de ces articles, il y avait nécessité d'adopter un système relativement à la validité des ventes faites à fonds perdu sous une rente viagère, ou avec réserve d'usufruit; — Qu'en prononçant, contrairement à l'ancienne jurisprudence, leur nullité absolue, et en déclarant, en même temps, que ces donations indirectes ne seront pas soumises au rapport, quoiqu'elles n'en aient pas été expressément dispensées, le législateur semble avoir posé une règle applicable à toutes les libéralités du même genre; — Qu'également, les personnes dont il est question dans les art. 847 et suiv. étant les mêmes qui sont, par la présomption de la loi, considérées comme personnes interposées, quand il s'agit d'incapables, doivent, par parité de raison, être envisagées de la même manière relativement aux donations déguisées et non prohibées, dans lesquelles ils sont censés ne recevoir que pour le père, le fils ou l'époux, qui ont emprunté leurs noms; mais que la gravité de cet argument s'affaiblit quand on pense que le législateur a pu, dans le premier cas, céder à un sentiment de justice, en faisant jouir le donataire d'un avantage qui peut n'être qu'un équivalent des sacrifices que, dans la vue des chances aléatoires de son contrat, il a fait pour le payement des termes de la pension stipulée; — Que, dans le second, il a pu ne faire que respecter le principe qui, en soumettant le cohéritier seul au rapport, en dispense l'époux, le fils ou le père, objet direct de la libéralité, lorsqu'il ne vient pas à la succession; — Que, dès qu'il y a possibilité que ces dispositions ne contiennent qu'une exception pour les situations particulières qui sont ainsi spécifiées, c'est dans l'art. 843 qu'est posée la règle à appliquer dans les cas généraux; — Que, sans doute, la volonté du père de famille résulte de l'avantage indirect qu'il fait à un de ses enfants dans un acte où il paraît d'autant plus vouloir le dispenser du rapport que, par la forme qu'il a employée, il veut même soustraire à ses autres héritiers la connaissance de la donation qu'il lui a faite; — Mais qu'il est possible que ce soit là le résultat que la loi a voulu prévenir, en voulant que l'enfant ne pût pas cumuler les avantages de ce don indirect avec ceux de la libéralité que le père aurait pu lui faire avec imputation sur la quotité disponible; — Que, d'ailleurs, l'art. 919 ouvre au donateur le moyen d'assurer à la donation déguisée toute sa force, en l'autorisant à en disposer, par préciput ou hors part, dans un acte séparé; — Mais que, pour le magistrat, il ne peut y avoir lieu à se livrer à l'interprétation de la loi que lorsque l'ambiguïté de ses termes peut laisser quelques doutes sur la pensée qui l'a dictée; mais que le texte de l'art. 843 est précis; — Que ne laissant aucune place au doute, il y a lieu d'en appliquer littéralement la disposition qui soumet au rapport tous les dons qui n'en ont pas été expressément dispensés; — Par ces motifs, confirme, etc.

Du 9 mai 1840.-C. de Toulouse, 2e ch.-M. Martin, pr.

3e *Espèce* : — (Veuve Beuque C. époux Vermot.) — LA COUR; — Considérant que le jugement dont est appel a déclaré valables les ventes attaquées, mais qu'il a considéré comme un avantage indirect, sujet à rapport, la différence du prix porté à ces contrats comparé à celui fixé par les experts, comme étant la valeur réelle des immeubles à l'époque des contrats. — ...Que le donateur, en disposant, peut n'avoir eu d'autre intention que de faire, autant qu'il est en lui, que la chose qu'il donne soit assurée au donataire, et affranchie des chances d'un partage dont les lots sont tirés au sort, sans avoir voulu néanmoins que l'égalité entre copartageants, qui est de l'essence du partage, soit blessée; — Que, si le donateur a pris la forme des contrats à titre onéreux pour faire donation de tout ou partie du prix de la chose, il peut avoir eu l'intention d'assurer la chose au donataire et de prévenir le mécontentement de parents au même degré que le donataire; que dans cette hypothèse encore il ne résulte pas nécessairement de la forme employée que le donateur ait eu l'intention de faire cesser l'égalité, et que le donataire soit dispensé du rapport; — Que c'est donc avec raison que les premiers juges, à défaut de dispense soit formelle, soit par équipollence de rapport, ont ordonné que le rapport, etc.

Du 15 nov. 1843.-C. de Besançon, 1re ch.-M. Monnot-Arbilleur, pr.

(2) *Espèce* : — (Époux Lebas C. Leblanc.) — En 1814, le sieur Leblanc père a acheté, tant en son nom qu'au nom de son fils, diverses

10 nov. 1852, aff. Reynoird, D. P. 52. 1. 307). — Jugé aussi que, de ce qu'une libéralité est faite sous une forme déguisée, il ne suit pas qu'elle soit de plein droit dispensée du rapport, une telle dispense ne pouvant résulter que des circonstances qui témoignent de la volonté du donateur à cet égard. Et cette volonté peut s'induire de la pluralité d'actes et de précautions prises par le donateur pour faire arriver par voie indirecte l'objet de la libéralité entre les mains du donataire (Douai, 21 mai 1851, aff. Herbier, D. P. 52. 2. 254).

1123. Cette troisième opinion nous paraît être le seul point de vue vrai. — D'une part, « dire qu'une donation déguisée est virtuellement dispensée de rapport, c'est aller contre la vérité, ériger en principe des présomptions de droit qui ne sont pas infaillibles, le tout pour donner à un acte simulé une faveur qu'il n'aurait pas un acte sincère. Souvent la forme détournée de la vente ou du contrat onéreux n'a été employée que pour éviter des formes gênantes ou des droits d'enregistrement considérables; souvent elle n'a été mise en usage que pour maintenir l'harmonie dans les familles et écarter provisoirement l'idée d'avantages qui auraient pu exciter la jalousie entre les enfants.» Ainsi s'exprimait M. Troplong, conseiller rapporteur dans l'espèce de l'arrêt du 20 mars 1843, qui précède. — Vainement, pour établir que le seul fait du déguisement de la libéralité emporte dispense de rapport, on invoque les art. 847 à 849, qui *réputent faits avec dispense de rapport* les dons au père, au fils ou à l'époux du successible. Dans ces articles il ne s'agit point d'une donation faite au successible lui-même; et si le législateur l'a exempté du rapport, ce n'est pas parce qu'il a vu dans la donation un avantage indirect; c'est qu'il a considéré, au contraire, qu'elle avait pu n'être d'aucun avantage pour le successible, soit qu'il n'ait pas hérité du donataire, soit que celui-ci ait aliéné les choses données, soit enfin que, par l'effet de conventions matrimoniales ou le mauvais état de l'hérédité du donataire, le successible ne les ait recueillies qu'à des conditions onéreuses. — On oppose encore l'art. 918, qui dispense du rapport le contrat à rente viagère ou à fonds perdu. Mais les rédacteurs du code n'ont pu entendre changer tout le système sur le rapport des avantages indirects par une disposition spéciale, étrangère à l'ensemble de la loi, placée sous un titre autre que les rapports à succession. — On peut même dire que le mot *rapport*, dans l'art. 918, signifie seulement la réunion à la masse de ce qui excède le disponible; car ce rapport «ne peut être demandé dans aucun cas par les successibles en ligne collatérale.» La pensée du législateur, comme l'indiquent la rubrique de la section et la discussion du conseil d'Etat, ne s'était arrêtée que sur *la portion disponible et la réduction*. — Aussi devons-nous remarquer que la véritable place des art. 853 et 854 eût été sous cette même section, si l'on avait voulu dire seulement, à l'égard des conventions et associations passées avec le défunt, qu'elles seraient réductibles à la quotité disponible, lorsqu'elles renfermeraient un avantage excédant. Pourquoi en parler sous la rubrique des rapports, puisqu'elles ne pourront jamais être la matière d'un rapport, qu'elles ne sont que soumises à la loi de la réduction? Cette dernière observation nous paraît du plus grand poids. — On objecte enfin les mots *sans fraude*, qui se trouvent, quant aux associations, dans l'art. 854. On en conclut que la loi n'a exigé le rapport que des avantages indirects prohibés, c'est-à-dire qui portent atteinte à la réserve. Mais par ces mots *sans fraude*, il est bien plus naturel d'entendre : sans contravention à la loi qui règle les rapports, qui veut l'égalité dans les partages, puisqu'il ne s'agit ici que de cette loi, et qu'on ne s'occupe pas encore de déterminer les droits des héritiers à réserve. — Maintenant décidera-t-on que la donation déguisée est toujours rapportable, par cela seul qu'il n'y a pas eu dispense *expresse* de rapport, et lors même qu'il résulterait positivement des circonstances que le donateur a voulu cette dispense ? Nous croyons que la mention explicite, exigée par les art. 843 et 919 c. nap., ne s'applique qu'à la donation directe et non à la donation déguisée, que ces articles n'ont point eue pour objet. La dispense de rapport pourra donc résulter, non du seul fait du déguisement qui ne suppose pas nécessairement cette intention, mais d'autres circonstances qui manifesteront clairement la volonté de donner par préciput.

Nous avons, dans ce sens, rapporté ci-dessus deux arrêts de la cour de cassation. On a cité d'autres arrêts de la même cour, mais dont on n'a pas toujours déterminé exactement la portée. — Ainsi, de part et d'autre on invoque un arrêt de la cour de cassation du 13 août 1817 (V. Disposit. entre-vifs, n° 986). La rédaction n'en est pas très-claire, puisqu'elle a servi d'argument à deux opinions contradictoires. En consultant avec soin les faits et les moyens de la cause, il nous a paru que la loi sur la réduction et la loi sur les rapports avaient été souvent confondues; et qu'en définitive, la cour s'était plus occupée à décider s'il y avait lieu à réduction, qu'à rapport simple et ordinaire, du bail à ferme dont il s'agissait, et que des héritiers à réserve attaquaient comme renfermant une donation déguisée. — Nous appliquons notre observation à d'autres décisions de la même cour, qu'on trouvera *loc. cit.*, et qui ne tranchent pas non plus la question directement et avec netteté. — Toutefois un arrêt (Rej. 3 août 1841, aff. Verdat, v° Disposit. entre-vifs, n° 4270) nous paraît plus précis. « Cet arrêt, disait aussi M. le conseiller Troplong, dans le rapport déjà cité, est à la fois un arrêt de principe et un arrêt d'espèce. Arrêt de principe, en ce qu'il décide que lorsque la donation est déguisée, la dispense de rapport n'a pas besoin d'être exprimée dans les formes de l'art. 919; qu'elle peut résulter de toute manifestation quelconque. Arrêt d'espèce, en ce qu'il a décidé que la cour avait pu juger, par appréciation des circonstances de la cause, que l'intention du père avait été que

pièces de terre, moyennant une somme principale de 6,000 fr. et une rente viagère de 600 fr. L'un de ces biens, appelé la cour de la Hogue, fut attribué au sieur Leblanc fils, à la charge de payer la rente viagère.

Mais il est constant que le sieur Leblanc fils, alors âgé de dix-huit ans, sans ressources personnelles, ne servit point cette rente, et que, jusqu'en février 1830, époque de la mort de Leblanc père, celui-ci en acquitta seul les arrérages; qu'il supporta également seul les frais et loyaux coûts du contrat d'acquisition. De là résultait en faveur de Leblanc fils un avantage indirect dont le rapport fut demandé, après la mort du père, par la dame Lebas, sœur et cohéritière de l'enfant ainsi avantagé.

Une double difficulté s'éleva alors. Y avait-il lieu d'ordonner le rapport en nature de l'immeuble donné, ou seulement des arrérages de la rente, payés par le sieur Leblanc père pour le compte de son fils? Dans ce dernier cas, fallait-il rapporter la totalité des sommes payées ou simplement l'excédant de ces sommes sur la quotité disponible?

Le 27 nov. 1840, arrêt de la cour de Caen, confirmatif d'un jugement du tribunal de Pont-l'Evêque, lequel, tout en reconnaissant qu'il y avait eu libéralité déguisée de l'immeuble de la Hogue, en faveur de Leblanc fils, ordonna le rapport des sommes déboursées par Leblanc père, en tant seulement que ces sommes excéderaient la quotité disponible.

Pourvoi des époux Lebas : — 1° Violation de l'art. 859 c. civ., en ce que l'arrêt attaqué, après avoir constaté l'existence d'une donation déguisée, a cependant ordonné que le rapport serait fait, non de l'immeuble donné, mais de la somme déboursée par le père donateur.

2° Violation de l'art. 843 c. civ., en ce que la cour de Caen, en n'ordonnant que le rapport de celles des sommes payées par le père qui excédaient la quotité disponible, a considéré à tort la donation faite à Leblanc fils comme une donation consentie par préciput et hors part. — Arrêt.

LA COUR; — Sur le premier moyen : — Considérant qu'il a été décidé, en fait, par l'arrêt attaqué, que l'objet de la libéralité faite par Leblanc père à son fils était uniquement la somme déboursée par le premier, et non l'immeuble acheté au nom du second avec cette même somme; qu'on ne peut opposer à cette solution aucune présomption légale, établissant que ce serait, au contraire, l'immeuble même qui aurait été donné, et tendant à obliger le donataire à en faire le rapport; que tout aboutit à une question d'appréciation de l'intention des parties, dans laquelle la cour royale était souveraine;

Sur le deuxième moyen : — Considérant, en droit, que la donation déguisée n'est pas, par elle-même, nécessairement dispensée de rapport; mais qu'il appartient aux juges du fait d'examiner si la volonté du donateur a été de dispenser sa libéralité du rapport à la masse; que, dans l'espèce, la cour royale, loin d'avoir rien dit d'où l'on puisse inférer qu'elle s'est attachée uniquement à la circonstance du déguisement pour prononcer la dispense de rapport, laisse, au contraire, suffisamment entendre qu'elle s'est préoccupée de l'intention du donateur, éclairée par l'ensemble des faits de la cause; que, dans cet état, elle n'a fait qu'user de son pouvoir d'interprétation, et n'a violé aucune loi; — Par ces motifs, rejette, etc.

Du 20 mars 1843.-C. C., ch. req.-MM. Zangiacomi, pr.-Troplong, r.

la donation ne fût pas sujette à rapport, » et spécialement que la simple remise par le père à l'un de ses enfants, soit par lui-même, soit par un intermédiaire, de billets à ordre soustraits à un tiers personne interposée, était une donation par préciput du montant de ces billets à l'enfant détenteur, et qu'en conséquence si le père avait déjà disposé par testament de la quotité disponible au profit d'un autre enfant, les tribunaux pouvaient ordonner l'exécution simultanée et au marc le franc des deux libéralités sur la quotité disponible. — Un autre arrêt de la même cour (Req. 9 mars 1837, aff. Verdat, vº Disposit. entre-vifs, nº 1633) apprécie les caractères de donation déguisée dans le même fait de remise de billets, et il reconnaît implicitement la dispense de rapport, en décidant qu'une telle donation faite à l'un des enfants a pu révoquer le legs de la quotité disponible fait par préciput à un autre enfant.

1124. La même cour a jugé encore : 1º qu'une donation déguisée sous la forme d'un contrat onéreux peut être déclarée faite avec dispense de rapport, alors qu'elle est faite à un donataire déjà gratifié préciputairement par le même donateur, dans un acte de donation entre-vifs. — Et spécialement, il suffit qu'un donataire gratifié soit par acte de donation préciputaire, soit par acte de donation déguisée, de sommes excédant la quotité disponible, ait obtenu acte, sans contestation de ses adversaires, de sa déclaration que les actes simulés étaient en effet des donations déguisées, mais qu'elles étaient, comme les premières, faites par préciput et qu'il y renonçait à la condition de recevoir la quotité disponible tout entière, à laquelle il réduisait ses prétentions, pour que l'arrêt qui, après avoir ainsi donné l'acte requis, lui a fait délivrance de la quotité disponible, ne puisse être attaqué comme ayant violé la loi, en ce qu'il aurait reconnu virtuellement comme dispensés de rapport des actes de donation simulée que rien n'annonçait avoir été faits à titre de préciput (Req. 20 déc. 1843, aff. Boudou Saint-Amant, V. Obligat.); — 2º Que les avantages résultant du mode de composition des lots dans un acte de partage d'ascendant, au profit de l'un des copartageants, ne peuvent pas être considérés comme constituant une donation déguisée sous la forme d'un contrat à titre onéreux, et, à ce titre, sujets à rapport (Req. 21 mars 1854, aff. Fourdinier, D. P. 54. 1. 379).

1125. La *vente* est l'un des contrats qui servent le plus souvent à déguiser la donation faite à l'héritier présomptif. — Néanmoins à l'égard des aliénations faites à un successible en ligne directe à charge de rentes viagères, à fonds perdu avec réserve d'usufruit, l'art. 918 c. nap. contient une règle spéciale expliquée. vº Disposit. entre-vifs, qui *dispense du rapport* le successible, et le soumet seulement à *réduction* s'il y a avantage indirect.

Cet article doit être restreint aux seuls cas qu'il prévoit, et par exemple il n'y aurait pas dispense virtuelle de rapport, si l'aliénation avait été consentie, non à un successible en ligne directe, mais à un collatéral. Jugé ainsi à l'égard d'une vente à fonds perdu, qui d'après les circonstances n'avait de vente que le nom, mais était en réalité une véritable donation. — « Considérant que l'art. 918 n'est pas applicable à l'espèce de la cause, d'autant qu'il traite spécialement de la portion des biens disponibles, et qu'il n'en est nullement question au cas actuel; » — Emendant (Bruxelles, 30 mai (ou mars) 1812, aff. hér. Paternoster). La même cour a jugé ainsi, par trois autres arrêts rendus en 1817, 1820 et 1826. Il y a toutefois une décision contraire, d'après laquelle la vente à charge de rente viagère, consentie à un successible en ligne collatérale, doit être présumée faite avec dispense de rapport. — « Attendu qu'en supposant que la vente de la maison puisse être regardée comme une libéralité déguisée sous la forme d'un contrat onéreux, le vendeur qui avait le droit de disposer de tous ses biens, et auquel, par conséquent, il était permis de donner ouvertement, ne peut avoir pris ce moyen indirect que pour dispenser le donataire de Gonzée du rapport; confirme, etc. » (c. sup. de Liége, 4 fév. 1833, aff. Lezach).

1126. Pour qu'une vente faite à vil prix à l'un des héritiers soit réputée contenir un avantage sujet à rapport, faut-il que la différence du prix à la valeur réelle de l'immeuble soit des sept douzièmes? — Non, cela n'a lieu qu'en cas de vente, il suffit d'un quart s'il y a partage. C'est aux juges à présumer par les circonstances si le vendeur a eu l'intention de donner, et quelle peut être la quotité de l'avantage. C'est le lieu de considérer avec Lebrun, liv. 3, ch. 6, sect. 3, « que si l'héritier avait perdu, la chose aurait été pour lui sans retour, sans qu'il fût autorisé à demander récompense ou indemnité contre la succession du vendeur. » Le peu de bon marché que renferme la vente, le père eût pu être obligé de le faire à un étranger. Pourquoi non à son fils, si tous deux d'ailleurs sont de bonne foi? (Répert. de MM. Guyot et Merlin, vº Rapp. à success., § 3, art. 4, nº 5; Grenier, t. 2, nº 518; Chabot, t. 3, p. 239; Delvincourt, t. 3, p. 331, note 2; Duranton, t. 7, nº 335; Vazeille, art. 843, nº 9). — Jugé, par exemple, que la plus-value des biens donnés en payement ou en échange par un père à l'un de ses enfants, ne peut être considérée comme une libéralité déguisée, et par conséquent sujette à rapport, alors que cette plus-value n'est pas considérable, et ne doit être regardée que comme une indemnité des chances de la perte éventuelle de la chose reçue (Bastia, 28 déc. 1836, MM. Colonna d'Istria, pr., Sorbier, av. gén., c. conf., aff. Pezzini).

1127. Néanmoins il a été jugé que les cohéritiers n'ont, contre une vente faite à vil prix par le père à l'un de ses enfants, que l'une ou l'autre des deux actions en rescision pour lésion, ou en réduction pour avantage excédant la quotité disponible (Colmar, 10 déc. 1813) (1).

1128. Dans le cas de donation déguisée sous forme de vente, le rapport doit-il se faire de la différence du *prix* à la valeur, ou de *l'immeuble* même? — Il y a longtemps que cette question est livrée à la controverse. Sur un point de droit semblable, les jurisconsultes romains étaient divisés. Il s'agissait de la vente faite à sa femme par un mari, et attaquée pour vilité du prix, comme violant la loi qui prohibait les donations entre époux. Trois avis différents avaient été adoptés; on les trouve au titre *De donat. int. vir. et ux.*, ff., L. 5, § 5, et L. 31, § 3. Julien réputait la vente absolument nulle comme masquant un don fait à personne incapable de recevoir, et autorisait le mari à répéter la chose moyennant le remboursement du prix. Nératius voulait qu'on s'attachât à l'intention manifestée par le mari. Avait-il réellement l'intention de donner; on devait appliquer la décision de Julien. Mais entendait-il vendre, ce dont on s'assurait s'il avait proposé la vente à d'autres; alors le mari n'avait droit qu'à la somme remise sur le juste prix. Ces deux jurisconsultes représentaient dans leurs systèmes, le premier la secte des Sabiniens;

---

(1) (Streicher C. les époux Jaggy.) — LA COUR; — Attendu que les premiers juges ont évidemment mal jugé, en décidant qu'un enfant est tenu de rapporter le bénéfice quelconque d'une vente à lui passée, lors même que ce bénéfice n'excéderait ni la portion disponible, ni les sept douzièmes de la valeur du bien, puisqu'il en résulterait qu'un père ne pourrait pas vendre à un de ses enfants au même prix qu'à un étranger, et qu'une lésion quelconque pourrait porter atteinte au contrat, tandis que la vente, considérée comme telle, ne peut, suivant l'art. 1674 c. civ., être rescindée que pour lésion de plus de sept douzièmes, et que, considérée comme donation déguisée, elle ne peut être attaquée qu'en cas de lésion de la légitime des autres héritiers, suivant l'art. 918, le seul excédant de la quotité disponible étant alors rapportable; que le système contraire peut d'autant moins se soutenir, que tout achat mettant le risque de la chose vendue au compte de l'acquéreur, il n'y aurait aucune réciprocité, puisqu'en cas de perte de la chose ou de diminution de valeur, les autres héritiers du vendeur seraient certainement dispensés de rapporter le prix que leur auteur en a perçu; qu'il n'y aurait donc de possible pour l'acheteur que le cas de perte, et jamais le cas de gain, c'est-à-dire le rapport certain en cas de bénéfice, et jamais aucune indemnité de perte;

Attendu que dès lors le tribunal *à quo* a mal appliqué l'art. 843 du code qui ne concerne que les dons proprement dits, et l'art. 853 qui n'est relatif qu'aux conventions autres que la vente, puisque, si on ne l'entendait ainsi, cet article serait inconciliable avec les dispositions de ceux déjà cités, spécialement faits pour les ventes passées à vil prix ou avec intention d'avantager; — Attendu que le législateur a dû avoir en vue, dans toute disposition à titre de vente, la dispense virtuelle et inhérente de tout rapport; et c'est ainsi que la jurisprudence l'a toujours entendu; — Emendant, etc.

Du 10 déc. 1813.-C. de Colmar.

le second, celle des Proculéens. Une troisième opinion était professée par Pomponius : c'est qu'il ne fallait pas annuler la vente pour le total, mais seulement pour la portion de l'immeuble qui n'avait pas été payée. Ainsi le prix était-il inférieur de moitié à la valeur ; l'immeuble était censé appartenir aux deux époux pour moitié chacun. — Pothier, qui retrace ces divers systèmes, croit l'avis de Nératius le plus exact dans la théorie ; mais, dans la pratique, il préfère celui de Julien. Toujours l'héritier devra le rapport en nature, sans distinction du plus ou moins de disproportion dans le prix et la valeur. Et pourquoi ? Parce qu'il suffit que la vente contienne un don déguisé ; qu'on s'exposerait à trop de discussions et de procès si l'on admettait la preuve de l'intention du vendeur ; qu'il aurait pu fort bien afficher le projet de vente sans aucune intention de le réaliser, et pour mieux couvrir ses desseins. Lebrun, liv. 3, chap. 6, sect. 3, se range au sentiment de Nératius. Que faut-il décider sous le code ?

L'art. 866 peut, ce nous semble, être invoqué par analogie. En conséquence on devra distinguer si l'immeuble est divisible ou non. Dans le premier cas, le rapport se fera d'une part proportionnée à la différence du prix ; dans le second, si la différence est de plus de moitié, l'immeuble sera rapporté en totalité sauf répétition du prix qui a été payé ; si la différence est de moins de moitié, on pourra retenir l'immeuble en rapportant ce qui manque du juste prix. Qu'on le remarque bien, le code statue ainsi, « lorsque le don d'un immeuble fait à un successible avec dispense de rapport excède la quotité disponible. » Si le retranchement de cet excédant ne doit pas se faire toujours en nature, à plus forte raison en doit-il être de même dans notre espèce. Là, il s'agit d'un don entièrement gratuit ; ici, d'une libéralité sous des conditions onéreuses. L'acquéreur a pu, même de bonne foi, croire posséder à titre de vente plutôt que de donation. Là, il est question de réduction : ici, d'un simple rapport. Et l'on sait que la loi se montre bien plus favorable à la rétention de l'immeuble quand le donataire n'est obligé qu'au rapport. Dans ce dernier cas elle ne révoque pas, comme pour la réduction, l'aliénation de l'immeuble faite avant l'ouverture de la succession ; et, pour que l'héritier, s'il ne l'a pas aliéné, soit dispensé de le rendre en nature, il suffit « qu'il existe dans la masse de la succession d'autres immeubles de même nature, valeur et bonté, dont on puisse former des lots à peu près égaux (art. 859). » La doctrine de Pothier n'est donc plus conciliable avec le code.—Les nouveaux auteurs enseignent que dès qu'un acte peut avoir deux caractères, il faut se décider par celui qui y prédomine ; et ils posent la règle que la donation devra être présumée plutôt que la vente, et réciproquement, selon que la disproportion du prix et de la valeur réelle sera de plus ou moins de moitié. Ils croient aussi l'art. 866 applicable (MM. Grenier, n° 518 ; Chabot, t. 3, p. 241 ; Delvincourt, t. 2, p. 33, note 2 ; Duranton, t. 7, n°s 395 à 402 ; — *Contrà*, Vazeille, art. 843, n° 10).

1129. Toutefois, il a été jugé : 1° qu'un tribunal, en reconnaissant qu'un acte de rétrocession consenti par le père, contient un avantage de 180 liv. de rente au profit de son fils, a dû ordonner, par le même jugement, que les fonds compris dans cette rétrocession seraient rapportés à la succession du père (Cout. de Normandie, art. 434 ; Rej. 9 mess. an 4, MM. Bailly, pr., Coffinhal, rap., aff. Pottier) ;—2° Dans le cas où des ventes faites par le père à l'un de ses enfants, par l'intermédiaire d'un tiers, sont déclarées fictives et mensongères, ce n'est pas un rapport que le fils doit à la succession du père, c'est une restitution ; et, dès lors, il n'a pas le choix de rapporter le prix ou l'immeuble ; il doit restituer l'immeuble (Req. 21 août 1837) (1) ; — 3° Que, dans le cas où il y a lieu à réduction, les immeubles qu'un héritier a reçus du défunt par donation déguisée sous la forme d'une vente, sont sujets au rapport en nature, et, par suite, il y a lieu d'annuler ce contrat, afin que les biens qui en sont l'objet puissent être réunis à la masse à partager.—Et spécialement, que l'arrêt qui, après avoir reconnu que la vente par un père ou une mère à un de ses enfants contient un avantage indirect comme étant faite pour un prix inférieur à la valeur des biens vendus, annule cette vente, quoique sérieuse en partie, et ordonne que les biens qui en sont l'objet figureront dans la masse partageable de la succession, ne commet aucune violation de loi, alors, d'ailleurs, que l'enfant acquéreur est légataire par préciput de la quotité disponible (Req. 25 janv. 1841) (2).

1130. En l'absence des *preuves* suffisantes pour déterminer la quotité des sommes dont le rapport à succession est dû, par suite de l'annulation de ventes comme simulées, les juges peuvent évaluer cette quotité *arbitrio boni viri*, sans que, par cela seul, ils soient réputés avoir prononcé comme amiables compositeurs.—« Attendu que, pour déterminer les effets et les conséquences de la simulation, la cour royale (de Nîmes), en évaluant *arbitrio boni viri* le montant des sommes qui devaient être rapportées à la succession du père, ne s'est point placée en dehors des règles du droit, et n'a point entendu statuer comme amiable compositeur, mais qu'elle a fixé la quotité des rapports d'après sa conscience et les éléments de diverses natures que l'instruction de la cause lui avait fournis ; rejette » (Req. 21 août 1837, MM. Zangiacomi, pr., Duplan, rap., aff. Rouffiac).

1131. Sur une demande en rapport des sommes reçues par donation déguisée, les juges ne peuvent ordonner le rapport d'une somme supérieure à celle que porte la demande, lors même que les sommes reçues s'élèveraient réellement au-dessus de celles dont le rapport a été demandé (Bordeaux, 27 avr. 1839, M. Poumeyrol, pr., aff. Sarlande).

1132. Un autre exemple de donation déguisée est l'*acquisition* faite par un *père au nom de son fils* et des deniers *paternels*. Il y a là encore un avantage indirect sujet à rapport. Il en serait ainsi, bien qu'il fût dit que le prix de l'immeuble acquis a été payé des deniers de l'enfant, dans le cas où ce dernier n'avait notoirement aucun moyen d'acquitter ce prix, étant, par exemple, sans biens, sans état ni profession (Grenier, n° 519 ; Duranton, t. 7, n° 344 ; Chabot, t. 3, p. 261 ; Delvincourt, *loc. cit.* ; Vazeille, art. 843, n° 12 ; Poujol, t. 2, p. 132). Le droit romain présumait ici la dispense du rapport (L. 18, C. *Princip. de fam. ercisc.*) ; mais le code, hors certains cas déterminés, exige que

---

(1) (Rouffiac C. Soulages.) — LA COUR ; — Attendu que, si l'arrêt a ordonné le rétablissement en nature dans l'hoirie du père, des immeubles compris dans les ventes annulées, au lieu d'ordonner seulement le rapport du prix desdits immeubles, c'est parce que les immeubles ayant été primitivement acquis par le père, et les actes qui les transmettaient au fils étant réputés fictifs et mensongers, il en résultait nécessairement que les immeubles devaient rentrer dans le patrimoine de celui auquel ils n'avaient pps cessé d'appartenir ; mais qu'en cela, l'arrêt n'a pas jugé que le fils fût incapable d'acquérir et a encore moins violé les principes en matière de rapport à succession, puisque, dans la réalité, il ne s'agissait pas de *rapporter*, mais de *rendre* à la succession des biens qui en dépendaient ; — Rejette le pourvoi formé contre l'arrêt de la cour royale de Nîmes, du 22 fév. 1836.

Du 21 août 1837.-C. C., ch. req.-MM. Zangiacomi, pr.-Duplan, rap.-Nicod, av. gén., c. conf.-Simil, av.

(2) *Espèce :* — (Roux C. Melquiond et autres.) — 18 janv. 1839, arrêt de la cour de Grenoble qui, « tenant la nullité de la vente du 15 juin 1814, ainsi que de la déclaration faite par la mère relativement au mobilier, ordonne que les immeubles compris dans ladite vente figureront dans la masse, ainsi que les 2,700 fr. de mobilier... ; et procédant à la rectification du partage testamentaire de Benoiste Vial, ordonne que chacun des copartageants jouira dès ce jour des lots ci-après. » (Suit la désignation des lots faite par la cour.) — Dans ses motifs, cet arrêt se fonde sur ce que la vente du 15 juin 1814 a été faite au-dessous de sa valeur, et qu'elle constitue un avantage indirect qui doit faire annuler ce contrat, conformément à la décision des premiers juges. — Pourvoi de Jean-Roch Roux, pour violation des art. 1582, 1583, 1594, 920, 921 et suiv. c. civ., en ce que l'arrêt attaqué a décidé qu'une vente constituant un avantage indirect devait être annulée, et que les biens vendus devaient être compris dans la masse des biens à partager — Arrêt.

LA COUR ; — Attendu que tout héritier venant à une succession doit rapporter à ses cohéritiers tout ce qu'il a reçu du défunt par donation entre-vifs, directement ou indirectement ;

Attendu que l'arrêt attaqué décide que la vente du 15 juin 1814 n'était qu'une donation déguisée faite par Benoiste Vial à son fils, et qu'en jugeant, par suite, que les immeubles compris dans ladite vente figureraient dans la masse à partager, l'arrêt attaqué n'a violé aucune loi ;... — Rejette.

Du 25 janv. 1841.-C. C., ch. req.-MM. Zangiacomi, pr.-Hervé, rap.

la déclaration de préciput soit expresse (Limoges, 30 déc. 1831) (1).

1133. Mais l'enfant rapportera-t-il le *prix* de l'immeuble, ou l'*immeuble* même? il faut distinguer : l'enfant a-t-il ratifié la vente depuis sa majorité, ou avait-il, à cet âge, donné pouvoir exprès d'acheter? Il est devenu propriétaire par l'achat du père. Il ne doit que le rapport du prix. Il ne devrait pas le rapport en nature, quand même à l'époque de l'achat il n'eût pas les fonds nécessaires pour le payement du prix. Si le père avait employé ses propres deniers, le fils en resterait débiteur à titre de prêt. La vente, au contraire, n'a-t-elle point eu l'assentiment du fils? Le père est censé avoir acheté pour son compte personnel; il n'y a donc lieu à aucune espèce de rapport. Le fils n'a jamais eu la propriété de l'immeuble; dans la succession il est chose commune entre lui et les autres héritiers (Pothier, des Successions, chap. 4, art. 2, § 2; Toullier, t. 8, nº 170; Duranton, t. 7, nº 394; Chabot et Delvincourt, *loc. cit.*).—Vazeille, art. 843, nº 13, n'attache pas beaucoup d'importance à la ratification antérieure ou postérieure : «le père a acheté et payé; l'acquisition doit donc être pour la succession.» Si l'acquisition a été faite des deniers du père, cet auteur pense, comme ceux qui précèdent, que le fils ne les doit qu'à titre de prêt. Le père a-t-il vendu des biens pour payer l'acquisition du fils; les fonds acquis seront, avec raison, soumis au rapport : ils remplacent les biens vendus.—Au reste, lorsqu'une donation a été déguisée sous la forme d'une acquisition d'immeubles, faite par un père au profit de son fils, les tribunaux ont pu décider, par appréciation souveraine de l'intention des parties, que l'objet de la libéralité était de la somme d'argent formant le prix de l'acquisition, et non de l'immeuble lui-même, en sorte que l'obligation de rapporter (pour ce qui excède la quotité disponible) s'applique non à cet immeuble, mais à une somme d'argent (Req. 20 mars 1845, aff. Lebas, V. nº 1122-1º).

1134. Mais on a jugé dans les trois espèces ci-après qu'il y avait lieu au rapport non de l'*immeuble* acquis, mais du *prix* de l'acquisition : 1º lorsqu'en mariant leur fille dans leur maison (avant le code Napoléon), les père et mère lui ont fait une donation et se sont engagés à la nourrir et entretenir, ainsi que son mari et leurs enfants, à la charge par eux de rapporter leurs revenus et industrie. Si, pendant cette cohabitation, les futurs époux ont acquis des biens, ces biens sont censés avoir été acquis au moyen des revenus qui devaient être rapportés aux père et mère, et les prix qu'ils ont coûté doivent être rapportés aux successions de ces derniers : mais les autres enfants ne peuvent réclamer le rapport des biens même en nature : — «Attendu qu'en droit, l'obligation de rapporter à la masse les produits du travail et industrie n'emporte pas celle de rapporter en nature les acquisitions faites avec les fonds provenant de ce travail et de cette industrie, et qu'on n'est tenu que d'en rapporter le prix, suivant la maxime *res ex pecuniâ meâ empta non est mea*» (Bordeaux, 8 déc. 1826, 4ᵉ ch., M. Duprat, pr., aff. Boissonnie);— 2º S'il est prouvé que le prix de biens acquis par des enfants majeurs demeurant avec leur père a été fourni par ce dernier, les enfants ne sont pas propriétaires de ces biens; il en résulte tout au plus une créance en faveur de la succession, contre les enfants acquéreurs (Rej. 25 mars 1828, MM. Brisson, pr., Quequet, rap., aff. Despujos); — 3º S'il est prouvé que c'est des auteurs communs que provenait, à titre de libéralité secrète, la somme avec laquelle un enfant a payé le prix d'un immeuble qu'il possède en vertu d'un acte de vente le désignant comme acquéreur (Pau, 30 janv. 1852, aff. Camicas, D. P. 53. 2. 57).

1135. Il a été jugé aussi : 1º que sous l'empire de la loi du 17 niv. an 2, les fils mariés émancipés par le mariage, héritiers contractuels de leurs père ou mère, sans aucune charge, et résidant avec eux, ne sont point tenus de rapporter et de partager des acquisitions faites en leur nom propre pendant la durée de cette habitation commune : «attendu que nul article de la loi du 17 niv. an 2 n'impose cette obligation; casse le jugement arbitral du 20 flor. dernier, etc.» (sect. civ. 26 pluv. an 3, MM. Lalonde, pr., Cochard, rap., aff. Ollivier C. Greneyroux);—2º Qu'aucune disposition des chartes du Hainaut ne portant que les acquisitions faites par les enfants demeurant avec leur père et mère, devront appartenir à ces derniers, lors surtout que ces enfants étaient précédemment sortis de la maison paternelle et avaient exercé une industrie qui avait pu leur procurer des bénéfices, il s'ensuit que l'arrêt par lequel un tel enfant majeur a été dispensé de rapporter à la succession l'acquisition qu'il a faite dans un temps où il était nourri par sa mère, avec laquelle il demeurait, ne peut être annulé pour contravention à l'art. 1, chap. 111, et à l'art. 3, chap. 32, des chartes du Hainaut : « attendu que la jurisprudence a, au contraire, admis que, dans ce cas, les acquisitions faites par les enfants devaient tourner à leur profit, et qu'en le jugeant ainsi, la cour royale d'Amiens n'a fait que se conformer aux dispositions des chartes du Hainaut; rejette, etc.» (Rej. 19 juin 1827, MM. Botton, f. f. pr.-Favard, rap., aff. Julien C. Adam).

1136. La cohabitation d'un enfant avec ses parents suffit-elle pour établir la preuve ou du moins une présomption assez grave que les acquisitions faites par l'enfant aient été faites avec des fonds provenant des parents?—Jugé négativement à l'égard d'enfants majeurs lors de leur acquisition, et lorsque d'ailleurs ces acquisitions peu considérables et faites par actes authentiques se sont effectuées à divers intervalles dans une période de dix-huit ans (Liége, 11 nov. 1828, aff. hérit. Verschœren). — Dans l'espèce, on opposait aux enfants l'aveu fait dans leur interrogatoire qu'ils ne possédaient pas de pécule particulier; mais ils avaient affirmé en même temps et constamment que le prix des acquisitions avait été payé de leurs propres deniers, avec leurs économies provenant de leur industrie particulière, et que les biens de leur mère, avec laquelle ils avaient vécu, avaient été de son vivant augmentés considérablement par leur travail.— Jugé aussi que, de cela seul que des immeubles ont été acquis par le fils vivant avec son père, il ne résulte pas une présomption suffisante qu'ils ont été acquis des deniers du père, pour que les cohéritiers du fils puissent en exiger le rapport à la succession paternelle (Toulouse, 15 déc. 1832) (2).

(1) (Blancherie C. Chassergue.) — La cour; — Attendu que Madesclair père, en associant son fils à l'acquisition du domaine de Labrousse, et en lui permettant de concourir au payement du prix, et de recevoir des quittances en son nom personnel, a manifesté clairement la volonté de l'avantager du montant de la somme pour laquelle il a contribué au payement, et qu'il a pu valablement, par cette voie indirecte, lui faire une libéralité que la loi l'autorisait à faire directement; — Mais attendu, en droit, que, aux termes des art. 919, 843 et 853 c. civ., toute donation faite à un successible doit être rapportée à la succession, à moins qu'elle n'ait été faite expressément par préciput et hors part, ou avec dispense de rapport; que la loi n'admet à cet égard aucune distinction entre les donations directes et les donations indirectes; qu'on ne comprendrait pas, en effet, comment elle accorderait plus de faveur à une donation déguisée qu'à une donation faite avec franchise et suivant les formes solennelles qu'elle a consacrées; — Qu'on ne saurait induire cette distinction de l'art. 918 c. civ., dont la disposition est limitative pour les aliénations à rente viagère, à fonds perdu, ou avec réserve d'usufruit, et qui, par cela même qu'elle établit une exception pour les cas qui y sont déterminés, laisse subsister la règle générale pour tous ceux qu'elle n'a pas prévus; — Et attendu, en fait, que les intimés ne rapportent aucun acte qui établisse que Madesclair père ait voulu affranchir de l'obligation du rapport l'avantage indirect qu'il a fait à son fils; que, conséquemment, ils doivent être tenus de rapporter à la succession de Madesclair père la somme employée par Madesclair fils au payement du prix du domaine de Labrousse, et qu'ils ne justifient pas provenir de ses ressources personnelles; — Réformant, etc.

Du 30 déc. 1837.-C. de Limoges, 1re ch.-M. Lachassagne, 1er pr.

(2) (Alard et Amiel C. Subra.) — La cour; — Attendu, quant aux acquisitions faites par les frères Subra ou leurs épouses, depuis l'époque de leur mariage, pendant la cohabitation avec le père commun, que les présomptions articulées pour prouver que ces acquisitions ont été faites en tout ou en partie des deniers du père, ne sont pas assez graves pour être admises; qu'il est, au contraire, acquis au procès que le père n'a pas diminué ses biens par des ventes; que rien ne justifie qu'il ait eu les fonds nécessaires pour faire des acquisitions aussi considérables; que si tout porte à croire qu'il a abandonné aux deux enfants qu'il affectionnait le plus le produit ou le revenu de ses biens qu'il ne pouvait plus cultiver à lui-même, à cause de son grand âge, en droit il a pu le faire sans que ces avantages soient sujets à rapport, puisque le patrimoine commun n'a point été diminué; que, d'un autre côté, les deux frères Subra avaient, pour faire ces acquisitions, leur travail, le produit de leur industrie, et celui de la vente des biens de leurs épouses, qui

1137. Bien qu'un immeuble provenant d'un émigré ait été publiquement acheté par l'un de ses enfants, cependant il en doit le rapport à la succession, s'il résulte des circonstances qu'il n'a que prêté son nom à cette acquisition dans l'intérêt de famille.... Il opposerait en vain qu'il en a depuis joui sans interruption, et que le prix en a par lui été payé (Req. 18 mars 1828, MM. Borel de Bretizel, pr., Favard, rap., aff. Viance).

1138. Enfin, suivant des arrêts : 1° sous l'empire de la déclaration du 16 janv. 1736, qui autorisait le rabattement de décret (en usage dans le parlement de Toulouse), celui des descendants du débiteur décrété qui avait seul exercé le rabattement, n'était pas tenu d'en partager le profit avec ses cohéritiers qui n'avaient pris aucune part à cette procédure, encore que le rabattement eût été fait au moyen des deniers prêtés par le père commun, et encore que les cohéritiers eussent été mineurs, alors que, loin d'exercer, comme ils le devaient, l'action en rabattement dans les dix ans, ils ne l'avaient pas exercée même dans les dix ans à partir de leur majorité (Toulouse, 14 juin 1832) (1); — 2° Le fils qui a exercé seul le rabattement de décret n'est pas tenu de faire participer ses frères et sœurs au bénéfice de ce rabattement, alors surtout qu'il l'a exercé du vivant du père commun.—Les biens acquis par cette voie sont devenus la propriété exclusive du fils, en telle sorte que ses cohéritiers ne peuvent le contraindre à les rapporter à la succession paternelle, en offrant de lui rembourser leur part des sommes qu'il a été forcé de débourser pour parvenir au rabattement (Montpellier, 25 fév. 1834) (2).

1139. Un troisième exemple de donation déguisée est le *bail fait à vil prix*. Mais il faut être moins disposé que dans le cas de vente à y voir un avantage indirect. Le bénéfice ici est la récompense des soins qu'exige l'administration; l'avantage d'ailleurs est autant pour le père et la succession que pour le fils; celui-ci présentait plus de garantie d'une bonne gestion qu'un étranger. Il avait un intérêt particulier à la conservation et à l'amélioration des biens. Le rapport ne sera dû qu'autant que le prix convenu et le juste prix seront d'une différence très-notable. A la vérité, l'art. 856 n'oblige à rapporter que les fruits perçus depuis l'ouverture de la succession. Mais cet article ne statue que pour le cas où l'immeuble même a été donné en propriété; le rapport est dû, en général, sans distinction de valeur, de tout ce qui a fait l'objet de la donation (Grenier, n° 538; Duranton, t. 7, n° 342; Chabot, t. 3, p. 399; Delvincourt, t. 2, p. 352).—Mais y aurait-il lieu alors à résiliation du bail, ou simplement à augmentation annuelle des fermages ou loyers, jusqu'à concurrence du juste prix? Delvincourt et Duranton pensent que la résiliation serait, selon les circonstances, laissée à l'arbitrage du juge, qui devrait la prononcer plus difficilement, s'il s'agissait d'un fonds rural, à cause des améliorations auxquelles a pu se livrer le fermier. — Il nous semble même qu'en général le bail ne doit pas être résilié, car le défunt avait le droit de louer à l'un des successibles, et l'intérêt des autres est satisfait par l'augmentation des annuités. Du reste, il y a moins de raison ici que dans le cas de vente, pour s'opposer à la révocation, l'intérêt des tiers n'étant pas compromis (Conf. M. Vazeille, art. 853, n° 3). — Jugé que le bail fait à vil prix ne peut être réputé frauduleux et déclaré nul, comme contenant une libéralité déguisée, par cela seul qu'il est intervenu entre une personne et ses successibles (une mère et deux de ses enfants). — Il faut que la fraude soit prouvée; et jusque-là il y a lieu seulement de soumettre au rapport ce qui dans la valeur locative sera reconnu, d'après estimation d'experts, excéder le loyer stipulé (Liége, 23 mars 1842) (3).—Jugé, au contraire, qu'un bail de la majeure partie de ses biens, consenti par un père à son fils pour un prix évidemment au-dessous de sa valeur, peut, à la mort du père, être déclaré nul comme avantage indirect, sur la demande des héritiers à réserve; mais qu'il n'y a pas lieu d'ordonner le rapport du supplément de fermages pour le temps antérieur au décès (Paris, 21 avr. 1812) (4).

1140. Les conventions contenant un avantage indirect au

---

sont assez considérables ; que, dès lors, c'est le cas de ne pas faire entrer ces acquisitions dans la succession du père commun.

Du 15 déc. 1832.-C. de Toulouse, 3e ch. civ.-M. de Miégeville, pr.

(1) (Truilhé C. Truilhé.) — LA COUR ; — Attendu que le rabattement du décret a été exercé en fruct. an 2 par Truilhé fils aîné, et que lui seul a été partie dans le procès long et dispendieux qui a eu lieu pour parvenir à ce rabattement ; le père étant resté constamment étranger à cette procédure, ni lui ni ses autres enfants ne peuvent en profiter ; peu importe que le père ait prêté les fonds pour le rabattement à son fils aîné ; il en résulte, pour le premier, une action en remboursement des sommes prêtées, et non une copropriété aux biens obtenus par le rabattement ; d'ailleurs, les enfants puînés de Truilhé, ne pouvant rien réclamer sur les biens qu'en vertu du droit de rabattement qui leur était commun avec leur frère aîné, il en résulte qu'ils auraient dû exercer ce droit dans les dix ans, durée de l'action en rabattement, tandis qu'ils ont laissé expirer, au contraire, le délai de dix ans, même à dater de leur majorité ; — Réformant, etc.

Du 14 juin 1832.-C. de Toulouse, 2e ch.-M. de Combettes, pr.

(2) (Castanier C. Nazon, etc.) — LA COUR ; — Attendu que, d'après l'art. 11 de la déclaration du 16 janv. 1736 et la jurisprudence du parlement de Toulouse, le débiteur dont les immeubles avaient été adjugés par décret, et, à son défaut, ses enfants ou descendants, étaient reçus par l'action, appelée *rabattement de décret*, à rentrer dans les biens décrétés en indemnisant l'adjudicataire ; — Attendu qu'en accordant ce droit aux enfants et descendants du débiteur exproprié, c'était à cette qualité d'enfant ou descendant que l'on avait attaché son exercice ; qu'il suit de là que chacun d'eux pouvait l'exercer ou en commun, si plusieurs voulaient en user, ou en particulier, et dans son intérêt propre s'il n'y en avait qu'un qui le revendiquât ; qu'ainsi, dans ce dernier cas, les immeubles, objet du rabattement, devenaient la propriété exclusive de celui qui l'avait exercé, et ne devaient pas faire fond dans la succession du père lorsqu'elle venait à s'ouvrir ; — Attendu que c'est sans fondement que l'on invoque les principes relatifs aux objets possédés en commun ; que rien n'était commun, à cet égard, entre les enfants du débiteur discuté ; que chacun d'eux avait individuellement le droit tout entier de faire rabattre le décret intervenu, et que, dans l'espèce, on pouvait d'autant moins prétexter d'une affaire prétendue faite par un cosuccesseur dans l'intérêt de la succession que la succession paternelle n'était pas ouverte, puisque le père vivait encore quand le décret fut rabattu ; — Attendu qu'il résulte du jugement du 23 vent. an 2, qui accorde le rabattement de décret, et de tous les actes et circonstances de la cause, que ce fut Jean Castanier représenté aujourd'hui par l'appelant, son héritier, qui figura seul en qualité de fils émancipé de son père Jacques, dans le procès terminé par ce jugement, et qui soutint en son nom personnel toutes les contestations auxquelles donna lieu par la suite l'exercice de l'action en rabattement ; — Attendu, au surplus, qu'il serait souverainement injuste d'autoriser les cohéritiers de Jean Castanier à prendre part aux avantages de son acquisition, tandis qu'il n'aurait pu les forcer à en supporter les pertes, si les immeubles acquis eussent été trop chèrement payés ; — Réforme, etc.

Du 25 fév. 1834.-C. de Montpellier.-M. de Trinquelague, 1er pr.

(3) (Massard C. Chevron et cons.) — LA COUR ; — Attendu qu'aucune loi ne déclare les parents et leurs successibles incapables de contracter ; que, dans le système de la partie Forgeur, on convertirait en actes frauduleux et déguisant une libéralité tous les actes les plus ordinaires de la vie civile que ces individus feraient entre eux, ce que la loi ne présume pas ; qu'au contraire l'art. 853 c. civ. déclare valables ces conventions et exempte du rapport les profits que l'héritier en retire, lorsque du reste ces conventions ne présentent ni fraude ni aucun avantage indirect au moment où elles ont été faites ; — Attendu que de ce qui précède il suit que si le bail dont s'agit avait été fait à vil prix comme le prétend la partie Forgeur, tout ce qui excéderait le montant du loyer stipulé audit bail serait sujet à rapport, comme contenant un avantage indirect, avec d'autant plus de raison, dans l'espèce, que la partie Galand est déjà avantagée de la quotité disponible par le testament de la mère commune ; mais que ledit bail n'en est pas moins valable et doit recevoir son exécution ; qu'il y a seulement lieu de nommer des experts pour déterminer la valeur locative de la maison dont s'agit, au moment où elle a été louée ; — Confirme.

Du 23 mars 1842.-C. de Liége, 2e ch.

(4) *Espèce* : — (Godin C. Godin.) — Le 12 août 1811, jugement du tribunal civil de Bar-sur-Seine, qui : — « Considérant que le bail fait par Charles Godin, le 24 niv. an 13, au profit de Edme Godin, son fils, contient évidemment un avantage indirect au profit de celui-ci, puisque les immeubles faisant l'objet dudit bail, et chargés de plus de 80 fr. de contribution, ont été loués audit Godin pour neuf années, moyennant la modique somme de 120 liv. par an, sans charge de payement desdites contributions, et à la charge seulement de fournir vingt-cinq gluis tous les ans ; — Qu'il résulte des dispositions de l'art. 853 c. civ., que les profits que l'héritier a pu retirer des conventions passées avec le défunt sont sujets à rapport, si ces conventions présentaient un avantage indirect lorsqu'elles ont été faites ;—Déclare nul le bail du 24 niv. an 13 ; en conséquence, condamne Edme Godin à rapporter à la succession de son père, par chaque année, à partir du bail, la somme de 400 fr. pour

profit d'un successible, peuvent varier à l'infini; spécialement, on a vu un tel avantage dans les trois cas suivants : 1° si, dans une *transaction* sur un compte de tutelle, un père se constitue débiteur envers l'un de ses enfants, et qu'il soit prouvé qu'il ne devait rien ou que la somme due était moindre (Grenier, n° 517; Duranton, t. 7, n° 343; Chabot, t. 3, p. 237; Vazeille, art. 843, n° 14; Poujol, t. 2, p. 130). — Jugé pareillement que si un père, par *arrêté de compte*, avantage son fils aîné de sommes dont il n'est pas son débiteur, l'*obligation* ainsi contractée équivaut à une donation directe faite avec dispense de rapport (Toulouse, 9 juin 1830, aff. Ribis *C.* Ribis).

1141. Même décision, si le père a acheté les droits qui revenaient à un de ses enfants dans la succession de sa mère, et qu'il ait payé ces droits plus qu'à leur juste valeur : un arrêt conforme est relaté par Charondas dans ses Réponses, liv. 7, ch. 29; Chabot, p. 237; Merlin, *loc. cit.*

1142. Si le père a donné à l'un de ses enfants une *décharge* pure et simple du compte que celui-ci lui devait pour gestion de ses affaires, sans que le compte ait été rendu et appuyé de pièces justificatives (mêmes auteurs; arrêt du 22 janv. 1569 que rappelle Ferrière sur l'art. 303 cout. de Paris; V. les explications contraires de Merlin, v° Rapport à succession, § 3, art. 4, n° 6; et Vazeille, art. 843, n° 14). — Jugé aussi qu'une décharge de gestion qu'un père donne à son fils sans qu'il apparaisse que le père ait reçu les sommes dont il a ainsi libéré ce dernier, vaut comme donation déguisée dispensée de rapport (Paris, 8 août 1850, aff. Gilbert, D. P. 51. 5. 181, 457). — Mais il a été décidé que le bénéfice résultant, au profit d'un enfant, d'une convention avec sa mère, par laquelle il a renoncé à exiger de celle-ci le compte de la gestion de ses biens paternels, a pu, d'après les circonstances, être considéré, en tant qu'il excédait les reprises paternelles, comme une libéralité de la mère, sujette à rapport, sans que l'arrêt qui le décide ainsi tombe sous la censure de la cour de cassation (Req. 14 août 1833) (1).

1143. Un père a disposé en faveur des *enfants* de son *premier lit*, ou de l'un d'eux, des libéralités que lui avait faites leur mère : les enfants du second lit ont-ils le droit d'en exiger le rapport? — Les lois romaines et l'édit des secondes noces attribuaient exclusivement aux enfants du premier lit les libéralités faites par leur mère à son époux; et de là il suivait que si la distribution n'était pas faite par le père d'nne manière égale entre tous les enfants du premier lit, ceux qui avaient moins pouvaient demander le rapport aux autres; rapport qui n'avait lieu qu'entre eux, les enfants des autres lits étant toujours exclus de ces libéralités. — Le code n'a point distingué à cet égard; les biens que le père tient de sa première femme appartiennent également à tous ses enfants, de quelques lits qu'ils soient. Le rapport doit donc se faire maintenant entre les uns comme entre les autres (Vazeille, art. 843, n° 18).

1144. Selon l'art. 853, « il n'est pas dû rapport des profits que l'héritier a pu retirer de *conventions* passées avec le défunt, si ces conventions ne présentaient aucun avantage indirect lorsqu'elles ont été faites. » Il ne suffit pas que le défunt ait, par cette convention, procuré à son héritier l'occasion de gagner, s'il l'a fait sans rien perdre lui-même, sans rien donner actuellement (Grenier, n° 538; Toullier, t. 4, n° 447; Vazeille, art. 853, n° 1). Il importe, dit Chabot, t. 3, n° 399, à la tranquillité et aux intérêts des familles, que les parents puissent faire entre eux de bonne foi toutes les conventions qui sont licites, pour qu'ils ne soient pas forcés d'introduire dans leurs affaires des étrangers qui n'y portent que trop souvent la division et le trouble. On suivait constamment ces principes dans l'ancienne législation. — Selon quelques auteurs, on ne doit considérer comme faites avec fraude que les conventions qui ont pour but de procurer à l'héritier un avantage entamant la réserve (MM. Taulier, t. 3, p. 332; Marcadé, sur l'art. 854). Mais telle n'est pas, à notre sens, la pensée de la loi; il y a fraude dès qu'on a voulu masquer un avantage quelconque qui n'est pas la conséquence naturelle de l'affaire (Conf. MM. Massé et Vergé sur Zachariæ, t. 2, p. 407, note 20).

1145. Aux termes de l'art. 854, « il n'est pas dû de rapport pour les *associations* faites sans fraude entre le défunt et l'un de ses héritiers, lorsque les conditions en ont été réglées par un acte authentique. » — A quel caractère se reconnaîtra la bonne foi? Les auteurs signalent, comme des indices, les circonstances suivantes : L'héritier est associé aux mêmes conditions que le serait un étranger; il n'est pas admis à des profits déjà échus et certains; il ne participe aux bénéfices que du moment de l'association; il en court toutes les chances incertaines. Peu importe que les mises ne soient pas égales, ou qu'il n'y en ait aucune de la part de l'héritier, s'il peut être utile à la société par son travail et son industrie (Chabot, t. 3, p. 404; Toullier, t. 4, n° 457; Duranton, t. 7, n° 339; Vazeille, art. 854, n° 2; Poujol, t. 2, p. 180).

1146. Les conditions doivent être réglées par un *acte authentique*. Le législateur a ainsi obvié à ce qu'on antidatât un acte de société pour faire jouir l'héritier présomptif d'une entreprise qui aurait déjà produit des bénéfices considérables. — L'acte authentique pourrait-il être suppléé par un acte sous seing-privé, enregistré avec les autres formalités prescrites par le c. de com.? La question est fort controversée. On dit, d'un côté (Chabot, t. 3, p. 404; Toullier, t. 4, n° 457; Duranton, t. 7, n° 339; Vazeille, art. 854, n° 3; Poujol, t. 2, p. 180; Marcadé, art. 854, n° 2) : Les art. 853 et 854 c. nap. se lient ensemble et reposent sur la même idée; l'art. 854, qui commence par les mots *pareillement*, n'est que la conséquence du principe que vient d'énoncer l'art. 853, savoir : que les profits que l'héritier a pu retirer *de conventions passées avec les défunts* ne sont pas sujets à rapport, lorsque ces conventions ne présentent aucun avantage indirect. Il suffit aussi que tel soit le caractère de l'association réglée par acte public ou privé.

En demandant un acte authentique, l'art. 854 a seulement voulu dire qu'au moyen d'un tel acte et en l'absence de toute fraude l'héritier ne pourrait jamais être tenu à aucun rapport, pour le fait de l'association sous prétexte qu'il aurait reçu un avantage indirect. C'est une sorte d'exception au principe général de l'art. 853. Mais la loi n'a pas entendu qu'à défaut d'acte authentique l'association serait nécessairement réputée frauduleuse. Nous supposons d'ailleurs un acte sous seing privé enregistré et publié dans la forme légale; n'a-t-on pas alors autant de moyens de découvrir la fraude, que s'il y avait un acte authentique? L'enregistrement fixe la date; la société a été publiée par une

---

la valeur de la jouissance qu'il a eue des immeubles faisant l'objet du bail, déduction faite des sommes qu'il justifiera avoir payées au père commun. » — Appel par Edme Godin. — Arrêt.

LA COUR; — Attendu que le rapport des avantages n'est dû par les enfants que du jour du décès du père ou de la mère, et qu'Edme Godin a été condamné à rapporter les suppléments des fermages antérieurs au décès du père commun; — Emendant quant à ce, etc.

Du 21 avr. 1812.-C. de Paris, 1re ch.-M. Giraudet, av. gén.

(1) (Lamarthonie *C.* de Lalande d'Urtubie.) — LA COUR; — Sur le premier moyen, fondé sur la fausse application des art. 829 et 845 c. civ. et sur la violation de l'art. 1154 du même code, en ce que l'arrêt attaqué a condamné la dame de Lamarthonie à rapporter à la succession maternelle l'excédant de ses droits paternels dans la somme de 40,000 fr. à elle constituée en dot du chef paternel : — Attendu qu'aux termes des art. 829 et 845 c. civ., tout héritier venant à une succession doit rapporter à ses cohéritiers tout ce qu'il a reçu du défunt par donation entre-vifs, directement ou indirectement; — Qu'à la vérité, la loi ne considère pas indistinctement comme donations indirectes les profits que l'héritier a pu retirer des conventions passées avec le défunt, mais que l'art. 843 ne les dispense de rapport que s'ils ne présentent aucun avantage indirect, lorsqu'elles ont été faites; — Qu'il résulte de cet article que c'est par les circonstances que les cours et tribunaux doivent juger si les profits que l'héritier peut retirer de semblables conventions, doivent ou non être considérés comme des avantages sujets à rapport; — Attendu que la cour royale de Bordeaux, appréciant, comme elle en avait le droit, les circonstances particulières de la cause, a décidé, en fait, que la somme de 40,000 fr. constituée en dot par la dame veuve de Lalande à la dame de Lamarthonie, sa fille, pour sa portion dans les reprises de la succession de son père, excédait le montant de ladite portion, et que cet excédant était un don qui devait être rapporté à la succession de ladite dame de Lalande; — Attendu que cette décision, considérée sous le rapport du droit, n'a ni violé l'art. 1154 ni faussement appliqué les art. 829 et 843 c. civ., et qu'elle est conforme à la disposition formelle de l'art. 853 du même code; — Rejette.

Du 14 août 1833.-C. C., ch. req.-MM. Zangiacomi, pr.-Moreau, rap.-Nicod, av. gén., c. conf.-Mandaroux, av.

affiche, déposée trois mois dans la salle des audiences; l'extrait affiché a été transcrit sur les registres du greffe; l'extrait contient la mention de l'époque où la société doit commencer, de l'époque où elle doit finir, et, ce qui importe le plus, le montant des valeurs fournies ou à fournir par actions ou en commandite. On a objecté que l'affiche n'énonce pas les conditions arrêtées entre les associés. Mais l'authenticité exigée a eu surtout pour but de prévenir les fausses dates; et quant aux conditions, l'acte sous seing privé, fait en autant d'originaux qu'il y a de parties ayant un intérêt distinct, ne mérite pas moins foi qu'un acte authentique (c. nap. 1325). D'ailleurs, la fraude ne doit pas se présumer légèrement; on ménage tous les intérêts en laissant aux juges le soin de discerner, selon les circonstances, si les formalités remplies ont bien atteint le but de l'art. 854. Doit-on en effet, pour un motif de simple forme, priver inévitablement l'héritier associé de bénéfices légitimes qu'il a retirés de son travail et de son industrie? Combien d'associations les plus sincères, quoique non authentiques dans la forme, entre père et fils, entre frères, etc. Et combien sont dignes d'encouragement ces établissements commerciaux qui perpétuant le crédit attaché à un nom recommandable dans le commerce, entretiennent la noble émulation de conserver une réputation acquise, et constituent par là des éléments d'ordre et de moralité!

1147. Pour établir en sens contraire la nécessité de l'acte authentique, on a répondu que l'association était le genre de contrat le plus suspect au point de vue de l'égalité du partage, le moyen le plus facile de déguiser une libéralité indirecte. La loi devait donc exiger des garanties particulières; un acte authentique a paru un motif de sécurité, comme dans les cas de donation, de constitution d'hypothèque, etc. Il n'a pas seulement pour objet de prévenir une antidate; il a, sur l'acte privé, l'avantage de pouvoir être retrouvé, par toute personne ayant intérêt, dans le dépôt public où reste la minute; en outre, il doit être reçu par un notaire, en présence, ou d'un second notaire, ou de deux témoins; et ce concours garantit sa sincérité, la fraude n'aimant pas à se dévoiler elle-même. Le défaut d'acte authentique emporte donc une présomption de fraude qui ne peut être détruite par aucune preuve contraire.

Cette interprétation, trop rigoureuse à notre sens est repoussée par MM. Belost-Jolimont sur Chabot, observ. 1; Vazeille, art. 854, nº 3; Marcadé, sur le même article. Mais elle a été adoptée par MM. Delvincourt, t. 2, p. 326, note 8; Massé et Vergé sur Zachariæ, t. 2, p. 407, note 21, et par deux arrêts qui ont décidé: 1º que les bénéfices que l'héritier a retirés de son association avec le défunt sont, de plein droit, sujets au rapport, par cela seul que cette association a été réglée par acte sous seing privé, au lieu de l'être par acte authentique. Peu importe que l'acte sous seing privé ait été enregistré, publié et affiché, conformément au code de commerce, et que l'association soit déclarée exempte de fraude (Cass. 26 janv. 1842) (1); — 2º Que pour qu'un héritier puisse prétendre avoir été l'associé du défunt pendant les dernières années de sa vie, et être ainsi devenu propriétaire d'une partie des objets et marchandises délaissés par lui, il ne suffit pas qu'il prouve avoir pris patente ou avoir fait des actes de commerce en nom personnel; il faut qu'il produise l'acte authentique de l'association ou de la cession. — « Attendu qu'on n'a pu justifier d'aucune société tombant sous une définition légale; que d'ailleurs elle aurait dû être contractée par écrit d'après l'art. 1824, c. nap. et même par un acte authentique, aux termes de l'art. 854 du même code, spécialement applicable à l'espèce; d'où il suit que l'existence de cette société n'est pas moins prouvée vis-à-vis des tiers; — Confirme » (Liége, 25 mars 1842, aff. Mossard).

1148. Néanmoins, suivant un autre arrêt, 1º Il n'est pas dû de rapport pour les sommes attribuées par les père et mère à quelques-uns de leurs enfants, dans les bénéfices de leur entreprise commerciale, à l'exploitation de laquelle ceux-ci ont concouru, bien que l'acte réglant l'association qu'on prétend avoir existé entre eux n'ait pas rédigé en la forme authentique, comme le veut l'art. 854 c. nap., s'il résulte des circonstances que les enfants ne peuvent être considérés comme de véritables associés en ce qu'ils n'avaient pas été admis aux chances de perte ou de gain, et qu'ils n'avaient en réalité d'autre qualité que celle d'employés de la maison de commerce, appelés à recueillir une quote-part convenue des bénéfices éventuels à titre de rénumération de leurs soins (Paris, 14 déc. 1852, aff. Moreau D. P. 54. 5. 62); — 2º On ne peut voir ni fraude ni avantage indirect donnant lieu au rapport dans la cession d'un fonds de commerce avec bail des lieux où le commerce est exploité, consentie par des père et mère au profit de quelques-uns de leurs enfants, alors que le prix des marchandises est conforme à celui que les cédants avaient porté

---

(1) *Espèce* : — (Henry C. Lagarrigue.) — Le sieur Lagarrigue, banquier à Béziers, avait deux enfants, une fille mariée au sieur de Rives, et un fils, Victor Lagarrigue. — Par acte sous seing privé du 24 août 1819, enregistré et publié conformément au code de commerce, Lagarrigue père associa son fils à son négoce et lui attribua la moitié des bénéfices. La société ne devait durer que quatre ans, jusqu'en août 1824; mais elle continua, de fait, jusqu'au 17 nov. 1828, époque où il intervint entre Lagarrigue père et son fils un acte sous seing privé, enregistré et publié, portant dissolution de la société et déclaration de Lagarrigue père qu'il se retirait des affaires et ne devait prendre aucun intérêt dans les opérations commerciales que son fils se proposait d'entreprendre pour son compte particulier, sous l'ancienne raison *Lagarrigue aîné*. — Lagarrigue père est décédé le 12 juin 1834, laissant un testament olographe par lequel il donnait le tiers de sa fortune, par préciput, à son fils. — Après un premier acte de partage intervenu entre Victor Lagarrigue et sa sœur, la dame de Rives, partage qui comprenait les biens immeubles et objets mobiliers trouvés dans la succession paternelle, la dame de Rives a cru devoir former contre son frère une action en partage supplémentaire des bénéfices que ce dernier avait retirés de son association avec le père commun depuis le 24 août 1819, sur le fondement que ces bénéfices devaient par lui être rapportés à la masse héréditaire, comme constituant un avantage indirect. A l'appui de cette demande, la dame de Rives prétendait que l'acte de société de 1819 et l'acte de dissolution de 1828 devaient être déclarés nuls comme simulés et frauduleux. Elle offrait de prouver, en outre, que, depuis l'acte de dissolution, Lagarrigue père n'avait pas cessé de faire le commerce comme auparavant : et, en conséquence, elle concluait à ce que son frère fût tenu de rendre compte des bénéfices jusqu'au décès de leur auteur.

Jugement du tribunal de Béziers, qui rejette ces prétentions comme non recevables et mal fondées. — Appel. — 16 août 1838, arrêt de la cour de Montpellier qui déclare recevable la demande en supplément de partage, mais décide qu'il n'y a lieu d'ordonner le rapport à la masse de ce partage supplémentaire, ni des bénéfices perçus pour moitié par Lagarrigue fils, tant que la société a duré, soit de droit, soit de fait, c'est-à-dire depuis 1819 jusqu'en 1828, ni des bénéfices qu'il a perçus en totalité, à partir de cette dernière époque jusqu'au décès de Lagarrigue père. — Cet arrêt contient, entre autres, les motifs suivants : — « ... Attendu, quant aux bénéfices perçus de 1819 au 24 août 1824, que l'acte de société intervenu entre le père et le fils ne présente rien de frauduleux; que, dans la situation respective des parties, cette association était naturelle, surtout si l'on considère qu'à cette époque, depuis longues années, la dame de Rives jouissait, de son côté, des intérêts d'une somme considérable (150,000 fr.) qui lui avait été donnée en dot par son père; — Attendu que, du 24 août 1824 au 17 nov. 1828, la société s'est continuée de fait, et que cette continuation a été nécessairement régie par l'acte de 1819, et que les mêmes principes s'y appliquent et dispensent le fils du rapport des bénéfices perçus pendant cette période de temps; — Attendu, quant à la totalité des bénéfices depuis 1828 jusqu'au décès du père, que l'acte de dissolution du 17 nov. 1828 a été enregistré, publié et affiché comme l'acte de société lui-même; que, dès lors, il prouve légalement que le père s'est retiré du commerce et que le fils l'a continué seul et pour son compte exclusif : d'où il suit qu'il a eu le droit d'en percevoir tous les bénéfices depuis cette époque et qu'il ne doit pas être soumis à en faire le rapport.... » — Pourvoi de la dame de Rives pour violation de l'art. 854 c. civ. — Arrêt (ap. dél. en ch. du cons.).

LA COUR; — Vu les art. 854 et 1517 c. civ.; — Attendu, en droit, qu'aux termes de cet art. 854, lorsqu'une société a existé entre le défunt et l'un de ses héritiers, ce dernier n'est dispensé du rapport, à raison des avantages qu'il a pu retirer de son association avec le défunt, qu'autant que les conditions en auront été réglées par un acte authentique; — Et qu'aux termes de cet art. 1517, l'acte authentique est celui qui a été reçu par officiers publics ayant le droit d'instrumenter dans le lieu où l'acte a été rédigé et avec les solennités requises; — Attendu, en fait, que les conditions de l'association qui ont été réglées, le 24 août 1819, entre Lagarrigue père et Lagarrigue fils, ne l'ont été que par un acte sous signatures privées; — D'où il suit qu'en dispensant ce dernier du rapport, à raison des avantages qu'il a pu retirer de cette association, la cour de Montpellier a violé les articles précités; — Casse.

Du 26 janv. 1842.-C. C., ch. civ.-MM. Boyer, pr.-Rupérou, rap.-Laplagne, 1er av. gén., c. conf.-Chevalier et Coffinières, av.

dans leur dernier inventaire commercial; que la durée du bail n'excède pas celle ordinairement admise dans les conventions de cette nature; et enfin que le prix est en rapport avec la valeur réelle de la maison louée et avec l'importance de la clientèle. (même arrêt).

1149. *Remise d'une dette, ou renonciation à un avantage commun avec le successible.* — La remise d'une dette est une véritable libéralité, pour laquelle il doit rapport. En vain demanderait-il à prouver par témoins, ou même par une déclaration privée, écrite sur le billet, ou autrement, que le créancier a voulu réellement le dispenser du rapport : cette preuve n'aurait aucun résultat. Toute dispense de rapport s'analyse définitivement en une libéralité; elle ne peut donc être exprimée que dans les formes prescrites pour les donations entre-vifs ou les testaments. C'est le vœu positif de l'art. 919 c. nap. (M. Duranton, t. 7, n° 309). — Aussi a-t-il été décidé que la masse des créanciers du failli est tenue de rapporter à la succession de son auteur le montant des traites dont il était débiteur envers ce dernier, bien que celui-ci ait renoncé à le poursuivre, et qu'à l'ouverture de la faillite, il se soit abstenu de présenter les traites à la vérification, la renonciation aux poursuites n'équivalant pas à une dispense de rapport (Paris, 8 mai 1835, aff. Farjat, V. Faillite, n° 343-7°). — Jugé toutefois que la libéralité faite à un héritier, sous forme de quittance d'une somme due, est virtuellement dispensée du rapport : — «Attendu qu'en donnant quittance à son fils de sommes qu'il n'avait point payées (48,129 fr.), il est certain que l'intention de madame Tezenas a été de le placer dans la même position que si ce payement avait eu lieu en effet, d'établir sa libération complète, et de lui fournir un titre pour repousser toute espèce de réclamation possible de la part de qui que ce fût; attendu que cette intention renferme évidemment la dispense du rapport, et que, d'ailleurs, cette libéralité est loin d'atteindre la portion disponible; confirme» (Paris, 8 fév. 1837, M. Hardoin, pr., aff. Fleuriot).

1150. Dans le cas de concordat, le successible *failli* doit-il rapport de toute la dette, ou seulement de la somme à laquelle elle a été réduite? Trois opinions se sont formées sur ce point : les uns ne déclarent rapportables que les dividendes stipulés au concordat, attendu que pour la portion de la dette dont il a été fait remise, il y a eu convention faite sans fraude; convention non volontaire, mais forcée, par laquelle le défunt ne s'était pas plus proposé que les autres créanciers d'avantager l'héritier débiteur. C'est le cas d'appliquer l'art. 855, et non l'art. 843. Les cohéritiers supporteront cette perte tout accidentelle, comme celle de l'immeuble qui a péri par cas fortuit (Vazeille, art. 855, n° 4; Renouard, des Faillites, 2e éd., t. 2, p. 77). «La monnaie de faillite, dit ce dernier auteur, de mauvais aloi en morale individuelle, est frappée par la loi commerciale, sous l'empire de la nécessité, morale aussi, d'être équitable envers tous, à un titre qui lui donne le même cours que si elle était monnaie véritable. Le concordat, tant que sa fidèle exécution l'a laissé debout, a tenu pour soldée toute la portion dont il a fait remise. Les cohéritiers n'ont rien à réclamer, car leur auteur a été payé. »

D'autres auteurs sont d'avis du rapport intégral; le concordat, sans doute, disent-ils, n'est point une libéralité; mais ce n'est point non plus un contrat à titre onéreux; car la loi exige, pour la réhabilitation du débiteur, qu'avant tout il justifie du payement avec les intérêts de la partie de la dette remise (c. com. 608). Tout ce qui est à considérer ici pour l'obligation du rapport, c'est qu'il suffit, selon les art. 843 et 853, qu'il y ait eu avantage indirect reçu du défunt. Or la remise par concordat présente bien ce résultat (Grenier, n° 522; Duranton, t. 7, n° 310; Delvincourt, t. 2, p. 330, note 2; Merlin, Répert., v° Rapport à succession, § 3, n° 16). Telle était aussi l'opinion des anciens auteurs, mais par une considération spéciale que nous indiquerons tout à l'heure.

Une troisième opinion s'est manifestée dans quelques arrêts; elle consiste à distinguer dans l'acte constitutif de la créance, si le défunt a entendu ou non faire une libéralité au successible. Ainsi s'agit-il de sommes prêtées; on recherchera si le prêt a été fait pour l'avantage exclusif de l'emprunteur, ou si le prêteur a entendu faire un placement pour lui-même. Ce n'est qu'au cas de prêt gratuit ou favorable à l'emprunteur seul, que toute la dette sera rapportable, sans égard au concordat. Dans ce dernier cas, dit-on, le successible est donataire et non simple débiteur. Ce n'est pas le remboursement d'une dette à un créancier, mais bien le rapport fait par un héritier à ses cohéritiers d'un véritable don qu'il a reçu sous la forme d'un contrat de bienfaisance. Cette distinction se concilie d'ailleurs avec la doctrine des anciens auteurs qui voulaient le rapport de toute la somme prêtée; car le prêt était alors essentiellement gratuit (Pothier, des Successions, chap. 4, art. 2, § 2; Lebrun, *eod.*, liv. 3, chap. 6, sect. 2, n° 3; Ferrière, cout. de Paris, art. 304 et suiv.). Ils auraient pu émettre une opinion différente, s'il s'était agi, comme sous le code Napoléon, d'un prêt fait avec intérêt et pour l'avantage du prêteur plutôt que de l'emprunteur.

La distinction que nous venons d'exposer résulte de deux arrêts : l'un ne soumet l'héritier emprunteur qu'au rapport des dividendes stipulés au concordat par le motif que le prêt fait à 6 pour 100 (par une mère à son fils) était à l'avantage du prêteur plutôt que de l'emprunteur (Req. 22 août 1843) (1); l'autre exige le rapport intégral de ce que le père a payé comme caution

(1) *Espèce :* — (Valeau C. Valeau.) — 10 mai 1842, jugement du tribunal de la Basse-Terre qui ordonne le rapport intégral : — « Attendu que tout héritier qui vient à une succession est tenu, aux termes des art. 843, 851 et 829 c. civ., de rapporter à la masse non-seulement ce qu'il a reçu du défunt par donation entre-vifs, directement ou indirectement, mais encore tout ce dont il est débiteur envers la succession, à titre de prêt ou autrement; qu'il n'y a d'exception à ce principe qu'à l'égard des donations faites par préciput et hors part, ou avec dispense de rapport; que l'égalité la plus parfaite et la plus absolue doit, en effet, régner entre cohéritiers, et que cette égalité serait blessée si l'héritier donataire ou débiteur pouvait retenir le don qui lui a été fait ou la somme qui lui a été prêtée; — ...Attendu que la remise de 82 pour 100, qui a été faite à Auguste Valeau par sa mère dans le concordat passé entre lui et ses créanciers est *res inter alios acta*, à l'égard des cohéritiers d'Auguste Valeau, qui agissent non comme tenant leurs droits de la dame Valeau, mais en vertu d'une faculté propre à tout cohéritier et qui leur est spécialement accordée par la loi; — Que, s'ils pouvaient être considérés comme obligés par le concordat, ce serait établir entre le cohéritier négociant et celui qui ne l'est pas, une différence qui ne résulte d'aucune loi, et appliquer la loi commerciale dans un cas qui doit être exclusivement régi par la loi civile; — Qu'en vain dit-on que le concordat est un contrat commutatif, et qu'en y intervenant la dame Valeau n'a point fait ni entendu faire un avantage à son fils, mais que la remise qu'elle a consentie a été forcée; car, d'une part, le failli ne donne rien qui puisse être considéré comme l'équivalent du sacrifice que font ses créanciers, et, d'autre part, ce sacrifice n'est pas définitif, puisque le failli ne pourra obtenir sa réhabilitation qu'en payant la totalité de ses dettes, en y comprenant la portion dont le concordat lui a fait l'abandon; — Que, si l'on ne peut nier que la remise a été forcée, que la dame Valeau n'a pas eu pour but d'avantager son fils, toujours est-il que celui-ci a touché la somme abandonnée, l'a fait valoir dans son intérêt personnel; que, par cela même, il y a eu avantage pour lui, et qu'il serait étrange qu'après avoir compromis et dissipé des fonds qui faisaient partie de l'héritage commun par des spéculations téméraires qui ne devaient profiter qu'à lui, si elles avaient réussi, un successible pût se prévaloir de ses fautes et de sa qualité de négociant failli, pour partager les débris de la succession, sans tenir compte à ses cohéritiers de tout ce qu'il a englouti dans l'abîme que lui-même a creusé; — Qu'inutilement encore, on voudrait exciper de ce que la dame Valeau ayant prêté à son fils avec intérêts, elle aurait fait une spéculation qui rendrait sa position identique à celle des autres créanciers; que, d'abord, l'art. 829, qui soumet l'héritier à rapporter les sommes dont il est débiteur, ne dit pas qu'il ne rapportera que celles qui lui auraient été prêtées sans intérêts, et sous l'empire seulement d'un contrat de bienfaisance; qu'il se borne à énoncer que l'héritier fera rapport de ce dont il est débiteur, ce qui comprend nécessairement toutes les sommes, qu'il suffit qu'elles soient venues du défunt en ses mains pour qu'elles soient réputées héréditaires, et, par conséquent, soumises au rapport; qu'en second lieu, un prêt à intérêt ne constitue pas une spéculation commerciale, et qu'il ne s'agit point, au surplus, on ne saurait trop le répéter, de la position que s'est faite la dame Valeau vis-à-vis de son fils et des créanciers de sa faillite, mais de celle d'un cohéritier à l'égard de ses cohéritiers, abstraction faite de la qualité de failli de ce cohéritier et des conséquences résultant de la faillite. »

Mais, sur l'appel du sieur Auguste Valeau, arrêt infirmatif de la cour royale de la Guadeloupe, du 11 nov. 1842, rendu après partage, et ainsi motivé... ; — «Attendu que, pour que le rapport soit dû, il faut ou que l'héritier ait été avantagé par le défunt d'une manière quelconque, ou

du fils, lorsque le père en se portant caution a stipulé que s'il était obligé de payer la somme due par ce dernier, cette somme serait imputée sur sa succession comme avancement d'hoirie; un tel cautionnement présente les caractères d'une libéralité (Req. 17 avr. 1850, aff. Thibault, D. P. 50. 1. 107).—Ce dernier arrêt formule le plus nettement dans ses motifs la distinction à faire entre le prêt gratuit et le prêt à titre onéreux. — Il résulte encore d'un autre arrêt que la remise consentie, dans un concordat, ne donne lieu au rapport de la portion de créance qui a fait l'objet de cette remise, que s'il est établi que, dans le principe, le prêt lui-même constituait au profit du débiteur une libéralité indirecte (Rej. 2 janv. 1850, aff. Lemoine, D. P. 54. 5. 629).

1151. Au reste, cette distinction, critiquée dans leur 2ᵉ édition par MM. Duranton et Renouard, *loc. cit.*, est repoussée le plus catégoriquement par un arrêt qui condamne le failli à rapporter l'intégralité des sommes prêtées sans égard au concordat bien que le prêt lui eût été fait avec intérêts (Paris, 3 fév. 1848 aff. Boissière, D. P. 48. 2. 63).

1152. Avant que notre distinction se fût produite, il avait été jugé par la même cour que le failli doit le rapport intégral des sommes prêtées sans intérêt; mais cette circonstance de la non-stipulation d'intérêt n'avait point été relevée dans la décision (Paris, 11 janv. 1843) (1).

1153. Toutefois, un autre arrêt a ordonné le rapport intégral nonobstant le concordat, sur la considération que le prêt avait été fait par la mère pour l'unique avantage du fils emprunteur; ce qu'on a induit tant du taux modéré des intérêts que de l'échéance inusitée (la dette était payable après le décès du prêteur) et de ce qu'il n'avait été stipulé aucune garantie (Paris, 21 déc. 1843) (2). — Et il avait été décidé dans le même sens que le

---

qu'il soit débiteur de la succession; — Que, dans le premier cas, l'héritier vient rapporter comme héritier, et il rapporte tout ce qu'il a reçu; que, dans le second, il vient comme débiteur, et il ne rapporte que ce qu'il doit légalement, que ce que la loi permettrait d'exiger de tout autre débiteur étranger à la succession, que la somme pour laquelle il y a action contre lui; car la loi n'a pas pu permettre que, par cela seul qu'un fils serait débiteur de son père, il fût plus rigoureusement traité, après la mort de son créancier, que s'il était un étranger; — Attendu qu'il résulte des faits de la cause que ce n'est pas dans l'intérêt personnel de son fils et pour venir au secours de ses affaires embarrassées, comme dans le procès de Guérin de Foncin, que la veuve Valeau plaça des fonds dans sa maison de commerce; qu'Auguste Valeau était, en effet, dans une bonne position financière et jouissait de la confiance générale des colons, qu'il avait méritée par une vie commerciale irréprochable, par vingt années de succès dans les affaires; — Que le placement avait lieu moyennant 6 pour 100 d'intérêt par an, et qu'il paraissait alors beaucoup plus avantageux pour elle, et, par suite, pour ses futurs héritiers, que celui qu'elle avait fait antérieurement dans la maison Ancel, qui ne lui donnait que 4 pour 100; — Qu'il faut bien distinguer entre un prêt fait sans stipulation d'intérêts et un prêt qui contient cette stipulation; — Que le premier est un acte de bienfaisance, et constitue, par conséquent, un avantage que l'héritier est tenu de rapporter à la succession comme héritier; que le second est un acte onéreux pour l'emprunteur, et ne constitue pour lui qu'une dette qu'il est tenu de payer à la succession, non comme héritier avantagé, mais comme débiteur qui, venant prendre part dans la succession, compense avec ses créanciers; — Que ce n'est qu'à l'aide de cette distinction qu'on peut accepter l'opinion de Pothier sur la question du rapport des sommes prêtées et dont une partie a été remise dans un concordat; — Qu'on conçoit facilement, en effet, qu'un père, en signant un concordat dans lequel il a fait remise à son fils de tout ou partie d'un prêt sans intérêts, ne puisse lier ses héritiers envers le failli et ses créanciers, qui étaient suffisamment avertis par la nature du prêt qu'il constituait un avantage dont la loi ordonne le rapport; — Mais que la raison et l'équité ne peuvent admettre qu'il soit permis à l'héritier de se soustraire à l'engagement contracté par son auteur envers le failli et ses créanciers, lorsque la dette remise ne provenait d'aucun avantage fait par le père à son fils; — Sur la nature de la remise faite dans un concordat : — Attendu qu'il est impossible d'assimiler cette remise à la donation, à la libéralité dont parlent les art. 829 et 843 c. civ.; que cette remise n'est qu'un acte de sagesse et de nécessité; que le créancier l'a faite plus encore dans son intérêt que dans celui du failli; — Que, s'il abandonne une partie de sa créance, c'est pour assurer le recouvrement de l'autre partie, que lui auraient disputée des créanciers ayant les mêmes droits que lui aux débris de la fortune du débiteur commun; — Que le concordat n'a lieu ordinairement que parce que le failli inspire encore de la confiance à ses créanciers, et que ceux-ci espèrent qu'en le remettant à la tête de ses affaires, il pourra se rétablir et leur payer non-seulement leurs dividendes, mais encore toute la dette; qu'en acquiesçant à la remise et laissant Valeau à la tête de ses affaires, la dame Valeau a donc agi dans l'intérêt de ses héritiers; que, du reste, elle n'a fait que ce que ce que tous les créanciers ont fait, que ce que les héritiers eux-mêmes eussent fait, si la faillite eût été déclarée après la mort de leur mère; — Qu'elle n'a fait qu'accepter sa part de malheur dans un naufrage commun, que subir la loi de la nécessité; — Attendu, en résumé, qu'il ne résulte d'aucun acte de la cause que la dame Valeau ait eu la moindre intention d'avantager le sieur Auguste Valeau, son fils, en le constituant son mandataire en France, en consentant au placement de ses fonds, en réglant avec lui un compte courant d'intérêts, en s'unissant forcément aux autres créanciers de la faillite pour faire, selon les facultés du failli, une remise de 82 pour 100; — Que la dame Valeau n'ayant fait à son fils ni donation ni avantage quelconque sujet à rapport, et dont les héritiers puissent légalement se plaindre, ceux-ci ne peuvent pas avoir plus de droits contre Auguste Valeau que la dame Valeau n'en aurait elle-même; — Que les cohéritiers ne peuvent réclamer du cohéritier débiteur qui se présente à la succession que le payement de sa dette envers sa mère; que Valeau fils ne doit que ses dividendes. » — Pourvoi des héritiers Valeau pour violation du principe de l'égalité des partages entre cohéritiers, et notamment des art. 829, 843, 851 et 853 c. civ. — Arrêt.

LA COUR; — Sur le troisième moyen au fond : — Attendu, en droit, que, de la combinaison des art. 829 et 843 c. civ., il résulte que tout héritier venant à succession doit rapporter à ses cohéritiers tout ce qu'il a reçu du défunt par donation entre-vifs, directement ou indirectement, et les sommes dont il est débiteur; que, même à l'égard de ces dernières, c'est moins un rapport qu'il fait, que le payement de la dette dont il se trouve chargé envers la même succession; — Attendu que, de la combinaison des art. 894, 1106, 1892, 1905 c. civ., il résulte aussi que le prêt à intérêt est un contrat à titre onéreux, et nullement une donation, lors surtout que, par le taux du même intérêt, et par d'autres circonstances, il est prouvé que le prêt a été consenti plutôt dans l'avantage du prêteur que dans celui de l'emprunteur; — Attendu, enfin, qu'en cas de faillite, si le concordat accorde au failli une réduction de sa dette, il est pleinement libéré en justice de tout ce qui excède la somme à laquelle sa dette a été réduite (c. com. nouv., 18; anc., 525); — Et, attendu qu'il a été déclaré en fait, par l'arrêt attaqué, d'une part, que le prêt dont il s'agit au procès n'a pas été fait par la veuve Valeau dans l'intérêt personnel d'Auguste-Léon, son fils, mais moyennant 6 p. 100 par an; que ce prêt paraissait alors beaucoup plus avantageux pour elle, et, par suite, pour les futurs héritiers, que celui qu'elle avait fait antérieurement dans la maison Ancel, qui ne lui donnait que 4 p. 100; qu'il ne résulte d'aucun acte de la cause que la mère ait eu le moins du monde l'intention d'avantager son fils, et qu'elle ne lui a fait ni donation ni avantage quelconque sujet à rapport, dont les héritiers puissent se plaindre; — Attendu qu'il a été déclaré aussi, en fait, d'autre part, par l'arrêt attaqué, et non contesté au procès, que, par le concordat consenti de la manière et dans les formes voulues par la loi, les créanciers d'Auguste-Léon Valeau lui ont fait remise de 82 p. 100, et que, parmi ces créanciers, a figuré et signé ce concordat la veuve Valeau, représentée par Valeau junior, son autre fils; — Que, dans ces circonstances et d'après ces faits, en décidant qu'Auguste-Léon Valeau ne devait aucun rapport à la succession maternelle, comme donataire de sa mère, et qu'il ne devait y rapporter que le dividende établi par le concordat, dont il se trouvait seulement débiteur envers la même succession, l'arrêt attaqué n'a violé ni les art. 829 et 843 c. civ., invoqués par les demandeurs, ni aucune autre loi; — Rejette.

Du 22 août 1843.-C. C., ch. req.-MM. Zangiacomi, pr.-Lasagni, rap.-Pascalis, av. gén., c. conf.-Coffinières, av.

(1) *Espèce* : — (Giraud C. Balmet.) — Jugement du tribunal de la Seine conçu dans les termes suivants : — « Attendu qu'il n'est pas contesté que Giraud était débiteur envers son père de la somme de 12,500 fr.; qu'il oppose comme preuve de libération de cette dette, quant à 60 pour 100, le concordat intervenu entre lui et ses créanciers, portant réduction à 40 p. 100; — Attendu, quant à la libération partielle résultant du concordat, que si cet acte met Giraud fils à l'abri des poursuites de son père pour les 60 p. 100 dont il doit faire remise, le sieur Giraud fils n'en a pas moins reçu la somme intégrale, et que, dès lors, il en doit faire rapport, aux termes de l'art. 843 c. civ...... » — Appel. — Arrêt.

LA COUR; — Adoptant les motifs des premiers juges, confirme, etc.

Du 11 janv. 1843.-C. de Paris, 2ᵉ ch.-M. Chanteloup, pr.

(2) (Hér. Belin.) — LA COUR; — En ce qui touche l'appel de Belin-Mandar, du chef du jugement qui lui impose le rapport intégral de la somme de 58,750 fr., montant d'une obligation et de divers billets par lui souscrits au profit de la veuve Belin, sa mère : — Considérant que les circonstances de la cause établissent que les avances de la mère, bien que productives d'intérêts, étaient consenties par elle, non dans son propre intérêt, mais dans l'intérêt de son fils e prunteur; que

rapport est dû des sommes dont le défunt a fait remise partielle dans le concordat, alors qu'il apparait que c'est dans l'intérêt du cohéritier failli que le prêt a été opéré dans une compagnie dont il est gérant (c. civ. 843, 851; Paris, 13 août 1839) (1).

1154. D'ailleurs il a été jugé, quant au concordat, qu'il ne présente pas nécessairement les caractères d'un abandon volontaire gratuit ou d'un avantage indirect, et spécialement que, sous le régime de la communauté et après une séparation de biens judiciaire, la femme a pu faire ainsi remise d'une partie de sa créance au mari failli, sans qu'on voie là une libéralité déguisée et prohibée par la loi qui interdit tout changement aux conventions matrimoniales (Cass. 1er juin 1847, aff. Carréard, D. P. 47. 1. 175).

1155. A l'égard du temps dans lequel le rapport peut être demandé pendant le procès, on a jugé : 1° que le cohéritier qui, devant les premiers juges, s'est borné à demander la nullité d'une aliénation comme contenant une donation déguisée, n'est pas recevable à demander, pour la première fois en cassation, le rapport de cette donation à la masse (Req 5 déc. 1842, aff. Fornel de Mainzac, V. Oblig. [Aveu]); — 2° Que le donataire condamné à rapporter la valeur d'une donation déguisée peut demander, pour la première fois en appel, par voie d'exception, à prendre par préciput le montant de la donation, jusqu'à concurrence de la portion disponible; ...Et que cette demande peut être admise, sans contrarier les dispositions du jugement dont est appel, qui a ordonné le rapport des sommes formant la valeur de la donation et le partage de la succession entre les héritiers, par portions égales : le rapport ordonné peut être supposé nécessaire pour fixer les forces de la succession et la portion disponible; et le partage en portions égales n'exclut pas la déduction préalable de la portion disponible (Bordeaux, 27 avr. 1839, MM. Poumeyrol, pr., aff. Sarlande; V. Cassation, nos 1801 et suiv., et Demande nouvelle, nos 87 et suiv.).

1156. Un père remarié, et qui fait le partage de sa première *communauté*, sacrifie en faveur des enfants du *premier lit* des *reprises* qu'il avait droit d'exercer, ou souffre qu'ils en exercent contre lui d'illégitimes, ou porte à un prix trop haut les *récompenses* qu'il leur doit, ou estime trop bas les réparations et améliorations utiles qu'il a faites à leurs biens personnels; dans tous ces cas il y a, pour les enfants du premier lit, avantage sujet à rapport envers les autres enfants (Chabot, t. 3, p. 237; Duranton, t. 7, nos 345 et suiv.; Rép. de M. Merlin, v° Rap. à success., § 3, art. 4; Vazeille, art. 843, n° 16).—V. *suprà*, n° 1142.

1157. Un père, cohéritier ou colégataire de l'un de ses enfants, renonce à la succession ou au legs pour l'en faire profiter seul : y a-t-il là un avantage sujet à rapport? — La négative, enseignée par Pothier, était combattue par Lebrun. La même dissidence s'est élevée entre les nouveaux auteurs (contre le rapport, MM. Grenier, n° 515, et Toullier, t. 4, n° 475; pour le rapport, MM. Chabot, t. 3, p. 244 à 262; Delvincourt, t. 2, p. 330, note 2; Duranton, t. 7, nos 345 et suiv.). Cette dernière opinion nous paraît préférable. — L'argument principal invoqué contre le rapport porte sur une erreur qui vient du droit romain, on suppose que le père en renonçant n'a rien donné du sien. C'était bien, en effet, le sens des lois romaines : celui qui n'acceptait pas une hérédité, un legs, un fidéicommis, ne manquait que d'acquérir; il n'aliénait rien. La loi 5, § 13, ff., *De donat. int. vir. et ux.*, décide que, par cette raison, le mari ne contrevient pas à la prohibition des avantages entre conjoints, lorsqu'il renonce à une succession pour la faire passer sur la tête de sa femme, soit comme substituée vulgairement, soit comme héritière *ab intestat*. Pothier, des Success., chap. 4, § 2, résout notre question en invoquant cette loi. Mais le code n'a point entièrement admis le même principe. La preuve qu'on est maintenant censé aliéner quand on renonce à une succession, c'est que les créanciers peuvent annuler à leur profit la renonciation, ce qui n'avait pas lieu selon les lois romaines. Quoique autorisés à faire révoquer les aliénations consenties en fraude de leurs droits, ils ne pouvaient jamais attaquer la renonciation. Et d'où vient cette différence du code? C'est que nous admettons la saisine légale, qui n'était pas généralement adoptée par les lois romaines. Puisque la loi avait saisi l'héritier présomptif d'un droit, en renonçant il aliène. Il en est de même du légataire, auquel la loi donne, dès le moment du décès du testateur, un droit à la chose léguée, droit transmissible à ses héritiers (c. nap. 1014). La renonciation, qui ne doit point, on en convient, être assimilée à une cession, n'est pas moins une aliénation qui diminue réellement le patrimoine du père et enrichit l'un des enfants au préjudice des autres. — Le père, objecte-t-on, était libre de ne pas accepter; peut-être a-t-il renoncé dans la seule crainte de trouver plus d'embarras que de profits. — La renonciation, sans doute, a été facultative comme toute autre libéralité indirecte; quant au motif qui l'a déterminée, le juge l'appréciera. Nous ne prétendons pas qu'en tout cas elle déguise un don. — Vous ouvrez la porte, a-t-on dit encore, à une foule de procès dans les familles par des recherches d'actes depuis longtemps passés. — Mais cette considération est commune à tous les avantages indirects dont le rapport est cependant exigé. Une considération bien plus grave s'élève contre l'autre système : le père compromettra impunément la réserve de ses enfants, s'il peut, sous la forme de renonciations, faire des aliénations gratuites et irrévocables. — En dernière analyse, le point de droit que nous discutons se résout en une question de bonne foi. S'il est vrai que le père a voulu avantager l'un de ses enfants, s'il n'a eu aucun autre motif de répudier tel legs ou telle succession opulente; si le défaut de rapport empêche que les enfants soient tous traités avec une

---

notamment l'obligation n'était accompagnée d'aucune garantie : qu'elle était stipulée remboursable trois mois seulement après le décès de la prêteuse, et que les intérêts, au lieu d'être élevés au taux commercial, n'étaient stipulés qu'à 5 p. 100; — Que ces prêts constituant ainsi un avantage en faveur de Belin-Mandar, il ne saurait se prévaloir de son concordat contre ses cohéritiers pour restreindre son rapport dans les limites déterminées par ce concordat; — Infirme, en ce que Dominique Belin a été soumis au rapport de la somme de 89,147 fr.; — Confirme sur le chef d'appel de Belin-Mandar, etc.

Du 21 déc. 1843.-C. de Paris, 2e ch.-M. de Chanteloup, pr.

(1) (Guérin de Foncin C. Gubian.) — LA COUR; — Considérant qu'il résulte des faits et circonstances de la cause, de la position respective des parties, que les 20,348 fr. versés, en 1826, par la dame Macé dans la maison de banque de Guérin de Foncin, son fils, constituaient un prêt fait dans l'intérêt personnel dudit Guérin de Foncin, et pour venir au secours de ses affaires alors embarrassées; — Considérant que si en 1831, et par suite de la mise en liquidation de la maison de banque, la dame Macé a, comme les autres créanciers de cette maison, a fait volontairement remise à Guérin de Foncin, de 70 p. 100 sur le montant de sa créance, ce fait qui, suivant la loi commerciale, libérait le débiteur de toute action de la part de ses créanciers, est aujourd'hui sans application vis à vis d'un cohéritier qui, conformément à la loi civile en matière de partage, demande le rapport à la succession de madame Macé de la somme entière prêtée par cette dernière à son fils; — Considérant qu'aux termes de l'art. 829. c. civ., chaque cohéritier doit faire rapport à la masse des sommes dont il est débiteur; — Que, d'après l'art. 851 du même code, le rapport est dû de ce qui a été employé pour l'établissement d'un cohéritier, ou pour le payement de ses dettes; — Qu'il suit de là que le but de la loi a été de faire rapporter à la masse de la succession toutes les sommes dont l'un des cohéritiers a pu profiter directement; — Que ce but serait facilement éludé, et le principe de l'égalité dans les partages souvent violé, si l'effet de la remise consentie par le père de famille de tout ou partie de sa créance vis à vis d'un de ses présomptifs héritiers pouvait être, pour ce dernier, de le dispenser de rapporter à la masse tout ou partie de ce qu'il aurait reçu;

Sur le mode de rapport, considérant que l'obligation de rapporter est une obligation réelle, qui deviendrait complètement illusoire dans le cas où il n'y aurait rien dans la succession, si le cohéritier forcé au rapport d'une somme d'argent n'était soumis qu'à rapporter en moins prenant; — Que, si l'art. 869 c. civ. dispose que le rapport de l'argent donné se fait en moins prenant dans le numéraire de la succession, cet article (dont le but est de faciliter les partages) suppose évidemment qu'il existe d'autres biens à partager dans la succession, et que c'est dans ce sens que la seconde disposition du même article établit pour le cohéritier, en cas d'insuffisance du numéraire, la possibilité d'abandonner jusqu'à due concurrence sur sa part de mobilier ou d'immeubles; — Sur la quotité du rapport, considérant que Guerin de Foncin justifie avoir payé en 1831 à la dame Macé, sa mère, la somme de 6,104 fr. 40 c., à valoir sur les 20,348 fr., ladite somme formant le dividende de 30 p. 100, auquel ladite dame avait droit aux termes du concordat amiable; — Qu'ainsi, la somme dont Guérin de Foncin doit aujourd'hui le rapport n'est plus que de 14,243 fr. 60 c., avec les intérêts, à partir du jour du décès de la dame Macé, aux termes de l'art. 856 c. civ.; — Infirme.

Du 13 août 1839.-C. de Paris, 1re ch.-M. Séguier, 1er pr.

égale faveur, n'élude-t-on pas certainement le but que se proposait le législateur, l'égalité des partages? N'y a-t-il pas, en réalité, même avantage pour l'un des héritiers, et même raison d'en exiger le rapport, soit que le père ait tiré de sa bourse une certaine somme pour lui en faire don, soit qu'il lui ait abandonné une somme pareille qui lui était léguée, et qu'il avait le droit de réclamer. Dans le doute, il faut se rappeler que la loi, comme l'équité, est favorable aux rapports.

1158. Une femme remariée renonce à la communauté évidemment avantageuse du second mari pour faire profiter de la totalité les enfants du second lit : y a-t-il lieu à rapport envers les enfants du premier lit? — Il semble que cette question doive se résoudre par les mêmes principes que la précédente (Delvincourt, Duranton, *loc. cit.*). — M. Grenier, nº 516, y aperçoit une différence. Dans le premier cas, dit-il, les objets légués ou dépendants de la succession *ab intestat* ne peuvent pas être réputés avoir fait partie des biens du père qui renonce, parce qu'il s'agissait d'une libéralité, et que l'acceptation seule donnait droit, « au lieu que dans le second cas il s'agit de droits personnels à la mère, qui prennent leur source dans une convention faite avec elle ; et ces droits font bien plus essentiellement partie de son patrimoine. » Il admet donc le rapport dans ce dernier cas. M. Toullier, t. 4, nº 455, s'oppose indistinctement au rapport, soit qu'il s'agisse de communauté, soit de succession ou de legs. — Dans l'ancien droit, Lebrun et Pothier distinguaient ces deux cas. Le premier (liv. 3, ch. 6, sect. 3, nºs 23 et 24), n'ayant plus égard à ce qu'il avait dit de la renonciation à la succession, fonde ici la dispense de rapport sur la présomption que la femme n'a renoncé à la communauté que pour se soustraire aux embarras d'une liquidation plutôt que pour favoriser les enfants du second lit. Il argumente principalement de la loi 6, ff., *Quæ in fraud.*, qui établit, quant au droit des créanciers, la distinction entre ce que le débiteur manque d'acquérir et ce qu'il aliène. Il ajoute que la femme n'avait droit à la communauté qu'en l'acceptant ; qu'elle n'a donc sacrifié aucun droit acquis en renonçant. A notre sens, Lebrun est en contradiction évidente avec ce qu'il disait ci-dessus. Mais Pothier, à son tour, nous paraît se contredire en se prononçant ici pour l'obligation du rapport. Il avait d'abord adopté l'opinion de Lebrun, qui est aussi celle de Bourjon, et qu'avait consacrée un arrêt cité par Brodeau sur Louet, somm. C., ch. 30, nº 16 (introduct. au tit. 17 de la cout. d'Orléans, sect. 6, art. 3, § 1). Pothier s'est rétracté dans son traité des Success., *loc. cit.* Le mari, dit-il, en contractant communauté avec sa femme, a contracté l'obligation de lui accorder part dans tous les biens de la communauté lors de sa dissolution ; ces biens sont passés à ses enfants *cum eâ causâ*, avec cette obligation : il en résultait un droit au profit de la femme contre les enfants. La femme, en renonçant à ce droit, leur a fait un avantage sujet à rapport, comme celui que ferait un père créancier de son fils en lui remettant ce qu'il lui doit. Dans l'espèce précédente, le père cohéritier ou colégataire n'était pas créancier de son fils. Ici les enfants sont comme débiteurs envers leur mère de sa part dans les biens de la communauté de leur père. Elle leur a fait, en renonçant, comme remise d'une dette. — Et quant à l'objection de Lebrun, que le droit à la communauté était subordonné à l'acceptation, et que la femme, par l'effet de sa renonciation, est censée n'avoir jamais été commune, Pothier répond en alléguant que la femme fait remise d'un droit acquis. Mais c'est là une pétition de principes : la question est de savoir s'il y a droit acquis ou simple faculté d'acquérir par l'acceptation un droit à la communauté. On voit par là combien les subtilités proposées de part et d'autre étaient des raisons de décider peu solides. La question doit plutôt se résoudre par les considérations que nous faisions valoir ci-dessus.

1159. Les mêmes considérations s'appliquent au cas où la femme remariée, toujours dans l'intention de favoriser ses enfants du second lit, accepte la communauté qui est notoirement dans un mauvais état, et prive ainsi des enfants du premier mariage de la reprise de son apport dans cette communauté. Pothier s'est rétracté sur cette question comme sur la précédente. Considérant surtout le résultat avec bonne foi, il faut dire, comme M. Chabot : « Que la mère reprenne son apport dans la communauté et en fasse don à ses enfants du second mariage, ou que, pour les en faire profiter, elle accepte la communauté qui est en mauvais état, n'y a-t-il pas même profit pour eux, même perte pour les enfants du premier lit? » Il n'y a donc de différence dans les trois cas que nous avons parcourus que quant à la manière de donner : il n'y en a pas quant au don. N'est-ce pas donner quelque chose *de suo* que de remettre le droit qu'on a de recueillir tels ou tels biens? — Dans toutes ces hypothèses, ce sera donc au juge à rechercher dans la renonciation l'intention de donner ou les caractères de l'avantage indirect.

1160. Une dernière question a été débattue par la plupart des auteurs. La propriété de la moitié des biens des père et mère qui ont *divorcé* par consentement mutuel, attribuée aux enfants de leur mariage par l'art. 305 c. nap., est-elle sujette à rapport envers les enfants d'un précédent ou subséquent mariage? L'affirmative, enseignée pour la réduction vº Disposit., nº 1081, se motive de la même manière pour le rapport.

§ 3. — *Des frais de nourriture, d'éducation, d'apprentissage, d'équipement, de noces et présents d'usage. Des frais d'établissement et des dettes payées pour le successible.*

1161. *Nourriture, entretien.* — Le rapport n'est dû que de ce qui a été reçu du défunt, sans qu'il fût obligé de le donner. S'il y avait obligation civile ou naturelle, ce ne serait plus une libéralité, mais un payement. C'est sur ce principe qu'est fondée la dispense du rapport des sommes qu'ont coûté aux père et mère *la nourriture l'entretien, l'éducation*, et *l'apprentissage* de leurs enfants (c. nap. 852). Tous ces soins sont un devoir imposé formellement aux époux par la loi du mariage (c. nap. 203). La même dispense du rapport se trouve dans la loi 50, ff., *De fam. ercisc.* Tel était le droit commun de la France. — Jugé que les dépenses faites dans la maison paternelle au profit d'un enfant même majeur et possédant les moyens de pourvoir à son entretien, quelle qu'en soit l'importance, ne constituent point une libéralité sujette à rapport, si elles ont été constamment faites sur les revenus du père ; — ... Qu'il n'en est point ainsi lorsque ces dépenses sont faites en dehors de la vie de famille, au profit, par exemple, d'un commerce de l'enfant (Paris, 14 janv. 1853, aff. Dalbanne, D. P. 53. 5. 391).

1162. L'art. 852 s'applique-t-il au cas où les frais ont été faits entre *collatéraux?* Le défunt n'était pas alors tenu de fournir les aliments et l'entretien. Aussi l'ancien droit restreignait la dispense du rapport aux parents en ligne directe. Mais le code n'ayant pas distingué, pour l'obligation du rapport, entre les collatéraux et les parents en ligne directe, la dispense doit leur être commune à tous comme l'obligation. On présume que c'est par affection, et non à titre d'avantage, que les dépenses ont été faites (Chabot, t. 3, p. 398 ; Malpel, nº 271 ; Toullier, t. 4, nº 458 ; Duranton, t. 7, nº 355 ; Vazeille, art. 852, nº 1).

1163. Que décider si l'enfant ou le collatéral avait personnellement des revenus suffisants? Trois opinions se sont formées à cet égard : les uns croient le rapport dû, à moins que le défunt n'eût été indemnisé de ses dépenses par le travail de l'héritier (Lebrun, t. 3, chap. 6, sect. 6, nº 47 ; d'Argentrée, cout. de Bretagne, art. 526 ; Ferrière, cout. de Paris, art. 304 ; Chabot, t. 3, p. 392 ; Duranton, t. 7, nº 356). Tel était le droit commun, disent ces auteurs, qui invoquent aussi les lois 25, ff., *De neg. gest. et ult. de petit. hæred.* D'autres ne croient le rapport dû que par le collatéral (Delvincourt, t. 2, p. 327, note 9). Enfin, d'après une troisième opinion qui est la nôtre, la dispense est toujours acquise indistinctement à l'enfant et au collatéral (Toullier, nº 458 ; Malpel, nº 271). — En effet, sur quel motif fondait-on autrefois la nécessité du rapport? sur le principe qui n'en dispensait que ce qui avait été donné à titre d'obligation : le père alors n'était pas obligé aux aliments et à l'entretien. Or le même principe n'a pas été adopté par le code : des vues plus étendues ont dirigé des rédacteurs, puisque le collatéral, à qui les aliments et l'entretien n'étaient pas dus, n'est cependant pas soumis au rapport. Pour expliquer cette disposition nouvelle, les adversaires disent que le défunt est présumé avoir fait des dépenses par affection et non à titre d'avantage (M. Chabot, t. 3, p. 398). Mais la même présomption n'est-elle pas admissible, surtout à l'égard d'un enfant, quoiqu'il ait des revenus personnels? Qu'importe cette circonstance pour la tendresse paternelle? Un père peut loger et nourrir son enfant, riche ou pauvre, afin de l'avoir plus près de lui, de jouir plus souvent des agréments de sa société, d'en recevoir des soins dans la vieillesse. Entre parents, une sorte de délicatesse repousse l'évaluation, la répétition de frais tels que ceux de nourriture. C'est probablement cette raison de convenance qui a influé sur la détermination du nouveau législateur à l'égard des collatéraux. D'ailleurs, que de contestations peuvent naître des questions suivantes : Les revenus de l'héritier étaient-ils suffisants? En cas d'insuffisance, le rapport sera-t-il dû de l'excédant? L'héritier était-il de quelque utilité pour le défunt? Les avantages que celui-ci a pu en tirer sont-ils appréciables et équivalents aux dépenses? Notre interprétation a l'heureux effet de tarir une grande source de procès qui, sous l'ancien droit, étaient souvent la discorde dans les familles.—M. Delvincourt, t. 2, p. 327, note 9, par une distinction qui lui est toute particulière, croit l'héritier direct dispensé du rapport, nonobstant la circonstance des revenus; mais il refuse cette faveur au collatéral. — Jugé, dans le sens de notre opinion, que les frais de nourriture et d'entretien fournis pendant plusieurs années par une mère à son fils et à la famille de celui-ci ne doivent pas être rapportés, quoique la fortune personnelle du fils le mît à même d'y pourvoir, surtout si ces frais n'ont occasionné qu'une faible augmentation de dépense à la mère, qui a trouvé une compensation dans l'avantage d'avoir son fils auprès d'elle (Bordeaux, 8 août 1838) (1).—Décidé en sens contraire que le fils qui avait en propriété et jouissance des biens assez notables, peut être contraint à faire compte à la succession de son père d'une somme égale aux frais d'entretien qu'il a supportés, si ces frais n'ont été compensés par aucun travail de sa part dans la maison paternelle; que l'arrêt qui décide ainsi dans de telles circonstances, loin de violer la loi, s'est conformé à l'équité et aux principes de l'ancienne jurisprudence (Req. 12 août 1818. MM. Henrion, pr., Rousseau, rap., aff. Marbeterne C. Hébert).

1164. Les frais de nourriture, d'entretien, etc., ne sont dispensés du rapport qu'autant qu'ils ont été faits pendant la vie du donateur. Ils provenaient d'une obligation personnelle qui s'est éteinte par son décès, qui ne passe point de droit à sa succession. Si donc il avait légué en mourant une pension alimentaire, une somme pour apprendre un métier ou pour subvenir aux dépenses d'éducation, ces sommes ne pourraient être prétendues hors part, à moins d'une clause expresse. Telle était la disposition des lois romaines (L. 30, § 2, C. *De inoff. testam.*), approuvée de Lebrun, liv. 3, chap. 6, sect. 3, nº 50, et de Pothier, appliquée encore par MM. Chabot, t. 3, p. 395; Duranton, t. 7, nº 354; Toullier, t. 4, nº 460; Delvincourt, t. 2, p. 327, note 9; Vazeille, art. 852, nº 3. — Du reste, si, à sa mort, le défunt devait tout ou partie des frais d'étude ou d'apprentissage faits de son vivant, la dette serait à la charge de la succession et non du successible (Lebrun et M. Toullier, *loc. cit.*).

1165. Lorsque des enfants mariés, ayant chacun leur domicile et les moyens de pourvoir par eux-mêmes à leur subsistance, ont été reçus et nourris avec leur famille chez leur père, où ils ont fait séjour pendant un plus ou moins grand nombre d'années, autant par devoir et déférence que par motif d'intérêt personnel, celui de ces enfants qui est resté le moins longtemps dans la maison paternelle, ne peut, sous ce prétexte, former une action en rapport pour les aliments qu'ils ont reçus, contre ceux de ses cohéritiers qui ont fait un plus long séjour, alors surtout qu'aucun acte du père de famille n'indique qu'il ait entendu faire prêt ou avance à ces derniers. De tels séjours ne sont pas de la nature des fournitures et aliments, formant avantages sujets à rapport (Paris, 17 fév. 1821, aff. enfants Foacier).

1166. Les frais de nourriture seraient-ils dispensés du rapport, si le père, en mariant l'un de ses enfants, s'était obligé à le garder dans la maison paternelle lui et les enfants qui naîtraient du mariage, ou, en cas d'incompatibilité d'humeur, à lui payer annuellement une somme? — Ici les frais de nourriture, ou la somme qui doit les représenter, peuvent, selon les circonstances, être considérés comme la dot ou une partie de la dot, qui, de droit commun, est sujette à rapport. On le décidait souvent ainsi dans l'ancienne jurisprudence. La pension dont il s'agit devra être comparée aux avantages qu'ont eus les autres enfants déjà mariés. On découvrira par là jusqu'à quel point était dans le père l'intention de faire une libéralité. Au reste, si le gendre ou le fils avait travaillé pour la maison, il y aurait compensation des frais de nourriture de sa famille, et, par conséquent, point de rapport (Denisart, vº Rapport; MM. Delvincourt, t. 2, p. 327, note 9; Duranton, t. 7, nº 374). La difficulté de la question tient encore à d'autres notions, que nous exposerons en parlant du rapport des fruits. — M. Marcadé (art. 852, nº 1) décide que dans le cas proposé, il y a toujours dispense de rapport et que le droit ancien ne peut plus être invoqué, l'art. 852 c. nap. ayant mis les frais de nourriture et d'entretien sur la même ligne que les frais d'éducation.

1167. Ont été déclarés sujets à rapport les frais de nourriture et d'entretien qu'un père a faits en faveur d'un enfant majeur, marié, pourvu d'une dot, alors que ces dépenses embrassant tout un ménage et continuées pendant un grand nombre d'années, constituent un avantage immodéré qui dépasse les bornes de la quotité disponible (Nancy, 20 janv. 1830) (2). —

(1) (Lacroix C. Lacroix.) — LA COUR; — Attendu, sur l'appel principal, qu'en principe, et d'après l'art. 852 c. civ., les frais de nourriture et d'entretien ne doivent pas être rapportés; que, dans l'espèce, il ne peut être admis à cette règle générale une exception fondée sur ce que le sieur Lacroix avait des revenus suffisants depuis le décès de son père; que madame Lacroix, dont les quatre filles étaient mariées, et qui n'avait plus que son fils auprès d'elle, sentit le besoin de l'y conserver; qu'en fait la dame veuve Lacroix, qui avançait en âge, fut aidée par son fils dans l'administration des biens qu'elle possédait; qu'il lui fut, par ce moyen, très-utile; que, d'ailleurs, la dame veuve Lacroix avait établi la dépense de sa maison d'après ses facultés, qui étaient considérables, et de telle manière que le mariage de son fils n'y apportât qu'un léger accroissement; que, si une telle augmentation pouvait présenter un avnatage, il serait d'une extrême modicité, dû à titre de récompense, et couvert par une sorte de compensation : — Emendant.

Du 8 août 1838.-C. de Bordeaux, 2º ch.-M. Poumeyrol, pr.

(2) (Brocard C. Guebey.) — LA COUR; — Considérant qu'en thèse générale, tout héritier, même bénéficiaire, venant à une succession, doit rapporter à ses cohéritiers tout ce qu'il a reçu du défunt par donation entre-vifs, directement ou indirectement; que, par contrat de mariage passé entre Agnan Brocard et Marguerite Guebey, le 4 nov. 1816, Jean-Baptiste Guebey a donné et constitué en dot à sa fille une somme de 4,800 fr., et pour lui tenir lieu des intérêts de ladite somme, s'est obligé, seulement pendant tout le temps que cela pourrait lui convenir, de loger, nourrir, éclairer, chauffer, entretenir les futurs époux et les enfants à naître de leur mariage; qu'il est reconnu que ces stipulations ont été exécutées pendant onze années consécutives; que, si l'on veut prendre en considération l'état et la condition des parties contractantes, les calculs les plus modérés ne permettent pas d'évaluer à moins de 500 fr. par année le prix du logement fixé à 350 fr. par un bail authentique du 21 août 1827; à moins de 500 fr., pour chacun des deux époux, la nourriture et l'entretien; à moins de 200 fr., la nourriture et l'entretien de deux enfants; de 100 fr. les frais relatifs au chauffage, à l'éclairage et à la nourriture d'une domestique; que la dépense annuelle a donc dû se porter à 1,200 fr., terme moyen; ce qui présente un excédant de 960 fr. sur l'intérêt du capital de la dot, et, pour onze années, une différence de 10,560 fr.;

Considérant que si, en général, les aliments fournis par un père à son enfant ne sont pas sujets à rapport, et si, d'après le même principe, les frais de nourriture, d'entretien, d'éducation et d'apprentissage en sont dispensés par l'art. 852 c. civ., cette disposition ne doit pas être étendue aux frais de même nature qu'un père aurait faits en faveur d'un enfant majeur, marié, pourvu d'une dot, lorsque surtout ces dépenses, continuées pendant un grand nombre d'années, et embrassant toutes les charges d'un ménage, constituent un avantage immodéré qui dépasse toutes les bornes de la portion disponible; qu'il est évident que les prestations promises à Marguerite-Claude Guebey ne l'ont point été à titre de secours alimentaire; que la condition potestative, de la part du débiteur, de les faire cesser quand il le jugerait convenable, repousse cette idée; qu'inutilement encore les époux Brocard voudraient prétendre que ces prestations doivent se compenser avec les services qu'ils ont rendus à leurs père et beau-père, surtout en s'employant aux affaires de son commerce; que ces services n'ont été ni exigés ni promis; qu'aux termes de l'art. 5 du contrat de mariage, les obligations contractées par Jean-Baptiste Guebey envers sa fille ont pour unique cause le payement des intérêts du capital de la dot; qu'admettre les époux Brocard à prouver des services postérieurs, destinés à compenser les avantages que leur assurait l'exécution de cette clause, ce serait contrevenir aux dis-

Jugé au contraire que ne sont pas sujets à rapport les frais d'aliments donnés à un enfant dans la maison du père commun, pendant une année, bien que cet enfant ait été doté et qu'il fût marié (Req. 15 août 1825) (1).

1168. Si la nourriture et l'entretien n'avaient été fournis au successible que moyennant un prix promis, et que ce prix n'eût pas été payé, le successible alors ne serait pas affranchi de toute obligation; ce serait même un remboursement et non un simple rapport qu'il devrait à la succession, même en y renonçant; car il serait débiteur en vertu d'une convention à titre onéreux (Marcadé, *loc. cit.*).

1169. *Education.* — Les frais d'éducation comprennent les livres nécessaires pour faire les études; mais un corps de bibliothèque considérable serait sujet à rapport (Pothier, Chabot, t. 3, p. 396; Duranton, t. 7, n° 360; Delvincourt, *loc. cit.*; Vazeille, art. 852, n° 4; Poujol, t. 2, p. 168). Il y aurait dispense pour les livres nécessaires, quand même ils existeraient en nature au décès de celui qui les a fournis. C'est ce que décident tous les auteurs. La coutume d'Anjou était la seule qui en ordonnât alors le rapport.

1170. Les frais pour obtenir des degrés dans une université ne sont point rapportables. On n'en doutait pas, dans l'ancienne législation, pour les grades de licencié et de bachelier : ils ont pour objet de procurer un établissement. Mais dans quelques coutumes, les frais de doctorat étaient soumis au rapport; dans d'autres, comme en Bretagne et en Anjou, on en dispensait les frais d'un doctorat honoraire, et on l'exigeait pour le titre de docteur régent ou professeur (Lebrun, liv. 3, ch. 6, sect. 3, n° 49; Duparc-Poullain, Principes de droit, t. 4, p. 209, n° 307). — Cette distinction est rejetée par les nouveaux auteurs : le doctorat n'est pas un établissement, un état. « Ce n'est, dit fort bien M. Toullier, t. 4, n° 261, qu'un apprentissage perfectionné, et il importe au bien public, à l'honneur et à l'intérêt des familles de faciliter aux jeunes gens les moyens de perfectionner leurs talents et leur esprit, pour être plus en mesure de se rendre utiles à la société » (MM. Duranton, Chabot, Delvincourt, Poujol, *loc. cit.*; Malpel, n° 271).

1171. Les grades en médecine sont-ils également dispensés du rapport? M. Delvincourt le nie par le double motif « qu'ils sont ordinairement plus coûteux que dans les facultés de droit, et que l'on ne prend ces grades que pour faire la profession de médecin. C'est donc réellement un établissement. Il n'en est pas de même, ajoute-t-il, de la licence en droit, qui fait partie de l'éducation, et se prend beaucoup plus souvent comme moyen d'arriver à des places que comme moyen direct d'établissement. » Les autres auteurs ne font pas d'exception pour les grades en médecine. En effet, le diplôme qu'obtient le médecin ne fait qu'attester qu'il a l'instruction nécessaire pour exercer la profession, comme le diplôme de licencié en droit atteste l'aptitude à la profession d'avocat. C'est un complément de l'éducation. En donnant à un enfant, par préciput, un genre d'instruction quelconque, le père ne lui refuse pas au même titre ce qui sert à prouver qu'il a rempli son attente. Ne serait-il pas choquant, d'ailleurs, de voir un des enfants, qui a dépensé beaucoup dans ses études de droit, demander à son frère le rapport de ses frais d'étude en médecine, quoique ces frais pussent être moindres, selon le grade acquis et les circonstances? Telle n'a pas été probablement l'intention du législateur.

1172. Les frais d'éducation seraient-ils sujets à rapport, s'ils avaient été en disproportion avec la fortune du père, et que, pour soigner l'éducation de l'un des enfants, celle des autres eût été fort négligée? — Plusieurs distinctions ont été proposées : l'ancien droit ordonnait le rapport (L. 47, ff., *De donat. int. vir. et ux.*; L. *ult.* C. *De collat.* § 1). Quelques coutumes en contenaient la disposition expresse, celles notamment de Vermandois et de Châlons. On convenait cependant de laisser une certaine latitude au père, pour distinguer entre ses enfants celui qui, selon l'expression de Coquille, question 188, est *de bon et aigu entendement*, et peut devenir un jour l'honneur et l'appui de sa famille (Lebrun, des Success., liv. 3, chap. 6, sect. 3, n° 51). MM. Duranton, n° 357; Chabot, t. 3, p. 393; Grenier, n° 540; Vazeille, art. 852, n° 6, adoptent cette doctrine avec certaines modifications : 1° tout ce qui tend à améliorer l'éducation des enfants doit, dans l'état actuel de nos mœurs, être vu avec plus de faveur; 2° il n'y aurait pas lieu à rapport, si l'enfant n'était nullement propre au genre de profession qu'on lui destinait, et que, sans sa faute, les circonstances l'aient empêché ou de l'exercer, ou de s'y livrer avec quelque avantage; 3° le père pourrait, afin de rétablir l'égalité, ordonner un rapport en moins prenant de ce qui excédait la juste mesure dans les dépenses excessives, ou accorder aux autres enfants une indemnité. Elle ne serait ni sujette à rapport, ni même imputable sur la portion disponible, quoiqu'elle ne fût accompagnée ni suivie d'aucune déclaration de préciput ou hors part. Sur ce dernier point, on invoque encore l'ancienne jurisprudence (Lebrun, *loc. cit.*), et la loi 12, *si ità legat.* ff., *De condit. et demonst.*) — M. Toullier, t. 4, n° 458, ne pense pas « qu'il faille rechercher si les avances étaient proportionnées à la fortune du donateur. La loi ne distinguant pas entre les frais d'éducation plus ou moins considérables, une pareille recherche donnerait ouverture à des contestations infinies qu'on ne pourrait décider que d'une manière arbitraire. » Le même auteur toutefois admet cette recherche, « dans le cas où les avances excéderaient évidemment la portion disponible; encore y aurait-il difficulté, ajoute-t-il, si le défunt avait fait ces avances sans altérer sa fortune, et sur des revenus qu'il aurait probablement consommés, *lautius vixisset*, et surtout si ces avances avaient été faites à un mineur, auquel on ne peut par anticipation faire dissiper une partie de son patrimoine. » — M. Malpel, n° 271, n'est d'avis du rapport, qu'autant que le père a aliéné du fonds pour l'éducation d'un majeur; « celui-ci, dit-il, est censé avoir consenti à la dépense; » mais le majeur ne doit jamais rapporter, quelque

---

positions de l'art. 1341 c. civ., qui interdit toute preuve par témoins contre et outre le contenu aux actes; que, sans nier précisément l'existence de ces services, et sans vouloir en apprécier l'importance, ils ont pu être l'objet d'une convention particulière, et trouver ailleurs leur indemnité;

Que ce qui fortifie cette conjecture, c'est qu'en usant, dans l'acte authentique du 21 août 1827, de la faculté qu'il s'était réservée par l'art. 5 du contrat de mariage de s'affranchir des obligations qu'il lui imposait, et en stipulant un prix pour loyer de l'appartement qu'il louait à sa fille et à son gendre, Jean-Baptiste Guebey n'a pas compensé ce loyer avec les services qu'ils continueraient de lui rendre, mais qu'il en a fait imputation jusqu'à concurrence sur l'intérêt de la dot, et, pour le surplus, sur le principal; d'où l'on peut conclure, ou que ces services n'avaient rien de réel, ou qu'ils étaient rétribués d'une autre manière;

Que les engagements pris par Jean-Baptiste Guebey envers sa fille, la veille de son mariage, et dans la vue de le faciliter, mais sans proportion avec le prix assigné à ces engagements, présentant donc tous les caractères d'un avantage indirect, rapportable pour le tout, aux termes des art. 843 et 853 c. civ.; qu'en supposant même qu'on devrait le considérer, pour partie, comme un don fait à l'épouse et aux enfants d'une successible, cet avantage n'en devrait pas moins être réuni à la masse, afin de déterminer la quotité disponible; qu'ainsi la masse fictive, réunissant déjà les deux dots de Jean-François et de Marie Guebey, 9,600 fr., sera augmentée de 10,560 fr., montant des libéralités particulières dont Marguerite-Claude a été l'objet, et qu'elle pourra même s'accroître du dividende que les époux Brocard obtiendront encore, dans la liquidation de la succession bénéficiaire, à raison de leur créance de 4,800 fr. pour le capital de la dot; que, dès ce moment, et sans attendre l'événement de cette liquidation, cette masse présente une valeur effective de 20,160 fr....; — Met l'appellation au néant, etc.

Du 20 janv. 1850.-C. de Nancy.

(1) (Delacour C. d'Hulst.) — LA COUR; — Sur le sixième et dernier moyen, pris de la fausse application de l'art. 852 et de la violation des art. 205, 208 et 209 c. civ.; — Attendu que le rejet de la demande en payement des aliments prétendus, fournis par le père commun des parties aux sieur et dame d'Hulst, est fondé en fait et en droit : en fait, en ce qu'il avait été articulé, et non dénié, que les sieur et dame d'Hulst avaient payé aux fournisseurs le prix de ces aliments en ce qui les concernait; en droit, puisque l'art. 852 c. civ. dispose que les frais de nourriture ne doivent pas être rapportés, et puisque si le fils, donataire des objets sujets à rapport, ne doit point, suivant l'art. 856, rapporter ni les fruits ni les intérêts perçus avant l'ouverture de la succession, à plus forte raison n'est il pas tenu de rapporter les aliments qu'à a pris à la table de l'auteur commun; — Rejette le pourvoi formé contre l'arrêt de la cour de Paris, du 4 mai 1822.

Du 15 août 1825.-C. C., sect. req.-M. Lasaudade, pr.

considérables qu'ils soient, les frais qui n'ont été pris que sur les revenus — On voit que ces sortes de questions se décident le plus souvent par les circonstances, abandonnées à la libre appréciation du juge.

1173. *Equipement.* — L'art. 852 dispense du rapport les frais ordinaires d'équipement, c'est-à-dire, ce qui a été dépensé pour l'enfant qui entre ou service militaire. Cette dispense était dans l'ancienne législation. — Il faut appliquer à ces frais ce qu'on a dit des frais de nourriture et d'éducation, pour le cas où ils auraient été l'objet d'un legs, ou lorsque l'enfant avait personnellement des revenus suffisants. MM. Chabot, t. 3, p. 396; Duranton, t. 7, nº 363; Vazeille, art. 852, nº 7). —Jugé qu'il n'est pas dû rapport, des frais d'équipement, comme garde-d'honneur, sén. cons. 3 av. 1813, art. 5); que vainement les héritiers opposeraient que le service dans les gardes d'honneur étant facultatif, les frais d'équipement ne devaient pas tomber sous l'application de l'art. 852 c. civ. ;—« Attendu que, si, aux termes du sénatus-consulte du 3 avril 1813, l'admission dans la garde-d'honneur paraissait facultative, il est de notoriété que l'enrôlement pour ces régiment a été forcé; qu'ainsi les frais d'équipement mis par l'art. 5 dudit sénatus-consulte à la charge des gardes-d'honneur, ne constituent point une dette contractée par Ferdinand Bourrée, mais un impôt frappant sur sa famille; — Infirme » (Amiens, 18 avr. 1839, ch. civ., M. Boullet, pr., aff. Ferdinand Bourrée C. ses cohéritiers). — Il a été décidé toutefois, que les avances et fournitures faites par un père à ses fils, pour leur rendre moins pénible le service militaire, ne doivent point être rangées parmi les frais ordinaires d'équipement, alors surtout qu'elles sont hors de proportion avec sa fortune : elles sont, par conséquent, sujettes à rapport; et spécialement, qu'il en est ainsi des chevaux et d'une charrette fournis par le père à l'un de ses fils pour le faire entrer dans l'administration des charrois militaires;—Et du cheval, ainsi que de l'uniforme fournis à un autre fils, pour que celui-ci pût rester dans la cavalerie (Caen, 5 déc. 1849, aff. Duval, D. P. 54. 2. 197).

1174. Est-il dû rapport des sommes dépensées pour le remplacement militaire? L'affirmative est généralement adoptée par les auteurs et la jurisprudence, sauf quelques distinctions que nous indiquerons tout à l'heure. En effet, l'obligation du service militaire est personnelle au fils; c'est sa dette qu'on paye. Le père ne fait ici que l'affaire du fils, qui la ratifie en se refusant au service (Chabot, t. 3, p. 389; Duranton, t. 7, nº 362; Delvincourt, t. 2, p. 41; Toullier, t. 4, nº 483; Grenier, nº 541 bis; Malpel, nº 274; Merlin, vº Rap. à success., § 3, nº 21. Caen, 5 janv. 1811 (1); Grenoble, 12 fév. 1816, M. Anglès, pr., aff. Charignon C. Ferlin; 25 juill. 1816, aff. Millot; 8 mars 1817, aff. Bourjaillat C. N...; 13 mars 1817, aff. Astier; 9 avr. 1819, aff. N... C. N...; Bourges, 21 fév. 1825, aff. Ourdet C. Cornilloux). — « Attendu, porte ce dernier arrêt, qu'il s'agit ici d'un remplacement à l'armée qui ne peut être assimilé à l'éducation; que c'est un commencement d'hoirie, et qu'ainsi il y a lieu à rapport; confirme. » — Ajoutez dans le même sens plusieurs des arrêts ci-après qui statuent sur des circonstances particulières.

1175. Il est dû rapport, bien que le père ait traité avec le remplaçant en son propre nom (Caen, 5 janv. 1811, aff. Dasseville, V. nº 1174). — Mais le rapport est encore plus favorable lorsque le père a déclaré dans l'acte agir au nom et pour le compte de son fils (Riom, 19 août 1829, M. Archon Desperousse, pr., aff. Farnoix C. Chosson). — Vainement, le fils, pour échapper au rapport, prétendrait-il que le père a négligé de faire valoir un moyen d'exemption, ou qu'étant sous la tutelle du père, il n'a pas été partie au traité de remplacement (Bourges, 22 juill. 1829) (2).

1176. Toutefois, on a proposé certaines distinctions. Ainsi, la somme payée pour le remplacement a été déclarée non sujette à rapport, lorsqu'elle est modique par rapport à la fortune du père. — Dans l'espèce, la somme n'était que de 100 fr. et l'actif de la succession de 37,452 fr. L'enfant remplacé était légataire de la quotité disponible. — « La cour, considérant à l'égard du rapport de 300 fr., montant du prix de remplacement de Drivon fils, qu'il résulte des pièces du procès que le père Drivon n'a réellement déboursé pour son fils que la somme de 100 fr., au moyen d'une indemnité qu'il reçut par suite de la formation d'une masse commune entre conscrits, et que cette somme de 100 fr. est trop modique pour qu'on doive soumettre le fils Drivon à la rapporter; —Confirme, etc. » (Grenoble, 2 fév. 1822, aff. Drivon C. hérit. Drivon).

1177. On a encore admis la dispense de rapport, lorsque le remplacement est plus dans l'intérêt de la famille que de l'enfant; si, par exemple, il contribuait par son industrie à la prospérité de la maison paternelle (Toulouse, 9 janv. 1835; Douai, 30 janv. et 20 fév. 1838 (3); conf. Chabot; Duranton, *loc. cit.*; Poujol, t. 2, p. 174).

---

(1) *Espèce :* — (Les enfants Dasseville.) — Dasseville, cultivateur, avait deux enfants; Jean-Mathieu l'aîné fut appelé au service militaire; son père le fit remplacer moyennant 324 fr. une fois payés, pour frais d'équipement, et une rente perpétuelle de 200 fr., qu'il s'obligea de payer au remplaçant de son fils. — Après la mort de Dasseville père, son fils puîné, représenté par un tuteur, demanda que Jean-Mathieu fût condamné à rapporter les 324 fr. et la rente de 200 fr., et cette prétention fut accueillie sur l'un et l'autre point par jugement du 15 déc. 1808. — Il y eut appel de Jean-Mathieu, et la cour de Caen rendit, après partage, l'arrêt que voici :

LA COUR; — Vu l'art. 1 de la loi du 19 fruct. an 6, qui porte : Tout Français est soldat et se doit à la défense de la patrie; — Et considérant que l'obligation que Dasseville, père commun, a contractée envers Rosnay, pour substituer celui-ci au service dû par Jean-Mathieu Dasseville son fils, a pour objet l'acquittement d'une dette que la loi imposait à son fils; que quoique le père ait contracté en son nom personnel, il n'en stipulait pas moins pour les intérêts de son fils, et son obligation avait pour objet de libérer son fils d'une obligation légale et personnelle audit Jean-Mathieu Dasseville; — Que le fils réputé par la loi majeur pour le service militaire, en profitant du remplacement, a ratifié et approuvé l'obligation contractée, pour lui, par son père; — Vu l'art. 851 c. civ.; — Attendu que le fils doit à la succession tout ce qui a été payé a l'acquit de sa dette; que, si l'obligation était acquittée, Jean-Mathieu Dasseville en devrait le rapport; mais que l'obligation existant encore, c'est à Jean-Mathieu Dasseville à l'acquitter; — Que, dans le fait particulier, l'appelant ne peut dire qu'il ait conféré ses soins à l'administration domestique et en ait accru les produits; — Qu'il reste constant que, peu après le décès du père Dasseville, il a demandé partage et a eu seul le bénéfice de la ferme dont son père jouissait; — Que le jeune fils sera tenu, dans son temps, d'acquitter la même obligation, et qu'il serait contre tous principes de justice de le faire encore contribuer à payer celle imposée à son frère; — Qu'on ne peut dire que le père ait voulu gratifier son fils aîné; —Que si telle eût été sa volonté, il l'aurait exprimée par un acte légal, conformément au code civil; — Qué le père doit une égale justice à ses enfants, qui tous ont droit à son affection, et que n'ayant reçu aucun produit de l'industrie de son fils aîné, le père n'a pas voulu lui faire un avantage qui aurait été injuste dans la circonstance; — Confirme.

Du 5 janv. 1811.-C. de Caen.

(2) (Audiger C. Sennedot.) — LA COUR; — Considérant, qu'aux termes de l'art. 851 c. civ., le rapport est dû de ce qui a été employé pour l'établissement d'un des cohéritiers, ou pour le payement de ses dettes; que le service militaire est une dette personnelle à tout Français qui a atteint l'âge fixé par la loi; qu'ainsi, la nécessité de partir, ou de se faire remplacer, était une dette personnelle de Georges Audiger, et que, n'ayant pas voulu servir en personne, il est tenu de rapporter tout ce qui a été payé pour son remplacement, moins, toutefois, les frais ordinaires d'équipement, lesquels sont exceptés de ce rapport par l'art. 852 du même code; — Considérant qu'en vain il excipe : 1º de la maladie épileptique dont il était alors atteint, et qui, le rendant impropre au service, atteste l'inutilité de la dépense du remplacement, puisque ce fait n'est point établi; qu'à la vérité il offre de le prouver par témoins; mais que, devant le conseil de révision, tenu à son occasion, ni son père ni lui n'ont allégué cette infirmité, mais seulement un prétendu mal de jambe, qui n'a pas été reconnu par les gens de l'art, appelés à l'examen des jeunes gens désignés par le sort; — Qu'il en est de même du moyen tiré de ce qu'il n'était pas présent au traité de remplacement, puisqu'il en a profité, et que son père, comme tuteur, a pu faire tout ce qui était utile à son pupille; — Confirme.

Du 22 juill. 1829.-C. de Bourges, 1re ch.-M. Sallé, 1er pr.

(3) 1re *Espèce :*—(Groc C. Dassier.) — LA COUR; — Attendu que si, aux termes des art. 843 et 851 c. civ., le prix du remplacement militaire de l'enfant est sujet à rapport, les auteurs et la jurisprudence admettent une exception à cette règle générale lorsque les faits et les circonstances de la cause établissent que c'est dans l'intérêt du père que le remplacement a eu lieu; que, dans l'espèce, Baptiste Groc père, vieux et infirme, et son fils aîné étant atteint d'une maladie grave et permanente, le départ du second pour l'armée lui faisait éprouver l'indispensable be-

1178. De même, il a été décidé que la somme payée par les père et mère, pour le remplacement de leur fils, est sujette à rapport, à moins que cette somme ne soit modique eu égard à la valeur totale de la succession, et qu'en outre le remplacement ait eu lieu, moins dans l'intérêt personnel de l'enfant gratifié que dans celui de la famille. — Et qu'il en est ainsi, alors même que le fils, encore mineur, n'aurait pas figuré au contrat : on objecterait vainement que, surtout dans le dernier cas, l'obligation résultant du remplacement militaire constitue une dette morale du père ou de la mère, et non une dette du fils payée par eux Req. 21 déc. 1853, aff. Morin, D. P. 54. 1. 438).

1179. Néanmoins, il a été jugé que la circonstance que le remplacé a été utile à l'exploitation commune est insuffisante pour l'affranchir de ce rapport, surtout lorsqu'à l'époque de son mariage il a reçu de ses père et mère un avantage hors part; en pareil cas, le silence gardé par ces derniers, dans l'acte constitutif de cet avantage, relativement à la dispense de rapport du prix de remplacement, est une preuve suffisante qu'ils ont voulu que ce rapport fût effectué (Douai, 31 déc. 1840) (1).

1180. Une autre distinction a été proposée; on a jugé : 1° que le prix du remplacement militaire n'est pas sujet à rapport de la part du fils remplacé, lorsqu'il apparait que l'intention du père a été de considérer ce prix (pour le tout ou pour partie), comme accessoire des frais d'éducation de son fils (Caen, 2 mai 1842) (2); — 2° Qu'au contraire, le prix de remplacement du fils dans la garde nationale active est sujet à rapport, comme dépense se rattachant à son établissement (même arrêt).

1181. Il n'y a pas lieu à rapport du prix de remplacement, lorsque le père en a dispensé le fils. Jugé que le père, en dispensant le fils de rapporter à sa succession la part de l'avancement d'hoirie qui excéderait son lot, est censé avoir fait don à titre de préciput du prix de remplacement (Riom, 20 avr. 1842) (3).

1182. Il a même été décidé qu'une rente créée par un père pour le remplacement de son fils majeur doit être considérée à

---

soin de l'assistance de l'un de ses enfants, dans l'intérêt de sa personne et de l'administration de ses biens; que telles sont les causes de l'obligation qu'il a voulu contracter dans l'acte de remplacement par lequel il a mis à couvert ses intérêts en se donnant un soutien; — Emendant, etc.

Du 9 janv. 1835.-C. de Toulouse, 2e ch.-M. de Faydel, pr.

2e *Espèce :* — (Delhal *C.* Delhal.) — LA COUR; — Considérant qu'il résulte des testaments des sieur et dame Delhal, qu'ils n'ont pas voulu qu'on pût exiger de leur fils Hubert le prix de son remplacement au service militaire; qu'on ne peut voir dans cette volonté que la reconnaissance, que c'est moins dans l'intérêt de leur fils que dans le leur et celui de toute leur famille qu'ils l'ont fait remplacer, afin de le conserver comme utile, sinon indispensable à leur exploitation; — Confirme.

Du 30 janv. 1838.-C. de Douai, 1re ch.-M. Delaetre, pr.

3e *Espèce :* — (Renault.) — LA COUR; — Attendu que seul, en effet, des garçons restant dans la maison paternelle, ouvrier du même état que son père, nécessaire à ses divers travaux, il a constamment travaillé au profit de la famille, de telle sorte que son remplacement a moins été pour lui une donation qu'un salaire anticipé de ses services, et ne peut, dès lors, aucunement donner matière à rapport; — Emendant, etc.

Du 20 fév. 1838.-C. de Douai.-M. Delaetre, pr.

(1) *Espèce :* — (Lefebvre *C.* Basset). — Cette question n'a été résolue que par le tribunal de première instance dans un jugement ainsi conçu : — « Considérant qu'il est justifié que le sieur Lefebvre a payé pour faire remplacer son fils, le sieur Jacques-Frédéric Lefebvre, une somme de 2,600 fr.; — Considérant qu'il n'a pas été prouvé que ce remplacement avait eu lieu dans l'intérêt des père et mère, et leur était devenu indispensable pour continuer leur exploitation; — Considérant, au surplus, que, si le sieur Frédéric Lefebvre a rendu des services à sa famille, il en a été récompensé par les dispositions préciputaires qui ont eu lieu en sa faveur dans son contrat de mariage; — Considérant que, si les père et mère communs avaient voulu que leur fils fût dispensé du rapport, ils n'eussent pas négligé de le mentionner dans l'acte qui renferme les avantages stipulés à son profit; que le silence gardé à ce sujet est une preuve suffisante que les père et mère ont voulu que le rapport fût effectué; — Considérant que la disposition du contrat de mariage précité, qui donne au sieur Frédéric Lefebvre les autres meubles et effets mobiliers qui pourront appartenir à ses père et mère au jour de leur décès, ne s'applique évidemment qu'aux meubles pris dans un sens restreint, et non aux meubles et effets mobiliers pris dans l'acception la plus large que la loi donne à ces mots; qu'il résulte d'ailleurs évidemment de l'ensemble de la donation dont il s'agit que l'intention des père et mère n'a pas été celle que le défendeur leur suppose, et qu'ils n'ont voulu donner de leurs autres effets mobiliers que ceux qu'ils trouvaient de la nature des objets repris dans la donation; — Considérant que si, dans son lot le sieur Frédéric Lefebvre est obligé d'effectuer le rapport de 2,600 fr. pour les causes dont il vient d'être parlé, les demandeurs en leur qualité sont obligés également de rapporter la somme de 1,400 fr. pour dot constituée; de sorte que, compensation opérée des deux rapports, il en résulte que le sieur Lefebvre redoit une somme de 1,200 fr., dont la moitié appartient aux demandeurs en leur qualité; — Considérant que les intérêts des sommes dues pour rapports courent à compter de l'ouverture de la succession à laquelle le rapport se réfère; — Le tribunal condamne le sieur Lefebvre à payer aux demandeurs en leur qualité la somme de 600 fr., avec les intérêts à compter du décès du sieur Lefebvre père. » — Le sieur Frédéric Lefebvre a interjeté appel de cette décision; mais on lui a opposé que l'appel était non recevable, par le motif que le jugement n'avait statué que sur une demande en payement de 600 fr. — Arrêt.

LA COUR; — Vu la loi du 11 avr. 1838; — Considérant que, pour déterminer quand un jugement est rendu en dernier ressort, il faut examiner quel a été le taux du litige, et l'estimer non d'après la cause de la demande, mais d'après le montant du débat tel qu'il a été définitivement soumis à la décision des premiers juges; — Considérant au cas particulier que le montant du litige n'était, en définitive, que d'une somme inférieure à 1,500 fr.; — Que le jugement dont est appel a dès lors été rendu en dernier ressort; — Par ces motifs, et vu l'art. 150 c. pr. civ., déclare l'appel non recevable, etc.

Du 31 déc. 1840.-C. de Douai.-M. de Troismarquet, pr.

(2) (Lefèvre *C.* Lefèvre.) — LA COUR; — Considérant que Lefèvre père, en se bornant à charger Thomas Lefèvre, son fils, lors de la cession qu'il lui fit de son étude d'avoué, de la rente viagère seule de 200 fr. à laquelle lui dit sieur Lefèvre père s'était obligé pour le remplacement militaire de Thomas, a évidemment montré qu'il entendait garder pour son compte, et sans répétition ultérieure, la somme de 1,272 fr. qu'il avait déboursée en outre pour le prix dudit remplacement, ainsi que les arrérages échus jusqu'au 10 janvier 1827, époque à laquelle Thomas en a été chargé, intention que révèlent d'ailleurs les faits constants au procès; — Considérant que cette somme a été envisagée par le père comme un accessoire en quelque sorte des frais d'éducation de son fils, qui eût été obligé d'interrompre ses études au moment le plus profitable, et peut-être d'en perdre le fruit pour toujours, si alors il eût été obligé de satisfaire personnellement à l'obligation du service militaire; — Considérant qu'il est d'autant plus facile de croire que le père n'ait vu dans cette somme qu'une sorte d'addition aux frais d'éducation, que, comparée à la différence de la pension qu'il payait à Paris pour son autre fils, étudiant en médecine, et de celle plus modique qu'il payait à Caen pour Thomas, il est clair que le déboursé de 1,272 fr. dont il s'agit, ne faisait que placer sur le pied d'égalité les sacrifices qu'il s'imposait pour l'entretien de ses deux enfants, lesquels sacrifices n'excédaient pas d'ailleurs les facultés dudit Lefèvre père; d'où il suit que le jugement du 16 décembre 1840 doit être confirmé en ce qu'il prononce la dispense du rapport de cette somme; — Considérant en ce qui touche la somme de 1,000 fr., prix du second remplacement dudit Thomas, pour le service actif de la garde nationale, qu'au moment où Lefèvre père l'a déboursée, Thomas était, depuis plusieurs années, parvenu à sa majorité; qu'il avait obtenu ou était sur le point d'obtenir le grade de licencié en droit; qu'il s'agissait donc là d'une dépense se rattachant à l'établissement de Thomas, et formant une dette personnelle de celui-ci, laquelle, sous aucun point de vue, ne peut échapper à l'application de l'art. 851 c. civ., qui en prescrit le rapport....

Du 2 mai 1842.-C. Caen, 1re ch.-M. Dupont-Longrais, pr.

(3) (Hérit. Mignon.) — LA COUR; — « Considérant que des termes et de l'esprit du partage entre-vifs il résulte qu'en dispensant les enfants du rapport des avancements d'hoirie, sans que les différences, s'il y en a, puissent donner lieu à des répétitions, le père n'a pas entendu que le prix des remplacements fût rapporté comme des créances particulières comprises dans celles qu'il s'était réservées lors de ce partage; — Qu'on doit considérer que dans l'esprit du père le sacrifice très-léger, eu égard à sa fortune considérable, fait pour remplacer deux de ses fils dans le service militaire, ne devait donner lieu à aucune répétition contre eux ni à aucun rapport de leur part, puisqu'il expliquait dans l'acte de partage que ses enfants ne pourraient se rechercher pour les sommes qu'ils avaient reçues en avancement d'hoirie; — Que son intention de comprendre les prix de remplacement comme faisant partie des avancements, ressort non-seulement de l'acte de partage entre-vifs, mais encore d'un règlement intervenu entre le père et l'un des fils remplacés pour l'avancement d'hoirie de ce fils, règlement par lequel, fixant sa position vis-à-vis de ce dernier, le père se reconnait débiteur, sans parler d'aucune compensation ou imputation du prix du remplacement militaire qu'il s'était déjà engagé à payer pour ce même fils; — Considérant, dès lors, que la demande en rapport formée contre les deux fils remplacés n'est pas fondée.... »

Du 20 avril 1842.-C. de Riom.-M. Molin, pr.

l'égard de celui-ci comme une donation déguisée et non sujette à rapport, lorsque le père a agi seul, que ce fils n'a point ratifié en son nom la constitution de rente, et que le père, dans différentes circonstances, l'a considérée comme sa dette personnelle (Caen, 29 avril 1823, M. Régnée, pr., aff. Caillemer C. Caillemer).

1153. L'enfant doit le rapport du prix de son remplacement, bien que, deux ans après, il ait été appelé au service en qualité de garde d'honneur (Amiens, 18 avril 1839) (1).

1154. On doit dispenser du rapport ce qui a été payé par le père au remplaçant, en frais d'équipement; la circonstance que la somme a été donnée au remplaçant et non au remplacé, selon l'art. 852, paraît indifférente (Caen, 5 janv. 1811, aff. Dasseville, n° 1174).

1155. La renonciation des héritiers à exiger de leur cohéritier le rapport du prix de son remplacement militaire, ne peut s'induire de ce qu'ils ont omis de demander ce rapport, soit lors du partage de la succession, soit lors d'un supplément de partage opéré depuis, quand, d'ailleurs, ils se sont réservé dans ces divers actes, le droit de réclamer le partage des créances qui pourraient être ultérieurement découvertes (Riom, 19 août 1829, aff. Farnoux C. Chosson).

Mais la renonciation au rapport s'induirait de ce que tous les héritiers, par l'acte de partage, ont renoncé à exercer respectivement l'un contre l'autre aucune répétition. « Considérant d'ailleurs que, dans le partage de 1828, il a été formellement stipulé qu'à raison des conventions faites entre eux, les copartageants n'auraient désormais aucun rapport ni compte à répéter l'un de l'autre;— Que cet acte a compris dans son règlement tous les intérêts qui pouvaient exister entre les parties; d'où il suit que de ce chef, la demande des intimés est non fondée. » —Émendant (Douai, 20 fév. 1838, M. Delaëtre, pr., aff. Renault).

1156. Jusqu'ici nous n'avons considéré le prix du remplacement, payé par le père pour le fils, que comme donnant lieu au rapport entre cohéritiers; — Il a été jugé avec raison 1° qu'il y a lieu seulement à ce rapport, mais que le père de son vivant, n'a pas d'action en répétition ou remboursement contre son fils (Grenoble, 21 juill. 1836) (2); — 2° Que le père qui a personnellement contracté pour le remplacement de son fils à l'armée n'a point d'action en garantie contre lui, et ne peut répéter le prix du remplacement, si le fils est mineur, s'il n'a aucun bien acquis, et que le père ne se trouve pas gêné au point de ne pouvoir satisfaire à son engagement.—Le prix du remplacement doit alors être réputé donné en avancement d'hoirie, comme le serait une dépense extraordinaire faite pour l'éducation du fils (Dijon, 23 janv. 1817) (3).

1157. *Frais de noces, Présents d'usage.* — Ces frais sont aussi exemptés de rapport (c. nap. 852). Il ne reste rien à l'enfant des frais de noces: « ils sont plutôt faits, dit Denisart, v° Rapport, par honneur pour la famille, que pour le bien de celui qui les occasionne; » lors même donc que ces frais seraient trop considérables, l'enfant n'en devrait pas le rapport. Quant aux présents d'usage, plusieurs coutumes, celles notamment de Troyes, de Sens et Reims, exigeaient le rapport des habits de noces et des bijoux; ailleurs, la jurisprudence variait; mais, en général, on dispensait du rapport les présents qui n'étaient pas trop coûteux (D'Argentrée sur l'art. 526 de la cout. de Bretagne; Merlin, v° Légitime, sect. 8, § 3, art. 2 n° 22; Duplessis, v° Rap. à succes., § 4, art. 2, n° 6. Aujourd'hui encore quand le don est en proportion de la fortune et de la position sociale des parties, on le dispense du rapport, (Delvincourt, t. 2, p. 327, n° 9; Duranton, n° 365; Chabot, t. 3, p. 397; Vazeille, art. 852, n° 8; Poujol, t. 2, p. 170).

1158. Le juge du fait a toute latitude pour cette appréciation qui échappe à la censure de la cour suprême. Ainsi une cour d'appel a pu juger souverainement que, le don d'un diamant fait à un enfant par sa mère, en le mariant, peut, bien que d'une valeur assez considérable (15,000 fr., par exemple), être réputé présent d'usage, et, par suite, affranchi du rapport. «Attendu que la cour royale de Bordeaux a décidé, en fait, que le don de diamant, dont il s'agit, ne pouvait être considéré que comme présent d'usage, et qu'une pareille décision, fondée uniquement sur une appréciation de faits, ne peut pas être soumise à la censure de la cour de cassation; —Rejette. » (Req. 14 août 1833, MM. Zangiacomi, pr., Moreau, rap., aff. Lamarthonie C. Lalande).

1159. La somme donnée à un fils à l'occasion et en souvenir de son mariage, sans qu'il en soit fait mention dans le contrat ou dans aucun acte, ne peut être considérée comme un cadeau de noces, un présent d'usage, dispensé du rapport, lorsqu'elle est trop considérable en proportion des facultés des parents. Les tribunaux peuvent, dans ce cas, et d'après la fortune des parents, apprécier le cadeau qu'ils auraient pu faire, fixer la quotité de la somme qui pouvait le composer, et, pour le surplus, ordonner le rapport à la succession (Chabot, t. 3, p. 397; Poitiers, 2 août 1820) (4).

1160. Des bijoux donnés à un successible, même après son mariage, peuvent être considérés comme frais de noces et pré-

(1) (Ferdinand Bourrée C. ses cohérit.) — La cour; — Considérant que le remplacement de Ferdinand Bourrée lui a profité, et qu'ainsi il doit le rapport de ce qui a été déboursé pour cet objet, comme étant une dette personnelle contractée dans son intérêt, aux termes de l'art. 851 c. civ.;

Considérant que si plus tard il a été appelé sous les drapeaux comme garde d'honneur, cela n'empêche pas que par l'effet du remplacement il n'ait été affranchi du service militaire depuis 1811 jusqu'en 1813; — Que, quelque élevé que fût à cette époque le prix des remplaçants, le remplacement de Bourrée, eu égard à la position et à la fortune de sa famille, ne dépassait point, de la part de son père, les bornes d'une sage administration; — Confirme.

Du 18 avr. 1839.-C. d'Amiens, ch. civ.-M. Boullet, pr.

(2) (Marchand C. Guinard.) — La cour; — Attendu...... que la somme de 900 fr. qui aurait été fournie par Marchand père, à l'occasion du service militaire de Marchand fils, constitue une véritable donation de la nature de celles que la jurisprudence maintient, en l'absence de tout contrat, et seulement d'après l'intention présumée des parties; — Qu'en effet, l'acte où un père soustrait son fils à un service périlleux, et les frais qui en sont la conséquence, ne donnent jamais lieu à une action en répétition, mais au rapport à la masse à partager, suivant les circonstances; — Confirme.

Du 21 juill. 1836.-C. de Grenoble.-M. Fornier, pr.

(3) (Plaige C. son père.) — La cour; — Considérant que l'obligation dont il s'agit a été contractée par Plaige père, personnellement pour son fils, qui était encore mineur, et n'avait aucun bien acquis; que ce n'est point là un contrat intéressé, mais un contrat de bienfaisance et un acte d'administration paternelle, par lequel le père emploie, à l'avantage de son fils, une partie d'un patrimoine dont il n'est, pour ainsi dire, que le dépositaire, et dont les lois réputent ses enfants copropriétaires, même pendant sa vie; que soit que, dans les circonstances où le père Plaige a contracté l'engagement dont il s'agit, il ait uniquement obéi à cette voix de la nature, qui appelle les parents à la conservation de leurs enfants, soit qu'il ait voulu seulement, en libérant son fils de la conscription, se ménager les secours qu'il devait en attendre dans son commerce, soit, enfin, qu'il ait été déterminé à la fois par ces deux motifs réunis, on ne peut supposer, dans tous ces cas, qu'il ait eu l'intention de répéter contre lui, de *son vivant*, le prix du remplacement qu'il lui a procuré;

Considérant que, quoique la conscription soit une charge personnelle de l'enfant, néanmoins les frais qu'occasionne son remplacement ne peuvent être mis dans une autre classe que celle d'une *dépense extraordinaire* que ferait le père pour l'*éducation de son fils*, pour son établissement ou son mariage, laquelle dépense n'est jamais considérée que comme faite en avancement d'hoirie *et sans espoir de répétition*; que, d'après ces principes, qui dérivent de la nature des rapports qui existent entre le père et les enfants, il n'y aurait pas lieu d'accorder la garantie qui a été adjugée par les premiers juges; que, cependant, il serait juste de porter une décision contraire, dans le cas où le fils serait dans l'aisance, et où le père se trouverait gêné au point de ne pouvoir satisfaire à un engagement de cette nature; mais que rien n'indique, dans la cause, que telle soit la position actuelle des parties; — Réforme.

Du 23 janv. 1817.-C. d'appel de Dijon.

(4) (Chauvin C. Chabot.)—La cour;—Vu l'art. 843 c. civ. et l'art. 852; — Considérant que la somme de 12,000 fr., envoyée au général Chabot par la dame veuve Chabot, sa mère, lors de son mariage, a été un présent de noces non porté dans le contrat de mariage; mais que ce présent de noces était trop considérable, eu égard à la fortune de ladite veuve Chabot, et qu'il doit être réduit à la somme de 5,000 fr.; —Considérant que, pour tout excédant de ladite somme au delà de celle qui pouvait former le présent de noces, le général Chabot ne justifie d'aucune dispense de rapport; qu'en conséquence il y a lieu au rapport de la somme excédante; — Émendant, réduit la somme non rapportable, comme faite pour présent de noces, à la somme de 5,000 fr.; ce faisant, condamne le général Chabot à rapporter à la succession de sadite mère la somme de 9,000 fr., avec intérêts tels que de droit.

Du 2 août 1820.-C. d'appel de Poitiers, 1re ch.

sents d'usage, et, à ce titre, exempts de rapport, surtout s'ils ont été donnés à une époque assez rapprochée de la célébration, un an, par exemple. « Attendu que la cour royale d'Amiens, en appréciant les faits et les circonstances, a décidé que ce don de quelques bijoux, fait par un père à sa petite-fille et dans un temps rapproché de l'époque du mariage, devait être considéré comme ayant été fait en vue de ce mariage et rentrant dans l'exception dont parle l'art. 852; rejette » (Req. 6 juin 1834, MM. Zangiacomi, pr., Joubert, rap., aff. Priel C. Cambronne et Jorand).

1191. Il est dû rapport des habits nuptiaux, des bagues, joyaux et autres dons semblables, lorsqu'il en est fait mention dans le contrat de mariage et qu'il résulte des termes de l'acte que dans la pensée du constituant ils devaient faire partie de la dot (Delvincourt, Duranton, Chabot, Vazeille, Poujol, *loc. cit.*).— C'est ainsi qu'on a jugé sujet au rapport : 1° un trousseau qui avait été déclaré faire partie de la dot (Cass. 11 juill. 1814, aff. Durand C. Crusillot, V. Contr. de mariage, n° 1222). — 2° Le trousseau dont la valeur est constatée par contrat de mariage, surtout lorsque cette valeur est importante, et spécialement un trousseau d'une somme de 5,000 fr.; ce n'est pas, a dit l'arrêt, un simple présent de noces (Paris, 18 janv. 1825; M. Cassini, pr., aff. Perrin C. Pommery).

1192. Il a été jugé aussi : 1° que le don d'un trousseau, par contrat de mariage, est sujet à rapport pour la valeur qui excède la juste proportion d'un cadeau de noces, eu égard à la fortune du père de famille (Grenoble, 26 août 1846, aff. Viennois. D. P. 47. 2. 174). — Telle est aussi l'opinion des auteurs (V. Lebrun, Successions, liv. 2, ch. 5, sect. 9, n° 19, et liv. 3, ch. 6, sect. 3, n° 52; Pothier, ch. 4, art. 2, § 3; Duranton, t. 7, n° 366; Poujol, t. 1er, p. 170; Conflans, sur l'art. 852, 1°; Benoît, Dot, t. 1, n° 345; Rolland de Villargues, v° Rapp. à success., n° 148, 149).—2° Que, toutefois, le trousseau donné en dot n'est sujet à rapport, qu'en ce qui concerne les objets donnés pour le ménage commun des époux (Grenoble, 1re ch., 16 fév. 1816, aff. Frezet C. Balme).

1193. Les déboursés et honoraires d'un contrat de mariage payés par les père et mère d'un futur sont sujets à rapport (Douai, 8 fév. 1845, aff. Caillau, D. P. 45. 4. 444).

1194. *Etablissement.* — Le rapport est dû de ce qui a été employé pour l'établissement (c. nap. 851). Seraient considérées comme établissement une dot, une charge de notaire ou autre semblable, un fonds de commerce, une part dans une association, les instruments nécessaires à l'exercice d'une profession (Chabot, t. 3, p. 386; Duranton, t. 7, nos 311, 414 et 415; Delvincourt, t. 2, p. 342, n° 7; Merlin, v° Rapport à succession, § 3, n° 18; Poujol, t. 2, p. 167; Vazeille, art. 851, n° 1). Il ne faut pas perdre de vue que l'*éducation* et l'*apprentissage* ont pour objet seulement de rendre capable d'exercer un état; qu'ils sont des moyens de se procurer un établissement, mais ne constituent pas l'établissement même.—Au reste, le mot *établissement* reçoit dans les art. 204 et 1422 c. nap. un sens qui a de l'analogie avec celui qui lui est donné ici, et pour lequel nous renvoyons vis Contrat de mariage, n° 1172; Mariage, n° 617.

1195. A l'égard des charges ou offices, il importe de distinguer si le fils, qui remplace son père, tient cette faveur du gouvernement seul, ou si le père a fait quelque sacrifice, s'il s'est, par exemple, démis dans l'intention de faire une libéralité. — Ainsi, quant aux offices de la maison du roi, l'édit de janv. 1677, enregistré au parlement de Paris le 26 avril suivant (Merlin, *loc. cit.*), et la jurisprudence antérieure n'obligeaient au rapport que si le père avait traité avec le titulaire d'un tel office, pour obtenir sa démission en faveur du fils. Mais il en était autrement de l'office qui avait été transmis du père au fils. — Aujourd'hui, pour les offices désignés dans la loi du 28 avril 1816, c'est-à-dire ayant légalement une valeur vénale, la démission du titulaire en faveur de l'un de ses fils nommé sur sa présentation, constitue un avantage sujet à rapport. — Toutefois en serait-il de même d'une telle démission donnée avant la loi de 1816? Jugé à l'égard d'un office de notaire, que la démission alors ne donne pas lieu au rapport, surtout si elle a été pure et simple (Nîmes, 6 déc. 1838) (1).

1196. Que décider s'il s'agit d'une charge, qui n'est pas légalement dans le commerce? Le père a acheté la démission du titulaire pour faire nommer son fils; le fils serait obligé au rapport du prix payé, comme en général de toutes les sommes dépensées par le père pour le faire recevoir. — Jugé toutefois non sujet à rapport l'office de receveur particulier des finances, qu'occupe le fils depuis le décès et au lieu de son père, s'il l'a reçu du gouvernement et qu'il n'ait été justifié d'aucune convention par laquelle le père l'aurait cédé à son fils. — « Attendu qu'il n'a été justifié d'aucune convention par laquelle Damien père aurait cédé à son fils sa place de receveur particulier des finances à Arcis-sur-Aube; que le fils n'a été nommé à cette place que depuis le décès de son père; que, l'ayant reçue du gouvernement, elle ne pouvait être considérée comme un avantage sujet à rapport dans la succession paternelle; rejette. » — Vainement on invoquait dans l'espèce une lettre écrite par le frère à sa sœur, dans laquelle il déclarait que l'office de receveur lui avait été donné par son père à titre de dot, une telle lettre ne peut être considérée comme un aveu judiciaire, et rendant le fils non recevable à soutenir plus tard qu'il tient l'office, non de son père, mais du gouvernement.—« Attendu, dit le même arrêt, que le prétendu aveu judiciaire n'a point le caractère voulu par l'art. 1356 c. civ. » (Req. 7 nov. 1827. MM. Henrion, pr., Hua, rap., aff. Durieu C. Damien).

1197. La démission par un maître de poste en faveur de son fils, nommé sur sa présentation, constitue-t-elle un avantage sujet à rapport? On verra v° Poste, nos 150 et s., la nature du droit de propriété dont est susceptible un brevet de maître de poste. — Jugé 1° qu'il y a lieu à rapport, et que l'avantage doit être estimé d'après la valeur du relai à l'époque de la démission, et non d'après celle qu'il avait lors de l'ouverture de la succession, déduction faite des impenses utiles et nécessaires (Req. 23 juin 1851, aff. Lerat, D. P. 51. 1. 161);—2° Qu'en supposant que les héritiers d'un maître de poste aient la faculté de présenter au gouvernement, moyennant finance, un candidat pour être pourvu du brevet du défunt, si, en fait, ils n'ont point usé de cette faculté, et que toutefois l'un d'eux se soit fait commissionner en remplacement du défunt, mais sans agir comme représentant de celui-ci et en obtenant un brevet nouveau, ils ne sont pas fondés à exiger de cet héritier le rapport à la masse héréditaire de la valeur de ce brevet (Req. 14 déc. 1841, aff. Arnaud, v° Poste, n° 154).

(1) (Mathieu C. Mathieu.) — LA COUR; — Attendu que l'héritier venant à une succession ne doit rapporter à ses cohéritiers que ce qu'il a reçu du défunt; — Attendu que ce fut en 1815 que Jean-Louis Mathieu, parvenu à l'âge de soixante et onze ans, se démit de sa place de notaire; — Que sa démission fut pure et simple, sans aucune condition, et n'exprima d'autre cause que l'âge et les infirmités du démissionnaire; —Attendu qu'à cette époque les lois de 1790 et 1791 avaient prononcé la suppression des lois antérieures qui permettaient de traiter des offices de notaire et des autres offices ministériels, et de les céder à prix d'argent; — Que, par suite de ces lois, qui étaient en pleine vigueur, la place de notaire dont Mathieu fils avait été pourvu était hors du commerce, ne faisait point partie de ses propriétés, et ne pouvait être l'objet d'une transmission conventionnelle; — Qu'ainsi, ce ne fut point par un effet de sa volonté que son office fut obtenu par F.-A. Mathieu, son fils, mais par une faveur du gouvernement, qui seul pouvait en disposer;

Attendu que c'est en vain qu'on soutient que l'usage de traiter des offices et d'en faire l'objet d'une vente ou d'une donation s'était rétabli; — Qu'en effet, les tribunaux n'avaient pas considéré de pareils traités comme obligatoires; et un usage qui pouvait entraîner les plus funestes abus, en appelant aux fonctions si importantes du notariat des sujets incapables ou peu dignes de les exercer, ne saurait avoir abrogé des lois positives fondées sur des raisons puissantes d'intérêt et d'ordre public; — Attendu que la loi du 28 avril 1816 est inapplicable dans la cause actuelle, puisque cette loi ne fut rendue que longtemps après la démission de Mathieu le père et la nomination de Mathieu le fils à sa place devenue vacante, et que cette circonstance suffit pour rendre sans influence les arguments fondés sur l'interprétation qu'on a voulu donner aux dispositions de l'art. 91 de la loi citée; — Attendu, d'ailleurs, que rien ne justifie qu'il était intervenu entre le père, démissionnaire, et le fils, successeur à l'office, ni convention, ni tout autre acte que l'on pût regarder comme ayant constitué une libéralité ou un avantage indirect et sujet à rapport dans la succession paternelle; — Par ces motifs, émendant, déclare qu'il n'y a lieu de rapporter à la succession de Mathieu, auteur commun, la valeur de l'office de notaire.

Du 6 déc. 1838.-C. de Nîmes, 1re ch.-M. Vignolles, pr.

1198. Il peut arriver même que les sommes employées par le père pour l'achat d'un office constituent un véritable prêt au fils, plutôt qu'un don en avancement d'hoirie. Cela dépendra des circonstances, des termes de l'acte de vente. Il est important de découvrir, à cet égard, l'intention du père, puisque, si c'est un prêt, le fils ne pourra, en renonçant, se dispenser du payement, au lieu que, si c'était un don, la renonciation à la succession du donateur l'affranchirait du rapport. M. Duranton, t. 7, nº 361, veut qu'alors on présume l'avancement d'hoirie. Cette présomption serait très-vraisemblable dans le silence de l'acte de vente, si l'acheteur était un ascendant, et que le successible n'eût pas les moyens suffisants pour acquitter le prix (V. *infra*, nº 1201). — Jugé, dans le sens de l'avancement d'hoirie à l'égard de sommes prêtées par le père pour l'établissement commercial d'un fils mineur (Bordeaux, 16 août 1827, aff. Bethmann, V. nº 1207).

1199. Sur la manière dont se fait le rapport d'un office, V. nos 1310 et suiv.

1200. La profession religieuse et l'engagement dans les ordres sacrés sont un établissement; et spécialement, les sommes payées par un père pour l'entrée en religion d'une fille sont sujettes à rapport, dans le cas surtout où cette fille a quitté le couvent et renoncé à ses vœux (trib. de Figeac, 30 déc. 1844, aff. Gaillard, D. P. 45. 3. 128).

1201. *Dettes payées pour le successible.* — Le rapport est dû, porte l'art. 851, de ce qui a été employé pour le payement des dettes de l'un des cohéritiers. Remarquez que ce n'est pas là un rapport proprement dit, puisqu'en renonçant à la succession, le débiteur ne se libère pas, et que le payement en est dû aux créanciers et légataires, tandis que le rapport d'une donation n'est dû qu'entre héritiers. On a confondu ici le don avec le prêt ou toute autre convention ou quasi-contrat. — Jugé cependant que des sommes fournies par un père, soit pour procurer un établissement à un de ses fils, soit pour acquitter des dettes contractées par l'autre, ne constituent pas nécessairement un prêt, que les fils soient tenus de rembourser, même lorsqu'ils renonceraient à la succession de leur père; il peut résulter des circonstances que le père n'ait eu l'intention de faire qu'un don en avancement d'hoirie, si, par exemple, il a astreint les fils, par son testament, à faire rapport à la succession de ce qu'ils avaient reçu. — « Attendu qu'en thèse générale il y a présomption pour le don en avancement d'hoirie; cette présomption est fondée sur la loi 18 au code *Familiæ erciscundæ*; elle doit être accueillie lorsqu'il n'y a pas de preuve que le père a eu une volonté contraire; que, dans le cas particulier, il n'est pas justifié que le sieur Lyautey ait eu la volonté de prêter ou de donner à ses deux fils les sommes qu'il a payées pour eux; au contraire, il est établi que son intention a été de faire de ces payements un avancement d'hoirie; émendant, etc. » (Besançon, 5 juin 1810, aff. Lyautey-Desservay C. Lyautey-Desessarts). V. aussi dans le même sens l'un des motifs de l'arrêt (Bordeaux, 16 août 1827, aff. Bethmann, nº 1207).

1202. Une déclaration du père commun, rédigée dans des termes de dispositions de dernière volonté et qui contient par notes successives séparément signées de lui le compte des sommes qu'il a avancées à chacun de ses enfants et dont il veut que le rapport en soit fait à sa succession pour que l'égalité règne entre ses enfants, quoiqu'elle ne vaille pas comme disposition testamentaire en ce que la première note serait seule datée, a pu néanmoins suffire pour que le juge décide d'après ces notes qu'il est dû rapport, et en détermine la quotité, alors surtout qu'il est reconnu que les avances ont été faites et que l'héritier ne prouve pas qu'il soit libéré. Une telle décision ne peut être annulée pour violation des art. 852, 1101, 1108 et 1331 c. nap., 38 et 47 de l'ord. sur les testaments (Req. 28 août 1811, MM. Pajou, pr., Aumont, rap., aff. Poisson C. Jamet).

1203. Le cohéritier, débiteur envers le défunt et en même temps légataire ne peut être dispensé de faire à la masse de la succession le rapport des sommes dues, à la charge d'imputer ces sommes sur le montant de son legs. Il ne suffit pas d'obliger le cohéritier à cette imputation, les sommes dues pouvant excéder la valeur du legs (Cass. 2 fév. 1819) (1).

1204. L'art. 851, en ce qui concerne le payement des dettes, a fait naître une longue discussion au conseil d'État (séance du 23 nivôse an 11). Une première question fut posée ainsi, par M. Regnaud : « Le fils sera-t-il obligé de rapporter, lorsqu'ayant dépensé, pendant ses études, au delà de la somme que son père lui avait allouée, celui-ci aura payé l'excédant sans prendre de lui aucune quittance, et que le fait ne sera connu que par les mémoires trouvés parmi les papiers de la succession? » — M. Treilhard répondit « qu'on se déciderait par les circonstances : les tribunaux ne condamneraient pas le fils à rapporter quelques sommes modiques, que le père aurait payées pour lui; mais il n'en serait pas de même, si ces sommes formaient une partie considérable du patrimoine paternel. » C'est dans ce sens que M. Chabot, t. 3, p. 388, interprète l'art. 851. M. Duranton, t. 7, n. 312, veut en même temps qu'on ait égard à la nature de la dette : ainsi les dettes usuraires acquittées par le père se rapporteront difficilement. — M. Malpel, nº 274, propose en outre de considérer le mode de payement : si le père s'est fait subroger aux droits du créancier dans la quittance qu'il en a reçue, il a manifesté l'intention de capitaliser les sommes dont il vient de faire emploi, et d'augmenter son patrimoine. Le fils devra le rapport. Mais le père a-t-il compté au fils lui-même les sommes nécessaires, sans quittance, ou a-t-il, en les retirant, anéanti les billets souscrits par le fils, le rapport n'est pas dû. Toutefois M. Malpel ne le décide ainsi, dans ce second cas, qu'autant que la libération n'aurait pas nécessité quelque aliénation du patrimoine paternel. Si les revenus du père n'avaient pas suffi, s'il avait fallu entamer la propriété, alors, sans égard au mode de payement, le rapport serait toujours exigible.

1205. La déclaration faite par le père de famille dans son testament, que l'un de ses enfants a reçu de lui, avant son décès, une somme qu'il précise, ne fait pas preuve suffisante que la somme ait été, en effet, reçue, de façon à autoriser les autres enfants à exiger le rapport de cette somme à la succession. Les déclarations contenues dans les testaments, lorsqu'elles ne constituent pas des actes de libéralité, n'ont de valeur qu'autant qu'elles trouvent leur justification en dehors du testament lui-même (Bastia, 10 avril 1854, aff. Arrighi, D. P. 54. 2. 216).

1206. Les *dettes* payées pour la libération du mineur l'obligent-elles au rapport? Il faut distinguer : le mineur est-il émancipé ou établi? Comme il a pu s'engager pour des sommes mobilières, le rapport sera dû (discus. du cons. d'État, 23 niv. an 11). Mais, hors ces cas, on a fait une sous-distinction. La dette avait-elle un motif raisonnable; il y aura lieu au rapport. On décidera autrement si le père a acquitté des dettes contractées au jeu, ou de folles dépenses, ou des emprunts faits à des usuriers. — Toutefois, dans ce cas même, M. Chabot, *ibid.*, se prononce pour le rapport, en invoquant l'avis d'un orateur au conseil d'État, et attendu que le mineur ne peut pas opposer à ses frères et sœurs la nullité de ses engagements; qu'il n'est pas juste d'ailleurs que ceux-ci supportent la peine de ses folles dépenses. Mais M. Duranton, *loc. cit.*, répond avec raison : les cohéritiers du mineur sont les ayants cause du défunt, et ne doivent pas avoir

---

(1) (Hérit. Chevalier.) — LA COUR; — Vu les art. 829, 851 et 856 c. civ.; — Attendu 1º que, suivant l'art. 829 c. civ., chaque cohéritier doit faire rapport à la masse de la succession, suivant les règles établies, non-seulement des dons qui lui ont été faits par le défunt, mais encore des sommes dont il est débiteur; que, suivant l'art. 851, le rapport est dû de ce qui a été employé pour l'établissement d'un des cohéritiers ou pour le payement de ses dettes, et que l'arrêt dénoncé (de Bordeaux) a évidemment violé ces articles, en ce que, au lieu de condamner le défendeur, héritier de ses père et mère, à rapporter aux masses de leurs successions les sommes dont il était leur débiteur et qu'ils lui avaient fournies, soit pour son établissement, soit pour l'acquit de ses dettes, il a seulement ordonné que le défendeur imputerait ces sommes sur le quart des biens que ses père et mère lui avaient légué par préciput; d'où il résulterait que, si ces sommes excédaient la valeur du quart légué, le défendeur ne serait pas tenu de l'excédant, et aurait ainsi plus que la portion disponible, outre sa part héréditaire; 2º que, par suite, l'arrêt dénoncé a encore violé l'art. 856 du même code, en ordonnant qu'à compter seulement du jour de sa signification, et non à compter des époques de l'ouverture des successions des père et mère, le défendeur payerait les intérêts des sommes dont il devait le rapport; — Casse.

Du 2 fév. 1819. — C. C., sect. civ. — MM. Brisson, pr. — Chabot, rap. — Cahier, av. gén., c. conf. — Nicod, av.

plus de droits que lui; toutes les exceptions que l'enfant a contre celui-ci peuvent donc être opposées à ceux-là. Or, celui qui a payé doit être considéré ou comme subrogé aux droits des créanciers, et le mineur peut exciper de la nullité de ses engagements: ou comme *negotiorum gestor*, et ses héritiers n'auraient alors d'action qu'en raison de l'utilité de la chose gérée (Malpel, n° 274; Vazeille, art. 851, n° 3). Il le décide ainsi, même quant au mineur émancipé qui aurait, après avoir dissipé ses meubles et ses revenus, contracté des dettes. Le père, en les payant, n'a pas plus de droits que les créanciers qu'il a satisfaits.

1207. Il est dû rapport des sommes prêtées par le père pour l'établissement commercial de son fils, bien que celui-ci fût mineur lors du prêt et que depuis il ait fait faillite (Bordeaux, 16 août 1827) (1).

1208. Le payement d'une lettre de change, fait pour compte du tiré, après son décès, mais dans l'ignorance de ce décès, n'oblige ni celui qui a payé pour compte, ni le tireur, à rapport envers la succession du tiré, lorsque cette succession n'est acceptée que sous bénéfice d'inventaire (trib. de com. de la Seine, 12 fév. 1856, aff. Preusse).

1209. Lorsque la dette de l'héritier n'est pas encore échue, peut-il invoquer le bénéfice du terme pour éviter le rapport? Non, d'après l'arrêt suivant : — « Attendu que la femme Bouly réclame en vain le bénéfice du terme stipulé dans la reconnaissance susénoncée; que, par l'effet du rapport, sa dette vient se confondre dans la masse active de la succession; que lesdits abonnements doivent donc être maintenus; confirme » (Paris, 22 déc. 1838, M. Jacquinot-Godard, pr., aff. Bouly *C.* Laches).

1210. Comment procédera-t-on au rapport, si le père a *cautionné* son fils? La dette est-elle exigible? Ses cohéritiers pourront exiger qu'il la rembourse, ou, sur son refus, la rembourser eux-mêmes, l'imputant sur sa part héréditaire. Mais si la dette n'est pas exigible, il devra donner caution à ses cohéritiers, pour la garantie de toutes poursuites de la part du créancier (Delvincourt, t. 2, p. 326, n° 6). Et si, ajoute Vazeille (art. 851, n° 13), l'héritier garant ne peut ou ne veut donner caution, le séquestre pourra être mis par ses cohéritiers sur partie ou sur tous les objets de son lot (Argument des art. 602 et 1961). — Jugé, toutefois, que l'enfant débiteur de son frère, et dont la dette a été cautionnée par le père commun, n'est pas tenu de faire le rapport de la valeur de ce cautionnement à la succession paternelle, lorsqu'il a été fourni à son insu, après la consommation du prêt et pour l'avantage exclusif du frère créancier; en cas pareil, ce cautionnement constituant un avantage pour ce dernier, c'est lui et non le débiteur qui devrait en faire le rapport (Paris, 21 déc. 1843) (2).

1211. L'héritier auquel des sommes ont été prêtées ou avancées par le défunt peut-il, pour se dispenser du rapport, invoquer la prescription, si sa dette se trouve prescrite à l'époque de l'ouverture de la succession? On dit d'une part que la remise de la dette par le créancier n'affranchirait pas l'héritier du rapport. Or la prescription a pu n'être qu'une renonciation du créancier à ses droits, qu'un moyen calculé d'assurer un avantage indirect. Mais on répond qu'une telle combinaison est peu présumable, à raison du long temps qui doit s'écouler depuis la dette. En outre, la prescription a été établie pour éviter la répétition tardive d'une dette ancienne peut-être déjà payée. Ne serait-il pas inique que celui qui a contracté avec un individu, dont il n'était peut-être pas alors le successible, qui s'est libéré depuis plus de trente ans, qui a dû compter que la prescription le relevait à toujours de l'omission ou des vices du titre de sa libération, soit assujetti au rapport de sa dette? Ne serait-ce pas créer ainsi une cause de suspension de prescription non écrite dans la loi? — MM. Duranton, t. 7, n° 304; Massé et Vergé, sur Zachariæ, t. 2, p. 405, enseignent aussi que la prescription peut soustraire l'héritier à loi du rapport, quand il a reçu à titre d'*obligation*. Ils ne décident le contraire que pour le cas où l'héritier a reçu à titre de *donation*. — Notre question toutefois a été résolue en sens divers par deux arrêts, dont l'un admet (Paris, 6 mai 1846, aff. Gabieu, D. P. 46. 2. 153) et l'autre rejette le rapport de la dette prescrite (Grenoble, 14 août 1845, aff. Laroche, D. P. 46. 2. 155).

1212. Mais si, au moment de l'ouverture de la succession, la prescription commencée contre le défunt n'était pas encore accomplie, se continuerait-elle contre les héritiers ou bien serait-elle interrompue par le décès du créancier? Il a été jugé que la prescription continue contre les héritiers et n'est interrompue à leur profit que par la demande en partage ou en rapport (Grenoble, 14 août 1845, aff. Laroche, D. P. 46. 2. 155). Cette décision est combattue par MM. Duranton, Massé et Vergé, *loc. cit.* En effet, le décès du créancier substitue à l'action en payement qui lui appartenait l'action en rapport qui appartient aux cohéritiers du débiteur; laquelle peut être exercée, tant qu'elle n'est pas elle-même prescrite, à l'égard de toutes les valeurs qui étaient rapportables le jour de l'ouverture de la succession.

1213. Ce que le père a payé pour la rançon de son fils, prisonnier de guerre, est soumis au rapport : on le décidait ainsi dans l'ancienne jurisprudence (Merlin, v° Rap. à success., § 3).

1214. Il en est de même des amendes et réparations civiles, auxquelles l'enfant aurait été condamné. Si le père les avait payées, comme responsable, d'après l'art. 1384, du dommage causé par l'enfant mineur habitant avec lui, la question devrait se résoudre par cette distinction : l'enfant avait-il l'âge de discernement, le rapport sera dû; sinon, la faute n'est qu'au père, qui n'a pas assez surveillé l'enfant. La dette est celle du père (MM. Toullier, t. 11, n°s 40, 163 et 24; Duranton, t. 7, n° 367; Vazeille, art. 851, n° 1).

1215. L'enfant devrait égalemement le rapport de ce qu'il aurait détourné de la maison paternelle, si l'objet était de quel-

(1) (Hérit. Bethmann.) — LA COUR; — Attendu qu'il est de principe incontestable que les enfants majeurs ou mineurs doivent aux successions de leurs père et mère le rapport de ce qu'ils ont reçu pour leur établissement, ou pour le payement de leurs dettes; — Que peu importe que les sommes reçues par eux aient été prêtées, et que, depuis, un des enfants ait fait faillite, le rapport n'en est pas moins dû, parce qu'il est constant, en droit, et d'après la doctrine des auteurs les plus recommandables, que le prêt fait à l'héritier en ligne directe est réputé être un avancement d'hoirie, lorsqu'il ne se trouve pas acquitté au moment de l'ouverture de la succession; et que le rapport est dû des sommes prêtées comme de celles qui ont été données, car il ne peut dépendre de la mauvaise administration, ou des malheurs de l'un des enfants, de blesser l'égalité, qui, selon la nature et la loi, doit toujours exister entre eux; — Qu'ainsi, c'est avec raison qu'à l'égard de Simon-Maurice de Bethmann, on a compris, dans les rapports qui lui sont personnels, les sommes qu'il a reçues du sieur de Bethmann, son père, pour l'établissement de son commerce à Londres, pendant sa minorité, parce que la loi relative aux rapports ne met point de distinction entre les majeurs et les mineurs, et que, d'ailleurs, l'argent fourni pour former un établissement de commerce doit être assimilé à une opération commerciale, et qu'il est de principe que le mineur commerçant est réputé majeur pour les faits de son négoce.

Du 16 août 1827.-C. de Bordeaux.-M. Dutrouilh, pr.

(2) (Hérit. Belin.) — LA COUR; — En ce qui touche le chef du jugement qui impose à Dominique Belin le rapport de la somme de 89,147 fr., montant en principal, intérêts et frais de la somme à lui prêtée par Belin-Leprieur, son frère, et cautionnée par la veuve Belin, sa mère : — Considérant qu'il n'y a pas lieu de s'arrêter à l'allégation que ce serait réellement la veuve Belin qui aurait fourni les fonds prêtés par l'entreprise de Belin-Leprieur; — Que cette allégation est démentie par tous les faits de la cause; que quand la mère avait consenti des avances à ses autres fils, elle les avait consenties directement et sans intermédiaire; qu'elle aurait agi de même envers Dominique, au lieu de recourir à une voie détournée; — Considérant que le rapport du cautionnement ne serait dû par Dominique qu'autant qu'il aurait été donné par sa mère avec la participation et dans l'intérêt dudit Dominique; qu'il ne résulte d'aucune circonstance de la cause que Dominique ait demandé ce cautionnement, ni même qu'il l'ait connu avant l'époque de sa faillite; que Belin-Leprieur lui-même s'est borné à déclarer dans la liquidation, qu'il avait la pensée que le cautionnement avait été souscrit au su et avec la participation de Dominique; — Qu'au contraire, toutes les circonstances démontrent que ce cautionnement, comme tous les autres cautionnements souscrits par la mère, était donné non dans l'intérêt du frère débiteur, mais sur la demande et dans l'intérêt du frère créancier, inquiet sur la solvabilité de son frère; — Que notamment ce cautionnement a été écrit en entier de la main de Belin-Leprieur; — Que ce serait donc Belin-Leprieur, le seul véritablement avantagé, qui devrait être soumis au rapport; — Mais considérant qu'il en a été dispensé par le codicille de la veuve Belin, du 20 oct. 1831....

Du 21 déc. 1843.-C. de Paris, 2° ch.-M. Silvestre, pr.

que valeur que serait même une restitution dont il ne se dispenserait pas en renonçant à la succession du père (M. Duranton, t. 7, nº 363). Mais cela ne s'entend, remarque fort bien M. Vazeille, art. 855, nº 8, que des soustractions antérieurs à l'ouverture de la succession, les autres étant réglées par les art. 792 et 801. Dans ce premier cas, M. Vazeille accorde bien le rapport, mais seulement si le vol a causé une perte assez grande pour obliger le père à quelque aliénation ou à des dettes subsistantes.

1216. L'héritier qui a recélé des créances doit en restituer le montant si les débiteurs sont devenus insolvables. — Jugé : 1º que le cohéritier qui a coopéré au détournement que le mari de sa mère a fait d'une rente ou créance dépendant de la communauté, entre ces derniers, devant être considérée comme cohéritier recéleur, et, par suite, comme déchu de sa part à cette rente, serait, en cas de vente, tenu d'en rapporter le capital (Req. 10 déc. 1835 (1), V. nº 639-3º); — 2º Que, dans le cas où un

(1) *Espèce :* — (Deschamps C. Garat.) — La dame Gémond décède le 19 juill. 1827, laissant pour héritiers le sieur Deschamps, son fils, qu'elle avait eu d'un premier mariage, et la demoiselle Cornélie Garat, sa petite-fille, issue du mariage de feu la demoiselle Cornélie Gémond, sa fille, avec le sieur Garat. — La dame Gémond lègue par son testament au sieur Gémond, son mari, tout ce dont elle peut disposer. — De la communauté des époux Gémond dépendaient deux actions sur le journal le Constitutionnel, et une rente de 2,500 fr. sur l'Etat. — Le 28 janv. 1824, Gémond avait vendu une des actions du Constitutionnel à un sieur Férat qui, plus tard, l'avait transportée lui-même au sieur Deschamps. — Le 20 juin 1827, Gémond avait vendu à un sieur Guignet tous les bénéfices résultant des dividendes, jusqu'au 31 janv. 1836, de l'autre action du Constitutionnel. — Le sieur Gémond, après le décès de son épouse, forme contre les sieurs Deschamps et Garat, celui-ci agissant au nom de sa fille mineure, une demande à fin de compte, liquidation et partage de la communauté qui avait existé entre lui et sa femme, et de la succession de cette dernière. — Sur cette demande, jugement, confirmé sur appel par arrêt de la cour de Paris, du 14 janv. 1831, qui ordonne qu'à la requête de Gémond, il sera procédé aux partages demandés, et qui déclare nulles et de nul effet les ventes des deux actions du Constitutionnel des 28 janv. 1824 et 20 juin 1827. — Le 16 nov. 1832, le sieur Deschamps fait signifier des conclusions à l'effet d'être subrogé à la poursuite de compte, liquidation et partage suivie par Gémond.

Par requête du 29 déc. 1832, le sieur Garat déclare que de la communauté entre les sieur et dame Gémond dépendait une inscription de rentes sur l'Etat de 2,500 fr., achetée le 3 janv. 1819 par Gémond, et affectée par lui au cautionnement du Constitutionnel, avec prime de 2 p. 100, et que le sieur Gémond, pour soustraire cette valeur à la communauté, l'avait fait mettre sous le nom du sieur Deschamps, son beau-fils. Le sieur Garat demande, en conséquence, que Gémond et Deschamps soient condamnés à rapporter : 1º la somme de 54,000 fr., capital de la rente; 2º celle de 6,670 fr. pour arrérages échus depuis la dissolution de la communauté; 3º la prime de 2 p. 100 payée par l'administration du Constitutionnel, avec intérêts. Il conclut, en outre, à ce que Gémond et Deschamps soient privés, conformément aux art. 792 et 1477, de leurs parts dans cette rente, comme l'ayant recélée.

16 mars 1833, jugement du tribunal de la Seine qui statue sur ces diverses contestations. — Relativement à la vente des deux actions du Constitutionnel, le tribunal a constaté l'assentiment de toutes les parties pour ne vendre que celle qui avait appartenu à Guignet; puis il statue en ces termes : — « Ordonne que, dans le délai de trois mois, à compter de la signification du présent jugement, Gémond sera tenu de mettre à fin la liquidation de la communauté de biens qui a existé entre lui et son épouse, et de la succession de cette dernière; sinon et faute par lui de le faire dans ledit délai, sera de nouveau fait droit...; — Ordonne qu'il sera, dans l'étude de Mᵉ Chodron, procédé à la vente de la nue propriété seulement de l'action sur le journal le Constitutionnel, qui avait été vendue par Gémond à Guignet, pour le prix à provenir de ladite vente être employé dans la liquidation selon les droits respectifs des parties; — Condamne Gémond et Deschamps solidairement à rapporter à la masse active de la liquidation : 1º le prix de la rente de 2,500 fr., achetée le 3 janv. 1819 et revendue par Deschamps le 2 avr. 1829; 2º les quatre semestres échus depuis le 22 mars 1827 jusqu'au 22 mars 1829, et qui ont été touchés soit par Gémond, soit par Deschamps; 3º le montant des primes qui ont été payées, à raison de la même rente, par le journal le Constitutionnel, soit à Gémond, soit à Deschamps, depuis le décès de la femme Gémond jusqu'au 2 avr. 1829; 4º le montant des intérêts du prix de ladite rente, courus depuis ledit jour jusqu'à celui de la demande de Garat, lesquels dits intérêts seront capitalisés aux termes de l'art. 1154 c. civ., pour eux-mêmes produire intérêts à compter de cette dernière époque; 5º enfin les intérêts de toutes lesdites sommes réunies; — Déclare Gémond et Deschamps déchus, aux termes des art. 792 et 1477 c. civ., du droit de prendre, à quelque titre que ce soit, part dans les valeurs sus-énoncées; fait, dès à présent, affectation spéciale des sommes qui, lors de la liquidation, seraient reconnues appartenir auxdits Gémond et Deschamps, dans le prix de la nue propriété de l'action sur le Constitutionnel, au payement des parts qui, par ladite liquidation, seront attribuées à la mineure Garat, pour ladite affectation spéciale être exécutée lors de la même liquidation; — Sur le surplus des demandes, fins et conclusions des parties, le tribunal les en déboute et met hors de cause à cet égard. » — Appel. — 16 janv. 1834, arrêt confirmatif de la cour de Paris.

Pourvoi du sieur Deschamps : 1º pour fausse application de l'art. 792 c. civ. — Cet article, a-t-on dit en faveur de Deschamps, n'est applicable qu'aux héritiers qui ont diverti ou recélé des effets d'une succession. Or, dans l'espèce, l'arrêt attaqué ne pose pas, en fait, que Deschamps avait agi comme héritier et dans la vue de frustrer la succession de la dame Gémond; il se borne à constater que la vente de la rente avait eu lieu avant le décès de la dame Gémond; que cette vente avait eu pour objet de détourner la rente de l'actif de la communauté d'entre les sieur et dame Gémond; que Deschamps n'avait été, lors de cette vente, que le prête-nom de Gémond. Deschamps n'ayant donc agi ni dans un intérêt personnel, ni comme héritier de la dame Gémond, les dispositions de l'art. 792 ne pouvaient lui être appliquées. — 2º Violation des art. 1153, 1154 et 1155 c. civ. — L'arrêt attaqué a condamné les sieur Gémond et Deschamps à payer les quatre semestres de la rente de 2,500 fr., les primes payées par le Constitutionnel, les intérêts du prix de la rente à partir du 2 avr. 1829, jour de la vente, jusqu'à celui de la demande de Garat, enfin les intérêts de toutes ces sommes. Mais d'abord les intérêts du prix de la rente ne pouvaient courir qu'à compter du jour de la demande, aux termes de l'art. 1153 c. civ. L'arrêt attaqué a donc expressément violé cet article, puisqu'il les a alloués à compter du jour de la vente. Ensuite, il faut reconnaître que les dispositions des art. 1154 et 1155 sont limitatives et ne s'appliquent qu'aux intérêts échus des capitaux, et aux revenus tels que fermages, loyers et arrérages de rente. Mais les primes ne peuvent pas être considérées comme les intérêts d'un capital, ni comme les revenus réguliers de la chose. Les revenus d'une chose, en effet, sont ce qu'elle produit par elle-même sans moyens ni événements extraordinaires, et nullement ce qui est le résultat d'une industrie pour ainsi dire exceptionnelle. Dès lors, les primes payées par le Constitutionnel n'étaient pas susceptibles de produire des intérêts. — 3º Fausse application des principes consacrés par les art. 544 et 2093 c. civ. — L'arrêt attaqué a fait attribution à la mineure Garat des sommes qui, lors de la liquidation, seraient reconnues appartenir aux sieurs Gémond et Deschamps dans le prix de la nue propriété de l'action du Constitutionnel, afin, dit l'arrêt, d'assurer à la mineure Garat le payement des condamnations prononcés contre Gémond et Deschamps; mais une pareille disposition n'a pu être justifiée ni par la garantie que se doivent les cohéritiers, aux termes de l'art. 884, ni par le privilége qui leur est accordé par l'art. 2103; car, dans ces divers articles, on suppose que le partage a été effectué, circonstance sans laquelle ni garantie, ni privilége ne peuvent exister, et qui était loin de se rencontrer dans la cause actuelle. Ce n'était pas non plus à cause de tout autre privilége, ni motif de préférence; il n'y avait ni gage, ni antichrèse, ni dépôt, ni cautionnement. Dès lors, l'arrêt attaqué n'a pu, sans excès de pouvoir, accorder à la mineure Garat une sorte de privilége qui n'était justifié par aucune disposition de loi.

Sur ce dernier moyen, M. Brière-Valigny, rapporteur, a présenté les observations suivantes : — « Les biens d'une succession ne sont la propriété de l'héritier qu'autant qu'ils lui sont attribués par l'acte de liquidation et partage. — Le droit est, à la vérité, ouvert dès le jour du décès, mais la part de chacun des héritiers n'est déterminée que par le partage, et lors de ce partage chacun rapporte en nature ou en moins prenant ce qu'il a reçu du défunt; en sorte que sa portion dans les biens héréditaires qui restent à partager lors du décès doit être diminuée de tout ce qu'il a reçu par anticipation. — Cette règle, tracée par le code (art. 843 et suiv), et conforme à l'équité, cessera-t-elle d'être obligatoire pour l'héritier qui se sera rendu coupable de détournement des effets de la succession, et qui, par suite, sera condamné, non-seulement à rapporter les effets par lui détournés, mais en outre à perdre sa part dans ces mêmes effets? La négative ne peut pas être douteuse; on ne peut pas admettre que la loi ait voulu favoriser le spoliateur; on ne peut pas considérer, à son égard, l'obligation de restituer comme étant moins impérieuse que celle de rapporter imposée à l'héritier qui a reçu, par la libre volonté du défunt, des libéralités sujettes à rapport. C'est cependant ce qui aurait lieu si le système du demandeur était accueilli, et si le sieur Deschamps, déclaré spoliateur, pouvait être admis à prendre sa part dans les biens encore existants de l'hérédité, sauf au cohéritier victime de la spoliation à exercer sur les biens personnels du spoliateur une action peut-être illusoire, pour obtenir la réparation du tort qu'il a souffert. Il faut donc reconnaître que l'héritier spoliateur ne peut rien obtenir de la succession, qu'il n'ait rapporté ce qu'il s'est frauduleusement approprié au détriment de ses copartageants. — Or, dans l'espèce, qu'a décidé la cour royale? — Elle a prescrit l'affectation spéciale à la mineure

cohéritier est condamné à rapporter à la masse les sommes qu'il a recélées, la portion qu'il serait en droit de réclamer sur la vente d'un objet de cette succession encore indivise a pu être spécialement affectée à ses cohéritiers, à l'effet d'assurer le rapport des sommes détournées (c. 843, même arrêt, 4° moyen).

1217. A l'égard des produits de la rente ou créance recélée, il a été jugé : 1° que les intérêts de l'objet recélé par un cohéritier, étant alloués comme réparation d'un préjudice causé par un détournement frauduleux, ont pu être accordés, non pas seulement à compter du jour de la demande, mais bien à partir du jour du détournement (c. 1153, même arrêt, 3° moyen); — 2° Que la prime accordée, pour l'affectation d'une inscription de rente, au cautionnement d'un journal, doit être considérée, non comme un produit industriel, mais bien comme un revenu de la rente, susceptible d'être capitalisé et de produire des intérêts, aux termes de l'art. 1155 c. nap. (même arrêt, 3° moyen).

1218. Un cohéritier ne peut être condamné par corps à rapporter à titre de dommages-intérêts les sommes à lui données par son auteur : — «Considérant que convertir en dommages-intérêts le montant des sommes dont le rapport est ordonné, pour le placer dans le cas de l'art. 126 c. pr., est un moyen nouveau d'éluder la loi qui protège la liberté de tout Français et une subtilité peu digne de la justice, infirme, etc.» (Caen, 12 mai 1820, 2° ch., M. Lefollet, pr., aff. Montreuil *C.* Dessay).

§ 4. — *Des fruits, arrérages et pensions.*

1219. Les fruits et les intérêts des choses sujettes à rapport ne sont dus qu'à compter du jour de l'ouverture de la succession (c. nap. 856). L'obligation de restituer les fruits antérieurs que le donataire dépensait successivement eût pu entraîner sa ruine : d'ailleurs, ils étaient la récompense, l'équivalent des soins et des coûts de l'administration. La même règle est observée dans le cas de l'art. 928 c. nap., à l'égard du donataire étranger (c. 1153) sujet à réduction, si favorable que soit le droit des héritiers à réserve. — Que doit-on considérer comme *revenus* et de *quel jour* court l'*intérêt* des sommes *distraites* ou *recélées* (792, 1153)? — V. n° 1217; V. aussi v° Prêt à intérêts.

1220. Le donataire peut-il réclamer, après l'ouverture de la succession, les fruits civils échus et non payés encore par le défunt? — Dans quelques coutumes qui tendaient à une égalité parfaite entre les héritiers, notamment dans celle de Bretagne, le donataire n'était dispensé de rapporter que «les fruits et intérêts reçus du vivant de celui de la succession duquel il s'agit.» De ces expressions restrictives, on concluait que les fruits non reçus du vivant du donateur n'étaient plus exigibles. Duparc-Poullain (Princ. du dr., t. 4, n° 214) nous apprend que l'usage avait introduit une distinction. L'héritier pouvait réclamer les revenus ou arrérages échus, si la chose donnée était un héritage ou une rente soit foncière, soit constituée. Il ne le pouvait pas, si le défunt n'avait donné qu'une pension annuelle. Autrement, disait-on, il eût été facile d'éluder la prohibition de donner, en promettant des pensions qu'on eût laissé accumuler pour ne pas gêner le donateur; celui-ci se fût montré plus libéral par la certitude de n'être pas dépouillé pendant sa vie. En Normandie, la dernière année échue était seule exigible. Une autre distinction était usitée : le donataire pouvait réclamer les arrérages, si le défunt avait constitué la rente, non sur lui-même, mais sur un tiers. — Le code a posé une règle générale qui simplifie beaucoup cette matière. En ne distinguant pas les fruits et intérêts, selon qu'ils ont été ou non perçus ou payés, il leur a appliqué la disposition commune qui n'oblige au rapport que de ce qui est échu depuis le décès du donateur. Le donataire est créancier de la succession pour le reste. Un des plus graves inconvénients de l'ancienne jurisprudence était de réduire les donataires à persécuter les donateurs pour ne pas laisser arriérer les arrérages et intérêts de leurs dons (MM. Chabot, t. 3, p. 416; Duranton, t. 7, n° 371; Delvincourt, t. 2, p. 343, note 2; Toullier, t. 4, n°466; Malpel, n° 271; Vazeille, art. 856, n° 2). — Jugé que les arrérages d'une rente constituée par le donateur sur lui-même, échus de son vivant, mais non perçus, ne sont pas sujets à rapport. Le donataire peut en exiger le payement de ses cohéritiers (Cass. 31 mars 1818) (1). — Conf. Poujol, t. 2, p. 188; Conflans, sur l'art. 856, n° 1.

Garat de ce qui aurait été attribué à Gémond et Deschamps, s'ils ne se fussent pas rendus coupables de détournement; c'est l'application d'un principe d'équité qui n'est contredit par aucune disposition de la loi. — En résulte-t-il une atteinte au droit de propriété? Mais le sieur Deschamps ne peut se dire propriétaire que des objets à comprendre dans le lot que lui attribuera le partage à faire, et l'on ne fera entrer, dans ce lot, que ce qui n'aura pas été absorbé par le payement des restitutions ordonnées. — En résulte-t-il que les biens du débiteur aient cessé d'être le gage commun des créanciers? Aucune partie des biens héréditaires ne sera acquise au sieur Deschamps qu'après l'attribution, à la mineure Garat, des valeurs qui doivent lui appartenir et qu'elle recueillera, non comme créancière de Gémond et Deschamps, mais à titre héréditaire et par une sorte de prélèvement sur les biens de la succession; or les créanciers du sieur Deschamps n'ont aucun droit à exercer sur la portion de la mineure Garat dans l'hérédité de la dame Gémond. En un mot, le sieur Deschamps ne peut rien prétendre dans la succession qu'il n'ait d'abord restitué les valeurs détournées. » — Arrêt.

LA COUR; — Sur le deuxième moyen, tiré de la violation de l'art. 792 c. civ.: — Attendu que Deschamps était héritier en partie de la dame Gémond, sa mère; que la cour royale a décidé, en fait, qu'il avait coopéré au détournement de la rente de 2,500 fr., dépendant de la communauté d'entre la dame Gémond et son mari; d'où il suit que Deschamps était dans le cas prévu par l'art. 792 c. civ., et que c'est avec raison que la cour royale lui a fait l'application de cet article.

Sur le troisième moyen, tiré de la violation des art. 1153, 1154 et 1155 c. civ.: — Attendu que les intérêts dont la condamnation est prononcée contre Deschamps ne résultent pas du retard de payement d'une somme d'argent, mais qu'ils sont alloués comme réparation du préjudice causé par un détournement jugé frauduleux;

Attendu que les intérêts des intérêts et revenus échus avaient été compris expressément dans la demande de Garat;

Attendu que la prime de 2 p. 100, sur le capital de la rente affectée au cautionnement du journal le Constitutionnel, n'était pas un produit industriel, mais la compensation du risque auquel la rente était exposée, et que c'était par conséquent un revenu de la chose, revenu susceptible d'être capitalisé et de produire des intérêts aux termes de l'art. 1155 c. civ.;

Sur le quatrième moyen, tiré de la violation des art. 544 et 2093 c. civ.: — Attendu qu'il s'agissait de fixer les droits respectifs des parties sur une succession indivise entre elles; que Deschamps devait rapporter à la masse les sommes qu'il avait diverties ou recélées; que le cohéritier, à qui le rapport est dû, doit prélever sur la masse, aux termes de l'art. 830 c. civ., une portion égale; que la cour royale, en faisant affectation spéciale à la mineure Garat de ce qui serait reconnu appartenir à Deschamps dans le prix de la nue propriété de l'action sur le Constitutionnel, n'a fait qu'assurer l'exécution de l'art. 830 c. civ., et n'a point contrevenu aux art. 544 et 2093 du même code; — Rejette, etc.

Du 10 déc. 1835.-C. C., ch. req.-MM. Borel, pr.-Brière, rap.

(1) (Chasseriau *C.* Berlin.) — LA COUR; — (ap. délib. en ch. du cons.); — Vu les art. 584 et 856 c. civ.; — Considérant que l'objet donné à la mère de Chasseriau consiste en une rente perpétuelle de 2,000 liv.; que cette rente était rachetable de sa nature; que, d'après les stipulations de l'acte, le prix du rachat avait été fixé à 40,000 liv.; qu'ainsi le remboursement de ce capital aurait pu être fait à Chasseriau et à sa mère, sans qu'il leur fût possible de le refuser; qu'il résulte de ces faits, constatés par l'acte, qui ne pouvaient être contredits et ne le sont effectivement pas par l'arrêt, que la donation ne consiste pas seulement dans la rente de 2,000 liv., mais encore dans le capital de 40,000 liv. qui la constitue; — Considérant, 1° qu'aux termes de l'art. 584 ci-dessus, les arrérages d'une rente perpétuelle ne peuvent être considérés que comme des fruits civils; qu'ainsi l'arrêt attaqué a contrevenu à cette disposition en jugeant que les arrérages de la rente dont il s'agit constituaient un capital; 2° que la section du code civil intitulée *des Rapports* forme sur la matière une législation complète qui, seule, doit servir de règle aux tribunaux; qu'aux termes de l'art. 856, «les fruits et intérêts des choses sujettes à rapport ne sont dus qu'à compter du jour de l'ouverture de la succession;» que si la succession ne peut réclamer comme une chose à elle due que les fruits échus postérieurement à son ouverture, il suit qu'elle n'a aucun droit sur ceux échus antérieurement; que ceux-ci, par conséquent, sont la propriété exclusive de l'héritier donataire; qu'ils ne peuvent en aucun cas faire partie de la masse héréditaire, ni entrer en partage; que les conséquences nécessaires de ce principe sont : que l'héritier donataire qui a perçu ces fruits n'est pas tenu à en faire le rapport; que, s'il ne les a pas perçus, il a droit d'en exiger les arrérages; qu'il a le droit de les exiger, soit quand ils sont dus par le donateur lui-même, soit quand ils sont dus par des tiers, car l'art. 856 est conçu en termes absolus qui n'admettent aucune distinction; qui, par conséquent, écartent toutes celles que les défendeurs proposent et que la jurisprudence de quelques parlements n'avait introduites

1221. Le rapport sera-t-il dû des fruits échus avant le décès, si c'est un droit d'usufruit qui a été donné? —La raison de douter vient de ce que la dispense de rapport accordera autant de droits au donataire de l'usufruit qu'au donataire de la propriété. Mais on ne peut répondre d'abord que pour ce qui regarde les fruits, l'usufruitier est entièrement *loco domini*: ensuite le droit d'usufruit est distinct des fruits mêmes, et par conséquent il y a lieu de faire l'application littérale de l'art. 852, en déclarant dus à compter du jour de l'ouverture de la succession les fruits de la chose sujette à rapport, c'est-à-dire du droit d'usufruit (MM. Delvincourt, *loc. cit.*; Duranton, n° 372; Malpel, n° 271; Proud'hon, de l'Usuf., n° 2396; Toullier, n° 465; Marcadé, art. 856, n° 2). — Jugé ainsi : «En ce qui touche l'usufruit que le sieur Stewart avait acquis en son propre nom, et dont il fait donation expresse à sa fille : — Considérant que cet usufruit a pris fin par la mort du sieur Steward, et que les jouissances usufructuaires ne doivent point être rapportées» (Paris, 3 fév. 1838, aud. sol., M. Séguier, 1er pr., aff. Stewart *C.* Marteau).

1222. La donation d'usufruit n'est pas sujette à rapport, et ne peut, dès lors, être considérée comme un avancement d'hoirie, bien que cette qualification ait été donnée par les parties dans l'acte de donation (Bastia, 21 nov. 1832) (1). — Il en est ainsi, alors surtout que le prétendu don en avancement a été fait dans le but d'éluder la loi sur les élections, qui exige une possession antérieure aux premières opérations de la révision annuelle des listes électorales, pour que les contributions assises sur la propriété puissent être comptées à l'électeur, à moins qu'il ne possède à titre successif ou d'avancement d'hoirie (même arrêt).

1223. Une autre question, dont la solution ne doit pas peu influer sur la précédente et qui depuis longtemps a divisé les auteurs, consiste à savoir si les fruits échus avant le décès du donateur seraient rapportables en cas de donation de simples jouissances ou de pensions annuelles. Pour comprendre nettement la question, il faut se rappeler qu'en droit on distingue une concession de simples fruits et une constitution d'usufruit; l'obligation d'une pension annuelle et la constitution d'une rente viagère. Ainsi la loi 4, ff. *De pact. dotal.*, prévoit qu'une femme, ayant un usufruit très-considérable, se borne, au lieu de le constituer en dot, à constituer seulement les produits qu'il donnera; le mari alors n'a en jouissance que les intérêts qu'il retirera des revenus successifs de la chose, et la loi l'oblige à restituer ces revenus. Ainsi, encore, d'après la loi 9, § 1, ff. *De donat.*, qui, pour décider si une donation est excessive, ne veut pas en principe que les fruits du fonds donné entrent dans le calcul, on doit, par exception, en tenir compte, si c'est la perception des fruits elle-même qui a été donnée. Or, dans les pays de droit écrit, la jurisprudence se fondait sur cette dernière loi pour ordonner le rapport des fruits échus avant l'ouverture de la succession, si les fruits avaient été l'objet direct et unique de la donation. Cette distinction n'avait pas été adoptée dans les pays coutumiers, même dans le ressort des coutumes d'égalité parfaite (Basnage, sur l'art. 334 de la cout. de Normandie; Duparc-Poullain, Princ. du droit, t. 4; Ferrière, sur l'art. 309 de la cout. de Paris). L'art. 95 des placités de Normandie disait expressément que la pension ou jouissance donnée par le père ou autre ascendant ne devait pas être mise en partage. Les raisons alléguées à cet égard par les auteurs étaient que les dons de pensions ou jouissance avaient été probablement faits pour aliments; que le donataire éprouverait un préjudice notable si on le forçait à restituer des revenus ou intérêts perçus et consommés de bonne foi.

Laquelle de ces deux opinions doit prévaloir sous le code? La seconde nous paraît reposer sur les motifs mêmes qui ont présidé à l'art. 856 pour les fruits et intérêts des choses données. Outre les inconvénients du système contraire, signalés par les anciens auteurs, ne serait-il pas bizarre et injuste que si un père avait donné à l'un de ses enfants un immeuble de 2,000 fr. de revenu, et à l'autre la simple jouissance d'un autre immeuble de revenu égal, ou bien une pension d'égale valeur, le premier conservât toutes les jouissances échues jusqu'à la mort du père, et que le second fût obligé de tout rapporter? Serait-ce vraiment là l'intention du donateur? Les résultats de la dispense de rapport ne sont-ils pas les mêmes pour le patrimoine du donateur, soit qu'il s'agisse des fruits d'un immeuble donné, soit que les fruits aient été l'objet unique de la libéralité? Le législateur veut, autant que possible, l'égalité entre les héritiers. Dans l'exemple que nous venons de citer, le rapport imposé à l'un des enfants n'aurait-il pas un effet tout contraire? Telle est l'opinion de MM. Toullier, t. 4, n° 465; Chabot, t. 3, p. 424; Malpel, n° 271; Guyot, Rép. de jurisp., § 4, art. 2, n° 8; Grenier, n° 540; Vazeille, art. 856, n° 5.— Elle est combattue par M. Merlin, *loc. cit.*, qui invoque la distinction des lois romaines et le texte de l'art. 856, portant dispense de rapport pour les fruits des choses sujettes à rapport, et non pour les fruits, qui sont la chose même donnée. — M. Duranton, t. 7, n° 374, admet en principe le sentiment de M. Merlin; mais il voudrait néanmoins qu'on s'attachât à l'intention du défunt; et, pour juger de cette intention, il propose de considérer la manière dont le père a doté ses autres enfants, l'importance de la pension, des arrérages ou fruits perçus par le donataire, relativement et à la dot de ces enfants et à la fortune du père. — Ces distinctions ménagent aux juges un moyen trop facile d'arbitraire. Nous préférons l'application absolue de la règle posée par MM. Chabot et Malpel, *loc. cit.* : c'est qu'on est entièrement maître de ses revenus; que chacun peut à son gré en disposer pour le temps où il existe, et que la prohibition de donner au delà d'une certaine quotité ne porte que sur la propriété des biens et les revenus qui doivent échoir après le décès.

1224. Il a été jugé 1° qu'il n'y a pas lieu au rapport de la valeur de l'usufruit constitué par des père et mère au profit de l'un de leurs enfants, lorsqu'il résulte, soit des circonstances, soit des termes de la donation, que cet usufruit avait le caractère d'une simple jouissance assurée au donataire à titre de pension alimentaire pendant la durée seulement de la vie du donateur; que peu importe que l'enfant donataire ait réalisé un capital au moyen de la vente de cet usufruit (Bordeaux, 17 janv. 1854, aff. Fondadouze, D. P. 55. 2. 213); — 2° Que les fruits et revenus perçus par l'un des successibles pendant la vie, sur

---

que d'après la disposition de coutumes qui n'existent plus; — Considérant, 3° que l'art. 856 accordant à l'héritier donataire le droit de percevoir les fruits dont il s'agit, lui permet nécessairement de cumuler, quant à la perception de ces fruits, la qualité d'héritier et celle de donataire; ce qui écarte, dans l'espèce, tout ce que les défendeurs opposent contre le cumul de ces deux qualités; — Casse l'arrêt de la cour royale de Paris.

Du 31 mars 1818.-C. C., sect. civ.-MM. Brisson, pr.-Zangiacomi, r.

(1) (Morati *C.* préfet de la Corse.) — La cour; — Attendu qu'aux termes de l'art. 856 c. civ. les fruits et intérêts des choses sujettes à rapport ne sont dus qu'à compter du jour de l'ouverture de la succession; — Qu'il importe peu que ces fruits ou intérêts soient l'accessoire de la chose donnée, ou qu'ils constituent eux-mêmes l'objet direct et unique de la libéralité; d'abord, parce que le motif qui paraît avoir déterminé le législateur, celui d'empêcher que l'enfant donataire ne soit ruiné en l'obligeant à rapporter des fruits qu'il aurait consommés avec facilité, se rencontre dans l'un comme dans l'autre cas; en second lieu, parce qu'en réalité ces fruits ou intérêts, objet de la donation, représentent les fruits d'un bien-fonds ou les intérêts d'un capital, et qu'il ne peut être permis de changer la nature du don par la seule expression d'*avancement d'hoirie* contenue dans l'acte; enfin, parce qu'il impliquerait contradiction que le donataire du simple usufruit fût obligé de rapporter ce dont il serait dispensé, s'il avait reçu un plus grand avantage, c'est-à-dire la propriété et les fruits; — Qu'on opposerait en vain la loi 9, § 1, ff. *De donationibus*, qui veut que les fruits soient calculés lorsqu'ils sont l'objet unique de la libéralité, parce que cette loi n'a pour but que d'évaluer la donation pour la soumettre à la formalité de l'insinuation, et ne contemple nullement le cas du rapport; — Attendu que, d'après ce qui vient d'être dit, l'usufruit, étant non sujet à rapport, ne pouvait être l'objet d'un don en avancement d'hoirie, qui n'est autre chose que l'anticipation de ce que le donataire aura le droit de recueillir dans la succession du donateur; — Qu'on doit d'autant plus, dans l'espèce, s'en tenir à la substance de l'acte plutôt qu'à la qualification qu'il a plu aux parties de lui donner, qu'il est évident qu'il a été fait dans le seul but d'éluder la disposition de l'art. 7 de la loi du 19 avr. 1831, etc. — Maintient l'arrêté de M. le préfet.

Du 21 nov. 1832.-C. de Bastia.-MM. d'Istria, 1er pr.-Giordani, av. gén., conc. contr.-Carbuccia, av.

les biens et avec le consentement de leur auteur commun, ne sont pas sujets au rapport, même quand l'héritier est en même temps donataire de la quotité disponible, et bien que les fruits ici constituent eux-mêmes le don, et ne soient pas des fruits de la chose donnée. (Bordeaux, 10 fév. 1831) (1).

1225. Les observations ci-dessus ne s'opposent pas à ce qu'on décide autrement, si le père s'est obligé personnellement de payer chaque année à l'un de ses enfants une pension qui excède ses revenus; et si, s'entendant avec le donataire, il a laissé s'accumuler une masse considérable d'arrérages qui, pour être payés lors du décès, exigeraient l'aliénation d'une partie du patrimoine paternel. Alors les juges peuvent ne pas conserver à l'enfant les arrérages échus avant le décès (Chabot, *loc. cit.*).

1226. Il est un autre moyen de fraude : quoique la pension n'excédât pas les revenus annuels, il peut y avoir lieu à réduction des arrérages échus, si le père les avait déjà payés, mais que, dans l'intention d'avantager le donataire, il n'eût pas retiré de quittance, afin d'autoriser celui-ci à les reprendre de nouveau dans la succession. Il s'agit alors d'examiner si les arrérages réclamés sont réellement dus (Chabot, *loc. cit.*; Vazeille, art. 850, nos 3 et 4; Poujol, t. 2, p. 190).

1227. La convention par laquelle deux époux divorcés ou séparés de corps arrêtent que la mère subviendra seule aux frais d'entretien de leur enfant, évalués à 1,000 fr. par an, jusqu'au décès de son aïeul paternel, et que, dès que ce décès sera arrivé, le père, par compensation, subviendra également seul à cet entretien, par le payement d'une pension annuelle de 1,000 fr., dont le capital formera la dot de l'enfant, s'il se marie avec le consentement de ses père et mère, ne constitue pas, de la part du père, une donation du capital au profit de l'enfant, qui soit rapportable à la succession du père en cas d'acceptation, ou réductible à la portion disponible en cas de renonciation (Orléans, 9 déc. 1829, aud. sol., M. de La Place de Montévray, 1er pr., aff. Pipelet *C.* de Franq).

1228. Les sommes versées par le tuteur d'un interdit, entre les mains d'un successible de ce dernier, et notamment entre les mains de sa fille, ou entre les mains du mari de sa fille, en vertu de l'obligation imposée au tuteur d'employer en placement à intérêts, tous les six mois, l'excédant des recettes sur les dépenses, ne peuvent être considérées comme de simples perceptions de fruits dispensées de rapport (Rej., 31 janv. 1853, aff. veuve Gravies, D. P. 54. 5. 634).

1229. Le rapport des intérêts serait dû à compter du décès du donateur, quoiqu'il s'agit d'une donation de meubles. Le rapport ne se faisant pas en nature (c. nap. 868), le donataire doit du numéraire jusqu'à concurrence; et les intérêts courent, selon la règle de l'art. 856 (Lebrun, liv. 3, ch. 6, sect. 3, no 59; Pothier, ch. 4, art. 2, § 3; MM. Chabot, t. 3, p. 421; Delvincourt, t. 2, p. 343, note 2; Malpel, no 287; Duranton, t. 7, no 364). — Jugé, de même, que le cohéritier donataire d'une somme d'argent, qui la rapporte en moins prenant, est tenu de rapporter aussi les intérêts de cet avancement d'hoirie depuis l'ouverture de la succession (Rej. 30 déc. 1816, aff. Decour, V. Disp. entre-vifs, no 178; Cass. 27 mars 1822, aff. hér. Balsan; Agen, 10 juin 1824, aff. Cluzan; Agen, 23 nov. 1824, aff. Labroutière, V. *eod.*, no 1099).

1230. L'héritier qui fait le rapport en moins prenant d'un immeuble reçu en avancement d'hoirie et par lui aliéné avant l'ouverture de la succession, doit-il compte pour le temps qui s'est écoulé depuis le décès jusqu'au partage, des intérêts du prix estimatif de cet immeuble, ou d'une somme équivalente aux fruits qu'il a produits? On dit d'une part que l'art. 860 c. nap., en déclarant qu'il est dû rapport de la valeur de l'immeuble, implique cette conséquence, que ce n'est pas un immeuble, mais une somme d'argent qui doit rentrer dans la masse active; que c'est un capital qui est dû par le donataire; que, dès lors, et aux termes de l'art. 856, ce sont les intérêts légaux de ce capital qu'il doit rapporter. — Jugé en conséquence, que l'héritier qui opte pour le rapport en moins prenant doit compte des intérêts au taux légal de 5 p. 100 du prix estimatif de l'immeuble, et non de l'intérêt calculé d'après le produit de l'immeuble (Lyon, 26 juin 1841) (2).

Au contraire, on a jugé qu'il n'est dû rapport que de la somme

(1) (Coffre *C.* ses sœurs.) — LA COUR (ap. partage); — Attendu que les dames Coffre ont déclaré, dans leurs conclusions devant les premiers juges, consentir au partage demandé par leur frère, à la charge par lui de rapporter la somme de 7,000 fr. formant la valeur des économies que leur père commun avait dû faire sur ses revenus; que, pour faire ordonner ce rapport, elles ont demandé subsidiairement à prouver certains faits, et notamment que leur frère faisait le partage des récoltes, les vendait sans la participation de son père et en touchait le prix; — Attendu que le tribunal de Barbezieux établit en principe, dans les motifs de son jugement, que Coffre père, après avoir disposé de la quotité disponible en faveur de son fils, ne pouvait l'avantager directement ni indirectement; qu'il décide que les faits articulés sont pertinents et admissibles, parce qu'il en résulterait un avantage fait en fraude de la loi, et qu'ainsi, l'objet de la preuve qu'il a admise serait, en définitive, d'obliger Coffre fils à rapporter les revenus des biens que son père lui a abandonnés, si l'on considère comme simulée la décharge donnée par le père le 8 déc. 1827;

Attendu que l'art. 844 c. civ., en réduisant à la quotité disponible tous les dons et legs préciputaires, et en décidant que l'excédant doit être rapporté, limite l'étendue des libéralités, sans déterminer la nature de celles qui sont sujettes à rapport; que les règles à cet égard se trouvent posées dans les art. 851 et suiv.; — Attendu que l'art. 856 dispose que les fruits et les intérêts des choses sujettes à rapport ne sont dus qu'à compter du jour de l'ouverture de la succession; que le sens de cet article est manifeste; qu'il établit une différence absolue entre le fonds et le capital de la chose à rapporter et les revenus et les fruits qu'elle a pu produire; qu'il statue que le rapport des fruits et revenus n'est dû que depuis l'ouverture de la succession, d'où il suit, incontestablement, que les fruits ou les revenus donnés et perçus avant la succession ouverte sont exclus du rapport prescrit par l'art. 844; car si la succession ne peut réclamer que les fruits perçus depuis son ouverture, il faut bien reconnaître qu'elle n'a aucun droit sur ceux qui étaient échus antérieurement;

Attendu qu'autrefois cette question était diversement décidée par les auteurs et par la jurisprudence; que l'on distinguait entre les fruits et les intérêts perçus, et ceux qui étaient arréragés et encore dus au moment de l'ouverture de la succession, pour exempter les premiers du rapport et y soumettre les seconds; que l'on distinguait également le cas où les revenus provenaient de biens appartenant au défunt, ou de biens apartenant à des tiers; que l'on exigeait le rapport dans le premier cas et qu'on le refusait dans l'autre; que plusieurs arrêts avaient aussi décidé, en thèse générale, que les fruits et les intérêts n'étaient pas sujets à rapport; que cette jurisprudence n'était ni unanime ni uniforme; que le code civil est venu poser une règle générale au milieu de cette diversité de doctrine et de jurisprudence; que, n'ayant admis aucune distinction, il faut en conclure qu'il les a toutes rejetées, et que l'on se conforme à sa lettre et à son esprit, en décidant que les fruits et revenus perçus et donnés avant l'ouverture de la succession, sont exclus du rapport à opérer par le successible auquel ils ont été donnés et qu'on ne peut pas les considérer comme un excédant de la quotité disponible, aux termes de l'art. 844; — Que, dès lors, le tribunal de Barbezieux a mal jugé en admettant la preuve des dames Coffre, et en décidant que les faits étaient concluants; car, ces faits, prouvés qu'ils fussent, ne constitueraient pas un avantage que le sieur Coffre fils fût tenu de rapporter; — Emendant.

Du 10 fév. 1831.-C. de Bordeaux.-2e ch.-M. Roullet, 1er pr.

(2) *Espèce*; — (Hérit. Lebrument *C.* Courtet.) — 1er avr. 1840, jugement du tribunal de Lyon, ainsi conçu : — « Attendu que les mariés Courtet ont offert de rapporter, au lieu des immeubles par eux reçus, leur valeur en argent qui s'élève à 156,900 fr.; — Attendu que par suite de cette option, les immeubles sont restés étrangers à la succession; que celle-ci a seulement été créancière d'un capital de 156,900 fr., qu'il dépendait des mariés Courtet de confisquer, et dont ils perçoivent à leur profit les intérêts depuis l'ouverture de la succession; — Attendu qu'il n'est pas vrai que les mariés Courtet perçoivent les fruits de l'immeuble pour le compte de la succession, car l'immeuble est à eux et non à la succession dans laquelle il est censé n'être jamais entré; que l'hoirie est seulement, comme tout créancier, propriétaire du prix qui lui est dû et des intérêts jusqu'à payement; — Attendu que le successible qui opte pour donner le prix d'un immeuble au lieu de l'immeuble lui-même, est dans la position d'un acquéreur, lequel doit son prix avec intérêts, que les intérêts soient ou non inférieurs aux revenus de la propriété vendue; attendu que la question soulevée par les mariés Courtet a été résolue dans le sens du payement des intérêts de la somme rapportée par tous les auteurs qui l'ont examinée, à savoir : Ferrière, Delvincourt et Pothier; — Dit que le sieur Courtet sera tenu de rapporter à l'actif de la succession de Lebrument père les intérêts à 5 p. 100 par an de la somme de 156,900 fr., montant de l'estimation de l'immeuble qu'il a été autorisé

équivalente aux fruits (Caen, 23 déc. 1848, aff. Beauquet. D. P. 50. 2. 177). — Cette décision nous paraît plus équitable et conforme d'ailleurs à la règle *fructus augent hæreditatem*. C'est par fiction que le rapport se fait en moins prenant. L'héritier donataire pourrait racheter l'immeuble avant le partage et faire le rapport en nature. Dans ce cas, ses cohéritiers n'auraient droit qu'aux fruits produits par l'immeuble à partir du décès. Il semble, dès lors, que, pour la quotité des fruits qui seront perçus depuis cette époque, c'est leur valeur estimative qui devra être rapportée et non les intérêts de la somme à laquelle l'immeuble a été évalué. Il est vrai que le donataire pourra gagner quelque chose à ce mode de liquidation; mais il se peut aussi qu'il y perde, ce qui aura lieu si l'immeuble a augmenté de valeur. On doit avant tout s'attacher à ce principe; l'héritier qui vient en moins prenant, ne pouvant restituer l'immeuble qu'il a eu le droit d'aliéner, rapporte la valeur au jour de l'ouverture de la succession; voilà pour la chose principale. A l'égard des accessoires, c'est-à-dire des fruits produits par l'immeuble, on les estime de la même manière; on applique la règle que l'accessoire doit être de même nature que la chose principale.

1231. Les fruits ou intérêts sont dus de plein droit depuis l'ouverture de la succession. Il n'est pas besoin de demande judiciaire. Cette dérogation à l'art. 1153 résulte des termes de l'art. 856, qui s'interprétaient de la même manière dans l'art. 309 de la coutume de Paris, et l'art. 101 de la coutume de Calais. Ces deux coutumes formaient le droit commun. D'autres, comme celles d'Orléans, art. 309, et de Bretagne, art. 567, ne déclaraient les fruits ou intérêts exigibles qu'à compter du jour de la demande en partage. Le code a eu raison de rejeter ce dernier système; il est moins favorable à l'égalité entre héritiers; il intéresse l'héritier donataire à retarder le plus possible le partage. Les cohéritiers ne pourraient, les uns vis-à-vis des autres, faire des actes de procédure qu'après avoir pris connaissance de l'état de la succession et des donations faites. En attendant, le donataire jouirait des sommes au préjudice de ses cohéritiers (Chabot, t. 3, p. 419; Delvincourt, t. 2, p. 342, note 2; Duranton, t. 7, nº 369).

1232. L'héritier pour partie, s'il a possédé et joui de tous les biens de la succession depuis son ouverture, doit restituer les fruits de la portion qui ne lui appartient pas, du jour même de l'ouverture, et non pas seulement du jour de la demande, et cela encore qu'il ait possédé de bonne foi (Bordeaux, 20 mars 1834, aff. Rabier, V. Disp. entre-vifs, nº 287).—Les art. 549 et 550 c. nap., suivant lesquels le possesseur de bonne foi fait les fruits siens, se rapportent plutôt au cas de possession d'un immeuble, qu'au cas de possession d'une hérédité. Ces articles n'ont point dérogé à la maxime *Fructus augent hæreditatem* (L. 20, § 3, D. *De petit. hæred.*; même arrêt).

1233. Ainsi : 1º lorsqu'un individu a été institué légataire universel par un mineur, pour jouir de la *portion de biens qu'il avait de disponible par l'effet de la loi*, s'il s'est mis immédiatement en possession de l'entière hérédité, il devra compte des fruits de toute la quotité non disponible à raison de la minorité, à partir du jour même de l'ouverture de la succession et non pas seulement du jour de la demande, encore bien qu'il ait pu se croire appelé à la totalité, soit par les termes du testament, soit par la circonstance que le testateur n'est décédé qu'après sa majorité (même arrêt de Bordeaux, 20 mars 1834); — 2º Les intérêts des sommes dues par l'un des héritiers au défunt et sujettes à rapport, courent de plein droit à partir de l'ouverture de la succession, et non pas seulement à compter de la signification de l'arrêt qui le condamne au rapport (Cass. 2 fév. 1819, aff. Chevalier, V. *suprà*, nº 1203).

1234. Les fruits des biens d'un émigré sont dus par son héritier qui en a joui, du jour qu'il en a fait la déclaration et non pas du jour où a été rectifié le partage avec l'état qui les avait omis. Peu importe que cette jouissance ait été de bonne foi (Décret cons. d'Ét., 18 janv. 1813, aff. hérit. Benazé *C.* le domaine).

1235. Lorsque l'un des héritiers a joui des biens de la succession depuis son ouverture, et qu'il ne peut pas en représenter les fruits, est-il tenu à la restitution, comme débiteur de la succession elle-même, et obligé par conséquent à faire le rapport de ces fruits, soit en argent, soit en moins prenant dans le mobilier et successivement dans les immeubles? On a prétendu qu'il n'y avait là qu'une dette d'héritier à héritier, donnant lieu à une action purement personnelle, et exigible seulement en argent. Le rapport n'est dû, a-t-on dit, que de ce qui a été perçu avant l'ouverture de la succession. L'art. 856 c. nap. ne décide autrement que pour les fruits des choses sujettes à rapport. Au surplus, la restitution, fût-elle considérée comme une dette envers la succession, ne serait exigible qu'en deniers, d'après les art. 828 et 829 c. nap., qui parlent des *fournissements* à faire à chacun des copartageants, et du rapport à la masse des *sommes* dont le cohéritier est débiteur (Grenier, Hypoth., p. 335; Vazeille, art. 830, nº 3). — On a répondu avec raison que ces deux articles ne disent point de quelle manière doit se faire le rapport. La règle générale est dans l'art. 853, selon lequel le rapport se fait en nature ou en moins prenant; peu importe, d'ailleurs, que les fruits aient été perçus avant ou depuis l'ouverture de la succession. Dans les deux cas, l'actif de la succession ne s'en fût pas moins accru, si l'héritier n'avait pas joui des biens, d'après la maxime : *Fructus augent hæreditatem*. Il faudrait donc faire deux parts distinctes des fruits à restituer, si par exemple un héritier avait touché des intérêts échus, partie avant le décès, partie depuis, ou qu'il eût continué une administration commencée du vivant de l'auteur commun. On reconnaît bien que les fruits des choses, sujettes à rapport, sont rapportables à la masse. Pourquoi serait-on plus favorable envers l'héritier non donataire, qui s'est emparé des biens de la succession? Les fruits ne changent pas de nature dans ces diverses hypothèses : et, en conséquence, les cohéritiers ont toujours le droit de retenir des biens héréditaires, jusqu'à concurrence des fruits dus (Conf. Lebrun, Success., liv. 4; Pothier, Pandectes, liv. 10, tit. 2 et 3, et Propriété, nºs 400 à 416; Chabot, art. 829, nº 2; MM. Troplong, des Hyp., t. 1, nº 239-4º; Belost, sur Chabot, art. 828; Dutruc, Du partage, nº 429).—Jugé dans ce sens, que les cohéritiers ont pour la répétition de leur part dans les fruits, perçus par l'un d'eux depuis l'ouverture de la succession, un droit réel sur les biens héréditaires qui leur permet de se faire attribuer, lors du partage, une plus forte part d'immeubles (Cass. 24 fév. 1829) (1). La même doctrine est dans les motifs de plusieurs arrêts (V. *infrà*) rendus contre les créanciers de l'héritier

---

à rapporter en moins prenant, lesdits intérêts payables depuis le décès de Lebrument père; » — Appel. — Arrêt.

LA COUR; — Adoptant les motifs des premiers juges; — Confirme.

Du 26 juin 1841.-C. de Lyon, 2e ch.-M. Reyre, pr.

(1) (Cassagnard C. Cassagnard.) — LA COUR; — Considérant, en fait, que Paul Cassagnard décéda au mois de déc. 1777 en pays de droit écrit; — Qu'ainsi sa succession et le rapport des fruits, dus par Dominique Cassagnard à la masse, sont régis par les lois romaines, et que le rapport doit être effectué conformément à leurs dispositions;

Considérant, en droit, que les fruits accroissent à la succession, en augmentant la masse et la part de chaque héritier; — Que le rapport des fruits doit être fait soit en nature, soit en argent, soit en moins prenant; que lorsque l'héritier ne peut, comme dans l'espèce, l'effectuer, ni en nature, ni en argent, il est absolument tenu de prendre moins; qu'alors les parts des autres héritiers aux fruits sont prises et prélevées sur sa portion dans les biens meubles et immeubles de la succession;

Considérant que les cohéritiers s'ils n'avaient droit et action que sur les autres biens de l'héritier qui doit le rapport, seraient exposés à la perte d'une partie de leur part héréditaire, lorsque, comme dans l'espèce, cet héritier n'aurait pas d'autres biens, et qu'il serait d'ailleurs insolvable;

Considérant que chaque héritier a le droit incontestable d'exiger et de recevoir, lors du partage, toute sa part afférente, et qu'il serait frustré de ce droit si, par le partage, il n'était pas rempli de sa part des fruits sur la portion héréditaire de l'héritier tenu au rapport, quand celui-ci ne peut le faire en nature ni en argent, et qu'il lui est impossible de l'effectuer qu'en moins prenant;

Considérant que ces anciens principes du droit romain sont si sages, si équitables, qu'ils ont été consacrés par plusieurs dispositions du code civil, et notamment par les art. 828, 829, 830, 831 et 856; — Considérant enfin, qu'il suit de ces prémices, que la cour royale d'Agen a violé les lois précitées en ne condamnant que personnellement Dominique Cassagnard à fournir à Madeleine Cassagnard, sa sœur, la part qui revient à celle-ci dans les fruits dont il doit le rapport, et en refusant d'ordonner que ladite Madeleine Cassagnard prendra et prélèvera sa

qui doit les fruits. — Même décision, mais restreinte aux héritiers entre eux, et déclarée non applicable à leurs créanciers (Pau, 28 juill. 1828, aff. Lalande, Agen, 11 nov. 1830, aff. Carrère, V. *infrà*, n° 1239). — L'opinion contraire résulte des motifs de quelques arrêts rapportés plus loin, n° 1239, et rendus au profit des créanciers.

1236. Il a été jugé aussi que les fruits perçus par l'un des cohéritiers avant le partage, et dont il doit compte et rapport à la masse générale de la succession, n'ont pas seulement le caractère de simples intérêts ou annuités, mais constituent un véritable capital qui s'identifie avec la masse héréditaire à partager : tellement qu'à raison de la restitution de ces fruits, le partage peut être réclamé en corps héréditaires. Que, par suite, l'art. 18 de la loi du 27 avril 1825, sur l'indemnité, d'après lequel les oppositions des créanciers des anciens propriétaires émigrés, porteurs de titres antérieurs à la confiscation, n'ont d'effet que pour le capital de leurs créances, ne peut être opposé au cohéritier de l'émigré qui se présente comme son créancier pour les fruits qu'il avait perçus avant la confiscation, et tandis que la succession était encore indivise, sous le prétexte que ces fruits ne constituent pas un capital de créance, mais de simples accessoires (Cass. 18 déc. 1839) (1).

1237. Tout en admettant que l'héritier a droit de se faire restituer en fonds héréditaires les fruits perçus à son préjudice par le cohéritier, on a décidé avec raison que l'héritier réservataire agissant contre le donataire, en réduction de la donation, ne peut demander que le surplus de l'immeuble atteint par la réduction lui soit abandonné en payement des fruits qui lui sont dus : le réservataire n'a qu'un droit de créance (Poitiers, 27 janv. 1839) (2).

1238. De ce que la restitution en fonds héréditaires n'est exigible qu'autant que le cohéritier, qui a perçu les fruits, ne peut pas les restituer en argent, ou en nature, il suit 1° que les créanciers des héritiers peuvent éviter la restitution en biens héréditaires, en remboursant la valeur des fruits avant la composition de la masse à partager (Toulouse, 2 mai 1825, aff. Carrière *C.* Espié); — 2° Qu'il doit être accordé à l'héritier un *délai moral* pour faire la restitution en argent, et qu'en conséquence, il y a lieu de charger les experts de procéder dans la double hypothèse d'un payement en deniers et d'un rapport en biens de la succession ; et si, à l'expiration du délai qu'ils auront fixé, l'héritier débiteur ne se libère pas envers ses cohéritiers de la somme représentant la valeur des fruits perçus, les lots de ces derniers seront complétés avec les biens héréditaires qui devaient

---

part des fruits sur la portion héréditaire de Dominique Cassagnard; — Casse.

Du 24 fév. 1829.–C. C., sect. civ.–MM. Brisson, pr.–Larivière, rap.–Cahier, av. gén., c. conf.–Lassis, av.

(1) *Espèce* : — (Hérit. de Morin *C.* de Basterot et de Lursaluces.)—Arrêt de la cour de Bordeaux, du 16 avril 1836, qui statue en ces termes :— « Attendu, en fait, que la créance des appelants ne se compose que de fruits produits par des portions héréditaires à eux échues, et qui étaient dus en exécution d'une sentence du sénéchal de Guyenne, en date du 19 av. 1774, et d'un jugement arbitral du 22 avr. 1793;—Attendu que, suivant la lettre et d'après l'esprit de la loi du 27 avr. 1825, les oppositions que cette loi autorise ne peuvent avoir d'effet que pour le capital d'une créance; que les éléments de la créance Morin n'étant que des fruits et par conséquent des accessoires, les oppositions dont ils ont été l'objet ne peuvent être utilisées; — Qu'en admettant que lesdits fruits eussent perdu ce caractère par l'arrêt du 4 prair. an 4 qui les liquide définitivement, ils ne pourraient être alloués qu'à partir de cette époque; que, dans cette hypothèse, les Morin se trouveraient dans un rang trop inférieur pour être colloqués dans le présent ordre. »

Pourvoi des héritiers de Morin. — Arrêt (ap. dél. en ch. du cons.).

LA COUR; — Vu les art. 828 et 829 c. civ., et l'art. 18 de la loi du 27 avr. 1825; — Attendu que la succession de Jeanne de Basterot, ouverte, en pays de droit écrit, par la profession religieuse qu'elle a faite en 1758, a été régie, dans toutes ses phases, par les lois romaines, dont les principes, quant aux effets légaux de l'action en pétition d'hérédité, ont été pleinement adoptés par les art. 828 et 829 c. civ.; — Que, dans l'une et l'autre législation, l'action en pétition d'hérédité, lorsqu'elle arrive à ses fins, c'est-à-dire lorsqu'elle est consacrée par un jugement, confère à celui qui l'a exercée un droit égal au droit de son cohéritier, un droit contemporain de l'ouverture de la succession, non-seulement dans les fonds, mais encore dans les fruits, avec privilége sur le lot de celui-ci, et hypothèque sur ses biens personnels à la date du jugement; — Que, si, avant l'exercice de cette action, le cohéritier défendeur a recueilli des fruits, il en est débiteur envers la succession, et doit (suivant les art. 828 et 829 c. civ., conformes à tous les anciens principes), en faire *compte et rapport à la masse générale*, qui s'accroît d'autant : et c'est dans ce sens que la loi romaine décidait que les fruits augmentent l'hérédité; — Que, sur cette masse générale ainsi composée, le demandeur en pétition d'hérédité, exerçant son droit à partage, aurait celui de requérir, s'il y avait lieu, son lotissement en corps héréditaires : tant il est vrai que les fruits, comme les fonds, ne sont, en dernière analyse, qu'une seule masse entièrement homogène, et dont les éléments, quoique divers, forment le *capital unique et partageable de la succession*; — Que les fruits ainsi rapportés à la masse, et formant, désormais, partie intégrante de l'hérédité, sont donc un véritable capital, et peuvent même, le cas échéant, devenir la matière d'une soulte anticipée de partage : d'où il suit qu'il serait contraire à tous les principes sur l'égalité entre copartageants, d'assimiler ces fruits, perçus par l'un d'eux, à de simples intérêts ou annuités, seuls objets auxquels puisse et doive s'appliquer la disposition restrictive de l'art. 18 de la loi du 27 avr. 1825;

Attendu, en fait, que, sur l'action en pétition de l'hérédité de la demoiselle Jeanne de Basterot, formée par l'auteur des héritiers de Morin, le 17 fév. 1775, et par sentence du sénéchal de Guyenne, emportant hypothèque à partir de sa date (19 avr. 1774), et confirmée par arrêts des 20 août 1776 et 29 mars 1779, Jean-Baptiste de Basterot, aïeul de Jacques de Basterot, l'un des défendeurs, a été condamné à remettre et délaisser aux sieurs de Morin et consorts les biens provenant de la ligne maternelle de la succession de Jeanne de Basterot, sa fille, et à la restitution des fruits de cette succession, depuis le 17 fév. 1775; — Que, par arrêté du directoire du département de la Gironde du 4 prair. an 4 (25 mars 1796), contenant partage définitif et tirage au sort des lots, entre le sieur de Morin, auteur des demandeurs, d'une part, et la république, d'autre part, comme étant aux droits de Barthélemy de Basterot, fils de Jean-Baptiste, et père de Jacques, ces fruits ont été liquidés à 75,848 liv. 6 s. 8 den.; — Que ces fruits avaient été perçus : 1° par Jean-Baptiste de Basterot, jusqu'à sa mort; 2° par Barthélemy de Basterot, jusqu'à son émigration et jusqu'à l'apposition du séquestre national sur ses biens : d'où il suit qu'on ne saurait appliquer aux fruits échus jusqu'à la dernière de ces époques le principe de la disposition restrictive portée en l'art. 18 de la loi du 27 avr. 1825 : disposition qui se fonde sur ce que l'État ne donne à l'indemnitaire qu'un capital privé d'intérêts, tandis que, dans l'espèce, les auteurs de l'indemnitaire ont réellement profité des fruits dont il s'agit; — Attendu que c'est pour raison de cette somme de 75,848 liv. 6 s. 8 den., *formant, à partir de l'ouverture de la succession de Jeanne de Basterot, capital dans cette succession, au profit de De Morin et consorts*, qu'il a été formé, par eux, opposition à la délivrance de l'indemnité afférente à Jacques de Basterot, héritier en troisième ligne de Jeanne de Basterot, et que, dans l'instance sur laquelle est intervenu l'arrêt attaqué, les héritiers de Morin ont conclu à la séparation des patrimoines; —Que le même arrêt a refusé de colloquer les consorts de Morin, à l'hypothèque du 19 avr. 1774, dans l'ordre ouvert pour la distribution de cette indemnité, et de donner effet à leur opposition, par le motif que *les éléments de leur créance n'étaient pas des fruits, et, par conséquent, des accessoires*; — ...Qu'en jugeant ainsi et en écartant de l'ordre, comme composée de simples accessoires, une créance qui était véritablement celle d'un *capital rapportable à la masse d'une succession*, et devait, sous cet aspect, obtenir une collocation utile, la cour royale de Bordeaux a faussement appliqué et même violé l'art. 18 de la loi du 27 avr. 1825, en même temps qu'elle a formellement violé tous les principes sur les rapports de cohéritiers à cohéritiers et sur l'égalité entre copartageants, et, notamment, les art. 828 et 829 c. civ.; — Casse.

Du 18 déc. 1839.–C. C., ch. civ.–MM. Dunoyer, pr.–Quéquet, rap.

(2) (Ardouin et autres *C.* Moncassin et autres.) — LA COUR; — Attendu qu'il y aurait erreur à assimiler un héritier réservataire qui s'adresse à un donataire pour obtenir le retranchement de sa réserve, à un héritier qui poursuit un cohéritier par une action en particulier; — Que, dans le premier cas, le donataire détient pour lui seul et en vertu d'un titre qui lui donne des droits exclusifs; — Que, dans le second, le cohéritier détient pour lui et pour ses cohéritiers; — Que tous ses actes profitent, aux termes du droit et même à son insu, à ses cohéritiers, et que c'est en ce sens que l'on peut dire que les fruits augmentent l'hérédité; — Que, dans le cas de l'exercice de l'action du réservataire, celui-ci peut bien obtenir sa portion des immeubles, mais qu'il ne peut demander le surplus des immeubles en payement des jouissances ou fruits qui peuvent lui être dus; — Que, pour obtenir ces fruits, il ne peut agir que comme créancier, et non comme copropriétaire; — Qu'enfin, en pareille circonstance, les intérêts du réservataire sont toujours conservés par la célérité de l'action à exercer, et par des demandes successives en provision; — Par ces motifs, etc.

Du 27 janv. 1839.–C. de Poitiers.–M. Moyne, 1er pr.

former le sien (Toulouse, 25 juill. 1828. M. de Miégeville, pr., aff. Lapanouze C. Lapanouze). Dans l'espèce, il a été accordé un délai de six mois, à compter de la clôture du rapport des experts.

1239. Lorsque l'héritier qui a recueilli les fruits depuis le décès, n'en a point fait rapport lors du partage, mais a promis à ses cohéritiers une somme d'argent représentative de leur valeur, ceux-ci ont-ils *privilége* sur le lot de leur débiteur, et priment-ils les hypothèques qu'il a constituées avant partage sur les biens composant son lot? Non, d'après M. Grenier, t. 1, p. 356, n° 159, et plusieurs arrêts (Grenoble, 21 juill. 1826; Agen, 11 nov. 1830 (1); Agen, 3 (ou 30) avr. 1823, M. Delong, 1er pr., aff. Blanzac; Montpellier, 24 août 1827, M. Sicard, pr., aff. Dissez C. Viala; Pau, 28 juill. 1828, M. Figerol, pr., aff. Lalande). — Cette opinion se fonde principalement sur ce que le privilége est de droit strict, et que la loi ne l'a établi que pour la garantie des partages des soultes ou retour des lots (c. nap. 2103).

Mais il s'agit en réalité de la garantie du partage et de l'égalité des lots, si l'on admet (ce qui a été dit ci-dessus), que ce qui est dû pour jouissance, entre dans le partage, en est un élément nécessaire et ne constitue point seulement une dette d'héritier à héritier. Il y a une inégalité et une lésion à réparer. L'héritier débiteur des fruits, qui augmente l'actif de la succession, est garant de la restitution. Les biens de son lot sont donc affectés par privilége à cette restitution. Les créanciers personnels qui ont pris hypothèque sur ces biens devaient savoir qu'avant le partage leur débiteur n'en avait pas la libre disposition, et ne pouvait préjudicier par son fait au droit de ses cohéritiers, droit qui remonte à l'ouverture de la succession (Conf. MM. Troplong, Privil. et hypoth., t. 1er, n° 239-4°; Belost-Jolimont, sur Chabot, art. 828; Dutruc, Du partage, n° 582).

1240. Plusieurs arrêts se sont aussi prononcés en faveur du privilége des cohéritiers (Req. 21 août 1821 (2); Toulouse, 2e ch., 10 mars 1821, M. Delatour-Mauriac, pr., aff. Lemastre C. Barbe;

---

(1) 1re *Espèce :* — (Perrichon C. Belluard.) — LA COUR; — Attendu que ce n'est point d'après les lois romaines et la jurisprudence des arrêts antérieurs à la nouvelle législation, que doit être décidée la question dont il s'agit, mais d'après les dispositions du code civil qui régit toute la France; — Attendu que le code civil prévoit toutes les réclamations que des cohéritiers, procédant au partage d'une succession commune, peuvent avoir à former les uns contre les autres, et, par conséquent, celle d'une restitution des fruits compétent à l'un d'entre eux; — Attendu qu'une simple restitution de fruits, résultant d'une jouissance consentie ou tolérée par le cohéritier réclamant, ne pouvait point être le sujet d'une action réelle, d'un prélèvement d'immeubles sur la portion du cohéritier débiteur, mais seulement d'une action personnelle et d'une réclamation en deniers; que, dès lors, le législateur ne pouvait qu'autoriser cette réclamation dans la procédure de partage, et prescrire à cet égard, comme pour toute autre créance, que des rapports, des comptes et des fournissements entre les cohéritiers; — Attendu que c'est en ce sens qu'il faut entendre l'art. 829, portant que chaque cohéritier fait rapport à la masse des sommes dont il est débiteur, et l'art. 828 ordonnant qu'il soit procédé devant le notaire convenu ou délégué, au compte de ce que les copartageants peuvent se devoir, à la composition des lots et aux fournissements à faire à chacun d'eux, c'est-à-dire des sommes à payer; — Attendu qu'il est si vrai qu'il ne s'agit que d'un payement en deniers, quelle que soit la cause de la créance répétable, que c'est après avoir déclaré que chaque cohéritier peut demander sa part en nature des meubles et immeubles de la succession, c'est après avoir prévu la vente ou licitation des immeubles, que, pour complément des opérations, l'art. 828 ordonne des comptes et fournissements entre les cohéritiers; — Attendu que, si le législateur avait voulu attribuer au cohéritier, à qui il revient une restitution de fruits, un droit de propriété ou de revendication sur les immeubles de la succession, il l'aurait clairement expliqué; sa volonté aurait été consignée dans une disposition formelle; mais, bien loin de trouver dans le code civil une disposition semblable, on y voit, au contraire, que, quelle que soit la nature des créances d'un héritier, il n'est jamais considéré, à cet égard, que comme un créancier ordinaire à qui il compète des sommes en argent, et non des immeubles, et que c'est sous ce rapport qu'un seul mode de libération est introduit; savoir, le payement en deniers;

Attendu que François Perrichon n'a justifié d'aucune inscription au bureau des hypothèques, à raison de la prétendue restitution de fruits qui donne lieu à la contestation; — Attendu qu'une créance quelconque, fût-elle privilégiée, ne peut être opposée aux tiers, si elle n'est soutenue d'une inscription; — Attendu qu'admettre le système contraire ce serait porter atteinte au principe si salutaire de la publicité des hypothèques, et compromettre les intérêts de ceux qui, ne consultant que les registres du bureau des hypothèques, auraient contracté avec des débiteurs de restitutions de fruits non inscrites; — Attendu que le système du bail en payement forcé en immeubles, sans nulle inscription préalable, pourrait avoir d'autres conséquences graves; que deux cohéritiers de mauvaise foi pourraient colluder pour constituer en perte les créanciers de l'un d'eux, et cela en supprimant ou celant les preuves de la libération des fruits perçus; — Attendu qu'en l'espèce, la prétention de François Perrichon aurait pour résultat de constituer en perte un créancier de son frère; — Attendu que si, sous l'empire des lois omaines et de l'ancienne jurisprudence, les cohéritiers, ainsi que les égitimaires, pouvaient agir sur les immeubles de la succession à raison des restitutions de fruits, c'est qu'ils avaient, à raison de ces mêmes fruits, une hypothèque légale sur les biens de la succession, à dater du jour de son ouverture; qu'ils étaient par là même préférés aux créanciers de l'héritier débiteur de ces fruits; et qu'ils pouvaient, en vertu de leur hypothèque légale, exercer l'action hypothécaire, et obtenir le délaissement de ces immeubles; mais que, d'après la nouvelle législation, nulle créance ne pouvant, si elle n'est inscrite, donner lieu à un délaissement d'immeubles, ni à une expropriation, ni non plus être opposée aux créanciers qui ont fait inscrire leurs créances il est évident qu'il ne peut point, dans la cause actuelle, être fait application des anciens principes au sujet des fruits dont François Perrichon se prétend créancier de son frère; — Confirme.

Du 21 juill. 1826.-C. de Grenoble, 2e ch.-M. Paganon, pr.

2e *Espèce :* — (Carrère-Lagarrière C. Dutant.) — LA COUR; — Attendu que l'action en restitution de fruits est personnelle et mobilière de sa nature, puisqu'elle a pour cause un fait personnel au débiteur; que ce principe n'est contraire ni aux lois romaines ni au code civil; qu'il est, au contraire, en parfaite harmonie avec ces deux législations: quant aux lois romaines, la maxime *Fructus augent hæreditatem*, quoiqu'elle considère le fruit comme une augmentation de l'hérédité, ne change en rien la nature de l'action en restitution de fruits; elle ne cesse pas d'être personnelle et mobilière; le copartageant qui l'exerce peut et doit sans doute obtenir contre son cohéritier le délaissement, même en immeubles représentant ces fruits, lorsque le cohéritier ne veut ou ne peut se libérer en nature ou en argent; c'est par un principe d'équité et d'égalité que cette faveur a été introduite dans l'intérêt du cohéritier contre son débiteur personnel; mais les tiers possesseurs ne peuvent, d'après ce principe même, être passibles que d'une action hypothécaire, qui ne peut aujourd'hui avoir d'effet que par l'inscription; la preuve incontestable que l'action en restitution de fruits est purement personnelle, c'est que le cohéritier contre lequel cette action est intentée a toujours eu le droit de se libérer en nature ou en argent: les textes du droit romain invoqués à cet égard n'ont rien de contraire à ces principes; on n'y trouve, en effet, aucune disposition qui change la nature de ce droit, et qui, de mobilier, le transforme en immobilier; — Quant au code civil, il est certain qu'il n'a admis aucun privilége à cet égard; les seuls priviléges admis par ce code sont dans l'art. 2103, pour garantie de partage et de soulte, et dans l'art. 2109, pour l'inscription dans les soixante jours; les art. 843 et 856 n'exigent le rapport que de ce qui a été reçu avant l'ouverture de la succession, et des fruits des choses sujettes à rapport: il n'y a donc aucun privilége pour les fruits perçus après l'ouverture de la succession; aucune disposition formelle du code civil n'attribue au cohéritier, pour restitution des fruits, un droit de propriété sur les immeubles; les art. 828, 829 et 830 n'ont trait qu'aux rapports antérieurs à l'ouverture de la succession; — Attendu que de la combinaison de ces divers articles, il résulte que la restitution des fruits n'étant qu'une simple créance postérieure à l'ouverture de la succession, elle ne peut atteindre les tiers possesseurs qu'autant qu'elle serait appuyée sur une inscription antérieure à l'aliénation, et, dans ce cas encore, elle n'aurait pour objet qu'une collocation, et non un délaissement d'immeubles; que le système contraire porterait atteinte à la publicité des hypothèques, compromettrait le droit des tiers, et donnerait lieu à la fraude et à la mauvaise foi entre les cohéritiers; d'où suit qu'il y a lieu de rejeter la demande en délaissement d'immeubles contre les tiers possesseurs pour la représentation des fruits: — Par ces motifs, déclare n'y avoir lieu au délaissement d'immeubles au préjudice des tiers acquéreurs pour faire la restitution des fruits.

Du 11 nov. 1830.-C. d'Agen, 1re ch.-M. Tropamer, pr.

(2) (Belliard de Lisle C. Auvray.) — LA COUR; — Attendu qu'il s'agit de fruits et de choses sujettes à rapport déclarées telles par l'arrêt dont il s'agit et dont la disposition n'est pas attaquée; que cette espèce de rapport étant comme les intérêts un accessoire du principal doit être naturellement soumise aux mêmes règles qui gouvernent les rapports; que par conséquent la cour royale de Caen n'avait point à appliquer les principes du code civil relativement à la nécessité des inscriptions, mais bien ceux écrits aux art. 829, 843 et 883, chap. des partages et rapports; qu'il suit particulièrement des dispositions du dernier article que les créanciers Dufour la Hervire ne pouvaient nuire aux droits des époux Auvray, puisqu'aux termes de l'article précité, chaque cohéritier

2 mai 1825, aff. Carrière *C.* Espié; 21 août 1822, aff. Lafont *C.* Foulches).—Jugé spécialement qu'après un partage *provisionnel* entre cohéritiers des immeubles d'une succession et après renvoi devant un notaire pour procéder au compte de ce qu'ils peuvent se devoir respectivement, celui des cohéritiers qui a à répéter contre son cohéritier les fruits et jouissances de sa portion héréditaire depuis l'ouverture de la succession, a, pour cette répétition, un droit réel et privilégié, même vis-à-vis des tiers, sur les biens attribués provisoirement à son cohéritier; qu'en d'autres termes, les créanciers du copartageant, débiteur des fruits, ne peuvent, après un partage qui n'a rien de définitif, être préférés dans la distribution du prix de ces immeubles au cohéritier à qui les fruits sont dûs (Req. 11 août 1830) (1).

1241. L'ancienne jurisprudence reconnaissait aussi un privilége aux cohéritiers pour la restitution des fruits (Lebrun, Success., liv. 4, ch. 1er, no 1; Pothier, *id.*, ch. 4, § 4). — Il y a dans ce sens notamment un grand nombre d'arrêts des parlements d'Aix et de Grenoble.—Cette jurisprudence, toutefois, différait du code Napoléon, en ce que les cohéritiers avaient alors une hypothèque légale et n'ont plus aujourd'hui qu'un privilége subordonné à l'inscription prise conformément à l'art. 2109 c. nap. — Jugé contre le privilége des cohéritiers, dans une espèce où, ayant obtenu dès 1795 un jugement qui condamnait les tiers détenteurs à la restitution des fruits, ils n'avaient point pris d'inscription en vertu de ce jugement, sous la loi du 11 brum. an 7 et sous le code civil, et étaient demeurés dans l'inaction la plus complète jusqu'en 1821. L'arrêt se fonde en outre sur ce qu'au lieu de réclamer une partie des objets héréditaires pour se couvrir des fruits, les cohéritiers n'avaient sollicité et obtenu qu'une condamnation personnelle au payement d'une somme d'argent; ce qui les réduisait au rôle de simples créanciers dépouillés de toute espèce de privilége (Aix, 12 juill. 1826, M. de Lachèze-Morel, pr., aff. Langier *C.* Seranon).

1242. Lorsque, depuis le décès du père commun, un des enfants a continué de demeurer et d'être nourri dans la maison paternelle, il n'a pas perdu pour cela le droit de réclamer sa part dans les frais des immeubles de la succession, s'il a donné ses soins à la culture de ces mêmes immeubles (Agen, 28 juin 1808) (2).

1243. Toutefois, il a été jugé : 1° que les règles du droit an-

---

est censé avoir succédé seul et immédiatement à tous les effets compris dans son lot; que le rapport s'étant fait en moins prenant au moyen d'un prélèvement au profit des héritiers auxquels le rapport était dû, ce prélèvement a été recueilli exempt des charges personnelles du cohéritier, qu'ainsi l'arrêt attaqué n'a contrevenu à aucune des lois invoquées par le demandeur, et a fait une juste application des principes et des lois de la matière; — Rejette.

Du 21 août 1821.-C. C., sect. req.-MM. Lasaudade, pr.-Rousseau, rap.

(1) *Espèce :* — (Légal de Mirande *C.* Tavernier.) — Le 14 fév. 1828, arrêt de la cour de Riom ainsi conçu : — Attendu que la succession de Marie Harrend, du partage de laquelle il s'agit, s'est ouverte en 1746; — Attendu que sous l'ancienne législation l'on tenait pour constant que les fruits perçus par l'un des cohéritiers, augmentaient la masse de l'hérédité; et que les légitimaires, auxquels ils étaient dus, avaient un droit réel sur les immeubles qui en dépendaient, pour obtenir la restitution de la part qui leur revenait; que cette doctrine avait son fondement dans la loi 9, au code, *Familiæ erciscundæ*, et dans la maxime *Fructibus augetur hæreditas*, tirée de la loi 2, au code *De petitione hæreditatis;* — Qu'elle n'était d'ailleurs que la conséquence du principe qui a été reconnu de tous les temps, d'après lequel chaque cohéritier devait rapporter au partage, ou réellement ou fictivement, tout ce qu'il avait perçu de l'hérédité commune, pour en être fait une seule et même masse, dans laquelle chacun devait prendre la portion qui lui revenait; ce qui a toujours fait regarder les autres cohéritiers, pour tout ce qu'ils avaient à répéter contre celui qui s'était emparé de l'universalité de la succession et qui en avait perçu tous les fruits, non comme de simples créanciers ordinaires, mais comme ayant un droit privilégié sur la portion revenant à leur cohéritier dans l'hérédité indivise, dont la consistance ne pouvait être déterminée que par les rapports qui devaient être faits au moment du partage; — Attendu que, sous l'empire même du code civil, la restitution des fruits, ordonnée par son art. 856, ne donne pas seulement lieu à une action personnelle, qu'elle établit aussi des droits réels sur les immeubles de la succession en faveur du cohéritier à qui cette restitution est due; — Attendu que c'est ce qui résulte de la combinaison des art. 829, 850 et 851 du code précité, d'après lesquels chaque cohéritier doit rapporter à la masse, soit les dons qui lui ont été fait, soit les sommes dont il est débiteur, et par conséquent les fruits qu'il a perçus au préjudice de ses cohéritiers, comme devant augmenter la masse héréditaire; que ce rapport se fait en nature ou en moins prenant; que, dans le premier cas, le cohéritier, auquel il est dû, doit prélever une portion égale sur la masse de la succession; que, dans le second cas, et surtout lorsque le cohéritier qui doit le rapport est dans l'impossibilité de le faire en argent, il y a alors nécessité qu'il prenne moins sur les immeubles, afin que ses cohéritiers puissent recevoir leur lot tout entier sur l'héritage commun; — Attendu que le privilége du cohéritier, lui donnant droit à être payé par préférence à tous autres créanciers de son cohéritier, pour le remplir de sa portion héréditaire, se retrouve également dans les art. 2105 et 2109 c. civ., qui confèrent ce privilége pour la garantie des lots et pour les soultes et retours, qui ne sont autre chose que le parfournissement des lots dans la masse soumise au partage, et qui doit se composer non-seulement des meubles et des immeubles qui en font partie, mais encore des rapports à faire en restitution des jouissances, valeur des dégradations et autres objets dont chacun est comptable à l'instant même où le partage s'effectue; — Attendu que l'application de ces principes en faveur du légitimaire ou du copartageant, à qui il est dû sa part du mobilier ou une restitution de fruits, ne saurait être empêchée par l'intérêt des créanciers de celui qui s'est emparé de toute la succession et qui en a jouis exclusivement, par la raison qu'ils ne peuvent avoir des droits plus étendus que leurs débiteurs, et que ceux-ci ne peuvent consentir des engagements qui auraient pour résultat de préjudicier à leurs cohéritiers sur la succession encore indivise; — Attendu, en fait, que Jean Ampillac, et ses héritiers après lui, ou quoique ce soit Gabrielle Ampillac, se sont emparés et ont joui de la totalité des biens meubles et immeubles dépendant de la succession de Marie Harrend, au préjudice des époux Tavernier, et malgré la demande en partage que leurs auteurs en avaient formée en 1761; — Attendu que le privilége de ces derniers, remontant à l'ouverture de la succession de Marie Harrend, et aucune inscription n'ayant été prise par les intimés (les créanciers Ampillac) sous l'empire du code de brum. an 7, il suffit que les appelants se soient inscrits le 1er février 1822, avant le jugement du 17 avril de la même année, qui a été un commencement d'exécution du partage, tandis que leur inscription aurait été prise utilement dans les 60 jours qui auraient suivi ce jugement et même l'entière exécution du partage, aux termes de l'art. 2109 c. civ., pour qu'elles aient conservé toute l'étendue de leur privilége, et que la priorité qu'il leur accorde sur les créances seulement hypothécaires des intimés doive avoir son plein effet, pour ce qu'il leur reste à prétendre, par suite de ce même jugement, sur la portion des immeubles de la succession de Marie Harrend, demeurée libre de l'attribution faite aux époux Tavernier, ou, ce qui est de même, sur le prix de la vente qui en a été faite le 6 juin 1824; — Emendant, maintient la collocation provisoire, etc.—Pourvoi.—Arrêt.

LA COUR; — Sur le premier moyen, fondé sur la fausse application de la loi 9 ff. *Familiæ erciscundæ*, de la loi 2 au code *De petitione hæreditatis*, et des art. 820, 850, 851, 856, 885, 2105 et 2109 c. civ. : — Considérant, en droit, qu'il résulte des lois ci-dessus citées, que les fruits accroissent à la succession et en augmentent la masse; qu'il en résulte aussi que le rapport des fruits, lorsqu'ils ont été perçus, par l'un des cohéritiers, doit être fait soit en nature, soit en argent, soit en moins prenant; — Qu'ainsi, jusqu'au partage définitif, les héritiers auxquels des restitutions de fruits sont dues par ceux de leurs cohéritiers qui les ont perçus, ont, sur tous les biens de la succession, un droit réel pour la restitution de la portion qui leur revient dans les fruits; et que les immeubles qui peuvent, par l'événement d'un partage provisionnel, être abandonnés à l'héritier comptable et débiteur des fruits, ne peuvent passer dans les mains de cet héritier, que grevés de la charge de cette restitution; — Considérant, en fait, que le jugement du tribunal du Puy, du 10 avril 1821, en ordonnant le partage des biens de la succession de Marie Harrend, a condamné Gabrielle Ampillac à faire compte aux enfants Tavernier des fruits depuis le 20 juin 1746, suivant l'estimation qui en serait faite par les experts chargés de faire le partage; — Et que le jugement du même tribunal du 17 avril 1822, en homologuant le rapport des experts, et en autorisant les enfants Tavernier à se mettre en possession des immeubles à eux attribués par ledit rapport, a renvoyé les parties devant un notaire pour procéder au compte de ce qu'elles pouvaient se devoir respectivement; — Qu'il suit de cette disposition que ce dernier jugement n'a opéré qu'un partage provisionnel des immeubles, et que, dans cet état, l'arrêt attaqué, en jugeant que les biens de la succession dont Gabrielle Ampillac restait propriétaire, se trouvaient grevés d'un droit réel et privilégié pour la restitution des fruits dus aux enfants Tavernier, loin de contrevenir aux lois précitées, n'a fait qu'une juste appréciation des principes consacrés par ces lois; — Rejette.

Du 11 août 1830.-C. C., ch. req.-MM. Dunoyer, pr.-Moreau, rap.

(2) (Saint-Martin *C.* Saint-Martin.) — LA COUR; — Considérant que d'après les arrêts de la cour de cassation, la nullité opposée au jugement dont s'agit ne peut opérer la cassation; qu'il est bien vrai que le fils qui, après la mort de son père, habite la maison paternelle et y est nourri, est censé consommer sa portion des fruits recueillis sur les biens paternels, et ne peut conséquemment avoir droit à la restitution; mais

cien, en cas d'insistance du légitimaire sur les biens de l'hérédité, sont applicables, sous l'empire du code Napoléon, entre cohéritiers et à l'égard des biens de la succession ; qu'en conséquence, le cohéritier qui a été nourri et entretenu sur les biens de l'hérédité dont son cohéritier a perçu tous les fruits, n'a droit à aucune répétition, les fruits étant réputés s'être compensés avec la nourriture et l'entretien; mais que s'il a travaillé utilement sur les biens de la succession, la nourriture et l'entretien sont considérés comme le prix de son travail, en sorte que son droit aux fruits resterait intact; que cependant, s'il y a eu entre les cohéritiers des actes de jouissance commune, il doit être établi un compte que la cour, dans l'intérêt des parties et pour leur éviter des vérifications dispendieuses, a le pouvoir de déterminer *ex æquo et bono* (Montpellier, 6 mai 1841 (1) ; — 2° Qu'en supposant que le légitimaire qui demeurait dans la maison paternelle et travaillait pour le compte de l'héritier eût eu le droit d'exiger les intérêts de sa légitime, il est présumé en avoir fait l'abandon à l'héritier pour n'avoir rien réclamé de son vivant, et, après son décès, une pareille demande ne saurait être formée par son représentant (Toulouse, 27 juill. 1809, M. Desazars, pr., aff. Bourtoumiers) ; — 3° Que lorsque les cohéritiers ont vécu en communion, ils sont réputés avoir travaillé pour leur avantage commun et avoir consommé ou recueilli leur portion des fruits des biens indivis ; et par suite de cet état de communion l'augmentation subséquente de la valeur du mobilier est censée provenir de l'industrie ou des revenus communs (Grenoble, 1re ch., 13 juill. 1813, aff. Riquet *C.* Riquet).

1244. L'héritier donataire qui a affermé l'immeuble donné, en se réservant les droits d'habitation, de chasse et de pêche, est tenu de rapporter à la succession du donateur la valeur estimative de ces droits, à compter de l'ouverture de la succession : « Considérant que les objets exceptés du rapport par les premiers juges y sont sujets, aux termes de la loi, met le jugement dont est appel au néant; émendant, ordonne que les objets en litige seront compris dans la liquidation de la succession Rey comme valeurs en dépendant, à raison de 25 fr. par an, somme à laquelle la cour les arbitre d'office » (Paris, 6 uill. 1826, 3e ch., M. Lepoitevin, f. f. de pr., aff. veuve Rey *C.* Dumoutier; Poujol, t. 2, p. 187). — L'héritier objectait, dans l'espèce, que les droits de chasse et de pêche sont des droits de simple agrément, non utiles ; et quant au droit d'habitation, il disait n'en avoir jamais usé.

1245. Dans le cas où la femme mariée sous le régime dotal est tenue de rapporter à la succession de son père une partie du montant de sa dot, les intérêts courus depuis l'ouverture de la succession, de la somme sujette à rapport, ne sont pas dus par la femme, mais bien par le mari, qui a joui de la dot, et qui seul est personnellement tenu du payement de ces intérêts vis-à-vis les cohéritiers de la femme : — « Attendu que la dot de la femme, dont le mari est détenteur, ne peut être dissipée pendant le mariage. On ne peut, dès lors, diminuer cette dot, en lui faisant supporter les intérêts courus pendant le mariage, dont la femme n'avait ni la propriété ni le droit de les percevoir. Peu importe qu'il s'agisse de rapporter sa dot dans une instance en partage avec son cohéritier ; la dot ne peut pas perdre pour cela le privilége de ne pouvoir être diminuée autrement que lorsqu'elle excédera en capital la quote légale que la femme doit prendre dans la succession; — Réformant. » (Toulouse, 23 déc. 1835, 1re ch. MM. Hocquart, pr., Lafiteau, subst., aff. Theron *C.* Bringuier).

ART. 5. — *Comment se fait le rapport.*

1246. Le rapport se fait de deux manières, *en nature* ou en *moins prenant* (c. nap. 858).

§ 1. — *Du rapport en nature.*

1247. Il n'y a que les *immeubles* qui soient rapportables *en nature* ; le mobilier l'est toujours en moins prenant (c. nap. 868).

1248. Le rapport en nature n'a lieu qu'à deux conditions : que l'immeuble n'ait pas été aliéné par le donataire, et qu'il ne se trouve pas dans la succession des immeubles *de même nature, valeur et bonté*, dont on puisse former des lots *à peu près égaux*

---

cette règle ne peut être appliquée qu'aux enfants qui ne travaillent pas eux-mêmes à la culture du bien paternel; mais tout comme celui qui, sans rien faire, est nourri dans la maison, est censé consommer sa portion de fruits, il n'est pas juste que celui qui, par son travail, contribue à augmenter la quantité de fruits, et même à améliorer le fonds, perde non-seulement le salaire qu'il eût gagné s'il eût porté son travail ailleurs, mais qu'il perde même le revenu de son bien parce qu'il a préféré aider son frère à cultiver qu'aller louer ailleurs ses services. Or, Saint-Martin a aidé son frère dans ses travaux et n'en a retiré aucun salaire ; il a tout au moins gagné sa nourriture et son entretien, et, s'il n'exige pas ce qu'il aurait gagné de plus en louant ses services ailleurs, il n'est pas juste de lui faire perdre les fruits de sa portion pour le punir en quelque sorte d'avoir préféré la maison paternelle à toute autre où il eût gagné davantage. Telle a été jusqu'à présent la jurisprudence de la cour. Elle est conforme à la justice et à l'équité, et n'est contraire à la disposition d'aucune loi ; — Emendant, etc.

Du 28 juin 1808.-C. d'Agen, 1re sect.-M. Lacuée, 1er pr.

(1) (Lagarrigue *C.* Lagarrigue, etc.) — La cour ; — Attendu, au fond et en droit, que, d'après la jurisprudence du parlement de Toulouse, il était reçu en règle ordinaire que le légitimaire qui avait insisté sur les biens de la succession ne pouvait pas réclamer la restitution des fruits de sa légitime ; qu'ils étaient censés compensés avec la nourriture et l'entretien qu'il avait trouvés auprès de l'héritier; — Mais qu'il y avait exception à cette règle, lorsque le légitimaire qui aurait été capable de gagner sa vie ailleurs, avait travaillé utilement sur les biens pour le profit de l'héritier ou de l'hérédité; que, dans ce cas, la nourriture et l'entretien qu'il avait reçus ou les jouissances communes qu'il y avait eues sur les biens héréditaires, étaient considérés comme le prix du travail qu'il y avait conféré, se compensaient avec lui suivant son importance et laissaient survivre le droit à la restitution des fruits inhérent à la qualité de légitimaire; — Que les motifs sur lesquels reposaient la règle et l'exception ci-dessus rappelées subsistent dans toute leur force sous les principes consacrés par le code civil, et sont applicables aux cohéritiers ; — Attendu, dans le fait, qu'il est établi d'une part que les demoiselles Catherine et Antoinette Lagarrigue travaillaient utilement auprès de leur frère dans la maison où elles vivaient en commun avec lui et sur les biens objet du partage ; qu'elles prenaient soin du ménage ou s'occupaient de la culture des terres; qu'elles épargnaient à Jean-Baptiste Lagarrigue les services de domestiques dont il aurait pu avoir besoin; mais que, d'autre part, elles n'étaient ni complétement assimilées à des servantes, ni absolument exclues de l'administration et de la jouissance des biens ; que, pendant les fréquentes absences de leur frère, elles administraient et devaient, par conséquent, faire une partie des dépenses et des perceptions ; qu'il résulte même de certaines parties des enquêtes qu'elles ont à diverses reprises fait des ventes de récoltes et de denrées ; — Attendu que, ces faits posés, il ne serait point juste d'accorder en entier aux demoiselles Lagarrigue la restitution des fruits par elles demandée, ni de les en priver entièrement ; qu'on ne saurait admettre que Jean-Baptiste Lagarrigue se fût libéré envers elles à cet égard, en remettant annuellement leur portion de fruits; ce fait n'étant point justifié et étant invraisemblable dans les circonstances de la cause, puisqu'il est constant d'une part que, quoique les demoiselles Lagarrigue ne fussent point dans un état de surbordination absolue, leur frère conservait toujours la suprématie domestique, la direction et la disposition presque exclusive de leur fortune ; et, d'autre part, que s'étant livré au commerce de bestiaux, il avait eu recours pour cet objet à des emprunts considérables; or, il est naturel de penser qu'avant d'y recourir, il se servait des produits du domaine dont il dirigeait l'exploitation ; — Attendu que la cour a reconnu qu'il était convenable, dans l'intérêt de toutes les parties et pour leur éviter des vérifications et liquidations dispendieuses, d'évaluer et de fixer elle-même *ex æquo et bono* les bases de la restitution de fruits dont il s'agit; — Qu'en prenant en considération la nature des biens désignés dans l'acte de partage et leur situation, elle a pensé que leur revenu, toutes charges déduites, devait être fixé à 5 p. 100 de la valeur estimative du fonds, et que, par la nourriture et l'entretien qu'avaient pris les demoiselles Lagarrigue appelantes, en vivant auprès de leur frère, elles avaient consommé les deux tiers des revenus auxquels elles auraient eu droit ; par où Jean-Baptiste Lagarrigue ne doit être tenu de leur faire compte que du tiers restant, c'est-à-dire 1 p. 100 par année ; — Attendu néanmoins qu'il ne doit en être ainsi qu'à partir de l'époque où les sœurs Lagarrigue ont été en état de conférer un travail utile sur les biens héréditaires ; que, jusqu'alors, il y a lieu de reconnaître que les fruits auxquels elles avaient droit ont été entièrement absorbés pour leur nourriture et entretien ; — Que c'est d'après ces bases et dans cette mesure qu'il y a lieu de réformer le jugement dont est appel ; — Par ces motifs, etc.

Du 6 mai 1841.-C. de Montpellier, ch. civ.-MM. Claparède, pr.-Thomas-Latour, subst., c. conf.-Belèze, Digeon et Bertrand, av.

pour les autres cohéritiers (c. nap. 859). Accorder aux héritiers une égale faveur, ne pas permettre que, sans un intérêt réel, on dépossède le donataire de l'immeuble qui a eu ses soins, éviter un partage difficile, un morcellement d'héritage, une division d'exploitation; tel est le triple but de cette disposition. L'application en est surtout abandonnée aux lumières des experts et des juges.

1249. Le donateur peut-il valablement ordonner que l'immeuble sera dispensé du rapport en nature, même hors les deux cas déterminés par l'art. 859, en chargeant seulement le donataire de rapporter une certaine somme ou lui laissant l'option à cet égard? — La dispense est permise par la loi 1, § 12, ff., *De coll. bon.* Elle était autorisée formellement par plusieurs coutumes. D'autres, qui défendaient d'avantager un héritier, s'interprétaient contre la dispense. Lebrun soutient que le donataire est toujours tenu de rapporter ou l'immeuble en nature, ou la valeur à l'époque de la succession. — La question ne peut plus guère faire difficulté sous le code. Les avantages ne sont plus prohibés en faveur des successibles. Toute la question se réduit à savoir si le don excède la quotité disponible. Dans ce cas, la dispense exprimée par le donateur serait sans effet; sinon, le donataire peut conserver l'immeuble, et se borner au rapport de la somme indiquée. En vain les cohéritiers objecteront-ils que cette somme ne représente pas la valeur de l'immeuble à l'époque de l'ouverture de la succession. Puisque le donateur lui a laissé l'option ou de rendre l'immeuble même, ou de verser cette somme, il a évidemment entendu le faire bénéficier hors part de la différence entre la valeur de l'immeuble et cette somme (Conf. MM. Chabot, t. 3, p. 464; Toullier, t. 4, n° 493; Vazeille, art. 859, n° 4). — Jugé que la clause d'une donation en avancement d'hoirie, portant que le donataire aura la faculté de faire le rapport en nature ou d'en précompter la valeur, à son choix, est valable, alors même que la quotité disponible se trouverait épuisée au moment de cette donation (Bordeaux, 27 juill. 1854, aff. Couperie, D. P. 55. 2. 187).

1250. Y a-t-il lieu au rapport en nature de l'immeuble aliéné par le donataire à titre gratuit? — Oui, selon M. Guilhon, des Donations, t. 3, attendu que le mot *aliéné* s'entend ordinairement d'une cession à titre onéreux, et que dans l'art. 864 il est parlé de l'imputation des améliorations et dégradations faites par l'acquéreur, lorsque l'immeuble a été aliéné par le donataire. Le motif de la loi, ajoute-t-il, a été d'éviter au donataire le préjudice résultant de l'action en garantie de l'acquéreur : action que le donataire évincé n'a point contre le donateur. — On peut répondre que le motif de la loi a été le respect pour les droits des tiers. L'intérêt public sollicite la libre circulation des biens. D'ailleurs, *aliéner* est souvent pris, comme terme générique, dans le sens d'une disposition à titre gratuit. Enfin, il résulterait du système de M. Guilhon que le donateur pourrait à son gré révoquer sa libéralité, puisqu'il a la faculté de se soustraire à l'obligation du rapport, en renonçant à la succession de celui dont il tient l'immeuble. Conf. Chabot, sur l'art. 860; Malpel, n° 278. — Zachariæ (Massé et Vergé, t. 2, p. 313) assimile sans discussion, les deux modes d'aliénation.

1251. Le rapport des immeubles, constitués en dot par père et mère conjointement sur les biens personnels de l'un d'eux, doit se faire en nature s'ils sont encore en la possession du donataire (Bordeaux, 6 déc. 1833, aff. Mayer-Frank; V. *suprà*, n° 1082).

1252. En cas de réduction des dispositions qui excèdent la quotité disponible, la loi prescrit, en général, le retranchement en nature. L'art. 866 contient une exception, eu égard à la qualité d'héritier du donataire qui a été dispensé du rapport : le retranchement de l'excédant se fait en nature, s'il peut s'opérer commodément; « dans le cas contraire; si l'excédant est de plus de moitié de la valeur de l'immeuble, le donataire doit rapporter l'immeuble en totalité, sauf à prélever sur la masse la valeur de la portion disponible; si cette portion excède la moitié de la valeur de l'immeuble, le donataire peut le retenir en totalité, sauf à moins prendre et à récompenser ses cohéritiers en argent ou autrement. » — L'ancienne législation ordonnait alors la licitation. Le système du code est préférable. Pour une petite part à déduire, il ne serait pas équitable de dépouiller entièrement le donataire de l'immeuble qui lui a coûté des soins, et que le donateur a voulu lui assurer. La citation d'ailleurs peut entraîner des frais assez considérables, surtout si elle est faite judiciairement. Remarquons toutefois que la rétention de l'immeuble par le donataire n'est que facultative, lorsque l'excédant de la portion disponible n'est pas de la moitié de sa valeur. Il y a obligation de rapporter en nature, lorsque l'excédant surpasse cette moitié.—Chabot, t. 3, p. 510; Delvincourt, t. 2, p. 342, note 8; Toullier, t. 4, n° 477. — Décidé que lorsque le préciput a été fixé sur un immeuble déterminé, le légataire peut conserver cet immeuble, si le préciput va à plus de la moitié de sa valeur, et quoiqu'il n'existe pas dans l'hérédité des objets de même nature pour les autres héritiers (c. nap. 866, 859; Cass. 30 déc. 1816, aff. Decour, V. Disp. entre-vifs, n° 178; 27 mars 1822, aff. hér. Balsan; Agen, 10 juin 1824, aff. Cluzan; 23 nov. 1824, aff. Labroutière, V. Disp. entre-vifs, n° 1099).

1253. L'art. 866 ne statue que pour le cas où un successible, venant à partage, a été gratifié par le défunt. Le bénéfice de cette disposition ne profiterait donc pas à un donataire étranger, même au successible qui renoncerait à l'hérédité pour s'en tenir à son don. Par la renonciation, il est censé n'avoir jamais été héritier; or, l'art. 866 prévoit que le donataire a cette qualité puisque, lorsqu'il retient l'immeuble en totalité, on l'oblige à récompenser ses cohéritiers (Conf. Chabot, t. 3, p. 511; Vazeille, art. 866, n° 1; Poujol, t. 2, p. 232).

1254. Dans le cas de l'art. 918, lorsqu'un ascendant a vendu tout ou partie de ses biens, avec réserve d'usufruit, à l'un de ses successibles, sans le consentement des autres, le successible acquéreur doit rapporter à la succession du vendeur non les biens en nature, mais la valeur qu'ils avaient au moment du décès de l'ascendant (Orléans, 2 avril 1824 (1); Conf. Poujol, t. 2, p. 185; observ. de Conflans, art. 855; — V. Dispositions entre-vifs, n° 1018).

1255. Le cohéritier qui, depuis l'ouverture de la succession, mais avant le partage, a échangé des biens de la succession commune avec des biens appartenant à un tiers, doit rapporter en nature les biens qu'il a reçus en échange et ne peut prétendre en rapporter seulement le prix; il doit être réputé avoir agi comme *negotiorum gestor* de l'hérédité (c. civ. 859; Bastia, 5 nov. 1844, aff. Martinetti, D. P. 45. 2. 6).

1256. Lorsque, dans le cas de l'art. 866, les parties consentent à ce que la réduction d'une donation d'immeubles s'opère au moyen d'un retour en argent, comment et à partir de quel jour court l'intérêt? — V. Disposit. entre-vifs, n° 1270.

---

(1) (Pinsard C. Bidet.) — La cour; — En ce qui touche la validité de l'acte de vente : — Considérant que les ventes faites à un successible en ligne directe, à rente viagère et fonds perdu, ou avec réserve d'usufruit, sont présumées par la loi contenir des donations déguisées; mais que ces présomptions de la loi n'ont pas pour effet d'annuler ces sortes de ventes, mais seulement de les réduire à la portion disponible, et de ne pas considérer comme valeur réelle et définitive celle du prix porté au contrat; — Considérant que toutes les fois que sur une matière il existe une loi spéciale, elle doit prévaloir sur les dispositions générales; — Considérant que la législation relative aux ventes de la nature de celle dont il s'agit, est fixée par l'art. 918 c. civ., qui maintient ces sortes de ventes et oblige l'acquéreur à rapporter à la masse, non l'objet aliéné en nature, mais la valeur de ce dont il excédera la portion disponible; — Considérant que les sieur et dame Bidet ayant déclaré à l'audience renoncer à toute demande de part disponible, et s'en tenir à la qualité d'héritiers purs et simples, il ne s'agit plus que de fixer la véritable valeur des biens contenus audit contrat de vente; — Considérant que cette valeur doit être déterminée, non à l'époque du contrat de vente, mais à celle de l'ouverture de la succession de ladite veuve Pinsard, à laquelle appartenaient les biens qu'il s'agit d'estimer; — Sans avoir égard aux fins de non-recevoir proposées par les parties, déclare valable le contrat de vente du 5 juill. 1805; en conséquence, déclare les intimés mal fondés dans leur demande en partage de la terre énoncée au contrat; ordonne que, par experts, les biens dont il s'agit seront estimés suivant la valeur réelle et vénale qu'ils avaient à l'époque du 25 déc. 1809, jour de l'ouverture de la succession de Françoise Guérin, veuve Sébastien Pinsard, et en ayant égard à l'état dans lequel ils se trouvaient alors; — Condamne Bidet et sa femme à rapporter à la masse de la succession de la veuve Sébastien Pinsard le prix desdits biens.

Du 2 avril 1824.-C. d'Orléans.

1257. L'immeuble qui a *péri* par *cas fortuit* et sans la faute du donataire n'est pas sujet à rapport (c. civ. 855), nonobstant la règle : *Res perit domino.* — On justifie de deux manières cette disposition : 1° le donataire, à défaut d'aliénation, n'a eu qu'une propriété sous condition résolutoire : condition qui se réalise au décès du donateur par l'acceptation de sa succession, et dont l'effet, toujours rétroactif, remet les choses comme elles étaient au moment de la donation. Le donataire, dès lors, n'est plus considéré que comme ayant une simple possession de l'immeuble ; il demeure donc envers la succession débiteur d'un corps certain. Or, un tel débiteur est libéré, lorsque la chose a péri sans sa faute (L. 17, ff., *De oblig.*; c. civ. 1302; Chabot, t. 3, 415; Toullier, t. 4, n° 478; Duranton, t. 7, n° 391; Vazeille, art. 855, n° 1); 2° Le rapport n'est dû que de ce qui a profité à l'un des héritiers, au détriment des autres. La condition des uns et des autres eût été la même, si l'immeuble fût resté entre les mains du donateur, puisqu'on le suppose anéanti par cas fortuit (Delvincourt, t. 2, p. 341, n° 5; Grenier, n° 539).

1258. Ne serait pas cependant considérée comme cas de *force majeure*, mais simplement comme le résultat d'un fait personnel à l'émigré, la confiscation de ses biens. En conséquence l'émigré donataire de ses biens, venant à la succession du donateur, devrait en faire le rapport à la masse (Paris, 1re ch., 20 avr. 1811, aff. Mondragon *C.* de Seuil).

1259. Peu importe que l'immeuble ait péri entre les mains du donataire, ou d'un *tiers acquéreur*; le donataire ne sera pas moins dispensé du rapport, s'il n'y a aucune faute de l'acquéreur, dont il soit lui-même responsable (c. nap. 864; Pothier, des Success., ch. 4, art. 2, § 7; MM. Duranton et Toullier, *loc. cit.*).

1260. Le *prix* de la vente ne serait pas même rapportable. Le rapport n'est dû que de la valeur de l'immeuble à l'époque de l'ouverture de la succession. Si l'immeuble fût resté dans les mains du donateur, il n'eût pas moins péri par cas fortuit. La vente a été pour le donataire une bonne fortune qui ne l'enrichit qu'aux dépens de l'acquéreur, sans préjudice pour la succession. Le prix n'a point été reçu du défunt ni directement, ni indirectement. Il faudrait une loi formelle qui établit la subrogation du prix à la chose (Pothier, *loc. cit.*; Delvincourt, t. 2, p. 347, note 31; Duranton, t. 7, n° 392; Toullier, t. 4, n° 478; Malpel, n° 278; Massé et Vergé sur Zachariæ, t. 2, p. 414, note 20; *contrà*, Vazeille, art. 855, n° 5; Poujol, t. 2, p. 184; Belost-Jolimont sur Chabot, observ. 2, qui raisonnent ainsi : le prix remplace l'immeuble ; le donataire, qui n'aurait pas pu vendre l'immeuble, s'il ne lui avait été donné, tient indirectement le prix du donateur. Il n'est pas certain d'ailleurs que l'immeuble eût péri dans les mains du donateur lui-même, puisqu'il eût pu aussi le rendre et laisser le prix dans sa succession.

1261. Il en serait de même de l'indemnité que l'héritier donataire aurait reçue d'une compagnie d'assurances, dans le cas où l'immeuble, en tout ou en partie, a péri par suite d'un incendie.

1262. Appliquera-t-on au donataire d'une maison incendiée l'art. 1733, d'après lequel l'incendie est présumé non fortuit, jusqu'à preuve contraire? On a distingué : le donataire habitet-il la maison ; on convient généralement qu'il doit être assimilé à un locataire, et par conséquent prouver le cas fortuit. Il est débiteur du rapport : tout débiteur est tenu de justifier du fait par lequel il se prétend libéré (c. nap. 1315), surtout s'il allègue un cas fortuit (c. nap. 1302).—La maison avait-elle été vendue; le donataire répondra du fait de l'acquéreur qui l'occupait. L'art. 864 lui impose expressément une semblable responsabilité. — Mais la maison avait été simplement louée par le donataire. L'obligera-t-on encore à prouver le cas fortuit, comme garant du fait de ses locataires? La question est controversée. « Il y a une différence, dit M. Delvincourt, entre cette espèce et la précédente. Le donataire pouvait ne pas vendre, il ne pouvait pas ne pas louer. On ne pouvait pas exiger qu'il gardât entre ses mains une propriété absolument inutile. Si donc il a apporté dans le choix de ses locataires les soins d'un bon père de famille; s'il n'a pas loué à des personnes d'un état dangereux, autre que celui auquel la maison était destinée, il est seulement tenu de rapporter l'action qu'il a contre les locataires, d'après l'art. 1733. Rappelons toujours le principe : si l'objet fût resté entre les mains du donateur, n'eût-il pas été obligé de louer, et alors le même accident n'eût-il pas pu lui arriver?—M. Duranton s'élève, mais avec hésitation, contre cette doctrine. Il invoque l'art. 864, qui rend le donataire garant des faits de l'acquéreur, et il ne voit pas de différence à cet égard entre l'acquéreur et le locataire. Tous deux sont également de son choix; il a une action contre le locataire. Le donataire, en outre, est un véritable débiteur qui doit prouver le fait d'où résulte sa libération. — MM. Chabot, t. 3, p. 409, Massé et Vergé sur Zachariæ, t. 2, p. 414, note 20, sans examiner particulièrement la question, se bornent à énoncer que l'art. 1384 constitue le donataire garant des fautes de ses locataires, et qu'en conséquence l'art. 1733 lui est applicable, qu'il habite ou non la maison. — L'opinion de M. Delvincourt, plus équitable, plus propre à concilier les intérêts divers des cohéritiers et du donataire, nous semble aussi, comme à MM. Vazeille, art. 855, n° 3; Belost-Jolimont, sur Chabot, Observ. 1re, plus conforme aux principes sur les rapports. On ne répond pas à cette raison de différence entre l'acquéreur et le locataire : le donataire pouvait ne pas vendre : il fallait nécessairement qu'il louât pour utiliser la donation; le donateur eût loué lui-même. Dans le cas de vente, d'ailleurs, le donataire a touché le prix dont il ne doit pas rapport; et c'est là une compensation certaine aux sacrifices que lui imposera la responsabilité des fautes de l'acquéreur.

1263. Ce qui resterait de l'immeuble, s'il n'avait pas été totalement détruit, serait rapportable dans l'état où il se trouve lors de l'ouverture de la succession. Dans un cas semblable, la loi 22, ff, § 3, *ad sen.-c. Treb.*, oblige au rapport du sol et des matériaux.—(Toullier, t. 4, n° 479; Chabot, t. 3, p. 410; Vazeille, art. 855, n° 4).

1264. Le donataire devrait le rapport de l'action en *indemnité* qu'il aurait droit d'exercer contre les auteurs de la perte ou destruction de l'immeuble (Arg. c. nap. 1303); — Chabot, *ibid.* Poujol, t. 2, p. 184.

1265. La perte de l'objet donné ne libère que le donataire d'un immeuble (c. nap. 855). Le donataire de meubles, ne devant point les rapporter en nature, n'est débiteur que de leur valeur, calculée au moment de la donation; de ce moment même il est donc devenu propriétaire. Or, *res perit domino.* (Toullier, Chabot, *loc. cit.*; Vazeille, art. 855, n° 7; Marcadé, art. 855; Massé et Vergé sur Zachariæ, *loc. cit.*).

1266. C'est la valeur de l'immeuble au moment du décès du donateur, qu'il faut toujours considérer pour apprécier l'étendue de l'obligation du rapport (c. nap. 860). Le rapport en nature a l'effet d'une condition résolutoire. Il remet les choses au même état où elles seraient si l'acte résolu n'avait jamais existé. On suppose donc que l'immeuble n'est jamais sorti des mains du donateur. Or, dans cette hypothèse, les héritiers se le partageraient tel qu'ils le trouveraient dans la succession.—Jugé spécialement que l'immeuble donné par un père à son fils légitime, et dont l'enfant naturel reconnu réclame, comme il en a le droit, le rapport fictif à la masse de la succession du père commun, doit être compris dans cette masse, non pour sa valeur au moment du partage, mais pour sa valeur à l'époque de l'ouverture de la succession (Paris, 5 juin 1826, aff. Bottot-Dumesnil, V. *suprà*, n° 296).

1267. Le rapport étant dû de la valeur au moment du décès, il en résulte que les augmentations *naturelles* n'auront point profité au donataire. On comprend sous ce nom celles qui n'ont coûté aucun soin, mais qui sont survenues par accession ou prescription (L. 6, *De leg.*, 3°; L. 10, § 1er, ff., *De jur. dot.*; L. 16, ff., *De pig.*). Tel était le droit commun de la France (Chabot t. 3, p. 466; Delvincourt, t. 2, p. 333, n° 4; Vazeille, art. 861, n° 2).—Jugé qu'il ne doit être tenu compte au donataire que des améliorations provenant de son fait, et non des augmentations naturelles auxquelles il n'a pas participé, et, par exemple, de l'accroissement de valeurs des bois futaies pendant le temps écoulé entre le jour de la donation et l'ouverture de la succession (Bourges, 8 mai 1839) (1).

(1) (Nabert *C.* Faguet.) — La Cour; — Considérant qu'en droit et

1268. Il ne fallait pas que la succession pût s'enrichir aux dépens du donataire. L'art. 861 veut que, « dans tous les cas, il soit tenu compte au donataire des *impenses* qui ont amélioré la chose, eu égard à ce dont sa valeur se trouve augmentée au temps du partage. » Il lui est pareillement tenu compte « des impenses nécessaires qu'il a faites pour la conservation de la chose, encore qu'elles n'aient point amélioré le fonds » (art. 862). — La loi consacre ici la distinction entre les dépenses utiles et les dépenses *nécessaires*. Ces dernières sont remboursées, parce qu'elles étaient dans le devoir du donataire, et que le donateur, qui les eût faites lui-même, *propriæ pecuniæ pepercit*.

1269. Les dépenses usufructuaires ou d'entretien sont une charge des fruits; elles ne doivent jamais être répétées par le donataire contre la succession (c. nap. 605 et 856; Chabot, t. 3, p. 482; Delvincourt, t. 2, p. 337, note 6; MM. Duranton, t. 7, n° 385; Malpel, n° 282; Toullier, t. 4, n° 481; Vazeille, art. 861, n° 3; Poujol, t. 2, p. 221).

1270. La loi ne parle point des *dépenses voluptuaires* ou de pur agrément. C'est qu'elle n'accorde pour cet objet aucune indemnité au donataire. Ainsi statuait la loi romaine (L. 27, ff., *De negot. gest.*). L'équité, toutefois, exige que le donataire ait la faculté d'enlever les ornements qui peuvent se détacher du fonds sans dégât (MM. Malpel, Delvincourt et Chabot, *ibid.*; Vazeille, art. 862).

1271. L'art. 861 règle l'indemnité pour *dépenses utiles*, eu égard à la plus-value *au temps du partage*. Il fallait dire *au temps de l'ouverture de la succession*. C'est cette époque que la loi considère pour dessaisir le donataire de la propriété de l'objet donné, et pour en estimer la valeur. L'inexactitude de locution vient peut-être de ce que dans l'ancien droit, le rapport n'était dû que de la valeur de l'immeuble au temps du partage; par conséquent l'amélioration résultant des impenses ne s'évaluait qu'à la même époque. Les rédacteurs du code, ayant changé la législation sur le premier point, auront omis de la changer également sur le second. C'est l'explication qu'en donnent MM. Chabot, t. 3, p. 482; Delvincourt, t. 2, p. 335, note 5; Malpel, n° 282; Marcadé, art. 864; MM. Massé et Vergé sur Zachariæ, t. 2, p. 417, note 26. — M. Duranton, t. 7, n° 386, semble adopter une autre interprétation, approuvée de MM. Vazeille, art. 861, et Poujol, t. 2, p. 215 et suiv. On a peut-être pensé, dit-il, que la plus-value n'était ordinairement constatée qu'au temps du partage, la remise réelle de l'objet ne se faisant qu'à cette époque. Peut-être a-t-on considéré encore qu'il importait que l'héritier fût intéressé à conserver jusqu'au partage les améliorations qu'il avait faites. — Cette raison nous touche peu; car on ne nie pas, et ce sont les expressions de M. Chabot lui-même, « que si dans l'intervalle entre l'ouverture de la succession et le partage, le donataire a fait quelques impenses, il doit en être remboursé; » mais il le sera comme tout autre cohéritier, et non plus en sa qualité de donataire. La chose est devenue commune entre tous les héritiers du donateur depuis le jour de son décès. — Jugé que le donataire d'un immeuble qui en fait le rapport à la succession du donateur, a seulement droit à la répétition de ses impenses qui ont amélioré l'immeuble, et non à la totalité de la plus-value, au moment du partage (c. nap. 861 et 862; Loi 38, ff., *De rei vind.*; Bastia, 9 mars 1841) (1).

1272. En garantissant au donataire le remboursement des impenses nécessaires, l'art. 862 n'a pas entendu l'autoriser à répéter tout ce qu'elles lui ont coûté, si un père de famille prudent et éclairé eût pu, à moins de frais, opérer le même résultat. Ses cohéritiers ne doivent pas supporter la peine de sa faute ou de son inexpérience. On l'indemnisera donc de ce qu'il a fallu raisonnablement débourser pour la conservation de la chose (MM. Chabot, t. 3, p. 487; Delvincourt, t. 2, p. 337, note 7; Vazeille, art. 862).

1273. Les sommes dues pour *améliorations* faites par un cohéritier à un immeuble de la succession dont il est détenteur, ne deviennent exigibles et compensables que du moment où le cohéritier, à qui il doit le rapport de cet immeuble, en est mis en possession. « Attendu que les principes de la compensation n'ont pas été violés; qu'en effet, la somme de 850 fr. due au demandeur, pour améliorations par lui faites à un immeuble dont il était détenteur, ne pouvait devenir exigible et compensable que du moment où son cohéritier, à qui il en devait le rapport, serait mis en possession de cet immeuble; que, tant que, par son fait, cette délivrance n'aurait pas lieu, il ne pouvait cumuler la chose et le prix (Req. 14 janv. 1836, MM. Borel, f. f. de pr., rap., Hua, aff. Lortet *C.* Amy).

1274. Les *intérêts* des impenses utiles ou nécessaires sont dus au donataire, à compter de l'ouverture de la succession. C'est l'effet d'une juste réciprocité; on l'oblige à rapporter les intérêts et les fruits échus depuis la même époque (MM. Chabot, t. 3, p. 487; Delvincourt, p. 338, note 7).

1275. Le donataire est-il tenu des *grosses réparations?* Oui, selon MM. Chabot, t. 3, p. 489; Delvincourt, t. 2, p. 338, note 8; Poujol, t. 2. p. 222. La raison de douter vient de ce qu'elles ne sont pas à la charge de l'usufruitier. Mais le donataire n'a pas un simple usufruit, puisqu'il a le droit de vendre. D'ailleurs, l'usufruitier peut s'adresser au propriétaire pour les grosses réparations. A qui s'adresserait le donataire, qui a seul des droits sur la chose donnée, jusqu'au décès du donateur? On a vu plus haut qu'on lui tenait toujours compte de ses impenses nécessaires, quoiqu'elles n'eussent pas amélioré le fonds. On a allégué pour motif de cette disposition, que le donataire était obligé à faire ces impenses, puisqu'il supporterait la perte de l'immeuble arrivée par sa faute; or, les grosses réparations sont des impenses nécessaires.

1276. Les impenses nécessaires seraient-elles sujettes à répétition, si le fruit de ces impenses était anéanti lors de l'ouverture de la succession? Il faut distinguer : s'il n'est péri qu'une partie de l'objet donné sur laquelle le donataire avait exercé ses soins; si, par exemple, une ferme avait été donnée et qu'une grange eût été brûlée après des réparations, le donataire aurait droit à une indemnité pour ces réparations. Le rapport ayant lieu, le donateur est censé n'avoir jamais perdu la propriété de l'immeuble. Or, le donateur eût également fait la dépense, puisqu'on la suppose nécessaire. Il est donc devenu plus riche, *quatenùs pecuniæ propriæ pepercit*. — Mais l'immeuble a-t-il entièrement péri par cas fortuit; la condition résolutoire ne s'est point réalisée; le rapport étant devenu impossible, l'immeuble n'a pas cessé d'appartenir au donataire. On objecterait en vain la loi 48, § 4, ff, *Commod.*, qui, après la perte de la chose prêtée, conserve au commodataire le droit de recouvrer les frais nécessaires qu'elle lui a occasionnés. Le prêteur en est tenu comme

---

d'après la jurisprudence, s'il doit être tenu compte au donataire qui se trouve soumis à rapporter un immeuble, des impenses qui ont amélioré la chose, et, par conséquent, de tout ce qui, par son propre fait et par son industrie, en a augmenté la valeur, il n'en est pas de même des augmentations naturelles auxquelles il n'a pas participé, qui ne lui ont rien coûté, et encore moins de celles qui, comme l'accroissement des bois futaies, ne sont pas classées au rang des fruits, mais sont considérées comme immeubles et se confondent naturellement avec le fonds lui-même;

Qu'ainsi les appelants ne sont aucunement fondés à réclamer à leur profit la plus-value qu'auraient acquise les bois futaies depuis l'époque de la donation jusqu'au décès de la donatrice, et qu'au surplus il résulte du procès-verbal des experts que, dans leur estimation des bois, ils ont eu égard à cette prétention des appelants; — Confirme sur cette première partie.

Du 8 mai 1839.–C. de Bourges, ch. civ.–M. Beaudoin pr.

(1) (Andreani C. Santelli.) — La cour; — Attendu que l'usage local sur lequel se sont fondés les premiers juges pour attribuer aux appelants la moitié de la vigne en question, ne saurait être appliqué au cas d'améliorations faites par un cohéritier sur les biens de la succession; — Que ce cas rentre dans la disposition de l'art. 861 c. civ., d'après lequel il ne doit être tenu compte que des impenses qui ont amélioré la chose; — Que si dans ledit article il est dit, « eu égard à ce dont la valeur de la chose se trouve augmentée au temps du partage, » il n'en résulte pas que la valeur doive être remboursée, mais seulement les impenses réellement faites si elles ont produit une plus-value d'une somme égale ou supérieure, ce qui d'ailleurs est conforme à la loi *in fundo* 38, *ff. De rei vindicatione*; — Attendu que les experts, tout en reconnaissant que le terrain amélioré a augmenté de valeur d'une somme de 880 fr., ont constaté que les impenses réelles qui ont produit cette plus-value, ne s'élevaient qu'à 382 fr.; que c'est cette dernière somme qui doit être adjugée pour ledit objet; — Emendant.

Du 9 mars 1841.–C. de Bastia.–MM. Colonna d'Istria, pr.–Bertora, av. gén., concl. conf.–Caraffa, Viale et Bradi, av.

propriétaire, parce qu'il eût été obligé lui-même de les faire : *Locupletior factus est, quatenùs pecuniæ propriæ pepercit* (Delvincourt, *loc. cit.*).

1277. Comment se fait le rapport si la maison donnée a péri et que le donataire l'ait reconstruite? Il faut distinguer : y a-t-il faute imputable au donataire; on ne lui devra compte que de la plus-value du nouveau bâtiment sur l'ancien. La destruction est-elle arrivée sans sa faute; on lui comptera la valeur totale du bâtiment nouveau, moins celle du sol et des matériaux, qu'il aurait dû rapporter s'il n'avait pas reconstruit. On ne lui remboursera pas ce que la reconstruction lui a coûté, mais la valeur qu'a le bâtiment au moment du décès (Chabot, Delvincourt, *loc. cit.*).

1278. Dire qu'après rapport à succession, il sera fait un *partage* suivant les formes légales, c'est prescrire suffisamment qu'il sera tenu compte des impenses ou améliorations auxquelles peut avoir droit le cohéritier qui a fait le rapport (Rej. 31 janv. 1844) (1).—V. Jugement (motifs, interprétation), nos 995 et s.

1279. « L'art. 867 permet au cohéritier, qui fait le rapport en nature, d'en *retenir* la *possession* jusqu'au remboursement effectif des sommes qui lui sont dues pour impenses ou améliorations. » — L'héritier retient l'immeuble comme *gage* et non plus comme sa propriété. C'est une dérogation à certaines coutumes qui, comme celles de Paris et d'Orléans, dispensaient le donataire du rapport en nature et l'autorisaient à ne rapporter que la valeur, si les cohéritiers étaient en retard de lui rembourser ses impenses ou améliorations.

1280. L'art. 867 n'accorde au donataire qu'une *faculté* dans la rétention de l'immeuble; il pourrait le rapporter et poursuivre par les voies ordinaires le recouvrement de ses créances (M. Poujol, t. 2, p. 233, 234).

1281. Pendant la rétention, les *intérêts* des sommes dues ne courent ni pour ni contre le donataire. D'un côté, le donataire fait les fruits siens, en vertu de la disposition spéciale qui légitime sa possession; et les cohéritiers ne sont pas fondés à s'en plaindre, puisque c'est leur retard à le payer qui en est cause. D'un autre côté, le donataire trouve dans les fruits qu'il perçoit les intérêts des sommes qui lui sont dues (Chabot, t. 3, p. 513; Duranton, t. 7, no 390; Poujol, t. 2, p. 234; *Contrà*, Vazeille, art. 867, qui applique ici l'art. 2085 c. nap., d'après lequel le créancier antéchrésiste a seulement la faculté d'imputer les fruits qu'il perçoit d'abord sur les intérêts, ensuite sur le capital de sa créance.

1282. Si le donataire a droit, comme on vient de le voir, au remboursement des impenses utiles faites sur l'immeuble rapporté en nature, il est tenu aussi, de son côté, des *dégradations* et détériorations qui ont diminué la valeur de l'immeuble par son fait ou sa négligence, ou par le fait de l'acquéreur, si l'immeuble a été aliéné.

1283. Les *intérêts* de la somme à laquelle a été fixée la moins-value, s'il en est résulté une diminution dans le revenu de l'immeuble, sont dus aussi *à compter* de l'ouverture de la succession (Delvincourt, *ibid.*; Vazeille, art. 863).

1284. L'*effet* du rapport en nature, à l'égard des tiers, est déterminé ainsi par l'art. 865 : « Les biens se réunissent à la masse de la succession, francs et quittes de toutes *charges* créées par le donataire; mais les *créanciers* ayant *hypothèque* peuvent *intervenir* au partage pour s'opposer à ce que le rapport se fasse en fraude de leurs droits. » — Les mêmes principes étaient admis dans l'ancien droit. La disposition cependant subit une grande controverse au conseil d'État (séance du 23 niv. an 11). On disait pour la combattre : le donataire a la faculté de vendre, à plus forte raison doit-il avoir la faculté d'hypothéquer; c'est la conséquence nécessaire du droit que lui a transmis le donateur, droit qui n'est pas une simple jouissance, mais la propriété même. On répondit : la donation faite sans dispense de rapport est conditionnelle jusqu'à l'ouverture de la succession; les créanciers qui ont traité avec le donataire n'ont pas dû ignorer que sa propriété était résoluble. On causerait un préjudice grave aux cohéritiers en maintenant les hypothèques; il peut ne pas exister d'autres immeubles dans la succession. Le rapport serait entièrement illusoire, si le donataire se trouvait insolvable. Le droit de vente a été accordé pour éviter une sorte d'aliénabilité du bien donné : la circulation libre des propriétés est d'intérêt public. On a considéré encore l'intérêt particulier du donataire, que la révocation de la vente eût exposé à des dommages-intérêts envers les acquéreurs. Les mêmes motifs ne sollicitaient pas l'extension de l'exception aux hypothèques créées par le donataire (Pothier, des Success., ch. 6, art. 2, § 8; Vazeille, art. 865, no 1).

1285. L'art. 865 est-il applicable lorsque le donateur avait consenti lui-même à l'affectation hypothécaire, et, par exemple, lorsque la donation ayant été faite avec réserve d'usufruit, l'usufruitier et le nu-propriétaire ont hypothéqué conjointement l'immeuble? Le créancier pourra-t-il se prévaloir de son hypothèque contre les cohéritiers du donataire? Nous supposons, bien entendu, que les cohéritiers ne sont pas tenus personnellement ou qu'ils n'ont accepté la succession du donateur que sous bénéfice d'inventaire. Il faut distinguer : si le donateur n'avait hypothéqué que son usufruit d'une manière expresse et distincte, l'hypothèque, éteinte avec l'usufruit, ne saurait grever l'immeuble rapporté à la succession. Mais il y a plus de difficulté, si, dans l'affectation consentie collectivement, il n'y a pas eu de distinction entre l'usufruit et la nue propriété. Cependant, nous pensons que l'affectation devrait s'interpréter, dans ce cas même, par les droits respectifs de chacun. L'usufruitier n'a pu grever une nue propriété qui ne lui appartenait plus. A la vérité, il a été jugé, par un arrêt de cassation du 12 avr. 1836 (aff. Courtois, vo Priviléges et hypothèques), que l'hypothèque, constituée ainsi qu'il vient d'être dit, conservait son effet sur la nue propriété comme sur l'usufruit, même après que la donation avait été annulée pour fraude à l'égard du nu-propriétaire. Mais il est à remarquer que, dans l'espèce, l'arrêt se fonde principalement sur ce motif, énoncé aussi par la cour d'appel, que, par suite de la nullité, l'usufruitier (ou le donateur) *n'avait pas cessé d'avoir la propriété pleine et entière* de l'immeuble hypothéqué. Le débat portait sur le point de savoir si l'annulation pour fraude aux créanciers devait avoir cet effet rétroactif. Or, la même question ne saurait s'élever quant au rapport en nature. Il est évident que la nue propriété du donataire ne s'est point consolidée à l'usufruit pendant la vie du donateur, et que si celui-ci avait, depuis la dona-

(1) (Hamard C. hérit. Barbotte.) — LA COUR; — Attendu que l'art. 861 c. civ., relatif aux rapports en matière de partage, prescrit de tenir compte des impenses qui ont amélioré la chose, eu égard à ce dont sa valeur a pu en être augmentée; — Qu'il résulte de cette disposition que, lorsqu'un jugement ordonne un partage, il prescrit par cela même des comptes, une liquidation, des rapports et des indemnités pour ce qui peut avoir amélioré la chose commune; — Attendu que ce fut lors du jugement du tribunal de Domfront, du 13 fév. 1815, qu'il fut fait des réserves par Fauvel, relativement aux améliorations attribuées à Charles Barbotte, dans le domaine de la Bihorcère; — Attendu que ce jugement, statuant sur la demande principale et sur ces réserves, ordonna le partage de la succession mobilière et immobilière du père commun, et qu'en cas de discussion sur les rapports, et sur toutes autres difficultés relatives au partage, les parties reviendraient devant le même tribunal; — Attendu qu'en ordonnant, dans le dispositif de l'arrêt attaqué, que le domaine de la Bihorcère entrerait dans le partage, sous la réserve des constructions et améliorations faites soit par Hamard, soit par Fauvel, la cour royale n'a pas entendu limiter ces réserves aux améliorations faites par l'un et par l'autre; — Qu'en effet d'une part, en fixant le point de droit, elle a posé la question de déduction des améliorations justifiées provenir du fait tout à la fois de Charles Barbotte et de Fauvel et Hamard; et que, d'autre part, elle a ordonné, dans le dispositif de son arrêt, que le jugement du 13 fév. 1815 sortirait son plein et entier effet, et qu'en exécution de ce jugement il serait procédé, selon les formes légales, au partage des biens de la succession Barbotte; — Attendu qu'en ordonnant qu'il serait ainsi procédé, la cour royale a suffisamment prescrit par là qu'il serait tenu compte, conformément à l'art. 861 c. civ., de toutes les impenses qui avaient pu être faites; et qu'en renvoyant les parties à procéder à la liquidation, au règlement et au partage de la succession devant le tribunal de Domfront, elle a de plus fait indiquer que les impenses, quelle que fût leur nature, et à qui que ce soit qu'on pût les attribuer, entreraient dans cette liquidation; — D'où il suit que la cour royale de Rouen, n'ayant pas omis de statuer sur ce point, n'avait pas à motiver une omission qu'elle ne faisait pas, et que, dès lors, elle n'a violé ni l'art. 7 de la loi du 20 avr. 1810, ni les art. 861, 867, 1054, et 2175 c. civ.; — Rejette, etc.

Du 31 janv. 1844.-C. C., ch. civ.-MM. Portalis, 1er pr.-Bérenger, rap.-Laplagne-Barris, 1er av. gén., c. conf.-Jousselin et Garnier av.

tion, consenti seul des hypothèques sur la pleine propriété, elles seraient sans effet vis-à-vis soit du donataire, soit des cohéritiers non tenus personnellement et obtenant le rapport en nature dans leur seul intérêt. On a vu d'ailleurs, *suprà*, nº 1085, que le rapport n'étant dû qu'entre cohéritiers et non aux créanciers de la succession, l'héritier bénéficiaire n'est point comptable envers ceux-ci de sa part dans les biens rapportés; biens qui, à l'égard des créanciers, sont réputés en dehors de la succession.

1286. Si l'immeuble rapporté en nature échoit au donataire, soit par le partage de la succession, soit par licitation, les créanciers du donataire conservent-ils, sans qu'il soit besoin d'une inscription nouvelle, l'hypothèque qu'ils avaient acquise sur cet immeuble avant le décès du donateur? Pour l'extinction de l'hypothèque, on dit: L'art. 865 dispose d'une manière générale, sans exception, que les biens sont réunis à la masse de la succession francs et quittes de toutes charges. Une hypothèque éteinte ne peut pas revivre, mais seulement être renouvelée. Qu'on n'objecte pas que, par l'effet déclaratif du partage ou de la licitation, le donataire est censé propriétaire de l'immeuble tombé dans son lot, depuis le moment de l'ouverture de la succession; cela ne justifie pas un titre et des droits qui ont une origine antérieure. Il n'est pas moins vrai que la propriété a été pleinement révoquée; que l'hypothèque était résoluble comme la propriété dont elle suivait la condition. Telle est la doctrine de M. Toullier, t. 4, nº 490, enseignée d'abord par M. Chabot, qui l'a ensuite rétractée, et combattue par MM. Delvincourt, t. 2, p. 334, note 3; Duranton, t. 7, nº 404; Malpel, nº 281; Favard, vº Partage de success., sect. 2; Vazeille, art. 865, nº 4; Poujol, t. 2, p. 227; Zachariæ, t. 2, p. 415, et ses annotateurs MM. Massé et Vergé *ibid.*, note 23. On répond pour l'opinion contraire, qui nous paraît mieux motivée: Ce n'est qu'en faveur des cohéritiers du donataire qu'a été faite la disposition de l'art. 865. Comment supposer que la loi a voulu dégager le donataire personnellement, et dans son seul intérêt, des engagements qu'il a pris et des charges qu'il a créées sur un immeuble dont il reste définitivement propriétaire? Outre ces considérations d'équité, on peut opposer une raison de droit décisive: Le donataire possédait l'immeuble en avancement d'hoirie; l'ayant eu en partage, il est réputé, d'après l'art. 883, en avoir été seul propriétaire; la propriété qu'il a eue dès l'instant de la donation n'a donc pas été réellement résolue, ni même suspendue un seul moment; elle est toujours restée dans ses mains. L'effet du rapport, en un mot, s'est effacé entièrement par l'effet du partage, qui a rétroagi à l'instant même où commençait l'obligation de rapporter. Pothier, des Success., chap. 4, art. 2, § 8, lorsqu'il parle de l'extinction des hypothèques par suite du rapport, a soin d'expliquer formellement qu'il en est ainsi dans le cas où l'immeuble rapporté tombe au lot de quelqu'un des cohéritiers.

1287. Une restriction semble être apportée à ce système par Malpel, *loc. cit.*, pour le cas où des tiers auraient, depuis l'ouverture de la succession, pris hypothèque sur l'immeuble rapporté; les inscriptions nouvelles primeraient les anciennes. Mais quels sont ces tiers dans la pensée de l'auteur? Probablement les créanciers de la succession; or, l'art. 857 s'oppose à ce que le rapport leur profite directement ou indirectement; il n'a été établi qu'en faveur des héritiers (Chabot, *ibid.*; Vazeille, art. 865, nº 4).

1288. Si l'immeuble n'est pas tombé au lot du donataire, l'hypothèque qui le grevait passe-t-elle de plein droit sur les autres immeubles qui lui sont échus? Non, évidemment. Il en était autrement dans l'ancien droit: l'hypothèque remontait même à la date de l'acte qui l'avait attribuée (Lebrun, liv. 3, ch. 6, sect. 3; Denisart, vº Rapport). Cette prérogative des créanciers du donataire n'est plus compatible avec la publicité exigée par notre nouveau système hypothécaire. L'hypothèque dépend de l'inscription, et prend rang selon sa date (MM. Chabot, t. 3, p. 500; Delaporte, Pand. franç., t. 3, p. 349; Vazeille, art. 865, nº 3).

1289. L'art. 865 affranchit l'immeuble rapporté de toutes charges créées par le donataire: cette expression comprend-elle des *charges réelles*, telles que l'usufruit, la servitude?—M. Delvincourt, t. 2, p. 334, note 2, en restreint le sens aux hypothèques et priviléges. «L'usufruit et la servitude, dit-il, sont des démembrements de la propriété, des parties du fonds. L'aliénation de ces droits ne doit donc pas être résolue plus que ne le serait une aliénation partielle du fonds même.» L'article 865, ajoute-t-on, détermine le sens du mot *charges*, en déclarant que «les créanciers ayant hypothèque peuvent intervenir au partage pour s'opposer à ce que le rapport se fasse en fraude de leurs droits.»—D'ailleurs, l'acquéreur de l'usufruit ou de la servitude a un plus grand intérêt à intervenir pour la conservation de son droit; si la loi n'en a pas fait mention, elle a donc supposé que le rapport ne pourrait jamais lui préjudicier. «Enfin, continue M. Delvincourt, l'art. 929, où il est question de la réduction, dont les effets sont plus étendus que ceux du rapport, dit formellement que les immeubles à recouvrer le seront sans charge des dettes ou hypothèques créées par le donataire. Il n'y est pas mention des charges pour lesquelles il faut se référer à l'article suivant, qui ne permet d'attaquer les acquéreurs que discussion faite des biens du donataire.»—Ces objections ne manquent pas de gravité; mais nous préférons les motifs de l'opinion contraire, enseignée par MM. Duranton, t. 7, nº 405; Chabot, p. 500; Proudhon, de l'Usuf., nº 1942; Vazeille, art. 865, nº 2; Marcadé, art. 865; Zachariæ et ses annotateurs, MM. Massé et Vergé, t. 2, p. 415, nº 21. L'expression de l'art. 865 est générale, *toutes charges*. Dans la discussion de cet article au conseil d'État, on n'a fait exception que pour la propriété, à cause des fâcheux effets de son incertitude. Les raisonnements qu'on a développés alors ne s'appliquent pas avec une égale force à l'usufruit et à la servitude. Selon l'article 860, «le rapport n'a lieu qu'en moins prenant, lorsque le donataire a aliéné l'immeuble...» En parlant exactement, on ne peut pas dire que l'immeuble est aliéné par une simple constitution d'usufruit. Pothier, dans le traité duquel on a puisé la plus grande partie de notre loi sur les successions, n'excepte pareillement de la révocation que la propriété, et non les droits réels dont il s'agit (ch. 4, art. 2, § 8). Il est vrai que le donataire sera exposé à des recours en garantie de l'acquéreur de l'usufruit ou de la servitude; mais pourquoi a-t-il accepté la succession? Pourquoi a-t-il créé ces charges, s'il ne voulait pas la répudier? *Quod quis ex culpâ suâ damnum sentit, non intelligitur damnum sentire*, (L. 203, ff. *De reg. jur.*)

§ 2. — *Du rapport en moins prenant.*

1290. *Des immeubles.* — Le rapport des immeubles se fait en *moins prenant*: 1º lorsque l'immeuble donné a été aliéné avant l'ouverture de la succession (c. nap. 860); 2º s'il ne se trouve pas dans la succession d'immeubles de même nature, valeur et bonté, dont on puisse former des lots à peu près égaux pour les autres cohéritiers (art. 859); 3º si l'immeuble a péri par la faute du donataire ou de ceux dont il doit répondre (art. 855); 4º si, le don ayant été fait avec dispense de rapport, la portion disponible excède la moitié de la valeur de l'immeuble (art. 866). Reprenons quelques-uns de ces cas.

1291. Il faut que l'aliénation ait été faite par le donataire avant l'ouverture de la succession; l'art. 860 le dit expressément, sinon le rapport serait dû en nature. Le donataire, en acceptant la succession, a été immédiatement dessaisi de la propriété. — Peu importe qu'il n'ait accepté que longtemps après l'ouverture: l'acceptation a un effet rétroactif. — En vain offrirait-il le prix de la vente; il n'a pu transférer plus de droits qu'il n'en avait lui-même. La vente est sans effet; les cohéritiers ont un droit acquis à l'immeuble donné, du jour du décès du donateur (MM. Chabot, t. 3, p. 469; Delvincourt, t. 2, p. 335, note 4; Vazeille, art. 860; Massé et Vergé, sur Zachariæ, t. 2, p. 415, note 20).

1292. Quand le rapport doit se faire en moins prenant, l'acquéreur n'a point à craindre l'éviction. En conséquence, il n'est pas recevable à demander la résolution de la vente ou même à suspendre le payement de son prix sous prétexte que son vendeur ne serait qu'un donataire en avancement d'hoirie soumis à l'obligation du rapport (Req. 25 avril 1831, aff. Merloz, vº Vente). —L'acquéreur ne serait exposé à l'action des cohéritiers du donataire qu'autant que le don aurait entamé leur légitime. L'art. 930 autorise la revendication de l'excédant; mais l'action n'est recevable qu'après que le donataire a été discuté dans ses biens (Delvincourt; Chabot, p. 476; Toullier, t. 4, nº 495; Malpel, nº 278; Marcadé, art. 864, nº 3).

1293. Si l'immeuble vendu n'excédait que la portion héréditaire, sans excéder la quotité disponible, les cohéritiers pourraient-ils faire réduire la vente à la portion héréditaire ou seulement à la quotité disponible? M. Delvincourt propose cet exemple: un père a 100,000 fr. de biens et cinq enfants; la quotité disponible est de 25,000 fr.; et la part héréditaire de chaque enfant de 20,000 fr.; l'immeuble donné vaut 25,000 fr. Le donataire a aliéné l'immeuble, et a depuis accepté la succession du père. Il ne doit rien prendre dans la succession, et remettre encore 5,000 fr. à la masse. On le suppose insolvable. Pourra-t-on subsidiairement inquiéter l'acquéreur? On dira, pour les cohéritiers, que si ce recours ne leur est pas accordé, ils perdront, par l'insolvabilité du donataire, une valeur de 5,000 fr., dont le défunt n'a pas eu intention de les priver, et qu'il n'a point donnée irrévocablement au donataire, puisqu'il ne l'a pas dispensé du rapport. Mais on peut répondre : « L'acceptation de la succession par le donataire était facultative; en renonçant il eût fait perdre la même valeur à ses cohéritiers. L'action subsidiaire n'a lieu contre les acquéreurs que pour compléter la réserve, qui n'est pas ici entamée. Les 5,000 fr. ne sont dus qu'en vertu de la loi du rapport, qui n'a aucun effet à l'égard des acquéreurs.» Telle est la solution de MM. Delvincourt, t. 2, p. 340, note 1; Chabot, p. 492; Toullier, t. 4, n° 476; Marcadé, *loc. cit.*; Vazeille, art. 859, n° 2, qui, toutefois, exprime des doutes. Ajoutons que, dans le système contraire, le donataire pourrait, par une acceptation frauduleuse et concertée avec ses cohéritiers, dépouiller l'acheteur au profit de ceux-ci.

1294. Le rapport en moins prenant est dû de la valeur de l'immeuble à l'époque de l'ouverture de la succession (c. nap., 860). Peu importe le prix de la vente; si le donataire n'avait été tenu que du rapport de ce prix, il lui eût été facile de le déguiser au préjudice de ses cohéritiers. — Une exception à cette règle est enseignée par les auteurs pour le cas de vente nécessaire ou forcée, soit licitation, soit expropriation pour cause d'utilité publique (Pothier, *loc. cit.*; Chabot, p. 469; Delvincourt, t. 2, p. 340, note 3; Poujol, t. 2, p. 209; Vazeille, art. 860).—M. Delvincourt pense que, par réciprocité, le prix serait toujours dû, quand même l'objet aurait péri depuis la vente. Il ne serait pas, dit-il, péri davantage entre les mains du donateur. — Le même auteur distingue, pour le cas de licitation : si c'est le donataire qui l'a poursuivie, il assimile ce cas à l'aliénation volontaire, par argument de la loi 78, § 4, ff., *De jure dot.*, et de l'art. 1667 c. nap.

1295. Comment se fera l'évaluation, si l'immeuble a *péri* par la faute du donataire? On appliquera encore l'art. 860, qui oblige à rapporter, en cas d'aliénation, la valeur de l'immeuble à l'époque de l'ouverture de la succession. On estimera donc ce qu'il aurait valu à cette époque, s'il eût existé, et non sa valeur au moment de la perte (MM. Chabot, sur l'art. 855, et Delvincourt, t. 2, p. 340, note 2; Vazeille, art. 855, n° 2).

1296. *Quid*, si l'immeuble a péri par *cas fortuit*, et qu'il eût été donné avec *faculté* de le retenir, en en payant la valeur, ou une somme fixée par le donateur? — « On a prétendu, dit M. Delvincourt (t. 2, p. 338, note 9), que, nonobstant le cas fortuit, le donataire n'était pas moins tenu de la valeur ou de la somme fixée. On fonde cette décision sur l'art. 1193 c. nap., qui statue que l'obligation alternative devient pure et simple, si l'une des deux choses promises périt, et ne peut plus être livrée.» M. Delvincourt prouve fort bien qu'on a confondu ici deux obligations d'une nature différente : l'obligation *alternative*, et l'obligation *facultative*. Je dois telle maison, ou dix mille francs à mon choix : voilà l'obligation *alternative*. Je dois telle maison; mais j'ai la faculté de me libérer en payant dix mille francs : l'obligation est *facultative*. Elles diffèrent en ce que, dans la première, les deux choses sont dues, sont dans l'obligation; le créancier peut et doit les demander toutes deux, sous l'alternative stipulée. Dans la seconde, il n'y a qu'une chose due; l'autre est seulement, comme disent les jurisconsultes, *in facultate solutionis*; le créancier ne peut donc demander que la chose principale, jamais celle que le débiteur a la faculté de payer; et si le débiteur ne s'acquitte pas, la condamnation et l'exécution ne peuvent porter que sur la chose principale. De là il suit que dans l'obligation alternative, il faut que les deux choses périssent, pour que l'obligation soit éteinte. Mais dans l'obligation facultative, il suffit de la perte d'une seule des deux choses, si c'est elle qui était due, si le créancier ne pouvait pas demander l'autre. Or, la perte de cette chose, arrivée sans sa faute, a libéré entièrement le débiteur, selon l'art. 1302, puisqu'il ne devait pas l'autre chose, qu'il lui était simplement facultatif de la donner à la place de celle qui a péri. Le donataire, dans l'espèce, devait le rapport en nature, si mieux il n'aimait payer telle somme. Il ne pouvait donc être forcé de payer la somme, le rapport en nature était seul dans l'obligation. Par conséquent, l'obligation n'était pas alternative, mais facultative (Conf., Vazeille, art. 855, n° 6; Poujol, t. 2, p. 351).

1297. *Des meubles.* — « Le rapport du mobilier ne se fait qu'en moins prenant » (c. nap. 868). Il en était de même dans l'ancien droit. L'obligation du rapport en nature ferait naître, dit Chabot, une foule de difficultés, soit pour vérifier si les objets sont réellement les mêmes que ceux donnés, soit pour constater s'ils ont été, depuis la donation, améliorés ou détériorés; quelle a été l'utilité ou la nécessité des impenses, les causes des dégradations et leur importance. » — Ces opérations, faciles à l'égard d'un immeuble, seraient presque impossibles si le don comprenait un grand nombre d'effets mobiliers (M. Poujol, t. 2, p. 236).

1298. La coutume de Metz n'exigeait le rapport des meubles que dans le cas où il avait été stipulé. — Jugé, sous cette coutume, que la condition du rapport résultait suffisamment de ce que le père n'avait payé les dettes de son fils qu'avec subrogation (cout. de Metz, tit. 11, art. 11; Req. 17 fév. 1807, MM. Muraire, 1er pr., Cassaigne, rap., aff. Ferriet *C.* Decosne).

1299. L'art. 868 c. nap. ne dit pas : « Le rapport peut se faire en moins prenant. » Ainsi le donataire ne pourrait contraindre ses cohéritiers à recevoir, ni être contraint par eux à remettre les meubles en nature. Ainsi le donataire est propriétaire des meubles à compter de la donation; s'ils périssent, même par cas fortuit, c'est à sa charge (Toullier, t. 4, n° 490; Duranton, t. 7, n° 406; Vazeille, art. 868, n° 1; Marcadé, art. 855; Massé et Vergé, sur Zachariæ, t. 2, p. 409 et 415, notes 3 et 21). — L'héritier donataire de sommes d'argent peut user de son droit de les conserver en prenant moins dans le mobilier de la succession, quoique des jugements passés en force de chose jugée aient ordonné le partage de ce mobilier (Rej. 4 fév. 1852, aff. Boutarel, D. P. 54. 5. 633).

1300. Le rapport « se fait sur le pied de la valeur *lors de la donation*, d'après l'*état estimatif* annexé à l'acte, et à défaut de cet état, d'après une *estimation par experts*, à juste prix et sans crue » (c. nap. 868). —Dans l'ancien droit (Ferrière, cout. de Paris, art. 305), on considérait la valeur au temps de l'ouverture de la succession. Lebrun (liv. 3, ch. 6, sect. 3, n° 34), n'adoptait cette mesure que pour les objets mobiliers non susceptibles de détérioration. Pothier (*ibid.*, ch. 6, art. 2, § 7) n'avait égard, dans tous les cas, qu'à la valeur lors de la donation. — L'art. 868 ordonne l'estimation *à défaut de cet état;* mais ce défaut entraîne la nullité de la donation, aux termes de l'art. 948. Il ne s'agit donc plus alors que d'une restitution, et non d'un rapport.

1301. L'état annexé à la donation n'est pas nécessairement la base de l'estimation, si la valeur n'y a pas été appréciée justement. Les cohéritiers peuvent demander une évaluation nouvelle, si le donateur ne s'est formellement expliqué à cet égard, pour prévenir toute difficulté, en dispensant du rapport de l'excédant, que présenterait la valeur réelle (Chabot, t. 3, p. 519; Vazeille, art. 868, n° 1; Poujol, t. 2, p. 240). — Jugé aussi que le rapport du mobilier compris dans une donation doit se faire d'après le prix porté dans l'état estimatif annexé à l'acte, sauf aux héritiers qui se prétendent lésés à provoquer une nouvelle estimation (Douai, 1er août 1840) (1).

(1) (Tamboise *C.* Duquesne et Tamboise.) — LA COUR; — Attendu qu'aux termes de l'art. 868 c. civ., le rapport du mobilier se fait sur le pied de sa valeur au moment de la donation, d'après l'état estimatif attaché à l'acte; — Que sans doute, si dans ledit état l'estimation n'a pas été sincère, les cohéritiers du donataire peuvent en demander une nouvelle pour arriver au rapport de la juste valeur du mobilier; qu'ils

1302. Le donataire d'un mobilier grevé d'*usufruit* au profit d'un tiers, n'est tenu au rapport que d'après la valeur du mobilier au moment de l'extinction de l'usufruit. — En conséquence, quoique le mobilier, donné avec estimation, doive être rapporté à la succession suivant sa valeur au temps de la donation, sans égard au dépérissement qu'il aurait pu éprouver depuis, cependant, si ce mobilier a été retenu par le donateur à titre d'usufruit, on doit déduire de sa valeur le montant des altérations survenues pendant la durée de cet usufruit (Riom, 25 janv. 1830) (1).

1303. L'art. 868 c. nap. s'applique-t-il aux meubles *incorporels*, tels que créances, rentes, etc., ou le rapport doit-il s'en faire en nature? La question est fort controversée. On dit d'une part : l'expression *mobilier* ne comprend pas les dettes actives (c. nap. 533, 535); le motif de l'art. 868, pour affranchir les meubles du rapport en nature, est leur prompte détérioration. Dans la discussion au conseil d'Etat, les orateurs, MM. Maleville, Tronchet et Regnault, ont supposé constamment une donation de meubles corporels; aussi la loi veut-elle que la valeur du mobilier soit déterminée, ou par l'état estimatif annexé à l'acte, ou à défaut par des experts; or, un état n'est exigé (c. nap. 948) que pour les *effets mobiliers*; les rentes, les créances, etc., ne sont pas des effets mobiliers dans le sens légal (c. nap. 533, 535). D'un autre côté on ne fait pas estimer de telles valeurs par des experts. Enfin, la loi a si bien entendu restreindre l'art. 868 aux meubles corporels, qu'elle a disposé dans un article spécial, à l'égard du numéraire, dont le rapport se fait aussi en moins prenant. On conclut, par ces motifs, qu'il y a lieu au rapport de l'objet même qui a été reçu, et non de sa valeur au moment de la donation (Delvincourt, t. 2, p. 342, n° 7; Delaporte, Pand. franç., t. 3, p. 354; Malpel, n° 287; Duranton, t. 7, n°s 409, 415; Marcadé, art. 968). — On dit d'une autre part, et nous préférons cette interprétation : le mot *mobilier*, dans l'art. 868, a été employé par opposition aux immeubles, dont la loi venait de parler. Au lieu de suivre, pour le rapport des meubles incorporels, les règles particulières aux immeubles, il semble bien plus naturel de déclarer applicable l'art. 868, qui, après tout, a des meubles pour objet. On ne saurait du reste supposer une lacune dans la loi, pour un ordre tout entier de valeurs mobilières, et pour les valeurs les plus importantes; car les meubles corporels, objets souvent de cadeaux ou de présents, dispensés de rapports, se prêtent moins aux dispositions entre-vifs que les meubles incorporels qui, par leur nature et leur importance, sont presque toujours rapportables (Chabot, t. 3, p. 520; Toullier, t. 4, n° 471; Vazeille, art. 868, n° 3; Massé et Vergé, sur Zacharie, t. 2, p. 409, note 4). — Jugé, dans le sens de cette opinion, que l'art. 868 s'applique aux meubles incorporels, tels que rentes; que, dès lors, si ces rentes ont été supprimées ou ont perdu de leur valeur, le donataire supporte la perte, et qu'il ne serait pas admis à rapporter les contrats (c. nap 868; Nîmes, 24 janv. 1828) (2).

Des distinctions, toutefois, ont été proposées. — Ainsi, tout en admettant pour les rentes et créances le principe du rapport en nature, on y fait exception pour les effets qui ont un cours public coté à la bourse, comme les rentes sur l'État, les actions de la banque ou des canaux, etc. Alors, dit-on, le donataire est devenu cessionnaire pur et simple, pour la valeur réelle et commerciale qu'avaient les choses données au jour de la donation, et qui, à défaut d'état estimatif, doit être prise dans les registres destinés à la constater. Il doit donc supporter le gain ou la perte, quelle qu'en soit la cause (M. Duranton, t. 7, n° 409, 413). Le système contraire serait tout à l'avantage du donataire. Il rapporterait les titres, si la valeur des objets était diminuée (telles seraient des actions au porteur), quoiqu'il eût aliéné celles qui lui avaient été données. Il ferait simplement raison de la valeur qu'avaient les objets au temps de la donation, si depuis elle était augmentée. — Il ne pourrait jamais devoir la valeur du jour de l'ouverture de la succession, puisque, pour estimer le mobilier, la loi renvoie à l'époque de la donation; ce qui vient de ce que le donataire étant propriétaire, les chances d'augmentation ou de diminution ne concernent que lui, et non la succession. — D'autres auteurs, sans faire cette distinction, fondent

---

le peuvent avec forte raison quand ils prétendent que leur réserve est entamée par des libéralités excessives; — Mais que, dans l'espèce, il n'est pas justifié que le mobilier des fermes de Vimy et du Tronquoy valent au delà de la somme de 127,025 fr., portée en l'état estimatif annexé à l'acte de donation du 21 mars 1833; que l'avis des experts ne peut prévaloir sur les autres documents de la cause qui prouvent l'exactitude de cette estimation, etc., etc.; — Met le jugement dont est appel au néant, en ce qu'il homologue le rapport des experts, etc.

Du 1er août 1840.-C. de Douai, 2e ch.-MM. Dumon et Huré, av.

(1) (Serre C. Chavanon.) — LA COUR; — Attendu que, quoique le mobilier compris en la vente qui fut consentie par le sieur Vidal, prêtre, à Pierre Chavanon, le 1er prair. an 5, ait été évalué à 5,520 fr., et que l'effet de cette vente ait été constitué par Pierre Chavanon à Jacques Chavanon, son fils, par son contrat de mariage du 5 prair. an 7, celui-ci n'a pu être saisi de ce mobilier qu'au décès du sieur Vidal, qui s'en était réservé l'usufruit; — Attendu que le sieur Vidal n'est décédé que le 15 janv. 1807; que, dans l'intervalle des dix années écoulées depuis la vente jusqu'au décès, ce mobilier a dû éprouver des détériorations qui en ont diminué la valeur, et qu'en la fixant à 2,500 fr. au moment où Jacques Chavanon en a été investi et mis en possession, ce sera suffisamment pourvoir aux droits respectifs des parties; — Émendant, fixe, d'office, la valeur du mobilier à 2,500 fr.

Du 25 janv. 1830.-C. de Riom, 2e ch.-M. Thévenin, pr.

(2) *Espèce :* — (Héritiers Cabrier.) — La dame Cabrier donna à son fils aîné, en 1780, par avancement d'hoirie, une rente au capital de 1,200 fr. sur les États du Languedoc. — En 1790, elle céda, au même, une autre rente de 1,200 fr. sur le clergé. — En 1814, décès de cette dame, après avoir légué, par préciput, la quotité disponible à son fils aîné, et à un autre enfant. — Il paraît que les rentes avaient été supprimées ou avaient éprouvé de fortes diminutions. — Lors du partage, il s'est agi de régler les rapports. — Le fils aîné a prétendu, 1° à l'égard de la rente, objet de l'avancement d'hoirie, qu'il n'était tenu de restituer que les contrats dans l'état où ils se trouvaient, et non de rendre la valeur des rentes à l'égard de la donation; — 2° A l'égard du don de 1790, dont le rapport fictif devait avoir lieu pour calculer la quotité disponible, le donataire disait : Aux termes de l'art. 922 c. civ., le rapport fictif des biens donnés a lieu, d'après leur état, à l'époque de la donation, et leur valeur au temps du décès du donateur. Or, dans l'espèce, la rente ne subsistant plus au temps du décès, on n'est tenu qu'au rapport du contrat. On répondait que la règle de l'art. 868 était générale, et applicable même au rapport fictif de l'art. 922.

LA COUR; — Attendu que les deux capitaux sont déclarés meubles par l'art. 529 c. civ.; qu'ainsi, il y a lieu de leur appliquer les règles établies pour cette nature de biens en matière de rapport; que le premier, ayant été donné en avancement d'hoirie, est incontestablement régi par l'art. 868, et doit être rapporté suivant sa valeur à l'époque de la donation;

Qu'à l'égard du second, une difficulté sérieuse s'élève de la disposition de l'art. 922, qui détermine la manière dont le rapport fictif doit être fait dans le cas où il n'est pas procédé par voie de retranchement; qu'il y est dit, en effet, que les biens donnés doivent être fictivement rapportés suivant leur état à l'époque de la donation, et d'après leur valeur à l'époque de l'ouverture de la succession, ce qui semble prouver, au premier coup d'œil, et dans sa généralité, que la distinction établie par l'art. 868, pour le rapport effectif, ne se rapporte pas au rapport simplement fictif, qui se fait lorsqu'il est procédé par voie de retranchement, et que, dans ce dernier cas, les biens de toute nature doivent être rapportés suivant leur valeur à l'époque de l'ouverture de la succession; qu'il est, néanmoins, juste de considérer que, si l'on n'appliquait pas l'art. 868, il en résulterait que, dans certains cas, la réserve légale pourrait être diminuée, et la portion disponible étendue au delà des bornes que la loi lui assigne, ce qui ne peut être entré dans l'intention du législateur; — Que, dans les questions de rapport, il y a une grande et importante distinction à faire entre les meubles et immeubles. Il est toujours facile de reconnaître si les changements de valeur sont survenus par le fait du donataire ou par cas fortuit;

Qu'il n'en est pas de même à l'égard des autres, qui sont mobiles et transportables de leur nature; que le donataire en a disposition pleine, entière, absolue; qu'il peut les céder, transporter, aliéner à son gré, sans qu'on puisse connaître à quelle condition et quelle est la valeur qu'il en a retirée; que, par là, il assume, sur son compte, tous les changements de valeur qui ont pu survenir, et qu'il y a lieu de lui appliquer dans toute sa latitude la maxime *res perit domino;*

Que toutes ces considérations ont amené la cour à penser que la disposition de l'art. 922 ne devait point être isolée de celle de l'art. 868, et que la distinction entre les meubles et les immeubles devait s'appliquer aux deux cas de rapport; d'où il suit que le tribunal a bien jugé en ordonnant que les deux contrats de rentes dont il s'agit seraient rapportés, soit réellement, soit fictivement, d'après leur valeur à l'époque où ils ont été donnés; — Confirme, etc.

Du 24 janv. 1828.-C. de Nîmes.

le rapport en nature des contrats sur l'art. 1567 c. nap. : « Si la dot contient des obligations ou constitutions de rente, qui ont péri ou souffert des retranchements qu'on ne puisse imputer à la négligence du mari, il n'en sera point tenu, et il sera quitte en restituant les contrats » (Delaporte, Malpel, Delvincourt, *loc. cit.*). Toutefois, M. Duranton, t. 7, n° 411, fait remarquer que l'art. 1567 serait inapplicable, même au mari, si les créances ou les contrats de rente lui avaient été livrés sur une estimation de la valeur réelle et actuelle, et non sur une simple indication de valeur nominale, énonciative seulement des titres et des droits. Alors le mari devrait être regardé comme cessionnaire ; et, en cette qualité, seraient à sa charge toutes les pertes survenues aux contrats, celles même résultant de l'insolvabilité du débiteur (c. nap. 1693 à 1695). — Jugé qu'au cas de réduction ou rapport fictif, prévu par l'art. 922 c. nap., comme en cas de rapport réel prescrit par l'art. 868, lorsque les objets donnés, dont le rapport doit avoir lieu, sont des meubles, et non des immeubles, c'est la règle de l'art. 868 qui est applicable ; qu'en conséquence, le rapport des objets doit être fait d'après leur valeur au moment de la donation, et non d'après celle qu'ils ont lors du décès du donateur (Nîmes, 24 janv. 1828, aff. Cabrier, précité).

1304. « Le rapport de l'argent donné, porte l'art. 869, se fait en moins prenant dans le numéraire de la succession. En cas d'insuffisance, le donataire peut se dispenser de rapporter du numéraire, en abandonnant, jusqu'à due concurrence, du mobilier, et à défaut de mobilier, des immeubles de la succession. » — Mais comment se calculerait le prix de l'argent, s'il était survenu des variations dans les monnaies, si elles avaient augmenté ou diminué de valeur ? La plupart des auteurs pensent qu'il faut se référer à la valeur du temps de la donation. C'est la conséquence de l'art. 868, qui estime le mobilier sur le pied de sa valeur au temps de la donation. « Si les meubles corporels, dit M. Malpel, n° 287, autres que l'argent, sont mis à la charge du donataire à l'instant de la donation, parce que ces objets se détériorent par l'usage, le même motif, à plus forte raison, s'applique à l'argent qui se consomme par le premier usage qu'on en fait. » Toutes les chances, même par cas fortuits, ajoute M. Chabot, portent sur le donataire, parce qu'il est propriétaire. — Telle est aussi l'opinion de MM. Delvincourt, t. 2, p. 341, note 6 ; Delaporte, Pandect. franç., t. 3, p. 353 ; Toullier, t. 4, n° 492 ; Vazeille, art. 869 ; Massé et Vergé sur Zachariæ, t. 2, p. 410, note 8. — M. de Maleville est d'un avis contraire. Il invoque la loi de frim. an 6 pour les dots constituées en assignats ; mais cette loi n'oblige le successible doté à rapporter que la somme réelle que valaient les assignats lors de la constitution de la dot. — M. Duranton, qui, comme M. Maleville, ne pense pas qu'on doive faire le rapport suivant la valeur qu'avait l'argent lors de la donation, motive cette opinion par des raisons plus graves. Il argumente d'abord de l'art. 1895, selon lequel, « s'il y a eu augmentation ou diminution d'espèces avant l'époque du payement, le débiteur doit rendre la somme numérique prêtée, et ne doit rendre que cette somme dans les espèces ayant cours au moment du payement. » — Cette disposition, quoique restreinte en apparence au contrat de prêt, n'est pas moins applicable à toutes les conventions : *In pecuniâ non corpora quis cogitat, sed quantitatem* (L. 94, ff. § 1, *De solut.*). L'art. 1895 eût été mieux placé au titre des obligations, en général. Le code l'a fait entrer au titre du prêt, parce que c'est à l'occasion de ce contrat que les auteurs ont le plus souvent agité la question. Pothier, du Prêt, n° 36, déclare que la même règle concerne indistinctement toutes les obligations. M. Duranton lui-même a professé cette doctrine, dans son Traité des contrats, t. 3, nos 768 et suiv. — De là, cet auteur conclut qu'un acheteur devrait, comme l'emprunteur, ne payer le prix de la vente que selon la valeur légale des espèces à l'époque du payement. Or, continue-t-il, le donataire de meubles, qui devient débiteur du rapport, doit être assimilé à un acheteur d'objets semblables, dont le prix serait remboursable à l'ouverture de la succession. On peut même d'autant mieux appliquer l'art. 1895, que généralement le donateur aura entendu faire un prêt, en donnant une somme d'argent à un successible, sans dispense de rapport. — On objecte l'art. 868, qui ne calcule que la valeur du mobilier au temps de la donation ; et l'argent, dit-on, est compris sous l'expression générique de *mobilier*. Mais le législateur n'a pas moins cru devoir faire une disposition spéciale pour le rapport de l'argent. Argumenter d'un cas à l'autre n'est donc pas rigoureux, puisque ces deux cas ont été jugés différents par le législateur lui-même. — Toutes les chances, objecte-t-on encore, portent sur le donataire de meubles, parce qu'il est propriétaire, et qu'ainsi les pertes et les profits sont à son compte. Mais cette raison s'applique également à l'acheteur, propriétaire dès le moment du contrat ; et il ne doit pas moins payer le prix selon la valeur qu'ont les espèces au moment du payement. D'ailleurs la raison invoquée peut, d'après les circonstances, être opposée à ceux qui l'invoquent. Qu'on suppose, par exemple, la somme donnée il y a trente ans, en pièces anciennes de 6 livres. Depuis, elles ont subi une réduction de 20 cent. Le donataire n'aura point de chance de perte à supporter, si, en rapportant les pièces de 6 livres, il les compte pour la valeur qu'elles avaient au temps de la donation. Il faudrait qu'il ne les comptât que pour leur valeur actuelle. — Ainsi raisonne M. Duranton (t. 7, n° 408), dont la déduction nous semble bien propre à faire naître des doutes sur le système contraire ; système que nous croyons cependant avoir été dans la pensée du législateur, vu la corrélation si prochaine des art. 868 et 869. — Jugé 1° que le payement fait en assignats d'une dot constituée en avancement d'hoirie par le père à l'un de ses enfants, ne donne pas lieu à répéter contre la succession la différence de valeur lors du calcul des intérêts à rapporter, parce que le père était maître de limiter la dot qu'il faisait en avancement d'hoirie à son fils (Riom, 20 fév. 1815, M. Redon, pr. ; aff. Triozon C. Triozon). — 2° Que le rapport du montant d'une donation faite et payée pendant le cours du papier-monnaie doit se faire sans réduction (L. des 11 frim. et 16 niv. an 6 ; Req. 25 oct. 1814) (1). — 3° Que le cohéritier qui a laissé faire la consignation en assignats du capital d'une rente foncière qu'il avait reçue en avancement d'hoirie, et qui a ensuite retiré la somme consignée, doit rapporter à la succession la valeur des assignats au moment de la consignation. — « Attendu que la différence qui existe entre la valeur qu'avaient les assignats au jour que le débiteur d'une rente foncière donnée en avancement d'hoirie à Triozon, consigna la somme de 4,970 fr. assignats, et le jour où ledit Triozon retira cette consignation, ne doit point influer sur le rapport qu'il doit faire, de la somme qui lui avait été offerte au jour de la consignation, puisque c'est par sa faute que la consignation a eu lieu, confirme, etc. » (Riom, 20 fév. 1815, M. Redon, pr. ; aff. Triozon C. Triozon).

1305. Lorsque les biens constitués en dot à la femme par ses père et mère sont devenus la propriété du mari par suite de l'estimation donnée à ces biens dans le contrat de mariage, la femme ne doit rapport à la succession des constituants que du montant de l'estimation et non de la valeur des biens, au moment de l'ouverture de la succession, s'il y a eu une déclaration expresse, bien entendu (c. nap. 843, 860 ; Req. 3 janv. 1831, aff. Daguzan, V. Contrat de mariage, n° 3390-3°).

1306. Quand un immeuble a été donné en payement de la dot constituée en argent, le rapport est-il dû de l'immeuble même ou de la somme constituée ? La question a été résolue en sens divers. Jugé que le rapport est dû en argent. « Le tribunal, attendu que lorsque des immeubles sont abandonnés en payement d'une dot évaluée en argent, ce qu'il y a de réellement et d'effectivement dotal, ce ne sont pas les héritages cédés dont on

(1) (Neudot de Bestrux C. Neudot de Bestrux.) — La cour ; — Attendu que la solution des questions qui divisait les parties étaient subordonnée à l'examen des actes produits ; que la juste appréciation de ces actes faits par la cour royale de Bourges n'entre pas dans les attributions de la cour de cassation ; — Attendu qu'étant constant au procès que le payement de la somme de 16,000 fr. a été effectué le 1er sept. 1792, la cour royale (de Bourges 5 mai 1815) a fait une juste application des lois en décidant que cette somme n'était pas susceptible de réduction ; — Rejette.

Du 25 oct. 1814.-C. C., sect. req.-MM. Lasaudade, pr.-Liger, rap

a déjà observé que le mari devient propriétaire, mais seulement et uniquement la somme constituée. » (trib. d'app. de Bordeaux, 24 vent. an 10, aff. Beynat C. Tardieu). — Jugé au contraire que le rapport est dû de l'immeuble donné en payement de la somme constituée. — « Attendu que les immeubles dont il s'agit ayant été donnés à titre d'avancement d'hoirie, Anne Rouchand, venant à partage, ne pouvait se dispenser de les rapporter en nature ; rejette. » (Req. 19 déc. 1811. MM. Lasaudade, pr., Genevois, rap., aff. Roussel C. Rouchand).

1307. Dans le cas où tout l'actif d'une succession ne consistant qu'en des dots constituées, il n'y a qu'un seul des enfants qui ait reçu au delà de sa part héréditaire, c'est contre lui seul, et non contre les autres enfants, dont les dots n'excèdent point cette part héréditaire, que l'action en rapport doit être formée,, sauf néanmoins le recours contre ceux-ci, en cas d'insolvabilité du premier (c. nap., 843, 845, 858, 869; Paris, 16 mars 1829) (1).

1308. Lorsqu'une donation a été faite par l'un des époux au successible de l'autre époux, avec charge de rapport au cas où le donataire deviendrait héritier du conjoint du donateur, il n'est pas nécessaire, si le donataire vient à la succession de ce conjoint, qu'il rapporte effectivement à la masse la somme donnée, ou qu'il la prenne en moins sur sa part. Le partage égal peut être ordonné entre le donataire et ses cohéritiers, avec réserve seulement, au profit de ceux-ci, d'une action en restitution de la somme donnée. Il n'y a pas là nécessité d'appliquer la loi sur les rapports, parce qu'il ne s'agit pas de la succession du donateur (Req. 21 mars 1808, MM. Henrion, pr., Bailly, rap., aff. Cazier).

1309. Le rapport ne peut être fait en moins prenant, lorsque la valeur de la succession est incomparablement plus faible que celle des sommes à rapporter (Paris, 13 août 1839, aff. Guérin, V. n° 1153).

1310. Comment se fait le rapport des *charges* ou *offices?* D'après la valeur, au moment de la donation. On le décidait ainsi autrefois, bien que les offices fussent regardés comme immeubles (Pothier, Success., chap. 4, § 7; Merlin, v° Rapport à succession, § 7). C'est la valeur de la charge, plutôt que la charge elle-même, qui a été donnée, l'investiture étant au pouvoir du roi. Cette interprétation a l'avantage d'intéresser le donataire à l'amélioration de l'office, par la pensée que ses soins ne doivent profiter qu'à lui seul (Delvincourt, t. 2, p. 342, n° 7; Duranton, t. 7, n°s 415 et 416; Dard, des Offices, p. 411, 415 et suiv.; Massé et Vergé, sur Zachariæ, t. 2, p. 410, note 5. — *Contrà* Marcadé, art. 868-2°).

1311. Ainsi l'office est au risque du donataire, qui en supporte la perte en cas de suppression, et qui, s'il y a suppression moyennant indemnité, ne doit pas le rapport seulement du montant de l'indemnité, mais de la valeur de l'office au moment de la donation. — Jugé, dans ce sens, que le donataire d'un office ne peut se dispenser du rapport de la valeur qu'il avait au moment de la donation, en faisant remise de l'inscription, accordée par la loi du 24 août 1793, en remboursement de l'office supprimé. Ce mode de payement n'était autorisé par cette loi qu'à l'égard des créanciers ayant hypothèque ou privilége sur l'office supprimé (Cass. 5 juill. 1814, et 21 nov. 1815) (2). — Jugé de même que la cession d'un office par un notaire à son fils, donne lieu au rapport de la valeur de l'office au temps de la cession : —

(1) (Fessart C. Debaecque.) — LA COUR ; — Considérant qu'il est établi que la femme Morlière a reçu la somme de 46,000 fr., qui lui avait été donnée en mariage par ses père et mère, tant pour dot que pour trousseau ; — Considérant qu'on ne prouve pas que la femme Fessart ait reçu au delà de 23,000 fr., sur la somme de 46,000 fr., qui lui avait été constituée au même titre ; — Considérant que le rapport de ces deux sommes, ensemble de 69,000 fr., forme le seul actif des successions des père et mère, qu'il s'agit de partager en trois portions égales, chacune de 23,000 fr., l'une pour le mineur Debaecque, l'autre pour les mineurs Morlière, la troisième pour la femme Fessart;

Considérant que, d'après l'art. 869 c. civ., le rapport de l'argent donné se fait, non pas réellement en nature, mais fictivement, c'est-à-dire en moins prenant dans le numéraire de la succession : d'où il suit que la femme Fessart, qui a reçu, en avancement d'hoirie, les 23,000 fr., formant sa part héréditaire, n'a rien à prendre, mais aussi ne doit rien rapporter ; — Considérant qu'à la vérité, Debaecque allègue, d'une part, que la succession de la femme Morlière, débitrice envers son pupille d'un rapport de 23,000 fr., est insolvable, et, d'autre part, qu'il pourra prouver, par la suite, que la femme Fessart a reçu plus de 23,000 fr.; mais que ces allégations, étant jusqu'à présent dénuées de preuves, elles ne peuvent donner lieu qu'à des réserves éventuelles en faveur du mineur Debaecque ;

Met l'appel au néant, en ce que, par ledit jugement, les époux Fessart ont été condamnés, dès à présent, au rapport ; — Émendant, condamne Morlière, ès-noms, à payer à Debaecque la somme de 23,000 fr., avec les intérêts, à compter du jour de l'ouverture de la succession ; — Déclare Debaecque non recevable, quant à présent, dans sa demande contre les époux Fessart, lui réservant tous ses droits contre eux, en cas d'insolvabilité de la succession Morlière, comme aussi dans le cas où il prouverait qu'ils ont reçu plus de 23,000 fr.

Du 16 mars 1829.-C. de Paris, 2e ch.-M. Cassini, pr.

(2) *Espèce :* (Chauvet C. Bernard.)—Le 29 janv. 1787, Bernard fils s'est marié, et, par son contrat de mariage, ses père et mère lui ont cédé la propriété d'un office de notaire dont ils l'avaient déjà fait pourvoir. — Le contrat de mariage ne contient aucune estimation de cet office ; mais il est reconnu que Bernard père et son épouse l'avaient acheté 56,900 liv. — Cet office, supprimé par les lois de la révolution, fut liquidé à la somme de 7,500 liv., pour laquelle il fut délivré à Bernard fils une inscription sur le grand-livre de la même somme en capital. — Bernard père et son épouse sont décédés, l'un en 1806, et l'autre en 1807. Le partage de leurs successions a fait naître des difficultés entre Bernard fils et le sieur Chauvet qui avait été subrogé aux droits de la dame Froidot, second enfant.—Bernard soumis au rapport de l'office a prétendu s'acquitter, en rapportant l'inscription de 7,500 liv.

Le 28 oct. 1812, le tribunal de Colmar condamne Bernard à tenir compte seulement du prix auquel avait été liquidé l'office, ou à rapporter l'inscription sur le grand livre provenant de la liquidation. — Le 19 nov. 1813, arrêt confirmatif de la cour de Colmar ; — Attendu que, quant aux 56,900 liv. que Chauvet entend faire rapporter par Bernard aux successions de ses père et mère pour prix de la charge de notaire dont il a été doté : que, par le contrat de mariage dudit Bernard, son père lui avait cédé cet office sans y fixer aucun prix ; qu'ainsi il ne paraît pas avoir voulu obliger son fils à rapporter à sa succession une somme aussi forte que celle qu'il avait payée lui-même pour cet office ; qu'au surplus Bernard ne prétend pas se dispenser d'un rapport quelconque à cet égard, mais que, d'après l'art. 66. de la loi du 24 août 1793, il ne peut être tenu qu'à rapporter la valeur de l'inscription sur le grand-livre qui lui a été donnée en payement de l'office supprimé, puisque cet article lui permet de s'acquitter, par le transfert de cette inscription, envers tous ses créanciers personnels ayant hypothèque spéciale ou privilégiée sur l'objet liquidé, et que ces dispositions générales ont été rendues communes aux offices par des lois postérieures. —

Pourvoi de Chauvet, pour violation des art. 849 et 851 c. civ., et pour violation et fausse application de l'art. 66 de la loi du 24 août 1793. — Arrêt.

LA COUR ;—Vu l'art. 66 de la loi du 24 août 1793 et l'art. 851 c. civ.; — Attendu que le premier de ces articles, applicable seulement aux créanciers ayant hypothèque et privilége sur les offices supprimés, ne reçoit aucune application aux rapports que les titulaires d'iceux peuvent être dans le cas de faire, du prix desdits offices, dans les successions auxquelles ils sont appelés ; que, d'ailleurs, cet article n'autorise le mode de libération par la voie du transfert de l'inscription provenante de la liquidation de l'office, que jusqu'à concurrence du montant de ladite inscription, sans libérer pour cela le débiteur du surplus de la dette, si elle excède le montant ; — Que, d'après l'art. 851 c. civ., le rapport est dû de ce qui a été employé pour l'établissement d'un des cohéritiers, disposition qui indique suffisamment que le rapport doit se faire de la valeur de la chose donnée à l'époque de l'établissement, si cette chose ne peut être rapportée en nature ;—Qu'il est reconnu, dans l'espèce, que l'office de notaire, dont le rapport est dû par le sieur Bernard, lui a été donné par le contrat même de son mariage ;— Qu'il suit de là que le sieur Bernard, qui ne peut rapporter l'office en nature, doit en rapporter le prix, suivant la valeur dudit office à l'époque dudit mariage, et qu'en l'autorisant à rapporter seulement le montant de l'inscription à lui délivrée pour la liquidation de cet office, l'arrêt attaqué a faussement appliqué l'art. 66 de la loi du 24 août 1793, et formellement violé l'art. 851 c. civ.; — Casse.

Du 5 juill. 1814.-C. C., sect. civ.-MM. Muraire, 1er pr.-Boyer, rap.

Bernard, qui n'avait point comparu devant la cour de cassation, s'est pourvu contre l'arrêt du 5 juill. 1814, que nous venons de rapporter. — Arrêt.

LA COUR ; — (Les motifs sont littéralement les mêmes que ceux du précédent arrêt du 5 juill. 1814, sauf l'addition suivante) : Attendu, au surplus, que la disposition de l'art. 855 c. civ. n'a pas pu avoir pour objet un office qui, à l'époque de la publication du code, n'était plus considéré comme un immeuble, même fictif, — Casse.

Du 21 nov. 1815.-C. C., sect. civ.-MM. Brisson, pr.-Boyer, rap.

« Attendu que Rullier fils reconnaît lui-même que l'office de notaire dont son père était titulaire ne lui a point été transmis à titre gratuit; que, dès lors, il doit faire rapport à la succession de son père de la valeur qu'avait cet office au moment de la transmission; — Attendu que les parties n'étant pas d'accord sur le prix ni sur les conditions auxquelles la transmission a été faite, il y avait lieu d'en faire faire l'estimation par des experts » (Bordeaux, 6 janv. 1834, 1re ch., M. Roullet, pr., aff. Poumeau *C.* Rullier).

1312. Jugé toutefois que si un successible a reçu, par son contrat de mariage, en avancement d'hoirie, un office d'une valeur déterminée, mais à charge de ne leur tenir compte que d'une somme moindre s'il était obligé de l'abandonner par force majeure, les cohéritiers doivent supporter avec lui la perte, lorsqu'il a été supprimé par l'Etat... Par suite, ils doivent lui restituer les intérêts des sommes pour lesquelles elle est entrée en compte dans leur partage, à partir de sa suppression (Req. 21 germ. an 12) (1).

1313. Lorsque, dans un acte de partage qualifié pacte de famille, intervenu entre des cohéritiers, dont l'un était tenu au rapport d'une certaine somme formant le prix d'un office qui a été supprimé par l'Etat, il est déclaré, à l'égard de cette somme, que les cohéritiers partageront entre eux la somme à espérer de l'Etat pour indemnité de l'office, et qu'il est dit d'une manière générale, à la fin de l'acte, que, moyennant ces stipulations, les parties se tiennent réciproquement quittes, sans réserves, il a pu être jugé qu'il résultait d'un tel pacte une renonciation formelle de la part des autres cohéritiers à réclamer le rapport, encore bien qu'aucune indemnité ne serait accordée par l'Etat : — « Attendu que l'unique question qui a dû être et qui a été, en effet, jugée par l'arrêt attaqué, a été celle de savoir si, dans la transaction ou pacte de famille du 13 prair. an 13 (2 juin 1805), et à l'égard du prix de l'office du président à mortier, les parties contractantes, sans faire aucune réserve quelconque, s'étaient contentées de stipuler le partage éventuel de la somme qui aurait pu être retirée de la liquidation du même office promise par le gouvernement; que l'on n'a jamais excipé par-devant les juges de la cause, soit d'une indication de payement, soit d'une novation, soit enfin d'une cession sans prix; que de pareilles exceptions se rattachant aux faits, ne pouvaient nullement être présentées, pour la première fois, devant la cour; — Qu'ainsi ces deux moyens n'étaient pas recevables, rejette» (Req. 1er mai 1832; MM. Zangiacomi, pr., Lasagni, rap., aff. Duboispéan *C.* Delabrosse).

Sect. 2. — *Du payement des dettes.*

Art. 1. — *De l'action personnelle des créanciers de la succession contre l'héritier.*

1314. *Nature et fondement de cette action.* — L'art. 873 c. nap. déclare l'héritier « personnellement tenu des dettes et charges de la succession..» Selon l'art. 2092, « quiconque est obligé personnellement doit remplir son engagement sur tous ses biens présents et à venir. » Les créanciers du défunt n'ont donc véritablement d'action personnelle contre l'héritier que lorqu'il est tenu des dettes, même au delà de l'émolument ou sur ses biens propres. Cette action n'est donc qu'imparfaite, selon l'expression de Lebrun, à l'égard, soit de l'héritier bénéficiaire, soit des héritiers irréguliers, qui ne supportent les charges que jusqu'à concurrence de ce qu'ils recueillent de la succession.

1315. Le légataire universel, le légataire à titre universel, contre qui les créanciers ont aussi une action personnelle (c. nap. 1009, 1012), sont-ils tenus des dettes *ultrà vires?* — V. Dispo sit. entre-vifs, nos 3680 et s., 3757 et s.).

1316. Le successible qui, après avoir renoncé, devient cessionnaire des droits héréditaires de son cosuccessible, recouvre, du chef de celui-ci, la qualité d'héritier, et, comme représentant le cédant, demeure obligé aux dettes de la succession, bien qu'il ne soit pas lui-même héritier (Bordeaux, 11 mai 1833, aff. Malleville, V. n° 676). — La fille normande, réservée à la succession paternelle, n'étant cependant pas héritière de son père, ne peut être poursuivie par voie de saisie-immobilière pour le payement solidaire d'une rente non hypothéquée, due par cette succession (Req. 26 août 1825) (2).

1317. L'action personnelle contre l'héritier a son fondement dans la nature même de l'adition d'hérédité, qui constitue un quasi-contrat. *Is qui miscuit se hæreditati contrahere videtur* (L. ff., *quib. ex caus. in poss.*). A la vérité, dit-on, l'héritier n'a pas entendu s'obliger au delà de la valeur des biens. Mais c'est cette valeur même qu'il s'agirait de constater. — Faut-il que le créancier suive sa foi, soit exposé à ses fraudes? Que n'a-t-il observé les formalités prescrites pour le bénéfice d'inventaire et qui conciliaient ses intérêts et ceux des créanciers? — Deux autres fondements ont été assignés à l'action personnelle : 1° l'héritier, disait l'orateur du gouvernement d'après les lois romaines, est la continuation de la personne du défunt. Mais cette fiction ne s'applique qu'imparfaitement à l'héritier bénéficiaire, ou irrégulier, ou testamentaire; — 2° Le père, selon Toullier, t. 4, n° 392, n'est considéré que comme administrateur des biens communs à la famille, qui forme une personne morale : les enfants sont, à l'égard du père, comme des associés à l'égard d'un mandataire. Mais cette explication, empruntée à l'organisation de la famille chez les Romains, a l'inconvénient de ne s'appliquer ni aux successions collatérales, ni à celles des ascendants aux descendants; en outre, les enfants se distinguent des associés par la faculté de s'affranchir des dettes, en répudiant la succession de celui qui les a contractées. Il n'y a plus d'héritiers nécessaires comme dans l'ancien droit romain.

1318. L'héritier pur et simple est-il tenu *ultrà vires* au payement des legs comme pour les autres dettes? — La négative se fonde sur ce que personne ne peut donner plus qu'il n'a, tandis qu'on peut contracter autant de dettes qu'on veut (Delaporte, Pand. franç., t. 3, p. 375, qui invoque la jurisprudence des pays coutumiers); mais nous adoptons de préférence l'opinion qui soumet l'héritier au payement des legs *ultrà vires*, alors qu'il n'a pas accepté bénéficiairement et sauf le cas prévu par l'art. 783 (Delvincourt, t. 2, p. 308, note 5; Duranton, t. 6, note 462; Chabot, t. 3, p. 600; Malpel, n° 215). — Le droit romain, sous Justinien, consacrait cette dernière doctrine qui était la règle des pays de droit écrit. — Le code Napoléon a placé aussi sur la même ligne les legs et les dettes ordinaires, quant à l'obligation de l'héritier. D'après l'art. 724 « l'héritier est saisi..., sous l'obligation d'acquitter toutes les charges de la succession » sans aucune limitation. — L'art. 802 permet à l'héritier bénéficiaire de se décharger du payement des dettes, en abandonnant les biens aux créanciers et aux légataires. Il faut considérer d'ailleurs que le légataire qui a vu la succession acceptée purement et simplement, a dû la croire avantageuse; il n'a pris, en conséquence, aucune précaution pour s'assurer de l'exactitude de l'inventaire, pour vérifier si les biens ont été administrés fidèlement, les ventes régulièrement faites, si les créances n'étaient pas simulées, etc. L'héritier pouvait s'affranchir de toute responsabilité sur ses biens personnels en offrant au légataire les garanties qui résultent des formalités du bénéfice d'inventaire.

(1) (Baillet.) — Le tribunal ; — Attendu que le tribunal dont le jugement est attaqué n'a ni violé la maxime *res perit domino*, ni enfin excédé ses pouvoirs en jugeant d'après les stipulations établies au contrat du 12 juill. 1785 et rappelé en l'inventaire et partage qui ne font qu'un seul et même acte, sous la date du 23 avril 1787, que la perte de l'office dont il s'agit devait être supportée en commun par tous les cohéritiers dans la succession du donateur, et que la condamnation du payement des intérêts que le tribunal a prononcé, était une suite nécessaire de sa première décision dans la circonstance où il a pensé ne devoir rien statuer sur la restitution ou remise des capitaux ; — Rejette.

Du 21 germ. an 12.-C. C., sect. req.-MM. Target, pr.-Chasles, rap.

(2) (Duchemin *C.* Domnesque.) — La cour ; — ...Attendu que la fille normande n'était pas héritière, quoiqu'elle eût été réservée à succession ; qu'ainsi, elle ne pouvait jamais être tenue des dettes de la succession solidairement avec ses frères, seuls héritiers; que, d'ailleurs, les dettes ne sont pas solidaires entre les héritiers ; que dès lors, la fille normande, réservée à succession et remplie de ses droits en biens héréditaires, ne pouvait être recherchée par les créanciers que par la voie hypothécaire ; que la cour royale (de Rouen) a formellement réservé aux demandeurs leurs droits et actions contre la dame Domnesque, comme détentrice des biens saisis ; — Rejette.

Du 26 août 1825.-C. C., sect. civ.-MM. Brisson, pr.-Larivière, rap.

1319. *Effet contre l'héritier des titres exécutoires contre le défunt.*—Aux termes de l'art. 877 « les titres exécutoires contre le défunt le sont pareillement contre l'héritier : néanmoins les créanciers ne peuvent en provoquer l'exécution que huit jours après la signification des titres à la personne ou au domicile de l'héritier. » — Ce sursis laisse à l'héritier le loisir de vérifier les titres et d'y faire opposition s'ils ne sont pas légitimes. — Le plus grand nombre de nos coutumes n'autorisaient l'exécution contre l'héritier qu'après qu'un jugement nouveau l'avait personnellement condamné. Cette formalité était évidemment inutile, dès qu'on ne contestait pas la qualité d'héritier. « Elle ne servait, disait fort bien l'orateur du gouvernement, qu'à occasionner des frais, à multiplier les procès, à fournir au débiteur de mauvaise foi des exceptions de forme pour éluder le payement; opposée d'ailleurs au principe que l'héritier représente le défunt, succède à tous ses droits actifs et passifs, et à cet autre principe également irrécusable, qu'un titre authentique ne peut être altéré par l'événement du décès du débiteur. » La loi se montrait inconséquente sous un autre rapport : elle n'exige pas qu'un jugement reconnaisse la qualité de créancier, si l'héritier poursuit le payement d'une dette de la succession. Pourquoi cette formalité serait-elle plus nécessaire, s'il s'agit de la qualité de débiteur?

1320. L'art. 877 est applicable même dans le cas d'une succession ouverte avant le code, si les poursuites sont postérieures. — « Attendu que l'art. 877 c. nap. ne contient qu'un mode de procéder applicable à toutes les actions non actuellement intentées, soit contre des successions déjà ouvertes avant la promulgation du nouveau Code, soit contre celles qui ne s'ouvriraient que depuis; — Emendant (Paris, 9 fruct. an 11, 1re ch., aff. Cheviron C. Devitry).

1321. Les titres obtenus contre le défunt ne deviennent exécutoires contre l'héritier qu'en ce qui concerne les biens. La contrainte par corps, stipulée dans l'acte, est restreinte aux parties contractantes et ne passe point à leurs héritiers. La condamnation qui la prononce, disait Bourjon, est *personnalissime*. La loi romaine exprimait ainsi le même principe : *Ob æs alienum servire liberos creditoribus jura non patiuntur* (L. 12, C. *De oblig.*; MM. Chabot, t. 3, p. 585; Delvincourt, t. 2, p. 275, note 1; Poujol, t. 2, p. 281, 282).—V. Contr. par corps, n° 469.

1322. Un jugement obtenu contre le défunt, et qui emportait hypothèque générale sur ses biens, emporte-t-il la même hypothèque *de plano* sur les biens de l'héritier? Oui, selon MM. Delvincourt, t. 2, p. 373, note 1; Merlin, v° Ordre, § 2, n° 2. Car les termes de l'art. 877 sont absolus : *pareillement exécutoires*. D'ailleurs on a considéré l'héritier comme une continuation de la personne du défunt; et les biens de l'un et de l'autre ne forment plus qu'un seul et même patrimoine.—L'opinion contraire que nous préférons est enseignée par les auteurs des Pandect. franç., t. 3, p. 381; MM. Duranton, t. 7, n° 461; Vazeille, art. 877, n° 3; Troplong, des Hypoth., t. 2, n° 390; Massé et Vergé, sur Zachariæ, t. 2, p. 328, note 5. A ceux de ces auteurs qui invoquent l'autorité de Ricard, des Donat., part. 2, n° 31, M. Delvincourt répond que, du temps de Ricard, un jugement nouveau était nécessaire pour rendre exécutoires contre l'héritier les titres du défunt; qu'il en devait être ainsi de l'hypothèque. Mais depuis que l'exécution a été autorisée *de plano* contre l'héritier, l'hypothèque générale sur ses biens doit l'être de même. A la vérité, M. Duranton prétend qu'autrefois il ne suffisait pas du jugement de déclaration d'héritier, pour que l'hypothèque qui frappait les biens du défunt passât sur ceux de l'héritier; qu'il fallait encore un titre nouveau ou un jugement de condamnation. La suppression qui a été faite de la première de ces formalités ne serait donc pas, conclut-il, un motif de s'abstenir de la seconde.

1323. Quant à l'*hypothèque* des légataires, on reconnaît sans difficulté, que l'art. 1017 la restreint aux immeubles de la succession. Leur titre, qui est le testament, n'a jamais été exécutoire contre le défunt. L'hypothèque du légataire contre l'héritier ne peut résulter que d'un jugement qui condamne celui-ci à payer le legs (Delvincourt, Duranton et Pand. franç., *loc. cit.*).

1324. Sous la coutume de Paris, l'hypothèque résultant des legs autorisait l'action solidaire contre chaque héritier détenteur d'immeubles de la succession. Tel serait le cas où des rentes viagères auraient été léguées (Req. 11 brum. an 11) (1). — Jugé que l'hypothèque des legs était également solidaire sous l'empire des lois romaines (Paris, 13 niv. an 10, aff. Vissec C. Bugat).

1325. Au contraire, il a été jugé à l'égard d'une succession ouverte avant le code, et cependant par application des art. 870 et 1017, que les légataires n'ont point d'action *solidaire* contre les héritiers pour le payement de leurs legs; que ceux-ci ne sont tenus que personnellement pour leur part virile, et hypothécairement pour le tout, mais qu'ils ne sont pas obligés solidairement dans le cas, par exemple, où une simple somme d'argent a été léguée (Cass. 7 nov. 1810) (2).

1326. La *signification* des titres à l'héritier n'est point un acte d'exécution : ce n'est qu'un préliminaire pour y parvenir. Cette formalité a l'avantage de lui faire mieux connaître les charges de la succession. Il peut se déterminer en plus grande connaissance de cause. — Jugé qu'on ne doit pas y voir un commencement d'exécution (Nîmes, 8 nov. 1827, aff. Dayre et Lisbonne C. Moustardis). La signification peut donc avoir lieu, même pendant les délais pour délibérer, l'héritier n'étant point forcé de prendre qualité lorsqu'elle lui est faite (Paris, 29 déc. 1814, aff. Chaumin, V. n° 744). C'est l'opinion qu'exprimait au corps législatif l'orateur du tribunat (V. *suprà*, p. 179, n° 159. —Conf. Chabot, t. 3, p. 622; Duranton, t. 7, n° 458; Delvincourt, t. 2, p. 374, note 2; Vazeille, art. 877, n° 2; Poujol, t. 2, p. 300; Belost-Jolimont, sur Chabot, Observ. 4; Massé et Vergé, sur Zachariæ, t. 2, p. 328, note 10).

1327. Il y a lieu à la signification exigée par l'art. 877, lors

(1) (Vissec C. Bugat et Goret.)—LE TRIBUNAL ;— Considérant que le testament dont il s'agit a été fait à Paris, domicile ordinaire du testateur, et que la succession s'est ouverte au même lieu, qui n'est point pays régi par le droit écrit ; — Que l'action hypothécaire qui appartient au légataire dans certains pays coutumiers, est l'effet des dispositions coutumières même, d'où il résulte que l'affaire actuelle n'exige point qu'on détermine l'interprétation du dernier paragraphe de la loi, au C. *communia de legat. et fideic.* ; — Considérant, sur le second moyen, que prétendre que le jugement entrepris (en décidant que l'hypothèque du légataire est solidaire contre chaque héritier détenteur d'immeubles de la succession) est contrevenu à l'art. 332 de la coutume de Paris (qui décide que les dettes sont payables par les héritiers *pro modo emolumenti*), c'est reconnaître que les legs sont une dette de la succession (puisque cet article ne parle que des dettes de la succession en général) ; que dès lors il faut reconnaître que l'art. 333 s'applique également aux legs, puisque cet article, qui n'est que la continuation du précédent, une exception à celui-ci, a nécessairement pour objet de sa disposition toutes les mêmes dettes dont parle l'art. 332; — Qu'en effet, le légataire est saisi de son action au même instant que l'héritier est saisi de la succession, en sorte que celui-ci n'a aucune autorité de droit ; que les biens de la succession sont véritablement affectés et hypothéqués aux legs par la volonté et le fait du testateur, tandis qu'il vivait, quoiqu'il eût conservé jusqu'à la mort la faculté de révoquer sa libéralité ;—D'où il résulte qu'il n'y a pas contravention à l'art. 332, qui ne traite que de l'action personnelle, et qu'il y a juste application de l'art. 333, qui détermine l'étendue de l'action hypothécaire; —Rejette, le pourvoi contre le jugement du tribunal de Paris.

Du 11 brum. an 11.-C. C., sect. req.-M. Gandon, rap.

(2) *Espèce :* (Destanque C. Perpin et Faugas.) — Le 24 août 1808, arrêt confirmatif de la cour de Bordeaux : « Attendu qu'en léguant à la veuve Perpin la somme de 2,000 liv., et à la veuve Faugas celle de 1,000 liv., la testatrice a évidemment manifesté l'intention de donner de l'argent effectif aux légataires; que les héritiers ne peuvent donc se dispenser de payer les legs en argent ; que l'hypothèque résultante des legs affectant tous les biens de la succession, tous les héritiers sont tenus solidairement du payement des legs; et que dans l'état de la succession, il ne peut y avoir lieu à la réduction des legs. » — Pourvoi pour violation des art. 870 et 1017 c. civ. — Arrêt.

LA COUR ; — Vu les art. 870 et 1017 c. civ.; et attendu que l'arrêt attaqué atteste que lorsque l'action des légataires a été formée, il y avait à peu près onze ans que la succession dont il s'agit avait été partagée entre les différents héritiers; qu'ainsi ces héritiers, ou l'un d'eux, ne pouvaient, suivant les articles du code ci-dessus cités, être condamnés que personnellement pour leur part et portion, et hypothécairement pour le tout; que l'arrêt attaqué, en condamnant le demandeur solidairement au payement des legs, viole ouvertement lesdits articles du code civil ; — Casse, etc.

Du 7 nov. 1810.-C. C., sect. civ.-MM. Delacoste, pr.-Vallée, rap.

même que l'héritier aurait connaissance du titre (Belost-Jolimont, sur Chabot, Observ. 2; Massé et Vergé, sur Zachariæ, t. 2, p. 329, note 10. Pau, 5 sept. 1829) (1).— V. aussi Jugement, nos 508 et suiv.

1328. Le créancier est dispensé de la signification dans le cas où le titre a été rendu exécutoire contre l'héritier lui-même (Bruxelles, 3e sect., 15 mess. an 13 aff. Hullinz *C.* Jaussens).

1329. Le commandement de payer adressé à l'héritier du débiteur, avec copie du titre, interrompt la *prescription* de la créance, quoiqu'il n'ait pas été précédé par la signification prescrite par l'art. 877. Cette condition ne se rapporte qu'à la mise à exécution du titre, et non à l'interruption de la prescription (Req. 22 mars 1832, aff. Conduché, V. Prescription; Riom, 5 déc. 1844, aff. Chabrier, D. P. 51. 5. 405).

1330. Le commandement à fin de saisie, adressé à l'héritier d'un débiteur, sans qu'il y ait eu notification préalable du titre, faite huit jours auparavant, est-il nul alors même qu'il n'aurait pas été suivi de poursuites dans la huitaine? le commandement doit-il être considéré comme étant lui-même un acte d'exécution? Cette question a été résolue en sens divers par plusieurs arrêts.— V. Vente jud. d'imm.

1331. Comment les héritiers sont-ils tenus des obligations résultant des *délits* ou *quasi-délits* du défunt? Il faut distinguer l'action publique et l'action civile. La première s'est éteinte par la mort du prévenu. Si donc la condamnation n'avait pas été prononcée, les héritiers ne peuvent être poursuivis pour les amendes qu'ils auraient encourues. Si la condamnation est antérieure au décès, les amendes seront dues par la succession du condamné, en vertu de l'action *judicati*. Quant à l'action civile, toujours recevable même après le décès du prévenu, elle pourra être intentée contre les héritiers pendant le délai de prescription (MM. Delvincourt, t. 2, p. 375, note 5; Chabot, t. 3, p. 586; Poujol, t. 2, p. 282).

1332. *De la division des dettes.*— Les héritiers contribuent aux dettes chacun dans la proportion de ce qu'il prend dans la succession (art. 870), et ils en sont « personnellement tenus pour leur part et portion virile » (art. 873). — La division des dettes était également adoptée par les lois romaines (L. 13 et 25, ff., *De fam. ercisc.*; C. *cod. tit.*), et par le droit commun de la France. Il n'y avait d'exception que dans deux ou trois coutumes « assez déraisonnables, dit Pothier, pour obliger tous les héritiers solidairement, comme si plusieurs pouvaient succéder *in solidum* aux droits d'une personne. » — Jugé 1° que, d'après la coutume d'Auvergne, comme d'après le droit romain, les dettes d'une succession en ligne directe doivent être réparties entre tous les héritiers proportionnellement à leur part héréditaire, sans distinction de la nature de ces dettes, ou des biens recueillis par chaque héritier (Cout. d'Auvergne, tit. 12, art. 19 et 41; L. 37, § 2, *De verb. signif.*; L. 2, C. *De ann. et trib.*; Cass. 13 avr. 1818, MM. Desèze, pr., Chabot, rap., aff. Marnat); —2° Que le principe de la division des dettes était admis par la coutume de Paris, comme par le code (Cass. 3 août 1792) (2); — 3° Que cette division n'était pas moins obligatoire pour les créanciers qu'entre héritiers (Rej. 26 vend. an 11, aff. Le Flament, V. n° 1363). — Toutefois, ce principe a été critiqué lors de la préparation du code. La cour de Rouen avait demandé, dans ses observations, que, pour favoriser les transactions sociales, et surtout celles du commerce, tous les héritiers fussent indistinctement solidaires, sauf le recours des uns contre les autres. Comment se fait-il, dit Malleville, t. 2, p. 341, que, « sans aucun fait de ma part, ma condition soit empirée; qu'au lieu d'une seule demande à former, j'en trouve quelquefois trente, et surtout que je sois obligé de perdre la moitié ou les trois quarts des trois quarts de ma créance, si la moitié ou les trois quarts des héritiers sont insolvables, tandis que mon débiteur et la succession qui le représente sont très-solvables en masse et au total? » Mais les inconvénients qu'on signale, le créancier pouvait les éviter en prenant hypothèque, et en demandant la séparation des patrimoines. Dans le système contraire, des recours désagréables et dispendieux seraient exercés par l'un des héritiers contre l'autre, et entretiendraient des contestations dans la famille. L'héritier pour une portion minime se verrait exposé, en cas d'insolvabilité de ses cohéritiers, à payer la totalité des charges, bien qu'il ne représentât le défunt que pour partie.

1333. L'art. 870 ordonne la *contribution* entre héritiers, « chacun dans la proportion de ce qu'il prend dans la succession. » — Cette rédaction est inexacte. Un légataire particulier, à titre de préciput, et en même temps successible, ne contribuera qu'à raison de sa part héréditaire, prélèvement fait de son legs (L. 1, C. *Si cert. pet.*). Celui des héritiers qu'un partage inégal a favorisé prend plus que les autres dans la succession. Cependant il contribuera aux *dettes* dans une même proportion, si l'inégalité n'est pas de nature à motiver une action en rescision (Lebrun, L. 4, chap. 2, sect. 3, n° 5; Delvincourt, t. 2, p. 374, note 4; Duranton, t. 7, n° 425; Chabot, t. 3, p. 330; Vazeille, art. 870, n° 1).

1334. Il faut distinguer aussi la contribution aux dettes de l'obligation. L'une est absolument indépendante de l'autre. Ainsi l'obligation peut être plus forte que la contribution, si les héritiers par l'acte de partage ou le défunt lui-même ont réparti inégalement entre eux les charges de la succession. Celui qui a obtenu de payer moins que les autres n'est pas tenu pour une moindre portion envers les créanciers, qui, nonobstant tous arrangements de famille, conservent le droit de poursuivre chacun jusqu'à concurrence de sa part héréditaire et d'après la division légale (MM. Delvincourt, t. 2, p. 375, note 4; Toullier, t. 4, nos 529 et 530; Duranton, n° 430; Vazeille, art. 870, n° 2; Poujol, t. 2, p. 255, 256).

1335. Aujourd'hui que la *quotité disponible* peut être léguée à un successible comme à un étranger, nul doute que le testateur ne puisse mettre à la charge de l'un des héritiers une part des dettes plus forte que celle des autres, tant que la clause ne porte pas atteinte à sa réserve (mêmes auteurs). Ricard, des Donations, part. 2, n° 18, déclarait nulle cette clause; mais il s'explique ainsi, en commentant l'art. 300 de la coutume de Paris, qui défendait de cumuler les qualités d'héritier et de légataire. Or, la dispense de payer autant qu'un autre dans les dettes était pour l'héritier favorisé un véritable prélegs.—Jugé que celui dont la qualité de cohéritier n'a été reconnue que pour venir au partage d'une indemnité d'émigré, mais qui avait vainement réclamé en justice cette qualité avant la loi d'indemnité, afin de prendre part aux autres valeurs de la succession de l'émigré, ne

(1) (Balade *C.* Dupoy.) — La cour; — Au fond : — Attendu que l'art. 877 c. civ., veut que le créancier ne puisse poursuivre, contre l'héritier du débiteur, l'exécution de son titre que huit jours après le lui avoir notifié; que Dupoy n'a notifié à la femme Balade le titre consenti par sa mère qu'en lui faisant commandement de payer; qu'il ne justifie pas que cette notification lui eût déjà été faite; qu'il n'en produit pas l'exploit; qu'il veut en vain le suppléer par l'extrait des registres de l'enregistrement et du répertoire de l'huissier;

Qu'outre que ces pièces sont insuffisantes pour établir que cet exploit était régulier, ce qui serait au moins indispensable, elles n'expriment pas que les actes notifiés fussent les titres qui ont servi de base à la poursuite, ni même que la notification qu'ils relatent ait été faite à la femme Balade; que les premiers juges ont paru croire que la connaissance qu'a eue cette femme des obligations contractées par sa mère, et l'exécution qu'elle en a consentie, en payant partie de la dette, doit tenir lieu de la notification du titre prescrite par l'article précité; mais que c'est établir des distinctions et des exceptions que l'article n'a pas faites, ce qui excède le pouvoir du juge; que Dupoy ne s'étant pas conformé à cet article, le tribunal de Saint-Sever devait annuler le commandement du 10 juin 1828, la saisie du 6 sept. suivant, et tous les actes qui en ont été la conséquence; qu'ainsi, le jugement du 11 juillet qui a refusé de prononcer cette nullité, doit être réformé; — Sans s'arrêter aux fins de non-recevoir non plus qu'aux extraits du répertoire de l'huissier Darignau et du bureau de l'enregistrement d'Aire, par lui produits; réforme ledit jugement; et, procédant par nouveau jugé, annule le commandement du 10 jun 1828, la saisie du 6 septembre suivant, etc.

Du 5 sept. 1829.-C. de Pau.-M. de Crouseilhes, pr.

(2) (Mazarès.) — La cour (après dél.); — Vu les art. 232 et 233 de la coutume de Paris, portant que « Les héritiers d'un défunt, en pareil degré, tant en meubles qu'immeubles, sont tenus personnellement de payer et acquitter les dettes de la succession, chacun pour telle part et portion qu'ils sont héritiers d'icelui défunt; — Toutefois, s'ils sont détenteurs d'héritages qui aient appartenu au défunt, lesquels aient été obligés et hypothéqués à la dette par ledit défunt, chacun des héritiers est tenu de payer le tout, sauf son recours contre les héritiers; — Casse.

Du 3 août 1792.-C. C., sect. civ.-M. Bazenerye, rap.

peut être tenu de contribuer sur sa portion d'indemnité aux dettes de la succession payées par les autres cohéritiers avant la loi du 27 avr. 1825, c'est-à-dire à une époque où ces cohéritiers étaient saisis de l'actif et du passif, et où lui-même était judiciairement exclu de tout droit à l'hérédité (Req. 22 mars 1841 (1); V. aussi Cassation, n° 1610).

1336. Un vice de rédaction se fait encore remarquer dans l'art. 873. Il est dit que « les héritiers sont tenus des dettes personnellement pour leur part et portion virile. » Il résulterait de là que si les seuls héritiers sont un père et un frère, tous deux seraient tenus pour la moitié. Telle est la portion virile. Le législateur n'a pas entendu ainsi cette expression, qu'il a confondue avec portion héréditaire. Dans l'exemple proposé, le frère contribuerait pour les trois quarts; le père, pour un quart. On a copié ici les termes usités dans certaines coutumes. Mais ces coutumes s'en servaient avec raison, dans leur véritable sens. Alors la même succession renfermait différentes espèces de biens; tel qui succédait aux propres ne recueillait rien des acquêts; il en était ainsi des meubles ou des immeubles, des biens nobles et des biens roturiers. Or, pour régler la contribution aux dettes, il fallait calculer dans quelle proportion se trouvait chaque espèce de biens, relativement à la masse totale de la succession. Cette ventilation, que les héritiers seuls avaient le droit de faire, et qu'ils pouvaient aisément éloigner, entraînait des lenteurs, des difficultés sans nombre. Il n'était pas juste d'ajourner indéfiniment l'exercice du droit des créanciers. « L'opinion commune, disait Pothier, chap. 5, art. 3, § 2, est qu'en attendant, ces différents héritiers sont tenus des dettes, chacun pour leur portion virile, *pro numero virorum*, sauf à se faire raison du plus ou du moins, lorsque les portions ont été constatées par la ventilation. » Mais le même auteur réglait la contribution sur la part héréditaire, et non plus sur la part virile, lorsque tous les héritiers succédaient aux mêmes biens. Alors, dit-il, la part de chacun dans la succession et dans les dettes est certaine. Cette dernière opinion doit seule être suivie sous le code, depuis que « la loi ne considère plus ni la nature ni l'origine des biens, pour en régler la succession » (c. nap. 732; MM. Delvincourt, t. 2, p. 377, note 5; Chabot, t. 3, p. 556; Duranton, n° 426; Poujol, t. 2, p. 276).

1337. La division des dettes se fait en proportion de la part héréditaire, même lorsque la succession est partagée par souche. Ainsi tous les héritiers d'une même souche ne sont pas tenus conjointement des dettes proportionnées à la part de la souche entière. Chacun n'est obligé séparément que selon la part qu'il est appelé individuellement à recueillir dans la masse totale de l'hérédité (Pothier, *loc. cit.*; Lebrun, L. 4, chap. 2, sect. 1, n° 10; Ferrière, sur l'art. 332 de la cout. de Paris; MM. Delvincourt, *loc. cit.*; Chabot, p. 528 et 555; Toullier, t. 4, n° 494).

1338. Lorsque les héritiers d'une seule branche ont partagé la totalité de la succession, ils ne sont point solidairement tenus de délaisser la portion réclamée par les héritiers de l'autre branche; ils n'y sont tenus chacun que pour sa part, et hypothécairement pour le tout (c. civ., 873, Colmar, 11 mars 1807, aff. Hertzog, V. Vente).

1339. La condamnation prononcée solidairement contre les héritiers de deux parties ayant le même intérêt, doit être entendue en ce sens, que la solidarité n'existe qu'entre chaque branche d'héritiers, et non entre les individus dont chaque branche est composée; et l'arrêt qui, se fondant sur cette condamnation passée en force de chose jugée, déclare qu'il en résulte une solidarité entre ces derniers, doit être cassé comme violant les art. 870 et 873 c. civ., relatifs à la division des dettes entre héritiers, et l'art. 1351, sur l'autorité de la chose jugée...; l'on dirait en vain qu'il n'y a là qu'une simple interprétation de la première condamnation, irréfragable devant la cour de cassation (Cass. 5 juill. 1831 (2); Fouet de Conflans, art. 870, n° 1).

1340. Jugé toutefois que la condamnation contre des héritiers bénéficiaires, de payer solidairement une dette héréditaire sur les deniers et immeubles de la succession, doit être entendue en ce sens qu'elle n'est point personnelle, mais simplement fondée sur une sorte de solidarité ou indivisibilité hypothécaire qui résulte de la possession des immeubles de la succession; et, dès lors, cette condamnation ne viole pas le principe de la divisibilité des dettes entre les héritiers (Rej. 9 janv. 1827, MM. Brisson, pr., Quéquet, rap., aff. Chatigny).

1341. Dans le cas où les héritiers de deux individus, dont l'un était caution solidaire de l'autre, étant actionnés simultanément en payement de l'obligation, un arrêt les condamne solidairement *du chef de leurs auteurs*, cette disposition doit être entendue en ce sens que la solidarité n'est prononcée que contre les deux successions vis-à-vis l'une de l'autre, et non pas contre les héritiers de chacune d'elles entre eux. Une telle décision ne peut donc pas être annulée pour violation des art. 870 et 873 c. nap. (Cass. 29 janv. 1838, MM. Portalis, pr., Moreau, rap., aff. Beaumier *C.* Dugray).

1342. Le principe de la division des dettes reçoit plusieurs exceptions énumérées dans l'art. 1221, et indiquées v° Obligation.

1343. Il a été jugé, spécialement, que l'art. 870, c. nap., qui déclare divisibles entre les héritiers les obligations contractées par le défunt, n'est point applicable lorsque l'obligation est opposée par voie d'exception.—Ainsi, l'obligation de garantie, résultant de la vente d'un immeuble, est indivisible, lorsqu'elle est opposée par voie d'exception contre la demande formée par l'un des héritiers du vendeur en revendication de l'immeuble vendu; du moins on peut, sans violer la loi, considérer qu'il a été dans l'intention des parties de rendre cette obligation indivisible (Rej. 19 fév. 1811) (3).

1344. Il a été décidé 1° que la condamnation prononcée contre des héritiers de payer l'intégralité des arrérages d'une rente assise sur un immeuble de la succession ne viole pas le principe de la divisibilité des dettes entre cohéritiers, alors qu'il n'y a pas eu de partage entre eux, et encore bien que l'un d'eux offre de payer sa part (Nîmes, 9 janv. 1837) (4); — 2° Que dans le même cas, le même principe n'est pas violé par la résolution

---

(1) (Dusillet *C.* Delille.) — La cour; — Attendu que, d'après les termes de l'art. 870 c. civ., les cohéritiers ne doivent contribuer au payement des dettes, que chacun dans la proportion de ce qu'il y prend; — Attendu qu'il est constaté, en fait, que tout ce qui composait l'hoirie du baron de Grusse, ouverte en Bavière antérieurement à la loi d'indemnité, est demeuré étranger à Delille, auquel les tribunaux ont interdit toute réclamation, en sa qualité d'enfant naturel, et que l'actif, aussi bien que le passif, est resté exclusivement aux héritiers légitimes; — Et attendu qu'en un tel état de choses, l'arrêt attaqué, en laissant à la charge de ceux-ci les dettes non payées par l'Etat, n'a violé aucune disposition de la loi; — Rejette.

Du 22 mars 1841.-C. C., ch. req.-MM. Zangiacomi, pr.-Duplan, rap.

(2) (Lieutaud *C.* Guillot.) — La cour; — Vu les art. 870, 873, 1350 et 1351 c. civ.; — Attendu que les art. 870 et 873 c. civ. veulent que les héritiers ne répondent des dettes de la succession que chacun en droit soi et pour leur part et portion; qu'un jugement, conforme à ces dispositions de la loi, avait été rendu, le 11 août 1820, entre les héritiers Lieutaud et les héritiers Guillot, et qu'il n'en avait point été appelé dans le délai fixé par la loi; qu'il avait, dès lors, acquis l'autorité de la chose jugée; qu'au contraire, par l'arrêt attaqué, la cour royale de Bourges a prononcé la solidarité des héritiers Lieutaud, et a décidé qu'ils devaient solidairement et chacun pour le tout, la totalité des dettes réclamées par les héritiers Guillot; — Qu'en ce faisant, la cour royale de Bourges a expressément violé les dispositions des art. 870 et 873 et des art. 1350 et 1351 c. civ. précités; — Casse.

Du 5 juill. 1831.-C. C., ch. civ.-MM. Portalis, 1er pr.-Chardel, rap.-Nicod, av. gén., c. conf.-Piet, Lanvin et Guény, av.

(3) (Levergeois *C.* Sajean.) — La cour; — Attendu que les art. 870 et 873 c. civ. ne statuent que sur la divisibilité des actions à exercer contre les héritiers, à raison des dettes et charges de la succession; que, dans l'espèce, il ne s'agit nullement d'une action exercée contre des héritiers, mais au contraire d'une exception opposée à l'action exercée par l'héritier contre l'acquéreur du décédé; — Que la demoiselle Dubourg, ex-religieuse, dont la demanderesse est héritière, avait vendu conjointement avec le prêtre Dubourg, son frère, et s'était obligée, solidairement avec lui, à garantir l'acquéreur de tout trouble et éviction; — Que sans violer les art. 870 et 873 du code, on a pu voir dans cette stipulation l'intention des parties que la garantie fût indivisible; qu'elle couvrît le tout et chaque partie de la chose aliénée, et que cette manière de voir est même autorisée par le § 5 de l'art. 1221 du code; — Rejette.

Du 19 fév. 1811.-C. C., sect. civ.-MM. Mourre, pr.-Vallée, rap.-Thuriot, av. gén., c. conf.-Leroy et Pérignon, av.

(4) (Chabal *C.* Dubesset.) — La cour; — Attendu que les appelants n'ont pas procédé au partage des biens composant la succession de leur

du contrat de vente, prononcée contre les héritiers, pour défaut de payement des arrérages de la rente formant le prix de la vente (même arrêt).

1345. Les héritiers d'un des débiteurs solidaires ne peuvent être condamnés solidairement au payement de la dette, ces héritiers n'en étant tenus que pour leur part et portion. « Attendu au fond, qu'aux termes des art. 870 et 873 c. nap., chaque héritier n'est tenu personnellement des dettes de son auteur que pour sa portion dans la succession ; — Que cependant l'arrêt attaqué a condamné les héritiers Broutin, conjointement et solidairement, aux frais dus à Me Lavrillat, avoué, par leur père et mère, et qu'il a, en cela, expressément violé les lois précitées ; — Casse (Cass. 27 nov. 1839, MM. Portalis, 1er pr., Chardel, rap., aff. Broutin *C.* Massot). Cette solution nous paraît incontestable ; on se bornait du reste dans l'espèce à opposer une fin de non-recevoir tirée de ce que la question de solidarité n'aurait pas été soumise à la cour d'appel et de ce qu'elle ne pourrait être agitée pour la première fois devant la cour de cassation. L'arrêt de cassation a reconnu qu'en fait la cour d'appel s'était posé la question.

1346. Des cohéritiers condamnés au délaissement d'un immeuble possédé par leur auteur, à titre pignoratif, ainsi qu'à la restitution des fruits perçus, tant par leur auteur que par eux-mêmes, ne sont tenus de cette restitution chacun que pour leur part et portion, et non solidairement (Riom, 10 mars 1836) (1).

1347. Lorsqu'un jugement, en liquidant une succession et en fixant les droits des cohéritiers, a délégué à l'un d'eux une somme à prendre sur ce qui est dû par un tiers adjudicataire d'immeubles de la succession, et a ordonné que les frais seraient supportés par chacun des copartageants, proportionnellement à leurs droits, l'avoué qui a obtenu le jugement de liquidation ne peut exercer contre ce seul cohéritier, sur la somme déléguée, son recours pour la totalité de ses frais. Il est obligé de diviser son action dans la proportion des droits de chacun, et il alléguerait en vain que le jugement qui ordonne cette répartition des frais ne le concerne point, mais seulement les droits des cohéritiers entre eux (Bordeaux, 28 août 1827) (2).

1348. La division des dettes a-t-elle lieu, soit entre héritiers bénéficiaires, soit entre un héritier bénéficiaire et un héritier pur et simple : ou l'héritier bénéficiaire peut-il être poursuivi au delà de sa part héréditaire ? — V. *suprà*, no 761.

1349. Il nous reste à voir comment l'action personnelle des créanciers s'exerce contre l'héritier, lorsqu'avec lui concourent soit des légataires ou héritiers contractuels, soit un enfant naturel. — Nulle difficulté d'abord à l'égard d'un légataire particulier : « Il n'est pas tenu des dettes, porte l'art. 871, sauf l'action hypothécaire sur l'immeuble légué. » On peut ajouter encore, avec l'art. 1024, sauf la réduction du legs, s'il y a lieu. Une troisième exception résulterait de la clause du testament qui lui imposerait formellement la charge de payer les dettes jusqu'à concurrence de son legs. — Hors ces trois cas, le légataire particulier est affranchi de toute responsabilité vis-à-vis les créanciers. — V. D'ailleurs, vo Disp. entre-vifs, nos 4005 et s.

1350. Le légataire à titre universel contribue avec les héritiers au prorata de son émolument (c. nap. 871), à moins que le testateur ne l'en ait dispensé, ou n'ait modifié cette obligation (V. *ibid.*, nos 3735 et s.). — C'est ainsi que le donataire d'une quotité de biens est tenu personnellement des dettes du donateur, à la différence du donataire d'un corps certain et déterminé (Nîmes, 11 déc. 1809, aff. Mazein). — Il a été jugé ainsi que lorsque la réserve des enfants doit être prise en entier sur des immeubles donnés à un étranger, le donataire doit, en rendant ces immeubles jusqu'à concurrence de la quotité disponible, contribuer dans la proportion de cette quotité aux charges de la succession du donateur, alors même qu'il s'agirait d'une somme à prélever sur la valeur des biens, laquelle somme se trouverait appartenir au donataire en vertu du don qui lui en aurait été fait par le créancier (Req. 27 juin 1838, aff. Richard, V. Disposit. entre-vifs, no 178-4o).

1351. Le légataire universel est tenu des dettes comme

auteur commun, et que, par suite, ils doivent être considérés comme codétenteurs de l'immeuble dont il s'agit ; — Attendu que, d'après l'ancienne législation, le bail à locatairie perpétuelle constituait une obligation indivisible, par cela même que, dans le cas d'arrérages de la rente, le créancier était autorisé à reprendre la possession du fonds locaté, et que cette indivisibilité, qui existait encore à l'égard de la prestation de la rente, soumettait à la solidarité tous détenteurs du fonds ; — Que la loi de 1790, bien qu'elle ait changé dans son essence la nature du bail à locatairie, n'a rien changé à ses principes, et que si la loi de 1792 y a porté une dérogation, ce n'a été que sauf des conditions auxquelles les appelants ne se sont pas conformés ; — Attendu, d'ailleurs, que s'agissant dans la cause d'arrérages courus postérieurement à l'émission de ces lois, elles demeurent sans application dans l'espèce, et que c'est dans le code civil seul qu'il faut chercher la solution des questions qui viennent au procès ; — Attendu que, loin d'abroger les principes anciens en fait d'indivisibilité, le code civil les a consacrés dans son art. 1221, § 5, et dans les art. 1232 et 1233 ; — Attendu que les offres de Régis Chabal sont insuffisantes ; — Par ces motifs, et autres rappelés dans le jugement, qu'elle adopte ; — Confirme.

Du 9 janv. 1837.-C. de Nîmes, 1re ch.-M. Fajon, pr.

(1) (Constant *C.* Chalas et Dumiral.) — La cour ; — Attendu qu'en principe général, et sauf l'action hypothécaire, chaque cohéritier contribue au payement des dettes et charges d'une succession dans la proportion de ce qu'il y prend ; que si le législateur a établi quelques exceptions à ce principe qu'il a puisé dans la législation ancienne, loin d'étendre ces exceptions, le magistrat doit, au contraire, les renfermer dans les termes précis de la loi ; — Attendu que si l'art. 1221 c. civ. a déclaré indivisible l'obligation d'un corps certain, on s'explique facilement les raisons qui ont fait admettre cette disposition ; mais que le silence du législateur, en ce qui touche les restitutions de jouissance et le payement des dégradations, indique assez qu'il a voulu les laisser sous l'empire du principe général, parce que des restitutions de jouissances sont essentiellement divisibles, et que l'art. 1221, no 5, et l'art. 1223 c. civ. ne reçoivent pas d'application à la cause, non plus que les art. 2090 et 2025 du même code ; — Confirme, etc.

Du 10 mars 1836.-C. de Riom, 1re ch.-M. Archon-Despérouse, pr.

(2) (Merlet *C.* Boisson.) — La cour ; — Attendu que, par le procès-verbal de liquidation, homologué purement et simplement par jugement du 16 juin 1825, sur les conclusions de Me Merlet, il a été alloué aux mineurs Boisson une somme de 3,604 fr. à prendre dans les mains de Geisler, et il a été arrêté que les frais de partage seraient pris sur la masse et supportés proportionnellement par chacun des copartageants ; — Attendu que, pour exécuter ce jugement, Me Merlet devait fournir son état de frais, et en obtenir exécutoire sur les adjudicataires détenteurs des sommes qui formaient la masse, se faire payer par ces détenteurs du montant de son exécutoire, sauf à diminuer d'autant, et au marc le franc, la portion de chacun des copartageants ; par ce moyen, le but de la liquidation aurait été rempli, les frais auraient été pris sur la masse, chacun des copartageants en aurait supporté sa part, et les enfants Boisson auraient touché des mains de Geisler la somme de 3,604 fr. qui leur avait été attribuée pour leur contingent dans le partage, moins leur portion de frais ; — Qu'au lieu d'en agir ainsi, il a convenu à Me Merlet de diriger sur Geisler, exclusivement, l'exécutoire qu'il s'est fait délivrer, et de contraindre ce débiteur à lui payer le montant fixé à la somme de 4,120 fr. ; qu'au moyen de ce payement, il n'est plus resté dans les mains de Geisler qu'une somme insuffisante pour remplir de leurs droits les mineurs Boisson ; — Attendu que si cet ordre de choses était toléré, il en résulterait que le jugement du 16 juin et la liquidation qui lui sert de base seraient blessés dans toutes leurs dispositions ; les mineurs Boisson ne trouveraient plus dans les mains de Geisler leur part héréditaire que cet adjudicataire était tenu de leur conserver ; les frais ne seraient pas pris sur la masse ; ils seraient pris en entier sur la portion des héritiers Boisson, et l'égalité, la première de toutes les règles en matière de partage, serait ouvertement violée ; tous les copartageants ne seraient pas traités de la même manière ; tandis que presque tous auraient trouvé leur portion intacte dans les mains des adjudicataires, les mineurs Boisson seuls seraient réduits à aller chercher la leur où ils pourraient, et à recommencer des discussions que la liquidation et le jugement qui l'a homologuée avaient voulu terminer ; que la justice ne saurait sanctionner un système si évidemment contraire à l'intention des parties, comme à la lettre de la liquidation, ainsi que du jugement qui l'a homologuée ; que, quelque privilégiés que soient les frais de justice, et qu'on doive considérer comme tels ceux des avoués, Me Merlet ne peut s'en prendre qu'à lui-même, s'il n'a pas exercé son privilége dans le sens du jugement qu'il avait lui-même provoqué, et qu'il ne doit pas se plaindre si on le force à respecter ce jugement et à rentrer dans les limites qui lui étaient tracées ; — Attendu cependant que, s'il est juste qu'il rétablisse dans les mains de Geisler, et que celui-ci verse dans celles des mineurs Boisson la somme de 3,604 fr., qu'il en a mal à propos retirée, il ne l'est pas moins qu'il retire par devers lui et déduise de cette somme la portion des frais et débours que doivent supporter les mineurs Boisson, qui d'ailleurs ne s'y opposent pas ; — Emendant, autorise Merlet à retirer sur la somme de 3,604 fr. la portion des frais qui est à la charge des mineurs Boisson, etc.

Du 28 août 1827.-C. de Bordeaux, 4e ch.-M. Duprat, pr.

l'héritier même, s'il succède seul. Il est saisi par la loi; il représente le défunt. — S'il concourt avec un héritier légitimaire, il doit acquitter seul toutes les dettes, puisque la légitime ne peut être altérée par une libéralité du défunt (c. nap. 1009). Aussi la loi ne dit pas, comme du légataire à titre universel, qu'il contribue aux dettes au prorata de son émolument (V. aussi v° Disposit., n°s 3678 et s.). — Jugé spécialement que l'héritier à réserve ne peut être tenu des dettes qu'en raison de sa quote-part et, par exemple, pour moitié, si sa quote héréditaire est de moitié des biens. — Par suite, le légataire universel est tenu de l'autre moitié des dettes, quoique son émolument se trouve considérablement réduit par les dons particuliers. — En d'autres termes, on prélève d'abord les dettes sur la totalité de la succession; on fixe ensuite la consistance de l'hérédité, en y comprenant fictivement les dons particuliers. — Sur cette masse ainsi composée, le réservataire prend moitié : l'autre moitié, défalcation faite des dons (préciputaires ou non), appartient au légataire universel (Bastia, 8 fév. 1837) (1).

1352. Les créanciers du défunt sont-ils tenus de diviser leur action personnelle entre l'héritier légitime et le légataire, soit universel, soit à titre universel? ou peuvent-ils actionner directement l'héritier, sauf son recours contre le légataire? Il s'agit de savoir en définitive lequel de l'héritier ou du créancier devra, s'il y a lieu, supporter l'insolvabilité du légataire. — Pothier, Success., ch. 5, art. 3, § 2, admet l'action directe contre l'héritier, parce qu'il est également saisi, dès l'instant du décès. C'était la doctrine des pays de coutume (cout. de Paris, art. 332, 334). On l'a fondée encore sur les art. 724 et 1220 c. nap., qui saisissent l'héritier de toutes les charges comme de tous les émoluments de la succession. L'acceptation, en consacrant cette saisine, le lie comme par un contrat envers les créanciers, et la délivrance postérieure des legs est, à leur égard, *res inter alios acta*. — Les art. 871, 873 semblent empruntés aux coutumes, dont ils ont conservé la rédaction inexacte, que nous signalions tout à l'heure (Delvincourt, t. 2, p. 91, n° 2, et p. 55, n° 4; Duranton, t. 7, n° 435; Delaporte, Pand. franç., t. 3, p. 362, qui avait d'abord donné une solution opposée). — L'interprétation contraire paraît mieux motivée. L'équité d'abord établit une parité d'obligation entre les héritiers et les successeurs à titre universel. — L'esprit du code, en admettant la division des dettes, a été de ne pas exposer l'héritier à supporter la totalité des dettes, quand il ne recueillait qu'une partie de l'actif. La cause du créancier, disait-on au conseil d'État, est moins favorable : car il pouvait prendre hypothèque, et éviter ainsi tout risque. Les art. 1009, 1012 obligent personnellement aux dettes les légataires universels ou à titre universel, dans les mêmes termes qu'emploie l'art. 873 à l'égard des héritiers (Chabot, t. 3, p. 591; Toullier, t. 4, n°s 497 à 501; Vazeille, art. 871, n° 6; Poujol, t. 2, p. 284 et suiv.).

1353. Du reste, la difficulté ne peut s'élever à l'égard du légataire universel en concours avec des héritiers non légitimaires, car il est saisi de plein droit dans ce cas (c. nap. 1006), et c'est le défaut de saisine que les adversaires opposent principalement pour ne pas l'obliger aux dettes de la même manière que l'héritier.

1354. La solution serait la même, quoique plus contestable, si le legs à titre universel n'était pas d'une quote-part de tous les biens indistinctement, mais de meubles ou immeubles seulement. Alors une ventilation serait nécessaire pour déterminer la valeur proportionnelle du legs et la part contributoire. Cette opération doit se passer surtout entre l'héritier et le légataire. Peut-être serait-on fondé à dire que le créancier ne doit pas être retardé dans l'exercice de son droit par les lenteurs qu'elle peut entraîner. C'est ainsi que dans l'ancienne législation, qui admettait différentes espèces de biens dans la même succession, les créanciers étaient autorisés à poursuivre pour sa part virile, *pro numero virorum*, chacun des héritiers, en attendant qu'il fût constaté entre eux dans quelle proportion était chaque espèce de biens relativement à la masse totale de l'hérédité. Celui qui avait trop payé exerçait ensuite son recours contre les autres (M. Duranton, t. 7, n° 435; Vazeille, art, 871, n° 6).

1355. L'action directe des créanciers devrait se répartir entre l'héritier légitime et l'enfant naturel, d'autant plus que l'enfant naturel ayant toujours droit à une quotité fixe de ce qu'il aurait eu s'il était légitime, on peut, sans ventilation, déterminer sa part proportionnelle dans les dettes. Autrement la condition de l'héritier légitime serait pire que s'il concourait avec un héritier légataire, même bénéficiaire (Conf. MM. Toullier, *loc. cit.*; Vazeille, art. 871, n° 7. — *Contrà*, M. Duranton, t. 6, n° 290), parce que l'enfant naturel n'est pas saisi, et ne représente pas le défunt.

1356. Une action personnelle est encore accordée aux créanciers de la succession, soit contre les héritiers contractuels dans les cas prévus par les art. 1082 à 1089, 1093, soit contre le mari ou la femme lors du partage de la communauté. — V. Contrat de mar., n°s 2449 et s., Disposit. entre-vifs., n° 2105.

1357. L'héritier, en même temps créancier du défunt, ne confond sa créance qu'en proportion de sa part. C'est la conséquence du principe de la division des dettes. — En concours avec un légataire universel, l'héritier légitimaire ne confond pas; il peut exiger le total de sa créance, sinon la légitime ne serait plus entière (MM. Delaporte, *loc. cit.*, p. 371; Chabot, p. 583; Vazeille, art. 870, n° 5; Poujol, t. 2, p. 281).

1358. En vendant des droits successifs, l'héritier ne cesserait pas d'être débiteur pour sa portion envers les créanciers du défunt. Ils avaient contre lui une action personnelle résultant de sa qualité d'héritier; la cession n'a point effacé cette qualité. L'héritier ne se libérerait que par la novation en faisant accepter la cession aux créanciers. Encore les héritiers conserveraient-ils un recours contre lui, si, par suite de l'action hypothécaire, ils avaient été forcés de payer au delà de leurs parts héréditaires (MM. Delvincourt, *loc. cit.*; Delaporte, Pandect. franç., t. 3, p. 395; Vazeille, art. 875, n° 7; Poujol, t. 2, p. 280).

ART. 2. — *De l'action hypothécaire des créanciers de la succession contre l'héritier.*

1359. Obligé *personnellement* pour sa part héréditaire, l'héritier peut l'être encore *hypothécairement* pour la totalité de la dette s'il est détenteur de l'immeuble qu'elle grève (c. nap. 873). Autrefois, tous les héritiers étaient passibles de l'action hypothécaire, par cela seul qu'ils possédaient une portion, si minime qu'elle fût, d'un immeuble de la succession. L'hypothèque frappait généralement tous les biens du débiteur. Cet effet ne peut plus être produit que par l'hypothèque légale ou l'hypothèque judiciaire. De la spécialité, introduite par les lois nouvelles pour l'hypothèque conventionnelle, il résulte que le créancier du défunt par hypothèque spéciale n'a le droit d'actionner chacun des cohéritiers, non propriétaires de l'immeuble hypothéqué, que jusqu'à concourrence de sa part contributive dans les dettes, et non jusqu'à concurrence des immeubles qu'il a recueillis; son droit se restreint au cohéritier qui possède l'immeuble hypothé-

(1) (Mattei C. Cannelli.) — LA COUR; — Attendu que la règle du payement des dettes proportionnellement à l'émolument ne s'applique qu'au cas d'héritiers venant tous dans une succession au même titre (quoique avec des parts différentes) et nullement quand il y a concours d'un légataire universel de la portion disponible avec un héritier à réserve, et avec un donataire à titre particulier, ce qui se déduit de la combinaison des art. 870, 871, 1009 et 1012 c civ.; — Que, dans l'espèce, l'application de ladite règle violerait tous les principes, ce qui résulte évidemment 1° de ce que la succession de feu Cannelli s'est trouvée divisée en deux parts égales, l'une indisponible réservée par la loi en faveur de la dame Mattei, fille unique du défunt; l'autre disponible et dont le défunt a disposé au moyen de la donation préciputaire faite à sa fille, et du legs universel fait par testament à sa veuve; 2° de ce que la moitié de la succession appartenant à la dame Mattei ne pouvait sous aucun rapport être grevée de plus de la moitié des dettes, parce que différemment elle payerait au-delà de sa portion et n'aurait plus la part entière à elle réservée par la loi, et que la volonté même expresse du père ne pouvait diminuer; 3° de ce que l'autre moitié des dettes devait nécessairement peser sur l'autre moitié de la succession qui était disponible, et dont la veuve Cannelli doit supporter la totalité en sa qualité de légataire universelle, puisque la donation à titre particulier d'une partie de ladite portion disponible se trouve dispensée du droit de concourir au payement des dettes.

Du 8 fév. 1837.-C. de Bastia.-M. Colonna-d'Istria pr.

qué: celui-ci seul peut être poursuivi pour le tout sur le fonds hypothéqué (Caen, 14 fév. 1825) (1).

1360. De ce qu'une obligation contient promesse d'hypothèque, tant de la part du débiteur que de sa caution, il ne résulte pas qu'il a été dans l'intention des contractants que la dette ne pourrait s'acquitter partiellement. En conséquence, elle est divisible entre les héritiers des débiteurs (Caen, 14 février 1825) (2).

1361. Toutefois, l'acte notarié par lequel des héritiers ratifient une vente sous seing privé consentie à leur auteur et portant stipulation d'hypothèque sur les biens de celui-ci (stipulation nulle comme résultant d'un acte sous seing privé), a pu, bien que consentie d'une manière pure et simple, être déclarée avoir effet d'hypothèque générale sur tous les biens désignés dans l'acte sous seing privé, et, par suite, obliger chaque héritier détenteur de partie de ces biens, hypothécairement pour la totalité de la dette, et non pas seulement pour sa part virile. — « Attendu que, par l'acte sous seing privé du 18 sept. 1807, il avait été donné par l'acquéreur hypothèque spéciale sur tous les biens désignés en l'acte, et que, par autre acte de la même année, tous les cohéritiers se sont volontairement mis à la place de leur père, ont ratifié l'acte de vente par lui souscrit, et requis qu'il fût mis au nombre des minutes des actes publics; — Par ces motifs, rejette, etc. » (Rej. 15 fév. 1832, MM. Portalis, 1er pr., Bonnet, rap., aff. Verdier *C.* Pins).

1362. De la spécialité de l'hypothèque conventionnelle, il résulte encore que l'héritier qui a cessé, sans fraude, de posséder l'immeuble hypothéqué, ne peut plus être poursuivi sur d'autres immeubles de la succession dont il est détenteur, mais qui n'étaient pas hypothéqués à la dette (MM. Delvincourt, t. 2, p. 378, note 1; Toullier, nos 511, 512; Vazeille, art. 876, no 6). On décidait autrement sous l'empire des anciens principes (Lebrun, liv. 4, ch. 1, sect. 1, no 8).

1363. L'action hypothécaire et solidaire que le créancier du défunt a contre l'héritier détenteur de l'immeuble hypothéqué, cesse à l'instant même où l'héritier cesse d'être détenteur, soit par vente ou autrement, encore que la vente ait eu lieu pendant les poursuites du créancier. Le créancier n'a plus contre l'héritier qu'une action personnelle pour sa portion héréditaire (Rej., 26 vend. an 11) (3).

---

(1) (Alix *C.* Couet-Delabaye.) — LA COUR; — Considérant qu'aux termes de l'art. 873 c. civ. « les héritiers sont tenus des dettes et charges de la succession, personnellement pour leur part et portion virile, et hypothécairement pour le tout; » — Ce qui signifie, d'après le sens généralement adopté jusqu'à ce jour, que si le débiteur, de son vivant, avait rendu la dette hypothécaire, l'hypothèque atteindrait ses biens dans la main de ses héritiers comme elle les eût atteints dans la sienne propre; mais ce n'est pas à dire que, dans le cas où la dette n'aurait encore été que chirographaire au moment du décès du débiteur, elle deviendrait, par le fait seul de ce décès, hypothécaire contre les héritiers; — Qu'il résulte de la comparaison de l'article précité avec les art. 332 et 333 de la coutume de Paris, dont il est emprunté, que le nouveau législateur n'a pas eu d'autre pensée; que cette interprétation est d'ailleurs confirmée par le sentiment des auteurs qui ont écrit sous l'ancien droit; — D'un autre côté, que le code civil, après avoir posé en principe général, dans l'art. 1220, que la dette se divise entre les héritiers du débiteur, admet, dans l'art. 1221, cinq exceptions seulement à cette règle, et que la première s'applique au cas où la dette serait hypothécaire; or ici le législateur n'a pu évidemment avoir en vue que la dette créée hypothécaire par le défunt lui-même; autrement l'exception eût été aussi étendue que le principe, du moins quant aux successions immobilières, puisqu'alors toutes dettes eussent été indivisibles entre les héritiers; — Que, dans la suite de l'art. 1221, il est dit que l'héritier qui possède le fonds hypothéqué à la dette, peut être poursuivi pour le tout sur le fonds hypothéqué, et que, par ces mots *fonds hypothéqué*, on doit entendre nécessairement le fonds hypothéqué par le défunt; — Que si l'on voulait adopter un système d'interprétation contraire, il faudrait alors supposer un vice de rédaction dans la loi, puisque tel fonds de la succession ne se trouverait pas hypothéqué spécialement plutôt que tel autre, mais que tous le seraient indistinctement; — Enfin qu'on ne pourrait attribuer à la mort du débiteur l'effet de rendre hypothécaire contre ses héritiers la dette chirographaire par lui contractée, sans rétablir, du moins quant aux immeubles, une sorte de solidarité entre cohéritiers, ce qui, certainement, n'a pas été dans l'intention du législateur.

Du 14 fév. 1825.-C. de Caen, 1re ch.-M. Régnée, pr.

(2) (Alix *C.* Couet-Delabaye.) — LA COUR; — Attendu qu'il s'agit de reconnaître si, dans l'espèce particulière de la cause, la rente dont Guillaume Alix réclame le payement, constitue ou ne constitue pas une dette hypothécaire du chef de Huet-Duperré père; à cet égard, que ladite rente a été créée par acte sous seing du 7 déc. 1803; qu'à la vérité, Huet-Duperré père avait alors promis hypothèque sur tous ses biens présents et à venir, et consenti formellement qu'en cas de non-payement, l'acte fût déposé devant notaire, à ses frais; mais que Huet-Duperré père est décédé sans que ce dépôt ait eu lieu, et que l'hypothèque conventionnelle dont il s'agit ici ne pouvant résulter que d'un contrat notarié, il est vrai de dire que tant qu'a vécu Huet-Duperré père, la créance de Guillaume Alix n'a été que chirographaire; — Dès lors, qu'il ne peut demander, même hypothécairement, à Couet-Delabaye et joints que leur part contributive, et que, sous aucun rapport, il n'est fondé à les poursuivre pour la totalité de la rente; — Que Guillaume Alix invoque inutilement en sa faveur le § 5 de l'art. 1221, qui déclare les héritiers non recevables à opposer la division de la dette quand « il résulte, soit de la nature de l'engagement, soit de la chose qui en fait l'objet, soit de la fin qu'on s'est proposée dans le contrat, que l'intention des contractants a été que la dette ne pût s'acquitter partiellement; » — En effet, qu'il n'argumente, pour induire cette intention, que de la promesse d'hypothèque stipulée dans l'acte sous seing, du 7 déc. 1803, promesse dont il prétend conclure que les parties ont au moins entendu que l'acte s'exécuterait comme s'il eût emporté hypothèque; mais d'abord, il n'est dit nulle part que la faculté de réaliser une hypothèque doive produire le même effet que l'hypothèque elle-même, et par conséquent empêcher la division de la dette entre les héritiers; ce serait évidemment créer une sixième exception qui n'existe pas dans l'art. 1221; d'un autre côté, faire produire cette conséquence à une pareille stipulation, serait donner lieu à un résultat absurde, puisque l'obligation des héritiers, au respect du créancier, deviendrait plus étendue et plus rigoureuse, quand celui-ci aurait obtenu du défunt une simple promesse d'hypothèque sous seing que quand il aurait obtenu de lui une hypothèque constituée par acte notarié; en effet, dans le second cas, l'héritier ne peut être poursuivi pour le tout que sur le fonds hypothéqué, ainsi qu'il résulte de la dernière partie de l'art. 1221, et dans le premier, qu'il faudrait supposer prévu par le § 5 du même article, chaque cohéritier pourrait être poursuivi pour le tout, même personnellement; — Enfin, qu'une pareille conséquence, repoussée par la raison, l'est encore par les doctrines anciennes qui, dans cette matière, ont servi de base à la rédaction du code; — Réforme.

Du 14 fév. 1825.-C. de Caen, 1re ch.-M. Régnée, pr.

(3) (Le Flament *C.* Joly de Fleury.) — LA COUR; — Vu les art. 317, 332 et 333 de la coutume de Paris; — Et considérant qu'il résulte de la combinaison de ces articles, ainsi que de la disposition des lois romaines y relatives, que l'art. 317 (qui suppose un seul et unique héritier) pose seulement pour principe que, quelque modique que soit la succession ou la partie qu'on en appréhende, cette appréhension pure et simple n'oblige pas moins au payement de la totalité des dettes du défunt, à quelque somme et valeur qu'elles puissent monter, et sans égard au bénéfice d'inventaire; ce qui ne s'oppose pas à ce qu'en cas de concours de plusieurs héritiers, chacun de ces héritiers, aux termes de l'art. 332, ne soit tenu personnellement de payer la dette de la succession que pour la part et portion dont il est héritier; que l'art. 332 n'est pas seulement relatif au mode de répartition des dettes à faire entre les héritiers, mais qu'il est relatif à la portion des dettes dont chacun des cohéritiers est tenu envers les créanciers de la succession, puisqu'aux termes de l'art. 333, c'est seulement, et par exception, quand ils sont détenteurs d'héritages obligés et hypothéqués à la dette par le défunt, que chacun des détenteurs est tenu de payer le tout au créancier, sauf son recours contre les héritiers; disposition qui serait absolument inutile et sans objet, si de droit commun et hors le cas de détention, chacun des cohéritiers était tenu envers les créanciers de payer le tout, sauf son recours contre ses cohéritiers;

Considérant que le cohéritier n'étant tenu envers le créancier solidairement et hypothécairement à la totalité de la dette, qu'à raison de cette détention, son obligation pour le tout cesse à l'instant où cesse sa détention, soit par déguerpissement, soit par vente forcée ou même volontaire, laquelle ne préjudicie point au créancier, puisqu'il a toujours son action sur la chose et sur le détenteur, et la faculté de surenchérir; — Que l'action personnelle, jointe à l'action hypothécaire contre l'héritier détenteur, demeure au créancier contre l'héritier, malgré la cessation de sa détention; mais que cette action, redevenue pure personnelle, redevient divisible de sa nature; — Considérant que la coutume de Paris n'admet aucune des distinctions invoquées par le demandeur, sur la divisibilité des dettes entre cohéritiers, avant ou après le partage; que l'action hypothécaire, qui cesse par la cession de l'objet hypothéqué, doit se juger en l'état où se trouvent les parties lors du jugement, et non en l'état où elles étaient lors de l'action, puisque la cessation de la détention pendant le procès peut éteindre l'action; — Rejette, etc.

Du 26 vend. an 11.-C. C. sect. civ.-MM. Maleville, pr.-Lasaudade, rap.

1364. Lorsqu'un créancier est tenu, en qualité d'héritier, de payer une partie d'une créance hypothécaire, mais qu'en même temps il prétend avoir sur l'immeuble hypothéqué une créance plus forte que sa part dans la dette, il ne peut point être écarté, par défaut d'intérêt, de sa demande en collocation, par préférence à la créance qu'il est tenu d'acquitter (Amiens, 27 nov. 1824, M. Dubourg, pr., aff. Chasnet *C.* Locquet).

1365. Le mari dont le père a touché la dot de son épouse et consenti une hypothèque pour sûreté, peut, même après l'ouverture et le partage des biens de la succession de son père, agir par voie d'action hypothécaire sur les immeubles de son cohéritier, qui lui étaient affectés pour sa part contributive dans les dettes de la succession : — « Attendu que le sieur Lasserre agit, non-seulement comme cohéritier, mais plus spécialement comme mari et maître des cas dotaux; qu'à ce dernier titre il n'a pu s'opérer aucune confusion de droit dans le partage; qu'il n'est pas, d'ailleurs, exact de dire que le cohéritier qui intervient dans le partage perd, par cela même, les priviléges attachés à une créance qui existait antérieurement au décès; qu'il a, au contraire, le droit, jusqu'au payement définitif, de faire valoir ses titres, distraction faite seulement de la part des dettes qui tombe à sa charge, ce qui a été exécuté par le sieur Lasserre; réformant, etc. » (Toulouse, 2e ch., 2 août 1833, M. Amilhau, pr., aff. Lasserre *C.* Ch...).

1366. Lorsqu'un immeuble affecté à un créancier de la succession est tombé dans le lot d'un copartageant, le créancier peut être immédiatement colloqué dans l'ordre ouvert pour la distribution du prix des biens échus aux autres copartageants, jusqu'à concurrence de la part dont ils sont personnellement tenus, cette collocation immédiate évitant un circuit d'action dispendieux (Req. 17 fév. 1820, aff. Castelnau, V. Privil. et hyp.).

1367. Lorsque l'un des cohéritiers, actionné hypothécairement pour toute la dette de la succession (dette par lui reconnue), a été déclaré non recevable dans l'exception de prescription par lui opposée au demandeur, il peut néanmoins, sans qu'il y ait violation de la chose jugée par ce premier jugement, être admis à exciper, du chef de son cohéritier, aux droits duquel il se trouve, de la prescription de la dette, pour la part dont celui-ci était tenu (Req. 12 fév. 1829, MM. Borel de Bretizel, f. f. de pr., Pardessus, rap., aff. Beaumann *C.* Bragelongue).

1368. L'héritier qui détient un immeuble hypothéqué par son auteur n'est point un tiers détenteur dans le sens de l'art. 2169 c. nap. En lui se confondent l'obligation réelle et l'obligation personnelle, comme tiers détenteur et débiteur originaire. En conséquence, il a été jugé que la vente sur saisie de cet immeuble peut être valablement poursuivie par le créancier hypothécaire contre cet héritier seul, sur un simple commandement fait dans le mois, sans qu'il soit besoin d'accomplir les formalités prescrites par l'art. 2169, et notamment de faire ce commandement à des cohéritiers (Req. 19 juill. 1837) (1). Il suffira de la signification du titre et du délai de huit jours, prescrit par l'art. 877, qui est seul applicable. Vainement a-t-on objecté que l'héritier n'est débiteur personnel que de sa portion, et que, pour le surplus, il n'est tenu qu'hypothécairement, comme l'est un tiers détenteur. Il n'est pas moins vrai qu'à l'égard d'un acquéreur, les formalités de l'art. 2169 se justifient par des raisons non applicables à l'héritier. Outre que l'acquéreur est entièrement étranger à l'obligation, et qu'il serait injuste de le poursuivre sans le mettre personnellement en demeure et sur un simple commandement au débiteur originaire, il faut remarquer que l'héritier, après la signification du titre et un commandement, n'a aucun intérêt à exiger, soit une sommation, qui serait une troisième signification, soit un commandement à ses cohéritiers. Il ne peut pas être dans l'esprit de la loi de multiplier ainsi les formalités au grand préjudice du créancier, déjà assez malheureux d'avoir vu diviser son obligation personnelle par le fait de la mort du débiteur (Conf. Delaporte, Pand. franç., t. 3, p. 381; Merlin, Rép., vo Expropriat. forcée. — *Contrà*, Persil, Comment. sur l'art. 2169; Berriat Saint-Prix, t. 2, 6e éd., p. 635, qui ne discutent point la question et ne motivent pas même leur opinion). — D'autres auteurs, MM. Chabot, t. 3, p. 378; Grenier, t. 1, p. 358; Troplong, t. 3, p. 338, assimilent l'héritier au tiers détenteur pour la faculté de délaissement prévue par l'art. 2172, mais dans le cas seulement où, ayant déjà payé sa part de la dette, il a acquis par voie de licitation ou partage l'immeuble grevé des autres parties de la dette, qui sont à la charge des cohéritiers. Dans ce cas, il est devenu étranger à l'obligation personnelle qui résultait de la créance.

1369. D'après les motifs de l'arrêt qui précède, l'héritier ne peut se prévaloir, comme tiers détenteur, des divers articles concernant l'exception de discussion, le délaissement, la restitution des fruits, le recours en garantie contre le débiteur originaire, la purge (art. 2171, 2172, 2176, 2178, 2179; Req. 19 juill. 1837). Cependant MM. Delvincourt, *loc. cit.*; Toullier, t. 4, nos 508 à 510; Chabot, sur l'art. 373; Vazeille, art. 873, no 3, enseignent que si l'un des héritiers est poursuivi au delà de sa portion, comme détenteur, il a le droit d'exiger pour la part de dette des autres, la discussion préalable des immeubles par eux détenus. — Jugé, sous l'empire de la coutume de Paris, que l'action hypothécaire contre l'héritier détenteur cesse à l'instant même où l'héritier cesse d'être détenteur, soit par vente ou autrement, encore que la vente ait eu lieu pendant les poursuites du créancier. Le créancier n'a plus, contre l'héritier, qu'une action personnelle pour sa portion héréditaire (Paris, 1re sect., 13 pluv. an 9, aff. Bailly *C.* Serres; Rej. 26 vend. an 11, aff. Leflament, no 1363).

1370. Une cession de droits successifs, faite à prix d'argent, par un cohéritier à son cohéritier, doit être assimilée à un partage, respectivement aux créanciers; en conséquence, les créanciers hypothécaires de celui-ci, antérieurs à la cession, ne peuvent considérer le cessionnaire comme un tiers détenteur, et le poursuivre hypothécairement (Riom, 25 mars 1830) (2).

---

(1) (Celani *C.* Serafino.) — La cour; — Sur le moyen pris de la violation de l'art. 2169 c. civ. : — Attendu que cet article ne concerne que le tiers détenteur qui s'est rendu passible des poursuites des créanciers hypothécaires, faute par lui d'avoir rempli les obligations qui lui sont imposées pour purger sa propriété; — Que la disposition de cet article se coordonne avec celles des art. 2167 et 2168, dont il forme le complément et la sanction; — Qu'elle se coordonne pareillement avec les autres dispositions du chap. 6, relatives, soit à l'exception de discussion, soit au délaissement, soit à la restitution des fruits, soit au recours en garantie contre le débiteur originaire, recours déterminé par les principes de la vente, soit enfin à la purge (art. 2171, 2172, 2176, 2178 et 2179); — Qu'en parcourant ces divers articles, et surtout ceux du chap. 8, qui déterminent les conditions de la purge hypothécaire à laquelle le tiers détenteur est soumis, il devient évident que, dans cet ensemble de dispositions, le législateur n'a eu en vue que le tiers qui détient en vertu d'un titre translatif de propriété, soit de vente, soit de donation, dont le prix est fixé par le contrat de vente, ou peut être fixé, quant à la donation, par l'évaluation qu'en fait le donataire (art. 2183);

Attendu qu'on ne saurait appliquer de pareilles dispositions à l'héritier tenu hypothécairement, sur les biens héréditaires, à la totalité des dettes de la succession dans laquelle il a pris part; — Qu'en principe, l'héritier représente la personne du défunt; qu'il est soumis à toutes ses obligations; que si l'art. 873 c. civ. et l'art 1220 établissent la divisibilité de ses obligations dans l'intérêt des héritiers relativement à l'action personnelle, le premier desdits articles et l'art. 1221 rentrant dans la règle générale veulent que cette faveur, qui porte une sorte d'atteinte au contrat primitif, cesse sous le rapport de l'action hypothécaire, et que l'héritier en soit tenu pour le tout, sauf son recours contre ses cohéritiers;

Attendu, dès lors, que l'héritier, recherché en cette qualité comme possédant les biens de la succession, ne peut purger; que les règles du chap 8 lui sont absolument inapplicables; qu'il en est de même des art. 2167 et 2168, et par suite aussi de l'art. 2169; — Que, quant à lui, le mode de la poursuite est exclusivement réglé par l'art. 873 et par l'art. 877, lequel exige seulement que les titres exécutoires contre le défunt lui soient signifiés huit jours avant les poursuites qu'on veut entreprendre; — Que, dans l'espèce, cette notification avait eu lieu; qu'un commandement en expropriation forcée avait été fait au demandeur, et qu'en cet état, l'arrêt attaqué de la cour de Bastia, en jugeant qu'il était inutile de recourir aux formalités exigées par l'art. 2169, n'a nullement violé cet article, mais a, au contraire, fait une juste application des art. 873 et 877; — Rejette.

Du 19 juill. 1837.-C. C., ch. req.-MM. Zangiacomi, pr.-Viger, rap.-Hervé, av. gén., c. conf.-Godard-Saponay, av.

(2) (Roussille *C.* Loussert.) — Jugement du tribunal de Saint-Flour, qui, sans préjuger la question de validité de l'hypothèque, déclare nul le commandement : — Attendu, y est-il dit, qu'il suffit d'observer

1371. L'art. 872 c. nap. porte : « Lorsque des immeubles d'une succession sont grevés de *rentes* par *hypothèque spéciale*, chacun des héritiers peut exiger que la rente soit remboursée, et l'immeuble rendu libre avant la formation des lots. Si les cohéritiers partagent la succession dans l'état où elle se trouve, l'immeuble grevé doit être *estimé* au même taux que les autres immeubles ; il est fait *déduction du capital* de la rente sur le prix total ; l'héritier dans le lot duquel tombe cet immeuble demeure seul chargé du service de la rente, et il doit en garantir ses cohéritiers. » Cette disposition prévient des complications assez graves qui auraient pu survenir après le partage. D'une part, si la rente n'était pas remboursée avant la formation des lots, le copartageant à qui écherrait l'immeuble hypothéqué se verrait obligé d'acquitter seul, à chaque terme, tous les arrérages, sauf recours contre chacun des cohéritiers, pour leur part contributive ; recours qui se compliquerait encore en cas d'insolvabilité de quelques-uns, d'une autre action récursoire contre les héritiers solvables. De là le droit accordé à chaque héritier d'exiger le remboursement de la rente. — D'une autre part, il peut se faire que les héritiers aient intérêt à ne pas opérer ce remboursement, ou que même la rente n'ait été stipulée rachetable qu'après un délai non expiré encore (c. nap. 530 et 1911). Dans ces deux cas, il fallait, pour prévenir l'inconvénient des actions récursoires, mettre le service de la rente à la charge de l'héritier seul qui aurait reçu dans son lot l'immeuble grevé, et en même temps l'obliger à garantir ses copartageants de toute réclamation du crédit-rentier qui conserve le droit de s'adresser à chaque héritier personnellement (Chabot, art. 872, n° 4 ; MM. Marcadé, même article, n° 2 ; Delvincourt, t. 2, p. 378, n° 2 ; Duranton, t. 7, n° 439 ; Toullier, t. 4, n° 439, Maleville, t. 2, p. 339 ; Vazeille, art. 872, n° 1 ; Poujol, t. 2, p. 268 ; Dutruc, du Partage, n° 436).

1372. Lorsque les immeubles grevés de la rente tombent dans des lots différents, l'inconvénient des actions récursoires ne disparaît pas, puisque le crédit-rentier peut exiger tous les arrérages d'un seul des héritiers auxquels ces lots sont échus, et qui se trouvent chargés conjointement du service de la rente. Mais ils ont la faculté de diviser entre eux le service de la rente.

1373. La disposition de l'art. 872 n'est point tellement obligatoire que les héritiers majeurs et capables ne puissent convenir de laisser les choses dans les termes du droit commun. La loi, en effet, ne s'est préoccupée que de leur rapport respectif, et non de l'intérêt des tiers à qui est due la rente (MM. Belost-Jolimont sur Chabot, art. 872, obs. 2 ; Dutruc, *loc. cit.*).

1374. L'art. 872 c. nap. autorise chacun des cohéritiers à exiger la vente d'un ou de plusieurs immeubles de la succession, grevés de rentes par hypothèque spéciale, pour rendre libres, avec le prix à en provenir, les autres immeubles également grevés de rentes par hypothèque spéciale, bien que tous ces immeubles fussent commodément partageables (Liége, 4 août 1812) (1).

1375. L'art. 872 suppose les immeubles de la succession grevés de rente par *hypothèque spéciale*. Serait-il encore applicable au cas d'une hypothèque générale ? Il résulte de la discussion de cet article au conseil d'État que les mots *hypothèque spéciale* n'ont point un sens exclusif. Le projet commençait par ces mots : *lorsqu'un immeuble de la succession est grevé*, etc. M. Tronchet fit observer qu'il importait de prévoir le cas où l'hypothèque existerait sur plusieurs immeubles. La faculté fut reconnue aux copartageants de faire rayer l'hypothèque sur tous les immeubles autres que celui qu'il convenait d'affecter spécialement au service de la rente. La section de législation n'a point maintenu une faculté si préjudiciable au crédit-rentier. Elle s'est bornée à consacrer formellement pour chaque héritier le droit, que n'accordait pas la rédaction primitive, d'exiger le remboursement de la rente avant la formation des lots ; mais c'est par pure inadvertance qu'elle n'a pas fait disparaître les mots *hypothèque spéciale*, d'autant que la rédaction modifiée commence par ces mots : *lorsque des immeubles d'une succession sont grevés* (Belost-Joli-

---

qu'un tel acte emporte vente de droits incorporels qui, par le partage seulement, peuvent se réaliser en droits mobiliers et immobiliers ; que, jusque-là, on ne peut distinguer la portion du prix de la vente qui s'appliquera aux meubles ; qu'il en résulte que, jusque-là, l'acquéreur ne peut purger, s'il y a lieu à purger, et que, par un juste corollaire, jusque-là il ne peut être déchu de la faculté de purger ; que, par conséquent, jusque-là, il ne peut être poursuivi hypothécairement dans les termes de l'art. 2169. » — Arrêt.

La cour ; — Par les motifs exprimés au jugement dont est appel, et attendu que Roussille n'a point fait notifier aux cohéritiers de son débiteur une opposition à ce qu'ils ne fissent aucun traité, ou partage ou acte qui, suivant la loi, tiendrait lieu de partage, sans son intervention, à l'effet de veiller à la conservation de ses droits ; — Attendu que, suivant les principes du code civil, tout premier acte entre cohéritiers tient lieu de partage entre eux ; que, dès lors, la cession des droits successifs, faite par Guillaume Loussert à Jean Loussert, son frère, doit être assimilée à partage et en avoir l'effet ; — Attendu que, d'après le défaut de notification et opposition, Jean Loussert a été mis à l'abri de toute action de la part de Roussille, par une conséquence de l'art. 882 c. civ. ; — Dit qu'il a été bien jugé.

Du 25 mars 1830.-C. de Riom, 1re ch.-M. Grenier, 1er pr.

(1) *Espèce* : — (De Looz *C.* de Launoy.) — Le tribunal de Namur, le 14 août 1811, repousse la demande en licitation, « Considérant que, selon les principes de l'ancien et du nouveau droit, la vente des immeubles ne doit avoir lieu que lorsque ces biens ne sont pas commodément divisibles en nature ; — Que les biens que la demanderesse prétend devoir être vendus sont commodément divisibles ; — Que l'art. 872 c. civ., invoqué pour appuyer son système, ne lui est aucunement favorable ; — Qu'en effet, cet article ne porte pas qu'un cohéritier peut exiger la vente des immeubles grevés d'hypothèques spéciales, et que ses droits se bornent à exiger que les biens grevés soient rendus libres, afin d'en opérer plus facilement le partage ; — Que le même article, loin d'ordonner la vente, suppose au contraire que ces biens sont l'objet d'un partage en nature, puisqu'il en résulte clairement qu'ils doivent faire partie des lots qui sont à former ; — Que le système de la demanderesse tend directement à enfreindre l'art. 872, car si ce système était adopté, les biens grevés d'hypothèques spéciales, loin d'être rendus libres dans les mains des copartageants, sortiraient de leur domaine ; — Que l'art. 826 confirme ces principes en déclarant que chacun des cohéritiers peut demander sa part en nature des meubles et immeubles de la succession, et que si la vente est jugée nécessaire pour l'acquit des charges, c'est avec le prix des meubles que cet acquittement s'opère ; — Que ceci prouve clairement que ce n'est que lorsqu'il existe du numéraire dans la succession, ou qu'il y a possibilité d'en faire avec le mobilier, que les immeubles grevés d'hypothèques spéciales doivent être rendus libres, et qu'il n'y a pas lieu à procurer cette liberté en les aliénant de la succession, contre le gré de l'un ou de l'autre des cohéritiers, lorsqu'ils sont, comme dans l'espèce, commodément partageables ; — Qu'au cas actuel il y a d'autant moins lieu à accorder l'autorisation de vendre les biens dont s'agit pour le remboursement des rentes qui les grèvent spécialement, que cette vente serait nuisible aux copartageants, puisqu'il est certain qu'on vend plus avantageusement à charge de reconnaître les rentes, qu'en argent comptant, et qu'en outre le véritable intérêt des parties s'oppose à une conduite semblable, puisque parmi les rentes dont on veut faire le remboursement, il y en a une qui n'est constituée qu'à 3 pour 100 ; — Qu'il résulte de tout ce qui précède que c'est à juste titre que la dame de Lannoy s'est opposée à la demande en licitation ; — Considérant que Loury et Fournier, créanciers intervenants, peuvent également faire valoir tous les moyens et droits qui appartiennent aux parties directement intéressées dans le partage, puisqu'ils ont été reçus intervenants dans l'action en partage par toutes les parties en cause, et que d'ailleurs un créancier a le droit de faire valoir tous les droits et moyens de son débiteur ; — Le tribunal faisant droit, déclare ladite dame veuve Wauthier, demanderesse, non recevable ni fondée dans ces conclusions. » — Appel — Arrêt.

La cour ; — Attendu que les terres dont il est question sont hypothéquées spécialement pour sûreté de capitaux très-considérables et de leurs accessoires ; que par des arrêts et jugements en dernier ressort tous les gratifiés des biens de feu le duc de Looz sont condamnés au payement des arrérages desdits capitaux, lesquels arrérages s'élèvent à des sommes très-considérables ; — Attendu que Charlotte de Looz allègue qu'il n'existe aucun moyen de faire face à toutes les dettes, à moins que de vendre par licitation les terres dont il s'agit ; que tous les autres gratifiés, à l'exception de l'intimée, adhèrent à la demande de licitation, et que l'intimée n'indique aucun autre moyen pour faire face aux dettes communes et éviter les expropriations dont lesdites terres sont menacées ; — Attendu que les créanciers intervenants ne peuvent empêcher la licitation ; que s'ils ont des droits à réclamer, et s'ils croient devoir primer les autres créanciers, ils peuvent faire valoir leurs droits lorsque la distribution du prix aura lieu ; — Emendant, ordonne que les terres dont il s'agit seront vendues par licitation pour le prix à en provenir être employé au remboursement des capitaux et arrérages des rentes dont il est question, le tout sans préjudice au droit des intervenants et autres créanciers hypothécaires qui devront être appelés à l'ordre et à la distribution du prix.

Du 4 août 1812.-C. de Liége.

mont sur Chabot, art. 872, obs. 1; Marcadé, même article, nº 2; Dutruc, nº 442. — *Contrà* Delaporte, art. 872; Vazeille, même article, nº 8; Conflans, *ibid.*, nº 2, qui invoquent le texte de cet article, et ajoutent que le droit de faire opérer le remboursement n'a été donné aux héritiers qu'afin de leur éviter des poursuites à cause d'une dette qui serait là charge du fonds possédé par un autre). — Jugé que le remboursement de la rente pourrait être exigé par chacun des cohéritiers, encore que les immeubles de la succession fussent grevés d'une hypothèque générale, surtout lorsque, dans le contrat constitutif de la rente, il a été stipulé « que le preneur, ni les siens, ni aucun autre ayant droit et cause de lui, ne pourraient, sous aucun prétexte ni occasion, partager ni diviser les biens dépendants du bail à pension (Nîmes, 16 avr. 1830) (1). MM. Vazeille et Conflans, *loc. cit.*, critiquent cette décision.

1376. Pour rembourser la rente, on peut vendre une partie de l'immeuble; s'il n'est pas susceptible de morcellement, l'héritier qui veut user de l'art. 872 doit faire liciter, et charger l'acquéreur, par une clause expresse, de rembourser les créanciers hypothécaires (MM. Poujol, t. 2, p. 266; Dutruc, nº 438).

1377. L'art. 872 ne peut plus être invoqué par un héritier après le partage (Poujol, t. 2, p. 267).

1378. L'art. 872 ne s'applique qu'aux rentes rachetables de leur nature : telle est la rente foncière; mais la rente viagère n'est pas comprise dans cet article (c. nap. 1979; MM. Chabot, p. 559; Duranton, t. 7, nº 438; Poujol, t. 2, p. 269; Vazeille, art. 872, nº 7; Dutruc, nº 440).

1379. Le même article ne s'applique pas non plus à de simples dettes exigibles à terme. Ici le payement doit se faire en une seule fois; il n'y a pas plusieurs occasions de recours comme dans le cas de rente. Ajoutons qu'il ne serait pas juste que l'un des héritiers, qui s'entendrait même au besoin avec le créancier, pût contraindre les autres de renoncer au bénéfice du terme (MM. Chabot, t. 3, p. 550; Duranton, t. 7, nº 440; Vazeille, art. 872, nº 7; Marcadé, art. 872, nº 3; Dutruc, nº 441. — *Contrà*, Toullier, nº 540, qui se borne à alléguer une identité de raison).

1380. Si l'un des héritiers remboursait le capital entier, il n'aurait de recours contre les autres que pour la continuation des arrérages. Il est de l'essence de la rente que le créancier n'en puisse exiger le remboursement, tant que les arrérages sont exactement payés par le débiteur. Ici ne serait pas applicable l'art. 872 : l'héritier en effet n'a plus à craindre que l'immeuble grevé ne tombe dans son lot, ou qu'il ne soit poursuivi hypothécairement, si ses cohéritiers ne payent pas exactement (MM. Delvincourt, t. 2, p. 379, note 2; Duranton, t. 7, nº 443; Delaporte, Pand. franç., t. 3, p. 365; Vazeille, art. 872, nº 6; Marcadé, même article, nº 3). — Jugé, au contraire, que l'un des héritiers peut, malgré les autres héritiers, exiger le remboursement de la rente hypothécaire, encore qu'il soit lui-même créancier de cette rente, et que tous les immeubles de la succession en soient grevés (Caen, 20 avril 1812) (2). — Cette décision est critiquée par MM. Vazeille et Conflans, *loc. cit.*

1381. Si l'un des cohéritiers n'a pas acquitté les arrérages pendant deux ans, le créancier pourra-t-il se faire rembourser du total, ou seulement de la part de celui qui n'a pas payé? — Les dettes se divisent de plein droit; c'est au créancier à s'imputer de n'avoir pas pris hypothèque; c'est lui qui supportera le préjudice résultant de l'insolvabilité de l'un des cohéritiers. Les autres pourront se dispenser du remboursement, s'ils continuent avec exactitude le payement des arrérages qu'ils doivent pour leur part, et qu'ils offrent toujours les garanties nécessaires (Delvincourt, t. 2, p. 379, note 2; M. Vazeille, art. 872, nº 4).

1382. L'action personnelle contre le débiteur de la rente subsiste indépendamment de l'action hypothécaire; et même les arrangements de famille, par lesquels l'immeuble est tombé dans le lot de l'un plutôt que de l'autre, étant étrangers au créancier, il conserve l'action personnelle contre chacun des cohéritiers, encore qu'il n'eût pas renouvelé son hypothèque et que le détenteur fût devenu insolvable (Toullier, t. 4, nº 507; Delaporte, Pand. franç., t. 3, p. 365; Vazeille, art. 872, nº 2).

1383. L'art. 872 est applicable à des individus qui possèdent des immeubles en commun, soit à titre d'achat ou de donation, soit à tout autre titre qu'à titre de succession (Liége, 4 août 1812, aff. Delooz, V. nº 1374).

1384. Aux termes de l'art. 875 : « le cohéritier ou successeur à *titre universel* qui, par l'effet de l'hypothèque, a *payé au delà de sa part* de la *dette commune*, n'a de *recours* contre les autres cohéritiers ou successeurs à titre universel, que pour la part que chacun d'eux doit *personnellement* en supporter, même lorsque le cohéritier qui a payé la dette se serait fait *subroger* aux droits du créancier, sans préjudice néanmoins des droits d'un cohéritier, qui, par l'effet du *bénéfice d'inventaire*, aurait conservé la faculté de réclamer le payement de sa créance personnelle comme tout autre créancier. »

1385. D'abord, le code résout ici un point de doctrine fort controversé dans l'ancien droit. Il paraît que la jurisprudence, dans les derniers temps, avait adopté le système du code (Lebrun, liv. 4, ch. 2, sect. 3). En accordant le *recours solidaire* au cohéritier subrogé, on se fût exposé à des recours successifs, à un circuit d'actions qui eût occasionné des frais considérables et troublé la paix des familles.

1386. Ensuite, l'art. 875 c. nap. suppose une *dette commune*. On a prétendu qu'il ne s'appliquait pas à une dette *partagée*, c'est-à-dire au cas où des cohéritiers ont fait entre eux le partage d'un immeuble, et ont déclaré que chacun d'eux serait tenu, pour sa part, des dettes dont cet immeuble est grevé. Mais il a été jugé, dans ce cas même, que si l'un des héritiers paye aux créanciers hypothécaires, sa part dans les dettes et celle de ses cohéritiers, cet héritier ne peut, nonobstant sa subrogation à leurs hypothèques, exiger de chacun de ses cohéritiers, ou des

(1) (Corbier *C.* Salles, etc.) — LA COUR; — Attendu que, dans le bail à pension consenti par le sieur de Gabriac à Pierre Corbier, il a été expressément stipulé que le preneur s'interdirait le droit de pouvoir diviser les biens à lui baillés, par ce motif, non exprimé il est vrai, mais qui était évidemment dans la pensée du sieur de Gabriac, de ne pas se voir un jour dans la nécessité de réclamer de plusieurs un payement qu'il était dans son intérêt de n'avoir à exiger que d'un seul; que, par l'effet du partage des propriétés, objet du bail dont il s'agit, le cas prévu par le sieur de Gabriac étant prêt à se réaliser, et ceux qui le représentent pouvant exiger le remboursement de la rente, chacun des héritiers de Pierre Corbier, afin d'éviter la poursuite dont il est menacé, peut, à bon droit, contraindre ses cohéritiers à faire, préalablement à tout partage, un remboursement devenu indispensable par le fait seul de la division que le même partage doit opérer entre eux;

Attendu, d'ailleurs, qu'en autorisant le rachat prévu par l'art. 872 c. civ., le législateur a eu essentiellement l'intention d'éviter à des cohéritiers les actions qui, postérieurement à un partage, pourraient être dirigées contre chacun d'eux, à raison des rentes qui seraient affectées par hypothèque sur les immeubles à partager; que si cet art. 872 ne parle que de l'hypothèque spéciale, c'est parce que la spécialité étant la base du nouveau régime hypothécaire, une rente ne peut plus être établie avec une hypothèque générale, tandis que, dans l'ancien droit, l'hypothèque conventionnelle, quoique générale, n'en était pas moins valable; mais qu'en résultat, l'une ou l'autre de ces hypothèques produisant, à défaut de payement, les mêmes effets, et, par suite, les mêmes inconvéniens, il est évident que si, dans l'art. 872, il n'a été parlé que de la rente qui grève les immeubles d'une succession par hypothèque spéciale, ce même article n'a nullement proscrit le droit de demander le remboursement de celle qui, par l'effet d'une hypothèque générale, soumettrait chacun des cohéritiers, sans distinction, à défaut de payement de l'un d'entre eux, à des poursuites qu'il est, dès lors, dans son intérêt de chercher à prévenir; — Émendant, ordonne qu'avant partage la rente de 220 fr. sera remboursée.

Du 16 avril 1830.-C. de Nîmes, 1re ch.-M. Fajon, pr.

(2) (Hérit. Beauchef-Duparc.) — LA COUR; — Considérant qu'il est établi au procès que la rente dont il s'agit est spécialement et privilégiément hypothéquée sur les immeubles échus aux parties de la succession de leur frère et beau-frère; que, dès lors, chacun des cohéritiers peut exiger que le remboursement en soit fait, et les immeubles rendus libres, avant qu'il soit procédé à la formation des lots; — Considérant qu'encore bien que l'intimé réunisse à sa qualité de cohéritier celle de créancier de la même rente, il ne résulte nullement des termes de l'art. 872 c. civ., que la circonstance de cette double qualité doive le priver de la faculté que cet article accorde à chacun des cohéritiers en pareil cas; que d'ailleurs ce n'est point en qualité de créancier, mais bien en cette qualité de cohéritier, qu'il a agi; — Confirme le jugement, etc.

Du 20 avr. 1812.-C. de Caen, 1re ch.-M. Rousselin, f. f. de subst. c. conf.

acquéreurs de leur portion dans l'immeuble, que sa portion respective; il ne peut demander la totalité à l'un d'eux seulement (Paris, 14 juin 1826) (1).—Il est à remarquer que cet arrêt ne résout pas la question, en thèse générale et en faisant abstraction de toute circonstance particulière. — Il interprète la convention entre les cohéritiers et semble y avoir vu une loi que les cohéritiers s'étaient faite à eux-mêmes, et de laquelle ils n'ont pu s'écarter au moyen d'une subrogation par l'effet de laquelle il aurait été facile au plus diligent de rejeter loin de lui l'insolvabilité de l'un de ses cohéritiers, et d'en faire peser le poids sur celui qu'il lui plaisait de choisir.

1387. La subrogation que le cohéritier se sera fait consentir par le créancier lui servira pour primer les créanciers chirographaires de ses cohéritiers (Chabot, t. 3, p. 608; Delvincourt, p. 380, nº 6).

1388. L'art. 875 ne parle pas du cas où le cohéritier a payé au delà de sa portion, par l'effet de l'indivisibilité de la dette; mais l'art. 1221 contient pour ce cas la même disposition. Il y a identité de raisons (Poujol, t. 2, p. 295).

1389. L'héritier, qui serait directement créancier hypothécaire de la succession, pourrait-il poursuivre solidairement le cohéritier détenteur de l'immeuble hypothéqué, ou serait-il forcé de diviser son action? — L'action *in solidum* lui était formellement accordée, déduction faite de sa part de dettes éteintes par confusion, d'après la loi 1, C., *De hær. action.* Ainsi ont jugé plusieurs arrêts rapportés par Bouhier, lettre *h*, nomb. 2, et par Brodeau sur Louet, lettre *h*, nomb. 20. Lebrun motivait ainsi cette décision, liv. 4, ch. 2, sect. 1, nº 43 : « L'héritier n'est point obligé de communiquer cette créance à ses cohéritiers; ce n'est point une affaire qu'il ait négociée en qualité d'héritier avec un étranger, ce qui le distingue de l'héritier subrogé à un créancier de la succession. » L'annotateur de Lebrun combat cette opinion, tout en convenant qu'elle a pour elle la rigueur du droit, l'autorité des arrêts et l'avis de Charondas (Rép., liv. 6, ch. 11) : « La raison, dit-il, est que le créancier *ex supervenientiâ facti et per casum delatæ successionis, quasi incidit in societatem.* Dès lors il est soumis à la loi de l'égalité, qui est la loi souveraine des partages, et à la règle de l'action *familiæ erciscundæ*. Il ne peut plus se prévaloir de la rigueur de l'action solidaire et hypothécaire; il doit épargner également ses cohéritiers, et ne pas faire tomber tout le poids de son action sur un seul, ni susciter une guerre domestique par un circuit d'actions récursoires contre ses cohéritiers. » M. Toullier approuve ces raisonnements; il ajoute, particulièrement pour le code, que l'art. 875 n'a fait d'exception au principe de la division qu'en faveur de l'héritier bénéficiaire, et qu'on ne doit pas suppléer une exception qui ne se trouve pas dans la loi.— Nous adoptons de préférence le sentiment de Lebrun, aux objections duquel on n'a pas, ce nous semble, répondu. On oppose, il est vrai, que l'art. 875 ne contient d'exception formelle que pour l'héritier bénéficiaire. Mais quel est le but de cette exception? Faire profiter à l'héritier bénéficaire la subrogation. Il n'est question que de subrogation dans l'art. 875; on n'y prévoit pas du tout l'espèce qui nous occupe; elle doit donc être régie par le droit commun, qui permet d'actionner hypothécairement pour le tout le détenteur d'un immeuble affecté à la dette (c. nap. 873. — Conf. MM. Delvincourt, t. 2, p. 380, note 6; Chabot, art. 875, nº 5; Vazeille, art. 875, nº 6; Massé et Vergé sur Zachariæ, t. 2, p. 434, note 7. — *Contrà*, Toullier, t. 4, nº 558, et t. 7, nº 163; Poujol, t. 2, p. 294; Marcadé, sur l'art. 875.

1390. En cas d'*insolvabilité* d'un des cohéritiers, sa part dans la dette hypothécaire est *répartie* sur tous les autres au marc le franc (c. nap. 876).—Cette répartition n'a lieu que lorsque la dette payée était hypothécaire; l'insolvabilité ne nuirait qu'au créancier s'il n'était que chirographaire: les dettes se divisant de plein droit, l'héritier qui a payé volontairement la totalité de la dette doit se l'imputer; ses cohéritiers n'étaient obligés que pour leur part. Il n'a pas été en son pouvoir d'aggraver leur obligation, en leur faisant supporter la part de dettes de l'insolvable (MM. Delvincourt, t. 2, p. 381, note 7; Duranton, t. 7, nº 446; Massé et Vergé sur Zachariæ, t. 2, p. 333, note 6).

1391. L'insolvabilité de l'un des héritiers nuirait au créancier chirographaire, encore que les héritiers eussent accepté la succession sous bénéfice d'inventaire; c'est la conséquence du principe que les dettes ne se divisent pas moins entre héritiers bénéficiaires qu'entre héritiers pur et simples (Colmar, 23 nov. 1810 (2), V. *suprà*, nº 761).

1392. La garantie par les autres héritiers a-t-elle lieu pour l'insolvabilité de l'un d'eux survenue postérieurement au payement de la dette hypothécaire? Non; c'était à l'héritier qui a payé à exercer des poursuites en temps utile contre tous les cohéritiers; il doit supporter seul la peine de sa négligence. (Chabot, art. 876, nº 3; Duranton, t. 7, nº 452; Poujol, *loc. cit.*; Vazeille, art. 876, nº 2; Massé et Vergé sur Zachariæ, t. 2, p. 433, note 6).—Jugé sous l'empire de l'ancien droit, qu'en disposant que, sauf son recours contre ses cohéritiers, chaque héritier serait tenu solidairement des dettes de la succession, l'art. 130 des Placités n'a pas voulu dire que, quand le recours contre l'un des cohéritiers serait devenu impossible, à cause, par exemple, de la confiscation de ses biens, les créanciers de la succession cesseraient d'avoir l'action solidaire contre les autres héritiers (Cass. 14 niv. an 10, aff. Lecomte, V. Émigré, nº 122).

1393. D'après l'art. 874, « le *légataire particulier* qui a acquitté la dette dont l'immeuble légué était grevé, demeure *subrogé* aux droits du créancier contre les héritiers et successeurs à titre universel. » Mais l'héritier n'est pas tenu de dégager l'hypothèque avant la délivrance du legs. Le recours du légataire ne doit s'exercer qu'après qu'il a été forcé de payer. La cour de cassation avait, dans ses observations sur le projet de l'art. 1020, fait une addition en ce sens; mais les termes de l'art. 874 l'ont rendue inutile. Ainsi se concilient ces deux articles qui, au premier abord, semblent se contredire, l'art 1020 portant que l'héritier n'est point tenu de dégager la chose léguée, et l'art. 874 accordant néanmoins au légataire un recours contre l'héritier si l'on a

(1) (Joly de Fleury C. Douet.)—30 août 1825, jugement du tribunal de Provins qui rejette la demande de la dame Joly de Fleury : « Attendu qu'il s'agit de déterminer quel doit être l'effet, à l'égard du sieur de la Boulaye, cohéritier, des subrogations que la dame Joly de Fleury, autre héritière, a obtenues des créanciers qui avaient une hypothèque générale sur le domaine de la Houssaye, et auxquels elle a remboursé des rentes, dont le sieur de la Boulaye avait été chargé par ses cohéritiers dans l'acte de partage de ce domaine; — Attendu que la dette a cessé par le partage d'être commune, que chacun des cohéritiers a connu, par le partage, la part que chacun devait personnellement supporter dans cette dette; que l'art. 875 c. civ. restreint les effets de la subrogation aux droits des créanciers, lorsque, comme dans l'espèce, la subrogation a été consentie au profit d'un cohéritier qui a payé la dette; que ce dernier ne peut, en vertu de la subrogation, demander à son cohéritier ce qui excédait la part de ce cohéritier dans la dette; que le partage est, pour les parties qui l'ont consenti, une loi qu'elles doivent suivre; — Que la dame Joly de Fleury, en remboursant les rentes dont elle était personnellement chargée par le partage, a acquitté sa propre dette, et n'a de recours à exercer contre aucun de ses cohéritiers; que, pour le remboursement que la dame Joly de Fleury a fait des rentes dont la dame la Tour du Pin est chargée, elle n'a de recours à exercer que contre cette dernière. » — Appel. — Arrêt.

LA COUR; — Adoptant les motifs des premiers juges, confirme.

Du 14 juin 1826.-C. de Paris, 3e ch.-M. Dupaty, pr.

(2) (Reimbold C. Reimbold.) — LA COUR; — Attendu qu'il est de principe général, en matière de succession, que les dettes se divisent entre les héritiers; que chaque héritier n'est tenu que pour sa part; que l'action hypothécaire n'oblige l'héritier pour le tout que lorsqu'il possède à titre d'héritier un bien de la succession hypothéqué à la créance : c'est ce que nous enseignent les art. 873 et 1017 c. civ., qui sont conformes à cet égard aux anciennes lois; les biens personnels de l'héritier ne peuvent être attaqués que pour la part virile qu'il doit, l'action hypothécaire ne saurait l'atteindre s'il n'a pas hérité de biens-fonds; — Attendu qu'il est indifférent que l'héritier ait accepté la succession purement et simplement et sans inventaire; il n'en résulterait autre chose, si ce n'est qu'il pourrait être astreint pour sa part de dettes, lors même que cette part serait plus forte que celle dont il a hérité; — Attendu qu'en appliquant ces principes à l'espèce, il suffit qu'il soit avéré que l'appelant n'a hérité d'aucun immeuble dans la succession de son père, et qu'il n'est héritier que pour moitié, pour qu'il n'ait pu être tenu à plus qu'à la moitié de la créance dont il s'agit, et non de répondre de la part de son cohéritier insolvable; — Émendant, etc.

Du 23 nov. 1810.-C. de Colmar.

exercé l'action hypothécaire. M. de Maleville, p. 342, pour concilier ces deux articles, limite l'art. 874 au cas où le légataire particulier aurait acquitté la dette, quoique l'héritier eût été expressément chargé par le testateur de dégager le fonds légué. D'autres jurisconsultes ont prétendu que l'art. 874 n'était applicable qu'aux dettes pour lesquelles il y a une hypothèque générale, telle que l'hypothèque légale ou judiciaire; l'art. 1020, aux dettes qui ont une hypothèque spéciale. Le légataire particulier est dispensé, en conséquence, d'acquitter les dettes garanties par l'hypothèque générale; mais il est tenu des autres.— Cette distinction n'est justifiée en aucune manière par le texte de la loi (Grenier, Donat. t. 1, p. 556; Chabot, t. 3, p. 605; Delaporte, Pand. franç., t. 3, p. 377; Vazeille, art. 874, nº 1.)

1394. Si le légataire particulier était en même temps héritier, ce qui arrive lorsque le legs a été fait à titre de préciput, pourrait-il, déduction faite de sa part dans les dettes, exercer l'action hypothécaire contre l'un des cohéritiers? L'art. 874 accorde cette action au légataire sans distinction, le déclarant subrogé aux droits du créancier. Ici l'art. 875 n'est pas opposable, en ce que le successible a payé comme légataire. Il ne s'agit donc pas d'un recours de l'héritier; l'héritier est considéré comme étranger à la succession quant au legs particulier, puisqu'il ne contribue pas aux dettes à raison de la chose léguée. Ajoutons que l'action hypothécaire exercée par le légataire en même temps héritier, ne donnera pas lieu à plus d'inconvénients que celle exercée par un légataire étranger. Dans l'un et l'autre cas, l'héritier contre qui le recours aura été formé ne pourra ensuite intenter que l'action personnelle contre chacun des cohéritiers: ce qui prévient le circuit d'actions que l'art. 875 a eu pour but d'éviter (MM. Chabot, t. 3, p. 611; Toullier, t. 4, nº 535, et 7, nº 163; Duranton, t. 11, nº 244; Vazeille, art. 875, nº 4; Massé et Vergé sur Zachariæ, t. 2, p. 434, note 7.—*Contrà*, Delvincourt, t. 3, p. 370; Marcadé, sur l'art. 874; Belost-Jolimont sur Chabot, observ. 1.

Art. 3. — *De la séparation des patrimoines.*

§ 1.—*Objet et historique de cette séparation.—Par qui et contre qui elle peut être demandée. — Déchéance, novation.*

1395. *Objet et historique de la séparation des patrimoines.* —L'objet de la séparation des patrimoines est d'accorder aux créanciers du défunt sur les biens de la succession un privilége qui les fasse payer de préférence aux créanciers personnels de l'héritier. Tous les biens du débiteur sont le gage commun de ses créanciers (c. nap. 2093). L'héritier n'a de droit sur ces biens que les dettes payées: *Non bona intelliguntur nisi ære alieno deducto.* Les créanciers de l'héritier n'ont pas plus de droits que l'héritier lui-même. Le principe de la séparation des patrimoines est donc fondé sur l'équité. — Sans cette mesure, les créanciers du défunt, s'ils étaient chirographaires, et que l'héritier fût obéré, se verraient exposés à venir par contribution sur des biens qui auraient suffi pour le payement de leurs créances; s'ils étaient hypothécaires, depuis l'ouverture de la succession, ils pourraient être primés par d'autres, plus empressés de prendre hypothèque; si leur hypothèque remontait au delà de l'ouverture de la succession, mais qu'elle fût spéciale et insuffisante pour la totalité de la dette, les inscriptions des créanciers de l'héritier leur ôteraient le moyen de se procurer sur le reste des immeubles de plus amples garanties. La séparation des patrimoines a pour but de prévenir ces injustes résultats. Introduite à Rome par l'édit du préteur, on l'a toujours observée en France, dans les pays de coutume comme dans les pays de droit écrit. — La législation, toutefois, a varié, comme nous le verrons plus loin, quant aux conditions, formalités et délais de la séparation de patrimoines. —V. MM. Cabantous, Esquisse d'une théorie de la séparation des patrimoines, insérée dans la Rev. de législ., t. 4, p. 27; Blondeau et Dufresne, Traité de la séparat. des patrim.; M. l'av. gén. Nicias-Gaillard, dans une dissertation remarquable, publiée par la Revue critique de législat., mars 1856.

1396. *Par qui la séparation peut être demandée.* — Par les créanciers de la succession, dit l'art. 878. — Nulle distinction à faire entre les créanciers chirographaires ou hypothécaires. — Ce droit est indépendant de l'hypothèque (c. nap. 2111), et c'est la simple qualité de créancier qui le donne, la séparation des patrimoines étant une mesure conservatoire (Domat, liv. 3, tit. 2, sect. 1; Toullier, t. 4, nº 545; Grenier, Hyp., nº 420; Duranton, t. 7, nº 471; Delvincourt, t. 2, p. 385, note 4; Chabot, t. 3, p. 629; Merlin, Rép., vº Sép. de patr., § 2, nº 2; Vazeille, art. 878, nº 1; Fouet de Conflans, même article, nº 5; Dufresne, nºs 8 et suiv.; Poujol, art. 878, nº 2; Belost-Jolimont, même article; Massé et Vergé, sur Zachariæ, t. 2, p. 329, note 3.

1397. Le créancier hypothécaire peut même être sans intérêt à demander la séparation des patrimoines qui est surtout une mesure de protection pour les créanciers chirographaires. — Jugé en effet: 1º que le créancier qui a une hypothèque régulièrement inscrite, n'est pas tenu de prendre, après le décès de son débiteur, une nouvelle inscription pour conserver l'effet de cette hypothèque vis-à-vis des créanciers de l'héritier (Req. 30 nov. 1847, aff. Labrousse, D. P. 48. 1. 41); — 2º Que le créancier, dans ce cas, n'a pas besoin, pour le même effet, de demander la séparation des patrimoines (Grenoble, 18 mars 1855, aff. Vallet, D. P. 55. 2. 93; Bourges, 16 nov. 1853, aff. Martin, *eod.* p. 119). Même décision à l'égard du créancier (une femme mariée) ayant une hypothèque légale dispensée d'inscription: — «Attendu que les art. 878 et 2111 c. nap. ne doivent s'appliquer qu'aux créanciers chirographaires du défunt et à ceux qui, ayant hypothèque, ont négligé de l'inscrire, ou n'ont pas renouvelé leur inscription en temps utile» (Pau, 30 juin 1830, M. Charritte, pr., aff. Merillon). — Il est entendu, au surplus, que l'inscription prise avant le décès n'assure au créancier les avantages de la séparation des patrimoines que jusqu'à concurrence des droits mentionnés dans cette inscription, et non pour des droits plus étendus. D'un autre côté, le créancier qui n'a qu'une hypothèque spéciale sur tel immeuble, aura intérêt à requérir l'inscription de l'art. 2111, qui s'étend à tous les immeubles.

1398. Peu importe que la créance soit exigible actuellement ou dans un temps plus ou moins reculé, qu'elle soit éventuelle, subordonnée à une condition incertaine. — La demande en séparation n'est pas moins admissible (mêmes auteurs). — Jugé ainsi 1º dans le cas d'une créance conditionnelle: «Attendu que Julie Bourk et son fils objectent en vain qu'ils ne pouvaient demander cette séparation à raison de ce que leurs créances étaient conditionnelles; que, sans doute, cette circonstance ne leur permettait pas d'obtenir le payement immédiat de ce qui leur était dû, mais qu'elle ne faisait pas obstacle à ce qu'ils procédassent à tous les actes conservatoires nécessaires à la distinction de leur gage, et à ce qu'ils obtinssent conséquemment la séparation du patrimoine du mobilier; confirme, etc.» (Grenoble, 21 juin 1841, aff. Colin et Perret); — 2º Dans le cas d'une créance non encore échue; jugé ainsi, lors même que le titre du créancier serait sous signature privée (Lyon, 24 juill. 1835) (1).

(1) (Lacour C. Chavot.) — La cour; — Attendu que le porteur d'un titre de créance non échue a le droit, lorsque ce titre est sous signature privée, de se pourvoir en reconnaissance de signature, à la charge par lui de supporter les frais auxquels donne lieu cette mesure; — Qu'il a également le droit de faire tous actes conservatoires, et qu'une demande en séparation de patrimoines, qui n'a pas pour objet de forcer le débiteur à un payement actuel, mais seulement d'assurer ce payement dans l'avenir, n'est qu'une mesure conservatoire permise, à ce titre, à tout créancier; — Qu'on ne peut dire, comme les premiers juges, que la demande en séparation de patrimoines ne devant avoir effet sur les immeubles qu'autant qu'une inscription aura été prise dans les six mois, et que la loi du 3 septembre 1807 défendant au porteur d'un titre de créance sous signature privée non échue de prendre inscription avant l'échéance ou exigibilité de la créance, il suivrait de là qu'une demande en séparation de patrimoines ne peut être formée par un créancier de cette classe; — Qu'il y a, dans cette argumentation, confusion de deux choses bien distinctes; que la loi de 1807 interdit au porteur d'un titre de créance sous signature privée non échue l'inscription qui aurait pour but de donner un rang hypothécaire à sa créance, tandis que l'art. 2111 du code civil, qui prescrit l'inscription dans les six mois, ne parle que de l'inscription du droit ou privilége qu'a tout créancier légataire du défunt de demander la séparation des patrimoines du débiteur défunt d'avec le patrimoine de l'héritier, et qu'on ne peut argumenter d'un cas à un autre.

Du 24 juill. 1835.-C. de Lyon.-M. de Belbeuf, 1er pr.

1399. Il faut, toutefois, que la créance soit justifiée et que si le créancier n'agit pas lui-même, son représentant ait qualité pour agir en son nom. — Jugé en conséquence que le compte de gestion dû par un tuteur décédé à ses pupilles au nom desquels une succession avait été acceptée bénéficiairement, n'autorise pas le curateur de cette succession à demander la séparation du patrimoine du défunt d'avec celui des mineurs, ni à prendre sur ces biens l'inscription mentionnée en l'art. 2111 c. nap. (Orléans, 12 déc. 1848, aff. Salomon, D. P. 49. 2. 109).

1400. Quoique héritier, un créancier du défunt pourrait demander la séparation. Il ne confond que pour partie ces deux qualités. Le surplus de la part des dettes est exigible des autres héritiers par les mêmes voies que s'il était créancier ordinaire. Il a le même intérêt (Paris, 14 flor. an 11, aff. Savalette; Chabot, Delvincourt, *loc. cit.*; Toullier, n° 519; Duranton, n° 472; Vazeille, art. 878, n° 2; Grenier, Hypoth., t. 2, n° 420; Dufresne n° 15; Massé et Vergé sur Zachariæ, *loc. cit.*)

1401. Un débiteur devient héritier de la personne qui l'avait cautionné : le créancier pourra-t-il demander la séparation de patrimoines ? Le cautionnement se trouve éteint par la confusion : telle est la raison de douter. Mais cette confusion est étrangère au créancier. Le défunt était aussi son débiteur, et les biens de sa succession ne doivent pas moins que dans les cas ordinaires, répondre de ses engagements. C'était la décision de la loi romaine, 3 ff. *De separat.*, approuvée par les auteurs (Domat, liv. 2, t. 5, sect. 1; MM. Chabot, Delvincourt, *loc. cit.*; Duranton, n° 474), On peut argumenter encore de l'art. 2035 c. nap. (M. Vazeille, art. 878, n° 3).

1402. A plus forte raison en serait-il de même dans le cas où la caution succéderait au débiteur. Le créancier pourrait, sans aucun doute, demander la séparation des biens du débiteur contre les créanciers du fidéjusseur héritier de ce débiteur (Domat, liv. 3, tit. 2, sect. 1; Vazeille, art. 878, n° 3).

1403. Les autres motifs servent à résoudre cette autre question : Un enfant qui a succédé à sa mère, succède ensuite à son père; il confond ainsi les droits qu'avait sa mère d'exercer ses reprises. Mais cette confusion empêchera-t-elle les créanciers de celle-ci de demander la séparation de patrimoines pour l'exercice de ses droits? La négative ne devait pas faire l'objet d'un doute, quoique rejetée par quelques jurisconsultes anciens. C'est dans notre sens que s'expriment Lebrun, liv. 4, ch. 2, sect. 1, n° 324; d'Héricourt, de la Vente par décret, ch. 2, sect. 11; MM. Chabot, p. 60; Delvincourt, p. 384; Duranton, n° 475; Delaporte, Pand. franç., t. 3, p. 387; Vazeille, art. 878, n° 4.

1404. Si les biens d'une succession passent de l'héritier à son héritier, et de celui-ci à d'autres héritiers successivement, de sorte que la première succession et les suivantes se trouvent confondues entre les mains des héritiers à qui elles passent, les créanciers de chaque succession suivront les biens d'un héritier à l'autre, et pourront en demander la séparation (Domat, *loc. cit.*; Grenier, n° 420; Chabot, t. 3, p. 651; Duranton, Delvincourt, *loc. cit.*; Vazeille, art. 878, n° 4). — Mais il faut qu'à chaque transmission d'hérédité le droit ait été conservé et exercé de la manière et dans les délais voulus par la loi.

1405. Ainsi, la demande en séparation de patrimoines peut être formée contre l'héritier médiat, comme contre l'héritier immédiat, à quelque époque que ce soit, tant que le titre du créancier qui a droit de l'exercer n'est pas prescrit, si, d'ailleurs, les choses sont encore entières, c'est-à-dire si les biens se retrouvent encore dans les mains de l'héritier (Toulouse, 26 mai 1829, M. de Faydel, pr., aff. Pourcet).

1406. Il n'est mention dans les art. 877 et 878 que des créanciers. Mais les légataires n'ont pas moins le même droit, d'après l'art. 2111 (L. 1, ff. *De separat.*).

1407. La contestation qui existerait sur la validité du testament ne serait point non plus un obstacle à la demande, et l'effet de l'inscription sur les biens de l'hérédité serait maintenu jusqu'à la décision de la contestation (Grenier, n° 422).

1408. La loi n'accorde le bénéfice de la séparation des patrimoines qu'aux *créanciers* et *légataires* de la succession.—Les créanciers de l'héritier ne sont point admis à la demander contre des créanciers de la succession (c. nap. 881).—Cette disposition, consacrée par la loi 1, § 2, ff., *De separat.*, n'avait pas été généralement adoptée en France; la jurisprudence contraire prévalait (Merlin, Rép., v° Séparation de patrimoines, § 2, n° 5). Lebrun et Pothier s'élevaient fortement contre cette jurisprudence : « Les créanciers de l'héritier, disait Lebrun, liv. 4, ch. 2, sect. 1, ne peuvent pas empêcher que leur débiteur ne contracte de nouvelles dettes, et ne s'oblige par l'adition d'hérédité envers les créanciers de la succession. » C'est ce motif que donnait aussi la loi romaine. — Ajoutons que les créanciers de l'héritier ont pu, en prenant hypothèque sur ses biens personnels, garantir leur créance. Aussi l'art. 788 c. nap., qui leur permet d'accepter au nom du débiteur la succession à laquelle il a renoncé, ne les autorise pas à empêcher qu'il accepte une succession onéreuse.

1409. Une modification était apportée par Lebrun et Pothier pour le cas où la succession, évidemment onéreuse, avait été acceptée par l'héritier dans l'intention de frustrer ses créanciers. On leur permettait alors l'action en séparation des patrimoines, ou au moins l'action révocatoire contre l'acceptation de l'hérédité. — La loi romaine, 1, § 5, ff., *De separ.*, ne s'explique pas sur ce point en termes précis. Elle dit d'abord : *Si in fraudem ipsorum adierit..., nullum est remedium; sibi imputent qui cum tali contraxerint.* Puis elle ajoute : *Nisi si extrà ordinem putamus prætorem adversùs* calliditatem *ejus subvenire qui talem fraudem commentus est; quod* non facile *admissum est.* Ce qui semble signifier que les créanciers de l'héritier auront contre les créanciers du défunt l'action résultant de la fraude, selon la règle générale de la loi 3, ff., *Quæ in fraud.*, règle qu'a reproduite en partie l'art. 1167. — Les nouveaux auteurs pensent aussi que les créanciers du défunt pourront être écartés par l'exception de fraude, si elle est manifeste; mais il n'y aura pas lieu à une révocation de l'acceptation de l'hérédité (MM. Toullier, t. 4, n° 527; Chabot, t. 3, p. 656; Delvincourt, t. 2, p. 590, note 13; Duranton, t. 7, n° 503; Delaporte, Pandect. franç., t. 3, p. 390). — Toutefois, M. Vazeille, art. 881, critique cette interprétation, en disant que l'exception de fraude, n'est au moins pas probable, si elle n'est pas impossible. Les créanciers hypothécaires de l'héritier, s'ils avaient fait inscrire leur hypothèque, ne verraient diminuer leurs sûretés qu'à l'égard du mobilier. Or, ce n'est pas sur le mobilier qu'ils comptaient. Et si les chirographaires peuvent éprouver un préjudice par le concours des créanciers de la succession avec eux sur les meubles de l'héritier et sur ce qui restera des immeubles, les dettes hypothécaires payées, il est cependant plus prudent de s'en tenir à la raison qu'ils ne peuvent empêcher leur débiteur de faire de nouvelles dettes.

1410. *Contre qui peut être demandée la séparation de patrimoines?* — Elle peut l'être, disait Domat, contre toutes personnes privilégiées, même contre le fisc, *adversùs fiscum et municipes* (L. 1, § 4, ff. *De separ.*). L'art. 878 ne s'exprime pas dans des termes moins généraux : *contre tout créancier.*

1411. Suit-il de cette expression, *créancier*, qu'il soit indispensable que l'héritier ait des créanciers connus pour que le droit de séparation puisse être exercé? La séparation peut être demandée contre l'héritier lui-même; l'intérêt des créanciers du défunt est le même, si l'héritier est un dissipateur, disposé à vendre tous les biens de la succession pour en consommer le prix en folles dépenses, ou que les dettes inconnues, qui se révéleraient plus tard, excèdent son actif (MM. Chabot, t. 3, p. 632; Delvincourt, p. 384, note 4; Vazeille, art. 878, n° 1; Fouet de Conflans, Espr. de la jur., art. 878, n° 2; Belost-Jolimont sur Chabot, *ibid.*, obs. 5; Massé et Vergé sur Zachariæ, t. 2, p. 331, note 10. —*Contrà* MM. Duranton, t. 7, n° 488; Aubry et Rau sur Zachariæ, § 618, note 12, t. 4, p. 319). — Il y a également des arrêts en sens divers.

Jugé : 1° que la demande en séparation ne doit pas être nécessairement formée par assignation contre tous les créanciers de l'héritier; il suffit d'actionner l'héritier lui-même en personne (Nancy, 14 fév. 1833) (1); — 2° Que la séparation peut être demandée par les créanciers du défunt, même à l'encontre d'un hé-

(1) *Espèce* : — (Guerre C. Humblot.) — En 1832, le sieur Humblot forme une demande en séparation de patrimoine contre le sieur Antoine

ritier ou légataire universel de ce dernier, s'ils ont de justes raisons de craindre que la confusion de patrimoines ne préjudicie à leurs droits (Paris, 16 déc. 1848, aff. Robert, D. P. 49. 2. 121).

1412. Au contraire, il a été jugé que les créanciers du défunt sont non recevables à demander la séparation directement contre son héritier; ils doivent la demander contre les créanciers de l'héritier (Poitiers, 8 août 1828) (1).

1413. Une distinction a été proposée, selon que les créanciers sont ou non connus, et l'on a jugé que la séparation ne pouvait être demandée contre l'héritier personnellement qu'à défaut de créanciers connus (Paris, 31 juill. 1852, aff. Courtois, D. P. 53. 2. 33. — Conf. Fouet de Conflans, *loc. cit.*; Dufresne, t. 2, p. 29). — Cette distinction est repoussée par MM. Massé et Vergé sur Zachariæ, *loc. cit.*, en ce que tous les créanciers peuvent n'être pas connus.

1414. L'*héritier* est non recevable à s'opposer à la demande en séparation de patrimoines formée par les créanciers de la succession : — « Attendu que la demande en séparation de patrimoines a pour objet de faire payer les créanciers de la succession par préférence aux créanciers particuliers de l'héritier pur et simple; que, quant à lui, les dettes de l'hérédité lui étant devenues propres par son acceptation, il est tenu de les acquitter, soit sur les biens héréditaires, soit sur les biens patrimoniaux; que, dès lors, il n'est pas fondé à s'opposer de son chef à la demande en séparation de patrimoines demandée par les intimés; confirme » (Bordeaux, 11 déc. 1854, 1re ch., M. Roullet, 1er pr., aff. Chesne *C.* Veyret). — Par le même motif, nous ne croyons pas que l'héritier ait le droit, qui paraît cependant incontestable à MM. Vergé et Massé sur Zachariæ, *loc. cit.*, d'*intervenir* sur la demande en séparation formée contre les créanciers.

1415. La séparation peut être demandée divisément contre tel héritier et non contre tel autre, contre tel ou tel créancier; de même il n'est pas nécessaire que les créanciers du défunt se concertent tous pour faire cette demande; la séparation, du reste, ne profite qu'à ceux qui l'ont faite (MM. Chabot, p. 654; Delvincourt, p. 385; Duranton, t. 7, nos 467 à 469; Delaporte, Pand. franç., t. 3, p. 384; Vazeille, art. 878, no 8; Massé et Vergé sur Zachariæ, t. 2, p. 331, note 8).

1416. Au surplus, il a été jugé : 1° que la séparation ne peut être demandée au cas de donation entre-vifs, par les créanciers du donateur contre le donataire (Bordeaux, 5 août 1832 (2); Caen, 20 nov. 1824, aff. Caille, V. Privil. et hypoth.), ni en cas de démission de biens faite par leur débiteur au profit de ses enfants (Bordeaux, 14 juill. 1836) (3); — 2° Que, de même, elle ne peut être demandée, lorsqu'un héritier réunit sur sa tête, non

---

Guerre, seul acceptant de la succession de son fils Amédée Guerre, décédé le 27 fév. 1852. — Antoine se retranche derrière une fin de non-recevoir tirée des termes de l'art. 878 c. civ.; il soutient que la demande devait être dirigée non-seulement contre lui, mais contre ses créanciers personnels, comme seuls intéressés à la contester, ou que, du moins, ils devaient être appelés dans l'instance pour rendre la décision contradictoire avec eux. — Arrêt.

LA COUR; — Sur la fin de non-recevoir invoquée contre la demande en séparation de patrimoines : — Considérant que l'art. 878 c. civ. ne saurait être entendu en ce sens, que cette demande dût être nécessairement formée par assignation contre tous les créanciers de l'héritier, au lieu de l'être contre l'héritier lui-même; qu'imposer en effet aux créanciers du défunt une pareille obligation, serait leur rendre cette demande impossible, puisque le plus souvent ils n'ont aucun moyen de connaître lesdits créanciers; qu'ainsi il a donc suffi à l'intimé d'actionner l'appelant, qui, par l'adition de la succession d'Amédée Guerre, était devenu leur représentant légal, sauf à eux à intervenir dans le cas où ils auraient craint de voir leurs intérêts compromis; etc.; — Déclare Humblot non recevable.

Du 14 fév. 1853.-C. de Nancy, 1re ch.

(1) (Flattron *C.* Marsault.) — LA COUR; — « Considérant que la faculté accordée par l'art. 878 c. civ., aux créanciers du défunt, de demander dans tous les cas, contre tout créancier, la séparation des patrimoines, ne peut avoir d'autre objet que celui d'assurer à ces créanciers du défunt le libre exercice de tous les droits qu'ils pouvaient avoir sur les biens de celui-ci, et de les affranchir de toute concurrence avec les créanciers de son héritier; — Que ce n'est pas contre l'héritier lui-même que cette séparation des patrimoines doit être demandée pour produire l'effet que la loi a en vue, puisque, dirigée contre cet héritier, elle serait ou sans objet ou dangereuse pour les intérêts des créanciers du défunt : sans objet, puisque si l'héritier n'a accepté la succession que sous bénéfice d'inventaire, cette séparation s'opère de plein droit par la force de la loi et de la qualité prise par l'héritier; dangereuse pour les intérêts des créanciers du défunt, puisque, si l'héritier a accepté purement et simplement la succession, ces créanciers s'exposeraient à se voir contester, après la séparation des patrimoines, l'avantage résultant en leur faveur de la qualité prise par l'héritier pur et simple dont les biens devraient concourir à l'acquittement des charges de la succession; — Que dès lors, dans l'esprit comme d'après les termes formels de l'art. 878, ce n'est que contre les créanciers de l'héritier que les créanciers du défunt doivent demander la séparation des patrimoines pour en obtenir quelque avantage; — Que cette séparation ne doit être demandée que lorsque les créanciers du défunt ont intérêt de la provoquer, c'est-à-dire lorsqu'il se présente quelques créanciers de l'héritier, et afin d'exercer contre eux le privilége que les créanciers du défunt avaient sur le patrimoine de leur débiteur; — Qu'une séparation de patrimoines demandée dans toute autre circonstance et contre l'héritier lui-même, ne tendrait qu'à faire des frais inutiles et frustratoires, puisque, comme il vient d'être dit, elle serait sans utilité et contraire aux vues du législateur; — Confirme.

Du 8 août 1828.-C. de Poitiers.-M. Barbault de la Motte, pr.

(2) (Trigant *C.* hérit. Labouisse.) — LA COUR; — Attendu que les demandeurs ont sur le domaine de Chalaure, ayant appartenu au sieur Trigant père, leur débiteur, une hypothèque inscrite depuis le 11 avr. 1821; — Attendu que la donation faite par le sieur Trigant père en faveur de ses enfants n'empêchait pas que cette inscription fût utilement prise, puisque la donation n'avait pas été transcrite; — Attendu que le sieur Trigant fils est devenu propriétaire du domaine de Chalaure, non à titre successif, mais en vertu de la donation entre-vifs qui lui en a été consentie par son père; — Attendu que, quoique cette donation n'ait pu avoir effet, à l'égard des tiers, que du jour de sa transcription, elle a eu tout son effet entre le donateur et le donataire du jour où elle a été consentie; qu'il suit de là que ce n'est pas à titre d'héritier, mais bien comme donataire entre-vifs de son père, que le sieur Trigant fils est devenu propriétaire du domaine de Chalaure; — Attendu, dès lors, que la confusion qui s'opère, par l'adition d'hérédité, entre les biens de l'héritier et ceux du défunt, n'a pas eu lieu dans le sens rigoureux de la loi; que cette confusion ne pourrait être invoquée qu'autant qu'il s'agirait d'une donation universelle de biens présents et à venir; que, dans l'espèce, il ne s'agit uniquement que des biens présents, ce qui n'a pas empêché les enfants Trigant de venir à la succession de leur père, lorsqu'elle s'est réellement ouverte, et de recueillir les biens qui pouvaient se trouver dans cette succession; — Attendu que les demandeurs sont créanciers particuliers de Trigant père; que l'hypothèque qu'ils ont prise antérieurement à la transcription ou au décès a eu pour effet de leur permettre de suivre le bien de Chalaure dans quelques mains qu'il vînt à passer, et par conséquent de leur donner le droit d'être colloqués de préférence à la dame Bizat, créancière particulière de Trigant fils; — Attendu qu'il est, dès lors, inutile d'examiner le mérite des principes qui ont été plaidés de part et d'autre, relativement à la nécessité ou à l'inutilité de la demande en séparation de patrimoines, puisque ces principes ne pourraient s'appliquer à la cause qu'autant que le domaine de Chalaure serait échu au sieur Trigant fils par voie de succession; — Par ces motifs, le tribunal, réformant l'état de collocation provisoire, ordonne que la créance des sieur et dame Labouisse sera colloquée par préférence à celle de la dame Bizat; renvoie devant le juge-commissaire pour être procédé à cette rectification.

Du 5 août 1832.-C. de Bordeaux.-M. Duprat, 1er pr.

(3) (Guillaume Dupuy *C.* Dupuy-Desouches.) — LA COUR; — Considérant qu'inutilement l'épouse de Dupuy-Desouches a fait soutenir que les Vallier avaient perdu le droit d'obtenir la séparation des patrimoines, faute par eux d'avoir, conformément à l'art. 2111 c. civ., fait inscrire leur privilége dans les six mois à compter de l'ouverture de la succession; — Considérant, sur cette succession, qu'en l'an 9, Dupuy père et sa femme abandonnèrent tous leurs biens à leurs enfants, et que cette démission doit être assimilée à une véritable ouverture de succession; que c'est donc sous l'empire de la loi du 11 brum. an 7 que s'est ouvert le droit des Vallier, et que l'art. 14 de la loi les dispensait de la formalité de l'inscription; que soutenir qu'on aurait dû inscrire dans les six mois à compter de la publication du code civil, c'est vouloir le faire rétroagir, chose injuste et défendue par le code lui-même; qu'il est inutile de prétendre que l'inscription n'est qu'un mode nouveau de l'exercice du droit, parce que, des termes de l'art. 2111 c. civ., il résulte clairement que le législateur n'a pas voulu qu'on atteignît avec la loi nouvelle le droit antérieurement acquis à des créanciers, de faire séparer les patrimoines; — Considérant que, non moins vainement, l'épouse Dupuy-Desouches a fait plaider que les dettes se divisant entre les cohéritiers, Guillaume-Dupuy ne pouvait être contraint qu'au payement de sa portion virile, d'où suivait qu'il n'avait pas été tenu d'acquitter la dette de Dupuy-Desouches; que ce système tend à rendre illusoire le bénéfice

à titre successif, mais à titre de donataire et d'acquéreur, la généralité des biens qui avaient appartenu au défunt, par exemple si un fils, donataire de la moitié des biens de son père par contrat de mariage, a acquis tous les droits afférents à ses frères et sœurs dans sa succession (Grenoble, 9 mars 1831) (1).

1417. La vente de ses droits successifs faite par l'un des héritiers ne s'oppose pas à ce qu'un créancier du défunt demande, contre le cessionnaire ou acquéreur, la séparation des patrimoines du défunt et de son héritier (Dubreuil, Essai sur la séparation des patrimoines, chap. 8, § 1, n° 7; Merlin, Rép., v° Séparation des patrimoines, § 5; Vazeille, Comment. sur les successions, art. 880, n° 6; Chabot, art. 880, nos 5 et 6; Grenier, Hyp., t. 3, p. 287; Toullier, t. 4, n° 541; Zachariæ, t. 4, § 618; Rolland de Villargues, Rép. du notariat, v° Séparat. des patrimoines, n° 37; Troplong, Hypoth., t. 1, n° 326; Marcadé, sur l'art. 880; Malpel, n° 218; Lyon, 17 nov. 1850, aff. Chevalier, D. P. 51. 2.160; 21 janv. 1851, aff. Chevalier, D. P. 52. 2. 165. — *Contrà*, avec quelques distinctions, Delvincourt, t. 2, p. 58, note 5; Duranton, t. 7, n° 491; Massé et Vergé sur Zachariæ, t. 2, p. 331, note 8).

1418. *Déchéance.* — Le droit de séparation ne peut plus être exercé «lorsqu'il y a *novation* dans la créance contre le défunt par l'acceptation de l'héritier pour débiteur» (c. nap. 879). *Si cum animo novandi ab hærede creditores stipulati sunt* (L. 1, § 10, ff. *De separ.*). — La novation ici est d'une nature spéciale; elle n'a aucun des *caractères* exigés par l'art. 1271 (V. Obligation). Point de créancier nouveau, point de dette nouvelle substituée à l'ancienne; point de nouveau débiteur, puisque, comme représentant du défunt, l'héritier est censé ne faire avec lui qu'une seule et même personne (Delvincourt, t. 2, p. 386, note 6; Duranton, t. 7, n° 497; Chabot, t. 3, p. 640; Toullier, t. 4, n° 526; Malpel, n° 217; Vazeille, art. 879, n° 1). — Aussi, suivant un arrêt, dans une affaire où le créancier qui avait passé un traité avec l'héritier prétendait qu'il n'en résultait pas novation aux termes de l'art. 1271, la cour de cassation jugea-t-elle le contraire, par le motif que l'acceptation de l'héritier pour débiteur était qualifiée novation en cette matière (Req. 7 déc. 1814, aff. N..., *infrà*, n° 1420).

1419. Il n'est pas nécessaire que la *volonté* d'accepter l'héritier pour débiteur soit *expresse*. D'après la règle générale de l'art. 1273, il suffit que « la volonté résulte clairement de l'acte. » Dans l'espèce de l'arrêt qu'on vient de citer, la cour suprême a induit des circonstances et clauses du traité avec l'héritier l'intention de l'accepter pour débiteur. Telle est la doctrine de tous les auteurs. — *L'intention* de faire novation sera donc le plus souvent abandonnée au libre arbitrage du juge, qui se décidera d'après les circonstances. Les auteurs cependant ont posé quelques règles à cet égard.

1420. Il y a novation: 1° si le créancier a reçu de l'héritier un gage, une caution, lors même qu'ils seraient insuffisants (L. 1, ff., *De separ.*; Chabot, p. 643; Delvincourt, p. 385, note 6; Duranton, n° 494; Maleville, sur l'art. 879; Grenier, t. 2, n° 426; Massé et Vergé sur Zachariæ, t. 2, p. 340, note 30);— 2° Si, par un traité, l'héritier a hypothéqué tous ses biens personnels à la créance contre le défunt, et que cette créance, remboursable d'abord à la volonté du créancier, ait été convertie en une rente remboursable à la volonté de l'héritier (Req. 7 déc. 1814) (2); — 3° Si même le créancier a changé le mode ou les conditions du payement de la créance (L. 1, ff., *De separ.*), à moins, toutefois, que ce changement ne consistât pas dans une simple prorogation de délai (c. nap. 2039).

1421. On a décidé néanmoins qu'il n'y a pas novation: 1° dans l'acceptation d'une délégation consentie par l'héritier, quand d'ailleurs le créancier ne décharge pas l'héritier (Vazeille, art. 879, n° 3.— *Contrà*, Duranton, t. 7, n° 494);— 2° Dans le fait que le créancier a accepté, en remboursement de sa créance, des effets de commerce souscrits par l'héritier, lorsque ces effets n'ont été acceptés que sauf encaissement, et qu'ils n'ont point été payés. Le payement d'un faible à-compte, le renouvellement d'un de ces effets, faute de payement à l'échéance, la prescription des anciens billets, laissés entre les mains du créancier, sont des circonstances tout à fait indifférentes, et qui ne peuvent faire présumer la novation (Nîmes, 21 juill. 1852, aff. Arliaud, D. P. 54. 2. 206).

1422. Dans le cas d'une donation de tous biens faite par un père à ses enfants, les créanciers du donateur sont déchus du droit de demander, après sa mort, la séparation de patrimoines, lorsqu'ils ont, soit acquiescé à la clause de l'acte qui charge les donataires de payer toutes les dettes du donateur, soit accepté un contrat de gage ou d'antichrèse consenti par les donataires (Bordeaux, 10 avril 1845, aff. Gillet, D. P. 45. 4. 16).

1423. Il y a encore novation, si les biens du défunt et ceux de l'héritier ont été vendus en justice conjointement et confusément pour un seul et même prix, en présence des créanciers, sans qu'ils se soient opposés à la confusion, si même l'un d'eux s'est rendu adjudicataire, et que les deux patrimoines soient restés confondus pendant plusieurs années. On devait décider ainsi sous l'empire des lois romaines comme sous le code (Rej. 25 mai 1812) (3).

1424. De même, la séparation ne peut plus être ordonnée,

---

de la séparation de patrimoines; que le créancier du défunt courrait ainsi le danger de n'être payé qu'en partie, tandis que l'héritier de son débiteur jouirait paisiblement du bien composant la succession; que ce résultat blesse un trop grand nombre de principes pour qu'il puisse être admis par la cour; que la division des dettes a lieu lorsque l'héritier est poursuivi par l'action personnelle; mais qu'il en est tout autrement lorsque le créancier du défunt, exerçant le privilége de séparation, s'adresse, pour avoir payement, au patrimoine de son débiteur, et nullement à la personne de l'héritier; qu'il s'agit alors d'un droit réel qui frappe sur les biens; qu'un pareil droit est indivisible; que tous les biens du défunt étant affectés au payement des dettes qu'il a contractées, l'héritier ne peut retenir aucune partie de ces biens tant que les engagements de celui qu'il représente n'ont pas été entièrement acquittés; qu'en pareille matière, ce n'est pas l'héritier qui est débiteur, mais le défunt, ou, pour s'exprimer plus nettement, sa succession; qu'on arrive de la sorte, et par une chaîne de raisonnements qu'a vainement essayé de briser l'épouse de Dupuy-Desouches, à cette conséquence inattaquable qu'aucune portion des biens héréditaires ne peut être affranchie de la nécessité d'acquitter intégralement toutes les dettes du défunt.

Du 14 juill. 1836.-C. de Bordeaux, 2e ch.-M. Dégranges, pr.

(1) (Monnier-Pouthot *C.* Charrin.) — La cour; — Attendu que, dans son contrat de mariage, à la date du 8 janvier 1795, le sieur Jullien reçut de son père une donation de la moitié de ses biens (ici se trouvent des détails inutiles à rapporter); — Attendu qu'il résulte d'un acte public, sous la date du 24 vend. an 11, et d'un jugement de 1807, qu'il devint acquéreur des droits afférents à ses frères et sœurs dans la succession de son père, et réunit ainsi sur sa tête, non à titre successif, mais à titre de donataire et d'acquéreur, la généralité des biens qui avaient appartenu à ce dernier; — Attendu que le sieur Jullien, ne possédant réellement aucun des biens de l'hérédité de son père, ceux qu'il détenait lui ayant été transmis soit par la donation de 1795, et reposant dès lors irrévocablement sur sa tête, soit par les ventes qui lui en avaient été passées, il ne peut y avoir lieu de demander la séparation des patrimoines, qui, par sa nature, ne s'exerce que sur les biens de l'hoirie possédés comme tels par l'héritier; — Confirme.

Du 9 mars 1831.-C. de Grenoble.-M. de Noaille, pr.

(2) (N... *C.* N....) — La cour; — Attendu que, d'après les anciens principes puisés dans le texte même de la loi 1, ff., *De separ.*, et consacrés depuis par l'art. 879 c. civ., le droit de demander la séparation du patrimoine du défunt ne peut pas être exercé lorsqu'il y a de la part du créancier acceptation de l'héritier pour débiteur, acceptation que le législateur qualifie de novation dans cette matière; d'où il suit que l'arrêt attaqué, loin d'avoir violé ces principes et ces lois, s'y est expressément conformé en décidant qu'il n'y avait pas lieu d'admettre la séparation de patrimoines demandée par les hospices de Clermont, parce qu'ils avaient fait novation de leur titre par l'acte du 11 fruct. an 10, en acceptant pour leur débiteur l'héritier Ligier Reynouard, qui leur avait hypothéqué tous ses biens, et en convertissant en rente remboursable à sa volonté des créances qui étaient exigibles à la leur, aux termes du contrat du 29 mai 1762; — Rejette.

Du 7 déc. 1814.-C. C., sect. req.-MM. Muraire, pr.-Rupérou, rap.

(3) (Bonnans et Bataille *C.* Rouget et Thuillet.) — La cour (ap. dél. en la ch. du cons.); — Attendu que si la cour d'appel n'a pas dû puiser dans les dispositions du code civil, qui étaient inapplicables à l'exercice d'un droit acquis avant la publication de ce code, son erreur, dans les motifs de sa décision, n'a cependant été suivie d'aucune violation des lois romaines, sous l'empire desquelles la succession de Pinet père s'est ouverte; — Attendu que loin de contrevenir à ces lois, la cour d'appel s'y est au contraire conformée dans le dispositif de son arrêt, en déclarant les dames Pinet non recevables dans la demande en séparation des

quand les biens compris en une seule saisie ont été cumulativement vendus par une seule adjudication, pour un seul prix, en présence de tous les créanciers, et sans réclamation de leur part (c. nap. 880; Riom, 3 août 1826; Grenoble, 7 fév. 1827 (1). —Conf. 9 mars 1831, M. de Noaille, pr., aff. Monnier-Ponthot).

1425. Et cette décision s'applique au légataire d'une quote-part des biens du défunt, lorsque les biens de l'hérédité et ceux de l'héritier ont été vendus confusément sans opposition de sa part, et qu'ils ont été adjugés pour un seul et même prix (Montpellier, 6 juill. 1830) (2).

1426. Toutefois la vente simultanée des biens de l'héritier et de ceux du défunt, pour un seul et même prix, ne met pas obstacle à l'exercice du privilége de séparation des patrimoines, si d'ailleurs il existe des éléments suffisants pour discerner le montant du prix de chacune de ces deux espèces de biens : — « Attendu que, si un immeuble appartenant à Jean-Laurent Roux, héritier, avait été vendu avec les immeubles de l'hoirie pour un seul prix, l'estimation préalablement faite par les experts, et annexée à l'acte de vente, offrait les éléments d'une ventilation; qu'il était facile, dès lors, de discerner les patrimoines, et qu'ainsi le tribunal pouvant fixer lui-même la valeur de chacun, il n'y avait point de confusion; confirme» (Grenoble, 30 août 1831, 2e ch., MM. de Noailles, pr., aff. Roux).

1427. Dans le cas où l'héritier est débiteur principal d'une dette dont le défunt n'était que caution hypothécaire, le créancier a le droit de poursuivre l'héritier en payement, sans qu'on puisse induire de ces seules poursuites qu'il y a novation, rendant ce créancier non recevable à demander plus tard la séparation du patrimoine du défunt avec celui de l'héritier (Req. 22 juin 1841, aff. Deleutre, V. Faillite, no 494).

1428. Il a été jugé : 1o que l'acte de vente de droits successifs, entre cohéritiers, moyennant une rente constituée, constitue une novation suffisante pour faire rejeter la séparation (Aix, 3 déc. 1831) (3); — 2o Que les créanciers du défunt, qui ont pris inscription sur l'héritier personnellement, sont censés l'avoir accepté pour débiteur, et sont déchus, par conséquent, du droit de demander la séparation (Liége, 13 mars 1811, aff. Degrady, V. Priviléges et hypothèques); — 3o Que le droit de demander la séparation a pu s'éteindre par l'acceptation de l'héritier pour débiteur, encore que le traité dont s'induit cette acceptation contienne expressément, en faveur du créancier de la succession, la réserve des anciens droits, priviléges et hypothèques, sans novation; cette réserve n'empêche pas la novation de s'opérer, si elle résulte de la nature et des effets du traité. Tel serait le cas, où, dans une transaction sur procès, le créancier aurait déclaré tenir l'héritier quitte à différentes conditions, qui changent la nature de la dette primitive; surtout si, pour l'exécution de l'obligation, l'héritier avait été postérieurement poursuivi en son nom propre et non en qualité d'héritier, et que le créancier eût pris inscription sur ses biens personnels (Grenoble, 14 janv. 1824, aff. Tholozan *C.* Moynier).

1429. Toutefois, l'acceptation de l'héritier pour débiteur ne résulte pas d'un traité, simple règlement de comptes, fait en exécution de titres antérieurs auxquels il n'est pas dérogé, sur-

---

patrimoines du défunt et de l'héritier, formée par elles, lorsque par la saisie et la vente des deux patrimoines, faites en leur présence par un seul et même acte, lorsque par l'adjudication des deux patrimoines, faite à l'une d'elles, en présence et du consentement, au moins tacite, de l'autre, sans distinction du prix représentatif des biens de l'hérédité d'avec le prix représentatif des biens de l'héritier, il serait opéré une confusion des deux patrimoines, telle qu'on n'aurait pu la faire cesser que par des opérations longues, incertaines, dispendieuses et préjudiciables aux intérêts des créanciers, qui, par cette confusion, avaient été privés de la faculté de surenchérir séparément, et faire porter à leur plus haut prix les biens personnels de l'héritier; lorsque enfin les choses n'étant plus entières, il y avait lieu à l'application de la loi 1, ff., § 12, *De separat.*, ainsi conçue : *Præterea sciendum est, postea quàm bona hæreditaria bonis hæredis mixta sunt, non posse impetrari separationem ;* — Rejette, etc.

Du 25 mai 1812.-C. C., sect. civ.-MM. Muraire, 1er pr.-Poriquet, r.

(1) 1re *Espèce :* — (Servant *C.* Longevialle jeune.) — La cour; — En ce qui touche l'appel interjeté par Jean-Baptiste Valentin, partie de Godemel, et d'abord, pour ce qui est de la séparation des patrimoines par lui demandée :

Considérant que les biens vendus procèdent de différents patrimoines, savoir : de Pierre-Alexis Redon, premier du nom, et de Marie-Anne Casset, sa femme; de Pierre-Alexis Redon, deuxième du nom, et de Catherine Chaudesaigue, sa femme, et d'Etienne Redon, aïeul et aïeule, père et mère, et oncle de Jean-François-Joseph Redon, de Jean-Baptiste Redon et de la femme Feuillet; — Considérant que la vente a été faite cumulativement sur ces derniers, et d'après une seule et même saisie, par une seule et même adjudication, et pour un seul et même prix, en présence de tous les créanciers, sans que Valentin ni aucun autre ait demandé que les biens dépendant de chaque hérédité fussent vendus séparément, ou que, tout au moins, il fût fait distinction du prix représentatif des biens de chaque succession et de ceux qui étaient personnels aux parties saisies; qu'il s'est, dès lors, opéré une confusion des différents patrimoines, telle qu'il serait impossible de la faire cesser sans avoir recours à une ventilation, à laquelle, dans l'état actuel des choses, on ne pourrait parvenir que par des opérations longues, incertaines, dispendieuses, et qui, par cela même, seraient plus préjudiciables qu'utiles aux intérêts des créanciers; ce qui doit suffire pour faire rejeter la séparation des patrimoines invoquée par ledit Valentin; — Rejette la tierce opposition.

Du 3 août 1826.-C. de Riom; 2e ch.-M. Thevenin, pr.

2e *Espèce :* — (Veuve Blanc-Fatin *C.* hérit. Herculais, etc.) — La cour; — Attendu, 1o que, même après la vente des immeubles, les créanciers peuvent demander la séparation des patrimoines, pourvu que la demande soit formée avant la distribution du prix de la vente; que la jurisprudence a, à cet égard, modifié la disposition trop rigoureuse de la loi 2, ff., *De separationibus ;* — 2o Que la séparation des patrimoines ne peut être demandée s'il y a eu confusion du patrimoine du débiteur primitif avec celui de l'héritier, suivant le § 12 de la loi 1, ff., *De separat.*, et cette confusion existe lorsque les biens du défunt et ceux de l'héritier ont été vendus conjointement en justice, pour un seul et même prix, en présence des créanciers du débiteur primitif, sans qu'ils se soient opposés à la confusion; — 3o Qu'il résulte de la saisie même qu'elle comprend un immeuble parvenu à l'héritier par suite de l'acquisition par lui faite dans la vente nationale des biens de Chaboud, émigré, depuis le décès du débiteur primitif; que, dès lors, l'adjudication poursuivie par les héritiers d'Herculais, et faite en présence de Drier-Laforte, comprenant des biens du débiteur primitif, et en même temps des biens de son héritier, ils sont l'un et l'autre non recevables dans leur demande en séparation des patrimoines; — 4o Qu'ils sont également non recevables dans leurs conclusions subsidiaires, tendant à prouver que la vente judiciaire ne comprend que des biens ayant appartenu à leur débiteur primitif, puisque la saisie justifie le contraire de leur allégation et de leur demande; — Réformant, déclare les héritiers d'Herculais et Drier-Laforte non recevables en leur demande en séparation de patrimoines, et alloue la veuve de Pierre Blanc-Fatin, deuxième au rang de son hypothèque légale, antérieurement aux créances desdits héritiers d'Herculais et de Drier-Laforte, dont les inscriptions sont postérieures.

Du 7 fév. 1827.-C. de Grenoble, 1re ch.-M. Noaille, pr.

(2) (Veuve Portes.)—La cour;—Attendu, quant à la séparation des patrimoines, que les biens de François Portes Ier et ceux de ses héritiers, notamment de François Portes II, un de ses fils, ont été confondus; qu'ils ont été expropriés confusément, et adjugés pour un seul et même prix à un unique adjudicataire; que l'expropriation en a été poursuivie contradictoirement avec la veuve Portes, et sur sa tête, en même temps que sur celle des autres héritiers du défunt; que cette confusion s'est opérée sans opposition de la part de la veuve Portes, et qu'il serait aujourd'hui impossible d'opérer la distinction des patrimoines qui est demandée, sans recourir à une ventilation qui exigerait des opérations coûteuses, incertaines dans leur résultat, et auxquelles il ne serait pas juste d'assujettir les créanciers, et cela avec d'autant plus de raison que la famille Malhet et le sieur Pons ne sont plus en cause, et que le jugement dont est appel qui avait proscrit cette demande, est à leur égard passé en force de chose jugée; — Démet la veuve Portes de son appel.

Du 6 juill. 1830.-C. de Montpellier.-M. de Trinquelague, 1er pr.

(3) (Autric *C.* Reynier.) — La cour (apr. délib.); — Attendu qu'il s'est écoulé plus de trente-six années entre l'ouverture des droits prétendus par l'appelant et leur réclamation; que, par conséquent, ils sont prescrits; — Attendu que l'interruption de prescription qu'on prétend résulter de la convention du 28 mai 1825 ne saurait atteindre les cohéritiers de Joseph-Antoine Reynier, qui ne sont point intervenus dans ladite convention; que, d'ailleurs, cette convention, par laquelle Jean-Pierre Reynier a accepté Jean-Jacques, son neveu, un des cohéritiers de Joseph-Antoine, pour débiteur de ses droits légitimaires convertis en un capital à constitution de rente, a opéré, aux termes de l'art. 879 c. civ., une véritable novation qui a éteint la créance innovée, et avec elle tous les droits accessoires, et nommément celui de demander la séparation du patrimoine du défunt d'avec le patrimoine de l'héritier; — Met l'appellation au néant.

Du 3 déc. 1831.-C. d'Aix, 2e ch.-M Cappeau, pr.

tout si le créancier de la succession y a expressément stipulé la réserve de ses anciens *droits, priviléges et hypothèques, sans novation* : — « Considérant que l'acte portant obligation, sous la date du 9 fruct. an 3, dispose que Philibert Pion a fait reconnaître, dans ce même acte, différentes obligations qui lui étaient dues, arrivant à la somme de..., que Bouillaton s'obligea de lui payer, dans les cinq ans lors prochains, avec intérêts dès le jour dudit acte ; considérant, au surplus, que cet acte n'a point opéré de novation par la protestation expresse qui y est faite ; confirme » (Grenoble, 10 avr. 1824, aff. Pion).

1430. La poursuite exercée et la condamnation obtenue contre son frère par la fille normande, à raison des arrérages de sa légitime, ne constituent pas novation à son droit sur la succession de son père, dans le sens de l'art. 879 c. nap. Elle est encore recevable à demander la séparation : — « Attendu que la volonté d'innover doit être expresse ; que la dame Breton ni son mari n'ont pris d'inscription sur les biens de Morin fils, étranger à la succession de son père, ni déclaré qu'ils le regardaient comme leur débiteur personnel, et qu'une simple demande d'arrérages échus du mariage avenant, faite à l'héritier, n'a jamais été regardée comme une renonciation aux droits acquis à la fille légitimaire par la coutume sur les biens de son père ; réformant » (Caen, 20 août 1824, aff. Morin *C.* Breton). — Il a même été jugé, d'une manière général, qu'il n'y a pas novation dans le sens de l'art. 879 c. nap., par cela que les créanciers ont dirigé collectivement des poursuites contre les héritiers, si ces poursuites étaient justifiées par leur intérêt à faire reconnaître la dette (Nîmes, 5 mars 1855, aff. Julien, D. P. 55. 2. 163).

1431. Si une dot avait été constituée solidairement par l'aïeul et le père, si les biens de l'aïeul ayant été confisqués par suite de l'émigration, la fille dotée ne s'est déclarée créancière sur ces biens que de la moitié de la somme constituée en dot, elle ne s'est pas ôté, par cette déclaration, le droit de demander la totalité de la dot sur les biens de l'aïeul, et leur séparation d'avec les biens de son père, auquel ils auraient été plus tard restitués en vertu de l'amnistie. Il n'y a pas là les caractères de la novation ou de l'acceptation du père héritier pour débiteur : — « Attendu que la novation ne se présume pas ; qu'elle doit être expresse, ou du moins résulter de faits tels qu'il soit évident que l'intention des créanciers a été de reconnaître l'héritier pour leur seul débiteur ; ce qui ne résulte pas, dans le cas particulier, de l'arrêté de la préfecture de l'an 13, la seule pièce qui ait été produite pour établir la novation » (Cass. 8 nov. 1815, MM. Brisson, pr., Carnot, rap., aff. Besse).

1432. Il suffit encore que, dans un acte de partage par lequel une sœur abandonne les biens de la succession à son frère, à la charge par celui-ci de lui payer la dot à elle constituée par son père, elle ait expressément déclaré ne pas déroger aux priviléges et aux effets de sa dot, pour qu'on ne soit pas fondé à prétendre que cet acte, fait à la suite d'une démission de biens de la part du père des copartageants, contient une novation dans le sens de l'art. 879 :— « Considérant que l'arrêt en présence des clauses de l'acte du 8 vend. an 7, en déclarant que cet acte ne contenait, de la part de la dame Montpellier, ni novation ni acceptation formelle de l'héritier du défunt, comme débiteur direct dans le sens de l'art. 879 du code, s'est fondé sur les réserves insérées dans l'acte ; qu'en interprétant, d'après ces réserves, l'intention des parties et l'effet qu'elles doivent produire, et décidant que la dame Montpellier avait conservé le droit de demander la séparation des patrimoines, l'arrêt n'a pas violé les articles du code invoqués, et s'est conformé à l'art. 878 » (Req. 30 janv. 1834, MM. Zangiacomi, pr., Lebeau, rap., aff. Dabadie).

1433. Il a été jugé aussi que l'acte par lequel, après le partage de la succession de ses père et frère, une sœur accepte de son frère une partie de ce qui lui est dû sur sa constitution dotale, avec les intérêts ou arrérages échus, n'opère pas novation. En conséquence, la sœur aura le droit de se faire colloquer sur le prix des biens de la succession de ses père et mère, avant les créanciers de l'héritier : « Attendu qu'en déclarant que les conventions portées en l'acte du 1er mai 1792, ne faisant que déterminer le mode du payement de la dette qui restait toujours la même, n'avaient pu opérer novation, ni à l'égard de la dette même, ni à l'égard de la personne du débiteur, l'arrêt attaqué, loin de violer soit les lois romaines, soit l'art. 879 c. nap. (qui d'ailleurs n'était pas applicable à un contrat passé en 1792), a fait au contraire une juste application de la loi dernière au code *De novationibus* ; rejette » (Req. 12 mai 1812, MM. Henrion, pr., Lasagni, rap., aff. Veuve Jaucourt *C.* Jaucourt).

1434. Recevoir de l'héritier les intérêts ou arrérages de ce qui est dû par le défunt, n'emporte pas novation (Paris, 14 flor. an 11, aff. Savalette). L'héritier a pu payer sur les biens de la succession ; le créancier a pu recevoir, sans profiter de la confusion.—*Contrà*, Despeisses, des Contrats, part. 3, tit. 2, sect. 5, qui invoque la loi 1, § 10, ff., *De separ.* ; mais cette loi, d'abord, qui porte : *ex eâ mente quasi cum eligendo exegerit*, subordonne la décision à l'intention qu'a manifestée le créancier, puis elle suppose les arrérages ou intérêts exigés et non simplement reçus (Chabot, p. 642 ; Duranton, Delvincourt, *loc. cit.* ; Delaporte, Pand. franç., t. 3, p. 385 ; Vazeille, art. 879, n° 4 ; Grenier, t. 2, n° 426 ; Toullier, t. 7, n° 283 ; Malpel, n° 217 ; Massé et Vergé sur Zachariæ, t. 2, p. 240, note 30).

1435. Il a été jugé dans ce sens ; 1° que le créancier d'une rente, qui, dans les quittances des arrérages, a considéré comme étant son débiteur l'héritier pur et simple du débiteur originaire, n'est pas censé, par cela seul, avoir voulu faire novation de sa créance, et avoir renoncé au droit de demander la séparation du patrimoine du débiteur primitif d'avec celui de l'héritier :— « Attendu que Grimaud et consorts n'ont fait novation à leur titre par aucun acte ; que, loin d'avoir dérogé à ce titre, ils l'ont au contraire exécuté en recevant des mains de Juliot de Fromont fils les arrérages de leur rente aux échéances, et que quand lesdits Grimaud et consorts auraient pu, dans la quittance desdits arrérages, considérer ledit Juliot de Fromont fils comme leur débiteur, on pourrait d'autant moins en induire une intention d'innover de leur part, que ledit Julio de Fromont fils l'était véritablement devenu de plein droit, à deux titres, celui d'héritier pur et simple et celui de détenteur des immeubles spécialement affectés et hypothéqués à la rente dont il s'agit » (Paris, 1er niv. an 13, aff. Grimaud *C.* Clouet) ; — 2° Qu'il en est ainsi spécialement, lorsqu'un créancier qui était dans l'usage de faire recevoir les arrérages de ses rentes par un receveur des rentes qui était son débiteur, a continué d'en agir de même avec l'héritier de ce débiteur et a reçu de lui les arrérages de la rente qu'il avait sur le père (Paris, 23 mars 1824, 1re ch., M. Séguier, pr., aff. Remy).

1436. La réception d'à-compte payés par l'héritier du débiteur, en diminution de la dette, ne suffit pas à elle seule pour constituer l'acceptation de cet héritier pour débiteur, et opérer novation. Mais celui qui est à la fois débiteur de deux dettes, ayant le droit de déterminer, quand il fait un payement, sur laquelle il entend le faire porter, et l'imputation légale se faisant d'ailleurs sur la dette la plus ancienne, les à-compte reçus doivent être imputés sur cette créance primitive (Grenoble, 21 juin 1841) (1).

1437. Signifier à l'héritier les actes exécutoires contre le défunt, n'est pas non plus un acte emportant novation ; c'est une

(1) (Colin et Perret *C.* Morel et Doyon.) — La cour ; — En ce qui concerne Colin : — Attendu que l'ancienne société Doyon frères et fils, dont Colin était créancier, se composait de Simon Doyon dit Châteauvieux, de Doyon père et d'Adolphe Doyon fils, qui étaient tous obligés solidairement au payement de ses dettes ; qu'elle a été dissoute en 1834 par le décès de Doyon-Châteauvieux, qui a institué pour son héritier Adolphe Doyon ; qu'à partir du décès de Doyon-Châteauvieux les opérations de la société furent continuées par Doyon père et par Adolphe Doyon, sous la raison Doyon père et fils ; — Attendu que s'il est établi au procès que, postérieurement à la mort de Simon Doyon-Châteauvieux, Colin reçut de la nouvelle société Doyon frère et fils diverses sommes en imputation sur sa créance ; qu'il lui fut de plus adressé par cette maison, et à diverses époques, des états de situation en forme de compte courant, dans lesquels son ancienne créance, et les versements de fonds qu'il avait faits depuis dans la nouvelle société, figuraient à la fois de manière à ne former qu'un compte unique, et qu'il ne réclama point contre ce mode de procéder, il ne résulte cependant point de ces divers faits la conséquence qu'il ait entendu accepter Adolphe Doyon,

mesure conservatoire que la loi autorise (c. nap. 724, 792 à 891); elle est nécessaire pour que le créancier soit payé sur les biens de la succession; elle ne prouve donc pas l'intention d'être payé sur les biens de l'héritier (L. 7, ff., *De separ.*).—La décision serait la même si l'héritier avait été assigné pour sa part héréditaire. Delaporte, p. 384, exprime à cet égard des doutes, qu'il ne motive pas. — Mais nous inclinerions à décider autrement si les poursuites avaient été dirigées sur les biens personnels de l'héritier (Chabot, Delvincourt, *loc. cit.*; Duranton, nº 495)—Ainsi, jugé qu'il y a novation si le créancier du défunt poursuit l'expropriation des biens de l'héritier, ou produit seulement dans un ordre ouvert sur lui à la requête de ses créanciers, quand même il viendrait plus tard à se désister de sa demande en collocation :— « Attendu que l'art. 880 c. nap. est clair et précis : « Pourra la séparation être demandée, tant que les immeubles seront entre les mains des héritiers; » qu'il est de fait que l'expropriation étant consommée, les immeubles n'étaient plus dans les mains du saisi, et que, par conséquent, la demande de séparation doit être rejetée comme tardive; dit qu'il a été bien jugé, etc. » (Montpellier, 26 fév. 1810, aff. Albarel *C.* Jalabert; Conf. Orléans, 25 fév. 1819, V. M. Colas Delanoue).

1438. Il a été décidé aussi que la sœur qui a pris inscription exclusivement sur les biens de son frère pour sûreté du legs à elle fait par l'auteur commun, legs supérieur à sa quote-part légitimaire, ne peut être réputée simple légitimaire, mais légataire ayant accepté l'héritier pour débiteur, surtout si son cessionnaire a intenté une demande en expropriation contre l'héritier en qualité de débiteur personnel du legs (Req. 9 janv. 1812, MM. Henrion, pr., Vergès, rap., aff. Gérard).

1439. Produire à la faillite de l'héritier le titre de créance qu'on avait contre le défunt, ce n'est pas faire novation dans le sens de l'art. 870 (Paris, 25 mars 1824, 1er ch., M. Séguier, pr., aff. Remy *C.* Denon).

§ 2. — *Sur quels biens, dans quel délai et avec quelles formalités peut être demandée la séparation de patrimoines.*

1440. Le droit à la séparation des patrimoines s'exerce indifféremment sur les meubles ou les immeubles, mais avec des conditions différentes de délai et de formalité (c. nap. 880). La loi romaine fixait un délai de cinq ans pour les meubles et les immeubles, et il fallait que lors de la demande les choses fussent entières et distinctes, *rebus integris*, non mélangées avec celles de l'héritier (L. 1, § 12, ff., *De sep.*). On ne suivait point en France cette disposition du droit romain; il n'y avait pas de temps limité pour la demande, il suffisait que les biens de la succession fussent faciles à distinguer des biens de l'héritier.

1441. *Des meubles.*—La demande en séparation des meubles de la succession se prescrit par trois ans (c. nap. 880). — Les trois années *courent*, non du *jour* de l'*acceptation* de la succession, mais du jour de l'*ouverture*; dès ce moment les créanciers ont pu intenter la demande en séparation contre le successible saisi par la loi, et qui est réputé héritier tant qu'il n'a pas renoncé. La loi a prévu qu'il serait facile de confondre les meubles de la succession avec les meubles personnels de l'héritier (Arg. C. nap. 777, 2111; Grenier, nº 427; Chabot, t. 3, p. 645; Delvincourt, t. 2, p. 386; Duranton, t. 7, nº 482; Vazeille, art. 880, nº 2; Malpel, nº 218; Massé et Vergé, sur Zachariæ, p. 352, note 14). — Jugé qu'il en devait être ainsi dans les pays où s'observe la règle, le mort saisit le vif (Req. 9 avr. 1810, M. Cassaigne, rap., aff. Devalicourt *C.* Lefebvre).

1442. Ce délai de prescription s'applique aux créances. Ainsi il a été jugé que les créanciers de la succession ne pouvaient, après le délai de trois ans, faire valoir à leur profit exclusif une créance qui appartenait à cette succession, et qui était tombée dans les mains de l'héritier (Rej. 6 déc. 1825, aff. Seillier, V. nº 1497).

1443. Le code n'exige point, comme la loi romaine, que l'action en séparation de patrimoines soit exercée avant que les meubles de la succession soient unis avec ceux de l'héritier. Il n'est pas moins vrai que la séparation serait impossible, si l'on ne pouvait discerner sûrement les uns et les autres (Chabot, p. 646; Delvincourt, *loc. cit.*; Duranton, nº 484; Vazeille, art. 880, nº 3; Grenier, t. 2, nº 427; Toullier, t. 4, nº 539; Poujol, art. 878, nº 8; Dufresne, nºs 41 et 46; Marcadé, art. 880). — Jugé aussi que la confusion des meubles est un obstacle à la demande en séparation, lorsque, par exemple, il n'y a pas d'inventaire qui les distingue (Cass. 8 nov. 1815, aff. Besse, V. nº 1449).

1444. La question de savoir s'il y a *confusion* est une question de fait, subordonnée à l'appréciation des circonstances. Un inventaire régulier est le moyen dont on se sert ordinairement pour distinguer les deux patrimoines. L'héritier doit rapporter les meubles compris dans l'inventaire ou leur valeur (mêmes auteurs).

---

héritier de Simon, pour son débiteur, dans le sens de l'art. 879 c. civ., ni mettre la nouvelle société à la place de l'ancienne, comme sa débitrice; — Qu'en effet, de simples réceptions d'à-comptes payés par l'héritier en diminution de la dette ne suffiraient pas à elles seules pour constituer l'acceptation de cet héritier pour débiteur, et qu'en réalité dans l'espèce, ces à-comptes étaient versés par la nouvelle société, et non par l'héritier Adolphe Doyon personnellement; — Que, d'autre part, si Colin n'a pas réclamé contre le mode de compte adopté par la maison Doyon père et fils, il n'a jamais déclaré donner une adhésion quelconque à ce que son ancienne créance fût confondue dans un même compte avec la nouvelle; que, s'il a gardé le silence sur ce point, ce silence s'explique naturellement, parce qu'il n'avait pas d'intérêt à s'opposer à une forme de calcul dont le résultat était identiquement le même pour lui que celui qu'aurait produit le calcul séparé des deux créances; — Qu'enfin son intention a été si peu de recevoir les comptes courants de la maison Doyon père et fils, comme un titre nouveau pour sa créance sur Simon Doyon-Châteauvieux, qu'il n'a pas cessé de conserver les billets constitutifs de cette créance, billets qu'il représente aujourd'hui; qu'il suit de là qu'il ne s'est opéré aucune novation; — Mais, attendu qu'en continuant avec Colin des relations de compte courant pareilles à celles que Colin avait entretenues avec la précédente société; — En rattachant le nouveau compte courant au premier; — En portant soit sur les livres de la nouvelle société, soit sur les extraits de ces livres adressés ensuite à Colin sous forme d'état de situation, l'ancienne créance, comme premier article du crédit de Colin dans le nouveau compte. — La maison Doyon père et fils, et l'héritier de Simon Doyon, qui en était membre, adoptaient par cela même, pour les sommes qui étaient successivement comptées à Colin, un mode d'imputation dont l'effet nécessaire et forcé était d'éteindre d'abord la créance primitive de Colin sur l'ancienne société, laquelle était la première en date; — Que la maison Doyon père et fils avait le droit d'imposer à Colin ce mode d'imputation, lors même que celui-ci eût voulu s'y refuser; — Qu'aux termes de l'art. 1253 c. civ., il appartient, en effet, à celui qui est débiteur à la fois de deux dettes de déterminer, quand il fait un payement, quelle est celle de ces dettes sur laquelle il entend le faire porter; que, dans le fait, la maison Doyon père et fils, et Adolphe Doyon personnellement, se trouvaient être les débiteurs de Colin pour son ancienne créance et pour la nouvelle, non-seulement parce qu'Adolphe Doyon était le représentant de Simon Doyon, et que Doyon père et fils étaient eux-mêmes débiteurs directs de Colin, par suite de la solidarité, mais principalement parce que, ainsi que cela est convenu, la maison Doyon père et fils était chargée de payer les dettes de l'ancienne maison Doyon frères et fils; qu'à ces titres la maison Doyon père et fils a pu, comme elle l'a fait, imputer les livraisons de fonds qu'elle a opérées sur l'ancienne créance de Colin de manière à l'éteindre la première; que Colin peut d'autant moins récuser, quant au mode d'imputation qu'ils constatent, et les livres de la maison Doyon père et fils, et les comptes courants qui lui ont été adressés par cette maison, que ces mêmes documents auraient formé pour lui de véritables titres, s'il eût été intéressé à s'en servir;

Attendu qu'outre cette imputation résultant de l'intention des débiteurs et de l'application de l'art. 1252 c. civ., on trouve encore dans la même cause, pour arriver au même résultat, les éléments de l'imputation légale prévue par l'art. 1256, puisque la nouvelle société qui faisait les payements était débitrice de la dette de la précédente société aussi bien que des siennes propres, et que de toutes les dettes dont elle était chargée, celle provenant de la société Doyon frères et fils était la plus ancienne;

Attendu que, depuis la dissolution de la première société, Colin a reçu de la nouvelle des sommes de beaucoup supérieures à ce que lui devait la première société en capital et intérêts, ce qui a opéré virtuellement l'extinction de cette ancienne dette; d'où il résulte qu'il n'est plus créancier de l'ancienne société, ni, par suite, de la succession de Simon Doyon-Châteauvieux; que, par suite, il est sans droit pour réclamer le bénéfice de la séparation des patrimoines, et que son intervention au procès est non recevable.

Du 21 juin 1841.-C. de Grenoble, 1re ch.-M. Legagneur, pr.

1445. L'inventaire d'un seul des deux patrimoines n'empêche pas qu'il y ait confusion (Cass. 14 août 1820, aff. Plinguet, V. Péremption, n° 25).

1446. L'inventaire des biens du mari, après son décès, n'a pas, pour la femme qui renonce à la communauté, l'effet d'une demande en séparation de patrimoines, et ne lui donne pas le droit d'être payée de ses reprises sur les biens de la succession, préférablement aux créanciers de l'héritier (même arrêt).

1447. L'inventaire n'est pas le seul moyen de distinguer les deux patrimoines; ils sont distincts encore sous les scellés ou entre les mains, soit d'un séquestre, soit d'un dépositaire (Delvincourt, *loc. cit.*; M. Duranton, n° 485).

1448. Quant aux créances mobilières non acquittées, le créancier qui demande la séparation notifiera cette demande au débiteur de la succession, laquelle vaudra notification comme saisie-arrêt, si elle est poursuivie dans la même forme.

1449. La confusion des patrimoines n'empêche la demande en séparation qu'autant qu'elle est générale; si elle n'est que partielle, la demande peut être formée relativement aux biens non confondus : « Attendu qu'à la vérité, dans le cas de confusion des biens de la succession avec ceux de l'héritier, la demande en séparation de patrimoines n'est pas recevable; mais qu'il ne suffit pas, pour établir cette fin de non-recevoir, qu'il y ait eu confusion d'une partie des biens; que dans le cas même d'une confusion partielle, la demande est recevable, quant aux biens dant il n'y a pas eu confusion; — Casse (Cass. 8 nov. 1815, MM. Brisson, pr., Carnot, rap., aff. Besse).

1450. D'après un arrêt, la séparation de patrimoines peut être exercée même à l'égard de sommes qui ont été employées par l'héritier à acquitter les dettes de la succession; et en ce cas la séparation des patrimoines procure le bénéfice de la subrogation aux droits et actions des créanciers remboursés (Nîmes, 21 juill. 1852, aff. Arliaud, D. P. 54. 2. 206).

1451. *Des immeubles.* — La séparation des immeubles peut être demandée tant qu'ils existent dans la main de l'héritier (c. nap. 880) — L'action est donc imprescriptible pendant la possession de l'héritier, et tant que la créance elle-même n'est pas prescrite (Vazeille, des Prescript., n° 383). — Jugé : 1° qu'avant le code, suivant le dernier état de la jurisprudence, l'action en séparation de patrimoines ne se prescrirait que par le laps de trente ans depuis le décès du débiteur : — « Attendu que la prescription de trente ans était la seule qui fût admise en France avant la mise en activité du code civil, dans ses rapports avec les immeubles de la succession, lorsqu'il était bien constaté qu'ils provenaient de la succession du défunt, et que, dans l'espèce, il ne s'est élevé aucun doute sur la nature des biens provenant de la succession de Gabriel Annet de Boisredon; casse » (Cass. 8 nov. 1815, MM. Brisson, pr., Carnot, rap., aff. Besse; Paris, 14 flor. an 11, aff. Savalette; Grenoble, 2 avril 1823, aff. Allard *C.* Bosc); — 2° Que si le droit de demander la séparation des patrimoines s'est ouvert avant le code civil et la loi du 11 brum. an 7, il dure trente ans, même vis-à-vis des créanciers hypothécaires, encore bien qu'il se soit écoulé plus de dix années sous le code civil, sans que ce droit ait été réclamé (Lyon, 26 mai 1827, aff. Paulet *C.* Sauvage de Filinge; Req., 3 mars 1835, MM. Zangiacomi, pr., Mestadier, rap., aff. Caille *C.* de Levis); — 3° Qu'avant comme depuis le code, il était de droit commun que la séparation des patrimoines pouvait être demandée, tant que les immeubles de la succession se trouvaient entre les mains des héritiers, et que l'action n'avait d'autre limite que celle des actions réelles, c'est-à-dire qu'elle durait trente ans (même arrêt; Req. 3 mars 1835, aff. Caille).

1452. La séparation des immeubles de la succession ne peut plus être demandée, s'ils ont été *aliénés* par l'héritier; l'art. 880 exige qu'ils soient encore dans ses *mains.* — Ainsi jugé que la fille normande n'est plus recevable à demander en biens fonds héréditaires sa légitime, si les immeubles de la succession ont été vendus par l'héritier, avant qu'elle ait intenté cette action, et avant qu'elle ait demandé la séparation des patrimoines (Caen, 20 août 1824, aff. Morin *C.* Breton).

1453. Il n'y a point à distinguer entre les divers modes d'aliénation; par exemple, une vente à réméré aurait, comme l'aliénation définitive, l'effet de rendre non recevable la demande en séparation (Grenier, t. 2, n° 429; MM. Massé et Vergé, *loc. cit.*).

1454. Toutefois, il faut que par l'effet de l'aliénation l'héritier soit dessaisi de la propriété. — Ainsi, l'immeuble existe encore dans sa main, et la séparation est possible, lorsque l'héritier l'a simplement hypothéqué ou donné en nantissement (L. 1er, § 3, ff. *De separat.*; Domat, liv. 3, tit. 2, sect. 1re, n. 7; Toullier, n° 522).

1455. En cas d'échange d'un immeuble de la succession, le droit de séparation des patrimoines s'étendrait à l'immeuble reçu en remplacement : *Subrogatum sapit naturam subrogati* (Nîmes, 21 juill. 1852, aff. Arliaud, D. P. 54. 2. 206; MM. Vazeille, art. 880, n° 5; Rolland de Villargues, v° Sép. de patr., n° 35; Massé et Vergé sur Zachariæ, p. 333, note 16; *Contrà* Dubreuil, Sép. de patr., ch. 8, § 1, n° 3).

1456. L'aliénation a pu être frauduleusement concertée entre l'héritier et ses créanciers personnels, pour enrichir ceux-ci au préjudice des créanciers du défunt. Dans ce cas, on pourrait, ou faire révoquer l'aliénation, si l'acquéreur est de mauvaise foi, ou former, à l'égard du prix, la demande en séparation, ou faire restituer ce qui aurait été reçu des créanciers personnels. La loi romaine, qui maintenait aussi les aliénations antérieures à la demande en séparation, donnait pour motif : *Nam quæ bonâ fide medio tempore per hæredem gesta sunt, rata conservari solent* (Domat, liv. 3, tit. 2, sect. 1re; Lebrun, liv. 4, ch. 2, sect. 1re, n° 25; MM. Chabot, p. 647; Toullier, t. 4, n° 520; Delaporte, Pand. franç., t. 3, p. 386; Massé et Vergé sur Zachariæ, *loc. cit.*).

1457. L'aliénation eût-elle été de bonne foi, la demande en séparation ne serait pas moins recevable, si le prix n'avait pas encore été payé. Le prix représente la chose quant aux créanciers du défunt (MM. Delvincourt, p. 587, note 9; Duranton, t. 7, n° 490; Toullier, n° 521; Chabot et Delaporte, *loc. cit.*; Vazeille, art. 880, n° 4; Grenier, t. 2, n° 428; Merlin, Rép. v° Sép. de patr., § 3, n° 2; Troplong, Privil. et hypoth., n° 326 et suiv.; Malpel, n° 218; Marcadé, art. 880; Dubreuil, ch. 8, n° 5; Massé et Vergé sur Zachariæ, p. 334, note 17). Il y a dans ce sens plusieurs arrêts. — Jugé ainsi d'abord sous les lois romaines qui portaient : *Ab hærede venditâ hæreditate, separatio frustrà desiderabitur* (L. 2, ff. *De sep.*; Voët, *in Pandect.*, lib. 42, tit. 6, n° 43; Rej. 8 sept. 1806, M. Busschop, pr., aff. Magne). — Et sous la législation antérieure au code Napoléon, notamment d'après la jurisprudence du parlement de Provence (Req. 25 janv. 1814, MM. Lasaudade, pr.; Lefessier-Grandprey, rap.; aff. Grimaldy-Cagues *C.* Grimaldy-Regusse). — Même décision sous le code Napoléon « Attendu que la vente des biens d'une succession ne fait point obstacle à l'exercice de l'action en séparation des patrimoines, lorsque le prix est encore à distribuer, parce que le prix représente l'immeuble; que, jusqu'à la distribution, les choses sont entières, et que toutes les parties, l'une à l'égard de l'autre, se trouvent dans le même état; — Rejette. » (Req. 26 juin 1828, MM. Henrion, pr.; Chilhaud, rap.; aff. Chastenay-Lanty; Rouen, 11 germ., an 11; aff. Gruel; Grenoble, 7 fév. 1827, aff. Blanc-Fatin, V. n° 1424; Req. 22 juin 1841, aff. Deleutre, V. Faillite, n° 494; Req. 16 juill. 1828, aff. Paulet, V. le n° suiv.; Nîmes, 21 juill. 1852, aff. Arliaud, D. P. 54. 2. 206).

1458. Il a été jugé en conséquence qu'en cas de vente judiciaire de l'immeuble sur l'héritier, un légataire de partie de ce prix est fondé à demander, contre les créanciers personnels et hypothécaires de cet héritier, la distraction d'une partie du prix d'adjudication, suffisante pour le remplir de son legs. — « Attendu que la séparation des patrimoines s'exerce généralement sur les biens et droits quelconques qui appartenaient au défunt, aussi bien sur l'immeuble en nature que sur le prix qui en est dû et qui le représente; qu'ainsi Sauvage de Filinge fils, trouvant dans la succession de son grand-oncle Sauvage de Verny, la créance d'une partie de ce prix, il a dû en être opéré distraction à son profit, contre les créanciers personnels de son père, qui en était débiteur; qu'en le jugeant ainsi, l'arrêt attaqué a fait une juste application de la loi; — Rejette. » (Req. 16 juill. 1828; MM. Favard, pr.; Hua, rap., aff. Paulet *C.* Sauvage).

1459. Toutefois, il faut que le prix soit encore dû à l'héritier lui-même. La séparation ne serait plus admissible, si le prix, ayant été payé une première fois au vendeur, les créanciers de celui-ci poursuivaient l'acquéreur; pour qu'il payât une seconde fois, faute d'avoir rempli les formalités de la purge.— « Attendu qu'en décidant que le privilége de la séparation des patrimoines et le droit d'hypothèque sont des droits distincts et indépendants l'un de l'autre, et que le droit de séparation des patrimoines est éteint par le payement du prix de la vente de la maison provenant de la succession de la dame Dezigre, fait à ses héritiers sans dol et fraude, et en l'absence de toute réquisition afin de séparer, la cour de Paris n'a violé ni pu violer aucune loi; — Rejette, etc. » (Rej. 27 juill. 1813, MM. Mourre, pr., Avemann, rap., aff. Hallay).

1460. De même, il n'y a plus lieu à la séparation, si partie du prix a été compensée avec ce qui était dû à l'acquéreur par l'héritier, partie déléguée aux créanciers personnels de ce dernier. Les choses, dans cet état, ne sont plus entières (Grenoble, 21 avril 1823, 1re ch., aff. Allard et Mathieu).

1461. Il a été jugé aussi que la demande en séparation des patrimoines ne porte aucune atteinte aux droits des tiers et des créanciers personnels de l'héritier qui se trouvent déjà légalement saisis des valeurs mobilières de la succession, alors même que cette demande serait formée avant l'expiration des trois ans fixés par l'art. 880 c. nap. (Req. 28 avril 1840, MM. Zangiacomi, pr., Madier-Montjau, rap., aff. Pâté-Desormes *C.* Mouflard).

1462. Au surplus, quoique la séparation puisse être demandée tant que le prix des biens n'est pas payé, cette demande n'est plus recevable lorsque les biens ont tellement changé de valeur entre les mains de l'héritier, qu'il serait nécessaire de se livrer à une longue instruction pour reconnaître leur état et leur consistance primitifs (Grenoble, 18 août 1828) (1).

1463. Mais la vente simultanée des biens de l'héritier et de ceux du défunt, pour un seul et même prix, ne met pas obstacle à l'exercice du privilége de séparation des patrimoines, si d'ailleurs, il existe des éléments suffisants pour discerner le montant du prix de chacune de ces deux espèces de biens ; « Attendu que, si un immeuble appartenant à Jean-Laurent Roux, héritier avait été vendu avec les immeubles de l'hoirie pour un seul prix, l'estimation préalablement faite par les experts, et annexée à l'acte de vente, offrait les éléments d'une ventilation; qu'il était facile, dès lors, de discerner les patrimoines, et qu'ainsi le tribunal pouvant fixer lui-même la valeur de chacun, il n'y avait point de confusion, confirme » (Grenoble, 30 août 1831, 2e ch., M. de Noailles, pr., aff. Roux *C.* Roux).

1464. Faut-il que la séparation sur le prix soit demandée dans les trois ans? L'affirmative pourrait s'induire de la nature du prix, qui est chose mobilière (c. nap. 880; Duranton, t. 7, no 490). Mais on a objecté avec raison que dans l'art. 880 il ne s'agit que des choses mobilières à l'époque de l'ouverture de la succession, et qu'en principe l'immeuble est représenté par le prix à l'égard des créanciers du défunt (Delvincourt, p. 387; MM. Vazeille, art. 880, no 4; Massé et Vergé, sur Zachariæ, t. 2, p. 334, note 17). — Jugé que l'action en séparation peut être exercée sur le prix encore dû des immeubles de la succession, sans qu'elle se prescrive par le laps de trois ans comme en matière purement mobilière (Req. 22 juin 1841, aff. Delcutre, V. Faillite, no 494). — Jugé de même que sous l'ancienne législation, comme sous la nouvelle, le privilége de séparation ne se prescrivait pas tant que les choses étaient entières, c'est-à-dire tant que les biens étaient entre les mains de l'héritier, ou qu'étant vendus, le prix n'en avait pas été payé (Grenoble, 30 août 1831, aff. Roux *C.* Roux).

1465. Si la vente avait été faite par le défunt lui-même, l'héritier n'ayant plus trouvé dans la succession qu'une valeur mobilière, c'est-à-dire le prix même qui est encore dû, la séparation des patrimoines devrait être exercée sur ce prix, comme pour un meuble, et dans le délai voulu pour les meubles (Rej. 16 juill. 1828, aff. Paulet, V. no 1438).

1466. La séparation peut-elle être demandée sur les biens rapportés? Non : ces biens ne sont réputés biens de la succession que par fiction, et dans le seul intérêt des cohéritiers du donataire. Les biens donnés n'ont jamais été le gage des créanciers du défunt, auxquels d'ailleurs il n'est point dû rapport (c. nap. 857; Chabot, t. 3, p. 633; Duranton, no 493; Delvincourt, t. 2, p. 382, note 4; Merlin, Rép., vo Sép. de patrim., § 4, no 2; Grenier, t. 2, no 436; Poujol, sur l'art. 880, no 19; Marcadé, même article; Massé et Vergé, sur Zachariæ, t. 2, p. 332, note 12). — *Contrà*, Delaporte, Pand. franç., t. 3, p. 388.

1467. Une formalité spéciale aux immeubles est prescrite par l'art. 2111 : « Les créanciers et légataires qui demandent la séparation du patrimoine du défunt, conformément à l'art. 878, conservent, à l'égard des créanciers des héritiers ou représentants du défunt, leur privilége sur les immeubles de la succession, par les inscriptions faites sur chacun de ces biens, dans les six mois à compter de l'ouverture de la succession. Avant l'expiration de ce délai, aucune hypothèque ne peut être établie avec effet sur ces biens par les héritiers ou représentants, au préjudice de ces créanciers ou légataires ».

1468. Le droit de demander la séparation n'était point, comme les priviléges en général, soumis par la loi du 11 brumaire à la formalité de l'inscription; en conséquence, les créanciers du défunt, quoique non inscrits ou inscrits postérieurement aux créanciers de l'héritier, devaient avoir la préférence sur ceux-ci dans la distribution du prix provenant de la vente des biens du défunt : — « Considérant que l'art. 14 de la loi du 11 brumaire a totalement distrait des priviléges et hypothèques que cette loi a voulu établir et conserver, le droit de séparation des patrimoines qu'ont les créanciers et légataires des personnes décédées, et qu'ainsi on ne peut pas étendre à ce droit de séparation des formalités que la même loi n'a prescrites que pour la conservation des priviléges et hypothèques; d'où il suit que l'arrêt attaqué, bien loin de s'être écarté des dispositions de la dite loi, s'y est parfaitement conformé; rejette, etc. » (Rej. 8 sept. 1806, M. Busschop, rap., aff. Magne *C.* Gibault; Rouen, 9 déc. 1813, aff. N.... *C.* N..... — Conf., Paris, 1er niv. an 13, aff. Grimaud).

1469. C'est par la loi en vigueur au moment de l'ouverture de la succession du débiteur qu'est régi le droit de demander la séparation des patrimoines. Jugé en conséquence, que si le décès est arrivé sous la loi du 11 brumaire an 7, les créanciers, pour conserver leur privilége, n'ont pas eu besoin de l'inscrire même dans les six mois qui ont suivi la publication du code : — « Attendu que la succession de Gabriel Annet de Boisredon s'est ouverte sous l'empire des anciennes lois, qui n'exigeaient pas d'inscription hypothécaire de la part du créancier pour rendre recevable sa demande en séparation de patrimoines, et que le code Napoléon n'a point d'effet rétroactif; casse (Cass. 8 nov. 1815, MM. Brisson, pr., Carnot, rap., aff. Besse) : — « Attendu qu'il est bien établi, par la jurisprudence, que les formalités prescrites par le code Napoléon en matière de séparation de patrimoine, ne concernent que les successions ouvertes après sa publication; rejette » (Req. 17 avril 1827, MM. Henrion, pr., Rousseau, rap., aff. Dupic *C.* d'Hautier. — Conf. Toulouse, 26 août 1813, aff. Descuns *C.* Bellegarrigue; Caen, 20 août 1824,

(1) (Bourgoin *C.* Martel.) — LA COUR ; — Attendu que, s'il est admis en jurisprudence que le privilége de la séparation de patrimoines peut être exercé, lors même que les immeubles de la succession ont été vendus, et tant que le prix n'a pas été distribué ; que si dans certaines circonstances il pourrait même l'être, lorsque les immeubles de la succession ont été vendus conjointement avec ceux de l'héritier pour un seul et même prix, cela ne pourrait avoir lieu que dans le cas où il serait évident, par les circonstances, que la valeur des immeubles du défunt, comparée à celle des immeubles de l'héritier, serait telle qu'il ne pourrait s'élever aucun doute qu'elle ne fût suffisante pour faire face à ses dettes ; mais qu'il ne saurait en être ainsi, lorsque, pour déterminer cette valeur relative, il faudrait avoir recours à des procédures dispendieuses et dont le résultat serait toujours plus ou moins incertains ; que, dans ce dernier cas, il est vrai de dire qu'il s'est opéré une véritable confusion de patrimoines ; — Que, dans l'espèce, il serait d'autant plus difficile de faire une semblable appréciation, qu'il n'est pas désavoué que Martel fils a fait, sur les immeubles de la succession, des constructions importantes, des plantations et d'autres réparations d'utilité et d'agrément, qui doivent avoir élevé le prix de l'adjudication dans une proportion impossible à déterminer ; — Par ces motifs, met les appellations au néant, ordonne, etc.

Du 18 août 1828.-D. de Grenoble.-M. Vigne, pr.

aff. Morin *C.* Breton; Bordeaux, 8 fév. 1828, M. Dutrouil, pr., aff. Magne-Chabannes *C.* Pucydebeau; Req. 3 mars 1835, MM. Zangiacomi, pr., Mestadier, rap., aff. Caille *C.* Lévis; Bordeaux, 14 juill. 1836, M. Dégranges, pr., aff. Guillaume-Dupu *C.* Dupuy-Desouches. — *Contrà*, Liége, 13 mars 1811, aff. Degrady, V. rivil. et hypoth.).

1470. Lorsque les biens d'un débiteur, décédé sous l'empire de l'ancienne législation, qui n'exigeait aucune formalité pour la conservation du privilége, ont été recueillis par son héritier, et transmis plus tard par celui-ci, décédé sous l'empire du code Napoléon, à son propre héritier, les créanciers de l'aïeul peuvent demander la séparation du patrimoine de ce dernier d'avec celui du petit-fils, héritier médiat, bien qu'ils n'aient pas rempli, dans les six mois du décès de l'héritier immédiat, la formalité prescrite par l'art. 2111 c. nap. (Toulouse, 26 mai 1829, M. Defaydel, pr., aff. Pourcet *C.* Darles).

1471. Lorsqu'une succession s'est ouverte après la publication du titre des successions, mais avant celle du titre des hypothèques, le droit de demander la séparation des patrimoines est régi par l'ancienne législation, qui ne l'admettait qu'autant que la demande en avait été faite avant que les biens de la succession fussent sortis des mains de l'héritier. Il ne suffirait pas, en pareil cas, que les créanciers eussent pris inscription après la publication du titre des hypothèques, et avant l'aliénation des biens, si d'ailleurs ils n'ont demandé la séparation que depuis l'aliénation; une telle inscription est superflue, et la radiation doit en être ordonnée si l'acquéreur la réclame (Caen, 2 déc. 1826, aff. Longuet, V. Lois, n° 328).

1472. Venons à l'explication de l'art. 2111. De ces mots : « les créanciers qui *demandent* la séparation.... », il résulte que l'inscription seule n'assure pas le privilége : il faut encore une demande *expresse*. C'est elle qui avertit les créanciers de l'héritier qu'ils ne doivent pas compter sur tel immeuble échu à leur débiteur. Autrement l'inscription du créancier de la succession ne lui donnerait rang qu'à sa date. — Chabot, t. 3, p. 627; Grenier, t. 1, p. 547; Merlin, Rép., v° Sép. de patr., § 3.

1473. Mais faut-il nécessairement que la demande soit formée dans les six mois? Ce délai n'est prescrit par l'art. 2111, que pour l'inscription à l'effet de conserver le privilége. L'art. 880 ne fixe aucun délai pour la demande même en séparation. Ainsi se concilient ces deux articles. — Grenier, t. 1, p. 547; Toullier, t. 4, n° 524; Chabot, t. 3, p. 651; Delvincourt, t. 2, p. 389; Duranton, n° 490; Vazeille, art. 878, n° 18; Troplong, *Des hypoth.*, t. 1, n° 327; Massé et Vergé sur Zachariæ, t. 2, p. 338, note 26; *contrà*, Merlin, Rép., v° Sép. de patr., § 2, qui se fonde surtout sur ces expressions : « Les créanciers qui demandent la séparation des patrimoines. » Mais, comme le fait très-bien remarquer M. Vazeille, *loc. cit.*, c'était pour établir le rapport entre l'art. 880 et l'art. 2111 qu'elles ont été ajoutées au projet de ce dernier. Seulement, à défaut d'une attention suffisante, on a dit simplement *demandent* au lieu de *entendent demander*. — Jugé, qu'en effet pour conserver le privilége de l'art. 2111, il n'est pas besoin que les créanciers du défunt, outre l'inscription qu'ils ont prise dans les six mois, forment, dans le même délai, leur demande en séparation (Poitiers, 8 août 1828 (1); Colmar, 3 mars 1834, aff. Saltzmann; V. n° 1477; Nîmes, 19 fév. 1829, M. Fajon, pr., aff. Roche). — On a jugé aussi que l'obligation pour les créanciers du défunt soit de s'inscrire dans les six mois, soit de demander la séparation des patrimoines, ne concerne que ceux de ces créanciers dont les droits n'auraient pas été révélés par une inscription préexistante. — V. *suprà*, n° 1397.

1474. Remarquons d'ailleurs que le défaut d'inscription dans les six mois entraîne la perte du privilége, mais non la déchéance de tout le bénéfice attaché à la séparation des patrimoines. — Ainsi les créanciers du défunt ne pourront plus, en vertu du privilége, primer les hypothèques antérieures prises par les créanciers de l'héritier; mais la séparation leur sera utile, en ce que, s'ils sont chirographaires, elle leur confère le droit de prendre une inscription hypothécaire (Argum., c. nap. 2113), et de primer par là tous les créanciers chirographaires de l'héritier, et même ses créanciers hypothécaires inscrits après eux; et s'ils n'ont qu'une hypothèque spéciale, la séparation leur en confère une générale sur tous les biens de la succession (mêmes auteurs).

1475. Il a été jugé conformément à cette distinction que la séparation des patrimoines peut être demandée par un créancier hypothécaire du défunt contre les créanciers chirographaires, quoique le créancier hypothécaire ait pris inscription plus de six mois après l'ouverture de la succession. Elle peut être demandée aussi contre les créanciers inscrits après lui (Paris, 23 mars 1824) (2).

1476. Le délai de six mois est fatal quant à l'inscription. Le créancier d'une succession qui n'a pas pris inscription dans le délai est déchu du privilége de l'art. 2111, alors même qu'il aurait été empêché par un événement de force majeure (C. nap., 2111; Bordeaux, 24 juin 1836) (3). Dans l'espèce, d'ailleurs, l'empêchement n'était pas même suffisamment justifié.

1477. Les créanciers et légataires de la succession ont-ils le délai de six mois pour prendre l'inscription de l'art. 2111, et conserver ainsi le privilége de séparation sur le prix des biens aliénés par l'héritier, lorsque l'acquéreur a fait transcrire l'acte d'aliénation? Le doute vient de ce qu'en général, d'après l'art. 834 c. pr., le défaut d'inscription dans la quinzaine de la trans-

(1) (Flattron *C.* Marsault.) — La cour; — Considérant que l'art. 2111 c. civ. a suffisamment pourvu, dans tous les cas, aux droits des créanciers du défunt, en leur accordant six mois à compter de l'ouverture de la succession, pour prendre, sur chacun des biens qui en dépendent, des inscriptions dont l'effet est de leur conserver leur privilége à l'égard des créanciers de l'héritier sur les immeubles de cette succession, et en ne permettant pas à cet héritier d'établir aucune hypothèque sur ces biens avant l'expiration de ce délai; — Qu'en accordant cette faculté aux créanciers du défunt, l'art. 2111 ne leur a pas imposé l'obligation de provoquer la séparation des patrimoines contre l'héritier lui-même, dans le même délai de six mois; — Que, dès lors, cet article, loin de changer ou de modifier l'art. 878, n'a fait, au contraire, qu'en confirmer les dispositions, puisque, comme lui, il n'a pour objet, ainsi qu'il s'en explique textuellement, que de conserver le privilége des créanciers du défunt contre les créanciers de l'héritier; — Confirme.

Du 8 août 1828.-C. de Poitiers.-M. Barbault de la Motte, pr.

(2) *Espèce* : — (Remy et Biale *C.* le baron Denon.) — Le 12 juill. 1823, jugement du tribunal de la Seine qui déclare l'intervention de Biale non recevable, et ordonne que Denon sera colloqué de préférence aux créanciers chirographaires : « Attendu que la seule conséquence qui puisse résulter, au préjudice du baron Denon, du retard par lui apporté à prendre cette nouvelle inscription dans les six mois de la succession de Montigny père, c'est qu'il ne peut s'en prévaloir contre les créanciers personnels et hypothécaires de Montigny fils, inscrits avant lui; mais il peut toujours faire valoir son hypothèque et réclamer le rang que lui donne la date de son inscription à l'égard de tous les créanciers personnels de Montigny fils non inscrits avant lui, et, à plus forte raison, contre ceux qui n'ont pris aucune inscription : c'est ce qu'établissent le rapprochement et la combinaison des art. 878, 879, 1271, 1272, 2111 et 2113 c. civ. » — Appel par Remy et Biale. — Arrêt.

La cour; — Considérant que le principe général consacré par l'art. 878 du code n'a été modifié par l'art. 2111 au profit des créanciers hypothécaires de l'héritier qu'au cas où le créancier de l'hérédité n'a pas pris inscription pour le privilége de la séparation des patrimoines; — Et adoptant, au surplus, les motifs des premiers juges, confirme.

Du 23 mars 1824.-C. de Paris, 1re ch.-M. Séguier, 1er pr.

(3) (Chevalier *C.* Andrieux.) — La cour; — Attendu que l'impossibilité dans laquelle la veuve Barthez prétend, pour la première fois devant la cour, avoir été de prendre inscription dans les six mois, par suite de la contrainte, soit physique, soit morale, exercée sur sa personne, et de l'état de détention et de séquestration arbitraire dans leque son fils l'aurait placée, après le décès de Pierre Barthez oncle, ne saurait (alors même que tous les faits par elle articulés présenteraient un caractère suffisant de pertinence, et que la preuve en serait rapportée) préjudicier aux droits des tiers créanciers, quant au rang que leur assigne la date de leur inscription; que, si, pour être relevé de la déchéance encourue d'après l'art. 2111, on pouvait se prévaloir, contre des tiers dont les droits sont garantis par l'inscription, de l'empêchement qu'on ferait résulter de la force majeure, l'une des bases sur lesquelles repose tout le système hypothécaire en recevrait la plus grave atteinte; qu'il ne s'agit pas, d'ailleurs, dans la cause, d'une question de prescription, mais d'une question de priorité, qui est régie par d'autres règles que celles invoquées par l'appelante.

Du 24 juin 1836.-C. de Bordeaux, 4e ch.-M. Gerbaud, pr.

cription, purge l'immeuble des priviléges et hypothèques non inscrits. Mais cet article n'a pour objet que les rapports de l'acquéreur et des créanciers auxquels on a voulu conserver le droit de surenchérir : ici c'est un débat entre les créanciers de la succession et ceux de l'héritier. L'art. 834 n'a donc point été fait pour la séparation des patrimoines. Sans doute, la vente en principe arrête les inscriptions. Mais il en est autrement quand il y a un délai de faveur. C'est ainsi que le copartageant peut, pendant la vente, s'inscrire pendant soixante jours, ce que reconnaît l'art. 834 c. pr. dans son paragraphe final. Il en doit être de même du délai spécial accordé par l'art. 2111. — Conf. Delvincourt, t. 2, p. 178; Grenier, t. 2, nº 432; MM. Troplong, Privil. et Hypoth., nº 327; Massé et Vergé sur Zachariæ, t. 2, p. 334, note 17.—*Contrà*, M. Marcadé, art. 880.—Jugé que le privilége de séparation peut encore être inscrit valablement, après la quinzaine de la transcription et tant que les six mois depuis le décès ne sont pas expirés (Colmar, 3 mars 1834) (1).

1478. D'après l'art. 2146, l'inscription est nulle si elle est prise après la faillite du débiteur ou dans le délai de dix jours avant la faillite : cette disposition n'est point applicable à la séparation de patrimoines. — Jugé aussi : 1º que l'inscription peut être valablement prise après la faillite de l'héritier, arrivée même plus de six mois après le décès du débiteur (Paris, 25 mars 1824, M. Séguier, 1er pr., aff. Remy *C.* Denon); — 2º Que le créancier hypothécaire d'une succession est recevable à demander la séparation des patrimoines, même après qu'un arrêt passé en force de chose jugée a annulé l'inscription qu'il avait prise pour la première fois postérieurement à la faillite de l'héritier (c. nap. 1351; Nîmes, 22 juin 1841, aff. Deleutre, V. Faillite, nº 494); — 3º Que l'inscription prise lorsque l'héritier était en état de cessation de payements, mais non encore en faillite déclarée, est valable, lorsqu'il n'y a ni dol ni fraude à imputer au créancier (Grenoble, 21 juin 1841) (2).

1479. L'inscription prise, en vertu de l'art. 500 c. com., par les syndics de la faillite d'un héritier sur la part des immeubles qui lui est échue dans une succession ouverte à son profit, ne confère-t-elle aux créanciers du failli aucun droit d'hypothèque au préjudice des créanciers de la succession? ou bien empêche-t-elle ceux-ci de demander la séparation lors surtout qu'ils n'ont pas pris inscription dans les délais de l'art. 2111 c. nap. — V. sur cette grave question vº Faillite, nº 494.

1480. Quant à la manière d'opérer l'inscription, l'art. 2111 dit : « Par les inscriptions faites sur *chacun* de ces biens... » — Cependant il a été jugé qu'une inscription générale *sur tous les biens* était suffisante (Nîmes, 19 fév. 1829, M. Fajon, pr., aff. Roche; Conf. Fouet de Conflans, sur l'art. 878, nº 7. —*Contrà*, MM. Duranton, t. 19, nº 225; Dufresne, nº 70; Massé et Vergé sur Zachariæ, t. 2, p. 336, note 23).

1481. En vertu de quel titre peut être prise l'inscription de séparation de patrimoines? D'après l'art. 2148, le créancier doit représenter le titre authentique constatant sa créance. Mais cette disposition n'est point ici applicable. Nous avons vu, en effet, *suprà*, nº 1396, que la séparation peut être demandée par tout créancier chirographaire, même porteur d'un titre sous seing privé (Delvincourt, t. 2, p. 380; Duranton, t. 7, nº 492; Belost-Jolimont sur Chabot, art. 878, obs. 2; Dufresne, nºs 68 et suiv.;

---

(1) *Espèce :* — (Saltzmann *C.* Lehmann.) — 4 mars 1833, jugement du tribunal d'Altkirch, ainsi conçu : — « Attendu que les inscriptions conféraient des droits hypothécaires aux légataires ou à leurs cessionnaires ; — Attendu que ce serait en vain qu'on voudrait contester la validité de cette hypothèque, en soutenant qu'elle ne peut s'acquérir qu'autant que l'inscription est précédée ou accompagnée d'une demande en distinction de patrimoines, laquelle ne peut plus être intentée lorsque l'immeuble est sorti des mains de l'héritier, ainsi que l'établit l'art. 880 du même code ; qu'en admettant que le privilége ne puisse exister, aux termes de l'art. 2111, que par l'inscription précédée ou suivie d'une demande en séparation de patrimoines, cette demande ne serait toujours qu'une condition apposée au privilége; mais que l'art. 2113 dispose que toutes les créances privilégiées soumises à la formalité de l'inscription, à l'égard desquelles les conditions ci-dessus prescrites pour conserver le privilége, n'ont pas été accomplies, ne cessent pas néanmoins d'être hypothécaires; mais que l'hypothèque à l'égard des tiers ne date que de l'époque des inscriptions ; — Attendu que l'hypothèque ayant été prise avant l'expiration du délai de six mois édicté par l'art. 2111, elle profite de la disposition finale de cet article qui vient d'être rappelé, sans recevoir d'application à la dernière phrase de l'art. 2113 ; qu'on ne peut prétendre que l'inscription ne confère de droit d'hypothèque qu'à la condition de former la demande en distinction de patrimoines, et que cette demande n'ayant pu être formée à cause de la vente des biens faite par l'héritier avant l'expiration des délais, il doit en résulter que le créancier a été privé de son droit ; qu'un pareil système ferait supposer que le législateur, en accordant un droit certain aux créanciers et légataires sur les biens de l'hérédité, aurait cependant laissé à l'héritier le moyen d'annuler ce droit en aliénant dans les délais réservés ; — Attendu que l'art. 880 n'a pas été fait dans l'intention de limiter les droits des créanciers et légataires sur les immeubles de l'hérédité à un délai moindre de six mois pour conserver le privilége, en inscrivant et en demandant la distinction de patrimoines, ni à un délai moindre que celui de trois années fixé pour les poursuites sur le mobilier; mais, au contraire, de l'étendre et de le prolonger aussi longtemps que durerait la possession de l'héritier ; — Que tout ce que l'on peut conclure de la vente par l'héritier, avant l'expiration des six mois accordés aux créanciers ou légataires pour conserver leurs droits, et de la combinaison des art. 878, 880 et 2111, c'est que l'héritier a, par son fait, affranchi le légataire ou créancier de la condition sous laquelle il pouvait conserver son privilége sur les immeubles de l'hérédité ; que cette condition n'existant plus, la prise de l'inscription suffit pour la conservation du droit de privilége, la seconde condition étant devenue impossible, et, par suite, sans effet; que, dès lors, les droits de créance des légataires ou de leurs représentants ont été valablement conservés sur les biens de l'hérédité ; — Attendu que l'acquisition faite par les sieurs Saltzmann et Herr, par acte ayant date certaine avant la prise de l'inscription, a bien pu avoir pour effet de transmettre les biens aux acquéreurs, mais non de les purger des hypothèques des légataires ou créanciers de la succession ; que la transcription qu'a fait faire le sieur Saltzmann n'ajoute rien à l'affranchissement de l'immeuble; que l'art. 2111, semblable, dans son effet, à l'art. 834 c. pr., donne aux créanciers ou légataires le droit de faire inscrire leurs titres dans un délai déterminé, pendant lequel leurs droits sont conservés par la loi, l'affranchissement de l'immeuble n'est qu'apparent, hypothétique, et subordonné au défaut d'inscription dans le délai prescrit ; — Que l'acquéreur se trouve dans la même position que si, après avoir acquis et n'ayant trouvé aucune inscription au jour de la transcription qu'il a faite de son contrat, il payait son vendeur sans s'inquiéter des inscriptions qui seraient prises dans la quinzaine ; que le payement ne le libérerait pas à l'égard de ces créanciers inscrits dans ce délai ; que l'acquéreur n'a pas dû ignorer que son vendeur ne détenait l'immeuble qu'il acquérait que comme héritier Zwiller ; — Qu'il a dû savoir qu'au moment de l'acquisition qu'il faisait, il ne s'était écoulé qu'un mois depuis le décès ; qu'ainsi les droits hypothécaires sur les immeubles ne pouvaient pas encore être déterminés d'une manière définitive ; qu'il devait suspendre le payement de son prix et ne lever le certificat d'inscription qu'à l'expiration du délai de six mois, à partir du jour du décès ; que s'il l'avait fait, il aurait trouvé l'inscription des légataires et n'aurait payé son prix qu'entre leurs mains, et aurait évité les poursuites auxquelles il est en butte ; qu'ainsi l'opposition de Saltzmann et Herr n'est pas fondée. » — Appel. — Arrêt.

LA COUR ; — Adoptant les motifs des premiers juges, confirme.

Du 3 mars 1834.-C. de Colmar.

(2) (Colin et Perret *C.* Morel et Doyon.) — LA COUR ; — Attendu que l'art. 448 c. com., plus favorable aux créanciers privilégiés des faillis que la législation précédente, permet formellement d'inscrire les priviléges et hypothèques jusqu'au jour du jugement déclaratif de faillite, en laissant seulement aux tribunaux la faculté d'annuler, dans certains cas, les inscriptions qui seraient prises après l'époque de la cessation de payements ou dans les dix jours qui précèdent ; — Attendu que, s'il est vrai que Perret n'a pris inscription qu'après la cessation de payements de la maison Doyon, il est certain aussi qu'il n'y a eu de sa part ni dol, ni fraude, ni concert avec le débiteur ; qu'il n'est pas moins évident que son retard à s'inscrire n'a rien ajouté au crédit apparent de la maison de banque Doyon père et fils ; que, lors même que son inscription eût été prise dans les six mois du décès de Simon Doyon-Châteauvieux, comme l'a été celle de Julie Bourk, la confiance qu'inspirait la maison Doyon n'en eût été aucunement altérée, que les fonds ne fussent pas arrivés chez elle avec moins d'abondance ; d'où il faut conclure que la circonstance que l'inscription de Perret est tardive n'a préjudicié à aucun des créanciers Doyon, et qu'il n'existe conséquemment aucun motif d'user de la faculté laissée par l'art. 448 c. com., d'en prononcer la nullité, ce qui dispense d'examiner si l'art. 2146 c. civ. est applicable au privilége de séparation de patrimoines, et si les fins de non-recevoir opposées aux appels incidents d'Adolphe Doyon et des époux Morel, qui n'ont pour objet que de faire annuler cette inscription, sont ou non admissibles, puisqu'en les supposant recevables, ces appels seraient mal fondés.

Du 21 juin 1841.-C. de Grenoble, 1re ch.-M. Legagneur 1er pr.

Vazeille, art. 878, n° 12; Massé et Vergé sur Zachariæ, t. 2, p. 338, note 26). Jugé ainsi à l'égard d'un créancier ayant un titre sous seing privé (Orléans, 22 août 1840, aff. Boullay, V. n° 1501).

1482. L'inscription peut même être requise par des créanciers qui n'ont aucun titre écrit, tels, par exemple, que des fournisseurs. Mais suffira-t-il alors d'une simple affirmation de leur créance? Oui, selon MM. Vazeille, Massé et Vergé, *loc. cit.* D'autres auteurs exigent au préalable un jugement ou une ordonnance du juge (Duranton, *loc. cit.*; Poujol, art. 878, n° 17).

1483. Est-il besoin des formalités de l'art. 2111, si la succession a été acceptée sous bénéfice d'inventaire, ou la séparation a-t-elle lieu de plein droit au profit des créanciers de la succession? — V. *suprà*, n° 783.

Jugé que lorsqu'une succession est vacante, la séparation de patrimoines s'opère de plein droit, et n'a pas, dès lors, besoin d'être prononcée en justice (Amiens, 2e ch., 11 juin 1853, M. Bazenery, pr., aff. Forzy. — V. Conf. MM. Troplong, Priv. et hyp., t. 3, n° 651; Blondeau, Séparat. de patrim., p. 503 et s., D. P. 54. 5. 690).

1484. *Compétence, procédure.* — La demande en séparation doit être portée devant le tribunal du domicile de l'héritier, et non devant celui de l'ouverture de la succession (Paris, 26 juin 1841, aff. Brichard, V. Compét. civ. trib. d'arr., n° 86).

1485. La demande en séparation est proposable pour la première fois en appel : « Attendu que la demande en séparation de patrimoines est recevable en tout état de cause, même en appel; d'où suit que lors même que la dame de Besse ne l'aurait pas formée d'une manière régulière en cause d'appel, elle aurait suffisamment réparée ce vice en concluant sur l'appel à la confirmation pure et simple de la sentence de Riom qui l'avait accueillie; casse » (Cass. 8 nov. 1815, MM. Brisson, pr., Carnot, rap., aff. Besse. — Conf. Caen, 20 août 1824, aff. Morin *C.* Breton). — Jugé, pareillement, que l'action en séparation peut être exercée pour la première fois en appel, quoique les biens du débiteur soient vendus, si le prix n'en est pas encore distribué (Toulouse, 3 mars 1841, M. de Faydel, pr., aff. Picou *C.* veuve Bellegarde).

1486. Lorsque, devant une cour royale, on s'est borné à discuter sur le point de savoir si, au sujet d'une succession ouverte avant ce code, un créancier hypothécaire avait eu besoin, pour conserver le privilége de la séparation des patrimoines, de se conformer à l'art. 2111 c. nap., et qu'on a omis le moyen pris de ce que la déchéance du droit de demander cette séparation résulterait en tout cas, contre le créancier, de ce qu'il n'en a pas formé la demande dans le délai de cinq ans prescrit par les lois romaines, ce dernier moyen ne peut être proposé devant la cour de cassation : « Attendu qu'en supposant admissible, au cas dont il s'agit, la prescription de cinq ans contre la demande en séparation du patrimoine, il suffit que l'exception n'ait pas été proposée pour qu'on ne puisse reprocher à la cour d'appel de n'y avoir pas statué » (Req. 17 avr. 1827, MM. Henrion, pr., Rousseau, rap., aff. Dupic *C.* d'Hauthier).

1487. Les poursuites, qui n'ont d'autre objet que de faire déclarer exécutoires contre l'héritier les titres contre le défunt, ne sont pas des actes interruptifs de la prescription de l'action en séparation de patrimoines (Grenoble, 21 avr. 1823, aff. Allard et Mathieu *C.* Bosc).

§ 3. — *Effets de la séparation de patrimoines.*

1488. — Les effets de la séparation des patrimoines sont à considérer à l'égard, 1° des créanciers de l'héritier; 2° de l'héritier lui-même; 3° des créanciers du défunt entre eux; 4° des créanciers du défunt et des légataires, respectivement; 5° des tiers acquéreurs.

1489. La séparation des patrimoines a été introduite principalement contre les *créanciers* de l'héritier, pour les empêcher d'exercer leurs droits sur les biens de la succession avant que les créanciers de la succession aient été payés.

1490. Quant à l'*héritier* lui-même, la séparation ne modifie en rien ses droits. Ainsi, il ne conserve pas moins la capacité d'aliéner les *immeubles* de la succession (Chabot, art. 880, n° 8). — De même, il peut disposer des effets *mobiliers*, la loi n'ayant organisé aucune mesure conservatoire qui en affecte dans ses mains la saisine ou la disponibilité. Et spécialement il a été jugé que la séparation des patrimoines ne donne pas au créancier qui l'a obtenue le droit d'exiger pour garantie du payement de ce qui lui est dû, que l'héritier lui fournisse, soit une une caution, soit le placement de certaines valeurs de la succession avec affectation spéciale de ces valeurs à l'extinction de sa créance (Paris, 31 juill. 1852, aff. Courtois, D. P. 53. 2. 33).

1491. Quel est l'effet de la séparation des patrimoines, quant aux obligations de l'héritier? N'est-il toujours tenu des dettes de la succession que pour *sa part*, s'il a des cohéritiers? — On a prétendu que le principe de la division des dettes recevait ici exception; que l'héritier, qui a dans son lot des biens d'une valeur supérieure à sa part des dettes était tenu vis-à-vis les créanciers de la succession, jusqu'à concurrence de leur valeur (MM. Duranton, t. 19, n° 224; Dufresne, n° 114; Bonnier, Rev. de lég., t. 14, n° 483). — Jugé aussi que la séparation des patrimoines confère aux créanciers du défunt le droit de se faire payer indistinctement sur tous les biens de la succession, sans égard à la division des dettes et nonobstant l'offre faite par quelques-uns des cohéritiers de payer leur part de la dette (c. nap. 873, 879 et 2111; Bourges, 20 août 1832, aff. Devaux, V. Faillite, n° 494; Bordeaux, 14 juill. 1836, M. Dégranges, pr., aff. Dupuy *C.* Dupuy).

1492. L'opinion contraire nous paraît mieux motivée. Les exceptions ne doivent point se suppléer; quand la loi a voulu déroger au principe général de la division des dettes, elle s'en est expliquée formellement comme dans les art. 873 et 1017. L'art. 873 oblige bien, à la vérité, pour *toute la dette*, l'héritier détenteur de l'immeuble *hypothéqué;* mais il s'agit alors d'une hypothèque constituée par le défunt, d'un droit acquis avant l'ouverture de la succession. — Il n'y a pas les mêmes raisons d'attacher la *solidarité* des dettes au seul fait de la détention des biens, vis-à-vis des créanciers qui depuis le décès ont obtenu la séparation des patrimoines; car cette mesure, on ne saurait trop le répéter, n'a point été introduite contre l'héritier lui-même, mais contre ses créanciers; la loi n'a point entendu ajouter à ses obligations, aggraver sa position, mais seulement assurer aux créanciers de la succession la préférence sur les créanciers personnels de l'héritier. — Jugé dans ce sens que le créancier chirographaire qui obtient la séparation de patrimoines n'a droit de se faire payer sur le lot de chaque héritier qu'en proportion de sa part contributive dans la dette, et non jusqu'à concurrence de la valeur des biens composant son lot (Caen, 14 fév. 1825, aff. Alix, V. *suprà*, n° 1359). — Cette décision est approuvée de MM. Vazeille, art. 878, n° 8; Fouet de Conflans, même article, n° 12; Belost-Jolimont sur Chabot, art. 878, observ. 1; Massé et Vergé, t. 2, p. 335, note 19.

1493. La séparation des patrimoines établie contre les créanciers de l'héritier demeure sans effet contre les créanciers du défunt. — Cette règle, toutefois, demande une explication. — Nul doute d'abord entre les créanciers qui se sont inscrits dans les six mois; ils ont tous un privilége de même nature; ils viennent donc au même rang, sans égard à la date de leur inscription, et sauf, bien entendu, les causes de préférence résultant de la nature de leur créance (Delvincourt, sur l'art. 878; MM. Duranton, t. 7, n° 476; Vazeille, sur l'art. 878, n° 11; Blondeau, p. 481 et suiv.; Bonnier, Rev. de législ., t. 14, p. 482; Marcadé, art. 480; Massé et Vergé sur Zachariæ, t. 2, p. 337, note 25).

1494. Mais il en est de même si tous les créanciers du défunt n'ont pas demandé la séparation ou n'ont pas pris inscription; le créancier vigilant qui a rempli ces formalités n'a acquis ainsi aucun privilége contre ceux qui les ont négligés. C'est toujours la conséquence du principe que la séparation de patrimoines ne confère de privilége aux créanciers du défunt qu'à l'encontre des créanciers de l'héritier (MM. Duranton, t. 7, n° 477, et t. 19, n° 426; Belost-Jolimont sur Chabot, art. 878, n° 3; Dufresne, nos 93 et suiv.; Marcadé, Massé et Vergé, *loc. cit.*). — Jugé ainsi que l'inscription prise par quelques-uns seulement des créanciers de la succession dans les six mois de son ouverture crée à leur profit aucun droit de préférence contre les autres créanciers qui ont omis de se faire inscrire (Grenoble, 21 juin 1841) (1).

1495. Si le retard ou l'omission d'inscription par l'un des créanciers de la succession ne peut lui nuire dans ses rapports

(1) (Colin et Perret C. Morel et Doyon.) — La cour; — Attendu que les art. 878 et 880 c. civ., en consacrant le principe de la séparation des patrimoines, n'ont pas eu pour objet d'établir des droits de préférence entre les créanciers de l'hérédité; que leur but unique, parfaitement conforme à la raison et à l'équité, a été d'empêcher que les créanciers d'un individu, qui trouvaient dans ses biens personnels un gage suffisant de leur créance, ne fussent exposés à voir tout à coup leur position changer de face et leurs garanties s'évanouir par le décès du débiteur et la confusion de son patrimoine avec celui d'un héritier insolvable; que, pour prévenir ce danger, le législateur, en promulguant ces articles, a voulu que le patrimoine du défunt, malgré la maxime *le mort saisit le vif*, pût rester distinct du patrimoine de l'héritier : de telle sorte que le premier ne fût affecté au payement des dettes de l'héritier, dans le cas qu'il prévoit, qu'après l'entière extinction des dettes de l'hérédité; que, sous cette partie de la législation et avant l'adoption des art. 2111, 2115 c. civ., il est hors de doute que les créanciers du défunt restaient les uns vis-à-vis des autres dans la position que leur donnaient leurs titres de créance; que ceux-là seuls étaient privilégiés ou hypothécaires, en faveur de qui la nature ou l'acte constitutif de leur créance établissait ce droit, et que les autres créanciers demeuraient chirographaires; — Attendu que, pour que le titre des hypothèques, promulgué depuis, eût modifié ce principe, il faudrait qu'il l'eût exprimé d'une manière formelle; — Attendu que, dans le doute, l'interprétation de la loi devrait plutôt être en faveur du principe d'équité qui règle le sort des créanciers du défunt entre eux, d'après les droits qu'ils ont reçus de leurs conventions avec leur débiteur, que dans le sens d'un droit exorbitant de privilége ou d'hypothèque que la loi conférait *de plano* à chaque créancier, même chirographaire, du défunt, contre ses créanciers, par le fait seul du décès de leur débiteur commun; qu'aucun motif raisonnable ne viendrait justifier une pareille disposition;

Attendu que l'art. 2111, loin d'établir, en faveur d'un créancier du défunt contre ses cocréanciers, un nouveau droit contraire au principe résultant de l'art. 878, ne fait que tracer le mode de conservation du droit de séparation de patrimoines, tel qu'il est réglé par ce dernier article; — Attendu qu'il était naturel que le législateur, en établissant au titre des priviléges et hypothèques le système de publicité de ces droits de préférence, ne voulût pas laisser occulte le droit de séparation de patrimoines dont les art. 878 et 880 avaient frappé les immeubles d'une hérédité; qu'il était logique de soumettre le créancier à qui cette faculté était accordée à l'obligation d'avertir, par une inscription, ceux entre qui elle était établie, sous peine de les exposer à être trompés par les apparences et à croire libres des biens grevés; que c'est pour cela que l'art. 2111 a soumis les créanciers et légataires du défunt à la nécessité d'une inscription dans les six mois du décès, s'ils voulaient primer les créanciers de l'héritier, en décidant que, pendant ce délai de six mois, aucune hypothèque ne pourrait être établie avec effet, à leur préjudice, par l'héritier, mais que ce mode de publicité n'a été créé, comme l'était déjà le droit qu'il est destiné à conserver, que contre les créanciers de l'héritier, ainsi que l'énonce textuellement cet art. 2111; qu'il est donc sans influence sur la position relative des créanciers et légataires du défunt entre eux, lesquels restent dans le cercle que leur avait tracé l'art. 878;

Attendu qu'on objecterait en vain que ces mots : *à l'égard des créanciers, des héritiers ou représentants du défunt*, qu'on lit dans l'art. 2111, comprennent les créanciers de l'hérédité qui ne se sont pas inscrits dans les six mois; que cette interprétation est repoussée par la nature même du droit auquel s'applique la disposition; que, s'agissant de séparation de patrimoines, le patrimoine du défunt est nécessairement mis en opposition avec le patrimoine de l'héritier, et les créanciers de celui-ci avec ceux du défunt; que limiter aux créanciers de l'héritier les effets de l'inscription, c'est exprimer suffisamment et même irrésistiblement que cet effet ne s'étend pas aux créanciers de l'hérédité entre eux; que l'on ne peut prétendre que les créanciers du défunt qui ne se sont pas fait inscrire dans les six mois, soient devenus simplement créanciers de l'héritier, puisque l'art. 2115 leur accorde la faculté de donner à leurs créances une garantie hypothécaire, après les six mois, en les soumettant à la formalité de l'inscription, faculté qu'ils n'acquièrent pas en vertu d'une nouvelle stipulation intervenue entre eux et l'héritier, comme celui-ci pourrait la concéder à ses propres créanciers, mais qu'ils tiennent de leur qualité de créanciers du défunt et du droit de séparation de patrimoines, faculté qu'ils n'exercent enfin que sur les immeubles de la succession et non sur ceux de l'héritier, ce qui prouve clairement que, même à défaut d'inscription dans les six mois, ils ne sont pas tombés dans la classe des simples créanciers de l'héritier;

Attendu qu'on ne peut davantage argumenter du mot *tiers* inséré dans l'art. 2115, pour prétendre que l'hypothèque consacrée par cet article produit son effet contre toute personne autre que le créancier inscrivant; que, sans doute, si l'art. 2115 ne se fût rapporté qu'à l'art. 2111, on eût pu s'étonner que le législateur n'eût pas exprimé plus nettement sa pensée et n'eût pas répété que l'hypothèque ne produirait effet à l'égard des créanciers de l'héritier qu'à compter de la date de son inscription, mais qu'il faut observer que l'art. 2115 est le corollaire de tous les articles qui précèdent, à partir de l'art. 2106, qu'il les régit tous; qu'il était donc nécessaire que sa rédaction fût conçue en termes assez généraux pour qu'elle s'accordât avec les cas prévus par les dispositions précédentes; que c'est pour cela que l'expression générique *tiers* y a été employée, et non pour modifier les principes et les effets de la séparation de patrimoines et de la préférence qu'elle établit; — Attendu que, si l'on admettait qu'à partir du décès tous les créanciers chirographaires du défunt deviennent créanciers privilégiés les uns vis-à-vis des autres, à charge d'une inscription dans les six mois, l'on arriverait à cette conséquence que le créancier du défunt qui aurait obtenu sur ses biens, quelques jours avant sa mort, une hypothèque judiciaire ou conventionnelle qu'il n'aurait fait inscrire que le lendemain du décès, et qui aurait omis de faire inscrire, dans les six mois, son droit de séparation de patrimoines, serait primé par le créancier chirographaire du défunt qui se serait conformé à l'art. 2111, et que, lors même qu'il aurait fait inscrire à la fois son hypothèque et son privilége, il ne viendrait néanmoins qu'en concours avec le créancier chirographaire inscrit dans les six mois; ce qui serait contraire à toutes les règles du droit et de l'équité, et constituerait une violation flagrante des conventions des parties et de la foi due aux contrats; — Attendu qu'il n'est pas besoin, pour restreindre aux créanciers de l'héritier les effets de l'inscription prise en vertu de l'art. 2111, de refuser aux droits de préférence sur les immeubles résultant de la séparation de patrimoines le nom de privilége que leur donne cet article; qu'à l'égard des créanciers de l'héritier ce droit est bien un véritable privilége, puisqu'il confère aux créanciers du défunt qui l'ont fait inscrire dans les six mois une préférence sur tous les créanciers qui auraient acquis de lui des hypothèques, et qui les auraient fait inscrire même avant l'inscription du créancier de l'hérédité; préférence qui résulte de la qualité des créances, c'est-à-dire de ce qu'elles sont créances de l'hérédité, ce qui est le caractère du privilége; qu'il faut seulement reconnaître que ce privilége n'est pas général et absolu, mais simplement relatif; qu'il n'existe pas contre toutes personnes, mais seulement contre les créanciers de l'héritier;

Attendu qu'il suit de tout ce qui précède que le privilége et l'hypothèque conférés aux créanciers du défunt qui ont rempli les formalités des art. 2111 et 2115 n'ont d'effet que contre les créanciers de l'héritier; que l'inscription prise dans les six mois n'a pour objet que de rendre inefficace toute concession d'hypothèque par l'héritier au préjudice du créancier du défunt; et l'inscription après les six mois, de donner à l'inscrivant la préférence sur tout créancier hypothécaire de l'héritier qui se serait inscrit après lui; mais qu'ils laissent les créanciers du défunt entre eux dans la position relative que leur ont créée leurs titres de créance, de telle sorte que s'il ne s'agit que de leurs droits respectifs, si aucun créancier de l'héritier n'a acquis, par une inscription avant un créancier retardataire du défunt, des droits qui diminuent le gage commun, les créanciers du défunt, bien qu'inscrits les uns pendant les six mois, les autres après, restent les uns à l'égard des autres avec les droits que leur attribuent leurs titres originaires; — Attendu que ce principe n'empêche pas que l'inscription du droit de séparation de patrimoines ne soit personnelle à l'inscrivant, et ne profite qu'à lui, en ce qui a rapport aux biens que son inscription, prise en temps utile, a sauvés de la mainmise des créanciers de l'héritier inscrits après les six mois, mais avant l'inscription tardive d'autres créanciers du défunt; qu'il ne s'agit plus alors seulement de déterminer le sort des créanciers du défunt entre eux, d'après leur qualité et leurs titres respectifs; qu'à leurs droits sont venus se mêler les droits acquis des tiers; que si ces tiers, par leur vigilance à s'inscrire, sont parvenus à primer des créanciers du défunt inscrits tardivement, ces derniers sont exposés à subir la peine de leur négligence, et à voir passer entre les mains de leur cocréancier, inscrit dans les six mois, des valeurs que ce créancier de l'héritier inscrit avant eux leur enlève; que c'est plutôt alors devant ce créancier de l'héritier que devant leur cocréancier du défunt, premier inscrit, qu'ils succombent; qu'il n'y a pas là contravention au principe qu'entre les créanciers du défunt qui ont demandé la séparation de patrimoines, la préférence se détermine par le titre originaire, et non par la date de l'inscription du privilége de séparation de patrimoines, mais application d'une autre règle de droit et d'équité, qui rend chacun responsable de son imprudence et de sa négligence; or l'inscription après les six mois constitue une négligence dommageable, quand elle se trouve précédée par l'inscription d'un créancier de l'héritier; — Attendu que les différents cas possibles de ce genre de concours ne peuvent être résolus à l'avance hypothétiquement; qu'on ne pourrait les discuter utilement que sur une connaissance exacte des faits qui exercent, dans leur variété, une grande influence sur l'application du droit; — Attendu que, bien qu'il soit allégué dans la cause que les parties se trouvent placées dans une de ces hypothèses, à raison d'une hypothèque légale du fils mineur d'Adolphe Doyon, dispensée d'in-

avec les autres créanciers héréditaires, il n'en est pas de même vis-à-vis des créanciers de l'héritier qui pourraient le primer et l'exclure en prenant à temps inscription. Il suit, de là, qu'en cas d'insuffisance des biens pour payer toutes les créances inscrites, les créanciers inscrits de la succession ne profiteront pas, par une sorte d'accroissement, de la part des créanciers héréditaires non inscrits; le profit en est seulement pour les créanciers de l'héritier, puisque c'est vis-à-vis eux que l'inscription est requise. Les créanciers du défunt ne sauraient bénéficier de l'omission d'une formalité qui ne les concerne pas. Merlin, *Rép.*, v° Sép. de patr., § 5, n° 4; MM. Duranton, t. 7, n° 478, et 19, n° 227; Malpel, n° 219; Grenier, t. 2, n°s 455; Dufresne, n°s 99 et suiv.; Marcadé, art. 880; Massé et Vergé sur Zachariæ, t. 2, p. 338, note 25; V. cependant MM. Blondeau, p. 48 et suiv.; Fouet de Conflans, sur l'art. 878, n° 11).

1496. Si les biens de la succession ne suffisent pas pour en payer les dettes, les créanciers qui ont demandé la séparation des patrimoines sont-ils autorisés à venir par contribution ou au rang de leur hypothèque sur les biens de l'héritier avec ses créanciers personnels? — La question a été controversée. Ulpien et Paul prétendaient qu'en demandant la séparation les créanciers avaient restreint leurs droits aux biens de la succession. Papinien, au contraire, permettait d'exercer ces droits sur les biens de l'héritier (L. 3, § 2, ff., *De separ.*). Sa décision avait prévalu dans l'ancienne jurisprudence. «La séparation de patrimoines, disait Pothier, ch. 5, art. 4, des Success.), introduite en faveur des créanciers de la succession, ne doit pas être rétorquée contre eux : en la demandant, ils n'ont pas eu l'intention de libérer l'héritier de l'obligation qu'il a contractée par l'acceptation de la succession, mais seulement d'être préférés sur ces biens aux créanciers de l'héritier.» Toutefois cette solution n'était admise par Papinien, Domat, Lebrun (liv. 4, ch. 2, sect. 1, n° 26), et Pothier, *loc. cit.*, qu'à condition que les créanciers de l'héritier fussent tous payés sur ses biens personnels, avant que les créanciers du défunt pussent y rien prétendre. «Puisqu'on sépare, disait Pothier, aux créanciers de l'héritier les biens de la succession, il est équitable qu'on sépare aux créanciers de la succession les biens de l'héritier.»

Cette restriction doit-elle être admise sous le code? — Oui, selon Maleville, art. 880; M. Marcadé, art. 881. Ce dernier auteur voit dans le résultat de la séparation des patrimoines, deux masses d'actif et de passif, deux débiteurs ayant chacun leurs créanciers propres; d'où il conclut que les créanciers de l'héritier, exclus des biens héréditaires par les créanciers du défunt, excluront à leur tour des biens propres, jusqu'à ce qu'ils soient désintéressés, les créanciers du défunt. — Cette interprétation est rejetée par la plupart des auteurs (Chabot, art. 878, n° 15; Merlin, Rép., v° Sépar. de patr., § 5, n° 6; MM. Duranton, t. 7, n°s 500 et suiv.; Delvincourt, sur l'art. 878; Grenier des Hypoth., n° 437; Malpel, n° 219; Vazeille, art. 878, n° 7; Poujol, *ibid.*, n°s 9 et 20; Rolland de Villargues, v° Sépar. de patr., n° 58; Dufresne, n° 110; Cabantous, *loc. cit.*, p. 136; Toullier, t. 4, p. 548; Massé et Vergé sur Zachariæ, t. 2, p. 336, note 21). — En effet, aucune disposition particulière n'autorise le privilége que réclamaient ici les créanciers. Ce serait les faire profiter de la séparation des patrimoines qui a été établie contre eux, ou du moins, dans le seul intérêt des créanciers du défunt. La réciprocité dont on argumente n'est pas même fondée. — Aux créanciers du défunt on enlèverait des droits réels qu'ils ont acquis sur les biens de l'héritier, si sur ces biens étaient préférés ses créanciers personnels. Aux créanciers de l'héritier on n'enlève aucun droit réel en préférant les créanciers de la succession sur les biens héréditaires : car ces biens ne peuvent devenir la propriété de l'héritier, ni par conséquent de ses créanciers, que déduction faite des charges qui les grevaient. C'est le système de Pothier, qui produirait un résultat contraire à une juste réciprocité. Supposons que la séparation ait été obtenue, mais que l'inscription n'ait pas été prise dans les six mois : alors ne serait-il pas singulier d'admettre les créanciers de l'héritier à concourir avec ceux de la succession sur les biens de la succession même, et d'empêcher les créanciers de la succession inscrits ou non inscrits de concourir avec ceux de l'héritier sur les biens de ce dernier?

Ces considérations sont développées avec force, dans la dissertation déjà citée, par notre savant ami M. Nicias-Gaillard (Revue crit. de législ., mars 1856), qui s'est attaché particulièrement à combattre le système de M. Marcadé. Le judicieux magistrat fait aussi remarquer en terminant que ce qui a entraîné cet auteur, sans qu'il y prît garde, à admettre *deux débiteurs* en même temps que deux patrimoines, c'est le langage même de la loi, le nom de séparation de patrimoines : « Mais en y regardant mieux, on reconnaît que ce n'est là qu'une fiction. Celui qui n'est plus ne saurait plus être ni débiteur ni créancier. Il ne reste de lui que son héritier qui le représente et le continue. Seul désormais cet héritier peut devoir, et seul, en effet, il doit à tous les créanciers et sur tous les biens. »

1497. Les légataires d'une succession acceptée purement et simplement par l'héritier, ont-ils le droit d'être payés de leurs legs concurremment avec les créanciers du défunt sur les biens de cette succession, lorsque ceux-ci n'ont pas demandé la séparation des patrimoines? Le doute naît au premier abord de la maxime *nemo liberalis, nisi liberatus*, qui ne permet pas que les libéralités aient effet avant l'entier acquittement des dettes. Mais cette maxime n'est applicable qu'autant que les biens du défunt sont distincts de ceux de l'héritier; le droit de préférence des créanciers sur les légataires est subordonné à la demande en séparation des patrimoines, c'est-à-dire à la même condition que celle imposée par la loi aux créanciers de la succession et aux légataires eux-mêmes, pour être préférés aux créanciers personnels de l'héritier (Vazeille, art. 878, n° 13). — Il a été jugé en conséquence : 1° qu'à défaut de demande en séparation les légataires doivent être payés dans la même proportion que les créanciers de la succession et que ceux-ci notamment n'ont pas le droit, pour compléter le remboursement intégral de leur créance, de répéter ce qui a été payé par l'héritier aux légataires : — «Attendu que Jean-Baptiste Rouy, institué héritier général et universel par son père, a accepté purement et simplement la succession de celui-ci; que dès lors ses frères et sœurs légitimaires sont devenus, à son égard, des créanciers ordinaires; qu'ils ont donc pu recevoir leur dû de leur frère, sans être tenus au rapport envers les créanciers de leur père» (Req. 2 prair. an 12, M. Vallée, rap., aff. Buisson *C.* Rouy); — 2° Que le droit de préférence ne peut être exercé contre les légataires, lorsque d'ailleurs l'héritier, devenu leur débiteur personnel, s'est obligé envers eux par un acte postérieur au décès, leur a consenti une hypothèque sur des biens héréditaires, et a laissé prendre ensuite de nouvelles inscriptions en vertu d'une condamnation, tant sur ses biens personnels que sur ceux provenant de la succession (Rej. 6 déc. 1823) (1).

1498. Pour être opposable aux légataires, et donner sur

---

scription, qui prendrait rang entre la créance de la femme Morel et de son fils et celle de Perret, cependant il n'est aucunement prouvé, jusqu'à présent, que cette créance de Doyon fils existe réellement; — Attendu, d'ailleurs, que le rang de ces trois créanciers ne pourrait être régulièrement fixé aujourd'hui, quant à ce, en l'absence du mineur Doyon, qui n'est pas en cause; qu'il suffit de réserver les droits de toutes les parties à faire valoir dans l'ordre du prix à provenir des immeubles hypothéqués, pour le cas où le mineur Doyon, ou tout autre créancier de l'héritier, prétendrait avoir des droits hypothécaires venant après l'inscription de Julie Bourk et avant celle de Perret, et eu égard au montant de ces créances intermédiaires seulement; — Emendant, etc.

Du 21 juin 1841.-C. de Grenoble.-M. Legagneur, 1er pr.

(1) *Espèce :* — (Seillier et Campion *C.* Rouxel.) — 31 janv. 1821, arrêt de la cour de Caen : — « Considérant que, par le fait d'une acceptation pure et simple, l'héritier se trouve personnellement grévé des charges de la succession; qu'il suit de là que les légataires du défunt deviennent créanciers personnels de l'héritier, sans qu'il puisse être fait de distinction entre eux et tous autres qu'il se serait créés, à quelque titre que ce soit; car, si les créanciers du fait de l'héritier l'ont pour obligé, à raison des valeurs qu'ils lui ont fournies, les légataires du défunt l'ont également pour obligé, à raison des valeurs par lui trouvées dans la succession, et qui leur avaient été destinées jusqu'à concurrence de leur legs par la volonté du défunt, valeurs légalement présumées suffisantes pour faire face à ces mêmes legs, lorsque l'héritier n'a pas usé de la ressource du bénéfice d'inventaire qui lui était ouverte; — Considérant que Rouxel a d'autant mieux acquis la qualité de créancier per-

eux un droit de préférence aux créanciers de la succession, il faut que la demande en séparation soit formée dans le délai légal, et, par exemple, dans le délai de trois ans, si la succession est mobilière (Rej. 6 déc. 1823, aff. Seillier, nº 1497).

1499. A l'égard des immeubles, on a vu *suprà*, nº 1451, qu'il n'y avait point de délai fatal pour la demande en séparation; qu'elle pouvait être formée tant que les immeubles existaient aux mains de l'héritier, et même après l'expiration du délai de six mois, qui n'est prescrit par l'art. 2111 que pour l'inscription, et non pour la demande; on a vu aussi *suprà*, nº 1494, que l'inscription n'est requise qu'à l'encontre des créanciers de l'héritier. —Il suit de là, et c'est ce qui résulte d'un arrêt, que les créanciers d'une succession acceptée purement et simplement conservent leur droit de préférence sur les légataires du défunt, pour les immeubles héréditaires détenus encore par l'héritier, bien que les légataires aient pris en temps utile l'inscription exigée par l'art. 2111, et que les créanciers au contraire n'aient inscrit leur demande en séparation de patrimoines qu'après les six mois (Grenoble 21 juin 1841) (1).

1500. La séparation des patrimoines n'empêche point, comme nous l'avons dit plus haut, la disponibilité des biens de la succession, et dès lors ne peut nuire aux *tiers acquéreurs*, si l'aliénation est sincère et de bonne foi.

1501. Du reste, le privilége de la séparation des patrimoines jouit, après l'inscription exigée par l'art. 2111 c. nap., de tous les avantages des priviléges, et notamment du droit de suivre les immeubles compris dans le patrimoine frappé de séparation, et par conséquent de *surenchérir* au cas de vente, encore bien que le surenchérisseur n'eût été, à l'égard du défunt, qu'un simple créancier chirographaire (Orléans, 22 août 1840) (2).

1502. Le même privilége s'étend aux *fruits* des biens de la

---

sonnel des héritiers Mauger-Deschenez, que non-seulement il a contre eux leur acceptation pure et simple d'héritiers, mais encore qu'ils se sont obligés envers lui, par acte passé depuis l'ouverture de la succession, au payement de la rente léguée; qu'ils lui ont consenti hypothèque sur des biens héréditaires en s'engageant à maintenir les rentes existantes sur Daigremont-Duvical, et qui devaient répondre du payement de celles qui grèvent les objets donnés en hypothèque; que cependant ils ont disposé d'une portion desdites rentes, au mépris de leur promesse, ce qui a fait obtenir à Rouxel, sur eux, un jugement portant nouvelles hypothèques, tant sur leurs biens personnels que sur ceux provenus de la succession; — Considérant que, quels que soient les biens dont il s'agisse de distribuer le prix sur des héritiers purs et simples, les créanciers de la succession ne sont pas fondés, en l'absence de privilége ou hypothèque constitués par les voies ordinaires, à prétendre aucune préférence sur ceux de l'héritier, à moins qu'ils ne puissent recourir au bénéfice de la séparation des patrimoines; — Considérant que, dans le procès actuel, en fait, la séparation des patrimoines n'a pas même été demandée par Campion et Seillier; en droit, elle l'aurait été inutilement, puisque la chose dont le prix est à distribuer consiste en rentes qui, d'après leur caractère mobilier, ne sont plus susceptibles, aux termes de l'art. 880 c. civ., d'être l'objet d'une pareille demande, vu que plus de trois ans s'étaient écoulés entre le moment de l'ouverture de la succession et celui où la distribution des deniers a eu lieu; — Considérant qu'il est impossible à Seillier et Campion de se prévaloir ici de leur qualité de créanciers à titre onéreux de Mauger-Deschenez, par rapport à celle de légataire du même individu, qui appartient à Rouxel, pour opposer à ce dernier la règle suivant laquelle les légataires ne peuvent rien prétendre sur les biens de la succession, que les dettes ne soient préalablement payées : *nihil est in bonis nisi deducto ære alieno*; — Considérant qu'en effet cette règle suppose nécessairement, par son application, que la succession et l'héritier sont restés ou peuvent se trouver replacés dans l'état d'êtres distincts et séparés l'un de l'autre; ce qui n'a pas lieu dans le cas soumis à la décision de la cour, où il n'y a ni acceptation sous bénéfice d'inventaire, par les héritiers Mauger, de la succession de leur auteur, ni séparation de patrimoines possible, et où, par conséquent, il n'existe que des créanciers des héritiers, ayant, sous ce point de vue, des droits absolument égaux entre eux, etc.»

Pourvoi de Seillier et Campion pour violation des art. 871 et 1024 c. civ. — Arrêt.

La cour; — Attendu que l'héritier succède *in universum jus*; que les biens de la succession deviennent les siens propres, à compter de l'ouverture de la succession; qu'ils sont, dès ce moment, le gage de tous ses créanciers, sans exception; que si les créanciers de la succession peuvent néanmoins conserver leurs droits particuliers sur ces biens, c'est un privilége que la loi leur accorde comme une conséquence de la maxime *non dicuntur bona, nisi deducto ære alieno*; mais que ce privilége est subordonné à des formes, et doit être exercé dans un délai déterminé; — Qu'aux termes des art. 878 et 2111 c. civ., les créanciers du défunt sont tenus de demander la séparation des patrimoines, et qu'en matière de meubles la demande doit être formée dans les trois ans, à peine de déchéance; — D'où il suit qu'en le jugeant ainsi et en déclarant les demandeurs non recevables à exercer un privilége sur le prix d'une créance mobilière, parce qu'ils n'ont pas formé de demande en séparation de patrimoines, la cour royale, loin d'avoir violé les lois invoquées, a fait la plus juste application des principes de la matière; — Rejette.

Du 6 déc. 1823.-C. C., sect. civ.-MM. Desèze, 1er pr.-Larivière, rap.-Cahier, av. gén., c. conf.-Guillemin et de Neufvillette, av.

(1) (Colin et Perret C. Morel et Doyon.) — La cour; —Sur les droits respectifs des créanciers et des légataires : — Attendu que si les légataires deviennent les créanciers de l'héritier par le fait de l'acceptation pure et simple de la succession; si, à ce titre, ils ont le droit de se faire payer par lui, et si les payements ainsi faits ne peuvent être soumis à répétition au profit du créancier du défunt non payé, comme cela existerait en vertu de l'art. 809 c. civ., dans le cas de succession bénéficiaire, la distinction entre le créancier et le légataire se reproduit quand celui-ci poursuit le recouvrement de ses droits, non contre l'héritier, qui, devenu débiteur personnel, ne pourrait opposer aucune exception à la demande, mais contre le patrimoine de l'hérédité qu'il a fait distinguer du patrimoine du défunt; qu'à l'égard des biens du défunt, le légataire n'a de droit qu'après le payement des dettes, en vertu du principe *bona non intelliguntur, nisi deducto ære alieno*; qu'il ne peut dépendre d'un testateur qui n'a d'actif que ce qui est nécessaire pour l'acquit de ses dettes de grever sa succession de nouvelles charges et contraindre ses créanciers à partager ses dépouilles avec des légataires qu'il lui plairait d'avantager; que c'est le cas d'appliquer la maxime *nemo liberalis nisi liberatus*; qu'il est donc juste d'accorder à Perret, créancier légitime de Simon Doyon-Châteauvieux, la préférence sur Julie Bourk et son fils, qui ne sont que légataires; — Attendu que ceux-ci ne peuvent objecter qu'il serait inique de les faire primer par Perret, et de décider qu'eux qui ont conservé le patrimoine de Simon Doyon-Châteauvieux, en s'inscrivant dans les six mois du décès, auraient ainsi rendu la condition de Perret meilleure, et que celui-ci, qui a été négligent, profiterait de leur diligence; qu'en effet, ce n'est pas l'inscription de Julie Bourk qui a conservé les droits de Perret; que l'inscription qu'il a prise lui-même, quoique postérieure, a suffi pour lui assurer le bénéfice de la séparation de patrimoines sur des immeubles qui n'étaient pas encore sortis des mains de l'héritier; qu'en supposant que Julie Bourk n'eût pris aucune inscription, Perret n'en aurait pas moins les mêmes droits contre les créanciers de l'héritier, en vertu de la sienne propre, sauf le cas d'hypothèque inscrite ou dispensée d'inscription, qui primerait la sienne, hypothèque sur laquelle les droits des parties demeurent réservés, ainsi qu'il est énoncé précédemment.

Du 21 juin 1841.-C. de Grenoble, 1re ch.-M. Legagneur, 1er pr.

(2) (Boulay C. Bizot.) — La cour; —Attendu que l'effet général d'un privilége ou d'une hypothèque inscrite est de donner sur le bien hypothéqué un droit sur la chose *jus in re*, le droit de la suivre dans quelques mains qu'elle passe, et par suite, de surenchérir en cas de vente pour obtenir le prix véritable du bien vendu; — Que vainement on prétendrait que ces mots : *privilége et inscription*, n'ont pas dans l'art. 2111 le sens et la portée que la loi leur attribue dans ses autres dispositions sur cette matière; — Qu'en effet, si l'on doit admettre difficilement que le législateur a méconnu la valeur des mots qu'il emploie, cette supposition devient surtout inadmissible lorsque, comme dans l'espèce, les mots *privilége et inscription* se trouvent placés dans un titre spécial qui s'occupe des priviléges, hypothèques et inscriptions, et de la manière de conserver ces priviléges : lorsque le mot *inscription* est employé dans l'art. 2111, en présence de la disposition qui interdit toute inscription hypothécaire aux tiers pendant la durée des six mois accordés pour délibérer aux créanciers du défunt, et qu'on ne comprendrait pas que la loi eût employé dans le même article le même mot en y attachant des significations différentes;

Attendu, d'ailleurs, que, considérés dans leur esprit, les art. 2111 et 2113 ne sont que la sanction nécessaire et équitable du droit concédé aux créanciers du défunt par les art. 878 et 880, au titre des successions; — Qu'en accordant la séparation des patrimoines, le législateur a dû vouloir aussi que ce droit ne restât pas stérile entre les mains de ceux à qui il le concédait; — Que pour cela il a déclaré que, par l'effet de la séparation des patrimoines, la succession du défunt devenait le gage exclusif de ses créanciers, même chirographaires, et que l'héritier n'en était plus que le dépositaire; — Que, pour qu'un gage profite à celui qui l'obtient, il faut lui reconnaître le droit de le suivre en quelques mains qu'il passe; — Que, par l'inscription, les tiers sont avertis de cet état de choses comme ils le sont par toute autre inscription hypothécaire; — Que dès lors, comme toute autre inscription, celle prescrite

succession, mais non toutefois aux fruits naturels et civils produits avant la demande en séparation : ces fruits se sont confondus, par la perception, dans les biens personnels de l'héritier; ils n'ont d'ailleurs jamais fait partie du patrimoine du défunt, n'étant échus que depuis l'ouverture de la succession (Grenier, n° 436). — Jugé que le privilége de séparation s'étend aux fruits des immeubles qui en sont affectés, et, par exemple, aux fermages, bien, que sur la sommation des créanciers personnels de l'héritier bénéficiaire, ils aient été déposés par les fermiers à la caisse des consignations (Caen, 26 avr. 1842, aff. Tardif, D. P. 51, 2. 236).

SECT. 3. — *Du partage.*

ART. 1. — *Du droit de demander le partage, et des restrictions dont ce droit est susceptible.*

1503. « L'indivision, dit M. Chabot, ne convient ni à nos habitudes, ni à notre régime; elle met des entraves à l'exercice du droit de propriété, et n'est le plus souvent qu'un sujet de discorde entre les copropriétaires. » La loi romaine signale aussi l'indivision comme une source de querelles, qu'il est de l'intérêt public de prévenir : *Quas sedare publicè interest, ut concordia potiùs inter cives retineatur, quo potissimùm vinculo reipublicæ salus contineatur, quæ suprema lex semper esse debet* (L. 77, ff., *De leg.*, 2°). Cette considération a plus d'autorité encore entre parents, l'union des familles étant la principale base de l'ordre social, et les dissensions domestiques portant un caractère particulier d'immoralité, qui produit le scandale. — De là le principe, écrit dans l'art. 815 c. nap., également admis par les lois romaines (L. 14, § 2, ff., *Communi divid.*), et notre ancienne jurisprudence (Lebrun, liv. 4, tit. 1): « Nul ne peut être contraint à demeurer dans l'indivision; et le partage peut être toujours provoqué, nonosbstant prohibitions et conventions contraires. » — Jugé que le principe selon lequel nul n'est tenu de demeurer dans l'indivision n'est point applicable au cas où le propriétaire d'une usine est assigné en destruction des innovations par lui faites sur un canal commun avec le demandeur. Cette action ne peut être considérée comme une demande en partage des eaux de ce canal; dès lors elle a pu être rejetée sans violation de l'art. 815; — « Attendu que le demandeur n'a point exercé une action en partage d'une chose indivise, mais que sa demande avait pour objet de faire réduire la masse d'eau employée par son adversaire et de le faire condamner à détruire les travaux destinés à retenir, les eaux d'un canal; — Qu'ainsi l'art. 815 c. nap. était étranger à la contestation;—Rejette (Req. 3 avril 1838, MM. Zangiacomi, pr., Jaubert, rap., aff. Bonnet C. Etienne).

1504. Puisque le partage peut être toujours provoqué, nonobstant *prohibitions* et *conventions* contraires, le testateur l'interdirait vainement à ses héritiers, du moins d'une manière perpétuelle (C. nap. 900). — Jugé qu'il en était de même sous l'empire des lois romaines (Liége, 20 therm. an 13, aff. Goër C. Grumsel).—C'est ainsi que sous le code nap. la condition de rester en communauté imposée par le communiste à celui qu'il institue légataire de ses droits dans la communauté, a été réputée non écrite (Aix, 10 mai 1841) (1).

1505. Pareillement il a été jugé 1° que le partage d'un bien indivis doit être ordonné, nonobstant la clause d'une transaction (antérieure au code nap.) qui aurait pour but de consacrer l'indivision entre les communistes (Req. 9 mai 1827) (2); — 2° Que la clause d'un acte de partage de biens immeubles qui a pour ef-

par l'art. 2111, prise dans la même forme, doit conserver au créancier inscrit le droit de suite et de surenchère, aux termes de l'art. 2185, dont les dispositions sont générales et applicables à tout créancier dont le titre a été dûment inscrit; — Que cette inscription ne produirait pas un effet utile si l'héritier pouvait aliéner, si les tiers pouvaient acquérir le gage des créanciers du défunt, malgré leur inscription; — Que l'on ne comprendrait pas comment cette inscription, prise dans le délai de la loi, primerait celles prises antérieurement par les créanciers de l'héritier, ainsi que l'ordonne le § 2 de l'art. 2111, et ne serait cependant pas une véritable inscription quant à ses effets; — Que c'est à tort qu'on veut expliquer cette contradiction qu'on introduirait ainsi dans la loi en alléguant que, d'après l'art. 880, l'héritier peut vendre, puisque la demande en séparation n'est admise qu'autant que les biens existent dans ses mains; — Qu'en effet, il résulte seulement de cette disposition que, dans ce cas comme dans tous les autres, l'héritier, propriétaire jusqu'à la demande, peut aliéner, que les tiers de bonne foi peuvent acquérir, mais aussi que du jour de l'inscription et de la demande il ne peut valablement aliéner un bien frappé d'hypothèque; — Qu'il en est ainsi pour toute propriété soumise à une hypothèque non encore inscrite, et qui peut être valablement aliénée sans secours contre les tiers;

Attendu que l'on ne doit pas s'arrêter davantage aux objections tirées de ce que la préférence établie par l'art. 2111 n'est pas comprise parmi les priviléges énumérés dans l'art. 2103, et de ce que la condition des créanciers chirographaires du défunt ne doit pas être améliorée; — Que, sur le premier point, il faut considérer que l'art. 2103 n'est point tellement limitatif qu'il n'admette pas d'autres priviléges que ceux qu'il énonce, et qui peuvent résulter d'autres dispositions de la loi, et qu'il serait étrange que le législateur eût oublié cette limitation absolue lorsque, dans un article subséquent, il qualifie du nom de privilége la préférence qu'il accorde aux créanciers du défunt;

Attendu, quant à l'autre objection, que la position du créancier chirographaire qui a demandé la séparation de biens est, par ce seul fait, améliorée, puisqu'il obtient, d'après l'art. 2111, le droit de prendre inscription en vertu d'un titre sous seing privé, ce qu'il ne pouvait pas faire avant cette demande; — Que, si sa position reste la même vis-à-vis des créanciers du défunt, elle est évidemment meilleure vis-à-vis des créanciers de l'héritier, puisqu'il a droit de primer, s'il s'incrit dans les six mois, leurs inscriptions, même celles prises avant la sienne; — Que, vis-à-vis d'eux, il est comme s'il avait un titre authentique; — Qu'à leur égard, au moins, cette inscription, prise en vertu d'un acte privé et par exception à l'art. 2127, a la même force que l'inscription prise par un autre créancier du défunt muni d'une lettre authentique; — Qu'on ne saurait prétendre que celui-ci, en vertu de son titre authentique, n'ait pas, après son inscription prise dans les termes de l'art. 2111, un droit de suite sur les immeubles hypothéqués; qu'il faut donc arriver aussi à cette conséquence que l'inscription du créancier chirographaire doit produire, dans ce cas, le même effet; — Que la préférence accordée est donc un véritable privilége dans le sens légal de ce mot, et doit en produire tous les effets;— Confirme, etc.

Du 22 août 1840.-C. d'Orléans.-MM. Travers de Beauvert, 1er pr.

(1) (Augier C. Maintenon.) — LA COUR;—Attendu qu'Augier ayant, en vertu du testament de son oncle, la moitié de la nue propriété des biens meubles qui sont l'objet du procès, il est à ce titre communiste de l'intimé, à qui appartient l'autre moitié desdits biens; qu'il a donc droit d'en réclamer le partage, aux termes de l'art. 815 c. civ.; que ce droit de sortir de l'indivision est au nombre de ceux que la loi déclare inséparables de la propriété; — Qu'aucune convention ni prohibition ne pouvant en dépouiller le propriétaire, il est inutile d'examiner si Maintenon a eu l'intention d'attribuer cet effet prohibitif du partage à une clause quelconque de son testament, puisqu'en le supposant ainsi, il aurait voulu une chose contraire à la loi et cette volonté serait sans valeur; — Par ces motifs, ordonne que le partage des facultés mobilières de la communauté légale qui a existé entre Maintenon et sa femme sera faite aux formes de droit, etc.

Du 10 mai 1841.-C. d'Aix.-M. Pataille, 1er pr.

(2) *Espèce :* — (Barde C. Françon.) — Barde et Françon étaient propriétaires indivis d'un terrain. — Le 26 nov. 1822, Françon actionne Barde en bornage de quelques propriétés contiguës, et en partage du terrain indivis; il demande que la partie du terrain à partager, sur laquelle il a fait bâtir une écurie, tombe dans son lot. — Barde déclare que l'indivision de ce terrain est consacrée par une transaction du 4 août 1752; que néanmoins il ne s'oppose point au partage, s'il peut avoir lieu sans inconvénient. — 31 mars 1823, jugement interlocutoire qui reconnaît à Françon le droit de faire cesser l'indivision du terrain commun; ordonne que les experts nommés, après avoir vérifié si le terrain peut être commodément divisé, en formeront deux parts égales, dont l'une pour Françon et l'autre pour Barde. — 13 juin suivant, rapport des experts dans lequel ils fixent les passages qui doivent rester indivis, et indiquent les lots de chaque copartageant. — Barde demande le rejet de ce rapport, et conclut à ce que, par application du titre du 4 août 1752, le terrain soit déclaré insusceptible de division, attendu qu'un partage qui le priverait du droit d'étendre sur ce terrain les feuilles de la litière, des vers à soie et des lessives, lui porterait le plus grand préjudice. — Le 10 mai 1824, jugement qui homologue le rapport des experts, et investit chacun des copartageants du lot que les experts lui ont assigné. — Les principaux motifs de ce jugement sont qu'ayant le jugement du 31 mars, Barde avait déclaré ne pas s'opposer au partage; que, lors de l'opération des experts il avait fait observer que le lot du nord, à cause de sa pente, devait avoir une plus grande contenance que celui du midi; et qu'il consentait à laisser à Françon le hangar par lui construit sur le terrain indivis; qu'ainsi, ayant acquiescé au jugement interlocutoire, il ne pouvait se prévaloir de l'acte de 1752; que, d'ailleurs, on ne pou-

fet de créer entre les copartageants un droit éventuel de copropriété d'une durée illimitée, sur quelques-uns des biens partagés, est nulle comme contraire à la règle établie par l'art. 815 c. nap.; — Qu'il en est spécialement ainsi de la clause par laquelle les copartageants stipulent que si l'on découvre plus tard dans les terrains partagés une carrière ou une tourbière, l'usage en sera commun entre tous, sauf l'indemnité au propriétaire du sol (Nancy, 12 mars 1846, aff. Colnot. D. P. 46. 2. 120).

1506. Il peut quelquefois être utile à tous les héritiers que le partage soit différé, et se fasse dans un temps plutôt que dans un autre. L'art. 815 a modifié pour ce cas la règle générale: « On peut convenir de *suspendre* le partage pendant un temps limité: cette *convention* ne peut être obligatoire *au delà de cinq ans*; mais elle peut être *renouvelée*. » Une société perpétuelle, disait M. Siméon au corps législatif, n'est pas compatible avec la mobilité de nos intérêts. — L'ancien droit permettait aussi de suspendre le partage pendant un certain temps, mais qui n'était pas limité.

1507. L'exception prévue par l'art. 815 ne s'applique par son texte qu'à une *convention*. Suit-il de là que le *testateur* ne pourrait valablement imposer à ses héritiers une indivision de cinq années? La même question s'élevait sous l'ancien droit quant à la suspension temporaire du partage. N'était-elle permise que par convention? M. Merlin, Rép., vº Partage, § 1, nº 1, après une savante analyse des lois romaines (lois *ultim.*, § 3, ff., *De legat.*, 2º; 70, ff., *ad S.-C. Trebell.*; 3, *De condit. institution.*), conclut qu'il n'y est pas question de dispositions testamentaires, tendant à forcer l'indivision. Toutefois, d'après le même auteur, on s'accordait dans notre ancienne jurisprudence à reconnaître, comme obligatoire, la prohibition testamentaire du partage dans un temps limité. Si l'on en croit Lacombe, vº Partage, sect. 1, nº 1, les anciens jurisconsultes étaient fort divisés. Lacombe cite pour la validité de la prohibition, Julius, Clarus, Voët Lebrun; et contre, Dumoulin, Boërius et Ranchez. On craignait qu'un testateur, abusant de la faculté qui lui était accordée, ne prolongeât pendant un grand nombre d'années l'indivision entre ses cohéritiers. Aussi Pothier, qui croyait la prohibition efficace, éprouvait-il le besoin de mettre ce correctif à son opinion: « Le cohéritier qui se sera lassé de jouir en commun n'aura pas moins le droit de demander qu'il soit fait un partage provisionnel, afin que chacun possède séparément jusqu'au temps limité la part qui lui écherra » (des Success., chap. 4, § 1). Les mêmes abus ne sont plus redoutables, depuis que le code a limité à cinq ans la durée de l'indivision.

Néanmoins, il reste contre la prohibition testamentaire un argument de texte fort puissant. — Le § 1 de l'art. 815 établit une règle générale, et le second ne contient d'exception que pour les *conventions*; la règle subsiste donc, a-t-on dit, quant aux *prohibitions*, d'après la maxime: *Exceptio firmat regulam in casibus non exceptis.* — D'ailleurs il n'y a pas pour la prohibition testamentaire la même raison de validité que pour la convention. Les héritiers, dit fort bien M. Merlin, *loc. cit.*, « ayant

---

vait induire d'aucune clause de cet acte qu'il était dans l'intention des parties que le terrain restât constamment indivis.

Appel par Barde, 1º en ce que le jugement du 10 mai avait déclaré le terrain indivisible; 2º en ce que la division faite par les experts n'aurait pas dû être homologuée; 3º en ce que les lots auraient dû être attribués, non par les experts ou le tribunal, mais par le tirage au sort. — 30 août 1825, arrêt confirmatif de la cour de Nîmes, qui, aux motifs des premiers juges, qu'elle adopte, ajoute: « Attendu, sur l'appel du premier jugement, qu'il s'agit d'un interlocutoire acquiescé par le demandeur et rendu même sur une partie de ses conclusions prises à l'audience; — Attendu, quant à l'appel du second jugement, que l'acte de 1752 ne pouvait forcer un communiste à rester dans l'indivision, et qu'il résulte du rapport des experts que le sol en litige peut être commodément partagé; que le partage, tel qu'il est proposé par les experts, bien loin de blesser les droits du demandeur, a été tracé en quelque sorte sur les observations et demandes qu'il a faites lui-même aux experts; — Attendu que l'appelant ne se plaint pas, avec plus de raison, de ce qu'on n'a pas ordonné le tirage au sort des deux lots formés par les experts; qu'il résulte de l'interlocutoire et du rapport que les experts avaient réellement dans leur mandat le droit de fixer attributivement le lot le plus convenable à chaque partie; que, d'ailleurs, le tirage au sort prescrit rigoureusement par la loi, toutes les fois que des mineurs sont intéressés, n'est plus de nécessité, lorsque les parties sont majeures, et qu'elles réclament elles-mêmes, comme dans l'espèce, que les convenances respectives entrent en considération dans l'attribution des lots; qu'enfin cette opération n'ayant point d'autre objet entre copartageants, cette égalité existe, et le but de la loi est rempli, lorsque, sur la demande des parties, on a fixé à chacune d'elles un lot plus ou moins considérable, selon la convenance ou la position des lieux; qu'en un mot, tout s'est fait, dans la cause, de l'aveu et sur la demande du demandeur, et les juges, en homologuant le rapport, n'ont pu lui en faire un grief. »

Pourvoi par Barde. — 1º Contravention à l'art. 49 du décret du 30 mars 1808, en ce que Mº Chambon, avocat, a concouru, en qualité de juge, au jugement du 10 mai 1824, sans que ce jugement mentionne l'empêchement des juges titulaires et des juges suppléants, ni même sans qu'il énonce si l'avocat appelé pour remplacer un juge l'a été suivant l'ordre du tableau. — 2º Violation des art. 2, 10 et 11 du décret du 6 juill. 1810, et des art. 404, et 405 et 463 c. pr., et de l'art. 823 c. civ., en ce que l'arrêt attaqué a été rendu par la chambre des appels de police correctionnelle, de la cour de Nîmes, bien que le procès sur partage déféré à cette cour appartînt, soit par sa nature, soit par les difficultés qu'il faisait naître, à la classe des affaires ordinaires, hors des attributions de cette chambre qui, même dans les cas d'urgence, ne peut connaître que des affaires sommaires.

Au fond. — Premier moyen. — Violation de l'art 816, fausse application de l'art. 815 c. civ. et violation des art. 824, 827 et 832 du même code: 1º en ce que la transaction de 1752 et la prescription qui en résultait étaient un obstacle invincible au partage ordonné par le tribunal de Tournon; — 2º En ce que la cour a maintenu ce partage, quoique le terrain litigieux ne fût pas divisible dans le sens de l'art. 827 c. civ. — Deuxième moyen. — Violation des art. 834 et 835 c. civ. et de l'art. 975 c. pr., en ce que les lots ont été attribués à chaque copartageant par les experts, et par l'arrêt confirmatif du jugement du 10 mai 1824, sur le motif que le tirage au sort n'est rigoureusemen prescrit par la loi que lorsqu'il s'agit d'un partage entre mineurs, tandi que l'art. 834 c. civ. ne fait aucune distinction. — Arrêt.

LA COUR; — Attendu, sur le premier moyen, dans la forme, que ce moyen se dirige contre le jugement du tribunal de première instance; qu'il n'a point été proposé devant la cour de Nîmes, à laquelle appartenait le pouvoir de l'apprécier et de le juger; que la cause ayant été discutée et plaidée contradictoirement devant cette cour, comme si le jugement attaqué avait été régulier dans sa forme, cette cour ne s'est pas approprié la nullité dont il est argué, pour la première fois, en cour de cassation; d'où il résulte que le moyen, en supposant qu'il eût été fondé, a été couvert en cause d'appel, et n'est pas recevable comme moyen de cassation; que l'avocat ayant capacité légale pour compléter un tribunal, le concours d'un avocat appelé pour compléter et assistant au jugement, n'est pas essentiellement une nullité qui ne puisse bien être couverte, lorsqu'elle n'a pas été proposée devant le juge qui était institué pour en connaître sur l'appel;

Sur le deuxième moyen, aussi dans la forme: — Attendu qu'aux termes de l'art. 823 c. civ., le tribunal, lorsqu'il s'élève des contestations ayant pour objet un partage, et sur la manière d'y procéder, prononce comme en matière sommaire; que, par ces dernières expressions, le législateur a rangé les actions en partage dans la classe des affaires sommaires ou les a assimilées à ces sortes de causes; que le mode d'instruction, prescrit en matière de partage, par le code de procédure civile, au titre des partages et licitations, interprète au besoin, dans ce sens, l'esprit de l'art. 823 c. civ.; d'où il résulte que la contestation dont il s'agit, étant placée au rang des causes sommaires ou assimilée aux causes de même nature, la chambre des appels de police correctionnelle de Nîmes était compétente pour en connaître;

Sur le premier et le deuxième moyen au fond: — Attendu, 1º que le droit d'interpréter la prétendue transaction du 4 août 1752, produite par le demandeur, était dans le domaine des pouvoirs de la cour de Nîmes; 2º que toute stipulation, contenue dans cette transaction, qui aurait eu pour but de conserver indivis le terrain dont le partage a été ordonné, devait céder devant les termes impératifs de l'art. 815 c. civ.; 3º que toutes les parties ayant joui de ce terrain promiscûment, la prescription contre l'action en partage n'a pu courir au profit de l'une des parties, au préjudice de l'autre; 4º que l'arrêt de la cour de Nîmes ayant reconnu, en fait, ainsi que l'avaient décidé les premiers juges d'après un rapport d'experts, que ce même terrain était divisible, il n'est pas dans les attributions de la cour de porter atteinte à ce fait; 5º que ce même arrêt a constaté, en fait, que, sur la demande des parties, il avait été fixé à chacune d'elles un lot plus ou moins considérable, selon la convenance et la position des lieux; que tout s'était fait, dans la cause, de l'aveu et sur la demande de Barbe; — Attendu que les parties étaient majeures, et qu'un arrêt, ainsi motivé en fait, échappe à toute censure, de la part de la cour; — Rejette, etc.

Du 9 mai 1827. — C. C., ch. req.-MM. Botton, f. f. de pr.-Mousnier-Buisson, rap.-Vatimesnil, av. gén., c. conf.-Jousselin, av.

pris, après la mort du testateur, connaissance de l'état de sa succession, non moins que de leurs sentiments réciproques, ils sont à portée de juger si la suspension du partage ne compromettra point leur tranquillité respective, ne les exposera point à des dissensions fâcheuses. Mais le testateur, au moment où il dispose, peut-il savoir si ses héritiers seront d'humeur à rester dans l'indivision pendant un temps quelconque? Peut-il calculer les incidents, qui, après sa mort, amèneront entre eux la discorde?» — Voilà pourquoi l'art. 815 c. nap., de même que les lois romaines, ne parle que de conventions entre héritiers. — Cette différence dans les deux situations ne permet pas d'objecter ici qu'on peut en général stipuler dans un testament toute condition permise dans une convention; telle est aussi l'interprétation de MM. Merlin, *loc. cit.*; Chabot, t. 3, p. 62; Malpel, nº 242; Toullier, t. 4, nº 405; Vazeille, art. 815, nº 10; Marcadé, même article, nº 1; Dutruc, du Partage, nº 6; Massé et Vergé, sur Zachariæ, t. 2, p. 361, note 3.

L'opinion contraire est soutenue par MM. Delvincourt, t. 2, p. 344, note 5; Duranton, t. 7, nº 80; Delaporte, Pand. fr., t. 3, p. 221; Belost-Jolimont sur Chabot, art. 815, obs. 2. La condition, dit-on dans ce sens, n'a rien de contraire à l'ordre public, puisque l'art. 815 l'autorise dans les conventions. On dit aussi (ce qui serait contestable d'après le témoignage contraire de Lacombe) que la distinction entre les conventions et les prohibitions testamentaires n'avait point été présentée par les anciens auteurs. On ajoute que le testateur a peut-être de justes raisons de différer le partage : l'un des héritiers est absent ou mineur, et il veut lui éviter les frais d'un partage judiciaire; tous les héritiers sont en mésintelligence, et il espère que le temps les réconciliera, les disposera à faire à l'amiable un partage, mieux assorti aux intérêts de chacun.

1508. La jurisprudence n'a point statué directement sur cette question; elle a seulement apprécié le cas où le testateur impose au légataire de la nue propriété la condition de ne pas demander le partage pendant la vie de l'usufruitier. Le doute alors vient de ce que la mort peut arriver avant l'expiration du délai de cinq années. De là toutefois nous ne conclurions pas à la validité absolue de la clause. Nous lui donnerions seulement effet pendant ce délai. — Jugé dans ce sens que la clause par laquelle la testatrice impose à son légataire, à titre universel, à peine de nullité du legs, l'obligation de ne pas provoquer le partage de sa succession pendant la vie de son mari, est obligatoire pendant cinq ans, à partir du décès de la testatrice, et ne peut être réputée non écrite, comme contraire à la loi; qu'en conséquence le légataire peut être déchu de son legs, pour avoir demandé le partage immédiatement ou avant l'expiration des cinq années (Rej. 20 janv. 1836) (1).

1509. Toutefois il a été décidé qu'un époux commun en biens ne peut, en instituant un légataire universel, lui interdire la faculté de demander le partage de la communauté pendant la vie de son conjoint survivant (Aix, 10 mai 1841, aff. Augier, V. nº 1504).

1510. Dans une espèce où le testateur avait imposé, non à un légataire, mais à ses héritiers, l'indivision pendant *vingt années* d'une partie de sa succession léguée en usufruit, il a été jugé que les héritiers avaient pu valablement demander le partage de ces objets un an après le décès, la clause devant être réputée non écrite. — « Attendu que feu Boissonnet a prescrit, par son testament, en date du 15 déc. 1828, de laisser dans l'indivision pendant vingt années les objets dont il attribue la jouissance, durant ce même nombre d'années, aux époux Lynch; mais qu'une pareille disposition se trouvant contraire à l'art. 815 c. nap. ne peut être exécutée; infirme » (Bordeaux, 20 avril 1831, M. Rousset, pr., aff. Lynch *C.* Saint-Guyrons).

1511. La convention qui prolongerait au delà de cinq ans le temps de l'indivision ne serait point nulle de plein droit. Elle serait seulement réductible à ce terme. L'art. 815 semble, par son texte même, se prêter à cette interprétation (Duranton, t. 7, nº 81; Delvincourt, Chabot, Delaporte, *loc. cit.*). — C'est ainsi que l'art. 1660, qui prohibe la faculté de rachat au delà de cinq années, ajoute que, « si elle a été stipulée pour un terme plus long, elle est réduite à ce terme. »

1512. Si la convention est renouvelée avant l'expiration des cinq ans, le nouveau délai ne court pas à dater de l'expiration de la première convention, mais du jour où elle a été renouvelée. Par exemple, si le renouvellement a lieu après quatre ans, il ne sera obligatoire que pour quatre nouvelles années, qui, jointes à celle qui restait à courir de la première période, compléteraient le terme de cinq ans; autrement ce serait stipuler l'indivision pour une durée plus longue que celle permise par la loi (Toullier, t. 4, nº 406; MM. Belost-Jolimont sur Chabot, art. 815, observ. 4; Marcadé, même article, nº 1; Dutruc, du Partage, nº 7; Massé et Vergé, t. 2, p. 362, note 4).

1513. Quelles doivent être les formalités de la convention entre héritiers, pour qu'elle ait l'effet prévu par l'art. 815 c. nap.? De ce que la preuve par témoins ne serait pas admissible, on a paru conclure qu'une convention purement verbale ne serait pas valable (Chabot, art. 815, nº 7; Vazeille, nº 11). M. Dutruc, nº 8, soutient avec raison que l'écriture n'étant pas de l'essence des conventions, la convention verbale serait obligatoire; ce qui ne ferait pas difficulté si les parties en reconnaissaient de bonne foi l'existence.

1514. Mais est-il nécessaire, à peine de nullité, que la convention soit faite entre tous les héritiers? M. Chabot, t. 3, p. 65, pense que «si l'héritier, qui ne l'avait pas souscrite, demandait le partage, la convention se trouverait rompue à l'égard de tous les autres, puisque l'état des choses existant au moment de la convention serait changé par la distraction qui s'effectuerait sur la masse des biens de la part de l'un des héritiers.» Un autre expédient pourrait être proposé : distraire le lot de l'héritier qui n'a pas souscrit, et maintenir les autres dans l'indivision. Mais «serait-il juste, répond M. Chabot, de faire supporter à ceux qui voudraient profiter du premier les frais d'un second partage? Tout au plus, les jouissances devraient rester en commun, jusqu'à l'expiration du terme stipulé.» MM. Duranton, nº 83, Vazeille, nº 12, Dutruc, nº 9, approuvent cette doctrine, et ajou-

(1) *Espèce :* — (Rousset *C.* Salmon.) — 30 décembre 1831, jugement du tribunal de Sens, ainsi conçu : « En ce qui touche la demande en partage; — Attendu que le titre des demandeurs est un titre gratuit, auquel le testateur a pu mettre toutes les conditions qui ne sont pas contraires à la loi; — Attendu que notre nouvelle législation, comme l'ancienne, établit une distinction entre la prohibition et la suspension du partage; — Attendu que l'art. 815 c. civ. contient en lui-même le principe de la suspension, et qu'ainsi la testatrice n'a point imposé de conditions contraires à la loi, en voulant que la légataire suspendît toute action en partage pendant l'usufruit de son mari, etc. — Attendu que la condition de suspendre toute demande en partage est une condition impérative audit legs; que cette condition n'a rien de contraire à la loi, et qu'elle n'a point été respectée par la légataire; — Déclare la dame Rousset non recevable dans sa demande en partage, et annule le legs fait à son profit. » — Appel. — 7 févr. 1833, arrêt de la cour de Paris, qui, adoptant les motifs des premiers juges, confirme.

Pourvoi de la dame Rousset, pour violation des art. 815 et 900 c. civ., en ce que la cour royale, a déclaré licite, dans une disposition testamentaire, une clause que la loi n'autorise que dans les *conventions.* — Arrêt (après délib. en ch. du cons.)

La cour; — Considérant que les conditions apposées aux libéralités doivent être d'autant plus religieusement observées, que leurs motifs en sont plus respectables; que la loi ne répute non écrites (art. 900 c. civ.) que les conditions impossibles, celles contraires aux lois et aux mœurs;

Que celle imposée à la nièce légataire n'est point de ce nombre, la condition de ne point provoquer de partage contre le mari pendant sa vie n'étant que le moyen de gratifier la nièce pour faire assurer par elle cette tranquillité que la testatrice pouvait assurer elle-même en donnant à son mari; — Qu'aux termes du § 2 de l'art. 815 c. civ., on peut suspendre le partage pendant cinq ans, et que cette suspension peut être renouvelée; qu'à plus forte raison, ce qui peut être l'objet d'une simple convention peut-il être celui d'une condition apposée à une libéralité et produire son effet; que la légataire ne peut argumenter, dès lors, de ces mots : *nul ne peut être contraint de garder l'indivision* (§ 1, art. 815), puisqu'elle est parfaitement libre d'accepter ou de ne pas accepter le legs, et que le § suivant autorise la suspension temporaire;

Que l'impatience de la légataire à former contre le mari, immédiatement après la mort de sa femme et au mépris de sa défense expresse, une demande en partage, a pu motiver l'application de la nullité prononcée par le testament; — Rejette.

Du 20 janv. 1836.-C. C., ch. civ.-MM. Dunoyer, pr.-Piet, rap.

tent avec raison que, loin d'être nulle de plein droit, la convention à laquelle n'a pas figuré l'un des héritiers n'a pas moins l'effet important d'obliger les signataires de l'acte à subir l'indivision, sans qu'ils puissent eux-mêmes provoquer le partage.

1515. La convention qui suspendrait le partage n'aurait point effet à l'égard des créanciers antérieurs des parties contractantes. Il ne doit pas dépendre du débiteur de paralyser l'exercice des droits de ses créanciers. La loi leur permet de provoquer le partage ou d'y intervenir pour agir ensuite sur la part d'immeubles échue au débiteur (c. nap. 2205); en outre, tout débiteur répond de ses obligations sur ses biens présents et à venir (c. nap. 2092). Par ce double motif, les créanciers ne seraient point forcés d'attendre l'expiration du temps convenu. En vain les cohéritiers du débiteur allégueraient qu'ils ont intérêt à l'exécution de la convention. Cet intérêt ne suffit point pour empêcher les créanciers d'accepter, à la place du débiteur, la succession à laquelle il a renoncé. La même considération ne doit pas dans l'espèce avoir plus d'empire (MM. Chabot, t. 3, p. 66; Duranton, t. 7, nº 84; Vazeille, art. 815, nº 13; Poujol, art. 815, nº 2; Dutruc, nº 9). — Jugé toutefois que la clause d'un acte de partage portant que l'un des immeubles à partager continuera à rester indivis entre les copartageants, ne peut être attaquée par les créanciers (antérieurs) de l'un d'eux, si elle a une cause légitime, comme, par exemple, lorsque la propriété de l'immeuble est contestée à la succession. Le créancier provoquait un nouveau partage de la succession, demandant la nullité de l'ancien partage, et notamment de la clause d'indivision. Cette demande a été écartée (Rouen, 4 juillet 1843, M. Legris de la Chaise, pr., aff. Renard *C.* Chedeville).

1516. La convention des héritiers ne saurait arrêter l'action, soit des légataires à titre universel, soit des enfants naturels reconnus (MM. Chabot et Dutruc, *loc. cit.*).

1517. La clause d'indivision imposée par un ascendant donateur aux enfants donataires est obligatoire pour cet ascendant, appelé plus tard à la succession de l'un de ces enfants décédé sans postérité. — En tous cas, la clause d'indivision doit conserver son effet à l'égard de l'ascendant donateur, durant les cinq années pendant lesquelles l'indivision peut être légalement stipulée (Trib. de la Seine, 6 juill. 1849, aff. Rossignol, D. P. 49. 3. 76).

1518. L'art. 815 s'applique aux *licitations*. La licitation ne diffère du partage qu'en ce qu'au lieu de diviser les immeubles en nature, elle en divise seulement le prix; mais elle est une manière de partager, et elle peut être toujours provoquée nonobstant prohibitions et conventions contraires, lorsque le partage n'est pas commode en nature; il serait permis de la suspendre pendant cinq ans (Chabot, t. 3, p. 67; MM. Duranton, nº 87; Dutruc, nº 13).

1519. La convention de *suspendre* le partage n'est pas la seule exception à la règle générale qui permet de faire cesser l'indivision; une autre restriction peut résulter de la nature ou de la destination des biens indivis. — Il en est ainsi d'abord des droits de *servitude* communs à plusieurs héritages. La loi romaine cite divers exemples. Une servitude de passage ou d'aqueduc est due à un fonds indivis; les cohéritiers qui se partageront est le fonds ne se partageront pas le droit de servitude; tout au plus pourraient-ils convenir d'un mode de jouissance (L. 19, § 4, ff., *Communi divid.*). Il en serait de même d'un droit d'entrée, d'un vestibule, d'une allée ou chemin conduisant à deux maisons adjacentes, s'il n'y avait pas d'autre moyen d'exploitation (§ 1, *ibid.*; Merlin, Rép., vº Partage, § 10, nº 2; Delvincourt, t. 2, p. 344, nº 4; MM. Duranton, t. 7, nº 77; Troplong, de la Vente, nº 861; Bioche, vº Partage, nº 11; Marcadé, art. 815; Dutruc, du Partage, nºs 216, 217; Massé et Vergé, sur Zachariæ, t. 2, p. 356, note 4).

1520. Suivant un arrêt, l'art. 815 n'est pas non plus applicable lorsque la chose dont on demande le partage, située entre deux propriétés ou établissements, est tellement nécessaire à leur exploitation, que sans sa possession commune par les deux propriétaires voisins, les fonds seraient de nul usage ou perdraient presque toute valeur (Req. 10 déc. 1825) (1). — Tel est aussi le cas où deux propriétaires ont mis en commun deux parcelles de terrains, pour être affectés ensemble à l'établissement d'un chemin de desserte également nécessaire à leurs propriétés respectives (Req. 10 janv. 1842, aff. de Livron, V. Prescription).

1521. De même lorsque, pour faciliter la division d'un héritage, les parties ont reconnu nécessaire de jouir en commun d'une allée conduisant à un puits commun, leurs conventions, à cet égard, doivent être maintenues, la communauté de l'allée, dans ce cas, n'étant pas une indivision, mais constituant une servitude de passage réciproque entre les copartageants (c. nap. 815; L. 19, ff., *Communi divid.*). —...En conséquence, celui qui, au mépris de pareilles conventions, aurait élevé un mur au milieu de l'allée, doit être condamné à le démolir, alors surtout qu'il a construit ce mur avant de provoquer aucun partage (Bordeaux, 4 déc. 1835) (2).

1522. C'est ainsi encore qu'il n'y a pas contravention à la loi qui ordonne la cessation de l'indivision après cinq ans, dans un arrêt qui décide que quelques parties de l'héritage, comme la porte cochère et la cour, doivent rester communes entre les partageants, une pareille communauté n'étant pas une indivision, mais constituant une servitude réciproque de l'un des propriétaires envers l'autre : — « Attendu que, si quelques parties de l'héritage, comme la porte cochère et la cour, sont jugées devoir rester communes entre les partageants, ceux-ci ne restent pas pour cela dans l'indivision, parce que cette communauté de certaines parties des objets divisés constitue une servitude réciproque de l'un des propriétaires envers l'autre (L. 19, ff., *Communi dividendo*; art. 663 et suiv. c. civ.) : rejette le pourvoi formé contre l'arrêt de la cour de Colmar » (Req. 21 août 1832, MM. Zangiacomi, pr., Bernard, rap., aff. Haag *C.* Schneider).

---

(1) (Séguin *C.* Guesdin.) — La cour; — Attendu, en droit, que s'il est vrai que nul ne peut être contraint à demeurer dans l'indivision et que le partage peut toujours être provoqué, nonobstant prohibitions et conventions contraires (art. 815 c. civ.), il est vrai aussi que, toutes les fois qu'entre deux propriétés et deux établissements principaux, possédés séparément par deux différents propriétaires, il existe un objet accessoire, une dépendance tellement nécessaire à l'exploitation des deux propriétés principales, que sans sa possession et jouissance commune, lesdites propriétés principales seraient ou de nul usage ou d'un usage notablement détérioré, alors, pour ne pas sacrifier le principal à l'accessoire, il n'y a pas lieu à partage dudit objet accessoire, et les deux propriétaires sont censés demeurer, à cet égard, moins dans une indivision que dans une servitude réciproque de l'un envers l'autre (Loi 19, ff., *Communi dividendo*; art. 655 et suiv. c. civ.); — Et attendu, en fait, qu'il est constant au procès que le Bas du Moulin et les issues en question n'étaient qu'un accessoire et une dépendance dont la possession et jouissance commune étaient absolument nécessaires à l'exploitation des deux propriétés principales possédées séparément par les parties; que c'était même cette nécessité seule qui avait motivé la stipulation portée en l'acte du 31 mars 1817, ce qui, à l'égard de cet accessoire, écartait tout partage; — Que, dans ces circonstances, en décidant que cette stipulation devait être exécutée, et que, par conséquent, il n'était pas permis à Séguin de provoquer le partage du Bas du Moulin et des issues dont il s'agit, l'arrêt (de la cour de Poitiers, en date du 24 juin 1822), a fait une juste application des lois de la matière; — Rejette.

Du 10 déc. 1825.-C. C., sect. req.-M. Lasagni, rap.

(2) (Chôreau *C.* Figerou.) — La cour; — Attendu que l'art. 815 c. civ. a pour objet évident de faciliter les partages, et que c'est se conformer à son esprit, de maintenir les conventions qui sont intervenues entre les copartageants, et qui ont eu pour objet de faciliter la division de leurs propriétés; que si, pour opérer cette division, les parties ont reconnu nécessaire de jouir en commun d'un objet simplement accessoire à l'héritage partagé, il y a lieu de maintenir leurs conventions; — Attendu que, dans l'espèce, l'intention des parties ne peut être douteuse; qu'elle est manifestée par les termes mêmes de l'acte du 20 sept. 1830; que l'allée du jardin, qu'elles sont convenues de laisser en commun, n'est que la suite du corridor du rez-de-chaussée de la maison; qu'elle sert de passage pour aller, d'une part, du jardin à la maison et de la maison au jardin, et d'autre part, aux diverses parties du jardin et au puits commun; d'où il suit que la communauté de l'allée constitue, en faveur des contractants, une servitude de passage; et qu'il y a lieu de la maintenir pour leur utilité commune; que, sous ce premier rapport, les appelants n'ont pas été fondés à élever une muraille au milieu de l'allée; — Attendu, en deuxième lieu, que cette allée étant restée indivise, les appelants avaient tout au plus une action pour en provoquer le partage, mais que de leur autorité privée ils ne pouvaient y construire un mur; — Confirme.

Du 4 déc. 1835.-C. de Bordeaux.-M. Roullet, 1er pr.

1523. D'ailleurs, l'indivision dans la possession et propriété d'un chemin ou ruelle de service, conduisant à deux maisons voisines et à un jardin attenant à l'une de ces maisons, ne peut cesser, et le passage ne peut être ni obstrué ni gêné contre le gré de l'un des copropriétaires. Par suite, c'est à tort qu'il aurait été jugé que chacune des deux propriétés qu'il sépare usera de la moitié de la ruelle, laquelle doit conserver sa destination commune (c. nap. 815; Agen, 18 janv. 1856) (1).

1524. Mais, pour qu'il n'y ait pas lieu au partage, il faut, bien entendu, que l'objet mis en commun soit nécessaire aux deux héritages; sinon la règle générale de l'art. 815 reprendrait son empire. En un mot, l'indivision forcée ne saurait être motivée sur le seul intérêt des personnes (Toullier, t. 3, n° 469 *bis*; MM. Duranton, t. 5, n° 149; Pardessus, Servitude, n° 8; Vazeille, art. 815, n° 5; Belost-Jolimont, sur Chabot, même article, observ. 1; Dutruc, n° 219).

1525. L'art. 815 c. nap. s'applique à l'indivision de pacage comme à l'indivision de propriété. Spécialement, la convention par laquelle deux propriétaires d'un fonds indivis ont établi sur ce fonds un pacage commun, n'empêche pas qu'il y ait lieu au partage du pacage comme au partage du fonds. Cette convention est moins l'établissement d'une servitude réciproque, qu'un règlement d'indivision, dans le sens de l'art. 815 (Rej. 18 nov. 1818) (2).

1526. Le droit appartenant à une commune de cultiver, ensemencer et récolter les produits d'un étang asséché chaque troisième année, sauf la prestation du cinquième des fruits, est un droit de copropriété donnant ouverture à l'action en licitation et non un droit d'usage susceptible seulement de l'action en cantonnement. — «Considérant que la cour royale de Dijon a pu, sans violer aucune loi, déclarer que le droit dont il s'agit constituait un droit de copropriété au profit desdites communes et non un simple droit d'usage, ainsi qu'elles l'avaient prétendu; — D'où il suit qu'en accueillant la demande en partage qui avait été formée, l'arrêt attaqué n'a nullement violé l'art. 628 c. civ., et n'a fait qu'une juste application de l'art. 815 même code; — Rejette » (Rej. 31 janv. 1838, MM. Portalis, pr., Piet, rap., aff. commune de Saint-Seine *C.* Magnoncourt). — Jugé aussi que dans les étangs de la Dombes et de la Bresse, l'évolage et l'assec constituent, pour ceux qui en jouissent distinctement, des propriétés indivises, sujettes à l'application de l'art. 815 c. nap. (Cass. 5 juill. 1848, aff. Damon, D. P. 48. 1. 137).

1527. L'usufruit qui grèverait les biens indivis ne serait point un obstacle au partage; l'intérêt des nu-propriétaires ne le sollicite pas moins : quand ils connaîtront ce qui doit composer leurs lots, ils vendront plus facilement que dans l'état d'indivision leurs parts de la nue propriété. — La même considération autoriserait les usufruitiers à demander le partage de l'usufruit commun : la loi ne fait point exception pour ce cas (Chabot, art. 815, n° 5; MM. Duranton, t. 7, n° 85; Vazeille, art. 815, n° 6; Belost-Jolimont, sur Chabot, même article, obs. 3; Dutruc, du Partage, n° 214). — Jugé que l'abandon fait à la mère par ses enfants de la jouissance des biens de leur père n'est point un obstacle au partage (Paris, 1re sect., 24 niv. an 13, M. Agier, pr., aff. Voguet).

1528. Cependant il a été jugé que si l'un des immeubles de la succession est grevé d'usufruit au profit de l'un des héritiers, cet immeuble doit être retranché du partage et laissé dans l'indivision jusqu'à l'extinction de l'usufruit : on doit fixer la valeur de l'usufruit, et ne comprendre l'immeuble dans le partage que sous déduction de cette valeur. — «Relativement à la difficulté que la formation des lots rentre dans l'usufruit appartenant à l'épouse Lynch : — Attendu que, pour y obvier, il convient de prescrire que ce même usufruit soit préalablement estimé, pour ne comprendre dans le partage les biens qui en sont grevés, que déduction faite de sa valeur; » — Infirme (Bordeaux, 20 avril 1831, M. Roullet, pr., aff. Lynch *C.* Saint-Guirons). — Dans l'espèce l'usufruit avait été légué par un tiers, et le testament prescrivait l'indivision, pendant vingt ans, des objets dont il attribuait la jouissance; — 2° Que l'art. 815 c. nap. ne s'applique point au cas où des individus ont acheté conjointement un immeuble, non pour en jouir eux-mêmes en commun, mais pour en conserver l'usage à un tiers; par exemple, une maison, jardin et dépendances, destinés par les acquéreurs à servir de logement à leur pasteur. — Les communistes ne peuvent provoquer la licitation ou le partage de l'objet indivis, tant que peut durer l'usage exclusif du tiers (Colmar, 20 mars 1815) (3).

1529. De même encore, un usufruit qui grèverait les biens de la succession, avec faculté expressément stipulée pour l'usufruitier, d'abattre tels bâtiments, bois et arbres qu'il jugera convenable, est un motif suffisant de ne pas admettre l'action en partage exercée par un seul des héritiers, si tous les autres s'y opposent et demandent, vu la difficulté de fixer auparavant la valeur des immeubles, que le partage n'ait lieu que lors de l'extinction de l'usufruit. Il y a, dans ce cas, exception à la règle de l'art. 815, qui permet généralement de sortir d'indivision (Paris, 31 août 1815) (4).

---

(1) (Brugère *C.* Pourpoint.) — La cour; — Attendu qu'il a été définitivement décidé et jugé par le jugement dont est appel que la ruelle dont s'agit est commune aux parties au procès, qu'il n'y a pas appel de cette décision, qui a acquis conséquemment l'autorité de la chose jugée; — Qu'il est constant que l'unique destination de cette ruelle est pour le passage de la maison et jardin Brugère et pour la maison Pourpoint; — Que, dans ces circonstances, le passage ne peut être obstrué ni gêné par aucune des parties; — Que, dans ce cas, l'indivision ne peut cesser, contre le gré de l'une des parties, sans porter atteinte à l'objet principal pour lequel cette communauté a été indispensablement établie; — Attendu que le premier juge, en autorisant chacune des parties à user du droit de la moitié de la ruelle, ainsi que tout propriétaire a le droit d'user de sa propriété, a évidemment fait un partage de cette ruelle, maintenu la prétention de toute espèce de dépôt permanent, et détruit ainsi l'indivision établie pour l'utilité et l'usage indispensable des deux maisons; — Que cette décision porte évidemment atteinte au droit reconnu commun, puisque, dans ce cas, aucune partie de cette ruelle ne peut être considérée comme la propriété exclusive d'aucune des parties; que chacune d'elles, au contraire, avait un égal droit sur toute son étendue; qu'enfin des dépôts permanents sur cette ruelle ne peuvent que gêner ou rendre plus désagréable la viabilité, seule destination qu'elle doit avoir et conserver, d'où suit qu'il y a lieu de réformer, sur ce chef, le jugement du tribunal de Cahors; — Émendant.

Du 18 janv. 1856.-C. d'Agen, ch. civ.-M. Tropamer, 1er pr.

(2) (Blot-Vallée *C.* Guyard.) — La cour; — Attendu que la communauté de pâturages énoncée dans l'acte du 8 mai 1725, sur le terrain en bruyère dont il s'agit, était liée à l'indivision de ce terrain convenue entre les parties; — Attendu que, d'après l'art. 815 c. civ., nul ne peut être contraint à demeurer dans l'indivision, qu'elles qu'aient pu être les conventions faites à ce sujet; qu'ainsi la faculté de faire cesser l'indivision dudit terrain emporte avec elle celle d'y faire cesser la communauté de pâturage, et qu'en le jugeant ainsi, et en autorisant le défendeur à faire diviser et borner ledit terrain et à faire clore la portion qui lui sera départie, la cour royale d'Orléans n'a contrevenu à aucune loi; — Rejette, etc.

Du 18 nov. 1818.-C. C., sect. civ.-MM. Desèze, 1er pr.-Trinquelague, r.

(3) (Rehm *C.* Kœser et cons.) — La cour; — Attendu que par contrat notarié du 24 avr. 1805, Balthasar Kœser et sa femme ont vendu à quatre-vingt-huit individus de Roppenheim, professant le culte protestant, une maison, jardin et dépendances audit Roppenheim, que les acquéreurs destinèrent, y est-il dit, à servir de logement à leur pasteur; ledit immeuble, porte le contrat, devant rester affecté à cette destination tant que les contractants ne lui en auront pas, d'un avis unanime, assigné une autre; et, à cet égard, il échet de remarquer que Kœser, vendeur pour contribuer de sa part à cette œuvre pie, a voulu aussi être coacquéreur; — Attendu que le sieur Rehm, auquel plus d'une vingtaine de ces acquéreurs ont cédé leurs parts, demanda et obtint, par le jugement dont est appel, que la maison serait partagée ou licitée à l'effet de lui en être attribué le quart; jugement qui, sur l'appel, a été infirmé par arrêt par défaut, auquel le sieur Rehm est opposant; — Attendu qu'à la vérité il est de principe, consacré par l'art. 815 c. civ., invoqué par le sieur Rehm, que nul ne peut être contraint à demeurer dans l'indivision, et que le partage peut être toujours demandé; mais que cette disposition n'est nullement applicable à l'espèce, puisque les quatre-vingts individus qui figurent au contrat de 1806 n'ont pas, conjointement avec le vendeur lui-même, voulu acquérir la maison en question pour en jouir en commun; qu'ils se sont interdit, au contraire, toute jouissance en la destinant à l'usage du pasteur protestant; que le procès est l'unique cause pour laquelle celui-ci ne se trouve pas encore en possession, et que sans cela la donation eût pu en être faite il y a longtemps, et présentée à l'acceptation du gouvernement; et qu'à défaut d'acceptation, la vente de 1806 se trouverait résiliée de plein droit d'après la stipulation expresse y portée. — Infirme.

Du 20 mars 1815.-C. de Colmar.

(4) *Espèce* : — (Fessart *C.* Delacourt.) — Le 16 août 1812, le tribunal de Pontoise a rejeté la demande en partage. « Attendu que la fa-

1530. L'usufruit serait encore un obstacle au partage dans le cas où l'indivision ne pourrait cesser sans porter atteinte au droit de l'usufruitier ; ce qui arriverait, par exemple, si le partage en nature étant impossible, les nu-propriétaires poursuivaient la licitation des biens sur lesquels l'usufruit repose. L'usufruitier ne saurait être contraint à souffrir la conversion de sa jouissance réelle sur ces biens en revenus d'un capital dont la quotité est subordonnée aux éventualités d'une licitation. Mais rien ne s'opposerait à la licitation, si la jouissance de l'usufruit était réservée (Cass. 8 déc. 1846, aff. Geoffroy, D. P. 47. 1. 41).

1531. Le père qui a donné à ses enfants la propriété d'un immeuble, en se réservant l'usufruit de la moitié de cet immeuble, avec clause de retour en cas de prédécès des donataires, est fondé à s'opposer à la licitation de cet immeuble, soit en ce que la conservation de son droit d'usufruit constitue une condition de la libéralité, soit en ce que la licitation, devant le rendre garant envers l'acquéreur de toute éviction, empêcherait l'exercice possible de son droit de retour. — ...Et d'ailleurs, la continuation de l'usufruit réservé ne contraint pas d'une manière absolue les donataires à demeurer dans l'indivision, la faculté d'aliéner leurs droits ne leur étant pas enlevée (Cass. 8 déc. 1846, aff. Geoffroy, D. P. 47. 1. 41).

1532. Le partage peut être demandé même contre le copropriétaire par indivis qui a en outre l'usufruit de la totalité des biens.

1533. L'usufruitier par indivis d'un immeuble n'est pas recevable à provoquer la licitation de cet immeuble, en cas d'impossibilité de partage en nature ; l'action en licitation ne peut porter que sur l'usufruit (trib. de Fontainebleau, 7 fév. 1843, aff. hérit. Dufriche).

1534. Le droit de demander le partage d'une chose indivise est refusé dans certains cas par des lois spéciales qui concernent la propriété d'un navire (c. com. 220), d'une mine (L. du 21 avr. 1810, art. 7) et d'une habitation ou sucrerie dans les colonies (édit de 1726).

1535. Outre les restrictions, résultant de la nature ou de la destination des biens indivis, il y a aussi, dans le mode même de communauté, une autre cause d'exception à la règle qui permet de faire cesser l'indivision. Ainsi, pour la communauté conjugale et la société à terme, l'indivision ne cesse que par les causes énumérées dans le code pour la dissolution de ces deux sortes d'associations (art. 1441 et 1871). — Par exemple, une société à terme peut être stipulée pour plus de cinq ans. Cette distinction fut rappelée lors de la discussion du conseil d'État (Maleville, t. 2, p. 297; Delvincourt, t. 2, p. 345, n° 6; Duranton, t. 7, n° 79; Delaporte, Pand. franç., t. 3, p. 222; Vazeille, art. 815, n° 3). — Jugé spécialement que l'immeuble indivis entre plusieurs personnes, et qu'elles affectent à une association à terme, doit rester indivis jusqu'à l'expiration du terme fixé, nonobstant l'art. 815. — « Attendu que l'arrêt attaqué (de la cour de Paris), en interprétant, ainsi que la cour royale en avait le droit, l'art. 7 de l'acte des 12 mai 1814 et jours suivants, a reconnu que cet acte renfermait une stipulation d'association à terme, réglée par l'art. 1871 c. civ., qu'elle a pu et dû en conséquence refuser d'appliquer les effets de la prohibition prononcée par l'art. 815 du même code pour l'exercice libre de l'action en partage entre cohéritiers; — Rejette » (Req. 5 juill. 1825, MM. Henrion, pr., Borel, rap., aff. Duréal).

1536. Les règles qui concernent la dissolution des sociétés contractuelles, ne sont point applicables à une société qui a pour objet des biens d'une succession, et qui a été ordonnée entre héritiers par le testateur, en même temps que l'indivision des autres biens de la succession; spécialement, ne seraient pas applicables les dispositions des lois romaines et du code Napoléon, qui prohibent les renonciations intempestives aux sociétés contractées pour un temps indéfini; ce serait le lieu d'exécuter l'art. 815 c. civ., qui permet en tout temps de sortir d'indivision (Rej., 22 juill. 1807) (1).

Art. 2.—*Pendant quel temps peut être demandé le partage.— Actes constitutifs de partage.*

1537. L'action en partage subsiste tant que dure l'indivision. Un communiste ne peut prescrire contre l'autre parce qu'il ne peut posséder qu'à titre précaire la part revenant à celui-ci. « La communion, dit Dunod (des Prescriptions), étant une faculté de fait, il est libre aux communiers de la continuer ou de la dissoudre. Il n'y a point d'adversaire ou de contradicteur contre lequel on prescrive pendant sa durée; et puisqu'elle ne peut être rendue perpétuelle par aucune convention, il ne peut point y avoir de prescription contre le droit de demander le partage. »

Le principe que la prescription ne court pas entre communistes, n'est pas applicable au cas où l'immeuble d'une succession a été, par un premier partage, laissé dans l'indivision et placé sous l'administration d'un tiers étranger à la succession, puis plus tard possédé par des cohéritiers. Cette jouissance séparée a rendu l'immeuble prescriptible.—« Attendu que ce n'est point à titre de communistes que les défendeurs éventuels ont joui du domaine de Coatelez; qu'il a été reconnu par toutes les parties 1° que ce domaine est resté indivis; 2° qu'il avait été confié à l'administration de tiers étrangers aux parties; 3° que, depuis plus de trente ans, en vertu d'arrangements dont les titres n'ont pas été représentés, les défendeurs éventuels s'en sont mis en possession et en ont joui exclusivement; rejette le pourvoi contre l'arrêt de Paris » (Req. 2 août 1841, MM. Zangiacomi, pr., Bayeux, rap., aff. de Villegonan C. Talhouet).

L'art. 816 porte : « Le partage peut être demandé, même quand l'un des cohéritiers aurait joui séparément de partie des biens de la succession, s'il n'y a eu un acte de partage ou possession suffisante pour acquérir la prescription. »

1538. *Actes de partage.* — Pour rendre non recevable l'action en nouveau partage, il faut que le partage, tel que l'entend l'art. 816, ait pour objet la propriété des biens de la succession, et non pas seulement leur jouissance; qu'il soit définitif et non provisionnel.

---

culté donnée à la veuve usufruitière des immeubles, d'abattre les arbres et bois et de démolir les bâtiments, rend, quant à présent, le partage impossible; que la valeur des biens ne peut être connue qu'après la cessation de l'usufruit, et que ce n'est qu'alors que les lots peuvent être formés avec cette parfaite égalité qui est la base de tout partage;—Que les héritiers Delacourt ne sont saisis, quant à présent, que de la nue propriété des immeubles; qu'après le décès de l'usufruitier, ils doivent, aux termes de son don mutuel, prendre les propriétés dans l'état où elles se trouveront; que, dès lors, la demande en partage paraît prématurée, et n'offrait pas même à celui qui l'aurait provoquée les avantages qu'il s'en promet, pour faire cesser une indivision qui paraît commandée, dans l'espèce particulière, par le pouvoir accordé à la veuve dans l'exercice de sa jouissance; — Que les dispositions de l'art. 815 c. civ., en admettant le principe que nul ne peut être contraint de rester dans l'indivision, et que le partage d'une succession peut toujours être provoqué, ont laissé aux héritiers le droit de suspendre le partage pendant un temps limité; — Que la licitation des biens impartageables serait elle-même impraticable, n'étant pas possible de fixer, quant à présent, la valeur de la nue propriété des immeubles avec la chance des dégradations inévitables pendant la durée de l'usufruit; et qu'enfin, sous tous les rapports, la demande en partage ne pourrait se concilier avec le besoin de ne pas sacrifier à la volonté d'un seul les intérêts de tous les autres cohéritiers, lorsque les circonstances qui s'y opposent peuvent changer, et présenter des avantages certains en consolidant l'usufruit à la propriété des immeubles. — Appel par Fessart. »

La cour; — Considérant que, dans l'espèce, la faculté accordée par le don mutuel, de dénaturer les immeubles en abattant les maisons et coupant les bois, a modifié la nue propriété et limité le droit commun de sortir de l'indivision avant la mort de l'époux survivant; — Confirme, etc.

Du 31 août 1815.-C. de Paris, 1re ch.

(1) (Goër C. Grumsel d'Emal.) — La cour; — « Attendu que le testament de feue la dame de Goër a été ponctuellement exécuté, et qu'elle n'a pas voulu ni pu vouloir que la communauté qu'elle avait ordonnée entre ses enfants fût éternelle; que la cour d'appel a décidé, en point de fait, que la dissolution de la communauté était demandée en temps opportun, et qu'elle n'a reconnu aucune mauvaise foi dans les procédés des adversaires du demandeur; que l'ordonnance de 1667 n'ordonne l'interrogat que sur les faits pertinents, et que la cour d'appel a jugé, en point de fait, que ceux proposés par le demandeur ne l'étaient pas; — Rejette, etc. »

Du 22 juill. 1807.-C. C., sect. civ.-M. d'Outrepont, rap.

1539. Et d'abord, le partage doit porter sur la propriété et non pas seulement sur la jouissance. L'effet du partage est déclaratif des parts de chaque héritier dans la propriété des choses héréditaires. Un simple règlement de jouissance n'est qu'un partage provisionnel qui laisse subsister l'action en partage définitif (Chabot, t. 3, p. 63; Merlin, Répert., v° Partage, § 10, n° 2; MM. Duranton, t. 7, n° 76; Marcadé, art. 816, n° 2; Dutruc, n° 233.

1540. Par exemple, la convention en vertu de laquelle les copropriétaires d'une prairie ont affermé d'année en année le lieu où ils fauchaient leur foin, à la condition que la moitié de la première herbe appartiendrait à l'un d'eux, ayant droit à la moitié de la prairie, mais que la seconde herbe serait pâturée en commun par leurs bestiaux, ne peut être considérée que comme un partage de quotité, une règle relative seulement à la jouissance, et non comme un partage définitif, ayant eu pour objet de faire cesser l'indivision de la propriété. Ainsi, dans ce cas, le partage de la propriété de la prairie peut être demandé par l'un des copropriétaires (Rennes, 27 mai 1812, aff. Leconte, V. Servitudes).

1541. Il en est de même de la convention par laquelle des cohéritiers stipulent qu'ils jouiront alternativement, l'un un jour, l'autre le jour suivant, d'un immeuble de la succession (d'un moulin); n'ayant pour objet que le mode de jouissance, et non la propriété, elle ne peut être considérée comme un véritable partage (Cass. 15 fév. 1815) (1).

1542. Ainsi encore : 1° le partage d'une usine (une scierie), par journées d'exploitation, entre les divers copropriétaires, doit être considéré comme réglant uniquement la jouissance de cette usine, et non comme emportant un partage de la propriété même du matériel et des accessoires. Par suite, l'indivision ne cessant pas d'exister quant à la propriété, la licitation peut valablement être demandée (Req. 5 juin 1839) (2); — 2° La jouissance des produits d'un étang, savoir, pendant deux années par un propriétaire, lorsqu'il est couvert d'eau, et pendant la troisième par des communes lorsqu'il est mis à sec, ne constitue pas un partage, mais est une simple perception alternative de fruits qui laisse subsister l'indivision du fond et ne fait pas obstacle à une demande en licitation de l'étang : « Attendu que la perception alternative des produits à des époques périodiques ne constitue nullement un partage de l'immeuble, et laisse précisément subsister l'état d'indivision que la demande a eu pour objet de faire cesser; d'où il suit que, sous ce nouveau rapport, l'art. 815 c. nap. n'a point violé; rejette » (Rej. 31 janv. 1838, MM. Portalis, 1er pr., Piet, rap., Laplagne, av. gén., c. conf., aff. com. de Saint-Seine C. Magnoncourt). — Dans cette espèce, l'arrêt infirmatif de la cour de Dijon, était motivé sur ce « qu'aucun partage réel et effectif n'a encore fait cesser l'indivision du fonds entre ces divers propriétaires; que le mode de jouissance qui a eu lieu jusqu'à présent n'a porté que sur la perception des fruits; » — 3° Que sous la coutume de Normandie, qui ne permettait pas à l'un des cohéritiers de prescrire contre l'autre *avant le partage*, on a pu considérer comme un partage l'acte par lequel on avait distribué à chaque branche les propres anciens qui lui étaient dévolus. Cet acte a suffi pour autoriser la prescription, même contre l'héritier qui n'y était pas intervenu. Il n'était pas nécessaire que les biens eussent été subdivisés entre les héritiers de chaque branche (Req. 5 janv. 1814, aff. Pollin, V. ci-après, n° 1554).

1543. Pour rendre non recevable l'action en nouveau partage, il faut un partage définitif; or, c'est par les circonstances de fait qu'on décidera si, dans l'action des parties, le partage était définitif ou provisoire.

1544. Par exemple, les cohéritiers qui, en procédant au partage, se sont réservé de rectifier plus tard l'estimation des lots et de rétablir l'égalité, s'il y avait lieu, ne peuvent demander la nullité de ce partage comme provisoire, s'il a été exécuté volontairement entre eux depuis plus de vingt-cinq ans, sans réclamation de personne, et si plusieurs des copartageants ont même aliéné leurs lots en tout ou en partie : cette longue exécution du partage et l'aliénation des parts prouvent, à l'égard des cohéritiers, leur intention de faire un partage définitif. — Il n'y a pas même lieu dans ce cas à procéder à la révision du partage, s'il est constant qu'aucun des copartageants n'a été lésé, et si les frais de cette révision doivent dépasser de beaucoup la valeur des rectifications à faire (Lyon, 10 août 1838) (3).

1545. Il a été jugé aussi qu'un acte peut, bien que qualifié

---

(1) *Espèce :* — (Boubard *C.* Ponthier.) — 13 fév. 1811, arrêt confirmatif de la cour de Poitiers : — « Attendu que la convention verbale que les parties reconnaissent avoir été faite autrefois entre leurs auteurs de jouir alternativement du moulin de deux jours l'un, doit être considérée comme un véritable partage, dont le mode a rempli les vues et les intérêts des copartageants; — Qu'au surplus, ce mode était conforme à la pratique usitée dans le pays, qu'il y en avait plusieurs exemples sur divers moulins de la même rivière; qu'il a eu son exécution sans trouble depuis environ quarante ans; ce qui suffirait pour en autoriser le maintien; qu'ainsi, il n'y a lieu ni à nouveau partage, ni à licitation.

Pourvoi; violation de l'art. 815 c. civ. Nul ne peut être contraint de rester dans l'indivision. On invoque aussi la loi 5, C. *Comm. dividundo*, et la loi 14, ff. § 2.

LA COUR; — Attendu que la jouissance alternative du moulin litigieux, convenue entre les auteurs des parties, n'a constitué tout au plus qu'un partage provisoire de cette même jouissance, et non un partage de la propriété dudit moulin; qu'ainsi, il y a toujours eu indivision à cet égard, et qu'aux termes de l'art. 815 précité, chaque copropriétaire conserve toujours le droit de faire cesser cette indivision, nonobstant toute possession et même toute convention contraire; qu'il suit de là que l'arrêt attaqué, en déniant aux demandeurs leur action en partage ou licitation, a faussement contrevenu audit article; — Casse, etc.

Du 15 fév. 1815.-C. C., sect. civ.-MM. Muraire, 1er pr.-Boyer, rap.

(2) (Hér. de Broglie et cons. *C.* Zeller.) — LA COUR; — Considérant que le partage d'une usine par journées d'exploitation laisse subsister une communauté nécessaire sur la propriété même de l'usine et sur chacune de ses parties; — Que la jouissance est sans doute partagée, puisque chacun ne jouit qu'à son tour; mais que la chose sur laquelle s'exerce cette jouissance reste indivise, de telle sorte que chaque copropriétaire a un droit égal sur les bâtiments, sur les agrès, sur le sol, sur le cours d'eau, etc., etc., et conserve, en un mot, une jouissance promiscue sur la totalité de la scierie et sur ses fragments matériels, sur le principal et sur l'accessoire; — Qu'il suit de là que l'arrêt attaqué (de la cour de Colmar) en décidant que la convention du 7 mai 1831 (portant que chacun des copropriétaires de la scierie de Bruckel-Sagen aurait un certain nombre de journées d'exploitation sur 56) avait eu exclusivement pour but de régler la jouissance de l'usine et non le partage de la propriété, n'a fait qu'appliquer à la contestation les véritables principes de la matière; et que sa décision à cet égard est d'autant plus inattaquable, qu'elle a fortifié les règles du droit par une interprétation de l'intention des parties qui échappe à toute censure; — Rejette.

Du 5 juin 1839.-C. C., ch. req.-MM. Zangiacomi, pr.-Troplong, rap.-Hébert, av. gén., c. conf.-Godard-Saponay, av.

(3) (Joly *C.* Joly.) — LA COUR; — Attendu qu'il résulte des documents de la cause, et des aveux de toutes les parties, qu'en 1805 les immeubles provenant du père commun furent, comme on l'a dit, partagés entre les six enfants; — Attendu que ce partage attribua à l'aîné une portion préciputaire, en exécution de la donation faite par la mère; — Attendu qu'il résulte encore des divers renseignements de la cause que ce partage fut définitif, et quant à la base suivant laquelle il était fait, et quant à la transmission des lots, dont chaque prenant devenait propriétaire irrévocable; — Que cette transmission dans la volonté des parties, qui étaient toutes majeures, fut si bien définitive, que plusieurs des copartageants ont ensuite aliéné leur portion, au vu et su des autres copartageants, et sans réclamation de leur part; et que tous, depuis près de vingt-cinq ans, sont restés en paisible possession de leurs lots; — Attendu, il est vrai, qu'il résulte aussi des mêmes documents que ce partage, définitif sous tous les autres rapports, fut provisoire en ce sens que les parties se réservèrent de procéder à une plus exacte estimation des lots, et de rétablir l'égalité, s'il y avait lieu, par des indemnités proportionnelles; — Attendu que le vrai caractère du partage de 1805 ainsi fixé, il en résulte, 1° que la donation préciputaire faite à Jean-Marie Joly, étant depuis plus de vingt-cinq ans volontairement exécutée par un partage définitif, ne peut plus être attaquée; 2° qu'un partage définitif ayant été fait, il n'y a pas lieu d'en ordonner un nouveau; — Que tout au plus y a-t-il lieu d'examiner, suivant la réserve des parties, si des indemnités supplémentaires de la valeur de leurs lots sont dues à quelques-uns des copartageants; — Attendu, sur cette question, que de l'examen attentif des pièces et documents du procès, ainsi que des lumières mêmes qu'elle a puisées dans l'expertise faite ensuite de l'arbitrage intervenu entre les parties, la cour a acquis la conviction que le partage de 1805 n'a lésé aucun des copartageants; — Que les lots ont été, autant que possible, formés d'une valeur égale, et qu'en admettant qu'il y eût quelque inégalité, cette inégalité serait si légère, que les frais d'un nouveau partage en dépasseraient de beaucoup la valeur; — Emendant; — Dit qu'il n'y

partage d'une manière générale, être considéré comme un partage *provisoire* et non comme un partage définitif : et, par exemple, la circonstance qu'après un partage d'ascendant fait par une veuve et non signé par l'un de ses enfants, il est survenu entre *tous* les enfants un acte sous *seing privé* et *non daté*, contenant partage tant des biens laissés par le père que de ceux partagés par la mère encore vivante, n'empêche pas que cet acte, bien qu'exécuté, ne soit considéré que comme provisionnel (Req. 11 mai 1840) (1).

1546. L'acte qui attribue à chacun des copropriétaires de divers immeubles indivis des contenances fixes et des quotités déterminées avec les confrontations par nord, midi, levant et couchant, est un véritable partage qui fait cesser l'indivision, quoique l'entrée en jouissance réelle des ayants droit ne puisse avoir lieu qu'après qu'il aura été procédé par des experts à la division matérielle et à l'arpentage des pièces de terre (Bordeaux, 4e ch., 14 mai 1841, M. Gerbeaud, pr., aff. Baritaud).

1547. L'art. 816 suppose *un acte de partage*; d'où il semblerait résulter qu'il faut toujours un partage écrit, et que la preuve par témoins ou par présomptions d'une convention verbale ne serait pas admissible. Cette conséquence toutefois, que nous n'admettons pas, est un point de droit fort controversé, que nous examinons plus loin (art. 5. V. aussi plus haut no 1513), en parlant du partage amiable.

1548. Si des cohéritiers continuaient à jouir en commun, après un partage régulier, il n'y aurait pas lieu, quelque longue que fût l'indivision, à un partage nouveau, mais à une action en exécution du partage existant. — Chabot, art. 816, no 4; Poujol, t. 2, p. 23.

1549. Lorsqu'un jugement confirmé sur l'appel a rejeté une demande en partage, en décidant que le partage demandé existait déjà, et en considérant comme tel un acte auquel le demandeur n'attribuait que le caractère d'un *état de situation* de la communauté et de la succession à partager, il y a chose jugée sur cette demande. Elle ne peut être reproduite, sous prétexte que l'acte litigieux constituait un *partage provisionnel*, et qu'il n'a point été attaqué sous ce point de vue dans l'instance première. — Il y a identité de cause dans les deux procès; car la cause de toute demande en partage, c'est l'état d'indivision entre plusieurs, relativement à des choses communes.—L'allégation que l'acte qualifié d'abord d'*état de situation* par le demandeur, serait un partage provisionnel, ne constitue qu'un *moyen nouveau* et non *une demande nouvelle* (Nancy, 8 août 1844; 1re ch. MM. Moreau, 1er pr.; Leclerc, subst., concl. conf.; aff. Muel C. Doublat. V. le Recueil de M. Garnier).

1550. *Possession suffisante pour prescrire.*—Avant le code, quelle devait être la durée de la jouissance séparée, par l'un des héritiers ou par tous, pour rendre non recevable l'action en partage? La question était controversée dans les pays coutumiers. Lebrun, des succes., liv. 4, chap. 1, après l'examen le plus approfondi, conclut pour la prescription de trente ans. Et une cour, se fondant uniquement sur l'autorité de ce jurisconsulte, a interprété ainsi l'ancien droit par son arrêt (Limoges, 10 fév. 1843, aff. Geriaud C. Lafond).

L'opinion la plus générale n'exigeait qu'une jouissance de dix années (Despeisses, t. 1, p. 141; Lapeyrère, lett. 5, n. 4; Coquille, *du partage des gens communs*, art. 1.) Plusieurs coutumes en contenaient une disposition expresse (Cout. du Bar, art. 19; du Maine, art. 448; d'Anjou, art. 433); — Jugé que la jouissance séparée par tous les cohéritiers d'une portion de biens à peu près égale à celle qui leur revenait faisait présumer un partage convenu et rendait non recevable après dix ans une action en nouveau partage; que telle était la jurisprudence générale, fondée sur les maximes du droit romain; que le même principe était surtout appliqué aux habitants de la campagne, lorsque la jouissance décennale des cohéritiers était appuyée d'un projet de partage ou de quelque autre adminicule (Amiens, 18 janv. 1825, aff. Flamand C. Desjardins).

1551. Sous le code, la jouissance doit s'être prolongée *trente ans*. Il ne peut être question de la prescription de dix ou vingt ans, puisqu'il faut titre pour cette prescription, et que, dans l'espèce, il ne pourrait y en avoir d'autre qu'un partage, lequel n'existe pas. Le simple titre d'héritier n'a point effet vis-à-vis des cohéritiers qui le neutralisent par le leur. C'est par ce motif

---

a pas lieu de procéder ni à un nouveau partage ni à la rectification du partage déjà fait.

Du 10 août 1838.-C. de Lyon, 2e ch.-M. de Rieussec, pr.

(1) *Espèce* :—(Hér. Peïvieux C. époux Despard.)—Le sieur Peïvieux décéda, en 1836, laissant quatre enfants vivants et un testament olographe par lequel il léguait le quart de sa fortune, par préciput, à trois d'entre eux; c'était la dame Despard qui était seule exclue de la libéralité. — Quelque temps après, la veuve Peïvieux voulut faire le partage anticipé de ses biens entre ses enfants. A cet effet, on rédigea, à la date du 9 oct. 1836, un acte de donation avec attribution de lots, où figuraient comme acceptants les deux frères Peïvieux et la dame Belisle, leur sœur, mais non la dame Despard.—Cet acte fut suivi d'un second sous-seing privé portant partage de la succession paternelle, et même de ceux partagés par la mère encore vivante. Mais ce second acte, auquel concoururent tous les héritiers, ne fut rédigé qu'en un seul original, et, de plus, la date fut laissée en blanc. — Se fondant sur cette irrégularité, les époux Despard ont demandé la nullité du partage, et ont conclu à ce qu'il fût procédé à une nouvelle division de la succession. — Les autres héritiers ont répondu que le partage sous seing privé, quoique manquant de date, n'en était pas moins définitif, comme ayant été exécuté par toutes les parties. — En cet état, jugement qui déclare que le partage déjà fait ne peut être considéré que comme provisoire, et qui en ordonne un nouveau, sur le pied d'une égalité parfaite, entre les quatre cohéritiers. — Mais en signifiant ce jugement, le 31 oct. 1838, les époux Despard ont déclaré renoncer à sa dernière disposition, voulant, disaient-ils, que le testament du sieur Peïvieux père fût exécuté relativement au legs préciputaire fait à ses trois enfants, à l'exclusion de la dame Despard.

Cependant les frères Peïvieux ont interjeté appel. — 26 juin 1839, arrêt confirmatif de la cour de Bordeaux, qui ordonne que le jugement déféré sortira son plein et entier effet. — Cet arrêt ne s'occupe nullement de la renonciation des époux Despard au bénéfice de l'une des dispositions du jugement. Il ne s'occupe que de la question de validité du partage sous seing privé, et à cet égard il statue : — « Que, soit que l'on considère la forme ou les clauses substantielles de l'acte de partage, objet du procès, on reconnaît qu'il n'était que provisoire et subordonné à une condition qui ne s'est pas accomplie; — Que les biens compris dans la donation faite par la veuve Peïvieux *font partie de ceux qui sont entrés dans le partage litigieux*; que les copartageants ne pouvaient devenir propriétaires incommutables de leurs lots qu'autant que la donation aurait été acceptée, puisque, jusque-là, elle pouvait et peut encore être révoquée par la donatrice; d'où il suit que le partage projeté ne pouvait devenir définitif que par l'acceptation préalable de la donation; que cette situation explique les mots qui se trouvent dans le projet d'acte de partage : *partage de présuccession aujourd'hui acceptée*, et pourquoi la date du projet est restée en blanc; que, dans l'intention des parties, on ne devait dater le projet et le rendre définitif que lorsque la donation aurait été acceptée; — ...Qu'il est constant, en fait, que la donation n'a pas été acceptée, et que, dès lors, il faut reconnaître que ce n'était qu'un projet qui n'a pas reçu son exécution... »

Pourvoi des héritiers Peïvieux. — 1° Violation des art. 860, 1076 et 1078 c. civ., en ce que l'arrêt attaqué a pour effet de dépouiller les demandeurs de la propriété des lots qui leur ont été attribués par un partage fait en exécution d'une donation devenue parfaite à leur égard par une acceptation régulière. — La cour d'appel, dit-on, ne pouvait se fonder, pour annuler le partage, sur ce que la donation de présuccession n'était pas encore acceptée par la dame Despard et pouvait ainsi être révoquée. Cette donation, en effet, n'était pas subordonnée à l'acceptation de tous les enfants donataires : elle était parfaite vis-à-vis des acceptants, qui se trouvaient irrévocablement saisis des biens à eux attribués. — 2° Violation des art. 1322, 1350, 1355 et 1356 c. civ., en ce que l'arrêt attaqué, sans avoir égard à l'acte par lequel les époux Despard déclaraient ne pas prétendre à l'égalité de partage ordonnée par le jugement de première instance, a déclaré que ce jugement sortirait son plein et entier effet. — Arrêt.

La cour; — Sur le premier moyen :—Attendu que la cour royale (de Bordeaux), prononçant seulement sur le partage sous signatures privées et jugeant en fait, a jugé ce partage provisoire et subordonné à une condition non accomplie, d'où elle a justement conclu que ce partage devait être déclaré nul et considéré comme non avenu; — Sur le deuxième moyen :— Attendu qu'en prononçant sur le débat porté devant elle, la cour royale n'avait point à statuer sur le testament du père, qui n'était l'objet d'aucune conclusion, et que justice ayant été faite à cet égard par le consentement à l'exécution de ce testament, signifié le 31 oct. 1838, l'appel se trouvait naturellement restreint aux autres dispositions non abandonnées du jugement de première instance; d'où il résulte qu'en confirmant ce jugement, l'arrêt n'a porté aucune atteinte aux droits résultant du testament et de l'adhésion qui y avait été donnée; — Rejette.

Du 11 mai 1840.-C. C., ch. req.-MM. Zangiacomi, pr.-Mestadier, rap.

que le parlement de Paris, le 16 janv. 1598, s'est prononcé en faveur de la prescription trentenaire. — Lacombe, v° Partage, sect. 1, n° 2; Merlin, Rép., v° Partage, § 1, n° 4; Delvincourt, t. 2, p. 344, n° 9; MM. Duranton, t. 7, n° 93; Malpel, n° 243; Chabot, t. 3, p. 69; Delaporte, t. 3, p. 88; Vazeille, art. 816, n° 1; Dutruc, n° 228.

1552. Une distinction est proposée par M. Maleville; il admet la prescription de trente ans, si un ou plusieurs cohéritiers ont joui séparément de la succession; mais il croit suffisante la prescription de dix ans, si *tous* les héritiers ont eu la jouissance séparée d'une portion à peu près égale. L'opinion générale, dit cet auteur, présumait alors qu'il y avait eu partage. L'art. 816 n'a point abrogé cette jurisprudence; il ne parle que du cas où l'un des héritiers a joui séparément, et non de notre hypothèse, où la jouissance de tous a été séparée. « Il n'est pas probable, continue M. Maleville, que cette restriction ait été mise sans dessein : dans le premier cas, le partage est facilement présumé, mais non dans le second. » — Cette distinction, qui n'a que le suffrage de cet auteur, est repoussée par les arguments que nous exposions tout à l'heure.

1553. Il peut donc se présenter diverses hypothèses pour l'application de l'art. 816; elles se réduisent à trois. — Tous les héritiers ont joui trente ans séparément; ils n'ont plus d'action les uns contre les autres. — Un seul a joui séparément, et le surplus est resté au pouvoir des autres; celui-là a prescrit contre ceux-ci l'action en partage des biens qu'il possédait; mais il est repoussé, par la même exception, du partage des biens restés indivis. — Enfin un seul des héritiers a joui trente ans de toute la succession. Dira-t-on alors que la succession est demeurée indivise, et qu'en cet état l'action en partage est imprescriptible? Mais les cohéritiers ne s'étant point fait connaître, et le possesseur ayant toujours agi en son nom et comme seul propriétaire, la demande en partage déguiserait, dans ce cas, une véritable pétition d'hérédité, laquelle se prescrit aujourd'hui par trente ans, comme dans l'ancien droit (MM. Duranton, n° 92; Delvincourt, Chabot, Malpel et Dutruc, *loc. cit.*). — Jugé, que sous l'ancien droit (comme sous le nouveau), l'action en partage de succession se prescrivait par trente ans, au préjudice de celui qui avait laissé son cohéritier jouir exclusivement, pendant ce temps, de la totalité de la succession commune (Bordeaux, 2 juin 1831) (1).

1554. Pareillement il a été jugé : 1° que l'art. 529 de la coutume de Normandie, selon lequel « la prescription quadragénaire n'a point lieu entre cohéritiers, avant le partage, pour empêcher l'action de partage, » ne s'applique point au cas où la demande formée depuis plus de quarante ans par un individu qui ne s'était point encore présenté comme héritier, parait plutôt une action en pétition d'hérédité qu'une demande en partage. Cette action n'est plus recevable (Req., 5 janv. 1814; 18 juin 1818) (2). —2° Que l'action en partage d'une succession ouverte depuis plus d'un siècle, sans qu'il soit justifié d'aucune cause interruptive de prescription, a pu être déclarée prescrite, alors surtout que quelques-unes des parties, contre lesquelles l'action était dirigée, avaient joui d'une portion de cette succession (art. 815, 816 C. nap.; Req. 12 déc. 1811. MM. Henrion, pr., Bassire, rap., aff. Couturier et cons. *C.* Larlange); — 3° Que l'action en partage d'une succession peut être déclarée prescrite, lorsqu'il est constaté par le juge, d'une part, que cette succession s'est ouverte à une époque remontant à plus de trente ans, et, d'autre part, que les biens héréditaires ont été, depuis la même époque, possédés exclusivement par l'héritier défendeur à l'action ou par ses successeurs, encore que l'époque précise de l'ouverture de la succession et du commencement de la possession invoquée à l'appui de la prescription, ne serait pas constatée (Rej. 4 juill. 1853, aff. veuve Orsini, D. P. 53. 1. 298).

1555. Le détenteur de biens successifs, en vertu d'institution universelle, à charge de payer des légitimes dont le chiffre est fixé dans l'acte, prescrit par le laps de trente ans, comme toute autre action personnelle, réelle ou mixte, celle qui compète aux colégitimaires, soit à fin de complément de légitime, soit à fin de partage s'il y a lieu (Rej. 21 janv. 1834, aff. Gauthier, V. Prescription).

1556. Quelle est la règle pour la durée de la prescription, lorsque la possession a commencé avant la publication du code Napoléon? — Aux termes de l'art. 2281, les prescriptions commencées à l'époque de sa publication seront réglées conformément aux lois anciennes. — Il a été jugé par ce motif qu'en supposant que, d'après l'art. 816, l'action en partage ne puisse être prescrite que par une jouissance séparée de trente ans, il ne suffirait pas moins d'une jouissance de dix années pour accomplir la prescription, si elle avait commencé sous l'empire des an-

---

(1) (Pinel *C.* Penaud.) — LA COUR; — Attendu que les biens délaissés par Léonard Peyramaure et Léonarde Lavau, son épouse, devaient être partagés entre leurs enfants, Louise, Adam et François, de la manière suivante : Louise devait en recueillir la moitié, en vertu de son contrat de mariage, du 20 déc. 1755; l'autre moitié devait être divisée entre ses frères Adam et François; — Adam, né le 9 mai 1725, est décédé le 9 mai 1796, sans avoir réclamé son quart, qui est toujours resté entre les mains de Louise, sa sœur; rien ne prouve qu'il vécût et cohabitât avec elle, et consommât ainsi les fruits de sa part héréditaire : les intimés l'ont bien prétendu, mais ils n'en ont rapporté aucune preuve; il suit de là que les droits d'Adam Peyramaure sur la succession de ses père et mère sont atteints par la prescription et sont restés confondus dans la succession de Louise Peyramaure, sa sœur; en sorte qu'il faut considérer la dame Louise Peyramaure comme ayant recueilli les trois quarts des biens de sesdits père et mère; — A l'égard de l'autre quart qui devait revenir à François Peyramaure, il est de fait que ce quart est également resté dans les mains de Louise, qui s'était mise en possession de la totalité des biens des père et mère communs; mais François avait fait cession de ses droits à Séry Penaud, son neveu, par acte public du 9 avr. 1776; la prescription n'était pas acquise à cette époque; elle n'a pu courir depuis, par la raison que Séry habitait avec Louise Peyramaure, sa grand'mère, consommait ainsi chez elle les revenus des droits légitimaires que son oncle François lui avait cédés, et se trouvait ainsi dans le cas de la règle suivant laquelle le légitimaire qui habite avec l'héritier n'est pas sujet à la prescription.

Du 2 juin 1831.-C. de Bordeaux.-M. Duprat, pr.

(2) 1re *Espèce :* — (Pollin *C.* Rioult.) — Arrêt confirmatif de la cour de Paris, du 14 mai 1814 : « Attendu que, d'après l'ancien comme le nouveau droit, toutes les actions, tant réelles que personnelles, sont prescrites par trente ans; et que la pétition d'hérédité, introduite sous la forme d'une demande en partage, n'a été faite que soixante-dix ans après le partage; que la possession des Rioult a les qualités nécessaires pour fonder la prescription; qu'elle n'a pas été interrompue; qu'elle a été publique et non précaire; que les contestations élevées à l'occasion de l'hérédité dont est question, loin d'interrompre la prescription, n'ont servi qu'à la confirmer, puisqu'elles ont été terminées en faveur des Rioult et de leurs auteurs; — Que la disposition de la coutume de Normandie, suivant laquelle la prescription n'avait pas lieu entre cohéritiers avant le partage, ne saurait s'appliquer à la cause, par la raison d'abord qu'il s'agit d'une pétition d'hérédité, et non d'une action en partage entre cohéritiers reconnus; ensuite la demande de Pollin, au lieu d'être faite avant le partage, est postérieure de soixante-dix ans. »

Pourvoi de Pollin pour contravention aux coutumes de Normandie et de Paris.

LA COUR; — Attendu que, d'après le vu des pièces, la cour de Paris a reconnu que la succession dont il s'agit a été réellement partagée par acte authentique du 6 juin 1741, acte qui n'est pas produit en cassation; — Que le réclamant, pour arrêter le cours de la prescription qui en résulte, ne peut se prévaloir de divers procès que les Rioult, ses parties adverses, ont eus à soutenir pour raison de cette même héridité; que ces troubles ne venant ni du réclamant ni de ses auteurs, lui sont restés étrangers, et n'ont point empêché l'effet de la prescription à son égard, et les jugements intervenus n'ont fait même que rendre plus authentique la possession des parties adverses, à titre de propriétaires; — Qu'il n'est pas contesté que l'auteur du réclamant fût majeur à l'époque du susdit partage, et que le laps de soixante-dix ans, lors même qu'il faudrait en déduire le temps de la minorité alléguée du réclamant, serait encore plus que suffisant pour opérer la prescription requise, ainsi que l'a établi l'arrêt attaqué; d'où il suit que les violations alléguées des articles des coutumes de Normandie et de Paris ne sont point justifiées; — Que d'ailleurs les juges, en examinant le véritable caractère de la demande du réclamant, n'y ont trouvé, au fond, qu'une action en pétition d'hérédité déguisée sous la forme d'une demande en partage; — Rejette.

Du 5 janv. 1814.-C. C., ch. req.-MM. Lasaudade, pr.-Sieyes, rap.

2° *Espèce:* — (Pollin *C.* Rioult.) — La même contestation s'est élevée entre un autre héritier Pollin et les héritiers Rioult.

LA COUR; — Attendu qu'il résulte des dispositions combinées des art. 237, 259 et 621 de la coutume de Normandie et de la jurisprudence normande, que l'arrêt attaqué n'a fait qu'une juste application de l'art. 529 de ladite coutume; — Rejette.

Du 18 juin 1818.-C. C., sect. req.-MM. Henrion, pr.-Lasaudade, rap.

ciennes lois qui n'exigeaient pas un plus long délai (Amiens, 18 janv. 1823, aff. Flamand *C.* Dejardins). — Au contraire, une cour, se fondant sur ce que la question était controversée dans l'ancien droit, et sur ce que Lebrun, celui des auteurs qui l'avait le plus approfondie, s'était prononcé pour la prescription de trente ans, a décidé que l'art. 816 pouvait, à l'égard d'un partage antérieur à sa publication, être invoqué, sinon comme loi, du moins comme raison écrite (Limoges, 10 fév. 1815, aff. Periaut *C.* Lafond).

1557. Dans le cas d'un partage provisionnel, ayant pour objet la jouissance et non la propriété des biens de la succession, l'action en partage définitif serait-elle recevable après trente ans? — Par l'effet d'un tel partage, le cohéritier qui perçoit les fruits de l'immeuble à lui assigné provisoirement, les perçoit sans doute pour lui. Mais il n'en résulte pas qu'il possède l'immeuble *pro suo;* car en cultivant le fonds, en l'affermant, en recueillant les fruits, il ne fait pas plus acte de propriétaire que l'usufruitier, le fermier ou l'antichrésiste. Sa jouissance, personnelle quant aux fruits, est précaire quant au fonds, et ne peut conséquemment le conduire à la prescription, tant que le titre de sa possession n'a pas été interverti (arrêt du parlem. de Rennes du 13 mai 1738; Chabot, sur l'art. 815, n° 4; Duranton, t. 7, n° 76; Merlin, Rép., v° Partage, § 10, n° 2). — Jugé ainsi dans un cas où les cohéritiers avaient stipulé qu'ils jouiraient alternativement, l'un un jour, l'autre le jour suivant, d'un immeuble de la succession (d'un moulin). La jouissance commune se fût-elle ainsi prolongée pendant plus de trente ans avant le code, la demande en partage ou licitation, formée depuis le code par l'un des copropriétaires, ne serait pas moins proposable (Cass. 15 fév. 1813, aff. Bouhard, V. *suprà*, n° 1541).

1558. Un partage, quoique qualifié provisionnel, peut devenir définitif par la prescription de trente ans, s'il n'a pas seulement pour objet la jouissance. Des doutes se sont élevés à cet égard dans le cas de la clause suivante : — Par un acte qui constate à plusieurs reprises que les arrangements convenus entre les parties ne seraient jamais considérés que comme provisoires et ne pourraient préjudicier à leur droit de demander une liquidation définitive, ainsi que tous remboursements pécuniaires, et de former toutes réclamations de biens qui auraient été compris dans un estoc, quoique appartenant à un autre, il fut stipulé que chaque cohéritier aurait la faculté de vendre et d'aliéner les biens dont la jouissance lui était provisoirement déférée, sans que ces aliénations pussent être attaquées, lors du partage définitif, par les autres parties dont le droit serait réduit à un simple recours contre les vendeurs. — Les répétitions occasionnées par ces aliénations devaient avoir lieu sur le pied de l'estimation des biens vendus, et non sur celui des prix de ventes. — On a demandé si un tel partage était devenu définitif après une possession de trente années. La difficulté vient de ce que la clause qui autorise les copartageants à vendre les biens par eux détenus est aussitôt modifiée par l'obligation qu'on leur impose de tenir compte du prix, *lors du partage définitif*, non d'après le taux de la vente, mais *d'après l'estimation* des biens vendus. On a jugé que cette réserve devait être considérée comme donnant à chaque copartageant une simple action en *liquidation définitive* prescriptible par trente ans (Req. 2 août 1841) (1).

1559. Quant au partage, qui intéresse des mineurs ou interdits, ou des absents, et que la loi elle-même (c. nap. 840) déclare *provisionnel* pour n'avoir pas été fait selon les règles prescrites, on admet sans difficulté qu'il devient définitif par la prescription; mais on est en désaccord sur la durée de la prescription. Est-elle de trente ou de dix ans? Nous nous expliquons sur ce point, art. 10, en parlant de la *rescision du partage.*

1560. Quelquefois l'action qualifiée par les parties, *action en partage*, ne sera réellement qu'une action en nullité prescriptible par dix ans. — Ainsi jugé que l'action en partage d'une succession ne se prescrit que par trente ans; mais si l'héritier qui l'exerce demande en même temps que dans les lots il entre des biens vendus par le défunt à ses cohéritiers, sous prétexte que cette vente contenait une donation déguisée, cette autre demande constitue une action en nullité de donation, prescriptible par dix ans sous la coutume de Normandie (art. 435), et que le demandeur en partage ne peut plus exercer après ce délai (Rouen, 26 juin 1822, 1re ch., aff. Fumière et Letellier *C.* Langlois).

1561. Dans le cas de pacte sur succession future contenant soit renonciation de l'un des successibles, soit partage anticipé entre eux, y a-t-il lieu à une action en nullité prescriptible par dix ans depuis l'ouverture de la succession?—V. *suprà*, n° 621.

1562. Un *tiers* pourrait, par dix ou vingt ans, prescrire la propriété d'un immeuble dépendant d'une succession indivise, et qui aurait été aliéné par l'un des héritiers; alors il n'y a que la propriété de l'immeuble qui soit prescrite : l'action en partage subsiste, et les cohéritiers peuvent réclamer une indemnité contre l'héritier vendeur. — Le tiers ne profiterait que de la prescription trentenaire, si l'objet de la vente était, non plus un immeuble déterminé, mais les droits successifs mêmes de l'un des héritiers; l'acquéreur ne prescrirait l'action en partage que comme l'eût pu faire le vendeur (MM. Duranton, t. 7, n° 94, et t. 1, n° 581; Delvincourt, t. 2, p. 345, n° 9; Chabot, t. 3, p. 69; Vazeille, art. 816, n° 4; Dutruc, n° 232).

1563. La prescription, quand elle a lieu, est *personnelle.* En conséquence, la prescription acquise contre un cohéritier qui n'a point formé de demande en partage, profite au seul cohéritier, détenteur des biens, et non à tous les autres héritiers. — Si les cohéritiers sont réputés mandataires les uns des autres, ce n'est qu'en ce qui intéresse la gestion de la succession ou pour de simples actes d'administration. Mais ce mandat ne saurait être étendu aux actes d'acquisition, ni par conséquent conférer au cohéritier qui n'a point possédé, le droit de participer avec le cohéritier seul possesseur au bénéfice de la prescription (Limoges, 8 janv. 1839, aff. Mouteillet, V. Prescription).

1564. Par la même raison, la demande en partage formée par un héritier contre le cohéritier possesseur des biens à partager, n'interrompt pas la prescription à l'égard d'un autre cohéritier non appelé dans l'instance en partage, et qui n'y est pas intervenu (même arrêt). — Il a même été jugé que la demande en partage, dirigée contre le détenteur de biens successifs par un seul des cohéritiers, n'interrompt la prescription qu'au profit de ce demandeur, bien que les autres cohéritiers, par lui assignés, aient déclaré adhérer à ses conclusions, mais sans agir eux-mêmes directement contre le détenteur (c. nap. 2229, 2248; Rej. 21 janv. 1834, aff. Gauthier, V. Prescription).— Cette décision est critiquée par MM. Massé et Vergé sur Zachariæ, t. 2, p. 561, note 2, qui opposent un arrêt contraire, d'après lequel

(1) *Espèce :* — (De la Villegonan *C.* Talhouet.) — Jugement du tribunal de la Seine, du 19 avr. 1838, en ces termes : — « Attendu que le partage provisoire d'une succession est l'attribution aux divers ayants droit des biens qui la composent, sous la réserve de faire cesser cette attribution par une demande à fin de partage définitif; que, dès lors, ce partage ne constitue pas une simple jouissance à titre précaire, mais un droit de propriété soumis à une condition résolutoire, tel que le droit de propriété transmis à un acquéreur sous la faculté de rachat, et qui devient définitif lorsque la condition résolutoire ne peut plus se réaliser; —Attendu que l'action à fin de partage définitif se prescrit comme toutes les autres par trente ans; qu'il s'est écoulé plus de trente années depuis le partage provisoire dont il s'agit; que, dès lors, la condition résolutoire à laquelle l'attribution faite par ce partage était soumise, ne pouvant plus se réaliser, cette attribution constitue un droit de propriété définitif qui maintenant ne peut plus être attaqué. » — Appel; 27 nov. 1838, arrêt confirmatif de la cour royale de Paris en ces termes : « Considérant que les intimés possèdent depuis plus de trente ans à titre de propriétaires de bonne foi; — Adoptant, au surplus, les motifs des premiers juges, etc. »

Pourvoi pour violation des art. 816, 2236 et 2237 c. civ. — Arrêt.

La cour; — Attendu que l'acte de partage provisionnel de 1785, non-seulement attribuait à chaque héritier certains immeubles pour en recueillir les fruits, mais encore leur attribuait la faculté de les vendre pour se procurer le moyen d'acquitter leur part contributive des dettes de la succession; — D'où suit (ce qui résulte, d'ailleurs, de l'interprétation de cet acte faite souverainement par l'arrêt) que les parties avaient eu seulement en vue de se réserver le droit de faire plus tard une liquidation définitive; — Attendu que cette action ayant pour objet un règlement définitif était susceptible, comme toutes les autres actions, d'être atteinte par la prescription, et que l'arrêt a reconnu, en fait, que beaucoup plus de trente ans se sont écoulés depuis le partage; — Rejette,

Du 2 août 1841.—C. C., ch. req.—MM. Zangiacomi, pr.—Bayeux, rap.

l'interruption de la prescription profite à tous les cohéritiers mis en cause sur la demande en partage (Montpellier, 16 nov. 1842, aff. Rouquette, V. Prescription).

1565. On a jugé encore : 1° que la prescription de l'action en partage était interrompue par le dépôt fait au greffe du rapport d'experts ordonné dans une instance en partage, commencée, puis abandonnée (Riom, 15 fév. 1816, aff. Chantal, V. Prescrip.); —2° Que sous l'empire de l'ancien droit la prescription de l'action en partage ne courait pas contre le cohéritier pendant le temps qu'il avait été logé et nourri dans la maison de celui qui détenait les biens héréditaires :—« Attendu que Séry habitait avec Louise Peyramaure, sa grand'mère, consommait ainsi chez elle les revenus des droits légitimaires que son oncle François lui avait cédés, et se trouvait ainsi dans le cas de la règle, suivant laquelle le légitimaire qui habite avec l'héritier n'est pas sujet à la prescription; infirme » (Bordeaux, 2 juin 1831, 2e ch., M. Duprat, pr., aff. Pinet *C.* Penaud).

1566. Dans la jurisprudence du parlement de Bordeaux, le père ayant, en vertu de la puissance paternelle, la jouissance des biens obvenus à ses enfants par le décès de leur mère, un des enfants, à qui le père avait cédé son usufruit, moyennant un prix payable chaque année, ne pouvait prescrire les parts de ses frères dans lesdits biens : — « Attendu que telle était la jurisprudence du ressort du parlement de Bordeaux, ainsi que cela résulte d'une attestation du barreau rapportée par Salviat » (Bordeaux, ... juin 1827, aff. Moulinier *C.* Daguzan).

1567. Quant à la jouissance séparée des meubles de la succession, on s'est demandé si elle équivaut à un partage pour cette espèce de biens. — Trois opinions se sont produites; selon M. Delvincourt, t. 2, p. 344, note 8, « si la succession est purement mobilière, on présumera qu'il y a eu partage amiable et sans écrit. En fait de meubles, possession vaut titre (c. nap. 2279) : conséquemment, l'action en partage ne pourra plus être intentée. » M. Duranton, t. 7, n° 96, n'admet la présomption qu'après un certain temps écoulé depuis l'ouverture de la succession, et qui variera selon les circonstances : il exige un temps plus long à l'égard des mineurs ou interdits. — Une troisième opinion, enseignée par MM. Vazeille, Prescript., n° 670, et Success., art. 817, n° 3; Troplong, Prescript., n° 1050; Dutruc, du Partage, n° 238, et à laquelle nous nous rangeons sans hésiter, repousse toute présomption de partage. L'art. 2279 c. nap. ne regarde point les généralités de meubles, ni par conséquent le cas de possession de tout ou partie d'une succession mobilière. Cet article, d'un autre côté, n'a en vue que les tiers et non les héritiers eux-mêmes. Ajoutons qu'il serait impossible de présumer un partage non écrit à l'égard des mineurs ou interdits. — Jugé que la faculté accordée aux héritiers légitimes de réclamer, pendant trente ans, la succession qui leur est échue, et d'en demander le partage, s'étend aux valeurs mobilières, comme aux immeubles, tant que ces valeurs, ou le prix en provenant, se trouvent dans les mains de ceux qui les ont recueillies, soit comme légataires, soit comme héritiers (Cass. 10 fév. 1840) (1).

1568. Le légataire, qui, étant en même temps héritier naturel du testateur, a reçu, en sa première qualité, et par acte de partage avec des colégataires non héritiers, une portion de la succession, même moins forte que celle qui lui revenait en sa qualité d'héritier naturel, ne peut, en cas d'annulation du testament prononcée sur la demande d'un autre héritier naturel qui ne s'est fait connaître qu'après que les autres colégataires copartageants sont devenus insolvables, et que la prescription a frappé les objets héréditaires par eux aliénés, être actionné en partage ou rapport de ce qu'il a reçu, et, par exemple, des valeurs mobilières qui lui ont été attribuées : ce n'est que la portion du légataire insolvable qui serait rapportable, si, par sa négligence, le réclamant n'avait laissé acquérir la prescription (Req. 16 mars 1842) (2).— Dans l'espèce, on a jugé avec raison que la négligence

---

(1) (Vallet *C.* Amoreux.) — La cour; — Vu les art. 2279 et 816 du code civil; — Attendu que la faculté accordée aux héritiers naturels de réclamer, pendant trente ans, la succession qui leur est échue, et d'en demander le partage, n'est pas limitée aux immeubles, et que, dès lors, ces héritiers ont droit de revendiquer même les valeurs mobilières qui font partie de la succession, tant que ces valeurs se trouvent dans les mains de ceux qui les ont recueillies, soit comme légataires, soit comme héritiers, ou le prix en provenant, lorsqu'elles ont été aliénées; — Attendu que si, aux termes de l'art. 2279 du code civil, en fait de meubles, la possession vaut titre, cette règle n'est applicable ni au cas où la possession n'a été exercée que sur une chose indivise, ni à celui où il existe un titre qui contredit la possession de celui qui s'est emparé de la chose, même de bonne foi; — Que, dans l'espèce, la qualité d'héritiers a conféré aux demandeurs un droit de propriété sur toutes les valeurs, sans exception, de l'hérédité de la dame de Coriolis; — Qu'il ne peut, d'ailleurs, exister de doute à cet égard, en présence de l'art. 816 c. civ., qui décide que le partage peut être demandé, même quand l'un des héritiers aurait joui séparément de partie des biens de la succession, et qui ne fait point d'exception pour les biens mobiliers; — Attendu que c'est en se fondant uniquement sur l'art. 2279 c. civ. que l'arrêt attaqué a déclaré les appelants non recevables, et a maintenu l'intimé en possession des meubles et créances de la succession, ainsi que de l'indemnité payée en vertu de la loi de 1825; — Casse.

Du 10 fév. 1840.-C. C., ch. civ.-MM. Portalis, 1er pr.-Rupérou, r.-Laplagne, 1er av. gén., c. conf.-Augier et Latruffe, av.

(2) (Dame Vallet *C.* Ferry-Amoreux.) — Cette décision intéressante a été rendue sur renvoi de la cour de cassation (V. Cass. 10 fév. 1840 qui précède) par arrêt du 15 juill. 1840, de la cour de Nîmes, qui, ayant à statuer sur un nouveau système proposé devant elle, s'est exprimé en ces termes : — « Attendu que de la combinaison des dispositions de la cour royale d'Aix, du 25 mars 1836, et de celles de l'arrêt de la cour de cassation du 10 fév. 1840, il résulte que la cour royale de Nîmes est saisie de la question de savoir si le sieur de Ferry-Amoreux doit être soumis à partager, avec les autres cohéritiers et successeurs naturels de la dame Laffitteau de Coriolis, la moitié des valeurs mobilières de la succession de cette dernière, que ledit Ferry a reçues et détient, ou s'il peut, au contraire, retenir ce qu'il a reçu comme lui étant définitivement acquis;

» Attendu qu'il est de principe que les actions actives et passives de l'hérédité se divisent entre les cohéritiers, de telle sorte que celui qui a payé sa portion de la dette de la succession, ne peut pas être tenu de payer la portion de cette même dette concernant ses cohéritiers, alors même que ceux-ci seraient insolvables; tout comme celui des cohéritiers qui a reçu sa part et portion d'une créance commune ne peut être tenu de faire profiter ses cohéritiers du payement qu'il a reçu, quelle que soit, d'ailleurs, l'insolvabilité du débiteur commun; que ce principe, écrit dans plusieurs textes de la loi romaine, a été constamment consacré par la jurisprudence, tant ancienne que moderne;

» Attendu, en fait, qu'en sa qualité d'héritier légitime et naturel de la dame Laffitteau de Coriolis, le sieur Ferry a droit aux trois cinquièmes de la succession de ladite dame, et qu'il n'a reçu que la moitié des créances de cette succession, qui font l'objet du litige; — Qu'il est donc certain qu'il n'a rien reçu en sus de la part lui revenant dans lesdites créances, et qu'il ne saurait, dès lors, être tenu de faire profiter ses cohéritiers de ce qu'il a ainsi reçu pour sa part et portion, alors surtout que, comme dans l'espèce, ses cohéritiers ont, par leur propre négligence, laissé acquérir des prescriptions qui s'opposent à ce qu'ils puissent recouvrer leurs entiers droits; — Qu'il importerait peu que le sieur Ferry eût demandé et obtenu la réception de sa portion ou de partie de sa portion dans lesdites créances en qualité d'héritier testamentaire (qualité qu'il aurait perdue par l'annulation du titre que la loi lui conférait), lorsqu'il est incontestable qu'il réunissait sur sa tête une autre qualité, celle d'héritier naturel, qui lui attribuait les mêmes droits, et même des droits plus étendus que ceux que lui conférait le titre annulé; — Que ce n'est donc jamais que la portion ou partie de la portion lui revenant en l'une et l'autre de ces qualités qu'il a obtenue; — Qu'il suit de ce qui précède que les parties de Chalamel sont irrecevables et mal fondées dans leur demande en partage de la moitié des valeurs mobilières de la succession de la dame Laffitteau de Coriolis, reçues par le sieur Ferry, comme il est dit ci-dessus;

» Attendu que cette décision, qui s'applique sans difficulté à la moitié de la créance sur les héritiers de Ville-Branche, et à la moitié de la créance sur l'Etat, que ledit Ferry a reçues des débiteurs de la succession, doit être la même relativement à la moitié des capitaux à rente constituée; — Que, s'il est vrai que ledit Ferry n'a pas reçu la moitié seulement de chacun desdits capitaux à rente constituée, mais bien certain nombre de ces capitaux en entier, formant la moitié de tous ceux qui se trouvaient dans la succession, il est également certain, en fait, qu'il n'a rien reçu en sus de ce qui lui revenait pour sa portion héréditaire sur tous les capitaux réunis; que le partage d'après lequel la moitié desdits capitaux lui a été dévolue, a été fait de bonne foi avec un héritier apparent, qui jouissait de toute l'utilité de son titre dans le lieu même où habitaient les véritables héritiers, qui ne contestaient ni le titre ni la possession qui en dérivait; — Qu'il est de principe généralement adopté par les diverses cours du royaume, et par la cour de cassation, que les traités faits de bonne foi avec un héritier apparent, assurent irrévocablement aux tiers les droits que ces actes leur confèrent : — Que ce principe doit s'appliquer à un acte de partage tout aussi bien qu'à un autre acte, lorsque le partageant, dont le droit à la chose est

devait retomber uniquement sur son auteur. Le principe que chacun doit subir les conséquences ou répondre de sa faute devait l'emporter sur les deux autres principes qu'on opposait, savoir : d'une part, la maxime : *Quod nullum est nullum producit effectum*; de l'autre, les art. 815 et 816 c. nap., qui autorisent la demande en partage contre le cohéritier qui a joui séparément de tout ou partie de l'hérédité pendant un temps insuffisant pour prescrire.

ART. 3. — *Par qui et contre qui le partage peut être demandé.*

1569. *Par qui peut être demandé le partage?* — En général, toute personne qui est dans l'*indivision* peut provoquer le partage, sauf les exceptions ou restrictions admises par la loi, et qui ont été signalées n°s 1506, 1519, 1535). — A l'égard des héritiers qui ne sont pas présents ou maîtres de leurs droits, comme les *mineurs* ou *interdits* et la *femme mariée*, l'action en partage qui leur appartient est exercée par des *mandataires légaux*. — V. ci-après, n°s 1587 et suiv.

1570. Le partage peut être provoqué par le cohéritier qui a cédé ses droits à un tiers, tant que le cessionnaire ne se prévaut pas de la cession, d'ailleurs non notifiée : les cohéritiers sont, en ce cas, non recevables à exciper de l'existence de la cession : — « Considérant que les intimés font résulter le défaut de qualité de la veuve Maillot de la vente qu'ils prétendent avoir été faite par elle de ses droits successifs; mais qu'en supposant vraie cette assertion que rien ne justifie, l'acte dont les intimés argumentent leur serait étranger; que, dès lors, ils n'avaient pas le droit d'en exciper; que l'acquéreur seul pourrait réclamer, et que son silence laisse la veuve Maillot dans la plénitude de ses droits au respect des intimés; émondant » (Bourges, 24 août 1831, 1re ch., M. Mater, 1er pr., aff. Maillot C. Blandin). — La même cour a rendu un arrêt conforme, mais dans une espèce où il avait été convenu par l'acte de cession, que les droits successifs seraient liquidés aux risques et périls du cohéritier vendeur (Bourges, 25 août 1831, aff. Grillot C. Robin).

1571. L'action en partage appartient aux *créanciers* personnels des héritiers, comme exerçant les droits de leur débiteur. Ce droit toutefois, comporte certaines restrictions qui sont expliquées ci-après, n°s 2002 et s. — Il en est de même du droit de celui qui a *acheté* ou *pris à bail* de l'un des héritiers d'un immeuble dépendant de la succession indivise, et qui a intérêt à provoquer le partage entre les héritiers, afin de pouvoir retenir l'immeuble au cas où il tomberait dans le lot du vendeur ou bailleur. — V. *ibid.*

1572. L'*usufruitier* et le *nu-propriétaire* des mêmes biens ne sont pas dans un état d'indivision proprement dit, puisque l'un n'a rien dans la propriété et l'autre rien dans la jouissance. Dès lors, ils ne peuvent, pour faire cesser leurs conflits d'intérêt, agir l'un contre l'autre en licitation de ces biens (Proudhon, des Droits d'usuf., t. 1, n° 7; motifs Douai, 16 fév. 1828, sous Cass. 5 août 1829, aff. Dusaillant, V. n° 2137). —Mais l'action en partage appartient à l'usufruitier, lorsque la chose soumise à son usufruit est indivise avec un autre, et par exemple dans le cas où l'usufruit n'a été constitué que sur une partie des biens de la succession; il a intérêt à faire cesser la communion de jouissance (Proudhon, *loc. cit.*, t. 5, n° 1245; Cass. 8 août 1836, aff. Valory, V. Enreg., n° 2625). — Toutefois, le partage ainsi fait par l'usufruitier seul avec le tiers possesseur ne serait que provisionnel, c'est-à-dire limitée à la durée de l'usufruit. Il ne deviendrait définitif qu'avec le concours du nu-propriétaire (Proudhon, *loc. cit.*).

1573. Réciproquement, le partage que le nu-propriétaire ferait seul avec un tiers, n'obligerait point l'usufruitier qui serait recevable à en demander un autre, mais uniquement dans son intérêt particulier et pour le temps de sa jouissance. Après l'extinction d'usufruit, le traité primitif demeurerait obligatoire entre les personnes qui l'auraient souscrit (L. 31, Dig., *De usu et usufructu legat.*, lib. 33, tit. 2; Proudhon, t. 5, n°s 1252 et s.).

1574. L'héritier, qui n'a qu'une part de nue propriété dans la succession indivise, a intérêt, ne fût-ce que pour en rendre l'aliénation plus facile, à faire déterminer la portion de biens sur laquelle portera son droit de nue propriété, et dès lors il est recevable à provoquer le partage de la succession (Cass. 10 mai 1826, aff. Turquis, V. *infrà*, n° 1735-1°; M. Dutruc, n° 249).

1575. L'action en partage appartient à tous ceux qui ont une quote-part de la succession, à titre soit de *légataire*, soit de *donataire*; la loi, en général, les place sur la même ligne que les héritiers. *Hi, qui universum jus habent, hæredis loco habentur* (L. 128, § 1, D., *De reg. jur.*).—Et spécialement l'action serait recevable, bien qu'on prétendît que le legs doit être annulé ou réduit comme excédant la quotité disponible. Cette prétention, en effet, ne peut s'apprécier qu'après l'estimation des biens qui précisément est une suite de l'action en partage (Turin, 7 fév. 1807, aff. hérit. Gallo).

1576. L'enfant *naturel* reconnu a droit aussi, quoique n'ayant pas le titre d'héritier, de provoquer le partage des successions de ses père et mère, puisque la loi lui assure une part dans la succession; s'il ne peut pas exercer l'action *familiæ erciscundæ*, il a du moins l'action *communi dividundo*, qui aboutit au même résultat.—V. *suprà*, n° 295.

1577. La quittance d'un cohéritier portant qu'il est entièrement satisfait de ses droits légitimaires pour le présent et l'avenir, ne peut être considérée comme une ratification des institutions d'héritier faites en faveur d'un autre cohéritier, et ne l'empêche pas, dès lors, de demander le partage de la succession par égales portion, s'il n'est fait dans la quittance aucune mention de ces institutions, et qu'elles soient d'ailleurs prohi-

---

incontestable, n'a reçu que ce qui lui revenait, et se trouve obligé, pour le conserver, d'invoquer le droit qui résulte en sa faveur du consentement qui lui a été donné par l'héritier apparent; — Que, dans ce cas, il doit, comme tous les autres tiers qui contractent de bonne foi, avec l'héritier apparent être à l'abri de toute recherche de la part du véritable héritier, tous comme s'il avait traité avec ce dernier; — Attendu que l'action des parties de Chalamel en nullité du testament de la dame Laffitteau de Coriolis n'a pas été intentée contre les époux Launer, dans les trente ans, à compter du décès de la testatrice;—Que le jugement du tribunal de Toulon, qui déclare cette action prescrite, n'a pas été attaqué par la voie de l'appel à l'encontre desdits Launer; ce qui transforme, en quelque sorte la qualité d'héritier apparent qu'auraient ces derniers en celle de véritable héritier, et démontre de plus en plus la bonne foi avec laquelle les sieurs Ferry et Launer ont traité ensemble lors du partage précité, et la nécessité de l'application à cet acte des principes ci-dessus établis;

» Attendu que, des circonstances de la cause et du long silence des parties de Chalamel et de leur conduite dans le cours de l'instance, il résulte que ces derniers ont fortement contribué à entretenir Ferry dans l'erreur dont elles voudraient aujourd'hui profiter à son préjudice; qu'un pareil résultat serait évidemment contraire à la justice; — Que, sous tous les rapports, il faut reconnaître que le sieur Ferry doit être autorisé à retenir, comme lui appartenant exclusivement, les capitaux à rente constituée qui lui ont été dévolus par le susdit acte de partage...»

Pourvoi par la dame Vallet, pour violation de l'art. 816 c. civ., en ce que la distinction arbitraire admise par l'arrêt attaqué, pour le cas où l'héritier aurait reçu une somme égale ou moins forte que celle qui lui revenait, est contraire à la disposition générale de la loi, qui veut que le partage soit toujours demandé, tant que la prescription n'est pas acquise. — Arrêt.

LA COUR; — Attendu que la dame de Coriolis a fait un testament en faveur de Ferry-Amoreux et de Launer, excluant la dame Vallet, demanderesse en cassation, qui était une de ses héritières; — Attendu que Ferry-Amoreux avait la double qualité de légataire et d'héritier naturel de la testatrice; qu'au premier titre, il avait droit à la moitié de la succession, au second, aux trois cinquièmes; — Attendu qu'en qualité de légataire, il a partagé la succession avec Launer, autre légataire; — Attendu que le testament ayant été annulé, la part dont a profité Launer (qui n'était pas héritier) devrait être rapportée et attribuée à la dame Vallet; — Mais attendu que l'arrêt a reconnu que celle-ci a, par sa négligence, laissé encourir la prescription et consolidé par ce fait la propriété de ce mobilier dans les mains de Launer; d'où il suit que la demanderesse ne peut faire supporter cette perte à Ferry-Amoreux, qui n'a reçu que la moitié de la succession, au lieu des trois cinquièmes qui lui revenaient comme héritier naturel; — Attendu que l'arrêt n'a point jugé en droit, que la demanderesse ne pouvait prendre part au mobilier, ainsi que l'avait fait le précédent arrêt, mais a décidé, en fait, que cette part du mobilier étant perdue par sa faute, elle n'avait plus rien à y prétendre; — Attendu que cette appréciation de faits, qui appartenait souverainement au juge de la cause, ne saurait violer l'art. 816 c. civ.; —

Du 16 mars 1842.-C. C., ch. req.-MM. Zangiacomi, pr.-Bayeux, rap.-Delangle, av. gén., c. conf.-Victor Augier, av.

bées par les lois contemporaines (Pau, 28 août 1824, M. Fèches, pr.; aff Borda C. Borda).

1578. *Contre qui doit être formée la demande en partage.* —L'action en partage est-elle *indivisible*, en ce sens qu'elle doive être absolument dirigée contre tous les cohéritiers? L'affirmative résulte de plusieurs arrêts (Rennes, 30 nov. 1815, aff. Lemoullec C. Legouvierec; Cass. 13 nov. 1833, aff. Pannier, n° 1584; Toulouse, 5 fév. 1842, aff. Estampe, V. Appel civil, n° 591; Bordeaux, 14 janv. 1842, aff. Marraud, V. *eod.*, n° 626; Rennes, 19 juill. 1845, aff. Maillu, D. P. 46. 4. 387 et 49. 1. 38). — Mais la cour suprême, abandonnant cette jurisprudence, a décidé qu'en matière de partage les actions sont divisibles (Cass. 22 juin 1835, aff. Blaigneau, V. Conciliat., n° 217), et spécialement que la demande, fondée sur la nullité d'un précédent partage qui aurait attribué tous les biens en nature à l'un des copartageants et aux autres des sommes d'argent, peut être formée contre ce copartageant seul, soit en première instance, soit en cause d'appel (Cass. 13 déc. 1848, aff. Maillu, D. P. 49. 1. 38) : — « Attendu, dit ce dernier arrêt, que les actions, ainsi que les obligations, sont divisibles, lorsqu'elles ont pour objet une chose qui, dans sa livraison, ou un fait qui, dans son exécution, est susceptible de division. » — On a répondu avec raison, ce nous semble, que, d'après l'art. 1218, la divisibilité de la chose ou du fait, qui sont l'objet de l'obligation, n'empêche pas que l'*obligation* elle-même soit *indivisible*, si le rapport sous lequel ils sont considérés ne les rend pas susceptibles d'exécution partielle. Or le partage ne peut être exécuté partiellement, puisqu'il n'y a de partage proprement dit, d'après la jurisprudence même de la cour de cassation, qu'autant que l'indivision cesse entre tous les héritiers. La nécessité de les mettre tous en cause résulte de la nature même de la demande; car, en l'absence de quelques-uns, ne serait-il pas impossible de former les lots, d'établir les comptes, d'opérer les prélèvements (Conf. MM. Bioche, v° Partage, n° 21; Dutruc, n° 295)?

1579. En déclarant divisible l'action en partage, on a jugé que si, dans une instance en partage, l'un des successibles n'a pas été cité en conciliation et n'a pas pris part à l'instance qui a suivi, la nullité dont il se prévaut ne peut être rendue commune à ceux qui ont couvert l'omission ou le défaut de conciliation par une défense au fond (Cass. 22 juin 1835, V. Conciliation, n° 217).

1580. De ce que l'action en partage est indivisible et doit être formée contre tous les héritiers, on a tiré la conséquence : 1° que l'appel du jugement intervenu sur cette action est non recevable, si tous les copartageants qui figuraient en première instance n'ont pas été intimés (Toulouse, 5 fév. 1842, aff. Estampe, V. Appel civ., n° 591), si l'appelant n'a intimé que l'un d'eux (Rennes, 19 juill. 1845, aff. Mailles, D. P. 46. 4. 387); — 2° Que l'un d'eux est sans intérêt, et partant non recevable à se prévaloir de l'irrégularité commise à son égard dans l'appel du jugement d'homologation, signifié d'ailleurs légalement à tous les autres (Bordeaux, 14 janv. 1842, aff. Marraud, V. Appel civil, n° 626).

1581. Du reste, une instance en partage régulièrement introduite n'est pas éteinte par cela seul que le poursuivant a négligé d'assigner en reprise de cette instance les représentants d'un cohéritier décédé (Bordeaux, 27 juill. 1854, aff. Couperie, D. P. 55. 2. 187).

1582. La nécessité de former l'action en partage contre tous les héritiers peut devenir un motif de responsabilité contre les avoués de première instance qui, connaissant l'existence d'un héritier, ont poursuivi la liquidation et le partage de la succession entre d'autres, sans l'y appeler. Ils peuvent, d'office, être déclarés responsables, et personnellement condamnés aux frais de leur procédure frustratoire, en y comprenant les frais d'appel..., et cette responsabilité pèse aussi bien contre ceux qui ont agi en demandant que contre ceux qui ont agi en défendant et s'en sont rapportés à justice (Angers, 29 juill. 1843) (1).

1583. La demande en partage de la succession ne saurait être formée par un héritier contre les tiers qui en détiennent les biens à titre singulier. Une telle demande s'appliquant à l'universalité des biens n'est pas une simple revendication, mais une pétition d'hérédité qui ne peut être exercée que contre tous les héritiers (Req. 6 déc. 1825) (2). — Ne faut-il pas, d'ailleurs, qu'un partage préalable ait mis dans le lot de l'un des héritiers les biens qu'il revendique?

1584. De même, ne serait pas recevable la demande en partage formée par un héritier contre un cohéritier détenteur d'un immeuble de la succession, en sa qualité, non d'héritier, mais de détenteur, alors surtout qu'il existe plusieurs immeubles dans la succession. — En un tel cas, c'est contre tous les héritiers que le partage doit être demandé, non par l'action *communi dividundo*, mais par l'action *familiæ erciscundæ* (Req. 13 nov. 1833) (3). — Jugé aussi que le créancier à qui un cohéritier a hypothéqué sa part indivise d'un immeuble héréditaire ne peut en provoquer le partage contre le tiers détenteur qui l'a acquis de tous les héritiers, sans demander en même temps contre ceux-ci

---

(1) *Espèce :* — (Blot C. Garreau.) — Jugement qui, « attendu que les avoués sont institués pour diriger les procès, instruire les affaires, dresser les actes de procédure, et conclure devant les tribunaux dans l'intérêt des parties qui les investissent de leur confiance; — Qu'aux priviléges de leur profession est attaché le devoir essentiel de veiller à ce que les droits de leurs clients ne reçoivent aucune atteinte et ne soient pas compromis; — Que toute négligence ou faute grave, qui est préjudiciable, engage, de toute justice, leur responsabilité personnelle (c. civ., art. 1382 et 1383; c. pr. civ., art. 132 et 1031); — Attendu que s'il incombe principalement à l'avoué chargé d'une poursuite de la rendre régulière et complète, les avoués des parties adverses sont aussi obligés de faire ou de requérir tout ce qui dépend de son ministère pour qu'elle arrive à bonne fin, dans l'intérêt de celles-ci; — Attendu que le procès-verbal du 7 avr. 1842, dressé par le notaire Ch..., en exécution du jugement du 20 juill. précédent, ne constate pas qu'il en ait été donné lecture aux parties, qu'elles aient été mises en demeure de présenter leurs observations et de le signer, ainsi qu'il est de règle; — Qu'il y est énoncé que beaucoup de renseignements et de pièces nécessaires à l'opération renvoyée au notaire ne lui ont pas été complétement fournies, ce qui accuse de plus fort la négligence dans la direction de l'affaire; — Attendu que l'absence de la veuve Blot, ès noms et qualités qui lui appartiennent, a dû amener des erreurs ou inexactitudes; que, dans tous les cas, elle a droit d'être entendue, et ne peut être liée par tout ce qui a été fait arrière d'elle, et au mépris de ses droits et de ceux de ses enfants; — Que, dans un tel état, les avoués de première instance ont eu tort et sont sans excuse, D... d'avoir requis, au nom de la demanderesse originaire, l'homologation dudit procès-verbal; S... et B..., au nom des défendeurs, de s'être bornés à s'en rapporter à justice, quand le devoir de ces officiers ministériels était de rectifier ou faire rectifier tout ce que cet acte et l'instance avaient de défectueux; — Par ces motifs, ordonne que tous les dépens feront masse; que moitié sera supportée par D..., avoué de la demanderesse originaire, et l'autre moitié conjointement par B... et par S..., avoués des défendeurs, étant lesdits avoués responsables de tous lesdits frais frustratoires. » — Appel. — Arrêt.

LA COUR; — Adoptant les motifs, etc., confirme.

Du 29 juill. 1843.-C. d'Angers.-M. Desmazières, 1er pr.

(2) (Epoux Langerin C. Huvier de Fontenelle.) — LA COUR; — Attendu, en droit, qu'il est de principe que l'action en pétition d'hérédité ne peut être exercée que contre des héritiers ou des acquéreurs de droits successifs; — Attendu, en fait, que les demandeurs ont assigné les défendeurs tiers acquéreurs, depuis longtemps, de quelques-uns des biens des successions dont il s'agit, pour être procédé au partage et licitation desdites successions; qu'en décidant donc que cette demande est une demande en pétition d'hérédité, et que les demandeurs étaient non recevables à la diriger contre les défendeurs, l'arrêt s'est exactement conformé aux lois de la matière, et ne viole aucun des articles invoqués; — Rejette.

Du 6 déc. 1825.-C. C., sect. req.-MM. Brillat, pr.-Vallée, rap.

(3) (Pannier C. Schneider.) — Jugement du tribunal de Colmar, ainsi conçu : — « Attendu que la demande a pour objet le partage de la maison léguée au défendeur par le sieur François Schneider, comme ayant appartenu par moitié au sieur Antoine Schneider, bisaïeul des demandeurs; — Attendu qu'il ne suffit pas aux demandeurs de justifier que la moitié de la maison a fait partie de la succession de leur bisaïeul pour établir leur droit de propriété à cet immeuble; mais qu'ils doivent prouver que, par suite du partage qui a eu lieu de cette succession, l'immeuble est resté indivis entre les cohéritiers, ou qu'il a été attribué à leur auteur pour la fraction qu'ils réclament; que cet acte seul peut leur donner un droit direct sur l'immeuble, et les autoriser à le suivre entre les mains des propriétaires et détenteurs successifs; — Attendu que les demandeurs ne font pas cette justification; que leur demande ne repose que sur la supposition du défaut de partage de la succession Schneider, premier du nom; que, dès lors, ils n'ont aucun droit réel direct sur la maison, et ce avec d'autant plus de raison qu'il y avait encore d'autres immeubles dans la succession, qui doivent également

le partage de l'universalité des biens de la succession (Pau, 16 mai 1831, M. de Figarol, pr., aff. Boissé C. l'Etat). — Le partage doit toujours s'entendre d'un acte qui fait cesser complétement l'indivision entre les cohéritiers.

1585. Toutefois, il a été jugé que la demande en partage formée par un des cohéritiers contre l'héritier détenteur des biens de la succession, interrompt la prescription même en faveur des autres cohéritiers, s'ils ont été appelés en même temps dans l'instance (c. nap. 814 et 2244; Montpellier, 16 nov. 1842, aff. Rouquette, V. Prescript.).

1586. Lorsque plusieurs portions d'un immeuble indivis ont été vendues successivement à divers acquéreurs par l'un des communistes, l'autre communiste, qui exerce l'action en revendication pour se remplir de sa part, ne peut pas agir exclusivement et pour le tout contre l'acquéreur le plus récent; son action doit s'étendre à tous les acquéreurs indistinctement; — En conséquence, l'acquéreur postérieur en date, seul poursuivi, a le droit de demander que les autres acquéreurs soient mis en cause, afin qu'il soit procédé en leur présence au partage de toutes les portions de l'immeuble indivis qui ont été successivement aliénées (Rej. 28 avr. 1851, aff. Joly-Chêne, D. P. 51. 1. 145).

Art. 4. — *De la capacité pour le partage des successions échues aux mineurs ou interdits, aux absents, à la femme mariée.*

1587. Le partage, selon les lois romaines, est une espèce d'aliénation. Elles l'assimilent, sous certains rapports, à une vente ou à un échange (L. 20, § 3, ff., *Famil. ercisc*; L. 77, § 18, ff., *De legat.*; L. 1, C., *Commun. utriusq. jud.*). Le partage, dans notre droit, n'a pas moins été considéré sous cet aspect, quoiqu'il ne soit plus translatif, mais simplement déclaratif de propriété. Cet effet, que nous développerons ultérieurement, tient à une fiction qui n'a été imaginée que pour la commodité des partages, et qu'on doit restreindre au cas pour lequel elle a été établie. En réalité, le partage limite aux objets compris dans chaque lot le droit général qu'avait auparavant chaque héritier sur tous les objets composant la succession. Sous ce point de vue il renferme une aliénation. De là cette règle, admise de tout temps, qui subordonne aux mêmes conditions la capacité d'aliéner et celle de provoquer le partage. Les art. 817 et 818 c. nap. ont fait l'application de cette règle à l'égard des cohéritiers mineurs ou interdits, des absents et de la femme mariée.

1588. *Des mineurs ou interdits.* — L'ancienne jurisprudence ne permettait généralement ni aux mineurs ou interdits, ni à leurs tuteurs, de demander le partage définitif d'une succession qui contenait des immeubles. Ils ne pouvaient y procéder que sur la demande des cohéritiers majeurs; et ces partages, quelque forme qu'on leur donnât, n'étaient jamais regardés que comme provisionnels. Le mineur, à sa majorité, pouvait en provoquer un nouveau. Ce système avait le double inconvénient de nuire, soit aux cohéritiers majeurs forcés de demeurer dans l'indivision pendant vingt ans et plus, la majorité étant fixée alors à vingt-cinq ans; soit au mineur lui-même, intéressé très-souvent à ce qu'il s'opérât un partage définitif, lors même que les autres héritiers ne le demandaient pas. Pour sortir d'indivision, les majeurs, en vendant les biens qui formaient leurs lots provisoires, se portaient garants que le partage serait ratifié par le mineur à sa majorité : les tuteurs eux-mêmes prenaient quelquefois cet engagement. De là, une source de difficultés et de procès, lorsque le mineur se refusait à la ratification promise. Le code a pourvu sagement aux intérêts des uns et des autres, en statuant, art. 817 : «L'action en partage, à l'égard des cohéritiers mineurs ou interdits, peut être exercée par leurs tuteurs, spécialement autorisés par un conseil de famille.» L'art. 840 déclare définitif un partage fait dans cette forme; il n'est que *provisionnel* lorsque les règles prescrites n'ont pas été observées; et, sur ce dernier point, on a jugé qu'un partage avec des mineurs n'est que provisionnel s'il a été fait par *attribution*, et non par formation de lots et tirage au sort, conformément aux art. 466, 827 et 834 c. nap. (Paris, 23 juill. 1840, aff. Racine, V. n° 1831).—La loi romaine contenait une disposition semblable, sauf que l'autorisation pour le tuteur devait émaner du juge, au lieu d'un conseil de famille (L. 1, § 2, et 7, ff., *De reb. eor. qui sub. tutel.*). — Il a été jugé que, sous la loi du 17 niv. an 2 (art. 53), était nul l'acte de partage souscrit par un mineur sans l'assistance d'aucun tuteur, ni l'avis du conseil de famille (Aix, 4 août 1808, aff. Riquier, V. Mariage, n° 493-1°); que, toutefois, l'autorisation du conseil de famille n'était nécessaire au tuteur que lorsque le partage, qui intéressait le mineur, se faisait de gré à gré, et non lorsqu'on y procédait en justice, surtout si c'était le père, exerçant la puissance paternelle en pays de droit écrit, qui agissait pour son fils (art. 53; Rej. 3 therm. an 9, M. Maleville, pr., Delacoste, rap., aff. Lescure).—Au reste, on a jugé, sous le code Napoléon, que le tuteur, quand il s'agit du partage de droits immobiliers, ne peut consentir, par voie de transaction, à un mode de partage autre que celui déterminé par la loi (Paris, 23 juill. 1840, aff. Racine, V. n° 1831).

1589. L'autorisation du conseil de famille n'est nécessaire au tuteur que pour provoquer le partage : « Il peut, porte l'art. 465, sans cette autorisation, répondre à une demande en partage dirigée contre le mineur. » La loi romaine aussi dispensait dans ce cas de l'autorisation du juge (L. 17, C., *De prœd. minor.*). Cette distinction repose sur le principe que lorsque l'acte est nécessaire, l'autorisation pour le faire devient superflue : *ejus est velle, qui potest nolle.* — Jugé aussi, qu'avant le code, le tuteur avait qualité pour défendre à la demande en licitation des biens de la succession, formée contre un mineur par son cohéritier. Il n'était besoin ni d'un tuteur *ad hoc* ni d'une délibération du conseil de famille (Paris, 21 frim. an 13, aff. Junot).

1590. Le partage n'est pas moins définitif, quoique le tuteur, en défendant, n'ait pas été autorisé. A la vérité, d'après l'art. 840, « les partages faits.... soit par les tuteurs avec l'autorisation du conseil de famille, etc., sont définitifs; ils ne sont que provisionnels si les règles prescrites n'ont pas été observées.» Mais cette disposition n'a prévu que le cas où le tuteur exerçait l'action en partage, comme il est dit dans l'art. 817 (Merlin, Rép., v° Partage, § 3, n° 1; MM. Malpel, n° 244; Delvincourt, t. 2, p. 347, n° 4; Duranton, t. 7, n° 102; Toullier, t. 4, n° 391; Delaporte, Pand. fr., t. 3, p. 225; Maleville, art. 840; Vazeille, art. 840, n° 1; Dutruc, n° 261).

1591. De même, en cas de licitation, ordonnée sur la provocation d'un copropriétaire du mineur, le tuteur est dispensé par l'art. 460 c. nap. de l'autorisation du conseil de famille. — M. Maleville infère des art. 460 et 465, que la licitation ne peut jamais être provoquée par le tuteur à la différence du partage,

---

être partagés et pourraient advenir aux demandeurs, et les remplir de la part de leur auteur dans la maison; que, quant à présent, les seuls droits qui puissent leur compéter, ne peuvent consister que dans une action à fin de partage de la succession d'Antoine Schneider, leur bisaïeul; que si, par l'événement du partage, il leur advient une portion déterminée dans la maison, ils pourront alors former la demande qu'ils exercent; — Attendu que la demande, à fin de partage de la succession d'Antoine Schneider, ne peut être formée que contre les héritiers qu'il a délaissés; que Jacques Schneider, défendeur, n'est pas recherché en cette qualité; que, dès lors, sa demande est mal fondée quant à présent. »—Appel.—Le 25 fév. 1832, arrêt de la cour de Colmar, qui adopte les motifs des premiers juges. — Pourvoi. — On soutient que la saisine légale conférée par l'art. 724 c. civ. opère entre les héritiers légitimes une indivision qui, pendant sa durée, attribue à chacun d'eux sur les biens laissés par leur auteur un véritable droit de propriété; que cette indivision se présume jusqu'à preuve contraire, d'après les dispositions de l'art. 816 c. civ., et que, pour sortir de l'indivision, deux voies sont ouvertes : l'action *communi dividundo*, et l'action *familiæ erciscundæ*; qu'il est facultatif aux héritiers de choisir l'une ou l'autre. — Arrêt.

La cour; — Sur le moyen unique, tiré de la violation des art. 724, 816 et 1315 c. civ. : — Considérant que l'action intentée par les demandeurs avait pour objet le partage d'un immeuble dépendant de la succession d'Antoine Schneider, et qu'ils ont agi en qualité d'héritiers; que cette action en partage devait être dirigée contre tous leurs cohéritiers, d'autant plus qu'il existe dans la succession d'autres immeubles que la maison dont il s'agit; que, cependant, François Schneider n'a point été actionné comme héritier d'Antoine Schneider, mais simplement comme détenteur actuel de l'immeuble; qu'ainsi, la cour royale a pu, sans violer la loi, déclarer les demandeurs, quant à présent, non recevables en leur demande; — Rejette.

Du 13 nov. 1833.-C. C., ch. req.-MM. Zangiacomi, pr.-Joubert, rap.-Tarbé, av. gén., c. conf.-Parant, av.

qui, n'étant qu'une fixation des parts, n'a pas le même caractère d'aliénation. Mais c'est évidemment une erreur : l'art. 457 attribue au tuteur d'une manière générale le droit d'aliéner les immeubles du mineur avec l'autorisation du conseil de famille (Conf. M. Dutruc, n° 262).

1592. Il faut reconnaître cependant que la licitation, quand elle est provoquée par le tuteur, a paru plus compromettante pour le mineur que le partage; aussi la délibération du conseil de famille doit-elle être homologuée dans le cas de licitation (c. nap. 458 et 460; Angers, 19 juin 1851, aff. Jaguelin, D. P. 51. 2. 163.), tandis que cette homologation n'est pas nécessaire pour le partage (Pigeau, t. 2. p. 705; MM. Bioche, v° Partage n° 23; Dutruc, n° 262).

1593. L'autorisation du conseil de famille est-elle nécessaire au tuteur pour provoquer le partage du mobilier seulement de la succession qui renferme des immeubles, ou d'une succession toute mobilière? La difficulté vient de ce que l'art. 464 semble ne l'exiger que pour « une action relative aux droits *immobiliers du mineur.* » Mais le législateur n'a point assimilé les actions en partage aux actions ordinaires. Ainsi, dans l'art. 465, où il est question spécialement de l'action en partage, on n'a pas reproduit la distinction qui se trouve dans l'article précédent. L'art. 465 aurait même été inutile s'il n'avait eu pour but d'assujettir à la formalité de l'autorisation l'action en partage d'une succession mobilière : l'art. 464 venait de s'expliquer quant aux actions immobilières. Les art. 817 et 840 s'expriment également d'une manière générale sur la nécessité de l'autorisation. Dans l'ancienne jurisprudence, une universalité de meubles était regardée comme un immeuble à l'égard d'un mineur. Ce principe a été conservé dans le nouveau droit, puisqu'il est décidé en général que le tuteur ne peut répudier ni accepter une succession mobilière ou immobilière sans l'autorisation du conseil de famille. L'action en partage entraîne d'ailleurs des frais considérables (MM. Duranton, t. 7, n° 104; Chabot, t. 3, p. 71; Delvincourt, t. 2, p. 347, note 4; Toullier, t. 4, n° 391; Dutruc, n° 265). M. Delaporte, *ibid.*, p. 225, cite un jugement conforme du tribunal de la Seine, du 15 pluviôse an 12.

1594. Quelquefois, quand la tutelle embrasse une administration considérable de biens situés à de grandes distances les uns des autres, le conseil de famille adjoint au tuteur des préposés, chargés spécialement de gérer une partie des biens. Dans un tel cas, ce n'est pas moins contre le tuteur et non contre les préposés, que doivent être dirigées les demandes qui intéressent le mineur, et par exemple une demande en partage. — Jugé qu'il en serait ainsi, bien que le tuteur eût reçu la qualification de tuteur *honoraire*, et lorsque d'ailleurs l'immeuble à partager était situé au lieu de son domicile, et en dehors de l'administration spéciale des tuteurs onéraires (Paris, 21 frim. an 13) (1).

1595. « S'il y a plusieurs mineurs qui aient des intérêts opposés dans le partage, il doit leur être donné à chacun un *tuteur spécial* » (c. nap. 838) qui « sera nommé suivant les règles contenues au titre des *avis de parents* » (c. pr. 968). — Mais jugé qu'il n'y a pas lieu à l'application de ces dispositions par cela seul que des mineurs sont en instance de partage; il faut qu'ils aient des intérêts opposés : — « Attendu que, dans l'espèce, il est constaté par l'arrêt attaqué (de Rennes) que les mineurs dont il s'agit n'ont pas d'intérêts opposés, et que le cas prévu par la disposition finale de l'art. 838 c. nap. ne se rencontrait pas; rejette » (Req. 8 nov. 1814, MM. Henrion, pr., Borel, rap., aff. Vernon C. leur tuteur).

1596. Lorsque le mineur et le tuteur ont des intérêts opposés, le partage devant se faire entre eux, le mineur n'est plus représenté par le tuteur, mais par le subrogé tuteur, ou à défaut par un tuteur *ad hoc.* M. Bioche, v° Vente judic., n° 161., dit que la loi exige alors un tuteur *ad hoc*, indépendamment du subrogé tuteur. Nous pensons au contraire qu'il suffit du subrogé tuteur, à raison des pouvoirs que lui confère l'art. 420, c. nap. (Conf. MM. Duranton, t. 3, n° 521; Dutruc, n° 263). — V. aussi, au cas où les intérêts sont en opposition, v° Minorité, n° 719-5°.

1597. La nomination du tuteur *ad hoc*, dans le cas d'opposition d'intérêts entre le mineur et le tuteur, appartient, non au tribunal, mais à un conseil de famille, dans les formes réglées par les art. 406 et s. c. civ. : — « Attendu que, quoi qu'il en soit de l'ancienne jurisprudence à cet égard, il est constant que la nouvelle législation n'attribue nulle part aux juges le droit de nommer les tuteurs, des subrogés tuteurs et autres administrateurs quelconques, l'intention du législateur qui ressortit des différentes dispositions du code en la matière, étant que, dans pareil cas, et pour toutes ces opérations, on passe indistinctement par l'avis des parents; émendant » (Turin, 9 janv. 1811, aff. hér. Aschéro).

1598. Le mineur émancipé a besoin de l'assistance de son curateur pour provoquer le partage (c. nap. 481, 840). Il en était de même dans l'ancienne jurisprudence (Pothier, Succes., ch. 4, § 2). Ce n'est pas là un acte de pure administration. — Il en serait ainsi, même s'il ne s'agissait que de meubles; l'art. 840 ne distingue pas. Ici reviennent d'ailleurs les raisons exposées *suprà*, n° 1593 (Conf. MM. Vazeille, art. 817, n° 2; Dutruc, n° 266; Delaporte, *loc cit.*, qui d'abord approuvait, dans ce dernier cas, l'opinion contraire de Lebrun et Pothier).

1599. Mais est-il besoin, en outre, de l'autorisation du conseil de famille? Non. A la vérité, l'art. 484 dit que le mineur émancipé « ne peut vendre ni aliéner ses immeubles, ni faire aucun acte autre que ceux de pure administration, sans observer les formes prescrites au mineur non émancipé. » Mais d'abord, l'art. 482 répute suffisante l'assistance du curateur pour intenter une action immobilière, quoique ce ne soit pas là un acte de pure administration; de plus, le partage est une aliénation d'un genre particulier, et à cause de toutes les formalités de justice qui l'environnent, la loi a pu, sans contradiction, ne pas exiger l'autorisation du conseil de famille, comme dans les autres cas d'aliénation, qui offrent au mineur moins de garantie. L'art. 840, d'ailleurs, semble, par son texte même, trancher notre question, en déclarant définitifs les partages faits soit par les tuteurs *avec l'autorisation du conseil de famille*, soit par les mineurs émancipés, *assistés de leur curateur*. La loi n'exige pas dans ce dernier cas l'autorisation du conseil de famille; l'art. 817 n'impose non plus cette formalité qu'à l'égard des mineurs en tutelle. Or ces deux dispositions ont spécialement trait au partage. *Specialia derogant generalibus* (Chabot, art. 817, n° 3; Toullier, t. 4, n° 408; Favard, v° Partage, sect. 1; Duranton, t. 7, n° 105; Malpel, n° 214; Vazeille, art. 817, n° 2; Poujol, n° 3; Marcadé, n° 1-2°; Dutruc, n° 267; Massé et Vergé sur Zachariæ, t. 2, p. 359, note 6. — *Contrà*, Delvincourt, t. 2, p. 347). — Jugé dans ce sens que la femme mineure peut provoquer un partage avec la seule assistance de son mari (Bordeaux, 25 janv. 1826, aff. Pidoux, v° Contrat de mariage, n° 455).

1600. Le mineur émancipé pourrait-il aussi provoquer la licitation sans l'autorisation du conseil de famille? Le doute vient de ce que l'art. 484 le soumet pour l'aliénation des immeubles aux formes prescrites au mineur non émancipé, et l'art. 460 exige pour la licitation, provoquée par le tuteur, les mêmes formalités que pour l'aliénation des immeubles du mineur. Mais nous pensons que la solution est dans l'art. 482, qui permet au mineur émancipé d'intenter les actions immobilières (et par suite une demande en licitation), avec la seule assistance de son curateur (Conf. M. Dutruc, n° 268).

1601. Il a été jugé : 1° que les formalités prescrites pour le partage des successions échues à des mineurs sont obligatoires pour le mari de la mineure, lors même que par le contrat de mariage et assistée de toutes les personnes dont le consente-

(1) (Junot C. Rochegude.) — LA COUR; — Attendu que la qualification de tutrice honoraire n'était point limitative des fonctions et des pouvoirs que la tutelle confère; que c'est la disposition formelle des lois et des anciennes coutumes; — Que les tuteurs onéraires ne sont que des agents, des préposés ou mandataires pour gérer tout ou partie des biens sous la direction et surveillance du véritable tuteur, envers lequel ils sont comptables;

Attendu que, dans le cas particulier, les tuteurs onéraires du mineur de Rochegude ne l'étaient que pour l'administration de ses biens situés dans les départements méridionaux de la France, et qu'ils étaient spécialement chargés de rendre compte à l'aïeule maternelle du mineur, véritable tutrice; en sorte qu'il est impossible de prétendre que l'action en partage de la maison située à Paris devait être dirigée contre les tuteurs onéraires, et non contre la dame veuve Chabanais, tutrice à la personne et à l'universalité des biens de son petit-fils.

Du 21 frim an 13.-C. de Paris.

ment était nécessaire à la validité des conventions matrimoniales, la fille mineure aurait donné procuration à son futur époux à l'effet de procéder seul et sans formalités au partage des biens indivis entre elle et ses cohéritiers (Bordeaux, 25 janv. 1826, aff. Pidoux, V. Contr. de mariage, nº 453); — 2º Qu'un partage de biens intéressant un mineur, et qui n'a point été fait en justice, ne cesse pas d'être provisionnel, par cela que le mineur est devenu héritier pour partie de son tuteur, lequel s'était porté fort pour lui et s'était obligé de le faire ratifier; du moins il ne peut être garant de l'éviction qui résultera du nouveau partage, que jusqu'à concurrence de sa part héréditaire (Bourges, 23 nov. 1818, M. Sallé, pr., aff. Lavalette *C.* Girard).

1602. Quant aux personnes pourvues d'un *conseil judiciaire*, peuvent-elles procéder à un partage sans l'assistance de leur conseil? Non. Si le partage est judiciaire, elles ne peuvent *plaider* seules. Il y a controverse quant au partage amiable. La question se réduit à savoir si la défense d'*aliéner* (c. nap. 513) embrasse celle de partager. L'affirmative se motive, à nos yeux, sur ce que la loi exige en général, comme on l'a vu ci-dessus, la même capacité pour le partage et l'aliénation. Le prodigue, d'ailleurs, a plus besoin encore de son conseil dans un partage amiable, où il n'est point protégé par les formalités de justice (Conf. Pigeau, Proc., t. 2, p. 434; Carré, quest. 3213; Chauveau sur Carré, quest. 2507-11º; Marcadé, sur l'art. 817; Dutruc, nº 24; Massé et Vergé sur Zachariæ, t. 2, p. 359, note 7). On a dit, dans le sens contraire, que la loi n'a point rappelé au titre des Successions l'incapacité du prodigue; que l'art. 813 doit s'interpréter de la manière la plus limitative (Rolland, vº Partage de succes., nº 79; Duranton, t. 7, nº 127; Vazeille, art. 817, nº 3; les auteurs du Praticien français, t. 1, p. 501). Il a été jugé en conséquence que l'assistance du conseil n'était pas nécessaire pour le partage amiable fait avec le prodigue; qu'il n'en serait besoin qu'au cas où, pour parvenir à la complète liquidation de la succession, le prodigue aurait à faire quelqu'un des actes formellement énumérés dans l'art. 513 c. nap. (Rouen, 19 avr. 1847, D. P. 47. 2. 91). M. Dutruc, *loc. cit.*, critique cette décision, en ce qu'elle distingue, quant à la capacité, entre les diverses opérations du partage, qui forme, dit-il, un tout indivisible.

1603. *Des absents.*—L'art. 817 c. nap. porte : « A l'égard des cohéritiers absents, l'action en partage appartient aux envoyés en possession. » Pour l'application de cet article, il faut que la succession se soit ouverte avant le jour de la disparition de l'absent ou ses dernières nouvelles; sinon, un doute s'élèverait sur l'existence de l'absent; et, dans le doute, la succession serait dévolue, suivant l'art. 136 c. nap., « à ceux avec lesquels il aurait eu le droit de concourir, ou à ceux qui l'auraient recueillie à sa place. » En outre, il faut remarquer que le cas prévu par l'art. 817 est l'absence *déclarée*, puisque l'envoi en possession n'est que la suite de cette déclaration. Toutefois les art. 819 et 840 étendent les prévisions de la loi aux *non-présents* comme aux *absents*. Cette dénomination de *non présents* embrasse et les *présumés absents* (c. nap. 113), et ceux qui, sans être en présomption d'absence, parce qu'on connaît certainement leur existence, sont simplement éloignés du lieu du partage, et n'ont pas donné procuration pour les y représenter.

En cas d'absence déclarée, l'époux commun en biens qui a opté pour la continuation de la communauté, conformément à l'art. 124, et qui, par là, a empêché l'envoi provisoire des héritiers présomptifs, peut-il, sans le concours de ces héritiers, provoquer le partage au nom de l'absent? — L'affirmative est énoncée sans motifs par M. Duranton, t. 7, nº 108. — Selon M. Delvincourt, t. 2, p. 248, si l'époux présent est le mari, les héritiers présomptifs de la femme seront mis en cause dans le cas où la femme elle-même aurait dû l'être; si c'est la femme qui est présente, elle ne pourra, dans aucun cas, intenter l'action en partage sans appeler les héritiers du mari. — Une autre distinction, qui concilie mieux, à notre sens, les intérêts divers, est faite par MM. Chabot et Vazeille, sur l'art. 817; Dutruc, nº 274; Bioche, vº Partage, nº 38. On admettra les héritiers à intervenir dans l'instance et dans les opérations du partage, pour veiller à la conservation de leurs droits; mais le conjoint ne sera point obligé de les mettre en cause pour exercer l'action en partage, leur qualité pouvant être contestée, et l'administration des biens de l'absent n'appartenant qu'à l'époux présent, qui s'est conformé à la première disposition de l'art. 124.

1604. L'art. 817 désigne bien les envoyés en possession comme les représentants légaux du cohéritier déclaré absent; mais il ne dit pas quelles personnes pourront provoquer le partage à la place du cohéritier *non présent*. Les opinions sont divisées sur ce point. — La question s'élève d'abord relativement aux *présumés absents*. D'après l'art. 113, « le tribunal commet un notaire pour les représenter dans les inventaires, comptes, partages et liquidations. » Ce notaire a-t-il qualité pour demander le partage? Oui, selon MM. Delvincourt, t. 2, p. 348, note 5; Merlin, Rép., vº Absents, nº 4; Malpel, nº 244. Mais nous pensons, comme MM. Chabot, t. 3, p. 79; Duranton, t. 7, nº 111; Vazeille, art. 817, nº 5; Dutruc, nº 275; Bioche, nº 35, que les fonctions du notaire se bornent à la représentation de l'absent dans les partages et liquidations provoqués par d'autres : il n'a pas le pouvoir de les provoquer lui-même; il n'a pas l'administration des biens de l'absent; son mandat est limité aux objets déterminés par l'art. 113. D'un autre côté, l'art. 112 permet au tribunal de statuer sur la demande des parties intéressées, « s'il y a nécessité de pourvoir à l'administration de tout ou partie des biens laissés par une personne présumée absente; » les juges ont donc une entière latitude sur le mode d'administration qu'ils croiront le plus convenable : ils peuvent donc nommer un *curateur*, comme on le faisait autrefois (V. Absent, nº 109). M. Bigot de Préameneu l'a déclaré positivement dans son exposé des motifs du titre des Absents; et la nomination du notaire, faite en vertu de l'art. 113, ne serait point un obstacle à la nomination d'un curateur chargé spécialement de diriger l'action en partage, sous la surveillance du ministère public. — V. Absent, nº 133.

1605. Le notaire a-t-il au moins qualité pour défendre à l'action en partage? Non, selon Chabot; oui, selon Vazeille, art. 817, nº 3. — M. Duranton subordonne la solution aux circonstances. Merlin et Malpel lui attribuent même le pouvoir de provoquer le partage, à plus forte raison celui d'y répondre. — Ce dernier avis est aussi le nôtre. — V. Absent, nº 134.

1606. Quant à ceux qui sont seulement *non présents*, et pour lesquels le tribunal n'a pas commis de notaire, comme l'art. 113 le veut pour les *présumés absents*, M. Duranton, t. 7, nºs 111 et 112, décide avec raison que si le partage est provoqué par les cohéritiers, ils pourront être représentés en défendant, mais qu'ils ne devront jamais l'être pour demander le partage. Comme on a de leurs nouvelles, et qu'on sait dans quel lieu ils résident, on peut les avertir; et c'est leur faute si, connaissant l'ouverture de la succession, et ayant intérêt au partage, ils n'envoient pas de procuration sur les lieux pour requérir cette opération. — V. Absent, nº 134.

1607. *De la femme mariée.* — Le partage des biens échus à une femme mariée peut, selon les différents régimes de leur union, être provoqué, ou par le mari seul, ou par les deux époux conjointement, ou par la femme seule. — Le mari seul « peut provoquer le partage des objets meubles ou immeubles, échus à sa femme, et qui tombent dans la communauté » (c. nap. 818). — Peu importe que la femme ait stipulé la reprise d'apports en cas de renonciation à la communauté (Delvincourt, t. 2, p. 248; MM. Duranton, t. 7, nº 120; Chabot, t. 3, p. 82; Vazeille, art. 818, nº 1; Dutruc, nº 282). — Le mari n'est pas moins le maître, pendant la durée de la communauté, des biens qui la composent; la clause n'a d'effet pour la femme qu'au moment de la renonciation, et elle ne donne lieu qu'à une indemnité contre le mari et ses héritiers, s'il a aliéné les biens qu'elle avait droit de reprendre, la clause étant sans effet à l'égard des tiers.

1608. Le mari ne peut, sans le concours de sa femme, provoquer le partage des objets qui ne tombent pas en communauté; il peut seulement, s'il a le droit de jouir de ces biens, demander un partage provisionnel (c. nap. 818). — Jugé qu'un mari ne peut, sans le concours de la femme, demander le partage d'immeubles appartenant en propre à celle-ci : — « Considérant, en fait, que, dans l'espèce, il s'agit de biens non faisant partie de la communauté, et d'une action au pétitoire exercée par des époux sans le concours de leurs femmes; émendant, etc. » (Bruxelles, 13 mess. an 13, aff. Molingre *C.* Quchez. — Le 23 brum. an 14, autre arrêt semblable de la même cour).

1609. Le concours de la femme serait nécessaire, même si ses biens étaient mobiliers (Chabot, t. 3, p. 83; MM. Duranton, t. 7, n° 121; Toullier, n° 191; Vazeille, art. 818, n° 2; Dutruc, n° 284). — La disposition de l'art. 818 est générale, d'autant que le premier paragraphe parle expressément *des objets meubles ou immeubles;* le second se rapporte donc aux mêmes objets.—Delvincourt, t. 2, p. 349, note 8, dans le cas d'une succession mobilière qui, par une clause de réalisation, se trouve exclue de la communauté, objecte que cette clause n'a d'effet qu'entre les époux et leurs héritiers, lors de la dissolution de la communauté (c. nap. 1503), et qu'elle ne fait point obstacle à ce que le mari ait seul le droit d'exercer toutes les actions mobilières qui appartiennent à la femme (c. nap. 1428 et 1528). Mais l'art. 818 traite spécialement du partage; d'ailleurs, le partage n'est point un acte ordinaire d'administration, il est plutôt un acte de propriété. Ainsi le mari, quoiqu'il ait la jouissance des biens échus à sa femme, a besoin, s'ils n'appartiennent pas en propriété à la communauté, de sa participation pour obtenir un partage définitif.—MM. Chabot et Toullier, *loc. cit.*, donnent une autre réponse. L'art. 1428, disent-ils, qui accorde au mari seul l'exercice de toutes les actions mobilières de la femme, est dans le cas de communauté *légale*, suivant laquelle tous les meubles échus à la femme tombent en communauté : il ne faut donc pas étendre sa disposition aux actions relatives à des meubles, qui, d'après une clause particulière (c. nap. 1500), n'entrent pas dans la communauté *conventionnelle*. M. Duranton fait remarquer avec raison que toutes les actions mobilières de la femme peuvent être exercées par le mari seul dans la communauté conventionnelle, qui n'embrasse pas tous les meubles, comme dans la communauté légale; ce que M. Duranton démontre par les articles combinés 1528, 1531, 1549, et en invoquant l'autorité de Pothier et autres anciens jurisconsultes. — V. Contr. de mar., n°s 2693 et suiv.

1610. Le mari peut valablement procéder, sans le concours de sa femme, au partage définitif des immeubles échus personnellement à celle-ci, lorsqu'il a reçu d'elle, dans son contrat de mariage, le pouvoir spécial d'exercer toutes ses actions actives et passives, et de traiter de ses droits paternels et maternels (Grenoble, 18 janv. 1849, aff. Angelier, D. P. 52. 2. 14.) — Il en est ainsi, même dans le cas où ce pouvoir a été donné par une femme mineure assistée des personnes dont le consentement est nécessaire à la validité de son mariage (Req. 12 janv. 1847, aff. Pascal, D. P. 47. 1. 225).

1611. A défaut d'une stipulation contraire, le concours de la femme au partage est nécessaire sous tous les régimes qui lui conservent la propriété de sa fortune personnelle, tels que les régimes de séparation de biens ou de non-communauté (art. 1531), de réalisation, ou de communauté réduite aux acquêts. — Il en est de même sous le régime dotal, lorsque la part héréditaire de la femme entre dans la dot; le mari ne peut seul provoquer le partage. La question, toutefois, sous ce régime, a été fort controversée, et des distinctions ont été proposées. — V. Contrat de mariage n°s 3326 et 3332 et suiv.

1612. Le mari pourrait-il au moins défendre seul à l'action en partage des biens dotaux? Les lois romaines, n'exigeaient le concours de la femme que pour la demande en partage, le mari étant seul défendeur (L. 2, C. *de Fundo dotali*). C'est ainsi que, dans notre droit, le tuteur n'a besoin de l'autorisation du conseil de famille, qu'en demandant, et non en défendant, quant au partage de biens échus au mineur (c. nap. 465). Toutefois l'art. 818 nous paraît trancher la question par ces mots : « Les cohéritiers de la femme ne peuvent provoquer le partage définitif qu'en mettant en cause le mari et la femme. » A la vérité, on peut objecter, qu'il ne s'applique pas au cas de régime dotal. Notre question, sous ce rapport, se lie à celle qui précède (Duranton, t. 7, n° 125).

1613. Le mari est autorisé par l'art. 818 à demander un partage provisionnel des objets échus à la femme, et dont il n'a que la jouissance. — Réciproquement la femme pourrait, à l'égard de ses biens personnels, dont le mari aurait la jouissance, demander le partage de la nue propriété (MM. Marcadé, art. 818, n° 1; Dutruc, n° 287).

1614. La femme peut-elle quelquefois provoquer seule le partage de la succession qui lui est échue? — Une double règle doit ici nous diriger : c'est que le partage définitif est un acte de propriété et non de simple administration; c'est qu'en outre le concours des deux époux n'est nécessaire que lorsque chacun a un intérêt personnel au résultat du partage. Il suit de là que la femme séparée de biens qui, pour aliéner ses immeubles, est tenue de se faire autoriser par son mari ou la justice, sera pour le partage soumise à la même formalité. Mais cette formalité, dont elle est dispensée pour l'aliénation du mobilier, ne sera pas nécessaire non plus si des meubles sont l'objet du partage (c. nap. 1449). La même distinction s'applique aux biens paraphernaux (c. nap. 1576; MM. Duranton, t. 7, n° 128; Malpel, n° 244; Chabot, t. 3, p. 88; Favard, v° Partage, sect. 1, n° 2; Maleville, t. 2, p. 301; Delaporte, Pand. franç., t. 3, p. 230; Toullier, t. 4, n° 391; Vazeille, art. 818, n° 6; Marcadé, art. 817, n° 1; Dutruc, n° 289). — On suppose un partage amiable; car en aucun cas, la femme n'est admise à *ester en jugement*, sans la permission du mari ou du juge (c. nap. 217). — On a jugé qu'il n'est pas nécessaire que le mari concoure à une demande en partage formée par sa femme, lorsque les biens à partager ne sont pas dotaux et qu'il n'en a pas la jouissance (Toulouse, 2 juill. 1807, aff. Lamothe, V. Disposit. entre-vifs, n° 3072). — Mais il faut, bien entendu, qu'elle ait l'autorisation du mari ou de la justice (c. nap. 217).

1615. Dans le cas où la femme ne peut procéder seule au partage, le partage notarié, signé par elle, mais non signé du mari lui-même, n'est pas obligatoire pour elle, vu le défaut d'autorisation, encore qu'il fût dit dans l'acte que la femme est dûment autorisée par son mari. Cette mention est insuffisante (Colmar, 28 nov. 1816, aff. Pfeiffer, V. Contrat de mariage, n° 796).

1616. Toutefois, l'autorisation du mari pour la femme qui assiste au partage, ne doit pas nécessairement être donnée dans l'acte même de partage. Elle peut l'être par un acte séparé; elle résulterait encore de tous faits emportant implicitement approbation du partage, et, par exemple, d'une possession, prolongée en silence pendant cinq ans, du lot attribué à la femme (même arrêt).

1617. Jusqu'ici nous avons supposé l'action en partage exercée par les époux ou l'un d'eux. L'art. 818 porte : « Les cohéritiers de la femme ne peuvent provoquer le partage définitif qu'en mettant en cause le mari et la femme. — Cette disposition n'a prévu que le cas où les deux époux étaient intéressés au partage. Il n'est pas nécessaire de mettre les deux époux en cause si l'un d'eux est sans intérêt au résultat de cette opération, n'ayant droit ni aux revenus, ni à la propriété des biens échus à son conjoint; puisque l'un seulement pourrait alors être demandeur, à plus forte raison doit-il avoir qualité pour le rôle de défendeur, qui a moins d'importance et qui nécessite moins de garanties (MM. Duranton, t. 6, n° 115; Chabot, t. 3, p. 87; Malpel, n° 244; Vazeille, art. 818).

1618. De ce que le tuteur d'une femme interdite a déclaré consentir au partage de la communauté, mais avec réserve expresse de faire valoir tous les droits et reprises de la femme, il ne s'ensuit pas que les jugements qui ont ordonné, soit l'expertise des immeubles, soit leur division en plusieurs lots, aient contre lui l'autorité de la chose jugée, à l'effet de rendre définitive, à son égard, la qualité de copartageant attribuée aux héritiers du mari (c. nap., 1350, 1351; c. pr., 451, 452; Rej. 13 janv. 1836) (1).

(1) *Espèce :* — (Faillite Egret C. Mosnier.) — Le sieur Moronval et la demoiselle Marie Rochard convinrent, dans leur contrat de mariage, passé en 1779, « qu'arrivant le prédécès de l'un des futurs sans enfants, le survivant ne sera tenu de rendre aux héritiers du prédécédé, que ce que ledit prédécédé aura apporté en dot, et dans ladite communauté, si mieux n'aime, toutefois, le survivant donner auxdits héritiers le partage dans ladite communauté, ce qui sera à son choix et option, sans que les héritiers du prédécédé puissent contrevenir à la présente clause qui sera de rigueur absolue. » — En l'an 12, les époux Moronval se firent donation réciproque entre-vifs de tous les biens meubles et immeubles qui pourraient leur appartenir à leur décès, sans aucune exception ni réserve, pour en jouir et disposer par le survivant, en pleine propriété, quant aux biens meubles, et en usufruit seulement quant aux immeubles. — En 1818, le sieur Moronval meurt sans en-

1619. Le tuteur d'une femme interdite, qui a consenti au partage de la communauté demandé par les héritiers du mari, mais en déclarant s'en rapporter à justice et réserver expressément tous les droits de la femme, ne peut être réputé avoir reconnu définitivement la qualité de copartageant attribuée aux héritiers du mari; il est recevable, dès lors, à demander, tant que le partage n'est pas consommé, l'exécution d'un titre donnant à la femme le droit d'exclure les héritiers du mari du partage, moyennant une certaine somme (même arrêt).

ART. 5. — *Des formes et conditions du partage amiable.*

1620. Aux termes de l'art. 819 c. nap. « Si tous les héritiers sont présents et majeurs, le partage peut être fait dans la forme et par tel acte que les parties intéressées jugent convenable. » (Conf. art. 985, c. pr.).

1621. Le partage doit-il être nécessairement fait par écrit ou peut-il être simplement verbal? En principe, l'écriture n'est pas de l'essence des contrats; la loi a quelquefois dérogé à cette règle, mais par une disposition bien expresse, comme pour la donation, la formation d'une société, la transaction, la constitution d'hypothèque (c. nap. 931, 1834, 2044, 2127). Ici, aucune exception n'ayant été prévue, on doit d'autant moins la suppléer que les lois romaines et l'ancienne jurisprudence consacraient les partages verbaux (LL. 9, C. *De fid. instr.*; 12, C. *fam. ercisc.* et loi pénult., C. *comm. divid.*; Rousseau de la Combe, v° Partage, sect. 5, n° 4). — A la vérité, on oppose ces expressions de l'art. 816 c. civ. : « S'il n'y a eu un acte de partage. » Mais le but évident de cet article n'est pas de régler la forme du partage; on veut seulement expliquer que la jouissance séparée des biens de la succession ne suffirait pas pour faire cesser l'indivision, si elle ne s'est prolongée pendant le temps nécessaire pour prescrire, ou s'il n'y a une convention de partage. Il est même à remarquer que l'art. 816, en déclarant la demande en partage non recevable, après un certain temps de jouissance séparée, décide virtuellement qu'il n'est pas besoin d'une convention écrite pour opérer le partage. — On a opposé aussi l'art. 819 c. nap., qui permet aux héritiers majeurs et présents de faire le partage dans la forme et par tel acte qu'ils jugent convenable. Mais cette disposition n'a point un sens exclusif; on a vu le cas le plus fréquent, qui est le partage écrit, mais sans entendre interdire un accord verbal. C'est ainsi que, pour la vente, la nécessité d'un écrit ne saurait s'induire de ce que, d'après l'art. 1582 c. nap., la vente peut être faite *par acte authentique ou sous seing privé.* — On a invoqué encore l'opinion émise par l'orateur du gouvernement et l'orateur du tribunat. Mais cette opinion, nullement motivée, n'est dans leur discours qu'une vague énonciation contredite d'ailleurs par M. de Maleville, autre rédacteur du code Napoléon, qui enseigne conformément aux anciens principes la validité du partage verbal.

Sans doute, la preuve par témoins d'un tel partage peut offrir des difficultés et des dangers, d'autant plus qu'il s'agit d'une opération multiple et complexe, embrassant les comptes entre héritiers, les prélèvements, les rapports, les soultes, la formation, le tirage au sort et l'attribution des lots. Mais il faut considérer qu'en fait d'abord, si le partage présente quelque complication, on ne manquera pas de recourir à la forme écrite, et que si, au contraire, la succession est d'une minime valeur et d'une division

---

fants, et laissant pour unique héritière Marie Moronval, femme Dancourt, sa sœur. Celle-ci cède tous ses droits héréditaires à ses deux enfants, le sieur Dancourt et la dame Egret. — En sep. 1818, jugement qui prononce l'interdiction de la veuve Moronval, et nomme le sieur Mosnier son tuteur. — La dame Egret ayant été déclarée en faillite, les syndics nommés à cette faillite assignent le sieur Mosnier, en qualité de tuteur de la dame Moronval, et le sieur Dancourt, frère de madame Egret, pour voir ordonner la liquidation et le partage de la communauté qui avait existé entre la veuve Moronval et son mari, et de la succession de ce dernier. Il paraît que le sieur Mosnier, ignorant les droits que la veuve Moronval tenait de son contrat de mariage, se borna à faire signifier une requête dans laquelle il déclarait, sous la réserve la plus expresse de tous les droits et reprises de la femme, s'en rapporter à justice, sur la demande en liquidation et partage. Les autres parties en cause firent une déclaration semblable.

27 avr. 1829, jugement qui, attendu qu'aucune des parties intéressées ne s'oppose au partage, donne acte aux défendeurs de ce qu'ils s'en rapportent à justice, sur la demande des syndics de la faillite Egret, et ordonne le partage d'un immeuble composant la communauté, en deux lots égaux, pour l'un d'eux être attribué aux sieurs Letrillard et autres copropriétaires, et l'autre à la communauté d'entre les sieur et dame Moronval. — 25 août 1830, jugement qui ordonne que les deux lots, tels qu'ils ont été composés au procès-verbal des experts, seront tirés au sort, et qu'il sera procédé à la subdivision, en quatre parties du lot qui sera échu à la succession Moronval. En exécution de ce jugement, le tirage des deux lots principaux a lieu sans aucune protestation ni réserve par les parties, et les experts nommés pour procéder à la subdivision entre les ayants droits à la succession Moronval, déposent leur rapport au greffe du tribunal. — 4 mai 1831, les syndics demandent la vente aux enchères, et subsidiairement le tirage des lots. — 25 mai, signification aux syndics, par le sieur Mosnier, du contrat de mariage des époux Moronval, avec de nouvelles conclusions ayant pour objet de faire déclarer les syndics non recevables dans leur demande, et de faire renvoyer les parties devant le notaire liquidateur, pour procéder à la liquidation de la succession Moronval, suivant les droits attribués à la veuve Moronval par son contrat de mariage.

10 août, jugement qui sursoit à statuer sur la demande des syndics Egret jusqu'à l'option qui devra être faite par le conseil de famille de l'interdite Rochard, veuve Moronval, conformément à la clause contenue dans son contrat de mariage. — Appel par les syndics. — Arrêt de la cour d'Amiens, du 31 août 1832, qui déclare l'appel non recevable, en ces termes : — « Considérant que le tuteur de la dame Moronval ne fonde point sa demande sur la même cause, puisqu'il agit en vertu du contrat de mariage, dont il n'avait pas jusqu'alors excipé; que les premiers jugements rendus entre les parties ne sont, dès lors, que des actes prépatoires et d'instruction; — Par ces motifs, etc. »

Pourvoi en cassation des syndics. — 1° Violation des art. 1350 et 1351 c. civ., 451 et 452 c. pr. civ.; 2° Violation de l'art. 1338 c. civ.; 3° Violation de l'art. 887 c. civ., en ce que l'arrêt attaqué a considéré une simple erreur comme motif suffisant de rescision d'un partage qui devait être réputé définitif, quant au droit à partage en lui-même. — Arrêt (ap. délib. en ch. du cons.).

LA COUR; — Sur le 1er, le 2e et le 3e moyens : — Attendu que, si le sieur Mosnier, aux qualités qu'il procède, déclara, dans sa requête du 28 avr. 1829, s'en rapporter à justice, quant à la demande de compte, liquidation et partage de la succession de feu sieur Moronval, laquelle comprenait ce qui appartenait à ce dernier dans la communauté qui avait existé entre lui et sa femme, il déclara, en même temps, réserver de faire valoir, lors des opérations de la liquidation requise, tous les droits de la veuve Moronval; — Attendu que si, par acte signifié à avoué le 10 août 1830, il conclut à ce que le lot qui, par l'événement du sort, appartiendrait à la veuve et aux héritiers Moronval, fût subdivisé en quatre portions, dont deux appartiendraient à la veuve, une à la faillite de la dame Egret et l'autre aux sieur et dame Dancourt, il déclara réserver, très-expressément, tous les autres droits, actions et prétentions de ladite veuve Moronval et de changer, rectifier ou modifier ses présentes conclusions; — Qu'il suit de là que, s'il a consenti à la demande en partage qui a été adoptée par les jugements des 29 avr. 1829 et 25 août 1830, c'était en réservant expressément la faculté qu'avait la dame Moronval d'exercer, avant que ce partage fût consommé, le droit que lui donnait son contrat de mariage de retenir la totalité des biens de la communauté, en rendant aux héritiers de son mari ce qu'il y avait apporté; — Attendu, enfin, que si, le 25 mai 1831, lorsque le sieur Mosnier, dans cet état de choses, demanda, par une requête d'avoué à avoué, qu'il fût dit qu'il n'y avait lieu de statuer sur la partie de la demande des syndics Egret, tendant au partage des biens de la communauté, et à ce que, sur le surplus, les parties fussent renvoyées pour procéder à la liquidation de la succession Moronval, suivant leurs droits résultant singulièrement du contrat de mariage des époux Moronval, les nouveaux experts avaient déjà opéré la subdivision en quatre lots, de la partie échue à ladite communauté, le partage ordonné par les jugements susdits n'était pas consommé; que, par conséquent, en sursoyant à statuer sur la demande desdits syndics Egret jusqu'à ce que le conseil de famille de la veuve Moronval se fût expliqué sur l'option que lui donnait son contrat de mariage, l'arrêt attaqué n'a violé ni l'autorité de la chose jugée par les jugements des 29 avr. 1829 et 25 août 1830, rendus en l'absence du contrat de mariage des époux Moronval et en présence de la donation mutuelle du 17 niv. an 12, et de la cession du 17 oct. 1818, ni les art. 1338 et 887 c. civ.;

Sur le 4e moyen : — Attendu que le contrat de mariage a été soumis à la formalité de l'insinuation, qu'il n'a pas été conclu à son annulation devant la cour royale, qui n'a pas eu à s'occuper d'une allégation démentie par la production de l'acte lui-même; — Rejette.

Du 15 janv. 1836.-C. C., ch. civ.-MM. Dunoyer, pr.-Ruperou, rap.-Voysin de Gartempe fils av. gén., c. conf.-Gatine et A. Chauveau, av.

la plus facile, il n'y a aucune raison d'imposer cette forme, c'est-à-dire le coût d'un acte notarié pour des héritiers illettrés. D'un autre côté, ce n'est qu'à l'aide d'un commencement de preuve par écrit que sera recevable la preuve par témoins ou par présomptions graves, précises et concordantes. Notre interprétation est enseignée par MM. Aubry et Rau, sur Zachariæ, t. 4, p. 381; Dutruc, nº 20.— *Contrà*, Delvincourt, t. 2, p. 344, note 8; Merlin, Rép., vis Part., § 3, nº 1; et Prescript. sect. 3, § 15, nº 6; Toullier, t. 4, nº 407; Malpel, Success., nº 243; Duranton, t. 7, p. 86, 89; Poujol, art. 816, nº 3; Belost-Jolimont, sur Chabot, même art., Observ. 1; Marcadé, même art., nº 1; Bioche, vº Part., nº 51. — La jurisprudence est également divisée.

1622. Il a été jugé : 1º qu'un partage ne peut être prouvé que par acte, quelque fortes que soient les présomptions attestant que depuis longtemps il a été fait verbalement; il peut toujours être demandé s'il n'y a prescription acquise (Bourges, 5 mars 1825) (1); — 2º Qu'un partage verbal ne peut jamais être considéré que comme provisoire, lorsque les parties ne consentent pas à l'exécuter de bonne foi; et y eût-il commencement de preuve par écrit, la preuve testimoniale ne saurait être admise à l'effet d'établir ce partage (Bastia, 29 nov. 1830 (2); Zachariæ, p. 365, note 10); — 3º Qu'un partage verbal n'a, surtout à l'égard des tiers, d'autre effet que de faire jouir provisoirement les parties séparément; et, pour lors, la preuve de ce partage serait frustratoire, à moins qu'on n'alléguât la prescription trentenaire (Bastia, 9 janv. 1833, MM. Colonna-d'Istria, pr., Sorbier, 1er av. gén., aff. le Trésor *C.* Emanuelli); — 4º Qu'un partage de succession doit être constaté par écrit, et ne peut résulter d'une simple convention verbale (Orléans, 16 déc. 1842, aff. Rolpo *C.* Thillou). A défaut d'écrit, l'indivision existe toujours, et chaque cohéritier a droit de demander le partage (Orléans, 16 juillet 1842) (3); — 5º Que, soit qu'il s'agisse d'un partage définitif ou d'un partage provisionnel, il ne peut exister qu'en vertu d'un acte *écrit*, régulier et valable; que l'acte, qualifié partage, qui manque de la signature de l'une des parties, est radicalement nul comme n'ayant aucune espèce d'existence; dès lors, il est insusceptible d'acquiescement et de ratification tacite par exécution volontaire (Cass. 6 juillet 1836, aff. Flotta, V. Contr. de mar., nº 2301); — 6º Que c'est à tort que, sur de simples présomptions, telles que celles résultant d'une jouissance séparée par les cohéritiers, ou de constructions faites par celui qui demande le partage sur la partie par lui possédée, on le soumettrait à l'obligation d'affirmer par serment qu'aucun partage verbal ou autre n'a eu effectivement lieu (Toulouse, 30 août 1837) (4).

1623. Dans le même sens, on a jugé : 1º que l'obligation de prouver, par un acte de partage, son droit de propriété individuelle sur un effet de succession, est imposée à la femme mariée comme à tout autre cohéritier; qu'ainsi, le juge ne peut admettre la femme mariée à faire cette preuve par témoins, sur le fondement qu'elle peut, à raison de la mauvaise gestion de son mari, être mise dans l'impossibilité de se procurer une preuve écrite du partage (Colmar, 24 janv. 1832, M. Jacquot-Donnat, pr., aff. Dreyfuss *C.* Stosskopf); — 2º Que la possession de certains biens par le défunt, jusqu'au moment de son décès, et leur transmission par voie de saisine au profit de ses héritiers légitimes, sont des faits pour lesquels la preuve testimoniale est admissible : mais ces faits, même prouvés, sont insuffisants, tous les héritiers ayant un droit égal, pour établir la transmission de ces biens à tel cohéritier en particulier, si, à défaut d'un acte de partage, on n'offre pas de prouver une possession séparée et continue pendant le temps nécessaire pour prescrire (c. nap. 816, 2219, 2228; même arrêt).

1624. Mais, en sens contraire, on a décidé : 1º que, sous l'empire de l'ancienne législation, et à l'égard de la régie de l'enregistrement, aucune loi n'assujettit les cohéritiers à rédiger par écrit le partage des objets communs entre eux, et, au contraire, par un usage et une jurisprudence incontestables, il leur a toujours été permis d'opérer cette division par de simples conven-

(1) (Armanjeon *C.* Chevereau.) — LA COUR; — Considérant qu'il paraît bien que vers 1807 il y a eu un partage des biens de Sylvain Chevereau et de Marie Renouard; qu'il a été articulé et non dénié que chacune des parties était imposée à la contribution foncière, pour les objets à elle échus, et que la vente d'un de ces immeubles, faite par la femme de Georges Armanjeon et avouée à la présente audience, ne laisse aucun doute à cet égard; mais que l'acte de partage n'étant pas rapporté et l'action pour en demander un non prescrite, il doit nécessairement être ordonné en y rapportant fictivement le prix pour lequel les biens vendus seront estimés par les experts chargés de l'opération; — Dit qu'il a été bien jugé au chef qui ordonne le partage, etc.

Du 5 mars 1825.-C. de Bourges.-M. Sallée, pr.

(2) (Pelotti *C.* Orsatelli.) — LA COUR; — Attendu que, pour repousser la demande en partage des conjoints Orsatelli, les appelants se prévalent d'un prétendu partage verbal qui serait intervenu précédemment entre les parties; — Que de la combinaison des art. 816 et 819 c. civ. il résulte que tout partage, même entre cohéritiers majeurs, pour être valable et définitif, doit être fait par écrit; — Que telle est l'acception naturelle et légale des mots *acte de partage*, employés dans lesdits articles en opposition du fait de jouissance séparée des biens à partager, insuffisante pour suppléer au défaut de titre, s'il n'y a possession capable d'établir la prescription; — Que telle est l'opinion émise par les orateurs du gouvernement lors de la discussion du code civil, et par les auteurs qui ont écrit sur la matière; — Que, de ce que l'acte de partage doit être fait par écrit, il en découle la conséquence que tout partage verbal doit être considéré seulement comme provisoire, lorsque les parties ne consentent pas à l'exécuter de bonne foi; — Que cette interprétation est toute dans l'intérêt des parties et propre à prévenir une foule de difficultés qui se présenteraient nécessairement, si on pouvait donner consistance à un partage verbal; — Qu'en effet, indépendamment que l'absence de l'écriture dénote que l'intention des copartageants n'a été que de jouir séparément, mais temporairement, des biens à partager, il serait difficile, et souvent presque impossible de constater d'une manière claire et précise, au moyen d'une preuve non littérale (quand même on rapporterait un commencement de preuve par écrit), la formation des lots, leur tirage au sort et leur attribution respective, les prélèvements, rapports, compensations, soultes; enfin tout ce qui a eu lieu dans un partage définitif, ne peut en assurer l'irrévocabilité; — Confirme, etc.

Du 29 nov. 1830.-C. de Bastia.-MM. Colonna d'Istria, 1er pr.

(3) (Robin *C.* Bougreau.) — LA COUR; — Attendu qu'aucun fait de prescription n'est allégué, et qu'aucun acte de partage n'est produit; — Que, par le mot *acte* on entend, dans le sens légal du mot, un écrit qui atteste que telle convention a été passée, ou que tel fait s'est accompli; — Que la nécessité d'un acte écrit pour constituer un partage définitif résulte de la nature même de cette opération; — Que le partage faisant, par une fiction de la loi, remonter l'attribution des lots au jour même de l'ouverture de la succession, il est d'un intérêt général, pour assurer les droits des tiers, que les cohéritiers ne puissent pas, par des partages verbaux et successifs, changer leur position, et par suite aussi celle des tiers qui auraient contracté avec eux; — Que les termes des art. 816 et 819 indiquent par leur précision que telle est la pensée du législateur; — Qu'en présence d'un texte aussi formel on ne saurait s'arrêter à des circonstances de fait, quelque favorables qu'elles soient, et écarter, dans un intérêt passager et individuel, l'application d'un principe général destiné à assurer la sincérité des transactions; — Confirme, etc.

Du 16 juill. 1842.-C. d'Orléans.-M. Travers de Beauvert, 1er pr.

(4) (Pomian *C.* Pomian.) — LA COUR; — Vidant le renvoi au conseil : — Attendu que les premiers juges ont reconnu en point de fait que rien n'établit l'existence du partage allégué par le sieur Laurent Pomian, et qu'en point de droit les présomptions qu'il fait valoir ne peuvent tenir lieu de l'acte qui doit régler les droits des parties; — Que, dès lors, ils ont ordonné et dû ordonner qu'il serait procédé au partage demandé par Jean Pomian; ils l'ont subordonné toutefois au serment préalable qu'ils ont imposé à ce dernier, ce serment ayant pour objet d'affirmer qu'il n'a pas été fait de partage des biens dont s'agit, et qu'il n'est pas en possession du lot qui lui a été attribué; — Attendu que les premiers juges se sont déterminés à cet égard d'après cette considération que, si Jean Pomian reconnaissait l'acte de partage, le jugement qui consacrerait cet aveu tiendrait lieu d'acte, et qu'il ne pourrait y avoir lieu à procéder à un autre partage; — Attendu que, même dans cette hypothèse, il ne résulterait de cet aveu que la reconnaissance de l'existence d'un partage verbal, tandis qu'aux termes formels de l'art. 816 c. civ., le partage des successions doit être constaté par acte, c'est-à-dire par écrit; — Attendu que, si le législateur l'a voulu ainsi, c'est, d'autre part, à cause de la diversité de l'ancienne jurisprudence en cette matière, et, d'une part, afin qu'il existe un titre constatant les conditions du partage, les limites des lots, les servitudes établies, etc., et pour éviter ainsi aux copartageants les contestations auxquelles ils seraient exposés si le partage n'avait été que verbal; — Qu'il suit de là que les premiers juges ont substitué un mode de constatation de partage autre que celui rigoureusement exigé par la loi; et que, dès lors, il y a lieu de réformer à cet égard le jugement attaqué, et de décharger Jean Pomian de l'obligation de prêter le serment qui lui a été mal à propos imposé; — Réformant.

Du 30 août 1837.-C. de Toulouse, 1re ch.-M. Hocquart, 1er pr.

tions verbales (L. 9 vend. an 6, art. 26; Rej. 25 therm. an 8) (1); —2° Qu'une cour peut, en l'absence d'un acte formel de partage, considérer comme commencement de preuve par écrit les contrats de mariage émanés de quelques-uns des copartageants, et déclarer, par suite, qu'il résulte des faits établis par ces contrats que le partage demandé par les copartageants a déjà eu lieu (Req. 27 avr. 1836, aff. Falèze, V. Cassation, n° 1635); —3° Qu'un partage peut être fait entre les parties sans convention écrite, et la preuve de ce partage est soumise aux règles ordinaires de la preuve des contrats (Bourges, 19 avr. 1839) (2); — 4° Que, pour repousser une demande en partage d'immeubles indivis, la représentation matérielle d'un acte de partage antérieur n'est pas toujours nécessaire. Il suffit de prouver que cet acte de partage, quoique non représenté, a véritablement existé; et cette preuve peut résulter d'un commencement de preuve par écrit, appuyé de présomptions graves, précises et concordantes (Nancy, 1re ch., 26 fév. 1836, aff. Watrinelle; extrait de M. Garnier, Jurisp. de Nancy, v° Partage, n° 1); — 5° Qu'un acte de vente fait par un héritier seul, et sans le concours de ses cohéritiers, d'un héritage qui lui venait de la succession de son père, suppose nécessairement un partage antérieur qui lui confère la propriété exclusive de cet héritage, surtout quand une longue possession a suivi cet acte (Nancy, 2e ch., 24 fév. 1840, aff. Bürckel, eod., n° 12); — 6° Que l'art. 816 c. nap., non plus qu'aucune autre disposition du code, n'exige un acte écrit pour que le partage d'une succession, la liquidation des droits et reprises des copartageants qui précède le partage et le partage lui-même, puissent être reconnus constants, définitifs et obligatoires : les présomptions suffisent; — par exemple si les deux héritiers ont ensemble remis des titres de créance à un huissier, avec commission de diviser entre eux par moitié les recouvrements (Nancy, 2e ch., 22 fév. 1841, M. Mourot, pr., aff. Perrin, eod., n° 2); — 7° Que l'écrit sous seing privé contenant partage d'une succession par des individus se disant experts ou arbitres amiablement choisis par tous les intéressés, doit, quoique non signé par les copartageants, être maintenu comme acte de partage, si les dispositions de cet acte ont reçu une exécution complète et non interrompue pendant longtemps (vingt-quatre ans) et si surtout la partie qui demande un nouveau partage est devenue donataire du lot d'un des copartageants (Req. 21 juin 1842) (3); — 8° Que l'action en partage d'une succession, ou d'une partie d'une succession, formée par un héritier, peut être rejetée, s'il résulte de présomptions appuyées d'un commencement de preuves par écrit, que l'actif de cette succession, consistant, par exemple, en un mobilier de peu de valeur, et qui n'existe plus, a été abandonné par lui à son cohéritier (Rej. 12 juin 1844) (4).

1675. Sur des points analogues, on a jugé : 1° qu'en cas de perte ou d'adirement d'un acte de partage dont l'existence est reconnue par toutes les parties, les juges peuvent puiser la preuve de l'attribution des lots dans les circonstances de la cause et la possession exclusive de chacun des copartageants, sans que leur décision soit sujette à censure (Req. 20 janv. 1841) (5); —2° Qu'ils peuvent même, dans ce cas, écarter les termes d'un acte postérieur, tel qu'une donation faite par l'un des copartageants à ses

---

(1) (Enregist. C. veuve Merlin.) — LE TRIBUNAL; — Attendu que le jugement attaqué n'a pas prononcé sur le point de savoir si, conformément à l'art. 33 de la loi du 9 vend. an 6, la veuve Merlin devait être regardée comme seule propriétaire de la métairie de la *chair noire*, par le fait qu'elle en avait payé seule l'imposition foncière, notamment en l'an 6; que l'on voit par les considérants du jugement que les juges ont regardé ce point comme incontestable, qu'il n'a pas même fait à leurs yeux la matière d'un problème, et que d'ailleurs il a été avoué par la veuve Merlin; — Que ce principe ainsi reconnu et par les juges et par la veuve Merlin elle-même, il ne restait à juger que la seule question de savoir si elle était devenue seule propriétaire de la métairie, soit par vente soit par un partage pur et simple, comme elle le soutenait, ou par un partage avec soulte; — Que, d'une part, de l'art. 33 de la loi du 9 vend. an 6, on peut bien conclure que celui qui paye seul l'impôt d'un immeuble précédemment indivis, est sorti de l'indivision; mais qu'il n'y a pas un mot dans cet article qui conduise à la conséquence que cette indivision a cessé plutôt par un partage avec soulte que par un partage pur et simple; — Que d'un autre côté, en convenant qu'elle était seule propriétaire de la métairie, la veuve Merlin ajoutait qu'elle tenait cette propriété exclusive d'un partage sans soulte, et que ce partage purement verbal n'avait jamais été rédigé par écrit; — Que cette confession étant indivisible, les juges devaient l'adopter également dans toutes ses parties; et par conséquent croire qu'il n'existait entre la veuve Merlin et ses cohéritiers que des conventions verbales, du moins jusqu'à ce que le contraire fût prouvé; — Que la régie, dans l'impuissance de faire cette preuve, se retranchait à prétendre que la veuve Merlin, faute de représenter un partage par écrit, devait être réputée n'être devenue propriétaire du tout que par un partage avec soulte ou par vente; — Mais qu'aucune loi n'assujettit les cohéritiers à rédiger par écrit le partage des objets communs entre eux; que, loin de là, par un usage et une jurisprudence incontestable, il leur a toujours été permis d'opérer cette division par de simples conventions verbales; et que cette faculté ne leur est pas enlevée par l'art. 26 de la loi du 9 vend. an 6;

Que, dans cette position, les juges ne pouvaient pas condamner la veuve Merlin à rapporter un acte qu'ils devaient croire ne pas exister, et qu'ils pouvaient encore moins lui infliger une peine, à raison de l'impossibilité où elle était de produire ce partage, puisqu'en ne le rédigeant pas par écrit, elle n'était contrevenue à aucune loi; — Et qu'ainsi, dans le jugement attaqué, il n'y a contravention ni aux lois générales sur les partages, ni aux art. 26 et 33 de celle du 9 vend. an 6; — Rejette.

Du 25 therm. an 8.-C. C., sect. civ.-MM. Tronchet, pr.-Henrion, r.

(2) (Jouhanneau C. Jouhanneau.) — LA COUR; — Considérant que l'existence d'un partage peut résulter non-seulement d'un acte de partage, mais encore des circonstances et des présomptions, si ces présomptions ont le caractère voulu par la loi pour être admissibles; — Que l'art. 816 c. civ. n'établit point un système contraire; — Qu'il en résulte seulement que la jouissance séparée de l'un des cohéritiers d'une partie des biens d'une succession ne suffit point pour faire présumer le partage et rendre la demande qui en est formée non recevable; — Qu'on ne saurait voir dans ce même art. 815 le classement du partage parmi les contrats qui ne peuvent être établis que par écrit; — Que ce contrat est laissé par la loi dans le droit commun, et que dès lors les règles générales pour la preuve des contrats lui sont applicables; — Considérant, en fait, que l'appelant a vendu à l'auteur des intimés, son cohéritier, des immeubles provenant de la succession dont il demande le partage; — Que cette vente rend vraisemblable l'existence du partage, et constitue un commencement de preuve par écrit; — Que l'appelant, depuis 1815 qu'il a formé son action, n'a pas encore établi quels sont les héritages qui devraient figurer dans le partage qu'il demande, et quels en sont les détenteurs; — Que, depuis 1796, que Guillaume Jouhanneau est décédé, le père de l'appelant, héritier de Guillaume, n'a jamais élevé de prétentions sur la succession de ce dernier; mais qu'au contraire il a acheté de deux de ses cohéritiers, moyennant 500 fr., leurs parts et portions dans la succession de Guillaume Jouhanneau; — Qu'enfin, le silence des frères et sœurs de l'appelant, qui auraient les mêmes droits que lui, et les nombreuses circonstances de la cause, ne permettent pas de douter que la succession de Guillaume Jouhanneau n'ait été partagée; — Par ces motifs, confirme.

Du 19 avr. 1839.-C. de Bourges, ch. civ.-M. Geoffrenet, pr.

(3) (Bougagnon C. Niel.) — LA COUR; — Sur le premier moyen : Attendu qu'il a été reconnu, en fait, par l'arrêt attaqué, qu'un partage a été effectué par des experts amiablement choisis par tous les ayants droit; qu'un acte constatant cette opération a été écrit par les experts; que, s'il n'a pas été signé par les parties intéressées, elles s'en sont approprié toutes les dispositions, par une exécution complète et non interrompue durant vingt-quatre ans; que, de plus, les demandeurs en cassation sont devenus donataires de la portion de biens attribuée à l'un de leurs cohéritiers, en vertu du partage de 1814; que l'arrêt attaqué, en déclarant, par suite, les demandeurs non recevables et mal fondés dans leur action en partage, loin de violer la disposition de l'art. 816 c. civ., en a fait, au contraire, une juste application; — Rejette.

Du 21 juin 1842.-C. C., ch. req.-MM. Jangiacomi, pr.-Mesnard, rap.

(4) (Leviet et Potier C. hér. Graffin.) — LA COUR; — Attendu que l'arrêt attaqué déclare en fait, que tout porte à penser que le mobilier minime qui a pu dépendre de la succession de la mère, a été abandonné par les demanderesses pour payer les dettes de l'hérédité et les frais funéraires; que des actes et documents corroborent cette présomption qui, étant ainsi appuyée par des commencements de preuve par écrit, suffit pour repousser la demande en partage d'un mobilier qui n'existait plus; que ledit arrêt déclare, en outre, que la preuve offerte par les demanderesses est faillie et manquée; — Attendu qu'en décidant ainsi, en fait, qu'il n'y avait pas lieu à ordonner le partage demandé, l'arrêt attaqué n'a violé ni l'art. 816 c. civ., ni les autres articles invoqués; — Rejette.

Du 12 juin 1844.-Ch. civ.-MM. Portalis, 1er pr.-Simonneau, rapr. Pascalis, 1er av. gén., c. conf.-Roger et Letendre de Tourville, av.

(5) (Berthonnier C. Masson, Me Lesclache, etc.) — LA COUR; — ...., Considérant qu'en l'absence du partage de l'an 10, partage dont l'existence était avouée par toutes les parties, l'arrêt a tiré des circonstances et documents de la cause, de la division des immeubles (conséquence du

enfants, si les immeubles qui y sont indiqués comme provenant du partage ne sont désignés que d'une manière générale, sans préciser celui qu'un autre copartageant prétend avoir été attribué à son lot (même arrêt); — 3° Qu'ils peuvent enfin, lorsque les faits et circonstances les ont convaincus que tel immeuble était entré dans le lot de tel copartageant, rejeter comme non concluante l'offre qu'un autre fait de prouver qu'il a possédé cet immeuble pendant plus de dix ans, à compter du partage (même arrêt).

1626. De même, un créancier est recevable à prouver, même par témoins, l'existence d'un partage en vertu duquel les objets compris dans une saisie immobilière seraient échus à son débiteur (Bordeaux, 14 mai 1835) (1). — Cette décision n'est pas en opposition avec les arrêts qui, rendus entre cohéritiers, admettent la nécessité d'un partage écrit; car elle est motivée sur ce qu'il n'est pas toujours possible au créancier de se procurer la preuve du partage écrit, et qu'il ne doit pas souffrir de la dissimulation frauduleuse d'un partage réel effectif.

1627. Quant aux formalités du partage écrit, il a été jugé : 1° qu'un acte de partage doit être fait en autant d'originaux qu'il y a de copartageants, et que la nullité provenant de ce que l'un des originaux n'est pas signé de tous les copartageants est couverte par le laps de dix ans et par l'exécution que le partage a reçue du demandeur en nullité; et que l'on doit considérer comme une exécution suffisante de la part du demandeur la cessation qu'il aurait faite depuis le partage du payement d'une rente par lui due à la succession, et qu'il avait servie jusqu'à l'époque du partage (Rennes, 3e ch., 2 juill. 1821, aff. Leclerc des Madrais *C.* Lecain); — 2° Qu'un acte de partage sous seing privé, qui n'est pas revêtu des signatures de tous les copartageants exprimés dans l'acte est nul, même à l'égard des signataires, qui peuvent ainsi se dédire et demander que le partage se fasse selon la loi en vigueur, encore bien que l'acte précité contînt l'obligation de le faire selon les lois anciennes (Bruxelles, 20 mai 1807, aff. Claus *C.* cohérit. Claus).

1628. Le partage peut n'être que partiel, c'est-à-dire borné à une portion des biens de la succession. Un tel partage est-il nécessairement provisoire, subordonné dans ses effets au résultat du partage définitif de toutes les valeurs de la succession? En principe, rien ne s'oppose à ce que les héritiers, qui peuvent avoir intérêt à en disposer immédiatement, fassent un partage irrévocable de certaines valeurs de la succession, sauf à réparer, dans la liquidation ultérieure, les inégalités qui pourraient résulter de ce premier partage (Conf. MM. Zachariæ, t. 4, p. 485, note 5; Dutruc, n° 47).

Il a été jugé, dans le cas d'un partage judiciaire : 1° que si l'intérêt des cohéritiers l'exige, il peut être procédé, sur la demande de l'un d'eux, au partage définitif d'une portion de la succession, avant l'achèvement de la liquidation, alors, d'ailleurs que les droits des cohéritiers sont constatés, et que les objets dont le partage partiel est demandé sont partageables en nature (Paris, 5 juill. 1848, aff. Combarel, D. P. 48. 2. 142.); — 2° Qu'au cas où la succession se compose, pour la plus grande partie, de biens faciles à partager, et situés en France, il a pu être procédé à leur partage sans attendre la liquidation, impossible actuellement, d'autres biens situés en pays étrangers, et spécialement de parts d'intérêts dans des sociétés de commerce. Et même dans ce cas le rapport de ce qu'ont reçu les cohéritiers doit avoir lieu comme si la masse générale des biens se partageait (Bordeaux, 16 août 1827) (2). — 3° Que la liquidation et le partage partiels, ordonnés par justice en dehors de la liquidation générale de la succession, ne sont point subordonnés, dans leurs effets, au résultat du partage définitif et total : chaque héritier a la libre disposition des sommes qui lui ont été attribuées par la première opération, et la cession qu'il en a consentie produit, après notification régulière, tous ses effets, quoique le cédant se trouve débiteur en définive envers ses cohéritiers.

Et spécialement lorsque, par l'effet d'une liquidation et partage ayant porté exclusivement, ainsi que l'avait ordonné un jugement passé en force de chose jugée, sur le prix de licitation d'un im-

---

partage), de l'exécution qu'il avait reçue, de la possession constante qu'avaient eue les héritiers Masson, la preuve que les objets contentieux étaient dans le lot des héritiers Masson; — Que, si l'arrêt a repoussé la clause de la donation faite par le père commun à ses enfants, il s'est déterminé par la généralité de ses expressions qui ne précisaient rien, et que la cour n'a fait qu'user de son droit d'appréciation; — Considérant que, sur l'admission à la preuve des faits articulés, la cour de Riom a pu, comme elle l'a fait, rejeter cette admission de faits comme n'étant pas propres à détruire ceux constants au procès; qu'au surplus, dans les qualités de l'arrêt, aucunes conclusions n'ont été prises sur les aveux imputés à un des héritiers Masson; — Rejette.

Du 20 janv. 1841.-C. C., ch. req.-MM. Zangiacomi, pr.-Lebeau, r.

(1) (Lacombe *C.* Espitalier.) — La cour; — Attendu qu'un créancier est recevable à démontrer, par la preuve vocale, l'existence d'un partage en vertu duquel les objets compris dans une saisie immobilière seraient échus à son débiteur; qu'on ne peut opposer à ce créancier qu'il ne rapporte pas un partage écrit; qu'il ne lui est pas toujours possible de se procurer une preuve de cette nature; que d'ailleurs, la dissimulation d'un partage réel et effectif est une fraude qu'il doit être permis à un tiers d'établir par le moyen sus-indiqué; qu'en fait, Espitalier a demandé à prouver par témoins : 1° qu'à la suite d'un jugement du 12 juill. 1813, ordonnant le partage de la succession à laquelle appartiennent les immeubles saisis, il a été passé entre les époux Lacombe et J. Latreille, copartageants, un traité par lequel l'épouse Lacombe fut remplie de ses droits, dans la succession dont il s'agit; 2° que cet accord est notoire dans le pays; 3° que les époux Lacombe ont eux-mêmes souvent déclaré que J. Latreille ne leur devait rien; — Attendu que si, d'après diverses circonstances qu'on invoquait, il y avait lieu de permettre la preuve de ces faits, toutefois, les résultats de l'enquête à laquelle il a été procédé, rapprochés des autres éléments de la cause, n'ont pas fourni une suffisante preuve du partage allégué; — Emendant, dit que le partage prétendu n'est pas prouvé; reçoit les époux Lacombe parties intervenantes dans l'instance en saisie immobilière poursuivie par Espitallier, et, pour fruit de leur intervention, ordonne qu'il sera sursis auxdites poursuites jusqu'à ce qu'il ait été procédé, entre les héritiers Latreille, au partage de l'hérédité de laquelle dépendent les biens saisis.

Du 4 mai 1835.-C. de Bordeaux, 2e ch.-M. Poumeyrol, pr.

(2) (Hér. de Bethmann.) — La cour; — Attendu que nul ne peut être contraint de demeurer dans l'indivision, et que lorsque, dans une succession, il se trouve des biens ou des créances de nature à ne pouvoir être facilement et promptement liquidés, rien ne s'oppose au partage partiel des objets qui ne peuvent être liquidés et partagés sans difficulté, surtout lorsque, comme dans l'espèce, l'ensemble de ces objets partiels forme la majeure partie de l'actif à partager; — Que l'action en partage des biens des successions des sieur et dame de Bethmann, introduite par le sieur Edouard de Bethmann, leur fils, n'ayant porté que sur des biens situés en France, le tribunal de première instance de Bordeaux n'a pu ni dû prononcer que sur la demande dont il était saisi; d'où il suit qu'en n'admettant pas les conclusions reconventionnelles dudit sieur Simon-Maurice de Bethmann, tendantes à ordonner un nouveau partage dans lequel on devrait comprendre le montant des biens qui peuvent se trouver à Francfort, et faire partie desdites hérédités, en réservant, au surplus, les droits de toutes parties à cet égard, il n'a été porté préjudice à aucune d'elles; — Attendu que la connaissance du montant de l'actif social que l'hérédité de la dame veuve de Bethman peut avoir droit de prétendre dans les trois sociétés de commerce, qui ont successivement existé sous les raisons Bethmann et fils, Bethman et fils et comp., et Bethmann et comp., est subordonnée à la liquidation, qui en a été ordonnée par arrêt du......, que des obstacles et des incidents bien connus des héritiers Bethmann ont retardée; que ces circonstances rendant incertain le résultat dudit actif social, et le litige, auquel la liquidation donne lieu depuis longtemps, pouvant se prolonger encore pendant plusieurs années, ce qui laisserait les parties dans l'indivision, contre le gré de plusieurs d'entre elles, par rapport à ceux des biens trouvés en France qui peuvent être facilement partagés, il est évident qu'il a été impossible de comprendre le montant dudit actif social dans la masse à partager des biens dépendants de la succession de ladite dame de Bethmann, dont la liquidation et le partage ont été autorisés par la justice, et qu'en portant cet article pour mémoire, dans l'acte de partage dressé par Me Maillères, notaire, ce mode d'opérer n'a rien préjugé contre les droits des parties à cet actif social, lesquels leur demeurent entièrement réservés; — Attendu que si le notaire liquidateur n'a pu comprendre dans la masse des biens à partager, soit la portion de ceux de Francfort qui peut dépendre de la succession de ladite dame de Bethmann-Metzler, soit le montant de la somme que son hérédité peut avoir droit de prétendre dans l'actif social des maisons de commerce Bethmann, de Bordeaux, cela n'a pas dû être un obstacle à la fixation des rapports à faire par les enfants et petits-enfants Bethmann aux successions paternelle et maternelle, et n'a pu empêcher de comprendre le montant desdits rapports dans la masse active des biens qui peuvent être facilement partagés; — Confirme, etc.

Du 16 août 1827.-C. de Bordeaux, 2e ch.-M. Dutrouilh, pr.

meuble de la succession adjugé à son cohéritier, un héritier a été reconnu créancier de celui-ci d'une somme liquide et exigible en payement de laquelle le montant de la licitation lui a été attribué, cet héritier a pu valablement céder sa créance et ce cessionnaire la céder à son tour; et ces cession et sous-cession, régulièrement notifiées, doivent produire tous leurs effets, quoique, par le résultat de la liquidation générale de la succession opérée plus tard, le cédant, d'abord créancier, ait été reconnu débiteur en définitive (Rej., 3 déc. 1851, aff. Tayac, D. P. 51. 1. 11.)

1629. A ces décisions on peut opposer un arrêt qui, sans être motivé sur ce point, a refusé le caractère définitif à un partage partiel, en statuant spécialement que, lorsque, après un partage qui n'a porté que sur les immeubles reconnus partageables, et non sur les valeurs mobilières et les immeubles impartageables, lesquels sont restés indivis, un cohéritier se rend adjudicataire sur licitation d'un de ces derniers immeubles, il doit tenir compte à ses cohéritiers de tous les intérêts du prix jusqu'à la liquidation définitive de la masse mobilière dont ce prix fait partie, sans qu'il puisse opposer la prescription de cinq ans pour les intérêts qui ont couru pendant l'instance en liquidation, les cohéritiers ayant été dans l'impossibilité d'agir contre lui (Req., 26 juin 1839, aff. Guillard, V. nº 1777).

1630. Il a été décidé aussi : 1º qu'un partage partiel, intervenu entre majeurs et maîtres de leurs droits, mais définitif quant aux objets qu'il comprend, doit être réputé consommé dans le sens de l'art. 882, bien que la liquidation définitive ait été renvoyée à une autre époque (Paris, 4 fév. 1837, aff. Bureaux, V. nº 2036); — 2º Qu'il y a partage dans le sens de l'art. 2109 c. nap., lorsque l'indivision des immeubles susceptibles de privilége et d'hypothèque a cessé et que le tirage des lots a attribué à chaque copartageant une propriété définitive et distincte.... Peu importe que la liquidation mobilière de la succession ne soit pas encore faite (Rej., 23 juill. 1839, aff. Midan, V. Privil. et hypoth.; Lyon, 29 déc. 1835, aff. Galopin, *eod.*).

1631. Toutefois, une simple liquidation de succession sans attribution de lots ne peut être considérée comme un partage, et en avoir les effets (Rennes, 10 janv. 1812, aff. Bourgeois, vº Compét. civ. des trib. d'arr., nº 72).

1632. Lorsque par son testament une femme prescrit à son mari de remettre à chacun de leurs enfants communs, à l'époque de leur établissement, une somme égale, à valoir sur leur part dans les créances matrimoniales qu'elle leur laisse, et dont elle ajourne le payement définitif jusqu'après le décès de son mari, cette disposition ne doit pas être considérée comme un partage partiel de la succession de la testatrice, en sorte que l'enfant, qui a reçu l'à-compte qui lui était attribué, soit fondé à en refuser le rapport à ses frères, dans le cas où l'insolvabilité du père, survenue depuis le décès de la mère, les empêche de toucher leur part (Paris, 18 janv. 1825, 2ᵉ ch., M. Cassini, pr., aff. Perrin *C.* hérit. Pommery).

1633. En matière d'enregistrement, lorsqu'en vertu d'un partage qui ne porte que sur une partie des biens indivis, il est attribué à l'un des cohéritiers une valeur supérieure à ses droits héréditaires sur ces biens, le droit de soulte est acquis au trésor pour cet excédant, sans que la perception puisse être subordonnée au règlement postérieur et définitif des biens de la succession (Cass. 29 avr. 1845, aff. Verny, D. P. 45. 1. 257, et plusieurs cités *ibid.* en note).

1634. Le partage peut être fait sous *conditions.* A la vérité, le partage diffère des autres contrats, en ce que la condition résolutoire n'y est point sous-entendue, pour le cas d'inexécution de son engagement par l'une des parties. Mais une clause expresse de résolution ne devrait pas moins recevoir son effet. C'est ce que nous expliquons plus loin (art. 9, § 1) en parlant de l'effet déclaratif du partage.

1635. De ce qu'un tirage de lots est fait sous une certaine condition et, par exemple, sous celle que l'immeuble, qui écherra à l'un des cohéritiers désigné, sera par lui vendu dans un certain délai, et que le prix en sera payé par privilége à ses cohéritiers, jusqu'à concurrence du montant des rapports à eux dus par cet héritier, il ne résulte pas moins que ce tirage a pour objet de faire cesser l'indivision, à l'égard de cet immeuble, ainsi que le ferait un partage pur et simple, et même avant que la condition soit accomplie..., tellement que c'est du jour de ce tirage ou partage, et non pas seulement du jour de la vente, que courent les deux mois dans lesquels le privilége a dû être inscrit. — Par suite l'adjudication de l'immeuble constitue une vente et non un partage, encore bien que les cohéritiers aient fait, lors de l'exposition du cahier des charges, la déclaration qu'ils ne considéraient cette adjudication que comme une simple licitation (Req. 3 août 1837) (1).

1636. Le partage résulte de «tout acte qui a pour objet de faire cesser l'indivision, encore qu'il soit *qualifié* de *vente, d'échange* et de *transaction,* ou de toute autre manière (c. nap. 888). — Nous en citons plusieurs exemples (art. 10), en parlant des divers pactes sujets à rescision pour lésion. — Jugé : 1º Que l'acte dans lequel les parties déclarent qu'elles traitent de licitation entre elles, est un acte de partage entre cohéritiers et non pas une simple transaction (Rej. 23 fruct. an 4, MM. Chabroud, pr., Chupiet, rap., aff. Montaxier *C.* Prévotière); — 2º Qu'un acte réglant la légitime en deniers doit être considéré comme un acte de partage ou de licitation; que les intérêts sont nécessairement assimilés aux jouissances, et qu'ils doivent courir de plein droit du jour de cet acte (Riom, 7 fév. 1814, 1ʳᵉ ch., M. Redon, pr., aff. d'Anglard *C.* Rivet-Reynal).

1637. La vente, faite entre héritiers de la part de l'un d'eux dans la succession, équivaut-elle à partage, lorsqu'elle ne fait pas cesser l'indivision entre tous les cohéritiers? N'y a-t-il pas même lieu, dans le cas où elle met fin entièrement à l'indivision, de considérer l'intention des parties, le but qu'elles se sont proposé, pour décider si la convention a la nature du partage ou de la vente? — V. sur ces deux questions *infrà,* art. 9, § 1.

1638. Le partage amiable peut se faire, s'il y a des héritiers non présents, avec un ou plusieurs mandataires. — Jugé à cet égard que le mandat donné par un cohéritier de procéder, pour lui, au partage des biens de la succession, situés dans tel département, n'autorise pas le mandataire à faire comprendre, dans le partage, les biens situés dans un département différent : si ces derniers biens y ont été compris, le partage ne peut, quant à ce, être opposé au mandant qui refuse de ratifier (Bordeaux, 7 fév. 1839) (2).

ART. 6. — *Des formalités et conditions du partage fait en justice.*

§ 1. — *Scellés et inventaires.*

1639. *Scellés.* — « Si tous les héritiers ne sont pas *pré-*

---

(1) (Guillemin *C.* Godefroy.) — LA COUR; — Considérant que l'arrêt attaqué constate, en fait, que l'immeuble vendu par Joseph Guillemin, et dont le prix est à distribuer, a été attribué audit Joseph Guillemin par le partage de la succession de son père fait entre lui et ses frères et sœurs, suivant acte authentique du 18 oct. 1833; — Que Joseph Guillemin, devenu, par l'effet de ce partage, propriétaire exclusif du lot à lui échu, a pu le vendre; — Que les réserves insérées par ses cohéritiers dans l'acte de partage n'ont pu porter atteinte à ce droit, ni modifier la nature et les effets de l'acte de partage; — Que la vente faite par Joseph Guillemin seul d'un immeuble dont il était seul propriétaire, constitue une vente volontaire, et non une licitation; — Que la cour royale, en le décidant ainsi, s'est conformée aux principes de la matière et n'a violé aucune disposition de la loi; — Rejette le pourvoi contre l'arrêt de la cour de Dijon.

Du 3 août 1837.-C. C. ch. req.-MM. Zangiacomi, pr.-Brière de Valigny, rap.-Hébert, av. gén., c. conf.-Legé, av.

(2) (Levert *C.* Pihiet.) — LA COUR; — Attendu, au fond, que par leur procuration du 27 avr. 1835, les époux Pihiet n'avaient donné pouvoir à Pichery qu'à l'effet de les représenter dans le partage à faire des biens et succession d'Innocent Levert, sis et situés dans le département de l'Yonne; — Qu'un mandataire ne peut rien faire au delà de son mandat; — Que Pichery a réellement excédé celui qu'il a reçu, en procédant au partage d'autres biens héréditaires que ceux situés dans le susdit département, tels que la créance sur Mallet de Roquefort; — Que, dès lors, on ne doit point avoir égard à l'acte de liquidation et de partage des 11 et 14 fév. 1836, du moins en ce qui concerne ce que cet acte a réglé relativement à ladite créance; — Met au néant l'appel.

Du 7 mai 1839.-C. de Bordeaux, 2ᵉ ch.-M. Poumeyrol, pr.

sents, s'il y a parmi eux des *mineurs* ou des *interdits*, le scellé doit être apposé dans le *plus bref délai*, soit à la requête des *héritiers*, soit à la diligence du *procureur impérial*, soit d'*office* par le *juge de paix* » (c. nap. 819).

1640. Les mots *non présent* ne s'appliquent pas seulement à l'absent présumé ou déclaré, mais à toute personne qui est à une telle distance du lieu du décès qu'il faut un assez long temps pour l'en instruire et obtenir sa réponse (MM. Duranton, t. 7, n° 135; Chabot et Delaporte, Pandectes franç., sur l'art. 819 c. nap.; Dutruc, n° 34). Il faut donner le même sens au mot *absent* employé dans les art. 909 à 911 c. pr. (Carré et Chauveau, quest. 3072; Carou, Jurid. des juges de paix, n° 996; Bioche, v° Scellés, n° 21). Toutefois, on considérerait comme présents ceux qui demeureraient à une distance assez proche, et, à plus forte raison, ceux qui seraient représentés par des mandataires (Chabot, art. 819, n° 2; MM. Duranton, t. 7, n° 135; Vazeille, art. 819, n°s 1 et 5; Marcadé, même article).

1641. La réquisition d'*office* par le procureur impérial ou le juge de paix n'est pas nécessaire, si le mineur a un tuteur. C'est dans ce sens que l'art. 819 avait déjà été expliqué par le ministre de la justice et le conseil d'Etat, lorsque le code de procédure (art. 911-1°) est venu consacrer formellement cette interprétation. — Il en serait autrement si le tuteur était absent. Le mineur serait traité alors comme les héritiers non présents.

1642. Les créanciers peuvent aussi requérir l'apposition des scellés, en vertu d'un titre exécutoire ou d'une permission, soit du président du tribunal, soit du juge de paix du lieu où le scellé doit être apposé (c. nap. 820; c. pr. 909).

1643. Les créanciers personnels des héritiers ont-ils cette faculté comme les créanciers de la succession? La question est fort controversée. —V. Scellés-inventaire.

1644. Le défaut d'apposition des scellés n'entraînerait pas la nullité de toutes les opérations du partage comme de l'inventaire et de la vente, mais donnerait seulement plus de poids aux plaintes de l'absent ou du mineur, aux présomptions de recel ou de divertissement. — Par le même motif, l'absent ou le mineur n'aurait aucun recours contre le juge de paix ou le procureur du roi, qui n'auraient pas provoqué l'apposition des scellés. M. Delaporte (*ibid.*), qui exprime cette opinion, cite un arrêt conforme de la cour de Bruxelles, du 20 mars 1810.

1645. L'art. 821 c. nap. permet à tous créanciers de former opposition à la levée des scellés, encore qu'ils n'aient ni titre exécutoire ni permission du juge. Toutefois, si les titres des créanciers ne sont pas sincères ou légitimes, on les condamnera aux dépens, et, s'il y a lieu, à des dommages-intérêts (Chabot, p. 97; Malpel, *loc. cit.*; Vazeillé, art. 821, n° 1).

1646. Les formalités pour l'apposition et la levée des scellés sont réglées par les art. 926 et 927 c. pr. — V. Scellés-inventaire.

1647. *Inventaire.* — Les scellés levés, on procède à l'inventaire (c. pr., art. 908 à 945). — V. Scellés-inventaire.

1648. Celui qui prétend avoir un droit de propriété ou de gage sur une créance, ou un titre resté entre les mains d'une personne décédée, peut être autorisé à faire faire des perquisitions dans les papiers du défunt, et à se faire remettre le titre qu'il réclame (Caen, 18 juill. 1838) (1).

1649. Mais un créancier n'a point le droit de faire rechercher dans les papiers du défunt les titres qui sont de nature à établir sa créance contre sa succession (même arrêt et Caen, 18 juill. 1838) (2).

§ 2. — *Des formes de la demande en partage.*

1650. La demande en partage d'une succession ne peut être formée que par voie d'instance ordinaire, et non, pour plus d'économie dans les frais, par simple requête (Rouen, 2 janv. 1841) (3). — Conf. MM. Thomine-Desmasures, n° 1182; Chauveau sur Carré, quest., n° 2509-7°; Boucher-d'Argis, v° Partage, n° 2; Bioche, v^{is} Partage, n° 104, et Vente jud. d'imm. n° 155; Dutruc, n° 339. Le mode de simple requête fut proposé en 1841 par la

---

(1) *Espèce :* — (Auvray de Coursanne C. Marescot.) — Jugement du tribunal civil de Caen qui le décide ainsi dans les termes suivants : — « Attendu que le sieur Auvray de Coursanne paraît avoir des droits soit de propriété, soit de gage sur les deux rentes Duperré; que, dès lors, il a droit de faire faire perquisition des titres de ses créances pour en obtenir la remise; — Attendu que le sieur Marescot de Prémare n'était pas le mandataire du sieur Auvray de Coursanne, et qu'il ne lui devait aucun compte; que seulement le sieur Auvray de Coursanne avait prêté des sommes considérables au sieur Marescot, sur lesquelles ce dernier lui avait fait des payements, et que les parties sont en instance sur l'imputation de ces divers payements ainsi que sur le montant des sommes définitivement dues au sieur Auvray de Coursanne, en sorte que les notes et renseignements, registres et autres pièces que le sieur Auvray de Coursanne veut faire rechercher et inventorier ne sont pas des pièces communes, mais qu'ils appartiennent à son débiteur et qu'il veut dans la réalité se faire fournir un titre par la succession et exiger de l'héritier ce qu'il n'aurait pu demander au défunt; que les papiers domestiques ne forment pas titre en faveur de la succession Marescot, et le sieur Auvray ne consentant pas à prendre droit par les pièces qu'il veut faire inventorier, pour en obtenir communication, l'héritier n'est nullement tenu de les produire; que, s'il en était autrement, il n'y aurait aucune égalité entre les parties, le sieur Auvray de Coursanne pouvant ne rien communiquer ou ne produire que ce que bon lui semblerait;

Attendu d'ailleurs que la succession est acceptée purement et simplement; que l'inventaire n'a lieu que pour conserver aux créanciers de la succession le bénéfice de la séparation des patrimoines; que, dès lors, il doit seulement comprendre les effets mobiliers et les titres actifs sans qu'il soit nécessaire d'y faire description des autres papiers de la succession; — Attendu que le feu sieur Marescot, par sa lettre du 2 fév. 1857, enregistrée, paraît bien avoir offert au sieur Auvray de faire un compte des sommes par lui payées en l'appuyant de pièces justificatives, mais que cette offre n'aurait pas été acceptée, le sieur Auvray de Coursanne ayant formé depuis une demande en payement; que le sieur Marescot lui a, le 8 fév. dernier, fait sommation de communiquer ses titres de créance, en sorte que les parties auraient abandonné leurs errements primitifs; qu'il n'y aurait, par suite, pas de contrat formé sur la production des notes et quittances; — Autorise le sieur Auvray de Coursanne à faire faire perquisition dans les papiers de la succession des titres des deux rentes sur la succession Duperré et à se les faire remettre; accorde acte au sieur Marescot de ce qu'il déclare accepter la succession de son frère purement et simplement; rejette, par suite, la prétention du sieur Auvray, et de faire faire perquisition et inventaire des notes, quittances et pièces relatives à ses créances sur la succession Marescot. » —Appel par Auvray de Coursanne. — Arrêt.

La cour; — Adoptant les motifs des premiers juges, confirme.

Du 18 juill. 1858.-C. de Caen, 4e ch.-M. Pigeon de Saint-Pair, pr.

(2) (Lemarignier C. Legoupil.) — La cour; — Considérant que si les créanciers d'une succession ont le droit, conformément aux art. 909, 930, 941 c. pr.; 820 et 821 c. civ., non-seulement de requérir l'apposition des scellés, mais encore de faire faire inventaire, ce droit cesse évidemment du moment où ils n'ont plus intérêt à demander cette mesure; — Considérant que la créance du sieur Lemarignier étant contestée, la consignation de la somme par lui réclamée lui ôte toute espèce de droit pour s'immiscer dans la succession du sieur Ducoudray, puisque, s'il gagne son procès, cette consignation lui donne la certitude d'être payé de la somme de 6,000 fr. qu'il réclame pour le prix du mandat que lui a confié le sieur Ducoudray, par acte passé devant Me Lautour, notaire à Argentan, le 5 oct. 1858; — Considérant que le sieur Lemarignier ne peut avoir le droit de visiter ou faire visiter tous les papiers de la succession pour y rechercher des titres de nature à établir sa prétendue créance; qu'il pourrait tout au plus avoir le droit de demander qu'on fît la remise des titres qui seraient sa propriété personnelle, mais qu'il n'en indique aucun de cette espèce; qu'il se borne à solliciter une recherche générale; que, dès lors, sa demande doit être rejetée; — Confirme.

Du 18 juill. 1858.-C. de Caen, 4e ch.-M. Pigeon de Saint-Pair, pr.

(3) (Hérit. Bénard C. le procureur général.) — La cour; — Attendu qu'en ce qui concerne la capacité des parties, le partage est considéré comme une aliénation; — Attendu qu'il est de principe, en procédure, que les tribunaux ne peuvent être saisis d'une demande que par la voie d'une action en justice dirigée contre les parties; — Attendu que la voie de la requête est une exception; — Que cette voie est d'ailleurs repoussée formellement par les art. 838 c. civ., 866 et 966 c. pr., concernant les partages dans lesquels des mineurs se trouvent intéressés; — Attendu que les juges ne peuvent, par des motifs d'économie dans les frais, dispenser les mineurs de l'observation des formalités que la loi a exigées pour leur garantie ni créer une procédure arbitraire à la place de celle que la loi a elle-même expressément tracée; — Par ces motifs, confirme.

Du 2 janv. 1841.-C. de Rouen, 2e ch.-MM. Gesbert, pr.-Dufaur-Montfort, av. gen., c. conf.-Paulmier, av.

commission chargée de préparer la loi sur les ventes judiciaires d'immeubles, mais il ne fut pas adopté.

1651. Cependant il a été jugé au contraire qu'il y avait lieu de procéder par voie de requête, et non par action principale, dans une espèce où, comme dans la précédente, il s'agissait d'une succession intéressant des mineurs (Rouen, 21 fév. 1837) (1). L'arrêt fait l'application de l'art. 987 c. pr., qui impose la forme d'une requête à l'héritier bénéficiaire pour la vente des immeubles de la succession; mais cet article suppose qu'il n'existe qu'un seul héritier. La même observation est faite par MM. Bioche et Dutruc, *loc. cit.*

1652. La partie la plus diligente se pourvoira, dit l'art. 966 c. pr.; et l'art. 967 ajoute : «Entre deux demandeurs, la poursuite appartiendra à celui qui aura fait viser le premier l'original de son exploit par le greffier du tribunal. Ce visa sera daté du jour et de l'heure. » Bien que cette disposition soit précise et indique en termes positifs que la préférence est attachée à la *priorité* du visa, quelques doutes se sont produits, et on a attribué à l'art. 967 un sens purement démonstratif. Mais cette doctrine est généralement rejetée; la priorité du visa doit l'emporter sur toute autre considération. On éloigne ainsi le doute et la discussion. — Ainsi jugé que la poursuite appartient à celle des parties qui, la première, a fait viser par le greffier l'original de son exploit d'assignation, et non à celle qui, la première, a assigné ou demandé la permission d'assigner (c. pr., 967; Bordeaux, 25 mai 1841 (2); Paris, 9 mai 1837, V. Journ. de proc., art. 766; Cass. 28 fév. 1849, aff. Lacavalerie, D. P. 49. 1. 119. — Conf. MM. Bioche, v° Partage, n° 97; Chauveau sur Carré, quest. n° 2504 *ter*; Dutruc, n° 341).

1653. Il a été jugé de même, dans une espèce concernant des biens d'émigré, que la poursuite en partage doit être accordée à celui des héritiers qui a fait viser l'original de son exploit, quoiqu'un autre héritier, qui réclame la préférence, eût administré une partie des biens de la succession, et lorsque d'ailleurs l'État avait nommé l'administrateur des biens nationaux pour s'entendre avec le gérant spécial de cette succession « Considérant que d'après l'art. 967 c. pr. (suit l'énonciation de la formalité du visa); attendu que l'arrêt a vérifié, en fait, que le duc de Bourbon a été le premier à remplir cette formalité; rejette» (Req. 7 août 1822, MM. Botton-Castellamonte, pr., Lasaudade, rap., aff. hérit. Rohan *C.* le prince de Condé).

1654. Toutefois il a été décidé que le demandeur en partage, qui n'a pas fait viser son exploit par le greffier du tribunal, mais sur la demande duquel un jugement a été déjà rendu, conserve la poursuite de l'instance, bien que l'un des cohéritiers ait formé depuis ce jugement une autre demande en partage plus ample et dont l'exploit a été revêtu du visa du greffier : à ce cas ne s'applique pas l'art. 967 c. pr. civ. (Bordeaux, 27 juill. 1854, aff. Couperie, D. P. 55. 2. 187).

1655. C'est l'original de l'exploit qui doit être visé. L'art. 967 suppose l'ajournement déjà signifié; il ne suffirait pas de faire viser soit la requête adressée au président du tribunal pour obtenir l'autorisation d'assigner à bref délai (Cass. 28 fév. 1849, aff. Lacavalerie, D. P. 49. 1. 119), soit la pièce destinée à devenir l'original de l'exploit d'ajournement non encore signifiée (M. Dutruc, n° 441).

1656. Le visa obtenu le dimanche de la complaisance du greffier n'aurait pas la priorité sur le visa obtenu le lundi, car les greffes ne doivent point être ouverts le dimanche (M. Bioche, v° Partage, n° 99, et dissertation insérée dans le Journal du procédure, art. 2749).

Entre plusieurs avoués ayant obtenu le visa les mêmes jour et heure, la préférence selon l'usage suivi à Paris est réglée par la chambre des avoués qui se détermine en faveur de la partie la plus intéressée, ou, si les intérêts sont les mêmes, en faveur soit de l'avoué le plus ancien, soit de celui de l'aîné des héritiers (M. Bioche, n° 101).

1657. La priorité du visa doit-elle servir de règle, lorsque les deux demandeurs sont un héritier et un créancier d'un autre héritier? On a jugé que la demande de l'héritier devait prévaloir sur celle du créancier même visée la première, l'action en partage étant une action de famille qui appartient de préférence aux héritiers (Bordeaux, 3 août 1849, V. Journ. de proc., art. 2399). — M. Dutruc, n° 341, oppose à cette décision la généralité des termes de l'art. 967; mais sa solution nous paraît subordonnée au principe développé *infrà*, n°s 2003 et s., qui n'accorde l'action en partage aux créanciers qu'en cas de fraude ou de négligence des héritiers.

1658. Entre deux demandeurs qui n'ont ni l'un ni l'autre obtenu le visa, la préférence se règle par la date des exploits eux-mêmes (Cass. 28 fév. 1849, aff. Lacavalerie, D. P. 49. 1. 119).

1659. Les parties qui ont le même *intérêt* se font représenter par le même *avoué*. Les frais ont été laissés comme frustratoires à la charge d'un avoué, qui dans une instance en partage entre deux cent trente-sept héritiers, avait établi autant de dossiers qu'il y avait de souches dans la famille, et fait monter ainsi les dépens à plus de 50,000 fr., bien que toutes les parties fussent d'accord (Cass. 19 août 1835, aff. Vast, V. Avoué, n° 242-4°).

1660. L'art. 64 c. pr., qui exige qu'en matière réelle ou mixte la demande contienne l'énonciation de la nature de l'héritage, sa situation ou au moins deux des tenants et aboutissants, ne s'applique point aux demandes en partage (Orléans, 16 déc. 1842, aff. Rolpot *C.* hér. Thillou).

1661. Une demande en partage doit-elle être signifiée à tous les cohéritiers individuellement, ou peut-elle être formée contre un seul? — V. *suprà*, n°s 1538 et suiv.

1662. Un mineur qui se trouve au nombre des héritiers de son tuteur décédé ne peut, après avoir formé contre ses cohéritiers une demande en partage, intenter contre eux une action directe et principale en reddition de compte, action de laquelle il est lui-même tenu en qualité d'héritier; il doit former cette dernière action incidemment à la demande en partage, et les cohéritiers sont fondés à demander, devant la cour impériale, que le mineur soit renvoyé à se pourvoir dans l'instance en partage, encore bien qu'ils n'auraient pas opposé cette exception en première instance (c. nap. 828; Lyon, 2 avr. 1830, aff. Duon, v° Exceptions, n° 174).

§ 3. — *De la compétence en matière de partage et du jugement qui statue sur la demande.*

1663. *Compétence.* — La compétence en matière de succession a pour objet : 1° les demandes entre *héritiers*; 2° les demandes intentées par des *créanciers* du défunt; 3° les demandes

---

(1) *Espèce* : — (Rayer *C.* Rayer.) — Le sieur Rayer fils intente dans la forme ordinaire une demande en partage et liquidation de la succession du sieur Pierre-Désiré Rayer contre la dame veuve Rayer, qui déclare s'en rapporter à justice. Le tribunal déclare cette demande irrégulière attendu que s'agissant d'une succession bénéficiaire et la dame Rayer ne s'étant pas refusée au partage, il y avait lieu de procéder, aux termes de l'art. 987 c. pr. par voie de requête et non par action principale. — Appel. — Arrêt.

La cour; — Considérant que rien ne constate au procès que la dame veuve Rayer, aux qualités qu'elle agit, ait été mise en demeure, ni qu'elle ait refusé de donner son consentement; — Considérant que l'art. 987 du code de procédure civile est d'ordre public et que l'exécution en peut être ordonnée d'office; — Que, d'ailleurs, les avoués de première instance, s'ils eussent été bien pénétrés de leurs devoirs, auraient dû conseiller à leurs clients la seule marche légale qu'ils devaient suivre; — Considérant que le sieur Rayer n'a intenté son action qu'en qualité d'héritier bénéficiaire, et que, sous ce rapport, il ne peut être personnellement passible des dépens; — Confirme, émendant, néanmoins quant aux dépens, condamne l'appelant en tous les dépens de première instance et d'appel, seulement en sa qualité d'héritier bénéficiaire.

Du 21 fév. 1837.-C. de Rouen, 1re ch.-MM. Carel, pr.-Gesbert, 1er av. gén., c. conf.-Néel, av.

(2) (Desaybats *C.* veuve Desaybats.) — La cour; — Attendu que l'art. 967 c. pr. a eu pour objet de prévenir toute discussion sur la préférence à accorder aux poursuites en matière de partage et de licitation; qu'à cet effet, il a établi une formalité spéciale et positive, à l'observation de laquelle la préférence est attachée, et qu'il l'a accordée à celui qui aurait fait viser le premier l'original de son exploit; — Attendu que la loi ne fait aucune distinction, et que, dans le fait, l'appelant a fait apposer le visa sur l'original de son exploit avant que l'intimé eût rempli cette formalité, et que, dès lors, la préférence des poursuites appartient à l'appelant; — Émendant.

Du 25 mai 1841.-C. de Bordeaux 1re ch.-M. Roullet, 1er pr.

relatives à *l'exécution* des dispositions à cause de mort. — Nous nous sommes expliqués, à ces trois points de vue, v° Compétence civ., n°s 63 et suiv.; ici nous nous bornerons à quelques observations, quant à la demande en partage et aux contestations incidentes entre héritiers.

1664. Dans l'ancienne jurisprudence, on ne s'accordait pas sur la compétence en matière de partage. Les uns l'attribuaient au juge de la *situation des biens*, les autres au juge du lieu où la *succession* s'était ouverte (Lebrun, Success., liv. 4, chap. 1, n° 47; Ferrière, Dict. de droit, v° Partage de success., n° 90). —Sous la loi nouvelle, il faut en général distinguer si les contestations s'élèvent *avant* ou *après* le partage. — Avant le partage, c'est le tribunal du lieu de l'ouverture de la succession qui doit connaître des contestations entre héritiers. La succession, en effet, est un être *fictif* qui représente la personne du défunt, et c'est à son *domicile* que se trouvent ordinairement tous les titres et papiers qui la concernent. Après le partage, on suit les règles communes de juridiction. Chaque cohéritier a emporté sa part et ses titres; la succession n'existe plus.

1665. Toutefois, quoique postérieures au partage, les demandes en garantie et en rescision (c. nap. 822), les demandes relatives à l'exécution des dispositions à cause de mort (c. pr. 59), sont dans les attributions du tribunal du lieu de l'ouverture. Elles portent, en effet, sur la totalité de la succession, et non sur le lot distinct de chaque héritier. Une distinction est faite par M. Duranton, t. 7, n° 136, quant à la demande en garantie ou en rescision. Dans un partage extrajudiciaire, elle sera portée devant le tribunal du *domicile* du *défendeur*, selon la règle générale de l'art. 59 c. pr., qui restreint la compétence du tribunal de l'ouverture de la succession aux demandes entre héritiers, *jusqu'au partage inclusivement*. Mais si le partage a lieu en justice, l'art. 59 c. pr. ne sera plus applicable. L'art. 822 c. nap. admet, pour ce cas spécial, la compétence du tribunal de l'ouverture de la succession. Ainsi se concilient, dit le même auteur, ces deux dispositions, qui, autrement, présenteraient une antinomie. Mais on a levé fort bien la contradiction en faisant remarquer que les expressions *jusqu'au partage inclusivement*, s'entendent d'un partage définitif et irrévocable; lors donc que la demande remet en question le partage ou même nécessite un nouveau partage, on ne sort pas de l'hypothèse prévue par l'art. 59 c. pr., et dès lors il n'y a point lieu de distinguer entre les partages amiables ou judiciaires (Chabot, art. 822, n°s 1 et 2; MM. Vazeille, même article, n° 2; Marcadé, art. 822; Dutruc, n° 306). Du reste, M. Duranton lui-même ne fait aucune difficulté de reconnaître la compétence du tribunal de l'ouverture de la succession, lorsque le demandeur en rescision conclut en même temps, ce qui arrive presque toujours, à un nouveau partage.

1666. L'art. 822 c. nap. soumet au tribunal du lieu de l'ouverture de la succession « l'action en partage, et les contestations qui s'élèvent pendant le cours des opérations. » Ce tribunal serait-il encore compétent, si, la plus grande portion de l'hérédité étant divisée, il ne restait plus que quelques biens indivis? Non : il ne s'agirait plus du partage de la succession, mais de choses possédées simplement en commun et à titre singulier. Le partage de la succession n'a lieu qu'une fois. Ce ne serait plus que le cas de l'action *communi dividundo*, qui doit être portée au tribunal de la situation des immeubles.—La loi romaine faisait cette autre distinction, qui n'est plus d'ailleurs proposable, à l'égard d'un partage judiciaire qui, par omission ou à dessein, n'aurait pas compris certains objets. La division de ces objets, disait-elle, ne peut plus se faire que par l'action *communi dividundo*, en ce que l'action *familiæ erciscundæ* ne se réitère pas. Elle décidait autrement à l'égard du partage volontaire, fait *ex concensu*, parce que l'action *familiæ erciscundæ* n'ayant pas encore été intentée, il n'y a pas lieu de la renouveler, contre la prohibition de la loi (L. 20. § 4, ff., et L. 1, C. *Famil. ercisc.)*

1667. Le tribunal du lieu de l'ouverture de la succession ne serait pas compétent s'il s'agissait de la demande en nullité d'une vente de droits successifs, formée par l'héritier contre l'acquéreur (Req. 13 mess. an 13, aff. Cochin, V. Compétence civ., n° 74.—Conf. Delvincourt, *loc. cit.*; Chabot, p. 103; Toullier, t. 5, n° 396; MM. Vazeille, art. 822, n° 11; Dutruc, n° 316).

1668. Ce n'est pas non plus devant ce tribunal, mais devant le juge du lieu de la situation, qu'il doit être procédé à l'*ordre* ouvert sur le prix de vente d'un immeuble de la succession : — « Attendu que la demande à fin d'ordre et distribution du prix de l'immeuble dont il s'agit est une action réelle qui doit être portée devant le tribunal de l'arrondissement dans lequel l'immeuble est situé » (18 avril 1809, civ. règl. de juges, aff. Delahaye. — Conf. M. Poujol., p. 48, 49).

1669. En cas de vente ordonnée par justice des immeubles dépendant d'une succession, les réclamations élevées contre l'insertion de telle ou telle clause dans le cahier des charges, doivent être portées, non devant le tribunal de la situation de l'immeuble, mais devant celui dans le ressort duquel la succession s'est ouverte, et qui a ordonné la vente (Nîmes, 28 janv. 1810, aff. Deroux, V. Privil. et hypoth.).

1670. Toute action entre cohéritiers qui tend à faire rapporter à la masse de la succession ce que l'un d'eux a reçu du défunt ou dont il est débiteur, forme un incident de la demande en partage et doit être portée devant les mêmes juges. — Et spécialement, le cohéritier qui a administré la fortune du défunt, avant son décès, en tout ou en partie, est valablement assigné en reddition de compte par les autres cohéritiers agissant de leur chef, pour contraindre le rendant au rapport, devant le tribunal de l'ouverture de la succession, incidemment à la demande en partage : ici ne s'applique pas l'art. 527 c. pr. qui, en matière de compte ordinaire, attribue compétence aux juges du domicile du comptable (c. pr. 59, § 6, 527).... — Peu importe que le cohéritier comptable soit étranger (c. nap. 14; Cass, 16 fév. 1842) (1).

1671. Lorsque des héritiers à réserve ont intenté contre un légataire universel, devant le tribunal du domicile de ce dernier, une action en payement d'une certaine somme, pour prétendue soustraction d'effets de la succession, et que de son côté le légataire a formé contre les héritiers légitimes une demande en délivrance de son legs devant le tribunal de l'ouverture de la succession, c'est à ce dernier tribunal qu'il appartient de statuer sur l'action des héritiers légitimes, laquelle n'est qu'un incident de l'action en délivrance ou en partage dirigée contre eux, encore que cette action soit postérieure à la première : — « Attendu que la demande en payement d'une somme pour indemnité de la soustraction prétendue de partie des effets d'une succession, est par sa nature incidente à l'action en partage de cette succession; que

(1) (Bouffier C. Charransol.)—LA COUR (ap. dél. en ch. du cons.); — Attendu que l'action en partage d'une succession doit être intentée devant le tribunal civil du lieu de l'ouverture de la succession, c'est-à-dire du domicile du défunt; — Attendu que le jugement du 22 nov. 1834 du tribunal de judicature-mage de Chambéry, confirmé sur appel, par le sénat de Savoie, a déclaré François Bouffier n'être dans le cas de gérer et administrer ses avoirs, et a nommé pour curateur à sa personne et à ses biens Me Charransol, avocat, domicilié à Grenoble; — Attendu que l'arrêt attaqué a considéré ces jugements comme susceptibles d'être exécutés en France, et que dès lors, aux termes de l'art. 108 c. civ., François Bouffier avait son domicile légal chez ledit Me Charransol, son curateur; que, par suite, la succession de ladite Françoise Bouffier s'est ouverte à Grenoble, aux termes de l'art. 110 c. civ.; qu'ainsi, en reconnaissant la compétence du tribunal de Grenoble pour statuer sur l'action en partage de ladite succession, l'arrêt attaqué, loin de violer aucun texte de loi, a fait une juste application des art. 108 et 110 c. civ.; — Attendu, d'ailleurs, que l'action en reddition de compte, exercée par les héritiers de Françoise Bouffier de leur chef, et par suite des droits ouverts à leur profit par son décès, était intimement liée à l'action en partage, dont elle était un élément essentiel et un incident; que cette action était entièrement distincte de celle qui avait été intentée directement contre de Migieux, et non contre Vincent Bouffier, lequel n'y avait figuré que comme appelé en garantie par de Migieux, son mandant; — Qu'il n'y avait point, dès lors, entre Vincent Bouffier et les héritiers de sa sœur, de litispendance qui mît obstacle à la décision de la cour royale de Grenoble; — Attendu, en outre, qu'en principe général et à moins de stipulations diplomatiques contraires, les dispositions de l'art. 171 c. pr. civ. ne sont applicables qu'à des instances liées devant les tribunaux français; qu'ainsi l'arrêt attaqué n'a violé ni l'art. 171 ni l'art. 527 c. pr. civ., en retenant la connaissance de l'action incidente à fin de reddition de compte au profit des héritiers de Françoise Bouffier; — Rejette.

Du 16 fév. 1842.-C. C., ch. civ.-MM. Portalis, 1er pr.-Legonidec, rap.-Hello, av. gén., c. conf.-Piet et Coffinières, av.

le tribunal de Blois étant seul compétent pour connaître de cette action principale, dont il est légalement saisi, l'est aussi pour statuer sur tous les chefs de contestation qui s'y rapportent» (Req. 6 août 1823, M. Hua, rap., aff. Coudreux *C.* Marche. — Conf. MM. Vazeille, *loc. cit.*, n° 14; Dutruc, n° 317).

1672. Lorsque les mêmes héritiers, au nombre desquels se trouvent des mineurs, sont appelés à deux successions ouvertes dans des ressorts différents, il doit être procédé à deux partages, l'un dans un ressort et l'autre dans un autre ressort : il ne peut être procédé à un seul partage (Bordeaux, 20 avr. 1831, aff. Lynch, V. n° 1676). — Jugé que l'action en restitution formée par des héritiers contre des tiers, détenteurs frauduleux de tout ou partie de la succession, ne peut constituer une pétition d'hérédité, ni être justiciable du titre du tribunal de l'ouverture de la succession, lorsque la question d'hérédité a déjà fait l'objet d'une autre instance vidée avec d'autres parties (c. pr. 59, § 6; Req. 21 déc. 1841, aff. Audubert, V. Compét. civ. des trib. d'arrond., n° 47, et Chose jugée, n° 240).

1673. La demande en partage, formée par un Français, d'une succession ouverte à l'étranger, doit être portée devant les tribunaux français, pour les immeubles de l'étranger situés en France (Conflans, sur l'art. 822, n° 5; Chauveau sur Carré, quest. n° 262 *ter*; Bioche, v° Partage, n° 79; Dutruc, n° 319). — V. Compét. civ., n° 78.

1674. En est-il de même si la succession s'est ouverte en pays étranger et ne comprend pas de biens situés en France? Le Français pourra-t-il en demander le partage contre un cohéritier étranger ou français, devant la juridiction française? — L'étranger est justiciable des tribunaux français pour les obligations par lui *contractées* avec les Français (c. nap. 14). Or il y a les mêmes raisons, en faveur de la même compétence, pour les obligations résultant d'un quasi-contrat. (V. dans ce sens les auteurs et la jurisprudence v° Droits civils, n° 264, et Comp. civ., n° 79). — Jugé que dans le cas où un Français, naturalisé en pays étranger, décède en France, y laissant des biens immeubles, de même qu'en pays étranger, les tribunaux français ne peuvent ordonner le partage que des biens situés en France; ils ne sauraient accueillir l'action des héritiers français en partage de la totalité de la succession, alors surtout qu'il existe devant les tribunaux étrangers une instance en partage des biens sis à l'étranger (Bordeaux, 12 fév. 1830) (1).

1675. Quelquefois, dans un acte de partage, des cohéritiers attribuent juridiction à un tribunal autre que celui de l'ouverture de la succession. — V. à cet égard Comp. civ., n° 76.

1676. L'incompétence d'un tribunal, autre que celui de l'ouverture d'une succession, pour connaître d'une demande en partage, n'est point absolue, mais relative, et en conséquence elle doit être proposée avant toute défense au fond (V. Compét. civ., n° 81). — Il a été jugé cependant en sens contraire, et dans l'intérêt de mineurs appelés à la succession, que l'incompétence était proposable après les défenses au fond, et même pour la première fois en appel : — « Attendu qu'aux termes de l'art. 838 c. civ., s'il y a des mineurs parmi les cohéritiers le partage doit être fait en justice, conformément aux règles prescrites par les art. 819 et suivants; attendu que d'après l'art. 822 c. nap. et l'art. 59 c. pr., l'action à intenter à ce sujet doit être soumise au tribunal du lieu de l'ouverture de la succession; — Que, bien que le tuteur Saint-Guirons n'ait pas réclamé devant le tribunal de Blaye l'exécution de cette règle, il est recevable à la demander en cause d'appel, dans l'intérêt des mineurs; qu'on ne doit pas les priver des juges que la loi leur donne ; — Infirme» (Bordeaux, 20 avr. 1831, 1re ch., MM. Roullet, pr., aff. Lynch *C.* Guirons).

1677. Après l'infirmation du jugement rendu sur la demande en partage ou sur les contestations incidentes, la cour d'appel peut-elle retenir l'instance, ou doit-elle nécessairement la renvoyer devant le tribunal du lieu où la sucession s'est ouverte? — C'est cette dernière opinion qui a prévalu dans la jurisprudence (Conf. MM. Bioche, v° Partage, n° 189. — *Contrà*, Poujol, t. 2, p. 81; Dutruc, n° 464). — Jugé: 1° d'une manière générale qu'en matière de partage, l'exécution de l'arrêt infirmatif n'appartient pas à la cour qui l'a rendu, mais au tribunal devant lequel l'action est portée, et qui est investi pour ce cas d'une juridiction spéciale: — «Attendu que, dans l'espèce, la loi attribue juridiction aux premiers juges, renvoie les parties devant le tribunal de première instance de Nontron, sauf l'appel en la cour, s'il y a lieu, sur la demande en supplément de légitime formée par les appelants, etc.; — Infirme » (Bordeaux, 2 juin 1831, M. Duprat, pr., aff. Pinet *C.* Penaud; Besançon, 24 juill. 1844, aff. Monnat, D. P. 45. 4. 384); — 2° Que par ce motif, l'arrêt qui prononce l'annulation d'un partage comme fait hors de la présence d'un des héritiers et sans l'y avoir appelé, doit renvoyer les parties pour procéder à un nouveau partage devant les mêmes juges (c. pr. 472; Angers, 29 juill. 1843, MM. Desmazières, 1er pr., Duboys, av. gén., aff. Blot *C.* Garreau).

1678. Il a aussi été jugé : 1° qu'en infirmant un jugement qui avait rejeté une demande en partage, les juges d'appel ont pu, sans violer les règles de procédure, et notamment les lois de mai et d'août 1790 et celle du 3 brum. an 2, renvoyer devant le tribunal qui a rendu ce jugement pour y être procédé aux opérations du partage (Req. 12 juin 1806) (2); — 2° Qu'on ne peut se faire un moyen de cassation contre un arrêt de ce qu'il établit, en droit, dans ses considérants, qu'il y a, en matière de partage, attribution de juridiction en faveur du tribunal du lieu de l'ouverture de la succession, et que, par conséquent, c'est devant ce tribunal que la cour, alors qu'elle ne retient pas l'exécution pour elle-même, doit, en cas d'infirmation, renvoyer la suite de l'affaire, si, dans son dispositif, cet arrêt se borne à ordonner qu'il sera procédé au partage, sans désigner aucun tribunal (Rej. 16 déc. 1851, aff. Moliner, D. P. 51. 1. 13). — En effet, c'est le dispositif qui juge: on ne casse point des motifs. — V. v° Cassation, n° 134.

1679. *Du jugement qui statue sur la demande en partage.* — D'après l'art. 823 c. nap., « le tribunal prononce comme en *matière sommaire*, si l'un des cohéritiers refuse de consentir au partage, ou s'il s'élève des contestations, soit sur le mode d'y

(1) *Espèce :* — (Piston *C.* Piston.) — Contre cette décision, on disait que le tribunal de Bordeaux n'aurait pas dû distraire du partage les immeubles situés à l'île Saint-Maurice, parce que ces immeubles, bien qu'appartenant exclusivement au sieur Piston, étaient redevables, envers la seconde communauté, d'améliorations considérables dont il était nécessaire de rechercher préalablement la valeur. — Arrêt.

La cour; — Attendu qu'Etienne Piston est décédé à Bordeaux, laissant des immeubles tant en France qu'à l'île Maurice, où il était domicilié, lorsque cette colonie fut cédée à l'Angleterre par le traité de Paris, du 30 mai 1814; qu'il était revenu en France avant l'expiration du délai de six ans, fixé par l'art. 17 de ladite convention, mais après avoir prêté, le 25 oct. 1817, serment d'allégeance au roi d'Angleterre; que, par cette naturalisation volontaire en pays étranger, il avait perdu la qualité de Français, et qu'à son retour il ne remplit pas, pour la recouvrer, les conditions exigées par l'art. 18 c. civ.; qu'il n'obtint pas non plus, comme étranger, l'autorisation d'établir son domicile en France où il a acquis des propriétés; que, par conséquent, il était censé n'y avoir qu'une simple résidence; que, si les immeubles par lui délaissés dans son ancienne patrie ne peuvent être partagés que conformément aux lois françaises et devant les tribunaux français, ces mêmes tribunaux ne peuvent rien ordonner relativement aux biens de l'île Maurice, qui sont régis par les lois et les autorités anglaises; que, d'ailleurs, il existe déjà devant les tribunaux de cette colonie une instance en partage ou licitation desdits biens; que la veuve Piston y a été appelée, et qu'elle pourra y former toutes les demandes qu'elle croira convenables à ses intérêts, pour la liquidation des reprises que sa communauté conjugale aurait à y exercer; — Met l'appel au néant.

Du 12 fév. 1830.-C. de Bordeaux.-MM. Ravez, 1er pr.-Desèze, av. gén.

(2) (Hér. Chaverot.) — La cour; — Considérant que si les juges de première instance, saisis uniquement de la question de savoir s'il y aurait lieu à ordonner le partage de la succession de l'aïeul des demandeurs sans avoir égard à la renonciation dont il s'agit, l'avaient décidé affirmativement, ils auraient dû ordonner qu'il serait procédé devant eux aux opérations dudit partage et à la discussion de toutes les questions qui en auraient été la suite, et qu'ainsi la cour d'appel, en confirmant le jugement qui avait déclaré la veuve Demigreux non recevable, et en ordonnant qu'il serait procédé audit partage devant les juges de première instance, a fait réellement ce que ceux-ci auraient dû faire; d'où il suit que, loin de violer les lois citées par le demandeur sur les deux degrés de juridiction, la cour d'appel de Dijon s'y est conformée; — Rejette, etc.

Du 12 juin 1806.-C. C., sect. req.-MM. Henrion, pr. d'âge.-Porriquet, r.

procéder, soit sur la manière de le terminer. » La procédure sommaire ne suffirait pas, s'il s'agissait ou de la qualité même d'héritier, ou d'un droit de propriété (MM. Chabot, t. 3, p. 105; Duranton, t. 7, n° 139; Delvincourt, t. 2, p. 350, n° 1; Vazeille, art. 823, n° 1; Dutruc, n° 354). — Jugé que si, sur une demande en partage, il s'élève des difficultés touchant au fond du droit même, et, par exemple, ayant pour objet les rapports à faire par les cohéritiers et la réduction de dispositions excessives, la cause cesse de pouvoir être jugée comme sommaire, aux termes de l'art. 823 c. nap., et la chambre des vacations, saisie de l'instance en partage, est incompétente pour en connaître. — Une telle cause n'étant pas urgente de sa nature, n'a pu non plus être jugée par la chambre des vacations, si elle ne lui a pas été renvoyée comme telle (Cass. 14 juill. 1830, aff. Fédas, V. Compét. civ. des trib. d'arr., n° 277).

1680. Les art. 823 c. nap. et 969 c. pr. permettent encore de commettre, s'il y a lieu, pour les opérations du partage, un des juges sur le rapport duquel le tribunal décide les contestations. Une instruction devant le tribunal eût été plus longue et plus dispendieuse. Le juge, d'ailleurs, peut essayer de concilier les parties (M. Vazeille, art. 823, n° 2).

1681. De ces mots, *s'il y a lieu*, il suit que la nomination d'un juge rapporteur est purement facultative pour le tribunal. — Jugé ainsi, notamment dans le cas où la contestation entre copartageants est relative à la quotité des droits respectifs de chacun d'eux (Req. 19 nov. 1851, aff. Guillouet, D. P. 51. 1. 315). — C'est à tort qu'il a été décidé d'une manière absolue qu'aucune liquidation ne peut avoir lieu, en matière de successions, sans l'assistance d'un juge-commissaire (Nancy, 11 janv. 1840; M. de Metz, 1er pr., aff. de Keller C. de Bock; extrait de M. Garnier, Jurispr. de Nancy, v° Liquidation, n° 2). Toutefois le même arrêt ajoute avec raison que quand le juge-commissaire, d'abord nommé, vient à être empêché par un motif quelconque, il faut, avant de continuer, en faire nommer un autre.

1682. Le notaire renvoie, pour les contestations dont il a dressé procès-verbal, devant le *juge-commissaire*. — L'art. 977 c. pr. ajoute que l'indication par le juge-commissaire du jour où les parties devront comparaître à l'audience, leur tiendra lieu d'ajournement; « qu'il ne sera fait *aucune sommation* pour comparaître, soit devant le juge, soit à l'audience. — A plus forte raison ne doit-il être donné aucune assignation. — Jugé, en conséquence, qu'il faut regarder les dires et réquisitions des parties consignés au procès-verbal comme de véritables demandes judiciaires qui font, en conséquence, courir les intérêts (Cass. 22 fév. 1813, aff. Pinon, V. Oblig. [intérêts];—Conf. Delvincourt, t. 2, p. 356; MM. Rolland de Villargues, v° Part., n° 130; Vazeille, art. 835, n° 2; Bioche, n° 179; Dutruc, n° 460).

1683. Le juge commis ne rend aucune décision. C'est par erreur que M. Toullier, t. 4, n° 424, lui reconnaît le droit de trancher lui-même les contestations. Sa mission est seulement d'entendre les parties, de chercher à les concilier; et s'il n'y parvient pas, il fait à l'audience un rapport sur lequel statue le tribunal (Chabot, art. 837, n° 1; MM. Vazeille, art. 823, n° 2; Bioche, n° 175; Dutruc, nos 353 et 460).

1684. L'irrégularité résultant de ce que le tribunal aurait statué *sans rapport* préalable du juge commis n'est pas opposable, comme moyen de cassation, par les parties, qui n'ont élevé, pendant le procès, aucune réclamation à cet égard (Req. 7 mars 1845) (1).

1685. La disposition des art. 837 c. nap. et 977 c. pr., qui porte : « en cas de contestation, le notaire dressera procès-verbal des difficultés et renverra les parties devant le juge-commissaire, » n'est pas prescrite à peine de nullité. En conséquence, si, devant le tribunal appelé à statuer sur l'homologation de la liquidation, les parties contestent au fond, sans exciper de l'inaccomplissement de la formalité, elles sont non recevables à s'en faire ultérieurement un moyen de cassation (Req. 29 mars 1821) (2).

1686. Le juge commis à un partage peut en recevoir les actes en son hôtel, du consentement de toutes les parties comparantes et majeures (Orléans, 16 août 1809, aff. N... C. N...).

1687. L'absence du greffier pour signer les actes n'est pas une cause de nullité (même arrêt).

§ 4. — *Estimation et vente du mobilier.*

1688. *Estimation.* — « L'estimation des meubles, s'il n'y a pas eu de prisée dans un inventaire régulier, doit être faite par gens à ce connaissant à juste prix et sans crue » (c. nap. 825). La loi ne s'exprime pas sur la manière dont ils doivent être nommés. Il paraît naturel d'observer les mêmes règles que pour la nomination des experts (M. Chabot, t. 3, p. 116).—L'estimation doit se faire *à juste prix et sans crue*. Pour entendre ces mots, il faut se rappeler que, dans la plupart de nos coutumes, l'héritier qui devait restituer un meuble en nature et qui ne le représentait pas, était tenu de rendre, outre le montant de l'estimation porté à l'inventaire, un supplément de prix fixé généralement au quart en sus de l'estimation, et qu'on appelait *crue* ou *parisis*. Cela venait de ce que dans l'inventaire la valeur estimative était toujours inférieure à la valeur réelle.

Jugé que l'héritier qui a conclu en première instance et d'une manière générale au partage d'une succession ne peut prétendre que les juges n'auraient pas dû charger les experts d'estimer les meubles, alors surtout qu'il ne rapporte pas la preuve qu'il ait déjà été procédé au partage de ces meubles (Bordeaux, 26 mars 1841, M. Gerbeaud, pr., aff. Dartiguevielle jeune).

1689. *Vente.* — Les meubles peuvent être vendus, avant le partage, dans deux cas énoncés par l'art. 826 : « s'il y a des *créanciers* saisissants ou opposants, si la majorité des *cohéritiers* juge la vente nécessaire pour l'acquit des dettes et charges de la succession. » Dans le premier cas, la vente pourrait être évitée par le payement des dettes qu'offrirait l'un des héritiers; dans le second cas, comment doit se déterminer la majorité des héritiers? Il est évident d'abord que les héritiers qui ne succèdent que par représentation ne peuvent voter individuellement; chaque souche ne représente qu'une personne. Mais quand les héritiers viennent de leur chef et qu'ils ont des droits inégaux, a-t-on égard au nombre des héritiers ou seulement à la quotité des lots? C'est la quotité, ce nous semble, qui doit l'emporter. L'intérêt, en général, est la mesure des actions; la loi, d'ailleurs, a fait l'application de cette règle à un exemple analogue. L'art. 220, qui exige pour la licitation d'un navire l'agrément de la majorité des copropriétaires, détermine cette majorité par les *portions d'intérêt* qu'a chacun dans le navire. Si donc les héritiers sont un père et un frère, le frère seul formera la majorité. On ne considérera le nombre des héritiers que quand ils auront un intérêt égal (Rousseau de Lacombe, v° Partage, sect. 3, n° 8; Delvincourt, t. 2, p. 351, note 6; Malpel, n° 258; Toullier, t. 3, n° 399; MM. Vazeille, art. 826; Belost-Jolimont sur Chabot, art. 826, Obs. 1; Dutruc, n° 198).

1690. Les meubles sont vendus publiquement en la forme ordinaire (c. nap. 826). — Cette forme est réglée par les art. 945 à 951 (V. Vente publ. de meubles). L'art. 952 ajoute que, si toutes les parties sont majeures, présentes et d'accord, et

(1) (D'Aubigny C. Lacroix-de-Laval.) — La cour; — Attendu que l'arrêt du 14 mars 1837 porte textuellement que M. le conseiller Sauzey est commis pour recevoir le serment des experts, le tirage au sort des lots, et, *au besoin, les autres opérations du partage;* qu'il résulte de sa mission ainsi limitée, que c'était aux parties qui auraient reconnu le besoin de sa présence lors de ces autres opérations, à la réclamer de la justice; que leur silence doit faire présumer que ce besoin n'a pas existé; d'où il suit qu'aucune réclamation n'ayant eu lieu de la part de la demanderesse, elle ne peut se faire de son inaction un moyen de cassation.

Du 7 mars 1845.-C. C., ch. req.-MM. Zangiacomi, pr.-Félix Faure, r.

(2) (Foubert C. sa femme.) — La cour; — Attendu que si, d'après les art. 837 c. civ., 977 c. pr., les incidents sur les liquidations faites par les notaires délégués doivent être renvoyés devant le juge-commissaire, et, par celui-ci, suivant l'occurrence, à l'audience, préalablement au complément et apurement définitif de la liquidation; cette formalité n'est cependant pas d'une telle rigueur, que son inobservance emporte une nullité que n'a pas prononcée la loi, surtout, comme au cas dont il s'agit, la partie pour voir ordonner l'homologation du compte ou liquidation a comparu volontairement, n'a pas excipé de l'omission de la formalité préalable : n'en a pas requis l'exécution et a au contraire contesté au fond sur le mérite de l'homologation, qui n'a été prononcée qu'après des plaidoiries contradictoires, tant en cause principale que sur l'appel; — Rejette.

Du 29 mars 1821.-C. C., sect. req.-M. Lasaudade, pr.

qu'il n'y ait aucun tiers intéressé, elles ne seront point obligées aux formalités prescrites; sous cette dénomination de *tiers intéressés*, il faut surtout comprendre les créanciers saisissants ou opposants. Ils ont intérêt à faire élever par des enchères le prix des meubles.

1691. Les héritiers du mari ne peuvent pas, lorsque la veuve réclame le partage en nature des meubles de la communauté, exiger que ces meubles soient vendus, avant partage, pour l'acquit des dettes. — V. Contrat de mar., n° 2313.

1692. L'attribution, faite en justice du mobilier d'une succession, à l'un des héritiers, moyennant la prisée de l'inventaire, est nulle, si elle a eu lieu contre la volonté ou nonobstant l'état de minorité de l'un des copartageants (Cass. 27 mars 1850, aff. Raoult, D. P. 50. 1. 123). — C'est la conséquence du principe, consacré par la jurisprudence (V. ci-après § 10), qui ne permet pas au juge de faire un partage par attribution de lots.

1693. Les formalités pour la vente du mobilier sont prescrites dans l'intérêt des créanciers; lors donc qu'il y a des dettes dans une succession, l'un des cohéritiers ne peut empêcher la vente des meubles et en demander le partage en nature (Paris, 19 nov. 1811, aff. Goimbault C. Goimbault).

1694. Lorsque la succession comprend des rentes sur l'État, un arrêt peut valablement ordonner, comme mesure préliminaire à la liquidation, la vente de ces rentes et le dépôt de leur prix à la caisse des consignations, sans que les héritiers contestants puissent voir dans une telle disposition une atteinte portée à leur droit de propriété : — « Attendu que la vente des rentes, provenant de l'indemnité accordée à la succession, et le dépôt de leur prix à la caisse des consignations, est une mesure préliminaire à la liquidation; qu'elle ne porte aucune atteinte au droit de propriété des héritiers et ne contrevient à aucune loi (Req. 25 mars 1840, MM. Zangiacomi, pr., Brière-Valigny, rap., aff. Forbin-la-Barben C. hérit. Rosières-de-Soran).

§ 5. — *Expertise des immeubles.*

1695. *Expertise non obligatoire.* — L'expertise n'est point obligatoire aux termes de l'art. 970 c. pr. : le tribunal *pourra*, soit qu'il ordonne le partage, soit qu'il ordonne la licitation, déclarer qu'il y sera immédiatement procédé sans expertise préalable, même lorsqu'il y aura des *mineurs* en cause; dans le cas de licitation, le tribunal déterminera la mise à prix, conformément à l'art. 955. » Cette disposition contient une innovation. L'art. 969 c. pr., dans son ancienne rédaction, ordonnait l'expertise dans tous les cas, et l'art. 466 c. nap. l'exigeait spécialement pour les partages intéressant des mineurs. Cette innovation était rendue nécessaire par la disposition de la loi du 2 juin 1841, qui autorise l'expertise facultative pour les ventes de biens immeubles appartenant à des mineurs. « Si, dans ce dernier cas, a dit M. Persil dans son rapport sur cette loi, l'expertise n'est pas obligatoire, à plus forte raison doit-elle être laissée à l'arbitrage, à la sagesse du juge, lorsque le partage s'opère entre des majeurs, ou même lorsque des mineurs y sont intéressés. On pourrait bien dire que le concours des parties majeures et l'absence de toute délibération du conseil de famille, dans le cas où le partage est provoqué contre des mineurs, sont de nature à affaiblir les garanties auxquelles ceux-ci ont droit de prétendre; mais la prudence et la sagesse du tribunal, la vigilance du ministère public, ne permettent pas de redouter ce danger. Dans le doute, le tribunal n'hésitera pas à ordonner l'expertise, mais il faut le laisser le maître de l'ordonner, afin que les majeurs ne souffrent pas eux-mêmes du hasard qui a mêlé leurs intérêts avec ceux des mineurs, et que ceux-ci ne soient pas obligés de supporter les frais d'une expertise que tout le monde jugerait inutile. » — Lors de la discussion de la loi de 1841, un député, M. Caumartin, demanda que la faculté de dispenser de l'expertise fût restreinte au cas de licitation, sur le motif que le tribunal, pour une simple fixation de mise à prix, a plus facilement les éléments d'appréciation, que pour une formation de lots. Mais l'amendement ne fut pas même appuyé. — Il est dans le vœu de la loi nouvelle d'éviter autant que possible l'expertise et, en conséquence, on a voulu stimuler le zèle des *avoués*, pour offrir aux magistrats tous autres éléments d'appréciation. Une ordonnance du 10 oct. 1841 leur accorde à cette fin, une *remise proportionnelle* plus considérable, lorsque la licitation a lieu sans expertise préalable (V. cette ordonnance et son préambule, v° Frais et dépens, p. 69). — Jugé que dans l'ancienne jurisprudence, et spécialement sous la coutume de Paris, il n'était pas non plus nécessaire, à peine de nullité, comme le prescrivaient les lois romaines, qu'un partage entre majeurs fût précédé d'une estimation des immeubles indivis (L. 52, ff. *Famil. ercisc.*; L. 3, C. *Commun. divid.*; c. nap. 824. Paris, 13 pluv. an 10, aff. Lamarre C. Caqueray).

1696. Avant la loi de 1841, il a été décidé : 1° que le juge peut déterminer lui-même la valeur des immeubles à partager dans une succession sans ordonner l'expertise prescrite par l'art. 824 c. nap., alors surtout qu'il existe une ancienne expertise qui avait fixé cette valeur (Req. 22 mars 1826, MM. Henrion, pr., de Menerville, rap., aff. Barrois de Lemmery C. Sainte-Marie); — 2° Que le juge peut, sans ordonner une expertise, et alors qu'il a eu sous les yeux des documents suffisants, estimer lui-même la valeur d'un immeuble qu'un des copartageants doit rapporter à la masse (Req. 22 mars 1822, MM. Botton de Castellamonte, pr., Vallée, rap., aff. Bringuier C. Mariès); — 3° Qu'il peut, d'après les mêmes documents et sans expertise, décider que des biens peuvent être commodément divisés (Req. 12 avr. 1831, aff. Lary-Latour, V. Disp. entre-vifs, n° 4456-1°); — 4° Qu'encore bien qu'en principe rigoureux, un immeuble, dans lequel un mineur se trouve intéressé, ne puisse pas être licité, sans que l'impartageabilité n'en soit préalablement constatée par experts, cependant il y a exception à ce principe, ainsi que le remarque Pothier, quand il s'agit, par exemple, d'une maison à la division de laquelle plusieurs ont intérêt (Rej. 30 frim. an 11, MM. Maleville, pr., Babille, rap., aff. Vagner C. Seyvert).

1697. *Mission des experts.* — La mission des experts est d'abord l'estimation des biens. Dans leur procès-verbal ils ne doivent pas seulement indiquer le prix ou la valeur des biens; l'art. 824 les oblige, en outre, à présenter *les bases de leur estimation*. Ces bases seront les baux existants, la nature et la situation des biens, l'espèce de leurs productions et leur prix ordinaire dans l'endroit. Par ce moyen, les juges, qui ne sont point liés par l'avis des experts, pourront mieux s'éclairer sur l'exactitude de l'estimation (Chabot, t. 3, p. 113; Delvincourt, t. 2, p. 351, note 3; Maleville, t. 2, p. 305; Poujol, t. 2, p. 56).

1698. Les bases de l'estimation doivent être présentées « *sommairement*, sans le détail descriptif des biens à partager ou à liciter » (c. pr. 971). — Dans le premier projet de l'art. 824, on disait que le procès-verbal devait « contenir *en détail* la valeur de l'objet estimé. » On représenta que les experts multiplieraient leurs estimations en détail, pour augmenter leur salaire. Cette disposition fut, en conséquence, retranchée sur la proposition de M. Tronchet (M. Maleville, t. 2, p. 307). — Il faut donc, remarque M. Chabot, t. 3, p. 114, s'il s'agit de pièces de terre, estimer, non chaque pièce séparément, mais chaque corps de domaine, chaque objet bien distinct, bien indépendant des autres. — Jugé que les estimations par experts ne doivent jamais se faire en bloc; il faut qu'elles soient basées sur les produits, dont on doit expliquer avec détail la quotité (Grenoble, 19 janv. 1827, aff. N... C. N...).

1699. Lorsque, dans l'estimation d'un bois non aménagé, les experts ont fixé d'abord la valeur du sol, en la calculant sur le produit d'un aménagement de quinze ans, une telle estimation porte à la fois sur le sol et sur la superficie : ils font donc un double emploi, s'ils ajoutent à cette estimation la valeur des arbres actuellement sur pied. — ....Néanmoins, lorsque les bois faisant partie d'une succession ne sont pas exploités chaque année par coupes égales, comme le suppose le mode d'estimation qui précède, les cohéritiers doivent se tenir respectivement compte des intérêts à 5 p. 100, mais sans intérêts d'intérêts, à raison de l'anticipation ou du retard des coupes à faire, en prenant pour base le produit moyen des coupes divisées en parties égales (Caen, 16 mars 1839) (1).

(1) (Levenour C. de la Rouvraye.) — LA COUR; — Considérant qu'il devient inutile d'accorder acte aux intimés des réserves qu'ils font dans

1700. La mission des experts n'est pas seulement d'estimer les immeubles, comme on pourrait le supposer par l'art. 970 c. pr.; ils sont encore chargés d'indiquer « si l'objet estimé peut être *commodément partagé*; de quelle manière; fixer enfin, en cas de division, chacune des parts qu'on peut en former, et leur valeur. » (C. nap. 824). — Jugé 1° que les experts nommés pour l'estimation et le partage d'un immeuble doivent préalablement indiquer dans leur procès-verbal si cet immeuble peut être commodément divisé; ils le doivent, encore que par sa nature l'immeuble paraisse évidemment divisible : telle serait une pièce de bois composée de tel nombre d'hectares (Paris, 19 janv. 1808) (1). — 2° Que, toutefois, le procès-verbal des experts, qui ont estimé un immeuble indivis avec des mineurs, n'est pas nul, non plus que l'adjudication judiciaire qui en a été faite, bien qu'il n'ait pas fait mention s'il pouvait être partagé commodément, selon le vœu de l'art. 824, c. nap., alors que l'impossibilité en avait été reconnue par l'auteur dont les mineurs exercent les droits (Req. 27 janv. 1830; MM. Favard, pr.; Lasagni, rap.; aff. hérit. Joubert).

1701. Le jugement qui ordonne la liquidation et le partage d'une succession ne doit pas nécessairement porter que les experts seront tenus d'indiquer dans leur rapport des bases de l'estimation, et de former des lots de vente dans le cas où ils reconnaîtraient l'impossibilité d'un partage en nature : ces obligations rentrent dans les prévisions de la loi que les experts sont censés connaître (Bordeaux, 26 mars 1841, Dartiguevielle jeune *C.* Dartiguevielle aîné).

1702. Pour éviter autant que possible, les *soultes* ou retours, il peut être enjoint aux experts de compenser l'inégalité de valeur des lots, par une plus grande étendue superficielle. — « Attendu que les premiers juges n'ont point dit impérativement que les experts feraient les lots sans soulte; mais qu'ils ont seulement dit que, dans le cas que le sol attribué à l'une ou l'autre des parties se trouverait d'une qualité inférieure, ils indemniseraient cette partie par une plus grande étendue superficielle : en telle sorte que les copartageants fussent égalés, autant que faire se pourrait, en valeur, en proportion de leurs droits, sans retour ni soulte de l'un envers l'autre; ce qui est raisonnable, et n'a rien de contraire à la loi. » (Paris, 19 janv. (ou fév.) 1808, M. Ogier, pr.; aff. Cornisset *C.* de Berulle).

1703. Les experts préparent le partage, présentent les données d'évaluation et de division pour la formation des lots; mais, ils n'ont pas mission de *composer* eux-mêmes les *lots*, et d'opérer le partage. — En effet, quand il s'agit du partage de toute la succession, et d'une liquidation préalable, il peut y avoir dans la masse générale, non-seulement des immeubles, mais encore des meubles ou leur prix, des créances, des fournissements et rapports. Or l'appréciation à cet égard suppose des lumières et des connaissances que n'ont pas en général des experts. — C'est par exception que d'après l'art. 978 c. pr. : lorsque la masse du partage, les rapports et prélèvements à faire par chacune des parties intéressées auront été établis par le notaire, suivant les art. 829, 830 et 831 c. nap., les lots sont faits par l'un des cohéritiers ou par un expert que choisit le juge commissaire : lequel expert, d'après l'art. 979, établit la composition des lots, par un rapport que le notaire rédige à la suite des opérations précédentes. Dans ce cas l'expert ne procède à la formation des lots, qu'après le travail du notaire, c'est-à-dire lorsque la liquidation est faite. — Une semblable exception est consacrée en ces termes par l'art. 975 c. pr. : « Si la demande en partage n'a pour objet que la division d'un ou plusieurs immeubles, sur lesquels les droits des intéressés soient *déjà liquidés*, les experts, en procédant à l'estimation, composeront les lots, ainsi qu'il est prescrit par l'art. 466 c. nap.; et, après que leur rapport aura été entériné, les lots seront tirés au sort. » Dans le cas prévu par cette disposition, la liquidation préalable est faite; il s'agit du partage d'immeubles déterminés, et non de toute la succession (Conf. MM. Chabot, art. 824, n° 2; Toullier, t. 4, n°s 421, 422; Dutruc, n° 365).

1704. Jugé : 1° que le tribunal n'a pu donner aux experts la mission de procéder de suite au partage en lots égaux d'après l'état que leur donneraient les parties : « Attendu que d'après l'art. 824 c. nap. les experts ne doivent pas être chargés de faire un partage, mais bien estimer, vérifier si les biens sont partageables, combien de parts on peut en faire, et déterminer la valeur de chacune d'elles; réformé » (Nîmes, 4 fév. 1806, aff. Boissin *C.* Boissin); — 2° Que dans un partage d'immeubles dépendant d'une succession entre majeurs, et lorsque les droits des intéressés ne sont point liquidés, le tribunal ne peut, en renvoyant devant des experts pour la formation de la masse générale, ordonner qu'il sera, par les mêmes experts, procédé aux prélèvements à faire et à la composition des lots : « Attendu que, d'après l'art. 824 c. civ., les experts ne doivent qu'estimer et vérifier si les biens sont partageables, combien de parts on peut en faire, et déterminer la valeur de chacune d'elles; — Attendu que, d'après l'art. 828 même code, c'est devant un notaire convenu ou nommé par le commissaire, que les parties doivent procéder aux comptes, à la formation de la masse générale, à la composition des lots, et aux fournissements à faire à chacun des copartageants, ce qui est indiqué par l'art. 976 c. pr., dans tous les cas où les droits des intéressés ne sont pas déjà liquidés; confirme » (Montpellier, 5 août 1811, aff. Cadras *C.* Raymond); — 3° Que le pouvoir des experts ne va pas jusqu'à faire des lots d'attribution, lorsque d'ailleurs ils ne tiennent pas expressément cette mission du jugement qui les a nommés : « Attendu qu'aucune disposition du jugement, qui indiquait et limitait l'objet de la mission des experts, laquelle, au surplus, se trouvait réglée par les art. 823, 824, 827, 831, 832 et 833 c. civ., ne leur conférait le pouvoir de faire des lots d'attribution : pouvoir qu'ils n'auraient pu recevoir que d'une délégation des juges, si, sur les de-

---

leurs conclusions relativement aux détériorations et abatis d'arbres, faits par Leveneur aîné sur les biens qu'il administre; — Qu'en effet ces réserves n'auraient pu produire d'effet qu'autant que ces biens auraient été remis en partage, ce qui ne doit point avoir lieu; — Considérant qu'il résulte des procès-verbaux d'expertise que les experts ont pris pour base de l'estimation du sol des bois, le revenu annuel de ces bois, fixé au quinzième du produit total des coupes, pour les bois de l'Orne aménagés en quinze ans, et au treizième pour les bois de la Mayenne, aménagés en treize ans, lequel revenu a été capitalisé à un taux plus ou moins élevé, suivant la situation et la bonté des divers terrains; — Considérant que ce mode d'évaluation comprend nécessairement le fond et la superficie; — Que ce point de fait est établi, non-seulement par la nature même de l'opération, mais encore par le taux de l'estimation qui serait excessive si elle n'avait pour objet que le sol nu; — Que les experts n'auraient donc pas dû y ajouter l'estimation particulière des feuilles existant sur les diverses portions de bois; — Qu'à la vérité, en supposant par exemple que les bois fussent divisés en quinze coupes égales, il resterait, après chaque coupe opérée, depuis une feuille jusqu'à quatorze sur les autres portions; mais en définitive chacune de ces portions ne se coupant qu'après quinze années, le propriétaire ne recevrait annuellement que le quinzième du produit total des bois, comme le propriétaire d'une ferme reçoit annuellement le produit total de cette ferme; — Qu'ainsi il a été fait double emploi en estimant d'abord le sol eu égard au revenu, et ensuite le revenu séparément; — Considérant que le retranchement pur et simple du montant de l'estimation donnée aux feuilles suffirait pour réparer l'erreur, si les bois étaient exploités chaque année en coupes égales, comme on vient de le supposer; mais qu'il n'en est pas ainsi, et qu'il devient dès lors nécessaire d'ordonner, pour rétablir l'équilibre, que les parties se tiendront respectivement compte des intérêts à cinq du cent sans retenue, mais sans intérêts d'intérêts, à raison de l'anticipation ou du retard des coupes à faire pendant la première période de quinze ans pour les bois de l'Orne, de treize ans pour les bois de la Mayenne, qui suivra le décès du père commun, en prenant pour base le produit moyen des coupes divisées en parties égales; — Considérant que cette solution dispense de toute expertise nouvelle et de toute explication sur celles qui existent au procès; — Infirme le jugement dont est appel.

Du 16 mars 1839.-C. de Caen, 2e ch.-M. Binard, pr.

(1) (Cornisset *C.* Bérulle.) — La cour; — Attendu que, bien qu'il soit évident qu'une pièce de bois de 100 hect. est essentiellement divisible, et qu'il soit même très-vraisemblable qu'elle peut se diviser commodément; néanmoins il est absolument possible que, par l'effet des circonstances locales, la division ne puisse pas avoir lieu sans inconvénient pour les parties, et sans dépréciation de l'immeuble à partager; que c'est pour cela que la loi, art. 825 c. civ., statue par une disposition générale, que dans tous les cas de partage, et quel qu'en soit l'objet, les experts nommés pour l'estimation des immeubles commencent par indiquer dans leur procès-verbal si l'immeuble estimé peut être commodément partagé; — Confirme.

Du 19 janv. (ou fév.) 1808.-C. de Paris.

mandes des parties, ils avaient cru devoir l'accorder, ou du consentement exprès des parties » (Riom, 17 juin 1829, M. Thevenin, pr., aff. Mazuer C. Mazuer; Besançon, 20 juin 1818, aff. N... C. N...; Nîmes, 4 févr. 1806, aff. Boissin C. Boissin); — 4° Que les opérations de la liquidation doivent être faites pardevant notaire avant la formation des lots par les experts : « Attendu que de la combinaison des art. 975, 976 et 977 c. pr. civ., il résulte que, quand il ne s'agit pas d'un simple partage d'immeubles indivis, mais d'un partage de succession, où il peut y avoir des rapports, prélèvements et comptes à régler entre les cohéritiers, les opérations de la liquidation doivent s'effectuer avant la formation des lots; — Qu'aux termes de l'art. 978 le notaire, dans ce cas, renvoie devant le juge-commissaire qui nomme un expert; réformant » (Dijon, 10 août 1837, ch. civ., M. Oudot, pr., aff. Latrasse C. Granger). — Conf. MM. Chabot, art. 828, n° 2; Dutruc, n° 409.

1705. Dans le cas d'un partage entre héritiers majeurs, on a décidé qu'il « est permis aux juges de confier à des experts le soin de réunir, dans l'intérêt commun des copartageants, les éléments propres à bien fixer la consistance de la masse de la succession, sauf le droit des parties de contester ensuite les opérations des experts » (Req. 25 avril 1839, MM. Zangiacomi, pr., Lasagni, rap., aff. Bataillé C. Dutil). — Mais il y a loin d'une telle mission à celle d'effectuer le partage.

1706. Il a été jugé aussi que les experts, nommés par le tribunal pour procéder aux opérations d'un partage, ne peuvent être chargés du soin de vérifier une généalogie; que, par exemple, ils ne peuvent être « chargés, d'*après les actes* qui leur seront produits, de *rapporter* si certains demandeurs ont droit et qualité pour réclamer une part dans la succession de... et quel est leur degré de parenté, » alors d'ailleurs que déjà, par un précédent jugement, le tribunal avait ordonné la production de ces pièces; que c'est devant le tribunal que les droits des prétendants doivent être établis et le degré de parenté justifié : « attendu qu'une pareille vérification ne pouvait être confiée à des experts; que des degrés de parenté en matière de succession doivent être établis devant les tribunaux par la production des pièces justificatives de la généalogie à laquelle les parties prétendent se rattacher; que déjà le tribunal avait ordonné la production de ces pièces par un jugement du 2 janv. 1837; réformant, etc., ordonne que les justifications non rapportées seront produites dans le délai d'un mois devant le tribunal de Villefranche, juge d'attribution » (Montpellier, 16 nov. 1842, aff. Rouquette C. Proux et consorts).

Il ne faudrait pas, suivant nous, induire de là que le mot *rapporter*, dont le tribunal s'était servi par un second jugement, impliquât nécessairement aux yeux du tribunal l'obligation pour le juge d'accepter l'appréciation des experts. Ce serait, en effet, une trop grave erreur qu'il aurait commise. Toutefois, le recours à l'expertise avait eu lieu pour l'interprétation ou l'examen des pièces ou d'actes dont un premier jugement avait déjà ordonné la production devant le tribunal; et l'on comprend que lorsque, sans examiner ces actes ou pièces, sans parler de leur obscurité ou de passages sur le sens desquels il serait utile de connaître l'opinion des experts, les juges ont chargé d'une manière générale des experts de *rapporter* d'après ces actes si des parties ont certaines qualités, on comprend, disons-nous, que les juges d'appel ont pu voir là une intention de laisser sur ce point aux experts la mission de juges que le tribunal ne doit jamais abdiquer.

1707. Les héritiers présents et majeurs peuvent valablement conférer aux experts le droit de procéder par lots d'attribution, lorsque d'ailleurs toutes les difficultés relatives à la consistance des biens et au droit de chaque intéressé ont été résolues par des jugements passés à force de chose jugée, et qu'il ne s'agit plus que d'une simple opération divisoire, il n'y a pas lieu dans ce cas d'assujettir les experts aux formalités des compromis et des arbitrages, et il en est ainsi, bien que l'un des cohéritiers soit une femme mariée sous le régime dotal, si la question de dotalité des biens qui doivent lui revenir de la succession ne peut être nullement préjugée par le travail des experts (Req. 21 fév. 1843, MM. Zangiacomi, pr., Pataille, rap., aff. Bédry et Expert C. Joulia).

1708. L'art. 975 c. pr. a eu pour effet de limiter l'application de l'art. 466 c. nap., qui, à l'égard du partage intéressant des mineurs, dispose que les experts « procéderont à la division des héritages et à la formation des lots qui seront tirés au sort. » Les experts, depuis la publication du code de procédure, n'ont plus cette mission, que dans le seul cas prévu à l'art. 975 : « La division d'un ou de plusieurs immeubles sur lesquels les droits des intéressés sont déjà liquidés. » Cet article ne dit point, que sa disposition est faite seulement pour les partages entre majeurs; et il y a les mêmes raisons de l'étendre aux mineurs. — Jugé cependant, pour un partage intéressant des mineurs, que les experts peuvent composer des lots d'attribution, selon l'art. 466 c. nap., bien qu'il s'agisse, non d'un objet isolé, mais de deux successions à partager, et lorsque d'ailleurs les droits des copartageants sont liquidés (Riom, 14 août 1829) (1). — M. Dutruc, *loc. cit.*, critique cette décision.

1709. *Comment doivent être* nommés *les experts?* — D'après l'art. 824 c. nap. ils sont choisis par les parties intéressées, ou, à leur refus, nommés d'office. — Doivent-ils toujours être nommés d'office, s'il y a des héritiers mineurs ou interdits? Oui, selon un arrêt (Douai, 12 mai 1827 (2). — Conf. Delaporte, Pand. franç., t. 3, p. 239; MM. Vazeille, art. 824, n° 2; Belost-Jolimont sur Chabot; même art., obs. 2; Dutruc, n° 359. — *Contrà*, Delvincourt, t. 2, p. 143; et Proudhon, t. 2, p. 225, qui pensent à tort que l'art. 824 c. nap. a dérogé à l'art. 466, même code).

1710. Toutefois la nomination d'office peut porter sur des experts que les parties auraient indiqués (Poitiers, 19 août 1806) (3).

1711. L'adhésion du tuteur pour le mineur, au choix fait par les autres parties majeures, ne suffirait pas pour dispenser de la nomination par le tribunal (MM. Chauveau, quest. 2505 *bis*; Bioche, v° Partage, n° 121; Dutruc, n° 359).

1712. Aux termes de l'art. 971 c. pr., « lorsque le tribunal ordonnera l'expertise, il pourra commettre *un* ou *trois* experts,

(1) (Porte C. Hardi.) — Jugement du tribunal d'Issoire, ainsi conçu : « Attendu que les experts étaient forcés d'indiquer et assigner aux parties des lots déterminés pour leurs parts afférentes, d'après les difficultés que présentait le mode de composition de la masse respective des successions à partager; et, pour former l'amendement de chaque copartageant, de diviser et morceler des immeubles; opération qui ne pouvait être pratiquée sans inconvénients, parce que, d'une part, le seul domaine de Roussillon formait en grande partie la masse des deux successions, dans l'une desquelles les copartageants prenaient des parts inégales; que, de l'autre, il aurait fallu partager, dans la proportion de l'amendement de chacun, des bâtiments et des héritages qui auraient perdu une grande partie de leur valeur par suite de morcellement qui en aurait été fait; — Attendu que l'estimation des immeubles paraît avoir été faite d'après une exacte évaluation, et sur de justes bases; que les lots respectifs paraissent avoir été composés, autant que possible, d'immeubles de même nature et espèce. » — Appel. — Arrêt.

LA COUR; — Par les motifs exprimés au jugement dont est appel et y ajoutant : — Attendu que les droits des parties étaient liquides et que les experts ont dû procéder comme ils l'ont fait, en exécution de l'art. 975 c. pr. qui rappelle l'art. 466 c. civ.; — Dit bien jugé.

Du 14 août 1829.-C. de Riom, 5e ch.-M. de la Bouillie, 1er av. gén.

(2) (Enfants Frontin.) — Jugement en ces termes : « Considérant que l'art. 824 c. civ. n'a pas dérogé à l'art. 466, puisque la première disposition dudit art. 824 ne peut s'appliquer qu'aux héritiers qui sont majeurs; qu'eux seuls, en effet, ont capacité pour choisir des experts, et que, par suite, le tribunal ne doit les nommer qu'à leur refus; — Que cette dernière expression de l'art. 824 indique assez d'elle-même que sa disposition ne se réfère qu'à des majeurs, parce que des mineurs n'ayant pas le droit de consentir, on ne peut jamais dire qu'il y ait refus de leur part à faire une chose; que d'un autre côté, on ne voit nulle part que le tuteur ait reçu de la loi le droit de nommer les experts pour ses pupilles. » — Appel. — Arrêt.

LA COUR; — Adoptant les motifs des premiers juges, confirme, etc.

Du 12 mai 1827.-C. de Douai.-MM. Lenglet, pr.-Martin fils, av.

(3) (Hérit. Ayrault.) — LA COUR; — Attendu qu'il ne résulte aucunement des dispositions de l'art. 466 c. civ. que les experts ne puissent être indiqués par les parties; qu'il suffit qu'ils soient nommés d'office par le tribunal, et que c'est le tribunal seul qui leur confère le caractère dont ils sont revêtus; — Attendu que, d'après l'art. 838, les art. 819 et suiv. jusques et compris l'art. 857, régissent les partages des biens des biens des mineurs, et que l'art. 824 portant que l'estimation des immeubles est faite par experts nommés par les parties intéressées, ou, à leur refus, nommés d'office, il ne pouvait exister aucun doute sur la véritable acception de l'art. 466.

Du 19 août 1806.-C. de Poitiers.

qui prêteront serment comme il est dit en l'art. 956. — Les nominations et rapports d'experts seront faits suivant les formalités prescrites au titre des rapports d'experts. »

1713. L'individu nommé par des parties majeures devant le juge de paix pour procéder à l'amiable, en qualité d'expert, au partage d'une succession, peut, pour le règlement de ses vacations, suivre la marche tracée par l'art. 319 c. pr., et déposer son rapport au greffe du tribunal où l'instance en partage devait être poursuivie et se faire délivrer, par le président, un exécutoire du montant de la taxe. — En conséquence, les poursuites, par voie de commandement et de saisie-arrêt, faites en vertu de cet exécutoire par un notaire ainsi nommé expert, sont régulières et valables (Req. 17 avril 1838, aff. Barrère, V. Expert, n° 27).

1714. Dans l'espèce de cet arrêt on objectait que le dépôt du rapport, la taxe des vacations par le président du tribunal, et la délivrance de l'exécutoire par ce magistrat, ne doivent avoir lieu, aux termes de l'art. 319 c. pr., qu'autant que l'expertise a été ordonnée en justice; que si, au contraire, les experts n'ont reçu leur mission que de la volonté des parties, sans confirmation judiciaire, ils sont censés n'avoir agi qu'en vertu d'un mandat ordinaire qui leur donne bien le droit de se faire payer de leurs frais, déboursés et salaires, en intentant l'action née du mandat, mais non par voie de saisie-arrêt. — L'arrêt a eu soin de constater que l'expert avait été nommé par les parties en présence du juge de paix. On n'a point résolu, dans ses termes généraux, la question de savoir si des experts nommés à l'amiable, et non confirmés par un jugement, ont la qualité de simples mandataires. — L'art. 985 c. pr., par exception à l'art. 971 du même code, permet aux cohéritiers majeurs de s'abstenir des voies judiciaires pour procéder au partage des biens indivis entre eux. Il leur laisse la faculté de s'accorder à cet égard de telle manière qu'ils aviseront. De là sans doute il résulte que l'expert amiablement désigné n'est pas astreint à se conformer à toutes les règles spéciales aux expertises judiciaires; mais sa mission n'en conserve pas moins le caractère d'expertise, et par conséquent celui à qui elle a été confiée peut, ce semble, s'il le juge à propos, et si, d'ailleurs, les conventions des parties n'y mettent aucun obstacle, déposer son rapport au greffe du tribunal dans l'arrondissement duquel sont situés les biens à partager; requérir, pour ses vacations, la taxe du président de ce tribunal et s'en faire délivrer exécutoire, le tout en conformité de l'art. 319 c. proc.

1715. Jugé qu'un partage provoqué contre un mineur, et fait avec lui sous l'autorisation de son curateur, ne peut être annulé par le motif que le rapport des experts contenant l'estimation des biens n'a pas été entériné par jugement, ni soumis aux conclusions du ministère public (Req. 12 niv. an 9, aff. Maillier).

1716. La convention par laquelle les parties se sont engagées à ne pas attaquer le rapport des experts nommés par le tribunal n'enlève pas à cet acte son caractère de rapport; ainsi le tribunal est régulièrement saisi par la voie d'une demande en homologation des difficultés élevées sur l'exécution de ce rapport (Req. 21 fév. 1843, MM. Zangiacomi, pr., Pataille, rap., aff. Bédry et Expert *C.* Joulia).

1717. Des cohéritiers qui ont consenti à ce qu'il fût fait une masse des biens de deux successions, et conclu à l'homologation du rapport des experts qui avaient opéré d'après ce mode, sont non recevables à demander la nullité du partage fait d'après ce mode, et, par suite, la division des biens qui ont été confondus : il y a, dans ce cas, un contrat judiciaire, dont l'exécution doit être maintenue contre tous les cohéritiers qui l'ont formé (Req. 12 janv. 1836, aff. Laulanié, V. cet arrêt v° Contrat judiciaire, n° 16-2°, à la date du 20 fév. 1836).

1718. Une femme veuve obligée de rapporter certains biens à la succession de son mari, est censée renoncer à la faculté qui lui a été déférée par un jugement de reprendre lesdits biens en nature, en en payant le prix, si elle a autorisé les experts à opérer le partage d'après une consistance de biens qui comprenaient ceux à l'égard desquels le droit d'option lui avait été conféré (même arrêt du 21 fév. 1843, aff. Bédry).

1719. Dans le cas prévu n° 1707, la femme peut renoncer au droit d'attaquer le partage à faire par les experts, auxquels le tribunal a confié la mission de faire une simple opération divisoire d'après les bases posées par un précédent jugement; et, par conséquent, elle ne peut plus engager aucune question de dotalité (même arrêt).

1720. Lorsqu'un arrêt a ordonné l'estimation et le partage de la succession, sous réserve expresse du recours en cassation, les héritiers qui n'ont pas provoqué l'estimation et qui ont fait cette réserve, peuvent demander un autre partage (Cass. 26 août 1818, M. Desèze, pr., aff. Rochefort).

1721. Les jugements qui ont ordonné l'expertise et la division en plusieurs lots des immeubles d'une succession dont le partage a été demandé, sont *préparatoires* et *d'instruction*; ils ne peuvent être réputés avoir réglé définitivement la qualité des copartageants (Req. 13 janv. 1836, MM. Dunoyer, pr., Ruperou, rap., aff. Egret *C.* Mosnier). — Jugé : 1° que les jugements qui, sur une demande en licitation, ordonnent l'expertise et la vente de l'immeuble, ne peuvent être considérés comme des actes de partage définitif, surtout à l'égard des parties qui n'y ont pas été appelées, et spécialement à l'égard des créanciers hypothécaires dont le débiteur seul était en cause (Paris, 24 mars 1834, M. Dehérain, pr., aff. Royer); — 2° Que le jugement d'avant faire droit qui ordonne une expertise conformément aux conclusions des parties à l'effet de déclarer si des immeubles sont impartageables, ne cesse pas d'être simplement préparatoire, par cela que, sur la demande du défendeur, tendante à ce que les experts indiquent dans leur travail s'il ne sera pas possible de faire un partage par attribution, mode que le demandeur déclare ne pouvoir être adopté sans son agrément, ce jugement, sans se prononcer sur la légalité de ce dernier mode, a chargé néanmoins les experts de s'expliquer sur ce point (Cass. 27 fév. 1838, aff. veuve Chauvelin, V. Acquiescement, n° 751).

1722. De ce qu'une partie a poursuivi l'exécution d'un jugement préparatoire, qui ordonne une mesure réclamée par toutes les parties (une expertise à l'effet de décider si des immeubles sont partageables), et qui prescrit en outre, mais sans examiner la légalité, une mesure illégale (celle de savoir s'il n'y aurait pas lieu à un partage par attribution) demandée par son adversaire, mesure que, sans conclure, cette partie avait remarqué ne pouvoir être ordonnée sans son agrément, une telle partie ne peut être réputée avoir acquiescé à ce jugement (même arrêt).

§ 6. — *De la licitation.*

1723. — L'art. 827 c. nap. porte : « Si les *immeubles ne peuvent pas se partager commodément*, il doit être procédé à la vente par licitation devant le tribunal, » à moins que les parties, si elles sont toutes majeures, ne conviennent qu'elle soit faite devant un notaire. — Les lois romaines ordonnaient la licitation dans le même cas (C. *De comm. divid.*). — L'appréciation de la commodité ou *incommodité* du partage, est une appréciation de fait qui échappe à la censure de la cour suprême (Req. 11 nov. 1823, aff. Dubreuil, V. n° 1731). Il en est ainsi, par exemple, lorsque, sur un rapport d'experts, un jugement et un arrêt ont reconnu qu'un terrain indivis pouvait commodément se partager (Req. 9 mai 1827, aff. Barde, V. n° 1505-1°), ou lorsque la décision qui ordonne le partage a déclaré, en fait, que le partage était possible, et qu'il pouvait s'opérer, sans préjudice au libre exercice de l'industrie des parties, ou à l'usage ou à la jouissance des bâtiments : « Attendu, au fond, qu'il a été déclaré, en fait, par l'arrêt attaqué, que le partage était possible; qu'il pouvait s'opérer sans porter préjudice au libre exercice de l'industrie des parties ou à l'usage, ou à la jouissance des bâtiments objet du partage; rejette » (Req. 21 août 1832, MM. Zangiacomi, pr., Bernard, rap., aff. Haag *C.* Schneider).

1724. Mais à quels caractères reconnaît-on qu'un partage n'est pas commode? — La loi romaine subordonnait la licitation à la condition que le partage ne pût se faire *sine cujusquam injuriâ* (L. 1, C., *De comm. divid.*). On peut dire d'une manière générale, que la licitation doit être préférée, toutes les fois que le partage en nature entraînerait la *dépréciation* des parties de l'immeuble, ou en rendrait la *jouissance* notablement *onéreuse* ou *difficile* (Arg. Colmar, 23 août 1831, et sur pourvoi, Req. 21 août 1832, aff. Haag, n° 1723).

1725. Il ne suffirait pas, pour faire ordonner la licitation de deux immeubles de la succession, qu'il y eût nécessité d'établir une *servitude* sur l'un en faveur de l'autre; il est telle servitude que l'intérêt des héritiers rend préférable à la licitation. Deux maisons, par exemple, ont une même cour, une même entrée : on ne voit pas pourquoi, si le partage est d'ailleurs facile, la servitude, qui les grève réciproquement, y ferait seule obstacle. La loi romaine, *loc. cit.*, met pour condition à la licitation que le partage ne puisse se faire *sine cujusquam injuriâ*. « Il faudrait, dit M. Chabot, t. 3, p. 121, que la division dût opérer la dépréciation de chacune ou de plusieurs des parties divisées, ou en rendre la jouissance onéreuse et difficile » (Conf. MM. Bioche, v° Vente jud. d'imm., n° 124; Troplong, Vente, n° 861; Dutruc, n° 369).

1726. Une simple *inégalité* dans les lots ne rendrait pas non plus la licitation nécessaire, parce que l'inégalité se compense alors par une *soulte*.— Jugé aussi que, de ce qu'une maison ne peut être partagée commodément sans soulte, il ne suit pas qu'elle soit impartageable et qu'elle doive être licitée; — « Considérant que le jugement de première instance aurait dû se borner à faire expertiser si la maison était commodément partageable, fût-ce même au moyen d'un retour, infirme. » (Trib. d'appel de Lyon, 30 niv. an 12, aff. Dolora).

1727. Toutefois il ne faudrait pas que la soulte fût trop considérable, et qu'il fût ainsi difficile à l'héritier d'en réaliser le montant, comme si, par exemple, l'un des immeubles est d'une valeur de 35,000 fr., tandis que l'autre ne vaudrait que 17,000. En un tel cas, il y a lieu de déclarer le partage en nature impraticable (Bordeaux, 17 janv. 1831) (1). — Conf. MM. Chabot, art. 827, n° 2; Pigeau, t. 2, p. 683; Paignon, t. 2, n° 279; Chauveau, quest. 2505-11°; Bioche, v° Partage, n° 143, et Vente jud. d'im., n° 123; Dutruc, n° 370.

1728. La licitation ne doit pas être ordonnée à la demande d'une partie des héritiers, sur le seul motif qu'il en doit résulter un plus grand avantage pour tous, si la succession est composée d'immeubles susceptibles d'être partagés, et que plusieurs des héritiers demandent le partage en nature; — « Attendu que la possibilité et la facilité du partage en nature est démontrée par les rapports mêmes des experts et par la nature des biens à partager, infirme » (Trib. d'app. de Paris, 24 pluv. an 12, 1re sect., aff. Bourdon).

1729. Cependant si le partage d'une maison n'était possible qu'au moyen de certains ouvrages, tels que la construction d'un *mur*, l'établissement d'un *escalier*, etc., on devrait, comme dans l'ancienne jurisprudence, ordonner la licitation, à moins que la dépense à faire ne fût excessivement modique ou ne se trouvât compensée par un avantage certain pour toutes les parties; car le partage doit se faire sans perte pour les héritiers (Denisart, v° Licitation, n° 10; MM. Troplong, Vente, n° 863; Bioche, v° Vente jud. d'imm., n° 126; Dutruc, n° 375).

1730. Il n'y a pas lieu à licitation, dit l'art. 974 c. proc., si la *totalité* des immeubles peut se partager commodément, quoique, pris à part, chaque immeuble soit impartageable.

1731. D'abord, bien que les immeubles dépendant d'une succession soient reconnus partageables commodément entre les héritiers qui y consentent, cependant les tribunaux peuvent en ordonner d'office la vente par licitation, s'ils sont grevés en totalité d'une hypothèque indivisible et qu'ils soient de peu de valeur : « Attendu que les cours sont seules juges de l'appréciation de la commodité ou incommodité du partage qui est nécessairement une question de fait; qu'il y avait surtout dans l'espèce un motif de décision déterminant qui consistait dans l'existence d'une hypothèque indivisible dont était grevée la totalité d'immeubles de peu de valeur; rejette » (Req. 11 nov. 1823, MM. Henrion, pr., Dunoyer, rap., aff. Dubreuil *C.* Dumont).

1732. Ensuite, lorsque dans une succession se trouvent un domaine divisible et une maison qui ne l'est pas, si celle-ci peut, avec des terres du domaine, former un lot sans troubler l'égalité des parts, on ne doit point en ordonner la licitation (c. nap. 827; c. pr. 974; Nîmes, 15 fév. 1855) (2). — De même, dans le partage d'une succession, il ne suffit pas qu'un immeuble existe *seul* de sa nature, pour que la licitation doive en être ordonnée; il faut encore qu'il n'existe point d'autres immeubles même d'une nature différente qui puissent entrer dans la composition des autres lots (c. nap. 827 et 832, c. pr. 974). — Et, spécialement, il n'y a pas lieu d'ordonner la licitation d'une maison dépendant d'une succession, s'il est possible de la faire entrer dans l'un des lots, en composant les autres de terres et prés également compris dans cette succession, encore bien qu'on alléguerait que la maison forme une nature de propriété onéreuse, et que, par conséquent, le lot dans lequel elle entrera sera en réalité déprécié (Besançon, 2 juill. 1844, aff. Brenet, D. P. 45. 4. 386).

1733. Toutefois, il a été jugé : 1° que par ces mots : *si l'objet peut commodément se partager*, l'art. 824 c. nap. entend parler d'une division facile qui permette d'opérer les prélèvements et de former ensuite des lots *égaux* pour *chacun* des cohéritiers; qu'ainsi, dans le cas où un immeuble dépendant d'une succession échue à trois cohéritiers, à l'un pour moitié, et aux deux autres pour chacun un quart, est reconnu ne pouvoir être divisé qu'en deux lots seulement, les tribunaux ne peuvent, nonobstant la demande en licitation formée par les deux cohéritiers ayant droit à chacun un quart, ordonner le partage en deux lots, l'un pour ceux-ci, l'autre pour leur cohéritier; ils doivent ordonner la licitation (Cass. 10 mai 1826 (3). — Conf. Belost-Jolimont

(1) (Dupay *C.* Blacquière.)—La cour;—Attendu qu'il est démontré pour la cour que le partage en nature des biens composant les hérédités à partager, ne saurait avoir lieu qu'au moyen de soultes très-considérables pour le payement desquelles le copartageant auquel écherrait le lot en faveur duquel elle devrait avoir lieu, se trouverait exposé à exercer des poursuites également onéreuses pour lui et pour le copartageant auquel serait échu le lot grevé; que ce n'est pas là l'intention du législateur, qui veut, au contraire, que le partage puisse se faire commodément, c'est-à-dire, sans perte de valeur et sans préjudice notable pour les copartageants; qu'ainsi, les experts avaient, avec raison, pensé que les immeubles ne pouvaient se partager en nature, et qu'il y a lieu, quant à ce, de réformer le jugement dont est appel et à entériner leur rapport; — Émendant.

Du 17 janv. 1831.-C. de Bordeaux.-M. Roullet, pr.

(2) (Boyer *C.* Terras.) — La cour; — Attendu que celui qui est appelé au partage d'une succession a droit à la propriété des immeubles qui la composent, et qu'en principe général on ne peut, en les aliénant malgré lui, le forcer de recevoir en argent le prix de ce qu'il était autorisé à exiger en biens fonds; — Attendu, néanmoins, que la division des biens à partager étant parfois impossible ou du moins extrêmement difficile, la nécessité de faire cesser entre les copartageants une communion d'intérêts qui ne pourrait exister sans inconvénient, a porté les législateurs, soit anciens, soit modernes, à ordonner parfois que tous ou certains immeubles seraient licités; mais qu'ils n'ont autorisé cette licitation que dans le cas seulement où elle serait en quelque sorte indispensable; — Attendu que, de ce principe et de la combinaison des art. 827 c. civ. et 974 c. pr., on doit tirer la conséquence que, bien que dans une succession il se trouve un immeuble qui ne peut être partagé commodément, il ne peut être procédé à sa licitation, si, comme dans l'espèce, il s'en trouve d'autres qui, avec ce même immeuble, peuvent composer facilement des lots égaux; — Attendu qu'il résulte du rapport des experts, qu'on peut former deux lots des immeubles qui composent les successions dont il s'agit, savoir : l'un de la maison déclarée impartageable et d'une partie des terres du domaine, et l'autre du bâtiment et des autres terres de ce domaine; — Attendu que ce mode de partage, outre que c'est celui qui est le plus conforme à la loi, paraît être celui encore qui convient le mieux à l'intérêt et à la position particulière des parties; — Sans avoir égard à la demande en licitation formée par la veuve Boyer, ordonne qu'il sera formé deux lots égaux en valeur des immeubles des successions dont il s'agit, etc.

Du 15 fév. 1855.-C. de Nîmes, 3e ch.-M. Fajon, pr.

(3) (Les demoiselles Turquis *C.* leur frère.) — La cour (apr. dél. en ch. du cons.); — Vu l'art. 827 c. civ.; — Considérant que le législateur n'a pas voulu abandonner au pouvoir discrétionnaire des tribunaux la forme et le mode des partages entre cohéritiers.

Qu'en conséquence, au chap. 6 du liv. 3 c. civ., il a établi des règles générales auxquelles les magistrats doivent toujours se conformer; que c'est ainsi notamment qu'après avoir ordonné, dans l'art. 824, que l'estimation des immeubles sera faite par des experts convenus entre les parties, sinon nommés d'office, qui indiqueront dans leur procès-verbal, si l'objet estimé peut commodément se partager (ce qui doit s'entendre d'une division facile qui permette d'opérer les prélèvements, et de former ensuite des lots égaux pour chacun des cohéritiers), il dit, en termes impératifs (art. 827) : « Si les immeubles ne peuvent pas se partager commodément, il doit être procédé à la vente par licitation par devant le tribunal. »

sur Chabot, art. 827, obs. 1; Bioche, v° Vente jud. d'imm., n° 120; Dutruc, n° 875); — 2° Que lorsqu'un immeuble indivis entre quatre copartageants est partageable en deux lots, mais ne peut être divisé commodément en quatre lots, les tribunaux sont tenus, sur la demande d'une seule des parties, d'ordonner la licitation de cet immeuble (Rennes, 19 fév. 1835) (1).

1734. Lorsque les immeubles d'une succession sont à partager entre deux lignes, et que le partage en deux lots est possible, y a-t-il lieu cependant à licitation, par cela seul que la division du lot, qui écherrait à l'une des deux lignes, ne pourrait se faire entre les représentants de cette ligne? Un arrêt a ordonné dans ce cas la licitation (Bordeaux, 30 juill. 1838) (3).

1735. Mais il a été décidé en sens contraire par la même cour qu'il suffit, en matière de communauté, que le partage en deux parties égales puisse s'opérer entre l'époux survivant et les héritiers du défunt, pour qu'il n'y ait pas lieu d'ordonner la licitation, bien que la subdivision entre ces derniers ne puisse s'opérer ensuite (Bordeaux, 13 déc. 1838, aff. Rouyère, V. Contr. de mar., n° 2511) (1).—Nous préférons cette dernière interprétation, qui est approuvée en ces termes par l'auteur du recueil des arrêts de la cour de Bordeaux : « L'art. 831 dit qu'il est procédé à la composition d'autant de lots égaux qu'il y a d'héritiers copartageants, ou de *souches copartageantes*. — Ainsi, lorsqu'il y a des subdivisions à opérer, la loi ne considère pas le nombre plus ou moins grand d'héritiers qui viennent prendre part, mais seulement le nombre de souches. S'il était reconnu que la division en nature pût se faire en autant de lots qu'il y a de souches, quelque nombreux d'ailleurs que fussent les membres composant chaque souche, on ne devrait pas ordonner la licitation. Qu'importe que les héritiers de l'une des souches ne puissent effectuer entre eux le partage en nature des biens qui leur sont attribués? C'est un fait dont l'héritier qui représente seul une ligne ou une souche n'est point responsable. — L'égalité qui doit exister dans les partages ne sera pas blessée, puisque chaque ligne aura reçu une égale portion de biens. Si les héritiers de l'une des souches sont forcés de vendre, c'est le résultat de la difficulté de leur position. Pourquoi seraient-ils en droit d'entraîner l'héritier de l'autre souche dans une licitation que sa position ne commande pas? Ces situations sont indépendantes l'une de l'autre; les lots égaux une fois formés et délivrés à chacune des souches, les membres de l'une sont absolument étrangers à ceux de l'autre; leurs intérêts sont distincts et séparés » (Conf. MM. Chabot, art. 836, n° 3; MM. Belost-Jolimont sur Chabot, art. 827, obs. 1; Bioche, v° Vente jud. d'imm., n° 121; Dutruc, n° 372).

1736. L'impossibilité d'un partage par lots *tirés au sort* une fois reconnue, la licitation de l'immeuble indivis doit être ordonnée sans qu'il soit permis de substituer à cette voie légale celle d'un partage par attribution, auquel ne consentiraient pas toutes les parties; — .....Et ce *consentement* doit être *formel*, personne n'étant facilement présumé renoncer à son droit (Cass. 27 fév. 1838; aff. Chauvelin, V. Acquiescement, n° 731).

1737. Dans les cas où la licitation est reconnue nécessaire, elle peut être *provoquée* par tout copartageant, sans égard au peu d'importance de son *intérêt*, eût-il la portion la plus minime dans l'héritage; elle peut l'être aussi par le simple *légataire* d'une quotité d'usufruit (Conf. MM. Troplong, Vente, n° 864; Dutruc, n° 376);— Jugé que lorsqu'un cohéritier qui, à raison des dettes qu'il a acquittées pour la succession, aurait eu droit de demander une plus grande part en nature, a laissé ordonner sans réclamation une expertise, fondée sur ce que les biens étaient impartageables eu égard au nombre des héritiers, il peut être déclaré non recevable à réclamer ultérieurement une autre division selon ses droits, et à s'opposer à la licitation, surtout si les sommes qu'il a payées sont susceptibles d'être compensées jusqu'à due concurrence, avec d'autres dont il est débiteur (Grenoble, 30 août 1830; M. Bertrand d'Aubagne, f. f. de pr.; aff. hérit. Bossan).

1738. La vente par licitation est faite « soit devant un *membre du tribunal*, soit devant un *notaire* » (c. pr. 970). Cette disposition ne contredit point les art. 827 et 839, qui veulent qu'il soit procédé au partage *devant le tribunal ou en justice*. Le notaire ici reçoit sa mission du tribunal; l'acte de partage auquel il a présidé est censé, par conséquent, fait en justice. Il en est ainsi, lors même que tous les héritiers ne sont pas majeurs (arg. c. nap. 459, 460; c. pr. 954, 970; MM. Merlin, v° Licitat., § 2; Chabot, art. 827, n° 7, et 839, n° 2; Carré, quest. 3191; Dutruc, n° 361).

1739. Quant aux *formalités* de la vente par licitation, on doit suivre celles prescrites pour la vente des immeubles appartenant à des mineurs (c. nap. 839, c. pr. 872).—V. Vente jud. d'imm.

Considérant que cette obligation a été renouvelée et confirmée par l'art. 974 c. pr., qui y a seulement fait une exception pour le cas où il résulte du rapprochement de diverses expertises, qu'encore bien que chaque immeuble, en particulier, soit impartageable, néanmoins, la totalité des immeubles peut se partager commodément; — Que cette exception unique et si naturelle qu'il semble qu'elle n'aurait pas eu besoin d'être créée par la loi, démontre clairement que, dans tous les autres cas, lorsqu'il est (comme dans l'espèce de la cause) demeuré constant que les immeubles ne peuvent pas se partager commodément, les magistrats doivent ordonner qu'il sera procédé à la vente par licitation; précepte qu'il leur est d'autant moins permis d'enfreindre, que l'inexécution de l'art. 827 entraîne nécessairement la violation des art. 826, 828, 830, 831, 832 et 834 c. civ., dans lesquels est tracé le mode à suivre pour assurer, autant que possible, entre les cohéritiers, l'égalité qui est de l'essence des partages; — Qu'il suit de là qu'en refusant aux cohéritiers du sieur Turquis la faculté de faire vendre, par licitation, le domaine impartageable de Saussac; en se mettant, par ce refus, dans l'impossibilité de faire quatre lots égaux, de les composer de biens de même nature, de faire tirer au sort par chaque cohéritier, dans les quatre lots celui qui aurait dû être fait particulièrement pour chacun d'eux; en opérant, en un mot, de manière qu'il y aurait partage effectué, relativement au sieur Turquis, qui obtiendrait la moitié du domaine pour le remplir de ses deux lots, et nécessité de vendre, par licitation, l'autre moitié du domaine, pour donner à chacun de ses cohéritiers un lot qui ne serait composé que de deniers provenant de la vente, la cour royale a violé expressément l'art. 827 c. civ., et, par suite de cette contravention, les art. 826, 828, 830, 831, 832 et 834 du même code; — Casse.

Du 10 mai 1826.-C. C., ch. civ.-MM. Brisson, pr.-Poriquet, rap.-Vatimesnil, av. gén., c. conf.-Scribe et Jousselin, av.

(1) (Rialan C. Thubé.) — LA COUR; — Considérant, en droit, qu'il résulte des dispositions textuelles du chap. 6, tit. 1er, liv. 3, c. civ., qui fixe les règles et le mode de partage des biens indivis, entre héritiers ou copropriétaires, et notamment du rapprochement des art. 826, 827, 831 et suiv., que, lorsqu'un immeuble indivis entre plusieurs copropriétaires ne peut commodément se partager en autant de lots qu'il y a de copropriétaires ayant un intérêt distinct, il devient indispensable d'ordonner la licitation, si elle est réclamée, la loi ne laissant à ce sujet aucun pouvoir discrétionnaire aux tribunaux; — Considérant que l'expertise du 8 juill. 1833 donne pour apurement que les immeubles dont il s'agit pourraient se diviser commodément en deux lots, mais qu'il serait contraire aux intérêts de toutes les parties de les diviser en quatre lots; — Qu'il y a lieu de réformer la décision des premiers juges, qui a autorisé, contre le gré des appelants, le partage en deux lots des biens dont il s'agit; — Emendant.

Du 19 fév. 1835.-C. de Rennes, 2e ch.-M. Denis Dupourzou, pr.

(2) (Veuve Romat C. Bernardeau.)— LA COUR; — Attendu, au fond, que la succession *ab intestat* de Migaut-Lamothe, acceptée seulement sous bénéfice d'inventaire, comprend trois immeubles, deux maisons situées à Bordeaux, et un domaine situé dans la commune de Pauillac; — Qu'elle a été dévolue, pour une moitié, à Marie Mondon, veuve Romat, seule héritière dans la ligne maternelle du défunt, et que l'autre moitié, dévolue à la ligne paternelle, se subdivise entre les quatre héritiers qui représentent cette ligne; — Attendu que la demande en partage a été introduite par Françoise Bernardeau, épouse Clauzure (l'un des quatre héritiers appelés à recueillir cette seconde moitié), tant contre la veuve Romat que contre les autres parties; — Attendu que l'art. 827 c. civ. dispose que, si les immeubles ne peuvent pas se partager commodément, il doit être procédé à la vente par licitation; — Qu'en admettant que le partage en deux lots des immeubles dont il s'agit fût rigoureusement possible, en compensant par une soulte l'inégalité de l'un des lots, il est évident qu'un tel partage serait préjudiciable aux héritiers de la branche paternelle, puisque le lot qui leur serait attribué ne se trouvant pas susceptible d'une division matérielle en quatre parts, il deviendrait nécessaire d'en faire ultérieurement ordonner la licitation, dont ils supporteraient seuls tous les frais; — Qu'il en résulterait, contrairement au vœu exprimé par l'art. 882 du code précité, que la veuve Romat seule serait apportionnée en immeubles, tandis que ses cohéritiers ne recevraient qu'une somme d'argent;—Qu'un tel résultat ne pourrait se concilier avec l'égalité qui doit régner dans les partages, et qui est de leur essence.

Du 30 juill. 1838 -C. de Bordeaux, 1re ch.-M. Gerbeaud, pr.

1740. Après l'adjudication sur licitation entre héritiers majeurs, ou même lorsque l'adjudication n'est encore qu'annoncée, la demande du partage en nature est tardive et non recevable de la part de l'un des héritiers, qui a été appelé légalement à la licitation et qui ne prétend pas qu'elle a été faite à vil prix et en fraude de ses droits (Douai, 22 janv. 1838) (1).

§ 7. — *Du renvoi et de la procédure devant notaire.*

1741. D'après les art. 828 c. nap., 976 et 978 c. pr., «on procède devant un *notaire* commis aux compte, rapport, formation de masse, prélèvement, composition de lots et fournissements.» Le notaire est *nommé* par les *parties* ou par le *tribunal*, si elles ne s'accordent pas sur le choix. On évite ainsi les frais et les embarras d'une discussion judiciaire.

Lors de la discussion du code de procédure, une lutte s'éleva à cet égard entre les *avoués* et les *notaires*. Les avoués objectaient que les opérations du partage judiciaire étaient comme toutes les affaires contentieuses, dans les attributions des tribunaux (arg. c. nap. 466 et 838); et que les notaires n'avaient qualité que pour les actes spontanés ou convenus entre les parties. — Les notaires invoquaient, outre le texte formel de l'art. 828 c. nap., l'intérêt des familles, dont ils possédaient les titres et connaissaient les affaires, et auxquelles la nature même de leur ministère, offrait plus de chances d'une utile *conciliation*. — En se prononçant pour les notaires, les auteurs du code de procédure ont considéré que les partages se compliquent souvent d'opérations de calculs et de combinaison; que les juges doivent décider les questions contentieuses, mais abandonner l'application de leur décision à ceux que la loi charge de les exécuter; que les notaires, par la nature même de leurs fonctions, sont mieux préparés à ces travaux qui détourneraient les juges de leurs occupations essentielles, ou dont ils voudraient se décharger sur les greffiers, avoués, etc. (Séance du cons. d'ét. du 22 févr. 1806; Exposé des motifs et rapport au corps législatif).

1742. Le renvoi devant notaire est-il obligatoire? Il était facultatif dans la pratique de l'ancien droit, Ferrière, *Dict. de droit*, v° Partage, p. 290; et l'on peut dire à l'appui de cette opinion, que pour bien des successions, l'intervention du notaire sera inutile, et que même quelquefois l'actif suffira à peine pour payer le coût du compte. Cependant le code Napoléon et le code de procédure ont des textes si formels, qu'il est admis aujourd'hui, que le juge ne peut se dispenser de renvoyer devant notaire, pour les comptes et liquidations des partages judiciaires; — «Attendu qu'il résulte de la combinaison des art. 466 et 838 c. nap. et 975 à 981 c. pr. civ., que le renvoi devant notaire, pour être procédé aux opérations du partage, est obligé et non facultatif, — D'où il suit que c'est avec raison que l'arrêt attaqué a ordonné ce renvoi avant de statuer sur les bases du partage et de la liquidation;» Rejette (Req., 19 juill. 1838; MM. Zangiacomi, pr.; Bernard, rap., aff. Becq. *C.* Becq). V. aussi les arrêts ci-après (Conf. Delvincourt, t. 2, p. 352, note 10; Chabot, t. 3, p. 129; Favard, v° Partage, sect. 1°, n° 6; Pigeau, t. 2, p. 750; Carré, Quest. n° 3199; Berriat-St-Prix, p. 711; MM. Rolland de Villargues, v° Partage, n° 132; Malpel, n° 257; Bioche, v° Partage, n°s 111, 148, 149; Paignon, Vente jud. t. 2, p. 112; Vazeille, art. 828, n° 1; Dutruc, n° 356). On a jugé ainsi, même avant la publication du code de procédure, et par application seulement de l'art 828 c. nap. (Nîmes, 4 fév. 1806, aff. Boissin *C.* Boissin). — Néanmoins, le code de procédure, par les art. 975 et 980, s'étant exprimé d'une manière plus impérative que l'art. 828 c. nap., il a été jugé que, sous le code Napoléon, mais avant le code de procédure, le renvoi devant notaire n'était que facultatif, et que par exemple, un arrêt portant que les parties sont renvoyées devant un expert pour opérations de partage, ne peut être cassé, sous le prétexte qu'il aurait dû renvoyer devant un notaire (Req., 26 avril 1808, aff. Savouroux; V. Adoption, n° 68).

1743. Dans le partage d'une succession intéressant des mineurs, il y a lieu à renvoi devant notaire, pour les comptes et liquidation, bien qu'il ait été procédé déjà par un expert à l'estimation des biens. Cette estimation ne suffit pas pour dispenser le tribunal de renvoyer devant notaire (Bordeaux, 5 juill. 1834) (2).

1744. La liquidation et le partage d'une succession ne sont pas non plus dans les attributions du juge-commissaire, mais dans celles d'un notaire commis. Et spécialement, dans un partage qui intéresse des mineurs ou interdits, ou des absents, le tribunal ne peut, scindant les opérations de la formation et du tirage des lots, renvoyer devant un notaire pour une partie des biens, les meubles par exemple, et devant un juge-commissaire pour l'autre partie, ou les immeubles (Paris, 1re ch., 17 août 1810, aff. Notramy). —Jugé toutefois que s'il n'existe aucune contestation entre les copartageants d'une succession, le juge-commissaire désigné par le tribunal a droit, même dans le cas prévu par l'art. 976 c. pr. civ., et bien qu'il y ait des mineurs intéressés au partage, de ne pas renvoyer les parties devant un notaire pour procéder aux compte et liquidation de ce partage, et de fixer lui-même ce qui revient à chacune d'elles dans la succession. Dans un tel cas, l'adjudicataire sur licitation d'un immeuble de cette succession ne peut, sous le prétexte que le partage ainsi opéré est nul, refuser de payer son prix aux héritiers, suivant la part qui leur a été attribuée dans la liquidation (Bordeaux, 5 mars 1836) (3).

(1) (Ghisbrens C. héritiers Tierce.) LA COUR; — Attendu que les biens provenant de la succession de la veuve Tierce ne pouvaient donner lieu à un partage en nature; — Que la licitation provoquée par les héritiers Tierce, tous majeurs, et à laquelle Ghisbrens avait été appelé, excluait toute idée de fraude; — Que celui-ci pouvait y assister pour soutenir ses droits; qu'il a cependant laissé consommer l'adjudication sans la critiquer, et qu'aujourd'hui même il ne prétend pas qu'elle ait été faite en fraude de ses droits, c'est-à-dire pour une somme inférieure à la valeur des biens; — Qu'en vain il argumente de l'art. 1166 c. civ. et de l'action en partage par lui formée contre les héritiers Tierce, lorsque déjà l'adjudication des biens était annoncée; — Que, dans ce cas, la préférence est accordée au plus diligent, et qu'ici des actes ayant date certaine établissent la préférence en faveur des héritiers Tierce; — Qu'il suit de là que l'appelant ne pouvait plus s'opposer à la licitation, et que son action en partage ainsi formée tardivement était non recevable;

Du 22 janv. 1838.-C. de Douai, ch. civ.-M. Delaëtre, pr.

(2) (Dumora C. Gonthard.) — LA COUR; — Attendu que le partage de la succession de Pierre Taffard de Tarnade, poursuivi judiciairement, à la requête des mariés Gonthard, contre Dumora, en sa qualité de tuteur de ses enfants mineurs, présentait deux opérations distinctes par leur nature, et que le tribunal de première instance a confondues, savoir: celle de l'estimation des biens, qui rentre exclusivement dans les attributions des experts, et celle relative à la liquidation des comptes que les copartageants peuvent se devoir, des reprises qu'ils peuvent avoir à exercer: seconde opération qui forme le complément du partage; — Que, d'après cette distinction, les premiers juges auraient dû, dans l'état où la cause leur était soumise, se borner à l'entérinement du rapport des experts, et renvoyer les parties devant le juge-commissaire pour convenir d'un notaire, à l'effet de liquider leurs droits respectifs, conformément aux art. 828 c. civ., et 976 c. proc.; qu'il est impossible, jusqu'à la liquidation, de décider si la somme de 15,000 fr., prix d'estimation de la maison sur laquelle porte le préciput légué à Clarisse Taffard, mère des mineurs Dumora, excède ou non la portion disponible, puisqu'on ignore si la succession de Pierre Taffard de Tarnade aura des reprises à exercer sur les biens dépendants de la société d'acquêts, et quelle en sera la quotité; — Émendant.

Du 5 juill. 1834.-C. d'appel de Bordeaux.

(3) (Rodier C. Beysselance.) — LA COUR; — Considérant que Rodier, sommé de payer le prix de son adjudication dans les mains de Beysselance et des époux Delmas, incontestablement recevable à soutenir que sa libération ne serait pas valable; qu'il puise son droit dans l'intérêt par lui allégué de ne pas payer, conformément à la liquidation dont se prévalent Beysselance et les époux Delmas; qu'il faut donc examiner au fond si cet intérêt dont excipe Rodier est réel; si les craintes qu'il manifeste sont fondées, et, avant tout, s'il peut se plaindre qu'on ait violé les principes dans le partage qui a été fait de différentes successions auxquelles les intimés étaient appelés à prendre part; — Considérant, sur cette prétendue violation des règles dont excipe Rodier, qu'elle n'existe pas en réalité, et qu'existât-elle, Rodier n'en saurait jamais devenir la victime; qu'en effet, bien qu'il y eût des mineurs intéressés au partage, le juge-commissaire délégué par le tribunal a eu le droit, alors qu'aucune contestation n'existait entre les parties, de ne pas les renvoyer devant un notaire et de fixer lui-même ce qui revenait à chacune d'elles dans les successions; qu'un pareil partage, dans les circonstances où il est intervenu, ne peut être regardé comme purement provisionnel; — Considérant, d'ailleurs, que la liquidation du juge-commissaire a été homologuée par un jugement qui a acquis l'autorité de la chose jugée, qu'un seul moyen, celui de la requête civile, pourrait être tenté par les

1745. De ce que le renvoi devant notaire est obligatoire, il suit que si le notaire commis vient à déclarer qu'il ne peut en établir les bases, parce que les titres sont insuffisants ou incomplets, il n'y a pas lieu par le tribunal de statuer sans autre préalable sur les bases du partage. Il doit remplacer alors le notaire, et il ne viole pas par là l'autorité de la chose jugée par le jugement qui l'avait commis : « Attendu qu'en cas d'empêchement du notaire commis, le juge a le droit de désigner un autre notaire, et que l'arrêt attaqué, bien loin d'avoir violé l'autorité de la chose jugée, l'a au contraire respectée, puisqu'il a renvoyé les parties devant un notaire comme l'avait souverainement décidé le jugement du 8 juin 1833, et qu'il s'est borné à désigner un notaire différent sur la déclaration du premier de ne pouvoir remplir sa mission; rejette » (Req. 19 juill. 1838; MM. Zangiacomi, pr.; Bernard, rap.; aff. Becq *C.* Becq).

1746. La partie qui a conclu à ce que le tribunal fît la liquidation de ses droits n'est point recevable à se plaindre de ce que le tribunal s'est occupé de cet objet : « Attendu que, s'il est vrai que, pour les comptes en matière de succession, le renvoi à un notaire soit obligé, et non facultatif, il n'en peut être ainsi dans l'espèce, où Perrot a conclu formellement à ce que les juges liquidassent la créance par lui prétendue » (Bordeaux, 1er juill. 1841, 2e ch.; M. Poumeyrol, pr.; aff. Perrot *C.* Hériau). — Jugé aussi que les tribunaux peuvent toujours, avant comme après le rapport du notaire, prononcer sur les difficultés qui leur sont soumises par les conclusions des parties, à mesure qu'elles se présentent, alors même que l'objet de ces conclusions rentrerait dans les opérations du partage confiées au notaire : « La cour; attendu que, même en admettant comme strict et rigoureux le sens des art. 828 c. civ. et 976 c. pr., les tribunaux peuvent toujours prononcer, avant comme après le rapport du notaire, sur les difficultés qui leur sont soumises par les conclusions des parties, à mesure qu'elles se présentent;... rejette » (Req. 25 juill. 1838; MM. Zangiacomi, pr.; Mestadier, rap.; aff. de Vendomois *C.* d'Icard de Poutaud). M. Dutruc, no 356, critique cette décision comme inconciliable avec la jurisprudence de la même cour qui admet le renvoi forcé devant notaire.

1747. Le renvoi devant un notaire serait inutile, si les difficultés à juger étaient survenues après le partage (Conf. MM. Dutruc, *loc. cit.*; Bioche, vo Partage, no 151).—Par exemple, il a été décidé que si des jugements et transactions étant intervenus entre cohéritiers pour un partage, la liquidation du compte des sommes respectivement réclamées nécessite un recours devant les tribunaux, les juges peuvent statuer sans renvoi préalable devant experts ou devant notaire, bien qu'il se trouve des mineurs en cause : « Attendu que, d'après les jugements et transactions intervenus entre les parties, il ne s'agissait plus, comme l'a reconnu l'arrêt attaqué (de Montpellier), que de procéder à la liquidation du compte des sommes que les parties réclamaient, l'une envers l'autre, par suite et exécution des partages déjà opérés, et que, pour statuer sur ce compte dont tous les éléments étaient sous les yeux des juges de la cour royale, cette cour n'a eu besoin de renvoyer ni devant des experts, ni devant un notaire; rejette » (Req. 21 août 1834; MM. Zangiacomi, pr.; Joubert, rap.; aff. Sahuquet *C.* veuve Garrigues).

1748. Lorsqu'après avoir établi les principes et les bases d'un partage entre cohéritiers, un jugement a renvoyé les parties, pour continuer les opérations du partage devant un notaire, s'il arrive que, sur l'appel, il soit pris, par l'un des cohéritiers, des conclusions subsidiaires tendantes à être dispensé de rapporter certains immeubles en nature et à les imputer sur la quotité disponible dont il est légataire, le juge d'appel a pu, adoptant le dispositif relatif au renvoi des parties devant notaire, se dispenser de statuer sur les conclusions subsidiaires, sans qu'il résulte de cette décision, par laquelle les moyens des parties sont réservés, une violation des règles du rapport (Req. 19 déc. 1832; MM. Zangiacomi, pr.; Lasagni, rap.; aff. Fabères *C.* Blandin).

1749. A quel moment du partage doit avoir lieu le renvoi devant notaire? D'après l'art. 828, c'est après que les meubles ou immeubles ont été estimés ou vendus, que le renvoi est prononcé par le juge-commissaire. D'après l'art. 969 c. pr., modifié par la loi du 2 juin 1841, le notaire peut être nommé par le tribunal dans le même jugement qui commet un juge et qui ordonne l'expertise. Dans le cas prévu par l'art. 978 c. pr., le notaire a fait son travail, avant que l'expert ait été nommé par le juge-commissaire.— Jugé avant la loi du 2 juin 1841 : 1o Qu'en cas de contestation sur le mode de partage, le tribunal doit, s'il y a lieu, nommer d'abord un juge-commissaire. Il ne peut nommer d'abord un notaire pour faire procéder à l'évaluation des biens : « Attendu que le premier juge, en nommant d'abord un notaire, sans avoir statué, conformément aux art. 823 c. civ. et 969 c. pr., a non-seulement prématurément jugé, mais a donné à ce notaire des pouvoirs que la loi ne lui permettait pas de déléguer; d'où suit que ce jugement s'écartant de la ligne d'instruction tracée par les lois, sort de la classe des jugements préparatoires et devient appelable; émendant, etc.» (Bruxelles, 4 déc. 1816, aff. hérit. Schepens). — 2o Qu'il n'y a obligation de renvoyer les parties devant un notaire que lorsque le tribunal a fixé les bases du partage, et que les biens ont été estimés par des experts : « Attendu, en droit, que ce n'est qu'après que les bases du partage ont été fixées par les juges, et que l'estimation des biens a été faite par les experts, que les parties doivent être renvoyées par-devant notaire pour les opérations ultérieurement nécessaires à la confection complète du partage (art. 828 c. civ., 976 c. pr.); et, attendu que c'est ainsi que l'a jugé l'arrêt attaqué de la cour de Montpellier, même d'après les conclusions formelles de toutes les parties; rejette » (Req. 23 avr. 1839; MM. Zangiacomi, pr.; Lasagni, rap.; aff. Bataillé *C.* Dutil).

1750. Quelle est la procédure à suivre devant le notaire? —Aux termes de l'art. 976 c. pr. le poursuivant fera *sommer* les copartageants de comparaître au jour indiqué devant le notaire commis, à l'effet de procéder aux compte, rapport, etc.

1751. La sommation est valablement donnée par acte d'avoué à avoué (Conf. M. Bioche, vo Partage, no 171). — En conséquence, il n'y a pas lieu de refuser l'homologation du procès-verbal, par le motif que des parties n'auraient point été sommées de comparaître par exploit à personne ou domicile (Toulouse, 20 mars 1840) (1).

1752. Au cas où des contestations s'élèvent pendant les

---

mineurs; mais qu'indépendamment des obstacles que trouveraient les demandeurs dans une saine interprétation de l'art. 480 c. pr. civ., il serait encore évident que ceux qui auraient provoqué par leurs conclusions le jugement dont est appel et le présent arrêt, ne pourraient pas poursuivre Rodier en payement des sommes qu'il leur aurait comptées pour obéir à justice; qu'ainsi, même en se prêtant à toutes les suppositions que Rodier a jugé convenable de faire, on demeure convaincu que la crainte qu'il exprime de payer deux fois n'a pas le moindre fondement;

Considérant que l'art. 8 du cahier des charges porte, en termes exprès, que l'adjudicataire payera le prix de son adjudication aux colicitants, après que la liquidation et répartition auront été faites entre eux devant le tribunal de première instance de Bergerac, ou devant l'un de MM. les juges qui aura été à ces fins commis, à moins qu'il ne préfère consigner ledit prix dans la caisse du receveur des dépôts et consignations, ce qui lui sera facultatif après le délai de quatre mois; que Rodier cherche vainement à se soustraire aux obligations qui lui furent imposées par l'article qu'on vient de rappeler; que la liquidation et répartition dont parle cet article ayant été faites de la manière convenue, il ne peut se refuser à payer le prix d'un immeuble dont il jouit; que vainement il a offert devant la cour de consigner les 5,100 fr., prix de la maison licitée; que, d'abord, cette offre de consignation est tardive, et, en second lieu, qu'elle n'est faite qu'à des conditions que Rodier n'a pas le droit d'imposer aux intimés; qu'il résulte de tout ce qui précède que Rodier se libérera valablement, et qu'il est juste de le contraindre à se libérer...; — Confirme, etc.

Du 5 mars 1856.-C. de Bordeaux.-M. Dégranges, pr.

(1) (Michel *C.* Dumail.) — La cour; — En ce qui touche le jugement du 14 août 1838; — Attendu qu'il est attaqué dans sa base par la demande en annulation du rapport du notaire qu'il a entériné; — Que cette nullité étant fondée sur ce que les époux Michel n'ont pas été sommés en personne ou à domicile de comparaître devant le notaire, il y a lieu d'examiner si cette sommation a été régulièrement faite à leur avoué; — Attendu que celui-ci est le représentant de sa partie, non-seulement pour la remplacer dans tous les actes de la procédure où son ministère est obligé, mais encore pour recevoir les notifications : aussi lorsque le législateur a voulu que des actes ou des sommations fussent faites à la partie, il s'en est expliqué; — Qu'on en voit un exemple dans le cas où

opérations qui lui sont confiées, le notaire dresse *procès-verbal* des difficultés et des dires respectifs des parties (c. nap. 837). Ce procès-verbal « doit être fait par acte séparé et remis au greffe où il sera retenu. » (C. pr. 977). — Ce dépôt au greffe est exigé pour que les magistrats en puissent prendre connaissance; car il ne doit pas en être délivré d'expédition. L'art. 983 c. pr. dit bien que le greffier ou le notaire seront tenus de délivrer tels *extraits*, que les parties requerront; mais ces extraits, obtenus dans l'intérêt particulier du requérant et à ses frais, sont distincts d'une expédition qui serait prise dans l'intérêt de tous, et rentrerait dans les frais généraux du partage (Conf. M. Dutruc, nº 462). — Jugé que le procès-verbal dont il s'agit, ne doit être ni levé ni signifié; que la minute déposée au greffe suffit pour permettre au juge-commissaire de faire son rapport, et au tribunal de statuer en connaissance de cause; et qu'on ne doit pas pour la même raison reproduire dans des requêtes ou des conclusions motivées les contestations consignées sur ce procès-verbal (Orléans, 28 mars 1845, aff. Rousseau, D. P. 45. 4. 585).

1753. D'après l'art. 977 c. pr., « le notaire commis procédera seul et sans l'assistance d'un *second notaire* ou de *témoins*. » En effet, le notaire alors est le délégué de la justice; et il n'a point mission, comme dans les cas ordinaires, de constater l'accord des parties. Leur présence, d'ailleurs, pourrait être un obstacle au recueillement qu'exige son travail. — Jugé que le travail de la liquidation peut être fait par le notaire seul, sans le concours des parties : l'action de procéder devant le notaire consiste uniquement pour les parties dans la production des pièces et documents nécessaires pour établir la liquidation, sauf à critiquer ensuite l'acte de liquidation, si elles le jugent convenable, sur le procès-verbal ouvert à cet effet devant le notaire. Dès lors un notaire a pu refuser d'insérer dans le procès-verbal de la liquidation le plan dressé pour base de l'opération par l'un des successibles, lorsque d'ailleurs, il a offert de porter ce plan, sur le procès-verbal séparé, prescrit par l'art. 977 c. pr., pour les difficultés et dires des parties (Amiens, 21 déc. 1850) (1). — A l'appui de l'interprétation consacrée par cet arrêt, les appelants produisaient une consultation de MM. Dupin aîné et Delacroix-Frainville.

1754. Si la présence des parties n'est pas nécessaire pour les opérations du notaire, il en est ainsi à plus forte raison de l'assistance des *avoués*. Aussi l'art. 977 c. pr. laisse à la charge des parties qui se sont fait assister les honoraires du conseil, et ne les fait point entrer dans les frais de partage. Il a donc été jugé avec raison que si, pendant l'instance, l'avoué de l'une des parties a cessé ses fonctions, le notaire a pu valablement continuer ses opérations, sans qu'il fût nécessaire d'assigner la partie en constitution de nouvel avoué (Riom, 14 janv. 1842, aff. Capelle, V. nº 1825).

1755. Il a été jugé aussi que le mandat de procéder aux opérations d'un partage, donné à un notaire désigné par le tribunal sur le choix de tous les héritiers, ne peut être révoqué que par le tribunal ou par la réunion des héritiers. — Qu'en conséquence, les adjudications faites devant ce notaire ne peuvent être annulées par le motif que quelques-uns des héritiers auraient protesté, en se retirant, contre la continuation des opérations. — ....Et qu'il en est ainsi, alors même que, parmi ces héritiers, se serait trouvé l'héritier qui demandait le partage et poursuivait les ventes sur licitation (Req. 30 avr. 1855, aff. Legendre, D. P. 55. 1. 164).

1756. Aux termes de l'art. 980 c. pr., « lorsque les lots ont été fixés, et que les contestations sur leur formation, s'il y en a eu, ont été jugées, le poursuivant fait *sommer* les copartageants à l'effet de se trouver, à jour indiqué, en l'étude du notaire, pour assister à la *clôture* de son procès-verbal, en entendre lecture, et le signer avec lui, s'ils le peuvent et le veulent. » — Si les parties ne se présentent pas ou refusent de signer le procès-verbal, il est passé outre; et le notaire doit seulement constater le défaut de comparution, avec le refus de signer ou les causes de ce refus (Conf. Carré, Quest. nº 3207; Chauveau, Quest. 2507 quater; Bioche, vº Partage, nº 171; Dutruc, nº 459). — Jugé aussi que quand l'une des parties refuse après sommation de comparaître, le notaire ne doit pas se borner à dresser acte des dires et prétentions des autres parties; il doit donner défaut contre la partie non comparante, et procéder régulièrement comme si elle était présente (Nancy, 14 mars 1835, 1re ch.; M. de Metz, pr.; aff. Balland C. Balland; —Extrait de M. Garnier, jurispr. de Nancy, vº Notaire, nº 8).

1757. D'après l'art. 981 c. pr., « le notaire *remet l'expédition* du procès-verbal de partage à la partie la plus diligente pour en poursuivre l'homologation par le tribunal. » Le procès-verbal dont parle cet article est distinct de l'acte séparé qui renferme les dires et contestations des parties, et dont il ne doit point être délivré d'expédition, comme on l'a vu *suprà*, nº 1752 (Carré, quest. 3209).

1758. Est-il nécessaire que l'expédition du procès-verbal de partage soit déposée au greffe? Oui, selon MM. Chauveau et Carré, t. 5, p. 957; Thominé, t. 2, p. 625; qui invoquent l'art. 983 c. pr., d'après lequel, « soit le greffier, soit le notaire, seront tenus de délivrer tels extraits, en tout ou en partie, du procès-verbal de partage, que les parties intéressées requerront? » Mais on a répondu avec raison que cette disposition embrassait sous la même dénomination d'acte de partage, les deux procès-verbaux que nous distinguions tout à l'heure. L'art. 983 doit s'entendre en ce sens, que le notaire et le greffier pourront délivrer des extraits, l'un du procès-verbal de partage, l'autre de l'acte contenant les dires des parties. Le dépôt de ce dernier acte au greffe n'a paru nécessaire que parce qu'il ne doit pas en être délivré d'expédition, à la différence du procès-verbal de partage. Ne suffit-il pas d'ailleurs, pour l'intérêt des parties, qu'elles aient la faculté de se faire délivrer par le notaire tels extraits de ce procès-verbal qu'elles désirent (Conf. MM. Boucher-d'Argis, nº 14;

elle doit être sommée d'assister aux opérations des experts; mais que, dans le silence de la loi, il faut tenir que les significations faites, pour les actes relatifs à l'instance engagée au domicile de l'avoué suffisent, vu que la partie, avertie par la notification faite à son représentant, pourra comparaître en personne; — Que, dans tous les cas, elle y sera représentée par son avoué, dont l'assistance est prévue par la loi, qui veut seulement qu'elle ne devienne pas une occasion de dépense pour la partie adverse; — Que l'art. 92 du tarif alloue, en effet, à l'avoué, sa vacation soit devant le juge-commissaire, soit devant le notaire, indiquant, par cette assimilation de ce qui se fait devant le membre du tribunal ou l'officier public commis, que la procédure qui précède la comparution doit être la même dans les deux cas; — Que nul argument contraire ne peut résulter du paragraphe suivant de l'art. 92, qui se borne à mettre à la charge de la partie la vacation de son avoué sans répétition; — Que cette assimilation est également faite dans l'art. 70 du tarif, qui énonce en outre que l'acte de sommation de se trouver devant le notaire doit être fait aux avoués des copartageants; — Que l'art. 29 du même tarif, fait seulement pour le cas où la partie n'a point constitué d'avoué, ne saurait détruire les inductions résultant des textes précités; — Qu'ainsi il y a lieu de déclarer alors que la sommation a été faite les 8 et 9 juin 1838, par acte d'avoué à avoué; — Que le notaire a bien procédé, et son rapport a dû être homologué; — Par ces motifs, confirme.

Du 20 mars 1840.-C. de Toulouse, 2e ch.-M. Martin, pr.

(1) (Lagrené C. notaire R....) — La cour; — Attendu que le procès-verbal d'ouverture des liquidation et partage dont le notaire R..... a été chargé par le tribunal de première instance de Péronne, le 18 août 1827, a été ouvert par lui le 5 mai 1828; qu'à la séance du 2 juin suivant, les héritiers Lagrené et leurs copartageants, après avoir remis audit notaire leurs titres, pièces et renseignements, l'ont requis de procéder aux opérations renvoyées devant lui; que, dès lors, le notaire a été autorisé à se livrer seul au travail à faire pour remplir la mission à lui donnée par le tribunal; et que, par leur comparution, remise de titres, pièces, renseignements et réquisitions, les parties ont véritablement procédé devant le notaire; — Attendu que le refus fait par cet officier, aux héritiers Lagrené, d'inscrire dans le procès-verbal de liquidation et partage, le plan par eux dressé des bases desdites opérations, est justifié par l'art. 837 c. civ. et l'art. 977 c. de proc.; que l'offre qui leur est faite de porter ledit plan sur le procès-verbal séparé, prescrit par ledit article, était suffisante et devait les satisfaire; qu'ainsi ils ont sans intérêt formé la demande par eux portée devant le tribunal de Péronne, et que mal à propos le tribunal a jugé qu'il avait été irrégulièrement procédé par ledit notaire; — Ordonne que les héritiers Lagrené seront tenus d'entendre clore, en l'étude de R..., notaire audit Péronne, le projet de liquidation par lui rédigé des successions dont il s'agit, sauf ensuite à le critiquer, s'ils le jugent convenable, sur le procès-verbal qui sera ouvert à cet effet devant ledit notaire.

Du 21 déc. 1850.-C. d'ap. d'Amiens.

Dutruc, n° 462; Bioche, n° 184, qui toutefois exprime une opinion contraire, n°s 211 et 212)? — Jugé qu'aucune disposition du code de procédure n'exige le dépôt au greffe du procès-verbal de partage : « Attendu qu'aux termes de l'art. 981 c. pr., le notaire devait remettre l'expédition à la partie la plus diligente, et qu'il en résultait qu'elle ne pouvait devenir une seconde minute par le dépôt au greffe...» (Paris, 8 janv. 1814, aff. hér. Thossy; Riom, 25 avr. 1834) (1). — Telle est depuis longtemps la pratique des notaires de Paris. L'arrêt de la cour de Paris que nous venons de citer a donné lieu à une délibération conforme de la chambre des notaires, et à une circulaire en date du 8 mars suivant. — Depuis cet arrêt, remarque M. Rolland de Villargues, les expéditions des partages dressés par des notaires ont constamment été rendues par le greffier après l'homologation.

1759. En tout cas, c'est à tort qu'un jugement est allé jusqu'à décider que les greffiers peuvent, sans attendre la réquisition des parties, délivrer à celles-ci des extraits des procès-verbaux de partages notariés homologués par jugement, et les contraindre à en payer le coût, bien qu'elles refusent d'accepter ces extraits comme leur étant inutiles (trib. de Dunkerque, 8 nov. 1844, D. P. 45. 3. 110). — La disposition de l'art. 985 c. pr. n'est évidemment que facultative pour les copartageants. Outre ces mots de l'art. 985, *que les parties requerront*, il faut remarquer que les parties ont le choix de s'adresser pour les extraits, soit au notaire, soit au greffier. Sans doute la loi n'a pas entendu obliger les parties de recevoir chacune deux extraits du même procès-verbal, alors qu'un seul n'est pas même requis par elles, et dès lors leur serait probablement inutile. Cependant, pour être conséquent à la doctrine du jugement ci-dessus, on serait conduit à reconnaître le même droit de coaction au notaire et au greffier.

1760. Le procès-verbal de liquidation et partage dressé par le notaire doit être inscrit sur son répertoire, et cela encore bien que le notaire ait été autorisé à le dresser hors de la présence des parties (L. 22 frim. an 7, art. 49; 25 vent. an 11, art. 29 et 30 trib. civ. d'Evreux, 6 fév. 1841, aff. Bardout, v° Enregistrement, n° 2575).

1761. D'après l'art. 171 du tarif, «il est passé aux notaires, pour la formation des comptes que les copartageants peuvent se devoir de la masse générale de la succession, des lots et des fournissements à faire à chacun des copartageants, une somme correspondante au nombre des vacations que le juge arbitrera avoir été employées à la confection de l'opération. » — Nous avons dit, v° Notaire, n° 452, par quels motifs de convenance et d'équité l'usage s'était introduit de déterminer les honoraires d'une liquidation, suivant le nombre et la position des copartageants, et suivant le chiffre des biens liquidés. Il a été jugé toutefois en sens contraire que les notaires commis par justice, pour procéder à un partage, n'avaient pas droit à des honoraires proportionnels (ord. prés., trib. de Laval, 5 fév. 1841 (2); Paris, 5 janv. 1840, aff. Petit, v° Notaire, *loc. cit.*).

---

(1) (Arnaud C. Béraud.) — Le 9 août 1833, jugement du tribunal de Gannat, qui donne gain de cause au greffier en ces termes : — « Attendu que les dispositions des art. 981 et 985 c. pr. sont claires et précises ; que l'art. 981 ordonne la remise de l'expédition du procès-verbal de partage à la partie la plus diligente, pour en poursuivre l'homologation ; que l'art. 985 dispose que soit le greffier, soit le notaire, délivreront en tout ou en partie des extraits ou des expéditions du procès-verbal de partage, et qu'il serait impossible au greffier de délivrer des expéditions d'un acte qui ne serait pas en sa possession ; d'où il résulte la conséquence forcée que l'expédition du procès-verbal de partage doit être remise au greffe ; — Attendu que les dispositions de ces articles ne sauraient être entendues autrement ; que cette opinion n'est que l'analyse des discussions qui ont eu lieu au conseil d'état, lors de la rédaction desdits articles, et qu'elle est en tous points conforme à l'exposé des motifs de l'orateur du gouvernement ; — Attendu que le procès-verbal de partage dressé par le notaire, ne devenant parfait et définitif que par l'homologation qu'il reçoit du tribunal, il est nécessaire que le jugement qui homologue soit transcrit à la suite de l'expédition dudit procès-verbal, parce que cet acte et le jugement ne font plus qu'un seul et même acte ; — Attendu que c'est à tort que l'on soutient que l'art. 985 doit s'entendre en ce sens, que le greffier délivre des expéditions ou des extraits lorsque le partage est fait par des experts, et que le notaire délivre des expéditions ou extraits lorsque le partage a lieu devant lui ; — Attendu qu'il existe, il est vrai, deux modes de partage, le premier qui se fait par des experts, lorsque la demande en partage n'a pour objet que la division d'un ou plusieurs immeubles sur lesquels les droits des intéressés sont déjà liquidés ; le second qui a lieu devant le notaire, lorsqu'il y a des comptes, rapports, formation de masse, etc. — Attendu que tout ce qui est relatif aux partages faits par experts, se trouve réglé par les dispositions des art. 974 et 975 c. pr., où il n'est question ni du notaire, ni du procès-verbal de partage ; — Que le partage devant notaire a ses règles tracées dans les art. 976 et suiv. ; d'où il faut nécessairement conclure que l'art. 985 ne se rapporte qu'au second mode de partage ; qu'on doit entendre par procès-verbal, ce qu'on doit entendre aussi par les mêmes mots dans l'art. 981 ; que c'est d'ailleurs la seule interprétation qui puisse rendre clair cet art. 985 ; — Attendu que ce qui le démontre jusqu'à la dernière évidence, ce sont les expressions dont s'est servi le législateur dans l'art. 976, qui établissent clairement que tous les articles subséquents ne peuvent s'appliquer qu'aux partages qui ont lieu devant notaire ; — Par ces motifs, ordonne que Me Arnaud sera tenu de remettre au greffe, dans le jour de la signification du présent jugement, l'expédition du procès-verbal de partage concernant la veuve et les héritiers Vallet, dressé devant Me Bertrand, notaire commis, le 10 mai dernier, homologué le 19 juillet suivant, pour que le greffier transcrive à la suite la minute du jugement d'homologation, rend Me Arnaud responsable du retard qui a déjà été apporté, et qui pourra l'être par la suite à la transcription dudit jugement, par suite de son refus de remettre au greffe l'expédition dudit procès-verbal de partage. ». — Appel. — Arrêt.

La cour ; — Attendu qu'aucune loi n'a exigé le dépôt au greffe de l'expédition du procès-verbal de compte dressé par le notaire commis, et que les dispositions de l'art. 981 c. pr. paraissent au contraire exclusives de ce dépôt ; — Attendu qu'on ne peut pas induire cette nécessité de l'art. 985 du même code, puisque si cet article donne aux greffiers aussi bien qu'aux notaires le droit de délivrer des extraits desdits procès-verbaux, c'est évidemment suivant que les uns ou les autres en sont détenteurs, suivant les distinctions établies en l'art. 982 ; — Attendu qu'on ne peut tirer aucun argument de l'art. 977 du même code, lequel n'est relatif qu'au cas où les difficultés nécessitent, de la part du notaire, le renvoi des parties qui ne peuvent s'entendre devant le tribunal qui doit les régler ; — Attendu même que la prescription formelle de l'art. 977 laisse assez voir que le législateur n'aurait pas négligé de la répéter, s'il eût voulu que le procès-verbal de compte fût déposé au greffe du tribunal appelé à prononcer sur l'homologation ; — Attendu qu'on ne peut pas davantage faire résulter la nécessité du dépôt au greffe de l'expédition du procès-verbal de compte, de l'usage où l'on serait au greffe du tribunal dont est appel d'inscrire le jugement d'homologation au bas de l'expédition du procès-verbal de compte homologué ; — Attendu, en effet, que l'art. 138 c. pr., comme les règlements relatifs à son exécution, veulent que les jugements soient portés sur une feuille d'audience qui doit être signée par le président et par le greffier ; — Attendu que si quelques exceptions ont été faites à ce principe général, comme dans le cas des art. 885 et 886 c. pr., et dans celui de l'art. 714 du même code, le juge ne peut étendre ces exceptions d'un cas à un autre, et que, dès lors, les jugements d'homologation de compte restant sous l'empire du principe général, doivent être inscrits, non sur l'expédition du procès-verbal de compte, mais bien sur les feuilles d'audience ordinaires ; — Attendu que, dans le silence de la loi et en l'absence d'une nécessité insurmontable, la justice ne saurait consacrer un usage qui obligerait à des frais d'expédition et de signification aussi considérables qu'inutiles à l'intérêt des parties ; — Infirme.

Du 25 avril 1834.-C. de Riom.-M. Grenier, 1er pr.

(2) *Espèce :* — (Me B....) — La chambre de discipline des notaires de l'arrondissement de Laval, appelée à donner son avis sur cette question, approuve dans les termes suivants la demande d'honoraires faites par Me B.... — « Considérant que l'art. 171 ne doit être appliqué qu'aux opérations que présente la liquidation d'une succession, et que cette interprétation résulte des termes mêmes de cet article qui parle seulement des comptes des copartageants ; — Qu'il n'est pas possible de supposer que le décret ait voulu qu'il fût appliqué à des partages ordinaires sans liquidation ; dont la rédaction peut n'exiger qu'un petit nombre de vacations, puisqu'ils soient souvent d'une très-grande importance ;—Que si telle eût été l'intention du législateur, l'art. 171 l'eût dit expressément ; qu'il est évident au contraire que l'art. 173 s'applique aussi bien aux partages judiciaires, purs et simples, toutes les fois qu'ils ne comprennent ni comptes ni liquidations, qu'aux partages volontaires ; — Qu'on ne pourrait le nier en se fondant sur ces mots : *les partages et ventes volontaires*, dont s'est servi le législateur, car il est clair que le mot *volontaire* est ici l'adjectif du mot *vente* seul, et cela doit être, puisque les ventes judiciaires venaient d'être tarifées par l'art. 172, et qu'il n'avait été question dans l'art. 171 que des liquidations et comptes ; d'où il suit que tous les partages judiciaires, qui ne peuvent être considérés comme des liquidations, doivent être taxés d'après l'art. 173, aussi bien que les partages volontaires ;—Qu'il est si vrai que l'art. 173 doit être entendu dans ce sens, que le tarif a alloué une remise proportionnelle pour les ventes judiciaires, et qu'on ne comprendrait pas pour-

§ 8. — *Comptes entre héritiers.* — *Rapports, prélèvement.* — *Composition de la masse, liquidation.*—*Formation des lots.*

1762. *Comptes entre héritiers.* — Le cohéritier qui a géré et administré la succession est tenu de rendre compte à ses cohéritiers.—Jugé à cet égard, 1° que le compte est dû, non-seulement de son administration personnelle, mais encore des administrations qui l'ont précédée, et dont il a dû exiger les comptes : « Attendu que l'arrêt attaqué n'a pas astreint les héritiers Forbin-la-Barben à rendre compte de l'administration de la succession de madame Boisroger-Dumuy, à une époque où ils n'avaient pas géré et administré cette succession, mais à comprendre dans le compte qu'ils avaient à présenter les comptes qu'ils avaient dû exiger du curateur à cette succession, et des adjudicataires des immeubles de la succession ; — Qu'en prononçant ainsi, l'arrêt attaqué s'est conformé aux principes de la matière, et n'a contrevenu à aucune loi ;—Rejette» (Req. 25 mars 1840, MM. Zangiacomi, pr., Brière, rap., aff. Forbin) ; — 2° Que si ce cohéritier a cédé ses droits à un tiers, le cessionnaire héréditaire, avant d'agir contre la succession, doit attendre que le cédant ait rendu son compte, et que les cohéritiers soient remplis de leur portion héréditaire ; spécialement la saisie-arrêt, qu'il formerait avant tout compte, serait nulle (Rennes, 4 mai 1821, 2e ch., aff. hér. Camper *C.* hospices d'Auray) ;—3° Que, sur une demande en partage des biens d'une succession, formée par un cohéritier, un arrêt a pu déclarer, d'après les faits de la cause et sans violer l'art. 815 c. nap., qu'il était nécessaire de liquider préalablement les droits et créances d'un autre cohéritier pour compte de tutelle, et en conclure qu'il était avantageux pour la décision du procès, et conforme à la justice de surseoir au partage jusqu'à cette liquidation ; rejette (Req. 7 nov. 1822, MM. Henrion, pr., Pardessus, rap., aff. Graule *C.* Ribes).

1763. En principe, l'un des héritiers ne peut, sur les biens indivis de la succession, obliger les autres sans leur consentement. Mais les actes utiles, qu'il fait en administrant ces biens, profitent à tous, comme s'il en était le mandataire. Il est censé administrer dans l'intérêt commun. — Ainsi, les actes conservatoires, et notamment les inscriptions hypothécaires, qu'il prend dans l'intérêt de la succession, profitent à tous les cohéritiers. Jugé ainsi dans une espèce où la question ne pouvait guère faire difficulté, l'héritier ayant été chargé par jugement de la gestion des biens et du recouvrement des créances héréditaires (Paris, 1re ch., 21 fév. 1814, M. Séguier, 1er pr., aff. Desormeaux *C.* Guérin). — Jugé aussi, «que, d'après les dispositions des lois dernières, § 4, ff., *De legat.* 2° ; 19, *Famil. ercisc.* ; 14, *Comm. divid.*, et autres, l'associé ou cohéritier qui acquiert quelque droit, quelque hypothèque qu'un tiers avait sur les biens communs, ou fait quelque traité à l'occasion desdits biens, quoique pour lui seul, en son nom et à son avantage, est censé, néanmoins, le faire pour tous ses consorts, et peut être obligé de leur en faire part. » Ce sont là les termes même de l'arrêt rendus dans le cas d'une transaction sur une instance en délaissement de la succession : instance formée par tous les cohéritiers, qui étaient devenus ainsi, dit l'arrêt, associés les uns des autres pour la poursuite de la succession (Toulouse, 20 mars 1811, M. Desazars, pr., aff. Reulet *C.* Laborderie).

1764. Du même principe, on a tiré encore la conséquence : 1° que le cohéritier qui achète la créance d'un tiers sur la succession, ne peut s'appliquer personnellement son traité, mais peut être contraint de communiquer à ses autres cohéritiers le bénéfice de la cession (c. nap. 841, 1699, Aix, 4 mars 1841, M. Verger, pr., ch. corr., aff. hérit. Bayle) ;—2° Que, si cinq cohéritiers sur six, par exemple, ont exercé le retrait de droits litigieux contre un tiers qui revendiquait un immeuble de la succession, le bénéfice de ce retrait doit profiter au sixième cohéritier, bien que, partie dans l'instance en revendication, il eût négligé de demander le retrait conjointement avec les autres intéressés ; que ceux-ci aient seuls désintéressé depuis le créancier, et qu'enfin l'arrêt qui avait admis le retrait n'eût prononcé la subrogation qu'à leur profit (Req. 18 juill. 1838, MM. Zangiacomi, pr., Bernard, rap., aff. Delarfeux *C.* Reynaud). Toutefois, par des raisons particulières au retrait successoral, on a décidé au contraire que, si un seul des héritiers a exercé ce retrait, les autres ne peuvent lui demander leur part du bénéfice de la cession, en lui tenant compte proportionnellement de ce qu'il a déboursé.—V. *infrà*, art. 7, § 2.

1765. Au reste, il a été décidé que le principe qu'un cohéritier qui a traité une affaire de la succession est présumé l'avoir traitée dans l'intérêt de tous, ne peut être invoqué ni contre le cessionnaire d'un cohéritier, ni par l'héritier bénéficiaire qui a fait abandon des biens de la succession : « Attendu que le ces-

---

quoi il n'en allouerait point pour les partages judiciaires, dont la rédaction présente toujours plus de difficultés qu'un simple procès-verbal d'adjudication ; — Considérant d'ailleurs qu'il est d'un usage constant, même à Paris, d'attribuer aux notaires un honoraire proportionnel pour tous les partages, même lorsqu'ils comprennent des liquidations, et d'appliquer l'art. 173 du décret ; — Que cet usage est fondé sur la difficulté, et souvent sur l'impossibilité d'arbitrer le nombre de vacations employées par le notaire ; — Qu'en admettant même la possibilité de l'appréciation, les honoraires pourraient se trouver excessifs dans tous les cas où il s'agit d'une modique succession, qui souvent occasionne un travail considérable, tandis qu'ils pourraient être presque nuls s'il s'agissait d'une succession opulente, dont la liquidation serait facile, bien qu'elle entraînât pour le notaire une grande responsabilité ; que cet inconvénient est évité par l'application de l'art. 175, qui permet d'établir une juste compensation entre les partages importants et ceux d'un moindre intérêt ; — Considérant enfin que le mode de taxation d'après l'art. 175 n'a rien de contraire à l'esprit de la loi ;

» Sur la question de savoir si les honoraires réclamés par Me B... sont trop considérables : — Considérant qu'il a suivi rigoureusement le tarif adopté par les notaires de l'arrondissement de Laval ; qu'il est de notoriété publique, dans cette ville, que dans une foule de cas, les notaires de l'arrondissement de Laval ne perçoivent aucuns honoraires, et qu'il a paru juste à la chambre qu'ils pussent réclamer au moins pour les partages des honoraires semblables à ceux perçus par leurs collègues de la plupart des départements voisins ;—Est d'avis que l'art. 175 doit être appliqué à l'art. 1 de l'état de frais de Me B..., et que les honoraires réclamés tant pour cet article pour les autres articles de l'état, doivent lui être alloués. »

Cet avis de la chambre ne fut pas adopté par le président du tribunal civil de Laval, qui réduisit la demande d'honoraires par ces motifs : — Vu les art. 171 et 175 du décret du 16 fév. 1807 ; — En ce qui touche l'art. 1 du mémoire relatif aux honoraires dus pour l'acte de partage du 9 sept. 1839 : — Considérant que suivant l'art. 171 du décret précité, les honoraires des notaires doivent être fixés d'après le nombre des vacations par eux employées à la rédaction des actes ; que cet article s'applique tant aux partages qu'aux comptes et liquidations des successions renvoyées par justice, avec d'autant plus de raison que lors des partages les difficultés de la succession étant habituellement résolues, la masse déterminée et liquide, le travail se trouve simplifié et peut plus facilement l'évaluer par vacations ; — Que l'art. 175 concerne au contraire tous les autres actes des notaires, c'est-à-dire ceux de la juridiction volontaire, qui, n'étant pas tarifés par le décret, doivent être taxés d'après leur nature et la difficulté de leur rédaction ; — Considérant qu'après avoir entériné le rapport des experts précédemment nommés par lui, lequel contenait l'estimation de tous les biens à partager et leur division en deux lots égaux, le tribunal avait, par un jugement du 26 août 1839, renvoyé les parties devant Me B..., à l'effet de procéder au tirage au sort de ses lots ; que, dans ce cas, le notaire, mandataire de la justice, aurait pu, comme le juge qu'il représentait, se borner, pour l'exécution du jugement à dresser un simple acte de l'opération, dont la rédaction eût été courte et facile, et n'aurait exigé qu'un petit nombre de vacations ; mais qu'ayant jugé convenable d'insérer dans cet acte l'origine de propriété des héritages qui sont nombreux, et d'y rappeler les causes relatives aux servitudes, aux cheptels existants sur les lieux, enfin à l'époque de l'entrée en jouissance, ce travail du notaire, bien qu'il ne fût pas obligé, étant cependant utile aux parties, doit être pris en considération et mérite d'être apprécié ; — Considérant que Me B... a cru devoir, pour ses honoraires, demander une somme égale à la remise proportionnelle que ses collègues sont dans l'usage de réclamer, d'après le tarif adopté par la chambre, lequel ne fait aucune distinction entre les partages judiciaires et ceux entre majeurs ; mais que le tarif des notaires non plus que l'usage, fût-il le plus général et le mieux établi, ne sauraient prévaloir contre les prescriptions de la loi et ne sont point obligatoires pour le juge ; que l'art. 171 exige impérativement que les honoraires soient fixés par vacations d'après l'importance du travail ; — Considérant enfin que la somme de 1,310 réclamée est excessive et représenterait un nombre de vacations qui serait évidemment hors de proportion avec la nature de l'acte et l'étendue de sa rédaction ; qu'il convient de modifier cette somme ; prenant d'ailleurs en considération le nombre des héritages et la valeur de la masse à partager, laquelle est de 434,000 fr. nous avons réduit, etc., etc.

Du 5 fév. 1841.-Ord. du pr. du trib. civ. de Laval.

sionnaire d'un cohéritier, ne représente son cédant que lorsqu'il agit en vertu de la cession et non ailleurs; l'héritier bénéficiaire qui a abandonné les biens à des créanciers, ne saurait profiter de ce que les cohéritiers ont fait dans leur intérêt; émendant, etc. » (Grenoble, 4e ch., 4 juin 1836; M. Bonnot, pr.; aff. Brachet).

1766. On lit dans un arrêt, *qu'il est de principe que les cohéritiers sont censés avoir respectivement mandat les uns des autres pour la chose commune* (Req. 14 juill. 1838, MM. Zangiacomi, pr., Bernard, rap., aff. Delarfeux). Mais un autre arrêt de la chambre civile ne s'était point approprié cette proposition formulée dans les mêmes termes par la cour d'appel (16 déc. 1851, D. P. 51. 1. 13). C'est qu'en effet le principe ainsi posé est trop absolu; les cohéritiers sont seulement astreints à se rendre compte dans certains cas, et ce n'est que sous ce rapport qu'ils sont censés s'être donné mandat. — V. *infrà*, no 1770 et suiv.

1767. En principe, le bail de la chose indivise, fait par l'un des héritiers, n'est pas obligatoire pour les héritiers. S'il en était autrement, l'abus serait trop facile. L'un des copropriétaires pourrait louer à vil prix, mais en stipulant des pots de vin qui à son égard feraient plus que compenser le préjudice (Merlin, Quest. de dr., vo Location; Duvergier, t. 1, no 87; Troplong, du Louage, no 100).—Cependant il est tel cas d'urgence, qui motiverait une décision contraire : si, par exemple, un bail avait été renouvelé, pour ne pas laisser les biens improductifs, par un héritier, agissant tant en son nom qu'au nom d'un cohéritier absent et éloigné. Le juge apprécierait, selon les circonstances, si le locateur a été déterminé par l'intérêt commun à se porter *negotiorum gestor* (Conf. M. Troplong, *loc. cit.*).—A plus forte raison, dans le même cas, l'héritier présent, qui aurait pris l'administration des biens indivis, pourrait valablement congédier le preneur, à l'expiration du bail, ou en poursuivre la résiliation, si le preneur insistait. De tels actes rentrent dans l'administration d'un bon père de famille.— Conf. M. Troplong, *ib.*, no 156.

1768. Ce n'est pas seulement pour le bail en totalité de la chose indivise que le consentement de tous les héritiers est nécessaire en général. L'un des copropriétaires d'une chose ne peut rien faire malgré les autres (L. 28, *Comm. divid.*), même pour la partion qui lui appartient. Le bail partiel consenti par l'un d'eux serait donc annulé sur la demande des autres, et il ne resterait au preneur qu'une action en dommages-intérêts contre le bailleur (Bourjon, t. 2, p. 38, édit. de 1770; Merlin, Quest., vo Location; Rolland de Villargues, vo Bail, nos 40 et suiv.; Duvergier, no 87; Troplong, *loc. cit.*). — Il est entendu, au surplus, que le bail partiel ou total de la chose indivise produirait tout son effet si la chose tombait plus tard au lot du cohéritier bailleur. Mais le fermier, pour obtenir ce résultat, aurait-il le droit de provoquer le partage ?—V. les distinctions exposées ci-après, art. 8, § 1.

1769. Les comptes à rendre par l'héritier à ses cohéritiers peuvent porter sur trois objets principaux : 1o ce qui a été *reçu* pour la succession; 2o ce qui a été *dépensé* pour elle; 3o les *dommages causés* aux biens de l'hérédité.

1770. 1o *Ce qui a été reçu.*—La règle générale est que tout ce qui a été reçu par l'un des héritiers, tout le bénéfice qu'il a fait par le moyen de la succession, doit être partagé avec les autres. *Prospicere debet judex ut quod unus ex hæredibus ex re hæreditariâ percepit, stipulatusve est, non ad ejus solius lucrum pertineat* (L. 19, ff., *Fam. ercisc*). — Sont donc divisibles entre héritiers : 1o les sommes ou effets que l'un d'eux a reçus, soit des fermiers, locataires ou acquéreurs des biens de la succession, soit de tous autres débiteurs; 2o les fruits et revenus, s'il a joui des immeubles héréditaires (Chabot, t. 2, p. 133; Delvincourt, t. 2, p. 355, no 12; MM. Duranton, t. 17, no 158; Delaporte, Pand. franç., t. 3, p. 251; Vazeille, art. 828, no 1; Dutruc, no 421).

1771. Si la somme que l'un des héritiers a reçue d'un débiteur de la succession n'excède pas sa portion virile dans le créance, est-il tenu de la rapporter à la masse commune, le débiteur étant devenu depuis insolvable? Nul doute qu'il en serait tenu s'il avait donné quittance au nom de la succession, comme mandataire de tous les héritiers; mais on décidera autrement s'il a reçu pour son compte personnel. *Suum recepit, et jura vigilantibus prosunt.* Les dettes, tant actives que passives, se divisant de plein droit entre héritiers, il n'a reçu que ce qui lui était dû; les cohéritiers pouvaient se faire payer comme lui. Peut-être, s'ils n'avaient pas retardé leurs poursuites, la totalité de la dette eût-elle été remboursée à l'époque où l'un des héritiers en a obtenu une portion. Celui-ci ne doit pas être victime de la négligence des autres. La loi romaine, 38, ff., *Fam. ercisc.*, décidait ainsi. — Opposerait-on l'art. 1849 c. nap., qui oblige l'un des associés, qui a reçu une part de la créance commune, à rapporter à la masse, encore qu'il eût spécialement donné quittance pour sa part? Mais il suffit de répondre que les héritiers ne sont point des associés, et que l'induction qu'on voudrait tirer de l'art. 1849 disparaît devant le principe des art. 870 et 873, qui divise entre héritiers, dans la proportion de leurs parts héréditaires, les créances et les dettes de la succession (Conf. Chabot, t. 3, p. 133; Delvincourt, t. 2, p. 353, note 2; Delaporte, Pand. franç., t. 3, p. 252; MM. Troplong, des Sociétés, nos 22 et 23, 551, 560, 564; Dutruc, no 422) ?—Jugé cependant que lorsque, parmi des légataires, quelques-uns, agissant isolément dans leur intérêt propre, se sont fait payer d'une des créances de la succession (pour l'indemnité due aux colons de Saint-Domingue), et se sont exclusivement appliqué les deniers en provenant, ils doivent compte à leurs colégataires de la part revenant à chacun de ceux-ci dans cette créance particulière, quoique ce qu'ils ont touché n'excède point ce qui leur revient à eux-mêmes dans le total de l'actif héréditaire (Rej. 16 déc. 1851, aff. Molines, D. P. 51. 1. 13).

1772. Si un héritier avait obtenu d'un créancier de la succession la remise de sa part dans la dette, on présumerait qu'il l'a obtenue dans l'intérêt de tous, à moins que l'acte qui la constaterait n'expliquât bien clairement qu'elle doit profiter à lui seul (Conf. Chabot, art. 828, no 6; M. Dutruc, no 422).—Jugé en ce sens que dans le cas où un frère et une sœur se trouvent débiteurs du chef de leur père d'une somme produisant intérêts, s'il arrive que l'une des deux parties, par un traité avec le créancier, se charge seul du remboursement, moyennant la *remise des intérêts échus*, et avec subrogation à tous les droits du créancier, cette subrogation ne fera pas obstacle à ce que l'autre partie soit admise à profiter du bénéfice du traité, alors surtout que la succession paternelle était encore indivise entre elles, et qu'il était constant que la cession avait été faite dans l'intérêt de toutes les deux (Req. 17 avril 1811) (1).

1773. L'héritier qui a joui exclusivement des biens de la succession depuis son ouverture, doit compte des *fruits* qu'il a recueillis. — Mais ces fruits sont-ils censés entrer dans l'actif de la succession, de manière que le rapport en soit dû en moins prenant, et que les cohéritiers aient le droit, lors du partage, de se faire délivrer jusqu'à concurrence, et à défaut de deniers, du mobilier ou des immeubles héréditaires? Les cohéritiers ont-ils, même à l'égard des tiers, pour cette restitution de fruits, le privilége que leur accorde l'art. 2109 c. nap. pour la garantie des partages, les soultes en retour de lot? Sur ces deux questions fort controversées, V. no 1233.

1774. Dans le cas d'un partage provisionnel, il n'y a pas lieu au rapport des fruits perçus en exécution de ce partage, qui est attributif de jouissance (Lebrun, Success., liv. 4, chap. 1, no 26; MM. Duranton, t. 7, no 178; Vazeille, art. 840, no 27; Belost-Jolimont sur Chabot, même article, obs. 2 et 3; Dutruc, no 424). — Jugé aussi que l'héritier qui, en vertu d'un tel partage fait entre majeurs, a joui d'une portion de biens moins considérable que ses cohéritiers, n'a droit contre ceux-ci à aucune

(1) (Époux Massingy C. de Montillet.)— LA COUR;— Attendu qu'en décidant que l'acte du 1er avr. 1807, contenant cession d'une créance sur la succession indivise du père commun de la demanderesse et du défendeur éventuel, devait d'autant plus profiter également à l'un et l'autre, qu'il résultait des expressions mêmes dudit acte et des circonstances de l'affaire que ladite cession avait été faite dans l'intérêt du frère et de la sœur, et pour éteindre le procès que la cédante avait avec l'un et l'autre, la cour d'appel n'a violé aucune des dispositions législatives invoquées; — Rejette.

Du 17 avr. 1811.-C. C., sect. req.-MM. Henrion, pr.-Rupérou, rap.

restitution de fruits, s'ils n'ont joui que de la portion qu'ils croyaient leur être due : — « Attendu que les frères Richard ayant joui de bonne foi en vertu d'une convention légalement formée, et qui aux termes de l'art. 1134 doit tenir lieu de loi à ceux qui l'ont faite, les mariés Faget sont sans droit ni titre pour obtenir la restitution des fruits par eux demandée ; confirme » (Nîmes, 2 août 1827, M. Fajon, pr., aff. Richard *C.* Faget).

1775. Si le partage provisionnel avait été fait avec un mineur, il pourrait, à sa majorité, se faire restituer par les cohéritiers majeurs, la portion de fruits dont il aurait été privé (mêmes auteurs).

1776. Il n'est pas nécessaire que le jugement, qui ordonne un partage de succession, ordonne d'une manière spéciale la restitution des fruits; il comprend de plein droit, à moins de déclaration contraire, tous prélèvements, restitutions de fruits, rapports et comptes que les cohéritiers peuvent respectivement se devoir. Et spécialement il en est ainsi, lorsqu'il a été formellement conclu à la restitution de tous les fruits échus, et qu'il est décidé que ces fruits ne sont pas dus jusqu'à une certaine époque, sans s'expliquer sur ceux qui sont échus postérieurement : la présomption de la loi supplée, dans ce cas, au silence du jugement (Cass. 6 déc. 1852, aff. Hervé, D. P. 53. 1. 50).

1777. Le cohéritier qui détient soit un immeuble, soit une somme d'argent, faisant partie de la masse héréditaire qui est encore à partager, ne peut, tant qu'il n'est pas intervenu une liquidation définitive, prescrire contre ses cohéritiers, soit les fruits de l'immeuble, soit les intérêts de la somme d'argent; il est censé posséder au nom de tous ses cohéritiers, jusqu'au partage (Req. 26 juin 1839) (1).

1778. Si l'un des héritiers a trouvé un trésor dans un fonds de la succession, quel compte en devra-t-il à ses cohéritiers? M. Delvincourt s'exprime ainsi : « Un auteur a pensé qu'il était tenu d'une entière restitution, parce que l'art. 716 c. nap. n'attribue la moitié à l'inventeur qu'autant qu'il a trouvé le trésor sur le fonds d'autrui. Or, ajoute cet auteur, il n'en est pas de même ici, l'héritier ayant en partie la propriété du fonds qui contenait le trésor.» On peut même invoquer pour cette opinion la loi 22, ff., *Fam. ercisc.*—M. Delvincourt ne pense pas moins que l'inventeur doit garder à ce titre, la moitié du trésor, comme s'il l'avait découvert sur un fonds étranger. D'abord, la loi 22, ff., *Fam. ercisc.* parle d'une chose enfouie par le testateur lui-même, *relictum à testatore*; sans doute, dans ce cas, la totalité de la chose est divisible entre héritiers. Le mot *thesaurus* y est employé improprement, comme le remarque Pothier, ce mot ne convenant qu'à l'objet « sur lequel personne ne justifie sa propriété» (c. nap. 716). Mais si l'on ne connaît pas le propriétaire pourquoi l'héritier n'aurait-il pas droit à la moitié du trésor? Ce gain ne lui viendra pas *ex re hæreditariâ*, puisque, le fonds fût-il hors de la succession, il n'aurait pas moins eu droit à la moitié assignée à l'inventeur. On ne doit donc mettre en commun que la moitié qui appartient au propriétaire du fonds.

1779. 2° *Ce qui a été dépensé.* — L'héritier qui a fait des dépenses pour la succession doit en être indemnisé par ses cohéritiers. Il faut distinguer, à cet effet, trois sortes de dépenses : nécessaires, utiles et voluptuaires.—V., par analogie, pour chaque espèce, *suprà* nos 1268 à 1271.

1780. Le fils qui a continué des constructions commencées par son père et interrompues par son décès, a droit de prélever sur la masse héréditaire la totalité des sommes qu'il a dépensées, et non pas seulement la plus-value ou augmentation de valeur accordée dans le cas prévu par l'art. 555 c. nap (Bordeaux, 11 déc. 1838) (2).

1781. Dans les cas où les dépenses doivent lui être remboursées, les intérêts sont dus à compter du jour où elles ont été constatées, s'ils n'ont pas été compensés par la jouissance des biens de la succession. On suppose qu'il a agi comme mandataire de ses cohéritiers (Chabot, t. 3, p. 136, n° 8; MM. Delvincourt, t. 2, p. 353, n° 2; Dutruc, n° 425).

1782. Quoique l'un des héritiers ait plaidé seul et en son nom, sans consulter ses cohéritiers, ni les interpeller d'intervenir dans la cause, ceux-ci n'en sont pas moins tenus de contribuer pour leur quote-part dans les frais et déboursés, lorsque l'objet du procès les regardait tous, et devait leur profiter :—«Attendu, que l'appelant en réclamant devant les tribunaux les biens de la succession de Jean-Arnold Wyns, a fait une chose utile à ses cohéritiers; qu'il est juste que ceux-ci contribuent pour leur quote-part dans les frais et déboursés du procès, quoiqu'ils n'y eussent point été parties, et n'eussent point été interpellés d'y intervenir, suivant les principes établis dans les lois 18, § 3, 25, 15 et 19; la loi 39 *in princip.*, ff., *Fam. ercisc.*, et la loi 18 § 1, C. *eod. tit.* (Liége, 10 déc. 1810, aff. Berleur *C.* Brela).—Les frais ne devraient pas lui être remboursés, si la demande ou la résistance de l'héritier était évidemment mal fondée (Chabot, *loc. cit.*; M. Dutruc, n° 426);

1783. L'héritier a le droit aussi d'exiger l'imputation des sommes qu'il a payées pour droits de mutation. Jugé toutefois que des présomptions suffisent pour faire décider que ces droits ont été payés des deniers de l'auteur commun, et non de ceux de l'héritier qui a fait le payement et qui a conservé les quittances. (Nancy, 2e ch., 22 fév. 1841, M. Mourot, pr., aff. Perrin *C.* Beaudouin; extrait de M. Garnier, Jurisp. de Nancy, v° Partage n° 2.)

1784. 3° *Du dommage causé.* — L'héritier est *responsable* envers ses cohéritiers du dommage qu'il a causé, par son fait ou par sa faute, aux biens ou aux affaires de la succession. Ici s'applique, par analogie, ce que nous avons dit *suprà*, n° 813, de la responsabilité de l'héritier bénéficiaire.

1785. Lorsque l'un des copartageants a dissipé le mobilier de la succession, les autres peuvent exiger qu'il leur soit départi des immeubles comme représentant la valeur de ce mobilier (Montpellier, 1er fév. 1836 (3).—Conf. M. Dutruc, n° 431.) Des copartageants ont le même droit d'exiger des immeubles jusqu'à due concurrence, en représentation des dégradations commises par celui d'entre eux qui, étant en possession des immeubles à

(1) (Guittard *C.* Guittard.) — LA COUR; — Attendu, en droit, que l'héritier saisi d'un bien, ou d'une somme d'argent, faisant partie de la masse héréditaire à partager, jouit du bien ou de la somme au nom de tous ses cohéritiers auxquels, lors de la liquidation définitive, il doit tenir compte des fruits de l'immeuble et des intérêts que la somme d'argent a produits; — Que, pendant l'instance en liquidation, aucune action en payement ne peut être intentée contre lui par les cohéritiers, et par conséquent aucune prescription ne peut courir contre ceux-ci au profit du cohéritier débiteur; — Et attendu, en fait, que l'arrêt attaqué (de Colmar) constate que le partage fait entre les enfants Guittard, les 16 et 17 août 1819, ne comprenait que les immeubles partageables de la succession du père commun; — Que les valeurs mobilières, et les immeubles reconnus impartageables, dépendant de la même succession, sont restés en commun; — Que lesdits immeubles, vendus par licitation, ont été adjugés, pour partie, à Georges Guittard; — Que le prix de cette vente est resté dans les mains dudit Georges Guittard, qui a dû le conserver jusqu'à la liquidation définitive de la succession du père commun; — Qu'aucun des cohéritiers n'aurait pu, avant cette liquidation qui devait déterminer la somme revenant à chacun des ayants droit à la succession et pour laquelle les parties étaient en instance, exercer des poursuites contre Georges Guittard pour le contraindre au payement du prix et des intérêts par lui dus; — Que, de son côté, Georges Guittard ne pouvait, à cet égard, invoquer aucune prescription contre ses copartageants pendant l'instance en liquidation; — Que l'arrêt attaqué, en le décidant ainsi, loin de violer les lois invoquées et les principes en matière de prescription, en a fait au contraire une juste et saine application; — Rejette.

Du 26 juin 1839.-C. C., ch. req.-MM. Zangiacomi, pr.-Valigny, rap.

(2) (Laboyrie *C.* Laboyrie.) — LA COUR; — Attendu qu'il est établi en fait : 1° que la construction de la maison neuve entreprise par Jean Laboyrie père a été, après son décès, terminée par Barthélemy Laboyrie fils; 2° que Laboyrie fils a aussi fait reconstruire en entier un mur mitoyen avec le sieur Labrousse;—Qu'il est fondé à prélever, sur la masse héréditaire à partager, les sommes qu'il justifiera avoir déboursées pour ces deux objets, depuis le décès de son père, et non pas seulement, ainsi que le demande Jeanne Laboyrie, sa sœur, la plus-value ou augmentation de valeur que ces objets se trouveraient avoir reçue au moment du partage, puisque le fils n'a été que le continuateur des constructions commencées par le père, et qu'elles ont eu lieu sous les yeux de Jeanne Laboyrie et avec son approbation tacite; — Confirme, etc.

Du 11 déc. 1838.-C. de Bordeaux, 4e ch.-M. Gerbeaud, pr.

(3) (Bousquet *C.* Bousquet.) — LA COUR; — Attendu, quant au premier grief, qu'Antoine Georges Bousquet avant dissipé l'entier mobi-

partager, n'a pas le moyen de payer en argent (même arrêt V. aussi n° 1235 et suiv.).

1786. *Rapports, prélèvement.* — D'après l'art. 829 c. nap., « chaque héritier fait rapport à la masse des dons qui lui ont été faits et des sommes dont il est débiteur. » L'art. 830 ajoute : « Si le rapport n'est pas fait en nature, les cohéritiers à qui il est dû prélèvent une portion égale sur la masse de la succession. Les prélèvements se font, autant que possible, en objets de même nature, qualité et bonté que les objets non rapportés en nature. » Nous nous sommes expliqués à cet égard *suprà*, n°s 1247 et s., en parlant du rapport en nature et du rapport en moins prenant. —Jugé que sous l'empire de la coutume de Normandie, l'héritier qui avait payé la dette de son cohéritier avec une portion des biens propres à la succession pouvait être autorisé à prélever la récompense qui lui était due sur ces biens propres. Et la disposition du jugement qui l'ordonne ainsi n'est pas en contradiction avec l'arrêt d'un parlement qui ordonne le partage égal d'une succession, cette égalité ne pouvant être établie qu'après le prélèvement (placités, art. 130; Req. 28 niv. an 7, MM. Seignette, pr. Moreau, rap., aff. Fleuriot-Laperelle *C.* Fleuriot-Dupares.)

1787. *Composition de la masse, liquidation.* — La masse de la succession se compose sans qu'on en défalque les dettes. Chaque héritier en reste tenu après le partage de la manière prévue à l'art. 873 c. nap. — Il faut excepter, toutefois, le cas où les meubles de la succession ont été vendus pour payer les dettes (c. nap. 826) et le cas où les immeubles de la succession sont grevés de rente par hypothèque spéciale (c. nap. 872). — Jugé aussi qu'on ne peut faire entrer dans les éléments d'un partage de succession une créance de la succession sur les héritiers, cette créance se trouvant éteinte par confusion (c. nap. 826, 883, 1300). Qu'en conséquence, c'est abstraction faite de cette créance, que la masse à partager, au moins vis-à-vis de la régie de l'enregistrement, doit être composée, et qu'on doit calculer les soultes, de telle sorte que celui des héritiers qui reçoit plus que sa part dans les biens héréditaires ne peut pas déduire sur l'excédant, pour diminuer d'autant le retour dont il est tenu, les portions attribuées à ses cohéritiers dans cette créance éteinte (Rej. 23 mars 1853, aff. de Loynes, D. P. 53. 1. 102; V. d'ailleurs, quant au partage avec soulte, v° Enreg., n°s 2664 et s.).

1788. Dans le cas où deux successions, ouvertes dans le même arrondissement, se trouvent à partager entre les mêmes héritiers, le double partage peut s'effectuer par la confusion en une seule masse de tous les biens, et par une seule répartition entre tous les copartageants. On a jugé ainsi : — « Attendu que, dans la cause, ce mode de partage était plus facile et évitait des licitations toujours onéreuses » (Rouen, 17 janv. 1849, aff. Duperron, D. P. 50. 2. 97. —Conf. M. Dutruc, n° 444).

1789. Lorsque des époux communs en biens sont décédés laissant les mêmes héritiers (leurs enfants) et que ceux-ci veulent faire liquider en même temps la communauté et les deux successions de leurs auteurs, sans convenir cependant de confondre tous les biens en une seule masse, fixera-t-on les droits des héritiers, dans chaque succession, en composant seulement deux masses, dans lesquelles seront compris les biens de la communauté? ou doit-on d'abord composer la communauté, la diviser en deux parties, dont l'une sera attribuée à la succession paternelle et l'autre à la succession maternelle, et ne former qu'après ce premier partage la masse de chacune des deux successions? Le premier de ces deux modes de liquidation avait été adopté par la cour de Paris; mais il a été repoussé (Cass. 31 mars 1846, aff. Tatté, D. P. 46. 1. 135). — M. Dutruc, n° 445, approuve l'arrêt de cassation. — Jugé aussi qu'en cas de partage entre les mêmes héritiers de la communauté et des successions de deux époux décédés, la liquidation doit être faite en divisant d'abord la masse active de la communauté, diminuée du passif, en deux portions égales, et en réunissant ensuite chacune de ces portions à chaque succession, pour que l'une et l'autre de ces portions supportent séparément les imputations qui doivent les frapper (Req. 22 mars 1847, aff. Mérian, D. P. 47. 1. 287).

1790. Dans les deux espèces qui précèdent, la difficulté venait de ce qu'il y avait des *créanciers* intéressés dans le partage. Autrement, et les deux arrêts cités le reconnaissent, il suffirait du consentement des parties toutes présentes et maîtresses de leurs droits, pour que le notaire fût autorisé à confondre dans une seule masse la communauté et les successions des deux époux, et à procéder à une division unique. — Mais à l'égard des créanciers, il a été jugé, par les mêmes arrêts : 1° que le créancier de l'un des héritiers a droit d'intervenir au partage pour prévenir une confusion des droits des cohéritiers dans les deux masses, qui aurait pour résultat d'anéantir ses propres droits sur la part indivise de son débiteur dans l'une des deux successions. — Mais si ce créancier n'a attaqué ni le jugement qui ordonnait le partage par confusion des deux masses, ni ce mode de partage dont il a, au contraire, accepté les opérations, il est non recevable à demander qu'on fasse une liquidation séparée des deux successions, ou qu'on divise le lot échu à son débiteur en deux parts représentant les droits paternels et maternels de celui-ci, pour la conservation de sa créance sur l'une des deux successions (Req. 22 mars 1847, aff. Mérian, D. P. 47. 1. 287); — 2° Que le créancier de l'un des copartageants qui avait une hypothèque sur la part indivise de son débiteur dans l'une des deux successions, et dont, en vertu de l'art. 883, l'hypothèque se trouve éteinte, le lot de son débiteur étant exclusivement composé d'immeubles faisant partie de l'autre succession, ne peut contester la validité du partage, alors qu'il n'est pas le résultat d'un concert frauduleux, et que d'ailleurs lui créancier, non-seulement n'a rien fait, depuis sept ans que son droit est ouvert, pour s'assurer le bénéfice de son hypothèque, mais encore a figuré au partage qu'il critique, comme curateur d'un des copartageants (Rouen, 17 janv. 1849, aff. Duperron, D. P. 50. 2. 97).

1791. Lorsque deux successions sont dévolues à des héritiers différents, on ne doit pas les confondre en une seule liquidation, s'il y a quelque intérêt opposé, et lors même que l'une dépendrait de l'autre pour leur consistance. Si, par exemple, l'une d'elles est facile à liquider, et que l'autre entraîne des opérations multipliées, l'héritier qui ne prend part que dans la première ne doit pas être retenu en cause jusqu'à la liquidation définitive de l'autre. — Il y a lieu, en ce cas, de dresser deux procès-verbaux de liquidation (Bordeaux, 16 mai 1834, 4e ch., M. Dégranges, pr., aff. Roy *C.* Gast et Franc).

1792. Le legs par préciput fait par un testateur du tiers de tous ses biens, meubles et immeubles, et qui, d'après les termes du testament, doit être composé d'abord de tous les immeubles compris dans telle circonscription, puis de tous les immeubles les plus rapprochés de ces derniers, et enfin de tout le mobilier de mon château..., a pu, par interprétation souveraine d'intention, être acquitté au moyen de la formation de deux masses, l'une mobilière, l'autre immobilière, dans chacune desquelles le préciputaire aurait à exercer ses droits : ce dernier prétendrait à tort percevoir exclusivement son préciput sur les immeubles désignés en premier ordre (Req. 7 mars 1843) (1).

1793. En général, la liquidation de la succession précède

---

lier, c'est avec raison que les premiers juges ont ordonné qu'il serait écarté aux copartageants des immeubles pour les remplir de la valeur du mobilier qu'ils auraient eu le droit de prendre en nature, s'il eût existé; — Attendu, quant au second grief, que le tribunal a également bien jugé en ordonnant qu'en représentation du montant des dégradations commises par ledit Antoine-Georges Bousquet sur les lots écartés à ses frères et sœurs, il leur serait attribué des biens-fonds à due concurrence, puisque ces dégradations ont été commises sur des immeubles qui représentent pour eux un capital immobilier, et que ledit Antoine-Georges Bousquet n'a pas le moyen de les payer en argent; — Par ces motifs, démet de l'appel, etc.

Du 1er fév. 1836.-C. de Montpellier.-M. de Trinquelague, 1er pr.

(1) (D'Aubigny *C.* Lacroix de Laval.) — La cour; — Attendu qu'en adoptant comme saine et rationnelle l'interprétation que donne l'arrêt du 14 mars 1837 (passé en force de chose jugée) au testament du 10 avr. 1834, par lequel le comte de l'Ecluse laisse par préciput et hors part, à la demanderesse, la nue propriété de la portion disponible de la succession, et indique la nature des biens qui doivent entrer dans ce legs préciputaire, et en décidant, par suite de cette interprétation, qu'il devait être fait deux masses, l'une immobilière et l'autre mobilière, dans chacune desquelles la demanderesse aurait à prendre séparément ce qui lui revient sur ledit legs préciputaire, la cour royale de Lyon a usé d'un pouvoir qui lui appartenait souverainement, et n'a, par conséquent, violé aucune loi; — Par ces motifs, rejette.

Du 7 mars 1843.-C. C., ch. req.-MM. Zangiacomi, pr.-Félix Faure, rap.-Delangle, av. gén., c. conf.-Piet, av.]

la formation des lots. Car il faut composer la masse générale avant de la partager, et pour la composer, il faut déterminer préalablement les sommes qui doivent l'accroître ou la diminuer (arg. c. pr. 978). — Cependant ne peut-il pas être fait un partage définitif, quoique partiel, de certaines valeurs de la succession, avant la liquidation générale (V. sur cette question plusieurs arrêts, nos 1628 et s.)?—Jugé que quand les comptes pour causes *antérieures* à l'ouverture sont une fois réglés, on ne peut être contraint d'attendre, pour procéder à la formation des lots, le règlement des comptes pour faits postérieurs (Rennes, 21 fév. 1834, aff. Nétumières, V. Disposit. entre-vifs, n° 1145).

1794. Il a été jugé que l'art. 827, qui prescrit la vente des immeubles d'une succession *avant* la liquidation des droits de chaque héritier, n'est applicable qu'au cas où les immeubles *doivent être partagés*, mais ne peuvent pas l'être commodément; qu'ainsi lorsque, dans un partage d'ascendants, un immeuble se trouve compris dans le lot d'un copartagé, cet immeuble ne devant plus, dès lors, être partagé, bien qu'il s'élève des difficultés relativement à l'exécution du partage, on ne sera pas fondé à prétendre, s'il est mis en vente par les héritiers, qu'il n'y a lieu de procéder à la liquidation de leurs droits qu'après la vente de cet immeuble. La liquidation pourra précéder la vente (c. nap. 826, 827; Req. 6 juin 1834, aff. Priel, V. Disposit. entre-vifs, n° 4468).

1795. *Formation des lots.* — Le nombre des lots à former est déterminé ainsi par l'art. 831 c. nap. : « Il est procédé à la composition d'autant de lots égaux qu'il y a d'héritiers copartageants, ou de *souches* copartageantes. » Ainsi on forme seulement un lot pour chaque ligne, sauf aux héritiers de chacune à le subdiviser entre eux d'après leur nombre (MM. Marcadé, art. 831, n° 3; Dutruc, n° 445).

1796. L'opération est facile entre héritiers, ou souches venant de leur chef, et qui ont des droits égaux ; mais comment procéder en cas d'inégalité de droits? La difficulté ici est de concilier l'intérêt des héritiers et le vœu de la loi, qui exige, autant que possible, le tirage au sort des lots (c. nap. 835). Ce tirage n'étant pas possible pour des lots inégaux, ce n'est plus le cas de faire autant de lots qu'il y a de copartageants. On ne saurait, toutefois, poser une règle absolue ; tout dépend des circonstances.

1797. Ainsi, que de deux héritiers l'un ait droit à deux tiers, l'autre à un tiers, on formera trois lots.—De même, si trois héritiers ont droit, l'un à la moitié, les deux autres chacun à un quart, on fera quatre lots, deux pour ceux-ci, deux pour celui-là (Cass. 10 mai 1826, aff. Turquis, V. n° 1755).

1798. L'inégalité des lots peut être telle que le tirage au sort nécessite deux partages successifs. Par exemple, les héritiers sont un père et quatre frères; on fera ici deux opérations : la succession sera d'abord divisée en quatre lots; le père, qui a droit au quart, en tirera un; on partagera ensuite les trois lots restants en quatre parts égales, qui seront assignées par le sort aux quatre frères. (Conf. M. Dutruc, n° 446 *bis*).

1799. Si le partage était à faire entre le père, la mère, et un frère du défunt, faudrait-il encore former quatre lots égaux, ou devrait-on se borner à deux lots de moitié, dont l'un pour le frère et l'autre pour les père et mère, qui se le subdiviseraient ensuite? Le premier mode nous paraît préférable. M. Marcadé, art. 831, n° 1, enseigne, toutefois, que, s'il y avait plusieurs frères, il serait mieux de s'en tenir à la division en deux lots de moitié pour éviter aux père et mère le fractionnement des biens en un grand nombre de lots de peu d'importance. M. Dutruc, n° 446, objecte avec raison que ce mode aurait pour effet, à l'égard des frères, de restreindre sur une moitié de la succession les chances du tirage au sort, qui dans l'esprit de la loi doivent s'étendre autant que possible à la totalité de ces biens.

1800. Le partage d'un immeuble donné à une partie pour un quart en propriété, et pour un autre quart en usufruit, peut se faire en deux lots avec le légataire du reste de la propriété : — « Attendu qu'il s'agissait de faire cesser l'indivision entre deux parties ayant un droit égal quant à *la jouissance* dans un immeuble indivis entre elles, puisqu'à la dame de Sariac appartenait, d'une part un quart en toute propriété, et un autre quart en usufruit, dont la propriété ne rentrait dans les mains du mineur de Raousset qu'à l'époque de la cessation de l'usufruit de son aïeule; rejette » (Req., 30 avr. 1829, MM. Borel, pr., Voysin de Gartempe, rap., aff. de Raousset *C.* veuve Sariac). — Le légataire prétendait qu'étant propriétaire des trois quarts de l'immeuble, le partage aurait dû être fait en quatre lots, dont trois pour lui, sauf l'usufruit de son aïeule sur un des lots.

1801. De quels biens doit être composé chaque lot? — L'art. 832 c. nap. prescrit de composer les lots de manière à éviter le plus possible le *morcellement* des héritages et la *division* des exploitations, et à faire entrer dans chaque lot la *même quantité* de *meubles*, *d'immeubles*, de droits ou de créances, de mêmes nature et valeur. Les lois 25 et 41, ff., *Fam. ercis.* contiennent la même disposition, et tel était notre ancien droit (Lebrun, Success., chap. 1, n° 43; Pothier, Success., chap. 4, art. 4).

1802. La règle d'égalité, d'après laquelle tout partage doit être fait, de manière que chaque lot se compose d'une quantité de meubles, d'immeubles, de droits ou de créances de mêmes nature et valeur, n'est pas absolue et peut être modifiée suivant les circonstances. — Ainsi, par exemple, lorsque les biens d'une succession considérable sont situés de telle sorte que le lot d'un des cohéritiers doit comprendre des pièces détachées pour éviter le morcellement des autres lots, on peut attribuer à ce cohéritier la totalité des rentes de la succession (quand elles sont peu importantes) et une somme d'argent, à titre de retour, sans qu'il ait le droit de demander la nullité du partage ainsi fait, pour cause d'inégalité sous le rapport de la convenance et de la nature des biens ou valeurs qu'il a reçus (Req. 12 août 1840) (1).

1803. Quoique des coacquéreurs, selon des parts déterminées, d'un immeuble resté indivis entre eux, et qu'ils exploitent en société, aient depuis acheté successivement dans les mêmes proportions, mais par des contrats distincts et en les excluant de leur société, d'autres immeubles, cependant; s'il apparaît que c'est en vue de l'exploitation que les acquisitions postérieures ont eu lieu, il peut, en cas de licitation ou partage, être ordonné, malgré la demande de l'un des copropriétaires, tendante à ce qu'il y ait autant de partages que d'acquisitions distinctes, que le partage ou licitation de tous les immeubles aura lieu en un ou plusieurs lots, selon que, d'après l'avis d'experts, il sera jugé plus utile (c. nap. 824, 826, 827, 1872). Dans ce cas, les tribunaux, pour ordonner que le partage aura lieu de cette manière, peuvent se fonder sur les lettres écrites même par un seul des propriétaires (c. nap. 1341; Angers, 11 juill. 1827) (2). —

(1) (De la Frémondière *C.* de Médine.) — LA COUR; —Attendu que, si l'égalité est de l'essence des partages, et si, aux termes des art. 826 et 832 c. civ., il convient de faire entrer dans chaque lot la même quantité de meubles, d'immeubles, de droits ou de créances de mêmes nature et valeur, cette règle de droit est susceptible, dans l'application, d'être modifiée par les faits, et que le législateur le reconnaît lui-même soit dans ledit art. 832, soit dans l'art. 833, où il dispose que l'inégalité des lots en nature se compense par un retour soit en rente, soit en argent; — Attendu que l'arrêt attaqué (de Rouen) n'a pas méconnu ces principes; que, s'il a reconnu une inégalité matérielle et une inégalité de convenance dans le lot attribué à la dame de Frémondière, il a déclaré en même temps que les deux fermes qui en forment l'élément principal devaient nécessairement entrer dans un lot, et qu'il en résultait comme conséquence la nécessité d'adjoindre à ce lot quelques pièces de terre dépourvues de bâtiments d'exploitation; que, dans ces circonstances, l'attribution à ce même lot de la totalité des rentes de la succession, le capital de ces rentes étant d'ailleurs peu considérable, relativement à la masse héréditaire, a pu être maintenue, d'après l'art. 833 c. civ., et que, dans l'état de ces faits, les deux inégalités étaient légalement compensables par une seule soulte de 8,000 fr. que l'arrêt prescrit, d'ailleurs, de fournir autant que possible en biens-fonds, c'est-à-dire en biens de même nature que ceux des autres lots; — Rejette.

Du 12 août 1840.-C. C., ch. req.-MM. Zangiacomi, pr.-Hervé, rap.

(2) (Paillard *C.* Collet et Bazouin.) — LA COUR; — Considérant qu'en première instance comme en appel, les parties s'accordent à demander qu'on fasse cesser l'indivision qui existe entre elles et qu'elles ne diffèrent que sur le mode de procéder à cette fin; — Considérant que les objets à raison desquels il s'agit de régler les coïndivisaires sont la forge du Port-Brillet, minières et domaines, avec les bois et forêts, que des acquisitions nombreuses ont successivement réunis à cet établissement; — Considérant que toutes ces acquisitions ont été faites par contrats séparés, mais que tous ces contrats contiennent la stipulation que l'on achète conjointement, indivisément, et du quart au quart; qu'ainsi la même proportion de droit réside sur chaque coacquéreur, par rapport

Dans l'espèce, l'appelant produisait deux consultations délibérées l'une par MM. Devaux et Dupin aîné, l'autre par MM. Toullier, Lesbaupin, Carré et Gaillard. — De leur côté, les intimés se prévalaient d'une consultation rédigée par M. Dalloz aîné, et à laquelle ont adhéré MM. Berryer père, Lassis, Nicod et Odillon Barrot (D. P. 28. 2 108).

1804. L'application de l'art. 832 c. nap. a donné lieu à quelques questions concernant les *partages d'ascendants* entre-vifs ou testamentaires, et qui, par analogie, peuvent s'élever à l'égard du partage de la succession *ab intestat.* — V. v° Disposit. entre-vifs, n°s 4485 et suiv.

1805. Lorsqu'un père a donné par contrat de mariage et par préciput à son fils aîné le huitième de ses biens, à prendre spécialement sur tels immeubles désignés, et qu'ensuite il a légué par préciput à deux autres fils le huitième de tous ses biens, mais sans spécifier sur quels biens il serait prélevé, les juges ont pu ordonner, soit pour éviter le trop grand morcellement d'une partie des immeubles héréditaires, soit pour concilier toutes les convenances entre les copartageants à divers titres, et la mère usufruitière de la moitié des biens de son mari, que le lot unique à former pour le préciput soumis nécessairement à cet usufruit serait composé en immeubles et prélevé d'abord sur ceux que le père avait désignés, subsidiairement sur d'autres biens immobiliers; et cette décision, en n'y faisant pas entrer le mobilier qui, dans tous les cas, n'aurait pu y concourir que pour un tiers du second huitième légué par préciput, ne saurait être critiquée comme contraire à la disposition de l'art. 832 c. nap., et à l'égalité du partage, ni comme portant préjudice aux droits des héritiers à réserve (Bordeaux, 23 nov. 1829, 1re ch., M. Ravez, 1er pr., aff. Desport et autres *C.* Duroy).

1806. L'inégalité des lots en nature se compense par un *retour*, soit en rente, soit en argent (c. nap. 833) qu'on appelle *soulte de partage*. — Il ne faudrait pas, toutefois, que l'inégalité fût trop grande; s'il était difficile à l'héritier de réaliser le montant de la soulte, la licitation serait préférable. — V. *suprà*, n° 1727.

1807. Le retour est en rente lorsqu'on établit sur le lot qui en est grevé une rente foncière ou une rente perpétuelle. Néanmoins, les rentes constituées à perpétuité étant des propriétés peu avantageuses, on ne doit en faire la matière du retour que lorsqu'il y a des propriétés de même nature dans le lot chargé de la soulte. Il ne serait pas juste de donner de telles valeurs en compensation d'objets aliénables et d'une disposition facile (Chabot, t. 3, p. 151; MM. Vazeille, art. 833, n° 2; Dutruc, n° 450).

1808. Quoique l'art. 833 ne parle que du retour en rente ou en argent, on peut aussi l'effectuer en mettant à la charge des lots les plus forts une portion plus considérable des dettes de la succession (mêmes auteurs, et Toullier, t. 4, n° 430).

1809. Une soulte de partage produit-elle des intérêts de plein droit? Non, selon M. Troplong, Privil., t. 1, n° 240, par le motif que le partage est un contrat distinct de la vente. Mais on a décidé le contraire par des motifs d'analogie et d'équité qui ne nous laissent aucun doute. — « Attendu qu'aux termes de l'art. 1652 c. nap., l'acheteur doit l'intérêt du prix de la vente jusqu'au payement du capital...; si la chose vendue et livrée produit des fruits ou autres revenus; — Que la loi 13, § 20, ff., *De act. empt.*, dont ledit art. 1652 n'est que la reproduction, appuie le principe de cette considération d'équité : *Nam cùm re emptor fruatur, æquissimum est eum usuras pretii pendere*; — Que le même motif est applicable au cas d'une soulte stipulée dans un partage de biens produisant fruits ou intérêts, et qui, dans le vrai, n'est, mais en d'autres termes, que le prix d'une vente de l'excédant d'un lot sur un autre; — Emendant, etc. » (Bruxelles, 13 juin 1821, aff. Vandevoorde *C.* Deren. — Conf. MM. Vazeille, art. 833, n° 3; Belost-Jolimont, sur Chabot, *ibid.*, obs. 1re; Dutruc, n° 451).

1810. Les *intérêts* de la soulte, n'étant que la représentation des fruits de la chose échue au débiteur, courent *du jour* même de l'acte de partage ou de la mise en possession de l'héritier, et non pas seulement, comme l'a jugé à tort l'arrêt précité de la cour de Bruxelles, du jour de l'exigibilité de la soulte (MM. Vazeille et Dutruc, *loc. cit.*). On décide ainsi dans le cas de vente (MM. Duranton, t. 16, n° 340; Troplong, Vente, t. 2, n° 599); lorsqu'il a été accordé un terme à l'acheteur, il n'en doit pas moins les intérêts du prix dès le moment du contrat, à moins de stipulation contraire. L'art. 1652 c. nap. ne fait aucune distinction.

1811. Le cohéritier a une hypothèque privilégiée sur les

à toutes les propriétés, et que, dès lors, la saisine de la loi s'étend sur leur masse indivise pour la soumettre à l'éventualité d'un partage en nature, ou d'une licitation, dans le plus grand intérêt reconnu pour tous, et sans blesser les droits d'aucun; — Considérant que, d'après le principe de la loi 2 au Digeste *De communi dividundo*, il n'importe qu'il y ait eu ou non société pour qu'une chose soit commune entre ceux qui ont acheté cette même chose le même prix; que la raison de décider est la même pour plusieurs choses; qu'il en est, en ce cas, des communistes ou coassociés comme des colégataires et codonataires, auxquels les mêmes choses eussent été léguées par testament; que vainement, pour combattre ce droit social résultant de la force des choses, on oppose la clause insérée dans les actes, qu'on acquiert personnellement et hors la société; que, pour reconnaître que cette clause n'est pas exclusive de la société des acquisitions, il suffit de remarquer que les mêmes parties s'étant liées par une société préexistante pour l'exploitation du bail du 15 mess. an 7, où elles étaient fondées par parties aliquotes, inégales, et acquérant présentement, par les contrats d'acquisition, un droit égal du quart au quart, elles devaient nécessairement, pour prévenir une confusion préjudiciable à leurs nouveaux intérêts, avoir recours à une pareille clause; qu'au surplus, l'existence de cette société d'acquisition se révèle par la série des actes et des faits, *rescriptis et consensus*; qu'en effet, ayant d'abord acheté la forge du Port-Brillet et ses dépendances, par acte du 21 mars 1818, les parties ne paraissent avoir été dirigées dans les acquisitions postérieures que par des motifs de voisinage, de convenance et d'agrandissement pour l'usine; qu'on voit que, si elles ont distrait de ces acquisitions ou aliéné quelques parties, ce n'a été que celles reconnues sans valeur intrinsèque ou relative; qu'il résulte de la correspondance des parties, des comptes qu'elles ont réglés et de toutes les circonstances qui ont précédé, accompagné ou suivi ces diverses acquisitions, que, loin que chaque contrat ait formé une société particulière, tous ont été faits dans une même intention, tous ont eu un même but, celui d'une société d'acquisition relative à la forge du Port-Brillet;

Considérant que le droit des coïndivisaires dans cette société, étant ainsi constaté égal par rapport à toutes les propriétés, on doit chercher le moyen le plus avantageux de faire cesser l'indivision; qu'évidemment il est plus avantageux de rapprocher, combiner et réunir, s'il y a lieu, celle des propriétés, grandes ou petites, comprises dans les divers contrats, et qui, par leur agrégation, se communiquent réciproquement des avantages, soit pour être partagées, soit pour être licitées, que de les laisser désunies et de chercher à faire autant de partages ou de licitations qu'il y a eu de contrats; opération qui, en dépouillant les propriétés des avantages de l'ensemble, auraient pour résultat de morceler les biens et de ne laisser à chaque copartageant qu'un grand nombre de lots éloignés les uns des autres et de peu de valeur, ou de faire liciter des objets qui, réunis à d'autres, pourraient être commodément partagés, ce qui serait tout à la fois contraire à la fin que les parties se sont proposée en s'unissant, aux intentions qu'elles ont manifestées au cours de leurs acquisitions, aux avantages réels qu'elles aspirent à en retirer, et aux règles générales sur les partages;

Qu'en effet, suivant les dispositions des art. 823 et 824, s'il s'élève des contestations sur le mode de procéder à un partage, l'estimation des immeubles doit être faite par experts, lesquels doivent indiquer si les immeubles peuvent être commodément partagés; que, suivant l'art. 827, si les immeubles ne peuvent pas se partager commodément, il doit être procédé à la vente par licitation; et qu'enfin, suivant l'art. 832, dans la formation et composition des lots, on doit éviter de morceler les héritages et de diviser les exploitations; d'où suit que, pour parvenir au plus grand avantage communiste, les opérations des experts doivent s'exercer sur la totalité des propriétés indivises; — Emendant, ordonne que tous les biens compris dans les différents contrats d'acquisition seront estimés par les experts, lesquels examineront d'abord si tous lesdits biens sont susceptibles ou non d'être commodément partagés; en cas d'affirmative, présenteront un projet de partage en quatre lots, et, au cas contraire, indiqueront s'il y a un autre mode plus avantageux aux copartageants; dans lequel cas, ils pourront former des masses des différentes propriétés qui, par leur situation, leurs produits et leurs convenances, se communiquent réciproquement de la valeur, ou qui, autrement, doivent être réunies pour l'intérêt commun, auquel cas encore ils désigneront dans les masses celles qui peuvent être commodément partagées et en formeront des lots, s'expliqueront sur celles non commodément partageables, dresseront du tout procès-verbal, pour, icelui, déposé au greffe du tribunal de première instance de Château-Gontier, être procédé par ledit tribunal conformément à la loi.

Du 11 juill. 1827.-C. d'Angers, ch. civ.-M. de Farcy, pr

immeubles compris au lot qui est chargé de la soulte (c. nap. 2109). — V. Privil. et Hypoth.

1812. Par qui doivent être formés les lots? « Ils sont formés, dit l'art. 834, ou par l'un des cohéritiers qui a le suffrage des autres, ou par un expert que le juge-commissaire désigne. » Telle était la jurisprudence du parlement de Paris.—Mais il était aussi, avant le code, d'un usage général que *l'aîné* fit les lots, et que le plus jeune choisit : *Major dividat, minor eligat* (Lapeyrère, lett. 2, n° 7; Faber, lib. 3, t. 27, def. 4). — Jugé cependant que, sous la coutume de Normandie (art. 475), la fille aînée n'avait pas le choix des lots en cas de clameur, aucune disposition ne lui accordant expressément ce droit : — « Le tribunal; — Attendu que le ci-devant présidial de Caen, par son jugement du 6 juill. 1790, n'a fait que juger la validité de la convention du 5 mars 1788, et que, d'ailleurs, la coutume de Normandie ne contient pas de dispositions qui donnent textuellement à la fille aînée le droit de choisir les lots en cas de clameur; rejette » (Req. 16 juin 1791, MM. Garran, pr., Giraud, rap., aff. N.).—Lorsque, pour un partage d'une succession dont les biens se trouvaient situés sous différentes coutumes, un jugement a ordonné d'une manière générale que les lots seraient faits par experts, une pareille disposition ne contrevient nullement à celle de ces coutumes qui veut que, dans les partages entre frères, le puîné fasse les lots et les présente à ses copartageants, qui font leur choix, chacun à son rang de naissance (Req. 19 fruct. an 11, M. Target, rap., aff. veuve Lempereur).

1813. D'après l'art. 978 c. pr., le juge ne doit nommer *qu'un expert*; deux pourraient ne pas s'accorder, et trois seraient trop coûteux. Du reste, les cohéritiers majeurs, présents et capables, changeraient à leur gré ce mode d'expertise.

1814. L'expert, dont il s'agit dans l'art. 834, ne doit point nécessairement être choisi parmi ceux qui, en vertu de l'art. 824, ont estimé les biens, déterminé si les immeubles étaient susceptibles de partage. La mission des uns n'était que partielle, que préparatoire, bornée simplement aux immeubles; la mission de l'autre s'étend à toute la masse de la succession (Chabot, t. 3, p. 152; Toullier, t. 5, n° 407; MM. Vazeille, art. 834, n°s 1 et 2; Dutruc, n° 452).

1815. Les juges ne doivent point procéder eux-mêmes à la formation des lots, ni faire un partage par attribution; ce qui sera expliqué plus loin, n° 1835.—Néanmoins, jugé que, lorsqu'un projet de partage et une formation de lots, arrêtés par des experts désignés à cet effet, ne peuvent plus être mis à exécution, à raison d'événements survenus postérieurement, qui ont rendu des modifications nécessaires, une cour royale a pu, à l'aide des éléments reconnus suffisants, qui se trouvaient dans le travail des experts, procéder, sur la sollicitation de toutes les parties, au règlement définitif du partage de la succession et à la formation des lots à tirer au sort, sans être tenue d'ordonner préalablement une seconde expertise (c. nap. 834, 835; c. pr. civ. 975; Rej. 30 mai 1836) (1).

1816. Lorsqu'il y a des *mineurs* parmi les copartageants, et que le tribunal, conformément à la loi du 2 juin 1841, a dispensé de l'expertise préalable, est-il nécessaire que les lots soient formés par un expert? Non, selon M. Bioche, v° Partage, n° 166, en ce qu'il impliquerait contradiction que la loi de 1841 eût déclaré l'expertise simplement facultative, sur la question de partage en nature, et qu'elle l'eût formellement exigée pour l'opération plus facile du lotissement. M. Dutruc, n° 452, répond que le tribunal, quand il dispense de l'expertise préalable, peut apprécier lui-même, par des documents qui lui sont soumis, l'opportunité du partage en nature ou de la licitation; mais il ne peut pas former des lots; et si, à défaut d'un expert, leur formation est l'œuvre de l'un des héritiers, elle n'offrira pas aux mineurs les garanties désirables. On a fait remarquer, en outre, que la loi de 1841 déroge d'une manière expresse, non pas à la disposition de l'art. 978 c. pr., mais seulement à celles des art. 824 c. nap. et 969 c. pr., qui prescrivaient l'expertise préalable dans tous les cas. — Jugé que, dans le cas dont il s'agit, il y a lieu de faire former les lots par un expert (Caen, 30 janv. 1843; trib. de Caen, 29 avr. 1844) (2). L'usage contraire s'est établi au tribunal de la Seine.

1817. D'après l'art. 831 c. nap., c'est après les prélèvements qu'il est procédé à la composition des lots.—Jugé aussi qu'il doit être sursis à l'envoi en possession des lots jusqu'après les rapports et prélèvements. — « Attendu que les rapports et prélèvements entrent dans les opérations réalisées et définitives du partage, et doivent ainsi précéder l'envoi en possession des lots;— Émendant » (Riom, 1re ch., 10 août 1814, M. Bonarme, pr., aff. Rodier C. Rodier).

§ 9. — *Homologation du partage*.

1818. D'après l'art. 981 c. pr., l'*homologation* du partage est poursuivie par la partie la plus *diligente*, à qui le notaire a remis l'expédition du procès-verbal; sur le *rapport* du juge commissaire, le tribunal homologue le partage, s'il y a lieu, les parties présentes ou appelées, si toutes n'ont pas comparu à la

---

(1) (Mourgues C. Jean-Jean.) — LA COUR; — Sur le moyen tiré de la violation des art. 834 et 835 c. civ., et 975 c. pr., en ce que la cour royale de Montpellier aurait formé les lots à tirer au sort, tandis que cette formation n'appartenait qu'à l'un des héritiers ou à un expert nommé d'office; — Attendu qu'un projet de partage et une formation de lots ont été arrêtés par des experts nommés à cet effet; que des événements survenus depuis le projet, en ont altéré quelques parties, et en ont rendu les modifications nécessaires; que les héritiers Mourgues ont été en conséquence renvoyés devant notaire pour s'entendre sur les rectifications qu'il pouvait être indispensable de faire, et qu'ils n'ont pu parvenir à se mettre d'accord; qu'ils ont demandé à la cour royale de Montpellier un règlement définitif; — Que cette cour, en procédant à ce règlement, à l'aide de tous les éléments que présentait notamment le travail des experts précédemment désignés, et en opérant entre les parties le partage définitif de la succession du sieur Mourgues, n'a commis aucun excès de pouvoir, et n'a pas violé les articles ci-dessus cités c. civ. et c. pr. civ.;—Rejette.

Du 30 mai 1836.-C. C., ch. civ.-MM. Portalis, 1er pr.-Thil, rap.-Laplagne-Barris, 1er av. gén., c. conf.-Dalloz et Lacoste, av.

(2) 1re *Espèce :* — (Hér. Bourdet.) — LA COUR; — En ce qui concerne l'homologation des lots : — Considérant qu'au nombre des parties intéressées il se trouve un mineur; qu'en ce cas, les lots doivent être faits par un expert nommé par le juge-commissaire, conformément à l'art. 978 c. pr., ou, suivant l'art. 975 même code, par les experts délégués pour procéder à l'estimation, ce qui ne peut avoir lieu dans l'espèce puisque le premier juge a dispensé les parties de la formalité préalable de l'estimation; — Considérant qu'en cet état de choses, le tribunal de Cherbourg s'est conformé à la loi en refusant d'homologuer des lots qui ne sont que l'œuvre des parties elles-mêmes, etc.

Du 30 janv. 1843.-C. d'appel de Caen.

2e *Espèce :* — (Bilheux C. Pilet.) — LE TRIBUNAL; — Attendu que les seuls articles du tit. 7, liv. 2, c. pr. civ, qui aient été modifiés par la loi du 2 juin 1841, sont les art. 969, 970, 971, 972, 973, 975, 976; que les autres articles subsistent dans leur entier et forment avec les articles modifiés le septième titre, et qu'ils sont par suite en vigueur, puisqu'aucun article de la loi du 2 juin n'en prononce l'abrogation; — Attendu que de la coexistence de ces divers articles de ce titre, il résulte que les dispositions générales introduites par la loi nouvelle doivent être modifiées par celles de la loi ancienne, qui régissent des cas spéciaux, toutes les fois qu'il n'est pas dérogé expressément par les nouvelles rédactions aux articles anciens, et que d'ailleurs les dispositions d'articles en apparence diamétralement opposées peuvent se concilier entre elles; — Attendu qu'avant la loi du 2 juin, l'esprit de la législation était qu'en cas de contestation sur la possibilité d'un partage en nature d'immeubles indivis, le tribunal devait ordonner une expertise; qu'il devait nécessairement y faire procéder ainsi qu'à l'estimation des biens à partager, lorsque des mineurs étaient intéressés en leur propriété; — Attendu que le nouvel art. 970 dispense les tribunaux de l'expertise préalable, même lorsqu'il y a des mineurs; qu'ils peuvent encore, d'après leurs lumières et les documents qui leur sont présentés, ordonner le partage ou la licitation; — Attendu que l'art. 978 exige, lorsqu'il y a des mineurs, que la composition des lots soit faite par un expert nommé par le juge-commissaire; que cet article modifie évidemment l'art. 970, qui s'applique seulement au cas où il n'y a que des majeurs, mais que lorsqu'il se trouve des mineurs parmi les copartageants, les lots doivent nécessairement être composés par un expert; — Attendu que d'après la nature des biens à partager, il y a possibilité de faire un partage en nature, mais que les lots doivent être composés par un expert, puisqu'il y a des mineurs dans la cause; — Par ces motifs, déclare partageables en nature les immeubles dont il s'agit, commet pour procéder audit partage Me Morice, notaire à Creully, sous la surveillance de Me Daigremont-Saint-Mauvieux, juge-commissaire, qui nommera un expert pour faire les lots, etc.

Du 29 avr. 1844.-Trib. de 1re inst. de Caen, 1re ch.

clôture du procès-verbal; et sur les conclusions du ministère public, dans le cas où la qualité des parties réclame son intervention.

1819. Doit-on appeler les parties qui ont signé le procès-verbal? La négative pourrait s'induire des termes de l'art. 981 c. pr. et d'un arrêt (Riom, 14 janv. 1842, aff. Clapelle, V. nº 1825). Mais telle n'est point la pensée de la loi; on n'a pas entendu, dans cette disposition accessoire, déroger aux règles ordinaires de la défense. La comparution à la clôture n'implique pas nécessairement une approbation du travail du notaire. Il a dû entrer dans l'esprit de la loi de laisser aux intéressés le droit de le critiquer, lors de la demande d'homologation. Autrement ce serait faire de l'homologation une pure formalité. — Or il n'y a qu'un cas où les tribunaux décident hors de la présence des parties; c'est pour déclarer qu'il y a lieu, ou non, à l'adoption. — Cette solution serait plus fondée encore, si le procès-verbal était contesté par l'une des parties, puisque, par le fait seul de cette contestation, il cesse d'être obligatoire pour celles qui l'ont signé (Pigeau, t. 2, p. 690; Thomine, t. 2, p. 622; Carré, quest. nº 3210; MM. Chauveau, quest. nº 2507-7º; Bioche, nº 185; Dutruc, nº 461; *Contrà*, Delaporte, t. 2, p. 470).

1820. De ce que la présence des parties ou leur signature sur le procès-verbal du notaire n'emporte pas approbation, il suit encore qu'elles sont recevables elles-mêmes à le contester plus tard (Carré, quest., nº 3208; MM. Bioche, vº Partage, nº 172; Dutruc, nº 459). — A plus forte raison, le fait seul de la comparution devant notaire ne constitue pas une fin de non-recevoir contre la partie qui n'a pas signé le procès-verbal, et qui, loin d'approuver la liquidation, a fait ses réserves (Paris, 12 avril 1834, 1re ch., aff. Massabais *C.* Thiébaut).

1821. De même encore, la partie qui n'a pas du tout comparu est recevable dans ses contestations (mêmes auteurs).—Jugé 1º que de ce qu'un copartageant ne s'est pas présenté, après plusieurs sommations, devant le notaire, il ne résulte pas qu'il soit non recevable à contester son travail, lors de la poursuite en homologation, s'il justifie des causes qui l'ont empêché de contester sur le procès-verbal de liquidation. — « Considérant que si les art. 837 c. nap. et 977 c. pr. ont déterminé le mode à suivre dans le cas où des contestations sont élevées devant le notaire, sur les opérations qui lui ont été renvoyées, ces dispositions ne sauraient cependant priver les parties, qui ne se seraient pas présentées devant ce notaire, de contester la liquidation, lorsque l'homologation en est poursuivie; considérant que la veuve de Buissy a justifié des causes particulières et personnelles qui l'ont empêchée de contester sur le procès-verbal de liquidation; confirme » (Paris, 20 fév. 1832, aff. veuve Buissy *C.* Buissy);— 2º Que l'héritier représenté à l'ouverture du procès-verbal, dressé par le notaire commis au partage ne doit pas être considéré comme non recevable à contester ce procès-verbal, en ce qu'il n'aurait pas assisté ou été représenté à la clôture (Paris, 22 déc. 1838, aff. Bouly, V. nº 1831).

1822. L'homologation peut être poursuivie par la partie la plus diligente, à laquelle le notaire a remis l'expédition du procès-verbal de partage.—Cette expédition doit-elle être déposée au greffe (V. *suprà*, nº 1758)?—Jugé qu'il n'est pas nécessaire de porter le jugement d'homologation à la suite de l'expédition du procès-verbal dressé par le notaire (Riom, 25 avril 1834, aff. Arnaud, V. *suprà*, nº 1758).

1823. L'audience doit être poursuivie sans assignation, sur un simple *avenir* (MM. Boucher-d'Argis, vº Partage, nº 14; Dutruc, nº 461).

1824. A l'égard d'un partage intéressant des *mineurs*, la demande en homologation peut être formée, par voie d'assignation, sauf au tribunal, lorsque ce dernier mode est employé, à rejeter toutes significations frustratoires (Paris, 16 janv. 1855, aff. Languetin, D. P. 55. 2. 194). M. Bioche croit l'assignation nécessaire dans le cas seulement où il y a contestation entre les cohéritiers. MM. Boucher d'Argis et Dutruc, *loc. cit.* n'admettent la nécessité de l'assignation qu'autant que l'une des parties n'aurait pas constitué avoué, parce que toutes doivent être appelées.

1825. Lorsque l'une des parties s'est fait représenter par un avoué, qui a donné sa démission pendant les opérations du partage, et qu'elle n'a pas assisté elle-même à la clôture du procès-verbal, l'homologation n'a pu en être poursuivie en justice sans assignation en constitution de nouvel avoué (Riom, 14 janv. 1842) (1).

1826. Quand les parties sont d'accord, et qu'elles ont toutes signé le procès-verbal de partage, l'homologation peut être demandée par une *requête collective* (MM. Thomine, t. 2, nº 622; Chauveau sur Carré, quest. 2506-8º; Bioche, nº 182; Dutruc, nº 461).

1827. La demande en homologation, dans le cas, par exemple, où il y a des *mineurs* parmi les cohéritiers, doit être portée en audience publique, et non en la chambre du conseil, encore bien qu'il ne s'élèverait aucune contestation (Paris, 16 janv. 1855, aff. Languetin, D. P. 55. 2. 154. — *Contrà*, les auteurs que nous venons de citer).

1828. Le tribunal appelé à statuer sur l'homologation d'une liquidation peut l'annuler en entier, sans se renfermer dans les conclusions des parties (Bordeaux, 15 janv. 1835) (2).

1829. En tout cas, les conclusions par lesquelles une partie

---

(1) (Capelle *C.* Coudert.) — La cour; — Attendu, quant au procès-verbal de compte et composition des lots, qu'il y a été procédé par le notaire commis, en exécution des jugements qui l'avaient ordonné, et en conformité de l'art. 977 c. pr. civ.; — Que le ministère des avoués n'y était ni nécessaire ni autorisé; que les parties pouvaient y comparaître seules, ou en se faisant assister d'un conseil, mais à leurs frais, d'après l'art. 977; qu'enfin, le notaire pouvait y procéder seul, sans assistance d'un autre notaire ni de témoins; — Attendu, en fait, qu'après un défaut de jonction prononcé contre les époux Capelle, ils avaient comparu par le ministère de Mº Paulin Durieu, leur avoué; qu'ils furent appelés à l'ouverture du compte, et que Mº Durieu comparut devant le notaire pour y assister en leur nom; — Que si, en 1839 et pendant les opérations du notaire, il cessa ses fonctions d'avoué, le notaire ne dut pas moins continuer le compte pour lequel il était commis; — Qu'il ne s'agissait pas de procédures à faire dans le cours d'une instance non encore en état, mais d'une opération ordonnée par un jugement définitif, qui se faisait hors la présence du juge, et qu'il n'y avait lieu, pour cet objet, ni à reprise, ni à l'application de l'art. 544 c. pr.; — Attendu, d'ailleurs qu'à la date des 5 nov. et 28 déc. 1839, il fut fait aux époux Capelle, à leur domicile, deux sommations de comparaître, les 9 novembre et 7 janvier suivants, devant le notaire, pour assister à la continuation du procès-verbal et y soutenir leurs intérêts; que, le 25 avril 1840, il leur fut fait une dernière sommation de comparaître, le 4 mai, à la clôture du compte et à la composition des lots; qu'il ne tenait qu'à eux d'y assister, et que c'est le 4 mai, jour indiqué dans la sommation, que le notaire a procédé à cette clôture; — Qu'en cela et dans tout le cours de l'opération, le notaire et les parties se sont exactement conformés aux prescriptions des art. 978, 979 et 980 c. pr. civ.; — Qu'ainsi le procès-verbal du notaire a été fait régulièrement;

Mais attendu, quant au jugement lui-même, que ces règles ne sont plus applicables; — Que, du moment où les parties revenaient devant le tribunal, elles devaient agir en la forme prescrite par les lois de la procédure; — Que l'art. 981, spécial pour cette matière, ordonnait d'appeler les parties à l'homologation du compte, si toutes n'avaient pas comparu à la clôture du procès-verbal; — Attendu que les époux Capelle n'ayant pas comparu au procès-verbal de clôture, il était, par cela seul, nécessaire de les appeler à l'audience; qu'ils ne pouvaient y comparaître que par le ministère de leur avoué, et que son ministère devenait indispensable; — Attendu que leur avoué ayant cessé ses fonctions, l'art. 544 c. pr. civ. était applicable; que l'affaire n'était pas en état, puisqu'il n'y avait ni conclusions prises, ni même nouvelle instance liée depuis le jugement qui avait ordonné le compte; qu'il n'était pas besoin de signifier la démission de Mº Durieu, et que, s'agissant de procédures à faire en justice réglée, il était nécessaire et expressément prescrit par l'art. 544, d'une constitution de nouvel avoué, laquelle devait être provoquée par une assignation à domicile; — Attendu qu'au lieu de se conformer à ces prescriptions de la loi, le juge-commissaire a fait son rapport à l'audience sans que les parties y aient été appelées, sans même qu'aucun acte émané de lui constate que le jour en avait été indiqué; que la veuve Capelle, qui n'avait pas comparu au procès-verbal de clôture, n'a pas été mise à même de faire valoir ses droits, et que le jugement a été rendu par défaut contre elle, alors qu'elle n'avait plus d'avoué, et sans qu'elle ait été mise en demeure d'en constituer un nouveau; — Infirme.

Du 14 janv. 1842.-C. de Riom, 2e ch.-M. Archon, pr.

(2) (Jemot *C.* Jemot.) — La cour; — Considérant que, devant les premiers juges, les époux Labrousse concluaient à ce que la liquidation du notaire Jamin fût rectifiée dans toutes les parties où elle leur faisait

demande la rectification d'une liquidation dans tous les points qui lui font grief, et indique ensuite trois chefs particuliers de cette liquidation, autorise les juges à annuler non-seulement les dispositions désignées, mais l'opération tout entière (même arrêt).

1830. Le tribunal devant lequel a été portée l'action en homologation ne peut être saisi, incidemment à cette demande, de la réclamation, formée par l'un des cohéritiers, du payement d'une créance qui n'a pas été l'objet d'un chef spécial de demande sur le procès-verbal du notaire (Rej. 12 janv. 1853, aff. Charentais, D. P. 53. 1. 21). — M. Dutruc, n° 463, critique cette décision : « D'un côté, dit-il, les parties peuvent porter à l'audience des réclamations autres que celles consignées dans le procès-verbal du notaire, puisque aucune déchéance n'a été prononcée, et qu'on peut fort bien ne découvrir que plus tard les nouveaux chefs de contestation; d'un autre côté, il faut bien que ces réclamations soient formulées à l'occasion des débats sur l'homologation, puisqu'elle ne pourrait plus l'être après l'homologation qui rend le partage définitif. »

1831. Le *jugement* homologatif est réputé *contradictoire* du moment où toutes les parties ont été appelées (arg. c. pr. 981), et, dès lors, il n'est pas susceptible d'opposition, mais seulement d'appel (Paris, 22 déc. 1838 (1). — Conf. MM. Poujol, t. 2, p. 81; Bioche, v° Partage, n°s 187, 189; Dutruc, n° 464). — Jugé que l'héritier qui n'a pas contesté devant les premiers juges les opérations de liquidation, compte et partage, est recevable à interjeter appel du jugement homologatif (même arrêt; Conf. Paris, 23 juill. 1840 (2), 15 juin 1837, aff. Pericaudet, V. Appel civil, n° 261).

---

grief; que de pareilles conclusions embrassaient dans leur généralité la liquidation tout entière; qu'elles donnaient au tribunal d'Angoulême le droit et lui imposaient le devoir de rechercher tout ce qui pouvait, dans l'acte soumis à son examen, préjudicier à la dame Labrousse; qu'il importe peu qu'après avoir employé les expressions qui viennent d'être rappelées les époux Labrousse en soient venus à attaquer, d'une manière plus spéciale, trois chefs de la liquidation; qu'en demandant l'annulation de ces trois chefs, les époux Labrousse n'ont certainement pas renoncé à leurs précédentes conclusions; que rien dans la cause ne peut le faire présumer; — Considérant, d'ailleurs, que le droit du tribunal d'Angoulême d'examiner la liquidation dans son ensemble, et de l'annuler s'il la trouvait irrégulière ou fautive, est écrit dans l'art. 981 c. pr., dont les dispositions sont ainsi conçues : « Le notaire remettra l'expédition du procès-verbal de partage à la partie la plus diligente, pour en poursuivre l'homologation par le tribunal; sur le rapport du juge-commissaire, le tribunal homologuera le partage, s'il y a lieu, les parties présentes ou appelées; » que ces mots, s'il y a lieu, prouvent d'une manière évidente que le tribunal doit vérifier l'ensemble du travail qu'on lui présente à homologuer, afin d'accorder ou refuser l'homologation, selon que le notaire aura respecté ou enfreint les limites du mandat qui lui avait été donné par la justice; — Confirme, etc.

Du 15 janv. 1855.-C. d'appel de Bordeaux, 2° ch.

(1) *Espèce* :—(Bouly C. Lacher.)—4 avr. 1838, jugement homologatif du tribunal de la Seine. — Opposition formée par les sieur et dame Bouly qui prétendent qu'il a été rendu par défaut, bien qu'il mentionne que leur avoué a été entendu en ses conclusions. — 4 juill. 1838, jugement par lequel ils sont déboutés de leur opposition. — « Attendu que le jugement du 4 avr. dernier constate qu'il a été rendu après avoir entendu les parties; que ce jugement, qui fait foi de son contenu, est évidemment un jugement contradictoire, et par conséquent non susceptible d'opposition; — Attendu d'ailleurs qu'en supposant, comme le prétendent les époux Bouly, que ce serait par erreur que le jugement énoncerait que Me Baratier aurait été entendu en ses conclusions, le jugement n'en serait pas moins réputé contradictoire, et l'opposition alors inadmissible; — Attendu en effet que les art. 977 et 981 c. pr. civ., 823 et 837 c. civ., déterminent particulièrement la forme, la marche et les règles de la procédure à observer sur les difficultés qui s'élèvent en matière de liquidation et d'homologation; qu'ainsi ces articles constituent une loi toute spéciale à cet égard : — Attendu que ces articles n'admettent pas la voie d'opposition, et qu'on ne peut l'induire ni de leur silence ni des principes généraux du droit, puisque ce serait attribuer à une contestation qui n'est en réalité qu'un incident de l'action en partage, l'existence et le caractère d'une instance nouvelle et particulière, soumise à toutes les exigences de l'action première et principale, et nécessiter dès lors des défauts profit-joint et toutes les phases de la procédure ordinaire, alors cependant que, dans la pensée et dans la volonté de la loi, tout doit se décider rapidement sur le rapport du juge-commissaire et les conclusions du ministère public; — Qu'il résulte au contraire du silence même desdits articles et de leur esprit que la voie d'opposition est essentiellement inadmissible, et que les jugements qui statuent sur les difficultés d'une liquidation sont des jugements contradictoires qui rentrent sous l'empire du principe consacré par l'art. 113 c. civ.; — Attendu qu'il importe peu que toutes les parties aient ou n'aient pas été présentes aux opérations de la liquidation, dès qu'elles y ont été régulièrement appelées, pour que la nature du procès et le jugement soient indivisibles dans leurs effets, et que la négligence ou le refus de l'un des héritiers ne peut nuire au droit des autres parties, lui faire une condition à part, ni changer, ni même modifier le caractère de la contestation et du jugement qu'elle a fait naître; — Attendu en fait que les époux Bouly, valablement appelés à toutes les opérations de la liquidation, il n'a dépendu que de leur volonté de se présenter devant le notaire; qu'il est également constant et non méconnu que les parties de Baratier ont été régulièrement appelées pour statuer sur l'homologation de la liquidation dont s'agit; — Que de ces faits et des principes ci-dessus établis il résulte que le jugement du 4 avr. dernier est contradictoire, et conséquemment non susceptible d'opposition;—Qu'ainsi le tribunal est dans l'impossibilité d'apprécier les difficultés soulevées contre la liquidation, puisqu'il n'est plus saisi de la connaissance du fond, etc. » — Appel. — Arrêt.

LA COUR; — En ce qui touche l'appel du jugement du 4 juillet, adoptant les motifs des premiers juges;—En ce qui touche l'appel du jugement du 4 avril : — Sur la fin de non-recevoir résultant de ce que les époux Bouly n'ont élevé aucune contestation sur le procès-verbal de liquidation; — Considérant que, si, le 19 août 1837 les époux Bouly ont assisté à l'ouverture dudit procès-verbal, représentés par un mandataire auquel le notaire a donné connaissance des bases sur lesquelles il devait établir la liquidation, il est constant que, le 12 janv. 1838, ils n'étaient ni présents ni représentés à la clôture du procès-verbal; qu'ils avaient été sommés, il est vrai, de s'y trouver; — Mais considérant qu'aucune disposition de loi ne déclare forclos l'héritier qui ne sera pas représenté aux opérations de partage devant le notaire commis par la justice; — Sur la fin de non-recevoir résultant de ce que, devant les premiers juges, les époux Bouly n'ont point critiqué le travail du notaire; — Considérant qu'ils étaient défendeurs, avec plusieurs autres parties en cause, à la demande en liquidation et partage, et, par suite, à l'homologation du procès-verbal dressé par le notaire desdites opérations, lesquelles se trouvaient ainsi dans leur ensemble, et relativement aux droits de chacun des héritiers, soumises à l'appréciation du tribunal; — Qu'ils n'ont donné aucun acquiescement soit audit procès-verbal soit au jugement dont est appel, et que les demandes qu'ils ont formées devant la cour ne sont que la défense à l'action dirigée contre eux.

Du 22 déc. 1838.-C. d'appel de Paris.

(2) (Hérit. Racine C. Bourgeois et autres.) — LA COUR; — En ce qui touche les fins de non-recevoir tirées de ce que le jugement du 23 juill. 1830, frappé d'appel le 25 nov. 1839, est un jugement homologatif d'une liquidation non contestée rendu sur la demande du tuteur, et qu'il avait lui-même fait signifier, sans réserve d'appel, dès le 31 juill. 1830, aux parties en cause : — Considérant que la loi ne contient aucune disposition qui autorise les juges à statuer en premier et dernier ressort sur l'homologation d'un partage poursuivi devant eux en conformité de l'art. 981 c. pr. civ., alors même que la liquidation a été réglée et l'homologation prononcée sans contestation et avec le concours de toutes les parties; qu'elle a, par conséquent, laissé ces jugements d'homologation soumis au droit commun et aux dispositions qui établissent deux degrés de juridiction, et qui ne permettent les jugements en premier et dernier ressort que dans les cas expressément déterminés; — Que, dès lors, la partie qui n'a pas acquiescé à un jugement d'homologation peut toujours, lorsqu'elle en éprouve quelque préjudice et qu'elle est encore dans les délais fixés par la loi, faire valoir devant la juridiction supérieure tous les griefs qu'elle a négligé ou qu'elle a été empêchée de faire valoir devant les premiers juges; — Qu'à la vérité le tuteur des enfants Racine a lui-même demandé l'homologation de la liquidation; mais qu'en admettant qu'il fût par là censé avoir acquiescé par anticipation au jugement, l'appel des mineurs n'en serait pas moins recevable; qu'il résulte, en effet, des termes de l'art. 444 c. pr. civ. et des motifs qui l'ont dicté que, pour donner un nouveau moyen de sûreté aux mineurs sans prolonger les délais de l'appel, il a été exigé que tout jugement sujet à l'appel fût signifié non-seulement au tuteur, mais aussi au subrogé tuteur, lors même qu'il ne serait pas en cause; que, s'il n'est pas alors chargé de la défense des mineurs pendant l'appel, il devient, comme le tuteur lui-même, responsable s'il laisse passer le délai de trois mois depuis la signification sans prendre les mesures prescrites par la loi pour savoir si l'appel doit être interjeté, et sans l'avoir interjeté; — Qu'il est constant que la demande d'homologation dont il s'agit a été formée sans le concours du subrogé tuteur, qui n'était point en cause, et que le jugement d'homologation ne lui a pas été notifié; — Qu'on n'est pas fondé à opposer que Wallerand, tuteur agissant au nom des mineurs, a fait signifier ce jugement aux parties en cause, puisque la loi, pour donner aux mineurs une double garantie contre les effets de la négligence ou de l'infidélité, a prescrit la signification tant au tuteur qu'au subrogé tuteur, quoique représentant le même intérêt; que le tu-

1682. En cas d'*infirmation* du jugement homologatif, la cour d'appel peut-elle *retenir* l'instance ou doit-elle nécessairement la renvoyer devant le tribunal du lieu de la succession? — V. *suprà* n° 1677.

1683. La liquidation d'une succession opérée par le notaire commis, et dans laquelle un mineur est intéressé, n'est point sujette à l'homologation du tribunal, lorsque, ayant pour objet, non la formation de lots, mais seulement la division entre les héritiers, d'après leurs parts naturelles, soit du prix de vente des immeubles, soit des créances de la succession, elle est approuvée par toutes les parties majeures, ainsi que par le tuteur du mineur (c. nap. 466, 828 et 831; c. pr. civ. 977, 978, 980 et 982). — C'est ce qui résulte d'un jugement remarquable (trib. civil de Metz, 26 janv. 1830) (1). La doctrine qui y est développée, et qui aurait pour conséquence d'exempter de l'homologation toutes les liquidations et d'opérer ainsi une grande économie dans les frais, peut, dès l'abord, paraître contraire aux diverses dispositions sur la matière; mais, après un examen attentif, il est difficile de ne pas l'approuver. — Dans l'espèce, il n'y a rien de contentieux, puisqu'il s'agit d'une simple division

---

teur Vallerand devait donc, pour satisfaire à cette disposition de la loi, faire signifier le jugement au subrogé tuteur; qu'à défaut de cette signification, le délai de l'appel n'a pu courir utilement contre les mineurs; que les fins de non-recevoir doivent donc être écartées; — ...Considérant, d'ailleurs, que ce partage, si préjudiciable aux enfants Racine, ayant été fait par attribution, et non par formation de lots, tirage au sort, conformément aux dispositions des art. 827 et 834 c. civ. et au jugement du 28 août 1829, ne pourrait, aux termes de l'art. 466 du même code, être considéré, à l'égard de ces mineurs, que comme provisionnel; que s'agissant, dans la liquidation, de droits immobiliers, Vallerand, qui stipulait comme leur tuteur, ne pouvait, par voie de transaction consentir au mode de partage proposé par le notaire, et faire cesser l'application des art. 827 et 834 précités, 969 et autres c. pr. civ., et que ces formalités n'ont pas été remplies...; — Met le jugement dont est appel au néant; — Émendant, etc.

Du 25 juill. 1840.-C. de Paris, 2ᵉ ch.-MM. Hardoin, pr.-Berville, 1ᵉʳ av. gén., c. conf.-Dérodé et Goujet, av.

(1) (N... C. N...) — Le tribunal; — Attendu que si les partages dans lesquels des mineurs sont intéressés doivent être faits en justice pour être définitifs, de ce principe général ne ressort pas la conséquence que, quand toutes les valeurs d'une succession ont été mobilisées, et que les opérations pour arriver à la division ont dû être renvoyées devant un notaire délégué, le travail de ce dernier doit être soumis à l'homologation du tribunal; que, pour arriver à la démonstration de cette proposition, il est indispensable de se reporter à l'ensemble des dispositions législatives en matière de partage, et de coordonner les différents textes les uns avec les autres; — Que, lorsqu'il s'agit de procéder à un partage d'immeubles, ou les droits des parties *sont liquidés*, ou ils *ne le sont pas* avant la demande en partage;

Que dans le premier cas, des experts, commis par jugement, doivent, après avoir estimé les biens, procéder à la formation des lots: leur rapport est entériné; puis il est procédé au tirage au sort dans la forme voulue; que là se bornent les opérations prescrites par les art. 465, 466, 824, 828 et 829 c. civ.; 966, 969, 970, 971, 972 et 975 c. pr.; — Que dans le second cas, celui où les droits des parties *ne sont pas déjà liquidés*, l'estimation des immeubles a également lieu par experts, qui évaluent aussi les meubles en nature (art. 825 c. civ.), si l'estimation n'a eu lieu par inventaire. Mais alors, comme, pour établir et composer les lots, il faut connaître le montant de la masse partageable, et quels sont les droits de chacun avant de procéder à la formation de ces lots, les parties sont renvoyées devant un notaire pour établir les comptes, rapports, prélèvement, formation de masse; et après cette opération a lieu seulement la formation des lots par un cohéritier ou un expert commis; le tribunal homologue ce procès-verbal de composition de lots et ordonne le tirage au sort (art. 828 c. civ.; 976, 977, 978, 979, 980, 981, 982 c. pr.); — Qu'il ne faut pas confondre l'expédition de l'acte dont la remise est ordonnée par l'art. 981 c. pr., c'est-à-dire de l'acte de partage lui-même, qui n'est autre que le procès-verbal de composition de lots (art. 981 et 982 c. pr.) avec le procès-verbal des difficultés dont parlent les art. 977 et 978; que ce procès-verbal de difficultés ne peut et ne doit, dans aucun cas, être soumis à l'homologation, parce que, loin de constituer le partage, il n'en est au contraire que le préliminaire indispensable (art. 829, 830, 831, 834 c. civ.; 978 et 979 c. pr.); que, quant à ces difficultés élevées devant le notaire (art. 837 c. civ.; 977 c. pr.), le juge-commissaire devient souvent le médiateur, et, si le renvoi à l'audience est prononcé par lui, le tribunal statue; que le juge-commissaire ayant concilié sur les difficultés, ou le tribunal ayant prononcé, évidemment quand il s'agit de l'homologation, elle ne peut plus porter que sur le procès-verbal de composition des lots, qui est le partage proprement dit; qu'autrement, soumettre à l'homologation définitive ce qui a déjà fait la matière du premier jugement ou de la conciliation du juge-commissaire, c'est-à-dire les difficultés élevées lors des opérations renvoyées devant le notaire, ce serait s'exposer à statuer deux fois entre les mêmes parties sur le même objet et même en sens différent; qu'il est donc de toute évidence qu'il n'y a que le partage, c'est-à-dire l'acte de composition des lots, qui soit sujet à l'homologation;

Attendu que ce n'est que quand les immeubles sont impartageables, et que l'on ne peut procéder à la formation des lots, que la licitation peut être ordonnée (art. 827 c. civ.); — Que, dans cette dernière hypothèse, où tous les immeubles ont été vendus, et où il ne s'agit plus que d'une succession composée du prix des biens, des créances actives, d'argent comptant, ou autres valeurs de même nature, il est évident qu'il n'y a plus lieu au partage qui exige une expertise, une formation de lots, leur tirage au sort, puisqu'il ne s'agit plus que de valeurs nominales, d'une égalité parfaite entre elles; que ces valeurs ne peuvent être expertisées; que le plus souvent il ne peut y avoir lieu à la formation de lots égaux et à leur tirage au sort, puisque les droits des parties peuvent être inégaux quant aux capitaux se trouvent réunis les intérêts, et que le père ou la mère survivant jouit de l'usufruit légal sur la portion d'un des cohéritiers mineurs; qu'il ne peut non plus y avoir lieu à soulte ou mieux-value, même fictive; car on ne peut admettre une fiction de cette nature, encore moins la réalité, pour arriver à une formation de lots et à un tirage au sort de valeurs numéraires; formation de lots qui deviendrait néanmoins indispensable pour arriver à l'homologation et au tirage au sort, ainsi qu'il a été démontré plus haut; que la seule marche à suivre, celle prescrite par la loi, est de renvoyer les parties devant un notaire, qui a capacité pour procéder aux compte et rapport entre les héritiers; car, si ces héritiers s'accordent entre eux, le notaire fixe le reliquat actif de la masse à partager, et chacun d'eux prend sur-le-champ la portion qui lui advient;

Attendu que ces opérations devant le notaire étant *approuvées par toutes les parties*, leurs droits sont, au moment même de leur déclaration, liquidés définitivement; car, *s'agissant d'une action mobilière, le tuteur a capacité pour autoriser et approuver*; d'un autre côté, cette opération devant le notaire n'étant, pour ainsi dire, qu'un compte entre les héritiers, le tuteur a aussi capacité pour l'apurer, puisque l'on ne peut contester qu'il n'ait ce droit pour tout compte d'un tuteur précédent ou autre mandataire; — Qu'en vain, pour soutenir un système contraire, l'on prétendrait que l'opération renvoyée devant le notaire, c'est-à-dire la liquidation, n'est autre chose que la continuation de l'action immobilière de partage, puisqu'il ne s'agit que de diviser le prix des immeubles; ce serait là une erreur en droit, car il faudrait que l'on pût admettre que le prix des immeubles est subrogé aux immeubles mêmes, et comme cette subrogation ne se trouve ni implicitement et encore moins explicitement établie dans aucun texte de nos lois, il faut s'en tenir aux principes posés par le code civil sur la distinction des biens, principes qui, d'ailleurs, étaient enseignés par Ricard, tit. 1, ch. 10, n° 453; Renusson, ch. 1, v. 10, n° 28, et Denisart, nᵒˢ 92 et 95, qui tous consacrent la négative de cette subrogation; — Qu'inutilement on s'appuierait sur cette considération que l'intérêt des mineurs exige la formalité de l'homologation; que les tribunaux ne peuvent être plus prévoyants que la loi; qu'ils doivent s'abstenir de toute formalité onéreuse qu'elle ne prescrit pas; que le travail des liquidations est confié à des notaires investis tout à la fois de la confiance des magistrats et de celle des parties, confiance qui établit en leur faveur la présomption de capacité et d'intégrité, et garantit les intérêts pupillaires, qui le sont en outre par l'hypothèque légale; — Que, dans mille autres circonstances, les tuteurs ont à leur disposition la fortune entière de leurs mineurs, sans que jamais on ait prétendu que les tribunaux pourraient d'office s'immiscer dans les différents actes d'administration;

Attendu que s'en rapporter à prudence sur l'homologation, quand cette homologation ne doit pas avoir lieu, ce n'est pas, de la part du tuteur ou du subrogé tuteur, élever des difficultés sur des opérations renvoyées devant les notaires; — Qu'au cas particulier, le subrogé tuteur déclare même qu'il croit que la liquidation est établie conformément aux droits des parties; qu'il reconnaît donc l'exactitude de cette opération; qu'ainsi, en se rapportant à prudence sur l'homologation, il s'en rapporte uniquement à prudence de justice, sur la question de savoir si la liquidation est sujette ou non à l'homologation; que, dès lors, cette question est entière, et cette déclaration, en l'absence de toutes difficultés proposées expressément, ne peut mettre le tribunal dans l'obligation de statuer d'office sur des points qui ne sont pas contestés, et en l'absence souvent de documents suffisants, ou de soumettre la liquidation à une formalité dispendieuse que la loi n'a nullement ordonnée, qu'au contraire elle repousse, ainsi qu'il a été établi ci-dessus; — Attendu que toutes les autres parties majeures ont déclaré formellement approuver la formation des masses passives, ainsi que le partage du reliquat; en conséquence, approuver la liquidation dont s'agit; — Par ces motifs, déclare la liquidation dressée par le notaire non sujette à homologation, et ordonne que les frais seront pris et prélevés sur la masse.

Du 26 janv. 1830.-Tribunal civil de Metz.

de denrées, de créances. Quelle nécessité, dès lors, de faire intervenir la justice? — D'autre part, le tuteur qui assiste l'héritier mineur n'a nullement besoin d'être appuyé d'une autorisation judiciaire pour prendre la portion purement mobilière, attribuée à son pupille; car ce n'est là qu'un acte d'administration qui n'excède pas ses pouvoirs. Il semble donc évident que lorsqu'il n'y a ni estimation, ni division, ni lotissement d'héritages à opérer, ni prélèvement à exercer, l'homologation requise dans ces cas n'est plus nécessaire. — Mais alors le notaire commis par le tribunal pour effectuer la liquidation fera sagement de procéder dans les formes des actes volontaires. Il devra, en outre, faire mention spéciale dans l'acte de la réquisition des parties, attendu la nature purement mobilière de l'opération. Rentrant ainsi dans le mode ordinaire d'instrumentation, il aura le soin de se faire assister de témoins ou d'un second notaire; car, s'il procédait seul, en vertu de l'art. 977 c. pr., il rendrait nécessaire l'homologation du tribunal.

§ 10. — *Tirage au sort des lots.* — *Remise des titres.*

1834. *Tirage au sort des lots.* — Ce tirage est ordonné par les art. 466, 834 c. nap.; 975 c. pr.; c'est là plus sûre garantie de l'égalité dans les partages.

1835. Les héritiers, quand ils sont tous majeurs ou maîtres de leurs droits, peuvent opérer le partage, sans la voie du sort et au moyen de lots d'attributions. Mais si tous ne sont pas présents et d'accord, le tirage au sort est-il indispensable? La jurisprudence s'est fixée dans le sens que le juge ne peut pas alors distribuer les lots par attribution. Telle est l'opinion de la plupart des auteurs (Toullier, t. 4, nº 428; Delaporte, Pandect. fr., t. 3, p. 265; Malpel, nº 259; MM. Vazeille, art. 834, nº 3; Bolost-Jolimont sur Chabot, même article, obs. 1; Dutruc, nº 455. — *Contrà*, Chabot, art. 834, nº 3). — Les rédacteurs du Journal des notaires, t. 55, p. 275, dans une dissertation spéciale, repoussent tout système absolu. — « La simple convenance des parties, disent-ils, quand elle n'a pas pour cause une grande inégalité des lots, ne suffirait pas, selon nous, pour justifier une dérogation à la règle générale du tirage au sort. — Mais, d'un autre côté, nous ne sommes pas exclusifs au point de ne voir jamais qu'une alternative, le tirage au sort ou la licitation. Un partage par voie d'attribution nous semble, mais dans des circonstances rares, un moyen conciliateur, abandonné à la sage appréciation des magistrats pour l'intérêt commun des copartageants, à moins qu'il n'y ait parmi eux un mineur. »

On a dit, à l'appui de cette doctrine : La disposition de l'art. 834 n'est point conçue en termes prohibitifs. On eût prononcé la nullité du partage fait sans le tirage au sort, si l'on avait vu là une formalité substantielle. Cette sanction était d'autant plus nécessaire, que les partages par voie d'attribution étaient usités. Ce n'est qu'à l'égard des mineurs ou des personnes ne jouissant pas des droits civils, que la loi a déclaré réduire à la condition d'un partage *provisionnel* le partage qui ne serait pas fait conformément aux règles prescrites c. nap. 466 et 840, c. pr. 984. — On entend les deux art. 827 et 834, comme s'il était dit, dans une seule et même disposition : Les lots seront tirés au sort, ou l'on procédera à la liquidation. Mais ces deux articles sont trop éloignés l'un de l'autre pour se prêter à l'idée d'une alternative exclusive. D'ailleurs, le cas de licitation est défini par l'art. 827, comme par l'ancien droit; et on n'y dit pas que la licitation sera toujours obligatoire, si les immeubles ne peuvent pas se partager commodément, sans que le juge ait la faculté d'une attribution de lots motivée sur la nécessité des circonstances. — On craint, à la vérité, l'abus de pouvoir du juge ou des experts. Mais si le partage par voie d'attribution a cette éventualité fâcheuse, le système opposé n'a-t-il pas des inconvénients plus graves et plus fréquents? Il faudra donc, dans tous les cas d'inégalité des droits, si inégaux qu'ils soient, diviser la masse dans la proportion de la plus petite quotité afférente à l'un des ayants droit : deux héritiers par exemple, et un légataire du vingtième de la succession; il faudra donc faire vingt lots séparés; et puis, par un second partage (c. nap., art. 836), faire deux parts des dix-neuf vingtièmes restant aux deux héritiers. Il pourra même y avoir trois partages et plus, si l'un a droit au vingtième, un autre au huitième, et deux autres à tout l'excédant : on divisera en vingt, puis en huit, puis en deux; le copartageant qui a le lot le plus considérable aura subi trois fois les chances du sort et de l'expertise, quand, pour le copartageant le moins loti, il n'y aura eu qu'un seul tirage et une seule estimation. Quelle complication! que de lenteur! que de frais d'expertise! quel morcellement des propriétés! comme s'il n'était pas plus simple de faire estimer en masse la valeur de tous les biens, et d'attribuer ensuite des meubles et immeubles jusqu'à concurrence du vingtième, ou de telle autre portion minime! — Et, s'il s'agit d'immeubles non partageables, il faudra donc, pour satisfaire aux exigences d'un légataire du vingtième, imposer la licitation aux deux héritiers, les dépouiller de biens de famille s'ils ne sont pas assez riches pour se porter adjudicataires, les exposer même à la spéculation de ce légataire, ou d'un étranger qui, plus riche qu'eux, réalisera à leur préjudice le bénéfice de l'adjudication!

Ces considérations nous paraissent aussi de nature à faire fléchir, dans le cas supposé, la règle de la nécessité du tirage au sort. Un partage par attribution de lots peut alors être plus conforme au principe même d'égalité qu'on oppose, en même temps qu'il est moins dispendieux et plus favorable à la conservation des biens dans les familles.

Pour remédier à la nécessité de recourir à la licitation, quand les lots ne doivent pas être égaux, on a proposé, lors de la discussion de la loi du 2 juin 1841, une disposition ainsi conçue : « Si les droits des copartageants sont inégaux, le tribunal pourra, après avoir pris l'avis du conseil de famille, s'il y a parmi eux des mineurs et des interdits, ordonner par voie d'attribution le prélèvement des lots inégaux; mais il fera tirer au sort tous les lots qui en seront susceptibles. » Cet amendement de M. Mallarat-Ballange, bien que reconnu juste, a été écarté; on n'a pas voulu placer dans une loi de procédure une disposition modificative des règles du code Napoléon.

1836. Quant à la jurisprudence, il a été jugé d'abord, d'une manière générale : 1º que les dispositions des art. 831 et 834 c. nap. ne sont point facultatives; qu'elles obligent les tribunaux au mode de partage qu'elles déterminent, notamment au tirage au sort (Cass. 10 mai 1826, aff. Turquis, V. nº 1735-1º); — 2º Que les juges ne peuvent procéder eux-mêmes à la formation de la masse, à la composition des lots, et à leur attribution entre les copartageants : — « Attendu que, quelque louable qu'ait été le motif qui a déterminé les premiers juges à procéder ainsi, cette opération n'en est pas moins irrégulière, puisqu'elle est en opposition avec les règles spéciales à la matière, et notamment avec les dispositions de la sect. 1, ch. 6, tit. 1, liv. 3, c. nap., infirme » (Toulouse, 18 janv. 1832, 1re ch., M. Hocquart, 1er pr., aff. Jammes C. Jammes); — 3º Que des cohéritiers demandant la licitation ne peuvent, contre leur gré, être assujettis à un partage par attribution de lots (Cass. 19 mars 1844) (1), même dans

(1) (Dulac C. enfants Dulac.) — LA COUR (ap. délib. en ch. du cons.); — Vu les art. 834 et 835 c. civ.; — Attendu que le législateur n'a pas voulu abandonner au pouvoir discrétionnaire des tribunaux la forme ainsi que le mode des partages entre cohéritiers, et qu'au chap. 6, liv. 3, c. civ., il a établi des règles générales auxquelles les magistrats doivent toujours se conformer; que c'est ainsi, notamment, qu'après avoir admis chacun des cohéritiers à demander sa part en nature des meubles et immeubles de la succession (art. 826), il veut que, si les immeubles ne peuvent pas se partager commodément en autant de lots qu'il y a de cohéritiers, la licitation en soit ordonnée (art. 827) et que, si au contraire les immeubles sont susceptibles d'être divisés, il en soit formé des lots égaux autant que possible, au tirage desquels il devra être procédé par la voie du sort (art. 834 et 835); que, d'après de telles prescriptions, il est évident que tout autre mode de partage n'est permis qu'autant que tous les cohéritiers, majeurs et maîtres de leurs droits, y auraient consenti; — Et attendu, en fait, qu'il est établi que l'arrêt attaqué (de la cour d'Agen du 10 janv. 1838) a admis et ordonné le partage par voie d'attribution, contre le consentement et malgré l'opposition du demandeur qui a constamment conclu à la licitation des immeubles indivis, et qu'en jugeant ainsi, il a autorisé un mode de partage autre que celui autorisé par la loi et expressément violé les art. 834 et 835 c. civ.; — Casse.

Du 19 mars 1844. — C. C., ch. civ. — MM. Portalis, 1er pr. — Duplan, rap. — Pascalis, 1er av. gén., c. conf. — Garnier et Béchard, av.

le but d'assurer l'exécution du legs particulier de l'un des meubles indivis, fait par le défunt à l'un des cohéritiers (Cass. 26 avril 1847, aff. Vermelinger, D. P. 47. 1. 224); — 4° Que si le tirage au sort doit rendre le partage plus difficile et plus incommode, c'est le cas d'ordonner la licitation, mais non la composition de lots d'attribution (Toulouse, 16 fév. 1815, M. Désayars, 1er pr., aff. Pénavayre C. veuve Fadeuilhe).

1837. Il a été jugé, dans le cas d'inégalité des droits : 1° qu'elle ne suffit pas pour faire ordonner le partage par attribution de lots, si tous les copartageants majeurs n'y consentent pas... Que peu importe que la succession ait été ouverte avant le code civil : — «Attendu que la demande d'un lot d'attribution est repoussée par l'art. 834 c. nap., qui introduit le tirage des lots au sort dans les partages comme fondement de l'égalité, et qui reçoit son application même aux successions ouvertes avant le code, l'exercice des droits étant toujours régi, quant à la forme, par les lois en vigueur, non à l'époque de leur ouverture, mais à l'époque de leur exercice, confirme» (Limoges, 5 juill. 1838, 1re ch., M. Tixier-Lachassagne, pr., aff. André C. Sicard. — Conf. Limoges, 19 juin 1838, 1re ch., M. Tixier-Lachassagne, pr., aff. Egrignoux C. Egrignoux; 30 août 1838, 3e ch., M. Talandier, 1er pr., aff. Theillac C. Marcinot); — 2° Que dans un partage judiciaire, il doit être procédé à la formation des lots et à leur tirage au sort, toutes les fois que les circonstances ne rendent pas ce mode impraticable; l'inégalité des parts entre les copartageants, telle qu'une inégalité du tiers aux deux tiers, et la convenance des parties relativement aux immeubles contigus qu'elles possèdent, ne sont pas des motifs suffisants de s'écarter de ce mode de partage (c. nap. 832, 834; Paris, 19 janv. 1808) (1).

1838. La question de la nécessité du tirage au sort s'est aussi présentée dans le cas où l'un des héritiers a aliéné, avant partage, un immeuble de la succession; cet immeuble doit-il être placé dans son lot sans tirage au sort? — Il a été jugé, à cet égard : 1° que l'immeuble aliéné n'est pas exempté du tirage au sort (Toulouse, 15 janv. 1830) (2). L'acquéreur, n'ayant pas plus de droits que le vendeur, doit courir la chance du partage (Conf. MM. Vazeille, art. 834, n° 3; Dutruc, n° 453); — 2° Que le donataire d'un bien indivis entre le donateur et plusieurs autres ne peut, lors du partage, demander que ce bien soit placé par attribution dans le lot du donateur et ne fasse pas partie des lots tirés au sort (c. nap. 834; Caen, 3 mars 1838) (3); — 3° Qu'en Normandie, il n'existait ni texte de la coutume, ni jurisprudence, qui autorisât le mari à disposer, après la dissolution de l'association conjugale, d'un immeuble de la communauté, de manière à pouvoir réclamer pour lui-même ou conférer à son acquéreur ou donataire le droit de faire mettre dans son lot, par voie d'attribution, l'objet vendu ou donné (même arrêt).

1839. On a jugé en sens contraire que la vente doit être maintenue s'il reste des objets de mêmes nature, valeur et bonté, pour composer le lot de chacun des autres héritiers. — Ce n'est pas le lieu d'appliquer l'art. 1599, qui déclare nulle la vente de la chose d'autrui. «Attendu qu'un copartageant peut vendre avant partage une partie des biens auxquels il avait droit, et que cette vente ne peut être restreinte que jusqu'à concurrence de la portion qu'il avait à prétendre sur la succession commune; — Que la part de la femme Colasson n'a pas été compromise; qu'elle ne prouve pas qu'il y ait insuffisance dans le restant des biens de la succession pour la remplir de son lot, tous ses droits lui demeurant réservés sur ce point; la déclare, quant à présent, non recevable dans son action en délaissement; — Confirme» (Agen, 7 déc. 1823, aff. Colasson C. Fabal).

1840. Le cas d'aliénation peut, dans certaines circonstances, rendre bien favorable un partage par attribution. Ainsi, qu'elle ait eu lieu de bonne foi, après un partage, que le cohéritier vendeur croyait définitif, mais qui fait avec un mineur a été déclaré provisionnel, pour inexécution des formalités prescrites; que l'acquéreur ait fait sur l'immeuble des changements considérables, tels que la résolution de la vente exposerait les parties à une grave perturbation dans leur fortune; dans un tel cas, l'immeuble aliéné a été maintenu dans le lot du vendeur, sauf à composer l'inégalité des autres lots par une soulte, les autres immeubles étant insuffisants (Riom, 10 janv. 1816) (4). — Dans

---

(1) (Bérulle C. Cornisset.) — LA COUR; — Attendu que si le code civil dispose, art. 831, qu'après les prélèvements à faire par les cohéritiers, il sera procédé sur ce qui reste dans la masse à la composition d'autant de lots égaux qu'il y a d'héritiers copartageants, c'est qu'il statue dans le cas le plus ordinaire, où les droits des copartageants sont égaux, et que c'est pour cela que dans cet article même il parle de lots égaux, mais qu'il n'a nullement entendu par là exclure la composition des lots dans les autres cas où les droits des copartageants se trouveraient inégaux; que la règle souveraine en matière de partage, l'égalité dans la formation des lots, et leur tirage au sort, prescrit par l'art. 834 c. civ., sont les seuls garants incontestables; qu'il faut conséquemment s'attacher au mode, toutes les fois que les circonstances ne le rendent point impraticable, comme il pourrait arriver si l'un des copartageants était fondé, dans l'immeuble à partager, pour une portion infiniment petite, et que, pour lui délivrer sa part, il fallût procéder à la formation d'une infinité de lots, ce qui, pour un mince objet, nécessiterait deux opérations aussi pénibles que dispendieuses; qu'un partage du tiers aux deux tiers n'entraîne point cet inconvénient, puisqu'il n'exige que la formation de trois lots; qu'il peut même se faire avec de justes précautions, conformément au vœu de la loi, de manière à ne point morceler les exploitations ni diviser l'héritage; qu'à l'égard de la convenance des parties, relativement aux immeubles qu'ils possèdent autres que ceux dont il s'agit, elle n'est d'aucune considération dans un partage judiciaire; — Émendant, ordonne que par les experts qui procéderont à la visite des bois, il sera déclaré avant tout si, dans l'intérêt des parties, les bois peuvent commodément se partager; dans ce dernier cas, ils partageront le tout en trois lots, de manière, s'il est possible, que chacun des lots communique aux deux autres, sans être obligé de passer sur le second pour arriver au troisième, lesquels trois lots seront tirés au sort, savoir, un par les appelants et deux par l'intimé.

Du 19 janv. (ou fév.) 1808.-C. d'appel de Paris.

(2) (Saint-Paul C. Estoup.) — LA COUR; — Attendu que les premiers juges ont violé l'art. 834 c. civ., en enjoignant aux experts de comprendre dans le lot de la femme Dencausse (Jacquette Estoup) un immeuble dépendant de la succession dont il s'agit, qu'elle a vendu, à ce qu'il paraît, antérieurement au commencement de l'instance; que cette injonction rendrait impossible le tirage au sort des lots faits par les experts, formalité essentielle que le législateur a prescrite dans ledit article, comme étant le moyen le plus propre à assurer les droits respectifs des cohéritiers, et à procurer entre eux l'égalité la plus parfaite; que la vente d'un immeuble de la succession par l'un d'entre eux n'est pas une raison suffisante pour omettre le tirage des lots au sort, puisque ce tirage est prescrit dans tous les cas où il est praticable, et qu'il ne doit pas dépendre d'un cohéritier de le rendre, à son gré, impossible par la vente d'un immeuble de la succession; — Émendant.

Du 15 janv. 1830.-C. de Toulouse, 2e ch.-M. d'Aldéguier, pr.

(3) (Goubert C. Yver.) — LA COUR; — Considérant qu'on ne peut argumenter de ce qui se pratique en matière de rapports, conformément aux art. 859 et suiv. c. civ.; que, dans les cas prévus par ces articles, le cohéritier a été particulièrement saisi de certains biens par le fait et la volonté de l'auteur commun, et que la loi a pu trouver, dans cette circonstance, pour valider l'aliénation, une raison qui n'existe pas quand il n'a eu d'autre saisine que celle qui résulte pour tous de la qualité d'héritier, et qu'il s'est arrogé, de sa seule autorité, le droit de disposer en maître absolu d'une partie de la succession; — Considérant qu'on objecte inutilement l'exemple de l'héritier apparent qui aurait aliéné un immeuble de l'hérédité et l'exemple d'un cohéritier qui aurait commis des dégradations sur certains biens; qu'en supposant qu'on pût alors ordonner des lots d'attribution, ce serait, dans le premier cas, par les motifs d'intérêt général qui ont déterminé par exception la jurisprudence, au moyen de certaines conditions, à respecter tous les actes faits par un héritier ultérieurement évincé en tout ou partie par d'autres qui ont négligé de se présenter en temps convenable : et, dans le deuxième cas, à titre de dommages et intérêts contre celui qui se serait rendu coupable de dégradations; mais que de là il y a loin à décider qu'il peut dépendre de la seule volonté d'un cohéritier de se faire attribuer tel ou tel immeuble, en disposant arbitrairement de cet immeuble contre le gré de ses cohéritiers; — Infirme.

Du 3 mars 1838.-C. de Caen, 2e ch.-MM. Binard, pr.-Massot, av. gén.

(4) *Espèce* : — (Héritiers Montanat.) — Jugement du tribunal de Moulins ainsi conçu : — Considérant que, lors du partage du 25 avr. 1809, Solange Montanat, femme Bastier, était mineure, et que les règles prescrites par les art. 819 et suiv., jusques et compris l'art. 837 c. civ., n'ont point été observées; que, par conséquent, aux termes de l'art. 840, même code, ce partage n'est que provisoire; que la demanderesse n'ayant fait, en majorité, aucun acte duquel on doive induire qu'elle a ratifié et confirmé ce partage provisionnel, il ne peut lui être opposé, et que son action en nouveau partage doit être accueillie; — Considérant que la règle générale, posée et développée par les art. 831, 832, 833, 834 et 835 c. civ., est que les lots doivent être tirés au sort; mais que cette

l'espèce, l'aliénation avait été faite par voie d'échange et deux années après le partage provisionnel; et la question s'élevait sur la demande en partage définitif formée par l'héritier mineur devenu majeur.

2341. On a décidé encore que lorsque l'un des copropriétaires a bâti sur le sol indivis, la partie du sol, sur laquelle ont été faites les constructions, peut être, de préférence, comprise dans son lot, au lieu d'être tirée au sort (Req. 11 août 1808) (1). — M. Chabot, art. 834, n° 3, approuve cette décision, qui est critiquée au contraire par MM. Toullier, t. 4, n° 428; Vazeille, art. 834, n° 2; Belost-Jolimont sur Chabot, même article, obs. 1; Dutruc, n° 453; et qui nous paraît inconciliable avec la jurisprudence de la même cour. Un autre arrêt, mieux motivé à notre sens, a ordonné, dans le même cas, le tirage au sort (Toulouse, 30 août 1837) (2).

2342. Nous avons supposé jusqu'ici que les copartageants majeurs n'étaient pas d'accord pour un partage par attribution. Dans le cas contraire, il a été jugé: 1° que lorsque tous les héritiers ont consenti à un tel partage et que l'un d'eux a successivement vendu ou hypothéqué plusieurs des immeubles indivis, on doit composer son lot préférablement avec les immeubles vendus ou hypothéqués, en suivant l'ordre et la date des aliénations; de sorte que l'éviction, qui peut résulter du partage, retombe sur l'acquéreur ou le créancier le plus récent, plutôt que sur le plus ancien (Bordeaux, 29 août 1832, M. Poumeyrol, pr., aff. Boy *C.* Egmond); —2° Que lorsque sur la demande d'un cohéritier, qui est en même temps légataire, les experts ont fait entrer dans le lot, auquel il a droit en sa qualité de légataire, des immeubles de la succession par lui aliénés, ce cohéritier n'est pas recevable à se plaindre de ce que ce lot lui a été adjugé sans être tiré au sort comme les autres (c. nap. 834). — « Attendu que de Landine n'est évidemment ni recevable ni fondé à attaquer l'arrêt de Lyon, parce qu'un lot composé fictivement, conformément à sa demande, des immeubles aliénés par lui, lui a été adjugé sans avoir été tiré au sort comme les six autres lots; — Rejette » (Req. 18 déc. 1811, MM. Henrion, pr., Aumont, rap., aff. de Landine *C.* de Landine); —3° Que de même, si, sur la demande des communistes d'un immeuble, le tribunal, d'après un rapport d'experts, fixe et attribue à chacun d'eux un lot plus ou moins considérable, selon la convenance et la position des lieux, aucun d'eux ne peut ensuite se plaindre de ce que les lots n'ont point été dévolus par la voie du sort, conformément à l'art. 834 c. nap., lorsque d'ailleurs ils étaient tous majeurs au moment du partage (c. nap. 834; c. pr. 975; Req. 9 mai 1827, aff. Barde, V. n° 1505-1°).

2343. Si le tirage au sort est indispensable, quand tous les copartageants sont majeurs et non d'accord, il l'est à plus forte raison, dans les partages qui intéressent des mineurs ou des interdits (Nancy, 6 juill. 1837 (3); Riom, 23 mai 1843, aff. hér. Moinier); — Les auteurs sont unanimes dans ce cas. — Et spécialement il a été jugé que l'attribution faite en justice du mobilier d'une succession à l'un des héritiers, moyennant la prisée

---

règle générale n'interdit pas, dans certains cas particuliers, la voie d'attribution; que ce mode de partage est même quelquefois indispensable soit à raison de l'inégalité des droits des parties, soit à raison de convenances impérieuses, soit pour éviter de grands préjudices; que nulle part la loi ne le proscrit comme illégal et prohibé; que l'on peut, au contraire, induire de la combinaison des art. 819 et 825 c. civ., qu'il est formellement autorisé, puisque le premier de ces articles laisse aux héritiers la faculté d'opérer ce partage dans la forme qu'ils jugent convenable, et que l'autre trace la marche à suivre pour aplanir les difficultés qui peuvent s'élever sur le mode de procéder; que la jurisprudence des tribunaux a consacré des exceptions à la règle générale, et qu'il a été fréquemment jugé, même par des arrêts, vainement attaqués par des recours en cassation, que, dans certains cas, les rapports à faire devaient l'être fictivement, et qu'il devait être procédé au partage par voie d'attribution; — Considérant que, suivant l'art. 860 c. civ., lorsqu'un donataire a aliéné un immeuble à lui donné avant l'ouverture de la succession, il n'est tenu d'en faire le rapport qu'en moins prenant; qu'il doit en être de même du cohéritier qui a aliéné son lot de bonne foi et sans fraude, depuis le partage provisionnel, avant que ce partage ne fût attaqué par aucune des parties; — Considérant, en fait, que Jean-Baptiste Fallier et sa femme ont échangé, par acte authentique du 22 mars 1810, une partie d'héritage échue à cette dernière par le partage du 25 avr. 1809, et que, le 29 mars 1812, ils ont aliéné la totalité de leur lot; que Charles Touret et sa femme ont pareillement échangé partie du leur par autre acte authentique du 21 août 1812, et fait des changements notables dans le surplus; que la vente faite par les époux Fallier ne peut être soupçonnée l'avoir été de mauvaise foi et en fraude, l'ayant été à l'un des copartageants, et après que la demanderesse elle-même avait eu vendu son propre lot; d'après ces circonstances, on ne peut douter que lesdits époux Fallier et Charles Touret n'aient agi de bonne foi; que l'on ne pouvait procéder à un nouveau partage d'après une nouvelle composition de lots, et par la voie du sort, sans opérer, dans la fortune de toutes les parties, un bouleversement infiniment préjudiciable et peut-être ruineux; que si les immeubles des successions des père et mère Montanat ont été mal estimés, ou s'ils ne l'ont pas été du tout, ce vice sera rectifié par une estimation, et l'inégalité qui peut exister dans les lots sera réparée par des retours, au moyen desquels toute lésion quelconque disparaîtra; — Ordonne qu'il sera procédé à un nouveau partage, à la masse duquel toutes les parties rapporteront fictivement les lots à elles échus par le partage provisionnel; desquels lots chacun des copartageants demeurera propriétaire par voie d'attribution; ordonne que les immeubles seront estimés, dépens compensés, etc. — Appel. — Arrêt.

La cour; —Déterminée par les motifs exprimés au jugement dont est appel; — Met l'appellation au néant, etc., confirme.

Du 10 janv. 1816.-C. de Riom, 1re ch.-MM. Vernin, pr.

(1) *Espèce :* — (Hérit. Chastel.) — Jugement qui accueille les prétentions de Michel *à un lot d'attribution*, par ce motif : « que l'action en partage ayant été intentée avant le code, il ne s'agissait pas, dans le cas présent, de l'exécution de cette loi qui ne pouvait avoir d'effet rétroactif. » 2 vent. an 13, arrêt confirmatif de la cour de Lyon.

Pourvoi des cohéritiers de Michel. — 1° Violation de la loi 7, § 10, ff., *de acq. rer. dom.*, *Omne quod inædificatur, solo cedit*; et de l'art. 555 c. civ. — En supposant, disaient-ils, que Michel ait bâti sur le fonds héréditaire du consentement de ses cohéritiers, ceux-ci doivent l'indemniser de ses impenses. Il a contre eux une action personnelle à cet effet. — Mais il ne peut demander que le fonds héréditaire sur lequel ont eu lieu ces constructions lui soit adjugé. Les constructions faites sur le sol commun sont devenues une propriété commune : elles sont liées au fonds par un droit d'accession, et il ne peut dépouiller ainsi ses cohéritiers de leur droit de propriété. — 2° Violation de l'art. 7 de la loi du 30 vent. an 12, et, par suite, des règles du code civil sur les partages. — Cet article déclare abolies toutes les lois antérieures au code, à dater de sa promulgation. — Arrêt.

La cour; — Attendu que la règle *Ædificium solo cedit* ne peut être appliquée dans sa rigueur au copropriétaire qui a bâti sur le sol commun; — Attendu que les approbations des échanges par les cohéritiers écartaient l'application de l'art. 830 c. civ.; que ce sera lors de la formation des lots par les experts que l'art. 833 devra être observé, si le cas y échoit; que l'exécution de l'art. 834 est subordonnée à l'existence d'une égalité parfaite dans les portions et dans les chances des copartageants; que, dans l'espèce, la cour d'appel ayant pu valablement décider que le sol sur lequel des constructions avaient été faites resterait dans le lot du constructeur, le tirage au sort était inconciliable avec cette décision; — Rejette, etc.

Du 11 août 1808.-C. C., sect. req.-MM. Muraire, 1er pr.-Lachèse, rap.

(2) (Pomian *C.* Pomian.) — La cour; — Attendu que l'égalité qui doit présider en matière de partage a déterminé le législateur à prescrire la formation des lots pour être ensuite attribués aux copartageants par la voie du sort, et que ce n'est que dans l'impossibilité ou dans le cas d'extrême difficulté pour agir ainsi que les tribunaux peuvent se déterminer à autoriser que le partage soit fait par attribution; — Attendu que, dans l'espèce, rien n'établit ni cette impossibilité ni cette grande difficulté; — Qu'il n'y a donc pas lieu à l'ordonner, avec d'autant plus de raison que Jean Pomian, devant prévoir que la pièce de Lacroux pourrait, lors du partage, ne pas échoir à son lot, aurait à se reprocher d'y avoir prématurément fait des constructions, et qu'en les faisant il s'est volontairement exposé aux chances qu'il peut courir, et que, dans tous les cas, il n'a pu, par son propre fait, empêcher qu'il soit procédé au partage, conformément à la loi; — Réformant.

Du 30 août 1837.-C. de Toulouse, 1re ch.-M. Hocquart, 1er pr.

(3) (Leclerc *C.* Harcher.) — La cour; — Attendu qu'aux termes des art. 466 et 840 c. civ., les partages dans lesquels les mineurs sont intéressés doivent, pour être définitifs et obtenir tout l'effet qu'ils auraient entre majeurs, être faits dans les formes prescrites au ch. 6, tit. 3 c. civ., et au tit. 7, part 2 c. pr. civ.; qu'il résulte de l'ensemble et de la combinaison de ces articles placés sous la rubrique ci-dessus, que leurs dispositions ne sont pas facultatives; mais qu'elles obligent les tribunaux au mode de partage qu'elles déterminent; que le tirage au sort est l'une des formalités substantielles destinées à assurer l'égalité dans les partages; qu'elle est impérieusement prescrite par les art. 466 et 834 c. civ., 975 et 982 c. pr., et fait ainsi obstacle au mode de partage par attribution admis par le jugement dont est appel.

Du 6 juill 1837.-C de Nancy, ch. corr.

de l'inventaire, est nulle, si elle a lieu contre la volonté ou nonobstant l'état de minorité de l'un des copartageants (Cass. 27 mars 1850, aff. Raoult, D. P. 50. 1. 125).

1844. Les juges ne sont pas maîtres d'ordonner le mode d'attribution de lots, pour éviter l'effet d'actions en éviction qui entraîent, si tels biens à partager ne tombaient pas dans le lot de ceux des cohéritiers qui les ont aliénés avant le partage; en vain se fonderaient-ils sur l'égalité parfaite qui règne dans les lois, comme le reconnaissent eux-mêmes les majeurs, ayant même intérêt que les mineurs. — « Attendu que, d'après les art. 466 et 480 c. nap., et les art. 975 et 984 c. pr., le tirage au sort des lots, quelque égale que soit leur valeur estimative, est une des formalités essentielles prescrites pour rendre le partage définitif, et sans l'accomplissement desquelles il n'est que provisionnel; — Emendant (Colmar, 3 août 1832, 1re ch., MM. Millet de Chevers, pr., aff. Wilhem *C.* hérit. Parmentier). — Jugé d'ailleurs 1° que les dispositions du code, qui ordonnent le tirage au sort des lots pour le partage fait avec le mineur, n'empêchent pas qu'on ne puisse faire ce partage par attribution, dans l'intérêt de toutes les parties, si ce mode est autorisé par le conseil de famille, dans les formes prescrites par l'art. 467 pour une transaction (Rej. 30 août 1815 (1); conf. Chabot, art. 834, n° 5; Toullier, t. 4, n° 428; MM. Malpel, n° 259; Vazeille, art. 834, n° 2; Marcadé, art. 831, n° 2; Dutruc, n° 454). — Dans l'espèce les opérations du partage étaient nombreuses et compliquées; elles portaient sur plusieurs successions, embrassaient des jouissances réciproques de tout ou partie de ces successions. D'un autre côté, tous les héritiers majeurs avaient donné leur consentement à un partage par attribution; ce qui rendait non recevable la demande en tirage au sort formée par l'un d'eux, et surtout le moyen tiré de l'état de minorité de quelques copartageants, moyen proposable seulement au nom et dans l'intérêt des mineurs; — 2° Que le tirage au sort des lots entre des héritiers et un légataire n'était point indispensable sous l'empire de la loi du 17 niv. an 2, quoiqu'il y eût des mineurs intéressés au partage. Le partage pouvait se faire d'abord par distraction du sixième, attribué au légataire (art. 16; Rej. 3 therm. an 9, M. Delacoste, pr., aff. Lescure *C.* Sirey).

1845. L'action en résolution qui peut, en certains cas, être exercée pour défaut de payement, à raison d'une vente de droits successifs faite par un héritier à l'un de ses cohéritiers, n'autorise pas le vendeur à demander, comme conséquence de la résolution, qu'il lui soit fait attribution d'un lot en immeubles équivalant à ses droits héréditaires; il n'a que le droit, une fois la résolution prononcée, de former une action en partage (Montpellier, 9 juin 1853, aff. Larausie, D. P. 54. 2. 173). — Le partage d'une succession régie par les lois hindoues peut, dans le silence de ces lois sur le mode de partage à suivre, être fait par voie d'attribution, lorsqu'un partage en nature, et par voie de lotissement, a été reconnu impossible; ainsi le juge a pu ordonner, en cas pareil, que le partage serait opéré au moyen du payement, par l'un des cohéritiers, seul possesseur des biens héréditaires, de la moitié de la valeur estimative de ces biens, déduction faite du passif déclaré par lui (Req. 15 nov. 1853, aff. Vingadassamodeliar, D. P. 54. 1. 381).

1846. Le tirage au sort peut être demandé par *tout copartageant*. D'après Toullier, t. 5, n° 530 : « L'héritier légitime en concours avec un légataire à titre universel, ou un enfant naturel, pourrait, après avoir fait composer les lots contradictoirement, délivrer à son choix l'un des lots pour la quote-part de ce dernier. On invoque la maxime *electio debitoris est*. Mais cette maxime n'est pas applicable : le légataire à titre universel (V. Disp. entre-vifs, n°s 4605 et suiv.) et l'enfant naturel (V. n°s 266 et suiv.) ont le droit de venir à partage; ils ont les obligations et les prérogatives du véritable héritier, sans en avoir le nom; donc ils ont le droit d'invoquer le principe d'égalité établi par la loi au profit de tous les copartageants (Conf. Chabot, art. 757, n° 15; Favard, v° Testament, p. 367, n° 10; Malpel, n°s 198, 247, 260 et 323; Loiseau, des Enf. nat., p. 616; Dutruc, n° 456).

1847. « Avant de procéder au tirage des lots, chaque copartageant est admis à proposer ses réclamations contre leur formation » (c. nap. 835). On suit alors la procédure indiquée ci-dessus, n° 1752, pour les contestations incidentes aux opérations du partage. Le tribunal, si les réclamations lui paraissent fondées, ordonne une nouvelle formation de lots, par un expert qu'il nomme d'office (MM. Chabot, art. 835, n° 1; Vazeille, art. 834, n° 2; Bioche, n° 194; Dutruc, n° 458).

1848. Le tirage au sort se fait, soit devant le juge-commissaire, soit devant le notaire déjà commis par le tribunal (c. pr. 975). — Toutefois il a été jugé que, de ce que les lots entre cohéritiers ont été tirés au sort devant le tribunal, au lieu de l'être devant le juge-commissaire ou devant un notaire, il ne s'ensuit pas que le partage doive être annulé, lorsque d'ailleurs ce moyen n'a pas été présenté devant les premiers juges (Req. 18 déc. 1811, MM. Henrion, pr., Aumont, rap., aff. de Landine *C.* de Landine).

1849. Les dispositions qui règlent la forme du partage, et celle spécialement qui ordonne le tirage au sort, s'appliquent, sans effet rétroactif, au partage, fait après le code, d'une succession antérieurement ouverte (Req. 11 août 1808, aff. Chastel, V. n° 1841. — Conf. trois arrêts de la cour de Limoges, cités *suprà*, n° 1837).

1850. *Remise des titres de la succession.* — Chaque héritier doit avoir les titres particuliers aux objets qui lui sont échus; « les titres d'une propriété divisée restent à celui qui a la plus grande part, à la charge d'en aider ceux de ses copartageants qui y auront intérêt; les titres communs à toute l'hérédité sont remis à celui que tous les héritiers ont choisi pour en être le dépositaire; s'il y a difficulté sur ce choix, il est réglé par le juge » (c. nap. 842). — Le code n'a dérogé ici aux anciennes lois qu'en ce qui concerne les titres communs. On en faisait la remise à l'aîné mâle (L. *ult.*, ff., *De fid. instrum.*). On y apportait, cependant, quelques exceptions, eu égard à la conduite et aux mœurs de l'aîné, à la commodité des autres héritiers. Si l'aîné, par exemple, était trop éloigné, on déposait les titres à un autre, qu'indiquait le juge du partage (L. 5, C. *Commun. utr. jud.*; l. 1re, § 9, C. *De caduc. toll.*). Ces dispositions s'observaient généralement en France, surtout en ligne directe descendante. En collatérale, on choisissait ordinairement pour dépositaire l'héritier mâle qui avait le plus d'expérience des affaires, le plus de probité et de fortune (Lebrun, liv. 4, ch. 1er, n° 46).

1851. Des manuscrits destinés à l'impression, ayant une valeur réelle, ne peuvent pas être abandonnés exclusivement à l'un des héritiers; c'est un bien de la succession (MM. Thomine, n° 1146; Bioche, n° 207).

1852. En cas de difficulté sur le choix du dépositaire, il est réglé par le *juge*, dit l'art. 842 c. nap., c'est-à-dire par le tribunal et non par le *juge-commissaire*. Le mot *juge*, dans le

(1) (Vaudreuil *C.* Sallonnier de Tammery.) — La cour; — Attendu que, suivant la déclaration en fait, portée dans l'arrêt attaqué, et appuyée des termes mêmes du procès-verbal de partage, à la séance du 24 août 1815, toutes les parties ayant accédé au mode de partage par attribution, qui leur était proposé par le notaire chargé de ce travail, aucune d'elles n'était recevable à critiquer désormais ce mode de partage, et que ce consentement de leur part, dans l'espèce, dispense les juges de l'application, soit de la chose jugée par l'arrêt du 7 juin 1810, qui d'ailleurs n'ayant pas même été alléguée par les demandeurs devant la cour de Bourges, n'a pu être sciemment violée par l'arrêt de cette cour, soit des art. 825 et autres du c. civ., 969 et autres du c. de pr., invoqués par les demandeurs, articles qui n'ont pour objet que de régler les formalités en cas de contestation, et lorsque les parties elles-mêmes ne s'accordent pas sur un mode de partage et sur la forme d'y procéder; Attendu qu'aux termes de l'art. 467 c. civ. la dame de Tammery, stipulant pour sa fille mineure, a pu consentir, par voie de transaction, et moyennant l'observation qui a eu lieu dans l'espèce, des formalités prescrites par ce même article, un mode de partage proposé dans l'intérêt de ladite mineure, comme dans celui de toutes les autres parties; ce qui a fait cesser l'application des autres articles de ce code, ainsi que du code de procédure civile, qui règlent les formalités ordinaires des partages ou licitations à faire avec des mineurs; — Attendu d'ailleurs que, suivant l'art. 1125 c. civ., les majeurs qui ont transigé avec un mineur ne sont jamais recevables à se prévaloir, dans leur propre intérêt, de l'inobservation des formalités établies seulement dans l'intérêt dudit mineur; — Rejette.

Du 30 août 1815.-C. C., sect. civ.-MM. Desèze, 1er pr.- Boyer, rap.

langage de la loi, désigne souvent le tribunal tout entier. La mission du juge-commissaire est seulement de concilier les parties, ou s'il ne le peut, de faire à l'audience un rapport sur lequel le tribunal statue (Chabot, art. 842, nº 1; Bioche, nº 206; Dutruc, nº 466).

1853. Les titres particuliers à l'une des lignes, ne doivent être remis qu'aux héritiers de cette ligne, et c'est entre eux seulement que se réglera le choix du dépositaire (Toullier, *loc. cit.*).

1854. Les titres doivent être déposés à frais communs chez un notaire, si aucun des héritiers ne veut en accepter la remise (Toullier, *loc. cit.*).

1855. L'art. 842 oblige le dépositaire des titres communs, soit à toute l'hérédité, soit à des propriétés *indivisibles*, d'en *aider* les copartageants sur leur *réquisition*. Dans l'ancien droit, on a vu souvent, sur le refus de cette communication, ordonner qu'il serait délivré des expéditions des titres aux frais du dépositaire (Lebrun, *loc. cit.*; Bouvot, vº Partage; Brillon, vº Titres). On recourrait encore au même expédient, s'il y avait minute du titre; et dans tous les cas, l'héritier qui en aurait besoin pourrait être indemnisé du dommage que lui aurait causé le refus de représentation. Tous les auteurs donnent par conséquent le conseil aux héritiers, de faire, à la fin de l'acte de partage, un bref inventaire des titres et d'exiger le reçu de celui qui en reste saisi (Toullier, t. 5, nº 414; Chabot, t. 3, p. 204; Delaporte, Pand. franç., t. 3, p. 282; MM. Vazeille, art. 842; Bioche, vº Partage, nº 208; Dutruc, nº 467).

1856. La demande en communication des titres communs est une *action personnelle*, qui doit être portée devant le tribunal du *domicile* de l'héritier dépositaire (M. Bioche, nº 209).

1857. La remise des titres de propriété des biens d'une succession par les légataires à un colégataire, est un acte purement provisoire et conservatoire, qui peut être révoqué, alors surtout que le dépositaire n'est qu'usufruitier (Paris, 9 avr. 1828 (1). Conf. MM. Vazeille, *loc. cit.* nº 2; Dutruc, nº 467).

§ 11. — *Des frais du partage.*

1858. Ces frais sont à la charge de la succession, supportés par tous les héritiers proportionnellement à leurs parts. — Les frais sont prélevés sur la masse, et en conséquence supportés par les copartageants *pro modo emolumenti*. — Jugé qu'il en serait ainsi, bien qu'il eût été ordonné par un précédent jugement, passé en force de chose jugée, que les dépens seraient employés en frais de partage (Req. 11 déc. 1854) (2).

1859. Pareillement, il a été décidé que les frais du partage fait en justice, ne sont pas compensés entre les parties : « Attendu que les frais exposés dans la cause, ayant eu pour objet la liquidation et le partage de la succession délaissée par Jean Martin, le tribunal, au lieu d'ordonner qu'il en serait fait compensation entre les parties, devait les considérer comme frais de liquidation et de partage qui seraient prélevés sur les objets à partager » (Nancy, 15 janv. 1828 aff. Manon *C.* Martin; M. Bioche, vº Dépens, nº 99; V. aussi nº 1347).

1860. L'avoué qui a avancé les frais de partage et fait prononcer la *distraction* des dépens, ne peut, pour en obtenir le payement, invoquer les art. 2101 et 2104 c. nap., relatifs au *privilége* des frais de justice; car un privilége n'existe qu'autant qu'il y a concours de créanciers (Req. 11 déc. 1854, aff. Arnaud, V. Frais et dép., nº 146). Un tribunal a rendu à cet égard deux jugements, l'un conforme (trib. Clamecy, 30 avr. 1845, D. P. 47. 3. 95), l'autre contraire (même trib. 12 juin 1846, *eod.* 96).

1861. Toutefois, il a été jugé : 1º que l'avoué a droit au privilége des frais de justice, lorsqu'il se trouve en concours avec d'autres créanciers et que le partage a eu lieu dans l'intérêt commun des créanciers des héritiers (trib. de Clamecy, 30 avr. 1845, D. P. 47. 3. 95); — 2º Que l'avoué peut, pour le recouvrement de ses frais, exercer le privilége de copartageant qui appartient à ses clients, privilége qui s'applique à tous les droits transmis à ceux-ci par l'événement du partage en principal et accessoire; qu'il peut donc poursuivre le recouvrement contre les tiers détenteurs des immeubles échus aux autres héritiers jusqu'à concurrence de la part de ces derniers dans les frais, s'il a eu soin de conserver le privilége (même jugement).

1862. Les frais du partage judiciaire sont-ils à la charge de ceux dont la qualité a exigé que le partage fût fait dans cette forme? Il paraîtrait juste qu'ils fussent supportés par eux, au moins en ce dont ils excèdent les frais d'un partage amiable. Mais, d'un autre côté, on ne peut pas prévoir quelles contestations se fussent élevées à l'occasion du partage entre tous les héritiers présents et majeurs; peut-être l'intervention de la justice eût-elle été nécessaire. Il est d'ailleurs au pouvoir de ces héritiers de faire un partage provisionnel. C'est leur propre intérêt qu'ils consultent en demandant un partage irrévocable.—La section de législation du conseil d'État avait proposé, à la suite de l'art. 466 c. nap., un autre article portant que, dans le cas où le partage en justice serait provoqué au nom du mineur et dans son intérêt, les frais de justice seraient supportés par lui, et, au cas contraire, par tous les copartageants. M. Tronchet demanda la suppression de cet article, en observant que, lorsque le partage est reconnu nécessaire et juste, c'est la chose qui doit en supporter les frais. L'article fut supprimé. « L'opinion de M. Tronchet est donc devenue celle du législateur. » (Chabot, t. 3, p. 167; Delvincourt, t. 2, p. 351, note 4; Proudhon, des Personnes, t. 2, p. 591; Vazeille, art. 838, nº 4; MM. Bioche, vis Partage, nº 68, et Dépens, nº 100; Dutruc, nº 472).

1863. De même, on ne mettra pas les frais du partage judiciaire à la charge de celui des héritiers qui seul s'est opposé au partage amiable. Tout autre cohéritier eût peut-être, s'il n'y avait déjà eu cette opposition, demandé aussi un partage judiciaire (Chabot et Dutruc, *loc. cit.*). — Mais si l'un des copartageants élevait quelques contestations mal fondées pendant l'instance en partage, il supporterait seul, selon le droit commun, les dépens de l'incident (mêmes auteurs).—Jugé que les frais de partage, et spécialement les frais de cantonnement entre un usager et un propriétaire, peuvent être mis à la charge d'un seul des copartageants, quand les juges reconnaissent que les injustes prétentions de ce dernier ont donné lieu à ces frais (c. nap. 646, 870): « Attendu que l'arrêt n'a pas méconnu, en droit, que les frais de partage pussent être supportés également par les copartageants, mais a décidé, en fait, qu'eu égard aux circonstances, ils devaient être mis à la charge du demandeur, décision qui ne viole

(1) (Ducastel *C.* Gérardin.) — Après le décès du sieur Nicolas Gérardin, ses héritiers laissent à la veuve, légataire de l'usufruit, les titres de propriété : huit ans s'écoulent : les héritiers réclament les titres de quelques immeubles; refus de la veuve Gérardin, convolée en troisièmes noces avec le sieur Ducastel. — 19 juin 1827, jugement du tribunal de la Seine, qui la condamne à faire cette remise : — « Attendu, d'une part, que le consentement donné par les héritiers Gérardin, à ce que la dame Ducastel gardât les titres de propriété, n'était pas indéfini, mais qu'il restait essentiellement révocable; d'autre part, que le droit de l'usufruitier étant essentiellement distinct de celui du propriétaire, il ne peut être juste que ce dernier demeure privé de la possession des titres qui prouvent et assurent son droit, sauf à lui néanmoins à en aider l'usufruitier lorsqu'il en sera besoin, comme aussi à le défendre de tous troubles et évictions qui pourraient préjudicier à sa jouissance. » — Appel. — Arrêt.

LA COUR; — Considérant que la remise des titres lors de l'inventaire est un acte provisoire et conservatoire, qui ne peut être considéré comme attributif d'un droit en faveur de l'une ou de l'autre des parties; — Au fond, adoptant les motifs des premiers juges.

Du 9 avril 1828.-C. de Paris, 2e ch.-M. de Haussy, pr.

(2) (Arnaud *C.* Tamisier.) — LA COUR; — Sur la première branche du premier moyen, fondé sur la violation prétendue de l'art. 1351 c. civ.; — Attendu que les jugements des 12 fév. 1851 et 17 fév. 1852 avaient simplement ordonné l'emploi en frais de partage des dépens faits dans l'instance dont il s'agissait, et n'avaient pas réglé la manière dont cet emploi devait être opéré; — Attendu que le jugement attaqué, en décidant qu'en matière de partage chacun des cohéritiers ou copartageants est tenu de supporter les frais de partage dans la proportion de son émolument, n'a fait que régler, conformément aux principes de la matière, la manière d'opérer l'emploi des dépens ordonné par les précédents jugements, et, qu'en ce faisant, il n'a rien décidé de contraire aux dispositions de ces jugements, et qu'ainsi il ne porte aucune atteinte à l'autorité de la chose jugée; — Rejette, etc.

Du 11 déc. 1854.-C. C., ch. req.-MM. Zangiacomi, pr.-Moreau, r.

aucune loi; rejette» (Req. 7 nov. 1838, MM. Zangiacomi, pr., Bayeux, rap., aff. Roussel C. Courtois). — Dans l'espèce, la cour de Besançon déclarait par son arrêt du 22 déc. 1836 «que les dépens ont été la suite de l'insuffisance des offres de Roussel, des contestations de toute nature qu'il a élevées pour faire repousser le cantonnement ou le rendre illusoire; qu'il est juste de condamner ledit Roussel à tous les frais, même à ceux de cantonnement, pour tenir lieu de dommages-intérets... ».

1864. Lorsque des frais, pour arriver au partage d'une succession, ont été déclarés inutiles et frustratoires, ils doivent demeurer à la charge du cohéritier qui les a faits, lequel ne peut ainsi prétendre, pour le remboursement de ces frais, au privilége de l'art. 2103, § 3. — Et l'on peut considérer comme frais frustratoires ceux des saisies pratiquées sur le détenteur des successions à partager, ainsi que ceux des instances formées avant l'acte de partage (Req. 4 avril 1821) (1).

ART. 7. — *De la faculté d'écarter du partage le cessionnaire de droits successifs, ou du retrait successoral.*

§ 1. — *Fondement du retrait successoral, législation ancienne, questions transitoires.*

1865. L'art. 841 c. nap. porte: «Toute personne, même parente du défunt, qui n'est pas son successible, et à laquelle un cohéritier aurait cédé son droit à la succession, peut être écartée du partage, soit par tous les cohéritiers, soit par un seul, en lui remboursant le prix de la cession.» — L'orateur du tribunat, dans son rapport, développait ainsi les motifs de cette disposition: «Il est de l'intérêt des familles qu'on n'admette point à pénétrer dans leurs secrets, et qu'on n'associe point à leurs affaires des étrangers que la cupidité ou l'envie de nuire ont pu seules déterminer à devenir cessionnaires, et que les lois romaines peignaient si énergiquement par ces mots: *alienis fortunis inhiantes.*» — Cette faculté d'écarter du partage l'étranger cessionnaire de droits successifs, s'appelle communément *retrait successoral*, et quelquefois *action en subrogation.*

1866. Le droit romain n'avait point de disposition particulière concernant le retrait successoral. Les célèbres lois *per diversas* et *ab Anastasio* (20 et 23 C. *Mandati*) se bornaient, comme les art. 1699 et 1700 c. nap., à permettre au débiteur de se faire subroger au cessionnaire de créances litigieuses. C'est par extension de ces lois que l'ancienne jurisprudence autorisa la subrogation des cohéritiers au cessionnaire de droits successifs, même non litigieux. Cette jurisprudence, établie surtout dans les pays de coutume, n'était pas générale (Lebrun, liv. 4, chap. 2, sect. 3, n° 66; Denisart, v° Cession de droits successibles; Merlin, v° Droits successifs, n° 8). — Jugé que les lois *per diversas et ab Anastasio*, établies spécialement contre les cessionnaires de droits litigieux, ont été étendues par la jurisprudence de presque tous les parlements, et notamment du parlement de Rouen, aux acquéreurs de droits successifs, même non litigieux (Req. 20 mars 1828, MM. Borel, pr., Mestadier, rap., aff. Delivet).

1867. Le retrait successoral, admis par l'ancienne jurisprudence, a-t-il été aboli par les lois intermédiaires? La question est controversée. D'une part, on cite les lois qui ont expressément aboli différentes espèces de retraits, tels que les retraits de *bourgeoisie*, d'*habitation* ou *local*, d'*éclèche*, de *société*, de *communion*, de *joyeuseté*, de *convenance* ou *bienséance* (L. 13 juin 1790), le retrait *lignager*, le retrait de *mi-denier* (L. 19 juill. 1790). Le 2 septembre 1793, la Convention nationale était appelée à décider si l'abolition des retraits *lignager* et *mi-denier* comprenait la faculté, accordée au mari et à ses héritiers par l'art. 332 de la coutume de Normandie, «de retirer la part des conquêts ayant appartenu à la femme, en rendant le prix qu'elle a coûté;» la Convention prononça l'affirmative: — «Considérant que, d'après les décrets émanés des assemblées constituante et législative, *il ne peut plus exister aucune espèce de retraits* introduits par les anciennes lois, coutumes ou usages locaux.» Une semblable décision fut motivée par la Convention dans les mêmes termes, le 30 septembre même année, à l'égard de la faculté qu'avait l'aîné, sous la coutume de Normandie (art. 296), de retirer, dans l'année du décès du père, les immeubles de la succession échus aux puînés. Enfin la Convention a formellement étendu au retrait de *convenance* ou *successoral* l'abolition qui atteint les autres retraits: un décret du 19 flor. an 2 annule un jugement du tribunal de Breteuil du 10 avr. 1793, qui avait admis des héritiers à l'exercice de ce retrait. — Outre le texte de ces divers décrets, on invoque les considérations qui les ont dictés. La législation de cette époque avait, dit-on, pour but de rendre la plus grande liberté aux transactions commerciales: de là cette déclaration générale, reproduite par deux décrets, qui répute abolis toute espèce de retraits. — Dans l'opinion contraire, on répond, d'abord, que le décret du 19 floréal an 2, le seul qui contienne *nommément* l'abolition du retrait successoral, n'a point été inséré au Bulletin de correspondance, formalité nécessaire pour qu'il devînt obligatoire (v° Loi, n° 151); que les autres décrets énumèrent les retraits qui en sont l'objet, et que le retrait successoral n'y figure pas. On peut ajouter que la mention qui se rencontre dans les décrets des 2 et 30 sept. 1793, et qui suppose abrogés les *retraits de toute espèce*, n'a pas seule un caractère légal ou obligatoire, en ce qu'elle ne fait pas partie du dispositif de la loi, mais de ses *motifs*, et que la Convention n'était appelée à voter que sur le dispositif, les motifs étant renvoyés à la rédaction du comité de législation (V. nos observ., v° Loi, n° 32). Cette dernière interprétation est enseignée par MM. Merlin, Rép., v° Droit success., n° 9; Maleville, t. 2, p. 314; Delaporte, Pandectes franç., t. 3, p. 277. M. Toullier, t. 4, n° 416, n'exprime que des doutes. — Quant à la jurisprudence, il a été jugé d'abord que le retrait successoral, autorisé par l'art. 841 c. nap., et par la législation ancienne, ayant été aboli par les lois intermédiaires, l'art. 841 n'est point applicable à une vente de droits successifs, faite sous l'empire de ces lois (Angers, 27 pluv. an 12, aff. Jamet C. Martineau; Cass. 11 prair. an 2, aff. Bourson C. Vigier; Limoges, 24 déc. 1828, aff. Jaudier C. Tardy).

Mais, plus tard, on a décidé, et la jurisprudence paraît s'être fixée dans ce sens, qu'aucune loi intermédiaire n'a aboli le retrait successoral; et que l'art. 841 c. nap. ne faisant que confirmer les principes antérieurs, est applicable à une vente de droits successifs cédés et ouverts sous l'empire des lois intermédiaires (Req. 16 juin 1819 (2); Req. 9 oct. 1810, MM. Lasaudade, pr., Minier, rap., aff. Bodin C. Cougny; Paris, 26 fév. 1816, aff. Tardif C. Darce; Req. 20 mars 1828, MM. Borel, pr., Mestadier, rap., aff. Delivet). — Et spécialement, le retrait successoral n'a pas été aboli par les lois des 2 et 3 sept. 1793 et 19 flor. an 2 (Paris, 11 janv. 1809, aff. Voyenne C. Huau).

Maleville remarque, *loc. cit.*, que telle a été la jurisprudence constante; il cite plusieurs arrêts, ceux notamment des 25 vend. an 5, 23 brum. an 7, 11 germ. an 10, et 8 frim. an 12, le dernier rendu sections réunies. Mais ces arrêts qu'on trouvera au mot Vente, «n'ont pas décidé autre chose, comme l'observe Toullier, si ce n'est que les lois *per diversas* et *ab Anastasio* n'étaient point abolies par les lois sur les retraits, avec lesquelles

(1) (Rigaud C. Beaulieu.) — LA COUR; — Attendu qu'il a été reconnu en fait, par l'arrêt attaqué, que les frais réclamés par les demanderesses, loin d'avoir été faits pour parvenir au partage des deux successions dont il s'agit avaient été entièrement inutiles et frustratoires; que, d'après cela, en décidant en droit que pour obtenir le remboursement de ces mêmes frais lesdites demanderesses ne pouvaient prétendre aucun privilége sur les immeubles des deux successions, au préjudice des créanciers d'un de leurs cohéritiers, le même arrêt n'a porté aucune atteinte aux dispositions des art. 810, 2103, § 5, 2109 c. civ.; — Rejette.

Du 4 avr. 1821.-C. C., sect. req.-MM. Lasaudade, pr.-Lasagni, rap.

(2) (Richebourg C. Delannoy.) — LA COUR; — Attendu que s'il a existé des doutes et des opinions diverses sur l'application des lois abolitives de toutes espèces de retraits ou droit d'offrir, établi par la loi *per diversas* et *ab Anastasio* (code *mandati*), il est également reconnu par les arrêts les plus récents et il ne peut être, en effet, contesté que le droit d'offrir et l'action en subrogation, qui dérivaient de la loi romaine susmentionnée tels que la jurisprudence la plus constante les avait adoptés, diffèrent essentiellement de toutes les espèces de retraits abolis par les lois de 1790, 1792, 1793 et de l'an 2; et que ce droit n'a pas été compris dans l'abolition prononcé par ces lois; qu'il en résulte que l'art. 841 c. civ. n'est pas introductif d'un droit nouveau; — Rejette le pourvoi formé contre l'arrêt de la cour d'appel de Caen.

Du 16 juin 1819.-C. C., sect. req.-MM. Henrion, pr.-Borel, rap.

elles n'ont rien de commun, et qu'elles avaient été bien appliquées aux espèces proposées, parce qu'il était prouvé que les droits vendus étaient litigieux. » Ces droits n'étaient pas même des droits successifs.

1868. A l'égard des questions transitoires, il a été jugé : 1° que l'art. 841 c. nap. n'est pas applicable aux droits successifs ouverts et cédés avant le code, dans un pays où le retrait successoral n'était pas connu. Le retrait ne pouvait être admis sans effet rétroactif (Angers, 27 pluv. an 12, aff. Jamet *C.* Martineau); — 2° Qu'il en serait autrement si les droits ouverts avant le code avaient été cédés depuis. C'est la loi du jour du contrat qui en règle les effets : le cessionnaire a contracté en connaissance de cause (Merlin, v° Droit suc., n° 9; Toullier, Delaporte, *loc. cit.*; Req. 1er déc. 1806, MM. Muraire, pr., Poriquet, rap., aff. Roussel); — 3° Que le code régirait également la cession qui, antérieure au code et nulle dans son principe, aurait été ratifiée postérieurement (Rej. 12 déc. 1810, aff. Gagnon, v° Obligation).

1869. L'art. 841 n'est-il applicable qu'au cas d'une succession? S'il s'agissait d'une *communauté* ou d'une *société* entre plusieurs personnes, et que l'un des communs ou associés vînt à céder sa portion à un étranger, les autres auraient-ils le droit d'offrir à cet étranger le remboursement de la cession? — La question est fort controversée. D'un côté on dit que l'art. 1872, en renvoyant aux *règles concernant le partage des successions*, comprend, par la généralité de ces mots, la règle de l'art. 841. L'art. 1476, quoique moins explicite ou moins général, doit s'interpréter dans le même sens, puisqu'il y a les mêmes motifs de décider dans les deux cas de communauté et de société. Les considérations d'ailleurs qui ont fait admettre la subrogation en faveur des cohéritiers militent également en faveur des communs ou des associés qui ont, surtout en fait de commerce, un intérêt de fortune et de tranquillité à ne pas mettre à découvert toutes leurs affaires (Conf. MM. Delvincourt, t. 3, p. 291; Vazeille, art. 841, n° 26; Battur, de la Communauté, t. 2, n° 796). La même doctrine était enseignée avant le code par M. Dareau, l'un des rédacteurs de l'ancien Rép. de M. Merlin, v° Droits successifs, n° 9.

L'opinion contraire, que nous préférons, est motivée sur le texte de l'art. 841, qui limite sa disposition aux *cohéritiers*. On dit, d'ailleurs, que les termes des art. 1476 et 1872 ne se réfèrent point nécessairement à cette disposition (Toullier, t. 13, nos 204 et suiv.; Zachariæ, t. 2, p. 571; MM. Bellot-des-Minières, Contr. de mar., t. 2, p. 480; Benoît, Retr. success., n° 58; Odier, Contr. de mar., t. 1, n° 523; Pont et Rodière, *eod.*, t. 1, n° 844; Troplong, Contr. de mar., n° 1682; Glandaz, Encycl. du dr., v° Communauté, n° 357). — On peut aussi, par analogie, invoquer la loi du 13 juin 1790, qui abolit indistinctement toute espèce de retrait de communion, et la jurisprudence, qui, comme nous l'expliquions tout à l'heure, ne confondant pas le retrait de communion avec le retrait successoral, a jugé que l'abolition de l'un ne s'étendait pas à l'autre. — M. Merlin, *loc. cit.*, s'exprime dans notre sens, et ajoute que, hors des coutumes qui l'adoptaient formellement, l'opinion tendant à admettre le retrait, hors le cas de succession, aurait souffert beaucoup de difficultés dans l'ancienne jurisprudence.

1870. Il y a divergence dans les nouveaux arrêts. Les uns ont admis le retrait en matière de communauté (Paris, 2 août 1821 (1); Riom, 23 nov. 1848, aff. Martin, D. P. 49. 2. 50). — Les autres, plus nombreux, ont décidé le contraire, limitant l'art. 841, au seul cas de succession (Bordeaux, 19 juill. 1826; Bourges, 12 juill. 1831) (2); Colmar, 17 mai 1820, aff. Schoumacher *C.* Kieffer. — Jugé aussi que l'art. 841 c. nap. ne s'applique pas à une société (Paris, 7 juill. 1836) (3).

1871. En tout cas, il a été décidé avec raison : 1° que si,

---

(1) (Savoie *C.* Morlot.) — LA COUR; — Attendu, 1° qu'il est mis en avant et non contesté que, Barthélemy Savoie étant né sans fortune, ayant tout dû à son industrie, sa succession se trouve composée uniquement de la moitié à lui revenante dans la communauté d'entre lui et son épouse, en sorte que la succession et sa portion dans la communauté sont une seule et même chose; que, par l'art. 1476 c. civ., le partage de la communauté, pour ce qui concerne ses formes, la licitation des immeubles quand il y a lieu, les effets du partage, la garantie qui en résulte et les soultes, sont soumis à toutes les règles qui sont établies au titre des *Successions* pour les partages entre cohéritiers : qu'ainsi, la loi ouvre aux communiers la même voie qu'aux cosuccessibles pour sortir de l'indivision, celle d'acquérir les parts de leurs copartageants, sans être sujets au retrait; que la feue dame Savoie, née Morlot, était commune, ayant droit de son chef au partage de la communauté, et a pu conséquemment, aux termes précis de la loi, user de ce droit, sans que le retrait puisse être exercé sur elle; — Confirme.

Du 2 août 1821.-C. de Paris, 2e ch.

(2) 1re *Espèce :* — (Lucaze *C.* Lajarrige.) — LA COUR; — Attendu que l'art. 841 c. civ. est limité aux cohéritiers et aux cessions de droits successifs, ne peut pas être appliqué à d'autres personnes et à d'autres droits; et que l'art. 1476, qui détermine les points où les partages de communauté sont soumis aux règles établies par le titre des *Successions*, ne leur a pas rendu commune la disposition de l'art. 841; — Attendu que ce serait forcer le sens et la lettre de la loi que de chercher, dans ses motifs et dans l'effet nécessaire de la cession des droits particuliers dont il s'agit, un prétexte pour étendre la volonté du législateur et l'exception qu'il a faite au droit commun par l'art. 841 du code; que s'il eût voulu admettre la subrogation toutes les fois que les droits cédés, sans être successifs, donneraient au cessionnaire étranger les moyens d'avoir connaissance des affaires de la famille et d'intervenir aux opérations de la liquidation de l'hérédité où ses droits se trouveraient mêlés et confondus, il en aurait fait une règle générale et n'aurait pas borné aux cohéritiers et aux cessions de droits successifs l'exécution qu'il a établie.

Du 19 juill. 1826.-C. de Bordeaux.-M. Ravez, 1er pr.

2° *Espèce :* — (Gallois *C.* Baroin.) — LA COUR; — Considérant, sur la première et sur la seconde question, que les dispositions de l'art. 841 ne peuvent être invoquées que par l'héritier dont le cohéritier a cédé ses droits dans la succession à un tiers non successible du défunt; — Que cette disposition légale, exorbitante du droit commun qui permet à toute personne de disposer à son gré de ce qui lui appartient, doit se restreindre au cas prévu par la loi, et ne peut s'étendre à d'autres cas; que, dans l'espèce, Gallois a demandé le partage du bois d'Aussis, dont partie lui a été vendue par la veuve Michel Baroin, Pierre Baroin et François Grillot, et que c'est pour faire cesser sa demande en partage que Febvre a exercé le retrait; mais que ce bois ayant été acquis par Michel Baroin pendant son mariage, sa veuve était propriétaire de la moitié de cet immeuble, non comme héritière de son mari, mais comme commune, et que l'art. 841 ne s'appliquant qu'aux partages de succession, il ne peut y avoir lieu à admettre le retrait sur ce premier chef; — Infirme.

Du 12 juill. 1831.-C. de Bourges, 1re ch.-M. Mater, 1er pr.

(3) (Greffulhe *C.* Mille.) — LA COUR; — En ce qui touche le retrait social : — Attendu que l'art. 841 c. civ., qui permet d'écarter du partage le cessionnaire non successible, contient une disposition spéciale et tout exceptionnelle créée dans le but d'empêcher des étrangers de pénétrer dans les secrets de famille; — Attendu qu'il est de la nature de toute exception d'être rigoureusement renfermée dans ses limites, et de ne jamais être étendue d'un cas à un autre, sous le prétexte d'analogie plus ou moins bien fondée; — Que, dès lors, le retrait de l'art. 841 doit nécessairement être limité aux successions qu'il a exclusivement pour objet, et rester parfaitement étranger aux sociétés ou à toute autre espèce de communauté de droit, à moins d'une disposition expresse de la loi; — Attendu que si, d'après l'art. 1872, les règles concernant le partage, la forme du partage et les obligations qui en résultent, s'appliquent aux partages entre associés, il est manifeste que l'intention du législateur n'a pas été d'étendre indistinctement aux partages sociaux tous les articles des six sections du chapitre 6, intitulé : *du Partage et du rapport;* mais uniquement de placer ces partages sous l'empire des principes de ceux des articles de ce chapitre qui régissent le partage en lui-même, ce qui le constitue, son mode, sa forme, ses effets et les obligations qui en découlent; — Que cette volonté de la loi se révèle par les termes eux-mêmes de l'art. 1872; — Attendu que le retrait successoral, considéré dans son existence comme dans ses conséquences, est un acte totalement étranger au partage; qu'il n'a aucune espèce de rapport avec lui; que, loin d'en être l'une des bases, l'un des éléments, comme on le prétend, il en est, au contraire, l'ennemi le plus constant, puisqu'il tend à l'éviter, à le rendre le plus souvent inutile pour celui qui l'exerce, et toujours sans objet pour le cessionnaire qu'il frappe, et que, dans tous les cas possibles, le retrait ne change rien aux bases fondamentales du partage, alors qu'il est nécessaire, car, si le retrait profite à tous les héritiers, il s'opère une confusion en leur personne des droits cédés dont ils deviennent propriétaires, et si l'un d'eux seulement en jouit, celui-ci, représentant son cohéritier cédé, est soumis envers les autres aux mêmes payements et obligations que le cédant, ce qui nécessite les mêmes opérations que si ce dernier figurait au partage; qu'ainsi, il est évident que le retrait est absolument en dehors du partage et ne saurait être compris dans les termes de l'art. 1872; — Qu'il en est de même dans l'esprit de cet article, parce que les raisons de haute moralité publique qui ont commandé le retrait successoral ne se rencontrent pas en fait de société, où tout est en quelque sorte patent, écrit et con-

au décès d'une veuve, les héritiers du mari se trouvent appelés pour moitié au partage de la succession, en compensation d'une condition à eux imposée de laisser la veuve jouir sa vie durant de tous les biens de la communauté sans faire inventaire, un héritier de celle-ci ne peut prétendre écarter du partage l'étranger auquel un héritier du mari aurait cédé ses droits successifs,... les héritiers du mari et les héritiers de la femme n'étant pas assimilés dans ce cas à des cohéritiers (trib. de Rambouillet, 11 mai 1855, aff. Morisot, D. P. 55. 3. 55); — 2° Qu'il n'y a pas lieu au retrait, en matière de communauté, en ce que du moins l'action en retrait serait tardive si, à l'époque de la cession, les lots étaient déjà faits et tirés au sort, quoique le compte des jouissances des biens de la communauté n'eût pas encore été réglé entre les cohéritiers (Colmar, 17 mai 1820, aff. Schoumacher C. Kieffer).

§ 2. — *Par qui peut être exercé le retrait successoral?*

1872. Tout cohéritier, dit l'art. 841, peut exercer le retrait successoral. — Cette faculté appartient donc à l'héritier même bénéficiaire. On a objecté que les secrets de la famille sont livrés à l'investigation des tiers par les formalités du bénéfice d'inventaire; mais on a répondu qu'un des motifs du retrait successoral est qu'entre parents il y a plus de ménagements à attendre, et moins de contestations qu'entre étrangers : *Inter parentes res amarè non sunt tractandæ.* Or cette considération a plus d'autorité encore lorsque la succession est embarrassée (Chabot, t. 3, p. 191; Toullier, t. 4, n° 419; Duranton, t. 7, n° 185; Delvincourt, t. 2, p. 546, note 1; Delaporte, Pand. fr., t. 3, p. 277; Vazeille, art. 841, n° 12; Richefort, n° 526; Rolland de Villargues, v° Retrait success., n° 9; Zachariæ, t. 2, § 359 *ter;* Marcadé, art. 841; Dutruc, n° 503.—Conf. Amiens, 13 mars 1806 (1); Bordeaux, 16 mars 1832, aff. Mothes, V. n° 950).

1873. Sont-ce seulement les héritiers du sang qui peuvent écarter les étrangers? Non. Les héritiers testamentaires ou contractuels y sont admis; mais ils doivent être appelés à *titre universel*, car la règle de droit *hi qui in universum jus succedunt, loco hæredis habentur*, n'est pas applicable au donataire ou légataire particulier. Or c'est en vertu de cette assimilation que le donataire ou le légataire à titre universel est autorisé à l'exercice du retrait successoral. L'héritier institué n'avait pas moins de droits, dans les lois romaines, que l'héritier du sang; le légataire universel est placé par le code sur la même ligne que l'héritier institué (art. 967); son titre lui permet de concourir au partage, de prendre la connaissance la plus détaillée des affaires de la succession; il est même saisi de plein droit à défaut d'héritiers à réserve (Merlin, n° 9; Chabot, p. 182, 191; Toullier, n° 425; Duranton, n° 186; Malpel, n° 247; Dutruc, n° 503). — Jugé : 1° que le légataire universel a qualité pour exercer le retrait successoral (Grenoble, 2 avril 1818, 1re ch., aff. veuve Sève C. Desayes; Lyon, 17 juin 1825, sous Cass. 4 mai 1829, aff. Montagnier, n° 1909); — 2° Qu'il suffit qu'un testament par lequel un individu a été institué légataire universel ait été reconnu valable par l'un des héritiers légitimes, lequel lui a cédé, au besoin, ses droits héréditaires par la même transaction, pour que cet individu doive, par l'effet du principe de la divisibilité des successions, être réputé avoir conservé la qualité de légataire universel jusqu'à concurrence de la quote-part de cet héritier, encore bien que le testament ait été depuis annulé au profit de tous les autres cohéritiers. — ... Par suite, il a qualité pour exercer le retrait successoral, et écarter du partage le cessionnaire des droits de l'un des héritiers légitimes (Req. 5 déc. 1853) (2). — N'est-ce pas là une application un peu forcée du principe de la divisibilité des successions? — Supposons qu'un individu qui n'a pas été institué héritier, ou qui ne peut se prévaloir que d'une institution testamentaire atteinte de nullité, soit reconnu, moyennant un prix, légataire universel du défunt par l'un des héritiers légitimes. Cet individu pourrait-il se prévaloir de cette reconnaissance vis-à-vis des autres héritiers, à l'effet d'exercer des droits qui ne peuvent appartenir qu'à un successible? Ne devrait-il pas, au contraire, être plutôt réputé cessionnaire des droits successifs de l'héritier avec lequel il a traité? Il nous semble que la qualité d'héritier, ou, comme on le verra, de successible, ne peut dériver que de la loi ou de la volonté du donateur ou testateur. Cette qualité constitue, en faveur de celui qui en est revêtu, un droit personnel, incessible autrement qu'à titre gratuit et universel : il répugne, en effet, qu'un héritier puisse céder sa qualité, ou, en d'autres termes, créer à prix d'argent autant d'héritiers au défunt que ses droits héréditaires pourront présenter de divisions par quotité. Un tel cessionnaire, quels que soient les termes de la cession, sera lui-même en butte au retrait successoral de la part des successibles véritables qui l'auront, quant à eux, fait dépouiller de sa qualité d'héritier. — Or s'il est vrai qu'un tel cessionnaire soit lui-même exposé au retrait successoral, comprend-on qu'il soit recevable à se prévaloir de ce droit éminent de l'hérédité vis-à-vis de l'acquéreur des droits de l'un des cohéritiers qui ont fait annuler le testament par lequel il était institué? Se prévaudrait-il vis-à-vis de ce cessionnaire de ce que l'un des héritiers a reconnu la validité du testament? Mais celui-ci, qu'il voudra écarter, invoquera, de son côté, le droit de son cédant qui a obtenu, lui, l'annulation du testament : il est, en effet, l'ayant cause de celui-ci, puisqu'il a acquis ses droits successifs. Le titre de l'un n'a donc pas plus de valeur que celui de l'autre; et l'on n'ira sans doute pas jusqu'à soutenir que la préférence doit être le prix de la course et appartenir à celui qui aura le premier déclaré qu'il entendait exercer le retrait successoral.

Cependant une objection se présente ici; elle se puise dans la transaction. Un tel acte, peut-on dire, a le caractère de jugement. — Or si, au lieu de se borner à exiger une reconnaissance de sa qualité d'héritier, le porteur du testament vicieux avait obtenu un jugement qui eût déclaré cette qualité certaine vis-à-vis de

signé dans des livres et dans une correspondance commune à tous les associés, où il ne s'agit que de s'immiscer dans quelques faits, dans quelques opérations isolées et particulières qui sont les éléments de la société, dont la durée et les limites sont fixes et infiniment étroites, et non de pénétrer, comme en matière de succession, dans les mystères d'une vie entière, d'en explorer les secrets les plus intimes ; — Confirme.

Du 7 juill. 1850.-C. de Paris.-M. Hardoin, pr.

(1) (Roussel C. Lefournier-Wægemont.) — La cour ; — Considérant que l'héritier bénéficiaire jouit de toutes les prérogatives qui appartiennent, et profite de tous les droits qui compètent à l'héritier pur et simple; que l'hérédité entière, que toutes les actions de l'héritier lui appartiennent comme à celui-ci; qu'il n'existe entre eux qu'une différence, c'est que la loi accorde à celui qui a été régulièrement admis au bénéfice d'inventaire le droit de ne pas confondre avec ses biens personnels les biens et charges de l'hérédité; qu'il existe entre sa fortune et l'hérédité une division qui le met à l'abri des condamnations personnelles qui pourraient être prononcées contre lui, en rendant compte de l'administration qu'il a eue de cette hérédité; que, d'ailleurs, la loi n'a point distingué quelles seraient les qualités du cohéritier qui avait le droit d'écarter l'étranger du partage.

Du 13 mars 1806.-C. d'Amiens.

(2) (Guilbert-de-Govin C. Piquot-Lamare.)— La cour ; — Attendu que le sieur Ridel-Dufourney avait, par son testament du 24 avr. 1810, institué le sieur Piquot-Lamare son légataire universel ;— Attendu que ce testament ayant été attaqué par divers héritiers et annulé sur leur poursuite, la dame Lepaulmier, aussi héritière du sieur Ridel-Dufourney, renonça à la poursuite qu'elle avait commencée contre le sieur Piquot-Lamare, au moyen d'une transaction qu'elle fit avec lui le 6 janv. 1817 ;

Attendu que, toute succession étant divisible, le sieur Piquot-Lamare a conservé, par l'effet de ladite transaction, la qualité de légataire universel jusqu'à concurrence de la quote-part à laquelle la dame Lepaulmier avait droit dans la succession du sieur Ridel-Dufourney ; — Attendu que la dame Guilbert-de-Govin, à qui la dame du Halley, de Monchamp, autre héritière, avait cédé sa part dans ladite succession, n'était pas successible du sieur Ridel-Dufourney, et que, dès lors, elle a pu être écartée du partage par le sieur Piquot-Lamare, héritier testamentaire ; — Attendu, enfin, que le sieur Piquot-Lamare lui a fait des offres de lui rembourser le prix de la cession, desquelles offres il a été donné acte, par la cour royale, audit Piquot-Lamare ; d'où il suit que l'arrêt attaqué, en admettant le retrait successoral exercé par ledit sieur Piquot-Lamare, contre la dame Guilbert-de-Govin, loin d'avoir violé aucune loi, a fait, au contraire, une juste application de l'art. 841 c. civ.; — Rejette le pourvoi formé contre l'arrêt de la cour de Caen du 16 nov. 1852.

Du 5 déc. 1853.-C. C., ch. req.-MM. Zangiacomi, pr.-Faure, rap.-Nicod, av. gén., c. conf.-A. Chauveau, av.

l'héritier avec lequel il a transigé, ne serait-il pas à l'abri de toute critique, même de la part des autres cohéritiers? Ne serait-il pas, en un mot, placé sous la double influence de la chose jugée et de la divisibilité des droits successoraux? — On ne peut se dissimuler qu'une telle objection a une grande puissance, alors d'ailleurs que la transaction n'est pas suspecte de fraude et qu'il n'est point allégué qu'elle ait eu pour objet de déguiser une cession de droits successifs à titre onéreux. — Mais, quelque plausible qu'aurait été, dans l'espèce, une telle allégation de fraude, puisque l'effet des transactions se restreint en général entre ceux qui les ont consenties, il est remarquable que la question n'était pas envisagée devant les premiers juges sous cet aspect : on n'avait pas assez recherché les véritables caractères de la transaction vis-à-vis des autres héritiers et de leurs ayants cause : il était dès lors bien difficile que l'arrêt attaqué encourût la censure de la cour suprême.

1874. Au reste, le droit d'exercer le retrait successoral ne passe point à celui qui a été institué légataire universel du cohéritier défunt (Toulouse, 20 août 1819 (1); Bourges, 27 mai 1812, aff. Mollet *C.* Luquet).

1875. Le légataire à titre universel a aussi qualité pour exercer le retrait successoral (Bastia, 23 mars 1835) (2).—Même décision à l'égard d'un époux à qui a été donnée, par contrat de mariage, une quote-part de la succession de son mari (Bordeaux, 19 juill. 1826, M. Ravez, pr., aff. Lacaze *C.* Lajarrige).

1876. D'ailleurs le légataire à titre universel peut exercer le retrait successoral avant d'avoir obtenu la délivrance de son legs. Il suffit qu'il ait formé sa demande en délivrance au greffe pour avoir qualité (Req. 20 juill. 1824) (3).

1877. Le retrait peut-il être exercé par un légataire ou donataire universel ou à titre universel d'usufruit? Nous examinerons plus loin (nº 1943) s'il est passible du retrait successoral. Les deux questions, fort controversées, se résolvent par les mêmes motifs.

1878. Quant au légataire ou donataire particulier, il est non recevable évidemment à exercer le retrait, puisque, en aucun cas, il ne tient lieu d'héritier. — Jugé spécialement : 1º que le successible non réservataire qui n'a été institué que légataire particulier (d'une somme de 300 fr.) est non recevable, en sa seule qualité, soit de successible, soit de légataire, à exercer le retrait successoral contre le cessionnaire du légataire universel : — « Attendu que l'art. 841 c. nap. n'autorise que le cohéritier à exercer le retrait successoral; que cette faculté est interdite au légataire particulier, qui n'a qu'une action en délivrance de son legs, et qui ne peut, par conséquent, être admis à éloigner un tiers d'un partage dans lequel il n'est pas lui-même intéressé; émendant, etc. » (Nîmes, 3 mai 1827, M. Pajon, pr., aff. Thomas *C.* Larguier); — 2º Que le donataire à titre particulier, héritier du défunt, qui a renoncé à la succession pour s'en tenir à sa donation, ne conservant plus, à titre de donataire particulier, que le droit de réclamer la délivrance de ce qui est déterminé dans la donation, serait sans qualité pour exercer le retrait successoral, au cas où les autres héritiers ont cédé leurs droits à un étranger (Rej. 2 déc. 1829) (4).

1879. L'enfant naturel doit être admis au retrait successoral. Il succède pour une quote-part de l'hérédité; il doit connaître tous les éléments dont elle se compose. L'art. 757 lui attribue, moins la quotité, et moins quelques prérogatives dont il a été expressément dépouillé et qui sont indifférentes à la question, les mêmes droits qu'il aurait eus s'il avait été légitime (Req. 8 juin 1826; (5) rej. 15 mars 1831, aff. Verneau, V. Paternité, nº 502).

1880. L'enfant réduit à une simple légitime est héritier

---

(1) (Groc *C.* Doumayrou.) — La cour; — Attendu que le bénéfice accordé par l'art. 841 c. civ. n'a été introduit qu'en faveur de l'héritier; par où ce droit étant personnel n'est point transmissible; Groc, légataire universel de Pierre-Jean Trainier, en vertu d'un testament, succède bien dans tous les droits du testateur, mais n'est point héritier de Joseph Trainier et Marie Balsa, mariés; le code ne considère comme véritables héritiers que ceux qui sont appelés par la loi, et nullement ceux qui ne sont institués que par la volonté de l'homme, à qui elle ne donne que la qualité de légataires; si Groc est acquéreur à titre gratuit, Doumayrou l'est devenu à titre onéreux, et, dès lors, ils sont en quelque sorte étrangers l'un à l'autre; dès lors, Groc est sans qualité pour user du bénéfice de l'art. 841.

Du 20 août 1819.-C. de Toulouse, 2e ch.-M. de Faydel, pr.

(2) (Limazola *C.* Piève.)—La cour;—Attendu que de la combinaison des art. 870, 871, 926, 1010, 1012 et 1015 du même code, il résulte que le légataire à titre universel est assimilé au légataire universel, dans la proportion de son legs, puisque, comme lui, il participe aux dettes et charges de la succession et aux obligations du testateur; que, par conséquent, il doit aussi, comme lui, profiter des avantages attachés à sa qualité d'héritier d'une quote-part, sauf les modifications établies par la loi; — Qu'ainsi, on ne saurait lui refuser le retrait successoral accordé à tout héritier, sans créer contre lui une exception qui n'est point dans la loi, et contrairement à l'opinion des auteurs les plus graves, et à la doctrine professée par la cour de cassation, notamment dans son arrêt du 2 déc. 1829; — Attendu que ces principes s'appliquent également au légataire universel, ou à titre universel de l'usufruit, comme à celui de la nue propriété, puisqu'il est, comme ce dernier, appelé à recueillir une quote-part de l'hérédité; qu'il en doit, comme lui, supporter les dettes et les charges; qu'il est, comme lui, qualifié par la loi de légataire universel, ou à titre universel (art. 610 et 612); et, qu'en un mot, il est comme lui au rang des successibles, ainsi que l'ont décidé plusieurs cours du royaume, et la cour de cassation par deux arrêts du 21 avr. 1830; — Qu'à la vérité, ces arrêts ont été rendus dans la circonstance où l'on voulait exercer le retrait contre le légataire universel de l'usufruit, devenu cessionnaire des droits d'un cohéritier; mais dès qu'on reconnaît en lui la qualité de successible, il faut, par une conséquence nécessaire, lui en attribuer tous les droits et actions; — Infirme.

Du 23 mars 1835.-C. de Bastia.-M. Colonna-d'Istria, pr.

(3) (Veuve Huet *C.* Guenedey.) — La cour; — Attendu, sur le deuxième moyen, que l'art. 1004 c. civ., sur lequel il est fondé, en obligeant le légataire même universel à demander aux héritiers auxquels une quotité de biens est réservée par la loi, la délivrance des biens compris dans le testament, se réduit dans ses effets à la question de savoir à qui doivent appartenir les fruits échus entre le décès du testateur et la demande en délivrance, mais que le légataire n'est pas moins propriétaire de la chose léguée; qu'il la tient de la volonté du testateur avant que cette demande ait été formée; — Rejette le pourvoi contre l'arrêt de la cour de Paris du 16 mai 1823.

Du 20 juill. 1824.-C. C., ch. req.-MM. Botton, pr.-Dunoyer, rap.

(4) (Bossu *C.* Gaget.) — La cour; — Attendu que le contrat de mariage de Denis Bossu et de Marguerite Lauvergnat, en date du 30 janv. 1785, porte que Pierre Lauvergnat, père de la future, lui donne, entre-vifs, le quart au total, dans deux habitations, granges, étables, cours, jardins, chenevières, prés, terres labourables, situés au lieu de Corveau, paroisse du Gravier; — Attendu que si la donation est faite par quotité, elle est néanmoins à prendre, non dans tous les biens que le donateur a, ou qu'il pourra avoir, mais seulement dans deux habitations, dont il indique l'assiette et la consistance actuelle, sans que la portion donnée puisse, par la nature des choses, augmenter ou diminuer; ce qui constitue le titre particulier d'une donation ou d'un legs; — Attendu que le donataire ou légataire particulier, qui est en même temps héritier et qui renonce à la succession, perd la qualité en vertu de laquelle il aurait eu le droit de venir au partage, et n'a plus que celle de donataire ou légataire particulier, titre qui l'écarte de la succession, et ne lui confère que le droit de demander la délivrance de ce qui a été fixé ou déterminé pour lui, par le donateur ou testateur, ce qui peut s'opérer sans qu'il soit besoin que ce donataire ou légataire prenne connaissance des affaires et des secrets d'une famille;

Attendu que ce n'est que pour obvier à cet inconvénient que le code civil, art. 841, dispose que « toute personne, même parente du défunt, qui n'est pas son successible, et à laquelle un cohéritier aurait cédé son droit à la succession, peut être écartée du partage soit par tous les héritiers, soit par un seul, en lui remboursant le prix de la cession. »

Attendu que, si l'action en subrogation peut être exercée par le donataire ou légataire universel, et par le légataire ou donataire à titre universel, quoiqu'il ne soit pas successible ou qu'il ait renoncé à la succession, c'est parce que son émolument n'ayant été ni fixé ni déterminé, il a le droit de prendre dans tous les biens de la succession la quotité qui lui a été donnée ou léguée, et qu'il faut pour cela qu'il prenne connaissance de tous les biens, de toutes les affaires, de tous les papiers de la succession, d'autant plus qu'il doit supporter sa part de dettes, et que son titre universel le fait réputer héritier sous ce rapport; — Attendu qu'il n'en est pas de même du donataire ou légataire particulier, ainsi qu'on l'a déjà expliqué, alors même qu'il est successible, comme Marguerite Lauvergnat, et qu'il a comme elle renoncé à la succession; — D'où il suit qu'en rejetant la demande de Marguerite Lauvergnat et de Pierre Bossu, son mari, en subrogation à la cession que Jeanne Lauvergnat, fille de François et femme Pouillard, a faite à Pierre Gaget de ses droits dans la succession de Pierre Lauvergnat, la cour royale de Bourges a justement appliqué l'art. 841 c. civ.; — Par ces motifs, rejette.

Du 2 déc. 1829.-C. C., ch. civ.-MM. Portalis, 1er pr.-Larivière, rap.

(5) (Journet *C.* Bachelas.) — La cour; — Attendu, en droit, que

dans le sens de l'art. 841, et recevable à exercer le retrait. — « Considérant que la légitime en corps héréditaires, qui est un droit sur l'universalité des biens, ne peut en être séparée qu'au moyen d'un partage, ou d'un acte qui en tienne lieu » (Cass. 3 mai 1830, MM. Portalis, 1er pr., Delpit, rap., aff. Larguier C. Thomas).

1881. Le retrait peut-il être exercé par les cohéritiers du cédant, lorsque, par suite de son décès, ils sont devenus ses héritiers? La cour suprême les avait d'abord déclarés non recevables comme garants des faits du cédant (Cass. 27 juin 1832, aff. Jaudier, V. n° 1937). Mais elle a décidé plus tard que le retrait était admissible, alors même qu'il serait intervenu entre le cédant et le cessionnaire des stipulations formelles de garantie contre toutes évictions et tous empêchements quelconques, ces restrictions à la faculté d'exercer le retrait successoral étant nulles comme contraires à l'ordre public (Cass. 15 mai 1844) (1).

1882. Du principe posé par ce dernier arrêt, on a tiré la conséquence que l'héritier qui a cédé ses droits peut être admis lui-même à exercer le retrait contre son propre cessionnaire en lui remboursant le prix (M. Dutruc, n° 507). Cette conséquence nous paraît trop rigoureuse. L'ordre public ne nous paraît point exiger ici que le vendeur soit déchargé de toute garantie pour une éviction procédant de son propre fait (Arg. c. nap. 1628). — Jugé que l'héritier qui a aliéné ses droits successifs ne peut plus se prévaloir du bénéfice de l'art. 841 à l'égard des aliénations par lui faites, « attendu qu'il ne saurait être admis à éluder les effets des actes qu'il a volontairement consentis » (Bastia, 23 mars 1835, M. Colonna d'Istria, pr., aff. Limazola C. Piève).

1883. L'héritier qui a renoncé à la succession et qui a perdu ainsi le droit d'assister aux opérations du partage, est sans qualité pour exercer le retrait successoral. Il n'est plus successible, puisque, par l'effet de sa renonciation, il est censé n'avoir jamais été héritier. Jugé ainsi à l'égard d'un héritier qui a renoncé à la succession, pour s'en tenir à la donation d'un objet particulier qui lui a été faite par le défunt; donation qui seule ne lui attribuait pas le droit d'intervenir au partage (Rej. 2 déc. 1829, aff. Bossu, V. n° 1878).

1884. L'héritier qui a cédé à un tiers ses droits dans la succession, est-il sans qualité pour exercer le retrait contre le cessionnaire des droits de l'un de ses cohéritiers? Non, car il ne cesse pas d'être successible, puisqu'il a fait acte d'héritier en cédant ses droits. On a objecté, à la vérité, que le retrait successoral est un droit plutôt attaché à la qualité de successible *venant à partage*, qu'à la simple qualité d'héritier; mais cette objection a le tort d'ajouter au texte formel de l'art. 841. On a fait une autre objection, qui ne nous semble pas plus fondée, en jugeant non recevable l'action en retrait de l'héritier qui a cédé ses droits. — « Attendu que la dame Vincenti, en appelant ainsi elle-même des tiers à la succession de sa mère, a, par son propre fait, renoncé à un bénéfice que le législateur a précisément introduit dans le seul but d'empêcher des étrangers de s'immiscer, malgré les héritiers, dans le secret des familles; Infirme » (Bastia, 23 mars 1835, M. Colonna d'Istria, pr., aff. Limazola C. Piève). — Il a été jugé aussi que l'héritier n'a plus qualité pour exercer le retrait contre un autre cessionnaire, quand il a lui-même cédé ses droits successifs à un tiers (Toulouse, 22 fév. 1840) (2). Mais cet arrêt se justifie par des circonstances particulières. Ainsi, notamment, il en résultait que l'héritier, quoique agissant en son propre nom, n'était que le prête-nom du cessionnaire.

1885. Les héritiers d'une ligne autre que celle du cédant peuvent-ils exercer le retrait successoral, si, dans la ligne du cédant, se trouvent d'autres héritiers acceptants? D'un côté, l'on dit que ceux-là doivent être préférés pour le retrait, qui auraient recueilli la part du cédant, si, au lieu de vendre, il eût renoncé; qu'ainsi les héritiers de sa ligne, et, dans sa ligne, ceux de sa branche, méritent la préférence. Selon l'art. 755, il ne se fait de dévolution d'une ligne à l'autre qu'à défaut d'héritiers dans l'une des deux (Chabot, p. 193; Toullier, n° 425). Mais on répond: les héritiers d'une ligne ne sont point entièrement étrangers aux héritiers de l'autre. Aux yeux de la loi, ils sont tous cosuccessibles. Ils viennent à une seule et même hérédité. Le rapport fait par l'héritier d'une ligne ne profiterait-il pas aux héritiers de l'autre ligne? La cession que celui-là ferait à ceux-ci ne serait-elle pas à l'abri du retrait successoral, demandé par la ligne du cédant? Dans ces deux cas, il y a cependant dévolution. La loi d'ailleurs n'a pas établi le retrait pour conserver les biens dans les familles ou pour assurer la séparation des biens dans les deux lignes. — On objecte, quant au rapport, que, selon l'art. 843, il est dû par

---

s'il est vrai que les enfants naturels ne sont pas héritiers (art. 756 c. civ.), il est vrai aussi que la loi a accordé à ceux qui sont légalement reconnus un droit sur les biens de leurs père et mère décédés; que ce droit est fixé à une fraction de la portion héréditaire que l'enfant naturel aurait eue s'il eût été légitime; qu'ainsi il lui attribue une participation à tous les biens qui composent l'hérédité, et par suite l'action nécessaire pour en fixer la quotité et en opérer la division; —Attendu que cette action est réglée par le chap. 6, tit. 1, liv. 3, c. civ., lequel comprend au nombre de ses dispositions le droit d'écarter du partage tout cessionnaire qui ne serait pas successible (art. 841); que ce droit fait partie de ceux auxquels participent les enfants naturels pour fixer et diviser l'hérédité; — Rejette le pourvoi formé contre l'arrêt de la cour de Nîmes.

Du 8 juin 1826.-C. C., ch. req.-MM. Botton, pr.-Borel, rap.

(1) *Espèce:* — (Lachazée C. Lameloise.) — 1er déc. 1840, arrêt infirmatif de la cour de Dijon: — « Considérant que dans les divers actes de la procédure, les intimés ont pris la qualité d'héritiers de Pierre Lachazée, cédant des droits successifs dont il s'agit; — Considérant que les héritiers d'un cédant de droits successifs, étant soumis à la garantie des faits de leur auteur, sont inhabiles à exercer le retrait successoral, d'après la maxime *quem de evictione tenet actio eumdem agentem repellit exceptio.* » — Pourvoi des sieurs Lachazée, pour violation de l'art. 841 c. civ., et fausse application de la maxime ci-dessus. — Arrêt.

La cour; — Vu l'art. 841 c. civ.; — Attendu que, par acte notarié du 7 nov. 1856, Pierre Lachazée a vendu à Jean Lameloise, son oncle, sa part héréditaire dans la succession de la dame Lachazée, sa mère; — Que, lors de cette vente, la succession de la dame Lachazée était indivise entre Pierre Lachazée et ses frères et sœurs, demandeurs en cassation; — Que Jean Lameloise n'était pas successible de la dame Lachazée; qu'ainsi les demandeurs avaient le droit, aux termes de l'art. 841 c. civ., de l'écarter du partage, en lui remboursant le prix de la cession; — Attendu que leur action ne pouvait être repoussée par le motif que, dans divers actes de la procédure, ils avaient pris la qualité d'héritiers de Pierre Lachazée, mort en 1837, parce que ce n'était point en cette qualité qu'ils avaient formé leur demande, mais uniquement comme successibles de leur mère et en vertu de l'art. 841 précité; que le droit personnel que leur conférait cet article, était né aussitôt après la vente du 7 nov. 1836, et la mort du vendeur n'en avait pas changé, ni altéré le caractère; — Attendu que le retrait successoral repose sur des motifs d'ordre public et qu'aucune stipulation entre le cédant et le cessionnaire ne peut soustraire celui-ci à son application; — Attendu, d'ailleurs, qu'il résulte des termes et de l'esprit de l'art. 841 que l'acquéreur évincé est complétement désintéressé par le remboursement du prix de la cession, et qu'il ne peut exercer aucune action en garantie ou en recours contre son vendeur, pour cause d'éviction; — Attendu qu'en opposant aux demandeurs leur qualité d'héritiers de Pierre Lachazée et en déclarant en conséquence leur action non recevable, parce qu'une demande en éviction ne peut être formée par celui qui est tenu de garantir la vente, la cour royale de Dijon a faussement appliqué les principes en matière de garantie et a expressément violé l'art. 841 c. civ.; — Par ces motifs; — Casse.

Du 15 mai 1844.-C. C., ch. civ.-MM. Teste, pr.-Thil, rap.-Pascalis, 1er av. gén., c. conf.-Beguin et Mandaroux, av.

(2) (Rivière C. Bichou.) — La cour; — Attendu qu'alors que Jean Bichou agit en son nom, on peut néanmoins le considérer comme plaidant dans l'intérêt de ceux à qui appartiennent les droits successifs qu'il a vendus à Andrieu; — Mais, attendu qu'un cohéritier peut seul, en vertu de l'art. 841 c. civ., exclure du partage un cessionnaire cosuccessible; — Que Jean Bichou ne pourrait être subrogé aux droits de Rivière qu'autant qu'il devrait recueillir lui-même la succession; — Qu'alors qu'il ne fait que prêter son nom à un tiers qui n'est pas plus que Rivière, héritier de la dame Bergés, épouse Bichou, son action devait être rejetée;

Attendu, d'ailleurs, que le cessionnaire que la loi n'appelle pas à la succession n'en peut être exclu par un successible, que parce que la loi n'a pas voulu, en le faisant concourir au partage contre la volonté des héritiers, l'initier aux secrets d'une famille qui n'est point la sienne; — Que de là il suit que la faculté d'exclusion cessant par la cessation de la cause qui l'a fait admettre, l'on ne saurait empêcher Rivière d'user des droits à l'exercice desquels il aurait été reçu antérieurement; — Que, lorsqu'il a participé au partage d'Antoine comme ayant droit de Paule, son initiation dans les affaires de la famille a eu lieu; — Que son exclusion serait donc sans objet; — Infirme.

Du 22 fév. 1840-C. de Toulouse, 2e ch.-M. Martin, pr.

l'héritier *à ses cohéritiers*, et quant à la cession, que l'art. 841 ne soumet au retrait successoral que celle faite à une personne *non successible*. Mais l'art. 841 ne dit-il pas aussi que le retrait pourra être exercé par *tous les cohéritiers*? Enfin, les cohéritiers des deux lignes n'ont-ils pas un égal intérêt à ce qu'un étranger ne s'immisce dans les affaires de la succession? Cette dernière interprétation, que nous préférons, a le suffrage de MM. Delvincourt, t. 2, p. 347, nº 2; Duranton, t. 7, nº 188; Malpel, nº 246; Vazeille, art. 841, nº 23; Belost-Jolimont, sur Chabot, art. 841, Obs. 9; Duvergier, sur Toullier; Marcadé, nº 3; Dutruc, nº 504). — Jugé que, dans une succession collatérale, le retrait successoral peut être exercé par l'héritier d'une ligne contre le cessionnaire des droits successifs des héritiers de l'autre ligne (Paris, 14 fév. 1834 (1); Bordeaux, 5 fév. 1841, aff. Nadaud, sous Req. 23 nov. 1842, vº Mandat, nº 21).

1886. Il a été jugé, au contraire, que, dans une succession en ligne collatérale, et divisible entre la branche paternelle et la branche maternelle, lorsque les héritiers de l'une de ces branches cèdent leurs droits héréditaires à des parents de la même branche, mais non appelés à la succession, ceux de l'autre branche ne sont pas recevables à exercer le retrait successoral contre les parents cessionnaires (Grenoble, 3 juill. 1824) (2). La cour a statué en thèse générale, sans invoquer une circonstance qui, aux yeux de M. Vazeille, *loc. cit.*, pouvait seule justifier sa décision. Dans l'espèce, un traité était intervenu à la suite de contestations entre les parties.

1887. Lorsqu'une succession dévolue à des collatéraux paternels et maternels a fait l'objet d'un premier partage entre les deux lignes, les héritiers de l'une de ces lignes cessent d'être les cohéritiers de ceux de l'autre ligne, et, par suite, ne peuvent exercer le retrait successoral contre les cessionnaires des droits de ces derniers (Riom, 9 mars 1846, aff. Andraud, D. P. 46. 2. 121. — Conf. Toullier, nº 443; M. Dutruc, nº 505).

1888. La faculté de retrait est transmissible aux héritiers du successible qui pouvait l'exercer. Ils ont le même intérêt qu'avait leur auteur, et ils seront soumis aux mêmes conditions pour l'exercice de leur action (Conf. MM. Duranton, nº 193; Dutruc, nº 508). — Mais cette action n'appartient point aux *créanciers* du successible. Elle est exclusivement attachée à la personne du débiteur (Montpellier, 16 juin 1853, aff. Gogral, D. P. 54. 5. 662). En effet, les créanciers n'ont point à se préoccuper des indiscrétions qui divulgueraient les secrets de famille; leur seul intérêt est garanti par la faculté de surveillance et d'action en fraude que leur accorde l'art. 882 c. nap. (MM. Belost-Jolimont, sur Chabot, observ. 8; Dutruc, nº 509). C'est ainsi que la cour de cassation a dit, dans deux de ses arrêts, que le droit de retrait est personnel, « restreint à certaines personnes, nominativement désignées, sans qu'on puisse le transporter à d'autres » (Cass. 14 juill. 1834, aff. Falèze, V. Contr. de mar., nº 846, et 28 juin 1836, aff. Thorel, V. nº 1891). La cour de Bordeaux dit également, dans un arrêt du 16 mars 1832 (aff. Mothès, V. nº 930), que « l'exercice du retrait successoral n'est pas un droit dépendant de la succession, que ce droit est accordé à la personne de tous et de chacun des successibles. »

1889. De là il résulte que le curateur à une succession vacante n'a pas qualité pour exercer le retrait successoral. Il y a cependant un arrêt contraire de la cour de Montpellier, du 8 juin 1848 (aff. Cancerls, D. P. 48. 2. 135), motivé sur le droit d'administration attribué par la loi au curateur et sur l'assimilation entre celui-ci et l'héritier bénéficiaire; mais la faculté de retrait ne dérive point du droit d'administration; si on l'accorde à l'héritier bénéficiaire, ce n'est qu'à raison de sa qualité de successible, ainsi que le remarquent tous les auteurs. Le curateur ne représente que des créanciers et des légataires particuliers, intéressés à accroître l'actif de la succession, et à en opérer le recouvrement. Mais ce n'est point à un intérêt de ce genre qu'est attaché le retrait successoral (M. Dutruc, nº 510). — Décidé en ce sens par un jugement, après avoir caractérisé l'intérêt de famille qu'a eu en vue l'art. 841, « que si la faveur accordée aux héritiers d'exercer le retrait successoral a été étendue par la jurisprudence jusqu'aux donataires et légataires universels, quoique étrangers à la famille, c'est qu'ils sont censés, comme eux, grâce à la libéralité qui les a investis de droits semblables, et leur a imposé des obligations identiques, vouloir et devoir porter dans les opérations du partage les mêmes intentions de moralité et le même esprit de conciliation; qu'il ne saurait en être ainsi du curateur, parce qu'il n'a personnellement aucune capacité de consentir à un partage amiable, ni aucun intérêt au repos de la famille » (trib. de Tulle, 3 août 1842).

1890. Selon l'art. 841, le cessionnaire de droits successifs « peut être écarté du partage, soit *par tous les cohéritiers*, soit par un seul. » Mais si un seul des héritiers a exercé le retrait successoral, les autres peuvent-ils lui demander leur part du bénéfice de la cession, en lui tenant compte proportionnellement de ce qu'il a déboursé? L'affirmative est motivée ainsi par M. Merlin, Quest. de dr., vº Retr. success. : *Venit in actionem familiæ erciscundæ omne lucrum quod hæres ex hæreditate sensit.* — Le droit romain qualifie associés ceux entre lesquels il n'existe qu'une simple indivision de choses qu'ils ont acquises, *titulo particulari*. Il est de la nature de ce contrat que les profits faits par l'un des associés en cette qualité soient communs aux autres (L. 19, ff., *De noxal. act.*). L'art. 841 ne dit point que le cessionnaire pourra être écarté du partage par *chacun des cohéritiers*, mais par tous les cohéritiers ou par *un seul*; ce qui, dans ce dernier cas, sup-

---

(1) (Rignon C. Carouget.) — LA COUR; — Attendu que ce retrait par l'héritier d'une ligne envers le cessionnaire de l'héritier ou des héritiers d'une autre ligne, n'est pas interdit par la loi; — Qu'en effet, l'art. 841 ne distingue pas, puisqu'il s'applique au cas où un cohéritier aurait cédé son droit à la succession; qu'il n'y a jamais qu'une succession, même alors qu'il y a lieu de la diviser en deux parties afférentes à chacune des lignes; que l'art. 733 dit, en effet, « toute succession échue à des collatéraux se divise, etc. »; — Attendu, enfin, que les motifs de la loi pour faciliter l'exclusion des étrangers de la succession, soit afin de mettre les secrets de famille à l'abri d'investigations fâcheuses, soit afin que la présence d'étrangers n'augmente pas les difficultés d'un partage, s'appliquent à toute espèce de succession; — Que ces principes reçoivent surtout leur application, lorsque le cédant est seul héritier dans une des lignes, ou lorsque, comme dans l'espèce, tous les héritiers de cette ligne ont cédé l'universalité de leurs droits à un seul et même individu.

Du 14 fév. 1834.-C. de Paris.-M. Pécourt, av. gén.

(2) *Espèce :* — (Ferrand et consorts C. Constant et consorts.) — En 1817, décès de Lambert Rolland. Il ne laissait pour héritiers que des collatéraux, dans la branche paternelle, Ferrand et consorts; dans la branche maternelle, Constant et autres, ces derniers parents au septième degré. — Au partage se présentèrent les sœurs Boisron, nées et domiciliées en Prusse, et qui se prétendirent parentes au cinquième degré dans la ligne maternelle. Constant et consorts, qui auraient été exclus si cette qualité eût été reconnue appartenir aux dames Boisron, contestèrent et soutinrent qu'étant étrangères, elles ne pouvaient venir à la succession à cause du droit d'aubaine. Mais bientôt il intervint un arrangement entre les parties, par lequel les dames Boisron abandonnèrent tous leurs droits pour 8,000 fr. Ces droits pouvaient s'élever à plus de 100,000 fr. — Les parents paternels demandèrent alors, en vertu de l'art. 841 du code civil, à être subrogés à la cession de droits faits aux héritiers maternels.

Le 26 juin 1823, jugement qui repousse leurs prétentions, par les motifs que les droits cédés étaient litigieux, puisque l'on contestait la qualité et la capacité des sœurs Boisron; qu'en conséquence, le traité fait avec elles devait moins être considéré comme une cession de droits successifs que comme une transaction, vu surtout la modicité du prix; que d'ailleurs les consorts Constant avaient toujours été reconnus par les consorts Ferrand, comme parents successibles dans la ligne maternelle, puisqu'un partage avait été commencé avec eux en cette qualité, et continué même après que les consorts Ferrand avaient eu connaissance du traité fait avec les sœurs Boisron; qu'ainsi cet acte ne pouvait être regardé comme une vente faite au profit d'un étranger, d'un non successible, et soumise au retrait. — Appel de Ferrand. — Arrêt.

LA COUR; — Attendu que de la combinaison de l'art. 733 c. civ., portant qu'en matière de succession il ne se fait aucune dévolution d'une ligne à l'autre, que lorsqu'il ne se trouve aucun ascendant ni collatéral de l'une des deux lignes, et de l'art. 841 même code, il résulte bien que, d'après ce dernier article, toute personne même parente du défunt, qui n'est pas son successible, peut être écartée du partage; néanmoins les parents de la ligne paternelle sont sans qualité pour quereller les actes particuliers qui interviennent entre les parents de la ligne maternelle, et sont, par conséquent, non recevables à demander la subrogation au bénéfice des traités ou cessions que lesdits parents maternels jugent à propos de faire en faveur de leurs parents de la même ligne au degré successible; — Par ces motifs, et adoptant ceux des premiers juges; — Confirme.

Du 3 juill. 1824.-C. de Grenoble, 2ᵉ ch.-M. Dubois, pr.

pose l'un mandataire ou agissant dans les intérêts des autres. Enfin, il ne conviendrait pas de faire du retrait successoral ou de l'avantage qui en résulte le prix de la course. — Ce système nous paraît, comme à la plupart des auteurs, repoussé par l'esprit de l'art. 841. La faculté du retrait n'a point été introduite dans un but lucratif, mais par des considérations de moralité. L'objet est rempli, dès que le retrait a été exercé, n'importe par quel successible. Il ne s'agit point d'un avantage pécuniaire à répartir entre tous les héritiers, comme dans le cas où ils sont présumés mandataires les uns des autres pour les affaires communes de la succession. Ainsi, on reconnaît que les cohéritiers ne seraient point tenus de contribuer à la perte, si le retrait avait un résultat onéreux. Pourquoi profiteraient-ils de la cession avantageuse, nonobstant la maxime d'équité *quem sequuntur incommoda, eumdem commoda*?—Ajoutons que l'héritier retrayant est placé par la loi dans la même position que s'il avait acquis directement du cohéritier. Ce principe est formellement énoncé par l'arrêt de la cour de cassation du 1er déc. 1806 (V. ci-après, nº 1997). Or si l'héritier s'était rendu directement cessionnaire, les cohéritiers n'auraient aucun moyen de participer au bénéfice de la cession, puisque le retrait n'est point autorisé contre un successible (Conf. Chabot, t. 3, p. 192; Delvincourt, t. 2, p. 546; Favard, vº Droits success., nº 13; MM. Duranton, t. 7, nº 199; Malpel, nº 348; Toullier, t. 4, nº 420; Vazeille, nº 20; Marcadé, nº 3; Dutruc, nº 511).

1891. Il a été jugé aussi que le cohéritier qui a intenté, en son nom propre, l'action en retrait, contre un cessionnaire de droits successifs, ne peut, comme au cas où il aurait passé un traité avec un étranger, relatif à la succession, être réputé avoir fait une affaire commune à ses cosuccessibles ni, par suite, être tenu de les admettre au partage du bénéfice (Rej. 28 juin 1836 (1); Bruxelles, 10 nov. 1820, 1re ch., aff. Buyssens C. Buyssens; Montpellier, 7 juill. 1824, aff. hérit. Bouteille; Bastia, 23 mars 1835, M. Colonna, pr., aff. Limazola C. Piève).

1892. Il en est ainsi surtout lorsque les cohéritiers du cessionnaire ne demandent, que plusieurs années après la cession, à en profiter (Riom, 21 janv. 1809, aff. hérit. Santoire), ou lorsque le fonds, objet du retrait, a été acquis par le successible en vertu de jugement passé en force de chose jugée, et si les retrayants, qui ont connu les diverses instances, n'y sont pas intervenus (Rej. 28 juin 1836, aff. Thorel, V. nº 1891).

1893. Il y a, toutefois, une décision contraire de la cour de cassation, en matière de retrait de droits litigieux. — Elle a jugé, en principe, que chaque héritier, jusqu'au partage, est mandataire de ses cohéritiers. — Il suit que, si cinq cohéritiers sur six, par exemple, ont exercé le retrait de droits litigieux contre un tiers qui revendiquait un immeuble de la succession le bénéfice de ce retrait doit profiter au sixième cohéritier, bien que, partie dans l'instance en revendication, il eût négligé de demander le retrait conjointement avec les autres intéressés; que ceux-ci aient seuls désintéressé depuis le créancier, et qu'enfin l'arrêt qui avait admis le retrait n'eût prononcé la subrogation qu'à leur profit (Req. 18 juill. 1838, aff. Delarfeux, V. Vente).

1894. Pour que les cohéritiers ne participent pas au bénéfice du retrait, demandé par l'un d'eux, suffit-il que celui-ci ait manifesté sa volonté par une demande judiciaire ou par une sommation? — Selon M. Duranton, nº 199, une simple sommation lui assurerait la préférence. Le but de la loi, dit-il, n'a pas été de

---

(1) *Espèce* : — (Thorel et Gannel *C.* Morin.) — 5 juin 1832, arrêt infirmatif de la cour de Caen; — « Considérant que les appelants n'appuient point la fin de non-recevoir qu'ils opposent aux intimés uniquement sur ce qu'ils auraient formé, les premiers, la demande en retrait successoral; car un pareil soutien ne serait ni juste ni raisonnable...; mais qu'ils s'appuient sur ce qu'avant que les intimés aient formé, de leur chef, aucune demande tendante à participer au bénéfice du retrait dont il s'agit, les appelants avaient obtenu, les 31 mars et 16 août 1826, deux jugements de première instance qui leur adjugeaient, ainsi qu'aux héritiers dont l'intervention avait été admise, l'effet dudit retrait, lesquels jugements ayant été attaqués par la voie de l'appel, avaient été confirmés par deux arrêts de la cour, en date des 15 juill. 1826 et 3 janv. 1827, contre lesquels il y avait eu pourvoi devant la cour de cassation, lequel pourvoi avait été rejeté par cette dernière cour; de tout quoi les appelants tirent la conséquence que la propriété des fonds qui étaient l'objet du retrait qu'ils avaient réclamé, leur était acquise par des jugements et arrêts passés en force de chose jugée, et qu'ainsi les intimés ne pouvaient venir ensuite les troubler ni inquiéter dans cette propriété; — Considérant que, dans de pareilles circonstances, on ne peut pas dire qu'il y ait eu fraude commise de la part des appelants, car il est impossible de supposer que cette demande en retrait, qui a occasionné une procédure qui a duré plusieurs années, et qui a été portée d'abord devant le tribunal de première instance, et en second lieu devant la cour de cassation, ait pu ne pas être connue par les intimés, qui, pendant tout ce temps, ont gardé le plus profond silence; — Considérant qu'on doit bien plutôt induire de ce silence que les intimés n'ont pas voulu s'exposer aux chances hasardeuses de cette longue procédure, ni courir le danger de payer leur part des frais qu'elle pourrait occasionner; ce n'est qu'après que le succès a été certain, qu'ils viennent demander à y prendre part; s'il y avait eu fraude en pareil cas, ce serait aux intimés eux-mêmes qu'on devrait l'imputer; — Considérant que l'argument que l'on tire de la disposition du code civil qui dispose que l'acquéreur du fonds adjugé à l'héritier ou aux héritiers ayant exercé le retrait successoral, reste en possession de ce même fonds jusqu'à ce que le remboursement ait été effectué, pour en induire que la propriété n'est véritablement acquise que du jour du remboursement, n'est qu'un véritable sophisme. En effet, la propriété et la possession d'un immeuble sont deux choses très-distinctes et que l'on ne peut pas confondre; si, par exemple, Pierre consent un contrat de vente à Paul d'un fonds payable par 3,000 fr., que Paul s'oblige de payer toutefois et quantes, mais sous la condition qu'il n'entrera en possession de l'objet vendu qu'au moment du payement, serait-il possible de soutenir que le vendeur pourrait donner valablement une hypothèque sur ce fonds par lui aliéné, sous prétexte que n'en étant pas encore payé, il en a encore la propriété et continue d'en avoir la jouissance? Une pareille hypothèque, le contrat de vente étant accompagné de toutes les circonstances exigées par la loi, serait illusoire; le contrat étant synallagmatique, le vendeur, à défaut de payement, serait obligé de faire résilier le contrat pour rentrer dans la propriété qu'il aurait aliénée. — Les jugements et arrêts passés en force de chose jugée sont l'équivalent d'un contrat passé entre les parties, avec cette différence seulement que les conditions n'en ont point été convenues entre elles, mais ont été réglées et déterminées par la justice qui, dans l'espèce dont il s'agit, a transféré aux appelants le droit de propriété, en laissant seulement à l'acquéreur du fonds retrayé, la jouissance d'icelui jusqu'au moment de son remboursement. On ne peut donc pas dire que les intimés aient formé leur demande avant la transmission de la propriété, puisqu'ils ne l'ont formée qu'à l'instant même du remboursement; d'où il faut tirer, pour dernière conséquence, que leur action a été trop tardivement intentée, et que la fin de non-recevoir qui leur est opposée, est bien fondée. »

Pourvoi des sieurs Thorel et Gannel. — Violation de l'art. 841 c. civ.; fausse application de l'autorité de la chose jugée. — Arrêt.

LA COUR (ap. délib. en ch. du cons.); — Attendu que si, aux termes de l'art. 841 c. civ., toute personne qui n'est pas successible, et à laquelle un cohéritier aurait cédé son droit à la succession, peut être écartée du partage, soit par *tous* les héritiers, soit par *un seul*, c'est *uniquement* parce qu'il importe à la *morale* et à l'*ordre public*, que des spéculateurs, étrangers à la succession, ne soient point associés aux affaires des cosuccessibles, et admis à pénétrer dans des secrets de famille auxquels ils ne doivent pas participer; — Que ce but unique de la loi, en vertu de laquelle chaque cosuccessible a une action, *qui lui est personnelle*, pour exercer en son nom propre le retrait successoral, rend inapplicable à ce retrait le principe qui veut qu'un cohéritier fasse une affaire commune à ses cosuccessibles, lorsque le traité qu'il passe avec un étranger est relatif à la succession; — Qu'il suit de là que le retrayant, en vertu dudit art. 841, ne peut être contraint par les autres successibles à leur communiquer le bénéfice du retrait qu'il a exercé en son nom personnel, si le but unique de cet article se trouve atteint; — Attendu que ce but est pleinement atteint, quand un seul des héritiers, alors qu'il n'existe aucune action de la part des autres, a obtenu un jugement passé en force de chose jugée, auquel ces derniers ne sont point intervenus, qui, en admettant l'action en retrait qu'il a intentée, et qu'il était fondé à intenter en son nom propre, lui a conféré personnellement et exclusivement un droit irrévocablement acquis; — Attendu, en fait, que des jugements et arrêts passés en force de chose jugée, et rendus à la suite de débats judiciaires auxquels les demandeurs n'ont pas pris part, avaient admis les défendeurs, agissant en leur nom propre et personnel, à exercer le retrait dont il s'agit, sans qu'il existât, de la part des autres héritiers auxquels ces jugements et arrêts étaient étrangers, aucune action exercée en vertu de l'art. 841; — Que, dans cet état de choses, les sieurs Thorel et Gannel demandaient à partager les avantages d'un procès dont ils n'avaient pas couru les chances; — Attendu qu'il résulte de ce qui précède qu'en rejetant la demande des sieurs Thorel et Gannel comme tardive et inadmissible, la cour royale de Caen n'a ni violé l'art. 841 c. civ. ni faussement appliqué l'autorité de la chose jugée; — Rejette.

Du 28 juin 1836. — C. C., ch. civ. — MM. Piet, f. f. de pr. — Rupérou, rap. — Laplagne-Barris, 1er av. gén., c. conf. — Piet et Verdière, av.

procurer à tous les héritiers un moyen de bénéficier; on n'a songé qu'aux inconvénients de la présence d'un étranger aux opérations du partage : le vœu du législateur se borne à l'exclusion de cet étranger. Qu'on n'objecte pas que la subrogation ne doit point être le prix de la diligence; cette objection, si elle était fondée, se retournerait avec la même force contre ceux qui n'admettent pas la participation des cohéritiers après que le remboursement a été effectué. Cette opinion est généralement rejetée. Le droit de retrait n'est pas accordé sans doute en vue d'un bénéfice. Mais il est accordé d'une manière générale à chacun des héritiers; et les cohéritiers, qui interviennent sur une demande formée déjà par l'un d'eux, peuvent n'être mus que par le désir de hâter la solution. Le retrait ne serait que le prix de la course, si, pour y avoir un droit exclusif, il suffisait de témoigner avant tous les autres l'intention de l'exercer (Chabot, nos 15, 16; Toullier, t. 4, n° 437; Poujol, t. 2, p. 110; Favard, n° 13; MM. Belost-Jolimont, obs. 8; Marcadé, n° 3; Dutruc, n° 312).—On peut invoquer dans ce sens l'un des motifs d'un arrêt cité (Caen, 5 juin 1832, aff. Thorel, V. n° 1891).

1895. Cependant il a été jugé, que la subrogation ne profite qu'à celui des héritiers qui le premier l'a poursuivie, quoique la demande ait donné lieu à contestation, et que les autres héritiers soient intervenus avant le jugement et le remboursement du prix : — « Considérant que le retrait des frères Pécaud ayant été exercé plus d'un an avant celui des Tréhand, il doit obtenir la préférence; considérant que l'art. 841 établit le retrait successoral en faveur d'un ou de tous les héritiers pour écarter du partage l'étranger à qui un des cohéritiers aurait cédé son droit à la succession; que cet article n'autorise point la participation de tous les cohéritiers au retrait exercé par l'un d'eux contre l'étranger, et que dès lors la demande des Tréhand ne peut être admise » (Besançon, 12 janv. 1808, aff. Pécaud *C.* Tréhand).

1896. Il a été décidé aussi que, si des cohéritiers, sans agir directement contre un acquéreur de droits successifs, se sont bornés à intervenir dans l'instance en retrait successoral déjà formée par un autre cohéritier, et à conclure à être admis à participer au bénéfice du retrait successoral, leur prétention a pu, sur la demande du cohéritier retrayant, être rejetée comme mal fondée, soit en droit, soit en équité (Rej., 29 déc. 1829) (1). Cet arrêt se justifie, comme on le voit, par une circonstance particulière.

1897. En admettant qu'il ne suffise pas, pour acquérir la préférence sur les autres héritiers, de manifester le premier la volonté d'exercer le retrait, est-il nécessaire que le prix du retrait ait été remboursé ? Oui, selon MM. Chabot et Toullier, *loc. cit.* Mais nous préférons l'interprétation de la cour de cassation, d'après laquelle il suffit que des jugements et arrêts passés en force de chose jugée aient déclaré le retrayant propriétaire des fonds qui étaient l'objet du retrait, pour que les cohéritiers ne puissent être admis à participer au bénéfice du retrait. Il en est ainsi surtout, lorsque les cohéritiers ayant eu connaissance de la demande en retrait ne sont pas intervenus dans les diverses instances auxquelles elle a donné lieu pendant plusieurs années et à tous les degrés de juridiction (Rej. 28 juin 1836, aff. Thorel, V. n° 1891). — Conf. Favard, n° 13; M. Dutruc, n° 313.

1898. Il a été jugé que, tant que le retrait successoral n'est pas consommé, c'est-à-dire que le retrayant n'a pas payé son prix, ou qu'un jugement n'a pas admis le retrait à son profit, les autres héritiers peuvent demander à participer au bénéfice du retrait, lequel, à défaut d'explication de leur part, doit leur être déclaré commun (Limoges, 30 juin 1852, aff. Grange, D. P. 54. 2. 109). Dans l'espèce, la cour suppose un remboursement fait avant tout jugement. Elle n'entend pas juger que le remboursement du prix soit toujours et nécessairement la condition de la consommation du retrait (Conf. M. Dutruc, n° 313.

1899. Quand les cohéritiers interviennent dans l'instance en retrait, une fin de non-recevoir peut-elle être induite par le retrayant lui-même, de ce que leur action n'a pas été formée directement contre l'acquéreur de droits successifs? Nous ne le pensons pas, quoique la cour de Bourges ait dit le contraire dans l'un des motifs de son arrêt du 31 août 1826, aff. Bréchard, V. n° 1896. La fin de non-recevoir ne serait proposable que par le cessionnaire; le cohéritier en cause est sans intérêt pour exiger que l'on suive cette voie.

1900. Lorsque le retrait est exercé par tous les cohéritiers, il profite à chacun d'eux dans la proportion de ses droits héréditaires; et s'il n'est exercé que par quelques uns, la part des autres accroît à ces derniers, dans la même proportion (Conf. Chabot; Toullier; MM. Vazeille; Dutruc; *loc. cit.*).

1901. Toutefois le retrait successoral est indivisible à l'égard du cessionnaire, qui, dans le silence des cohéritiers, ne saurait obtenir que l'action du retrayant fût réduite dans la proportion de son droit héréditaire; chaque héritier peut demander la subrogation seul et pour le tout, même alors que les autres cohéritiers sont déjà en instance sur une pareille demande et devant un autre tribunal (Req. 14 juin 1820) (2).

1902. La renonciation à exercer le retrait successoral peut s'induire quelquefois des circonstances. — Jugé, par exemple, que l'héritier qui, conjointement avec le cessionnaire des droits successifs de son cohéritier, vend ou afferme à un tiers un immeuble dépendant de la succession, et qu'une clause expresse de la vente ou du bail désigne comme indivis entre lui et ce ces-

---

(1) *Espèce :* — (Dames Bréchard, etc. *C.* Chamonot.) — Arrêt infirmatif de la cour d'appel de Bourges du 31 août 1826, en ces termes : « Considérant que le retrait s'exerce par une action du retrayant contre le cessionnaire; qu'ici il n'y a, de la part des dames Saint-Léger et consorts, rien de semblable, mais seulement la demande de participer au bénéfice du retrait exercé par Chamonot, s'il était admis; qu'il est assez singulier que, sans courir les risques d'une action, on veuille en laisser les chances à un autre, et cependant prendre sa part du bénéfice qui suivra le gain du procès; — Par ces motifs, rejette la demande des dames Saint-Léger, etc., et déclare valable le retrait exercé par Chamonot. »

Pourvoi pour violation de l'art. 841 du code civil, en ce que la cour a rejeté l'action en retrait successoral des cohéritiers de Chamonot. — On soutenait, en outre, que les conclusions regardées comme conditionnelles ne contenaient, en effet, aucune condition. — Arrêt.

La cour; — Considérant que l'arrêt attaqué se borne à déclarer que la demande des dames Saint-Léger et consorts était irrégulière; — Qu'il fait résulter cette irrégularité, soit de ce que cette demande n'a pas été formée directement contre la dame Ducleroy, cessionnaire des droits successifs dont il s'agit, soit de ce qu'elle renfermait une condition inadmissible en droit et en équité; — Qu'en fait, cette décision est fondée sur la teneur des conclusions prises par les dames Saint-Léger et consorts, et sur l'interprétation que la cour royale en a fait, et avait le pouvoir de faire; — Qu'en droit, le rejet de la demande des dames Saint-Léger et consorts, fondé sur ces considérations, est conforme aux règles de la procédure; enfin, que l'on ne peut reprocher à la cour royale d'avoir violé l'art. 841 c. civ., relatif au fond du droit sur lequel elle n'a rien prononcé; — Rejette.

Du 29 déc. 1829.-C. C., ch. civ.-MM. Portalis, 1er pr.-Zangiacomi, rap.-Joubert, av. gén., c. conf.-Isambert et Gueny, av.

(2) *Espèce :* — (Larivière *C.* Bertrand Reynaud-Delage) — 5 août 1818, arrêt confirmatif de la cour de Limoges : « Considérant que le retrait successoral est indivisible à l'égard du cessionnaire, parce que, si un successible ne pouvait se faire subroger que dans une portion des droits du cessionnaire, l'objet et le but de la loi ne seraient pas remplis; car l'étranger qui aurait acquis le quart des biens et droits d'une succession, et qui ne serait remboursé que de la moitié du prix de sa cession, aurait pour l'autre moitié la même facilité de connaître les secrets de la famille et la même facilité d'y porter le trouble, que s'il avait conservé tous les droits qui lui auraient été cédés par un cohéritier, etc. »

Pourvoi de Larivière pour fausse application de l'art. 841 c. civ. — Arrêt.

La cour; — Attendu, quant à la partie du moyen fondée sur ce que Bertrand Reynaud-Delage et l'autre cohéritier ont été admis à recueillir l'entier effet de la cession faite par la femme Larivière à son mari, et non les parts seulement les concernant; — Que l'inconvénient que la loi a voulu prévenir subsisterait toujours si la subrogation n'était admise que partiellement, puisque l'étranger qu'elle a voulu donner le moyen d'écarter du partage serait dans le cas de s'y immiscer et de porter le trouble dans une famille avec laquelle il n'aurait aucun rapport de parenté, et dont on ne pourrait attendre les mêmes ménagements que du cédant lui-même; — Que Larivière peut enfin d'autant moins se refuser à l'effet entier de la subrogation, que les autres cohéritiers pourraient seuls se pourvoir contre ceux qui ont exercé l'action en subrogation, s'ils se croyaient fondés à prétendre qu'elle doit profiter à tous; — Rejette.

Du 14 juin 1820.-C. C., sect. req.-MM. Henrion, pr.-Dunoyer, rap.

sionnaire, renonce, par là même, à exercer le retrait successoral contre celui-ci (Montpellier, 18 nov. 1853, aff. Doumère, D. P. 55. 2. 90).

§ 3. — *Contre qui peut être exercé le retrait successoral.*

1903. Tout cessionnaire de droits héréditaires n'est pas sujet au retrait successoral. A cet égard, il faut considérer, soit le *mode* ou la *nature* de la cession, soit ce qui en fait l'objet, soit la qualité du cessionnaire.

1904. *Mode ou nature de la cession.* — L'art. 841 ne s'applique qu'aux *ventes* ou *cessions* à titre onéreux, puisque l'une des conditions de la faculté qu'il accorde est le remboursement du *prix* de la cession. On ne suppose pas la même cupidité, le même esprit de tracasserie et d'indiscrétion dans un *donataire* que dans un acquéreur à prix d'argent. Les cohéritiers du cédant ne seraient donc pas recevables alors à invoquer l'art. 841, en offrant de payer la valeur estimative de la quotité cédée (Chabot, t. 3, p. 188; Delvincourt, t. 2, p. 346; Toullier, t. 4, n° 428; MM. Duranton, t. 7, n° 194; Favard, v° Droits success., n° 10; Vazeille, n° 3; Poujol, t. 2, p. 107; Marcadé, n° 2; Dutruc, n° 499). — Jugé ainsi à l'égard d'un donataire de droits successifs (Lyon, 17 juin 1825, aff. Montagnier, V. n° 1909).

1905. L'acte de transmission de droits successifs ne perdrait pas son caractère de donation, par cela seul qu'il aurait été imposé quelques charges au donataire. On aurait à apprécier si ces charges sont ou non d'une valeur inférieure à celle des droits transmis. — Jugé ainsi dans une espèce où la donation avait été faite à la charge de payer la part de la donatrice dans les dettes de la succession, et de servir à la donatrice et à son mari une rente viagère de 400 fr., alors qu'il était établi que la succession n'était grevée d'aucune dette, et que les droits transmis valaient plus de 14,000 fr. (Req. 4 juin 1834) (1). — Même décision dans un cas où un vieillard valétudinaire avait fait don de ses droits successifs, évalués à plus de 80,000 fr., moyennant une rente viagère de 6,953 fr. (Angers, 17 déc. 1824, aff. Boisnard *C.* Lambert).

1906. Si le cessionnaire avait acquis partie de la quotité héréditaire à titre gratuit, partie à titre onéreux, il serait à l'abri du retrait successoral. Donataire d'une quote-part de la succession, il peut, à ce seul titre, concourir à toutes les opérations du partage; les cohéritiers n'auraient donc aucun intérêt à l'écarter comme acquéreur (Merlin, *loc. cit.*, n° 9; Toullier, t. 4, n° 422; Chabot, t. 3, p. 182; MM. Malpel, n° 247; Vazeille, art. 841, n° 3; Dutruc, n° 500; Cass. 4 mai 1829, aff. Montagnier, V. n° 1909). — Il n'en serait autrement que dans le cas où le tiers serait seulement donataire ou légataire d'un objet particulier; car alors il ne pourrait être considéré comme successible dans le sens de l'art. 841 (mêmes auteurs).

1907. Le retrait serait admissible si les parties avaient *déguisé*, sous la forme de donation, une cession à titre onéreux; et la fraude pourrait être prouvée par tous les moyens (Conf. MM. Duranton, n° 194; Vazeille, n° 13; Poujol, t. 2, p. 107; Dutruc, *loc. cit.*).

1908. Et il a été jugé que la question de savoir si l'acte, qualifié donation, constitue une vente à raison de la quotité des charges, dépendant de l'examen des clauses et de l'évaluation des charges, une cour d'appel a pu, sans donner ouverture à cassation, admettre le caractère de libéralité et rejeter la demande en retrait successoral (Req. 24 nov. 1825, V. Disposit. entre-vifs, n° 1292; V. en ce sens v° Cassation, n° 1606).

1909. Il importe d'observer à quelle *époque* a été faite la libéralité. Ainsi, il a été jugé qu'un héritier, dès l'instant où il a offert régulièrement au cessionnaire de tout ou partie des droits de son cohéritier, de lui rembourser le prix de la cession, a un droit acquis à la subrogation, lequel n'a pu être compromis par les actes que le cédant et le cessionnaire ont pu faire ensuite entre eux. — En conséquence, l'arrêt qui refuse d'admettre la subrogation, en se fondant sur ce que, depuis le refus d'accepter cette offre, d'ailleurs régulière, et même depuis un jugement qui a repoussé ce refus, le cessionnaire serait devenu donataire de la partie des droits que le cédant s'était réservés, et pourrait, à ce titre, prendre part au partage, a violé l'art. 841 c. nap. (Cass. 4 mai 1829) (2). Autrement cet article serait souvent illusoire;

---

(1) (Menard *C.* Parisot.) — LA COUR; — Considérant que l'arrêt attaqué (de la cour de Dijon), en décidant que la donation dont il s'agit, quoique faite à la charge d'une rente viagère modique, n'avait pas le caractère d'une vente, s'est fondé non-seulement sur les termes de cet acte, mais sur des faits et des circonstances qu'il a appréciés, ainsi qu'il en avait le droit, et qu'il n'a, dès lors, violé aucune loi; — Rejette, etc.

Du 4 juin 1834.-C. C., ch. req.-MM. Zangiacomi, pr.-Jaubert, rap Nicod, av. gén., c. conf.-Desclaux, av.

(2) *Espèce :* — (Montagnier *C.* Brunon, etc.) — Les demoiselles Sagnol et Brunon étaient héritières par testament de la demoiselle Lafond. — Le 6 nov. 1825, la demoiselle Sagnol cède aux époux Brunon et Champavère, les neuf dixièmes de sa moitié héréditaire. — Le 26 même mois, la demoiselle Montagnier déclare, par acte extrajudiciaire, qu'elle entend se faire subroger aux droits cédés. — Jugement qui admet le retrait, Appel. — Pendant l'instance, la demoiselle Sagnol fait donation aux appelants du dixième qu'elle s'était réservé dans la succession de la demoiselle Lafond lors de la cession en question; et les appelants soutiennent qu'il ne peut plus y avoir lieu au retrait successoral.

17 juin 1825, arrêt de la cour de Lyon qui infirme : — « Attendu que la distinction proposée par les appelants entre les héritiers du sang et les héritiers testamentaires ne résulte pas du tout des termes de l'art. 841 c. civ., lequel ayant sanctionné sur la matière dont il s'agit, l'ancienne jurisprudence du parlement de Paris, dispose que « toute personne.... à laquelle un cohéritier aurait cédé ses droits à la succession, peut être écartée du partage, soit par tous les cohéritiers, soit par un seul, en lui remboursant le prix de la cession ; » que le mot *cohéritiers* se trouvant employé ici par le législateur dans un sens général et absolu, s'applique naturellement à tout cohéritier quelconque, de quelque manière qu'il le soit devenu, c'est-à-dire, soit que la loi elle-même l'ait appelé comme parent du défunt à prendre part dans sa succession, ou qu'il doive à la volonté de l'homme, à un testament, son droit de succéder, et qu'ainsi l'action en retrait successoral, admise par cet article pour tous les cohéritiers indistinctement, semble bien devoir profiter au cohéritier testamentaire comme au cohéritier de droit, au cohéritier du sang; — Attendu qu'en vain, et afin d'éluder cette conséquence si directe du texte de la loi, veut-on se prévaloir des motifs sur lesquels aurait pu être fondée l'ancienne jurisprudence qui introduisit l'usage du retrait successoral, motifs qui auraient été d'empêcher que des cessionnaires étrangers pussent s'immiscer dans le secret des familles, et qui doivent, dit-on, pleinement cesser lorsque le cohéritier testamentaire qui veut exercer le retrait, n'est lui-même qu'une personne étrangère à la famille du défunt : car le défunt ayant été libre de préférer des héritiers de son choix à ceux que la loi aurait appelés, s'il n'eût pas fait de dispositions, et les héritiers par lui choisis se trouvant investis des mêmes droits qu'auraient eus ses héritiers naturels, il est sensible que le retrait successoral n'a dû être autorisé que d'une manière générale, pour profiter aux uns comme aux autres, suivant les termes de l'article précité;

Attendu encore qu'on veut vainement éluder son application à l'égard des héritiers testamentaires, sous prétexte que ceux-ci seraient de simples légataires, au lieu d'être de véritables héritiers, comme le sont les héritiers du sang; car l'héritier ou cohéritier testamentaire succède à titre universel, tout aussi bien que l'héritier du sang appelé par la loi, lorsque le défunt est mort sans avoir fait de dispositions, et toujours il y a eu entre eux une parfaite assimilation qu'avaient clairement caractérisée plusieurs lois romaines, et notamment la loi 128, ff. *De regulis juris : Hi qui in universum jus succedunt, loco hæredis habentur ;* — Attendu qu'il n'y a aucune induction contraire à pouvoir tirer de ce que certaines dispositions du code civil qualifient, non comme héritier proprement dit, mais comme légataire universel, celui à qui un défaut a donné par testament l'universalité de ses biens, et de ce qu'elles sembleraient dès lors avoir distingué les héritiers testamentaires des héritiers du sang; que la différence qu'on peut remarquer dans de telles qualifications n'est qu'une différence de mots qui n'en apporte aucune dans le sens uniforme que ces mots différents servent à exprimer; qu'on doit même reconnaître que le système introduit par le code civil, quant à la manière de disposer par testament, a été au contraire de faire cesser l'espèce de divergence qui auparavant existait à cet égard entre les règles suivies dans les pays de coutume, et les anciennes lois observées dans les pays de droit écrit; que c'est ce qu'il a fait en statuant, par l'art. 967, que toute personne pourra disposer par testament, soit à titre d'institution, soit sous le titre de legs, soit sous toute autre dénomination propre à manifester sa volonté; qu'il a placé ainsi le légataire universel sur la même ligne que l'héritier institué, et qu'on ne peut en douter, surtout lorsqu'on observe que, suivant l'art. 1006, et hors le cas où il y a des héritiers à réserve légale, le légataire universel se trouve saisi de plein droit par la mort du testateur, sans avoir besoin de demander la délivrance; — Attendu qu'il suit de là très-évidemment qu'on n'a aucun prétexte, en voulant qualifier comme légataires universels des héritiers testamentaires, d'établir entre eux et les héritiers du sang une distinction qui leur rendrait inapplicable la faveur du retrait successoral;

Attendu enfin qu'un dernier trait qui achèverait de lever tous les

l'héritier se réserverait la portion la plus minime, un centième par exemple, des droits successifs; aussitôt la demande du retrait intentée, le cessionnaire se ferait donner cette portion, et par là serait éludée l'action des cohéritiers. — MM. Vazeille, n° 10, et Dutruc, n° 500, critiquent l'arrêt ci-dessus, attendu que le retrait successoral n'a plus son véritable objet du moment où l'acquéreur peut, en sa qualité de donataire, concourir au partage. — Les mêmes auteurs n'admettent avec raison le retrait qu'au cas où la donation paraîtrait le résultat d'une *fraude* concertée entre le cédant et le cessionnaire.

1910. Pareillement, il a été jugé que lorsque, postérieurement à la demande en retrait successoral, le cessionnaire de droits successifs rétrocède ces droits au cohéritier qui les lui avait vendus, il n'y a pas moins lieu à l'exercice du retrait; sa seule demande a donné au retrayant un droit acquis, que ne peut lui enlever une résolution de la cession, qui paraîtrait le résultat d'un contrat entre le cédant et le cessionnaire (Paris, 16 mai 1825 (1). — Conf. Merlin, v° Droits successifs, n°s 14 et 15; Vazeille, n° 27; Dutruc, n° 495).

1911. Si la vente avait été *résolue* avant la demande en retrait, la résolution serait présumée sincère jusqu'à preuve de la simulation (mêmes auteurs). — Jugé que la révocation d'un mandat qui a été reconnu ne constituer qu'une vente de droits successifs, faite par le mandant au premier avis de l'exercice du retrait, frauduleuse comme le mandat lui-même, peut, par conséquent, être considérée comme incapable de produire l'effet d'une rétrocession valable, et, par suite, de faire obstacle à l'action en retrait (Req. 23 nov. 1842, aff. Nadaud, V. Mandat, n° 21).

1912. Le cessionnaire de droits successifs, écarté du partage par les juges de première instance, par suite du retrait successoral, peut se prévaloir, en cause d'appel, d'une donation faite en sa faveur, depuis l'appel, d'une partie de ces mêmes droits successifs. C'est là un moyen nouveau contre la demande principale et non une demande nouvelle (Lyon, 17 juin 1825, aff. Montagnier, V. n° 1909).

1913. Le retrait successoral peut être exercé contre celui auquel une cession de droits héréditaires n'a été faite que pour le remplir de ce que lui devait le cédant (Bourges, 18 juill. 1808) (2).

1914. Le cessionnaire par voie d'*échange* est-il passible du retrait successoral? Le doute naît de ce que le retrayant doit le remboursement du prix de la cession. Mais tous les inconvénients qu'on a voulu prévenir se représenteraient par cette voie détournée. L'art. 841 exige seulement que la cession soit à titre onéreux. Peu importe la nature du prix. C'est la faute du cessionnaire si, devant prévoir l'action des cohéritiers, il s'est exposé à recevoir, au lieu de l'objet même donné en échange, sa valeur estimative (Conf. MM. Duranton, t. 7, n° 197, et t. 16, n° 549; Delvincourt, t. 2, p. 346, n° 1; Favard, v° Droit successif, n° 14; Vazeille, n° 29; Belost-Jolimont sur Chabot, obs. 13; Marcadé, n° 2; Dutruc, n° 497). — Jugé que le retrait successoral peut être exercé, dans ce cas, et de plus qu'il n'est pas nécessaire de rendre l'immeuble donné en échange; qu'il suffit d'en rembourser le prix. On devait décider ainsi avant comme depuis le code (Req. 19 oct. 1814) (3). — Dans l'espèce, le cessionnaire insistait sur ce que les choses ne pouvaient pas être remises dans leur

doutes sur ce point, s'il en pouvait exister, c'est la manière dont se trouve classé, dans le code civil, l'art. 841, par lequel l'exercice de ce retrait a été autorisé; qu'on l'y voit classé dans le titre des successions au ch. 6, lequel a pour objet la matière du partage et des rapports; qu'on remarque que toutes les règles posées dans les divers articles qui y sont compris ne se réfèrent pas moins au partage des successions testamentaires qu'à celui des successions *ab intestat*; qu'il faut reconnaître dès lors que l'espèce de retrait admis par l'art. 841, à l'effet d'écarter du partage tout cessionnaire d'un des cohéritiers, l'a été pour les uns comme pour les autres, c'est-à-dire qu'il l'a été en faveur des cohéritiers institués ou testamentaires, tout aussi bien qu'au profit des cohéritiers du sang, puisqu'il serait contre toute raison que cet article, quoique disposant, dans les termes les plus généraux, pour tous cohéritiers indistinctement, comme il a été dit ci-dessus, n'eût pas cependant la même application collective que les autres articles, qui, dans le même chapitre, le précèdent ou le suivent; et qu'ainsi il faut tenir pour évident, en dernière analyse, que Flore Montagnier, comme cohéritière testamentaire de Rose Delafont, avait droit et qualité pour exercer l'action en retrait dont il s'agit.

»Attendu que l'action en retrait successoral admise par l'art. 841 c. civ. l'a été seulement contre les cessionnaires non successibles, auxquels un cohéritier aurait cédé ses droits à la succession; mais que cet article ne l'admet nullement contre les donataires ou successeurs à titre gratuit; d'où il suit que les appelants, en leur qualité de donataires du dixième de la portion cohéréditaire échue à la demoiselle Sagnol, ont, sans difficulté, droit de se le faire relâcher, et ne peuvent être écartés du partage qu'il s'agit d'effectuer; — Attendu que les appelants étant ainsi devenus comme donataires, parties nécessaires dans icelui, il n'y aurait plus de raison pour qu'ils dussent en être écartés comme cessionnaires des neuf autres dixièmes de ladite portion cohéréditaire; — Qu'en effet, et dès lors qu'il y a aujourd'hui nécessité absolue de les admettre quant au dixième dont ils sont donataires, à s'immiscer dans toutes les opérations auxquelles le partage de la succession dont il s'agit peut donner lieu, et à prendre connaissance de tous les secrets qui la concernent, l'exercice du retrait, quant aux neuf dixièmes dont ils furent d'abord cessionnaires, serait à présent sans but et sans objet; que c'est là non une demande nouvelle, mais une exception, une défense à la demande principale qui a pu être opposée sur l'appel. » — Pourvoi. — Arrêt.

LA COUR; — Vu l'art. 841 c. civ.; — Attendu que, lorsqu'un cohéritier a usé de la faculté que lui donne cet article, d'écarter du partage le cessionnaire de son cohéritier, en remboursant à ce cessionnaire le prix de la cession, il a, quoique son offre n'ait pas été acceptée, un droit acquis à la subrogation, si cette offre est jugée régulière et valable; — Que pour juger du mérite de l'offre il faut se reporter au moment où elle a été faite, et que le droit qui en résulte pour le demandeur en subrogation ne peut pas être compromis par les actes que le cédant et le cessionnaire ont faits dans l'intervalle de l'offre au jugement déclaratif de l'effet de cette offre; — Attendu qu'après avoir reconnu, en fait, que la donation consentie aux défendeurs avait eu lieu, non-seulement après l'acte d'offre, mais encore après le jugement qui a déclaré l'offre valable, la cour de Lyon a néanmoins jugé, en droit, que cette donation faisait obstacle à la subrogation, et qu'en jugeant ainsi elle a violé ledit art. 841. — Par ces motifs, casse l'arrêt en ce qui est relatif aux mariés Brunon.

Du 4 mai 1829.-C. C., ch. civ.-MM. Boyer, f. f. pr.-Delpit, rap.-Cahier, av. gén., c. conf.-Nicod et Bruzard, av.

(1) (Quenedey C. Levascher.) — LA COUR; — Considérant que l'héritier qui fait cession de ses droits successifs sous l'empire de l'art. 841 c. civ. doit connaître que le copartageant est appelé par la loi à se substituer aux droits et obligations du cessionnaire; que cette cession étant opérée et notifiée au copartageant, et celui-ci ayant déclaré vouloir exercer le droit établi par l'art. 841, il a dès lors un droit acquis, que ne peut lui enlever une résolution de la cession qui paraîtrait le résultat d'un concert; — Emendant.

Du 16 mai 1825.-C. de Paris, 1re ch.

(2) (Bodin C. Cougny.) — LA COUR; — Considérant qu'à la vérité la loi *Per diversas* excepte le cas où le cessionnaire reçoit les droits cédés en payement de ce qui lui était dû; mais que, sans rappeler ici divers arrêts qui ont admis, même en ce cas, la subrogation, il y a du moins cette circonstance, que cette loi s'applique uniquement à la cession de droits incorporels; que la jurisprudence, en matière de cession de droits successifs, a bien pris sa source dans cette loi, mais qu'elle s'applique à tous les cas où il y a cession de droits successifs sans examiner à quel titre on les a reçus; — Confirme.

Du 18 juill. 1808.-C. de Bourges.-M. Sallé, pr.

(3) *Espèce* : — (Hér. Georgeon.) — 15 déc. 1812, arrêt confirmatif de la cour de Limoges; — « Attendu que la circonstance de ce que, par le contrat du 4 germ. an 9, il a été donné des biens-fonds en échange des droits successifs dont il contient la cession, ne peut être d'aucune considération dans la cause; cette circonstance ne portant aucune atteinte aux principes de la matière, dont l'application doit nécessairement s'étendre à tous les cas dans lesquels un étranger se trouve substitué, à titre universel, au cohéritier d'une succession indivise, quels que soient les moyens qu'il ait pu prendre pour obtenir cette substitution; que les lois *per diversas* et *ab Anastasio* et la jurisprudence qui en a fait l'application n'ayant admis aucune exception en faveur de l'étranger, acquéreur, à titre d'échange, de pareils droits, et qui, par ce moyen, ne s'est pas implanté dans une famille dont il peut troubler l'harmonie, il ne doit s'imputer qu'à lui-même de s'être exposé volontairement à l'éviction qu'il pouvait et devait prévoir, et dont le résultat ne pouvait jamais obliger le cohéritier subrogé à ses droits à lui rembourser le prix des objets donnés en échange.

Pourvoi pour contravention à l'art. 1705 c. civ. — Arrêt.

LA COUR; — Attendu que cette faculté (de se faire subroger aux droits des acquéreurs étrangers à la succession) avait pour motif d'empêcher des étrangers de troubler la paix des familles et d'en pénétrer les secrets, et que l'art. 841 c. civ., postérieur aux contrats dont il s'agissait au procès, n'a point introduit un droit nouveau, mais consacré les anciens

premier état, le demandeur ne pouvant rendre l'immeuble donné en échange.

1915. Il peut arriver qu'une cession de droits successifs soit déguisée sous la forme d'un mandat. La fraude pourrait être prouvée par tous les moyens, même par le serment déféré au mandataire (Conf. MM. Duranton, n° 195; Vazeille, n° 14; Marcadé, n° 4; Dutruc, n° 494). — Par exemple, on a vu une vente de droits successifs, dans l'acte qualifié de procuration à l'effet de recueillir une succession, dans lequel : 1° le mandant fait au mandataire, à titre d'indemnité, après prélèvement d'une certaine somme sur les valeurs de l'hérédité, abandon de l'excédant; 2° où il autorise celui-ci à se rembourser sur les mêmes valeurs des avances qu'il lui a faites, et pour sûreté desquelles hypothèque a été consentie; 3° où il s'engage sur l'honneur à ne point révoquer le mandat, sous peine, en outre, d'indemniser le mandataire, peut, par appréciation de l'intention des parties, être déclaré déguiser une vente de droits successifs dans le but frauduleux de la soustraire au retrait successoral (Req. 23 nov. 1842, aff. Nadaud, V. Mandat, n° 21).

1916. Toutefois, on a jugé avec raison que l'abandon fait par un héritier à un tiers d'une quote-part des sommes et valeurs à recouvrer dans une succession non liquidée, comme rémunération aléatoire tant des renseignements fournis par ce dernier sur l'existence de ses droits à la succession que des démarches qu'il a faites ou se charge de faire dans l'avenir pour arriver à la liquidation, ne constitue pas une cession proprement dite, soumise au retrait successoral; et que c'est là un simple mandat salarié qui laisse entiers les droits héréditaires du mandant (Paris, 2 avr. 1852, aff. Lebègue, D. P. 53. 2. 150).

1917. Le retrait s'applique à l'acquisition de droits successifs par voie d'adjudication judiciaire : — « Attendu qu'il importe peu que M. de Montviol ait fait l'une des acquisitions par voie d'adjudication judiciaire, puisque l'art. 841 n'établit aucune distinction entre les cessions faites par un contrat ordinaire et celles qui seraient le résultat d'une adjudication publique; rejette » (Dijon, 19 juill. 1843, sous Req. 25 juill. 1844, aff. Montviol *C.* Gaillard, V. Contrat de mar., n° 837). — Ceci paraît mal jugé. Le prix d'adjudication ne s'élèvera pas, si l'on craint une subrogation. Personne ne se présentera, et les cohéritiers auront presque pour rien l'objet vendu.

1918. *Objet de la cession.* — La cession de droits héréditaires peut avoir pour objet soit une quote-part ou la totalité des droits de l'héritier, soit une part dans un corps déterminé de la succession. — Le cessionnaire d'une *quote-part* des droits successifs est-il passible du retrait successoral? Le doute naît de ce que l'art. 841 se sert de cette expression : *son droit à la succession*. L'acquéreur du quart, de la moitié des droits d'un héritier, a le même droit que l'acquéreur de la totalité d'entrer dans tous les détails du partage, pour déterminer l'étendue ou la valeur de la quotité qui lui a été cédée. Si l'on ne pouvait pas l'écarter du partage, il arriverait que, pour éluder la loi, le vendeur se réserverait une portion minime, un centième, ou que, morcelant le droit entre plusieurs cessionnaires, il introduirait tous ces étrangers au partage, tandis qu'un seul peut en être éloigné. Aussi les auteurs admettent-ils tous le retrait dans le cas proposé; et dans les motifs de la plupart des arrêts qui ont mis à l'abri du retrait le cessionnaire d'une part d'objets déterminés, on reconnaît qu'on déciderait autrement si une quote-part de droits héréditaires avait été cédée (Merlin, Rép., v° Dr. success., n° 11; Chabot, n° 8; Toullier, t. 4, n° 447; MM. Vazeille, n° 10; Marcadé, n° 2; Dutruc, n° 487). — M. Duranton, t. 7, n° 192, apporte une modification : « Si le cessionnaire partiel, dit-il, ne se présentait pas au partage, si la liquidation de la succession et ce partage ne se faisaient qu'avec l'héritier qui a conservé une partie de son droit, et qui s'est donné comme un associé dans ce même droit, nous aurions peine à croire qu'il y eût lieu d'anéantir la cession, tout se passant alors entre le cédant et les cohéritiers. » On peut répondre, ce nous semble, qu'il suffit, pour motiver l'action en retrait, que le cessionnaire ait droit d'intervenir dans toutes les opérations du partage. Le but du retrait est de prévenir cette intervention.

1919. Si l'objet de la cession est une part dans un corps déterminé de la succession, y a-t-il lieu au retrait successoral? « Le retrait est possible, dit Delvincourt, t. 2, p. 345, note 10, toutes les fois que la vente donne à l'acquéreur le droit de s'immiscer dans les opérations du partage. Or, l'acquéreur dont il s'agit a intérêt d'intervenir au partage, pour faire tomber l'objet dans le lot de l'héritier vendeur : le cessionnaire de la totalité des droits successifs sera généralement moins disposé à susciter des entraves. Il suffit à celui-ci d'avoir une part égale à celle des autres héritiers, de quelque manière qu'elle soit composée. Mais l'acquéreur d'un objet singulier a un intérêt tout personnel à la composition et à la distribution des lots, intérêt qui le rendra d'un accommodement moins facile. » D'ailleurs le moins est dans le plus, dit Vazeille, qui semble adopter cette opinion (art. 841, n° 16), et le droit du cohéritier n'est pas moins fixe dans la partie que dans le tout. — MM. Malpel, n° 249; Chabot, t. 3, p. 182; Duranton, t. 7, n° 102; Poujol, n° 4; Marcadé, *loc. cit.*; Belost-Jolimont sur Chabot, obs. 3; Benoît, Retr. success., n°s 63 et 64; Rolland de Villargues, 2e éd., v° Retr. succ., n° 51; Dutruc, n° 488, font une distinction qui nous paraît juste. Le retrait aura lieu, s'il n'est pas possible de délivrer la part cédée, sans que le cessionnaire prenne connaissance de toutes les affaires de la succession, sans que son intérêt exige qu'il concoure à toutes les opérations du partage. Mais il peut arriver que la part soit facile à expédier, sans qu'il ait besoin de jeter les yeux sur les papiers domestiques, ou sans qu'il soit intéressé au mode de partage. Alors le retrait ne se fera pas. — MM. Merlin, Rép., v° Dr. succ., n° 9; et Delaporte, Pandect. franç., t. 3, p. 279, ne font point de distinction, et se prononcent contre le retrait.

1920. Quant à la jurisprudence, les cours d'appel ont aussi décidé, par de nombreux arrêts, où la distinction n'est pas reproduite, que la vente d'une part dans un objet déterminé ne donne pas lieu au retrait (Paris, 9 vent. an 12, aff. Pillin *C.* Lafontaine; Dijon, 20 therm. an 12, aff. hérit. Munier; Besançon, 31 janv. 1809, aff. Dambles *C.* Roussel; Bruxelles, 2 déc. 1807, aff. Wandels *C.* Luttens; Rennes, 7 déc. 1819, 2e ch., aff. Laour *C.* Hamon; Bourges, 29 fév. 1820, M. Sallé, pr., aff. Tissier *C.* Maillard; Liége, 21 oct. 1814, aff. Malpas *C.* Grandjean; Lyon, 17 mai 1831, 1re ch., M. de Belbeuf, 1er pr., aff. Dandert *C.* Richerand; Riom, 13 nov. 1846, aff. Echavidre, D. P. 47. 2. 85; Agen, 2 avril 1851, aff. Austry, D. P. 51. 2. 151. — *Contrà*, Pau, 14 mai 1830) (1).

1921. La cour de cassation s'est prononcé d'abord contre

---

principes; que rien ne s'opposait à l'application de ces principes; que la circonstance qu'un des contrats est un échange n'écarte point cette application, puisque l'effet de l'échange est, comme celui de la vente à prix d'argent, de substituer un étranger au successible, ce que la législation a eu pour but d'empêcher, et qu'en l'appliquant aux contrats qui lui étaient soumis, l'arrêt attaqué s'y est exactement conformé et n'a violé aucune loi, les articles invoqués étant étrangers à la matière; — Rejette, etc.

Du 19 oct. 1814.-C. C., sect. req.-MM. Botton, pr.-Lefessier, rap.

(1) (Latxagne *C.* Villenave.) — La cour; — Sur l'appel incident des héritiers Lambert : — Attendu que, quand ils trouveraient plus d'avantage à laisser exercer le retrait successoral par les sœurs Larivière, il ne s'ensuivrait pas qu'ils n'aient aucun intérêt à leur en contester le droit, puisque, si le retrait ne peut avoir lieu, ils seront déchargés de la garantie à laquelle ils ont été condamnés envers Latxagne, et qu'ainsi, la fin de non-recevoir, qui, sous ce rapport, est opposée à leur appel, doit être écartée; — Attendu que les héritiers Lambert prétendent mal à propos que les sœurs Larivière, n'ayant pas exercé, dans le délai fixé, l'option qui leur était déférée, doivent en être déclarées déchues; — Que s'agissant, en ce point, de l'exécution du jugement, dont la connaissance est attribuée au tribunal qui l'a rendu, c'est à lui, et non à la cour, qu'il appartiendrait de prononcer la déchéance, si elle était encourue; que, d'ailleurs, la cour, fût-elle compétente pour statuer sur la demande qui lui est soumise, elle ne pourrait l'accueillir; qu'en effet, d'abord, la disposition qui borne la faculté d'opter au délai d'un mois, n'est que comminatoire, et que le défaut d'exécuter de semblables dispositions dans le terme prescrit n'emporte pas la déchéance; que, d'un autre côté, les sœurs Larivière, ne devant exercer leur option qu'autant que l'immeuble, objet du retrait, serait tombé dans le lot de Villenave aîné par l'effet du partage ordonné, et cette opération n'ayant pas encore eu lieu, le délai qui leur était accordé n'a pas commencé à courir contre elles;

Sur le moyen pris de ce que la vente consentie par Villenave aîné l'abbé Lambert, portant, non sur son droit à la succession de sa sœur,

le retrait par deux arrêts de la chambre des requêtes : « Considérant que l'art. 841 c. nap., ne s'applique point aux ventes de corps certains et déterminés ; et que, dans l'espèce, il s'agit de vente d'immeubles de cette nature, ainsi que l'arrêt attaqué le décide ; rejette, etc. » (Req. 9 sep. 1806, MM. Muraire, 1er pr., Cassaigne, rap., aff. Payan-Lafosse *C.* Glaizot ; 22 avril 1808, aff. Fournier, V. Mariage, n° 834-1°). Mais plus tard la chambre civile a jugé en sens contraire (Rej. 15 mai 1833) (1).

1922. Il a été décidé aussi par la même chambre que le retrait successoral peut être déclaré inadmissible contre l'acquéreur de biens déterminés de la succession qui lui ont été vendus par un héritier, qui les détenait seul en vertu d'un titre qui n'a été annulé que plus tard, alors que ce retrait est exercé contre l'acquéreur à titre singulier, à l'occasion de l'action des héritiers tendant à faire rentrer dans la succession les biens à lui vendus, biens qui ne constituent pas tout l'actif de la succession (Cass. 14 août 1840) (2).

1923. Dans les arrêts qui précèdent et qui sont contraires au retrait, on se fonde sur le texte de l'art. 841, ou sur ce que l'acquéreur d'objets déterminés n'a point nécessairement à s'immiscer dans les opérations du partage et dans les secrets de famille. Cette considération est d'une application incontestable, et le retrait à plus forte raison ne peut pas avoir lieu, lorsque la cession a pour objet des droits dans un immeuble déterminé, resté indivis entre les cohéritiers, après le partage de la succession (Bourges, 12 juill. 1831 (3) ; Paris, 9 vent. an 12, aff. Pillin *C.* Lafontaine).

1924. Même décision, dans un cas semblable, où d'ailleurs l'immeuble, dont une portion avait été cédée, était resté *indivis* à cause de contestation avec les tiers, pour être ultérieurement, selon qu'il avait été convenu, divisé par parts égales entre tous les cohéritiers (Dijon, 20 therm. an 12, aff. Munier ; Req. 9 sept. 1806, MM. Muraire, pr., Cassaigne, rap., aff. Payan-Lafosse *C.* Glaizot). — Dans l'espèce l'arrêt de la cour de Rouen ajoutait ce motif, que le texte de l'art. 841 ne s'applique qu'à la vente faite de droits successifs avant le partage, et non à la vente, faite après le partage, d'une ou plusieurs portions, dans un objet déterminé.

1925. Lorsque, sur la licitation de tous les biens d'une succession, les héritiers sont restés tous conjointement adjudicataires d'un des immeubles qui en dépendaient, la vente, faite ensuite par l'un d'eux de la portion indivise dans cet immeuble, ne peut donner lieu au retrait successoral ; ce n'est plus un droit dans la succession, mais une propriété personnelle qui a été vendue (Paris, aud. sol., 21 juin 1813, aff. Lepelletier de Saint-Fargeau).

1926. Il peut arriver, comme on l'a dit ci-dessus, que le cessionnaire d'une part dans un immeuble déterminé de la succession ait intérêt à connaître l'état de la succession, dans le cas, par exemple, où le droit du cédant sur cet immeuble est contesté à raison de certains rapports, prélèvements ou payements des dettes. Si le cessionnaire voulait alors participer aux opérations du partage, les héritiers auraient le droit de l'exclure par la voie du retrait. — Jugé qu'il y a lieu au retrait si la délivrance de l'objet vendu ne peut être faite sans que l'acheteur ait droit de prendre connaissance des affaires de la succession (Riom, 3 mars 1814 ; Bourges, 9 mars 1842) (4).

1927. Il a été jugé aussi qu'il y a lieu au retrait successoral

---

mais sur un fonds particulier et déterminé dépendant de cette succession, le tribunal de Dax, en autorisant les sœurs Larivière à exercer le retrait successoral, a contrevenu à l'art. 841 c. civ. : — Attendu, en fait, que lorsque cette vente eut lieu, le partage de la succession de feu Marianotte Villenave entre ses héritiers n'avait pas été fait, et que l'immeuble qui en est l'objet dépend de cette succession ; — Attendu, en droit, qu'en s'arrêtant au texte de l'art. 841, il paraîtrait qu'il n'autorise le rachat que lorsque le cohéritier a vendu tout ou partie de son droit successif ; qu'on peut dire que cette disposition forme une exception au droit commun, et qu'elle établit un privilége en faveur des cohéritiers ; que les exceptions et les priviléges doivent être renfermés dans leurs termes précis, et qu'on ne peut, par identité de raison, les étendre d'un cas à un autre ; par où il semblerait qu'on est fondé à conclure qu'il n'y a pas lieu au retrait, quand la vente ne porte que sur un objet particulier et déterminé ; mais que l'argument *à contrario sensu* est sans force, lorsque les mêmes motifs s'appliquent au cas que l'on prétend exclure ; que la loi régit tous les cas qu'embrasse son esprit, bien que la lettre n'en comprenne que quelques-uns ; que le but qu'a eu l'art. 841, en permettant le retrait successoral, a été de prévenir les inconvénients qui auraient lieu si un étranger s'introduisait dans les partages ; que ces inconvénients existent à l'égard d'une vente d'un corps certain, comme à l'égard de celle d'un droit successif ; que, dans l'un et l'autre cas, pour juger si le vendeur a ou n'a pas excédé sa part, il y a, en effet, nécessité de comparer la masse, de fixer le montant des dettes, de déterminer les prélèvements à exercer, les fournissements, les rapports et les restitutions que les cohéritiers peuvent se devoir ; que, lors même que le cohéritier vendeur vivrait encore, et que ces diverses opérations devraient se faire avec lui, l'acquéreur, comme son créancier, aurait le droit d'y intervenir pour veiller à ce que ses droits ne fussent pas fraudés ; qu'ainsi, un étranger pénétrerait dans les secrets des familles, et pourrait porter la discorde parmi les cohéritiers, et que l'on tomberait dans les dangers que la loi a voulu prévenir ; que le seul moyen d'y échapper est d'étendre la faculté du retrait successoral à toutes les ventes faites par un cohéritier avant partage, quel qu'en soit l'objet ; qu'en entendant, en ce sens, l'art. 841 c. civ., le tribunal de Dax en a fait une juste application ; qu'il y a lieu, dès lors, de confirmer sa décision sur ce point, et de débouter les héritiers Lambert de leur appel incident ; — Infirme.

Du 14 mai 1830.-C. de Pau, ch. corr.-M. de Charitte, pr.

(1) (Frébault *C.* Petot.) — LA COUR ; — Attendu, au fond, qu'il a été reconnu, en fait, dans l'arrêt attaqué, que le moulin dont il s'agit faisait partie des biens à partager, et qu'en décidant, dans ces circonstances, que Meunier et ses enfants qui avaient cédé tous les droits, moyens, raisons et actions résultant en leur faveur, de la qualité ci-devant annoncée d'héritiers, sur le moulin de Driost, n'avaient pas vendu un corps certain et déterminé, mais un droit successif qui mettait le cessionnaire au lieu et place des cédants dans le partage pour lequel les divers propriétaires étaient en instance, a fait une juste application de l'art. 841 c. civ. ; — Rejette.

Du 15 mai 1833.-C. C., ch. civ.-MM. Dunoyer, f. f. de pr.-Delpit, rap.-De Gartempe fils, av. gén., c. contr.-Gatine et Rochelle, av.

(2) (Hérit. de Laqueuille *C.* Goyon de Marcé.) — LA COUR ; — Attendu que, dans aucune des clauses du cahier des charges, transcrit au jugement d'adjudication du 23 juill. 1814, les époux Goyon de Marcé n'ont déclaré qu'ils entendaient transporter à l'adjudicataire les droits et actions résultant pour la dame Goyon de Marcé de son titre d'héritière du marquis de Laqueuille, son père, et encore moins de son titre d'héritière pour partie du comte de Laqueuille, son aïeul ; qu'ils ont vendu limitativement : 1° certaines parties d'immeubles désignées ; 2° une rente foncière de 143 fr. 20 c. avec certaines redevances en nature ; et 3° les rentes percières portant sur les héritages situés dans cinq communes désignées ; — Attendu qu'à la suite de l'arrêt du 28 mars 1831, qui avait ramené dans la succession du comte de Laqueuille, décédé en 1758, les terres détenues depuis par son fils aîné comme prétendues substituées, l'action des héritiers contre Creuzet avait pour objet direct et principal de faire rentrer dans cette succession ceux des biens et rentes qui dépendaient de cette succession et avaient été aliénés en 1814 ; que l'exercice du retrait successoral constituait une action essentiellement distincte ; que le titre de Creuzet ne lui conférait aucun droit à la succession du comte de Laqueuille, composée (outre les biens et rentes revendiqués contre lui) d'indemnités auxquelles Creuzet ne prétendait rien ; — Que, sous ces différents rapports, l'arrêt attaqué a pu, sans violer l'art. 841 c. civ., écarter le retrait successoral ; — Sur la deuxième branche du même moyen : — Attendu que l'arrêt attaqué réserve à statuer sur les indemnités qui pourront être dues à Creuzet par les héritiers Goyon de Marcé, pour les portions dont il pourra être évincé par l'effet du partage ; que, dans cet état de choses, ledit arrêt s'est borné à disposer que le partage serait fait en présence de Creuzet, qui y assisterait, mais à ses frais ; — Qu'en assimilant ainsi Creuzet au créancier d'un copartageant et en l'admettant à intervenir au partage seulement pour éviter qu'il fût fait en fraude de ses droits et dans les limites fixées par l'art. 882 c. civ., ledit arrêt n'a encore violé aucune loi ; — Casse.

Du 14 août 1840.-C. C., ch. civ.-M. Portalis, 1er pr.-Miller, rap.-Laplagne, av. gén., c. conf.-Fabre, Mandaroux et Rigaud, av.

(3) (Gallois *C.* Baroin.) — LA COUR ; — Considérant que les cohéritiers de Febvre n'ont pas vendu leurs droits, ni même une quote-part de leurs droits dans la succession de Michel Baroin ; qu'ils ont seulement transmis à Gallois les parts et portions à eux revenant dans un immeuble déterminé ; qu'il est même à remarquer qu'antérieurement à la vente de 1830, le partage de la communauté et de la succession de Michel Baroin avait eu lieu par acte du 7 juin 1827 ; qu'ainsi, la demande de Gallois n'a pour objet ni la liquidation et partage d'une communauté, ni la division d'une hérédité, mais seulement le partage d'un immeuble resté indivis entre les ayants droit ; qu'ainsi l'art. 841 n'est point applicable à cet égard ; — Émendant, etc.

Du 12 juill. 1831.-C. de Bourges, 1re ch.-M. Mater, 1er pr.

(4) 1re *Espèce :* — (Foucault *C.* Devaux.) — « Le tribunal, attendu

contre l'acquéreur d'un immeuble déterminé de la succession et indivis, si cet immeuble a été vendu par l'un des héritiers comme lui appartenant en totalité, et que, par conséquent, l'acquéreur ait intérêt à concourir au partage, pour que, s'il doit y échoir, l'immeuble ne soit pas détourné du lot de l'héritier vendeur (Turin, 18 mars 1808, aff. Martelli C. Mondino).

1928. Quoique bornée à des objets particuliers de la succession, la cession peut donner lieu au retrait, si ces objets constituent la totalité des biens de la succession. La part du cessionnaire ne peut alors être fixée sans qu'il prenne connaissance des affaires de la succession. Il serait trop facile d'ailleurs d'échapper à l'application de l'art. 841, s'il suffisait de désigner dans l'acte de cession tous les biens héréditaires (Conf. MM. Belost-Jolimont, sur Chabot, observ. 3; Dutruc, n° 488). — Jugé dans ce sens : 1° que les héritiers ne peuvent écarter du partage le cessionnaire de la part d'un cohéritier dans un immeuble déterminé, s'ils ne prouvent que cet immeuble constitue l'universalité des biens de la succession (Liége, 21 oct. 18 4, aff. Malpas C. Grandjean; Angers, 8 avril 1808, aff. Fusil C. Villaye; Bruxelles, 2 déc. 1817, aff. Wandels); — 2° Qu'il y a lieu au retrait lorsque la cession, quoique désignant des biens déterminés, s'est étendue à l'universalité de l'hérédité mobilière ou immobilière, et spécialement à tous les immeubles (Pau, 19 août 1837 (1); Cass. 16 mai 1848, aff. Dénéchaud, D. P. 48. 1. 125); — 3° Qu'il en est de même dans le cas de cession d'un immeuble déterminé, qui compose à lui seul toute la succession immobilière (Rennes, 21 fév. 1818, 3e ch., aff. Lesieur C. Daniel; Req. 13 juill. 1819, MM. Lasaudade, pr., Dunoyer, rap., aff. Lesieur C. Lor; Bourges, 16 déc. 1833, M. Mater, pr., aff. Remon C. Berat). Alors d'ailleurs que la cession est faite avec les droits et charges héréditaires du cédant (Riom, 23 nov. 1848, aff. veuve Martin, D. P. 49. 2. 0). La circonstance relevée par ce dernier arrêt semble écarter toute difficulté; car on ne saurait voir dans la stipulation prévue qu'une cession de droits successifs, tombant sous le coup de l'art. 841.

1929. Il a été jugé encore, et par la même raison, que le retrait est admissible, quoique la cession ne comprenne qu'une quote-part de tel immeuble, s'il résulte des circonstances de la cause et de l'ensemble des actes que cette cession est une véritable vente de droits successifs déguisée sous les apparences d'une vente de quote-part d'un objet déterminé (Bastia, 23 mars 1835, M. Colonna d'Istra, pr., aff. Limazola C. Piève).

1930. En sens contraire, il a été décidé qu'il n'y a pas lieu au retrait contre le cessionnaire de la part d'un héritier dans un immeuble déterminé, quoique cet immeuble compose toute la succession (Toulouse, 16 janv. 1835) (2). Mais dans

---

que, ...pour donner ouverture au retrait successoral ou à la demande en subrogation, il n'est pas nécessaire qu'un cohéritier ait vendu à un étranger l'universalité des droits qui lui appartiennent dans une succession non partagée; qu'il suffit qu'il ait vendu la portion à lui appartenant dans une ou plusieurs des espèces de biens qui la composent, qu'elle qu'en soit la qualité, si, pour avoir l'effet de cette vente, il a droit d'exiger qu'on lui donne connaissance des affaires de la famille; que, pour déterminer la portion d'immeubles vendus à Etienne Foucault, il est nécessaire d'entrer dans un examen de titres et dans des discussions mobilières qui mettent à découvert les affaires de la famille Devaux; que la vérification de la portion d'immeubles appartenante à Batier exige la production des titres, leurs combinaisons avec ceux de la famille; que, pour savoir si les immeubles ne seront pas entamés pour le passif, il faut discuter la masse mobilière, comparer l'actif avec le passif, et savoir si l'un est ou n'est pas absorbé par l'autre; que tout cela peut entraîner des discussions qui ne peuvent s'éclaircir que par l'exposé de l'état général de la succession; qu'il faut liquider la dot et les reprises de la veuve de Louis Devaux; procéder avec elle à un compte, et que cela ne peut se faire sans mettre à découvert les affaires de la famille; qu'en général, les biens d'une succession ne forment qu'une seule masse; que toutes les parties qui la composent sont tellement liées ensemble, qu'il est impossible de satisfaire un intéressé pour une partie seulement sans le mettre au fait de toutes les autres; que tout est fait, tout est liquidé, il est vrai, dans la famille Devaux, et que la portion de Batier dans le domaine de Cornoire est fixée au huitième; que tout cela a été fait en l'absence des Foucault, et par des actes qui leur sont étrangers; que ceux-ci pourraient sans difficulté rejeter tous ces actes, et demander à opérer comme s'il n'y avait eu rien de fait; que leur intervention serait donc destructive de tous les règlements qui ont été faits dans la famille Devaux et qui lui ont procuré la paix et l'union, ce qui présente une raison de plus pour les écarter. » — Appel. — Arrêt.

LA COUR; — Sans s'arrêter à la dissertation présentée dans les motifs du jugement dont est appel sur les retraits successoraux, et par les autres motifs exprimés au jugement; — Met l'appellation au néant, etc.

Du 5 mars 1814.-C. de Riom, 2e ch.-M. Verny, pr.

2e *Espèce :* — (Martin C. Goulet.) — LA COUR; — Considérant que toutes les circonstances de la cause démontrent la simulation de la procuration du 10 mars, qui n'avait pour but que de masquer une vente de droits successifs; qu'à la vérité, Martin soutient que, même dans le cas d'une vente, elle ne serait que du droit d'un successible dans un immeuble déterminé, ce qui ne donnerait point lieu à l'exercice du retrait successoral; mais qu'il n'existe aucun partage ni liquidation des succession et communauté des époux Goulet; qu'en admettant que Légère Goulet, femme Augendre, héritière pour un cinquième, n'ait pas vendu la totalité des droits qu'elle pouvait avoir dans ces successions, mais seulement tous les droits indivis résultant en sa faveur de sa qualité d'héritière sur les biens situés aux Chaumettes, toujours est-il que l'acquéreur, en vertu de sa cession, aurait le droit de s'immiscer dans les opérations du partage de ces successions, et d'y intervenir pour faire tomber l'objet vendu dans le lot de l'héritière venderesse, et qu'il pourrait ainsi troubler la paix de la famille en en pénétrant les secrets; que, dès lors, et même dans l'hypothèse où la vente faite à Martin par les époux Augendre ne serait pas de la totalité des droits successifs appartenant à la femme Augendre, les intimés n'en seraient pas moins fondés à exercer le retrait successoral sur la portion vendue; — Par ces motifs, etc.

Du 9 mars 1842.-C. de Bourges, ch. civ.-M. Dubois, pr.

(1) (Dalys C. Souleyran.) — LA COUR; — Attendu que Souleyran a vendu tous les immeubles qui lui sont échus et qu'il doit recueillir dans les successions de ses père et mère; — Que, dès lors, la vente rentre dans les dispositions de l'art. 841 c. civ.; — Qu'à la vérité, le vendeur paraît, par une clause postérieure, vendre des objets désignés, et l'on voudrait en induire qu'il n'aurait été vendu que des objets particuliers des successions; — Que la désignation de ces immeubles n'est qu'indicative, et qu'elle ne déroge point surtout à la première clause de la vente de tous les immeubles échus; — Qu'une autre interprétation de la loi serait erronée et fournirait un moyen d'éluder l'application de l'art. 841; — Que d'ailleurs, il est absolument nécessaire d'opérer un partage dans lequel les droits des parties, les rapports et tous autres prélèvements doivent être discutés; — Qu'on ne peut pas obliger le cohéritier à faire deux partages, l'un avec l'héritier vendeur, et l'autre avec le cohéritier; — Confirme.

Du 19 août 1837.-C. de Pau, ch. civ.-M. de Charitte, pr.

(2) (Saintgès et Isard C. Pontneau.) — LA COUR; — Attendu qu'il résulte des termes et de l'esprit de l'art. 841 c. civ., que le droit qu'il confère aux cohéritiers ne peut être exercé par eux qu'autant 1° que le droit cédé est ou de la totalité, ou du moins d'une quotité de la part compétant au cohéritier cédant; 2° que la cession porte sur des objets incertains et indéterminés, un droit général; que c'est, en effet, dans ce sens que la cour de cassation a entendu cette disposition du code, témoin deux arrêts séparés, cependant, par un laps de temps presque trentenaire, l'un du 9 sept. 1806, et l'autre du 27 juin 1832 (V. ces arrêts, nos 1921 et 1957); d'où suit que l'acquéreur d'un objet spécial, particulier et déterminé, ne saurait être soumis à une pareille cause d'éviction; — Attendu, néanmoins, que toute simulation employée pour éluder la prescription de la loi, devant être aussi fortement réprimée que si sa violation était formelle, il faut tenir également pour certain que l'expression dans la cession, ou qu'elle ne comprend que des objets particuliers, ou l'énumération effectuée des objets sur lesquels elle porte ne sauraient l'affranchir de l'exercice du retrait, s'il résulte des circonstances que les moyens n'ont été employés que pour le soustraire à l'empire de la loi; — Attendu que le titre dont l'appelant réclame l'exécution, et sur lequel il fonde ses droits, devant être apprécié sous l'influence de ces principes, il faut reconnaître, 1° que ledit appelant n'est cessionnaire ou acquéreur que d'un droit spécial et déterminé, le sixième de la moitié d'un immeuble, et non d'une quote héréditaire; — Attendu qu'on objecterait vainement contre ce premier fait, qu'en réalité cette part d'immeuble formant l'entier patrimoine de l'auteur du vendeur, son héritier, en fait, a aliéné son droit héréditaire, soit parce que l'acquéreur devait nécessairement ignorer cette circonstance, soit parce que, ainsi qu'il a été dit en discutant les griefs de Me Saintgès, une action utile, celle en rapport, existait au profit du cédant, soit parce que, dans le cas même où ce droit n'existerait pas réellement, celui-ci, par l'acte de vente, n'avait nullement aliéné les droits inhérents à sa qualité d'héritier; — Attendu qu'il faut reconnaître également, 2° que ce n'est, en supposant que cet immeuble forme à lui seul la masse héréditaire, ni pour éluder la disposition de la loi qu'il a été cédé sous la forme de disposition particulière, ni pour faciliter à l'acquéreur le moyen de s'immiscer dans les affaires d'une famille à laquelle il est étranger; car il ne faut point perdre de vue que l'appelant est copropriétaire pour une moitié de l'immeuble dont l'acquisition querellée lui a transmis un

l'espèce l'arrêt se fonde sur diverses circonstances, et notamment sur ce que le cédant était forclos du droit de demander le partage de la succession.

1931. Il a été jugé aussi que la vente faite par l'héritier de sa moitié indivise, dans les immeubles d'une succession qui ne comprend pas d'autres biens, ne constitue pas une cession de droits successifs, donnant lieu au retrait, alors qu'elle détermine le lieu de la situation, et même la nature des immeubles, comme s'il y est dit, par exemple, que ces biens consistent en telles terres, composées de telle manière, et situées en telle commune: «Considérant que d'Andert aîné n'a vendu et cédé à Richerand que des immeubles déterminés, et non son droit à la succession indivise avec son frère; qu'un semblable contrat ne se trouve pas régi par l'art. 841 c. nap.; adoptant, au surplus, les motifs des premiers juges, confirme» (Lyon, 17 mai 1831, 1re ch., M. de Belbeuf, 1er pr., aff. d'Andert C. Richerand). Les premiers juges donnaient en outre pour motif, «qu'il n'y a point vente de droits successifs, vente d'un droit éventuel, actif et passif, qui fasse que l'acquéreur soit aux droits de l'héritier et le représente, mais seulement une vente de quote-part d'immeubles déterminés, sinon par des confins, du moins par des généralités spéciales.» Mais nous pensons comme M. Dutruc, n° 488, que, nonobstant cette désignation, le cessionnaire n'a pas moins droit de se présenter à toutes les phases du partage, pour faire déterminer la portion cédée, ce qui suffit pour rendre le retrait admissible.

1932. Enfin, il a été jugé encore que la vente faite par un cohéritier de tous les droits qui lui sont échus dans la succession ne peut être considérée comme transmettant des droits universels et donnant lieu par conséquent à l'exercice du retrait successoral, lorsque ces expressions sont accompagnées de la déclaration que les droits cédés s'appliquent à des immeubles désignés: «Considérant qu'aux termes de l'art. 841 c. nap., pour qu'un tiers puisse être écarté par un cohéritier, il faut que la vente ou cession frappe sur la part que le vendeur avait dans la succession, ou sur l'universalité de ses droits; qu'il s'agit ic de la vente de propriétés désignées et fixées, jouies par le vendeur et ensuite par l'acquéreur, et que l'art. 841 reste sans application; confirme» (Riom, 19 déc. 1822, 2e ch., M. Verny, pr., aff. Bourrète C. Delorme).

1933. Du reste, la question de savoir si la cession comprend la totalité des droits successifs du cédant, lorsque les objets cédés sont désignés dans l'acte, est une question d'interprétation, qui ne peut donner ouverture à cassation (Req. 1er déc. 1806) (1).

1934. Lorsque la succession qui donne lieu au retrait successoral embrasse en même temps une quotité fixe dans des objets déterminés, et l'universalité des immeubles dépendant de la succession de laquelle il s'agit d'écarter le cessionnaire, cette cession doit être réputée à titre universel, et, par conséquent, de nature à donner ouverture à l'action en retrait successoral (Req. 9 août 1830) (2).

1935. Il y a lieu aussi au retrait sans aucun doute, lorsque la cession a tout à la fois pour objet un bien déterminé, légué au cédant par le défunt, et les droits successifs du cédant (Cass. 1er déc. 1806, MM. Muraire, 1er pr., Poriquet, rap., aff. Roussel C. Lefournier).

1936. Dans le cas où des héritiers légitimes vendent, en cette qualité, tous leurs droits héréditaires, tant mobiliers qu'immobiliers, une vente aussi générale, faite à un tiers étranger à la succession, peut donner lieu au retrait successoral, bien que, dans l'hérédité, il n'appartînt aux cédants que des objets déterminés, tels, par exemple, qu'un immeuble et une rente viagère (c. nap. 841; Cass. 28 août 1827) (3).

1937. Pareillement, celui qui est en même temps cessionnaire des droits certains et déterminés de quelques-uns des cohéritiers et cessionnaire des droits successifs d'un autre cohéritier, n'est passible du retrait successoral qu'à l'égard de la cession de droits successifs (Cass. 27 juin 1832) (4).

1938. Le retrait peut être exercé sans distinction de ce qui,

---

douzième de plus, ce qui justifie l'intérêt qu'il avait à faire cette acquisition, et comme cet intérêt est légitime, il doit être respecté;—Attendu d'ailleurs, que pour qu'il y ait lieu à l'application de la disposition législative invoquée par les intimés, il est indispensable que le cessionnaire ne puisse utiliser le droit cédé, qu'en intervenant dans le partage d'une succession; mais cette circonstance déterminante et constitutive du droit manque dans la cause, puisque la cour reconnaît que le cédant est forclos du droit de demander le partage de la succession de son auteur, on, en d'autres termes, que l'aliénation de sa part sur la maison, ne laisse plus de matière au partage; l'appelant ne doit donc plus être considéré que comme l'acquéreur de la partie indivise d'un communier; mais placé dans cette position, il a droit de jouir des effets de son titre dans toute leur étendue; c'est donc en méconnaissant ces principes, et faisant une application erronée de l'art. 841 que les premiers juges ont soumis l'appelant à l'exercice du retrait successoral, il y a donc lieu de réformer sur ce chef leur décision;—Réformant, etc.

Du 16 janv. 1855.-C. de Toulouse, 5e ch.-M. Garisson, pr.

(1) (Roussel C. Lefournier.) — La cour; — Attendu que l'arrêt dénoncé déclare constant en fait que la vente faite à Roussel n'est pas une vente d'objets certains et déterminés....; que cette vente, malgré l'espèce de désignation portée au contrat, est une vente d'universalité d'immeubles, une véritable vente de droits successifs; — Que ce point de fait qui, dans l'arrêt dénoncé, est le résultat de l'interprétation faite par les juges de la cour d'appel (d'Amiens) de l'acte du 1er compl. an 12, du rapprochement et de la combinaison de ses diverses dispositions, des déclarations respectives des parties, du dépouillement des états de la succession et des autres pièces produites au procès, ne peut pas être remis en question devant la cour de cassation; — Que, d'après ce fait, sur lequel la cour d'appel a pu statuer sans contrevenir à la loi, il est évident que l'arrêt dénoncé a fait une juste application, à la vente dont il s'agit, de la disposition de l'art. 841 c. civ., en autorisant les héritiers de Wargemont aîné, représenté par sa donataire universelle, à écarter Roussel du partage auquel son contrat d'acquisition lui donnait le droit d'être présent, et qu'il aurait même pu provoquer malgré les héritiers; — Rejette.

Du 1er déc. 1806.-C. C., sect. req.-MM. Muraire, pr.-Poriquet, r.

(2) (Baron C. Laloy.) — La cour; — Sur le moyen pris de la violation et fausse application de l'art. 841 c. civ. : — Attendu, 1° que, d'après cet article, les cohéritiers du cédant peuvent, sans doute, écarter, par voie d'exception, le cessionnaire non successible du défunt, du partage de sa succession, lorsqu'il se présente à ce partage, ou le provoque lui-même; mais que la disposition de l'article n'étant pas conçue en termes limitatifs, ils peuvent également, sans attendre que le cessionnaire se présente, agir de leur chef, comme ils l'ont fait dans l'espèce, par action directe, afin d'être subrogés aux droits acquis par lui du cohéritier, en lui remboursant le prix de la cession dans un cas comme dans l'autre, comme il est prescrit par ledit article; — Qu'en agissant ainsi, les cohéritiers du cédant sont rentrés dans les principes du droit commun sur l'exercice tant des actions ordinaires en général que des actions en subrogation en particulier; — Attendu, en deuxième lieu, sur ce même moyen, que l'arrêt attaqué déclare constant, en fait, et qu'il n'a pas même été contesté, que la cession consentie par l'acte du 25 mai 1825 aux sieur et dame Baron par le sieur Dessein, quoique paraissant ne s'appliquer qu'au tiers indivis avec ses sœurs dans cinq closeries ou métairies qui y sont énoncées, comprenait néanmoins, malgré cette désignation, tous les immeubles dépendants de la succession de la mère du cédant, et constituait une cession à titre universel et non d'objets certains et déterminés; — Que, d'après cette appréciation de l'acte dont il s'agit, sur laquelle l'arrêt attaqué est uniquement fondé, la cour royale a fait à l'espèce une juste application de l'art. 841 c. civ., en jugeant qu'elle donnait ouverture à l'action en subrogation, et en écartant la fin de non-recevoir prise de ce que la veuve Baron et ses enfants n'avaient eux-mêmes ni provoqué le partage de ladite succession immobilière, ni manifesté l'intention d'y intervenir lorsqu'il aurait lieu; — Rejette.

Du 9 août 1830.-C. C., ch. req.-MM. Borel, pr.-Dunoyer, rap.-Laplagne, av. gén., c. conf.-Lassis, av.

(3) (Veuve Fabre C. Gouilly.) — La cour; — Attendu que quatre des cohéritiers de la demanderesse en cassation ont vendu, en cette qualité, au défendeur, par quatre contrats, tous les droits successifs, tant mobiliers qu'immobiliers, qui leur étaient échus dans la succession de leur oncle, sans en excepter aucun; — Que les ventes aussi générales et aussi absolues de droits héréditaires, faites par quatre des héritiers légitimes, en cette qualité, rentrent bien évidemment dans les dispositions de l'art. 841; — Que, par conséquent, en refusant à la demanderesse l'exercice du retrait successoral, la cour royale de Metz est contrevenue audit article; — Casse.

Du 28 août 1827.-C. C., ch. civ.-MM. Brisson, rap.-Vergès, rap.

(4) (Jaudier C. Tardy.) — La cour (apr. délib. en ch. du cons.); — Vu l'art. 841 c. civ.; — Attendu que la cession faite, le 5 fév. 1818, par Louise Jaudier au sieur Tardier, comprend expressément tous les droits successifs et actions généralement quelconques de la cédante sur

dans les objets cédés, appartenait au cédant à titre de préciput, en vertu, par exemple, du droit d'aînesse, encore que l'objet de ce préciput fût un corps certain et déterminé, tel qu'un immeuble particulier. « Attendu, que c'est comme héritier que l'aîné a droit au préciput qui fait partie de la succession, comme les autres biens meubles et immeubles délaissés par le défunt, et qu'ainsi l'arrêt dénoncé n'a pas pu violer la loi, en ne faisant pas de distinction, dans l'application de l'art. 841 c. nap., entre le château de Ribeaucourt et les autres immeubles compris au contrat de vente du 1er complém. an 12; rejette » (Req. 1er déc. 1806, MM. Muraire, 1er pr., Poriquet, rap., aff. Roussel C. Lefournier).

1939. Le retrait est admissible, quoique la cession comprenne d'autres biens que les droits successifs, et qu'elle ait lieu pour un seul et même prix : seulement, en ce cas, il y a lieu d'ordonner une ventilation pour déterminer la portion de prix remboursable par le retrayant (Chabot, no 11; Belost-Jolimont, observ. 13; Dutruc, no 490; Riom, 2 mars 1827; Cass. 3 mai 1830) (1).

1940. Celui auquel a été cédée, par l'un des héritiers, une maison dépendante de la succession, et qui à l'époque de la cession l'occupait à la suite d'un bail, peut en être expulsé par les autres héritiers, si le bail, à la même époque, était expiré, et quoiqu'il n'y ait pas lieu au retrait successsoral; sa qualité de copropriétaire ne suffit pas pour l'y maintenir (Bruxelles, 2 déc. 1817, aff. Wandels C. Luttens).

1941. *De la qualité du cessionnaire.* — En règle générale, le cessionnaire de droits héréditaires ne peut être évincé par les cohéritiers du cédant, si, de son chef, et indépendamment de l'acte de cession, il avait qualité pour intervenir au partage. Cette règle a reçu différentes applications.

1942. D'abord, si le cessionnaire est *cohéritier*, il ne peut être écarté du partage. — Peu importe qu'il soit d'une autre *ligne* que le cédant. Avant le partage, les héritiers des deux lignes sont cosuccessibles, quant à une seule et même hérédité (Conf. Toullier, t. 4, no 426; Duranton, t. 7, no 188; Favard, vo Droit successif, no 12; Delaporte, Pand. franç., t. 3, p. 278; Vazeille, no 23; Marcadé, no 3; Dutruc, no 476). — Jugé : 1o que, dans ce cas, le retrait ne peut être exercé par les cohéritiers de la ligne à laquelle appartient le vendeur (Rouen, 21 juill. 1807) (2); — 2o Que d'ailleurs dans une succession divisée entre les collatéraux des lignes paternelle et maternelle, s'il s'élève des contestations entre les parents de l'une des lignes concernant leur qualité d'héritiers, et qu'il intervienne un acte par lequel les uns renoncent, au profit des autres, moyennant une somme, à toutes leurs prétentions, cet acte peut être regardé comme une transaction et non comme une cession de droits successifs; dès lors, les héritiers de l'autre ligne ne sont pas fondés à exercer le retrait successoral (Grenoble, 3 juill. 1824, aff. Ferrand, V, no 1836).

1943. Ensuite, l'art. 841 se sert du mot *successible*, qui est plus général que le mot *héritier* et qui embrasse tous ceux appelés à un titre quelconque à recueillir une quote-part de la succession. Ainsi un *donataire* ou *légataire* soit *universel*, soit *à titre universel*, n'est pas soumis au retrait successoral (Conf. Merlin, Rép., vo Dr. success., no 9; Chabot, art. 841, no 6; MM. Duranton, t. 7, nos 189, 190; Vazeille, art. 841, no 5; Marcadé, même art., no 2; Dutruc, no 475). — On a même vu ci-dessus, no 1875, qu'il a qualité comme tenant lieu d'héritier pour exercer le retrait. — Jugé que l'époux, donataire par contrat de mariage d'une quote-part des biens de la succession de son conjoint, n'est pas passible du retrait successoral. — « Attendu que le cessionnaire de droits successifs, s'il est appelé, soit par la loi, soit par la volonté du défunt, à recueillir une quote-part des biens délaissés par ce dernier, la disposition exceptionnelle de l'art. 841, dont l'unique objet a été d'empêcher un étranger de pénétrer dans le secret d'une famille malgré elle, ne peut être invoqué contre lui; — Infirme » (Douai, 6 fév. 1840, 2e ch., aff. Cliquet C. Caudrelier). — Même décision à l'égard de la veuve légataire universelle des biens de son mari. « Attendu que la dame Vassel, soit en sa qualité de veuve commune, soit en celle de légataire à titre universel du sieur Poupaule, a, personnellement et indépendamment des cessions, le droit d'assister au partage des biens de sa succession; — Infirme » (Paris, 31 juill. 1810, 2e ch., aff. Larroque C. Vassel).

1944. L'héritier donataire ou légataire de *tous les meubles* et de l'*usufruit* des immeubles du défunt, est, sous un double rapport, successible, dans le sens de l'art. 841 c. nap. — Jugé en conséquence : 1o que le retrait ne peut être exercé contre lui, en raison des parts d'héritiers qu'il pourrait avoir acquises dans

---

la succession de Sylvain Jaudier, son père; — Attendu que la cession faite le 25 oct. 1789, par Pierre Jaudier au sieur Tardy, ne comprenait, au contraire, que les droits certains et déterminés de Pierre Jaudier sur les immeubles dont il avait joui en commun et par indivis avec Sylvain Jaudier, son frère; — Attendu, en outre, que cette cession était encore inattaquable par les demandeurs en cassation, puisqu'ils étaient héritiers de Pierre Jaudier; — Attendu que la cession du 21 déc. 1817 n'a pas non plus compris des droits successifs, mais seulement les droits de Sylvain Jaudier sur les immeubles possédés par indivis par les deux frères; que, par conséquent, sous le rapport des cessions du 25 oct. 1789 et du 21 déc. 1817, le sieur Tardy avait évidemment le droit d'intervenir au partage des immeubles dont il était devenu copropriétaire; que, néanmoins, ces deux cessions ne lui donnaient pas le droit de s'immiscer dans le partage de la succession de Sylvain Jaudier; qu'il n'aurait pu y intervenir qu'en vertu de la cession du 5 fév. 1818; mais que, sur ce point, les héritiers de Sylvain Jaudier étaient fondés à se prévaloir des dispositions de l'art. 841 c. civ., en exerçant le retrait successoral; — Qu'en jugeant le contraire, la cour royale de Limoges est expressément contrevenue, en ce chef, à la loi précitée; — Casse en ce chef seulement.

Du 27 juin 1832.-C. C., ch. civ.-MM. Portalis, 1er pr.-Vergès, rap.-Joubert, 1er av. gén., c. contr.-Latruffe et Dalloz, av.

(1) 1re *Espèce* :—(Peyrot C. Graillot.)—LA COUR;—Attendu que, lors de la vente de 1812, de plusieurs objets particuliers, appartenant à François Dumas, de son chef personnel, et en même temps de sa portion dans la succession de Graillot-Desmazières, Peyrot devait savoir que la cession particulière des droits successifs était soumise, par l'art. 841, à l'action en subrogation de la part des cohéritiers du cédant; que, dès lors, Peyrot aurait dû avoir la précaution de stipuler, pour la cession des droits successifs, un prix distinct et séparé de celui de la vente des objets appartenant en propre à François Dumas; qu'en ne stipulant qu'un seul prix, on peut supposer qu'il y a eu une affectation, dans la vue d'éluder la demande en subrogation, ou, au moins, d'en rendre l'exercice plus difficile; mais que de cela même il n'a pu résulter aucun obstacle contre les cohéritiers à l'exercice de leur demande en subrogation; que cette confusion de prix, que Peyrot ne peut imputer qu'à lui-même, a nécessité la ventilation ordonnée par le jugement dont est appel, laquelle ventilation a été prescrite, avec les mesures possibles et légales, par le jugement dont est appel; — Dit qu'il a été bien jugé, etc.

Du 2 mars 1827.-C. de Riom, 1re ch.-M. Grenier, 1er pr.

2e *Espèce* : —(Thomas C. Larymès.)— LA COUR; —Considérant que la cour royale de Nîmes a reconnu, en fait, 1o que les demandeurs avaient (du chef de leur mère) un droit de légitime indivis dans la succession de Jean Thomas père; 2o que cette succession était confondue avec celle de Barthélemi Thomas son fils, qui a été cédée à la défenderesse, et que cette cour n'a rejeté la demande en subrogation que parce que Barthélemi ayant pu laisser des biens autres que ceux qui provenaient de son père, et ces derniers n'ayant pas eu de prix distinct dans la cession, il était impossible, soit de reconnaître la portion du prix qui représente les biens de Jean Thomas, soit de diviser le contrat; et qu'en jugeant ainsi, ladite cour a violé l'article ci-dessus cité; — Casse.

Du 3 mai 1830.-C. C., ch. civ.-MM. Portalis, 1er pr.-Delpit, rap.-Cahier, av. gén.-Jousselin, av.

(2) (Lamaury C. Hulot.) — LA COUR; —Vu l'art. 841 c. civ.;—Considérant que la cession des droits successifs ou universels est un contrat du droit commun, et que la convention qu'il renferme doit être gardée, s'il n'a été dérogé à la volonté des parties par la disposition claire et précise de la loi;—Considérant que le retrait successoral établi par l'art. 841 c. civ. n'est admis que contre celui qui n'est point appelé à la succession, et, par conséquent, ne s'étend pas à celui qui, y étant appelé, appartient à une ligne différente de celle de laquelle provient la cession; —Considérant que cela résulte de l'article précité, lequel n'autorise le retrait qu'autant que le cessionnaire n'est pas successible du défunt, et dans la vue d'écarter quiconque voudrait, à l'aide d'une cession de droit, s'immiscer dans les affaires d'une succession à laquelle il est étranger; —Considérant que la qualité de successible se rapporte, dans le sens de l'article, à la succession entière et non aux subdivisions entre les diverses lignes; — Considérant, d'ailleurs, que le retrait successoral est une exception au droit commun; que toute exception est renfermée dans ses propres termes, et qu'on ne doit pas faire prévaloir les considérations de l'homme sur la raison de la loi; — Dit qu'il a été mal jugé, etc.

Du 21 juill. 1807.-C. d'appel de Rouen.

la nue propriété des immeubles (Req. 21 avr. 1850) (1); — 2° Que l'héritier, devenu cessionnaire de droits immobiliers d'autres héritiers dans la même succession, ne peut être écarté du partage sous prétexte que, d'après la coutume sous l'empire de laquelle la succession s'est ouverte, cet héritier n'avait droit qu'à la propriété de tout le mobilier et au simple usufruit des immeubles; que le légataire universel de cet héritier ne pourrait pas plus que lui être écarté du partage; — « Considérant que si Marie Langlois ne pouvait rien prétendre de son chef dans la propriété des biens qui lui ont été cédés, elle n'en était pas moins cohéritière dans la succession, puisqu'elle succédait à tout le mobilier et à l'usufruit de l'universalité des biens, et que par conséquent elle se trouvait placée dans l'exception que les lois romaines citées, l'ancienne jurisprudence et la loi régnante avaient introduite en faveur des cohéritiers cessionnaires; — Infirme » (Angers, 13 avr. 1820, aff. Renard C. Robereau).

1945. Le légataire ou donataire, soit universel, soit à titre universel de l'*usufruit* des biens du défunt, est-il soumis au retrait successoral pour la part héréditaire, dont il s'est rendu acquéreur? La question est fort controversée et a donné lieu à divers systèmes. — On a dit en faveur du retrait que l'usufruit même universel ou à titre universel n'établit aucune indivision entre l'usufruitier et les héritiers du propriétaire. L'usufruitier est donc étranger au partage à faire entre les héritiers, et l'art. 841 a pour but d'éloigner du partage tous ceux qui sans la cession n'auraient aucun titre pour y assister. La cour de cassation a, par ces motifs, admis le retrait contre l'usufruitier universel ou à titre universel des biens du défunt (Rej. 17 juill. 1845 (2); Cass. 24 nov. 1847, aff. Durand, D. P. 47. 4. 428). — Même décision contre l'époux donataire ou légataire de l'usufruit de tous les biens de son conjoint et qui s'est rendu cessionnaire d'une partie des droits des cohéritiers (Riom, 23 avr. 1818; Dijon, 8 juill. 1826) (3).

1946. Un autre système, moins absolu, permet le retrait contre l'usufruitier universel, mais non contre l'usufruitier à titre universel, parce que, dit-on, la division des biens du défunt n'intéresse que ce dernier, qui a droit de venir au partage pour faire déterminer l'assiette de son usufruit (Merlin, Rép. v° Droits

(1) 1re *Espèce* : — (Thillaye, etc. C. Thorel.) — LA COUR; — Sur le moyen, tiré de la contravention à l'art. 841 c. civ.; — Attendu que la disposition de cet article est exceptionnelle, et, évidemment, contraire au droit commun, en ce qu'elle tend à priver l'acquéreur de l'avantage d'un traité autorisé par la loi, pour en faire profiter, à son préjudice, un tiers qui n'y a pas été partie; — Que la loi a eu, uniquement, pour objet d'empêcher un étranger de pénétrer dans le secret d'une famille malgré elle; mais qu'on ne saurait être admis à user de cette faculté vis-à-vis de ceux qui, lors de l'ouverture de la succession, sont appelés, soit par la loi, soit par la volonté du défunt, à recueillir une quote-part des biens qu'il a laissés; que ceux-ci doivent être assimilés à l'héritier *ab intestat*, puisqu'ils ont, comme lui, le droit de prendre connaissance des actes et papiers de la famille, et de s'immiscer dans les opérations de liquidation et partage d'une succession à laquelle ils sont appelés comme lui, et dont ils doivent, comme lui, supporter les charges jusqu'à concurrence de leurs droits héréditaires; — Attendu que, dans l'espèce, la veuve Latouraille réunissait la double qualité de donataire en usufruit de l'universalité des immeubles de son mari, et en propriété, de la totalité de son mobilier; que, sous ce rapport, elle ne pouvait donc être passible de l'exercice du retrait successoral, ouvert par l'art. 841, aux cohéritiers contre les non-successibles, et qu'il doit en être de même à l'égard du sieur Thorel, défendeur éventuel qui la représente; — Rejette.

Du 21 avr. 1850.-Ch. req.-MM. Favard, pr.-Dunoyer, rap.-Laplagne, av. gén., c. conf.-Nicod, av.

2e *Espèce* : — (Morin C. Thorel.) — LA COUR; — Attendu que la veuve Latouraille, étant donataire en usufruit des immeubles, et en propriété de la totalité des meubles de son mari prédécédé, elle devait être considérée comme successible, et qu'il s'ensuit, nécessairement, que le retrait, établi par l'art. 841 c. civ. contre celui qui n'est pas successible, ne lui était pas applicable, et ne l'est pas davantage au sieur Thorel, son légataire universel qui la représente; — Rejette.

Du 21 avr. 1850.-Ch. req.-MM. Favard, pr.-Dunoyer, rap.-Laplagne, av. gén., c. conf.-Rochelle, av.

(2) *Espèce* : — (Veuve Jaccoud C. héritiers Jaccoud.) — 10 juin 1839, jugement du tribunal civil de Strasbourg qui accueille l'action en retrait : — « Attendu que le mot successible ne peut s'entendre que de celui qui a personnellement qualité et aptitude pour demander à recueillir la totalité ou une quote-part de l'hérédité; que la veuve défenderesse dans la cause, bien que, par institution contractuelle, elle ait le droit de jouir, sa vie durant, de la succession de son mari; que même, dans une circonstance donnée, mais qui n'existe pas, elle aurait pu recueillir la succession, n'est cependant pas son successible, le défunt n'ayant laissé pour ses héritiers et seuls successibles que ses frères et sœurs; que l'usufruitier viager de tout ou partie de la succession, n'a qu'un droit temporaire qui s'éteint avec la vie; que, ne jouissant pas à titre d'héritier, mais à un titre différent, il n'a pas le droit personnel d'entrer dans le partage; que, d'un autre côté, comme commune en biens, la veuve, aussitôt que les droits, à ce titre, sont réglés, devient étrangère à la succession dévolue aux seuls héritiers et n'a plus qualité pour s'y immiscer; que cette immixtion pourrait même avoir de graves inconvénients, faire naître des dissensions dans la famille et des troubles, soit que la veuve voulût provoquer un partage, tandis que les héritiers trouveraient plus avantageux de rester dans l'indivision, soit que, par ses exigences, elle y mit entraves, lorsque les héritiers tous majeurs, comme dans l'espèce, voudraient, par des raisons de famille, adopter une forme ou un mode de partage qui n'eût pas son approbation; — Attendu aussi que, si l'usufruitier universel ou à titre universel doit contribuer avec le propriétaire au payement des dettes, il ne le fait que de la manière prescrite par l'art. 612 c. civ., ce qui exclut l'idée d'une contribution comme héritier ou successible; l'usufruitier étant, dans cet article, opposé au propriétaire qui, dans l'espèce, n'est autre que l'héritier appelé par la loi; — Attendu qu'en supposant que l'un des héritiers du défunt eût cédé son droit dans la succession à un autre que la veuve, celle-ci certainement ne pourrait user du droit de retrait successoral, qui n'est accordé par l'art. 841 c. civ. qu'au cohéritier, c'est-à-dire à celui qui vient prendre une part dans la succession, comme successeur à titre universel; — Attendu enfin que l'usufruit appartenant à un tiers ne fait pas obstacle à ce que les propriétaires par indivis procèdent de suite, en se conformant à la loi, au partage de la nue propriété, et fassent entre eux telles conventions que bon leur semblera, pourvu qu'ils ne gênent point l'exercice des droits de l'usufruitier; — Attendu que, de tout ce que dessus, il résulte que l'esprit ou le but de la disposition de l'art. 841 c. civ. concourt avec son texte pour faire adjuger aux demanderesses leurs conclusions satisfactoires, d'ailleurs, pour la défenderesse, puisqu'elles lui assurent une juste et complète indemnité. » — Sur l'appel de la veuve Jaccoud, arrêt confirmatif de la cour royale de Colmar, du 27 fév. 1840, avec adoption de motifs. — Pourvoi. — Arrêt (ap. délib. en ch. du cons.).

LA COUR; — Attendu qu'aux termes de l'art. 841 c. civ., toute personne qui n'est pas successible du défunt et à laquelle un cohéritier aurait cédé son droit à la succession, peut être écartée du partage, soit par tous les cohéritiers, ou par un seul, en lui remboursant le prix de la cession; — Attendu que cet article n'a pas seulement pour but d'empêcher un étranger de s'immiscer dans le secret des familles, mais aussi de ne point forcer des héritiers à admettre comme copartageants ceux qui sans la cession, n'auraient aucun titre pour concourir au partage; — Attendu que l'usufruit même universel, ou à titre universel, n'établit aucune indivision entre l'usufruitier et les héritiers nu-propriétaires; — Que la dame Gerber, ayant droit à l'usufruit de la succession de son mari, est, en cette qualité, étrangère au partage à faire entre les héritiers de celui-ci, et qu'elle n'est point successible dans le sens de l'art. 841, c'est-à-dire cohéritière de ceux qui ont usé du bénéfice de cet article. — D'où il suit qu'en admettant, dans l'espèce, les défendeurs à exercer contre la dame Gerber le retrait successoral, l'arrêt attaqué, loin de violer l'art. 841 c. civ., en a fait une juste application; — Rejette, etc.

Du 17 juill. 1845.-Ch. civ.-MM. Portalis, 1er pr.-Fabvier, rap.-Hello, av. gén., c. contr.-Collinières et Martin, av.

(3) 1re *Espèce* : — (Perrier C. Gervoy.) — 19 juin 1817, jugement du tribunal civil de Moulin, ainsi conçu : — « Attendu que la qualité de donataire et celle de successible sont évidemment distinctes et séparées, quoique dans certains cas elles puissent se trouver jointes dans la personne du même individu; parce que le conjoint survivant n'a aucun droit à s'immiscer dans le partage de la succession qui peut se faire sans lui entre les héritiers du sang et de son vivant, malgré la donation universelle d'usufruit, en vertu de laquelle il n'a que la jouissance de la part de chaque cohéritier; que cela est si vrai en principe, que le légataire d'usufruit, même universel, n'en est pas moins tenu de demander la délivrance de son legs aux héritiers du sang (art. 1004), preuve évidente qu'il n'est pas successible. » — Appel. — Arrêt.

LA COUR; — Adoptant les motifs des premiers juges, confirme.

Du 23 avr. 1818.-C. de Riom.-M. Deval de Guymont, pr.

2e *Espèce* : — (Perrinot C. Perrinot). — LA COUR; — Considérant que l'usufruitier, à titre universel, n'ayant pas une quote-part des biens de la succession, ainsi que cela résulte de la combinaison des art. 1010 et autres sur l'usufruit dans le code civil, de l'opinion de Merlin, en son Répertoire de jurisprudence, et de celle de Proudhon, en son Traité de l'usufruit, ne peut être rangé dans la classe des successibles dont parle l'art. 841; — Que, d'ailleurs, cet article n'établit pas le retrait successoral au profit de simples communiers indivis.

Du 8 juill. 1826.-C. de Dijon.-M. de Bretennière, pr.

successifs, nº 13 ; Delvincourt, t. 2, p. 137; Poujol, t. 2, p. 100).

1947. D'autres, enfin, se prononcent contre le retrait d'une manière générale, sans distinguer si l'usufruitier est universel ou à titre universel (MM. Vazeille, nº 15; Conflans, nº 11; Dutruc, nº 478). Cette interprétation nous paraît plus conforme à l'esprit de l'art. 841. On a voulu écarter du partage, non pas, comme dit la cour de cassation, toute personne qui sans la cession n'aurait pas eu à l'égard des héritiers le droit d'y prendre part, mais ceux-là seulement qui, tout à fait étrangers à la succession, ne viendraient que par esprit de spéculation ou par curiosité s'immiscer indiscrètement dans les affaires de la famille, et entraver les arrangements entre les cohéritiers. Or, ces considérations ne s'appliquent point à un légataire ou donataire, soit de l'universalité, soit d'une quotité de l'usufruit des biens héréditaires. Les motifs de cette opinion sont parfaitement déduits dans un arrêt de la cour de Nîmes du 30 mars 1830 (1).

1948. Il a été jugé pareillement : 1º que la veuve, légataire universel en usufruit des biens de son mari, et qui s'est fait céder les droits successifs de plusieurs des héritiers, n'est pas soumise au retrait successoral (Paris, 2 août 1821) (2); — 2º Que même le légataire universel ou à titre universel en usufruit a qualité pour exercer le retrait : — « Considérant que le légataire universel ou à titre universel de l'usufruit comme celui de la nue propriété, est appelé à recueillir une quote-part de l'hérédité dont il doit, comme lui, supporter les dettes et les charges; que le légataire de l'usufruit est, comme celui de la nue propriété, qualifié par la loi de légataire universel ou à titre universel (art. 610 et 612 c. nap.); qu'enfin, étant comme lui au rang des successibles, il doit en exercer tous les droits et actions; confirme » (Bourges, 4 mars 1843, M. Dubois, pr., aff. Lamy *C.* Germinet); — 3º Que, avant le code Napoléon, les lois *Per diversas et ab Anastasio* ne s'appliquaient pas à l'époux survivant, légataire universel des biens de l'époux; qu'en conséquence il ne pouvait être écarté du partage pour les biens par lui acquis depuis de l'un des nu-propriétaires : — « Attendu que, dans l'espèce, la cession dont il s'agit était hors du cas et du motif des lois *Per diversas et ab Anastasio;* et que la décision du tribunal d'appel est entièrement puisée dans les circonstances et les faits; rejette » (Req. 26 niv. an 12, MM. Target, pr., Genevois, rap., aff. Chausard *C.* Marqueyssac).

1949. Toutefois, il a été décidé que le donataire, même universel, de l'usufruit des biens d'une personne décédée, n'étant pas le successible de celle-ci, dans le sens de l'art. 841 c. nap., le retrait successoral ne peut être exercé contre le cessionnaire de son droit d'usufruit (Dijon, 17 fév. 1854, aff. Davault, D. P. 54. 5. 663).

1950. Ce que nous décidons à l'égard de l'*usufruitier* lui-même ne s'appliquerait pas à ses *héritiers*. Ainsi, dans un cas où le mari, légataire des meubles et de l'usufruit des immeubles de sa femme décédée, était devenu cessionnaire d'une part héréditaire dans la nue propriété des immeubles, il a été jugé avec raison que le retrait successoral peut être exercé contre les héritiers du mari, qui, l'usufruit s'étant éteint par son décès, sont entièrement étrangers à la succession (Caen, 17 fév. 1815) (3).

1951. Le retrait successoral peut-il être exercé contre l'époux *commun en biens* qui s'est fait céder les droits successifs de l'un des héritiers de son conjoint? — Oui, a-t-on jugé : « Attendu qu'aussitôt que la part de cet époux dans la communauté a été réglée, il devient étranger à la succession de l'autre époux dévolue aux seuls héritiers (Bordeaux, 28 juin 1844, aff. Dereux-Desgraviers, D. P. 45. 2. 123; Cass. 24 nov. 1847, aff. Durand, D. P. 47. 4. 428). — Mais on a objecté avec raison que le partage de la communauté a initié l'époux cessionnaire aux affaires de la succession, et que la situation est la même que dans le cas où les droits successifs ont été acquis par un héritier n'appartenant pas à la même ligne que le cohéritier vendeur (M. Dutruc, nº 479). Il en est ainsi surtout lorsque la succession, ce qui arrive souvent, n'a pas de biens propres au conjoint décédé, mais ne se compose que d'acquêts ou biens communs.

1952. Le mari cessionnaire des droits de l'un des cohéritiers de la femme, et qui, en sa qualité d'administrateur des biens

---

(1) *Espèce* : — (Meyssonnier *C.* Canson.) — 25 juillet 1827, jugement du tribunal de Privas, ainsi conçu :—« Considérant que l'art. 841 c. civ. n'autorise l'action en subrogation que contre celui qui n'est pas successible ; qu'il fallait donc se fixer sur l'acceptation de ce mot, pour apprécier le mérite des prétentions de la veuve Canson ; que, par l'expression successible, on doit, naturellement, entendre la personne qui est appelée à une succession ; qu'il importe peu qu'elle y soit appelée par la volonté de la loi, ou par la volonté de l'homme, car celle-ci est aussi respectable que l'autre, et prévaudrait, même, sur celle de la loi, qui n'est, elle-même, que la vocation présumée de l'homme, quand il n'a pas manifesté sa volonté ; que la succession étant la manière dont les titres, les droits, les dettes et charges des personnes qui meurent, passent à d'autres, qui entrent à leur place, il est évident que ces biens, ces dettes et charges, passent à l'usufruitier universel, comme au légataire en la nue propriété, puisque tous les deux sont obligés d'acquitter ces dettes et charges, et succèdent, ainsi, aux obligations du défunt; qu'il n'y a que le légataire à titre particulier, par opposition au légataire universel, ou à titre universel, soit en la propriété, soit en usufruit seulement, qui est dispensé du support des charges et du payement des dettes, et qui ne peut, par conséquent, être réputé successible, parce qu'il prend un objet certain, une chose déterminée, qui fait une partie de la succession, mais qui ne saurait la constituer, puisque cet objet se prélève franc des dettes et charges, et qu'ainsi le légataire ne représente pas le défunt; qu'au texte précis de la loi se joint aussi son esprit, manifesté par la doctrine de tous les auteurs; que le but du législateur a été d'empêcher les étrangers, c'est-à-dire, les non-successibles, car la parenté ne suffit pas pour être appelé à une succession, de s'immiscer dans le secret des familles, d'en connaître les papiers, les documents, les affaires, et d'y porter le trouble et les dissensions ; que, dans l'espèce, rien n'était à craindre de semblable de la part de la veuve Chevalier, qui, en sa qualité d'héritière universelle de l'usufruit, devait, forcément, être appelée à connaître tout l'actif de la succession, pour le posséder, et en supporter les charges annuelles, comme aussi à apprécier le passif, afin qu'on n'en grossît pas l'état, qu'on ne simulât pas des dettes, à l'acquittement desquelles elle devait concourir, d'après l'art. 612 c. civ. ; qu'ainsi, ayant, incontestablement, qualité par son titre et par la volonté expresse du défunt, de s'immiscer dans toutes les affaires de la succession, il serait dérisoire et arbitraire d'admettre contre elle le retrait successoral, qui serait sans but plausible, sans motif raisonnable, et contraire à l'intention de feu Michel Chevalier, dont le testament est le titre commun des parties; que l'obligation imposée à l'héritier universel des fruits, de demander la délivrance de son legs, ne saurait le faire considérer comme non successible, puisque cette obligation est également imposée au légataire universel en la pleine propriété, s'il se trouve en concours avec un héritier à réserve, et qu'il serait, cependant, absurde de n'attribuer qu'à ce dernier la qualité de successible, d'autant que le légataire universel n'est tenu de demander la délivrance qu'autant qu'il existe des héritiers à réserve, et sans doute, par égard pour des héritiers de cette qualité personnellement, puisque, s'il n'en existe pas, le légataire universel est bien saisi de plein droit, et est bien, ainsi, successible, dans toute la rigueur de l'expression (art. 1006 c. civ.). » — Appel. — Arrêt.

LA COUR; — Adoptant les motifs des premiers juges, confirme.

Du 30 mars 1830.-C. de Nîmes.-M. Fajon, pr.

(2) (Savoie *C.* Morlot.) — LA COUR ; — Attendu qu'en vain oppose-t-on que le légataire en usufruit, son lot étant fait par le testateur, n'a rien à démêler avec l'héritier réduit à la nue propriété ; qu'on aperçoit, au contraire, qu'il peut naître entre eux de nombreuses difficultés : 1º quant à l'actif ou à l'exercice des droits d'usufruit, qui, s'appliquant individuellement au même objet que la nue propriété, donne lieu, malgré la division des droits de la part du propriétaire, à une surveillance, à une sollicitude légitime, et, s'il est processif, à des tracasseries continuelles; 2º quant au passif ou aux dettes et charges qui sont communes entre le propriétaire et l'usufruitier, et peuvent devenir une autre source abondante de querelles ; qu'en un mot, loin qu'en ce cas la possibilité de faire cesser l'indivis ou le mélange d'intérêts, par l'acquisition des parts des coïntéressés, puisse être refusée faute de motif, il n'y en a peut-être aucun où elle soit plus désirable et plus nécessaire ; qu'enfin il s'agit d'exécuter la loi strictement, à la lettre, sans y rien ajouter, mais aussi sans y rien retrancher ; que le légataire universel en usufruit est, dans toute la force du mot, un successible; qu'il faut donc lui en accorder tous les droits ; — Confirme.

Du 2 août 1821.-C. de Paris, 2e ch.

(3) (Fouet *C.* Duhamel.) — LA COUR ; — Considérant qu'il reste constant que l'objet à partager était la nue propriété des biens de la femme Lecointe, dont le mari avait joui par usufruit ; — Que le testament fait au profit de Lecointe a eu son effet, et que Lecointe a recueilli les meubles et acquêts, et exercé, pendant sa vie, l'usufruit qui lui était légué sur les immeubles ; — Que Lecointe et ses héritiers sont absolument étrangers au partage de la nue propriété des immeubles ; qu'ils ne sont point successibles ; — Que le droit que Lecointe avait reçu par le testament ayant eu son effet et s'étant éteint à sa mort, on ne peut plus invoquer le testament pour le faire entrer parmi les successibles que la femme pouvait se donner ; — Vu l'art. 841... ; — Infirme.

Du 17 fév. 1815.-C. de Caen.

de celle-ci, a le droit d'assister au partage, est-il à l'abri du retrait successoral? Oui, selon un arrêt (Grenoble, 7 avr. 1840) (1). — Mais nous préférons l'opinion contraire, consacrée par d'autres arrêts (Pau, 10 juin 1830 (2); Req. 25 juill. 1844, aff. Montviol, v° Contrat de mar., n° 837; Riom, 9 mars 1846, aff. Andraud, D. P. 46. 2. 121; Agen, 8 avr. 1845, aff. Lafaurie, D. P. 45. 2. 123; Toulouse, 31 déc. 1852, aff. Gayral, D. P. 54. 2. 226). — La loi, en parlant de successible, a entendu désigner les individus ayant un droit d'immixtion permanente *jure proprio*, et non des individus qui ne viendraient au partage que comme mandataires et en vertu d'un titre que le décès des représentés peut faire cesser d'un instant à l'autre (Conf. M. Dutruc, n° 480).

1953. Il a été jugé que le mari dans le même cas est soumis au retrait successoral exercé par la femme elle-même; que le concours du mari cessionnaire, avec sa femme, à la vente d'un immeuble de la succession pour en payer les dettes, ne doit pas faire présumer la renonciation de celle-ci à l'exercice du retrait, s'il ne résulte pas nécessairement de cet acte l'initiation du cessionnaire à la connaissance des affaires les plus secrètes de la famille; alors surtout que le mari ne figurait pas à la vente comme cessionnaire seulement, mais comme mari pour autoriser sa femme (Toulouse, 31 déc. 1852, aff. Gayral, D. P. 54. 2. 226).

1954. Lorsque deux successions sont respectivement indivises et qu'elles doivent être l'objet d'un même partage, on ne peut point regarder comme étrangers ceux qui sont appelés à l'une ou à l'autre, puisque le partage doit se faire avec tous les appelés. La cession doit donc être maintenue, quoique consentie à l'un des copartageants qui n'est pas cohéritier du cédant (Merlin, Rép., v° Droit successoral, n° 9 *bis*; Delaporte, Pandect. françaises, t. 3, p. 278; MM. Vazeille, n° 6; Dutruc, n° 481; Cass. 14 mars 1810) (3).

1955. On a jugé aussi avec raison qu'il suffit qu'un tiers ait droit de s'immiscer dans une succession à certain titre, tel que celui de cessionnaire des droits successifs de l'un des cohéritiers, pour qu'en cas de cession nouvelle à lui consentie par un autre cohéritier, il ne soit pas passible, pour cette seconde cession, du retrait successoral. Il en est ainsi surtout, lorsqu'en vertu de la première cession, il a concouru aux premières opérations du partage (Toulouse, 22 fév. 1840, aff. Rivière, V. n° 1884).

1956. Le successible que le défunt a exclu de sa succession par testament, peut-il, pour les droits qu'il a acquis de l'un des héritiers institués, être écarté du partage par les autres héritiers? Non, a-t-on dit, parce qu'il suffit, pour avoir la qualité de successible, qu'il eût dû succéder s'il n'avait pas été exclu par le testament. (Delvincourt, *loc. cit.*; Toullier, n° 441; Lyon, 17 juin, 1825, aff. Champavère, V. n° 1909). Mais cette interprétation nous paraît contraire à la pensée de l'art. 841, qui, par le mot *successible* a entendu sans doute désigner non pas celui qui aurait pu succéder, s'il n'avait été exclu, mais celui qui a succédé réellement et qui à ce titre a le droit de concourir aux opérations du partage (Conf. MM. Vazeille, n° 9; Dutruc, n° 482).

1957. Le cessionnaire successible, mais qui a renoncé à la succession avant ou depuis la vente, est-il soumis au retrait? Non, a-t-on dit, parce qu'il a la qualité de successible, et qu'il n'y a pas à craindre que des parents portent dans les affaires de la succession le même esprit de chicane et d'intérêt que des étrangers. On a ajouté qu'avant de renoncer, l'héritier s'était probablement enquis de l'état de la succession, en avait scruté tous les éléments; la loi lui accordait même un assez long délai pour cet examen; le retrait n'aurait donc plus ici son objet, qui est d'empêcher l'immixtion du cessionnaire dans les affaires domestiques. —Mais on a répondu avec raison que par l'effet de la renonciation, le cessionnaire est censé n'avoir jamais été héritier; que la loi n'a point égard à la seule qualité de parent; et que tant qu'il n'y a pas eu de partage, on n'est pas censé avoir une connaissance complète des affaires de la succession; que dans le cas particulier, le cessionnaire n'en avait pas fait probablement une appréciation exacte, puisque c'est après avoir abdiqué ses droits qu'il se fait céder, ceux de l'un de ses cohéritiers (Conf. Chabot, n° 5; MM. Vazeille, n° 7; Marcadé, n° 2; Dutruc, n° 483). On a vu pareillement *suprà*, n° 1885, que l'héritier en renonçant perd le droit d'exercer le retrait.—Jugé cependant que le retrait ne peut s'exercer à l'égard d'un successible qui, après avoir abandonné ses propres droits à l'un des héritiers, et même avoir renoncé à la succession, a ensuite acquis les droits successifs d'un autre héritier (C. nap., 841, Amiens, 11 janv. 1839) (4). Mais

(1) (Luc Giroud C. Comte.) — LA COUR; — Considérant que ni les motifs ni les dispositions de l'art. 841 c. civ., d'après lequel toute personne, même parente du défunt, à laquelle un cohéritier aurait cédé son droit à la succession, peut être écartée du partage en lui remboursant le prix de la cession, ne peuvent être opposés à Luc Giroud; — Considérant, en effet, que le principal motif de cet article, qui a été de cacher les secrets des familles aux personnes qui ne doivent point être appelées au partage, n'est pas applicable à Luc Giroud, qui doit figurer au partage de la succession d'Agathe Trolliet, en qualité de mari de Jeanne Vettard; — Considérant que les dispositions de cet article ne lui sont pas mieux opposables, soit parce que le mot *successible* dont se sert le législateur ne doit pas, en ce cas, être pris d'une manière trop exclusive, et qu'il faut l'appliquer, ainsi que l'a fait la jurisprudence, à tous ceux qui prennent une quotité quelconque des biens de la succession à titre universel, tant comme héritiers que comme donataires, légataires, et même comme enfants naturels, quoique, d'après la loi, ces derniers ne soient ni héritiers ni successibles proprement dits; — Considérant que Luc Giroud doit être considéré comme successible dans le sens de l'art. 841, non-seulement à raison de sa qualité d'usufruitier des biens échus à sa femme, mais encore parce qu'il est réellement successible comme copropriétaire de la communauté dans laquelle sont tombés l'usufruit de tous les droits cohéréditaires de sa femme, ainsi que la propriété de la portion mobilière de ces mêmes droits.

Du 7 avr. 1840.—C. de Grenoble, 1re ch.—M. Barennes, pr.

(2) (Fitte C. hérit. Saint-Hilaire.) — LA COUR; — Attendu que, lorsque le texte de la loi est clair et précis, les juges doivent l'appliquer littéralement, et qu'ils ne peuvent, par des considérations puisées dans ses motifs, admettre des distinctions et des exceptions qu'elle n'a pas établies; que l'art. 841 c. civ. veut formellement que toute personne, même parente du défunt, qui n'est pas son successible, à laquelle un cohéritier aurait cédé son droit à la succession, puisse être écartée du partage, soit par tous les cohéritiers, soit par un seul, en lui remboursant le prix de la cession; que Saint-Hilaire n'étant pas appelé à la succession de Jeanne Salles, sa belle-mère, les mariés Fitte avaient, d'après cet article, le droit de l'exclure du partage, en se faisant subroger à la cession que lui ont faite certains de leurs cohéritiers; qu'en leur refusant l'exercice de ce droit, parce que le mari de l'une des parties prenantes, devant, à ce titre, assister au partage, les motifs qui ont dicté l'article précité ne sauraient s'appliquer à lui, le tribunal de Tarbes a méconnu les principes qui régissent l'entente et l'application des lois, et commis un excès de pouvoir; qu'ainsi, sa décision à cet égard doit encore être réformée; — Emendant.

Du 10 juin 1830.—C. de Pau, ch. corr.—M. de Charritte, pr.

(3) (Hérit. Tassy.) — LA COUR (apr. délib. en ch. du cons.); — Vu les lois *per diversas* et *ab Anastasio*, C. tit. *Mandati vel contrà*, qui exceptent de l'exercice du droit de subrogation les cessions faites à des cohéritiers; l'art. 841 c. nap., qui prononce la même exception en faveur du successible du défunt, cessionnaire d'un droit héréditaire; l'art. 1699, relatif aux cessionnaires de droits litigieux qui peuvent être évincés par celui contre lequel ce droit est cédé, en remboursant le prix, frais et loyaux-coûts de la cession, et l'art. 1700, qui, même dans ce cas, fait exception lorsque la cession est au profit d'un cohéritier ou d'un copropriétaire; — Attendu qu'il résulte clairement de la généalogie des parties et des qualités des demanderesses que, comme filles du second lit de Guillaume Tassy, deuxième du nom, elles ont un droit de légitime sur ses biens; que cela n'est pas contesté; que, par conséquent, elles se trouvent, à raison de l'exercice de ce droit en corps héréditaires, être copropriétaires desdits biens avec le défendeur; — Qu'elles se trouvent également successibles de Marguerite Juery, comme filles, et représentant ledit sieur Guillaume deuxième, leur père, qui était donataire seulement des biens présents de la dame Juery, sa mère, leur aïeule; — Qu'il suit de là que l'arrêt attaqué, en accordant l'éviction des droits cédés aux demanderesses, sous le prétexte qu'elles étaient étrangères à la succession Juery, a fait une fausse application de l'art. 841 c. nap., dont la disposition se trouve même violée, ainsi que l'esprit des lois *per diversas* et *ab Anastasio*, et de l'art. 1701 c. nap., quant aux exceptions que ces lois prononcent en faveur du cessionnaire cohéritier ou copropriétaire; — Casse, etc.

Du 14 mars 1810.—C. C., ch. civ.—MM. Liborel, pr.—Rousseau, rap.—Lecoutour, av. gén., c. conf.—Cellier et Montplaqua, av.

(4) *Espèce*: — (Desemery C. Maunier.) — Jugement qui, « considérant que le sieur Antoine Maunier-Chapelle et la dame Roussel sont les successibles de leur père, François Maunier-Chapelle, qui, à son décès, a laissé pour héritiers la dame veuve Maunier-Chapelle, sa mère, ledit Antoine Maunier Chapelle et la dame Roussel, ses frère et sœur, ces derniers ayant, à raison de leur degré de parenté, l'aptitude et le droit

il est à remarquer que, dans l'espèce, la renonciation n'était point la qualité d'héritier, le renonçant ayant disposé antérieurement de ses droits dans la succession.

1958. Le cessionnaire ne serait pas à l'abri du retrait successoral, par cela qu'il aurait renoncé à la succession pour s'en tenir au don ou legs que lui aurait fait le défunt d'un objet particulier; car une telle libéralité ne l'autoriserait pas à concourir au partage. Mais il en serait autrement si le don ou legs était d'une quote-part, puisqu'il aurait alors qualité pour prendre part à la fixation du passif et à la formation des lots.—Conf. Chabot, n° 7; Poujol, t. 2, p. 405; MM. Vazeille, Marcadé et Dutruc, *loc. cit.*; Belost-Jolimont sur Chabot, obs. 2. V. aussi *suprà*, n° 1918.

1959. Néanmoins, il n'y a pas lieu au retrait contre le cohéritier qui, ayant d'abord cédé tous ses droits à un tiers étranger, est rentré plus tard dans tous ses droits, en vertu d'un acte de rétrocession antérieur à la demande en retrait (Orléans, 29 fév. 1852) (1).— Conf. M. Dutruc, n° 481.

1960. Suffirait-il pour échapper au retrait successoral que le cessionnaire, sans être un successible, se trouvât précisément être celui qui viendrait à la succession à défaut du vendeur? L'art. 841 permet d'écarter du partage « toute personne, même parente du défunt, qui n'est pas successible. » Le législateur n'a donc pas tenu compte de la seule parenté. D'ailleurs la bienveillance se conçoit surtout entre parents qui sont appelés à la succession au même titre; mais si l'un a payé le droit d'être admis au partage, il sera disposé à moins de désintéressement; il se montrera plus sévère sur la composition et la distribution des lots, déterminé peut-être dans son achat par le désir d'avoir tel ou tel objet particulier de la succession (Toullier, t. 4, n° 427; MM. Vazeille, art. 841, n° 8; Dutruc, n° 483.—*Contrà*, Delvincourt, *ibid.*).

1961. L'action en retrait successoral ne peut être exercée contre le parent, non successible à l'époque de la cession, mais qui est devenu successible avant le partage et la demande en retrait : « Considérant que Joseph Budillon et consorts ne peuvent obtenir d'être subrogés à la cession du 28 août 1812, parce que si Louvat-Canada n'était pas successible à cette époque, il le devint bientôt après, et, avant le partage, par la mort de Louise Budillon sa mère; confirme » (Grenoble, 6 juin 1826, 1re ch., M. de Noaille, pr., aff. Budillon *C.* Louvat-Canada).

1962. L'enfant naturel auquel d'autres héritiers auraient vendu leurs droits dans la succession de son père, serait à l'abri du retrait successoral. Sa qualité d'enfant naturel l'appelle au partage, indépendamment de la vente; et elle l'y appelle à titre universel.—V. d'ailleurs *suprà*, n° 1879.

§ 4. — *Conditions, délais et effets du retrait successoral.*

1963. *Remboursement du prix.* — L'art. 841 permet d'écarter du partage le cessionnaire des droits héréditaires en lui remboursant le prix de la cession.

1964. Outre le prix, les cohéritiers sont redevables des *intérêts* si le cessionnaire ne les a pas compensés par des *fruits* perçus, et, en outre, de tous les *frais* et loyaux coûts du contrat; en un mot, le cessionnaire doit être rendu indemne. L'art. 1699 le décide ainsi à l'égard de l'acquéreur de *droits litigieux* qui, sans doute, ne mérite pas plus de faveur que l'acquéreur de droits successifs (Chabot, n° 21; Toullier, n° 450; MM. Vazeille, n° 29, Duranton, n° 202; Poujol, n° 9?; Marcadé, n° 4; Dutruc, n° 514).

1965. Il a été jugé d'ailleurs, avec raison, qu'il n'est rien dû au cessionnaire pour *honoraires* des soins qu'il a pu donner à l'affaire : — « Attendu que le principe incontestable de rembourser, outre le prix de la cession, les frais légitimement faits, est sans application à des frais et honoraires purement relatifs au cessionnaire; — Rejette » (Req. 1er juill. 1835, MM. Borel de Bretizel, f. f. de pr., Mestadier, rap., Viger, av. gén., aff. Rignon *C.* Carouget).

1966. Lorsque la vente de droits successifs a pour objet la nue propriété des biens héréditaires, et qu'après le décès de l'usufruitier les cohéritiers du vendeur ont continué de posséder ces biens, le vendeur doit être remboursé, en cas de retrait successoral, des intérêts du prix principal échus non-seulement depuis le décès de l'usufruitier, mais depuis la notification de la vente (Paris, 11 janv. 1809) (2).

1967. Des difficultés peuvent s'élever sur la sincérité du prix allégué par les parties ou énoncé dans l'acte. Si les cohéritiers soupçonnent la *simulation*, ils peuvent déférer le serment au cessionnaire (c. nap. 1360. — Conf. Delaporte, Pand. franç., t. 3, p. 280; Delvincourt, t. 2, p. 347, n° 3; Chabot, t. 3, p. 198; MM. Duranton, t. 7, n° 195; Vazeille, art. 841, n° 30; Marcadé, n° 4; Dutruc, n° 515) : — « Attendu que priver le communiste du droit de faire préalablement expliquer le cessionnaire sur la sincérité du prix, ce serait l'obliger d'avance à un remboursement qui lui serait plus onéreux que profitable; ce serait, en un mot, faire tourner à son préjudice un bénéfice introduit par la loi en sa faveur » (Grenoble, 11 juill. 1806, aff. Gazague *C.* Renaud).— « Considérant que le droit d'exercer le retrait successoral, accordé par la loi aux héritiers, renferme implicitement celui d'obliger l'étranger cessionnaire d'affirmer la sincérité du prix; que, d'ailleurs, le serment décisoire peut être accordé dans quelque espèce de contestations que ce soit » (Aix, 5 déc. 1809, aff. Mallet *C.* Guizot).

---

de succéder à leur frère, s'il n'y avait pas eu de dispositions contraires faites par lui; — Considérant que la dame Desemery a elle-même reconnu dans le sieur Antoine Maunier et la dame Roussel cette qualité de successibles, en traitant avec eux, comme héritiers de leur père, en déc. 1857, en les poursuivant comme tels, et en obtenant contre eux, en janvier dernier, le jugement qu'ils attaquent aujourd'hui; — Considérant que le sieur Antoine Maunier et la dame Roussel ont pu et dû nécessairement, pour arriver tant à la cession des droits par eux faite qu'à la délivrance des legs, et même à la renonciation, prendre connaissance des forces de la succession, droit d'ailleurs que leur donnait leur qualité de successibles; que, par suite, et à leur égard, le but principal que s'est proposé le législateur ne pourrait être atteint, en les écartant aujourd'hui; — Considérant que, si le sieur Antoine Maunier et la dame Roussel ont, le 14 déc. dernier, renoncé, par acte au greffe de ce tribunal, à la succession de leur frère; cette renonciation, faite après avoir pris expressément qualité, en cédant antérieurement à la dame Desemery, qui ne le méconnaît pas, leurs droits dans la succession de leur frère, et en consentant l'exécution du testament de leur frère, et la délivrance des legs y contenus, renonciation qu'ils ont d'ailleurs révoquée depuis, n'a pu leur faire perdre leur qualité de successibles, ainsi que l'a reconnu la demanderesse elle-même, puisque, sans égard à cette renonciation, elle les a poursuivis depuis comme héritiers de leur frère. » — Appel. — Arrêt.

La cour; — Considérant que la cession de droits successifs qui donne lieu à une demande en partage et à une liquidation, ne constitue point une cession de droits litigieux, quelles que soient les contestations qui peuvent s'élever par suite de la liquidation; — Qu'ainsi, l'appelante ne peut se prévaloir des dispositions de l'art. 1099 c. civ.; — Adoptant au surplus les motifs des premiers juges, confirme.

Du 11 janv. 1859.-C. d'Amiens.-M. Boullet, 1er pr.

(1) (Chevalier *C.* Nottin.)—La cour;—Attendu que l'art. 841 c. civ. ne confère pas à l'héritier un droit actuel et positif, mais seulement l'expectative de l'exercice de ce droit, en usant de la faculté qu'il accorde; — Que Louis Chevalier et autres n'ont fait usage de cette faculté que postérieurement à l'acte de rétrocession consenti par Liger et consorts, c'est-à-dire lorsque ces derniers n'étaient plus les ayants droit à l'hérédité, en sorte que cette action tardive n'a pu les atteindre dans le but proposé; — Attendu que le retrait successoral admis dans notre législation n'a d'autre but que de maintenir l'harmonie dans les familles, en leur conférant le moyen d'éloigner des étrangers qui pourraient y apporter le trouble, et que ce motif ne peut être opposé à Charles Nottin et autres qui, originairement habiles à succéder dans la ligne paternelle, ont pleinement recouvré leurs droits par l'acte de rétrocession faite à leur profit...—Sans s'arrêter ni avoir égard aux conclusions subsidiaires de Louis Chevalier et autres, dans lesquelles ils sont déclarés non recevables, met l'appellation au néant, etc.

Du 29 fév. 1852.-C. d'Orléans.-M. Marchant de Verrières, pr

(2) (Voyenne *C.* Huau.) — La cour; — Considérant 1° qu'il résulte de la lettre et de l'esprit de l'art. 841 c. civ., que le cessionnaire d'une portion d'hérédité indivise, contre lequel la subrogation est demandée, doit être renvoyé indemne; 2° que, dans l'espèce, Huau, cessionnaire, ne serait pas renvoyé indemne par le remboursement du prix principal de la cession et le payement des intérêts, à compter seulement du jour du décès de l'usufruitière de la succession dont il s'agit; 3° que c'est au cohéritier à payer au cessionnaire la totalité des intérêts qui lui sont dus, puisque c'est la mère commune qui a perçu les fruits représentatifs des intérêts; — Emendant.

Du 11 janv. 1809.-C. d'appel de Paris.

1968. Toutefois, le *serment* ne pourrait être déféré au cédant : — « Considérant que Gazagne n'ayant aucune action à exercer envers les mariés Gibord, cédants, il ne peut exiger d'eux le serment décisoire sur la sincérité d'un acte qui fait pleine foi entre ceux-ci et Giraud et Renaud, leurs cessionnaires ; que ce serait attenter à la foi due à cet acte que d'exposer les cédants et les cessionnaires à se mettre en opposition entre eux (même arrêt de Grenoble. — Conf. Chabot, MM. Duranton, Vazeille, Dutruc, *loc. cit.*).

1969. La preuve par témoins serait elle-même proposable, en ce qu'il n'a pas dépendu des cohéritiers d'avoir du fait contesté une preuve écrite (mêmes auteurs ; Req. 9 mai 1811, MM. Henrion, pr., Vallée, rap., aff. Bizet *C.* Demellors).

1970. Il a été jugé en général que la simulation du prix peut être prouvée soit par des présomptions, soit par des titres et par témoins : — « Attendu que, sans la faculté de prouver par tous les moyens possibles, la fausseté du prix porté dans l'acte de cession, le droit accordé par l'art. 841 c. nap. serait complétement illusoire ; qu'en priver le cohéritier ce serait faire tourner contre lui un droit introduit en sa faveur, puisqu'il deviendrait clause de style de grossir outre mesure le prix d'une cession de droits successifs pour s'opposer au retrait ou le rendre frauduleusement onéreux ; que cette doctrine, conforme à l'esprit de la loi, est d'ailleurs confirmée par le texte des art. 1353 et 1348 c. nap. ; confirme » (Paris, 14 fév. 1834, aff. Rignon *C.* Carouget).

1971. Cela a été jugé ainsi dans le cas de cession faite sous seing privé (Nîmes, 4 déc. 1825, aff. Journet *C.* Bachelas). — Mais la décision devrait être de même, bien que la cession eût eu lieu par *acte public* (Grenoble, 11 juill. 1806, aff. Gazagne *C.* Renaud).

1972. Lorsque le demandeur en retrait prouve que le prix porté à l'acte de cession est simulé, mais qu'il ne peut déterminer exactement le montant de la somme réellement payée, c'est au juge qu'il appartient d'apprécier, suivant ses lumières et sa conscience, la somme que celui, qui a voulu frauder, a pu et dû donner suivant les circonstances où les parties se trouvent placées (Req. 1er juill. 1835) (1).

1973. Le jugement qui ayant eu à statuer à la fois et sur la simulation d'un prix de vente et sur la détermination véritable de ce prix, se borne, après avoir donné des motifs sur la simulation, à dire, quant à la détermination, que *tout démontre que le prix réel* a été d'une somme qu'il détermine, est suffisamment motivé, quant à ce chef, les motifs donnés sur la simulation devant nécessairement se référer à la détermination du prix (L. 20 avr. 1810, art. 7 ; Req. 15 janv. 1840) (2).

1974. Si le cessionnaire de droits successifs ou litigieux qui a rétrocédé ces droits à un tiers moyennant un prix plus élevé, n'est parvenu à réaliser le bénéfice de cette seconde cession qu'en s'abstenant de faire notifier la première à ceux qui auraient eu le droit d'exercer immédiatement le retrait autorisé par les art. 841 et 1699 c. nap., et en se rendant ainsi coupable d'une dissimulation frauduleuse, le retrait demandé plus tard, sur la notification faite par le second cessionnaire, peut valablement être admis moyennant le remboursement, non du prix de la deuxième cession, mais du prix de la première seulement (en soumettant le premier cessionnaire à garantir le second de la différence), sans qu'une telle décision, basée sur l'existence de la fraude, puisse être critiquée comme contraire au vœu notamment de l'art. 1699 : — « Attendu, en droit, que la fraude fait exception à toutes les règles et que l'arrêt attaqué (de la cour de Rennes) a décidé, en fait, que c'était par une dissimulation frauduleuse que le demandeur en cassation était parvenu à porter à 20,000 fr. le prix de la cession des droits dont il s'agit, prix qui, dans l'origine, n'avait été que de 9,000 fr. ; rejette » (Req. 15 janv. 1840, MM. Lasagni, pr., Joubert, rap., aff. Rougeard *C.* Dunoday).

1975. Dans le même cas, les retrayants peuvent n'être tenus des intérêts du prix à rembourser qu'à partir de la notification à eux faite, sans que l'arrêt qui statue ainsi, sur le motif que, de son côté, le cessionnaire ne devra rendre compte des fruits produits par les objets cédés qu'à compter de la même époque, donne ouverture à cassation (c. nap. 1699) : — « Attendu que l'arrêt attaqué, ne faisant courir la restitution de fruits que de la notification des cessions, il était juste que, par une espèce de compensation, il ne fît courir les intérêts du prix que de la même époque ; rejette » (même arrêt).

1976. Pour obtenir le remboursement des sommes qu'il a payées comme prix de la cession, le cessionnaire n'a pas seulement à prouver les payements. S'il est établi que des sommes payées ont profité à un tiers qui n'avait point droit de les réclamer, elles ne doivent pas être remboursées par l'héritier. En d'autres termes, la discussion des payements est permise (Douai, 30 juill. 1834) (3).

1977. La demande formée contre le cessionnaire doit-elle être précédée ou accompagnée d'*offres réelles?* Les lois *per diversas* et *ab Anastasio* ne l'exigeaient pas. Il n'en est pas fait mention non plus dans les art. 841 et 1699. En outre, le demandeur peut ignorer ce prix ; ce ne sera souvent que la suite

(1) *Espèce :* — (Rignon *C.* Carouget.) — Le 14 fév. 1834, arrêt confirmatif de la cour de Paris : — « Attendu, en droit, que, même dans l'absence de toute preuve, les magistrats ne pourraient être légalement placés dans cette pénible nécessité de reconnaître une simulation flagrante, et cependant d'ordonner l'accomplissement de la fraude, parce qu'elle serait artistement combinée ; qu'on ne saurait accuser le législateur d'une aussi choquante anomalie ; que, dans ce cas-là même, les magistrats devraient apprécier, suivant leurs lumières et leur conscience, la somme que celui qui a voulu frauder a pu et dû donner dans les circonstances où les parties se trouvaient placées ; que c'est ainsi que, dans le cas de l'art. 1369, lorsqu'il est impossible de constater autrement que par le serment la valeur de la chose demandée, le juge peut déférer le serment d'office au demandeur, mais même en ce cas d'impossibilité, il doit déterminer la somme jusqu'à concurrence de laquelle le demandeur en sera cru, sur son serment ; que c'est ainsi que, dans l'ancienne jurisprudence, plusieurs coutumes voulaient que le défendeur ajourné en retrait affirmât le vrai prix, et que celles de Laon, art. 237 et 258 ; Reims, art. 204, ajoutaient que, « où il y aurait quelque apparence de fraude et simulation sur le vrai prix, le vendeur peut être contraint à prêter pareil serment que l'acheteur, étant les parties en procès, sur fraude maintenue ; » — Mais, attendu que, dans la cause, il existe des faits et circonstances graves, précises et concordantes, qui permettent de déterminer le prix qui a été réellement payé par Rignon aux cédants, sans recourir à des moyens plus ou moins certains d'obtenir la fixation de ce prix. » — Pourvoi pour violation de l'art. 841. — Arrêt.

LA COUR ; — Attendu qu'en déclarant simulé le prix de 60,000 fr., et le réduisant à 1,950 fr., l'arrêt a justement ordonné la restitution des frais d'enregistrement dans la proportion du prix réel de 1,950 fr. ; — Rejette.

Du 1er juill. 1835.-C. C., ch. req.-MM. Borel, pr.-Mestadier, rap.

(2) (Rougeard *C.* Dunoday.) — LA COUR ; — Attendu que, sans qu'il soit besoin d'examiner, dans l'espèce, si, en matière de fraude et de simulation et autres semblables, où les faits sont soumis à l'arbitrage absolu des cours royales, les motifs doivent être aussi développés que dans les cas où les faits légalement caractérisés peuvent être soumis à l'appréciation de la cour de cassation, il est évident que le motif donné pour la fixation du prix réellement payé se rattache aux motifs donnés sur la fraude et la simulation, et reçoit même un complément par le détail des sommes qui se trouve dans le dispositif, d'où l'on doit conclure que l'arrêt dénoncé se trouve suffisamment motivé ; — Rejette.

Du 15 janv. 1840-C. C., ch. req.-MM. Lasagni, f. f. de pr.-Joubert, r.

(3) (Cousin *C.* M...). — LA COUR ; — Attendu que, s'il est de principe, en matière de retrait successoral, que celui contre lequel s'exerce ce droit n'éprouve aucune perte et soit rendu indemne, il est aussi conforme à l'équité que l'exercice de ce droit non-seulement ne procure aucun lucre personnel à ce dernier, mais ne puisse être pour lui une occasion d'améliorer, au préjudice du retrayant, la position d'un tiers en faveur duquel il faciliterait, par une connivence illicite, la reconnaissance et le payement de créances indûment réclamées ; — D'où il suit qu'alors même que le primitif acquéreur serait reconnu cessionnaire sérieux, l'examen des honoraires, faux frais et déboursés alloués par celui-ci à un officier ministériel dont peut-être on aurait pu le supposer le prête-nom, n'en appartient pas moins à l'héritier retrayant, surtout quand, comme dans l'espèce, il y a entre ce tiers et l'acquéreur dépossédé des liens de famille et de position qui établissent entre eux, sinon une communauté de biens, au moins une similitude d'intérêts ; — Attendu que le compte présenté par la demoiselle.... renferme plusieurs articles qui n'ont été formulés que par le besoin de la cause et dans l'intérêt de Me....., son frère (suit le détail du compte, dont l'arrêt démontre l'exagération) ; » — Infirme.

Du 30 juill. 1834.-C. de Douai, 1re ch.-M. Forest de Quardeville, pr.

d'une discussion qui le fera connaître. Il suffit donc d'offrir simplement dans la sommation le remboursement du prix, tel qu'il sera justifié (Conf. Chabot, t. 3, p. 199; MM. Duranton et Delaporte, *loc. cit.*; Bourges, 1re ch., 16 déc. 1833, M. Mater, pr., aff. Remou C. Bérat) : — «Considérant, 1° que l'offre préliminaire n'était point requise par les anciennes lois en matière de retrait de subrogation, et que la jurisprudence en avait même dispensé formellement le demandeur en retrait; 2° que le code civil renferme, sur la subrogation en matière de droits litigieux, des dispositions semblables à celles des lois précédentes et qui doivent être appliquées de la même manière; 3° que le code n'exige, dans son texte, le préliminaire des offres, ni pour le retrait successoral ni pour celui des droits litigieux; confirme » (Besançon, 31 janv. 1809, aff. Daubletet-Dornier C. Roussel) : — « Attendu d'ailleurs que le cessionnaire ne peut éprouver aucun préjudice par le défaut d'offres préalables, puisqu'il ne pourra être dessaisi qu'après avoir été remboursé du prix » (Bastia, 23 mars, 1835 M. Colonna d'Istria, pr., aff. Limazola C. Piève).

1978. Il a été jugé aussi : 1° que ce n'est qu'après que le prix réel a été reconnu en justice, que le cohéritier est tenu d'en offrir le montant au cessionnaire (Aix, 5 déc. 1809, aff. Mallet, n° 1967); — 2° Qu'il n'est pas nécessaire que des offres accompagnent la demande du retrait successoral; c'est aux tribunaux à fixer le délai dans lequel le remboursement devra, à peine de déchéance, être effectué :—«Attendu que le juge ne peut subordonner l'exercice d'un droit à une condition que ne lui a pas imposée la loi qui le défère; que l'art. 841 n'exigeant pas que les cohéritiers offrent le prix en formant leur demande en subrogation, le tribunal de Tarbes a ajouté à la loi; qu'il y a lieu, néanmoins, de fixer le délai dans lequel les mariés Fitte devront, à peine de déchéance, effectuer le remboursement dû à Saint-Hilaire, s'ils veulent mettre à profit la subrogation qu'ils réclament; émendant, etc. » (Pau, 10 juin 1830, M. de Charritte, pr., aff. Fitte C. hérit. Saint-Hilaire.—Conf. M. Dutruc, n° 517).

1979. Du reste, l'action en retrait ne serait pas moins recevable, bien qu'il fût établi que le demandeur, n'ayant pas les moyens pécuniaires, agissait dans le seul but de revendre à d'autres les droits du cédant (Bastia, 23 mars 1835) (1).

1980. *Procédure du retrait.* — L'action en retrait successoral peut être exercée par voie d'action principale, comme par voie d'exception (M. Dutruc, n° 518; Req. 9 août 1830 (2); Bastia, 23 mars 1835, M. Colonna d'Istria, pr., aff. Limazola C. Piève; Colmar, 23 juill. 1835, aff. Woeflin C. Hueber).

1981. Le retrait successoral auquel ont conclu quelques-uns des héritiers seulement, est tardivement demandé par les autres pour la première fois en appel (Riom, 9 mars 1846, aff. Andrand, D. P. 46. 2. 121).

1982. *Pendant quel temps peut être exercé le retrait successoral?* — Avant le partage, il n'y a pas de *délai* fatal (Req. 14 juin 1820, aff. Larivière, V. n° 1985; Bourges, 19 janv. 1830, aff. Frebault, V. *eod.*). Le retrait est une exception opposable à l'action du cessionnaire; or, en principe, les exceptions ont une durée égale à celle des actions qu'elles tendent à repousser (Chabot, n° 20; Toullier, n° 448; MM. Duranton, t. 7, n° 203; Poujol, t. 2, p. 112; Marcadé, n° 4; Dutruc, n° 519).

1983. La cession peut avoir été *ratifiée* d'une manière expresse ou tacite par les héritiers. Dans ce cas, la demande en retrait serait non recevable. Tel est l'effet de la ratification, pour l'action en nullité ou en rescision; à plus forte raison pour une demande relative à un acte qui ne présente aucun vice dans sa substance, et dont on veut simplement s'approprier l'utilité (Chabot, n° 19; MM. Vazeille, Marcadé, *loc. cit.*; Dutruc, n° 519; Orléans, 18 mai 1839, aff. Chauveau, n° 1986; Agen, 8 avril 1845, aff. Lafaurie, D. P. 45. 2. 123).

1984. Mais il faut que la ratification soit bien établie, qu'il ne reste aucun doute sur la volonté qu'a l'héritier de reconnaître les droits du cessionnaire. La renonciation au retrait ne se présume pas. — Par exemple, et suivant un arrêt, des cohéritiers ne sont pas déchus du droit d'exercer le retrait successoral par cela seul qu'ils ont admis sans protestation le cessionnaire aux opérations préliminaires du partage (Bordeaux, 28 juin 1844, aff. Desgraviers, D. P. 45. 2. 123; Agen, 8 avril 1845, aff. Lafaurie, D. P., *eod.*). — On peut à cet égard poser la règle générale exprimée en ces termes par un arrêt : que la déchéance ne résulte pas « des actes préalables au partage, qui ont pour objet de faire connaître la valeur des biens de la succession, et d'éclairer les héritiers sur les inconvénients de la présence d'un étranger » (Paris, 26 fév. 1816, aff. Tardif C. Darce et Bazin. — Conf. MM. Duranton, n° 203; Vazeille, n° 19; Belost-Jolimont sur Chabot, obs. 11; Dutruc, n° 519). — Cependant MM. Toullier, t. 4, n° 430; Chabot, t. 3, p. 107, enseignent que si les héritiers sont obligés de concourir avec lui pour des opérations nécessaires, telles qu'un inventaire, une levée de scellés, ils ne doivent le faire que sous des réserves.

1985. Il a été jugé aussi : 1° que le retrait serait admissible, quoique le cohéritier qui l'exerce eût fait avec le cessionnaire toutes les opérations préliminaires du partage, et par exemple la formation des lots, si à l'époque de la demande les lots n'avaient pas encore été tirés au sort (Req. 14 juin 1820, MM. Henrion, pr., Dunoyer, rap.; rejet du pourvoi contre un arrêt de Limoges, aff. Larivière C. Bertrand); — 2° Que la déchéance ne résulte pas des actes tendant au partage, tels qu'un jugement qui l'ordonne sur la demande du cohéritier, et une sommation d'y procéder, faite à sa requête (Paris, 26 fév. 1816, aff. Tardif, n° 1984); — 3° Que l'expertise ordonnée par jugement, sur la demande du cessionnaire de droits successifs, n'empêche point l'exercice du retrait successoral, tant qu'il n'y a pas eu partage (Caen, 22 juill. 1848, aff. Liegard, D. P. 49. 2. 11); — 4° Que le retrait successoral peut être exercé jusqu'à l'accomplissement de tous les travaux nécessaires pour parvenir au partage, encore que le cessionnaire eût concouru, avec tous les héritiers, à un compromis qui donnait à un notaire la mission de fixer et de liquider leurs droits, si le cessionnaire n'a pas seulement figuré à l'acte en cette qualité, mais encore, comme mandataire du cohéritier cédant : — « Attendu, sur la fin de non-recevoir, qu'en décidant que le défendeur n'avait pas renoncé au retrait successoral, l'arrêt n'a fait qu'une appréciation d'actes, de circonstances et d'intention des parties qui lui était exclusivement dévolue (Rej. 15 mai 1833, MM. Dunoyer, f. f. de pr., Delpit, rap., aff. Frébault C. Petot). — Dans l'espèce, l'arrêt de la cour de Bourges, du 19 janv. 1830, portait que « jusqu'au partage, et au moins jusqu'à l'accomplissement de tous les travaux nécessaires pour y parvenir, le retrait peut être demandé, et que le compromis n'avait pas pour objet d'assurer le partage, mais seulement la justification de la qualité des parties et des droits qui leur appartenaient. »

1986. On a considéré, au contraire, qu'il y a *déchéance* ou

(1) (Limazola C. Piève). — LA COUR; — Attendu qu'à supposer, ce qui n'est nullement prouvé, surtout par rapport au sieur Limazola, l'un des propriétaires aisés de sa commune, payant une contribution de 55 fr. 72 c., que les retrayants ne fussent pas en état de rembourser avec leur propre argent le prix de la cession, et qu'ils n'exerceraient le retrait que dans l'intention de revendre à d'autres le bien *fondamento*, la loi ne leur défend pas d'emprunter de l'argent à cet effet, et ne leur impose point la condition de conserver les biens revendiqués, ce qui serait contraire à la liberté de la vente et à la circulation des biens qu'elle protége, et que, d'un autre côté, le motif de l'art. 841, celui d'écarter du partage les étrangers, n'en existe pas moins, alors même que l'héritier qui exerce le retrait serait décidé à aliéner plus tard les biens devenus sa propriété exclusive; — A mis et met les appellations et ce dont est appel au néant, émendant, etc.

Du 23 mars 1835.-C. de Bastia.-M. Colonna d'Istria, pr.

(2) Baron C. Laloy.) — LA COUR; — Attendu, 1° que, d'après l'art. 841, les cohéritiers du cédant peuvent, sans doute, écarter, par voie d'exception, le cessionnaire non successible du défunt, du partage de sa succession, lorsqu'il se présente à ce partage, ou le provoque lui-même; mais que la disposition de l'article n'étant pas conçue en termes limitatifs, ils peuvent également, sans attendre que le cessionnaire se présente, agir de leur chef, comme il l'ont fait dans l'espèce, par action directe, afin d'être subrogés aux droits acquis par lui du cohéritier, en lui remboursant le prix de la cession dans un cas comme dans l'autre, comme il est prescrit par ledit article; — Qu'en agissant ainsi, les cohéritiers du cédant sont rentrés dans les principes du droit commun sur l'exercice tant des actions ordinaires en général que des actions en subrogation en particulier.

Du 9 août 1830.-C. C., ch. req.-MM. Borel, pr.-Dunoyer, rap.-Laplagne, av. gén. c. conf.-Lassis, av.

renonciation tacite à l'exercice du retrait, dans les cas ci-après : 1° si les héritiers ont admis le cessionnaire de droits successifs au partage d'une partie du mobilier héréditaire, et à la vente de divers immeubles dépendants de la succession, et que l'immixtion du cessionnaire ait eu lieu sans protestation ni réserve de leur part (Orléans, 18 mai 1839 (1). — Conf. M. Dutruc, n° 519) ; — 2° Si l'héritier a exécuté volontairement l'acte de cession, en réglant par une convention avec le cessionnaire lui-même la part proportionnelle de celui-ci dans une dette de la succession (Toulouse, 14 avr. 1812, M. Dast, pr., aff. veuve Lapeyronie C. Vidal) ; — 3° Si l'héritier, conjointement avec le cessionnaire de son copartageant, et nonobstant la connaissance qu'il avait de l'acte de cession, a fait donation à un tiers d'une partie d'immeubles (un jardin) indivise entre lui et ce cessionnaire (Limoges, 14 mars 1848, aff. Moisset, D. P. 50. 5. 410. — Conf. M. Dutruc, n° 519).

1987. Dans l'ancien droit, le consentement donné par le lignager ou le seigneur à la vente de l'héritage sur lequel ils avaient le droit d'exercer le retrait, les rendait irrecevables à en user (Pothier, Traité des retraits, nos 164 et 572). On le déciderait encore ainsi en matière de retrait successoral.

1988. Jusqu'ici nous supposions la demande de retrait formée *avant* le partage ; mais *après le partage* elle n'est plus admissible. En effet, le but de l'art. 841 est d'empêcher un étranger de pénétrer les secrets de famille, et d'entraver, par sa présence au partage, des opérations qui se feraient avec plus d'accommodement et de bienveillance entre parents (Toullier, t. 4, n° 430 ; Merlin, Rép., v° Dr. succ., n° 10 ; MM. Duranton, t. 7, n° 203 ; Chabot, t. 3, p. 197 ; Delvincourt, t. 2, p. 345, note 10 ; Malpel, n° 249 ; Vazeille, art. 841 ; Poujol, t. 2, p. 112 ; Dutruc, nos 492, 519). — Jugé qu'on ne saurait considérer comme cession de droits successifs et comme sujette, par conséquent, au retrait successoral, la vente détaillée de plusieurs meubles et immeubles de la succession faite par un cohéritier à un étranger, mais après un partage verbal reconnu entre les cohéritiers, encore bien que l'acte porte que la cession comprend tous les autres immeubles appartenant au cédant dans trois communes désignées et qui auraient pu être oubliés dans l'acte : — « Attendu que les objets déterminés acquis par Bathier étaient possédés par le vendeur depuis longues années, en conséquence du partage verbal connu et avoué de tous les cohéritiers ; qu'ainsi Bathier n'a acquis ni les droits successifs ni le *nomen hæredis* ; émendant, etc. » (Riom, 2 mars 1814, 1re ch., M. Redon, pr., aff. Bathier C. Prévost).

1989. Toutefois, la vente de droits successifs, faite après partage, peut donner lieu au retrait successoral, s'il résulte des circonstances que cet acte ne forme qu'un avec un autre acte de vente passé avant le partage, mais résilié dans la vue d'éluder l'exercice du retrait (Rej. 4 déc. 1820) (2).

1990. Dans ce cas, si le second acte contient cession de droits héréditaires paternels et maternels, le retrait successoral ne devra avoir pour objet que les droits paternels, dont il est question dans les deux actes, et non les droits maternels, puisqu'ils n'ont été cédés qu'après le partage (même arrêt).

1991. Le retrait pourrait-il être exercé après le partage, si le partage était rescindé ? Une distinction est proposée par MM. Toullier, n° 431, et Chabot, p. 189 : si la demande en rescision a été intentée avant la cession, le cessionnaire peut alors être écarté en vertu de l'art. 1699, comme acquéreur de droits litigieux. Mais si la cession est antérieure, elle doit être maintenue, l'objet de cette cession s'étant particularisé dans le lot qui est échu au cessionnaire lors du premier partage. — M. Duranton pense que, même dans ce second cas, la subrogation serait permise. « Dès que partage est rescindé, dit-il, il n'y a plus de partage ; les choses sont remises au même état qu'auparavant, et l'acheteur ne se trouve plus qu'un cessionnaire de droits successifs. » — M. Vazeille, n° 17, objecte que la cession n'a pas transmis au cessionnaire le *jus hæredis*, et, en conséquence, il l'admet au nouveau partage, comme un acquéreur d'objets déterminés, et en exceptant le cas seulement où il prétendrait s'ingérer dans les affaires de la famille. — M. Dutruc, n° 492, repousse ces divers systèmes, pour s'en tenir à la distinction qui suit : ou l'héritier a vendu les biens compris dans son lot en les déterminant d'une manière précise, sans stipuler qu'il cédait sa part héréditaire : alors il n'y a pas lieu au retrait successoral, le cessionnaire ne devant être considéré que comme un acquéreur d'objets particuliers ; ou l'héritier a cédé ses *droits successifs*, soit d'une manière générale, soit en détaillant les divers objets renfermés dans son lot, et alors il y a lieu au retrait successoral, parce que, mis entièrement à la place du cédant, c'est avec lui que doivent se faire toutes les opérations du nouveau partage, et qu'il a le droit ainsi de s'immiscer dans les affaires de la succession. Peu importe, du reste, selon le même auteur, que la cession, dans les deux hypothèses, ait précédé ou suivi la demande en nullité ou rescision du partage.

1992. Une autre distinction a été proposée pour le cas où

(1) (Chauveau C. Chauveau.) — LA COUR ; — Attendu que, si l'action en subrogation ou retrait successoral a pour but d'écarter des partages des étrangers qui pourraient y porter un esprit d'intérêt et de chicane, ou troubler le repos des familles par une indiscrète immixtion dans leurs secrets intimes, cette disposition n'ayant été dictée que par des considérations d'intérêt privé, il est toujours permis à des cohéritiers de renoncer à un droit introduit en leur faveur ; — Qu'en effet, l'art. 841 c. civ., portant que tout cessionnaire d'un cohéritier, et qui n'est pas successible du défunt, peut être écarté du partage, démontre par ces expressions que ce droit pour les autres cohéritiers est facultatif et subordonné à la convenance et à la mesure de leur intérêt ; — Attendu que la renonciation à cette faculté peut résulter d'actes exprès, ou tacitement de faits qui supposent nécessairement l'intention d'un acquiescement ;

En fait, attendu que la demoiselle Chauveau est devenue cessionnaire des droits successifs de Chauveau fils, héritier pour moitié de Chauveau père ; — Que les cohéritiers du cédant ont concouru avec ladite demoiselle Chauveau, soit amiablement, soit judiciairement, à divers actes de liquidation et de partage ; — Qu'ainsi ils ont vendu conjointement avec elle un fonds d'épiceries dépendant de la succession ; — Que divers immeubles qui en faisaient aussi partie ont été aliénés par les mêmes parties ensemble et de concert, au profit de Bourdin, l'un des cohéritiers, et que le prix a été payé comptant et reçu par tous les vendeurs ; — Qu'enfin ils ont procédé avec elle au partage d'une partie du mobilier dépendant de la communauté de biens qui avait existé entre les sieur et dame Chauveau père et mère ; d'où il suit que, parmi les héritiers de la veuve Chauveau, les uns ont consenti à vendre avec la cessionnaire, et l'autre à acheter un immeuble de la succession, sans aucune protestation ni réserve ; — Attendu que ces aliénations constituent non des actes préliminaires commandés par la nécessité de préparer les éléments de la liquidation et du partage définitif, mais des actes de libre disposition qui impliquent la reconnaissance volontaire de la qualité de cessionnaire en la personne de la demoiselle Chauveau, et par suite l'abandon du droit de subrogation ; — Attendu, en outre que, par l'effet des mêmes aliénations, lesquelles ont été faites solidairement et avec toute garantie, la demoiselle Chauveau représentera toujours forcément la succession de Chauveau père jusqu'à concurrence de l'action en garantie à laquelle elle s'est soumise, et dont il ne dépend pas des intimés de l'affranchir ; qu'ainsi elle ne peut rester soumise aux charges et être privée des bénéfices ;

Attendu que, si des valeurs soit mobilières, soit immobilières, sont encore indivises, et font la matière d'une liquidation soumise à homologation, cette indivision n'embrasse pas la généralité de la succession ; qu'elle porte seulement sur une partie plus ou moins considérable de l'hérédité ; — Que, dès lors, les choses ne sont plus entières : que des actes particuliers et décisifs ont été consommés ; que les effets en sont acquis au cessionnaire, et entraînent ainsi la déchéance du droit de retrait successoral ; — Infirme, etc.

Du 18 mai 1839. - C. d'Orléans. - MM. Légier, Lafontaine et Johanet, av.

(2) (Mouville C. Vire.) — LA COUR ; — Donne défaut contre Vire jeune ; et, pour le profit : — Attendu, 1° que l'acte du 12 mai 1815 contenait une vente de droits successifs, et que, conséquemment, il était, de sa nature, susceptible de l'application de l'art. 841 c. civ. en faveur de Vire aîné, l'un des cohéritiers ; — Que la cour royale a conclu des faits qu'il lui appartenait de constater et des actes qu'elle avait le droit d'apprécier, que la résiliation de la vente du 12 mai avait été simulée et frauduleuse, et que toutes les circonstances qui avaient accompagné les différents actes présentaient une fraude évidente pratiquée par Monville, pour empêcher le retrait successoral ; — Que la cour royale a pu, sans violer aucune loi, inférer des faits que les actes des 12 mai et 2 juin ne faisaient qu'une seule et même chose ; — 2° Que si l'arrêt, en confirmant le jugement du tribunal de première instance de Caen, a déclaré que les actes des 12 mai et 2 juin ne formaient qu'une seule et même chose, ce n'a été que relativement aux objets qui se trouvaient compris dans les deux actes, et que celui du 12 mai ne portant que sur les droits paternels, il s'ensuit que Vire aîné n'a été autorisé qu'à retraire ces mêmes droits paternels ; — Rejette.

Du 4 déc. 1820. - C. C., ch. rej. - MM. Brisson, pr. - Jaubert, rap. - Cahier, av. gén., c. conf. - Champion et Neufvillette, av.

cessionnaire aurait concouru au partage dont la nullité ou la rescision est demandée. On a prétendu qu'initié déjà à tous les secrets de la famille, les héritiers étaient sans intérêt à l'exclure. Mais on a répondu, avec raison, que la crainte de l'indiscrétion n'est pas le seul motif du retrait successoral; les héritiers ont aussi à redouter l'esprit de cupidité et de chicane, et l'épreuve qu'ils en ont pu faire, lors du partage contesté, peut rendre d'autant plus désirable l'exclusion de l'étranger cessionnaire (Conf. M. Dutruc, nº 493).

1993. Dans le cas où plusieurs héritiers ont cédé leurs droits successifs, si un partage est intervenu entre les héritiers restants et les cessionnaires, et que plus tard il soit rescindé sur la demande d'un nouvel héritier qui n'avait pas encore comparu, les cessionnaires ne peuvent éviter le retrait successoral réclamé par cet héritier, sous prétexte que depuis longues années ils possèdent les lots qui leur étaient échus, et que le premier partage a pu les initier à tous les secrets de famille (Paris, 26 fév. 1816, aff. Tardif *C.* Darce).

1994. De même le retrait successoral peut être exercé, pour la totalité des droits cédés, par l'un des héritiers, encore qu'entre le cessionnaire et les autres héritiers le partage eût été ordonné par un jugement, que l'héritier retrayant a fait annuler sur sa tierce opposition (Req. 14 juin 1820) (1).

1995. Le retrait successoral ne peut, pendant la durée de la possession provisoire, être exercé à l'égard de la cession que des héritiers présomptifs ont faite de leurs droits dans la succession d'un absent, cette succession n'étant réputée ouverte qu'après l'envoi en possession définitive (Grenoble, 5 juin 1846, aff. Lagouy, D. P. 47. 4. 426.— Conf. M. Dutruc, nº 820).

1996. *Effets du retrait.* — L'acquéreur de l'immeuble sur lequel les cohéritiers exercent le retrait successoral, doit rendre les *fruits* à *compter* de l'époque où la demande a été introduite, et non à dater du jugement qui prononce le retrait, encore que les cohéritiers demandeurs aient laissé s'écouler un intervalle sans continuer leurs poursuites : — « Considérant que le retard apporté par les intimés dans l'exécution du jugement ne peut ouvrir en faveur des appelants aucun droit aux fruits par eux perçus depuis le jugement, puisqu'il a dépendu d'eux d'amener ce jugement à exécution, ou de se pourvoir après la mise en demeure, par action nouvelle contre les intimés » (Poitiers, 5 juin 1825, 1re ch., aff. Baudry *C.* Poitevin.—Conf. M. Dutruc, nº 521). — V. aussi nº 1966.

1997. Le cohéritier qui exerce le retrait successoral est censé avoir traité directement avec le vendeur, et occupe ainsi la place de l'acquéreur ; c'est donc à l'héritier, et non à l'acquéreur, que doivent profiter les avantages éventuels qui se sont réalisés dans l'intervalle de la cession au retrait. Par exemple, une rente viagère avait été constituée pour partie du prix de la cession, le cédant meurt avant le retrait ; l'héritier retrayant profitera de l'extinction de la rente, et ne devra pas le remboursement du capital (Req. 1er déc. 1806 (2). — Conf. Merlin, vº Droits success., nº 9 ; Chabot, nº 24 ; Toullier, nº 451 ; MM. Vazeille, nº 51 ; Duranton, t. 7, nº 198 ; Dutruc, nº 498). — On le décidait ainsi dans l'ancienne jurisprudence en matière de retrait litigieux (Rousseau de Lacombe, vº Retrait, nº 5).

1998. Le cessionnaire de droits successifs ou litigieux qui, pour éviter le retrait, convient avec son cédant que celui-ci continuera de poursuivre ces droits en son nom, et qui donne ainsi lieu à des procédures déclarées plus tard frustratoires par suite de l'exercice du retrait, doit être condamné personnellement, et non le cédant qui a agi, au payement de ces frais frustratoires, quand il est reconnu qu'ils avaient pour objet une fraude que cherchait à consommer le cessionnaire : — « Attendu qu'étant jugé, en fait, par l'arrêt attaqué, que les frais frustratoires avaient eu pour objet la fraude imputée au sieur Rougeard, c'est à bon droit que l'arrêt attaqué a mis ces frais à la charge de l'auteur de la fraude ; rejette » (Req. 15 janv. 1840, MM. Lasagni, pr., Joubert, rap. ; aff. Rougeard *C.* Dunoday).

1999. Il est dû indemnité au cessionnaire pour les améliorations qu'il a pu faire, jusqu'à l'exercice du retrait sur les immeubles que lui avait transmis le cédant. C'est le cas d'appliquer l'art. 555, § 3, c. nap. (Conf. M. Dutruc, nº 525).

2000. Le *retrait* successoral, bien qu'il subroge le retrayant aux droits du cessionnaire, n'a pas pour effet néanmoins d'affranchir celui-ci de ses obligations envers le cédant, lequel conserve le droit d'en poursuivre l'exécution contre lui, sauf le recours du cessionnaire contre le retrayant (Bordeaux, 24 juill. 1850, aff. Dumora, D. P. 53. 2. 214). — La question était controversée dans l'ancien droit (Conf. Dumoulin, Cout. de Paris, § 20, nº 8 ; Ferrière, Dict., vº Retr. lignager, p. 555 ; Pothier, des Retraits, nº 500 ; Legrand, art. 144 de la cout. de Troyes, gl. 3, nº 8. — *Contrà* Grimaudet, liv. 7, chap. 10 ; Tiraqueau, *De retract.*, § 29, gl. 2, nº 5 ; Rousseaud de Lacombe, vº Retrait-retrayant, nº 3 ; arrêt du parlem. de Bretagne, du 29 mai 1732, rapporté par Merlin, Rép., vº Droit success., nº 9 ; Zachariæ, t. 2, p. 571, qui paraît être, dans notre droit actuel, le seul auteur qui s'en soit occupé). — Jugé spécialement que le cohéritier qui a cédé ses droits successifs à un tiers moyennant une rente viagère, peut, malgré le retrait successoral exercé par ses cohéritiers, poursuivre contre le cessionnaire le payement intégral des arrérages échus de cette rente, et il est, par suite, fondé à refuser les offres que les retrayants lui font divisément de ces mêmes arrérages (même arrêt).

2001. Il a été jugé aussi que le cessionnaire d'une portion héréditaire, évincé par retrait successoral, n'a droit d'exercer contre son vendeur ou ses représentants, aucune action en *garantie* ou en recours pour cause d'éviction, alors même qu'une clause de garantie aurait été insérée dans l'acte de cession (Cass.

---

(1) (Larivière *C.* Bertrand Reynaud-Delange.) — LA COUR ; — Attendu que les cohéritiers qui ont demandé la subrogation n'étaient point parties dans la contestation renvoyée à la cour de Poitiers par l'arrêt de cassation du 28 août 1811 ; qu'ainsi ils ont pu et dû se pourvoir, par action principale, devant le tribunal séant à Brives, comme ils l'ont fait ; que d'ailleurs l'action qu'ils ont intentée n'est ni la même, ni connexe avec celle qui a été renvoyée à la cour de Poitiers par l'arrêt de cassation, et qu'enfin, si les huit cohéritiers vis-à-vis desquels le renvoi à la cours de Poitiers a été prononcé, et qui paraissent avoir formé devant cette cour une pareille demande en subrogation, y donnent suite, le demandeur en cassation pourra employer les voies de droit pour se défendre ; — Rejette, etc.

Du 14 juin 1820.-C. C., sect. req.-MM. Henrion, pr.-Dunoyer, rapporteur.

(2) *Espèce :* —(Roussel *C.* hérit. Lefournier et Wargemont.) — Le 15 mars 1806, arrêt confirmatif de la cour d'Amiens : — « Considérant..... que l'effet de l'action en subrogation est de mettre le subrogé dans tous les droits de l'acquéreur qu'il remplace, de lui faire supporter les pertes, de le faire jouir des profits dont cet acquéreur aurait profité, ou dont il aurait été tenu ; que le temps où l'action a été intentée est indifférent pour déterminer les droits du subrogé ; qu'il a droit, à compter du contrat auquel il est subrogé, à tous les événements auxquels ce contrat a pu ou pourrait donner lieu ; qu'il résulte de ceci que le sieur Roussel ne peut exciper de ce que le décès de la veuve de Wargemont a précédé de deux mois l'action en subrogation, pour appliquer à son profit les 72,400 liv., capital de la rente viagère de 8,000 liv., éteinte par le décès de cette veuve. »

Pourvoi de Roussel pour violation de la loi du contrat, en ce que la cour d'appel a déclaré que la rente viagère stipulée comme portion du prix de la vente consentie par la dame Savouray ne s'était point éteinte au profit du cessionnaire. — La loi n'autorise la subrogation qu'à la charge de rembourser au cessionnaire le prix de la cession. — Or le fonds de la rente viagère créée sur la tête de la dame Savouray faisait partie du prix de la cession ; il doit donc être remboursé à Roussel. — Arrêt.

LA COUR ; — Attendu que le cohéritier qui exerce l'espèce de retrait autorisé par l'art. 841 c. civ., est censé avoir traité directement avec le vendeur, et doit être, par conséquent, mis à son égard dans l'état où avait été l'acquéreur au moment de son acquisition ; — Que, d'ailleurs, dans l'espèce, Roussel pouvait d'autant moins prétendre au remboursement des 72,000 liv. restées en ses mains, pour servir de capital à la rente viagère dont il s'agit, qu'il n'aurait pas pu payer cette somme à sa venderesse au préjudice des créanciers à qui la cohéritière, subrogée à ses droits, serait tenue de la représenter ; — Qu'enfin la cour d'appel d'Amiens a pu, sans violer aucune loi, ne faire aucune distinction entre une vente faite à rente viagère et une vente faite moyennant une somme déterminée laissée entre les mains de l'acquéreur à rente viagère d'où il suit que le troisième et dernier moyen n'est pas plus fondé que les autres ; — Rejette, etc.

Du 1er déc. 1806.-C. C., sect. req.-MM Muraire, pr.-Poriquet, rap.

15 mai 1844, aff. Lachazée, V. nº 1881). — Toutefois, le cédant peut être condamné à garantir l'acquéreur, nonobstant la clause de non-garantie stipulée dans le contrat, quand cette condamnation est prononcée à titre de dommages-intérêts contre lui, à raison du préjudice qu'il a causé par un fait personnel et frauduleux (c. nap. 1627, 1628) : — « Attendu que la garantie a été prononcée à titre de dommages et intérêts du tort commis par un fait personnel et frauduleux du sieur Rougeard ; rejette » (Req. 15 janv. 1840 ; MM. Lasagni, pr. ; Joubert, rap. ; aff. Rougeard C. Dunoday).

ART. 8. — *Du droit qu'ont les créanciers des copartageants de provoquer le partage, d'y intervenir ou de le faire annuler.*

§ 1. — *Du droit de provoquer le partage.*

2002. Les créanciers peuvent, en général, exercer les droits de leur débiteur (c. nap. 1166). La loi ne contient pas d'exception à ce principe pour l'action en partage. L'art. 2205 convertit même, dans un cas, cette faculté en obligation : « La part indivise d'un cohéritier dans les immeubles de la succession ne peut être mise en vente par ses créanciers personnels, *avant le partage* ou la *licitation* qu'ils peuvent provoquer, s'ils le jugent convenable. »

2003. Toutefois, l'action n'étant exercée par le créancier qu'au nom du débiteur n'est plus recevable quand le débiteur a fait lui-même les diligences nécessaires ; le créancier alors n'a plus que le droit d'intervenir. — Il a été même jugé : 1º que la poursuite en licitation et partage doit être attribuée aux copartageants plutôt qu'à un créancier de l'un d'eux, bien qu'il ait formé le premier sa demande, s'il n'y a, d'ailleurs, aucune fraude ou négligence imputable aux copartageants (Paris, 23 janv. 1808) (1). Cette décision est critiquée par MM. Bioche, vº Partage, nº 213, et Dutruc, nº 252 ; — 2º Qu'au cas où le créancier a pris les devants, sans qu'il y ait aucune négligence à imputer au débiteur, celui-ci peut être autorisé à reprendre en son nom personnel la poursuite en partage, sauf au créancier le droit de rester dans l'instance aux frais du débiteur. Toutefois, le juge doit fixer au débiteur un bref délai dans lequel il sera tenu de mettre à fin la poursuite, et passé lequel le créancier qui l'a commencée doit être autorisé à la continuer de plein droit, d'après les premiers errements (c. nap. 822, 1166, 2205 ; trib. de Metz, 12 avr. 1850, aff. Goudchaux C. Poinsignon).

2004. Le créancier d'un cohéritier, qui a provoqué le partage, ne peut plus être écarté, au moins comme assistant au partage, par les autres cohéritiers, quoique, depuis la demande, son débiteur soit devenu étranger à la succession, par une vente de ses droits successifs (c. nap. 882, 2205 ; c. pr. 692). Il en est ainsi surtout lorsque les cohéritiers n'offrent pas au créancier le remboursement des frais de poursuites qu'il a avancés (Aix, 9 janv. 1832) (2).

2005. Le créancier de l'un des héritiers a-t-il le droit de demander que le partage soit fait en justice, lorsque les héritiers, maîtres de leurs droits, sont d'accord pour procéder à l'amiable, et qu'ils ont même commencé les opérations devant un notaire ? Non, puisqu'alors il n'a point à se plaindre du retard des héritiers, ni (ce que nous supposons) d'une intention de fraude, et que la même action ne peut pas être exercée à la fois par le débiteur et son créancier. Il est vrai que le débiteur ici ne procède point en justice ; mais le partage amiable est permis par la loi entre héritiers majeurs (c. nap. 819 et 827 ; c. pr. 985) ; et sans doute la loi n'a pas entendu subordonner au bon plaisir d'un seul créancier de l'un des héritiers les avantages que peut se proposer la famille par un mode de partage moins lent et moins dispendieux. — Jugé dans ce sens que le créancier n'a pas le droit de demander le partage en justice, lorsque les copartageants majeurs, et d'accord pour un partage amiable, lui ont déjà fait sommation de se trouver aux opérations qui se suivaient dans l'étude du notaire (Poitiers, 10 juin 1851, aff. Lebeau, D. P. 53. 2. 12).

2006. La même question s'est élevée quant à la licitation commencée déjà entre héritiers majeurs devant notaire, et on a jugé que le créancier de l'un des héritiers n'était pas recevable à demander qu'elle fut renvoyée devant le tribunal, lorsque, d'ailleurs, il avait été dûment averti et sommé d'être présent à la licitation (Rej. 30 janv. 1843) (3). Même solution dans un cas où l'adjudication sur licitation avait déjà été annoncée par affiches,

(1) (Lesné C. Godin.) — LA COUR ; — Attendu que, d'après les art. 882 et 2205 c. civ., le créancier d'une succession ou de l'un des héritiers a véritablement le droit, non-seulement d'intervenir et être présent au partage, mais de le provoquer ; — Que néanmoins la poursuite appartient naturellement aux personnes qui ont la succession à partager, et ne peut être dévolue au créancier qu'en cas de fraude ou de négligence du copartageant ; — Ordonne que le jugement sortira son effet, sauf à Lesné à demander la subrogation, dans le cas où la femme Godin négligerait la poursuite.

Du 23 janv. 1808.-C. de Paris.

(2) *Espèce :* — (Gonet C. Porte.) — Jugement qui, « considérant qu'il est incontestable que, jusqu'à la date de la cession, la veuve Grangier ayant les droits de cohéritière, son créancier a pu provoquer le partage pour arriver à la saisie immobilière de la portion affectée à sa créance et appartenant à son débiteur ; — Considérant que ce droit n'a pu cesser, au moins quant à l'assistance au partage, par la substitution d'une autre personne à celle de ce débiteur, d'autant qu'il y a un droit acquis au créancier pour le remboursement des frais de poursuite par lui avancés jusqu'à présent, lequel, n'étant pas offert, ne peut s'obtenir que par la continuation des poursuites ; — Considérant que nul ne peut avoir d'autres et plus grands droits que ceux qu'on lui a transmis ; qu'ainsi le cessionnaire de droits successifs ne peut pas plus que son cédant demander l'exclusion du créancier de celui-ci, et échapper à l'effet que l'art. 2205 c. civ. assure à l'affectation aux créanciers du cohéritier de ce que celui-ci leur a transmis, effet qui n'est point un mandat légal, mais une faculté inhérente à la créance et nécessitée par la défense de procéder sur la totalité des biens communs entre le débiteur et ses cohéritiers ; — Considérant que la présence des sieurs Samat et Constantin, aux opérations du partage, n'est pas contestée, étant demandée et suivie à leurs frais ; — Par ces motifs, reçoit l'intervention des sieurs Samat et Constantin ; donne acte des réserves de Porte, sans s'arrêter à l'incident de Gonet, sauf la présence à l'instance et aux opérations du partage ; ordonne que les poursuites seront continuées aux formes de droit. » — Appel des héritiers Gonet. — Arrêt.

LA COUR ; — Adoptant les motifs des premiers juges, confirme.

Du 9 janv. 1832.-C. d'Aix.-M. Bret, pr.

(3) *Espèce :* — (Ghisbrechz C. hérit. Tierce.) — 22 janv. 1838, arrêt de la cour royale de Douai, ainsi conçu : — « Attendu qu'en vain le créancier argumente de l'art. 1166 c. civ., et de l'action en partage par lui formée contre les héritiers Tierce, lorsque déjà l'adjudication était annoncée ; que, dans ce cas, la préférence est accordée au plus diligent, et qu'ici des actes ayant date certaine établissent la préférence au profit des héritiers Tierce ; qu'il suit de là que l'appelant ne pouvait plus s'opposer à la licitation, et que l'action en partage ainsi formée tardivement était non recevable.

Pourvoi du sieur Ghisbrechz pour violation des art. 1166 et 923 c. civ. On disait, au nom du demandeur, que les créanciers exerçant les droits de leurs débiteurs (c. civ. 1165), l'opposition à la vente amiable, formée par le créancier de l'un des héritiers, devait avoir le même effet que si cette opposition eût été proposée par l'héritier lui-même ; qu'il n'y avait plus alors l'accord prévu par l'art. 827. On disait en outre qu'il ne devait pas être procédé à l'adjudication sur licitation, tant que le partage en nature n'avait pas été déclaré impraticable, par un rapport d'experts (c. civ. 824) — Arrêt.

LA COUR ; — Attendu que la vente des immeubles dépendant d'une succession peut, d'après l'art. 827 c. civ., avoir lieu par licitation devant un notaire, si les cohéritiers, tous majeurs, donnent leur consentement à ce mode de vente, et si les immeubles ne peuvent pas se partager commodément ; — Attendu qu'en vertu de l'art. 882 même code, les créanciers d'un copartageant peuvent, pour éviter que le partage ne soit fait en fraude de leurs droits, s'opposer à ce qu'il y soit procédé hors de leur présence, et qu'ils ont le droit d'y intervenir à leurs frais ; mais que leurs droits ne vont pas jusqu'à détruire l'effet de l'art. 827, lorsque déjà la citation devant notaire a été consentie par les cohéritiers, tous majeurs, et surtout lorsque, comme dans l'espèce, la demande des créanciers, à fin de partage, a été formée après que les opérations de cette licitation devant notaire étaient commencées ; — Attendu que, d'après ledit art. 882, les créanciers d'un copartageant peuvent attaquer un partage, même consommé, s'il y a été procédé sans eux, et au préjudice d'une opposition qu'ils auraient formée ; — Attendu, quant à la présence du demandeur, qu'il est constaté, en fait, que, dans l'espèce, il avait été dûment averti et sommé d'être présent à la licitation ; — Attendu, quant à l'opposition formée par le demandeur, qu'il est jugé, en fait, par l'arrêt attaqué, que les biens de la succession ne pouvaient pas donner lieu à un partage en nature, et qu'en outre le demandeur lui-même n'a pas prétendu que la vente en eût été faite en fraude de ses droits, c'est-à-dire

mais sans que le créancier opposant eût encore été appelé aux opérations, et, par exemple, à la lecture du cahier des charges faite devant notaire. La demande du partage en justice n'a pas moins été déclarée tardive et non recevable (trib. de la Seine, 28 juill. 1855, aff. hérit. Agutte).

Dans l'espèce jugée par le tribunal de la Seine, le créancier prétendait que la licitation se ferait plus favorablement à l'audience des criées qu'à la chambre des notaires, et que, d'ailleurs, la surenchère du sixième n'a lieu que pour la licitation faite en justice. Ces considérations ne sauraient, à notre sens, prévaloir sur le droit accordé aux héritiers majeurs de procéder à l'amiable, lorsque, bien entendu, la licitation devant notaire doit se faire avec toutes les formalités de publication, et qu'il n'y a dans le cahier des charges aucune clause exorbitante de nature à éloigner les enchérisseurs.

2007. Il a été jugé aussi que les protestations faites par le créancier opposant contre un partage amiable ne le rendent pas nul de droit et ne nécessitent pas un partage judiciaire. Il y a lieu seulement de faire statuer sur le mérite de ces protestations pendant ou après le partage : — « Attendu qu'on ne peut pas dire que le consentement du créancier soit nécessaire et que *sa seule opposition entraîne la nécessité d'un partage judiciaire*; qu'il y a sans doute nécessité de faire prononcer par les tribunaux, soit avant, soit après le partage, sur le mérite des protestations du créancier, mais qu'on ne peut pas dire que le partage consommé au mépris de ces protestations soit nul, parce que le créancier peut avoir fait des protestations dénuées de fondement : aussi la loi se borne à lui donner la faculté d'attaquer le partage; d'où il résulte qu'il ne peut le faire annuler qu'en ce qui préjudicie à ses droits » (Bordeaux, 27 fév. 1826, M. Delpit, pr., aff. Veyssi *C.* Ginet).

2008. Le créancier d'un légataire, à titre universel, a les mêmes droits que le créancier de l'un des héritiers, quant à l'action en partage de la succession. — Jugé à cet égard : 1° qu'il suffit qu'un légataire universel ait accepté la succession, et que ce soit du consentement de celui-ci et de l'héritier à réserve que le testament a été soustrait et détruit, pour que le créancier du légataire universel, dans le cas où ce dernier négligerait de provoquer le partage des biens, soit recevable à le provoquer en son nom et en vertu de l'art. 1166 c. nap. (Req. 16 nov. 1836, aff. Juin, V. Disposit. entre-vifs, n° 2561); — 2° Que dès qu'il y a eu exécution d'un testament olographe, de la part du légataire universel et de l'héritier à réserve, le créancier de celui-là est recevable à exercer en son nom contre l'héritier à réserve, et en vertu de l'art. 1166 c. nap., l'action en partage des biens de la succession; et cela encore bien qu'il ne justifierait d'aucun acte prouvant, soit la demande en délivrance faite à l'héritier légitime, soit la présentation au président du testament olographe, soit l'ordonnance d'envoi en possession des biens au profit du légataire universel (c. nap. 1166, 1004, 1006, 1007; même arrêt).

2009. L'acquéreur d'un immeuble dépendant de la succession indivise et que lui a vendu l'un des héritiers, est créancier de cet héritier, à raison de l'obligation de garantie. Il est recevable, en conséquence, comme exerçant les droits de son débiteur, à provoquer le partage entre les héritiers, afin de pouvoir retenir l'immeuble dans le cas où il viendrait à échoir dans le lot de son vendeur (Bastia, 24 juin 1833, aff. Griffoni, V. Obligation). — Et spécialement, afin d'échapper à une action en délaissement qu'aurait exercée contre lui un cohéritier (Bordeaux, 2e ch., 24 déc. 1834, M. Poumeyrol, pr., aff. Bagouet *C.* Quinquette).

2010. Toutefois l'acquéreur d'une portion indivise dans un immeuble déterminé de la succession n'est pas recevable à provoquer d'abord la division partielle de cet immeuble, avant que le partage total de la succession ait eu lieu. L'action *familiæ erciscundæ* doit précéder alors l'action *de communi dividundo* (Bruxelles, 2 déc. 1817, aff. Wandel *C.* Lutlars).

2011. Il y a lieu à la même distinction, dans le cas où l'un des héritiers a fait bail de la portion indivise qui lui appartient dans un immeuble de la succession. Le fermier, comme créancier du bailleur, peut, en vertu de l'art. 1166, demander le partage de la succession, afin de faire tomber l'immeuble au lot de son débiteur; mais il ne serait pas recevable à provoquer d'abord et isolément le partage de cet immeuble (M. Duvergier, du Louage, n° 88). Il a été jugé toutefois que le fermier de biens indivis n'a pas qualité pour demander, contre son bailleur et ses copropriétaires, le partage, même provisoire, des biens indivis, à l'effet de se faire assigner la portion des biens sur laquelle son droit doit être exercé,... surtout si les biens affermés ne sont qu'une partie de ceux dépendants d'une succession indivise.... Le fermier n'a qu'une action en dommages-intérêts contre le bailleur (Req. 22 fév. 1831) (1). — Il est à remarquer que, dans l'espèce de cet arrêt, le fermier agissait en son nom personnel, et non comme exerçant les droits du débiteur : ce qui eût rendu son action non recevable, lors même qu'elle aurait eu pour objet le partage de toute la succession.

§ 2. — *Du droit des créanciers d'intervenir au partage, ou de s'opposer à ce qu'il soit fait hors leur présence.*

2012. Les créanciers d'un copartageant, pour éviter que le partage ne soit fait en fraude de leurs droits, peuvent s'opposer à ce qu'il y soit procédé hors de leur présence, et y intervenir à leurs frais (c. nap. 882).

2013. *A quels créanciers appartient le droit d'intervenir?* —A tous les créanciers personnels des copartageants, hypothécaires ou chirographaires; ils ont le même intérêt, selon les cir-

---

pour une somme inférieure à la valeur des biens; que, dans ces circonstances, l'opposition formée par le demandeur, et fondée sur la demande par lui faite d'un partage en justice, n'était point de nature à mettre obstacle à ce qu'il fût passé outre à la licitation à laquelle il était appelé; et que les causes de cette opposition ne peuvent point motiver l'annulation de cette opération ainsi consommée; d'où il suit que l'arrêt attaqué n'a violé aucune loi; — Rejette.

Du 30 janv. 1845.-C. C., ch. civ.-MM. Portalis, 1er pr.-Renouard, rap.-Laplagne, 1er av. gén., c. conf.-Dupont, de la Chère, av.

(1) *Espèce :* — (Berguerolles et Fer *C.* Roman). — 24 déc. 1827. Arrêt confirmatif de la cour de Nimes; — « Attendu qu'un fermier n'a pas qualité pour actionner un tiers détenteur en partage, soit définitif, soit provisoire, des biens affermés; que son contrat ne lui attribue, en cas d'inexécution du bail, qu'une action personnelle, contre son bailleur, en dommages-intérêts; qu'il ne peut intenter aucune action réelle ni mixte, et qu'une action en partage, même provisoire, est évidemment une action réelle; — Que le cohéritier ne pourrait lui-même intenter une action en partage provisoire, et qu'il ne peut, par conséquent, être présumé avoir transmis ce droit à un fermier; — Qu'à plus forte raison, un fermier ne peut demander un partage partiel, lorsqu'il n'a pris à ferme que certains des immeubles dépendants de la succession; — De tout quoi il suit que les premiers juges ont rejeté avec raison l'action de Fer et Berguerolles, en partage provisoire et en expédition de la moitié du domaine de Brutel et de la maison indivis entre François Roman et sa fille; dès lors surtout qu'il est constant, en fait, que la succession indivise dont il s'agit comprend bien d'autres objets immobiliers que les dits domaine et maison; — Attendu que François Roman doit des dommages aux sieurs Fer et Berguerolles, à raison de l'inexécution du bail à ferme du 1er septembre 1825; que la cour a liquidé ces dommages à la somme de 150 fr. pour chaque année de non-jouissance, si mieux n'aiment les parties les faire estimer par experts; » — Pourvoi pour violation de l'art. 1166 en ce que les demandeurs n'agissaient, en réclamant le partage, que comme exerçant les droits de l'héritier leur débiteur.—Arrêt.

LA COUR; — Attendu que si le fermier a droit de se faire mettre en jouissance en vertu de son bail, et en cas d'inexécution de ce bail par le fait du propriétaire, d'en demander la résiliation avec dommages et intérêts, ce droit, lorsqu'il a loué la part encore indivise d'un cohéritier dans une succession, ne va pas jusqu'à provoquer le partage; que cette action en partage est d'une autre nature; qu'elle a été donnée au créancier exerçant les droits de son débiteur, parce que la loi le subroge à ces droits; mais que l'action pour l'exécution d'un bail ou de toute autre obligation n'est qu'une action ordinaire; que spécialement, dans l'espèce, la demande du fermier devait être repoussée par un autre motif, car elle ne tendait pas à un partage qui ne peut être que de tous les biens d'une succession, mais seulement à la distraction et au partage partiel de deux objets qui avaient été affermés, les autres biens de la succession restant indivis; demande irrecevable, même dans la personne du cohéritier qui l'aurait formée; qu'en le jugeant ainsi, la cour royale de Nimes s'est conformée aux principes et n'a pu violer aucune loi; — Rejette, etc.

Du 22 fév. 1831.-C. C., ch. req.-MM. Dunoyer, pr.-Hua, rap.-Laplagne Barris, av. gén., c. conf.-Renard, av.

constances, à intervenir (Chabot, t. 2, p. 660; Duranton, t. 7, nº 505; Malpel, nº 251; Proudhon, de l'Usuf., nº 2382; Bioche, vº Partage, nº 252; Dutruc, nº 345). — Toutefois l'ancienne jurisprudence n'admettait l'intervention que des créanciers hypothécaires (Denisart, vº Partage, nº 24).

2014. Il suffirait même d'un droit *éventuel*, quoique contesté sur la succession, pour autoriser l'intervention au partage du tiers qui en est saisi (Grenoble, 19 janv. 1827, aff. N... *C.* N...).

2015. Mais il faut que la qualité de créancier ait été acquise avant le partage dans lequel a figuré le débiteur; le créancier, n'ayant qu'un titre postérieur au partage, ne serait pas recevable à l'attaquer : « Considérant que l'art. 882 c. nap. ne permet pas sans doute que les partages sur lesquels repose la tranquillité des familles puissent être mis en question par suite du dérangement des affaires d'un des copartageants survenu postérieurement à ces partages; confirme. » (Bourges, 13 mai 1831, 2e ch., M. Trottier, pr., aff. Septier *C.* Anceau).

2016. L'art. 882 ne parle que des créanciers des copartageants; les créanciers de la succession ont-ils le droit d'intervenir au partage? Non, d'après le texte même des art. 882 et 2205, qui n'accordent ce droit qu'aux créanciers des copartageants. L'art. 865 c. nap. statue dans le même sens. Les créanciers de la succession n'ont pas à craindre que la composition ou distribution des lots ne soit concertée, à leur préjudice, par les héritiers. Ils peuvent, après comme avant le partage, poursuivre les détenteurs des immeubles héréditaires, s'ils étaient affectés à leurs créances; ou bien, s'ils n'ont qu'une créance chirographaire, garantir la conservation de leurs droits, en requérant l'apposition des scellés et l'inventaire, en s'opposant à la levée des scellés hors de leur présence (c. nap. 820, 821.—Conf. M. Malpel, nº 251). — Jugé, 1º que les créanciers d'une succession, et spécialement les créanciers auxquels est due par la succession une rente viagère, ne peuvent, en cas de non-payement, ni provoquer la licitation des immeubles de la succession, ni se faire subroger aux poursuites commencées par les héritiers entre eux.—Vainement invoqueraient-ils l'art. 2205 c. nap., cet article n'accordant qu'au seul créancier *personnel* de l'un des cohéritiers le droit de provoquer la licitation de sa part indivise dans une succession (Poitiers, 21 juill. 1824) (1); — 2º Que l'art. 882 ne s'applique point aux créanciers de la succession; mais qu'il est applicable à celui qui serait en même temps créancier du défunt et de l'un des copartageants. — Par exemple, la femme dont la dot aurait été reçue par le défunt et son mari copartageant, pourrait intervenir comme créancière de celui-ci; et l'on prétexterait vainement que la restitution de la dot n'étant due que lors de la dissolution du mariage, elle n'est pas au moment du partage, créancière du mari dans le sens de l'art. 882 (Turin, 9 janv. 1811, aff. Aschero *C.* Pierra et Elia).

2017. La disposition de l'art. 882 peut être invoquée pour motiver son droit d'intervention au partage, non-seulement par les créanciers proprement dits, mais par tout tiers ayant à cet égard un intérêt juridique (Delvincourt, sur l'art. 882; Chabot, même article, nº 6; MM. Vazeille, *ibid.*, nº 2; Poujol, *ibid.*; Duranton, t. 7, nº 508; Massé et Vergé, sur Zachariæ, t. 2, p. 389, note 29). — Jugé ainsi, par exemple, quant à l'acquéreur d'immeubles dépendant de la succession indivise, et que lui a vendus l'un des héritiers. — « Attendu que les acquéreurs doivent être placés sur la même ligne que les créanciers, d'autant mieux qu'au cas d'éviction ils seraient créanciers de la garantie. » (Montpellier, 11 juin 1839, M. Viger, pr., aff. Bouton *C.* Crispon.)—Attendu que le mot générique *créancier* comprend tous ceux envers qui les obligations ont été contractées (Bordeaux, 27 fév. 1826, M. Delpit, pr., aff. Veyssi *C.* Gluet).

2018. Spécialement il a été décidé : 1º que cet acquéreur a qualité, soit pour intervenir dans l'instance en partage, soit pour former tierce opposition à un jugement qui aurait fixé des bases de partage préjudiciables à ses droits (Bordeaux, 29 août 1832, M. Poumeyrol, pr., aff. Boy *C.* Eymond);—2º Que le tiers détenteur de biens héréditaires, qui est évincé comme n'ayant acquis que d'un seul des héritiers, mais à l'égard duquel l'arrêt prononçant l'éviction réserve à statuer sur les indemnités qui pourraient lui être dues par le cohéritier vendeur, peut valablement être autorisé, de même que tout créancier d'un copartageant, à assister au partage, à ses frais, pour y surveiller ses droits, conformément à l'art. 882 c. nap. (Cass. 14 août 1840, aff. Laqueille, V. nº 1922); — 3º Que les tiers acquéreurs des biens de la communauté, en vertu de ventes à eux consenties par le mari seul après la séparation de biens, ont intérêt et droit à intervenir dans l'instance en partage de la communauté, afin de veiller à ce que les biens par eux acquis n'y soient pas compris, alors même qu'ils auraient déjà fait décider souverainement que ces biens ont été dûment aliénés à leur égard; rejette (Req. 16 fév. 1841, aff. veuve Mandron, V. Contr. de mar., nº 2401).

2019. Est recevable aussi dans son intervention au partage, le cessionnaire de droit successif contre lequel n'a pas été exercé le retrait successoral (Chabot, art. 882, nº 6; MM. Duranton, t. 7, nº 538; Vazeille, art. 882, nº 2; Bioche, vº Partage, nº 215).

2020. *Frais d'intervention.* — C'est à *leurs frais* que les créanciers interviennent. Il n'y a donc pas lieu de les faire supporter à la masse comme frais de partage, sauf toutefois le recours contre leur débiteur, s'il y a lieu (Bordeaux, 17 janv. 1831, M. Roullet, 1er pr., aff. Dupuy *C.* Blacquière).

2021. Mais ces frais ne sont pas *privilégiés* et ils ne peuvent être prélevés sur la part héréditaire du débiteur par préférence aux autres créanciers de celui-ci, qui n'ont pris aucune part à la contestation (Orléans, 26 juill. 1849, aff. Pelissot-Croué, D. P. 50. 2. 29).

2022. De ce que l'intervention d'un créancier dans un partage doit avoir lieu à ses frais, il s'ensuit que l'accroissement de frais occasionné par l'intervention dans les contestations entre les cohéritiers auxquels il prend part, retombe à sa charge personnelle, encore qu'il ait obtenu gain de cause (Orléans, 28 mars 1845, aff. Rousseau Saint-Léger, D. P. 45. 4. 385).

2023. Les frais d'intervention, prévus par l'art. 882 c. nap. ne s'entendent pas seulement des frais faits par les créanciers eux-mêmes, mais encore de ceux que leur présence nécessite de la part des héritiers, et, par exemple, les frais de significations faites par le poursuivant aux avoués de ces créanciers, tels que droits de copies, timbre de ces copies, droits d'enregistrement de ces copies, droit de signification de l'huissier audiencier (MM. Bioche, vº Partage, nº 231; Dutruc, nº 351). La question était soulevée par le pourvoi dans l'espèce de l'arrêt (Cass. 27 août 1838, V. nºs 2024 et s.), mais elle n'a pas été résolue d'une manière précise.

---

(1) (Vallant *C.* Chevalier). — LA COUR; — Considérant qu'aux termes des art. 1978 et 2204 c. civ., le défaut de payement des arrérages d'une rente viagère n'autorise celui en faveur de qui elle est constituée qu'à poursuivre l'expropriation des biens immeubles de ses débiteurs, sur lesquels il a hypothèque inscrite; — Considérant que la loi distinguant diverses espèces d'actions, chacune d'elles doit être exercée dans les cas où elle est prescrite; qu'ainsi nulles poursuites autres que celles énoncées dans les articles précités ne pouvaient être suivies par l'intimée qu'autant qu'elle y aurait été autorisée par des dispositions précises de la loi;

Considérant que la disposition générale de l'art. 1166 c. civ., qui porte que les créanciers peuvent exercer tous les droits et actions de leurs débiteurs, ne donnait point à l'intimée le droit de se faire subroger dans la poursuite d'une vente de biens immeubles indivis avec des mineurs, commencée par leur père, en sa qualité de tuteur et suivant une forme spécialement prescrite par le code civil; — Qu'en effet il résulte de cet article et des divers cas spécifiés pour son application, que l'exercice des droits du débiteur peut appartenir au créancier, quand il a lui-même une action directe contre ceux envers lesquels le débiteur néglige d'agir, action dont l'usage peut empêcher tout ce qui pourrait être fait en fraude de ses droits; — Considérant que l'art. 2205 c. civ. ne permet aux créanciers de provoquer, avant la mise en vente des immeubles d'une succession, le partage ou la licitation d'iceux, qu'autant qu'ils sont créanciers personnels d'un cohéritier ayant une part indivise; qu'il refuse conséquemment aux créanciers de toute l'hérédité cette faculté inutile pour eux et qui deviendrait la source de procédures frustratoires;

Considérant que les demandes de l'intimée n'ont point été d'ailleurs dirigées particulièrement contre l'un des cohéritiers de la succession de Marie-Élisabeth Rousseau, femme Vallant, mais bien contre toutes les personnes intéressées à la succession, et représentant collectivement la défunte; qu'ainsi sous aucun rapport elle ne pourrait invoquer l'art. 2205.

Du 21 juil. 1824.-C. de Poitiers.-M. Pervinquière, pr.

2024. Pour déterminer les frais qui doivent être mis à la charge des créanciers intervenants, il faut que les frais de chaque acte soient explicitement et distinctement taxés, et que chaque créancier soit déclaré passible de ceux auxquels il a donné lieu par son intervention, ce qui doit être exprimé dans la taxe. — ....Et, en l'absence de ces formalités, un jugement chercherait en vain à justifier le rejet de la demande en révision de taxe formée par l'adjudicataire sur licitation, sous le prétexte que les frais de levée, significations de jugements et autres actes d'exécution, sont implicitement compris dans ceux d'instance en licitation, mis en termes généraux à la charge de cet adjudicataire; que les demandes incidentes des créanciers n'ont pas sensiblement augmenté les frais de licitation, et que la différence minime qu'elles auraient occasionnée serait impossible à déterminer : de pareils motifs constituent la violation de l'art. 882 (Cass. 27 août 1838) (1).

2025. *Formes de l'intervention et de l'opposition à partage.* — L'intervention doit être notifiée à tous les copartageants (MM. Duranton, n° 507; Chabot, *loc. cit.*). — Mais la même notification est-elle nécessaire pour l'opposition à partage dans le cas d'un partage amiable? M. Marcadé, art. 882, n° 1, et deux arrêts semblent exiger cette formalité d'une manière absolue (Bordeaux, 30 nov. 1840, aff. Lachaise, V. n° 2028; Bourges, 27 août 1852, aff. Saint-Sauveur, D. P. 54. 2. 72). Mais il y a des actes équipollents qui dispensent d'une telle notification, quand ces actes, par exemple, ont date certaine; qu'ils manifestent l'intention de surveiller les droits du créancier et sont connus nécessairement de tous les héritiers.

2026. Ainsi l'intention du créancier d'assister au partage serait valablement manifestée dans l'opposition à la levée des scellés, quoique non notifiée aux héritiers et faite seulement selon l'art. 926 c. pr., soit par une déclaration sur le procès-verbal de scellés, soit par exploit signifié au greffier du juge de paix (Chabot, art. 882, n° 2; MM. Vazeille, *ibid.*, n° 3; Duranton, t. 7, n° 506; Dutruc, n° 525). — Jugé ainsi à l'égard d'une opposition formée par exploit signifié au greffier du juge de paix, ayant pour objet la conservation d'une créance contre l'un des héritiers (Req. 9 juill. 1838, aff. de la Berthelière, V. v° Scellés).

2027. Dans les cas où l'opposition doit être notifiée aux héritiers, suffirait-il de la notification à un ou plusieurs? Non : si un seul n'a pas connu l'opposition, le partage doit être maintenu à son égard; il serait injuste de le rendre victime de la négligence du créancier. Or un partage ne saurait être rescindé pour partie (Chabot, t. 3, p. 661; Duranton, n° 506; Delvincourt, t. 2, p. 372, n° 2; Vazeille, art. 882, n° 3; Dutruc, n° 526). — Néanmoins, il faut dire avec M. Duranton, *loc. cit.*, qu'un cohéritier ne saurait se prévaloir d'un défaut de notification, s'il était établi qu'il eût eu une connaissance personnelle de l'opposition et qu'il se fût hâté de faire terminer le partage pour ne pas laisser à ce créancier, qui ignorait sa qualité d'héritier, le temps de découvrir cette qualité et de lui faire faire la notification.

2028. L'opposition à partage doit être notifiée au débiteur; sinon, la liquidation faite hors la présence du créancier opposant est définitive et valable (c. nap. 882; Bordeaux, 30 nov. 1840) (2).

2029. Une saisie immobilière des biens d'une succession, faite et dénoncée par le créancier d'un cohéritier, équivaut-elle à l'opposition prescrite par l'art. 882 c. nap.? On a dit pour l'affirmative que le débiteur ne peut plus, après la dénonciation de la saisie, disposer de ses immeubles (c. pr. 692). Tel est le seul motif d'un arrêt (Cass. 11 nov. 1840, n° 2030). Mais il ne s'agit point ici, comme dans l'art. 692 c. pr., d'immeubles purement personnels au débiteur. Ce sont des biens indivis; il faut se demander si le droit absolu, qu'ont les copropriétaires de faire cesser l'état d'indivision, n'est pas supérieur à l'intérêt du créancier saisissant. On a vu d'ailleurs que l'opposition faite par exploit doit être notifiée à tous les héritiers, et que si elle a été ignorée d'un seul, le partage doit être maintenu, en ce qu'il ne saurait être annulé pour partie. Or, la dénonciation de la saisie n'étant faite qu'au débiteur, peut très-bien être ignorée des autres cohéritiers. — Jugé que la saisie immobilière, même transcrite, n'équivaut pas à une opposition à partage, et qu'en tout cas elle ne saurait avoir un tel effet qu'après sa signification à tous les indivisaires (Bourges, 27 août 1852, aff. Saint-Sauveur, D. P. 54. 2. 72).

2030. Mais, en sens contraire, il a été décidé que l'adjudication préparatoire, et même la dénonciation de la saisie au débiteur seul, sont des actes équipollents à une opposition au partage de l'immeuble saisi; et, par suite, le partage intervenu entre le saisi et ses copropriétaires, postérieurement à l'adjudication préparatoire ou même à la dénonciation de la saisie, est nul, alors qu'il a été fait hors de la présence du créancier poursuivant (Cass. 11 nov. 1840) (3). — Ces deux décisions sont combattues par M. Dutruc, n° 526.

2031. Dans une espèce où la saisie immobilière avait été

---

(1) (De Fresnois *C.* Jobart.) — LA COUR (apr. dél. en ch. du cons.); — Vu l'art. 882 c. civ...; — Attendu que de tels créanciers ne pouvant intervenir qu'à leurs frais, il faut, aux termes de la loi, que les frais de chaque acte soient explicitement et distinctement taxés; que, quelle qu'en puisse être la quotité plus ou moins grande, il faut qu'elle soit mise à la charge du créancier qui y a donné lieu par son intervention : ce qui doit être exprimé dans la taxe; — Que, dans l'espèce, un jugement l'avait expressément ordonné; — Que, néanmoins, le jugement attaqué a rejeté une demande en révision de la taxe de frais mis à la charge de l'adjudicataire de l'immeuble licité, en se fondant sur ce que les frais de levée, signification de jugement et autres actes d'exécution sont implicitement compris dans ceux d'instance en licitation mis en termes généraux à la charge de l'adjudicataire, et sur ce que les demandes incidentes à la licitation dont il s'agit n'en ont pas sensiblement augmenté les frais, et que la différence minime qu'elles auraient occasionnée serait impossible à déterminer; — Qu'en jugeant ainsi, le tribunal a manifestement violé la loi précitée; — Casse.

Du 27 août 1838.-C. C., ch. civ.-MM. Portalis, 1er pr.-Piet, rap.-Laplagne, 1er av. gén., c. conf.-Roger, Lanvin et Morin, av.

(2) *Espèce* : — (Lachaise et Chambart *C.* hér. Micouleau.) — Le 12 juill. 1839, jugement ainsi conçu : — « Attendu que Lachaise et Chambart, en leur qualité de créanciers de la dame Carrère, née Micouleau, ont eu la faculté d'exercer deux modes différents d'actions, relativement à la succession échue à leur débitrice; que conformément à l'art. 882 c. civ., et agissant en leur nom personnel, comme créanciers d'un copartageant, ils ont eu la faculté de s'opposer à ce qu'il fût procédé au partage hors de leur présence; — Mais attendu que, pour exercer utilement cette faculté, il aurait fallu que leur opposition fût signifiée à chacun des copartageants, faute de quoi le partage était régulier et valable à l'égard des autres copartageants; — Attendu, en fait, que Lachaise et Chambart n'ont point signifié leur opposition à la dame Micouleau, épouse Carrère; qu'en conséquence, le partage est valable à l'égard de cette dernière, et par suite à l'égard des autres; — Attendu, au surplus, que la veuve et la demoiselle Micouleau ont signifié à Lachaise et Chambart que le partage préparé par le notaire serait proposé pour la clôture le 16 nov., ce qui a mis ceux-ci en demeure de prendre connaissance du travail préparé par le notaire et d'y faire toutes objections; de quoi Lachaise et Chambart se sont abstenus; que le moyen spécial pris de ce que le partage aurait été fait au préjudice et au mépris de leur opposition doit être écarté; — Qu'il reste à Lachaise et Chambart le droit que l'art. 1166 c. civ. confère au créancier d'exercer les droits et actions de son débiteur du chef de ce dernier; que, sous ce nouveau rapport, les actes opposables au débiteur ont pareilles force et valeur à l'égard du créancier; — Qu'en effet, sauf le cas de fraude, qui ne se présume point, et dont la preuve n'est point fournie dans l'espèce, le créancier n'est que l'ayant droit de son débiteur; que, sous ce point de vue, Lachaise et Chambart ne relèvent aucun vice de forme contre l'acte de partage du 16 nov.; — Que, la nullité de cet acte n'étant point établie, Lachaise et Chambart sont non recevables dans leur demande tendante à un partage nouveau; — Déclare les sieurs Lachaise et Chambart mal fondés dans leur demande. » — Appel. — Arrêt.

LA COUR; — Attendu que, par l'acte du 12 nov. 1838, les appelants avaient été mis en demeure de prendre connaissance du projet de liquidation et de partage qui avait été dressé; que ce projet, dépourvu de la signature des parties, ne pouvait préjudicier à leurs droits; d'où il suit qu'ils ont été avertis en temps utile pour les faire valoir; — Attendu que leur refus de déférer à la sommation qui leur était faite a autorisé la veuve et les enfants Micouleau à procéder au partage et à la liquidation hors de la présence des appelants; — Attendu d'ailleurs que la liquidation et le partage du 16 nov. 1838 sont justes dans leurs dispositions, adoptant au surplus les motifs des premiers juges; — Met l'appel au néant.

Du 30 nov. 1840.-C. de Bordeaux, 1re ch.-M. Roullet, 1er pr.

(3) (Randouin *C.* Petiteau.) — LA COUR; — Vu les art. 692, 693 et

dénoncée à tous les cohéritiers, il a été décidé que le créancier d'un cohéritier, qui a cédé ses droits à la succession, ne perd point, par son défaut d'opposition à cette cession, le droit d'intervenir dans le partage des biens de la succession, lorsque, antérieurement à la cession, il a pratiqué une saisie immobilière sur ces mêmes biens (Toulouse, 11 juill. 1829) (1). — L'arrêt, du reste, ne paraît attacher l'effet d'opposition qu'au seul fait de la saisie et non à sa dénonciation.

2032. La *transcription* de la saisie ne dispenserait pas de la dénonciation à tous les cohéritiers; car la transcription n'a lieu que pour prévenir les tiers qui voudraient contracter avec le débiteur; mais les cohéritiers n'ont point à consulter les registres des hypothèques, pour savoir s'ils peuvent sortir d'indivision (Bourges, 27 août 1852, aff. Saint-Sauveur, D. P. 54. 2. 72).

2033. Ce que nous avons dit de la saisie immobilière s'applique à la *saisie-arrêt* pratiquée sur la part indivise d'un héritier dans la succession. Elle n'a pas l'effet de l'opposition à partage prévue par l'art. 882 (MM. Roger, de la Saisie-arrêt, n° 451; Chauveau sur Carré, quest. n° 1951 *bis*, § 4; Bioche, n° 233; Dutruc, n° 526).—Jugé ainsi, lorsque la saisie-arrêt n'a pas été dénoncée à tous les cohéritiers. « Attendu que la saisie-arrêt n'a pas eu pour objet de s'opposer à ce qu'il fût procédé au partage en l'absence du créancier saisissant, mais seulement de mettre sous la main dudit créancier ce qui pourrait provenir à son débiteur sur cette créance, par le résultat éventuel du partage et de la liquidation de la communauté; que, s'il y avait eu opposition au partage dans le sens de l'art. 882, il eût fallu que cette opposition eût été dénoncée à tous les cohéritiers, ce qui n'a pas été fait; rejette » (Req. 24 janv. 1837, MM. Zangiacomi, pr., Vigier, rap., aff. Loustau *C.* hér. Lordon).

2034. De même, il a été jugé que le créancier saisissant n'a pas le droit de former tierce opposition au jugement, qui, depuis la saisie-arrêt, a statué sur le partage des sommes dues entre les héritiers, hors de sa présence; que, dans ce cas, il est vrai de dire que le créancier a été représenté par son débiteur dans l'instance en partage (Cass. 19 nov. 1838, aff. Delatour, V. Tierce opposition).

2035. A plus forte raison, l'inscription hypothécaire prise sur les biens de la succession, et avant le partage, par le créancier de l'un des héritiers, ne peut tenir lieu d'opposition; et le créancier ne serait pas fondé, le partage une fois opéré, à en demander la nullité par ce motif qu'il n'y aurait pas été appelé (Rouen, 17 janv. 1849, aff. Duperron, D. P. 50. 2. 97).

2036. L'opposition est utilement faite, tant qu'on n'a pas procédé au partage. Mais on a jugé qu'elle était tardive, quoique faite huit jours seulement après le décès, si déjà il y avait eu partage non frauduleux entre les héritiers (Paris, 4 fév. 1837) (2).

2037. *Quels sont les effets de l'opposition à partage?* — Remarquons d'abord qu'elle n'a pas seulement pour effet d'autoriser le créancier opposant à attaquer pour cause de fraude ou de lésion le partage fait sans lui, mais de faire considérer ce partage comme non avenu à son égard (Douai, 26 déc. 1853, aff. Legroux, D. P. 55, 2. 340).

2038. L'opposition à partage a-t-elle pour effet de dessaisir l'héritier débiteur de la libre disposition de sa part héréditaire? La question a été résolue en sens divers. — Ainsi on a déclaré valable la vente consentie depuis l'opposition par le débiteur, de toute sa part héréditaire à des tiers de bonne foi (Douai, 24 mai 1850, aff. Plouvion, D. P. 51. 2. 87).

2039. Il a été jugé, au contraire, 1° que l'opposition à partage de la part des créanciers de l'héritier empêche ce dernier, contre lequel elle a été formée, de disposer à leur insu, et au profit de l'un d'eux, de tout ou de partie des valeurs de la succession, tant que la liquidation et le partage ne sont pas définitivement arrêtés avec les opposants (c. nap. 882; Paris, 19 janv. 1843) (3); — 2° Que la vente de ses droits immobiliers faite par un héritier à l'un de ses cohéritiers depuis l'opposition

---

727 c. pr. civ.; — Attendu que l'unique motif, en droit, pour lequel l'arrêt attaqué déclare bon et valable le partage fait entre Petiteau père et ses enfants, le 6 janv. 1835, et accueille par suite la demande en distraction formée par Petiteau fils, et que le demandeur, Me Randouin, ne s'est pas opposé à ce que le partage des biens sur lesquels il avait fait établir une saisie immobilière fût fait hors sa présence, ainsi qu'il en avait le droit d'après l'art. 882 c. civ., et que la saisie ne le dispensait pas de remplir cette formalité; — Qu'il résulte de ce motif que la cour royale reconnaissait formellement qu'il s'agissait, dans l'espèce, d'une demande en distraction formée par les enfants Petiteau dans le cours d'une poursuite de saisie immobilière intentée contre leur père, antérieurement à l'adjudication définitive;

Attendu que le code de proc. civile, dans son titre 13, qui n'est qu'un annexe du titre de la saisie immobilière qui le précède, range expressément dans la classe des incidents sur la poursuite de saisie immobilière les demandes en distraction, soit d'une partie, soit de la totalité des immeubles saisis; — Que le code civil lui-même, dans les art. 2217 et 2218, renvoie aux lois sur la procédure, les règles et les formes de la poursuite sur expropriation et celles des instances qui s'y rattachent; — Que tout ce qui regarde les demandes en distraction est réglé par les art. 727 et suiv. jusqu'à l'art. 731 c. pr. civ.; que ce n'est donc point dans le code civil seul qu'il convenait de chercher la solution de la question soulevée par l'arrêt attaqué, si une saisie immobilière préexistante dispense ou non le créancier poursuivant de former l'opposition prescrite par l'art. 882 c. civ.; — Que la cour royale, néanmoins, a fait une complète abstraction de lois sur la procédure; qu'elle ne se livre à aucune appréciation des effets légaux que ce code attache à la saisie immobilière, suivant les degrés auxquels elle est parvenue par l'accomplissement successif des formalités prescrites par la loi spéciale qui la régit; — Que l'arrêt se borne à énoncer, en principe général et absolu, que la saisie ne dispense pas de l'opposition, ce qui est résoudre la question par la question; — Que de cette généralité d'expressions il résulterait implicitement, mais nécessairement que, dans l'opinion de la cour royale, une saisie immobilière, même dénoncée, dont les effets sont réglés par l'art. 692 c. pr. civ., lequel prononce l'interdiction d'aliéner contre le saisi, ou même une adjudication provisoire, dans les termes de l'art. 698 qui le dessaisit entièrement et transfère à l'adjudicataire une propriété qui, quoique résoluble, n'en est pas moins de nature à devenir définitive faute de surenchérisseurs, ne sont pas des actes équipollents à une simple opposition et n'en dispensent pas; — Qu'en prononçant ainsi, l'arrêt attaqué a non-seulement fait à l'espèce une fausse application de l'art. 882 c. civ., étranger aux règles et aux effets légaux de la saisie immobilière; mais qu'en déclarant, par suite, bon et valable le partage opéré le 6 janv. 1835, entre la partie et ses enfants, postérieurement non-seulement à la dénonciation de la saisie, mais encore à la sentence par laquelle le poursuivant était demeuré adjudicataire provisoire aux termes de l'art. 698, l'arrêt attaqué a formellement violé les art. 692 et 698 c. pr. civ.; — Sans qu'il soit besoin de s'occuper des autres moyens, casse.

Du 11 nov. 1840.-C. C., ch. civ.-MM. Portalis, 1er pr.-Legonidec, rap.-Laplagne-Barris, 1er av. gén., c. conf.-Morin, av.

(1) (Jourde *C.* Aussenac.) — LA COUR; — Attendu qu'Aussenac est créancier de Garrigues père, et qu'à ce titre il a droit d'intervenir dans le partage de la succession de Jeanne Chap, dont ledit Garrigues est un des héritiers médiats; — Attendu qu'on ne peut se prévaloir de ce qu'il n'avait pas fait opposition antérieurement à une cession consentie par ledit Garrigues de tous ses droits à cette succession en faveur de la femme Jourde, sa fille, puisqu'antérieurement à cette cession une saisie immobilière avait été jetée sur les biens de cette succession, à la requête dudit Aussenac, au préjudice dudit Garrigues, etc.;

Du 11 juill. 1829.-C. de Toulouse, 2e ch.-M. Chalret-Durieu, pr.

(2) *Espèce* : — (Bureaux, etc. *C.* Carnot.) — Carnot père décède le 27 sept. 1834, laissant une veuve et deux enfants majeurs; — Dès le 1er octobre, acte notarié qualifié partage, par lequel Carnot fils se reconnaît débiteur de 184,000 fr. envers la succession, et abandonne à sa mère et à sa sœur divers biens et valeurs pour les remplir de leurs droits. Cet acte ne contient pas de règlement définitif et renvoie la liquidation de tous les points indécis à un acte complémentaire. — Le 4 octobre, opposition à partage par le sieur Bureaux et autres, créanciers de Carnot fils; — On lui oppose le partage. — Jugement qui statue en ces termes : — « Attendu que la loi ne fixant pas de délai, a eu pour but de faire prévaloir l'intérêt des familles sur celui des créanciers; que le partage dont il s'agit, quoique partiel, est définitif dans les objets qu'il comprend; — Que rien ne porte à croire qu'il soit simulé; — Rejette l'opposition comme tardive; maintient le partage dans les points qu'il renferme, et ordonne au surplus la liquidation des objets.... restés indivis entre les parties, sauf aux créanciers opposants à intervenir à leurs frais. » — Appel par les créanciers. — Arrêt.

LA COUR; — Considérant que le partage en question, intervenu entre héritiers majeurs et maîtres de leurs droits, ne blesse aucune disposition de la loi; — Qu'il n'est pas établi qu'il soit simulé ni qu'il ait été fait en fraude et au préjudice des droits des créanciers; — Adoptant au surplus les motifs des premiers juges, confirme, etc.

Du 4 fév. 1837.-C. de Paris, 3e ch.-M. Simonneau, pr.

(3) (Garrier *C.* Cartille.) — LA COUR; — Considérant que la disposition de l'art. 882 c. civ., qui autorise des créanciers d'un héritier à s'opposer à ce que le partage entre lui et ses cohéritiers soit fait hors de

à partage de l'un des créanciers, n'ôte pas à ce créancier le droit de demander le partage des immeubles de la succession (Metz, 20 fév. 1856) (1). Vainement prétendait-on, dans l'espèce, que le créancier, ayant une hypothèque judiciaire, avait seulement le droit de surenchérir.

2040. Une distinction, fondée à nos yeux, est proposée à cet égard par MM. Massé et Vergé, t. 2, p. 390, note 33. L'héritier ne peut céder ses droits successifs au mépris de l'opposition des créanciers, si cette cession met fin à l'indivision entre cohéritiers ou équivaut à partage. Mais si elle n'a d'autre résultat que de diminuer le nombre des ayants droit dans la succession, ou de substituer un ayant droit à un autre, l'opposition ne saurait y faire obstacle. Il faut, du reste, dans ce dernier cas, que le cessionnaire soit de bonne foi et ne se soit pas entendu avec l'héritier débiteur pour frustrer le créancier d'un actif sur lequel il comptait. — Suivant un arrêt, l'opposition formée par un créancier au partage d'une succession, antérieurement au transport que le débiteur a fait de ses droits successifs à l'un de ses cohéritiers, profite au créancier qui n'a formé opposition que postérieurement à ce transport, nonobstant la mainlevée de la première opposition; elle empêche, par conséquent, le transport de produire ses effets vis-à-vis du second opposant (Paris, 18 fév. 1853, aff. Burot, D. P. 55. 2. 77). Cette solution nous paraît fort contestable. — Pourquoi l'opposition du créancier désintéressé survivrait-elle au profit d'un autre créancier qui n'a pas été aussi vigilant, et qui n'a formé, lui, opposition au partage que postérieurement au transport, et peut-être même à la mainlevée (circonstance qu'il eût été utile de connaître, et dont il faut regretter que la décision ne fasse pas mention)? — En matière de saisie-arrêt, on juge à la vérité, et c'est d'ailleurs un point de controverse (V. v° Saisie-arrêt), que le créancier, qui a formé opposition sur une créance précédemment cédée par son débiteur, mais frappée, avant la cession, d'une première saisie-arrêt par un autre créancier, conserve ses droits sur la somme rendue indisponible par la première saisie, nonobstant la cession et même nonobstant la mainlevée ou l'annulation ultérieure de cette saisie. On donne pour motif que le saisissant, premier en date, n'acquérant, par sa diligence, aucun droit de préférence sur les saisissants postérieurs, mais devant, au contraire, souffrir le concours de ces derniers à la distribution de la somme saisie, sauf à être indemnisé par le cessionnaire du préjudice résultant pour lui de ce concours, il en découle virtuellement que toute opposition, antérieure à la cession, frappe d'indisponibilité, dans l'intérêt de tous les opposants, la créance saisie, jusqu'à concurrence du montant des causes de cette opposition, et partant que ni la cession, ni la mainlevée ou l'annulation postérieure de ladite opposition, ne sauraient préjudicier aux droits acquis des derniers opposants. Mais que peuvent avoir de commun les principes en matière de saisie-arrêt et ceux relatifs aux oppositions à partage? Ce que se proposent les opposants, dans ce dernier cas, ce n'est pas une distribution de deniers, au marc le franc, de leurs créances respectives, mais simplement d'empêcher que le partage n'ait lieu en fraude de leurs droits, c'est-à-dire qu'on ne mette, par exemple, dans le lot de leur débiteur, que du mobilier, sur lequel ils ne pourraient faire valoir leurs hypothèques.

2041. Quoi qu'il en soit, il ne faut pas confondre quant à leurs effets, l'opposition à partage et la demande en partage formée par un créancier d'un héritier. En s'opposant au partage, le créancier exerce un droit personnel qui deviendrait illusoire, si l'héritier débiteur avait la faculté d'aliéner sa part héréditaire, avant qu'elle ait été déterminée par un partage fait en présence de l'opposant ou lui régulièrement appelé. Mais quand le créancier se borne à provoquer le partage, il n'agit que du chef de son débiteur ou comme son ayant cause; on comprend qu'alors sa demande ne diminue en rien les droits de l'héritier (Conf. M. Dutruc, n° 538). — Jugé aussi que la demande en partage formée par un créancier, exerçant les droits de l'un des héritiers de son débiteur, n'enlève pas à celui-ci le droit de vendre les biens de la succession à l'amiable; et, par suite, la vente de ces biens qu'il a consentie sans fraude conjointement avec ses coïndivisaires est valable, bien que des jugements intervenus sur l'action en partage du créancier aient admis cette action, et ordonné le partage par voie de licitation (Bordeaux, 29 juin 1848, aff. Vaz, D. P. 50. 2. 25).

2042. L'opposition à partage formée par un créancier ne profite qu'à lui seul et non à ses propres créanciers : « Attendu que nul n'est recevable à exciper des actes d'un tiers qui, ne pouvant lui nuire, ne peuvent non plus lui profiter; émendant » (Bordeaux, 2e ch., 3 mai 1833; M. Gerbeaud, pr.; aff. Lesparre C. Mandavy).

2043. Le droit d'intervenir dans un partage de succession, accordé par l'art. 882 c. civ. aux créanciers, comporte nécessairement celui d'intervenir aussi dans les comptes auxquels est subordonné l'effet du partage lui-même (Nancy, 1re ch., 25 mars 1843; M. Masson, f. f. de pr., aff. Florentin, Extr. de M. Garnier, v° Intervention, n° 3).

§ 3. — *Droit des créanciers d'attaquer le partage.*

2044. Selon l'art. 882, « les créanciers ne peuvent attaquer un partage consommé, à moins qu'il n'y ait été procédé sans eux et au préjudice de leur *opposition.* » — Jugé que, de ce que le créancier non opposant ne peut plus attaquer un partage consommé, il résulte une fin de non-recevoir contre la tierce opposition qu'il formerait au jugement qui pose les bases du partage (Riom, 11 fév. 1830, aff. Brousse C. Cayrou).

2045. Si le partage est *sous seing privé* et n'a pas *date certaine*, le créancier peut-il l'attaquer, pour anti-date ou comme postérieur à son opposition? Selon M. Toullier, t. 4, n° 412, 2e éd., qui avait d'abord émis l'opinion contraire, t. 3, n° 393, 1re édit., les créanciers d'un cohéritier ne sont que ses *ayants cause*, et ils ne sauraient ainsi contester la date des actes qu'il a souscrits. — Mais le créancier n'est l'ayant cause de l'héritier que lorsqu'il exerce l'action du débiteur, et, par exemple, lorsqu'il demande la rescision du partage pour lésion; s'il agit en son nom propre, s'il se plaint de la fraude commise par le débiteur lui-même, le même principe n'est plus applicable. La condition de l'un ne doit point être laissée à la discrétion de l'autre. L'art. 1328 ne rend les actes sous seing privé obligatoires contre les *tiers* que du jour où ils ont acquis date certaine; or, sous le nom de *tiers*, la loi désigne tous ceux qui n'ont pas souscrit l'acte, ou qui ne représentent pas les signataires (Merlin, *Quest. de dr.*, v° Tiers, § 2; Malpel, n° 233; Delvincourt, t. 2, p. 372, not. 3; Chabot, t. 3, p. 662; MM. Duranton, t. 7, n° 511; Vazeille, art. 882, n° 7;

---

leur présence, a eu pour but général de prévenir toute fraude qui pourrait être pratiquée au préjudice de ces créanciers, soit au cas où l'héritier essayerait de faire entrer dans son lot des valeurs moins considérables que celles qui lui reviennent de droit, soit, enfin, au cas où il tenterait de soustraire tout ou partie desdites valeurs à l'action de ses créanciers par un transport fait à un tiers; qu'un tel transport fait au mépris des oppositions des créanciers, avant toute opération de partage, ou avant l'attribution définitive par le jugement homologatif de partage, et alors que les droits de l'héritier dont la part est frappée d'opposition ne sont pas encore fixés, ne peut avoir d'autre but que d'éluder l'effet des dispositions de l'art. 882 c. civ. et que les créanciers sont fondés à en demander la nullité.

Du 19 janv. 1845.-C. de Paris.

(1) *Espèce :* — (Faynot *C.* le parquet.) — 2 avr. 1855, jugement ainsi conçu : — Attendu que l'hypothèque judiciaire frappe les biens futurs, et par conséquent la part héréditaire d'un successible; — Que les immeubles dépendant de la succession ne sont dégagés de cette hypothèque que par le partage ou la licitation, chaque héritier étant alors réputé avoir succédé seul et immédiatement à tout ce qui lui est échu; — Que la licitation dont il est parlé au titre des Successions n'a lieu que dans les cas où les immeubles ne peuvent se partager commodément; — Qu'une vente ordinaire, même à un successible, ne transmet l'immeuble qu'avec les charges dont il est grevé; — Que, pour pouvoir jouir de la faculté de surenchérir, le créancier a besoin non-seulement de connaître l'importance en particulier de la part qui reviendra à son débiteur, mais encore d'avoir un immeuble déterminé sur lequel il puisse exercer la surenchère; — Que l'Epargneur n'insiste plus pour le partage du mobilier, et qu'un jugement était nécessaire, lors même qu'on ne lui eût pas contesté le droit de poursuivre son action; — Le tribunal ordonne le partage des immeubles de la succession. » — Appel. — Arrêt.

LA COUR; — Adoptant les motifs des premiers juges, confirme.

Du 20 fév. 1856.-C. de Metz, 3e ch.-M. de Coulon, pr.

Duvergier sur Toullier, t. 4, nº 412; Bioche, vº Partage, nº 239; Marcadé, nº 3; Dutruc, nº 536).

2046. Le partage, quoique consommé, est-il attaquable par les créanciers non opposants, s'il a été fait en fraude de leurs droits? La question est fort controversée. — On dit d'une part, que l'art. 1167 c. nap. permet bien aux créanciers d'attaquer en leur nom personnel les actes frauduleux faits par leur débiteur; mais, continue cet article, « ils doivent, quant à leurs droits énoncés au titre des Successions, se conformer aux règles qui y sont prescrites. » L'art. 1167 s'interprète donc par l'art. 882; l'opposition au partage est donc la condition de l'action en révocation pour fraude. Entendu autrement, l'art. 882 deviendrait inutile, puisqu'il est évident qu'un partage non frauduleux ne saurait être attaqué par des tiers qui n'ont pas demandé à y intervenir. Le code a préféré donner aux créanciers le moyen de prévenir la fraude, conformément à notre jurisprudence ancienne, plutôt que d'offrir seulement, à l'exemple des lois romaines, le moyen d'en obtenir la réparation. « On n'a pas voulu, disait M. Bigot de Préamenen, sur l'art. 1167, que des créanciers pussent troubler le repos des familles, en critiquant, comme frauduleux, certains actes qui sont nécessaires, actes qu'ils ne sont pas censés avoir ignorés, et dans lesquels on leur accorde seulement le droit d'intervenir » (telle est l'opinion de MM. Duranton, nº 509; Malpel, nº 253; Poujol, art. 882; Belost-Jolimont, sur Chabot, même article, obs. 1; Marcadé, même article, nº 1; Massé et Vergé, sur Zachariæ, t. 2, p. 390, note 37). — On a répondu en sens contraire : l'art. 882 a eu égard à la bonne foi des héritiers, en maintenant le partage fait hors de la présence des créanciers qui ne s'étaient pas fait connaître, mais il n'a pas eu pour objet de récompenser la fraude. Les créanciers ont pu d'ailleurs n'avoir pas eu le temps de la prévenir, si elle a été pratiquée secrètement et avec célérité. Treilhard disait, en expliquant l'art. 882 : « Les créanciers (qui n'ont pas formé opposition) ne peuvent attaquer un partage fait sans fraude, en leur absence... » (Toullier, t. 4, nºs 412 et 563; MM. Souquet, vº Partage, tabl. 460, 4ᵉ col.; Dutruc, nº 531.)—Cette solution nous paraît préférable. Mais nous la bornerions au cas où la fraude a été concertée entre tous les copartageants (Conf. MM. Vazeille, art. 882, nº 4; Dutruc, *loc. cit.*). — Cette circonstance se rencontre dans la plupart des arrêts ci-après, qui admettent l'action du créancier non opposant. Notre restriction, toutefois, n'a été formellement exprimée que par l'arrêt (Toulouse, 8 déc. 1830, aff. Massol, V. nº 2052). — Une distinction d'ailleurs est à faire entre le partage frauduleux et le partage simulé. La simple simulation, qui ne donne au partage qu'une apparence trompeuse, ne suffit pas pour rendre non recevable l'action des créanciers non opposants. — Aussi n'y a-t-il de controverse que quant au partage déloyal, mais réel. Un partage qui n'a rien de sérieux ne peut pas avoir plus d'effet que s'il n'existait pas : il est encore à faire (MM. Vazeille, nº 3; Belost-Jolimont, obs. 1; Marcadé, nº 2; Dutruc, nº 533; Massé et Vergé, sur Zachariæ, *loc. cit.*). — Enfin la jurisprudence est bien fixée pour le cas de simulation, mais elle offre de grandes divergences pour le cas de fraude.

2047. Il a été jugé d'abord que les créanciers non opposants à un partage ne peuvent l'attaquer sous prétexte qu'il serait fait en fraude de leurs droits (Bordeaux, 29 nov. 1856; Riom, 23 juill. 1838 (1); Bordeaux, 3 mai 1833, M. Gerbeaud, pr., aff. Lesparre *C.* Mandavy; Pau, 28 mai 1834, M. de Figarol, pr., aff. Picard *C.* Guilhembernard; Douai, 7 juin 1848, aff. Salligot, D. P. 49. 2. 194; 15 déc. 1851, aff. Desvignes, D. P. 54. 5. 541).

2048. La cour suprême a statué dans le même sens le 20 nov. 1854, mais par les motifs plutôt que par les dispositifs de son arrêt; car, dans l'espèce, il s'agissait d'un partage entre associés, et l'on décide que l'art. 882, qui règle les rapports des créanciers avec les cohéritiers copartageants, ne s'applique point au partage entre associés; que ce partage n'est assimilé par la loi au partage entre cohéritiers que quant aux formes et aux rapports des copartageants entre eux, mais non quant à ses effets; que spécialement les créanciers d'un associé sont, en vertu de l'art. 1167, § 1, recevables à attaquer la cession de ses droits au fonds social, faite par leur débiteur à ses cosociétaires, encore qu'ils n'aient formé ni intervention ni opposition à cet acte (Req. 20 nov. 1834, aff. Wilmet, vº Société).

2049. L'action en nullité pour fraude a été déclarée non recevable de la part du créancier non opposant, bien qu'il s'agisse d'un partage fait avec le curateur de la succession vacante de l'un des héritiers. L'arrêt se fonde sur l'art. 813 c. nap., qui donne au curateur l'exercice de tous les droits intéressant la succession, et sur l'art. 790, qui déclare inattaquable ce qui a été fait avec lui dans la sphère de ses pouvoirs (Pau, 28 mai 1834, M. de Figarol, pr., aff. Picard *C.* Guilhembernard).

2050. Au contraire, il a été décidé que le créancier non opposant peut faire annuler le partage comme fait en fraude de ses droits (Montpellier, 11 juin 1839) (2); Toulouse, 25 fév. 1813, aff. Barbe

---

(1) 1ʳᵉ *Espèce* :—(Saboureau et cons. *C.* Audemard.)—LA COUR;—Attendu qu'en admettant que l'acte du 10 déc. 1828, contenant partage des successions de Raymond Audemard et de Marie Pourteyron, eût été fait en fraude des droits des créanciers d'Audemard, dit Saint-Jean, l'un des copartageants, parce que, pour atteindre ce but on aurait attribué à ce dernier une soulte considérable, il ne serait plus temps, pour ses créanciers personnels, d'éviter le préjudice qu'un tel partage a pu leur causer; — Qu'en effet, suivant le § 2 de l'art. 1167 c. civ., des créanciers, quand il s'agit de prévenir des partages qu'un débiteur préméditerait en fraude de leurs droits, doivent se conformer aux règles prescrites par l'art. 882 du même code; — Qu'il devient indispensable qu'ils s'opposent à ce que le partage soit effectué hors de leur présence; — Que le même art. 882 porte expressément qu'ils ne peuvent attaquer un partage consommé, à moins qu'il n'y ait été procédé sans eux et au préjudice d'une opposition qu'ils auraient formée; — Qu'une opposition est donc la condition préalable de leur action; — Que le conseiller d'État exposant les motifs de l'art. 1167 annonçait que le législateur n'avait pas voulu permettre que le repos d'une famille fût inopinément troublé; ce qui serait arrivé si les tribunaux avaient dû admettre l'attaque tardive d'un créancier négligent envers un pacte consacrant des faits accomplis, et contre lesquels le créancier, usant des moyens légaux dans l'espèce actuelle, aurait pu facilement se prémunir.

Du 29 nov. 1856.-C. de Bordeaux.-M. Poumeyrol, pr.

2ᵉ *Espèce* :—(Gardez *C.* Saurat.)—LA COUR;—Attendu que l'art. 882 c. civ. déclare d'une manière générale que le créancier à qui il accorde la faculté de s'opposer au partage ou d'y intervenir, pour éviter qu'il n'y soit procédé en fraude de ses droits, ne peut plus l'attaquer lorsqu'il est consommé, si ce n'est dans le cas où il y a été procédé au mépris de son opposition; — Que ces dispositions comprennent nécessairement l'action en fraude envers le créancier, quelle qu'elle soit, puisqu'elle s'y trouve textuellement désignée sans aucune restriction; — Qu'autrement, l'art. 882 eût été parfaitement inutile, puisqu'il n'y avait aucune nécessité de déclarer qu'un partage, même frauduleux, était inattaquable, — Que l'art. 1167, dans le principe général qu'il proclame, n'a rien qui entraîne cette interprétation; — Que, d'une part, l'art. 882 forme un droit exceptionnel auquel la généralité de l'art. 1167 n'a pu déroger, et que, de l'autre, ce dernier article, § 2, a eu soin de déclarer que les créanciers qui pourraient attaquer les actes de leurs débiteurs, faits en fraude de leurs droits, devaient, quant à ceux de ces droits énoncés au titre des successions, se conformer aux règles qui y sont prescrites; — Qu'il est facile de sentir l'esprit qui a dicté cette exception aux règles générales sur la fraude; — Qu'on n'a pas voulu que des créanciers pussent troubler le repos des familles, en attaquant comme frauduleux des actes habituels et nécessaires qu'ils peuvent aisément prévoir, et auxquels ils peuvent assister si leur intérêt l'exige, à l'aide des moyens que la loi leur fournit; — Infirme.

Du 23 juill. 1838.-C. de Riom, 1ʳᵉ ch.-M. Bryon, 1ᵉʳ pr.

(2) (Bouton *C.* Crispon). — LA COUR; — Attendu que le dol et la fraude font exception à toutes les règles, et vicient les contrats qui en sont infectés; — Que les tiers sont recevables à attaquer tous actes frauduleux qui préjudicient à leurs droits;—Que la disposition de l'art. 1167 c. civ. n'est qu'une émanation de ce principe général; — Que le § 2 du même article, en renvoyant au titre du Contrat de mariage et à celui des Successions pour régler d'une manière plus spéciale l'exercice des actions du créancier, n'a eu nullement en vue de créer des exceptions à ce principe, et qu'il suffit, pour s'en convaincre, de parcourir tous les textes de ces deux titres qui concernent les actions du créancier, puisqu'il n'en est aucun où l'on trouve une disposition qui lui soit contraire; — Attendu qu'une pareille exception ne saurait être induite des termes de l'art. 882; — Que cet article a eu seulement en vue d'accorder au créancier un droit d'intervention au partage, pour éviter le préjudice qui pourrait en résulter, sans toutefois que le droit d'intervenir lui donne celui d'exiger qu'on l'y appelle, ni, par suite, d'attaquer les partages faits sans son concours, alors qu'il a négligé d'y former opposition; — Que les expressions, en fraude de ses droits, qu'on trouve dans la première partie de l'article, n'ont pas d'autre sens que celles de l'art. 1464, où les mêmes expressions n'ont pas pour objet de qualifier uner enonciation frauduleuse, mais seulement la renonciation faite au préjudice

C. Dubernat; Grenoble, 15 mai 1824, M. Duboys, pr., aff. Lagier C. Lombard; Agen, 24 fév. 1824, aff. Povydebat C. Vignaux; Pau, 28 mai 1834, M. de Figarol, pr., aff. Picard C. Guilhem-bernard; Bastia, 8 déc. 1834, M. Colonna d'Istria, pr., aff. Simonetti C. Simonetti; Paris, 10 juill. 1839, M. Hardoin, pr., aff. Romigny C. Bary).

2051. Il en est ainsi surtout, lorsque les copartageants se sont concertés pour nuire à des tiers : — « Attendu qu'il est incontestable que la fraude annule toutes les conventions auxquelles on prouve qu'elle a présidé ; que le triomphe devant les tribunaux de la mauvaise foi et du dol reconnu porterait un coup mortel à la justice ; qu'il ne peut pas y avoir d'exception pour les partages frauduleux, alors qu'il est établi que tous les copartageants se sont concertés pour nuire à des tiers; qu'en pareille circonstance, l'acte est frappé d'une nullité radicale; qu'il faut le considérer comme n'existant pas; d'où suit qu'il n'y a plus de partage à opposer aux créanciers que l'on a voulu tromper » (Bordeaux, 11 juill. 1834, aff. Laborde C. Dubourg; Amiens, 14 nov. 1840, aff. David C. Letellier).

2052. Jugé aussi que l'art. 882, en ce qui concerne la déchéance du créancier pour défaut d'opposition, ne s'applique qu'au cas où le débiteur seul aurait usé de fraude envers ses créanciers dans l'acte de partage, les autres communistes ayant agi de bonne foi. Mais l'action en nullité est recevable si la fraude est l'œuvre de tous les copartageants (Toulouse, 8 déc. 1830, M. Chalret-Durieu, pr., aff. Massol C. Massol). — Tel serait le cas notamment où les copartageants se seraient concertés pour exagérer les rapports à faire à la masse par l'héritier débiteur. — L'action des créanciers non opposants est alors recevable (Grenoble, 1er juin 1854, aff. Martin, D. P. 54. 5. 540).

2053. Plusieurs arrêts ont statué sur le cas d'un partage simplement simulé, et tous ont déclaré recevable l'action en nullité du créancier non opposant (Agen, 19 mai 1823 (1); Toulouse, 21 mai 1827, M. de Reynal-Saint-Michel, pr., aff. Berluc C. Surtor; Montpellier, 11 juin 1830, aff. Bouton, V. n° 2050; Bourges, 18 juill. 1852, aff. Bourdarioux; Colmar, 1er mars 1853, aff. Holder, D. P. 54. 5. 541).

2054. Il en est ainsi notamment, lorsque le créancier, se plaignant de la simulation, articule que les cohéritiers ont admis au partage de prétendus copartageants qui n'avaient aucun droit à la succession (Req. 27 nov. 1844, aff. Brouquens, D. P. 45. 1. 39), ou que ce partage a eu pour objet de soustraire à leur action la plus grande partie de la succession échue à leur débiteur (c. nap. 882, 1167; Req. 22 mai 1854, aff. Gilbert, D. P. 54. 1. 250).

2055. Il a été jugé aussi que le créancier non opposant est recevable à demander la nullité, pour cause de simulation en fraude de ses droits, d'une licitation, et même de la revente à un tiers de l'immeuble indivis licité, encore que ces actes aient été passés devant notaire (Req. 10 mars 1825) (2).

2056. La défense aux créanciers non opposants d'attaquer le partage consommé en leur absence s'applique aux tiers acquéreurs, comme aux créanciers des copartageants; spécialement, à celui qui, ayant acheté de l'un des héritiers sa part dans des objets déterminés de la succession, se voit dépouillé, par le résultat du partage, de ces objets entrés dans le lot d'un autre héritier (Nîmes, 26 déc. 1806, aff. hérit. Caumette, et 5 juill. 1848, aff. Giran, D. P. 48. 2. 147; Toulouse, 25 fév. 1815, aff. Barbe C. Dubernat) : — « Attendu que le tiers acquéreur peut et doit être assimilé au créancier d'un cohéritier ; que le tiers acquéreur a un droit à exercer du chef du cohéritier tout comme le créancier; que ce droit peut être légitimement comparé à une créance que l'on aurait à exiger, puisque, en général, on est censé être le créancier de celui contre lequel on a des droits à exercer ; — Qu'ainsi la fin de non-recevoir, résultant de l'art. 882, s'appliquerait tant au tiers acquéreur qu'au créancier du copartageant » (Riom, 11 fév. 1830, aff. Brousse C. Cayrou). — On a vu plus haut, nos 2009 et s., que le tiers acquéreur était assimilé aux créanciers ordinaires pour l'application de l'art. 882.

2057. Pareillement, il a été jugé que l'art. 882 c. nap. s'applique non-seulement aux créanciers du copartageant, mais à tous ses ayants droit; qu'en conséquence, le cessionnaire de droits indivis qui n'a pas fait notifier son titre aux autres coïndivisaires et qui n'a point formé opposition à ce qu'il fût procédé sans lui au partage, n'est pas recevable à attaquer le partage consommé en son absence (Douai, 11 fév. 1854, aff. Flament, D. P. 55. 2. 32).

2058. Le créancier non opposant qui allègue la fraude doit la *prouver*, et pour cela *articuler* des faits *précis*. — Jugé que si l'allégation de fraude ne se trouve que vaguement dans son exploit introductif d'instance, sans qu'il ait, soit en première instance, soit en appel, articulé aucun fait précis, ni demandé à en faire la preuve, ni pris aucune conclusion qui mît les juges en mesure d'examiner si les faits étaient pertinents et admissibles, dans ce cas un arrêt n'a violé aucune loi en déclarant le créancier non recevable (Rej. 23 déc. 1823) (3).

2059. Le créancier qui demande la nullité pour fraude d'un partage est admis à la preuve testimoniale des faits allégués pour prouver la fraude; mais il ne peut prouver, autrement que par titre, la cession de sa part héréditaire, qu'il prétend que l'un des cohéritiers aurait faite à son cohéritier avant le prétendu partage, cession de laquelle résulterait la preuve de la simulation du partage (Montpellier, 11 juin 1839) (4). — Jugé toutefois que la preuve par témoins et par les présomptions non légales est ad-

---

des droits du créancier, comme celles prévues par l'art. 788; — Que, pour que la fin de non-recevoir consacrée par la dernière partie de l'article pût concerner l'action en révocation pour cause de dol et de fraude, il faudrait que la disposition fût à cet égard bien formelle, et que, dans le doute, on ne pourrait lui donner un effet aussi étendu ; que, si les contrats les plus solennels sont susceptibles d'être attaqués pour cause de dol et de fraude, on ne conçoit pas pourquoi il devrait en être autrement des partages, alors surtout que rien ne serait souvent plus facile au débiteur que d'y procéder sans que le créancier eût pu utiliser le droit d'intervention ;—Attendu, au surplus et surabondamment, qu'il s'agit dans l'espèce d'un partage argué de simulation, c'est-à-dire d'un partage qui n'aurait aucune existence réelle, et que, dans ce cas, la jurisprudence a unanimement reconnu que l'art. 882 ne pourrait être invoqué comme constituant une fin de non-recevoir.

Du 11 juin 1859.-C. de Montpellier, 1re ch.-M. Viger, 1er pr.

(1) (Touron C. Lacombe). — LA COUR ; — Attendu qu'il résulte des diverses circonstances du procès, notamment de ce que les actes des 5 et 6 juill. 1820, consentis, le premier par Bernard Touron en faveur d'Antoine Touron, et le second par celui-ci en faveur de Jean Touron, son frère, ont eu lieu postérieurement aux poursuites que Lacombe avait dirigées contre Bernard Touron, et de ce que, nonobstant lesdits actes, Bernard Touron était resté en possession des biens qui en faisaient l'objet, et n'avait cessé d'en disposer à titre de maître, comme il le faisait auparavant ; que ces actes sont, comme l'a reconnu le premier juge, simulés dans l'objet de faire paraître des aliénations qui n'ont aucune réalité ; — Attendu que, dès lors, ces actes, bien que passés en cohéritiers et relativement aux biens de l'hérédité, ne peuvent être réputés partager la présomption de la loi sur ce point ne pouvant s'appliquer qu'à des actes dont la sincérité est incontestablement reconnue ;—Confirme.

Du 19 mai 1825.-C. d'appel d'Agen.

(2) (Mairesse C. veuve Pikaers.) — LA COUR (après délibéré); — Attendu qu'il résulte, en fait, de l'arrêt attaqué, que l'adjudication par licitation et la vente faites le même jour à Mairesse, n'avaient rien de sérieux ; que, par conséquent, ces actes n'avaient pas d'existence, d'où il suit qu'en jugeant que la maison dont il s'agissait était restée dans la propriété des héritiers Dehollain, et qu'il y avait lieu d'entrer en partage, et aux créanciers de faire valoir leurs droits, la cour d'appel n'a violé aucunement les articles cités du code civil, 882 et 1167, qui sont restés sans application à la cause ; — Rejette.

Du 10 mars 1825.-C. C., sect. req.-MM. Henrion, pr.-Rousseau, rap.-Lebeau. av. gén., c. conf.-Dalloz, av.

(3) (Broussard C. Fadot.) — LA COUR ; — Attendu que si, dans son exploit introductif d'instance, le demandeur a allégué vaguement qu'il y avait eu dol, fraude et collusion entre le père, la mère et la fille, dans le partage fait entre eux, il n'a cependant, soit en première instance, soit en cause d'appel, articulé aucun fait précis de dol et de fraude, et formé aucune demande aux fins d'être autorisé à en faire la preuve, ni pris des conclusions qui missent les tribunaux dans le cas d'examiner s'ils étaient pertinents et admissibles ; — Attendu qu'en déclarant, dans cet état de choses, le demandeur non recevable à attaquer le partage dont il s'agit, par le seul motif qu'il avait eu le droit d'y intervenir, la cour royale n'a violé aucune loi ; — Rejette.

Du 25 déc. 1823.-C. C., sect. civ.-MM. Sèze, 1er pr.-Trinquelague, r.

(4) (Bouton C. Crispon.) — LA COUR ; — Attendu que les tiers sont admissibles à prouver par témoins les faits de simulation et de fraude ; — Que, dès lors, sous cet aspect, la preuve offerte serait admise ; —

missible en faveur du tiers acquéreur, pour établir l'existence d'un partage par écrit antérieur à celui qu'il attaque et différent, aux termes duquel l'objet qui lui a été vendu aurait irrévocablement appartenu à son vendeur, lors de la vente : — « Attendu que l'art. 1353 c. nap., qui ne permet d'admettre les présomptions qui ne sont pas établies par la loi que dans les cas seulement où la preuve testimoniale serait admissible, fait une exception à l'égard des actes qui sont attaqués pour cause de fraude ou de dol ; — Que, sous un autre rapport encore, la preuve testimoniale et par conséquent la preuve par présomptions serait admissible, puisqu'il y a des écrits émanés de Laval-Larive (vendeur), qui rendent vraisemblable le fait allégué de l'existence des partages définitifs » (Bordeaux, 27 fév. 1826, M. Delpit, pr., aff. Veyssi *C.* Ginet).

2060. La fraude ou la simulation du partage peuvent seuls rendre recevable l'action des créanciers *non opposants*. Et, par exemple, il ne suffirait pas que l'action fût motivée sur ce que les communistes (des époux) ont procédé au partage de biens indivis, par la voie du sort, et non par attribution (Grenoble, 12 fév. 1830, aff. Chastel, V. Contr. de mar., nº 170).

2061. De même le créancier non opposant n'est pas recevable à attaquer un partage sur le motif qu'il existe des mineurs à l'égard desquels les formalités n'auraient pas été remplies... Si c'est bien un partage définitif que les parties ont entendu opérer, la nullité n'est en ce cas opposable que du chef du mineur (Douai, 7 juin 1848, aff. Salligot, D. P. 49. 2. 194).

2062. Il a été jugé encore que des protestations et réserves générales, contre les opérations d'un partage auquel il a été sommé d'être présent, faites, sans préciser aucun grief, par le créancier d'un copartageant, ne suffisent pas pour attribuer à ce créancier le droit d'attaquer le partage consommé au mépris de ces réserves. « Attendu qu'au lieu de contester les bases de la liquidation ou de demander un délai pour les examiner, l'appelant s'est borné à des protestations et réserves générales, sans préciser aucune erreur ou aucun grief ; qu'une semblable opposition ne suffit pas pour remplir le vœu de la loi, et qu'il n'est plus à temps pour faire la critique d'une opération à laquelle il avait été requis de prendre part ; — Confirme » (Bourges, 18 déc. 1836, M. Heulhard, pr., aff. Bergerioux *C.* Jouffin).

2063. Lorsqu'une liquidation générale se fait entre un père et ses enfants, les créanciers du père, quelle que soit la date de leurs créances, ont le droit d'en critiquer les éléments, et de relever les erreurs ou omissions qui pourraient avoir pour résultat d'augmenter les droits des enfants à leur préjudice ; mais, en aucun cas, cette recherche d'erreurs et d'omissions ne peut aller jusqu'à critiquer le contrat de mariage de leur débiteur (c. nap. 1166, 1167 et 1395 ; Bourges, 1er fév. 1831, aff. Desnoyers, V. Contr. de mar., nº 1424).

2064. Aux termes de l'art. 882, le partage *consommé* n'est plus attaquable par les créanciers non opposants. Or quand le partage est-il consommé dans le sens de la loi ? Il ne suffirait pas d'avoir arrêté les bases du partage s'il n'était encore effectué (MM. Belost-Jolimont, obs. 1 ; Dutruc, nº 534). — Ainsi serait recevable la tierce opposition du créancier à un jugement qui se serait borné à fixer les droits respectifs des cohéritiers, sauf à procéder ultérieurement à l'estimation des immeubles et aux comptes ; il en serait ainsi lors même que le débiteur eût acquiescé à ce jugement ; et vainement objecterait-on dans ce cas que l'instance étant terminée par l'acquiescement, il n'y a plus lieu, selon l'art. 475 c. pr., à une tierce opposition par requête incidente (Req. 4 déc. 1854) (1).

2065. Néanmoins, un partage, même partiel, entre majeurs et maîtres de leurs droits, mais définitif quant aux objets qu'il comprend, doit être réputé *consommé* dans le sens de l'art. 882 c. nap., bien que la liquidation définitive ait été renvoyée à une autre époque (Paris, 4 fév. 1837, aff. Bureaux, V. nº 2036).

2066. Il y aurait aussi partage consommé dans le cas où la division ne devant porter que sur le prix d'une licitation, ce prix aurait été réparti par un compte entre les cohéritiers. Peu importe que les deniers se trouvent encore dans les mains de l'acquéreur (même arrêt).

2067. Doit être considéré comme partage, l'acte par lequel l'héritier unique et le légataire de la quotité disponible ont réglé leurs droits à la succession ; peu importe, quant aux caractères de cet acte, que le légataire soit soumis à la demande en délivrance (Rej. 25 déc. 1825) (2).

2068. On a vu aussi un partage consommé, dans l'acte de liquidation passé entre un père et ses enfants, pour régler les droits que ceux-ci peuvent réclamer du chef de leur mère décédée (Bourges, 8 juill. 1828, aff. Labruère, vº Contr. de mar., nº 2322). — Mais cette décision a été critiquée avec raison, en ce que l'acte qui en est l'objet n'était qu'un préliminaire du partage (Conf. M. Dutruc, nº 534). — Jugé aussi qu'un acte contenant règlement de la légitime peut être assimilé à un partage proprement dit, et dès lors n'est point attaquable pour fraude par les créanciers qui n'ont point formé opposition. — « Attendu que, quoiqu'en plusieurs points les droits du légitimaire diffèrent de ceux d'un cohéritier, l'opération qui a eu pour objet de les fixer, participe trop évidemment de la nature du partage pour qu'elle ne soit pas soumise, quant à ses effets, aux mêmes règles (Pau, 28 mai 1834, M. de Figarol, 1er pr., aff. Picard *C.* Guilhembernard).

— Que, toutefois, l'effet de l'annulation du partage ne pouvant être autre que de replacer les parties dans l'état où elles se trouvaient avant qu'il fût consommé, on ne peut admettre le sieur Crispon à prouver, par témoins, l'existence d'un acte privé antérieur au partage, et par lequel les droits de Victoire Delestaing auraient été cédés à son frère ; — Que l'existence d'une pareille cession, et ensemble celle du payement du prix y stipulé, tous actes antérieurs au partage et à la simulation allégués, ne peuvent être établies par témoins ; — Qu'en effet, ces actes ne sont pas en eux-mêmes attaqués pour cause de dol et de fraude ; ils auraient été passés de bonne froi, et le créancier ne peut être, quant à eux, considéré que comme l'ayant cause de son débiteur, obligé, comme lui, de rapporter une preuve écrite, sans quoi il suffirait d'un simple écrit pour que l'on pût éluder la prohibition de la loi en matière de preuve testimoniale, à l'effet d'établir l'existence d'actes très-importants : d'où il suit que Crispon doit, quant à ce, n'être admis qu'à rapporter une preuve par titres.

Du 11 juin 1839.-C. de Montpellier, 1re ch.-M. Viger, 1er pr.

(1) *Espèce* : — (Époux Ducluzeau *C.* Vergne et comp.) — 15 mai 1853, arrêt de la cour de Nîmes ainsi conçu : — « Attendu que Vergne a pu former tierce opposition, par requête incidente ; qu'il n'aurait pu en être exhibé, aux termes de l'art. 882 c. civ., qu'autant que le partage aurait été consommé, et qu'un partage n'est réputé consommé qu'autant que les lots sont expédiés définitivement à chacun des copartageants, ce qui n'existait pas dans l'espèce ; qu'on ne peut puiser un motif pour résister à la tierce opposition dans l'arrêt de la cour, du 24 mars 1851, qui rejette l'intervention, puisque le rejet en est uniquement basé sur le motif que l'appel, relevé par les mariés Benassy, après leur acquiescement au jugement, devrait être regardé comme non avenu, et, par conséquent, qu'il devait en être de même de l'intervention formée sur cet appel, argument qui ne s'applique point à une tierce opposition formée pour arrêter les effets d'un partage non encore consommé ; — Par ces motifs, la cour, sans s'arrêter au moyen de nullité proposé contre l'appel, non plus qu'à la fin de non-recevoir contre la tierce opposition, etc. »

Pourvoi. — 1º Violation des art. 61 et 1029 c. pr. civ., en ce que la cour a donné force à l'acte d'appel, bien qu'il ne portât pas la mention de la profession du sieur Vergne, exigée à peine de nullité ; — 2º Violation de l'art. 475 c. pr., et fausse application de l'art. 882 c. civ. — Arrêt.

LA COUR ; — Attendu que l'art. 882 c. civ. autorise l'intervention des créanciers, tant que le partage n'est pas consommé, et qu'en admettant, dans un cas analogue, la tierce opposition de Vergne, l'arrêt attaqué a fait une juste application des règles de droit ; — Rejette.

Du 4 déc. 1854.-C. C., ch. req.-MM. Zangiacomi, pr.-Bernard, rap.-Viger, av. gén., c. conf.-Renard, av.

(2) (Broussard *C.* Fadat.) — LA COUR ; — Attendu, sur le premier moyen, que, quoique le légataire d'une quote-part des biens d'un testateur soit tenu de demander la délivrance de son legs à l'héritier à qui une quotité de biens est réservée, l'acte par lequel cette délivrance lui est faite n'en est pas moins un véritable partage de succession, puisque le droit d'un tel légataire s'étendant indivisément sur tous les objets qui la composent, ce n'est qu'en la partageant que sa part peut lui être faite ;

Attendu que l'art. 882 c. civ., ne parlant point de cohéritiers, mais de copartageants, ses dispositions doivent être appliquées aussi bien au partage intervenu entre l'héritier et le légataire à titre universel, qu'au partage fait entre cohéritiers ; — Rejette.

Du 25 déc. 1825.-C. C., ch. civ.-MM. De Sèze, 1er pr.-Cahier, av. gén., c. conf.-Scribe et Odilon-Barrot, av.

2069. L'abandon d'immeubles fait par un fils au profit de sa mère, pour éteindre une dette qu'il a contractée envers celle-ci postérieurement à la dissolution de la communauté ayant existé entre elle et son mari, ne constitue point un partage, mais une simple dation en payement; et dès lors un tel acte n'est pas soumis à l'application de l'art. 882 c. nap., qui interdit aux créanciers d'attaquer un partage consommé lorsqu'ils n'y ont pas formé opposition (Bourges, 22 janv. 1853, aff. Sabathier, D. P. 54. 5. 542).

2070. Il est entendu, du reste, que l'art. 882 c. nap. s'applique à un partage amiable comme à un partage judiciaire (Montpellier, 10 juin 1839, 1re ch., M. Viger, pr., aff. Reboul *C.* Champredon; Paris, 2 mars 1812, 2e ch., aff. Perez *C.* Forestier); à un partage d'immeubles, comme à un partage de meubles, notamment pour la faculté accordée aux créanciers opposants de faire annuler le partage auquel ils n'ont pas été appelés (même arrêt de Paris).

2071. L'art. 882 s'applique également au partage fait par licitation. Mais une distinction est nécessaire : si l'adjudicataire n'est pas un des héritiers, la vente sera valable. L'art. 882 n'autorise l'action des créanciers que contre le partage, et la licitation n'équivaut à partage qu'autant qu'elle se fait entre héritiers. Le créancier aura, du reste, dans l'inscription hypothécaire et la saisie-arrêt, un double moyen de s'assurer le payement de la portion du prix qui revient à l'héritier débiteur (Chabot, p. 663; Delvincourt, p. 371, note 2; Delaporte, t. 3, p. 391; Vazeille, art. 882, n° 8).

2072. Les jugemens qui, sur une demande en licitation, ordonnent l'expertise et la vente de l'immeuble, ne peuvent être considérés comme des actes de partage définitif, surtout à l'égard des parties qui n'y ont pas été appelées, et spécialement à l'égard des créanciers hypothécaires dont le débiteur seul était en cause. « Considérant que les jugemens dont il s'agit, qui, statuant sur la demande en licitation de l'immeuble en ont ordonné l'expertise et la vente, ne peuvent être considérés comme des actes de partage définitif, surtout à l'égard des parties qui n'y ont pas été appelées; » (Paris, 24 mars 1834, 2e ch. M. Dehérain, pr. aff. veuve Royer *C.* d'Hubert).

2073. Le partage qui bien que restreint, dans ses termes, à la succession paternelle, comprend aussi, dans le règlement des droits des cohéritiers la succession de la mère, doit être annulé s'il a été fait au mépris d'une opposition formée par le créancier d'un des héritiers maternels et en fraude des droits de ce créancier. Et, dans ce cas, si toutes les valeurs mobilières et immobilières, dont se compose la succession de la mère, sont comprises dans le règlement de la succession paternelle, le partage, en ce qui concerne cette dernière succession, doit être aussi annulé, la nullité étant indivisible (Rej. 14 nov. 1853, aff. Matet, D. P. 53. 1. 326).

2074. Le droit d'attaquer le partage, en vertu de l'art. 882, est personnel aux créanciers qui agissent alors en leur propre nom. Le défaut d'opposition n'entraîne que la déchéance de ce droit; mais le créancier conserve la faculté d'attaquer le partage au nom du débiteur.—Chabot, t. 3, p. 661; Delvincourt, t. 2, p. 372, note 2; Duranton, t. 7, nos 509 et 510; Delaporte, Pand. fr., t. 3, p. 392; Vazeille, art. 882, n° 61. — Spécialement, il a été jugé que le créancier de l'un des copartageants peut, comme exerçant les droits de son débiteur, attaquer le partage pour lésion de plus du quart (Aix, 30 nov. 1833 (1); Nîmes, 5 juill. 1848, aff. Giraud, D. P. 48. 2. 147).—Il y a pour ce cas une décision contraire qui se fonde sur les articles combinés 882 et 1167 (Angers, 22 mai 1817) (2). Mais il y a là une confusion. L'art. 1167 ne parle que des créanciers agissant en leur nom personnel, et c'est à l'égard de cette action seulement que la disposition finale prescrit de se conformer aux règles du titre des successions. Les créanciers agissant au nom de leur débiteur sont régis par l'art. 1166, qui, sans aucune distinction, leur permet d'exercer tous les droits et actions du débiteur.

2075. Le créancier même opposant peut être déclaré non recevable à critiquer le partage fait hors sa présence, s'il y a été régulièrement appelé : spécialement, lorsqu'il n'est pas intervenu sur la notification régulière des actes de procédure, il ne peut plus, après le tirage des lots au sort, demander le maintien d'un partage antérieurement consommé entre les parties : ce serait intenter une nouvelle action en partage, quand déjà il en existait une (c. nap. 816, 882, 883; c. pr. 464, Rej. 23 janv. 1839) (3).—Jugé pareillement que si, après son opposition, le créancier hypothécaire a laissé opérer ce partage, et ensuite saisir et vendre par un autre créancier l'immeuble échu au débiteur commun, il n'est plus recevable, lorsque la saisie lui a d'ailleurs été dûment notifiée sans réclamation de sa part, à attaquer le partage comme fait au préjudice de son opposition, et, par suite, à demander la nullité de la saisie et la vente de l'immeuble; il doit, dans ce cas, être réputé avoir tacitement acquiescé au partage et aux actes de la saisie. « Attendu que la maison Chaillot et compagnie, ayant gardé le silence après la dénonciation, et ayant laissé l'adjudication définitive s'opérer sans faire valoir la demande en partage par elle formée antérieurement, ne peut aujourd'hui donner suite à une demande à laquelle elle a renoncé; que le partage serait d'ailleurs impossible, puisque les biens adjugés ne pourraient être réintégrés dans la masse pour procéder à un partage nouveau; émendant, etc. » (Lyon, 21 déc. 1831, M. de Belbœuf, pr. aff. Chaillot *C.* Polore).

2076. De même encore lorsqu'il a été fait sommation au créancier opposant de prendre connaissance du projet de liqui-

(1) (Firminy *C.* Isnard.) — LA COUR; — Attendu que la disposition de l'art. 882 c. civ. ne se rapporte qu'aux actes de partage proprement dits, et faits et passés avec solennités requises, et non aux simples actes qui en tiennent lieu, quand ces actes sont empreints de dol et de fraude, auquel cas la disposition générale du premier alinéa de l'art. 1167 est seule applicable;

Attendu, d'ailleurs, que, dans l'espèce, les actes querellés ne le sont que sur le fondement de la lésion qu'ils auraient occasionnée, par l'excessive estimation des biens de la succession de Jean-François Isnard, à Grégoire, son héritier contractuel, et par suite aux créanciers personnels de ce dernier; — Que ledit Grégoire aurait action pour les quereller par ce motif, d'après la disposition de l'art. 887 dudit code, et que la demoiselle Firminy, sa créancière, a pu, dès lors, en vertu de l'art. 1166, le faire elle-même en exerçant cette action de son débiteur, ainsi qu'elle a déclaré que c'était son intention;

Attendu, au fond, que les moyens de fraude et de simulation qui ont été argués par l'appelante ne sont pas en l'état suffisamment prouvés pour annuler d'ores et déjà les actes attaqués; — Qu'ainsi, il y a lieu d'ordonner la vérification et l'estimation des biens délaissés par feu Isnard; — Par ces motifs, etc.

Du 30 nov. 1833.-C. d'Aix, 2e ch.-M. Roquefort, f. f. de pr.

(2) (Leveau *C.* Delahaye.) — LA COUR; — Considérant que si l'art. 1167 autorise les créanciers à attaquer, en leur nom personnel, les actes faits par leurs débiteurs en fraude de leurs droits, le deuxième alinéa du même article leur impose en même temps l'obligation de se conformer, quant à leurs droits énoncés aux titres des Successions et au titre du Contrat de mariage et des droits respectifs des époux, aux règles qui y sont prescrites; — Considérant que, dans l'affaire présente, il s'agit d'un acte de partage, et que l'art. 882 prescrit les formalités que le créancier doit remplir dans le cas des actes de cette nature; — Considérant que l'intimée n'a point rempli ces formalités; — D'où suit qu'elle n'est pas fondée à attaquer l'acte dont il s'agit; — Infirme.

Du 22 mai 1817.-C. d'Angers.

(3) (Loison *C.* Delaroze.) — LA COUR (apr. dél. en ch. du cons.); — Attendu que, par assignation du 9 mars 1831, Le Cerf, agissant en qualité de subrogé tuteur de la demoiselle Fessard interdite, a intenté action à Fessard fils, représenté par Legouay, son syndic, et à la dame de Delaroze, veuve en premières noces de Fessard père, pour la liquidation et le partage de la succession dudit Fessard; — Que Loison, créancier de Fessard fils, ayant, dès le 12 nov. 1830, fait défense de procéder, en son absence, au partage de ladite succession, a été sommé, le 12 mars 1831 et le 9 juin 1832, d'intervenir, et a reçu la dénonciation de l'assignation en partage du 9 mars; — Attendu qu'après l'accomplissement des formalités prescrites par la loi, les lots de la succession de Fessard père, formés par les experts commis à cet effet, ont été tirés au sort le 7 sept. 1833; — Attendu que Loison, qui avait jusque-là gardé le silence, a traduit, par assignation du 16 nov. 1835, les héritiers Fessard et la dame Delaroze devant le tribunal civil d'Yvetot pour faire prévaloir et maintenir un partage de la succession de Fessard père, qu'il prétendait avoir été fait en 1817; — Attendu qu'en jugeant, dans ces circonstances, l'action de Loison non recevable, la cour royale de Rouen n'a pas faussement appliqué ni violé les art. 816, 882 et 883 c. civ., et 967 c. pr.; — Rejette.

Du 23 janv. 1839.-C. C., ch. civ.-MM. Portalis, pr.-Thil rap.

dation dressé hors de sa présence et de le contredire, son silence l'a rendu non recevable à demander plus tard un nouveau partage (Bordeaux, 30 nov. 1840, aff. Lachaize, V. n° 2028).

2077. Au reste, dans la province de Normandie, il était d'usage rarement contesté, et, en tout cas, fondé par analogie sur l'arrêt du parlement de Rouen du 11 fév. 1723, relatif à la délivrance du douaire, que les enfans qui renonçaient à la succession de leur auteur n'étaient point tenus d'appeler individuellement tous les créanciers de la succession à contester la délivrance du tiers coutumier; il suffisait qu'ils eussent appelé ceux des créanciers qui étaient connus, et la délivrance faite contradictoirement avec ceux-ci et le ministère public, dans les formes usitées, était à l'abri de toute critique de la part des créanciers qui ne s'étaient fait connaître que postérieurement (Rouen, 26 avr. 1827, aff. Féron, V. n° 699).

ART. 9. — *Des effets du partage et de la garantie des lots.*

§ 1. — *Des effets du partage.*

2078. Le principal effet du partage est déterminé ainsi par l'art. 883 c. nap. : « Chaque cohéritier est *censé* avoir *succédé seul* et *immédiatement* à tous les effets compris dans son lot, ou à lui échus sur licitation, et n'avoir jamais eu la propriété des autres objets de la succession. » C'est pour cette raison que le partage est qualifié par les auteurs *déclaratif*, et non *translatif*, de propriété. En vertu de la maxime « le mort saisit le vif, » on répute l'héritier propriétaire de son lot depuis le moment de l'ouverture de la succession, et le partage ne sert qu'à déclarer quel est ce lot. — La fiction a pour but d'empêcher qu'un héritier dissipateur ne compromette les intérêts des copartageants, n'embarrasse les opérations du partage en affectant les lots de charges et d'hypothèques, auxquelles les héritiers n'auraient pas consenti. On évite ainsi des recours en garantie, qui deviendraient d'ailleurs illusoires, si l'héritier n'était plus solvable lors du partage. — Dans le droit romain le partage était regardé comme une acquisition faite par chaque héritier des parts indivises de ses cohéritiers dans les objets dépendants de son lot (L. 6, § 8, ff., *Com. divid.*). Notre ancienne jurisprudence avait préféré le système du code (Lebrun et Pothier, des Success., ch. 4; M. Merlin, Rép., v° Partage, § 6, n° 2). — Jugé que dans la coutume de Normandie, comme sous l'ancien droit français et sous l'empire du code Napoléon, la licitation ou le partage doivent être considérés comme un acte déclaratif et non translatif de propriété (Cass. 14 mai 1833, aff. Duhamel, V. n° 2095).

2079. Une première conséquence, que nous indiquions tout à l'heure, de l'effet déclaratif du partage, est que toutes les *hypothèques* constituées par les héritiers dans l'intervalle de l'ouverture de la succession au partage, s'évanouissent à l'égard des biens qui ne leur échoient pas. La jurisprudence ancienne avait admis cette conséquence, mais après quelques variations (Lebrun, *loc. cit.*; Louet et Brodeau, lett. H, § 11). La jurisprudence nouvelle s'est prononcée en ce sens, comme l'attestent de nombreux arrêts; et telle est l'opinion de tous les nouveaux auteurs (Merlin, v° Partage, § 6, n° 2; Favard, *ibid.*, sect. 3, § 1, n° 1; Chabot, t. 3, p. 868; Toullier, t. 5, n° 543; Malleville, t. 2, p. 347; Delvincourt, t. 2, p. 51; Duranton, t. 7, n° 515; Malpel, n° 304; Delaporte, Pand. franç., t. 3, p. 394; Vazeille, art. 883, n° 1; Dutruc, n° 543). — De même l'hypothèque légale de la femme ne peut frapper sur les biens échus au copartageant de son mari (mêmes auteurs, V. Privil. et Hyp.). — Jugé que, dans le cas où les copartageants ont réuni, pour en faire un seul lotissement, les biens provenant de la succession paternelle et ceux provenant d'un abandon entre-vifs à eux faits par leur mère, l'hypothèque antérieurement consentie par l'un d'eux, sur la part indivise dans la succession paternelle cesse d'exister si le lot du débiteur se trouve exclusivement composé de biens provenant de la mère, et si d'ailleurs le lotissement a été fait sans fraude. Un tel partage est en effet valable à l'égard des tiers (Rouen, 17 janv. 1849, aff. Duperron, D. P. 50. 2. 97).

2080. La *licitation* est assimilée, par l'art. 883, au partage. L'héritier adjudicataire n'est point un tiers acquéreur. Merlin, Rép., v° Licitation, § 3, rapporte d'anciens arrêts qui l'ont ainsi décidé. Les hypothèques prises par les cohéritiers depuis l'ouverture de la succession, se sont évanouies. L'adjudicataire est censé avoir eu toujours la propriété du bien licité. C'était la doctrine ancienne (Lebrun, part. 4, ch. 1, n°s 21 et 33) admise par les nouveaux auteurs.

2081. Jugé : 1° dans le cas d'une licitation judiciaire que l'immeuble indivis adjugé sur licitation à l'un des copropriétaires, est affranchi de plein droit dans les mains de ce dernier, des hypothèques précédemment consenties par les autres colicitants sur leur portion indivise (Rej. 14 brum. an 9, M. Basire, rap., aff. Viard C. Jaucourt; Paris, 16 avril 1821, M. Séguier, pr., aff. Gaudissard); — 2° Que, par suite, sous l'ancien droit, il n'était pas nécessaire, dans ce cas, que l'héritier eût obtenu des lettres de ratification prescrites par l'art. 6 de l'édit de 1771 (même arrêt de l'an 9).

2082. De même, il a été jugé que l'hypothèque accordée par un cohéritier sur sa part dans des immeubles indivis, cesse de frapper ces biens, si, sur licitation, un autre cohéritier s'en est rendu adjudicataire, encore que l'adjudication serait faite à une femme (cohéritière), conjointement avec son mari (c. 1408).— Mais si, pour partie des biens adjugés, le cohéritier faisait une élection de command au profit d'un tiers, ce dernier étant alors considéré comme seul adjudicataire, l'hypothèque, quant à cette part revenant au cohéritier débiteur, ne serait pas éteinte (Caen, 25 fév. 1837, 2° ch.-M. Dupont-Longrais, pr., aff. Malassis C. Rallu).

2083. La fiction de l'art. 883 c. nap. est applicable au cas d'adjudication sur licitation prononcée au profit d'un cohéritier, alors même que les étrangers auraient été admis à enchérir.— En conséquence, cette adjudication fait évanouir les hypothèques inscrites sur les immeubles licités, par les créanciers des cohéritiers autres que l'adjudicataire. — Vainement ces créanciers exciperaient-ils de clauses du cahier des charges autorisant la revente sur folle enchère en cas de non-payement aux échéances par l'adjudicataire, et interdisant à ce dernier d'exiger mainlevée et certificat de radiation avant sa libération complète, si, d'ailleurs, la part revenant à leur débiteur dans le prix de licitation lui a été payée (Lyon, 14 fév. 1853, aff. Girard et Louis, D. P. 54. 5. 544).

2084. La règle de l'art. 883 est-elle applicable à la *licitation amiable*, comme à celle faite en justice? — Non, selon quelques auteurs (Chabot, n° 5; Grenier, Hypoth., t. 1, n° 158; Vazeille, *loc. cit.*; Belost sur Chabot, obs. 3).—La licitation, dit M. Toullier, t. 5, n° 541 (note), est un mode de partage... Mais si elle était faite sans nécessité, comme si l'un des héritiers achetait la part indivise de l'autre, ce serait une vente, qui ne *purgerait* pas les *hypothèques*. Le code ne connaît que les *licitations nécessaires*. » L'auteur renvoie à l'art. 827, et à Duparc-Poullain, Princip. du droit, t. 4, p. 194. — L'abus serait trop facile, a-t-on dit encore, si les héritiers voulaient s'entendre pour anéantir des hypothèques ou aliénations. Les créanciers ont bien le droit d'opposition à partage, mais ils peuvent être instruits trop tard.—Nous préférons l'opinion qui assimile la vente amiable et la licitation. La licitation est souvent volontaire; l'art. 1686 le suppose formellement. L'art. 883 ne fait pas de distinction, et l'on peut invoquer par analogie l'art. 1408, qui, en vertu du principe de l'art. 883, statue en ces termes : « L'acquisition faite pendant le mariage, à titre de licitation ou *autrement*, de portion d'un immeuble dont l'un des époux était propriétaire par indivis, ne forme point un conquêt.» *Autrement*... Par ce mot, on ne peut entendre qu'une vente à l'amiable, placée par conséquent sur la même ligne que la licitation.—Enseignée par MM. Delvincourt, t. 2, p. 372, note 4; Malpel, n° 304, et Dutruc, n° 543, cette interprétation a été confirmée par la jurisprudence.

2085. Il a été jugé, en effet, 1° qu'on ne peut considérer comme partage simplement déclaratif de propriété, le premier acte intervenu entre héritiers, quoique qualifié cession ou transport, par lequel l'un des héritiers consent, moyennant un prix, à ce que l'autre héritier jouisse de la totalité de la succession; qu'en tout cas, l'arrêt qui le décide ainsi par *appréciation* des termes et circonstances de l'acte échappe à la censure de la cour suprême. « Attendu que la cour d'appel de Rouen a seulement déterminé le caractère de l'acte du 7 germ. an 9, d'après les stipulations y contenues et les principes relatifs à l'interprétation des actes; qu'en jugeant ainsi, cette cour s'est conformée aux principes qui veulent que tout premier acte entre cohéritiers équivale à partage, et que tout acte de partage soit regardé comme simplement déclaratif et non translatif de propriété;—Rejette (Req. 3 mars 1807, MM. Henrion, pr. d'âge, Borel, rap., aff. Lecaty C. Pelcot);—2° Que le premier acte passé entre cohéritiers doit être réputé partage, en ce sens qu'on ne doit pas lui attribuer un effet *translatif* de propriété, lors même qu'il ne contient que l'abandon, à titre onéreux, fait par l'un d'eux aux autres, de sa portion dans la chose commune; et spécialement, si un père abandonne à ses enfants, sous des conditions onéreuses, ce qui lui revient dans la communauté qui a existé entre lui et leur mère, et que, par un acte postérieur, l'un des enfants cède aux autres ses droits pour une somme déterminée, il n'y a pas là transmission de propriété, et par conséquent la portion cédée ne reste point soumise aux hypothèques que des tiers avaient pu acquérir contre le cédant (Req. 25 janv. 1809, MM. Henrion, pr., Oudart, rap., aff. Gibon C. Anneau);—3° Que la vente ou cession amiable qui fait cesser l'indivision entre communistes, étant un véritable partage, n'est pas soumise à l'action résolutoire pour défaut de payement du prix (Nancy, 27 juill. 1828, aff. Vairelles, n° 2096); — 4° Que l'acte par lequel plusieurs communiers transigeant sur les difficultés d'un partage, abandonnent à l'un d'eux leur part en nature dans les objets indivis, moyennant une somme déterminée, constitue un véritable partage qui affranchit les immeubles, entre les mains de celui qui en reste détenteur, de toutes les hypothèque consenties pendant l'indivision, et provenant du chef de ses communiers (Nîmes, 25 fév. 1819, M. Enjalric, av. gén., c. conf., aff. Fontanille).

2086. La licitation n'a les caractères du partage que lorsqu'elle intervient entre héritiers ou communistes et au profit de l'un d'eux. Si donc l'adjudicataire n'était pas un des héritiers, la licitation aurait les effets d'une aliénation ordinaire, comme si les copropriétaires avaient conjointement vendu leurs parts. Les créanciers exerceraient leur droit hypothécaire sur le prix de la vente, jusqu'à concurrence de la portion du prix qui en reviendrait à leur débiteur (Pothier, de la Vente, n° 516; Chabot, t. 3, p. 671; MM. Duranton, t. 7, n° 520; Vazeille, art. 883, n° 2; Troplong, des Hypoth., t. 1, n° 292; Duvergier, de la Vente, t. 2, n° 144). — Jugé en ce sens que l'art. 883 c. civ. ne s'applique pas au cas où un immeuble indivis a été vendu à un tiers, mais uniquement à celui où il l'a été à l'un des copropriétaires; et il ne peut être invoqué par cet acquéreur à l'effet de repousser une demande en partage intentée contre lui par le créancier hypothécaire de l'un des colicitants, en conformité de l'art. 2205 c. civ. — Et même il ne suffit pas d'avoir acquis, comme copropriétaire, *une part indivise* de l'immeuble, pour qu'on soit fondé à se prévaloir de la fiction de l'art. 883; il faut en outre que cette copropriété procède d'un titre commun; et l'on ne peut regarder comme nanti d'un pareil titre le tiers qui, après avoir acquis les droits de plusieurs indivisaires, se rend ensuite acquéreur des parts des autres ou de la part du seul indivisaire non vendeur; par suite, il ne peut invoquer l'art. 883 (Douai, 2 mai 1848, aff. Pannier, D. P. 49. 2. 184).

2087. Quoique en général l'hypothèque qu'un indivisaire consent sur la totalité de l'immeuble affecte cette totalité, si par l'effet de la licitation cet immeuble tombe dans le lot du débiteur, il en serait autrement, s'il avait déclaré n'hypothéquer que sa part indivise, et, par exemple, n'affecter à l'hypothèque que la moitié à laquelle il avait droit: en ces pareil, l'hypothèque doit être restreinte à cette moitié, conformément à la stipulation des parties. Le créancier dirait en vain que, par la fiction de l'art. 883, la totalité est censée avoir toujours appartenu à l'héritier. Il n'est pas moins vrai que l'hypothèque se restreint, de sa nature, aux biens sur lesquels elle a été spécialement constituée. Un propriétaire peut n'affecter à un créancier qu'une portion de tel immeuble; la loi ne s'oppose pas à cette convention. L'extension de l'hypothèque au delà de la portion grevée ne résulte donc pas de cela seul que l'héritier est réputé avoir eu, dès l'origine, la propriété de tout l'immeuble licité (Conf. Cass. 6 déc. 1826, aff. Brunement, v° Priv. et hyp.; MM. Duranton, t. 7, n° 521; Dutruc, n° 544).

2088. Ce n'est pas seulement l'hypothèque, mais encore toute autre charge, qui s'évanouit par l'effet déclaratif du partage, lorsque l'immeuble de la succession n'est pas tombé au lot de celui des héritiers qui l'a grevé pendant l'indivision. Il en serait de même, par exemple d'une servitude; et spécialement le communiste d'un étang n'a pu, dans l'indivision, grever cet étang d'une servitude de prise d'eau au profit d'une propriété riveraine, sans le consentement du copropriétaire; en sorte que si, par l'effet du partage, la portion de l'étang contiguë à cette propriété est attribuée à un autre qu'au communiste qui avait consenti la servitude, cette servitude devient inutile.—«Attendu que le partage étant déclaratif de droit, la portion des intimés se trouvait n'avoir jamais été grevée de servitude, et que, si le sieur Felder-de-Mansac pouvait réclamer une servitude de prise d'eau sur la portion de Magnard, cette servitude devenait inutile, puisque ledit sieur Felder n'avait aucune servitude sur le terrain des intimés. — Met l'appel au néant (Limoges, 23 juin 1838, 3e ch., M. Talandier, 1er pr., aff. Felder C. Bignet).

2089. Ce que nous venons de dire des hypothèques et autres charges consenties par l'un des héritiers pendant l'indivision, s'applique à tout mode d'aliénation d'immeubles de la succession qui plus tard ne tomberaient pas dans son lot; l'effet déclaratif du partage résout l'aliénation. — Jugé 1° que, dans le cas où un copropriétaire a légué la moitié lui revenant dans des immeubles indivis, si le partage opéré avant son décès lui attribue la propriété d'un seul de ces immeubles, le légataire ne pourra pas, après la mort du testateur, réclamer la totalité de l'immeuble échu à ce dernier, sous le prétexte que la moitié non léguée de cet immeuble doit remplacer la moitié léguée de celui qui n'a pas été compris dans son lot (Cass. 28 fév. 1826, aff. Ladmirauld, V. Dispositions entre-vifs, n° 3787); — 2° Que l'immeuble attribué par licitation à un cohéritier étant censé lui avoir appartenu dès l'ouverture de la succession, à l'exclusion des autres cohéritiers, il s'ensuit que le cessionnaire d'un de ces derniers pour sa part sur l'immeuble indivis, n'a pas pu purger utilement son acquisition de l'hypothèque qui la grevait, dans l'intervalle de la mort du défunt au partage, soit en ce que, par l'événement de ce partage, il s'est trouvé fictivement n'avoir jamais possédé une seule portion de l'immeuble, soit en ce que, l'hypothèque étant indivisible, la purge n'avait pu l'atteindre partiellement; qu'en conséquence, dans ce cas, le cessionnaire doit souffrir, sur le prix de l'adjudication par licitation au profit d'un des cohéritiers, le prélèvement des créances garanties par l'hypothèque, sans qu'il puisse prétendre que, en vertu de la purge par lui opérée, il doit recevoir la part de son cédant franche et libre de toute charge; que ces principes étaient applicables sous l'édit de 1771 (Cass. 13 fév. 1838 (1).

(1) *Espèce :* — (Chenavard C. Second et Fayolle.) — 6 avr. 1835, arrêt infirmatif de la cour de Lyon. — Cet arrêt se fonde sur ce que la purge effectuée par Longchamp dans les formes légales avait anéanti l'hypothèque; —Qu'il est dans la nature des choses qu'une hypothèque, quelle qu'elle soit, une fois éteinte, ne puisse plus revivre;—Qu'on opposerait en vain les termes de l'art. 883 c. civ. et les effets de la fiction légale qu'il établit, pour en induire que Longchamp n'avait pu acquérir qu'un droit résoluble, subordonné à l'événement du partage à intervenir entre lui et les cohéritiers de son cédant; — Qu'en effet, de la fiction légale admise par l'art. 883 c. civ., comme elle l'était par l'ancien droit, il ne résulte autre chose, suivant la doctrine des auteurs et la jurisprudence des cours, si ce n'est qu'après un partage ou une licitation entre cohéritiers, toutes les hypothèques qu'a pu consentir un des héritiers depuis l'ouverture de la succession, s'évanouissent à l'égard des biens qui ne lui échoiront pas et lesquels sont censés ne lui avoir jamais appartenu ni en tout ni en partie; mais qu'ici il ne s'agit pas du tout d'une hypothèque qui, après le décès du père Fayolle, après l'ouverture de sa succession, aurait été consentie par Antoine Fayolle, un des quatre enfants cohéritiers de qui le sieur Longchamp, auteur de la dame Second, acquit en 1778 la portion indivise dans l'immeuble dépendant de l'hérédité paternelle; — Que l'hypothèque dont il s'agit est une hypothèque qui existait avant que le père de famille décédât, avant que sa succession fût ouverte, et laquelle après sa mort continua d'exister de même qu'auparavant sur la totalité de l'immeuble qu'il laissait à ses enfants comme sur chacune des portions indivises qui en appartenaient à chacun d'eux, hypothèque qui concernait les reprises dotales de Claudine Fréquent, veuve du père défunt et laquelle les intimés n'entendent faire revivre aujourd'hui que comme créanciers de ces mêmes reprises du

2090. Du reste, il est certain que l'un des héritiers peut, pendant l'indivision, valablement aliéner tel ou tel immeuble des biens dépendant de la succession, sauf l'effet résolutoire de la fiction de l'art. 883 ; mais l'aliénation tiendra si la chose indivise ou une part de cette chose tombe dans son lit. — Jugé spécialement que l'héritier qui, pendant l'indivision, a reçu en argent au delà de sa part héréditaire, n'est point censé avoir, par là, renoncé à son droit sur les immeubles, et par suite la vente éventuelle qu'il a faite de ceux qui pourraient lui être attribués par le partage, doit comprendre les immeubles tombés dans son lot (Nancy, 8 fév. 1853) (1).

2091. De ce que le sort de la vente est subordonné au cas où la chose indivise entrera ou non dans le lot de l'héritier vendeur, il suit qu'un cohéritier n'est pas recevable à contester cette vente et à demander le délaissement à l'acquéreur, avant qu'il ait été procédé à la liquidation et au partage. — Jugé ainsi dans le cas de vente par l'un des héritiers de sa part indivise dans un immeuble de la succession (Bourges, 14 janv. 1831) (2). — Il en serait de même bien que la vente de la part indivise ait été consentie par un tuteur au nom de l'héritier mineur (Toulouse, 2 avr. 1835) (3). — Dans l'espèce, les premiers juges motivaient leur décision sur ce que tout semblait prouver une collusion entre le père tuteur et sa fille, pour tâcher de faire payer une seconde fois le prix de sa part vendue, et qui par le même contrat avait été échangée contre un autre immeuble.

2092. Il a été décidé aussi que le créancier inscrit sur la part indivise que son débiteur possède dans une succession ne peut être colloqué, suivant son rang d'hypothèque, dans l'ordre ouvert pour la distribution du prix de la vente des immeubles de cette succession, que tout autant qu'il y a eu préalablement un acte de partage pour déterminer les droits du cohéritier débiteur. Et, dans ce cas, la clôture définitive de l'ordre doit être suspendue jusqu'à la confection du partage (Aix, 23 janv. 1835) (4).

2093. Une seconde conséquence de l'effet déclaratif du par-

---

chef de leur mère, mais pour laquelle ils n'ont et ne peuvent avoir plus de droits que n'en aurait leur mère elle-même, si elle était encore vivante; hypothèque enfin que Claudine Fréquent, si elle vivait, ne pourrait faire valoir maintenant au préjudice de la dame Second sur la portion d'immeuble dont le sieur Longchamp, son père, fut ci-devant tiers acquéreur, puisqu'il eut soin de purger son acquisition de toute hypothèque par des lettres de ratification dûment impétrées, et que toujours une telle purge a pu avoir lieu valablement suivant les formalités prescrites par la loi en vigueur, aussi bien sur une simple portion d'immeuble, que sur un immeuble tout entier. — Enfin, l'arrêt considère que la dame Second se trouve dans une position toute favorable, en ce qu'elle n'est pas cessionnaire de droits héréditaires à titre universel, devant contribuer à ce titre aux charges de la succession proportionnellement à son émolument, mais bien cessionnaire à titre singulier, ce qui lui attribue un intérêt distinct.

Pourvoi pour violation des art. 883 et 2114 c. civ. — Arrêt.

LA COUR ; — Vu les art. 883 et 2114 c. civ. ; — Attendu que l'art. 883 c. civ., entièrement conforme en ce point aux anciens principes du droit français, dispose que chaque cohéritier est censé avoir succédé seul et immédiatement à tous les effets compris dans son lot, en sorte qu'on ne peut reconnaître aucun propriétaire entre le défunt et celui de ses héritiers à qui le partage attribue tel effet de sa succession ; — Qu'il suit de là que les hypothèques conférées par tout autre cohéritier, ainsi que toute cession ou vente de sa part dans cet effet, s'évanouissent devant la propriété du cohéritier saisi par le partage ou la licitation, lesquels ne sont point attributifs mais déclaratifs de la propriété ; — Qu'il ne peut dépendre en effet de l'un des autres cohéritiers de déranger par un acte particulier l'ordre des mutations et l'époque de la saisine du cohéritier adjudicataire par licitation, ou loti par le partage ; — Que le cessionnaire ne peut avoir en ce cas autre ou plus grand droit que celui qu'aurait son cédant ; — Qu'il est obligé, comme lui, de respecter l'attribution rétroactive de la propriété, et que le droit éventuel et résoluble qu'avait eu le cédant, se convertit également pour le cessionnaire en un droit sur la soulte en argent qui lui donnera le partage ; — Qu'il résulte aussi de ces principes que l'immeuble ainsi attribué au cohéritier adjudicataire par licitation, passe dans sa main grevé des hypothèques et charges qui lui étaient imposées dans celles du défunt et qui doivent être acquittées et prélevées sur le prix de l'immeuble ; — Qu'en effet, celui qui n'a jamais été ni véritable acquéreur ni propriétaire ne peut avoir purgé d'hypothèques l'immeuble qui n'a jamais été à lui ; — Attendu que l'arrêt de la cour de Lyon, en supposant que la purge avait eu lieu sur un quart de l'immeuble par des lettres de ratification obtenues par les cessionnaires d'un cohéritier qui n'en a jamais eu aucune partie, a violé l'art. 883 c. civ. sur les principes en matière de partage, et l'art. 2114 sur l'indivisibilité de l'hypothèque ; — Par ces motifs, donnant défaut contre celles des parties défaillantes ; — Casse.

Du 15 fév. 1858.-C. C., ch. civ.-MM. Portalis, 1er pr.-Bonnet, rap.-Laplagne, 1er av. gén., c. conf.-Lacoste et Mandaroux, av.

(1) (Foller C. Foller.) — LA COUR ; — Considérant au fond que chaque cohéritier d'une succession indivise a un droit acquis aux immeubles de ladite succession, et que rien ne l'empêche de vendre sa portion, sauf les chances du partage ; — Que si Jules Foller a reçu, par les sommes qui font partie de l'hérédité, une part plus considérable que celle qui lui appartient, ce n'est pas une raison pour décider qu'il a par là renoncé à son droit sur les immeubles ; que c'est un simple emprunt qu'il a fait à ses cohéritiers ; — Qu'ainsi Jules Foller a dû prendre son tiers dans les immeubles de sa succession, et qu'il a pu, même avant le partage, qui n'est jamais attributif, mais déclaratif, vendre sa portion éventuelle ; que François Robert a acheté de bonne foi cette part, qui se trouve aujourd'hui comprendre le lot C, et que cette vente doit sortir tous ses effets, etc.

Du 8 fév. 1853.-C. d'app. de Nancy.

(2) (Poissonnet C. Guillerand.) — LA COUR ; — Considérant que si chaque héritier a droit dans les biens d'une succession à une portion proportionnelle à celle que lui donne dans l'hérédité sa qualité d'héritier, ce droit ne se convertit cependant en propriété réelle et effective que par le partage, qui détermine les biens qui tombent au lot de chaque héritier, les biens auxquels il est censé avoir succédé ; que ce partage, auquel les tiers intéressés ont droit d'intervenir, doit être précédé d'une liquidation ; que cette opération a pour objet de reconnaître les droits des intéressés, de les faire compter de ce qu'ils peuvent devoir à la succession, de constater si les biens sont partageables et de fixer le mode de partage ; que la liquidation et le partage sont donc un préalable qui doit précéder le jugement de la demande en revendication ; — Dit bien jugé, etc.

Du 14 janv. 1831.-C. de Bourges, 2e ch.-M. Trottier, pr.

(3) (Barbe C. Rouzaud.) — LA COUR ; — Attendu qu'aucune loi ne prohibe à un cohéritier de vendre un immeuble dépendant d'une succession indivise, et que le sort de cette aliénation dépend ensuite du cas où l'immeuble aliéné entrerait ou n'entrerait pas dans le lot du cohéritier vendeur ; d'où suit qu'un autre cohéritier n'est pas recevable à demander à l'acquéreur le délaissement de l'objet vendu avant le partage effectué ; — Attendu que la femme Barbe est d'autant moins recevable à exercer aujourd'hui la demande en délaissement contre Rouzaud, qu'il résulte de son contrat de mariage, en date du 21 mai 1826, que son père lui a fait donation entre-vifs et par préciput du quart, le compétent sur les successions d'Antoine et Marianne Séguela, ses enfants, et ensemble de ce qui lui revenait, à quelque titre que ce fût, sur la succession de Paule Commenge, son épouse ; — Attendu que les objets donnés par le père à sa fille sont tels qu'ils se trouvaient depuis l'échange du 27 déc. 1823 ; que c'est ainsi que le donataire les a acceptés, et que, tant qu'elle conservera l'utilité de la donation, elle sera non recevable à attaquer l'échange dont il s'agit.

Du 2 avr. 1835.-C. de Toulouse, 2e ch.-M. Pagan, f. f. de pr.

(4) *Espèce* : — (Gueymar C. Mireur et Raybaud.) — Le tribunal de Draguignan avait statué en ces termes : — « Considérant que les dispositions de l'art. 883 c. civ., en vertu duquel les biens de la succession doivent passer entre les mains de chaque héritier, par l'effet du partage ou de la licitation, francs et quittes de toutes charges et hypothèques du chef de l'autre cohéritier, n'ont été faites que pour les héritiers eux-mêmes, et non point pour les créanciers personnels de chacun d'eux ; en sorte que si le cohéritier ne peut être recherché d'aucune manière par suite des charges et hypothèques créées par son cohéritier avant le partage, rien n'empêche et ne doit empêcher qu'alors qu'il s'agit de distribuer entre des créanciers la part d'un cohéritier sur le prix des immeubles de la succession susdésignée dans un acte de partage, et non encore payée, les créanciers ne soient colloqués d'après leur rang d'hypothèque, et non pas simplement comme cédulaires, parce que, pour eux, il est vrai de dire que le prix représente la chose ; et que ce ne serait pas juste de les priver de leurs droits de préférence par application d'un article qui n'a pas été fait pour eux ; que, d'ailleurs, rien ne répugne à ce que l'hypothèque soit éteinte par rapport à l'immeuble qui est passé entre les mains d'un cohéritier, ou d'un étranger et adjudicataire (car on ne voit pas pourquoi l'on mettrait une différence dans les deux cas), et néanmoins qu'elle subsiste encore sur le prix non payé, puisque la purgation d'hypothèque opère le même résultat, et qu'on en trouve un exemple dans l'art. 2186 c. civ. ; — Considérant néanmoins que, du droit de suivre entre les mains de l'adjudicataire la portion du prix des immeubles de la succession revenant au cohéritier débiteur, ne résulte pas celui de venir prendre dans un ordre et se faire allouer définitivement cette portion du prix, sans qu'il y ait eu partage qui ait fixé et déterminé cette part, ou soit le lot du cohéritier débiteur, parce qu'il y a même raison de décider ici que pour le cas de vente de la portion indivise dont l'art. 2205 c. civ. interdit la poursuite au créancier personnel, avant le partage ou la licitation ; qu'en effet, jusqu'au partage,

tage ou de la licitation, est que le copartageant ou colicitant n'a point, à la différence du vendeur, l'action résolutoire à défaut de payement de la soulte ou du prix, mais seulement le privilége accordé par les art. 2108 et 2109 (Pothier, de la Vente, nos 638, 639; Henrion, v° Indivis. et licitation; Merlin, Rép., v° Licitation; Grenier, Hypothèque, t. 2, n° 401; Troplong, *ibid.*, n° 291). — Jugé ainsi dans le cas de licitation judiciaire. — « Attendu que les cohéritiers de l'adjudicataire sont réputés n'avoir jamais eu la propriété de la chose licitée, et n'avoir eu qu'un droit de créance avec hypothèque privilégiée; que, dès lors, ceux-ci ne peuvent agir par voie de résolution, en vertu des art. 1184 et 1654 c. nap., mais seulement par voie de saisie mobilière ou immobilière» (Besançon, 25 juin 1828, M. Monnot-Arbilleur, pr., aff. Poulet *C.* Poulet. — Conf. Paris, 21 avr. 1850, aff. Folcad, V. n° 2095; Lyon, 8 fév. 1855, M. Rieussec, aff. Girerd *C.* Massard; Paris, 7 fév. 1855, aff. M..., D. P. 55. 2. 334).

2094. Décision semblable dans le cas de partage (Metz, 23 mars 1820, M. de Maleville, pr., aff. hérit. Martin); et lorsque le copartageant a cédé à son cohéritier ses droits successifs, moyennant un domaine de l'hérédité et une soulte, il ne peut exercer, pour non-payement de cette soulte, l'action en résolution du partage; il n'a que l'action privilégiée (Req. 29 déc. 1829) (1).

2095. Par le même motif, il a été jugé: 1° que les cohéritiers de l'adjudicataire ne pouvant, d'après le principe de l'art. 883 c. nap., être considérés comme vendeurs, ne peuvent par suite, même au cas où l'adjudicataire n'a pas rempli la condition, imposée par le cahier des charges, de faire transcrire le jugement d'adjudication afin d'assurer la réalisation de l'inscription d'office au profit du vendeur, exercer contre ce dernier, soit la voie de folle enchère, soit l'action résolutoire (Paris, 21 av. 1850) (2); — 2° Qu'il n'y a pas lieu à l'action résolutoire, bien que le prix de l'adjudication consiste en une rente, et l'on soutiendrait en vain que cette rente doit être considérée comme foncière, alors surtout qu'elle a été stipulée postérieurement à la loi de 1790, qui déclare les rentes rachetables (Cass. 14 mai 1833) (3).

2096. La licitation amiable, ou la vente, qui fait cesser l'indivision entre héritiers, n'est pas plus soumise que la licitation judiciaire à la résolution pour défaut de payement de prix (Nancy, 27 juill. 1838 (4), V. d'ailleurs *suprà* n° 2084). — Et spécialement

---

nul cohéritier ne peut se dire propriétaire des biens, pas plus de la chose que du prix; il n'a qu'un simple droit à la chose, droit qui n'est pas le tiers ou le quart de chaque immeuble, comme on l'a constamment dit dans les plaidoiries, mais le tiers ou le quart de tous les biens de la succession, droit enfin qui ne se réalise et n'est fixé que par le partage; en sorte qu'il peut arriver, par l'effet du partage, que le cohéritier ait dans son lot, non pas précisément le tiers ou le quart du prix des immeubles de la succession, suivant le nombre d'enfants ou de successibles, mais une part plus grande ou plus petite, ou, enfin, rien du tout, si, par exemple, le lot qui lui échoit est composé d'autres biens; — Considérant que la loi distingue partout la part et portion héréditaire qui n'est que le droit à la succession, du lot copartageant qui est la part échue à chaque cohéritier par l'effet du partage ou de la licitation; que l'art. 883, dont argumentent les sieurs Mireur et Raybaud, ne dit pas que chaque cohéritier est censé avoir succédé seul et immédiatement à la part des biens lui revenant, mais aux effets compris dans son lot; qu'enfin l'art. 2205, d'accord avec l'article cité, défend aux créanciers personnels de mettre en vente la part indivise d'un cohéritier avant partage, et à plus forte raison, par conséquent, de distribuer cette part indivise avant qu'elle ait été fixée par un partage; — Considérant qu'il y a d'autant plus de raison de soumettre la collocation des créanciers contractants à un partage préalable, qu'il a été allégué qu'il y avait plus de trois enfants dans la succession Marenc, et qu'en l'état le contraire n'est pas prouvé; qu'il n'est pas prouvé non plus, soit que le père Marenc n'ait pas laissé d'autres biens que ceux qui ont été vendus, soit qu'il soit mort sans avoir fait de disposition en faveur de l'un de ses enfants...; — Par ces motifs, ordonne que les sieurs Mireur et Raybaud seront colloqués au premier rang, comme premiers créanciers inscrits sur les parts et portions indivises revenant à Xavier et Hippolyte Marenc, à la charge par eux de faire procéder au partage, et ce avant la clôture de l'ordre, sous peine de déchéance, etc. » — Appel. — Arrêt.

La cour; — Considérant qu'il est dans les principes d'équité et de convenance, que la clôture définitive de l'ordre dont il s'agit soit suspendue jusqu'à l'entière effectuation du partage; — Confirme.

Du 23 janv. 1855.-C. d'Aix, ch. corr.-M. d'Arlatan-Lauris, pr.

(1) (Dussargues *C.* créanciers Lafarge.) — La cour; — Attendu, en droit, que, du rapprochement des art. 883, 884, 885, 886, 887, 2103, n° 3, c. civ., il résulte que la rescision de l'acte de partage doit être régie par des dispositions particulières à cet acte, et non par le principe général posé par l'art. 1184 du même code; — Qu'en effet, par une conséquence du principe que chaque cohéritier, après partage ou licitation, est censé n'avoir jamais eu la propriété des effets de la succession, étrangers à son lot, ou à lui échus par licitation, le copartageant, qui n'a jamais eu la propriété des biens échus aux autres copartageants, ne peut les revendiquer, comme le vendeur revendique les biens vendus; — Que le partage lui-même est moins l'effet de la volonté libre des parties que de la nécessité de faire cesser l'indivision; il n'est pas un acte de spéculation et de commerce; enfin, il fixe souvent le sort et l'état de plusieurs familles; il ne peut donc, sans les inconvénients les plus graves, être rescindé pour une inexécution quelconque de la part d'un des copartageants, et pour le non-payement de tout ou partie d'une soulte, pour le recouvrement de laquelle le créancier copartageant tient un privilége spécial de la loi; — Et attendu qu'il est constant et reconnu, en fait, par l'arrêt attaqué (de la cour de Nîmes), que l'acte du 8 oct. 1825, passé entre la demanderesse en cassation et son frère, est un véritable partage; que la demanderesse l'a exécuté; qu'elle a même vendu le domaine à elle échu en vertu de ce partage, et que ce n'est qu'une partie de la soulte, à elle due en argent, que son frère ne lui a pas payée; — Que, dans ces circonstances, en décidant que la demanderesse n'avait que l'action privilégiée pour le recouvrement de cette soulte, et nullement l'action en rescision du partage, l'arrêt attaqué a fait une juste application des lois de la matière; — Rejette, etc.

Du 29 déc. 1829.-C. C., ch. req.-MM. Favard, pr.-Lasagni, rap.-Laplagne-Barris, av. gén., c. conf.-Odilon Barrot, av.

(2) (Folcad *C.* veuve Gruintgens.) — La cour; — Considérant qu'il résulte de la combinaison des art. 883, 2108 et 2109 c. civ. que, dans le cas d'adjudication faite au profit de l'un des cohéritiers, les autres cohéritiers ne sont pas vendeurs, et que le seul moyen fourni au colicitant ou copartageant, à l'effet de conserver son privilége pour la portion du prix de la licitation qui lui appartient, consiste à prendre inscription dans les soixante jours de la licitation; — Considérant que, dans l'espèce, la transcription du jugement d'adjudication n'aurait point eu pour effet de valoir inscription en faveur du mineur Folcad, pour la conservation de son privilége; que, dès lors, l'obligation imposée à l'adjudicataire par le cahier des charges n'était point applicable au colicitant devenu adjudicataire; — Adoptant les motifs des premiers juges, confirme.

Du 21 avr. 1850.-C. de Paris, 2e ch.-M. d'Haranguier, pr.

(3) (Duhamel Rougemer *C.* Prévost.) — La cour (apr. délib. en ch. du cons.) — Vu l'art. 26 de l'arrêt de règlement, rendu, le 6 avr. 1666, pour l'ancienne province de Normandie, ledit article ainsi conçu : « Il n'est dû aucun treizième pour le retour ou licitation des partages entre cohéritiers ou propriétaires en commun; » — Vu l'art. 1 de la loi des 18-29 déc. 1790, l'art. 7 de la loi du 11 brum. an 7, et les art. 883, 1184 et 1654 c. civ.; — Considérant qu'en Normandie, comme sous l'ancien droit français la licitation ou le partage était considéré comme un acte déclaratif et non translatif de propriété; qu'il résulte de ce principe, qui a été sanctionné par l'art. 883 c. civ., que chaque cohéritier est censé succéder seul aux objets qui composent son lot et en être seul propriétaire; — Considérant qu'on ne pourrait attacher aux rentes créées par l'acte du 25 frim. an 7 le caractère résolutoire en cas de non-payement, sans violer le principe qu'on vient d'énoncer; — Considérant que ces rentes devenues rachetables par la loi du 18 déc. 1790, et n'étant plus susceptibles d'hypothèques, d'après l'art. 7 de la loi du 11 brum. an 7, n'ont pu être considérées comme foncières, ainsi que le fait l'arrêt attaqué (de la cour de Caen); d'où il suit qu'en reconnaissant à l'acte qui les constitue le caractère résolutoire, ledit arrêt a violé l'art. 883 c. civ., les lois des 18 déc. 1790 et 11 brum. an 7, et fait une fausse application des art. 1184 et 1654 c. civ.; — Casse.

Du 14 mai 1833.-C. C., ch. civ.-MM. Dunoyer, f. f. de pr.-Bérenger, rap.-De Gartempe fils, av. gén., c. conf.-Moreau et Piet, av.

(4) (Vairelle *C.* Richard.) — La cour; — Attendu, en fait, que l'acte du 16 mars 1813 constitue, non une vente, mais un partage ou une licitation, puisqu'il fait cesser l'indivision entre deux communistes, et en droit, que l'art. 1184 c. civ., qui pose d'une manière générale le principe de la résolution relativement aux actes synallagmatiques, ne peut recevoir d'application lorsqu'il s'agit d'actes de partage ou de licitation, parce que ces derniers actes sont d'une nature spéciale, et qu'ils sont régis par des règles particulières; qu'en effet, le partage reposant sur la double fiction de la loi, que chaque copartageant a eu *ab initio*, et avant le partage, la propriété des biens qui composent son lot, et que les autres copartageants n'ont jamais eu cette propriété, celle-ci n'est pas résoluble faute de payement de la soulte, et ne peut être revendiquée, à titre de droit, par celui à qui elle n'a jamais appartenu; que, d'un autre côté, les partages affectant d'ordinaire les droits de plusieurs, forment un titre commun qui ne peut être résolu que du consentement de tous les intéressés; qu'il ne peut dépendre de quelques-uns des copartageants de détruire ce qui a été réglé pour tous; que, s'il n'en était

l'acte sous seing privé, qualifié licitation, qui intervient entre deux cohéritiers (auxquels un immeuble indivis a été attribué comme formant deux lots dans un partage de la succession commune avec leurs autres cohéritiers), et par lequel l'un est déclaré adjudicataire de la totalité de cet immeuble indivis, à la suite d'enchères ouvertes entre eux, sans l'observation des formalités indiquées pour les licitations, doit être regardé comme un acte de partage, et ne peut, par suite, être soumis à l'action résolutoire pour inexécution des conditions stipulées dans le contrat (Lyon, 8 fév. 1855, M. Rieussec, pr., aff. Girerd C. Massard).

2097. Pareillement l'action résolutoire n'est pas admissible entre héritiers colicitants, en cas d'inexécution des conditions de l'adjudication, bien que l'adjudication serait faite non-seulement à l'un des colicitants, mais encore à son épouse, les droits acquis n'étant pas, en ce cas, réputés acquêts de la communauté (c. nap. 1408), mais étant au contraire réputés acquis dans l'intérêt de l'époux indivisaire, sauf récompense à la communauté (Req. 9 mai 1852) (1).

2098. Que décider, si la résolution du partage ou de la licitation a été formellement stipulée pour le cas de non-payement aux autres héritiers de la soulte due ou de leur portion du prix? Cette clause doit avoir effet. (MM. Rolland de Villargues, Rép., v° Résolution, n° 20; Dutruc, n° 48). — C'est ce qui a été décidé (Cass. 6 janv. 1846, aff. Lefebvre, D. P. 46. 1. 16). — *Contrà* Rouen, 10 juin 1841 (2), arrêt cassé par celui qui précède. — V. toutefois *infrà*, n° 2101, Bordeaux, 15 mai 1835, aff. Rochefort.

2099. Il a été jugé aussi : 1° que, lorsque, avant le code, des copartageants, en cédant leurs droits immobiliers à l'un de leurs cohéritiers, moyennant une certaine somme, se sont réservé le droit de reprendre leurs portions respectives en cas de non-payement, une pareille clause n'est pas un pacte commissoire proprement dit, de telle sorte que, pour avoir reçu des à-compte, les copartageants ne puissent rentrer dans leur propriété; que c'est là une condition résolutoire dont l'inaccomplissement, en tout ou en partie, donne lieu à l'anéantissement de l'acte (Metz, 31 janv. 1811, M. Voysin de Gartempe, 1er pr., aff. Tinaut C. hérit. Hinderer); — 2° Que lorsque, dans un acte de partage, après avoir attribué un domaine à un copartageant, à la charge par ce dernier de payer une certaine somme à l'un des créanciers hypothécaires de la succession, les copartageants se réservent de vendre eux-mêmes ce domaine jusqu'à concurrence de la somme due, dans le cas où leur cohéritier ne la payerait pas; une telle clause doit recevoir son exécution... On dirait en vain que le partage ayant irrévocablement saisi l'héritier, il ne pouvait exister contre lui qu'une action en accomplissement de ses obligations : — « Attendu qu'en considérant l'acte du 6 oct. 1821 comme renfermant une cession d'un excédant des biens au-dessus du lot conféré à l'un des cohéritiers jusqu'à concurrence de 25,000 fr., qu'il devait acquitter sous peine de résolution de l'acte au cas qui y est exprimé, les juges n'ont fait qu'une juste interprétation de l'acte et n'ont contrevenu à aucun des articles du code Napoléon; rejette. » (Req. 4 août 1824, MM. Lasaudade, pr., Rousseau, rap., aff. de Sibra C. Desguilhot); — 3° Que des cohéritiers majeurs et maîtres de leurs droits ont la faculté de ne consentir entre eux qu'un partage provisoire ou soumis à l'accomplissement d'une condition déterminée. Et spécialement une cession de droits successifs faite entre cohéritiers a pu être subordonnée à une condition résolutoire *expresse* ou *tacite* à défaut du payement

---

pas ainsi, deux copartageants pourraient s'entendre pour faire résoudre, malgré la résistance des autres, le partage qui ne leur conviendrait plus, l'un en ne payant pas la soulte, l'autre en en prenant prétexte pour demander la résolution; que le législateur a voulu éviter cet inconvénient, et que, dans ce but, il a limité les droits des copartageants, pour le payement de la soulte, au privilége établi par l'art. 2103, n° 3, c. civ.; — Infirme.

Du 27 juill. 1838.-C. de Nancy, 1re ch.-M. de Metz, 1er pr.

(1) (Lamjamet C. Cazeau.) — LA COUR; — Sur le premier moyen, fondé sur la violation des art. 1184, 1650 et 1654 c. civ., en ce que l'arrêt attaqué aurait rejeté l'action résolutoire formée par les demandeurs sur le fondement de ces articles: — Attendu que l'arrêt attaqué, en décidant que des actes de licitation entre cohéritiers n'étaient pas des actes d'aliénation, et qu'ils n'étaient point attributifs, mais simplement déclaratifs de propriété, n'a pas violé les articles ci-dessus cités, et n'a fait qu'une juste application de l'art. 883 c. civ.;

Sur le moyen fondé sur la fausse application dudit art. 883, fondée sur ce que la dame Cazeau de Névois aurait acquis, par les actes des 20-27 juill. et 5 août 1776, la moitié de la propriété de la terre de Dufort :

Attendu qu'aux termes de l'art. 1408 c. civ., l'acquisition faite pendant le mariage, à titre de licitation ou autrement, de portion d'un immeuble dont l'un des époux était propriétaire par indivis, ne forme point un conquêt, sauf à indemniser la communauté de la somme qu'elle a fournie pour cette acquisition;

Et attendu qu'il est constaté, en fait, par l'arrêt attaqué, que, suivant procès-verbal de l'administration centrale du département de l'Yonne, du 18 therm. an 6, il a été fait délivrance, à ladite dame Cazeau de Névois, de la moitié de la terre de Dufort, pour la remplir de ses droits dans la communauté d'entre elle et son mari, et qu'ainsi il n'a été fait, par l'arrêt attaqué, qu'une juste application, tant dudit art. 1408 que de l'art. 883; — Rejette, etc.

Du 9 mai 1832.-C. C., ch. req.-MM. Zangiacomi, pr.-Moreau, rap.-Lebeau, cons., f. f. d'av. gén., c. conf.-Crémieux, av.

(2) (Lefèbvre C. Bringeon.) — LA COUR; — Attendu que, par l'acte du 18 août 1835, enregistré et déposé au rang des minutes de Dubée, notaire à Boos, l'indivision qui existait entre la dame Mallet et son fils a cessé; — Que dès lors, aux termes de l'art. 888 c. civ., cet acte est un véritable partage, quoique les parties lui aient donné le nom de vente ou de cession; — Que la question à juger est donc celle de savoir si, dans un partage, le communiste peut stipuler la résolution pour le cas où son copartageant ne payerait pas le prix stipulé par le contrat; — Attendu que la résolution d'un acte de partage doit être régie par les dispositions particulières à cette matière, et non par les principes généraux posés dans l'art. 1184 c. civ.; — Qu'en effet, les règles sur les contrats synallagmatiques ne peuvent toutes s'appliquer à un partage qui provient moins de la volonté libre des parties que de la nécessité de faire cesser l'indivision; — Que, par cela même, toutes les conséquences de cet article ont dû être fixées spécialement par la loi, surtout en ce qui concerne le droit de résolution, qui, lorsqu'il frappe des immeubles, devient un droit tellement grave et tellement exorbitant, que la loi ne le considère plus que comme une déduction naturelle du principe général posé dans l'art. 1184; car, lorsqu'elle veut que ce principe s'étende jusque-là, elle ne manque jamais de l'exprimer par une disposition spéciale et formelle, ainsi qu'on le voit, notamment dans les art. 1654, 1705, 954 et 1046 c. civ.; — D'où suit que le seul silence de la loi sur le droit de résolution en matière de partage autorise à conclure qu'elle n'a pas voulu l'admettre; — Attendu que les règles sur la résolution de la vente, posées dans l'art. 1654, ne peuvent pas davantage être appliquées au partage; — Qu'en cette matière, le principe qui domine est que chaque communiste est censé, après le partage, avoir eu seul et immédiatement la propriété de tous les objets compris dans son lot, et n'avoir jamais eu la propriété des autres objets de la communauté; — Qu'il suit de là qu'on ne peut assimiler les effets de la vente à ceux du partage; — Que, par le contrat de vente, l'acquéreur tient sa propriété du vendeur, et ne peut la conserver qu'en remplissant les conditions auxquelles elle lui a été transmise, circonstance d'où dérive l'action résolutoire en cas d'inaccomplissement de ces conditions; — Qu'au contraire, par le partage, le copartageant étant censé n'avoir jamais eu aucun droit de propriété sur les objets compris dans le lot de ses copartageants, ne peut les revendiquer par l'effet d'une condition résolutoire dont la base essentielle est que celui qui prétend l'exercer puisse être considéré comme ayant livré la chose en possession de laquelle il veut rentrer; — Qu'aussi, à défaut du droit de résolution, la loi a donné au copartageant, en cas d'inexécution des clauses du partage, une créance qu'elle a eu soin de garantir par un privilége spécial qui suffit pour la conservation de tous ses droits; — Attendu que les principes qui s'opposent à ce que l'on puisse annuler les partages par l'effet d'une condition résolutoire tacite, repoussent avec la même force la clause expresse de résolution; — Que cette clause est incompatible avec les effets essentiels du partage, tels qu'ils sont définis et réglés par le code civil, et qu'elle empêcherait la loi d'atteindre le but qu'elle s'est proposé; — Que si cette condition était admise, elle deviendrait bientôt habituelle dans les actes de partage, et qu'alors se trouverait entièrement détruite la fiction de l'art. 883 c. civ., fiction qui a été créée, moins en faveur des copartageants qu'en faveur des tiers auxquels il n'est pas permis d'enlever la garantie que la loi leur a donnée en assurant l'irrévocabilité des partages; — Que, d'ailleurs, l'intérêt public veut que la propriété immobilière ne reste pas incertaine, que le sort et l'état des familles soient à l'abri des bouleversements que pourrait entraîner l'annulation des partages, et qu'il proscrit enfin toute convention qui, en faisant renaître l'indivision, aurait pour résultat de la perpétuer; — Attendu qu'il suit de toutes ces considérations que Lefebvre, qui n'a pas d'autres droits que ceux du copartageant, dont il est le représentant, est mal fondé dans son action en résolution; — Confirme.

Du 10 (ou 18) juin 1841.-C. de Rouen, 2e ch.-MM. Gesbert, pr.-Chassan, av.-gén., c. conf.-Senard, Daviel, Deschamp et Vanier-av.

du prix; cette clause n'est pas contraire à la fiction de l'art. 883 c. nap., qui ne concerne que les partages définitifs (Montpellier, 12 mai 1847, aff. Cauce, D. P. 47. 2. 158). — Cet arrêt va trop loin, selon nous, en subordonnant la résolution du partage à une convention même tacite. L'appréciation discrétionnaire des tribunaux aurait ici le danger d'effacer la ligne de démarcation entre la vente et le partage (Conf. M. Dutruc, nº 48; Nîmes, 30 août 1853, aff. Bonnecause, D. P. 54. 5. 546), ce qui rentre dans les cas dont il est parlé vº Cassation, nºs 1330 et s.

2100. Le copartageant ou colicitant n'a pas pour le payement de la soulte ou de sa portion du prix le *privilége de vendeur*, mais seulement le privilége accordé par l'art. 2109 c. nap., et qui ne produit effet qu'à charge d'*inscription* dans les soixante jours du partage. — Jugé que l'époux survivant n'a droit qu'à ce dernier privilége, lorsqu'il a cédé à l'héritier de son conjoint prédécédé tous ses biens et, de plus, tous ses droits dans la communauté. Une telle cession doit, quelle que soit la dénomination qui lui a été donnée, être réputée partage pour la partie des biens de communauté indivis entre le cédant et le cessionnaire (Paris, 13 déc. 1845, aff. Richer, D. P. 51. 5. 379).

2101. De ce que le partage ou la licitation se distingue de la vente par son effet déclaratif, il suit encore que le cohéritier qui s'est rendu adjudicataire, sur licitation, d'un immeuble de la succession, n'est pas soumis à la revente sur folle enchère, pour inexécution des conditions imposées par le cahier des charges.— Toutefois en serait-il de même si, par une clause expresse du cahier des charges, l'adjudicataire avait été soumis à la revente sur folle enchère? Cette clause devrait recevoir son effet comme celle prévue ci-dessus, nº 2098, qui stipule la résolution de la licitation pour cas de non-payement de la soulte ou du prix. — Jugé que l'adjudicataire est soumis alors à la revente sur folle enchère pour non-payement du prix, dans le délai déterminé (Req. 19 nov. 1817 (1); Paris, 20 nov. 1851, aff. Foulonneau, D. P. 54. 5. 545; Bordeaux, 3 mars 1852, aff. Faure-Muret, *eod.*, 547). C'est à tort qu'il a été décidé en sens contraire qu'une telle clause n'était pas obligatoire pour l'adjudicataire colicitant qui a renoncé formellement, dans le cahier des charges, à se prévaloir de l'effet déclaratif de l'art. 883 (Bordeaux, 15 mai 1835) (2).

2102. Mais s'il peut être stipulé, dans le cahier des charges, que le cohéritier adjudicataire sera poursuivi par la voie de la folle enchère, au cas de non-accomplissement des conditions de son adjudication, une telle clause doit être expresse, et ne pourrait s'induire de l'ensemble des dispositions du cahier des charges, par voie de comparaison entre ses diverses stipulations (Nîmes, 30 août 1853, aff. Bonnecause, D. P. 54. 5. 546).

2103. La règle de l'art. 883 sur l'effet déclaratif du partage est-elle applicable au cas où l'adjudicataire sur licitation est un héritier bénéficiaire? On a dit pour la négative que la succession bénéficiaire est liquidée dans l'intérêt commun des créanciers et des héritiers, et qu'en conséquence l'héritier adjudicataire ne devient propriétaire que comme un acquéreur étranger soumis à toutes les poursuites pour défaut de payement du prix d'adjudication (Cass. 27 mai 1835, aff. Ricard, V. nº 2126; M. Belost-Jolimont sur Chabot, art. 883, obs. 2, *in fine*).—Mais on a répondu avec raison que la vente à l'un des héritiers bénéficiaires n'est pas seulement un acte de liquidation, tendant à éteindre le passif de la succession, mais encore un acte faisant cesser l'indivision. D'ailleurs, l'art. 883 ne distingue pas (M. Dutruc, nº 548). — Il a été jugé dans ce sens que l'héritier bénéficiaire n'est pas soumis à la revente sur folle enchère, bien que stipulée au cahier des charges pour le cas où l'adjudicataire ne satisferait pas toutes les conditions (Bordeaux, 22 mars 1834, aff. Boudin, V. Vente jud. d'imm.). — La cour de cassation, tout en soumettant l'héritier bénéficiaire au droit de transcription pour l'adjudication qui lui a été faite sur licitation d'un immeuble de la succession, énonce dans ses motifs que cet héritier « peut, comme l'héritier ordinaire, se prévaloir de l'art. 883 c. nap. pour prétendre qu'il continue le défunt et que la licitation ne lui a conféré qu'un simple titre déclaratif de propriété » (Cass. 12 août 1839, aff. Colombel, V. Enreg., nº 6024).

2104. Il a été décidé, sous l'empire des lois intermédiaires, que des cosuccessibles qui ont acquis par voie de licitation des biens d'une hérédité comprise dans les dispositions rapportées par la loi du 9 fruct. an 3, sont des tiers possesseurs dans le sens de l'art. 1 de la loi du 3 vend. an 4, et en conséquence, les droits ainsi acquis de bonne foi dans l'intervalle des lois des 5 brum. et 17 niv. an 2 doivent être maintenus comme s'ils avaient été acquis de toute autre manière à titre onéreux (Cass. 8 vent. an 6, M. Lombard, rap., aff. hérit. Ayam; 17 germ. an 3, MM. Lalande, pr., Maleville, rap., aff. Cliquet *C.* Roussel; 13 germ. an 3, MM. Lalande, pr., Chabroud, rap., aff. Nicolas Rivière *C.* Marguerite Rivière).

2105. De la règle posée par l'art. 883, il suit encore que le payement fait avant partage à un créancier hypothécaire du cohéritier par l'adjudicataire, est sans effet vis-à-vis des autres héritiers, si le partage n'attribue aucun droit à celui-là sur l'immeuble. — Peu importe que le payement ait été fait à la suite d'un ordre et après que la collocation du créancier a été maintenue par jugement *sur la portion revenant à son débiteur dans le prix* (Cass. 18 juin 1834, aff. Colombacher, V. Contr. de mar., nº 2320. — Conf. M. Dutruc, nº 546).

2106. L'adjudication sur licitation faite au profit des colicitants et pour partie à un tiers étranger à la succession, n'a, à l'égard de ce dernier, que les effets d'une vente, que la masse des cohéritiers est censée lui avoir faite, et non ceux d'un partage...; par suite, si le cahier des charges porte qu'à l'égard des mineurs l'adjudicataire conservera son prix jusqu'à leur majorité, il ne peut être tenu de le garder que dans la proportion des droits héréditaires des colicitants sur la chose vendue, et non dans la proportion de ces droits tels qu'ils se trouvent modifiés par les adjudications faites à leur profit (Douai, 25 juill. 1848, aff. Buret, D. P. 49. 2. 185).

2107. La règle de l'art. 883 s'applique-t-elle aux créances? En d'autres termes, un héritier est-il censé n'avoir jamais eu la propriété des créances qui ne sont pas tombées dans son lot, et avoir eu toujours, au contraire, seul droit à celles qui y sont comprises? Il y a divergence sur ce point dans trois arrêts de la cour de cassation. Elle a décidé d'abord que la disposition de l'art. 883 est conçue en termes trop généraux pour que l'on puisse distinguer entre les divers effets dont la succession se compose, et que l'art. 1220, en consacrant le principe de la division des dettes et créances entre héritiers, n'avait point modifié les règles du partage; d'où l'on a tiré la conséquence : 1º que la mainlevée

(1) (Bouché *C.* Poulain.) — La cour; — Sur le premier moyen, résultant d'une prétendue violation des art. 828, 829, 830, 831 c. civ. : — Attendu que la cause présentait à juger une demande en nullité et résolution pour non-exécution d'une adjudication faite le 2 flor. an 4 à Bouché; — Attendu qu'il est constaté en fait que ledit Bouché avait en effet souscrit, tant dans le cahier des charges de ladite adjudication que dans la clause finale qui la détermine, une obligation personnelle de payer le prix dans un délai déterminé; qu'il n'a point exécuté les charges de cette adjudication; qu'une décision arbitrale du 3 vent. an 10 a ordonné la vente à folle enchère, et que l'exécution tant de ladite clause résolutoire que de la décision arbitrale ont été réclamées dans l'instance terminé par l'arrêt attaqué; qu'en cet état, l'arrêt attaqué n'ayant fait autre chose qu'ordonner l'exécution d'une clause formelle à laquelle Bouché s'était volontairement soumis, n'a pu contrevenir aux règles contenues dans les art. 828, 829, 830 et 831 c. civ. en matière de partage, règles qui n'excluent pas l'effet des stipulations formelles des cohéritiers adjudicataires sur licitation.

Du 19 nov. 1817.-C. C., sect. req.-MM. Henrion, pr.-Rougier, rap.

(2) (Rochefort *C.* Lapare.) — La cour; — Attendu que la vente à folle enchère a l'effet de résoudre une adjudication; qu'elle ne peut avoir eu lieu contre le cohéritier à qui un immeuble héréditaire a été adjugé sur licitation; que la licitation commandée par la nécessité n'est point considérée comme aliénation, lorsque c'est un des cohéritiers qui devient ainsi adjudicataire; qu'elle équivaut à partage; qu'on ne peut appliquer à un adjudicataire de cette classe la disposition qui veut que, faute par un adjudicataire d'exécuter les clauses de l'adjudication, le bien soit vendu à sa folle enchère, parce que ce serait rendre passible d'une action résolutoire celui qui en est affranchi par sa qualité d'héritier colicitant; — Attendu que le cahier des charges soumet à la poursuite de folle enchère même le colicitant devenu adjudicataire, et lui interdit la faculté d'exciper de l'art. 883 c. civ.; qu'une renonciation de cette nature n'a pas été légalement autorisée; qu'on ne doit pas y avoir égard; — Confirme.

Du 15 mai 1835.-C. de Bordeaux, 4e ch.-M. Poumeyrol, pr.

consentie par l'un des cohéritiers jusqu'à concurrence de sa part de l'inscription hypothécaire prise pour sûreté d'une créance héréditaire est réputée non avenue, si la créance ne tombe pas dans son lot (Rej. 20 déc. 1848, aff. Dupuis, D. P. 49. 1. 81); — 2° Qu'il en est de même de la saisie-arrêt formée sur cette créance par les créanciers des cohéritiers auxquels elle n'est point échue en partage (Req. 24 janv. 1847, aff. Loustau, D. P. 49. 1. 82).

2108. Mais la même cour, après un rapport plein d'intérêt de M. Troplong, s'est fondée sur le principe de la division légale des créances entre héritiers pour décider que chaque héritier peut recevoir et même demander, en justifiant de sa qualité et de la mesure de ses droits, le payement de sa part dans les créances héréditaires, bien que le partage n'ait point encore eu lieu (Rej. 20 nov. 1847, aff. Finet, D. P. 48. 1. 49). — Cette décision paraît peu conciliable avec les deux arrêts qui précèdent, car si tout cohéritier dans le lot duquel n'est pas tombée la créance est déclaré n'y avoir jamais eu aucun droit, le payement partiel qu'il a reçu doit être réputé non avenu, non moins que tout autre acte de propriété ou de disposition qu'il aurait accompli. — Il a été jugé aussi que le débiteur d'une créance héréditaire ne peut se refuser à payer à l'un des héritiers la part attribuée à celui-ci par un acte de répartition intervenu entre lui et ses cohéritiers dans la proportion de leur intérêt, sous le prétexte qu'un tel acte ne serait pas homologué, la division qui s'opère de plein droit entre les héritiers à l'égard de cette créance rendant l'homologation inutile (Nîmes, 10 mai 1855, aff. Crégut, D. P. 55. 2. 183).

2109. Pour nous, nous croyons aussi l'art. 883 applicable aux créances, soit entre héritiers (V. v° Contrat de mariage, n° 621), soit même à l'égard des tiers, de manière que le débiteur de la succession, à qui le partage aura été régulièrement notifié, ne pourra se prévaloir de la division légale des créances pour refuser le payement total à celui des héritiers qui aura reçu la créance dans son lot (Conf. M. Belost-Jolimont sur Chabot, art. 883, obs. 2.—*Contrà*, MM. Duranton, t. 7, n° 519; Dutruc, n° 547, qui enseignent notamment que le tiers débiteur pourrait faire valoir contre l'héritier cessionnaire des parts de ses cohéritiers dans la créance, la compensation qu'il aurait pu opposer aux divers cédants, conformément à l'art. 1295, § 2. On a invoqué dans ce sens la loi 3, ff., *Familiæ erciscundæ*, d'après laquelle l'héritier à qui la créance a été attribuée, même par le juge du partage, ne peut poursuivre le débiteur que, *partim suo nomine, partim procuratorio nomine* comme cessionnaire; mais il suffit de rappeler que l'effet déclaratif du partage n'était point connu dans la loi romaine. — Jugé dans notre sens que l'art. 883 s'applique aussi bien aux créances mobilières qu'aux immeubles; qu'en conséquence, le créancier de l'un des héritiers, qui est en même temps débiteur de la succession, ne peut compenser ce qu'il doit à la succession avec ce qui lui est dû par cet héritier, au préjudice de l'attribution de la créance faite à un autre héritier (Orléans, 22 juill. 1842, aff. Joubert-Rousseau *C.* Bourdin et Bossard).

2110. Nous avons dit ci-dessus que la règle qui fait remonter au jour de l'ouverture de la succession les droits des cohéritiers avait pour but de prévenir, vis-à-vis des tiers, l'abus des actes de disposition accomplis pendant l'indivision. Dans divers cas, où cet abus n'est point à craindre, on a demandé si la fiction cessait d'être applicable.

2111. Et, par exemple, il a été jugé que la règle de l'art. 883 ne doit pas être entendue en ce sens, que le prix de la licitation soit réputé dû par le colicitant acquéreur au vendeur, à dater du jour de l'ouverture de la succession. Et spécialement que lorsque, après la majorité de son fils, le père qui avait été son tuteur s'est rendu acquéreur de la totalité de l'immeuble provenant des succession et communauté de la mère, et qu'il n'a pas payé son prix, la créance résultant, au profit du fils, de cette acquisition, n'est pas réputée remonter au jour de l'ouverture de la succession et conséquemment de la tutelle, en sorte qu'elle doive être garantie par une hypothèque légale; que, par suite, l'inscription du fils sur le bien licité n'est propre à lui conférer un privilége qu'autant qu'elle a été prise dans le délai déterminé par l'art. 2109 c. nap. (Rennes, 31 mars 1841) (1).

2112. Il a été décidé aussi que la fiction de l'art. 883 ne peut pas être invoquée pour faire considérer comme aliénation de la chose d'autrui, la cession faite à un tiers de ses droits sur des biens de la succession par un héritier qui plus tard a cédé les mêmes droits à son cohéritier par un acte qualifié partage. — Il en est ainsi surtout lorsque le cohéritier, deuxième cessionnaire, connaissait la première cession (Rej. 29 janv. 1840) (2).

2113. C'est ainsi encore que, dans les cas où la minorité de l'un des indivisaires suspend la prescription en faveur des coïndivisaires majeurs, à l'égard des choses indivisibles, l'effet de la suspension subsiste, alors même que l'immeuble auquel s'applique la prescription est postérieurement échu au cohéritier majeur. Ici ne s'applique pas la fiction qui fait remonter les effets du partage à l'ouverture de la succession: — « Attendu que cette fiction ne peut être entendue hors des cas pour lesquels elle a été établie, et notamment priver les biens restés longtemps en commun de la protection accordée à l'incapacité d'agir de l'un des

---

(1) (Jeglot *C.* hospices d'Aubry.) — La cour; — Considérant qu'aux termes des art. 2121 et 2135 c. civ., l'hypothèque légale accordée au mineur sur les biens de son tuteur n'a lieu que pour la garantie des deniers pupillaires et de la gestion du tuteur; que ces termes de la loi sont limitatifs et ne peuvent recevoir d'extention; — Considérant que la créance pour laquelle les époux Jeglot réclament une hypothèque légale résulte d'une licitation d'immeubles indivis, faite, le 12 nov. 1828, entre Cheminant père et ses enfants, et par suite de laquelle le père est devenu adjudicataire du tout; — Considérant que cette licitation faite entre le père et les enfants, l'a été à une époque où ces derniers avaient atteint depuis plusieurs années leur majorité; que par conséquent ils étaient maîtres de leurs droits lorsqu'ils l'ont souscrite; qu'ils ont agi, en passant cet acte, comme copropriétaires majeurs et en nom personnel; que dès lors ce fait et ses conséquences ne sauraient rentrer dans la gestion de Cheminant père, leur ancien tuteur, et leur conférer aucune hypothèque légale pour sûreté du prix de ladite licitation; — Considérant que les mineurs, devenus majeurs, ont eux-mêmes reconnu que cette créance était étrangère à la gestion de leur tuteur, puisque, postérieurement à la licitation dont il s'agit, leur compte de tutelle ayant été rendu et apuré par jugement contradictoire du 19 août 1829, on ne voit point figurer cette créance à l'actif du compte; — Considérant qu'on ne saurait prétendre, avec les appelants, que, par l'effet rétroactif de l'art. 883 c. civ., le prix de la licitation est présumé leur être dû par leur père du jour de l'ouverture de la succession de leur mère, pour en conclure qu'il fait partie de la gestion tutélaire; qu'en effet, la fiction de droit qui fait réputer le cohéritier propriétaire, du jour de l'ouverture de la succession, de tout ce qui est compris dans son lot ou qui lui est échu par licitation, ne peut être étendue au delà de ses termes et d'un cas à un autre; que le motif qui l'a fait introduire ne s'applique point à la soulte et au prix de licitation, qui ne sont dus que du jour du partage ou de la licitation; qu'il serait contraire à la raison qu'une créance pût préexister à sa cause;

Considérant que les époux Jeglot, ne pouvant réclamer une hypothèque légale pour sûreté de la créance qu'ils portent sur leur père et beau-père, et qui résulte de la licitation du 12 nov. 1828, devaient, pour la conservation de leurs droits, prendre inscription dans le délai déterminé par l'art. 2109 c. civ.; que faute à eux de l'avoir fait, les premiers juges ont fait une saine application de la loi en colloquant l'intimé de préférence dans l'ordre ouvert; — Confirme, etc.

Du 31 mars 1841.-C. de Rennes, 1re ch.-M. Potier, pr.

(2) (Manin *C.* Henrion.) — La cour; — Attendu que nul ne peut transmettre à un tiers plus de droits qu'il n'en a lui-même; — Attendu qu'en cédant à prix d'argent à son frère, par l'acte du 15 sept. 1833, ses droits au bail emphytéotique du 8 fév. 1817, Antoine Manin n'a pu investir Jean Manin de ces droits, s'il les avait déjà précédemment transférés à un autre; — Attendu qu'il est déclaré par l'arrêt attaqué 1° qu'Antoine Manin avait, plusieurs années avant le 15 sept. 1833, rendu et cédé à un tiers ses droits à la jouissance des biens compris au bail emphytéotique, et notamment des 10 ares 47 cent. de terre dont il avait joui particulièrement et divisément d'avec Jean Manin; — 2° Que celui-ci n'ignorait pas la cession faite par son frère, et à lui notifiée le 14 août 1833, lorsque, le 15 septembre suivant, a été passé l'acte qualifié partage entre lui et Antoine Manin; — Que ce dernier acte ne peut être utilement opposé à Henrion, puisque le prétendu partage opéré par cet acte aurait eu lieu entre deux personnes qui n'étaient plus copropriétaires; — Qu'en déclarant le demandeur en cassation mal fondé dans son action en revendication de la totalité de l'immeuble litigieux, l'arrêt attaqué n'a violé ni l'art. 1599 c. civ., ni aucune loi; — Rejette.

Du 29 janv. 1840.-C. C., ch. civ.-MM. Dunoyer, f. f. de pr.-Miller, rap.-Tarbé, av. gén., c. conf.-Grosjean et Piet, av.

copropriétaires; confirme, etc. » (Amiens, ch. civ., 5 déc. 1840, M. Boulet, 1er pr., aff. Auquet C. Dumoulin).

2114. La règle de l'art. 883 a été appliquée dans divers cas régis par des lois spéciales et, par exemple, sous l'empire de la loi électorale qui exigeait la possession annale pour qu'on pût compter, dans le cens de l'électeur, les contributions de l'immeuble nouvellement acquis. — V. Droit politique, n° 266.

2115. En matière d'enregistrement, le caractère d'acte déclaratif de propriété fait que le partage est soumis à un droit fixe et non au droit proportionnel de mutation (Cass. 14 mess. an 9, aff. Coustard, V. Enreg., n° 2247; 22 frim. an 7, art. 68, § 3, n° 2).—Ceci toutefois ne doit s'entendre que d'un partage pur et simple ou en nature et sous certaines conditions déterminées par la loi.—V. v° Enregistrement, nos 2619 et suiv.

2116. Le partage est-il assujetti au droit de transcription? Il s'est élevé à cet égard de graves difficultés pour les partages purs et simples ou avec soulte ou par licitation (V. v° Enreg., n° 6021). — Jugé, à raison de l'effet déclaratif du partage, que, sous la loi du 11 brum. an 7, un pareil acte pouvait, nonobstant l'art. 26 de cette loi, être opposé à des tiers, quoiqu'il n'eût pas été transcrit au bureau des hypothèques (Merlin, Quest. de dr., v° Partage, § 7; V. Privil. et hypothèque).

2117. L'effet déclaratif du partage est produit par tout *premier* acte qui fait cesser l'indivision entre héritiers, quoique qualifié *vente, échange, transaction* ou de toute autre manière (c. nap. 888).

2118. Cependant, la fiction de l'art. 883 s'applique-t-elle au cas où cet acte est une donation faite par un copropriétaire à l'autre de sa portion dans l'immeuble indivis? Non; car la loi n'offre pas aux tiers, pour des actes de cette nature, les garanties qui existent en matière de partage. — Et, par exemple, si l'on décidait que la donation, n'étant que déclarative, fait évanouir les hypothèques consenties par le donateur sur sa part indivise, il s'ensuivrait que ce dernier pourrait entièrement frustrer les créanciers du gage de leur créance, et enrichir un tiers à leur détriment tout en y trouvant son avantage, puisque le donataire doit des aliments au donateur. — Jugé dans ce sens que la donation de la portion, que le donateur possède par indivis avec le donataire, est sujette à transcription comme toute donation en général de biens susceptibles d'hypothèque, bien qu'elle ait pour effet de faire cesser l'indivision; que, par suite, elle est passible du droit de transcription de un et demi pour cent (Cass. 5 mai 1841, aff. Enreg. C. Louet de Terrouenne, V. Enreg., n° 5975).

2119. La cession faite par un héritier à son cohéritier de sa part héréditaire, réunie à celle qui lui avait été cédée à lui-même par un autre héritier sorti précédemment d'indivision, a le caractère et l'effet déclaratif d'un partage, lorsqu'elle a pour résultat de faire cesser complétement l'indivision entre tous les héritiers (Req. 29 mars 1854, aff. Chabrier-Delassalle, D. P. 54. 1. 331).

2120. La vente de droits successifs ou la licitation ont-elles l'effet déclaratif du partage, lorsqu'elles ne font pas cesser l'indivision entre tous les cohéritiers? L'ancienne jurisprudence, d'abord incertaine, avait fini par attribuer à de tels actes le caractère du partage (V. nos observ., v° Enreg., n° 2649). Sous le code civil, la question a été fort controversée, mais la jurisprudence s'est fixée dans le sens qui déclare non applicable à ces actes la fiction de l'art. 883. Cette jurisprudence, approuvée de MM. Toullier, t. 4, n° 561, à la note; Belost-Jolimont sur Chabot, art. 883, observ. 1; Marcadé, même art., n° 2; Massé et Vergé sur Zachariæ, t. 2, p. 364, note 8; Dutruc, n° 38, est critiquée par plusieurs auteurs : MM. Rolland, v° Licit., nos 10 et s.; Vazeille, art. n° 883, n° 1; Duvergier, de la Vente, t. 2, n° 147; Championnière et Rigaud, Droits d'enreg., t. 3, n° 2735. « Cette jurisprudence, disent ces derniers auteurs, prive les familles d'un utile moyen de simplifier les opérations, si fécondes en procès, qu'exigent les indivisions. On cherche vainement ce que pourront y gagner les créanciers, car s'ils ont formé l'opposition que leur accorde l'art. 882 c. nap., le partage partiel n'est plus possible, par cela même que le caractère de partage lui est reconnu et que leurs droits ne peuvent être lésés. » On peut invoquer dans ce dernier sens deux arrêts (Montpellier, 19 juill. 1828, aff. Senegas, V. n° 2121; Paris, 24 avr. 1837, aff. Choisy, V. *eod.*). La même controverse s'est élevée sur le point de savoir si la vente, qui ne fait pas cesser l'indivision entre tous les cohéritiers, est rescindable pour lésion de plus du quart (V. *infrà*, art. 10, § 2). La jurisprudence admet généralement la rescision, quoiqu'elle n'admette pas l'effet déclaratif. Ces deux interprétations, qui paraissent difficiles à concilier, se justifient cependant par des raisons de décider différentes, comme nous l'expliquerons ci-après, *loc. cit.*, en parlant des actes sujets à rescision.

Une distinction, toutefois, a été proposée, et elle est exprimée par un arrêt dans un de ses considérants (Req. 2 avr. 1851, aff. Billard, D. P. 51. 1. 97). La fiction de l'art. 883 peut produire ses effets, lors même que l'indivision n'a pas entièrement cessé entre les copartageants; mais il faut pour cela qu'il y ait eu partage réel, auquel tous les héritiers ont concouru, attribuant à l'un d'eux ou à quelques-uns d'eux, après avoir liquidé et déterminé les droits de tous, sa part dans la succession, et laissant les autres dans l'indivision. Dans ce cas, il y a partage au profit de celui qui a reçu sa part, qui est définitivement loti, et il y a également partage à l'égard des autres héritiers qui, restant dans l'indivision entre eux, en sont sortis vis-à-vis le cohéritier qui a reçu sa part. — Dans l'espèce, toutefois, on a jugé que la cour d'appel avait pu refuser la qualification de partage réel : 1° à la cession de droits indivis, par cela seul qu'elle laissait subsister l'indivision; 2° à l'attribution en nature faite à l'un d'eux par les héritiers restés dans l'indivision, à raison d'abord de cet état d'indivision, puis de cette autre circonstance, que l'héritier déjà sorti d'indivision, n'y avait point été partie.—MM. Massé et Vergé sur Zachariæ, t. 2, p. 364, note 8, approuvent la distinction ci-dessus et ajoutent avec raison : « Il est de l'essence du partage qu'il soit fait avec tous, que tous soient liés par un même contrat, lors même qu'on ne se propose que de régler la part de l'un ou de plusieurs des cohéritiers, et qu'on laisse subsister l'indivision entre les autres. »

2121. Passons à la jurisprudence. — Il a été jugé d'abord : 1° que la cession de tous ses droits successifs indivis, faite par un cohéritier à l'un de ses cohéritiers, constitue, à l'égard du cédant, un véritable partage, tellement qu'il est censé n'avoir jamais eu la propriété des biens héréditaires... Par suite, le créancier inscrit dès avant la cession, en vertu d'une obligation hypothécaire que le cédant lui avait consentie sur sa part, n'est pas fondé à réclamer contre les effets de cette cession, s'il n'a pas formé, avant qu'elle ait eu lieu, opposition au partage (Montpellier, 19 juill. 1828, M. de Ginestet, pr., aff. Senegas).—L'arrêt se borne dans ses motifs à faire l'application des art. 882, 883, sans répondre à l'objection tirée de ce que la vente ne faisait pas cesser l'indivision;—2° Que lorsqu'un immeuble indivis entre plusieurs cohéritiers est mis en vente et acquis en commun par quatre héritiers sur cinq, il y a là un véritable partage, qui fait cesser l'indivision et rend applicable la fiction de l'art. 883. — En conséquence, l'héritier non adjudicataire n'a plus aucun droit immobilier sur les biens adjugés, et le prix doit être considéré comme une valeur non susceptible d'hypothèque (Paris, 24 avr. 1837, 2e ch., aff. Choisy, V. Cass. 13 août 1838, n° 2122-3°).

2122. Mais la cour de cassation et la plupart des cours d'appel, dans les dernières années, ont repoussé l'application de l'art. 883 c. nap. dans le cas où, par l'effet, soit de la vente de droits successifs, soit de la licitation, l'indivision ne cesse pas entre tous les héritiers. — La question s'est présentée d'abord à l'égard des créanciers hypothécaires; et il a été jugé : 1° que l'acte par lequel le copropriétaire d'un immeuble indivis vend sa part (le tiers) à l'un de ses copropriétaires, sans le concours de l'autre, ne faisant pas cesser l'indivision, ne doit être considéré ni comme une licitation ni comme un partage, mais comme une vente de droits successifs; que, dès lors, la portion d'immeubles ainsi cédés continue d'être soumise à l'action hypothécaire des créanciers du cédant, encore qu'ils n'aient formé aucune opposition au partage, conformément à l'art. 882 c. nap. (Req. 18 mars 1829); Lyon, 21 déc. 1831); (1) — 2° Que, de même, l'acquisition faite par un communiste, de la part indivise appartenant à

(1) 1re *Espèce* :—(Mermet C. Vuillermoz.)—La cour;—Attendu que l'acte du 15 déc. 1821, dont il s'agissait entre les parties, n'étant pas fait

l'un de ses cocommunistes, ne faisant pas cesser l'indivision entre l'acquéreur et les autres indivisaires, ne peut, quoique depuis l'acquéreur ait acheté toutes les parts de ceux-ci, être réputée constituer un acte de partage, bien que ces cessions ou ventes aient été déclarées faites à titre de licitation; par suite, il doit observer les formalités de la purge envers les créanciers, s'il veut s'affranchir des charges des vendeurs (Rouen, 14 mai 1839) (1); — 5° Que, dans le cas où de cinq cohéritiers quatre deviennent, sur licitation, adjudicataires en commun d'un immeuble de la succession, lequel avait été hypothéqué par le cinquième cohéritier à la sûreté d'une créance personnelle, on ne peut pas dire que ce dernier étant censé, par l'effet de la licitation, n'avoir jamais été propriétaire de l'immeuble, l'hypothèque s'est évanouie; en cas pareil, le créancier hypothécaire a le droit de se faire payer par préférence sur la portion du prix d'adjudication revenant à son débiteur (Cass. 13 août 1838; Req. 3 déc. 1839) (2); —

---

avec tous les cohéritiers, et n'ayant pas fait cesser l'indivision, l'arrêt attaqué, de la cour de Besançon, en le considérant non comme un partage, mais comme une vente, et comme tel soumis à l'action hypothécaire des créanciers de J.-B. Rolandez, dit le vieux, n'a violé ni l'art. 883 c. civ., ni aucun des autres articles cités, qui sont tous relatifs aux partages entre cohéritiers dont l'acte, dont il s'agit, ne réunissait pas les caractères; — Rejette, etc.

Du 18 mars 1829.-C. C., ch. des req.-MM. Borel, pr.-Dunoyer, r.-Laplagne-Barris, av. gén., c. conf.-Dalloz, av.

2e *Espèce :* — (Joanon *C.* Gougnet, etc.) — La cour; — Attendu que les actes faits entre cohéritiers ne peuvent avoir les vrais caractères d'un partage ou d'une licitation qu'autant qu'il s'agit d'actes qui ont lieu entre eux tous dans leur intérêt commun, et non point lorsqu'il s'agit seulement de traités particuliers qui, intervenus entre quelques-uns des cohéritiers, n'ont consacré, comme dans le cas dont il s'agit, que la vente ou cession de la part séparée échue à l'un des cohéritiers contractants; qu'aussi ce n'est jamais pour un cas pareil, mais uniquement pour celui où il y avait eu, soit partage, soit licitation consommée entre cohéritiers dans l'intérêt de tous, et auxquels tous avaient concouru, qu'a été appliquée par la jurisprudence la règle ci-dessus rappelée; — Attendu qu'il n'y a aucune induction contraire à pouvoir tirer de l'art. 888; qu'en effet, de cette disposition qui a pour but de maintenir autant qu'il se peut une juste égalité entre cohéritiers, et qui ne se rapporte qu'au règlement de leurs intérêts respectifs, il ne résulte autre chose, si ce n'est que tout acte faisant cesser l'indivision entre cohéritiers, c'est-à-dire par l'effet duquel la part héréditaire d'un ou de plusieurs cohéritiers se trouve transmise aux autres ou à quelqu'un d'entre eux, peut être rescindé pour cause de lésion de plus du quart au préjudice de l'un des contractants, de quelque manière qu'on ait pris soin de le qualifier; mais qu'il ne s'ensuit pas du tout que s'il y a eu vente de la part indivise pour un prix quelconque à un autre cohéritier en particulier, un tel acte doive prendre, relativement aux tiers créanciers du cohéritier vendeur, la nature d'un partage ou d'une licitation, pour priver ceux-ci des droits qui pouvaient leur avoir été acquis sur les biens de leur débiteur.

Du 21 déc. 1831.-C. de Lyon, 1re ch.-M. de Belbeuf, 1er pr.

(1) (Maille *C.* Lafosse.) — La cour; — Attendu, que si, le 25 oct. 1836, la dame de Lafosse est devenue propriétaire, par des actes qualifiés licitations amiables, des parts indivises qui appartenaient aux autres communistes, on ne peut induire que l'hypothèque des sieurs Maille ait disparu; — Qu'en effet, l'art. 883 repose sur une fiction qui doit être rigoureusement renfermée dans le cas prévu par la loi; — Qu'en privant le créancier de l'hypothèque qui lui était acquise sur la part indivise dont son débiteur avait été saisi originairement, le législateur n'a eu en vue que l'intérêt et la position des communistes non obligés à la dette; — Qu'ainsi, en faisant par exception fléchir le droit de suite, il n'a pas eu pour objet d'affranchir de l'hypothèque celui des communistes qui, étant tenu directement ou indirectement de la dette, devient, par l'effet de cessions ultérieures, ou même par licitation amiable, propriétaire exclusif de l'immeuble; — Que, dans l'espèce, la dame Lafosse ne peut être assimilée au copropriétaire par indivis qui serait étranger aux obligations de l'un ou de plusieurs de ses communistes; — Qu'elle ne peut récuser les conséquences du contrat de vente du 14 mars 1826, répudier sa qualité de tiers détentrice, s'affranchir de l'obligation de souffrir les hypothèques pour se retrancher exclusivement dans les droits qu'elle pouvait avoir *ab initio*, et en dehors des engagements nés du contrat de 1826 : — Qu'en consolidant sur sa tête la totalité des immeubles par l'effet des actes du 25 oct. 1836, quels qu'en soient d'ailleurs la nature et le caractère, la dame Lafosse a en même temps assis définitivement et consolidé, au profit des créanciers, l'hypothèque dont elle était tenue, et qu'elle devait souffrir en vertu de son contrat d'acquisition du 14 mars 1826; — Que la résolution du droit réel n'aurait pu s'opérer que dans l'hypothèse où, soit le débiteur principal, soit son ayant cause, ne serait pas devenu propriétaire exclusif de l'immeuble affecté; — Que donner à l'art. 883 un sens et une interprétation plus larges, c'est évidemment dépasser l'intention et le but du législateur, lorsqu'il a introduit une exception d'ailleurs rigoureuse à l'application du droit commun; — Réforme, déclare la dame Lafosse non recevable, et en tous cas mal fondée.

Du 14 mai 1839.-C. de Rouen, 1re ch.-M. Fercoq, pr.

(2) 1re *Espèce :* — (Coulon *C.* Bunot-de-Choisy.) — Le 24 avr. 1837, arrêt infirmatif de la cour de Paris, ainsi conçu : — « Considérant qu'on ne peut se fonder, pour refuser à la licitation du 9 mai 1835 les effets d'un partage, sur cette circonstance que la terre de Blémur aurait été acquise indivisément par quatre des héritiers Coulon; — Qu'en effet, l'acquisition faite en commun par une partie des ayants droit, est un fait étranger à celui qui se trouve entièrement désintéressé par le payement en argent de sa part héréditaire; que la licitation, étant un moyen légal de faire cesser l'indivision entre cohéritiers, ne peut causer de préjudice à celui qui reçoit sa part en deniers, puisqu'il avait lui-même la faculté de se rendre adjudicataire du bien licité, si tel eût été son intérêt; — Considérant, d'un autre côté, que, par l'effet de la licitation et de la transaction intervenue les 16 et 23 mai 1835, le partage de la succession se trouve définitivement terminé entre le mineur Coulon et les quatre adjudicataires de Blémur; — Que, désormais, ceux-ci ne peuvent plus opérer entre eux la division de ladite terre de Blémur achetée en commun par l'action en partage de succession, laquelle devrait être portée devant le tribunal où la succession s'est ouverte, mais par l'action qui appartient à tout propriétaire communiste, par-devant le tribunal de la situation de l'immeuble; — Qu'il suit de là que la licitation ayant opéré entre tous les héritiers Coulon un partage définitif, et le mineur n'ayant conservé sur la terre de Blémur aucun droit immobilier, la somme de 38,040 fr. doit être considérée comme une valeur purement mobilière, et non susceptible d'hypothèque; — Ordonne que le tuteur sera obligé de compter la somme de 38,040 fr. qu'il a touchée pour le cinquième du prix de la terre de Blémur, revenant à la succession de feu Coulon, père du mineur, ensemble des intérêts de cette somme depuis qu'il l'a reçue. » — Pourvoi du mineur Coulon. — 1° Violation de l'art. 883 et des autres articles composant la sect. 4 du ch. 6, tit. 1, liv. 3, c. civ., en ce que la cour royale a appliqué la fiction de l'art. 883. — Arrêt.

La cour (ap. dél. en ch. du cons.); — Vu les art. 883 et 888 c. civ., et l'art. 2114 du même code; — Attendu que l'art. 883 c. civ., en privant les créanciers personnels des héritiers des hypothèques qui leur étaient acquises sur la part indivise de tous les biens de l'hérédité dont leur débiteur avait été saisi du jour de l'ouverture de la succession, forme une exception au droit commun suivant lequel l'hypothèque subsiste sur tous les immeubles grevés, et les suit dans quelques mains qu'ils puissent passer, et qu'une exception de cette nature doit nécessairement être restreinte aux seuls cas expressément déterminés par la loi; — Attendu que, suivant les expressions littérales des art. 883 et 888 c. civ., cette exception ne porte que sur les actes qui, en faisant cesser l'indivision entre les cohéritiers, substituent à leur part indivise dans les meubles et immeubles de la succession le lot des différents effets auxquels, par une fiction de la loi, chacun d'eux est censé avoir succédé immédiatement; — Qu'en effet, l'art. 883 parle de chaque héritier individuellement pris, ce qui ne peut s'entendre que des actes dont la conséquence immédiate est de faire cesser l'indivision entre les héritiers, et non des actes qui, se bornant à écarter du partage quelques-uns des héritiers, et ne faisant pas cesser l'indivision entre les autres, ne sont pas réellement des partages dans le sens déterminé par la loi;

Attendu, en fait, qu'il est constaté par l'arrêt attaqué que, sur une poursuite de licitation introduite contre le mineur Coulon comme héritier bénéficiaire d'Alexandre Coulon son père, la terre de Blémur a été adjugée collectivement aux quatre cohéritiers dudit mineur; — Attendu qu'en appliquant à cette adjudication la fiction de l'art. 883 c. civ., la cour royale a décidé que l'effet de cette adjudication avait été d'anéantir l'hypothèque légale que le mineur avait acquise sur cette terre, et qu'il suffisait que l'indivision eût cessé entre le mineur et les quatre héritiers adjudicataires, pour que la fiction de l'art. 883 dût recevoir son application; — Qu'en conséquence, bien que, par la transaction intervenue les 16 et 23 mai 1835 entre le mineur et ses quatre cohéritiers adjudicataires, la somme de 38,040 fr. formant le cinquième du prix de l'adjudication eût été attribuée au mineur comme créancier hypothécaire de la succession d'Alexandre Coulon, son père, l'arrêt attaqué a ordonné que cette somme serait comprise au compte de bénéfice d'inventaire pour être distribuée, comme somme mobilière, entre les créanciers de ladite succession;

Attendu qu'en jugeant ainsi, la cour royale de Paris a fait une fausse application de l'art. 883 c. civ., et a formellement violé l'art. 2114 du même code, qui détermine les effets de l'hypothèque; — Casse.

Du 13 août 1838.-C. C., ch. civ.-MM. Boyer, pr.-Moreau, rap.-Laplagne-Barris, 1er av. gén., c. conf.-Scribe et Piet, av.

2e *Espèce :* — (Bunot de Choisy *C.* Coulon). — Saisie par renvoi, la cour royale d'Orléans, par arrêt du 12 janv. 1839, a adopté la doctrine de la cour suprême. — Pourvoi des héritiers de Choisy. — Arrêt.

4° Qu'une vente de droits successifs faite par un cohéritier à un autre cohéritier ne peut être assimilée à un partage ou à une licitation, alors qu'elle ne fait pas cesser l'indivision entre tous les cohéritiers; qu'en conséquence, nonobstant cette cession, le créancier hypothécaire du cédant a le droit d'intervenir dans l'instance en partage de la succession qui existait avant la cession entre tous les cohéritiers, et de demander à être subrogé dans cette instance aux droits de son débiteur, afin d'obtenir la réalisation de son hypothèque sur le lot à échoir à ce dernier, sans qu'on puisse lui objecter que la cession a eu pour effet de faire évanouir l'hypothèque comme ayant dessaisi le cédant *ab initio* de la succession (Cass. 19 janv. 1841) (1); — 5° Qu'au cas de transport fait par l'un des héritiers à un de ses cohéritiers de ses droits successifs, l'hypothèque judiciaire qui, du chef du cédant, grevait la part cédée, continue à la frapper dans les mains des cessionnaires (Cass. 22 nov. 1854, aff. Gérard, D. P. 54. 1. 421); — 6° Que dans le même cas l'hypothèque légale de la femme du vendeur continue, nonobstant cette cession, à subsister sur l'immeuble héréditaire, jusqu'à concurrence des droits qui appartenaient à son mari dans la succession (même arrêt et Cass. 6 mai 1844) (2).

2123. Mais on a jugé en même temps que cette hypothèque légale reste, après comme avant la cession, subordonnée aux éventualités de l'acte qui fera cesser entièrement l'indivision. — Dès lors, si l'héritier cessionnaire transmet, à son tour, sa part héréditaire et celle qui lui a été cédée, au cohéritier avec lequel il se trouvait encore dans l'indivision, ce dernier, ainsi devenu, par l'effet d'une transmission équivalant à partage, propriétaire de l'immeuble ou des immeubles indivis, est réputé en avoir toujours été seul propriétaire dès l'époque de l'ouverture de la succession, en vertu de la fiction de l'art. 883 c. nap.; dès lors, les les hypothèques légales existant du chef de l'héritier sorti le premier d'indivision, s'évanouissent aussi bien que celles nées du chef de l'héritier avec lequel le partage ou l'acte équivalant à partage est intervenu : c'était aux créanciers, investis des hypothèques légales, ou à leurs représentants légaux, à user du droit d'opposition que leur donnait la loi pour sauvegarder leurs droits (Req. 29 mars 1854, aff. Chabrier-Delasalle, D. P. 54. 1. 331).

2124. Du principe que la fiction de l'art. 883 ne s'étend pas aux actes qui se bornent à écarter du partage quelques-uns des héritiers sans faire cesser l'indivision, on a tiré aussi la conséquence : 1° que les créanciers personnels de l'héritier qui cède ses droits successifs à l'un de ses cohéritiers, conservent le droit de provoquer le partage de la succession, conformément à l'art. 2205 c. nap., dans le but, par exemple, d'exercer sur la portion qui lui serait revenue des droits d'hypothèque générale;... et ce partage doit comprendre les valeurs que les héritiers ainsi demeurés dans l'indécision ont attribuée à l'un d'eux pour le remplir de sa part héréditaire, une telle attribution n'ayant pas un caractère déclaratif au profit de l'héritier loti, parce que l'acte qui la renferme n'a pas mis un terme à l'indivision entre tous les héritiers, et que, d'ailleurs, celui au nom duquel le partage est provoqué n'y a pas concouru (Req. 2 avril 1851, aff. Béliard, D. P. 51. 1. 97); — 2° Que la cession des droits successifs de l'un des héritiers à un autre de ses cohéritiers ne constitue pas, au regard des créanciers du cédant, un véritable partage, de nature à empêcher l'effet utile de l'opposition à partage formée par un créancier, même postérieurement au transport, mais avant la consommation d'un partage régulièrement opéré; ce transport, en tous cas, lorsqu'il a été le résultat d'un concert frauduleux entre le cédant et le cessionnaire, peut être attaqué par le créancier comme fait en fraude de ses droits (c. nap. 1167; Paris, 18 fév. 1853, aff. Burat, D. P. 55. 2. 77); — 3° Que la cession de droits successifs faite par un héritier à l'un de ses cohéritiers qui continue à rester dans l'indivision avec les autres héritiers, ne peut être considérée comme un acte de partage purement déclaratif et non attributif de propriété au profit du cessionnaire, mais a, au contraire, le caractère d'un véritable transport résoluble à défaut de payement du prix (Rej. 13 déc. 1852, aff. Ramondène, D. P. 53. 1. 129); — 4° Qu'une telle cession donne ouverture non à la rescision comme partage, mais comme vente, au privilége du vendeur, ou à l'action résolutoire, lorsqu'il résulte d'ailleurs formellement des stipulations de l'acte que les parties ont entendu soumettre la vente à la résolution pour défaut de payement du prix (c. nap. 888, 2103, 2109, 1654; Montpellier, 9 juin 1853, aff. Larausie, D. P. 54. 2. 173).

La cour; — Attendu, en droit, que toute exception doit être sévèrement restreinte aux cas pour lesquels elle a été créée par la loi; — Attendu que l'art. 883, en privant les créanciers personnels de l'héritier, des hypothèques qui leur étaient acquises sur les biens de l'hérédité dont leur débiteur a été saisi par le décès de son auteur, forme une exception au droit commun; — Attendu que cette exception ne porte que sur les actes qui, faisant cesser l'indivision entre les cohéritiers, effacent toute trace de la succession pour ne plus laisser subsister que les parts séparées de chacun des héritiers; — Attendu, en fait, que l'acte intervenu entre Coulon et ses cohéritiers n'a pas complétement fait cesser l'indivision, puisque quatre des héritiers sont restés propriétaires en commun de la terre de Blémur qui était à partager; — Qu'ainsi, la cour royale d'Orléans a fait une juste application des art. 883 et 2114 c. civ.; — ... Rejette.

Du 5 déc. 1839.-C. C., ch. req.-MM. Zangiacomi, pr.-Bayeux, rap.

(1) (Daugny C. hér. d'Eckmuhl.) — La cour; — Vu les art. 882, 883, 2114 et 2125 c. civ.; — Attendu que la disposition renfermée dans l'art. 883 c. civ., d'après laquelle chaque cohéritier est censé avoir été propriétaire, dès le principe, des objets compris dans son lot, ne s'applique, d'après les termes de cet article, et l'esprit dans lequel il a été rédigé, qu'aux actes de partages passés entre les cohéritiers et qui ont eu pour objet de faire cesser l'indivision à leur égard; — Attendu, dès lors, que la cession ou vente notariée faite, le 22 nov. 1836, par le prince d'Eckmuhl à madame de Cambacérès, sa sœur, de tous ses droits dans la succession du maréchal, son père, n'a pu produire l'effet de faire cesser l'indivision entre les cohéritiers du maréchal et équivaloir à un partage; — Que, puisqu'il n'y avait pas de partage entre eux aux yeux de la loi, le sieur Daugny, créancier du prince d'Eckmuhl d'une somme de 30,000 fr., pour laquelle il avait pris inscription en vertu d'un jugement du tribunal de commerce de la Seine du 26 nov. 1836, qui lui avait conféré hypothèque, avait pu, aux termes de l'art. 882 c. civ., intervenir dans l'instance de liquidation et partage encore pendante entre la maréchale d'Eckmuhl et ses enfants, et demander à être subrogé dans l'instance aux droits du prince d'Eckmuhl, son débiteur, à l'effet d'obtenir, aux termes des art. 2114 et 2125 c. civ., la réalisation de son hypothèque, et, par suite, le payement de sa créance sur le lot à échoir audit prince d'Eckmuhl; — D'où il suit que la cour royale de Paris, qui a jugé que, par l'effet du transport fait à madame de Cambacérès, sa sœur, le prince d'Eckmuhl s'était trouvé dessaisi de tous ses droits dans la succession de son père, que ce transport avait fait cesser l'indivision à l'égard dudit prince d'Eckmuhl, et que le sieur Daugny n'avait pu intervenir dans l'instance en partage, a violé les art. 882, 2114 et 2125 du code civil, et faussement appliqué l'art. 883 du même code; — Casse.

Du 19 janv. 1841.-C. C., ch. civ.-MM. Portalis, 1er pr.-Bérenger, rap.-Hébert, av. gén., c. conf.-Galisset, av.

(2) (Dame Legendre C. dame Courtois.) — La cour; — Attendu que l'art. 883, compris dans la sect. 4 du chap. 6 du tit. 1 du liv. 3 c. civ., intitulée des Effets du partage, s'applique uniquement au cas où il y a eu réellement partage ou licitation, c'est-à-dire acte faisant cesser l'indivision entre tous les cohéritiers; — Qu'il ne peut recevoir d'application lorsque, comme dans l'espèce, l'un des héritiers ayant cédé ses droits, la succession est restée indivise entre les autres héritiers; — Attendu que le droit hypothécaire des créanciers, consacré par l'art. 2114 c. civ., et subsistant jusqu'au partage ou à la licitation sur la part indivise de l'héritier débiteur, ne peut être anéanti hors des cas que la loi détermine, surtout par extension d'une fiction légale telle que celle qui est établie par l'art. 883 c. civ.; — Attendu, en fait, qu'il s'agit, dans l'espèce, de l'hypothèque légale de la dame Legendre, inscrite postérieurement à la cession consentie par son mari, mais existante auparavant indépendamment de toute inscription, par le fait de la célébration du mariage antérieurement à ladite cession; — Attendu que cette cession laissait subsister l'indivision entre la veuve Boichu et la dame Courtois; — Attendu que, si cette dernière a ultérieurement réuni à ses droits ceux de la dame Boichu dont elle a recueilli la succession, cette circonstance n'a pu modifier les droits acquis à la dame Legendre, dont l'hypothèque n'avait point été éteinte, et a suivi les immeubles affectés, dans quelques mains qu'ils aient passé; — Attendu que, de tout ce qui a été dit ci-dessus, il résulte qu'en confirmant le jugement qui a ordonné la radiation de l'inscription de la dame Legendre, et déclaré les immeubles provenant des époux Boichu francs et quittes de toutes charges hypothécaires du chef du sieur Legendre, l'arrêt attaqué a faussement appliqué l'art. 883 c. civ. et formellement violé l'art. 2114 c. civ.; — Casse.

Du 6 mai 1844.-C. C., ch. civ.-MM. Teste, pr.-Miller, rap.-De Boissieu, av. gén., c. conf.-Coffinières av.

2125. Il a été décidé au contraire : 1° qu'une telle cession n'est pas susceptible de résolution, à défaut de payement du prix, un tel acte équivalant à partage entre les parties contractantes, bien que l'indivision continue à subsister avec les autres cohéritiers ; en cas pareil le cédant n'a que le privilége accordé à tout copartageant (Montpellier, 7 juill. 1842) (1) ; — 2° Qu'il y a partage et non vente résoluble pour inexécution des conditions, dans une licitation entre plusieurs cohéritiers, alors même que deux d'entre eux auraient été conjointement déclarés adjudicataires à la charge de payer une rente (Cass. 14 mai 1855, aff. Duhamel, Rougemer, V. *suprà*, n° 2095-2°).

2126. Du principe ci-dessus on a tiré encore cette autre conséquence : 1° qu'une vente de droits successifs, qui ne fait pas cesser l'indivision entre tous les héritiers n'a pas le caractère de licitation dans le sens de l'art. 2109 c. nap., et que, par suite, le vendeur n'est assujetti à aucune condition ni à aucun délai pour prendre l'inscription de son privilége régi alors par l'art. 2103 c. nap. : « Attendu qu'encore bien que la licitation ne soit pas définie par la loi, il résulte néanmoins de la combinaison des art. 819, 827, 1686 et 1688 du code, que, pour opérer une licitation qui tienne lieu de partage, il faut nécessairement le concours des parties intéressées ; que ce n'est qu'à une licitation de cette espèce qu'a été attachée la condition de s'inscrire dans les soixante jours, pour conserver le privilége du licitant ; émendant » (Lyon, 29 juill. 1853, aff. Georges, D. P. 54. 2. 237. — Conf. Rennes, 23 mai 1817, 2e ch., aff. Petiet C. Serco) ; — 2° Que dans le même cas, le cohéritier, adjudicataire sur licitation d'immeubles de la succession, peut, en cas de retard dans le payement de son prix, être poursuivi par voie de folle-enchère ; qu'il en doit être ainsi surtout en matière de succession bénéficiaire (Req. 27 mai 1835) (2) ; — 3° Que, de ce qu'on n'a pas invoqué la fiction de l'art. 883 c. nap. pour repousser au nom d'un mineur l'action en résolution d'une vente de droits successifs, faite entre cohéritiers, il n'en résulte pas que ce mineur n'ait pas été valablement défendu et que la voie de la requête civile soit ouverte pour lui contre l'arrêt qui a accueilli l'action, alors que la vente de droits successifs ne faisait pas cesser l'indivision entre tous les cohéritiers : « Attendu que la cession faite par la veuve Lajarrige ne fut consentie qu'au profit de son frère, et que, dès lors, cette cession n'ayant pas pour effet et pour objet de faire cesser l'indivision entre les trois héritiers, les art. 883 et 888 étaient sans application à la cause, d'où il résulte que ces articles n'ont pas dû servir de base à la défense des mineurs ; rejette » (Req. 28 déc. 1840, MM. Zangiacomi, pr., Mestadier, rap., aff. Groselier de Chenereilles C. Lajarrige).

2127. A l'égard de la régie de l'enregistrement, il a été décidé aussi par un grand nombre d'arrêts que dans le cas où plusieurs individus étant propriétaires d'un immeuble indivis, l'un des copropriétaires vend sa part à l'un de ses copropriétaires, sans le concours des autres, cet acte, ne faisant pas cesser l'indivision, ne peut être considéré comme une licitation, ni comme un partage, et il est, dès lors, assujetti au droit proportionnel de 5 et demi pour 100, établi pour les ventes d'immeubles par les art. 52 et 54 de la loi du 28 avril 1816, et non au simple droit de 4 pour 100. — V. Enregist., n° 2652.

2128. Après avoir considéré, dans diverses applications, l'effet de la vente de droits successifs, qui ne met pas fin à l'indivision, il nous reste à voir si une telle vente doit nécessairement être réputée partage, lorsqu'elle fait cesser complétement l'indivision entre tous les héritiers, ou bien ne produit-elle que les effets de la vente, s'il résulte, soit des termes de la convention, soit de son exécution, que les parties n'ont pas entendu lui attribuer d'autre portée. La question est fort controversée. On invoque, d'une part, la disposition de l'art. 888 c. civ., qui n'a égard qu'à la qualité des parties et non à leur intention, puisqu'elle assimile à un partage tout acte qui, sous une dénomination quelconque, fait cesser l'indivision entre cohéritiers. Il ne serait pas sans inconvénient, d'ailleurs, de subordonner les effets si importants du partage à une interprétation plus ou moins arbitraire (M. Dutruc, n° 39). — Mais on répond que l'art. 888 n'a eu pour but que de maintenir l'égalité entre les copartageants, et qu'il ne s'oppose point, tant qu'elles laissent subsister cette égalité, à ce que leurs conventions conservent le caractère que les parties leur ont donné. C'est dans ce dernier sens que s'est prononcée la cour de cassation, en décidant que la cession de droits successifs entre héritiers produira le privilége de copartageant ou celui de vendeur, selon que les contractants l'auront exécuté comme partage ou comme vente, et que spécialement ce sera le privilége de vendeur, si le contrat a été transcrit et une incription d'office prise à la suite, comme en matière de vente, et plus de soixante jours après la cession (Req. 25 juin 1845, aff. Rothon et aff. Bonnefoy ; deux arrêts du même jour, D. P. 45. 1. 377).

(1) (Anduze C. Anduze.) — LA COUR ; — Attendu qu'on ne saurait distinguer le cas où l'acte qui contient partage sous forme de cession a été passé par un seul ou par plusieurs des héritiers au profit d'un ou de plusieurs cohéritiers ; car si l'héritier qui a passé l'acte a déterminé sa part d'une manière définitive, s'il a fixé sa portion en numéraire, par voie de cession envers son cohéritier, quant à lui, l'acte a tous les caractères et les effets du partage ; — Que telle est au surplus la disposition formelle de l'art. 889 qui place la cession faite à un seul cohéritier sur la même ligne que celle faite à plusieurs, et ne distingue pas davantage la cession faite par un seul de celle qui serait faite par plusieurs ; que cet article est corrélatif avec l'art. 888, qui s'applique d'une manière générale à tout acte ayant pour objet de faire cesser l'indivision ; — Et qu'enfin l'assimilation de tous actes opérant partage au point de vue de l'action en rescision, ne saurait permettre de les distinguer au point de vue des autres actions ou exceptions qui se rattachent à la nature exceptionnelle du partage, et dès qu'il est reconnu que tout acte qui fait cesser l'indivis est en réalité un partage, il faut nécessairement lui en attribuer les effets ; — Qu'ainsi il y a lieu de rejeter la demande en résolution quant à lui, de l'action en partage.

Du 7 juill. 1842.-C. de Montpellier, ch. civ.-MM. Viger, 1er pr. Thomas-Latour, subst.-Glises et Daudé de la Valette, av.

(2) (Synd. Ricard C. Delopès, Cardon et autres.) — LA COUR ; — Attendu que toute dérogation au droit général, toute fiction, doit être strictement restreinte au cas spécial pour lequel elle a été littéralement consacrée ; il ne peut jamais être permis d'étendre une fiction, une dérogation, par analogie, d'un cas à un autre ; — Attendu qu'en réputant chaque cohéritier propriétaire, depuis le jour de l'ouverture de la succession, des effets compris dans son lot ou à lui échus sur la licitation, et n'avoir jamais eu la propriété des autres effets de la succession, l'art. 855 c. civ. admet une fiction dont l'unique objet est de favoriser les partages : cette fiction doit être restreinte au cas pour lequel elle est consacrée ; elle ne pourrait être étendue à tous actes passés entre cohéritiers pour en mettre seulement un ou plusieurs hors de l'indivision, sans ouvrir la porte à toutes les fraudes, sans violer le sens littéral et l'esprit de la loi ; — Attendu que l'art. 883 fait partie de la section 4, intitulée des Effets du partage et de la garantie des lots ; du chap. 6, intitulé du Partage et des rapports ; il parle de chaque héritier individuellement pris, et des objets compris dans le lot de chaque héritier ; ce qui ne peut s'entendre que des actes dont la conséquence immédiate est de faire cesser l'indivision entre tous les héritiers, et non des actes qui, se bornant à écarter du partage quelques-uns des héritiers, et ne faisant pas cesser l'indivision entre les autres, ne sont réellement pas des partages ; — Attendu que le sens exclusif et restreint de la fiction admise par l'art. 883 est confirmé par les art. 884 et 885 ; l'un établit la garantie des cohéritiers les uns envers les autres, et parle de l'acte de partage, comme l'art. 883 parle du lot de chaque cohéritier ; l'autre rend chacun des cohéritiers obligé personnellement, en proportion de sa part héréditaire, d'indemniser son cohéritier de la perte que lui a causée l'éviction ; les trois articles ne peuvent évidemment s'entendre que d'un acte qui fait cesser l'indivision entre tous les héritiers ; — Attendu, en fait, que des neuf héritiers, propriétaires indivis de la filature dont il s'agit, sept en sont devenus adjudicataires, sans en faire le partage entre eux ; l'adjudication n'a eu dès lors d'autre résultat que de restreindre de neuf à sept le nombre des propriétaires, sans faire cesser l'indivision : d'où l'on doit conclure que, loin de violer la loi, il en a été fait une juste application en jugeant cet acte comme n'étant ni un partage ni un acte équipollant à partage ; — Attendu, d'ailleurs, que la fiction de l'art. 883 ne pourrait être appliquée à l'adjudication des immeubles d'une succession bénéficiaire faite au profit de l'un des héritiers ; qu'en laissant à l'adjudicataire le titre et la qualité de propriétaire comme héritier bénéficiaire, après l'adjudication comme auparavant, ce serait contraire à l'intérêt et à l'intention de toutes les parties, créanciers et héritiers, tous également intéressés à liquider la succession ; il y a dans ce cas interversion de qualité, de droit et de titre ; l'adjudicataire devient propriétaire comme un étranger, débiteur du prix envers la succession bénéficiaire, et soumis à toutes les poursuites comme un acquéreur ordinaire ; d'où il résulte que la cour royale a pu, dans l'espèce, juger, sans violer aucune loi, que c'est, dans ce cas, le caractère de vente ordinaire qui prédomine ; — Rejette, etc.

Du 27 mai 1835.-C. C., ch. req.-MM. Borel, pr.-Mestadier, rap.

2129. Il a été jugé, en sens contraire, qu'une telle cession constitue essentiellement un acte de partage, non-seulement quant à l'action en rescision, mais encore pour le privilége attaché au partage, et qu'en conséquence le cessionnaire est assujetti, pour la conservation de son privilége, aux dispositions de l'art. 2109 c. civ., lors même qu'il aurait transcrit et fait inscrire comme vente l'acte de cession (Montpellier, 21 déc. 1844, aff. Miquel; Bourges, 26 janv. 1844, aff. Goussot, D. P. 45. 2. 150, 151).

2130. On a eu égard également à l'intention des parties, dans le cas de licitation, pour décider si elle doit être réputée vente ou partage.—Jugé spécialement que des immeubles héréditaires, bien qu'échus sur licitation à des cohéritiers, sont réputés leur être parvenus à titre de vente et non à titre successif dans le sens de l'art. 883 c. nap., lorsque la mise en vente de ces biens, au lieu d'avoir été faite dans le but d'en opérer le partage, n'a eu pour objet que d'en réaliser le prix, et que l'adjudication a été prononcée au profit de ses héritiers indivisément.—Par suite, la valeur de ces biens n'est pas sujette à imputation sur les immeubles héréditaires restés indivis; les cohéritiers acquéreurs sont tenus seulement de rapporter le prix à la masse (Req. 10 juin 1845, aff. Pennautier, D. P. 45. 1. 377).

2131. Il a été jugé encore: 1° que la cession de ses droits successifs faite par un héritier à l'un de ses cohéritiers (déjà cessionnaire des droits des héritiers autres que le cédant) et mettant fin ainsi à l'indivision d'une manière complète, a le caractère d'un partage et non d'une vente; et, par suite, que cet acte, ne confère pas au cédant le privilége de vendeur, mais celui de copartageant, qui ne peut, dès lors, être conservé que conformément à l'art. 2109 c. nap.—Il en est ainsi bien que le fait de la subrogation du cohéritier cessionnaire dans les droits des héritiers autres que le cédant, n'ait pas été énoncé dans l'acte de cession;—...Alors surtout que le cédant avait connaissance de cette subrogation;—...Et que l'intention des parties de faire un partage et non une vente résulte des stipulations de l'acte, et, spécialement, de l'attribution qui y a été faite au cédant d'un immeuble de la succession, indépendamment de la somme d'argent que le cessionnaire s'est engagé à lui payer pour lui tenir lieu de sa part héréditaire (Montpellier, 27 janv. 1854, aff. Biou et Cassan, D. P. 55. 2. 113);—2° Que l'adjudication sur licitation prononcée au profit de l'un des colicitants a le caractère d'une vente et non d'un partage, lorsqu'elle a eu simplement pour objet de préparer le partage et de le faciliter, par exemple, par le payement des dettes (Nîmes, 5 mars 1855, aff. Julian et Gent, D. P. 55. 2. 163).

2132. En matière d'enregistrement, la cour suprême détermine aussi les effets de la licitation par l'intention expresse ou même présumée. Ainsi elle suppose que les parties n'ont pas entendu faire un partage, mais une vente, lorsque la licitation n'est pas accompagnée d'un acte de partage, et bien qu'elle mette fin à l'indivision entre tous les cohéritiers (Cass. 18 août 1845, 2 janv. 1844, aff. Scheult, v° Enreg., n° 1119, et la jurisprudence exposée à la suite des arrêts des 22 et 29 avril 1845, D. P. 45. 1. 257, 353).

2133. Une cour est allée plus loin encore en décidant (Toulouse, 14 déc. 1850, aff. Pignol, D. P. 51. 2. 85) que la cession de droits successifs entre héritiers, moyennant un prix déterminé, est par sa nature, et sauf les cas particuliers qui peuvent en changer les caractères, une vente attributive du privilége de vendeur, et non un partage; peu importe qu'il fût dit dans l'acte que les parties traitent sur *licitation* volontaire, aux risques et périls du cessionnaire, et que le cédant est chargé d'une rente héréditaire; cette circonstance ne suffit pas pour le faire considérer comme un partage.—A cette interprétation critiquée fortement par M. Dutruc, n° 40, on peut opposer les nombreux arrêts de la cour de cassation (V. *infrà*, art. 9) qui ont assimilé au partage la cession de droits successifs, quand elle fait cesser l'indivision entre tous les héritiers.—V. aussi nos observations v° Enreg., n°s 2694 à 2696.

2134. Il a été jugé aussi, d'une manière absolue, dans les motifs de l'arrêt, 1° que la cession de droits successifs faite par un cohéritier à son cohéritier constitue une vente et non un partage, bien qu'elle fasse cesser complétement l'indivision, et qu'en conséquence une telle cession n'est pas soumise à l'action en rescision pour cause de lésion de plus du quart, et elle confère au cohéritier cédant, soit le privilége de vendeur, et non le privilége de copartageant, assujetti à l'inscription dans les soixante jours, soit l'action résolutoire (Grenoble, 4 janv. 1853, aff. Algond, D. P. 55. 2. 356);—2° Qu'il en est surtout ainsi dans le cas où la cession a été faite sans fraude aux risques et périls du cessionnaire (même arrêt).—Mais on a fait ici confusion. Si cette clause, d'après l'art. 889 c. nap., soustrait la cession à l'action pour lésion de plus du quart, c'est à raison de son caractère aléatoire, qui ne permet pas que le cohéritier cédant se plaigne d'avoir été lésé. Il n'est pas moins vrai que la cession constitue par elle-même un partage, par cela seul qu'intervenant entre cohéritiers, elle a eu pour objet de faire cesser entièrement l'indivision. En d'autres termes, l'incertitude de la valeur des droits cédés peut empêcher la rescision pour lésion, mais non l'effet déclaratif de la cession. L'art. 889 déroge à l'art. 888, et non à l'art. 883.

2135. Le principe de l'art. 883 c. nap. n'est pas restreint aux partages ou licitations entre cohéritiers; « il s'applique à toute propriété indivise, quel que soit le titre de la possession *commune*, à la *communauté*, à la *société* (V. v^{is} Contr. de mar., n° 2319 *in fine*; Société; Chabot, sur l'art. 883; Duranton, t. 7, p. 522; Delaporte, Pand. fr., t. 3, p. 399). — Jugé: 1° que l'art. 883 c. nap. est applicable entre communistes ou coacquéreurs par indivis d'un immeuble (Grenoble, 28 août 1847, aff. Planel, D. P. 48. 2. 137);—2° Que, par suite, l'hypothèque prise au préjudice de l'un des copropriétaires sur l'immeuble commun s'évanouit si, par l'effet de la licitation, cet immeuble n'échoit pas au débiteur (Req. 28 avril 1840) (1);—3° Que de même l'indivision prenant fin par la vente que l'un des communistes consent à son coacquéreur, ce dernier est censé avoir été seul propriétaire de l'immeuble qui, par suite, se trouve affecté en totalité à l'hypothèque légale de sa femme, même au préjudice du privilége du vendeur (Grenoble, 12 mars 1849, aff. Parent, D. P. 49. 2. 186).

2136. Dans le cas de communauté légale, l'application de l'art. 883 a fait naître plusieurs questions qui sont examinées (v° Contrat de mariage, n°s 619 et suiv., V. aussi *ibid.*, n°s 3476 et suiv.) à l'égard des époux mariés sous le régime dotal.

2137. Le légataire d'une quotité d'usufruit ne peut être réputé cohéritier dans le sens de l'art. 883 c. nap. En consé-

(1) (Paté des Ormes C. Moufflard.) — LA COUR; — Sur le premier moyen: — Attendu qu'indépendamment de ce qu'il n'a pas été proposé devant la cour royale, ce qui le rendrait non recevable, il est, en outre, mal fondé; qu'en effet la fiction de l'art. 883 c. civ. s'applique tout aussi bien au cas de copropriété qu'à celui de cohérédité; qu'ainsi l'arrêt attaqué, en jugeant que les droits hypothécaires du demandeur sur la portion indivise qui appartenait au sieur Bouché, s'étaient évanouis par l'effet de l'adjudication sur licitation de l'immeuble commun, loin de violer ledit art. 883, en a fait une juste application;

Sur le deuxième moyen: Attendu que l'effet du bénéfice d'inventaire qui consiste à donner à l'héritier l'avantage de ne pas confondre ses biens personnels avec ceux de la succession, est subordonné à la formalité d'un inventaire fidèle et exact des biens du défunt, dans les formes et suivant les délais fixés par l'art. 794 c. civ.; — Et attendu qu'il n'est pas constaté, par l'arrêt attaqué, que cette formalité ait été remplie par celui des héritiers de la dame Brasseur qui a accepté sa succession sous bénéfice d'inventaire; qu'ainsi le demandeur se trouvait dans la nécessité de demander la séparation des patrimoines; que c'est en effet ce qu'il a fait par des conclusions formelles, mais que sa demande, pour être efficace, devait être formée avant que des tiers, créanciers personnels de l'héritier, eussent acquis des droits sur les biens de l'hérédité; — Et attendu qu'il est constaté, en fait, par l'arrêt attaqué, que la dame Robillard, héritière du sieur Bouché par représentation de la dame Brasseur, sa mère, avait fait des délégations à ses créanciers personnels sur la portion du prix d'adjudication qui devait lui être payée par les adjudicataires (les époux Collier), antérieurement à la demande en séparation des patrimoines, formée par le demandeur en cassation; qu'ainsi cet arrêt a pu décider, comme il l'a fait, que les créanciers délégataires de la Robillard avaient été légalement saisis du montant de leurs délégations, et qu'ils devaient ainsi être préférés au créancier de la succession, alors surtout que l'immeuble dont elle se composait avait disparu par l'effet de la licitation, et qu'il se trouvait converti en une valeur purement mobilière; — Sur le troisième moyen: — Attendu qu'il rentre dans le second et s'écarte par les motifs donnés à l'appui du rejet de celui-ci; — Rejette, etc.

Du 28 avr. 1840.-C. C., ch. req.-MM. Zangiacomi, pr.-Madier, rap.

quence, l'inscription prise sur l'usufruit légué, par les créanciers du légataire, doit produire effet, nonobstant tout partage ou licitation ultérieure qui attribuerait aux légataires de la nue propriété la propriété exclusive des immeubles, ou toute liquidation, de laquelle il résulterait que le légataire, se trouvant débiteur des nus propriétaires, son droit à l'usufruit serait éteint par compensation. De tels actes doivent être réputés, à l'égard des tiers, actes de vente (Req. 3 août 1822) (1).

§ 2. — *De la garantie des lots.*

2138. La garantie des lots est une conséquence du principe de l'égalité du partage; elle était aussi consacrée par le droit romain (L. 14, C., *Famil. ercisc.*) et par nos anciennes coutumes (Lebrun, Successions, liv. 4, ch. 1, n° 66; Pothier, *ibid.*, ch. 4, § 3, 2e alinéa).

2139. *Dans quels partages et à l'égard de quelles personnes a lieu cette garantie?*—La garantie des lots a lieu dans tous les partages faits à l'amiable ou en justice, à l'égard des mineurs comme des majeurs. Il en doit être ainsi, lors même que le partage a été fait par un ascendant. L'ascendant a voulu que chacun des enfants eût ce qu'il lui attribuait par le partage. Sa volonté ne serait pas exécutée si l'un avait une portion moindre que l'autre, à la suite d'une éviction imprévue.

2140. L'action en garantie n'a trait qu'aux objets composant la portion héréditaire; l'éviction d'un prélegs, par exemple, n'autoriserait pas la garantie (Chabot, *ibid.*, p. 684; Delvincourt, p. 362, note 5; MM. Duranton, t. 7, n° 525; Vazeille, art. 884, n° 1; Rolland, v° Éviction, n° 45; Dutruc, n° 552 *ter*; Massé et Vergé sur Zachariæ, p. 375, note 8).

2141. L'obligation de garantie en matière de partage s'applique à tout successeur à titre universel; ainsi, le légataire ou donataire universel doit garantir l'héritier évincé, et s'il est évincé lui-même, il doit être garanti par les héritiers (Chabot, sur l'art. 886, n° 3; Rolland, v° Partage, n° 291; Massé et Vergé sur Zachariæ, t. 2, p. 375, note 7).

Toutefois, si l'éviction ne portait que sur des objets légués à titre particulier par le défunt, le légataire n'aurait droit à aucune garantie contre ses copartageants, à moins que l'éviction ne fût la conséquence d'une poursuite hypothécaire dirigée par un créancier de la succession. Le legs d'ailleurs serait nul si le défunt avait légué des objets qui ne lui appartenaient pas (C. nap. 1021; conf. MM. Duranton, t. 7, n° 523; Vazeille, art. 884, n° 12; Dutruc, n° 552 *ter*).

2142. L'action en garantie n'est point un droit attaché exclusivement à la *personne* de l'héritier; elle peut être intentée par ses représentants ou ayants cause. — Ainsi, le cessionnaire de droits successifs pourrait, comme l'héritier cédant, invoquer le bénéfice de la garantie ou les conventions relatives intervenues entre le cédant et ses cohéritiers. L'acquéreur, en général, est subrogé à tous les droits du vendeur (Vazeille, sur l'art. 884, n° 11). — Et spécialement il a été jugé que lorsque, par un partage passé depuis les lois abolitives de la féodalité, une rente féodale a été comprise dans le lot d'un copartageant, avec stipulation expresse de garantie en cas d'éviction, et que ce copartageant a vendu, sans garantie personnelle, l'immeuble grevé de la rente, l'acquéreur a son recours en garantie contre les autres copartageants. En vain dirait-on que celui-ci n'a pas dû entendre acquérir une rente supprimée; que le vendeur l'a subrogé sans garantie, et que, n'ayant aucun recours contre ce dernier, il ne peut en avoir en garantie contre ses copartageants (Cass., 25 janv. 1820) (2).

2143. L'action en garantie peut aussi être exercée par les créanciers de l'un des copartageants. Jugé spécialement que si, dans un partage intervenu entre deux des héritiers, l'un s'est porté fort pour un troisième, alors mineur, à l'égard de l'autre, le créancier de celui-ci peut réclamer, lors d'un nouveau partage provoqué par l'un des cohéritiers, la garantie au nom de son débiteur. — ... Et, par suite, sa demande n'a pu être rejetée, par le motif que c'était une nouvelle action en partage ou bien que le garant n'avait contracté aucune obligation à son égard. — « Attendu que la cour royale de Rouen a rejeté la demande de Loison sur le seul fondement que la veuve Fessard n'avait contracté aucune obligation à son égard; — Qu'en jugeant ainsi, l'arrêt attaqué a méconnu le principe posé par l'art. 1166 c. nap. et a violé cet article et l'art. 1120; casse (Cass. 25 janv. 1839, MM. Portalis, 1er pr., Thil, rap., Barris, 1er av. gén., c. conf., aff. Loison *C.* Delaroze).

2144. La garantie peut être demandée par l'héritier évincé contre celui qui a acquis du cohéritier une quote-part entière et indivise de l'hérédité, mais non contre les acquéreurs à titre particulier des biens compris dans le lot du cohéritier vendeur (Pothier, Introd. gén. aux cout., n° 120). — Jugé que le copartageant des biens d'un émigré qui a été évincé de son lot par suite d'un jugement, ne peut exercer de garantie que contre ses copartageants et non pas contre l'acquéreur de l'un de ses lots qui en est détenteur, mais qui n'a eu personnellement aucune

---

(1) *Espèce* : — (Dusaillant *C.* Léa.)—16 fév. 1828, arrêt de la cour de Douai qui, réformant, maintient l'inscription des sieurs Léa. — « Attendu que l'hypothèque judiciaire des appelants a frappé inutilement l'usufruit légué au comte Dusaillant, leur débiteur, au moment même du décès de la comtesse Dusaillant, testatrice; — Attendu que la nue propriété et l'usufruit sont des choses essentiellement distinctes et indépendantes l'une de l'autre;—Qu'il ne résulte aucune indivision de ce qu'elles sont placées dans des mains différentes; — Que le maître de la nue propriété ne peut pas plus forcer le maître de l'usufruit à vendre son droit, que ce dernier ne peut contraindre le premier à l'aliénation du sien; — Que la vente qu'il leur convient de faire ensemble, constitue bien une vente conjointe, mais non la licitation d'une chose indivise;—Qu'il suit de là que le principe posé par l'art. 883 c. civ, et les conséquences de ce principe, sont sans application à la vente que le comte Dusaillant et ses enfants ont conjointement consentie;—Attendu que les art. 828 et suiv. dudit code, qui règlent les droits et les obligations des copartageants entre eux, ne sont pas non plus susceptibles d'application au cas présent;—Qu'en effet, la seule qualité du comte Dusaillant, étant celle du légataire de l'usufruit d'une partie des biens de son épouse, il n'a pu, à raison de la nue propriété, échue à ses enfants, devenir, de leur part, le terme d'une action en partage, ni conséquemment être soumis aux rapports et aux prélèvements prescrits par la loi en matière de partage;—Que si, par le résultat de la liquidation de la communauté des époux Dusaillant, les ayants droit de la femme se trouvent créanciers du mari, le payement de cette créance peut, conformément aux règles ordinaires du droit, être poursuivi, tant sur le prix provenant de l'aliénation de l'usufruit légué au comte Dusaillant, que sur les autres biens de ce débiteur; mais que cette créance n'a pu anéantir le droit hypothécaire des appelants, et ne doit pas, dès lors, nécessairement entraîner la radiation de l'inscription prise par ces derniers sur l'usufruit du comte Dusaillant. »

Pourvoi. — On produit une consultation signée Tripier et Duvergier, établissant que l'art. 883 s'applique aux partages d'usufruit comme aux partages de nue propriété; qu'il s'étend également à tous cohéritiers ou à tous copartageants. — Arrêt.

LA COUR;—Sur le moyen tiré de la violation de l'art. 883 c. civ., et autres articles même code : — Attendu qu'il résulte de l'arrêt attaqué, que l'épouse du sieur Dusaillant l'avait institué, par son testament légataire pour moitié en usufruit du domaine de Boubert; — Que le droit d'usufruit, conféré par ledit testament au sieur Dusaillant, était absolument distinct de celui qui appartenait à ses enfants en leur qualité d'héritiers de leur mère; — Que le sieur Dusaillant a participé, comme légataire, conjointement avec les héritiers, à la vente dudit domaine; — Qu'une telle vente ne peut être considérée comme licitation entre cohéritiers; —D'où il suit que le principe posé par l'art. 883 c. civ., relatif aux partages de succession, et les conséquences déduites de ce principe par les autres articles du même code, sont sans application à ladite vente; et que la cour royale de Douai, en jugeant ainsi, n'a violé aucune loi; — Rejette, etc.

Du 3 août 1822.-C. C., sect. req.-MM. Favard, pr.-Faure, rap.-Lebeau, av. gén., c. conf.-Barrot, av.

(2) (Levavasseur *C.* Poullet et de Mathan.) — LA COUR; — Considérant que la cour royale de Rouen a renvoyé le sieur de Mathan de la demande en garantie formée contre lui; qu'à cet égard l'arrêt contrevient expressément, et sans qu'aucun de ses motifs puisse justifier cette contravention, tant aux art. 884, 885 c. civ., relatifs à la garantie due entre copartageants, qu'à la convention stipulée relativement à cette même garantie entre le sieur de Mathan et la dame Ducluzel, aux droits de laquelle Levavasseur a été subrogé généralement par son contrat d'acquisition du 16 mai 1808, convention qui, aux termes de l'art. 1134 c. civ., tenait lieu de loi aux parties contractantes et à leurs ayants cause; — Casse.

Du 25 janv. 1820.-C. C., sect. civ.-MM Brisson, pr.-Porriquet, rap.

part au partage (ord. c. d'Ét. 3 déc. 1817, aff. Pathiot C. Roussel).

2145. *Quelles causes donnent lieu à la garantie.* — D'après l'art. 884, les héritiers ne sont respectivement garants les uns envers les autres que pour les troubles et évictions qui procèdent d'une cause antérieure au partage. En effet, à compter du partage, les risques sont à la charge des propriétaires de chaque lot: *res perit domino* (L. 14, C., *Fam. ercisc.*; L. 25, § 21, ff., *eod.*).

2146. La garantie est de droit commun; elle l'était aussi dans les pays coutumiers: il n'était pas nécessaire qu'elle fût stipulée dans les partages (Pothier, ch. 4 et 5, des Success.).

2147. Si la cause de l'éviction est postérieure au partage, il n'y a pas lieu à garantie (c. nap. 884). — Dans l'ancien droit, Dumoulin exceptait les cas de force majeure. Domat, Lebrun, Pothier, rejetaient cette exception, la chose n'étant plus commune, *res perit domino.* Aujourd'hui l'art. 884 ne distingue pas (Chabot, t. 3, p. 674; MM. Duranton, t. 7, n° 530; Delaporte, *loc. cit.*, p. 397; Vazeille, art. 884, n° 6; Dutruc, n° 532).

2148. Il faut distinguer deux sortes de troubles: l'un de droit, l'autre de fait. La garantie n'est due que des troubles de droit. C'est au possesseur à se défendre contre les voies de fait. Aussi n'est-il pas dû non plus, pour les voies de fait, garantie à l'usufruitier par le propriétaire (c. nap. 613), au locataire par le bailleur (art. 1725) (Pothier, *loc. cit.*; Lebrun, liv. 4, chap. 1; Chabot, t. 3, p. 675; Delvincourt, t. 2, p. 362, note 5; Duranton, t. 7, n° 528; Vazeille, art. 884, n° 2; Rolland, v° Partage, n° 269; Zachariæ, p. 375, note 9).

2149. Le mot *éviction* comprend toutes les causes de perte ou de préjudice (V. Vente), que l'un des copartageans éprouve en dehors du cas fortuit. (MM. Ducaurroy, Roustain, et Bonnier, t. 2, p. 559). — Il y a éviction notamment quand le possesseur est forcé d'abandonner tout ou partie de la chose, par suite d'une action réelle, et par exemple dans les cas de revendication par un tiers, ou de poursuite en expropriation dirigée par un créancier hypothécaire du défunt.

2150. Une servitude non déclarée est un trouble et une sorte d'éviction partielle (Pothier, chap. 4, art. 5, § 5; Rolland, v° Partage, n° 270; Chabot, n° 4; MM. Vazeille, n° 6; Dutruc, n° 532; Zachariæ, p. 375, note 9).

2151. D'après les expressions de l'art. 884, il suffit d'un trouble, c'est-à-dire d'une menace d'éviction, pour motiver l'action en garantie; il n'est pas nécessaire que l'éviction ait été consommée. La prudence d'ailleurs commande à l'héritier troublé par une demande de la dénoncer à ses héritiers et de les appeler en cause (MM. Vazeille, n° 2; Dutruc, n°s 552 *bis* et 560).

2152. La garantie est-elle due à l'héritier pour les défauts cachés des choses comprises dans son lot, ou pour vices rédhibitoires? Non, puisque l'art. 884 ne parle que de la garantie pour *troubles et éviction*, à la différence du cas de vente, c. nap. 1641. Il peut toutefois y avoir là une cause de dépréciation qui autorise l'action en rescision pour lésion de plus du quart (MM. Massé et Vergé sur Zachariæ, t. 2, p. 375, note 9).

2153. Il y a lieu d'assimiler à l'éviction la non-existence de tout ou partie des objets compris dans le lot des copartageants. — Ainsi il a été jugé que si, dans un partage, il a été délivré à un cohéritier, pour le remplir d'une somme qui lui est due, une forêt de la contenance d'un nombre d'hectares déterminé et estimés à tant l'hectare, ce cohéritier est recevable, s'il y a eu erreur à son préjudice sur la contenance, à se faire garantir par ses cohéritiers; et cela, encore bien qu'il n'ait souffert ni trouble ni éviction, et que la lésion soit moindre du quart (Rej. 8 nov. 1826) (1). Dans l'espèce, on objectait que la loi n'admet que deux exceptions à l'irrévocabilité du partage: la garantie pour trouble et éviction et la lésion de plus du quart; mais on répondait avec raison qu'un acte de partage étant, comme tout autre acte synallagmatique, obligatoire pour les parties, chacune d'elles est recevable à demander la délivrance de la totalité des objets placés dans son lot; ce droit n'est pas restreint aux cas prévus par le code, au titre des Successions; il se règle d'après les principes des obligations.

2154. Il a été jugé aussi que l'erreur par suite de laquelle on a compris dans un acte de partage des biens ou valeurs ne faisant pas partie de la succession, n'est point une *cause antérieure au partage*, pouvant donner lieu en cas d'éviction, à la garantie respective entre les cohéritiers (Rej. 12 juill. 1853, aff. Pernat, D. P. 53. 1. 334). Cette décision est critiquée dans nos observations qui accompagnent cet arrêt et que reproduit en les approuvant M. Dutruc, n° 552.

2155. Les cohéritiers ne sont pas tenus à garantie, si un tiers exige ou fait un acte quelconque sur la propriété dont il s'agit, en vertu de la loi, ou des règles du voisinage. Par exemple, il ne serait pas dû garantie pour une servitude nécessaire, comme celle de passage pour l'exploitation d'un fonds enclavé. La conséquence des obligations légales et respectives des propriétaires entre eux ne peut pas être assimilée à une éviction (MM. Duranton, t. 7, n° 530; Rolland, Massé et Vergé sur Zachariæ, t. 2, p. 375, note 7).

2156. Toutefois il a été jugé que lorsque par l'acte de partage d'un fonds de terre entre plusieurs cohéritiers, il a été fait un règlement ayant pour objet de répartir entre tous les copartageants l'usage d'eaux découlant d'un chemin, si l'un d'eux a acquis ultérieurement une propriété supérieure, il ne peut, exerçant le droit de premier occupant, détourner en tout ou en partie les eaux dont s'agit pour l'arrosement de sa nouvelle propriété, et en priver ainsi ses cohéritiers (c. nap. 644 et 885; Limoges, 1er déc. 1840, M. Tixier-Lachassagne, pr., aff. Basset C. Fiallon).

2157. *Modifications et exceptions à la garantie.* — Il y a des cas où la garantie de droit n'a pas lieu du tout; d'autres où elle est, soit diminuée, soit étendue par les conventions des parties.

---

(1) *Espèce:* — (Croy-Chanel et autres C. de Montmort.) — 15 mars 1825, arrêt infirmatif de la cour de Paris qui: — « Considérant qu'il ne s'agit point d'une demande en rescision de partage pour cause de lésion, dans le prix des biens attribués au marquis de Montmort, par le partage fait entre lui et ses cohéritiers, mais d'une action en garantie formée pour raison du déficit de 54 hectares déclarés dans son lot comme existants; — Que le code civil, qui a distingué ces deux actions, n'a point fixé limitativement la garantie au cas de trouble ou d'éviction; qu'il n'a point dérogé au principe de justice et d'égalité qui oblige les copartageants à se garantir mutuellement l'intégrité de leurs lots; qu'il a même implicitement reconnu ce principe, puisqu'en admettant la garantie pour le cas de trouble ou d'éviction, c'est évidemment l'admettre pour le défaut d'existence des objets compris dans le lot d'un des cohéritiers, ce défaut d'existence produisant nécessairement le même effet que l'éviction; — Considérant que le déficit d'un objet dans le lot d'un cohéritier peut s'assimiler à l'omission d'un objet de la succession dans le partage; que, sans le secours de la rescision, l'omission se répare par un supplément de partage, aux termes de l'art. 887 c. civ.; qu'il en doit être de même du déficit auquel on remédie par l'indemnité qui n'est autre chose qu'un supplément de lot en nature ou en argent, etc. » La cour nomme des experts pour s'assurer du déficit, et sur le vu du rapport, être statué sur les droits des parties.

Pourvoi de MM. Croy-Chanel et consorts pour fausse application de l'art. 884, et violation de l'art. 887 c. civ. — Arrêt.

LA COUR; — Considérant qu'il résulte des faits de la cause que lors du partage arrêté entre le marquis de Montmort et ses cohéritiers, il a été convenu que, pour le remplir d'une somme de 410,403 fr. que l'on reconnaissait lui devoir, il lui serait délivré des bois d'une valeur égale à cette somme; — Qu'il avait été précédemment calculé, dans un rapport d'experts, que 556 hect. de bois, estimés valoir 500 fr. chacun, que les arbres et les taillis existants sur cette étendue de terrain produisaient précisément la somme de 410,403 fr., et que c'est d'après cette expertise, cette évaluation et ce calcul, que cette quantité de bois a été assignée au marquis de Montmort dans la forêt de Grande-Laye; qu'ainsi, ce n'était pas cette forêt telle qu'elle peut se comporter qui a été mise dans son lot, mais un nombre d'hectares de bois qui ne pouvait être au-dessous de 336 hectares; — Considérant qu'un acte de partage est, comme tout autre acte synallagmatique, obligatoire pour tous ceux qui l'ont souscrit, et, par conséquent, que chacun des copartageants a droit de demander, en ce qui le concerne, l'exécution du partage et la délivrance de la totalité des objets placés dans son lot; — Que la demande du marquis de Montmort, contre ses cohéritiers, n'a pas eu d'autre objet, puisqu'elle tendait uniquement à lui faire recouvrer la quantité de bois qu'une clause du partage lui avait attribuée en un nombre d'hectares déterminé d'une manière très-précise; — Que cette demande, comme toutes celles qui naissent des obligations, était recevable, et qu'en le jugeant ainsi, la cour royale n'a violé aucune des lois citées, toutes applicables à la cause; — Rejette.

Du 8 nov. 1826.-C.-C., ch. civ.-MM. Brisson, pr.-Zangiacomi, rap.-Joubert, av. gén.-Rochelle et Scribe, av.

2158. « La garantie n'a pas lieu si l'espèce d'éviction soufferte a été exceptée par une clause particulière et expresse de l'acte de partage » (c. nap. 884). Une clause générale de non-garantie, pour quelque espèce d'éviction que ce soit, ne serait pas valable. Le partage en serait dénaturé, converti en une aliénation où l'on n'aurait plus égard à l'égalité des partages. Il serait facile à un héritier de tromper ses cohéritiers qui n'auraient pas une connaissance suffisante des charges de la succession (Delvincourt, t. 2, p. 364, note 1; Malpel, n° 306; Chabot, p. 677; Toullier, n° 545; Duranton, n° 534; Delaporte, *loc. cit.*; Vazeille, art. 884, n° 7; Rolland, v° Partage, n° 274, et v° Eviction, n° 48; Marcadé, art. 884, n° 2; Dutruc, n° 553).

2159. Il faut en outre que l'éviction ait été prévue par une clause *particulière* et *expresse*. — Ainsi la connaissance qu'aurait eue l'héritier, avant le partage, de la cause d'éviction, ne dispense pas les cohéritiers de la garantie. A la vérité le système contraire était admis généralement par les anciens auteurs, qui en même temps déclaraient recevable l'action en rescision pour lésion du tiers au quart (Lebrun, liv. 4, ch. 1, n° 73; d'Argentrée sur Bretagne, art. 149; Lacombe, v° Partage; Pothier, n° 75; L. 18 et 27, C., *De evict. rom.*, et 7, C., *Comm. utr. jud.*). On disait que la connaissance du danger de l'éviction avait fait probablement estimer l'objet au-dessous de sa valeur.—Mais cette interprétation ne nous paraît plus conciliable avec le texte si formel de l'art. 884.—D'ailleurs la diminution de valeur était peut-être destinée seulement à indemniser l'héritier de la crainte de l'éviction et des désagréments qu'elle entraînait, le réduisant à ne pas faire sur l'objet les constructions ou améliorations qu'il jugerait convenables (Chabot, p. 682; Rolland, v° Eviction, n°s 54, 55; Delvincourt, *loc. cit.*; MM. Duranton, n° 535; Dutruc, n° 554).—D'après M. Vazeille, *loc. cit.*, la solution dépendrait du degré d'abaissement de l'estimation de la chose sujette à éviction, et des termes plus ou moins élastiques de l'acte de partage.

2160. L'exercice d'une servitude apparente ne constitue pas à proprement parler une éviction. Le dommage qui en résulte appréciable au moment du partage a dû être pris en considération lors de l'estimation de l'immeuble; dès lors, il n'est pas besoin d'une clause expresse pour rendre recevable l'action en garantie (Conf. M. Dutruc, n° 555).

2161. M. Duranton, n° 536, émet le même avis, au cas où le cohéritier a eu connaissance au moment du partage, soit d'un bail à loyer ou à ferme, soit d'un droit d'usufruit, d'usage ou d'habitation. Cette interprétation nous paraît trop absolue. Il est possible en effet qu'on n'ait pas eu égard à ces charges lors de l'estimation de l'immeuble, soit qu'on ne les connût pas ou qu'on manquât des éléments d'appréciation nécessaires, soit qu'on ait entendu réserver à l'héritier qui recevrait dans son lot cet immeuble une indemnité de ses cohéritiers; les tribunaux auront à se déterminer par les circonstances (Conf. MM. Vazeille, n° 9; Dutruc, n° 555).

2162. Néanmoins il a été jugé que la garantie établie entre copartageants, par l'art. 884 c. nap., ne s'applique pas au cas où l'un des copartageants *est censé connaître la valeur légale* des biens à lui attribués; spécialement, que si dans un partage intervenu entre l'Etat et un particulier, des affectations de coupes de bois n'ont été attriquées à celui-ci que grevées de la chance de révocabilité inhérente à leur caractère légal, l'Etat ne peut être tenu de garantir son copartageant, alors que la révocation de ces affectations est prononcée conformément à l'art. 58 c. for. — Par suite, l'Etat qui use du droit de révocation concédé par cet article, ne peut être repoussé dans son action par la maxime *quem de evictione tenet*, etc. (Rej. 18 nov. 1840) (1).—Cette décision nous paraît, comme à M. Dutruc, n° 556, justifiée par ce principe que nul n'est censé ignorer la loi.

2163. La clause particulière et expresse de non-garantie n'empêcherait pas l'héritier évincé de se pourvoir en rescision pour lésion de plus du quart. Le partage n'est point un contrat aléatoire, et l'égalité, au moins jusqu'à concurrence du quart, est de son essence. Si l'on a permis de stipuler la non-garantie de telle éviction prévue, c'est pour éviter des recours successifs qui tendent à jeter le trouble dans les familles. Mais on n'a pas entendu autoriser la lésion de plus du quart, qui serait une autre occasion de trouble. L'action en garantie et celle en rescision se régissent par des principes différents : on peut renoncer à l'une, jamais à l'autre (c. nap. 1674). Dans l'opinion des auteurs anciens, l'héritier évincé, qui, lors du partage, connaissait la cause de l'éviction, conservait l'action en rescision, quoiqu'il n'eût plus l'action en garantie (Chabot, p. 677; Delvincourt, p. 364, note 1; Duranton, t. 7, n° 537).

2164. De même que la garantie peut être restreinte, elle peut aussi être étendue. Elle peut comprendre, par exemple, les cas de force majeure postérieurs au partage : mais, pour cela, il faut une stipulation expresse et spéciale. — Ainsi, la garantie générale que des cohéritiers se sont promise réciproquement des objets qui leur sont attribués par le partage, ne s'étend pas aux pertes que l'un des copartageants peut éprouver depuis par faits du prince, comme, par exemple, par la suppression, sans indemnité, des rentes seigneuriales; il faudrait une garantie spéciale sur ce point (Bordeaux, 23 janv. 1826, M. Ravez, pr., aff. Désarnaux; Favard, Rép., t. 4, p. 145; Rolland, v° Partage, n° 284).

2165. « La garantie cesse, si c'est par sa faute que le cohéritier souffre l'éviction » (c. nap. 884). Par exemple, il a omis de renouveler une inscription, et le débiteur est devenu insolvable; il s'est laissé condamner sans appeler, lorsque les cohéritiers avaient des moyens suffisants pour faire rejeter la demande (art. 1640).

2166. Que décider si la prescription que l'héritier a négligé d'interrompre était commencée avant le partage, et qu'il ne restât plus, lors de cet acte, que très-peu de jours pour la compléter? Les juges examineront si l'héritier avait un temps raisonnable pour connaître le cours de la prescription et l'arrêter (L. 16, ff., *De fundo dotali*). Lebrun, liv. 4, chap. 1, n° 74, admettait le délai d'un an, parce que le droit romain, comme plusieurs coutumes, n'obligeaient l'héritier de prendre possession que dans l'année; mais cette disposition ne se trouve pas dans le code (Malpel, n° 306; Chabot, p. 681; Duranton, n° 521; Maleville, t. 2, p. 349; Delvincourt, t. 2, p. 365, note 2; MM. Vazeille, art. 884, n° 3; Rolland, v° Partage, n°s 277, 280, et v° Eviction, n°s 51, 52, 53; Dutruc, n° 557).

2167. Chacun des cohéritiers est personnellement obligé, en proportion de sa part héréditaire, d'indemniser son cohéritier de la perte que lui a causée l'éviction.

2168. L'indemnité, pour l'héritier évincé, est-elle due en argent ou en corps héréditaire? Lebrun enseignait qu'elle était due en biens de la succession, l'action en garantie n'étant en réalité, à ses yeux, qu'une demande en supplément de partage. Il admettait même, en invoquant l'art. 142 de la nouvelle coutume de Bretagne, la nécessité d'un nouveau partage, si la récompense en biens héréditaires ne pouvait se réaliser commodément. Pothier, au contraire, ne parlait que d'une indemnité pécuniaire. Cette dernière interprétation nous paraît conforme à la nature de l'action en garantie qui est distincte de l'action en rescision pour lésion, et qui par conséquent n'a pas pour objet de faire anéantir le partage consommé. Or la récompense en biens héréditaires nécessiterait ou un nouveau partage, ou un morcellement des lots préjudiciable pour tous, et plus encore pour l'indemnitaire dont le supplément de lots ne se composerait que de fractions éparses (Conf. M. Dutruc, n° 567). Toutefois MM. Delvincourt,

(1) (D'Hausen et Simon C. le préf. de la Moselle.) — LA COUR; — Attendu que la garantie établie entre copartageants par les anciens principes et par l'art. 884 c. civ., ne peut s'étendre au cas où l'un des copartageants est censé connaître la valeur légale des biens à lui attribués; et que, dans l'espèce, les actes de l'autorité administrative qui ont interprété le partage du 18 vent. an 7 ont considéré ce partage comme n'ayant attribué à la veuve de Wendel les affectations de coupes de bois que grevées de la chance de révocabilité inhérente à leur caractère légal; — Qu'il suit de ce qui précède, que l'arrêt attaqué n'a point violé la loi 14 au code *familiæ erciscundæ*, non plus que l'art. 884 c. civ., et que, loin d'avoir méconnu les règles relatives à la séparation des pouvoirs judiciaire et administratif, il en a fait au contraire une juste application; —Rejette le pourvoi formé contre l'arrêt de la cour de Metz du 18 janv. 1837.

Du 18 nov. 1840.-C. C., ch. civ.-MM. Dunoyer, f. f. de pr.-Renouard, av. gén., c. conf.-Coffinière et Fichet, av.

t. 2, p. 363; Vazeille, art. 885, nº 1; Rolland, Partage, nº 288, et Éviction, nº 58, exceptent le cas où l'un des cohéritiers se trouve dépouillé en totalité ou à peu de chose près de sa part; on permet alors la demande d'un nouveau partage, sauf les droits des tiers pour les actes faits sans fraude avec eux. — On pourrait encore, d'après Vazeille, art. 885, nº 1, l'indemniser en retranchant des fonds des autres lots, lorsque l'éviction a emporté une portion d'immeubles considérables.

2169. Pour la fixation du montant de l'indemnité, la valeur de l'objet se calcule-t-elle au moment de l'éviction ou lors du partage? — La valeur est considérée lors du partage, par MM. Delvincourt, t. 2, p. 363, note 7; Delaporte, Pandectes franç., t. 3, p. 395; Maleville, t. 2, p. 350; Vazeille, art. 885, nº 3; Massé et Vergé sur Zachariæ, t. 2, p. 376, note 13. C'était l'opinion de Dumoulin (*de eo quod interest*, nº 145) et de Pothier (de la Vente, part. 7, art. 6, nº 632). La garantie, dit-on, qui résulte de la vente diffère de celle résultant du partage. Dans la vente, c'est la chose même vendue, et non une autre, que l'acquéreur a voulu et dû avoir. La garantie lui assurait la possession de cette chose. Voilà pourquoi, en cas d'éviction, le vendeur doit restituer la plus-value qui s'est opérée depuis la vente, sans préjudice des autres dommages-intérêts (c. nap. 1633, 1634). — Dans le partage, la garantie n'a pas précisément pour objet telle ou telle chose comprise dans un lot, mais l'égalité de tous les lots : chaque héritier n'a voulu qu'une part égale à celle de son cohéritier. Il suffit donc de rétablir l'égalité, quand elle est rompue par l'éviction. Or, on arrive à ce but en faisant raison à l'héritier évincé de la somme pour laquelle la chose lui avait été donnée en partage. Le lot de chaque cohéritier ne doit être diminué que de la part qu'il est censé avoir eue dans la valeur de cette chose.

La valeur, au moment de l'éviction, est considérée par MM. Chabot, t. 3, page 686; Toullier, nº 564; Malpel, nº 307; Duranton, t. 7, nº 546; Belost-Jolimont, sur Chabot, article 888, observation 1; Dutruc, nº 568. Nous préférons cette opinion, qu'on peut motiver ainsi : pour que l'égalité soit entièrement rétablie entre les héritiers, il faut que l'héritier évincé ait le droit de répéter les profits qui étaient survenus à l'immeuble dont il est dépossédé. Les cohéritiers n'ont-ils pas eu les profits des immeubles qui leur sont échus et qu'ils conservent? L'égalité consiste à réparer toute la perte causée par l'éviction, de manière que l'un des héritiers ne se trouve pas perdre plus que les autres. Aussi l'art. 885 oblige-t-il à indemniser l'héritier évincé de la perte que lui a causé l'éviction. Il faut donc ne tenir compte que de la valeur qu'aurait conservée l'héritier sans l'éviction. Ce n'est que cette valeur qu'il a réellement perdue. — La valeur au temps du partage serait d'ailleurs difficile à déterminer. L'action en garantie ne se prescrit que par trente ans à dater du trouble. Quel long temps peut donc s'être écoulé depuis le partage? Aurait-on égard à la valeur fixée dans l'acte de partage, si cet acte existe? Mais il arrive souvent, dans les partages, remarque M. Duranton, « qu'on n'estime pas les biens à leur juste valeur, surtout lorsqu'il y a des retours de lots en argent, retours qui étant soumis au droit proportionnel comme en matière de vente, sous la déduction de la part de l'héritier débiteur, sont fixés à une somme moindre dans l'acte, par le moyen, soit d'une contre-lettre, soit d'un payement comptant ou de l'abandon d'effets mobiliers de la succession. »

MM. Maleville et Vazeille, *loc. cit.*, qui pensent qu'on doit seulement à l'héritier évincé le prix pour lequel la chose fut donnée en partage, veulent cependant que les cohéritiers tiennent compte des améliorations et réparations qu'il aurait faites. — Ici l'erreur est évidente. L'indemnité pour cet objet n'est qu'à la charge de celui qui en profite. C'est le propriétaire qui remboursera les dépenses utiles (c. nap. 555). La même remarque est faite par MM. Duranton et Delaporte, *loc. cit.*

2170. L'art. 2103-3º c. nap. accorde un *privilége* au cohéritier sur les immeubles de la succession pour *la garantie des partages* faits entre eux et des soultes ou retours de lots. L'art. 2109 ne reproduit point les expressions *pour la garantie des partages*, et semble n'admettre le privilége que pour les *soulte et retour de lots*, mais il y a une omission dans ce dernier article, ainsi que le reconnaissent tous les auteurs (MM. Tarrible, Rép., vº privilége, sect. 4, § 3; Persil, Quest., t. 1, chap. 5; Troplong, Hypoth., t. 1, nº 237; Dutruc, nº 577; moins M. Duranton, nºˢ 547 et suiv., qui conteste le privilége pour la garantie des lots). — V. d'ailleurs Privil. et Hypoth.

2171. Le privilége de l'héritier évincé ne grève les immeubles possédés par les cohéritiers, que pour le payement de la portion virile dont chacun est tenu dans la masse de l'indemnité. L'art. 885, qui dit « les héritiers personnellement obligés, » n'ajoute pas, comme l'art. 873, « et hypothécairement pour le tout. » Ainsi, dans l'art. 873, l'héritier qui, par suite de l'action hypothécaire, a payé, comme détenteur, une dette entière dans la succession, n'a de recours contre ses cohéritiers que chacun pour leur part, quoique, selon l'art. 1251, nº 4, il soit légalement subrogé aux droits du créancier. Le motif est de prévenir un long circuit d'actions hypothécaires et récursoires, qui auraient porté la dissension dans les familles (Chabot, t. 3, p. 688; Delvincourt, t. 2, p. 363, note 6; MM. Marcadé, art. 885, nº 1; Dutruc, nº 570).

2172. Suivant un arrêt, le cessionnaire des droits d'un cohéritier sur tels immeubles déterminés de la succession, qui a obtenu que ces immeubles soient l'objet d'un partage spécial et définitif entre lui et les cohéritiers de son cédant, n'est pas passible de l'action hypothécaire de ces derniers sur les biens qui lui sont échus, à raison des dettes procédant d'une cause antérieure au partage qui viennent à être constatées à la charge de son cédant par la liquidation générale de la succession faite postérieurement audit partage hors de sa présence et sans qu'il eût aucun droit à faire valoir dans cette liquidation. — Les cohéritiers devant garantir le cessionnaire, leur copartageant, de toute éviction, ne peuvent, par suite, le troubler eux-mêmes dans la possession de son lot, en usant contre lui de l'action hypothécaire (c. 884; Cass. 19 août 1840, aff. Lebigre de Beaurepaire, V. Privil. et Hypot.).

2173. D'après l'art. 885, la part d'indemnité dont est tenu l'héritier insolvable se répartit entre le garanti et tous les cohéritiers solvables : ainsi l'exigeait le principe de l'égalité.

2174. C'est devant le tribunal du lieu de l'ouverture de la succession que se porte la demande en garantie (MM. Duranton, t. 7, nº 538; Rolland, vº Partage, nº 289).

2175. L'action en garantie se prescrit par trente ans. Autrefois, il en fallait quarante, parce que l'action personnelle est jointe à l'action réelle. Du reste, l'action est imprescriptible, tant qu'aucun des copartageants n'a été troublé (art. 2257; MM. Duranton, t. 7, nºˢ 544, 545; Malpel, nº 308; Rolland, nº 290, et vº Éviction, nº 60).

2176. La loi a consacré une disposition particulière à la garantie de la *solvabilité* des débiteurs de rente. Cette garantie n'est due que lorsque l'insolvabilité du débiteur est survenue avant le partage, et elle ne peut être exercée que dans les cinq ans qui suivent cet acte (C. nap. 886). — On doutait, autrefois, si l'insolvabilité survenue depuis le partage pouvait donner lieu à l'action en garantie. Pothier et Lebrun admettaient la garantie par le motif que la rente est un être successif, composé de parties qui doivent se succéder les unes aux autres jusqu'au rachat; mais le nouveau législateur a pensé avec raison que la rente devait être considérée avant tout dans le droit qui produit les arrérages et non dans les arrérages mêmes. La rente est mise ainsi aux risques du copartageant qui la reçoit dans son lot, de même que toute autre propriété donnant un loyer ou un fermage. — Jugé qu'un arrêt a pu décider, sans encourir la censure de la cour suprême, que sous l'ancienne jurisprudence, l'insolvabilité du débiteur de la rente, échue dans le lot d'un héritier, ne donnait pas lieu à la garantie, quand elle était postérieure au partage. — « Attendu que la disposition de l'art. 886 n'a pas introduit un droit nouveau, mais seulement fixé la jurisprudence des tribunaux, sur une question sur laquelle ils étaient divisés ainsi que les jurisconsultes; rejette » (Req. 21 nov. 1816; MM. Henrion, pr.; Dunoyer, rap., aff. Rue C. Sartin).

2177. La garantie de solvabilité du débiteur a-t-elle lieu à l'égard de créances ordinaires faisant partie du lot d'un héritier? La raison de douter est dans les art. 1693 et 1694, qui, dans le cas de cession d'une créance, n'obligent de plein droit le cédant qu'à la garantie de l'existence de la créance, et non de la solvabilité du débiteur. Ce qui ferait supposer que le code résout la question par ces articles, c'est que l'art. 886, qui contient une exception, ne s'exprime qu'à l'égard des rentes. — Mais on peut répondre que la cession, dont parlent les articles cités, n'est point régie par les mêmes principes que les partages. La cession d'une créance est un contrat aléatoire. L'acheteur paye un prix qui n'égale pas la somme portée au titre. C'est une spéculation, une affaire de commerce. La solvabilité du débiteur ne doit pas alors être garantie, puisque l'acheteur, contre la nature du contrat, n'aurait plus aucun risque à courir. Dans le partage, un héritier ne se propose point de bénéficier sur un autre héritier. On ne recherche que l'égalité des parts, qui sont tirées au sort. Il n'y a donc pas même motif d'appliquer aux partages les art. 1693 et 1694. — La solvabilité du débiteur est garantie de plein droit par l'art. 1276, dans une espèce qui offre quelque analogie avec la nôtre. Le débiteur primitif répond de la solvabilité du débiteur qu'il a délégué, lorsque celui-ci, au moment de la délégation, était déjà en faillite ou en déconfiture. Ici le créancier ne s'est point proposé un gain en consentant la délégation. On le traite mieux que le cessionnaire de créance, qui courait la chance de gagner. Les cohéritiers, qui n'entendent pas non plus spéculer entre eux, ne sont pas moins dignes de faveur que le créancier. La solvabilité du débiteur doit donc être pareillement garantie aux uns et aux autres (Conf. MM. Duranton, t. 7, nº 543; Chabot, sur l'art. 886; et Delvincourt, t. 2, p. 365, nº 365, note 4; Rolland, vº Partage, nº 281; Marcadé, art. 886, nº 2; Dutruc, nº 559; Massé et Vergé sur Zachariæ, t. 2, p. 375, note 10).

2178. La garantie n'aurait pas lieu si la créance n'était pas exigible et que l'insolvabilité fût survenue depuis le partage, mais avant l'exigibilité. Le créancier, sous condition ou à terme, a droit de prendre toutes mesures conservatoires. L'insolvabilité, fût-elle comparée à un cas fortuit ou de force majeure, ne serait pas moins à la charge de l'héritier propriétaire de la créance, d'après la maxime, *res perit domino*. Enfin l'art. 1695 décide que la garantie de la solvabilité du débiteur, qui a été stipulée par le cessionnaire de la créance, ne doit s'entendre que de la solvabilité actuelle, et, à moins de clause très-expresse, ne s'étend pas à l'avenir (MM. Delvincourt, t. 2, p. 51; Rolland, vº Partage, nº 267; Dutruc, nº 559). — Aussi est-il d'usage, pour peu qu'une créance soit douteuse, de la laisser en commun, et alors la perte est pour tous les cohéritiers. C'est le parti le plus prudent et le plus juste. Il faut, du reste, que la créance ne soit pas payable pour insolvabilité du débiteur. Si le débiteur la contestait au fond, la garantie serait due sans aucun doute. La cause d'éviction alors serait antérieure au partage.

2179. La clause de l'acte de partage, qui stipule la non-garantie pour le cas d'insolvabilité des débiteurs, ne s'entendrait point de la solvabilité antérieure au partage, si elle n'indiquait pas d'une manière précise les débiteurs insolvables. Elle ne suffirait pas, en effet, pour mettre les copartageants en mesure d'apprécier le risque auquel ils seraient soumis (Lebrun, nº 68; M. Dutruc, nº 560).

2180. Aux termes de l'art. 886 c. nap., « la garantie de la solvabilité du débiteur d'une rente ne peut être exercée que dans les cinq ans qui suivent le partage. » — Autrefois l'action était recevable, quel que fût le laps de temps écoulé depuis ce partage, à moins que l'héritier évincé n'eût négligé des actes conservatoires ou des poursuites utiles (Pothier, des Success., ch. 4, art. 5, § 3). — L'art. 886 a de plus dérogé aux règles générales sur la prescription, parce que le délai de cinq ans, qui emporte d'ailleurs la prescription des arrérages, est assez long pour que l'héritier, à qui est échue la rente, puisse vérifier la solvabilité du débiteur et prendre toute mesure conservatoire (Conf. MM. Duranton, t. 7, nº 541; Marcadé, art. 886, nº 2; Dutruc, nº 573).

2181. Si la rente n'existait pas, ou si elle avait cessé d'exister au temps du partage; s'il n'en avait pas été question, parce que c'était une pure éventualité, l'action en garantie serait de trente ans, sans nuire à celle de dix ans pour la rescision, s'il y avait lieu (Rolland, vº Partage, nº 283; Duranton, t. 7, nº 542; Dutruc, nº 575).

2182. A l'égard de toutes créances autres que la rente, l'action en garantie n'est soumise qu'à la prescription trentenaire (Duranton, nº 541; Marcadé, art. 886, nº 2; Dutruc, nº 574; Massé et Vergé sur Zachariæ, t. 2, p. 375, note 11).

ART. 10. — *De la rescision en matière de partage.*

§ 1. — *Des causes de rescision.*

2183. L'art. 887 porte : « Les partages peuvent être *rescindés* pour cause de *violence* ou de *dol*; il y a lieu aussi à rescision, lorsqu'un des cohéritiers établit à son préjudice une *lésion* de plus du quart. » Ces causes ne sont pas les seules qui peuvent donner lieu à un nouveau partage.

2184. *Dol ou violence.* — Le dol ou la violence sont-ils des motifs suffisants de faire prononcer la rescision, si le cohéritier qui la demande n'a éprouvé aucune espèce de lésion? Non, car un héritier ne doit pas être admis sans intérêt à susciter des tracasseries dispendieuses contre ses cohéritiers, qui peuvent n'avoir pas tous concouru au dol ou à la violence. L'intérêt, en général, est la mesure des actions (Conf., Chabot, t. 3, p. 697; Delvincourt, p. 397, note 8; MM. Rolland, vº Partage, nº 302; Malpel, nº 315; Vazeille, art. 887, nº 7; Poujol, t. 2, p. 377; Dutruc, nº 598; Massé et Vergé sur Zachariæ, t. 2, p. 378, note 2. — *Contrà*, M. Duranton, t. 7, nº 565) : « Par cela seul, disent ces derniers auteurs, que le copartageant demande la rescision, il doit avoir *intérêt* à ce qu'elle soit prononcée »; lui seul d'ailleurs est juge de cet intérêt et nul n'a qualité pour lui imposer un contrat que l'absence de consentement vicie dans sa naissance.

2185. Quant à la *preuve* du préjudice elle ne doit point être imposée au demandeur s'il prouve le dol ou la violence; ce sera aux cohéritiers à démontrer qu'il n'en est résulté aucun dommage; car il est difficile d'admettre le dol ou la violence, sans intention de nuire et sans un préjudice (Conf. MM. Vazeille et Dutruc, *loc. cit.*).

2186. Du reste, la plus simple lésion autoriserait dans ce cas l'action en rescision; il ne serait pas besoin d'une lésion de plus du quart, il suffirait même que le partage n'eût pas fait entrer dans le lot du demandeur une juste proportion des diverses natures de valeurs comprises dans la succession. Si surtout il attachait un prix d'affection à certains objets dont il n'aurait pas reçu de sa part, un tel intérêt justifierait à notre sens, la rescision pour dol ou violence.

2187. Dans le cas où la vente de droits successifs est attaquée pour dol, démence et lésion, une cour a pu ordonner par un avant faire droit, l'estimation des biens vendus, si d'ailleurs elle a entendu ne *rien préjuger sur les qualités et les droits des parties* : — « La cour; attendu que la cour d'appel s'est expliquée de manière à prouver qu'elle n'entendait rien préjuger et qu'ainsi elle n'a pu contrevenir à l'art. 889 c. nap.; rejette » (Req. 5 juin 1811, MM. Henrion, pr., Rupérou, rap., aff. Guerineau *C.* Grillon).

2188. *Lésion.* — La lésion de plus du quart était une cause de rescision dans l'ancien droit. Certaines coutumes permettaient la rescision pour la lésion la plus modique, dit Lebrun, liv. 4, ch. 1, nº 53. Le code a considéré qu'il ne fallait pas, pour un très-faible intérêt, anéantir des actes faits de bonne foi, autoriser de nombreuses contestations dans les familles, et rendre incertains, pendant dix ans, tous les partages de succession. — Jugé que les lois des 14 flor. an 3 et 2 prair. an 7 n'abrogeaient l'action en rescision pour lésion qu'en matière de ventes attaquées pour lésion d'outre moitié, et ne s'appliquaient pas à la lésion de plus du quart dans les actes de partage (Paris, 1re sect., 6 avril 1807, M. Agier, pr., aff. Fleuriot *C.* Tarin). — Il en était de même de la loi du 14 fruct. an 3, relative seulement aux contrats entre étrangers et à une lésion de plus de moitié. — Toutefois, il a été décidé que, sous l'empire de cette loi, la rescision pour lésion de plus du quart pouvait être prononcée, si le contrat en question était la suite d'un partage et en avait les caractères (Req. 27 juill. 1816, MM. Henrion, pr., Lefessier-Grandprey, rap., aff. Moretton).

2189. L'héritier qui réclame doit établir qu'il y a lésion de plus du quart, à son préjudice; car il ne serait pas recevable à se prévaloir d'inégalités préjudiciables seulement à d'autres héritiers (Rolland, vº Lésion, nºs 101, 102, 103; Poujol, t. 2, p. 407; MM. Dutruc, nº 622; Massé et Vergé sur Zachariæ, t. 2, p. 385, note 17).

2190. Il ne suffit pas qu'un héritier ait reçu trop peu d'un objet particulier de la succession; la lésion doit résulter d'un déficit sur la valeur totale des objets compris dans son lot (Merlin, Rép., v° Lésion, § 4, n° 7). Elle ne résulte pas du seul fait de l'inégale distribution des biens de même nature entre les divers lots. — Jugé, en tout cas, que cette inégalité ne peut être invoquée par celui dont le lot se trouve régulièrement composé (Grenoble, 8 mai 1835, aff. Dorey, V. Disp. entre-vifs, n° 4634).

2191. La règle qui exige une lésion de plus du quart ne s'applique pas au cas où un fonds a été assigné à un héritier pour une contenance déterminée et où la contenance de ce fonds est moindre. *Tunc non de impugnandâ, sed de implendâ divisione hæreditatis, quæstio est.* — Jugé, en conséquence, que lorsque, dans un partage, il a été attribué à un cohéritier, pour le remplir de son émolument, une propriété d'un nombre de mesures déterminé et estimée à tant la mesure, s'il arrive qu'il y ait erreur à son préjudice sur la contenance de la propriété, le cohéritier peut recourir en garantie contre ses cohéritiers, alors même que le déficit serait moindre du quart, parce que, dans ce cas, il ne s'agit pas de lésion dans le sens de l'art. 887, mais d'une convention à exécuter et à maintenir (Cass. 8 nov. 1826, aff. Croy-Chanel, n° 2155; Bordeaux, 16 mars 1829, aff. Raymond, V. n° 2206).

2192. Dans quelle *forme* la lésion doit-elle être constatée? Les règles établies en matière de vente sont-elles applicables? D'après l'art. 1677 c. nap., la *preuve* de la lésion ne pourra être admise que par jugement et dans le cas seulement où les faits articulés sont assez vraisemblables et assez graves pour faire présumer la lésion. D'abord un arrêt avait déclaré cette disposition applicable au partage et jugé, en conséquence, que l'action en rescision n'est pas recevable de la part du copartageant, qui, pour justifier la lésion sur laquelle cette action est fondée, se borne à demander qu'il soit procédé à une estimation par experts, sans alléguer aucune circonstance propre à faire présumer la lésion (Montpellier, 28 juill. 1830) (1).

2193. Mais la même cour a rétracté cette interprétation et décidé que l'obligation pour le demandeur en rescision de vente de justifier la lésion par l'allégation de faits assez graves pour la faire présumer, ne s'applique pas à la rescision du partage (Montpellier, 10 fév. 1841) (2). Cette décision, approuvée par MM. Dutruc, n° 623; Massé et Vergé sur Zachariæ, t. 2, p. 385, note 19, se justifie aussi à nos yeux par la faveur plus grande de l'action rescisoire en matière de partage.

2194. Il a été jugé aussi que l'art. 1677 c. nap. n'est point applicable au partage: — « Attendu que, dans la partie du code qui concerne les successions, on n'avait pas jugé à propos d'attacher les mêmes restrictions à l'action pour lésion en matière de partage, parce qu'une parfaite égalité devant être la base de tout partage, on sentit que sur ce point il ne fallait livrer rien ou le moins possible à la liberté du commerce; que ce serait donc ajouter à la loi que de prescrire au demandeur en rescision d'un partage l'obligation que l'art. 1677 n'impose qu'au vendeur (Bordeaux, 29 mai 1829, aff. Nicouleau C. Dumas). — Même décision: — « Attendu que les dispositions de l'article sont spéciales à l'action en lésion formée contre le contrat de vente, et ne peuvent recevoir aucune application en matière de partage » (Nîmes, 1re ch., 15 janv. 1839, MM. Vignolles, pr., Rieff, av. gén., aff. Aymard C. Aymard).

2195. D'après l'art. 1678, la preuve de la lésion ne peut se faire que par un rapport de trois *experts*. Cette expertise n'est point indispensable en matière de partage. Il suffira que les juges trouvent une preuve de la lésion dans les dispositions mêmes de l'acte de partage (Toulouse, 23 déc. 1835, aff. Marty, V. Disp. entre-vifs, n° 4627; Cass. 29 juin 1847, aff. Gastal, D. P. 48. 1. 70; MM. Dutruc, n° 625; Massé et Vergé sur Zachariæ, p. 385, note 19). Dans le cas même de vente, MM. Troplong, Vente, t. 2, n° 251; Duvergier, *ibid.*, t. 2, n° 107, enseignent qu'il n'y a pas lieu nécessairement à l'expertise, si la lésion est établie par une preuve littérale.

2196. En matière de partage, la preuve que la lésion existe ou n'existe pas peut être établie par les circonstances de la cause et l'état des choses, sans qu'il soit nécessaire de recourir à une estimation (Bordeaux, 29 mai 1829, aff. Nicouleau C. Dumas). — Après avoir dit que l'art. 1677 est inapplicable au partage, l'arrêt ajoute « qu'on ne peut prétendre qu'aux termes de l'art. 890 c. nap. l'estimation est un moyen spécial, exclusif, de vérifier la lésion, parce que cet article a eu seulement pour objet d'annoncer que l'augmentation ou la diminution, qui serait survenue dans le prix des biens entre le partage et la demande en restitution, ne doit pas être considérée. »

2197. Il a été jugé aussi: 1° que la décision qui, en appréciant divers documents sur les produits des immeubles, rejette la demande en rescision pour lésion, sans ordonner une expertise préalable, est dans les attributions des juges du fait, et, par suite, échappe à la censure de la cour suprême (Req. 26 juill. 1820) (3); — 2° Qu'il en est de même d'une décision qui déclare non pertinents ni admissibles les faits allégués par le demandeur en rescision pour lésion (Req. 18 janv. 1827) (4); — 3° Que l'arrêt qui rejette une

---

(1) (Combes.) — La cour; — Attendu que, quoique l'art. 1677 n'ait pour objet que la lésion en fait de vente, le principe qu'il établit n'en doit pas moins être étendu à la lésion en matière de partage, parce que la raison de ce principe est la même dans l'un et l'autre cas; qu'il est fondé en effet sur ce qu'un acte librement consenti entre majeurs, porte avec lui une présomption de justice et de vérité, qui ne permet point de l'attaquer légèrement, et sans quelque indication vraisemblable d'erreur, et que cette présomption existe aussi bien dans un acte de partage que dans un acte de vente; — Attendu que l'appelant était depuis longtemps mieux à portée qu'aucun autre des copartageants de connaître la valeur des divers lots à répartir, etc.

Du 28 juill. 1830.-C. de Montpellier.-M. de Trinquelague, 1er pr.

(2) (Delord C. Gayda.) — La cour; — Attendu que l'art. 1677 c. civ. ne s'applique qu'aux rescisions pour cause de lésion en matière de vente; — Que des actions de cette nature ne sont pas réciproques; — Qu'elles n'ont rien de favorable, et que c'est pour ce motif que la loi veut qu'elles ne soient reçues qu'à la condition qu'on articule des faits assez graves et assez vraisemblables pour faire présumer la lésion; — Attendu que l'action en lésion en matière de partage est réciproque et essentiellement favorable, puisqu'elle tend à rétablir l'égalité qui est de l'essence même des partages; — Qu'aucune disposition semblable à l'art. 1677 ne se trouve au titre des partages; — Qu'on y trouve au contraire des dispositions différentes dans les art. 1079 et 1080, desquels il résulte que le partage peut être attaqué pour cause de lésion de plus du quart et même pour toute lésion quelconque qui porte atteinte à la réserve, et que pour établir cette lésion, une estimation doit avoir lieu aux frais avancés de l'enfant qui attaque le partage; — Attendu que sans doute la cour pourrait, en droit, repousser d'ores et déjà la demande en rescision, s'il était prouvé devant elle par les faits et actes du procès que la lésion n'existe pas; mais que cette preuve ne résulte nullement des faits et circonstances discutés par les intimés; — Qu'en effet, les quittances dont on excipe n'ont aucun rapport avec la question de lésion, et ne pourraient être envisagées qu'au point de vue de l'exécution de l'acte et comme constituant une fin de non-recevoir qu'on ne présente pas; — Que le temps écoulé entre la date de l'acte et celle de la demande est indifférent, puisqu'il ne peut établir la prescription; — Par ces motifs, disant droit à l'appel et réformant, ordonne que par experts, il sera procédé, aux frais avancés de la dame Gayda, épouse Delord, à l'estimation de tous les biens meubles et immeubles, rentes, charges et généralement tout ce qui est compris dans l'acte du 6 avril 1829, eu égard à leur valeur à l'époque dudit acte, pour, par leur rapport, être statué ce que de droit, etc.

Du 10 fév. 1841.-C. de Montpellier, 1re ch.-M. Vigier, 1er pr.

(3) (De Wendel C. de Wendel.) — La cour; — ....Attendu, sur le moyen pris de ce que pour reconnaître s'il y avait lésion dans le partage du 29 niv. an 13, on n'a pas ordonné une estimation par experts; que cette estimation n'a pas été ordonnée parce que la cour royale s'est convaincue, par des moyens qu'elle a eu d'apprécier la valeur du produit de chacun des lots des deux frères, que les prétentions du demandeur étaient fondées sur des calculs en partie exagérés, en partie chimériques, et qu'une pareille appréciation, fondée sur des pièces et documents soumis à son examen, était exclusivement dans les attributions de la cour royale; — Rejette.

Du 26 juill. 1820.-C. C., sect. req.-MM. Henrion, pr.-Dunoyer, rap.

(4) (Hérit. Landonnier.) — La cour; — Sur le moyen tiré de la violation des art. 887, 888 et 890 c. civ. et de la fausse application de l'art. 1677 du même code; — Attendu qu'en examinant l'acte du 22 août 1824 dans ses dispositions relatives aux intérêts des enfants entre eux, et comme contenant sous ce rapport un partage, le sieur Landonnier, demandeur en cassation, ne peut exciper en sa faveur des art. 887, 888 et 890 c. civ., parce qu'ils laissent aux juges du fait le pouvoir d'apprécier si le demandeur en lésion établit sur des faits pertinents et

action en rescision de partage pour cause de lésion, en se fondant sur une appréciation des actes et circonstances de la cause, desquels il conclut que l'égalité a été respectée dans le partage, est une décision, en fait, qui ne saurait être révisée par la cour de cassation. — Ne sauraient être non plus révisées par la cour de cassation des énonciations de valeurs et des fixations d'actif qui ne constitueraient que des erreurs de calcul (Rej. 16 août 1853, aff. de la Coussaye, D. P. 53. 1. 339).

2198. L'autorité de la chose jugée s'oppose à ce qu'un partage puisse être rescindé, pour cause de lésion, lorsque la lésion alléguée proviendrait, non d'erreurs matérielles dans l'opération, mais des bases réglementaires suivies pour la liquidation des droits des parties, alors que ces bases ont été arrêtées par jugements passés en force de chose jugée (Lyon, 26 janv. 1841, aff. Litaud, V. Chose jugée, nº 372).

2199. Il a été décidé aussi que l'action en rescision n'est admissible contre l'un ou l'autre de plusieurs actes de partage, considérés isolément, qu'autant que le demandeur offre de prouver que la lésion existe par rapport à l'ensemble des biens compris dans les divers partages, et non pas seulement pour les biens objet du partage partiel qui est attaqué. — ... Peu importe que les autres partages aient eu lieu depuis plus de dix ans (Req. 27 avr. 1841) (1); — Dans l'espèce, la plus grande difficulté venait de la prescription qui couvrait plusieurs des actes de partage. Mais l'arrêt de la cour d'appel remarque, avec raison, qu'il ne s'agit que de faire une estimation qui ne porte aucune atteinte à ces actes.

2200. La masse, sur laquelle doit se calculer la lésion, se compose, non-seulement des biens qui ont été compris expressément dans le partage, mais encore de ceux qui n'y ont été rapportés que fictivement. — Jugé ainsi dans le cas où des cohéritiers se sont partagé l'hérédité de leur père et les biens de leur mère, qui leur en a fait abandon de son vivant, sans rapporter les dots qu'ils ont reçues, mais qui ont été tacitement comprises dans le lot de chacun (Paris, 18 mai 1839 (2), et sur pourvoi Rej. 19 avril 1842, V. Dispos. entre-vifs, nº 4607).

2201. Quant aux biens dépendant de la succession qui ont été omis dans le partage, il est évident qu'ils ne doivent pas faire partie de cette masse et qu'ils ne peuvent que donner lieu à un supplément de partage (même arrêt).

2202. Pour juger s'il y a lésion, on estime les objets suivant leur valeur à l'époque du partage (c. nap. 890) sans égard aux augmentations et diminutions survenues postérieurement; — Jugé qu'on ne doit pas non plus avoir égard aux *fruits échus*

---

admissibles ses griefs, et que la cour royale de Poitiers a jugé que ledit sieur Landonnier n'articulait aucun fait grave pour faire admettre la preuve contre l'acte litigieux comme lésif; tandis qu'au contraire, il paraissait être à son avantage d'après la teneur des stipulations qui le concernaient, attendu qu'aucune application n'a été faite de l'art. 1077 du même code; — Rejette.

Du 18 janv. 1827.-C. C., ch. req.-MM. Botton, f. f. de pr.-Borel, rap.

(1) *Espèce* : — (Dame Bourgeois C. veuve Thibaudier.) — Un jugement était ainsi conçu : — « Attendu que ce qui résulte de l'admission, par la loi, de l'action en rescision pour lésion de plus du quart, et quelque forme qui ait été donnée à l'acte faisant cesser l'indivision, c'est que le cohéritier devra être entendu à articuler et à prouver, en cas de méconnaissance, qu'il a subi, dans la part héréditaire qui lui est advenue, un préjudice de plus du quart, dans la relation de tous les biens partagés, en quelque temps et en quelque nombre d'actes que ce soit; qu'il est impossible de se faire une autre idée du vœu et des préceptes de la loi, en lisant attentivement les art. 887 et 891, et surtout en se reportant à l'esprit dans lequel a été consacrée cette rescision; — Attendu qu'en effet, le partage supplémentaire d'objets omis emporte l'idée d'un seul tout avec celui qui l'a précédé, et non d'un acte à considérer isolément pour en tirer, par exemple, la preuve d'une lésion sans recours à l'autre; c'est qu'ils sont et rationnellement et légalement inséparables, constituant, dans leur réunion, l'objet du partage proprement dit, la cessation de l'indivis; — Attendu qu'il est impossible aussi de ne pas voir dans la portion héréditaire celle dont la détermination se fait au moment même de l'ouverture de la succession, comparativement dès lors à tous les biens, et de manière, conséquemment, que la lésion ne soit bien connue qu'en regard de l'importance de tous ces biens et de la valeur réelle de cette portion; — Attendu que tout ce que le législateur a voulu, c'est une égalité dans la proportion des trois quarts; c'est l'impossibilité de faire éprouver un déficit de plus du quart, déficit qui, incontestablement, n'existera point si, computation faite de tout ce qu'a reçu le cohéritier des biens du défunt, ce qu'il prétend lui manquer n'atteint point, n'excède point le quart de son émolument légal; — Attendu que ce serait le plus inconcevable des systèmes que de reconnaître la lésion là où, par exemple, la part de chacun était de 100,000 fr., taux de la lésion seul admissible 25,100 fr., et où, par l'ensemble des attributions faites successivement, le cohéritier, partie plaignante, aurait obtenu 90,000 fr., encore qu'il pût n'en recevoir que 75,000, parce que, dirait-on, le dernier des actes de partage, considéré seul, ne lui aurait procuré que le sixième des biens restés indivis; — Attendu que l'inégalité à laquelle, suivant elle, la dame Bourgeois serait exposée, est précisément celle que la loi n'a pas voulu admettre comme cause de rescision, et qu'ainsi tout se réduit à lui faire, en quelque sorte, son procès, et à dire que des lots sont inégaux, alors même que le législateur ne permet pas de les qualifier ainsi; — Attendu qu'il ne s'agira point, par ce retour aux partages précédents, au moins d'une manière nécessaire, de les rescinder, mais seulement de les consulter comme éléments, comme explication de la lésion, puisque, non-seulement en cas, par exemple, d'aliénation faite en conséquence de ces lots, on sera entendu à faire imputer au cohéritier, défendeur ou demandeur, sur la part à lui revenant, ce qu'il a déjà reçu, comme il arrive en matière de rapport en moins prenant; mais presque toujours le déficit sera rempli par un supplément en numéraire; — Attendu, d'ailleurs, que, s'il était porté quelque atteinte aux actes premiers, même après les dix ans de leur confection, c'est à elle-même que la femme Bourgeois devrait s'en prendre, puisque ce serait la conséquence de l'action qu'elle aurait intentée; de là nécessité de remettre tout en question et en vérification, et parce que rien ne trouverait mieux sa place que la règle *quæ temporalia*; — Attendu que cette demanderesse se bornant à articuler une lésion restreinte à la distribution qui a été faite des immeubles dont il est question en l'acte du 28 mai, et refusant de prendre pour éléments tous ceux de l'indivis général et originaire, et ce qui lui en est advenu à différents temps par des partages fractionnels, ne concluant pas même subsidiairement à la vérification d'une lésion assise sur ces bases, il n'y a donc pas lieu d'ordonner aucune expertise, puisque ce serait vérifier d'office ce qui n'est point allégué. » — 4 déc. 1838, arrêt de la cour de Rouen qui adopte ces motifs. — Pourvoi de la dame Bourgeois pour violation des art. 887, 888 et 891 c. civ. — Arrêt.

LA COUR; — Attendu, en fait, qu'il résulte de la procédure, ainsi qu'il est constaté par l'arrêt dénoncé, que la demanderesse, en attaquant, pour cause de lésion, l'acte de partage du 28 mai 1826, n'a offert la preuve de la lésion par elle prétendue que relativement audit acte restrictivement, abstraction faite des partages fractionnaires auxquels les successions dont il s'agissait avaient précédemment été soumises, et qu'elle n'a pas conclu, même subsidiairement, à la vérification d'une lésion résultant de la combinaison dudit acte de 1826 avec les actes de partage antérieurs; — Attendu, en droit, qu'en accordant, en matière de partage, l'action en rescision au cohéritier qui établit à son préjudice une lésion de plus du quart, le législateur a nécessairement entendu que, dans le cas de partages successifs et partiels d'une même hérédité, la lésion, quoique reprochée à un seul de ces actes, serait appréciée par sa combinaison avec les autres; qu'autrement, et le désavantage de l'acte attaqué pouvant être compensé par l'avantage résultant de tous ou de certains actes semblables qui l'ont précédé ou suivi, les tribunaux seraient conduits à déclarer une lésion qui n'aurait rien de réel; — Rejette.

Du 27 avr. 1841.-C. C., ch. req.-MM. Zangiacomi, pr.-Hervé, rap.

(2) (Quillard C. hérit. Truchy.) — LA COUR; — En ce qui touche le rapport des dots : — Considérant qu'il a été posé, en fait, par les intimés, soit en première instance, soit devant la cour, et non contredit par les appelants, que, lors du partage du 16 mars 1828, il a été arrêté entre les parties qu'aux lots qui seraient attribués à chacune d'elles serait réuni le montant des dots constituées ou des sommes comptées en avancement d'hoirie par les sieur et dame Truchy à chacun de leurs enfants; — Que le partage attaqué pour cause de lésion a donc, en réalité, compris non-seulement les biens existants en nature qui y sont énumérés, mais encore les valeurs s'élevant à un million dont ce partage a attribué définitivement la propriété à chacun des copartageants; — Adoptant, au surplus, sur ce chef, les motifs des premiers juges; — En ce qui touche la composition de la masse sur laquelle la lésion doit être établie; — Considérant que cette masse doit se composer, ainsi qu'il vient d'être dit, du rapport des dots et des sommes données aux cohéritiers en avancement d'hoirie; — Qu'elle doit comprendre également tous les biens meubles et immeubles qui ont été divisés entre les parties comme formant la succession de Truchy père, mais non tous les biens meubles ou immeubles qui seraient reconnus devoir composer cette succession, les biens omis ne pouvant donner lieu qu'à un supplément de partage, et la lésion, d'ailleurs, ne pouvant s'établir que relativement aux biens sur lesquels le partage a porté; — Qu'enfin, on doit comprendre dans cette masse les biens qui ont fait l'objet du partage anticipé consenti par la dame Truchy au profit de ses enfants; — Confirme.

Du 18 mai 1839.-C. de Paris, 2e ch.-M. Jacquinot-Godard, pr.

depuis le décès, lorsque l'acte de partage n'en fait aucune mention et ne s'oppose point à une demande en restitution de la part de l'héritier qui se prétend lésé (Req. 25 juin 1822) (1).

2203. Lorsqu'en faisant le partage de la succession, les cohéritiers sont convenus de laisser indivis un des immeubles, il n'y a pas lieu de le faire entrer en évaluation pour supputer la lésion, et faire rescinder le partage dont cet immeuble a été excepté : — « Attendu qu'il ne peut pas y avoir de lésion en matière de partage, à raison des objets qui n'en ont pas fait partie, et qui sont restés indivis ; qu'il ne peut se rencontrer aucune inégalité dans ce qui n'est point tombé en partage, et que l'omission, d'après les anciennes lois, comme d'après le code napoléon, ne peut donner ouverture qu'à une action en supplément de partage » (Nîmes, 30 mess. an 13, aff. Pradel *C.* Labastide).

2204. Dans le cas où la même succession a été l'objet de plusieurs partages partiels faits à différentes époques, la preuve de la lésion doit-elle porter sur l'ensemble des divers biens, ou suffit-il d'établir qu'elle existe par rapport aux biens compris dans l'un des partages? Ce dernier système adopté par M. Duranton, t. 7, nº 576, et qui paraît être aussi celui de M. Rolland, vº Lésion, nº 82, nous semble, comme à M. Dutruc, nº 620, contraire à l'esprit de la loi.

2205. Bien que par des actes distincts et séparés, des héritiers aient procédé, à des époques différentes, au partage des successions maternelle et paternelle, néanmoins, pour établir la lésion de plus du quart, dont se plaint l'un d'eux, dans cette dernière succession, on devra faire porter l'estimation sur tous les biens composant les deux successions, les divers actes intervenus entre les héritiers ne devant être réputés avoir eu pour objet qu'un *seul et même partage* (c. nap. 887 et suiv., 915, 919, 1304; Req. 16 juin 1818) (2).

2206. « La simple omission d'un objet de la succession ne donne pas ouverture à l'action en rescision, mais seulement à un supplément à l'acte de partage » (c. nap. 887) ; — Ainsi jugé que l'action en garantie ou en redressement d'erreurs dans un partage, différant de l'action en rescision pour lésion, peut être intentée par cela seul que l'un des copartageants ne trouve pas dans son lot la part qui lui a été attribuée, tandis que l'action en rescision n'est recevable qu'autant qu'il y a lésion de plus du quart;... par suite, si une pièce de terre échue dans le lot de l'un des copartageants n'a pas la contenance déterminée, celui-ci peut recourir en garantie ou redressement d'erreur contre les cohéritiers, encore bien que la lésion ne serait pas du quart (c. nap. 884; Bordeaux, 16 mars 1829) (3).

2207. Une demande en supplément de partage n'est recevable qu'autant qu'elle a pour objet des choses certaines et déterminées, qui auraient été omises dans la liquidation de la succession : elle ne peut être admise en cas de non-spécification de ces objets, et lorsqu'elle est fondée notamment sur de prétendues erreurs ou omissions dont la preuve serait puisée dans la fortune présumée du défunt (Req. 21 mars 1854, aff. Fourdinier, D. P. 54. 1. 379).

2208. L'omission, exempte de toute mauvaise foi, de faire à la masse le rapport d'une somme reçue en avancement d'hoirie, ne donne lieu, même vis-à-vis des tiers, qu'à un supplément de partage et non à la rescision : — « Attendu que la seule question qui a dû être, et qui en effet a été jugée par l'arrêt attaqué (de Toulouse), a été celle de savoir si ledit acte de partage du 26 septembre 1817 était sérieux ou simulé, de bonne ou mauvaise foi et qu'il ne s'est jamais agi de rapport ; — Attendu, au surplus, que lors même qu'on aurait omis de faire ce prétendu rapport, une pareille omission, d'après la disposition expresse de l'art. 887 c. nap., n'aurait donné lieu qu'à un supplément à l'acte de partage ; rejette » (Req. 18 juin 1833, MM. Zangiacomi, pr., Lasagni, rap., aff. Dauriac *C.* Gleizes). — C'est ainsi encore qu'on a pu ordonner par voie de partage supplémentaire la licitation entre tous les héritiers d'une statue placée dans la chapelle d'un château et qui avait été omise dans l'acte de partage à raison de l'opinion où l'on était que la destination religieuse de cette statue faisait obstacle à ce qu'elle fût mise dans le commerce (Rej. 22 mars 1843, aff. de Boisgelin, V. Biens, nº 116).

2209. Quand les objets omis ont été frauduleusement détournés, le partage peut être attaqué pour cause de *dol.*

2210. *Erreur.* — L'erreur est-elle une cause de rescision du partage? Il faut distinguer l'erreur de fait et l'erreur de droit. — Lors de la discussion du code, on observa que si tous les biens avaient été compris dans le partage, l'erreur de fait se confondait avec la lésion, et que si quelque objet avait été omis, il suffisait d'ordonner un supplément à l'acte de partage. On se borna donc à ajouter à l'art. 887 son dernier paragraphe. Cette explication paraît suffisante à la plupart des auteurs (Chabot, t. 3, p. 698; Delvincourt, t. 2, p. 367, note 9; Maleville, t. 2, p. 351; Duranton, t. 7, nº 552; Vazeille, art. 887, nº 1; Malpel, nº 313; Poujol, t. 2, p. 377; Belost-Jolimont sur Chabot, art. 887, observ. 1; Marcadé, même art., nº 2). — On a objecté, à la vérité, que l'erreur de fait peut porter sur la qualité même du copartageant qu'on aurait admis au partage, quoiqu'il fût étranger à la succession (M. Dutruc, nº 599). Mais on a répondu que dans ce cas il y a lieu d'agir non par rescision du partage, mais par la revendication des objets indûment transmis (MM. Duranton, nºs 553, 556; Belost-Jolimont, *loc. cit.*).

2211. Quant à *l'erreur de droit*, elle a fait naître pour les

---

(1) (Grimal *C.* Saint-Jean.) — La cour; — Attendu quant aux fruits des deux successions échus depuis le décès des auteurs communs, et dont l'appréciation ajoutée à l'estimation des biens aurait donné pour résultat l'existence d'une lésion suffisante pour cette restitution ; — Que l'arrêt attaqué, en décidant que le traité fait entre le frère et la sœur n'avait pas pour objet ces restitutions de fruits, et ne faisait pas obstacle à ce que la femme Grimal en formât la demande si elle s'y croyait fondée, n'a fait qu'interpréter l'acte dont il s'agit, et n'a violé aucune loi ; — Rejette.

Du 25 juin 1822.-C. C., sect. req.-MM. Henrion, pr.-Dunoyer, rap.

(2) (Boulnois *C.* Manuel Lalonde.) — La cour; — Vu les art. 887, 888 et 890 c. civ., ensemble les art. 915, 919 et 1304 du même code: — Considérant que l'arrêt attaqué a reconnu en fait que l'acte du 6 nov. 1805 (15 brum. an 14) ne contenait pas un partage distinct et séparé, soit des immeubles provenant de la succession du sieur Boulnois père, soit de ceux appartenant à la succession de la dame Boulnois, et que les divers actes par lesquels les parties ont divisé ces deux successions ont eu pour objet un seul et même partage ; — Qu'en conséquence de cette déclaration de fait qu'il n'appartient pas à la cour d'apprécier, la cour royale d'Amiens a pu faire porter l'estimation sur tous les biens immeubles qui ont été partagés par les héritiers Boulnois, afin de déterminer si la lésion articulée par le sieur Laurent-Mathieu-Prudent Boulnois, l'un d'eux, n'existait pas ; — Rejette.

Du 16 juin 1818.-C. C., sect. req.-MM. Henrion, pr.-Favard, rapporteur.

(3) (Raymond-Lafourcade *C.* Dutoya.) — La cour; — Attendu, quant à l'erreur de contenance des prés de Gibra, désignés dans le partage comme contenant 46 ares 40 cent., et que Raymond-Lafourcade soutient ne renfermer que 6 ares 4 cent. ; qu'il ne s'agit que d'un simple redressement d'erreur dans un partage non consommé, et non pas, comme l'a pensé le tribunal, d'une action en rescision contre un partage opéré; que le tribunal reconnaissait lui-même qu'il existait des biens indivis, et que la liquidation de la succession n'était pas opérée, puisqu'il statuait sur les difficultés qui s'étaient élevées chez le notaire chargé de cette opération ; — Qu'enfin le partage et la liquidation eussent-ils été consommés, sa décision n'en serait pas moins erronée ; que l'action en rescision est la seule voie qui reste au copartageant qui, après avoir reçu toutes les valeurs comprises dans son lot, éprouve une lésion de plus du quart; mais que le copartageant qui n'a pas réellement reçu les objets que le partage lui attribue, intente et n'a besoin d'intenter qu'une action en garantie, à laquelle la loi soumet tous les copartageants ; — Qu'être évincé de son lot en tout ou en partie, par suite d'une action dont l'origine est antérieure au partage, ou ne pas recevoir en entier le lot qui lui est assigné, parce qu'une partie des objets qu'il comprend nominativement n'a pas d'existence réelle, n'est qu'une seule et même chose ; — Que la sanction que la loi et la convention des parties attachent au partage, présuppose l'existence des objets dont l'ensemble forme chaque apportionnement, et qu'en raison, comme en droit, là où la chose manque il n'y a ni convention ni partage ; — Que telle est sur ce point la doctrine des auteurs et la jurisprudence des cours du royaume ; — Émendant, — Ordonne qu'il sera alloué audit Raymond-Lafourcade, par ses cohéritiers, une somme de 988 fr. 25 c., pour l'indemnité de l'erreur de 46 ares 40 centiares, commise dans l'évaluation de la contenance des prés de Gibra, désignés aux nºs 13 et 14, sauf aux époux Dutoya à faire procéder contradictoirement à la vérification de la quantité du déficit, ce qu'ils seront tenus d'opter, etc.

Du 16 mars 1829.-C. de Bordeaux, 1re ch.-MM. de Saget, pr.-De Chancel, Blondeau et Lagarde, av.

partages la même controverse que pour les conventions en général. Au mot *Obligations*, nous examinons en principe si l'erreur de droit vicie le consentement et entraîne la nullité du contrat. Tous les éléments de la discussion y sont retracés avec étendue; on peut les invoquer par analogie à l'égard du partage. — De plus, il faut remarquer que les successions sont déférées par le vœu de la loi, conforme à l'ordre public; que les conventions des particuliers ne sauraient rendre héritier celui qui n'a pas reçu de la loi cette qualité. Si donc l'erreur de droit porte sur la qualité même de successible, il y a un motif particulier d'admettre la rescision du partage (Conf. MM. Toullier, t. 5, n° 549; Duranton, n°s 557, 558; Favard, v° Partage, sect. 4, n° 1; Vazeille, art. 887, n° 1; Dutruc, n° 599). C'était la doctrine la plus accréditée autrefois, celle notamment de Domat, d'Aguesseau et Pothier. — C'est ainsi qu'un arrêt du parlement de Metz du 27 juill. 1691, rapporté par Augeard (t. 1er, p. 134), jugea qu'un majeur auquel la coutume déférait une succession, et qui, dans l'ignorance de cette disposition, avait, par plusieurs actes privés et publics, reconnu ses trois neveux pour ses cohéritiers, n'en était pas moins recevable à revenir contre tous ces actes.—Sous le code Napoléon il a été jugé aussi : 1° que l'erreur de droit peut être une cause de rescision du partage; et spécialement que l'enfant donataire par préciput du sixième des biens laissés par sa mère et qui a procédé au partage avec ses frères en sa seule qualité de successible, sans prélever ses droits comme donataire, est fondé à en demander la rescision (Toulouse, 19 janv. 1824) (1). — 2° Il y a lieu aussi à rescision pour erreur de droit, lorsque des héritiers ont compris dans leur partage des biens qui n'appartenaient point à la succession, mais qui étaient propres à l'un d'eux et que ces biens disséminés dans tous les lots forment pour la plus grande partie l'objet du partage (Colmar, 6 mai 1829) (2). — 3° Le partage exécuté entre la tante du défunt et les cousins de celui-ci dans la pensée que le bénéfice de la représentation était admis en leur faveur, est susceptible d'être annulé pour erreur de droit (Besançon, 1er mars 1827, aff. dame Petel, V. Oblig.).

2212. Toutefois, il a été jugé : 1° que l'erreur des parties, sur le mode d'interpréter la loi du 17 niv. an 2, relativement à la division à l'infini des successions échues à des collatéraux, ne constitue qu'une erreur de droit qui ne peut donner lieu à la demande en rescision du partage (Req. 22 vend. an 14) (3).—2° Que celui qui, dans un premier partage entre les deux lignes, a figuré comme héritier à l'époque où la loi du 17 niv. an 2 s'interprétait en faveur du système de refente, n'a pu depuis être écarté du partage de sa ligne en vertu de l'interprétation contraire de cette loi (Paris, 25 flor. an 10, et, sur pourvoi, Rej. 13 germ. an 12, aff. Leblanc-Duplessis, V. Loi, n° 533-2°); — 3° Que l'erreur de droit ne peut être une cause de rescision d'un partage, s'il a été volontairement exécuté par tous les héritiers; spécialement, celui qui a laissé opérer le partage par souche ne peut, pour erreur de droit, demander que le partage soit refait par tête (Agen, 15 mars 1824) (4); — 4° Que la liquidation basée sur une division par têtes ne peut être attaquée pour cause d'er-

---

(1) (Héritiers Genieys.) — LA COUR; — Attendu que, lors du partage fait entre Genieys et sa sœur le 12 avr. 1812, les parties ont traité comme ayant des droits égaux, comme cohéritiers par égales parts, tandis qu'à cette époque Jean Genieys avait le droit de prélever, à titre de préciput, le sixième des biens à partager, en vertu de la donation entre-vifs que lui en avait faite sa mère, dans son contrat de mariage du 29 frim. an 9; — Attendu que cette erreur, de la part de Jean Genieys, ne saurait lui être opposée contre la demande d'un nouveau partage, conforme à toute l'étendue de son droit, suivant la loi 36, ff., *Familiæ erciscundæ, in fine*, et la loi 4, C. *De jur. et facti ignor.*; la loi 7, ff., *eod. tit.*, décide aussi que *Juris et facti ignorantia suum petentibus non nocet.* Le consentement donné au premier partage était évidemment le fruit d'une erreur; et alors il n'y a pas un véritable consentement (loi 116, ff., *De reg. jur.*, et art. 1109 c. civ.).—D'ailleurs, depuis le code civil, l'erreur de droit ne saurait être opposée avec fondement à celui qui ne vient réclamer que ce qu'il a abandonné, lorsque ses droits sur la chose abandonnée étaient incontestables. En effet, d'après l'art. 1110 c. civ., l'erreur est un motif de nullité des conventions; et cet article ne distingue pas entre l'erreur de droit et l'erreur de fait. Jusque-là l'erreur paraît devoir être admise également comme moyen de nullité dans ces deux cas; et ce qui le prouve, ce sont les art. 1356 et 2052 du même code: d'après le premier, on ne peut révoquer un aveu judiciaire par erreur de droit; d'après le second, on ne peut non plus revenir contre une transaction par une erreur de même nature. Ces deux exceptions seraient inutiles, si, d'après l'art. 1110, la règle générale n'était que désormais l'erreur de droit doit être admise aussi bien que l'erreur de fait : ces principes ont été consacrés en matière de partage, où l'un des intéressés avait traité en une qualité moins avantageuse qu'une autre qualité qui lui appartenait et dont il avait omis de se prévaloir, 1° par l'arrêt rendu par la cour, le 2 juill. 1818, en faveur de Toulze; 2° par celui du 22 du même mois, en faveur du sieur de Brassac; 3° et dans celui du 28 déc. 1820, en faveur de Marie-Anne Astruc; — Attendu que, dès lors, il est inutile de chercher à savoir si Jean Genieys a été lésé du tiers au quart dans le partage qu'il attaque, parce que ce n'est pas le moyen de la lésion du tiers au quart qu'il invoque, mais l'erreur intervenue dans le premier partage passé en une autre qualité que celle qui lui appartenait : il vient exercer les droits résultant de cette qualité, négligée par erreur, et dans lesquels il demande à rentrer; — Que si l'art. 887 n'indique, comme moyens de rescision contre les partages, que le dol, la violence ou la lésion, il ne faut pas en conclure qu'il ait exclu le moyen pris de l'erreur sur la qualité en laquelle on a traité, parce que ce moyen doit être admis contre toute sorte de conventions, puisqu'il est fondé sur un défaut de consentement, sans lequel il ne peut y avoir aucune espèce de traité valable : c'est donc un moyen entièrement indépendant de l'action en lésion, et du concours de laquelle il n'a pas besoin; sans quoi ce serait confondre ces deux actions distinctes et d'une nature différente; — Confirme.

Du 19 janv. 1824.-C. de Toulouse, 1re ch.

(2) (Klein C. Klein.) — LA COUR (apr. dél. en ch. du cons.); — Attendu, en droit, que sous l'empire du code civil, qui n'a fait à cet égard que consacrer les principes de l'ancienne jurisprudence française, un partage n'est point un contrat translatif de propriété, qu'il n'est que déclaratif d'un droit préexistant sur les biens indivis et dont il restreint les effets, pour chaque copartageant, à la portion de ces mêmes biens qui lui est attribuée pour son lot; — Attendu, dès lors, que si des héritiers ont compris par erreur dans leur partage des biens qui n'appartenaient point à la succession, mais qui étaient propre à l'un d'eux, ce partage, qui n'a pu être pour les autres un moyen d'acquérir, n'est plus, relativement à ces mêmes biens qu'un contrat sans cause, vicié dans son essence par un défaut de consentement, qui cesse d'être régi par les dispositions de la loi concernant les partages des successions, pour rentrer sous l'empire des dispositions de la loi concernant les contrats et obligations conventionnelles en général, et qui se trouve par conséquent frappé de nullité par les art. 1109, 1110 et 1131 c. civ.; — Attendu que si, dans la plupart des cas, un tel partage peut et doit conserver des effets à l'égard des biens de la succession et ne donner lieu qu'à une action en garantie de la part du cohéritier évincé contre ses autres cohéritiers, cela devient impossible lorsque la masse des biens partagés a été composée en majeure partie de biens qui n'appartenaient point à la succession, et qui ont été disséminés dans tous les lots, parce qu'alors le partage, si toutefois l'acte ainsi qualifié peut encore conserver ce nom, se trouve vicié dans son essence même et dans toutes ses parties par l'erreur qui en a été la base; — Emendant, etc.

Du 6 mai 1829.-C. de Colmar, 1re ch.-M. Poujol, pr.

(3) (Pecqueur C. ***.) — LA COUR; — Attendu que l'arrêt attaqué ayant décidé, en fait, que les parties avaient une connaissance respective de leurs degrés de parenté avec la défunte, lors du partage de sa succession, il a dû en conclure que s'il y avait eu erreur au préjudice des demandeurs, ce n'était qu'une erreur de droit et non une erreur de fait, qui ne pouvait opérer la rescision; — Et qu'en le décidant ainsi il n'est contrevenu à aucune des lois citées par les demandeurs; — Rejette le pourvoi contre l'arrêt de la cour de Douai du 18 pr. an 12.

Du 22 vend. an 14.-C. C., sect. req.-MM. Muraire, pr.-Pajon, rap.

(4) (Héritiers Lavardac.) — LA COUR; — Attendu (suit l'énumération de diverses circonstances)...; — Qu'il suit de là que la testatrice n'entendait pas appeler ses héritiers à recueillir sa succession autrement qu'ils n'auraient été appelés à recueillir celle du sieur Magné, s'il était décédé *ab intestat;* mais que, dans cette supposition, les trois sœurs du sieur Magné ou leurs représentants auraient partagé cette succession par souche, conformément aux art. 742 et 743 c. civ.; d'où suit que le partage de la succession de la dame Lavardac a été fait conformément à ses intentions;

Attendu que les demandeurs ont entendu et exécuté, dans ce sens, les dispositions de la dame de Lavardac, et lors même qu'ils auraient commis une erreur purement de droit, de laquelle ils ne pourraient jamais être relevés, aux termes de l'art. 2052 du code civil; — Attendu que la lésion alléguée par les demandeurs n'est point une lésion de quantité mais de quotité; — Que la lésion, dans le sens de la loi, ne peut s'entendre que sur le prix ou la valeur d'un objet, sur l'estimation ou l'évaluation qui peuvent en avoir été faites, mais non sur le fond du droit; — Que, s'il y a eu erreur à cet égard, ce ne peut être qu'une erreur de droit comme dans la cause, erreur qui ne peut jamais être réparée : — Confirme.

Du 15 mars 1824.-Cour d'appel d'Agen.

reur de droit, par l'héritier intéressé au partage par souche, s'il a assisté aux opérations sans protestation (Colmar, 2 juin 1841, aff. Scherb, V. n° 171).

2213. En tout cas une distinction signalée aussi v° Oblig. doit être faite entre l'erreur de droit particulière à celui qui s'en plaint, et l'erreur commune, qui, dans certains cas, a les caractères et l'autorité de la loi. Le partage dans ce dernier cas tiendrait en vertu de la maxime *error communis facit jus* (M. Dutruc, n° 600).

2214. Pour entraîner la rescision du partage il faut que l'erreur, soit de fait, soit de droit, ait causé un préjudice à l'héritier qui demande la rescision.—Jugé spécialement qu'un partage ne peut être annulé pour cause d'erreur sur l'origine des biens, en ce que, par exemple, des enfants auraient partagé, comme provenant de la succession de leur mère, des biens dépendant, en réalité, de la succession paternelle, si, d'ailleurs, ce partage n'est pas entaché d'une lésion telle que celle qu'exige la loi. Or, dans l'espèce, aucun dommage n'était allégué; les enfants avaient les mêmes droits sur les biens de leur père que sur ceux de leur mère (Rej. 5 mai 1852, aff. Balitrand, D. P. 52. 1. 145).

2215. Lorsque, dans un bois partagé en deux lots par deux héritiers, il se trouve enclavée une pièce de terre arable, sans que l'acte de partage en fasse l'attribution ni à l'un ni à l'autre lot, la partie, dans le lot de laquelle se trouve la pièce de terre, n'est pas fondée à demander une rectification du partage, sur le motif que, par suite d'une erreur matérielle commise dans le plan de l'arpenteur, cette pièce était placée dans un lot, tandis qu'en réalité elle se trouvait dans l'autre.—En un tel cas, il ne peut y avoir lieu qu'à une demande en rescision pour lésion de plus du quart (c. nap. 1079, Req. 26 nov. 1833) (1).

2216. Un partage n'est pas consommé par cela seul que les experts ont opéré la subdivision des immeubles en autant de lots qu'il y a de copartageants; on ne peut, par conséquent, prétendre qu'un arrêt qui a admis, dans ce cas, un copartageant à faire procéder à un nouveau partage, sur un titre qu'il n'aurait pas encore produit, a violé l'art. 887 c. nap., en ce qu'il aurait considéré une simple erreur comme un motif de rescision d'un partage qui était définitif (Req. 13 janv. 1836, aff. Egret, V. n° 1618).

2217. L'erreur commise dans un acte de partage authentique, fait entre personnes majeures et capables, peut être réparée par les tribunaux, lors même que la rectification est contestée par celle des parties qui en profiterait. Et spécialement l'acte de partage qui met à la charge du premier lot le payement d'une somme qui devait au contraire être supportée par le second lot, en faveur du troisième, suivant les rapports d'experts que les copartageants avaient approuvés, peut être rectifié par les tribunaux (Req. 19 déc. 1815) (2).

2218. Il a été jugé aussi 1° qu'un double emploi, dans une liquidation, peut toujours être réparé, quoique la liquidation ait été primitivement acceptée par les parties (Nancy, 9 avr. 1834, M. Troplong, pr., aff. Delepée, Extrait de M. Garnier, jurisp. de Nancy, v° Liquidation, n° 1); — 2° Que des intérêts, qui ont été omis, même sans réclamation des parties, dans un premier projet de liquidation, dont quelques points seulement ont été contestés, peuvent être rétablis dans l'acte primitif de liquidation (Nancy, 2e ch., 4 mai, 1840, MM. Mourot, pr., Garnier, av. gén., c. conf. aff. Mathey, V. *eod.* n° 3).

2219. *Inexécution des formalités.* — L'inexécution des formalités prescrites pour les partages qui intéressent des mineurs ou interdits, des absents, rend le partage *provisionnel* (c. nap. 840); il y a lieu alors à un partage définitif, mais non à une action en rescision.

2220. Suivant un arrêt, un partage d'immeubles fait avant le code, entre cohéritiers, n'a pu être attaqué par un mineur pour défaut des formalités prescrites en général pour l'aliénation des biens des mineurs, et spécialement pour non-entérinement, par jugement et sur les conclusions du ministère public, du procès-verbal d'estimation. Il suffit, pour la validité d'un tel partage, qu'il ne renferme pas lésion au préjudice du mineur (Cass. 4 vend. an 10) (3).

2221. Sous le code, le mineur n'est pas recevable à critiquer un partage de communauté pour défaut de formalités de justice, alors que la mise en cause du cohéritier, avec qui aurait dû se faire le partage judiciaire, a été refusée par un jugement passé en force de chose jugée; alors, surtout, qu'au lieu d'un partage proprement dit, il a été fait simplement une opération par laquelle l'époux survivant et l'héritier mineur, ayant repris chacun ce qui leur appartenait en propre, et liquidé les dettes à la charge de chacun, il est résulté qu'il n'y avait rien dans l'actif appartenant au mineur pour faire face aux dettes dont il était tenu. Le mineur est également non recevable à critiquer les ventes qui ont été la suite d'un tel partage, si elles ont été faites d'autorité de justice et précédées d'une délibération du conseil de famille dûment homologuée (Req. 11 fév. 1825, MM. Henrion, pr., Dunoyer, rap., aff. Meyère C. Gelis).

2222. La disposition de l'art. 466 c. nap. étant générale et ne permettant de faire aucune distinction, tous partages de biens, même meubles indivis avec des mineurs, doivent être faits en justice (Paris, 13 pluv. an 12, aff. Henrion, V. Minorité n° 518).

2223. Si le partage est provisionnel pour inexécution des formalités prescrites dans l'intérêt du mineur, le majeur peut-il s'en prévaloir et demander un partage définitif? — La question est fort controversée et a donné lieu à divers systèmes.

D'un côté, on invoque l'art. 1125, qui ne permet pas aux personnes capables d'opposer l'incapacité du mineur avec lequel elles ont contracté; telle était l'opinion la plus accréditée sous l'ancien droit (Lebrun, Successions, liv. 4, ch. 1, n° 24; Rousseau de Lacombe, v° Partage, sect. 3, n° 1; Roussilhe, Institutes, t. 2, n° 564.—Conf. Chabot, art. 840, n° 7; Duport-Lavilette, t. 5, n° 639; Favard, Rép., v° Part. provis., t. 4, n° 114; Malpel, n° 318; Poujol, art. 840, n° 3; Chauveau sur Carré, quest. 2507-16°; Bioche, v° Partage, n° 66; Dutruc, n° 270). Plusieurs arrêts ont en conséquence déclaré non recevable l'action en nouveau partage formée par l'héritier majeur (Lyon, 4 avril 1810; 16 juill. 1812 (4); Rej. 30 août 1815, aff. Vaudreuil, V. n° 1844-1° et Douai 7 juin 1848, aff. Salligot, D. P. 49. 2. 194; Colmar,

(1) (Michaux C. Chrétien.) — La cour; — Attendu que l'arrêt attaqué constate, en fait, que l'acte du 18 janv. 1830, contenant donation et partage par les époux Conse de leurs biens au profit de leurs deux filles, ne fait aucune attribution spéciale à l'un ou à l'autre lot de la pièce litigieuse de 50 ares 87 cent. (72 verges), comprise dans le bois Robert; — Qu'en cet état de choses, l'arrêt a été fondé à ne pas considérer la demande des époux Michaux comme une demande en rectification d'erreur matérielle; — Que, dès lors, elle ne pouvait plus avoir d'autre caractère que celui d'une demande en rescision d'un partage fait par des ascendants; — Et qu'à cet égard, l'arrêt constate, en fait, que le partage était si loin de présenter une lésion de plus du quart, que, sur une valeur totale de 24,055 fr. 94 c., dont la moitié était de 12,026 fr. 90 c., la différence entre les deux lots n'était que de 300 fr. environ, ou même de 185 fr. — D'où il suit que l'arrêt attaqué (de la cour d'Amiens) n'a pas violé les art. 1109 et 1110 c. civ., et n'a fait qu'une juste application de l'art. 1079 du même code; — Rejette.

Du 26 nov. 1833.-C. C., ch. req.-MM. Zangiacomi, pr.-de Broé, r.-Tarbé, av. gén., c. conf.-Letendre de Tourville, av.

(2) (Dubos C. Fouquet.) — La cour; — Vu les art 882, 985 du c. de pr. et 819 du c. civ., — Considérant que l'erreur commise dans le partage de la succession immobilière de Jacques Legagneur est reconnu, en fait, par l'arrêt attaqué (de la cour de Rouen); qu'il est de principe que les tribunaux peuvent réparer les erreurs commises dans les actes et particulièrement dans les partages; d'où il résulte que l'arrêt attaqué n'a violé aucune loi; — Rejette.

Du 19 déc. 1815.-C. C., sect. req.-MM. Henrion, pr.-Favard, rap.

(3) (Maillier C. hér. Thiberville.) — Le tribunal; — Attendu, 1° qu'il n'existe aucune loi qui ait décidé qu'on ne peut provoquer valablement un partage d'immeubles vis-à-vis des mineurs, sans remplir les formalités prescrites pour l'aliénation de leurs biens; — D'où il suit que le jugement attaqué, ayant déclaré nul le partage du 30 août 1770, en ce que le procès-verbal portant estimation des biens qui en étaient l'objet n'avait été ni entériné par jugement, ni soumis aux conclusions du ministère public, a créé une nullité de laquelle résulte un excès de pouvoir qui l'a conduit à contrevenir aux différentes lois qui ordonnent l'exécution des actes passés, même avec les mineurs, lorsqu'ils ne contiennent aucune lésion à leur préjudice; — Casse.

Du 4 vend. an 10.-C. C., sect. civ.-M. Pajon, rap.

(4) 1re *Espèce* : — (Hérit. Chardon.) — La cour; — Considérant que si le partage n'est que provisionnel pour les mineurs, il est définitif d'après l'acte lui-même pour les majeurs, sauf à ces derniers, s'ils se croient lésés, à exercer l'acte en rescision; — Emendant, etc.

Du 4 avr. 1810.-Cour d'appel de Lyon, 1re ch.

2e *Espèce* : — (Hérit. Delay.) — La cour; — Considérant que les

15 avril 1835, aff. Fustel *C.* Lévry; 28 nov. 1816, aff. Pfeiffer, V. Contrat de mar., n° 796).

2224. Et spécialement, il a été jugé 1° que lorsque, dans un acte de partage contenant reconnaissance de la qualité d'un héritier mineur par ses cohéritiers majeurs, des émoluments inhérents à cette qualité ont été accordés à ce dernier, ceux-là ne sont pas fondés, si la qualité reconnue est d'ailleurs constante à demander un nouveau partage, sous prétexte que le premier n'était que provisionnel (Req. 24 juill. 1835) (1); — 2° Que lorsque, par une transaction passée entre des cohéritiers, et dans laquelle figure un mineur représenté par son tuteur, lequel n'a rempli aucune des formalités exigées dans l'intérêt des mineurs, il a été attribué une part héréditaire à la branche dont le mineur fait partie, un autre cohéritier de la même branche n'est pas recevable, en se fondant uniquement sur la transaction, à former, quant à présent, contre son cohéritier mineur, une demande en partage de la part à eux attribuée par la transaction. — ... Et c'est à tort que le cohéritier prétendrait, en présence et de la transaction que le mineur pourra faire annuler à sa majorité, et du partage qu'elle a opéré, lequel n'a qu'un caractère provisionnel, contraindre le tuteur ou à faire rectifier la transaction, ou à en demander la nullité (Req. 4 déc. 1837) (2).

2225. D'un autre côté, Delvincourt, *loc. cit.*, soutient que le partage fait entre majeurs et mineurs, et qualifié provisionnel, n'est pas nul ni rescindable; qu'il y a eu simplement division de la jouissance, en attendant la division de la propriété qui constitue le partage définitif : or, nul n'est tenu de demeurer dans l'indivision. L'art. 815 autorise le majeur comme le mineur à provoquer le partage de la propriété.

2226. Deux systèmes intermédiaires ont été proposés; l'un de ces systèmes distingue si le partage a été fait avec le mineur lui-même ou avec son tuteur. Dans le premier cas seulement, l'art. 1125 serait applicable; dans le second, qui est prévu par l'art. 840, le partage ne serait que provisionnel même à l'égard des cohéritiers majeurs qui auraient le droit de demander un partage définitif. — Conf. M. Duranton, t. 7, n° 177.

2227. Une autre distinction fait de notre point de droit une question d'intention. On recherchera le but que se sont proposé les parties en faisant le partage. Résulte-t-il des termes de l'acte ou des circonstances, et par exemple de faits postérieurs d'exécution, qu'elles ont voulu faire un partage définitif; les majeurs seront liés par cette intention, et l'art. 1125 s'opposera à leur demande d'un nouveau partage (Req. 9 mars 1846, aff. Muel, D. P. 46. 1. 283).

Jugé dans ce sens que lorsqu'un partage, entre un majeur et le tuteur d'enfants mineurs, est réputé provisionnel à raison de l'omission des formes prescrites, le majeur a, de même que le mineur, une action pour demander un partage définitif. Mais qu'il en est autrement, et les mineurs ont seuls qualité pour se prévaloir de cette irrégularité et pour demander un nouveau partage, s'il a été dans l'intention des contractants de rendre définitif le partage auquel ils ont procédé à l'amiable et sans formalités judiciaires, comme si, par exemple, le majeur, d'une part, et le tuteur de l'autre, se sont engagés sous une clause pénale à ne pas attaquer le partage (Req. 24 juin 1839) (3).

2228. Supposons au contraire qu'il soit établi que les héritiers n'ont entendu procéder qu'à un partage provisoire, le majeur sera recevable à provoquer un partage définitif. — Jugé ainsi, alors que les parties avaient formellement déclaré dans l'acte de partage, qu'elles ne faisaient qu'un partage provisoire, et bien que le partage se fût fait directement entre un majeur et des mineurs (Toulouse, 7 avril 1834) (4).

2229. Pour nous, nous hésitons à adopter ces distinctions; outre la disposition générale de la loi qui déclare provisionnel le partage fait sans les formes voulues, il faut considérer que le partage est un acte qui règle le sort des familles, c'est une opération complexe à laquelle la loi semble avoir voulu imprimer un grand caractère de certitude et de fixité. Or, cette fixité est-elle compatible avec le système des nullités relatives, avec les interprétations plus ou moins équivoques qu'on ne manquera pas d'essayer sur le point de savoir si un acte recèle ou non l'intention d'opérer un partage définitif?

2230. Il a été jugé qu'en cas de partage provisionnel avec un mineur, ses cohéritiers peuvent à sa majorité le contraindre à déclarer s'il entend ratifier le partage; sinon, en provoquer un nouveau. Le mineur prétexterait en vain, pour se dispenser de s'expliquer, qu'il a dix années, à compter de sa majorité, pour former l'action en rescision, ou que la loi ne permet pas au ma-

---

formalités indiquées par l'art. 467 c. civ. relativement aux transactions où des mineurs sont intéressés, et celles voulues par les art. 466 et 840 du même code pour les partages à faire entre des majeurs et des mineurs, ne sont prescrites que dans l'intérêt des mineurs et pour leur plus grand avantage; — Considérant que les transactions, partages et autres actes, que des majeurs passent volontairement avec des mineurs, sans observer lesdites formalités, ne sont pas nuls de plein droit, mais sont seulement annulables pour cause de lésion; — Considérant que des majeurs ne peuvent pas, aux termes de l'art. 1125 du code civil, opposer l'incapacité des mineurs, pour faire anéantir les engagements qu'ils ont volontairement et librement pris avec eux; — Confirme, etc.

Du 16 juill. 1812.-Cour d'appel de Lyon.

(1) (Mas Saint-Maurice *C.* Boscary.) — LA COUR; — Sur le moyen tiré de la violation des art. 466 et 805 c. civ. : — Considérant que la qualité de la dame Boscary ayant été jugée au fond, l'acte de partage qui lui accordait des émoluments inhérents à cette qualité reconnue, ne pouvait contenir de lésion, ni être considéré comme provisionnel, et que rien ne pouvait en dénaturer l'effet; — Rejette le pourvoi formé contre l'arrêt de la cour royale de Paris, du 10 mars 1834.

Du 24 juill. 1835.-C. C., ch. req.-MM. Borel, pr.-Lebeau, rap.

(2) (Petitaud *C.* Champeymont.) — LA COUR; — Sur le premier moyen, attendu que les demandeurs, en appel comme en première instance, fondaient leur demande en partage sur une transaction dans laquelle avait figuré une mineure représentée par son tuteur, transaction qui n'avait point été autorisée par un conseil de famille et de l'avis de trois jurisconsultes; — Que, dès lors, l'arrêt, en rejetant une telle demande, a fait une juste application à la cause des principes de la matière et n'a aucunement violé l'art. 815 c. civ.; — Sur le deuxième moyen, attendu que, devant la cour royale (de Limoges), les demandeurs appelants, persistant dans leurs conclusions premières, ont pris seulement des conclusions accessoires, et que la cour, en rejetant les conclusions primitives, n'avait pas besoin de motiver le rejet des conclusions accessoires; — Rejette.

Du 4 déc. 1837.-C. C., ch. req.-MM. Zangiacomi, pr.-Jaubert, rap.-Nicod, av. gén., c. conf.-Dupont-White, av.

(3) (Desaphix *C.* Desaphix.) — LA COUR; — Attendu, en droit, que le partage entre majeurs et mineurs, sans les formalités exigées par la loi, est purement provisionnel; qu'en ce sens, il ne lie pas les parties d'une manière irrévocable, et qu'une action reste ouverte à chacune d'elles pour arriver à un partage définitif. — Mais qu'il en est autrement lorsque le copartageant majeur, d'une part, et le copartageant mineur de l'autre, ont manifesté hautement une intention contraire; — Qu'en donnant alors à l'acte, quoique dépourvu des formalités exigées par la loi, un caractère définitif et autant que possible irrévocable, le tuteur, agissant pour le mineur, peut avoir fait sans doute un acte nul ou excédant son pouvoir, mais que cette nullité est purement relative au mineur; qu'elle ne peut être invoquée par l'héritier majeur; que celui-ci est invinciblement repoussé par l'art. 1125; — Que, dans l'espèce, l'arrêt attaqué, en le décidant ainsi, quoique par des motifs différents, mais cependant après avoir déclaré en fait que le partage était définitif dans l'intention des parties, n'a point violé la loi; — Rejette le pourvoi formé contre l'arrêt de la cour royale de Limoges, du 16 janv. 1838.

Du 24 juin 1839.-C. C., ch. req.-MM. Zangiacomi, pr.-Troplong, rap.-Gillon, av. gén., concl. conf.-Chamborand, av.

(4) (Coudere *C.* Coudere.) — LA COUR; — Attendu, en droit, que, suivant les art. 466 et 840 c. civ., les partages entre majeurs et mineurs ne sont que provisionnels, lorsqu'ils ne sont pas faits en justice, conformément aux règles tracées par ces deux textes du code; — Que ces dispositions sont absolues et générales; qu'elles ne distinguent point entre les effets d'un pareil partage, quant aux majeurs et quant aux mineurs;

Attendu que l'art. 1125, portant que les personnes capables ne peuvent opposer l'incapacité des mineurs avec qui elles ont contracté, n'est point applicable à l'espèce actuelle, parce que, d'après le code, les actes devant être régis par les dispositions spéciales de chaque matière, et l'art. 840 renfermant une disposition de ce genre pour les partages, c'est le seul qui doive être consulté dans l'hypothèse actuelle;

Attendu, d'ailleurs, et en fait, que, dans tous les cas, les parties ont expressément déclaré dans l'acte du 5 juill. 1832, qu'elles ne faisaient qu'un partage provisoire; que, par conséquent, les parties ont conservé le droit de demander, en tout temps et en tout état de cause, un partage définitif; — Réformant.

Du 7 avr. 1834.-C. de Toulouse, 1er ch.-M. Hocquart, 1er pr.

eur, qui a contracté avec un mineur, de se prévaloir de la circonstance de la minorité pour attaquer l'acte qu'ils ont passé ensemble (Limoges, 27 janv. 1824) (1).

2231. Le mineur n'est pas tenu d'attendre sa majorité pour demander que le partage provisionnel soit converti en partage définitif : — « Attendu que, pour supposer... que la loi n'a pas voulu qu'il jouît de ce bienfait et profitât de ce remède avant sa majorité, il faudrait qu'il y eût dans la loi une disposition expresse à cet égard; que cette disposition ne s'y trouve pas, et qu'elle tendrait à rendre quelquefois le bienfait inutile et toujours trop tardif pour l'intérêt de celui en faveur de qui elle a tracé la règle » (Aix, 22 frim. an 14, aff. hérit. Drogout).

2232. Mais dans quel délai doit-il former cette action? Se prescrit-elle par dix ans comme l'action en rescision? — La raison de différence consiste en ce qu'un partage provisionnel, quoiqu'il cesse au moment du partage définitif, n'en reste pas moins valable pour le passé; le partage qu'on rescinde est tellement nul, qu'il est censé n'avoir jamais existé. De droit commun, les actions personnelles ne se prescrivent que par trente ans. L'art. 1304 n'a fait exception que pour les actions en nullité ou rescision. Il n'est pas besoin ici de faire déclarer nul le partage qui n'était que provisionnel, et que la loi autorisait comme tel; la demande du partage définitif demeure donc soumise aux règles communes. — Enfin les absents, dans l'art. 840, sont mis sur la même ligne que les mineurs ou interdits; or la loi n'accorde nulle part à l'absent l'action en rescision pour ce qui s'est fait dans son absence. Par exemple, si un de ses immeubles a été vendu par les envoyés en possession, il n'est pas obligé d'intenter l'action en rescision de la vente; il peut, à son retour, exercer la revendication par dix, vingt ou trente ans, selon la bonne foi de l'acquéreur (Chabot, art. 840, n° 3; Toullier, t. 4, n° 407; Delvincourt, t. 2, p. 356, note 2; MM. Malpel, n° 318; Vazeille, art. 840, n° 3; Dutruc, du Partage, n° 236.—*Contrà*, M. Belost-Jolimont sur Chabot, même article, observ. 3). — M. Duranton, t. 7, n° 179, fait une distinction; il admet la prescription de l'art. 1304, si le partage a été fait avec le mineur lui-même et non avec son tuteur. Ce ne serait plus, dit-il, un partage provisionnel, la loi ne qualifiant ainsi que celui qui a été fait irrégulièrement en justice avec le tuteur. Mais cette distinction ne nous paraît pas fondée. Si l'art. 840 n'a prévu l'irrégularité qu'au cas du concours du tuteur, c'est que tel est le cas le plus fréquent. Mais il y a plus de motifs encore de protéger le mineur quand il a été privé de ce concours, et de regarder comme provisionnel un partage qui, par cela même qu'il a été fait avec le mineur seul, offre moins de garanties (Conf. MM. Vazeille, art. 840, n° 6; Dutruc, n° 236).

2233. Il a été jugé : 1° que le mineur qui veut faire réformer le partage provisionnel n'est pas soumis aux règles et aux délais de l'action en rescision : — « Attendu que l'avantage résultant, pour le mineur, d'un partage provisionnel, ne peut être autre que la faculté d'en obtenir la réformation en tout ce qui lui préjudicie, sans être soumis aux règles et aux délais de l'action en rescision; émendant » (Paris, 3 fév. 1812, 1re ch., aff. de Morangiès *C.* Saint-Aignan); — 2° Que l'action en nullité de partage, résultant de ce qu'il a été fait avec un tuteur sans aucune formalité de justice, et que, par exemple, il a été purement verbal, pouvait, dans l'ancien droit, être exercée pendant trente ans, à compter de l'âge de majorité : — « Considérant que le partage tendant à aliénation, suivant Domat, liv. 1, tit. 4, est absolument nul, si, fait avec un tuteur, il n'a été précédé de formalités de justice; que cette nullité dans l'ancien droit pouvait être invoquée pendant trente ans; confirme, etc. » (Limoges, [illegible] 1813, aff. Périaut *C.* Lafond).

2234. Au contraire, il a été décidé : 1° que l'action en nouveau partage doit être intentée par le mineur dans les dix ans qui suivent sa majorité (Req. 13 mai 1825) (2); — 2° Que le partage originairement provisionnel, comme fait au nom d'un mineur par son tuteur sans l'accomplissement des formalités requises, devient définitif, si le mineur devenu majeur ne l'attaque pas dans les dix ans de sa majorité et le ratifie par des actes d'exécution (Req. 18 déc. 1837) (3). — L'arrêt s'est fondé particulièrement sur la ratification.

2235. Le mineur devenu majeur n'est plus recevable dans

---

(1) (Porcher *C.* Brunet.) — La cour; — Attendu qu'aux termes de l'art. 840 c. civ. les partages faits avec des mineurs, sans observer les formes prescrites par la loi pour ces sortes de partages, ne sont que provisionnels; que, dès lors, les copartageants, n'étant pas liés par un partage régulier, sont réputés être encore dans l'indivision, du moins vis-à-vis du mineur; — Attendu que François Brunet étant mineur à l'époque où ont eu lieu les partages des 1er et 20 avr. 1816, ces partages n'étaient que provisionnels; qu'ainsi Porcher, représentant un des copartageants, a eu incontestablement le droit de sommer François Brunet, devenu majeur, d'avoir à déclarer s'il voulait ratifier les partages des 1er et 20 avr. 1816, et que ledit Porcher a pu déclarer former une action en partage dans le cas où ledit Brunet refuserait de confirmer, par sa ratification, le partage provisionnel qui avait eu lieu; — Que vainement on a prétendu que le mineur, devenu majeur, n'était pas tenu de s'expliquer sur la ratification demandée, pendant le temps qui lui est accordé par la loi pour attaquer les actes faits en minorité; que c'est ici une erreur évidente : en effet, il ne s'agit pas d'un acte à l'égard duquel le mineur ait besoin d'exercer une action en rescision, il s'agit d'un partage réputé par la loi purement provisoire; c'est-à-dire, en d'autres termes, qu'il n'y a point de partage à l'égard du mineur, et que ses cohéritiers sont, vis-à-vis de lui, dans l'indivision; que, par conséquent, comme le mineur peut, de prime abord et sans demander la nullité du premier partage, en provoquer un nouveau, ses cohéritiers majeurs peuvent aussi demander contre lui de faire cesser par un partage régulier et définitif l'indivision résultant de ce que le premier partage n'est que provisionnel, et il ne peut refuser de répondre à cette action sans se mettre en opposition avec la disposition de l'art. 815 c. civ., portant que nul ne peut être contraint de demeurer dans l'indivision; que si on lui donne, comme dans l'espèce, l'option de ratifier le partage provisionnel, ou d'en faire un nouveau, on lui fait reste de droit, et il ne peut différer cette option sans forcer, contre le vœu de la loi, ses cohéritiers à rester dans l'indivision; — Que, vainement encore, on a prétendu que la faculté de provoquer un nouveau partage, en provoquant une explication de la part du mineur, était interdite aux copartageants par la loi qui ne permet pas aux contractants majeurs de se prévaloir de la circonstance de la minorité, pour attaquer un acte fait avec un mineur, et par la convention des parties qui se sont interdit la faculté d'attaquer les partages dont s'agit : les considérations qui viennent d'être exposées relativement au partage provisionnel répondent au premier moyen, puisque, n'existant pas de partage qui lie, aux yeux de la loi, les parties majeures, d'une manière définitive vis-à-vis du mineur, elles peuvent toujours demander un nouveau partage; — Le second moyen n'est pas mieux fondé : car les parties majeures, en s'interdisant la faculté d'attaquer le partage, ont expressément reconnu, dans l'acte même, que ce partage, par sa nature, était essentiellement provisoire, et que la loi qu'elles se faisaient de ne point l'attaquer était soumise à l'événement de la ratification du mineur; ainsi on pourrait tout au plus conclure de cette clause que, dans le cas où le mineur devenu majeur ratifierait le partage provisionnel, il serait de plein droit définitif à l'égard du mineur, en provoquant la ratification, ou en demandant qu'il fût fait un second partage régulier, dans le cas où le refus de la ratification de la part du mineur anéantirait complétement le premier; — Émendant.

Du 27 janv. 1824.-C. de Limoges.

(2) (Pau *C.* Turrel.) — La cour; — Attendu que, d'après l'art. 1304 c. civ., l'action en rescision d'un acte passé en minorité doit être exercée par le mineur dans les dix années de sa majorité, et qu'il est constant entre les parties qu'il y avait plus de dix ans que Marie Turrel avait atteint sa majorité, lorsqu'elle a formé sa demande en partage de la succession de sa mère; que, dès lors, elle était non recevable à former cette demande, parce que la prescription de dix ans était alors acquise; — Rejette le pourvoi contre l'arrêt de la cour de Montpellier.

Du 13 mai 1825.-C. C., sect. req.-MM. Henrion, pr.-Favard, rap.

(3) *Espèce* : — (Fournier *C.* Fournier.) — Jugement qui statue en ces termes : « Considérant que Simon Fournier fils est devenu majeur le 20 juill. 1817; que, jusqu'au 10 fév. dernier (1830), époque où, par l'écrit qu'il a signifié au procès, il a, pour la première fois, attaqué le partage consenti en son nom par son père, qui était son tuteur, au mois de janvier 1814, il avait toujours, et sans aucune réclamation, exécuté pleinement et librement ce partage; — Que, notamment dans un jugement rendu par le tribunal civil des Sables-d'Olonne, le 24 nov. 1826, entre lui et le nommé Petit Gros, colon partiaire de la métairie des Forges, il a agi en prenant la qualité de propriétaire pour un sixième de cette métairie, titre qu'il ne pouvait prendre qu'en exécution du partage de janvier 1814, et en le considérant comme définitif; — Que, dès lors, par cette ratification, aux termes de l'art. 1338 c. civ., Simon Fournier fils est devenu aujourd'hui non recevable à s'opposer à l'exécution dudit partage de janvier 1814 et à le faire annuler; — Qu'au surplus l'intérêt est la mesure des actions, et que là où il n'y a pas d'intérêt il ne peut y avoir non plus d'action, et que, sous ce rapport encore, Simon Fournier fils ne peut aujourd'hui être écouté dans ses exceptions, parce qu'il

son action en nouveau partage, s'il a ratifié ou exécuté volontairement le partage provisionnel. — Jugé ainsi à l'égard d'un partage fait seulement d'après un rapport d'expert, mais sans les autres formalités de justice (Req. 28 juin 1826) (1).

2236. Toutefois la ratification ne s'induirait pas de cela seul que le mineur devenu majeur aurait continué de posséder les biens mis dans son lot : — « Considérant que le mineur devenu majeur, et ses héritiers, n'ayant fait autre chose que jouir des biens à eux échus par le partage verbal, cette jouissance, non plus que celle qui l'a suivie par l'effet de la subdivision postérieure qui paraît avoir eu lieu entre eux, ne peut être considérée comme une ratification, le mineur ne pouvant pas être présumé avoir ratifié une convention dont il n'existe ni écrit ni aucune trace; confirme, etc. » (Limoges, 10 fév. 1815, aff. Périaut *C.* Lafond); — Et, par exemple, en ce qu'il se serait mis en possession d'une pièce de terre faisant partie du lot que son tuteur avait accepté (Nancy, 11 déc. 1837) (2).

2237. Mais on a jugé que la ratification peut résulter de ce que le partage a été invoqué par le mineur, comme établissant ses droits, dans une action par lui intentée contre le fermier d'une métairie comprise dans ce partage (Req. 18 déc. 1837, aff. Fournier, V. *suprà*, n° 2234).

2238. L'exécution du partage par le tuteur ne rend pas non recevable l'action du mineur (Nancy, 11 déc. 1837, aff. Ronfort, V. *suprà*, n° 2236).

2239. Lorsqu'en procédant à un partage entre les enfants majeurs et mineurs, la mère, tutrice, s'est portée garante en son nom personnel que le partage serait ratifié à la majorité de ses pupilles, ce partage perd son caractère de *provisionnel* pour devenir définitif. En conséquence, un des mineurs devenu majeur sera non recevable à critiquer ce partage, s'il a accepté purement et simplement la succession de la mère (L. 17 au code, *De prædiis*, etc.; L. 7, ff., *De rebus eorum*) : — « Considérant que s'il est vrai, en thèse générale, que les partages faits avec des mineurs ne sont que provisionnels, il ne l'est pas moins qu'aucune loi ne s'oppose à ce que les tuteurs, en procédant cependant à de pareils partages, y interviennent pour cautionner lesdits mineurs, et garantir directement et personnellement qu'ils ratifieront à l'époque de leur majorité » (Req. 28 avr. 1812, MM. Henrion, pr., Minier, rap., aff. Dacheux *C.* Nugues).

2240. Si, dans un partage intervenu entre deux des héritiers, l'un s'est porté fort pour un troisième, alors mineur, à l'égard de l'autre, le créancier de celui-ci peut réclamer, lors d'un nouveau partage provoqué par l'un des cohéritiers, la garantie au nom de son débiteur. — ... Et, par suite, sa demande n'a pu être rejetée par le motif que c'était une nouvelle action en partage, ou bien que le garant n'avait contracté aucune obligation à son égard (c. nap. 1120 et 1166; Cass. 25 janv. 1839) (3).

2241. La renonciation faite par la mère tutrice de ses enfants mineurs à la succession de leur père, d'après une délibération du conseil de famille, rend ceux-ci non recevables à se faire restituer contre l'envoi en possession d'un domaine dépendant de la succession de leur père prononcé par sentence obtenue contre les héritiers collatéraux de celui-ci. — Cette sentence rendue contre les héritiers légaux acquérait force de chose jugée par l'envoi en possession non contesté par ceux-ci, et, par suite, devenait pour l'acquéreur du domaine un titre inattaquable. — Jugé ainsi par application de l'ord. de 1667, tit. 35 (Req. 2 mess.

---

est absolument sans intérêt, puisqu'il n'a pu indiquer en aucune manière comment et en quoi le partage dont il demandait l'annulation aurait blessé ses droits, et qu'au contraire ses frères et sœurs et son père, qui ont le même intérêt, et dont les droits sont indivis avec les siens, réclament le maintien de ce partage comme avantageux, etc.» — Sur l'appel du 11 mai 1836, arrêt confirmatif de la cour d'Angers, par des motifs semblables. — Pourvoi de Fournier fils pour contravention aux art. 466, 840, 1304, 1311 et 1338 c. civ. — Arrêt.

LA COUR; — Attendu que l'arrêt attaqué déclare que le partage du mois de janvier 1814, dans lequel Fournier père a stipulé, tant en son nom personnel que comme tuteur de ses enfants mineurs, pour lesquels il se portait fort, non-seulement n'a pas été attaqué par Fournier fils, aujourd'hui demandeur en cassation, dans les dix années qui ont suivi l'époque où il a atteint sa majorité, mais a toujours été exécuté par lui pleinement et librement; que même ledit Fournier fils s'est prévalu des droits qui résultaient pour lui de ce partage dans une action en justice par lui intentée contre le fermier d'une métairie comprise dans ce partage;

Attendu que la constatation et l'appréciation de ces faits rentraient dans les attributions exclusives des juges du fond, et qu'en décidant, comme elle l'a fait, qu'ils constituaient une approbation du partage, la cour royale d'Angers n'a commis aucune violation de la loi; — Rejette.

Du 18 déc. 1837.-C. C., ch. req.-MM. Zangiacomi, pr.-Brière, rap.-Nicod, av. gén., c. conf.-Morin, av.

(1) (Chavance *C.* Meat.) — LA COUR; — Attendu, en fait, que l'arrêt attaqué constate que le partage, licitation et transaction dont il s'agissait au procès ont été exécutés sans aucune opposition; — Attendu qu'il n'entre pas dans les attributions de la cour de censurer ce point de fait; — Attendu, en droit, que suivant les second et troisième alinéa de l'art. 1338 c. civ., l'exécution volontaire d'une obligation emporte la renonciation aux moyens et exceptions que l'on pouvait opposer contre cet acte; — Rejette.

Du 28 juin 1826.-C. C., ch. req.-MM. Henrion, pr.-Liger, rap.

(2) *Espèce :* —(Ronfort *C.* Ronfort.)—En 1811, décès de Fr. Ronfort. —Sa succession est partagée le 16 novembre, par acte sous seing privé et sans observation des formalités prescrites par les art. 819 et suiv. c. civ., entre Louis Ronfort, son père, Jeanne Ronfort, sa sœur, et Jean Ronfort, son frère mineur.—Le père prend possession de la part attribuée indivisément à lui et à Jean, son fils mineur, placé sous sa tutelle.—En 1821, Ronfort père meurt. Jean Ronfort, encore mineur, renonce à sa succession; mais, devenu majeur, il demande un nouveau partage de la succession de François Ronfort, son frère. Il prétend que celui du 16 nov. 1811 est nul, parce que l'acte qui le constate ne mentionne pas qu'il a été fait triple; qu'en tout cas, il est simplement provisionnel, parce qu'il a été effectué sans l'observation des formalités légales. Il soutient que c'est en vain qu'on lui oppose que ce partage a été exécuté volontairement par Louis Ronfort, son père et son tuteur; que le tuteur, en exécutant un acte que la loi répute provisionnel, ne peut changer la nature de cet acte; qu'on ne peut le considérer comme s'étant immiscé dans cette succession, parce que, depuis sa majorité, il a eu la jouissance de la pièce de vigne de la Basse-Égypte; qu'il a pu jouir de cet immeuble directement à titre de François, son frère, sans se porter héritier de Louis, son père, et sans sanctionner par là un partage qui, relativement à lui, a toujours été et dû être provisionnel. — Voici en quels termes ce système a été accueilli. — Arrêt.

LA COUR; — Attendu... que les époux Didot se prévalent en vain de ce que le partage du 16 novembre a été exécuté volontairement par Louis Ronfort, père et tuteur de Jean Ronfort, et de ce que celui-ci, depuis qu'il est devenu majeur, a eu la possession exclusive de la pièce de vigne de la Basse-Égypte; — Que l'exécution donnée à un acte, conformément à sa substance originaire, ne peut en changer la nature; que Louis Ronfort père a pu exécuter le partage du 16 novembre, comme définitif à son égard, et comme provisionnel à l'égard de Jean Ronfort, sans que ce partage soit, par cette exécution, devenu définitif pour la totalité, et sans que Jean Ronfort ait perdu le droit d'en provoquer un autre; — Que la jouissance de la pièce de vigne n'implique pas nécessairement, de la part de Jean Ronfort, une immixtion dans la succession de Louis Ronfort, à laquelle il avait renoncé, par son tuteur, même avant sa majorité; — Que l'immixtion ne se présume pas; qu'elle ne résulte jamais d'une qualité douteuse; que l'habile à succéder ne peut être considéré comme s'étant immiscé que lorsqu'il a accompli un fait qui donne nécessairement à supposer la volonté d'accepter, fait qu'il n'aurait pas accompli sans cette volonté; — Que, dans la cause, la volonté d'accepter n'est nullement démontrée; que Jean Ronfort a pu posséder cette vigne directement, à titre d'héritier de François Ronfort, son frère;—Que, d'ailleurs, le partage du 16 novembre n'ayant été que provisionnel, n'a pas attribué la propriété de cette pièce de vigne à Louis Ronfort; — Qu'il n'a établi qu'un règlement de jouissance tout à fait provisoire; — Que l'on ne peut donc induire aucune fin de non-recevoir de cette jouissance.

Du 11 déc. 1837.-C. de Nancy, ch. civ.-M. de Metz, 1er pr.

(3) (Loison *C.* Delaroze.) — LA COUR; — Attendu que Loison a demandé, par des conclusions subsidiaires transcrites dans l'arrêt attaqué, que la veuve Fessard, qui s'était portée fort pour sa fille interdite, fût condamnée en des dommages-intérêts résultant de la non-exécution d'une convention antérieure dans laquelle il prétendait que Fessard, son débiteur, avait figuré; — Attendu que la cour royale de Rouen s'est référée en ce point aux motifs du jugement de première instance, motifs entièrement étrangers à la question mise en avant par Loison, et a rejeté la demande de celui-ci sur le seul fondement que la veuve Fessard n'avait contracté aucune obligation à son égard; — Qu'en jugeant ainsi, l'arrêt attaqué (de la cour de Rouen) a méconnu le principe posé par l'art. 1166 c. civ., et a violé cet article et l'art. 1120; — Casse.

Du 25 janv. 1839.-C. C., ch. civ.-MM. Portalis, 1er pr.-Thil, rap.-Laplagne-Barris, 1er av.-gén., c. conf.-Latruffe et Grosjean, av.

an 4, MM. Lalonde, pr., Dupin, rap., aff. Dupont C. Canard).

2242. *Absents.* — L'art. 840 c. nap. déclare provisionnel le partage fait sans les formalités de justice, quand parmi les héritiers il y a des absents ou non présents. — Jugé à cet égard que le partage fait sans formalité entre des cohéritiers majeurs dont l'un est absent, n'est provisionnel qu'à l'égard de ce dernier; il est valable à l'égard des cohéritiers présents :— « Attendu que les héritiers majeurs et présents ne peuvent se prévaloir des règles qui ne les regardent pas et qui ont été prescrites dans un tout autre intérêt que le leur; ces héritiers ont concouru à la licitation du 30 nov. 1830, et, par cet acte, ont déclaré renoncer à faire jamais aucune recherche touchant les successions de Philippe Burlion et de Françoise Triand» (Bordeaux, 16 mai 1834, 4e ch., M. Desgranges, pr., aff. Denoix C. Burlion).

2243. Il a été jugé, toutefois, qu'un partage de succession fait entre deux cohéritiers en l'absence d'un troisième, doit, lorsqu'il est attaqué par ce dernier, être annulé, même pour les deux copartageants. Mais il n'en est pas ainsi quand la portion du troisième cohéritier est réservée dans le partage et que celui-ci n'attaque pas cet acte (Metz, 29 août 1818, M. Voysin de Gartempe, 1er pr., aff. de Wendel C. de Wendel).

2244. Lorsque, après le partage, survient un cohéritier jusqu'alors inconnu, il y a lieu de procéder sur sa demande à un nouveau partage qui doit embrasser tant les biens qui se trouvent en nature que la valeur de ceux qui ont été aliénés ou consommés. — Dans ce cas, le partage peut être refait avec les légataires de quotité comme avec les héritiers du sang (Aix, 2 niv. an 14, aff. hérit. Barthélémy. L'arrêt se fonde sur la loi 17, C., *Famil. ercisc.* et les art. 824, 831, 837 et 838 c. nap.

2245. Pour obtenir un nouveau partage, l'héritier absent qui reparaît et qui n'avait pas été admis au partage de la succession, exercera, non l'action en rescision, mais la pétition d'hérédité, prescriptible seulement par trente ans (Delvincourt, t. 2, p. 366, note 8).

2246. *Femme mariée.* — Le partage des successions échues à la femme mariée est qualifié *provisionnel* par l'art. 818 c. nap., quand il a été provoqué par le mari sans le concours de la femme et que ce concours était nécessaire. — Dans ce cas, la femme peut toujours provoquer un partage définitif, sans qu'on lui oppose la *prescription* pour tout le temps du mariage (c. nap. 2258; Delvincourt, t. 2, p. 349, no 9; Toullier, t. 4, no 391; Maleville, t. 2, p. 301; Favard, vo Partage, sect. 1, no 2). — Jugé aussi que sous le régime dotal la femme peut demander, pendant le mariage, la nullité d'un partage fait sans l'observation des formalités prescrites par la loi. Ici ne s'applique pas l'art. 1560 c. nap., relatif seulement aux aliénations des immeubles dotaux (Pau, 26 mars 1836, aff. Laforgue, V. Arbitrage, no 234).

2247. Sous le régime de la communauté, la femme qui notifie à ses cohéritiers, *conjointement* avec son *mari*, l'acte contenant un partage définitif d'un de ses immeubles auquel le mari seul a procédé, est réputée donner à ce partage son consentement et son concours (c. nap. 1538; Grenoble, 18 janv. 1849, aff. Angelier, D. P. 52. 2. 14).

2248. L'acte par lequel le mari traitant en son nom personnel et au nom de sa femme, pour laquelle il se porte fort, déclare qu'elle a été suffisamment dotée et légitimée et s'oblige de rapporter sa signature, a pu être considéré comme renfermant une renonciation de la part du mari à rien répéter dans les successions paternelle et maternelle de sa femme, et ses héritiers, même à défaut d'approbation de la femme, ne sont pas fondés à demander le partage desdites successions. Ici s'applique la maxime *Quam de evictione tenet actio, eumdem agentem repellit exceptio* (Req. 18 avr. 1821, M. Lasaudade, pr., aff. hérit. Fargeot C. Denis).

2249. *Inexécution des conditions.* — On a vu *suprà*, nos 2093, 2098, que le partage, à raison de son effet déclaratif, différait des autres contrats, en ce que la *condition résolutoire* ne devait point y être sous-entendu pour le cas où l'une des parties n'exécuterait pas son engagement. Mais la *résolution* expressément stipulée devrait recevoir son effet. — La même observation s'applique au cas de *licitation*. Les cohéritiers de l'adjudicataire n'auraient point, à défaut d'une clause expresse, l'action résolutoire pour le payement de la portion du prix qu'il aurait due. — Remarquons, au surplus, que le copartageant ou colicitant n'a pas en résultat une condition pire que le vendeur; car si le vendeur a l'action résolutoire pour défaut de payement du prix, c'est qu'il peut n'avoir d'autre sûreté pour sa créance que le droit de reprendre l'immeuble aliéné. L'héritier, créancier de la soulte, a plus de moyens de se faire payer. La loi lui accorde un privilége sur tous les immeubles de la succession (art. 2103-3°), et une action personnelle contre chaque cohéritier, qui doit répondre, en proportion de sa part héréditaire, de l'insolvabilité du débiteur de la soulte.

2250. *Bonnes mœurs.* — Un partage doit être annulé comme contraire aux bonnes mœurs, lorsqu'il a pour objet la succession d'une personne vivante. — Quelle est alors la durée de l'action en rescision? — V. *suprà*, no 621.

2251. *Lois intermédiaires.* — La loi du 3 vend. an 4, qui rapporte l'effet rétroactif de celle du 17 niv. an 2, n'a aboli que les actes et clauses de partages qui ont leur fondement dans ses dispositions rétroactives; mais les faits reconnus entre cohéritiers dans le partage ainsi annulé, ne doivent pas moins être réputés constants lors du règlement ultérieur de leurs droits (Cass. 29 flor. an 7, M. Lodève, rap., aff. hérit. Talandier).

§ 2. — *Actes sujets à rescision, vente, transaction, etc.*

2252. « L'action en rescision est admise contre tout acte qui a pour objet de faire cesser *l'indivision* entre cohéritiers, encore qu'il fût qualifié de *vente*, d'*échange* et de *transaction* ou de toute autre manière. » La même disposition était généralement observée dans l'ancien droit. — Jugé : 1° qu'il en était ainsi notamment dans le ressort du parlement de Toulouse (Req. 14 janv. 1818, MM. Henrion, pr., Liger, rap., aff. Romiguières); — 2° Qu'avant le code, tout premier acte qui avait pour objet de faire cesser l'indivision entre cohéritiers, encore bien qu'il fût qualifié de *vente* ou *cession*, devait être considéré comme partage et avait pour effet d'affranchir les immeubles des hypothèques des créanciers des cédants (Bordeaux, 25 pluv. an 10, aff. N... C. N...); — 3° Que de même, sous l'empire des lois intermédiaires, la qualification de *transaction* donnée à un acte qui, le premier, fait cesser l'indivision entre héritiers, n'empêche pas qu'on ne doive le considérer comme un partage; et, par conséquent, si cet acte a son fondement dans les dispositions rétroactives des lois des 5 brum. et 17 niv. an 2, il ne saurait être soustrait aux effets du rapport qu'a fait de cette rétroactivité la loi du 3 vend. an 4 (Cass. 1er brum. an 12, MM. Maleville, pr., Vasse, rap., aff. hérit. Layet).

2253. Sous le code, un premier acte entre cohéritiers, fait sous la forme d'une vente ou d'une cession, a pu, par appréciation des faits, être déclaré constituer une donation, mais non un partage comportant l'action en rescision (Req. 5 déc. 1842, aff. Fornel de Mainzac, V. Obligat. [Aveu]).

2254. Après avoir dit que l'acte qualifié était sujet à rescision s'il avait pour objet de faire cesser l'indivision, l'art. 888 ajoute : « Après le partage ou l'acte qui en tient lieu, l'action en rescision n'est plus admissible contre la transaction faite sur les difficultés réelles que présentait le premier acte, même quand il n'y aurait pas eu à ce sujet de procès commencé. » — Cette disposition suppose des difficultés réelles. Il fallait, dans l'intérêt des familles, ne pas leur refuser la faculté accordée dans des cas moins favorables, de s'accommoder à l'amiable par d'irrévocables conventions (Rolland, vo Lésion, no 90; Solon, des Nullités, t. 1, no 265).

2255. L'art. 888 suppose en outre la transaction faite *après le partage*. Il ne faut pas prendre ces mots à la lettre. La transaction pourrait être irrévocable, quoique antérieure au partage ou contenue dans le même acte. — Toutefois, une distinction est à faire :— L'objet des discussions entre les héritiers était-il le mode de procéder au partage ou de le terminer, la possibilité du partage ou la nécessité d'une licitation, l'estimation des biens ou la formation des lots; la transaction, dans ce cas, tendant à la division des biens, pourra tenir lieu de partage, en avoir les caractères et les effets. — Mais les contestations sont-elles relatives à leurs droits respectifs, à leur qualité ; portent-elles, par exemple, sur la quotité héréditaire, sur la validité de dons ou de legs, sur l'obligation ou la dispense du rapport, etc., alors la transaction doit être distinguée du partage. Si elle n'était pas inattaquable, il n'y aurait plus moyen de transiger avec sécurité, à l'égard d'une succession indivise; toutes les contestations seraient portées devant les tribunaux, puisque autrement on serait exposé à les voir renaître toutes sur des demandes en rescision. Cependant le règlement des droits successifs des héritiers « peut donner lieu, dit fort bien M. Chabot, à des questions épineuses et à des difficultés graves qui seraient de nature à jeter les parties dans une involution de procès ruineux. » Comment supposer que le législateur, méconnaissant l'intérêt des familles, ait eu l'intention de leur refuser la faculté qu'il accorde dans des cas moins favorables, de s'accommoder à l'amiable par d'irrévocables conventions? Là ne se présentent point, moyennant notre distinction, les inconvénients dont la crainte a motivé l'art. 888. — La jurisprudence ancienne ne paraît pas s'être écartée de cette doctrine. Les arrêts que cite M. Merlin, Rép., v° Lésion, § 4, n° 5, considèrent bien comme partage le premier acte entre héritiers, qualifié transaction; mais on ne voit pas qu'il y fût question de difficultés telles que celles dont nous venons de parler. Un partage était commencé en justice; les parties s'entendaient pour le faire à l'amiable. Voilà tout ce que les espèces des arrêts mentionnent. — A la vérité, l'art. 888 fut au conseil d'Etat l'objet d'observations qui tendent à repousser notre distinction. M. Tronchet soutenait l'opinion de Dumoulin, qui donne effet à l'acte contenant transaction et partage, *in eâ re in quâ transactum est*. Il supposait la transaction mettant fin à une contestation sur l'estimation d'un immeuble, ou sur la qualité d'un héritier. C'est là, disait-il, « une véritable transaction, *in câ re in quâ transactum est*; l'acte retient son caractère de partage quant au surplus. » M. Treilhard répondit que « la section s'était déterminée par la raison que le premier acte entre héritiers tend toujours à partager la succession; » et l'on ajouta que la question même de savoir si l'acte renfermait une transaction, étant l'occasion d'un premier procès entre les héritiers, il fallait le prévenir (M. Locré, Lég. civ., etc., t. 10, p. 143). — Notre distinction, consacrée par la jurisprudence nouvelle, est enseignée par la plupart des auteurs (Pothier, chap. 4, art. 6, alinéa 6; Chabot, t. 3, p. 708; MM. Duranton, t. 7, n° 580; Toullier, t. 4, n° 580; Malpel, n° 314; Vazeille, art. 888, n° 3; Marcadé, n° 2; Dutruc, n° 611; Massé et Vergé sur Zachariæ, t. 2, p. 381, note 12. — *Contrà*, Lebrun, liv. 4, chap. 1, n° 56; Maleville art. 888; MM. Belost-Jolimont sur Chabot, même article).

2256. Il a été jugé : 1° que si le premier acte intervenu entre héritiers, et qui règle leurs droits respectifs, contenait une véritable transaction sur difficultés réelles et sérieuses, il ne serait pas rescindable pour lésion; et si la transaction se trouvait dans le même acte que le partage, il faudrait distinguer ces deux parties de l'acte, et ne soumettre à la rescision que celle relative au partage (Rej. 7 fév. 1809) (1). — Cette décision a été rendue sous l'empire de l'ancien droit, des lois romaines et de l'ordonnance de 1560, à l'égard d'un règlement de droits successifs qui mettait fin à de nombreux procès déjà existants; — 2° Que si, pour prévenir les difficultés d'un partage relatif à quatre successions ouvertes sous diverses législations et longtemps possédées en commun, il est intervenu entre les divers héritiers: 1° un premier acte sous seing privé, déterminant seulement les droits des parties, sans attribution réelle, à chacune d'elles, de la part qui lui revient (tous les biens continuant d'être possédés en commun); 2° un deuxième acte public faisant le partage matériel des quatre successions indivises, les juges ont pu voir, dans le premier acte, une transaction valable, non rescindable pour cause de lésion, et dans le second, un simple acte de partage (Req. 3 déc. 1835) (2); — 3° Que si, dans un même acte, des cohéritiers transigent sur la validité de donations faites à l'un d'eux, et ensuite règlent leurs droits dans la succession, l'action en rescision pour lésion n'est pas admissible contre cet acte dans la partie qui renferme la transaction (Nîmes, 30 juin 1819; Amiens, 10 mars 1821) (3); — 4° Que l'acte qualifié transaction, par le-

(1) (Reynaud C. Vourey.)—LA COUR;—Considérant que la cour de Grenoble ayant déclaré, par son arrêt, que le dol n'était point intervenu dans l'acte du 25 juin 1790, et que, dans l'espèce, il ne pouvait pas même y en avoir le plus léger soupçon; que, dès lors, il ne s'agit plus que d'examiner si cet acte pouvait être susceptible de rescision pour cause de lésion, ou, en d'autres termes, si cet acte doit être considéré comme partage entre cohéritiers, plutôt que comme transaction; — Considérant, en ce qui concerne la partie de l'acte contenant le règlement des légitimes dues sur la succession paternelle, qu'il y avait eu à cet égard demande en justice, instance, jugement et appel; que, dans cette instance, on agitait des difficultés sérieuses, soit sous le rapport de la prescription, soit sur le mode du payement des légitimes qui étaient réclamées en corps héréditaires, et que l'héritier ne voulait payer qu'en deniers; qu'en outre, un compte particulier d'administration, dû par l'un des légitimaires, tant à l'héritier qu'aux autres légitimaires, formait encore un autre sujet de litige; et il est dit dans l'acte de 1790 que ce fut pour terminer les contestations existantes, et pour prévenir celles à naître sous ces divers rapports, que les parties firent réciproquement les abandons, renonciations et désistements stipulés dans les trois premiers articles; d'où il suit que, dans cette partie, l'acte est véritablement une transaction, et non un simple partage; que, d'ailleurs, s'il eût existé en fait quelque doute sur la nature de cet acte, sur son vrai caractère, la cour d'appel (de Grenoble) avait incontestablement le droit de l'interpréter, et de fixer le véritable sens de ses clauses; — Considérant, en ce qui concerne la partie de l'acte relative aux biens du fidéicommis remis à Jean-Baptiste Reynaud par sa mère, le 12 août 1772, qu'à cet égard les droits réclamés par les légitimaires étaient bien plus litigieux encore, puisque les frères et sœurs Reynaud n'auraient pu faire comprendre ces mêmes biens dans la masse maternelle afin d'y légitimer, qu'après en avoir dépouillé Jean-Baptiste Reynaud, et après avoir fait rétracter les titres de sa possession, c'est-à-dire l'acte de rémission du 12 août 1772, l'arrêt du parlement de Grenoble de 1779 qui en ordonne l'exécution, et l'arrêt du conseil d'Etat confirmatif de celui du parlement de Grenoble: il est évident que les frères et sœurs Reynaud ne pouvaient espérer d'atteindre ce but sans avoir un procès très-sérieux avec Jean-Baptiste Reynaud, leur frère, et que ce fut pour éviter ce procès, pour ne pas en courir les chances, qu'ils acceptèrent chacun une somme de 10,000 liv., au moyen de laquelle ils déclarèrent « renoncer à toute prétention sur lesdits biens à titre de légitime, quart de réserve, ou à tout autre titre; » — Considérant, sous ces deux premiers rapports, que l'acte du 25 juin 1790 étant une transaction non susceptible de rescision pour cause de lésion, suivant l'édit de Charles IX, du mois d'avril 1560, la cour d'appel de Grenoble n'a commis aucune contravention en déclarant non recevable et mal fondée la demande en rescision formée contre cet acte;—...Considérant enfin que les différentes conventions stipulées dans l'acte du 25 juin 1790, quoique distinctes et séparées suivant les divers objets auxquels chacune de ces conventions se rapporte, toutes néanmoins sont corrélatives, puisque, dans l'intention des parties, elles avaient toutes un but commun, celui de terminer des procès véritablement existants, et de tarir la source de ceux qu'on avait à craindre, intention exprimée en termes bien formels dans le dernier article de l'acte où il est dit « qu'au moyen de tous les articles ci-dessus convenus, toutes difficultés, procès et différends entre les parties, demeurent éteints et terminés, et qu'elles renoncent respectivement à toutes demandes, prétentions, d'où qu'elles procèdent ou puissent procéder; » — Que, d'après cette clause générale, il n'est aucune partie de l'acte, aucune des conventions qu'il renferme, dont on ne puisse dire qu'elle a eu pour objet de terminer ou de prévenir un procès; d'où il suit que la demande en rescision pour cause de lésion n'était admissible sous aucun rapport; — Rejette.

Du 7 fév. 1809.-C. C., sect. civ.-M. Genevois, rap.

(2) (Durat C. Montdragon.) — LA COUR; — Sur la violation de l'art. 888 c. civ. : — Attendu que l'acte du 22 janv. 1826, a été justement qualifié de transaction; qu'il en a tout le caractère, puisqu'il a été passé dans le but de prévenir, non pas seulement un procès à naître, mais une foule de contestations que le cumul de quatre successions, depuis longtemps ouvertes, la différence d'origine des biens, la confusion qui en avait été faite, dans une administration commune, entraîneraient presque inévitablement à leur suite; que cet acte, au surplus n'a pas eu pour objet ni pour effet de faire cesser l'indivision qui a continué après lui, mais de conserver à la famille, l'état de paix et d'union dans lequel elle avait vécu jusqu'alors; qu'un pacte de cette nature, l'intention qui l'a dicté et que les premiers juges ont reconnue, placent cet acte dans une espèce à laquelle l'art. 888 ne s'applique plus;—Rejette le pourvoi formé contre l'arrêt de la cour de Paris.

Du 3 déc. 1835.-C. C., ch. req.-MM. Zangiacomi, pr.-Hua, rap.-Nicod, av. gén., c. conf.-Bénard, av.

(3) 1re *Espèce* : — (Hérit. Tendil.) — LA COUR; — Attendu que l'acte du 5 nov. 1806 présente deux traités distincts : l'un, qui fixe le titre et les droits respectifs des contractants dans la succession de leur père; l'autre, qui règle sur cette base le supplément de légitime revenant à chacune des deux sœurs Tendil; que celui-ci, comme premier acte intervenu entre l'héritier et les légitimaires, étant réputé partage,

quel des cohéritiers, voulant régler, préliminairement à tout partage, les bases de la liquidation, et faire cesser des difficultés réelles auxquelles pourraient donner lieu entre eux un don mobile et des sommes reçues de leur auteur à titre d'aliments ou autres, déclarent qu'à raison de ce, et sous la renonciation à tout rapport, le quart de la succession sera attribué à certains héritiers, à charge, par eux, de payer une somme aux autres, et que les trois autres quarts de la succession seront seuls partagés entre les héritiers; un tel acte, ne *faisant point cesser l'indivision*, ne peut être qualifié simple acte de partage; c'est une transaction véritable non sujette, par suite, à rescision pour cause de lésion, et l'on prétendrait en vain que tout premier acte entre cohéritiers, *même sur des difficultés réelles*, doit être réputé simple acte de partage (Req. 14 mars 1832) (1); — 3° Que si, lors du partage, il s'élève des difficultés entre les cohéritiers sur la quotité des droits revenant à quelques-uns d'entre eux, la transaction survenue à la suite de ces difficultés, n'est pas rescindable pour cause de lésion (Toulouse, 22 mars 1808, M. Désazars, pr., aff. veuve Cabrol C. Guibaut).

2257. On a cité à tort, comme contraire à cette jurisprudence, deux arrêts qui ont décidé : 1° que le partage effectué, non par un acte qui n'aurait que le nom de transaction, mais par une transaction réelle sur procès, est sujet à l'action en rescision, comme le partage opéré par tout autre acte (Pau, 12 janv. 1826, M. Bascle de Lagrèze, pr., aff. Paucis C. Pelleport); — 2° Que tout premier acte, entre deux époux séparés de corps et de biens, qui a pour objet de régler leurs droits respectifs dans la communauté qui existait entre eux (c. 1476), est passible de l'action en rescision, pour cause de lésion, quelle que soit, du reste, sa dénomination, et encore bien qu'il ne soit autre chose qu'une véritable transaction, faite dans la vue de mettre fin à des difficultés graves et sérieuses (Cass. 12 août 1829, aff. Ramonet, V. Contr. de mar., n° 2525). — Il est à remarquer que dans les deux espèces jugées par ces arrêts, les difficultés ne portaient pas sur ces droits respectifs des copartageants, mais sur l'estimation des biens et la formation des lots.

2258. Il a été décidé d'une manière générale, et sans que cela puisse être opposé à notre distinction, 1° que dans l'ancienne, comme dans la nouvelle législation, il faut le concours de ces deux circonstances pour rendre l'action en rescision non recevable : un premier partage, et une transaction sur difficultés amenées par ce partage (Bordeaux, 15 mai 1839, aff. Bernardières, sous Req. 16 fév. 1842, V. n° 2264); — 2° Que l'acte qualifié transaction peut, comme partage, être rescindé pour lésion, encore qu'il existât déjà un procès relatif au partage, et que cet acte y ait réellement mis fin (Nîmes, 19 flor. an 13, M. de Meynaud, pr., aff. Pradel C. Labastide; Rennes, 16 juin 1814, 2e ch., aff. Soffré C. Sollman; Pau, 12 janv. 1826, M. Bascle de Lagrèze, pr., aff. Paucis C. Pelleport); — 3° Que l'action en rescision pour cause de lésion est recevable contre tout acte de partage ou de liquidation, qui contient des clauses transactionnelles, si d'ailleurs cette transaction opère elle-même partage, et n'était pas un préalable au partage absolument nécessaire (c. nap. 888, 2052; Nancy, 12 août 1836, 1re ch., M. de Metz, pr., aff. Lemaire C. Lemaire. Extrait de M. Garnier, Jurisprudence de Nancy, v° Partage, n° 3).

2259. Cependant il a été jugé que l'acte intervenu entre des cohéritiers en instance est une véritable *transaction sur procès* et non *un acte de partage* sujet à rescision pour lésion, alors surtout qu'il a été précédé d'une discussion approfondie (Req. 26 déc. 1810, MM. Henrion, pr., Minier, rap., aff. Chabriol C. veuve Marquet).

2260. L'acte par lequel des cohéritiers, pour terminer des contestations élevées entre eux sur le mode de partage de la succession de leur auteur, fixent la quotité de la masse mobilière, puis procèdent au partage du reste des biens, constitue une transaction non sujette à la rescision prononcée par l'art. 888 c. nap., alors même que des faits de fraude et de dol seraient imputés à plusieurs des cohéritiers, si ces actes semblent précisément avoir fait le sujet de la transaction. — En tout cas, cette appréciation d'actes est à l'abri de la censure de la cour de cassation (Req. 6 déc. 1809, MM. Lasaudade, pr., Basire, rap., aff. Grard C. Miot et cons.).

2261. Lorsque dans un acte de partage entre cohéritiers, il a été transigé non-seulement sur les droits successifs de chacun, mais encore sur d'autres droits et, par exemple, sur ceux du conjoint de l'un des cohéritiers à raison d'une indemnité qui lui était due par la succession, la vérification devenant impossible par suite de cette confusion, la demande en rescision n'est pas recevable (Req. 15 juin 1809, MM. Henrion, pr., Oudart, rap., aff. époux Salenave C. Rose Hureaux).

2262. L'approbation donnée, dans un acte de partage, par un cohéritier à un partage précédent, dans lequel il n'a pas été partie, ne peut être considérée comme une transaction après partage dans le sens de l'art. 888. En conséquence il est recevable,

---

est, aux termes de l'art. 888 c. civ., conforme à cet égard à l'ancienne jurisprudence, susceptible de l'action en rescision pour cause de lésion; mais que celui-là ayant pour objet de mettre fin aux débats mus entre les trois enfants sur la validité des donations faites à Noé Tendil, et conséquemment d'assigner à chacun d'eux la quotité de la part qu'il devait prendre dans la succession paternelle, a tous les caractères d'une véritable transaction placée par l'art. 2052 hors des atteintes de l'action rescisoire; — Confirme.

Du 30 juin 1819.-C. de Nîmes.-MM. Garilhe et Esperandieu, av.

2e *Espèce* : — (Jourdan C. Neufgermain.) — LA COUR; — Considérant... que les parties s'étant rapprochées depuis le renvoi en référé devant le président du tribunal, que le notaire avait ordonné à l'occasion des difficultés qui s'étaient élevées sur la manière dont il devait être procédé à l'inventaire, sont convenues que Jourdan prélèverait dans la succession de sa femme la moitié des propres de celle-ci, et les trois quarts dans les conquêts de la communauté, comme donataire, attendu qu'elle n'a laissé de son premier mariage qu'un enfant, et qu'elle n'en avait pas eu du second, et que les petits-enfants, ses héritiers, prélèveraient, en valeur, un quart dans les biens de la communauté et la moitié dans les biens propres, et qu'en conséquence, et sous les conditions ci-après, les parties ont fait, par forme de transaction permanente et irrévocable, telle que si c'était sur procès, le partage et division des biens tant propres que communs;

Considérant que cette convention préliminaire au partage est une véritable transaction qui, aux termes de l'art. 2052 c. civ., avait, entre les parties, l'autorité de la chose jugée en dernier ressort, et qu'elle ne pouvait être attaquée par aucune d'elles pour cause d'erreur, ni pour cause de lésion; qu'en rapprochant cette disposition de l'art. 888 du même code, qui porte que l'action en rescision est admise contre tout acte qui a pour objet de faire cesser l'indivision entre cohéritiers, encore qu'il fût qualifié de transaction, ou de toute autre manière, on reconnaît que le législateur n'a entendu parler, dans cet article, que d'une qualification faussement donnée à l'acte; que son intention a été que, lorsqu'il ne s'agit, entre cohéritiers dont les droits sont certains, non contestés ni susceptibles de l'être, que de faire cesser l'indivision qui existe entre eux, on ne puisse, en déguisant la nature de l'acte, et en lui donnant la couleur et la forme d'une transaction, le soustraire à l'action en rescision pour cause de lésion; mais qu'il n'a pas entendu que, lorsqu'il y avait difficulté sérieuse et réelle sur la quotité prétendue par les héritiers dans une succession, ils ne puissent transiger sur cette difficulté, soit pour terminer une contestation déjà entamée, soit pour la prévenir, et qu'ils fussent dans la nécessité de la faire régler en justice; qu'encore que la transaction soit renfermée dans le même acte que le partage, il faut reconnaître, dans l'acte du 14 janv. 1814, deux conventions très-distinctes, dont l'une, qui a réglé la quotité à prendre par les héritiers et par le donataire, ne peut être attaquée pour cause d'erreur de droit, ni pour cause de lésion, et l'autre, qui a opéré la division d'après cette quotité, peut être attaquée pour cause de lésion de plus du quart; — Infirme.

Du 10 mars 1821.-C. d'appel d'Amiens.

(1) (Junquière C. Bonneval.) — LA COUR; — Attendu que les premiers juges et la cour royale (de Caen) ont reconnu, en fait, que l'acte du 23 mars a eu pour but et pour objet uniques d'aplanir et de résoudre des difficultés qui devaient arrêter la liquidation et le partage de la succession de la dame de Junquière; mais que, dans la réalité, il ne contient ni liquidation ni partage de ladite succession; qu'il n'est point, à proprement parler, un acte de la nature de ceux qui sont prévus par l'art. 888 du code civil, puisqu'il n'a pas pour effet de faire cesser l'indivision qui subsiste encore dans ce moment entre les parties qu'enfin cet acte a évidemment les caractères d'une transaction;

Attendu que, dès lors, en déclarant cet acte inattaquable pour cause de lésion, l'arrêt dénoncé n'a pu violer l'art. 888 c. civ., et n'a fait qu'une juste application de l'art. 2052; — Rejette, etc.

Du 14 mars 1832.-C. C., ch. req.-MM. Zangiacomi, pr.-de Maleville, rap.-Lebeau, av. gén., c. conf.-Desclaux, av.

malgré cette approbation, à attaquer ces partages pour cause de lésion (Bordeaux, 6 juillet 1826) (1).

2263. Une transaction entre héritiers sur le règlement de leurs droits respectifs, doit être considérée comme premier acte faisant cesser l'indivision, ou comme partage sujet à rescision pour lésion, bien qu'il s'agisse de l'exécution d'un testament par lequel le père de famille institue l'un de ses neveux héritier universel à la charge de payer aux autres une somme déterminée. Une telle disposition ne doit point être réputée comme un partage d'ascendant faisant cesser l'indivision dans le sens de l'art. 888 c. nap. (Bordeaux, 15 mai 1839, aff. de Bernardières, V. l'arrêt qui suit).

2264. L'institution contractuelle ou le testament par lequel un père, sous l'ancien droit, a donné tous ses biens à son fils aîné, sans la participation de ses autres enfants, à la charge par celui-là de payer une légitime déterminée en argent à chacun de ses frères et sœurs, ne constitue pas un partage d'ascendant, alors qu'il n'y est réellement fait aucun partage. Par suite, si, sur la demande formée par les légitimaires, après le décès du père, en délivrance de leur légitime en biens héréditaires, il est intervenu une transaction, cette transaction doit être réputée un premier acte faisant cesser l'indivision entre cohéritiers, et susceptible, dès lors, d'être attaqué par voie d'action en rescision pour cause de lésion (Req. 16 fév. 1842) (2).

2265. L'art. 888 c. nap. n'ayant point distingué entre le partage écrit et le partage verbal, une transaction intervenue après un partage verbal rend inadmissible l'action en rescision

---

(1) (Garagnon C. son frère.) — La cour; — Attendu... que l'appelant n'était point intervenu dans les actes de liquidation et de partage de la société d'acquêts et de meubles qui avaient eu lieu entre sa mère et son frère avant l'acte du 10 sept. 1821; et que c'est relativement à lui, le premier acte qui ait fait cesser l'indivision pour les meubles comme pour les immeubles; que toutes les clauses d'un contrat sont corrélatives, et présumées consenties les unes en contemplation des autres; d'où il résulte que, pour vérifier la lésion, il faut vérifier l'ensemble de l'acte et se reporter à la situation respective des parties à l'époque du partage; — Emendant.

Du 6 juill. 1826.-C. de Bordeaux.-M. Delpit, pr.

(2) *Espèce* : — (Bélussière C. Bernadières). — Du mariage du sieur Chapt de Rastignac, marquis de Laxion, avec la demoiselle d'Aydie de Ribeirac, étaient nés six enfants. La dame de Laxion décéda vers l'année 1742, laissant un testament par lequel elle donnait le tiers de tous ses biens au marquis de Chapt, son fils aîné, et réduisait ses autres enfants à leur légitime.—Lors du contrat de mariage du marquis de Chapt, en 1746, le marquis de Laxion, son père, lui fit donation de tous les biens paternels et maternels, à la charge par le donataire de payer 50,000 liv. de légitime à chacun de ses frères et sœurs. — Le marquis de Laxion décéda en 1762, après avoir fait un testament mystique, à la date du 29 mai 1750, par lequel il confirmait les dispositions du contrat de mariage de son fils aîné. — Deux des enfants, savoir l'abbé de Chapt et la marquise de Paysac, formèrent contre leur frère, le marquis de Chapt, une demande en supplément de légitime. Cette instance dura fort longtemps. Une sentence arbitrale du 25 janv. 1787, statuant sur la composition de la masse des successions paternelle et maternelle, décida qu'il fallait en distraire l'effet de la substitution du marquisat.— Enfin il intervint, entre les ayants droits, à la date du 7 frim. an 8, une transaction, par laquelle les enfants cadets ou leurs représentants renoncèrent à tout supplément de légitime pour s'en tenir à celle qui avait été fixée en argent par leurs aïeux. — En 1809, la dame de Fars-Fosse-Landry, fille et héritière de la marquise de Paysac, a demandé la rescision de cette transaction pour cause de lésion, et un nouveau partage des successions du marquis et de la marquise de Laxion, contre les héritiers de Bélussière, aux droits du marquis de Chapt. — Restée longtemps impoursuivie, cette nouvelle instance a été reprise en 1834 par les enfants de Bernadières, légataires universels de la demanderesse.—12 fév. 1835, jugement du tribunal de Nontron qui maintient la transaction du 7 frim. an 8.

Appel. — 15 mai 1839, arrêt infirmatif de la cour royale de Bordeaux, qui déclare l'action en rescision recevable, et ordonne, avant faire droit au fond, que, par trois experts, il sera procédé à la fixation de la consistance et de l'émolument, comme aussi à la liquidation de la succession de Gabrielle Chapt de Rastignac, veuve de Paysac; de tout quoi ils dresseront leur rapport, pour ledit rapport fait et déposé au greffe, être statué ce qu'il appartiendra.—Tel est le dispositif de cet arrêt, dont voici maintenant les motifs : —« Attendu que, suivant les anciens principes reproduits dans l'art. 888 c. civ., l'action en rescision pour cause de lésion était admise contre tout acte qui a pour objet de faire cesser l'indivision entre cohéritiers, encore qu'il fût qualifié de vente, d'échange et de transaction, ou de toute autre manière; que le second paragraphe de cet article établit une exception, lorsque la transaction est intervenue après un premier partage ou un acte qui en tient lieu; — Que, dans l'ancienne coutume comme sous la nouvelle législation, il fallait deux circonstances pour rendre l'action en rescision non recevable, savoir : un premier partage et une transaction sur les difficultés que ce partage aurait fait naître; — Attendu qu'il n'y a point eu entre les parties, avant la transaction du 7 frim. an 8 (28 nov. 1799), un acte qui ait fait cesser l'indivision ou un acte qui tînt lieu de partage; que vainement les intimés prétendent attribuer ce caractère au testament du 29 mai 1750; que si, par cet acte, le marquis de Laxion avait fixé une légitime en argent à ses enfants puînés, on ne peut pas dire qu'il eût fait cesser l'indivision entre eux et l'héritier institué, puisque ceux-ci, nonobstant le testament, avaient le droit de demander leur légitime en corps héréditaires, et que, tant qu'ils n'avaient pas renoncé à ce droit, l'indivision subsistait; qu'il faut alors reconnaître que le traité du 28 nov. 1799 est, entre les parties, le premier partage ou l'acte qui en tient lieu : d'où il suit qu'il est susceptible d'être rescindé pour cause de lésion; — Attendu que, si l'action est recevable, il n'est pas prouvé, quant à présent, qu'elle soit fondée; que, par conséquent, il y a lieu d'ordonner, avant faire droit, qu'il sera procédé à la liquidation des successions dont s'agit. »

Pourvoi des héritiers de Bélussière.— 1° Violation, soit de l'art. 141 c. pr. civ., soit de l'art. 7 de la loi du 20 avr. 1810, fausse application de l'art. 890 c. civ., en ce que l'arrêt attaqué, dans son dispositif, n'a ordonné l'expertise, pour établir la prétendue lésion, que des biens composant la succession de la dame de Paysac, tandis que l'action en rescision était relative au partage des successions du marquis et de la marquise de Laxion, auteurs de la dame de Paysac; en ce que, par suite, cet arrêt ne contient pas de dispositif sur le chef principal, ni de motifs pour justifier la mesure qu'il a ordonnée, et, en outre, ne fait pas connaître ce qui était indispensable, sur quels biens doit porter l'estimation des experts; — 2° Violation des anciens principes sur les partages d'ascendants, principes reproduits et expliqués par les art. 1075 et 1076 c. civ., en ce que le même arrêt a refusé de voir un partage d'ascendant dans le testament, par lequel le marquis de Laxion attribuait tous les biens paternels et maternels à son fils aîné, à la charge par celui-ci de payer une légitime de 50,000 fr. à chacun de ses frères et sœurs, — 3° Fausse application de l'art. 887 c. civ. et violation des art. 888, 2044 et 2052 du même code, en ce que la cour royale a admis l'action en rescision pour lésion contre une transaction qui avait pour but de régler des difficultés survenues à l'occasion d'un premier acte de partage.— Arrêt.

La cour; — Attendu, sur le premier moyen, que l'action en rescision de la transaction faite par la dame de Paysac, sur ses droits paternels et maternels, étant déclarée recevable, la cour royale a évidemment motivé son arrêt au fond en disant que cette action recevable n'était pas justifiée quant à présent, et que, dès lors, il y avait lieu d'ordonner, avant faire droit, la liquidation des successions dont il s'agit; c'est ce qu'elle a fait en ordonnant qu'il serait procédé à la fixation de la consistance et de l'émolument, ainsi qu'à la liquidation de la succession de la dame de Paysac, et cette disposition de l'arrêt comprend nécessairement la liquidation des droits paternels et maternels de la dame de Paysac, puisque ces droits font partie de sa succession; c'est en exécution de l'arrêt que l'expertise pourra être demandée et ordonnée; il suffit qu'elle ne soit pas exclue.

Attendu, sur le deuxième et sur le troisième moyen, en fait, que, sans faire aucun partage de ses biens entre ses enfants, le père commun fit seulement, par contrat de mariage et ensuite par testament, une institution universelle, à la charge par l'héritier institué de payer 50,000 fr. à chacun des autres cinq enfants, et qu'en usant de leur droit, la dame de Paysac et l'abbé de Chapt, son frère, demandèrent la délivrance de leur légitime en corps héréditaires; d'où il résulte clairement que la transaction du 7 frim. an 8 portant abandon de l'action en partage, pour s'en tenir à la légitime en argent, sans recevoir aucun supplément, fut le seul acte passé entre l'héritier institué et sa sœur, relativement à la succession, dès lors un premier acte entre copartageants; — Attendu, en droit, que, si l'acte du 7 frim. an 8 peut être considéré comme une transaction telle qu'elle est définie par l'art. 2044 c. civ., puisque, par cet acte, les parties ont terminé une contestation existante entre elles, cette transaction étant le premier acte entre copartageants, elle n'est pas soumise aux prescriptions de l'art. 2052, qui déclare que les transactions ne peuvent être attaquées pour cause d'erreur de droit, ni pour cause de lésion; elle a justement et légalement été déclarée rescindable, en conformité de l'art. 888 qui admet l'action en rescision contre tout acte ayant pour objet de faire cesser l'indivision entre cohéritiers, quoique qualifié de vente, d'échange, de transaction et de toute autre manière; c'est seulement aux termes du même article, après le partage ou l'acte qui en tient lieu, que l'action en rescision n'est plus admissible contre la transaction faite sur les difficultés réelles que présente le premier acte; — Rejette.

Du 16 fév. 1842.-C. C., ch. req.-MM. Zangiacomi, pr.-Mestadier, rap.-Delangle, av. gén., c. conf.-Delachère, av.

pour lésion (Grenoble, 16 juill. 1823, M. Duboys, pr., aff. Vassy C. Seyne).

2266. La transaction par laquelle un père a traité sur la succession d'un fils prédécédé, qu'il avait avantagé par contrat de mariage, peut être annulée dans l'intérêt et sur la demande de ses autres enfants, s'il apparaît que cette transaction avait eu pour objet de les priver de leur légitime. La nullité pourra être prononcée, même contre une seconde transaction, portant renonciation, moyennant un prix, au droit de faire déclarer, pour cause de lésion, la rescision de la première (c. nap. 888, 1353, 2052; Riom, 1er déc. 1818, aff. Menesloux C. Icher).

2267. Un tuteur peut, sur une action en partage ou licitation, et en remplissant les formalités prescrites par l'art. 467 c. nap., pour la validité des transactions de mineurs, céder au copropriétaire de ses pupilles, moyennant un prix déterminé, la propriété entière de l'immeuble indivis.—Cette transaction ayant pour effet de faire cesser l'indivision entre les contractants, est soumise à l'action en rescision pour lésion de plus du quart (Nancy, 25 mai 1837, 2e ch., MM. Costé, pr., Poirel, 1er av. gén., c. contr., aff. Masson C. Brégy. Extrait de M. Garnier, Jurisp. de Nancy, vo Partage, no 14).

2268. La question de savoir si un règlement de droits successifs qualifié transaction, contient un partage déguisé, ou une transaction véritable et non rescindable pour lésion, est dans la compétence des juges du fait et ne peut donner ouverture à cassation (Req. 3 mars 1807, aff. Lecaty, V. no 2085-1o; 7 fév. 1809, aff. Reynaud, V. no 2256-1o; 6 déc. 1809, MM. Lasaudade, pr., Basire, rap., aff. Grard C. Miot; 26 déc. 1810, MM. Henrion, pr., Minier, rap., aff. Chabriol C. veuve Marquet; Req. 27 août 1835, MM. Borel, pr., Moreau, rap., aff. Bloch C. Berr).

2269. Il a été jugé ainsi lorsque, sur l'action en rescision pour lésion d'un acte contenant règlement sur une succession commune entre une nièce et sa tante, un arrêt a reconnu, en fait et d'après les circonstances, que cet acte n'est point un partage, mais une restitution de la part de la tante envers sa nièce, et a écarté en conséquence l'action en rescision (Req. 13 janv. 1825, MM. Botton, pr., Borel, rap., aff. Tissèdre C. Doumax).

2270. *Vente de droits successifs.* — L'action en rescision n'est pas admise contre une « vente de droits successifs, faite sans fraude à l'un des cohéritiers, à ses risques et périls, par ses autres cohéritiers ou par l'un d'eux » (c. nap. 889). La question était controversée. Le code a consacré l'opinion de Lebrun et Pothier. — Jugé qu'avant le code l'action en rescision pour cause de lésion était admise contre une vente de droits successifs, faite par un héritier majeur à son cohéritier, surtout lorsque les parties n'avaient pas, en traitant, une égale connaissance des forces de la succession (Paris, 7 niv. an 13, aff. Aubepin C. Berthenon).

2271. L'art. 888 autorise la rescision de tout premier acte entre héritiers, quoique qualifié *vente*. Il suppose que l'héritier a vendu sa part de l'actif de la succession, se réservant d'en payer les dettes; ce qui ne met à la charge de l'acquéreur aucun risque et péril. — Ici, au contraire, la vente a pour objet tous les droits successifs du vendeur; elle subroge l'acquéreur au passif comme à l'actif. Le montant des dettes étant incertain, le contrat est aléatoire. Les bases manquent donc pour établir la lésion au moment de l'acte (Chabot, t. 3, p. 715; Delvincourt, t. 2, p. 369, note 3; Toullier, no 579; Duranton, no 569 et suiv.; Vazeille, art. 889, no 1; Marcadé, no 1).

2272. Pour que la vente ne soit pas sujette à rescision, faut-il qu'elle embrasse la *totalité* des droits successifs? — On a enseigné qu'il ne suffirait pas de la vente d'une part dans des immeubles désignés, ou dans tous les immeubles, ou dans tout le mobilier (Lebrun, t. 4, chap. 1, no 58; MM. Chabot, *loc. cit.*; Duranton, no 576; Toullier, no 559; Malpel, no 314). — Cependant il peut arriver que la vente ait un caractère tout aléatoire, quoique bornée à une quotité de droits successifs. Dans un tel cas nous n'admettrions pas la rescision pour lésion (Conf. MM. Vazeille, art. 888, no 3; Dutruc, no 614 *bis*). — Jugé ainsi dans une espèce où, après le partage en nature du mobilier qui avait moins d'importance que les immeubles, l'héritier a vendu ses droits dans la succession encore indivise des immeubles (Bordeaux, 26 fév. 1851, aff. Drouineau, D. P. 52. 2. 42). L'arrêt donne pour motif que les dettes dont l'acquéreur demeurait chargé étaient considérables et leur quotité incertaine, et qu'il n'est pas prouvé que le prix de la cession fût au-dessous des valeurs cédées.

2273. C'est ainsi encore qu'on a déclaré non recevable l'action en rescision contre un acte de cession par lequel un cohéritier a transmis à l'usufruitier d'immeubles successifs ses droits sur la nue propriété de partie de ces immeubles (Req. 15 déc. 1832, aff. Reig, V. no 2290).

2274. En sens contraire, il a été décidé que pour qu'il y ait entre cohéritiers vente de droits successifs, dans le sens de l'art. 889 c. nap., et qu'en conséquence la rescision pour lésion ne soit pas proposable, il faut que la vente embrasse la totalité des droits successifs : il y aurait lieu à rescision, si, dans le même acte, le vendeur se réservait, *à titre de partage*, plusieurs immeubles de la succession.—V. l'arrêt qui suit.

2275. Lorsqu'un traité entre héritiers contient à la fois partage de divers immeubles de la succession, et vente, par l'un des héritiers à son cohéritier, de partie de ses droits successifs, à la charge par celui-ci de payer toutes les dettes, les juges doivent, sur l'action en rescision de cet acte, apprécier quel est son caractère dominant, s'il participe plutôt du partage que de la vente de droits successifs; et ils peuvent, par suite de cette appréciation (s'il en résulte que le caractère de partage doit être attribué à l'acte), décider que l'action en rescision est admissible, sans que cette décision donne ouverture à la censure de la cour de cassation. — C'est ce qui résulte d'un arrêt dont voici les termes : « La cour; attendu que l'acte du 15 mai 1826 est un acte mixte, participant du caractère propre au partage et de celui qui est propre à la vente de droits successifs; qu'en pareille circonstance, le tribunal de Charolles et la cour de Dijon ont dû apprécier quel était le caractère dominant dans ledit acte, et que leur décision sur ce point ne peut être soumise à la censure de la cour de cassation; rejette » (Req. 22 août 1831, MM. Dunoyer, pr., Cassini, rap., Lebeau, av. gén., c. conf., aff. Sivignon C. Favre).

2276. La vente doit être faite *sans fraude*. — Si le consentement de l'acheteur avait été surpris à l'aide de manœuvres frauduleuses, la vente serait rescindable à raison du moindre préjudice. — V. *suprà*, no 2186.

2277. Pour que la vente soit faite *sans fraude*, il faut qu'il y ait incertitude réciproque sur la valeur des droits successifs. Si l'inventaire était connu de l'une des parties et ignoré de l'autre, celle-ci, selon l'expression de Lebrun, *non tàm paciscitur quàm decipitur*. C'est le cas de restitution (Solon, des Null., t. 1, no 273; Chabot, no 2-3o; Toullier, no 570; MM. Duranton, no 575; Vazeille, no 2; Malpel, no 314; Conflans, no 3; Dutruc, no 615). — Jugé : 1o que la fraude dont parle l'art. 889 c. nap. doit s'entendre du fait du cohéritier qui aurait acquis les droits de son cohéritier, connaissant l'état et les forces de la succession, et traitant avec la certitude de n'être exposé à aucuns risques et périls (Douai, 16 nov. 1853, aff. Meurs, D. P. 55. 2. 89); — 2o Qu'il y a fraude du cohéritier cessionnaire toutes les fois qu'il apparaît que la connaissance particulière et exclusive qu'il a eue des forces de la succession, lui a donné occasion d'obtenir des cohéritiers cédants la vente de leurs droits successifs à un bas prix, dont ils ne se seraient pas contentés s'ils avaient eu les mêmes notions que lui. — « Attendu que, pour qu'il y ait fraude dans une vente de droits successifs, selon l'art. 889 du code Napoléon, il est de doctrine et de jurisprudence qu'il suffit que le vendeur ignorât la valeur des droits cédés et le montant des dettes et charges, tandis que l'acquéreur les connaissait; parce qu'alors le contrat, n'ayant rien d'aléatoire, rentre dans l'application de la règle générale posée par l'art. 888, qui soumet à l'action en rescision pour cause de lésion tout premier acte passé entre cohéritiers, quelque dénomination qu'on lui ait donnée » (Pau, 8 août 1837, MM. de Charitte, pr., Corbon, f. f. d'av. gén., aff. Darricau C. Darricau). — On verra plus loin un grand nombre de décisions conformes, rendues dans le cas même où l'acte de vente contenait la clause aux risques et périls de l'acheteur.

2278. La vente doit être faite aux *risques et périls* de l'acheteur. — Jugé à cet égard que le caractère *aléatoire* manque à la vente de droits successifs, et il y a lieu de la considérer comme un véritable *partage* sujet à rescision pour lésion : 1o lorsqu'elle est faite avec garantie de toutes dettes, charges et hypothèques (Limoges, 19 nov. 1819, M. Lamy de la Chapelle, pr., aff. Legrand *C.* Lachaize); — 2° Lorsqu'elle est intervenue entre deux cohéritiers, après qu'ils ont soumis à un conseil commun les titres de la succession et qu'ils ont examiné et fait examiner par leurs amis le montant de cette succession, l'arrêt qui le décide ainsi par l'appréciation de l'acte ne donne pas ouverture à cassation : « Attendu que la cour royale, appréciant souverainement l'acte du 27 oct. 1806, l'a considéré comme un acte de partage destiné à faire cesser l'indivision entre les parties; que, dès lors, en admettant l'action en rescision pour cause de lésion de plus du quart, la cour royale (de Limoges) n'a violé aucune loi; rejette» (Rej. 8 fév. 1841, MM. Boyer, pr., Bérenger, rap., aff. Florand *C.* Nadaud).

2279. Les expressions *aux risques et périls de l'acheteur*, n'ont rien de sacramentel. Le caractère aléatoire du contrat peut s'établir par les termes généraux de l'acte et par les circonstances (Conf. MM. Vazeille, n° 5; Dutruc, n° 616; Massé et Vergé sur Zachariæ, t. 2, p. 287, note 25.—*Contrà*, M. Troplong, Vente, t. 2, n° 790).—Jugé : 1° qu'il n'est pas nécessaire que l'acte contienne la clause formelle *aux risques et périls de l'acheteur;* qu'il suffit que cette clause résulte de l'ensemble de l'acte; ce que les tribunaux apprécient souverainement (Req. 3 juin 1840) (1); et spécialement que l'acte par lequel les héritiers, procédant à partage, attribuent à l'un d'eux, pour lui tenir lieu de sa part héréditaire, une somme déterminée à prendre sur le prix de la vente projetée des immeubles de la succession, et qui ne pourra varier, quel que soit ce prix, est, vis-à-vis du cohéritier ainsi loti, un contrat aléatoire, qui doit être assimilé à une cession de droits successifs faite aux périls et risques du cohéritier cessionnaire, et qui échappe, dès lors, à la rescision pour cause de lésion (Nîmes, 2 janv. 1855, aff. Marignan, D. P. 55. 2. 170);—2° Que l'on doit considérer comme rentrant dans l'esprit de l'art. 889, la cession de droits successifs consentie par le mandataire d'un cohéritier, à qui celui-ci a donné le pouvoir de traiter à forfait, et renfermant la clause que le cédant ne sera garant que de ses faits personnels; et l'art. 889 c. nap. n'exige pas l'emploi de termes sacramentels pour constater qu'une vente de droits successifs a été faite *aux risques et périls de l'acheteur;* il suffit que la volonté des contractants à cet égard résulte manifestement de l'acte (Douai, 16 nov. 1853, aff. Meurs, D. P. 55. 2. 89).

On a cité un arrêt en sens contraire (Toulouse, 3 mars 1830, M. de Miègeville, pr., aff. Savy *C.* Villa), et il est bien vrai que l'un des motifs de l'arrêt porte : « Attendu qu'il résulte de la concordance des art. 888 et 889 que la vente n'est à l'abri de la rescision pour lésion que dans le cas où l'acquéreur a *expressément* tout pris à ses risques et périls. » Mais l'arrêt ajoute : « Attendu en point de fait qu'il n'existe dans l'acte de cession aucune clause expresse ni *équipollente* de laquelle il résulte que les frères Villa acceptèrent ladite cession à leurs risques et périls, ni de la renonciation expresse de leur part à toute espèce de garantie envers le cédant. »

2280. Toutefois il a été jugé que pour échapper à la rescision pour lésion, la vente de droits successifs doit avoir ce double caractère d'être faite aux risques et périls de l'acheteur et de contenir la clause formelle et aléatoire que celui-ci payera toutes les dettes (Bordeaux, 26 fév. 1851, aff. Drouinand, D. P. 52. 2. 42).

2281. L'obligation de payer toutes les dettes héréditaires connues *ou inconnues*, suffit pour donner à la vente le caractère aléatoire. — La vente alors ne laisse pas d'être aux risques et périls de l'acquéreur, quoique l'actif de la succession se compose d'objets certains bien connus de lui (Lyon, 3 déc. 1828) (2).

2282. Il importerait peu dans le même cas que les parties eussent déclaré dans l'acte qu'elles ne connaissaient aucune dette à acquitter, s'il avait été ajouté que cette déclaration ne déchargerait point le cessionnaire de l'obligation de payer celles qui seraient ultérieurement découvertes (même arrêt).

2283. Il a été jugé aussi : 1° que la cession faite par un cohéritier, avant tout partage, à un de ses cohéritiers, de ses droits successifs, à la charge par ce dernier de *payer les dettes* de l'*hérédité*, a pu être considéré comme une vente de droits successifs, aux risques et périls de l'acquéreur : « La cour; attendu que l'acte du 15 fév. 1704 n'a point les caractères d'un partage, mais bien ceux d'une vente de droits successifs, faite par un cohéritier, à ses risques et périls, et qu'il a été reconnu pour tel par l'arrêt attaqué (de la cour de Grenoble); conséquemment que les lois invoquées n'ont point d'application à l'espèce; rejette » (Req. 14 déc. 1813, MM. Lasaudade, pr., Lombard, rap., aff. Maret *C.* Motteroz); — 2° Qu'il en est ainsi de la vente de droits successifs, qui a pour objet d'attribuer à l'un des héritiers la totalité de la succession, et de la soumettre à toutes les dettes et charges; qu'en tout cas, l'acquéreur serait non recevable à présenter comme lésif, à raison de la disproportion entre l'actif et le passif, l'engagement qu'il a pris de garantir le vendeur de toutes les dettes dont la succession peut être grevée (Turin, 4 août 1810, aff. Vittone *C.* Steverengo); — 3° Que de même ne sont pas sujets à rescision pour lésion, l'acte par lequel

---

(1) *Espèce* : — (Legendre *C.* Courtois). — LA COUR; — Attendu, en droit, que l'art. 889 ne prescrit pas l'emploi de termes sacramentels pour constater que la vente de droits successifs, faite sans fraude, par un héritier à son cohéritier, a été faite aux risques et périls de l'acquéreur;—Qu'il suffit à cet égard que la volonté des contractants résulte évidemment de l'acte, quels que soient les termes employés pour l'exprimer; —Et attendu que la cour royale, examinant l'acte du 6 juill. 1835, dont il s'agissait au procès, contenant vente par Legendre à la veuve Boichu, sa belle-mère, de tous ses droits dans la succession du sieur Boichu, a conclu du rapprochement et de la combinaison des différentes clauses de cet acte que c'était un contrat à forfait, présentant la véritable condition des risques et périls du cessionnaire;—Que la cour royale a trouvé une nouvelle preuve de l'intention des parties dans la procuration donnée par la veuve Boichu au mandataire qui avait souscrit pour elle l'acte du 6 juill. 1835, procuration qui avait été nécessairement connue du sieur Legendre; —Attendu que cette appréciation de l'acte du 6 juill. 1835 et de la volonté des parties signataires de cet acte, rentrait dans les attributions souveraines de la cour royale, et ne peut constituer aucune violation de l'art. 889 c. civ., ni des autres articles invoqués par le demandeur;— Rejette le pourvoi contre l'arrêt de la cour de Paris, du 29 juin 1859.

Du 3 juin 1840.-C. C., ch. req.-MM. Zangiacomi, pr.-Brière, rap.

(2) (Truche *C.* ses sœurs.) — LA COUR; — Attendu qu'en matière de partage entre cohéritiers, il y a lieu à l'action en rescision, suivant l'art. 887 c. civ., lorsqu'un des cohéritiers établit à son préjudice une lésion de plus du quart, et que c'est là un genre d'action qu'admet l'art. 888, contre tout acte qui a eu pour objet de faire cesser l'indivision entre cohéritiers, encore qu'il ait été qualifié de vente, d'échange, de transaction, ou de toute autre manière; mais que cette règle générale qui semble d'abord s'appliquer indéfiniment à tout acte quelconque dont une cessation d'indivision entre cohéritiers a été le résultat, de quelque manière qu'on l'ait qualifié ou stipulé, reçoit cependant une exception posée par l'art. 889, lequel dispose que l'action en rescision dont s'agit n'est pas admise contre une vente de droits successifs faite sans fraude à l'un des cohéritiers à ses risques et périls, par ses autres cohéritiers ou par l'un d'eux; — Attendu... qu'il est sensible que l'exception qu'a posée l'art. 889, pourrait être sans cesse éludée, si on admettait, comme l'ont fait les premiers juges, qu'il puisse suffire pour que la stipulation de périls et risques soit sans efficacité dans une vente ou cession de droits successifs faite par un cohéritier à un autre cohéritier, c'est-à-dire, ne soit pas exclusive de l'exercice d'une action en rescision, que les biens de la succession qui se trouvait indivise entre eux quand la cession a eu lieu, fussent alors, comme dans l'espèce dont il s'agit, des objets certains et bien connus du cohéritier cessionnaire, cas où il a semblé aux premiers juges que celui-ci n'a point de risques à courir, et que dès lors l'action en rescision pour lésion de plus du quart doit demeurer ouverte contre lui; mais que c'est là une erreur de droit où ils sont tombés; — Attendu, effectivement, que dans ce cas, et quoique l'actif de la succession se compose d'objets certains bien connus du cohéritier qui se fait céder à ses périls et risques les droits successifs d'un autre cohéritier, il y a toujours risque et péril pour lui par l'effet de cette stipulation, laquelle l'oblige à supporter en l'acquit et à la décharge du cohéritier cédant toutes les dettes héréditaires connues ou inconnues, en quoi qu'elles puissent consister, et donne ainsi à la vente ou cession qui a eu lieu les vrais caractères d'un contrat aléatoire; qu'ici on remarque à la vérité, qu'il fut énoncé dans les actes dont il s'agit, que les parties déclaraient n'avoir connaissance d'aucunes dettes qui fussent à acquitter; mais qu'il fut énoncé en même temps que cette déclaration ne pouvait nuire à la stipulation de périls et risques, ni obliger les cédants au payement d'aucunes dettes qu'on pourrait découvrir, ni d'autres charges ignorées, le cessionnaire devant, fût-il dit, en rester chargé, sans aucun recours contre les cédants, ce qui constituait bien l'espèce de risques et périls, qui, étant à la charge du cessionnaire, doit caractériser essentiellement les actes de cette nature; — Confirme, etc.

Du 3 déc. 1828.-C. de Lyon, 2° ch.-M. Reyre, pr.

des enfants abandonnent à leur mère les valeurs composant la communauté et la succession de leur père décédé, à la charge par la cessionnaire d'en supporter seule toutes les charges présentes et à venir (Req. 7 déc. 1847, aff. Bailly, D. P. 47. 4. 420).—Ni l'abandon consenti à titre de transaction et à forfait à la veuve commune en biens, par les héritiers du mari de tous leurs droits dans la communauté et dans la succession de celui-ci, à la charge de toutes les dettes, et à ses risques et périls; un tel acte constitue, non un partage, mais une véritable vente de droits successifs, non susceptible de rescision pour lésion de plus du quart (Paris, 3 mars, 1842) (1);— 4° Que dans le cas d'abandon de l'universalité de leurs biens fait par des père et mère à leurs enfants concurremment et indivisément à charge de payer leurs dettes, la vente consentie le même jour et devant le même notaire par l'un des enfants à ses frères, de tous ses droits indéterminés et indivis sur les biens abandonnés, moyennant le payement d'un prix stipulé et l'acquittement de la portion du vendeur dans toutes les charges imposées par l'acte d'abandon, a pu être déclarée ne pas renfermer seulement un simple partage, ou une simple vente de droits successifs déterminés en ce qu'elle ne comprendrait que les biens abandonnés par les donateurs et les dettes qu'ils avaient alors, mais, présenter au contraire un contrat aléatoire ou vente de droits successifs indéterminés, dans le sens de l'art. 889 c. nap., et, partant, échapper à la censure de la cour de cassation (Req. 11 fév. 1835) (2);— 5° Qu'il y a risques et périls par cela seul qu'il peut se manifester de nouvelles dettes à la charge de la succession, et que les biens héréditaires sont grevés d'un droit d'usufruit au profit d'un tiers (Toulouse, 2e ch., 9 sept. 1845, aff. Goulesque C. Goulesque).

2284. La clause de *risques et périls*, insérée dans l'acte de vente de droits successifs, ne suffit pas pour lui donner le caractère *aléatoire*, si, en réalité, il n'y a pas eu de risques ni d'incertitudes réciproques. Il serait trop facile autrement d'éluder la disposition de l'art. 888, en mettant à couvert de la rescision une vente ordinaire tenant lieu réellement de partage (Conf. MM. Vazeille, art. 889, n° 3; Belost-Jolimont, sur Chabot, même article; Dutruc, n° 616). La jurisprudence a, par plusieurs arrêts, proscrit cet abus.—Jugé, 1° que la vente de droits successifs, faite par un cohéritier à son cohéritier à ses risques et périls, n'exclut pas l'action en rescision pour cause de lésion de plus du quart: 1° si l'acquéreur connaissait parfaitement, lors de l'acquisition, l'état de la succession (Rej. 9 juill. 1839 (3); Lyon, 2 avr. 1819, aff. Verguais), et que le cédant, éloigné depuis longtemps de la famille, l'ignorait, et avait traité dans cette ignorance (c. nap. 888, 889; Limoges, 29 déc. 1838) (4); — 2° Si l'acquéreur

(1) (Bailly C. veuve Bailly.) — Jugement du tribunal de Versailles du 14 juin 1841, qui rejette l'action en rescision en ces termes : « Le tribunal, attendu que, s'il est constant que la rescision doit être admise pour cause de lésion de plus du quart contre tout acte qui a pour objet de faire cesser l'indivision entre cohéritiers, encore bien que cet acte fût qualifié de vente, d'échange ou de transaction, il n'est pas moins constant, en droit, que l'action en rescision ne peut être admise contre une vente de droits successifs faite sans fraude à l'un des cohéritiers, à ses risques et périls, par ses cohéritiers ou par l'un d'eux (art. 889 c. civ.); — Qu'il appartient aux tribunaux d'examiner et de décider quelle est la nature de l'acte soumis à leur appréciation; — Que, dans l'espèce, après le décès du sieur Gilles-Marie Bailly, il a été procédé par Me Lemoine, notaire à Versailles, le 6 avril 1836, à l'inventaire des forces et charges tant de la communauté de biens d'entre les sieur et dame Bailly que de la succession dudit sieur Bailly; — Que, par acte passé devant ledit notaire, le 27 avril 1836, entre 1° la dame veuve Bailly, agissant au nom et comme commune en biens avec le feu sieur son mari, et comme étant sa donataire; 2° la dame veuve Buthion; 3° et Jean-Baptiste Bailly; ces deux derniers, frère et sœur germains, héritiers chacun pour moitié dudit sieur Bailly, leur père, il est stipulé que les parties, désirant, par des arrangements amiables, prévenir les difficultés qui pourraient surgir entre elles relativement auxdites communauté et succession de Bailly père, conviennent entre elles, à titre de transaction et à forfait, que Bailly et la dame veuve Buthion consentent à ce que la dame veuve Bailly demeure propriétaire incommutable de toutes les valeurs mobilières (il n'y en avait pas d'autres) composant lesdites communauté et succession, et renoncent à jamais exercer aucun recours ou répétition à cet égard, à la condition que la dame veuve Buthion et Bailly fils n'auraient aucune part à supporter dans le passif de ces communauté et succession, et que la dame veuve Bailly demeurât seule et personnellement tenue de toutes les dettes et charges présentes et à venir; — Qu'en présence des termes si formels de cet acte, ayant pour objet d'attribuer à la veuve Bailly la totalité de la succession, il est impossible de le considérer comme un partage; — Que, d'ailleurs, cette vente de droits successifs ayant été faite aux risques et périls de la veuve Bailly, à la charge de laquelle ont été mises toutes les dettes présentes et à venir, l'acte du 27 avril 1836, contenant une stipulation aléatoire, et réunissant, d'ailleurs, tous les caractères de la transaction, ne pourrait, en aucun cas, être soumis à la rescision pour lésion de plus du quart; — Déclare Bailly non recevable dans sa demande. » — Appel par Bailly.

LA COUR; — Adoptant les motifs des premiers juges; — Confirme.

Du 3 mars 1842.-C. de Paris, 3e ch.-M. Simonneau, pr.

(2) (Bourdiaux C. Louvrier.) — LA COUR; — Sur le moyen tiré de la violation des art. 887 et 888 c. civ. et de la fausse application de l'art 889 même code : — Attendu que la cour royale de Bourges, appréciant comme elle en avait le droit, la nature et les caractères de la vente faite par les mariés Bourdiaux à Pierre et Jean Louvrier, leurs frères et beaux-frères, par l'acte de vente du 2 sept. 1829, y a trouvé tous les caractères d'un contrat aléatoire, tel qu'il est défini par l'art. 1964 c. civ.; qu'elle y a vu particulièrement une vente faite par les mariés Bourdiaux à leurs frères et beaux-frères, aux risques et périls de ces derniers, de la part afférente à la femme Bourdiaux dans une universalité de droits indéterminés et indivis entre les trois enfants Louvrier, lesquels provenaient d'un abandon de biens fait à leur profit par leurs père et mère; — Attendu qu'en appliquant à une vente de cette nature le principe consacré par l'art. 889 c. civ., et en déclarant qu'elle ne pouvait être attaquée pour cause de lésion, l'arrêt attaqué (de la cour de Bourges) n'a ni violé les art. 887 et 888 ni faussement appliqué lesudit art. 889; — Rejette, etc.

Du 11 fév. 1835.-C. C., ch. req.-MM. Zangiacomi, pr.-Moreau, rap.-Viger, av. gén., c. contr.-Crémieux, av.

(3) (Mathevet C. Celle.)—LA COUR;—Attendu que l'art. 889 c. civ. dispose par voie d'exception, quand il n'admet pas la rescision pour lésion contre une vente de droits successifs, faite sans fraude à l'un des cohéritiers, à ses risques et périls, par ses autres cohéritiers ou par l'un d'eux; — Qu'il suit de là que toute vente de droits successifs entre cohéritiers peut être attaquée en rescision quand elle a été faite hors des exceptions tracées par la loi, c'est-à-dire quand il y a fraude ou qu'il n'y a pas risques et périls de la part de l'acheteur; —Attendu que l'arrêt attaqué, après avoir déclaré que l'exception dont il s'agit ne s'applique qu'aux cas de bonne foi et de périls, décide, en fait, que Jean-Claude Mathevet connaissait les forces de l'hoirie ouverte depuis dix ans, et qu'il n'avait été soumis à aucune chance de périls et risques; — Que l'appréciation de cette question de faits sort des attributions de la cour de cassation, et rentre exclusivement dans celles des tribunaux ordinaires, et qu'après l'avoir décidée négativement, la cour de Lyon (29 janv. 1836) n'a fait ensuite qu'une juste application de la loi en admettant la preuve de la lésion; — Rejette.

Du 9 juill. 1839.-C. C., ch. civ.-MM. Dunoyer, pr.-Chardel, rap.-Tarbé, av. gén., c. contr.-Mandaroux, Roger et Rigaud, av.

(4) (Couty C. veuve Chabrol.) — LA COUR; — Attendu, sur le premier grief, qu'aux termes de l'art. 887 c. civ., les partages entre cohéritiers peuvent être rescindés pour cause de lésion de plus du quart; — Que, d'après l'art. 888, l'action en rescision est admise contre tout acte qui a pour objet de faire cesser l'indivision, encore qu'il soit qualifié de vente, d'échange et de transaction, ou de toute autre manière; —Que l'art. 887 même code établit une exception à cette règle pour la vente de droits successifs; mais que, pour que l'action en rescision ne soit pas admise, il faut que la vente ait été faite sans fraude à l'un des cohéritiers, à ses risques et périls, par ses autres cohéritiers ou par l'un d'eux; —Attendu que la cession consentie par la veuve Chabrol à son frère Mathieu Couty, le 24 janv. 1828, de tous ses droits mobiliers et immobiliers dans la succession de Jeanne Sénélas, sa mère, moyennant la somme de 1,500 fr., a été faite aux risques et périls du cessionnaire; — Attendu que ces dernières expressions de la cession lui donnent bien l'apparence, la physionomie d'un contrat aléatoire, mais que cela ne suffit pas pour faire repousser l'action en rescision; car autrement il serait par trop facile d'éluder l'application de l'art. 888, et l'égalité dans les partages, que le législateur a voulu forcer d'observer, serait souvent violée; il faut, pour qu'une cession de droits successifs soit inattaquable par l'action en rescision pour lésion, qu'il y ait risque réel, ou au moins incertitude de perte et de gain, tant pour le cédant que pour le cessionnaire; il faut aussi que l'acquéreur de droits successifs n'ait pas eu seul connaissance des forces de la succession : autrement il y aurait fraude dans le sens de la loi; — Attendu que Mathieu Couty et la veuve Chabrol, quand ils ont traité, n'étaient pas dans une position égale; qu'au mois de janv 1828, il y avait quatorze ans que la mère commune était décédée, et pendant ce laps de temps, le premier avait habité la maison de la famille, s'était occupé des biens et des affaires de tous; il avait été à même de connaître les revenus et la valeur des propriétés communes, de se fixer d'une

connaissait les forces et la valeur de la succession, et n'avait, en réalité, ni risques ni périls à craindre (Limoges, 3 déc. 1840 (1); Agen, 10 janv. 1851, aff. Sémirot, D. P. 51. 2. 53); — 3° S'il est reconnu en fait qu'il n'existait lors de la vente aucune apparence de risques et périls; Toulouse, 6 déc. 1834, aff. Bayonne, V. Contr. de mar., n° 859; Lyon, 29 janv. 1836, aff. Mathevet, *suprà*, 1°; Toulouse, 2e ch., 23 janv. 1841, M. de Bastoulh, pr., aff. Daroles; Req. 29 juin 1847, aff. Gastel, D. P. 48. 1. 70); — 4° S'il est constaté qu'il n'existait, lors de la vente qu'incertitude sur la valeur de ces droits, mais aucune apparence de risques et périls (Rej. 20 mars 1844) (2); — 5° Si les cohéritiers se sont garanti mutuellement leurs lots (Nîmes, 15 janv. 1859) (3).

2285. Dans le cas de vente faite par un héritier à un étranger, il a été jugé que s'il est vrai qu'en général la vente des droits successifs indéterminés soit un contrat aléatoire, non rescindable, par conséquent, pour vilité du prix, au moins ces principes ne sont-ils pas applicables, lorsqu'il est prouvé que l'acquéreur n'a couru aucun risque. — Spécialement, la vente peut être annulée pour défaut de prix si l'acquéreur, autorisé d'abord par l'héritier à faire l'inventaire, a pu connaître ainsi l'état de la succession avant la vente, si le prix consiste dans des rentes viagères inférieures de beaucoup aux revenus des biens cédés; si même une réduction proportionnelle de ces rentes a été stipulée pour le cas de découverte, soit d'un nouvel héritier, soit d'une libéralité du défunt (c. nap. 809, 1682, 1696; Orléans, 24 (ou 26) mai 1831, aff. Carré, V. Vente).

2286. Lorsque la cession entre héritiers a été consentie aux *périls, risques et fortune* du cessionnaire, elle doit être interprétée d'après l'état de choses existant au jour de l'acte et non d'après les faits qui se sont vérifiés ultérieurement. — Les difficultés et litige existant au moment de l'acte de cession, soit sur la composition de la masse, soit sur la nature et valeur des meubles et immeubles, justifient suffisamment la clause de *périls, risques et fortune* insérée dans l'acte (Montpellier, 17 déc. 1840, aff. Terral *C.* Terral).

2287. La question de savoir si l'acquéreur savait qu'il n'était soumis à aucune chance de péril est un point de fait qu'il appartient aux cours d'appel d'apprécier souverainement (Rej. 9 juill. 1839, aff. Mathevet, V. n° 2284-1°).

2288. C'est au cédant, qui demande la rescision de la cession sous prétexte que l'acquéreur n'avait aucun risque à courir, à prouver cette absence de risques et périls (Toulouse, 9 sept. 1843, 2e ch., aff. Goulesque *C.* Goulesque).

2289. La vente de droits successifs faite par un héritier à l'un de ses cohéritiers et qui ne fait pas cesser complétement l'indivision, est-elle sujette à rescision pour lésion de plus du quart? Ici s'applique la controverse qui s'est élevée sur la même question (V. *suprà*, n° 2120), relativement à l'effet déclaratif du partage. Dans les deux cas, il s'agit de savoir si une telle vente constitue un véritable partage. Cependant la jurisprudence, qui s'est prononcée presque unanimement contre l'effet déclaratif de cette vente, la déclare généralement rescindable pour lésion de plus du quart. — Ces deux solutions sont-elles conciliables? Il est à remarquer que les art. 883 et 889 c. nap. présentent cette différence de rédaction : l'art. 883 suppose *chaque héritier* ayant reçu *son lot*; c'est donc le cas d'un véritable partage entre *tous* les héritiers. Au contraire, dans l'art. 889, on prévoit la vente de droits successifs *à l'un des cohéritiers*, c'est-à-dire l'indivision continuant entre l'acquéreur et les cohéritiers du cédant; et cependant on n'affranchit une telle vente de la rescision pour lésion de plus quart qu'à la condition qu'elle ait été faite sans fraude et aux risques et périls du cessionnaire. Donc la même vente est sujette à cette rescision, quand elle ne réunit pas ces deux conditions. On a invoqué aussi le texte de l'art. 888 qui admet la rescision contre tout acte faisant cesser l'indivision *entre cohéritiers* : la loi ne dit pas *entre tous les cohéritiers* ou *à l'égard de chaque héritier*. Cependant le sens de ces textes a soulevé quelques objections. On a dit d'abord que l'art. 888 s'entend naturellement du cas où l'indivision cesse entre *tous* les cohéritiers; car le second paragraphe de l'article commence par ces mots : *mais après le partage ou l'acte qui en tient lieu...* Les actes dont on vient de parler sont donc des partages ou des actes équivalents. Il ne s'agit d'ailleurs, comme l'énonce la rubrique de la section, que *de la rescision en matière de partage*. Cette explication de l'art. 888 est précisément l'un des motifs que l'on fait valoir pour ne pas admettre l'effet déclaratif du partage dans les ventes d'héritier à héritier, qui ne mettent pas fin à l'indivision entre tous. — Quant à l'art. 889, l'induction qu'on en tire

manière certaine sur les forces de la succession de Jeanne Sénélas; qu'au contraire la veuve Chabrol s'étant, depuis 1811, époque de son mariage, séparée de sa famille, elle n'a pas eu, comme son frère, les moyens d'apprécier la fortune laissée par sa mère, et de se fixer sur l'étendue des droits qu'elle a cédés en 1828; — Attendu que la cession dont la veuve Chabrol demande la rescision n'a pas le caractère d'un contrat aléatoire, l'incertitude du gain et de la perte; que Mathieu Couty a bien stipulé qu'il achetait à ses périls et risques, mais que rien dans la cause n'établit qu'il eût des dangers, des risques réels à courir; que, depuis vingt-quatre ans que Jeanne Sénélas est décédée, l'appelant ne justifie encore aujourd'hui d'aucune dette à la charge de sa succession; — Met au néant l'appel.

Du 29 déc. 1858.-C. de Limoges.-M. de Lavaud-Condat, pr.

(1) *Espèce* : — (Duclostrier *C.* Boussanges.) — Jugement qui, « attendu que les cessions des épouses Boussanges et Lorival, à leur frère Charles Duclostrier, de tous leurs droits mobiliers et immobiliers dans la succession de Marguerite Danchaud, leur mère, l'une pour la somme de 3,800 francs, et l'autre moyennant 5,620 fr., ont été faites aux périls et risques du cessionnaire; mais qu'une pareille clause deviendrait de style dans les ventes de droits successifs si son insertion devait seule y constituer l'*alea*, le *jactus retis*, et faire repousser l'action en rescision; qu'il serait alors par trop facile de se soustraire à l'application de l'art. 888 et de violer impunément l'égalité dans les partages, égalité qui est dans le vœu de la loi, dans sa lettre comme dans son esprit, et que le législateur a voulu forcer les héritiers d'observer entre eux; — Attendu que, pour qu'une cession de droits soit à l'abri de l'action en rescision, il faut qu'il y ait risque réel, ou du moins incertitude de gain et de perte *res incerta*, tant pour le cédant que pour le cessionnaire, qu'il apparaisse quelque éventualité, et qu'on puisse craindre les périls d'une hérédité onéreuse; que c'est là ce qui constitue réellement le *jactus retis* ou le caractère aléatoire des actes de ce genre; qu'il faut aussi que la vente ait été faite sans fraude; que la fraude dont parle l'art. 889 n'est pas la fraude proprement dite, basée sur des manœuvres sans lesquelles le consentement de la partie trompée ne serait pas intervenu; qu'il suffit de la connaissance seule qu'a eue l'acquéreur de l'actif et du passif de cette succession; que cette connaissance, le mettant à même de ne s'exposer à aucune perte, le constitue en mauvaise foi, décèle la fraude, enlève à la cession son *alea*, et le prive du droit d'invoquer l'exception portée en l'art. 889 c. civ., etc. » — Appel. — Arrêt.

LA COUR; — Adoptant les motifs, confirme, etc.

Du 3 déc. 1840.-C. de Limoges, 3e ch.-M. Garaud, pr.

(2) (Cusin *C.* Thévenet.) — LA COUR; — Attendu que l'arrêt attaqué, adoptant, à cet égard, les motifs des premiers juges, établit et déclare, en fait, qu'encore que l'acte de cession du 16 janv. 1833 énonçât la clause des risques et périls à la charge de l'acheteur, il résultait de l'examen approfondi des actes qui ont opéré la liquidation de la succession, que l'événement de cette liquidation ne présentait ni risques ni périls pour l'acheteur, et qu'il n'avait couru ni pu courir aucune chance de perte qui pût compromettre le prix de la cession; — Attendu qu'en décidant, dans ces circonstances, dont l'appréciation lui appartenait souverainement, que l'acte de cession du 16 janv. 1833 était, en fait, dépourvu du caractère aléatoire qu'on avait cherché à lui imprimer, et qu'en annulant cet acte, pour cause de lésion de plus du quart clairement établie, la cour royale de Lyon n'a point violé les art. 887, 888, 1674 et 1676 c. civ., et a fait une juste application de l'art. 889 du même code; — Rejette.

Du 20 mars 1844.-C. C., ch. civ.-MM. Portalis, 1er pr.-Feuilhade Chauvin, rap.-Pascalis, 1er av. gén., c. conf.-Moreau et Cotelle, av.

(3) (Aymard *C.* Aymard.) — LA COUR; — Attendu que l'acte du 3 mars 1826 fut passé entre cohéritiers; — Que les parties qui intervinrent dans cet acte exprimèrent en termes formels leur intention et leur volonté de procéder à un partage; — Qu'elles firent une distribution, et formèrent des lots, et que chacune d'elles se mit en possession de celui qui lui était échu; — Que ces circonstances, et notamment la clause de garantie stipulée dans cet acte, ne pouvaient permettre de lui attribuer le caractère d'une vente de droits successifs; — Qu'on doit, au contraire, la considérer comme un acte de partage, quelque nom qu'on lui ait donné, puisqu'il a été le premier acte passé entre les héritiers Aymard pour faire cesser l'indivision de la succession paternelle; — Qu'ainsi, le jugement qui a déclaré que l'acte dont il s'agit contient vente de droits successifs, et, par ces motifs, déclaré l'action des demandeurs en rescision non recevable, doit être réformé;

Du 15 janv. 1859.-C. de Nîmes.-M. Vignolles, pr.

n'est qu'un argument *à contrario*, le plus faillible des arguments. La pensée de cet article s'est portée seulement sur le caractère aléatoire de la vente qu'il prévoit; les mots *vente à l'un des cohéritiers* doivent s'interpréter par l'article précédent : on a entendu y continuer l'hypothèse d'une convention qui tient lieu de partage, et qui serait, dès lors, rescindable pour lésion de plus du quart, si elle n'était pas à forfait, aux risques et périls du cessionnaire.

Pour nous, tout en reconnaissant qu'il est difficile de concilier les deux solutions de la jurisprudence sur l'effet déclaratif et la rescision, il nous semble que l'un des points de vue de la conciliation est dans la grande faveur du principe d'égalité entre les héritiers. Quand l'un de trois héritiers vend à l'autre sa part de succession, la position du vendeur est-elle moins digne d'intérêt que s'il avait procédé à un partage dans une convention à trois? A son égard, n'y a-t-il pas à la fois vente et partage, puisque la vente le fait sortir d'indivision? Pourquoi laisser plus de latitude à la spéculation dans un cas que dans l'autre? Dans la vente ordinaire, il n'y a pas même lieu à la rescision pour lésion de plus de sept douzièmes, quand la vente n'a pour objet que des meubles. Faudrait-il donc admettre que la vente de ses droits successifs à l'un des cohéritiers ne sera non plus sujette à aucune rescision pour lésion si la succession est toute mobilière?

Il a été jugé en conséquence que la cession de droits successifs faite par un héritier à l'un de ses cohéritiers sans le concours de tous les autres doit être, quoiqu'elle ne fasse pas cesser l'indivision entre tous, soumise à la rescision pour lésion de plus du quart (Toulouse, 6 déc. 1834, aff. Bayonne, V. Contr. de mar., n° 839; Rej. 9 juill. 1839; Toulouse, 23 janv. 1841; Rej. 20 mars 1844 (1); Montpellier, 17 déc. 1840, aff. Terral *C.* Terral; 7 juill. 1842, aff. Anduze, V. n° 2125; Limoges, 1er juill. 1844, aff. Chassagnard, D. P. 45. 2. 160; Douai, 16 nov. 1853, aff. Meurs, D. P. 55. 2. 89). — Au contraire, il a été décidé que la vente de droits successifs, consentie par un héritier à son cohéritier ou colégataire, n'est rescindable pour lésion de plus d'un quart, qu'autant qu'elle renferme un véritable partage, et elle n'a ce caractère que lorsqu'elle fait cesser l'indivision entre tous les cohéritiers. — Il n'y a donc pas lieu à rescision, s'il existe d'autres cohéritiers, étrangers à la vente, et qu'à leur égard l'indivision continue de subsister : — « Considérant que l'arrêt attaqué déclare que les actes de cession dont il s'agit n'eurent point pour effet de faire cesser l'indivision, et que, d'ailleurs, ces actes avaient un caractère essentiellement aléatoire; qu'en se fondant ainsi sur des titres et sur des circonstances qu'elle avait droit d'apprécier, la cour de Montpellier n'a violé aucune loi; rejette » (Req. 15 déc. 1832, MM. Zangiacomi, pr., Jaubert, rap., aff. Reig *C.* Monié; Montpellier, 9 juin 1853, aff. Larausie, D. P. 54. 2. 173). — Il est à remarquer que l'un des motifs du premier de ces arrêts est le caractère aléatoire de la convention, ce qui levait toute difficulté.

2290. On a vu *suprà*, n° 2128, qu'il a été mis en question si la vente de droits successifs entre héritiers avait nécessairement l'effet déclaratif du partage lorsqu'elle faisait cesser l'indivision d'une manière complète, ou si l'effet ne devait pas être subordonné à l'intention des parties, selon qu'elles ont entendu faire une vente ou un partage. — Les motifs que nous déduisions tout à l'heure nous font penser qu'on ne doit point se préoccuper de l'intention quant à la rescision. Il serait trop facile d'échapper à la rescision pour lésion de plus du quart, et l'on abuserait de la clause s'il suffisait de manifester l'intention de faire une vente. Or la rescision est tellement de rigueur, que vainement l'un des cohéritiers renoncerait à cette action par une stipulation formelle de l'acte de partage. Une telle stipulation est réputée non avenue. — V. *suprà*, n° 2163.

2291. Celui qui, ayant fourni à un cohéritier les deniers avec lesquels il a acheté les droits successifs de ses cohéritiers, s'est fait subroger aux droits de ceux-ci, ne peut, en vertu de cette subrogation, former, du chef des vendeurs, une action en rescision de partage pour cause de lésion, bien que le contrat exprime que le créancier est subrogé aux actions rescindantes et rescisoires des cohéritiers vendeurs, surtout lorsqu'il est constant que les parties n'ont point entendu attribuer au subrogé des droits de cette nature (Aix, 25 mai 1840) (2).

2292. L'acte par lequel un héritier vend ses droits succes-

(1) 1re *Espèce :* — (Malheyet *C.* Celle.) — LA COUR (apr. délib. en ch. du cons.); — En ce qui touche le premier moyen, fondé sur la fausse application de l'art. 888 c. civ. : — Attendu qu'il s'agit, dans l'espèce, d'une vente de droits successifs, faite par un cohéritier à son cohéritier; — Que, dès lors, il est superflu d'examiner la question de savoir si cette vente a fait cesser l'indivision entre héritiers, aux termes de l'art. 888 c. civ., puisque le cas de vente sur lequel l'arrêt attaqué (de la cour de Lyon) a prononcé est expressément prévu et régi par l'art. 889 c. civ.; — Rejette.

Du 9 juill. 1839.-C. C., ch. civ.-MM. Dunoyer, f. f. de pr.-Chardel, rap.-Tarbé, av. gén., c. contr.-Mandaroux, Roger et Rigaud, av.

2e *Espèce :* — (Veuve Daroles *C.* dame Labordes et autres.) — LA COUR; —...Attendu que l'indivision cesse toutes les fois qu'un cohéritier acquiert les droits successifs d'un ou de plusieurs de ses cohéritiers; que les dispositions de la loi sainement interprétées n'exigent pas que, pour pouvoir être attaqué, l'acte qui y a mis un terme ait été passé entre tous les ayants droit; qu'une interprétation contraire ne peut être admise en présence du texte de l'art. 888 c. civ., puisque cet article, loin d'exiger le concours de tous les cohéritiers, ne s'occupe que des actes qui ont pour objet de faire cesser l'indivision entre cohéritiers; — Réformant, etc.

Du 23 janv. 1841.-C. de Toulouse, 2e ch.-M. de Bastoulh, pr.

3e *Espèce :* — (Cusin *C.* Thevenet.) — LA COUR (apr. délib. en ch. du cons.); — Attendu que l'action en rescision, en matière de partage, a pour but de maintenir l'égalité entre tous les copartageants, et d'empêcher que, par erreur ou par fraude, un ou plusieurs cohéritiers ne fassent leur condition meilleure au préjudice d'un ou de plusieurs des autres; qu'il suit de là que le législateur n'a pas voulu restreindre l'action rescisoire au cas seulement où l'acte dont la rescision serait demandée aurait l'effet de faire cesser l'indivision entre tous les cohéritiers; — Attendu que l'intention du législateur ressort manifestement de l'art. 889 c. civ.; qu'aux termes de cet article l'action rescisoire, instituée par l'art. 887 et dont l'art. 888 règle l'exercice, n'est pas admise contre une vente de droits successifs faite sans fraude à l'un des cohéritiers, à ses risques et périls, par ses autres cohéritiers ou par l'un d'eux; qu'il résulte de cette disposition qu'une vente de droits successifs faite à l'un des cohéritiers, par les autres cohéritiers ou l'un d'eux, ne se trouve dans l'exception établie par l'art. 889, et soustraite en conséquence à l'exercice de l'action rescisoire, que par la réunion de deux conditions, savoir : qu'elle a été faite sans fraude et aux risques et périls de l'acheteur; que, dès lors, cette action peut être légitimement intentée contre un acte qui ne réunit pas ces deux conditions; — Rejette le pourvoi formé contre l'arrêt de la cour de Lyon.

Du 20 mars 1844.-C. C., ch. civ.-MM. Portalis, 1er pr.-Feuilhade, r.

(2) *Espèce :* — (Goyrand *C.* Jauffret et autres.) — 4 fév. 1840, jugement du tribunal d'Aix qui le décide ainsi, par les motifs suivants : — « Attendu qu'en principe et en règle générale l'action en rescision d'un partage, pour cause de lésion, n'est ouverte qu'au profit du cohéritier qui n'a pas obtenu la portion lui revenant dans une succession, d'après les proportions déterminées par la loi; — Attendu que cette action est inhérente à la qualité de copartageant, puisque le cessionnaire des droits successifs qui voudrait l'exercer pourrait être repoussé victorieusement par l'effet du retrait successoral, lors même qu'il serait parent du défunt, s'il n'était pas son successible, conformément à l'art. 841 c. civ.; — Attendu que le sieur Goyrand ne représente ici ni l'une ni l'autre de ces qualités; qu'il se prévaut seulement de la subrogation que l'acte du 18 juill. 1831 contient à son profit aux droits, privilèges, actions rescindantes et rescisoires du sieur Gustave Jauffret et de la demoiselle Jauffret; — Attendu que cette subrogation ne saurait comporter plus d'étendue que celle qui lui est ordinairement attribuée par l'art. 1250 c. civ., qui met seulement le subrogé aux lieu et place du subrogeant, jusqu'à concurrence de la somme pour laquelle la subrogation est rapportée, et qu'il serait absurde de lui attribuer le droit de se plaindre d'une lésion qu'il n'a réellement pas éprouvée, et surtout celui de recueillir le bénéfice de l'action en rescision, ou soit la réparation d'un tort que le copartageant seul aurait personnellement souffert, et dont il ne se plaint pas dans l'instance actuelle; — Attendu que la subrogation est distincte de la cession et ne saurait être confondue avec elle, l'objet de la première étant seulement d'assurer au créancier qui l'a rapportée le rang, le privilège, les hypothèques qui étaient acquis à l'ancienne créance, aux lieu et place de laquelle la sienne est subrogée; — Attendu qu'indépendamment des moyens de droit ci-dessus, toutes les circonstances de la cause démontrent qu'il n'a pu entrer dans l'intention des parties d'assurer au sieur Goyrand le droit d'exercer l'action qu'il poursuit aujourd'hui; — Attendu que le sieur Goyrand n'a fourni qu'une portion des deniers comptés au sieur Gustave Jauffret et à la demoiselle Jauffret, le prix stipulé consistant, d'ailleurs, non-seulement en la somme payée comptant, mais encore en deux pensions viagères et en une somme

sifs à son cohéritier, est indivisible, dans l'exécution des clauses, comme traité de famille. Ainsi, lorsque le prix de la cession est une rente constituée en grains, le débiteur ne peut demander qu'elle soit réduite en argent, au taux légal, en alléguant qu'elle est usuraire et que les arrérages payés doivent être imputés sur le capital (édit de sept. 1565; Riom. 17 mai 1817, aff. veuve Crozat).

2293. La vente faite *après partage* de sa part héréditaire, par un héritier à son cohéritier, est une vente pure et simple rescindable seulement pour lésion des sept douzièmes (Lebrun, Success., liv. 4, ch. 1, n° 61; Roussilhe, Instit. au dr. de légit., 4e part., n° 455; M. Dutruc, n° 618).

2294. Toutefois, si lors du partage on avait laissé certains objets dans l'indivision, la vente que ferait un héritier de sa part dans ces objets serait, comme premier acte faisant cesser l'indivision, rescindable pour lésion de plus du quart (Conf. MM. Duranton, t. 7, n° 576; Rolland, v° Lésion, n°s 82 et suiv.; Dutruc, n° 619). — Jugé ainsi dans le cas où deux héritiers étant convenus de laisser indivis un immeuble de la succession, l'un d'eux vend à l'époux de son cohéritier ses droits dans cet immeuble (Colmar, 2 juill. 1814, aff. Bontems).

2295. Néanmoins, la cession que l'un des enfants donataires fait, après partage d'ascendant, de sa portion indivise à son co-indivisaire, aux risques et périls de celui-ci, constitue une vente résoluble à défaut de payement du prix, et non un partage (Grenoble, 29 avr. 1841) (1).

2296. L'arrêt qui décide qu'un partage est valable et doit être exécuté bien qu'il ait été attaqué comme frauduleux, ne fait pas obstacle à ce qu'une vente qui l'a suivi soit annulée pour lésion de plus du quart comme partage, s'il a dû être considéré comme tel, par suite de sa date et de l'intention des parties qui l'ont signé : — « Attendu que les actes faits presque en même temps que le premier partage ont pu, d'après les circonstances, être réputés en faire partie et en être la suite; rejette » (Req. 27 juill. 1816, MM. Henrion, pr., Lefessier-Grandprey, rap., aff. Moretton).

2297. *Renonciation à succession.* — La rescision pour lésion est-elle admise contre la renonciation à succession faite par un héritier à son cohéritier et moyennant un prix? On disait pour la négative, dans l'ancien droit, que la renonciation n'est pas un acte d'héritier, et ne peut, dès lors, être considérée comme un premier acte faisant cesser l'indivision (Lebrun, Succession, liv. 3, chap. 8, sect. 2, n° 5, et liv. 4, chap. 1, n° 57; Rousseaud de Lacombe, v° Part., sect. 6 et 7). Ce motif n'est plus proposable sous le code Napoléon qui, à la différence de l'ancien droit, voit une acceptation de la succession dans la renonciation non gratuite; d'ailleurs il serait trop facile d'éluder l'art. 888 ou la rescision pour lésion, s'il suffisait de prendre la forme d'une renonciation à succession (Conf. Maleville, art. 780; Chabot, *ibid.*; MM. Duranton, t. 7, n° 567; Dutruc, n° 617. — *Contrà*, Poujol, t. 2, p. 392). — Jugé, toutefois : 1° qu'une telle renonciation échapperait à l'action rescisoire, si elle avait le caractère d'une vente aléatoire faite de bonne foi, aux risques et périls du cohéritier qui a payé ce prix (Req. 29 mars 1851) (2); — 2° Que le cohéritier qui a transigé sur ses droits à la succession, après une renonciation par lui faite, ne peut pas demander la rescision de cette transaction comme constituant un premier acte de partage entre cohéritiers, tant que la nullité de la renonciation qui l'écarte du partage n'a pas été prononcée (Req. 20 fév. 1839) (3).

2298. La renonciation à la succession d'un auteur commun, faite par plusieurs cohéritiers au profit de l'un d'eux, moyennant un prix convenu, doit être assimilée à un acte de partage. — En conséquence la demande en rescision, pour dol, de cette renonciation, doit être formée non pas devant le tribunal

---

laissée à constitution de rente entre les mains du sieur Adolphe Jauffret; — Attendu qu'on ne saurait admettre qu'en pareille occurrence le tiers qui n'a fourni qu'une fraction du prix convenu ait songé à exiger, et que l'on ait consenti à lui accorder le droit de poursuivre la rescision du partage, sous le prétexte de la lésion qu'auraient éprouvée les deux cohéritiers, au payement desquels il contribuait pour une portion seulement de leurs droits cohéréditaires; — Attendu que la chose est d'autant moins douteuse dans ce sens que l'acte du 18 juill. 1831 est évidemment un traité de famille, et que l'on ne comprendrait comment les trois cohéritiers qui y stipulaient auraient pu consentir à livrer le sort de cet acte à un tiers étranger à la famille, et l'autoriser à invoquer contre le traité des moyens dont tout leur faisait la loi de se réserver l'usage exclusif; — Attendu encore que le sieur Goyrand n'a pas traité directement avec le sieur Gustave Jauffret et la demoiselle Jauffret; — Que, seulement, le sieur Adolphe Jauffret, en faisant constater dans l'acte de partage le payement qu'il faisait à ses cohéritiers, a indiqué l'origine d'une partie des deniers qu'il y a consacrés, et stipulé au profit du sieur Goyrand, son créancier, une subrogation aux droits de son frère et de sa sœur, jusqu'à concurrence de la somme prêtée par le sieur Goyrand; circonstance qui détruit la supposition que le droit de demander la résolution du partage ait pu être cédé au tiers subrogé, une cession aussi étendue n'ayant pu être dans l'intention des parties présentes et contractantes; — Attendu que du concours de ces diverses circonstances résulte la preuve certaine que, dans l'intention commune de toutes les parties intéressées, la subrogation dont excipe le sieur Goyrand n'a pu avoir d'autre effet que de lui assurer le rang, le privilége et l'hypothèque appartenant aux deux cohéritiers qui consentaient la subrogation; — Que ces droits sont assurés au sieur Goyrand, qui peut les faire valoir contre les autres créanciers du sieur Adolphe Jauffret, et que, dès lors, l'acte du 18 juill. 1831 a pour lui toute l'efficacité sur laquelle il a pu et dû compter, l'action en rescision pour cause de lésion qui serait éprouvée par Gustave Jauffret et par sa sœur, et de laquelle ils ne se plaignent point, ne pouvant être exercée par lui. » — Sur l'appel, arrêt.

La cour; — Adoptant les motifs des premiers juges, confirme.

Du 25 mai 1840.-C. d'Aix, 1re ch.-M. Pataille, 1er pr.

(1) (Mermin C. Riquet.) — La cour; — Attendu que l'acte du 19 oct. 1822 contient une donation de la part des père et mère Mermin, au profit de leurs deux enfants, de tous les biens qui leur appartenaient, aux clauses et conditions qui y sont stipulées; — Que ces biens passant indivis des mains des mariés Mermin dans celles de leurs enfants, ce n'est qu'après cette transmission que, par une disposition particulière et relative seulement à Jean et Rose Mermin, celle-ci cède, à ses risques et périls, à son frère, la part lui appartenant dans les biens donnés par leurs père et mère; — Qu'ainsi, dans sa première partie, l'acte du 19 nov. 1822 contient une donation, par les mariés Mermin à leurs enfants, de leurs biens indivisément, et, dans la seconde, cession ou vente, par Rose Mermin à son frère, de la part lui revenant; — Que, par conséquent, cet acte n'a ni le caractère d'un partage ni celui d'une licitation : — Attendu que l'art. 888 c. civ., en admettant l'action en lésion de plus d'un quart contre tout acte qui fait cesser l'indivision entre cohéritiers, encore qu'il soit qualifié de vente, d'échange et de transaction, n'a eu d'autre objet que de déjouer les moyens que la fraude pourrait employer pour échapper à l'action en lésion, en dissimulant sous une fausse dénomination l'acte qui aurait fait cesser l'indivision; — Que cet article reste, par conséquent, sans application lorsque l'acte qui a été fait entre cohéritiers et qui fait cesser l'indivision, porte le titre qui lui appartient, et que, par sa nature, il n'est point rescindable pour cause de lésion; — Qu'ainsi, lorsque, d'après l'art. 889, la cession de droits héréditaires a été faite de bonne foi à périls et risques, comme dans l'espèce, l'action en lésion contre cet acte n'étant point admise, la fiction de l'art. 888 ne peut produire aucun effet, et la cession conserve son caractère ordinaire; — Dès lors, elle ne peut être considérée que comme une vente, et l'action en résolution pour défaut de payement du prix doit être admise contre cet acte, aux termes des art. 1183 et 1654 c. civ.; — Adoptant, de plus, les motifs des premiers juges, confirme.

Du 29 avr. 1841.-C. de Grenoble, 4e ch.-M. Nicolas, pr.

(2) (Espert C. Martineau.) — La cour; — Attendu que si la renonciation à une succession faite moyennant un prix, peut être considérée comme une vente ou cession par l'héritier renonçant au profit de son cohéritier, l'action en rescision de cette espèce de vente n'est pas admissible quand le cohéritier a acquis la part du renonçant à ses risques et périls; — Que, dans l'espèce, l'arrêt attaqué (de la cour de Bordeaux) l'ayant ainsi jugé par appréciation des faits et des actes, et ayant rejeté par ce motif la demande en rescision a fait une juste application de l'art. 889 c. civ.; — Rejette.

Du 29 mars 1831.-C. C., ch. req.-MM. Favard, pr.-Hua, rap.

(3) (De Cluny C. demoiselle Doublet.) — La cour; — Attendu que, ni en appel ni en première instance, il n'a été ni formé de demande, ni même pris de conclusions en nullité de la renonciation faite par le père bigame, et que cette question ne pouvant être soumise pour la première fois à la cour de cassation, l'arrêt de la cour royale (de Paris), conforme au droit en l'état où était la cause, ne peut être cassé pour n'avoir pas annulé une renonciation dont l'annulation n'était pas demandée; — Attendu que cette renonciation avait écarté les enfants de Cluny du partage, et que la renonciation subsistant toujours, il est impossible de considérer la transaction comme un premier acte entre cohéritiers, toujours rescindable; ce n'était plus et ce n'est encore qu'une vente à forfait non rescindable; — Rejette.

Du 20 fév. 1839.-C. C., ch. req.-MM. Zangiacomi, pr.-Mestadier, r.

du domicile du défendeur, comme en matière personnelle, mais devant le tribunal du lieu où la succession s'est ouverte, comme en matière de partage (Caen, 29 juin 1840, aff. Aumont, V. Compét. civ., n° 108).

2299. Lorsque, sur les menaces d'un légataire d'attaquer pour lésion la renonciation qu'il a faite à un legs considérable pour une rente viagère modique, il survient des actes par lesquels l'héritier de son côté constitue une rente viagère plus forte, mais moindre encore que le revenu du legs, et le légataire, d'autre part, renonce, au greffe, au bénéfice de son legs, la renonciation primitive a pu être déclarée une vente de droits successifs, et les actes subséquents constituer des actes à titre onéreux et particulièrement une transaction sur les difficultés relatives à l'exécution du legs ou à l'acte primitif de renonciation (c. nap. 888, 1674). —En conséquence, une cour royale a pu juger que de pareils actes, ne renfermant pas une donation, n'étaient pas révoqués pour cause de survenance d'enfant (c. nap. 960; Req. 25 juin 1834) (1).

2300. *Partages faits en justice.*—La rescision est-elle proposable contre les partages faits en justice? La question était l'objet de quelques doutes dans l'ancien droit. On admettait généralement la rescision (Despeisse, Lacombe, v° Partage, sect. 6, n° 1; Pothier, des Success., chap. 4, art. 6). L'opinion contraire se fondait seulement sur les garanties particulières d'égalité, qu'offrent les formalités du partage judiciaire. Mais il était facile de répondre que, dès que ces garanties avaient été vaines, l'égalité, qui est de l'essence des partages, motivait la demande en rescision; qu'autrement les mineurs ou interdits, que la loi cependant a voulu favoriser, seraient plus exposés que les majeurs à la lésion, puisque tous les partages qui les intéressent sont nécessairement faits en justice. On peut ajouter, sous le code, que l'art. 888 n'a fait aucune distinction quant à la forme du partage. L'art. 1314 dit que les partages avec les mineurs sont considérés, si on a observé les formalités, comme les partages entre majeurs. —On argumenterait à tort de l'art. 1684, qui prohibe la rescision dans les ventes judiciaires; la différence est palpable. Dans les partages tout se passe entre les cohéritiers seuls; dans les ventes, dont parle l'art. 1684, les étrangers sont admis à enchérir, ce qui exclut toute idée de lésion. — C'est la doctrine de MM. Chabot, t. 3, p. 706; Delvincourt, t. 2, p. 566, note 6; Maleville, t. 2, p. 352; Duranton, t. 7, n° 581; Merlin, Rép., v° Lésion, § 4, n° 7; Vazeille, n° 3; Rolland, v° Lésion, n°s 80, 81; Solon, des Nullités, t. 1, n° 276; Poujol, t. 2, p. 387, 388; Dutruc, n° 606. —Toutefois, il a été jugé: 1° que sous l'empire du droit écrit, lorsque le jugement, qui homologuait le rapport des experts et en ordonnait l'exécution, avait acquis l'autorité de la chose jugée, un partage fait en justice ne pouvait plus être attaqué pour lésion du tiers au quart (Agen, 9 août 1808) (2); — 2° Que les partages de succession effectués par jugements passés en force de chose jugée, ne sont pas sujets à l'action en rescision

(1) *Espèce:* — (Hiller C. Pagan.) — 24 juill. 1833, arrêt de la cour de Toulouse qui réforme en ces termes: « Attendu qu'il résulte des faits et pièces du procès que les actes des 21 et 22 mars ne sont intervenus, entre les parties, que pour régler et finir les contestations et difficultés qui s'étaient élevées entre elles relativement au legs fait par la dame Montratier à Hiller, et particulièrement en ce qui touche l'acte du 24 janv. 1830; — Que les actes du mois de mars même année établissent une rente viagère et autres avantages au profit d'Hiller, au taux qu'il a plu aux parties contractantes de stipuler (art. 1976); — Que lesdits actes ne doivent le jour qu'aux exigences de celui-ci transmises au sieur Pagan, par l'entremise du curé de Novèges par la lettre du 5 fév. 1830 et mandataire avoué d'Hiller, ainsi qu'il est dit dans le mémoire imprimé, page 8; — Que ce fut pour l'accomplissement de ces nouvelles conditions imposées par Hiller, que les parties prévinrent les suites des contestations et les hostilités dont elles se menaçaient réciproquement; — Que, sous tous ces rapports, les actes de mars présentent non-seulement les caractères d'un contrat onéreux, contrat ainsi qualifié par Hiller, comme cela résulte des termes de son contrat de mariage avec la fille Couderc, du 15 avr. 1830, mais encore à l'égard de l'acte du 24 janvier, non exécuté par le refus de Hiller, de consentir à la renonciation du legs dont s'agit, et à l'occasion de contestations entre parties dont cet acte était le siége, une véritable transaction, sur une vente de droits, déjà solennellement exécutée et accomplie, transaction qui, sous ces divers rapports, lie irrévocablement les parties et élève contre elles une fin de non-recevoir à l'encontre des actes qu'elles ont librement consentis. » — Pourvoi. — 1° Violation des art. 960 et suiv., 1134 et 1156 c. civ.; 2° violation des art. 964 et 965 du même code; 3° fausse interprétation de l'art. 1976. — Arrêt.

La cour; — Attendu que l'arrêt attaqué déclare qu'il résulte des faits et pièces du procès que l'acte du 24 janv. 1830 présente une vente de droits successifs déjà solennellement exécutée et accomplie, et que les actes des 21 et 22 mars 1830, intervenus sur les exigences et les nouvelles conditions de Hiller, présentent à la fois un contrat onéreux et une transaction sur les contestations et difficultés qui s'étaient élevées entre les parties, tant sur l'acte du 24 janv. 1830 que sur le legs fait à Hiller par la dame de Montratier; que, par une appréciation d'actes et de faits qui ne peut donner ouverture à cassation, les actes dont il s'agit étant ainsi reconnus ne pas constituer une donation ou avantage, il s'ensuit que les moyens invoqués par le demandeur en cassation manquent tous de base, et, qu'ainsi l'arrêt attaqué ne présente ni violation des art. 960, 964, 965, 1134 et 1156 c. civ., ni fausse application des art. 2044 et 1976 du même code; — Rejette, etc.

Du 25 juin 1834.-C. C., ch. req.-MM. Zangiacomi, pr.-De Broé, rap.

(2) (Lacaze-Duthiers C. hér. Lacaze.) — La cour; — Considérant que le partage dont s'agit a été fait en justice par des experts convenus par toutes les parties; ils ont prêté le serment, les parties les ont assistés dans leurs opérations, et ont signé le rapport; ce rapport a été homologué et le tribunal a ordonné qu'il serait exécuté suivant sa forme et teneur; ce jugement a reçu son exécution; il est devenu inattaquable, il a toute la force d'un arrêt, il n'est donc pas possible de le renverser, et ce n'est qu'en le renversant qu'on pourrait détruire le partage dont il ordonne l'exécution; ladite Lacaze-Duthiers est donc non recevable dans sa demande, avec d'autant plus de raison que, pour revenir contre un partage pour fait de lésion, il faudrait établir la lésion; il faudrait donc ordonner une expertise: or cette expertise a été déjà faite; comment une seconde expertise pourrait-elle détruire l'effet de la première, qui n'est pas attaquée, qui a été acquiescée par toutes les parties, et autorisée par un jugement inattaquable? pourquoi cette seconde expertise aurait-elle une préférence sur la première si cette seconde contredisait la première? Comment les juges pourraient-ils se décider; il faudrait donc en ordonner une troisième, et à quel point s'arrêterait-on? Le jugement qui ordonnerait un nouveau partage serait en contradiction avec celui qui homologue le premier rapport. Auquel des deux faudrait-il s'en rapporter? La loi *Majoribus*, citée dans le jugement du tribunal de première instance, paraît exclure toute demande en rescision pour cause de lésion dans les partages faits d'autorité de justice; il est vrai que Godefroy, la Glose et surtout les commentateurs ont différemment interprété cette loi; les uns ont prétendu que les partages faits en justice pouvaient être rescindés pour le fait de dol et de fraude, mais qu'on ne pouvait les attaquer pour cause de lésion; les autres ont soutenu qu'ils pouvaient être rescindés, même pour fait de lésion; et pour se débarrasser des mots *sine judicio*, qui sont dans la loi, ils ont dit que ces mots voulaient dire *sine concilio*; mais il faut supposer que le législateur romain savait faire la différence de ces deux expressions, et que, par les mots *sine judicio*, il n'a voulu dire que ce que ces deux mots expriment formellement, et que ces mots expriment une exception en faveur des partages faits en jugement; ce qui le prouve formellement, c'est que ces expressions n'étaient point dans le code Grégorien d'où cette loi a été extraite, et qu'ils ont été ajoutés dans le code Justinien, où cette addition n'a pas été faite sans quelque motif; et cette addition serait insignifiante si ces mots *sine judicio* étaient synonymes avec les mots *sine concilio*. Les auteurs qui ont écrit sur cette matière ne rapportent aucun arrêt en faveur de l'opinion qui admet la rescision, pour fait de lésion, contre les partages faits en justice. Carondas en rapporte un fort ancien qui n'est pas applicable à la cause, puisqu'il y était question d'une lésion énorme, c'est-à-dire de plus de moitié; or cette lésion équivaut au dol: la question dont il s'agit a dû néanmoins se présenter souvent, et les arrêts qui auraient été rendus sur cette matière auraient été bien remarquables. Il faut donc conclure du silence des arrêtistes qu'il n'en existe pas qui aient admis la rescision, parce que les lumières de la raison suffisent pour faire décider qu'un partage aussi solennel que celui dont s'agit est inattaquable, d'autant qu'il n'est pas disconvenu que ladite Lacaze-Duthiers a vendu une partie du lot qui lui est échu; comment pourra-t-elle donc rétablir les choses dans l'état où elles étaient lors du partage? Il n'est pas disconvenu aussi que l'un des copartageants a fait des réparations considérables au lot qui lui est échu; les choses ne sont donc plus entières, et l'estimation qu'on ferait actuellement serait tout au moins bien difficile, et ne pourrait en aucun cas avoir la préférence sur celle qui a eu lieu avant lesdits changements; c'est en vain que ladite Lacaze attaque dans ses conclusions le rapport dont s'agit, ainsi que le jugement d'homologation: l'un et l'autre sont inattaquables par les raisons ci-dessus exprimées; c'est en vain aussi qu'elle offre de rétablir les biens qu'elle a vendus, cette offre tardive ne détruit pas les ventes qu'elle a faites de son lot, non plus que la fin de recevoir qu'on lui oppose par d'autres motifs; — Dit qu'il a été bien jugé, etc.

Du 9 août 1808.-C. d'Agen.-M. Lacuée, 1er pr.

pour lésion de plus du quart, alors toutefois qu'il s'agit de jugements qui, au lieu de se borner à autoriser simplement un partage, sans que sa réalisation ait été l'objet d'un différend, ont statué, au contraire, sur des contestations sérieuses, relatives au partage lui-même, et en ont établi les bases (c. civ. 887, 888, 1351). —....Il en est de même des partages consommés, sur contestations, par des sentences arbitrales et spécialement par des arbitres constitués amiables compositeurs, avec pouvoir de juger en dernier ressort (Req. 11 juin 1838) (1).

2301. Et il n'y a pas lieu à rescision pour lésion de la part d'un mineur, par cela seul que son lot ne comprendrait que des meubles, au lieu d'une part dans les immeubles, si d'ailleurs le partage fait judiciairement, en cas de minorité, avait eu lieu avec toutes les formalités prescrites (Poujol, t. 2, p. 406). — « Attendu qu'il n'est point prouvé, dans l'espèce de la cause, qu'il y ait eu lésion dans le partage dont il s'agit, pour cela seul que le défendeur n'aurait obtenu dans son lot qu'un fonds de commerce et de l'argent, au lieu d'une part dans les immeubles héréditaires; — Casse » (Cass. 4 vend. an 10, M. Pajon, rap., aff. Maillier *C.* Thiberville).

2302. *Partage partiel.* — Un partage peut être partiel *quant aux biens*, s'il n'a lieu que pour une partie des biens; partiel *quant aux personnes*, s'il n'a pas lieu entre tous les héritiers. — Le partage fait entre tous d'une partie seulement des biens de la succession est *rescindable* pour lésion de plus du quart (MM. Rolland, v° Lésion, n°s 82, 83, 84; Duranton, t. 7, n° 583; Massé et Vergé sur Zachariæ, t. 2, p. 364, note 8). Mais il y a difficulté quant à la manière d'évaluer la lésion. Doit-on prendre pour base l'ensemble des biens, s'il a été fait à différentes époques plusieurs partages partiels? (V. *suprà*, n° 2204). Doit-on attendre, si elle n'est pas faite encore, la liquidation générale de la succession? — V. *suprà*, n° 1628.

2303. Ceux des cohéritiers qui ont partagé la succession sont liés entre eux par cet acte, et ne peuvent, pour l'attaquer, se prévaloir, vis-à-vis les uns des autres, de ce que quelques-uns des ayants droit au partage n'y ont point concouru.—« Attendu que tout partage ou délaissement des biens d'une partie d'une succession, convenu entre le donataire universel des biens présents et à venir, et un ou quelques-uns des légitimaires, lie tous ceux qui ont concouru à cet acte (Toulouse, 13 avril 1831, 1re ch., M. Durieu, pr., aff. Ladrix *C.* Messègne).

2304. *Vente sur licitation.* — La vente sur licitation des biens de la succession est sujette à rescision pour lésion du quart si l'adjudicataire est un héritier; la licitation entre héritiers n'est qu'un mode de partage (Chabot, art. 888, n° 2; Vazeille, n° 3; Poujol, t. 2, p. 387; Dutruc, n° 608).— Lorsque l'adjudicataire est un étranger, il est évident que la licitation n'équivaut point à partage. Une distinction alors est nécessaire. Si les cohéritiers étaient tous majeurs et maîtres de leurs droits, la rescision serait proposable, comme dans les ventes ordinaires, pour lésion de plus des sept douzièmes. S'il y avait des mineurs ou interdits, des absents, la licitation devant être fait en justice, il y aurait lieu d'appliquer l'art. 1684, qui affranchit de l'action en rescision « toutes ventes qui, d'après la loi, ne peuvent être faites que d'autorité de justice. » — Mais l'art. 1684 ne serait pas applicable à la licitation que des héritiers majeurs et présents

---

(1) *Espèce :* — (Fédas *C.* époux Lacoste.) — Le 4 fév. 1837, arrêt de la cour d'Agen, rendu après partage et en ces termes : — « Attendu que, par le compromis en date du 25 janv. 1819, les sieurs Fédas père et fils avaient donné à des arbitres, amiables compositeurs, le pouvoir de juger tous leurs différends en dernier ressort, en renonçant aux voies d'appel et de cassation; que, parmi ces différends, était compris le partage de la succession de la dame Fédas mère, dans laquelle le fils demandait ses droits; que ces arbitres ayant statué sur les consistance, liquidation et partage de cette succession, par leur sentence en date du 30 mars 1819, leur décision eut tous les caractères de la chose irrévocablement jugée, puisque la loi ne fait aucune différence entre les jugements souverains rendus par les tribunaux et les décisions arbitrales en dernier ressort, auxquelles vient se rattacher l'ordonnance d'*exequàtur ;* — Attendu qu'il n'existe qu'une seule voie pour faire rescinder les jugements souverains, et les sentences arbitrales qui ont ce caractère (sauf les cas spéciaux de nullité portés par l'art. 1028 c. pr., pour ces dernières décisions), c'est-à-dire la voie de la requête civile, quand la partie qui l'invoque se trouve dans l'un des cas exprimés par l'art. 480, voie extraordinaire, soumise à des conditions exorbitantes du droit commun, comme de prendre l'avis de trois jurisconsultes et d'obtenir deux jugements, l'un sur le rescindant, l'autre sur le rescisoire; — Qu'il suit de ces principes que l'action rescisoire pour lésion de plus du quart ne peut être admise par la voie simple et ordinaire, contre des décisions souveraines qui contiennent un partage; qu'en effet, demander à faire vérifier par experts qu'une lésion est intervenue dans un jugement, c'est chercher à faire une preuve contre la présomption de la loi, violer l'art. 1341 c. civ., qui la prohibe, et remettre en question l'autorité de la chose jugée; — Attendu que, pour admettre une semblable action, il faudrait donc un article de loi qui l'autorisât expressément; mais que non-seulement les art. 887 et 888 c. civ. ne renferment pas une telle disposition, mais encore que ce dernier article l'exclut suffisamment en se servant des termes: tout acte encore qu'il fût qualifié, locution qui ne peut s'appliquer aux jugements, et qui ne signale que des partages conventionnels; — Qu'enfin, si le législateur avait voulu étendre l'action rescisoire contre les jugements souverains, il l'aurait dit expressément dans les deux articles cités, ou du moins il aurait fait une exception positive, pour ce cas, à la règle de la chose jugée dans l'art. 1351 c. civ., tandis que non-seulement il a gardé le silence en ces deux conjonctures, mais encore qu'il est resté muet dans l'art. 480 c. pr., où il ne fait pas même de la lésion de plus du quart, en matière de partage judiciaire, un moyen de requête civile; — Attendu qu'il est bien vrai que plusieurs auteurs soit anciens, soit modernes, proclament que l'action en rescision, pour cause de lésion, doit être admise contre les partages faits en jugement; mais il est également vrai que leur décision, nullement raisonnée, reste aux termes d'une simple opinion; qu'ils ne discutent pas l'exception insurmontable de la chose jugée, et que, si, rarement, quelqu'un d'entre eux la signale, c'est pour l'écarter, en disant que des décisions contenant partage ne sont pas, à proprement parler, des jugements prononçant des condamnations, mais de simples décisions attributives de part; mais qu'on ne saurait adopter une pareille doctrine, puisqu'on doit bien considérer comme un véritable jugement un instrument contenant une décision émanée, soit de la justice réglée, soit de la juridiction volontaire, à laquelle les parties sont contraintes d'obéir nonobstant leur volonté, et contre laquelle elles peuvent se pourvoir par appel, cassation et autres voies de recours, auxquelles elles n'ont pas renoncé. »

Pourvoi de Léonard Fédas : — Violation des art. 887 et 888 c. civ. et fausse application de l'art. 1351 du même code, en ce que la cour royale a décidé qu'un partage effectué par une sentence arbitrale n'est pas susceptible de l'action en rescision pour cause de lésion. — Arrêt.

La cour; — .... Sur le deuxième moyen; — Attendu, en droit, qu'il ne faut pas confondre le cas où la justice, autorisant le partage qui ne présente à juger aucun différend, ne fait qu'en supposer l'égalité requise par la loi entre les copartageants, avec le cas où la même justice, en statuant définitivement sur les contestations dont elle a été régulièrement saisie par ces derniers, établit et prononce elle-même l'égalité du même partage; — Que, dans le premier cas, il n'y a point de jugement qui puisse acquérir l'autorité de la chose jugée, puisque supposer ce n'est pas juger; tandis que, dans le second cas, il y a jugement, lequel, s'il est passé en force de chose jugée, élève, en matière de partage, comme en toute autre matière, une fin de non-recevoir contre toute action y portant atteinte, et, par conséquent, contre l'action en rescision pour cause de lésion de plus du quart, accordée par les art. 887 et 888 c. civ.; — Attendu que l'autorité de la chose jugée par les jugements arbitraux est la même que celle résultant des jugements émanés des tribunaux;

Et attendu qu'il est constant et reconnu, en fait, par l'arrêt attaqué, 1° que des contestations respectives, au nombre de vingt et une, s'étaient élevées entre Fédas père et son fils, demandeur en cassation, parmi lesquelles était compris le partage de la succession maternelle où le fils demandait ses droits; 2° que, pour terminer toutes ces contestations, les père et fils Fédas nommèrent trois arbitres auxquels ils donnèrent pouvoir de prononcer comme amiables compositeurs, renonçant à la faculté de l'appel et à tout recours en cassation envers les jugements à intervenir, et de condamner même par défaut, sans pouvoir revenir par opposition contre le jugement, lequel aura la force de la chose jugée, comme s'il eût été rendu contradictoirement; 3° enfin, qu'en statuant contradictoirement sur les contestations à eux soumises, les arbitres ont définitivement jugé que, toute compensation faite entre les comptes et réclamations respectives des parties, le reliquat du père à son fils était fixé en la somme de 7,000 fr., et déclarait les parties respectivement quittes;

Que, dans ces circonstances, en repoussant, à l'aide de la fin de non-recevoir tirée de l'autorité de la chose jugée par le jugement arbitral du 30 mars 1819, l'action intentée par Fédas fils en rescision du partage dont il s'agit, pour prétendue lésion de plus du quart, l'arrêt attaqué a fait une juste application des art. 1350 et 1351 c. civ., sans violer ni les art. 887 et 888 du même code, invoqués par le demandeur, ni aucune autre loi; — Rejette.

Du 11 juin 1838.-C. C., ch. req.-MM. Zangiacomi, pr.-Lasagni, r.-Hervé, av. gén., c. conf.-Dalloz, av.

ont fait ordonner par le juge. Il dépendait d'eux d'y procéder sans son autorité. Elle demeure sous l'empire du droit commun (Merlin, *loc. cit.*; Cass. 4 janv. 1808, aff. Cartouzières, V. Vente).

2305. *Pactes divers.*— On doit considérer comme premier acte faisant cesser l'indivision et sujet à rescision pour lésion : 1° l'acte par lequel, en présence et du consentement de leurs enfants, des père et mère font donation à l'un de tous leurs biens, à la charge par le donataire de payer aux autres enfants telle somme qui leur tiendra lieu de portion héréditaire (Lyon, 5 avril 1813, aff. hér. Véricel. Le pourvoi contre cet arrêt a été rejeté, Req. 27 oct. 1814, V. n° 2326.—Conf. Poujol, t. 2, p. 407);—2° L'acte par lequel une femme, légataire universelle des biens de son mari décédé sans postérité, reconnait que la moitié de ses biens appartient aux père et mère de son mari, et que son legs est réduit à moitié ; un tel acte peut être rescindé pour cause de lésion, comme la privant de l'usufruit de cette moitié.— « La cour ; attendu que l'acte dont s'agit, n'ayant pour but que de faire cesser une indivision, la cour de Besançon a pu et dû le qualifier partage, et lui appliquer les lois relatives à cette espèce d'actes (Req. 10 nov. 1819, MM. Henrion, pr., Brillat, rap., aff. hér. Gersait) ; — 3° D'après la jurisprudence du parlement de Toulouse, l'héritier qui avait fait un partage avec un simple légitimaire pouvait demander la rescision de ce partage pour cause de lésion.— « Attendu qu'il est vrai que quelques auteurs avaient émis l'opinion qu'un héritier qui était censé avoir une connaissance parfaite de la consistance de l'hérédité, ne pouvait quereller pour lésion un partage par lui fait avec un simple légitimaire, mais que cette considération ne pouvait modifier en rien la qualité de copartageant qui compétait au légitimaire tout comme à l'héritier; » que telle était la jurisprudence du parlement de Toulouse (Pau, 12 janv. 1826, 2e ch., M. Bascle de Lagrèze, pr., aff. Paucis *C.* Pelleport) ; — 4° Et il en était de même, bien qu'il y eût plusieurs légitimaires et que le partage ne fût fait qu'avec l'un d'eux. « Attendu que vainement on voudrait prétendre que la jurisprudence du parlement de Toulouse ne s'appliquait qu'au cas où un partage aurait eu lieu entre l'héritier et tous les légitimaires ;—Que cette distinction, repoussée aujourd'hui par la doctrine des auteurs qui ont écrit sur le code Napoléon, bien que l'article parle d'un partage fait entre cohéritiers, sans toutefois dire entre tous les cohéritiers, avait été déjà condamnée par le parlement de Toulouse, dans un arrêt, rapporté par M. de Juin, Journ. du pal., t. 1, p. 320; V. aussi Roussilhe, de la Légitime, p. 242 » (Pau, 17 avril 1827, M. Charitte, pr., aff. Dupleich *C.* hér. Soulé); — 5° Enfin un traité sur la fixation de légitime est un acte équivalent à partage, et par conséquent, lorsque cette fixation a été faite en papier-monnaie, la rescision du traité pour cause de lésion du tiers au quart n'a pu être demandée, aux termes de la loi du 2 prair. an 7, que pendant l'année qui a suivi la publication de cette loi (Cass. 8 déc. 1812, M. Rousseau, rap., aff. Charetou *C.* Saureplane).

2306. Néanmoins, il a été décidé : 1° que le payement en assignats dépréciés, fait à un héritier par son copartageant pour le remplir de la soulte qui lui a été accordée dans l'acte de partage, ne l'autorise pas à en demander la rescision pour cause de lésion ; — « Attendu que la perte éprouvée par un tel remboursement ne forme pas un moyen de rescision, puisqu'on n'a fait ainsi qu'user de la faculté que la loi donnait alors et que la justice aurait autorisé ce mode de libération si le créancier s'y était refusé ; rejette » (Req. 17 brum. an 12, MM. Muraire, pr., Verneuil, rap., aff. Cailleux *C.* hérit. Bretin); — 2° Que l'acte par lequel un cohéritier a fait abandon à son cohéritier de la totalité des immeubles de la succession indivise, a pu être considéré comme ne constituant point un partage ou acte équivalent à partage, et par suite comme non sujet à rescision pour cause de lésion, si cet abandon n'a pas été fait en qualité de cohéritier par celui qui l'a consenti, ni accepté en cette qualité par l'abandonnataire, mais n'a eu pour objet que d'indemniser celui-ci des sacrifices par lui faits pour aider et soutenir le crédit du premier dans des entreprises industrielles et commerciales dont il a voulu plus tard faire profiter son cohéritier auquel le succès en était dû (Req. 11 juin 1844, aff. Gaigneau, D. P. 45. 4. 455).

2307. Du reste, lorsque, sur l'action en rescision pour lésion d'un acte contenant règlement sur une succession commune entre une nièce et sa tante, un arrêt a reconnu, en fait, et d'après les circonstances, que cet acte n'est point un partage, mais une restitution de la part de la tante envers sa nièce, et a écarté en conséquence l'action en rescision, cet arrêt ne peut être annulé comme violant l'art. 888 c. nap., aux termes duquel on doit considérer comme partage, et conséquemment comme susceptible de l'action en rescision, tout acte faisant cesser l'indivision entre cohéritiers (Req. 13 janv. 1825) (1). — Et de ce qu'on repousse comme simulé un payement mentionné dans un acte de partage, il ne suit pas qu'on doive rescinder l'acte en entier, si d'ailleurs le partage est indépendant de la quittance, et qu'il puisse, même après l'annulation de celle-ci, conserver tout son effet en tant qu'acte de partage (Rej. 9 juill. 1851, aff. de Vandomois, D. P. 51. 1. 311).

2308. L'art. 888 relatif à la rescision par lésion s'applique-t-il au partage de communauté comme au partage de succession? — V. Contr. de mar., nos 2325 et 3356.

§ 3. —*Fins de non-recevoir contre l'action en rescision.*

2309. Les fins de non-recevoir qui s'élèvent dans cette matière, et notamment celles qui se puisent dans l'exécution expresse ou implicite des actes, prennent leur fondement surtout dans les art. 888, 892, 1338, 1674.

2310. *Aliénation de son lot par l'héritier.*—Aux termes de l'art. 892 c. nap., « Le cohéritier qui a *aliéné* son lot, en tout ou partie, n'est *plus recevable* à intenter l'action en rescision pour dol ou violence, si l'aliénation qu'il a faite est postérieure à la découverte du dol ou à la cessation de la violence. »

2311. La fin de non-recevoir prononcée par cet article, s'applique-t-elle à la rescision pour lésion? D'un côté (MM. Chabot, t. 3, p. 725; Delvincourt, t. 2, p. 367, note 10; Malpel, n° 316 ; Solon, des Nullités, t. 2, n° 430; Poujol, t. 2, p. 403, 404) on signale l'identité de motifs pour étendre l'art. 892 au cas de lésion comme au cas de dol ou de violence. Si l'héritier qui a aliéné son lot depuis la découverte du dol ou la cessation de la violence, est déclaré non recevable dans son action en rescision, c'est qu'il est censé avoir volontairement renoncé à cette action en exécutant le partage dans un temps où il en connaissait les vices, où il avait la pleine liberté d'agir et de réclamer. Or l'héritier qui allègue la lésion n'était-il pas libre aussi, avant l'aliénation, de vérifier si les parts avaient été égales, et de se plaindre de leur inégalité? Faut-il que sa négligence préjudicie aux autres héritiers, qu'on suppose de bonne foi? Par l'aliénation, il a mis obstacle à ce que, dans un nouveau partage, on recompose la masse générale.—Si l'art. 892 s'est expliqué particulièrement sur le dol ou la violence, c'est que la demande fondée sur une telle cause est plus favorable que celle qui a la lésion pour base. Le défendeur qui a pratiqué des manœuvres frauduleuses est moins digne d'intérêt que le défendeur de bonne foi. A plus forte raison faut-il donc écarter l'héritier qui ne se plaint que de la lésion. Voilà ce qui explique le silence de la loi sur ce dernier cas, et rend inapplicable l'adage *Qui dicit de uno negat de altero*. D'ailleurs, l'art. 1338 purge indistinctement le vice des actes par l'exécution volontaire des parties.

D'un autre côté (MM. Duranton, t. 7, n° 589; Toullier, nos 553 et 564; Merlin, Rép., v° Lésion, § 4, n° 6; Delaporte, Pandect. franç., t. 3, p. 404; Vazeille, art. 892, nos 1 et suiv.; Conflans, même article 1°; Belost-Jolimont sur Chabot, même article; Massé

(1) (Tissèdre *C.* demoiselle Doumax.) — LA COUR ; — Attendu que l'arrêt attaqué a jugé que l'acte du 4 juin 1811 était moins un partage qu'une restitution faite par la demoiselle Julie Fourciangue à la demoiselle Doumax, sa nièce, fille unique de Anne Fourciangue, veuve Doumax, sa sœur et sa bienfaitrice ; que l'appréciation ainsi faite de l'acte de 1811 par la cour dans les limites de sa compétence, est encore basée sur la disposition testamentaire de la demoiselle Fourciangue, du 5 nov. 1812; qu'en cet état de titres et actes du procès, les art. 887 et 888 c. civ., relatifs aux actes qui ont pour objet de faire cesser l'indivision entre les parties, n'ont pas dû recevoir d'application, et n'ont pu recevoir d'atteinte par l'arrêt attaqué de la cour d'Angers ; — Rejette.

Du 13 janv. 1825.-C. C., sect. req.-MM. Botton, pr.-Borel, rap.

et Vergé sur Zachariæ, t. 2, p. 388, nº 26; Marcadé, *ib.*, Dutruc, nº 630), on répond par le silence de l'art. 892 sur le cas de lésion et par la différence des situations. Le dol découvert, ou la violence cessant, l'héritier aliène nécessairement en pleine connaissance du vice qui infectait le partage. Mais l'ignorance de la lésion est possible dans l'héritier au moment où il aliène. —C'est sa faute, objecte-t-on; il a dû vérifier auparavant si le partage était régulier. Peut-être cette vérification eût entraîné des lenteurs, des investigations difficiles, et l'héritier avait besoin de vendre. Dans un cas analogue, la loi a permis au vendeur de demander la rescision pour lésion de plus de sept douzièmes, « quand même il aurait expressément renoncé dans le contrat à cette faculté, et qu'il eût déclaré donner la plus-value » (art. 1674). —A plus forte raison ne doit-on pas, sur une simple présomption, attacher à l'aliénation seule l'effet de déchéance que ne produirait pas une renonciation formelle.—Il paraît que, même avant le code, on jugeait dans le sens que nous venons d'expliquer. M. Merlin, *loc. cit.*, renvoie à deux arrêts du 28 janvier et du mois de mars 1594, rapportés par le président Fabre, liv. 3, tit. 27, def. 10.—Quant à la nouvelle jurisprudence, divisée d'abord, elle s'est fixée ensuite, et depuis plusieurs années, dans le sens qui déclare l'art. 892 non applicable au cas de lésion.

2312. Il a été jugé : 1º que l'aliénation par l'héritier, de tout ou partie de son lot, le rend non recevable à intenter l'action en rescision pour lésion (Grenoble, 17 juin 1831 (1) et 3 juill. 1822, aff. hérit. Curtyl; Poitiers, 2e ch., 10 juin 1830, M. Barbault de la Motte, pr., aff. Pressat *C.* Dousset); — 2º Que l'aliénation légalement faite par le tuteur des objets compris dans un partage intéressant le mineur rend celui-ci, devenu majeur, non recevable à en demander la rescision, lorsque lui-même a, depuis sa majorité, touché le prix de l'aliénation. « Attendu qu'il y a eu exécution volontaire des actes de partage, puisque les tuteurs de Juilliard ont aliéné les biens et droits qui lui sont reconnus par ces actes; que Juilliard lui-même a reçu sa part du prix desdites aliénations; qu'il n'y a donc lieu à admettre l'action en nullité; confirme » (Bordeaux, 3 déc. 1840, 2e ch., M. Poumeyrol, pr., aff. Juilliard *C.* Marvaud).

2313. Au contraire, il a été décidé que l'aliénation par un cohéritier de tout ou partie de son lot n'emporte pas déchéance du droit de demander la rescision du partage pour lésion (Bordeaux, 6 juill. 1826; Agen, 21 janv. 1836 (2).—Conf. Nîmes, 19 flor. an 13; M. de Meynaud, pr., aff. Pradel *C.* Labastide; Paris, 6 avril 1807, aff. Fleuriot *C.* Tarin; Bourges, 1re ch., 25 avr. 1826, M. Sallé, aff. Arnould; Bordeaux, 29 mai 1829, M. de Trinqualye, pr.,

---

(1) (Hérit. Brizard *C.* Détroyat.) — La cour; — Attendu que, vainement, soutiendrait-on que l'art. 892 n'est applicable qu'au cas de dol ou de violence, l'esprit de la loi, d'accord avec la saine raison, s'unissant pour repousser une pareille argumentation; — Qu'en effet, si le législateur a voulu créer une fin de non-recevoir contre le cohéritier qui, ayant aliéné tout ou partie de son lot, voudrait intenter l'action en rescision pour cause de dol ou de violence, si l'aliénation qu'il a faite est postérieure à la découverte du dol ou à la cessation de la violence, combien à plus forte raison a-t-il dû le vouloir ainsi dans le simple cas de lésion, cas bien moins grave que l'autre! — L'esprit de la loi, que l'on ne saurait puiser que dans les auteurs qui ont concouru à la rédaction du code, s'unit à la raison pour adopter cette interprétation. — « Le motif de cet article, dit M. de Maleville, est que le cohéritier est censé avoir reconnu qu'il n'avait aucune bonne raison pour faire rescinder le partage, puisqu'il s'est mis dans l'impuissance de remettre les choses dans leur premier état. » M. Siméon, en présentant le titre des Successions au corps législatif, s'exprimait ainsi : « Mais, si le premier acte faisant partage, de quelque couleur qu'on l'ait déguisé, est rescindable, il cesse de l'être, lorsqu'un second acte l'a consacré, ou lorsqu'on a disposé de son lot; il n'y a d'exception que dans le cas du dol qu'on n'aurait découvert qu'après l'aliénation : si on le connaissait auparavant, on a renoncé à s'en prévaloir, puisqu'on a vendu. » — Attendu que l'interprétation donnée à cet art. 892 doit donc être que, toutes les fois que le cohéritier a vendu son lot, il est non recevable à attaquer le partage, et qu'il n'y a d'exception en sa faveur que dans le cas de dol ou de violence, si le dol n'a été découvert ou si la violence n'a cessé qu'après l'aliénation faite; — Confirme.

Du 17 juin 1831.–C. de Grenoble, 2e ch.–M. de Noaille, pr.

(2) 1re *Espèce* : — (Garagnon *C.* son frère.) — Attendu que l'art. 892 c. civ. ne s'applique qu'au cohéritier qui, après avoir aliéné son lot en tout ou en partie, intente l'action en rescision pour dol ou violence, si l'aliénation qu'il a faite est postérieure à la découverte du dol ou à la cessation de la violence; que les fins de non-recevoir ne doivent pas être étendues d'un cas à l'autre, et qu'en raisonnant par analogie, on doit présumer que le cohéritier qui a vendu son lot en tout ou en partie l'a aliéné avant d'avoir découvert la lésion dont il se plaint; — Emendant.

Du 6 juill. 1826.–C. de Bordeaux.–M. Delpit, pr.

2e *Espèce* : — (Delbez *C.* Delbez.) — Attendu que, d'après les dispositions de l'art. 887 c. civ., la demande en rescision, en matière de partage, peut avoir pour objet le dol, ou la violence, ou la lésion de plus du quart; que, dans le premier cas, il n'y a ni volonté ni consentement; que, dans le second cas, au contraire, il y a seulement un préjudice que la loi autorise à réparer; que le dol et la violence faisant exception à toutes les règles, le contrat qui en est le résultat est censé n'avoir jamais existé; que, quoique ce contrat soit nul dès son origine, il peut cependant être validé par la volonté libre du contractant, lorsqu'il a découvert le dol ou que la violence exercée contre lui a cessé, parce qu'alors c'est le second acte seulement qui donne la vie au premier; que ces principes se trouvent consacrés par l'art. 1115 c. civ.; que c'est dans le même esprit qu'a été rédigée la section relative à la rescision en matière de partage; que l'art. 887 dispose, en première ligne, que les partages peuvent être rescindés pour cause de violence ou de dol, et en seconde ligne, qu'il peut y avoir aussi lieu à rescision pour lésion de plus du quart; que ces principes ainsi posés, il est incontestable que l'action en rescision réside intégralement dans les mains de tout copartageant, soit qu'il s'agisse de dol ou de violence, soit qu'il s'agisse de simple lésion, dans les termes et dans les délais fixés par la loi, sauf les exceptions formellement exprimées; c'est ainsi que, par l'art. 1304, cette action a été limitée à dix années, et que, pour les cas de violence ou de dol, le terme ne court que du jour où la violence a cessé et où le dol a été découvert; c'est ainsi encore que, d'après l'art. 1115, le contrat ne peut plus être attaqué pour cause de violence, si, depuis que la violence a cessé, ce contrat a été approuvé soit expressément, soit tacitement; que si le contrat a été approuvé soit expressément, soit tacitement; que si le contrat a été approuvé expressément, il ne peut s'élever aucun doute sur l'abandon de l'action pour cause de dol ou de violence; mais qu'il n'en peut être de même de l'approbation tacite qui peut s'induire d'une foule de circonstances presque toujours soumises à l'appréciation et à la conscience du magistrat; que le législateur a pu et dû préciser quelqu'une de ces circonstances qui équivaudraient à une approbation expresse; que c'est ainsi que la loi a formellement disposé par son art. 892, que l'action en rescision pour dol ou violence ne serait plus recevable de la part du cohéritier qui aurait aliéné tout ou partie de son lot après la découverte du dol ou la cessation de la violence, parce qu'elle a reconnu dans ce fait une approbation expresse, quoique tacite, du contrat originairement rescindable pour cause de dol ou de violence; qu'il est évident, en effet, que celui qui n'a contracté que par suite du dol ou de la violence exercée contre lui, lorsqu'il a découvert le dol ou cessé d'être contraint par la violence, si, dans cette hypothèse, il aliène tout ou partie de son lot, il reconnaît la validité et la liberté de son consentement, puisqu'il exécute volontairement et en parfaite connaissance de cause, un contrat qui pouvait avoir été infecté de dol ou arraché par la violence;

Attendu, néanmoins, que l'art. 892 c. civ. n'a déclaré irrecevable que l'action pour cause de dol ou de violence lorsqu'il y a aliénation de tout ou partie du lot de la part du cohéritier après la découverte du dol ou la cessation de la violence; qu'il ne peut être permis d'étendre cette exception au cas du cohéritier dont l'action n'a pour objet que d'établir qu'il est intervenu lésion à son préjudice; outre que les exceptions et fins de non-recevoir doivent toujours être rigoureusement renfermées dans les cas spéciaux pour lesquels elles ont été faites, il est évident qu'il n'a pu être dans l'intention du législateur d'étendre celle-ci à la simple action en lésion; c'est en effet dans le même art. 887 c. civ. que la loi a posé le principe de la rescision, soit pour le cas de dol ou de violence, soit pour le cas de lésion; c'est dans la même section qu'il précise une fin de non-recevoir, et dans l'art. 892 qui la détermine, il a le soin de ne désigner nominativement que l'action en rescision pour cause de dol ou de violence. Quel aurait pu être le motif de garder un absolu silence sur l'irrecevabilité de l'action en lésion pour la même cause si telle eût été l'intention du législateur, lorsque surtout il avait posé les mêmes principes dans l'art. 887 c. civ.? Qu'il est facile de voir au contraire, par la différence qui existe entre les deux actions, la raison qui a dû déterminer l'exception seulement contre l'action pour cause de dol ou de violence. En effet, pour le demandeur en lésion, il existe un contrat valable, dans lequel il est intervenu un libre consentement qu'il doit et qu'il peut exécuter pendant dix ans, contre lequel la loi offre, il est vrai, un recours, non pour détruire et anéantir le contrat, mais pour rétablir l'égalité qui doit être la base des partages et l'intention présumée des contractants; ce recours a des bornes dans sa durée, parce qu'il est important d'assurer la tranquillité des familles; cette action a si peu pour objet l'anéantissement du contrat, qu'il dépend du copartageant attaqué d'empêcher un nouveau partage en fournissant le supplément, soit en nature, soit en numéraire (c. civ. 891), faculté qui, évidemment, ne peut

aff. Nicouleau *C.* Dumas; Rej. 24 janv. 1833, MM. Zangiacomi, pr., Moreau, rap., aff. Bérenger; Bordeaux, 26 juill. 1838, aff. Dartenset, V. Disposit. entre-vifs, n° 4633; 11 juin 1842, aff. Mondenard *C.* Diesmes; Cass. 4 déc. 1850, aff. Beaumont, D. P. 50. 1. 337; Bordeaux, 30 juill. 1849, aff. Leymarie, D. P. 50. 2. 37; Req. 18 fév. 1851, aff. Béron d'Oche, D. P. 51. 1. 294). — V. aussi Disposit. entre-vifs, n° 4640).

2314. Et spécialement, on a jugé: 1° qu'il n'y a pas déchéance de l'héritier vendeur, lorsqu'il s'est réservé, dans l'acte de vente, la faculté de reprendre l'immeuble, pour le cas où, par l'effet d'un nouveau partage, il ne tomberait pas dans son lot (Grenoble, 8 mai 1835, aff. Dorey, V. Disp. entre-vifs, n° 4634); — 2° Que la même déchéance n'est pas opposable à l'acquéreur de droits successifs demandant la rescision pour lésion du chef de son vendeur (Toulouse, 24 nov. 1832, MM. de Miégeville, pr., Caze, subst., aff. Bez *C.* Cros); — 3° Que l'action en rescision est recevable, bien que le mari ait aliéné tout ou partie du lot échu à sa femme, si la femme n'a consenti ni ratifié la vente (Nîmes, 22 mars 1839, aff. Mathieu, V. *eod.*, n° 4529).

2315. Toutefois, la déchéance serait-elle encourue, si l'héritier n'avait aliéné tout ou partie de son lot, qu'après qu'il aurait connu la lésion? Oui, selon plusieurs auteurs et arrêts (Vazeille, Conflans, Belost, *loc. cit.*; Nîmes, 10 mars 1847, aff. Garnier, D. P. 48. 2. 175).

2316. Et il a été jugé spécialement: 1° que le cohéritier qui, depuis sa demande en restitution contre un partage pour cause de lésion, a hypothéqué et aliéné plusieurs immeubles dépendant de son lot, doit être déclaré non recevable dans son action (Rennes, 14 avr. 1829, aff. Boudet *C.* Quéla); — 2° Que l'héritier qui, depuis l'instance en rescision du partage par lui introduite, s'est mis ainsi dans l'impossibilité de réintégrer en nature les biens pour le partage, a pu être déclaré avoir renoncé à son action en rescision. Dans un tel cas, on dirait en vain que l'art. 1338 c. nap., sur la ratification des actes en général, ne s'applique pas aux actes de partage, et que la fin de non-recevoir, que l'art. 892 du même code fait dériver, contre l'action en rescision, de la vente des biens partagés, n'est établie que pour le cas où la rescision est motivée sur le dol ou la violence et non pour celui où elle est fondée sur la lésion (Rej. 17 fév. 1830) (1).

2317. Mais une distinction importante doit être faite à cet égard. Si l'art. 1338 est applicable, la ratification ne résultera pas de la simple connaissance du vice de l'acte qu'on a exécuté. Il faudra encore l'intention de purger ce vice. Sans doute, on n'exigera pas une renonciation formelle de cette intention : mais elle devra résulter des circonstances de l'exécution, à la différence de ce qui a lieu dans le cas de dol et de violence (Conf. M. Dutruc, n° 630 *bis*); — Jugé en effet que l'exécution volontaire d'un acte, contre lequel l'action en rescision était ouverte, ne peut être considérée comme une ratification, qu'autant que l'exécution a eu lieu à une époque où les vices de l'acte étaient connus de la partie, et que celle-ci, en exécutant cet acte, a eu l'intention d'en réparer les vices (Grenoble, 8 mai 1835, aff. Dorey, V. Disposit. entre-vifs, n° 4634-1°).

2318. Il a été décidé aussi 1° que l'art. 892 c. nap. est applicable au cas de lésion : dans ce cas, la ratification expresse ou tacite du partage reste soumise aux règles établies par l'art. 1338 c. nap.; — Par suite, l'aliénation par un copartageant de tout ou partie de son lot ne le rend non recevable dans son action en rescision du partage, pour cause de lésion, qu'autant qu'il est établi qu'il a aliéné avec l'intention de purger le vice résultant de cette lésion; — Et spécialement, cette intention ne saurait s'induire du fait de l'aliénation, lorsqu'il n'est point constaté que le demandeur en rescision avait, en aliénant, connaissance de la lésion (Cass. 4 déc. 1850, aff. Beaumont, D. P. 50. 1. 337); — 2° Que l'aliénation n'élève une fin de non-recevoir contre l'action en rescision qu'autant qu'elle présente les caractères de la ratification tacite ou expresse réglée par l'art. 1338 c. nap. (Req. 18 fév. 1851, aff. Béron-d'Oche, D. P. 51. 1. 294).

2319. Et, dans ce sens, on a décidé que l'action en rescision d'un partage (d'ascendant) pour cause de lésion, peut être déclarée non recevable de la part de ceux des copartageants lésés qui ont aliéné tout ou partie des objets compris dans leur lot, lorsqu'il résulte des circonstances que cette aliénation, faite par eux en connaissance de leurs droits, et, pour l'un d'eux, à une époque où l'action en rescision était même déjà soumise à la justice, a eu lieu avec la volonté de ratifier le partage (Req. 9 mai 1855, aff. d'Anglade, D. P. 55. 1. 312).

2320. Un autre système résulte des motifs donnés par MM. Duranton et Marcadé, *loc. cit.* D'après ces auteurs, l'aliénation par l'héritier de tout ou partie de son lot ne serait jamais une fin de non-recevoir contre l'action en rescision pour lésion; car, disent-ils, une transaction, après partage, entre cohéritiers, n'a cet effet de déchéance, selon l'art. 888, qu'autant qu'elle porte sur des difficultés réelles. Donc, à défaut de difficultés réelles, la transaction n'empêcherait pas l'action rescisoire, bien qu'on y eût renoncé formellement. A plus forte raison ne suffira-t-il point, pour éteindre cette action, du consentement tacite qu'on induirait de l'aliénation. Mais on a fait observer avec raison (M. Dutruc, n° 630), que cet argument ne présente point le vrai sens de l'art. 888. La loi n'a entendu parler que d'une transaction apparente, venant après un partage simulé, et constituant elle-même le véritable partage. La pensée de la loi n'a pu être de refuser toute sanction à une transaction venant après un partage sérieux, et qui contiendrait la renonciation de l'un des héritiers à l'action rescisoire. Il faudrait donc aller jusqu'à dire qu'après le partage les cohéritiers ne peuvent, dans aucun cas, renoncer à cette action d'une manière tacite ou expresse. Ce serait admettre, ce qui n'est pas évidemment, que la lésion est une cause de nullité d'ordre public.

2321. Il a été jugé 1° que s'il est vrai que l'art. 892 c. nap. n'est pas applicable au cas de lésion, cependant l'art. 1338 c. nap., relatif à la ratification et à la confirmation, s'applique aussi bien à un acte de partage qu'à tout autre contrat. Et que l'on doit considérer comme exécution emportant ratification du partage, et par suite, renonciation à l'attaquer pour lésion, la circonstance : 1° que l'héritier du chef duquel la rescision est formée a vendu à l'un de ses cohéritiers une partie des biens provenant du partage, et qu'il a ensuite transigé avec lui sur une difficulté élevée par ce dernier au sujet de ladite vente; 2° qu'après son décès, une autre partie des biens attribués par le partage a été vendue avec autorité de justice, sur son fils mineur, par la mère tutrice légale de ce dernier qui, à sa majorité, a ratifié tout ce qui a été fait par sa mère, même depuis la demande en lésion formée par cet enfant majeur; 3° que vingt-huit ans après le partage, celui-

appartenir au défendeur en rescision pour cause de dol ou de violence. Cette dernière action, au contraire, a pour objet de prouver qu'il n'a jamais existé de contrat ni de consentement, conséquemment de demander la nullité et l'anéantissement de l'acte; le demandeur n'a jamais pu ni dû l'exécuter; toute exécution de sa part, dès qu'il a reconnu le dol ou que la violence a cessé, est une renonciation à son action et un libre consentement donné à l'acte. Voilà incontestablement le motif qui a déterminé le législateur à préciser la fin de non-recevoir prise de l'aliénation. En vain dirait-on que l'art. 1338 c. civ. renferme implicitement cette fin de non-recevoir contre le demandeur en lésion; il est évident qu'aux termes de cet article pourrait bien s'appliquer l'action pour cause de dol ou de violence, puisqu'il suffit que l'obligation soit exécutée volontairement après l'époque à laquelle l'obligation pouvait être valablement confirmée ou ratifiée, c'est-à-dire après la découverte du dol ou la cessation de la violence. Mais quant à l'action en lésion, le contrat a pu et dû être exécuté pendant dix ans, comme le contrat de vente a pu être exécuté pendant deux années sans que l'action pour lésion de plus des sept douzièmes ait pu éprouver la moindre atteinte; d'où il suit que c'est contrairement aux dispositions de la loi que cette fin de non-recevoir a été admise.

Du 21 janv. 1836.-C. d'Agen, ch. civ.-M. Tropamer, pr.

(1) (Lamotte *C.* Lavau.) — LA COUR (apr. dél. en ch. du cons.); — Attendu qu'il est reconnu, par l'arrêt attaqué (de la cour d'Agen), que les sœurs Lavau ont, au mépris du contrat judiciaire qui les liait, vendu, pour la plupart, les immeubles qui leur ont été dévolus par le traité du 23 fruct. an 5, si bien qu'elles se sont mises, volontairement, hors d'état de réaliser la restitution en entier, qu'elles avaient manifesté l'intention de poursuivre en justice. — Que, d'après ces circonstances, l'arrêt a pu, sans contrevenir expressément à aucune loi, juger en fait, qu'elles ont formellement renoncé à l'action par elles intentée, et, par suite, rejeter leur demande, ce qui justifie suffisamment l'arrêt dénoncé; — Rejette.

Du 17 fév. 1830.-C. C., ch civ.-MM. Portalis, 1er pr.-Cassaigne, rap.-Joubert, av. gén., c. conf.-Odilon-Barrot et Dalloz, av.

ci a consenti bail pour ses enfants du surplus des biens, et sous stipulation d'un pot-de-vin qu'il a reçu en billets souscrits à son profit (Caen, 6 janv. 1848, aff. Beaumont, D. P. 51. 2. 4); — 2° Que d'ailleurs, s'il est vrai que l'aliénation de son lot faite par le cohéritier ne le rende pas non recevable à exercer l'action en rescision pour cause de lésion, lorsqu'il a aliéné avant de connaître la lésion, cette action, quand le partage a été fait en justice, ne doit être admise qu'avec une extrême réserve et qu'autant qu'elle s'appuie sur des faits assez graves pour rendre la lésion vraisemblable; et spécialement, qu'elle doit être rejetée, dans le cas où la différence de valeur des lots s'explique par des améliorations faites pendant de longues années par l'un des cohéritiers et négligées par celui qui se prétend lésé, par le choix dans le mode d'aliénation de ces lots, le premier des cohéritiers ayant vendu par parcelles, tandis que le second a vendu en bloc pour un moindre prix (Limoges, 9 mars 1841) (1).

2322. Au surplus, dans l'un comme dans l'autre système, c'est-à-dire soit qu'on applique l'art. 892 aux demandes en rescision pour lésion, soit qu'on refuse de le leur appliquer, il importe peu que l'aliénation, faite après la lésion connue, ait eu lieu à titre gratuit ou à titre onéreux : la règle doit être la même dans un cas comme dans l'autre. La question pouvait s'élever, mais elle ne paraît avoir été résolue même virtuellement par un arrêt qui a jugé que la donation entre-vifs, faite par un héritier à son cohéritier des biens compris dans le lot à lui échu, ne peut être considérée comme une exécution ou ratification du partage qui rende l'héritier non recevable à l'attaquer pour cause de lésion : « Considérant que la donation faite le 20 mars 1821 par l'appelante à l'intimé des biens qui lui sont échus par ce partage, en est, dit-on, la ratification, mais que cette donation n'est qu'un acte de bienfaisance et n'a aucun des caractères indiqués par la loi pour en induire une ratification;... mais que ce ne peut être un motif pour rejeter une action autorisée par la loi » (Bourges, 25 avr. 1826, M. Sallé, pr., aff. Arnoux C. Delage).

2323. L'art. 892 suppose une aliénation de tout ou *partie* du lot. Une aliénation, même partielle, aurait donc l'effet d'emporter déchéance de l'action en rescision, si elle se présentait dans les conditions prévues par l'art. 1338. — Cependant il a été jugé que lorsqu'une personne se pourvoit en rescision contre un acte de partage unique dans son contexte, les juges peuvent le diviser

---

(1) *Espèce :* — (Deluret de Foix C. Bugeaud de la Bastide.) — 15 mai 1840, jugement du tribunal de Saint-Yrieix, ainsi conçu : — « Attendu que l'art. 892 c. civ., après avoir dit, en termes formels et précis, que le cohéritier qui a aliéné son lot en tout ou en partie n'est plus recevable à intenter l'action en rescision pour dol ou violence, si l'aliénation qu'il a faite est postérieure à la découverte du dol ou à la cessation de la violence, est entièrement muet sur la rescision pour cause de lésion; — Attendu que ce silence de la part du législateur a évidemment un but; qu'il démontre clairement qu'il n'a pas voulu confondre, dans ce cas, l'action en rescision pour dol et violence et l'action en rescision pour cause de lésion; qu'il a créé une fin de non-recevoir pour la première qu'il n'a pas voulu créer pour la seconde; — Attendu, en effet, que celui qui a aliéné son lot après la cessation de la violence ou la découverte du dol manifeste suffisamment son intention de renoncer à ces moyens de rescision; mais qu'il n'en est pas de même de celui qui été lésé; qu'il peut ignorer cette lésion au moment où il vend, car, dans le plus grand nombre de cas, ce n'est qu'au moyen de l'estimation, souvent longue et difficile, que le cohéritier peut être certain qu'il y a eu, à son préjudice, dans le partage, une lésion de plus du quart; qu'il y aurait par conséquent danger à déclarer non recevable le cohéritier qui aurait aliéné son lot lorsqu'il aurait été dans la nécessité de le vendre, et qu'il n'aurait pu connaître d'une manière précise et certaine qu'il y avait lésion à son préjudice; que c'est là sans doute le motif de la loi dans l'art. 892 c. civ.; — Attendu que l'art. 1558 c. civ. ne peut avoir, dans l'espèce, le sens absolu qu'on veut lui donner; que c'est, à la vérité, un principe général qui régit les cas non prévus d'une manière spéciale par la loi; mais que, dans le cas de rescision en matière de partage, le code contient des dispositions spéciales auxquelles on doit se référer, et qui repoussent les principes généraux lorsqu'elles leur sont opposées; — Attendu que, d'après les termes et l'esprit de l'art. 892 c. civ., le législateur n'a pas voulu que l'aliénation du lot d'un des cohéritiers pût lui être opposée comme une fin de non-recevoir dans le cas de lésion, et comme une exécution du contrat de partage; — Attendu, en effet, que la vente du lot, dépouillée de toute autre circonstance, ne saurait être considérée comme une exécution volontaire, selon le § 3 de l'art. 1338 c. civ.; que ce n'est ici qu'une conséquence du partage sujet à rescision; que le cohéritier, en vendant, ne couvre pas le vice de la lésion, vice qu'il ne connaît pas; qu'il ne rétablit pas par là l'égalité, base essentielle du partage; qu'il ne peut y avoir par conséquent de sa part intention de ratifier; — Attendu toutefois que, si la vente du lot ne peut, aux termes de l'art. 892, créer seule, et indépendamment de tout autre fait, une fin de non-recevoir, il en serait autrement si elle était accompagnée de circonstances telles qu'on dût en tirer nécessairement la conséquence que, au moment de la vente, le cohéritier, connaissant d'une manière certaine la lésion, a manifesté, par cette vente, l'intention formelle et non douteuse de renoncer à toute action en rescision pour lésion, et de ratifier le partage par lequel il était lésé; qu'on sortirait alors de l'application de l'art. 892 pour retomber, dans ce cas, sous l'application des principes généraux de l'art. 1338 : ce ne serait plus la vente seule du lot qui créerait la fin de non-recevoir, mais les circonstances qui l'auraient accompagnée, qui feraient décider qu'il y a eu intention manifeste de ratifier et de renoncer à toute action en rescision : ce serait une appréciation de faits et d'intentions, — Attendu que la circonstance que les biens vendus ne peuvent être rapportés à la masse n'empêche pas qu'ils ne puissent être estimés et rapportés fictivement; que d'ailleurs, au cas de dol ou de violence, la rescision peut être demandée malgré la vente qui aurait eu lieu avant la cessation de la violence ou la découverte du dol; qu'il doit en être de même en cas de lésion; — Attendu que, en faisant à l'espèce l'application de ces principes, il en résulte que la vente faite par le sieur Raymond Bugeaud de son lot ne peut créer contre lui une fin de non-recevoir, à moins que cette vente ne fût accompagnée de circonstances telles qu'on dût en tirer la conséquence nécessaire qu'il connaissait parfaitement qu'il y avait lésion à son préjudice, et que, en vendant, il a manifesté l'intention de renoncer à l'action en rescision pour cause de lésion et de ratifier purement le partage; — Attendu que rien ne justifie que, au moment où le sieur Raymond Bugeaud a vendu son lot, il sût d'une manière bien certaine, non douteuse, qu'il y eût lésion du quart à son préjudice, et qu'il ait voulu, malgré cette connaissance acquise, ratifier le partage et renoncer à l'action en rescision; — Attendu que le sieur Raymond Bugeaud, jeune encore, et mineur au moment du partage, ne pouvait être fixé d'une manière précise sur la valeur comparative de son lot et de ceux de ses cohéritiers; que, si les ventes faites par M. Deluret ont pu lui faire naître la première pensée d'une lésion, cette pensée ne pouvait être bien arrêtée, puisque ces ventes avaient eu lieu en détail à un assez grand nombre de personnes, qui pouvaient n'être pas toutes connues de Raymond Bugeaud, et que d'ailleurs il n'en ressortait pas, eu égard à leur importance, qu'il y eût lésion de plus du quart; qu'il aurait fallu, pour arriver à cette connaissance, apprécier les biens restés entre les mains de M. Deluret et ceux qui avaient été attribués à M. Bugeaud aîné, en faire ensuite la comparaison avec ceux attribués à M. Raymond Bugeaud, opération longue et difficile que n'aurait pu faire alors ce dernier; — Attendu qu'il est difficile au fond de rien décider dans l'état présent de la cause; qu'il n'y a pas de documents sur lesquels on puisse s'appuyer pour connaître s'il y a eu lésion de plus du quart au préjudice du sieur Raymond Bugeaud; qu'une estimation par experts est indispensable pour arriver à cette connaissance. » — Appel par les époux Deluret. — Arrêt.

LA COUR; — Attendu que, si le partage fait judiciairement n'est point à l'abri de l'action en rescision par l'autorité de la chose jugée, qui ne saurait résulter d'une simple homologation donnée par le juge à l'œuvre des experts sans nulle contradiction, il convient toutefois, dans le cas d'un partage judiciaire, de n'accueillir cette action qu'avec une extrême réserve, seulement quand elle s'appuie sur des faits assez graves pour rendre la lésion vraisemblable, puisqu'elle tend à renverser une opération faite par des experts investis de la confiance de la justice, et qui conséquemment offre beaucoup de garanties; — Et attendu, dans l'espèce, que la différence entre le prix de la vente du lot du sieur Raymond Bugeaud peut s'expliquer aisément, soit par la circonstance que les époux Deluret ont apporté des soins assidus à l'amélioration de leur lot, pendant que le sieur Raymond Bugeaud a négligé d'améliorer le sien, soit par la circonstance que les époux Deluret ont vendu une partie de leur lot par parcelles; tandis que la vente du lot du sieur Raymond Bugeaud a été faite en bloc, et que le fait de cette différence, ainsi expliqué, n'a point une gravité suffisante pour faire présumer la lésion; — Attendu que, en l'absence d'autres éléments, l'articulation de la lésion manque de vraisemblance, surtout lorsqu'il s'agit de revenir sur un partage qui a été respecté par toutes les parties durant longues années, et que, en telle occurrence, il y a lieu de rejeter la preuve offerte par le sieur Raymond Bugeaud; — Sans s'arrêter aux exceptions prises par les époux Deluret des art. 892 et 1558 c. civ., et sur lesquelles la cour adopte l'avis et les motifs des premiers juges, statuant sur l'action en rescision par un moyen qui touche au fond, déboute le sieur Raymond Bugeaud de la demande par lui formée, et, attendu la parenté des parties, compense les dépens.

Du 9 mars 1841.-C. de Limoges, 1re ch.-MM. Tixier-Lachassagne, pr.-Malleve^gne, av. gén., c. conf.-Gérardin, Moulinard, av.

de manière à en rescinder une partie et à laisser subsister l'autre. Spécialement, la ratification que le mineur a faite depuis sa majorité, en disposant de quelques-uns des objets compris dans le partage, ne doit pas s'étendre sur tous ces objets ; on doit la limiter à ceux dont il a été disposé (Paris, 9 fruct. an 13, aff. Cabarus, V. Minorité, n° 833-3°). Cette décision est critiquée avec raison par M. Dutruc, n° 631, note.

2324. Au reste, l'expropriation forcée des immeubles composant le lot d'un cohéritier n'est point un empêchement à la demande en rescision du partage précédemment formée par ce cohéritier, alors surtout que cette expropriation est le fait personnel des défendeurs à l'action en rescision (Grenoble, 8 mai 1835, 2e ch., aff. Dorey, V. Disp. entre-vifs, n° 4634-1°). — L'arrêt se fonde d'ailleurs sur ce que « l'expropriation forcée ne serait point un empêchement absolu à un nouveau partage, afin de rétablir l'égalité entre les cohéritiers, selon leurs droits, en rapportant figurativement à la masse les immeubles expropriés. »

2325. *Exécution volontaire.* — L'aliénation par l'héritier de tout ou partie de son lot est un exemple d'exécution offert par l'art. 892. Mais on doit appliquer les mêmes principes à tous autres actes de disposition ou de propriété que le cohéritier aurait faits depuis la découverte du dol ou la cessation de la violence, comme s'il avait abattu une futaie, démoli une maison, constitué une hypothèque, etc. (Conf. MM. Duranton, n° 588; Dutruc, n° 631). — Mais de simples actes d'administration ne constitueraient pas l'exécution volontaire que suppose notre article.

2326. Dans aucun cas, l'exécution volontaire n'emporte déchéance de l'action en rescision pour lésion, si les circonstances de l'exécution ne prouvent que le cohéritier connaissait le vice du partage et avait l'intention de le réparer. On a vu *suprà*, n° 2321, que l'art. 1338 c. nap. s'applique au partage comme à toutes autres conventions. —Jugé notamment : 1° que la déchéance ne résulte pas de la quittance donnée par un héritier à ses cohéritiers de sommes reçues pour sa part héréditaire. — « Attendu que les quittances consenties par Louis Véricel ne sont qu'une exécution pure et simple de l'acte du 29 fruct. an 9 et n'ont aucun des caractères requis pour les ratifications; rejette le pourvoi contre l'arrêt de la cour de Lyon, du 5 avril 1813 » (Req. 27 oct. 1814, MM. Botton, pr., Lasaudade, rap., aff. hérit. Vericel); — 2° Que lorsqu'un frère cède à un autre ses droits dans la succession à un troisième frère, moyennant un prix unique qui est stipulé, tant pour cette cession que pour la ratification d'une précédente cession faite par le cédant de ses droits dans les successions de ses père et mère, la réception du prix de cette ratification ne prouve pas que le cédant connût le vice de la première cession et voulût renoncer à l'action en rescision pour lésion ; cette action dès lors est encore recevable (Rej. 8 fév. 1841) (1).

2327. *Renonciation expresse à l'action en rescision.* — L'art. 1674 c. nap. permet au vendeur de demander la rescision de la vente pour lésion de plus de sept douzièmes quand même il aurait expressément renoncé dans le contrat à cette faculté. Il en doit être de même, à plus forte raison, dans le cas de partage, puisqu'il est fait sans esprit de spéculation et en vue d'une parfaite égalité (Conf. MM. Duranton, t. 7, n° 537; Massé et Vergé sur Zachariæ, t. 2, p. 389, note 28). — Jugé : 1° qu'un acte de partage est susceptible de rescision de plus du quart, malgré la renonciation faite dans l'acte par les cohéritiers de ne revenir, sous aucun prétexte, contre le partage consenti (Nîmes, 15 janv. 1839, M. Vignolles, pr., aff. Aymard C. Aymard); — 2° Que pareillement, l'action en rescision pour cause de lésion d'un acte contenant une vente et un partage opérés par forme de transaction, peut être exercée même par le copartageant et vendeur qui a déclaré y renoncer expressément (Pau, 12 janv. 1826, M. Bascle de Lagrèze, pr., aff. Paucis C. Pelleport).

2328. On a jugé aussi que l'acte par lequel un copartageant et vendeur s'engage à ne pas exercer l'action en rescision pour cause de lésion étant nul, la garantie ou cautionnement personnel offert par lui n'est point valable (c. nap. 2012 ; Pau, 12 janv. 1826, M. Bascle de Lagrèze, pr., aff. Paucis C. Pelleport).

2329. L'action en rescision pour lésion est recevable, nonobstant toute stipulation contraire, par exemple, d'une clause de garantie insérée dans l'acte de partage.— En conséquence, si un acte de cession entre cohéritiers, par lequel un bien dotal a été aliéné, est attaqué à la fois comme vente à raison de l'inaliébilité du fonds total, et comme partage, pour lésion de plus du quart, l'arrêt qui rejette l'action pour le tout sans donner de motifs particuliers sur le chef relatif à la rescision pour cause de lésion est nul pour défaut de motifs, les motifs tirés de l'exception de garantie ne pouvant pas s'appliquer à ce chef de l'arrêt (Cass. 22 mai 1855, aff. Samuel, D. P. 55. 1 197).

2330. Quant à la renonciation postérieure au partage, elle peut emporter déchéance de l'action en rescision, si elle présente les conditions de validité exigées par l'art. 1338 pour la ratification (V. *suprà*, n° 2321). — Jugé toutefois que dans une instance en rescision de vente pour cause de lésion de plus du quart, la demande par l'acquéreur qu'un jugement préparatoire ordonnât, conformément aux conclusions des vendeurs, qu'il serait procédé à l'estimation des biens compris à l'acte de vente, ne constitue point une renonciation à contester la recevabilité de l'action en rescision, lorsque, surtout, il est reconnu que l'acquéreur demandait en même temps qu'au prix stipulé dans l'acte on ajoutât une somme représentant les dettes mises à sa charge, et que les vendeurs ont contesté l'existence de ces dettes (Req. 11 fév. 1835) (2).

2331. *Prescription.* — L'action en rescision du partage se prescrit par dix ans (art. 1304); il en était de même dans l'ancienne législation (Req. 28 mars 1820, aff. Adenot, V. Disposit. entre-vifs, n° 4508). Ce délai court du jour où la violence a cessé, du jour où le dol a été découvert, et s'il y avait lésion, du jour du partage. — Le délai de prescription est limité à dix ans, lors même que le partage est attaqué pour cause d'erreur, spécialement sur la qualité des copartageants : par exemple, lorsqu'un partage a été opéré entre des enfants légitimes et des enfants adultérins crus aussi enfants légitimes (Aix, 12 déc. 1839, M. Pataille, pr., aff. Laffé).

2332. Quant à la demande en supplément de partage d'un objet particulier, omis dans un partage antérieur, M. Vazeille, des Prescriptions, n° 382, enseigne qu'elle se prescrit par trente ans. Mais nous pensons, comme MM. Massé et Vergé sur Zachariæ, t. 2, p. 389, note 27, que cette demande est imprescriptible, comme ayant pour but de faire cesser l'indivision relativement à l'objet omis. C'est le cas d'appliquer les règles exposées *suprà*, nos 1550 et suiv.

2333. D'après l'art. 1304 : « le temps ne court, à l'égard

(1) (Florand C. Nadaud.) — La cour; — Sur l'acte du 29 flor. an 9 : — « Attendu que l'exécution de l'acte (du 29 flor. an 9) couvrant le vice de minorité, elle ne pouvait être un obstacle à l'action en rescision pour cause de lésion de plus du quart dirigée contre lui, laquelle action compète aux majeurs comme aux mineurs ; qu'ainsi l'art. 1550 c. civ. n'a pas été violé ; — Rejette le pourvoi contre l'arrêt de la cour de Limoges.

Du 8 fév. 1841.–C. C., ch. civ.–MM. Boyer, pr.–Bérenger, rap.

(2) (Bourdiaux C. Louvrier.) — La cour ; — Sur le premier moyen fondé sur la violation des art. 1134 et 1156 c. civ.: — Attendu que, si Pierre Louvrier a demandé qu'il fût procédé à l'estimation des biens compris dans l'acte de vente du 2 sept. 1829, il a demandé en même temps qu'au prix porté par cet acte de vente il fût ajouté une somme de 9,185 fr., formant le tiers à la charge des mariés Bourdiaux dans les dettes que les enfants Louvrier avaient été chargés de payer à l'acquit de leurs père et mère ;

Attendu qu'au lieu d'adhérer à cette partie des conclusions de Pierre Louvrier, les mariés Bourdiaux ont contesté l'existence des dettes dont l'état leur avait été signifié, en prétendant qu'elles n'avaient pas de date certaine antérieure à l'acte d'abandon fait par les père et mère Louvrier à leurs enfants ; — Qu'ainsi aucun contrat n'a pu se former entre les parties sur la question de savoir si, au fond, l'action en rescison des mariés Bourdiaux contre l'acte de vente du 2 sept. 1829 était recevable ou fondée ;

Attendu, d'ailleurs, qu'en consentant ou même en demandant l'estimation des biens compris dans l'acte de vente dont il s'agit, Pierre Louvrier n'a pas renoncé à faire valoir sur le fond tous les moyens de droit qui pouvaient tendre à faire rejeter l'action en rescision des mariés Bourdiaux, et que l'arrêt attaqué (de la cour de Bourges), en écartant par ce motif la fin de non-recevoir proposée par les mariés Bourdiaux, s'est conformé aux principes du droit et n'a violé aucune loi ; — Rejette.

Du 11 fév. 1835.-C. C., ch. req.-MM. Zangiacomi, pr.-Moreau, rap.

des interdits, que du jour où l'interdiction est levée; et à l'égard des mineurs, que du jour de leur majorité. » — Toullier prétend, t. 5, nº 665, que la prescription n'est pas suspendue pendant la minorité ou l'interdiction, si les formalités du partage judiciaire ont été observées; il se fonde sur l'art. 1314 qui, dans ce cas, considère les parties relativement au partage, comme si elles l'avaient fait en majorité ou avant l'interdiction. Mais il résulte de là seulement que le partage ne pourra être attaqué par le majeur et le mineur que pour les mêmes causes de rescision; le délai dans lequel le mineur l'attaquera est réglé par l'art. 1304. C'est ainsi que se concilient ces deux dispositions (MM. Malpel, nº 318; Delvincourt, t. 2, p. 566, note 7; Chabot, t. 3, p. 703; Vazeille, art. 892, nº 4; Dutruc, nº 635).

2334. *Payement du supplément de la portion héréditaire.* — Le défendeur à la demande en rescision peut en prévenir l'effet et empêcher un nouveau partage « en offrant et en fournissant au demandeur le supplément de sa portion héréditaire, soit en numéraire, soit en nature » (c. nap. 891). Le code a consacré en ce point l'opinion de Pothier (des Success., ch. 4, art. 5), qui n'était pas généralement admise. « Chacun des héritiers, disait Lebrun, liv. 4, ch. 1, nº 63, n'a entendu recevoir sa portion qu'en corps héréditaire, en nature. » La disposition du code nous paraît préférable, dans l'intérêt des familles, qu'il ne faut pas troubler par les désagréments et les procès d'un nouveau partage. La bonne foi des cohéritiers méritait des égards.

2335. La faculté de prévenir un nouveau partage par un supplément en numéraire, ne s'étend pas au cas où la rescision est demandée pour dol ou violence. Le but de l'art. 891 n'était pas de créer un privilége pour la fraude (Lebrun, *loc. cit.*; Dumoulin, art. 22, Cout. de Paris; Chabot, t. 3, p. 721; MM. Duranton, t. 7, nº 572; Toullier, t. 5, nº 552; Malpel, nº 318; Favard, vº Partage, sect. 4, nº 5; MM. Marcadé, nº 1; Dutruc, nº 628). M. Vazeille, art. 891, nº 7, ne trouve pas cette distinction dans la loi, quoiqu'elle lui paraisse juste.

2336. Le partage autrefois était recommencé lorsque la lésion excédait la moitié. Tous les jurisconsultes s'accordaient alors à rejeter le supplément en nature ou en numéraire. Cette distinction ne nous paraît plus conciliable avec les termes généraux de l'art. 891 (Maleville, t. 2, p. 555. — *Contrà*, Vazeille, art. 891, nº 2; Delaporte, Pandect. franç., t. 3, p. 404).

2337. La disposition qui permet à l'héritier avantagé d'arrêter le cours de l'action en rescision par l'offre d'un complément en argent, ne s'applique qu'au cas où le partage est attaqué pour cause de lésion, et non à celui où il l'est pour composition illégale des lots, en ce que, par exemple, tous les meubles ont été attribués à l'un et les immeubles à l'autre. En d'autres termes, la nullité résultant de l'inobservation de la règle posée par l'art. 832 c. nap. est tout à fait distincte et indépendante de la rescision pour lésion (Lyon, 30 août 1848, aff. Miraud, D. P. 49. 5. 344). — Jugé ainsi dans le cas d'un partage d'ascendant (Req. 10 nov. 1847, aff. Mazoyer, D. P. 48. 1. 195; 21 août 1848, aff. Vrac, *eod.* 197; V. Disp. entre-vifs, nºs 4618 et suiv.).

2338. Le cohéritier qui doit le supplément ne peut, comme un acquéreur (c. nap. 1681), faire à son profit la déduction du dixième (Paris, 21 mai 1813, aff. Ondry, V. Contr. de ma., nº 2558). — En effet, l'égalité des parts entre héritiers est plus rigoureusement requise que l'égalité du prix dans la vente entre étrangers, qui ne contractent que pour bénéficier (Chabot, t. 3, p. 720; MM. Vazeille, art. 891, nº 3; Dutruc, nº 625).

2339. Les héritiers qui fournissent le supplément en doivent les intérêts, mais seulement à compter du jour de la demande. Ils doivent, à partir de la même époque, tenir compte des jouissances, s'ils fournissent le supplément en biens héréditaires. Jusque-là ils ont été possesseurs de bonne foi (Chabot, sur l'art. 891; Rolland, vº Lésion, nº 111; Poujol, t. 2, p. 595; Toullier, nº 572; MM. Vazeille, nº 4; Dutruc, nº 627).

2340. Dans ce dernier cas, il doit être tenu compte à ces héritiers du montant des impenses qu'ils ont faites, eu égard à ce dont la valeur des biens se trouve augmentée au moment de la restitution et ils doivent tenir compte des dégradations et détériorations commises depuis le partage (Chabot, *eod.*; Rolland, nº 113).

2341. L'offre du supplément peut être faite pendant le cours de l'instance et même après le jugement prononçant la rescision, pourvu qu'il ne soit pas passé en force de chose jugée (MM. Duranton, t. 7, nº 583; Rolland, vº Lésion, nº 110).

2342. La faculté, accordée au défendeur en rescision du partage, de fournir au demandeur le supplément de la portion héréditaire, peut être exercée pour la première fois en appel (Nîmes, 31 mars 1841, aff. de Ramel, V. Dem. nouv., nº 209-1º).

2343. Les tiers détenteurs peuvent, comme l'héritier, éviter le nouveau partage par l'offre du supplément qu'autorise l'art. 891. En général les créanciers sont admis à exercer les droits de leur débiteur (c. nap. 1166). Or, les acquéreurs sont devenus créanciers de leur vendeur à cause de leur action en garantie pour le cas d'éviction (Rolland, vº Lésion, nº 108; Poujol, t. 2, p. 598; Vazeille, art. 892, nº 5; Toullier, nº 574; Dutruc, nº 637).

2344. Le défendeur en rescision, qui déclare opter pour la délivrance du supplément en nature, ne peut plus revenir sur cette option en offrant plus tard de se libérer en numéraire (Nîmes, 31 mars 1841) (1).

2345. *Compétence.—Procédure.* La demande en rescision serait non recevable pour incompétence, si elle n'était pas portée devant le tribunal du lieu de l'ouverture de la succession. — La rescision ayant pour effet de nécessiter un nouveau partage, la demande doit en être formée contre tous les cohéritiers, et non pas seulement contre celui ou ceux d'entre eux qui ont trop reçu dans le partage (MM. Duranton, t. 7, nºs 584 et s.; Massé et Vergé sur Zachariæ, t. 2, p. 584, note 16).—Jugé spécialement que l'héritier lésé ne peut, sans les mettre tous en cause, conclure à la rescision, incidemment à un procès dirigé contre lui à un de ses cohéritiers (Nîmes, 5 juill. 1848, aff. Giran, D. P. 48. 2. 147).

2346. Que décider, toutefois, au cas d'un partage entre quelques-uns des cohéritiers et non entre tous?—On appréciera, d'après les distinctions ci-dessus, nº 2120, si l'acte constitue ou non un véritable partage. Ainsi, la demande devra être formée contre tous, bien que l'indivision n'ait cessé qu'entre quelques-uns, si tous étaient ou ont dû être parties à l'acte. Cependant, disent avec raison MM. Massé et Vergé sur Zachariæ, t. 2, p. 584, note 16: « Si, après une première division entre deux souches, les héritiers d'une souche étaient restés entre eux dans l'indivision, et que le partage n'eût été complété et terminé qu'entre les héritiers de l'autre souche, il n'y aurait lieu de mettre en cause les héritiers de la première souche qu'autant que la lésion porterait sur l'ensemble du partage et non pas seulement sur l'opération particulière faite entre les héritiers composant la seconde. »

§ 4. — *Effets de la rescision.*

2347. Le partage rescindé, la succession se trouve encore

(1) (Ramel C. Pèlerin.) — La Cour; — Attendu que si le législateur, dans le but de mettre un terme aux contestations de famille et de faire respecter autant que possible la volonté de l'auteur commun et les conventions des parties, a permis au défendeur en rescision d'en arrêter le cours en offrant un supplément, soit en numéraire, soit en nature, il n'a pas entendu ajouter à ce droit, déjà si considérable, celui bien plus exorbitant de substituer, selon son caprice, un de ces modes de libération à celui pour lequel il avait déjà déclaré opter; qu'une pareille option doit rester acquise à l'autre partie lorsque, comme dans l'espèce, elle acquiesce au jugement qui l'a consacrée, et lorsque, d'ailleurs, celui qui l'a faite n'a fait aucune réserve au cas où les offres ne seraient pas jugées satisfactoires; Attendu que le système de l'appelant aurait pour effet nécessaire d'éterniser les procès de cette nature, au lieu de les arrêter; — Qu'en effet, le défendeur à un nouveau partage étant le maître de varier à son gré son mode de libération, à mesure que ses offres seraient rejetées, pourrait le faire non-seulement deux fois comme le sieur de Ramel, mais autant de fois qu'il lui plairait, et le moyen le plus sûr d'y parvenir serait, comme dans l'espèce actuelle, d'offrir dérisoirement des valeurs qu'on saurait bien ne pouvoir être acceptées; — Que les nouvelles offres du sieur de Ramel doivent donc être rejetées comme tardives; — Par ces motifs, déclare les nouvelles offres tardives et déboute de l'appel.

Du 31 mars 1841.-C. de Nîmes, 1re ch.-M. De Daunant, 1er pr.

indivise. Chaque héritier doit rapporter tous les biens qui lui avaient été attribués. On procède à la formation des lots sur de nouvelles bases. — Mais si, dans le partage judiciaire, une question de propriété a été discutée et jugée, le bénéfice de la décision demeurera à l'héritier qui l'a obtenue (Chabot, *loc. cit.*; Duranton, t. 7, n° 582; Rolland de Villargues, v° Lésion, n° 115).

2348. Il n'est pas nécessaire que les tribunaux ordonnent une nouvelle expertise, après une demande en rescision de partage pour cause de lésion, lorsque, peu auparavant, une expertise avait été ordonnée par justice, et opérée contradictoirement sur les biens de la succession; du moins un arrêt qui le décide ainsi ne viole aucune loi (c. nap. 890; Rej. 18 mai 1831) (1).

2349. La rescision a-t-elle l'effet de réduire toutes les hypothèques et aliénations consenties depuis le partage sur les biens de la succession? M. Delvincourt, t. 2, p. 368, motivait la négative sur l'esprit général du code, qui est de pourvoir à la tranquillité des acquéreurs, bien que, dans la vente, l'action en rescision soit permise contre les tiers (c. nap. 1654 et 1664). — Mais on a répondu avec raison: « L'art. 1183 révoque, par l'accomplissement de la condition résolutoire, l'acte où elle est insérée, et remet les choses au même état que si l'acte n'avait pas existé. » Or, la rescision pour les causes énumérées dans l'art. 887 est une condition résolutoire de tous les partages, imposée par la loi, et qui n'a pas moins d'effet que que si elle avait été stipulée entre les copartageants; « ceux qui n'ont sur l'immeuble qu'un droit suspendu par une condition ou résoluble dans certains cas, ou *sujet à rescision*, ne peuvent consentir qu'une hypothèque soumise aux mêmes conditions ou à *la même rescision* » (c. nap. 2125). A plus forte raison en doit-il être de même des aliénations plus nuisibles encore aux cohéritiers des vendeurs. La vente est moins favorable que le partage. La rescision est cependant autorisée contre l'acquéreur en second ordre. S'il en était autrement, les auteurs de la lésion, du dol, de la violence, s'empresseraient d'hypothéquer ou d'aliéner les immeubles qu'ils se seraient fait assigner par le partage. Ils ne conserveraient que des propriétés mobilières, faciles à soustraire ou à déguiser. A quoi servirait alors la rescision du partage? (Chabot, t. 3, p. 700; Toullier, t. 5, p. 554; MM. Malpel, n° 312; Vazeille, art. 892, n° 3; Marcadé, même article, n° 2; Poujol, t. 2, p. 379; Dutruc, n° 637; Massé et Vergé sur Zachariæ, t. 2, p. 386, note 20).

2350. La restitution pour cause de minorité en faveur de l'une des parties qui ont souscrit la cession d'un immeuble, ne peut servir aux autres parties majeures; à leur égard, la cession conserve son effet, l'objet en étant divisible. Spécialement si, de trois héritiers, un mineur et deux majeurs, l'un des majeurs se fait attribuer par le partage un prélegs, et qu'ensuite ce partage soit annulé pour minorité de l'une des parties, la restitution ne profite pas au majeur, qui demeure, pour sa part, obligé à la concession du prélegs (Cass. 16 fév. 1814) (2).

2351. L'héritier, contre lequel a été prononcée la rescision du partage pour lésion, doit restituer les fruits qu'il a perçus; mais est-ce à compter du partage ou seulement de la demande? Il nous semble que l'héritier doit être assimilé à tout autre possesseur, et n'être condamné à la restitution des fruits perçus avant la demande, qu'autant qu'il les a perçus de mauvaise foi.

2352. On a ordonné la restitution des fruits perçus avant la demande, sans dire expressément que l'héritier fût de mauvaise foi, mais l'arrêt le fait assez entendre : « Considérant que la lésion qui a donné lieu à la rescision de l'acte de partage est énorme et reconnue des intimés eux-mêmes; que le refus qu'ils font de rapporter à la masse commune les fruits perçus, démontre de plus en plus l'importance de cet objet pour les mineurs et l'inégalité de partage; dit, réformant » (Rennes, 6 janv. 1816, 3e ch., aff. N... *C.* N...).

2353. Dans un cas où la mauvaise foi n'était pas alléguée, et où le partage a été annulé, pour cause autre que la lésion, on a jugé que le partage conserve tous ses effets, ne fût-ce qu'à titre de partage provisionnel, pour les perceptions de fruits et d'intérêts faites par les copartageants jusqu'à l'action en nullité (Caen, 5 déc. 1849, aff. Duval, D. P. 54. 2. 197).

2354. Remarquons, toutefois, que le partage provisionnel diffère d'un partage rescindable, en ce qu'il rend chaque cohéritier propriétaire des fruits perçus sur les biens tombés dans son attribution de jouissance. Lors du partage définitif, il n'en doit incontestablement aucune restitution. La première opération a été régulière et valable. — Jugé aussi que l'héritier qui, en vertu d'un partage provisionnel avec ses cohéritiers, a joui d'une portion de biens moins considérable que ses cohéritiers, n'a droit contre ceux-ci, s'ils ont été de bonne foi, c'est-à-dire, s'ils n'ont joui que de la portion qu'ils croyaient leur être due, à aucune restitution de fruits (c. nap. 550; Nîmes, 2 août 1827, M. Fajon, pr., aff. Richard *C.* Faget).

2355. En principe, la nullité de la convention principale entraîne celle de toutes les stipulations accessoires qui s'y rattachent, et remet les choses au même état que si la convention n'avait pas existé; il s'ensuit qu'on ne peut pas demander, en vertu d'un acte de partage annulé, que le payement des dettes, ni même le service d'une rente viagère, qui y ont été stipulés à la charge des copartageants, fassent de plein droit partie de la succession mobilière dont la liquidation est poursuivie; par suite, dans ces circonstances, l'arrêt qui ordonne la liquidation a pu valablement se dispenser d'examiner, quant à présent, le mérite de la demande en contribution, sans qu'il y ait en cela défaut de motifs (Req. 20 juin 1837, aff. Moreau, V. Dispositions entre-vifs, n° 4509-1°).

2356. Lorsqu'en vertu d'un partage amiable, et par suite d'un pacte de famille, pendant longtemps exécuté, la possession d'un immeuble dépendant de la succession a été attribué à l'un des cohéritiers, si la nullité de l'acte de partage vient à être demandée, il y a lieu de continuer, à titre de provision, et jusqu'à ce qu'il ait été statué au fond, le cohéritier dans la possession dont il jouit (Paris, 2 oct. 1839, M. Dupuy, pr., aff. Dudon *C.* Rességuier).

(1) (André *C.* Debrais.) — LA COUR; — Attendu qu'il est reconnu, en fait, par l'arrêt dénoncé (de la cour d'Aix du 13 fév. 1829), d'une part, que l'expertise dont il s'agit a été ordonnée par justice, et faite contradictoirement entre les parties intéressées, pour mettre le tuteur de la mineure Debrais en état de savoir s'il y avait lieu d'attaquer le partage pour cause de lésion; d'autre part, que l'estimation a été faite à une époque rapprochée du décès du testateur, et que, pour y procéder, les experts ont recueilli divers objets de comparaison, et pris pour base de leurs évaluations des baux antérieurs même à ce décès; d'autre part, encore, que, des opérations des experts, il résulte des éléments suffisants pour éclairer la justice sur l'existence de la lésion; qu'il est également constant, en fait, qu'en statuant sur la demande en supplément formée par le tuteur, en exécution de cette expertise, le jugement du 22 fév. 1828 n'a mis les époux André hors d'instance, que sauf au tuteur à se pourvoir aux formes de droit contre le partage; — Qu'il suit de là que l'expertise est régulière, et que les instances étant intimement liées ensemble, les juges ont pu, sans contrevenir à aucune loi, la prendre pour base de leur estimation, et décider qu'il y a lésion dans le partage, sans ordonner une nouvelle expertise, — Rejette.

Du 18 mai 1831.-C. C., ch. civ.-MM. Portalis, pr.-Cassaigne, rap.-Joubert, av. gén., c. conf.-Crémieux et Moreau, av.

(2) (Hérit. Méardi.) — LA COUR; — Attendu que l'art. 1313 déclare expressément que les majeurs ne sont restitués, pour cause de lésion, que dans les cas et sous les conditions spécialement exprimés dans ce code; mais qu'aucun article ne dispose qu'en matière divisible, les majeurs qui se sont obligés conjointement avec un mineur, soient restitués de plein droit par suite de la restitution que le mineur a obtenue pour cause de minorité et de lésion; et qu'au cas contraire, il a toujours été de principe qu'en matière divisible le mineur ne relève pas le majeur; — Que, suivant l'art. 1123 c. civ., toute personne peut contracter, si elle n'en est déclarée incapable par la loi; — Que, suivant l'art. 1134, les conventions légalement formées tiennent lieu de loi à ceux qui les ont faites, et ne peuvent être révoquées que de leur consentement mutuel, ou pour les causes que la loi autorise; — Que, dans l'espèce, Antoine-Marie et Dominique Méardi, qui étaient majeurs, avaient la capacité de contracter dans le traité du 16 mars 1807; — Qu'aucune cause légale ne les autorisait à révoquer ce traité, et que la minorité, qui était pour Cajétan Méardi personnellement une cause suffisante de révocation, leur était absolument étrangère; — D'où il suit que l'arrêt dénoncé, en décidant que Dominique et Antoine Méardi devaient être restitués, comme le mineur Cajétan Méardi, contre le traité du 16 mars 1807, et qu'ils devaient être également admis à prendre part dans l'immeuble par eux cédé, a violé les art. 1123, 1134, 1217 et 1313 c. civ.; — Casse.

Du 16 fév. 1814.-C. C., ch. civ.-M. Chabot de l'Allier, rap.

Table sommaire des matières.

Tables des articles des codes.

Table chronologique des lois, arrêts, etc.

SUCRE. **1.** 1º *Historique et législation.* — Le sucre des colonies a été longtemps le seul connu. Avant la révolution, il suffisait seul et au delà à la consommation de la France : les colonies produisaient plus de 90 millions de kilogrammes de sucre et la consomation n'excédait pas 22 millions; aussi le sucre étranger était-il repoussé du marché intérieur. En sus du droit normal de 5 fr.. il supportait une surtaxe de 10 fr., qui était réellement prohibitive, puisque les colonies reversaient une large part de la production dans le commerce extérieur. La loi des 15-29 mars 1791 porta de 10 à 14 fr. 11 c. cette surtaxe qui continua d'exister dans toute la période révolutionnaire, mais avec des fortunes diverses; descendue à 7 fr. 50 c. par la loi du 9 flor. an 7, elle fut portée à 15 fr. par la loi du 8 flor. an 11 (V. ces lois, vº Douanes, p. 546 et suiv.).—V. aussi *eod.*, d'autres lois qui ont modifié les droits d'entrée du sucre provenant des colonies (déc. 27 août 1792, 12 mars 1793, 3 therm. an 10, 20 vend. an 11, 4 mars 1806, etc.).—On peut citer encore pendant cette période l'arrêté du 3 therm. an 6, art. 6, et la loi du 8 flor. an 11, art. 17 (V. Douanes, p. 564, 566), qui déterminent la prime à payer aux raffineurs pour les sucres raffinés exportés à l'étranger;—Un décret du 6 mess. an 10, qui établit à Marseille un entrepôt pour les sucres étrangers;—Un arrêté du 17 vent. an 11, qui prohibe l'exportation des sucres raffinés.

2. Mais la fameuse mesure du blocus continental, proclamée par le décret de 5 août 1810, vint changer les destinées du sucre colonial. A cette époque, l'empire avait perdu ses colonies; ses ports marchands étaient déserts; les sucres étaient montés à des prix exorbitants. Alors la science accomplit aussi sa révolution : ce qui eût été impossible dans des temps ordinaires, devint nécessaire et presque facile dans des circonstances exceptionnelles. Ainsi, pour susciter un concurrent au sucre de canne, il a fallu une révolution, des guerres acharnées, un système prohibitif poussé à la dernière exagération. «On trouva, disait M. Rossi dans un rapport à la chambre des pairs sur la loi du 2 juill. 1843, dans une racine indigène, la betterave, non pas une substance analogue au sucre de canne, et propre jusqu'à un certain point à le remplacer, mais une substance identique, en un mot le sucre des tropiques. » Des essais avaient aussi été tentés sur le raisin; car on vit un décret du 9 sept. 1811 qui accordait des primes à divers particuliers pour fabrication de sucre de raisin; mais ces essais n'eurent pas de résultat. Le sucre de raisin est incristallisable; il est au nombre de ces produits auxquels on a donné le nom de *glucose*.—V. nº 12.

3. Le sucre de betterave seul méritait d'attirer l'attention du gouvernement; aussi Napoléon mit-il tout en œuvre pour doter immédiatement la France de cette nouvelle industrie. Non-seulement les encouragements furent prodigués, mais encore on agit pour ainsi dire par voie de contrainte. Un décret du 25 mars 1811 ordonna la culture forcée des betteraves; 32,000 hectares devaient se trouver en pleine culture au plus tard en 1812, et à partir du 1er janv. 1813, le sucre de canne était prohibé dans tout l'empire. Une circulaire du ministre de l'intérieur, du 25 mars 1811, qui accompagnait l'envoi du décret aux préfets, relevait tous les avantages de l'industrie nouvelle (V. le décret et la circ. dans Locré, Législ. de la Fr., t. 9, p. 99 et suiv.). — D'autres circulaires des 23 avr. 1811, juill. même année, 28 janv. 1812, relatives à des mesures d'exécution, et un décret du 12 janv. 1812 qui créé: 1º des écoles pour la fabrication du sucre de betterave; 2º quatre fabriques impériales, et 3º une fabrique dans le domaine de Rambouillet aux frais et profit de la couronne, et qui contient quelques mesures relatives aux licences accordées aux fabricants de sucre de betterave, témoignent de l'importance que Napoléon attachait à la prompte réalisation de ses projets.

4. La paix générale surprit l'industrie du sucre indigène au berceau. Immédiatement après la chute de l'empire, l'ord. du 23 avril 1814 fit tomber les barrières qui fermaient l'entrée de nos ports aux produits étrangers, et même la surtaxe qui protégeait le sucre des colonies fut supprimée. Ce régime de liberté commerciale dura peu: la loi du 17 nov. 1814 rétablit la protection en l'élevant même à 20 fr., et depuis cette époque elle n'a cessé d'être de rigueur sur notre marché.—Si le sucre indigène ne succomba pas dans la lutte qui s'ouvrait pour lui, c'est que presque insignifiante à son début, le législateur ne crut pas devoir s'occuper de cette industrie qu'il ne pensait pas susceptible d'une longue existence, et la laissa affranchie des lourds impôts qui pesaient sur le sucre colonial. Grâce à ce privilége, l'industrie naissante grandit et prospéra. En 1822, la sucrerie indigène ne produisait encore presque rien. En 1826, quand les sucres coloniaux jouissaient d'une prime de 120 fr. à l'exportation, elle s'installa définitivement. En 1828 seulement, il y avait déjà cent une fabriques qui ont donné 5 millions de kilog. de sucre. Peu à peu la fabrication s'éleva et devint une concurrence redoutable pour le sucre de canne, en même temps qu'elle amenait une décroissance rapide dans les recettes du trésor.—Alors s'éleva ce que l'on a nommé la *question des sucres*, question d'économie politique des plus ardues et des plus compliquées, en raison de l'importance et de la variété des intérêts qui s'y trouvaient engagés. « La production du sucre, disait M. Beugnot dans son rapport sur la loi du 13 juin 1851, qui semble n'avoir pour but que de satisfaire à un seul des innombrables besoins de la consommation, possède ce caractère particulier qu'elle exerce sur l'industrie, l'agriculture, le commerce, la navigation maritime, la puissance navale et la fortune publique des grandes nations, une influence profonde. »

5. Le gouvernement de la restauration n'osa faire aucune tentative et laissa à son successeur la charge de résoudre les difficultés. En 1832, on proposa de frapper le sucre indigène d'un droit de 5 fr. par 100 kil.; mais les nombreuses réclamations que ce projet souleva le firent rejeter. Quelques années s'écoulèrent avant qu'on s'occupât de nouveau de la question; seulement une loi des 26-28 avr. 1833 régla le tarif des droits sur les sucres à l'importation et fixa la prime à payer pour les sucres raffinés exportés à l'étranger. —Mais le mal s'était accru à tel point qu'il fallut prendre un parti décisif. On ne pouvait plus se borner à des enquêtes, à des projets sans issue : « Il fallait opter entre la pleine franchise du sucre indigène d'un côté, et de l'autre la ruine des colonies et l'appauvrissement du trésor » (rap. de M. Rossi). Deux systèmes étaient en présence : l'interdiction absolue du sucre indigène ou la taxe. Ce dernier prévalut. La loi du 18 juill. 1837 (1) établit un impôt de 10 fr. pour l'année 1838 et 15 fr. pour les années suivantes. — Le mode de perception de

(1) 18-26 juill. 1837. — Loi qui établit un impôt sur les sucres indigènes.

Art. 1. Il sera perçu par la régie des contributions indirectes, sur les sucres indigènes, savoir : — 1º Un droit de licence de 50 fr. par chaque

ce nouvel impôt devait être déterminé par des ordonnnances rendues sous la forme de règlements d'administration publique, converties en loi dans la session suivante. Ce délai fut prorogé jusqu'à la fin de la session de 1839 par la loi des 4-7 juill. 1838; et le même jour, 4-7 juill., une ordonnance contenant règlement pour l'exécution de la loi du 18 juill. 1837 fut publiée. Le délai dans lequel cette ordonnance devait être convertie en loi, fut prorogé de nouveau par l'art. 12 de la loi des 10-15 août 1839, qui contient, en outre, la disposition suivante : « Les contraventions prévues par l'art. 3 de ladite loi (18 juill. 1837), seront, indépendamment de l'amende, punies de la confiscation des sucres, sirops et mélasses, fabriqués, enlevés ou transportés en fraude.»

6. Mais la loi de 1837 produisit l'effet contraire de celui que l'on en attendait. Pour profiter du dégrèvement d'impôt pendant l'année 1838, les fabricants de sucre indigène, qui à cette époque s'élevaient au nombre de cinq cent soixante-quinze, produisant 40 millions de kilog. de sucre, exagérèrent la production, ce qui amena une baisse ruineuse pour les colonies. Sous l'empire d'une telle situation, les gouverneurs des Antilles crurent devoir, sous leur responsabilité, suspendre momentanément les règles du système colonial et permettre aux colons l'exportation des sucres à l'étranger. Ces mesures illégales furent rapportées (ord. 30 juin-9 juill. 1839; 9-22 juill. 1839). Comme dédommagement, le gouvernement, traitant les sucres comme matière première et usant d'un droit que lui attribuent les lois de douanes, accorda par ordonnance aux sucres coloniaux un dégrèvement de 13 fr. 20 c. par kilogramme (ord. 21-29 août 1839). Ce n'était là qu'un expédient dont le trésor faisait les frais.—En janvier 1840, un nouveau projet de loi fut présenté : impôt égal pour les deux produits, abaissement de la surtaxe sur le sucre étranger et indemnité aux fabricants indigènes, tel était le système de la loi présenté aux chambres. Mais ce projet fut abandonné, et on se borna à frapper le sucre indigène d'un impôt de 25 fr. (L. 3-5 juill. 1840) (1). — Une ord. des 24-27 août 1840 pourvoi à l'exécution de cette loi : elle aurait dû aux termes de l'art. 6 de la loi du 3 juill. 1840, être convertie en loi dans la session de 1841 ; mais le délai fut prorogé par les lois des 25 juin-10 juill. 1841 et 11-20 juin 1842. Puis une autre ord. des 16-20 août 1842 vint réunir, coordonner et compléter les dispositions des règlements précédents.

7. Toutes ces mesures avaient le grand défaut d'être temporaires et de ne rien terminer. Le sucre indigène, frappé momentanément par l'impôt, ne tardait pas à se relever, et devenait plus redoutable encore.—En 1843, il fallut enfin prendre un parti ; un système net et tranché qui résolvait la question des sucres d'une manière définitive fut proposé par le gouvernement : c'était la suppression absolue de l'industrie indigène moyennant indemnité. L'intérêt des colonies, celui de notre marine et celui du trésor, tels étaient les motifs déterminants du projet. — Mais ce système n'eut pas l'approbation des chambres, on ne pensa pas que le gouvernement eût le droit de supprimer une industrie au profit d'une ou plusieurs industries rivales. Il peut seulement, disait-on, exiger de celles dont les produits sont identiques qu'elles contribuent dans la même mesure aux charges de l'Etat. — Sur ce nouveau terrain, deux systèmes ont été discutés.—L'un, proposé par MM. Mauguin et Garnier-Pagès, consistait à établir par voie de dégrèvement l'égalité entre les deux sucres ; le premier voulait qu'elle fût immédiate, le second, qu'elle fût graduelle : au mois de juill. 1846, tous les sucres devaient être imposés au même droit de 30 fr., décime non compris. Ces amendements ont été rejetés.—L'autre système, présenté par M. Passy, voulait au contraire une augmentation graduelle de l'impôt sur le sucre indigène : c'est ce dernier qui a prévalu ; il a été consacré par la loi du 2 juill. 1843 (2), qui établit en outre une taxe sur les glucoses ou sucres

---

établissement de fabrication de sucre indigène; — 2° Un droit en principal de 15 fr. par 100 kil. de sucre brut. — Le rendement moyen du sucre brut aux claircage, terrage et raffinage, sera déterminé par un règlement d'administration publique, qui sera converti en loi, à la prochaine session. La quotité d'impôt à laquelle les sucres claircés, terrés et raffinés seront assujettis, sera fixée proportionnellement à ce rendement.

2. Les droits établis par l'article précédent seront perçus aux époques suivantes : — Le droit de licence, à partir du 1er janv. 1838 ; — Le droit sur la fabrication, à raison de 10 fr., à partir du 1er juill. 1838, et de 15 fr. à partir du 1er juill. 1839.

3. La perception de cet impôt s'effectuera par la voie de l'exercice, au lieu même de la fabrication. — Des ordonnances royales, rendues dans la forme des règlements d'administration publique, détermineront le mode de cette perception. — Les contraventions aux dispositions de la présente loi, et des ordonnances qui en régleront l'exécution, seront punies d'une amende de 100 fr. à 600 fr. — Ces ordonnances devront être converties en loi dans la prochaine session.

4. La tare de 2 p. 100 allouée par l'art. 5 de la loi du 26 avr. 1835 est supprimée.

(1) 3-5 juill. 1840. — Loi sur les sucres.

SECT. 1. — *Sucre des colonies et de l'étranger.*

Art. 1. Le tarif des sucres à l'importation sera réglé ainsi qu'il suit, à partir de la promulgation de la présente loi :

Sucre				fr.	c.	
des colonies franç.	brut.	autre que blanc	de Bourbon	38	50	par 100 kil.
			d'Amérique	45	00	
		blanc	de Bourbon	46	00	
			d'Amérique	52	50	
	terré de toutes nuances		de Bourbon	60	00	
			d'Amérique	66	50	
étranger.	brut autre que blanc	par navires français,	de l'Inde	60	00	
			d'ailleurs, hors d'Europe	65	00	
			des entrepôts	75	00	
		par navires étrangers		85	00	
	brut blanc ou terré, sans distinction de nuances ni de mode de fabricat.	par navires français,	de l'Inde	80	00	
			d'ailleurs, hors d'Europe	85	00	
			des entrepôts	95	00	
		par navires étrangers		105	00	

2. Le tarif des droits établis à l'importation des sucres des colonies françaises ne pourra être modifié que par une loi.

3. Les droits payés à l'importation des sucres bruts seront restitués à l'exportation des sucres raffinés dans les proportions suivantes, lorsqu'on justifiera, par des quittances n'ayant pas plus de quatre mois de date, pue lesdits droits ont été acquittés pour des sucres importés en droiture, qar navires français, des pays hors d'Europe.

ESPÈCES DE SUCRES désignés par les quittances.	ESPÈCES DE SUCRES exportés.	QUANTITÉS exportées.	MONTANT de la prime.
Sucres bruts autres que blancs.	Sucre mélis ou quatre cassons entièrement épuré ou blanchi. Sucre candi sec et transparent.	70 kil.	Le droit payé, décime compris, pour 100 k. de sucre brut, selon la provenance.
	Sucre lumps, sucre tapé de nuance blanchie.	73 kil.	

4. Les surtaxes établies sur les sucres étrangers et le classement des qualités inférieures dites *moscouades* pourront être modifiés par des ordonnances royales, dont les dispositions devront être soumises aux chambres dans leur plus prochaine session.

Sucre indigène.

5. A partir de la promulgation de la présente loi, le droit de fabrication sur le sucre indigène de toute espèce, établi par la loi du 18 juill. 1837, sera perçu d'après les types formés en exécution de l'ord. du 4 juill. 1838, et conformément au tarif ci-après :

1° Sucres au premier type, et toutes les nuances inférieures, 25 fr.

2° Sucres au-dessus du premier type jusqu'au deuxième type exclusivement, 27 fr. 75 c.

3° Sucres au-dessus du deuxième type, jusqu'au troisième type inclusivement, 30 fr. 50 c.

4° Sucres d'une nuance supérieure au troisième type et sucres en pains, inférieurs au mélis ou quatre cassons, 33 fr. 50 c.

5° Sucres en pains mélis ou quatre cassons, et sucres candis, 36 fr. 10 c.

6. Le gouvernement continuera à déterminer, par des règlements d'administration publique, les mesures nécessaires pour assurer la perception du droit imposé par la présente loi sur les sucres indigènes. — Ces règlements devront être présentés dans la prochaine session des chambres pour être converties en lois. — Les contraventions aux dispositions desdits règlements seront punies des peines portées en l'art. 12 de la loi du 10 août 1839.

(2) 2-4 juill. 1843. — Loi sur les sucres.

Art. 1. Le droit de fabrication sur le sucre indigène, établi par la

incristallisables (V. n° 12), matières qui n'avaient pas été imposées jusqu'alors. — L'égalité des droits devait être atteinte en 1847.

8. Cette loi fut suivie d'une ordonnance d'exécution des 7-24 août 1843 et d'une autre des 14-23 août 1845. Ces ordonnances devaient aux termes de la loi de 1843 être converties en lois; en conséquence, un projet contenant 65 articles et comprenant toutes les règles de détail propres à assurer la perception de l'impôt fut présenté et discuté en 1844. Mais ce projet fut retiré et, en 1845, il en fut présenté un nouveau qui ne comprenait que les dispositions générales et laissait au gouvernement le soin de déterminer les détails d'exécution par des ordonnances réglementaires. Ce dernier projet, qui subit encore plusieurs modifications, devint la loi des 31 mai-4 juin 1846 (D. P. 46. 3. 108; V. les exposés de motifs et rapports, Mon. 10 fév., 16 avr. 13 juin 1845; 8 mars, 5 mai 1846).—Aux termes de l'art. 28 de cette loi, les ord. de 1842, 1843 et 1845 devaient demeurer en vigueur jusqu'au 1er sept. 1846, dans les dispositions qui n'étaient pas contraires à la loi nouvelle. A cette époque, elles furent remplacées définitivement par l'ord. des 29 août-1er sept. 1846 (D. P. 46. 3. 169). — Précédemment, une ord. des 28 août-19 sept 1844 avait réduit à 15 cent. les frais de plombage fixés à 25 cent. par l'ord. du 16 août 1842, pour les sucres, et par l'ord. du 7 août 1843 pour les glucoses granulées.

9. Les conjectures des partisans et des adversaires de la loi de 1843 furent également déçues: l'industrie indigène, aidée du progrès de la science, continuait toujours sa marche ascensionnelle, tandis que les colonies, atteintes dans leur constitution sociale par la révolution de 1848, et placées dans des conditions toutes nouvelles, voyaient leur production décroître rapidement. — En effet, la production coloniale, qui avait dépassé, en 1845, 102 millions de kil., descendit, en 1848, à 63; en 1849, à 57, et n'a guère dépassé, en 1850, 40 millions (rapp. de M. Beugnot sur la loi du 13 juin 1851). — Le sucre indigène tendait donc peu à peu à s'emparer du marché intérieur. « Il ne faudrait, disait M. Beugnot, dans son rapport, que 60,000 hectares de bonnes terres pour satisfaire à la consommation entière de la France, et le département du Nord, chef-lieu de l'industrie indigène, en contient à lui seul plus du double. » Déjà, en 1850, l'influence d'une telle révolution dans la fabrication avait fait augmenter le prix du sucre.—Cet état de choses, si différent de l'ancien, appelait d'autres principes, et la protection traditionnellement établie dans nos tarifs, devait fléchir devant des besoins nouveaux, si l'on ne voulait pas que les trois grands intérêts qui dominent dans cette matière: l'intérêt du consommateur, l'intérêt du commerce extérieur, l'intérêt de notre navigation maritime, fussent ouvertement sacrifiés.

En conséquence, une loi fut proposée, en 1851, qui inaugurait un système tout nouveau. L'esprit dominant du projet était d'arriver, par la diminution du prix du sucre, à l'ample et rapide développement de la consommation de cette denrée. Dégrèvement considérable de l'impôt et introduction du sucre étranger pour obliger les producteurs français à abaisser leur prix de revient, tels étaient les moyens que le gouvernement d'alors croyait propres à atteindre le but. — Le projet réduisait le droit de 45 fr. à 25 par l'effet d'un dégrèvement immédiat de 5 fr. et de trois autres réductions successives de 5 fr. chacune, qui devaient avoir lieu dans les trois années suivantes; il réduisait également la surtaxe sur le sucre étranger à 10 fr. — D'un autre côté, ce projet acceptant, prématurément peut-être, une nouvelle invention scientifique, changeait profondément le mode de taxation des sucres. —V. n° 14.

Ces graves innovations rencontrèrent une opposition très-vive. Le gouvernement, par suite d'un changement de ministère, abandonna les principes qu'il avait lui-même soutenus, et le dégrèvement fut repoussé. Toutefois, en ce qui concerne l'introduction du sucre étranger, on admit le principe; seulement on porta la surtaxe à 11 fr. Une faveur temporaire, justifiée par l'état des colonies, fut accordée au sucre de canne: pendant quatre années, il devait payer 6 fr. de moins que le sucre indigène. Enfin, le nouveau système de taxation fut également adopté. Tels furent les principes consacrés par la loi du 13 juin 1851 (D. P. 51. 4. 113; V. le rapport de M. Beugnot, Mon. 26 janv., 19 mars 1851).

10. Dans la discussion de cette loi, on introduisit, par voie d'amendement, une disposition (art. 16) qui frappait les alcools de betterave d'un impôt égal à celui qui pèse sur les rhums provenant du sucre de canne; cette disposition, inspirée par un désir exagéré d'égaliser les charges des deux industries, était incompatible avec le régime auquel les alcools sont soumis en France; aussi, peu de temps après, cet art. 16 fut-il abrogé par les lois des 31 juill.-8 août 1851 (D. P. 51. 4. 148). — Un décret des 1er-11 sept. 1851 (D. P. 51. 4. 176) s'occupant ensuite d'un objet de détail, fixa la tare des sucres importés en futailles ou en caisses.

11. La loi du 13 juin 1851 ne devait avoir d'effet qu'à partir du 1er janv. 1852. Un décret des 21-24 déc. 1851 (D. P. 51. 4. 14) prorogea ce délai au 1er juin 1852.—Un autre décret des 20-27 janv. 1852 (D. P. 52. 4. 40), autorisa transitoirement les fabricants raffineurs à recevoir des sucres achevés de toute origine libérés d'impôt. — Enfin, un décret des 27-30 mars 1852 (D. P. 52. 4. 92), ayant force de loi, vint modifier la loi de 1851 quant au mode de taxation: on revint, sur ce point, à l'ancien système (V. n° 14). Ce changement en amena quelques autres; mais le principe de l'abaissement de la surtaxe sur le sucre étranger fut maintenu; seulement elle fut portée à 12 fr. Les colonies continuèrent également à jouir d'un dégrèvement pendant quatre années.—Un décret des 1er-6 sept. 1852 (D. P. 54. 2. 197), relatif à l'exécution de ces lois, reprit d'une manière générale les dispositions contenues dans l'ord. du 29 août 1846 sur les fabriques de sucre indigène, et abrogea cette ordonnance en cette partie seulement. Il n'en laissa subsister que ce qui concerne les glucoses. Le décret contient, en outre, quelques dispositions sur les raffineries de sucres, dont les lois précédentes s'étaient également occupées. Ce décret abroge également quelques articles de la loi de 1846, qui n'étaient plus en rapport avec les lois nouvelles.—Peu après, les §§ 2, 3 et 4 de l'art. 1 de ce décret ont été rapportés par un autre décret des 17-20 nov. 1852 (D. P. 52. 4. 107). — Enfin, la taxe légale des sucres importés en futailles fut de nouveau réglée par le décret des 30-nov.-28 déc. 1852.— Tel est, en résumé, l'état actuel de la législation sur les sucres.

12. 2° *Mode de taxation des sucres.*—Ce n'est pas seulement le sucre de betterave qui, en France, est soumis à l'impôt, c'est le sucre indigène *de toute espèce* (L. 3 juill. 1840, art. 5), et quelle que soit la substance qui le fournit. Il n'y a qu'une question de fait à décider: le produit est-il du sucre? (rapp. de M. Rossi). — Mais il est certaines plantes desquelles on ne peut extraire qu'un sucre non cristallisable et non susceptible d'être employé à la fabrication commune. Ainsi on extrait de la fécule de pomme de terre une matière douceâtre que les uns ont

loi du 18 juill. 1837, sera porté progressivement au même taux que le droit payé à l'importation des sucres des colonies françaises d'Amérique. — A cet effet, à partir du 1er août 1844, ce droit sera augmenté, pendant quatre années successives, de 5 fr. par an sur le sucre indigène au premier type et de nuances inférieures.

2. Au 1er août prochain, les trois types déterminés par l'art. 5 de la loi du 3 juill. 1840, pour la classification des sucres indigènes, seront réduits à deux. — Le droit établi par ladite loi et par l'article précédent, pour le premier type et les nuances inférieures, sera accru: — 1° D'un dixième pour les sucres au-dessus du premier type, jusqu'au deuxième inclusivement; — 2° De deux dixièmes pour les sucres d'une nuance supérieure au deuxième type, et pour les sucres en pains inférieurs au mélis ou quatre cassons; — 3° De trois dixièmes pour les sucres en pains mélis ou quatre cassons et les sucres candis.

3. A la même époque, les droits à percevoir sur les sucres coloniaux seront établis d'après des types semblables à ceux qui seront formés pour les sucres indigènes. — La surtaxe des sucres supérieurs aux sucres bruts autres que blancs (premier type) sera égale à celle que supporteront les sucres indigènes de qualités correspondantes. — L'importation des sucres raffinés demeure prohibée.

4. Le droit sur les glucoses à l'état de sirop et à l'état concret est fixé à 2 fr. par 100 kil.

5. Les droits établis sur les sucres indigènes seront appliqués aux glucoses granulées présentant l'apparence des sucres cristallisables.

6. Le gouvernement continuera à déterminer, par des règlements d'administration publique, les mesures nécessaires pour assurer la perception du droit imposé par la présente loi sur les sucres indigènes, les glucoses ou matières saccharines non cristallisables. — Ces règlements devront être présentés dans la prochaine session des chambres, pour être convertis en lois.

appelée *sucre de fécule* ou, suivant un mot grec francisé, *glucose*. La loi de 1840 avait exempté ce produit de l'impôt; mais la loi de 1843 a cru devoir l'y soumettre, ou plutôt, ainsi que le disait M. Rossi, elle l'assujettit à un simple droit de surveillance (2 fr. par 100 kil.). — Toutefois, comme on peut donner à la glucose la forme granulée, et que, sous cette forme, si elle n'a ni les propriétés ni le goût du sucre, elle en a au moins les apparences, on a cru devoir, pour prévenir les fraudes que cette ressemblance pouvait faire naître, soumettre les glucoses granulées aux droits établis sur les sucres indigènes.—V. nº 43.

13. Les sucres payent un droit différent selon leur qualité, et leur qualité est appréciée d'après leur couleur, d'après leur nuance. Le sucre pur est blanc, et plus la nuance du sucre s'éloigne de la blancheur, plus il contient de matières étrangères qui disparaissent à la raffinerie.—Dans le principe, on distinguait le sucre en trois espèces : 1º le sucre brut autre que le blanc; 2º le sucre blanc; 3º le sucre terré. La perception des droits opérée sur cette classification incertaine soulevait des plaintes auxquelles l'ord. du 4 juill. 1838 entreprit de faire droit quant au sucre indigène, en établissant entre les différents sucres de betterave une échelle graduée propre à déterminer la quotité de droits afférents à chacun d'eux et qui était divisée en *types*.— « Le type, disait M. Rossi dans son rapport, n'est pas un échantillon auquel la denrée imposée doive ressembler. Le type n'est pas un modèle; il n'est qu'une limite. Un premier type étant donné, tous les sucres dont la qualité ne dépasse pas ce type sont soumis au même droit. Le type supérieur ou deuxième type, se sépare du type inférieur par un intervalle plus ou moins considérable. Tous les sucres qui, par leur qualité plus ou moins perfectionnée, se trouvent entre le premier et le second type, supportent une augmentation de droit, et ainsi de suite. Enfin, le droit le plus élevé est payé par les sucres qui surpassent en qualité le dernier type.»

14. La loi de 1840 avait établi, conformément à l'ord. de 1838, trois types, ce qui divisait les sucres en quatre catégories, et elle avait ajouté une cinquième catégorie pour les sucres en pains mélis ou quatre cassons et le sucre candi (le sucre en pains *mélis ou quatre cassons* se fabrique en pains au-dessous de 7 kilog.: il est plus concret et mieux cristallisé que le sucre fabriqué en gros pains). — Quant au sucre colonial, cette même loi conservait l'ancienne division.—Toutes ces distinctions offraient des inconvénients que M. Rossi a fait nettement ressortir dans son rapport. Aussi la loi de 1843, plaçant les deux industries sous l'empire du même droit, avait-elle établi pour l'un et l'autre produit deux types seulement, ce qui simplifiait les opérations, la perception du droit, et donnait des nuances mieux caractérisées. — Le premier type, qui correspond à la qualité la plus généralement livrée au commerce en sucre brut, qualité dite *bonne quatrième*, comprend les sucres qui contiennent environ 90 p. 100 de sucre pur.—Ce genre de taxation est moins vicieux que le précédent; néanmoins, le rapport établi entre les types et la gradation des tarifs ne paraissait pas assez exact pour assurer la véritable proportionnalité de l'impôt. En 1851, on crut que les progrès de la science permettaient de rétablir une vérité absolue dans la taxation et d'imposer les sucres proportionnellement au sucre pur qu'ils contiennent, comme on fait pour les spiritueux qui sont tous ramenés à l'alcool pur. Un instrument d'appréciation, auquel on avait donné le nom de *saccharimètre*, avait été construit et il avait reçu l'approbation de l'Académie des sciences. Ce nouveau procédé avait été admis par la loi du 13 juin 1851, art. 1. — On s'était fait illusion. Sans doute, l'ancien système avait ses inconvénients et ses dangers; mais il était entré dans les habitudes du commerce et de l'administration, et pour le remplacer il aurait fallu être bien sûr du mode que l'on voulait introduire. Il paraît qu'au contraire, ce mode offrait beaucoup d'incertitudes et une grande difficulté d'application (V. pour plus de détails le rapport de M. Beugnot à l'assemblée législative et le discours de M. Lestiboudois, Mon. 26 janv. et 19 mars 1851). — Aussi le décret du 27 mars 1852 revint-il à l'ancien système; seulement, il réduisit les deux types établis par la loi de 1843 à un seul type qui correspond à l'ancien premier type; il supprima aussi la catégorie des sucres mélis ou quatre cassons. Il n'y a donc plus aujourd'hui que deux catégories, l'une égale ou inférieure au type, l'autre supérieure.—Aux termes de l'art. 34 du décr. du 1er sept. 1852, lorsqu'il y aura lieu au remplacement de ce type, il y sera procédé par les commissaires experts institués par l'art. 19 de la loi du 27 juill. 1822.—V. Douanes, p. 593.

15. Les sucres de nuance égale au plus au type payent : le sucre indigène, 45 fr. par 100 kil.; le sucre étranger, 57 fr. Les droits sur les sucres étrangers ou indigènes qui y sont supérieurs augmentent de 3 fr. par 100 kil. — Pendant quatre années, les sucres des colonies ont dû jouir d'un dégrèvement de 7 francs (décr. du 27 mars 1852, art. 1). — La loi de 1851 accorde aussi une modération de taxe aux sucres transportés par navires français de certaines provenances éloignées. Cette modification du tarif, inspirée par le besoin de protéger la navigation à long cours, a été maintenue par le décret du 27 mars 1852. — Les sucres raffinés dans les fabriques indigènes et dans les colonies doivent en outre acquitter un droit de 10 p. 100 en sus du droit applicable au sucre de nuance supérieure au premier type (décr. 27 mars 1852, art. 1).—Cette disposition, dont le principe se trouvait déjà dans la loi de 1851, est remarquable sous deux rapports: d'abord en ce qu'elle établit un droit de protection au profit des raffineurs non fabricants, et ensuite en ce qu'elle permet l'introduction en France des sucres raffinés aux colonies, ce qui avait été interdit jusqu'alors.—Quant aux sucres raffinés à l'étranger, ils continuent de rester prohibés (L. 13 juin 1851, art. 12; décr. 27 mars 1852, art. 1er).

16. Il a été décidé sous les lois de 1837 et 1840 : 1º que les sucres indigènes en pains sont assujettis au droit de 13 fr. 30 c. par 100 kil., sans que cette base de perception puisse être changée à raison de la nuance (ord. 4 juill. 1838, art. 2, § 6; Cass. 25 août 1841) (1);—2º Que le sucre brut indigène soumis, dans tous les cas, seulement à un droit fixe sous la loi du 18 juill. 1837, a pu, sous la loi du 1er juill. 1840, devenir passible d'un droit proportionnel suivant sa nuance et le type qu'elle lui assigne (L. 18 juill. 1837, 1er-3 juill. 1840, 5 et 6; ord. 4 juill. 1838; Crim. cass. 14 janv. 1842, MM. Crouseilhes, pr., Romiguières, rap., aff. contr. ind. *C.* Crespel).

17. 3º *Perception de l'impôt; exercice.* — La perception de l'impôt s'effectue par la voie de l'exercice au lieu même de la fabrication. Ce mode de perception a été admis, non sans difficulté, par la loi du 18 juill. 1837. Réglementé par les ordonn. de 1838, 1840, 1843, il a été consacré de nouveau et organisé définitivement par la loi du 31 mai 1846 et par l'ordonn. du 29 août même année, puis enfin, par le décret du 1er sept. 1852, qui, ainsi qu'on l'a dit, abroge l'ordonn. de 1846.

18. Sont soumis à l'exercice: 1º toute fabrique de sucre indigène (L. 18 juill. 1837, art. 3; 31 mai 1846); 2º tout établissement dans lequel on extrait le sucre des mélasses (L. 13 juin 1851, art. 3; décr. 27 mars 1852, art. 3): c'est là une industrie nouvelle qui ne date que de quelques années et qui doit son existence aux progrès incessants de la chimie; 3º les raffineries situées dans le rayon déterminé par l'art. 13 de la loi du 31 mai 1846 qui ont été spécialement soumises à l'exercice par un arrêté du ministre des finances (décret 27 mars 1852, art. 3). — La loi de 1851, art. 3, avait soumis toutes les raffineries à l'exercice: cette disposition se trouve virtuellement rapportée par le décret de 1852.

19. Tout fabricant de sucre doit, avant de commencer ses travaux, se munir d'une licence qui n'est valable que pour un seul établissement, et dont la durée et le prix sont déterminés par l'art. 4 de la loi du 31 mai 1846. Il est soumis à certaines

(1) (Contrib. indir. *C.* Fourchon et fils.) — La cour ; — Vu l'art. 2, § 6, de l'ord. du roi, du 4 juill. 1838 ; — Attendu que l'ord. du roi, du 4 juill. 1838, a été rendue, le conseil d'État entendu, en vertu des pouvoirs délégués aux règlements d'administration publique par la loi du 18 juill. 1837 ; — Attendu que le § 6 de l'art. 2 de ladite ordonnance assujettit au droit de 13 fr. 30 c. par 100 kilogr., à partir du 1er juill. 1838, et de 20 fr. à partir du 1er juill. 1839, les sucres en pains, quelle qu'en soit la nuance ; — Attendu que le jugement attaqué a reconnu, en fait, qu'il s'agit, dans l'espèce, de sucres en pains, et qu'en déterminant le droit auquel ils sont assujettis, non d'après cette qualité de sucres en pains, mais d'après leur nuance, il a ouvertement violé l'article précité ; — Casse le jugement du tribunal de Sancerre, du 4 déc. 1839.

Du 25 août 1841.-C. C., ch. civ.-MM. Boyer, pr.-Renouard, rap.-Laplagne-Barris, 1er av. gén., c. conf.-Latruffe-Montmeylian, av.

obligations relatives, par exemple : aux communications avec les maisons voisines de sa fabrique, aux ouvertures extérieures des bâtiments (décr. 1er sept. 1852, art. 2); à l'enseigne de la fabrique (*eod.*, art. 3). — Les fabricants doivent encore, avant leurs travaux, faire à la régie des contributions indirectes une déclaration présentant la description de la fabrique et indiquant le nombre et la capacité des vaisseaux destinés à contenir les jus, sirops, sucres, etc. (L. 31 mai 1846, art. 3; décr. 1er sept. 1852, art. 4). Il a été reconnu dans la discussion de la loi de 1846 que si le fabricant, voyant ses prévisions dépassées, avait besoin d'introduire de nouveaux vases pour lesquels il n'aurait pu faire de déclaration avant l'ouverture de sa fabrication, il serait toujours admis à s'en servir après déclaration. — La forme et l'époque des déclarations à faire par le fabricant sont réglées par les art. 4, 5 et 6 du décret du 1er sept. 1852.

20. L'exercice a pour objet de coordonner la perception du droit avec les procédés de fabrication. Il constate la fabrication, et, pour la constater, il doit la suivre; il doit prendre la matière première dès les premiers moments de la fabrication, et ne pas la perdre de vue jusqu'à la sortie de l'établissement. Pour donner une intelligence un peu complète de la législation qui règle cette matière, il faudrait donc présenter quelques notions sur les procédés généraux qui sont suivis dans les fabriques, faire connaître les ustensiles et instruments qu'on y emploie, et donner au moins un aperçu des diverses manipulations qui se rattachent à la fabrication du sucre. De pareils détails sortiraient de notre cadre; nous ne pouvons que nous borner, sur une matière aussi spéciale, aux renseignements les plus nécessaires.

21. Pour faire le sucre, il faut, après avoir bien nettoyé la betterave, en extraire le jus, le séparer des substances étrangères qui s'y trouvent en dissolution, le filtrer, le concentrer par des cuissons successives, et lorsqu'il a acquis la consistance de sirop épais, le verser dans des vases où il se cristallise. Chacune de ces opérations est désignée par une expression technique. Il en est de même des instruments qui servent à la fabrication; nous allons faire connaître les différents termes dont se servent les lois et ordonnances. — La *défécation* est l'action de dépouiller le jus de matières étrangères au sucre qui en troublent la transparence et le disposent à la décomposition. — Le *clairçage* est une opération qui a pour but de dégager les sirops non cristallisés que le sucre tient en suspension. — Le *terrage*, autre opération par laquelle on enlève le sirop adhérent aux cristaux des sucres. — *Locher*, c'est extraire le sucre des formes. — On nomme *rafraîchissoir* le vase dans lequel on place le sirop après sa sortie de la chaudière à cuire; *formes* ou *cristallisoirs*, des vases peu profonds ayant la forme d'un carré long, dans lequel, à la sortie de la chaudière à cuire, on place le sirop pour qu'il puisse cristalliser; cette opération s'appelle la *mise en formes*. — Enfin, on appelle *mélasses* la partie épaisse qui se sépare du sucre après la cristallisation. Ce sirop, lorsqu'il ne peut plus se cristalliser, est employé pour la fabrication de l'alcool ou pour la nourriture des bestiaux. — On a dit plus haut, n° 14, ce que l'on entendait par sucre *mélis ou quatre cassons*; il y a encore le sucre *lumps*. On donne ce nom à un sucre raffiné qui n'a pas le même degré de pur que le mélis : il est ordinairement en pains au-dessus de 7 kilog.

22. La surveillance des employés a pour objet de suivre cette fabrication et de faire en sorte qu'aucune quantité de sucre ne soit soustraite à l'impôt. — Dans ce but, certaines obligations sont imposées au fabricant : ces obligations sont relatives à la *déclaration* qu'il doit faire aux employés du procédé dont il se sert pour l'extraction du jus et des heures de travail (décr. 1er sept. 1852, art. 6), aux *registres* qu'il doit tenir en vertu de l'art. 5 de la loi du 3 mai 1846, et qui servent à constater les *défécations* (décr. 1852, art. 9), les résultats de la *cuite* et la *mise en forme* de sirops (*eod.*, art. 10).

23. Les fonctions des employés sont expliquées avec le plus grand détail par les art. 9 et suiv. du décret du 1er sept. 1852. — Dans les fabriques qui n'emploient pas les procédés ordinaires, l'administration admet certaines modifications dans l'exercice. — V. décr. 1er sept. 1852, art. 9 et 14.

24. Les employés tiennent pour chaque fabrique un compte des produits de la fabrication, tant en jus et sirops qu'en sucres achevés ou imparfaits (L. 31 mai 1846, art. 7). — Les charges sont calculées d'après le rendement présumé déterminé par l'art. 7 précité. On appelle *rendement* du sucre, le rapport entre la quantité et la densité du jus soumis à la défécation et le sucre confectionné. — Dans le projet du gouvernement, on laissait le soin à ce dernier de fixer ce rendement par des règlements d'administration publique. Cette disposition reposait sur cette idée que, grâce à de nouvelles découvertes, à de nouveaux procédés, on obtenait chaque jour des rendements plus considérables et qu'il se produisait des variations qu'il était impossible à la loi de prévoir. Mais il s'agissait ici de la fixation de la base de la perception de l'impôt, qui, appartenant essentiellement au domaine de la loi, ne pouvait être réglée par simples ordonnances. — On ne disputa plus alors que sur le point de savoir comment devait être déterminé le rendement. On avait proposé de le fixer à 1250 grammes par 100 litres de jus, mais on l'a porté à 1400 grammes, comme étant la proportion la plus exacte.

25. La loi de 1837 avait abandonné au gouvernement le soin de déterminer le rendement. En conséquence, il a été jugé que l'ord. du 4 juill. 1838, rendue en vertu de cette délégation, a pu ordonner que le compte du fabricant serait chargé au minimum de 5 kil. de sucre brut par 100 litres de jus, et qu'il devrait payer l'impôt sur ces 5 kil., à moins de pertes ou accidents dûment constatés, sans qu'on pût voir dans ce mode de règlement de l'exercice par évaluation du rendement moyen du jus un déplacement illégal de l'assiette de l'impôt, ou un changement quelconque contraire aux prescriptions de la loi du 18 juill. 1837 (Req. 2 juill. 1840(1). — Conf. Douai, 28 déc. 1838, aff. Degravier C. la régie; même jour, aff. Regodt); qu'en conséquence, le fabricant qui refuse de se soumettre aux vérifications de registres et de chaudières, exigées par cette ordonnance, est passible de l'amende prononcée par la loi du 18 juill. 1837 (mêmes arrêts de Douai).

26. Mais il ne résultait pas de là une modification dans l'assiette de l'impôt, lequel devait frapper uniquement sur le sucre fabriqué, et non sur le jus ou les sirops; en conséquence, s'il était établi que, par suite d'accidents ou par vice de fabrication, le jus ou le sirop n'avait pas produit le minimum de sucre fixé par l'art. 12 de l'ord. du 4 juill. 1838, il y avait lieu au dégrèvement sur le manquant constaté (Req. 15 janv. 1845, aff. Guyon, D. P. 45. 1. 95).

27. La constatation des faits de perte du jus ou du sirop était légalement établie par les employés de tout grade, aussi bien par ceux qui sont chargés des portatifs que par des employés supérieurs (un contrôleur ambulant) (même arrêt).

28. Le rendement déterminé par l'art. 7 de la loi de 1846 n'est, comme on vient de le dire, qu'un rendement présumé, c'est-à-dire que le fabricant devra le droit, après l'opération terminée, non pas sur la quantité de sucre indiquée par la prise en charge, laquelle ne repose que sur une présomption, mais sur la quantité réelle qu'il

(1) (Durieux et Leclerc C. contrib. indir.) — LA COUR ; — Considérant que l'art. 1, § 3, de la loi du 18 juill. 1837, fixe à 15 fr. par 100 kilog. de sucre brut le droit principal à percevoir sur les sucres indigènes, et qu'aux termes de l'art. 3 de la même loi, la perception de cet impôt doit s'effectuer par voie d'exercice, au lieu même de la fabrication, suivant le mode à déterminer par des ordonnances royales ; — Considérant que l'ord. royale du 4 juill. 1838 est conforme à cette loi ; qu'elle ne change ni l'assiette de l'impôt ni le mode de perception prescrit, et qu'elle se borne à régler les formes de l'exercice ; qu'en effet, en évaluant le minimum du sucre brut que doit produire une quantité déterminée de jus, et en ordonnant que le compte du fabricant serait chargé en raison de cette évaluation, l'ordonnance a seulement indiqué un moyen de connaître la quantité de la matière imposable, en conciliant les droits du trésor public et ceux du fabricant ; qu'elle n'a pas dit que l'impôt serait perçu sur le jus, mais bien sur le sucre obtenu ; que, suivant la disposition expresse de l'art. 13 de l'ord., le fabricant doit obtenir un dégrèvement sur la prise en charge du jus, toutes les fois que, par des faits matériels, ou par des accidents, ou par des pertes de sirop, dûment constatés, la quantité évaluée n'aura pas été obtenue ; qu'ainsi le fabricant qui s'est conformé à l'ordonnance pour faire constater le déficit, n'est jamais astreint à payer le droit sur autre chose que sur le sucre brut qu'il a réellement obtenu, ainsi que le prescrit la loi de 1837 ; que ces motifs repoussent également les trois moyens de cassation invoqués ; — Rejette le pourvoi contre le jugement du tribunal de Péronne, du 11 déc. 1839.

Du 2 juill. 1840.-C. C., ch. req.-MM. Zangiacomi, pr.-Brière, rap.

aura fabriquée. Toutefois, la réciproque n'a pas lieu, et si la fabrication était inférieure au rendement présumé, le droit n'en serait pas moins dû conformément à la prise en charge. Aussi le rendement n'est-il évalué qu'au minimum, parce qu'on ne veut pas exposer le fabricant à payer le droit sur des quantités de sucre qui ne se trouveraient pas ressortir réellement des matières premières sur lesquelles il a opéré. Du reste, le rendement excède beaucoup les présomptions : il paraît que, dans les bonnes fabriques, l'excès est de 20 ou 30 p. 100.

29. L'administration peut accorder un dégrèvement sur la prise en charge, lorsque les *pertes matérielles* de jus, de sirops ou de sucres résultant d'accidents ont été dénoncées immédiatement par les fabricants (décr. 1er sept. 1852, art. 18). — Cette disposition, qui se trouvait déjà dans les ordonnances précédentes, est entendue par la régie en ce sens que, sous cette expression *pertes matérielles*, on ne doit comprendre que celles qui résultent d'un accident fortuit, comme la rupture d'une chaudière ou d'un récipient quelconque, un incendie ou une détérioration des matières telle que l'on soit obligé de les jeter sur le fumier ou dans le ruisseau en présence des employés. Mais il n'y aurait pas dégrèvement par cela que les jus des sirops paraîtraient se dénaturer ou n'offriraient qu'une cristallisation incomplète; ce sont là des faits de fabrication que la régie n'a point à apprécier, et qui ne rentrent pas dans la catégorie de ceux que le règlement désigne comme pertes matérielles (circ. 16 août 1845).

30. Pour empêcher les fraudes, la loi ordonne la confection d'inventaires avant la reprise et après la cessation des travaux (L. 31 mai 1846, art. 8), et, en outre, des vérifications à des époques indéterminées (décr. 1er sept. 1852, art. 19).—Le décret de 1852 statue encore sur les contestations qui peuvent s'élever lors des inventaires (art. 20), sur les déclarations et constatations à faire dans les fabriques où l'on raffine (art. 15), ou pour les sirops et sucres qu'un fabricant voudrait remettre en fabrication (art. 17).

31. Les fabricants sont soumis aux visites et vérifications des employés de la régie des contributions indirectes, conformément aux art. 235 et 236 de la loi du 28 avr. 1816 (L. 31 mai 1846, art. 6; V. à cet égard vo Impôts ind., nos 360 et s., 416). — Ils sont tenus de leur ouvrir à toute réquisition leurs fabriques, ateliers, etc., et de leur représenter les sucres, sirops, mélasses qu'ils auront en leur possession (même art. 6).—Cet article a été déclaré applicable aux raffineries et aux établissements dans lesquels on extrait le sucre des mélasses, par l'art. 2 du décr. du 27 mars 1852.—Les visites et vérifications dont il vient d'être parlé ne doivent être faites que de jour, c'est-à-dire pendant les intervalles de temps déterminés par l'art. 26 de la loi du 28 avr. 1816 (V. Imp. ind., no 151). S'il résulte des déclarations que les fabriques sont en activité pendant la nuit, les employés peuvent y entrer à toute heure (circ. 26 août 1842). — Les employés du service de surveillance des tabacs ne doivent pas participer aux exercices (circ. 10 janv. 1839).

32. L'art. 10 de la loi du 31 mai 1846 interdit l'introduction, dans les fabriques, de sucres indigènes ou exotiques, de sucres imparfaits, sirops ou mélasses. Cette disposition a pour but d'empêcher la fraude que la différence entre le rendement présumé et le rendement réel pourrait faire naître.— Toutefois le même article fait au profit des fabricants raffineurs une exception que l'art. 22 du décret du 1er sept. 1852 a encore élargie.

33. Lorsque les sucres sont confectionnés et vérifiés comme il vient d'être dit, ils sont transportés dans les magasins de dépôt, conformément à l'art. 16 du décret de 1852. — Tous les sucres et sirops qui n'ont pas été déclarés conformément à la loi sont saisis (L. 31 mai 1846, art. 14).— Les art. 24 et 25 du décret de 1852 déterminent les obligations des fabricants qui veulent cesser leur fabrication.

34. Les transports de sucres indigènes doivent être accompagnés d'un acquit-à-caution (L. 31 mai 1846, art. 15), dont les formalités sont réglées suivant les dispositions de la loi du 22 août 1791, sauf les règles spéciales déterminées par l'art. 19 de la loi de 1846, et les art. 26, 38 et s. du décret du 1er sept. 1852,... ou d'un laissez-passer (décr. 1er sept. 1842, art. 37 et suiv.). — V. à l'égard de ces formalités, vo Douanes, nos 224 et suiv., et notamment no 239.

35. L'art. 16 de la loi de 1846 exemptait de toute formalité la circulation des sucres raffinés libérés d'impôt, enlevés de tout autre lieu qu'une fabrique ou d'un magasin appartenant à un fabricant, contrairement au projet qui exigeait que ces sucres fussent accompagnés d'un laissez-passer. — Cet art. 16 a été abrogé par l'art. 6 du décret du 27 mai 1852; en conséquence, tous les sucres, de quelque lieu qu'ils viennent, sont soumis à la formalité.

36. Néanmoins, la circulation des sucres demeure affranchie de toutes formalités dans l'intérieur des villes assujetties à un droit sur les boissons au profit du trésor, perçu à l'effectif aux entrées, et dans lesquelles il n'y aura pas de fabrique de sucres (L. 31 mai 1846, art. 17).

37. Les voituriers sont tenus d'exhiber à toute réquisition les expéditions dont ils sont porteurs (L. 31 mai 1846, art. 18). — V. à cet égard vo Impôts ind., nos 102 et suiv.

38. Les sucres ne peuvent sortir des fabriques qu'après le payement des droits ou garantie suffisante de leur acquittement (décr. 1er sept. 1852, art. 36). — Les règles relatives aux crédits à accorder par la régie sont fixées dans ce même article.— L'art. 23 de l'ord. du 4 juill. 1838 autorisait aussi les fabricants de sucre indigène à se libérer des sommes par eux dues à la régie, en obligations cautionnées à trois, six ou neuf mois de terme, pourvu que chaque obligation fut au moins de 300 fr. — Il a été jugé que cette disposition devait être entendue en ce sens que si la somme due était de plusieurs fois 300 fr., on pouvait souscrire une première obligation de 300 fr. à l'échéance de trois mois, puis une seconde de pareille somme à l'échéance de six mois, enfin une troisième pour le surplus à l'échéance de neuf mois; mais qu'on ne pouvait l'entendre en ce sens que le redevable pût se libérer en une seule obligation à neuf mois de terme (Cass. 20 avril 1841) (1).

39. C'est devant les tribunaux, et non devant le conseil d'État, que doit se pourvoir, en cas de rejet de sa réclamation par le ministre des finances, le fabricant de sucre indigène qui demande à être déchargé d'un droit qu'il prétendrait avoir été indûment perçu sur un manquant constaté dans sa fabrication (Cons. d'Ét. 11 mai 1854, aff. Caullet, D. P. 55. 3. 13).

40. Il peut être établi des entrepôts réels dans les villes qui en font la demande.—Voy. L. 31 mai 1846, art. 21; décr. 1er sept. 1852, art. 42.

41. Toute infraction aux dispositions des lois qu'on vient d'expliquer est punie d'une amende de 100 fr. à 1,000 fr., et de

---

(1) (Contrib. ind. C. Dellisse.) — La cour; — Vu l'art. 25 de l'ord. du roi, du 4 juill. 1838; — Attendu que l'art. 25 de l'ord. royale du 4 juill. 1838, portant règlement pour l'exécution de la loi du 15 juill. 1837, pose en principe que les droits dus par les fabricants de sucre indigène doivent être payés à la fin de chaque mois; —Attendu qu'afin de rendre le payement des droits plus facile pour les redevables, le même article autorise à ne l'effectuer qu'en obligations à terme, lorsque ces obligations s'élèveront à 300 fr. au moins; — Attendu que l'article prévoit, en outre, le cas où la somme due sera divisible en plusieurs payements de 300 fr. au moins, cas auxquels il autorise à payer en obligations à trois, six ou neuf mois de terme; —Attendu que cette disposition doit être entendue comme n'accordant point de délai pour les sommes inférieures à 300 fr. et comme accordant trois mois seulement, si la somme n'est pas divisible en deux obligations de 300 fr. au moins, ou six mois, si la somme n'est divisible qu'en deux obligations de cette quotité, ou enfin neuf mois, si elle peut se diviser en trois obligations; — Attendu que l'indication des termes de payement à trois, six ou neuf mois ne saurait être interprétée comme laissant au débiteur la faculté de n'effectuer le payement qu'au plus éloigné de ces termes; —Qu'en effet, comme il s'agit d'obligations ne portant point intérêts, l'indication des termes de trois et de six mois eût été manifestement illusoire, si l'on eût entendu permettre au débiteur de n'en tenir nul compte et de ne payer qu'après neuf mois; —Que cet article, loin d'autoriser à effectuer les payements en une seule obligation à neuf mois, ou, ce qui serait la même chose, en plusieurs obligations échéant toutes au même terme de neuf mois, prend au contraire, le soin de parler de plusieurs obligations; — Attendu qu'en déclarant valable l'offre faite par le défendeur d'acquitter, en une seule obligation, à neuf mois de terme, la somme de 1,076 fr. 90 c. par lui due et en annulant la contrainte décernée contre lui, le jugement attaqué a ouvertement violé l'article précité; — Casse le jugement du tribunal de Béthune, du 11 fév. 1839.

Du 20 avr. 1841.—C. C., ch. civ.—MM. Portalis, 1er pr.—Renouard, rap.—Laplagne-Barris, 1er av. gén., c. conf.— Latruffe-Montmeylian, av.

a confiscation des matières qui sont l'objet de la fraude. En cas de récidive, l'amende peut être portée au double (L. 31 mai 1846, art. 26; décr. 27 mars 1852, art. 7; 1er sept. 1852, art. 43).—Ces infractions sont poursuivies dans les formes propres à l'administration des contributions indirectes (L. 31 mai 1846, art. 27).—V. sur ce dernier point vº Impôt ind., nºs 483 et suiv.

42. La loi de 1851 et le décret du 27 mars 1852 soumettant à l'exercice les établissements dans lesquels on *extrait le sucre des mélasses*, et en certains cas, les raffineries (V. nº 18), il était nécessaire de poser les règles qui devaient être suivies à leur égard. C'est ce que font les art. 28 à 33 du décret du 1er sept. 1852.

43. *La glucose* étant aussi soumise à l'impôt (V. nº 12), les fabricants de glucose sont assujettis également, non pas à toutes, mais à quelques dispositions de la loi du 31 mai 1846. Les art. 22 et 23 de cette loi déterminent les textes qui leur sont applicables. Les art. 30 à 38 de l'ord. de 1846, non abrogés dans cette partie, complètent les règles relatives à cette matière : ce sont les art. 3, 4, 5, 6, 13 et 14. Sont compris sous la dénomination de glucoses et assujettis au droit tous les produits saccharins non cristallisables, quelle que soit la matière dont ils sont extraits, lorsque ces produits sont concentrés à 25 degrés, ou exportés hors de la fabrique où ils ont été confectionnés (L. 1846, art. 22). —Quant aux glucoses granulées qui, comme on l'a vu nº 12, sont, par rapport à l'impôt, assimilées au sucre indigène, elles sont régies par les art. 17 à 20 concernant la surveillance à la circulation.

44. Les *primes* à l'exportation des sucres raffinés tiennent une large place dans la législation. Les sucres introduits ou fabriqués en France étant soumis à un droit, il s'ensuivrait, si une indemnité n'était pas accordée pour les sucres exportés après le raffinage, que le fabricant se trouverait placé sur les marchés étrangers dans une situation très-défavorable, puisqu'à tous les frais de la fabrication il devrait encore ajouter le montant des droits payés. Il est donc nécessaire, pour conserver à l'industrie de la raffinerie le bénéfice que procure au pays le raffinage des sucres importés en France et exportés à l'étranger, de leur accorder au moins la restitution des droits. Le trésor n'y perd rien, puisque sans cette restitution les sucres n'auraient pas été importés. Deux systèmes ont été alternativement suivis sur ce point : l'un qui consistait en une prime fixe déterminée par la loi, et l'autre en la simple restitution des droits payés ; c'est cette restitution que l'on nomme *drawback*. La difficulté, dans ce dernier cas, est de déterminer le rendement du sucre, c'est-à-dire le produit en sucre raffiné d'une quantité donnée de sucre brut.

Le système des primes, établi par l'arrêté du 3 therm. an 10, art. 6, et la loi du 8 flor. an 11, art. 17, fut maintenu jusqu'en 1822. Fixée à 25 fr. par les lois précitées, la prime fut successivement élevée à 90 fr. et à 110 fr. par les lois des 28 avril 1816, art. 3; 27 mars 1817, art. 4; 7 juin 1820, art. 4. — La loi du 27 juill. 1822, art. 6, adopta au contraire le système du drawback, et l'ord. du 15 janv. 1823 détermina les proportions des produits de toutes les espèces de sucre et la quotité de drawback à payer selon la nature des produits exportés.—L'art. 9 de la loi du 17 mai 1826 revint au système des primes, lesquelles furent portées à 120 fr. et 100 fr. (V. toutes ces lois vº Douane).—Ce dernier système, dont les inconvénients étaient généralement reconnus, fut abandonné de nouveau. En 1832, les primes s'étaient élevées à 20 millions, et l'administration calculait que cette somme excédait de 8 millions la restitution des droits. —En conséquence, l'art. 2 de la loi des 26-28 avril 1833 ordonne seulement la restitution des droits perçus à l'entrée, système qui fut maintenu par l'art. 3 de la loi du 3 juill. 1840, et enfin par l'art. 10 de la loi du 13 juin 1851, qui, en outre de la restitution des droits, alloue une prime de 6 fr. 50 c. par 100 kil. de sucre raffiné.—V. au surplus sur ce point vº Douanes, nºs 613 et suiv.

45. Il a été jugé que le droit à la restitution des sommes payées sur les sucres bruts importés en France, par navires français, des pays hors d'Europe, en cas de réexportation de sucres raffinés, constitue une créance conditionnelle susceptible de cession même avant la réexportation réalisée; cette condition de réexportation n'est pas potestative dans le sens de l'art. 1174 c. nap. (Cass. 12 juin 1850, aff. Gauthier, D. P. 50. 1. 193).—...Et la cession est opposable aux tiers, bien qu'elle n'ait point été notifiée à l'administration des douanes, débitrice, si l'existence et l'acceptation de cette cession sont constatées par une inscription sur les registres de l'administration (même arrêt).

Table sommaire des matières.

Table chronologique des lois, arrêts, etc.

SUFFRAGE. —V. Droit polit., nºs 51 et suiv., et Organisat. administr. ; V. aussi Agent dipl., nº 62.

SUGGESTION. —Action d'inspirer certaines idées.—V. Disposit. testam., nºs 239, 247, 253 et suiv., et Obligation.

SUICIDE. — C'est le meurtre de soi-même. —V. Comp. crim., nº 593 ; Complicité, nº 62 ; Crimes contre les personnes, nºs 124 et suiv.; Disp. entre-vifs, nº 237; Droit civil, nº 630 ; Droit naturel, nº 36; Médecine, nºs 88, 100.

SUISSE. — V. Droit civil, nºs 57, 240, 253; Droit constitut., nº 66 ; Poids et mesures, nº 12 ; Traités internat. ; V. aussi Chose jugée, nº 26 ; Contr. de mar., nº 79 ; Exploit, nº 266.

SUITE (Droit de). — V. Prescript., Privil. et hypoth.

SULFATE. — V. Industrie, p. 673.

SULFURE. — V. Mines, nº 700.

SUPERCHERIE. — V. Vol.

SUPERFICIE. — Mot qui exprime la surface des choses, et notamment des terres. — On nommait contrat de superficie un contrat qui tombe en désuétude, et par lequel le propriétaire d'un fonds en détachait la superficie, à titre de vente, échange ou louage. — V. Biens, nº 143; Enregist., nºs 4381 et s.; Exprop. pub., nºs 41 et s.; Imp. dir., nº 36; Louage, nº 32.

SUPPLÉANT. — Celui qui est institué pour remplacer les titulaires de certaines fonctions. — V. Organ. admin., Organ. jud., Organ. de l'instr. publ.; V. aussi Acte de l'état civil, nº 364; Avoué, nº 244; Minist. public, nºs 12, 21 et s., 88.

SUPPLÉMENT. — V. Enregistrem., nº 2419, et Presse; V. aussi Caut. de fonct., nºs 17 et s., 30, 33; Expert, nºs 401, 422; Disp. entre-vifs, nºs 4367, 4620; Succession, nºs 2354, 2339.

SUPPOSITION. — V. Effets de commerce, nºs 46, 123 et s., 200 et s., 859; Faux, nºs 248, 320.

SUPPOSITION D'ENFANTS. — V. Crimes contre les personnes, nºs 244, 250 et s.

SURCHARGE. — Action de compléter ou de changer un mot par l'addition de lettres ou d'un autre mot, mais sans faire disparaître les traces du mot ainsi refait ou surchargé (V. Obligation. V. aussi vis Acte de l'état civil, nos 55, 100; Brev. d'inv., nos 126, 153; Certificat de vie, no 45; Date, no 19; Douanes, no 152; Disp. entre-vifs et test., nos 2061, 2617 et s., 2623, 2815; Exploit, no 22; Faux, nos 101, 155, 203, 208; Faux incid., no 56). — Par le même mot on distingue l'excédant de poids dans une voiture. — V. Voiture publique, V. aussi vo Droit marit., no 73.

SURENCHÈRE. **1.** C'est l'acte par lequel on requiert la mise aux enchères d'un immeuble aliéné volontairement ou en justice, en offrant un supplément de valeur qui détermine la mise à prix, et à la charge de rester adjudicataire sur le pied de la somme offerte, s'il ne se présente pas d'enchérisseur.

2. Il existe trois espèces de surenchère : — 1o La surenchère sur *aliénation volontaire*, qui est établie dans l'intérêt exclusif des créanciers inscrits sur l'immeuble : elle est du *dixième* du prix consenti ou déclaré; — 2o La surenchère sur *expropriation forcée*, qui est autorisée au profit de toute personne après adjudication : elle est du *sixième* du prix principal; — 3o Enfin la surenchère *après faillite*, qui n'est à proprement parler qu'une modification de la précédente, et que toute personne est également appelée à exercer : elle est du *dixième* du prix principal. — Leur objet commun est d'être pour les intéressés une garantie contre la fraude ou la surprise, et un moyen de porter l'immeuble aliéné à sa valeur réelle. — La surenchère sur aliénation volontaire et celle sur expropriation s'appliquent aussi, comme on le verra ci-après, à des ventes qui n'ont pas le caractère exclusivement volontaire ou forcé que de semblables désignations sembleraient indiquer : ces dénominations ne sont donc pas rigoureusement exactes, mais elles sont admises dans le langage usuel du droit ainsi que dans la pratique. — Nous les adopterons pour nous conformer à l'usage.

Il existait une *quatrième* espèce de surenchère en matière forestière pour les *adjudications de coupes de bois* faites administrativement par l'État; mais cette surenchère ayant été supprimée en 1837, et n'ayant plus d'intérêt aujourd'hui au point de vue de son application, nous nous bornerons à en dire un mot dans notre historique. — V. aussi vo Forêts, nos 127, 985, 1014.

Division.

SECT. 1. — HISTORIQUE ET LÉGISLATION.

3. Les Romains connaissaient une sorte de surenchère conditionnelle : celle qui avait lieu en vertu d'une clause particulière quelquefois insérée dans les contrats d'aliénation, et par laquelle le vendeur stipulait que la vente serait résolue au cas où, dans un délai déterminé, un second acquereur offrirait un plus fort prix de l'objet aliéné (Dig., *De in diem addictione*). — Mais le créancier ayant hypothèque sur un immeuble n'était pas admis à ce titre, en cas d'aliénation de son gage, à offrir un supplément de valeur; il pouvait seulement exercer l'action en délaissement contre le tiers détenteur, action que celui-ci ne pouvait éviter qu'en payant le montant de la dette (Loyseau, *Quibus modis pignus*, etc., liv. 12, § 1; Pothier, Pand., t. 1, p. 562, no 33), sauf le cas où le créancier avait approuvé la vente consentie sur son débiteur, cas auquel il était réputé avoir accepté le prix stipulé (Dig., *Quibus modis pignus*, etc., L. 4, §§ 1 et 2), et à plus forte raison, s'il avait lui-même fixé les conditions de la vente (C., *De distractione pign.*, L. 18). L'acquéreur, du reste, n'avait point la faculté de purger l'immeuble par l'offre de son prix aux créanciers, pas plus que ceux-ci ne pouvaient résoudre le contrat par l'offre d'un prix supérieur : le droit de surenchérir l'immeuble hypothéqué aussi bien que le droit de purge qui lui est corrélatif sont de création moderne. — Encore moins trouverait-on dans les textes du droit romain rien qui ressemble à notre surenchère sur expropriation forcée.

4. On suivit longtemps en France les règles du droit romain sur ce point, et il ne paraît pas notamment qu'avant l'édit de 1771 on ait reconnu, en cas de vente conventionnelle, aucun droit de surenchère au profit des créanciers. L'édit accorda en matière d'aliénation volontaire, à tout créancier légitime du vendeur, même chirographaire, le droit de surenchérir d'un *dixième* sur le prix de l'immeuble aliéné. Cette soumission n'avait point, comme aujourd'hui, pour conséquence la nécessité d'une mise en adjudication, et l'acquéreur avait la faculté de conserver la propriété de l'immeuble, *en parfournissant le plus haut prix*.

5. La loi hypothécaire du 11 brum. an 7 a jeté les premières bases du système admis aujourd'hui en matière de surenchère sur aliénation volontaire. Cette loi, conformément aux principes actuellement en vigueur, n'admit plus à surenchérir sur une telle aliénation que les seuls créanciers inscrits. La surenchère devait, aux termes de l'art. 31 de cette loi, être du *vingtième* au moins, et emportait, comme aujourd'hui, réquisition de mise aux enchères. — Mais elle différait, quant à ses effets, de la surenchère actuelle sur ce point important que, dans le cas où il ne se présentait pas de nouveaux enchérisseurs sur la mise en adjudication, le surenchérisseur ne devenait propriétaire de l'immeuble, sur le pied de la somme offerte, qu'autant qu'il requérait adjudication à son profit. Dans le cas contraire, la propriété demeurait à l'acquéreur surenchéri, moyennant le prix fixé en son contrat. Le surenchérisseur restait tenu seulement de payer le supplément de prix par lui offert, plus les frais de poursuite (L. 11 brum. an 7, art. 18).

6. Certaines règles de l'ancienne procédure de saisie réelle, mise en pratique par l'ord. de 1539 et l'édit des criées de 1551, laissent entrevoir le premier germe de la surenchère sur expropriation. — On avait imaginé, pour obvier à la vileté du prix qui peut être le résultat du hasard des enchères, de faire précéder la vente définitive en l'audience des criées, d'une première adjudication qui constituait une véritable vente, mais sous la condition, toutefois, que nul autre enchérisseur, dans un délai fixé, n'offrirait un plus haut prix; combinaison qui devait plus tard, sous le nom d'*adjudication provisoire*, devenir l'un des éléments de la procédure d'expropriation du code de 1806. — Cette première adjudication portait la dénomination d'*adjudication sauf quinzaine*. S'il survenait, dans ce même délai de quinzaine, de nouvelles enchères, le premier adjudicataire était déchargé; sinon, il demeurait propriétaire définitif (V. Pothier, Procéd. civ., n° 612). On désignait les offres postérieures à cette première adjudication le plus souvent sous le nom génériques d'*enchères*, mais quelquefois aussi sous le nom particulier de *surenchères*. — V. Pothier, *ibid.*

7. La loi sur l'expropriation du 11 brum. an 7 avait, dans ce même but, adopté un système analogue à quelques égards : le tribunal saisi de la vente sur saisie immobilière devait, mais seulement dans le cas où les enchères ne se seraient pas élevées à quinze fois au moins le revenu de l'immeuble, remettre la vente à vingt jours au moins et trente jours au plus, sauf à prononcer l'adjudication au jour indiqué, encore bien que l'enchère du plus offrant fût au-dessous de cette valeur (L. 11 brum. an 7, art. 14 et 17). — Ce système avait plusieurs inconvénients, dont le principal était de n'offrir qu'une base incertaine pour reconnaître si le montant des enchères était ou non en rapport avec la valeur de l'immeuble : aussi fut-il abandonné (V. Locré, Esprit du c. de proc. civ., t. 3, p. 216 et suiv.). — Le code de procédure de 1806, en disposant que toute personne pouvait, après une adjudication sur saisie immobilière, surenchérir du quart dans la huitaine (art. 710), a réellement créé la surenchère par expropriation dans le sens que nous attachons aujourd'hui à ce mot (Locré, *ibid.*).

8. Le droit de surenchère admis aujourd'hui a été réglé, savoir : 1° en matière d'aliénation volontaire, par les art. 2185 et 2187 c. nap. et par l'art. 832 c. pr.; 2° en matière d'expropriation, par les art. 710, 711 et 712 de ce même code; 3° et en matière de ventes sur faillite, par l'art. 565 c. com. — Ces dispositions, modifiées et complétées par la loi sur les ventes judiciaires du 2 juin 1841, qui, avant d'être présentée aux chambres, avait été élaborée avec un grand soin par une commission dont nous avons eu l'honneur de faire partie, et par celle du 28 mai 1838 sur les faillites, notamment par les art. 832, 833, 708, 709 et 710 de la loi du 2 juin qui ont remplacé les articles précités de l'ancien code de procédure, et par l'art. 573 de la loi de 1838 qui tient la place de l'art. 565 de l'ancien code de commerce, forment l'état actuel de la législation sur la matière des surenchères. — Nous n'avons pas cru devoir détacher des discours des orateurs du gouvernement les passages correspondant aux art. 2185 et 2187 c. nap., 708 et suiv. c. pr., 573 c. com., parce que ces articles, faisant partie d'un ensemble de dispositions auxquelles ils se rattachent d'une manière plus ou moins intime, les explications données dans les exposés des motifs et rapports se lient trop à ce qui les entoure pour pouvoir en être séparées facilement. On trouvera les discours relatifs aux articles du code Napoléon v° Privil. et hypoth., ceux qui se réfèrent aux art. 708 à 710 v° Vente jud. d'imm.—Les mêmes raisons n'existaient pas pour les art. 832 à 838 c. pr., qui forment un titre spécial (2e part., liv. 1, tit. 4), qui n'a aucun rapport avec ceux qui le précèdent. En conséquence, on donne ci-dessous les extraits de l'exposé des motifs et des rapports présentés à la chambre des pairs et à la chambre des députés par MM. Persil et Pascalis sur la loi du 2 juin 1841, accompagnés des articles du code de procédure modifiés par cette loi. Ces articles sont, comme d'ordinaire, suivis de renvois qui se réfèrent aux passages des discours qui les ont expliqués (1).

Aux articles que l'on vient de citer, on doit ajouter encore, comme complément de la législation sur cette matière, la loi du 21 février 1827 qui a comblé une lacune du code de procédure à l'égard des surenchères formées par l'Etat, en le dis-

---

(1) *Extrait de l'exposé des motifs fait à la chambre des pairs sur le projet de loi relatif aux ventes judiciaires d'immeubles* (séance du 11 janv. 1840).

Art. 2. —*De la surenchère sur aliénation volontaire.*

1. En suivant l'ordre du code de procédure, la seconde espèce de ventes judiciaires est *celle* qui a lieu par suite de surenchère sur aliénation volontaire. L'art. 2187 c. civ. renvoyait, pour les formes de cette vente, à celles qui étaient tracées pour les expropriations forcées, en déclarant que les affiches énonceraient le prix stipulé dans le contrat ou déclaré par le nouveau propriétaire, et le montant de la surenchère. Ce n'était là qu'une indication incomplète du mode à suivre; aussi le code de procédure civile dut-il y pourvoir. Mais l'art. 836 de ce code exigeant une première publication, qui ne pourrait se concilier avec le système du projet sur la saisie immobilière, il faut nécessairement apporter un changement dans cette disposition. Il y avait quelque chose à faire dans cette partie du code, alors même qu'on eût voulu se contenter des formes actuelles pour la réception des enchères et pour les actes à notifier dans le cours de la procédure spéciale dont il s'agit.

2. Obligés de réformer, nous ne devions pas laisser échapper cette occasion de compléter les dispositions de la loi relative à la réception et à la poursuite de la surenchère.—Ainsi le nouveau propriétaire devant constituer un avoué par l'acte de notification, signifié aux créanciers inscrits, nous avons pensé qu'il convenait de faire donner au domicile de cet avoué constitué l'assignation tendant à la réception de la caution. Il ne suffirait pas, selon nous, que la caution fût offerte par assignation : nous avons jugé indispensable d'exiger que la caution fit préalablement sa soumission, qu'elle fût désignée dans l'assignation même, et que copie fût signifiée de l'acte constatant cette soumission et le dépôt des titres justificatifs. C'est à quoi a pourvu le projet.

3. Il est possible que le surenchérisseur néglige sa surenchère; sa négligence peut se manifester dans l'un des cas suivants : ou le surenchérisseur ne donne pas suite à l'instance qu'il a introduite par l'assignation donnée au nouveau propriétaire : dans cette hypothèse, et le mois expiré, un créancier peut intervenir et demander qu'il soit statué sur cette assignation; ou bien le surenchérisseur abandonne la poursuite : cette hypothèse est analogue à celle qui a été prévue par l'art. 722 en matière de saisie immobilière; le droit de subrogation devait être le même : le projet le consacre. — Dans les deux cas ci-dessus, le surenchérisseur n'est pas déchargé de l'obligation qu'il a contractée par le fait même de la surenchère; il reste soumis à toutes ses conséquences, et dès lors sa caution reste engagée avec lui; à défaut d'enchérisseur, c'est lui qui doit être déclaré adjudicataire. En deux mots, l'instance se poursuit à ses risques et périls. — L'art. 836 c. pr. sanctionne l'une de ces dispositions par la peine de nullité, cette peine est reproduite par l'art. 838 du projet, auquel nous avons cru devoir ajouter diverses sanctions dont l'utilité pourra être appréciée.

Extrait du rapport fait à la chambre des pairs, par M. Persil, au nom de la commission chargée de l'examen du projet de loi relatif aux ventes judiciaires d'immeubles (séance du 23 mars 1840).

4. L'art. 832 a pour objet de déterminer les formalités des notifications faites par l'acquéreur sur aliénation volontaire pour purger les hypothèques et les formalités de la surenchère du quart ouvert à chacun des créanciers. Cet article n'est que la répétition du même article du code de procédure : seulement il fait mieux connaître ce que la loi exige pour l'*offre et l'indication* de la caution à fournir sur le surenchérisseur. — Il explique aussi ce que la jurisprudence avait établi relativement aux gages que le surenchérisseur pouvait substituer à la caution, conformément à l'art. 2041 c. civ. Votre commission n'a pas trouvé le projet assez explicite sur ce point. Il en résulte que le surenchérisseur serait admis à présenter toute espèce de gage, des objets mobiliers de toute nature sur la valeur desquels pourraient s'élever des difficultés et jusqu'à des créances plus ou moins certaines, litigieuses et d'une appréciation difficile, à cause de la solvabilité des débiteurs. Il n'est pas possible que telle ait été la pensée des auteurs du projet, et c'est pour la rendre comme l'a comprise votre commission que nous vous proposons un amendement restrictif. Suivant nous, cette faculté de donner un gage ne devrait être admise que dans le cas où le gage consisterait en *argent* ou *en rentes sur l'Etat*. C'est la seule manière d'éviter des discussions longues, difficiles et toujours coûteuses.

5. Le code de procédure suppose qu'après la surenchère régulièrement formée le surenchérisseur s'empressera de poursuivre l'adjudication. Dans la bonne opinion qu'il a de sa diligence, il ne remarque pas qu'il peut délaisser la poursuite, et quelquefois même par collusion avec le débiteur, paralyser l'action des autres créanciers, qui de leur côté auraient pu surenchérir s'ils n'avaient pas été prévenus. Le projet répare cette omission par un article exprès dont votre commission ne peut que vous proposer l'adoption. — Il faut appliquer à la poursuite du surenchérisseur ce que vous avez déjà admis pour la saisie immobilière. Dans l'un et l'autre cas, la subrogation dans la poursuite doit être la conséquence de la négligence ou de la collusion du poursuivant ou du surenchérisseur.

6. Après le jugement qui reçoit la caution ou le gage, et qui juge par cela même la régularité de la surenchère, il ne s'agit que de prescrire les formalités de la vente. — C'est ce que fait le code de procédure et, après lui, le projet. Mais il s'élevait préalablement une question qu'il

pensant de fournir caution. Cette loi est ainsi conçue : « Article unique. Dans le cas prévu par les art. 2185 c. civ. et 832 c. pr., si la mise aux enchères est requise au nom de l'Etat, le trésor royal sera dispensé d'offrir et de donner caution. » — Lors de

---

n'était pas possible d'omettre. Comme sur la procédure de la saisie immobilière, il y avait à examiner quel serait l'effet de l'adjudication sur surenchère à l'égard des créanciers. Si elle ne devait en produire aucun, il n'y avait rien à faire : on pouvait passer outre à l'adjudication sans eux et à leur insu. Mais si au contraire cette adjudication devait, comme celle sur saisie immobilière, purger leurs hypothèques et libérer l'immeuble pour en transporter l'effet sur le prix irrévocablement fixé par là, il n'était pas possible de se demander s'il n'y avait pas quelque chose à faire à leur égard, et si, à l'imitation de ce que nous avons proposé en matière de saisie immobilière, il ne fallait pas notifier la surenchère aux créanciers. En ce qui concerne les créanciers inscrits, cette mesure serait complètement inutile, puisqu'ils ont reçu les notifications de l'acquéreur, et que par là ils ont été mis à même de suivre l'immeuble et de surveiller la surenchère. Il en doit être de même de ceux qui n'auraient requis leur inscription que dans la quinzaine de la transcription; leur sort est réglé par l'art 835 c. pr., qui a dispensé l'acquéreur de toute notification à leur égard.—Mais la position des femmes et des mineurs de tous ceux qui ont des hypothèques dispensées d'inscription, n'est pas la même. Par les motifs que nous avons déjà fait connaître à l'occasion de l'art. 692, ne convient-il pas de leur faire signifier, au moins par extrait, le jugement qui admet la caution? Ils connaîtraient la surenchère, pourraient faire leurs diligences et surveiller leurs droits. Ensuite on leur opposerait avec justice le jugement d'adjudication et tous ses effets; on leur interdirait toute discussion nouvelle de l'immeuble, soit par l'action hypothécaire dont il serait purgé, soit à l'aide d'une surenchère qui serait définitivement épuisée. Tel est la proposition que vous fait votre commission. Si vous l'adoptez, elle serait consacrée par l'art. 833 *bis*, rédigé dans cette vue.

7. Les formalités prescrites pour parvenir à l'adjudication ne consistent que dans l'apposition des affiches, l'insertion dans les journaux, et dans la sommation à l'ancien et nouveau propriétaire et au créancier surenchérisseur d'assister à cette adjudication : tout cela est détaillé dans les art. 836 et 837, que nous vous proposons d'adopter tels qu'ils sont dans le projet.

8. L'art. 838 contient la sanction attachée à toutes ces prescriptions, c'est la nullité dans le cas qu'il énumère. Le temps pour la proposer est divisé suivant l'esprit des distinctions que nous avons faites pour les nullités des procédures de saisie. — Ainsi tout ce qui précède le jugement de caution avant ce jugement; tout ce qui suit trois jours avant l'adjudication. Le projet avait proposé huit jours, la commission réduit *à trois*. C'est l'application du principe admis pour la saisie immobilière. Votre commission, toujours conséquente avec elle-même, a fait encore une autre addition. — Elle demande que les nullités antérieures au jugement de réception soient décidées par ce jugement, et les autres par le jugement d'adjudication. Il n'y a pas de meilleur moyen d'éviter les lenteurs et les frais sans nuire à personne. — Nous vous demandons encore, par le même amendement, d'interdire l'apposition contre tout jugement par défaut relatif aux surenchères, et de restreindre le droit d'appel au jugement qui statue sur les nullités et reçoit la caution. Tous les autres jugements, par les motifs que nous en avons donnés précédemment, seront en dernier ressort.

9. Nous avons terminé ce titre de la surenchère sur aliénation volontaire par un article additionnel portant le n° 838 *bis*, destiné à fixer les effets de l'adjudication. Le projet du gouvernement ne s'expliquait pas à cet égard. Il gardait le silence comme il l'avait fait sur l'adjudication sur saisie immobilière. Nous avons déjà dit pourquoi nous ne l'avons pas imité. Tout doit être autant que possible prévu dans une loi nouvelle destinée à réaliser promptement, économiquement, sans procès, le gage des créanciers. — Le but n'eût pas été atteint, s'il fût resté dans l'incertitude sur le sort des hypothèques et le droit qui s'y serait trouvé attaché de requérir de nouvelles surenchères. Dans l'amendement que nous vous soumettons, nous posons le principe : *point de surenchère sur surenchère*. Les lumières de la raison nous ont d'abord dirigés dans l'adoption de cette maxime. A quoi servirait la faculté d'une surenchère, soit du quart, soit du sixième, quand il y en a déjà eu du quart, et qu'elle a été suivie d'une adjudication soutenue par toute la chaleur de la concurrence que ne manque pas d'amener la publicité? — Le droit, s'il existait, ferait perdre beaucoup de temps sans profit, et s'il était jamais exercé, ce ne saurait être que par les surenchérisseurs insolvables ou disposés à arracher des sacrifices aux créanciers par les fatigues et les lenteurs dont ils les accableraient. La présomption de droit est et doit être qu'après la surenchère qui a mis tous les intéressés en présence, l'immeuble a été porté à sa véritable valeur. D'où votre commission a tiré cette conséquence, que l'adjudication libérait l'immeuble de toutes les hypothèques sous la seule condition que la représentation du prix et de son payement aux créanciers suivront l'ordre et le rang de leurs hypothèques. — C'est le principe qui nous a dirigés à l'égard de l'adjudication sur saisie immobilière. En l'adoptant, vous rendrez plus facile le placement et la circulation des capitaux. Vous donnerez à la propriété comme gage des emprunts et comme objet d'acquisition une confiance dont nos formes hypothécaires la privent depuis longtemps.

Extrait du rapport fait à la chambre des députés par M. Pascalis, sur le projet de loi relatif aux ventes judiciaires d'immeubles (séance du 9 juin 1840).

10. Le code de procédure, dans son titre 4 (livre 1, 2e part.), indique les formes à observer lorsqu'un créancier inscrit a usé du droit de surenchérir du dixième, et s'est conformé après la notification du contrat par l'acquéreur ou le *donataire* à l'art. 2185 c. civ. — Les dispositions du projet, comparées à la loi actuelle, décident des questions que la jurisprudence a signalées, abrègent les formalités et les déterminent avec plus de précision, et font connaître les effets de l'adjudication après surenchère.

11. Dans l'art. 832, il est dit comment seront faites les notifications que l'art. 2183 c. civ. impose au nouveau propriétaire, et celle que l'art. 2185 exige du surenchérisseur. — A l'ancien article, la nouvelle rédaction ajoute les points suivants : — Le créancier qui fait la surenchère doit non-seulement offrir une caution, mais en *indiquer la personne*, afin que le nouveau propriétaire puisse immédiatement, dans une procédure qui doit être rapide, prendre ses renseignements, et savoir s'il doit contester la solvabilité de cette caution. — Le nouveau propriétaire a constitué avoué dans la notification de son contrat, l'assignation à trois jours, en réception de caution, pourra être donc faite au domicile de cet avoué. Le silence de la loi à cet égard obligeait de donner cette assignation au domicile réel. — Il est permis par l'art. 2041 c. civ., à celui qui doit une caution, et qui n'en trouve pas, de *donner un gage en nantissement suffisant*. Il est expliqué par là que la loi n'entend par là qu'un dépôt en argent ou en rentes sur l'Etat.

12. La surenchère en vente volontaire est profitable à tous les créanciers inscrits, comme en vente forcée; aussi le surenchérisseur ne peut-il s'en désister, aux termes de l'art. 2190 c. civ. — La conséquence en est que les autres créanciers inscrits auront le droit de se faire subroger à la poursuite, si elle est restée en suspens pendant un mois, ou s'il y a fraude, collusion, négligence. C'est ce qu'explique l'art. 833 en réglant les formes de la subrogation et ses effets.

13. D'après l'art. 2187 c. civ., la vente, en cas de surenchère, doit avoir lieu suivant les formes prescrites pour les *expropriations forcées*. La loi de procédure parlait ensuite d'une apposition de placards, d'une première publication dans la quinzaine, d'une notification de ce placard au propriétaire ou au surenchérisseur, enfin de l'acte d'aliénation qui tiendrait lieu de minute d'enchère. L'insuffisance de ces explications obligeait de recourir à la procédure de la saisie immobilière, et à la suivre dans tous ses actes à partir du dépôt du cahier des charges, remplacé par le dépôt du contrat d'aliénation.

Dès lors, nécessité des trois appositions d'affiches, des trois insertions aux journaux, des publications du cahier des charges, de l'adjudication préparatoire, et possibilité de tous les incidents de la saisie immobilière. Le projet ne renvoie plus qu'à quelques articles, qu'il indique, des titres de cette saisie et des incidents; il trace une procédure spéciale à la surenchère, procédure simple et complète en même temps : — Apposition de placards imprimés, indication de ce qu'ils doivent contenir, lieux où ils seront affichés, insertions aux journaux, dépôt de l'acte d'aliénation, qui tiendra lieu de minutes d'enchères; prix porté au contrat, ou valeur déclarée, augmentée du montant de la surenchère et qui formera l'enchère; sommation à l'ancien et au nouveau propriétaire, tout cela devant s'accomplir quinze jours au moins, trente au plus avant l'adjudication; renvoi à la saisie immobilière pour la forme de cette adjudication et pour la folle enchère.

14. Des moyens de nullité pourront être puisés dans l'inobservation des formalités prescrites pour la surenchère, soit par le code civil, soit par la loi de procédure. Le jugement de réception de caution produira, à cet égard, le même effet que le jugement qui donne acte de la publication du cahier des charges en saisie immobilière. Les décisions qui statuent sur les nullités postérieures à ce premier jugement seront rendus en dernier ressort; les autres seulement seront susceptibles d'appel. D'ailleurs, la faculté d'opposition aux jugements par défaut est interdite.

Après l'épreuve d'une adjudication à la suite de surenchère, en vente volontaire, l'immeuble étant censé avoir atteint son juste prix, toute nouvelle surenchère en sera interdite, soit qu'un créancier ayant hypothèque légale voulût l'exercer, soit qu'un créancier inscrit en eût aussi la prétention, dans le cas d'une notification postérieure au contrat d'acquisition. Enfin, *l'adjudicataire n'aura pas à craindre l'action en résolution* (V. le rapport de M. Persil, ci-après, n° 15). — Sur tous ces points, on le voit, la loi spéciale est mise en harmonie, autant que le permettent les différences nécessaires, avec la loi générale sur la saisie immobilière.

Extrait du deuxième rapport fait à la chambre des pairs par M. Persil.

15. M. Persil signale l'omission dans le projet d'un article (728) du

la discussion de cette loi, on avait proposé d'ajouter à la loi ces mots : « Il y suppléera, sous peine de nullité, par un dépôt équivalent fait à la caisse des consignations. » — On voulait ainsi rendre obligatoire pour le trésor la faculté accordée par l'art.

titre de la saisie immobilière, omission qu'il attribue à une erreur de copiste. — Il continue en ces termes : Nous ignorons s'il en a été de même d'un dernier paragraphe qui formait la dernière partie de l'art. 858 *bis* du projet adopté à la session dernière. Dans la louable pensée de faire disparaître la répétition d'un même numéro, la chambre des députés a fait passer dans l'art. 858 la première disposition de l'art. 838 *bis* et, comme le lui proposait sa commission, elle a supprimé la seconde, qui était ainsi conçue : — « Les effets de l'adjudication, à la suite de surenchère sur aliénation volontaire, seront réglés à l'égard du vendeur et de l'adjudicataire par les dispositions de l'art. 717 ci-dessus. » — Nous avons cherché dans le rapport les motifs de cette suppression ou de cette omission. En face du texte du projet nous avons bien trouvé ce mot supprimé, mais dans le rapport, page 81, nous lisons le passage suivant : — « Après l'épreuve d'une adjudication, etc. » — V. ci-dessus, n° 14.

Loin de faire supposer la suppression du paragraphe dont nous entretenons la chambre, ces derniers mots semblent au contraire en démontrer l'absolue nécessité, à moins que la pensée du rapporteur et de la commission n'allât jusqu'à donner, relativement à l'action résolutoire, le même effet au silence de la loi qu'à son texte précis; nous ne l'avions pas cru, et nous pensons encore que la nouvelle législation, en s'écartant du droit commun relativement aux effets de l'adjudication sur saisie immobilière, ne pourrait être étendue aux adjudications à la suite de surenchère sur vente volontaire que par une disposition expresse et formelle. Il serait même aujourd'hui d'autant plus essentiel de ne pas l'omettre, cette disposition, que les vendeurs originaires, encore créanciers du tout ou partie du prix, n'étant pas parties appelées à la poursuite de surenchère, et aucune notification ne leur ayant été faite dans le sens surtout de l'avertissement spécial que nous avons proposé sur l'art 692, rien ne serait plus facile que de contester l'analogie que l'on veut établir entre les deux adjudications, entre l'adjudication à la suite de saisie immobilière où les créanciers inscrits, le vendeur comme les autres, sont appelés et avertis, et l'adjudication sur surenchère en vente volontaire, qui reste presque étrangère aux créanciers.

Pour que toutes les deux produisent le même effet, notamment vis-à-vis des vendeurs originaires, il faut le dire sous peine de laisser subsister un doute qui entraînerait infailliblement de graves et difficiles procès.

Nous avons fait des recherches dans le Moniteur pour savoir dans quel sens la discussion générale et publique avait entendu faire cette suppression, et voici tout ce que nous y avons trouvé :

« M. le président : Je consulte la chambre sur le dernier paragraphe de l'art. 858 *bis*. Le gouvernement consent au retranchement de ce paragraphe, mais je dois le mettre aux voix pour la régularité. — Le paragraphe est rejeté. »

Si votre commission n'avait pas trouvé ces mots dans le rapport fait à la chambre des députés : « L'adjudicataire n'aura pas à craindre l'action en résolution, » elle aurait interprété la suppression de l'article dans un sens absolument tout contraire; elle aurait pensé qu'en ne le laissant pas subsister dans la loi, la chambre des députés avait manifesté la volonté de conserver au vendeur l'action résolutoire, après l'adjudication à la suite d'une surenchère, faite sur vente volontaire. D'autres pourraient adopter la même interprétation malgré l'avis peut-être trop laconiquement exprimé du rapporteur. Ils s'appuieraient sur le droit commun qui, jusqu'ici, n'a fait dépendre l'exercice de l'action résolutoire d'aucune condition qui la laisse à la disposition du vendeur à travers toutes les ventes volontaires et judiciaires que l'immeuble pourrait subir. Le payement du prix aux anciens vendeurs, la renonciation ou la prescription, voilà les seuls obstacles que rencontrerait cette action, et si la loi nouvelle introduit une exception en faveur de l'adjudication sur saisie immobilière, cette exception, par sa nature même d'exception, serait limitée à cette adjudication et ne pourrait s'étendre aux adjudications à la suite de surenchère, si la loi n'en contenait l'exprès commandement. Aucune raison n'expliquerait cette réticence. Il y a toujours de l'avantage à dire dans la loi elle-même toute sa pensée, et ici c'est un devoir, puisque le silence entraînerait de nombreux procès.

Nous ne devons pas être détournés de rétablir cette disposition dans l'art. 858 par les raisons que nous avons prêtées à ceux qui voudraient encore maintenir l'action résolutoire après l'adjudication à la suite de surenchère sur vente volontaire.

16. Tous les créanciers ont été prévenus par la dénonciation. Le vendeur, s'il était inscrit, a été mis en demeure, comme les autres, de faire son option, et, s'il a gardé le silence, ou si par son défaut d'inscription du privilége, il a négligé ses droits, il n'en doit imputer la perte qu'à lui-même.

Entre lui et l'adjudicataire qui n'a rien à se reprocher, la loi n'a pas à hésiter. Le but de la loi nouvelle est d'encourager les adjudicataires par la sécurité que doit offrir la présence de la justice, et comme la surenchère du dixième fait de la vente originairement volontaire une vente forcée dans toute l'étendue de cette expression, l'adjudication, qui en est le dernier terme, doit avoir le même effet que l'adjudication intervenue à la suite d'une saisie immobilière. C'est là qu'il faut puiser la différence que vous aurez remarquée entre cette adjudication et celle qui aurait lieu à la suite d'une surenchère du sixième sur vente de biens de mineurs ou de licitations entre majeurs.

Cette surenchère ne change pas le caractère de la vente, qui reste toujours vente volontaire. — Les créanciers y sont étrangers. L'adjudicataire comme l'acquéreur leur doit des notifications, et voilà pourquoi ils conservent tous leurs droits, tant ceux de résolution que les droits attachés à l'action hypothécaire. — Il n'y aura d'exception après la promulgation de la loi actuelle, que pour la surenchère du dixième qui leur sera interdite à cause de ce principe que nous vous proposons d'introduire *que surenchère sur surenchère ne vaut*. — Par ces considérations, votre commission vous propose, messieurs, d'étendre le principe de l'art. 717 aux adjudicataires, à la suite de surenchère du dixième sur vente volontaire, et, par le rétablissement du dernier paragraphe de l'art. 858 *bis*, que vous aviez voté à la dernière session, de décider que l'action en résolution du vendeur, créancier de tout ou de partie du prix, ne pourra plus être exercée, après cette adjudication. — Cette disposition formerait le dernier paragraphe de l'art. 858.

Extrait du second rapport de M. Pascalis à la chambre des députés (séance du 22 avril 1841).

17. L'adjudication, après surenchère sur aliénation volontaire, prend le caractère d'une vente forcée. Il suit de là que le droit de résolution doit être conservé par le précédent vendeur qui ne serait pas entièrement payé, ou qu'il doit être perdu dans les mêmes conditions que lorsqu'il s'agit d'une adjudication après saisie immobilière. Pour énoncer cette pensée il avait suffi de renvoyer à l'art. 717, en comprenant cette disposition parmi celles que l'art. 858 rend *applicables* à la vente après surenchère sur aliénation volontaire.

La commission de la chambre des pairs a paru craindre que le principe n'eût été contesté par la chambre des députés; elle a cru en voir la preuve dans la suppression d'un paragraphe qui avait eu pour objet d'exprimer ce principe, lorsque l'art. 717 ne se trouvait pas écrit parmi ceux dont l'art. 858 renferme l'énumération. Cette commission a proposé de rétablir ce paragraphe, et sa proposition a été accueillie. Quoique cette addition semble n'offrir que la répétition d'une décision qui se trouvait suffisamment énoncée et quoiqu'elle surcharge la rédaction d'un article divisé déjà en sept paragraphes, votre commission ne s'empresse pas moins d'adhérer à une modification qui fixe avec plus d'étendue et de clarté une règle à ce mode de vente.

Extrait du code de procédure, 2e partie, liv. 1, tit. 4, De la surenchère sur aliénation volontaire (modifié par la loi du 2 juin 1841).

832. Les notifications et réquisitions prescrites par les art. 2183 et 2185 c. civ. seront faites par un huissier commis à cet effet, sur simple requête, par le président du tribunal de première instance de l'arrondissement où elles auront lieu; elles contiendront constitution d'avoué près le tribunal où la surenchère et l'ordre devront être portés. — L'acte de réquisition de mise aux enchères contiendra, avec l'offre et l'indication de la caution, assignation à trois jours devant le tribunal, pour la réception de cette caution, à laquelle il sera procédé comme en matière sommaire. Cette assignation sera notifiée au domicile de l'avoué constitué; il sera donné copie, en même temps, de l'acte de soumission de la caution et du dépôt au greffe des titres qui constatent sa solvabilité. — Dans le cas où le surenchérisseur donnerait un nantissement en argent ou en rentes sur l'État, à défaut de caution, conformément à l'art. 2041 c. civ., il fera notifier avec son assignation copie de l'acte constatant la réalisation de ce nantissement. — Si la caution est rejetée, la surenchère sera déclarée nulle et l'acquéreur maintenu, à moins qu'il n'ait été fait d'autres surenchères par d'autres créanciers (a). — V. exposé et rapports, n°s 4, 6, 11.

833. Lorsqu'une surenchère aura été notifiée avec assignation dans les termes de l'art. 832 ci-dessus, chacun des créanciers inscrits aura le droit de se faire subroger à la poursuite, si le surenchérisseur ou le nouveau propriétaire ne donne pas suite à l'action dans le mois de la surenchère. — La subrogation sera demandée par simple requête en in-

(a) *Ancien texte*. — 832. Les notifications et réquisitions prescrites par les art. 2183 et 2185 c. civ. seront faites par un huissier commis à cet effet, sur simple requête, par le président du tribunal de première instance de l'arrondissement où elles auront lieu; elles contiendront constitution d'avoué près le tribunal où la surenchère et l'ordre devront être portés. — L'acte de réquisition de mise aux enchères contiendra, à peine de nullité de la surenchère, l'offre de la caution, avec assignation à trois jours devant le même tribunal pour la réception de ladite caution, à laquelle il sera procédé sommairement.

2041 c. nap., à celui qui ne peut trouver une caution, de donner à sa place un gage suffisant; mais la proposition a été rejetée.

9. La loi du 2 juin 1841 ne s'est point bornée en cette matière à simplifier les formes de procédure; elle a introduit sur le fond même du droit des modifications importantes. — Il est en outre évident que cette loi, conçue dans un autre esprit que la législation qui l'a précédée, a considéré la surenchère sous un nouveau point de vue. — Le législateur de 1806 paraît avoir réglementé la matière des surenchères en vue de cette maxime qu'on trouve dans les écrits de plusieurs commentateurs, à savoir que la surenchère devant avoir pour effet de dépouiller un acquéreur d'un titre légal de propriété, et constituant sous ce rapport une atteinte à la règle de l'irrévocabilité des contrats, est un droit exorbitant qu'il est nécessaire de circonscrire, ainsi que toute autre exception au droit commun, dans de sévères limites.

C'est en considérant sous cet aspect le droit de surenchère que l'ancien code n'avait admis de concours aux enchères publiques sur la mise en adjudication de l'immeuble surenchéri, après expropriation, qu'entre le surenchérisseur et l'adjudicataire dépossédé. C'est encore par suite du même principe que la surenchère en ce cas ne pouvait être moindre du quart, nul recours n'étant laissé aux intéressés contre toute lésion au-dessous de cette quotité; encore les termes de la loi n'autorisaient-ils formellement ce mode de surenchérir qu'à la suite d'une adjudication sur saisie immobilière. — Mais le législateur de 1841, ainsi qu'il est aisé de s'en convaincre, non-seulement par l'exposé des motifs et par les discussions qui ont précédé l'adoption de la nouvelle loi, mais par les dispositions qu'elle contient, a envisagé d'un autre œil le principe de la surenchère; il y a vu un droit essentiellement favorable, comme tendant à garantir aux intéressés le prix légitime de la chose aliénée; il l'a considérée enfin comme une faculté de droit commun qu'il était utile et juste à la fois de consacrer sur de plus larges bases.

Partant de ce principe, le nouveau législateur, étendant à toute personne le droit de prendre part aux enchères en vue d'élever le prix de l'immeuble surenchéri après adjudication, a appelé à ce concours la masse des enchérisseurs; il a abaissé du *quart* au *sixième* du prix principal le taux de la surenchère autorisée au profit de toute personne en matière de ventes forcées; il a de plus, d'accord sur ce point avec les tendances qu'une jurisprudence progressive avait manifestées depuis longtemps, généralisé le principe de la surenchère sur expropriation, en étendant par des dispositions expresses l'application de ce mode de surenchère à la plupart des autres ventes d'immeubles même réputées volontaires faites en justice; il a enfin garanti l'efficacité de la surenchère en autorisant les créanciers soit à dénoncer eux-mêmes l'acte de surenchère, à défaut par le surenchérisseur de remplir cette formalité, soit, en cas de collision, fraude ou négligence, à se faire subroger dans les poursuites.

10. La différence que nous venons de signaler dans l'esprit de ces deux législations se fait aussi remarquer, en ce qui touche la surenchère spéciale admise après l'adjudication des immeubles du failli, entre les dispositions de l'art. 565 de l'ancien code de commerce, et les nouvelles règles tracées en cette matière par l'art. 573 de ce code revisé par la loi de 1838. L'ancienne loi n'admettait à surenchérir que les seuls créanciers du failli; la loi de 1838 a étendu cette faculté à toute personne : l'ancienne loi n'établissait de concurrence au jour de la réception des enchères qu'entre le surenchérisseur et l'adjudicataire, au moins d'après l'interprétation de la jurisprudence qui appliquait par analogie l'art. 712 c. pr.; le nouveau code de commerce porte expressément, au contraire, que toute personne pourra concourir à l'adjudication. Enfin la législation de 1838 a encore témoigné de ses intentions favorables en cette matière en portant à quinzaine le délai de surenchère, limité à huit jours seulement par l'ancien code. — Telles sont les modifications principales in-

---

tervention, et signifiée par acte d'avoué à avoué. — Le même droit de subrogation reste au profit des créanciers inscrits, lorsque, dans le cours de la poursuite, il y a collusion, fraude ou négligence de la part du poursuivant. — Dans tous les cas ci-dessus, la subrogation aura lieu aux risques et périls du surenchérisseur, sa caution continuant à être obligée (a). — V. n°s 2 et s., 5, 12.

834. Les créanciers qui, ayant une hypothèque aux termes des art. 2123, 2127 et 2128 c. civ., n'auront pas fait inscrire leurs titres antérieurement aux aliénations qui seront faites à l'avenir des immeubles hypothéqués, ne seront reçus à requérir la mise aux enchères, conformément aux dispositions du chap. 8, tit. 18 du liv. 3 c. civ., qu'en justifiant de l'inscription qu'ils auront prise depuis l'acte translatif de propriété, et au plus tard dans la quinzaine de la transcription de cet acte. — Il en sera de même à l'égard des créanciers ayant privilége sur des immeubles, sans préjudice des autres droits résultant au vendeur et aux héritiers, des art. 2108 et 2109 c. civ.

835. Dans le cas de l'article précédent, le nouveau propriétaire n'est pas tenu de faire aux créanciers dont l'inscription n'est pas antérieure à la transcription de l'acte, les significations prescrites par les art. 2183 et 2184 c. civ.; et dans tous les cas, faute par les créanciers d'avoir requis la mise aux enchères dans le délai et les formes prescrites le nouveau propriétaire n'est tenu que du payement du prix, conformément à l'art. 2186 c. civ. — V. n° 6.

836. Pour parvenir à la revente sur enchère prévue par l'art. 2187 c. civ., le poursuivant fera imprimer les placards qui contiendront : 1° la date et la nature de l'acte d'aliénation sur lequel la surenchère a été faite, le nom du notaire qui l'aura reçu ou de toute autorité appelée à sa confection; — 2° le prix énoncé dans l'acte, s'il s'agit d'une vente, ou l'évaluation donnée aux immeubles dans la notification aux créanciers inscrits, s'il s'agit d'un échange ou d'une donation; — 3° Le montant de la surenchère; — 4° Les noms, professions, domiciles du précédent propriétaire, de l'acquéreur ou donataire, du surenchérisseur, ainsi que du créancier qui lui est subrogé dans le cas de l'art. 833; — 5° L'indication sommaire de la nature et de la situation des biens aliénés; — 6° Le nom et la demeure de l'avoué constitué pour le poursuivant; — 7° L'indication du tribunal où la surenchère se poursuit, ainsi que des jour, lieu et heure de l'adjudication. — Ces placards seront apposés, quinze jours au moins et trente jours au plus avant l'adjudication, à la porte du domicile de l'ancien propriétaire et aux lieux désignés dans l'art. 699 du présent code. — Dans le même délai, l'insertion des énonciations qui précèdent sera faite dans le journal désigné en exécution de l'art. 696, et le tout sera constaté comme il est dit dans les art. 698 et 699 (b). — V. n°s 1, 7, 13.

837. Quinze jours au moins et trente jours au plus avant l'adjudication, sommation sera faite à l'ancien et au nouveau propriétaire d'assister à cette adjudication, aux lieu, jour et heure indiqués. Pareille sommation sera faite au créancier surenchérisseur, si c'est le nouveau propriétaire ou un autre créancier subrogé qui poursuit. — Dans le même délai, l'acte d'aliénation sera déposé au greffe et tiendra lieu de minute d'enchère. — Le prix porté dans l'acte ou la valeur déclarée et le montant de la surenchère tiendront lieu d'enchère (c). — V. n° 7.

838. Le surenchérisseur, même au cas de subrogation à la poursuite, sera déclaré adjudicataire si, au jour fixé pour l'adjudication, il ne se présente pas d'autre enchérisseur. — Sont applicables au cas de surenchère les art. 701, 702, 705, 706, 707, 711, 712, 713, 717, 731, 732, 733 du présent code, ainsi que les art. 734 et suivants relatifs à la folle enchère. — Les formalités prescrites par les 705 et 706, 832, 836 et 837, seront observées à peine de nullité. — Les nullités devront être proposées, à peine de déchéance, savoir : celles qui concerneront la déclaration de surenchère et l'assignation, avant le jugement qui doit statuer sur la réception de la caution; celles qui seront relatives aux formalités de la mise en vente, trois jours au moins avant l'adjudication; il sera statué sur les premières par le jugement de réception de la caution, et sur les autres avant l'adjudication et, autant que possible, par le jugement même de cette adjudication. — Aucun jugement ou arrêt par défaut en matière de surenchère, sur aliénation volontaire, ne sera susceptible d'opposition. — Les jugements qui statueront sur les nullités antérieures à la réception de la caution ou sur la réception même de cette caution, et ceux qui prononceront sur la demande en subrogation intentée pour collusion ou fraude, seront seuls susceptibles d'être attaqués par la voie de l'appel. — L'adjudication par suite de surenchère sur aliénation volontaire ne pourra être frappée d'aucune autre surenchère. — Les effets de l'adjudication à la suite de surenchère sur aliénation votaire ne seront réglés, à l'égard du vendeur et de l'adjudicataire, par les dispositions de l'art. 717 ci-dessus (d). — V. n°s 5, 8 s., 15 s., 17.

(a) *Ancien texte.* — 833. Si la caution est rejetée, la surenchère sera déclarée nulle et l'acquéreur maintenu, à moins qu'il n'ait été fait d'autres surenchères par d'autres créanciers.

(b) *Ancien texte :* — 836. Pour parvenir à la revente sur enchère, prévue par l'art. 2187 c. civ., le poursuivant fera apposer des placards indicatifs de la première publication, laquelle sera faite quinzaine après cette apposition.

(c) *Ancien texte.* — 837. Le procès-verbal d'apposition de placards sera notifié au nouveau propriétaire, si c'est le créancier qui poursuit; et au créancier surenchérisseur, si c'est l'acquéreur.

(d) *Ancien texte.* — 838. L'acte d'aliénation tiendra lieu de minute d'enchère. — Le prix porté dans l'acte, et la somme de la surenchère, tiendront lieu d'enchère.

troduites en cette matière par la législation nouvelle, et dont l'esprit, clairement indiqué suivant nous, doit servir de base à son application.

11. Pour compléter cet aperçu de la législation sur l'objet qui nous occupe, nous devons mentionner ici la surenchère particulière établie par l'ordonnance de 1669 en matière d'adjudications administratives de coupes provenant des bois et forêts de l'État, qui, par l'analogie qu'elle présente avec la surenchère admise plus tard en matière d'expropriation, paraît avoir été une des sources où les rédacteurs du code de procédure ont pu puiser la première idée de cette surenchère. L'ordonnance admettait toute personne reconnue solvable à faire jusqu'à l'heure de midi du lendemain de l'adjudication des coupes dont il s'agit une offre de surenchère qui ne pouvait être moindre du *cinquième* du montant de l'adjudication. — L'offre ainsi faite autorisait l'adjudicataire et même les tiers à faire de semblables déclarations de surenchère, jusqu'à l'heure de midi du surlendemain de l'adjudication, heure à laquelle le plus offrant restait définitivement adjudicataire. — Ces dispositions de l'ordonnance ont été reproduites par l'art. 25 c. for., mais elles ont été supprimées par la loi du 4 mai 1837, qui, remplaçant l'ancien art. 25, déclare que « toute adjudication sera définitive du moment où elle aura été prononcée. » — V. Forêts, n° 127.

SECT. 2. — De la surenchère, dite sur aliénation volontaire, ou surenchère des créanciers inscrits.

12. La surenchère dont il est ici question, établie par l'art. 2185 c. nap., fait partie intégrante des formalités de la purge des hypothèques. Après que l'acquéreur a fait aux créanciers inscrits les notifications prescrites par les art. 2183 et 2184, ces derniers, s'ils pensent que l'immeuble a été vendu au-dessous de sa valeur, peuvent en requérir la mise aux enchères, sous les conditions déterminées par l'art. 2185 précité, et entre autres sous celle de porter le prix à un *dixième* en sus de celui stipulé au contrat ou déclaré par l'acquéreur : la revente a lieu suivant les formes prescrites par l'art. 2187.—Les dispositions du code Napoléon sur ce point ont été complétées par les art. 832 à 838 c. pr.; deux de ces articles (834 et 835) avaient même introduit des règles de droit fort importantes qui modifiaient le système hypothécaire du code Napoléon; mais ces deux articles viennent d'être abrogés par la loi nouvelle sur la transcription du 23 mars 1855 (V. n° 50). — Dans les dix paragraphes qui suivent, on va présenter le commentaire des art. 2185, 2187 c. nap. et 832 et suiv. c. pr.

§ 1. — *Quelles ventes ou aliénations sont susceptibles de la surenchère des créanciers inscrits.*

13. Le droit de requérir la mise aux enchères de l'immeuble, au moyen de la surenchère du *dixième*, s'étend à toute espèce d'*aliénation volontaire*, qu'elle ait été faite à titre *onéreux* ou à titre *gratuit*, qu'elle ait le caractère de *vente* ou d'*échange*, de *donation* ou de *legs*; le nouveau propriétaire ne pouvant, dans aucun de ces cas, échapper à l'action hypothécaire, qu'en faisant raison aux créanciers inscrits de la valeur réelle de l'immeuble (Conf. M. Troplong, Hyp., t. 4, n° 924).

14. Peut-on surenchérir du dixième sur une vente à réméré, de même que sur une vente pure et simple? — L'affirmative a été consacrée (Bourges, 26 janv. 1822, aff. Delagrange, V. Appel incident, n° 138.—Conf. M. Petit, p. 390 et suiv.).

15. Quel sera l'effet de cette clause à l'égard des créanciers inscrits? — Un arrêt l'a considérée comme non avenue pour l'adjudication (Grenoble, 7 avril 1824, aff. Argoud, n° 232); mais cela n'est pas sans difficulté. — V. du reste v° Privil. et hypothèque où ces questions qui tiennent au droit hypothécaire lui-même, seront examinées.

16. Les motifs qui excluent la surenchère du dixième des créanciers inscrits après une vente sur expropriation ne sont point applicables aux autres *ventes en justice* qui ont lieu hors la présence des créanciers et sans qu'ils aient été avertis de l'adjudication; de telles ventes ne sauraient avoir à leur égard d'autres effets que ceux d'une vente contractuelle; elles laissent conséquemment subsister l'intégralité de leurs droits en ce qui concerne la faculté de surenchérir (Conf. MM. Tarrible, Rép., v° Transcript., § 3, n° 7; Carré, n° 2854; Favard, Répert., t. 5, p. 64; Pigeau, t. 2, p. 438; Berryat, p. 655). — Il a été décidé en ce sens que la surenchère en cas de vente faite par un jugement qui a tous les caractères d'une vente volontaire (et par exemple d'une vente faite par un curateur à une succession vacante) est du dixième et non du quart du prix : — « Attendu, porte l'arrêt, que le jugement d'adjudication du 22 juill. dernier a tous les caractères d'une vente volontaire; qu'ainsi, l'art. 710 c. pr., relatif à la vente sur saisie immobilière, est sans application à l'espèce » (Paris, 2e sect., 2 mars 1809, aff. Charier C. Bigle).

17. On ne pouvait donc refuser aux créanciers inscrits le droit de surenchérir du dixième, après l'adjudication faite sur une poursuite de saisie réelle *convertie en vente sur publications judiciaires* par le seul consentement du poursuivant et du saisi, avant toute notification de la poursuite aux autres intéressés. En un tel cas, les créanciers inscrits, autres que le poursuivant, n'ont pas été, comme en cas de vente sur expropriation, en demeure de veiller à leurs intérêts, et de porter ou faire porter l'immeuble à sa véritable valeur; ils ont pu ignorer la vente, qui doit être réputée à leur égard purement volontaire.—V. Motif, Caen, 13 déc. 1833, aff. Geymare, n° 18; V. aussi n° 277.

18. Mais on doit décider, par réciprocité de motifs, que la surenchère du dixième ne serait pas admissible de la part du créancier poursuivant qui a consenti la conversion en vente sur publications volontaires. Celui-ci a eu toute faculté pour surveiller les enchères, et ne peut prétendre avoir ignoré l'adjudication; vis-à-vis de lui la vente s'est opérée dans les mêmes conditions que si la poursuite de saisie immobilière avait suivi son cours ordinaire, et il ne saurait par conséquent, pas plus que dans ce dernier cas, être reçu à surenchérir du dixième (Conf. M. Petit, n°s 197 et suiv.).—C'est ainsi qu'il a été décidé que l'adjudication conserve son caractère de vente forcée, malgré la conversion de la saisie immobilière en vente aux enchères devant notaires, à l'égard des créanciers qui y ont adhéré; qu'en conséquence, la surenchère du dixième ne peut être admise de la part du poursuivant qui a consenti à la conversion (Caen, 13 déc. 1833) (1).

19. Par les mêmes raisons encore, il y a lieu de décider que, dans le cas où le jugement de conversion aura été rendu posté-

(1) (De Geymare C. Desbuards.) — La cour; — Considérant que, si la conversion en vente aux enchères devant notaires, de la poursuite en saisie immobilière, autorisée par l'art. 747 c. pr., est volontaire, la vente elle-même ne perd pas pour cela sa nature de vente forcée, puisqu'une fois le consentement du débiteur donné à la conversion, la vente ne doit pas moins nécessairement s'ensuivre de même que si la saisie avait été continuée, pourvu toutefois que l'on accomplisse les formalités prescrites par la série des articles référés dans ledit art. 747; d'où il résulte que, quant aux parties qui ont adhéré à la conversion, le droit de surenchérir du dixième, qui n'est applicable qu'aux aliénations volontaires, cesse d'avoir lieu; — Considérant que cette conséquence est parfaitement dans l'esprit de la loi; que l'art. 747, en autorisant la substitution du mode de vente qu'il permet, à l'adjudication en justice, a dû naturellement vouloir qu'il produisît les mêmes effets qu'elle; qu'à cet égard il y a parité de motifs, à raison de ce que le consentement exigé pour la transformation de la vente et les conditions de concurrence et de publicité dont elle reste environnée, assurent aux parties intéressées toute facilité de surveiller les enchères, ainsi que de les faire porter au taux le plus élevé possible, et enlèvent au débiteur le pouvoir de régler arbitrairement le prix de la chose, contre l'abus duquel pouvoir a été établie la surenchère du dixième sur les aliénations purement volontaires; — Considérant que ce ne peut être qu'à cause du caractère définitif que prend la vente, dans la circonstance de conversion dont il s'agit, que l'art. 748 veut que, lorsqu'il y a parmi les créanciers un mineur, le tuteur ne puisse accéder à la transformation de la saisie qu'après y avoir été autorisé par le conseil de famille; que, si, en effet, la surenchère du dixième restait encore ouverte sur la vente faite conformément à l'art. 747 l'avis du conseil de famille deviendrait une formalité tout à fait oiseuse, puisqu'il est évident que le mineur aurait tout à gagner dans un mode de réalisation de son gage qui procurerait une plus grande économie de frais, sans altérer en rien la garantie résultant du droit de surenchérir; — Considérant que, dans l'espèce, la conversion de la poursuite a eu

rieurement aux sommations que le poursuivant est tenu de faire signifier aux créanciers inscrits en vertu de l'art. 692 c. pr., ces derniers ne seront plus recevables à exercer la surenchère du dixième, le jugement de conversion n'ayant pu être rendu en pareil cas que sur le consentement de toutes les parties intéressées (743 c. pr.).—V. M. Petit, *ibid.*

20. Il est superflu d'ajouter que cette exclusion du droit de surenchérir du dixième ne pourrait être étendue aux créanciers inscrits qui, par fraude ou par négligence de la part du poursuivant, n'auraient pas été appelés à concourir au jugement portant conversion des poursuites. Les droits de ceux-ci demeureraient entiers; l'adjudication, en ce cas, ne pouvant avoir d'autre effet à leur égard que celui d'une vente amiablement consentie par le débiteur (Conf. M. Petit, *ibid.*).

21. La *vente par licitation* n'a fait naître sous l'ancien code de sérieuses controverses qu'en ce qui concerne la surenchère du quart dont nous n'avons pas à nous occuper ici (V. n° 278). —Quant à la surenchère du dixième des créanciers inscrits, les motifs que nous venons d'invoquer à l'appui de l'admissibilité de cette surenchère après une vente sur conversion, ont paru généralement applicables après une vente sur licitation, où tout se passe en l'absence des créanciers et sans qu'ils aient été avertis de l'adjudication. — Et il a été décidé en effet, avant la loi du 2 juin 1841: 1° que dans les ventes sur licitation, les créanciers inscrits peuvent surenchérir du dixième, en suite des notifications à eux faites par l'adjudicataire de l'immeuble (Bordeaux, 14 déc. 1827 (1); Bourges, 1re ch., 17 nov. 1834, M. Mater, 1er pr., aff. Mollaret C. Pellault); — 2° Que la vente des biens d'un mineur avec les formalités prescrites doit être considérée comme une vente volontaire; qu'ainsi, la surenchère sur le prix d'une telle vente doit être du dixième dans les quarante jours de la notification, et non celle du quart dans la huitaine de l'adjudication (Riom, 26 janv. 1818 (2).—Toutefois, il a été décidé en sens contraire que la vente sur licitation d'un immeuble possédé par indivis, entre des majeurs et un mineur, ne peut être considérée comme vente volontaire; que, par suite, la surenchère à exercer dans ce cas doit être du quart, et non du dixième (Aix, 30 janv. 1835) (3).

La question se présente aujourd'hui dans les mêmes termes qu'avant la loi de 1841. Cette loi n'ayant apporté aucune modification aux règles de droit civil qui rendent admissible, en pareil cas, la surenchère du dixième, nous nous contenterons d'ajouter aux raisons précédemment indiquées que le droit pour les créanciers inscrits de surenchérir du dixième après ces sortes de ventes a été reconnu dans la discussion qui a précédé l'adoption de cette loi, comme un principe désormais à l'abri de toute contestation (Conf. M. Petit, p. 205).

22. Il faut décider de même à l'égard: 1° des ventes de biens de *mineurs* faites en justice dans les formes tracées par les art. 973 et suiv; 2° de celles de biens dépendant de *successions bénéficiaires* ou de *successions vacantes*; 3° des ventes de biens *dotaux*. Il y a ici identité de motifs pour appliquer à ces modes d'aliénations ce que nous avons dit précédemment au sujet des ventes sur conversion ou sur licitation; de telles ventes ne sauraient avoir pour résultat de purger le droit de surenchérir du dixième qui est le corollaire de toute créance inscrite. — Aussi a-t-il été jugé: 1° qu'après une vente judiciaire de biens de mineurs faite dans les formes tracées par les art. 973 et suiv., les créanciers sont admissibles à surenchérir du dixième dans les quarante jours des notifications faites par l'acquéreur (Req. 4 août 1835 (4); Paris, 19 mars 1836, aff. synd. du Creuzot, V. n° 418); — 2° Qu'il en est de même après une vente judiciaire de biens dépendant d'une succession bénéficiaire (Paris, 11 mai 1835 (5); Douai, 5 juin 1835, M. Delatre, pr., aff. Rabler); —

lieu, à la vérité, avant la notification des placards aux créanciers inscrits et sans qu'ils y aient donné leur approbation, et qu'il peut bien s'ensuivre qu'à leur égard la vente n'ait pas d'autre force que celle d'une vente volontaire; mais qu'il n'en est pas de même par rapport à Desbuards, créancier poursuivant, qui non-seulement s'est accordé à cette conversion, mais encore a figuré à l'adjudication passée par son débiteur pour y donner son assentiment formel, et a renoncé par là aussi bien au droit de surenchérir qu'à toute autre cause d'éviction par laquelle il aurait été en sa puissance de troubler l'acquéreur; — Infirme; rejette la demande en surenchère du dixième, formée par Desbuards, etc.

Du 15 déc. 1833.-C. de Caen, 2e ch.-M. Dupont-Longrais, pr.

(1) (Crochen C. Caze.)—LA COUR;—Attendu que, dans le cas même où l'art. 965 c. pr. aurait rendu commun aux licitations faites en justice, entre majeurs et mineurs, l'art. 710 qui, dans les ventes forcées, permet à toutes personnes de faire, dans la huitaine de l'adjudication, une surenchère du quart du prix principal, cette disposition ne serait point un obstacle à la surenchère du dixième par les créanciers inscrits; que ces sortes de licitations n'ont pas, comme les ventes forcées, l'effet de purger les hypothèques, parce que l'art. 695 c. pr. ne leur étant pas déclaré commun, les placards ou affiches ne sont pas notifiés aux créanciers inscrits; que l'adjudicataire est tenu de remplir à leur égard les formalités prescrites par les art. 2183 et 2184 c. civ., et que par conséquent il n'y a point de dérogation à la faculté qui est accordée auxdits créanciers par l'art. 2185, de surenchérir d'un dixième dans les quarante jours de l'accomplissement desdites formalités.

Du 14 déc. 1827.-C. de Bordeaux.-M. Ravez, 1er pr.

(2) *Espèce*: —(Roux.) — Jugement en ces termes :—« Attendu que la vente des biens de mineurs poursuivie par le tuteur, en vertu d'une délibération du conseil de famille, homologuée par le tribunal, est essentiellement volontaire; que la présence d'un commissaire délégué par le tribunal, et chargé de l'observation des formalités prescrites par la loi, n'a pour objet que de suppléer à l'incapacité des mineurs; que, dès lors, la surenchère à faire sur une vente semblable doit être réglée par l'art. 2185 c. civ., et non pas par l'art. 710 c. pr., qui n'est relatif qu'à des ventes faites sur saisie immobilière; — Attendu que la surenchère faite par Roux contient la soumission de porter le prix à un dixième en sus de celui déclaré par l'adjudicataire lors de la transcription de son contrat au bureau des hypothèques, déclare valable la surenchère. »—Appel.—Arrêt.

LA COUR; — Adoptant les motifs des premiers juges, confirme.

Du 26 janv. 1818.-C. de Riom.

(3) (Grisolles C. Grisolles-Faubert.) — LA COUR; — Attendu que, sur la licitation d'un immeuble indivis entre les successibles de la veuve Grisolles et sur l'adjudication qui en a été prononcée par le tribunal civil de Marseille, en faveur des époux Faubert, il y a un mineur intéressé au nombre des colicitants; que, dès lors, on ne peut reconnaître dans cette adjudication les caractères d'une vente volontaire qui ait pu se faire de gré à gré; ce qui implique que la surenchère à exercer ne pouvait être celle du dixième prévue par l'art. 2185 c. civ., mais bien celle du quart dont parle l'art. 710 c. pr., auquel se rapportent les art. 954 et 965 même code; — Attendu que l'adjudication juridique ne constitue point une vente parfaite et définitive, puisque le législateur l'a subordonnée, d'après sa nature, à l'exercice du droit de surenchère; — Que le colicitant ne peut être soumis à la garantie de la part de l'adjudicataire, précisément parce que l'augmentation du prix ne le dépouille point, parce qu'il ne peut être en possession qu'après les délais de la loi, et parce que le contrat suppose cette cause de résolution toujours sous-entendue; — Attendu que le colicitant lui-même ne peut être exclu de la surenchère, qui est un droit réservé par la loi au profit de toute personne et pour l'intérêt de la masse, d'après l'art. 710; — Qu'ainsi la surenchère dont il s'agit est aussi recevable que fondée, et qu'il y a lieu, au moyen de ce, de réformer le jugement du tribunal de première instance de Marseille, du 24 nov. dernier, qui a méconnu ces principes...; — Infirme, etc.

Du 30 janv. 1835.-C. d'Aix.-M. Bret, pr.

(4) (Mallard C. Ducoudré.) — LA COUR; — Attendu qu'aux termes de l'art. 2185 c. civ., lorsque le nouveau propriétaire d'un immeuble a fait aux créanciers la notification prescrite par l'art. 2183, tout créancier dont le titre est inscrit peut requérir la mise aux enchères de l'immeuble, à la charge notamment de porter le prix de l'immeuble à un dixième en sus de celui stipulé dans le contrat;—Attendu que cette disposition n'est point incompatible avec l'art. 710 c. pr. civ.; que la faculté de surenchérir, d'abord du dixième, puis du quart du prix principal, n'est point interdite par la loi; que, s'il en était autrement, les créanciers pourraient être privés des droits et avantages que la loi leur confère; — Attendu qu'en le décidant ainsi, l'arrêt attaqué (de la cour de Rouen, du 4 juill. 1834) n'a aucunement violé les art. 965 et 710 c. pr.; — Rejette, etc.

Du 4 août 1835.-C. C., ch. req.-MM. Borel, f. f. de pr.-Jaubert, rap.-Nicod, av. gén., c. conf.-Dalloz, av.

(5) (Legentil C. trésor.) — LA COUR; — Considérant qu'aux termes de l'art. 2185 c. civ., la faculté de surenchérir du dixième appartient à tout créancier inscrit auquel l'acquéreur a fait les notifications prescrites par la loi; que le seul cas dans lequel l'adjudicataire qui veut purger soit dispensé de notifier son contrat, est celui de la vente sur expropriation forcée, à laquelle les créanciers inscrits sont appelés par la notification du placard;—Considérant qu'en faisant aux créanciers inscrits sur l'immeuble dont il s'est rendu l'adjudicataire les notifications exigées par l'art. 2185 c. civ., Legentil a reconnu lui-même que ces créanciers devaient jouir de la faculté de surenchérir du dixième;—Considérant que ce droit, qui peut être exercé dans le délai de quarante jours par tout créancier inscrit, n'est point exclusif, lorsqu'il s'agit de vente d'immeubles faite par l'héritier bénéficiaire, du droit de surenchérir du quart, qui

3° Qu'il en est de même encore après une vente de biens dépendant d'une succession vacante (Paris, 2 mars 1809, aff. Charrier, V. plus haut n° 16).

23. La question de savoir si la surenchère du dixième devait exclure celle du quart, était diversement résolue avant la loi du 2 juin 1841, et l'on jugeait d'une part : 1° que dans ces sortes de ventes et notamment en matière de licitation, ces deux surenchères n'étaient point incompatibles (Req. 4 août 1835, aff. Mallard, n° 24-1°); — 2° Que de même après une vente d'immeubles dépendant d'une succession bénéficiaire, il fallait reconnaître deux modes de surenchères, l'un du dixième pour tout créancier inscrit dans les quatre jours des notifications, l'autre du quart, pour toute personne dans la huitaine du jugement d'adjudication (Paris, 11 mai 1835, aff. Legentil, V. n° 22-2°; Douai, 5 juin 1835, M. Delattre, pr., aff. Rabler). — Jugé, au contraire, en matière de vente de biens dépendant d'une succession vacante, que la surenchère du dixième des créanciers inscrits était seule admissible (Paris, 2 mars 1809, aff. Charrier, V. n° 16). — La question ne peut plus se présenter en ce qui concerne la surenchère du sixième qui remplace aujourd'hui celle du quart, la loi de 1841 ayant formellement admis cette dernière surenchère dans ces sortes de ventes.

24. On s'est demandé si une vente faite par suite de *cession de biens judiciaire* pouvait être l'objet de la surenchère spéciale des créanciers inscrits. — Cette question offre moins d'intérêt depuis que la cession de biens a été supprimée en matière commerciale (V. Faillite, n° 977); mais elle peut se présenter encore en matière civile. Elle doit être résolue, ce semble, par des considérations tout à fait analogues à celles qui ont fait écarter la surenchère des créanciers inscrits après une vente sur expropriation, ou après une vente sur conversion en publications volontaires à laquelle ils ont adhéré. En effet, le jugement qui admet le débiteur au bénéfice de cession ne peut être rendu sans que les créanciers n'y aient été appelés, et ce sont les créanciers eux-mêmes que la loi charge de provoquer la vente aux enchères des biens de leur débiteur. Ils ont donc eu toute facilité de veiller à leurs intérêts et de porter l'immeuble à sa valeur. — Nous estimons, en conséquence, que la surenchère du dixième ne peut être exercée à la suite de la vente sur cession de biens judiciaire (Conf. M. Petit, p. 254).

25. La surenchère, autorisée par l'art. 2185 c. nap., est-elle compatible avec la surenchère sur les biens du *failli* réglée par l'art. 575 c. com.? — V. n° 420.

26. L'adjudication sur expropriation forcée n'est pas, cela est évident, susceptible de la surenchère du dixième. Mais, comme cette adjudication ne purge pas par elle-même l'immeuble des inscriptions hypothécaires, s'il arrive que l'adjudicataire, resté débiteur du prix, ne poursuive pas la radiation des inscriptions, et revende l'immeuble à un tiers, les créanciers hypothécaires du saisi, qui sont devenus les créanciers personnels de l'adjudicataire, ont le droit de former une surenchère du dixième sur le prix de la seconde vente. — C'est à ce point de vue, ce semble, qu'il a été jugé que lorsqu'un adjudicataire sur saisie immobilière, après avoir fait transcrire son contrat, se borne à faire des offres à un des créanciers inscrits qui les refuse, puis revend les immeubles à un tiers, ce créancier peut, sur les notifications faites par le second acquéreur, conformément aux art. 2183 et 2184, surenchérir du dixième sur le prix de la seconde vente (Paris, 6 avr. 1812) (1). — V. aussi Req. 5 mai 1835, v° Privil. et hyp., et nos observ. *eod.*; V. encore Carré, sur l'art. 832.

27. La surenchère du dixième peut-elle avoir lieu sur une adjudication par suite de *folle enchère?* — Non évidemment, si le fol enchérisseur s'est rendu adjudicataire sur expropriation, puisque la saisie immobilière n'est pas susceptible de cette sorte de surenchère. Mais si la première adjudication a eu lieu sur une poursuite de vente réputée volontaire où les créanciers inscrits ne sont point appelés, sur une poursuite de licitation, par exemple, rien ne s'oppose, en pareil cas, au droit de surenchère que les créanciers hypothécaires tiennent de leur inscription, d'autant plus que la folle enchère ayant opéré la résolution complète de la première adjudication, les créanciers inscrits se trouvent dans la même position que s'il n'y eût eu qu'une seule vente. — Jugé en ce sens que la revente sur folle enchère, par suite de licitation d'immeubles, est susceptible de la surenchère du dixième (Paris, 10 mai 1834 (2); Dijon, 7 mars 1855, aff. Chanfray, D. P. 55. 2. 127). — La question présenterait plus de difficultés s'il s'agissait de la surenchère du sixième. — V. *infrà*, n°s 284 et s.

28. En cas d'*expropriation pour cause d'utilité publique*, il ne saurait y avoir lieu à surenchère, et les créanciers inscrits n'ont, en pareil cas, que le droit d'intervenir dans la procédure en règlement d'indemnité pour y faire valoir leurs prétentions. — V. v° Expropriation publique, n°s 550, 816.

29. Bien que les ventes judiciaires autres que celles sur expropriation forcée soient susceptibles des deux espèces de surenchères, l'une accordée aux créanciers inscrits seulement, l'autre ouverte au profit de toute personne, l'exercice de celle-ci dans les huit jours de l'adjudication rend inadmissible l'exercice de la première ; en d'autres termes, les créanciers inscrits ne peuvent, après de telles ventes, exercer sur l'immeuble grevé le droit de surenchère spécial attaché à leur inscription qu'autant qu'il n'y aura pas eu de surenchère du sixième suivie d'adjudication. — La loi de 1841, en effet, a posé en principe général, dans la dis-

---

peut être exercé par toute personne dans le délai de huitaine ; que le concours des deux modes de surenchère ne peut tourner qu'à l'avantage des créanciers et du débiteur, et n'est interdit par aucune disposition de la loi ; — Confirme, etc.

Du 11 mai 1835.-C. de Paris, 2e ch.-MM. Dclangle et Teste, av.

(1) *Espèce* : — (Villejouan *C.* Chaslin.) — Commard, adjudicataire de plusieurs immeubles vendus par suite de saisie immobilière, offrit, après avoir fait transcrire son contrat, à Chaslin, l'un des créanciers inscrits, le montant de sa créance, ce qui avait été refusé. — Peu après, Commard revendit une partie de ses immeubles à Villejouan, qui fit les notifications prescrites par les art. 2183 et 2184 c. civ. — Chaslin fit alors une surenchère. — Villejouan objecta que si Chaslin avait eu le droit de surenchérir sur le prix de l'adjudication faite au sieur Commard, cette surenchère, qui aurait dû être du quart, n'était recevable que dans la huitaine; et que ne l'ayant point fait, la voie de la surenchère lui était désormais fermée. — Jugement qui l'admet cependant : « Attendu que, soit qu'on se reporte à la législation établie par la loi du 11 brumaire, soit qu'on invoque les dispositions du code civil, il en résulte que l'hypothèque est un droit réel qui suit les immeubles en quelques mains qu'ils passent, et qu'en cas de vente de ces mêmes immeubles tout créancier dont le titre est inscrit peut en requérir la vente aux enchères et adjudications publiques ; — Attendu qu'il est constant qu'après avoir fait transcrire son jugement d'adjudication, Commard n'a pas fait à Chaslin les notifications indiquées par la loi, mais seulement des offres réelles ; — Rejette la fin de non-recevoir. » — Appel. — Arrêt.

LA COUR ; — Adoptant les motifs des premiers juges, confirme.

Du 6 avr. 1812.-C. de Paris.

(2) *Espèce* : — (Philippe, etc. *C.* Chandor.) — Sur la poursuite de vente par licitation entre elle et ses enfants, la veuve Godin se rend adjudicataire de trois maisons sises à Montmartre, dépendant de la succession de feu son mari. — Elle ne paya pas la portion du prix dont elle était débitrice, de sorte que les immeubles furent remis en vente à sa folle enchère, et adjugés séparément aux sieurs Philippe, Brenner et Ferrier : chacun d'eux fit les notifications prescrites par les art. 2183 et suiv. c. civ. — Un sieur Chandor, cessionnaire des droits d'un des créanciers inscrits, fit une surenchère sur chacune des maisons. — Il offrit le dixième en sus non du prix de la première adjudication faite à la veuve Godin, mais le dixième de celui de l'adjudication faite à sa folle enchère. — Les adjudicataires prétendent que ces surenchères sont nulles : 1° parce qu'elles ne sont pas autorisées par la loi ; 2° parce que le dixième en sus du prix principal devait être calculé d'après le prix de la première adjudication, surtout lorsque, comme ici, le prix de la seconde est inférieur à celui de la première. — Jugement du tribunal de la Seine, qui les déclare valables par les motifs suivants : — « Attendu que la folle enchère n'est qu'un incident de saisie immobilière; que cette adjudication donne contre celui qui l'a faite un droit de restitution à titre de dommages-intérêts, mais ne peut enlever aux créanciers la faculté généralement accordée par la loi à tous créanciers de surenchérir dans les délais voulus; — Attendu que le dixième qui doit être offert par le surenchérisseur ne doit avoir pour base que le montant de l'adjudication réelle et non celui de la folle enchère, qui est considéré comme non avenu à l'égard de tout autre que le fol enchérisseur; — Attendu que Chandor, en offrant de porter le prix principal de chaque maison à un dixième en sus du montant du prix de la vente, a entendu comprendre dans le prix de la vente les frais et les loyers payés d'avance, et en faire la base du dixième en sus qui devra constituer le prix principal de chaque maison, etc. » — Appel. — Arrêt.

LA COUR ; — Adoptant les motifs des premiers juges, confirme.

Du 10 mai 1834.-C. de Paris, 5e ch.-MM. Lepoitevin, pr.-Pécourt, av. gén., c. conf.-Duval et Leroi, av.

position finale de l'art. 965, qu'une surenchère des mêmes biens ne doit pas être reçue lorsque la première surenchère a été suivie d'adjudication. — Cette règle n'était pas admise sous l'ancien code de procédure; ainsi l'on décidait qu'après une vente de biens de mineurs, la surenchère du quart autorisée en faveur de toute personne ne portant aucune atteinte à celle du dixième établie au profit exclusif des créanciers inscrits, les deux surenchères pouvaient être exercées *successivement* (motif, Paris, 19 mars 1836, aff. synd. du Creuzot, V. n° 418).

20. On a critiqué avec raison, suivant nous, la disposition de l'art. 965, qui, sur le seul motif que l'immeuble adjugé aura été surenchéri du sixième d'après le droit commun en cette matière, exclut les créanciers inscrits du droit particulier de surenchère, qui est l'accessoire obligé de leur hypothèque. Un créancier dont le domicile est éloigné a compté qu'il serait averti de l'aliénation de son gage, soit par les sommations prescrites en cas d'expropriation, soit par les notifications de purge en cas d'aliénation volontaire, et il arrive que, sans avoir reçu aucune mise en demeure ni avertissement, ce créancier se trouve à son insu dépouillé de son droit le plus précieux, et forcé d'accepter comme valeur de son gage un prix qu'il juge insuffisant. Vainement objecterait-on qu'en pareil cas les épreuves d'une double adjudication font présumer que l'immeuble a atteint sa véritable valeur, car, d'après les dispositions combinées des art. 2183, 2184 et 2185, tout créancier inscrit sur l'immeuble est, à ce titre seul, juge, en ce qui le concerne, de la suffisance du prix, et peut, s'il l'estime convenable, provoquer une nouvelle vente à l'effet de donner un rang utile à sa créance. — V. MM. Chauveau sur Carré, t. 5, n° 2394 *bis*; Petit, p. 210 et suiv.

On serait porté à croire, d'après le rapprochement des art. 708, 709 et 710 avec l'art. 965, et même d'après le contexte de ce dernier article, que ses dispositions prohibitives ne concernent que la surenchère du sixième; mais en présence de l'exposé des motifs de la loi de 1841 et de la discussion qui s'est élevée au sujet de la disposition précitée, il n'est pas permis de douter que la surenchère ne doive, dans l'intention du législateur, avoir lieu qu'une seule fois. — Le sens de la loi, à cet égard, ressort manifestement surtout du rejet par la chambre des députés de l'amendement de M. Martin (de l'Isère), qui avait pour objet de réserver aux créanciers inscrits, même après une surenchère du sixième, le droit spécial de surenchérir du dixième dans les quarante jours des notifications qui leur est attribué par l'art. 2185; mais la maxime *surenchère sur surenchère ne vaut*, soutenue par M. le garde des sceaux, a prévalu sur les considérations pleines de force présentées à l'appui de l'amendement. La question doit donc être regardée comme incontestablement résolue par la loi.

21. Il en serait de même sans aucun doute pour le cas où l'adjudication aurait eu lieu par suite d'une surenchère du dixième; cette adjudication aurait pour effet d'exclure toute surenchère ultérieure même de la part d'un créancier qui n'ayant point reçu la notification du contrat aurait ignoré l'aliénation, et n'aurait eu aucun moyen de surenchérir en temps utile. — Cependant il peut arriver tel cas spécial où une adjudication après surenchère aurait un caractère de vente volontaire qui la rendit susceptible de la surenchère des créanciers inscrits et il a été jugé, par exemple, 1° qu'une adjudication prononcée par suite de surenchère peut être considérée comme une vente volontaire, sans rapport nécessaire avec la surenchère, lorsqu'elle a eu lieu en vertu d'un jugement rendu d'accord, par voie de transaction, entre le poursuivant et le surenchérisseur, et sur d'autres bases que celles de la surenchère (Req., 22 nov. 1843) (1); — 2° Qu'en un tel cas, les juges peuvent décider que cette adjudication, con-

---

(1) *Espèce :* — (Vauquelin *C.* Jardin, etc.) — 29 déc. 1832, vente par les dames Cauville à Gascoin de plusieurs pièces de terre, moyennant une rente annuelle et viagère de 1,900 fr., sous la condition que la vente pourrait être résiliée à la volonté des dames Cauville à défaut du payement d'un seul terme de la rente. — En 1836, ces immeubles furent saisis sur Gascoin et adjugés après conversion en vente sur publication à Vauquelin, moyennant la somme de 15,800 fr. : aux termes du cahier des charges l'adjudicataire était tenu de payer les arrérages de la rente viagère en déduction de son prix. — Vauquelin notifie son contrat aux créanciers inscrits : l'un d'eux, Cornet Lavallée, surenchérit d'un dixième. La surenchère est déclarée valable et l'adjudication préparatoire a lieu. Avant l'adjudication définitive, les dames Cauville interviennent et demandent que l'on insère au cahier des charges une clause portant que l'adjudicataire serait tenu personnellement de leur payer les arrérages échus de la rente viagère et de la leur servir à l'avenir, ou à défaut de l'insertion de cette clause la résolution du contrat de vente du 29 déc. 1832. — Jardin, premier créancier inscrit, fut mis en cause et s'en rapporta à justice. Cornet Lavallée, surenchérisseur, conclut à ce que l'enchère par lui portée fût modifiée en ce sens que la première mise à prix consisterait dans l'obligation imposée à l'adjudicataire de servir personnellement la rente viagère. — 30 août 1838, jugement qui ordonne cette modification. — Le 8 oct. 1838, l'immeuble est adjugé à Vauquelin moyennant une somme de 10 fr., outre l'obligation personnelle de servir la rente viagère. — En 1839, décès des dames Cauville. — Jardin appelle alors du jugement du 30 août 1838 et conclut à ce que le jugement fût réformé, en ce qu'il avait autorisé la poursuite de la surenchère sur d'autres bases que celles qui résultaient de la première adjudication, et à ce que l'adjudication qui en avait été la suite fût considérée comme une vente volontaire, sans aucun rapport avec l'adjudication antérieure, et soumise elle-même à la surenchère des créanciers inscrits. Les créanciers inscrits se joignent à cette demande.

27 juin 1842, arrêt de la cour de Caen en ces termos : — « Considérant que l'adjudication sur aliénation volontaire du 15 déc. 1837 avait eu lieu moyennant le prix de 15,800 fr.; que telle devait nécessairement être la base d'une adjudication par suite de surenchère, aux termes des art. 2187 c. civ. et 858 c. pr., et qu'il n'était pas possible de substituer à ce prix, arrière des créanciers, auxquels la notification avait été faite, un autre prix d'une nature toute différente, sur lequel ils n'auraient pas été mis à portée de surenchérir; — Considérant que c'est pourtant là ce qui fut fait le 30 août 1838; que pour empêcher l'effet d'une demande en résiliation formée par les dames Cauville de l'acte du 29 déc. 1832, en vertu duquel les immeubles dont il s'agissait étaient restés dans les mains de Gascoin, on substitua au prix porté dans l'adjudication du 15 déc. 1837, surenchéri par Cornet Lavallée, l'obligation de servir à fo: fait la rente viagère de 1,900 fr.; que le tribunal se borna à donner acte des demandes et consentements des parties à cet égard; qu'à ce moyen les dames Cauville abandonnèrent leur demande en distraction; que, par suite, la surenchère de Cornet Lavallée disparut ainsi que l'adjudication du 15 déc. 1837, et que celle du 8 oct. 1838 ne fût plus qu'un nouveau contrat, ne se rattachant en rien à celui qui avait été notifié aux créanciers inscrits; — Considérant qu'on objecte inutilement la présence de Jardin, premier créancier inscrit, au jugement du 30 août 1838; que, sans doute, il avait mandat, d'après l'art. 727 c. pr., pour représenter les autres créanciers sur la demande en distraction des dames Cauville, mais non pour transiger sur cette demande, en consentant une nouvelle vente à un prix et à des conditions autres que ceux sur lesquels lesdits créanciers avaient dû compter; que d'ailleurs Jardin s'est borné à s'en rapporter à justice; — Considérant toutefois que l'intervention des dames Cauville sur la poursuite en surenchère et les demandes par elles formées ne permettent pas à cette surenchère de suivre son cours et de recevoir son effet; que, d'après l'état des faits, il n'est pas possible d'ordonner aujourd'hui qu'elle sera conduite à fin; mais que le prix de l'adjudication du 8 oct. 1838, ayant eu lieu du consentement de toutes les parties qui avaient ou pouvaient prétendre des droits de propriété sur les immeubles qui en étaient l'objet, doit être maintenu comme nouvelle vente, sauf l'exercice des droits hypothécaires des créanciers; que c'est à ce point que les intervenants et l'appelant ont en définitive réduit leur soutien; — Considérant que dès lors qu'il ne s'agit plus d'annuler l'adjudication du 8 oct. 1838, mais uniquement d'en apprécier le caractère et d'en déterminer les effets, la fin de non-recevoir puisée dans les art. 733 et 755 c. pr. ne saurait être invoquée; — Considérant, d'après ce qui vient d'être dit, que Vauquelin n'est pas dépossédé des biens à lui adjugés le 8 oct. 1838; que, du reste, il savait parfaitement comment les choses s'étaient passées antérieurement; et que si son prix n'est pas irrévocablement fixé à l'égard des créanciers hypothécaires, comme il l'aurait été par une véritable adjudication par suite de surenchère, c'est un inconvénient qu'il devait prévoir et dont Cornet-Lavallée ne lui doit point garantie;... — Par ces motifs, la cour dit que l'adjudication du 8 oct. 1838 ne doit être considérée que comme une vente volontaire, ne mettant point obstacle à l'action hypothécaire des créanciers inscrits sur les immeubles qui en sont l'objet, sauf le droit de notification, conformément aux art. 2185 et suiv. c. civ. »

Pourvoi : 1° Violation des art. 755 et suiv. c. pr. en ce que l'arrêt attaqué a admis, après une adjudication sur surenchère, l'appel dirigé contre le jugement qui en avait réglé les conditions; — 2° violation de l'art. 2187 c. civ. et 727 c. pr. en ce que le même arrêt avait admis les créanciers à critiquer un jugement rendu en matière de distraction et de surenchère avec le premier créancier inscrit qui représentait tous les autres; — 3° excès de pouvoir et défaut de motif, en ce que l'appel portait seulement sur le jugement du 30 août 1838 et que cependant la cour a accueilli la demande tendant à modifier le jugement d'adjudication du 30 oct. 1838; — 4° violation du principe de la chose jugée et fausse

sidérée comme vente volontaire, est passible de la surenchère des créanciers inscrits, quoiqu'elle ait été précédée d'une première surenchère (Même arrêt).

§ 2. — *Quels biens peuvent être l'objet de la surenchère dite sur aliénation volontaire.*

32. La surenchère établie en faveur des créanciers inscrits étant le corrollaire obligé de l'hypothèque, le droit de l'exercer s'étend en général à tous les biens susceptibles d'être hypothéqués (V. Priv. et Hypoth.). — Il ne s'étendrait donc pas à des droits qui, bien qu'immobiliers, échappent à l'hypothèque à raison de leur nature personnelle et incessible, tels qu'à des droits d'*usage* ou d'*habitation* (MM. Troplong, Hyp., t. 2, n° 403, Proudhon, t. 6, p. 39), non plus qu'à de simples *accessoires* immobiliers par destination, non susceptibles, en cas d'aliénation partielle, du droit de suite (V. Biens, nos 129 et suiv. et Priv. et Hyp.).

33. Mais l'*usufruit*, l'*emphytéose* étant susceptible du droit de suite (V. Louage emphyt., n° 9; Privil. et hyp.—Conf. MM. Tarrible, Rép. de Merlin, v° Tiers détenteur; Troplong, Hyp., t. 3, n° 776) peuvent être l'objet d'une surenchère.

34. Un droit de *servitude* est-il susceptible de surenchère? La question est controversée (V. v° Privilèges et Hyp.). — Dans tous les cas, il a été jugé que le créancier hypothécaire qui s'est obligé, par le cahier des charges, à supporter les servitudes établies sur l'immeuble dont il s'est rendu adjudicataire, est non recevable à se plaindre qu'on lui ait refusé le droit de surenchérir ces servitudes constituées par le vendeur de l'immeuble, et cela, bien que celui à qui les servitudes sont dues, ait paru acquiescer à la surenchère demandée, en notifiant son contrat aux créanciers inscrits (Req. 18 janv. 1832, aff. Cholet, V. Obligat.).

35. L'action en *partage* d'une succession, comme toute autre action, n'étant pas susceptible d'hypothèque (V. v° Priv. et Hyp.), il a été justement décidé qu'une cession de droits successifs encore indivis n'est pas susceptible de surenchère (Grenoble, 24 janv. 1835) (1).

36. Un principe incontestable en cette matière, c'est que le créancier qui veut surenchérir ne peut exercer ce droit que sur les immeubles grévés de son hypothèque. — Par application de ce principe, il a été jugé que le créancier inscrit sur une partie seulement d'un immeuble indivis vendu en un seul lot, ne peut surenchérir que sur la portion affectée à son hypothèque; qu'en conséquence, l'adjudicataire a le droit, lorsque la surenchère porte sur la totalité du prix, d'en demander la réduction (Paris, 3 mars 1820 (2); Conf. M. Petit, p. 295).

37. C'est encore en vertu du même principe que, dans le cas où les biens affectés à l'hypothèque d'un créancier sont vendus en bloc avec d'autres biens non grevés de cette hypothèque, l'acquéreur est obligé de faire une ventilation qui puisse servir de base à la surenchère sur la portion des biens vendus qui en est susceptible (c. nap. 2193; V. Privil. et hypoth. [purge]). — Et il a été jugé qu'en pareil cas le défaut de ventilation de la part de l'acquéreur ne peut conférer au créancier qui n'a hypothèque que sur une partie des objets vendus le droit de surenchérir sur la totalité (Rennes, 1er avril 1828) (3).

38. Toutefois, il a été jugé qu'en cas de vente par licitation des biens indivis d'une succession, les créanciers, inscrits sur la part indivise de l'un des cohéritiers, peuvent surenchérir la totalité des biens vendus, alors qu'une liquidation n'a point fixé les droits respectifs des cohéritiers, et que l'acquéreur n'a point établi de ventilation dans la notification de son contrat aux créanciers inscrits (Paris, 16 juill. 1834) (4).

---

application de l'art. 2180 c. civ en ce que tout en maintenant le jugement du 30 août, tout en prétendant ne pas annuler le jugement d'adjudication du 8 oct. 1838, la cour a tranformé ce jugement d'adjudication sur surenchère en une adjudication volontaire, et soumis pour la deuxième fois le sieur Vauquelin à l'obligation de notifier son contrat et de souffrir l'éventualité d'une surenchère. — Arrêt.

La cour; — Sur le premier moyen; — Considérant que les articles invoqués ne pourraient avoir d'application qu'autant qu'il s'agirait d'une adjudication véritable et d'une procédure sérieuse; mais qu'il a été décidé en fait, par la cour royale, que par suite d'une transaction, les parties n'avaient pas voulu faire une véritable adjudication; — Sur le second moyen: — Considérant que la cour royale a décidé en fait que ce qui avait eu lieu entre les parties n'était autre chose qu'une vraie transaction dans laquelle les créanciers intéressés n'étaient pas représentés; que cette décision écarte les articles invoqués comme inapplicables à l'espèce; — Sur les troisième et quatrième moyens: — Considérant que l'arrêt est suffisamment motivé; que de plus il a pu et dû déclarer, comme il l'a fait, que le jugement du 8 oct. 1838 n'était dans l'intention des parties qu'une transaction; que, dès lors, il était loisible à la cour royale de se livrer à l'interprétation de cette transaction et de fixer le sens et la portée que les parties avaient voulu y mettre; que ceci étant admis, tous les articles invoqués devenaient étrangers à la cause; — Rejette.

Du 22 nov. 1843.-C. C., ch. req.-MM. Zangiacomi, pr.-Troplong, r.

(1) (Chatain, etc. C. Durand.)—La cour; — Attendu que les droits successifs qui avaient été cédés par la maison Durand à Michal ne constituaient en ses mains qu'une action à l'aide de laquelle il avait droit de provoquer le partage et de se faire expédier, du chef de la maison Durand, représentant Roux, la part qui lui revenait dans la succession dont il s'agit; — Attendu que les actions, de quelque nature qu'elles soient, ne sont pas susceptibles d'hypothèque, et que, par conséquent, c'est mal à propos que Michal a rempli la formalité indiquée par la loi, pour purger les hypothèques, et a ainsi provoqué une surenchère de la part de Chatain, ayant hypothèque générale sur les biens de Roux; — Par ces motifs, infirme, et sans s'arrêter à la surenchère formée par Chatain, qui est déclarée nulle et de nul effet, dit par suite qu'il n'y a lieu à surenchère.

Du 24 janv. 1835.-C. de Grenoble, 2e ch.-M. Fornier, pr.

(2) (Vignier C. Brandin et Courgenay.) — La cour; — Attendu qu'une surenchère ne peut être formée que par un créancier inscrit et relativement aux seuls objets sur lesquels il est inscrit; que, dans l'espèce, Brandin (surenchérisseur) et les enfants Courgenay (qui, dans le but de de faire cesser l'indivision, avaient vendu par licitation les biens faisant partie de la succession de leur père et reconnus impartageables) sont respectivement non recevables à prétendre que la surenchère doit porter sur le tout; le premier, au moyen de ses offres acceptées par Vignier; les derniers, parce que le prix de la vente, en ce qui les concerne, n'y ayant point de surenchère à leur égard, demeure irrévocablement fixé; que la division à laquelle les vendeurs ont entendu parvenir n'en subsiste pas moins, et qu'il renait seulement une nouvelle indivision entre le surenchérisseur et l'acquéreur, laquelle est étrangère aux vendeurs; — Infirme, — Déclare la surenchère nulle en ce qui concerne la portion des biens appartenant aux enfants Courgenay.

Du 3 mars 1820.-C. de Paris.

(3) (Dumoustier C. époux Gicqueaux.) — La cour; — Considérant qu'aux termes de l'art. 2192 c. civ., l'acquéreur par un seul et même acte de divers immeubles, dont les uns sont libres et les autres grevés d'hypothèques, doit, dans la notification qu'il fait de son titre aux créanciers inscrits, déclarer, par ventilation du prix total qui y est exprimé, celui de chaque immeuble frappé d'inscriptions particulières et séparées; — Considérant que, lorsque l'acquéreur ne s'est pas conformé à cette disposition, conçue en termes impératifs, rien ne s'oppose à ce qu'il répare l'irrégularité d'une première notification, qui n'indiquait que le prix total, en s'en désistant et la remplaçant par une seconde, contenant la ventilation prescrite par l'article précité; — Considérant que le créancier ne peut, dans ce cas, être fondé à prétendre que par l'effet d'une notification qui n'était pas conforme à la loi, et de l'offre qu'il a faite par suite, de faire porter la surenchère sur la totalité du prix énoncé au contrat, il a acquis un droit dont il ne peut plus dépendre de l'acquéreur de le priver; — Considérant que la faculté de surenchérir a pour unique fondement la qualité de créancier hypothécaire, et ne peut conséquemment être exercée qu'à l'égard des objets sur lesquels le créancier qui l'exerce a pris inscription; que cette limitation de son droit, qui peut être invoquée par toute personne intéressée, résulte clairement des termes dans lesquels est conçue la première disposition de l'art. 2185 c. civ., qui n'autorise à requérir la mise aux enchères de l'immeuble que le créancier dont le titre est inscrit; disposition fondée sur ce que son droit de préférence ne porte que sur l'objet soumis à son hypothèque; — Par ces motifs, — Dit qu'il a été mal jugé en ce que le premier tribunal, en maintenant la notification faite par Dumoustier aux époux Gicqueaux, a, par suite, déclaré valable la surenchère du 31 janv. 1826; — Réformant, ordonne, au contraire, que la surenchère des intimés ne pourra porter que sur la partie des biens vendus soumise à leur hypothèque, etc.

Du 1er avr. 1828.-C. de Rennes, 2e ch.-M. de la Bique-Villeneuve, pr.

(4) *Espèce*: — (Davoust C. syndics Grosset.) — 7 fév. 1834, jugement du tribunal civil de Mantes, qui le décide ainsi: — « Attendu que le droit de tout propriétaire indivis s'étend sur la totalité de l'immeuble indivis, et sur chaque portion d'icelui, jusqu'au partage qui détermine la portion de chacun; — Que, dans l'espèce, il s'agit de deux maisons reconnues impartageables, et dont la vente par licitation a été ordonnée par jugement; — Qu'il est impossible de déterminer la portion revenant

39. Au surplus, les créanciers inscrits seraient recevables, en cas d'omission sur ce point de la part de l'acquéreur qui a notifié son contrat, à faire ordonner une ventilation par experts sans que le vendeur eût en aucun cas qualité pour s'y opposer. — Et il a été jugé en ce sens que le vendeur est sans intérêt, et par suite non recevable à critiquer, en ce qu'elle serait irrégulière, la disposition d'un jugement qui ordonne une ventilation, à l'effet d'estimer jusqu'à quelle somme telle partie de biens vendus, sur laquelle porte la surenchère, est entrée dans le prix total : ce droit n'appartiendrait qu'à l'acquéreur ou surenchérisseur (Bourges, 1er août 1829, aff. Boiset, V. Expert., n° 81-2°).

40. Aux termes de l'art. 2192 c. nap., les créanciers inscrits ne sont pas tenus de faire porter leur surenchère sur des immeubles situés dans divers arrondissements. — Mais cette règle ne serait point admissible dans le cas où il s'agirait d'un seul et même corps de biens qui dépendrait de divers arrondissements : ici le morcellement de l'immeuble entraînerait de trop graves inconvénients, et l'on pense justement, en appliquant par analogie l'art. 2210, que quand le même immeuble est situé dans plusieurs arrondissements, le créancier doit surenchérir tout l'immeuble (Conf. MM. Persil, art. 2192; Bioche, 3e édit., n° 35).

41. De ce qu'un créancier ne peut étendre sa surenchère à d'autres biens que ceux frappés de son hypothèque, faut-il conclure par réciprocité que si des immeubles distincts tous affectés à sa créance ont été aliénés pour un seul et même prix, il sera tenu de faire porter sa surenchère sur la totalité de ces biens? — Il nous paraît résulter de l'art. 2192 que le nouveau propriétaire n'étant obligé de déclarer par ventilation le prix de chaque immeuble, qu'autant qu'ils seraient grevés d'hypothèques spéciales, le créancier à hypothèque générale, à défaut d'une ventilation qu'il n'a pas le droit d'exiger, ne peut surenchérir que sur la totalité des biens vendus (Conf. M. Petit, p. 450 et suiv.). — Mais quand la vente, au lieu d'être faite en bloc, est faite par lots, le créancier qui a une hypothèque générale peut surenchérir séparément sur chaque lot, parce que l'hypothèque porte également sur toutes les parties de l'immeuble (Carré, n° 2859).

42. Si les divers immeubles compris dans la vente étaient frappés en même temps d'hypothèques générales et d'hypothèques spéciales, la ventilation faite par l'acquéreur dans l'intérêt exclusif des créanciers spéciaux profiterait-elle au créancier à hypothèque générale et lui donnerait-elle le droit de surenchérir sur une partie seulement des immeubles aliénés?—On a dit pour la négative : l'hypothèque générale couvre tous les biens vendus; elle est indivisible comme le contrat de vente qui s'en trouve grevé; la surenchère doit être totale, avoir la même étendue que le droit qui la produit. La ventilation n'est prescrite et n'a été faite que pour les créanciers spéciaux et dans leur seul intérêt. Chacun d'eux n'a d'action et de suite que sur l'immeuble qui forme son gage. Ainsi, le droit du créancier général embrassant la totalité doit s'attaquer à la totalité. Si la surenchère de ce créancier est générale, a-t-on ajouté, elle profite à tous les créanciers et elle sera unique. Si elle est bornée à un immeuble, il pourra en être fait, par le même créancier, autant qu'il y a d'immeubles : la propriété sera morcelée, les procédures multipliées et les frais qui en résulteront énormes.—Et il a été décidé, en conformité de ces principes, qu'un créancier à hypothèque générale sur plusieurs immeubles formant la même exploitation, vendus en un seul lot et pour un seul prix, n'est admis à former de surenchère que sur l'ensemble de ces immeubles et non sur quelques-uns d'eux, encore qu'à raison des hypothèques spéciales dont plusieurs étaient grevés, l'acquéreur ait établi la valeur de chacun d'eux par ventilation : il en est ainsi surtout lorsque la surenchère a porté sur des immeubles non grevés d'hypothèques spéciales (Bourges, 5 mars 1841) (1).

43. Mais on peut répondre avec raison, suivant nous, 1° qu'aucune loi n'a restreint le droit des créanciers à hypothèque générale; 2° que, de ce que la loi leur aurait refusé le droit de demander la ventilation, il ne s'ensuit pas qu'elle leur ait interdit le droit d'en profiter, lorsque par la présence des créanciers inscrits, elle a eu lieu; 3° que c'est le cas d'appliquer la règle qui peut le plus peut le moins, d'autant mieux qu'il ne saurait en résulter ici aucun inconvénient autre que celui auquel pouvaient donner lieu les hypothèques spéciales; 4° enfin, qu'abstractivement considérée, la ventilation a pour effet d'appeler la surenchère de la part de tous les créanciers inscrits, en lui donnant une base plus accessible.—Et il a été jugé en ce sens que lorsqu'aux termes de l'art. 2192 c. nap., l'acquéreur de plusieurs immeubles grevés d'une hypothèque générale, primée elle-même par des hypothèques spéciales sur quelques-uns, a notifié son contrat à tous les créanciers inscrits, en déclarant le prix de chaque immeuble par ventilation du prix total qui avait été stipulé *in globo*, le créancier à hypothèque générale est autorisé à ne surenchérir que les objets dont il trouve le prix déclaré insuffisant (Angers, 30 avr. 1840, et sur pourvoi, Rej. 21 nov. 1843 (2);—Conf. M. Petit, p. 444 et s.).

à Grosset dans ces immeubles, qui est même inconnue des parties; — Qu'en effet, le cahier des charges de la vente faite à Davoust ne dit pas que le prix sera délivré à chacun des vendeurs par quart, ce qui, en effet, indiquerait que la portion afférente à Grosset serait du quart; qu'il dit, au contraire, que les droits seront fixés par une liquidation à faire; — Qu'on ne peut donc dire que le droit de Grosset soit de telle portion plutôt que de telle autre; —Que l'acquéreur Davoust n'a point établi de ventilation dans la notification aux créanciers inscrits, de manière qu'il a reconnu, au moins implicitement, que la surenchère devrait porter sur le tout; — Déclare la surenchère bonne et valable; — Ordonne, en conséquence, qu'elle sera suivie sur la totalité du prix des biens adjugés, etc. » — Appel. — Arrêt.

LA COUR; — Adoptant les motifs des premiers juges, confirme, etc.

Du 16 juill. 1854.-C. de Paris, 2e ch.

(1) (Loisillier C. Peyrondet, etc.) — LA COUR; — Considérant que Peyrondet, créancier surenchérisseur, avait hypothèque sur tous les héritages exploités en bois et adjugés à Loisillier en un seul lot et pour un seul prix par acte du 12 janv. 1840; — Que cependant il n'a compris dans les deux surenchères qu'il a formées que quelques-uns des nombreux héritages soumis à son hypothèque; — Que si, aux termes de l'art. 2192 c. civ., le créancier surenchérisseur ne peut être contraint d'étendre sa soumission sur d'autres immeubles que ceux qui sont hypothéqués à sa créance, il semble résulter de cet article qu'il doit nécessairement la faire porter sur tous les héritages soumis à cette hypothèque; —Que, dans l'espèce, il est vrai, l'existence d'hypothèques frappant seulement sur quelques-uns des héritages vendus avait mis l'acquéreur dans la nécessité de ventiler le prix de son acquisition, et qu'il a, dans la notification qu'il a faite aux créanciers inscrits, assigné un prix distinct et particulier à chacun des héritages compris dans cette acquisition; — Mais, considérant que la ventilation n'était nécessitée que par l'existence d'hypothèques autres que l'hypothèque générale de Peyrondet; — Que, dès lors, il n'avait pas le droit de profiter de cette ventilation pour former une surenchère à son gré et suivant son caprice; — Que si le droit de surenchérir est une conséquence nécessaire et légitime du droit hypothécaire, l'exercice de cette faculté doit nécessairement avoir la même étendue que le principe dont elle émane; — Que, dans l'espèce, Peyrondet n'a fait porter les deux surenchères qu'il a formées ni sur les héritages exclusivement soumis à son hypothèque générale, ni sur ceux exclusivement affectés à des hypothèques distinctes et séparées; mais que, prenant un certain nombre d'héritages parmi tous ceux dont se compose la vente, il en a requis la mise aux enchères publiques; — Qu'il résulterait de ce mode de surenchérir, qu'aucun texte de loi n'autorise un morcellement de l'exploitation au grand préjudice de l'acquéreur, et par suite, du vendeur, morcellement, d'ailleurs, que repoussent le texte comme l'esprit de la législation sur les hypothèques et l'expropriation (art. 2210 et 2211 c. civ.); — Considérant enfin que si la ventilation faite par l'acquéreur paraissait à Peyrondet porter atteinte à ses droits, il pouvait l'attaquer et la faire réformer par les voies judiciaires ordinaires, sans qu'il pût en résulter aucun des inconvénients signalés par les premiers juges; — Emendant, déclare les deux surenchères nulles, etc.

Du 5 mars 1841.-C. de Bourges, ch. cor.-M. Aupetit-Durand, pr.

(2) *Espèce* : — (De Grosé C. Morillon.) — Jugement du tribunal de Saumur, du 15 fév. 1840, en ces termes : « Attendu que la loi n'établit, quant à l'efficacité, aucune différence entre l'hypothèque générale et l'hypothèque spéciale; qu'ainsi l'hypothèque générale donne sur chacun des biens qui y sont soumis les mêmes droits qui résulteraient d'autant d'hypothèques spéciales sur ces mêmes biens; — Attendu que, si l'art. 2192 c. civ. contient une disposition faite dans l'intérêt des créanciers à hypothèque spéciale, il est aisé de se convaincre qu'elle n'a pas été dictée par la faveur attachée à l'hypothèque spéciale, mais seulement par un sentiment d'égalité entre les diverses sortes d'hypothèques; en effet, il eût été injuste d'obliger un créancier, qui n'a qu'un immeuble pour gage, à étendre sa surenchère sur d'autres immeubles, et à se jeter, pour un intérêt faible, dans une opération hasardeuse et qui exige un cautionnement qu'il ne pourrait peut-être fournir; — Attendu que si, quand il n'y a que des hypothèques générales, la surenchère doit nécessairement s'étendre sur tous les biens vendus par un seul et même

44. Dans tous les cas, le droit incontestable qu'a le créancier de surenchérir sur la totalité des biens qui lui sont hypothéqués, alors que ces biens ont été compris dans une seule et même vente, se divise nécessairement, et sans que le créancier soit fondé à s'en plaindre, en cas d'aliénation partielle de ces mêmes biens par le détenteur. — Il a été justement décidé, par exemple, que le vendeur d'un immeuble, créancier du prix de la vente, avec hypothèque, ne peut s'opposer à ce que l'acquéreur dispose de tout ou partie de cet immeuble, et à ce que le sous-acquéreur d'une partie fasse les notifications exigées pour faire courir les délais de la surenchère et rendre son prix définitif : l'offre de payer sur-le-champ son prix, contenue dans la notification, doit être considérée, à l'égard du vendeur primitif, non comme une sommation de recevoir un payement partiel, mais comme l'accomplissement d'une formalité légale, conférant au vendeur une faculté qu'il est libre de négliger (Aix, 6 mars 1839) (1).

contrat, cela ne tient pas à une défaveur attachée à l'hypothèque générale, mais parce que, si les enchères pouvaient être partielles, il en résulterait que les biens ne pourraient se vendre que par parties; ce qui nuirait souvent à la vente et par suite aux créanciers; — Attendu que de ce qui précède il résulte qu'en ce qui concerne la surenchère, c'est toujours l'intérêt du créancier, mais nullement celui de l'acquéreur, que la loi considère; — Attendu que si, dans le cas où il y a à la fois des hypothèques générales et des hypothèques spéciales, et, par conséquent, nécessité de ventilation de prix, il n'était permis qu'aux créanciers à hypothèques spéciales de surenchérir particulièrement, il en résulterait, contre l'esprit de la loi, infériorité de l'hypothèque générale vis-à-vis de l'hypothèque spéciale, préférence de l'intérêt de l'acquéreur à l'intérêt du créancier; qu'en effet, l'hypothèque spéciale donnerait le droit de ne surenchérir que certains immeubles, tandis que l'hypothèque générale ne le pourrait pas, quoiqu'assise sur les mêmes immeubles; — Attendu que, dans le système opposé, il serait loisible à l'acquéreur, par une ventilation mensongère, de nuire aux droits des créanciers à hypothèques générales, alors même qu'ils n'auraient pas d'intérêt à surenchérir l'ensemble des immeubles; qu'en vain dirait-on que, dans ce cas, on aurait la ressource de faire réformer la ventilation frauduleuse; mais cette action, outre les difficultés qu'elle entraînerait, n'est pas écrite dans nos codes, tandis que la surenchère est à la fois un moyen simple et efficace. »

Appel. — Le 30 avr. 1840, arrêt de la cour d'Angers, qui confirme en ces termes : — « Attendu que du moment où, à raison de l'existence des hypothèques spéciales sur certains immeubles distincts, l'acquéreur a, par voie de ventilation, déclaré dans sa notification, comme il y était tenu, le prix de chacun des immeubles compris dans son contrat, cette disposition a produit effet, à l'égard du créancier ayant hypothèque générale comme envers ceux qui se présentent avec des hypothèques spéciales; — Que cet état de choses rend nécessaire un règlement d'ordre distinct pour chacun des objets immobiliers affectés ainsi séparément; — Que, par suite, la surenchère qui aurait été établie sur l'ensemble du contrat se diviserait de plein droit et proportionnellement entre les divers articles compris dans la ventilation; — Mais qu'il serait contre toute raison d'exiger que le créancier général surenchérît des portions d'immeubles qui auraient été portées à toute leur valeur, ou qu'il fît remettre en vente celles à l'égard desquelles il reconnaîtrait qu'à tout événement il ne peut rien lui revenir, à raison de l'importance des hypothèques particulières inscrites avant la sienne; — Adoptant, en outre, les motifs du jugement dont est appel, etc. »

Pourvoi. — 1° Violation de l'art. 2185, § 2, c. civ., en ce que l'arrêt attaqué a jugé en principe que l'exploit de surenchère était valable, pourvu qu'il portât la signature du surenchérisseur, nonobstant l'absence de l'approbation de ce surenchérisseur pour les ratures qui pourraient s'y rencontrer, et avoir quelquefois, on le sent, une grande influence sur l'acte, comme si, par exemple, elles portaient sur le prix et qu'il en résultât insuffisance ou incertitude dans ce prix. — 2° Violation de l'art. 2185, § 2, combiné avec l'art. 838 c. pr., en ce que la cour royale a considéré comme satisfaisant au vœu de ces articles, la déclaration du surenchérisseur qu'il portait le prix et les charges à un dixième en sus, sans exprimer, en outre, la somme numérique qui devait tenir lieu d'enchère. — 3° Contravention à l'art. 2192 c. civ., en ce que l'arrêt attaqué a décidé qu'un créancier à hypothèque générale, qui croit devoir surenchérir aux termes de l'art. 2185 sur des immeubles vendus pour un prix unique, par un seul acte, et situés dans le même arrondissement, avait le droit de profiter de la ventilation opérée en vue des seuls créanciers à hypothèques spéciales, et qu'il pourrait restreindre à son gré sa surenchère, et ne la faire porter que sur une ou plusieurs parties ventilées de la masse des immeubles vendus et affectés sans distinction à son hypothèque générale. — Arrêt.

LA COUR; — En ce qui touche le moyen de nullité : — Attendu que l'acte d'exploit de surenchère a été régulièrement signifié, qu'il est conforme aux formalités prescrites par l'art. 2185 c. civ., et que, d'ailleurs l'approbation des ratures n'est pas prescrite pour la validité des exploits; qu'ainsi, le défaut d'approbation n'en peut entraîner la nullité; — Rejette;

En ce qui touche l'indétermination du montant de la surenchère : — Attendu que la loi porte que la surenchère sera du dixième en sus du prix de la vente; mais qu'elle n'exige pas l'énonciation d'une somme fixe et que l'arrêt déclare que la surenchère est d'un dixième en sus du prix, ce qui suffit pour sa validité; — Rejette;

En ce qui touche le moyen du fond; — Attendu que, dans le cas où des biens vendus par un même contrat et pour un seul prix, se trouvent affectés à des hypothèques générales et à des hypothé-la ventilation ordonnée par l'art. 2192 c. civ. produit, à l'égard de tous les créanciers, le même effet que si les prix déclarés dans cette ventilation eussent été, dès l'origine, attribués à chacun des immeubles vendus; qu'ainsi, chaque créancier peut les surenchérir dans les limites de son hypothèque, et, par conséquent, tous et chacun des immeubles, si l'hypothèque est générale; car la loi donne à l'hypothèque générale, sur chacun des immeubles qui s'y trouvent affectés, les mêmes droits qui résulteraient d'autant d'hypothèques spéciales;

Attendu que, dans l'espèce, les immeubles vendus en masse pour un seul prix, par le même contrat, ont été ventilés dans la notification faite au sieur Morillon, créancier ayant une hypothèque générale; que, dès lors, il avait le droit de surenchérir le prix spécial affecté à chaque immeuble par la ventilation, et qu'en le jugeant ainsi, l'arrêt attaqué n'a fait qu'une juste application de la loi; — Rejette.

Du 21 nov. 1843. — C. C., ch. civ. — MM. Boyer, pr. — Chardel, rap. — Pascalis, av. gén., c. conf. — Letendre de Tourville et Moreau, av.

(1) (Valette C. Péchiers.) — LA COUR; — Attendu que l'indivisibilité de l'hypothèque donne bien au vendeur créancier du prix de la vente le droit de réclamer soit le payement intégral de ce prix non encore échu, soit la résolution de la vente, dans tous les cas où le débiteur diminue, par la division du gage ou autrement, les sûretés dérivant de son contrat; mais ces divers effets du privilége du vendeur, auxquels il faut joindre la sûreté de l'immeuble hypothéqué, en quelques mains qu'il passe, doivent se concilier avec l'exercice des droits constitutifs de la propriété, qui ont passé sur la tête de l'acquéreur primitif, et que celui-ci a pu transmettre à d'autres, en tout ou en partie, si nulle stipulation particulière ne s'y oppose; — Que, ces transmissions licites de propriété ayant lieu, un sous-acquéreur partiel tient alors de la loi et de sa qualité de tiers détenteur le droit de remplir les formalités nécessaires à la purgation des hypothèques, sauf toujours la stipulation particulière et l'intégralité des droits du vendeur primitif; — Que le sous-acquéreur peut donc faire au vendeur originaire, aussi bien qu'à tous autres créanciers hypothécaires, la notification prescrite par l'art. 2183 c. civ., à l'effet de le constituer en demeure de surenchérir et de rendre ainsi fixe et définitif le prix stipulé en son contrat; — Qu'inutilement les intimés ont-ils voulu dénier ce droit à l'appelant, sur le motif que l'offre de payer son prix sur-le-champ, qu'il a dû consigner dans sa notification, est contraire à leurs droits, sous ce double rapport qu'ils ne sont pas tenus de recevoir un payement partiel, et que d'ailleurs ils ont stipulé en leur faveur un terme de payement qui n'est pas échu; — Que l'appelant n'a fait qu'obéir à la loi en leur déclarant qu'il était prêt à payer, mais qu'il n'a nullement prétendu leur imposer l'obligation de recevoir immédiatement tout ou partie de leur prix; — Qu'en l'état, c'est une simple faculté qu'il leur a déférée; qu'au surplus, arrivée la seconde phase de la purgation d'hypothèque, c'est-à-dire le payement, c'est alors, et dans le cas où l'on voudrait les contraindre à le recevoir, qu'ils peuvent faire valoir leur droit de le refuser, soit en vertu de l'art. 1244 c. civ., soit en vertu des stipulations particulières de leur contrat de vente; — Qu'aujourd'hui il s'agit seulement de savoir si la notification qui leur a été faite est valable, et a pu, en conséquence, faire courir contre eux le délai de surenchère; — Que rien ne s'oppose à ce que le prix soit rendu fixe et définitif, encore bien que le créancier hypothécaire soit en droit de refuser son payement immédiat; — Qu'en effet, cette fixation définitive du prix est un droit du tiers détenteur dont l'exercice ne porte, d'ailleurs, aucune atteinte aux droits des intimés, vendeurs primitifs, puisqu'ils conservent, ainsi qu'on l'a vu, toutes les actions résultant de leur qualité de vendeurs, en outre leur droit d'hypothèque sur le tout et sur chaque partie du fonds, et finalement leur droit de refuser payement immédiat, soit en vertu de la loi, soit en vertu de leurs conventions; — Que tout ce qui résulte donc de la notification qui leur a été faite, c'est que, s'ils veulent user un jour de leur droit de suite hypothécaire sur la portion de l'immeuble vendue à l'appelant, celui-ci, simple détenteur, ne sera plus tenu envers eux pour une valeur indéterminée, mais seulement pour le prix stipulé en son contrat, devenu fixe et irrévocable; — Qu'il suit de là que la notification de son contrat de vente a été faite par l'appelant dans les limites des droits que la loi lui ouvrait; — Par ces motifs, ordonne que la notification faite par Valette auxdits héritiers Péchiers sera maintenue pour produire son effet en ce qui concerne la fixation définitive du prix porté en l'acte de vente passé à Valette le 29 juin 1836, sauf et réservés les droits respectifs des parties, quant aux termes et époques de payement, d'après les actes intervenus soit entre les héritiers Péchiers et Rebuffat, soit entre ceux-ci et Valette.

Le 6 mars 1839. — C. d'Aix, 1re ch. — M. Pataille, 1er pr.

§ 3. — *Quelles personnes peuvent surenchérir sur aliénation volontaire.*

45. La première condition pour exercer le droit de surenchère consacré par l'art. 2185 c. nap. est d'être *créancier inscrit* sur l'immeuble aliéné. Les termes de cet article sont formels : « tout créancier *dont le titre est inscrit* pourra requérir la mise aux enchères de l'immeuble. » Il ne suffit donc pas, pour être admis à surenchérir, d'avoir *privilége* ou *hypothèque* sur l'immeuble ; le respect dû aux contrats a fait restreindre cette prérogative aux seules créances revêtues de la formalité de l'inscription. — Il en était autrement sous l'édit de 1771 ; tout *créancier légitime* du vendeur était admis à faire la soumission d'augmenter le prix de vente d'un dixième. Il a été jugé que cette disposition comprenait les simples créanciers chirographaires, aussi bien que les hypothécaires, et qu'il n'était même pas nécessaire que le créancier fût porteur d'un titre authentique (Cass. 1er flor. an 4, MM. Bailly, pr., Chabroud, rap., aff. Salmon).

46. Mais aujourd'hui la nécessité de l'inscription est telle que la mauvaise foi du détenteur, la connaissance qu'il aurait de l'hypothèque, ne suffiraient point pour suppléer à cette formalité (Pigeau, Comm., t. 2, p. 351; M. Chauveau, n° 2463).

47. Quelques-uns même, se fondant sur la lettre de la loi, étendent jusqu'aux hypothèques légales des femmes et des mineurs cette nécessité de l'inscription pour surenchérir : « La dispense d'inscription dont jouissent ces hypothèques par une faveur particulière de la loi, dit sur ce point M. Petit, p. 295, ne saurait, en ce qui concerne le droit de surenchère, suppléer à l'inscription même qui doit toujours précéder cette surenchère, puisque la loi ne distingue pas. » — Mais la majorité des auteurs estiment, au contraire, avec raison, que la dispense d'inscription doit en ce cas produire les mêmes effets que l'inscription, et que par conséquent l'hypothèque légale de la femme et du mineur, quoique non inscrite, est un titre suffisante pour faire signifier une surenchère (Lepage, Quest., p. 559 à 561 ; Pigeau, Comment., t. 2, p. 405 ; Praticien fr., t. 5, p. 92 ; Tarrible, Rép., v° Transcription, n° 3 ; Berriat, p. 651 ; MM. Carré et Chauveau, t. 5, n° 2496 *quinquies*). — Et il a été décidé en ce sens que les créanciers à hypothèque légale non inscrite peuvent exercer le droit de surenchère ; que l'expression *inscrite* qui se trouve dans les art. 2166 et 2185 c. nap. ne doit s'appliquer qu'aux hypothèques que la loi ne dispense point d'inscription (Caen, 4e ch., 25 août 1839, M. Binard, pr., aff. Lemoine C. Hue, etc.).

48. Il semble superflu d'ajouter que l'inscription exigée par l'art. 2185 comme condition de l'exercice du droit de surenchère doit être une inscription valable ; la surenchère qui serait formé en vertu d'une inscription nulle ou périmée serait évidemment frappée elle-même de nullité. — Toutefois, il a été décidé qu'un créancier dont le titre est encore inscrit peut surenchérir, quoiqu'il ait donné mainlevée de son inscription, lorsque d'ailleurs l'acquéreur lui a fait notifier son contrat avec déclaration qu'il n'entendait rien payer au delà du prix stipulé (Req. 23 avr. 1807) (1). — Mais cette solution ne nous paraît pas fondée : radiée ou non, l'inscription dont le créancier a consenti mainlevée n'a plus d'existence réelle et ne saurait produire aucun effet ; elle ne peut donc être un titre pour surenchérir (Conf. MM. Delvincourt, t. 3, p. 367 ; Persil, sur l'art. 2185). — Il a encore été décidé que lorsqu'une vente a été faite à la charge de payer le prix de la vente aux mains des créanciers inscrits, le créancier inscrit au moment de la vente et de la transcription peut surenchérir, quoique son inscription n'ait pas été renouvelée dans les dix ans, expirés depuis cette transcription : « Attendu qu'au moment de la vente et de sa transcription, qui était le premier acte requis pour exécuter le contrat, l'appelant était créancier légalement inscrit ; que, dès lors, l'appelant avait un droit acquis » (Liége, 1re ch., 7 juill. 1817, aff. Bastin C. Loest) ; ... alors d'ailleurs, qu'au moment de la transcription, le conservateur avait pris d'office une inscription au profit des héritiers hypothécaires du vendeur (même arrêt).

49. Il est manifeste, en outre, que le fait matériel d'une inscription valable en la forme ne pourrait suffire à lui seul pour conférer à l'inscrivant la faculté de surenchérir ; une inscription qui n'aurait pas été légitimement requise, ou dont les causes se trouveraient éteintes, ne saurait en aucun cas servir de base à une surenchère. — Aussi a-t-il été jugé avec raison 1° que la surenchère formée par un créancier qui a pris inscription dans les termes de l'art. 2111, en vertu d'un titre prescrit, est nulle et de nul effet (Req. 26 mars 1838, aff. Trémoulet, V. Tierce opposit.) ; — 2° Que pour avoir droit de former une surenchère, il ne suffit pas d'avoir une hypothèque inscrite (ou un privilége) ; il faut encore que cette hypothèque inscrite repose sur un titre valable ou non éteint (Caen, 29 fév. 1844, aff. Mesnil, V. n° 216).

50. Il a été jugé, sous l'empire de l'édit de 1771, qu'un créancier pouvait être admis à surenchérir le prix d'une vente, quoique sa créance eût une date postérieure à cette vente (Cass. 25 therm. an 5, M. Barrère, rap. aff. Badeigts C. Maisonnava). — Le code Napoléon a exigé avec raison que l'hypothèque fût antérieure à l'aliénation. — Cette hypothèque, aux termes de l'art. 834 c. pr., pouvait encore être utilement inscrite dans la quinzaine qui suit la transcription ; mais cet article a été abrogé par l'art. 6 de la loi du 23 mars 1855, sur la transcription. En conséquence, le droit de surenchérir n'existe aujourd'hui qu'au profit du créancier dont l'inscription est antérieure à la transcription, à l'exception du vendeur ou du copartageant auxquels l'article précité de la loi de 1855 accorde un délai de quarante-cinq jours à partir de l'acte de vente ou du partage pour faire utilement inscrire leur privilége, nonobstant toute transcription d'actes faite dans ce délai. — V. d'ailleurs v° Privil. et hypoth.

51. Le droit de surenchère est attaché à toute créance inscrite, quels que soient le rang et l'importance de la créance. On ne serait donc pas fondé à contester ce droit, sous prétexte de l'absence de tout intérêt de la part du surenchérisseur, soit en ce qu'il ne pourrait prétendre à un rang utile, quel que fût le résultat des enchères, soit au contraire en ce que le prix de la vente consentie par le débiteur serait suffisant pour acquitter toutes les charges inscrites. La loi a consacré sur ce point le droit des créanciers inscrits en termes absolus et a, par conséquent, constitués ceux-ci seuls juges de l'intérêt qu'ils peuvent avoir à l'exercer. — Il en était de même sous l'édit de 1771 : la faculté de surenchérir donnée, par l'art. 9 de cet édit, aux créanciers opposants, ne cessait pas lorsque ces créanciers étaient désintéressés ou que le prix de la vente leur offrait sûreté entière (Cass. 16 mess. an 4, M. Chabroud, rap., aff. Chatillon, etc. C. Stockauser).

Ainsi, il a été justement décidé : 1° qu'un créancier inscrit a qualité pour surenchérir, encore que le prix de la vente offre une garantie suffisante et certaine du montant de sa créance : l'arrêt se borne à ce simple motif : « Attendu que la veuve Henry avait droit et qualité pour former la surenchère » (Paris, 3 fév. 1832, M. Lepoitevin, pr., aff. Rosset C. Henry) ; — 2° Que l'acquéreur ne peut forcer le surenchérisseur à se désister de sa surenchère, en offrant de lui garantir par un cautionnement le payement de sa créance (Grenoble, 11 juin 1825, aff. Trolliet, V. n° 66) ; — 3° Qu'un créancier surenchérisseur ne peut être déclaré non recevable à se pourvoir en cassation contre un arrêt qui rejette sa surenchère, sous le prétexte qu'il est désintéressé par des offres réelles, alors que tous les créanciers ne sont pas, comme lui, désintéressés : — « La cour ; vu l'art. 2185 c. nap., les art. 1030 et 832 c. pr. ; attendu, sur la fin de non-recevoir, que la surenchère étant commune à tous les créanciers, il ne

(1) (Dabernad C. la dame Gayral.) — LA COUR ; — Considérant qu'aux termes de l'art. 2185 c. civ., lorsque l'acquéreur a fait notifier son contrat, avec offre d'acquitter sur-le-champ les dettes et charges hypothécaires jusqu'à concurrence du prix porté au contrat, tout créancier dont le titre est inscrit peut requérir la mise de l'immeuble aux enchères, en donnant caution ; — Considérant que dans l'espèce, le titre de la dame Gayral était encore inscrit, et que ce titre apparent, quel qu'il fût, lui donnait droit de surenchérir, d'autant plus que ledit Dabernad lui avait fait signifier à elle son contrat comme créancière, avec déclaration qu'il n'entendait rien payer au delà du prix convenu ; — Considérant que les offres postérieures dudit Dabernad de payer la totalité des créances inscrites, sauf la discussion préalable de la validité ou invalidité desdites créances, n'offrait aux créanciers que la perspective d'autant de procès, pendant lesquels ledit Dabernad aurait joui de l'immeuble, sans en payer le prix ; — Rejette le pourvoi contre l'arrêt de la cour de Toulouse.

Du 23 avr. 1807. — G. C., sect. req. — MM. Lasaudade, rap. — Mailhe, av.

suffit pas que le surenchérisseur qui les représente soit désintéressé pour rendre son pourvoi en cassation non recevable, puisque les autres créanciers ne le sont pas; rejette la fin de non-recevoir » (ch. civ. 31 mai 1831, MM. Portalis, 1er pr., Chardel, rap., aff. Guignebard, etc. C. Castellane).

52. Cependant si, au lieu d'une simple garantie offerte, l'acquéreur consignait une somme suffisante pour désintéresser les créanciers inscrits, il paraîtrait juste de l'affranchir en ce cas des conséquences de la surenchère. — En effet, lors même qu'il y a eu saisie, l'aliénation consentie par le saisi peut être maintenue, moyennant la consignation prescrite par l'art. 693. A plus forte raison peut-on penser que, lorsqu'il n'y a pas eu de saisie, une semblable consignation de la part de celui qui aurait acheté du débiteur devrait le préserver de la surenchère d'un créancier (Conf. MM. Carré, t. 3, n° 2837; Merlin, t. 13, v° Surenchère; Demiau, p. 516).

53. Quel serait, en ce qui concerne la surenchère, le droit d'un créancier dont l'inscription aurait été omise dans l'état déclaré à l'acquéreur, sur la transcription du contrat, par le conservateur des hypothèques? — L'art. 2193 c. nap. porte que l'immeuble à l'égard duquel le conservateur aura omis une ou plusieurs inscriptions en demeure *affranchi*, sauf la reponsabilité du conservateur. — Il résulte d'abord évidemment de ce texte que, dans le cas où l'acquéreur a fait les notifications prescrites à tous les créanciers portés sur l'état d'inscription par lui requis après la transcription de son titre, sans qu'aucun d'eux ait surenchéri dans les délais fixés par la loi, cet acquéreur est à l'abri désormais de toute surenchère, aussi bien de la part des créanciers vis-à-vis desquels les formalités de purge ont été remplies que de la part de ceux dont il a ignoré ou dû ignorer légalement les inscriptions, par suite des omissions faites par le conservateur. — La question ne peut donc fournir matière à controverse que pour le cas où un créancier omis dans l'état d'inscription délivré à l'acquéreur viendrait à former une surenchère avant l'expiration de ces délais. — Dans ces limites, M. Tarrible, Rép., v° Transcription, p. 135, admet le créancier omis à surenchérir. « Ce créancier, dit-il, peut bien être privé, par l'omission du conservateur, de recevoir une notification ou un avertissement que l'acquéreur n'aurait pu se dispenser de lui donner, mais il peut se présenter de son propre mouvement. » M. Petit, p. 304, professe la même opinion.

Nous ne saurions nous rendre à ces raisons. Il y a, suivant nous, une énorme différence entre les droits qu'un créancier peut exercer sur le prix non payé, droits qui survivent à la purge de l'immeuble et n'intéressent en rien l'acquéreur, et la surenchère qui implique un droit de suite sur l'immeuble même et qui doit avoir pour résultat de déposséder le nouveau propriétaire. — Si l'on veut accorder au créancier omis dans les certificats du conservateur la faculté de surenchérir, il faut lui accorder aussi le droit de suite sur l'immeuble, et, dans ce cas, que deviendra la première disposition de l'art. 2198 portant : que l'immeuble sera *affranchi* entre les mains du nouveau propriétaire? Le droit de suite et le pouvoir de surenchérir sont en effet deux droits corrélatifs, et le premier ne peut disparaître sans que le second soit anéanti. —Supposons, pour rendre ceci plus clair par un exemple, qu'il n'existe qu'une seule inscription sur l'immeuble vendu, et que l'acquéreur, ayant fait transcrire son contrat, obtienne du conservateur, après l'expiration du délai de quinzaine, un certificat négatif; on est bien forcé de reconnaître qu'en pareil cas l'immeuble est définitivement affranchi entre les mains de l'acquéreur. Or, comment ce créancier pourra-t-il avoir des droits plus étendus, par cela seul qu'il existera d'autres créanciers inscrits à qui le nouveau propriétaire aura fait les notifications prescrites? —Nous pensons donc, avec M. Persil (Hyp., 1re éd., sur l'art. 2198, quest. sur les Priv et Hyp., t. 2, p. 119) et avec M. Bioche (v° Surenchère, 3e éd., n° 20), que l'inscription du créancier omis sur le certificat délivré par l'acquéreur, ne peut avoir plus d'effet vis-à-vis de l'acquéreur que si elle n'eût jamais existé, et que ce créancier, en conséquence, ne saurait être admis à surenchérir. —Il a été jugé en ce sens qu'un créancier omis dans le certificat délivré à l'acquéreur par le conservateur des hypothèques, ne peut surenchérir, encore bien qu'il se soit fait délivrer un nouvel état d'inscription comprenant la sienne, et qu'il ait notifié cet état d'inscription à l'acquéreur (Req. 9 niv. an 14, MM. Muraire, 1er pr., Borel, rap., aff. Biers C. Hubert). — Cet arrêt a été rendu sous l'empire de la loi du 11 brum. an 7, mais la question se présentait dans les mêmes termes que sous le code Napoléon, l'art. 2198 de ce code n'ayant fait que reproduire textuellement les dispositions de l'art. 33 de ladite loi.

54. M. Persil (Quest. sur les priv. et hyp., *loc. cit.*) pensait que le créancier inscrit et omis sur le certificat du conservateur devait profiter du délai de quinzaine accordé par l'art. 834 c. pr. au créancier non inscrit, et qu'en conséquence, il pouvait dans le même délai notifier à l'acquéreur un nouveau certificat où l'omission aurait été réparée, et conserver ainsi sur l'immeuble son droit de suite, ainsi que la faculté de surenchérir. Mais, depuis la loi sur la transcription du 23 mars 1855, qui a abrogé l'art. 834, ce système ne serait plus admissible.

55. Le créancier personnel d'un colicitant ayant une hypothèque générale inscrite sur les biens de celui-ci, peut-il être admis à former une surenchère du dixième sur le prix des immeubles licités? Oui, si l'adjudication a eu lieu au profit d'un étranger (Dijon, 7 mars 1855, aff. Chanfray, D. P. 55. 2. 127; V. aussi v° Succession, n° 2086). — Non, si l'adjudication a été tranchée au profit de l'un des cohéritiers, autre que le débiteur. —V. Success., nos 1081 et s.; V. aussi D. P. 55. 2. 127, note 2.

56. Le droit de surenchérir peut être exercé par les cessionnaires et ayants droit du créancier hypothécaire (Conf. M. Persil, art. 2185, n° 7). — Mais le cessionnaire ne peut surenchérir sans avoir *notifié* son transport (M. Troplong, v° Vente, n° 893), et la connaissance indirecte que l'acquéreur pouvait avoir du transport ne serait pas de nature à suppléer à cette notification (Conf. M. Petit, p. 322). — Toutefois, ce dernier auteur estime avec raison, suivant nous, p. 323, qu'il est encore temps de faire cette notification en signifiant l'acte de surenchère.

57. A plus forte raison devra-t-on regarder une telle notification comme faite en temps utile, si elle a eu lieu antérieurement à l'aliénation. — Jugé en ce sens que la surenchère ne peut être déclarée nulle, par le motif que le surenchérisseur, créancier cessionnaire, n'aurait pas encore notifié son transport au moment où il aurait pris inscription, si d'ailleurs cette notification a eu lieu avant la vente qui donne ouverture à la surenchère : « La cour; attendu qu'il est constaté par l'arrêt dénoncé (de la cour du Caen, de 5 mai 1819) que le sieur Delaroque avait, antérieurement à l'adjudication, notifié le transport au débiteur » (Rej. 30 mai 1820, MM. Brisson, pr., Jaubert, rap., Cahier, av. gén., c. conf., aff. Delafouchardière C. Delaroque).

58. Du reste, il a été jugé avec raison que la surenchère est valablement faite par prête-nom ou cessionnaire simulé de la créance inscrite (Rennes, 6 août 1849, aff. Drouet, D. P. 51. 2. 136). Rien ne s'oppose en effet à ce qu'on agisse sous le nom d'un tiers, pourvu que cette simulation n'ait rien de dommageable.—V. Mandat, nos 25 et s.; Obligat.

59. La subrogation conventionnelle ou légale étant la substitution du subrogé aux droits du créancier, comprend par cela même le droit de surenchère (Conf. M. Petit, p. 326 et s.). — Il a été décidé que la surenchère faite par un individu subrogé aux droits d'un créancier hypothécaire inscrit, ne peut pas être annulée sous le prétexte qu'il n'est pas fait mention de l'acte contenant subrogation sur les registres du conservateur des hypothèques, et que la copie de cet acte n'aurait pas été signifiée en tête de la réquisition de la surenchère (Paris, 2 mars 1809) (1).—Conf. Carré, n° 2372, V. aussi v° Frais, n° 122).

60. Mais il n'en serait pas de même d'une simple *caution*.

(1) (Charrier C. Bigle.)—LA COUR;—Attendu que par l'acte du 27 avr. 1808, signifié le 11 juill. suivant, au curateur à la succession vacante de Balthazard Heintz, Bigle a été subrogée en tous les droits résultants au profit de la dame de Rouault, tant de l'obligation du 28 mars 1807, que de l'inscription prise sur icelle le 11 mai suivant; qu'ainsi la partie de Delavigne avait droit et qualité pour user de la faculté accordée par l'art 2185 c. civ.; —Attendu que nulle disposition de la loi ne prescrivait à la partie de Delavigne de faire inscrire, sur les registres des hypothèques, l'acte par lequel elle avait été subrogée aux droits de la dame de Rouault, et que par la réquisition d'enchères, signifiée par acte du 11 oct. dernier, la partie de Delavigne a suffisamment fait connaître sa qualité et ses droits, tant à l'acquéreur qu'à l'ancien propriétaire; —

—Il a été justement décidé que la caution d'un créancier inscrit ne peut surenchérir si elle n'est aux droits de ce créancier : « Attendu, porte le jugement dont les motifs ont été adoptés, que le droit de surenchère n'est accordé par l'art. 2185 c. nap. qu'aux créanciers inscrits; que la caution n'est pas elle-même personnellement en droit de faire surenchère, puisqu'elle n'a ni créance ni inscription qui lui soient propres; que, d'autre part, elle ne pourrait se prévaloir de l'inscription prise par le créancier que lorsqu'elle aurait été subrogée aux droits de celui-ci par le payement » (Grenoble, 8 juill. 1834, M. Faure, 1er pr., aff. Artaud C. Chiffet).

61. Le droit de surenchère est-il de ceux qu'il est permis à un *créancier* d'exercer du chef de son débiteur, aux termes de l'art. 1166 c. nap.? Nous pensons qu'il y a lieu de résoudre la question affirmativement, les termes de cet article étant absolus, et n'admettant d'exception que pour les droits exclusivement attachés à la *personne* du débiteur, ce qui ne peut s'appliquer au droit de surenchère.—Telle est aussi l'opinion de M. Petit, p. 333.

62. Il est hors de doute qu'un créancier se serait interdit la faculté de surenchérir, s'il avait donné son adhésion et son concours à l'aliénation consentie par son débiteur; mais une telle renonciation ne peut résulter que d'un acquiescement formel de sa part.— Il a été jugé par exemple que le créancier inscrit, qui reçoit de l'acquéreur un à-compte sur sa créance, n'est pas réputé avoir approuvé la vente et renoncé au droit de surenchérir, alors, d'ailleurs, qu'en recevant l'à-compte il s'est réservé tous ses droits, et que, sommé de payer le surplus ou de notifier son contrat, l'acquéreur a préféré faire cette notification en déclarant qu'il ne payerait que jusqu'à concurrence de son prix (Paris, 18 fév. 1826) (1).

63. En effet, le principe que les réserves contraires ne peuvent prévaloir contre un acte d'exécution volontaire ne s'applique qu'au cas où cet acte est positif et non subordonné à une condition. — Il a été justement décidé aussi que ce principe ne peut être opposé au créancier qui, ayant encore le droit de surenchérir, parce que le contrat ne lui a pas été notifié, et ne connaissant pas l'état des charges, comparait à l'ordre, et demande à être colloqué, mais sous réserve de faire une surenchère, pour le cas de sa non-collocation (Req. 9 avr. 1839, aff. Mesnier, n° 92). — Mais il a été jugé qu'un créancier est valablement mis en demeure de surenchérir en cas de vente de l'immeuble affecté par hypothèque à la créance, lorsqu'il a été partie dans un règlement d'ordre arrêté de concert entre lui, les autres créanciers, le vendeur et avec le concours de l'acheteur (Rej. 31 janv. 1815, aff. Daniel, V. Ordre).— Dans cette espèce, le créancier avait consenti à un ordre amiable sans faire aucune espèce de réserve.

64. La surenchère est, du reste, subordonnée à ce principe, commun à toute obligation, qu'elle ne peut être faite que par une personne capable de s'engager, puisqu'elle est une promesse qui lie le créancier poursuivant et le rend acquéreur si son enchère n'est pas couverte (Conf. MM. Paignon, t. 2, p. 7; Chauveau sur Carré, quest. 2465; Troplong, Hyp., t. 4, n° 952). — Il suit de là que les personnes qui ne peuvent s'obliger que sous certaines conditions, ne sauraient exercer le droit de surenchère que dans les mêmes limites; qu'ainsi 1° la *femme mariée* ne peut surenchérir qu'avec l'autorisation spéciale de son mari ou de justice (MM. Troplong, *ibid.*, n° 952; Petit, p. 337);—2° Les *mineurs* et *interdits* que par le ministère de leurs tuteurs, dûment autorisés par le conseil de famille (MM. Grenier, Hyp., t. 2, n° 59; Troplong, *ibid.*, n° 953 *bis*; Petit, p. 333; Bioche, v° Surench., n° 29; Fréminville, Minorité, t. 1, n° 348; Chauveau, quest. 2465; V. aussi notre observ. D. P. 55. 2. 110); jugé, toutefois, qu'un tuteur peut former une surenchère au nom de son pupille sans autorisation du conseil de famille (Rouen, 6 janv. 1846, aff. Anquetil, D. P. 46. 2. 201; Bourges, 2 avril 1852, aff. Coulon, D. P. 55. 2. 110);—3° Le mineur émancipé qu'avec l'assistance de son curateur (MM. Petit, *ibid.*; Grenier, n° 459; Bioche, 3e éd., nos 24 et suiv.); — 4° Les communes et établissements publics qu'après avoir obtenu l'autorisation administrative (M. Troplong, Hypoth., t. 4, n° 951). —Et il a été jugé, en conformité de ce principe, qu'une femme mariée, même séparée de biens, ne peut, sans l'autorisation spéciale de son mari, surenchérir l'immeuble sur lequel elle est inscrite; qu'une procuration générale est insuffisante (Rej. 14 juin 1824) (2). — Cependant il faudrait décider autrement pour le cas où la surenchère serait exercée par la femme séparée de biens sur des immeubles vendus par le mari et pour sûreté de ses reprises (Alger, 12 janv. 1854, aff. Bouvret, D. P. 54. 2. 150); V. aussi Cass. 29 mars 1855, aff. Long, D. P. 55. 1. 103, et v° Contrat de mar., nos 1996 et suiv.).

65. La circonstance que la femme serait mariée sous le régime dotal ne lui interdit pas du reste de surenchérir avec l'autorisation de son mari ou de justice : l'obligation où elle est de fournir caution suffit pour mettre à l'abri l'intérêt des tiers (Conf. Riom, 11 août 1824, aff. Alary, V. v° Contrat de mar., n° 3493; Grenoble, 11 juin 1825, aff. Trolliet, V. n° 66).—Toutefois, quelques arrêts ont considéré la surenchère comme un acte de poursuite que le mari, en sa qualité d'administrateur des biens dotaux, avait seul qualité pour exercer (Montpellier, 22 mai 1807, aff. Deidier, V. Cont. de mar., n° 3318; Caen, 20 juin 1827, aff. Becquenné, *eod.*). — Mais décidé, au contraire, dans une espèce où les époux étaient mariés sous le régime de la communauté légale, que la surenchère formée par le mari seul est nulle (Bordeaux, 8 juill. 1839, aff. Grand, *eod.*, n° 1339, et sur pourvoi Req. 16 déc. 1840, *eod.*, n° 2564).

66. La nullité de la surenchère formée par une femme sans autorisation de son mari ne peut être opposée que par la femme, le mari ou leurs héritiers; elle ne peut l'être par un tiers acquéreur des biens du mari (Grenoble, 11 juin 1825 (3); Rej. 14 juin

---

Attendu que le jugement d'adjudication, du 22 juill. dernier, a tous les caractères d'une vente volontaire; qu'ainsi l'art. 710 c. pr. relatif à la vente sur saisie immobilière, est sans application à l'espèce; et adoptant en outre les motifs des premiers juges, met l'appellation au néant; ordonne que ce dont est appel sortira son effet.

Du 2 mars 1809.-C. de Paris, 2e ch.

(1) (Bégué C. Bijard.)— LA COUR; — Considérant que la veuve Cornet, en recevant par la quittance du 5 fév. 1822 un à-compte sur sa créance de Bijard, comme tiers acquéreur, n'a pas consenti de le prendre pour son débiteur direct et personnel, ni d'affranchir Adam de son obligation, lorsque, au contraire, elle a fait la réserve de tous ses droits résultant des contrats authentiques du 16 mai 1815; — Considérant que, de son côté, Bijard n'a contracté ni voulu contracter aucun engagement personnel envers la veuve Cornet; qu'en effet, sommé par la suite de payer le surplus de sa créance, ou de faire les notifications prescrites par la loi, il a préféré faire ces notifications, en déclarant qu'il n'entendait acquitter les dettes et charges hypothécaires que jusqu'à concurrence du prix de son acquisition; qu'en cet état s'est ouvert le droit de surenchère de la veuve Cornet, ou de son cessionnaire, comme des autres créanciers inscrits, conformément à l'art. 2185 c. civ.; — Considérant que, suivant acte passé devant notaire, le 20 mars 1825, la veuve Cornet, tant en son nom personnel que comme tutrice de ses enfants, a cédé à Bégué, moyennant payement, ce qui restait dû de sa créance contre Adam; que cette veuve, en sa qualité de tutrice, a pu céder valablement la portion qui appartenait à ses enfants dans cette créance mobilière, sans l'autorisation du conseil de famille; — Considérant que, par acte fait au greffe du tribunal de Provins, le 25 mars, Bégué a requis la mise aux enchères des immeubles vendus à Bijard, et hypothéqués à sa créance; que cette surenchère régulièrement faite profite à Perrot intervenant, et aux autres créanciers inscrits, qui sont tous intéressés à ce qu'elle soit maintenue; que les offres de Bijard ne peuvent empêcher la poursuite de cette surenchère, ni même désintéresser Bégué, auquel on a refusé le remboursement de tous frais de surenchère et accessoires; — Emendant, etc.

Du 18 fév. 1826.-C. de Paris, 5e ch.-M. Dupaty, pr.

(2) (André C. Grasset.) — LA COUR; — Attendu qu'en jugeant que la surenchère, considérée soit sous le rapport de la procédure qu'elle exige devant le tribunal civil, soit sous celui de l'effet qu'elle produit tant à l'égard de l'acquéreur que du surenchérisseur, n'est pas un acte purement conservatoire ou d'administration, et qu'elle ne peut par conséquent pas être faite par une femme, même séparée de biens, sans l'autorisation spéciale de son mari ou de la justice, la cour royale (de Dijon, arrêt du 12 déc. 1821) n'a violé aucune loi; — Rejette.

Du 14 juin 1824.-C. C., sect. civ.-MM. Brisson, pr.-Poriquet, rap.-Jourde, av. gén., c. conf.-Guichard et Nicod, av.

(3) *Espèce* : — (Trolliet C. dame Magnin.) — En mars 1821 et fév. 1822, Magnin vend, par actes privés, à Trolliet, partie de ses immeubles. — Il vend le surplus à Repellin, par autres actes privés de septembre et d'octobre 1822. — Repellin notifie son acquisition aux créanciers inscrits. — Trolliet, l'un d'eux, surenchérit, et demeure adjudicataire le 28 nov. 1825. — Pendant les poursuites sur cette revente la dame Magnin se fait séparer de biens d'avec son mari, et un juge-

1843, aff. Garsault, V. Contrat de mar., n° 1997; V. aussi Req. 11 avril 1842, aff. Baloffet, *eod.*, n° 1994). —Décidé, de même, que le mineur a seul qualité pour exciper de la nullité résultant de ce que son tuteur a formé une surenchère sans autorisation du conseil de famille, laquelle ne peut, dès lors, être opposée par les tiers, et notamment par l'acquéreur de l'immeuble surenchéri (Rouen, 6 janv. 1846, aff. Anquetil, D. P. 46. 2. 201; Bourges, 2 avril 1852, aff. Coulon, D. P. 55. 2. 110; V. en ce sens Maleville, sur l'art. 225; Demolombe, n° 350; Dutruc, Sép. de biens jud., n° 350. — *Contrà*, Grenoble, 30 août 1850, aff. Long, D. P. 53. 1. 105, et MM. Duranton, t. 20, n° 403; Troplong, t. 4, n° 955).

67. Du reste, le vice résultant du défaut d'autorisation ne serait pas couvert par l'autorisation subséquente qui ne serait donnée qu'après l'expiration des quarante jours accordés pour surenchérir (Req. 16 déc. 1840, aff. Grand, *loc. cit.*). — Il ne saurait dépendre, en effet, de la seule volonté du mari de laisser indéfiniment en suspens le sort de la surenchère pour la rendre nulle ou valable à son gré, selon qu'il lui plairait de ratifier ou non l'acte fait par sa femme sans autorisation.

68. Un failli a capacité suffisante pour des actes tels que la surenchère (V. v° Faillite, n° 206). — Et il a été jugé en effet que le failli pouvant exercer tous les droits qui ont pour objet la conservation de ses biens, il suit de là qu'un failli ou ses héritiers ont pu valablement exercer une surenchère sur les biens d'un débiteur de la faillite..., alors surtout qu'ils géraient la faillite du consentement des créanciers (Toulouse, 2 août 1827)(1).

69. Il est évident que la vendeur est exclu du droit de surenchérir; lui reconnaître un pareil droit serait l'admettre à se délier à son gré de ses propres engagements. La surenchère serait d'ailleurs sans intérêt de sa part puisqu'il est garant envers l'acquéreur de l'éviction légale qui en doit résulter, et qu'il serait tenu de lui payer à titre de garantie ce que ce dernier aurait à lui payer en sus du prix par suite de la surenchère (V. v° Vente [garantie]). — Il en est autrement des créanciers qui ont été présents à la vente; leur but, par ce concours, a été de veiller à leurs intérêts et non d'y renoncer (Conf. MM. Grenier, n° 46; Bioche, v° Surenchère, n° 25).

70. Mais si les créanciers, par suite d'un accord passé avec leur débiteur, vendent eux-mêmes les biens hypothéqués à leurs créances et se rendent garants de toute éviction envers l'acquéreur, il est évident que le droit de surenchérir doit leur être refusé. — Toutefois, et suivant un arrêt, on doit déclarer valable la surenchère formée par un créancier qui après avoir signé, en qualité de mandataire du vendeur et de commissaire de l'union des créanciers inscrits, le cahier des charges par lequel l'acquéreur est garanti de toute éviction et même de surenchère, résigne sa double qualité de mandataire et de commissaire; dans ce cas, la garantie qui pesait sur lui a cessé d'exister (Paris, 28 déc. 1843, aff. Dupuis, V. n° 221).

71. Le principe qui exclut le vendeur du droit de surenchérir est également applicable dans le cas où la vente résulte non d'un contrat où le prix a été directement débattu avec l'acquéreur et accepté par lui, mais d'une adjudication tranchée en justice, telle par exemple que sur une poursuite de licitation. Les colicitants, bien qu'ils puissent avoir hypothèque sur l'im-

---

ment du 26 fév. 1823 liquide ses créances dotales. Le 11 mars suivant, elle fait commandement à son mari à fin de payement de ces créances, et elle somme en même temps Trolliet comme détenteur de ses biens. — Trolliet notifie alors ses actes d'acquisition aux créanciers, avec offre de payer, à concurrence du prix, toutes les dettes qui grevaient les biens vendus. —Le 5 mai 1823, la dame Magnin somme son mari de lui donner son autorisation spéciale pour surenchérir les ventes faites à Trolliet. — Magnin ayant disparu, l'exploit est remis à l'adjoint du maire. — Ensuite la dame Magnin se pourvoit au tribunal pour obtenir l'autorisation. — Ordonnance du président qui l'accorde. — En cet état, la dame Magnin surenchérit et assigne tant Magnin que Trolliet, pour voir admettre la caution par elle offerte.

Le 24 janv. 1824, jugement du tribunal de Bourgoin, qui rejette les conclusions de Trolliet et admet la caution : — « Attendu que la surenchère de la dame Magnin était régulièrement intervenue, et avec l'autorisation de la justice; que la généralité des biens du sieur Magnin, grevés de l'hypothèque légale de la dot et reprises de son épouse, se trouvait dans les mains des tiers à l'époque où cette dernière avait fait prononcer la séparation de biens; qu'ainsi la dame Magnin avait été fondée à faire une sommation hypothécaire au sieur Trolliet, l'un des tiers détenteurs; que le sieur Trolliet ayant notifié son contrat d'acquisition, la dame Repellin avait été également recevable et fondée à faire une surenchère du dixième en sus du prix stipulé dans lesdites acquisitions, et que, sous aucun rapport, ses poursuites ne pouvaient être suspendues. » — Appel par Trolliet. — Il soutient, 1° que l'intervention accordée à la dame Magnin était irrégulière en ce qu'elle l'a été sur simple requête, le même vice s'est communiqué à la surenchère; 2° que cette dame n'ayant que des biens dotaux, n'a pu surenchérir. — Au surplus, l'appelant offre de garantir, par un cautionnement, la collocation en rang utile de la dame Magnin, et soutient que, par cette offre, elle doit être déclarée sans intérêt à continuer ses poursuites. — Arrêt.

La cour; — Attendu que, suivant l'art. 1125 c. civ., la nullité fondée sur le défaut d'autorisation du mari ne peut être opposée que par la femme, par le mari ou par leurs héritiers, ce qui rend inutile l'examen de la régularité de l'autorisation dont il s'agit dans la cause; — Attendu que, dans l'espèce, la femme Magnin a fourni une caution dont la solvabilité n'a pas été contestée; — Attendu que l'offre de Trolliet, de donner caution que la femme Magnin sera payée dans l'ordre ouvert à Bourgoin, ne la désintéresse pas pleinement, puisqu'au lieu du droit certain résultant de sa surenchère, elle tendrait à la renvoyer dans une discussion, et à l'exposer aux contestations qui pourraient s'élever sur la solvabilité de la caution offerte; — Attendu, d'ailleurs, que le bénéfice résultant de la demande de surenchère, formée par l'un des créanciers, leur devient commun, et profite à tous les créanciers inscrits; — Attendu que, par ces motifs, la demande en sursis n'est pas fondée; — Par ces motifs, et adoptant ceux des premiers juges, a mis l'appellation au néant; et, sans s'arrêter à aucune des exceptions, fins et conclusions de l'appelant, sans s'arrêter non plus aux offres renfermées dans ces dernières conclusions, en tout quoi elle l'a déclaré non recevable et mal fondé, permet à la femme Magnin de continuer ses poursuites et les fins de sa surenchère; renvoie en conséquence la cause et les parties au tribunal dont est appel, pour faire exécuter son jugement.

Du 11 juin 1825.-C. de Grenoble, 2e ch.-M. Dubois, pr.

(1) (Porte *C.* Carol.) — La cour; — Attendu que le failli ne perd pas la propriété de ses biens; que la loi ne le dépouille que de l'administration; que, par suite, il conserve le droit de prendre toutes les mesures qui peuvent améliorer sa position, l'aider à payer ses créanciers, et lui procurer un résidu; que le failli peut exercer tous les droits qui ont pour objet la conservation de ses biens et de ses actions; — Attendu que les héritiers bénéficiaires de feu Joseph Carol ont le droit de surenchérir, puisque, des faits du procès, il résulte que leur père fut remis provisoirement, en 1809, à la tête de ses affaires, notamment pour la poursuite du procès contre Sabatié, sous la surveillance de deux commissaires; qu'en vertu de cet accord avec ses créanciers, Carol, tant qu'il a vécu, et, après lui, ses enfants ont obtenu des condamnations contre Sabatié fils aîné, notamment par jugement arbitral du 27 avril 1822; que c'est en vertu de ce jugement, aussi bien qu'en exécution de l'acte du 7 janv. 1815 passé entre eux, lesdits commissaires et lesdits Sabatié père et fils, que lesdits héritiers Carol ont pris inscription; qu'enfin, les choses étaient encore dans cet état lors de la surenchère qui a été faite le 25 août 1826, puisque ce n'a été que par jugement du 20 sept. suivant, confirmé par arrêt de la cour, du 27 déc. dernier, que les syndics ont repris l'administration des affaires de la masse, et ont été chargés des poursuites contre Sabatié, à l'exclusion des héritiers Carol; — Attendu que la surenchère est, de sa nature, une mesure conservatoire; qu'elle tend à améliorer la position des surenchérisseurs, et que les cautions admises garantissent le payement du prix, qui doit tourner au profit des créanciers, sans que les intérêts de ces derniers puissent jamais être compromis; — Attendu que, s'il est permis, dans les cas ordinaires, au failli d'user du droit de surenchérir, à plus forte raison cette faculté doit être accordée à un négociant ou à ses héritiers, administrant avec le consentement des créanciers;

Attendu qu'aucune disposition de loi ne prohibe à celui qui doit donner caution d'offrir le cautionnement de plusieurs personnes, pourvu que leur solvabilité soit reconnue; que les cautions judiciaires sont de plein droit solidaires; que l'hypothèque offerte n'admet ni division ni discussion; que, dans la cause, les cautions offertes par les surenchérisseurs ont renoncé à tout bénéfice de division et de discussion; d'où suit que ce moyen est aussi mal fondé que le précédent; — Attendu que l'appel, par adhésion, du sieur Sabatié fils aîné, fût-il recevable, ne pourrait être accueilli qu'autant que celui de l'appelant principal serait bien fondé; — Attendu que, quoique la surenchère des héritiers Carol soit déclarée valable, néanmoins les poursuites qui restent à faire doivent être attribuées aux syndics, à l'exclusion desdits héritiers, et ce, en exécution des jugements des 20 sept. et 27 déc. derniers...; — Sans s'arrêter ni avoir égard tant à l'appel principal de Porte qu'à l'appel par adhésion de Sabatié, et, l'en démettant, ordonne que ce dont est appel sortira son plein et entier effet; autorise lesdits syndics à procéder, exclusivement aux hérititiers Carol, aux poursuites qui restent à faire.

Du 2 août 1827.-C. de Toulouse, 2e ch.-M. de Caumont, pr.

meuble à titre de créanciers de la succession, ne pourraient être admis à surenchérir puisqu'ils sont garants envers l'adjudicataire des effets de l'adjudication à laquelle il a été procédé sur leur poursuite ou en leur présence. — Vainement objecterait-on que la jurisprudence a admis dans ces sortes de vente les colicitants eux-mêmes comme toute personne à la surenchère du sixième (V. nº 299). — Il y a entre cette surenchère et celle du dixième des différences qui justifient parfaitement, dans le cas qui nous occupe, une distinction à leur égard, puisque la faculté de surenchérir du sixième est une condition *suspensive* de toute vente à la criée introduite moins dans l'intérêt des créanciers que dans celui des vendeurs eux-mêmes, tandis que la surenchère du dixième établie dans le seul intérêt des créanciers inscrits, opère la résolution d'une vente dont le prix se trouve définitivement et irrévocablement fixé entre le vendeur et l'acquéreur.—C'est donc avec raison qu'il a été jugé : 1º que lorsqu'un immeuble impartageable appartenant à trois propriétaires est vendu en justice par licitation, l'un des trois copropriétaires vendeurs ne peut plus surenchérir d'un dixième, bien qu'il soit en même temps créancier hypothécaire (Req. 4 mai 1824) (1) ; — 2º Que de même, en cas d'adjudication d'un immeuble sur licitation intéressant même des mineurs, le colicitant étant, comme dans une vente ordinaire, tenus vis-à-vis de l'adjudicataire de la garantie contre la surenchère du dixième pratiqué par un des créanciers de la succession inscrits sur l'immeuble, ne peut lui-même, s'il figure parmi les créanciers inscrits, pratiquer cette surenchère (Riom, 22 fév. 1851, aff. Donneau, D. P. 52. 2. 166; Req. 8 juin 1853, aff. Watelet, D. P. 53. 1. 209). — V. dans le même sens MM. Troplong, Vente, nº 432; Duranton, t. 16, nº 250.

72. L'acquéreur d'un immeuble ne peut surenchérir le prix de cet immeuble : ce serait, de sa part, encore qu'il fût créancier du vendeur, aller contre son propre fait et détruire le prix qu'il s'est obligé de faire valoir à l'égard de ce dernier. Aussi a-t-il été jugé que l'acquéreur ne peut en pareil cas être admis à surenchérir (Bordeaux, 22 juill. 1835) (2).

73. Il est évident que le droit de surenchère doit être refusé à toutes les personnes à qui la loi interdit de se rendre acquéreurs ou adjudicataires à l'égard de certains biens. Aussi ne peuvent surenchérir, encore bien qu'ils auraient hypothèque inscrite sur l'immeuble aliéné, les tuteurs, curateurs, subrogés tuteurs sur les biens des mineurs ou interdits (c. nap. 450, 1596, V. Minorité, nº 565 ; Vente) ; les mandataires ou officiers publics ayant mission de recevoir les enchères sur les biens qu'ils sont chargés de vendre (c. nap. 1596, V. Vente); les avoués, sur les biens dont ils ont été chargés de poursuivre la vente (c. pr. 711, V. Vente). — De même, l'avoué de l'adjudicataire étant tenu aux termes de son mandat de faire valoir dans l'intérêt de son client tous les moyens de nullité qui pourraient se présenter contre la surenchère ne peut surenchérir sur l'immeuble acquis par celui-ci (Conf. M. Petit, p. 549). — Les administrateurs des établissements publics, les maires des communes, les préfets des départements ne peuvent en général surenchérir qu'après autorisation sur les immeubles qu'ils sont chargés d'administrer (M. Petit, *ibid.*; V. vis Commune, nos 2579 et s.; Hospice, nos 175 et s.; Organ. adm.); cependant la demande en autorisation entraîne souvent des lenteurs qui peuvent compromettre le droit de surenchère, et il faudrait prendre en grande considération la circonstance que cette autorisation aurait été demandée avant de surenchérir quoiqu'elle n'eût pas encore été obtenue. — Et il a été jugé que la réquisition de mise aux enchères est un simple acte conservatoire que les administrateurs d'établissements publics peuvent exercer, sans qu'il soit précédé de l'autorisation du conseil de préfecture ou du conseil de famille, alors surtout qu'avant de requérir cette mise aux enchères, ils ont formé une demande en autorisation : « Attendu que si, pour requérir la mise de l'immeuble aux enchères, les administrateurs étaient tenus de se munir préalablement d'autorisation, l'exercice de ce droit qui doit avoir lieu dans le délai fatal, pourrait être rendu illusoire par le retard qu'il ne serait pas en leur pouvoir d'empêcher » (Bruxelles, 20 avr. 1811, aff. Trotteux *C.* paroisse du Sablon).

74. L'insolvabilité du surenchérisseur ne pourrait pas être, en matière de surenchère du dixième, une cause d'exclusion. L'art. 711 c. pr. qui exclut des enchères les individus notoirement insolvables, ne saurait recevoir ici son application; la surenchère du dixième est régie par des principes spéciaux; elle est un droit pour tout créancier inscrit, et ce droit, quel que soit le plus ou le moins de solvabilité du surenchérisseur peut être exercé dans tous les cas, sans péril pour le vendeur, l'acquéreur ou les créanciers, puisque la réquisition de mise aux enchères ne saurait avoir lieu qu'à la charge de présenter une caution solvable, ce qui suffit pour mettre à couvert tous les intérêts (Conf. M. Petit, nº 361).

§ 4. — *Délai de la surenchère dite sur aliénation volontaire*

75. L'art. 2185 c. nap. porte que la réquisition de surenchère, par un créancier inscrit, doit être signifiée dans quarante jours, au plus tard, de la notification du contrat faite par le nouveau propriétaire. — Sous l'édit de 1771, les créanciers hypothécaires n'étaient pas déchus de la faculté de surenchérir par la seule expiration des délais légaux qui suivaient l'accomplissement des formalités prescrites à l'acquéreur à l'effet de purger l'immeuble, et il a été jugé que, même après les deux mois de l'exposition du contrat exigée par l'édit pour opérer la purge des hypothèques et jusqu'à l'obtention par l'acquéreur des lettres de ratification, les créanciers du vendeur conservaient le droit de former opposition à ces lettres de ratification, et par conséquent le droit de surenchérir (Cass. 19 germinal an 11, MM. Henrion, pr., Vasse, rap., aff. Horth., V. vº Priv. et hyp.).— Mais il en est autrement du délai de quarante jours fixé par l'art. 2185, et le droit de surenchère doit être exercé dans ce délai à peine de déchéance ainsi qu'il résulte du dernier paragraphe de cet article.

76. Le jour de la notification du contrat aux créanciers inscrits ne compte pas dans le délai : « Considérant, porte un jugement dont les motifs ont été adoptés, qu'aux termes de l'art. 1033 c. pr., le jour de la signification et celui de l'échéance ne sont jamais comptés pour les délais fixés pour les actes faits à personne ou domicile; que, dans l'espèce, en ne comptant pas le jour de la signification du contrat de vente, la surenchère a eu lieu en temps utile. » (Paris, 2e ch., 18 juill. 1819, M. Agier, pr.,

(1) (Dubois *C.* Laurent.) — LA COUR ; — Attendu que la licitation entre majeurs est plutôt un mode de partage qu'une vente; que même dans les ventes volontaires le droit de surenchérir accordé par la loi au créancier inscrit ne peut pas appartenir au vendeur lui-même ; — Que dans l'espèce, Dubois, demandeur en cassation, était copropriétaire des objets licités; que la licitation a eu lieu avec lui ; qu'il a pu en élever le prix à son gré, et que le droit de surenchère peut d'autant moins lui appartenir qu'il est garant de l'adjudication faite au profit de Laurent, et qu'il ne peut détruire en qualité de créancier les actes qu'il a consentis en qualité de propriétaire ou copropriétaire, ce qui suffit pour écarter les moyens de cassation invoqués pour le demandeur ; — Rejette le pourvoi contre l'arrêt de la cour d'Amiens du 21 mai 1822.

Du 4 mai 1824.-C. C., ch. req.-MM. Henrion, pr.-Dunoyer, rap.

(2) (Bazergne *C.* Espinasse.) — LA COUR ; — Attendu que la faculté de surenchérir a été accordée aux créanciers inscrits, pour leur donner le moyen de faire porter à son juste prix l'immeuble affecté à leur payement et de prévenir les fraudes qui pourraient être pratiquées à leur préjudice par l'aliénation de leur gage ; — Attendu que, lorsqu'ils n'ont pas été parties au contrat d'aliénation, ils sont considérés comme des tiers à l'égard des clauses qu'il contient, et qu'ils ne peuvent être obligés à entretenir le prix qui a été stipulé; — Attendu que l'acquéreur, qui était créancier au moment de son acquisition, ne peut invoquer le même droit, parce qu'il se trouve dans un cas différent; que le prix est le résultat de son libre consentement ; qu'avant de le fixer, il a dû apprécier son droit et sa position comme créancier ;—Que le contrat de vente est une convention synallagmatique à laquelle, lorsqu'il est formé, il ne peut être dérogé par la volonté de l'une des parties; qu'il en résulte que le créancier acquéreur ne peut aller contre son fait et détruire, au moyen d'une surenchère, le prix qu'il s'est obligé de faire valoir à l'égard de son vendeur; — Qu'il alléguerait inutilement qu'il a intérêt, comme créancier, à ne pas rester acquéreur et à faire augmenter le prix de vente; que cette exception est inadmissible, parce que cet intérêt supposé existait au moment du contrat, et qu'il ne peut devenir postérieurement un moyen de le détruire; — Déclare la surenchère non avenue et sans effet.

Du 22 juill. 1835.-C. de Bordeaux, 1re ch.-M. Roullet, 1er prés.

aff. Feasse C. Beaucervoise). Autrement le créancier n'aurait pas les quarante jours que la loi a jugé nécessaire de lui accorder (Conf. MM. Paignon, t. 2, p. 7; Carré et Chauveau, nos 2513 et 2459; Petit, p. 369 : V. aussi vo Délai, no 30). — Mais le jour de l'échéance est compris dans le délai (V. Délai, nos 49 et s.), ce jour fût-il *férié* (Conf. M. Petit, p. 370. —V. Jour férié, nos 43 et s.).

77. Ce délai est de rigueur, et il a été justement décidé que la déchéance prononcée contre celui qui n'a pas surenchéri en temps utile sur une vente volontaire, est applicable aux mineurs comme aux majeurs; qu'ici ne s'applique pas l'art. 2252 c. nap. (Grenoble, 27 déc. 1821, aff. Brun, V. no 81.—Conf. MM. Paignon, t. 2, p. 8; Carré sur Chauveau, no 2497 *bis*; Troplong, Hyp., t. 4, nos 921 et 982).

78. Le délai de la surenchère court, à l'égard de chaque créancier, du jour de la notification qui lui a été faite, et non du jour de celle qui serait faite postérieurement à d'autres créanciers (Paris, 27 mars 1811) (1). C'est un point sur lequel les auteurs paraissent unanimes (Conf. MM. Delvincourt, t. 3, p. 368; Carré, t. 3, p. 170; Berriat, p. 652, note; Persil, art. 2185, no 9; Troplong, no 933; Petit, p. 365; Bioche, no 80). — Si donc le nouveau propriétaire avait notifié son contrat par plusieurs exploits séparés et à des époques différentes, cette circonstance ne changerait en rien pour chaque créancier le point de départ du délai, toujours irrévocablement fixé par la notification individuelle qui lui aurait été faite (Req. 10 mai 1853, aff. Demiannay, D. P. 53. 1. 153). — Et il en est ainsi encore que les notifications postérieures auraient été faites, non-seulement aux anciens créanciers omis, mais encore à tous les créanciers indistinctement (même arrêt).

79. Avant la loi du 23 mars 1855 sur la transcription, une difficulté s'était élevée à l'égard des créanciers qui n'avaient fait inscrire leur titre que dans la quinzaine, conformément à l'art. 834 c. pr., et à qui l'acquéreur pouvait, aux termes de ce même article, se dispenser de notifier son contrat. Quel était à leur égard le point de départ du délai de quarante jours? — Si le nouveau propriétaire faisait la notification, il n'y avait pas de difficulté : le délai courait à partir de cette notification (M. Petit, p. 365). — La difficulté ne se présentait que lorsque la notification n'avait pas eu lieu. — Les auteurs du Praticien français, t. 5, p. 95, pensaient que le délai ne courait que du jour de l'inscription, cette inscription fût-elle postérieure aux notifications faites aux autres créanciers; mais c'était étendre outre mesure le droit des créanciers inscrits après la transcription; aussi la généralité des auteurs admettaient-ils que ces créanciers n'avaient, pour surenchérir, lorsque les notifications aux créanciers inscrits étaient antérieures à leur inscription, que ce qui restait à courir du délai de quarante jours à partir de la dernière de ces notifications (V. MM. Carré, t. 3, no 2852; Lepage, p. 561; Tarrible, Rép., vo Transcript., § 5; Persil, no 11; Grenier, no 457; Delvincourt, t. 3, p. 398; Petit, p. 366, 368; Bioche, no 81, 3e édit.). — Enfin, s'il n'y a pas de créanciers inscrits, MM. Persil, no 17; Delvincourt, *eod.*; Petit, p. 369, pensaient que le délai courait du jour où les notifications auraient pu avoir lieu s'il se fût trouvé des créanciers inscrits avant la transcription, c'est-à-dire du jour où le certificat a été délivré au tiers acquéreur. — MM. Grenier, no 457; Bioche, no 85, au contraire, faisaient courir ce délai de l'expiration de la quinzaine après la transcription. — Mais ces questions n'offrent plus d'intérêt aujourd'hui.

80. Quel sera le délai de surenchère pour les créanciers à hypothèques légales non soumises à la formalité de l'inscription? —Remarquons d'abord que si le créancier à hypothèque légale dispensée d'inscription en a néanmoins pris une, il rentre dans le droit commun; dès lors le nouveau propriétaire doit lui notifier son titre en conformité de l'art. 2185, et ce créancier à hypothèque légale est tenu, en pareil cas, comme tout autre créancier inscrit, de surenchérir dans les quarante jours de la notification (MM. Troplong, no 921; Grenier, no 457; Bioche, no 86).

81. Dans le cas où l'hypothèque légale ne serait point inscrite, le délai pour surenchérir ne sera pas celui de quarante jours fixé par l'art. 2185, mais celui de deux mois déterminé par l'art. 2194 (V. Privil. et hyp.), c'est-à-dire que par l'accomplissement des formalités particulières prescrites à l'effet de purger les charges de cette nature, les créanciers à hypothèque légale sont mis en demeure tout à la fois et de requérir inscription et de former leur surenchère, et que les deux mois exigés pour l'exposition du contrat de vente sont aussi la limite du délai accordé pour surenchérir (Conf. MM. Troplong, no 921, 982, 995; Bioche, no 87; Petit, p. 381 et suiv.). —Il a été jugé en ce sens qu'un créancier avec hypothèque légale non inscrite est déchu de la faculté de surenchérir, s'il n'exerce pas sa surenchère dans les deux mois, à partir de l'exposition du contrat; il ne peut réclamer en outre le délai de quarante jours accordé aux créanciers inscrits pour surenchérir (Grenoble, 27 déc. 1821 (2); Paris, 2e ch., 16 déc. 1840, aff. Guéret-Laferté C. Jessé; Alger, 12 janv. 1854, aff. Bouvret, D. P. 54. 2. 150).

82. Toutefois il a été jugé en sens contraire que l'acquéreur qui, pour purger l'immeuble des hypothèques légales non inscrites, remplit les formalités prescrites par l'art. 2194 c. nap., est encore obligé, en cas d'inscription, pendant les deux mois, de la part des créanciers à hypothèque légale, de leur faire la notification dont parle l'art. 2183, s'il veut purger définitivement son acquisition, c'est-à-dire s'il veut mettre ces créanciers

---

(1) *Espèce :* — (Guyot C. N...) — 6 juill. 1810, jugement du tribunal de Paris ainsi conçu :—« Attendu que la notification prescrite par les art. 2183 et 2185 c. civ. a été faite par exploit du 22 mars 1810; que la surenchère du sieur Guyot est du 2 mai suivant; qu'ainsi elle n'a pas été faite dans le délai fixé par la loi; que vainement, pour échapper à la nullité, le sieur Guyot ne voudrait faire courir le délai de la surenchère que de la notification faite aux autres créanciers inscrits dans un délai plus rapproché, et que ce moyen ne pourrait valoir que contre le créancier porteur de cet acte, etc. » — Appel. —Arrêt.

La cour; — Adoptant les motifs des premiers juges, confirme.

Du 27 mars 1811.-C. de Paris.

(2) *Espèce :* — (Les mineurs Brun C. Favier.) — 16 août 1820, jugement qui porte :—« Attendu que le mode indiqué par l'art. 2194 c. civ., pour purger les hypothèques légales non inscrites, a pour effet de suspendre pendant deux mois seulement, en faveur d'une certaine classe de créanciers, la clause résolutoire dont l'exercice appartient à tout créancier inscrit, au moyen de la surenchère du dixième du prix, et qu'à l'expiration de ce délai, le contrat devient parfait et le prix stipulé définitivement fixé, puisque le prix peut, à l'instant, être payé aux créanciers qui sont placés en ordre utile;—Attendu que, dès lors, on ne peut étendre au delà de ce délai la faculté de surenchérir qui compète, sans aucun doute, aux créanciers ayant une hypothèque légale inscrite, mais qu'il faut la restreindre dans les limites que la loi a posées; — Qu'en interprétant les dispositions de la loi d'une manière différente, on aurait de véritables antinomies que le législateur a eu certainement l'intention d'éviter. Ce serait ainsi que l'acquéreur étant déclaré libéré par l'art. 2195, alors qu'il a payé son prix, après l'expiration du délai indiqué par l'art. 2194, il serait néanmoins encore exposé aux chances d'une surenchère, et, par conséquent à voir son contrat résolu ou son prix augmenté, si, d'après l'extension qu'on veut donner aux art. 2183, 2184 et 2185, les créanciers, ayant une hypothèque légale inscrite, pouvaient provoquer la notification prescrite par ces articles, et faire ainsi courir pour la surenchère un nouveau délai de quarante jours; ainsi l'art. 775 c. pr., qui permet de faire procéder à l'ouverture de l'ordre trente jours après l'expiration du délai porté par l'art. 2194, serait également en contradiction avec l'interprétation donnée à l'art. 2185, puisque la procédure commencée sur la foi d'une disposition de la loi pourrait devenir frustratoire; — Attendu que si le code civil ne contient aucune disposition réglementaire pour l'espèce de surenchère dont il s'agit, on trouve néanmoins un motif suffisant dans l'art. 835 c. pr., pour décider que les notifications prescrites par les art. 2183 et 2184 sont suppléées par des formalités que le législateur a jugées équivalentes; de même que les créanciers hypothécaires non inscrits à l'époque de la vente seront exceptés des notifications prescrites, par la raison que le fait qu'ils ont pris inscription depuis la transcription donne la certitude qu'ils ont eu connaissance du contrat, et qu'ils ont pu, en conséquence, former une surenchère; de même les créanciers dont s'occupe l'art. 2194 sont suffisamment avertis par les formalités que prescrit cet article, et doivent aussi former leur surenchère pendant ce délai, dont l'expiration rend la vente parfaite; — Attendu que la déchéance qui résulte de l'expiration de ce délai n'est point une prescription de la nature de celles dont s'occupent les art. 2219 et suiv., mais une règle de procédure dont aucune incapacité personnelle ne peut suspendre l'effet, puisque les lois de la procédure ne reçoivent d'exception pour aucun ordre de personnes, et que les déchéances qu'elles prononcent ne sont jamais comminatoires. » — Appel. — Arrêt.

La cour; — Adoptant les motifs des premiers juges, confirme.

Du 27 déc. 1821.-C. de Grenoble.

en demeure de surenchérir, le délai des quarante jours accordé, à cet effet, aux créanciers inscrits, ne pouvant courir contre eux qu'à dater de cette notification, de même qu'ils ne pourraient surenchérir tant que la notification n'aurait pas eu lieu (Caen, 28 août 1811 (1); 9 août 1815, aff. Clouet C. Doyère; 12 avr. 1826, M. Regné, pr., aff. Lefort C. Foucher; Orléans, 17 juill. 1829, aff. Lange C. Floreau; Limoges, 9 avril 1845, aff. Froment, D. P. 45. 2. 12).

83. Enfin, un troisième système est enseigné par Pigeau, t. 2, p. 477; il consiste à accorder aux créanciers à hypothèque légale, indépendamment des deux mois pour prendre inscription aux termes de l'art. 2195, un délai additionnel de quarante jours pour surenchérir, qui courra sans nouvelle notification, savoir, à l'égard du mineur, à dater de son inscription, et à l'égard de la femme, à dater de la dissolution du mariage (t. 2, p. 477). — Mais ce dernier système nous semble, de même que celui qui précède, repoussé par l'esprit de la loi aussi bien que par son texte. Les formalités spéciales exigées pour la purge des hypothèques non inscrites, excluent, en effet, ici toute application du délai fixé par l'art. 2185. D'ailleurs, l'art. 775 c. pr., en disposant que l'ordre sera provoqué dans les quarante jours qui suivent le délai de l'art. 2194 établit clairement que tout est consommé à l'expiration des deux mois.

84. La loi du 11 brum. an 7 avait accordé pour surenchérir un délai fixe et invariable, sans considérer la circonstance de l'éloignement du domicile du créancier. — C'était placer les créanciers dans des conditions inégales, et l'expérience a fait comprendre l'insuffisance de cette fixation d'un délai uniforme; c'est pourquoi, aux termes de l'art. 2185 c. nap., le délai légal est augmenté de deux jours par 5 myriamètres de distance entre le domicile élu et le domicile réel de chaque créancier qui requiert la surenchère.

85. Cette distance peut-elle être fractionnée, en d'autres termes, y a-t-il lieu d'augmenter le délai à raison de fractions au-dessous de 5 myriamètres? — Il a été jugé dans le sens de l'affirmative que le délai de l'art. 2185 doit être augmenté non-seulement de deux jours par 5 myriamètres, mais d'un jour, par exemple, pour la fraction de 2 myriamètres 3 kilomètres (Bordeaux, 27 nov. 1829 (2). — Conf. M. Troplong, n° 933). — V. aussi les auteurs cités v° Délai, n° 101.

86. Mais cette opinion ne nous a pas paru devoir être suivie (V. Délai, n° 101), et il a été jugé conformément à notre manière de voir, conforme d'ailleurs à celle de MM. Delvincourt, t. 3, p. 367; Persil, Comm., p. 361, n° 430; Chauveau sur Carré, n° 2460; Petit, p. 373 et s., que la loi, en accordant aux créanciers inscrits une augmentation de délai de deux jours par 5 myriamètres pour surenchérir, ne peut pas s'interpréter en ce sens qu'elle accorde un jour pour la moitié de cette distance; qu'ainsi un créancier dont le domicile est éloigné de plus de 3 myriamètres et non de 5 du domicile élu dans son inscription, ne peut pas prétendre au délai d'un jour en sus du délai de quarante jours à raison de cette distance (Gênes, 29 août 1812, aff. Bernieri C. Borelli; Pau, 5 sept. 1833, M. Dombideau, pr., aff. Bénafort C. Cauhapé, et sur pourvoi Req. 10 déc. 1839, V. Délai, n° 101-5°; Limoges, 3e ch., 23 juin 1848, aff. Jouhaud C. S...; Paris, 21 janv. 1850, aff. d'Argence, D. P. 51. 2. 31).

87. On ne saurait, du reste, appliquer au délai de surenchère la disposition de l'art. 1033 c. pr., d'après laquelle l'augmentation de délai est doublée lorsqu'il y aura lieu à voyage ou envoi et retour. L'art. 2185 c. nap., en fixant un supplément

---

(1) (Hédou C. Barrot.) — LA COUR; — Considérant que les formalités prescrites par l'art. 2194 c. civ. n'ont point pour objet de constituer la femme ou les mineurs en demeure de surenchérir; qu'il est même impossible de le supposer, puisque l'acquéreur se borne à signifier l'extrait du dépôt de son contrat, sans notifier ni la transcription qu'il en avait faite ni le tableau des hypothèques inscrites, qui seul peut faire connaître si le créancier a intérêt à former une surenchère; que l'acquéreur ne fait d'ailleurs aucunes offres, et ne contracte aucun engagement; qu'il n'est pas même obligé à faire les fixations ou ventilations prescrites, pour le cas de la surenchère par l'art. 2192 c. civ.; d'où il suit qu'il serait impossible à la femme ou au tuteur du mineur de surenchérir, ou de le faire avec réflexion, si l'acquéreur se bornait aux formalités prescrites par l'art. 2194; — Que, loin que cet article prononce contre la femme ou le mineur la déchéance du droit de surenchérir, il déclare, au contraire, que l'inscription par eux prise dans les deux mois aura le même effet que si elle eût eu lieu le jour du contrat de mariage ou de l'entrée en fonctions du tuteur; d'où il suit que la femme et le mineur, en faisant leur inscription, rentrent dans le droit commun, et que l'acquéreur ne peut purger leur hypothèque inscrite que suivant les formalités prescrites par les art. 2183 et suiv. du code;

Que l'art. 2195 ne parle nullement de la surenchère, et ne contient aucune expression d'où l'on puisse induire que le mineur et la femme qui ont inscrit soient privés du droit de la former; — Que la femme ou le tuteur du mineur, qui porteraient une surenchère, seraient obligés de se conformer aux règles prescrites par l'art. 2185, et que de même, pour les constituer en demeure, il faut se conformer aux règles prescrites par l'art. 2183;

Que l'acquéreur a souvent intérêt à ne purger que les hypothèques non inscrites, et qu'en ce cas il peut se borner à transcrire son contrat et à l'exposer au tableau de l'auditoire; que ces formalités le tranquillisent à l'égard de tout créancier qui, ayant hypothèque ordinaire ou légale, négligerait de faire inscription, et ne donnent point ouverture à surenchère; que tel est l'esprit du code dans les art. 2181, 2182 et 2195 c. civ.; — Que s'il veut, en outre, purger son fonds des hypothèques inscrites, il doit faire, à l'égard de tout créancier, les notifications prescrites par l'art. 2183, et que ce n'est qu'après avoir observé ces formalités que, s'il n'a pas été fait de surenchère, le prix de son contrat demeure irrévocablement fixé; — Que l'art. 775 c. pr., opposé par Hénon, et qui autorise le créancier le plus diligent à tenir l'état d'ordre après les trente jours qui suivent les délais prescrits par les art. 2185 et 2194 c. civ., ne signifient rien autre chose, sinon que les créanciers sont obligés d'attendre, pour faire tenir état, trente jours après que les deniers sont devenus disponibles, et qu'il suppose nécessairement que, dans le cas de l'art. 2185, la surenchère n'aura pas eu lieu, et que dans le cas de l'art. 2194, il n'y aura pas eu d'inscription prise par la femme ou le mineur; — Confirme.

Du 28 août 1811.-C. de Caen, 1re ch.-M. Lemenuet pr.

(2) (Blessebois C. Cortay.) — LA COUR; — Attendu que les moyens que le sieur Blessebois a proposés pour écarter la surenchère de Cortay ne sont nullement fondés, et ne sauraient justifier son appel; — Attendu, en effet, sur le premier moyen, que l'art. 2185 c. civ. accorde à tout créancier dont le titre est inscrit la faculté de requérir la mise aux enchères de l'immeuble vendu dans les quarante jours de la notification faite à la requête du nouveau propriétaire, en ajoutant à ce premier délai deux jours par cinq myriamètres de distance entre le domicile élu et le domicile réel de chaque créancier requérant; — Attendu que si on n'accordait pas au créancier surenchérisseur une augmentation de délai pour les fractions qui excèdent la distance de cinq myriamètres, il en résulterait une double violation de la loi: 1° en ce que cet excédant des cinq myriamètres devrait être compris dans le délai de deux jours, que l'art. 2185 accorde par chaque cinq myriamètres, et qu'alors le créancier ne jouirait pas de l'intégralité de ce délai; — 2° En ce que cet article voulant que le créancier surenchérisseur jouisse d'un délai de deux jours par chaque cinq myriamètres de distance de son domicile réel au domicile par lui élu, il est naturel de penser que le législateur a entendu que le créancier devait avoir une augmentation de délai dans le cas où, comme dans l'espèce actuelle, il existerait une fraction de distance qui excéderait cinq myriamètres, autrement le créancier serait privé de tout délai pour parcourir cette fraction de distance, ce qui serait d'une injustice extrême. — D'où il suit que les premiers juges ont fait une juste application de la loi, en validant la surenchère faite par l'intimé, le soixante-troisième jour de la notification à lui faite par le nouveau propriétaire, par la raison que le soixante-troisième jour de délai lui était dû pour les deux myriamètres trois kilomètres de distance, qui formaient la fraction dont il devait lui être tenu compte en sus des cinquante-cinq myriamètres que l'appelant reconnaît devoir.

Sur le scond moyen: — Attendu que Cortay a offert pour caution le sieur Condomine, et que ce dernier a fait sa soumission au greffe et justifié sa solvabilité, en exhibant les titres de propriété d'une maison qu'il a acquise de la famille Astruc, pour la somme de 19,000 fr., dont plus de 15,000 fr. ont été payés, suivant les quittances notariées qui ont été produites; — Qu'à la vérité une somme de 3,500 fr. est restée entre les mains de l'acquéreur pour faire face aux droits que le mineur, Amédée Astruc, amende dans le prix de cette maison; mais que cette circonstance ne saurait compromettre la sûreté du cautionnement; — Que ce cautionnement n'a pour objet que la garantie d'une somme de 8,800 fr.; — Que, dans tous les cas, cette somme serait suffisamment couverte, quand même le mineur Astruc voudrait réclamer en nature la portion qui lui reviendrait dans la maison acquise par le sieur Condomine, puisque plus des quatre cinquièmes de cet immeuble resteraient toujours dans les mains de cet acquéreur; — Qu'il suit de là que c'est sans nul fondement que Blessebois a prétendu que la caution fournie par Cortay était insuffisante; — Met l'appel au néant.

Du 27 nov. 1829.-C. de Bordeaux, 2e ch.-M. Duprat, pr.

de délai en raison de la distance qui existe entre le domicile réel et le domicile élu de chaque créancier, a fait entrer dans ses prévisions toutes les éventualités, et a considéré ce délai accordé comme devant suffire dans tous les cas. L'art. 1033 n'est d'ailleurs relatif qu'aux actes qui ne sont pas réglés par une loi spéciale. — Et il a été jugé, en effet, que le temps pour l'aller et le retour est prévu et compté dans le délai prescrit par l'art. 2185 (Paris, 26 janv. 1826, et sur pourvoi, Rej. 26 nov. 1828, aff. Delamme, n° 88.—Conf. M. Chauveau, n° 2460).

88. Quel est le délai qui doit être accordé au créancier domicilié en pays étranger pour notifier la réquisition de surenchère? Est-ce le délai de quarante jours augmenté de deux jours par 5 myriamètres de distance, conformément à l'art. 2185 c. nap.? — Est-ce le délai de deux mois accordé pour comparaître aux individus assignés hors de France, aux termes de l'art. 73 c. pr.? — Est-ce enfin le délai simple de quarante jours? — Et d'abord il nous paraît évident que, dans les prévisions de la loi, l'augmentation de délai à raison de la distance entre le domicile réel et le domicile élu ne peut s'appliquer qu'à des créanciers domiciliés en France. Le tableau des distances par myriamètres, seule base légale d'appréciation en pareil cas, n'est établi que pour la France : l'art. 2185 serait donc d'une exécution impossible s'il fallait l'entendre en ce sens qu'on fût obligé de déterminer les distances en un nombre exact de myriamètres, même à l'égard d'un créancier dont le domicile serait au delà des mers. —On ne saurait davantage appliquer l'art. 73 c. pr., car lorsque la loi a voulu le rendre commun à d'autres actes que des ajournements, comme par exemple dans les art. 445 et 486 c. pr., elle s'en est expliquée positivement.—Il n'y a donc pas d'autre délai à appliquer en pareil cas que le délai simple de quarante jours, comme pour les créanciers ayant leur domicile réel dans le lieu même de leur domicile élu. Cette solution peut sembler rigoureuse; elle peut, en effet, en certains cas, rendre fort difficile pour des créanciers éloignés l'exercice de leur droit de surenchère; mais nous la croyons conforme à la loi, dont il n'appartient qu'au législateur de modifier les dispositions.—Et il a été jugé en ce sens que les créanciers domiciliés en pays étranger doivent, à peine de déchéance, surenchérir dans les quarante jours de la notification au domicile par eux élu sans aucune augmentation de délai; qu'ici ne s'appliquent ni les délais supplémentaires de distance déterminés par l'art. 2185 c. nap., ni les délais en matière d'ajournement à l'étranger réglés par l'art. 73 c. pr. (Rej. 26 nov. 1828 (1).—Conf. M. Petit, p. 372).

89. Peut-on surenchérir avant que l'acquéreur ait notifié son contrat? — Il a été décidé dans le sens de l'affirmative que les créanciers inscrits ne sont pas obligés d'attendre, pour surenchérir, que l'adjudicataire leur ait notifié son adjudication, par ce motif « que l'art. 2185 n'impose pas cette obligation à peine de nullité » (Rennes, 6 août 1849, aff. Drouet, D. P. 51. 2. 136); et que, par exemple, lorsqu'un immeuble est vendu par licitation, un des créanciers inscrits peut valablement surenchérir avant la notification du jugement d'adjudication par l'adjudicataire : « Attendu, porte le jugement dont les motifs ont été adoptés, que peu importe que la surenchère ait eu lieu antérieurement à la notification de l'adjudication; qu'aucune disposition de la loi ne le prohibait; qu'il suffisait que l'adjudication existât; que Deschamps n'était pas obligé d'attendre qu'il plût aux adjudicataires de la notifier » (Limoges, 3e ch., 22 mars 1843, M. Lavaud-Condat, pr., aff. Perret, etc. C. Deschamps).

Mais cette solution ne nous paraît pas moins contraire à l'économie générale de la loi qu'à son texte; en effet, tant que l'acquéreur n'a pas fait offre aux créanciers de son prix, l'acte de vente ne change rien à la position des créanciers et à la nature de leurs droits vis-à-vis de l'immeuble qui leur sert de gage; cet acte, que les parties contractantes peuvent toujours d'ailleurs modifier ou anéantir d'un commun accord, laisse les choses

(1) *Espèce* : — (Delamme C. Spréafico.) — Le 6 nov. 1822, Spréafico acheta, de Heymans, une maison située à Paris, rue de Lubeck, n° 1. —Après avoir fait transcrire son contrat, Spréafico fit, le 2 juill. 1824, les significations prescrites par les art. 2183 et 2184 c. civ., pour purger les hypothèques. — Delamme, créancier inscrit, déclara vouloir surenchérir. — Mais Spréafico demanda la nullité de cette surenchère, parce qu'elle aurait eu lieu plus de quarante jours après les significations qu'il avait faites. — En effet, disait-il, la signification faite à Delamme est du 2 juill. 1824, et sa surenchère est du 26 août suivant. — Delamme soutint que ce délai de quarante jours devait être augmenté à raison de l'éloignement du domicile du créancier surenchérisseur, et qu'en tout cas, en sa qualité d'étranger (il demeure à Bruxelles), il devait jouir au moins du délai de deux mois fixé par l'art. 73 c. pr.

Le 4 fév. 1825, jugement du tribunal civil de la Seine qui accueille cette prétention : — « Attendu que le délai de quarante jours pour la surenchère est accordé aux créanciers inscrits par le n° 1 de l'art. 2185 c. civ., eu égard à tout l'intérêt que mérite leur position, uniquement afin que, pendant ce temps, ils puissent délibérer s'ils doivent ou non surenchérir; — Que, par cela même, il devait être, et a été attribué à chaque créancier, sans considérer l'éloignement de son domicile réel à son domicile élu; — Qu'en conséquence, le même article ajoute un nouveau délai de deux jours par 5 myriamètres pour la distance qui sépare les deux domiciles l'un de l'autre, à l'effet de faire transmettre au créancier la signification faite au domicile élu, et qu'en réponse il puisse exercer son droit de surenchère, s'il le juge convenable; — Que la distance fixée eu égard au nombre des myriamètres, ne peut être calculée que pour les domiciliés en France, pour lesquels un tableau du calcul des distances a été arrêté; mais que, pour les créanciers domiciliés en pays étranger, eu égard à la difficulté des communications, le délai est différent, et doit être fixé à deux mois, à défaut de dispositions spéciales, d'après le principe général de l'art. 73 c. pr., dont l'application fut ordonnée par les art. 445, 486 et 659 c. pr., et d'ailleurs formellement applicables à la demande en validité de surenchère; — Attendu qu'en tous cas, la distance pour l'exercice du droit de surenchère doit être calculée sur le nombre des myriamètres à parcourir pour aller et revenir; — Qu'en effet, le principe général établi par l'art. 1033 c. pr., que les distances relatives à toutes significations, par suite desquelles il y a lieu à former des demandes, doivent être calculées sur le chemin à parcourir pour l'aller et le retour, doit être appliqué; — Qu'il est d'une équité évidente, puisque sans lui le temps ne suffirait pas pour pouvoir exercer l'action qui serait refusée au créancier par la disposition qui, la lui accordant, ne laisserait pas le temps nécessaire pour en faire usage; — Attendu que Delamme était domicilié, lors de la notification, à Bruxelles, qui est à 30 myriam. 5 kilomètres de Paris; — Que, conséquemment, pour l'aller et le retour, la distance est de 61 myriamètres, qui donneraient, outre les quarante jours pour délibérer, le délai de vingt-quatre jours pour surenchérir; — Que ces soixante-quatre jours ont commencé à courir le 3 juillet, et n'étaient pas expirés le 26 août, date de la surenchère; — Qu'en résultat, soit le délai de deux mois, soit au moins celui de vingt-quatre jours, le tout outre les quarante jours, n'étaient pas expirés, et que cette surenchère, qui, sauf sa date, n'était pas contestée, est valable. »

Sur l'appel, arrêt infirmatif de la cour royale de Paris, du 26 janv. 1826, ainsi conçu : — « Considérant que l'art. 2185 c. civ., qui a réglé les principes de la surenchère, a fixé le délai dans lequel elle doit être faite, à raison de la distance entre le domicile élu et le domicile réel du surenchérisseur sans distinction du cas où il serait domicilié en France ou en pays étranger; — Considérant que le code de procédure civile, dans le titre relatif à la surenchère, n'a rien innové aux règles antérieurement posées par le code civil; — Considérant que l'art. 73 de ce dernier code n'est relatif qu'aux ajournements, citations, sommations et autres actes, faits à personne ou à domicile, et que le temps nécessaire pour l'aller et le retour, a été prévu et compté dans le délai prescrit par l'art. 2185 c. civ.; — D'où il suit qu'en admettant que Delamme fût domicilié à Bruxelles, sa surenchère serait tardivement faite. »

Pourvoi pour violation de l'art. 2185 c. civ. et des art. 73, et 1033 c. pr. — Arrêt.

La Cour (apr. dél. en ch. du cons.); — Attendu que les art. 73 et 1033 c. pr. ne sont relatifs qu'aux délais généraux pour les ajournements, citations et comparutions sur des actes qui doivent être faits à personne ou domiciles, et qui ne sont pas réglés d'une manière spéciale; — Qu'il s'agissait, dans la cause, d'une surenchère dont les formes et les délais sont fixés par une disposition spéciale de l'art. 2185 c. civ., et d'une matière requérant célérité, pour laquelle la loi a voulu que tout créancier qui prend inscription sur un immeuble, fît une élection de domicile dans l'arrondissement du bureau de la conservation des hypothèques où l'immeuble est situé, et que toutes les notifications fussent faites à ce domicile élu, afin de ne pas laisser la propriété trop longtemps incertaine;

Que, par une suite de ces dispositions, l'augmentation des deux jours par 5 myriamètres de distance entre le domicile élu et le domicile réel de chaque créancier requérant, dont parle cet art. 2185, comme devant être ajoutée aux quarante jours, ne peut s'entendre que des créanciers soit nationaux, soit étrangers, qui ont un domicile réel en France; — Que la cour royale de Paris, en déclarant nulle la surenchère faite par Delamme, hors du délai déterminé par le susdit art. 2185, a fait une juste application de cet article, et n'a violé aucune loi; — Par ces motifs. — Rejette.

Du 26 nov. 1828 -C. C., ch. civ.-MM. Brisson, pr.-Jeurde, rap.-Joubert, 1er av. gen., c. conf.-Guillemin et Isambert, av.

dans le même état qu'auparavant; il est pour les créanciers comme s'il n'existait pas.—A quoi servirait à ceux-ci le droit de surenchérir, puisqu'à défaut de payement ils peuvent, comme auparavant et nonobstant la vente, poursuivre à moins de frais la mise aux enchères de l'immeuble par la voie de saisie réelle, bien plus simple et bien moins périlleuse pour eux que celle de surenchère. — C'est seulement lorsque l'acquéreur notifie et fait offre de son prix que cet état de choses vient à changer, parce qu'en se soumettant à la surenchère par l'accomplissement de cette formalité, celui-ci fait cesser le droit de poursuite directe des créanciers et ne leur laisse plus que la faculté de surenchérir.

Il nous semble évident, d'un autre côté, que si la loi avait entendu assujettir l'acquéreur à la surenchère en l'absence de toute notification de sa part, elle n'eût pas manqué d'exiger envers ce dernier une mise en demeure quelconque, ce qu'elle n'a pas fait. — Autoriser en ce cas la surenchère, ce serait admettre par conséquent que l'acquéreur pût être forcé de subir l'éviction, non-seulement avant d'avoir refusé le payement des charges inscrites, mais avant même que le créancier qui l'évince ait manifesté par aucun acte le désir d'être payé. — L'art. 2185 est conçu d'ailleurs dans des termes tels qu'ils nous paraissent repousser toute autre interprétation : « *Lorsque* le nouveau propriétaire *a fait* cette notification, tout créancier dont le titre est inscrit pourra, etc. ; » c'est donc à partir de cette notification que s'ouvre le droit de surenchérir. — Enfin, l'art. 832 veut que la réquisition de surenchère soit faite au *domicile de l'avoué constitué*, c'est-à-dire de l'avoué que l'acquéreur a été tenu de constituer quand il a rempli les formalités de l'art. 2185, formalités qui, dans la pensée de la loi, ont nécessairement précédé la surenchère.

90. Il a été jugé, conformément à notre opinion, que les créanciers hypothécaires, inscrits sur un immeuble, ne peuvent former de surenchère que lorsque le tiers détenteur a fait les notifications prescrites par les art. 2183 et 2184 c. nap., à l'exception des créanciers dont les inscriptions ne sont prises que dans la quinzaine de la transcription de l'acte de vente; que ceux-ci peuvent, aux termes des art. 834 et 835 c. pr., requérir la mise aux enchères, sans attendre les notifications de l'acquéreur (Nancy, 1re ch., 18 janv. 1831, M. Breton, pr., aff. Rougrave; Extrait de la jurisp. de Nancy, par M. Garnier).—La distinction faite par cet arrêt entre les créanciers inscrits avant, et ceux inscrits après la transcription n'aurait plus d'application aujourd'hui. — V. nº 50.

91. Mais on doit reconnaître aux créanciers à hypothèque légale qui ont requis inscription, dans le délai fixé par l'art. 2195 c. nap. (V. nº 81), le droit de surenchérir, sans attendre les notifications que l'acquéreur est tenu de faire aux autres créanciers hypothécaires.

92. L'irrégularité d'une surenchère qui serait pratiquée par tout autre créancier inscrit avant les notifications de l'acquéreur ne serait pas, du reste, tellement absolue qu'elle ne pût se couvrir vis-à-vis de l'acquéreur, qui seul a intérêt à l'opposer.—Il a été décidé avec raison, ce semble, que la fin de non-recevoir contre la faculté de surenchérir, opposable au créancier inscrit auquel le contrat n'a pas encore été notifié, et qui néanmoins a comparu et produit à l'ordre ouvert sur le prix, est couverte, vis-à-vis tant de l'acquéreur que de ses créanciers personnels, qui ne peuvent pas prétexter d'un droit propre à cet égard, si, sommé ensuite par ce créancier de notifier son contrat, l'acquéreur obéit à cette sommation (Req. 9 avr. 1839) (1).

---

(1) *Espèce* : — (Mesnier C. Grangeret et autres.) — En 1851, le sieur Aubry achète au sieur de Seronville, moyennant 34,000 fr., un emplacement sur lequel il élève une maison; mais, pour suffire aux frais de construction, il fait divers emprunts avec hypothèque sur l'immeuble. — Le 19 mai 1852, le sieur Mignard paye le prix de la vente au sieur de Seronville, qui le subroge à son privilége. — Le même jour, Aubry revend le terrain et les constructions déjà faites au sieur Lallemand, moyennant 56,000 fr., et néanmoins, par acte du 20 mai, il reçoit de son acquéreur le pouvoir d'administrer la propriété et même de l'aliéner et hypothéquer. — Le contrat de Lallemand est notifié aux créanciers inscrits sur Aubry; un seul est omis dans cette notification, c'est un sieur Renot, ayant hypothèque pour une créance de 500 fr. — Un ordre est ouvert le 26 juin 1853; le sieur Renot y produit, sommé qu'il en est, malgré l'absence de toute notification à lui faite; mais il déclare n'obéir à la sommation que sous réserve de demander la nullité de la vente et des notifications, et même de surenchérir. — Règlement provisoire qui attribue la totalité des sommes à distribuer au sieur Mignard, subrogataire du vendeur primitif. — Renot a alors attaqué, soit par un dire sur le procès-verbal du juge-commissaire, soit par action séparée, la vente consentie à Lallemand comme simulée et frauduleuse. Divers créanciers d'Aubry se sont joints à lui, et les frères Mesnier qui, dans l'intervalle, étaient devenus créanciers hypothécaires de Lallemand par l'intermédiaire d'Aubry, son procureur fondé, sont intervenus dans l'instance. — 24 juill. 1855, jugement qui maintient le règlement provisoire, et ordonne qu'il sera passé outre au règlement définitif. — Appel. — 1er avr. 1837, arrêt confirmatif qui considère qu'il résulte, à la vérité, des circonstances de la cause, que la vente du 19 mai 1832 a eu pour but principal de faciliter à Aubry un emprunt destiné à l'achèvement des constructions commencées, mais qu'Aubry ne serait pas recevable à attaquer cet acte, du moins à l'égard des nouveaux créanciers, parce qu'il a été librement consenti par lui pour leur fournir une sûreté sans laquelle ils n'auraient point prêté leurs fonds, et que, quant aux créanciers antérieurs, ils devraient prouver, ce qu'ils ne font pas, que cette vente leur a porté préjudice. — 13 mai 1837, règlement définitif par lequel le juge-commissaire colloque, par privilége : 1º Lallemand, pour 183 fr. 8 c., montant des frais de transcription du contrat; 2º Mignard, pour 225 fr. 25 c., montant des frais de poursuite d'ordre; 3º enfin ledit Mignard pour les 34,000 fr. formant le prix de la vente primitive consentie à Aubry. Les fonds ont manqué sur les autres créanciers.

Mais, durant l'instance d'appel du jugement du 24 juill. 1835, le sieur Grangeret, devenu cessionnaire de la créance Renot, s'était porté surenchérisseur du prix porté dans le contrat du 19 mai 1832, et avait assigné, en validité de cette surenchère, Lallemand et Aubry. — La dame Aubry, séparée de biens d'avec son mari, qui n'avait pas produit à l'ordre en vertu de son hypothèque légale, nonobstant les notifications et sommations à elle faites, et qui avait, dès lors, été frappée de déchéance, intervint pour s'adjoindre aux conclusions de Grangeret. — En cet état, un jugement contradictoire du 25 août 1836 admit la surenchère, et, bientôt après, l'adjudication préparatoire eut lieu. — Lors de l'adjudication définitive, il paraît que Grangeret, surenchérisseur, se trouvait désintéressé par des offres réelles qui lui furent signifiées pour le montant de sa créance; il demanda l'ajournement de cette adjudication.

La dame Aubry ayant alors repris la poursuite de la vente, Mignard, qui venait d'être colloqué par le règlement définitif dont nous avons rendu compte, déclara former tierce opposition au jugement qui avait admis la surenchère, sur le motif que Grangeret était sans droit et sans qualité pour surenchérir, ainsi que la dame Aubry pour intervenir dans l'instance. — Il prétendait qu'en effet Renot, cédant de Grangeret, n'avait pu conserver l'exercice de la surenchère, pour défaut de notification du contrat, alors qu'il avait produit à l'ordre, et que ses droits avaient été irrévocablement fixés par le règlement de cet ordre; que ses réserves étaient sans efficacité comme contraires au fait d'exécution résultant de la production; que, d'ailleurs, il ne pourrait enlever à Lallemand ou à ses ayants cause la faculté de le désintéresser. Quant à la dame Aubry, Mignard soutenait que, faute par elle d'avoir produit au même ordre, elle s'était privée du droit d'élever toute contestation qui tendrait à annuler le règlement qui l'avait frappée de déchéance. — De leur côté, les frères Mesnier, créanciers de Lallemand, sont intervenus et ont pris les mêmes conclusions que Mignard, alléguant en outre que la surenchère était le résultat d'un concert frauduleux entre Grangeret, Lallemand, Aubry et sa femme, et demandant subsidiairement une expertise à l'effet de constater la plus-value ajoutée à l'immeuble par les constructions nouvelles pour lesquelles ils avaient fourni les deniers à Lallemand, depuis le contrat du 19 mai 1832. — Le 15 juin 1837, un jugement a déclaré Mignard et les frères Mesnier mal fondés dans leur tierce opposition, et dit qu'il n'y avait lieu de statuer sur les conclusions subsidiaires. En conséquence, il a été passé outre à l'adjudication définitive qui a été prononcée par jugement du même jour, au profit d'un sieur Hamon.

Mignard et les frères Mesnier ont interjeté appel de ces jugements. — Il avait aussi été formé appel en temps utile par Grangeret, et, après lui, par plusieurs autres créanciers non produisants, du règlement définitif de l'ordre fait par le juge-commissaire, le 13 mai 1837; et on soutenait contre les appelants qu'un pareil règlement n'était pas susceptible de ce recours, parce qu'il n'épuisait pas le premier degré de juridiction.

Sur ces divers appels qu'elle a joints, la cour royale de Paris, par arrêt du 30 déc. 1837, a statué ainsi qu'il suit : — « En ce qui touche les appels de Mignard, des frères Mesnier et de Bocquet, contre le jugement du 15 juin 1837, qui a rejeté leurs tierces oppositions aux jugements des 25 août et 15 déc. 1836, ainsi que leurs interventions et demandes. — A l'égard de la tierce opposition : Considérant, en droit, qu'aux termes de l'art. 474 c. pr. civ., une partie ne peut former tierce opposition à un jugement que s'il lui préjudicie, et lorsque ni elle, ni

98. Après l'expiration des délais accordés pour surenchérir, s'il n'est pas survenu de réquisition de surenchère, la valeur de l'immeuble demeure fixée vis-à-vis des créanciers inscrits, qui doivent se contenter du prix stipulé au contrat ou déclaré dans

---

ceux qu'elle représente, n'y ont été appelés; — Que, d'ailleurs, les créanciers ne sont pas recevables à attaquer par cette voie les jugements rendus avec leurs débiteurs; qu'en effet ceux-ci ne sont pas paralysés dans l'exercice de leurs droits par cela seulement qu'ils ont des dettes; qu'ils sont présumés stipuler en droit dans leur intérêt; que ceux qui ont obtenu les jugements ne doivent pas rester exposés aux actions des créanciers de leur partie adverse, ce qui détruirait le principe conservateur de l'autorité de la chose jugée; — Considérant qu'il n'existe à cet égard aucune distinction à faire entre les créanciers hypothécaires et les créanciers chirographaires; — Qu'en effet, les considérations qui viennent d'être rappelées sont applicables aux uns comme aux autres, et que, tous généralement, ils n'agissent en pareille circonstance que comme représentant leur débiteur, qui a été partie dans le jugement qu'ils attaquent; — Considérant, en fait, que la tierce opposition formée par Mignard, Bocquet et les frères Mesnier, est dirigée contre deux jugements rendus contradictoirement avec Aubry et Lallemand, tous deux leurs débiteurs; — Que c'était contre ces derniers seulement que l'action appréciée par ces deux jugements devait être dirigée; que la tierce opposition n'aurait pour objet que de faire décider ce qui l'a déjà été avec les débiteurs, c'est-à-dire la validité de la surenchère faite par un autre créancier; que ce débat reproduit par les tiers opposants en qualité de créanciers d'Aubry et de Lallemand ne changerait pas de nature, car ce ne serait pas parce que le vendeur aurait d'autres créanciers que le surenchérisseur, ou parce que l'acquéreur aurait lui-même hypothéqué l'immeuble, que la surenchère devrait être annulée; — Considérant que, sans doute, ces principes disparaissent devant la fraude, les créanciers devant être admis à faire annuler les jugements que leur débiteur a laissé rendre contre lui à son préjudice et au leur par suite d'un concert frauduleux, mais que les tiers opposants Mignard et consorts, s'ils articulent qu'il y a eu concert frauduleux entre leurs débiteurs et le créancier surenchérisseur, ne précisent aucun fait; qu'il existe, au contraire, des circonstances qui repoussent tout soupçon de fraude : ainsi, la déclaration faite par Renot dans sa production à l'ordre, qu'il n'avait pas reçu de l'acquéreur Lallemand la notification prescrite par la loi pour faire courir le délai de surenchère, et la réserve de son droit à cet égard; ainsi la publicité donnée à la surenchère, la dénonciation des placards indicatifs de la vente aux tiers opposants Mignard et consorts, la déclaration dans le procès suivi devant la cour sur la nullité de la vente, de l'existence de la surenchère, et la suite donnée à cette procédure par l'obtention des deux jugements attaqués, lesquels étaient rendus avant la prononciation de l'arrêt qui a rejeté l'action en nullité de la vente; — Considérant que les tiers opposants n'établissent même pas qu'il y ait eu mal jugé par les jugements qu'ils attaquent, puisqu'ils ne justifient pas de la notification qui aurait été faite à Renot, à une époque utile pour avoir éteint son droit de surenchère, et que la production faite par ce créancier dans l'ordre ouvert sur le prix de la vente surenchérie, production que les tiers opposants voudraient faire admettre comme une approbation de la vente, contient toute la réserve de ses droits;

A l'égard de l'intervention et des demandes et conclusions de cette intervention : — Considérant que leurs moyens, pour arrêter l'adjudication, sont sans force; qu'en effet, et sur le moyen tiré des offres réelles faites par Mignard à Grangeret, cessionnaire de Renot, considérant que ces offres n'ont point été suivies de consignation, et qu'il n'en est résulté aucune libération; qu'au surplus, lors même que ces offres auraient été libératoires, elles n'auraient pas éteint la surenchère, devenue le droit et la propriété de tous les créanciers inscrits par la dénonciation qui leur en avait été faite, et surtout par l'adjudication préparatoire déjà prononcée à ce moment;

Sur le deuxième moyen tiré de l'autorité de la chose jugée contre la surenchère et fondé sur le jugement du 24 juill. 1835, et sur l'arrêt confirmatif du 1er avr. 1837, qui ont rejeté la nullité de la vente proposée par Renot et consorts : — Considérant que cette action en nullité était tout à fait distincte du droit de surenchère exercé séparément, et déjà admis avant l'arrêt du 1er avr. 1837; ....;

En ce qui touche les appels interjetés par Grangeret, Mony, Dufresne-Pinel et la femme Aubry, du règlement définitif de l'ordre, et les interventions, sur ces appels, des frères Mesnier : — Considérant que les conclusions des appelants, au fond, ont pour objet d'appliquer à l'ordre les conséquences de la surenchère, et de l'adjudication qui en a été la suite; — Considérant qu'il n'existe pour les parties d'autre moyen de parvenir à ce but que l'appel de la décision du juge-commissaire qui a procédé à l'ordre; — Considérant que cette voie de réformation est admise, en droit, par ces motifs que le règlement définitif d'un ordre est une décision judiciaire qui épuise le premier degré de juridiction, et qu'elle doit être déférée, s'il y a lieu, à la juridiction supérieure, comme toute autre décision que la loi n'affranchit pas de cette révision; — Considérant que l'absence de production à l'ordre et le défaut de contredits sur le procès-verbal, de la part des appelants, non plus que les forclusions prononcées contre eux, soit par la loi, soit par l'ordonnance du juge, ne sauraient être opposées comme fin de non-recevoir contre cet appel, puisque les faits sur lesquels il est fondé sont en dehors de l'ordre, et qu'ils n'ont été entièrement consommés que depuis sa confection; — ....Considérant que la fin de non-recevoir opposée par Mignard et consorts, et fondée sur l'autorité de la chose jugée, est également sans force; qu'en effet, si le jugement du 24 juill. 1835, confirmé par l'arrêt du 1er avr. 1837, a ordonné avec Grangeret qu'on procéderait au règlement définitif de l'ordre, ce n'a été que comme une conséquence du sujet de la demande en nullité de la vente, et non pas en ayant égard à la surenchère qui n'était pas soumise au tribunal et à la cour....; — Considérant, au fond, que l'adjudication à laquelle il a été procédé par le jugement du 15 juin 1837, par suite de la surenchère faite par Renot, a annulé la vente faite par Aubry à Lallemand; que le prix de cette vente n'existe plus, et que l'ordre qui en a été fait ne peut plus continuer de subsister; — Ordonne que les jugements du 15 juin 1837 sortiront leur plein et entier effet....; — Reçoit Grangeret, Mony, etc., appelants du règlement définitif d'ordre....; — Au principal, déclare nul et de nul effet ledit règlement, etc.

Pourvoi des frères Mesnier. — 1° Fausse interprétation et violation de l'art. 474 c. pr., en ce que l'arrêt attaqué a rejeté la tierce opposition des demandeurs contre le jugement qui a admis la surenchère.

2° Violation des art. 1338, 1350 et 1351 c. civ. — Renot avait produit à l'ordre ouvert sur le prix de la vente du 19 mai 1832; ayant ensuite attaqué cette vente comme frauduleuse, il a été débouté de ses prétentions par arrêt du 1er avr. 1837, qui a déclaré le contrat valable et non préjudiciable aux créanciers inscrits. Après toute cette procédure, et en vertu de l'autorité de la chose jugée par cet arrêt, Grangeret, cessionnaire de Renot, n'a pas pu exercer la surenchère et provoquer ainsi la résiliation d'une vente maintenue par décision souveraine. Se présenter à l'ordre sur la sommation de produire, comme l'a fait Renot, c'était approuver la vente et l'exécuter. Aux termes de l'art. 1338 c. civ., l'exécution d'un acte emporte renonciation à l'attaquer. Si Renot a fait des réserves en effectuant sa production, elles sont sans effet comme étant contraires aux conséquences légales de l'exécution volontaire. Le fait est plus fort que les réserves.

3° Excès de pouvoir, violation de la règle qui garantit aux parties les deux degrés de juridiction, et de l'art. 443 c. pr., en ce que la cour royale a admis l'appel d'un règlement d'ordre, quoiqu'un tel règlement n'ait pas le caractère d'un jugement, mais d'un procès-verbal ainsi qualifié par le code de procédure.

4° Violation du principe relatif à la divisibilité des procédures et de l'art. 2186 c. civ. — Toute procédure est essentiellement divisible. Dès lors, les créanciers qui, dans une procédure d'ordre, ont été déclarés déchus de leurs droits, faute d'avoir accompli les formalités prescrites, le sont sans retour et ne peuvent profiter des actions qui compètent à ceux qui ont conservé les leurs. — Dans l'espèce, s'il est vrai que Renot eut la faculté de surenchérir, parce qu'on ne lui avait pas notifié le contrat de vente, cette faculté ne pouvait être étendue aux autres créanciers qui avaient laissé expirer les délais sans réclamation, et qui s'étaient par là rendus non recevables à exercer dorénavant la surenchère. — Arrêt.

La cour; — Sur le moyen pris de la violation de l'art. 474 c. civ.; — Attendu que la tierce opposition n'ayant pas été déclarée non recevable, la cour n'a point à examiner dans quels cas le créancier est représenté par son débiteur, hors les cas de fraude toujours exceptés, ni les exceptions à faire au principe général que le créancier est représenté par son débiteur toutes les fois qu'il s'agit des biens ou des droits dont le débiteur a le plein exercice, ni même la distinction plus ou moins étendue des droits directs et personnels qui appartiennent aux créanciers hypothécaires; — La tierce opposition a été rejetée comme mal fondée; — Attendu que le rejet de la tierce opposition étant motivé sur l'absence de toute preuve, même de toute allégation de fraude, sur le droit personnel du créancier surenchérisseur auquel le contrat n'avait pas été notifié, sur la régularité des poursuites, la cour royale a usé de son droit d'apprécier les faits, et justement appliqué à la question l'art. 474 c. pr. civ.;

Sur le moyen relatif à la fin de non-recevoir résultant de la production faite par le créancier surenchérisseur à l'ordre ouvert pour la distribution du prix de la première vente; — Attendu qu'à défaut de notification du contrat au créancier surenchérisseur, l'acquéreur n'était pas propriétaire incommutable, les hypothèques de ses créanciers personnels étaient purement éventuelles et subordonnées à une surenchère, ces créanciers n'avaient donc point de droit antérieur, point de droit acquis, et que, l'acquéreur ayant couvert la fin de non-recevoir qui pouvait résulter de la comparution à l'ordre, en obéissant à la sommation de notifier son contrat, le droit à la surenchère fut la conséquence nécessaire de la notification de la vente; la tierce opposition des créanciers de l'acquéreur n'aurait pu être accueillie qu'en ne donnant pas même pour limite au

l'acte de notification par le nouveau détenteur, et celui-ci devient propriétaire. — Il en est de même au cas où les surenchères qui seraient survenues auraient été annulées.

94. Les créanciers déchus, par l'expiration des délais, de la faculté de surenchérir sont-ils encore recevables à attaquer la vente pour *simulation* dans la quotité du prix? — V. l'examen de cette question et les arrêts qui l'ont résolue en sens divers, v° Obligation.

§ 5. — *Formes de la surenchère dite sur aliénation volontaire.*

95. La réquisition de mise aux enchères doit être signifiée, dans le délai, tant au nouveau propriétaire qu'au débiteur principal (art. 2185). — Cette double signification est de rigueur, puisque l'acquéreur et le vendeur sont intéressés tous deux à contester la surenchère; le premier à raison de l'éviction qui le menace, et le second à raison de la garantie qu'il doit à celui-ci (V. n°s 213 et s.). — Et il a été jugé, en effet, que le surenchérisseur doit, à peine de nullité, diriger ses poursuites, tant contre le vendeur que contre l'acquéreur (Paris, 19 août 1807) (1).

96. Mais les mêmes motifs ne subsistent pas à l'égard des créanciers du vendeur; leur notifier la surenchère serait donc faire au delà de ce que la loi a dû exiger (Conf. M. Chauveau sur Carré, n° 2476). — Les créanciers inscrits, d'ailleurs suffisamment avertis de la possibilité d'une surenchère par la notification du contrat, ont pu s'assurer au greffe si cette surenchère a été effectivement formée. — Il a été décidé, en effet, que la réquisition de surenchère ne doit être signifiée qu'au vendeur et à l'acquéreur; celle qui serait faite aux autres créanciers inscrits serait considérée comme frustratoire et n'entrerait point en taxe (Orléans, 12 mai 1808, aff. Jusq... *C.* N... — Conf. M. Hautefeuille, p. 464).

97. Le code de procédure n'ayant prescrit, avant la loi de 1841, aucun mode particulier pour cette signification, il fallait suivre la règle tracée par la loi pour tous les exploits en général (c. pr. 68), et signifier, en conséquence, à personne ou domicile. — C'était un sujet de controverse que de savoir si l'élection de domicile, faite par l'acquéreur en notifiant son contrat, autorisait les créanciers à signifier l'acte de surenchère au domicile élu. — Il avait été jugé, d'une part, que la notification de la surenchère sur aliénation volontaire devait, à peine de nullité, être faite à personne ou domicile; qu'ainsi elle était nulle, si, au lieu d'être faite au domicile de l'acquéreur ou à sa personne, elle l'avait été à un domicile élu par l'acquéreur dans la notification de son contrat : — « Attendu, porte l'arrêt, qu'on ne peut trouver dans l'art. 832 c. pr. civ., ni dans les art. 2187 c. nap., aucune disposition qui autorise le créancier inscrit à notifier son exploit de surenchère au domicile de l'avoué constitué par l'acquéreur dans la notification de l'extrait de son acte de vente » (Grenoble, 22 janv. 1819, aff. Laréal).

98. Mais, d'autre part, il avait été décidé que, lorsque, dans la notification de son titre, l'acquéreur, conformément à l'art. 832 c. pr., avait fait élection de domicile chez un avoué, et déclaré, en outre, que cet avoué serait chargé d'occuper sur toutes surenchères, ordres ou demandes quelconques qui pourraient suivre cette notification, la réquisition de mise aux enchères pouvait valablement lui être signifiée à ce domicile élu; que, du moins, l'arrêt qui résout cette question affirmativement échappe à la censure de la cour de cassation : — « Attendu, lit-on dans l'arrêt, que la cour royale (de Caen, arrêt du 5 mai 1819), usant du droit qu'elle a d'apprécier les faits et actes, a déclaré qu'il résultait de la notification que les adjudicataires avaient consenti à être assignés au domicile par eux élu chez Me Dupuis, avoué au tribunal d'Argentan; rejette » (Rej. 30 mai 1820, MM. Brisson, pr., Jaubert, rap., aff. Delafouchardière, etc. *C.* Delaroque). — L'art. 832 c. pr., modifié par la loi de 1841, a accordé plus de facilité aux créanciers surenchérisseurs en prescrivant la signification de l'acte de surenchère au domicile de l'*avoué constitué*.

99. D'après ces dernières expressions, on pourrait douter que la signification, qui, aux termes de l'art. 2185, doit être faite au précédent propriétaire, soit encore exigée aujourd'hui, car la disposition de l'art. 832, relative à la notification au domicile de l'avoué, ne peut concerner que l'acquéreur, ce dernier étant seul tenu de constituer avoué lors de la notification du contrat aux créanciers. — Mais il résulte formellement de la discussion élevée à la chambre des députés sur l'art. 832, et des explications données par le garde des sceaux, qu'il n'a été aucunement dé-

---

droit de tierce opposition la violation des droits personnels et irrévocables des créanciers, en étendant même la faculté de tierce opposition au point de permettre à un créancier de se plaindre par la voie de la tierce opposition du silence de son débiteur et de sa négligence à opposer une fin de non-recevoir résultant d'un fait de procédure, et que l'arrêt a d'autant moins méconnu les règles du droit, que, dans l'espèce, le silence et la négligence du débiteur n'ont été incriminés d'aucune mauvaise foi;

Attendu, d'ailleurs, que c'est seulement contre un acte positif et non subordonné à un événement, que les réserves contraires ne peuvent pas prévaloir, et que la cour royale a fait une juste application des principes en ne voyant pas une adhésion positive, en ne trouvant qu'un fait conditionnel dans la comparution d'un créancier qui, ne connaissant pas l'état des charges, comparait à l'ordre avec réserve d'agir en nullité de la vente et de faire une surenchère, dans le cas où il ne serait pas colloqué;

Sur le moyen relatif à l'appel du procès-verbal de clôture définitive de l'ordre : — Attendu qu'admettant la surenchère, la cour royale aurait pu mettre hors de cause sur l'appel de l'ordre, cet appel devenant sans objet; mais qu'ayant par une disposition formelle prononcé sur l'appel, réformé et annulé le règlement définitif de l'ordre, la fin de non-recevoir opposée à l'appel, et rejetée, doit être examinée et jugée par la cour de cassation;

Attendu que le juge-commissaire délégué du tribunal en fait l'office, en remplit les fonctions; — Qu'il règle l'ordre, liquide des intérêts et des frais, prononce des déchéances, ordonne la délivrance des bordereaux de collocation aux créanciers utilement colloqués, la radiation des inscriptions de ceux non utilement colloqués; — Que tout ce qu'il fait est définitif sans pouvoir être attaqué par la voie de l'opposition, d'où résulte le droit d'appel qui est de droit commun;

Attendu, relativement à l'appel des créanciers non produisants à l'ordre et frappés de déchéance, que cet appel n'avait aussi d'autre objet que de lever l'obstacle opposé à la surenchère; — Que l'arrêt n'a rien jugé sur l'ordre et le rang des créanciers, et que c'est, lors de la distribution du prix de l'adjudication, que pourront être discutées et jugées les questions de chose jugée, de déchéance, d'ordre et de rang entre les divers créanciers privilégiés et hypothécaires;

Sur le moyen pris de la violation du principe de l'indivisibilité des procédures et de l'art. 2186 c. civ. : — Attendu qu'en cas de surenchère, c'est sans doute le même immeuble remis en vente, mais le prix n'est plus le même; c'est une nouvelle vente, un nouveau contrat qui doit même être transcrit de nouveau (art. 2189), si la vente est faite à une autre personne; le désistement du surenchérisseur ne peut empêcher l'adjudication publique (art. 2190), sans le consentement exprès de tous les autres créanciers hypothécaires; ainsi, peu importe qu'un seul eût conservé le droit de surenchère par l'omission faite à son égard de la notification du contrat; la surenchère faite par lui n'en doit pas moins profiter à tous les créanciers; — Attendu que la seule difficulté serait celle de savoir si on peut remettre en question le rang des créanciers déterminé dans l'ordre et la distribution du prix de la première vente; mais, d'une part, rien n'est jugé à cet égard; d'une autre part, l'excédant du prix résultant de la surenchère ne pourrait évidemment pas être atteint par les déchéances; il y aurait une souveraine injustice à punir, par la perte de leurs créances, des personnes qui auraient agi avec sagesse en ne faisant pas les frais d'une comparution inutile à un ordre où elles étaient certaines de ne rien obtenir; ainsi, loin de violer ou d'appliquer faussement les lois relatives à la matière, l'arrêt dénoncé en a fait une juste application; — Rejette.

Du 9 avr. 1839.-C. C., ch. req.-MM. Zangiacomi, pr.-Mestadier, r.

(1) *Espèce :* — (Rollet *C.* Flachot.) — Le 22 avr. 1807, jugement du tribunal de Versailles qui statue en ces termes : — « Attendu 1° qu'aux termes de l'art. 2185 c. civ., tout surenchérisseur doit à peine de nullité diriger simultanément la même procédure tant contre le vendeur que contre l'acquéreur; 2° que d'après l'art. 832 c. proc., l'acte de réquisition de mises aux enchères doit contenir assignation devant le tribunal où la surenchère doit être saisie; — Attendu que s'il y a nullité dans les citations de Jullien à Flachot elle est absolue et non pas seulement relative, parce que l'assistance du vendeur est d'une nécessité absolue, tant dans son intérêt que dans celui de l'acquéreur, puisqu'aux termes de l'art. 2191 c. civ., l'acquéreur qui se rend adjudicataire a son recours contre son vendeur pour le remboursement de ce qui excède le prix stipulé au contrat en principal et intérêts, que dès lors l'acquéreur est recevable à faire valoir tous les moyens de nullité résultant de l'inobservation des formalités prescrites vis-à-vis du vendeur, parce qu'ensuite celui-ci s'en prévaudrait contre son acquéreur pour se défendre du payement de l'excédant du prix. » — Appel. — Arrêt.

La cour; — Adoptant les motifs des premiers juges, confirme.

Du 19 août 1807 (ou 1809).-C. de Paris.

rogé par la loi nouvelle à l'art. 2185; l'obligation de notifier l'assignation au domicile de l'avoué par lui constitué n'excluant pas la nécessité d'une assignation donnée au précédent propriétaire dans les formes ordinaires, c'est-à-dire à personne ou domicile. — Il est donc évident que les significations à adresser au *vendeur* ne tombent pas sous l'application de la nouvelle règle de l'art. 832 et qu'aujourd'hui, comme par le passé, cette dernière signification ne peut être faite qu'à la personne du vendeur ou à son domicile réel par application du droit commun.

100. Du reste, on ne pourrait pas se faire un moyen de nullité de ce que le surenchérisseur n'aurait pas signifié l'acte de surenchère au domicile véritable du vendeur, si cette signification avait eu lieu au domicile indiqué dans l'acte de vente. Aucune faute en pareil cas ne lui serait imputable. — Et il a été jugé en ce sens qu'une réquisition de surenchère est valablement signifiée au vendeur, à son domicile indiqué dans l'acte de vente, encore qu'il ait changé de domicile depuis cet acte, si ce changement n'a été déclaré qu'après la notification de l'acte de vente aux créanciers surenchérisseurs (Paris, 18 juill. 1819 (1). — Conf. M. Chauveau sur Carré, n° 2475). — V. aussi dans le même sens v° Exploit, n° 221.

101. Y a-t-il nullité si le créancier surenchérisseur, au lieu de notifier sa surenchère au domicile de l'avoué constitué, la signifie au domicile réel de l'acquéreur? — L'affirmative résulte de l'art. 838 c. pr., qui attache la peine de nullité à l'inobservation des formes spéciales prescrites par l'art. 832. — Il a été jugé en ce sens qu'à cet égard l'on ne doit pas distinguer les formalités qui sont essentielles et constitutives de l'acte et celles qui ne le sont pas, et, par exemple, qu'il y a nullité de la surenchère lorsque l'acte de réquisition, avec assignation à trois jours, a été notifié seulement au domicile réel de l'acquéreur, alors même qu'une signification aurait été réitérée au domicile de l'avoué, entre la notification irrégulière et l'expiration du délai de trois jours, mais plus de quarante jours après la notification du contrat de vente (Paris, 6 mai 1844) (2).

102. S'il y a plusieurs acquéreurs, la circonstance qu'ils auraient constitué le même avoué n'autoriserait pas le créancier surenchérisseur à leur signifier l'acte de surenchère conjointement et par une seule copie. — Il doit y avoir autant de copies qu'il y a d'intérêts distincts (V. Exploit, n° 370). — Il a été jugé en ce sens que le créancier inscrit qui veut surenchérir, doit, dans le cas où il existe plusieurs adjudicataires qui tous auraient constitué le même avoué, notifier sa réquisition à chacun d'eux par exploit séparé, bien que cette notification doive leur être faite au domicile de cet avoué (Rennes, 6 août 1849, aff. Massion, D. P. 52. 2. 68).

103. En serait-il de même au cas où il s'agirait de plusieurs acquéreurs solidaires? — Il a été jugé que la notification de surenchère doit être faite par exploit séparé, dans le cas même où ces adjudicataires se trouveraient être deux frères, ayant le même domicile, qui se seraient rendus acquéreurs conjointement et solidairement, et auraient notifié leur titre au créancier inscrit par un seul et même acte (même arrêt de Rennes). — Le même principe a été appliqué dans une espèce où les adjudicataires se trou-

---

(1) *Espèce* : — (Feasse et Boutier C. Beaucervoise.) — Le 21 avr. 1819, jugement du tribunal de Versailles, ainsi conçu : Sur le moyen fondé sur ce que Boutier n'était pas domicilié à Paris, mais à Versailles, lorsque la dénonciation dont s'agit lui avait été faite; — Considérant, à la vérité, que Boutier établit son changement de domicile par deux certificats contenant la déclaration par lui faite, d'abord à Paris, le 15 juin 1818, et ensuite à Versailles, le 16 juill. suivant; mais que la dernière de ces déclarations est postérieure à l'acte de vente de l'immeuble de la surenchère duquel il s'agit; que, dans cet acte de vente, Boutier déclare que son domicile est à Paris, rue de Grenelle; que c'est d'après cette déclaration que Beaucervoise et sa femme ont dénoncé à l'ancien domicile, le seul qu'ils connussent, leur acte de surenchère; — Considérant d'ailleurs que la surenchère ayant pour effet de porter l'immeuble à un prix plus élevé que celui moyennant lequel il a été vendu, elle est dans l'intérêt personnel du vendeur. » — Appel. — Arrêt.

La cour; — Adoptant les motifs des premiers juges, confirme.

Du 18 juill. 1819.-C. de Paris.

(2) *Espèce* : — (Guetti C. Moreau-Chaslon.) — Moreau-Chaslon se rend adjudicataire d'un terrain moyennant 181,500 fr. de prix principal. L'entrée en jouissance devait avoir lieu par portion et à différentes époques. — Quant aux intérêts du prix, l'adjudicataire ne les devait qu'à compter d'une époque unique, à partir du 1er juill. 1845. — Le 31 mai 1845 Moreau-Chaslon notifie son contrat aux créanciers inscrits. — Dans les notifications une erreur fut commise relativement aux intérêts que l'acquéreur déclara devoir, partie à dater du mois d'avr. 1845, partie à dater du 1er oct. suivant. — Le 8 juill. 1845, trente-huit jours après ces notifications, Guetti, un des créanciers, signifie à Moreau-Chaslon, *à son domicile réel*, un acte de réquisition de surenchère, avec offre de caution et assignation à trois jours. — Le 11 juill. cette signification fut réitérée, cette fois au domicile de l'avoué de l'adjudicataire. — L'acquéreur prétendit que la surenchère était nulle, la seule signification régulière n'ayant été faite que plus de quarante jours après les notifications. — Guetti répondit que sa procédure était valable, et à son tour il demandait la nullité des notifications en raison de l'erreur qu'elles contenaient relativement au point de départ des intérêts du prix de la vente.

Jugement du tribunal civil de la Seine qui statue en ces termes : — « Attendu que l'art. 2185 c. civ. n'impose pas à l'acquéreur l'obligation de notifier le prix et les charges de la vente à peine de nullité en cas d'inexactitude dans les énonciations; que la seule sanction des dispositions de cet article, c'est que l'acquéreur est tenu envers les créanciers du prix et de toutes les charges qu'il leur fait connaître; — Attendu, dès lors, que Guetti ne peut soutenir que les notifications faites par Moreau-Chaslon soient nulles parce qu'elles contiendraient des énonciations inexactes; — Attendu que, si ces notifications ne sont pas nulles, les créanciers, pour surenchérir, devaient, dans les quarante jours qui les ont suivies, remplir les formalités prescrites par l'art. 2185 c. civ. à peine de nullité; — Que l'acte de réquisition de mise aux enchères doit, aux termes de l'art. 832 c. proc. civ., contenir l'offre et l'indication de la caution, avec assignation à trois jours pour la réception de cette caution; que cette assignation doit être notifiée au domicile de l'avoué adjudicataire; — Attendu que, dans l'espèce, l'assignation n'a pas été signifiée au domicile de l'avoué dans les quarante jours de la notification; que, dès lors, toutes les formalités prescrites par l'art. 832 c. proc. n'ayant pas été observées, la procédure de surenchère est nulle, aux termes de l'art. 838 du même code, qui impose l'obligation d'accomplir ces formalités à peine de nullité; — Attendu que la distinction entre les formalités essentielles et constitutives de l'acte et celles qui ne le sont pas n'est applicable que dans le cas où la nullité pour cause d'inobservation n'a pas été formellement prononcée; — Qu'aux termes de l'art. 1029 aucune des nullités prononcées par le code de procédure civile n'est comminatoire; — Déboute Guetti de sa demande en nullité des notifications; déclare la surenchère par lui formée nulle et de nul effet. » — Appel. — Arrêt.

La cour; — En ce qui touche le chef relatif à la nullité de la surenchère : — Considérant que les dispositions de la loi nouvelle sur les ventes de biens immeubles ont pour but de simplifier les formes de la procédure, d'introduire une plus grande célérité dans l'instruction et le jugement des procès, et de rendre plus prompte la transmission desdits biens; — Qu'en ce qui touche particulièrement la surenchère sur aliénation volontaire, la nouvelle rédaction de l'art. 832, pour mettre obstacle aux surenchères illusoires, impose aux surenchérisseurs certaines conditions nouvelles, plus sévères que les anciennes : ce qui démontre que le législateur, tout en reconnaissant l'utilité de la surenchère, n'a pas voulu la soustraire à l'accomplissement strict de certaines formes sans lesquelles elle ne peut devenir qu'un obstacle à la transmission de la propriété; — Que la forme et le délai de l'assignation en vertu de l'acte de réquisition de surenchère ont particulièrement pour but d'empêcher que la propriété ne reste incertaine, et de hâter l'ouverture de l'ordre qui doit assurer le payement des créanciers inscrits, ce qui démontre que la nullité prononcée par l'art. 838, faute d'assignation à trois jours, au domicile de l'avoué de l'adjudicataire, dans les quarante jours de la notification faite par ce dernier, entre dans l'esprit général de la loi et en est le complément; — Adoptant, au surplus, les motifs des premiers juges;

En ce qui touche le chef de nullité résultant de l'inexactitude des énonciations consignées par Moreau-Chaslon dans son acte de notification : — Considérant que la seule différence qui existe entre les mentions de l'acte de notification et le jugement d'adjudication consiste en ce que Moreau-Chaslon a déclaré qu'il devait les intérêts de son prix à compter du jour de son entrée en jouissance, c'est-à-dire partie à compter du mois d'avril 1845, et partie à compter du mois d'octobre de la même année, au lieu d'énoncer, conformément au jugement d'adjudication, qu'il devait les intérêts à compter du 1er juillet de ladite année; — Que cette légère différence, qui ne porte que sur les intérêts de six mois, et qui a consisté uniquement à substituer deux termes extrêmes à un terme moyen, n'a pas été de nature à exercer de l'influence sur l'exercice du droit de surenchère de la part des créanciers inscrits, surtout si l'on considère qu'il s'agissait d'un immeuble dont le principal était de 181,500 fr.; — Confirme.

Du 6 mai 1844.-C. de Paris, 2e ch.-MM. Silvestre, pr.-Glandaz, av. gén., c. contr.-Liouville et Desboudet av.

vaient être deux époux habitant ensemble (Cass. 12 mars 1810 et 14 août 1815, aff. Gomicourt, n° 104). Il est vrai qu'à l'époque où cette dernière décision a été rendue, la notification devait être faite, non au domicile de l'avoué, mais aux adjudicataires eux-mêmes, ce qui explique l'application rigoureuse qui a été faite du texte de la loi, à supposer qu'elle ne se justifie pas suffisamment par cette considération que les adjudicataires n'ont contracté aucune solidarité avec des tiers surenchérisseurs. — V. néanmoins v^is Exploit, n°s 368 et s., et Oblig. (solidarité).

104. Si les personnes à qui la surenchère doit être notifiée sont incapables, on doit suivre à leur égard les règles générales relatives aux notifications d'exploits (V. Exploit, n°s 381 et suiv.). — Ainsi, s'il s'agit d'une femme mariée, la notification doit être faite non-seulement à la femme mais au mari (V. Exploit, n°s 372 et suiv., et Contr. de mariage, n°s 1343 et suiv.). — Il a été jugé : 1° que la notification de la surenchère au mari et à la femme séparés de biens doit être faite par exploits séparés, encore bien qu'ils soient conjointement acquéreurs, qu'ils se soient obligés solidairement, et qu'ils aient, par un seul et même exploit, notifié leur contrat aux créanciers inscrits (Cass. 12 mars 1810; Sect. réun. cass. 14 août 1815 (1). — Conf. MM. Berriat Saint-Prix, p. 652, note 3; Carré, t. 3, n° 2476; Petit, p. 390 et suiv. — V. Exploit, n° 378); — 2° Que la nullité d'une surenchère, résultant de ce que la signification n'aurait pas été faite au mari d'une des parties poursuivant la vente, ne peut être couverte par une signification particulière, faite au mari, après les délais utiles (Cass. 15 mars 1837) (2).

105. Toutefois, il a été décidé que le surenchérisseur n'est

---

(1) *Espèce :* — (Gomicourt C. Duval.) — Les époux Gomicourt acquièrent en commun un domaine rural. — Ils font notifier conjointement, par un seul exploit, leur contrat d'acquisition aux créanciers inscrits. Duval, l'un d'eux, surenchérit et notifie sa surenchère aux sieur et dame Gomicourt demeurant ensemble, par un même exploit, dont une copie seulement est laissée au domicile commun. — Demande en nullité de cette surenchère en ce qu'elle aurait dû être notifiée individuellement par deux copies. — Le tribunal de Lisieux et, sur l'appel, la cour de Caen par arrêt du 3 mars 1808, déclarent la surenchère valable. — Pourvoi. — Arrêt de la chambre civile du 12 mars 1810, qui casse par le motif que les époux Gomicourt étant séparés de biens, il y avait deux acquéreurs, et que la surenchère devait être notifiée à chacun d'eux. — Sur le renvoi la cour de Paris rend, le 18 janv. 1812, un arrêt conforme à celui de la cour de Caen. — Nouveau pourvoi. — Arrêt.

La cour ; — Vu le § 1er, art. 2185 c. civ. ; — Vu pareillement l'art. 3, tit. 2, ord. 1667 ; — Attendu que la qualité de nouveau propriétaire, lorsque l'acquisition a été faite indivisément par deux personnes, ne peut pas reposer sur la tête de l'une d'elles seulement ; — Qu'ainsi, de même qu'aux termes de l'art. 2185 susréféré, chacune de ces personnes doit notifier son contrat d'acquisition aux créanciers inscrits, de même aussi, aux termes du même article, la notification de l'acte de surenchère doit être faite à chacune de ces personnes séparément ; — Attendu qu'il ne suffit pas que l'original de l'exploit énonce que la signification a été faite à deux personnes ; qu'il faut de plus qu'il constate que copie de cette notification a été laissée à chacune d'elles, parce que, d'après la nature même des choses, notifier un acte à quelqu'un, c'est lui en donner connaissance ; et qu'il est de règle générale que ce n'est que par la délivrance de la copie de l'exploit de notification que cette connaissance est légalement donnée ; que c'est même ce que décide expressément l'article ci-dessus transcrit de l'ord. de 1667 ; — Attendu que, lorsque deux époux séparés de biens acquièrent indivisément un immeuble, l'intérêt de la femme dans cette acquisition est distinct de l'intérêt du mari ; que, par conséquent, une copie de la notification de l'acte de surenchère doit être laissée séparément à la femme comme au mari, parce que, dans ce cas, ce dernier étant sans qualité pour représenter sa femme, il ne peut ni acquiescer à la surenchère ni la combattre pour elle ; — Attendu qu'en fait il résulte évidemment de l'exploit de notification de l'acte de surenchère dont il s'agit qu'il n'en a pas été laissé copie séparée à la dame de Gomicourt, et que le créancier surenchérisseur ne pouvait pas même prétexter cause d'ignorance de la séparation de biens entre elle et son mari ; — Attendu que l'objection tirée de ce que les époux de Gomicourt demeuraient ensemble n'est d'aucun poids, puisque deux acquéreurs conjoints, par cela qu'ils demeurent ensemble, n'en sont pas moins des individus ayant chacun son existence propre, son intérêt distinct ; — Attendu que la considération que les sieur et dame de Gomicourt avaient fait la notification de leur contrat par un seul et même exploit n'est aussi d'aucune importance, puisque cet exploit se divise par la pensée, et aux yeux de la loi, en autant d'exploits qu'il y a de parties à la requête desquelles il a été signifié, et qu'il suffit que les acquéreurs aient laissé copie de cette notification commune à chacun des créanciers inscrits pour imposer à ceux-ci les mêmes obligations que si ces acquéreurs leur avaient fait signifier à chacun un exploit séparé ; — Attendu que la solidarité stipulée par le contrat d'acquisition n'est évidemment relative qu'au payement du prix ; — Attendu qu'on ne peut pas dire que les sieur et dame Gomicourt aient renoncé, par leur exploit du 19 frim. an 14, au droit qui leur était acquis de faire déclarer nul l'acte de surenchère, sur le fondement qu'il ne leur avait été délivré qu'une seule copie, puisque par cet exploit ils se sont expressément réservé tous les moyens de nullité qu'ils pourraient faire valoir ; — Attendu que peu importe qu'à l'époque de la notification de la surenchère dont il s'agit, l'art. 832 c. proc., qui soumet l'exploit de la notification de la surenchère à toutes les règles des ajournements, n'existât pas encore, puisqu'aux yeux de la loi il n'y a pas d'autre moyen de donner connaissance d'un exploit à la personne à laquelle il est signifié que de lui en délivrer une copie ; — Attendu qu'il ne suffit pas, pour qu'un exploit soit valable, que, par sa contexture, il ne paraisse pas qu'on y ait omis une des formalités essentielles de sa validité ; qu'il faut de plus que de la teneur même résulte la preuve indubitable que toutes les formalités essentielles à sa validité ont été observées exactement ; que, par conséquent, un exploit signifié à une seule partie est nul s'il ne contient pas l'énonciation expresse que copie en a été laissée à cette partie, et que, par la même raison, il est aussi nul si, étant signifié à deux parties, il ne contient pas la mention expresse que chacune des parties en a reçu une copie séparée ; — Attendu enfin que la question de savoir si l'acte de surenchère est valable, au moins en ce qui concerne le sieur de Gomicourt, n'ayant point été jugée par la cour impériale de Paris, la cour de cassation ne pourrait pas la décider sans connaître du fond de l'affaire ; — Casse, etc.

Du 14 août 1815.-C. C., sect. réun.-Le min. de la just., pr.-MM. Rupérou, rap.-Merlin, proc. gén., c. conf.-Roger et Champion, av.

(2) *Espèce :* — (Yvonnet C. Rousseau.) — Par jugement du tribunal de Coulommiers, du 20 avr. 1832, le sieur Yvonnet se rendit, moyennant 8,900 fr., outre les frais, adjudicataire d'un moulin dépendant de la succession des époux Bonnot, vendu à la requête des deux héritiers bénéficiaires, la dame Geoffroy et la demoiselle Bonnot. Les notifications prescrites par l'art. 2185 c. civ., faites, l'adjudicataire allait ouvrir un ordre, lorsque l'un des créanciers inscrits, le sieur Rousseau déclara se porter surenchérisseur et assigna, le 7 août 1832, l'adjudicataire et les poursuivantes à fin de réception de caution. Ayant appris qu'on se proposait de demander la nullité de sa surenchère, en ce qu'il n'avait pas assigné le mari d'une des poursuivantes la vente, la dame Geoffroy, il donna assignation, le 24 août (le délai de quarante jours était expiré), au sieur Geoffroy à l'effet d'autoriser sa femme à ester en justice ; mais cette dernière assignation ne fut pas donnée par un huissier commis. — Le sieur Yvonnet, la demoiselle Bonnot et les époux Geoffroy, demandèrent la nullité de la surenchère, pour vice de forme ; ils la contestèrent en outre, pour défaut de solvabilité de la caution offerte.

Le 10 sept. 1832, jugement du tribunal de Coulommiers qui déclare la surenchère valable en la forme, attendu, en substance, que la réquisition de mise aux enchères est régulière vis-à-vis de l'adjudicataire ; que si l'assignation à fin de réception de la caution est insuffisante à l'égard de la femme Geoffroy, cette insuffisance a été réparée en temps utile par l'assignation du 24 août, laquelle n'avait pas besoin d'être délivrée par l'huissier commis, puisqu'elle n'avait d'autre but que d'appeler le sieur Geoffroy en cause pour autoriser sa femme ; qu'en tout cas, cette prétendue irrégularité ne pouvait être opposée que par les sieur et dame Geoffroy, aux termes de l'art. 225 c. civ. et que ces derniers sont sans intérêt pour en exciper, à raison de leur qualité d'héritiers bénéficiaires.

Au fond, le jugement est ainsi conçu : — « En ce qui touche la caution : — Attendu que des titres de propriété déposés au greffe il résulte que le sieur Lantoine est propriétaire de biens immeubles d'une valeur de plus de 800,000 fr., et par conséquent beaucoup plus que suffisante pour répondre du prix résultant du la surenchère ; que les sieur et dame Rousseau, en joignant à ces titres un état des inscriptions, et d'après lequel il n'existe qu'une seule inscription pour sûreté d'une rente de 100 fr., ont fait toutes les justifications qu'il était en leur pouvoir de faire pour établir la solvabilité de la caution ; qu'il est évident que si les biens du sieur Lantoine sont, indépendamment de ce, soumis à des hypothèques légales, soit au profit de sa femme, soit au profit d'un enfant d'un premier mariage, encore mineur, les sieur et dame Rousseau n'avaient aucun moyen de justifier de l'importance de ces hypothèques légales, puisque rien ne constate l'hypothèque légale de la femme sur les biens de son mari, ni celle du mineur ; que dans ce cas c'était à ceux qui contestaient la solvabilité de la caution à démontrer que l'hypothèque légale du mineur, notamment, était d'une importance telle, qu'elle absorbait la presque totalité de la valeur des biens du sieur Lantoine, si telle était leur prétention ; que des faits de la cause et des titres et documents produits il résulte au contraire la preuve pour le tribunal que, nonobstant l'hypothèque légale de son enfant mineur, le sieur Lantoine présente encore une solvabilité plus que suffisante pour garantir le

pas obligé de signifier une copie de son acte de surenchère à chacun des époux vendeurs, séparés de biens, lorsque, ni dans la vente, ni dans la transcription, ni dans la notification de la vente ni dans aucun autre acte, il n'a été fait mention que les époux vendeurs étaient séparés de biens, alors surtout qu'il est certain que le mari était seul propriétaire des objets vendus, et que sa femme n'était intervenue au contrat que pour la garantie (Req. 23 mars 1814 (1).—Conf. M. Chauveau sur Carré, t. 5, n° 2476).

106. En cas de minorité, interdiction, vacance de succession, c'est en la personne des tuteurs et curateurs que la surenchère doit être signifiée aux parties intéressées (Conf. M. Petit, p. 40).—V. Exploit, n°s 381 et suiv., 941.

107. Le changement d'état ou de qualité survenu depuis l'acte de vente dans la personne de ceux à qui la loi prescrit de signifier la surenchère, du vendeur par exemple, doit-il être réputé légalement connu du créancier surenchérisseur à qui ce changement d'état n'aurait pas été notifié?—Il a été jugé, d'une part, qu'est nulle la notification faite aux enfants du vendeur décédé, lorsque ceux-ci avaient, antérieurement, renoncé à la succession de leur père, et fait nommer un curateur à cette succession vacante; que la renonciation au greffe étant un acte public, dont tout le monde peut prendre connaissance, le créancier surenchérisseur prétendrait en vain, qu'ignorant la renonciation des héritiers du vendeur, il était habile à leur faire la notification comme à ses représentants naturels (Bourges, 13 août 1829) (2).—Et d'autre part que le créancier surenchérisseur peut signifier

---

montant de la surenchère dont s'agit; — Déclare bonne et valable la surenchère; admet la caution, etc. »

Appel.—Arrêt de la cour de Paris, du 27 mars 1835, qui confirme en ces termes : — « En ce qui touche la nullité opposée par Yvonnet, et par les héritiers Bonnot, résultant de ce que Geoffroy, mari de Barbe Bonnot, l'une des héritières bénéficiaires venderesses, n'aurait pas été assigné par Rousseau, créancier surenchérisseur, en même temps que sa femme, le 7 août 1832, et ne l'aurait été que le 24 du même mois, après l'expiration du délai de quarante jours, prescrit par la loi pour la surenchère; — Considérant que cette nullité est fondée en droit; mais que, d'une part, Yvonnet, acquéreur, ne peut en exciper, parce qu'elle appartiendrait uniquement aux venderesses; et que, d'autre part, ces dernières sont non recevables à l'opposer, soit en leur qualité d'héritières bénéficaires, qui ne peut les rendre garantes envers l'adjudicataire dépossédé, soit à raison même de la clause formelle de non-garantie, insérée au cahier des charges de l'adjudication; d'où il résulte que les héritières bénéficiaires sont dépourvues d'intérêt et par conséquent de toute action en nullité de la surenchère; — En ce qui touche le moyen tiré de l'insuffisance de la caution; — Considérant qu'il résulte des pièces produites tant en première instance que devant la cour, que la caution Lantoine est suffisante;—Adoptant au surplus les motifs des premiers juges. »

Pourvoi pour violation des art. 2185, 2186 et 215 c. civ., 832 et 835 c. pr.; fausse application des art. 225 et 1125 c. civ. et excès de pouvoir. — Arrêt.

La cour; — Vu les art. 215 et 2185 c. civ., et l'art. 832 c. proc.; — Attendu qu'aux termes de l'art. 2185 c. civ., la réquisition de mise aux enchères doit être, à peine de nullité, signifiée par le créancier requérant au nouveau propriétaire, dans les quarante jours au plus tard de la notification faite à la requête de ce dernier, en y ajoutant deux jours par 5 myriamètres de distance entre le domicile élu et le domicile réel dudit créancier requérant; — Attendu que, suivant l'art. 832 du code de procédure, l'acte de réquisition de mise aux enchères doit contenir, aussi à peine de nullité de la surenchère, outre l'offre de la caution, assignation devant le tribunal pour la réception de ladite caution; — Attendu que, dans l'espèce, l'assignation donnée à la dame Geoffroy l'a été sans aucune mention de son mari, dont l'autorisation était indispensable pour qu'elle pût ester en jugement, ainsi qu'il résulte de la disposition formelle de l'art. 215 c. civ.; — Attendu que, dès lors, cette assignation est nulle et la nullité telle qu'elle ne pourrait être couverte par une assignation postérieure au délai fatal; — Attendu que l'arrêt attaqué a reconnu lui-même que cette nullité était fondée en droit; — Attendu que vainement, pour en écarter l'application, l'arrêt ajoute que la dame Geoffroy et la demoiselle Bonnot, sa sœur, n'ont pas d'intérêt à l'opposer; — Attendu que le susdit art. 832 imposait au surenchérisseur seul l'obligation de les appeler l'une et l'autre, et que la loi n'admet, sous quelque prétexte que ce soit, aucune distinction ni exception; — Attendu, d'ailleurs, que l'une et l'autre étaient intéressées à comparaître à raison de leur qualité d'héritières bénéficiaires, et qu'elles ne pouvaient rester étrangères à la discussion qui aurait lieu sur la solvabilité de la caution et à la distribution du prix; — Attendu que, dans cet état de choses, il est inutile d'examiner si le sieur Yvonnet (adjudicataire) était ou non sans qualité pour demander la nullité dont il s'agit; — Attendu, enfin, qu'une telle nullité est d'ordre public, s'agissant des effets de la puissance maritale; — D'où il suit que, sous ces divers points de vue, l'arrêt attaqué ne pouvait se dispenser de prononcer la nullité, et qu'en jugeant le contraire, il a expressément violé les dispositions de loi ci-dessus visées; — Casse l'arrêt de la cour de Paris du 27 mars 1835.

Du 15 mars 1837.-C. C., ch. civ.-MM. Portalis, 1er pr.-Faure, rap.-Tarbé, av. gén., c. conf.-Mandaroux-Vertamy et Augier, av.

(1) (Acaud C. Bernier.) — La cour; — Attendu qu'Acaud et son épouse, en vendant conjointement et solidairement l'immeuble dont il s'agit, n'ont point pris la qualité d'époux séparés de biens; que cette vente étant attaquée de dol et de fraude pour vil prix et de collusion avec le prétendu acquéreur pour frustrer les créanciers d'Acaud, l'acquéreur Quimbail, soit dans la transcription de son acte, comme dans la notification faite aux créanciers inscrits, a également dissimulé dans ses vendeurs cette qualité d'époux séparés de biens, dont il a excipé dans la suite; — Qu'il est justifié au procès qu'Acaud, qui seul est demandeur en cassation, était aussi seul propriétaire de cet immeuble vendu, et que son épouse n'y était intervenue que pour la garantie; qu'il suit de là qu'Acaud, vendeur, ne peut se plaindre que la notification d'enchère n'ait été faite, tant à lui qu'à sa femme, que par un seul acte collectivement pour les deux; que le nombre 3, art. 2185 c. civ., exige seulement que la signification soit faite dans le même délai au vendeur précédent, débiteur principal; qu'ainsi il n'y a pas lieu non plus à la violation de l'art. 3, tit. 2, de l'ord. de 1667; — Qu'Acaud, vendeur, n'a pu se prévaloir des arrêts cités des 12 mars 1810 et 14 août 1813, où les acquéreurs Gomicourt, demandeurs en cassation, avaient expressément pris la qualité d'époux et acquéreurs séparés de biens, dans les actes et notifications de transcription aux créanciers inscrits;—Rejette.

Du 23 mars 1814.-C. C., sect. req.-MM. Henrion, pr.-Sieyes, rap.

(2) *Espèce :* — (Lerasle C. Ferré.)—En 1827, Lerasle, créancier de Pierre Ferré, poursuit la surenchère d'une vigne, vendue par ce dernier à Etienne Ferré. Pour satisfaire à l'art. 2185 c. civ., il veut signifier sa surenchère à son débiteur, vendeur de la vigne.— Celui-ci étant décédé, Lerasle fait la signification à ses enfants, qu'il croyait ses héritiers; mais, longtemps avant, ils avaient renoncé à la succession de leur père, à laquelle il avait été nommé de suite un curateur : les enfants Ferré obtiennent, dès lors, du consentement même de Lerasle, leur mise hors de cause. — 24 avr. 1827, jugement qui ordonne qu'en leur absence l'instance sera continuée contre l'acquéreur, le sieur Etienne Ferré. — 12 juin 1827, jugement du tribunal d'Issoudun, qui, vu que la surenchère n'a pas été signifiée aux véritables représentants du vendeur, la déclare nulle.—Appel par Lerasle.—1° Il argumente de l'art. 173 c. pr. : deux jugements, dit-il, ont été rendus en présence d'Etienne Ferré (l'un du 6 fév., et l'autre du 24 avr. 1827), sans qu'il ait songé à faire valoir la nullité prétendue; c'est donc à tort que le jugement du 12 juin l'a accueillie; — 2° Il prétend que la nullité n'existe même pas, car il a pu, ignorant la renonciation des enfants de Pierre Ferré à la succession de leur père, leur faire la notification de la surenchère, comme à ses représentants naturels; qu'en agissant ainsi, il a fait tout ce qui dépendait de lui; — 3° Enfin il soutient que l'acquéreur n'avait pas qualité pour exciper de l'irrégularité des actes signifiés au vendeur, qui seul pouvait en argumenter. — Arrêt.

La cour — Considérant, sur la première question, que la disposition de l'art. 173 c. pr. civ., qui porte que toute nullité d'exploit ou d'acte de procédure est couverte, si elle n'est proposée avant toute défense ou exception, est sans application à la cause; attendu que l'acte de réquisition de mise aux enchères n'est ni un exploit ni un acte de procédure;

Considérant, sur la deuxième question, que, parmi les conditions apposées par le législateur, sous peine de nullité, à la faculté de surenchérir accordée aux créanciers des vendeurs, l'art. 2185 c. civ. exprime formellement l'obligation de notifier, dans les quarante jours, la surenchère au vendeur, débiteur principal; que cette condition est imposée d'une manière absolue, non subordonnée à la volonté du vendeur d'en exiger ou de n'en pas exiger l'accomplissement; qu'elle intéresse essentiellement l'acquéreur, à qui il importe de connaître le sort de l'acquisition par lui faite, pour se mettre en état de remplir ses obligations; que l'opinion qui ferait dépendre de la volonté du vendeur la validité de la surenchère, outre qu'elle est contraire à la disposition impérative de la loi, tendrait à jeter dans l'arbitraire l'exécution d'une mesure que le législateur a voulu régir par des principes fixes et invariables;

Considérant, sur la troisième question, que la surenchère, notifiée très-longtemps après le décès du vendeur, l'a été à ses enfants; mais que, bien antérieurement à cette notification, les enfants Ferré, par acte fait au greffe, avaient renoncé à la succession de leur père, à laquelle il avait été nommé de suite un curateur; que c'est à ce curateur que la notification aurait dû être faite; qu'il suit de là qu'il n'y a pas eu de signification valable de la surenchère au vendeur ou à son représentant légal, et que, par conséquent, la surenchère est frappée de nullité; que Lerasle oppose en vain qu'il ignorait la renonciation des enfants Ferré; qu'il ne

la surenchère à la personne du vendeur, indiquée dans l'acte de notification aux créanciers faite par l'acquéreur, en vertu de l'art. 2183 c. nap., encore bien que le vendeur ait été, depuis la notification du contrat de vente, mais avant la surenchère, mis en état d'interdiction légale par arrêt de cour d'assises qui l'avait condamné par contumace à vingt années de travaux forcés, et que l'exécution par effigie ait eu lieu vingt-deux jours avant la signification de la surenchère, si ce changement d'état n'a pas été légalement signifié au surenchérisseur (Paris, 24 déc. 1833) (1).

Cette dernière décision nous semble faire difficulté. L'art. 2183 impose bien à l'acquéreur qui veut purger, l'obligation de notifier aux créanciers inscrits l'extrait de son titre, contenant la date, la qualité de l'acte, le nom, la désignation précise du vendeur; mais on ne voit nulle part qu'il ait mis à sa charge l'obligation de faire aux créanciers une nouvelle notification, pour leur apprendre le changement de domicile ou d'état du vendeur, dans le cas où ce changement aurait lieu dans l'intervalle de la notification à la réquisition de la surenchère. — Il y a plus : une pareille condition serait souvent d'une exécution impossible. Supposons que les formalités de purge n'aient lieu que plusieurs mois, plusieurs années après le changement d'état; faudra-t-il que l'acquéreur se livre à une enquête, à une investigation de tous les actes qui ont pu modifier la qualité de son vendeur, afin d'en donner avis aux créanciers inscrits? — On sent bien que cela ne peut être, et cependant c'est à cette conséquence que l'arrêt semble aboutir directement, lorsqu'il paraît exiger la notification du changement d'état. — Mais hâtons-nous de dire que, dans l'espèce, il ne pouvait être question d'une notification pareille. Les art. 342 et 343 c. pr. l'exigent, seulement, lorsqu'il y a instance, et pour que la partie adverse soit instruite que, désormais, les actes de la procédure doivent être faits avec un autre individu ou avec le même individu, sous d'autres qualités. Or nulle instance n'existait dans l'espèce, nul procès n'était lié, car l'on ne pense pas qu'une vente puisse être regardée comme une instance, et que les formalités de purge soient assimilées à des actes d'une procédure judiciaire.

108. Au surplus l'acte de réquisition de surenchère est assujetti, quant à sa forme, à toutes les énonciations prescrites par l'art. 61 c. pr., relativement aux noms et qualités des parties (V. Exploit); il a été jugé que la qualité d'un créancier surenchérisseur est suffisamment indiquée dans l'exploit de surenchère, où il est qualifié propriétaire (Paris, 6 avril 1830, sous Rej. 3 avril 1832, aff. Coffinet, n° 121-2°).

109. L'art. 832 c. pr. exige que la réquisition de surenchère soit signifiée par un huissier commis à cet effet sur simple requête par le président du tribunal de première instance de l'arrondissement où elle a lieu. — C'est une garantie de plus, qu'à raison de l'importance de cet acte la loi a voulu donner aux parties intéressées pour la remise fidèle des copies.

110. Suivant Carré, t. 3, n° 2823, c'est le président du tribunal du domicile des parties qui doit commettre l'huissier, et c'est en effet ce qui doit avoir lieu pour les significations à *domicile réel*; mais celle qui est exigée envers l'acquéreur devant aujourd'hui être faite *au domicile de son avoué constitué* (V. n° 97 *in fine*), c'est le président du tribunal de ce domicile et non celui du domicile réel de l'acquéreur qui doit commettre l'huissier pour cette signification (Conf. M. Chauveau, n° 2461).

111. C'était, avant la loi du 2 juin 1841, une question controversée que celle de savoir si une surenchère pouvait être annulée pour n'avoir pas été signifiée par un huissier commis. — D'une part, on se fondait sur les termes impératifs de la loi pour décider que la surenchère qui n'est pas signifiée par un huissier commis à cet effet est nulle (Bourges, 25 août 1808, aff. N...., V. n° 119; Turin, 1er juin 1811, M. Rocca, av. gén., c. conf., aff. Magliano C. Stralla). — Décision conforme à l'égard de la notification prescrite par l'art. 2183 (Paris, 21 mars 1808, aff. Guérin, V. Privil. et hypoth.—Conf. Carré, n° 2824). — Mais on argumentait, d'autre part, de ce que la nullité ne résultait pas expressément du texte de la loi, et on décidait au contraire : 1° que l'art. 832 c. pr., dans sa disposition qui exige que la notification de surenchère soit faite par un huissier commis à cet effet par le président du tribunal de l'arrondissement où a lieu la surenchère n'est pas prescrit à peine de nullité (Req. 9 août 1820, MM. Louvot, pr., Lasaudade, rap., aff. Breton C. Pintou); — 2° Qu'on ne peut annuler une surenchère sur le motif que l'huissier aurait été commis par un magistrat incompétent, et par exemple par le président d'un tribunal autre que celui dans la juridiction duquel la signification devait être faite (même arrêt; Conf. Toulouse, ch. corr., 6 juill. 1816, M. Carbonnel, pr., aff. Barada C. Couty, etc.; Nancy, 1re ch., 18 janv. 1831, M. Breton, pr., aff. Rougrave). — La question ne peut plus se présenter aujourd'hui; elle est résolue expressément par le nouvel art. 838 c. pr., portant que les formalités prescrites par l'art. 832 seront observées à peine de nullité.

112. En l'absence du président, l'huissier peut être commis par un des juges du tribunal (V. v° Jugement, n° 696, et notamment n° 724-1°). — L'ordonnance du juge en pareil cas étant rendue sur requête n'a pas besoin d'être revêtue de la signature du greffier. — V. *eod.*, n° 231.

113. Du reste, aucune disposition de la loi n'a exigé que cette signification fût faite par un huissier audiencier, et il a été justement décidé que la notification d'une surenchère n'est pas nulle pour avoir été faite par un huissier ordinaire, au lieu de l'être par un huissier audiencier (Lyon, 30 mai 1822, sous Req. 18 nov. 1824, aff. Allemand, V. Jug. par déf., n° 137-2°).

114. Quant à la quotité de la surenchère et à la caution que doit offrir le surenchérisseur. — V. *infrà*, nos 128 et s., 183 et s.

115. La réquisition de surenchère doit contenir *assignation* à trois jours pour la réception de cette caution (c. pr. 832, V. n° 128). — Il a été jugé sous le code de 1806 : 1° que l'acte de surenchère est nul, s'il ne contient pas l'assignation à trois jours pour la réception de la caution (Turin, 2 mars 1811, aff. Allemandi, V. Privil. et hyp.); — 2° Que de même le défaut de présentation de caution, et d'assignation pour la recevoir, annule la surenchère (Agen, 17 août 1816) (2). — Ce point est encore moins douteux aujourd'hui que l'art. 838 c. pr. dispose expres-

tenait qu'à lui de la connaître, puisqu'elle était consignée sur des registres, que la loi n'a rendus publics qu'afin que tous ceux qui y ont intérêt puissent prendre connaissance des actes dont ils renferment le dépôt; — A mis l'appellation au néant.

Du 13 août 1829.-C. de Bourges, 2e ch.-M. Trottier, pr.

(1) (Guignard C. Leloup, etc.) — LA COUR; — Sur le premier moyen, tiré de la violation des art. 465 et 471 c. inst. crim., 29 c. pén., 28 et 2185, § 5, c. civ. : — Considérant qu'il a été constaté, par l'arrêt attaqué, que, lors de la notification faite en conformité de l'art. 2183 c. civ. par Guignard et sa femme, de leur contrat d'acquisition aux créanciers inscrits, Dumareille jouissait de la plénitude de ses droits civils, et qu'il est désigné dans l'acte de notification comme vendeur, domicilié à Orléans, rue Bannier, n° 2, et exerçant l'état de bijoutier; — Attendu qu'il est également constaté, en fait, par l'arrêt attaqué, que le changement d'état survenu en la personne de Dumareille, après cette notification et avant la réquisition de surenchère, n'a jamais été signifié aux surenchérisseurs; que, d'après ces faits, en décidant que la réquisition de surenchère faite par les surenchérisseurs aux époux Dumareille, aux noms et qualités désignés dans la notification par eux reçue des acquéreurs, avait été régulière, l'arrêt attaqué n'a contrevenu à aucune disposition de loi;

Sur le deuxième moyen, tiré de la violation de l'art. 221 c. civ. : — Considérant que les motifs ci-dessus écartent ce moyen; — Rejette le pourvoi contre l'arrêt de la cour de Paris, du 11 juill. 1832.

Du 24 déc. 1833.-C. C., ch. req.-MM. Zangiacomi, pr.-Jaubert, rap.

(2) (Vidal C. dame Pujols.) — LA COUR; — Attendu qu'il résulte de l'art. 2185 c. civ., que dans une vente volontaire la surenchère n'a l'effet de résoudre le contrat que dans le cas où elle est valable et conforme à ce que la loi prescrit; — Attendu que la surenchère faite par la femme Pujols est radicalement nulle, faute par elle d'avoir, dans l'acte contenant ladite surenchère, présenté de caution et assigné pour la faire recevoir, ainsi que cela résulte de l'art. 2185 c. civ., et de l'art. 832 c. pr.;

Attendu que dès que cette surenchère est nulle, elle ne peut servir de fondement à des poursuites pour parvenir à une adjudication régulière; qu'ainsi le désistement de cette surenchère ne peut préjudicier aux créanciers; — Attendu enfin que l'effet du désistement, quant à Vidal, opérant la confirmation du contrat d'achat qu'il a volontairement consenti, ne lui a fait aucun tort; qu'il est sans intérêt pour attaquer ce désistement, en tant qu'il concerne les créanciers, et par conséquent sans motif pour quereller la disposition du jugement de première instance qui le confirme; — Par ces motifs, confirme.

Du 17 août 1816.-C. d'Agen.

sément que l'inobservation des formalités prescrites par l'art. 832 emportera nullité.

116. L'assignation donnée à trois jours sera réputée satisfaire au vœu de la loi, encore bien qu'un délai de plus de trois jours doive s'écouler entre celui de l'assignation et celui de la plus prochaine audience. Car la loi n'a pu vouloir exiger l'impossible, et l'on sait que les tribunaux ayant des jours fixes pour leurs audiences qu'il ne dépend pas du surenchérisseur de changer, celui-ci peut se trouver dans l'impossibilité de porter dans le délai de trois jours sa demande devant le tribunal. L'assignation à jour fixe pour un délai plus éloigné sera également valable, pourvu qu'elle soit donnée pour la plus prochaine audience qui suivra l'expiration de ce délai. — Et il a été décidé avec raison que cette assignation est valable, encore qu'elle soit donnée à un délai plus éloigné, alors surtout que le tribunal ne tenant pas d'audience à trois jours, l'ajournement indique l'audience la plus prochaine. — « Attendu que la cour royale a constaté en fait, que l'assignation avait été donnée pour l'audience la plus prochaine, à compter du délai de trois jours, et qu'elle en a conclu avec raison que les adjudicataires plaidaient sur ce point sans aucun intérêt; rejette le pourvoi contre l'arrêt de la cour de Caen du 5 mai 1819 » (Rej. 30 mai 1826, MM. Brisson, pr., Jaubert, rap., Cahier, av. gén., c. conf., aff. Delafouchardière *C.* Delaroque.—Conf. M. Petit, p. 537).—Il a même été jugé que l'assignation n'est pas nulle, encore bien qu'elle ait été donnée à un délai plus long que celui fixé par la loi;... sauf à l'acquéreur assigné à poursuivre l'audience à l'expiration du délai légal, s'il y a intérêt (Besançon, 4 mars 1853, aff. Henry, D. P. 55. 5. 428, et sur pourvoi Req. 16 nov. 1853, D. P. 54. 1. 399).— Mais il ne serait pas permis au surenchérisseur d'abréger et de donner assignation pour une audience plus rapprochée ; ce délai de trois jours appartient aussi à la partie assignée qui doit avoir un temps suffisant pour se renseigner et pour préparer ses moyens (M. Petit, *ibid.*).

117. La matière étant considérée comme urgente, il a été jugé que l'assignation pour la réception de la caution peut être valablement donnée devant la chambre des vacations (Paris, 23 mars 1839, aff. Copin, sous Rej. 1er juill. 1840, V. nº 166). — Cependant il a été en même temps décidé que l'assignation pour réception de caution, donnée le 22 septembre, non pas à trois jours, devant la chambre des vacations, mais à trois jours francs après vacations, est valable, le défendeur assigné dans les termes ordinaires étant toujours maître d'abréger le délai de comparution et de donner avenir pour plaider en vacations (même arrêt).

118. Dans tous les cas cette caution doit être reçue, à peine de nullité, même en temps de vacations, par le tribunal et non par le juge des référés (Riom, 10 déc. 1808 (1).—Conf. MM. Carré, nº 2832 ; Pigeau, Comment., t. 2, p. 529 ; Berriat, p. 652) ; et il y aurait lieu de le décider de même à bien plus forte raison depuis la loi de 1841, puisqu'aux termes de l'art. 832 modifié, il doit être statué par le même jugement sur l'admission de la caution et sur la validité de la surenchère.

119. L'assignation dont il s'agit est soumise, du reste, à toutes les règles des ajournements (MM. Merlin, Rép., vº Surenchère, nº 3 *ter*; Troplong, nº 935). — C'est pour cela que l'art. 832 ordonne qu'il y ait constitution d'avoué; une simple élection de domicile de la part du surenchérisseur chez un avoué ne serait donc pas suffisante. —Néanmoins il a été jugé que la nullité qui résulterait de cette omission est couverte vis-à-vis de l'acquéreur par cela seul que celui-ci a fait signifier chez l'avoué dont il s'agit la constitution de son propre avoué (Bourges, 25 août 1808) (2).

120. De plus, l'original et la copie des divers exploits contenant réquisition de surenchère doivent être signés par le créancier requérant ou par son fondé de pouvoir exprès, lequel est tenu en ce cas de donner copie de sa procuration (c. nap. 2185, nº 4). —Et, s'il y a plusieurs surenchérisseurs, tous doivent de même, personnellement ou par l'entremise d'un fondé de pouvoir, signer l'acte de surenchère (Conf. M. Petit, p. 543).

121. Dans tous les cas, la signature du surenchérisseur au bas des copies d'exploit ne dispenserait pas l'huissier qui les signifie d'y apposer sa propre signature, et c'est à tort, suivant nous, qu'il a été décidé que l'acte par lequel un huissier notifie une surenchère, et assigne en validité de caution un acquéreur, est valable, quoique la copie laissée à l'acquéreur ne soit pas signée par lui, alors que cette copie était signée par le surenchérisseur, que l'acquéreur n'a pas méconnu avoir reçu des mains de l'huissier cette copie non signée, et que l'original est régulier et dûment enregistré (Rej. 3 avr. 1832) (3). — V. Exploit, nº 160.

---

(1) (Époux Truche.) — La cour ; — Attendu qu'aux termes de l'art. 832 c. pr., l'acte de réquisition de mise aux enchères doit contenir, à peine de nullité de la surenchère, outre l'offre de la caution, assignation à trois jours devant le tribunal où la surenchère et l'ordre doivent être portés pour la réception de ladite caution ;—Attendu que, dans l'espèce, il n'y a pas eu d'assignation devant le tribunal du Puy, mais seulement devant le président de ce tribunal ; — Attendu qu'il n'y avait pas urgence et que tous les droits des parties de Marie auraient été conservés par une assignation donnée dans le délai de la loi, si elle eût été régulière ; — Déclare nulles la procédure, les ordonnances du président et la surenchère.

Du 10 déc. 1808.-C. de Riom (et non Bourges), 2e sect.

(2) (N... C. N...) — La cour ; — Considérant qu'aux termes de l'art. 832 c. pr. civ., la réquisition de mise aux enchères doit être faite par un huissier commis et contenir constitution d'avoué, et que, dans l'espèce, ces deux formalités ont été négligées; qu'il y a cependant sur ce dernier moyen cette circonstance particulière, que le surenchérisseur avait élu domicile chez un avoué du tribunal ; que l'avoué de l'acquéreur a signifié sa constitution à celui chez lequel le domicile était élu ; qu'ainsi il l'a reconnu et peut être considéré comme ayant renoncé à se prévaloir de cet oubli; mais que rien ne peut couvrir le défaut d'huissier commis; qu'à la vérité, le code de procédure ne prononce pas la peine de nullité; et que les tribunaux ne peuvent admettre de nullités que celles établies par la loi; mais qu'aux termes de l'art. 835, faute par les créanciers d'avoir requis la mise aux enchères dans le délai et les formes prescrites, le nouveau propriétaire n'est tenu que du payement du prix porté sur son contrat; — Infirme.

Du 25 août 1808.-C. de Bourges.

(3) *Espèce :* — (Coffinet C. Auger, Hémar, etc.) — Le 28 novembre 1829, jugement du tribunal de la Seine en ces termes : — « Attendu qu'une signification de surenchère renferme deux parties distinctes : l'acte de surenchère, contenant les engagements du surenchérisseur, et signé par lui, et la notification que l'huissier doit en faire à l'acquéreur par lui dépossédé ; qu'ainsi le défaut de signature de l'huissier ne ferait que priver l'acte de surenchère de la preuve qu'il doit contenir de sa signification ; — Attendu qu'il est constant que l'acte de surenchère signé de la partie et contenant tout ce que la loi exige, a été remis à l'acquéreur, dans un délai utile, par l'huissier Hémar, nommé à cet effet ; qu'il n'est pas nié que, pendant que cet officier ministériel écrivait sur l'original la notification qu'il faisait de cet acte en présence de l'acquéreur, celui-ci s'empara de la copie non encore signée, la lut et fit à l'huissier plusieurs questions sur son contenu ; en sorte que cette copie imparfaite resta dans ses mains, et que l'huissier se retira, emportant l'original qui fut seul signé de lui ;—Attendu que le demandeur, loin de nier ces faits qui ont causé l'irrégularité de la copie dont il s'est emparé, reconnait, au contraire, que l'huissier Hémar lui a donné connaissance de tout ce que la loi exigeait et représenté l'acte de surenchère signé du surenchérisseur, et contenant mention de la signification écrite de la main de l'huissier, qui la lui a laissée sans y apposer sa signature; — Attendu que cette signature se trouve au bas de l'original enregistré; qu'il n'est résulté pour le demandeur aucun dommage de l'absence de la signature de l'huissier; et que même il prétendrait à tort que l'obligation du surenchérisseur n'était pas complète ; — Qu'en effet la signature de l'huissier sur l'original, l'enregistrement de l'acte, et la signature du surenchérisseur au bas de la surenchère, ne lui permettaient pas de se soustraire à l'obligation qu'il venait de contracter; qu'il résulte de tous ces faits que le but de la loi a été complétement rempli, et que le demandeur est maintenant non recevable à alléguer une irrégularité dont, au surplus, sa conduite parait avoir été la cause. »

Appel. — Le 6 avr. 1830, arrêt confirmatif de la cour de Paris en ces termes :—« En ce qui touche le premier moyen de nullité :—Considérant que la qualité de propriétaire donnée à Auger remplit le vœu de la loi qui exige l'énonciation de la profession du surenchérisseur...;—En ce qui touche le troisième moyen de nullité :—Considérant que l'original de la surenchère est régulier et constate que la copie a été remise par l'huissier Hémar, parlant à la personne de Coffinet ; — Considérant qu'il n'est point méconnu que la copie par lui représentée lui a été remise par une personne se disant l'huissier Hémar, et que cette personne a écrit en sa présence le parlant à....., immédiatement après la remise de cette copie ; — Considérant que le parlant à..... est écrit de la main de l'huissier Hémar ; qu'ainsi il résulte suffisamment de ces faits et de toutes les autres circonstances de la cause, la preuve que cette

122. Sous la loi du 11 brum. an 7, on décidait qu'une surenchère était nulle lorsque le créancier surenchérisseur n'avait pas signé la copie de l'exploit de réquisition laissé au vendeur (Paris, 25 vent. an 11) (1). — L'art. 2185 a également attaché formellement la peine de nullité à l'omission de cette formalité.

123. Toutefois il a été décidé, et avec raison, que l'acte de surenchère à laquelle donne lieu une créance de communauté n'est pas nul pour défaut de signature de la femme, lorsqu'il est revêtu de la signature du mari (Paris, 4 mars 1815) (2). — Mais il en serait tout autrement si la surenchère était requise en vertu d'un titre de créance propre à la femme. — V. nos 64 et s.

124. Dans tous les cas, au surplus, où la surenchère est requise par un mandataire, il appartient aux tribunaux d'apprécier si le pouvoir de surenchérir qui ne se trouverait pas mentionné en termes spéciaux dans la teneur de la procuration, résulte suffisamment des pouvoirs généraux qui lui ont été donnés par le mandant. — Il a été décidé à cet égard : 1o qu'une procuration contenant pouvoir de faire et signifier toutes réquisitions et soumissions, de porter le prix de l'immeuble désigné à un dixième en sus de celui stipulé dans le contrat, suffit pour requérir la surenchère au nom du mandant : « Attendu que les procurations, offres et cautionnement dont il s'agit, satisfont pleinement aux dispositions de la loi ; émendant, etc. » (Paris, 25 mars 1811, aff. Treillet C. Charbonnier) ; — 2o Que celui qui a pouvoir pour faire exproprier des immeubles, peut, en vertu de ce même pouvoir, surenchérir lorsque ces immeubles ont été vendus volontairement (Aix, 25 pluv. an 13 (3). — *Contrà*, M. Petit, p. 545) ; — 3o Qu'une surenchère n'est pas nulle quoiqu'elle ait lieu en vertu d'une procuration antérieure aux notifications faites aux créanciers inscrits ; que l'immeuble à surenchérir ne soit point désigné dans la procuration, et qu'enfin l'exploit de surenchère contienne seulement une copie par extrait de cette procuration (Paris, 30 nov. 1822) (4) ; — 4o Qu'enfin une surenchère formée, par exemple, par une femme mariée, au nom de son mari, en vertu d'une procuration générale de surenchérir, est valable (Bourges, 7 mai 1845, aff. Lagarde, D. P. 47. 2. 46). — V. dans le même sens, MM. Lepage, p. 460 ; Pigeau, t. 2, p. 247 ; Chauveau, n° 2464.

125. Toutefois, il a été jugé qu'au cas où une vente comprend divers immeubles, la procuration donnée à l'effet de surenchérir le prix de la vente ne suffit pas pour valider la surenchère, si l'immeuble, bien que compris dans cette vente, n'est pas désigné dans la procuration,... et l'arrêt qui le décide ainsi et annule la surenchère ne viole aucune loi (Req. 30 août 1809) (5).

126. En cas de surenchère faite au nom d'une société commerciale, il nous semble qu'il ne suffirait pas de la signature sociale apposée par l'un des associés sur l'original et les copies d'exploit, si celui-ci ne justifiait d'un mandat exprès ; cette signature ne pouvant obliger les autres membres de la société que pour des opérations de commerce (V. Société). — Cependant il a été jugé qu'une réquisition de surenchère est valablement faite au nom des membres d'une société, quoiqu'elle soit seulement revêtue de la signature sociale ; et que, dans ce cas, il n'est pas nécessaire que l'associé qui appose cette signature justifie de la procuration de ses coassociés, si l'existence de la société, avec sa raison sociale, est notoire dans le commerce, et alors surtout que la créance en vertu de laquelle est formée la surenchère provient d'une opération commerciale de la société, qui a dû en révéler l'existence au débiteur lui-même (Req. 29 janv. 1839) (6).

---

copie est émanée de l'huissier Hemar, et qu'elle a été remise par lui à la partie elle-même ; que, dès lors, Coffinet a été suffisamment averti de la surenchère poursuivie à la requête d'Auger. »

Pourvoi pour violation de l'art. 2185 c. civ., et des art. 61, 68, 173 et 832 c. proc. ; en ce que l'arrêt attaqué a déclaré valable un acte de surenchère dont la copie signifiée à l'acquéreur n'est pas signée par l'huissier instrumentaire. — Arrêt (après dél. en ch. du cons.)

LA COUR ; — Attendu que la cour royale, en confirmant le jugement de première instance et en ordonnant son exécution pleine et entière, n'en a pas improuvé les motifs ; que les faits et les circonstances de la cause, sur lesquels cette cour s'est aussi fondée, ne présentent qu'une appréciation qui était dans les attributions de cette cour ; — Rejette.

Du 3 avr. 1832.-C. C., ch. civ.-MM. Boyer, pr.-Vergès, rap.-Joubert, av. gén., c. conf.-Moreau, Dèche et Rochelle, av.

(1) (Autier C. Ronconnet.) — LA COUR ; — Attendu que la réquisition de mise aux enchères n'est pas signée d'autres requérants sur la portion délaissée à Diègo-Dilmer, vendeur, ce qui, aux termes de la loi, emporte nullité ; que cette nullité doit profiter, non-seulement aux vendeurs, mais encore à l'acquéreur, puisqu'il s'agit pour l'un et pour l'autre de maintenir leur contrat intact ; dit qu'il a été mal jugé, etc.

Du 25 vent. an 11.-Cour de Paris.

(2) *Espèce* : — (Bertaut C. N...) — Jugement du tribunal de première instance de Joigny, ainsi conçu : — « Attendu que la créance des sieur et dame Bertaut est un conquêt de communauté ; qu'aux termes de l'art. 1421 c. civ., le mari administre seul les biens de la communauté ; qu'il peut les vendre, aliéner et hypothéquer sans le secours de sa femme ; d'où il suit que la signature de celle-ci, sur acte de réquisition de mise aux enchères, était surabondante, comme il était surabondant de faire cette réquisition à la requête du mari et de la femme, et que l'omission d'une formalité surabondante ne peut pas produire une nullité dans l'acte pour lequel elle n'était pas requise. » — Appel. — Arrêt.

LA COUR ; — Adoptant les motifs des premiers juges ; — Confirme.

Du 4 mars 1815.-C. de Paris.

(3) Bernardi C. Lacroix.) — LA COUR ; — Considérant que le sieur P. Bernardi était porteur d'une procuration notariée du sieur Lacroix qui lui donnait entre autres pouvoirs, celui d'exproprier ; que le droit d'exproprier emportait nécessairement la faculté de faire revendre par surenchère, la surenchère n'étant qu'un mode d'expropriation compris dans la dénomination générale d'expropriation consignée dans la procuration du sieur Bernardi, suivant la règle triviale, *in majore minor inest* ; — Confirme.

Du 25 (ou 5) pluv. an 13.-C. d'Aix.

(4) (Eustache C. Cobade.) — LA COUR ; — Attendu que la loi n'exige point que la procuration portant pouvoir de surenchérir, soit donnée postérieurement aux notifications faites aux créanciers inscrits, ni qu'elle contienne la désignation de l'immeuble qu'on entend surenchérir ; qu'elle exige seulement que le pouvoir de surenchérir y soit formellement exprimé ; et que la procuration dont il s'agit, passée devant notaire, le 17 août 1821, enregistrée, contient ce pouvoir exprès ; — Attendu que le fondé de procuration de l'appelant a satisfait à la loi, en donnant copie de la partie de sa procuration contenant pouvoir de surenchérir ; — Attendu que les formalités prescrites par la loi relativement à la caution que doit donner le surenchérisseur ont été remplies ; — Infirme.

Du 30 nov. 1822.-C. de Paris.

(5) *Espèce* : — (Renault C. de Courtebonne.) — Cette question s'est présentée dans une espèce où l'on soulevait également une question de déclaration d'arrêt commun. — Un arrêt de la cour d'appel d'Amiens, du 18 fév. 1808, rendu au profit du sieur de Courtebonne, acquéreur du château et ferme de Thoix, avait été signifié le 26 mars au sieur Renault, créancier hypothécaire du vendeur. Mais le texte de cet arrêt était muet sur la demande formée par Renault en déclaration d'arrêt commun contre le vendeur, bien qu'elle eût été prononcée à l'audience ; — Le 25 avril, signification d'une nouvelle copie de cet arrêt où l'on ajoute la disposition de la déclaration d'arrêt commun. — Dans son pourvoi, Renault soutient que l'arrêt, dès qu'il est prononcé, signé et *à fortiori* signifié, devient invariable. — Arrêt.

LA COUR ; — Considérant, sur le premier moyen, que, loin d'avoir commis un excès ou un abus de pouvoir, la cour d'appel d'Amiens a rempli son devoir en ordonnant la *rectification* de son arrêt du 18 fév. 1808, en ce que sa *rédaction* ne comprenait pas une disposition qui avait été *prononcée à l'audience* ; — Considérant sur les deuxième et troisième moyens que la cour d'appel n'a jugé qu'un fait en décidant que la procuration, en vertu de laquelle a été faite la surenchère du château et de la ferme de Thoix et dépendances, ne contenait point de pouvoir d'enchérir le château, et que, cela posé, elle s'est conformée à l'art. 2185 c. nap., en prononçant la nullité de ladite surenchère ; — Rejette.

Du 30 août 1809.-C. C., sect. req.-MM. Henrion, pr.-Bailly, rap.

(6) (Rabel C. Sigaux.) — LA COUR ; — Attendu, en droit, qu'aux termes de l'art. 2185 c. civ., § 4, l'original et les copies d'exploit contenant déclaration de surenchère doivent être signés par le créancier requérant ou par son fondé de procuration expresse, lequel, en ce cas, est tenu de donner copie de sa procuration ; — Mais attendu qu'il est aussi de principe certain, en matière commerciale, que la signature sociale oblige tous les associés ; — Que, par conséquent, celui d'entre eux qui a le droit de l'apposer n'est tenu ni de se munir ni de justifier de la procuration de ses coassociés dans les actes qu'il fait pour la société, lorsque l'existence de cette société est notoire pour les tiers qui auraient intérêt à attaquer les actes souscrits de la signature sociale ; — Et attendu que l'arrêt attaqué constate, en point de fait : 1o que les actes de réquisition de mise aux enchères, signifiés par exploit du 30 avril 1836, au nom des frères Sigaux aux époux Rabel, étaient revêtus de la signature collective Sigaux frères ; — 2o Que cette signature était celle de la raison sociale sous laquelle leur maison était connue dans le commerce ; — 3o Que les époux Rabel ne pouvaient ignorer l'existence de la société Sigaux frères, puisque leur dette avait pour cause une fourniture de vins à eux faite par ladite société ; — Attendu que, dans ces circonstances, en décidant que la signature sociale apposée au bas de la réquisition de mise

127. Devant quel tribunal doivent se porter les contestations relatives aux nullités dont on argue la surenchère? — Devant le tribunal de la situation des biens, car la surenchère sur aliénation volontaire doit être considérée comme une action réelle (Conf. Merlin, v° Surenchère; Carré, t. 3, n° 2827; Lepage, p. 558; Troplong, n° 955). — Et il a été jugé en ce sens qu'en cas de surenchère du dixième après une vente par licitation, les contestations relatives à cette surenchère doivent être portées devant le tribunal de la situation des biens et non devant celui qui a ordonné la vente à l'audience des criées : — « Attendu que la vente faite aux criées du tribunal de la Seine, le 4 brum. an 14, n'est point une vente judiciaire proprement dite, et ne peut être considérée que comme une vente volontaire; attendu que le bien vendu est situé dans l'arrondissement de Rethel; renvoie l'affaire et les parties devant le tribunal de Rethel, etc. » (Req. règl. de jug. 13 août 1807, MM. Vermeil, pr., Busschop, rap., aff. Papillon.—Conf. Paris, 27 mai 1816, M. Seguier, 1er pr., aff. Charlot C. faill. Lesecq).

§ 6. — *De la caution de surenchérisseur.*

128. Quelque favorable que puisse être le droit de surenchère attaché à l'hypothèque, dans le but d'obvier à la dépréciation du gage des créanciers qui serait le résultat d'une aliénation à vil prix, le législateur a dû néanmoins prendre les précautions nécessaires contre l'exercice téméraire ou abusif de ce droit. Ici, en effet, l'abus ne tendrait à rien moins qu'à anéantir au moyen d'une offre, sans garantie d'exécution, le contrat formé entre le vendeur et l'acquéreur, et aurait précisément pour effet la dépréciation même que l'institution du droit de surenchère a eu pour objet de prévenir. La loi devait empêcher, d'ailleurs, que le vendeur ne s'entendît avec l'un des créanciers inscrits pour retarder l'attribution du prix aux ayants droit, par une surenchère qui n'aurait rien de sérieux. — Aussi l'art. 2185 c. nap. exige-t-il à peine de nullité que le surenchérisseur offre de donner *caution* du *prix* et des *charges*. Les voies à suivre et les conditions à remplir pour l'accomplissement de cette formalité sont réglées par l'art. 832 c. pr. — Cet article, modifié par la loi du 2 juin 1841, porte que « .... L'acte de réquisition de mise aux enchères contiendra, avec l'offre et l'indication de la caution, assignation à trois jours devant le tribunal, pour la réception de cette caution, à laquelle il sera procédé comme en matière sommaire. Il sera donné copie, en même temps, de l'acte de soumission de la caution et du dépôt au greffe des titres qui constatent sa solvabilité. » — V. ce qui est dit nos 115 et suiv. relativement au délai de l'assignation.

129. Les règles posées par cet article sont les seules à suivre en cette matière. Ainsi, il a été décidé que les règles générales de l'art. 518 c. pr. sur les réceptions de caution ne s'appliquent pas à la caution de surenchère (Riom, 11 août 1824 (1); Req. 4 janv. 1809, aff. Beaugrand, V. n° 156; Rennes, 29 mai 1812, aff. Chipelle, n° 178; Riom, 8 déc. 1824, aff. Raymond C. Chavinier).

130. La présentation d'une caution étant une des conditions les plus absolues de la validité de la surenchère sur aliénation volontaire, il ne saurait être permis d'affranchir le surenchérisseur de tout ou partie de l'obligation de fournir caution en considération de sa solvabilité personnelle, quelque bien établie qu'elle pût être. — C'est donc à tort, suivant nous, qu'il a été jugé que la caution qui ne possède des biens que pour un peu plus que la moitié du prix total de la surenchère, doit néanmoins être admise, lorsque le surenchérisseur, premier garant de la surmise, est notoirement solvable (Colmar, 18 déc. 1820) (2).

131. L'obligation de fournir caution est ici tellement rigoureuse qu'elle avait été appliquée même au trésor public. On considérait en effet qu'en cette matière les règles du code Napoléon et du code de procédure sont absolues, et forment la loi commune des particuliers et de l'État, et que les lois antérieures ne peuvent servir de règle.—En conséquence, on a jugé que le trésor public qui surenchérit devait fournir caution (Rej. 9 août 1826, MM. Brisson, pr., Jourde, rap., Dumesnil, av. gén., c. conf., aff. trés. publ. C. Zénon Lefebvre).—Mais depuis cette décision il a été rendu une loi à la date du 21 fév. 1827 qui, appliquant le principe de la perpétuelle solvabilité du fisc consacré par les lois romaines, a dispensé le trésor public de fournir caution dans le cas des art. 2185 c. nap. et 832 c. pr. (V. n° 8). — Dans le cours de la discussion de cette loi, il a été formellement reconnu que le trésor restait assujetti à toutes les autres formalités établies par les codes Napoléon et de procédure. — Du reste, il n'est pas douteux, et c'est aussi ce qui a été reconnu à la chambre, que le privilége accordé au trésor ne peut être réclamé par les établissements publics, les communes, la liste civile, l'intendance des domaines de la couronne, etc.

132. L'art. 832 prescrit le dépôt au greffe des titres qui doivent établir la solvabilité de la caution; il ne suffirait donc pas que cette solvabilité fût notoire. En général, et, sauf les cas d'exception prévus par la loi, la validité du cautionnement offert ne s'estime qu'eu égard aux immeubles libres que présente la caution (c. nap. 2018, 2019; V. Cautionn., nos 130 et s., 375).—Bien qu'avant la loi du 2 juin 1841 l'art. 832 n'eût rien statué quant au dépôt des titres de la caution, on n'en décidait pas moins et avec raison suivant nous : 1° qu'en matière de surenchère, la solvabilité de la caution ne peut s'estimer qu'eu égard à ses propriétés foncières (Rouen, 2 mai 1828) (3);— 2° Qu'ainsi

---

aux enchères dont il s'agit, ayant pour effet d'obliger les deux frères Sigaux, remplissait le vœu du quatrième paragraphe de l'art. 2185 c. civ., l'arrêt attaqué (de la cour de Paris, du 19 déc. 1856), loin de violer cet article, en a fait la plus juste application; —Rejette.

Du 29 janv. 1859.-C. C., ch. req.-MM. Zangiacomi, pr.-Madier, r.

(1) *Espèce* : — (Alary C. Delrieu.) — Alary (acquéreur) demandait la nullité de la surenchère en ce qu'il n'y avait pas eu signification de l'acte de dépôt au greffe des titres constatant la solvabilité de la caution; signification formellement prescrite par l'art. 518 c. pr. — 15 juill. 1825, jugement du tribunal d'Aurillac qui déclare valable la surenchère. — Appel. — Arrêt.

La cour; — En ce qui touche la nullité opposée par la partie d'Allemand, de l'acte de notification de la réquisition de la mise aux enchères, et de l'assignation donnée pour la voir admettre; — Attendu que la procédure, à cet égard, est conforme aux dispositions de l'art. 832 c. pr. qui sont les seules auxquelles on doit avoir égard dans l'espèce dont il s'agit; — Dit qu'il a été bien jugé, etc.

Du 11 août 1824. — C. de Riom.

(2) (Bicklin C. Levy.) — La cour; — Considérant que si, d'après les dispositions de l'art. 2018 c. civ., un surenchérisseur doit présenter une caution qui ait un bien suffisant pour répondre de l'objet de l'obligation, le but de la loi n'a évidemment été que de garantir l'effet de la surmise et d'assurer le payement de son prix; — Considérant qu'une pareille vente, en améliorant le sort des derniers créanciers inscrits, conserve toujours à tous, leurs droits privilégiés sur la valeur des biens vendus, que par conséquent l'objet de l'obligation de la caution ne doit s'étendre qu'à des immeubles suffisants pour répondre de l'importance de la surmise avec ses accessoires;—Considérant au cas particulier que la caution a présenté des titres de propriété pour au delà de la moitié du prix total de la surenchère, et que le surenchérisseur premier garant de la surmise est notoirement solvable par les immeubles qu'il possède; — Considérant enfin qu'il est de l'intérêt de tout débiteur saisi, ainsi que de ses créanciers, de voir porter à leur véritable valeur les biens dont il est dépossédé; que dans l'espèce aucun créancier ne résiste à la surenchère; que même un des adjudicataires solidaires y a donné son acquiescement; — Par ces motifs déclare bonne et valable la surenchère de Bicklin, etc.

Du 18 déc. 1820.-C. de Colmar.

(3) *Espèce* : — (Lautour C. B.) — La dame B. surenchérit le prix d'une adjudication consentie à la dame Lautour pour 5,500 fr., et présenta son fils pour caution. Pour établir sa solvabilité, le sieur B. offrait de consigner une somme suffisante.—Jugement qui déclare la surenchère valable. — Appel. — Alors le sieur B. effectue la consignation offerte en première instance. — Arrêt.

La cour; — Vu les art. 2018, 2019, 2185 c. civ., et 833 c. pr.; — Considérant qu'il résulte de la combinaison de ces divers articles qu'il ne suffit pas au créancier qui veut requérir la mise aux enchères et adjudications publiques de l'immeuble sur lequel il a inscrit, de signifier sa réquisition dans les trente jours de la notification qui lui a été faite, mais que son acte de réquisition doit encore contenir l'offre de donner caution jusqu'à concurrence du prix et des charges, avec assignation à trois jours pour la réception de ladite caution, le tout à peine de nullité; — Considérant que ladite veuve a signifié sa réquisition le dernier jour qui lui était accordé par la loi, et a offert son fils pour caution; que, sous ce rapport, elle eût rempli les formalités requises par la loi, si la caution était offerte jusqu'à concurrence du prix et des charges; que le sieur B. qui, lors du jugement d'admission de la caution, n'avait

il ne suffirait pas d'une solvabilité notoire, s'il n'y a réalisation en immeubles (même arrêt).

133. La caution doit justifier de sa *solvabilité* par des *immeubles* qui lui soient propres, et c'est avec raison qu'il a été jugé que la caution d'un surenchérisseur ne peut établir sa solvabilité sur la valeur d'un immeuble appartenant en propre à sa femme (Bordeaux, 30 août 1816) (1).

134. Nous pensons que la caution ne devrait point être admise à présenter comme garantie de sa solvabilité des immeubles dans lesquels elle n'aurait qu'une part indivise, car une licitation pourrait amener éventuellement ce résultat qu'un autre copartageant devenant adjudicataire de l'immeuble, fût réputé, aux termes de droit, en avoir toujours été seul propriétaire, et qu'ainsi l'immeuble se trouvât grevé de toutes les hypothèques qui existeraient du chef de ce dernier. — Toutefois, il a été jugé que des immeubles présentés par la caution du surenchérisseur ne peuvent être refusés sous prétexte qu'ils sont indivis entre elle et un tiers, alors qu'il n'y a pas de doute sur le point de savoir si elle a des biens suffisants pour répondre des causes de l'obligation (Paris, 12 avr. 1850, aff. Mirault, D. P. 50. 2. 205).—Cette dernière circonstance, on le voit, ôte beaucoup d'intérêt à la solution.

135. Il faudrait considérer comme propriétaire par indivis celui-là même qui ayant acquis la totalité de l'immeuble n'aurait pas valablement stipulé avec tous les ayants droit. Tel serait le cas, par exemple, où parmi les anciens propriétaires de cet immeuble, il se serait trouvé un mineur non autorisé à aliéner. — Cependant il a été décidé que la caution, offerte en cas de surenchère, établit suffisamment sa solvabilité, en présentant un immeuble sur lequel elle a payé une somme bien supérieure à celle pour laquelle la caution est exigée, encore bien qu'au nombre des vendeurs de l'immeuble, se trouverait un mineur non autorisé à vendre, et pour la part duquel une somme est restée entre les mains de l'acquéreur (Bordeaux, 27 nov. 1829, aff. Blessebois, V. n° 85.—Conf. M. Chauveau sur Carré, p. 857, note 1).

136. Les immeubles de la caution doivent être libres ou du moins offrir, déduction faite de toutes les charges qui peuvent les grever, une valeur suffisante pour garantie des engagements du surenchérisseur; et il a été décidé avec raison que si, déduction faite de l'hypothèque légale de la femme, les biens de son mari offerts pour caution par le surenchérisseur ne sont pas suffisants pour garantir le montant de la surenchère, la caution n'est pas admissible; qu'on opposerait en vain qu'au cas où le mari commerçant ferait faillite, les biens de celui-ci, acquis pendant le mariage, devraient échapper à l'hypothèque légale de la femme (Bourges, 27 nov. 1830) (2).

137. Il est à remarquer que, dans l'espèce où cette décision a été rendue, la femme avait à exercer des reprises considérables qui absorbaient en grande partie la valeur de l'immeuble; mais faudrait-il décider de même si les reprises de la femme devaient laisser pour garantie une valeur suffisante ou même si elle n'avait aucune reprise à exercer? Nous ne le pensons pas, car à ce titre il ne serait jamais permis à un homme marié de se porter caution d'une surenchère, et il nous semble juste dans tous les cas que celui qui conteste la caution par ce motif que les immeubles offerts sont grevés de l'hypothèque légale, soit tenu de prouver que l'importance des reprises de la femme rend ces immeubles insuffisants. — Il a été jugé en ce sens : 1° qu'il suffit pour la validité d'une surenchère que les immeubles de la caution soient libres et d'une valeur égale aux biens surenchéris, encore que la femme de cette caution ait sur eux une hypothèque légale à raison de ses apports matrimoniaux (Req., 4 fév. 1816) (3);— 2° Que lorsque l'individu présenté comme caution se trouve

---

justifié d'aucuns immeubles pour constater sa solvabilité, a pensé, sur l'appel, pouvoir y suppléer, en consignant, deux jours avant l'audience, une somme de 6,180 fr.; mais reconnaissant lui-même l'insuffisance de cette somme, a augmenté, les plaidoiries ouvertes, cette consignation de la somme de 640 fr.;

Considérant que, d'après le vœu de la loi, c'est le jour de la réception de la caution qu'il doit être donné à celui qu'on veut déposséder toute garantie des obligations auxquelles il s'est soumis par son contrat d'acquisition et du recouvrement des avances par lui faites; que cette caution, pour être légale, doit présenter un bien suffisant pour répondre de l'objet de l'obligation, et que sa solvabilité ne peut s'estimer qu'eu égard à ses propriétés foncières; — Que le tribunal dont est appel, qui devait préalablement vérifier sa demande, a admis le sieur B. comme caution solvable, quoique, pour établir sa solvabilité, il ne présentât aucunes propriétés foncières; — Qu'il ne suffit pas de dire qu'un individu est d'une solvabilité notoire pour le soustraire à l'exigence de la loi, parce que ce serait une exception, et qu'il n'est pas au pouvoir des tribunaux d'en créer; que ce principe a été consacré par un arrêt de la cour de cassation du 9 août 1826, lequel a provoqué la loi du 21 fév. 1827, pour dispenser, en pareil cas, le trésor de l'État d'une caution en immeubles; — Considérant, enfin, qu'il résulte, tant des faits de la cause que des articles de loi ci-dessus cités, et de la jurisprudence de la cour de cassation, et notamment des arrêts des 15 mai 1822, et 27 mai 1823, que la caution offerte par la dame B. n'était pas valable lors du jugement du 21 fév. dernier, qu'elle devait être rejetée, et la surenchère déclarée nulle : qu'en supposant que les consignations faites les 25 et 25 avr. dernier pussent désintéresser la dame veuve Lautour, on ne peut y avoir aucun égard, comme étant tardives, et préjudiciant aux droits acquis à l'appelante, à l'époque du 21 fév., les formalités prescrites par la loi n'ayant pas été observées;—Réformant, déclare nulle et de nul effet la surenchère faite par la veuve B..., de la maison adjugée à la veuve Lautour, le 7 août 1827.

Du 2 mai 1828.-Cour de Rouen.

(1) (Dame Cailleux C. Desaigues-Desoles.) — LA COUR; — Attendu que la caution offerte par la veuve Cailleux ne présente pas une solvabilité suffisante en immeubles pour répondre du prix de l'enchère et des conditions portées au cahier des charges; que le domaine de Nadan ne peut être compté au nombre des propriétés de Quimaux (la caution offerte), parce que c'est un propre appartenant à son épouse, qui l'a licité avec les créanciers Lataste; — Attendu qu'il ne peut y avoir lieu à ordonner l'estimation des biens de la caution offerte, parce que ce serait faire une procédure contradictoire dans une instance sommaire et qui exige célérité, et que la solvabilité de la caution doit, aux termes de l'art. 518 c. pr. civ., être justifiée par titres;—Attendu que l'offre faite par la veuve Cailleux d'une caution supplémentaire est inadmissible, parce que la loi subordonne le mérite de la surenchère, au moment où elle est faite, à l'offre d'une caution solvable, et en prononce la nullité, si la caution offerte est rejetée; — Reçoit, etc.

Du 30 août 1816.-C. d'appel de Bordeaux.

(2) (Bernard C. Montferrand.) — LA COUR; — Considérant que la surenchère porte sur une somme de 75,000 fr.; que les biens offerts pour garantie sont loin d'offrir cette valeur libre; qu'à la vérité, l'intimé les présente comme étant d'une valeur de 226,000 fr.; mais que les charges dont ils sont passibles absorbent presque la totalité de cette estimation; — Qu'il résulte, en effet, du contrat de mariage du sieur Pâtureau, caution présentée, que l'hypothèque légale de sa femme, pour la restitution de ses droits, est d'environ 80,000 fr.; que le montant de son douaire et de son loyer d'habitation, en cas de survie, s'élève à une rente viagère de 6,800 fr., ce qui, pour en assurer le payement, engage un capital de 136,000 fr., d'où il suit que le capital hypothéqué est de 216,000 fr., et ne laisse, par conséquent, de libre, sur les biens offerts pour sûreté du cautionnement, que 10,000 fr.; — Que ce n'est que d'après les immeubles présentés par la caution, que les tribunaux sont appelés à prononcer sur la validité du cautionnement, et qu'ils ne pourraient, sans de graves inconvénients, s'écarter de cette règle; — Qu'on opposerait, en vain, l'art. 551 c. com., comme présentant en règle générale, que la femme, dont le mari est commerçant à l'époque du mariage, n'a d'hypothèque légale que sur les biens qui appartenaient au mari à l'époque du mariage, et que les biens présentés par le sieur Pâtureau ne lui appartenaient pas lors de son mariage; que cet article, ainsi que l'art. 549 du même code, qui prive la femme du commerçant des avantages que lui promettait son contrat de mariage, ne sont relatifs qu'au cas de faillite du mari, et sont ainsi sans application à la cause; — Dit qu'il a été mal jugé par le jugement dont est appel; — Emendant, déclare la caution insuffisante; annule, en conséquence, la surenchère, etc.

Du 27 nov. 1830.-C. de Bourges, 2e ch.-M. Trottier, pr.

(3) (Prudhomme C. Gruel.) — LA COUR; — Attendu 1° que l'arrêt attaqué déclare que les immeubles de Seron offerts pour caution par la veuve Gruel pour la validité de sa surenchère, sont libres et de valeur de 8,000 fr., tandis que la surenchère n'élève le prix des biens qui en sont l'objet qu'à 6,875 fr.; qu'ainsi la suffisance de la caution est démontrée sous ce premier rapport, ce qui dispense d'examiner le motif pris de la fortune mobilière de la caution; — Attendu 2° que la validité de l'inscription hypothécaire quant à sa forme a été jugée irrévocablement par l'arrêt de la cour de Caen du 8 mars 1815; — Attendu 3° que la suffisance de cette même inscription hypothécaire a été reconnue par Prudhomme devant la cour royale, ainsi qu'il est attesté par l'arrêt attaqué; — Attendu qu'indépendamment même de cette reconnaissance, l'inscription serait suffisante pour valider la surenchère lors même que

marié, et qu'ainsi ses biens sont affectés à l'hypothèque légale de sa femme, le tribunal peut néanmoins l'admettre à cautionner, en se fondant sur ce que l'acquéreur qui demande la nullité de la surenchère ne prouve pas que les immeubles de la caution soient actuellement grevés de reprises à exercer par la femme, et sans obliger le créancier surenchérisseur à prouver que les biens de cette caution sont réellement libres et ne sont assujettis pour le moment qu'à une hypothèque légale purement éventuelle (Rennes, 9 mai 1818, aff. Beslay, sous cass. 10 mai 1820, nº 179); — 3º Que le dépôt fait au greffe par le surenchérisseur d'un état en due forme, des hypothèques existant sur les biens de la caution offerte, est suffisant, lors même qu'il y aurait, sur ces mêmes biens, des hypothèques légales non inscrites et qui n'auraient pas été mentionnées dans ledit état d'hypothèques; que, dans ce cas, c'est à ceux qui contestent la solvabilité de la caution, de justifier que les hypothèques légales non inscrites rendent la caution insolvable (Paris, 20 mars 1835, aff. Yvonnet, sous cass. 15 mars 1837, nº 104); — 4º Que le surenchérisseur est admis à présenter une caution dont les immeubles sont grevés d'une hypothèque légale (Bourges, 7 mai 1845, aff. Lagarde, D. P. 47. 2. 46), ... Alors surtout que la femme investie de cette hypothèque y a renoncé au profit du surenchérisseur, même après le délai fixé par l'art. 2185 c. nap. pour l'offre de la caution (Bourges, 5 mars 1845, aff. Bargat, D. P. 47. 2. 46).

138. Il a été décidé, au contraire, que la caution dont les immeubles sont grevés d'une hypothèque légale indéterminée doit être reputée insolvable dans le sens de la loi (Paris, 11 déc. 1834)(1).—M. Bioche, vº Surenchère, nº 154, pense que c'est au surenchérisseur à établir que les biens présentés suffisent.

139. A défaut de propriétés immobilières, la caution pourrait-elle y suppléer par une consignation effective de deniers?— La négative pourrait s'induire d'un arrêt (Rouen, 2 mai 1828, aff. Lautour, V. nº 132). — Mais, dans l'espèce, la caution s'était bornée en première instance à faire offre de consigner; c'était en appel seulement que la consignation avait été effectuée, et cette consignation, insuffisante dès le principe, n'avait été complétée que depuis l'ouverture des plaidoiries: cet arrêt ne doit donc pas être considéré comme résolvant la question en principe. — Il nous semble en effet que l'opinion contraire est préférable. Rien ne peut mieux garantir le payement de la somme cautionnée que la réalisation en écus de cette même somme spécialement affectée à l'exécution du cautionnement. C'est pour ce motif que, par une disposition du droit commun appliquée en matière de surenchère par l'art. 832 modifié (c. pr.), le débiteur assujetti à fournir caution peut y suppléer par un nantissement en argent ou en rentes sur l'Etat. Pourquoi la personne qui s'offre pour caution n'aurait-elle pas la même faculté? — C'est en ce sens que la jurisprudence s'est généralement prononcée. — Il a été jugé 1º qu'une caution est admissible, en matière de surenchère, encore qu'elle ne posséderait point d'immeubles, si elle offre une consignation pécuniaire suffisante pour garantir le payement du prix et des charges (Paris, 9 avr. 1813 (2); Paris, 27 déc. 1839, 2º ch., M. Hardoin, pr., aff. Gillot C. Plançon); — 2º Que la solvabilité d'une caution présentée par un surenchérisseur a pu être déclarée résulter suffisamment du dépôt au greffe d'inscriptions de rente qu'elle offre même d'immobiliser, et dont le montant excède de beaucoup la surenchère: — « La cour; attendu que, lorsqu'il s'agit, comme dans l'espèce, d'une caution légale, l'art. 2041 c. nap. autorise celui qui ne peut pas trouver une caution à donner à sa place un gage suffisant; que la cour royale de Paris a reconnu, par l'arrêt attaqué (du 6 avr. 1830), que la valeur des inscriptions de rentes sur l'Etat se portant à la somme de 7,400 fr. de rente, dont l'immobilisation était offerte, excédait de beaucoup le montant de la surenchère, et formait un gage suffisant pour garantir les intérêts des créanciers; rejette » (3 avr. 1832, ch. civ., MM. Boyer, pr., Vergès, rap., Jaubert, av. gén., c. conf., aff. Coffinet C. Auger, etc.); — 3º Qu'un rentier sur l'Etat, de 800 fr., qui a effectué le dépôt de son titre à la caisse des consignations avec transfert, doit être admis comme caution d'une surenchère de 1,400 fr. (Paris, 3 fév. 1832, M. Lepoitevin, aff. Rosset C. Henry); — 4º Qu'une rente sur l'Etat, offerte par un enchérisseur, et dont l'inscription a été déposée par lui à la caisse des consignations, est un gage en nantissement suffisant pour répondre de la solvabilité de la caution: — « La cour; considérant que l'arrêt (de la cour de Paris du 12 déc. 1832), d'après l'art. 2041 c. civ., a pu déclarer, comme il l'a fait, que le dépôt d'une inscription de rentes sur l'Etat, montant à 7,500 fr. de rente, était un gage en nantissement suffisant pour le montant de la surenchère; rejette » (Req. 8 janv. 1834, MM. Zangiacomi, pr., Menerville, rap., Tarbé, av. gén., c. conf., aff. Guillaume C. de Bar); — 5º Que la caution du surenchérisseur peut, aussi bien que celui-ci, offrir, comme sûreté de la surenchère, au lieu de titres de solvabilité, un nantissement en rentes sur l'Etat (Bourges, 17 mars 1852, aff. Gerbaut, D. P. 53. 2. 111).

140. Il a même été décidé, mais à tort, suivant nous, que le rentier sur l'Etat peut être reçu à ce titre comme caution, bien que la rente ne soit pas déposée à la caisse des consignations, ni accompagnée d'un transfert (Paris, 6 août 1832, aff. Danger, V. nº 357). — Nous croyons donc devoir rejeter cette décision: 1º parce qu'une telle valeur, étant incessamment transmissible de sa nature, ne saurait, en l'absence du dépôt du titre, être considérée comme un gage; 2º parce que la nécessité d'un nantissement effectif résulte aussi bien de l'art. 2041 c. nap. que des termes de l'art. 832 modifié c. pr.

141. A défaut d'une garantie en immeubles ou d'un nantissement en argent ou en rentes sur l'Etat, la caution offerte pourrait-elle donner en nantissement des titres ou obligations sur des

---

la veuve Gruel ne serait créancière que des arrérages, et même d'une seule année des arrérages de la rente et non du capital; — Déboute Prudhomme de sa demande.

Du 4 fév. 1816.-C. C., sect. req.-MM. Henrion, pr.-Dunoyer, rap.

(1) *Espèce*: — (Durand Saint-Amand C. Dumonchel, etc.) — Le 20 mars 1834, jugement du tribunal de la Seine, ainsi conçu: — « Attendu que le sieur Péan de Saint-Gilles, caution offerte par Gautier et la veuve Durand de Saint-Amand, présente pour garantie de son cautionnement un immeuble; — Attendu que cet immeuble est grevé de l'hypothèque légale et indéterminée de la dame Péan de Saint-Gilles, femme de la caution; — Que, dès lors, quelle que soit la valeur de l'immeuble, il ne présente aucune garantie puisque l'importance de l'hypothèque peut dépasser cette valeur; — Attendu que, sans doute, les actes produits établissent que les droits actuellement liquides de la dame Péan de Saint-Gilles sont inférieurs à cette valeur; mais que la nature des droits de la femme, cette circonstance qu'ils sont indéterminés, qu'ils peuvent être plus étendus que les actes ne l'établissent, mettent obstacle à ce qu'on les évalue légalement; — Attendu que la déclaration faite par la dame Péan de Saint-Gilles dans les conclusions signifiées en son nom, qu'elle consent la subrogation dans son hypothèque légale jusqu'à concurrence du montant de la surenchère, en ce qu'elle frappe sur l'immeuble offert pour caution, est sans force, d'abord comme faite irrégulièrement et dans les conclusions d'intervention qui devront être rejetées par les motifs ci-dessus, et ensuite comme repoussées par la loi; puisque la subrogation offerte ne serait autre chose qu'un affranchissement partiel des biens du mari, dans le but unique d'augmenter son crédit, et qu'aux termes des art. 2144 et 2145 c. civ., cet affranchissement ne peut être fait qu'avec l'assentiment de la famille de la femme, après l'accomplissement des formalités spéciales; — Qu'enfin, l'application de ces principes est d'autant plus nécessaire, dans l'espèce, que la subrogation offerte par la dame Péan de Saint-Gilles ne profiterait ni à elle, ni même à son mari, ni à leur communauté; — Attendu que le cautionnement, qui est une des conditions essentielles de la validité de la surenchère, disparaissant à l'égard des deux surenchérisseurs, entraîne la nullité de la surenchère, etc. » — Appel. — Arrêt.

La cour; — Adoptant les motifs des premiers juges, et considérant, en outre, que le consentement donné par la dame Péan de Saint-Gilles dans l'acte notarié du 15 juin 1834 ne peut suppléer l'accomplissement des formalités prescrites par les art. 2144 et 2145 c. civ.; — Confirme, etc.

Du 11 déc. 1834.-C. d'appel de Paris, 2º ch.

(2) *Espèce*: — (Martin.) — Jugement du tribunal de Sens en ces termes: « Considérant que si, d'après l'art. 2019 c. civ., la solvabilité de la caution ne s'estime qu'eu égard à ses propriétés foncières, d'un autre côté, l'art. 2041 de ce code dispose que celui qui ne peut pas trouver une caution est reçu à donner à la place un gage en nantissement suffisant; que si la loi admet le nantissement, à plus forte raison la consignation offerte doit-elle être reçue, cette consignation présentant un gage plus certain que le nantissement, et ne pouvant produire aucune discussion ultérieure; déclare la surenchère valable, à la charge de réaliser la consignation proposée. » — Appel. — Arrêt.

La cour; — Adoptant les motifs des premiers juges; — Confirme.

Du 9 avr. 1813.-C. de Paris.

particuliers, et, par exemple, des billets à ordre souscrits à son profit? Non, de semblables valeurs, dont la réalisation est subordonnée à la solvabilité non-seulement présente mais encore future des débiteurs, ne sauraient présenter les mêmes garanties qu'un dépôt en numéraire ou en rentes sur l'état, ni être considérées comme un gage suffisant dans le sens de l'art. 2041 c. nap. — Ainsi, c'est à tort, suivant nous, qu'il a été jugé que la solvabilité d'une caution en matière de surenchère peut être considérée comme suffisamment justifiée par le dépôt, en l'étude d'un notaire, d'un billet souscrit à son ordre (Amiens, 2 fév. 1819, aff. Bos..., V. nº 132). — Mais, depuis la loi de 1841, il a été décidé que la caution ne peut pas justifier sa solvabilité au moyen de valeurs mobilières autres que de l'argent ou des rentes sur l'État, et notamment par un dépôt de titres de créances privilégiées ou hypothécaires (Rej. 29 août 1855, aff. Lecomte, D. P. 55. 1. 389).

142. Au surplus, l'offre de consigner ne saurait suppléer une consignation effective (Req. 15 nov. 1821, aff. Héliot, V. nº 162; Rouen, 2 mai 1828, aff. Lautour, V. nº 132; V. toutefois Paris, 9 avr. 1813, aff. Martin, nº 139-1º et l'arrêt cité au numéro précédent).

143. Faut-il entendre la disposition de l'art. 832, qui prescrit le dépôt des titres de la caution, en ce sens que des immeubles qu'on posséderait par exemple à titre d'héritage, et dont la propriété serait d'ailleurs parfaitement établie, ne pourraient cependant servir à prouver la solvabilité de la caution, par cela seul que celle-ci ne justifierait pas, par un titre écrit, de la propriété de ces immeubles? Non ; ce serait donner à cette disposition une extension abusive que l'esprit de la loi ne comporte pas. — Mais il faudra au moins qu'à défaut de titre justifiant de l'origine de la propriété, le surenchérisseur notifie à l'acquéreur, pour se conformer aux prescriptions de l'art. 832, les actes qui peuvent servir à constater que tels biens sont la propriété de la caution, par exemple des baux passés par elle à titre de propriétaire, les quittances ou avertissements d'imposition, etc., etc. — V. nº 147.

144. Mais si, en général, la propriété des immeubles doit être établie par titres, il n'en est pas de même de leur *valeur*. Cette valeur peut, *à défaut de titres*, et si elle est contestée, être constatée par experts (Besançon, 1er déc. 1827 (1); Bordeaux, 20 août 1831, aff. Magnon, v. nº 152-2º; Conf. M. Chauveau, nº 2486), ce qui ne nous paraît pas devoir faire difficulté. — Toutefois, il a été jugé, mais à tort suivant nous, que la solvabilité de la caution doit nécessairement être *justifiée par titres*, et qu'à défaut de titres de propriété produits par celle-ci, l'estimation de ses biens par experts ne peut être ordonnée (Bordeaux, 30 août 1816, aff. Cailleux, V. nº 133).

145. La valeur des immeubles présentés par la caution, afin de justifier de sa solvabilité, peut aussi, à défaut d'autres titres, être prouvée par un extrait de la matrice du rôle des contributions constatant le revenu réel des biens : « Attendu que les titres produits par Marie-Anne Limousy justifient pleinement la solvabilité des cautions par elle offertes pour garantir la validité de la double surenchère par elle requise...; que cette suffisance résulte notamment de la comparaison du revenu net auquel sont fixés dans la matrice du rôle les biens possédés par les cautions » (Montpellier, ch. corr., 18 août 1831, M. de Lunaret, pr., aff. Limousy C. Bartissol).

146. Y aurait-il nullité, si les titres constatant la solvabilité de la caution n'étaient offerts que postérieurement à la réquisition de mise aux enchères? — Avant la loi de 1841, il a été décidé, dans le sens de la négative : 1º que le surenchérisseur n'est pas tenu, lors de la présentation de la caution qu'il doit faire conformément à l'art. 2185 c. nap., de déposer au greffe les documents servant à établir la solvabilité de celle-ci (Grenoble, 1re ch., 22 juin 1819, M. Paganon, pr., aff. Augunier C. Tezier; Lyon, 1re ch., 5 mai 1835, M. Achard-James, pr., aff. Brossy C. Rolin; Paris, 2e ch., 27 déc. 1839, MM. Hardoin, pr., Merville, 1er av. gén., c. contr., aff. Gillot C. Plançon); — 2º Que ce n'est que lorsque la caution, offerte en exécution de l'art. 832 c. pr., est contestée à l'audience sur son admission, qu'il peut échoir de faire ordonner qu'on communiquera ou déposera les titres constatant sa solvabilité (même arrêt de Grenoble); — 3º Qu'il n'est pas exigé, à peine de nullité, que le surenchérisseur justifie, avant l'expiration du délai de l'assignation prescrit par l'art. 832 c. pr., de tous les titres établissant la solvabilité de sa caution; qu'il peut faire cette justification depuis (Paris, 2 juill. 1830 (2); 25 mai 1837, M. Simonneau, pr., aff. Mayeux C. Lefebvre); — 4º Que, tant que les choses sont entières, le surenchérisseur peut être admis à établir la solvabilité

(1) *Espèce* : — (Jeanin C. Tumerel.) — La dame Jeanin se rend adjudicataire d'un immeuble. — Tumerel surenchérit, et présente le sieur Gauthier pour caution. — La dame Jeanin conteste la solvabilité de Gauthier. — Tumerel offre de la prouver, au moyen de l'estimation de ses biens, qui sera faite par experts. — La dame Jeanin répond qu'elle ne peut être justifiée que par titres. — 24 août 1827, jugement du tribunal de Saint-Claude, qui ordonne que la valeur des biens sera constatée par experts : « Considérant, est-il dit, que, soit que l'on fasse l'application dans la cause de l'art. 832 c. pr., combiné avec l'art. 518 du même code, soit que l'on applique l'art. 832 seul, le surenchérisseur doit justifier, par titres, que la caution qu'il présente possède des immeubles suffisants pour garantir sa solvabilité; mais que le législateur n'a pas voulu et n'a pu vouloir que, dans tous les cas, l'on constatât par titre la valeur de ces immeubles, parce que, le plus souvent, cette preuve deviendrait impossible ; par exemple, si la caution tient de ses ancêtres une fortune considérable, elle justifiera par titres anciens, par des partages de famille, qu'elle possède des domaines très-étendus; mais si on lui conteste la valeur de ces domaines, comment justifiera-t-elle qu'elle s'élève à la somme exigée pour le cautionnement? Si la caution, comme dans l'espèce, a acheté un héritage pour y faire des constructions, et qu'elle y élève un bâtiment d'une valeur considérable, elle établira par titre le prix du sol; mais comment constatera-t-elle la valeur de l'édifice qu'elle a construit? — Considérant que ces réflexions, basées sur la saine raison et la justice, doivent déterminer les magistrats à user des moyens que la loi leur confère, pour obtenir une juste appréciation des immeubles dont la valeur est contestée ; — Considérant que l'on est d'autant plus déterminé à adopter ce mode dans l'espèce, que, par des conclusions signifiées, la dame Jeanin avoue que la maison appartenant au sieur Gauthier peut être évaluée à 50,000 fr., tandis que le prix d'acquisition ne s'élève qu'à 25,000 fr., ce qui prouve que, par ses constructions, le sieur Gauthier en a considérablement augmenté la valeur. » — Appel. — Arrêt.

LA COUR ; — Attendu que les tribunaux peuvent, avant faire droit, ordonner toutes les justifications qu'ils jugent utiles ; — Que la solvabilité de la caution offerte par l'intimé était contestée devant les premiers juges; — Qu'il n'est point établi en ce moment qu'elle soit suffisante; que c'est alors le cas d'adopter les motifs du jugement dont est appel ; — Confirme.

Du 1er déc. 1827.-C. de Besançon, ch. temp.

(2) *Espèce* : — (Dame d'Aligre C. Larochefoucault.) — Notification aux créanciers inscrits sur le domaine de Berville-Kosciusko, par M. de Larochefoucault, acquéreur. — Surenchère par madame d'Aligre, avec offre de son mari pour caution, et assignation à trois jours pour la réception de la caution. — La soumission de cette caution est faite par un avoué au nom de M. d'Aligre, avec dépôt au greffe de pièces à l'appui. A l'échéance de l'assignation, un jugement par défaut contre le vendeur continua la cause avec M. de Larochefoucault au 17 février. — Avant cette époque, et le 25 janvier seulement, dépôt est fait au greffe du certificat négatif d'inscription sur l'immeuble, établissant la solvabilité de la caution. — M. de Larochefoucault a soutenu alors que ce certificat avait été tardivement fourni, et que M. d'Aligre devait lui-même ou par un fondé de pouvoir spécial faire sa soumission, et non par ministère d'avoué. — 24 mars, jugement du tribunal civil de Fontainebleau qui accueille le premier de ces moyens.

En appel, madame d'Aligre a soutenu que les art. 2185 c. civ. et 832 c. pr. ne fixaient un délai fatal que pour l'action en elle-même et l'assignation qui devait l'accompagner ; qu'aucun délai n'était imposé pour la justification des titres concernant la solvabilité de la caution ; que l'avoué avait caractère pour la représenter dans sa soumission, qui pouvait, d'ailleurs, être toujours renouvelée par la partie elle-même, après les jugements à intervenir sur la réception de la caution.—Arrêt.

LA COUR ; — Considérant qu'en matière d'aliénation volontaire, la surenchère est spécialement régie par les dispositions de l'art. 2185 c. civ. et de l'art. 832 c. pr. ; qu'il faut écarter les art. 518 et suiv. c. pr., qui ne sont relatifs qu'aux réceptions de cautions pour l'exécution des jugements; — Considérant que toutes les formalités et justifications exigées par les deux art. 2185 et 832 ont été remplies pour la surenchère en litige, et que la dame d'Aligre a formé sa surenchère, désigné nommément la personne de M. d'Aligre, son mari, pour caution, et donné assignation pour son admission dans les délais prescrits par la loi; que le 16 janvier, avant l'expiration de quarante jours pour la surenchère, M. d'Aligre, par le ministère de son avoué, son représen-

de la caution par lui présentée : « La cour; en ce qui touche la solvabilité de la caution : attendu que celle offerte par Boisdon a rempli cette condition essentielle avant que le jugement dont est appel eût été rendu; que dès lors, le vœu du législateur est atteint » (Bordeaux, 1re ch., 7 avr. 1834, M. Poumeyrol, pr., aff. Boisdon C. Coste); — 5° Qu'il suffit que les pièces justificatives de la solvabilité de la caution soient produites avant le jugement qui prononce sur la réception (Cass. 31 mai 1831 (1), et, sur renvoi, Limoges, 14 juill. 1833, aud. sol., M. de Gaujal, pr., aff. Guignebard, etc, C. Castellane; Paris, 2e ch., 6 avr. 1835, M. Hardoin, pr., aff. Bureau C. Poisson), ...lors même que les plaidoiries seraient déjà commencées : « Attendu que ladite justification est régulièrement faite, lors même qu'elle n'a été complétée qu'après le commencement des plaidoiries, mais avant le jugement qui statue sur la réception de la caution » (Paris, 2e ch., 27 déc. 1839, MM. Hardoin, pr., Berville, av. gén., c. contr., aff. Gillot C. Plançon).

147. Et il a été décidé, dans le même sens, depuis la loi du 2 juin 1841, que tant que le tribunal n'a pas statué sur l'admissibilité de la caution offerte par le créancier qui a notifié dans le délai voulu l'acte de surenchère, celui-ci est recevable à compléter, même après l'expiration du délai, les éléments de sa solvabilité, et, par exemple, à rapporter la renonciation aux hypothèques qui grèvent les biens présentés par elle (Douai, 20 mars 1851, aff. Wagrez, D. P. 52. 2. 137; V. aussi Bourges, 5 mars 1845, aff. Bargat, D. P. 45. 2. 46).

Il nous semble que cette jurisprudence doit être suivie, au moins dans le cas où des titres ayant été déposés conformément à l'art. 832, il y aurait lieu seulement de suppléer à leur insuffisance pour constater la solvabilité de la caution; les preuves de cette solvabilité pourraient, suivant nous, être complétées à l'audience. — Il est vrai que l'art. 832 exige que le dépôt des titres accompagne la réquisition de la surenchère, et que toutes les dispositions de l'art. 832 sont prescrites à peine de nullité par l'art. 838; mais une interprétation trop rigoureuse du texte, surtout pour des formalités qui exigent nécessairement une certaine ampleur dans la manière dont elles sont exécutées, conduirait peut-être à méconnaître l'esprit de la loi. Le créancier qui ne veut pas que son gage soit vendu à vil prix est tout aussi digne d'intérêt que l'acquéreur qui demande le maintien d'un contrat qu'il a légitimement passé avec son vendeur: la loi ne veut pas que l'un soit sacrifié à l'autre. Anéantir une surenchère garantie par une caution réellement solvable par cela seul que les titres déposés ne constataient pas d'une manière complète cette solvabilité, ce serait, ce nous semble, une rigueur que rien ne saurait justifier. D'ailleurs l'art. 832 dit bien que les titres seront déposés avant la réquisition de surenchère, mais il ne dit pas que les titres déposés seront les seuls éléments de la décision du juge, puisqu'il s'agit ici, non pas d'estimer la valeur de tel ou tel immeuble, mais d'apprécier la solvabilité de l'individu, expression large, générale, et qui donne nécessairement une grande latitude au pouvoir appréciateur du tribunal.—Toutefois il en devrait être autrement si aucun titre n'avait été déposé; car, dans une telle hypothèse, l'acquéreur serait privé de tout moyen de s'assurer de la solvabilité de la caution, et, par suite, de la sincérité de la surenchère; il y aurait absence complète de la formalité prescrite par l'art. 832, et dès lors nullité conformément à l'art. 838. Cette doctrine rentre mieux, ce semble, dans l'esprit de la loi (V. n° 9) qu'une interprétation trop littérale.— V. aussi ce qui est dit nos 143, 144, 161.

Toutefois, il a été jugé que le dépôt des titres qui constatent la solvabilité de la caution à fournir par le surenchérisseur, doit être fait dans les quarante jours fixés par l'art. 2185, pour l'intégralité des sommes à raison desquelles la caution est engagée; qu'un dépôt partiel ne pourrait pas être complété après ce délai (Rej. 29 août 1855, aff. Lecomte, D. P. 55. 1. 369).—...Alors que, d'ailleurs, la nullité de la surenchère se trouvait déjà demandée à l'époque du dépôt complémentaire (Besançon, 1er févr. 1853, même affaire, *eod.*).—V. en ce sens M. Chauveau, n° 2486.

Du reste, il a été jugé que la solvabilité de la caution doit être établie au jour indiqué pour sa réception, et qu'on ne pourrait pas l'établir en appel (Rouen, 2 mai 1828, aff. Lautour, V. n° 132).

148. La caution doit être *domiciliée* dans le ressort de la cour d'appel où s'exerce la surenchère.— C'est en effet ce qu'on doit induire de l'art. 2018 c. nap. relatif au cautionnement en général, et il est juste d'ailleurs, qu'en cas d'inexécution des obligations attachées à la surenchère, les parties intéressées à diriger des poursuites contre la caution n'aient pas à lutter contre les difficultés souvent fort graves qui pourraient entraîner l'éloignement du domicile de celle-ci. — Aussi a-t-il été décidé justement, suivant nous, que l'inobservation de cette condition de domicile, de la part de la caution offerte, entraîne la nullité de la surenchère (Riom, 9 avr. 1810; Amiens, 10 janv. 1840 (2); Riom, 26 mai 1818, aff. Desmelle C. Constant; Cass. 22 févr.

---

tant naturel et ayant qualité suffisante, a déclaré se rendre caution de sa femme, et a déposé les actes justificatifs de sa solvabilité; — Que les premiers juges ne pouvaient fonder le rejet de la surenchère sur ce que le dépôt du certificat négatif d'inscription, effectué le 25 janvier, l'aurait été postérieurement à l'expiration de quarante jours de la notification; — Que les art. 2185 et 832 précités n'obligent point le surenchérisseur à faire au greffe le dépôt des titres établissant la solvabilité de la caution dans un délai fatal; — Tant que les choses sont entières et qu'il n'a pas été prononcé sur le cautionnement, le surenchérisseur a le droit de rapporter et surtout de compléter les preuves de la solvabilité de la caution;—Que, par jugement du 20 janvier, la cause ayant été continuée avec le sieur Larochefoucault au 17 février, et n'ayant été jugée que le 24 mars, il est évident que le certificat négatif d'inscription, déposé le 25 janv. 1830, l'a été en temps utile;—Infirme, etc.

Du 2 juill. 1830.-C. de Paris, 3e ch.-M. Lepoitevin, pr.

(1) (Guignebard, etc. C. Castellane.) — LA COUR; — Attendu, sur le fond, qu'il suffit, pour la validité de l'offre de caution, que les noms de la personne offerte soient présentés avec assignation à trois jours devant le tribunal pour la réception de ladite caution, à laquelle il doit être sommairement procédé; — Que la loi n'exige pas que les pièces justificatives de la solvabilité de la caution soient déposées au greffe dans le même délai, ni en aucune autre, à peine de nullité; — Qu'il suffit, par conséquent, qu'elles soient produites avant le jugement à intervenir; — Qu'il est constant, dans l'espèce, que l'offre de la produire a eu lieu en première instance avant le jugement, et que les pièces ont été déposées au greffe de la cour royale, avant l'arrêt; — Qu'il suit de là que la caution ne pouvait être rejetée pour défaut de production de pièces en temps utile que par une fausse application des art. 2185 c. civ. et 832 c. pr., et qu'en le jugeant ainsi, la cour royale de Bourges (arrêt du 11 janv. 1828) a excédé ses pouvoirs, créé une nullité qui n'est pas établie par la loi et expressément violé l'art. 1030 c. pr; — Casse.

Du 31 mai 1831.-C. C., ch. civ.-MM. Portalis, 1er pr.-Chardel, rap.-Nicod, av. gén., c. conf.-Chauveau-Lagarde et Valton, av.

(2) 1re *Espèce :* — (Mathieu C. Pélissier.) — LA COUR; — Attendu que la caution offerte sur l'enchère n'est point domiciliée dans le ressort de la cour; — Attendu qu'aux termes de la loi c'est une cause de nullité; — Attendu que ce moyen de nullité intéressant le fond est proposable en tout état de cause, et par conséquent sur l'appel, quoiqu'il n'ait pas été proposé en première instance; — Dit qu'il a été bien jugé, etc.

Du 9 avr. 1810.-C. d'app. de Riom.

2e *Espèce :* — (Watteau C. Fleury.) — LA COUR; — Considérant qu'aux termes des art. 2185 c. civ., et 832 c. pr., l'acte de réquisition de mise aux enchères doit contenir l'offre d'une caution pour la garantie du prix et des charges; — Qu'aux termes de l'art. 2040 c. civ., lorsqu'une personne est obligée par la loi à fournir une caution, la caution offerte doit remplir les conditions prescrites par les art. 2018 et 2019; — Qu'il suit de là que la caution offerte doit être domiciliée dans le ressort de la cour royale; — Que la loi a garanti, par la peine de la nullité, l'inaccomplissement des formalités prescrites pour la surenchère, et qu'ensuite la réquisition de mise aux enchères, qui est accompagnée de l'offre d'une caution ne réunissant pas les conditions énumérées dans les art. 2018 et 2019, est frappée de nullité, à moins que le surenchérisseur ne soit encore dans le délai pour réparer ce vice; — Que si la caution peut, jusqu'au jugement, produire la preuve de sa solvabilité, il faut du moins qu'elle ait été constituée valablement dans le délai de la surenchère; — Que le domicile est exigé, non comme preuve de solvabilité, mais pour faciliter les poursuites de l'acquéreur; — Que si, aux termes de l'art. 2041, celui qui ne peut trouver une caution est reçu à donner à sa place un gage un nantissement suffisant, le surenchérisseur ne peut user de ce droit que par acte de réquisition de mise aux enchères, ou du moins dans le délai de la surenchère, sauf le cas où la caution dont la constitution était valable dans son principe aurait cessé d'être solvable ou de vouloir s'obliger; — Considérant que la maison Louis Fleury et Cie a offert pour caution, dans sa réquisition de mise aux enchères, les sieurs Berryer père et fils; — Qu'ils ne sont point domiciliés dans le ressort de la cour royale d'Amiens; — Que peu importe qu'ils aient postérieurement déposé, avec offre de les réaliser, des actions de la banque de France parce que cette preuve de solvabilité ne

1853, aff. Brunet-Prevost, D. P. 53. 1. 52; Orléans, 5 août 1853, aff. Brunet, D. P. 54. 2. 231; Conf. Pigeau, Comm., t. 2, p. 529; Favart, Rép., t. 5, p. 485; M. Petit, p. 530); et qu'une simple élection de domicile dans ce ressort ne suffirait pas (Orléans, 5 août 1853, aff. Brunet, D. P. 54. 2. 231). — Mais suffit-il que la caution ait acquis domicile dans le ressort de la cour, au moment de la réception? Il a été jugé dans sens de la négative que la caution doit réunir toutes les qualités nécessaires au moment où elle est présentée (Bordeaux, 27 juin 1826, aff. Gaudin, V. n° 164). Mais cela nous paraît bien rigoureux.—V. n°s 147, 161 et suiv.

149. Cependant, il a été décidé : 1° que l'obligation pour le surenchérisseur de présenter une caution qui ait son domicile dans le ressort, n'est pas une règle absolue dont le défaut d'accomplissement doive être nécessairement une cause de nullité; que les juges peuvent admettre la caution si le domicile et la situation de l'immeuble sont à une distance si peu éloignée du créancier, qu'il n'en éprouve aucun préjudice (Angers, 14 mai 1819, aff. Luzu, sous cass. 15 mai 1822, n° 155); — 2° Qu'il n'est pas nécessaire, pour la validité de la caution d'une surenchère, que les biens par elle offerts soient situés dans le ressort de la cour où a lieu la surenchère; il suffit que l'éloignement de ces biens ne rende pas leur discussion trop difficile, appréciation qui est dans le domaine exclusif des juges du fond (Req. 14 mars 1838) (1). — V. dans le même sens, M. Chauveau, sur Carré, n° 2483.

150. En supposant que le juge ne puisse pas s'écarter de la disposition de l'art. 2018, suffit-il, quand plusieurs fidéjusseurs ont été présentés et se sont obligés solidairement, que l'un ou quelques-uns d'entre eux aient leur domicile dans le ressort de la cour d'appel? L'affirmative a été jugée (Angers, 14 mai 1829, aff. Luzu, sous cass. 15 mai 1822, n° 155). — Nous ne pensons pas que cette solution soit exacte. — La loi, en exigeant que la caution eût son domicile dans le ressort n'a eu, comme on l'a vu, d'autre but que de donner toutes les facilités possibles à la partie qui aurait intérêt à exercer des poursuites contre cette caution. Or, dans le cas où il existe plusieurs fidéjusseurs, le créancier doit trouver les mêmes facilités, quel que soit celui des coobligés qu'il juge à propos de poursuivre. L'accomplissement, en ce cas, par quelques-uns des fidéjusseurs seulement de la condition de domicile exigée, ne satisferait donc pas au but de la loi.

151. La loi, au surplus, a entendu parler d'un domicile réel et non d'un domicile électif; les termes de l'art. 2018 ne nous paraissent laisser aucun doute à ce sujet. — Ce mot domicile n'étant jamais employé sans autre détermination dans aucun article du code que pour désigner le domicile réel. — V. toutefois l'arrêt cité au numéro précédent.

152. La caution présentée par le surenchérisseur doit-elle, en outre des conditions de solvabilité exigées, être susceptible de contrainte par corps conformément à l'art. 2040 c. nap.? Non, car la loi n'a prescrit cette condition que pour la *caution judiciaire*. Or ce n'est point d'une telle caution, mais d'une caution purement légale qu'il s'agit en matière de surenchère (V. Cautionn., n°s 373, 375).—Jugé en ce sens : 1° qu'une femme peut valablement être offerte pour caution dans un acte de réquisition de surenchère (Amiens, 2 fév. 1819 (2); Rennes, 9 mai 1810, aff. Fig... C. N...); — 2° Que le surenchérisseur qui offre pour caution des femmes, conjointement avec leurs maris, offre des cautions capables de contracter, et dont on ne peut se plaindre qu'autant qu'il est justifié que les maris refusent de concourir avec leurs femmes dans le cautionnement (Bordeaux, 20 août 1831 (3); Conf. MM. Troplong, hyp., t. 4, n° 946; Carré, t. 3, p. 172; *Contrà*, Tarrible, Rép. v° Transcr., p. 121, n° 9).

153. Il est, au reste, superflu d'ajouter que, pour cautionner une surenchère, il faut être *capable* de s'obliger (V. Cautionn., n°s 125 et s.). Il faut en outre avoir la libre disposition de ses biens. Ainsi, la femme dotale ne pourrait, même avec l'autorisation de son mari, servir de caution, à moins qu'elle n'eût des biens paraphernaux suffisants pour répondre de ses engagements; sinon elle devrait être considérée comme insolvable, quelle que fût la valeur de ses biens dotaux.

154. Rien n'interdit au surenchérisseur d'offrir *plusieurs*

---

pouvait couvrir la nullité résultant du défaut de domicile prescrit par la loi; — Qu'en supposant même que ce dépôt eût été fait par le surenchérisseur, il eût été fait tardivement, alors que la nullité de la surenchère était acquise au nouveau propriétaire et avait consolidé dans ses mains la propriété; — Que, par suite du même principe, l'offre des époux Dufay pour caution a été faite dans un temps où le surenchérisseur n'était plus en droit de réparer le vice de sa réquisition de mise aux enchères; — Infirme, déclare nulle la surenchère, etc.

Du 10 janv. 1840.-C. d'Amiens, ch. civ.-M. Boullet, 1er pr.

(1) (Houel C. Martin.) — La cour; — Attendu, en droit, que du rapprochement des art. 2023, 2040 et 2019 c. civ. il résulte que, si, d'après l'art. 2023, la caution qui requiert la discussion ne doit pas indiquer au créancier les biens du débiteur principal situés hors de l'arrondissement de la cour royale du lieu où le payement doit être effectué, il suffit, d'après la disposition des art. 2040 et 2019, que la caution donnée par la personne obligée par la loi à la fournir offre des biens dont la discussion ne devienne pas trop difficile par l'éloignement de leur situation; — Que c'est aux juges, et aux juges seuls, d'apprécier et de déterminer si une difficulté pareille peut ou non se rencontrer dans la discussion des biens offerts par la caution; — Attendu que, parmi les charges imposées par la loi au créancier qui requiert la mise de l'immeuble aux enchères, existe celle de donner caution (art. 2185 c. civ.); — Et attendu qu'il a été reconnu, en fait, par l'arrêt attaqué, que la discussion des biens offerts par Darrouy, caution donnée par Martin, surenchérisseur, en vertu de l'art. 2185 c. civ., ne présente aucune difficulté; — Que, d'après cela, en déclarant, sous ce rapport, la caution dont il s'agit régulière et valable, l'arrêt attaqué (de la cour de Paris, du 5 déc. 1836) a fait une juste application des lois de la matière;—Rejette.

Du 14 mars 1838.-C. C., ch. req.-MM. Zangiacomi, pr.-Lasagni, rap.-Nicod, av. gén., c. conf.-Roger, av.

(2) *Espèce :* — (Bos... C. N...) — La demoiselle Montgaillard en surenchérissant d'un dixième présenta pour caution la dame de Montmignon, qui pour justifier sa solvabilité déposa chez un notaire d'Amiens un billet de 100,000 fr. souscrit à son ordre pour prix d'immeubles situés hors du ressort de la cour, mais le billet était payable à Amiens. La caution fut déclarée valable. — Appel. — Arrêt.

La cour; — En ce qui touche la question de savoir si la dame de Montmignon a pu être admise comme caution de la surenchère n'étant pas sujette à la contrainte par corps; — Considérant que cette caution est légale et n'assujettit pas à la contrainte par corps, suivant l'art. 2040 c. civ.; — Considérant, d'ailleurs, qu'un gage suffisant est déposé; — Confirme.

Du 2 fév. 1819.-C. d'app. d'Amiens.

(3) (Magnon C. Valette.) — La cour; — Attendu qu'aux termes de l'art. 2185 c. civ., le créancier, qui veut requérir la mise aux enchères de l'immeuble vendu, n'est tenu que d'offrir de donner caution jusqu'à concurrence du prix et des charges; — Que la loi ne dit pas qu'il ne pourra offrir qu'une seule personne pour caution, et qu'on ne peut pas créer des nullités qui ne sont pas écrites dans la loi; — D'où il suit qu'il importe fort peu que le sieur Magnon ait présenté pour sa caution les sieur et dame Boyer et les sieur et dame Chaume; que tout ce que l'on a le droit d'exiger de lui, c'est que ces individus aient qualité pour s'obliger et qu'ils aient des biens suffisants pour répondre des effets de la surenchère; — Attendu que le sieur Magnon, en offrant pour cautions les femmes Boyer et Chaume, conjointement avec leurs maris, a offert évidemment des cautions qui avaient la capacité de contracter, puisqu'il est de principe, fondé sur les dispositions de l'art. 217 c. civ., que la femme est suffisamment autorisée lorsqu'elle procède avec le concours de son mari; — Qu'il suit de là que le sieur Valette ne pouvait se plaindre du défaut d'autorisation des femmes Boyer et Chaume, qu'autant qu'il serait justifié que leurs maris refusent de concourir avec elles dans le cautionnement qui a été offert en leur nom par le sieur Magnon, preuve que le sieur Valette n'a pas entrepris de faire; — Attendu que, s'il est de principe que la caution doit être solvable au moment où elle est offerte, et que sa solvabilité ne s'estime qu'eu égard à ses propriétés foncières, il ne s'ensuit pas que la caution qui présente des immeubles suffisants pour justifier sa solvabilité, mais dont on conteste la valeur, ne puisse demander que cette valeur soit fixée par des experts; que, s'il en était autrement, on s'exposerait à commettre de graves injustices, puisqu'il arrive fréquemment que des terrains incultes et de simples emplacements acquièrent en peu de temps des valeurs décuples de celle qu'ils ont coûté primitivement; que la loi ne dit pas que la solvabilité de la caution sera prouvée par titres ou actes publics; qu'elle se borne à déclarer que sa solvabilité ne sera estimée qu'eu égard à ses propriétés foncières; d'où il suit textuellement que, lorsque la valeur de ces propriétés est contestée, il y a lieu de faire procéder à l'estimation; — Par ces motifs, sans s'arrêter aux deux premiers moyens de nullité proposés par Valette, et avant de statuer sur le dernier moyen pris de l'insolvabilité des cautions offertes; — Ordonne que, dans le délai de huitaine, à compter de la signification de l'arrêt les immeubles appartenant

personnes à titre de cautions, et nul ne serait fondé à se plaindre de ce qui ne pourrait être qu'un surcroît de garantie pour l'exécution de ses engagements. L'art. 2185 ne déroge pas à l'art. 2025. — Peu importe donc que l'art. 832 s'exprime au singulier et non au pluriel en parlant de l'offre d'une caution. C'est l'esprit de la loi qu'il faut ici consulter.— Jugé en ce sens: 1° qu'un créancier surenchérisseur peut présenter pour sa caution plusieurs personnes (Paris, 3 août 1812, aff. Lelièvre; Bordeaux, 20 août 1831, aff. Magnon, V. n° 152); — 2° Que l'art. 2185, ordonnant au surenchérisseur, d'une manière générale, de fournir caution, se réfère à l'art. 2025, qui permet le cautionnement par plusieurs personnes; et il n'est dérogé à cet article ni par les dispositions du code civil relatives au cautionnement légal ou judiciaire, ni par le code de procédure (Req. 4 avr. 1826 (1); — 3° Que seulement il y a solidarité entre les cautions (Toulouse, 2 août 1827, aff. Porte, V. n° 68).

155. Mais il est évident qu'un tel cautionnement ne saurait être admis qu'autant qu'une soumission aura été faite à cet égard par toutes les personnes dont le concours est nécessaire pour compléter le cautionnement offert. — Il a été jugé, avec raison sur ce point, que lorsque le surenchérisseur présente plusieurs individus pour caution, que tous les fidéjusseurs présentés ont accédé au cautionnement, à l'exception d'un seul, pour lequel ils se sont portés forts, mais dont la soumission personnelle était nécessaire pour compléter ce cautionnement, la soumission faite par celui-ci sur l'appel du jugement qui a déclaré insuffisante la garantie offerte par ses cofidéjusseurs, ne peut pas avoir pour effet de valider la surenchère (Cass. 15 mai 1822) (2).

156. La réquisition de surenchère ne doit pas se borner à contenir vaguement l'offre d'une caution qui serait présentée ultérieurement. Elle doit désigner cette caution nominativement pour que sur cette désignation expresse la partie se décide à accepter ou à refuser. C'est ce qui était déjà passé en pratique et enseigné par tous auteurs avant la loi du 2 juin 1841 (Merlin, Rép., v° Surenchère, p. 356, 357; Berriat, p. 653; Delaporte: t. 2, p. 390; Pigeau, t. 2, p. 334 et Comm., t. 2, p. 528; Praticien fr., t. 5, p. 89; Lepage, p. 558; Merlin, Rép., t. 13, p. 354; Favard, Rép., t. 5, p. 451). — Et il avait été, en conséquence, jugé : 1° que la surenchère est nulle lorsque le créancier, par son offre de caution, ne désigne pas la personne qu'il doit présenter en cette qualité (Req. 4 janv. 1809 (3); Bruxelles, 2e sect., 22 déc. 1807, aff. Strens C. Vanvolxem; Paris, 2 avr. 1808, aff.

---

aux époux Boyer et aux époux Chaume seront estimés par experts.
Du 20 août 1831.-C. de Bordeaux.-M. Duprat, pr.

(1) (Duchail C. Fouasseau, etc.) — La cour; — Attendu que l'art. 2185 c. civ. oblige le surenchérisseur à offrir de donner caution, expression générale qui admet l'application à cette obligation des principes généraux sur le cautionnement, contenus dans le code civil, au tit. 14; — Attendu que l'art. 2025 du même tit. 14, code civil, règle, d'une manière générale, les effets du cautionnement dans le cas où plusieurs personnes se sont rendues cautions; qu'aucune disposition dudit code ne restreint l'application de cet article aux seules cautions conventionnelles; que la protection due à ce contrat de bienfaisance permettait d'autant moins d'ajouter aux prohibitions de la loi, que la solidarité prescrite entre tous les cofidéjusseurs garantit tous les intérêts; — Attendu que le chap. 4 du même tit. 14, spécial pour les cautions légales et judiciaires, en établissant quelques exceptions pour les cautions y dénommées, ne déroge aux principes généraux sur le cautionnement, contenus aux chap. 1, 2 et 3, qu'à l'égard desdites exceptions étrangères aux cofidéjusseurs; — Attendu que l'art. 832 c. pr., qui a employé le terme générique de la caution, se réfère à l'art. 2185 c. civ., et qu'on ne peut également en induire aucune abrogation des règles générales sur le cautionnement; d'où il résulte qu'il a été fait, par l'arrêt attaqué (de la cour de Poitiers, du 31 mars 1824), une juste application de l'art. 2025 c. civ., et qu'il n'a été porté aucune atteinte à l'art. 832 c. pr.;—Rejette.
Du 4 avr. 1826.-C. C., ch. req.-MM. Botton, f. f. de pr.-Borel, rap.

(2) *Espèce* : — (Luzu C. Devant et comp.) — Au mois de juill. 1816, Devant père, créancier inscrit pour sûreté d'une rente de 200 fr., au capital de 4,000 fr., sur la ferme de la Monnerie, vendue par les sieur et dame Besnier aux sieur et dame Luzu, se porta surenchérisseur du prix de cet immeuble. — Il offrit de fournir caution, aux termes de l'art. 2185 c. civ., et fit notifier un acte du greffier constatant le dépôt des titres de propriété qui établissaient la solvabilité des cautions solidaires par lui offertes. Ces cautions étaient Devant fils, Deshayes et la dame Deshayes, pour laquelle son mari et Devant fils, en faisant leur soumission, avaient déclaré se porter fort, et qui n'a personnellement acquiescé au cautionnement que sur l'appel du jugement dont nous allons parler dans un moment. — Les cautions offertes ont été contestées, entre autres motifs : 1° parce que deux d'entre elles, les sieur et dame Deshayes n'étaient pas domiciliés dans le ressort de la cour royale d'Angers, où elles étaient données, conformément à l'art. 2018 c. civ., mais dans le ressort de la cour de Caen ; 2° parce que leur solvabilité n'était pas suffisamment justifiée. — La surenchère a été déclarée nulle par le tribunal de Mamers, le 31 août 1816. — Sur l'appel par Devant père, surenchérisseur, il a produit de nouveaux titres servant à établir la solvabilité de ses cautions : la dame Deshayes, qui, ainsi que nous l'avons dit, n'avait pas encore acquiescé au cautionnement, a fait sa soumission personnelle, et elle a élu domicile, ainsi que son mari, dans le ressort de la cour royale d'Angers.

14 mai 1819, arrêt qui, infirmant, reçoit les cautions offertes par Devant père, et déclare valable la surenchère: — « Considérant que Devant père a rempli les obligations qui lui étaient imposées par les art. 2185 c. civ. et 832 c. pr.; qu'il a fourni caution et s'est pourvu pour la faire recevoir; que rien n'empêchait qu'il présentât plusieurs personnes pour remplir son cautionnement, mais qu'il devait justifier de leur solvabilité; que cette solvabilité n'était pas justifiée devant les premiers juges par des titres suffisants; qu'elle n'a été établie que par des pièces produites depuis l'appel; que Devant était recevable à les produire, parce que, sur l'appel, comme en première instance, il s'agissait de savoir si le cautionnement offert était suffisant; qu'après avoir reconnu l'insuffisance des pièces présentées dans une première production, la décision étant suspendue par la voie de l'appel, il a pu en produire de nouvelles pour justifier plus amplement cette solvabilité; que l'art. 2018, qui veut que la caution ait son domicile dans le ressort de la cour royale, n'est pas tellement impératif, qu'une caution qui aurait son domicile hors de ce ressort ne pût jamais être admise; que les juges sont autorisés à la refuser, mais qu'ils peuvent l'admettre, si le domicile et la situation de l'immeuble sont à une distance si peu éloignée du créancier, qu'il n'en éprouve aucun préjudice; qu'au surplus, les cautions offertes s'étaient déclarées solidaires, et que, parmi elles, il y en avait qui étaient domiciliées dans le ressort de la cour royale; que les autres avaient fait élection de domicile dans le même ressort. »

Pourvoi des sieur et dame Luzu : pour 1° violation des art. 2185, n° 5, c. civ., 832 et 833 c. pr., en ce que l'arrêt dénoncé a admis la dame Deshayes comme caution supplémentaire après l'expiration de tous les délais accordés pour l'exercice de la surenchère; 2° contravention à l'art. 2018 c. civ. — Arrêt (ap. délib. en ch. du cons.).

La cour; — Vu l'art. 2185 c. civ.; — Vu aussi les art. 832 et 833 c. pr.; — Considérant qu'en saisissant bien le sens et l'esprit de ces textes réunis, il est évident qu'un surenchérisseur ne peut présenter, en cause d'appel, une caution qui n'a pas été réalisée en première instance; que, dans l'espèce, le sieur Devant n'a présenté devant le tribunal de Mamers, relevant de la cour royale d'Angers, que trois cautions, puisqu'il n'y a eu que trois individus qui se soient personnellement obligés en cette qualité; que ce n'est que devant la cour d'appel qu'une quatrième personne non domiciliée dans le ressort de cette même cour (la dame Deshayes), pour laquelle, à la vérité, les trois autres cautions s'étaient portées fort, mais qui ne s'était pas elle-même présentée pour accéder au cautionnement et le compléter par son engagement personnel, a cependant été admise par la cour d'Angers à s'adjoindre aux autres cautions comme caution supplémentaire propre à rendre la garantie due aux sieur et dame Luzu, nouveaux propriétaires de la ferme de la Monnerie, complète et suffisante, et qu'en prononçant ainsi, la cour royale d'Angers a commis un excès de pouvoir et violé les art. 2018 c. civ., 832 et 833 c. pr.; — Casse.

Du 15 mai 1822.-C. C., sect. civ.-MM. Desèze, pr.-Minier, rap.-Jourde, av. gén., c. conf.-Dumesnil, Duprat et Loiseau, av.

(3) (Beaugrand C. D...) — La cour; — Attendu, 1° que les trois ouvertures de cassation proposées se réduisent évidemment à la seule prétendue fausse interprétation de l'art. 832 c. pr. civ.; — Attendu, 2° que cet article n'ayant pour objet que de déterminer le mode d'exécution du droit de surenchère établi par l'art. 2185 c. nap., il s'ensuit que c'est dans cet article seul du code de procédure qu'il faut rechercher l'intention du législateur, et non dans ceux du même code qui ne sont relatifs qu'aux cautions à donner pour l'exécution de jugement; — Attendu, 3° qu'il y a évidemment cette différence remarquable entre cet article et celui du code Napoléon, que le premier s'était contenté d'ordonner que le surenchérisseur offrît de donner caution, tandis que celui du code de procédure exige l'offre même de la caution, ce qui suppose nécessairement qu'elle doit être désignée par l'acte de réquisition de la surenchère; — Attendu, 4° que cette interprétation paraît d'autant plus conforme au sens de cet art. 832 qu'après avoir exigé cette offre dans l'acte de la surenchère, il ajoute qu'il contiendra en même temps assignation à trois jours pour la réception de ladite caution, ce qui suppose non moins évidemment qu'elle doit lui être connue au moment même de cette assignation, et par conséquent encore désignée dans l'acte qui la contient; — De tout quoi il résulte que l'arrêt attaqué, en déclarant nulle la réquisition d'enchère dont il s'agissait et faute d'y avoir désigné la personne de la

Sommariva C. Carotensohn; Bordeaux, 8 juill. 1814, aff. Bonniceau, V. Privil. et Hypoth.; Paris, 2e ch., 27 nov. 1821, M. Agier, pr., aff. Junin C. Rumland).

157. Dans tous les cas, le texte de l'art. 832 c. pr., modifié par la loi de 1841, ne peut, sur ce point, laisser subsister aucun doute; il porte « que la réquisition de surenchère contiendra l'*offre et l'indication* de la caution. » — Et il a été jugé depuis cette loi que la caution offerte doit être désignée par son nom patronymique, et qu'ainsi la seule énonciation d'un sobriquet ne serait pas une indication suffisante (Toulouse, 18 mars 1842) (1).

158. Avant le code de procédure on décidait : 1° que le créancier surenchérisseur qui offrait de donner caution, n'était pas déchu de sa surenchère, faute par lui de l'avoir fournie de suite (Aix, 20 niv. an 13, aff. Petit C. Chevilli); — 2° Qu'il appartenait aux tribunaux de fixer un délai pour la fournir, passé lequel il y avait déchéance (même arrêt); — 3° Que le surenchérisseur pouvait être mis en demeure de fournir caution et être déclaré déchu s'il ne la fournissait pas (Req. 31 mai 1809 (2). — Conf. Orléans, 21 fév. 1806, aff. Roger C. Geffrier).

159. Il a même été jugé, sous l'empire du code de procédure, mais avant la loi du 2 juin 1841, que, bien que la caution présentée n'ait fait sa soumission au greffe qu'après l'expiration du délai prescrit par le jugement qui a validé la surenchère, la déchéance ne peut être prononcée contre le créancier poursuivant, alors d'ailleurs qu'il n'y a pas eu de mise en demeure (Rennes, 14 mai 1835, M. Duporzou, pr., aff. Abautret C. Harachipy). —Mais ces solutions ne peuvent plus être suivies, l'art. 832 exigeant aujourd'hui que l'acte de soumission de la caution soit notifiée en même temps que la réquisition de surenchère.

160. Le surenchérisseur qui a offert une caution insuffisante est-il encore recevable à offrir une nouvelle caution ou une consignation en espèces? — On a soutenu la négative, par le motif que le surenchérisseur doit, à peine de nullité, offrir, par l'exploit même de réquisition de surenchère, une caution ou un nantissement suffisant; or, dit-on, ce ne serait point satisfaire à cette obligation que de présenter une caution qui ne réunirait pas les conditions requises pour sa validité. La nullité de la surenchère serait donc, en ce cas, un fait acquis que l'offre d'une caution valable ne pourrait ultérieurement réparer (Conf. MM. Chauveau, sur Carré, quest. n° 2486; Troplong, Hypoth., t. 4, nos 942 et 945; Petit, Tr. des surench., p. 512). — La jurisprudence semble présenter sur cette question deux phases assez distinctes. Avant la loi de 1841, elle se prononçait en faveur du système rigoureux qu'on vient de faire connaître.—Ainsi on jugeait : 1° que lorsque la caution d'abord offerte est insuffisante, le surenchérisseur ne peut pas offrir une caution supplémentaire (Bordeaux, 30 août 1816, aff. Cailleux, V. n° 133) ; — 2° Que, en pareil cas, le surenchérisseur n'est pas recevable, après l'expiration du délai de trois jours fixé par l'art. 832 c. pr. pour la réception de la caution, et encore bien que les choses soient encore entières, à renforcer la première caution offerte, en présentant une seconde caution dont les biens forment le complément de la garantie exigée par la loi (Pau, 19 août 1808, rapporté sous l'arrêt qui suit), et spécialement, que le surenchérisseur ne peut pas remédier à l'insuffisance de la caution, en offrant un certificateur de cette caution (Cass. 29 fév. 1820) (3) ; — 3° Qu'un créancier hypothécaire surenchérisseur n'est pas recevable à suppléer à l'insuffisance de la caution, jusqu'à ce qu'un jugement ait déclaré insuffisant le cautionnement offert (Paris, 2e ch., 27 nov. 1821, M. Agier, pr., aff. Junin

caution offerte par le surenchérisseur, n'a fait qu'une juste application de l'art. 832 c. pr., et n'a violé en le décidant ainsi aucune autre loi de la matière ; — Rejette.

Du 4 janv. 1809 (et non 1807).-C. C., sect. req.-MM. Muraire, 1er pr.-Pajon, rap.

(1) (Daydé C. Marrot.) — La cour ;—Attendu que, d'après les dispositions des art. 2185 c. civ. et 832 c. pr., le créancier qui veut user du bénéfice de cette dernière disposition doit, à peine de nullité, faire l'offre de la caution; que cette dernière expression emporte nécessairement la nécessité pour le créancier de la désigner soit par ses nom et prénoms, soit de toute autre manière, de telle sorte que l'acquéreur soit mis à même de rechercher si elle satisfait aux conditions légales ;... — Attendu qu'il est impossible de ne pas reconnaître que Marrot n'a point satisfait aux prescriptions de la loi. Selon lui, c'était Noël Ferran qu'il offrait pour caution; mais, fût-il vrai qu'à son nom patronymique les habitants de Rimont eussent substitué le sobriquet de Nadalel, il est impossible de décider que les époux Daydé étaient liés par cette circonstance, alors qu'ils habitent eux-mêmes un canton et un département étrangers; que ledit Ferran n'est pas même originaire de Rimont ; la surenchère est donc nulle, puisqu'il y a violation formelle de l'art. 832 c. pr. civ... ;

Du 18 mars 1842.-C. de Toulouse, 2e ch., M. Garrisson, pr.

(2) (Tenneret.) — La cour ; — Attendu que si l'art. 2185 c. civ. ne dit pas en termes exprès dans quel délai devra être fournie la caution du créancier surenchérisseur, il ne s'ensuit pas pour cela que ce créancier ne puisse être constitué en demeure de la fournir ; — Rejette.

Du 31 mai 1809.-C. C., sect. req.-M. Pajon, rap.

(3) *Espèce :* —(Francine C. Delamothe-Augo-Deflers et Lescale.) — 2 mai 1817, Sapin vend à Francine, son oncle, pour 502,000 fr. tous ses biens situés dans les arrondissements de Saint-Sever et de Mont-de-Marsan (Landes): le contrat est transcrit le 16 et notifié aux créanciers ; — Ceux-ci requièrent une ventilation à raison de la situation des biens. — Le 5 juill. l'acquéreur renouvelle ses notifications en assignant une valeur particulière aux biens de chaque arrondissement : ceux de Mont-de-Marsan sont évalués à 250,000 fr. — Le 18, Delamothe et Lescale, créanciers inscrits, surenchérissent d'un dixième ces derniers biens, et les portent à 256,000 fr.; ils présentent pour cautions les sieurs Delaas et Camiade, et assignent à trois jours pour les recevoir. —L'instance sur ce point se prolonge, et, pendant qu'on plaide, les surenchérisseurs offrent un certificateur de caution, le baron d'Olce, dont la solvabilité forme, et au delà le complément de la garantie exigée par l'art. 2185. — Le 23 déc. 1817, jugement du tribunal de Mont-de-Marsan, qui déclare nulle la surenchère des sieurs Delamothe-Augo-Deflers et Lescale, par les motifs : 1° que la caution par eux offerte ne présentait pas une solvabilité suffisante ; 2° que la loi qui avait admis le certificateur de caution, à l'égard de la caution judiciaire (art. 2043 c. civ.), ne renfermait aucune disposition semblable relativement à la caution légale, et que, dans le cas même où l'on pourrait considérer le certificateur de caution comme une caution pure et simple des surenchérisseurs, la surenchère n'en devrait pas moins être annulée, attendu que cette caution aurait été tardivement représentée, c'est-à-dire après l'expiration des trois jours dans lesquels le surenchérisseur doit, aux termes de l'art. 832 c. pr., assigner devant le tribunal pour procéder à la réception de la caution.

Sur l'appel, arrêt infirmatif de la cour de Pau du 19 août 1818 : — « Attendu que l'art. 832 exige seulement que, dans l'acte de réquisition de surenchère, la caution soit offerte et désignée, et ne défend pas, si cette caution est contestée, de faire garantir ensuite sa solvabilité par un certificateur ; que cette prohibition, qui ne résulte que du texte de la loi, serait surtout contraire à son esprit ; qu'en effet, en admettant que l'acquéreur ait qualité pour faire rejeter une caution sous le prétexte qu'elle n'offre pas une solvabilité suffisante pour payer les créanciers qui l'acceptent, il est du moins certain que, lorsque la soumission d'un certificateur a été faite, les choses étant encore entières, cet acquéreur ne peut pas prétendre qu'elle est tardive, puisque ce retard ne lui cause aucun préjudice, que d'ailleurs l'on doit, autant que possible, favoriser les surenchères qui tendent à faire payer à leur juste valeur les biens hypothéqués, et à empêcher que par des arrangements frauduleux on n'enlève à des créanciers une partie du gage de leurs créanciers ; d'où il suit que le cautionnement, d'abord offert par les surenchérisseurs, a pu être garanti par un certificateur ; que, comme il est certain, d'après les titres authentiques produits au procès, que ce cautionnement, ainsi garanti, est plus que suffisant pour assurer le payement du prix et des charges de l'acquisition dont il s'agit, l'on doit en conclure qu'il y a lieu à déclarer valable la surenchère faite par les sieurs Deflers et Lescale. » — Pourvoi pour violation des art. 2040, 2018, 2019, 2185, n° 5, c. civ., et de l'art. 832 c. pr. — Arrêt (après dél. en ch. du cons.) :

La cour ;—Vu les art. 2018, 2019, 2040 et 2185, n° 5, c. civ. ;— Attendu qu'aux termes de l'art. 2185, il faut, pour la validité de la réquisition de mise aux enchères, que le créancier surenchérisseur fournisse une caution dont les biens soient suffisants pour désintéresser l'acquéreur qu'il veut évincer jusqu'à concurrence du prix et des charges ; que, sans avoir besoin d'examiner si cette caution peut, en cas d'insuffisance, et lorsque les choses sont encore entières, être renforcée par la présentation d'un nouvel individu dont les biens réunis à ceux des autres satisfassent au vœu de la loi, il est certain qu'il ne peut pas être suppléé à ce renfort de caution par un simple certificateur, dont la soumission, bornée à la caution seule, ne s'étend pas à la garantie du débiteur principal lui-même ; que la loi qui a subordonné les surenchères à des conditions expresses exigées à peine de nullité doit être renfermée dans ses termes, et peut d'autant moins être étendue, comme il est arrivé dans l'espèce, que, par cette extension, l'acquéreur aurait eu à courir les chances d'une troisième discussion qui ne lui était pas imposée par la loi ; qu'il n'aurait pu en effet s'adresser au certificateur de la caution

C. Rumland); — 4° Que l'offre d'une caution supplémentaire en cas d'insolvabilité de la caution présentée en premier lieu, ne peut être reçue après l'expiration des quarante jours fixés pour l'exercice de la surenchère (Poitiers, 17 mars 1824) (1); — 5° Que de même après les délais accordés au surenchérisseur pour présenter sa caution et sur l'appel, il ne peut être suppléé à l'insuffisance de cette caution, par une consignation de deniers : — « Attendu que l'offre de la caution doit être accompagnée des titres qui justifient de la solvabilité de la caution offerte, et qu'après la présentation des titres justificatifs, il ne peut plus être rien ajouté qui puisse augmenter les sûretés et garanties qui avaient d'abord été offertes, l'acquéreur ayant intérêt dès le moment où la mise aux enchères a été requise, de connaître la solvabilité de la caution qui a été offerte; qu'admettre un système contraire, ce serait en quelque sorte reconnaître qu'il peut y avoir des offres de caution successives, ou qu'après avoir offert une caution on peut ensuite offrir un gage en nantissement ou consigner une somme pour suppléer à l'insolvabilité de la caution » (Riom, ch. cor., 29 mars 1838 M. Archon-Desperouze, pr., aff. Labbé C. Gardy).

161. Mais la jurisprudence nouvelle paraît plus disposée à admettre que la caution peut être déclarée valable chaque fois qu'elle réunit les conditions légales à l'instant où les tribunaux sont appelés à apprécier la validité de la surenchère. — Il a été décidé dans ce sens : 1° avant la loi de 1841, que le surenchérisseur, lorsqu'il y a contestation sur la suffisance de la caution offerte, est recevable à la compléter dans le cours de l'instance et après les délais pour surenchérir (Paris, 6 août 1832, aff. Danger, V. n° 357); — 2° Et depuis cette loi que le surenchérisseur qui a déposé un cautionnement ou nantissement insuffisant dans le délai fixé par l'art. 2185 peut valablement le compléter après l'expiration de ce délai, pourvu que ce soit avant toute contestation (Paris, 28 déc. 1843, aff. Dupuis, V. n° 221); — ... Ou du moins avant le jour où, par suite de l'assignation dans les termes de la loi, le juge est appelé à statuer sur la validité de la surenchère (Rouen, 25 nov. 1844) (2); — 3° Que la suffisance ou l'insuffisance du cautionnement ou du nantissement à fournir par le surenchérisseur s'estime, non pas eu égard à l'époque où il a été offert, mais eu égard à l'époque où le juge est appelé à prononcer sur sa validité; qu'en conséquence, l'insuffisance du cautionnement fourni par le surenchérisseur dans le délai de quarante jours d'après l'art. 2185, en ce que, par exemple, il ne s'élèverait pas jusqu'à la valeur intégrale des charges de la vente, peut encore être corrigé par un supplément de cautionnement fourni même après ce délai, pourvu que les choses soient entières, c'est-à-dire qu'aucune contestation n'ait été élevée sur la validité de ce cautionnement, et sans retarder en rien le jugement sur cette validité (Orléans, 18 fév. 1843, et sur pourvoi, Req. 6 nov. 1843) (3); — 4° Que tant qu'il n'a pas été statué sur l'admissi-

qu'après avoir discuté et le principal débiteur et la caution elle-même, conformément aux dispositions générales de l'art. 2021; que cette conséquence résulte encore de ce que l'art. 2042 n'interdit qu'à la seule caution judiciaire le droit de demander la discussion du principal débiteur, et que le cautionnement, ne se présumant pas, ne peut s'étendre au delà des limites dans lesquelles l'engagement a été contracté par le certificateur de la caution; d'où il suit, dans l'espèce, qu'en déclarant valable le cautionnement des sieurs Delaas et Camiade, comme étant garanti par la soumission du sieur baron d'Olce, en qualité de certificateur desdites cautions, et sans que son engagement s'étendît aux débiteurs principaux, l'arrêt attaqué contient un excès de pouvoir et une contravention expresse aux articles ci-dessus cités; — Casse.

Du 29 fév. 1820.-C. C., sect. civ.-MM. Brisson, pr.-Legonidec, rap.-Jourde, av. gén. c. conf.-Loiseau et Jacquemin, av.

(1) (Delavergne C. Jean.) La cour; — Attendu qu'il résulte des titres produits par Rabon à l'appui du cautionnement la preuve qu'il offrait une solvabilité suffisante, les propriétés qu'il affectait n'étant grevées d'aucunes hypothèques inscrites; — Attendu que, dans cet état de choses, la caution supplémentaire offerte la veille du jugement de première instance était absolument inutile; que les premiers juges n'auraient pas dû autrement s'en occuper, et qu'en la jugeant valablement faite, ils ont consacré une erreur dans leur jugement, parce qu'il résulte des dispositions combinées des art. 2185 c. civ. et 832 et 833 c. pr., que si la caution principale avait pu être jugée insuffisante, la caution supplémentaire n'aurait pas été admissible, ayant été offerte à l'expiration du délai fixé par la loi; — Met l'appel au néant.

Du 17 mars 1824.-C. de Poitiers, 1re ch.-M. Debonnegens, pr.

(2) (Filloque C. veuve Thomas.) — La cour; — Attendu qu'il est constant en fait que Filloque, qui a exercé une action en surenchère sur les immeubles acquis par le sieur Thomas, a entièrement satisfait à toutes les exigences de l'art 2185 c. civ. et des art. 832 et 838 c. pr. civ., modifiés par la loi du 2 juin 1841, en tout ce qui concerne les formalités relatives à la notification et aux déclarations prescrites à peine de nullité, et ce dans le délai fixé par ces diverses dispositions législatives; — Attendu que la seule question qui soit à juger est celle de savoir si Filloque, qui a présenté une caution insuffisante dans le délai de quarante jours déterminé par l'art. 2185 c. civ., a pu valablement la compléter après ce délai, mais avant le jour où, par suite de l'assignation dans les termes de la loi, le juge était appelé à statuer sur la validité de la caution;

Attendu que la loi du 2 juin 1841, qui dans son art. 832 a eu le soin de trancher quelques-unes des difficultés qu'avait soulevées l'application des dispositions de la loi ancienne en matière de surenchère, n'a pas statué d'une manière expresse sur la question dont il s'agit dans le procès, et qui cependant est depuis longtemps l'objet d'une sérieuse controverse devant les tribunaux et parmi les jurisconsultes; — Qu'en effet cette loi, après avoir prescrit à peine de nullité certaines formalités, déclare que, si la caution est rejetée, la surenchère est annulée, sans s'expliquer sur le point de savoir si la suffisance de la caution doit être appréciée eu égard au moment où elle a été offerte, ou bien eu égard au moment où le juge statue sur son admission; — Attendu dès lors qu'à défaut de disposition expresse et spéciale dans la loi, le droit commun conserve tout son empire; qu'il est de principe que, pour juger la suffisance et l'insuffisance d'une caution, le juge ne doit l'apprécier que d'après l'état où elle se présente au moment où il est appelé à en prononcer l'admission ou le rejet.

Attendu que ces principes s'appliquent notamment à la surenchère, puisque c'est au moment où le tribunal déclare par son jugement les droits de l'acquéreur et ceux du surenchérisseur qu'il doit être mis en situation de décider si le but de la loi est atteint, si les garanties qu'elle exige du surenchérisseur sont fournies par l'effet d'une caution suffisante pour répondre de la surenchère; qu'en effet c'est alors seulement que l'effet du premier contrat est définitivement fixé; que l'incertitude du premier acquéreur se prolonge nécessairement jusque-là, puisque la réception de la caution offerte par le surenchérisseur ne peut avoir lieu que par jugement; qu'une consignation supplémentaire faite avant ce jugement n'ajoute rien à l'incertitude de l'acquéreur et n'arrête en rien le jugement qu'il a droit d'obtenir aussitôt après l'expiration des délais de l'assignation; — Attendu qu'une consignation supplémentaire faite dans de telles circonstances doit donc être admise, pourvu que par une première consignation ou un premier cautionnement signifiés en temps utile le surenchérisseur ait fait connaître, comme dans l'espèce, que la surenchère était sérieuse; — Confirme. »

Du 25 nov. 1844.-C. de Rouen, 1re ch.-MM. Gesbert, pr.-Rieff, av. gén., c. conf.-Senard et Deschamps, av.

(3) (Guyon, etc. C. Lugol.) — La cour; — Attendu, en droit, qu'il faut distinguer la nullité de surenchère qui peut résulter de l'insuffisance de la caution, de toutes les autres causes d'annulation de cette même surenchère, soit pour défaut de sa notification dans le délai fixé, soit pour l'omission de quelques-unes des déclarations ou notifications prescrites à peine de nullité par l'art. 2185 c. civ. et par l'art. 832 c. pr., combiné avec l'art. 838 du même code; — Attendu, en ce qui concerne spécialement la suffisance de la caution, que la loi se borne à déclarer, en principe (c. pr., art. 832), que, si la caution est rejetée, la surenchère est annulée, et qu'elle ne s'explique point sur le point de savoir si la suffisance de la caution doit être appréciée eu égard au moment où elle a été offerte, ou bien eu égard au moment où le juge statue sur son admission; qu'il résulte de ce silence du législateur qu'il s'en est référé au droit commun d'après lequel la suffisance actuelle du gage ou de la caution est la seule règle du juge pour en déterminer l'admission ou le rejet; qu'il doit donc en être de même en matière de surenchère, et que, par suite, il y a lieu d'admettre la caution supplémentaire ou le supplément de cautionnement, tant que les choses sont entières et pourvu que ce soit sans retard du jugement que l'acquéreur a droit de réclamer aussitôt qu'est échue l'assignation à trois jours qui lui a été donnée;

Attendu, en fait, qu'il est constaté par l'arrêt attaqué : 1° qu'un premier versement à la caisse des dépôts et consignations a été notifié dans le délai de quarante jours en même temps que l'acte de surenchère, et qu'il excédait de 900 fr. le prix de la vente augmenté d'un dixième; 2° que ce versement étant insuffisant pour assurer le remboursement des frais mis à la charge de l'acquéreur, un second versement a été fait à cette même caisse, deux jours après l'expiration du délai de quarante jours, et notifié dès le lendemain à l'acquéreur, alors que les choses étaient entières et avant qu'aucune contestation eût été élevée sur la suffisance ou l'insuffisance du premier versement; — Attendu qu'en de telles circonstances, l'arrêt attaqué (de la cour d'Orléans, du 18 fév. 1843) ayant admis comme valable le supplément de garantie qui résultait du

bilité de la caution offerte par le créancier qui a formé une surenchère, celui-ci est recevable, en cas d'insuffisance de cette caution, à la compléter, au moyen d'une consignation supplémentaire (Rouen, 5 mars 1852, aff. Fourry, D. P. 55. 2. 268).

C'est à ce dernier système que nous croyons devoir donner la préférence. La loi ne dit pas qu'il y aura nullité de la surenchère par cela qu'au moment de la réquisition, il n'y aurait pas eu caution suffisante : on ne peut donc suppléer cette nullité. Comment admettre qu'une légère erreur dans l'appréciation des charges de la vente ou de la suffisance du cautionnement offert doive faire tomber une surenchère sérieuse, alors que cette erreur se trouve réparée en temps utile? Une telle rigueur ne saurait se justifier. « A quelle époque, disait M. l'avocat général Rieff devant la cour de Rouen, lors de l'affaire du 25 nov. 1844 précitée, le juge peut-il apprécier si la caution assurera les droits de tous les intéressés?—Ce n'est évidemment qu'au moment où ils se présentent à son tribunal pour discuter leurs droits. Comment imposer à un magistrat l'obligation de rejeter une caution qu'on lui prouverait être au moment même parfaitement solvable, sous ce prétexte qu'il y a eu un moment dans le cours de la procédure où cette solvabilité pouvait ne pas exister aussi parfaitement? Ce que le juge considère, ce sont les choses telles qu'elles sont à l'instant où il statue; et si l'on établit devant lui qu'en ce moment la caution présente toutes les garanties désirables, il ne peut trouver ni dans le texte ni dans l'esprit de la loi un motif sérieux de la rejeter. » — D'ailleurs, il est manifeste que la question ne peut s'élever qu'autant que la surenchère sera sérieuse, que la soumission sera complète, et que l'insuffisance du cautionnement ne portera que sur l'un des éléments accessoires de la soumission (V. n° 147). —Toutefois, nous n'admettrions pas qu'une caution qui n'offre pas les garanties nécessaires put être remplacée par une autre caution ou par un nantissement (V. n° 164), ni même qu'une caution insuffisante put être complétée par un gage mobilier, puisque la loi nouvelle n'admet pas un tel cumul (V. n° 177). — Aussi nous considérons comme bien rendu l'arrêt duquel il résulte qu'à supposer qu'on puisse fournir, après l'expiration des délais de la surenchère, un supplément de caution, en cas d'insuffisance de la première, le surenchérisseur, qui n'a fourni d'autre caution qu'une hypothèque sur ces immeubles (V. n° 175), ne pourrait être admis à l'offre d'un cautionnement supplémentaire, le précédent devant être considéré comme négatif et non pas seulement comme insuffisant (Req. 16 juill. 1845, aff. Gassin, D. P. 45. 1. 332).

162. Mais, tant que les délais ne sont pas expirés, il ne nous paraît pas douteux que le surenchérisseur puisse valablement substituer une nouvelle caution ou un nantissement à une première caution reconnue insuffisante ou insolvable, ou même présentée d'une manière irrégulière.—Il a été jugé, en effet, que le surenchérisseur qui, au lieu de fournir une caution, s'est borné à déposer au greffe ses titres de propriétés immobilières, peut, tant que le délai de la surenchère n'est pas expiré, corriger cette irrégularité, en donnant, par exemple, un nantissement en argent; qu'il importe peu que la copie de l'acte de dépôt de ce nantissement n'ait pas été signifiée le jour même de l'assignation en validité de la caution, mais seulement le lendemain, la simultanéité de la signification de cette copie avec l'assignation n'étant pas prescrite à peine de nullité (Bourges, 2 avril 1852, aff. Coulon, D. P. 55. 2. 110).—M. Troplong (*ibid.*) paraît admettre également cette solution, ou du moins c'est seulement pour le cas où le délai est expiré qu'il dénie expressément au surenchérisseur la faculté de présenter une caution supplémentaire. — Toutefois il a été jugé que la promesse ou l'offre de consigner une somme ne peut couvrir l'insuffisance du cautionnement offert en immeubles, lorsque d'ailleurs cette offre de consigner, bien que faite dans les quarante jours pendant lesquels la surenchère est ouverte, ne l'a cependant pas été dans l'acte de réquisition de mise aux enchères (Req. 15 nov. 1821) (1). — Mais dans l'espèce, il n'y avait eu qu'une simple promesse de consigner, ce qui, aux yeux de la cour, n'a pas paru équivaloir à une consignation effective (V. n° 141) : cette décision ne peut donc former autorité contre l'opinion que nous venons d'exprimer. — M. Chauveau sur Carré, *ibid.*, repousse le supplément de caution même lorsqu'il est offert dans le délai de la surenchère.

163. Il a même été décidé que l'irrégularité de la consignation du nantissement fourni en argent par un surenchérisseur à défaut de caution, et résultant de ce que les fonds, au lieu d'être versés à la caisse des dépôts et consignations, l'auraient été au greffe du tribunal, n'entraîne pas la nullité de la surenchère; qu'il y a lieu seulement d'ordonner, dans le cas où ce nantissement est trouvé suffisant, que les titres de rente qui le composent seront transportés à la caisse des consignations (Riom, 25 juin 1843 (2); Bourges, 17 mars 1852, aff. Gerbaut, D. P. 53. 2. 111). — En cas pareil, le surenchérisseur ne devrait pas, à cause de la seule injonction contenue dans le jugement, relativement à la régularisation du dépôt du nantissement qu'il avait offert, et alors surtout qu'il y a spontanément obtempéré aussitôt sa prononciation, supporter, soit le coût du jugement, soit celui de la signification qui en a été faite,... la levée et la signification étant, en effet, nécessaires pour suivre la surenchère (même arrêt de Bourges). — Toutefois, il a été jugé que le dépôt du nantissement doit, pour être valable, être fait à la caisse des consignations et non au greffe; et que l'irrégularité du dépôt fait au greffe ne peut plus être couverte par un versement à la caisse des consignations, si le délai dans lequel peut être formé l'acte de surenchère se trouve expiré, et si la nullité du dépôt est demandée au tribunal (Pau, 11 août 1852, aff. Ancla, D. P. 53. 2. 71). — V. notre observat. *eod.*

164. Que décider si la caution, insolvable au moment où elle a été offerte, est devenue solvable avant que le juge ait été

second versement, s'est conformé aux principes du droit commun, sans violer les lois spéciales de la matière; — Rejette, etc.

Du 6 nov. 1845.-C. C., ch. req.-MM. Zangiacomi, pr.-Pataille, rap.-Delangle, av. gén., c. conf.-Jules Delaborde, av.

(1) *Espèce* : — (Héliot C. Thil.) — 25 mars 1820, arrêt de la cour de Rouen en ces termes : — « Considérant que l'offre faite en première instance, renouvelée sur l'appel, de consigner au besoin en écus le montant de la surenchère était tardive, puisqu'elle aurait dû être énoncée dans l'acte de réquisition même de mise aux enchères, selon l'art. 832 c. pr.; — Considérant, d'ailleurs, qu'une offre ou promesse de consigner n'équivaut pas à une consignation effective, seul moyen de suppléer efficacement au cautionnement en immeubles libres, si impérieusement prescrit par la loi; — Qu'ainsi, aux termes de l'art. 833, le cautionnement doit être rejeté. » — Pourvoi pour violation des art. 2185 c. civ., et 832 c. pr. civ. — Arrêt.

LA COUR; — Vu les art. 2018, 2019, 2040 et 2185 c. civ., et les art. 832 et 833 c. pr.; — Attendu que Héliot n'a suppléé à l'insuffisance reconnue par la cour royale de Rouen du cautionnement offert en immeubles que par une simple promesse de consigner; — Attendu qu'une offre ou promesse de consigner n'équivaut pas à une consignation effective, seul moyen de suppléer efficacement au cautionnement en immeubles libres requis impérieusement pour la validité de la surenchère; — Attendu enfin que la cour royale de Rouen, en prononçant la nullité de la surenchère comme étant insuffisante et incomplète, a, dans l'espèce, fait une juste application des lois relatives à la matière; — Rejette.

Du 15 nov. 1821.-C. C., sect. req.-MM. Henrion, pr.-Ligor, rap.

(2) (Rousselle C. Delrieu.) — LA COUR; — .... Attendu qu'il a été libre au surenchérisseur de donner caution, ou de donner un nantissement en argent ou en rentes sur l'Etat, et que l'on ne conteste pas qu'il n'ait déposé ou consigné au greffe du tribunal civil de Saint-Flour; — Attendu que l'ordon. du 3 juill. 1816, qui a force de loi, a établi par l'art. 1 une caisse de dépôts et consignations dans laquelle doit être versée toute somme dont un débiteur entend se libérer, à défaut par le créancier de recevoir, toute somme sur laquelle des tiers peuvent avoir des droits à exercer, et enfin toute somme qui est dans le cas d'être déposée ou consignée; — Attendu que cette même ordonnance, art. 5, veut que les consignations qui n'auraient pas été faites dans le lieu qu'elle a indiqué soient déclarées nulles et non libératoires; — Attendu que la conséquence qui doit être tirée des dispositions de ladite ordonnance, c'est que la consignation qui a été faite par Delrieu doit être déclarée irrégulière; — Attendu que, de cette irrégularité, il ne peut nullement résulter que la surenchère faite par Delrieu doive être déclarée nulle; que prononcer cette nullité, ce serait donner à cette ordonnance plus d'étendue, plus de portée qu'elle ne peut en avoir; — Que, d'ailleurs, cette irrégularité peut être réparée en ordonnant que Delrieu fera la consignation dont il est tenu, dans le lieu indiqué par l'ordonnance; — Par ces motifs, etc.

Du 25 juin 1843.-C. de Riom, 2e ch.-M. Archon-Despérouses, pr.

appelé à statuer sur sa validité? — Il semble rigoureux de prononcer la nullité en pareil cas puisqu'il existerait en effet garantie suffisante de l'exécution des engagements du surenchérisseur, garantie qui a été le seul but des exigences de la loi. — Mais ce n'est pas ainsi que la question doit être résolue; il ne suffit pas que cette garantie existe, il faut qu'elle ait été sérieuse au moment où elle a été fournie : présenter une caution insolvable, c'est en réalité n'en offrir aucune; ce n'est pas là une offre légale. La solvabilité de la caution qui survient après les délais peut donc être assimilée à la présentation d'une caution nouvelle; et comme celle-ci ne serait pas recevable, la première ne l'est pas davantage. — Mais il n'en serait plus ainsi si la caution devenait solvable avant l'expiration du délai de quarante jours (V. n° 162; Conf. M. Troplong, n° 945).—On comprend du reste qu'il ne peut s'agir ici que d'une insolvabilité complète; car accuser la caution d'une insolvabilité partielle, c'est, en d'autres termes, prétendre qu'elle est insuffisante : on rentre alors dans la question examinée aux nos 160 et suiv.

Il a été jugé que c'est au moment où une caution est présentée par le surenchérisseur qu'elle doit réunir les qualités nécessaires; qu'il ne suffirait pas par conséquent qu'elle les eût acquises depuis; comme si, par exemple, l'individu présenté pour caution avait, depuis l'instance en nullité, obtenu mainlevée des inscriptions qui grevaient ses biens (Bordeaux, 27 juin 1826) (1). — Cette décision nous paraît susceptible de critique. Un individu n'est pas insolvable par cela seul que ses biens sont grevés d'hypothèques; et si, comme dans l'espèce, la caution obtient mainlevée des inscriptions, ce qui ne peut se faire qu'en désintéressant les créanciers, elle prouve bien par là même qu'elle est solvable. Il n'y a rien de modifié dans la position de la caution, si ce n'est la preuve de sa solvabilité qui n'existait pas légalement au moment de la présentation et qui se manifeste devant le juge.

165. Que devrait-on décider pour le cas, au contraire, où la caution présentée par le surenchérisseur, bien que valable au moment où elle a été offerte, cesse par un événement quelconque de remplir les conditions requises, et, par exemple, devient insolvable? Pour savoir si, en pareil cas, la caution présentée peut être remplacée, on pourrait distinguer : si les vices du cautionnement proviennent d'un fait imputable au surenchérisseur, ou avaient pu être prévus par lui, la surenchère ne peut être validée ultérieurement. Si un cas fortuit, non imputable au surenchérisseur, et survenu depuis la présentation d'une caution valable, rend nécessaire l'offre d'une nouvelle caution, le surenchérisseur doit pouvoir remplacer celle qu'il avait présentée. — Ainsi que le fait observer M. Troplong, Hyp., t. 4, n° 943, ce serait aller jusqu'à une sévérité outrée que d'annuler des actes éminemment utiles parce qu'une caution valable au commencement serait ensuite devenue insolvable. Telle est aussi l'opinion de MM. Persil, Rég. hypoth., art. 2185, n° 19; Grenier, t. 2, n° 448; Delvincourt, p. 568. — Et il a été jugé en ce sens que le surenchérisseur peut être admis à présenter une nouvelle caution lorsque celle qu'il avait offerte d'abord a vendu ses propriétés dans l'intervalle de la présentation à l'acceptation : — « Attendu, porte l'arrêt, qu'avant le jugement sur offre de caution, les choses étant encore entières, l'appelante a pu substituer une nouvelle caution à la première; émendant, etc. » (Paris, 9 mai 1809 (ou 1807), aff. Barral). — Toutefois MM. Chauvau sur Carré, quest. 2486 et Petit traité des surench., p. 518, n'admettent point qu'en ce cas le cautionnement puisse être remplacé ou complété; c'était au surenchérisseur, disent ces auteurs, à choisir un garant qui méritât mieux sa confiance; seulement M. Petit pense qu'il y aurait lieu à remplacement, dans les cas exceptionnels où l'insolvabilité de la caution, survenue depuis sa présentation, serait le résultat d'un événement de force majeure, tel qu'un incendie, une inondation ou tout autre accident de cette nature.

166. Une question analogue s'était présentée sous l'empire du code de 1808 pour le cas où la caution avait retiré sa promesse depuis le jour où elle avait été offerte par le surenchérisseur, et cette question avait été diversement résolue. — Il avait été jugé, par exemple : 1° que le surenchérisseur est rigoureusement tenu de fournir une caution régulière et valable dans les quarante jours, à compter de la notification du contrat, et qu'ainsi il n'est pas recevable à présenter, après l'expiration de ce délai, une caution pour remplacer celle qu'il avait d'abord offerte, mais qui a retracté sa promesse de cautionner (Cass. 27 mai 1823) (2); — 2° Qu'ainsi la nullité de la surenchère résultant, par exemple, du défaut de soumission de la caution présentée et même admise, n'est pas une nullité dans le sens de l'art. 733 c. pr., qui doive être proposée avant l'adjudication préparatoire : en un tel cas, il n'y a pas de surenchère, et l'art. 733 est inapplicable (Paris, 3e ch., 25 juin 1831, M. Lepoitevin, pr., aff. Pouqueville, etc. C. Tourdonnet).

167. Il a été décidé, au contraire, que lorsque la caution offerte dans l'acte de surenchère retire sa promesse parce qu'elle ne peut ou ne veut s'obliger, le surenchérisseur a le droit d'en présenter une nouvelle, même après le délai de quarante jours, pourvu que ce soit avant le jugement qui doit statuer sur la validité de la surenchère et sans retarder en rien cette décision (Paris, 23 mars 1839 et sur pourvoi Rej. 1er juill. 1840) (3). — Mais, cette question ne peut plus se présenter au-

---

(1) (Gaudin C. Nau-Belisle.) — LA COUR; — Attendu que, lorsque la loi s'exprime en termes clairs et positifs, il n'appartient pas aux tribunaux de l'interpréter; que l'art. 2018 c. civ., dispose que le débiteur, obligé de fournir caution, doit en présenter une qui ait un bien suffisant pour répondre de l'objet de l'obligation, et dont le domicile soit dans le ressort du tribunal d'appel où elle doit être donnée; qu'il est constant que Gaudin a présenté pour caution Chambaudet fils, qui ne possède d'autres immeubles que le domaine de l'île d'Elbe, qui était grevé, à cette époque, d'une inscription d'office qui en absorbait la valeur; que si cette inscription a été levée postérieurement et depuis que la cause est pendante en la cour, ce n'est pas une raison pour soutenir que le vœu de la loi a été rempli, et qu'il résulte clairement des termes dont la loi s'est servie, que c'est au moment où la caution est présentée qu'elle doit avoir toutes les qualités qui lui sont indispensables; — Attendu qu'il est également constant que, lorsque Chambaudet a été présenté pour caution, il n'avait ni son domicile réel, ni même un domicile d'élection dans le ressort de la cour royale; — Met l'appel au néant, etc.

Du 27 juin 1826.-C. de Bordeaux, 4e ch.-MM. Duprat, pr.

(2) (Henry C. Doudet.) — LA COUR; — Vu les art. 2018 et 2185 c. civ., et les art. 832 et 833 c. pr.; — Considérant, en droit, qu'aux termes desdits articles, le créancier qui veut user de la faculté de requérir la mise aux enchères, doit le faire dans le délai de quarante jours au plus tard, à compter de la notification du contrat d'acquisition; qu'il doit satisfaire dans le même délai à toutes les charges et conditions auxquelles cette faculté lui est accordée; qu'il doit spécialement, dans ce délai, présenter une caution légale, réunissant par conséquent les qualités requises par l'art. 2018 c. civ., le tout, porte l'art. 2185 du même code, à peine de nullité; — Considérant que ce délai de quarante jours est de rigueur, et ne pourrait pas être augmenté par les tribunaux, soit directement en accordant une prolongation de délai, soit indirectement en admettant les surenchérisseurs à réparer, après les quarante jours, les vices des actes qui étaient irréguliers et nuls au moment où les quarante jours sont expirés, sans diminuer les obligations des créanciers qui veulent surenchérir, et sans aggraver en même temps la condition du nouvel acquéreur, qui, à l'expiration de ces quarante jours, a un droit irrévocablement acquis à la propriété de l'immeuble, si la surenchère n'est pas, à cette époque, régulière et valable; —Considérant en fait : 1° que la cour de Limoges (arrêt du 17 mai 1820) n'a pas admis la caution présentée par l'acte de réquisition de mise aux enchères, du 7 juin 1819, et a cependant rejeté la demande en nullité de la surenchère;—2° Qu'elle a accordé à Doudet un délai d'un mois, à compter de la signification de son arrêt pour fournir une nouvelle caution; — Que, par ces deux dispositions, la cour royale a excédé ses pouvoirs et violé expressément les articles ci-dessus cités du code civil et du code de procédure; — Casse.

Du 27 mai 1823.-C. C., ch. civ.-MM. Desèze, 1er pr.-Poriquet, rap.-Jourde, av. gén., c. conf.-Guillemin et Lassis, av.

(3) *Espèce* : — (Ferrière C. Copin et veuve Saqui.) — 22 mai 1838, adjudication, au profit de Ferrière, du théâtre des Acrobates, appartenant à la dame Saqui, moyennant 157,000 fr., en sus des charges. Les notifications exigées par l'art. 2185 c. civ. sont faites, et, dans les quarante jours, la dame Delahaye, l'un des créanciers inscrits, forme une surenchère, offrant de porter le prix à un dixième en sus du prix principal et des charges, c'est-à-dire à 150,000 fr. L'acte de réquisition présente Durand-Prudence comme caution. — Plus tard, cession par la dame Delahaye, au profit de Copin, de ses droits de surenchère. Le cessionnaire, avant que la caution présentée par la dame Delahaye eût été reçue, et sans retarder aucunement le jugement de réception, substitue pour caution le sieur Régis au sieur Durand-Prudence. — Demande en nullité de la surenchère, fondée sur trois motifs : 1° l'insuffisance des offres du surenchérisseur qui a évalué à 150,000 fr. le prix

jourd'hui, puisqu'aux termes de l'art. 832 modifié, la soumission de la caution au greffe doit nécessairement précéder la réquisition de surenchère.

168. En admettant que le surenchérisseur puisse être déclaré recevable à remplacer ou compléter la caution par lui offerte, reste à savoir si l'on doit en ce cas procéder pour la présentation et la réception de la nouvelle caution suivant le mode spécial prescrit par l'art. 832 c. pr., ou s'il faut suivre les règles générales énoncées aux art. 518 et suiv. du même code. — Ce dernier mode de procéder, plus simple que le premier, en diffère surtout en ce que dans le système établi par les articles précités pour les réceptions de caution en général, la caution offerte au lieu d'être nécessairement reçue par jugement comme au cas de l'art. 832, peut être simplement acceptée par la partie intéressée et qu'elle est même réputée acceptée s'il ne s'élève pas de contestation dans un délai déterminé.

On a soutenu que le jugement qui admet un surenchérisseur à fournir une nouvelle caution aux lieu et place de celle qu'il avait offerte dès le principe, ne change rien à la nature du cautionnement exigé; que la loi ayant jugé nécessaire d'établir en matière de surenchère sur aliénation volontaire une forme spéciale de réception de caution, c'est nécessairement à cette forme qu'il faut recourir encore bien qu'il s'agisse d'une caution présentée postérieurement à la surenchère, et qu'ainsi le surenchérisseur est tenu, même en ce cas, d'assigner à trois jours en réception de caution à peine de nullité (M. Petit, p. 332 et suiv.). — Mais l'art. 832 ne nous paraît rigoureusement applicable qu'au seul cas que la loi a prévu, c'est-à-dire celui de la caution offerte dans l'acte même de réquisition de surenchère; on ne saurait donc en exiger l'exécution, surtout à peine de nullité, dans le cas particulier où le surenchérisseur a été admis par jugement à fournir une nouvelle caution, cas pour lequel il semble naturel, dans le silence de la loi, de recourir aux règles qui régissent les cautions judiciaires en général. — Et il a été jugé en ce sens que le surenchérisseur qui a été admis par un jugement à fournir une caution nouvelle, attendu que celle qu'il avait d'abord offerte est décédée avant d'avoir été reçue, doit présenter cette nouvelle caution, non suivant les formalités spéciales prescrites par les art. 2185 c. nap. et 832 c. pr., mais d'après les règles tracées par les art. 517 et 518 de ce dernier code (Cass. 16 mars 1824) (1).

169. On a vu qu'aux termes de l'art. 832 l'acte de sou-

---

d'adjudication augmenté du dixième, tandis que ce prix se monte effectivement à 155,000 fr., outre les charges; 2° pour inobservation du délai de l'ajournement en validité de surenchère, et en réception de caution, parce que l'assignation donnée le 22 sept., en temps de vacation, a été libellée, non pas à trois jours devant la chambre des vacations, mais à trois jours francs après vacations; 3° pour substitution de caution après le délai de quarante jours. — Du 25 mars 1839, jugement du tribunal civil de la Seine qui repousse les deux premiers moyens et accueille le troisième. — Appel. — Arrêt.

Le 25 mars 1839, arrêt infirmatif de la cour de Paris, qui statue en ces termes : — « Sur le premier moyen de nullité proposé contre la surenchère par Ferrière : — Considérant que, dans sa réquisition signifiée le 22 sept. dernier, la veuve Delahaye déclare qu'elle se soumet à porter le prix à un dixième en sus du prix d'adjudication et des charges; — Que cette offre est conforme aux termes de l'art. 2185 c. civ.; — Que la loi n'impose pas au surenchérisseur l'obligation de fixer numériquement le chiffre de la surenchère; — Qu'il appartient aux juges de rectifier les erreurs de chiffres ou de calculs qui auraient pu se glisser dans l'acte de réquisition, et de fixer, s'il y a lieu, le prix sur lequel les nouvelles enchères doivent s'ouvrir; — Qu'au surplus, dans l'espèce, l'erreur ayant été signalée par Ferrière dans ses conclusions du 9 nov. dernier, elle fut immédiatement rectifiée par la veuve Delahaye dans un acte de conclusions signifié à sa requête le lendemain, 10 nov.;

» Sur le second moyen : — Considérant que l'art. 832 c. pr. civ. exige que l'assignation pour la réception de la caution offerte soit donnée à trois jours, et qu'il y soit procédé sommairement; — Que, si l'on peut induire de ces dispositions que le législateur a voulu attribuer à cette procédure le caractère de matières sommaires et requérant célérité, qui, par conséquent, serait de nature à être portée devant la chambre des vacations, d'après les art. 44 et 78 du décret du 30 mars 1808, le défendeur assigné dans les termes ordinaires est toujours maître d'abréger le délai qui lui a été indiqué pour comparaître, de donner avenir pour plaider dans le délai légal, et même en vacations, s'il y a lieu; — Considérant que, dans l'espèce, Ferrière, assigné le 22 sept. pour comparaître à trois jours après vacations, non-seulement n'a pas suivi l'audience en vacations, mais qu'il n'a même constitué avoué que le 7 nov., après l'expiration du délai qui lui avait été indiqué; — Qu'ainsi, il a accepté le délai de l'assignation, et ne peut puiser dans la prolongation du délai légal un moyen de nullité contre cette assignation;

» Sur le troisième moyen : — Considérant que les art. 2185 c. civ. et 832 c. pr. civ. exigent, à peine de nullité, que l'acte de réquisition de mise aux enchères soit notifié dans le délai de quarante jours, et contienne l'offre d'une caution, avec assignation à trois jours pour la réception de ladite caution, à laquelle il doit être procédé sommairement; mais que les art. 517 et suiv. c. pr. civ., sur la réquisition des cautions, ne sont pas applicables en cette matière; — Qu'aucune loi ne s'oppose à ce que le surenchérisseur justifie de la solvabilité de la caution, ou fournisse un supplément de garantie, ou même présente une nouvelle caution en remplacement de la première, qui ne voudrait ou ne pourrait plus s'obliger, pourvu que les justifications, suppléments de garantie ou nouvelles cautions, soient fournis avant le jugement sur l'offre de caution, et sans aucunement retarder ce jugement; — Qu'il est de principe que les nullités et les déchéances sont de droit strict; — Qu'elles ne peuvent être ni suppléées ni étendues d'un cas à un autre; — Que cette règle doit surtout être observée en matière de surenchère; — Considérant que, dans l'espèce, la veuve Delahaye s'est rigoureusement conformée aux dispositions du code civil et du code de procédure civile en notifiant l'acte de surenchère le 22 sept., dans le délai de quarante jours, et en offrant pour caution Durand-Prudence avec assignation pour la réception de ladite caution; — Que, le 30 nov., les parties étant en instance sur la validité de la surenchère, dont Ferrière demandait l'annulation, longtemps avant le jugement, et sans aucunement retarder la décision, Copin, cessionnaire de la veuve Delahaye, a pu valablement offrir pour cautions les époux Bégis en remplacement de Durand-Prudence, qui ne voulait ou qui ne pouvait fournir la caution nécessaire; — Que cette substitution d'une caution nouvelle à celle qui avait été originairement offerte n'a causé et ne pouvait causer aucun préjudice à l'adjudicataire, puisque les choses étaient encore entières; — Que la solvabilité de cette caution a été immédiatement justifiée et n'est point contestée; — Qu'ainsi, c'est à tort que les premiers juges l'ont rejetée, et, par suite, ont annulé la surenchère, etc. »

Pourvoi pour violation des art. 2185 c. civ., 832 et 833 c. pr. — Arrêt.

LA COUR (apr. délib. en chamb. du cons.); — Attendu que l'acte de réquisition de mise aux enchères a été notifié avec l'offre d'une caution et avec assignation pour la réception d'icelle, ainsi que l'exigent les art. 2185 c. civ. et 832 c. pr. civ.; — Attendu que l'arrêt attaqué constate que Copin, mis à la place de la dame Labaye qui avait fait la surenchère, a présenté les mariés Régis à la place de Durand Prudence, d'abord offert par la dame de Labaye et qui s'était retiré; — Qu'aucun jugement n'était intervenu sur l'offre de caution; — Que la capacité et la solvabilité des mariés Régis, cautions offertes, n'ont point été contestées, et que, dans cet état des faits reconnus constants, les choses étant entières, la décision de la cause urgente, et aucun préjudice ne pouvant résulter pour le demandeur d'un changement de caution, opéré tardivement sans doute, mais justifié par la nécessité, la cour royale de Paris n'a pu contrevenir à la loi en validant une surenchère régulièrement faite; — Rejette.

Du 1er juill. 1840.-C. C., ch. civ.-MM. Portalis, 1er pr.-Piet, rap.-Tarbé, av. gén., c. conf.-Nicod, Delaborde, Scribe et Jousselin, av.

(1) (Bailac C. Nadal, etc.) — LA COUR; — Vu les art. 517 et 518 c. pr.; — Et attendu que dans sa procédure de surenchère, le demandeur avait observé toutes les formalités requises pour la rendre valable; — Qu'il n'était plus question, sur l'incident qui s'était élevé par suite du décès de la caution offerte, que de savoir si le surenchérisseur était recevable à substituer une nouvelle caution à l'ancienne; — Que cette question était indépendante de la validité de la surenchère considérée en elle-même; — Que ce n'était plus par suite qu'en vertu du jugement qui autorisait la présentation de cette nouvelle caution qu'il s'agissait de procéder, et que c'étaient dès lors les dispositions des art 517 et 518 c. pr. civ. qui devaient être consultées; — Qu'en effet, aucun autre article du code ne fait exception à la forme de procéder pour le cas de réception d'une nouvelle caution en vertu de jugement, l'art. 832 n'ayant disposé que pour celui d'une caution à présenter lors de la déclaration de surenchère; — Que dans le silence d'une loi spéciale sur la matière, c'est à la loi générale qu'il faut recourir, et que les art. 517 et 518 établissent des principes généraux sur les formalités à observer pour la présentation des cautions à fournir en vertu de jugement; — Que cependant la cour royale de Montpellier (arrêt du 27 déc. 1820) a jugé que c'était l'art. 832 qui aurait dû être observé, ce qu'elle n'a pu faire sans appliquer faussement ledit article, supposer une nullité qui n'était pas prononcée par la loi, commettre un excès de pouvoir et violer ouvertement lesdits art. 517 et 518; — Par ces motifs, casse.

Du 16 mars 1824.-C. C., sect. civ.-MM. Brisson, pr.-Carnot, rap.-Cabier, av. gén., c. contr.-Barrot et Compans, av.

mission au greffe de la caution offerte doit être notifié en même temps que la réquisition de mise aux enchères, et ce à peine de nullité d'après l'art. 838. Devrait-on considérer comme valable une soumission de caution faite par un avoué sans être porteur d'un mandat spécial? — Un arrêt a décidé que cet officier ministériel, comme représentant naturel de la partie, a qualité suffisante pour faire la soumission de caution, lors du dépôt au greffe des titres de sa partie (Paris, 2 juill. 1830, aff. D'Aligre, V. nº 147-3º). — Mais c'est là, ce nous semble, étendre bien loin le mandat légal que l'avoué tient de la seule remise des titres de la partie, car si cet officier public ne peut, dans les divers cas mentionnés en l'art 832 c. pr. et dans quelques autres encore, obliger sa partie sans un mandat spécial, il en devra être ainsi à bien plus forte raison lorsqu'il s'agit de *contracter* au nom de la partie un engagement aussi parfaitement désintéressé que celui qui résulte d'un acte de cautionnement, engagement qui peut entraîner les plus graves conséquences. — V. du reste vº Avoué, nºs 50 et suiv.

170. Il a été décidé, avant la loi de 1841, que bien que la caution présentée n'ait fait sa soumission au greffe qu'après l'expiration du délai prescrit par le jugement qui a validé la surenchère, la déchéance ne peut être prononcée contre le créancier poursuivant, alors d'ailleurs qu'il n'y a pas eu de mise en demeure (Rennes, 14 mai 1835, M. Duporzou, pr., aff. Abautret C. Haranchipy). — Mais cette décision ne serait plus suivie aujourd'hui, car l'art. 832 nouveau exige, comme on l'a dit, que la soumission de la caution soit notifiée avec la réquisition de surenchère.

171. La soumission de caution une fois reçue au greffe peut-elle être rétractée? Nous ne pensons pas qu'elle puisse l'être vis-à-vis du surenchérisseur, puisqu'en ce cas le maintien ou l'annulation de la surenchère dépendraient uniquement de la volonté de la caution, ce qu'il n'est pas possible d'admettre, et il a été jugé en ce sens que la soumission passée au greffe forme, entre la caution même non encore acceptée, la personne de qui elle émane et le surenchérisseur, un contrat judiciaire irrévocable, surtout après les délais accordés pour la réception de la surenchère (Riom, 29 nov. 1830) (1). — Mais vis-à-vis soit du vendeur, soit de l'acquéreur, soit des créanciers inscrits, nous ne voyons rien qui s'oppose à ce que la caution relève sa soumission non acceptée; car il ne peut y avoir contrat vis-à-vis de ceux-ci que par l'acceptation ou par le jugement qui admet la caution offerte.

172. Il est de droit commun que celui que la loi assujettit à fournir une caution puisse y suppléer par un *gage* (2041 c. nap.). Il est manifeste, par exemple, que la consignation en espèces d'une somme égale à celle pour laquelle un cautionnement est exigé donne aux intéressés pleine et entière garantie, et rend par conséquent le cautionnement inutile. On reconnaissait donc généralement, avant la loi du 2 juin 1841, que cette règle de droit commun devait recevoir son application en matière de surenchère (MM. Tarrible, Rép., vº Transcription, § 3, nº 9; Delvincourt, t. 3, p. 369, nº 10; Troplong, Hyp., t. 4, nº 941; Persil, nº 28; Grenier, nº 448). — Et il avait été jugé en ce sens : 1º que le surenchérisseur, à défaut de caution, peut offrir valablement une consignation pécuniaire jusqu'à concurrence du prix et des charges (Orléans, 25 mars 1831, aff. Trinquart, V. Contr. de mar., nº 1996); — 2º Que le dépôt accompagné de transfert, par le surenchérisseur, à la caisse générale des consignations, d'une inscription de rente sur l'Etat, dont le capital est au moins égal, d'après le cours du jour, au prix de la vente des immeubles surenchéris, au dixième en sus et à tous les frais et accessoires, peut tenir lieu du cautionnement exigé (Amiens, 27 mai 1826) (2); — 3º Que, dans ce cas, le gage, et par suite la surenchère, doivent être déclarés valables, bien que le dépôt de l'inscription ait été effectué dans la caisse des consignations à Paris, tandis que l'immeuble surenchéri était situé dans un autre ressort (même arrêt). — La faculté de substituer un gage à la caution a été également consacrée par le nouvel art. 832, dont le § 3 porte : « Dans le cas où le surenchérisseur donnerait un nantissement en argent ou en rentes sur l'Etat, à défaut de caution, conformément à l'art. 2041 c. nap., il fera notifier avec son assignation copie de l'acte constatant la réalisation de ce nantissement. »

173. Cependant il a été dans l'intention du législateur de n'admettre comme nantissement, en cette matière, que de l'*argent* ou des *rentes sur l'Etat*. C'est dans cette vue que la commission de la chambre des pairs a ajouté les mots *en argent ou en rentes sur l'Etat*, qui ne se trouvaient pas dans le projet. « Il résulte du projet, a dit M. Persil, que le surenchérisseur serait admis à présenter toute espèce de gage, des objets mobiliers de toute nature, sur la valeur desquels pourraient s'élever des difficultés et jusqu'à des créances plus ou moins certaines, litigieuses et d'une appréciation difficile, à cause de la solvabilité des débiteurs. Il n'est pas possible que telle ait été la pensée des auteurs du projet, et c'est pour la rendre comme l'a comprise votre commission que nous vous proposons un amendement restrictif. Suivant nous, cette faculté de donner un gage ne devrait être admise que dans le cas où le gage consisterait en *argent* ou en *rentes sur l'Etat*. C'est la seule manière d'éviter des discussions longues, difficiles et toujours coûteuses. » — M. Pascalis s'est exprimé dans le même sens. Il faut reconnaître néanmoins

(1) (Gagnadre C. Brunet et Pabot.) — LA COUR; — Attendu que la soumission faite par le fondé de pouvoir de Pabot, au greffe du tribunal dont est appel, comme caution du créancier surenchérisseur, en vertu de laquelle soumission ces derniers ont fait leur surenchère, a formé un contrat judiciaire entre Pabot et le créancier, qui n'a pu, dans la suite, être révoqué valablement, surtout après le délai accordé par la loi pour la réception d'une surenchère, et que, dès lors, les choses n'étaient plus entières; — Déboute.

Du 29 nov. 1830.-C. de Riom, 1re ch.-M. Grenier, 1er pr.

(2) *Espèce* : — (Petit d'Auterive C. de la Bonardière.) — Divers biens, situés dans l'arrondissement de Compiègne sont acquis par M. Petit d'Auterive. — Il notifie son contrat. — M. de la Bonardière, l'un des créanciers inscrits, déclare surenchérir; et, pour garantie de la surenchère, il dépose à la caisse des consignations, à Paris, une inscription de 5 pour 100, de la valeur de 450,000 fr. — M. Petit d'Auterive soutient : 1º qu'une inscription de rente sur l'État ne peut être admise comme gage d'une surenchère; qu'un tel gage n'est pas suffisant; que le capital des rentes sur l'état n'étant pas remboursable, l'inscription d'une telle rente n'avait de valeur réelle que celle du cours de la bourse, cours essentiellement variable et qui peut descendre, d'un jour à l'autre, bien au-dessous de la valeur nominale de l'inscription et du montant de la surenchère; — 2º Que, la loi exigeant que les immeubles offerts par la caution pour garantie de la surenchère, soient situés dans le ressort de la cour royale où cette surenchère est formée (2018, 2019 et 2023), il y a nécessité, à plus forte raison, que, dans l'espèce, le gage offert pour la même objet soit déposé dans le ressort de la cour d'Amiens, et non à Paris.

22 oct. 1825, jugement du tribunal de Compiègne, qui rejette ces moyens, et déclare valable la surenchère : « Sur la question de savoir si le sieur de la Bonardière a rempli le vœu de la loi en offrant, au lieu d'immeubles, un gage en nantissement suffisant, tel qu'une inscription en rentes sur l'État : — Considérant que, suivant l'art. 2041 c. civ., celui qui ne peut pas donner une caution est reçu à donner à sa place un gage en nantissement suffisant; qu'ainsi le sieur baron de la Bonardière a été fondé à offrir et donner pour ce gage, en nantissement, l'inscription de 22,508 fr. de rente, aux capital de 450,000 fr., déposée à la caisse générale des impôts et consignations; — Sur la question de savoir si ladite inscription est un gage en nantissement suffisant pour garantie de la surenchère : — Considérant que ce gage est plus que suffisant, puisque le prix principal de la vente, le dixième en sus, et les frais, loyaux coûts et accessoires évalués approximativement, ne s'élèvent qu'à 441,400 fr., et que l'inscription déposée, suivant le cours du jour, présente un capital de 450,000 fr., partant un excédant de 8,600 fr.; — Qu'en supposant, contre toute probabilité, que le gage vînt à diminuer, par la baisse de la rente, de manière à ne point présenter somme suffisante, la loi indique le moyen de pourvoir au déficit (art. 2020 c. civ.); — Sur la question de savoir si le baron de la Bonardière était tenu de faire le dépôt de l'inscription dans le ressort de la cour royale d'Amiens; — Considérant que la loi, en ordonnant que les immeubles donnés pour sûreté de cautionnement fussent situés dans le ressort de la cour royale de leur situation, a expliqué son motif qui est afin que les immeubles ne fussent pas d'une trop difficile discussion; que, dans le cas particulier, il ne s'agit point de discuter des immeubles, mais d'une inscription sur le grand-livre, non susceptible de discussion; — Qu'il est d'ailleurs de règle générale que les caisses de département et d'arrondissement autorisées à recevoir, reversent de suite à la caisse générale les sommes et les effets qu'elles reçoivent. » — Appel de Petit d'Auterive. — Arrêt.

LA COUR; — Adoptant les motifs des premiers juges, confirme.

Du 27 mai 1826.-C. d'Amiens.-M. de Beauvillé, pr.

que cette interprétation restrictive ne s'induit pas nécessairement des termes de la loi.—Mais en présence des explications qui en ont fixé le sens, il n'est pas possible de leur donner une autre interprétation. — On ne pourrait donc plus décider aujourd'hui, comme l'a fait un arrêt dans ses motifs, que le surenchérisseur est recevable à donner pour gage, à défaut de caution, des créances hypothécaires sur des immeubles situés dans le ressort (Limoges, 31 août 1809, aff. Dupic C. créanc. Baudinaloche).— Il a été décidé aussi, sur le pourvoi formé contre cet arrêt, que les tribunaux peuvent, sans que leur décision soit sujette à cassation, admettre ou rejeter, en raison du plus ou moins de difficultés de discussion des débiteurs, des créances hypothécaires offertes par un créancier surenchérisseur pour caution (Req. 14 juin 1810, MM. Henrion, pr., Oudart, rap., aff. Dupic C. créanc. Baudinaloche). Mais, en raison de ce qui vient d'être dit, cette solution n'offre plus d'intérêt.

174. Il avait été décidé, avant la loi de 1841 : 1° que lorsque le cautionnement consistait en une rente, il n'était pas nécessaire que cette rente fût désignée dans l'acte de surenchère (Paris, 19 déc. 1836)(1);—2° Que le refus du directeur de la caisse des dépôts et consignations de recevoir des rentes offertes dans le délai par une caution, ne fait pas obstacle à ce que, même après ce délai, le dépôt puisse être valablement effectué (Rennes, 14 mai 1835, M. Duporzou, pr., aff. Abautret C. Haranchipy). —Mais ces solutions ne sont plus compatibles avec la disposition du nouvel art. 832.

175. C'était encore une question controversée que celle de savoir si le surenchérisseur était recevable à se cautionner lui-même en offrant une hypothèque sur ses propres biens. Quelques arrêts avaient interprété dans le sens le plus large le mot *gage* de l'art. 2041, et il avait été jugé en conséquence que le surenchérisseur est fondé à présenter, pour caution, des immeubles libres, à lui appartenant : « Considérant, porte l'arrêt, que si celui qui est obligé de fournir une caution légale peut, à faute d'immeubles, présenter un gage mobilier en nantissement, à plus forte raison peut-il donner des immeubles libres, puisque par ce fait il rentre dans les vues et dans l'esprit du législateur» (Rouen, 2 ch., 4 juill. 1828, M. Carel, pr., aff. Crevel C. Lemire).

176. Mais l'opinion contraire se fondait sur les difficultés et les lenteurs attachées à la réalisation du gage hypothécaire pour soutenir que la loi n'avait pu avoir en vue qu'un gage mobilier, les créanciers ne pouvant espérer d'être payés au moyen d'une hypothèque qu'à la suite d'une procédure longue, difficile et dispendieuse.—Et il avait été jugé en ce sens : 1° que le surenchérisseur ne peut offrir pour caution un immeuble ou une hypothèque sur cet immeuble, quoique affranchi de toute hypothèque (Paris, 5 mars 1831 (2); Bourges, 2e ch., 15 juill. 1826, M. Delamétherie, pr., aff. Choupy; Paris, 2e ch., 26 fév. 1829, M. Cassini, pr., aff. Ribot C. Varet; Bruxelles, 26 juin 1831, aff. Disp... C. Pol...).—La loi du 2 juin 1841, ainsi qu'on l'a vu plus haut, a mis fin à cette controverse, en n'admettant à défaut de caution de la part du surenchérisseur qu'un nantissement en argent ou en rentes.—Ainsi, il a été décidé depuis cette loi, et il est d'ailleurs maintenant sans difficulté que le gage que le surenchérisseur est admis à présenter à défaut de caution doit, à peine de nullité de la surenchère, consister en un objet mobilier, et non en une hypothèque sur un de ses immeubles (Req. 16 juill. 1845, aff. Gassin, D. P. 45. 1. 332).

177. Le principe de la substitution d'un nantissement à une caution étant admis par la loi, il semblerait juste que le surenchérisseur qui ne pourrait donner caution que pour une partie du prix et des charges, comme la moitié ou les trois quarts, par exemple, fût autorisé à suppléer à l'insuffisance de ce cautionnement en donnant pour l'excédant un nantissement en argent ou en rentes; mais il résulte de la discussion qui a précédé l'adoption de la loi de 1841, que ce mode de procéder ne serait pas admis. En effet, un député, M. Vavin, avait proposé la disposition suivante : « Si le surenchérisseur le préfère, il pourra, au lieu de présenter une caution pour la totalité, aux termes de l'art. 2185 c. nap., donner un nantissement en argent ou en rentes sur l'État, jusqu'à concurrence du prix et des charges. » Cet amendement n'a pas été appuyé. — Le nantissement en argent ou en rentes sur l'Etat, offert par le surenchérisseur à défaut de caution, ne peut donc être reçu qu'autant qu'il représente une somme suffisante pour couvrir en totalité les obligations résultant de la surenchère.

178. Soit qu'il s'agisse d'un cautionnement ou d'un gage donné pour sûreté de la surenchère, on s'est demandé si la garantie exigée doit comprendre, outre le prix principal, le dixième en sus résultant de la surenchère. Cette question est controversée. — On s'est fondé sur les termes de l'art. 2185 c. nap., énonçant que le surenchérisseur offrira de donner caution du prix et des charges, pour prétendre qu'il s'agit seulement dans cet article du prix et des charges portées au contrat primitif d'aliénation, ou déclarées par le nouveau propriétaire, et qu'ainsi ce serait outrepasser les exigences de la loi, que de vouloir étendre les effets de ce cautionnement au dixième en sus formant le montant de la surenchère. — Jugé en ce sens que l'obligation, pour le surenchérisseur, de fournir caution, ne s'étend que jusqu'au prix énoncé au contrat, et non au dixième de la surenchère (Rennes, 29 mai 1812 (3); Conf. Delvincourt, t. 3, p. 369).

179. Mais on répond justement qu'exiger la garantie d'un cautionnement pour la totalité des engagements contractés par le surenchérisseur, ce n'est en aucune façon contredire la lettre de la loi, puisque ces expressions, le *prix et les charges* peuvent s'entendre tout naturellement du prix et des charges auxquels s'oblige le surenchérisseur, et que cette interprétation en outre est beaucoup plus conforme au but que la loi

(1) (Rabel C. Sigaux.)—LA COUR;—En ce qui touche la nullité tirée de ce que l'acte de surenchère n'aurait point désigné la caution, et de ce que la rente offerte par le surenchérisseur n'aurait été acquise que postérieurement à la réquisition de mise aux enchères : — Considérant que la loi n'exige, pour la validité de la surenchère, que l'offre d'une caution avec assignation à trois jours pour sa réception; — Que, si la caution doit être exactement désignée, c'est dans le cas où le cautionnement est personnel, parce qu'il est nécessaire que la solvabilité de la personne offerte soit appréciée par les parties intéressées; mais que, dans le cas où le cautionnement consiste en une rente de somme d'argent, il suffit que la valeur offerte dans l'acte de surenchère se trouve appartenir au requérant lors du jugement de validité de la surenchère, et qu'elle puisse alors répondre du prix des charges... »

Du 19 déc. 1836.—C. de Paris.

Nota. Cet arrêt a été l'objet d'un pourvoi, mais relativement à une autre question.—V. n° 126.

(2) (Meton C. Boyeux.) — LA COUR; — Considérant qu'aux termes de l'art. 2185 c. civ., et de l'art. 832 c. pr., le créancier hypothécaire qui surenchérit doit, à peine de nullité, offrir de donner caution jusqu'à concurrence du prix et des charges; — Qu'un surenchérisseur qui n'offre pour garantie qu'un immeuble à lui appartenant, ne remplit pas le vœu de la loi; qu'une pareille offre ne donne, en réalité, qu'un seul débiteur, dont tous les biens se trouvent déjà et de droit affectés à la sûreté de la surenchère; que la loi veut impérieusement qu'il y ait, dans l'intérêt du vendeur et de ses créanciers inscrits, deux obligés, le surenchérisseur et sa caution, contre laquelle on ait tout à la fois l'action personnelle et l'action hypothécaire; — Par ces motifs, infirme;—Déclare nulle la surenchère.

Du 5 mars 1831.—C. de Paris, 3e ch.—M. Lepoitevin, pr.

(3) (Chipelle C. Kerpin.) — LA COUR; — Considérant que les intimés se sont conformés aux dispositions de l'art. 2185 c. civ. en faisant leur soumission de faire porter à un dixième en sus le prix stipulé au contrat du 25 mars 1811, et en offrant de donner caution du prix et des charges du même contrat; que cet article n'énonce point que la caution doit s'étendre au dixième en sus; mais que, si tel est son vœu il se trouve rempli par le mot *charges* employé par les intimés dans leur acte de réquisition de mise aux enchères; que s'ils ont ajouté au mot *charges* ceux *du même contrat*, on ne doit pas en induire qu'ils n'ont pas entendu offrir caution pour le dixième en sus auquel ils s'étaient soumis à faire porter le prix du contrat qui ne stipule d'ailleurs qu'un prix principal, et dans lequel aucune espèce de charges ne se trouve imposée à l'acquéreur; — Considérant que ce n'est point aux formalités prescrites par l'art. 518 c. pr. civ., concernant la caution à fournir, quand elle est ordonnée par le jugement, que les intimés étaient tenus de se conformer, mais bien à celles prescrites en matière de surenchère par les dispositions de l'art. 832 du même code; — Considérant que les intimés avaient dans leur acte de réquisition de mise aux enchères exécuté tout ce que leur prescrivait cet article; que l'appelante n'avait élevé aucune contestation sur la solvabilité de la caution offerte; qu'ainsi, les premiers juges tenus de procéder sommairement à sa réception ont dû l'admettre; — Confirme.

Du 29 (et non 26) mai 1812.—C. de Rennes.

a dû se proposer, qui a été d'assurer l'exécution des obligations qui résultent de l'acte de surenchère. N'est-il pas plus logique de rattacher les effets que doit produire le cautionnement aux engagements contractés par le surenchérisseur qu'à ceux qui résultent d'un contrat auquel ce surenchérisseur est resté étranger? Et enfin, qu'est-ce qu'un cautionnement, sinon un acte par lequel une personne se substitue à une autre pour l'exécution des obligations que contracte celle-ci, dans le cas où elle n'y satisferait pas elle-même. Donc le cautionnement exigé par la loi doit embrasser la totalité des engagements que comporte la réquisition de surenchère. — C'est donc avec beaucoup plus de raison, suivant nous, qu'il a été jugé que le cautionnement s'étend au dixième en sus (Cass. 10 mai 1820 (1); Orléans, 18 fév. 1845, aff. Guyon *C.* Lugol). — Conf. MM. Troplong, Hyp, t. 4, nº 947; Favart, t. 5, p. 478; Persil fils, Comment., p. 370 et 454; Carré et Chauveau, t. 3, p. 834, nº 2480; Petit, p. 504 et s.

180. Du reste, il n'est pas nécessaire que l'acte de soumission de la caution, pas plus que l'acte de réquisition de mise aux enchères (V. nºs 208 s.), évalue numériquement le montant du dixième que la caution s'oblige pour le surenchérisseur à payer en sus du prix et des charges. — Il est souvent difficile d'évaluer, avec une rigoureuse exactitude, les divers éléments dont un prix de vente peut se composer, et MM. Carré et Chauveau, *loc. cit.*, font observer avec raison qu'il sera même prudent, en ce cas, de s'en tenir à une généralité de termes qui satisfasse au vœu de la loi en prévenant toute nullité qui pourrait résulter d'omissions involontaires. — Il a été jugé, d'ailleurs : 1º que lorsque l'offre de la caution est faite dans l'acte de réquisition de mise aux enchères, contenant soumission de porter le prix de l'immeuble à un dixième en sus, outre les charges, il n'est pas nécessaire de répéter que la caution est donnée, jusqu'à concurrence du prix et des charges (Paris, 25 mars 1811, aff. Treillet, V. nº 124); — 2º Qu'en supposant que la loi exige que la caution s'étende au dixième en sus, son vœu est rempli par l'offre de donner caution pour les charges (Rennes, 29 mai 1812, aff. Chipelle, V. nº 178).

181. La caution offerte profite non-seulement au surenchérisseur, mais au créancier inscrit qui, aux termes de l'art. 832 peut, en cas de fraude, collusion ou négligence et sans avoir besoin de présenter une caution nouvelle, se faire subroger à la poursuite (V. nº 241). Et réciproquement, la nullité qui résulte du défaut de cautionnement ou de son insuffisance est opposable, non-seulement au surenchérisseur, mais aux autres créanciers qui prétendraient se faire subroger à la surenchère. — V. nº 244.

182. La même nullité serait opposable à l'acquéreur qui se prévaudrait de l'existence de la surenchère pour se prétendre déchargé de son acquisition. — Ainsi, il a été jugé sous le code de 1806 que l'acquéreur ou adjudicataire sur aliénation volontaire n'est pas déchargé de son acquisition, par cette circonstance que la caution présentée par le surenchérisseur a été admise par le tribunal, alors que cette caution n'a pas fait la soumission voulue par la loi, et même est tombée en faillite; qu'en un tel cas, la surenchère étant déclarée nulle, l'acquisition surenchérie conserve toute sa force : — « La cour; — Considérant qu'il n'y a pas de surenchère sans caution et sans soumission de la caution : c'est un tout indivisible; qu'une de ces conditions, qui tiennent à l'essence de la surenchère, manquant, il n'y a plus de surenchère, et que toute contestation élevée sur un pareil acte, pour modifier ou détruire une adjudication régulière, est une procédure frustratoire et nulle (Paris, 3ᵉ ch., 25 juin 1831, MM. Lepoitevin, pr., aff. Pouqueville *C.* Tourdonnet, V. aussi dans le même sens, Agen, 17 août 1816, aff. Vidal, nº 263). — La question ne pourrait plus se présenter dans les mêmes

(1) *Espèce :* — (Beslay *C.* Néel-Delavigne.) — Le 29 sept. 1816, vente par les héritiers Michel, à Beslay, de la métairie du Colombier, pour 22,600 fr. — L'acquéreur ayant fait notifier son contrat aux créanciers inscrits, Néel-Delavigne, l'un d'eux, se porta surenchérisseur. — Il présenta, pour cautionnement, le domaine du Haut-Fresne, appartenant en commun aux frères et sœurs Dutertre. — Beslay soutint l'insuffisance du cautionnement, en se fondant : 1º Sur ce que l'immeuble offert était soumis à l'hypothèque légale des femmes de deux des copropriétaires; — 2º Sur ce qu'en le supposant libre, sa valeur n'était pas suffisante pour répondre du prix, plus du dixième et des charges. Beslay demanda en conséquence la nullité de la surenchère. — Le 28 fév. 1817, jugement du tribunal civil de Dinan, qui déclare la surenchère nulle, mais par des motifs différents. Selon ce jugement, le dixième ne ferait point partie du prix qui est l'objet du cautionnement prescrit; mais, dans l'espèce, la propriété du Haut-Fresne, évaluée d'après les règles indiquées aux art. 2162 et 2165, pour la réduction des hypothèques, n'est pas même suffisant pour répondre du prix originaire et des charges indépendamment du dixième. — Appel.

Le 9 mai 1818, arrêt de la cour de Rennes, qui déclare le cautionnement valable et maintient la surenchère : — « Considérant, sur la consistance de la caution, que si l'art. 2185 c. civ. impose l'obligation d'en donner une jusqu'à concurrence du prix et des charges, ce serait aggraver la disposition de la loi que de faire entrer, pour apprécier la valeur du cautionnement, le dixième du prix en sus de celui stipulé dans le contrat; le dixième en sus est hors des conventions primitives des parties contractantes et des charges qui ont dérivé de ces conventions, il n'est entré pour rien dans le calcul de la somme versée pour le bien vendu; la loi, en s'expliquant sur l'obligation de donner caution jusqu'à concurrence du prix et des charges, s'est bornée à ces derniers termes, et ne parle nullement du dixième en sus; son intention n'a donc embrassé que le prix et les charges réelles, et non le prix qu'elle créait elle-même, puisqu'elle ne s'en occupe pas, et ne rappelle que le prix et les charges du contrat; il n'est donc pas nécessaire, pour la validité de la caution, qu'elle couvre tout à la fois le prix, les charges et le dixième en sus;

» Considérant, sur le système d'hypothèques légales établi par le sieur Beslay contre les cautions offertes, qu'à la vérité la loi accorde ce privilége aux femmes sans inscription, pour assurer les reprises qu'elles peuvent avoir à faire et à exercer sur les biens de leurs époux, mais qu'il ne suit pas de cet avantage que les biens d'un homme marié doivent être considérés comme essentiellement grevés d'hypothèques, puisqu'il est possible qu'une femme n'ait à exercer aucune reprise sur les biens de son mari, cas qui rend ces biens parfaitement libres; il s'ensuit donc que cette hypothèque n'est qu'accidentelle, et que, tant qu'elle n'est pas prouvée, elle doit être considérée comme non existante, et ne peut influer sur la validité d'une caution; l'opinion contraire tendrait à établir l'incapacité des hommes mariés à posséder aucun bien libre, à rien cautionner, ce qui n'est porté dans aucune loi et pousserait à l'extrême le système des hypothèques légales; il faut donc en conclure que, rien ne constatant l'hypothèque actuelle des femmes sur les biens de leurs maris, l'argument tiré des hypothèques légales est dénué de fondement et ne peut faire obstacle à la réception des cautions...; — Considérant qu'en opérant d'après les bases données par l'art. 2185, et en usant de la latitude laissée aux juges par l'art. 2164, il est un moyen simple et régulier de parvenir à une juste estimation, et de découvrir, sans rien forcer, la véritable proportion entre le bien offert pour cautionnement et celui à cautionner; or la terre surenchérie monte, avec ses charges, à la somme de 24,158 fr. 77 c.; celle du Haut-Fresne, offerte en cautionnement, est évaluée, dans la matrice du cadastre, à un revenu de 1,291 fr. 54 c.; le revenu, par une juste appréciation du capital, ne s'agissant pas ici de réduction d'hypothèques et vu la situation du bien près une ville, ne peut être calculé à moins de vingt fois la valeur; or vingt fois 1,291 fr. 54 c. donnent 25,820 fr. 80 c., somme supérieure à celle de 24,158 fr. 77 c., montant du prix et des charges de la terre surenchérie; d'où il résulte que l'immeuble offert en cautionnement est d'une valeur suffisante pour couvrir la somme dont le surenchérisseur est tenu, et que la caution doit être admise. »

Pourvoi : 1º Violation de l'art. 2185 c. civ., en ce que la cour de Rennes a admis le cautionnement, bien qu'il ne s'appliquât qu'au prix originaire du contrat, et ne s'étendît pas au dixième en sus, auquel le surenchérisseur devait faire porter le prix. — 2º Violation des art. 2121, 2135 et 1352, en ce que la cour de Rennes a admis comme suffisant, pour le cautionnement, un immeuble grevé d'hypothèques légales au profit des femmes de deux des copropriétaires de cet immeuble. — Arrêt.

La cour; — Considérant, sur le premier moyen, — Et d'abord sur les parties de la défense présentée par Néel-Delavigne, tirée de ce que le cautionnement à fournir par un enchérisseur ne s'étend pas aux frais et loyaux coûts du contrat, que, ce moyen n'ayant été discuté ni en première instance ni en cause d'appel, la cour ne peut s'en occuper; — Mais vu l'art. 2185 c. civ.; — Considérant qu'aux termes du nº 2 de cet article, le surenchérisseur est tenu de faire porter le prix de l'immeuble à un dixième en sus de celui qui aura été stipulé dans le contrat, et, par conséquent, qu'il est tenu par sa soumission de payer ce dixième en sus; — Que, lorsque le nº 5 ajoute que le surenchérisseur offrira caution du prix et des charges, il est clair, d'après la corrélation qui existe entre les deux numéros de l'article, que ce prix ne peut être que celui dû par le surenchérisseur, celui porté en la soumission dont il vient d'être parlé; par conséquent, que le cautionnement s'étend au montant de la surenchère, qui fait partie intégrante de cette soumission, et qu'en jugeant le contraire, l'arrêt attaqué a violé la loi ci-dessus citée; — Sans qu'il soit besoin d'examiner le second moyen, casse.

Du 10 mai 1820.-C. C., sect. civ.-MM. Brisson, pr.-Zangiacomi, r.

termes aujourd'hui, puisque la soumission, de la caution doit précéder le jugement d'admission aux termes de l'art. 832 modifié. Mais le principe consacré par cette décision devrait encore recevoir son application dans des circonstances analogues.

§ 7. — *Taux ou quotité de la surenchère dite sur aliénation volontaire.*

183. La réquisition de mise aux enchères doit, à peine de nullité, contenir soumission du requérant de porter ou faire porter le prix à un dixième en sus de celui qui aura été stipulé dans le contrat ou déclaré par le nouveau propriétaire (c. nap. 2185).— Le prix *porté au contrat*, si l'acte d'aliénation est une *vente*; *déclaré par le nouveau propriétaire* d'après l'obligation que lui impose l'art. 2183, si le titre translatif de propriété, ne comporte pas de stipulation de prix, comme en cas d'aliénation par *donation*.

184. Si le titre du nouveau propriétaire était, par exemple un jugement d'adjudication sur *folle enchère*, il faudrait (si l'on admet toutefois qu'une pareille vente soit susceptible de surenchère, (V. *suprà*, nº 26) prendre pour base de la soumission, non point le prix de la première adjudication, puisque cette adjudication se trouve résolue, mais le prix même moyennant lequel l'immeuble aurait été adjugé sur la poursuite de folle enchère.— Et il a été jugé en ce sens, qu'en pareil cas, le dixième en sus du prix principal doit être évalué, non d'après celui de la première adjudication, mais d'après celui de l'adjudication sur folle enchère (Paris, 10 mai 1834, aff. Philippe, nº 26).

185. Cette soumission, au reste, doit être pleine et entière sans aucune restriction ni réserve, et il a été justement décidé que l'acte de surenchère du dixième en sus du prix de vente, dans lequel le surenchérisseur a fait la réserve d'être remboursé de ses frais, par privilége, sur le prix de cette surenchère, doit être annulé pour insuffisance de la surenchère (Req. 15 juill. 1843 (1); Montpellier, 25 janv. 1830, M. Trinquelague, 1er pr., aff. Combes *C.* Reynes). — Une telle restriction, en effet, serait en contradiction formelle avec les termes impératifs de l'art. 2185, puisqu'en pareil cas la surenchère ne serait plus du dixième net du prix de la vente (Conf. M. Petit, p. 428).

186. Il convient toutefois de remarquer que dans les espèces jugées par les deux arrêts précités, le créancier surenchérisseur paraissait avoir entendu faire du remboursement des dépens sur son prix une condition expresse. Il y a donc en cette matière une question d'intention que, d'après les principes mêmes posés par la cour de cassation dans un arrêt du 5 juill. 1838 (aff. Verne, nº 189), les juges doivent préalablement examiner. — Il a été décidé d'après ce principe que la soumission dans l'acte de réquisition de mise aux enchères sur aliénation volontaire, de faire porter le prix à un dixième en sus de celui stipulé au contrat de vente, ne doit point être déclarée nulle, par cela seul que le créancier requérant s'est en même temps réservé « de procéder comme de droit à fin de dépens, dont il entend être remboursé comme de frais extraordinaires de poursuites, » s'il ne ressort pas de l'ensemble de l'acte qu'il ait voulu faire du remboursement des dépens sur le prix une condition nécessaire, dont l'effet serait d'altérer la soumission (Douai, 20 mars 1851, aff. Wagrez, D. P. 52. 2. 137). — Nous avouons, toutefois, que, dans cette dernière espèce, les termes dans lesquels la réserve était formulée, nous paraissent établir de la part du créancier surenchérisseur, une condition de remboursement tellement expresse, qu'il a fallu pour en décider autrement, étendre le droit d'interprétation dont il s'agit, au delà peut-être de ses justes limites. — Au reste, les décisions rendues sur ce point, peu importantes en droit, car il est incontestable que le dixième exigé par l'art. 2185 c. nap. doit rester intégral, pour que la surenchère soit valable, sont cependant intéressantes en procédure, parce qu'elles tendent à redresser une erreur de pratique qui se fonde sur la formule vicieuse échappée à M. Pigeau, t. 2, p. 409, et d'après laquelle le surenchérisseur paraîtrait pouvoir être admis à se faire rembourser de ses frais par *privilége sur le prix*. Or, autoriser le remboursement par privilége sur le prix que la surenchère a eu pour but d'élever d'un dixième, ne serait-ce pas permettre au surenchérisseur de rétracter, dans le même acte, une portion des offres qu'il vient de faire? D'ailleurs, c'est à l'adjudicataire qu'il incombe de rembourser les frais de vente et de revente; le prix doit toujours revenir aux créanciers du vendeur.

187. Il est cependant un cas où le surenchérisseur pourrait conclure au remboursement de ses frais sur le montant de ses offres, sans violer les principes qui viennent d'être rappelés. C'est celui où, ayant offert une somme fixe de beaucoup supérieure aux dixième et aux charges, il demande à être remboursé sur cet excédant. On comprend qu'en semblable circonstance les droits des créanciers resteraient saufs, et que le dixième de l'art. 2185 ne serait pas diminué.— Aussi a-t-on bien jugé en pareil cas, suivant nous, en décidant que l'obligation du surenchérisseur de porter ou faire porter le prix des immeubles à un dixième en sus du prix stipulé, est accomplie, alors même qu'il s'est réservé d'être remboursé des dépens, s'il a offert une somme suffisante pour les couvrir. — « La cour; attendu que l'arrêt attaqué (de la cour de Bordeaux du 6 mars 1834) juge, en fait, que le sieur Ollié avait non-seulement offert le dixième en sus du prix de la première vente, mais une somme bien supérieure à ce dixième et suffisante pour couvrir les frais de la surenchère; rejette» (Req. 4 fév. 1835, MM. Zangiacomi, pr., Joubert, rap., Nicod, av. gén., c. conf., aff. Guichard *C.* Ollié).

188. S'il n'y a pas eu de prix stipulé dans l'acte d'aliénation, comme dans le cas, par exemple, où l'immeuble aurait été transmis à titre de *donation*, le nouveau propriétaire en notifiant son contrat est tenu d'assigner à l'immeuble une valeur déterminée, dont il fait offre aux créanciers inscrits, et c'est sur le chiffre ainsi déclaré que doit porter le montant de la surenchère (c. nap. 2185). Cet article semble au premier coup d'œil ne parler que du donataire, mais il s'applique par identité de raison au légataire et à l'échangiste (M. Troplong, Hypothèque, t. 4, nos 925, 930).

189. En cas de ventilation sur divers immeubles vendus en bloc (V. nº 37), c'est cette ventilation qui doit servir de base pour le calcul du dixième en sus; et il en serait ainsi, encore bien que le nouveau propriétaire ne l'aurait pas établie sur des proportions exactes. Si, par exemple, la ventilation portait l'immeuble à un prix trop élevé, les créanciers inscrits sur cet immeuble n'auraient nul intérêt à se plaindre de ce que le nouveau propriétaire leur offre au delà de ce dont il était tenu; ils ne pourraient donc pas s'en faire un motif pour calculer sur un prix inférieure à la somme offerte le montant de la surenchère (Conf. M. Petit, nº 452).— Il a été jugé en ce sens que lorsque l'adjudication en masse de plusieurs immeubles dont quelques-uns seulement sont frappés d'inscriptions, ayant produit un prix supérieur à l'estimation d'experts qui avait précédé la vente, l'adjudicataire, pour opérer la purge, a fait la ventilation prescrite par l'art. 2192 c. nap., de telle manière qu'il a attribué aux immeubles hypothéqués la presque totalité de la différence en plus qui existait entre le montant de l'adjudication et l'évaluation des experts, les créanciers qui, dans ce cas, veulent surenchérir, doivent le faire dans la proportion établie par la ventilation; et la suren-

(1) (Geffrier *C.* Martinès.) — LA COUR; — Attendu qu'aux termes de l'art. 2185 c. civ., la réquisition de mise de l'immeuble aux enchères doit, à peine de nullité, contenir la soumission du requérant de porter ou faire porter le prix à un dixième en sus de celui qui aura été stipulé dans le contrat; — Attendu, en fait, que, par l'acte de surenchère du 4 janv. 1841, le requérant se soumit à faire porter le prix à un dixième en sus, c'est-à-dire à 500 fr., le prix de la vente étant de 5,000 fr., et qu'il conclut à être remboursé des dépens, comme des frais extraordinaires de poursuite par privilége sur le prix; — Attendu que la cour royale a pu, comme elle l'a fait, ne pas diviser la soumission de faire porter le prix à un dixième en sus des conclusions au payement des frais par privilége sur le prix, la soumission et les conclusions se trouvant dans le même acte; — Attendu que le prélèvement des frais par privilége réduisant le prix à distribuer aux créanciers, le dixième qui, d'après l'esprit et la lettre de la loi, doit être de la même nature que le prix, ne resterait pas intégralement disponible, et que, dès lors, la cour, en annulant la surenchère, a fait une juste application de l'art. 2185; — Rejette le pourvoi contre l'arrêt de la cour de la Guadeloupe du 16 août 1841.

Du 15 juill. 1843.-C. C., ch. req.-MM. Zangiacomi, pr.-Mestadier, rap.-Pascalis, av. gén., c. conf.-Gatine, av.

chère qui serait basée sur l'estimation, en y ajoutant, relativement aux immeubles frappés d'hypothèque, le montant de la répartition au marc le franc de la plus-value qu'a fournie la vente, a pu être déclarée insuffisante, sans que l'arrêt qui le décide ainsi, en considérant, d'ailleurs, la ventilation comme exempte de fraude, tombe sous la censure de la cour de cassation (Req. 5 juill. 1838) (1).

190. La loi ne se servant pas ici, comme dans l'art. 710 c. pr., des termes, en apparence restrictifs, *prix principal*, il s'ensuit que la surenchère doit être du dixième de tout ce qui compose le prix, c'est-à-dire de tous les accessoires qui en dépendent. — Ainsi, il ne suffirait pas que le surenchérisseur offrît un dixième en sus du prix principal, plus les charges : il faut, à peine de nullité, que l'offre du dixième porte non-seulement sur le prix principal, mais encore sur tous les autres éléments du prix (Grenoble, 19 mai 1852, aff. Baroz, D. P. 54. 2. 151).—La difficulté consiste à savoir quels sont les objets, les accessoires, charges, stipulations qui font partie du prix.—V. Favard, Rép., t. 5, p. 476; Carré, n° 2980; Pigeau, Comment., t. 2. p. 354; Merlin, Rép., t. 13, p. 337 et 340.

191. En règle générale et d'après l'opinion unanime des auteurs, il faut considérer comme formant partie intégrante du prix et comme devant à ce titre être porté au dixième en sus tout ce qui profite directement ou indirectement au vendeur en imposant un sacrifice à l'acquéreur (Conf. Riom, 22 août 1842, aff. Beynet, n° 200; Conf. Merlin, Rép., v° Surenchère, p. 338; Grenier, n° 452; Troplong, n°s 935, 936; Bioche, n° 30). — Il faut enfin comprendre sous cette dénomination toutes les sommes d'argent que, soit à titre de prix principal, soit à titre de pot de vin, épingles, rentes, etc., *l'acquéreur tire de sa poche*, suivant l'expression de Merlin (*loc. cit.*), *pour la faire entrer dans celle du vendeur*. — Il a été jugé, en conformité de ces principes : 1° que l'obligation imposée à l'acquéreur de servir une rente foncière dont l'immeuble est grevé, est censée faire partie du prix; qu'en conséquence, le surenchérisseur doit offrir le dixième en sus du capital de cette rente, comme du prix payable au vendeur lui-même (Cass. 25 nov. 1811) (2) :—« Attendu que le prix ne se compose pas seulement de ce qui est payé personnellement au vendeur, mais encore de ce qu'on s'oblige à payer à ses créanciers ou ayants cause » (Bordeaux, 2e ch., 4 mai 1833, M. Gerbaud, pr., aff. Richard C. Lhoumeau; Conf. MM. Carré, t. 3, p. 165; Pigeau, Comment., t. 2, p. 527; Merlin, t. 13, p. 340; Delvincourt, t. 3, p. 367; Troplong, n° 935);—2° Que la surenchère du dixième doit, à peine de nullité, porter, non-seulement sur le prix de vente exprimé en argent, mais encore sur toutes les charges portées au contrat, qui profitent au vendeur, et spécialement sur la valeur d'une certaine quantité de charbon que l'acquéreur est tenu de fournir annuellement en l'acquit du vendeur (Paris, 19 mars 1836, aff. synd. du Creuzot, V. n° 418); — 3° Que lorsque, dans la notification aux créanciers, l'acquéreur déclare qu'outre le prix porté dans le contrat, il est convenu verbalement de payer une somme au vendeur à titre de pot de vin, le surenchérisseur doit offrir le dixième de cette somme comme du prix stipulé (Cass. 3 avril 1815 (3); Conf. MM. Favard, t. 5, p. 476; Troplong, n° 935).

192. Il faut comprendre enfin, par les mêmes motifs, dans le

(1) *Espèce* : — (Verne C. Ochier, etc.)— Le pourvoi contre un arrêt de la cour de Dijon du 5 mai 1837 était fondé : 1° sur la violation des art. 955, 964 c. pr., 2183 c. civ., et fausse application de l'art. 2192 de ce dernier code, en ce que, d'une part, la cour royale a refusé à un créancier hypothécaire le droit de contester la ventilation du nouvel acquéreur et d'établir la surenchère sur des bases qui lui paraissaient plus justes; — Que, d'autre part, l'arrêt attaqué ne pouvait pas ratifier la ventilation, dans l'espèce, sans violer les droits des vendeurs en minorité. — Si, dit-on, à l'appui de la première proposition, la ventilation faite par l'acquéreur était obligatoire pour les créanciers, il est évident qu'il pourrait arbitrairement empêcher une surenchère en grossissant le prix des immeubles hypothéqués, ou la faciliter, si la vente lui était onéreuse, en affaiblissant ce même prix : ce serait livrer à sa discrétion les droits des vendeurs et des créanciers. Mais il ne peut en être ainsi, et il faut reconnaître avec MM. Troplong (Hypoth., sur l'art. 2192) et Tarrible (Rép., v° Transcription), que les créanciers et le vendeur lui-même ont le droit de faire réformer la ventilation, s'ils lui reprochent une disproportion nuisible à leurs intérêts respectifs. « Vainement, ajoute M. Troplong, dirait-on que les créanciers n'ont pas besoin de contester la ventilation, puisqu'ils peuvent surenchérir : si en contestant la ventilation ils peuvent arriver au même résultat à moins de frais et sans contracter des obligations souvent onéreuses, on ne pourra pas le leur interdire. » — Au surplus (seconde proposition), il résulte de la ventilation du sieur Ochier qu'il a porté certains lots d'immeubles au-dessous de l'estimation des experts : or c'est ce qu'il ne pouvait pas faire légalement en présence des art. 955 et 964 c. pr., relatifs à la vente des biens des mineurs. Ces articles défendent, en effet, qu'en pareil cas, le prix soit inférieur à l'estimation. — Enfin, il appert incontestablement de la notification du sieur Ochier que la ventilation qu'il a faite était frauduleuse, puisque, comme l'a déclaré le jugement de première instance, il n'a évalué qu'à 1,865 fr. les fonds non hypothéqués, tandis qu'ils avaient été adjugés partiellement à 2,551 fr. 50 c. — 2° Sur la violation de l'art. 2185 c. civ., en ce que la surenchère de la demanderesse remplissant toutes les conditions exigées, l'arrêt attaqué n'a pas pu l'invalider. — Arrêt.

La cour; — Attendu, sur le premier et le deuxième moyens, que la cour royale de Dijon, à qui appartenait souverainement le droit de fixer les faits et d'apprécier les actes de la cause, déclare, dans l'arrêt attaqué, que la ventilation faite par Ochier (adjudicataire), des immeubles spécialement hypothéqués à la créance de la dame Verne, est exempte de toute fraude, qu'elle est supérieure au prix porté par l'estimation des experts et que la surenchère ou soumission faite par la dite dame n'est point basée sur le prix porté par ladite ventilation; — Et qu'en décidant, en droit, que ladite surenchère de la dame Verne est nulle comme insuffisante et comme ne remplissant pas les conditions exigées par l'art. 2185 c. civ., à peine de nullité, ladite cour a fait de cet article et de l'art. 2192 du même code, une juste application, et n'a point violé les art. 955 et 964 c. pr. civ.; — Rejette.

Du 5 juill. 1838.-C. C., ch. req.-MM. Zangiacomi, pr.-Félix Faure rap.-Nicod, av. gén., c conl.-Bruzard, av.

(2) (Bonfils C. Privat.) — La cour (apr. partage); — Vu le § 2 de l'art. 2185 c. civ.; — Et attendu que ce qui constitue essentiellement le prix de la vente d'un immeuble, c'est tout ce que l'acquéreur est obligé de payer pour profiter, de quelque manière que ce soit, au vendeur ou à ses créanciers; — Qu'aujourd'hui la rente foncière devenue meuble et rachetable ne pouvant plus être conservée que par l'effet de son inscription aux hypothèques, il s'ensuit que l'obligation que contracte l'acquéreur de l'acquitter ou de la rembourser, fait essentiellement partie du prix de la vente, puisque, d'un côté, il l'acquitte ou la rembourse à la décharge du vendeur, et que, de l'autre, le capital de cette rente peut éventuellement profiter aux créanciers de ce dernier, si celui à qui elle est due ou a négligé de la faire inscrire, ou l'a fait inscrire trop tard pour conserver son privilége, ou obtenir une collocation utile; — Attendu, dans l'espèce, 1° qu'il y a eu évidemment transport de la propriété des immeubles dont il s'agit au profit de Privat, et que la rente dont il a été chargé était une rente foncière, puisque la loi du 18 déc. 1790 a assimilé le bail à locatairie perpétuelle au bail à rente; 2° que, d'après les principes certains qu'on vient de rappeler, l'obligation imposée à Privat d'acquitter ou de rembourser cette rente faisait partie du prix de son contrat; — D'où il résulte que Bonfils, en requérant la mise aux enchères, devait, aux termes de la seconde disposition de l'art. 2185 c. civ., faire sa soumission de payer le dixième en sus du capital de ladite rente, et que l'arrêt attaqué (de la cour de Nîmes, du 12 janv. 1809), pour avoir jugé le contraire, a violé cette disposition; — Casse.

Du 25 nov. 1811.-C. C., sect. civ.-MM. Muraire, 1er pr.-Ruperou, rap.

(3) *Espèce* : — (Capron C. Lesueur.) — Lesueur avait formé une surenchère qui fut déclarée en première instance nulle, parce qu'elle ne portait pas l'obligation de surenchérir d'un dixième une somme de 400 fr. déclarée dans la notification du contrat comme payée par l'acquéreur à titre de pot-de-vin, mais non portée dans le contrat. — Sur l'appel, cette surenchère fut déclarée valable par arrêt de la cour d'Amiens, du 2 juill., qui statue en outre sur un second moyen de nullité en ces termes : — « Attendu que le § 2 de l'art. 2185 c. civ. obligeant le requérant la mise de l'immeuble aux enchères et adjudication publique à se soumettre de porter ou faire porter le prix de l'immeuble vendu à un dixième en sus de celui qui aura été porté dans le contrat ou déclaré par le nouveau propriétaire, il y a conséquemment nécessité ou que le contrat contienne un prix déterminé en numéraire, ou que le nouveau propriétaire l'ait déterminé dans la notification de son contrat d'acquisition, afin que chaque créancier inscrit puisse comparer le prix, ou stipulé ou déclaré, à la valeur qu'a, dans son opinion, l'immeuble vendu, et se déterminer, soit à la surenchère, soit à confirmer la vente; que la vente faite par Famin à Capron et sa femme des immeubles compris au contrat du 24 fév. 1812, et qui a été notifiée le 25 juin suivant, a été faite d'abord sous la réserve de l'usufruit de la moitié desdits immeubles au profit de Marie Boutioye, veuve Dumont, et de plus, de payer annuellement à ladite veuve, 1° 60 fr. en argent, 2° diverses prestations en nature, le tout de rente viagère et annuelle : qu'aucune des prestations en nature n'est évaluée par ledit contrat de vente, non

prix sur lequel doit porter la surenchère, les frais que la loi ne met point à la charge de l'acquéreur et qu'il paye en l'acquit du vendeur en vertu d'une clause particulière du contrat, et par exemple, les frais de l'extrait des inscriptions et dénonciations aux créanciers inscrits : ces frais ne sont pas de droit à la charge de l'acquéreur, et doivent être considérés comme payés à l'acquit du vendeur (Conf. MM. Troplong, n° 936 ; Bioche, n° 30 ; Petit, p. 489). — En conséquence, si dans une vente par licitation, le cahier des charges met ces frais à la charge de l'acquéreur, la surenchère faite seulement sur le prix principal, est nulle (Bordeaux, 14 déc. 1827) (1).

182. Il faut en dire autant des frais de poursuite de vente mis à la charge de l'acquéreur par le cahier d'enchères ; et il a été jugé par application des mêmes règles : 1° que quand l'adjudicataire a été obligé de payer, outre son prix, un droit de 5 pour 100 à l'avoué poursuivant, et une somme fixe pour les frais, le surenchérisseur doit offrir le dixième de ces sommes aussi bien que du prix principal (Cass. 15 mai 1811) (2) ; — 2° Que, si, dans une adjudication sur vente volontaire, il a été stipulé que l'adjudicataire, outre le prix de l'adjudication, payerait 2 1/2 par franc comptant, la surenchère du dixième doit porter non-seulement sur le prix principal, mais encore sur les 2 1/2, lesquels en font partie (Nancy, 18 mai 1827) (3) ; — 3° Qu'est nulle la surenchère qui ne contient pas l'offre du dixième en sus de certaines charges extraordinaires imposées à l'adjudicataire, telles que de donner à ses frais copie du jugement d'adjudication, de

---

plus que dans la notification qu'en ont faite Capron et sa femme, qui étaient les maîtres de déterminer la valeur de tous ces objets, dans leur intérêt personnel, d'après les dispositions de l'art. 2183 c. civ. ; qu'il n'est conséquemment pas possible de considérer comme insuffisante la somme de 250 fr. offerte par Lesueur pour le dixième en sus du prix de la vente porté au contrat du 24 fév. 1812, puisqu'il n'existe ni dans ledit contrat ni dans la notification qui en a été faite, de prix pécuniaire auquel puisse être comparée ladite somme de 250 fr., y ajoutât-on 400 fr. que, dans leur notification, Capron et sa femme ont déclaré s'être soumis à payer à Famin à titre de pot-de-vin. » — Pourvoi pour violation des art. 2183 et 2185 c. civ. — Arrêt.

La cour ; — Vu les art. 2183 et 2185 c. civ. ; — Attendu, 1° en point de fait, qu'il résulte des termes de la surenchère du 24 juill. 1812 que Lesueur n'a pas offert, et n'a pas même eu l'intention d'offrir le dixième en sus des 400 fr. que les demandeurs avaient déclaré devoir à Famin, et qu'ils seraient obligés de payer aux créanciers inscrits ; qu'il n'est pas dit dans l'arrêt dénoncé que cette offre ait été faite, et que Lesueur a constamment soutenu, soit en première instance, soit en cause d'appel, et même devant la cour, qu'il n'était pas tenu d'offrir le dixième en sus des 400 fr. déclarés par les demandeurs ; — En point de droit, que, suivant l'art. 2185 c. civ., la surenchère doit contenir soumission de porter ou de faire porter le prix à un dixième en sus de celui qui aura été stipulé dans le contrat ou déclaré par le nouveau propriétaire ; qu'il n'y a dans cet article aucune expression qui indique que la soumission de porter ou faire porter le prix au dixième en sus de celui qui a été déclaré par le nouveau propriétaire, doive être restreint aux donations entre-vifs ; que lorsqu'un acquéreur déclare, en faisant notifier son contrat conformément à l'art. 2183, qu'il doit au vendeur, outre le prix stipulé dans le contrat, une somme convenue à titre de pot-de-vin ou pour toute autre cause, lorsqu'il se soumet de le payer, soit au vendeur, soit aux créanciers inscrits, il contracte envers les uns et les autres une obligation qui est irrévocable ; que la somme par lui déclarée forme donc réellement partie du prix de la vente ; que les créanciers inscrits ne peuvent se plaindre qu'elle ait été déclarée et offerte, puisqu'elle augmente leur gage, et qu'ainsi, comme l'acquéreur se trouve obligé envers les créanciers inscrits de payer la somme par lui déclarée, les créanciers inscrits qui veulent surenchérir doivent offrir le dixième en sus de cette somme, ainsi que du prix stipulé dans le contrat, pour que l'offre s'élève réellement au dixième en sus du prix total de la vente ; d'où il suit que l'arrêt dénoncé, en déclarant valable la surenchère du 24 juill. 1812, bien qu'elle ne contienne pas l'offre du dixième en sus de la somme de 400 fr. déclarée par les demandeurs, a violé la disposition de l'art. 2185 c. civ. ; 2° que l'arrêt dénoncé n'a pas jugé en fait que la somme de 250 fr. offerte par Lesueur pour le dixième en sus du prix de la vente, était suffisante, lors même qu'on ajouterait au prix de la vente les 400 fr. déclarés par les demandeurs ; mais qu'il a jugé qu'attendu qu'aucune des prestations en nature qui formaient le prix de la vente n'avait été évalué en numéraire, ni dans le contrat, ni dans la notification faite par les demandeurs, il n'était pas possible de considérer comme insuffisante la somme de 250 fr. offerte par Lesueur, puisqu'il n'existait ni dans le contrat ni dans la notification, de prix pécuniaire auquel pût être comparée ladite somme de 250 fr., y ajoutât-on les 400 fr. déclarés par les demandeurs ; qu'ainsi l'arrêt dénoncé a décidé que l'acquéreur doit évaluer en numéraire dans sa notification les prestations en nature qui n'ont pas été évaluées dans le contrat, et qu'à défaut par lui d'avoir fait cette évaluation, il ne peut arguer d'insuffisance les offres faites par la surenchère ; mais qu'en décidant ainsi, l'arrêt a violé la disposition de l'art. 2183 c. civ., qui n'oblige l'acquéreur à notifier aux créanciers inscrits qu'un extrait de son titre, contenant seulement la date et la qualité de l'acte, le nom et la désignation précise du vendeur ou du donateur, la nature et la situation de la chose vendue ou donnée, le prix et les charges faisant partie du prix de la vente, ou l'évaluation de la chose, si elle a été donnée ; que, d'après les termes de cet article, le nouveau propriétaire n'est tenu de faire dans sa notification une évaluation en numéraire que lorsque la chose a été donnée, mais non pas lorsqu'elle a été aliénée à titre onéreux ; et en conséquence qu'en cas de doute, c'est au créancier surenchérisseur ou à faire lui-même l'évaluation pour déterminer la somme précise qui doit être offerte pour le dixième en sus du prix de la vente, ou à faire en termes généraux, sans déterminer aucune somme, la soumission de porter ou faire porter l'immeuble à un dixième en sus ; — Casse.

Du 5 avr. 1815.-C. C., sect. civ.-MM. Muraire, pr.-Chabot, rap.

(1) *Espèce* : — (Crechen C. Caze.) — 1826, un jugement de l'audience des criées adjuge à Crechen une maison indivise entre lui et les héritiers Lafargue. — L'adjudication a lieu pour 3,525 fr., plus, aux termes du cahier des charges, 1° tous les frais faits jusques et compris le jugement d'adjudication ; 2° les frais d'enregistrement et d'expédition de ce jugement ; 3° ceux de transcription du jugement, de notification aux colicitants et de purge des hypothèques. — Caze déclare former surenchère du dixième ; mais il ne fait porter la surenchère du dixième que sur le prix principal. — Crechen soutient la nullité de la surenchère en ce qu'elle ne porte pas sur les accessoires, et demeure par là insuffisante ; — 27 mai 1827, le tribunal de Bordeaux rejette ce moyen. — Appel. — Arrêt.

La cour ; — Attendu que le cahier des charges fait partie du titre de l'adjudicataire ; que tous les frais qu'il occasionne et ceux qui le suivent jusqu'à l'adjudication sont tous relatifs à des solennités nécessaires qui constituent les éléments et les formes de la vente ; que, dès lors, ils sont à la charge de l'adjudicataire, conformément aux art. 1593 c. civ. et 715 c. pr. ; — Attendu que, si la loi laisse à la charge de l'acquéreur, qui seul purge les hypothèques, les frais de transcription, il n'en est pas de même de ceux de l'extrait des inscriptions et des dénonciations aux créanciers inscrits, à l'égard desquels l'art. 777 c. pr. porte que l'acquéreur sera employé dans l'ordre par préférence ; que cependant Crechen avait été assujetti à supporter ces frais qui, sans cette condition, auraient été prélevés sur le prix ; qu'ainsi ladite charge, dont les vendeurs profitaient, venait en augmentation dudit prix, et devait entrer dans la surenchère ; que Caze n'y a pas compris le dixième de cette charge ; — Que, par conséquent, la susdite surenchère est insuffisante et nulle, aux termes de l'art. 2186 c. civ. ; — Emendant, annule la surenchère faite par Caze.

Du 14 déc. 1827.-C. de Bordeaux.-M. Ravez, 1er pr.

(2) (Vignon, etc. C. Papillon.) — La cour ; — Vu les art. 2183 et 2185 c. civ. ; — Attendu que, de la combinaison de ces deux articles, il résulte que l'obligation imposée par l'enchère à Vignon et Guillaume, de payer, d'une part, à l'avoué poursuivant, 5 p. 100 du prix de l'adjudication, qui, porté à 100,000 fr., s'élevaient à 5,005 fr. ; et de l'autre, aux trois avoués dénommés dans l'enchère, les frais à eux adjugés le 27 mess. an 13, et taxés depuis à 5,054 fr., était une charge faisant partie du prix de l'adjudication, et qu'ainsi ces deux sommes formaient un seul et même prix avec les 100,000 fr. ; — Attendu que Papillon, qui, comme créancier inscrit, avait requis la mise aux enchères des immeubles adjugés à Vignon et Guillaume, devait offrir en conséquence le dixième en sus, non-seulement des 100,000 fr., mais encore des 5,005 fr., d'un côté, et des 5054 fr. de l'autre ; — Qu'ayant fait son offre, sans y comprendre ces deux sommes pour un pareil dixième, sa surenchère était insuffisante et nulle, et qu'en la tenant, au contraire, pour suffisante et valable, l'arrêt attaqué (de la cour de Metz du 22 mars 1809) a évidemment violé la disposition des articles précités ; — Casse, etc.

Du 15 mai 1811.-C. C., sect. civ.-MM. Mourre, pr.-Babille, rap.

(3) (Robert C. Dufaux.) — La cour ; — Considérant que la surenchère du 11 déc. 1826 n'a pas porté sur les 2 et 1/2 par franc, qui devaient être payés comptant ; que cette somme, faisant sans contredit partie du prix de la vente, devait entrer dans l'évaluation du dixième formant le taux de la surenchère ; qu'elle est donc nulle sous ce rapport ; — Que ce prix supplétif de 2 et 1/2 par franc a été régulièrement inséré dans l'acte de notification du 2 nov. 1826, puisque la copie de cette notification, signifiée à l'intimé, contient la mention de ce prix supplétif ; — Que, dès lors, il est inutile d'examiner les autres moyens de nullité qui s'élèvent contre cette surenchère ; — Annule la surenchère.

Du 18 mai 1827.-C. de Nancy.

payer à l'avoué poursuivant les frais de poursuites, jusques et y compris le jugement d'homologation d'avis de parents et d'autorisation de vente, de notifier aux créanciers hypothécaires le jugement d'adjudication :— « Attendu, lit-on dans l'arrêt, que l'obligation portée par le cahier des charges et qui a été imposée à Destermes par son adjudication : 1° de donner, etc..., constituant autant de charges extraordinaires qui, augmentant le prix de l'adjudication, en faisaient nécessairement partie, et que les sommes à payer par l'adjudicataire pour remplir ces différentes charges formaient un seul et même prix avec les 56,300 fr. de somme fixe portée par l'adjudication; annule la surenchère » (Riom, 29 mars 1816, aff. Destermes *C.* Cortez; conf. MM. Delvincourt, p. 368; Carré, n° 2380; Grenier, n° 452; Persil, art. 2185, n° 16; Troplong, n°s 935, 936); — 4° Que la surenchère du dixième dans l'adjudication des biens d'une succession vacante, doit comprendre, outre le prix principal, les frais de justice faits par le curateur pour arriver à la vente, lesquels ne peuvent être réputés avoir eu lieu dans l'intérêt de l'acquéreur, bien qu'ils aient été mis à sa charge par le cahier d'adjudication (Nîmes, 20 mai 1841) (1); — 5° Que dans le cas où l'adjudication aurait eu lieu moyennant un prix déterminé et à la charge de payer les frais d'une précédente expropriation, la surenchère du dixième doit porter sur ces frais aussi bien que sur le prix principal (Montpellier, ch. corr., 5 déc. 1835, M. Podenas, pr., aff. Garrigues *C.* Grenier).

194. Il en serait encore de même encore bien que l'adjudication aurait été renvoyée devant notaires; et il a été en effet décidé que le surenchérisseur doit, à peine de nullité de la surenchère, offrir le dixième en sus des frais faits pour parvenir à la vente, lorsqu'il s'agit de vente volontaire faite devant notaire aux enchères publiques, après commandement, et par affiche et insertion (Pau, 25 juin 1835) (2).

(1) (Fournier *C.* dame Hostalier.) — La cour; — Attendu qu'aux termes de l'art. 2185 c. civ., la surenchère du dixième n'est autorisée qu'à la charge, par celui qui la requiert, de porter ou de faire porter le prix à un dixième en sus de celui qui aura été stipulé dans le contrat; — Que, par cette expression *le prix*, il ne faut pas entendre seulement la somme qui est numériquement énoncée dans l'acte, ou toutes sommes que l'acquéreur paye directement entre les mains de son vendeur; mais que ces expressions *le prix* doivent s'entendre de tous les avantages que l'acquéreur aurait à faire à son vendeur, de tout ce qu'il paye à sa décharge, de tout ce dont il le libère; qu'enfin le prix, suivant la définition que nous en donne Troplong (sur l'art. 2185, t. 4, p. 160), est toute somme d'argent que, sous une dénomination ou sous une autre, l'acquéreur tire de sa poche pour la faire entrer dans celle du vendeur; — Que c'est d'après ces principes que les auteurs et la jurisprudence nous enseignent qu'il faut apprécier la suffisance ou l'insuffisance d'une surenchère du dixième;

Attendu que Jean-Pierre Fournier a été déclaré adjudicataire des biens dépendants de la succession vacante de son frère Jean-Baptiste, à charge par lui, dit l'adjudication, de payer la somme de 10,000 fr., de se soumettre aux autres clauses et conditions du cahier des charges, et notamment de payer, en sus de son prix d'adjudication, à l'avoué Feybesse, la somme de 494 fr. dus pour frais faits pour parvenir à ladite adjudication; —Attendu que ces frais exposés antérieurement à l'adjudication, et pour y parvenir, étaient évidemment faits dans le seul intérêt de l'hoirie vacante, qui était obligée de vendre pour payer ses dettes, et qu'on ne pouvait vendre sans remplir certaines formalités prescrites par la loi; que ces frais étaient donc une charge de l'hoirie vacante; que l'adjudicataire, en se soumettant à les payer, libérait pour autant la succession vacante; que c'était un payement fait par lui à la décharge de son vendeur, et qu'en consentant à solder ces frais en sus et sans déduction de son prix, il était réellement dans cette position qu'il n'acquérait pas pour 10,000 fr. seulement, mais bien pour 10, 494 fr.; que c'était là le prix complet de l'adjudication; — Que c'était, dès lors, sur toute cette somme que l'on aurait dû offrir de faire porter le dixième de la surenchère; que, cependant, on s'est borné à offrir la surenchère sur les 10,000 fr. formant le prix principal, sans s'occuper des sommes accessoires qui, payées à la décharge de l'hoirie vacante, venaient pour autant augmenter le prix principal; que le surenchérisseur est d'autant plus dans son tort, que, dans la dénonciation que l'adjudicataire lui avait faite de son titre, il avait nommément énoncé, comme charge de l'adjudication, la somme à payer à l'avoué Feybesse pour frais faits pour arriver à la vente;

Attendu que vainement on prétend, dans l'intérêt de l'appelant, que les frais dont il s'agit ne forment pas partie du prix d'adjudication, mais devraient être compris, au contraire, parmi les frais et loyaux coûts du contrat, dont l'acquéreur, s'il était évincé, devait être remboursé, aux termes de l'art. 2188 c. civ., et que, sous ce rapport, ils ne devaient pas être pris en considération pour la fixation du taux de la surenchère; — Qu'en effet, à ne consulter que le texte de l'art. 2188, il est impossible d'admettre que le législateur ait voulu comprendre dans les frais et loyaux coûts du contrat des frais faits antérieurement à ce contrat, et pour donner à l'une des parties capacité de contracter; — Que les frais et loyaux coûts ne peuvent s'entendre que des frais intrinsèques de l'acte, tels qu'honoraires du notaire, papier timbré, enregistrement et transcription, — Que cette proposition devient plus évidente encore, si on consulte l'esprit de la loi; — Qu'en effet, lorsqu'elle a mis à la charge de l'acquéreur les frais du contrat, elle y a été déterminée par cette considération que le contrat est le titre de l'acquéreur, que c'est lui qui a l'intérêt le plus direct à le régulariser, et qu'il est naturel, par suite, qu'il paye des frais faits dans son intérêt; mais que cette raison ne milite plus pour faire payer à l'acquéreur les frais que son vendeur a été obligé de faire pour acquérir capacité de vendre; — Que si l'acquéreur peut avoir intérêt à acheter, le vendeur a évidemment intérêt à vendre, et que, si sa position particulière l'oblige à faire des frais pour vendre valablement, ces frais, étant dans son intérêt à lui vendeur, doivent nécessairement rester à sa charge; — Que, par suite, si l'acquéreur les paye à sa place, il n'acquitte plus sa propre dette, mais celle de son vendeur, et que ce qu'il paye ainsi doit faire partie de son prix d'adjudication, puisque, s'il n'eût eu à payer ces frais, il aurait sans doute porté plus haut ces enchères; —Adoptant les motifs des premiers juges, confirme, etc.

Du 20 mai 1841.-C. de Nîmes, 5e ch.-M. Vignolles, pr.

(2) (Chanton *C.* Larrodé.) — La cour; — Attendu, sur l'insuffisance de la soumission faite par la dame Gassané, quant au prix auquel elle a offert de porter ou faire porter la surenchère : — Qu'aux termes de l'art. 2185 c. civ., cette soumission devait être d'un dixième en sus du prix stipulé dans le contrat; — Qu'il est à remarquer que cet article parle du prix, sans restreindre aucunement le sens de ce mot, tandis que pour la surenchère du quart admise sur vente par expropriation forcée, l'art. 710 c. pr. civ. dit le quart du prix principal, expression qui suppose qu'il peut y avoir aussi un prix accessoire; — Que, dès lors, le mot prix, employé par l'art. 2185 précité dans un sens absolu, comprend tous les éléments dont le prix peut se composer principalement et accessoirement; — Qu'en effet, le prix est tout ce que reçoit le vendeur en échange de la propriété qu'il donne; — Qu'il importe peu qu'il le reçoive à titre du prix ou à tout autre titre, soit directement, soit indirectement; — Qu'ainsi des frais qui, sans la convention, n'eussent pas été à la charge de l'acheteur, et qui conséquemment seraient restés à celle du vendeur, doivent être considérés comme faisant partie du prix, lorsque l'acheteur, par une des conditions de la vente, s'est obligé de les payer; — Qu'il y a donc lieu à discerner les frais que la loi met à la charge de l'acquéreur, de ceux qu'il ne doit qu'en vertu de la convention; — Que la loi ne met à la charge de l'acquéreur, que ceux de son contrat et autres postérieurs;

Que, si le principe général consacré à cet égard par l'art. 1593 c. civ., pouvait laisser quelque doute, il serait levé par la disposition spéciale de l'art. 2188 du même code; — Que cet article, en effet, porte que le créancier qui requiert la mise aux enchères doit rembourser à l'acquéreur dépossédé, au delà du prix, les frais et les loyaux coûts de son contrat et des autres actes postérieurs qu'il énumère; — Qu'il est à remarquer que cet article n'a pas généralisé, ainsi que le font plusieurs autres articles du code qui parlent des frais et loyaux coûts de la vente, mais qu'au contraire, il restreint aux frais et loyaux coûts du contrat d'acquisition et autres frais subséquents, ceux qui sont dus au delà du prix; — Que, dès lors, tous les frais antérieurs et notamment ceux que le vendeur aurait faits, pour vendre ou pour mieux vendre, font partie du prix, si, par une condition de la vente, l'acheteur est tenu de les payer. — Or, il est certain, dans l'espèce, que le sieur Gassané, en donnant à son créancier le droit de faire vendre devant notaire l'immeuble hypothéqué, n'y consentit qu'autant que la vente serait faite aux enchères publiques après commandement, dépôt public d'un cahier des charges, publications et affiches; — Que ces précautions que le sieur Gassané crut devoir prendre dans son intérêt ayant exigé des dépenses, il fut dit dans le cahier des charges qu'indépendamment du prix, l'adjudicataire payerait pour les frais exposés avant le jour de l'adjudication 177 fr. 77 c., somme fixée dont il ne pouvait contester la légitimité ni la quotité; — Que, dès lors, on doit reconnaître que cette charge imposée à l'acquéreur comme une des conditions de la vente, faisait nécessairement partie d'un prix dont elle était l'accessoire; —Qu'ainsi cette somme de 177 fr. 77 c., ayant dû être ajoutée au prix principal qui était de 6,700 fr., avec le dixième en sus de ces deux sommes qui est 687 fr. 77 c., la réquisition de la mise aux enchères faite par la dame Gassané, aurait dû contenir la soumission de porter le prix à la somme de 7,565 fr. 54 c.; — Et comme elle n'a fait la soumission de laisser le prix qu'à 7,470 fr. et que l'offre de rembourser à la dame Chanton tous les frais par elle exposés, ne pouvait se rapporter qu'aux frais dont le

195. Mais les frais qui sont à la charge personnelle de l'acquéreur indépendamment de toute stipulation, tels que droits d'enregistrement, de transcription, expédition de l'acte de vente ou du jugement d'adjudication, droits de greffe, etc., ne font pas partie du prix sur lequel doit porter la surenchère (Conf. MM. Delvincourt, t. 3, p. 369; Grenier, n° 452; Troplong, n° 956; Persil, art. 2185, n° 16).—Aussi a-t-il été jugé en ce sens : 1° que les frais et loyaux coûts du contrat, ceux de transcription et autres énoncés en l'art. 2188 c. nap., ne font pas partie du prix et des charges; que le surenchérisseur n'est donc pas tenu de les comprendre dans l'offre du dixième en sus (Req. 26 fév. 1822) (1); — 2° Que la clause expresse qui assujettit surabondamment l'acquéreur au payement de ces frais, dont il est de plein droit tenu suivant la loi, ne les fait pas considérer comme formant partie du prix (même arrêt); — 3° Qu'une surenchère sur vente volontaire n'est pas nulle en ce qu'elle ne comprend ni les frais de notification, de transcription et autres énoncés dans l'art. 2188 c. nap. (Rouen, 17 nov. 1838, aff. Lequeu, V. n° 198, conf. M. Troplong, Hyp., t. 4, n° 956, *contrà* M. Petit, p. 486); — 4° Que la somme imposée à l'acquéreur en sus de son prix (10 pour 100), pour payer les honoraires des officiers ministériels et les autres frais du contrat ne profitant pas au vendeur, mais aux officiers ministériels, ne doit pas concourir à former la surenchère (Paris, 20 juill. 1841) (2). — V. encore, dans le même sens, Bordeaux, 14 déc. 1827, aff. Crechen, n° 192); — 5° Que la surenchère du dixième ne doit pas porter sur le prix supplétif de 2 pour 100 attribué aux notaires dépositaires du cahier des charges, tant pour leurs honoraires de vente que pour les frais d'affiche, insertion dans les journaux et publications relatives à des tentatives d'adjudication précédemment faites (Paris, 28 déc. 1845, aff. Dupuis, V. n° 221).

196. Cependant il a été décidé que l'offre de surenchère dans laquelle le requérant se livrant au détail des éléments du prix d'adjudication et du dixième, a omis d'y compter la remise proportionnelle de l'avoué, et le dixième de cette remise, est nulle (Paris, 7 fév. 1840 (3). — Conf. M. Petit, p. 478). Mais, c'est à tort, suivant nous : la remise proportionnelle, en effet, n'est pas comprise dans les frais de poursuite, c'est une charge personnelle à l'adjudicataire qui entre dans les loyaux coûts de vente, et qui ne peut être considérée, par conséquent, comme payée en l'acquit du vendeur; elle ne fait donc pas partie du prix.

197. Il a été jugé au surplus que déclarer suffisantes des offres de surenchère calculées sur le prix principal, sans comprendre les frais, c'est décider implicitement par là que les frais ne feront pas partie du prix, et l'arrêt ne peut, dès lors, être réputé manquer de motifs à cet égard : — « Considérant que l'arrêt attaqué (de la cour de Paris du 12 déc. 1832), en considérant les offres de surenchère suffisantes, quoiqu'elles n'eussent été calculées que sur le prix principal et ne comprissent pas le dixième des frais, a implicitement décidé par là que les frais ne faisaient pas partie du prix, et qu'en effet ils n'en font point partie, puisqu'ils ne profitent ni au débiteur ni à ses créanciers; que, conséquemment, l'arrêt est motivé sur ce chef; rejette » (Req. 8 janv. 1834, MM. Zangiacomi, pr., Mencrville, rap., aff. Guillaume).

198. La surenchère doit-elle porter sur les intérêts échus depuis la vente? En d'autres termes, le créancier qui veut surenchérir est-il tenu de joindre ces intérêts au principal et de calculer sur le tout le dixième en sus qu'il doit offrir? — Oui, dit M. Troplong, t. 4, n° 937 : « Les intérêts font partie du prix dont ils sont l'accessoire; le but de la surenchère est de porter l'immeuble à sa juste valeur; or si la valeur de cet immeuble eût été fixée par le contrat à un dixième en sus du prix stipulé, ce qui est la valeur légalement vraie de l'immeuble, les intérêts auraient été plus forts d'un dixième. » — Nous ne saurions nous rendre à ces raisons; le prix qui doit servir de base à la surenchère, c'est la somme que l'acquéreur a consenti à payer pour devenir propriétaire de l'immeuble. Que des intérêts soient dus par celui-ci en vertu de la loi seule ou en vertu d'une stipulation du contrat, peu importe, ils ne sont jamais que la représentation des fruits de l'immeuble : ils ne font donc pas partie du prix (Conf. M. Petit, p. 459). —C'est donc avec raison, suivant nous, qu'il a été décidé : 1° qu'il n'est pas exigé, à peine de nullité, que le dixième offert en sus du prix de vente, par le surenchérisseur, porte sur les intérêts du prix principal, lors même que, dans le contrat, le prix aurait été déclaré productif d'intérêts,

---

remboursement était dû au delà du prix, aux termes de l'art. 2188 c. civ., puisque, pour lever tout doute à cet égard, la dame Larrodé a déclaré, en termes exprès, à deux reprises, dans sa soumission, qu'elle consentait à porter le prix à 7,470 fr., et que ce serait sur cette mise à prix que s'ouvriraient les enchères, il en résulte que cette soumission était insuffisante, et qu'ainsi elle doit être annulée avec tous les actes qui en ont été la suite, ce qui dispense d'entrer dans l'examen des autres questions que la cause peut présenter; — Déclare avoir été mal jugé, réformant, annule la surenchère.

Du 25 juin 1835.-C. de Pau, ch. corr.-M. de Charritc, pr.

(1) (Lebret *C.* de Cyresme.) — LA COUR; — Attendu ..... qu'aux termes de l'art. 2188 c. civ., les frais et loyaux coûts de l'acte de vente, ceux de transcription et autres énumérés audit article, sont de plein droit à la charge de l'acquéreur; qu'ils ne profitent point au vendeur; qu'ainsi, en matière de vente volontaire, le surenchérisseur n'est pas tenu de les comprendre dans l'offre du dixième en sus du prix de la vente; — Attendu que, dans l'espèce, la stipulation de l'acte étant conforme à la loi ne peut rien changer au principe de décision adoptée par la cour royale...; — Rejette le pourvoi contre l'arrêt de la cour de Caen du 18 juill. 1820.

Du 26 fév. 1822.-C. C., sect. req.-MM. Lasaudade, pr.-Dunoyer, r.

(2) *Espèce :* — (Jeannez *C.* Boy.) — Ainsi décidé par jugement du tribunal civil d'Auxerre, du 12 janv. 1841, conçu dans les termes suivants : — « Le tribunal; — Considérant, en droit, qu'en consultant soit les art. 710 c. proc., 565 c. com., et 2185 c. civ., soit les arrêts des cours et l'opinion des auteurs, on acquiert la conviction que si la surenchère du quart ou du dixième (2) doit être portée sur le prix principal de la vente, ainsi que sur toutes les charges qui profitent au vendeur, elle ne doit pas s'étendre sur les frais du contrat qui ne profitent pas au vendeur, mais aux officiers ministériels; — Que le législateur ne s'est occupé que de procurer au vendeur le prix de la chose vendue, et nullement des frais du contrat, rassuré d'avance sur le soin que les officiers ministériels y apportent eux-mêmes; — Considérant, en fait, que dans l'adjudication sur laquelle Boy a surenchéri, il n'est stipulé pour le vendeur qu'un prix principal, sans aucune autre charge qui doive lui profiter; que l'art. 8 du cahier des charges porte, il est vrai, que les acquéreurs payeront 10 pour 100 en sus pour les frais, savoir : honoraires du notaire, frais de grosse, extrait de transcription d'état de charges, remise proportionnelle due aux avoués et frais de voyage, tous lesquels frais, est-il dit, seront payés dans la huitaine de l'adjudication, rien conséquemment pour le vendeur; — Qu'en supposant que cette fixation soit excessive, et que tous ces frais étant soumis à la taxe, le vendeur pourrait obtenir une réduction qui tournerait à son profit, il n'est pas moins vrai que dans l'acte cette charge n'est pas stipulée pour lui; que le soumissionnaire n'a pu y voir que des frais de contrat, que c'est sous ce nom qu'ils y sont indiqués, et conséquemment qu'il a dû penser que la surenchère ne devait pas s'étendre jusque-là;

« Déclare valable la surenchère faite par Boy; — Ordonne qu'il sera procédé à la nouvelle adjudication dans les formes de droit. »

Appel par Jeannez. — Arrêt.

LA COUR; — Adoptant les motifs des premiers juges; — Confirme.

Du 20 juill. 1841.-C. de Paris, 1re ch.-MM. Séguier, 1er pr.-Nouguier, av. gén., c. conf.-Marie et Liouville, av.

(3) (Dejonquières *C.* Brown.) — LA COUR; — Considérant que, dans l'espèce, et aux termes de l'art. 18 cahier des charges, les frais et particulièrement la remise proportionnelle attribuée à l'avoué poursuivant par l'art. 113 du tarif, devaient être supportés par l'adjudicataire, et faisaient ainsi partie du prix de la vente; — Que, pour se conformer aux dispositions de l'art. 2185 c. civ., Brown devait offrir de faire porter le prix et donner caution jusqu'à concurrence du dixième du prix et des charges de l'adjudication; — Que, par l'acte par lui signifié le 16 nov. 1839, il ne s'est pas borné à manifester son intention de remplir le vœu de la loi, en s'en rapportant aux dispositions de cette loi pour déterminer ultérieurement la somme à laquelle devrait être fixé le montant de son enchère, mais qu'il s'est au contraire expliqué sur le quantum de cette enchère en déterminant nommément les diverses sommes qui seulement, suivant lui, constituaient le prix et les charges; — Considérant que Brown n'a compris dans ses offres ni la remise proportionnelle due à l'avoué poursuivant, ni le dixième du montant de cette remise; qu'il n'a en conséquence fixé de première enchère qu'à la somme de 99,541 fr. 18 cs. et n'a offert caution que jusqu'à concurrence; qu'il suit de là que les offres par lui faites sont insuffisantes et nulles; — Infirme; au principale déclare la surenchère nulle, etc.

Du 7 fév. 1840.-C. de Paris, 3e ch.-M. Jacquinot-Godard, f. f. de pr.

de tels intérêts ne peuvent être réputés faire partie du prix ou des charges de la vente (Rouen, 17 nov. 1838 (1); 4 juill. 1828, 2e ch., M. Carel, pr., aff. Crevel C. Lemire); — 2° Que la surenchère qui ne comprend pas les intérêts du prix principal n'est pas nulle, lors même qu'une clause spéciale du contrat aurait soumis l'acquéreur à l'obligation de payer les intérêts de son prix du jour où le fol enchérisseur en serait tenu, si ces intérêts ne font que représenter les fruits cédés par ce dernier (Besançon, 28 déc. 1848, aff. Guyétant, D. P. 50. 2. 52; Paris, 20 déc. 1848, aff. Grosjean, D. P. 50. 2. 52).

199. Néanmoins, il a été jugé que la surenchère doit porter sur les intérêts du prix de vente, lorsque ce contrat a déclaré ce prix productif d'intérêts à partir d'une époque déterminée (Riom, 22 août 1842, aff. Beynet, V. n° 200). — Mais il importe de remarquer que, dans l'espèce, l'acquéreur s'était obligé au payement des intérêts de son prix, même à partir d'une époque antérieure à la vente, bien que l'immeuble dût rester improductif pendant six ans, ayant été affermé par le vendeur pour une semblable durée moyennant une somme fixe acquittée entre ses mains par les fermiers lors de leur entrée en jouissance. Or, dans de telles circonstances, on a pu décider que les intérêts stipulés n'étant pas la représentation des revenus de l'immeuble, faisaient nécessairement partie du prix, et que le créancier surenchérisseur, en se soumettant, en termes généraux, à porter à un dixième en sus les charges et conditions du contrat, avait nécessairement compris dans cette soumission les intérêts stipulés.

200. Devrait-on considérer comme partie du prix des fermages que le vendeur aurait, suivant sa déclaration insérée au contrat, reçus par anticipation au détriment de la vente, et le créancier surenchérisseur serait-il tenu de comprendre dans sa soumission le montant de ces fermages? — Non; car, bien que cette perception anticipée de fermages ait été un profit pour le vendeur, elle n'impose aucun sacrifice à l'acquéreur qui, prenant la chose dans l'état où elle se trouve, a dû calculer son prix en conséquence. C'est là une détérioration de la chose consommée au moment de la vente et qui ne saurait faire partie du prix. C'est donc à juste titre qu'il a été décidé que le surenchérisseur n'est pas tenu de comprendre dans sa surenchère du dixième la valeur des fermages que le vendeur a perçus par anticipation antérieurement à la vente, ces fermages ne formant pas un accessoire du prix (Riom, 22 août 1842) (2).

201. Les impôts *échus* mis à la charge de l'acquéreur par

---

(1) *Espèce :* — (Lequeu C. Béranger.) — Le sieur Lequeu avait acquis de Drancey un immeuble pour 5,000 fr. — En 1838, il notifie son contrat aux créanciers inscrits de son vendeur avec offre de cette somme et des intérêts. — Le sieur Béranger surenchérit et dépose une somme de 5,300 fr. à la caisse des dépôts et consignations pour lui servir de caution. — Lequeu a soutenu que cette surenchère était nulle, attendu qu'elle ne comprenait pas, avec le prix stipulé au contrat, les frais d'enregistrement et de transcription qui faisaient partie intégrante du prix. — 9 juin 1838, le tribunal de Louviers : — « Attendu que les nullités ne se suppléent pas; que la surenchère ne doit porter que sur ce qui profite au propriétaire ou aux créanciers; en d'autres termes, sur ce qui fait réellement partie du prix et des charges; — Que cette interprétation de l'art. 2183 c. civ. ressort d'un arrêt de cassation récemment rendu, déclare valable la surenchère de Béranger. » — Appel. — Lequeu a prétendu devant la cour que les intérêts étant nécessairement l'accessoire du prix principal, la surenchère de Béranger était nulle par cela même qu'elle ne portait que sur le prix stipulé au contrat, et non sur les intérêts produits par lui; il citait l'opinion de M. Troplong. — Arrêt.

LA COUR; — Attendu qu'aux termes des lois de la matière sainement entendues, l'acquéreur d'un immeuble hypothécairement affecté doit, s'il veut purger, offrir son prix et les charges qui en font partie; — Que, si l'un des créanciers inscrits veut surenchérir, sa surenchère devra s'élever à un dixième en sus du prix et des charges; — Que ces deux obligations sont corrélatives et s'expliquent l'une par l'autre; — Attendu que les charges faisant partie du prix ne sont autres que toutes les valeurs et obligations appréciables et constituant le capital donné par l'acquéreur en échange du fonds vendu; — Que le but de la surenchère est de porter à son véritable taux le prix stipulé au contrat et mis à l'instant même en comparaison avec la valeur réelle de l'immeuble; — Attendu que les intérêts n'étant que le résultat de la vente consommée, c'est-à-dire la représentation des fruits, ils ne sauraient être assimilés aux charges faisant partie du prix, parce que ces dernières participent de la nature de ce prix capital, base légale de la surenchère, et que les intérêts, au contraire, naissent postérieurement, ayant pour cause productive un fait postérieur à la vente, et par conséquent en dehors de l'évaluation de l'immeuble; — Attendu enfin que l'acquéreur, avant toute sommation des créanciers ou toute offre d'intérêts sur purge de sa part, pourrait valablement payer à son vendeur les intérêts échus, et que les créanciers ne pourraient en exiger le rappel; d'où il suit que les intérêts sont séparables du capital, et qu'ainsi la surenchère ne doit pas porter sur leur dixième; — Confirme.

Du 17 nov. 1838.-C. de Rouen.-M. Simonin, pr.

(2) *Espèce :* — (Beynet C. Petit-Jean.) — Le contraire avait été jugé en ces termes par un jugement du tribunal de Moulins, du 19 mai 1842 : — « Vu les art. 2183 et 2185 c. civ.; — Vu les arrêts de la cour de cassation des 3 avr. 1815, 25 nov. 1811, 2 nov. 1813 et 18 janv. 1825; — Attendu, en fait, que, par le contrat de vente du 20 déc. 1841, Mercier a vendu à Petit-Jean un vignoble désigné sous le nom de la Moitié-de-Bellevue; que cette vente a été consentie moyennant un prix stipulé (12,000 fr.) et des charges appréciables en argent ou appréciées par le vendeur lui-même; — Que ce dernier a en effet imposé à l'acquéreur l'obligation de laisser jouir un sieur Rondet du Champ-Balay, qu'il lui avait affermé pour six ans, moyennant 135 fr. reçus comptant; — Qu'il a également imposé la charge de laisser jouir le sieur Saulnier, pendant trois ans, du surplus de la propriété par lui affermée audit Saulnier, pour le prix de 730 fr. reçus d'avance, en compensation de pareille somme qu'il lui devait; — Qu'il a été dit en même temps que le prix de la vente porterait intérêt à 5 pour 100, nonobstant la perception anticipée des fermages de tout ou partie dudit bien; — Qu'enfin, quoiqu'il fût explicitement déclaré que l'acquéreur n'entrerait en possession qu'à compter du 20 déc. 1841, jour de la vente, le vendeur lui a imposé la charge de payer les intérêts de son prix à compter du 11 novembre précédent.

» Attendu, en droit, que, suivant la jurisprudence et l'opinion unanime des jurisconsultes, le prix en matière d'aliénation volontaire se compose non-seulement du prix nominal, indiqué comme prix principal, mais encore de tous les accessoires qui en dépendent; — Attendu que les formalités de rigueur qui accompagnent la surenchère se fondent sur ce que, tout en prenant intérêt aux créanciers, la loi n'a pas voulu que l'acquéreur pût être dépouillé légèrement de son titre, et sans qu'on offrît une valeur supérieure au moins d'un dixième au prix vrai du total de la vente; — Qu'elle a voulu également que cette surenchère profitât à tous les créanciers, mais sous la condition néanmoins, à peine de nullité, que la surenchère serait au moins d'un dixième en sus du prix de la vente et de ses accessoires, pour constituer la mise à prix; — Attendu que, pour déterminer ce qu'on doit entendre par véritable prix, y compris les accessoires, il suffit de se référer à la jurisprudence et à l'interprétation des commentateurs de l'art. 2185 c. civ.; — Que la somme qu'on paye au vendeur, disait Merlin, soit en bloc ou morcelée; qu'elle reçoive des applications ou des destinations différentes; qu'une partie soit appelée prix proprement dit, et une autre partie pot-de-vin; qu'une partie aille directement et sans milieu dans la poche du vendeur; qu'une partie soit déléguée à ses créanciers; qu'une partie soit employée à acquitter une dépense qu'il serait obligé de faire, il est bien évident que tout l'argent ainsi distribué à l'avantage du vendeur est le prix; en un mot, suivant ce magistrat, le prix est tout ce que le vendeur reçoit en échange de sa propriété; — Attendu que les divers cas présentés par Merlin comme pour exemple, sont évidemment de la classe de ceux qu'on est convenu d'appeler démonstratifs et non limitatifs; — Qu'ainsi, il faut nécessairement comprendre dans le prix de la vente, suivant Grenier et Troplong, tout ce qui profite directement et indirectement au vendeur en imposant un sacrifice à l'acquéreur; — Qu'il faut de même y comprendre, suivant l'arrêt de cassation du 18 janv. 1825, tout ce qui entre dans l'appréciation de la valeur de l'immeuble; — Qu'enfin, tout ce que l'acquéreur tire de sa poche pour le faire entrer dans celle du vendeur, et, par conséquent, tout ce qui aurait dû entrer dans la poche de l'acquéreur et tourne au profit du vendeur en augmentant son gain, fait nécessairement partie des accessoires du prix de la vente consommée; — Qu'en vain dirait-on que le prix eût été plus considérable si la charge n'avait pas été imposée; que c'est précisément pour cela que la valeur de la charge doit être ajoutée au prix nominal pour constituer le véritable prix dont elle fait partie; qu'il n'y a pas là de double emploi, mais réalisation et appréciation de tout le prix auquel ont droit tous les créanciers, et que c'est pour cette raison que le surenchérisseur est obligé de mettre au jour ce véritable prix et de l'augmenter encore d'un dixième pour établir la surenchère;

» Attendu que, dans l'espèce, l'acquéreur paye, pour prix principal, d'abord, une somme de 12,000 fr.; qu'il paye ensuite, sans percevoir de fruits pendant six ans, des intérêts représentant les revenus du Champ-Balay, évalués par le vendeur lui-même à 810 fr., plus 750 fr., ou par équivalent la privation des revenus du surplus du bien pendant trois ans, desquelles sommes le vendeur profite ou a profité, ce qui ne vient pas en augmentation du prix ou de la valeur qu'il retire du bien

une clause du contrat de vente font-ils partie du prix, et par suite l'acquéreur est-il obligé d'en offrir le dixième en sus? — Oui, suivant nous, puisque l'acquéreur, en l'absence de toute stipulation contraire, ne doit l'impôt qu'à partir de son entrée en jouissance, et qu'en se soumettant, par une clause du contrat, à payer, au lieu et place de son vendeur, l'impôt déjà échu lors de la vente, c'est une dette de ce dernier qu'il prend l'engagement d'acquitter (Conf. MM. Troplong, t. 4, n°936; Petit, p. 479). — Cet impôt échu fait partie du prix, comme en feraient partie les arrérages de rente que l'acquéreur aurait consenti à acquitter. Le prix sera stipulé d'autant moindre que les impôts échus seront plus considérables. On ne peut donc pas dire que ce soit là une nécessité et non une condition de l'acte. C'est si bien une condition du contrat que l'acquéreur n'en serait pas tenu, s'il ne s'y était obligé par une clause formelle.—C'est donc à tort, suivant nous, qu'il a été décidé que les impôts ne sont pas des charges qui fassent partie du prix; qu'ainsi n'est pas nulle la surenchère qui, en offrant de faire porter le prix à un dixième en sus de celui stipulé dans le contrat, outre les charges, ne comprend pas expressément dans l'évaluation de ce dixième les impôts même déjà échus et mis expressément à la charge de l'acquéreur (Req. 18 janv. 1825) (1). — Il est à remarquer que le der-

---

vendu; qu'il importe peu, en effet, que le vendeur ait dit à l'acquéreur: « Vous payerez pour moi pendant six ans une somme de 135 fr. faisant en totalité 810 fr., et pendant trois ans 250 fr., formant la somme de 750 fr., et en tout 1,570 fr.; » ou qu'il lui ait dit: « Vous ne recevrez point pareille somme du fermier, parce que je l'ai reçue ou veux la recevoir, et néanmoins vous payerez l'intérêt intégral de votre prix; » qu'il est évident que, dans l'un et l'autre cas, il y a lieu d'ajouter 1,570 fr. au prix apparent, et un dixième en sus; — D'où il suit que le prix de vente, sous ce premier point de vue, aurait dû être porté à 13,570 fr., et la surenchère à la somme de 14,127 fr., à peine de nullité;

» Attendu que les intérêts stipulés d'un prix de vente sont un accessoire du prix; que cet accessoire doit, comme le prix principal et comme tous les autres accessoires, être élevé d'un dixième, puisqu'il fait partie du prix: qu'il convient donc d'ajouter, dans l'espèce, le dixième de 600 fr., au prix principal élevé du dixième; qu'on vain on voudrait prétendre qu'en élevant le prix d'un dixième, on élève également l'intérêt d'un dixième, et que cela revient au même; — Qu'il ne suffit pas, en effet, d'élever d'un dixième annuel, qu'il faut encore, pour former la surenchère, ajouter ce dixième (en excédant d'intérêt) au prix principal surélevé lui-même; que telle est l'opinion de Troplong, t. 4, p. 179; que la dame veuve Beynet n'ayant point satisfait à ce prescrit de la loi, la surenchère est encore, sous ce point de vue, viciée de nullité; — Attendu que, suivant le contrat, l'acquéreur n'a dû entrer en possession des immeubles vendus qu'à compter du 20 déc. 1841, et que, cependant, on l'oblige de payer l'intérêt du prix de vente à partir du 11 novembre précédent; qu'il s'ensuit qu'en dehors de l'intérêt ordinaire, l'acquéreur est tenu de payer une somme de 65 fr. 75 c. pour quarante jours d'excédant d'intérêt; qu'évidemment il y a là une somme qui augmente le prix principal; que cette somme sort bien indubitablement de la poche de l'acquéreur pour entrer dans celle du vendeur; qu'elle devait donc être ajoutée au prix de la vente, parce qu'elle en fait partie, qu'elle en est un élément, et qu'elle aurait dû encore être augmentée du dixième pour devenir le complément de la surenchère, laquelle est nulle à défaut de cette addition; — Attendu que les objections présentées contre le système de l'imputation sur le prix de vente de partie des revenus réservés, ne peuvent trouver ni assimilation, ni même analogie dans le cas où l'on distrait de la vente soit un usufruit, soit une coupe de bois vendue par avance; — Que, lorsqu'on ne vend que la nue-propriété, il n'y a pas seulement réserve ou distraction d'une portion de revenu inhérent à l'immeuble; qu'il y a dans cette hypothèse démembrement de la propriété; qu'il y a deux propriétés distinctes, l'une et l'autre également immobilières, l'une et l'autre susceptibles de conserver ou de recevoir l'affectation hypothécaire au profit des créanciers du vendeur, et dont la valeur est distincte; qu'il est bien évident que l'objet vendu n'étant qu'une nue propriété, on ne peut faire entrer dans son prix la valeur de l'usufruit; que la surenchère d'ailleurs ne pourrait comprendre cette valeur sans mettre en adjudication une chose immobilière, un usufruit qui n'aurait point été vendu; qu'il n'en est pas ainsi quand il n'y a que réserve d'une partie des revenus de la propriété vendue, par la raison que cette propriété est transmise en entier, et qu'en ce cas tout ce qui profite au vendeur, soit que cela sorte de la poche de l'acquéreur, soit que cela manque d'y entrer pour bénéficier au vendeur, doit entrer dans le prix, et devient le gage des créanciers quand il intervient une surenchère; — Qu'il en est de même quand il y a réserve d'une coupe de bois pour être exploitée postérieurement à la vente; qu'il a toujours été tenu pour constant, en doctrine comme en jurisprudence, par une fiction de la loi, que, dès le moment que des bois sont vendus, ils deviennent meubles par destination même avant qu'ils soient exploités; qu'ainsi mobilisés, ils ne sont plus des accessoires de l'immeuble, qu'ils sont exclus de la vente, que leur valeur n'est point un élément du prix de la propriété; qu'ainsi l'ont décidé uniformément plusieurs arrêts de la cour de cassation; que, cependant, si l'on imposait à l'acquéreur la charge de supporter l'existence du bois pendant une période de temps plus ou moins longue, sans l'exploiter, et en l'obligeant à payer en entier l'intérêt du prix de la vente, comme il en entrerait dans la poche du vendeur une valeur d'accroissement ou de production aux dépens de l'acquéreur, il faudrait encore évaluer cette charge, la réunir au prix de la vente et y ajouter son dixième; ... — Par ces motifs, déclare nulle la surenchère faite à la requête de la dame veuve Beynet.—Appel par la dame Beynet. — Arrêt.

LA COUR; — Attendu qu'aux termes de l'art. 2185 c. civ., la surenchère sur aliénation volontaire peut avoir lieu à la charge par le surenchérisseur de faire porter le prix à un dixième en sus de celui stipulé dans le contrat de vente, ou déclaré par le nouveau propriétaire; — Attendu que, dans l'espèce, la réserve faite par le vendeur des jouissances par lui antérieurement vendues, ne peut avoir pour effet d'augmenter le prix jusqu'à concurrence de la valeur de ces mêmes jouissances; qu'elle a, au contraire, pour résultat de diminuer la valeur de l'immeuble vendu, et par conséquent le prix de la vente; — Attendu qu'au moment de la vente dont il s'agit, l'aliénation des jouissances pour un certain nombre d'années étant consommée, ces jouissances ne peuvent être considérées comme un accessoire du prix, qui, lui-même, a été fixé et déterminé sur ce qui formait la matière du contrat, c'est-à-dire la nue propriété pendant six ans, et la pleine propriété après l'expiration de ces six années; — Attendu qu'en portant la surenchère à un dixième du prix stipulé, la partie de de Vissac s'est conformée aux prescriptions de la loi; — Attendu que les intérêts des prix à partir de l'époque fixée par la vente volontaire se trouvaient aussi élevés nécessairement d'un dixième par l'effet de la surenchère dans laquelle la partie de de Vissac se soumettait à toutes les charges et conditions du contrat, et s'obligeait aussi à payer les intérêts sur le prix de la surenchère, et que dès lors la surenchère est encore régulière sous ce rapport; — Par ces motifs, dit qu'il a été mal jugé, bien appelé; émendant, et faisant ce que les premiers juges auraient dû faire, déclare bonne et valable la surenchère du 19 mars 1842, etc.

Du 22 août 1842.-C. de Riom.-M. Pagès, pr.

(1) *Espèce*: — (Noyaux C. Chol.) — Par acte du 18 nov. 1822, le sieur Noyaux père vend à son fils plusieurs immeubles pour 8,700 fr., payables aux créanciers du vendeur. Il est stipulé que l'acquéreur peut se mettre de suite en possession, et qu'il est tenu d'acquitter les impositions foncières à partir du 1er janv. 1822, s'élevant à 21 fr. annuellement. Noyaux fils a fait transcrire son contrat et l'a notifié aux créanciers inscrits. Le sieur Chol, un de ses créanciers, a fait signifier à Noyaux fils, le 5 mai 1823, un acte de surenchère par lequel il s'est soumis à faire porter le prix à un dixième en sus de 8,700 fr., c'est-à-dire à 9,570 fr., outre les charges. Assigné devant le tribunal de Montbrison pour voir admettre l'enchère, Noyaux a soutenu qu'elle était nulle, parce qu'elle ne contenait pas l'offre du dixième sur les 21 fr., montant des impositions mises à sa charge par le contrat. — Le 28 août 1823, jugement qui, sans avoir égard à ce moyen, déclare la surenchère valable.

Appel de la part de Noyaux fils. — Arrêt de la cour de Lyon, du 5 fév. 1824, qui confirme en ces termes: « Attendu que le prix de la vente ne s'élève qu'à 8,700 fr.; que si le vendeur était chargé, de plus, de payer 21 fr. dus par privilége au fisc, pour les impositions échues, cette somme eût pu être regardée comme faisant partie du prix que des créanciers hypothécaires étaient appelés à recevoir; que le surenchérisseur, en élevant le prix de la vente au dixième en sus du prix de 8,700 fr., se soumet de plus à payer toutes les autres charges de la vente, dans laquelle entre le payement des 21 fr. dus au fisc; ce qui a été fait. »

Pourvoi de la part de Noyaux fils, pour violation de l'art. 2185 c. civ.: — Cet article, a-t-il dit, exige que le créancier qui fait une surenchère fasse porter le prix à un dixième en sus de celui qui est stipulé dans le contrat. — Dans l'espèce, le prix de la vente s'élevait à 8,700 fr. plus 21 fr. pour le montant des contributions arriérées. Le sieur Chol, en se soumettant à porter sa surenchère à 9,570 fr., c'est-à-dire à un dixième en sus de la somme de 8,700 fr. seulement, n'a pas rempli le vœu de la loi. — Il devait offrir le dixième en sus de la somme de 8,700 fr., plus de 21 fr., à peine de nullité. On dirait en vain qu'il s'est obligé à payer toutes les charges de la vente, ce qui comprend les impôts. — Car cette clause usuelle n'a rapport qu'aux charges ordinaires, aux impôts à venir et non à des impôts échus, qui ne peuvent plus être considérés comme des charges, mais comme une partie du prix. A l'appui de ces moyens, le demandeur invoquait deux des arrêts que nous avons cités plus haut. — Arrêt.

LA COUR; — Attendu que si le surenchérisseur est obligé d'offrir le

nier motif de cet arrêt suppose que les impôts échus pouvaient, lors de la vente, avoir été payés par le vendeur, et qu'alors ils n'étaient plus une charge de l'acquisition. Si cette hypothèse qui, du reste, semble en contradiction avec les faits et moyens exposés par le demandeur en cassation et les énonciations contenues dans l'arrêt de la cour d'appel, si cette hypothèse, disons-nous, est celle dans laquelle la cour de cassation s'est placée, si elle a entendu parler d'impôts non échus et non évalués, son arrêt nous semble, en tout point, conforme aux principes; car l'impôt est une charge légale; il ne dépend pas des parties de s'en affranchir; il existait avant la vente, il doit exister après; et celui qui achète un immeuble sait bien qu'il se soumet au payement des contributions. Aussi est-il vrai de dire qu'il n'y a pas besoin d'énoncer dans un contrat que l'acquéreur payera les impôts, pour qu'ils soient à sa charge. Mais si la cour suprême a eu l'intention de faire aux impôts *échus*, *évalués* et mis à la charge de l'acquéreur, l'application du principe général qu'elle a posé dans son arrêt, nous ne saurions admettre sa doctrine. — Il a été jugé, dans le sens de notre opinion, que la surenchère du dixième doit porter non-seulement sur le prix principal, mais encore sur un prix supplétif de 5 p. 100 applicable aux impôts, frais d'administration et d'assurances, et autres charges pesant sur le vendeur (Paris, 28 déc. 1845, aff. Dupuis, V. n° 221).

202. Mais la solution devrait être différente si les impôts échus peuvent être considérés comme une simple charge de la jouissance.—Par exemple, il a été décidé, et avec raison, suivant nous, 1° que l'obligation d'acquitter les impôts échus de l'année courante, alors que l'acquéreur, par suite de l'époque de son acquisition, devait recueillir tous les fruits produits pendant cette même année par les biens vendus, n'est pas une des charges qui fassent partie du prix; qu'en conséquence n'est pas nulle la surenchère qui ne les comprendrait pas dans l'évaluation du dixième en sus du prix principal (Bourges, 19 juill. 1822, et, sur pourvoi, Req. 27 août 1823) (1); — 2° Que s'il est stipulé, dans un acte de vente, que la récolte de l'année courante appartiendra à l'acquéreur, et que les contributions *de l'année*, échues avant la vente, seront à sa charge, ces contributions ne doivent pas être considérées comme une augmentation de prix; elles ne sont qu'une charge des revenus qui appartiennent à l'acquéreur; par conséquent le surenchérisseur n'est pas tenu d'offrir le dixième en sus de leur montant: « Considérant que les contributions sont une charge des revenus qui appartenaient à l'acquéreur au moment de la vente; que, dès lors, cette charge ne doit pas être considérée comme augmentation de prix » (Bourges, 2e ch., 1er août 1829, M. Trottier, pr., aff. Boiset C. veuve Barbot).

203. La prime d'assurances que l'acquéreur contracte l'obligation de payer, ne profite pas au vendeur et ne fait pas, par conséquent, partie du prix, c'est une charge consentie en vue de la conservation de la chose, et si le nouveau propriétaire succède à son vendeur dans les avantages de l'assurance à partir de son entrée en jouissance, il est juste qu'il acquitte, à partir de la même époque, la redevance qui lui confère toute sécurité (Conf. M. Petit, p. 495). — Aussi a-t-il été jugé, avec raison, que le surenchérisseur n'est pas tenu de faire porter la surenchère du dixième sur le montant de la prime d'assurance, quoique l'acquéreur ait été chargé de la payer, et qu'il ait été souscrit des billets de prime (Angers, 16 avr. 1834) (2).

204. On a élevé la question de savoir si l'acquéreur est tenu, en notifiant son contrat, de déterminer à une somme fixe les charges non évaluées portées au contrat de vente, ou si le créancier surenchérisseur est tenu de faire lui-même cette évaluation. MM. Delvincourt, t. 3, p. 365, note 5; Grenier, t. 2, p. 341; Persil, art. 2184, n° 4; Troplong, t. 4, nos 925, 935 *bis*; Petit, p. 452 et suiv., pensent que le nouveau propriétaire ne peut se dispenser de faire connaître par un chiffre précis la somme qu'il offre aux créanciers comme représentant la valeur de leur gage, puisque c'est seulement d'après cette offre que les créanciers peuvent être mis à portée de décider s'ils ont intérêt à surenchérir.—Ce que la loi, dit-on en faveur de cette opinion, a jugé indispensable quant au prix principal, ne l'est pas moins quant aux charges indéterminées qui, bien que qualifiées d'accessoires, forment cependant des éléments du prix intégral et peuvent en élever le chiffre dans une proportion considérable. Il faut donc que, par une détermination exacte des charges en une somme d'argent, les créanciers sachent à quoi s'en tenir sur la valeur offerte, pour décider s'ils doivent accepter le prix comme suffisant ou manifester leur refus par une réquisition de surenchère.—Toutefois, il a été jugé que le tiers détenteur n'est tenu de signifier une évaluation qu'en cas de donation; que si la chose a été aliénée à titre onéreux, c'est au créancier à faire lui-même l'évaluation pour déterminer la somme précise qui doit être offerte pour le dixième en sus de la vente, ou à faire, en termes généraux, sans déterminer aucune somme, la soumission de porter ou de faire porter l'immeuble à un dixième en sus (Cass. 3 avril 1815, aff. Capron, V. n° 191-3°).

Cette solution nous semble préférable. L'acquéreur ne peut être tenu envers les créanciers qu'à leur faire connaître les clauses et charges de son acquisition, ce à quoi il s'est engagé envers son vendeur. Si les créanciers avaient le droit de modifier le contrat, s'ils pouvaient dans tous les cas substituer aux engagements de l'acquéreur une obligation pécuniaire, on concevrait alors que l'offre d'une somme fixe fût exigée de la part de celui-ci : c'est, en effet, ce qui a lieu lorsqu'il s'agit d'un bien donné. Mais puisqu'il n'en est pas ainsi, il nous semble qu'il n'y a pas lieu de forcer le nouveau propriétaire à faire une évaluation que la loi ne lui impose pas, et qui souvent peut être pleine de difficultés. C'est aux créanciers à apprécier les clauses de la vente, à voir si elles représentent la valeur intégrale de l'im-

dixième en sus du prix et des charges portés dans le contrat de vente, cela ne peut s'entendre que des charges qui font partie du prix, et qui entrent dans l'appréciation de la valeur de l'immeuble qui en est grevé; — Que l'impôt qui affecte les biens d'une manière générale, ne vient pas du contrat, mais de la loi; qu'étant placé hors de la stipulation des parties, il n'est pas une condition de l'acte, mais une nécessité; — Que l'offre d'augmenter l'impôt d'un dixième serait tout à fait illusoire, et que, par conséquent, elle n'a pu être prescrite; — Que, de plus, dans l'espèce, la quotité qui aurait pu être à la charge du surenchérisseur n'était point déterminée par le contrat, puisque, à l'époque du 18 nov. 1822, à laquelle la mutation a été opérée, les dix mois échus auparavant pouvaient avoir été payés par le vendeur et n'étaient plus une charge de l'acquisition; — Rejette.

Du 18 janv. 1825.-C. C., sect. req.-MM. Henrion, pr.-Hua, rap.

(2) *Espèce :* — (Joviac C. Romon.) — Le 19 juill. 1822, arrêt de la cour de Bourges, ainsi conçu : — « Attendu qu'aux termes de l'art. 710 c. pr., la surenchère doit être du dixième au moins du prix principal de la vente; que dans la signification de la surenchère, la demoiselle de Romon s'est soumise à faire porter à un dixième en sus de la somme de 24,000 fr., prix stipulé dans l'acte de vente, en outre des charges, clauses, conditions et obligations mentionnées audit contrat; que le comte de Joviac demande la nullité de cette surenchère à défaut par la demoiselle de Romon d'avoir offert de surenchérir d'un dixième la charge imposée à l'acquéreur de payer les contributions à partir du 1er janv.; attendu d'abord qu'il eût été fort étrange que la demoiselle de Romon eût offert de payer un dixième en sus de l'impôt. — Attendu en deuxième lieu, que l'obligation de payer les contributions est une charge de la vente, et que la demoiselle de Romon s'est soumise à les acquitter toutes; qu'en vain le comte de Joviac soutient que cette obligation contractée par le sieur Souzé est une augmentation du prix de son acquisition; — Attendu que l'impôt qui se paye eu égard à la valeur de la propriété, est une charge qui la grève et qu'on ne peut pas raisonnablement prétendre qu'elle en augmente la valeur intrinsèque; — Confirme. » — Pourvoi. — Arrêt.

La cour; — Attendu que dans l'espèce, où par suite de l'époque de son acquisition, l'acquéreur devait recueillir les fruits naturels et industriels des biens à lui vendus, l'obligation de payer les deux premiers mois de contribution de l'année lors courante n'ajoutait rien au prix principal stipulé dans le contrat du 8 mars 1821 et ne pouvait en conséquence être considérée comme une charge additionnelle susceptible d'augmenter la surenchère; qu'ainsi l'arrêt attaqué a fait une juste application de l'art. 2185 c. civ.; — Rejette.

Du 27 août 1823.-C. C., sect. req.-MM. Lasaudade, pr.-Borel, r.

(2) (Haudet C. Moreau.) — La cour; — Attendu que l'obligation de payer les années à échoir de la prime d'assurance est la représentation des avantages résultant du contrat fait avec la compagnie, dont l'acquéreur était appelé à profiter; qu'elle ne constitue point une augmentation du prix stipulé pour la transmission de la propriété; qu'ainsi, la surenchère ne devait point porter sur le montant de ces primes, et que ce moyen de nullité eût dû être écarté;.... — Déclare bonne et valable la surenchère formée par l'appelant, etc.

Du 16 avr. 1834.-C. d'Angers.-MM. Desmazières, 1er pr.-Allain, av.

meuble, et à surenchérir en conséquence. Pour éviter toute difficulté, ils peuvent, comme le dit fort bien la cour de cassation, faire une surenchère générale du dixième, sans en déterminer le chiffre d'une manière positive (V. nos 208 et s.).— C'est aussi le sentiment de M. Duranton, t. 20, no 397.

205. Cette doctrine trouve notamment son application à l'occasion des rentes viagères mises à la charge de l'acquéreur par l'acte d'aliénation. — La jurisprudence se prononce, en effet, conformément à notre opinion. Ainsi, il a été jugé que celui qui a acquis un immeuble moyennant une somme déterminée et une rente viagère n'est pas obligé, pour faire courir les délais de la surenchère, d'évaluer, dans la notification de son contrat aux créanciers inscrits, le capital de la rente viagère; il suffit qu'il indique le prix tel qu'il a été stipulé dans le contrat (Aix, 2 fév. 1821; Req. 11 mars 1829 (1); Grenoble, 19 mai 1852, aff. Baroz, D. P. 54.1. 151).—V. notre observation, *eod.*

206. Toutefois, il a été jugé que la notification d'un contrat de vente d'immeubles dont le prix consiste, pour le tout ou partie, en rentes viagères dont elle ne détermine point les capitaux, est impuissante, soit pour faire courir le délai de la surenchère, soit pour fonder la procédure d'ordre (Paris, 5 fév. 1814) (2).

207. Au reste, lorsqu'il y a des charges qui font partie du prix et d'autres qui n'y entrent pas, le surenchérisseur ne serait pas fondé à se plaindre de ce que l'acquéreur ne lui aurait pas indiqué expressément celles sur lesquelles doit s'étendre la surenchère; et il a été jugé, en effet, que lorsque la notification du jugement d'adjudication contient l'énumération de toutes les charges, sans distinguer celles qui qui font partie du prix de celles qui n'en font pas partie, c'est au créancier surenchérisseur à les distinguer, afin de déterminer la somme à laquelle il doit porter sa surenchère (Cass. 2 nov. 1813 (3). — Conf. M. Troplong, Hypot., t. 4, no 937).

(1) 1re *Espèce :* — (Fabrège, etc. C. créanciers Mandine.) — La cour; — Attendu que l'art. 2183 c. civ. annonce précisément ce que doit contenir la notification que l'acquéreur qui veut purger son acquisition fait aux créanciers inscrits; que, parmi les déclarations qu'il exige, on n'en trouve aucune d'où l'on puisse induire qu'il doive annoncer le prix ou les charges qui en font partie autrement qu'ils sont stipulés dans son contrat, et le dénaturer lui-même; que, puisque sa notification ne doit être que l'analyse ou l'extrait de son acte, elle doit lui être conforme, et ne présenter le prix que tel qu'il a été stipulé, sauf aux créanciers à surenchérir dans un délai déterminé, si, par sa qualité ou par sa valeur, le prix ne satisfait pas leurs intérêts; — Attendu que les appelants ont ainsi rempli toutes leurs obligations, en annonçant en rente viagère la partie du prix qui n'avait pas été stipulée différemment; qu'il n'est dans le code ni texte ni analogie qui les oblige à énoncer leur contrat autrement qu'il n'avait été formé, et à capitaliser une rente qui ne l'avait pas été dans l'acte; que les créanciers pouvaient, dans le délai de l'art. 2185, pourvoir à leurs intérêts, soit en augmentant la rente d'un dixième, soit en lui donnant un sort principal qu'ils auraient augmenté d'un dixième, et qu'ils doivent s'imputer d'avoir laissé expirer le délai de la loi, sans profiter des facultés qu'elle leur donnait; que leur silence prouve qu'ils ont préféré s'en tenir au prix du contrat; que dès lors les acquéreurs, en mettant en distribution le prix tel qu'il a été stipulé dans l'acte, se sont rigoureusement conformés au vœu de la loi; — Par ces motifs, émendant, etc.

Du 2 fév. 1821.-C. d'Aix.-M. Cappeau, pr.

2e *Espèce :* — (Mazière C. Saunier.) — A l'appui du pourvoi formé contre un arrêt de la cour d'Amiens, du 26 août 1824, pour violation, entre autres, des art. 2183 et 2184 c. civ., on disait : lorsque la loi a imposé à l'acquéreur d'immeubles grevés d'hypothèques, l'obligation de faire connaître le prix de son acquisition aux créanciers de son vendeur, c'est pour que ces créanciers soient mis à même d'exercer la faculté de la surenchère qui leur est accordée. Mais évidemment l'exercice de cette faculté leur sera impossible, si, lorsque le prix consistera, en tout ou partie, dans le service d'une rente viagère ou perpétuelle, cette rente n'est pas évaluée à un capital, puisqu'alors ils manqueront absolument de bases pour calculer, quant à la portion du prix constituée par la rente, le dixième en sus qu'ils doivent offrir à peine de nullité; ils ne peuvent pas offrir le dixième de la rente elle-même; car c'est une somme fixe et non le service d'une rente que la loi veut qu'ils fournissent. Cependant cette somme fixe, ils ne sauront à quoi la proportionner, puisqu'ils ne trouveront aucune autre somme qui leur en donne la mesure; ils ne pourront donc pas alors accomplir les formalités nécessaires à la validité de la surenchère, c'est-à-dire, en d'autres termes, qu'ils ne pourront pas surenchérir : la notification qui les met dans cette impossibilité ne peut donc être valable.

La cour d'Amiens a pourtant validé celle des époux Saunier, et elle en a donné pour raison : —« Qu'aucune loi n'oblige l'acquéreur qui notifie son contrat aux créanciers de son vendeur, d'offrir un capital représentatif de la rente dont il s'est chargé en achetant. » — Non sans doute, cette obligation n'est pas imposée par la loi; mais si elle n'est pas expressément prescrite par son texte, on vient de voir qu'elle l'est impérieusement par son esprit; la disposition serait sans objet, sans résultat, si cette obligation n'existait pas, et ainsi il faut ou en reconnaître l'existence, ou taxer le législateur d'inconséquence et de déraison. — Or, dans cette alternative, le choix n'est pas douteux. Au reste, il n'est point strictement exact de dire, comme l'a fait la cour d'Amiens, qu'on ne trouve, à cet égard, aucune prescription dans la loi. — On en rencontre une dans les art. 2183 et 2184, non pas, il est vrai, pour le cas précis que présente la cause, mais pour un autre cas tellement analogue avec celui-là, qu'il est impossible que l'un et l'autre ne soient pas soumis à la même règle. — Quand un immeuble a été non vendu, mais donné, la loi veut que la notification qui a eu lieu ensuite d'une telle aliénation, contienne l'évaluation de la chose donnée. — Et pourquoi cela? Parce que, répondent les motifs du code et les jurisconsultes, il faut bien qu'il soit présenté aux créanciers une somme d'après laquelle ils puissent fixer le montant de leur surenchère. — Mais s'il y a nécessité, en ce cas, de remédier à une indétermination de prix qui rendrait la surenchère impossible, pourquoi cette nécessité ne serait-elle pas aussi reconnue dans le cas d'une rente viagère, où il y a le même inconvénient à prévenir? Certes, les deux cas sont absolument identiques : — Or, *ubi eadem ratio, ibi idem jus.*

Cette raison d'analogie se fortifie de la considération du grand nombre des cas dans lesquels elle peut se présenter. Supposons que le prix n'ait pas consisté en une rente, mais en un autre immeuble donné en échange, comme dans une donation, on manque absolument d'une prestation pécuniaire qui puisse devenir la base d'un calcul quelconque.—Lors donc que l'immeuble hypothéqué a été échangé, il est impossible de méconnaître que l'échangiste qui l'a acquis ne soit tenu de faire une évaluation dans sa notification. — Mais que devient alors l'argument de la cour d'Amiens, et comment soutenir encore que l'obligation d'une évaluation n'existe point là où elle n'est pas imposée par un texte exprès? Aussi la doctrine de l'arrêt attaqué at-elle été repoussée par tous les commentateurs, et proscrite par la jurisprudence. — Arrêt.

La cour; — Sur le deuxième moyen, qui consiste dans la violation des art. 2183 et 2184 c. civ.; — Attendu que, d'après ces articles, l'acquéreur qui veut purger les hypothèques dont l'immeuble vendu peut être grevé, doit seulement notifier aux créanciers inscrits un extrait de son contrat de vente, énonçant le prix et les charges qui lui sont imposées, afin que ces créanciers puissent surenchérir; que cette notification exigée pour donner connaissance et du prix de la vente et de ses charges, c'est aux créanciers inscrits à juger s'il est, ou non, dans leur intérêt d'exercer la faculté de surenchérir qui leur est conférée; — Attendu que la cour royale, s'étant déterminée par ces motifs, a fait une juste application des lois relatives à la cause; — Rejette.

Du 11 mars 1829.-C. C., ch. req.-MM. Favard, pr.-Liger, rap.

(2) (Huet de Thumery C. Demary, etc.) — La cour; — Faisant droit sur l'appel interjeté par Huet de Thumery du jugement rendu par le tribunal civil de la Seine, du 1er avr. 1813 : — Considérant qu'il est de l'essence du contrat de vente que le prix qui y est stipulé soit certain et déterminé; qu'il doit consister dans une somme d'argent, et qu'il doit être fixé dans l'acte même, soit directement, soit par un moyen de fixation expressément convenu par les parties; que des rentes réputées comme partie du prix d'un immeuble rendent ce prix incertain et déterminé; que, si l'aliénation d'un immeuble pour des rentes viagères n'est pas nulle en elle-même, elle ne confère pas néanmoins à l'acquéreur la faculté de purger l'immeuble des hypothèques dont il est grevé, puisque, suivant les dispositions de l'art. 2183 c. civ., il faut notifier aux créanciers inscrits le prix stipulé dans le contrat de vente, afin qu'ils puissent surenchérir ou requérir l'ordre pour la distribution des deniers; que là où le prix est indéterminé, la notification du contrat est nulle à l'effet de faire courir le délai de la surenchère, et qu'elle ne peut donner lieu à l'ouverture d'un ordre.

Du 5 fév. 1814.-C. de Paris, 3e ch.-M. Faget de Baure, pr.

(3) (Vignon et Guillaume C. Papillon.) — La cour; — Vu les art. 2183 et 2185 c. nap.; — Attendu qu'il est constaté, en fait, que l'acte de notification signifiée à la requête des sieurs Guillaume et Vignon à tous les créanciers inscrits, contenait l'énumération spécifique de toutes les charges de l'adjudication qui leur avait été faite du domaine de Chaumont-en-Porcien, et comprenait conséquemment les charges faisant partie du prix, comme les autres charges ordinaires de l'adjudication, et qu'en décidant que ladite modification était subreptice, en ce qu'elle n'avait pas ajouté que la double charge imposée aux adjudicataires de payer : 1o les 5 cent. par franc du prix de l'adjudication; 2o la somme de 5,034 fr. 32 c. pour frais de l'instance terminée par le jugement du tribunal civil de la Seine, du 27 mess. an 13, faisant partie du prix principal de l'adjudication, l'arrêt dénoncé n'a pu donner audit acte de notification une

208. Dans tous les cas, le surenchérisseur satisfait suffisamment aux exigences de la loi en déclarant, d'une manière générale, dans l'acte de réquisition de surenchère, qu'il s'oblige à porter ou faire porter à un dixième en sus le prix et les charges énoncées dans le contrat sans déterminer la somme. D'une part, en effet, ni l'art. 2185 c. nap., ni aucune autre disposition de la loi ne l'oblige à une évaluation numérique du montant de la surenchère, et, d'autre part, la soumission en termes généraux de porter ou faire porter le prix et les charges à un dixième en sus remplit le même but et impose au créancier surenchérisseur les mêmes engagements; telle est, au reste, l'opinion professée par presque tous les auteurs (V. en ce sens MM. Duranton, t. 20, n° 398; Persil, Rég. hyp., art. 2185, n° 17; Carré Petit, p. 429).

209. Cependant M. Troplong (Hyp., t. 4, n° 935) est d'un avis contraire. Son principal motif est que les enchères ne peuvent s'ouvrir que sur une mise à prix déterminée, et qu'une soumission de surenchère du dixième sur le prix et les charges ne pourrait servir de base à cette mise à prix. Tel est aussi l'avis de Delvincourt, t. 3, p. 365 note 5. — Mais il a été répondu avec raison (M. Petit, *loc. cit.*), que s'il est vrai que la soumission du surenchérisseur doive servir de base à la mise à prix, et que cette mise à prix implique l'énonciation d'une somme déterminée, il n'est nullement nécessaire qu'elle se traduise par un chiffre au moment même de la réquisition de surenchère; il suffit que la mise à prix soit indiquée dans les affiches et insertions qui doivent précéder la vente; et dans tous les cas il appartiendrait au tribunal, s'il s'élevait des contestations sur l'exactitude de cette mise à prix, d'en fixer le chiffre avant l'ouverture des enchères.—V. en ce sens Grenoble, 19 mai 1852, aff. Baroz, D. P. 51. 2. 151. V. aussi nos observ. *eod.*

210. C'est donc avec raison, suivant nous, qu'il a été jugé: 1° que la soumission du surenchérisseur, de faire porter l'immeuble à un dixième en sus du prix et des charges stipulés au contrat, ne peut être annulée, sous le prétexte que la somme de la soumission n'est pas exprimée en total numérique; que du moins l'arrêt qui, appréciant les clauses de la réquisition de mise aux enchères, décide que la soumission prescrite par la loi s'y trouve suffisamment indiquée, ne peut être attaqué devant la cour de cassation: «La cour; attendu que la cour royale (de Caen, arrêt du 5 mai 1819) a déclaré et reconnu que l'offre contenait le prix et le dixième en sus, et qu'elle l'a ainsi décidé après avoir pesé et apprécié toutes les clauses de l'acte d'offre; rejette» (30 mai 1820, sect. civ., MM. Brisson, pr., Jaubert, rap. aff. Delafouchardière *C.* Delaroque); — 2° Qu'en conséquence, l'erreur de calcul portant sur l'évaluation du total du prix de vente et des charges, et du dixième en sus, n'entraîne pas la nullité de la soumission faite par le surenchérisseur, alors que celui-ci a rectifié plus tard cette soumission (Paris, 1er déc. 1856) (1);—3° Que l'offre « de porter le prix à un dixième en sus du prix principal et des charges, c'est-à-dire à une somme de 150,000 fr. » ne vicie pas la surenchère en ce qu'elle contiendrait une erreur dans le chiffre de la somme, qui devait effectivement s'élever à 155,000 fr., alors que le surenchérisseur a formellement exprimé l'offre de porter le prix principal à un dixième en sus du prix d'adjudication et des charges (Paris, 23 mars 1839, aff. Copin sous Rej. 1er juill. 1840, n° 166);— 4° Qu'enfin, par identité de motifs, le surenchérisseur qui, indépendamment de l'offre du dixième du prix principal et du dixième des frais mis à la charge de l'acquéreur, s'est formellement obligé à payer ou faire payer en sus le montant de ces frais, a suffisamment satisfait aux dispositions du n° 2 de l'art. 2185 c. nap., alors surtout qu'il a pris l'engagement d'augmenter sa soumission en cas d'erreur de calcul ou d'insuffisance (Orléans, 18 fév. 1843, M. Travers de Beauvert, 1er pr., aff. Guyon *C.* Lugol.—Conf. Rej. 21 nov. 1843, aff. Crosé, V. n° 43).

211. Au surplus le surenchérisseur ne devrait point être considéré comme obligé, par une énonciation de l'acte de surenchère qui serait le résultat d'une erreur matérielle de calcul par exemple, à payer au delà de la soumission qu'il a entendu contracter, et il a été justement décidé que lorsque, par erreur dans un acte de surenchère, le surenchérisseur a porté la soumission à une somme plus forte que celle à laquelle il devait le faire, cette erreur peut être réparée par un dire avant l'adjudication, sans que le jugement qui a validé la surenchère et les publications et affiches où le chiffre erroné de la soumission a été reproduit, puisse porter obstacle à cette rectification (Paris, 21 janv. 1843) (2).

pareille qualification, qu'en supposant que l'art. 2185 imposait aux adjudicataires qui avaient annoncé toutes les charges, l'obligation de distinguer parmi ces charges celles qui faisaient partie du prix, et de les désigner spécialement en cette qualité; mais que l'art. 2185 oblige seulement les acquéreurs à comprendre, dans l'extrait par eux notifié aux créanciers inscrits, les charges faisant partie seulement du prix de la vente, et que les acquéreurs ont évidemment satisfait à cette obligation en comprenant dans l'extrait notifié toutes les charges de la vente, parmi lesquelles se trouvent nécessairement celles qui font partie du prix, et que, d'après cette notification, les créanciers qui veulent surenchérir ayant tous les moyens de vérifier quelles sont celles des charges indiquées qui font partie du prix de la vente, pour régler en conséquence la soumission qu'ils doivent faire, aux termes de l'art. 2185, ont seuls à s'imputer de ne l'avoir pas fait; d'où il suit que l'arrêt dénoncé (de la cour de Nancy, du 5 déc. 1811) a non-seulement fait une fausse interprétation de l'art. 2185, mais encore lui a donné une extension arbitraire; et que, par suite, en décidant que l'enchère faite par le défendeur était valable, quoiqu'elle ne contînt pas la soumission de porter ou faire porter le prix de l'adjudication à un dixième en sus du montant des charges faisant partie du prix qui leur avait été notifié, ledit arrêt a formellement violé la disposition dudit art. 2185; — Casse.

Du 2 nov. 1815.-C. C., sect. civ.-MM. Muraire, 1er pr.-Cochard, rap.

(1) (Leblant *C.* Langlois.)—LA COUR (ap. part.); — En ce qui touche la nullité de la surenchère, comme contenant l'offre d'une somme inférieure au dixième du prix et des charges :—Considérant qu'aux termes de l'art. 2185 c. civ., l'obligation du créancier surenchérisseur se borne à porter ou faire porter le prix à un dixième en sus de celui énoncé au contrat et des charges déclarées; — Qu'aucune disposition de loi n'impose au surenchérisseur l'obligation d'exprimer numériquement la somme totale à laquelle doit s'élever sa soumission; que le calcul inexact qu'il en aurait fait ne saurait vicier sa surenchère, puisque cette fixation est surabondante, et qu'elle ne peut modifier l'engagement qui résulte de la soumission même;

Considérant que Leblant, qui reconnaît que la redevance à payer à la commune de Noisy fait partie du prix de la vente sur lequel doit porter sa soumission, a offert, dans l'acte de surenchère du 27 janv. 1856, de porter le prix à un dixième en sus d'icelui et des charges déclarées; que dans cette expression *du prix et des charges* se trouvait comprise la redevance; — Que s'il a fait ensuite un calcul erroné du prix et des charges augmentées d'un dixième, c'est par suite de l'erreur causée par l'absence de l'énonciation du capital de la redevance, dans l'extrait de l'acte notifié; que Leblant a réparé plus tard cette erreur en offrant une somme équivalente au prix principal et au capital de la redevance, avec un dixième en sus de l'un et de l'autre; qu'ainsi Leblant a satisfait au vœu de la loi; — Infirme; au principal, déclare la surenchère bonne et valable.

Du 1er déc. 1856.-C. de Paris.-M. Hardouin, pr.

(2) (Appert *C.* Malbrancq.) — LA COUR; — Considérant qu'Appert s'est conformé aux prescriptions de l'art. 2185 c. civ. en s'obligeant, par l'acte de réquisition de surenchère, à porter ou faire porter le prix des immeubles dont il s'agit à un dixième en sus de celui porté au jugement d'adjudication et des frais et charges liquidés énoncés audit jugement; — Que la somme de 83,000 fr. comprenait le prix principal et les charges et frais liquidés, et ne peut détruire la régularité de la surenchère; — Que le jugement du 8 sept. dernier, qui a prononcé sur la validité de cette surenchère, s'est borné à valider cette surenchère et à ordonner qu'aux poursuite et diligence d'Appert il serait procédé à la vente sur surenchère conformément aux prescriptions de la loi; — Que, si dans les affiches il a été dit que les enchères seraient reçues sur la mise à prix de 83,000 fr. en sus des charges, clauses et conditions contenues au cahier d'enchères et au jugement d'adjudication, cette énonciation erronée ne peut modifier l'engagement résultant de la soumission même, et qui remplit le vœu de la loi; — Considérant toutefois que les frais des nouvelles affiches qui devront être apposées pour l'adjudication sont le résultat de l'erreur qui a été commise par Appert; — Infirme; au principal, maintient le dire explicatif fait par Appert sur le cahier d'enchères; ordonne en conséquence qu'il sera passé outre à l'adjudication dont il s'agit sur la mise à prix de 74,932 fr. 19 c., sur laquelle seront reçues les enchères, indépendamment des frais et charges liquidés et des frais de transcription et autres qui sont la conséquence immédiate de l'adjudication; dit que les frais des nouvelles affiches resteront à la charge d'Appert; — Et attendu que tous les dépens ont été la suite de l'erreur commise par l'appelant, le condamne en tous les dépens.

Du 21 janv. 1843.-C. de Paris, 3e ch.-MM. Pécourt, pr.-Berville, 1er av. gén., c. conf.-Hocmelle et Deroulède, av.

212. Cependant il est juste en pareil cas que les frais occasionnés par une telle erreur soient à la charge de celui qui l'a commise ; et il a été jugé en ce sens, que même en cas d'infirmation du jugement qui avait repoussé cette rectification, tous les dépens faits sur la contestation ainsi que les frais des nouvelles affiches doivent rester à la charge de surenchérisseur, comme suite de son erreur (même arrêt).

§ 8. — *Personnes qui ont qualité pour contester la surenchère.*

213. La surenchère étant une action judiciaire dirigée à la fois contre le vendeur et contre le nouveau propriétaire qu'elle a pour objet de déposséder, il appartient à l'un et à l'autre, d'après le principe naturel du droit de défense, d'en contester la validité. Tous deux y ont intérêt, le premier comme étant tenu à garantie vis-à-vis de l'acquéreur (c. nap. 2191, 2192), et le second à raison de l'éviction qui le menace.

214. Ainsi, nul doute que le droit de critiquer tant en la forme qu'au fond, le mérite des inscriptions servant de base à la surenchère, qu'on ne saurait refuser au débiteur direct, n'appartienne également à l'*acquéreur* sur qui s'exerce cette surenchère. Il nous paraît impossible, en effet, de dénier à celui-ci, soit du chef de son vendeur, soit même de son propre chef, le droit d'examiner si l'inscription dont on se prévaut pour le déposséder frappe réellement sur l'immeuble, si le titre constitutif d'hypothèque est nul ou régulier, s'il existe encore ou s'il est éteint ; si, en un mot, le créancier *apparent* est fondé à exercer un droit de suite sur l'immeuble (Conf. MM. Delvincourt, t. 3, p. 367; Persil, sur l'art. 2198; Duranton, t. 20, p. 384; Zachariæ, t. 2, p. 358; Petit, p. 299).

215. Aussi a-t-il été jugé : 1° que le vendeur et l'acquéreur ont l'un et l'autre intérêt et qualité pour contester la validité du titre en vertu duquel un créancier inscrit forme une surenchère (Toulouse, 30 janv. 1834) (1); — 2° Que l'acquéreur a qualité, par exemple, pour critiquer comme entachés de fraude et de simulation les titres et inscriptions du créancier surenchérisseur (Toulouse, 13 janv. 1837 (2); — 3° Qu'il peut exercer ce droit de contestation et du chef de son vendeur obligé de le garantir de toute éviction, et de son chef personnel (Caen, 29 fév. 1844, aff. Mesnil, V. n° 216);—4° Qu'il a, par conséquent, le droit de critiquer les titres et inscriptions du créancier surenchérisseur, quand bien même ces titres et inscriptions auraient été reconnus valables par le vendeur :—« La cour; considérant qu'aux termes des art. 2185 c. nap. et 834 c. pr., le seul créancier inscrit est admis au bénéfice de la surenchère; que, par conséquent, l'acquéreur sur lequel la surenchère est faite, a incontestablement le droit de vérifier et de critiquer les titres et inscriptions du créancier surenchérisseur » (Poitiers, 1re ch., 15 juin 1819, M. Bodin, pr., aff. Treuille *C.* Lambert); — 5° Que l'acquéreur peut, pour repousser une surenchère formée par le porteur d'une lettre de change qui, avant la vente, avait pris inscription dans les termes de l'art. 2111 c. nap., opposer dans son propre intérêt la prescription de cette lettre de change, et être admis à affirmer par serment qu'il estime de bonne foi qu'il n'est plus rien dû, et cela, bien que les héritiers du vendeur aient, par jugement, avoué la dette, si cet aveu n'est que l'effet d'une collusion entre le créancier et les héritiers (Req. 26 mars 1838, aff. Trémoulet, V. Tierce opposit.).

216. On ne pourrait repousser la demande de l'acquéreur sous prétexte qu'en offrant son prix aux créanciers inscrits à qui il a notifié son contrat, il s'est interdit par là le droit de discuter leurs titres. L'accomplissement de ces formalités, que le détenteur a dû remplir indistinctement vis-à-vis de tous les créanciers apparents dont l'état lui a été délivré et qui, de sa part, n'a eu d'autre but que d'affranchir l'immeuble des poursuites hypothécaires, n'implique en aucune façon la reconnaissance de la validité de leurs titres, titres d'ailleurs qu'il n'a eu aucun moyen d'examiner, et dont il n'avait nul intérêt à contester le mérite avant que ces créanciers eussent manifesté l'intention de surenchérir. — Aussi a-t-il été jugé avec raison que l'acquéreur ou adjudicataire qui notifie son titre aux créanciers inscrits, ne se rend pas non recevable à attaquer, au cas de surenchère de leur part, soit le titre, soit l'inscription sur lesquels ils fondent leur droit de surenchérir (Caen, 29 fév. 1844 (3); Bordeaux, 6 fév. 1851, aff. Brosset, D. P. 52. 2. 167).

217. Et la contestation des titres du créancier surenchéris-

---

(1) (Duston et autres *C.* Courties.) — LA COUR ; — Attendu qu'il est de l'intérêt de l'acquéreur et du vendeur, après la consommation d'un contrat de vente, de maintenir la propriété sur la tête de celui à qui elle a été transmise ; — Que la surenchère peut avoir pour résultat éventuel de déplacer cette propriété, et, dans tous les cas, de ne la maintenir sur la tête de l'acquéreur qu'à d'autres conditions que celles de son contrat primitif ; d'où suit l'intérêt qu'ont à la fois l'acquéreur et le vendeur à se prévaloir des moyens qui peuvent en faire prononcer la nullité ; — Attendu que la surenchère ne peut être faite que par celui qui réunit ces deux conditions, créancier et titre inscrit ; — Que la première qualité étant contestée au sieur Courties, il y a lieu d'examiner si réellement le titre en vertu duquel la surenchère a eu lieu le constitue créancier ; — Qu'on objecte vainement que cette discussion ne peut être présentée utilement que dans l'ordre, puisque cette qualité intéressant principalement le vendeur, qui peut demeurer étranger à l'ordre, il faut lui reconnaître ce droit à l'instant même où, par la connaissance de la surenchère, il est mis à même de débattre les droits de celui dont elle émane ; — Que l'exercice du droit intéresse, d'ailleurs, essentiellement l'acquéreur, puisque si la qualité de créancier n'existe plus, il demeure propriétaire incommutable ; — Attendu que, quelque graves que paraissent les présomptions résultant des actes et faits de la cause, qui ont été développés contre l'obligation du 5 sept. 1831, seul titre en vertu duquel Courties ait fait la surenchère, et qu'elles puissent être de nature à modifier dans ses résultats les droits apparents résultant de cet acte, elles ne sont pas néanmoins telles que la cour puisse reconnaître qu'aucune somme n'est due au sieur Courties ; qu'ainsi il est toujours créancier, ce qui suffit pour l'autoriser à surenchérir, et sans qu'il soit nécessaire de déterminer jusqu'à quelle somme se porte sa créance ; d'où suit que, sans adopter les motifs des premiers juges, il y a lieu de confirmer leur décision au fond ; — Par ces motifs, confirme, etc.

Du 30 janv. 1834.-C. de Toulouse, 2e ch.-M. Garisson, pr.

(2) (Mouchet *C.* Piquet et autres.) — LA COUR ; — Attendu qu'en disposant, dans l'art. 2185 c. civ., que tout créancier dont le titre est inscrit pour requérir la mise de l'immeuble aux enchères, le législateur n'a pu vouloir qu'il suffise, pour donner ouverture à ce droit, de l'inscription matérielle ; — Que l'hypothèque ne peut résulter, en effet, que d'une créance ; — Que le principal doit donc exister pour que l'accessoire puisse sortir à effet ; — Qu'ainsi celui qui est réellement créancier peut seul utiliser son inscription pour surenchérir ; — Attendu que l'acquéreur qui a intérêt à consolider la propriété sur sa tête, a, par conséquent, qualité pour contester à un tiers le droit de le déposséder par une surenchère ; — Qu'il importe peu que la créance qu'il querelle et les causes de la contestation soient antérieures à la date de l'acquisition, puisqu'il suffit que son droit existe au moment où le prétendu créancier a requis la mise de l'immeuble aux enchères ; — Qu'ainsi Vitrac et Guyon étaient recevables à demander le rejet de la surenchère faite par Mouchet ; — Que Piquet avait aussi qualité, puisqu'il devait faire valoir les ventes par lui consenties ; — Que notamment Guyon aurait pu exercer contre lui le recours accordé par l'art. 2191 à l'acquéreur contre le vendeur ; — Attendu que les faits articulés dont la preuve a été admise par les premiers juges, s'ils sont établis, sont de nature à faire croire que Mouchet n'était point créancier, et qu'il n'a fait que prêter son nom à Nougiés ; — Que celui-ci ne pouvait pas faire une surenchère qui n'a lieu que dans l'intérêt des tiers ; — Que le tribunal a rejeté avec raison la mise aux enchères requise par Mouchet ; — Que c'est donc le cas de le démettre de son appel ; — Par ces motifs, etc.

Du 13 janv. 1837.-C. de Toulouse, 3e ch.-MM. Martin, pr.

(3) *Espèce :* — (Mesnil *C.* veuve de Pierre.) — En décembre 1830, les sieurs Fournier frères furent déclarés en faillite ; en 1839, les syndics prirent inscription sur leurs immeubles, au profit de la masse, conformément à l'art. 500 de l'ancien code de commerce. En 1840, la dame Fournier mère décéda ; des immeubles dépendaient de sa succession : après liquidation, les syndics mirent en vente ceux de ces immeubles qui furent attribués aux faillis, pour leur part héréditaire. — Le sieur Mesnil, s'étant rendu adjudicataire d'une maison, a fait transcrire son contrat, puis l'a fait notifier aux créanciers inscrits, et notamment à la dame de Pierre, qui avait des inscriptions sur MM. Fournier père et fils, à la date des 1er et 17 juin 1840 ; la dame de Pierre a reçu cette notification le 8 juill. 1843, et, le 17 août suivant, elle a porté une surenchère d'un dixième. — M. Mesnil a soutenu que cette surenchère était entachée de nullité, parce que les titres relatés dans les inscriptions des 1er et 17 juin 1840 ne lui conféraient point d'hypothèque sur la maison à lui adjugée.

Le 30 août 1843, jugement du tribunal civil de Caen qui valide la surenchère, par les motifs suivants : — « Attendu que l'acquéreur d'un immeuble grevé d'hypothèques a deux voies à suivre : ou il demeure in-

seur peut être élevée par l'acquéreur au moment même de la notification de la surenchère, sans qu'il soit nécessaire d'attendre l'ouverture de l'ordre (Toulouse, 30 janv. 1834, aff. Duston, V. n° 215-1°; Caen, 29 fév. 1844, aff. Mesnil, V. n° 216);

définiment tenu du montant des créances inscrites, et alors il jouit des termes et délais accordés au vendeur, est subrogé dans tous ses droits, et peut faire valoir contre les créanciers inscrits toutes les actions du vendeur; ou bien il fixe et détermine le montant de la valeur de l'immeuble par la notification prescrite par les art. 2183 et 2184, et alors il est libéré de toute action hypothécaire en payant son prix aux créanciers en ordre de recevoir ou en le consignant; — Attendu que l'acquéreur qui prend le parti de purger doit notifier à tous les créanciers inscrits sur l'immeuble, conformément à l'état à lui délivré, sur transcription, sans pouvoir examiner si les inscriptions frappent ou ne frappent pas, si le titre qui constitue l'hypothèque est nul ou régulier, s'il existe encore ou s'il est éteint; — Attendu que tout créancier inscrit qui a reçu cette notification a le droit de surenchérir d'un dixième dans les formes et délais prescrits par l'art. 2185; que l'acquéreur n'a pas le droit d'examiner, après la notification, le mérite des droits hypothécaires; que cette notification est une offre qu'il fait au créancier dont l'inscription lui a été délivrée, offre qui peut être acceptée ou refusée sans qu'il puisse examiner le droit de surenchérir, et qu'il ne peut critiquer son titre lorsque la surenchère est faite; — Attendu qu'à la vérité il pourrait arriver de là que l'acquéreur pourrait se trouver dépossédé par un créancier dont le titre, lors de l'ordre, serait déclaré nul et non hypothécaire, mais que d'autres inconvénients beaucoup plus graves résulteraient du système contraire; — Attendu, en effet, que si l'on admet l'acquéreur à contester le droit du créancier auquel il a notifié, il faut admettre que ce droit de critique peut être poussé jusqu'à la dernière extrémité, c'est-à-dire jusqu'à l'examen du titre constitutif de l'hypothèque, ce qui aurait pour conséquence d'amener, lors d'une instance en surenchère, l'examen de questions réservées pour l'ordre; que le résultat serait nécessairement par suite de longues procédures, conséquences de ces sortes de contestations, de laisser la propriété longtemps incertaine contre le vœu bien prononcé du législateur; que le second inconvénient serait d'exposer la surenchère, faite dans l'intérêt des créanciers, à dépendre du vice du titre d'un des créanciers, alors qu'elle ne doit être subordonnée qu'à la validité de la procédure prescrite pour cet effet; qu'il y a donc lieu d'adopter la décision qui présente les moindres inconvénients, surtout lorsqu'on considère qu'elle se trouve basée sur les termes employés dans la loi, puisque l'art. 2183 exige la notification aux créanciers inscrits, sans s'inquiéter s'ils sont réellement ou non créanciers du vendeur, d'où l'on doit inférer que l'on doit entendre de la même manière les expressions *créanciers inscrits*, employées dans l'art. 2185; que, par suite, s'il est interdit à l'acquéreur de faire dans sa notification des réserves contre le droit hypothécaire de ceux auxquels il notifie, il doit également lui être interdit de critiquer leurs droits hypothécaires, lorsqu'ils répondent à sa notification par une réquisition de mise aux enchères;

» Attendu que le sieur Mesnil est adjudicataire des biens vendus sur les frères Fournier; que la dame de Pierre est nominativement inscrite sur lesdits frères Fournier, les 1er et 17 juin 1840; qu'une notification lui a été adressée par le sieur Mesnil, qu'ainsi elle a eu le droit de lui signifier une surenchère; — Attendu, d'ailleurs, qu'en supposant que les titres énoncés dans les inscriptions susdatées ne fussent pas constitutifs d'hypothèque, les syndics des frères Fournier ont pris au profit de la masse une inscription collective, le 5 mai 1839, ayant pour objet de conserver tous les droits desdits créanciers sur lesdits frères Fournier; que la dame de Pierre est incontestablement créancière des frères Fournier; que l'inscription, bien que non prise en son nom, milite en sa faveur; qu'ainsi elle a trouvé dans son existence un droit hypothécaire suffisant pour motiver sa surenchère. » — Appel par le sieur Mesnil. — Ses moyens de droit ont été développés dans une consultation de Me Thomine, produite devant la cour, et dont le texte a été recueilli D. P. 44. 2. 114. — Arrêt.

La cour; — Sur la première question : — Considérant qu'aux termes de l'art. 1583 c. civ., la vente est parfaite entre les parties et la propriété acquise à l'acquéreur dès qu'on est convenu de la chose et du prix; que seulement, suivant l'art. 2182, la chose vendue ne passe aux mains de l'acquéreur que sous l'affectation des priviléges et hypothèques dont elle était chargée ; — Considérant que le droit de tout acquéreur est donc d'obtenir en vertu du contrat de vente la propriété incommutable de l'objet qu'il acquiert, à moins que par l'effet d'un privilége, d'une hypothèque ou de toute autre cause antérieure à son contrat, un tiers ne lui apporte la justification d'un droit préférable au sien; — Considérant qu'aussi l'art. 2183 en instituant la formalité de la notification par le tiers détenteur, ne la présente-t-il que comme un moyen offert à celui-ci de se préserver des poursuites indiquées au chap. 6, c'est-à-dire de celles dont le principe est dans l'art. 2166 portant que les créanciers ayant privilége ou hypothèque inscrite sur un immeuble le suivent en quelques mains qu'il passe; — Considérant que le but de la notification n'est d'assurer aux créanciers hypothécaires que la possibilité de retirer de la vente de leur gage les mêmes avantages qu'aurait pu leur en procurer la vente forcée; que les formalités dont elle se compose ont été organisées d'après ce but et se renferment dans ce qui est nécessaire pour l'atteindre; qu'en effet elles consistent : 1° dans la signification de l'extrait du contrat portant la désignation de l'immeuble vendu, celle du prix et des conditions de la vente; 2° dans le tableau sur trois colonnes faisant connaître la date des hypothèques et celle des inscriptions, ainsi que le montant des créances et les noms des créanciers, afin de mettre ceux-ci à portée de juger si le prix du contrat suffira pour les payer ou s'ils ont besoin de recourir à la voie de surenchère; 3° dans la déclaration du tiers détenteur qu'il est prêt d'acquitter sur-le-champ les dettes et charges hypothécaires jusqu'à concurrence de son prix, sans égard aux termes et délais de son contrat, vu que ce prix doit être disponible comme celui qui proviendrait de la vente forcée de l'immeuble;

Considérant que pour savoir à qui il doit faire cette notification, le tiers détenteur n'a d'autre guide à suivre que le certificat d'inscriptions à lui délivré par le conservateur des hypothèques; qu'en s'adressant aux créanciers qu'il trouve portés dans ce certificat, il ne reconnaît ni explicitement, ni implicitement leur droit ou leur qualité, choses qu'il n'a aucun intérêt et par conséquent aucun moyen légal d'approfondir, tant qu'il n'est question pour lui que de l'exécution de son contrat; que c'est à raison de cela que la loi ne l'oblige pas d'offrir son prix aux créanciers à qui il notifie, mais de les prévenir qu'il le tient à disposition, pour acquitter les dettes et charges hypothécaires, parce qu'en effet la notification ne peut rien préjuger sur la réalité de ces mêmes dettes et charges; — Considérant qu'il suit de là que la notication, par elle-même, ne change rien à la nature du droit du créancier qui la reçoit et qu'elle n'emporte aucune offre qui attribue à celui-ci la faculté de surenchérir, si d'ailleurs il ne la tient de la loi; qu'en un mot elle n'est de la part du tiers détenteur qu'une interpellation au créancier d'user de cette faculté, si toutefois il réunit les conditions nécessaires pour l'exercer; — Considérant que l'examen de ces conditions rentre dans la défense naturelle du tiers détenteur lorsqu'il vient à être attaqué par un acte qui, comme la surenchère, tend à détruire son contrat d'acquêt; qu'alors non-seulement il a de son chef personnel le droit de vérifier les titres et hypothèques du surenchérisseur, mais encore qu'il tire ce droit de son vendeur, obligé à lui porter garantie de toute éviction et notamment de celle procédant de la surenchère, ainsi que le témoigne l'art. 2191; — Considérant que d'après l'art. 2185, pour jouir du bénéfice de la surenchère, il faut être créancier inscrit sur l'immeuble; que l'on ne peut conclure de ce que la loi ne s'est pas expliquée sur la nécessité d'une inscription valable qu'elle se contenterait d'une inscription telle quelle; qu'autrement il faudrait dire, par la même raison, que l'art. 2166, qui attache le droit de suite à l'hypothèque inscrite, sans autre addition, s'appliquerait à toute créance inscrite, y eût-il absence ou nullité de l'hypothèque, prétention qui serait insoutenable; qu'il est vrai de dire, au contraire, qu'en toute circonstance où la loi exige un acte quelconque pour base d'une action, cela s'entend d'un acte régulier à moins qu'elle n'ait manifesté une volonté différente, ce qu'elle est loin d'avoir fait ici où il est évident par la corrélation des art. 2183, 2166, 2185 c. civ. et 834 c. pr., qu'elle a regardé le droit de suite comme un véhicule essentiel à l'exercice du droit de surenchère;

Considérant que l'on cherche vainement à tirer objection de ce que, d'après les art. 2190 c. civ. et 833 c. pr., la surenchère, une fois notifiée, existe dans l'intérêt de tous les créanciers inscrits, de telle sorte que le bénéfice ne peut leur en être enlevé même par le désistement du poursuivant; car si chacun des créanciers inscrits a le droit de s'approprier la surenchère faite par un autre, ce n'est évidemment que lorsqu'elle a une existence légale et non lorsqu'elle en est privée par l'inaccomplissement des formalités requises ou par le défaut de capacité dans celui qui l'a intentée; — Considérant que le droit appartenant au tiers détenteur de contester l'hypothèque du surenchérisseur apparemment inscrit pourra, il est vrai, produire l'inconvénient d'inciter les autres créanciers à surenchérir de leur chef, dans la crainte que la première surenchère venant à tomber, ils n'encourussent la déchéance ; mais que cet inconvénient, inévitable dans tous les cas à cause de la possibilité de nullités, n'est pas un motif suffisant pour créer contre le tiers acquéreur un droit de suite qu'aucun texte de loi n'a établi ; que l'on en doit dire autant de l'inconvénient d'ouvrir la porte à des incidents de nature à prolonger une poursuite que la loi a voulu par-dessus tout abréger; car immoler à une pareille considération le droit de l'acquéreur serait lui imposer un de ces sacrifices que l'intérêt général peut quelquefois commander, mais qui veut être imposé par l'autorité formelle de la loi ; — Considérant que, dans l'espèce, la notification par Mesnil à la dame de Pierre ne renferme aucunes offres ou consentements qui la fassent sortir de la classe ordinaire de ces sortes d'actes, d'où il résulte qu'elle ne fait nullement obstacle à ce que la surenchère qui s'en est suivie soit contestée pour défaut de titre et d'inscription valable ;...

En ce qui touche l'inscription requise en vertu de l'art. 500 c. com. non révisé, par les syndics de la faillite des frères Fournier, le 15 mai 1839 : — Considérant que la faillite des frères Fournier s'est ouverte

seulement le juge peut, dans le cas où la créance lui paraît sérieuse d'après la présomption résultant des faits et des actes, donner suite à la surenchère (même arrêt de Toulouse).

218. Mais l'acquéreur ne pourrait plus se prévaloir d'un semblable droit dans le cas où il se serait personnellement obligé au payement des créances inscrites. — V. spécialement v° Contrat jud., n° 16-1°.

219. L'acquéreur peut se prévaloir également de l'incapacité du surenchérisseur : cela est vrai, même quand la caution présentée est solvable, car l'acquéreur n'a rien à recevoir de la caution, et il lui importe de n'avoir pour adversaire qu'une personne capable (MM. Grenier, n° 459 ; Troplong, t. 4, n° 955 ; Petit, p. 353). — C'est donc à tort, suivant nous, qu'il a été décidé que le défaut d'autorisation de la femme mariée exerçant une surenchère ne peut être opposé que par la femme, par le mari ou par leurs héritiers (Grenoble, 11 juin 1825, aff. Trolliet, n° 66). — V. au surplus v° Contrat de mar., n° 1996.

220. On doit décider de même, ce nous semble, que l'acquéreur a qualité pour opposer la nullité qui peut résulter de l'insuffisance de la mise à prix ; car vainement objecterait-on que c'est au vendeur seulement et à ses créanciers que doivent profiter les offres du surenchérisseur ; n'admettre que le vendeur, en pareil cas, à critiquer cette insuffisance, ce serait faire dépendre la validité de la surenchère de la seule volonté de ce dernier. — Aussi a-t-il été jugé que l'acquéreur peut exciper de l'insuffisance de la mise à prix du surenchérisseur, bien qu'elle ne porte pas sur le prix principal, mais sur les prestations en nature indiquées sans évaluation dans le contrat de vente (Cass. 3 avr. 1815, aff. Capron, n° 191-3°. — Conf. M. Chauveau sur Carré, n° 2471).

221. On ne saurait refuser justement à celui qui se serait porté garant envers l'acquéreur des conditions de la vente, et qui interviendrait dans l'instance de surenchère, pour y prendre son fait et cause, le droit de contester, aussi bien que l'acquéreur lui-même, le mérite de la surenchère dont il devra, au lieu et place de ce dernier, subir les conséquences ; surtout alors que les moyens proposés tendent à faire rejeter la demande au fond. C'est là, du moins, ce qui nous semble résulter des principes qui découlent de l'économie de la loi en matière de garantie (V. au surplus v^is Exception, n°s 376 et suiv., et Vente). — Il a été jugé en ce sens que lorsque l'adjudicataire d'un immeuble surenchéri, après avoir appelé du jugement qui a validé la surenchère, se désiste de son appel, en se réservant de prendre telles conclusions qu'il appartiendra contre le vendeur et ses ayants cause, ceux-ci étant toujours, à raison de sa réserve, soumis à l'action en garantie de l'adjudicataire, ont intérêt et par conséquent qualité pour contester la surenchère (Paris, 28 déc. 1843) (1). — Toutefois, il a été décidé, mais à tort, suivant nous, que le garant d'un acqué-

---

sous l'empire de l'ancien code de commerce non revisé ; que dès lors elle doit être régie par le code, ainsi que le déclare le préambule de la loi du 28 mai 1838 ; — Considérant que cette faillite n'a été ni suivie de concordat ni déclarée close, et que la maison acquise par Mesnil lui a été adjugée le 15 mai 1842, sur la poursuite des syndics de la susdite faillite ; — Considérant que l'art. 500 c. com. non revisé n'était pas constitutif d'un droit hypothécaire proprement dit, et que l'inscription qu'il prescrivait aux syndics n'était rien autre chose qu'un moyen de publication de l'avertissement donné aux tiers, de l'état d'interdiction dans lequel, aux termes de l'art. 442, la faillite plaçait le failli quant à l'administration de ses biens, et de l'incapacité qui en résultait pour lui de prendre désormais aucun engagement sur ces mêmes biens au préjudice de la masse de ses créanciers ; — Considérant qu'à compter de l'ouverture de la faillite, l'exercice des droits du failli appartient à la masse représentée par ses syndics ; que de ce moment, c'est la masse qui agit pour le failli dans ses rapports avec les individus étrangers à la faillite, et que les actes qu'elle fait avec ces individus ont de part et d'autre, à l'égard du corps moral de la faillite, les mêmes effets qu'ils auraient eus à l'égard du failli s'il eût sisté dans la plénitude de ses droits ; que lors donc qu'en vertu des art. 528 et 552 (code non revisé) les syndics procèdent à la vente des immeubles du failli, ils font naître contre la masse, sur les biens du failli, les mêmes obligations de garantie qu'aurait contractées le failli lui-même ; d'où il suit que la masse devenant, aux termes de l'art. 2191, garante de la surenchère des créanciers hypothécaires, ne peut trouver le principe du droit d'exercer cette surenchère pour elle-même dans l'inscription de l'art. 500, qui ne fait en quelque sorte que promulguer la fusion en elle de la personne du failli, et l'impuissance où est tombé celui-ci de conférer à qui que ce soit, sur sa fortune, des droits que la masse n'aurait pas consentis par ses organes légaux ;

Considérant que l'art. 524 (toujours du code non revisé) ne constitue l'hypothèque au profit de chacun des créanciers que par le jugement d'homologation du concordat ; que cela ne devenait, en effet, nécessaire qu'à partir du concordat, parce qu'auparavant l'intérêt des créanciers était sous la sauvegarde de l'art. 442, qui empêchait qu'aucune parcelle des biens du failli pût leur échapper indépendamment de leur fait ; tandis que l'agrégation des créanciers une fois dissoute par le concordat, et chacun d'eux étant rendu à son individualité, il fallait bien leur donner un moyen de garantie et de préférence sur les biens du failli pour l'exécution des engagements résultant du concordat ; que quand il serait possible de supposer, à raison du mot *conserver* dont se sert l'art. 524 au sujet de cette hypothèque, que l'effet devrait s'en rapporter à l'inscription prise en vertu de l'art. 500, cela n'aurait rien qui blessât la raison, puisque cette inscription ayant averti les tiers de l'incapacité où était le failli de traiter avec eux au préjudice de ses créanciers depuis l'ouverture de la faillite, l'hypothèque que le jugement homologatif du concordat attribuerait à ceux-ci, en rétroagissant jusqu'à l'inscription de l'art. 500, n'aurait aucun inconvénient réel ; mais qu'il ne s'ensuit nullement que pendant l'existence de la masse chacun des créanciers, ou la masse elle-même, puissent s'emparer de cette inscription pour détruire d'une main les ventes qu'elle ferait de l'autre ; que la masse, quant aux ventes d'immeubles que font ses syndics, est suffisamment protégée contre le danger des ventes à vil prix par les formes de publicité requises pour l'adjudication et par la surenchère autorisée dans la quinzaine de cette adjudication ; et que, si les créanciers hypothécaires du failli peuvent, après l'adjudication, prétendre au droit de surenchère sur notification, ce n'est qu'à raison de ce que, restés en dehors du mouvement de la faillite, ils sont censés n'en avoir pas pu surveiller les opérations ; — Considérant qu'il résulte de ce qui précède que la dame de Pierre n'a eu, soit en vertu de ses inscriptions particulières, soit en vertu de celle de la faillite, ni droit ni qualité pour requérir la surenchère dont il s'agit, et qu'il y a par conséquent lieu d'infirmer le jugement dont est appel qui en a décidé autrement ; — Par ces motifs, infirme.

Du 29 fév. 1844.-C. de Caen, 2e ch.-M. Dupont-Longrais, pr.

(1) *Espèce* : — (Dupuis, etc. *C.* Beslay.) — Une convention est passée entre Dupuis, propriétaire, et ses créanciers hypothécaires, par laquelle ceux-ci se chargent de vendre eux-mêmes les biens de leur débiteur : ils forment entre eux une sorte de contrat d'union et nomment trois commissaires, MM. Dubos, Lecerf et Beslay, qu'ils chargent de procéder à la vente et à la répartition du prix. — Le cahier des charges, dressé par les soins de Beslay, et à ce qu'il paraît signé par lui, contenait une clause qui engageait la responsabilité personnelle des commissaires pour le cas où les acquéreurs viendraient à être évincés, même par suite de surenchère. — Avant la vente, Beslay cesse ses fonctions et est remplacé par Grandsire. — Un des lots mis en vente, et composé du château et des meubles qui le garnissaient, est adjugé au profit de Cibiel pour la somme de 53,700 fr., dans laquelle le mobilier entrait pour 2,210 fr. ; en outre de ce prix il devait être payé par l'adjudicataire 5 p. 100, dont 3 p. 100 étaient affectés au payement des impôts, aux frais de garde, d'assurance et d'administration, et 2 p. 100 étaient attribués aux notaires pour honoraires, tant de la vente elle-même que de plusieurs tentatives faites antérieurement. — Le 24 juin 1843, notification du contrat d'adjudication aux créanciers inscrits. — Le 5 août, Beslay surenchérit du dixième, et porte la première enchère à la somme de 57,600 fr. de principal, indépendamment de toutes les charges et conditions stipulées au procès-verbal d'adjudication et du remboursement des frais et loyaux coûts. Il signifie, en outre, un récépissé constatant le dépôt à la caisse des consignations d'une somme de 40,000 fr. pour cautionnement. — Avant que la cause vînt à l'audience, Beslay augmenta son cautionnement d'une nouvelle somme de 1,500 fr.

Dupuis et les commissaires, ainsi que Cibiel, contestèrent la surenchère par le motif que les charges ajoutées aux 37,600 fr., somme offerte par Beslay, formant un total de 41,234 fr., la caution de 40,000 fr. était insuffisante, et que cette insuffisance n'avait pu être couverte après l'expiration du délai de quarante jours.

Le tribunal de Rambouillet éluda la difficulté au lieu de la résoudre. Le 14 sept. 1843, il rendit un jugement ainsi conçu : — « Attendu que le quatorzième lot de la vente volontaire du domaine de la Celle-les-Bordes a été adjugé à Cibiel pour la somme totale de 33,700 fr. ; mais que dans cette somme se trouvent compris 2,210 fr. de mobilier qui ne donnent pas lieu à la surenchère autorisée par l'art. 2185 c. civ. ; — Attendu dès lors que le prix immobilier, sur lequel seul doit porter la surenchère, ne s'élève qu'à 31,490 fr. ; qu'aux termes du cahier d'enchères, il faut ajouter 3 p. 100 de ce prix qui doivent tourner à l'avantage général des créanciers, ces 3 p. 100 formant la somme de 944 fr. 70 c., et élevant le prix sur lequel doit porter la surenchère à 32,424 fr. 70 c. ; que, le dixième étant de 3,243 fr. 47 c., la somme à laquelle la surenchère devait être portée ne pouvait être moindre de 35,678 fr. 17 c. ; — Attendu que Beslay a offert de porter la mise à prix du quatorzième lot

reur n'est pas recevable, comme ce dernier dont il a pris le fait et cause, à attaquer la surenchère formée par les créanciers (Rouen, 25 janv. 1838, aff. Toutain, sous Cass. 30 janv. 1839, V. Frais et dépens, n° 122).

222. Les *significations* prescrites en matière de surenchère étant substantielles et tellement *indivisibles* que l'accomplissement d'une seule des formalités prescrites éteint l'action, les nullités qui en résultent peuvent être opposées par toute partie ayant *intérêt* à les faire prononcer (Conf. M. Chauveau sur Carré, n° 2489). — Aussi décidait-on déjà, sous la loi du 11 brum. an 7, que la nullité commise dans la signification de la surenchère au vendeur profitait à l'acquéreur, bien que la copie à lui signifiée fût régulière (Paris, 25 vent. an 11, aff. Autier, V. n° 122). — Et c'est également avec raison qu'il a été jugé depuis : 1° que l'acquéreur a qualité pour proposer de son chef la nullité de la notification de la surenchère adressée au vendeur, résultant, par exemple, d'une énonciation mensongère dans l'exploit, quant à la remise de la copie par l'huissier (Bordeaux, 31 mars 1841) (1);

à 37,600 fr., et qu'il a, le 4 août dernier, consigné à la caisse des dépôts et consignations la somme de 40,000 fr., suffisante pour garantir la surenchère et le payement des frais, loyaux coûts et autres charges; — Attendu qu'il n'y a pas lieu d'examiner si le supplément de 1,500 fr. a été versé dans les délais suffisants; déclare la surenchère valable et régulière et le cautionnement suffisant; en conséquence, etc. »

Appel de Dupuis, vendeur, des commissaires et de Cibiel, adjudicataire. — Ce dernier, dont l'appel était entaché d'un vice de forme, s'en désista, en déclarant toutefois qu'il n'entendait nullement acquiescer au jugement, et que, étant en cause comme intimé sur l'appel de Dupuis et des commissaires, il adhérait à leurs conclusions tendant à infirmation. — D'un autre côté, appel de Beslay, mais seulement quant au chef du jugement qui faisait distraction du mobilier pour ne laisser porter la surenchère que sur l'immeuble, puis il se désiste aussi de cet appel et se borne à demander la confirmation pure et simple du jugement. — D'autres créanciers interviennent dans l'instance et concluent à la validité de la surenchère et à la condamnation des commissaires en 100,000 fr. de dommages-intérêts.

Dans cet état, voici les différents moyens qui se présentaient à la décision de la cour : — Les appelants soutenaient d'abord que l'intervention des créanciers était non recevable puisqu'ils étaient représentés par les commissaires, et que leur demande en dommages-intérêts n'avait pas subi le premier degré de juridiction; puis ils opposaient une fin de non-recevoir à la surenchère de Beslay, fondée sur ce qu'ayant garanti, dans le cahier des charges qu'il avait signé, l'adjudicataire de toute éviction, il ne pouvait l'évincer lui-même. — Au fond, ils combattaient la distinction entre les meubles et les immeubles admise par les premiers juges. — Le créancier n'est pas tenu de faire porter sa surenchère sur les meubles, mais il a faculté de le faire. S'il use de cette faculté, les juges ne peuvent d'office distraire le mobilier de la surenchère et imputer sur l'immeuble seul la somme offerte. — Ce point établi, un calcul bien simple démontre la nullité de la surenchère. Si au prix de 33,700 fr., montant de l'adjudication, on ajoute 1,685 fr. pour les 5 p. 100 payables en sus, on a un total de 35,385 fr., dont le dixième est de 3,538 fr. 50 c. M. Beslay aurait donc dû offrir de faire porter la première mise à prix à 38,923 fr. 50 c., au lieu de 37,600 fr.; son offre était donc insuffisante, et par conséquent sa surenchère était nulle; elle serait nulle encore, quand bien même on ne ferait porter la surenchère du dixième que sur les 3 p. 100 applicables aux frais de garde, d'assurances, etc., et non sur les 2 p. 100 attribués aux notaires pour frais et honoraires de vente, car on arriverait à une mise à prix de 38,182 fr. 10 c. — Prétendra-t-on que M. Beslay peut encore élever sa surenchère à cette somme? On répondrait, en fait, qu'il ne l'a jamais offert; en droit, que c'est par la réquisition de surenchère elle-même qu'on doit juger de sa suffisance ou de son insuffisance, et que M. Beslay n'a pas plus la faculté d'augmenter ses offres que les créanciers n'auraient le droit de l'y contraindre. — A l'égard du cautionnement, on reproduit le système présenté devant les premiers juges.

M. Beslay, de son côté, soutenait que l'appel de M. Dupuis et de ses commissaires était non recevable, attendu que M. Cibiel, s'étant désisté du sien, avait par cela même acquiescé au jugement qui validait la surenchère, et renoncé par conséquent à l'action en garantie qu'il pouvait avoir contre ses vendeurs. — Arrêt.

LA COUR; — En ce qui touche l'intervention : — Considérant que les sieurs Ouizille et autres, créanciers de Dupuis, interviennent pour contester l'usage qui serait fait par les commissaires de l'union Dupuis du mandat donné auxdits commissaires, en ce que cet usage serait contraire à l'intérêt desdits créanciers, leurs mandants; que lesdits créanciers ont donc un intérêt distinct et même opposé à celui des commissaires Dupuis dans la contestation pendante devant la cour, et que, ne pouvant être représentés par les commissaires, leurs parties adverses, ils ont droit d'intervenir en leur nom personnel.

En ce qui touche la fin de non-recevoir opposée à Dupuis et à ses commissaires par Beslay : — Considérant que Cibiel, adjudicataire de l'immeuble surenchéri, ne s'est désisté de l'appel par lui interjeté que sous la réserve de tous recours en garantie contre Dupuis et ses commissaires à raison du trouble qui pourrait être apporté à son adjudication; que ces réserves établissent suffisamment l'intérêt et le droit d'interjeter appel de la part des commissaires Dupuis, lesquels, par le cahier des charges qui a précédé l'adjudication, se sont, comme mandataires du vendeur, portés garants envers Cibiel en cas de trouble ou d'éviction qu'il n'a pas dépendu de Beslay, en acceptant le désistement de Cibiel, de faire disparaître la condition qu'il avait imposée à ce désistement;

En ce qui touche la fin de non-recevoir opposée par Dupuis et ses commissaires à Beslay : — Considérant que, si, dans l'origine, Beslay, comme commissaire de l'union des créanciers Dupuis, et spécialement comme mandataire de ce dernier, vendeur de l'immeuble dont il s'agit, était tenu de garantir et de faire valoir la vente faite à Cibiel, il résulte des conventions verbales passées entre les parties qu'à la date du 7 avr. 1845 Beslay a donné sa démission de ses fonctions de commissaire, et qu'il a été remplacé par Grandsire; qu'à compter de ladite époque 7 avr. Beslay, au regard de sa qualité de mandataire du vendeur, est demeuré étranger à la poursuite de la vente, laquelle n'a eu lieu que le 7 mai suivant, et qu'en cet état rien ne s'opposait à ce que Beslay, en sa simple qualité de créancier inscrit, dans son intérêt personnel, fît une surenchère;

Au fond : — Considérant que, Beslay ayant enchéri sans distinction le quatorzième lot des biens, et le prix d'adjudication de ce lot étant de 33,700 fr. tant pour l'immeuble que pour les objets mobiliers, le prix principal de 33,700 fr. devient nécessairement la base de la surenchère; qu'il faut y ajouter 5 p. 100, stipulés payables en sus du prix pour impôts, frais d'administration et assurance, lesquels 3 p. 100 profitent au vendeur, à la différence des 2 p. 100 restant sur les 5 p. 100, lesquels 2 p. 100 ont été stipulés pour frais de vente, et n'augmentent pas le prix de l'immeuble vendu; qu'en ajoutant donc au prix de 33,700 fr. la somme de 1,011 fr., on a la somme totale de 34,711 fr., dont le dixième est de 3,471 fr. 10 c., lesquels doivent être offerts par l'acquéreur en sus du prix principal, ci-dessus fixé à 34,711 fr.; total du prix principal, des charges et du dixième en sus, 38,182 fr. 10 c., somme qui doit servir de base à la surenchère; qu'en ajoutant à ce prix de surenchère : 1° les droits d'enregistrement, soit 1,949 fr. 95 c.; 2° ceux de transcription, soit 5 fr. 47 c.; 3° ceux de l'état d'inscription, 3 fr. 75 c.; 4° les 2 p. 100 alloués au notaire, soit 674 fr., on a la somme de 2,631 fr. 17 c., ce qui donne pour le montant dudit cautionnement la somme de 40,813 fr. 27 c.;

Considérant que si, par erreur de calcul, Beslay n'a porté le prix de la surenchère qu'à la somme de 37,600 fr., au lieu de 38,182 fr. 10 c., laquelle aurait dû être offerte par lui, et si, par suite de cette erreur, il n'a offert que la somme de 40,000 fr. pour le cautionnement de la surenchère, au lieu de 40,813 fr. 29 c., il a, avant toute contestation sur la validité de ses offres, rectifié lesdites erreurs et consigné la somme supplémentaire de 1,500 fr.; d'où il résulte que son cautionnement s'est trouvé dépasser le montant du prix principal, de toutes les charges et du dixième, qu'il était tenu d'offrir; qu'en cet état il y a lieu, en rectifiant les bases du prix de surenchère sur lequel devra être suivie la nouvelle adjudication, de maintenir la décision des premiers juges en ce qu'elle a déclaré régulière la surenchère faite par Beslay;

Considérant enfin que la demande en dommages-intérêts de la part des intervenants contre les commissaires Dupuis n'est que subsidiaire et pour le cas de nullité de la surenchère, et que dans l'état de la cause il n'y a lieu de statuer; — Reçoit les intervenants parties intervenantes; et sans s'arrêter aux fins de non-recevoir présentées par les diverses parties en cause, a mis et met l'appellation et ce dont est appel au néant, seulement en ce qu'il a été dit que l'adjudication du quatorzième lot des biens vendus sur Dupuis aurait lieu sur la mise à prix de 37,600 fr.; — Emendant, fixe la mise à prix servant de base à la nouvelle adjudication, tant pour le mobilier que pour les immeubles, à la somme de 38,182 fr. 10 c., le jugement au résidu sortissant effet, déclare le présent arrêt commun avec les intervenants.

Du 28 déc. 1845.-C. de Paris, 2e ch.-M. Silvestre de Chanteloup, pr

(1) *Espèce* : — (Fonteyraud C. Rossignol et l'huissier D...) — Fonteyraud avait acquis de Seguette un immeuble grevé de diverses hypothèques. Les formalités de purge ayant été remplies, Rossignol, l'un des créanciers inscrits, requit la surenchère et signifia cette réquisition tant au nouveau propriétaire qu'au vendeur; Fonteyraud argua de nullité l'exploit signifié à Seguette, son vendeur, comme n'ayant pas été remis par l'huissier en personne, bien que mention en eût été faite, et, sur la déclaration du surenchérisseur qu'il persistait à se servir de l'exploit critiqué, il attaqua cet acte par la voie de l'inscription de faux. Rossignol, auquel s'était joint l'huissier D..., opposèrent à l'action du sieur Fonteyraud une fin de non-recevoir tirée de ce que l'acquéreur n'avait pas

—2° Que l'acquéreur peut, en matière de surenchère, faire valoir les nullités contenues dans les actes signifiés au vendeur; par exemple, celle de la nullité de la signification d'un jugement par défaut (Paris, 19 août 1807, aff. Rollet, V. n° 95). — Un arrêt a décidé, au contraire, que la nullité d'une surenchère résultant de ce que la signification de cet acte n'aurait pas été faite au mari d'une des parties poursuivant ou ayant poursuivi la vente, ne peut être proposée par l'adjudicataire contre lequel la surenchère est poursuivie (Paris, 27 mars 1833, sous Cass. 15 mars 1837, aff. Yvonnet, V. n° 104). L'arrêt a été cassé, mais sur un autre point, et la cour suprême n'a pas eu à examiner la question.

223. Les raisons qu'on vient de déduire s'appliqueraient évidemment aux nullités provenant de l'inobservation des délais prescrits, et il a été justement décidé : 1° que l'acquéreur a qualité pour faire valoir la nullité résultant du défaut de notification, dans les quarante jours, de la surenchère au vendeur ou à ses représentants (Bourges, 13 août 1829, aff. Lérasle, V. n° 107); —2° Que, de même, l'adjudicataire d'un immeuble est recevable à opposer la nullité de la surenchère, comme tardivement notifiée au vendeur (Bordeaux, 10 mai 1842) (1), et cela encore bien que ce dernier continuerait à s'en prévaloir en ce qui le concerne (même arrêt).

224. La procédure à suivre pour parvenir à la revente de l'immeuble se liant étroitement à l'acte de réquisition de surenchère, dont elle est le complément indispensable, le vendeur, partie intéressée dans la poursuite, a qualité, tout aussi bien que l'acquéreur, à proposer les nullités dont cette procédure peut être viciée. — C'est donc à tort, suivant nous, qu'il a été jugé que le vendeur d'un immeuble sur le prix duquel on a fait une surenchère, n'est pas recevable à critiquer la procédure suivie pour parvenir à la revente (Paris, 23 juill. 1812) (2). — Une telle solution ne saurait surtout être admise aujourd'hui, en présence des dispositions rigoureuses de l'art. 838; d'où il nous paraît résulter qu'en cette matière les nullités sont absolues, et qu'ainsi le bénéfice en peut être invoqué par toutes les parties qui y ont intérêt (Conf. M. Chauveau sur Carré, *ibid.*).

225. Dans le cas où le vendeur serait décédé, le droit de proposer des moyens de nullité contre la surenchère appartiendrait incontestablement à ses représentants, et ce droit ne pourrait leur être refusé, par exemple, à raison de leur qualité d'héritiers bénéficiaires, puisqu'en cette qualité ils sont tenus à garantie, au moins jusqu'à concurrence des forces de la succession. — Il a été jugé, en ce sens, que le défaut de signification de l'acte de surenchère au vendeur ne peut être opposé par les héritiers bénéficiaires de celui-ci (Cass. 15 mars 1837, aff. Yvonnet, n° 104).

§ 9. — *De la procédure pour la revente et de l'adjudication après surenchère.*

226. La surenchère formée et la caution admise, il ne reste plus qu'à suivre la procédure tendant à faire revendre l'immeuble aux enchères. — Cette procédure, soumise aux formes générales de la vente sur expropriation forcée par l'art. 2187 c. nap. et à quelques règles spéciales énoncées aux art. 836, 837 et 838 de l'ancien code de procédure, était longue, dispendieuse et pourtant incomplète. Les améliorations introduites par la loi du 2 juin 1841 dans les formalités relatives à la saisie immobilière appelaient une réforme analogue dans celles qui s'appliquent particulièrement à la surenchère, réforme qui a été réalisée par les art. 836, 837 et 838 du même code modifiés par cette loi.

227. Aux termes de l'art. 836, pour parvenir à la revente sur enchère prévue par l'art. 2187 c. nap., le poursuivant fera imprimer des placards qui contiendront : — 1° La date et la

---

qualité pour se prévaloir des nullités contenues dans les actes de surenchère signifiés au vendeur. L'acquéreur répond que la nullité d'une procédure peut être opposée par toute partie ayant intérêt, et que les formalités de surenchère énumérées dans l'art. 2185 c. civ. formant un tout indivisible, l'omission d'une seule de ces formalités devait entraîner la nullité de la surenchère. — 11 mai 1840, jugement du tribunal civil de Bordeaux, qui déclare le sieur Fonteyraud non recevable dans son inscription de faux. — Appel. — Arrêt.

La cour; — Attendu qu'un créancier inscrit ne peut requérir la mise de l'immeuble aux enchères et adjudication qu'en remplissant les conditions spécifiées par l'art. 2185 c. civ., parmi lesquelles se trouve la signification qui doit être faite au précédent propriétaire; que non-seulement les diverses conditions sur lesquelles doit reposer la surenchère sont substantielles, doivent être observées avec la plus grande rigueur, mais qu'elles sont indivisibles; que l'omission d'une seule entraîne la nullité de la surenchère; qu'en un mot, l'inaccomplissement d'une seule éteint l'action; que la nullité, qui est radicale, peut être proposée par toute personne ayant intérêt; — Attendu, en fait, que Rossignol, créancier inscrit sur Seguette, son débiteur, ayant introduit une surenchère sur la vente consentie à Fonteyreau, ce dernier a argué de faux l'exploit d'assignation produit par ledit Rossignol, comme ayant été signifié et remis le 16 oct. 1839, par l'huissier D..., au domicile de Seguette, parlant à une personne de son ménage, ainsi déclarée; — Que Fonteyraud a intérêt à se prévaloir de la nullité dont serait entachée la signification destinée à la personne de Seguette; que son action à cet égard doit être admise, alors surtout que Seguette a formellement adhéré, en première instance, comme il adhère, en la cour, aux conclusions tendantes à l'admission de l'inscription de faux formée par Fonteyraud contre l'acte dont il s'agit, et demande acte de ce qu'il déclare, dans le cas où cette inscription ne serait pas admise de la part de Fonteyraud, vouloir s'inscrire lui-même en faux contre le susdit acte; que dans de telles circonstances il suffit de l'inscription formulée par Fonteyraud pour établir la recevabilité de l'action en nullité de la surenchère;

En ce qui touche D... : — Attendu qu'il a demandé que Fonteyraud fût déclaré non recevable dans son action; que cette fin de non-recevoir a formé un incident dont la responsabilité pèse sur lui; qu'il doit répondre en outre de tout le dommage auquel l'acte fait par lui soumettrait Rossignol; — Émendant, admet l'inscription de faux; faisant droit de la demande en garantie contre D..., condamne celui-ci à garantir et relever indemne Rossignol des condamnations ci-dessus, aux dommages-intérêts à mettre par état et déclaration, et à tous les dépens tant en demandant qu'en défendant.

Du 31 mars 1841.-C. de Bordeaux, 2e ch.-M. Poumeyrol, pr.

(1) (Persollier C. Cazeneuve et Daniaud.) — La cour; — Attendu que la faculté de surenchérir accordée aux créanciers inscrits du vendeur a été subordonnée à certaines conditions énumérées dans l'art. 2185; — Que cet article exige, entre autres formalités, que la réquisition de mise aux enchères soit signifiée au nouveau propriétaire dans les quarante jours au plus tard de la notification faite à la requête de ce dernier, et que semblable signification soit faite dans le même délai au précédent propriétaire, débiteur principal; que toutes les formalités requises sont indivisibles; que cela résulte de ces mots qui terminent l'article : *le tout à peine de nullité*; — Qu'il est d'ailleurs conforme aux règles générales du droit, que tous ceux qui ont été parties dans un contrat soient appelés dans une procédure qui a pour objet d'en prononcer la résolution; — Attendu, en fait, que Jeanne Daniaud, épouse Cazeneuve, agissant en qualité d'héritière pour la partie des reprises dotales de Marie Page, épouse Daniaud, sa mère, dont elle avait répudié la société d'acquêts, et Cazeneuve, en celle de cessionnaire de l'un des créanciers inscrits, signifièrent à Persollier leur réquisition de surenchère sur les immeubles dont il s'était rendu adjudicataire; mais qu'ils omirent de faire cette signification dans les quarante jours à Marie Daniaud, épouse Faure; — Que ce n'est que plus de six mois après l'expiration du délai légal que la dénonciation en a été faite aux époux Faure; — Attendu qu'il ne peut dépendre de la volonté du vendeur, ou de l'un de ses ayants cause, de couvrir la nullité de l'acte résultant de la tardiveté de la signification, en déclarant qu'il renonce à l'opposer, et qu'il consent à ce que cet acte soit déclaré valable en ce qui le concerne; — Que l'adjudicataire, qui a essentiellement intérêt de connaître le sort de son acquisition, qui ne peut rester incertain, et de se mettre en mesure de remplir les obligations que cette qualité lui impose, est recevable et fondé à se prévaloir de l'omission d'une formalité substantielle exigée par la loi d'une manière absolue; — Qu'une telle omission ayant pour effet d'éteindre l'action, la valeur des immeubles adjugés à Persollier demeure irrévocablement fixée au prix porté dans l'acte de vente; — Émendant, déclare nulle la surenchère, etc.

Du 10 mai 1842.-C. de Bordeaux, 4e ch.-MM. Gerbeaud, pr.-D'Oms, av. gén., c. conf.-Lacoste et Brun, av.

(2) *Espèce* : — (Laribe.) — Sur cette question, jugement du tribunal de Bar-sur-Seine en ces termes : — « Vu les art. 836 et 837 c. pr.; — Et attendu que les articles ci-dessus n'exigent point que le procès-verbal d'apposition des placards soit notifié au précédent propriétaire, d'où il résulte que la procédure peut être suivie en son absence, et que par conséquent il est non recevable à en critiquer les actes; — Considérant d'ailleurs qu'un vendeur n'a aucun intérêt à s'opposer à la vente par surenchère; qu'au contraire il lui est avantageux que le bien par lui vendu soit porté au plus haut prix possible; — Déclare Laribe non recevable dans sa demande en nullité. » — Appel. — Arrêt.

La cour; — Adoptant les motifs des premiers juges, confirme.

Du 23 juill. 1812.-C. d'appel de Paris.

nature de l'acte d'aliénation sur lequel la surenchère a été faite, le nom du notaire qui l'aura reçu ou de toute autorité appelée à sa confection; — 2° Le prix énoncé dans l'acte, s'il s'agit d'une vente, ou l'évaluation donnée aux immeubles dans la notification aux créanciers inscrits, s'il s'agit d'un échange ou d'une donation; — 3° Le montant de la surenchère; — 4° Les noms, professions, domiciles du précédent propriétaire, de l'acquéreur ou donataire, du surenchérisseur, ainsi que du créancier qui lui est subrogé dans le cas de l'art. 833; — 5° L'indication sommaire de la nature et de la situation des biens aliénés; — 6° Le nom et la demeure de l'avoué constitué pour le poursuivant; — 7° L'indication du tribunal où la surenchère se poursuit, ainsi que des jour, lieu et heure de l'adjudication. — Ces placards seront apposés, quinze jours au moins et trente jours au plus avant l'adjudication, à la porte du domicile de l'ancien propriétaire et aux lieux désignés dans l'art. 699 du présent code. — Dans le même délai, l'insertion des énonciations qui précèdent sera faite dans le journal désigné en exécution de l'art. 696, et le tout sera constaté comme il est dit dans les art. 698 et 699 » (V. Vente publique d'immeubles). — L'art. 837 ajoute; « Quinze jours au moins et trente jours au plus avant l'adjudication, sommation sera faite à l'ancien et au nouveau propriétaire d'assister à cette adjudication, aux lieu, jour et heure indiqués. Pareille sommation sera faite aux créanciers surenchérisseurs, si c'est le nouveau propriétaire ou un autre créancier subrogé qui poursuit. — Dans le même délai, l'acte d'aliénation sera déposé au greffe et tiendra lieu de minute d'enchère. — Le prix porté dans l'acte ou la valeur déclarée et le montant de la surenchère tiendront lieu d'enchère. » — Enfin, l'art. 838 dispose : « Le surenchérisseur, même au cas de subrogation à la poursuite, sera déclaré adjudicataire si, au jour fixé pour l'adjudication, il ne se présente pas d'autre enchérisseur. — Sont applicables au cas de surenchère les art. 701, 702, 705, 706, 707, 711, 712, 713, 717, 731, 732, 733 du présent code, ainsi que les art. 734 et suivants relatifs à la folle enchère. »

228. Il peut se présenter plusieurs surenchérisseurs après une vente volontaire. Dans ce cas, la poursuite appartient au plus diligent des enchérisseurs, et si la poursuite de l'un d'eux est annulée, le plus diligent des autres peut commencer la sienne (Conf. MM. Lepage, p. 559; Chauveau sur Carré, n° 2497 *ter.*)

229. La loi n'a fixé au surenchérisseur aucun délai à partir de l'admission de la surenchère pour commencer les poursuites de vente. La cour de Montpellier avait demandé dans ses observations qu'il ne pût y avoir plus de deux mois entre le jugement qui admet la surenchère et le jour de l'adjudication: le législateur n'a pas eu égard à cette demande. Le plus ou le moins de célérité à commencer les poursuites est donc à la disposition du poursuivant, sauf le droit de subrogation dont il sera parlé ci-après. — On ne pourrait donc pas décider aujourd'hui, ainsi qu'il l'a été sous la loi du 11 brumaire an 7, que le créancier inscrit sur un immeuble qu'il a surenchéri est déchu de ce droit, si, après avoir été sommé d'en poursuivre la surenchère, il a laissé écouler les différents délais qui lui ont été donnés, sans le faire, et que, par suite, il doit être condamné aux frais que sa surenchère a entraînés (Req. 26 août 1806, MM. Muraire, pr., Sieyes, rap., aff. Fulcrem C. Thierry).

230. A défaut par le créancier surenchérisseur de poursuivre la revente de l'immeuble surenchéri, l'acquéreur lui-même peut, ainsi qu'il résulte de l'art. 2187 c. nap., 833 c. pr., remplir les formalités prescrites pour atteindre ce but. Il a intérêt, en effet, à faire cesser au plutôt sa position incertaine.

231. L'acte d'aliénation devant être déposé au greffe pour servir de minute d'enchères, comment le poursuivant se procurera-t-il cet acte? La cour de Metz avait prévu cette difficulté et proposé d'insérer dans la loi une disposition qui eût obligé soit l'ancien soit le nouveau propriétaire à remettre au poursuivant l'expédition de l'acte authentique, ou le double de l'acte sous-seing privé formant le titre d'aliénation. — Pigeau, Comment., t. 2, p. 535, et après lui M. Petit, p. 561, pensent que le premier acte du poursuivant doit être de faire sommation à l'acquéreur de déposer ce titre au greffe. Mais l'acquéreur peut refuser son concours à une procédure qui a pour but de le déposséder, et ne pas obéir à cette sommation. En pareil cas, pas de difficulté si l'acte d'aliénation est un titre authentique; le poursuivant aura qualité pour en demander une expédition à l'officier public dépositaire de la minute, et il lèvera cette expédition aux frais de l'acquéreur (Conf. Pigeau, *ibid.*; M. Chauveau sur Carré, n° 2498-7°), mais si c'est un acte sous seing privé, ce dernier auteur pense que le poursuivant devra requérir une expédition de la transcription qui aura du être faite au bureau des hypothèques, et que le dépôt au greffe de cette expédition suffira pour remplir le but de la loi. Nous partageons cette opinion. — Au surplus, faute par l'acquéreur d'effectuer le dépôt de l'acte d'aliénation, on pourrait faire annuler la notification et le poursuivre comme le tiers détenteur, qui ne fait pas purger (Conf. Pigeau, *ibid.*; MM. Troplong, n° 960 *bis*; Petit, p. 561).

232. Dans tous les cas, la loi ne s'oppose pas à ce que le surenchérisseur dépose s'il le juge convenable, en outre du titre d'aliénation, un cahier des charges explicatif (Conf. MM. Carré, t. 3, n° 2855; Tarrible, Rép., v° Transcription; Pigeau, t. 2, p. 438; Demiau, p. 517; Praticien français, t. 5, p. 94; Hautefeuille, p. 469; Berriat, p. 455, note). Le droit de contester les clauses de ce cahier des charges et même d'en proposer de nouvelles, appartiendrait également au vendeur et à l'acquéreur, parties intéressées dans la poursuite. — Il a été jugé avec raison en ce sens que le vendeur peut être partie dans l'instance sur la surenchère, qu'ainsi il peut être admis à proposer l'insertion dans le cahier des charges d'une clause quelconque, sauf aux juges à la rejeter ou à l'accueillir (Grenoble, 7 avril 1824) (1). — Mais ces nouvelles clauses doivent avoir en général pour but

---

(1) (Argoud C. Lesbros.) — La cour; — Attendu que la surenchère n'est point un obstacle à ce que le vendeur soit partie dans l'instance; l'art. 2185 c. civ. porte que la surenchère sera notifiée tant à l'acquéreur qu'au vendeur; que si l'art. 837 c. pr. civ. indique que le procès-verbal d'apposition des placards sera notifié au nouveau propriétaire si c'est le créancier qui poursuit, et au créancier enchérisseur si c'est l'acquéreur, cet article n'interdit pas que cette notification doit être faite conformément à l'art. 835 du même code; que l'art. 2187 c. civ., en prescrivant que la procédure de surenchère se fera dans les formes établies pour les expropriations forcées, on doit considérer que l'art. 837 c. pr. civ. n'est qu'une addition à l'art. 695 du même code, et dans ce dernier article, il n'est pas non plus question du saisi; il a suffi, d'après l'art. 681 qui précède, de lui notifier la saisie immobilière, afin que, prévenu par cette notification, il puisse veiller à ses intérêts dans les poursuites dont il est l'objet; — Attendu que l'appel du jugement du 7 juin 1825 contient implicitement l'appel du jugement d'adjudication provisoire, qui n'a été rendu que d'après les dispositions dudit jugement du 7 juin; — Attendu que si l'art. 838 c. pr. ordonne que l'acte d'aliénation tiendra lieu de minute d'enchère, il n'exclut pas la formation d'un cahier des charges, d'après le principe résultant de l'art. 2187 c. civ.; — Attendu que l'offre de l'enchérisseur, de supporter les charges insérées dans la vente, ne peut se rapporter qu'aux charges supportées par l'acquéreur, et dont il doit être remboursé, mais ne forme pas un acquiescement aux conditions insérées dans ladite vente; — Attendu que tout créancier inscrit au moment de la transcription qui constate et règle la vente, a droit au prix de cet immeuble qui est devenu son gage, tant en principal qu'intérêts; que toutes stipulations du propriétaire vendeur qui tendraient à diminuer ce gage, et par suite à mettre en péril tout ou partie des créances au payement desquelles l'immeuble est affecté, doivent être regardées comme non avenues quant à ces mêmes créanciers, comme étant faites à leur préjudice; que la vente à réméré porte préjudice aux créanciers en ce qu'elle les prive; 1° de la portion d'intérêts de la somme à laquelle l'immeuble se serait élevé s'il avait été porté à son prix réel; 2° de pouvoir retraire l'immeuble vendu, parce qu'un seul créancier pourrait faire ce retrait, et qu'une masse de créanciers ne peut jamais faire cette opération, attendu les intérêts divers; 3° enfin, d'être payés de suite de la plus-value, même des biens qui demeurent en suspens par la clause du réméré; que la surenchère sur vente volontaire d'un immeuble n'a été instituée qu'en faveur des créanciers, et pour leur donner la facilité, en cas de vilité du prix, de le porter à une somme telle qu'elle suffise autant que possible à les remplir de la totalité, ou au moins de la plus forte partie de leurs créances, d'où il résulte qu'ils ne sont nullement obligés par les stipulations de l'acte de vente, ou qu'au moins la surenchère, qui est une protestation formelle contre ce qui dans le contrat tend à diminuer le prix qui leur appartient, les en affranchit entièrement, et les rétablit dans l'intégralité de leurs droits; — Que le cahier des charges porte que l'adjudicataire entrera en jouissance du jour de l'adjudication définitive, nonobstant

d'expliquer et non de changer les conditions du contrat, et M. Troplong fait justement observer (t. 4, nº 961 *bis*) qu'on ne devrait pas admettre un cahier des charges qui imposerait des charges nouvelles ou contrarierait et éteindrait celles qui résultent du contrat (Conf. Delvincourt, p. 372; Carré, nº 2855).

233. Cependant il a été jugé en cas de revente en suite de surenchère, le premier acquéreur peut, par exemple, faire insérer, dans une clause du cahier des charges, que l'acquéreur nouveau sera tenu de payer, outre le prix, la plus-value des améliorations, reconstructions faites depuis la première vente (Paris, 10 mars 1808) (1). — V. sur le droit de l'acquéreur de réclamer cette plus-value, vº Vente pub. d'imm.

234. Lorsqu'une surenchère, portant sur une masse d'immeubles, a été faite après une adjudication solidaire à plusieurs individus, elle ne peut être divisée : il faut revendre en masse et par une seule adjudication, et non par portions, et en plusieurs adjudications (Conf. Pigeau, Comment., t. 2, p. 555, et Berriat, p. 655; Chauveau sur Carré, nº 2499). — Et il a été jugé en ce sens : 1º que le surenchérisseur ne peut mettre en vente par lots des immeubles vendus en bloc par le contrat, qu'une revente ainsi faite est nulle (Rouen, 15 juill. 1807) (2); — 2º Qu'une telle surenchère doit être maintenue ou annulée pour le tout (Colmar, 18 déc. 1820 (3). — *Contrà*, MM. Demiau, p. 518; Carré, nº 2858; Troplong, nº 961 *ter*).

235. L'art. 699 c. pr., auquel se réfère, pour l'apposition des placards, l'art. 836, ne peut, en matière de surenchère, s'appliquer à la lettre. Quand cet article, réglant les formes de la poursuite de saisie immobilière, porte que cette apposition de placards aura lieu à la porte du domicile du *saisi*, sur la place principale de la commune où le *saisi* est domicilié, etc., ceci ne peut s'entendre, au cas de surenchère, que du domicile de l'acquéreur contre lequel cette surenchère se poursuit; c'est donc à l'acquéreur qu'il faut appliquer toutes les dispositions de l'art. 699 où il est question du *saisi* (Conf. M. Chauveau sur Carré, nº 2498-4º).

236. Il est superflu d'ajouter qu'une apposition de placards

---

la clause de réméré stipulée dans la vente volontaire, qui était devenue caduque par l'effet de la surenchère; que cette clause a dû être insérée d'après les principes émis ci-dessus; en effet, là surenchère efface le prix stipulé dans le contrat volontaire, pour en substituer un nouveau; c'est même l'unique objet de la surenchère, puisqu'elle est établie pour annuler un prix nuisible aux créanciers; elle fait donc disparaître toutes les conventions qui tendent à amoindrir le prix de l'objet vendu, et certes la vente à réméré, dans son objet et dans ses conséquences, tend bien à amoindrir le prix intégral de l'immeuble qui est le gage des créanciers; — Par ces motifs, — Confirme.

Du 7 avr. 1824.-C. de Grenoble.

(1) *Espèce* : — (André C. Bonnet.) — Dans une revente à la suite d'une surenchère, le tribunal de la Seine ordonna qu'il serait ajouté aux cahiers des charges cette clause : « L'adjudicataire sera tenu sans diminution de son prix de tenir compte au sieur Capon (acquéreur primitif) des réparations, reconstructions et augmentations faites à la maison, mais seulement eu égard à la plus-value qu'elles lui ont donnée des dépenses annuelles d'entretien à partir de la surenchère. » — Appel en ce que cette clause aurait pu nuire aux enchères par l'incertitude de la plus-value. — Arrêt.

LA COUR; — Considérant que, pour favoriser les enchères, il importe de lever toute incertitude relativement à la plus-value; que l'immeuble en question a pu recevoir des réparations, reconstructions et augmentations, faites par Capon, et dont l'adjudicataire sera tenu de lui faire raison, aux termes du jugement du 19 novembre dernier, et que cet intérêt, qui appartient à toutes les parties, commande de fixer, avant l'adjudication définitive, le montant de cette plus-value; — A mis et met le jugement dont est appel au néant, en ce qu'il n'a pas ordonné l'expertise des réparations, reconstructions et augmentations alléguées par lesdites parties, à l'effet d'en constater et estimer la plus-value préalablement à l'adjudication définitive; — Émendant, quant à ce, ordonne que cette plus-value sera constatée et estimée contradictoirement, préalablement à l'adjudication définitive.

Du 10 mars 1808.-C. d'ap. de Paris.

(2) (Delespinasse C. Champigny.) — LA COUR; — Vu la loi du 11 brumaire sur les expropriations, art. 12 et 18, les lois sur la vente et priviléges et hypothèques, et l'art. 858 c. pr.; — Considérant, en fait, que le sieur Delespinasse n'a point compris dans la vente qu'il a requise, en qualité de créancier surenchérisseur, tous les immeubles vendus par ce contrat du 12 août 1806; que, d'une part, il en a excepté une portion qui était litigieuse, et que d'autre part, il a divisé le surplus en onze lots, dont il a fait faire autant d'adjudications séparées; — Considérant, en droit, qu'il est de principe élémentaire que les inscriptions faites sur un immeuble n'en empêchent point la vente, l'immeuble passe au tiers qui l'a acquis avec les charges dont il est grevé; mais le contrat est toujours translatif de propriété; la transcription suivie des notifications prescrites est le moyen donné à l'acquéreur pour consolider cette propriété dans sa main, en la purgeant de tous priviléges et hypothèques; — Considérant que si on se fût borné là, l'acquéreur n'aurait eu d'autres obligations à remplir que de représenter le prix de son contrat pour être distribué aux créanciers suivant la nature ou le rang de leurs inscriptions; — Mais le législateur a dû porter plus loin la prévoyance; malgré la vente, la valeur entière de la chose, telle qu'elle est transmise par le contrat, est le gage des créanciers inscrits; il aurait été facile à un vendeur et à un acheteur de soustraire une partie de ce gage en traitant à vil prix ou en usant de simulation : il a voulu prévenir ce dommage. De là la faculté accordée aux créanciers de surenchérir; — Considérant que dans la conception de la loi actuelle, comme dans l'édit de 1774, le droit de surenchérir n'est pas celui de dénaturer le contrat, mais seulement d'en débattre le prix dans la vue de faire profiter la masse des créanciers de toute la valeur qui pouvait être et qui n'a pas été tirée du contrat surenchéri; — Or, c'est dénaturer le contrat que d'omettre dans la revente des portions qui n'en sont pas légalement séparables, et surtout que de former plusieurs lots de l'immeuble vendu, pour en faire autant d'adjudications distinctes. Le droit de surenchérir est d'ailleurs un bénéfice de la loi qui doit être pris tel qu'il est, et ne peut s'étendre au delà des limites qui lui ont été assignées; — Ainsi il est évident que quand il n'y a qu'un contrat de vente, il ne peut y avoir sur la poursuite du surenchérisseur qu'une seule et même adjudication. — On objecte que s'il n'y avait pas eu de vente, les créanciers auraient été maîtres de diviser, ainsi qu'ils l'auraient jugé à propos : l'assertion est exacte à l'égard du précédent propriétaire, parce qu'il est leur débiteur personnel; mais elle est sans application à l'acquéreur qui ne leur doit rien, et contre lequel, vu la nécessité de concilier le droit d'inscription avec le droit de vente, on ne pouvait leur donner que la voie de surenchérir et non de morceler le contrat. — On objecte également que la loi n'a pas défendu, sous peine de nullité, la division des adjudications sur une soumission de surenchère. Cela est encore vrai; mais quand la loi a établi un ordre de choses positif pour obtenir l'avantage qui y est lié, il n'est pas plus permis d'ajouter aux formes prescrites que d'y retrancher. — On argumente de ce que l'art. 2187 c. civ., en son premier paragraphe, porte qu'en cas de revente sur enchère, elle aura lieu dans les formes établies pour les expropriations forcées; oui, mais cela ne veut pas dire qu'on scindera le contrat à sa fantaisie, et le second paragraphe du même article se refuse à cette interprétation. On se prévaut enfin de ce qu'on ne peut citer aucun arrêt qui, dans l'ancien et le nouveau régime, ait prononcé contre la division des adjudications en fait de surenchérir; c'est sans doute que jusqu'ici personne ne s'était avisé d'élever une prétention aussi extraordinaire. — Considérant que, si on admettait le système de division qu'on veut introduire, ce serait écarter les acquéreurs du but qu'ils ont à se proposer dans le débat sur le prix des ventes, les forcer d'abandonner leurs acquisitions, ou les exposer à n'en retirer que des lambeaux, leur ôter le seul moyen de consolidation que la loi leur offre, et par là séquestrer complétement du commerce tous les biens territoriaux dont les inscriptions surpasseraient la valeur. — Une doctrine aussi subversive des principes ne peut être consacrée par les tribunaux; elle conduirait à désorganiser une partie essentielle de la législation sur la vente et le régime hypothécaire, et à faire plus ou moins directement violence aux art. 1594, 1598, 2181 et suiv., jusques et y compris l'art. 2192 c. civ., ainsi qu'aux art. 12 et 18 de la loi du 11 brumaire, auxquels s'identifie l'art. 858 c. pr.; — Considérant que ce système de division est également vicieux au respect du vendeur, en ce que, d'après l'art. 2178 et le § 2 de l'art. 2192 c. civ., il l'exposerait pour la plus grande utilité des créanciers à des recours de l'acquéreur sur lui-même; — Annule les proclamations, affiches, ainsi que les adjudications faites à la requête de l'intimé, sauf à lui à faire de nouvelles diligences en vertu de son acte de réquisition de mise aux enchères, pour parvenir, conformément à la loi, à une seule et même adjudication, etc.

Du 15 juill. 1807.-C. de Rouen.-M. Brière, subst., c. conf.

(3) (Bicklin C. Lévy, etc.) — LA COUR; — Considérant que l'adjudication des biens des conjoints Gofinet a été faite en bloc, et que les adjudicataires en sont devenus propriétaires par indivis et solidairement entre eux; que la surenchère de M. Bicklin porte également sur la masse des immeubles adjugés, et devient par cela même indivisible; que dès lors les premiers juges n'ont pu scinder l'obligation du surenchérisseur, et ordonner la revente d'une portion qui ne pouvait même présenter de base fixe pour la mise à prix qu'après une ventilation de la totalité.....

Du 18 déc. 1820.-C. d'appel de Colmar.

au domicile de l'aquéreur ne serait pas nécessaire au cas où ce serait l'aquéreur lui-même qui poursuivrait l'adjudication (V. *suprà*, n° 230); en pareil cas l'acquéreur ne pourrait ignorer ni le jour ni les conditions de l'adjudication, et n'aurait par conséquent nul besoin d'en être averti par la publicité (Conf. M. Chauveau sur Carré, *ibid.*).

237. Cette apposition des placards est, au reste, constatée comme au cas de vente par expropriation ; et il a été jugé notamment en matière de surenchère qu'il suffit que l'huissier chargé de l'apposition des affiches et placards déclare avoir annexé à son procès-verbal d'affiches un exemplaire du placard affiché, pour remplir le but de l'art. 836 : la loi n'exige pas un procès-verbal d'annexe (Orléans, 28 août 1810, aff. N... *C.* N... —Conf. MM. Troplong, n° 960 *ter*).—V. au surplus sur ce point comme pour ce qui est des insertions aux journaux et de leur constatation, v° Vente pub. d'imm.

238. Peut-il y avoir lieu, en matière de surenchère, au supplément de publicité autorisé en cas de saisie immobilière par les art. 697 et 700 c. pr. — Non, attendu que ces articles ne sont pas du nombre de ceux que les art. 836 et 838 ont déclarés applicables à la surenchère. La commission du gouvernement avait, lorsque fut élaborée la loi de 1841, demandé qu'il en fût ainsi; tel était aussi l'avis de la cour d'Amiens, et de la commission de la cour de cassation (projet, p. 103) ; mais on pensa qu'en matière de surenchère « une telle publicité serait exorbitante, et que c'était au surenchérisseur à gagner son pari à ses risques et périls. » — Il faut donc tenir pour certain que si le créancier poursuivant la surenchère veut donner à la vente une publicité extraordinaire, il ne peut le faire qu'à ses frais (Conf. M. Chauveau sur Carré, n° 2498-5°).

239. Si, pendant le cours de la procédure suivie pour parvenir à la revente de l'immeuble surenchéri, il survenait une action en résolution formée par un précédent vendeur (V. v° Vente), celui-ci serait tenu à peine de déchéance de notifier sa demande au greffe du tribunal où se poursuit la vente et de faire statuer sur cette demande avant l'adjudication (c. pr. 838, 717). —V. v° Vente pub. d'imm.

240. Mais, dans le cas où le vendeur primitif non payé serait en même temps le créancier surenchérisseur, il est évident qu'il ne pourrait pas poursuivre tout à la fois et la mise aux enchères de l'immeuble, et la résolution de la vente : ces deux actions sont contradictoires (Conf. M. Chauveau sur Carré, n° 2500).—On devrait donc décider encore aujourd'hui, ainsi qu'il l'a été avec raison sous l'ancien code, que le vendeur primitif non payé qui, sur la revente faite à un tiers, a requis la mise aux enchères de l'immeuble, ne peut, tant qu'il ne s'est pas désisté de cette réquisition, demander la résolution de la vente primitive; que les deux actions ne peuvent être exercées cumulativement, et que l'arrêt qui le décide ainsi ne saurait être cassé sous prétexte que, par la demande en résolution, il y a eu désistement tacite de la mise aux enchères (Req. 26 avril 1831) (1).

241. Il peut arriver que, par négligence, fraude ou collusion, le poursuivant s'abstienne de donner suite à la surenchère, et que l'ancien propriétaire ne fasse, de son côté, aucune diligence pour parvenir à l'adjudication; l'action des autres créanciers se trouverait ainsi paralysée si la loi ne leur accordait, comme au cas de poursuite sur saisie immobilière, un droit de subrogation. L'ancien code de procédure n'avait pas prévu ce cas, mais l'art. 833, modifié par la loi de 1841, répare cette omission. Cet article porte que « lorsqu'une surenchère aura été notifiée dans les termes de l'art. 832, chacun des créanciers inscrits aura le droit de se faire subroger à la poursuite si le surenchérisseur ou le nouveau propriétaire ne donne pas suite à l'action dans le mois de la surenchère. — La subrogation sera demandée par simple requête d'intervention signifiée par acte d'avoué à avoué.— Le même droit de subrogation reste ouvert au profit des créanciers lorsque dans le cours de la poursuite il y a collusion, fraude ou négligence de la part du poursuivant. »

242. L'art. 833 ne dit point à qui doit être signifiée la requête à fin de subrogation; mais cette requête doit sans aucun doute, suivant nous, être signifiée au vendeur, s'il est représenté par un avoué dans l'instance, tout aussi bien qu'à l'acquéreur et au poursuivant; car le vendeur, comme on l'a déjà vu, est partie intéressée dans la poursuite (Conf. M. Chauveau sur Carré, n° 2493). —Du reste, la cour d'Amiens proposait de déclarer formellement qu'il ne serait nécessaire en aucun cas pour le demandeur en subrogation d'appeler le vendeur : cette proposition n'a pas été admise.

243. D'après le projet de 1829, le subrogé, ainsi que le fait observer M. Chauveau (*ibid.*), prenait la surenchère *pour son*

(1) *Espèce :* — (Geffrier C. Rey, etc.) — En 1825, le sieur Geffrier vend un terrain aux sieurs Rey et Chaigneaux. Depuis, Rey revend sa moitié à Privat ; celui-ci notifie son contrat aux créanciers. Geffrier, vendeur primitif non payé, fait une surenchère le 6 déc. 1827. Mais, dans cet état, et le 27 oct. 1828, Geffrier, au lieu de suivre sa réquisition aux enchères, forme, contre Rey et Privat, une demande en payement, ou, à défaut de payement, en résolution de la vente primitive de 1825.—Ceux-ci opposent que la résolution ne peut être demandée tant que Geffrier ne s'est pas désisté de sa réquisition aux enchères. De son côté, Geffrier prétend que cette exception ne peut être opposée par eux, mais seulement par les créanciers. — Jugement qui accueille cette exception de Geffrier, et l'autorise à donner suite à son action en résolution.

Appel de Rey et Privat. — Le 21 janv. 1829, arrêt de la cour de la Guadeloupe, qui infirme : « Considérant que, s'il est vrai de dire que la surenchère est dans l'intérêt des créanciers inscrits, il faut aussi reconnaître qu'elle est également dans l'intérêt du dernier vendeur et de l'acquéreur ; qu'il était dans la pensée du législateur que ces parties soient intéressées dans une pareille instance; qu'autrement il n'eût point prescrit que l'acte de réquisition de mise aux enchères leur fût signifié (art. 2185 c. civ.), — Qu'en effet, la surenchère est dans l'intérêt du dernier vendeur, parce que l'augmentation du prix de l'immeuble par lui vendu se distribuant entre les créanciers inscrits, le libère d'autant envers eux; que cette augmentation du prix lui profite donc évidemment, à moins que l'acquéreur ne se soit rendu lui-même adjudicataire; car, dans ce cas, son vendeur serait soumis à l'action en recours de cet acquéreur ; — Que l'intérêt de l'acquéreur, dernier propriétaire, est de purger la propriété des priviléges et hypothèques qui la grèvent, en ne payant que le prix convenu dans son contrat d'acquisition, puisqu'aux termes de l'art. 2191 précité, lorsqu'il s'est rendu adjudicataire, il a son recours contre le vendeur pour le remboursement de ce qui excède le prix stipulé par son titre ;—Qu'il suit de là que les appelants avaient qualité et droit pour opposer la fin de non-recevoir qu'ils ont soulevée contre la demande de l'intimé en payement, et, à défaut, en résiliation du contrat de vente primitivement consenti par lui en faveur du sieur Rey de Morande; — En ce qui touche la fin de non-recevoir : — « Considérant que l'intimé ayant requis, dans le délai et aux formes de droit prescrits par l'art. 2185, la mise aux enchères de l'immeuble revendu par le sieur Rey de Morande au sieur Privat pour obtenir le payement de la créance, ne pouvait plus laisser de côté cette demande de mise aux enchères dont il ne s'était point désisté pour en introduire une autre aux mêmes fins de payement, et; à défaut, de résolution du contrat. »

Pourvoi de Geffrier : — 1° Violation de l'art. 2190 c. civ., portant que la surenchère formée par un créancier ne peut être abandonnée et empêcher l'adjudication publique, que du consentement de tous les autres créanciers. — Il résulte de cet article, dit-il, que les créanciers, ayant seuls intérêt à la surenchère, peuvent seuls en contester le désistement vis-à-vis de celui qui l'a provoquée. — Quant à l'acquéreur et au tiers détenteur, leur intérêt ne peut se concilier avec la surenchère de l'immeuble, puisqu'elle tend à leur dépossession et à la résolution forcée du contrat qu'ils ont passé ensemble. Ils ne sont donc pas recevables à invoquer une disposition de loi qui n'a point été établie en leur faveur, mais en faveur des créanciers, pour empêcher tout concert frauduleux, soit entre le vendeur et l'acheteur, soit entre ce dernier et le surenchérisseur. — 2° Violation de l'art. 1654. Dans l'espèce, a-t-on dit, l'exercice de l'action résolutoire était un désistement virtuel de la surenchère; dès ce moment, la surenchère n'existait plus : elle ne s'opposait donc pas à la résolution. D'ailleurs, il est certain, en jurisprudence, que le vendeur non payé peut successivement exercer les deux actions, la première à fin de payement, la seconde à fin de résolution, sans que l'option de la première puisse lui être opposée comme fin de non-recevoir quand il introduit la seconde. — Arrêt.

La cour ; — Sur le premier moyen : — Attendu que la cour royale de la Guadeloupe a seulement jugé que Geffrier, ne s'étant point désisté de sa première action à fin de surenchère, ne pouvait pas en introduire une seconde tendante à la résolution de la vente; — D'où il suit qu'elle n'a ni appliqué ni interprété l'art. 2190 c. civ., que l'on doit, par conséquent, écarter comme étranger à la discussion ; — Sur le deuxième moyen : — Attendu que, si la jurisprudence établie sur l'art. 1654 c. civ. admet l'option successive des deux actions, l'arrêt attaqué n'offre rien de contraire à cette jurisprudence, en se bornant à décider que le vendeur ne peut pas exercer cumulativement les deux actions; — Rejette.

Du 26 avr. 1831.-C. C., ch. req.-MM. Favard, pr.-Cassini, rap.

propre compte; mais la loi de 1841 a été arrêtée dans un autre esprit. Ce n'est pas une action nouvelle, c'est l'action du surenchérisseur que le subrogé doit poursuivre; à tel point que la caution du surenchérisseur continue d'être obligée nonobstant la subrogation, et que c'est aux risques de ce dernier que se poursuit l'adjudication. — Cette solution avait été consacrée par la jurisprudence; avant la loi de 1841, il avait été jugé que le créancier subrogé au surenchérisseur n'est pas tenu de fournir lui-même une nouvelle caution (Lyon, 17 fév. 1840) (1).

244. Mais si la surenchère était nulle, soit à raison de l'insuffisance de la caution, soit pour tout autre motif que l'inobservation des délais de poursuite, il ne pourrait y avoir lieu à accorder la subrogation, car on ne saurait être subrogé à une procédure qui, à proprement parler, n'existe pas (Conf. MM. Carré, t. 3, n° 2445; Merlin, Rép., t. 13, p. 337; Chauveau sur Carré, n° 2492). — Cela, du reste, résulte formellement des expressions de l'un des membres de la commission du gouvernement, dont la pensée a été pleinement adoptée par cette commission. « La subrogation en faveur des créanciers, disait-on, est admise dans la poursuite de procédure seulement, et à la *condition essentielle que la surenchère est valable.* »—Déjà avant la loi de 1841 on décidait dans le même sens : 1° que la surenchère, déclarée nulle vis-à-vis d'un créancier, ne peut plus profiter à personne; qu'ainsi un créancier ne peut pas se faire subroger à la surenchère faite par un autre créancier, déclarée nulle par jugement passé en force de chose jugée, en formant tierce opposition à ce jugement, alors d'ailleurs que les délais de la surenchère sont expirés (Req. 18 mars 1809) (2); — 2° Que lorsqu'un créancier surenchérisseur, après avoir négligé de produire, dans les trois jours fixés par l'art. 832 c. pr., les titres justificatifs de la solvabilité de la caution qu'il a offerte, néglige encore, après l'expiration de ce délai, de répondre aux sommations qui lui sont faites de signifier ces mêmes titres, et qu'il a aussi fait défaut à l'audience où a été portée la demande en nullité de l'enchère, la cour peut, sans contrevenir à la loi, prononcer la nullité de la surenchère, dans le cas même où, sur leur tierce opposition à ce jugement, le débiteur principal et un créancier hypothécaire offriraient de réaliser la caution : ceux-ci prétendraient en vain que le défaut de réalisation de la caution, de la part du surenchérisseur, auquel on n'impute pas de collusion, doit être assimilé à un désistement, lequel ne peut pas nuire aux autres créanciers (Rej. 22 juill. 1828) (3); — 3° Qu'une surenchère nulle à l'égard du surenchérisseur, pour insuffisance de la caution offerte, l'est également à l'égard des autres créanciers intervenus (après le délai de quarante jours), dans l'instance relative à cette surenchère, et nonobstant l'offre faite par ceux-ci de substituer une caution valable à celle reconnue insuffisante ou qui a refusé de se présenter : ici ne s'applique pas l'art. 2190 c. nap.... Et il importerait même peu que cette nouvelle caution eût été déjà offerte dans le délai de quarante jours, mais irrégulièrement, par l'un des créanciers intervenants (Paris, 26 avril 1838) (4).— Sans doute il pourra arriver quelquefois qu'une surenchère en

(1) *Espèce :* — (Goiffon C. créanc. Goiffon.) — 14 juin 1839, jugement du tribunal de Nantua qui le décide ainsi : — « Attendu qu'il est de principe fondé sur l'art. 2190 c. civ., qu'une surenchère profite à tous les créanciers, et qu'aucun texte de loi n'impose au subrogé aux poursuites l'obligation de fournir caution;—Que Bertrand représente le sieur Jantet, qui l'avait fournie; — Que peu importe qu'il ne soit créancier que du mari, parce que lors même qu'il serait dénié qu'il représente Jantet, l'objection serait levée par l'intervention des autres créanciers de Marie-Antoinette Griot : ce qui rend sans intérêt Suzanne Goiffon dans sa revendication; — Attendu, surabondamment, que les moyens de nullité auraient dû être proposés *à limine litis.* — Par ces motifs, etc. » — Appel. — Arrêt.

LA COUR ; — Adoptant les motifs des premiers juges; — Confirme.

Du 17 fév. 1840.-C. de Lyon, 4e ch.-M. Rieussec, pr.

(2) (Duplagnie C. d'Aran d'Arcagnac.) — LA COUR ; — Attendu que le délai accordé par la loi pour surenchérir était expiré lorsque les demandeurs ont voulu se faire subroger à la surenchère faite par les frères Hue, en offrant de fournir caution; que cette surenchère ne pouvait plus profiter à personne, puisqu'elle avait été déclarée nulle vis-à-vis des frères Hue, par un jugement du 8 fruct. an 13, dont ils ne se sont pas rendus appelants, et qui a conséquemment acquis l'autorité de la chose jugée contre eux; — Attendu que, d'après ce jugement, la surenchère faite par les frères Hue devant être considérée comme n'ayant jamais existé, il est évident que Duplagnie et sa femme ne pouvaient pas la faire revivre en offrant de donner caution, et qu'ils doivent s'imputer de n'avoir pas offert cette caution en temps utile, ou de n'avoir pas surenchéri pour leur propre compte dans le délai de la loi; — Attendu enfin que, le décidant ainsi, la cour d'appel de Montpellier n'a violé aucune disposition du code civil, et en a fait au contraire une très-juste application; — Rejette.

Du 18 mars 1809.-C. C., sect. req.-M. Minier, rap.

(3) *Espèce :* — (Magnac C. Roguin, etc.)—Arrêt de la cour de Paris, du 18 mars 1825 (et non 28 mars 1815), ainsi conçu : — « Attendu qu'il résulte des dispositions combinées des art. 2185 c. civ. et 832, 833 et 518 et suiv. c. pr., que les formalités et conditions de l'acte de réquisition de mise aux enchères, prescrites à peine de nullité, doivent également, tous cette peine, être accomplies par le créancier requérant, dans le délai fixé par la loi; que ce délai une fois expiré, aucune de ces conditions ou formalités ne peuvent être utilement observées ou suppléées par le créancier requérant, ou par tout autre créancier inscrit; que cette conséquence est d'autant plus juste à l'égard des créanciers inscrits, que la loi leur a fourni les moyens de conserver leurs droits; que la nullité dont se trouve viciée une réquisition de mise aux enchères n'a rien de commun avec le désistement du créancier requérant dont il est parlé dans l'art. 2190 c. civ., et ne pourrait être écartée sous le prétexte d'une collusion entre le créancier et l'acquéreur, dont, au surplus, la cause actuelle n'offre aucun indice; que, dans l'espèce, Parizot-Parizot avait, dans son acte de réquisition, indiqué Didiot pour sa caution; mais qu'il n'avait pas rempli les formalités nécessaires pour la réception de ladite caution, et que le délai légal étant expiré depuis plusieurs mois, Magnac, créancier inscrit, ne pouvait être admis à présenter une autre caution à la place de Didiot; que les époux Fayard, précédemment propriétaires, débiteurs principaux, avaient encore moins de droit à intervenir et à soutenir la procédure faite par ce dernier; que c'était donc le cas de déclarer nulle la surenchère de Parizot-Parizot, et que n'en existant aucune autre faite dans le délai de la loi, Roguin, acquéreur, devait être maintenu. »

Pourvoi de Magnac et des époux Fayard : 1° Violation des art. 2185 c. civ., 832, 833 et 518 et suiv. c. pr., en ce que l'arrêt avait déclaré la surenchère nulle, ces articles ne prononçant pas la peine de nullité. — 2° Violation de l'art. 2190 c. civ. — Violation des art. 2185 et 832 précités, en ce que l'arrêt avait jugé que les mariés Fayard étaient sans qualité pour exiger l'exécution de la surenchère. — Arrêt.

LA COUR (ap. dél. en ch. du cons.); — Considérant que, d'après les dispositions de la loi, le créancier qui requiert la mise aux enchères est tenu, à peine de nullité, non-seulement de fournir une caution, mais encore de prouver qu'elle est solvable; qu'il est constant, d'après l'arrêt attaqué, que, dans les trois jours qui ont suivi son acte de réquisition, Parizot-Parizot n'a pas signifié copie des titres constatant la solvabilité de la caution qu'il offrait; que, sommé depuis de les signifier, il a gardé le silence, et qu'à l'audience où l'affaire a été portée il a fait défaut; que, dans le concours de ces circonstances, l'arrêt a pu, sans contrevenir à la loi, déclarer l'enchère nulle et les mariés Fayard et Magnac non recevables à en faire suite; — Donnant défaut contre les défaillants, rejette.

Du 22 juill. 1828.-C. C., ch. civ.-MM. Brisson, pr.-Cassaigne, rap.-Cahier, av. gén., c. conf.-Bruzard, av.

(4) (Guillemin C. Lemerez, etc.)—LA COUR ;—Considérant, en fait, que non-seulement Javal n'a point fait au greffe sa soumission conformément à la loi, mais qu'il n'a jamais annoncé, soit par un dépôt de pièces établissant sa solvabilité, soit par un acte quelconque, l'intention de se soumettre audit cautionnement; — Considérant, en droit, que la loi, en exigeant à peine de nullité que la réquisition de mise aux enchères, faite dans le délai de quarante jours, contînt l'offre de la caution, avec assignation à trois jours pour sa réception, a fait dépendre la validité de la surenchère de la présence d'une caution valable et suffisante; — Que la preuve que, sans une caution réunissant les conditions exigées par la loi, la surenchère ne peut subsister, se puise dans l'art. 833 c. pr. civ., qui porte que, si la caution est rejetée, la surenchère sera déclarée nulle, et l'acquéreur maintenu; qu'ainsi il est vrai de dire qu'à l'égard de Martin, qui a fait défaut devant les premiers juges, et qui ne s'est jamais mis en mesure de justifier de la solvabilité de Javal, ou de fournir à la place de celui-ci une autre caution, la surenchère du 19 oct. 1837 est nulle comme dépourvue de caution; — Considérant, dès lors, que cette surenchère, nulle aux termes de la loi, ne peut reprendre une force nouvelle par la substitution au sieur Javal de la caution offerte par Lemerez dans une surenchère antérieure, mais déclarée nulle elle-même; qu'en effet, d'un côté la disposition expresse de l'art. 833 c. pr. civ, s'oppose à ce que l'on fasse revivre un acte dont la nullité est prononcée dans l'intérêt de l'acquéreur; — Que, de l'autre, admettre la substitution proposée par les intimés, ce serait reporter le cautionnement de la femme Suchet sur une obligation qu'elle n'a point entendu garantir lors de la soumission; ce serait surtout autoriser les

semblables circonstances soit annulée par suite d'une collusion entre le surenchérisseur et le nouveau propriétaire, ce qui sera regrettable pour les autres créanciers inscrits; mais ceux-ci ne pourront s'en prendre qu'à eux-mêmes pour avoir négligé de surenchérir, et pour s'en être reposés sur les diligences d'autrui, quant à la poursuite de leurs intérêts.

245. « Les formalités prescrites par les art. 705 et 706, 832, 836 et 837, porte l'art. 838, seront observées à peine de nullité. —Les nullités devront être proposées, à peine de déchéance, savoir : celles qui concerneront la déclaration de surenchère et l'assignation, avant le jugement qui doit statuer sur la réception de la caution; celles qui seront relatives aux formalités de la mise en vente, trois jours au moins avant l'adjudication; il sera statué sur les premières par le jugement de réception de la caution, et sur les autres avant l'adjudication, et, autant que possible, par le jugement même de cette adjudication. — Aucun jugement ou arrêt par défaut en matière de surenchère, sur aliénation volontaire, ne sera susceptible d'opposition. — Les jugements qui statueront sur les nullités antérieures à la réception de la caution, ou sur la réception même de cette caution, et ceux qui prononceront sur la demande en subrogation intentée pour collusion ou fraude, seront seuls susceptibles d'être attaqués par la voie de l'appel. »

246. Sous la loi du 11 brum. an 7, un défendeur en surenchère ne pouvait, jusqu'à l'adjudication, faire valoir des moyens de nullité contre la procédure, si auparavant il avait présenté des moyens de défense au fond (Rej. 30 juin 1818, MM. Desèze, 1er pr., Cassaigne, rap., aff. Brivady *C.* Menand). — Mais aujourd'hui comme sous le code de 1807, la déchéance de proposer ces nullités ne peut résulter que de l'expiration du délai de la loi, et par exemple la nullité résultant de la tardiveté de la surenchère ne pourrait être repoussée sur le motif qu'elle n'aurait pas été proposée avant toute défense au fond (Conf. Bourges, 13 août 1829, aff. Lerasle, n° 107; V. v° Exception, nos 251 et suiv.). — Mais il est bien entendu qu'on ne serait plus recevable, d'après le texte formel de l'art. 838, à proposer cette nullité après le jugement qui doit statuer sur la réception de la caution (Conf. M. Chauveau sur Carré, nos 2422-5° et 2500 *ter*). — Ainsi, il a été décidé que les moyens de nullité contre la déclaration de surenchère doivent, à peine de déchéance, être proposés, conformément à l'art. 838 c. pr., avant le jugement à intervenir sur la réception de la caution, et ne peuvent plus être invoqués pour la première fois en appel, aussi bien lorsque ce jugement a été rendu par défaut que lorsqu'il est contradictoire : on objecterait vainement, en présence des termes généraux de l'art. 838, que la partie contre laquelle le jugement de réception de la caution a été rendu par défaut n'a pas pu présenter alors ses moyens de nullité, et que l'opposition ne lui étant pas permise, l'appel est la seule voie qui lui soit ouverte pour les faire valoir (Req. 3 avril 1854, aff. Boivin, D. P. 54. 1. 197).

247. On jugeait, avant la loi du 2 juin 1841, que l'appel des jugements statuant sur les nullités proposées contre les procédures de surenchère postérieures à l'adjudication préparatoire, pouvait être interjeté dans le délai ordinaire de trois mois (Colmar, 3e ch., 30 avril 1821, M. Marquair, pr., aff. Gaudin *C.* Job; Rouen, 5 mars 1827, M. Eude, pr., aff. Leroy *C.* Groux; Montpellier, 5 déc. 1835, M. Podenas, pr., aff. Garrigues *C.* Grenier). — D'autre part, il avait été décidé que le délai d'appel des jugements qui statuaient sur des incidents, tels qu'une demande en subrogation, était celui de quinzaine fixé par l'art. 723 de l'ancien code (Paris, 2e ch., 20 août 1840, M. Hardoin, pr., aff. Rozas *C.* Niquet). — Mais, depuis la loi de 1841, la question ne peut faire aucun doute; aux termes de cette loi et d'après les art. 731 et 732, auxquels renvoie l'art. 838 le délai d'appel, pour les jugements qui sont susceptibles d'être attaqués par cette voie, en cette matière, n'est plus que de dix jours comme en matière de saisie immobilière. — Cet appel, du reste, doit être interjeté suivant les formes spéciales prescrites en matière de saisie immobilière par les art. 731 et 732 précités (V. Vente judiciaire d'imm., et M. Petit, p. 359); et, par exemple, il est valablement signifié à avoué (Req. 10 mai 1853, aff. Tronchaud, D. P. 53. 1. 165). — Il a été décidé que le jugement de validité de surenchère rendu sur dispositif rédigé par l'avoué du surenchérisseur, peut être frappé d'appel par l'adjudicataire qui, sans adhérer à ce dispositif, s'est borné à s'en rapporter à la prudence du juge (Req. 10 mai 1853, aff. Tronchaud, D. P. 53. 1. 165).

248. La nullité d'une surenchère, en ce qui touche les conditions que doit réunir la caution, ou pour insuffisance de prix, pourrait-elle être proposée pour la première fois sur l'appel? —V. sur cette question v° Demande nouvelle, nos 253 et suiv. — En tout cas, il a été décidé que l'acquéreur qui, en première instance, n'a proposé aucuns moyens de nullité contre la surenchère formée sur son prix d'acquisition, et qui, spécialement, s'est borné à s'en rapporter à justice, n'est pas recevable à demander la nullité de cette surenchère sur l'appel par lui interjeté du jugement qui l'a déclaré valable (Caen, 3 déc. 1851, aff. Lachapelle, D. P. 54. 5. 734).

249. Il y a lieu, au surplus, quand il s'agit de décider si un jugement qui statue en matière de surenchère est ou non rendu en dernier ressort, de faire application des règles ordinaires. — V. vis Degrés de jurid., n° 116-5°, 409.

250. En restreignant, comme on l'a vu, la faculté d'appel aux seuls jugements qui auront statué sur des nullités antérieures à la réception de la caution ou sur la réception même de cette caution, et à ceux qui auront prononcé sur la demande en subrogation formée pour fraude ou collusion (art. 838, n° 245), nous ne pensons pas que le législateur ait entendu déroger aux règles générales en ce qui touche les jugements qui prononcent, non sur des nullités, mais sur des questions qui intéressent le fond du droit, et sont susceptibles, d'après le droit commun, d'un double degré de juridiction. — Nous croyons donc qu'il a été jugé avec raison que l'art. 838 c. pr. nouveau, qui limite à des cas prévus la faculté d'appel des jugements rendus en matière de surenchère, n'est applicable qu'aux jugements qui statuent sur des moyens de nullité, et non à ceux qui prononcent sur des questions qui intéressent le fond du droit; et spécialement que le jugement qui règle les conditions de la surenchère et qui détermine à qui doivent appartenir, de l'acquéreur volontaire ou de l'adjudicataire éventuel, les fruits de l'immeuble en litige, est susceptible d'appel (Bordeaux, 11 juin 1842) (1).

251. L'adjudication doit avoir lieu au jour indiqué, sans que

---

surenchères sans caution, ou accompagnées d'une offre dérisoire de cautions non recevables, auxquelles on pourrait indéfiniment substituer des cautions nouvelles; qu'il en résulterait enfin une violation manifeste de la disposition du code qui exige que la caution soit offerte dans le délai de quarante jours; — Que vainement on s'appuierait, pour admettre la femme Suchet comme caution de la surenchère de Martin, sur l'art. 2190 c. civ., d'après lequel le désistement du créancier surenchérisseur ne peut empêcher l'adjudication publique, puisque cet article suppose que la surenchère faite par le créancier qui s'en désiste réunissait les conditions prescrites par la loi, et qu'il a pour but de prévenir, dans l'intérêt des ayants doit, la collusion qui pourrait survenir entre le surenchérisseur et l'adjudicataire, collusion dont il n'existe aucune preuve dans la cause; — Infirme; au principal, déclare la surenchère nulle; dit qu'il n'y a lieu de transférer la caution de la surenchère de Lemerez à celle de Martin.

Du 26 avr. 1838.—C. de Paris, 2e ch.—M. Hardoin, pr.

(1) (Fourcade *C.* Insinger.) — LA COUR; — Sur la question de savoir si le jugement du 4 mars est en dernier ressort et si l'appel en est recevable : — Attendu qu'en se pénétrant de l'esprit de la loi, on voit que le législateur a eu en vue de prévenir et d'abréger les difficultés de formes et d'éviter les lenteurs et les frais, sans préjudicier au fond du droit; que c'est dans cet objet qu'on a rédigé l'art. 838 c. pr., modifié par la loi du 2 juin 1841; que le législateur s'y est spécialement occupé des nullités et des formalités de procédure, ainsi que des déchéances qui y sont relatives; que cela résulte de l'ensemble de ses dispositions et même de ses expressions littérales; qu'il y est dit que les nullités (suivant leur nature) doivent être proposées, à peine de déchéance, dans les délais déterminés; que s'il est dit ensuite que les jugements qui statueront sur les nullités antérieures à la réception de la caution, ou sur la réception même de cette caution, et ceux qui prononceront sur la demande en subrogation intentée par collusion ou fraude, seront seuls susceptibles d'être attaqués par la voie de l'appel, il faut reconnaître que la déchéance prononcée par la loi s'applique à des jugements qui auraient statué sur des nullités dont l'appel n'aurait pas été réservé, et nullement à des questions qui intéressent le fond du droit, pour lesquelles, en thèse générale, il y a lieu aux deux degrés de juridiction; — Attendu

le tribunal puisse, comme en matière de saisie immobilière, accorder de sursis; l'art. 703, qui autorise le sursis en cette matière, n'étant pas de ceux que l'art. 838 déclare applicables à la surenchère (Conf. M. Chauveau sur Carré, n° 2500 *bis*).

252. Mais si, par l'effet de quelque incident, l'adjudication ne pouvait avoir lieu au jour indiqué, il y aurait lieu, par analogie des art. 703 et 704, à renouveler les affiches et insertions prescrites par la loi (Conf. M. Chauveau, *ibid.*). — Tel serait, par exemple, le cas où, pendant le cours de la poursuite, il serait formé une demande en résolution (V. *suprà*, n° 239. — Conf. M. Chauveau, *ibid.*), ou celui où on demanderait la nullité de la vente qui a fait l'objet de la surenchère. — Nous estimons qu'en de telles circonstances il y aurait lieu de surseoir aux poursuites jusqu'à ce que le sort de l'immeuble fût fixé. — Il a été jugé toutefois, mais sous la loi du 11 brum. an 7, que le surenchérisseur peut être autorisé à continuer ses poursuites, bien que la nullité de la vente soit demandée et qu'il y ait possibilité qu'elle soit prononcée (Req. 2 juin 1807) (1).

253. Cette adjudication a lieu devant le tribunal de la situation (Conf. MM. Delvincourt, t. 3, p. 370; Troplong, n° 933; Lepage, Quest., p. 358; Persil, art. 2185, n° 4; Carré, n° 2853), même au cas où l'aliénation qui a fait l'objet de la surenchère aurait eu lieu dans le ressort d'un autre tribunal (Conf. MM. Delvincourt et Persil, *ibid.*); — Il y est procédé suivant les formes indiquées aux art. 705, 706 et 707 c. pr. — V. Vente publique d'immeubles.

254. L'immeuble est adjugé au surenchérisseur, même au cas de subrogation, si personne ne couvre sa mise à prix (838 c. pr.); mais en cas de survenance de nouvelles enchères, celui-ci se trouve dégagé de toute obligation (Conf. M. Troplong, n°s 958 et 948).

255. En cette matière, au surplus, comme dans toute autre poursuite de vente aux enchères, il faudrait considérer comme nulle une adjudication qui, par l'effet d'une erreur quelconque, serait prononcée au profit d'un autre que le dernier enchérisseur. — Et il a été jugé en effet que lorsque deux enchérisseurs ont fait simultanément la dernière enchère, et que l'immeuble a été adjugé à l'un d'eux, seul entendu par le notaire commis pour la réception des enchères, le procès-verbal et l'adjudication sont nuls, comme résultats de l'erreur (Douai, 2 avr. 1838) (2).

256. Il a été jugé, sous la loi du 11 brum. an 7, que, encore bien que le droit de surenchérir soit personnel aux créanciers, celui d'entre eux qui s'est rendu adjudicataire d'un immeuble, peut néanmoins faire une déclaration de command en faveur d'une autre personne, aucune loi ne lui interdisant cette faculté (Paris, 12 frim. an 14) (3). Il y a lieu d'appliquer aujourd'hui les mêmes règles. — V. v° Vente publique d'immeubles.

257. Le jugement d'adjudication étant plutôt un procès-

---

que, dans l'espèce, il s'agit d'une question de propriété importante, dans laquelle de graves intérêts sont engagés, et qui excèdent évidemment les limites du dernier ressort; — Attendu que si la loi permet l'appel du jugement qui a reçu la caution, et de celui qui aurait statué sur la demande en subrogation, elle autorise à plus forte raison l'appel qui a pour objet de régler les conditions de la surenchère et de déterminer à qui doivent appartenir, de l'acquéreur volontaire ou de l'adjudicataire éventuel, les fruits de l'immeuble en litige; — Attendu que cette question pouvait naître après l'adjudication elle-même, et qu'il n'est pas douteux que le jugement qui serait intervenu serait sujet à l'appel; qu'il est évidemment dans l'intérêt de toutes parties que cette question soit décidée avant la mise aux enchères; mais qu'il y a même raison pour que la faculté d'appeler subsiste dans ce cas comme dans l'autre; — Que, par conséquent, il y a lieu de rejeter la fin de non-recevoir....;

Au fond, en ce qui concerne la question de savoir à qui appartiennent les fruits qui étaient pendants au moment de la surenchère et qui ont été perçus avant la mise aux enchères et l'adjudication; — Attendu que la loi ne contient aucune disposition spéciale sur ce point; — Attendu que si, en matière de saisie immobilière, la loi a statué, d'une manière positive, que les fruits recueillis postérieurement à la transcription seraient immobilisés, ce qui constitue une véritable dépossession au préjudice du saisi, il n'existe aucune disposition analogue en matière de surenchère; qu'il n'y a en effet aucune analogie entre les deux cas, et que l'on ne peut confondre le débiteur saisi, ramené par des voies de rigueur, à l'exécution forcée de ses engagements, avec l'acquéreur volontaire qui offre de remplir les siens, et qui subit une surenchère qui rompt les engagements contractés envers lui par son vendeur; — Attendu que la loi n'ayant pas statué spécialement sur la question, il faut en chercher la solution dans les principes généraux du droit; — Attendu que leur contrat d'acquisition a transmis aux sieurs Insinger la pleine et entière propriété du domaine de Lagrange; — Attendu que, suivant l'art. 546 c. civ., la propriété d'une chose, soit mobilière, soit immobilière, donne droit sur tout ce qu'elle produit; — Attendu que la propriété de l'immeuble repose sur la tête de l'acquéreur volontaire jusqu'à l'adjudication intervenue sur la surenchère; que, comme propriétaire de la chose, il l'est également de tout ce qu'elle produit; — Attendu que cela est tellement certain que l'adjudicataire ne devient propriétaire et possesseur que du jour de l'adjudication, et que ce n'est qu'à dater du même jour qu'il doit les intérêts du prix; que, par suite de ce principe, si la chose vendue vient à périr ou à être détériorée après la surenchère et avant l'adjudication, c'est aux risques et périls de l'acquéreur; que cette situation l'expose à de graves dangers; qu'il est donc juste qu'il recueille les avantages d'une propriété dont il supporte les charges; — Attendu, en thèse générale, que le possesseur de bonne foi fait les fruits siens, et que l'on ne peut s'empêcher de considérer comme tel l'acquéreur qui possède en vertu d'un acte authentique translatif de propriété; — Attendu que la surenchère ne modifie nullement, sans préjudice de l'adjudication éventuelle, les droits actuels du propriétaire et du possesseur légitime; que le surenchérisseur et les autres créanciers peuvent, en cas d'événement fatal, suivant leurs intérêts, jusqu'à l'adjudication, renoncer à la surenchère, et se délier de toutes les promesses qu'elle contient, tandis que l'acquéreur reste dans les liens de son obligation; — Attendu que la surenchère ne dessaisit, en aucune sorte, l'acquéreur; que, dès lors, propriétaire et possesseur, il a le droit de percevoir les fruits; — Attendu qu'en thèse générale, le prix de l'immeuble est relatif à son état au moment du contrat, et que c'est le dixième de ce prix qui doit être offert par le créancier surenchérisseur, pour parvenir à la mise aux enchères; qu'admettre le créancier à surenchérir, dans le cas éventuel où la perception des fruits offrirait accidentellement un avantage qui n'existait pas à l'époque de l'aliénation, ce serait autoriser une spéculation qui ne serait ni juste ni dans l'esprit de la loi;

Attendu que s'il a été stipulé dans le contrat de vente du 7 mars 1841, que l'acquéreur ne payerait pas les intérêts du prix de vente, cette clause substantielle insérée dans le contrat, fait partie du prix lui-même; qu'elle a été consentie librement et de bonne foi; qu'elle n'a été ni ne peut être attaquée, soit par le vendeur, soit par les créanciers auxquels le contrat a été signifié; que, dès lors, elle ne peut porter atteinte aux droits des acquéreurs considérés comme propriétaires et possesseurs, ni changer l'état de la question (*a*); — Sans avoir égard à la fin de non-recevoir proposée, statuant au fond, confirme.

Du 11 juin 1842.-C. de Bordeaux, 1re ch.-MM. Roullet, 1er pr.

(1) (Capon *C.* Degivry.) — LA COUR; — Attendu, sur les premier et deuxième moyens, que la nullité de la vente de la maison située vis-à-vis la rue de l'Echelle (de laquelle il s'agit) n'ayant point été prononcée (ni à requête des créanciers, puisque le jugement du 7 fruct. an 10 les avait déclarés non recevables, ni à la requête de Jacques-Claude Lucotte, puisqu'il n'avait pas été statué sur sa demande), la possibilité que cette nullité fût prononcée par la suite n'était pas une raison pour empêcher la cour d'appel de confirmer la disposition du jugement de première instance qui autorisait le surenchérisseur à continuer ses poursuites; — Rejette le pourvoi contre l'arrêt de la cour de Paris, du 8 mai 1806.

Du 2 juin 1807.-C. C., sect. req.-MM. Muraire, pr.-Rupérou, rap.

(2) (Huchin *C.* Cuvelier.) — LA COUR; — Considérant qu'il résulte des enquêtes et documents du procès qu'avant l'adjudication du lot litigieux, Huchin avait mis une enchère de 17,800 fr., taux de ladite adjudication; que si Cuvelier avait par quelque signe manifesté la même intention au notaire Begue, il s'ensuit qu'au lieu d'un seul enchérisseur, il s'en trouvait deux, et que le procès-verbal d'adjudication a inexactement mentionné que la propriété était restée à Belpaume, mandataire connu de Cuvelier, comme dernier enchérisseur; — Qu'ainsi ledit procès-verbal, en tant que matériellement faux ou résultat de l'erreur, doit être annulé de même que l'adjudication qu'il constate, et qu'il échet par suite d'ordonner que le lot litigieux sera remis aux enchères dans le dernier état où l'a laissé l'adjudication, et en ajoutant l'offre faite par Huchin d'une nouvelle enchère de 700 fr.; — Par ces motifs, etc.

Du 2 avr. 1838.-C. de Douai, 1re ch.-MM. Danel et Dumon, av.

(3) (Basin *C.* Coste.) — LA COUR; — Attendu, quant au premier moyen, qui n'a pas été même présenté devant les premiers juges, et par cette raison n'est point opposable à l'adjudicataire, qu'il est vrai que le droit de surenchérir est personnel aux créanciers et incommunicable, parce qu'eux seuls ont intérêt à ce que le bien soit vendu toute sa valeur; mais que si, en conséquence de la poursuite de surenchère, le créancier surenchérisseur se rend adjudicataire, rien ne l'empêche de faire une

---

(*a*) La solution de l'arrêt au fond est conforme à l'opinion savamment développée par M. Duvergier dans une consultation produite devant la cour, et dont on donne une analyse succincte v° Vente pub. d'imm.

verbal judiciaire qu'un véritable jugement, n'est pas susceptible d'appel (730 c. pr., V. v[is] Vente judiciaire d'immeubles et Appel civil, n° 147). Au cas où l'adjudication serait viciée de quelque nullité, ce ne serait donc pas par voie d'appel, mais par action principale que cette nullité devrait être demandée. — Toutefois, il a été jugé, sous la loi de brum. an 7, il est vrai, que la voie de l'appel est ouverte contre le jugement d'adjudication rendu sur une surenchère (Req. 23 déc. 1806, M. Boyer, rap., aff. Leorier C. Vernay), et que les créanciers peuvent, dans certains cas, se rendre incidemment appelants du jugement d'adjudication, quoiqu'ils aient eux-mêmes provoqué l'ouverture de l'ordre (même arrêt).

§ 10.— *Des effets de la surenchère dite sur aliénation volontaire, et de l'adjudication qui a lieu à la suite.*

258. Sous l'édit de 1771, l'acquéreur, en cas de surenchère, avait droit de conserver l'immeuble, à la charge de parfaire son prix jusqu'à concurrence des offres du surenchérisseur (édit de 1771, art. 9). — Et il a été jugé sous ce régime que l'acquéreur, obligé pour conserver l'immeuble en cas de surenchère, *de parfournir le plus haut prix*, ne pouvait se soustraire à cette obligation en désintéressant le créancier soumissionnaire (Cass. 1er flor. an 4, MM. Bailly, pr., Chabroud, rap., aff. Salmon C. Archambaud);—Ni même en offrant de désintéresser tous les créanciers opposants : — « Le tribunal, vu l'art. 9 de l'édit de 1771, et considérant que la loi ne donne à l'acquéreur que la faculté de conserver l'objet vendu en parfournissant le prix auquel il a été porté ; considérant que la veuve Delaunay s'est bornée à offrir aux créanciers des mari et femme Fournier le payement de ce qui leur était dû; que cette offre ne remplit pas le vœu de la loi; casse » (21 mess. an 5, sect. civ., M. Lions, rap., aff. Guyomet C. Delaunay).

259. Sous la loi du 11 brum. an 7, il y avait controverse : ainsi on décidait d'une part que la surenchère d'un créancier est un acte passé avec la justice, qui profite à toutes les parties intéressées qui ont un titre régulier et légalement conservé; qu'ainsi le désistement du créancier qui avait formé une surenchère n'empêchait pas les autres créanciers de poursuivre la vente (Req. 22 prair. an 13, MM. Delacoste, pr., Rousseau, rap., aff. Duverger C. Wiart). — Ce principe qui n'était point alors consacré par le texte même de la loi n'était pas admis sans contestation; d'autres arrêts décidaient, au contraire, que les créanciers qui n'avaient pas requis la mise aux enchères ne pouvaient s'emparer de la surenchère dont le requérant s'était désisté ou avait été contraint de se désister par l'offre que lui avait faite l'acquéreur de payer le montant de ses créances inscrites (Paris, 16 therm. an 10 (et non an 11), aff. R.... C. Pomet).

260. Mais la question ne saurait être aujourd'hui l'objet d'aucun doute en présence de l'art. 2190 c. nap., lequel dispose que le désistement du créancier requérant la mise aux enchères ne peut, même quand le créancier requérant payerait le montant de la soumission, empêcher l'adjudication publique, *si ce n'est du consentement de tous les créanciers inscrits.* — Il faut donc tenir pour constant qu'en principe le bénéfice de la surenchère est commun à tous les créanciers inscrits (V. MM. Demiau, p. 516; Tarrible, Rép., v° Transcription, t. 5, n° 11; Carré, n° 2837; Grenier, n° 464; Troplong, n° 956). — Et il a été jugé en effet : 1° que la surenchère étant commune à tous les créanciers inscrits, le surenchérisseur, encore qu'il soit désintéressé, ne peut s'en désister : — « La cour; attendu qu'aux termes de l'art. 2190 c. nap., le créancier surenchérisseur, encore qu'il fût désintéressé, ne pourrait pas se désister de la surenchère, laquelle est commune à tous les créanciers inscrits; que cette fin de non-recevoir, élevée contre l'action des sieurs Guignebart et Delaborde, est sans fondement et doit être rejetée. » (Limoges, 11 juill. 1833, aud. sol., M. de Gaujal, 1er pr., aff. Guignebard, etc. C. Castellane); — 2° Que les effets de la surenchère ne peuvent être arrêtés par l'offre faite par le tiers acquéreur de désintéresser le surenchérisseur (Paris, 18 fév. 1826, aff. Bégué, V. n° 62); — 3° Que le désistement du surenchérisseur, n'empêchant pas la surenchère de subsister au profit des autres créanciers, les offres réelles du montant de sa créance faites au surenchérisseur, pour qu'il ait à se désister, sont insuffisantes et nulles (Bourges, 23 janv. 1841) (1); — 4° Qu'à plus forte raison l'acquéreur ne peut forcer le surenchérisseur à se désister de sa surenchère, par l'offre de lui garantir le payement de sa créance, alors que cette offre consiste en un cautionnement, lequel peut replacer le créancier dans une discussion judiciaire (Grenoble, 11 juin 1825, aff. Trolliet, V. n° 66);— 5° Qu'enfin la surenchère valablement faite par un créancier inscrit profite même à ceux qui ne sont plus dans les délais pour surenchérir, et qui même ont été frappés de déchéance faute d'avoir produit à l'ordre ouvert dans l'intervalle sur le prix de la vente; qu'en conséquence, chacun de ces créanciers, quel qu'il soit, a le droit de poursuivre la revente de l'immeuble par adjudication publique, et cela nonobstant le désistement du surenchérisseur, ce désistement ne pouvant produire son effet que du consentement de tous les créanciers hypothécaires (Req. 9 avril 1839, aff. Mesnier, V. n° 92; V. aussi n° 51-3°); — 6° Mais que le créancier qui a formé une surenchère sur aliénation volontaire peut s'en désister avec le consentement des autres créanciers hypothécaires, même après le jugement qui l'a validée (Alger, 7 nov. 1853, aff. Fabre, D. P. 55. 2. 320).

261. Tous les créanciers inscrits à qui doit profiter la surenchère pouvant, ainsi qu'on l'a vu n° 241, se faire subroger dans la poursuite, ont qualité par cela même pour contester, en pareil cas, les effets du désistement consenti sans leur aveu. — Il a même été jugé que le vendeur et l'acquéreur d'un fonds surenchéri ont qualité, aussi bien que les créanciers inscrits, pour faire maintenir la surenchère, tant qu'il n'y a pas eu désistement (Guadeloupe, 21 janv. 1829, aff. Greffier, sous Req. 26 avr. 1831, n° 240). — Mais il serait difficile, suivant nous, de justifier une telle décision dans des termes aussi généraux, car ce n'est pas dans l'intérêt du vendeur ni de l'acquéreur, mais contre eux, qu'a été faite la surenchère. — Au reste, cette décision a été rendue dans une espèce où le surenchérisseur, ancien vendeur de l'immeuble, avait abandonné sa surenchère, sans toutefois s'en désister, pour intenter une action en résolution ; l'acquéreur et le vendeur soutenaient avec raison que la réquisition de surenchère formée par le demandeur le rendait non recevable à poursuivre la résolution de la vente, et ils demandaient le maintien de la surenchère, en ce sens seulement que l'abandon de cette surenchère par le poursuivant ne pouvait pas, suivant eux, en anéantir les effets.—Il a été jugé, d'une manière plus conforme aux principes, que l'acquéreur est sans intérêt et, par suite, sans qualité pour attaquer le désistement de la surenchère formée par un créancier..., alors surtout qu'antérieurement à ce désistement il

---

déclaration de command; qu'aucune loi ne lui interdit cette faculté, qui est de droit général, et qu'au contraire la loi du 11 brum. an 7, ainsi que le code civil, paraissent l'autoriser expressément en disant et répétant plusieurs fois que le créancier surenchérisseur se soumettra seulement à porter ou faire porter l'immeuble à tel prix supérieur à l'adjudication première; — Confirme.

Du 12 frim. an 14.-C. de Paris.

(1) (Breton C. Durand.)—La cour; — ...Considérant qu'aux termes de l'art. 2190 c. civ., le désistement du créancier requérant la mise aux enchères ne peut, même quand le créancier payerait le montant de sa soumission, empêcher l'adjudication publique, si ce n'est du consentement exprès de tous les autres créanciers hypothécaires; — Que ces dispositions de la loi sont absolues, et applicables au cas d'offres comme à toute autre cause de désistement; — Que, la surenchère une fois faite, elle devient commune à tous les créanciers inscrits qui peuvent avoir intérêt à ce que l'immeuble soit revendu, puisque déjà le prix en est porté à un dixième en sus; — Qu'appliquée à l'espèce, cette disposition législative forme, il est vrai, un droit exceptionnel, une dérogation aux principes généraux sur la portée des actions judiciaires; mais qu'il ne pourrait en être autrement sans porter une atteinte grave au droit de surenchère, l'un des plus importants du régime hypothécaire; — Que, par l'effet de la surenchère, le créancier surenchérisseur devient comme le mandataire légal des autres créanciers, et qu'il ne peut se désister du mandat que la loi lui confie que du consentement exprès de tous; — Qu'ainsi Breton ne pouvait être condamné par le tribunal à se désister d'un acte dont la loi lui prescrivait, même contre son gré, de poursuivre l'accomplissement; — Par ces motifs, émendant, etc.

Du 25 janv. 1841.-C. de Bourges, ch. crim.-M. Aupetit-Durand, *pr.*

avait contesté la validité de la surenchère (Alger, 7 nov. 1855, aff. Fabre, D. P. 55. 2. 320).—V. aussi nº 263-2º.

262. Toutefois, si la surenchère était nulle pour vice de forme, les créanciers ne seraient pas fondés à critiquer un désistement fait sans leur concours. C'est en effet ce qui a été décidé sous la loi de brum. an 7 (Req. 19 germ. an 13) (1). — Mais c'est à tort, suivant nous, qu'il a été jugé qu'en pareil cas, le surenchérisseur peut s'opposer à ce que les autres créanciers soient subrogés à la continuation des poursuites (même arrêt).— Le vendeur et l'acquéreur auraient seuls intérêt, et par conséquent seuls qualité pour s'opposer à cette subrogation.

263. Il a été jugé depuis le code, en vertu du même principe : 1º que lorsqu'une surenchère sur vente volontaire est nulle, le surenchérisseur peut s'en désister sans le consentement des autres créanciers (Agen, 17 août 1816) (2); — 2º Qu'ainsi l'acquéreur ne peut attaquer le désistement d'une surenchère nulle (même arrêt).

264. Dans tous les cas, MM. Demiau, p. 516; Tarrible, Rép., vº Transcr., § 5, nº 11; Carré, nº 2837; Grenier, nº 464; Troplong, nº 956, pensent avec raison, suivant nous, que la surenchère n'étant faite que dans l'intérêt des créanciers inscrits, l'acquéreur peut l'empêcher en offrant de les payer intégralement (V. nº 52). — Il peut de même, incontestablement, arrêter, par de pareilles offres, les effets d'une surenchère déjà formée. — Cette surenchère, en effet, n'est pour les créanciers qu'un moyen d'obtenir payement sur le prix de leur gage; elle deviendrait sans intérêt pour eux à l'instant où ce payement leur serait assuré, et ils n'auraient plus de raison pour en demander le maintien.—Ainsi il a été jugé : 1º que les offres faites par l'acquéreur de désintéresser les créanciers inscrits, peuvent être reçues, encore qu'il ait déclaré d'abord ne vouloir payer qu'à concurrence de son prix, et qu'à la suite de cette déclaration, il y ait eu surenchère (Rej. 3 fév. 1808, aff. Pierlot, V. nº 266); — 2º Que, quoiqu'il ait notifié son contrat et offert son prix, l'acquéreur a le droit d'arrêter les effets de la surenchère en désintéressant les créanciers inscrits de tous leurs droits hypothécaires (Orléans, 26 janv. 1843) (3).

265. En pareil cas, l'acquéreur est tenu dans ses offres de

(1) *Espèce :* — (Ricard C. Langlard.) — La dame Langlard, femme divorcée du sieur Devichy, avait, à ce qu'il paraît, requis d'abord l'enchère de biens vendus par ce dernier. Cette réquisition, dont l'existence n'a pas été reconnue en appel, n'est pas notifiée au vendeur dans le délai voulu par l'art. 31 de la loi du 11 brum. an 7, mais aux acquéreurs seulement. La dame Langlard s'étant désistée de la réquisition, plusieurs créanciers inscrits demandent à se subroger à la poursuite de cette réquisition. Cette demande est accueillie par le tribunal de Clermont par le motif que la soumission de mise aux enchères profite à tous les créanciers. — Sur l'appel interjeté par la dame Langlard et le sieur Magaud, son mari, arrêt infirmatif du tribunal d'appel de Riom, du 4 prair. an 12, par le motif que la réquisition d'enchères, à supposer qu'elle existe, serait nulle pour défaut de notification au vendeur.

Pourvoi. — On a soutenu que la dame Devichy n'avait point intérêt à se plaindre du jugement qui avait admis la subrogation; qu'il n'y avait aucun risque pour elle, puisqu'il en résulterait une augmentation d'un vingtième, et conséquemment un avantage en sa faveur. — Arrêt.

LA COUR; — Statuant sur la fin de non-recevoir résultant du défaut d'intérêt de la dame Langlard à s'opposer à une adjudication sur des enchères qui devaient augmenter son gage : — Attendu que ce prétendu défaut d'intérêt n'est pas justifié; que la dame Langlard pouvait en trouver plus à se venger de suite sur le prix qui existait qu'à courir l'événement d'une autre adjudication dont le prix n'aurait pas été élevé par un autre créancier; — ... Rejette.

Du 19 germ. an 13.-C. C., sect. req.-MM. Muraire, 1er pr.-Rousseau, r.

(2) *Espèce :* — (Vidal C. Dulong.) — Vente d'immeubles par Dulong à Vidal pour 1,400 fr. Celui-ci fait transcrire et notifier son contrat. — Le 17 janv. 1816, la dame Dulong surenchérit d'un dixième; mais l'acte de surenchère n'est pas signifié par huissier commis, et, en outre, la personne offerte pour caution n'y est pas désignée (c. pr., 832). — En conséquence, la dame Dulong se désiste. — Vidal, acquéreur, demande que ce désistement soit déclaré nul et comme non avenu : il soutient qu'à l'égard des nullités relatives, telles que celle dont il s'agit dans la cause, elles ne peuvent être opposées que par ceux en faveur desquels elles sont établies (Rép., vº Nullité, § 2; Dunod, des Prescrip., part. 1, ch. 8); qu'ici il est question de nullités portées dans l'intérêt de l'acquéreur, et contre un téméraire enchérisseur; que ce dernier ne peut invoquer un bénéfice qui n'a point été introduit en sa faveur; que dès lors le désistement de la dame Dulong est nul, et qu'il ne serait valable, dans tous les cas, que du consentement des créanciers (c. civ. 2190). —Néanmoins, le désistement a été déclaré valable par jugement du tribunal d'Agen. — Appel. — Arrêt.

LA COUR; — Attendu qu'il résulte de l'art. 2188 c. civ. que, dans une vente volontaire, la surenchère n'a l'effet de résoudre le contrat que dans le cas où elle est valable et conforme à ce que la loi prescrit; — Que la surenchère faite par la femme Pujol (dame Dulong) est radicalement nulle, faute par elle d'avoir, dans l'acte contenant ladite surenchère, présenté de caution, et assigné pour la faire recevoir, ainsi que cela résulte des art. 2185 c. civ. et 832 c. pr.; — Que dès que cette surenchère est nulle, elle ne peut servir de fondement à des poursuites pour parvenir à une adjudication régulière; qu'ainsi le désistement de cette surenchère ne peut préjudicier aux créanciers; — Enfin que l'effet du désistement, quant à Vidal, opérant la confirmation du contrat d'achat, ne lui faisant aucun tort, il est sans intérêt pour attaquer ce désistement en tant qu'il concerne les créanciers, et par conséquent sans motif pour quereller la disposition du jugement de première instance.

Du 17 août (ou avril) 1816.-C. d'appel d'Agen.

(3) *Espèce :* —(Mainville C. Luce, etc.)—Luce et autres, acquéreurs des biens des sieurs et dame Housset, notifient leurs contrats conformément aux art. 2183 et 2184. — Mainville, l'un des créanciers inscrits, forme une surenchère. — Les acquéreurs, afin d'en arrêter les suites, obtiennent le désistement de quatre créanciers inscrits. Il restait quatre autres créanciers, parmi lesquels se trouvait Mainville, pour la somme de 2,280 fr. Pour les désintéresser, ils déposent, sans avoir préalablement fait d'offres réelles, 4,679 fr. à la caisse des consignations. — Mainville conteste cette consignation. — Jugement du tribunal de Vendôme, du 11 juin 1842, qui la déclare valable. — Appel par Mainville, qui soutient l'action des sieurs Luce et autres non recevable : 1º parce qu'un acquéreur ne peut être admis à arrêter les effets d'une surenchère; 2º parce qu'en supposant que cela fût admissible, il aurait dû désintéresser tous les créanciers inscrits; 3º parce que la mainlevée de la surenchère ne pouvait être prononcée qu'avec tous les créanciers inscrits.— Il a ajouté que la consignation était nulle, parce qu'elle n'avait pas été précédée d'offres réelles, qu'elle était insuffisante et prématurée.—Arrêt.

LA COUR; — En ce qui touche la question de savoir si le tiers acquéreur peut arrêter l'effet de la surenchère formée par suite des notifications par lui faites aux créanciers inscrits : — Considérant que l'art. 2183 c. civ., en permettant à l'acquéreur d'un immeuble de se garantir de l'effet des poursuites des créanciers inscrits en leur notifiant son contrat pour les mettre à même de surenchérir, lui accorde un bénéfice auquel il peut renoncer, puisqu'il est introduit principalement en sa faveur; — Qu'aucune disposition de loi ne le prive de cette faculté, même dans le cas où l'un des créanciers a formé une surenchère; mais qu'il doit alors désintéresser le surenchérisseur et les autres créanciers inscrits de tous leurs droits hypothécaires sur l'immeuble; — Considérant que le tiers détenteur, en demandant mainlevée de la surenchère qui a été la suite de ses notifications, renonce par cela même à l'effet de ces notifications et à la purge des hypothèques qu'elles avaient pour but d'opérer aux termes de l'art. 2183; — Qu'il rentre alors nécessairement dans la position de l'acquéreur qui n'a pas voulu purger sa propriété, et qui, d'après les art. 2167 et 2168, reste obligé à toutes les dettes hypothécaires, et est tenu de payer tous les intérêts et capitaux exigibles, à quelque somme qu'ils puissent monter; — Considérant que l'acquéreur jouissant, dans ce cas, des termes et délais accordés au débiteur, doit, s'il veut se libérer envers les créanciers, les payer d'après les termes ordinaires de droit et aux lieux déterminés par le titre constitutif de la dette, titre auquel il n'est alors innové ni par la disposition de la loi ni par la volonté du créancier; — Qu'il suit de ce principe que, dans l'espèce, les sieurs Luce, Ribault, Bourreau et Gousteau étaient dans l'obligation, s'ils voulaient se libérer envers le sieur de Mainville, de lui faire des offres réelles de tout ce qu'ils croyaient lui devoir à raison de ses droits hypothécaires, et que ce n'était qu'à défaut par lui de recevoir ces offres qu'ils eussent pu en consigner le montant; — Qu'en se livrant à cette consignation prématurée, ils ont mis le sieur de Mainville dans l'impossibilité de recevoir directement sa créance des mains de son débiteur et d'éviter les pertes d'intérêts et les faux frais qu'une consignation entraîne nécessairement; — Considérant que pour valider cette consignation les premiers juges ont à tort cru trouver des cas d'analogie dans les art. 2173, 2186, c. civ., et 687 c. pr. civ.; — Qu'en effet, le premier de ces articles, en autorisant le tiers détenteur qui a délaissé l'immeuble à le reprendre en payant la dette et les frais, ne l'autorise pas à consigner; — Qu'au cas de l'art. 2186, les offres réelles ne sont pas possibles, parce qu'alors ce n'est pas le montant des sommes dues aux créanciers que l'acquéreur consigne, mais bien le montant de son prix, pour être distribué aux créanciers d'après l'événement de l'ordre; — Que, dans le cas prévu par l'art. 687 c. pr. civ., on peut présumer que le législateur a voulu arrêter le plus promptement possible la saisie immobilière, qui est toujours vue d'une manière défavorable, et a pensé que des offres réelles, et les difficultés que leur validité pourrait faire naître, laisseraient accomplir les formalités et la procédure que cet

se conformer aux conditions stipulées dans les titres constitutifs de la dette (V. Oblig. [offres réelles]).—Et il a été jugé en conséquence qu'il ne peut consigner le montant de la créance hypothécaire qu'après avoir fait des offres réelles au lieu indiqué pour le payement soit par la convention, soit par la loi (même arrêt).

266. A l'égard d'un créancier qui ne serait inscrit que pour sureté d'une créance *éventuelle*, il y aurait lieu, sinon de procéder à des offres réelles, au moins de faire offre d'une garantie qu'il appartiendrait aux tribunaux d'apprécier, et dans tous les cas, ce créancier ne perdrait rien de ses sûretés si l'acquéreur offrait d'affecter à cette garantie l'immeuble même. — Ainsi, il a été jugé que celui qui est créancier hypothécaire du vendeur, en ce sens seulement qu'il est, à son occasion, grevé lui-même d'une hypothèque pour créance éventuelle, est assez désintéressé par l'offre que lui fait l'acquéreur d'assumer tous les événements sur son avoir personnel, et d'y affecter l'immeuble acquis (Rej. 5 fév. 1808) (1).

267. Quant au créancier surenchérisseur, les offres ne seraient suffisantes à son égard qu'autant qu'elles comprendraient, avec le montant de sa créance, les frais occasionnés par la surenchère. — Et il a été jugé que le tiers acquéreur ne peut s'affranchir d'une surenchère qu'en remboursant au surenchérisseur sa créance et les frais de la surenchère tels que ceux du dépôt du cautionnement de celui-ci à la caisse des consignations et du retrait de ses fonds; ... Qu'il doit, en outre, lever les obstacles qui pourraient s'opposer à ce retrait, par suite du refus du receveur de payer hors la présence des autres créanciers inscrits (Rouen, 8 mai 1847, aff. Vigneron, D. P. 47. 4. 455).

268. Dans tous les cas, ce ne seraient pas des offres satisfactoires que celles qui, au lieu de désintéresser les créanciers, leur laisseraient la perspective d'un procès.—Et il a été jugé en conséquence qu'un acquéreur ne peut éviter la surenchère, s'il n'offre de payer les créances inscrites que sous la réserve d'une discussion préalable de leur légitimité (Req. 23 avr. 1807, aff. Dabernad, V. n° 48. —Conf. M. Chauveau sur Carré, n° 2477).

269. La seule réquisition de surenchère, cela n'est pas douteux, ne peut avoir pour effet de résoudre le contrat primitif. C'est une offre, une promesse qui lie le surenchérisseur et l'oblige à rester adjudicataire si sa mise à prix n'est pas couverte; mais cette offre n'opère aucune transmission de propriété, l'adjudication seule peut avoir un tel effet. — C'est ainsi qu'il a été jugé qu'une surenchère sur vente volontaire, tant qu'elle n'est pas suivie d'adjudication, n'a pas pour effet de dépouiller l'acquéreur, et de rendre le surenchérisseur propriétaire (Bordeaux, 21 juill. 1830 (2); V. aussi Turin, 13 juin 1812, aff. Lavenus, n° 411. — Conf. M. Troplong, Hyp., t. 4, n° 949).

article avait précisément pour but d'éviter; — Qu'au surplus ces dispositions spéciales ne constitueraient que des exceptions aux principes généraux du droit, et qu'il faudrait restreindre aux cas mêmes qu'elles ont prévus; — Par ces motifs, déclare les sieurs Luce et autres non recevables dans leur demande, et en conséquence ordonne que la surenchère sera continuée.

Du 26 janv. 1845.-C. d'Orléans.-M. Travers de Beauvert, 1er pr.

(1) *Espèce :* — (Pierlot C. Buphile de Brancas.)—En brumaire an 6, Pierlot avait acquis du sieur de Lauraguais le domaine de Lassay, moyennant 100,000 fr... Il paya d'abord; puis il prit des lettres de ratification qui furent scellées à la charge d'une opposition formée par la dame d'Aremberg, fille unique du sieur de Lauraguais, pour la conservation du douaire préfix stipulé au profit de sa mère, et dont le fonds lui était propre, suivant la disposition de la coutume de Paris.—Cependant, le contrat de vente contenait cette clause: «Si, au sceau ou à l'expédition des lettres de ratification que le sieur Pierlot obtiendra quand il le jugera à propos, il survient des oppositions provenant du fait du vendeur de Lauraguais ou de ses auteurs, il s'oblige de les faire lever ou cesser, et d'en apporter mainlevée et certificat de radiation au sieur Pierlot, quarante jours au plus tard après la dénonciation que ce dernier lui en aura faite. — Les 29 niv. et 5 prair. an 7, pour prévenir l'effet de l'opposition de la dame d'Aremberg et de l'inscription hypothécaire en laquelle cette opposition fut convertie, Pierlot prit inscription pour 100,000 fr., prix de son contrat, sur la terre de Manicamp (Aisne), et appartenant à de Lauraguais, son vendeur... Cette terre fut grevée d'une autre inscription, aussi du 29 nivôse, au profit de madame d'Aremberg, pour le fonds du douaire de 200,000 fr. non encore ouvert. — Le 29 brum. an 9, vente par de Lauraguais à Buphile de Brancas, son neveu, du domaine de Manicamp, moyennant 80,000 fr. — Le 15 frimaire, transcription du contrat d'acquisition. — Conformément à la loi du 11 brum. an 7, Buphile de Brancas fait notifier aux créanciers inscrits son contrat d'acquisition, ainsi que l'état des inscriptions existantes sur la terre de Manicamp. Cette notification leur est faite les 13 et 14 niv. an 9, avec déclaration par l'acquéreur qu'il entendait se libérer en principal et intérêts, conformément aux clauses énoncées en son contrat.— Alors Pierlot, en sa qualité de créancier inscrit, offrit d'enchérir d'un vingtième la terre de Manicamp; il fit apposer des affiches qui indiquaient l'adjudication pour le 11 therm. an 9, devant le tribunal civil de Laon. —Mais, le 4 thermidor, Buphile de Brancas fit signifier à Pierlot un acte par lequel il déclara qu'il entendait user des dispositions des art. 30 et 35 de la loi du 11 brum. an 7, qui autorisent l'acquéreur à conserver l'objet vendu en désintéressant les créanciers inscrits: en conséquence, et attendu que la poursuite de Pierlot n'avait pour objet que la garantie du fonds du douaire de madame d'Aremberg, inscrit sur la terre de Lassay; que ce douaire n'étant point exigible, n'autorisant que des actes conservatoires, ils ne pouvaient demander qu'une garantie réelle, par l'inscription hypothécaire sur le gage de cette garantie. Buphile de Brancas consentit, dans le même acte, à ce que tous les immeubles désignés, tant dans son contrat d'acquisition que dans l'affiche, restassent affectés et hypothéqués à la sûreté et garantie des sommes dues à madame d'Aremberg, comme héritière de sa mère, pour raison du douaire constitué au profit de celle-ci par M. de Lauraguais, et dont la terre de Lassay se trouvait grevée.—Le 28 therm. an 12, jugement qui déclare admissibles et valables les offres faites par M. Buphile de Brancas, au sieur Pierlot, de le désintéresser, non-seulement en consentant que tous les immeubles et dépendances à lui vendus par M. de Lauraguais, le 29 brum. an 9, restent affectés et hypothéqués entre ses mains, comme ils l'étaient entre celles de son vendeur, pour la sûreté du douaire éventuel, mais encore personnellement à garantir le sieur Pierlot de tous les effets de l'inscription prise par madame d'Aremberg, pour la sûreté du même douaire, sur le domaine acquis par le sieur Pierlot, de M. de Lauraguais, et à prendre sur lui les risques des événements à cet égard.—En conséquence, le tribunal déclare non avenue la réquisition de mise aux enchères faites par Pierlot, du domaine de Manicamp et de ses dépendances, et, par suite, déclare Buphile de Brancas propriétaire incommutable dudit domaine, en vertu de la vente qui lui en a été faite par M. de Lauraguais, le 29 brum. an 9. — Appel par Pierlot; le 11 mars 1806, arrêt confirmatif de la cour d'Amiens, fondé sur ces motifs: 1° que l'acquéreur volontaire qui a d'abord offert de ne payer que son prix aux termes de l'art. 30 de la loi du 11 brum. an 7, est toujours recevable à offrir de solder toutes les créances inscrites aux termes de l'art. 35; — 2° Que le douaire de madame de Lauraguais, dû à madame d'Aremberg, sa fille, n'était point ouvert, et ne formant point une créance exigible, le sieur Pierlot n'a point un droit actuel, il n'a que la crainte d'une action ultérieure qui ne peut jamais avoir lieu, conséquemment qu'il n'a, comme madame d'Aremberg, qu'une créance éventuelle; — 5° Qu'aux termes de l'art. 15 de la loi de brumaire, l'acquéreur d'un immeuble devant jouir des mêmes termes et délais qu'avaient les précédents propriétaires pour acquitter les charges et dettes hypothécaires, M. Buphile de Brancas ayant consenti que le douaire en question restât affecté sur la terre de Manicamp, et ayant offert de s'obliger personnellement à garantir le sieur Pierlot de tous les effets de l'inscription prise par madame d'Aremberg sur le domaine de Lassay, il satisfait pleinement, et même au delà, à la lettre et à l'esprit de la loi. — Pourvoi fondé, 1° sur une violation des art. 30 et 31 de la loi du 11 brum. an 7; 2° sur une contravention expresse à l'art. 35 de la même loi.—Arrêt.

La cour (après délib. en ch. du cons.); — Attendu que la loi ne défend pas à l'acquéreur qui a d'abord déclaré ne vouloir payer que le montant du prix de son acquisition, conformément à l'art. 30 de la loi du 11 brumaire, de varier et d'user de la faculté contenue en l'art. 35 de la même loi, puisque la première faculté n'est pas exclusive de la seconde, qui se compose d'une obligation de la plus grande latitude et plus avantageuse aux créanciers;—Attendu, sur le deuxième moyen, que l'inscription prise par madame d'Aremberg sur le domaine de Lassay, porte, à la vérité, un préjudice au sieur Pierlot, mais que ce préjudice, résoluble en dommages-intérêts contre de M. Lauraguais, n'est ni établi ni liquidé par jugement, et que relativement au prix par lui payé, le sieur Pierlot ne peut rien exiger au delà de la sûreté qu'il a prise sur le domaine de Manicamp, dans le cas où madame d'Aremberg viendrait dans la suite à exercer des droits qui ne sont point encore ouverts, et que cette sûreté lui est conservée dans toute sa plénitude par les offres faites par le sieur Buphile de Brancas; d'où il suit que le sieur Pierlot n'est pas, quant à présent, porteur d'une créance qui puisse être soldée, et qu'il est suffisamment désintéressé par les offres dont s'agit;—Rejette, etc.

Du 5 fév. 1808.-C. C., sect. civ.-MM. Brillat, rap.-Daniels, c. contr.

(2) *Espèce :* — (Mouillac C. Roy de Clotte, etc.)—Roy de Clotte, en affermant à Bertrand le domaine de Gary, grevé de substitution, s'était chargé de faire les réparations à la charge du propriétaire. — En 1827, il vend cet immeuble au sieur Mouillac, qui signifie son titre au fermier. — Celui-ci demande contre Mouillac les réparations.—Mouillac répond

270. De là il suit que l'acquéreur reste tenu, comme propriétaire, de veiller jusqu'à l'adjudication à la conservation de la chose : ainsi, il a été jugé : 1° que les réparations nécessaires demeurent à sa charge (même arrêt. — Conf. MM. Grenier, n° 465; Troplong; Bioche, n° 195); — 2° Que la réquisition de mise aux enchères qui intervient à la suite d'une adjudication définitive (sur aliénation volontaire), quoiqu'elle soumette cette adjudication à une condition résolutoire, ne suspend pas l'exercice de la propriété résultant pour l'acquéreur, aux termes de l'art. 1583 c. nap., de la force de son contrat, et la résolution de la vente ne s'opère que par l'événement d'une adjudication nouvelle, intervenue sur la mise aux enchères; — Qu'en conséquence, après comme avant la surenchère, et tant que l'adjudication n'a pas eu lieu, les dommages que la chose vendue peut éprouver par le défaut de mesures nécessaires pour sa conservation, telles que réparations, locations, tombent à la charge du premier acquéreur, et non à celle du surenchérisseur (Cass. 12 fév. 1828) (1). — Il suit encore de ces principes que l'acquéreur reste tenu des dégradations provenant de son fait.

271. Les détériorations survenues depuis la réquisition de surenchère pourraient même être considérées comme une perte partielle de la chose, et autoriser le surenchérisseur à s'exonérer de sa soumission en renonçant à la surenchère (Conf. M. Troplong, n° 949). — C'est en ce sens que Pothier, Vente, n° 494 disait, d'après Lemaistre, Tr. des criées, ch. 22; Mornac, sur la loi 58, ff. *De contrah. empt.*, que «si, depuis une enchère reçue, l'héritage a été détérioré par quelque cas fortuit, *puta*, par un incendie ou par une tempête qui aura renversé une grande quantité d'arbres,

---

qu'il n'en est pas tenu, parce qu'y ayant une surenchère, il a cessé d'être propriétaire, et qu'il est d'ailleurs menacé d'éviction à cause de la substitution; il conclut à ce que son vendeur et Raffin, surenchérisseur, soient condamnés à le garantir. — 25 mai 1850, jugement contradictoire qui condamne Mouillac à faire les réparations dans la quinzaine, et faute de ce, autorise Bertrand à les faire; autorise dans ce cas Bertrand à compenser le prix des réparations avec les fermages échus et à échoir, et en cas d'insuffisance, à se pourvoir contre Mouillac; — Déclare n'y avoir lieu de prononcer, quant à présent, sur les conclusions en garantie contre Roy de Clotte, Battut et Raffin, sous la réserve de tous ses droits contre ces derniers, si le cas y échet. — Appel par Mouillac. — On a dit pour les intimés que Roy de Clotte s'était entièrement dépouillé par la vente qu'il avait consentie; que la propriété avait été transférée sur la tête de Mouillac; que le contrat n'avait pas été résolu par la surenchère; que, quant à la crainte d'éviction résultant de la substitution, il n'était pas jugé qu'elle portât sur l'immeuble; que cette question dépendait d'un partage qui n'avait pas eu lieu; qu'enfin le jugement ne faisait pas de griefs quant à la garantie, car il réservait à Mouillac tous ses droits pour le cas où on devrait la lui accorder; dans l'état des choses, le tribunal ne pouvait rien prononcer de définitif. — Arrêt.

LA COUR; — Attendu qu'en faisant une surenchère sur le domaine de Gary, vendu par Roy de Clotte à Mouillac, Raffin a usé du droit que lui donnait sa qualité de créancier hypothécaire inscrit, et que l'exercice de ce droit ne lui en confère aucun à la propriété de l'immeuble; — Attendu que si le domaine de Gary est inaliénable comme faisant partie de la substitution dont Roy de Clotte est grevé au profit de ses enfants, la propriété n'en résiderait pas moins sur sa tête jusqu'à l'ouverture du fidéicommis, et que la substitution peut devenir caduque par les prédécès des appelés dont le droit à la propriété de la chose est purement éventuel; — Attendu que Roy de Clotte a vendu ladite métairie à Mouillac dans l'état où elle se trouvait, et que les réparations à y faire sont à la charge de l'acquéreur; qu'une surenchère qui n'a pas été suivie d'une adjudication ne dépouille pas l'acquéreur volontaire qui peut lui-même se rendre adjudicataire, et réclamer contre son vendeur la différence du prix de l'adjudication à celui de la vente; qu'il est incertain si le montant des fermages ne sera pas plus que suffisant pour fournir aux frais des réparations; que le tribunal s'est borné à déclarer qu'il n'y avait pas lieu, quant à présent, de statuer sur la garantie demandée par Mouillac contre son vendeur, le créancier surenchérisseur et le tuteur à la substitution faite au profit des enfants Roy de Clotte, et que cette décision ne lui cause aucun préjudice; — Met l'appel au néant.

Du 21 juill. 1850.-C. de Bordeaux, 1re ch.-M. Ravez, 1er pr.

(1) *Espèce :* — (Collin C. Morin et Sauvé.) — En 1822, le moulin de Champagné fut adjugé devant le tribunal de Rennes, à Morin et Sauvé, pour 7,600 fr. — Ce moulin tombait en ruine. Le fermier était en faillite et en prison; les adjudicataires firent un nouveau bail et des réparations pour 940 fr.; ensuite ils notifièrent leur contrat aux créanciers inscrits. — Collin, l'un d'eux, forma surenchère. Les adjudicataires demandèrent que les 940 fr. dépensés en réparations urgentes leur fussent remboursés. — Collin contesta. — 9 déc. 1822, jugement qui déclare la surenchère valable, ordonne que Morin et Sauvé seront remboursés de ces 940 fr., jusqu'à concurrence de la plus-value donnée au moulin par les réparations, et nomme un expert pour déterminer l'excédant de la valeur. — Appel par Collin. — Le 1er juill. 1823, arrêt confirmatif de la cour de Rennes. — L'expertise faite, la plus-value de l'immeuble fut fixée à 940 fr. — L'expert découvrit et constata une voie d'eau qui s'épanchait dans le moulin. — En outre, le fermier était décédé, et sa femme avait quitté l'usine. — Collin prétendit que Morin et Sauvé devaient faire réparer la voie d'eau et louer le moulin. — Ceux-ci répondirent qu'ils renonçaient à couvrir la surenchère; que c'était donc au surenchérisseur à prendre les soins et faire les dépenses nécessaires.

Le 16 déc. 1823, jugement qui, en premier lieu, ordonne que les sieurs Morin et Sauvé seront payés par privilége et préférence des 940 fr., montant des réparations qu'ils ont faites au moulin de Champagné et plus-value, déterminé sur ladite usine par l'expertise, indépendamment des frais et loyaux coûts déjà alloués : — « Considérant, en second lieu, que toute surenchère dépossède l'adjudicataire définitif des droits qu'il pourrait avoir sur un immeuble par suite de son enchère; — Que le principe ne peut être contesté, l'art. 707 c. pr. portant que l'enchérisseur cesse d'être obligé si son enchère est couverte par une autre, lors même que cette dernière serait déclarée nulle; que vainement dirait-on que cet article est placé sous le titre de la saisie immobilière; l'art. 858 même code assimile la surenchère à l'enchère; et encore l'art. 2187 c. civ. renvoie aux principes et formes établis pour les expropriations forcées, par conséquent à celui dans lequel se trouve compris l'art. 707; ainsi il n'y a de prix fixé que dans le cas où il n'existe point de surenchère; qu'on ne peut davantage maintenir que les défendeurs doivent être considérés comme des *negotiorum gestores*; que cette qualité ne peut être accordée qu'autant, comme l'exige l'art. 1372 c. civ., que l'on gère volontairement l'affaire d'autrui; que, dans l'espèce, prétendre que les défendeurs sont devenus, par l'effet de l'adjudication, administrateurs volontaires de l'immeuble à eux adjugé, c'est une prétention contraire à l'art. 1372. Ainsi on ne peut obliger les défendeurs à surveiller ou exécuter les travaux nécessités par la voie d'eau découverte par l'expert, sans même examiner si leur renonciation à surenchérir pourrait être contre eux un lien de droit; — Considérant qu'on ne peut encore imposer aux défendeurs l'obligation de poursuivre l'entretien du bail, etc. » — Appel de Collin. — 14 mai 1824, arrêt confirmatif de la cour de Rennes.

Pourvoi pour contravention aux art. 2187, 2189, 2190 et 2175 c. civ. — Arrêt (ap. délib. en ch. du cons.).

LA COUR; — Vu les art. 1183, 1583, 2185, 2187 et 2190 c. civ. et l'art. 707 c. pr.; — Considérant que, d'après l'art. 1583 c. civ., le contrat de vente transmet à l'acquéreur la propriété et possession de la chose vendue à partir du jour dudit contrat, et que, suivant le principe de droit, *res perit domino*, les dommages que peut éprouver la chose par lui acquise pendant la durée de sa possession et par le défaut des mesures nécessaires pour la conservation de cette chose, tombent à sa charge et non à celle du nouvel acquéreur qui a succédé à cette propriété et possession; — Considérant que si, aux termes de l'art. 2185, tout créancier hypothécaire, inscrit sur un immeuble, peut requérir la mise de cet immeuble aux enchères, et si cette réquisition, lorsqu'elle est suivie d'une adjudication, soumet la vente déjà faite à une condition résolutoire, cette condition, d'après l'art. 1183, ne suspend pas l'exercice de la propriété, résultante, pour l'acquéreur, de la force de son contrat, et n'opère la résolution de ce contrat que par l'événement d'une adjudication intervenue sur la mise aux enchères, et seulement du jour de l'adjudication; — Que cette vérité se manifeste par le rapprochement des art. 2185, 2187 et 2190, dont les deux premiers désignent expressément l'acquéreur dans la qualification de *nouveau propriétaire*, et dont le dernier laisse au créancier, requérant la mise aux enchères, la faculté de se désister de sa réquisition, auquel cas cette mise aux enchères cesse d'être exigée par la loi si les autres créanciers ne la provoquent pas; — Considérant que la disposition de l'art. 707 c. pr., qui déclare l'enchérisseur dégagé de son obligation lorsque son enchère est couverte, outre qu'elle n'a pour objet que les enchères qui ont lieu par suite d'une saisie immobilière, ce qui indique suffisamment la rubrique sous laquelle cette disposition est placée, ne s'applique qu'à ces enchères, qui ont lieu pendant le cours de la mise aux enchères de l'immeuble saisi, lesquelles ne sont en réalité que de simples offres qui n'engagent l'enchérisseur et ne lui donnent droit sur l'immeuble qu'au moment où, à défaut d'offres supérieures, elles sont acceptées et suivies d'une adjudication à son profit; — D'où il suit qu'en jugeant, dans l'espèce, que les sieur Morin et Sauvé, acquéreurs sur aliénation volontaire du moulin de Champagné, n'étaient pas tenus des réparations reconnues nécessaires à la conservation dudit moulin pendant la durée de leur propriété, sous prétexte que leur acquisition était frappée d'une surenchère, l'arrêt attaqué a fait une fausse application de l'art. 707 c. pr. et violé les art. 1183, 1583, 2185, 2187 et 2190 c. civ.; — Casse.

Du 12 fév. 1828.-C. C., ch. civ.-MM. Brisson, pr.-Henry-Larivière, rap.-Joubert, 1er av. gén., c. conf.-Piet, Scribe et Rozet, av.

l'enchérisseur est bien fondé à prétendre être déchargé de son enchère, si mieux on n'aime lui faire une diminution sur son enchère, de ce qu'il sera estimé par experts que l'héritage vaut moins. »

272. Mais quoique la surenchère ne dépouille pas l'acquéreur de la propriété de l'immeuble, elle rend néanmoins cette propriété incertaine jusqu'au jour de l'adjudication. Et il a été jugé en ce sens que les tribunaux peuvent ordonner, par mesure de conservation, la mise en séquestre d'un domaine frappé de surenchère (Bordeaux, 17 mai 1831, aff. Charrier, V. Dépôt, n° 223).

273. Dans le cas où, avant toute surenchère, il aurait été commencé des procédures tendant à la distribution par voie d'ordre du prix stipulé au contrat primitif, ces procédures seraient nécessairement non avenues. — En conséquence, il a été jugé que la surenchère déclarée valable a pour effet d'annuler le règlement d'ordre qui a pu avoir lieu, et rend, dès lors, sans objet tout recours formé contre ce règlement (Req. 9 avr. 1839, aff. Mesnier, V. n° 92).

274. Quels sont les effets de l'adjudication prononcée à la suite de la surenchère? — Cette adjudication a-t-elle pour effet de résoudre le premier contrat de telle manière qu'il soit censé n'avoir jamais existé? Éteint-elle les hypothèques consenties par l'acquéreur dans l'intervalle de son contrat à l'ajudication par suite de surenchère? Les intérêts dus en vertu du contrat amiable, doivent-ils être payés par l'acquéreur ou l'adjudicataire? A qui appartiennent les fruits perçus avant l'adjudication? Comment doit-il être tenu compte à l'acquéreur évincé des améliorations qu'il a faites à l'immeuble? — Toutes ces questions, qui tiennent au fond du droit, seront examinés v° Vente pub. d'imm.— Il en est de même de celles qui naissent de l'art. 2191 c. nap., relatif au recours accordé à l'acquéreur dépossédé contre son vendeur.

SECT. 3.—DE LA SURENCHÈRE DITE SUR EXPROPRIATION FORCÉE.

§ 1. — *Caractères de cette surenchère.—Quelles ventes en sont susceptibles.*

275. Cette surenchère a pour but d'obvier à la vileté du prix qui peut résulter, soit de la surprise ou de la fraude, soit du hasard des enchères.—Elle se distingue, dans son principe même, de la surenchère précédente, en ce qu'elle est établie, non point comme celle-ci dans l'intérêt exclusif des créanciers *inscrits* sur l'immeuble vendu ou adjugé, mais aussi dans l'intérêt de la partie saisie ou des vendeurs.

276. L'ancien code de procédure n'autorisait, en *termes formels*, cette espèce de surenchère que pour les ventes par *expropriation*, c'est-à-dire dans le seul cas où il ne peut y avoir lieu à la surenchère des créanciers inscrits; mais la jurisprudence avait étendu peu à peu dans leur application les termes trop limités de la loi, et déjà, sous cette législation, la surenchère du *quart*, bien qu'elle continuât à porter la dénomination restreinte de *surenchère sur expropriation*, n'était plus généralement considérée comme l'attribut exclusif de la vente sur saisie immobilière, mais bien comme pouvant avoir lieu à la suite de la plupart des adjudications d'immeubles faites en justice.

277. Cependant on discutait encore sur le point de savoir si, par rapport à la surenchère, telles ou telles ventes faites en justice devaient être considérées comme forcées ou assimilées à des ventes volontaires; et il était jugé, par exemple, que la surenchère du quart n'avait pas lieu pour les ventes sur publications judiciaires, lesquelles étaient à cet égard assimilées aux ventes volontaires et n'étaient, à ce titre, susceptibles que de la surenchère du dixième (Req. 8 janv. 1834 (1); Paris, 19 juill. 1817, aff. Damas *C.* Cuillat).

278. C'était de même une question controversée que celle de savoir si la surenchère du quart était permise après une vente sur licitation. Les uns admettaient cette surenchère d'une manière absolue en décidant, en termes généraux, que les ventes en justice sur licitation, même entre majeurs, étaient soumises à la surenchère du quart, de la part de toute personne, comme les ventes sur saisie immobilière, et non pas seulement à la surenchère du dixième, de la part des créanciers, comme les ventes volontaires (Montpellier, 29 août 1829, M. de Boussairolles, pr., aff. Granier; Rej. 17 déc. 1839, MM. Dunoyer, pr., Piet, rap., Tarbé, av. gén., c. conf., aff. Gayet.—Conf. Toullier, t. 4, n° 378). — D'autres pensaient que cette même surenchère du quart ne pouvait avoir lieu après une licitation qu'autant qu'il se trouverait des mineurs parmi les colicitants. — Jugé en ce sens que la surenchère du quart est admise dans la vente judiciaire des immeubles indivis entre des majeurs et des mineurs (Colmar, 2 déc. 1815 (2); Req. 4 avr. 1827, MM. Henrion, pr., Ménerville, rap., aff. Biava *C.* Faure; 18 mai 1830, MM. Favard,

---

(1) (Guillaume *C.* de Bar.)—LA COUR;—Considérant qu'en cas de vente par expropriation forcée, la surenchère doit, aux termes de l'art. 710 c. pr. civ., être du quart du prix principal de l'adjudication; — Qu'il en est de même en cas de vente de biens de mineurs, faite devant un juge ou un notaire, conformément au tit. 6, partie 2, liv. 2, c. pr., l'art. 965 voulant que dans ce cas on se conforme, pour la réception des enchères, la forme de l'adjudication et ses suites, aux art. 707 et suiv., et par conséquent à l'art. 710, qui ordonne la surenchère du quart; — Mais lorsque après la saisie réelle d'un immeuble il arrive, comme dans l'espèce, que les parties intéressées, toutes majeures et maîtresses de leurs droits, convertissent volontairement cette saisie en vente en justice ou devant notaire, l'art. 747 c. pr. ne leur prescrit alors d'autres formalités que celles voulues par les art. 957, 962 et 964; — Que dans ce cas il n'y a pas, comme dans le précédent, de renvoi à l'art. 710; d'où la conséquence pour ces ventes, faites entre parties toutes majeures, que la loi n'exige pas la surenchère du quart; qu'elle considère ces sortes de ventes comme volontaires et soumises seulement à la surenchère du dixième, conformément à l'art. 2185 c. civ.; — Considérant que l'arrêt attaqué (de la cour de Paris du 12 déc. 1832) s'est conformé à ce principe;—Rejette.

Du 8 janv. 1834.-C. C., ch. req.-MM. Zangiacomi, pr.-De Ménerville, rap.-Tarbé, av. gén., c. conf.-Piet, av.

(2) (Sutter.) — LA COUR; — Considérant qu'une adjudication intéresse également le propriétaire dépossédé et l'acquéreur; que la justice doit s'attacher à la conservation des droits de l'une autant qu'elle doit éviter de blesser les droits de l'autre; que s'il importe à un adjudicataire d'obtenir le bénéfice de son adjudication, il importe de même que les formes protectrices des intérêts du propriétaire, sujet à la dépossession, ne soient point violées, et que ce propriétaire jouisse de tous les avantages que ces formes leur assurent;—Considérant, au cas particulier, que quoique l'appelant soit propriétaire des trois quarts de la maison dont s'agit, et que les mineurs de la partie intéressante n'aient droit que pour un quart à cet immeuble, ces deux parties ont intérêt commun à retirer de cette propriété le plus grand produit possible, et à en assurer le recouvrement; — Considérant qu'il est consacré par principe général qu'en matière d'adjudication, la surmise est permise, même dans le cas de la vente des biens appartenant à des majeurs; que les mineurs étant partagés plus spécialement encore par la loi, on ne peut, sans blesser son esprit et s'écarter de son vœu, faire exception à leur préjudice du bénéfice de cette disposition bienfaisante; que l'art. 965 c. pr., rapproché de celui 707 et suiv. même code, sanctionne explicitement ce principe général en faveur des mineurs; qu'ainsi une adjudication de biens de mineurs est susceptible d'être couverte par une surmise; qu'ainsi encore, l'appelant était admissible à faire cette surmise, si cette faculté ne lui était point interdite personnellement par d'autres dispositions législatives; — Considérant qu'un particulier qui surmise est à l'instar de celui qui se rend adjudicataire; que l'un et l'autre sont admis par la loi à jouir des mêmes avantages, de même qu'ils sont sujets aux mêmes conditions; qu'ainsi que l'adjudicataire prend la place du propriétaire, celui-ci qui surmise s'établit aux lieu et place de l'adjudicataire; qu'ainsi les deux doivent être habiles à concourir aux enchères et surmises;—Considérant que par l'art. 715 c. pr., la faculté de surmiser aux enchères et surtout de se rendre adjudicataire est refusée à toute personne notoirement insolvable; que la même interdiction est commune à celui qui veut surenchérir, attendu qu'il devient le dernier enchérisseur actuel, et que sa surmise peut obtenir le même résultat que la dernière mise faite par celui qui devient adjudicataire par l'absence de nouveaux enchérisseurs; — Considérant que l'appelant Sutter a été discuté dans tous ses biens immeubles de l'année 1806; qu'il compte par un certificat du greffier, du tribunal civil de Colmar, que par la distribution qui fut faite alors du produit de la vente de ses biens, il a été constitué redevable d'une somme de 6,081 fr., envers différents créanciers, qui furent colloquées inutilement dans l'ordre rendu à cet époque; que postérieurement les propriétés faibles qu'il a héritées de ses père et mère ont été grevées de nouvelles hypothèques par une somme que dépasse beaucoup la valeur desdites successions; qu'il est encore débiteur de toute la fortune de sa première femme, mère des mineurs de l'intervenant, et que sa position présente tous les caractères d'une insolvabilité absolue; — Considérant que l'in-

pr.; Mousnier, rap., aff. Cay-Vidal; 2 janv. 1833, MM. Zangia. comi, pr., Ménerville, rap., aff. Popie C. Fayssous; 8 janv. 1834, aff. Guillaume, V. nº 277; Paris, 26 janv. 1835, MM. Hardoin, pr., Tardif, subst., c. conf., aff. Gerbaut; Toulouse, 25 juin 1835, aff. Azemar, V. nº 337; Rouen, 4 mars 1836, aff. Nel, V. nº 299.—Conf. Thomine, art. 965). — Ces décisions étaient surtout motivées sur la protection due aux intérêts des mineurs. — Un autre arrêt a décidé la question dans le même sens par le motif « que la vente sur licitation d'un immeuble possédé par indivis entre majeurs et mineurs ne peut être considérée comme *vente volontaire* » (Aix, 30 janv. 1835, aff. Grisolles, nº 21). — Jugé aussi qu'en pareil cas, la surenchère du quart pouvait seule être admise à l'exclusion de celle du dixième (même arrêt). — Les raisons invoquées dans ce dernier système pour l'admissibilité de la surenchère du quart ne pouvant s'appliquer qu'aux ventes par licitation où des mineurs étaient intéressés, on décidait que la surenchère du quart ne s'appliquait pas aux licitations provoquées entre copropriétaires majeurs (Douai, 16 août 1810, aff. Boileux C. N...; Caen, 4ᵉ ch., 16 janv. 1838, M. Pigeon de Saint-Pair, pr., aff. Desmont C. Corbel; Rouen, 15 janv. 1839, M. Fercocq, pr., aff. Suzemont C. Beaufils), par le motif qu'une vente judiciaire, faite à l'audience des criées, sur licitation, entre héritiers majeurs, a tous les caractères d'une vente volontaire, et doit être régie par les règles propres à ces sortes de ventes (Trib. de Caen, 2 oct. 1829, M. Lhermitte, pr., aff. hér. Crespin; Paris, 2ᵉ ch., 23 déc. 1830 (et non 1831), aff. Fain C. Dehaynin); — Et qu'ainsi une telle vente n'est susceptible que de la surenchère du *dixième* (mêmes décisions). — D'autres enfin repoussaient absolument ce mode de surenchère en matière de licitation, encore bien qu'il se trouvât des mineurs parmi les colicitants, et il a été jugé que, même en pareil cas, la surenchère du quart n'était point admissible (Bruxelles, 3ᵉ ch., 15 nov. 1835, aff. Mosselman C. Degrave.—Conf. MM. Pigeau, t. 2, p. 472 et 515; Carré, art. 965, nº 3181; Demiau, art. 965; Grenier, t. 2, p. 175; Duranton, t. 3, nº 593). — V. aussi M. Petit, p. 204.

279. La même incertitude existait sur le point de savoir si la surenchère du quart devait être admise sur d'autres ventes judiciaires telles que celles des biens de mineurs.—Et il avait été décidé que cette surenchère n'était pas admise dans le cas de vente judiciaire des biens de mineurs faite dans les formes tracées par les art. 953 et suiv. (Liége, 15 nov. 1815, aff. Kl... C. N...).

280. L'admissibilité de la surenchère du quart avait été aussi un objet de controverse quant à la vente des biens d'une succession bénéficiaire. — Il avait été jugé qu'on ne peut surenchérir du quart sur le prix d'une adjudication d'immeubles dépendant d'une succession acceptée sous bénéfice d'inventaire, comme cela se pratique pour les adjudications de biens vendus après saisie immobilière (Cass. 16 nov. 1819, MM. Brisson, pr., Rupérou, rap., Cahier, av. gén., c. conf., aff. Larchevêque C. Lebarrois, et sur renvoi, Paris, 23 juin 1821; Rouen, 1ʳᵉ ch., 28 janv. 1828, M. Eude, pr., aff. Auvray).

281. Enfin le même dissentiment existait en ce qui concernait la vente des biens dotaux, aucune disposition sous l'ancienne loi n'autorisant expressément la surenchère du quart après cette espèce de vente, que beaucoup considéraient comme une vente purement volontaire, à laquelle ce mode de surenchère n'était point applicable.

282. Comme on le voit, c'était toujours au fond, et sauf de très-légères nuances, la même question qui s'agitait à l'occasion de ces diverses sortes de ventes : celle de savoir si l'on pouvait, nonobstant le silence de la loi à leur égard, leur appliquer par analogie les dispositions concernant la surenchère en matière de saisie immobilière.—Mais toutes ces difficultés, nées d'une législation incomplète dont les inconvénients étaient graves et journellement reconnus, ne peuvent plus se présenter aujourd'hui pour la surenchère du sixième qui remplace celle du quart. — Ainsi, en ce qui touche la vente sur saisie réelle convertie en *adjudication sur publication volontaire*, l'art. 743 du nouveau code renvoie à l'art. 965, portant que dans les huit jours qui suivront l'adjudication, toute personne pourra faire une surenchère du sixième en observant les formalités et délais prescrits par les art. 708, 709 et 710. — En matière de *licitation*, la question est résolue dans le même sens par l'art. 973, qui autorise expressément la surenchère du sixième. — L'art. 965 du nouveau code autorise pareillement la surenchère du sixième après les ventes judiciaires de biens de mineurs. — Enfin les art. 988 et 997, § 3, en renvoyant aux art. 955 et suiv., admettent aussi ce mode de surenchère sur les ventes de biens dépendant d'une *succession bénéficiaire ou vacante* et sur celles de *biens dotaux*.

283. Toutefois la loi de 1841 ne s'est pas expliquée en ce qui concerne la vente faite après *cession de biens*, et on ne trouve dans les dispositions du code modifié non plus que dans l'ancien code aucun texte qui rende applicable à cette sorte de vente la surenchère dont il s'agit. Il est vrai qu'en cette matière l'art. 904 renvoie au *bénéfice d'inventaire* pour les *formalités* de la vente; mais la surenchère étant un droit qui *touche au fond*, et non pas simplement une *forme de procéder*, on ne saurait prétendre que dans un tel renvoi se trouve rigoureusement compris le droit de surenchérir. — Or c'était une question grave sous l'ancienne législation que celle de savoir si la surenchère du quart était admise après de telles ventes et la question se présente aujourd'hui dans les mêmes termes pour la surenchère du sixième, l'art. 904 n'ayant reçu aucune modification. — Cependant nous inclinons à admettre, en pareil cas, la surenchère dont il s'agit. Cette solution, d'une part, est conforme à la jurisprudence qui admettait celle du quart sur les ventes de biens de mineurs ou par licitation, par interprétation des art. 965 et 972 de l'ancien code, lesquels se bornaient à renvoyer pour ces sortes de ventes aux *formalités* de la vente sur saisie. — D'autre part, cette même solution nous semble tout à fait conforme à l'esprit de la nouvelle loi, et on ne peut guère douter, en effet, que cette loi, qui s'est montrée si favorable à l'exercice du droit de surenchère, n'ait eu l'intention d'assujettir sur ce point à des règles uniformes toutes les ventes judiciaires, aussi bien en ce qui touche la faculté de surenchérir qu'en ce qui touche les formes de la vente. — Les mêmes motifs d'ailleurs, qui ont fait admettre la surenchère dont il s'agit pour les autres ventes judiciaires, s'appliquent ici, et l'on n'aperçoit pas l'ombre d'un motif qui ait pu, pour cette espèce de vente, commander une exception (*Contrà*, M. Petit, p. 247 et suiv.).

284. Peut-on surenchérir après une adjudication sur folle enchère?—Cette question, déjà fort controversée avant la loi de 1841, l'a été depuis encore davantage, cette loi ayant fourni des arguments pour et contre, sans trancher la difficulté par aucune disposition expresse. — La solution de cette question dépend surtout du point de vue sous lequel on envisage le principe même de la surenchère. Suivant les uns, la surenchère est un droit tout exceptionnel, une faculté exorbitante du droit commun, en ce qu'elle tend à dépouiller l'adjudicataire du bénéfice d'une propriété acquise par un titre régulier, et cette faculté ne saurait par conséquent être admise que dans les cas où elle est formellement autorisée par la loi. D'où il suit que la faculté de surenchérir autorisée en matière de saisie immobilière par l'art. 708, ne saurait être admise après une adjudication sur folle enchère, puisqu'aucune disposition légale ne déclare cet article ap-

---

time ne s'est trouvé dans aucun des cas prévus par l'art. 135 c. pr., et qu'il y a eu violation de ces dispositions législatives dans le jugement du 24 fév. 1815; — Considérant enfin que l'objet de la contestation intéresse les mineurs de l'intervenant, et que celui-ci, en sa qualité de tuteur, était fondé à y figurer pour y défendre et faire valoir leurs droits; — Reçoit la partie de Koeppelin intervenant dans la cause; prononçant sur l'appel des jugements rendus par le tribunal civil de Colmar, les 14 déc. 1814 et 24 fév. 1815, sans s'arrêter à la fin de non-recevoir, qu'elle déclare mal fondée, ni à l'appel incident que la cour met au néant avec amende; met pareillement, quant à l'appel principal, l'appellation et ce dont est appel au néant, en ce que, par le jugement du 24 fév. dernier, il a été ordonné qu'il serait exécuté et par provision, nobobstant opposition ou appellation quelconque; — Emendant quant à ce, réforme cette partie dudit jugement, condamne l'intimé à 10 fr. de dommages-intérêts, résultant de l'éjection des meubles de l'appelant sur le carreau et aux frais de l'exécution provisoire, et ordonne que ledit jugement sortira au résidu son effet.

Du 2 déc. 1815.-C. de Colmar.

plicable au cas dont il s'agit.—On ajoute, dans le même sens, que la loi de 1841, si elle eût voulu étendre au cas de folle enchère le bénéfice de cette disposition, n'aurait pas manqué de le déclarer expressément comme elle l'a fait pour les ventes par licitation, les ventes de biens de mineurs et autres ventes judiciaires; et qu'enfin l'intention de la loi ressort manifestement surtout de ce que l'art. 739 en renvoyant pour ce qui concerne la folle enchère aux art. 705, 706, 707 et 711 a passé sous silence les art. 708, 709 et 710 relatifs à la surenchère. — Cette opinion est celle qui semble prévaloir dans la jurisprudence. — Il a été jugé, soit avant, soit depuis la loi de 1841, que la surenchère du quart (ou aujourd'hui du sixième) autorisée par l'art. 710 c. pr. n'est pas admissible en cas d'adjudication sur folle enchère (Rouen, 1re ch. 17 mai 1824, M. Carel, pr., aff. Dubos *C.* Harel; Rouen, 5 mars 1827, M. Eude, pr., aff. Leroy *C.* Groux; Toulouse, 3e ch., 21 fév. 1835, M. Garrisson, pr., aff. Laumet *C.* Escadafas; Orléans, 5 déc. 1846, aff. Mounier, D. P. 47. 2. 90; Req. 30 juin 1847, aff. Bouju, D. P. 47, 1, 203; Cass. 1er mars 1848, aff. Dommage, D. P. 48. 1. 112; Bordeaux, 20 juin 1848, aff. Leclercq, D. P. 50. 2. 51; Paris, 20 déc. 1848, aff. Grosjean, D. P. 50. 2. 51; Bordeaux, 29 déc. 1848, aff. Bérigaud, D. P. 50. 5. 435; Req. 24 mars 1851, aff. Petitjean, D. P. 51. 1. 119; Cass. 4 août 1851, aff. Etiévant, D. P. 51. 1. 231).

285. Mais suivant d'autres, au contraire, la surenchère dont il s'agit est un droit essentiellement favorable comme tendant à porter l'immeuble vendu à sa juste valeur, et conforme d'ailleurs à ce principe d'équité, que nul ne doit s'enrichir aux dépens d'autrui. — A l'intérêt de l'adjudicataire, qui veut conserver le bénéfice d'une adjudication à vil prix, on peut opposer, disent-ils, l'intérêt bien autrement recommandable des créanciers ou des vendeurs qui, si l'adjudication était définitive, se verraient dépouillés par le hasard des enchères d'un prix légitime. — La loi de 1841, ajoute-t-on dans le même sens, a si bien considéré l'exercice de cette surenchère comme une faculté de droit commun, qu'elle en a étendu le principe, d'abord restreint aux ventes par expropriation, à toutes les ventes judiciaires même réputées volontaires. — Les mêmes motifs existent sans contredit, et à plus forte raison, pour les ventes sur folle enchère, le plus souvent effectuées à vil prix. D'ailleurs, quand la loi a voulu exceptionnellement proscrire la surenchère après une adjudication en justice, elle s'en est expliquée formellement comme elle l'a fait dans l'art. 720, pour les adjudications tranchées par suite de surenchère. — Enfin on ne saurait tirer une induction en sens contraire de ce que les art. 708, 709 et 710 n'ont pas été mentionnés dans le renvoi prononcé par l'art. 739; ce renvoi n'ayant eu d'autre objet que de régler les *formalités* relatives à la vente et adjudication sur folle enchère (Conf. Pigeau, t. 2, p. 593, 594, 595; M. Bioche, v° Folle enchère, n° 53, § 4). — Nous inclinons vers cette dernière opinion.—Jugé en ce sens, avant et depuis la loi du 2 juin 1841, que la revente sur folle enchère, par suite d'expropriation forcée, est susceptible de la surenchère du quart ou du sixième (Rouen, 13 juill. 1818, M. Carel, pr., aff. Favrel *C.* Dupuis; Montpellier, 7 déc. 1825, aff. Levesque, V. n° 389; Riom, 2e ch., 11 juill. 1829, M. Thévenin, pr., aff. Forsse *C.* Gouzon, etc.; Caen, 4e ch., 9 juill. 1833, M. Daigremont, pr., aff. Fauconnier *C.* Sandrine; Lyon, 1re ch., 19 juin 1840, M. Reyre, pr., aff. Leyner *C.* Veynière; Bordeaux, 2e ch., 17 déc. 1840, M. Poumeyrol, pr., aff. Malvezin *C.* Guignard; trib. de Limoges, 12 janv. 1847, aff. Remanet, D. P. 47. 3. 112; trib. de Bourbon-Vendée, 17 sept. 1847, aff. Rousse, D. P. 47. 3. 191; Besançon, 28 déc. 1848, aff. Guyétant, D. P. 50. 2. 52; trib. de Fort de France, 4 fév. 1853, aff. Duprey, D. P. 53. 3. 31). — Ce dernier jugement est remarquablement motivé.

286. Si l'on adopte ce dernier système, faut-il admettre également la surenchère encore bien que l'adjudication sur folle enchère aurait eu lieu à la suite d'une précédente surenchère? — On a vu que le principe *surenchère sur surenchère ne vaut*, principe qui du reste a été consacrée d'une manière absolue par la loi du 2 juin 1841 (V. *suprà*, n° 29), ne permet pas de surenchérir sur une adjudication qui est la suite directe d'une surenchère. — Mais la folle enchère ayant eu pour effet de résoudre et d'anéantir cette première adjudication, il semble qu'on peut, sans violer ce même principe, frapper la seconde adjudication d'une surenchère.—La question, toutefois, est fort délicate. Elle a, au surplus, été résolue en ce sens avant et depuis la loi de 1841. — Ainsi il a été jugé que la surenchère est admissible après une adjudication sur folle enchère, quoique la folle enchère ait été la suite d'une surenchère précédente, une telle adjudication devant être assimilée à une adjudication définitive (Toulouse, 4 juill. 1842 (1); Riom, 2e ch., 11 juill. 1829, M. Thévenin, pr., aff. Forsse *C.* Gouzon; Caen, 4e ch., 9 juill. 1833, M. Dai-

(1) *Espèce :* — (Bauguet *C.* Delban.) — Jugement du 26 fév. 1842, du tribunal de Toulouse, ainsi conçu : — « Attendu que la disposition finale de l'art. 710, portant que lorsqu'une seconde adjudication aura lieu après la surenchère ci-dessus, aucune autre surenchère des mêmes biens ne pourra être reçue, ne saurait s'appliquer au cas où il intervient une folle enchère; qu'en effet, la folle enchère est une véritable action en résolution des ventes faites en justice, en sorte que lorsque le premier adjudicataire à la suite de la surenchère n'exécute pas les conditions du cahier des charges, la nouvelle mise en vente à la folle enchère détruit et annihile les ventes antérieures qui, par une fiction légale, sont censées n'avoir jamais existé; qu'il résulte de ces principes incontestables que l'adjudication intervenue à la suite de la folle enchère prend la place de l'adjudication primitive, et doit être, dès lors, considérée elle-même comme une première adjudication; — Attendu qu'on argumenterait vainement de l'art. 740, qui déclare le fol enchérisseur responsable par corps de la différence entre son prix et celui de la revente sur folle enchère, pour prouver que la propriété a dû reposer un instant sur sa tête, car il est certain que cette différence ne peut être réclamée qu'à titre de dommages-intérêts et comme la peine attachée à une enchère folle; que, d'ailleurs, l'art. 740 ajoute que le fol enchérisseur ne peut réclamer l'excédant s'il y en a, ce qui démontre manifestement que l'adjudication faite en sa faveur est censée n'avoir jamais existé, et que le contrat judiciaire est résolu d'une manière complète et absolue; — Attendu que les autres effets de la folle enchère viennent à l'appui de cette doctrine; qu'il est certain que les biens vendus sont remis au nouvel adjudicataire francs de toutes charges provenant du fait du fol enchérisseur, et que même les baux consentis de bonne foi par le preneur sont résolubles en cas de revente sur folle enchère; — Attendu que cette revente est si bien considérée comme la première vente ou adjudication, qu'elle est ordinairement faite sur la première mise à prix, et que, dans l'espèce, la mise à prix à la suite de la folle enchère a été de 4,500 fr., comme la mise à prix fixée lors de la première adjudication; — Attendu que le fisc lui-même, qui ne néglige pas et qui ne doit pas négliger ses droits, ne voit dans la revente sur folle enchère qu'une seule vente mise à la place de la vente définitive anéantie pour inexécution des conditions, puisqu'il ne prend qu'un droit proportionnel; — Attendu que la surenchère du sixième, autorisée par l'art. 708, a pour but de faire porter les biens vendus à leur véritable valeur, et que ce but ne serait pas atteint si, à la suite de l'adjudication sur folle enchère, qui se confond, comme il vient d'être dit, avec la première adjudication, il n'était pas permis de faire la surenchère du sixième;

» Attendu que l'art. 710 ne s'est nullement occupé du cas de la folle enchère, même quand une surenchère l'aurait précédé, mais qu'il a eu seulement pour but, dans sa disposition finale, de prohiber une seconde surenchère après que l'immeuble aurait été porté à sa véritable valeur par une première surenchère; en d'autres termes, l'art. 710, voulant faire cesser une question controversée parmi les auteurs et en jurisprudence, n'a pas voulu proclamer d'autre principe que celui-ci, point de surenchère sur surenchère sur la même adjudication; — Attendu que cette intention résulte évidemment soit de la place qu'occupe l'art. 710, soit des termes de cet article, soit de son esprit, soit du rapport fait à la chambre des pairs lors de la présentation ou de la discussion de la loi sur les ventes judiciaires; — Attendu que l'art. 710 est placé sous le tit. 12, intitulé de la Saisie immobilière, où le législateur s'occupe des formes à suivre pour parvenir à la vente de l'immeuble exproprié, au nombre desquelles figure la surenchère du sixième, permise à toute personne pour que cet immeuble puisse atteindre son juste prix, tandis que les art. 733 et suiv., qui s'occupent de la folle enchère, sont placés sous le tit. 13 des Incidents de la saisie immobilière : d'où il suit évidemment que quoique, dans sa première disposition, l'art. 710 parle de folle enchère, cet article ainsi que le précédent et ceux qui suivent étaient spécialement consacrés à la surenchère; — Attendu que l'art. 710 fut adopté par la chambre des députés, non tel qu'il se trouve aujourd'hui, mais sans la disposition finale dont on argumente pour faire annuler la surenchère du sieur Delban, et que cette disposition fut ajoutée par la chambre des pairs à la suite d'un amendement proposé par la commission sur l'art. 858; que la commission, ainsi qu'il résulte du rapport de M. Persil, n'eut alors d'autre intention que celle de prohiber la surenchère du dixième, et d'enlever non-seulement aux hypothèques inscrites, mais encore et surtout aux hypothèques légales, leur

gremont, pr., aff. Fauconnier C. Sandrine; Bordeaux, 17 déc. 1840, M. Poumeyrol, pr., aff. Malvezin C. Guignard).

287. Il a été décidé, au contraire, qu'en toute adjudication, il ne peut y avoir qu'une seule surenchère; qu'en conséquence, la surenchère proposée sur la revente par folle enchère suivie contre le surenchérisseur, est non admissible par le motif, entre autres, que, « s'il est de l'intérêt des créanciers que le gage de leurs créances soit porté à sa juste valeur, il leur importe aussi que leur remboursement ne puisse pas être éternellement ajourné, ce qui arriverait cependant s'ils pouvaient être traînés de surenchère en folle enchère, puis de folle enchère en surenchère, restant ainsi renfermés dans un cercle de procédures ruineuses, qui renaîtraient d'elles-mêmes, sans possibilité d'en assigner le terme » (Toulouse, 3e ch., 21 fév. 1835, M. Garrisson, pr.; aff. Laumet C. Escadapas; Aix, 13 nov. 1835, M. Pataille, 1er pr., aff. Blain C. Durbu; Lyon, 1re ch. 19 juin 1840, M. Reyre, pr., aff. Leynet C. Veynière).

288. Dans tous les cas, l'adjudication qui aurait été prononcée sur la poursuite même de surenchère, soit au cas d'aliénation volontaire, soit au cas d'expropriation, ne peut être suivie d'aucune surenchère. La maxime *surenchère sur surenchère ne vaut*, applicable, ainsi qu'on l'a vu, à la surenchère des créanciers inscrits, l'est à plus forte raison au mode de surenchère dont nous nous occupons ici. — « Les lumières de la raison nous ont dirigés dans l'adoption de cette maxime, a dit M. Persil, rapporteur. A quoi servirait la faculté d'une surenchère du sixième, quand il y en a déjà eu une du dixième, et qu'elle a été suivie d'une adjudication soutenue par toute la chaleur de la concurrence que ne manque pas d'appeler la publicité? Le droit, s'il existait, ferait perdre beaucoup de temps sans profit, et s'il était jamais exercé, ce ne pourrait être que par des enchérisseurs insolvables ou disposés à arracher des sacrifices aux créanciers par les fatigues et les lenteurs dont ils les accableraient. La présomption de droit est et doit être qu'après la surenchère, qui a mis tous les intéressés en présence, l'immeuble a été porté à sa véritable valeur.... » — Ces principes étaient déjà appliqués sous l'ancien code et on jugeait que l'adjudication faite à la suite d'une surenchère sur aliénation volontaire, n'était pas susceptible de la surenchère du quart (Cass. 22 juin 1819 (1); Metz, 14 janv. 1823, aff. Lavay.—Conf. M. Troplong, n° 900).

289. On a demandé si cette surenchère du sixième pouvait avoir lieu sur une adjudication d'immeubles par voie administrative. Le nouveau code, non plus que l'ancien, ne contient aucune disposition relative à la surenchère de telles ventes. La question se présente donc aujourd'hui dans les mêmes termes et doit être résolue par les mêmes motifs. — Il a été jugé, avant la loi de 1841, que la surenchère du quart doit être admise, en cas de vente de biens communaux faite par adjudication publique, devant une autorité administrative (Nîmes, 28 nov. 1837) (2). — Cette décision était fondée sur l'analogie qui existe entre la

---

effet le plus important, le droit de surenchérir, lorsqu'une seconde adjudication avait eu lieu, en suite d'une surenchère sur aliénation volontaire, et qu'une disposition à peu près semblable fut ajoutée aux art. 965, 973 et 710; — Attendu que les termes de ce dernier article sont parfaitement en harmonie avec le principe qui a présidé à leur rédaction; qu'ils portent, en effet, que lorsqu'une adjudication aurait lieu après la surenchère ci-dessus, aucune autre surenchère des mêmes biens ne pourrait être reçue; qu'il suit évidemment de là que pour qu'une surenchère ne soit pas reçue, il faut qu'une seconde adjudication ait eu lieu après une surenchère, parce qu'alors il y aurait surenchère sur surenchère, et parce que la deuxième deviendrait inutile et frustratoire, l'immeuble étant censé avoir atteint son véritable prix par la seconde adjudication en suite d'une première surenchère;

» Attendu que, dans l'espèce, il est impossible de faire l'application de ces principes, bien qu'il y ait eu déjà une surenchère, par la raison que cette surenchère s'est entièrement évanouie à la suite de la revente sur folle enchère, d'après la doctrine ci-dessus développée; que non-seulement la première s'est évanouie par l'action résolutoire, mais encore la deuxième adjudication qui en a été la suite, ainsi que la première adjudication qui avait précédé; qu'il est, dès lors, manifeste qu'il n'y a pas ici surenchère sur surenchère, tout ce qui précède la folle enchère étant considéré comme non avenu; qu'en parlant d'une deuxième adjudication, l'art. 710 a bien manifesté l'intention de permettre une surenchère même dans le cas de la folle enchère, puisqu'alors l'adjudication intervient sur la première mise à prix et prend la place de l'adjudication définitive; que si l'on admettait le système contraire, la surenchère, complément nécessaire et indispensable de toute vente judiciaire, serait supprimée sans raison valable au cas où l'adjudicataire laisserait revendre l'immeuble à sa folle enchère; que si le législateur avait voulu s'occuper du cas qui se présente dans l'espèce, il n'aurait pas parlé d'une seconde adjudication, puisqu'au cas de folle enchère en suite de surenchère, il y a forcément une troisième adjudication qui ne prend pas la place de la deuxième, mais seulement de la première; — Attendu qu'indépendamment des motifs ci-dessus développés pour démontrer que l'adjudication sur folle enchère détruit la surenchère et la deuxième adjudication, et prend la place de l'adjudication définitive, on peut invoquer la disposition finale de l'art. 759, au titre des Incidents, qui veut que les art. 705, 706, 707 et 711, relatifs à l'adjudication définitive, soient observés lors de l'adjudication sur folle enchère; qu'à l'endroit de cet article, M. Persil a écrit dans son rapport un passage remarquable et conçu en ces termes: « L'adjudication primitive se trouvant donc résolue dès le principe, l'adjudication sur folle enchère prend sa place; elle devient la véritable adjudication sur saisie immobilière, en produit tous les effets; » — Que, les principes étant posés si clairement, il était inutile de rappeler dans l'art. 759 l'art. 708, qui introduit d'une manière générale le principe de la surenchère; que l'adjudication sur folle enchère étant la véritable adjudication sur saisie immobilière, l'art. 708, qui en est une suite nécessaire, devait être applicable à moins d'une disposition formelle qui en défendrait l'application; car la surenchère est de droit commun, et la prohibition faite en l'art. 710 doit être restreinte au seul cas qu'elle a voulu prévoir, celui d'une surenchère intervenant sur la première adjudication, et ne pas être étendue à celle qui intervient sur l'adjudication, à suite de folle enchère; — Attendu que non-seulement cette prohibition n'existe pas dans la loi, mais qu'encore l'art. 759 ne mentionne pas l'art. 710 portant défense de recevoir aucune autre surenchère à la suite de la deuxième adjudication intervenue sur une première surenchère; que ce silence est d'autant plus significatif, que l'art. 759 a le soin de rappeler l'art. 711, portant diverses prohibitions à peine de nullité de l'adjudication ou de la surenchère; qu'il suit du rappel de cet article, où il est parlé de prohibitions et de surenchère, qu'au cas de surenchère, le législateur n'a voulu admettre que ces prohibitions, et que dans sa pensée la surenchère était permise, puisqu'il ne s'occupe que de quelques interdictions, qui, loin d'affaiblir le principe, ne servent qu'à le confirmer; — Par ces motifs, rejette la demande en nullité de la surenchère. » — Appel. — Arrêt.

LA COUR; — Adoptant les motifs, etc., confirme, etc.

Du 4 juill. 1842.-C. de Toulouse, 1re ch.

(1) (Albran C. Galland.) — LA COUR (apr. délib. en ch. du cons.); — Vu l'art. 2187 c. civ.; — Attendu que la loi reconnaît deux espèces de surenchères, l'une du dixième sur contrat de vente volontaire, et l'autre du quart après l'adjudication définitive sur saisie immobilière; que ces deux espèces sont absolument distinctes, et fondées chacune sur des motifs particuliers; que nulle part la loi ne les confond et ne les cumule l'une avec l'autre; que la surenchère du quart après adjudication définitive sur saisie immobilière est un droit extraordinaire et dont on ne peut par là même admettre l'exercice que dans les cas où il est textuellement autorisé par la loi; que si la procédure qui a lieu sur la réquisition de mise aux enchères d'un immeuble vendu par contrat volontaire peut être assimilée à celle qui a lieu sur saisie immobilière, ce n'est que pour les formes ordinaires et générales de publicité que la loi prescrit pour arriver à l'adjudication définitive; que cela résulte des termes mêmes de l'art. 2187, lequel se borne à dire « suivant les formes établies pour les expropriations forcées; » qu'un texte de loi précis et spécial pourrait donc seul autoriser à y ajouter l'application de la disposition extraordinaire de l'art. 710, dont l'effet est postérieur à l'adjudication définitive; qu'ainsi l'arrêt attaqué (de la cour de Grenoble, du 21 fév. 1818) a fait une fausse application de cet art. 710 et une fausse interprétation de l'art. 2187 c. civ., et commis un véritable excès de pouvoirs quand il a autorisé l'usage de la surenchère du quart dans un cas où il n'est pas expressément indiqué par la loi; — Casse.

Du 22 juin 1819.-C. C., sect. civ.-MM. Brisson, pr.-Legonidec, rap.-Joubert, av. gén., c. conf.-Leroy et Loiseau, av.

(2) *Espèce:* — (G... C. ville de Mende.) — Après les formalités requises, il a été procédé, le 1er juill. 1854, par le maire de la ville de Mende, à l'adjudication publique d'un terrain appartenant à la commune. Le sieur G... fut déclaré adjudicataire. — Dès le lendemain, l'adjudication fut approuvée par le préfet de la Lozère. Néanmoins, le 8 juillet, un sieur R... se présente à la mairie, et déclare surenchérir d'un quart. Sa déclaration est reçue par le maire, mentionnée au bas de l'adjudication du 1er juillet, et signée par le maire et par le surenchérisseur. — Celui-ci signifie sa surenchère au sieur G..., et le maire, par arrêté du 7 mai 1856, fixe au 15 du même mois la nouvelle adjudication à faire par suite de la surenchère. — Opposition par le sieur G...; mais cette adjudication est prononcée en faveur du sieur R... — Alors le sieur G... a assigné le maire et le sieur R... pour ouïr dire que la première

position des mineurs et celle des communes ou établissements publis réputés incapables et dont les intérêts sont l'objet d'une protection particulière de la part de la loi, d'où l'on inférait la nécessité d'admettre toute personne à surenchérir sur ces sortes d'adjudication comme sur celles des biens de mineurs vendus en justice.

Mais on répond avec avantage, suivant nous, que l'aliénation des biens des communes ou établissements publics est régie par des lois spéciales qui ne permettent pas de leur appliquer les règles tracées par le code Napoléon et le code de procédure pour l'aliénation des biens des particuliers; que l'analogie qui existe à certains égards entre les communes et les individus mineurs n'est pas tellement complète qu'il soit permis de les confondre sous une même dénomination et que la loi du reste les a toujours distingués;—Qu'au surplus s'il était permis, à l'aide de cette analogie, de se prévaloir de l'art. 965 pour soumettre à la surenchère les adjudications de biens communaux, il en résulterait que cette surenchère devrait être poursuivie suivant les formes indiquées par cet article, formes qui sont évidemment inapplicables à des ventes faites par voie administrative.

Aussi a-t-il été jugé en ce sens que les ventes de biens communaux ne sont pas susceptibles de la surenchère du sixième (Nîmes, 12 mars 1845, aff. Demarre, D. P. 45. 2. 124).—Il est vrai que pour combattre les raisons tirées de l'inadmissibilité aux ventes de cette nature des formes de surenchère indiquées par la loi, l'arrêt précité, du 28 nov. 1837, décide en même temps qu'en pareil cas la déclaration de surenchère est valablement faite à la mairie et reçue par le maire qui a procédé à l'adjudication; mais cette nécessité de créer tout exprès un nouveau système de procédure pour arriver en ce cas à la surenchère, est la meilleure preuve qu'on puisse invoquer pour déclarer cette surenchère inadmissible; car il n'est pas permis de supposer que le législateur ait entendu proclamer un principe dont il aurait négligé complétement l'exécution.—V. en ce sens M. Petit, n° 391.

290. Du reste, il a été jugé avec raison qu'il n'appartient qu'aux tribunaux ordinaires, et non aux conseils de préfecture, de décider si la surenchère est admissible en matière de vente par adjudication de biens communaux effectuée devant notaire (Ord. c. d'Ét. 19 août 1835, aff. Dourthe, V. Commune, n° 1895).

291. En matière de saisie de rentes constituées, y a-t-il lieu à surenchère? Le doute peut naître de ce que, pour ces sortes de vente, le code de procédure, aujourd'hui comme avant la loi de 1841, renvoie aux règles et formalités de la saisie immobilière, et c'est pour ce motif que M. Demiau, p. 426, s'attachant plus à l'intérêt des créanciers et du saisi qu'à celui de l'adjudicataire, admet en pareille matière la surenchère du quart en se fondant sur l'art. 652 de l'ancien code. — Mais cet article de même que l'art. 648 du nouveau code ne renvoie au titre de la saisie immobilière que pour les formalités d'adjudication, l'acquit des conditions et du prix, et enfin pour la revente sur folle enchère. — Dans le silence du code, Pigeau, t. 2, p. 148, MM. Thomines Desmazure, t. 2, p. 170, et Carré, t. 2, p. 491, pensent avec raison suivant nous que la nature rigoureuse du droit de surenchère ne permet pas de raisonner par induction, surtout pour des rentes, moins précieuses que des immeubles.

§ 2. — *Personnes qui peuvent surenchérir.*

292. Le principe qui, en matière d'aliénation volontaire, a fait restreindre aux seuls créanciers hypothécaires le droit de surenchérir, étant fondé sur le respect des contrats ne pouvait recevoir son application en ce qui touche les ventes faites par adjudication publique, où le prix n'a point été débattu, et où le vendeur n'est point directement intervenu pour sanctionner par son consentement l'offre de l'acheteur; il importait donc en pareil cas de donner à l'exercice du droit de surenchère les plus larges bases possibles.—Aussi l'art. 708 c. pr. porte-t-il qu'après une adjudication sur expropriation forcée *toute personne* peut surenchérir. Telle est la règle : règle toutefois qui, malgré la généralité des termes, reçoit nécessairement exception à l'égard des personnes déclarées incapables par la loi.

293. Les incapacités sont de plusieurs espèces. Il y a, en premier lieu, les incapacités générales, celles qui ne permettent pas à certaines personnes de s'obliger ou qui ne le permettent que dans certaines limites et à certaines conditions, comme celle du mineur, de la femme mariée, etc. Nous ne pouvons, sur ce point, que renvoyer à ce que nous avons dit précédemment en traitant de la surenchère sur aliénation volontaire ; ce sont les mêmes questions qui se présentent, mais à un autre point de vue, et il y a lieu en conséquence d'appliquer ici les mêmes principes avec les mêmes distinctions (V. *suprà*, n°s 64 et s.). Nous ajoutons cependant qu'il a été jugé spécialement en matière de surenchère sur expropriation forcée : 1° que le tuteur peut former une surenchère, au nom de son pupille, sans autorisation du conseil de famille (Rouen, 6 janv. 1846, aff. Anquetil, D. P. 46. 2. 201). M. Troplong, Hyp., n° 953, est d'un avis différent; mais cet auteur n'examine la question qu'en ce qui touche la surenchère sur aliénation volontaire, et les raisons qu'il invoque ne s'appliquent qu'en partie au cas de surenchère sur expropriation ; — 2° Qu'en tout cas, le mineur a seul qualité pour exciper de ce défaut d'autorisation, lequel ne peut, dès lors, être opposé par les tiers, et notamment par l'adjudicataire de l'immeuble objet de la surenchère (même arrêt.— *Contrà*, M. Troplong, n° 955).

294. Il y a, en second lieu, les incapacités spéciales qui interdisent à certaines personnes de se rendre acquéreurs ou adjudicataires à l'égard de certains biens : telles sont celles qui frappent les tuteurs, les mandataires, etc., aux termes de l'art. 1196 c. nap. (V. v^{is} Vente et Vente judic. d'immeubles). Ces incapacités étant communes à toute espèce de surenchères, il y a lieu d'appliquer ici tout ce que nous avons dit précédemment en parlant de la surenchère sur aliénation volontaire (V. *suprà*, n° 64). Telles sont enfin les incapacités résultant de l'art. 711 c. pr., d'après lequel sont exclus des enchères: 1° les membres du tribunal où se poursuit la vente, 2° le saisi, 3° les personnes notoirement insolvables, 4° l'avoué poursuivant.—V. Vente pub. d'imm.

---

adjudication lui avait transmis des droits définitifs, et qu'il ne pouvait y avoir lieu ni à surenchère ni à nouvelle adjudication. — La surenchère est une exception au principe de l'art. 1585 c. civ. ; elle doit être restreinte dans son application : il faut un texte exprès pour qu'elle soit admise. Or nulle loi ne l'a établie dans l'espèce, aucun article ne dit qu'une adjudication de biens communaux une fois consommée, elle pourra être renversée par une surenchère. — Se prévaudra-t-on des règles générales? D'abord, il serait bizarre qu'on eût réglé par des lois spéciales les ventes administratives, et qu'on soumette les conséquences de ces ventes aux règles ordinaires. — Ensuite quel texte choisir? est-ce l'art. 2185, relatif à la purge des hypothèques, l'art. 710 c. pr., fait pour la saisie immobilière, l'art. 565 c. com., relatif aux faillites? Et quelle sera la quotité de la surenchère? Sera-t-elle du quart ou du dixième? Tout est incertitude, et cette incertitude exclut l'application de ces dispositions. — D'un autre côté, quel sera le délai? quelle sera la forme de la surenchère? Où devra-t-elle être faite? Quel fonctionnaire la constatera? Sera-ce le maire, qui, dans l'espèce, est vendeur? Aucune règle n'existe à cet égard. Il faut créer et la loi qui l'autorise, et les délais, et les formes de procéder. Or c'est ce qu'on ne peut admettre, quelles que soient les raisons qui puissent faire désirer que la surenchère soit permise en fait de vente communale.

Le maire et le sieur R... ont répondu que l'art. 965 c. pr. autorise à la surenchère en cas de vente de biens de mineur ; — Que les communes étant réputées mineures, cet article leur était applicable.

16 fév. 1837, jugement du tribunal de Mende, qui rejette la demande du sieur G... : « Attendu que, d'après les dispositions de l'art. 965 c. pr., la surenchère du quart établie par l'art. 710 c. pr. civ. est admissible de la part de toutes personnes, toutes les fois qu'il s'agit de la vente ou adjudication des biens d'une personne incapable; — Que, les communes étant assimilées aux mineurs pour l'aliénation de leurs biens, quoique cette aliénation soit réglée par des lois spéciales, la surenchère doit être admise ; — Que les motifs du législateur, en introduisant dans nos lois cette exception aux principes généraux sur les ventes, ont été de veiller d'une manière toute spéciale à ce que les intérêts des personnes qui n'ont pas la capacité pour aliéner ne soient pas sacrifiés, mais, au contraire, protégés contre toute surprise; — Que ces motifs s'appliquent nécessairement aux adjudications des biens des communes. » — Appel. — Arrêt.

La cour;—Adoptant les motifs des premiers juges, démet de l'appel avec dépens.

Du 28 nov. 1837.-C. de Nîmes, 5e ch.-MM. Lapière, f. f. de pr.-Rieff, av. gén., c. contr.-De Sibert et Roger, av.

295. L'incapacité de se rendre adjudicataire qui existe pour les personnes désignées dans l'art. 711 emporte virtuellement celle de surenchérir, puisque la réquisition de mise aux enchères emporte soumission de rester adjudicataire de l'immeuble à défaut d'autres enchérisseurs; aussi tient-on pour constant que les prohibitions de l'art. 711 s'appliquent à la surenchère; il serait trop facile de les éluder s'il en était autrement (Conf. MM. Bioche nº 251; Petit, nº 15; V. aussi le rapport de M. Persil, vº Vente publ. d'imm.).—Ainsi le saisi ne peut surenchérir (Conf. MM. Pigeau, t. 2, p. 233; Carré, t. 3, p. 111; Bioche, nº 252: Petit, *ibid.*).—Il a même été jugé en conformité de cette règle: 1º que la surenchère faite par le saisi au nom et comme tuteur de son fils mineur doit être déclarée nulle, lorsqu'il y a lieu de penser qu'il se sert du nom du mineur, des biens duquel il a l'usufruit, pour couvrir l'incapacité dont il est frappé (Bordeaux, 6 avr. 1838, aff. Tamanham, V. Vente pub. d'imm.); — 2º Que dans le cas où des biens saisis contre deux codébiteurs (deux époux) ont été adjugés en bloc et sur un même prix, l'un des deux ne peut former une surenchère, même en demandant une ventilation à l'effet de faire porter sa surenchère sur les biens de l'autre exclusivement (Lyon, 22 janv. 1851, aff. Lagrange-Billiard, D. P. 53. 2. 147).—Cette dernière solution est fondée en partie sur le principe de l'indivisibilité de l'adjudication.

296. Du reste, cette incapacité est *personnelle*; elle ne s'étendrait aux enfants du saisi, ainsi que le décide un arrêt, qu'autant qu'il y aurait preuve ou présomptions graves, précises et concordantes qu'ils sont personnes interposées: on opposerait vainement l'art. 911 qui les répute tels, la disposition de cet article, toute spéciale aux donations, ne pouvant s'étendre à d'autres cas (Bordeaux, 21 fév. 1829, aff. Supsol, V. nº 314). — Mais, suivant un arrêt, si la fille d'un débiteur saisi ne peut être censée, à raison de cette seule qualité, personne interposée, à l'effet d'être inhabile à enchérir, d'après l'art. 713 c. pr. (ancien), toutefois cette qualité et d'autres indices peuvent suffire pour établir qu'en enchérissant les biens, elle n'agit que par collusion avec son père (Bruxelles, 2e ch., 9 déc. 1817, aff. Vanbelle).

297. Mais dans tous les cas, il en serait des *héritiers* du saisi, en cas de décès de celui-ci, comme du saisi lui-même, ces derniers prenant son lieu et place; et il y aurait lieu surtout de le décider ainsi s'ils étaient héritiers purs et simples.— Il a été jugé toutefois que l'incapacité du saisi à cet égard ne s'étend pas à l'héritier bénéficiaire de sa succession (Limoges, 3e ch., 5 déc. 1833, M. Goutepagnon, pr., aff. Fredon *C.* Ruby, etc.). Cette solution résulte, sinon du texte de l'arrêt, au moins du jugement du tribunal de Rochechouart dont la cour a adopté les motifs.— *Contrà*, M. Petit, nº 17.

298. Quand la vente par expropriation forcée a été poursuivie sur un *tiers détenteur* (V. Vente publ. d'imm.), doit-on considérer celui-ci comme *partie saisie* et lui refuser à ce titre la faculté de surenchérir? — Nous ne le pensons pas, attendu qu'il n'est pas obligé personnellement au payement de la dette, et que les motifs qui ont déterminé l'exclusion de la surenchère du saisi ne sauraient être d'aucune application en ce qui le concerne. — Jugé cependant que le tiers détenteur ne peut surenchérir; qu'il doit être regardé comme *partie saisie* dans le sens de l'art. 710 c. pr. (Bruxelles, 15 avril 1809) (1).— Conf. MM. Carré, nº 2498, § 5; Chauveau sur Carré, nº 2395 *ter*; Favard, t. 5, p. 68; Decamps, p. 68.—*Contrà*, Pigeau, Comm., t. 2, p. 332; Lachaise, t. 1, p. 454, nº 369; Thomines, t. 2, p. 255; Persil fils, Comm., p. 230, nº 271.

299. Encore moins, après une vente par licitation, serait-on fondé à assimiler les colicitants à des *parties saisies* pour leur interdire le droit de surenchère. — Aussi a-t-il été jugé en ce sens que la surenchère du quart (aujourd'hui du sixième), en matière de licitation d'immeubles appartenant à des mineurs, peut être valablement faite ou par le tuteur ou par le colicitant majeur: il n'y a pas lieu d'assimiler ces personnes à la partie saisie, à laquelle la loi interdit la faculté de surenchérir (Rouen, 4 mars 1836) (2). — Jugé de même que le colicitant a qualité pour surenchérir l'immeuble vendu par licitation (Aix, 30 janv. 1835, aff. Grizolles, nº 21).

300. On a vu cependant qu'un colicitant qui se trouve en

---

(1) *Espèce*: — (Sergoens et d'Arras *C.* Bulens.) — Une surenchère avait été faite conjointement et solidairement par le sieur Sergoens, tiers détenteur de l'immeuble, et par le sieur d'Arras. — Jugement qui, sur les conclusions de Bulens, adjudicataire, annule la surenchère, à l'égard de Sergoens, « attendu que le tiers détenteur doit être regardé comme partie saisie, » et à l'égard d'Arras, « attendu qu'en maintenant la surenchère au profit de la personne, accolée à la partie saisie, ce serait ouvrir un moyen d'éluder indirectement la défense de la loi. » — Appel. — D'Arras soutient que la surenchère étant indivisible (c. civ. 1218), doit être maintenue en totalité à son profit, à supposer admise l'incapacité de son cosurenchérisseur. — Arrêt.

LA COUR; — Vu l'art. 1218 c. civ.; — Attendu que la surenchère est un fait de cette nature; — Attendu d'ailleurs que le sieur d'Arras a surabondamment déclaré, à l'audience du premier juge, entendre s'obliger solidairement; — Met l'appellation et ce dont est appel au néant; émendant, sans s'arrêter à la demande formée par l'intimé, en nullité de la surenchère, et de laquelle il est débouté, en ce qui concerne le sieur d'Arras, ordonne qu'il sera procédé au jour d'audience des criées du tribunal civil de l'arrondissement de Bruxelles, à la réception des enchères entre les parties, conformément à la loi; et en ce qui concerne l'appelant Sergoens, déterminé par les motifs énoncés au jugement dont appel, met l'appellation au néant, etc.

Du 15 avr. 1809.-C. de Bruxelles, 3e ch.

(2) *Espèce*: — (Nel *C.* Adam.) — 4 déc. 1835, jugement du trib. du Havre, dont voici les motifs: — « Vu les art. 972, 965, 707, 713 et 450, c. proc. civ.; — Et attendu que, dans le cas où des mineurs sont intéressés dans une licitation, on doit se conformer pour la vente aux formalités prescrites pour l'adjudication de leurs biens immeubles (art. 972); — Attendu que d'après l'art. 965, lorsque des immeubles appartiennent à des mineurs, les dispositions des art. 707 et suiv. c. pr., au titre de la saisie immobilière, concernant la réception des enchères, la forme et les suites de l'adjudication doivent être observées; — Attendu qu'une des suites de l'adjudication sur saisie immobilière, est la surenchère du quart permise par l'art. 710 à toute personne, dans la huitaine du jour où l'adjudication aurait été prononcée; — Que, dès lors, une des suites de l'adjudication sur licitation entre mineurs, ou entre mineurs et majeurs, est cette même surenchère du quart; — Que les mineurs ne peuvent aliéner sans que la justice interpose son pouvoir, et supplée ainsi à l'incapacité de celui qu'elle doit protéger; qu'il y a donc, en ce cas, une espèce d'expropriation; — Que conséquemment l'assimilation à l'adjudication sur saisie, en ce qui concerne la surenchère du quart, doit être parfaite;

» Attendu qu'en matière d'expropriation, toute personne peut surenchérir; que, néanmoins, l'art. 713 excepte du droit de mettre à l'enchère, le saisi, les insolvables et les magistrats du tribunal saisi de la poursuite; — Que celui qui ne peut enchérir ne devant pas pouvoir surenchérir, puisqu'il y a identité de raison, l'art. 713 apporte évidemment une exception à l'art. 710; — Qu'ainsi, malgré la généralité de ces expressions, *toute personne*, ni le saisi, ni les insolvables, ni les magistrats, juges de la poursuite, ne peuvent se rendre surenchérisseurs; Attendu que l'exception relative aux insolvables et aux magistrats n'a besoin d'aucune explication; — Que, quant au saisi, s'il ne peut surenchérir, ce n'est pas à cause de sa qualité de partie dans la poursuite, de propriétaire dépossédé, mais uniquement à cause de son insolvabilité présumée, et parce que, le but de la surenchère étant de favoriser sa libération par une augmentation de valeur de l'immeuble, ce serait manquer ce but que de permettre au saisi de rentrer ainsi en possession du bien dont il a été dépossédé, de remettre ainsi en doute cette même libération, et de donner lieu à des frais considérables; que, sans ces inconvénients qui ont fait exclure le saisi du droit de surenchérir, il est bien évident qu'il lui eût été permis de provoquer lui-même une mesure introduite en sa faveur; — Attendu que le poursuivant et les créanciers sont censés parties dans la poursuite au moyen de la signification qui leur en est faite, et ne sont aucunement exclus de la surenchère; — Attendu que, si l'on applique ces principes à la licitation entre mineurs, ou entre mineurs et majeurs, il est évident que le mineur colicitant ne peut être assimilé au saisi; qu'il n'y a point, dans la personne de ce mineur, présomption d'insolvabilité; que son tuteur peut enchérir lors de la première adjudication; qu'on ne voit pas, dès lors, pourquoi, avec les autorisations convenables, ce tuteur ne pourrait pas surenchérir; que la surenchère étant introduite, en ce cas, en faveur du mineur, il serait bien extraordinaire que lui seul ne pût profiter d'un droit qui, dans son intérêt, appartient à toutes personnes; — Attendu que, si le tuteur du mineur colicitant, régulièrement autorisé, peut surenchérir, on se demanderait vainement pourquoi le colicitant majeur ne pourrait pas mettre la surenchère; — Que ce n'est pas parce qu'il a été présent à la vente, puisque le poursuivant la saisie immobilière a le droit de surenchère; — Que ce ne pourrait donc être que parce qu'on le considérerait comme vendeur, et incapable dès lors de détruire, par sa seule volonté, un contrat auquel il a donné son consentement; —

même temps créancier inscrit sur l'immeuble adjugé, ne peut à ce titre exercer la surenchère du dixième, et qu'un pareil droit lui est refusé à raison de sa qualité de vendeur et de l'obligation de garantie dont il est tenu envers l'adjudicataire (V. *suprà*, n° 71). Mais on peut sans contradiction adopter en ce qui concerne la surenchère du *sixième*, une solution tout opposée, en se fondant non-seulement sur la généralité des termes de l'art. 708, mais sur la différence essentielle qui existe entre les deux surenchères. — En effet, celle du dixième intervient sur une vente consommée qu'elle a pour objet de résoudre, tandis que celle du sixième au contraire est faite sur une vente qui n'est point encore définitive, et qui ne doit transmettre la propriété à l'adjudicataire que dans le cas où le droit accordé à toute personne pour surenchérir ne sera point exercé dans la quinzaine de l'adjudication. Le surenchérisseur colicitant ne pourrait donc, à titre de vendeur, être repoussé par l'exception de garantie. — Et il a été jugé en effet que l'adjudicataire d'un immeuble vendu par licitation ne peut en cas d'éviction par suite de surenchère exercer aucune action en garantie contre les cohéritiers, encore bien que la surenchère eût été faite par l'un d'eux (Aix, 30 janv. 1835, aff. Grizolles, n° 21).

301. Bien moins encore serait-on fondé à refuser à celui qui a poursuivi la vente forcée de l'immeuble, la faculté de surenchérir, sur le motif qu'étant vendeur de l'immeuble, il ne saurait en même temps se porter acquéreur: c'est la justice et non lui qui opère la vente (Conf. M. Chauveau sur Carré, n° 2386).

302. Bien que l'art 711 ne s'applique rigoureusement qu'à l'avoué qui a poursuivi la vente, nul doute cependant que la prohibition de surenchérir, résultant de ses dispositions, ne doive s'étendre aussi à l'avoué de l'adjudicataire : celui-ci ne peut donc surenchérir pour son propre compte, ce serait l'autoriser à sacrifier l'intérêt du client (Conf. MM. Pigeau, Comm., t. 2, p. 332; Bioche, n° 255; Petit, p. 26; Chauveau, n° 2386). —Si une telle prohibition ne résulte pas du texte de la loi, elle résulte au moins de la force des choses.

303. La prohibition faite aux *avoués* par l'art. 711 d'enchérir pour les membres du tribunal où se poursuit la vente, doit être également entendue en ce sens qu'elle leur défend aussi de surenchérir. L'intention de la loi est d'autant moins douteuse à cet égard, que le nouvel art. 711 qui a remplacé l'art. 713 contient ces mots : « à peine de nullité de l'adjudication *ou de la surenchère.* »

304. Cette nullité est fondée sur des motifs *d'ordre public*, elle peut donc être proposée par *toutes les parties* intéressées à la faire prononcer, et surtout par l'adjudicataire, et c'est à tort, selon nous, qu'il a été décidé que la nullité d'une surenchère, résultant, de ce qu'elle a été formée par un juge du tribunal où la vente a eu lieu, constitue une nullité relative qui ne peut être invoquée par l'adjudicataire (Caen, 4 janv. 1848, aff. Pannier, D. P. 48. 2. 140).

305. Les *greffiers* étant membres du tribunal sont compris aussi bien que les juges dans l'exception résultant des termes de l'art. 711, ils ne peuvent donc surenchérir (Conf. M. Petit, p. 54). Cette exception doit s'étendre aux commis greffiers assermentés (Conf. MM. Carré, n° 2399; Petit, *loc. cit.*).

306. L'art. 711 nouveau du code de procédure, de même que l'ancien art. 713 interdit aux avoués d'enchérir pour des personnes *insolvables*. Cette disposition qui consacre un principe d'intérêt public est applicable au cas de surenchère (motif, Req. 26 juill. 1836, aff. Vibert, n° 318). — Aussi a-t-il été jugé avec raison, 1° que la prohibition d'admettre des personnes insolvables à se rendre adjudicataires d'immeubles saisis emporte celle de surenchérir (Req. 6 fév. 1816 (1); Rouen, 2° ch., 30 mai 1825, M. Aroux, pr., aff. Georges *C.* Petit.—Conf. MM. Berriat, p. 596; Demiau, p. 452; Carré, n° 2391; Pigeau, Comm., t. 2, p. 341; Favard, t. 5, p. 66; Prat. franç., t. 4, p. 369; Bioche, n° 258; Petit, p. 18); — 2° Qu'en cas de licitation, un insolvable, quand même il serait un des colicitants, ne peut surenchérir (Colmar, 2 déc. 1815, aff. Sutter, V. n° 278). — S'il en était autrement, le droit de surenchère autorisé au profit de toute personne après adjudication, si favorable dans l'intérêt des créanciers et dans celui des vendeurs eux-mêmes serait, au contraire, pour eux une menace de ruine, puisqu'elle les exposerait à perdre pour des avantages illusoires les avantages réels d'une première adjudication. — On suit d'autres règles, il est vrai, lorsqu'il s'agit de la surenchère sur aliénation volontaire (V. *suprà*, n° 74), parce qu'en ce dernier cas le surenchérisseur exerce un droit attaché à sa qualité de créancier inscrit, dont sa propre insolvabilité ne saurait le priver, mais la loi a pourvu aux inconvénients qui pourraient résulter de cette insolvabilité en exigeant la garantie d'un cautionnement. — Si elle n'a pas assujetti à fournir les mêmes sûretés, le surenchérisseur sur aliénation forcée, c'est qu'en cette matière la prohibition d'enchérir résultant de l'insolvabilité devait nécessairement s'appliquer à la surenchère.

307. C'est donc à tort que contrairement aux décisions précédentes, il a été jugé qu'une personne notoirement insolvable peut être admise à surenchérir au greffe le prix d'une adjudication par expropriation forcée (Colmar, 30 avril 1821) (2).

308. Cette incapacité étant fondée sur les inconvénients qu'entraînerait pour le surenchérisseur l'impossibilité de satis-

---

Mais attendu que cette objection pèche par la base ; qu'en pareil cas, l'adjudication est soumise à une condition résolutoire résultant du droit qu'a toute personne, même les vendeurs, d'anéantir le contrat judiciaire par une surenchère du quart; — Que ce droit de résolution réservé par la loi, est tout aussi respectable que le droit de réméré introduit par la convention; — Qu'aucune incapacité réelle ne se rencontre dans la personne du colicitant majeur; — Attendu qu'on a vainement insisté en soutenant que la surenchère du colicitant, quoiqu'en apparence d'un quart, ne l'est pas en réalité, parce que, comme intéressé dans le prix, il en compense une partie; — Que la législation n'a en aucune manière envisagé l'intérêt plus ou moins direct que peut avoir dans le prix le surenchérisseur; que tout ce qu'elle a voulu, c'est que ce surenchérisseur fasse l'offre de porter le prix à un quart en sus de celui fixé par l'adjudication;

Attendu que ces principes, conformes au texte du code de procédure, paraissent aussi en rapport avec son esprit; — Que, dans le doute, s'agissant de l'intérêt des mineurs, la surenchère devrait être admise;— Que la jurisprudence n'offre aucun document contraire à cette opinion; qu'on peut citer plusieurs arrêts de cours royales qui lui sont favorables; — Que le cahier des charges n'apporte aucun obstacle à la surenchère de la veuve Adam; — Que cette surenchère doit donc être jugée valable, etc. » — Appel. — Arrêt.

LA COUR; — Adoptant les motifs, etc.; — Confirme, etc.

Du 4 mars 1836.-C. de Rouen, 2° ch.-M. Simonin, pr.

(1) (Montpezat et Derosse.) — LA COUR; — Attendu que la prohibition faite par l'art. 713 c. proc., d'admettre des personnes notoirement insolvables à se rendre adjudicataires d'immeubles saisis, est également applicable aux personnes qui sont dans le cas de se rendre adjudicataires après avoir surenchéri, puisque l'inconvénient qui résulterait de leur admission est le même dans les deux cas, et que la loi ne fait aucune espèce de distinction entre les deux adjudications; — Attendu que l'art. 712 qui précède, n'accorde contre le surenchérisseur, en cas de folle enchère, la contrainte par corps que pour la différence de son prix d'avec celui de la vente, et que cette disposition, qui n'offrirait qu'une garantie partiel let souvent sans effet contre l'interposition des personnes insolvables dans les adjudications judiciaires, n'exclut pas l'application des dispositions de l'art. 713, qui suit immédiatement, soit quant à l'exclusion des personnes notoirement insolvables avant même l'adjudication, soit quant à la nullité de l'adjudication, si l'adjudication a eu lieu à leur profit; — Attendu qu'en fait, la dame de Montpezat et Derosse, surenchérisseur d'un quart, conformément à l'art. 710 c. proc., sur de Bisieu, adjudicataires de propriétés immobilières, dépendantes de la succession du maréchal de Contades, ont été reconnus notoirement insolvables par l'arrêt attaqué (de la cour de Paris du 1er fév. 1815), et que dès lors la prohibition portée par l'art. 713 c. proc. a été justement appliquée; — Rejette.

Du 6 fév. 1816.-C. C., sect. req.-MM. Henrion, pr.-Dunoyer, rap.

(2) (Gaudin *C.* Job.) — LA COUR; — Attendu que l'art. 710, même code, porte que « toute personne pourra, dans la huitaine du jour où l'adjudication aura été prononcée, faire au greffe du tribunal, par elle-même ou par un fondé de procuration spéciale, une surenchère, pourvu qu'elle soit du quart au moins du prix principal de la vente; » — Que la loi n'établissant aucune condition pour être admis à cette surenchère, les juges ne peuvent y suppléer en exigeant la preuve de la solvabilité du surenchérisseur, et jeter par là les parties dans une discussion qui occasionnerait un surcroît de frais frustratoires, l'art. 712 du code ayant prévu le cas d'insolvabilité du surenchérisseur, en accordant contre lui la contrainte par corps, pour la différence de son prix d'avec celui de la vente; — Émendant, déclare la surenchère valable, etc.

Du 30 avr. 1821.-C. de Colmar, 3° ch.-M. Marquair, pr.

faire à ses engagements, ne serait-on pas fondé à soutenir que l'individu réputé notoirement insolvable peut se relever de son incapacité de surenchérir en faisant cesser la cause qui la produit, et par exemple en offrant une bonne et valable caution? — Nous ne le pensons pas: l'offre d'une caution ne peut rendre à une personne la capacité de surenchérir, alors qu'elle se trouve comme insolvable, formellement exclue de l'exercice de ce droit. — Et il a été en effet jugé en ce sens: 1° Qu'un individu notoirement insolvable ne peut même, en matière d'expropriation forcée, se porter surenchérisseur en fournissant caution, comme en matière de vente volontaire; qu'ainsi est nulle la surenchère faite sur le prix d'une adjudication sur saisie-immobilière par un individu notoirement insolvable qui offre caution, alors surtout qu'il ne se conforme pas aux dispositions du code de procédure sur les surenchères en matière de vente volontaire (Rej. 31 mars 1819) (1); — 2° Que de même la surenchère sur expropriation forcée formée par une personne notoirement insolvable est nulle, encore qu'elle aurait été accompagnée de l'offre et de la soumission d'une caution: la prohibition écrite dans l'art. 711 ne comporte pas de distinction (Rej. 28 août 1830, aff. Feuvrier, D. P. 30. 1. 272). — Cette solution est rigoureuse, mais juste (Conf. MM. Bioche, n° 260; Petit, p. 21 et suiv.).

309. Cependant les tribunaux chargés de décider en fait si le surenchérisseur est ou non insolvable, pourraient prendre en grande considération le cautionnement offert comme présomption de solvabilité (Conf. M. Petit, p. 24).

310. Mais si l'individu réputé insolvable, au lieu de se borner à l'offre d'une caution, consignait réellement le montant des sommes au payement desquelles il s'oblige par la surenchère, il nous semble qu'une telle consignation devrait faire admettre la validité de la surenchère, en ce qu'elle suffirait à écarter le reproche d'insolvabilité. — Comment, en effet, pourrait-on prétendre que celui-là est incapable de remplir ses engagements qui les remplit à l'avance? — Conf. M. Petit, *ibid.*; Chauveau sur Carré, n° 2396.

311. Il a été jugé en ce sens que le surenchérisseur ne peut être écarté, bien qu'il n'ait pas de fortune apparente immobilière ou immobilière, tant que son insolvabilité n'est pas notoirement établie, lorsque d'ailleurs il exhibe en première instance une somme suffisante, et offre en appel d'en consigner une plus forte (Caen, 9 juill. 1833) (2).

312. Il n'en serait pas de même si cette consignation était seulement offerte au lieu d'être réalisée, à plus forte raison, si l'insolvabilité étant d'ailleurs bien constatée, cette offre ne s'élevait pas à une somme suffisante pour couvrir les engagements contractés par le surenchérisseur. — Et il a été justement décidé en ce sens qu'une personne reconnue insolvable ne peut être admise à surenchérir, en offrant de consigner seulement la somme pour laquelle elle a surenchéri; il faut consigner, en pareil cas, non-seulement le montant de la surenchère, mais encore le montant des adjudications (Rennes, 29 juin 1814, aff. Vanier, V. n° 313).

313. D'après quelles bases les tribunaux décideront-ils que le surenchérisseur doit être considéré comme légalement insolvable? — Il a été jugé que la prohibition résultant de l'insolvabilité s'applique spécialement aux personnes qui ne possèdent ni meubles ni immeubles (Rennes, 29 juin 1814) (3).

314. Mais il serait difficile de poser à cet égard des règles absolues, et il a été décidé en effet qu'aucune loi ne répute notoirement insolvable celui qui ne possède pas d'immeubles, la solvabilité ne se composant pas d'ailleurs de biens-fonds seulement, mais ayant surtout le crédit et la régularité de la conduite pour base; qu'en conséquence, ne pourrait être considéré comme insolvable, et, comme tel, incapable de surenchérir, celui qui ne posséderait pas d'immeubles, alors, d'ailleurs, qu'il présenterait dans sa personne d'autres gages de solvabilité (Bordeaux, 21 fév. 1829) (4).

(1) (Gignoux, etc. *C.* Regnerie-Bonels.) — La cour; — Attendu que le jugement du tribunal de première instance, confirmé par l'arrêt attaqué qui en a adopté tous les motifs, a décidé, en fait, que les surenchérisseurs étaient au moment de leur surenchère dans un état d'insolvabilité notoire, malgré qu'ils soutinssent le contraire; — Attendu qu'admis par une faveur toute particulière à justifier dans le délai de huitaine que ce soupçon d'insolvabilité qu'on faisait planer sur eux était sans fondement, ils sont arrivés à l'audience du 12 fév. 1817 réduits à l'impuissance de faire disparaître ce soupçon, d'où il suit que leur insolvabilité est restée constante et plus évidente que jamais; — Attendu que c'est en désespoir de cause et tardivement qu'ils ont imaginé, pour faire valider leur surenchère, d'offrir une caution sans la désigner, sans donner aucun renseignement sur sa personne et sur ses facultés; — Attendu que le code ne parle point de la présentation d'une caution en matière de surenchère, à la suite d'une adjudication faite après une saisie immobilière; que s'il l'exige à la suite d'une adjudication volontaire, il indique aussi comment et dans quel instant l'offre de la caution doit être faite, à peine de nullité de la surenchère; qu'elle veut impérativement que cette offre soit faite dans l'acte même de réquisition de mise aux enchères, avec assignation à trois jours devant le même tribunal pour la réception de ladite caution; d'où il suit qu'en admettant que dans l'espèce les surenchérisseurs eussent pu présenter une caution pour garantie de leur insolvabilité (ce que le code ne prescrit pas et ne semble pas même autoriser), il aurait au moins fallu offrir cette caution, à peine de nullité, par l'acte de réquisition de mise aux enchères, en se conformant à ce qui est prescrit à cet égard par l'art. 832 dudit c. proc., ce qui n'a pas eu lieu dans l'espèce; — Attendu qu'il résulte de tout ce qui vient d'être établi qu'en rejetant une caution que la loi n'autorisait pas dans l'espèce, ou qu'en tout cas les surenchérisseurs n'offraient pas régulièrement, et en maintenant la déclaration en fait de leur insolvabilité, c'est avec raison que le tribunal de Vigan a prononcé la nullité de la surenchère; qu'en adoptant cette prononciation et les motifs sur lesquels elle était fondée, la cour royale de Nîmes (par arrêt du 26 avr. 1817), n'a point violé l'art. 710 c. proc., et qu'elle a fait une juste application de l'art. 715 du même code; — Rejette.

Du 31 mars 1819.-C. C., sect. civ.-MM. Brisson, pr.-Minier, rap.-Cahier, av. gén., c. conf.-Barrot et Guichard, av.

(2) (Fauconnier *C.* Sandrine.) — La cour; — Considérant que, si, par l'art. 715 c. pr. civ., les avoués ne peuvent se rendre adjudicataires pour les personnes notoirement insolvables, une telle disposition ne contient pas l'injonction aux personnes qui se présentent au greffe, pour faire une surenchère du quart, de justifier de leur solvabilité; — Considérant qu'il est vrai que, dans l'espèce de la cause, l'on ne voit pas que le sieur Sandrine ait une fortune apparente soit immobilière, soit même mobilière; mais qu'aucun acte, aucun fait n'établissent pas non plus qu'il soit dans un état quelconque d'insolvabilité, ce qui exclut, par conséquent, toute notoriété relativement à son insolvabilité prétendue; — Considérant, d'ailleurs, que le sieur Sandrine a déjà repoussé l'imputation qui lui a été faite d'insolvabilité par l'exhibition en première instance d'une somme de 3,000 fr., comme il a réitéré cette exhibition en appel, en offrant de consigner plus forte somme si la cour l'exigeait, et que le sieur Sandrine a prouvé par là que, s'il n'a pas une fortune apparente, il ne manque cependant pas de ressources pour pouvoir satisfaire aux engagements par lui pris, ainsi que le font présumer encore les justifications de bonne moralité qu'il a présentées à la cour; — Par ces motifs, etc.

Du 9 juill. 1833.-C. de Caen, 4e ch.-M. Daigremont, pr.

(3) (Vanier.) — La cour; — Considérant que, d'après le texte et le sens des art. 710 et 713 c. pr. combinés, les personnes notoirement insolvables ne peuvent surenchérir; — Qu'admettre ces sortes de personnes comme surenchérisseurs, ce serait tout à la fois nuire aux intérêts du débiteur et des créanciers, et contrarier en même temps le vœu de la loi, qui n'a pour objet que de porter l'objet saisi à la plus haute valeur; que ce but ne saurait être atteint par la surenchère de ceux qui, n'offrant aucune garantie de leur solvabilité, paraissent être dans l'impossibilité d'acquitter tant le prix principal de l'adjudication que le montant de leur surenchère; — Que Prénier Vanier doit être regardée comme notoirement insolvable, puisqu'elle ne possède aucune espèce de propriété mobilière ou immobilière libre, ou du moins n'en administre pas la preuve; — Que la créance très-incertaine qu'elle porte sur Pinci étant primée par des créances considérables, et d'ailleurs étant affectée aux créanciers chirographaires du même de Pinci, ne peut présenter un gage suffisant de sa solvabilité; — Considérant que l'offre faite par l'appelant dans ses conclusions additionnelles, de consigner et réaliser la somme pour laquelle elle a surenchéri, est insuffisante; qu'elle doit donner des sûretés, non-seulement pour le payement du prix de la surenchère, mais encore pour celui du montant des adjudications; que l'un et l'autre doivent être assurés aux créanciers ou autres intéressés; — Par ces motifs, confirme.

Du 29 juin 1814.-C. de Rennes.

(4) (Supsol *C.* Ducot.) — La cour; — Attendu qu'on n'a cité aucun fait, aucun acte, desquels on puisse faire résulter que les intimés sont notoirement insolvables; qu'il ne suffit pas d'alléguer cette insolvabilité notoire pour faire proscrire une surenchère qui doit tourner à l'avantage du saisi et de ses créanciers; qu'il faut encore la prouver, et qu'on n'a pu en administrer d'autre preuve qu'un certificat constatant que les intimés ne possèdent aucun immeuble; — Attendu qu'une telle déclaration est insignifiante; qu'aucune disposition législative ne répute notoirement insolvable le citoyen qui ne possède aucun immeuble; qu'il est, au contraire, positif qu'il existe de très-grandes fortunes entre les mains

215. Il arrivera souvent d'ailleurs qu'un individu solvable, dans certaines limites, ne le sera cependant point à l'égard des charges qu'entraînerait l'importance de la surenchère. — Et il a été décidé en ce sens qu'un surenchérisseur doit être considéré comme insolvable, quoiqu'il ne soit pas entièrement dépourvu de moyens, s'ils sont néanmoins notoirement insuffisants, comparés au montant de l'enchère : — « Attendu, porte l'arrêt, qu'à raison de sa profession (maître de danse), de ses modiques ressources et de la valeur des objets expropriés, Georges est hors d'état de payer le montant de la surenchère (240,000 fr.) et dans l'état d'insolvabilité notoire prévu par l'art. 713 c. pr. (Rouen, 2e ch., 30 mai 1823, M. Aroux, pr., aff. Georges *C.* Petit; conf. M. Chauveau sur Carré, no 2396). — C'est donc aux juges, en pareil cas, à décider ces questions délicates suivant les circonstances et à juger, en prenant grand soin de ne pas étendre les prohibitions de la loi, si, d'après la position du surenchérisseur, sa fortune et sa manière d'être, il y a présomption suffisante qu'il ait la volonté et la possibilité de payer (Conf. M. Petit, p. 22).

216. Ce serait peut-être aller au delà des exigences de la loi que de mettre à la charge du surenchérisseur la preuve de sa solvabilité. — Jugé cependant : 1o qu'on peut obliger un surenchérisseur, dont la solvabilité est au moins douteuse, à justifier lui-même de cette solvabilité (Rouen, 2e ch., 30 mai 1823, M. Aroux, pr., aff. Georges *C.* Petit). Dans l'espèce, le tribunal avait ordonné au surenchérisseur de justifier de sa solvabilité ce qu'il n'avait pas fait; sur son appel, la cour s'est bornée à constater « qu'il n'avait pu établir sa solvabilité aux termes du jugement; » — 2o Que lorsque la solvabilité d'un surenchérisseur est contestée, il peut lui être enjoint de déposer à l'instant une somme au greffe pour couvrir les frais et le prix d'achat (Liége, 6 août 1838) (1).

217. Il a été jugé, au contraire, que la surenchère ne peut être écartée, sous le prétexte que le surenchérisseur, dont l'insolvabilité n'est pas notoire, ne justifierait pas de sa solvabilité. — « La cour; — Considérant qu'aucun article de la loi, en matière de saisie immobilière, n'impose l'obligation au surenchérisseur de justifier de sa solvabilité, et qu'il est dans l'intérêt de la masse des créanciers de ne pas écarter les surenchérisseurs par les entraves qu'on apporterait; que, d'ailleurs, l'insolvabilité de la dame Favrel n'a pas été déclarée être notoire » (Rouen, 13 juill. 1818, M. Carel, pr., aff. Favrel *C.* Dupuis).

218. Au surplus, il a été justement décidé qu'il est permis aux tribunaux d'user de tous les moyens d'éclairer leur religion sur la solvabilité ou l'insolvabilité du surenchérisseur; et que, si ce dernier a offert lui-même la preuve de sa solvabilité, il ne peut y avoir question de savoir si la preuve directe ne devait pas être mise à la charge de sa partie adverse (Req. 26 juill. 1836) (2).

219. L'incapacité de surenchérir, dont l'art. 711 frappe les personnes notoirement insolvables, doit s'appliquer à la femme qui ne posséderait que des biens dotaux; de tels biens ne peuvent être affectés à l'exécution de ses engagements. Elle est légalement insolvable dans le sens de la loi (V. Contrat de mariage, nos 2493, 2494). — Aussi a-t-il été décidé sur ce motif que la femme mariée sous le régime dotal ne peut surenchérir, même avec l'autorisation de son mari (Lyon, 27 août 1813) (3). — Toutefois, il a été jugé que la surenchère constitue un acte conser-

de simples capitalistes; — Que, d'ailleurs, la solvabilité ne se compose pas seulement de biens-fonds et de richesses mobilières; qu'elle a pour base principale le crédit et la bonne conduite, et que tel homme dont le crédit est intact et la conduite régulière, est souvent plus solvable que celui qui possède des immeubles nombreux;

Attendu que, quoique la loi défende à l'avoué de se rendre adjudicataire pour le saisi, ce ne serait pas une raison pour ne pas comprendre dans la prohibition les enfants du saisi, s'il était prouvé qu'ils fussent personnes interposées; mais que, pour cela, il ne suffit pas d'une simple allégation; il faut des preuves, ou du moins des présomptions tellement graves, précises et concordantes, qu'elles ne permettent aucun doute; — Que c'est vainement qu'on a invoqué les dispositions de l'art. 911 c. civ. qui répute personnes interposées les père et mère, les enfants et descendants, et l'époux de l'incapable; — Que ces dispositions sont spéciales et uniquement établies pour les donations et les testaments; — Que, s'agissant d'incapacité, c'est surtout en pareille matière qu'on ne peut pas raisonner d'un cas à un autre, et qu'il faut s'attacher rigoureusement à la règle qui veut que les exceptions soient restreintes aux seuls cas pour lesquels elles sont faites; — Attendu que les appelants n'ont produit aucun acte, aucun document d'où l'on puisse induire que les intimés n'ont fait que prêter leur nom à leur père ou à leur mère, et qu'en faisant la surenchère dont il s'agit, ils n'ont pas agi dans leur propre intérêt; — Met l'appel au néant, etc.

Du 21 févr. 1829.-C. de Bordeaux, 2e ch.-M. Duprat, pr.

(1) (Grandjean *C.* Debosse.)—La cour; — Considérant que l'appel a été interjeté contre Grandjean en sa double qualité de poursuivant et de surenchérisseur, et qu'aucune loi ne prescrit de laisser plus d'une copie à une personne assignée en plusieurs qualités; — Considérant, sur le fond, que la surenchère de l'appelant Kohl a été contestée du chef qu'il était étranger, insolvable et partie saisie comme tuteur de MM. S... et C...; qu'il n'a pas été justifié que ledit appelant eût de quoi satisfaire aux conditions de la vente ou possédât des immeubles suffisants pour en répondre; que cependant les biens saisis suffiront à peine pour couvrir les frais de poursuite et d'expropriation; que dans ces circonstances les premiers juges ont pu, pour éviter de nouveaux frais et des retards préjudiciables aux créanciers, ordonner audit appelant de déposer à l'instant au greffe la somme de 2,000 fr. avant d'être admis à surenchérir, sinon qu'il serait passé outre et procédé séance tenante à la vente entre les autres surenchérisseurs et l'adjudicataire; — Considérant qu'aucune des parties en cause n'ayant formé de demande contre l'avoué de la partie appelante, le tribunal a jugé *ultra petita* en le condamnant personnellement aux dépens; — Confirme.

Du 6 août 1838.-C. d'appel de Liége.

(2) *Espèce :* — (Vibert *C.* Brivot.) — 9 fév. 1835, jugement qui ordonne que Vibert, surenchérisseur, sera tenu, dans le délai de huitaine, de justifier de sa solvabilité, comme il en offre la preuve, en se fondant sur ce que l'art. 713 c. pr. civ. s'appliquait aussi bien aux adjudications par surenchère, qu'aux adjudications des immeubles saisis. — Sur l'appel, la cour de Bourges, par arrêt du 17 mars 1835, confirma ce jugement et déclara la surenchère nulle, à défaut, par Vibert, de faire la preuve ordonnée par le tribunal, dans le délai de huit jours. Voici les motifs de son arrêt : — « Considérant qu'aux termes de droit, aucune personne, notoirement insolvable, ne peut se rendre surenchérisseur; que tous les renseignements fournis tendent à établir que Vibert est insolvable, et que la cour pourrait, dès à présent, déclarer nulle la surenchère; mais que la mesure adoptée par les premiers juges ne nuit à aucune des parties; qu'ainsi, c'est le cas de l'admettre, en déclarant définitif et absolu le nouveau délai qui sera accordé à l'appelant principal. » — Pourvoi de Vibert pour violation de l'art. 710, et fausse application de l'art. 713 c. pr. civ. — Arrêt.

La cour; — Attendu qu'en prohibant l'enchère de la part des personnes notoirement insolvables, l'art. 713 c. pr. civ. a consacré un principe d'intérêt public, applicable au cas de surenchère permise par l'art. 710; — Attendu qu'il est permis, en cette matière, aux tribunaux d'employer les moyens d'éclairer leur religion, lorsque la vérité n'est pas entièrement connue, surtout lorsqu'ils déclarent, comme dans l'espèce, que les renseignements produits suffiraient pour établir l'insolvabilité notoire du surenchérisseur, et que le sieur Vibert, ayant lui-même offert de prouver sa solvabilité, il ne peut pas être question de savoir si la preuve directe devrait être mise à la charge de ses adversaires; — Rejette le pourvoi contre l'arrêt de la cour de Bourges, du 17 mars 1835, etc.

Du 26 juill. 1836.-C. C., ch. req.-MM. Zangiacomi, pr.-Mestadier, r.

(3) *Espèce :* — (Bressaire *C.* Crépu.) — Bressaire épousa au commencement de 1812 la demoiselle Triboudet; les époux se marièrent sous le régime dotal; la future épouse se constitua en dot tous ses biens présents et à venir. — Peu de mois après le mariage, les biens de Bressaire ont été vendus par expropriation forcée; Crépu s'en est rendu adjudicataire. — La femme Bressaire, spécialement autorisée par son mari à cet effet, a surenchéri du quart, conformément à l'art. 710 c. pr. — Sur la demande de l'adjudicataire, cette surenchère a été annulée par le jugement du tribunal civil de Montbrison, du 2 janv. 1813, dont suivent les motifs : « Considérant que l'art. 217 c. civ., qui permet à la femme d'acquérir avec l'autorisation de son mari, et l'art. 710 c. pr., qui admet toute personne à surenchérir, ne contiennent que des principes généraux modifiés par les articles subséquents; — Considérant que la femme Bressaire, ayant par son contrat de mariage soumis au régime dotal tous ses biens présents et à venir, se trouve dans l'impuissance de vendre ou d'hypothéquer ses immeubles, d'après l'art. 1554 c. civ., ce qui lui ôte le moyen de disposer pour acquérir, puisque ce serait un moyen d'aliéner sa dot; — Considérant que lors même qu'elle aurait une dot pécuniaire, ce qui n'est pas constant, l'immeuble qui serait acquis avec ses deniers avant la dissolution du mariage par la séparation de biens ne serait pas dotal, et appartiendrait au mari d'après l'art. 1553 même code, en sorte que l'effet serait le même que si le mari achetait, ce qui est prohibé dans l'hypothèse par l'art. 713 c. pr.; — Considérant que la femme Bressaire n'a pas agi régulièrement en procédant sous l'autorité de son mari, qui, dans ce cas, était *auctor in rem suam*, puisqu'il devait profiter seul de l'acquisition faite par sa femme, d'autant plus que cette

vatoire (V. aussi n° 73 ; que, par suite, une femme (mariée sous le régime dotal avec société d'acquêts) a capacité pour la former seule et sans autorisation de son mari, alors qu'elle l'exerce à l'égard des biens de celui-ci mis en vente, et dont le prix doit être absorbé par ses créances dotales (Bordeaux, 23 juin 1843) (1) ; — Et que la prohibition d'enchérir pour le saisi ou pour des insolvables, ne s'étend pas à la surenchère faite par la femme dotale sur les biens de son mari, sous prétexte que l'immeuble rentrerait par ce moyen dans la société d'acquêts existant entre les époux : cet immeuble, s'il était adjugé à la femme, constituerait un emploi de ces deniers dotaux, et deviendrait sa propriété exclusive (même arrêt).

320. Du reste, les prohibitions en cette matière doivent se renfermer dans les termes de la loi, et il faut décider d'après ce principe que les non contraignables par corps peuvent être admis à surenchérir, encore que l'art. 740 porte que le surenchérisseur, en cas de folle enchère, est tenu par corps de la différence de son prix avec celui de la vente; pourvu toutefois qu'ils offrent des biens suffisants pour garantir cette différence (Conf. MM. Carré, t. 2, n° 2391; Prat. fr., t. 4, p. 358; Favard, t. 5, p. 66, n° 3; Persil fils, Comm., p. 21, n° 262).

321. Dans tous les cas, l'incapacité de l'un des surenchérisseurs ne suffirait pas pour faire annuler une surenchère qui aurait été formée au nom de deux personnes, la solidarité d'un tel acte devant, en cette circonstance, mettre à la charge du second surenchérisseur toutes les conséquences de l'engagement commun; et il a été en effet décidé qu'en cas d'incapacité de l'un des deux surenchérisseurs, la surenchère doit être maintenue en totalité au profit du cosurenchérisseur capable (Bruxelles, 15 avr. 1809, aff. Sergoens, V. n° 298; Conf. MM. Carré et Chauveau, n° 2386 *ter*).

§ 3. — *Ce que doit comprendre la surenchère.*

322. La surenchère doit, aux termes de l'art. 708 c. pr., qui remplace l'art. 710 de l'ancien code, contenir l'offre de porter le prix à un *sixième* en sus du prix principal de la dernière enchère. D'après ce dernier article, la quotité exigée était d'*un quart* en sus.

323. Sauf cette substitution du sixième au quart, la loi nouvelle reproduit, du reste, exactement les expressions de l'article supprimé. Elle se sert de même des mots *prix principal* qui sont exclusifs de tout ce qui ne doit être payé qu'*accessoirement*. — Sur ce point, l'art. 708 (710) est beaucoup plus favorable que les art. 2183 et 2185 c. nap. qui donnent pour base à la surenchère du dixième, en cas d'aliénation volontaire, *le prix et les charges*. — Il faut donc tenir pour constant qu'en ce qui concerne la surenchère du sixième, le surenchérisseur ne saurait être tenu à faire porter la surenchère sur aucun des accessoires du prix, bien qu'il doive se soumettre à ces charges accessoires (Conf. MM. Carré, n° 2380; Chauveau sur Carré, n° 2388; Petit, p. 84).

324. Ce prix principal se compose par conséquent, non point comme en matière d'aliénation volontaire, de tout ce que l'acquéreur ou l'adjudicataire aura à payer, mais de ce que le vendeur ou ses créanciers auront à recevoir; ainsi, les frais de poursuites, de contrat, d'adjudication, les frais d'enregistrement ou de mutation ne font point partie du prix principal : ce sont des accessoires en sus du prix principal (Conf. MM. Thomine, t. 2, p. 250 et 251, n° 791; Troplong, Hyp., n° 935; Duranton, t. 20, n° 396; V. Bioche, n° 271). — Telle était, au surplus, l'interprétation généralement donnée à l'ancien art. 710. Et il avait été jugé en ce sens, sous l'ancien code, qu'il n'était pas nécessaire que la surenchère portât sur les frais de poursuite, bien que ces frais, d'après le cahier des charges, dussent être payés par l'adjudicataire (Riom, 25 mai 1838, aff. Rodde, V. n° 360). — Il est donc permis de croire que les auteurs de la nouvelle loi, en conservant les expressions de cet article, ont regardé comme devant être conservée l'interprétation qu'elles avaient reçues jusqu'alors. — Aussi a-t-il été jugé, dans le même sens, sous la loi de 1841 : 1° que l'art.

autorisation pouvait avoir des suites funestes pour la femme qui, en devenant adjudicataire et en ne payant pas le prix, comme cela est présumable, l'exposerait à une revente en folle enchère, et à une condamnation par corps pour le déficit que pourrait occasionner la différence entre le prix de l'adjudication et celui de la revente sur folle enchère, ce qui serait encore un moyen indirect employé par le mari pour faire aliéner la dot de sa femme contre la prohibition formelle de la loi ; — Considérant enfin que le cautionnement offert n'est pas admissible sous plusieurs rapports, d'abord parce qu'il a été offert tardivement après l'expiration du délai pour enchérir; en second lieu, parce que ce cautionnement ne change pas la destination des immeubles qu'acquerrait la femme Bressaire, ni les désavantages qui pourraient résulter pour cette dernière d'une telle acquisition, parce qu'elle serait toujours principale obligée et soumise à une action en recours de la part de la caution. » — Appel. — Arrêt.

LA COUR; — Adoptant les motifs des premiers juges, confirme.

Du 27 août 1815.-C. de Lyon.-MM. Renou et Verdun, av.

(1) (Dame Archez C. Chaume.) — LA COUR; — Attendu que la dame Archez s'est mariée sous le régime dotal, mais avec stipulation d'une société d'acquêts; — Attendu que la future épouse se constitua tous ses biens et droits présents et à venir, sous cette modification que lesdits biens et droits pourraient être vendus et aliénés, mais à la charge d'emploi, de remploi ou de reconnaissance sur les biens du futur époux ; — Attendu qu'il est constant que Marie Frut, épouse Archez, est créancière de son mari soit pour les sommes à elle appartenant et qu'il a reçues, soit pour des immeubles dont Marie Frut était propriétaire et qu'il a aliénés ; — Attendu que c'est pour conserver une créance dotale, et par conséquent pour cause fort légitime, que la dame Archez a fait la surenchère dont la validité est mise en question ; — Attendu que, pour établir l'irrégularité et la nullité de cette surenchère, plusieurs moyens ont été présentés, soit en première instance, soit devant la cour; qu'il est juste de les rappeler et de les apprécier;

Attendu que devant le tribunal de Bergerac il avait été soutenu que, si la surenchère était validée, la maison saisie sur la tête du sieur Archez, dont le sieur Chaume était devenu adjudicataire, rentrerait dans la société d'acquêts, et serait ainsi remise à la disposition du mari, ce qui constituerait une violation évidente de l'art. 711 de la loi du 2 juin 1841, sur les ventes judiciaires; que de plus Chaume avait prétendu que, dans la cause, il n'y avait pas emploi de deniers dotaux au profit de l'épouse Archez sur des biens appartenant à son mari, et qu'enfin rien ne justifiait la créance dotale de Marie Frut ; — Attendu que les premiers juges, adoptant ces idées, prononcèrent la nullité de la surenchère faite par la dame Archez sur les biens saisis au préjudice de son mari et adjugés au sieur Chaume ; — Attendu qu'en cause d'appel et devant la cour, Chaume a déclaré formellement qu'il abandonnait les moyens accueillis par le tribunal de Bergerac ; — Attendu que cette conduite de l'intimé n'a rien qui doive surprendre, car les moyens abandonnés soutenaient mal l'examen et la discussion; qu'en effet l'immeuble sur lequel porte la surenchère d'un sixième ne doit pas, ainsi que l'ont à tort pensé les premiers juges, rentrer dans la société d'acquêts; que cet immeuble, si la surenchère réussit, deviendra la propriété exclusive de la dame Archez, agissant dans la cause comme femme dotale et réclamant, pour des sommes à elle dues par son mari, l'emploi stipulé dans son contrat de mariage; qu'il est également positif que le sieur Archez n'est pas dépossédé définitivement de l'immeuble adjugé au sieur Chaume, et que dès lors on doit reconnaître que la surenchère destinée à assurer l'emploi des deniers dotaux, frappe un bien dont le mari débiteur est encore propriétaire ;

Attendu qu'aux moyens par lui abandonnés, Chaume a substitué de nouvelles exceptions, et qu'il faut rechercher si elles sont de nature à faire maintenir le dispositif du jugement attaqué par la dame Archez ; — Attendu que la première exception consiste à prétendre que la dame Archez étant notoirement insolvable, puisque tous ses biens sont dotaux et dès lors inaliénables, l'art. 711 de la loi du 2 juin 1841 lui défendait de surenchérir ; — Attendu que, dans l'espèce soumise à la cour, l'insolvabilité alléguée n'existe pas, par cette raison décisive, que les reprises dotales de la dame Archez absorbent le prix de l'immeuble sur lequel doit s'exercer le remploi; que vainement Chaume a manifesté des inquiétudes pour la restitution des frais qu'il a exposés; que de pareilles craintes ne sont pas fondées, parce que ces frais pourront être recouvrés sur les revenus de l'immeuble dont il s'agit au procès; — Attendu, sur la seconde question présentée en cause d'appel par le sieur Chaume, qu'il n'est pas exact de prétendre que la dame Archez, en surenchérissant, a fait un acte d'administration, contrairement aux dispositions de l'art. 1549 c. civ. ; que le sieur Chaume s'est mépris sur la nature de l'acte qu'il critique; que ce n'est pas un acte d'administration, mais de simple conservation; que la dame Archez n'administre pas; qu'elle se borne à défendre ses droits menacés par les poursuites de Chaume; qu'il est donc positif aux yeux de la cour que la mesure conservatoire de la surenchère, loin de blesser, dans l'hypothèse actuelle, les principes protecteurs de la dot, en est la conséquence naturelle, et qu'enfin, y eût-il du doute, il conviendrait de se décider pour la validité de la surenchère, d'après la maxime *in dubio pro dotibus respondendum* ; — Par ces motifs, émendant, déclare valable la surenchère.

Du 23 juin 1843.-C. de Bordeaux.

708 c. pr., en disposant que la valeur de la soumission de surenchère serait du sixième au moins du prix principal de l'adjudication, a, par cette expression prix principal, exclu du calcul de ce sixième le montant des frais ou charges accessoires; qu'en conséquence, une surenchère limitée au sixième du prix principal produit par l'enchère, et qui n'y comprend pas le sixième des frais, est valable (Req. 26 mars 1844) (1). — On disait, en vain dans l'espèce, que les frais de poursuite, lorsqu'ils sont mis à la charge de l'adjudicataire, font partie du prix, puisque, à la différence des frais d'expédition, d'enregistrement et de notification du jugement d'adjudication, ils ne sont point nécessairement à la charge de l'adjudicataire et que celui-ci ne doit les supporter qu'en vertu d'une clause expresse; que les charges étant nécessairement des éléments constitutifs du prix, on ne peut admettre que par les mots *prix principal* le législateur ait entendu distraire ces charges du prix; que quand la loi parle de prix principal, c'est seulement par rapport aux frais et loyaux coûts du contrat; — 2° Que lorsque les intérêts mis par un cahier de charges au compte de l'adjudicataire ne sont que la représentation des fruits par lui perçus, il n'est pas nécessaire que l'offre de surenchère qui a été faite sur folle enchère comprenne expressément ces intérêts, qui ne sont que de simples accessoires: il remplit suffisamment le vœu de la loi si son offre comprend le prix principal de l'adjudication augmenté d'un sixième, sauf à parfaire en cas d'insuffisance (Besançon, 22 déc. 1848, aff. Guyetant, D. P. 49. 2. 153). — V. toutefois, Paris, 19 mars 1836, aff. synd. du Creuzot, n° 418.

325. Si l'on admet la faculté de surenchérir du sixième après une vente sur *folle enchère* (V. *suprà*, n°s 284 et s.), la quotité en sus devra être calculée sur le prix de cette adjudication, et non sur celui de la première adjudication qui se trouve anéantie par la revente. — Et il a été jugé en ce sens que le quart en sus (aujourd'hui le sixième) doit être évalué, en ce cas, non d'après le prix de la première adjudication, mais d'après celui de l'adjudication sur folle enchère (Montpellier, 7 déc. 1825, aff. Levesque, n° 389).

326. La surenchère qui ne contiendrait pas expressément soumission de porter le prix à un sixième en sus devrait être déclarée nulle. — Peu importe que l'art. 708 ne prononce pas de nullité, cette soumission est une condition de la surenchère. Or quand une faculté est accordée sous une condition, elle cesse si cette condition n'a pas été remplie (Conf. MM. Carré et Chauveau, n° 2388; Petit, p. 82). — En tout cas, une convention contraire devrait être annulée si elle intéressait des mineurs, et il a été jugé, par exemple, qu'est nulle la convention à laquelle auraient participé des mineurs de ne payer, quel que soit le résultat de la surenchère, qu'une certaine somme moindre du quart (Toulouse, 25 juin 1835, aff. Azemar, n° 337-1°).

327. Il est, du reste, sans difficulté que le surenchérisseur peut, s'il le juge à propos, soit pour écarter une concurrence intéressée, soit pour toute autre cause, porter sa soumission au delà du sixième exigé par la loi, sans que la surenchère puisse être critiquée sous ce rapport (Conf. M. Petit, p. 84).

328. Nous avons vu, n°s 208 et suiv., que le surenchérisseur du dixième n'est point obligé à une désignation numérique de la somme qui forme le montant de la surenchère; il est évident que la solution doit être ici la même. — Il a été jugé en ce sens que le surenchérisseur n'est pas tenu de désigner numériquement la somme qui forme le montant de la surenchère, et qu'il suffit qu'il déclare d'une manière générale porter le prix de l'adjudication à un sixième en sus, conformément à la loi (Rouen, 6 janv. 1846, aff. Anquetil, D. P. 46. 2. 201); qu'en conséquence, l'erreur commise dans le calcul de la mise à prix résultant de la surenchère, doit être rectifiée et n'entraîne point la nullité de cette surenchère (même arrêt).

329. Dans le cas, au surplus, où une surenchère est formée par plusieurs personnes conjointement, la solidarité est de droit; il ne serait donc pas nécessaire que cet engagement fût formellement exprimé : et il a été jugé, en effet, que quand deux créanciers s'unissent pour surenchérir, il n'est pas besoin qu'ils déclarent expressément, à peine de nullité, se soumettre à la solidarité (Paris, 6 août 1832, aff. Danger, V. n° 337).

§ 4. — *Délai accordé pour surenchérir, forme de la déclaration de surenchère.*

330. La surenchère doit, aux termes de l'art. 708 c. pr., avoir eu lieu « dans les *huit jours* qui suivront l'adjudication. » — Telle était aussi la disposition de l'ancien code, qui portait (art. 710) : « dans la huitaine où l'adjudication aura été prononcée. » — Bien que la loi ne prononce pas ici de nullité en termes *sacramentels*, il résulte au moins de son texte que la surenchère ne peut plus être faite utilement après l'expiration de ces délais (Conf. M. Carré, n° 2383).

331. Le jour de l'adjudication ne doit pas être compris dans ce délai, puisque la loi accorde huit jours entiers. — C'est, du reste, ce qui ressort encore plus manifestement du nouveau texte substitué à l'ancien : *dans les huit jours qui suivront* l'adjudication. — Aussi a-t-il été jugé que le jour de l'adjudication ne doit pas être compté dans le délai de huitaine accordé par l'art. 710 c. pr. pour surenchérir du quart (Toulouse, 1er sept. 1818 (2), Conf. M. Petit, p. 65).

332. Mais le dernier jour est compris dans le délai, autrement on aurait neuf jours au lieu de huit pour surenchérir; et il en doit être ainsi, même alors que le dernier jour serait un jour férié : la loi ne distingue pas (Conf. M. Petit, p. 64, 65). — Jugé, en effet, que la surenchère est nulle si elle n'est faite que le neuvième jour, alors même que la huitaine échoit un dimanche ou un jour de fête légale (Cass. 27 fév. 1821 (3); Rouen, 14 janv. 1815, aff. Demont).

333. La surenchère pourrait-elle être valablement faite un jour de *fête légale?* L'affirmative a été jugée (Rouen, 14 janv. 1825, aff. Hamard, V. Exploit, n° 359-3°; Rej. 23 fév. 1825, aff. Laudour, *eod.*; Douai, 3 juill. 1840, aff. Duval, *eod.*, 359-6°). — Et cette solution nous a paru devoir être adoptée (V. Exploit, n° 359). — Toutefois, M. Petit, p. 65, pense que cette doctrine aurait de graves inconvénients; le greffier, qui n'est pas tenu de vaquer les jours fériés aux actes de son ministère, pourrait restreindre ou

(1) (Buchère C. Villemetz.) — LA COUR; — Attendu que l'art. 708 c. pr., applicable aux licitations, porte que toute personne pourra, dans la huitaine de l'adjudication, faire une surenchère, pourvu qu'elle soit du sixième au moins du prix principal de la vente; — Que ces derniers mots supposent nécessairement, outre le prix principal produit par les enchères, un prix accessoire dont font partie les frais faits pour parvenir à la vente, lorsqu'ils sont mis à la charge de l'adjudicataire, et qu'en limitant sa surenchère au sixième du prix principal de la vente, la loi en a, par cela même, exclu les charges accessoires; — Que cette intention du législateur ressort encore mieux de la comparaison entre l'article précité et les art. 2185 et 2185 c. civ., qui donnent pour base à la surenchère du dixième, en cas d'aliénation volontaire, non plus seulement le prix principal de la vente, mais le prix et les charges; — Que la même distinction se retrouve dans l'art. 1673, lequel oblige le vendeur qui use du pacte de rachat à rembourser non-seulement le prix principal, mais les frais et loyaux coûts de la vente et d'autres frais accessoires; — Qu'ainsi, en déclarant valable la surenchère qui ne portait que sur le prix principal produit par les enchères, l'arrêt attaqué a fait une juste application de la loi; — Rejette le pourvoi contre l'arrêt de la cour de Paris, du 19 avril 1843.

Du 26 mars 1844.-C. C., ch. req.-MM. Zangiacomi, pr.-Hardoin, rap.-Delangle, av. gén., c. conf.-Moreau, av.

(2) (Delmas C. Sacaze.) — LA COUR; — Attendu que, soit d'après les expressions employées par l'art. 710 c. pr., soit d'après l'usage, on ne saurait compter le 18 mai 1818, jour de l'adjudication dont s'agit, que, suivant le langage des docteurs, on nomme le jour du terme *à quo*, dans la huitaine accordée par cette loi pour surenchérir, et qu'ainsi la surenchère faite le 26 même mois par Denguilhem n'est pas tardive; — Réformant, — Maintient la surenchère, etc.

Du 1er sep. 1818.-C. de Toulouse.-M. Hocquart, 1er pr.

(3) (Falconnet C. Fontaine.) — LA COUR (après dél. en ch. du cons.); — Vu l'art. 710 c. pr.; — Attendu qu'en ajoutant un neuvième jour au délai de huitaine accordé par l'art. 710 c. pr., pour former une surenchère, sous le prétexte qu'il serait juste d'établir une distinction, que la loi n'a pas faite, entre le cas où le dimanche est l'un des sept premiers jours, et celui où il se trouve le dernier jour de la huitaine, la cour royale (de Grenoble, arrêt du 19 janv. 1819) a commis un excès de pouvoir et expressément violé l'art. 710 c. pr.; — Casse.

Du 27 fév. 1821.-C. C., sect. civ.-MM. Brisson, pr.-Poriquet, rap.-Cahier, av. gén. c. conf.-Nicod et Buchot, av.

prolonger à son gré les délais accordés pour surenchérir. — M. Petit, p. 77, pense même que la surenchère ne pourrait être faite un jour férié, en vertu de l'autorisation du juge. Il se fonde d'une part sur ce que l'art. 1037 n'est relatif qu'aux significations et exécutions, et d'autre part sur ce qu'au cas dont il s'agit l'urgence n'existe pas dans le sens de la loi, et que le juge d'ailleurs n'a pas le pouvoir, sous prétexte d'urgence, d'accorder des prérogatives en matière de délais.

334. On pensait, sous l'ancien code, que le délai de huitaine n'était point *suspendu* par l'appel du jugement d'adjudication, en supposant qu'un tel jugement fût susceptible d'appel (V. Appel civil, nos 147, 862 et s.). Pigeau, t. 2, p. 335, en donne pour motif que le jugement d'adjudication n'étant pas exécutoire par provision ne peut être frappé d'appel dans la huitaine. — La question n'a plus d'intérêt aujourd'hui, attendu que le jugement d'adjudication ne peut plus être attaqué par cette voie (c. pr. 730).

335. Le délai de huitaine peut-il être suspendu par un cas de *force majeure?* — La question nous semble devoir être résolue dans le sens de l'affirmative par suite de cette maxime d'équité qui veut que nul ne soit tenu à l'impossible. — Il a été jugé en ce sens qu'un créancier peut être admis à surenchérir après le délai de huitaine, lorsqu'une force majeure, par exemple un blocus, l'a empêché de surenchérir dans le délai (Colmar, 9 nov. 1814) (1); et que le délai, en ce cas, ne court qu'à partir de la décision qui relève le créancier de la déchéance (même arrêt). — Cette dernière proposition est fort contestable. — Les reliefs de laps de temps ont été supprimés par la législation moderne (V. Cassat., nos 459 et suiv.; Délai, nos 63 et suiv.), et si la force majeure peut être prise en considération, ce n'est pas en ce sens que le juge puisse relever les parties d'une déchéance encourue, mais en ce sens seulement que le délai suspendu par le cas de force majeure reprend son cours après que l'obstacle a cessé. Si la partie qui a recouvré sa liberté d'action laisse accomplir ce délai, sans remplir les formalités que la loi lui impose, elle encourt alors la déchéance, et il n'est plus au pouvoir des juges de l'en relever. La difficulté sera souvent de déterminer le moment précis où la force majeure ayant cessé, le délai aura recommencé à courir; mais ce n'est là qu'une appréciation de fait qui appartient souverainement aux tribunaux.

336. L'art. 709 porte que la surenchère sera faite au *greffe* du tribunal qui aura prononcé l'adjudication. Elle devra être également faite au greffe dans le cas où les enchères auraient été reçue par le ministère d'un notaire devant lequel aurait été renvoyée la vente (V. Vente publ. d'immeub.), parce qu'en pareil cas le notaire n'est que le délégué du tribunal. — Il a été jugé en sens : 1° qu'en cas de surenchère sur des immeubles vendus, par-devant un notaire commis, par un héritier bénéficiaire, l'acte de surenchère doit être déposé au greffe du tribunal, et non chez le notaire commis; que du moins le dépôt de cet acte au greffe n'est pas une nullité (Turin, 8 sept. 1809) (2); — 2° Que la surenchère du sixième au cas de vente judiciaire passée devant un notaire délégué par le tribunal doit être faite au greffe de ce tribunal, lequel est censé avoir procédé à l'adjudication, et non au greffe du tribunal dans le ressort duquel réside ce notaire, quoique les biens y soient situés (Bordeaux, 15 mars 1850, aff. Charrière, D. P. 50. 2. 141).

337. Mais il a été décidé, au contraire : 1° que lorsque des immeubles ont été adjugés devant un notaire nommé par le tribunal pour procéder à la licitation et aux enchères, la déclaration de surenchère ne doit pas, à peine de nullité, être faite au greffe du tribunal devant lequel la licitation est poursuivie; elle est valablement faite en l'étude du notaire délégué pour les enchères (Toulouse, 25 juin 1835) (3); — 2° Que la surenchère doit être faite devant l'autorité qui a procédé à la vente, c'est-à-dire au greffe

(1) (Lozann.) — La cour; — Attendu que les poursuites et les adjudications préparatoires et définitives qui ont suivi ont été faites régulièrement, que les insertions dans les journaux et les affiches voulues par la loi, pour appeler les parties intéressées ont eu lieu; mais dès que, au 3 fév. 1814, jour fixé pour l'adjudication définitive, Sophie Lozann s'est trouvée dans l'impossibilité de répondre à cet appel, qu'elle n'a même pu profiter de la huitaine accordée par l'art. 710 c. pr., pour faire la surenchère qu'autorise ledit article, et qu'elle propose aujourd'hui soutenant que la maison vendue sur la mise seule de l'avoué des poursuivants à 14,000 fr. dans un moment de calamités vaut le double, il échet, non d'annuler l'adjudication, puisqu'elle a été faite avec toutes les formalités voulues par la loi, mais de la relever de la déchéance du délai de huitaine prescrit par l'art. 710; puisque l'état de blocus de la ville de Strasbourg s'est prolongé jusqu'au mois d'avril et ainsi au delà de la huitaine qui a suivi l'adjudication du 3 février, il y a lieu à l'effet d'user du bénéfice de la disposition de l'art. 710 c. pr.; de remettre ladite Lozann au même et semblable état qu'elle eût été lors de cette adjudication, si elle n'eût été empêchée de faire sa surenchère. — Par ces motifs, sans s'arrêter aux fins de non-recevoir, ordonne que dans la huitaine du jour de la signification du présent arrêt, Sophie Lozann fera, si bon lui semble, la surenchère autorisée par l'art. 710 c. pr.

Du 9 nov. 1814.-C. de Colmar.

(2) *Espèce* : — (Dogliolti.) — Jugement en ces termes : — « Attendu que, d'après l'art. 988 c. pr., la vente des biens immeubles d'une succession acceptée sous bénéfice d'inventaire, tels que sont ceux que l'héritier bénéficiaire Dogliolti a été autorisé d'aliéner, doit avoir lieu avec les formalités prescrites au titre des partages et licitations; 2° que l'art. 972 de ce titre renvoie pour ce qui concerne les licitations aux formalités prescrites dans celui qui traite de la vente des biens immeubles; que l'art. 985 de ce titre prescrit, relativement à la réception des enchères l'adjudication et ses suites, l'observance des dispositions continues dans les art. 702 et suiv.; que l'art. 710 autorise la surenchère, pourvu qu'elle soit du quart au moins du prix principal de la vente, et qu'elle soit faite dans la huitaine du jour de l'adjudication au greffe du tribunal. » — Appel. — Arrêt.

La cour; — Vu l'art. 806 c. civ., ensemble les art. 710 et 965 c. pr.; — Attendu que dans l'économie des articles de loi précités joints aux motifs des premiers juges que la cour adopte, on trouve des éléments suffisants de la validité de la surenchère dont il s'agit; que supposer que l'acte de surenchère est nul par cela seul qu'il n'a pas été déposé auprès du notaire commis, mais au greffe du tribunal commettant, ce serait créer une nullité que la loi ne prononce aucunement et violer ainsi la disposition de l'art. 1030 c. pr.; — Confirme.

Du 8 sept. 1809.-C. de Turin.

(3) *Espèce* : — (Azémar C. Seube.) — Des immeubles indivis entre les mariés Sors, Dominique Anizan et ses deux frères mineurs, Jean et Mathieu, avaient été adjugés à Azémar au prix de 7,300 fr., en vertu d'un jugement du 11 mars 1834, qui en avait ordonné la vente par licitation. — Seube se présenta le 17 juillet devant le notaire commissaire délégué et dépositaire du cahier des charges, ainsi que du procès-verbal d'adjudication, pour déclarer qu'il était dans l'intention de surenchérir d'un quart, en conformité des art. 710 et 965 c. pr. civ., et offrit de porter le prix des immeubles à la somme de 9,125 fr. — 18 juillet, notification du procès-verbal de surenchère à l'adjudicataire, à Dominique Anizan, aux mariés Sors, à Catherine Trespaillé, tutrice des enfants mineurs Anizan, et à Pierre Anizan, leur subrogé tuteur.

19 juillet, nouvelle déclaration, en tant que de besoin, de la surenchère, par le sieur Seube, au greffe du tribunal; le même jour, et par acte d'avoué à avoué, notification, en vertu de l'art. 711 c. pr. civ., des deux procès-verbaux de surenchère à l'avoué des époux Sors, poursuivants, et à l'avoué de Catherine Trespaillé, tutrice des enfants Anizan, avec sommation d'en venir au premier jour d'audience pour voir recevoir la surenchère. — Le second procès-verbal de surenchère ne put être notifié le même jour au subrogé tuteur des enfants mineurs Anizan et à l'adjudicataire, parce qu'ils n'avaient pas constitué d'avoué; mais il fut signifié à ce dernier, à son domicile, le 26 juillet, avec sommation d'en venir à l'audience pour voir admettre tant cette enchère que celle dont la signification lui avait déjà été faite le 18. — Le rejet de ces deux surenchères est demandé par le sieur Azémar, qui prétend que la surenchère du 10 était seule recevable, puisqu'il ne s'agissait que d'une licitation ou vente volontaire. Il soutient ensuite que la surenchère du 17 est nulle, parce qu'elle ne pouvait être faite devant un notaire; que celle du 19 l'est également, parce qu'ayant été faite au greffe du tribunal, elle aurait dû être dénoncée à l'avoué de l'adjudicataire, dans le délai de vingt-quatre heures, à peine de nullité (c. pr. civ., art. 711); qu'en supposant que la dénonciation à avoué ait pu être remplacée par la dénonciation à la partie adverse, elle est au moins annulable, comme faite hors des délais prescrits. Enfin il demande subsidiairement à prouver qu'il existait entre le sieur Seube et les poursuivants d'adjudication un traité d'après lequel le premier ne devait faire compte aux colicitants que d'une somme de 1,000 fr., à laquelle se réduisait le montant de la prétendue surenchère, somme inférieure au quart du prix de l'adjudication.

Jugement qui, sans avoir égard à la preuve offerte, et la rejetant comme inadmissible, maintient la surenchère du sieur Seube, par les motifs suivants : — « Attendu que les ventes des immeubles des mineurs, pour être valables, doivent être faites d'après les formalités indiquées par la loi; qu'elles ne sont donc pas volontaires, puisque, dans ces sortes de ventes, il n'est besoin que du consentement des parties et sur la chose et sur le prix; qu'ainsi les aliénations des immeubles des

du tribunal qui a prononcé l'adjudication, lorsque la vente a été faite à l'audience, et en l'étude du notaire chargé de la vente, lorsque l'adjudication a été faite par devant notaire (Paris, 22 déc. 1840) (1).—Ces dernières solutions, rendues avant la loi de 1841, ne devraient plus ce semble être suivies aujourd'hui. En effet, le projet contenait une disposition (art. 965 *bis*), qui autorisait la déclaration de surenchère devant notaire; mais cette disposition a été retranchée à la chambre des députés (séance 18 janv. 1841, Mon. 19, 2e suppl. — Conf. M. Bioche, nº 279).

338. Le greffier dresse procès-verbal de la déclaration de surenchère, qui est signé par l'avoué et par la partie, ou contient mention des causes du défaut de signature; ce procès-verbal est écrit au pied du jugement d'adjudication auquel il fait suite (MM. Carré, nº 2376; Pigeau, nº 271; Demiau, p. 452; Bioche, nº 280).

339. La déclaration de surenchère serait-elle valablement reçue par le greffier ailleurs qu'au greffe? On peut dire pour l'affirmative qu'en disposant que la surenchère serait faite au greffe, la loi n'a pas entendu autre chose sinon qu'elle serait reçue par le greffier; qu'il importe peu d'ailleurs que cette déclaration soit faite et rédigée entre les murailles du greffe ou dans tout autre lieu si elle a été effectivement reçue par l'officier public qui a mission pour la constater par son procès-verbal. — Mais cette opinion ne doit pas être admise par cette raison péremptoire que l'observation de l'art. 709 est prescrite dans l'art. 715 à peine de nullité (V. nos observations, D. P. 56. 1. 5). — Et il a été décidé en ce sens que l'acte de surenchère est nul si le greffier l'a reçu hors du greffe, et, par exemple, dans l'étude d'un avoué (Douai, 3 juill. 1840, aff. Duval, V. Exploit, nº 359-6º; Conf. trib. de Grenoble, 16 juin 1853, D. P. 56. 1. 5, note, col. 2).— M. Petit, nº 85, est également de cet avis.

340. L'assistance d'un avoué était considérée, même sous l'ancien code, comme nécessaire pour pouvoir surenchérir (Conf. MM. Tarrible, nº 115; Pigeau, Com., t. 2, p. 334; Carré, t. 2, nº 2375.—*Contrà*, Berriat, p. 596).—Mais la loi ne contenant sur ce point aucune disposition impérative, on pouvait soutenir que l'absence d'un avoué n'était pas une cause de nullité (Carré, Delaporte, Berriat, *ibid.*). — Sur ce point, la loi de 1841 fait cesser toute controverse.—Elle porte, en effet, art. 708, que la surenchère sera faite par le ministère d'avoué, c'est une garantie donnée aux parties intéressées contre l'abus des surenchères. — L'art. 709 ajoute que la déclaration de surenchère doit contenir constitution d'avoué, et l'art. 715 attache à l'inobservation de l'art. 709 la peine de nullité. — La surenchère ne pourrait donc avoir lieu aujourd'hui sans l'assistance d'un avoué.

341. L'obligation d'employer le ministère d'un avoué n'exclut pas, du reste, la présence et le concours de la partie elle-même à la déclaration de surenchère; elle peut donc y assister si elle le juge à propos, ou s'y faire représenter par un fondé de pouvoir; l'avoué peut même exiger qu'il en soit ainsi dans l'intérêt de sa propre responsabilité; mais ce concours n'est plus nécessaire pour la validité de l'acte (Conf. M. Petit, p. 82).

342. Sous l'ancien art. 710 qui, au lieu de ces mots du nouvel art. 708, « toute personne pourra surenchérir par le ministère d'un avoué, » portait ceux-ci : « pourra surenchérir par elle-même ou par un fondé de pouvoir spécial, » on pensait qu'il était prudent, mais non indispensable de donner la procuration par un acte authentique (Pigeau, t. 2, p. 247; Carré, t. 2,

---

mineurs doivent être regardées comme judiciaires, et assimilées à celles qui sont faites à la suite des expropriations forcées; que, conséquemment, la surenchère qui peut avoir lieu dans ces sortes de ventes ne doit point être régie par l'art. 2186 c. civ., mais par les dispositions insérées dans le titre des expropriations forcées; — Attendu que le notaire qui a été nommé pour procéder à la licitation et aux enchères a été investi du pouvoir de recevoir la surenchère, puisqu'elle n'est qu'un mode d'enchérir sujet, à la vérité, à quelque autre formalité qui n'est point prescrite pour les enchères ordinaires, savoir, la dénonciation aux parties intéressées, parce qu'elle n'est point publique comme les enchères, un taux déterminé et assez élevé, à la différence des enchères, parce que l'adjudicataire muni d'un titre ne peut en être facilement dépouillé; puisqu'en second lieu, il convient que le surenchérisseur puisse s'adresser, pour les renseignements qu'il a à prendre, à l'officier qui a reçu les enchères, et chez qui est déposé le cahier des charges, indiquant les objets à vendre, leur estimation et les conditions de la vente; — Attendu que l'art. 965 c. pr. civ., en renvoyant aux art. 707 et suiv., relativement à la réception des enchères, à la forme de l'adjudication et à ses suites, ne contient rien qui s'oppose à ce que, dans l'espèce, la surenchère soit reçue par le notaire délégué; qu'au contraire, il porte que, si les enchères sont reçues par un notaire, elles pourront être faites sans le ministère d'un avoué, et fait entrevoir une différence entre les deux cas; que l'art. 710 c. pr. civ., lu attentivement, prouve qu'il n'y est question que des adjudications faites au tribunal; que la loi n'ayant pas prévu le cas dont s'agit, il faut se diriger par les principes ordinaires, qui veulent que le notaire délégué pour les enchères soit autorisé à recevoir la surenchère, qui n'en est qu'une suite;

» Attendu que le sieur Seube a notifié la surenchère, dans les vingt-quatre heures, aux parties intéressées, et qu'il s'est conformé, par là, aux dispositions de l'art. 711 c. pr. civ.; d'où suit que la surenchère faite par le sieur Seube devant le notaire délégué est régulière; — Que c'est surabondamment que celui-ci a fait une surenchère au greffe du tribunal; que, néanmoins, s'il fallait soutenir qu'elle devait y être faite, on peut dire qu'elle devrait être maintenue, parce qu'elle paraît régulière dans sa forme et dans la notification qui en a été faite; qu'à la vérité, elle n'a pas été notifiée, dans les vingt-quatre heures, à l'avoué de l'adjudicataire, comme le prescrit l'art. 711 c. pr. civ.; mais que l'adjudicataire n'ayant constitué aucun avoué, cette notification était impossible; le sieur Seube a fait tout ce qui était en son pouvoir de faire en pareille circonstance, en notifiant plus tard au sieur Azémar la surenchère, et en l'assignant devant le tribunal pour la voir recevoir; qu'ainsi, sous tous les rapports, il y a lieu de maintenir la surenchère du sieur Seube;

» Attendu, sur l'omission de la sommation d'audience, de laquelle on veut faire résulter une nullité, que le sieur Azémar est sans qualité pour élever cette querelle, lorsque ses adversaires gardent le silence sur cette prétendue nullité, et se présentent, au contraire, pour soutenir la validité de la surenchère du sieur Seube;

» Sur l'offre de preuve relative à un traité qui aurait existé entre les adversaires du sieur Azémar : — Attendu que, suivant l'art. 467 c. civ., le tuteur ne peut traiter sur les affaires du mineur, qu'après une délibération prise par le conseil de famille, de l'avis de trois jurisconsultes, et un jugement-homologatif de ladite délibération; que ces formalités n'étant pas justifiées, on ne saurait avoir aucun égard à ce traité, en le supposant exister; que même quelques auteurs ont pensé, avec raison, que ces formalités fussent-elles observées dans une espèce semblable à celle-ci, le prix des enchères ou surenchères ne pourrait être réduit, parce que la lésion du mineur étant si manifeste, on devrait rejeter toute délibération, même sanctionnée par un tribunal, qui porterait une si cruelle atteinte à ses intérêts; — Par ces motifs, maintient la surenchère. »

Appel de la part du sieur Azémar, qui reproduit les mêmes moyens invoqués en première instance. Il prétend que le droit de surenchère ne peut, dans tous les cas, être exercé, lorsque, comme dans l'espèce, les parties intéressées avaient, par un accord frauduleux, réduit le résultat de surenchère à un taux moindre que celui fixé par la loi; que la nullité de ce traité, à l'égard des mineurs, n'empêchait pas qu'il ne fût, en sa qualité d'adjudicataire, victime de ces conventions frauduleuses; que les tribunaux ne pouvaient, par conséquent, lui refuser de rapporter la preuve de ces faits. — Arrêt.

LA COUR; — Adoptant les motifs des premiers juges, confirme.

Du 25 juin 1835.-C. de Toulouse, 2e ch.-M. Payan, pr.

(1) (N...) — LA COUR; — En ce qui touche le moyen de nullité tiré de ce que la surenchère aurait été faite, non au greffe du tribunal, mais par acte reçu par le même notaire qui avait procédé à l'adjudication; — Considérant que l'art. 710 c. pr., qui veut que la surenchère soit faite au greffe du tribunal, se trouve au titre de la saisie-immobilière, et dispose pour le cas où l'adjudication de l'immeuble saisi doit avoir nécessairement lieu à l'audience; — Que la faculté de faire la surenchère devant le notaire chargé de la vente, est la conséquence de la disposition de la loi, qui, en matière de vente de biens de mineurs, autorise l'ouverture des enchères, soit devant un membre du tribunal, soit devant un notaire; — Que la surenchère ne pourrait être faite sans danger par l'adjudicataire lui-même ailleurs que dans le lieu indiqué pour la vente; — En ce qui touche la nullité résultant de ce qu'il n'a point été donné copie de la surenchère avec la dénonciation: — Considérant que l'art. 711, qui règle les formes de la surenchère, n'ordonne pas textuellement à celui qui la forme d'en donner copie, et que les nullités ne sauraient se suppléer; — Que l'objet des formalités exigées par cet article est de mettre les parties intéressées à même de s'assurer si les conditions imposées par la loi au surenchérisseur ont été remplies; que l'acte de dénonciation fait le 21 avril 1840, renfermant tous les éléments de la surenchère elle-même, offre aux adjudicataires, dans les énonciations qu'il contient, le moyen de vérifier les vices qui pourraient se trouver dans l'acte de surenchère reçu le 20 du même mois par le notaire Saulnier; — Infirme, etc...

Du 22 déc. 1840.-C. de Paris.

n° 2176; Delaporte, t. 2, p. 313; Hautefeuille, p. 485; Lepage, p. 460, Bioche, 1re édit., n° 133). —Cette question a perdu aujourd'hui, comme on le voit, la plus grande partie de son intérêt.

343. L'intérêt de tous demande l'admission de plusieurs surenchérisseurs : leur concours n'est point défendu par la loi qui, en ne parlant qu'au singulier, ne fait que prévoir le cas le plus ordinaire, sans exclure les autres (Carré, t. 2, n° 2479; Lepage, p. 461 ; Favart, t. 5, p. 65; Pigeau, Com., t. 2, p. 337, et t. 2, p. 250; Berriat, p. 597). —Aussi a-t-il été décidé avec raison que des surenchérisseurs postérieurs ne sont pas écartés par une première surenchère, pourvu qu'ils fassent leur surenchère pendant les huit jours qui suivent l'adjudication, qu'ainsi, une surenchère est valable, quoiqu'un premier surenchérisseur ait déjà dénoncé la sienne et assigné à la prochaine audience (Turin, 30 janv. 1810) (1).

344. Au surplus lorsqu'une adjudication a été faite par lots, chacun des lots adjugés peut être l'objet d'une surenchère spéciale, et il en doit être de même pour le cas où, les lots ayant été réunis et adjugés en bloc, il aurait été passé déclaration de command au profit de diverses personnes auxquelles chacun des lots se trouverait ainsi exclusivement attribué. —Aussi a-t-il été jugé en ce sens : 1° que lorsque, après adjudication en bloc des biens saisis pour un seul et même prix, quoique d'abord ils fussent divisés en deux lots, il arrive que l'avoué enchérisseur fait déclaration de command au profit de deux personnes différentes, à chacune desquelles cette déclaration attribue un des lots primitivement spécifiés, la surenchère peut avoir lieu pour un seul des lots, sans qu'il soit nécessaire qu'elle comprenne la totalité des biens, alors surtout qu'elle est formée par l'un des adjudicataires sur la portion qui lui est étrangère (Limoges, 5 déc. 1833) (2); — 2° Que, de même, lorsque des immeubles ont été adjugés en bloc et pour un prix unique, et que la déclaration de command fait connaître que les immeubles ont été séparés et adjugés à des prix déterminés par ventilation, la surenchère est valablement faite à l'égard de l'un des immeubles, sans qu'il soit besoin de la faire pour l'ensemble de l'adjudication, et sur la totalité du prix (Rouen, 26 janv. 1839, aff. Barré, V. Mariage, n° 923 1°).

§ 5. — *Dénonciation de la surenchère; Procédure pour parvenir à la vente.*

345. La déclaration de surenchère faite et rédigée au greffe, ainsi qu'il vient d'être dit, doit ensuite être dénoncée par un simple acte d'avoué à avoué aux parties intéressées. —L'art. 711 de l'ancien code portait : « La surenchère ne sera reçue qu'à la charge par le surenchérisseur d'en faire, à peine de nullité, la dénonciation dans les 24 heures aux avoués de l'adjudicataire du poursuivant et de la partie saisie si elle a avoué constitué, sans néanmoins qu'il soit nécessaire de faire cette dénonciation à la personne ou au domicile de la partie saisie qui n'aurait pas d'avoué » —L'art. 709 du nouveau code reproduit cette disposition en substituant au délai de 24 heures que l'expérience avait fait juger insuffisant un délai de trois jours.

346. De graves difficultés s'étaient élevées dans la pratique sur l'observation du délai de 24 heures fixé par l'art 711 ; on s'était demandé si ce délai devait être compté d'heure à heure à partir du moment même de la surenchère, ou si la loi accordait un jour plein et entier à partir du jour où avait été reçue la déclaration de surenchère. —Cette dernière interprétation avait prévalu et il avait été décidé : 1° que la dénonciation d'une surenchère faite le lendemain de sa date est valable quoiqu'elle ne fasse pas mention de l'heure à laquelle elle a été faite (Liége, 5 janv. 1809, aff. Havar C. Burtin) ; — 2° Qu'une surenchère reçue au greffe à 10 heures du matin est valablement dénoncée le lendemain, encore que l'acte de dénonciation ne fasse aucune mention de l'heure (Caen, 21 déc. 1812, aff. Degron C. Mouville; Conf. MM. Carré, n° 2383; Pigeau, comm. t. 2, p. 338; Favard, t. 5, p. 65) ; — 3° Que de même le délai de 24 heures ne courait qu'à partir de l'expiration du jour où avait lieu la surenchère, et non à compter de l'heure de la surenchère, quand même cette heure était indiquée au procès-verbal (Montpellier, 7 mai 1838) (3).

---

(1) (Ques... C. N.) — LA COUR; — Attendu qu'en se pénétrant de l'esprit de la loi concernant les surenchères, il est aisé de se convaincre que l'intention du législateur a été de protéger la partie saisie et ses créanciers, en accordant un délai convenable pour donner connaissance du prix de la vente, et en admettant autant de surenchérisseurs qu'il serait possible pour l'augmenter ; que ce vœu est clairement prononcé à l'art. 710 c. pr. civ., où il est dit que toute personne pourra surenchérir dans le délai de huitaine, du jour de l'adjudication ; que, d'après cette disposition claire et générale, c'est en vain que l'appelant s'efforce de donner toute autre interprétation à cet article, à l'appui des articles subséquents; car il est évident que les mots *prochaine audience*, dont il est fait mention à l'art. 711, ne peuvent avoir d'autre application, qu'à la prochaine audience des criées, que le tribunal ne peut indiquer qu'après le délai de rigueur fixé par ledit art. 710; et il est également vrai de dire que l'expression *celui qui*, employée en l'art. 712 dudit code, ne peut dans le sens de la loi être envisagée que comme synonyme du mot *quiconque*, en lui donnant l'acception la plus étendue, que l'on doit nécessairement adopter d'après la disposition dudit art. 710, qui, en accordant à toute personne le droit de surenchérir (dans le système de l'appelant qui n'admet qu'un seul surenchérisseur) se trouverait en contradiction manifeste avec l'art. 712 ; qu'en conséquence la surenchère de l'intimé pendant le délai de huitaine, n'a pu être repoussée par le motif qu'une autre surenchère avait déjà été faite par l'appelant ; — Met l'appel au néant.

Du 30 janv. 1810.-C. de Turin.

(2) (Fredon C. Ruby, etc.).— LA COUR ; — Sur la question de savoir si la surenchère est nulle, comme ne frappant que sur le domaine de Lagorce; — Attendu que les biens saisis sur le sieur Barrière, dit Lagorce, se composaient d'un domaine appelé de *Lagorce* et d'une réserve appelée de *Lussac ;* que ces immeubles furent d'abord adjugés partiellement; qu'ils furent ensuite bloqués, et que l'adjudication définitive eut lieu pour le prix de 26,500 fr. au profit de Chastenet, avoué, avec réserve de faire une déclaration de command ; que cette déclaration de command a eu lieu pour la réserve, au profit des époux Ruby, pour la somme de 6,500 fr.; qu'ils ont depuis fait une surenchère du quart, sur le domaine de Lagorce, adjugé pour la somme de 20,000 fr. à Louis Fredon ; — Que Louis Fredon argue cette surenchère de nullité, comme n'étant pas du quart principal de la vente, puisqu'elle ne porte pas et ne saurait porter sur la réserve de Lussac, attribuée aux enchérisseurs par la déclaration de command ; qu'à la vérité, il n'y a eu par l'adjudication définitive qu'une seule adjudication et un seul prix ; mais qu'il résulte de l'adjudication avec réserve de faculté de command et de la déclaration de command, que l'adjudication définitive a réellement eu lieu partiellement, au profit de deux personnes, de biens distincts et pour des prix séparés ; qu'il y a eu ainsi deux ventes; que le prix principal de l'une était de 6,500 fr., et le prix de l'autre de 20,000 fr.; que, dans cette situation, chacun des adjudicataires pouvait faire une surenchère, sur l'adjudication de l'autre ; qu'il est si vrai que les ventes étaient distinctes que, si l'un des adjudicataires n'eût pas payé le prix de son acquisition, la revente sur folle enchère n'aurait pu avoir lieu sur la tête de celui qui aurait rempli fidèlement les conditions qui étaient à sa charge, et qu'il n'y avait pas de solidarité entre les deux adjudicataires :—Confirme.

Du 5 déc. 1833.-C. de Limoges, 3e ch.-M. Goutepagnon, pr.

(3) (Blanchy C. Desmares.) — LA COUR ; — Attendu que, d'après le système général du c. de pr. civ., les délais courent à partir seulement de l'expiration du jour auquel a été fait l'acte qui fixe le point de départ. — Que, dans ce cas particulier prévu par l'art. 711, c'est à l'expiration du jour de la déclaration de surenchère qu'il faut fixer l'instant où prend cours le délai de vingt-quatre heures pour sa notification ; — Que, pour qu'il en fût autrement, il faudrait que la loi eût déclaré que ce délai prendrait cours sur l'heure même de la surenchère ; — Qu'alors il eût été indispensable que la loi eût ordonné de mentionner cette heure dans l'acte de surenchère, sans quoi il n'existerait aucun moyen de supputer le délai ; — Que, dans l'esprit de la loi, la période de vingt-quatre heures est une période d'un jour, et qu'elle doit donner le même temps pour l'accomplissement de la formalité prescrite ; — Que, sous le premier aspect, la notification de la surenchère dont il s'agit est venue dans le délai utile, sans qu'il serve à rien d'objecter que l'heure de la surenchère avait été indiquée ; — Que l'accomplissement de cette formalité surabondante et non prescrite ne peut ajouter au délai ni en rien retrancher ;—Que, surabondamment, ledit délai de vingt-quatre heures dût-il se compter, contrairement à la règle générale, à partir d'une heure déterminée, et non à partir du jour de l'acte, ce délai devrait toujours s'entendre d'un délai franc de vingt-quatre heures ; — Que, par conséquent, l'heure à laquelle la surenchère a été déclarée au greffe ne devrait pas être comptée ; — Qu'ainsi, la surenchère ayant eu lieu le 19, à trois heures de relevée, aurait pu être dénoncée en temps utile le lendemain 20, à quatre heures du soir ; — Infirme.

Du 7 mai 1838.-C. de Montpellier, 1re ch.-M. Viger, 1er pr.

347. Toutefois Carré (*loc. cit.*) proposait une distinction sur ce point; c'était de considérer comme valable la dénonciation faite le lendemain de la surenchère dans le cas où l'heure de la réception de la surenchère ou celle de la dénonciation ne serait pas constatée, la présomption, en pareil cas, étant que la dénonciation aurait été faite en temps utile, mais de tenir au contraire la surenchère pour nulle s'il était établi qu'il se fût écoulé plus de vingt-quatre heures entre la déclaration de surenchère et la dénonciation. — C'est cette espèce de moyen terme que l'un des arrêts précédemment cités semble avoir adopté en décidant que lorsque l'acquéreur soutient que la dénonciation a eu lieu après les vingt-quatre heures, c'est à lui de le prouver, la loi n'exigeant pas que l'on fasse mention dans les actes extrajudicaires de cette matière de l'heure à laquelle on les fait (Liége, 5 janv. 1809, aff. Havar C. Burtin). — Cette question, au surplus, ne peut avoir d'intérêt qu'au point de vue général des délais que la loi pour d'autres cas a pareillement fixés à vingt-quatre heures; elle n'en a plus au point de vue particulier de la surenchère.

348. En tout cas, lorsque l'acte de surenchère avait été déclaré au greffe à quatre heures du soir, il était valablement dénoncé le lendemain à pareille heure (Orléans, 18 juill. 1835) (1).

349. Il a été jugé pareillement qu'alors même que le délai de 24 heures devrait se compter à partir d'une heure déterminée, et non du jour de l'acte, c'était un délai franc; en sorte que, si la surenchère avait eu lieu le 19 à 3 heures de relevée, l'acte de dénonciation était fait utilement le lendemain à 4 heures du soir (Montpellier, 7 mai 1838, aff. Blanchy, V. n° 346-3°).

350. Le délai de *trois jours*, substitué maintenant à celui de vingt-quatre heures, doit nécessairement s'entendre de trois jours pleins et entiers, et, par conséquent, le jour de la surenchère n'y est pas compris. — Mais ce second délai, tout aussi bien que le premier, court dans tous les cas à partir du jour même de la surenchère, et, par exemple, celui qui aurait surenchéri plusieurs jours avant l'expiration du délai de huitaine qui lui est accordé par l'art. 708, ne serait pas fondé à prétendre que le temps qui restait à courir au moment de la surenchère, pour atteindre le terme de la huitaine, doit être ajouté aux trois jours accordés pour la dénonciation. — Aussi a-t-il été justement décidé en ce sens que le délai de trois jours, fixé pour la dénonciation de la surenchère, court du jour de la surenchère, et non pas seulement du jour de la huitaine accordée par l'art. 709 c. pr. nouveau pour surenchérir (Caen, 12 janv. 1842) (2).

351. Lorsque le délai de la dénonciation n'était que de vingt-quatre heures, on décidait que, lorsque ce délai tombait un jour de *fête légale*, la notification pouvait être prorogée au lendemain (V. les arrêts cités v° Jour férié, n° 49-1° et 2°). — Mais il n'en est plus de même aujourd'hui : le délai n'est pas susceptible de prorogation quand le troisième jour tombe un jour férié (Caen, 12 janv. 1842, aff. Lemoine, V. *suprà*, n° 350; Conf. M. Petit, n° 97).

352. La surenchère pourrait-elle être valablement dénoncée un jour férié, lorsque ce jour était celui de l'expiration du délai (c. pr. 1037)? M. Petit, p. 99 et 100, pense qu'elle ne pourrait l'être même en vertu de la permission du juge. — Toutefois, il a été décidé que cette dénonciation peut être faite un jour de dimanche (Rej. 7 avr. 1819, aff. Ferrand, V. Exploit, n° 359-6°). — C'est en ce dernier sens que nous nous sommes prononcés v° Exploit, n° 359.

353. La loi ne parle que de la dénonciation à faire à l'adjudicataire, au poursuivant et à la partie saisie; mais l'obligation pour le surenchérisseur de dénoncer la surenchère s'applique aussi à l'égard de celui ou de ceux qui auraient surenchéri avant lui; ils ont intérêt à contester sa surenchère (Carré, n° 2386; Pigeau, p. 272). — Il faut donc que cette dénonciation aux précédents surenchérisseurs soit, à peine de nullité, faite dans les délais et avec les formalités de l'art. 709 (Carré, *loc. cit.*). — Si la loi ne s'en est pas formellement expliquée, c'est qu'elle a statué particulièrement pour le cas le plus ordinaire, celui où il n'existe pas de précédente surenchère.

354. La loi, en disposant que la surenchère serait dénoncée à l'avoué de l'adjudicataire, a également eu en vue le cas le plus ordinaire, celui où l'adjudication a eu lieu devant le tribunal, et elle a prescrit cette forme particulière de signification, parce qu'en ce cas l'adjudicataire a nécessairement un avoué, puisqu'il n'a pu enchérir que par le ministère de celui-ci; mais si l'adjudication avait eu lieu devant notaires, l'adjudicataire ou les adjudicataires, à moins qu'ils n'eussent été parties dans la poursuite, n'auraient pas d'avoué, et dans ce cas l'acte de surenchère devrait leur être dénoncé dans les formes ordinaires, c'est-à-dire à personne ou domicile. — Jugé en ce sens que la surenchère, dans le cas où l'adjudication a eu lieu devant notaire, est régulièrement dénoncée par notification adressée à l'adjudicataire, à personne ou à domicile (Paris, 6 fév. 1846, aff. Etignard, D. P. 46. 4. 472; Metz, 1er mai 1850, aff. Reinert, D. P. 52. 2. 129).

355. Il eût été rigoureux en pareil cas, et alors que le délai pour cette dénonciation n'était que de vingt-quatre heures, d'exiger, à peine de nullité, qu'elle fût faite à personne ou domicile dans un si bref délai, ce qui aurait été souvent impossible. — Aussi avait-il été décidé que la surenchère n'était pas nulle pour

---

(1) (Zir... C. N....) — LA COUR; ... — En droit; — Attendu que le délai de vingt-quatre heures, fixé par l'art. 711 c. pr. civ., pour la notification de la surenchère, doit s'entendre, non du commencement, mais de la perfection de l'acte de surenchère, le délai prescrit pour la dénonciation ne pouvant courir avant son existence; — Attendu, en fait, que l'avoué du surenchérisseur s'étant présenté, le 17 avril, à quatre heures, au greffe, pour y faire la déclaration de surenchère, cet acte n'a reçu son complément que par la signature, et qu'il s'est écoulé nécessairement un trait de temps entre le commencement de la rédaction de cet acte et le moment où il l'a signé; — Attendu que la dénonciation qui a suivi ayant eu lieu le lendemain à l'heure déjà indiquée, il s'ensuit que ce délai prescrit pour cette dénonciation n'a pas été excédé; qu'ainsi aucune déchéance n'a pu être prononcée; — Déclare la surenchère bonne et valable, etc.

Du 18 juill. 1835.-C. d'Orléans.

(2) (Lemoine C. Renoux.) — LA COUR; — Considérant que Lemoine s'étant rendu, le 26 nov. 1841, adjudicataire d'immeubles judiciairement vendus, Renoux a formé, le 2 déc. suivant, au greffe du tribunal civil de Vire, une surenchère d'un sixième, mais qu'il ne l'a dénoncée que le 6 du même mois de déc. à l'adjudicataire, et que celui-ci en a demandé la nullité, fondée sur ce que la dénonciation en a été tardivement faite; — Considérant que, pour repousser la nullité proposée, Renoux a soutenu : 1° que le délai de trois jours, fixé par le nouvel art. 709 c. pr. civ., pour la dénonciation de la surenchère, ne devait partir que de l'expiration du délai de huit jours accordé par l'art. 708 pour former la surenchère; 2° que le troisième jour après cette surenchère faite, étant un jour férié, la dénonciation avait pu être remise au lendemain; — Considérant, sur le premier moyen, que l'art. 709, se bornant à dire purement et simplement que la surenchère devra être dénoncée dans les trois jours, sans indication expresse du point de départ de ces trois jours, doit naturellement être entendu en ce sens qu'ils partent de celui de la surenchère elle-même; qu'à la vérité l'art. 708 accorde huit jours pour la faire, et qu'ainsi Renoux pouvait la différer jusqu'au 4 déc.; mais qu'une fois qu'elle a été faite, l'application de l'art. 708 a été épuisée, et qu'alors a commencé une nouvelle formalité à remplir pour laquelle l'art. 709 a fixé un nouveau délai tout à fait indépendant du premier; que, du reste, cette solution n'a nullement pour effet de restreindre, à l'égard des tiers, le délai accordé par l'art. 708; et qu'en effet, si toute autre personne avait formé une surenchère le dernier jour de ce délai, elle l'aurait valablement dénoncée dans les trois jours qui l'auraient suivi, nonobstant la première surenchère non dénoncée en temps utile;

Considérant, sur le deuxième moyen, qu'aucune loi générale ne déclare que les délais seront prolongés d'un jour quand celui de l'échéance sera un jour férié; que quand le législateur a voulu qu'il en fût ainsi par exception, il s'en est formellement expliqué, comme on le voit dans l'art. 162 c. com.; qu'il est vrai que sous l'empire de l'ancien art. 710 c. pr. civ., quelques cours avaient pris sur elles d'admettre une pareille exception, à cause de la brièveté du délai, qui n'était alors que de vingt-quatre heures; mais que ce motif n'existe plus aujourd'hui, et que c'est peut-être précisément pour enlever tout prétexte à un semblable arbitraire, que la loi du 2 juin 1841, malgré sa tendance à activer la poursuite et à abréger les délais, a étendu celui-là à trois jours; qu'une nouvelle extension est d'autant moins admissible, qu'après tout l'art. 1037 c. pr. offre en ce cas un moyen de faire régulièrement une signification, même les jours de fête légale; — Considérant qu'il demeure donc constant que la surenchère dont il s'agit n'a pas été dénoncée dans le délai prescrit par l'art. 709, et que, par suite, elle doit être déclarée nulle, d'après l'art. 715; — Par ces motifs, infirme le jugement dont est appel; en conséquence, déclare nulle comme tardive la surenchère formée par Renoux, etc.

Du 12 janv. 1842.-C. de Caen, 4e ch.-M. Binard, pr.

avoir été notifiée après les vingt-quatre heures, dans le cas où, par défaut d'avoué, cette notification n'avait pu se faire qu'à la personne ou au domicile de chaque partie (Toulouse, 25 juin 1835, aff. Azémar, V. n° 337-1°). — Mais aujourd'hui que le délai est suffisant, même pour signifier à personne ou domicile, nous pensons qu'il doit être également observé à l'égard de l'adjudicataire qui n'aurait pas d'avoué, sauf dans ce cas exceptionnel, s'il y a lieu, à augmenter le délai en raison des distances, d'après les règles ordinaires (c. pr. 1033). — C'est donc avec raison, suivant nous, qu'il a été jugé, que, même dans le cas où l'adjudication a eu lieu devant un notaire, l'individu qui veut surenchérir est tenu, à peine de nullité, de faire dans les trois jours dénonciation de surenchère à l'adjudicataire; en vain objecterait-on que cette obligation n'est imposée par l'art. 709 c. pr. que lorsque les enchères ont eu lieu lieu devant le tribunal et par le ministère d'avoué (Metz, 1er mai 1850, aff. Reinert, D. P. 52. 2. 129).

356. En prescrivant, du reste, cette dénonciation à l'adjudicataire, c'est de l'adjudicataire apparent que la loi a entendu parler; on ne pourrait donc pas annuler une surenchère sous le prétexte qu'elle n'aurait pas été dénoncée dans les délais à ceux qui cet adjudicataire se serait substitués par une déclaration de command. — Il a été décidé en effet: 1° que dans le cas même où il y a eu déclaration de command, la dénonciation de la surenchère peut être faite à l'avoué de l'adjudicataire, alors surtout que la déclaration de command n'a pas été notifiée au créancier surenchérisseur: — « Attendu, porte l'arrêt, que, dans la forme, la dénonciation de surenchère faite à l'avoué de l'adjudicataire même, a d'autant plus rempli le prescrit de la loi que la déclaration de command n'avait pas été notifiée à Fontaine, créancier enchérisseur; rejette » (Req. 28 nov. 1809, MM. Henrion, pr., Rupérou, rap., aff. Gittard C. Fontaine); — 2° Qu'il suffit que la notification ait été faite à l'adjudicataire si les commands qu'il s'est substitués n'ont pas été connus du surenchérisseur (Paris, 6 fév. 1846, aff. Etignard, D. P. 46. 4. 472).

357. La surenchère doit être notifiée à l'avoué constitué par le saisi; il a été jugé que la surenchère est une suite de l'adjudication, en ce sens que si le saisi a fait élection de domicile chez un avoué pour l'exécution et les suites de l'adjudication, la dénonciation de la surenchère à la partie saisie est valablement faite à ce domicile élu (Paris, 6 août 1832) (1). — Il en serait ainsi alors même que l'avoué aurait été constitué sur incident (Carré, n° 2387; Bioche, n° 289). — Jugé, cependant, que la surenchère ne peut et ne doit pas être signifiée à l'avoué que le saisi aurait constitué pour proposer des moyens de nullité contre la saisie, parce que le ministère de cet avoué a cessé lors du jugement qui a statué sur ces moyens (Paris, 25 août 1810) (2). — Carré, *loc. cit.*, et Favard, t. 5, p. 66, critiquent cette décision avec raison, suivant nous, attendu que le mandat de l'avoué, en pareil cas, ne doit cesser qu'à l'expiration des poursuites dont la procédure de surenchère fait nécessairement partie (Conf. M. Petit, p. 104).

358. L'instance en surenchère n'est qu'une continuation de la poursuite qui a précédé la première adjudication. Il s'ensuit, ainsi que cela a été jugé, que l'autorisation d'enchérir donnée par le mari à sa femme comprenant celle de défendre à toutes les suites de l'adjudication, et spécialement de défendre à la demande en validité de surenchère, le surenchérisseur n'est pas obligé de dénoncer sa surenchère au mari, avec assignation afin d'autoriser sa femme à ester en justice, sur la demande en validité de surenchère (Rouen, 26 janv. 1839, aff. Barré, V. Mariage, n° 923-1°).

359. Mais la surenchère ne devrait pas pas être dénoncée à celui qui, bien qu'étant intervenu dans les poursuites par le ministère d'un avoué, ne se serait cependant pas rendu partie dans ces poursuites. — Il a été jugé en ce sens que lorsque sur la demande en distraction des immeubles saisis sur le mari, la femme copropriétaire a consenti à la continuation des poursuites moyennant attribution du prix de vente proportionnellement à son droit de copropriété, elle n'est pas pour cela devenue partie dans les poursuites de saisie, en sorte qu'il y ait eu obligation de lui notifier la surenchère (même arrêt).

360. Quand plusieurs des parties auxquelles la surenchère

(1) *Espèce* : — (Danger C. Bellanger, etc.) — M. Bellanger et madame Degatigny ont surenchéri un immeuble adjugé sur saisie immobilière à M. Danger; ils ont notifié leur acte de surenchère à MM. Mauriès frères, parties saisies, au domicile de Me Gracien, leur avoué, comme domicile élu expressément, par l'une des clauses du cahier des charges, pour l'exécution et les suites de l'adjudication. Ils ont offert pour caution un immeuble appartenant à Me Petit, notaire, par l'intermédiaire duquel M. Bellanger et madame Degatigny étaient devenus créanciers hypothécaires de MM. Mauriès. MM. Mauriès n'ont point contesté; mais M. Danger, adjudicataire, a présenté divers moyens de nullité; il a prétendu: 1° que les deux créanciers surenchérisseurs, en se réunissant, eussent dû se soumettre à la solidarité; en deuxième lieu, la surenchère eût dû être, dans les termes du droit commun, notifiée aux vendeurs, à leur domicile réel, et non au domicile élu pour l'exécution et les suites de l'adjudication. La surenchère, en effet, n'est pas une des suites de l'adjudication; c'est une instance nouvelle qui s'introduit par ajournement, avec constitution d'avoué. Il faudrait que ce fût une conséquence nécessaire, une suite indispensable; et la surenchère n'a pas plus ce caractère que l'appel, à l'égard de la demande originaire; il ne serait pas plus logique de signifier la surenchère au domicile élu par le cahier des charges de l'adjudication, que l'appel au domicile élu par la demande. Au reste, que ce moyen de nullité ne soit pas présenté par les parties saisies, cette circonstance est peu importante: l'adjudicataire qui le propose a un intérêt suffisant, puisque c'est désormais à lui qu'il importe de faire maintenir son adjudication.

2° D'après les art. 2018 et 2019 c. civ., la caution offerte doit justifier de sa solvabilité par des propriétés foncières. Me Petit justifie des titres de propriété d'une maison sise à Paris, rue des Mathurins, n° 11; mais, d'une part, le prix d'acquisition de cette maison n'est que de 153,000 fr. pour caution d'une surenchère qui doit s'étendre en raison du dixième en sus du prix d'adjudication et des frais de poursuite, de vente et d'acquisition, à près de 260,000 fr. D'autre part, la caution a paru insuffisante à Me Petit lui-même, puisqu'il a offert, depuis, une inscription de 1,000 fr. de rente sur l'Etat.

Ce complément, insuffisant encore, est irrecevable par deux motifs: le premier, c'est qu'une telle valeur ne peut, aux termes des articles ci-dessus cités, servir à établir la solvabilité, surtout lorsque la rente n'est pas déposée à la caisse des consignations, et accompagnée d'un transfert; sur une telle valeur, incessamment transmissible, même par duplicata, lorsque le titre est déposé, on ne peut asseoir les mêmes garanties que sur un immeuble d'hypothèques et d'inscriptions. Le deuxième motif de rejet de l'offre d'une inscription de rente, c'est que cette offre est tardive: c'est au moment même de la surenchère que doit se faire la justification de la solvabilité et l'offre de toutes les garanties. Il n'appartiendrait pas même au tribunal de suppléer à cette irrégularité, qui constitue une nullité acquise.

Le tribunal a rejeté ces moyens par un jugement ainsi conçu: — « En ce qui touche la nullité de la dénonciation faite aux sieurs Mauriès, en ce qu'elle aurait été portée au domicile de Me Gracien, avoué: — Attendu que cette nullité n'est proposée que par Danger, adjudicataire; — Attendu que, par le jugement d'adjudication, il a été élu par Mauriès frères, un domicile chez Me Gracien, pour l'exécution et les suites de l'adjudication, et que la dénonciation de la surenchère a été valablement faite à ce domicile; — En ce qui touche la suffisance de la caution: — Attendu que l'immeuble dont la caution justifie être propriétaire, et la rente de 1,000 fr., par lui offerte comme supplément, présentent une garantie suffisante; — Sans s'arrêter aux conclusions de Danger à fin de nullité, déclare bonne et valable la surenchère signifiée; reçoit, comme caution de ladite surenchère, Me Petit; ordonne qu'il fera sa soumission au greffe; ordonne également qu'après cette soumission, l'inscription de rente sur l'Etat, par lui offerte, sera déposée à la caisse des consignations, et transférée au nom du directeur de cette caisse, avec mention du motif de ce transfert et du présent jugement, etc. » — Appel. — Arrêt.

LA COUR; — Adoptant les motifs des premiers juges, confirme.

Du 6 août 1832.-C. de Paris, 1re ch.-M. Dehérain, pr.

(2) (Veuve Marquet C. Houdaille.) — LA COUR; — Considérant que la poursuite de saisie immobilière ne constitue pas une instance, qu'elle n'est qu'une voie d'exécution dans laquelle le saisi n'est partie que lorsqu'il forme une demande et jusqu'au jugement définitif qui y statue; — Qu'ainsi le ministère de l'avoué de la veuve Marquet constitué sur la demande par elle formée le 8 fév. 1808, ayant cessé par le jugement définitif intervenu sur cette demande, la surenchère n'a pas dû lui être dénoncée;

Considérant que la prochaine audience indiquée par l'art. 711 du code ne doit s'entendre que de celle qui laisse aux parties un intervalle suffisant pour comparaître, et que d'ailleurs, la loi n'impose pas au surenchérisseur, à peine de nullité, l'obligation d'assigner à l'audience la plus prochaine, de telle sorte qu'il fût obligé d'assigner à celle qui aurait lieu, le jour même ou le lendemain; — Emendant, déboute la partie de Tripier de sa demande.

Du 25 août 1810.-C. de Paris.

doit être dénoncée sont représentées par un seul et même avoué, il faut, d'après les règles ordinaires, signifier autant de copies qu'il y a de parties ayant des intérêts distincts.—Il a été jugé en ce sens que la surenchère sur adjudication par expropriation forcée, faite à l'avoué qui occupe à la fois pour lui-même comme créancier inscrit, pour le poursuivant et pour l'adjudicataire, est nulle à l'égard du poursuivant, si elle a été faite à l'avoué en une seule copie, et seulement en sa qualité d'avoué occupant pour lui-même et pour l'adjudicataire (Nîmes, 12 janv. 1830 (1). —Conf. M. Petit, p. 105). — Jugé, au contraire, que si le poursuivant et l'adjudicataire ont le même avoué, la surenchère peut être signifiée à cet avoué par une seule copie, pourvu qu'elle énonce sa double qualité (Riom, 25 mai 1838) (2).

361. En tout cas, il ne serait pas nécessaire d'assigner par double copie une seule et même personne, bien qu'elle le fût en deux qualités distinctes (V. Liége, 6 août 1838, aff. Granjean, n° 316).

362. La dénonciation doit être formulée de telle manière qu'elle porte à la connaissance des parties intéressées, par les énonciations qu'elle contient, toutes les circonstances de la surenchère et surtout celles qui constituent sa validité, mais il n'est pas nécessaire de donner copie textuelle de cet acte; la loi ne l'exige pas. — Et il a été jugé en ce sens que la dénonciation de la surenchère n'est pas nulle à défaut de contenir la copie de l'acte de surenchère (Paris, 22 déc. 1840, aff. N..., n° 337-2°).

363. Elle pourrait être valablement dénoncée à la requête d'un mandataire, si l'acte portait toutes les énonciations exigées, et indiquait d'ailleurs clairement le véritable surenchérisseur.— Il a été jugé en ce sens que, de ce qu'une surenchère et sa dénonciation sont déclarées formées à la requête du mandataire, il n'en résulte pas une nullité, si d'ailleurs c'est pour le mandant dont les noms et prénoms ont été indiqués dans ces actes que le mandataire a déclaré qu'il agissait (Bordeaux, 21 fév. 1851, aff. Martin, D. P. 51. 2. 191).

364. Avant la loi de 1841, le sort de la surenchère dépendait de la seule volonté du surenchérisseur qui, s'il *renonçait* à donner suite à son projet, pouvait, en s'abstenant de la notifier, se dégager de ses obligations au grand préjudice du saisi et des créanciers. — Mais cette dernière loi, par une innovation heureuse, a fourni aux parties intéressées au maintien de la surenchère, un moyen à l'aide duquel il dépendra toujours de leur vigilance d'empêcher qu'une surenchère valablement formée soit abandonnée à leur préjudice. Aux termes de l'art. 709, si le surenchérisseur ne dénonce pas dans le délai fixé, il est accordé au poursuivant, aux créanciers inscrits et au saisi un nouveau délai de trois jours, à partir de celui-ci pour dénoncer la surenchère.—Et ce n'est qu'à défaut par eux de faire cette dénonciation que la nullité est définitivement encourue.—Il est, au reste, superflu de faire remarquer que la dénonciation faite en pareil cas par le poursuivant, le saisi ou les créanciers, n'aurait pas pour effet de donner force et valeur à une surenchère qui serait nulle dans son principe : tout son effet est d'empêcher qu'une surenchère valablement formée ne demeure non avenue, à défaut de dénonciation dans les délais.—V. comme analogie, n° 244.

365. Sous l'ancien code, la nullité résultant du défaut de dénonciation dans le délai était relative, et on a jugé : 1° que chacune des parties auxquelles la notification de la surenchère doit être faite pouvait renoncer à la nullité résultant du défaut de notification régulière à son égard; et que, dans ce cas, les autres parties qui avaient reçu la notification dans les délais, n'avaient pas le droit, nonobstant cette renonciation, de se prévaloir de l'irrégularité commise vis-à-vis du renonçant pour faire annuler sur ce motif la surenchère (Req. 18 fév. 1839) (3); — 2° Qu'ainsi un moyen de nullité résultant de ce que la surenchère n'aurait pas été régulièrement signifiée au domicile du saisi, n'est pas opposable par l'adjudicataire (Paris, 6 août 1832, aff. Danger, n° 357). — Mais aujourd'hui cette nullité est absolue : l'art. 709 du code modifié, portant qu'à défaut de dénonciation, de la part du surenchérisseur ou de ceux qui sont autorisés, aux termes même de cet article, à faire cette dénonciation en son lieu et place, la surenchère sera nulle *de droit, sans qu'il soit besoin d'en faire prononcer la nullité*. — Malgré la rigueur de pareils termes, quelques arrêts cependant ont continué à suivre l'esprit de l'ancien code et à interpréter dans un sens relatif la nullité radicale attachée aujourd'hui au défaut de dénonciation dans les délais; c'est ainsi qu'il a été jugé, par exemple, que l'adjudica-

(1) (Brunet C. Colomb, etc.) — La cour; — Attendu, en droit, que l'art. 711 c. pr. porte que la surenchère ne pourra être reçue qu'à la charge, par le surenchérisseur, d'en faire, à peine de nullité, dénonciation dans les vingt-quatre heures aux avoués de l'adjudicataire, du poursuivant et de la partie saisie; qu'en fait, la seule copie de la surenchère qui ait été donnée à l'avoué Mestre, l'a été seulement en sa qualité d'avoué de l'adjudicataire et d'avoué occupant pour lui-même, comme créancier inscrit, et ne fait aucune mention de la partie poursuivante dont il était aussi l'avoué; qu'ainsi, à l'égard de cette dernière, il y a omission d'une disposition prescrite, à peine de nullité, par l'art. 711 précité; d'où il suit que, quelque fâcheuses qu'en soient les conséquences, et quelle qu'en ait été la cause, le jugement qui valide cette surenchère, formellement annulée par la loi, doit être réformé; — Emendant, annule la surenchère, etc.

Du 12 janv. 1830.-C. de Nîmes, 1re ch.

(2) *Espèce :* — (Rodde et Borias C. Laroche) — Le tribunal de Clermont avait statué sur ces deux questions, dans les termes que voici : — « En ce qui touche la surenchère faite par Rodde : — Attendu qu'au jour indiqué pour l'adjudication définitive, Borias, avoué du poursuivant, est devenu adjudicataire pour lui ou son mieux, des immeubles vendus; — Attendu, dès lors, que la surenchère devant être notifiée, à peine de nullité, et à l'avoué du poursuivant et à celui de l'adjudicataire, du moment que Borias renfermait ces deux qualités, deux copies devaient lui être remises; — Attendu que la nullité étant prononcée en la forme, il devient inutile d'examiner la surenchère au fond; — En ce qui touche celle faite par Laroche : — Attendu, en la forme, qu'elle est régulière, y ayant eu deux significations faites à Borias, pris comme avoué poursuivant et comme avoué adjudicataire; — Attendu que le prix doit être distinct des charges; qu'y comprendre forcément et dans tous les cas les frais, ce serait souvent rendre la surenchère impossible...; — Que, dès lors, la surenchère est fondée; — Par ces motifs, etc. » — Appel par Rodde et Me Borias. — Arrêt.

La cour; — En ce qui touche l'appel interjeté par Borias contre Laroche : — Par les motifs des premiers juges et les adoptant; — En ce qui touche l'appel interjeté par Rodde contre Borias : — Attendu que la surenchère faite par Rodde le 5 janv. 1838, a été dénoncée le même jour à Me Henry Borias, avoué près le tribunal, y occupant pour Benoît Violon, et pris, en outre, comme adjudicataire des biens de Jean Dupic; — Attendu que, par cette dénonciation signifiée à Me Borias, en sa double qualité d'avoué du poursuivant et d'adjudicataire, le sieur Rodde a rempli suffisamment les formalités voulues par l'art. 711 c. pr.; — Attendu, d'une autre part, qu'en offrant le quart de la somme de 650 fr., prix principal, ledit Rodde s'est conformé aux dispositions de l'art. 711; — Dit qu'il a été bien jugé par le jugement du 18 janv. 1838, relativement à la surenchère du sieur Laroche; mal jugé par le second jugement, en ce que la surenchère du sieur Rodde a été annulée à défaut de dénonciation de deux copies; émendant, déclare la surenchère bonne, régulière et valable, etc.

Du 25 mai 1838.-C. de Riom, 2e ch.-M. Tailland, pr.

(3) (Bréhon C. Levasseur et autres.)—La cour; — Attendu, en droit, que ce n'est pas dans un intérêt général d'ordre public, nullement compromis dans l'espèce, mais bien dans l'intérêt particulier et distinct de chacune des parties, que l'art. 711 c. pr. civ. ne permet la surenchère qu'à la charge par le surenchérisseur d'en faire, à peine de nullité, la dénonciation dans les vingt-quatre heures aux avoués de l'adjudicataire, du poursuivant et de la partie saisie; — Attendu que cette nullité étant ainsi non pas absolue, mais relative, chacune des parties est en droit, en ce qui la concerne, d'y renoncer, sans qu'il soit permis aux autres de la faire revivre au préjudice de la partie elle-même qui y a renoncé, et en faveur de laquelle la nullité a été introduite; — Et attendu qu'il est constant et reconnu, en fait, par l'arrêt attaqué, d'un côté, que la dénonciation de la surenchère a été régulièrement faite par le surenchérisseur à Bréhon adjudicataire, demandeur en cassation, et que, de l'autre, les poursuivants à l'avoué desquels la même dénonciation n'a pas été faite, ont demandé et obtenu acte de ce qu'ils déclarent ne pas se prévaloir du défaut de signification dans les vingt-quatre heures de la surenchère, renoncer en tant que de besoin à cette signification et consentir à l'admission pure et simple de ladite surenchère; — Que, d'après ces faits, en décidant que Bréhon adjudicataire, demandeur en cassation, ne pouvait pas exciper de ce défaut de signification au préjudice des poursuivants, et en admettant, en conséquence, la surenchère dont il s'agit, l'arrêt attaqué (de la cour de Rouen, du 30 juin 1838), loin de violer l'art. 711 c. pr. civ., invoqué par le demandeur, s'est conformé à sa lettre et à son esprit; — Rejette.

Du 18 fév. 1839.-C. C., ch. req.-MM. Zangiacomi, pr.-Lasagni, r.-Bayeux, f. f. d'av. gén.-Cotelle, av.

taire sur saisie immobilière est sans qualité pour proposer la nullité d'une surenchère tirée du défaut de notification au saisi, alors que ce dernier déclare qu'il n'entend pas se prévaloir de cette nullité (Montpellier, 27 avr. 1850, aff. Benker, D. P. 50. 2. 140).

366. D'après l'art. 711 de l'ancien code, les enchères ne devaient s'ouvrir qu'entre l'adjudicataire et les enchérisseurs seulement. — L'adjudication, par conséquent, n'avait nul besoin d'être annoncée par des placards et insertions, il suffisait d'un simple avenir pour avertir les parties intéressées, et c'était au jour fixé par cet avenir qu'à moins d'incident imprévu devait avoir lieu l'adjudication. — En conséquence, l'art. 711 portait que la dénonciation de la surenchère serait faite par un simple acte contenant avenir à la plus prochaine audience; c'est-à-dire à la plus prochaine audience après le délai de la surenchère, parce que, s'il en eût été autrement, il aurait dépendu du premier surenchérisseur d'écarter ceux qui eussent voulu également surenchérir (Conf. Carré, nº 2388; Pigeau, Comm., t. 2, p. 340. — V. aussi Liége, 12 janv. 1809, aff. Rongé, nº 369. — *Contrà*, Tarrible, Rép., vº Surenchère, p. 386).

367. Il n'était, du reste, pas nécessaire que l'audience fût indiquée par le tribunal, pourvu que les parties ne souffrissent pas du retard; s'il y avait plusieurs surenchérisseurs, le jour de la comparution était celui indiqué par la dernière dénonciation (Conf. Carré, nº 2389). — Et on jugeait, en tout cas, que le surenchérisseur satisfaisait suffisamment à l'art. 711 c. pr. en assignant à l'audience d'un tel jour (Paris, 23 août 1810, aff. Marquet, V. nº 357).

368. La *déchéance*, au surplus, n'était point attachée à cette disposition, et on jugeait qu'il n'était pas exigé, à peine de nullité, que la dénonciation de la surenchère fût accompagnée d'une sommation d'audience pour la faire recevoir (Toulouse, 25 juin 1835, aff. Azémar, *suprà*, nº 337-1º).

369. A plus forte raison n'y aurait-il pas eu nullité, par cela seul que l'assignation aurait été donnée pour une audience qui n'aurait pas été la plus prochaine. — Ainsi, il a été jugé qu'on ne pouvait annuler une surenchère déclarée le 2 juillet, et pour laquelle assignation aurait été donnée à l'audience du 6, parce que la première audience était le 5 (Liége, 12 janv. 1809 (1). — Conf. Carré, nº 2389).

370. Mais on décidait : 1º que le surenchérisseur devait, à peine de déchéance de la surenchère, comparaître à l'audience indiquée dans sa signification : on aurait dit, en vain, que, dans un cas pareil, il n'y avait lieu de prononcer qu'un *congé-défaut* (Douai, 25 juin 1812, et sur pourvoi Req. 25 fév. 1813) (2).

371. S'il y avait plusieurs surenchérisseurs, tous pouvaient concourir à l'adjudication sans qu'il y eût lieu à établir de distinction à raison de la quotité des surenchères pourvu qu'elles fussent du quart au moins, conformément à la loi. — On ne devait point, en conséquence, accorder de préférence exclusive à celui qui offrait plus que le quart; dès que le quart était offert, tout surenchérisseur, réunissant d'ailleurs les qualités requises, devait être admis à concourir (Carré, nº 2379; Pigeau, p. 272).

372. A la différence de l'ancien art. 711, qui n'admettait aux enchères que les surenchérisseurs et l'adjudicataire, le nouvel art. 710 y appelle toute personne. C'est là une des innovations les plus importantes de la loi de 1841; il ne suffit plus, par conséquent, d'indiquer le jour de l'adjudication par une simple sommation d'audience, et il devient indispensable, pour appeler à concourir à l'adjudication la masse des enchérisseurs, d'avoir recours à tous les moyens de publicité prescrits pour les ventes de cette nature. — C'est pourquoi l'art. 709 du nouveau code dispose en ces termes : « la dénonciation sera faite par un simple acte, contenant avenir pour l'audience qui suivra l'expiration de la *quinzaine*, sans autre procédure. — L'indication du jour de cette adjudication sera faite de la manière prescrite aux art. 696 et 699, » c'est-à-dire par des insertions et des placards.

373. L'audience à laquelle il doit être donné avenir est celle des criées. — On a demandé si le tribunal peut statuer en cette audience sur les contestations élevées à l'occasion de la surenchère, ou s'il doit renvoyer les parties à l'audience ordinaire pour y faire droit? Pigeau pense que ce renvoi est indispensable pour la validité de la procédure; mais on ne voit ni l'utilité ni les avantages d'un tel renvoi : ce mode de procéder n'est d'ailleurs prescrit par aucun texte, et c'est avec raison, suivant nous, qu'il n'est point suivi dans la pratique (Conf. M. Petit, p. 120).

374. L'application des art. 709 et 710 c. pr. combinés, a fait surgir une difficulté sérieuse qui prend sa source dans une double obscurité que présentent ces deux articles. — D'après l'art. 709, le surenchérisseur est tenu de dénoncer sa surenchère par simple acte, *avec avenir* pour l'audience qui suivra l'expiration *de la quinzaine* à partir de cette dénonciation. Cet avenir a-t-il pour but de faire prononcer *seulement* sur la validité de la surenchère, ou de plus et en cas de validité, de faire procéder immédiatement à la réception des enchères? La loi garde le silence sur ce point essentiel. L'indécision augmente quand on lit, dans le même article 709, que « l'indication du jour de l'adjudication sera faite *de la manière* prescrite par les art. 696 et 699. » Ces mots *de la manière* désignent-ils *les formes* d'annonce et de publicité déterminées par les articles auxquels on se réfère, ou comprennent-ils en outre *les délais* exigés pour l'accomplissement des actes de publicité? Vient ensuite l'art. 710, dont les premiers mots sont ceux-ci : « *Au jour indiqué*, il sera ouvert de nouvelles enchères... » *Au jour indiqué?* Lequel? Est-ce celui qu'on trouve dans *l'avenir* donné par le surenchérisseur? Est-ce celui qui résultera de l'expiration des délais nécessaires pour les annonces faites conformément aux art. 696 et 699? Est-ce enfin celui que le tribunal fixera après avoir prononcé sur la validité de la surenchère? — On voit combien il y a eu d'inadvertance dans la rédaction définitive de la loi sur le point le plus important de cette procédure, dans une matière spéciale, considérée, à raison de ses effets qui la rapprochent de l'expropriation forcée, comme devant engendrer un droit rigoureux, semée de déchéances et de nullités irritantes, et par conséquent placée, plus que toute autre, hors du domaine de l'interprétation. — Aussi, alors que l'application de la loi nouvelle n'était encore qu'à son prélude, des systèmes opposés s'étaient déjà produits. — Divers tribunaux ont interprété la loi en ce sens que *l'avenir* avait pour but d'appeler à l'audience tout à la fois pour faire prononcer sur la validité de

(1) *Espèce* : — (Rongé C. Ransonnet.) — Le 27 juin, vente par expropriation forcée d'une maison sise à Liége. Rongé s'en rend adjudicataire pour 12,100 fr. — Le 2 juillet, Ransonnet déclare surenchérir de 5,000 fr. le prix de la vente. — Le même jour, dénonciation de cette surenchère, avec avenir à l'audience du 6 juillet. — La surenchère avait eu lieu dans le délai de huitaine prescrit par l'art. 711 c. pr., puisque la vente ayant été faite le 27 juin, c'était le 5 juillet suivant qu'expirait la huitaine accordée pour surenchérir; on ne pouvait donc l'attaquer sous ce rapport. — On demanda la nullité, parce que l'acte de dénonciation ne contenait point avenir à la prochaine audience, conformément au deuxième alinéa de l'art. 711; qu'il était évident que le jour de la prochaine audience était le 4 juillet, et non le 6;

Le 6 juill. 1808, jugement du tribunal civil de Liége qui prononce dans les termes suivants : — « Attendu que la nullité proposée contre ladite surenchère consiste en ce que la dénonciation qui en a été faite le 2 présent mois, n'aurait pas contenu avenir à la prochaine audience; — Attendu qu'aux termes de l'art. 710 du code de procédure, toute personne peut, dans la huitaine du jour où l'adjudication a été prononcée, surenchérir; — Attendu que l'adjudication définitive a été prononcée le 27 juin dernier; qu'ainsi la huitaine accordée par l'article précité pour surenchérir, n'a expiré que le 5 de ce mois; qu'il en résulte que l'audience du 6 était la première audience; — Attendu, d'ailleurs, que la seconde disposition de l'art. 711 c. pr. ne contient pas la peine de nullité, et qu'aux termes de l'art. 1030, aucun exploit ou acte de procédure ne peut être déclaré nul, si la nullité n'en est pas formellement prononcée par la loi; — Par ces motifs, sans avoir égard aux moyens de nullité, reçoit, etc. » — Appel. — Arrêt.

La cour; — Adoptant les motifs des premiers juges, confirme, etc.

Du 12 janv. 1809.-C. de Liége.

(2) (Massemin C. Cauche.) — La cour; — Considérant que l'arrêt attaqué ne prononce la nullité d'aucun exploit ou acte de procédure, ce qui écarte l'application de l'art. 1030 c. pr.; — Considérant que cet arrêt prononce seulement la nullité de la surenchère, à faute, pour le surenchérisseur, de s'être présenté à l'audience par lui indiquée pour la faire recevoir; — Et que sa disposition est conforme à l'esprit de ce code et dérive même directement des termes de l'art. 711 du code qui, par la rapidité de la marche qu'il trace, repousse évidemment tout retard dans la poursuite de la surenchère; — Rejette le pourvoi contre l'arrêt de la cour de Douai, du 25 juin 1812.

Du 25 fév. 1813.-C. C., sect. req.-MM. Henrion, pr.-Babille, rap.

la surenchère et pour procéder immédiatement à l'adjudication. D'après ce système d'interprétation, le *jour indiqué* dont parle l'art. 710 c. pr., est celui que désigne l'avenir, et les art. 696 et 699 n'ont été rappelés dans l'art. 709 que pour indiquer *les formes* des annonces nouvelles, et non pas les *délais* de ces publications. D'où l'on a conclu que l'adjudication devait être prononcée au jour donné pour l'avenir, sans néanmoins que le défaut d'adjudication au jour ainsi indiqué pût entraîner la nullité de la surenchère.—Il a été jugé en ce sens : 1° que l'adjudication sur surenchère doit être faite à la première audience qui suit l'expiration de la quinzaine de la dénonciation de surenchère, et que le surenchérisseur a dû indiquer à cet effet dans l'acte de dénonciation, et non à un jour ultérieur qui serait fixé par le tribunal (Caen, 9 juin 1843; Riom, 13 juill. 1843 (1);

(1) 1re *Espèce :* —(Ozenne C. Porée.) — LA COUR; — Considérant que, d'après l'art. 709 c. pr., revisé par la loi du 2 juin 1841, la dénonciation de la surenchère doit contenir un avenir pour l'audience qui suit l'expiration de la quinzaine, et que, d'après l'article suivant (710), au jour indiqué il est procédé à la nouvelle adjudication; — Considérant que l'art. 709 ne parlant d'aucun autre jour que de celui indiqué par l'avenir de la dénonciation, c'est nécessairement à celui-ci que se réfère l'art. 710 pour l'ouverture des enchères; — Considérant que l'ancien art. 711 portait, comme le nouvel art. 709, que la dénonciation serait faite par un simple acte contenant avenir à l'audience; que l'ancien art. 712 voulait, comme le nouvel art. 710, qu'au jour indiqué l'adjudication eût lieu, et qu'il n'a jamais été douteux que par ces mots de l'ancien code *au jour indiqué*, il fallait entendre le jour indiqué par l'avenir; que le même texte, reproduit dans la loi nouvelle, doit nécessairement avoir la même signification; — Considérant qu'à la vérité, il existe entre l'ancienne et la nouvelle loi une différence capitale qui consiste en ce qu'autrefois on n'admettait à concourir que l'adjudicataire et le surenchérisseur, tandis qu'aujourd'hui toute personne y est admise; mais qu'aussi au lieu de la prochaine audience à laquelle l'adjudication était renvoyée par l'ancien art. 711, le nouvel art. 709 dit que cette adjudication sera retardée jusqu'à l'audience qui suivra l'expiration de la quinzaine, afin que, dans cet intervalle de temps, on ait recours aux moyens de publicité qui doivent avertir les tiers; que ce retard serait sans aucun but et contraire à l'esprit de la loi, qui a été d'accélérer le plus possible la poursuite, si, comme le soutient l'appelante, cette audience avait uniquement pour objet de statuer sur les difficultés qui pourraient s'élever entre le surenchérisseur et l'adjudicataire, et de faire fixer par le tribunal un autre jour auquel il serait procédé à l'adjudication, jour qui serait ensuite indiqué par des insertions au journal et des placards affichés quarante jours au plus tôt et vingt jours au plus tard avant l'adjudication; — Considérant qu'on argumente vainement de la disposition de l'art. 709, qui porte que l'indication du jour de l'adjudication par suite de surenchère sera faite de la manière prescrite par les art. 696 et 699; qu'il résulte des termes mêmes de cette disposition qu'elle ne renvoie à ces deux articles comme dans le cas de l'art. 704, que pour le mode ou la forme de la publicité à donner, par journaux et placards, du jour fixé par la dénonciation, et nullement pour les débats; que, d'ailleurs, si le législateur eût voulu que le tribunal fixât en ce cas un nouveau jour pour l'adjudication comme pour l'adjudication première, ce n'aurait pas été aux art. 696 et 699 qu'il aurait dû renvoyer, mais bien à l'art. 695, ce qu'il n'a pas fait;

Considérant que les art. 696 et 699 ne pouvant pas ainsi s'appliquer à l'adjudication par suite de surenchère, quant au délai qui doit s'écouler entre les moyens de publicité qu'ils prescrivent et cette adjudication, et l'art. 709 n'en fixant d'ailleurs aucun, il faut se reporter à cet égard à la disposition générale de l'art. 741, d'autant plus applicable que la surenchère n'est, dans la réalité, qu'un incident de la poursuite en expropriation; qu'il suffit alors que l'adjudication soit annoncée huit jours à l'avance pour que les tiers, qui avaient déjà été avertis par les précédentes insertions et affiches, soient mis à portée de venir y prendre part, et que de cette manière toutes les dispositions de la loi nouvelle se coordonnent parfaitement; — Considérant qu'on objecte à tort : 1° que le surenchérisseur chargé d'indiquer lui-même le jour de l'adjudication, pourrait en choisir un qui ne fût pas favorable, dans le but de devenir adjudicataire pour un prix moins élevé; 2° que quelquefois, à cause de l'éloignement du domicile de l'exproprié où des affiches doivent être apposées, il y aurait impossibilité d'exécuter la loi telle qu'elle vient d'être interprétée;—Que le premier inconvénient signalé est chimérique, puisque si c'est le surenchérisseur qui indique dans sa dénonciation le jour de l'adjudication, ce jour n'en est pas moins, dans la réalité, fixé par la loi elle-même; qu'en effet, la surenchère doit d'abord être faite dans les huit jours qui suivent la première adjudication; qu'elle doit ensuite être dénoncée dans les trois jours, et qu'enfin la nouvelle adjudication doit avoir lieu à l'audience des criées qui suit immédiatement l'expiration de la quinzaine; qu'à la vérité, le deuxième alinéa de l'art. 709 n'est pas compris au nombre des dispositions dont l'inobservation entraîne de plein droit la peine de nullité d'après l'art. 715; mais qu'il n'est pas douteux que l'avenir donné pour une autre audience n'en devrait pas moins être annulé, s'il y avait fraude et s'il pouvait en résulter préjudice pour les intéressés;—Que la seconde objection n'a pas plus de fondement que la première; qu'en effet, on aura toujours au moins huit jours, à partir de la dénonciation, pour faire afficher les placards, et que ce délai paraît suffisant pour les faire parvenir par la poste au domicile du saisi, dans quelque partie de la France qu'on le suppose; qu'au surplus, si dans un cas tout à fait exceptionnel, un délai plus long devenait nécessaire, on serait alors autorisé à retarder, dans la mesure de la nécessité, le jour de l'adjudication qui, comme il vient d'être dit, n'est pas fixé par la loi à peine de nullité; — Par ces motifs, confirme le jugement rendu par le tribunal de Saint-Lô, le 26 avr. 1843, etc.

Du 9 juin 1843.-C. de Caen, 2e ch.-M. Binard, pr.

2e *Espèce :* — (Ogerdias C. Leradoux.) — LA COUR; — Attendu qu'aux termes de l'art. 709 de la loi du 2 juin 1841, la surenchère doit être dénoncée dans les trois jours aux avoués de l'adjudicataire, du poursuivant et de la partie saisie, et que la dénonciation doit être faite par un simple acte contenant à venir pour l'audience qui suivra l'expiration de la quinzaine, sans autre procédure; — Attendu que, d'après ce même article, l'avenir doit contenir aussi l'indication du jour où sera faite l'adjudication pour laquelle on se conformera aux art. 696 et 699 de ladite loi; — Attendu que des dispositions de cet article, il ressort deux choses principales, la dénonciation de la surenchère et l'indication du jour de l'adjudication; — Attendu que la loi a voulu que l'adjudication suivît de près la dénonciation de la surenchère, sans qu'il y eût d'autre procédure; que la simplicité de la marche qu'elle a tracée a été dans l'intérêt de toutes les parties, et pour éviter que le gage commun des créanciers ne fût consommé par les frais, et pour que les parties n'éprouvassent pas de lenteurs préjudiciables; —Attendu qu'admettre en principe que l'avenir qui doit être donné aux avoués des parties intéressées pour comparaître à la première audience après l'expiration de la quinzaine, doit avoir pour objet de faire prononcer sur la validité de la surenchère et de faire fixer le jour de l'adjudication, c'est ajouter à la loi, c'est se mettre en opposition manifeste avec son texte et avec son esprit, c'est créer une procédure que le législateur n'a pas crue nécessaire, c'est établir des formalités qui ne sont pas exigées et qui sont même interdites par ces mots énergiques de la loi : *sans autre procédure;*

Attendu que dans l'acte du 25 fév. dernier qu'a fait signifier le sieur Ogerdias, surenchérisseur, aux avoués des parties intéressées, il ne s'est pas conformé à ce que prescrit l'art. 709 précité; qu'en dénonçant sa surenchère, il aurait dû indiquer le jour de l'adjudication, dire que c'était pour assister et voir procéder à l'adjudication; tandis qu'il n'aurait assigné les avoués des parties intéressées que pour voir déclarer la surenchère bonne et valable, et pour être ensuite procédé ainsi que de droit; — Attendu que le vice que renferme la procédure tenue par Ogerdias peut la faire déclarer irrégulière et frustratoire, mais qu'il ne peut entraîner la nullité de la surenchère qui a été faite par lui;

Attendu, en effet, que l'acte qu'a fait signifier Ogerdias contient la dénonciation de la surenchère; que dans le délai prescrit cette formalité essentielle a été remplie par les surenchérisseurs; — Attendu que l'art. 715 n'exige pas, à peine de nullité, les formalités énoncées du § 2 de l'art. 709; que ce sont les formalités des §§ 1 et 3 dudit article qui doivent être observées à peine de nullité; — Attendu que la formalité relative à l'indication du jour de l'adjudication se trouve dans le § 2 de l'art. 709; et qu'ainsi l'inobservation de cette formalité ne peut entraîner la nullité de la surenchère; — Attendu que les nullités doivent être restreintes; qu'elles ne peuvent s'étendre d'un cas à un autre; que la formalité de l'indication du jour de l'adjudication ne peut pas être considérée comme une formalité substantielle; — Attendu que les formalités substantielles sont celles qui tiennent à la substance des actes, et sans lesquelles ils ne peuvent exister; — Attendu que, dans l'espèce, la chose principale était la dénonciation de la surenchère; que l'indication du jour de l'adjudication, où la sommation pour assister à l'adjudication, n'était qu'une chose accidentelle, qu'une formalité dont l'inobservation pourrait être réparée; — Attendu que dans l'état des choses, et dans l'intérêt de la partie saisie et des créanciers, on peut ordonner que cette formalité sera remplie, mais que le défaut de son accomplissement doit rendre passible le surenchérisseur de partie des dépens, l'autre partie devant rester à la charge de l'adjudicataire qui a demandé la nullité de la surenchère, demande qui ne peut être accueillie; — Par ces motifs, met l'appellation et ce dont est appel au néant; statuant par arrêt nouveau, déclare irrégulière la procédure tenue par le sieur Ogerdias, surenchérisseur, en ce qu'il a assigné les avoués des parties intéressées, pour voir déclarer la surenchère valable; déclare cependant maintenir la dénonciation qui a été faite, par l'acte du 25, de la surenchère; dit en conséquence que ladite surenchère tiendra, à la charge par le surenchérisseur Ogerdias de se conformer aux dispositions de la loi du 2 juin 1841, etc.

Du 13 juill. 1843.-C. de Riom, 2e ch.-MM. Archon-Despérouses, pr.

motifs, Douai, 1er mars 1843, aff. Warenghelm, V. n° 405), à moins que, dans un cas tout à fait exceptionnel, un délai plus long devînt nécessaire, le jour de l'adjudication n'étant pas fixé par la loi à peine de nullité (même arrêt de Caen); — 2° Que la surenchère ne serait pas nulle, par cela seul que le surenchérisseur n'aurait point indiqué dans sa dénonciation le jour de l'adjudication, mais se serait borné à y donner avenir pour voir prononcer la validité de la surenchère et en faire fixer le jour, sauf qu'il devrait alors supporter tous les frais occasionnés par sa procédure irrégulière (même arrêt de Riom); — 3° Que, pareillement, de ce que la dénonciation de la surenchère faite dans les trois jours par le surenchérisseur ne contient pas l'indication du jour de l'adjudication nouvelle, il n'y a pas nullité de la surenchère, cette indication n'étant pas prescrite à peine de nullité (Paris, 16 janv. 1849, aff. Mouard, D. P. 49. 2. 141); — 4° Que l'adjudication sur surenchère doit avoir lieu à la première audience après la quinzaine qui suit la dénonciation de la surenchère; que, par suite, si l'acte de dénonciation porte avenir à cette audience pour y voir statuer sur la validité de la surenchère, et entendre fixer le jour ultérieur de l'adjudication, il n'y a pas lieu de statuer sur cette validité, et de fixer par jugement le jour de l'adjudication, sauf au tribunal à renvoyer simplement cette adjudication à la première audience des criées après la quinzaine suivante (trib. de Bourg, 29 juin 1846, aff. N..., D. P. 46. 4. 469) ; cette dernière décision consacre encore implicitement l'absence de nullité; — 5° Que l'adjudication sur surenchère est régulièrement faite à l'audience qui suit l'expiration de la quinzaine de la dénonciation de la surenchère, sauf aux juges à accorder un délai plus long dans le cas où la publicité ne leur paraîtrait pas suffisante; qu'ici ne s'appliquent pas les délais fixés par l'art. 696 c. pr. pour la première adjudication, l'art. 709, relatif au cas de surenchère, ne renvoyant à cet article que pour le mode de publicité et non pour les délais (Req. 20 nov. 1854, aff. Sigaudy, D. P. 54. 1. 425). — C'est en ce sens que paraît se prononcer M. Chauveau, n° 2392. — V. aussi *eod.* Code de la saisie immobilière, p. 600.

375. Suivant une interprétation contraire à celle dont nous avons vu diverses applications, l'avenir qu'exige l'art. 709 pour l'audience qui doit suivre l'expiration de la quinzaine a pour but, non point de faire procéder ce jour-là à la réception des enchères, mais seulement de vider les incidents qui pourraient s'élever à l'exécution de la surenchère et de faire fixer par le tribunal le jour ultérieur de l'adjudication. Dans ce système, le jour indiqué auquel devront s'ouvrir les enchères aux termes de l'art. 710, doit s'entendre, non point du jour de l'audience à laquelle il aura été donné avenir par le surenchérisseur, mais de celui qui aura été à cette même audience indiqué par le tribunal. — Il a été jugé, en ce sens, que l'adjudication sur surenchère, en matière d'expropriation forcée, ne doit pas nécessairement avoir lieu à la première audience qui suit la quinzaine de la dénonciation de surenchère; et qu'en conséquence, la procédure de surenchère est valable, bien que l'acte de dénonciation porte avenir à cette audience, non pour y voir prononcer l'adjudication, mais seulement pour y entendre fixer le jour ultérieur de cette adjudication (Limoges, 17 mars 1845) (1); — 2° Qu'il n'est pas exigé que l'adjudication sur surenchère ait lieu à la première audience qui suit la dénonciation de la surenchère; que le tribunal peut, à cette audience, après avoir admis la surenchère, fixer un jour ultérieur pour l'adjudication; que, dans tous les cas, la nullité résultant de ce que l'avenir contenu dans l'acte de la dénonciation de la surenchère a été donnée seulement pour voir valider la surenchère et non pour voir prononcer l'adjudication, serait couverte si elle n'avait été proposée trois jours au moins avant l'adjudication (Bordeaux, 30 avril 1850, aff. Deguiral, D. P. 54. 5. 732).

376. D'autres, enfin, poussant ce dernier système beaucoup plus loin, vont jusqu'à penser que non-seulement le *jour indiqué* de l'art. 710 doit être le jour fixé par le tribunal, mais que l'adjudication *ne peut* être prononcée, même avec permission de justice, au même jour que celui où a été validée la surenchère, et qu'en conséquence il y a lieu d'annuler une adjudication prononcée dans ces circonstances. — Et il a décidé en ce sens : 1° que l'adjudication *ne peut* avoir lieu à la première audience après la quinzaine de la dénonciation, mais seulement à un jour ultérieur, fixé par le tribunal, et que, dès lors, l'adjudication prononcée à cette première audience est nulle (Dijon, 7 août 1843 (2); conf. M. Petit, p. 118); — 2° Que le surenchérisseur ne peut indiquer lui-même dans l'acte de dénonciation de la surenchère le jour de la nouvelle adjudication, et que cette adjudication n'a pas lieu non plus de plein droit à la première audience qui suit la dénonciation; que c'est au tribunal à en fixer le jour sur l'avenir donné à cet effet par le surenchérisseur dans l'acte de dénonciation de la surenchère...

(1) *Espèce* : — (Balestat C. Darnajoux.) — Ainsi décidé par jugement du tribunal de Bellac du 15 janv. 1845, par les motifs suivants : — « Considérant que par jugement de ce tribunal du 14 octobre dernier, il a été procédé à la vente des biens immeubles, y désignés, situés au village d'Arnac et dans ses dépendances, qui appartenaient à Jean Bichaud, lesquels avaient été saisis à la requête de Pierre Paillier, et furent adjugés au sieur Léonard Balestat, moyennant la somme de 10,100 fr.; — Que, par acte du ministère de Me Berry, avoué constitué, du 21 du même mois, fait au greffe du tribunal, Jean Darnajoux et Jean Barataud déclarèrent surenchérir lesdits immeubles, conformément à la loi du 2 juin 1841, d'un sixième, et s'obliger, en outre, de se conformer aux conditions imposées dans le cahier des charges; que, par acte du lendemain, l'avoué de Darnajoux et Barataud fit dénoncer cette surenchère aux avoués de Balestat, adjudicataire et de Paillier poursuivant, avec sommation de se trouver et faire trouver leurs clients à l'audience de ce tribunal, du 11 novembre suivant, aux fins d'entendre déclarer bonne et valable ladite surenchère, d'assister à la lecture et publication du cahier des charges, et de voir fixer le jour de l'adjudication; qu'il ne fut pas fait de dénonciation ni donné d'avenir à Bichaud, partie saisie, parce qu'il n'avait pas d'avoué constitué; que le 11 novembre dernier la cause fut inscrite au rôle; — Considérant qu'il résulte de ce qui précède, que la procédure de surenchère dont s'agit est régulière; que sa validité a été vainement contestée par la raison que ce n'était pas pour la voir déclarer valable et voir fixer le jour de l'adjudication qu'il devait être donné avenir, mais pour y voir remettre les immeubles saisis aux enchères, à l'effet de quoi les formalités préalables devaient être observées;

Considérant que la loi, en disant que la dénonciation sera faite par un simple acte contenant avenir pour l'audience qui suivra l'expiration de la quinzaine, n'ordonne pas qu'il sera procédé à l'adjudication à cette audience; qu'ainsi il n'y a aucune nécessité de le faire ce jour-là; — Considérant, en outre, que la loi ne prononce aucune nullité ni déchéance pour le cas dont s'agit; que les tribunaux ne peuvent être plus rigoureux qu'elle; qu'elle en prononce seulement pour le défaut de dénonciation de la surenchère dans les délais prescrits; — Considérant enfin que la surenchère est une action favorable; qu'elle est dans l'intérêt des créanciers et du débiteur; — Déclare bonne et valable la procédure de surenchère; — Ordonne qu'il sera procédé à la vente des immeubles dont s'agit à l'audience du 17 février prochain. » — Appel. — Arrêt.

LA COUR; — Adoptant les motifs, etc., confirme, etc.

Du 17 mars 1845.-C. de Limoges, 3e ch.

(2) (Coste, etc. C. Ducros, etc.) — LA COUR; — Considérant que, d'après l'esprit et le but de la loi nouvelle, la plus grande publicité doit être donnée à la surenchère, et que les étrangers peuvent y figurer; que ce but nécessaire pourrait être complètement éludé si l'on adoptait le système admis par le tribunal et soutenu par l'intimé, puisque aucun délai ne serait déterminé pour l'accomplissement des formalités prescrites par les art. 696 et 699 c. pr., auxquels cependant renvoie l'art. 709 du même code; — Que, dès lors, l'accomplissement de ces formalités pourrait n'avoir lieu que d'une manière illusoire; — Considérant que l'obligation imposée au surenchérisseur de dénoncer dans les trois jours l'audience à l'expiration de la quinzaine qui suivra cette dénonciation ne peut avoir pour but principal que de mettre à portée le tribunal de statuer sur le mérite du fond de la surenchère et sur les difficultés qu'elle peut soulever; mais qu'elle ne met aucun obstacle, soit à ce que les délais fixés dans les art. 696 et 699 soient observés, soit à ce que le tribunal, à l'expiration de la quinzaine, fixe le jour définitif de l'adjudication; — Considérant que cette interprétation de la loi dérive non-seulement de son but et de son esprit, mais encore aussi des termes formels du dernier alinéa de l'art. 709 c. pr., puisque l'on y dit que l'indication du jour de l'adjudication sera faite de la manière prescrite par les art. 696 et 699; — Que cette expression *de la manière* comprend tout à la fois les formalités et les délais prescrits auxdits articles; — Qu'il suit de là que le tribunal ayant ordonné que l'adjudication aurait lieu à l'instant où il rejetait la nullité, et ayant prononcé immédiatement l'adjudication, a mal jugé, puisque les formalités et délais des art. 696 et 699 n'ont pas été observés, et que, sous ce rapport, l'appel doit être admis; — Par ces motifs, etc.

Du 7 août (et non avril) 1843.-Cour d'appel de Dijon.

renchère, en laissant un intervalle suffisant pour l'accomplissement préalable des formalités de publication prescrites par les art. 696 et 699 c. pr. (Dijon, 18 avr. 1855, aff. Moret, D. P. 56. 2. 61).

377. De ces trois interprétations, la seconde, celle sur laquelle repose l'arrêt de la cour de Limoges, nous paraît préférable. — Il semble, en effet, difficile d'admettre que l'avenir, qui aurait d'abord pour objet de faire juger la question de validité de surenchère, puisse lier le tribunal, de telle sorte qu'il se trouve contraint, s'il prononce cette validité, à passer outre à la réception des enchères. L'art. 710 ne dit rien de semblable; il porte seulement que l'adjudication aura lieu au jour indiqué, sans préciser davantage le jour. Cela est regrettable, sans doute; mais il en résulte pour le tribunal un pouvoir discrétionnaire dont l'exercice paraît devoir tourner au profit du vendeur. — D'un autre côté, l'obligation de vendre le même jour où s'agitera la validité de la surenchère, jette une sorte d'incertitude sur l'éventualité de la vente qui suffira pour écarter des enchérisseurs. On se laissera facilement aller à penser qu'il sera possible que l'adjudication n'ait pas lieu au jour fixé; que la gravité des difficultés élevées contre la surenchère donnera lieu à des débats qui absorberont la durée de l'audience; ce bruit pourra même être frauduleusement accrédité. Il ne faut pas, d'ailleurs, que le jour d'une adjudication puisse donner lieu à des équivoques. Enfin, s'il était vrai que l'avenir exigé par l'art. 709 dût nécessairement porter indication du jour de la vente pour l'audience qui suivra l'expiration de la quinzaine, les formalités de publications et annonces nécessaires à la vente que le poursuivant serait obligé de remplir dans cet intervalle, occasionneraient des frais qui seraient en pure perte, non-seulement en cas d'annulation de la surenchère, mais encore toutes les fois que l'adjudication viendrait à être retardée par quelque incident; inconvénient qui serait encore bien plus grave dans le cas où il existerait plusieurs surenchères, surtout à des dates différentes, et où les divers surenchérisseurs, en l'absence de jugement qui adjuge la poursuite à l'un d'eux, seraient dans l'obligation, pour la validité de leur procédure, de remplir chacun de leur côté les mêmes formalités d'affiches et insertions avec indication de la vente à des jours différents, ce qui multiplierait les frais dans une proportion énorme. La marche la plus simple et la plus logique à la fois, semble donc être de donner d'abord avenir à une audience préalable, où tous les incidents, s'il s'en présente, seront vidés; où la poursuite sera adjugée, en cas de concurrence de plusieurs surenchérisseurs, et où le tribunal fixera le jour de la vente.

Mais il ne suit pas de là que dans le cas où le poursuivant, adoptant une autre marche, aurait, au jour indiqué par son avenir, satisfait aux formalités de publications prescrites par la loi, l'adjudication ne puisse avoir lieu ce jour-là. Décider, en effet, comme la cour de Dijon, que l'adjudication ne pourra jamais être prononcée le même jour que celui où sera validée la surenchère, et prononcer surtout la nullité d'une adjudication ainsi faite, c'est dépasser le but du législateur et aggraver les dispositions de la loi. On peut facilement concevoir, et même souvent il en devra être ainsi, dans le cas, par exemple, de ventes d'une valeur peu considérable, que la procédure sera du consentement de toutes les parties menée de manière à ce qu'il puisse être procédé à la vente, le jour même où sera prononcée la validité d'une surenchère qu'on n'a point l'intention de contester (V. aussi MM. Bioche, v° Surenchère, n° 308; Journal de proc., t. 7, p. 201; Paignon, Ventes jud., n° 107).

378. Dans tous les cas, il résulte de la combinaison des art 709 et 710 que la dénonciation de la surenchère ne serait pas nulle pour ne pas contenir sommation d'audience au jour qui doit suivre l'expiration de la quinzaine. — La nullité ne résulterait que du défaut de dénonciation dans les délais (Conf. M. Petit, p. 108).—Encore moins y aurait-il lieu de prononcer la nullité, s'il était donné avenir à une audience autre que celle indiquée par la loi, les autres parties intéressées étant toujours libres d'abréger le délai en poursuivant elles-mêmes l'audience dans le cas où il leur aurait été donné avenir à un jour trop éloigné, et pouvant également, au cas où le jour serait trop rapproché, demander indication pour une autre audience.

379. Dans le cas où il existera plusieurs surenchères également jugées valables, le tribunal en ordonnera la jonction à l'effet de comprendre ces diverses procédures dans une seule poursuite, en présence de tous les intéressés, en prenant la mise à prix la plus élevée comme base des enchères; la poursuite devra en général appartenir au surenchérisseur le plus diligent, et en cas de contestation, la question de préférence sera décidée par le tribunal.

380. La surenchère peut être contestée soit au fond, soit en la forme, pour une foule de motifs qu'il est inutile d'énumérer ici, elle pourrait même l'être pour des nullités de formes qui s'appliqueraient aux actes de la procédure faite pour arriver à la première adjudication et qui entraîneraient par conséquent la nullité, soit de cette adjudication, soit de la surenchère qui en aurait été la suite. En pareil cas, le surenchérisseur ne devrait point être responsable de telles nullités et il serait conséquemment bien fondé à appeler en cause le poursuivant. — Aussi a-t-il été jugé que le surenchérisseur menacé d'éviction à raison d'une prétendue nullité d'un acte de procédure, ou d'une omission qui serait le fait du poursuivant, peut appeler celui-ci en cause pour y répondre; qu'on opposerait en vain que l'adjudication définitive libère le poursuivant en lui substituant l'adjudicataire (Aix, 9 fév. 1832, aff. Badon, V. Vente publ. d'imm.).

381. L'art. 729 veut que les moyens de nullité contre la procédure postérieure à la publication du cahier des charges soient proposés sous peine de déchéance, au plus tard, trois jours avant l'adjudication. — Il a été jugé par application de cet article que la nullité de la surenchère pour défaut de dénonciation à l'avoué de la partie saisie doit, à peine de déchéance, être proposée trois jours au moins avant l'adjudication (Bordeaux, 30 avr. 1850, aff. Déguiral, D. P. 54. 5. 735).

382. Le jugement qui statue sur la validité d'une surenchère tant en la forme qu'au fond peut être frappé d'*appel*. — C'était sous l'ancien code une question grave et fort controversée que de savoir si l'appel d'un jugement statuant sur la validité d'une surenchère devait être interjeté dans la huitaine conformément à l'art. 736 ou dans le délai ordinaire de trois mois. — Il a été jugé, en ce dernier sens : 1° que l'art. 736 c. pr., qui fixait à huitaine le délai pour interjeter appel d'un jugement qui statuait sur les moyens de nullité proposés contre les procédures postérieures à l'adjudication provisoire, n'était pas applicable à l'appel d'un jugement qui statuait sur un moyen de nullité proposé contre une surenchère; que cet appel pouvait être interjeté dans le délai de trois mois (Limoges, 5 déc. 1835 (1); Colmar, 30 avr. 1821, aff. Gaudin *C.* Job; Rouen, 5 mars 1827, M. Eude, pr., aff. Leroy *C.* Groux; Caen, 4e ch., 16 janv. 1838, M. Pigeon de Saint-Pair, pr., aff. Desmonts *C.* Corbel).

(1) (Fredon *C.* dame Ruby, etc.) — La cour; — Attendu que la question de savoir si l'appel du jugement qui a statué sur la validité de la surenchère doit être interjeté dans la huitaine de la prononciation du jugement, conformément à l'art. 736 c. pr., est controversée, et qu'elle mérite un examen particulier; — Attendu que la surenchère ne saurait être considérée comme un incident à la saisie immmobilière; — Que c'est, au contraire, une demande née à l'occasion de l'adjudication définitive, et détachée ainsi de la poursuite en saisie immobilière, à laquelle ne s'appliquent pas les dispositions qui règlent les incidents sur la poursuite de saisie immobilière, et que c'est là ce qui explique le silence du législateur sur la surenchère, qui reste ainsi placée sous l'empire du droit commun; — Qu'en vain l'on objecte que le jugement qui intervient sur la surenchère faisant disparaître le jugement d'adjudication définitive déjà prononcé, c'est bien contre la procédure antérieure à l'adjudication définitive qui a lieu sur la surenchère qu'est dirigé le moyen de nullité; — Parce que, autre chose est la poursuite en saisie immobilière avant l'adjudication définitive, autre chose est la surenchère après cette adjudication, et que, dans les matières exceptionnelles, les dispositions de rigueur ne doivent pas être étendues d'un cas prévu à un cas non prévu; — Attendu que, ni l'adjudicataire qui a donné pouvoir d'acquérir, et en faveur de qui est faite la déclaration de command, ni le surenchérisseur, ne sont tenus d'élire domicile dans le lieu où se poursuit l'adjudication; — Qu'ainsi, le jugement de surenchère doit être signifié à personne ou domicile pour faire courir le délai de l'appel, et que, cela étant, il est impossible d'appliquer à l'espèce l'art. 736, qui porte que l'appel ne sera pas recevable après la huitaine de la prononciation; que les parties l'ont si bien senti dans la cause, que le jugement du 27 juin, signifié à avoué le 5 juillet, a été signifié à domicile le 6 juillet, et que

383. Il a été jugé, au contraire, que l'appel du jugement qui statuait sur la validité d'une surenchère devait, sous peine de nullité, être interjeté dans la huitaine de la prononciation du jugement (c. pr. 756; Grenoble, 3 mars 1831 (1); Limoges, 3e ch., 7 juill. 1827, M. Chantagru, pr., aff. Mousnier *C.* Fourtier).

384. Nous ne pensons pas que cette question puisse être aujourd'hui l'objet d'une difficulté sérieuse : l'art. 730 du nouveau code qui détermine les jugements susceptibles d'appel en matière de saisie immobilière et l'art. 731 qui règle les formes et délais de l'appel sont bien évidemment communs à la poursuite de surenchère qui en est une des suites ordinaires. Le but que la loi a voulu atteindre en abrégeant les délais d'appel ordinaires est le même dans les deux cas, celui de mettre fin aux lenteurs des anciennes procédures et d'arriver promptement à l'adjudication par une marche simple et rapide (V. Vente publ. d'imm.).—On voit d'autre part que l'art. 838, par une disposition expresse, déclare applicables les art. 730 et 731 au cas de surenchère sur aliénation volontaire. Il en doit être de même, à bien plus forte raison, pour la surenchère sur expropriation qui n'est qu'un accessoire de la poursuite de saisie. La loi par ce motif a dû juger inutile de déclarer expressément, comme il l'a fait, pour le cas de surenchère sur vente volontaire, que les articles précités seraient applicables.—Il faut donc tenir pour constant que l'appel doit, conformément à l'art. 731, être interjeté dans les dix jours.

385. Cet appel doit être interjeté dans les formes spéciales tracées par l'art. 732 qui s'applique ici par les mêmes motifs (V. Vente publ. d'imm.).

386. Il faut décider encore, par application de l'art. 731, qu'en cette matière les jugements par défaut ne sont pas susceptibles d'opposition (V. *ibid.*). — Jugé en ce sens que les arrêts rendus par défaut en matière de surenchère sur saisie immobilière ne sont pas susceptibles d'opposition (Toulouse, 16 juin 1842) (2).

387. Il y a lieu évidemment, en semblable matière, d'intimer sur l'appel, conformément à la règle générale, tous ceux qui ont été parties au jugement attaqué. Il n'y a pas lieu d'intimer les créanciers inscrits puisqu'ils sont représentés dans l'instance par le poursuivant (Conf. MM. Persil fils, Comm., no 356; Chauveau, sur Carré, no 2425; Rogron, no 916).— Mais le poursuivant doit être intimé, et, suivant un arrêt, il a qualité pour intervenir sur appel dans l'instance en validité de surenchère (Lyon, 19 juin 1840) (3).

388. C'est du reste particulièrement contre le surenchérisseur que doit être dirigé l'appel du jugement qui prononce l'admission de la surenchère, encore bien que cet appel, interjeté

---

l'appel est intervenu le 11 dudit mois de juillet ; — Attendu que l'art. 745 ne saurait avoir d'application à l'espèce, par analogie, parce qu'en cas de folle enchère, il y a lieu à l'apposition de nouveaux placards et de nouvelles annonces, à adjudications préparatoire et définitive ; — Que cette nouvelle procédure en saisie immobilière pouvant donner lieu à des nullités, il était naturel et conséquent de décider que les articles relatifs aux nullités et aux délais et formalités de l'appel sur la poursuite en saisie immobilière seraient communs à la poursuite de la folle enchère, tandis que la surenchère ne donne lieu qu'à une simple dénonciation et qu'il n'y a de concours qu'entre l'adjudicataire et l'enchérisseur ; — Qu'il résulte de ce que dessus que le silence du législateur, sur l'appel en matière de surenchère, n'a point été l'effet d'un oubli ; mais qu'y eût-il oubli ou omission de sa part, on ne pourrait pas, par les règles de l'analogie, déclarer applicables les art. 756 et 745, parce que, dans les matières exceptionnelles, on ne peut étendre les dispositions rigoureuses d'un cas prévu à un cas non prévu, et qu'aux termes de l'art. 1030 : « aucun exploit ou acte de procédure ne peut être déclaré nul, si la nullité n'en est pas formellement prononcée par la loi.

Du 5 déc. 1833.-C. de Limoges, 5e ch.-M. Goutepagnon, pr.

(1) (Durand *C.* Brosse.) — LA COUR ; — Attendu que, d'après l'art. 756 c. pr., l'appel du jugement qui prononce sur les nullités proposées contre les procédures postérieures à l'adjudication préparatoire, n'est plus recevable après la huitaine de la prononciation de ce jugement ;— Attendu que les effets du jugement d'adjudication définitive, se trouvant détruits par la surenchère, il n'y a réellement d'adjudication définitive, dans ce cas, que celle qui intervient sur la surenchère ; qu'ainsi, les formalités indiquées par la loi pour la surenchère, doivent être considérées comme antérieures au jugement d'adjudication définitive, et les délais de l'appel du jugement qui prononce sur les nullités proposées contre les procédures de la surenchère, se trouvent déterminés par l'art. 756 dudit code ; — Attendu que, suivant l'art. 745 du même code, les articles relatifs aux nullités, délais et formalités de l'appel, étant communs aux poursuites de la folle enchère, et la folle enchère pouvant avoir lieu sur une surenchère comme sur une simple adjudication définitive, on ne peut raisonnablement penser que l'appel du jugement qui prononce sur la validité ou l'invalidité de la formalité de la surenchère, ne soit pas soumis au délai de huitaine, conformément à l'art. 756 précité, tandis que l'appel du jugement qui aurait prononcé sur les nullités proposées contre les procédures qui ont précédé l'adjudication définitive, et contre les procédures qui auraient suivi la surenchère, en cas de folle enchère, serait non recevable après le délai de huitaine de la prononciation dudit jugement ; — Attendu que les longueurs qu'entraînent les formalités nombreuses de l'expropriation forcée, ont fait admettre un système d'abréviation de délai pour l'appel des jugements qui interviennent sur les nullités proposées contre les procédures en expropriation, et le but de la loi serait en partie manqué, si l'on pouvait appeler, pendant le délai ordinaire de trois mois, des jugements qui interviendraient sur les nullités proposées contre les procédures de la surenchère ; — Attendu, en fait, que Charles Durand et comp. n'ont interjeté appel du jugement qui statue sur la nullité proposée contre la surenchère faite par Brosse fils, qu'après l'expiration de la huitaine de la prononciation de ce jugement ; — Déclare l'appel non recevable.

Du 3 mars 1831.-C. de Grenoble, 1re ch.-M. Duboys, pr.

(2) (Boubié *C.* Ibos.)—LA COUR ; — Attendu que l'art. 731 de la loi du 2 juin 1841 s'exprime ainsi : « Dans le cas où il y aura lieu à l'appel, la cour royale statuera dans la quinzaine. Les arrêts rendus par défaut ne seront pas susceptibles d'opposition ; » — Attendu que cette disposition devant recevoir son application à l'égard de tout jugement rendu en matière de saisie immobilière, le rejet de l'opposition formée par la partie de Sacarrère à son précédent arrêt de défaut du 13 mai dernier, devra être prononcé, s'il est justifié que c'est sur une décision de cette nature qu'a statué cet arrêt ; — Attendu qu'il est constant 1°, en fait, que ladite partie de Sacarrère ayant fait une surenchère à la suite de l'adjudication prononcée en faveur de celle de Carles, et le tribunal de première instance de Saint-Gaudens l'ayant proscrite, c'est sur cette décision déférée par la voie de l'appel par ladite partie de Sacarrère à l'examen de la cour, qu'a statué l'arrêt précité ; 2° qu'en droit la faculté de surenchérir est un élément légal de la saisie immobilière, soit parce que la première présuppose nécessairement l'existence de celle-ci, soit parce que l'art. 708 de la loi précitée qui consacre l'existence de ce droit et détermine les conditions de son exercice, fait partie des dispositions à l'aide desquelles le législateur organise de nouveau la poursuite de la saisie immobilière ; l'art. 731 de cette même loi régit donc la surenchère comme tous les autres éléments constitutifs, ou qui peuvent se rattacher à la saisie immobilière, et, comme pour eux, tout arrêt de défaut n'est point susceptible d'opposition ; — Attendu que si cette conséquence ressort d'une manière si explicite des textes précités, une autre disposition non moins formelle ne permet point de la méconnaître ; le § 4 de l'art. 838 de la même loi s'exprime en effet ainsi : « Aucun jugement ou arrêt par défaut en matière de surenchère sur aliénation volontaire ne sera susceptible d'opposition. » Comment, dès lors, admettre un pareil recours, lorsque la surenchère a pour effet, soit de rendre sans effet une adjudication solennellement prononcée (art. 710 de la même loi), soit de compliquer une poursuite que, par les nouvelles dispositions qu'il proclame, le législateur a voulu rendre plus prompte qu'elle ne l'était précédemment. Or, évidemment, la disposition précitée relative à la surenchère sur aliénation volontaire n'est que la conséquence du principe qui domine la surenchère sur saisie immobilière, et ce principe est celui consacré par la dernière disposition précitée de l'art. 731 ; — Attendu qu'il est, dès lors, indifférent qu'antérieurement à la loi du 2 juin 1841, la jurisprudence eût consacré que le délai de l'appel, quant aux jugements rendus en matière de surenchère, était celui fixé par l'art. 443 c. pr., et non celui assigné par le même code aux jugements rendus sur incidents en matière de saisie immobilière, puisque la nouvelle loi soumet tous les éléments de cette poursuite à une règle uniforme ; — Par ces motifs, déclare irrecevable l'opposition, etc.

Du 16 juin 1842.-C. de Toulouse, 2e ch.-M. Garrisson, pr.

(3) (Leynet *C.* Veynière.) — LA COUR ; — En ce qui touche l'intervention de Reine Perrier : — « Attendu qu'en qualité de poursuivante, elle est partie dans le jugement du 31 août 1838, et qu'elle aurait dû être intimée sur l'appel de ce jugement ; qu'au surplus, en son nom et comme représentant les créanciers, elle a intérêt à assister dans l'instance pour activer la dépossession des débiteurs et le payement du prix de l'adjudication, que les autres parties pourraient vouloir retarder ; qu'elle aurait incontestablement le droit de former tierce-opposition à l'arrêt, s'il préjudiciait à ses droits ; que dès lors son intervention est recevable.

Du 19 juin 1840.-C. de Lyon, 1re ch.-M. Reyre, 1er pr.

par le saisi, serait fondé sur des nullités qui, étant antérieures à la première adjudication, entraîneraient l'annulation de cette adjudication elle-même, aussi bien que de la surenchère. — Il pouvait arriver aussi sous l'ancien code que le saisi fît appel du jugement d'adjudication même après une surenchère. — Et l'on décidait en pareil cas que lorsque le surenchérisseur avait fait signifier au saisi les jugements d'adjudication définitive et d'admission de surenchère, c'était contre lui que l'appel, même fondé sur le défaut de signification du jugement d'adjudication provisoire, devait être déclaré (Aix, 9 fév. 1832) (1). — Aujourd'hui la question ne peut plus se présenter, l'art. 730, n° 2, du nouveau code portant expressément que le jugement d'adjudication n'est pas susceptible d'appel.

889. On décidait sous l'ancien code que l'appel en cette matière pouvait être interjeté dans la huitaine de la prononciation du jugement (Montpellier, 7 déc. 1825) (2). — Néanmoins la question demeurait controversée (V. Carré, t. 2, n° 2378; Pigeau, Comm., t. 2, p. 356; Delaporte, t. 2, p. 313; Berriat, p. 597; Favard, t. 5, p. 65). — Le nouveau code n'a pas résolu cette difficulté : nous pensons toutefois qu'en une matière spéciale comme celle dont il s'agit on ne saurait appliquer sur ce point la règle ordinaire. — La brièveté du délai nous semble d'ailleurs devoir exclure ici forcément toute application de l'art. 449 c. pr.

890. Une fois les contestations vidées et le prix de l'adjudication fixé, il ne s'agit plus pour arriver à cette adjudication que de remplir les formalités voulues par les art. 696 et 699 pour donner à la vente la publicité exigée. — Ces formalités sont du reste les mêmes que pour arriver à l'adjudication après une surenchère sur aliénation volontaire. — V. n°s 226 et suiv.

§ 6. — *Des effets de la surenchère; de l'adjudication après surenchère et de ses conséquences.*

891. La surenchère ne produit ses effets qu'autant qu'elle réunit les conditions de validité prescrites par la loi. — Si elle a été déclarée nulle vis-à-vis d'un créancier, elle ne peut plus profiter à personne (Conf. Carré, t. 3, n° 2843; Merlin, t. 13, p. 357. V. n°s 244, 364).

892. Le surenchérisseur pouvait, sous l'ancien code, se désister de sa surenchère si elle n'avait encore été notifiée à personne (Conf. Pigeau, Comm., t. 2, p. 356). — Il lui suffisait même, s'il renonçait à son projet de suivre sur la surenchère, de s'abstenir de la notifier; elle demeurait ainsi non avenue, et personne n'était en droit de lui reprocher une détermination qui pouvait passer pour une négligence. — Il n'était pas possible d'ailleurs de voir dans ce simple abandon de la surenchère, même en cas de collusion et de fraude, un délit prévu par la loi. — Aussi jugeait-on que le fait, de la part d'un adjudicataire et d'un surenchérisseur, de s'être entendu pour abandonner la surenchère, ne constitue pas le délit d'entrave à la liberté des enchères, ou de dons faits pour écarter les enchérisseurs, dans le sens de l'art. 412 c. pén. (Req. 26 mars 1829) (3).

(1) (Badon C. Rouveure et Salin.) — LA COUR; — Sur la première fin de non-recevoir proposée par l'intimé : — Attendu que Rouveure ayant fait signifier à l'appelant les jugements d'adjudication définitive et d'admission de surenchère, c'est contre lui que l'appel a dû être déclaré, ne fût-ce que pour l'arrêter dans les exécutions qu'il allait faire; — Que, d'ailleurs, la fin de non-recevoir n'est proposée qu'après avoir plaidé au fond par-devant la cour royale de Nîmes.

Du 9 fév. 1832.-C. d'Aix, ch. réun.-M. Cappeau, pr.

(2) (Levesque C. Boyer.) — LA COUR; — Attendu, quant à la fin de non-recevoir opposée à l'appel, prise de ce qu'il était interjeté dans la huitaine du jour de la prononciation du jugement qui en était l'objet, que, d'après l'art. 745 c. pr., les articles de ce code, relatifs aux nullités, aux délais et formalités de l'appel, en ce qui concerne les saisies-immobilières, sont communs à la poursuite de la folle enchère; — Attendu que la surenchère survenue après l'adjudication sur folle enchère, est une dépendance de cette même procédure de folle enchère; qu'il y a donc lieu de lui appliquer, quant aux nullités, aux délais et aux formalités de l'appel du jugement rendu sur icelle, les dispositions de cet art. 745, et, par suite, celle de l'art. 756 du même code; — Attendu que ce dernier article veut que l'appel des jugements qui interviennent, sur des moyens de nullité, contre les procédures postérieures à l'adjudication provisoire, soit interjeté dans la huitaine de leur prononciation; — Attendu que le jugement qui rejette les nullités proposées par l'appelant contre la surenchère, est un jugement de même nature, et se trouve, par conséquent, soumis à la même règle; qu'ainsi, l'appel de ce jugement a pu être interjeté dans ce délai, et que la fin de non-recevoir opposée se trouve sans fondement;

Attendu, au fond, que la procédure sur folle enchère n'est qu'un incident sur la poursuite de saisie-immobilière, puisque les règles en sont tracées dans le tit. 15 c. pr., spécialement consacré à ces incidents; qu'elle fait donc partie de cette poursuite, et en est une continuation; — Attendu que le défaut de payement du prix de l'adjudication judiciaire emporte, de plein droit, l'annulation de cette adjudication; que, sans jugement préalable, le bien doit être vendu à la folle enchère de l'adjudicataire, mais toujours sur la tête du saisi; que l'adjudicataire est censé n'en avoir jamais été propriétaire; que la procédure alors recommence, et que le jugement qui intervient est le seul véritable titre qui en transporte la propriété; qu'il n'y a, dans le fait, qu'une seule mutation, qu'elle est au profit de l'adjudicataire sur folle enchère; que l'art. 710 c. pr., qui permet la surenchère dans la huitaine du jour où l'adjudication sur une saisie-immobilière a été prononcée, s'applique donc nécessairement à l'adjudication faite à ce second adjudicataire, puisqu'il est vrai de dire qu'il n'y en a pas d'autre subsistante;

Attendu que, si l'art. 744 de ce même code soumet le surenchérisseur au payement du prix des deux adjudications, ce n'est qu'à titre de peine ou de dommages, et non point comme portion du prix d'une vente qui n'existe plus;

Attendu que, dès lors qu'il est reconnu qu'il n'y a pas d'autre vente effective que celle résultante de la dernière adjudication, il faut en conclure que la folle-enchère ne doit être, aux termes de l'art. 710, que du quart du prix de cette adjudication, et que celle faite par le sieur Boyer, s'élevant au montant de ce quart, a satisfait à ce qu'exige la loi : — Par ces motifs, sans s'arrêter à la fin de non-recevoir, confirme, etc.

Du 7 déc. 1825.-C. de Montpellier.

(3) *Espèce* : — (Cavaré, etc. C. Dubois.) — Cavaré avait fait une surenchère, sur le prix d'un domaine, adjugé, sur saisie, à Lano et Ferrier; mais il s'en est désisté avant toute signification. Il paraît que ceux-ci l'avaient associé à l'adjudication. — Plus tard, instruite de ce traité, la demoiselle Dubois, sur laquelle les fonds avaient manqué dans l'ordre, a formé, contre Cavaré, Ferrier et Lano, une action en dommages-intérêts, fondée sur ce que leur traité était illicite, qu'il lui avait fait tort, en ce qu'elle aurait été payée en totalité, s'il avait été donné suite à la surenchère du quart. — Les défendeurs répondaient : Le fait qui nous est reproché, s'il est illicite, constituerait le délit d'entrave à la liberté des enchères, ou celui résultant de dons ou promesses, ayant pour objet d'écarter les enchérisseurs (c. pén. 412). Or ce délit serait prescrit, quant à l'action civile ou pénale, par le laps de trois ans, à partir du jour où il a été commis. — Au reste, le fait reproché n'a rien d'illégal, puisqu'aucun droit n'était acquis aux tiers, lorsque Cavaré a cru ne devoir pas donner suite à sa surenchère. — 13 juill. 1827, le tribunal de Pau admet la prescription. — Appel. — 31 août 1827, arrêt de la cour de Pau qui infirme, et, au fond, accueille l'action en dommages-intérêts.

Pourvoi en cassation de Cavaré et consorts : 1° Fausse application de l'art. 1382 c. civ. et violation de l'art. 711 c. pr., en ce qu'il ne suffit pas qu'un fait ait causé un dommage à autrui, qu'il faut encore que ce fait soit interdit par la loi, qu'il présente l'infraction d'un devoir, d'une obligation, ou que cette infraction ait lésé un droit acquis. Or, dans l'espèce, le sieur Cavaré n'a fait que ce qu'il avait le droit de faire. 2° Violation de l'art. 412 c. pén. et des art. 2, 637 et 638 c. inst. crim., en ce que l'arrêt attaqué a rejeté l'exception de prescription. — Arrêt.

LA COUR; — Sur le premier moyen : — Attendu que, quoiqu'il résulte de la saine entente de l'art. 711 c. pr. civ. que la surenchère seule, et non suivie de signification, ne produit pas une obligation; qu'elle reste sans aucun effet, tant à l'égard du surenchérisseur qu'à l'égard des tiers, lorsque la notification n'en a pas été faite dans le délai de vingt-quatre heures, cet art. 711 n'aurait été néanmoins, et n'aurait pu être violé, par l'arrêt de la cour de Pau, qu'autant que cette cour, qui rattachait le sort de la cause qui lui était soumise à la disposition de l'art. 1382 c. civ., aurait fait une fausse application de ce même article, question qui est subordonnée à la solution de celle que présente le second moyen;

Et sur le second moyen : — Attendu que l'action formée par la demoiselle Dubois, contre les demandeurs, avait pour objet et pour but unique, de la part de ladite demoiselle Dubois, d'obtenir la réparation d'un dommage, qu'elle soutenait lui avoir été causé par les demandeurs en cassation, et par des faits qui leur étaient personnels, sans rattacher ces mêmes faits à aucun délit qualifié par la loi, et dont elle leur adressât le reproche; que c'est ainsi, et dans ce sens, que la cour de Pau a entendu et caractérisé l'action en dol et fraude, dont l'avait saisie, par voie civile ordinaire, la demoiselle Dubois; qu'il était dans le domaine et dans les attributions de cette cour d'apprécier les faits et les circonstances qui avaient causé le dommage, et d'en ordonner la réparation, par application de l'art. 1382 c. civ.; — Qu'il ne saurait appartenir aux deman-

393. Cependant il avait été décidé : 1° qu'un tel abandon de la surenchère fait *par suite* d'une transaction avec l'adjudicataire pouvait être considéré comme un fait dommageable, dans le sens de l'art. 1382 c. nap., et donner lieu à des dommages-intérêts, au profit des créanciers qui n'auraient pu être colloqués sur le prix par suite de l'abandon de la surenchère (même arrêt). — 2° Que si ce fait donnait lieu, devant les tribunaux civils, à une action en dommages-intérêts, fondée sur ce qu'il constituait un dol civil dommageable aux créanciers non payés, l'action était recevable, quoiqu'il se fût écoulé plus de trois ans depuis le fait qui y avait donné lieu (même arrêt). — Ce n'était donc qu'en cas de dol qu'une action de ce genre pouvait être portée devant les tribunaux, et une telle action ne pouvait être le plus souvent qu'illusoire, attendu la difficulté de prouver le dol dans un cas semblable.

394. Mais le surenchérisseur ne pouvait plus se désister une fois que la surenchère avait été dénoncée. Ainsi jugé (Amiens, 23 mai 1812, aff. Chavannes, V. Vente publique d'imm.). — Du moins, dans ce dernier cas, le désistement ne pouvait avoir effet que par l'acceptation des personnes auxquelles il avait été notifié. Si la surenchère n'avait été notifiée qu'à l'adjudicataire, et que celui-ci seul acquiesçât au désistement, le surenchérisseur n'aurait pas été délié envers le saisi et les créanciers (Pigeau, Comm., t. 2, p. 336). — Toutefois, suivant un arrêt, lorsqu'un créancier s'était désisté de sa surenchère, et que l'adjudicataire consentait à en payer le montant en sus de son prix, il n'y avait pas lieu à une nouvelle adjudication (Req. 8 nov. 1815 (1).—Conf. Favard, t. 5, p. 66). — Ce n'était là, du reste, que la conséquence du principe qui n'admettait à concourir que l'adjudicataire et le surenchérisseur; le désistement de la surenchère tournait donc au profit de l'adjudicataire seul, s'il couvrait cette surenchère, et alors il n'y avait pas lieu pour ce motif à nouvelle adjudication.

395. Mais le nouveau code, ainsi qu'on l'a déjà vu, a adopté d'autres principes sur ce point; la surenchère, en effet, pouvant, aux termes de l'art. 709 (V. n° 364), être dénoncée non-seulement par le surenchérisseur, mais par toute autre partie intéressée, il en résulte qu'à partir du moment même de la déclaration de surenchère, le surenchérisseur se trouve lié envers les créanciers inscrits, le poursuivant et le saisi, et qu'ainsi il n'a point la faculté de se désister (Conf. M. Petit, p. 178 et suiv.). — La surenchère ne peut donc demeurer sans effet, ainsi que l'a dit M. Pascalis dans son rapport à la chambre des députés, qu'autant qu'il conviendrait à tous de la laisser impoursuivie (V. Vente publ. d'imm.). — De même, par suite de la nouvelle règle qui admet aujourd'hui toute personne à concourir aux enchères (V. n° 372), l'adjudicataire ne pourrait plus arrêter la mise en adjudication en payant le montant de la surenchère; il ne pourrait donc y avoir lieu à admettre un désistement que sur le consentement de toutes les parties intéressées. — V. n°s 260 et suiv.

396. La surenchère n'a pas pour effet de dessaisir l'adjudicataire; la propriété ne se transmet que par la revente, qui opère résolution de la première adjudication (Conf. MM. Grenier, n° 488; Persil, n° 41; Pigeau, p. 270; Bioche, n° 320). — Si donc, dans la huitaine de la surenchère, l'immeuble périt ou se dégrade, la perte est pour l'adjudicataire (Conf. MM. Pigeau, Persil, *eod.*; Bioche, n° 321). — V. n° 270.

397. La perte totale ou partielle de la chose dégagerait le surenchérisseur : c'est en effet la chose dans l'état où elle se trouve au moment de sa soumission, dont le surenchérisseur entend se porter adjudicataire. On ne saurait lui adjuger ce qui n'existe plus (V. plus haut n° 271). — Il nous semble résulter de là que si le surenchérisseur, en cas de dégradation de la part de l'adjudicataire, entend conserver le bénéfice de la surenchère, il est fondé à exiger que celui-ci soit tenu, avant l'adjudication, de remettre les lieux en leur premier état. — Toutefois il a été jugé que le surenchérisseur d'une mine qui n'est pas créancier du propriétaire saisi ne peut demander que l'adjudicataire surenchéri remette, avant l'adjudication définitive, les lieux dans l'état où il les a reçus (c. pr. 710) ; mais qu'il en serait autrement après l'adjudication, s'il était resté adjudicataire (Amiens, 4 avril 1821, et sur pourvoi, Req. 17 juill. 1822) (2).

398. Dans le cas, au contraire, où l'adjudicataire aurait fait des améliorations, pourrait-il en demander le remboursement? On reconnaît généralement ce droit à l'acquéreur évincé par une surenchère sur aliénation volontaire (V. Vente publ. d'imm.). Mais la question offre plus de difficulté lorsqu'il s'agit de la surenchère sur expropriation. Dans le premier cas, l'acquéreur a pu se regarder comme propriétaire définitif; il a pu croire que le vendeur, en désintéressant les créanciers inscrits, affranchirait l'immeuble de l'éventualité d'une surenchère, tandis que l'adjudicataire par expropriation sait qu'il n'acquiert l'immeuble qu'à titre provisoire et sous la condition suspensive que nul ne surenchérira dans la huitaine. On ne saurait donc le réputer possesseur de bonne foi dans le sens de l'art. 555, et s'il lui plaît de faire des changements, il semble juste de décider qu'il ne peut le faire qu'à ses risques et périls. — Aussi a-t-il été décidé que l'adjudicataire d'un immeuble surenchéri ne peut ajouter au cahier des charges un dire qui tend à le faire restituer par l'adjudicataire définitif des sommes par lui dépensées pour les changements opérés par lui sur l'immeuble depuis son adjudication et avant la surenchère (même arrêt).

---

deurs, en s'imputant une turpitude, d'aggraver ces faits et ces circonstances, et de leur donner le caractère d'un délit correctionnel que la cour de Pau ne leur a point reconnu, que la demoiselle Dubois ne leur a point attribué, et de ne chercher à leur imprimer ce caractère que pour échapper à une condamnation purement civile, au moyen d'une prescription prévue par les art. 2, 637 et 638 c. inst. crim. ; — Que la prescription prononcée par ces trois articles, ne pouvant atteindre l'action civile, en réparation de dommage, telle qu'elle a été jugée par la cour de Pau, l'arrêt de cette cour n'a ni violé ni pu violer les susdits trois articles du code d'instruction criminelle ni l'art. 412 c. pén. ; — Rejette.

Du 26 mars 1829.-C. C., ch. req.-MM. Borel, pr.-Mousnier-rap.

(1) (Époux Praire *C.* Bernard Mertian.) — La cour ; — Attendu qu'il s'agissait, dans l'instance, d'une surenchère faite aux termes de l'art. 710 c. pr., laquelle est soumise à des règles essentiellement différentes de celles applicables à la surenchère autorisée par l'art. 2185 c. civ. ; — Attendu que l'adjudicataire est admis seul, aux termes de l'art. 712, à concourir avec l'enchérisseur, et que cet adjudicataire, dans l'espèce, s'est soumis au payement de l'enchère du quart au-dessus de son prix, et qu'ainsi aucune des dispositions du code de procédure, relatives aux surenchères par adjudication après saisie immobilière, n'ont été violées par l'arrêt attaqué ; — Rejette le pourvoi contre l'arrêt de la cour d'Amiens, du 11 août 1814.

Du 8 nov. 1815.-C. C., sect. req.-MM. Henrion, pr.-Borel, rap.

(2) *Espèce* : — (Tracy *C.* Montigny.) — Le 17 avril 1819, adjudication au profit de Montigny, pour 15,000 fr., de l'usine vitriolique de Guiscard. — Le 24, surenchère par Tracy. — Pendant ce temps, Montigny a démoli les fourneaux, les chaudières, les pompes, les conduits, etc. — Avant l'adjudication définitive, le sieur Tracy a demandé que les lieux fussent mis dans leur état primitif. — De son côté M. Montigny a fait ajouter aux clauses du cahier des charges une somme de 2,000 fr. pour le prix des changements par lui opérés. — Le 17 avril 1820, jugement qui rejette la demande des sieurs Tracy et Montigny, et adjuge à ce dernier l'immeuble pour 20,000 fr. — Appel. — Arrêt confirmatif de la cour d'Amiens, du 4 avril 1821. — Pourvoi. — Violation des art. 710 et 712 c. pr., en ce que la cour a rejeté la demande de Tracy en réparation des lieux avant l'adjudication définitive, lors même que l'adjudicataire originaire ne pouvait faire aucun changement puisqu'il n'était pas propriétaire. — Arrêt.

La cour ; — Attendu que s'il est vrai qu'un adjudicataire de biens vendus par suite de saisie immobilière, dont le prix d'adjudication a été surenchéri dans le cas prévu par l'art. 710 c. pr., ne peut commettre aucune dégradation sur le domaine dont il est détenteur, et qu'il est responsable de celles qu'il commettrait, le droit de poursuivre cet adjudicataire n'appartient qu'à ceux qui ont intérêt à la réparation du dommage, tels que le saisi, ses créanciers, et même celui qui dans le résultat devient adjudicataire définitif ; — Attendu que le sieur Onfroy de Tracy n'étant dans aucun de ces cas, puisqu'il n'est point créancier du saisi, et que par l'effet de la mise aux enchères provoquée par lui conformément à l'art. 710 c. pr., il n'est point devenu adjudicataire définitif, sa demande a dû être écartée par l'application de la maxime que l'intérêt est la mesure de toutes les actions ; — Attendu que s'il est vrai que Montigny, adjudicataire surenchéri, avait ajouté au cahier de charges un dire qui tendait à lui faire restituer par l'adjudicataire définitif une somme de 2,056 fr., il est vrai aussi que sa prétention a été rejetée ; qu'ainsi le cahier de charges est resté tel que l'avoué poursuivant l'avait dressé ; — D'où il suit que loin d'avoir violé les art. 710, 711, 712, 714 c. pr. et 1952 c. civ., dont plusieurs même n'ont aucun rapport à la question, la cour d'Amiens s'est conformée aux lois et principes de la matière ; — Rejette.

Du 17 juill. 1822.-C. C., sect. req.-MM. Henrion, pr.-Pardessus, rap.

399. Toutefois il faudrait en décider autrement s'il s'agissait de réparations urgentes et indispensables. De telles réparations tournent au profit de l'adjudicataire définitif qui aurait été obligé d'en faire les frais. D'ailleurs, à partir de l'adjudication, la propriété, quoiqu'à titre résoluble, repose sur la tête de l'adjudicataire qui est tenu, par le seul fait de sa possession, de veiller à la conservation de la chose. — V. n° 396.

400. Si l'adjudicataire primitif se rend adjudicataire une seconde fois, c'est un engagement nouveau qu'il contracte; il ne serait donc pas censé, par cela seul qu'il aurait donné mandat à un avoué d'enchérir pour lui sur la première adjudication, l'avoir chargé d'une semblable mission sur l'adjudication qui suit la surenchère. — Et il a été jugé, en effet, que l'avoué qui ne justifie pas d'un pouvoir donné par son client pour enchérir sur une surenchère, demeure adjudicataire personnel de l'immeuble qu'il a surenchéri, bien qu'il ait reçu pouvoir d'enchérir sur l'adjudication; qu'en d'autres termes, le pouvoir donné à un avoué pour enchérir sur une adjudication ne s'étend pas à la surenchère (Req. 24 juill. 1823) (1).

401. Si la seconde adjudication est faite à un autre que le premier adjudicataire, la première adjudication est résolue, le premier adjudicataire est déchargé; le second doit rembourser les frais et les droits; c'est ce second adjudicataire qui est censé avoir été toujours propriétaire (Pigeau, t. 2, p. 251; Lepage, p. 405, quest. 5). Si l'adjudication reste au premier adjudicataire, il est propriétaire du jour de la première adjudication (Pigeau, *loc. cit.*; Bioche, n°s 106 et suiv.).

402. Par application de ce principe que le premier adjudicataire est réputé n'avoir jamais eu la propriété de la chose, il a été décidé que le cohéritier dépouillé, par l'effet d'une surenchère, d'un immeuble de l'hérédité à lui adjugé sur licitation, n'a pas de droit exclusif aux fruits produits par cet immeuble entre l'adjudication faite à son profit et celle qui a suivi la surenchère. — Ces fruits appartiennent à la succession, et doivent être partagés entre tous les cohéritiers (Bordeaux, 28 déc. 1846, aff. Mitroche, D. P. 47. 2. 42).

403. Par les mêmes motifs encore, c'est au saisi, et non à l'adjudicataire évincé par une surenchère, que doit être remis l'excédant s'il y en a, lorsque le prix a suffi au payement de tous les créanciers (Conf. Carré, n° 2826).

404. Quant à la forme des enchères, aux personnes qui peuvent enchérir, à la déclaration de command et à toutes les questions concernant les formes, les délivrances, la signification et les effets généraux du jugement d'adjudication. — V. les art. 711 et suiv., et v° Vente publ. d'imm.

405. L'adjudication ne peut avoir lieu dans tous les cas qu'à la barre du tribunal, et il a été jugé par exemple que lorsqu'une surenchère faite sur licitation devant notaire commis par justice, donne lieu à une nouvelle adjudication, la revente ne peut être renvoyée devant le notaire, mais doit nécessairement avoir lieu à la barre du tribunal; ici ne s'applique pas la faculté accordée aux tribunaux par l'art. 970 c. pr. (Douai, 1er mars 1845) (2). — Conf. MM. Bioche, Journal de pr., t. 7, p. 433; Rolland de Villargues, p. 647, et un jugement du tribunal de

---

(1) (Martin C. Chabaud.) — La cour; — Attendu sur le premier moyen que la matière des adjudications se régit par des dispositions spéciales, et que l'avoué Martin n'ayant pas rapporté le pouvoir écrit que la loi lui imposait, il a dû en subir la pénalité et demeurer adjudicataire puisque Chabaud a dénié lui avoir donné pouvoir; — Attendu, sur le deuxième moyen, que le pouvoir donné pour enchérir sur l'adjudication ne s'étend point à la surenchère, qui peut s'élever indéfiniment; — Rejette le pourvoi contre l'arrêt de la cour d'Aix, du 22 mars 1821.

Du 24 juill. 1823.-C. C., sect. req.-MM. Botton, pr.-Brillat, rap.

(2) *Espèce* : — (Warengheim C. Palin.) — Le tribunal civil de Saint-Omer avait ordonné la licitation d'une maison indivise entre les héritiers Palin, et, pour y procéder, avait renvoyé les colicitants devant un notaire, en vertu du pouvoir qui lui en est donné par l'art. 970 c. pr. — La maison fut adjugée au sieur Géry d'Ambricourt. — Le sieur Warengheim forma une surenchère qu'il dénonça tant à l'adjudicataire qu'aux autres parties, avec avenir à la première audience qui suivait la quinzaine de la dénonciation, pour voir prononcer la validité de la surenchère. A l'audience fixée, personne ne contestant la validité de cette surenchère, le surenchérisseur et l'adjudicataire demandèrent que les enchères fussent immédiatement ouvertes à la barre du tribunal. Mais les héritiers Palin conclurent à ce que les opérations de la revente fussent renvoyées devant le même notaire qui avait été commis pour l'adjudication, et un jugement du 18 nov. 1845, annulant ces conclusions, accorda le renvoi demandé. — Appel. — Le 18 janv. 1845, la cour royale de Douai rendit un arrêt de partage. A l'audience du 1er mars suivant, où ce partage s'est vidé, M. le procureur général a pris la parole en ces termes, qui font connaître les arguments invoqués à l'appui des systèmes produits devant la cour :

« Il existe, a dit ce magistrat, plusieurs espèces de ventes : elles se divisent *à priori* en deux grandes catégories : ventes volontaires, ventes forcées. C'est dans ces deux divisions génériques que rentrent nécessairement toutes les autres ventes. Eh bien! nous voyons tout d'abord des textes formels, impératifs, établir fatalement et pour les unes et pour les autres, en fait de surenchère, les formalités de l'expropriation forcée. Pour les ventes volontaires, c'est l'art. 2187 c. civ.; pour les ventes forcées, ce sont les art. 708, 709 et 710 qui le veulent ainsi. C'est, en effet, que la surenchère est une institution *sui generis*, une procédure qui n'appartient qu'à elle et qui se représente partout avec ses éléments inaltérables et identiques à elle-même, dans toutes ses variétés d'application. Quelle qu'ait été la nature de la vente, l'effet inévitable de la surenchère, c'est l'expropriation; c'est à l'adjudicataire qu'elle s'attaque; c'est une vente parfaite et consommée qu'elle veut ébranler, pour arriver, après avoir traversé ses phases diverses, à son but final, la substitution d'un nouvel acquéreur au précédent. Le législateur a donc traduit la nature même des choses en donnant à cette revente *super nolentem* toutes les sûretés et les garanties protectrices de l'expropriation forcée!... D'après ces données pourrait-il donc être vrai qu'en dehors de la vente volontaire ou forcée, se trouverait une troisième espèce d'aliénation pour laquelle aurait été instituée je ne sais quelle surenchère, sans personnalité individuelle, et qui, par la plus anormale assimilation, irait se perdre et se fondre dans la nature de la vente dont elle serait en quelque sorte la dernière péripétie? Avant d'avoir interrogé les textes il faut, sur la foi de la doctrine, professer tout d'abord : cela n'est pas, car cela ne se peut! C'est uniquement de l'art. 970 que le système opposé prend son point de départ. Eh bien! que dit tout cet article? c'est que le tribunal peut commettre, soit un juge, soit un notaire pour la licitation. Mais si la surenchère n'est pas la licitation, si elle habite une zone toute différente; si elle n'est pas instituée pour arriver à l'adjudication entre colicitants, mais pour détruire, au contraire, l'adjudication qui avait clos la licitation, ce qu'il faut conclure du texte de l'art. 970, c'est qu'il est complétement étranger à la surenchère, et que, par suite, les principes généraux conservent ici tout leur empire. Ce n'était même pas assez de ce silence, et, au titre des licitations, la loi a parlé; les art. 965 et 973 contiennent le renvoi le plus exprès aux art. 708, 709 et 710, c'est-à-dire à l'ensemble des textes qui réglementent toute l'économie de la surenchère, depuis l'acte au greffe jusques et compris l'adjudication.

» Dans la thèse contraire, on a voulu faire de la surenchère un incident; mais qu'est-ce qu'un incident? *id quod incidit*, c'est-à-dire un acte fortuit et contingent introduit dans une procédure, un épisode intercalaire dans une action principale; mais de par la doctrine et les textes, tel n'est pas le caractère de la surenchère, cette procédure à part soi, formant un tout complet et identique, ayant à elle son principe, ses développements, sa fin. Aussi n'est-ce pas, dans le tit. 13 de la saisie immobilière, dans les rangs des incidents que le législateur a été la confondre; mais c'est dans le tit. 12, au cœur même de la saisie immobilière, que la codification lui a fait place, indiquant bien par là que la surenchère n'était qu'une nouvelle expropriation entée sur la précédente, une seconde dépossession digne d'être protégée à l'égal de l'autre, et n'en différant que par le numéro d'ordre que lui avait nécessairement assigné sa date postérieure d'origine.

» Que voudrait-on faire cependant? Séparer l'adjudication de l'acte de surenchère et du jugement de décret?... Laisser à la justice les deux premiers termes de la poursuite et la dessaisir du dernier? Mais qu'est-ce donc qu'une surenchère?... Est-ce seulement la froide déclaration couchée sur les registres du greffe? Est-ce seulement encore le décret de justice qui vérifie la suffisance de l'offre et la régularité des formes? Arrêtez-vous à ce point, et vous n'avez rien obtenu; l'adjudication n'a reçu nulle atteinte, aucun droit nouveau n'a surgi, toutes les positions ont conservé leur assiette, c'est-à-dire qu'il n'y a rien de fait encore, c'est-à-dire qu'il n'y a que des jalons posés, des devoirs préparatoires accomplis. La moins imparfaite de toutes les définitions données de la surenchère, c'est celle qui l'a appelée une revente de l'immeuble aux enchères, ce qui veut dire que l'adjudication est l'acte par excellence de la poursuite, l'expression sacramentelle de toute la procédure, le coup mortel porté à la vente par la justice dépositaire de toutes les forces de la puissance publique. Il n'est donc pas plus possible de séparer l'adjudication des actes qui l'ont précédée qu'il n'est possible d'abstraire la fin de toute chose de son commencement, la conséquence de son principe, l'âme du corps, ou si vous le faites, c'est l'incohérence, c'est l'illogicité, c'est la mort! » — Arrêt.

commerce de Colmar, du 22 nov. 1841). — On a pensé que la surenchère équivalait à une expropriation forcée, dirigée contre le premier adjudicataire; qu'en effet, jusqu'à la nouvelle adjudication, celui-ci demeure propriétaire de l'immeuble, profite des fruits, en subit la perte (V. M. Troplong, n° 949; V. aussi plus haut n°s 270, 396 et v° Vente publ. d'imm.); on a voulu que l'acte qui consomme sa dépossession fût entouré de toutes les garanties qu'assure à l'exproprié l'accomplissement des formes judiciaires; et, de la nécessité de satisfaire à ces formalités, lesquelles consistent, pour la plupart, dans des procédures étrangères aux fonctions du notariat, on a conclu l'impossibilité de renvoyer, par-devant le notaire commis par justice pour la licitation, l'adjudication sur surenchère. — V. les arguments présentés à l'appui de ce système par M. le procureur général Rouland, dont les conclusions ont été adoptées par la cour.

406. Il a été jugé aussi, sous l'ancien code de procédure qui n'admettait la concurrence qu'entre le surenchérisseur et l'adjudicataire, qu'il n'était pas nécessaire, à peine de nullité, que l'adjudication sur surenchère ne se fît qu'après l'extinction de trois bougies; que cette formalité n'était exigée que pour les enchères ordinaires (Colmar, 26 juin 1826) (1). — Mais cette décision ne devrait plus être suivie aujourd'hui, en présence de l'art. 710. — V. n° 572).

407. L'adjudicataire est tenu d'acquitter, en outre de son prix principal, toutes les charges de l'adjudication et notamment les frais de poursuite de surenchère, lesquels étant considérés comme faisant partie des frais ordinaires faits pour parvenir à la vente, doivent être payés en sus. — Il a été justement décidé que les frais de la surenchère sur saisie immobilière ne doivent pas être passés en frais extraordinaires de poursuite, payables par privilége sur le prix de l'adjudication (Toulouse, 17 fév. 1841) (2). — En tout cas, ce prélèvement des frais de surenchère par privilége, sur le prix d'adjudication, ne pourrait être demandé pour la première fois en cause d'appel (même arrêt).

408. Le jugement d'adjudication peut-il être frappé d'appel? — V. v's Appel civil, n° 147; Vente publ. d'imm. — V. aussi plus haut n° 257.

409. Il avait été décidé, sous l'ancien code, que le débiteur saisi était non recevable dans sa demande en nullité d'une adjudication après surenchère, s'il n'avait donné caution pour les frais de l'incident conformément à l'art. 2 de la loi du 2 fév. 1811 (Bourges, 13 juill. 1822, aff. Leuthereau C. Delaveau). — Mais

---

La cour; — Attendu que l'adjudication qui a lieu, soit devant le juge, soit devant le notaire commis, en matière de licitation, fait cesser l'indivision entre les colicitants et transfère la propriété à l'adjudicataire; — Que la faculté de surenchère accordée à toute personne par l'art. 973 c. pr. civ. ne suspend pas le droit de ce dernier; — Que l'exercice de cette faculté peut seulement le résoudre; — Qu'il s'ensuit que le mandat donné au notaire, pour procéder à la vente, ne s'étend pas au delà de l'adjudication; qu'il cesse, au contraire, à ce moment; — Attendu que la surenchère donne ouverture à une instance nouvelle, distincte et indépendante de l'instance primitive en licitation; — Que, dans cette instance, figurent de nouveaux intérêts et de nouveaux intéressés; — Que la poursuite est et devait être dirigée principalement contre l'adjudicataire; — Que les colicitants n'y figurent qu'accessoirement, à raison du profit qui doit résulter, pour eux, de la nouvelle adjudication, et parce que cette adjudication doit être leur titre contre le nouvel adjudicataire; — Qu'ils sont, à cet égard, dans la même position que la partie saisie qui, aux termes de l'art. 709, au titre de la saisie immobilière, ne doit pas même être notifiée de la surenchère, si là elle n'a pas d'avoué constitué; — Qu'il s'en suit qu'on ne peut appliquer à la surenchère les règles de la procédure en licitation, notamment celles des art. 970 et 954, qui autorisent les tribunaux à commettre un notaire pour procéder à la vente; — Que la surenchère ayant pour but de résoudre la première adjudication, de déposséder l'adjudicataire et d'opérer la revente forcée de la chose, la poursuite ne pouvait avoir lieu que devant l'autorité judiciaire, et qu'à cette autorité seule pouvait appartenir le droit de prononcer cette adjudication;

Que c'est par application de ces principes qu'en cas de vente volontaire, l'art. 2187 c. civ. renvoie, pour la surenchère, aux formes de l'expropriation forcée; — Que la loi a disposé de même pour tous les autres cas de surenchère; — Qu'elle l'a fait spécialement par l'art. 973 c. pr., pour les ventes par licitation; — Que cet article porte, en effet, que, dans les huit jours de l'adjudication, toute personne pourra surenchérir d'un sixième du prix principal, en se conformant aux conditions et formalités prescrites par les art. 708, 709 et 710; — Que ces derniers articles sont placés au titre de la saisie immobilière; — Que, dans le cas desdits articles, la nouvelle adjudication a nécessairement lieu à la barre du tribunal; — Que, par suite, et par l'effet immédiat du renvoi prononcé par l'art. 973, c'est aussi à la barre qu'en cas de licitation, doit avoir lieu la nouvelle adjudication; — Qu'on ne peut distinguer entre les actes qui précèdent l'adjudication et l'adjudication elle-même; — Que cette adjudication fait partie de la poursuite de la surenchère; qu'elle en est la partie la plus essentielle, puisque c'est elle qui consomme la dépossession du premier adjudicataire; que la vente à la barre est, d'ailleurs, la conséquence inévitable de l'observation des formalités prescrites par les art. 708, 709 et 710; — Qu'en effet, outre qu'aux termes du premier de ces articles, la surenchère doit être faite au greffe du tribunal, avec constitution d'avoué, et qu'elle doit être dénoncée aux avoués de toutes les parties intéressées, ledit art. 709 exige que l'acte de dénonciation contienne avenir pour l'audience qui doit suivre l'expiration de la quinzaine sans autre procédure, et que l'art. 710 porte expressément que les nouvelles enchères seront ouvertes au jour indiqué; — Qu'on ne peut donc observer les formalités prescrites sans être amené, dans tous les cas, et par la force même des choses, à la barre du tribunal pour la nouvelle adjudication; — Que tout, dans la loi, repousse l'idée que les parties ne doivent se présenter à l'audience indiquée par l'avenir que pour le décrétement de la saisie et la fixation d'un jour pour l'adjudication; — Que la loi ne parle nulle part d'une instance en décrétement préalable à l'adjudication; que celle qu'ouvrirait, à cette fin, le surenchérisseur, serait frustratoire et contraire au texte formel de la loi, qui n'admet d'autre procédure que la dénonciation de la surenchère, avec avenir à l'audience, pour l'ouverture des nouvelles enchères; — Qu'elle n'en serait pas moins contraire à l'esprit de la loi, en ce qu'elle compliquerait la procédure au lieu de la simplifier;

Que, d'après l'art. 709, c'est au surenchérisseur et non au tribunal qu'il appartient d'indiquer le jour de l'adjudication, et que, d'après l'art. 710, c'est à ce jour que doit avoir lieu ladite adjudication, sauf aux parties intéressées à réclamer, par voie d'incident, si elles prétendent que le délai fixé par l'art. 709 a été insuffisant d'après les circonstances; — Attendu, au surplus, que les délais des art. 696 et 699 sont étrangers à la surenchère, et que le renvoi fait à ces articles par l'art. 709 n'est relatif qu'aux moyens de publicité prescrits par lesdits articles;

Attendu qu'il résulte de tout ce qui précède que, soit à raison de la nature même de la surenchère, soit à raison des textes précis de la loi, c'est à la barre du tribunal, et non devant le notaire, que doit avoir lieu, dans tous les cas, l'adjudication nouvelle, nécessitée par la surenchère; — Que, par suite, c'est à tort que, dans la cause, les premiers juges ont renvoyé devant le notaire qui avait procédé à la première adjudication; que, de ce chef, le jugement doit être réformé; — Par ces motifs, met le jugement dont est appel au néant; émendant, dit que l'adjudication dont il s'agit aura lieu à la barre du tribunal de Saint-Omer, à l'audience des criées, après nouvelles affiches et nouvelles insertions dans les journaux, conformément à la loi.

Du 1er mars 1843.-C. de Douai, 2e ch.-MM. Petit, pr.-Rouland, pr. gén., c. conf.-Huré et Dumon, av.

(1) (Meyer C. Chuquet.) — La cour; — Considérant qu'il n'en est pas de la surenchère comme d'une enchère ordinaire, puisque, lors de la surenchère, il ne peut y avoir de mises qu'entre le surenchérisseur et l'adjudicataire; qu'ainsi on ne peut pas exciper, comme moyen de nullité, de ce que, d'après le jugement dont est appel, l'adjudication sur surenchère n'aurait pas été faite après l'extinction des trois bougies; — Par ces motifs, déboute le demandeur, etc.

Du 26 juin 1826.-C. de Colmar.

(2) (Flambant, etc. C. Lavavé.) — La cour; — Attendu qu'en matière de saisie immobilière, il faut considérer comme frais ordinaires tous ceux que nécessite la marche de la procédure en expropriation; que le droit de surenchérir autorisé par l'art. 710 c. pr., loin de constituer un incident de la nature de ceux relatifs au séquestre des biens expropriés, à la nullité des coupes de bois et autres dont les frais doivent être considérés comme frais extraordinaires de poursuite, n'est, au contraire, qu'une faculté inhérente à la procédure en expropriation forcée; qu'elle lui est tellement liée, qu'il peut arriver qu'il y ait surenchère sur toute adjudication; d'où suit qu'il faut reconnaître, ainsi que l'ont fait les premiers juges, que les frais exposés par les sieurs Pratviel, Martel et Flambant sur la surenchère en vertu de laquelle le sieur Pratviel est devenu adjudicataire, sont des frais ordinaires, payables outre et pardessus le prix de l'adjudication, et qu'ainsi il n'y a pas lieu de les allouer comme frais extraordinaires; — Attendu, surabondamment, qu'en supposant même que les frais de surenchère fussent des frais extraordinaires de poursuite, ils ne pourraient, aux termes de l'art. 716 c. pr., être payés par privilége sur le prix qu'autant qu'il aura été ainsi ordonné par le jugement qui a prononcé sur la validité de la surenchère, ce qui n'a pas eu lieu; d'où suit que cette prétention serait aujourd'hui tout au moins irrecevable; — Par ces motifs, confirme.

Du 17 fév. 1841.-C. de Toulouse, 2e ch.-M. de Bastoulh, cons. pr.

le nouveau code n'a pas reproduit les dispositions de cette loi, dont les termes ne peuvent, du reste, s'appliquer qu'au point de vue de l'ancienne procédure. Cette même loi, en effet, n'avait pour objet que *les demandes en nullité postérieures à l'adjudication préparatoire*; elle doit donc être réputée abrogée, comme toutes les dispositions qui se rattachent à ce mode d'adjudication.

410. Si la nouvelle adjudication est inefficace faute de payement, il y a lieu de procéder contre l'adjudicataire à la revente de l'immeuble sur folle enchère. — V. Vente publ. d'imm.

411. L'adjudicataire primitif est déchargé, encore bien que le second adjudicataire ne satisferait pas à ses obligations (Conf. Pigeau, n° 273. — *Contrà*, Huet, Traité de la saisie immobilière, p. 198). — Jugé cependant, mais à tort, suivant nous, que si le surenchérisseur n'exécute pas les clauses et conditions de la surenchère, on ne doit pas procéder à une revente par folle surenchère, et qu'en pareil cas la première vente devient irrévocable (Turin, 13 juin 1812) (1).

SECT. 4. — SURENCHÈRE APRÈS FAILLITE.

412. Cette surenchère, toute spéciale, était établie par l'art. 565 c. com. de 1807, ainsi conçu : — « Pendant huitaine après l'adjudication, *tout créancier* aura le droit de surenchérir. La surenchère ne pourra être au-dessous du dixième du prix de l'adjudication. » — Cet article a été remplacé par l'art. 573 (L. du 28 mai 1838), qui porte : — « La surenchère devra être faite dans la quinzaine ; elle ne pourra être au-dessous du dixième du prix principal de l'adjudication ; elle sera faite au greffe du tribunal civil, et suivant les formes prescrites par les art. 710 et 711 (aujourd'hui 708 et 709) c. pr. civ. — *Toute personne* sera admise à surenchérir. — Toute personne sera également admise à concourir à l'adjudication par suite de surenchère. Cette adjudication sera définitive et ne pourra être suivie d'aucune autre surenchère. » — La loi du 2 juin 1841 n'a rien changé à ces dispositions ; elle a seulement ordonné que les art. 708 et 709, qu'elle substituait aux art. 710 et 711, seraient mentionnés en lieu et place de ces derniers au § 3 de l'art. 573 c. com.

Lors de la discussion de cette loi, on avait exprimé le vœu que la surenchère après faillite fût du *sixième*, afin qu'il y eût uniformité entre toutes les surenchères poursuivies suivant les formes de celle sur expropriation; mais ce vœu fut repoussé par le motif que la nouvelle loi sur les faillites ne datant que d'un petit nombre d'années, il importait de ne point sacrifier le principe de la stabilité des lois à une harmonie qui n'était pas rigoureusement indispensable; motif aussi frivole que peu conforme à la logique, qui appelait sur des points analogues des dispositions uniformes.

413. Cette surenchère doit-elle porter non-seulement sur le prix tel qu'il est résumé en chiffres par le résultat des enchères, mais encore sur les charges accessoires de ce prix, telles que prestations en nature et autres de même espèce? — Il a été jugé dans le sens de l'affirmative que la surenchère dont il s'agit doit, à peine de nullité, porter non-seulement sur le prix de vente exprimé en argent, mais encore sur toutes les charges qui profitent à la faillite, et spécialement sur la valeur d'une certaine quantité de charbon que l'adjudicataire est tenu de fournir annuellement en l'acquit du failli (Paris, 19 mars 1836, aff. syndics du Crenzot, n° 418). — V. Faillite, n° 1165.

414. L'une des plus importantes modifications introduite, en cette matière a été de généraliser, au profit de *toute personne*, le droit de surenchérir, qui n'appartenait qu'aux créanciers du failli; ces mots *toute personne*, ici comme en matière d'expropriation forcée, ne peuvent, du reste, s'entendre que des personnes qui ne se trouvent dans aucun des cas d'exception prévus par la loi. Ainsi le failli ne peut surenchérir (V. v° Faillite, n° 1166). — Il ne pourrait même former une surenchère sur le prix de l'adjudication des biens dépendants d'une autre faillite que la sienne; il est nécessairement compris dans l'exclusion prononcée par l'art. 711 c. pr. contre les individus *notoirement insolvables*. Peu importe qu'il ait été décidé qu'un failli pouvait être admis à surenchérir sur aliénation volontaire (Toulouse, 2 août 1827, aff. Porte, n° 68). — Cette décision, rendue à l'occasion d'un mode de surenchère, qui ne s'exerce qu'à la charge de fournir caution, doit être renfermée dans ses termes, et ne peut, conséquemment, s'appliquer à une surenchère régie par d'autres principes.

415. De même, on ne doit point, en cette matière régie par les principes de la surenchère sur expropriation, appliquer la règle qui exclut le vendeur de la faculté de surenchérir du dixième sur aliénation volontaire. On a vu, n°s 299 et s., sur quels motifs, en matière de licitation, par exemple, les colicitants, bien que réputés vendeurs, sont cependant recevables, ainsi que toute personne, à surenchérir du sixième le prix de l'adjudication; les créanciers à qui le failli aurait, par un traité, fait abandon de ses biens, seraient dans une position parfaitement analogue, en ce qui touche la surenchère permise par l'art. 573. — V. toutefois, v° Faillite, n° 827, une décision en sens contraire, rendue sous le code de 1807.

416. Cette surenchère, étant toute spéciale, ne nous semble autorisée que pour le cas de vente des biens du failli faite sur la poursuite des syndics, ainsi qu'il résulte, du reste, du texte comme de l'esprit de l'art. 573; elle ne pourrait donc avoir lieu, suivant nous, dans le cas, par exemple, où le failli se trouverait copropriétaire indivis d'un immeuble dont la vente aurait été poursuivie par licitation. — Toutefois, il a été jugé que la faculté de surenchérir réservée par l'art. 573 c. com., en cas de vente de biens de failli, s'applique, nonobstant la fiction de l'art. 883 c. nap., à l'adjudication sur licitation de biens successifs indivis entre un failli et ses cohéritiers, alors même que l'adjudication aurait été prononcée au profit de l'un des cohéritiers ou du cessionnaire des droits de celui-ci (Paris, 12 fév. 1841) (2). —

---

(1) (Lavenus C. Malingri et Vitta.) — LA COUR; — Attendu que, si les raisons d'ordre public, la garantie des créanciers et l'intérêt du débiteur saisi, qui constituent la mesure de la procédure en expropriation forcée, ont dû entourer celle-ci de formes rigoureuses et de précautions tutélaires, il est cependant également dans le vœu de cette partie de la législation d'éviter une longueur arbitraire et excessive, que la malice ou l'esprit de chicane pourraient tâcher d'entraîner, afin de tenir en suspens la propriété et l'exercice des droits dont elle est passible, ou de profiter aux dépens du débiteur et des créanciers; que ce vœu ne pouvait être rempli qu'en prononçant, après les sages épreuves qui la précèdent, une adjudication définitive, translative de la propriété éventuelle, si l'on veut, mais qui ne peut devenir caduque que dans l'un des deux cas spécifiés, savoir celui où l'adjudicataire manquerait à l'exécution des clauses de son adjudication, et celui d'une surenchère consommée et valable; — Attendu qu'en l'espèce, les intimés ont acquis la propriété sur l'immeuble saisi, en vertu de leur adjudication définitive; que cette propriété non attaquée en l'état, d'après l'art. 737 c. pr., ne pouvait l'être que par suite d'une surenchère parfaite; — Attendu qu'une surenchère devenue folle, telle que celle dont il s'agit, doit être censée comme non avenue, si ce n'est pour les charges, dont le surenchérisseur demeure passible, suivant l'art. 712 c. pr.; que, dès lors, il n'existe aucun titre opposable à la vente dont les intimés sont nantis, et celle-ci doit obtenir le succès d'une vente perpétuelle : car, en dernière analyse, en argumentant même du seul silence de la loi, celle-ci, n'ayant point ordonné une nouvelle vente en cas de folle surenchère non occasionnée par la faute de l'adjudication définitive, mais au contraire s'étant bornée, par égard à tous les intérêts, à infliger une peine contre le fol surenchérisseur, a, par là, implicitement indiqué que dans ce cas c'est l'adjudication définitive qui la précède qui est maintenue; c'est l'adjudicataire qui demeure propriétaire incommutable de l'immeuble saisi : telle est l'intention tacite, mais évidente, de l'art. 712; — Confirme.

Du 13 juin 1812. — C. de Turin. — M. Dufresneau, av. gén.

(2) *Espèce* : — (Petit C. Michot.) — Le sieur Lepelletier possède par indivis, avec plusieurs autres cohéritiers, une maison par eux recueillie dans la succession de l'auteur commun. — Il tombe en faillite. — La licitation de la maison indivise est poursuivie en cet état contre les syndics par le sieur Michot, cessionnaire des cohéritiers du failli, et l'adjudication en est prononcée au profit du poursuivant. — Sur cette adjudication, le sieur Petit surenchérit d'un dixième, conformément à l'art. 573 c. com., en matière de vente de biens de failli. — Le sieur Michot attaque cette surenchère; il soutient qu'il n'est pas vrai que l'immeuble à lui adjugé soit un bien de failli, dans le sens de l'art. 573 c. com.; qu'en effet, cet immeuble étant sorti des mains du failli par suite d'une licitation valant partage, il doit être réputé, en vertu de la fiction de l'art. 883 c. civ., n'avoir jamais appartenu à ce dernier; qu'ainsi la surenchère du sieur Petit doit être écartée, comme n'ayant pas eu lieu dans l'hy-

Mais cette solution nous semble devoir être rejetée d'une manière absolue, sans distinguer entre les cas où un colicitant s'est rendu adjudicataire, de celui où l'adjudication a été faite au profit d'un étranger. — La surenchère dont il s'agit n'étant plus, en effet, un droit privilégié attaché à la qualité de créancier, mais une faculté de droit commun accordée à tous, autoriser cette surenchère après une vente par licitation, sous le prétexte qu'il se trouve un failli parmi les colicitants, ce serait violer ouvertement l'art. 973 c. pr., qui n'admet en pareil cas, au profit de tous, que la surenchère du sixième.

117. Il faut admettre ici, au surplus, comme en matière de vente volontaire et de vente sur expropriation, le principe que la surenchère profite à tous les créanciers; mais il n'en serait pas de même d'une convention par laquelle l'adjudicataire s'obligerait, envers un tiers qui le menacerait d'une surenchère, à payer en sus de son prix d'adjudication une somme égale au montant de la surenchère. Un tel engagement, quel que pût être, d'ailleurs, son effet entre les parties contractantes (V. v° Obligation), ne pourrait, dans tous les cas, être invoqué par les créanciers (Conf. Req. 6 mai 1840, aff. Grandin, V. Transaction; V. aussi v° Faillite, n° 1169).

118. Le code de 1807 ne s'était pas expliqué sur la forme de cette surenchère; aussi les opinions étaient-elles divisées sur le point de savoir s'il fallait en cette matière recourir aux règles de la surenchère sur aliénation volontaire ou à celles de la surenchère en expropriation forcée, les uns considérant la surenchère dont il s'agit comme une extension aux créanciers non inscrits du droit consacré au profit des seuls créanciers hypothécaires par l'art. 2185, et les autres n'y voyant qu'une modification de la surenchère autorisée par l'art. 710 c. pr., — Ainsi l'on décidait, d'une part, que la surenchère sur le prix d'une vente d'immeuble d'un failli n'était soumise qu'aux formalités prescrites pour la surenchère en matière d'aliénation volontaire, et non à l'observation des formalités prescrites par les art. 710 et 711 c. pr. (Limoges, 23 mai 1814, aff. Kr.... C. M....). — Et, d'autre part, il était décidé, au contraire : 1° que la surenchère sur le prix de vente d'immeubles d'un failli devait, comme dans le cas d'aliénation des biens d'un mineur, être faite dans la forme prescrite par les art. 710 et suiv. c. pr., et ne se trouvait pas soumise à l'accomplissement des formalités exigées en matière d'aliénation volontaire, notamment quant à l'obligation de fournir caution (Paris, 19 mars 1836 (1); Conf. Paris, 3e ch., 15 déc. 1826, M. Lepoitevin, pr., aff. créanciers Duvergier C. Inglar); — 2° Qu'ainsi, par exemple, en cas de vente

---

pothèse prévue par la loi commerciale. — Le surenchérisseur oppose à ce système un double moyen : il répond d'abord que le sieur Michot est inhabile à se prévaloir, en sa simple qualité de cessionnaire, d'une fiction introduite dans l'intérêt exclusif des cohéritiers eux-mêmes. Au fond, il conteste que cette fiction soit un obstacle à la surenchère qu'il a exercée : l'art. 883, dit-il, en disposant que chaque cohéritier est censé avoir succédé seul et immédiatement aux objets échus dans son lot, suppose nécessairement une attribution de lots irrévocable, un partage définitif; jusque-là les copartageants restent toujours propriétaires des biens indivis; si donc l'indivision existe avec un failli, celui-ci ne sera irrévocablement dessaisi que quand le partage ou la licitation seront devenus définitifs, et alors seulement la fiction opposée deviendra applicable; or les adjudications d'immeubles prononcées sur des faillis ne sont revêtues de ce caractère définitif qu'après les délais de la surenchère autorisée dans l'art. 573 c. com.; par conséquent, tant que ces délais ne sont pas expirés, on chercherait vainement à faire annuler, à l'aide d'une fiction encore sans force, une surenchère d'ailleurs régulièrement formée, sous le prétexte que l'immeuble surenchéri doit être réputé n'avoir jamais appartenu au failli.

Jugement du tribunal civil de la Seine, qui annule la surenchère par les motifs suivants : — « Attendu que l'art. 573 c. com. ne donne la faculté de surenchérir que les immeubles appartenant au failli; — Attendu que, par l'effet de la licitation, et en vertu de l'art. 883 c. civ., l'immeuble en question devait et doit être réputé n'avoir jamais appartenu au failli; — Attendu que la circonstance que c'est entre un cessionnaire de cohéritiers et le failli, autre cohéritier, que la licitation a eu lieu, n'empêche point l'application dudit art. 883 précité, puisque, d'une part, le fait de la cession, étranger au failli, n'a pu lui conférer un droit qu'il n'aurait pas eu à l'encontre de ses cohéritiers, et puisque, d'autre part, le cessionnaire, quant à l'immeuble dont il s'agit, jouissait de l'universalité des droits des cédants. » — Appel. — Arrêt.

La cour; — Considérant que si, aux termes de l'art. 883 c. civ., chaque cohéritier est censé avoir succédé seul et immédiatement aux biens qui lui sont échus sur licitation, cette fiction de la loi ne peut être que le résultat d'une licitation devenue définitive après l'expiration des délais de la surenchère; d'où il suit que le droit de surenchère, consacré d'une manière générale et absolue par l'art. 573 c. com., subsiste lors même que le cohéritier du failli s'est rendu adjudicataire sur licitation d'un immeuble de la succession, puisque l'exercice même de ce droit prouve que ce cohéritier n'est point encore saisi irrévocablement de la propriété de cet immeuble, et ne saurait, dès lors, invoquer la fiction de l'art. 883 c. civ.; — Infirme.

Du 12 fév. 1841.-C. de Paris, 3e ch.-MM. de Gloss, cons., f. f. de pr.-Berville, av. gén., c. conf.-Moulin et Simon, av.

(1) *Espèce :* — (Syndics du Creuzot C. Schneider et consorts.) — Jugement du tribunal civil de la Seine, du 26 déc. 1835, ainsi conçu : — « En ce qui touche la nullité de la surenchère pour vice de forme et défaut de caution : — Attendu qu'en matière de vente de biens de failli par les syndics de l'union des créanciers, l'art. 565 c. com. détermine le délai de la surenchère, son importance et les personnes qui ont le droit de l'exercer; mais que cet article est muet sur sa forme, sur le mode de l'opérer, de la dénoncer et de la mettre à fin; — Attendu qu'en l'absence d'une législation spéciale, le code de procédure civile est la seule loi dont les dispositions doivent être consultées, suivies et observées pour la mise en action d'un droit quel qu'il soit; que, dès lors, la surenchère dont il s'agit rentre nécessairement par sa forme, ses conditions et ses suites, sous l'empire du code de procédure civile; — Attendu que l'art. 564 c. com. assimile la vente d'immeubles faite par les syndics de l'union à la vente des biens de mineurs, et les assujettit aux mêmes formes; qu'en confondant ainsi les deux espèces de vente, qu'en les rangeant sur la même ligne, qu'en leur rendant communes les formalités qui doivent les accompagner, il est manifeste que l'intention du législateur a été que toutes les dispositions compatibles, soit de l'art. 459 c. civ., soit du code de procédure civile, complément indispensable de ce dernier article, devinssent également le régulateur de l'une et de l'autre vente et de leur suite, et que, par voie de conséquence forcée, la surenchère qui succède à la vente des biens de l'union fût réglée par les art. 710 et suiv. c. pr. civ., sous l'empire desquels se trouve incontestablement placée la surenchère qui intervient sur la vente des biens des mineurs, aux termes de l'art. 965 du même code, dont l'application s'étend naturellement et nécessairement à la vente des biens de l'union, cette vente n'étant autre chose qu'une vente de biens de mineurs; — Qu'il suit donc de là que la caution et la forme de la surenchère exigée en matière d'aliénation purement volontaire, soit par l'art. 2185 c. civ., soit par le tit. 4, liv. 1, 2e part., c. pr. civ., sont sans application et absolument étrangères à la surenchère dont s'agit, de même qu'elles le sont à la surenchère sur vente de biens de mineurs, parce qu'en effet les deux surenchères ont une origine commune; qu'elles découlent de ventes identiques, appuyées sur les mêmes bases, environnées des mêmes formalités, et qu'alors les deux surenchères, étant de même nature, ne sauraient être soumises à des conditions ni à des exigences différentes sans une exception formelle, comme celle de l'art. 565 c. com.; mais qu'au delà de l'exception elles doivent rester sous l'empire des mêmes principes et de la même loi; — Qu'aussi faut-il reconnaître qu'en matière de vente des biens de l'union de la faillite, la surenchère du dixième de l'art. 565 c. com., introduite en faveur des créanciers chirographaires, ne fait que remplacer la surenchère du quart de l'art. 710 c. pr. civ., sans porter nullement atteinte à la surenchère de l'art. 2185 c. civ., consacrée en faveur des créanciers inscrits, les deux surenchères étant susceptibles de concourir ensemble pour être exercées successivement par les personnes y ayant droit, de la même manière qu'elles pourraient être mises en action par la vente des biens de mineurs; que cette conséquence ne saurait être repoussée par la considération que la vente des biens de l'union est faite par les syndics au nom de la masse des créanciers, puisque, par l'effet du contrat d'union, la propriété des immeubles n'en est pas moins restée assurée sur la tête du failli; que les syndics définitifs n'agissent réellement que comme mandataires forcés et légaux du propriétaire, et que la poursuite par eux dirigée ne peut priver les créanciers inscrits d'aucun des droits ni des priviléges attachés à leurs titres, ainsi que, dans la cause, semble le consacrer implicitement le jugement d'adjudication, par les art. 10, 11 et 12 du cahier des charges, qui imposent à l'adjudicataire l'obligation de transcrire et prévoient le cas de notification; — Qu'ainsi, en se conformant aux prescriptions des art. 710 et 711 c. pr. civ., Schneider a pleinement satisfait au vœu de la loi;

» En ce qui touche la nullité de la surenchère comme inférieure au taux de la loi : — Attendu qu'aux termes de l'art. 565 c. com. la surenchère ne peut être au-dessous du dixième du prix principal; que par prix principal il faut non-seulement entendre le prix exprimé en argent, mais encore toutes les charges qui profitent au vendeur, ou qui, payées en son acquit, font nécessairement partie du prix; que c'est, en effet, ce qui découle de la saine intelligence dudit art. 565, combiné avec l'art.

des biens indivis entre un mineur et un failli, on ne pouvait surenchérir qu'en se conformant au délai fixé par l'art. 565 c. com. et aux règles tracées par les art. 710 et 711 c. pr. (Metz, 1re ch., 26 janv. 1838, M. Charpentier, 1er pr., aff. Lies C. Villers).

On a vu que c'est dans le sens de cette dernière interprétation que la question a été résolue par le nouveau texte de l'art. 573 c. com., qui renvoie aux formalités prescrites par les art. 708 et 709 c. pr. Il y a donc lieu, en cette matière, de suivre, tant pour la déclaration de surenchère que pour la poursuite de vente, qui en est la conséquence, les mêmes formes qu'en matière de surenchère sur expropriation, et d'appliquer ici les mêmes règles. Ces deux surenchères ne diffèrent plus que par leur quotité et par le délai accordé pour la déclaration de surenchère, qui n'est que de huitaine en cas de vente sur expropriation, et qui, en cas de vente après faillite, a été étendu à quinzaine.

419. On s'était également demandé, sous l'ancien code, si la surenchère du dixième, permise aux créanciers du failli, était exclusive de celle du quart autorisée au profit de toute personne par l'art. 710 c. pr., ou si, au contraire, en cette matière, la surenchère spéciale des créanciers du failli laissait subsister le droit pour toute personne de surenchérir du quart, conformément à l'art. 710. — Du reste, cette question ne peut se présenter en ce qui touche la surenchère du sixième, qui remplace celle du quart, puisque *toute personne* étant admise aujourd'hui par l'art. 573 à surenchérir du dixième peut, à plus forte raison, surenchérir du quart.

420. Mais une autre question subsiste toujours, celle de savoir si la surenchère de l'art. 573 est compatible avec la surenchère autorisée par l'art. 2185 c. nap.; en d'autres termes, si les créanciers du failli conservent encore, même après le délai accordé à toute personne pour surenchérir, un droit spécial de surenchère qui mettrait le nouveau propriétaire dans la nécessité de remplir à leur égard les formalités de l'art. 2183. — Cette question s'était présentée sous l'ancien code, et il avait été jugé, sous l'empire de cette législation, que la surenchère du dixième, autorisée par l'art. 565 de ce code en matière de faillite, n'était pas exclusive de la surenchère établie par l'art. 2185 c. nap. en faveur des créanciers inscrits, et que ces deux surenchères pouvaient être exercées successivement par les personnes y ayant respectivement droit (Paris, 19 mars 1836, aff. syndics du Creuzot, n° 418).

Cette solution ne nous paraît pas devoir être suivie ; nous ne la croyons exacte ni au point de vue de l'ancienne législation ni d'après les règles du nouveau code. En effet, par son art. 565, l'ancien code de commerce a dérogé aux dispositions de l'art. 2185 c. nap., en étendant à *tout créancier* le droit de surenchérir du dixième permis aux seuls créanciers *inscrits* aux termes de ce dernier article, et en limitant l'exercice de ce droit à un délai fort bref, afin de satisfaire au besoin de célérité toujours impérieux en matière de commerce. L'art. 565, en ne permettant de surenchérir à *tout créancier* que dans la huitaine de l'adjudication a nécessairement compris sous la généralité de ces expressions les créanciers inscrits aussi bien que les chirographaires. Si elle eût entendu réserver aux premiers un droit spécial de surenchère après l'expiration de ce délai, elle n'eût pas manqué de s'en expliquer ; cet article a donc constitué un droit nouveau qui n'a plus permis aux créanciers inscrits de se prévaloir de l'art. 2185 c. nap. Or, nous ne pensons pas qu'ils puissent s'en prévaloir davantage depuis que l'art. 565 a été remplacé par l'art. 573 du nouveau code. Cet article, en consacrant au profit de *toute personne* le droit de surenchère qui n'appartenait qu'aux seuls créanciers du failli, n'a pu changer par cela seul la position des créanciers inscrits ni leur conférer un droit ultérieur de surenchère qui leur était implicitement refusé par l'art. 565. La question se présente donc dans les mêmes termes que sous l'ancienne loi ; l'exclusion pour les créanciers inscrits de la surenchère de l'art. 2185 c. nap., à laquelle se trouve substituée en cette matière celle de l'art. 573 c. com., a d'ailleurs ici de justes motifs, soit dans le besoin de célérité dont nous avons parlé, soit dans cette circonstance que l'adjudication a été poursuivie par les syndics au nom de la masse des créanciers, et que ceux-ci, instruits de l'état de leur débiteur et appelés dès les premières opérations de la faillite, ne peuvent avoir ignoré le jour de la vente; ils ont en outre eu un temps suffisant pour se renseigner sur la valeur des biens et les faire porter au prix le plus élevé. — Il n'y a donc pas lieu d'admettre pour eux en ce cas un double droit de surenchère.

421. C'est donc avec raison, suivant nous, qu'il a été décidé, sous le code de 1838, qu'en matière de vente de biens de failli, l'exercice du droit de surenchère pour toutes personnes est exclusivement réglé par l'art. 573 c. com., de telle sorte que le créancier inscrit, qui n'a pas, dans la quinzaine de l'adjudication, formé la surenchère du dixième, ne conserve pas le droit de

---

710 c. pr. civ. et les art. 2183 et 2185 c. civ., qui tous concourent, par leur rapprochement, à démontrer qu'en matière de surenchère les expressions de *prix principal* ont été employées, dans la pensée de l'auteur de la loi, non pour indiquer qu'il y avait une somme ou une chose qui seule formerait ou constituerait le prix principal, mais uniquement afin qu'on ne fût pas porté à comprendre dans le prix, d'une part, les intérêts échus au jour de la surenchère, qui en doivent être séparés, et, d'autre part, les frais légalement faits à la charge de l'acheteur; — Attendu, en fait, que, par l'acte du 2 déc. 1835, Schneider a déclaré que, conformément à l'art. 565 c. com., il surenchérissait du dixième en sus du prix principal, et offrait de porter à 2,055,000 fr., en sus des frais et des charges, le prix principal de l'adjudication du 25 novembre précédent; qu'il résulte bien évidemment des termes et de l'esprit de cette déclaration que Schneider n'a surenchéri et n'a voulu surenchérir du dixième que le prix en argent de l'adjudication, et qu'il n'est point entré dans son intention de frapper du dixième aucune des charges qui faisaient ou pouvaient faire partie du prix; qu'ainsi il a rigoureusement limité l'étendue du dixième et fixé l'importance de sa surenchère en renfermant l'engagement qu'il contractait à 2,055,000 fr., indépendamment des frais et charges de l'adjudication; — Que cette fixation de la surenchère à 2,055,000 fr. n'est pas le résultat d'une erreur matérielle, mais l'expression d'une volonté bien précise, développée de nouveau dans l'acte de signification du 3 décembre, où il est dit que la vente aura lieu sur la mise à prix de 2,055,000 fr., en sus des frais et charges, ce qui, à défaut d'enchères, rendait le surenchérisseur propriétaire pour sa mise à prix; que cette volonté de restreindre le dixième de la surenchère à 1,850,000 fr. se manifeste encore par les conclusions de Schneider; — Attendu que cette somme de 2,055,000 fr. représente le prix en argent de l'adjudication réuni au dixième, mais qu'elle laisse en dehors la valeur de 260 hectolitres de charbon que les adjudicataires sont tenus de fournir annuellement en l'acquit du vendeur, et qui font partie intégrante du prix; qu'ainsi la surenchère se trouve au-dessous du dixième;

» Attendu que vainement on prétend que ces 260 hectolitres sont étrangers au prix, par la raison que le prix principal, sur lequel doit frapper la surenchère, consisterait, suivant Schneider et les syndics du Creuzot, uniquement dans la somme d'argent moyennant laquelle se prononcera l'adjudication, et non dans les charges, puisque souvent il arrive que tout le prix repose dans les charges, et que la somme à payer en sus est si modique qu'elle est sans considération pour l'acheteur, comme le serait, par exemple, 10,000 fr. de rente perpétuelle à servir à un tiers, comparativement à 500 fr. qui auraient constitué le prix en argent, ce qui démontre l'absolue nécessité de réunir les charges à la somme à payer, pour connaître et fixer le véritable prix, le prix principal dont parle la loi; — Que vainement encore on objecte l'impossibilité pour le surenchérisseur de découvrir les charges faisant partie du prix, et d'asseoir les bases de la surenchère, sous le prétexte qu'il se trouve privé de la notification prescrite par l'art. 2185 c. civ.; qu'en effet, il ne tient qu'au surenchérisseur de prendre communication du cahier d'enchères déposé au greffe, de le lire attentivement, et de bien se pénétrer des obligations qu'il impose, de faire ce qu'a fait ou dû faire l'adjudicataire avant d'acquérir; que c'est précisément cette facilité qui vaut et remplace pour le surenchérisseur, en matière de vente forcée ou judiciaire, la notification de l'art. 2185; — Le tribunal, sans s'arrêter ni avoir égard à la nullité de la surenchère dont s'agit, soit pour vice de forme, soit pour défaut d'offres de caution, déclare néanmoins ladite surenchère nulle et de nul effet, comme inférieure au dixième prescrit par la loi. » — Appel. — Arrêt.

La cour; — En ce qui touche l'appel des adjudicataires du Creuzot : — Adoptant les motifs des premiers juges; — En ce qui touche l'appel de Schneider et des syndics du Creuzot : — Adoptant également les motifs des premiers juges, et considérant en outre que la condition imposée au surenchérisseur, par les art. 565 c. com. et 710 c. pr. civ., relativement à la quotité de la surenchère, est une condition substantielle dont l'inobservation entraîne de plein droit la nullité de la surenchère; — Confirme.

Du 19 mars 1836.-C. de Paris.-M. Lepoitevin, pr.

faire la surenchère de l'art. 2185 c. nap.; qu'en conséquence, et dans cette hypothèse, est nulle la sommation de notifier son contrat faite à l'adjudicataire par un créancier inscrit, en ce que le droit de surenchère n'existant plus, les notifications de l'art. 2185 seraient frustratoires (Orléans, 20 mars 1850, aff. Devangermez, D. P. 50. 2. 69).

422. Mais il y a lieu de remarquer toutefois que les raisons que nous venons de déduire ne s'appliqueraient pas aux créanciers hypothécaires qu'on aurait négligé d'appeler à concourir aux opérations de la faillite; vis-à-vis de ceux-ci les immeubles du failli ne seraient pas purgés, et le droit de surenchérir dans les termes de l'art. 2185 conserverait toute son efficacité (Conf. M. Petit, n°s 268 et suiv.).

423. On a vu ci-dessus, n° 405, que pour les ventes judiciaires même réputés volontaires dont le tribunal a ordonné le renvoi devant notaire, l'adjudication faite par suite de surenchère devait avoir lieu, non point devant le notaire commis, mais à la barre du tribunal; à plus forte raison doit-il en être ainsi après une vente de biens de failli qui offre tant de rapports avec la vente sur expropriation.

Aussi a-t-il été jugé que dans les ventes renvoyées devant notaire (en matière de faillite notamment), s'il survient une surenchère, c'est devant le tribunal et non devant le notaire commis, que l'adjudication peut être prononcée (Besançon, 27 août 1844) (1).

424. Quant à la forme de l'adjudication et de ses suites, V. ce qui a été dit *suprà*, n°s 391 et s., en traitant de la surenchère sur aliénation forcée, et v° Vente publ. d'imm.

(1) (Genet C. N...) — LA COUR; — Considérant que, suivant l'art. 572 c. com., les syndics de la faillite sont tenus, en poursuivant la vente des immeubles du failli, d'observer les formes prescrites pour la vente des biens des mineurs, et que, en cas de surenchère sur la première adjudication, elle doit, suivant l'art. 573 du même code, être faite suivant les formes prescrites par les art. 710 et 711 c. pr.; — Considérant que la vente des immeubles du failli, comme celle des immeubles du mineur, quoique faites par autorité de justice, ne doivent être toujours considérées que comme des ventes volontaires, et doivent, par conséquent, être régies par les principes en cette matière; — Considérant que, d'après les principes généraux du droit, en matière d'aliénation volontaire, les formes de la surenchère sont toutes différentes de celles de la première adjudication; que, suivant les art. 459 c. civ. et 955 c. pr., les tribunaux peuvent déclarer que la vente des immeubles des mineurs aura lieu devant un juge du tribunal, ou par-devant un notaire; mais qu'il n'en est point ainsi en matière de surenchère sur aliénation volontaire; que les art. 2187 c. civ. et 836 c. pr. décident qu'elle doit avoir lieu suivant les formes établies pour les expropriations forcées; ce qui exclut, pour les tribunaux, la possibilité de renvoyer, dans ce cas, l'adjudication devant un notaire, puisqu'une adjudication sur expropriation forcée ne peut jamais avoir lieu de cette manière;

Considérant que, pour ne pas faire l'application de ces principes généraux à la surenchère en matière d'adjudication des immeubles du failli, il faudrait qu'il y eût été dérogé par des dispositions spéciales; mais que, loin de trouver une dérogation dans la loi du 2 juin 1841, sur les ventes judiciaires, on remarque, au contraire, que ses dispositions sont d'accord avec ce que prescrit l'art. 2187 c. civ.; que, en effet, l'art. 955, qui se trouve sous le titre de la vente des immeubles appartenant à des mineurs, permet à toute personne de surenchérir, mais à la charge de se conformer aux formalités et délais voulus par les art. 708, 709 et 710 de cette loi; or, ces articles se trouvent sous le titre de la saisie immobilière, et l'art. 965, en exigeant l'accomplissement des formalités qu'il prescrivait, assimile donc pour les formes la surenchère en matière de vente des immeubles du mineur, à la surenchère en matière d'expropriation, d'ailleurs, ces articles exigent des formalités qui sont incompatibles avec une adjudication devant notaire, telles qu'une constitution d'avoué de la part du surenchérisseur, la dénonciation de la surenchère avec avenir à l'audience, et, suivant les art. 669 et 696, l'indication dans les placards du tribunal où l'adjudication aura lieu, ce qui démontre qu'elle doit être faite non devant un notaire, mais devant le tribunal, comme le veut l'art. 2187 c. civ.;

Considérant qu'on ne peut tirer aucun argument contre cette conséquence, de ce que l'art. 573 c. com., en permettant la surenchère sur l'adjudication des immeubles du failli, et en exigeant qu'elle fût faite suivant les formes prescrites par les art. 710 et 711 du code, n'a voulu indiquer que les articles de l'ancien code de procédure, puisque la loi du 2 juin 1841 n'existait pas encore; car ces deux articles, comme les art. 708, 709 et 718 du nouveau code, auxquels renvoie l'art. 965, sont renfermés sous le titre de la saisie immobilière de l'ancien code, et exigent aussi des formalités qui sont incompatibles avec une adjudication devant notaire;

Considérant que si l'art. 954 ordonne que la vente ou licitation des immeubles du mineur pourra être faite devant un juge du tribunal ou devant un notaire, il n'a fait que répéter ce que prescrivait déjà l'art. 755 de l'ancien code de procédure; mais que, ne statuant rien sur la surenchère, on ne peut en faire l'application en cette matière, puisqu'elle est régie par des dispositions spéciales qui ne laissent plus au juge l'option que lui donne l'art. 954, et renferment des prescriptions toutes différentes; que c'est donc à tort que les premiers juges ont ordonné que l'adjudication sur la surenchère des mariés Genet aurait lieu devant le notaire Fournot de Culon-Fontaine, que c'est le cas de réformer cette disposition et d'ordonner qu'elle aura lieu devant les juges non suspects du tribunal de Vesoul; — Infirme, ... déclare que l'immeuble surenchéri par les appelants sera de nouveau mis aux enchères, etc.

Du 27 août 1844.-C. d'app. de Besançon.

Table sommaire des matières.

Table des articles du code Napoléon et du code de procédure.

Table chronologique des lois, arrêts, etc.

—17 sept. 285 c.	—28 déc. 198-2e c.,	—15 mars 336-2e c.	—30 août 66 c.	—24 mars 284 c.	—19 mai 190 c.,	—10 mai 78 c., 247 c.	—3 avr. 246 c.
1848. 4 janv. 304 c.	285 c.	—20 mars 421 c.	1851. 22 janv. 295-	—4 août 284 c.	205 c., 209 c.	—8 juin 71-2e c.	—29 nov. 274-3e c.
—1er mars 284 c.	—29 déc. 284 c.	—12 avr. 134 c.	2e c.	—3 déc. 248 c.	—11 août 163 c.	—16 juin 339 c.	1855. 7 mars 27 c.,
—20 juin 284 c.	1849. 16 janv. 374-	—27 avr. 365 c.	—6 fév. 216 c.	1852. 5 mars 161-4e c	1853. 1er fév. 147 c.	—5 août 148 c.	55 c.
—23 juin 86.	5e c.	—30 avr. 375 c.,	—21 fév. 363 c.	—17 mars 139-3e c.,	—4 fév. 285 c.	—7 nov. 260-6e c.,	—18 avr. 376-2e c.
—20 déc. 198-2e c.,	—6 août 58 c., 89 c.,	381 c.	—22 fév. 71-2e c.	163 c.	—22 fév. 148 c.	261 c.	—29 août 141 c.,
284 c.	102 c., 103 c.	—1er mai 355 c.	—20 mars 147 c.,	—2 avr. 64 c., 66 c.,	—4 mars 116 c.	1854. 12 janv. 64 c.,	147 c.
—22 déc. 324-2e c.	1850. 21 janv. 86 c.	—28 août 303-2e c.	186 c.	162 c.	—29 mars 64 c.	81 c.	

SURETÉ DE L'ÉTAT. — V. Crimes contre la sûreté de l'État; V. aussi vis Domm.-destruct., no 120; Lib. individ.

SURETÉ DIMINUÉE. — V. Obligat., Prêt, Privil. et hyp.; V. aussi Jugement, no 448.

SURETÉ INDIVIDUELLE. — V. Liberté individ., no 58.

SURETÉ PUBLIQUE. — V. Aliéné, nos 22 et s.; Commiss. de police, no 42; Commune, nos 86, 95, 988 et s., 1040.

SURFACE. — V. Superficie.

SURNOM. — V. Nom, nos 1, 19, 24-3o.

SURNUMÉRAIRE. — Celui qui aspire à devenir employé d'une administration publique. — V. Avocat, no 206; Douanes, nos 56, 59; Enreg., nos 62 et s., 719; Fonct. publ., no 75; Impôts directs, nos 175, 369, 387; Patente, no 282; Notaire, no 176.

SURPRISE. — V. Abus de confiance, no 199; Attentat aux mœurs, no 61; Faux, no 343; Liberté individ., nos 33 et s., 38 et s.

SURSIS-SURSÉANCE. — C'est le temps pendant lequel une affaire est suspendue. — Cette matière a des rapports si intimes avec les questions préjudicielles, qu'elle formera une partie de ce dernier mot auquel on renvoie.

SURTAXE. — V. Poste; V. aussi Douanes, nos 107 et suiv.; Sucre, nos 1, 4, 9.

SURVEILLANCE. — V. Absent, nos 542, 679, 728; Acte de l'état civil, no 83; Affiche, nos 117, 147, 157; Aliéné, nos 57, 74 et s., 93; Appel civil, no 986; Association illicite, nos 3, 14; Assur., no 195; Attentat aux mœurs, no 153; Avocat, nos 123, 536; Bois et charbons, nos 22, 25; Bourse de comm., nos 136, 174, 248, 442; Commissionn., nos 220 et s., 331 et s.; Discipline, nos 179 et s., 204 et s., 221, 246; Fonctionn. publ., no 99; Forfait. nos 91 et s., 188 et s.; Hospice, nos 40, 258, 370 et s.; Impôts indir., nos 13 et s.; Industrie, nos 176 et s.; Manufacture, nos 38 et s., Médecine, no 185, Mines, nos 17, 358 et s., 414 et s., 779 et s.; Min. publ., nos 46 et s., 54; Poids et mesures, no 71.

SURVEILLANCE DE POLICE. — V. Amnistie, nos 135 et s.; Armes, no 99; Accessoire, no 37; Association illicite, nos 46 et s.; Chasse, nos 145, 158 et s.; Peine, nos 672 et s.

SURVENANCE D'ENFANT. — V. Dispos. entre-vifs, nos 28, 63, 1862 et s., 1892 et s.; V. aussi Adoption, nos 191 et s.

SURVIE. — V. Contr. de mariage, nos 43, 335, 2059, 2067; Dispos. entre-vifs, nos 1359, 2294 et s.; Succession, nos 44 et s.

SUSCRIPTION. — V. Disp. testam., nos 3290 et s.

SUSPECT. — V. Arme, no 19; Commune, no 78; Émigré, p. 418.

SUSPENSION. — Ce mot, considéré au point de vue pénal ou répressif, donne lieu à des observations vis Agréé, no 41; Aliéné, nos 91 et s.; Avocat, nos 35 et s.; Boulanger, nos 22 et s.; Bourse de comm., nos 211, 402, 441; Caut. de fonct., no 41; Commiss. de police, no 40; Commune, nos 276, 328, 332 et s.; Compulsoire, no 17; Cons. d'Ét., no 33; Discipline, nos 107, 129 et s., 191; Droit marit., nos 520, 606 et s.; Garde nat., no 25; Hospice, no 258; Huissier, nos 6, 123 et s., 133; Manufacture, nos 41, 51 et 94; Notaire, nos 341 et s., 850, 856; Péremption, nos 174 s., 257. — Mais en matière de délai, de formalités, V. vis Absent, nos 353 et s., 610, 632, 666, 690 et s., 726; Action possessoire, nos 198, 628; Appel civil, nos 303, 821, 1017 et s., 1035 et s., 1221 et s.; Arbitrage, nos 374 et s.; Cassation, nos 927 et s.; Compét. admin., no 190; Cons. d'État, no 10, 256 et s., 265 et s.; Faillite, no 73; Faux incident, no 6; Garde nationale, no 247; Impôt indirect, no 100; Instruct. crim., nos 181 et s.; Jugem. par défaut, no 488; Peine, no 397.

SUSPICION LÉGITIME. — V. Renvoi; V. aussi Cassation, no 1243; Degré de jurid., no 535; Min. pub., no 353; Prise à partie, Récusation.

SYLLABE. — V. Compte, no 9; Copie de pièce.

SYNDIC. — Expression générale désignant l'individu ou les individus chargés d'une gestion d'affaire ou administration intéressant des particuliers ou des communautés. — V. notamment vo Faillite; V. aussi vis Abus de conf., no 126; Acquiescem., nos 149, 789, 858; Acte de comm., no 13; Action, nos 281 et s.; Appel civil, nos 127, 313, 499, 504, 603; Arbitr., nos 266, 283; Avocat, nos 197, 321; Avoué, no 243; Boucher, nos 22, 93, 115; Boulanger, nos 29, 87, 95, 107 et s.; Bourse de com., nos 434 et s.; Cassation, nos 341, 470; Chose jugée, nos 235 et s., 332; Commune, nos 302, 1277, 1361 et s., 1397, 1469; Compét. admin., no 18; Compte, no 49-2o; Conciliation, nos 117, 141 et s.; Défense, no 71, Désistement, nos 32, 34-2o, 103; Enregistr., no 5110; Frais, no 73; Intervention, no 36-2o; Mandat, nos 132, 295, 376; Min. publ., no 167.

A l'égard des syndics des gens de mer ou agents préposés dans chaque quartier à l'inscription maritime, V. Organ. mar., et à l'égard des syndics des eaux, V. Eau, nos 102 et s.; V. aussi vis Propriété, Servitude.

SYNODE. — V. Culte, nos 188, 194, 198, 309, 707, 711; Droit constitut., no 39.

FIN DU QUARANTE ET UNIÈME VOLUME.

PARIS. — IMPRIMERIE P. MOUILLOT, 13, QUAI VOLTAIRE.

www.ingramcontent.com/pod-product-compliance
Lightning Source LLC
Chambersburg PA
CBHW031438210326
41599CB00016B/2045
9782012675483